경제학사전

-제 13판-

경 연 사

서   문

본서의 초판 발행 당시 우리경제는 개도국의 신세를 면치 못하였으나 13판을 출간하게 된 오늘날 인구 5000만 명이 넘는 국가 중 미국, 일본, 독일, 영국, 프랑스, 이탈리아에 이어 한국이 세계 7번째로 1인당 국민소득 3만 달러를 상회하는 5030 선진경제권에 진입하였다.

우리경제는 새로운 가치를 창조하는 AI (인공지능)의 사물 인터넷, 로봇, 무인자동차, 나노 바이오 등 4차 산업혁명으로 생산성을 높일 수 있는 기회와 동시에 다보스 세계경제포럼에서 제기한 바와 같이 4차 산업혁명에 대해 "자본과 재능, 최고 지식을 가진 이에게 유리하지만 하위 서비스 종사자는 불리하여 장기적으로 중산층 붕괴로 이어질 수 있다"는 지적에 슬기롭게 대처하여 제2의 도약을 가대할 수 있는 전환기에 서 있다.

한편 초 저출산고령사회에 직면한 한국은 2018년 출산율이 0.98 까지 추락하여 인구절벽을 경험하고 있다. 이러한 경제사회에서 블록체인을 위시한 신기술의 등장은 새로운 산업사회를 예고하며 5G를 선도한 한국은 6G의 새로운 지평을 여는 신산업을 개척코자 혼신의 노력을 기울이고 있다.

경제학사전 13판을 발간하면서 노벨경제학상 수상자들의 최신 이론을 소개하였다. 또한 이 자리를 빌려 NAVER를 통한 독자들의 열독에 감사한 마음 전하고자 한다. 끝으로 본서 발간을 도와준 안제원 씨, 김유미 씨에게도 사의를 표한다.

2019년 7월
박은태, 박유현

서   문

현대경제학은 아담 스미스(Adam Smith)의 국부론 이후 약 200년을 경과하는 동안 경제사회의 변천과 더불어 끊임없이 발전을 거듭하여 왔다. 그러나 경제사회변천과정에서 야기되는 여러 양상의 문제에 대하여 아직도 확고한 이론적인 뒷받침이 결여된 채 경제학의 숙제로 남아 있다고 하겠다.

특히 오늘의 경제학은 그 대상과 방법론에 있어 60년대를 전후하여 급격한 변화를 가져 왔으며, 미증유(未曾有)의 이론적 해결책을 요하는 시대를 맞이하였다고 할 수 있다. 따라서 현대의 경제학자는 각양각색의 사회경제 문제로부터 계속 도전을 받고 있으며, 이의 해결을 위한 이론적인 대안이 절실히 요청되고 있다고 하겠다. 이러한 학문적인 조류는 어느 특정계층에 국한된 것이 아니라 경제학도로 부터 실무경제인에 이르기 까지 공통된 현상이라 할 수 있다.

본인은 경제학을 공부하고, 대학에서 수년간 경제학을 강의하며 기업을 영위하는 동안 이러한 문제에 더욱 실감을 갖게 되면서, 경제학연구의 일환으로 사계(斯界) 전문가의 자문을 받아 본 사전을 편찬하기에 이르렀다. 경제학사전의 편찬을 시작하면서 항목의 선정, 새로운 용어에 대한 정의, 사전체제에 대한 토의, 편집, 분야별 전문가의 감수 및 교열 등을 거치는 동안 약 3년 반이라는 기간이 소요되었다.

이 사전의 특징은 어려운 경제문제에 대하여 새로운 이론, 분석기법, 구상, 그리고 신용어를 통하여, 현대경제학의 흐름에 맞추고저 노력한 데 있다. 즉 케인즈 논쟁, 혼합경제, 경제발전 등 신경제학에의 도정에서, 다양한 국가사회의 경제현실로 인하여 야기되는 신용어를 수록코저 하였으며, 진부한 용어는 삭제하였다. 따라서 여기에 정선된 경제용어는 과거의 사전과는 달리 시대의 배경에 맞추어 시사적 해설을 시도하였고, 개념의 핵심을 정확히 설명하기 위하여 계량적이며 이론적인 학설소개를 게을리 하지 않았다. 따라서 본사전은 초학도로부터 실무경제인에 이르기까지 이해할 수 있도록 노력하였다.

이 사전이 출간되기까지 많은 의견을 주신 동학의 친구들과 선배들, 천학비재(淺學菲才)의 시도에도 불구하고 감수에 응하여 주신 고승제 박사, 변형윤 교수, 박기혁 교수, 성창환 교수, 이현재 교수님께 사의를 표하며, 원고를 읽고 구체적 평과 교열을 맡아주신 서상철 교수님 외 여러 편집·교열위원님께 감사의 말씀을 드린다.

그리고 본 사전의 편집을 지도해 주신 신태환 박사, 조성환 교수, 한기춘 교수, 구본호 박사, 송병락 박사님께 감사를 드리며, 본인의 유학시에 장학금을 주신 영국 Lloyd's의 C. E. Heath & Insurance Co. 의 Frank R. Holland씨, Adrian O. Palmer회장과 소르본느대학의 Yvon Belaval 은사께 사의를 표한다.

끝으로 편집에 참여해 준 서울대학교 대학원 고재웅, 김형기, 송현호 석사, 조동근 및 한국개발연구원 한성덕 연구원 제군의 노고에 특별히 감사한다.

1978년 5월

박 은 태

편 집 방 침

본사전은 다음과 같은 방침에 의하여 편집되었다.

1 경제학의 각 분야에 걸친 기본용어를 정선하여 이를 객관적인 입장에서 체계있게 요약한 학습위주의 사전으로 편집하였다.

2 내용설명에 있어서는 최근까지의 학계동향을 포함시켰을 뿐 아니라, 신용어도 많은 양을 수록하려고 노력하였다.

3 항목은 소, 중 및 기본항목(중요항목)으로 정하고, 기본항목은 항목 앞에 ＊표를 붙여 쉽게 식별할 수 있게 하였다.

기본항목이란, 용어의 중요성을 감안, 경제이론의 기본개념과 원리를 체계적으로 설명하기 위하여 특별히 선정된 항목이다. 이는 주로 수식과 도표를 병용하여 학술적 내용을 체계화했고, "참고를 위한 사전"의 카테고리를 초월하여 "학습을 위한 이론교재"의 수준으로 집필을 시도하였다.

4 각종시험을 준비하는 경제학도들이 이 사전 한 권으로 경제학 전분야를 살펴 볼 수 있는 학습서로서의 가치도 지니게 하였다.

5 최근 경제학의 수리적 접근추세를 반영하여 기초수학, 수리경제학, 계량경제학, 통계학분야에 큰 비중을 두었으며, 노동경제학과 한국경제사 분야에도 지면을 많이 할애하였다.

6 도표 및 통계표를 필요로 하는 부분에는 최근까지의 자료를 삽입하여 경제학도는 물론 경제실무인에 이르기까지 광범위하게 활용할 수 있도록 하였다.

7 항목마다 완결성을 갖도록 각 용어의 표준적인 정의와 개념은 물론 경제학의 전반적인 관점에서 유기적으로 설명하였다.

8 경제학에 대한 기본지식이 없는 초보자라도 이해할 수 있도록 각 용어를 알기 쉽게 설명하였으며, 전문술어에는 독자의 이해와 원서독해를 돕기 위해 가능한 한 영문을 함께 썼다.

범　례

1. 항목의 배열과 표기

(1) 항목은 가나다순으로 배열하였다.

(2) 항목은 한글과 한문을 같이 쓰고, 서양어는 영어만을 부기하되 독어나 불어를 부기해야 될 경우에는 앞에 [獨], [佛]이라고 표시하였다.

　　예 : 가격 價格 price

　　　　가치판단논쟁 價値判斷論爭 [獨] Werturteilsstreit

　　　　경제표 經濟表 [佛] Tableau Économique

(3) 인명항목은 성 last name 을 한글로 표기하고, 원명을 그대로 부기하였고, 출생연도와 사망연도는 서양력으로 통일하였다.

　　예 : 넉시 Nurkse, Ranger (1901~1959)

(4) 표기는 다르나 같은 뜻을 가진 항목이거나, 한 항목의 설명이 다른 항목의 설명 중에 포함되어 있거나 복합항목으로 되어 있을 경우는 그 중 하나를 설명항목으로 다루고, 다른 것은 항목만을 적고, 그에 대한 설명항목을 ☞표로 지시하였다.

　　예 : 기술혁신 技術革新 ☞ 이노베이션

　　　　디플레이션 갭 ☞ 인플레이션 갭·디플레이션 갭

2. 본문의 기술

(1) 본문은 한글을 원칙으로 하되, 혼동의 우려가 있는 경우에는 한자를 덧붙였다.

(2) 본문 중 외국관계의 사항·지명·인명에 대해서는 필요에 따라 처음 나올 때에만 원어를 삽입하였다.

(3) 구(歐)·미(美)원어의 표시는 모두 로마자를 사용하였고, 설명문 중의 숫

자는 아라비아 숫자로 통일하였다.

(4) 설명문 중의 인용구 및 강조구에는 ' '를 붙이고 인용된 문헌의 이름은 우리말의 경우 「 」로 묶었으며, 서양어는 이탤릭체로 표시하였다.

(5) 항목설명의 끝에 →로 지시한 용어는 설명항목과 연관성이 있는 항목이다.

(6) 내용설명 중에 인용되는 외국어는 우리말 다음에 표기하되, ( )나 다른 표시를 하지 않았다.

(7) 참고문헌의 표시는 기본항목에만 한정하고, 다른 항목에는 생략하였다. 다만 한국경제사 부분에는 항목 수를 축소하여, 대항목으로 하였기 때문에 참고문헌을 붙이기로 하였다.

(8) 문헌란에 사용된 약어는 다음과 같다.

Aufl. ＝Auflage(版)	Ch. ＝Chapter(章)
	p. ＝page(面)
Vol. ＝Volume(券)	pp. ＝page(p의 복수)
	ed. ＝edited or edition(編輯)
Bd. ＝Band(券·册)	repr. ＝reprinted(再版)
	enl. ＝enlarged(增補)
Bde. ＝Band(Bd의 복수)	tr. ＝translated(飜譯)

3. 목차 및 색인

(1) 독자의 편의를 위하여 권두에 체계 목차를 붙였다.

(2) 권말에는 우리말 및 외국어의 사항색인을 붙이고 독립항목으로 설명된 것은 pp. 숫자를 고딕으로 표시하였다.

감 수 위 원

朴　　基　　赫　　경제학박사
연세대학교 명예교수

邊　　衡　　尹　　경제학박사
서울대학교 명예교수

成　　昌　　煥　　경제학박사
고려대학교 명예교수

李　　賢　　宰　　경제학박사
전 서울대총장

편 집 교 열 위 원

金 基 澤
경제학박사 영남대학교 전총장

李 喆 晟
경영학박사 성균관대학교 전총장

金 仁 基
경제학박사 중앙대학교 교수

林 正 德
경제학박사 부산발전연구원장

金 日 坤
경제학박사 부산대학교 교수

張 源 宗
경제학박사 동국대학교 명예교수

文 八 龍
경제학박사 건국대학교 교수

全 哲 煥
경제학박사 한국은행 총재

朴 光 淳
경제학박사 광주대학교 교수

崔 晄 烈
경제학박사 경북대학교 명예교수

司 空 壹
경제학박사 세계경제연구원 이사장

崔 成 豪
경제학박사 부산대학교 교수

체계목차

III. 생산 · 소비

Ⅶ. 재 　 정

XIII. 통계·수리경제·수학

XIV. 국제경제·기구

XV. 경영 및 기타

XVI. 환경

XVII. 인명

ㄱ

*가격 價格 price

가격은 본질적으로 어떤 한 재화가 다른 재화와 교환되는 비율이라고 정의할 수 있다. 다시 말하면, 가격은 어떤 한 재화 1단위를 얻기 위해서 그 대가로 희생해야하는 다른 재화의 단위수, 즉 기회비용으로 표시된다. 예를 들어 A재 1단위와 B재 4단위가 교환된다면 B재로 표시한 A재의 가격은 4가 된다. 만일 경제 내에 n개($n \geq 2$)의 재화가 존재한다면, 그 중 어느 하나를 계산단위로 선택함으로써 $n-1$개의 교환비율이 얻어진다. 즉 계산단위로 선택된 재화 1단위의 가격을 1이라 할 때, $n-1$개의 교환비율은 그 재화로 표시한 나머지 $n-1$개의 재화의 가격을 나타낸다. 이것이 상대가격 relative price 으로 일반균형이론의 기초를 이루는 분석개념이다.

분석개념이 고도로 발달한 근대경제조직하에서는 재화와 재화가 직접 물물교환되는 것이 아니라, 교환은 화폐를 매개로 하여 이루어진다. 이 경우에 어떤 재화의 가격은 그것과 교환되는 화폐량으로 표시된다. 이것이 화폐가격 money price 또는 절대가격 absolute price 이다. 그러나 가격관계가 일반적 교환수단이며 일반적 가치표현수단인 화폐를 매개로 하여 표현된다고 해서 앞에서 말한 가격의 본질, 즉 상대가격관계가 달라지는 것은 아니다. 왜냐하면 B재로 표시한 A재의 상대가격이 4이고 B재의 화폐가격이 100원이라면, A재의 화폐가격은 400원이 될 것이기 때문이다. 다시 말하면 화폐가격은 일반적 가치표현수단인 화폐를 계산단위로 해서 상대가격관계를 표현한 것에 불과하다고 할 수 있다. 이와 같이 희소한 자원으로 인간의 욕구를 충족시키기 위한 많은 종류의 경제재가 생산·교환되는 경제사회에서 가격관계의 형성은 불가피한 것이다. 기회비용으로서의 가격의 개념은 초역사적인 것으로서 원시사회에서부터 사회주의경제(잠재가격 또는 계산가격)에 이르기까지 공통적으로 성립한다.

다음으로 가격의 기능을 살펴보자. 경쟁시장에서 재화 또는 용역의 가격이 형성되면, 그것은 생산자나 소비자에게 신호의 역할을 한다. 예를 들어 어떤 재화 A에 대한 수요가 증가해서 그 재화의 가격이 상승하면, 그것은 첫째, 소비자에 대해서 그 재화의 소비를 줄이고 대체재의 사용을 늘리라는 신호가 되며 둘째, 생산자에 대해서는 이 재화의 생산을 늘리라는 신호가 된다. 이와 같이 경쟁시장에서 수요와 공급에 의해서 결정되는 재화의 가격은 그 재화의 소비·생산에 있어서 각 경제주체가 그들의 행동을 조정할 수 있는 지침 guidepost 으로서의 역할을 하게 된다. 이것을 가격의 파라미터적 기능 parametric function of price 이라 한다.

끝으로 가치와 가격의 관계를 살펴보자. 이것은 곧 가격을 결정하는 제요인에 관한 문제와 직결된다. 즉 앞에서 A재 1단위가 B재 4단위와 교환된다고 할 때, 그렇게 교환하게 하는 인자가 무엇이냐 하는 문제이다. 이것에 대해서 일반균형이론으로 대표되는 근대경제학 또는 정통파 경제학과 마르크스 경제학 간에는 심각한 대립이 존재한다. 전자의 경우, 모든 재화의 교환비율, 즉 상대가격체계 relative price system 는 경쟁시장에서 각 경제주체가 극대화원리에 따라 행동할 때, 주어져 있는 부존자원의 양, 선호 preferences 및 생산기술상태에 의해서 동시적으로 결정되는 일반균형해(一般均衡解)로서 주어진다. 그리고 이렇게 해서 결정된 상대가격체계는 바로 모든 재화들 간의 가격관계를 표현하는 것이 된다. 앞의 예에서 A재는 B재보다 4배의 가치를 갖는 것으로 평가된다. 가치와 가격은 교호적(交互的)으로 사용되며 동일한 것을 나타내는 개념이다. 양자를 결정하는 궁극적인 인자는 부존자원의 양, 선호 및 생산기술상태이다.

반면에 마르크스 경제학에서는 가격을 자본주의경제의 특유한 역사적 범주로서 파악하고 이것을 규제하는 인자는 가치라는 식으로 가격과 가치의 관계를 설명한다. 가격은 화폐상품으로 표시한 가치의 화폐적 표현에 지나지 않는다. 어떤 상품의 가치는 그 상품생산에 필요한 투하노동량 the amount of labour embodied 으로 측정된다. 즉 어떤 상품의 가치를 결정하는 궁극적인 인자는 그 생산에 직접·간접으로 필요한 투하노동량이 되는 셈이다. 이러한 상품가치는 공장기계설비, 원료 등에 투하된 불변자본가치(간접적 투하노동량), 노동력의 구매에 지불되는 가변자본가치 및 잉여가치(직접적 투하노동량)의 3부분으로 구성된다. 가격은 상품에 구현되어 있는 가치의 화폐적 표현이다. 그러나 이것은 상품이 자본주의적 경쟁시장에서 그 가치가 그대로 실현되느냐의 여부를 고려하지 않은 추상적인 의미에서의 가격이다. 현실의 자본주의사회에서는 각 산업간

의 자본의 유기적 구성의 차이에도 불구하고 자본과 노동의 자유로운 이동에 의해서 하나의 균등이윤률 uniform rate of profit 이 성립하며, 그 결과 가치는 생산가격 production price 으로 전화한다. 생산가격은 비용가격(＝불변자본비용＋가변자본비용)에 평균이윤을 더한 것이다. 한편 자본주의사회에서 실제로 경쟁시장에서 성립하는 가격은 가치 그 자체가 아니라 생산가격을 중심으로하여 수요와 공급에 따라 변동하는 가격이다. 이것이 시장가격 market price 이다. 즉 생산가격이 현실적으로 시장 메카니즘을 통해 구체화된 것이 시장가격이다. 이와 같이 마르크스 경제학은 가격을 자본주의경제에서 왜곡된 형태로서의 가치라고 본다. →가격기구, 노동가치설

〔참고문헌〕 Henderson, J. M. & Quandt, R. F., *Microeconomic Theory*, 2nd ed., 1971; Ferguson, C. E., *Microeconomic Theory*, 3rd ed., 1972; Marx, K. H., *Das Kapital*, Bd. 1. 1867; 조 순, 「경제학원론」, 1976.

가격기구 價格機構 price mechanism

일반적으로 경쟁시장에 있어서는 상품의 공급자나 수요자는 시장가격에 대응하여 각각 그 공급량과 수요량을 결정한다. 이들 개개의 공급량과 수요량을 합계한 것을 각각 사회적 수요량·공급량이라 하는데 이것이 일치하지 않을 때에는, 예를 들어 초과수요가 있으면 가격이 인상되고 초과공급이 있으면 가격은 하락한다. 따라서 각 개인은 새로 성립된 가격을 파라미터로 하여 각각 그들의 공급량 또는 수요량을 결정한다. 이 양자가 일치하지 않으면 다시 조정과정을 거쳐 양자가 같아지는 균형가격으로 수렴한다. 이러한 과정을 시행착오 trial and error 라 하며 가격이 이 시행착오를 통하여 초과수요와 공급이 0이 되도록 유도하는 조정 메카니즘을 가격기구라

한다. 이 가격기구는 각 재화가격의 결정을 통해 각 용도에 분배하는 역할도 수행한다.

가격대 價格帶 price range

협정가격대라고도 한다. 국제상품협정에 의하여 결정되는 가격의 폭이다. 국제상품가격의 대폭적 변동을 피하기 위하여 국제상품협정에 가맹하고 있는 각국이 미리 상품의 최고가격과 최저가격을 결정하여 그 범위내로 가격의 변동을 억제하기 위해 설정한 가격의 폭을 가격대라 한다.
→국제상품협정

가격분석·소득분석 價格分析·所得分析 price analysis · income analysis

I. 내 용 먼저 가격분석은 가계의 소비활동, 기업의 생산활동 등 개별경제주체의 행동원리에 기초하여 가격 메카니즘을 통한 가격의 결정 및 자원배분의 문제를 취급한다. 이것은 소비자·생산자의 개별적 행동에서 출발하여 경제를 분석한다는 의미에서 미시적 분석 micro-economic analysis 이라고도 하며, 가격분석이라는 명칭은 상품 및 요소의 부존량(賦存量), 시장조건 및 생산기술 등에 대해서 일정한 가정을 할 때 개별경제주체의 행동이 가격이라는 지표를 중심으로 전개된다는 의미에서 붙여진 것이다. 가격분석을 통해서 결정되는 주요한 것은 개별상품 및 개별생산요소의 가격, 그것의 수급량 및 그것의 생산에 사용되는 생산요소의 양 등이다.

반면에 소득분석은 경제전체로서의 국민소득, 고용 또는 총수요 등의 총계적 개념 aggregate concept 을 사용하여 경제전체의 움직임, 즉 국민소득수준, 자원의 총사용량, 총고용량의 결정이라는 문제를 취급한다. 이와 같이 총계적 개념을 사용하여 경제를 분석한다는 의미에서 소득분석을 거시적

분석 macro-economic analysis 이라고 한다. 그러나 소득분석이 이론적으로 가능하기 위해서는 사용되는 국민소득, 고용, 소비저축 등의 총량들간에 일정한 관계가 성립하며, 나아가서 그 관계가 장기적으로 안정적이라는 사실의 확인이 필요하다. 이렇게 해서 거시경제학에서 확립된 것이 예를 들면 소비함수, 투자함수 등이다. 소득분석이라는 명칭은 이 분석의 중심변수가 국민소득이라는 의미에서 편의상 붙여진 것이다. 그런데 국민소득수준의 결정이라는 문제를 분석하기 위해서는 경제전체의 총수요와 총공급의 관계를 고려해야 하므로, 소득분석에서는 또한 물가수준의 결정이라는 문제가 취급된다. 즉 가격분석에서는 개별상품가격의 결정을 문제의 대상으로 하는 반면에, 소득분석에서는 물가수준과 그와 관련된 현상으로서의 인플레이션 또는 디플레이션의 문제가 취급된다. 한편 국민소득수준의 여러 결정인자를 고려할 때 저축, 투자, 이자율 등의 변수가 등장하게 되므로, 소득수준은 화폐이론과 불가분적으로 연결된다. 따라서 소득분석의 정책적 의의를 검토하는 경우에는 금융정책과 재정정책이 중요하게 된다.

이상의 가격분석과 소득분석은 당연히 상호보완적인 성격의 것이어야 함에도 불구하고 그것에는 아직도 몇 가지 매우 중요한 문제가 만족스럽게 해결되지 못한 채 남아 있다. 하나는 소득분석에서의 집계의 문제 aggregation problem 이며, 다른 하나는 소득분석에서 발견된 거시적 관계의 미시이론적 근거의 구명(究明)이다. 후자의 경우, 현재 경제학의 가장 큰 문제 중의 하나로 되어 있는 케인즈 Keynes, J.M. 의 유효수요의 원리의 작용을 가능하게 하는 미시이론적 근거에 대한 학자들 간의 논란이 그 예이다.

Ⅱ. 경제학설사에서의 전개 1870년대의

한계혁명(限界革命) 이후 케인즈의 「일반이론」이 출간되기 전까지의 정통파경제이론은 가격분석 중심으로 되어 있었다. 여기서 소득분석이 별로 중요한 관심을 끌지 못한 것은 가격의 자동조절작용에 대한 낙관적인 신뢰가 충만한 자유경제사상 때문이었다. 즉 가격의 신축성이 보장되기만 한다면, 가격은 언제든지 수요와 공급이 균형을 이루는 방향으로 움직이기 때문에 비자발적 실업은 존재할 수 없으며, 따라서 완전고용은 반드시 도달하리라는 주장이다.

그러나 케인즈는 이러한 결론이, 분석대상이 되고 있는 불확실 위험이 뒤따르는 화폐적 생산경제 monetary production economy 의 특징들을 무시한 데서 도출된 것이라고 비판하였다. 여기에서 그는 정통파이론의 주장대로 실업이 단순히 가격의 신축성에 대한 여러 가지 장애로부터 생기는 과도기적 불균형상태를 나타내는 것이 아니라 경제전체의 고용수준은 유효수요의 크기에 따라서 이론적으로는 0부터 완전고용 사이의 어떠한 수준에도 머물 수 있다는 것을 증명하기 위해서 유효수요의 원리를 제시했다. 이와 같이 경제전체의 고용량이나 산출량에 대해서는 가격의 자동조절작용에 의존할 수 없다는 것을 강조한 케인즈 이론은, 당시 심각한 불황에 처해 있던 구미 선진국들의 시대적 상황을 배경으로 경제이론의 중심을 가격분석에서 소득분석으로 옮겨 놓는 초석이 되었다. 따라서 소득분석의 현대적 기원은 바로 케인즈에 있으며 이로부터 한계혁명에 대칭되는 케인즈 혁명이라는 용어가 생긴 것이다. →미시경제학・거시경제학, 케인즈 혁명

가격선 價格線 price line

소비자가 일정소득으로 두 재화를 구매한다고 가정하자. 이 때 두 재화를 사는 비용이 소비자의 소득을 초과해서는 안되므로, 이 조건을 수식으로 표시할 수 있다.

$$I = P_x \cdot X + P_y \cdot Y \cdots\cdots\cdots\cdots (1)$$

여기서 I는 소득, P_x, P_y는 각각 x재 y재의 가격, X, Y는 x재 y재의 구매량을 나타낸다. 즉 (1)식은 좌변의 소득이 우변의 비용과 같아야 한다는 것으로 소비자선택에 있어서의 제약조건식이다. (1)식을 변형하여 다음과 같이 쓸 수 있다.

$$Y = \frac{I}{P_y} - \frac{P_x}{P_y} X \cdots\cdots\cdots\cdots (2)$$

(2)식에서 I, P_x, P_y는 미리 주어진 것으로 가정된다. 따라서 (2)식은 기울기가 $-\frac{P_x}{P_y}$이고, Y축 절편이 $\frac{I}{P_y}$인 직선이다. (2)식을 그래프로 옮기면 그림의 TS직선과 같고 이것을 가격선이라 부른다. 가격선의 기울기는 x재와 y재의 상대가격비이며, Y절편(T점)은 소비자의 전소득으로 구매가능한 y재의 수량 $\left(\frac{I}{P_y}\right)$을 나타내고, 마찬가지로 X절편은 x재로 표시한 소비자의 실질소득이라고 볼 수 있다. 즉 가격선이란 주어진 가격하에서 일정소득으로 살 수 있는 두 재화의 여러 가지 배합을 가리키는 직선이다.

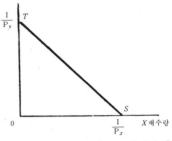

끝으로 가격선의 특질을 요약하면 ① 가격선의 기울기는 두 재화가격의 역비와 같으며, ② 상대가격이 불변이고 소득이 증가(감소)하면 가격선은 오른쪽(왼쪽)으로 평행이동한다. ③ 소비자의 무차별곡선과 더불어 소비자의 균형조건을 찾는 데 쓰여

진다. ④ 만약 소비자선택에 참가하는 재화가 n종일 때에는 n차원의 가격곡선을 형성한다. →무차별곡선

가격선도제 價格先導制 price leadership

과점시장의 본질적인 특징은 한 기업의 산출량과 가격에 관한 의사결정이 타기업의 그것과 상호의존관계를 갖는다는 점이다. 따라서 이 경우에 시장균형이 이루어지는 방식에는 여러 가지가 존재할 수 있다. 가격선도제는 이러한 과점시장에서 한 기업이 시장가격을 결정·변경하는 선도적 역할을 행하고, 다른 기업은 선도기업 price-leader의 행동에 수동적으로 반응하는 식의 의사결정을 하는 행동양식을 말한다. 이것은 과점기업들 간에 설비규모·비용·시장조건 등에서 뚜렷한 차이가 존재하여 어떤 한 기업이 타기업보다 월등한 경쟁력을 갖고 있을 때 기대될 수 있는 과점시장의 행동양식이다. →과점가격

가격소비곡선 價格消費曲線 price consumption curve

소비자가 구입하는 어떤 재화의 가격변화는 소비자의 균형점을 이동시켜서 그 재화에 대한 구입량을 변화시킬 뿐만 아니라, 다른 재화에 대한 구입량도 변화시킨다. 이 때 소비자의 명목화폐소득은 일정하게 두고, 한 재화의 가격변화에 따른 균형점의 궤적을 그리면 가격·소비곡선이 된다.

그림 1에는 소비자가 X, Y상품만을 구입한다고 가정하여 여기에 따른 가격선, 무차별곡선이 나타나 있다.

그림에서 최초의 X, Y재의 가격에 따른 가격선이 LM으로 나타나 있고, X재의 상대가격이 하락함에 따라 가격선이 LM', LM''로 점차 완만한 기울기를 갖게 된다. 최초의 가격선 LM에서 소비자는 무차별곡선 I와 P점에서 접하게 하여 균형에 도달하고, X재의 가격하락으로 가격선이 움직임에 따라 균형점은 무차별곡선과 새로 접하는 점 Q, R로 이동하게 된다. 이 때 P, Q, R을 연결하는 선을 가격소비곡선(PCC)이라 한다.

① 가격소비곡선과 수요곡선의 유도 : 어떤 상품에 대한 각 소비자의 수요곡선은, 엥겔곡선을 소득소비곡선에서 도출한 것과 같은 방법으로 가격소비곡선에서 도출할 수 있다. 어떤 상품의 수요곡선은 명목화폐소득, 타재화의 가격을 일정하게 놓았을 때 그 상품의 시장가격에 따른 균형수요량의 궤적이다. 그러면 이러한 관계를 그림에서 도출해 보자. 그림 1에서 소득과 Y재의 가격을 일정하게 놓았을 때 최초의 X재 가격을 Px_1이라 하면 X재의 균형소비량은 x_1이 된다. X재의 가격이 하락하

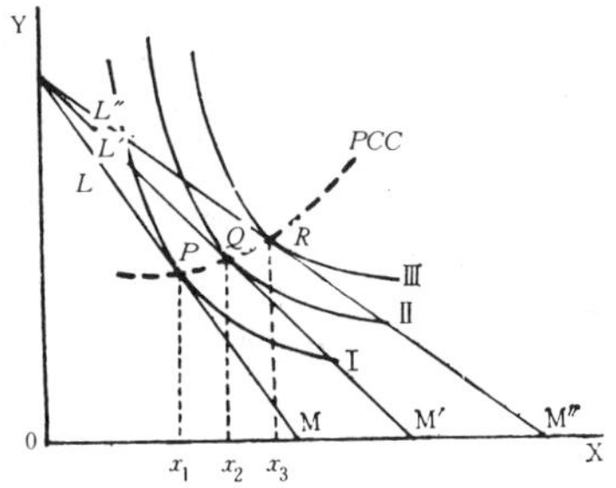

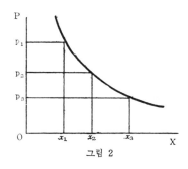

그림 1

그림 2

여 Px_2 가 되면 X재의 균형소비량은 x_2, 가격이 Px_3 까지 하락하면 균형소비량은 x_3 가 된다.

이 관계를 정리해 보면 그림 2에 나타난 바와 같이, X재의 가격이 하락하면 이에 따른 소비량, 즉 수요량은 증가한다.

② 가격소비곡선과 수요의 가격탄력성 : 가격의 변화율에 따른 수요량의 변화율인 수요의 가격탄력성은 가격소비곡선의 기울기에 의해서 결정된다. 이 관계를 그림으로 설명해 보기로 하자.

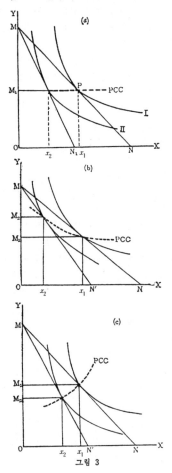

그림 3

그림 3에서 횡축은 X재를 표시하고 종축은 'Hicks-Marshall'화폐라 불리우는 X재 이외의 다른 재화를 나타내며, 화폐단위로 표시되어 있기 때문에 화폐소득은 OM이고 화폐의 가격은 1이다. 따라서 최초의 가격선은 MN이고 그 기울기는 X재의 가격이 된다. $\left(\frac{P_x}{1}=P_x\right)$

최초의 균형점은 무차별곡선 I 위에 있는 점 P이고, 이 점에서 X재를 $OX_1=M_1P$단위, 다른 재화를 OM_1 단위 구입하게 된다.

그런데 X재의 가격은 MN의 기울기이므로 $\frac{MM_1}{M_1P}$ 으로 표시할 수 있고 X재 소비를 화폐단위로 표시하면 $\frac{MM_1}{M_1P}\times M_1P=MM_1$ 이 된다. 이제 X재의 가격이 상승하여 MN' 의 기울기로 나타났다고 하자. 첫째, 그림 3(a)의 경우 X재의 소비량은 OX_2 로 줄고, 화폐단위는 OM_1 수준에 고정되어 있다. 여기에서도 앞에서 사용했던 방법으로 X재를 화폐단위로 표시하면 MM_1 이 된다. 그러면 소비자가 X재에 할당한 화폐단위에는 변함이 없기 때문에 X재 가격의 비례적인 증가가 X재 수요량의 비례적인 감소로 이 경우에는 단위탄력도 ($\epsilon=1$)를 갖는다. 둘째, 그림 3(b)의 경우에는 X재의 가격상승이 X재의 소비에 따른 화폐단위를 MM_1 에서 MM_2 로, 즉 감소를 가져온다. 따라서 총지출액이 감소한다는 것은 X재 가격의 비례적인 증가보다 수요량의 비례적인 감소가 크기 때문이므로 $\left(\frac{\Delta Q}{Q}>\frac{\Delta P}{P}\right)$ 수요곡선도 탄력적으로 ($\epsilon>1$)된다. 셋째, 그림 3(c)는 비탄력적($\epsilon<1$)인 경우를 나타내고 있다. 즉 가격의 비례적인 상승이 수요량의 비례적인 하락보다 크기 때문에 $\left(\frac{\Delta Q}{Q}<\frac{\Delta P}{P}\right)$ X재에 대한 지출의 화폐단위가 MM_1 에서 MM_2 로 커진다. 이상을 종합하면 가격·소비곡선의 기울기가 0이면 탄력도가 1이

고, 기울기가 +이면 비탄력적($\epsilon < 1$), −
이면 탄력적($\epsilon > 1$)임을 알 수 있다.

가격안정(價格安定)카르텔　price stabilization cartel

사기업이 동업종의 타사와 협정을 체결
하여 생산을 제한하고 가격을 협정하는 것
을 말한다. 물가의 앙등이 심할 때, 국민
생활상 중요한 물자에 한해서는 정부가 가
격의 상한선을 설정하여 가격의 안정을 꾀
하는 조치를 취할 때가 있다. 이러한 규제
조치는 일반적으로 비상사태시에만 취해
지는 예외적인 것이다. →카르텔

가격의 신축성·경직성 價格의 伸縮性·硬直性 price flexibility·price rigidity

자본주의 경제는 시장생산을 중심으로
하며, 가격변동이 수요와 공급을 조절한
다. 랑게 Lange, O. 의 정의에 따라 설명하
면, 어떤 상품의 가격이 주어지면 그것에
대한 수요량과 공급량이 결정되고, 따라서
플러스 또는 마이너스의 초과수요 excess
demand 가 결정된다. 이러한 초과수요에
대해서 가격은 다음과 같이 반응한다.

① 플러스의 초과수요가 있을 때 가격이
상승하고, 마이너스의 초과수요(=초과공
급)가 있을 때 가격이 하락한다. 이것은
가격이 신축적인 경우이다.

② 플러스 또는 마이너스의 초과수요가
있을 때 가격이 별다른 변동을 보이지 않
으면 가격이 경직적인 경우이다. 신고전파
와 그 이후의 경제학자들은 이자율 및 임
금률를 포함한 광의의 가격의 신축성이 경
제의 안정과 완전고용의 실현에 필요하다
고 생각해 왔다. 그러나 케인즈 혁명 이후
이 견해는 부정되고, 오히려 가격의 경직
성이 경제의 안정요인이라고 생각하는 견
해가 나타났다. 랑게는 가격의 신축성이

생산요소의 수급균형을 자동적으로 유지
또는 회복시킬 수 있는 것은 매우 특수한
조건하에서라는 것을 논증했다. 즉 화폐제
도의 감응성 sensitivity 과 가격예상의 탄
력성이 플러스의 화폐적 효과를 가져올
것, 이자율의 변화에 대한 이시적 대체(異
時的 代替) intertemporal substitution 가 민
감할 것, 매우 특수한 생산요소로서 그 수
급이 매우 탄력적인 가격예상에 의존하지
않을 것, 그리고 산출량 및 투입량의 공급
과점적 또는 수요과점적 경직성이 존재하
지 않을 것 등의 조건이 그것이다.

오늘날 자본주의에서는 공급과점적 및
수요과점적 집단이 경제의 지배적 지위를
갖게끔 성장해 있다. 이러한 사정하에서는
가격의 신축성은 장기경제정책의 규범으
로서도 단기경제정책의 규범으로서도 부
적절한 것이라 할 수 있다. 화폐정책에 의
해서 바람직한 플러스의 화폐적 효과를 얻
을 수 있고, 장기에 걸친 가격예상이 상당
히 탄력적이라면 하나 또는 몇 가지의 중
요가격이 경직적인 것이 오히려 보다 바람
직하다.

가격(價格)의 파라미터적 기능(的機能)　parametric function of price

자유경쟁이 완전하게 이루어지는 시장
에 있어서 개개의 수요자나 공급자는 상품
의 가격을 자기 마음대로 조작할 수 없다.
예를 들면, 1개인만이 다른 수요자보다 값
싼 가격으로 상품을 사려 해도 그렇게 할
수는 없다. 가격은 개인적인 입장에 있어
서는 본인의 의지나 의사와는 독립적으로
주어진 것이라고 간주된다. 그러나 시장에
있어서의 가격은 부동인 것이 아니고 총수
요량과 총공급량과의 관계에 의해서 변동
한다.

예를 들면 수요가 공급을 초과하면(초과
수요) 가격은 등귀하고, 공급이 수요를 초

과하면(초과공급) 가격은 하락한다. 그리고 이 가격의 상하운동은 수요량 및 공급량을 다시 움직여서 수급의 균형에로 유도하는 것이다. 즉 가격이 높으면 공급량은 증가하고 수요량은 감소한다. 또 가격이 낮으면 수요량은 증가하고 공급량은 감소한다. 가격의 이러한 성질, 다시 말하면 개인에 대해서는 주어진 것이지만 수급량의 관계에 따라서 변동하며, 수급량이 서로 같아지도록 유도해가는 역할을 가격의 파라미터적 기능이라고 한다. 그러나 시장에 독점자가 존재하는 경우에는 이 기능은 약해지게 된다. 그것은 독점자가 그 독점상품의 가격을 어느 정도 마음대로 조작하는 것이 가능하게 되기 때문이다. 또한 계획경제하에 있어 공정가격을 결정할 경우에도 이 가격의 파라미터적 기능을 고려하는 것이 필요하다. 이것을 무시하고 공정가격을 지정하면 암시장이 발생해서 공정가격의 의의가 희박해질 우려가 있다.

가격-정화(價格-正貨) 플로우 메카니즘 price-specie flow mechanism

금본위제나 고정환율제도 하에서 금이나 정화의 이동과 물가수준의 조정을 통하여 국제수지가 자동으로 조정되는 경로를 말한다. 국제수지의 불균형이 통화적 현상이고 자동으로 조정된다는 사고는 18세기의 철학자이며 경제학자인 흄 D. Hume의 '화폐론'에 기술된 금본위제도하에서의 '가격-정화 플로우 메카니즘'에서 그 기원을 찾을 수 있다. 즉 고정환율제도 하에서 각국의 통화량이 내생적으로 정해지는 원리를 설명한 이론이다. 이는 금본위제도를 상정하여 전개한 이론이지만 고정환율제도하에서도 그대로 적용된다. 금본위제도하에서 각국은 금의 일정량을 자국의 통화단위로 정하고 금과 자국통화의 태환을 인정하였다. 따라서 금본위제도하에서의 환율은 각국 통화의 금평가 gold parity

에 의해서 고정된다.

예를 들어 우리 나라가 고정환율제도를 택하여 환율을 1달러에 1원에 고정시켜 두었다 하자. 이 경우 금 1 g 이 미국에서 10달러에 거래된다면, 한국에서의 금 1 g 값은 10원이 되어야 한다. 만일 한국의 금값이 1 g 에 12원이라면 10원을 주고 10달러를 바꾸어 미국에서 금을 수입해 팔면 20%의 이익을 얻게 되므로 한국의 금값이 1 g 에 12원 수준을 지속적으로 유지할 수 없다. 만일 국내의 금값을 1 g 에 12원으로 묶어두고자 한다면 고정환율을 1달러에 1.2원으로 변경해야 할 것이다. 이와 같이 고정환율제도하에서 국가간 일물일가의 법칙이 성립하도록 금이나 정화의 이동이 이루어지거나 상품의 가격이 조정되어야 한다는 이론이 '가격-정화 플로우 메카니즘' 이다. 물론 실제에 있어서는 무역제한조치나 조세 또는 수송비 등으로 인해 금의 실질가격이 모든 나라에서 동일하게 정해지지는 않는다.

이와 같이 국제수지불균형이 금의 유출입을 가져온다면 국제수지적자는 지속적인 금의 유출만을 가져올 것인가, 만일 그렇다면 금본위제도는 금보유량이라는 한계내에서만 유효한 것인가 하는 문제에 당면한다. 그런데 흄은 금의 이동에 따른 통화량의 변화와 신축적인 가격의 변화에 의해서 국제수지불균형은 자동적으로 해소된다고 보았다. 국제수지적자상태에 있는 국가의 경우 금의 유출은 국내통화량의 감소를 가져와 지출을 감소시킨다. 그리고 지출감소는 국내물가를 하락시키고, 물가하락은 가격경쟁력을 강화시켜 수출을 증가시키고, 따라서 국제수지균형을 회복시킨다는 것이다. 물론 국제수지흑자 상태에 있는 국가의 경우에는 반대현상이 일어날 것이며, 결국 국제수지는 균형을 이루게 된다는 것이다.

금본위제도 하에서 국제수지는 자동조정기능에 의하여 자연히 해결된다는 흄의 주장에도 불구하고 금본위제도가 실제로 실시되었던 1880~1914년 동안 국제수지적자는 자동조정기능에 의하여 해결되기보다는 많은 경우 금융기관의 이자율조정에 따른 자본유입에 의해서 보전되어 왔음을 볼 수 있다. 특히 국제수지 불균형이 일시적인 현상이라고 판단될 경우 국내이자율을 인상하여 외국자본을 유치하여 국제수지적자를 보전해 왔다.

이와 같은 금융정책이 사용된 이면에는, 물가가 신축적이어서 항상 완전고용상태를 유지한다는 가정이 현실적으로 문제가 있었기 때문이다. 국제수지적자에 따라 금이 유출되어 통화량이 감소하고 지출이 줄어들 경우, 가격이 신축적으로 하락하지 않는다면 수량조정이 먼저 일어나 실업은 늘어나고 경기는 침체하게 될 것이다.

실제로 가격이 신축적으로 적응하지 않아 국제수지조정기능이 제대로 작용하지 않고 경기가 침체에 빠졌던 경우는 1차 대전 직후 영국의 경험에서 찾아볼 수 있다. 1차 대전 직후 영국은 금본위제도로의 복귀를 꾀하면서 금과 영국 파운드화의 교환비율을 전쟁 이전의 수준으로 되돌리려 하였다. 그런데 1차 대전을 겪는 동안 파운드화의 가치가 크게 하락하였기 때문에 종전의 금평가로 되돌린다는 것은 영국 파운드화를 결과적으로 고평가시키는 결과를 가져왔다. 따라서 국제수지는 적자를 보게 되어 통화량이 감소하고, 지출이 줄어들게 되었다. 그런데 이와 같은 지출감소가 가격하락을 가져오고 국제수지를 균형으로 회복시키는 대신 경기침체를 가져와서 영국경제는 디플레이션에 빠지게 되었다. 실제로 실업이 증대했고 노동분쟁이 계속 일어났으며 영국경제는 침체의 늪에서 헤어나지 못했다.

결국 '가격-정화 플로우 메카니즘'이 제대로 작용하기 위해서는 국제수지 불균형 규모에 의하여 국내통화량이 조정되어야 하고, 물가수준이 국내통화량의 조정에 따라 신축적으로 변화되어서 경제가 완전고용상태에 계속 머무른다는 조건을 만족시켜야 한다. 따라서 물가가 통화량의 변화에 따라 신축적으로 변하지 않고 그 대신 고용량 등 수량조정이 먼저 일어날 경우 '가격-정화 플로우 메카니즘'에 의한 국제수지 자동조정기능은 제대로 이루어지지 않을 것이다.

가격지지정책: 價格支持政策 ☞지지가격

*가격차별 價格差別 price discrimination

독점기업이 자신이 생산하는 상품에 대한 소비자계층간의 수요탄력성이 다를 경우, 시장을 2개 이상으로 분할해서 분할된 각 시장에 상이한 가격으로 판매하는 것을 말한다. 이 때의 가격을 차별가격이라고 한다. 독점기업이 가격차별을 실시하는 이유는 그의 전생산물을 단일시장에서 균일한 가격으로 판매할 때보다 더 많은 이윤을 획득할 수 있기 때문이다. 가격차별의 실시가 가능하기 위해서는 위의 수요탄력성이 달라야 한다는 것 이외에도 다음과 같은 조건이 충족되지 않으면 안된다. ① 시장분할에 필요한 비용이 그것으로부터 얻어지는 추가적 이윤보다 작아야 한다. ② 구매자에 의한 재판매, 즉 구매자가 어떤 한 시장에서 상품을 사서 다른 시장에 다시 판매하는 것이 불가능해야 한다. 이 조건이 충족되지 않으면 사람들은 가격이 저렴한 시장에서 상품을 구매하여 가격이 보다 높은 시장에 판매함으로써 이익을 보려 할 것이다. 그 결과 모든 시장에서 가격이 균등화될 것이다.

따라서 가격차별은 그 이전이 용이하지 않은 전기, 가스, 수도 등과 같은 상품에 적용할 수 있다. 또한 독점기업은 국내시장과 해외시장과 같이 지역적으로 떨어져 있는 시장에 대해서도 가격차별을 적용할 수 있다. 이제 어떤 독점기업이 2개의 분할된 시장에서 가격차별을 실시한다고 하자. 그러면 이윤은 다음과 같이 나타낼 수 있다.

$$\pi = R_1(q_1) + R_2(q_2) - C(q_1 + q_2)$$

여기에서는 q_1, q_2는 그가 두 시장에서 판매하는 상품량이고, $R_1(q_1)$, $R_2(q_2)$는 수입함수 revenue function 이며, $C(q_1+q_2)$는 비용함수이다. 이윤극대화조건으로부터

$$\frac{\partial \pi}{\partial q_1} = R_1'(q_1) - C'(q_1 + q_2) = 0$$

$$\frac{\partial \pi}{\partial q_2} = R_2'(q_2) - C'(q_1 + q_2) = 0$$

따라서 $R_1'(q_1) = R_2'(q_2) = C'(q_1+q_2)$, 즉 각 시장에서의 한계수입이 전산출량의 한계비용과 같아야 한다. 그런데 각 시장에서의 판매가격을 각각 P_1, P_2라 할 때 $R_1(q_1) = P_1 q_1$, $R_2(q_2) = P_2 q_2$ 이므로

$$R_1'(q_1) = P_1 + q_1 \frac{dP_1}{dq_1} = P_1\left(1 - \frac{1}{\varepsilon_1}\right),$$

$$R_2'(q_2) = P_2 + q_2 \frac{dP_2}{dq_2} = P_2\left(1 - \frac{1}{\varepsilon_2}\right)$$

가 성립한다. 여기에서

$$\varepsilon_1 = -\frac{P_1}{q_1}\frac{dq_1}{dP_1}, \quad \varepsilon_2 = -\frac{P_2}{q_1}\frac{dq_2}{dP_2}$$ 로 각 시

장의 균형점에서의 수요탄력성 point elasticity of demand을 나타낸다. 위의 이윤극대화조건으로부터 $R_1'(q_1) = R_2'(q_2)$이므로 $P_1\left(1 - \frac{1}{\varepsilon_1}\right) = P_2\left(1 - \frac{1}{\varepsilon_2}\right)$. 따라서 $\varepsilon_1 >$ ε_2이면 $P_1 < P_2$가 성립한다. 즉 독점기업은 가격차별을 할 때, 수요탄력성이 큰 시장에 보다 낮은 가격으로 상품을 공급한다. 이것을 그림으로 설명하면 다음과 같다. 그림에서 수요곡선 D_2가 수요곡선 D_1보다 탄력적이다.

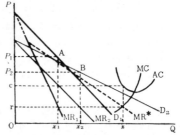

MR_1과 MR_2는 각각 독점기업의 한계수입곡선을 나타낸다. 그리고 MR^*는 전산출량의 한계수입곡선으로 단순히 MR_1과 MR_2를 수평적으로 더한 것에 지나지 않는다. 이윤극대화가 달성되는 균형점에서는 $MR_1 = MR_2 = MR^* = MC$가 성립하므로 이 기업의 균형산출량은 Ox가 된다. 그리고 각 시장에는 $MR_1 = MR_2 = MR^*$가 성립하게 되는 Ox_1, Ox_2 만큼이 각각 공급되며, 그 때의 평균공급가격은 각각 P_1, P_2로 된다. 그림에서 구체적으로 예시되어 있지는 않지만 균형공급량 Ox_1, Ox_2에 대응하는 각 시장의 수요곡선상의 점 A와 B에서 점(點)탄력성 e_1^*와 e_2^* 사이에는 반드시 $e_1^* < e_2^*$라는 관계가 성립한다.

이상에서는 독점기업의 경우를 중심으로 하여 가격차별을 설명하였다. 그러나 국영기업 또는 공공단체가 이윤극대화보다는 사회전체의 복지를 증진시키기 위해서 저소득층과 고소득층에 어떤 재화나 용역을 차별가격으로 공급하는 경우도 가격차별의 하나의 예이다.

[참고문헌] Henderson, J. Z. & Quandt, R. E., *Microeconomic Theory*, 2nd ed., 1971; Ferguson, C. E., *Microeconomic Theory*, 3rd ed., 1972; Samuelson, P. A., *Economics*, 10th ed., 1977.

가격통제 價格統制 price control

가격정책의 일환으로서 가격의 자동조절기능에 차질이 생겼을 때 공적의사를 가지고 직접적으로 가격을 규제하는 것을 말

한다. 가격통제는 법률상으로 그 근거를 가질 수 있으므로 직접적인 강제성을 내포하지만, 생산자재의 할당제도나 소비물자의 가격제도를 수반하지 않으면 가격통제 자체가 원활히 그 기능을 발휘할 수 없게 된다.

가격통제는 일반적으로 다음과 같은 때 실시한다. ① 초과수요가 지속되어 인플레이션이 진행될 때 이를 억제하기 위하여 임금 또는 물가에 일반적인 법적규제를 가하는 경우에는 초과수요가 용이하게 감소하지 않기 때문에 물자의 할당, 소비의 규제 등과 같이 물적인 통제를 병용하여 경제순환을 원활하게 하는 것이 보통이다. ② 인플레이션의 진행과정에서의 국부적인 수요초과 또는 공급부족 즉 애로 bottleneck 가 생겨서 전반적인 경제의 원활한 순환을 저해할 우려가 있을 때 가격통제의 출발점으로 되는 경우가 많다. ③ 사업의 공익성과 독점성으로 인하여 관영사업이나 공익사업의 요금에 대한 가격통제가 실시되는 경우가 있다. ④ 기타 국가경제의 필요에 따라, 이를테면 원활한 비료수급을 위해, 또는 미가(米價)의 조절을 위해 각 상품별로 가격통제가 시행될 때도 있고, 수출입가격과 국내가격의 조정을 위하여 가격의 통제가 실시될 수도 있다. 우리 나라에 있어서 5·16 이후 군사혁명위원회 포고 제6호에 의해 모든 물가를 5·15가격선으로 동결시킨 것은 가격통제의 대표적 예라 하겠다. →공정가격

가격혁명 價格革命 price revolution

16세기 후반부터 17세기 전반에 이르는 약 1세기동안 유럽에 있어서의 가격의 혁명적 등귀를 말한다. 당시의 사람들은 이 등귀원인을 흉작·수출초과·독점·중세(重稅)·악주(惡鑄) 등의 경제적 이유에서 찾고, '화폐의 파라독스'로서 이해했지만,

최대의 원인은 미국으로로부터의 대량의 은 유입에 기초한 화폐구매력의 저하에 있었다. 유럽인의 아메리카 정복은 흑인의 저렴한 노예노동, 토착인의 강제노동에 의한 귀금속의 약탈적 취득을 가져왔고, 특히 은생산에 있어서의 기술변혁, 소위 아말감법의 채용에 의한 연료비·간접비의 경감과 고능률적인 대량생산에 성공하고 은의 평균생산비는 대폭 하락되었다. 이에 따라 은의 가치는 크게 하락되었다.

이러한 은의 가치하락으로 수반된 유럽의 물가상승은 지역적·상품별로 그 강도를 달리하고, 엄밀·정확한 통계적 제시는 곤란하지만 적어도 2배 이상에 달하였다. 특히 스페인에서 최대의 물가상승을 나타냈는데 1501~10년을 100으로 할 때 1591~1600년 303, 1601~10년 340이나 되었다. 영국·프랑스에 있어서도, 1501~25년을 100으로 할 때, 영국은 1643~52년 348, 프랑스는 1576~1600년 219로 2~3배의 물가상승이 있었다.

그런데 이러한 가격혁명의 역사적 의의는 근대자본주의 발흥의 한 요인으로서 다음과 같이 평가되고 있다. ① 이미 임금노동자가 출현하고 있는 곳에서는 노동의 저임화가 강화되었다. 물가등귀는 먼저 농업생산물에 나타났지만 곡가의 상승에도 불구하고 임금은 정체적이어서 노동자의 생활수준이 저하되었다. ② 임금상승의 둔화(프랑스 및 영국의 임금지수는 앞에 기술한 각각의 시기에 138 및 189)에서 발생한 초과이윤은 기업가에게 대량의 잉여자본의 형성을 가능케 하고 이에 따라 공업, 산업 및 금융업에서 대규모 경영의 발전이 촉진되었다.

가격협정 價格協定 price cartel

가격 카르텔이라고도 한다. 동일상품을 생산하는 기업이 서로 협정을 체결하여 가

격을 결정함을 말한다. 자본주의 경제하에서 경쟁이 심할 때 시장지배와 독점이윤이 각 기업의 목적으로 취해지는 것이 보통이다. 이 경우 가격이 부당하게 상승하여 소비자가 피해를 볼 우려가 있으므로 현재로서는 공정거래법으로 가격협정을 금지시키고 있다. 단지 불황으로 가격의 하락이 매우 심각하게 되고, 따라서 기업의 경영이 대단한 난관에 봉착했을 때에는 물가안정위원회의 승인을 얻어 협정을 맺을 수 있다. →카르텔, 공정거래법

*가격효과 價格效果 price effect

어떤 재화의 가격변화가 그 재화의 수요(소비)량에 미치는 효과를 말한다. 이제 어떤 가계가 두 가지 상품만을 소비한다고 하고, 각각의 소비량을 q_1, q_2, 가격을 p_1, p_2로 나타내자. 그러면 다음 그림에서와 같이 무차별곡선을 이용하여 가격효과를 설명할 수 있다.

이 가계의 소득이 y_0로 일정하게 주어져 있다면, 가격선 budget line 의 식은 $y_0 = p_1 q_1 + p_2 q_2$가 된다. 그림에서 q_1을 횡축, q_2를 종축에서 측정할 때, 가격변화가 일어나기 전의 가격선은 직선 CD로 나타나 있다. 따라서 그 때의 소비자균형점은 무차별곡선 $U'U^0$가 가격선 CD와 접하는 E점이 된다. 이제 제2재의 가격은 불변인채, 제1재의 가격이 $p_1'(p_1 > p_1')$로 하락했다고 하자. 그러면 새로운 가격선은 직선 CF가 된다. 따라서 새로운 소비균형은 무차별곡선 $U'U'$와 새로운 가격선 CF가 접하는 E'점에서 이루어진다. 즉 제1재의 소비량은 그것의 가격이 p_1에서 p_1'로 하락할 때, OA에서 OB로 AB만큼 증가하는데, 이것이 가격효과이다.

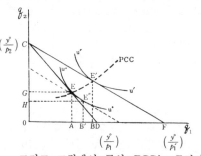

그리고 그림에서 곡선 PCC는 E점과 E'점을 연결한 것인데, 이와 같이 가격변화에 따른 소비균형점의 이동경로를 가격소비곡선 price-consumption curve 이라고 한다. 그런데 가격효과는 대체효과 substitution effect 와 소득효과 income effect 의 합으로 생각할 수 있다. 즉 어떤 재화가격의 하락은 한편에서 그것과 대체재의 관계에 있는 다른 하나의 재화의 소비를 감소시키고 가격이 하락한 재화를 더 많이 소비하도록 하며, 다른 한편에서는 가계의 실질소득을 증가시킴으로써 더 많은 재화(어느 하나 또는 두 재화 모두)의 소비를 가능케 한다. 전자에 의한 효과를 대체효과, 후자에 의한 효과를 소득효과라 한다. 대체효과는 어떤 재화가격이 변화할 때 그것이 가져오는 실질소득변화 효과는 무시하고 (따라서 효용은 가격변화 이전의 수준에 유지되는 것으로 가정된다) 재화의 소비량에 미치는 효과, 즉

$\left(\dfrac{\partial q_i}{\partial p_i}\right)_{u=constant}$; $i=1$, 2로 정의된다.

한편 소득효과는 어떤 재화의 가격이 변화할 때 상대가격 변화는 무시하고, 그것이 가져오는 실질소득의 변화가 해당 재화의 소비량에 미치는 효과, 즉

$\left(\dfrac{\partial q_i}{\partial y}\right)_{prices=constant}$로 정의된다. 그림에서 점선으로 나타낸 가격선은 제1재의 가격의 하락이 가져오는 실질소득증가효과를 무시할 때의 가격선으로 가격선 CF와 평행

이다. E'' 점은 무차별곡선 $U^\circ U^\circ$ 가 점선의 가격선과 접하는 점이다. 따라서 앞의 정의에 따라 q_1 의 소비증가를 AB 중에서 AB' 는 대체효과, 그리고 나머지 $B'B$는 소득효과에 의한 것임을 알 수 있다. 다시 말하면 이 가계는 제1재의 가격이 P_1 에서 P_1' 로 하락할 때 q_2 의 소비를 GH 만큼 감소시키고 q_1 의 소비를 AB' 만큼 증가시키며(대체효과), 가격하락이 가져오는 실질소득증가효과로 다시 제1재의 소비를 OB' 에서 OB 로 $B'B$ 만큼 증가시킨다. 소득효과가 정(正), 즉 $\left(\dfrac{\partial q_i}{\partial y}\right)_{\text{price=constant}} > 0$ 일 때 그 재화를 정상재 normal good, 부(負)일 때에는 열등재 inferior good 라고 한다. 위의 예에서 제1재는 정상재이다. 가격이 하락할 때, 오히려 그것에 대한 수요량이 감소하는 재화를 기펜재 Giffen's good 라 한다. 그런데 가격하락에 의한 해당재화의 대체효과는 항상 정이므로, 기펜재는 열등재 중에서도 정의 대체효과보다 부의 소득효과가 더 클 경우에 생긴다. →슬루츠키방정식

[참고문헌] Henderson, J. M. & Quandt, R. E., *Microeconomic Theory*, 2nd ed., 1971; Ferguson, C. E., *Microeconomic Theory*, 3rd ed., 1972; Friedman, M., *Price Theory*.

가계 家計 household

경제활동의 결과 얻어진 대가를 수입원으로 하여 상품의 최종적 소비활동을 영위하는 경제주체를 말한다. 가계는 경제분석에서 기업과 정부와 함께 경제활동을 영위하는 주체 중에서 중요한 부문을 구성한다. 구체적으로는 세대를 단위로 하며, 세대는 생계를 같이하는 일단의 동거인을 총칭하는 개념이다. →기업

가계조사 家計調査 family(household) budget survey

전국의 가계수지를 조사하여 국민의 소비생활의 실태, 생활수준의 추이, 지역적 차이 등을 파악하여 경제정책과 사회정책 수립의 기초자료로 하기 위하여 정부에서 행하는 조사를 말한다. 조사사항은 ① 근로자 가구는 수지(收支)의 일절 ② 근로자 이외의 일반가구는 지불 일절 ③ 가구원과 주거에 관한 사항 등이다. 조사방법은 조사할 가구의 가계부의 기입에 입각하여 조사를 행한다. 이외에 면접조사방법도 이용되고 있으며, 대개는 표본조사의 방법을 취하는 것이 보통이다. →엥겔의 법칙

가공무역 加工貿易 improvement trade

원재료 또는 반제품을 외국으로부터 수입하여 이를 가공·제조한 후 다시 외국으로 수출하는 능동적 가공무역과, 자국의 원재료 또는 반제품을 가공할 목적으로 외국에 수출하여 이를 다시 수입하는 수동적 가공무역을 총칭하는 것이다. 그러나 일반적으로는 전자만을 가공무역이라 한다. 일반적 의미의 가공무역은 한편에서는 외국의 자원과 시장을 활용함으로써 국민경제를 발전시킨다는 장점을 가진다. 그러나 가공무역에의 지나친 의존은 국민경제의 자율적 재생산 기반을 저해할 우려가 있다. →무역의존도

가내공업 家內工業 domestic industry

직접생산자가 자신의 집을 작업장으로 사용하는 공업생산의 형태를 말한다. 가내공업에는 역사적으로 세 가지의 단계가 있다. ① 농가의 현물경제에 따른 자급자족을 위한 원료의 가공형태 ② 도시 길드가 행하는 수공업형태의 단계에서 직업으로서의 공업을 농업에서 분리한다. 수공업은 초기에는 특정 소비자의 주문에 응한 생산을 행하였으나, 후에는 생산물을 시장에서

판매하게 되었다. 이와 같이 수공업자가 제품을 시장에 내면 그는 소상품 생산자로 된다. 길드제도의 붕괴와 상품생산의 발전에 따라 가내공업은 분해되며, 새로운 자본주의적 생산관계가 나타난다. 그 한 형태는 부유한 가내공업자가 많은 임금노동자를 고용하여 같은 작업장에서 노동시키는 것으로서, 제조업 manufacture 의 형태를 취하게 된다. ③ 수공업자가 상업자본의 지배하에서 원료나 반제품을 미리 공급받아 제품을 인도한다는 형태를 취한다. 이것이 가내공업의 세번째 단계를 이루는 도급제 가내공업=자본제적 가내노동이다. 이외에 자본주의 사회에 있어서의 가내노동으로서, 공장, 제조업의 하청업과 같은 형태를 취하는 근대적 가내공업이 있다. →매뉴팩쳐, 길드

가변비례의 법칙 可變比例의 法則
☞수확체감·불변·체증의 법칙

가변비용·고정비용 可變費用·固定費用 ☞생산비

가변자본·불변자본 可變資本·不變資本 variable capital·constant capital

가치형성과정 혹은 가치증식과정의 요인으로서 파악된 자본이 그 기능에 따라 구별된 두 가지의 자본개념이다. 화폐형태를 취하는 일정량의 가치가 노동시장 및 생산재시장에 투하되어 노동력 및 생산수단으로 전화함에 의해 화폐자본은 생산자본으로 전형(轉形)하고 자본의 직접적 생산과정이 시작된다. 생산과정인 노동과정은 상품생산에 있어서는 동시에 가치형성과정이다.

노동과정에서 생산수단은 생산적으로 소비되어 그 사용가치를 잃고 새로운 사용가치인 생산물로 전화한다. 원래 가치는 사용가치를 떠나서는 존재하지 않기 때문에 사용가치의 일반적인 소비는 그의 소멸을 초래하고 가치 또한 소실된다. 그러나 생산적 소비에 있어서는 생산수단의 사용가치는 소멸되는 대신 형태를 바꾼 새로운 사용가치인 생산물로 재생된다. 이렇게 해서 생산수단의 가치는 그대로 생산물에 이전된다. 원재료와 같은 것은 1회의 노동과정의 완료와 동시에 그 사용가치를 전부 잃어 버리지만 이것에 반해 노동수단은 그 사용가치의 일부분을 소모함에 불과하다. 따라서 가치형성에 있어서 전자는 전부, 후자는 부분적으로 그 가치를 생산물에 이전한다.

물론 이러한 일은 노동의 매개 없이는 이루어지지 않는다. 가치형성력으로서 노동은 생산물에 가치를 부가함과 동시에 생산수단의 가치를 새로운 생산물로 보존한다. 즉 노동은 한편에서는 가치를 창조하고 다른 한편에서는 가치를 보존 혹은 이전시킨다. 가치창조자로서의 노동은 노동력을 소비함에 의해 노동력의 가치를 재생산하고 나아가서 그 이상의 가치(잉여가치)를 생산한다. 노동에 의해 생산수단의 가치는 생산물 중에 보존됨에 불과한 데 반해 노동력의 가치는 재생산된다.

이와 같이 생산자본의 두 종류 요소는 생산물의 가치형성의 요인으로서 서로 다른 역할을 한다. 이들은 모두 일정액의 자본가치가 전화한 것에 불과하다. 때문에 가치증식의 자본운동에서 문제가 되는 것은 가치형성요인인 이들 두 종류의 생산자본이 가치증식에서 어떠한 역할을 하는가 하는 것이다. 생산수단으로 전화한 자본가치는 노동과정에서 그 가치가 양적인 변화 없이 그대로 생산물에 이전되기 때문에 이것을 불변자본이라고 한다. 이에 반해 노

동력으로 전화한 자본가치는 노동과정에서 노동력의 가치 이상으로 잉여가치를 창출하기 때문에 이것을 가변자본이라 한다.
→자본, 잉여가치

가산세 加算稅 additional tax default

실제보다도 적게 소득을 신고하거나 허위신고를 하였을 때 벌금으로서 추가납부하게 되는 세금을 말한다. 우리 나라 세제상의 가산세는 ① 신고가 불성실한 때에는 추징세액의 2%에 해당하는 금액을 본래의 소득세외에 징수한다. ② 납부가 불성실한 때에는 추징세액의 10%에 해당하는 금액을 본래의 소득세외에 징수한다. 이 밖에 법인세, 영업세에도 이와 유사한 가산세가 있다.

＊가설검정론 假說檢定論 theory of hypothesis testing

어떤 모집단의 특성에 대한 서술을 통계적 가설 statistical hypothesis 이라 하는데 이는 모집단의 확률분포에 대한 가정을 뜻한다. 따라서 통계적 가설의 검정이란 통계적 가설이 그 모집단분포에 부여된 어떤 조건을 만족시키는지의 여부를 그 모집단에서 추출된 표본에 의거해서 판정하는 것을 말한다. 먼저 가설검정에 관계되는 주요 개념을 소개하면 다음과 같다.

① 귀무가설(**歸無假說**) null hypothesis : 모집단에서 확률분포의 모수 parameter 의 값이 어떠하다고 서술하는 명제로서 H_0로 표시한다. 대립가설 alternative hypothesis 은 모집단의 파라미터의 값이 H_0에서 주장하는 값과 다른 값이라고 서술하는 명제이며, H_1으로 표시한다.

② 검정통계량 test statistic : 가설검정을 위해 모집단에서 뽑은 통계량을 의미하며 T로 표시된다. 한편 T는 표본관찰식의 함수이므로 확률변수이다. 따라서 그것은 일정한 확률분포를 갖는다.

③ 기각역(**棄却域**) critical region : C는 H_0의 기각을 유도하는 검정통계량의 범위를 의미한다.

④ 제1종 오류 Type I error : H_0가 옳음에도 불구하고 H_0를 기각하는 확률이다. 이것은 $\alpha = Pr[T \epsilon C | H_0]$로 표시된다. 부연하면 α를 H_0가 참임에도 불구하고 검정통계 T가 기각역 C에 포함되어 H_0를 기각하는 오류를 범한 확률을 의미한다.

⑤ 제2종 오류 Type II error : H_1이 참일 때, 즉 H_0가 거짓일 때, H_0를 채택하는 확률이며 $\beta = Pr[T \in C^* | H_1]$으로 표시된다. 이 때 β는 제2종 오류로서 H_0가 거짓임에도 불구하고 검정통계량 T가 채택역(**採擇域**) C^*에 포함되어 H_0를 채택하는 잘못된 확률을 표시한다.

⑥ 유의수준 significance level : 검정통계량에서 기각역의 크기(＝면적)를 말한다. 즉 제1종 오류 α를 의미한다.

⑦ 검출력함수 : $K(\theta)$는 다음과 같이 정의된다. $K(\theta) = Pr[T \in C | \theta]$, 즉 미지의 모수에 대해서 그것을 기각할 확률이다. 이 때 θ가 H_1에서 주장하는 값이라면 $K(\theta_1) = Pr[T \in C | \theta_1]$, 단 H_1; $\theta = \theta_1$이 성립한다. 이것을 해석하면 H_0가 거짓(H_1은 참이다)일 때 검정통계량 T가 기각역에 떨어져 H_0를 기각한 경우의 확률이므로 이것은 옳은 판단이다. 따라서 $K(\theta_1) = 1 - \beta$가 성립한다.

그러면 언제 어떻게 귀무가설을 기각하는가 하는 문제가 발생한다. 이것은 위에서 이미 시사한 바와 같이 검정통계량 T가 기각역 C에 떨어지면 H_0를 기각하고, 채택역 C^*에 T가 포함되면 H_0는 채택된다는 것을 의미한다. 그러므로 가설을 검정할 때에는 첫째, 검정통계량을 설정하고 둘째, 기각역을 선정해야 한다.

[참고문헌] Craig & Hogg., *Introduction to Mathematical Statistics*, 2nd. ed., 1971; 강오전, 「통계학」, 1970; 송기선 역, 「초등통계해석」, 1973.

*가속도원리 加速度原理 acceleration principle

가속도원리는 한 경제체계내에서 소득성장률의 변화가 투자수준의 변화를 유발시키는 과정을 분석하는 이론이라고 할 수 있다. 이는 승수이론(乘數理論)이 독점투자의 변화에 따른 소득의 변화를 분석하는 과정과 비교할 때, 역의 관계에 있다고 할 수 있다. 또한 실제적으로 한 경제체계의 성장률의 변화는 승수이론과 가속도원리가 서로 결합되어 누적적으로 나타난다고 볼 수 있다. 이를 그림으로 설명하면 다음과 같이 나타낼 수 있다.

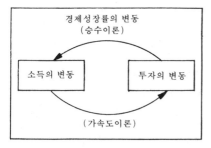

이와 같이 한 경제체계의 성장률의 변동은 실제적으로 투자가 소득에 미치는 승수이론과 소득이 투자에 미치는 가속도원리가 결합되어 나타난 결과라고 할 수 있는 것이다. 순투자라고 부르는 자본의 증가는 소득이 변화할 때만 발생하게되므로 호황의 국면이 종식되는 것은 단순히 소비수준이 감퇴하였다는 사실에만 기인하는 것이 아니라 판매고의 증가율이 더 이상 확대되지 않고 일정수준에서 정체되었다거나 또는 판매고의 증가율이 감퇴되었을 경우에 기인하는 것이다. 그렇기 때문에 투자수요를 증대시키기 위해서는 산출량 및 증가율이 계속 가속도적으로 증가해야만 한다는 것이 가속도원리의 결론이라고 할 수 있다.

이와 같은 가속도원리를 처음으로 시도한 사람은 아프딸리용 Aftalion, A., 클라크 Clark, J. M., 피구 Pigou, A. C. 등이었으며 이를 해로드 Harrod, R. F., 사뮤엘슨 Samuelson, P. A., 힉스 Hicks, J. R. 등이 경제변동에 따른 국민소득의 변동방정식에 응용하여 발전시켰다. 먼저 단순한 예를 들어서 가속도원리의 내용을 설명하기로 한다. 여기에서는 사뮤엘슨이 설명한 예를 인용하기로 한다. 자본스톡의 양과 판매량의 비율은 10 : 1로 고정되어 있고, 현재 자본스톡이 총규모 6,000만달러로서 1대당 300만달러에 해당하는 기계 20대로 구성되어 있고, 이 기계는 연간 1대씩 마손(摩損)된다고 하자. 그리고 연간 판매수익은 600만달러에 해당하며 이 가운데 300만달러는 감가상각충당금으로, 또 나머지 300만달러는 임금 및 이윤배당금에 지출된다고 하자. 처음 제1년부터 제3년까지 연간 판매고는 600만달러로서 자본스톡은 600만달러를 유지하고 이 경우 순투자는 0달러이며 총투자는 감가상각충당금에 해당하는 300만달러만큼씩 행해진다고 하자.

이 경우 제1년부터 제3년까지는 연간 판매고의 증가율이 0%이고 이에 따라 총투자수요의 증대율도 0%임을 알 수 있다 (다음 〈표〉 참조). 제4년부터 제6년까지는 연간 판매고가 50%에 해당하는 300만달러씩 계속 증가한다고 하면 이에 따라 자본 스톡의 양은 각각 9,000만달러, 12,000만달러, 15,000만달러로 증가하게 된다. 역시 이 경우 순투자는 신규로 연간 10대씩의 기계를 도입하여야 하므로 3,000만달러씩 증가하게 된다. 그러므로 매년 10대의 신규도입기계와 1대의 마손기계의 보충을 위해 11대씩 도입하게 되므로 연간 3,300

만달러로 증가하게 된다. 여기서 제 4 년에 판매고가 50% 증가함으로써 이에 따른 자본 스톡도 50%만큼 증가하였으며 이것이 1100%에 해당하는 기계류의 도입을 증가시켰음을 알 수 있다. 바로 이 과정에서 가속도원리가 작용하였다고 볼 수 있다.

제 5 년과 제 6 년에 있어서는 투자가 종전과 동일한 수준으로 지속되기 위해서는 계속 소비수준이 동일량만큼 증가해야 한다는 것을 보여주고 있다. 제 7 년에 들어서는 제 6 년과 동일한 판매고를 보여서 판매고는 0% 증가하게 되었다. 이 경우 순투자는 전혀 이루어지지 않고 그에 따라 총투자도 9% $\left(\frac{3}{33}\right)$ 로 감소하게 되었다. 여기에서 우리는 투자가 감소한 경우에도 가속도적인 힘이 작용하였음을 알 수 있다. 제 8 년에 들어서는 판매고가 2% 감소하였는데 이 때는 순투자가 300만달러로 감소하여 총투자가 전혀 이루어지지 않고 있다. 즉 총투자가 100% 감소하였음을 알 수 있다.

이상에서 본 바와 같이 수요부족으로 인한 기계류 생산부문의 산출량 감소는 조업단축을 유발하게 되고 이에 따라 기계류 생산부문의 소득이 감소하게 된다. 그러면 기타 재화에 대한 이 수요도 감소하여 이것이 승수효과를 통하여 산출 및 판매고의 감소를 가져오고 다시 여기에서 가속도원리에 의한 투자의 감소가 수반된다. 이와 같은 과정은 일종의 누적적 악순환이라고 볼 수 있다. 만약 기업의 판매고가 변동하게 되면 가속도원리는 이 변동을 증폭심화시키게 된다. 호황의 국면에 있어서는 순투자를 유발시키게 되지만 불황의 국면에서는 동일한 정도의 부(負)의 투자를 유발시키게 된다. 장기에 있어서 만약 경제가 인구의 증가 또는 높은 수준의 실질소득으로 인하여 호황을 누리고 있다면 이 때 가속도 원리는 주로 자극적인 요인으로 작용하게 되며 이에 따른 소득의 증가는 광범위한 투자수요의 증대를 가져온다.

그런데 여기에서 설명한 가속도원리는 단순히 판매고의 증감만을 고려하였으나 실제로 투자수요는 이자율에 의하여 재할인되는 투자수익의 현재가치에도 의존하고 있다. 즉 이자율의 상승은 주어진 산출량의 증가에 반하여 순투자의 수준을 감소시키기도 한다. 이와 같이 산출량의 증가율과 순투자 수준의 다양한 한계는 흔히 신축적 가속도 모형 flexible-acceleration model 이라고 불려진다. 신축적 가속도 원리의 내용은 우선 자본스톡의 사전적 결정수준(K^e)과 다음에 의도된 자본스톡으로부터 사후적으로 실현된 순투자의 흐름으

〈표〉 (단위 : 100만불)

시 기		연간판매고	자 본 스 톡	순 투 자	총 투 자
1 국 면	제 1 년	6	60	0	3
	제 2 년	6	60	0	3
	제 3 년	6	60	0	3
2 국 면	제 4 년	9	90	30	33
	제 5 년	12	120	30	33
	제 6 년	15	150	30	33
3 국 면	제 7 년	15	150	0	3
4 국 면	제 8 년	14. 7	147	-3	0

로의 이행과정을 고찰함으로써 살펴볼 수 있다. 이를 생산함수, 특히 콥-더글라스 Cobb-Douglas 의 생산함수와 관련하여 설명하면 다음과 같다.

$$y = y(N, K) \quad \frac{\partial y}{\partial N}, \; \frac{\partial y}{\partial K} > 0$$

N: 노동, K: 자본

여기에서 자본스톡의 이용률이 일정하다고 가정하면 균형자본스톡의 결정조건은 $\frac{\partial y}{\partial K} = \frac{C}{P}$ 로 된다. 여기에서 C는 자본의 실질사용자 비용 real user cost of capital, P는 재화의 가격을 의미한다. 그러므로 자본의 한계수익과 자본의 한계사용자 비용이 일치하기 위해서는

$$\frac{\Delta R}{\Delta K} = \frac{\Delta C}{\Delta K} (R: 총수입, \; C: 총비용),$$

또는 $P\frac{\partial y}{\partial K} = C$가 성립하여야 한다. 여기에서 균형자본스톡은 y의 단조증가함수이며 C의 단조감소함수로 표시됨을 알 수 있다. 즉 $K^\varepsilon = K^\varepsilon (y, \; C, \; P)$이며,

$$\frac{\partial K^\varepsilon}{\partial y} > 0, \; \frac{\partial K^\varepsilon}{\partial C} > 0, \; \frac{\partial K^\varepsilon}{\partial C} < 0$$

가 된다. 콥-더글라스 생산함수의 경우를 보면 $y = aK^a N^{1-a}$(a, a: 상수)이고,

$$\frac{\partial y}{\partial K} = \frac{a a K^a \cdot N^{1-a}}{K} = \frac{ay}{K} = \frac{C}{P}$$

로 된다. 그러므로

$$K^\varepsilon = \frac{aPy}{C} = \frac{ay}{\frac{P}{C}}$$

로 표시된다.

다음에는, 이상과 같이 결정된 자본 스톡의 수준으로부터 실제로 총투자(i_g)가 행해지는 과정을 보기로 한다. $i_g = i_n + i_r$(i_g: 총투자, i_n: 순투자, i_r: 대체투자)이며, $i_r = \delta K$, $i_n = \Delta K^\varepsilon = \Delta \left(\frac{aPy}{C}\right)$ 로 표시할 수 있다. 여기에서 δ는 자본 스톡의 감가상각비율을 표시한다. 그런데 여기에서 콥-

더글라스 생산함수의 경우 물가수준(P) 및 자본의 사용자비용-(C)에 대한 비율이 일정하다고 하면, 즉 $\frac{P}{C}$가 일정하다고 가정하면, $i_n = \left(\frac{aP}{C}\right) \Delta y$로 표시되며 이를 다시 $i_n = sy$라 표시할 수 있다. 여기에서는 물론 산출량 중 순수하게 저축되는 비율, 즉 순저축률을 표시한다. 이상의 결과를 살펴볼 때

$$sy = \left(\frac{aP}{C}\right) \Delta y \text{로부터} \quad \left(\frac{\Delta y}{y}\right) = \frac{s}{\frac{a\phi}{C}}$$

라는 관계식을 얻게 된다. 그런데 투자는 자본스톡을 증가시킴으로써 산출량의 공급량을 증가시킬 뿐만 아니라 승수과정을 통하여 경제의 총수요 수준을 증가시키므로 이상에서 얻은 관계식

$$\frac{\Delta y}{y} = \frac{s}{\frac{aP}{C}}$$은 산출물의 수요와 공급

의 균형을 표시하는 산출량의 증가율이라고 해석할 수 있다. 그렇기 때문에 $i_g = \Delta K^\varepsilon(y, \; C, \; P) + \delta K$이며 이는 다시 $i_g = \Delta \left(\frac{aPy}{C}\right) + \delta K = aPC\Delta y + aK$로 나타난다. 즉 총투자는 산출량의 증가율에 의존한다고 결론지을 수 있는 것이다.

주로 이상과 같은 가속도원리의 구성은 매우 기계적인 내용을 지니고 있으며 상당히 단순화된 여러 가지의 가정을 지니고 있다. 그렇기 때문에 이 가속도원리가 전적으로 경제의 현실을 대표한다고 볼 수는 없으나 경제의 주요한 특성을 지적했다고는 평가할 수 있다. 현실의 경제는 유휴설비가 부단히 존재할 수도 있고, 설비투자를 조업도 및 가동률의 제고에 의하여 대체할 수도 있으며 실제의 투자결정은 매우 미묘한 기업가의 예상심리에 의존하고 있으므로 전적으로 투자가 산출량 및 판매고의 변화율에 의존한다고는 볼 수 없다. 또

한 가속도원리의 과정에서 이루어지는 여러 가지 경제주체의 행위는 다분히 시차를 수반하여 규정된다는 점을 주의하여야 한다. 이상과 같은 여러 가지의 약점을 보완하여, 현재 가속도원리는 프릿쉬 Frisch R., 비쇼프 Bischoff, C.W., 아이즈너 Eisner, P. 등을 중심으로 계량경제학적 방법에 의한 실증적 연구 및 분포된 시차를 갖는 투자함수의 연구, 투자와 이자율간의 상관관계에 대한 연구 등으로 발전하고 있다.

〔참고문헌〕 Samuelson, P. A., *Economics*, 1968; Knox, A. D., *The Acceleration Principle and the Theory of Investment, AER*, September 1968; Eisner, R., *A Permanent Income Theory for Investment, AER*, July 1967; Branson, W. H., *Macroeconomic Theory Policy*, 1973; 박영사, 「경제학대사전」.

가속상각 加速償却 accelerated depreciation

기계와 같은 내구생산재의 상각은, 그 내용년수(耐用年數)에 맞추어 정액법 등의 방법에 의하여 행하여지는 것이 보통이지만, 미국을 비롯하여 많은 국가가 전쟁중 기업의 전쟁협력을 쉽게 하기 위해, 예를 들면 10년간 사용 가능한 재화라 하더라도 3~5년으로 상각케 하는 방도를 취하였다. 전후에는, 기술혁신투자를 장려하는 뜻에서 일본에서도 조세특별조치법에 의하여 특별상각이라 칭하여, 이 방법을 택하였다. 이러한 것을 총칭하여 가속상각이라 하는데, 그 효과는 자본계수를 높이고 투자의 유효수요효과를 크게 하는 데 있다. →감가상각

가수요 假需要 imaginary demand

실제의 수요(실수요)에 대립되는 용어로서 일시적 공급중단 또는 공급부족의 예상으로 인해 어떤 재화가 품귀현상을 빚거나 장래의 가격상승이 예상될 때 현재 실수요는 없으면서도 급격하게 나타나는 실물에 대한 수요를 말한다. 가수요는 최종적인 소비자층에서보다는 중간적인 유통과정(도·소매상)에서 투기적 수요로서 나타나는 경우가 많다. 가수요가 있게 되면 해당재화의 가격은 가속적으로 상승하게 되는 경향이 있다. →수요공급의 법칙

가예산 假豫算 ☞잠정(가)예산

가중평균 加重平均 ☞단순평균

가중평균방식 加重平均方式 ☞물가지수

가중평균주가 加重平均株價 weighted stockprice average

시가총액을 상장주식수로 나눈 것이다. 상장주식수의 가중치를 곱한 평균적인 주가수준을 나타내는 지표라고 할 수 있다. 단순주가지수에서는 평균적인 주가수준을 모르기 때문에 이것으로서 보완하지만 양적인 변화를 무시하고 있기 때문에 연속성은 없다.

가처분소득 可處分所得 disposable income

개인이 받는 소득의 총액, 다시 말하면 개인의 소득에서 개인이 지급하는 직접세를 차감한 것을 말한다.

보통은 개인 한 사람 한 사람에 대하여서가 아니라, 한 나라의 경제 전체에 대하여서만 이 용어를 사용한다. 그 기본이 되는 개인소득을 계산할 경우에는 임금만이 아니고, 개인에게 지급된 배당이나 이자, 지대 등도 포함하고, 나아가서 그밖의 은급이나 연금과 같은 이전소득도 가산한다. 그 대신 회사의 이익금 중 사내유보분은

설사 국민소득의 일부라 할지라도 개인소득 중에는 들어가지 않는다. 가처분소득은 지출면에서 개인소비와 개인저축으로 나누어진다. 소비함수 등을 문제로 삼을 경우의 소득개념은 바로 가처분소득이다.
→GNP, NNP

＊가치론 價値論 theory of value

교환가치 혹은 가격의 본질을 논하는 학설을 가치론이라고 하는데, 현상적인 시장가격의 변동원인을 규명하고 그 원인에 의해서 시장가격의 변동을 이론적으로 일관성있게 설명하려는 데에 의의가 있으며 경험적으로 파악되는 것 이상으로 현실세계의 배후에 있는 본질적인 것을 추구하려는 점에서 가치론의 중요성이 있다. 그러나 현실적으로는 경제학설사적 의의가 상당히 크다고 할 수 있다.

가치론은 크게 나누어 고전학파의 비용가치학설과 한계효용학파의 효용가치학설로 나눌 수 있는 바, 한 재화의 양이 다른 재화의 양과 같은 값을 지닌다는 등가 equivalent 의 근거로 생산비나 노동량을 선택하여 그 생산비용이 교환가치의 본질을 이룬다는 객관가치설 objective value theory 과, 재화는 인간의 욕망충족수단이기 때문에 재화의 효용이야말로 가치의 본질이며 효용이 없이는 재화의 존재나 가치를 주장할 수 없다는 주관가치설 subjective value theory 로 나눈다. 어느 면으로는 전자를 등가론적, 후자를 함수론적이라고도 하여 개념상 대립을 보다 명확히 나타내기도 한다.

① 가치의 개념 : 가치의 개념을 철학에서는 현실적인 것에 대립하는 이상 또는 당위를 나타내는 것으로 사용하는 데 반하여, 경제학에서는 화폐액으로 표시되는 명목적인 가격 이면에 이것을 설명하기 위한 실질적인 관계를 상정하는 것이 가치이고,

이상적인 것 또는 정당한 것을 상정하는 것은 아니다. 요컨대 객관가치나 주관가치 모두가 현실의 가격관계를 설명하기 위한 가설에 지나지 않으며 그 시비를 비판할 성질의 것이 아닌 것이다. 경제학에서 말하는 가치는 시비정사(是非正邪)를 구별하는 가치판단의 가치가 아니고 어디까지나 가격관계를 화폐적 표시를 떠나서 설명하기 위한 개념이라고 할 수 있다.

스미스 Smith, A. 로부터 20세기 초에 이르기까지 경제학은 시장가격의 변동을 규제하는 요인에 대한 연구가 진행되면서 가격결정원리나 가격이론의 설명원리로서의 가치론을 크게 2가지로 구분하여 왔는데 그것은 전술한 바와 같으며, 고전학파의 가치론은 다시 생산비가치설과 노동가치설로 나누어졌다. 즉 재화의 상대적인 가치는 그 생산에 투하된 노동량에 따라 교환된다고 했으며, 본질적으로는 평균이윤과 자본의 소모분을 합한 생산비용을 말한다고 하는 것이었다. 그러나 1870년대 이후 자유경쟁은 배제되고 독점단계로 이행됨에 따라 제품의 가격을 비용가치설로 설명할 수 없게 되자 한계효용학설이 대두하게 되었던 것이다. 이들은 재화가 상품으로서 교환가치를 가지기 위해서는 무엇인가 인간의 욕망충족의 성능을 가질 뿐만 아니라 욕망충족이 그의 지배에 의존한다는 사실이 인간에 의하여 의식화 되어야 한다고 생각하였다. 따라서 욕망충족 혹은 효용은 그 사용주나 소유주의 욕망의 종류와 강도에 따라 서로 다르며 이에 따라 그 가치도 주관적이고 개별적이라 할 수 있겠다. 노동가치설과 효용학설을 좀더 구체적으로 부연하여 설명하기로 한다.

② 노동가치설 labour-value theory : 노동가치설은 어떤 한 재의 양이 다른 재의 양에 해당한다는 등가의 관계에서 출발하고 그 기본량을 노동에서 구하는 것이다.

즉 두 재의 어떤 양이 같은 가격을 가지는 것은 같은 노동량에 의하여 생산되기 때문이라고 한다. 여기에서 노동량이라 함은 때로는 고통과 같은 심리적인 것을 가리키기도 하지만 보통은 노동의 인원수 또는 시간으로 측정된다. 노동량에는 직접 그 재의 생산에 종사하는 노동 이외에 그 생산에 사용되는 기계설비 등에 포함되어 있는 간접노동도 가산된다. 또 개개 노동의 종류나 숙련도의 차이 등은 따지지 않고 일반적인 사회적, 평균적 노동시간에 의하여 몇 시간 또는 몇 명의 노동이 소비되었는가를 고려한다. 이와 같이 등가관계의 근저로 노동량을 생각하는 것이 노동가치설이다.

노동가치설의 난점은 간접노동을 포함하는 노동량의 측정을 엄밀하게 하기 어렵다는 것, 토지와 같은 특수한 생산요소가 여러 가지 재에 갖가지 비율로 사용되어 있는 경우를 설명하기 어렵다는 것, 그리고 생산성의 변화로 수확체감 내지 체증이 있을 경우 어느 점까지 생산을 할 것인지 결정하기 어렵다는 점 등이다.

노동가치설은 리카도 Ricardo, D.에 의하여 제창되었고 마르크스 Mark, K.에 의하여 발전된 것이다. 마르크스는 노동을 가치의 실체라고 생각하고 노동이 가치대로 보수를 받지 못하는 것은 분배상 자본에 의한 착취가 있기 때문이라고 하였다. 그러나 스미스와 리카도의 견해에는 상이한 해석이 포함되어 있었다. 그들은 노동과 곡물과 금을 비교하여 어느 것이 가장 좋은 가치의 척도인가를 검토하였다. 만약 노동만이 처음부터 가치의 근원이라면 그와 같이 노동과 곡물과 금을 비교하여 볼 필요가 없었을 것이다. 분명히 스미스나 리카도에게도 근원 origin 으로의 근원가치설이 있기는 하였지만 동시에 그와는 별도로 척도 measure index 로서의 노동가치설

을 구하였다.

리카도에 의하면 동일량의 생산을 하기 위하여 노동량을 더 많이 혹은 더 적게 필요로 한다는 것이 모든 재의 상대적 가치변동의 중요한 요인이라 하였다. 이에 대하여 곡물을 표준으로 하면 단기적인 왜곡이 생기고 금을 표준으로 하면 장기적인 동요를 면할 수 없다고 했다. 요컨대 리카도는 오늘날의 물가지수와 비슷한 문제를 염두에 둔 것이고 이 지수의 기준을 생산량 1단위당 노동량의 변화에서 구한 것이다.

같은 문제를 맬더스 Malthus, T. R.는 임금에서 구하였다. 화폐액으로 표시된 생산물의 가격을 임금으로 나누면 그 생산물이 몇 명의 노동에 해당하는가를 알 수 있고 이것을 실질적 가치의 척도로 하려 했다. 후에 케인즈 Keynes, J. M.가 말한 임금단위 wage-units 또는 노동단위 labor-units 는 맬더스의 통계를 따른 생각이었다. 다만 임금단위는 노동의 생산성에 현저한 변화가 있는 경우를 정당하게 반영하지 못하므로 단기적으로만 타당한 척도라고 하지 않을 수 없다. 동시에 물가지수의 문제로서는 수요측의 요인을 고려하지 않으면 어느 경우나 일면적임을 면할 수 없다.

③ 효용가치설, 한계효용설 marginal utility theory : 효용가치설은 재에 대한 평가가 재의 양이 증감함에 따라 일정한 관계를 가지고 변화한다는 함수관계에서 출발하고, 그 근원을 효용에서 구한다. 여기에서 효용 utility 이란 이용도 usefulness 와 구별된다. 이용도란 재가 인간에게 유용한 객관적 성능을 가리키지만 효용은 재에 대하여 우리 인간이 느끼는 주관적 중요도의 인식이다. 앞에서 말한 노동가치설도 재에 사용가치가 있어야 한다는 것을 인정하지만 그것은 여기에서 말하는 효용이 아니다. 등가관계에서 출발하는 노동가치설에는 함수관계라는 개념이 결여되어 있다.

지배할 수 있는 재의 전량에 대한 효용을 전부효용, 재의 부가된 한계량에 대한 효용을 한계효용이라고 한다. 재의 양이 증가함에 따라 전부효용은 증가하지만 한계효용은 체감한다. 이 경우 재의 양에 제한이 있다는 점에 착안하여 한계효용은 희소성 rareté 이라고도 부른다. 초기의 효용가치설은 효용을 논리적인 가치로서 쾌락이나 행복과 관계가 있는 것으로 하였지만, 개개인의 구체적인 주관적 평가라는 것은 쾌락이나 행복 등 철학적 해석과는 관계가 없다. 일부의 학자들이 효용가치설의 무용론을 주장한 것은 이러한 철학적 해석을 배척하는 것이라는 의미에서 정당한 것이다.

가치무용론은 일찍이 쿠르노 Cournot, A. A. 가 주장하였고 그 후 캇셀 Cassel, G. 과 뮈르달 Myrdal, K. G. 이 강조한 견해이지만 그들은 수량과 평가와의 함수관계를 확정하는 것이 중요한 일이고 그 함수의 형은 쾌락이나 행복에 관한 철학적 해석으로는 설명되는 것이 아니라고 하였다. 또 초기의 효용학설, 즉 멩거 Menger, C., 제본스 Jevons, W. S., 왈라스 Walras, M. E. L. 등은 효용을 직접 측정할 수 있다고 생각하였다.

그러나 효용은 어디까지나 주관적인 의식을 나타내는 것이므로 직접 측정할 수 있는 것은 재의 양이나 가격이다. 만약 어떤 사람이 어떤 재를 다른 재에 우선하여 선택하거나 더 높은 가격을 지불한다면 그 태도로 보아 그 사람은 그 재화에 더 높은 효용을 인정하는 것이라고 말할 수 있다. 이와 같이 내면적인 효용의 크기를 묻지 않고 오히려 외면적인 태도로 간접적으로 효용을 구하는 것은 마샬 Marshall, A. 에게서도 나타나는 견해이지만 가장 명확하게는 파레토 Pareto, V. F. D. 에 의하여 무차별곡선을 기초로 하는 선택이론 또는 선호이론 theory of preference 으로 전개되었다.

힉스 Hicks, J. R. 는 이것을 체계적으로 발전시켜 한계대체율이라는 개념을 확립하였고 또 효용과 수요의 연결을 명확히 하였다. 여기에서 주의하여야 할 점은 효용가치설은 본래 그때그때의 주관적인 평가의 변화를 문제삼는 것이고 시장가격에 대응하는 구매량의 증감을 직접 설명하는 것이 아니라는 것이다. 힉스에 있어서도 이 구별은 아직 명료성이 결여되어 있다. 주관적인 평가는 개인에 따라 다르고 그 차이에 의하여 시장가격의 변화를 설명한다. 시장가격이 있기 때문에 주관적인 평가가 사람마다 현저하게 달라지지 않는다고 말할 수 있지만 그것은 사람들이 시장가격을 주어진 그대로 받아들인다는 것을 뜻하는 것은 아니다. 이와 같이 개인과 시장의 상호관계는 좀더 구명되어져야 할 여지를 남기고 있다. →가치론, 가치법칙, 사용가치

[참고문헌] Smith, A., *An Inquiry into the Nature and Causes of the Wealth of Nations*, 1766; Ricardo, D., *On the Principles of Political Economy and Taxation*, 1817; Marx, K., *Das Kapital*, 1867-94; Menger, C., *Grundsätze deh Volkswirtschaftslehre*, 1871; Marshall, A., *Principles of Economics*, 1890.

가치법칙 價値法則 law of value

상품 가치의 크기가 사회적 필요노동시간에 따라 결정되며, 이것을 기초로 하여 상품이 교환된다고 하는 것을 가치법칙이라 한다. 그러나 가치법칙은, 단지 상품의 교환관계를 규제할 뿐만 아니라, 이것을 통하여 사회적 욕망에 따라 사회적 총노동의 배분을 규제한다. 어떠한 사회에 있어서도 사람들이 생존하기 위해서는 사회의 총노동이 개개 생산부문에 유효적절하게 배분되지 않으면 안되지만, 무정부적 생산을 특징으로 하는 상품생산이 이루어지고

있는 사회에 있어서는 상품의 교환을 통하여 수행된다. 교환의 직접 기준이 되는 것은 가격이다. 이 가격은 직접적으로는 수요와 공급의 관계에 의해 결정되므로 순간순간에 있어서는 가격과 가치의 일치는 오히려 우연적이다. 수급이 동일한 경우에만 가격과 가치가 일치한다. 그러므로 어떤 상품의 가격이 가치 이상으로 상승하면 그 생산부문은 과잉공급이 되고, 이에 반하여 어떤 상품의 가격이 가치 이하로 하락하면 그 생산부문의 공급은 감소한다. 이에 따라 각기의 생산부문에 있어서 생산의 조절이 행하여지며, 그 결과 장기적으로 보는 가격과 가치가 일치하는 경향이 있다. 이와 같이 가치법칙의 작용에 따라 상품의 교환관계 뿐만 아니라 사회적 총노동의 배분이 조정된다.

또한 가치법칙에 따라 상품생산에 있어서 생산력의 발전이 규제된다. 즉 상품의 가치가 사회적 필요노동 시간에 의하여 결정되는 결과, 개별생산자는 기술의 개량에 의하여 사회적 가치와 개별적 가치의 차액으로서의 특별잉여가치가 발생하게 된다(그 반면 사회적 표준에 도달하지 못하는 열등생산자는 몰락하지 않을 수 없다). 이와 같이 특별잉여가치의 취득을 유일한 자극으로 하여 생산력의 발전이 행하여진다.

가치법칙은 상품생산의 고유한 법칙이다. 그것은 인간의 의지나 의식과 독립하여 작용하며, 사람들은 이것에 맹종할 수밖에 없다. 자본주의 사회에 있어서는 노동의 생산물이 일반적으로 상품화함에 따라 가치법칙은 전반적으로 작용하며, 사회 전체 생산의 규제요인이 된다. 다만 이 경우, 가치는 생산가격으로 전화하고 있다. 사회주의 사회에 있어서도 상품생산이 존속하는 범위 내에서 가치법칙의 작용을 볼 수 있으나, 그것은 이미 사회 전체의 생산에 있어서 규제요인으로서의 역할을 잃고 있다. →가치론

가치재(메리트재) 價値財 merit goods

가치재를 설명하려면 우선 가치욕구 merit wants를 설명하는 것이 도움이 될 것이다. 가치욕구는 시장을 통해서도 충족되겠지만 개인의 선호에 맡겨서는 최적의 양을 확보할 수 없는 욕구이므로 정부가 사회적 견지에서 개인의 선호를 간섭하여 재정을 통해 급여할 가치가 있다고 인정하는 공적 욕구이다. 그렇기 때문에 이 욕구는 가치욕구라 부르며 이 욕구를 충족하는 재를 가치재라고 한다. 순수공급재가 개인의 선호에 기초를 둔 데 반하여 가치재는 개인의 선호에 기초를 두지 않고 오히려 거기에 간섭하는 데에 기본적 차이가 있다. 이 가치재의 예로서는 공영주택재, 의무교육재, 학교급식재 등이 있다.

가치척도 價値尺度 measure of value

화폐기능의 하나로 여러 가지 상품가치의 일반적인 척도로서의 기능을 말한다. 이 기능에 의해 비로소 금(은)은 화폐로 된다. 이와 같은 가치의 척도는, 상품 그 자체 속에 체현(體現)되어 있는 노동량에 의한 척도, 즉 내재적 척도에 대한 외재적 척도라고 불리운다. 금(은)에 의한 상품가치의 표현을 그 상품의 가격이라 하며, 가치의 척도로서 기능하는 금(은)은 관념적인 금(은)으로서 충분하나 가격은 완전히 실재의 금(은)의 양에 의존하고 있다. 따라서 금(은)의 가치변동은 가격에 영향을 준다. 그러나 그것이 가치척도로서의 기능을 방해하는 것은 아니다. 실제로 상품의 가치는 금(은)의 중량에 의해서가 아니라, 금(은)의 일정 중량에 주어진 화폐칭호(우리 나라에서는 원)를 가격의 단위로 하는 것으로서 나타낸다. 이리하여 가치척도로

서의 화폐의 기능에서 화폐의 회계기능이 생기게 된다. →가치형태, 화폐상품설, 가치법칙

가치판단논쟁 價值判斷論爭 〔獨〕
Werturteilsstreit

19세기 말경부터 20세기 초에 걸쳐 독일에 있어서 슈몰러 Schmoller, G. v.를 중심으로 한 가치론자와 베버 Weber, M., 좀바르트 Sombart, W. 등의 몰가치론자의 사이에 전개된 정책목적의 객관성에 관한 논쟁을 말한다. 과학과 가치판단의 원칙적 분리를 주장한 베버는 역사학파의 과학의 윤리화, 과학의 정책화에 대해 비판하였다. 이에 대하여, 가치판단의 객관성을 변호한 슈몰러는 다음과 같이 주장하였다 : '경제생활은 일종의 문화가치생활이며 더욱이 일체의 문화가치는 궁극적으로는 생활목적 전체의 조화를 지향하는 도의적, 윤리적 가치에 있다. 인간생활에 있어서 이와 같은 도덕적 가치감정은 문화의 발전과 함께 점차 그 내용을 순화하여 객관성을 증대하는 경향을 가진다. 이리하여 생활 및 과학에 있어서 도덕적, 정치적 이상에 관한 객관적 가치판단이 가능하게 된다.'

역사학파가 가진 이론적 사고에 반대한 베버, 좀바르트의 주장이 역사학파의 방법을 순화하여 발전시키게 되었지만 이 논쟁은 표면적으로 이론과 정책화의 통일을 부정하는 방향으로 흘러갔다. →가치론, 역사학파

가치형태 價值形態 form of value

상품 가치의 현상형태를 뜻한다. 상품은 원래 사용가치와 가치와의 통일물이다. 따라서 상품에는 사용가치의 형태와 가치의 형태가 있다. 그러나 전자는 상품의 자연적 형태이므로 우리들은 그것을 인식할 수 있지만, 후자인 가치에는 아무런 자연적

소재가 포함되어 있지 않으므로 단독의 상품 자체에 대해서는 이것을 인식할 수 없다. 그것이 인식될 수 있는 것은 어떤 상품과 상품의 관계로서의 가치관계에서이다. 예를 들면 하나의 책상이 한 말의 쌀에 해당한다는 것과 같은 관계이다. 이것은, 즉 상품의 사회적 관계인데 가치에는 아무런 자연적 소재도 포함되어 있지 않지만, 여러 상품에는 공통의 사회적 단위로서의 인간의 노동이 포함되어 있기 때문이다. 위의 예에 있어서, 책상은 그 가치를 쌀로 표시하고 있고, 쌀은 그 가치의 표현소재로서 쓰이는 데 도움이 되고 있다. 따라서 가치의 형태에는 스스로를 나타내는 편의가치의 형태, 즉 상대적 가치형태 relative Wertform 와 그것들이 표시되어 있는 편의 형태, 즉 등가형태 Äquivalentform 의 양극이 있게 된다. 책상은 상대적 가치형태에 위치하고 쌀은 등가형태에 위치하고 있다. 말하자면 어떤 상품의 가치의 현상형태, 즉 가치형태는 그 교환가치에서 표시되고 있다고 할 수 있다.

가치형태를 처음으로 명백히 한 사람은 마르크스 Marx, K. 이다. 그는 가치형태의 발전으로서 다음의 4단계를 들고 있다.

① 간단한, 단독적인 또는 우연적인 가치형태 einfache, einzelne oder zufällige Wertform : 예를 들면 x 량 상품 $A = y$ 량 상품 B 즉, x 량의 상품 A 는 y 량의 상품 B 에 해당한다.

② 전체적인 또는 전개된 가치형태 totale oder entfaltete Wertform : 예를 들면 z 량 상품 $A = u$ 량 상품 B, 또는 $= v$ 량 상품 C, 또는 $= w$ 량 상품 D, 또는 $= x$ 량 상품 E 이다.

③ 일반적 가치형태 allgemeine Wertform : 예를 들면

u 량 상품 $B=$ ⎤
v 량 상품 $C=$ ⎥
w 량 상품 $D=$ ⎥—z 량 상품 A
x 량 상품 $E=$ ⎥
등등의 상품 = ⎦

④ 화폐형태 Geldform : 예를 들면,

z 량 상품 $A=$ ⎤
u 량 상품 $B=$ ⎥
v 량 상품 $C=$ ⎥—100분의 금
w 량 상품 $D=$ ⎥
x 량 상품 $E=$ ⎥
등등의 상품 = ⎦

이와 같은 가치형태의 발전은 상품생산의 역사적 발전에 따라 움직인다. 화폐가 출현한 이래 가치형태는 제④의 화폐형태로 나타난다. 여기에서 가령 1원이라는 가격의 측정기준 Maßstab der Preise 이 순금의 양목(量目) 2분이라고 한다면, 상대적 가치형태에 대응하는 z 량 상품 A 및 그밖의 여러 상품의 가치는 500원이라는 가격으로 나타난다. →가치론

가트 GATT General Agreement on Tariffs and Trade

관세 및 무역에 관한 일반협정을 말한다. 1995년 1월 세계무역기구(WTO)가 출범함에 따라 가트체제는 종말을 고했다. 제2차세계대전 종결 후 세계경제의 재편성의 움직임은 1930년대의 쓰라린 경험을 되풀이하지 않도록 세계무역 규준을 제정하여 이를 실시하기 위한 국제적인 무역기구를 설치하자는 논의로부터 시작되었다. 브레튼우즈 협정 Brettonwoods agreements 의 발족 당시에는 국제통화기금(IMF) 및 국제부흥개발은행(IBRD)과 더불어 국제무역기구 International Trade Organization (ITO)의 설립을 규정하였다. ITO를 통해서 국제무역상의 관세인하와 양적제한 등의 장벽을 철폐하는 한편 최혜국대우 원칙을 부활시킴으로써 무역상의 차별을 제거하여 국제무역의 평형원칙을 확립하려 하였다. 이 무역규정은 1948년 아바나 회의에서 23개국에 의하여 조인되었다. 이것을 통칭 ITO 헌장 또는 아바나 헌장이라고도 한다. 그러나 이것은 조인국 과반수의 비준을 얻지 못하여 발효를 보지 못하였다.

원래 GATT는 ITO 헌장 가운데 통상정책에 관한 부분을 조속히 발동시키기 위하여 만들어졌으며, 그 조문도 ITO의 무역에 관한 부분을 계승한 35개조로 구성된 간략한 것이었다. ITO는 국제구조의 설립이 규정되어 있으나 GATT는 무역상의 규약을 규정한 일반협정에 불과하다. 그러나 GATT는 오늘날 하나의 국제기구로 간주되고 있으며 ITO 헌장에 규정되었던 중요한 기능을 수행하고 있다. GATT는 1947년 제네바에서 23개국의 서명을 얻어 1948년 1월부터 그 활동을 시작하였으며 한국은 1967년 정회원국으로 가입했다.

GATT 규정의 본문은 4부 38조(당초 3부 35조)로 구성되어 있다. 제1부(제1～2조)는 GATT의 목적, 최혜국대우 및 관세에 관한 규정, 제2부(제3～23조)는 수입제한의 철폐와 자유무역의 원칙에 관한 규정, 제3부(제21～35조)는 가입과 탈퇴에 관한 절차규정, 제4부(제36～38조)는 개발도상국의 무역확대에 관한 규정으로, 이 제4부는 1965년에 추가된 것이다.

그 주요내용을 살펴보면 다음과 같다.
① 무차별 대우의 원칙 : 어떤 체결국이 다른 체결국의 상품에 부여하고 있는 관세상의 대우를 모든 체결국의 동일 상품에 대해서도 부여할 것을 요구하고 있다. 이러한 원칙은 2개국간의 관세교섭의 결과를 보편화시킴으로써 관세교섭의 성과를 확보하자는 것이다. 그러나 이 무차별대우의 원칙을 적용하는 데에는 몇 가지 예외규정

이 있다. 첫째, 기존의 특혜관세는 그 존속이 그대로 인정된다. 둘째, 일정한 요건을 구비한다면 각국은 자유무역지역이나 공동시장 같은 지역동맹을 맺을 수 있다. 셋째, 구체결국이 신체결국에 대해서 이 원칙의 적용을 거부할 수 있다.

② 양적 제한의 철폐: GATT는 국내산업의 보호수단으로서 관세만을 인정하며, 수입 및 수출에 대한 수량적 제한에 관해서는 그것을 전폐(全廢)할 것을 일반원칙으로 규정하고 있다. 양적제한의 예외규정은 다음과 같다. 첫째, 국제수지가 극심한 역조에 처해 있는 나라의 경우에는 수입의 수량적 제한을 인정한다. 둘째, 국내의 생산업자에게 중대한 손실이 있거나 또는 그 가능성이 있는 경우, 수입에 대하여 긴급 제한을 할 수 있다. 일반적으로 이 규정은 면책조항 escape clause이라고 불리워진다. 그밖에도 몇 가지 예외규정이 있다.

③ 관세인하: GATT는 48년 이래 8차의 일반관세 교섭을 벌였다. 제1차 교섭에서 제5차의, 이른바 딜론 라운드 Dillon Round에 이르는 기간에 GATT가 채용한 관세교섭은 영향력 있는 2개국간의 품목별 개별교섭, 즉 어떠한 품목의 관세는 어느 정도 인하할 것인가를 2개국간에 교섭하는 방식이었다. 이러한 소극적 방식의 한계점을 극복하기 위해 만들어진 것이 관세일괄인하방식, 또는 미국의 케네디 대통령의 제안에 의해 케네디 라운드 Kennedy Round라고도 불리우는 것이다. 이것은 제6차 관세교섭에서 구체화 되었다. 제7차는 동경라운드(1973~1979년)이고 제8차 다자간무역협상은 우루과이라운드(1986~1994년)이다.

④ 저개발국의 무역문제: 한국동란의 종결 이후, 제1차상품 가격의 하락경향과 저개발국의 수출·수입 감소경향이 현저하게 나타나 저개발국은 점차 국제수지 곤란에 직면하게 되었다. 또한 선진국에서 농업에 대한 보호정책이 강화되자 저개발국은 1차상품 수출의 전도에 불안을 감출 수 없게 되었다. 이러한 배경에서 1965년 저개발국에 유리하게 적용되는 새로운 GATT 규정을 협정에 추가하였다. 이 새로운 규정을 '무역 및 개발에 관한 신장'이라고 하며 이 신장의 운영기관으로 무역개발위원회가 설치되었다. 이 새로운 규정은 종래 GATT의 기본원칙이었던 무차별 대우원칙, 호혜주의원칙을 저개발국에 대해서는 적용하지 않을 것을 규정한 것으로서 GATT 원칙의 커다란 수정이라 하겠다. →브레튼우즈 체제, 케네디 라운드, 신국제라운드

간접비 間接費 indirect cost
특정의 제품단위에 대해서 명확하게 인식할 수 없는 비용이다. 간접비에는 모든 고정비용이 포함되나 이것은 본래 공통적인 것이며 대략의 근사계산에 의해서만 각 종제품에 분배할 수 있는 것이기도 하다. 그것은 오직 간접적인 방법에 의해서만 생산량에 관련지을 수 있는 것이다. 대체로 간접비는 경비, 총경비 또는 제조간접비라 불리워지는 경우가 많다. 감독자 급여, 동력비, 유지비 및 세금과 같은 비목은 간접비로 분류된다. →직접비

간접세 間接稅 ☞직접세·간접세

간접투자 間接投資 ☞직접투자

간접효용함수 間接效用函數 indirect utility function
재화의 소비량 x로부터 얻는 효용 u(x)를 직접효용함수라 함에 비하여, 주어진 가격과 예산제약하에서 실현 가능한 최대

효용을 간접효용함수라 한다. 즉 예산제약하의 효용극대화문제 max u(x) s.t. px≤M의 해를 x* 라 하면, x*=x*(p, M)이다. 이 경우 효용은 u(x*)인데 x* 가 (p, M)의 함수이므로 u 또한 (p, M)의 함수로 나타낼 수 있다. 이를 수식으로 표현하면 u(x*(p, M))=v(p, M)이고 이 v 가 바로 간접효용함수인 것이다.

간접효용함수 v(p, M)은 (p, M)에 대하여 0차동차, M에 대하여 단조증가, p에 대하여 단조비(非)증가이며 준볼록이라는 성질을 가지고 있다. 또한 로이 Roy, A. D. 의 항등식 $x_i=-[\partial v(p, M)/\partial pi]/[\partial v(p, M)/\partial M]$을 이용하여 수요량과 간접효용함수의 관계를 표현할 수 있기 때문에 직접효용함수보다 간접효용함수를 이용하여 재화수요를 고찰하는 것이 편리한 경우가 많다.

갈브레이드 Galbraith, John Kenneth (1908~)

갈브레이드는 캐나다 몬테리오주에서 출생하여 토론토대학을 거쳐 캘리포니아대학에서 박사학위를 받았다. 제 2 차대전중 학계에서, 또 연방정부 경제부처의 요직을 맡기도 했던 그는 한 때 경제지의 편집에 참여했다가 1948년 하버드대학에서 경제정책 등을 강의했다. 그는 케인즈학파에 속하는 경제학자로서, 특히 뛰어난 착상과 기지에 넘치는 그의 문장력은 유명하다. 지금까지 그의 연구는 주로 미국의 경제사회를 중심으로 하여 현대 자본주의의 특질을 독특한 이론과 착상을 가지고 해명하는 것이었다. 그의 저서인 「새로운 산업국가 *The New Industrial State*」(1967)에서 그는 미국처럼 고도로 발전한 경제사회에서는 이제 종래와 같은 시장원리가 적용되지 않고 거대기업과 대형정부가 경합함으로써 시장과 수요를 계획적으로 조정하여,

경제전체의 성장과 안정을 실현시키고 있다는 것을 규명하려고 하였다.

〔주 저〕 *American Capitalism*, 1951; *The Affluent Society*, 1958; *The New Industrial State*, 1967.

감가상각 減價償却 depreciation

기업의 경제자산인 건물, 기계, 설비 등 고정자산의 대부분은 기업의 수익활동에 계속 사용되는 결과, 시일의 경과에 따라 그 자본가치가 점점 소모되므로 그 소모되는 가치는 그에 해당하는 부분만큼 매영업연도의 비용으로 계상하지 않으면 안된다. 이와 같이 고정자산에 투하된 자본가치를 유지하고 이것을 일정한 유효기간내에 회수하는 회계절차를 감가상각이라 한다. 이 같은 감가상각을 위해 적립충당해 두는 자금을 감가상각충당금이라 한다. 감가상각의 목적은 고정자산구입원가를 비용화하는 방법을 통하여 그 내용기간 후 해당고정자산 재조달의 수단을 준비하는 데 있다. 그런데 화폐구매력의 변동에 따라 감가상각에 대한 목적도 화폐자본의 유지를 목적으로 하는 취득원가설과 실질자본의 유지를 목적으로 하는 대체원가설로 대립되고 있다.

감가가 생기는 원인은 다음과 같다. ① 물리적 감가 : 사용에 의한 감모(減耗)와 시간경과에 의한 감모가 이것이며 가장 일반적인 감가의 원인이다. ② 기능적 감가 : 경영적 감가라고도 하며 물질적으로는 사용가치가 있으나 경제적인 이용가치의 상실을 말한다. 또 유행의 변천과 새로운 발명에 의한 구식화 obsolescence 와 경영방법 또는 경제사정의 변화에 의하여 발생되는 부적당화도 이에 속한다. ③ 우발적 감가 : 천재지변 등의 자연적 원인 또는 도난・노동쟁의 등의 사회적 원인에 의한 감가이나 ①,②와 같은 경상감가가 아니므로 감가상각의 대상으로서는 적합하지 않다.

그러므로 이것은 임시손실로 처리하거나 계상된 적립금에 의하여 보전(補塡)하는 것이 좋다. 감가계산을 하기 위하여는 취득원가 cost, 잔재가액 scrap value, 내용년수 service life 의 3요인이 확정되어야 한다. 그 계산방법에는 다음과 같은 것이 있다.

(i) 정액법 fixed instalment method 또는 직선법 straight-line method 이란 감가총액을 각 연도에 균등하게 배당하는 방법으로서 계산이 간편하다. 계산공식은 다음과 같다. $d=$매년의 감가액, $c=$원가, $s=$잔존가액, $n=$내용년수,

$$공식 : d=\frac{c-s}{n}$$

(ii) 정률법 fixed percentage method 이란 고정자산의 잔존가액에 일정률을 곱하여 산출한다. 일정률 r 의 산정은 다음과 같다.

$$r=1-\sqrt[n]{\frac{s}{c}}$$

이밖에도 급수법(級數法), 연중법(年重法), 감가기금법 등 10여 방법이 있다. 감가상각비의 기장방법에는 직접법과 간접법의 2종이 있다.

감채기금 減債基金 sinking fund

공채의 시가를 유지하고 그 발행을 쉽게 하며 공채의 누적에 의한 공채비의 팽창과 이에 따른 조세부담의 증대를 방지할 목적으로 공채를 강제적으로 상환하기 위해 설치하는 특별한 기금을 말한다. 그 자금은 일반회계 또는 특별회계로부터 전입되어 특별히 관리·운영된다. 이러한 자금의 전입, 관리, 운영의 방식 차이에 따라 월·폴 wal pole 식, 피트·프라이스 pitt price 식 등으로 구별되나 가장 유명한 것은 피트·프라이스 식이다. 이 방식은 전입자금을 복리로 이식시켜 한꺼번에 공채를 상각

하려는 방식이다. 그러나 이에 대해, 공채상환의 재원이 경비를 초과하는 조세수입이라는 점을 무시하고 도리어 국가재정을 낭비시키는 감채기금에로의 전입은 이를 상회하는 공채발행을 초래한다는 비판이 리카도 Ricardo, D. 에 의해 나옴에 따라 폐지되었다. 그 후 1875년, 해마다 국고금을 전입하여 공채를 사들이고 이를 즉시 상환하는 신감채기금 new sinking fund 이 창시되어 오늘날 각국에서 채용하고 있는 기금의 원형이 되었다.

강제저축 強制貯蓄 forced saving

기대되는 소득 중에서 소비자 자유의사에 의해 행하여지는 저축을 자발적 저축 voluntary saving 이라고 하는 데 반해, 어떠한 형태로든지 절약이 강제되는 경우에 이를 강제저축이라고 한다.

강제저축의 의미는 학자에 따라 다르다. 맬더스 Malthus, T. R. 는 화폐량이 증가하여 물가가 상승할 때 과거의 저축에 의존하는 금리생활자의 실질소비가 감소당하게 되는 것을 강제저축이라고 불렀다. 하이에크 Hayek, F. A. v. 는 완전고용을 전제하고서 강제저축을 다음과 같이 설명하고 있다. 지금 은행이 금리를 자연이자율 이하로 유지하고 기업가의 추가적인 자금수요를 신용창조에 의한 추가자금에 의해서 충당하는 것으로 가정하면, 기업가는 소비재의 생산부문에서 생산수단을 철수하여 이를 우회생산의 장기화를 위한 생산재의 생산에 사용한다. 이 때문에 소비재의 산출량은 감소하고 그 가격수준은 등귀한다. 그리하여 소비자는 높은 가격을 통해 이제까지보다도 적은 소비를 하게끔 강요되어, 여기에 우회생산의 장기화를 위해서 강제적으로 발생하게 된다. 하이에크에 의하면 우회생산의 장기화에 수반되는 자본의 축적이 자발적인 저축만에 의해서 충당되어

진다면 경제발전은 균형적으로 이루어지지만 그것이 강제저축에 의해서 행하여지는 경우에는 소비재생산은 머지않아 다시 원래의 상태로 복귀하게 되어, 생산수단에서 사용되고 있던 생산수단의 일부는 소비재생산부문으로 옮겨진다. 그리고 이 때문에 자본재의 생산은 정체되어 드디어는 공황에까지 이를 수 있다고 주장하고 있다.

이에 대해서 미제스 Mises, L. E. v. 는 강제저축을 다른 의미로 인식하고 있다. 즉 소비재의 가격등귀가 생기더라도 임금수준이 즉각 이에 추종하지 않는다면 기업체는 그 만큼 많은 이윤을 얻는 것으로 된다. 그리고 그가 말하는 강제저축이란 임금소득자가 실질소비를 제한당해서라는 것과는 달리 이윤을 얻은 부유층이 자발적으로 이제까지보다도 더 많이 저축하는 것을 가리키는 것이다. 강제저축이라는 개념은 흔히 미제스의 해석에 가깝다. 그것은 강제저축이란 기업투자 또는 정부지출의 증가에 의해 화폐국민소득이 증가하고 그에 따른 소비지출의 증가와 함께 소비재가격 수준이 등귀할 때, 위에서 밝힌 미제스의 말과 같이 기업이윤을 얻는 계층의 저축률이 상승하는 현상이 생기는 것을 뜻하게 된다. →우회생산, 과잉투자설

개발도상국 開發途上國 developing countries
로스토우 Rostow, W. W. 는 경제성장의 단계를 전통적 사회, 선행조건준비단계, 도약단계, 성숙단계, 고도대중소비단계 등 5단계로 구분하였다. 그는 각종경제는 상기 배열순서로 성장한다고 하였다. 도약단계 take off 의 기간은 20~30년으로 단기이지만, 저개발국이 노동생산성과 생산고의 저수준, 저성장상태를 이탈하여 그들의 고성장이 지속하며 자기촉진화하고 있는 선진국의 대열에 참가하는 전환점에 위치

한다. 이 시점의 국가를 개발도상국이라 한다. 이 개발도상국이라고 하는 용어는 저개발국, 후진국과 같은 의미로 사용되기도 한다.

개발수입 開發輸入 develop and import scheme
개발참가수입이라고도 한다. 기술과 자금을 타국에 제공하여 미개발의 자원 등을 개발, 제품화하여 수입하는 것이다. 대부분의 경우 자원은 풍부하나 기술이나 자금력이 부족한 개발도상국으로부터 선진국이 농수산자원이나 광업자원을 수입할 때에 이런 방법이 이용된다. 이 방법의 대표적인 것은 투하한 선진국의 자본을 개발도상국의 생산물로 회수하는 경우인데, 이것을 프로덕션 쉐어링 시스템 production sharing system 이라 한다.

개방경제체제·봉쇄경제체제 開放經濟體制·封鎖經濟體制 open economic system·closed economic system
이 용어들은 두 가지 의미로 사용되고 있다. 첫째, 국제경제학에 있어서 국경을 벗어나 행해지는 거래를 고찰하여 경제량 사이의 관계를 분석하는 경우의 경제체계를 개방경제체제라 하며, 정치적·국가적 영역을 한계로 하여 통일성을 갖춘 국민경제 아래에서의 경제체계를 봉쇄경제체제라 한다. 국민경제로부터 관련되고 결합된 국제경제 관계에 서면 국제경제사회가 성립한다. 이 사회는 국민경제 상호간의 무역, 해운, 금융, 투자 등의 활동을 내용으로 하며, 이들 국제거래는 국내거래와 동일한 원리를 따르는 면도 많지만 또 다른 원리를 따르는 면도 있다. 통화가 나라마다 다르며 자본이나 노동이 국제간에는 국내에서 만큼 이동성이 없으므로 국내분업과 국제분업은 그 원리가 다르다. 이와 같

은 국제거래의 특수성과 복잡성에서 국제
경제관계를 설명하는 특수이론, 곧 국제경
제학이 발생한다. 둘째, 현실경제의 관찰
에 있어서 어떤 국민경제가 대외관계를 끊
고 자급자족 상태에 있을 때 이 경제를 봉
쇄경제 체제라 부르며, 국제적 경제관계에
들어갈 때를 개방경제 체제라 말한다. 이
정의에 따르면 무차별적인 다각무역이 자
유롭게 행하여지면 국제경제 질서는 개방
경제 체제에 접근하게 된다. →국제수지, 국
제경제협력

개인소득 個人所得 personal income

모든 소득원천으로부터 개인이 수령하
는 경상소득액으로서, 정부와 기업으로부
터의 이전지불은 포함하나 그 이외의 원천
으로부터의 이전지불은 포함하지 않는다.
개인소득은 또한 법인조직이 아닌 기업,
비영리기관의 순소득 및 농가에서 소비된
식료품 대가의 추정액, 소유와 주거가 같
은 주택에 있어서 임대료의 추정액과 같은
비화폐 소득을 포함한다. 개인소득의 주요
한 화폐적 구성항목은 근로소득, 재산소
득, 임대료소득, 배당·이자 및 이전지불
이다.

개인소득은 본래의 의미에 있어서의 국
민소득과는 그 구성에 있어서 다른 점이
있다. 즉 국민소득 가운데는 포함되어 있
으나 개인소득으로서는 지불되지 않는 것
이 있으며, 또 개인소득에는 포함되어 있
으나 국민소득으로서는 구성되지 않는 항
목이 있다. 따라서 개인소득은 세금이 공
제되기 전의 소득의 척도이다. 개인소득의
통계적 계열은 전반적 추세의 유용한 지표
의 하나이다. 다만 비화폐적 소득 및 비법
인기업, 그리고 비영리기관의 소득을 포함
하고 있으므로 소비자만이 받는 소득액을
알기는 곤란하다.

객주·여각 客主·旅閣

객상주인·여각주인이라고도 한다. 객
주·여각은 취급물량·규모의 대소·영업
행위 등의 차이에 따라서 구별되는 것이라
는 설이 있으나 지금의 연구수준으로서는
단언하기 어렵다. 그 기원은 17·8세기 농
민적 상품화폐 경제가 광범하게 전개되는
데서 비롯되며, 상품유통을 행정중심지 및
교통의 요충지에서 장악하는 상인이었다.
이 점에서 객주·여각은 지주적 상품화폐
경제에 기생하는 공인(貢人)·경주인(京
主人)·영주인(營主人) 등과는 그 기원 및
사회경제적 기반을 달리하는 것이다. 이들
은 개항기에는 개항장의 중심적인 상인이
었으며, 유통부문의 근대화가 제대로 이루
어지지 못한 오늘날에 있어서도 농수산물
의 유통과정에 있어서 중요한 지위를 차지
하고 있으나, 여기서는 이조 후기와 개항
기의 객주·여각만을 다루기로 한다.

18세기경에는 객주·여각은 이미 여러
가지 종류로 분화되어 있었다. ① 지방에
따라 만상(灣商)객주·동래(東萊)주인·
강진(康津)객주 등과 같이 특정지방의 상
인과 주인이라고 하는 유대관계를 가지고
있는 것, ② 취급화물별에 따라 목화주
인·피물(皮物)주인·마(馬)주인ㆍ어물주
인 등 특정상품을 전문적으로 취급하는
것, ③ 상인에 따라 선(船)여각·선상(船
商)주인·육상(陸商)주인·보상(褓商)객
주라고 하는 특정의 상인하고만 거래하는
것으로 분화되어 있었다. 위의 사실로 미
루어 보아 객상과 주인간에는 동향관계·
동일물종의 취급관계·동일종류의 상인관
계를 통하여 인적인 유대관계가 성립되어
있었던 것을 추측할 수 있으며, 어떤 경우
에는 주객의 관계가 몇 세대에 걸쳐서 지
속되고 있었던 것이다.

객주·여각의 업무는 위촉판매, 구매
업, 금융업 및 조세청부업이 있다. 객주·

여각도 일종의 상인이었으므로 당연히 상품매매 업무에도 종사하였으나 이 업무의 성질은 일반상업의 그것과 같으므로 여기서는 설명을 생략한다. 위탁판매·구매업은 객주·여각의 중심적 업무였다. 그들은 자기의 책임하에서 객상이 위탁하는 상품을 판매하기도 하고 객상의 위탁에 의하여 상품을 구매하기도 하였다. 이 경우 객주·여각과의 관계에서만 권리·의무관계가 성립하여 판매위탁자와 구매자 및 구매위탁자와 판매자간에는 하등의 권리·의무관계가 성립하지 않기 때문에 객주·여각은 자기책임하에서 위탁 및 판매·구매활동을 하는 것이다. 위탁판매 및 구매에 있어서는, 객상이 객주·여각에게 매매가격과 구매가격을 지정하여 주는 경우도 있었지만 그것을 시가(市價)로 일임하는 경우도 있었다. 전자의 경우 객주·여각이 지정가격보다도 싸게 판매한다든지 비싸게 구매하였을 때에는 객주·여각이 그 차액을 부담하였으며, 후자의 경우에 있어서도 객상과 주인간에는 전통적 거래관계를 배경으로 객주·여각이 성실히 수탁업무를 처리하였으므로 거래관계에 혼란을 가져 오는 일은 거의 없었다.

객주·여각은 수탁업무를 직접 행하기도 하였지만 거간(居間)이 거래를 알선하기도 하였다. 거간에는 내·외의 구별이 있었는데, 외거간은 독립중개업자로서 객상과 화물의 왕래를 지시하며 매일의 물가를 보고하고 상품매매의 중개를 행하고 구전(口錢)을 받는 자이며, 내거간은 객주의 사용인으로서 객주의 집에서 기거하면서 전기의 업무를 행하는 자인데, 그 구전은 객주·여각으로부터 급료를 받는 경우 객주에게 귀속되며 그렇지 않는 경우 내거간이 취득한다. 내·외거간이 받는 구전은 객주·여각이 받는 것의 절반씩이다. 객주·여각은 수탁업무의 부대업무로서 여

숙업과 창고업을 행하였다. 여숙업은 객상에게 숙식을 제공하고 실비를 받는 정도였으며 때로는 여행객을 수용하기도 하였다. 창고업은 수탁화물을 보관하는 정도였으며 특별한 시설이 없었기 때문에 창고료는 받지 않았으나 통과화물에 대해서는 과구(過口)를 부과하였다. 객주·여각이 받는 구전에도 내·외의 구별이 있으며 내구란 지방의 객상으로부터 징수하는 것으로서 벼·보리 등의 조곡에 대해서는 1석에 10전, 미두(米豆) 등의 정곡(精穀)에 대해서는 1석에 20전, 어염 등은 가격의 100분의 20이며 이것을 원구(原口)라고도 하였다. 외구는 경성의 상인으로부터 받는 것으로서 매매가격의 100분의 1이면 그 반은 외거간이 차지하고 나머지는 객주가 차지한다.

금융업은 원래 수탁업무의 편의상 발생한 것이나 점차 객주·여각의 중요한 업무로 발전하였다. 금융업무는 대금(貸金)·예금·어음(음표(音票)·어험(魚驗)이라고도 한다)의 발행으로 구성되어 있었다. 대금에는 위탁판매품이 즉시 판매되지 않을 경우에 객상의 요구에 의하여 그 상품을 담보로 그 상품대금의 일부를 대부하는 것과 지방으로부터의 상품매집상이 모집상품의 판매를 반드시 그 객주·여각을 통한다는 것을 조건으로 대부하는 것이 있었다. 전지·가옥·상품을 담보로 하는 경우도 있지만 신용대부가 대부분이었으며, 월이자율은 3분(分) 정도였다. 이외에 왕실·정부의 재정이 곤란할 때에는 무이자 또는 월 2분(分)의 이자로서 왕실·정부에 대부하기도 하였는데 이것은 정부로부터 받는 여러 가지 특권에 대한 반대급부적 행위였다. 예금에는 위탁판매의 상품이 이미 팔렸으나 객상이 바로 현금이 필요하지 않을 경우 월 1분(分) 2리(厘) 5모(毛)의 이자로 객주·여각에게 예금하는 것, 정부

재정자금을 무이자로 예금하는 것, 양반·관료 중에 경제적 여유가 있는 자들이 식리(殖利)를 위하여 예금하는 것 등이 있었다. 어음의 발행에는 객주·여각이 상품을 구입할 때 어음으로써 대금을 지불하는 것, 상품의 구매자가 자금이 없을 때 전지·가옥·상품을 담보로 객주·여각에게 어음발행을 의뢰하는 것 등이 있는데, 어음기간은 대체로 1개월이며 1개월이 지나도 어음을 결제하지 못할 경우 월 3분 내외의 이자를 지불한다. 어음과 비슷한 것으로서 환표(換票)·환간(換簡)이라는 것이 있는데 이것은 객주·여각이 원융지간(遠隔地間) 자금결제를 위하여 발행하는 것이다.

마지막으로 객주·여각의 중요한 업무로서 조세청부업이 있다. 그들은 상품유통을 행정중심지 및 교통의 요충지에서 장악하고 있었기 때문에 객상에 대한 조세청부인이 될 수 있었다. 그들이 조세청부인이 되는 경로는 다음의 세 가지이다. ① 원래 객상주인·여각주인이던 자들이 중앙·지방관아, 궁방 등으로부터 위탁을 받아 조세청부인이 되는 것, ② 일정의 경제력을 가진 자가 중앙·지방관아, 궁방 등에 특정지역의 여각주인이 될 것을 경제력과 특별한 연고에 의존하여 신청하고 납세액을 명정하여 인정받은 것, ③ 전인(廛人)들로부터 위탁받아 주인이 되고 수세하청인이 되는 것이다. 객주·여각이 조세청부인의 기능도 행하였다는 사실은 그들이 봉건적 특권상인임과 동시에 객상들의 통제자였다는 사실을 말해주고 있는 것이다. 개항기의 객주상회사 등이 이러한 부류들이었다. 객주·여각은 농민적 상품화폐경제의 발전을 기반으로 발생·발전하였다. 이 점에서 그들은 종래의 봉건적 조세와 대지에 기생하는 공인·경주인·영주인 등의 어용상인과는 구별되며, 이조 후기에 나타난

사상(私商) 중 규모가 큰 것이었다. 그러나 그들은 존립기반을 봉건적 소상품생산에 두고 있었으며, 봉건권력과 여러 가지로 결탁하여 얻은 특권을 기반으로 소상품생산자와 소상인을 수탈하고 있었다. 그들의 출현은 봉건사회의 새로운 한 시기를 나타내주는 것이기는 하나 그 역사적 성격은 여전히 봉건적인 것이었다.

〔참고문헌〕안병태, 「조선근대경제연구」, 동경, 1970; 한우여, 「한국 개항기의 상업연구」, 서울, 1970; 박원선, 「객주」, 서울, 1968; 조선금융조합협회 발간, 「조선구시(朝鮮舊時)의 금융재정관행」, 경성, 1930.

거래동기 去來動機 ☞유동성선호설

거래의 유통속도 去來의 流通速度
☞화폐의 유통속도

*거미집이론(理論) cobweb theorem

이 모형은 원래 미국의 옥수수 및 돼지 가격의 주기적인 변동을 분석하는 데 사용되었다. 2차대전 이전의 돼지 가격은 일단 정점에서 다시 바닥으로 하락하고 또다시 오르는 주기적인 변동을 나타내었다. 이 이론에서는 기본시장 모형에서 설정된 가정 위에 시장의 동태적 성격을 나타내는 몇 가지 가정을 추가하게 된다. ① 각기 다른 시점(혹은 계절)에서 시장이 형성된다. ② 수요곡선은 정상적인 방향의 기울기를 갖는다. ③ 공급곡선 다음과 같은 특색을 갖는다. 첫째, 그림1(a)에 있는 공급곡선 위의 한 점 S_1 은 이 시점의 가격이 P_0 일 때 공급자가 다음 시기에 S_1 만큼 생산을 계획한다는 사실을 나타낸다. 즉 차기의 공급계획은 현재의 시장가격에 의존한다. 둘째, 일단 결정된 공급계획은 변경될 수 없고 또 실제로 공급된 량은 어떠한 가격 수준에서도 모두 처분된다고 가정한다.

그림 1(a)에서 제 1 기에 가격이 P_0 라고

하면 생산자는 제 2 기에 S_1 의 양만큼 공급할 계획을 세우고 제 2 기에 이르러 S_1 의 양이 시장에 공급된다. S_1 과 일치하는 수요의 양, 즉 수요곡선상의 점 D_1 은 S_1 이 다 팔릴 수 있는 가격 P_1 을 나타내 준다. 이 P_1 은 균형가격보다 아래에 놓여 있다. 물론 P_0 는 균형가격보다 높다. P_1 의 가격을 보고, 공급자는 제 3 기에 S_2 만큼의 생산계획을 세우고 제 3 기가 되면 수요곡선상의 점 P_2 에 해당하는 가격 P_2 에 S_2 의 양이 모두 팔리게 된다. 그러나 P_2 역시 균형가격보다 높지만 P_0 에 비해 보다 균형가격으로 접근하게 된다. 위에서 본 시장가격의 균형가격을 향한 점진적인 수렴(收斂)과정을 시간과 더불어 표시하면 그림 1(b)와 같은 동학모형(動學模型)이 된다.

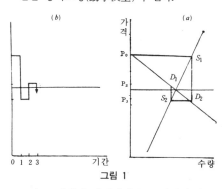

그림 1

이 그림에서 시장가격은 균형가격 수준을 중심으로 상·하로 움직이지만 시간이 경과함에 따라 균형가격에 이르게 된다. 그림 1(a)에 나타난 곡선의 모양 때문에 거미집이론이라는 이름이 생겼다. 그림 2(a)의 수요 및 공급곡선은 각각 정상적인 방향의 기울기를 가졌으나, 수요곡선 기울기의 절대치가 공급곡선의 그것보다 더 크므로 초기가격 P_0 는 가격기구 price mechanism 의 조절작용에도 불구하고 시간이 경과함에 따라 균형가격에서 점점 멀어지고 있다. 이것을 그림으로 나타낸 것

이 그림 2(b)이다.

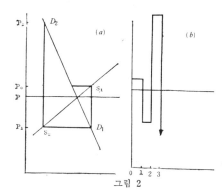

그림 2

위의 두 가지 경우는 다 같이 수요·공급곡선이 정상적인 방향의 기울기를 가지고 있으나, 한 경우에는 가격변동폭이 줄고 다른 경우에는 커져가는 정반대의 결과를 나타낸다. 이 상반된 결과는 수요공급곡선의 기울기의 상대적인 차이에 기인한다. 즉 그림 1에서와 같이 시장가격이 균형가격에 접근되는 경우는 공급곡선이 수요곡선보다 큰 기울기를 갖고 있지만 그림 2에서와 같이 균형가격에서 더욱 이탈되는 경우는 수요곡선이 공급곡선보다 큰 기울기를 갖고 있다. 위의 설명을 수식화하여 나타내 보면 다음과 같다. 가정에 따라 수요·공급함수를 선형(線型)으로 표시하면

$$D_t = D(P_t) = \alpha - aP_t$$
$$S_t = S(P_{t-1}) = \beta + bP_{t-1}$$
$$\alpha, \beta, a, b > 0, \quad \alpha > \beta$$

와 같다. 균형점을 찾기 위해 수요량과 공급량을 일치시켜 가격에 대해서 푼다.

$$X_t = \alpha - aP_t = \beta + bP_{t-1}$$
$$P_t + \frac{b}{a}P_{t-1} = \frac{\alpha - \beta}{a}$$

$t=0$일 때 최초의 가격 $P=P_0$ 가 주어진다고 가정하면 위의 일차정차방정식의 해는 다음과 같다.

$$P_t = \left(P_0 - \frac{\alpha - \beta}{a+b}\right)\left(-\frac{a}{b}\right)^t + \frac{\alpha - \beta}{a+b}$$

이 식에서 $\dfrac{\alpha-\beta}{a+b}$ 는 공급에 있어, 앞에서와 같은 조건이 없을 때의 가격이다. 따라서 초기의 가격이 이 가격과 일치한다면 가격은 $\dfrac{\alpha-\beta}{a+b}$ 수준을 계속 유지하게 된다. 그러나 초기의 가격이 $\dfrac{\alpha-\beta}{a+b}$ 와 일치하지 않는다면 a 와 b 의 크기에 따라 균형가격이 안정인가 불안정인가가 결정된다. 첫째, a 가 b 보다 작을 때 $t \rightarrow \infty$ 라면, $\left(-\dfrac{b}{a}\right)^t$ 는 0 에 수렴하게 되는데 그림 1(a), 1(b)에 나타난 바와 같이 된다. 둘째, a 가 b 보다 크고 $t \rightarrow \infty$ 라면, 그림 2(a), 2(b)에 나타난 바와 같이 진동하면서 발산하게 되어 균형에 이를 수 없다. 셋째, a=b, $t \rightarrow \infty$ 라면, t 가 증가함에 따라 $\left(-\dfrac{b}{a}\right)^t$ 는 +1, -1로 되어 $\dfrac{\alpha-\beta}{a+b}$ 를 중심으로 일정한 폭으로 계속 진동한다. 이 경우를 나타내는 그림은 없지만, 균형에 이르지 못함을 알 수 있다.

〔참고문헌〕 Ezekiel, M., *The Cobweb Theorem.* 1939; 정병휴, 「경제원론」, 1974.

거시경제학 巨視經濟學 ☞미시경제학·거시경제학

거시분석·미시분석 巨視分析·微視分析 ☞미시경제학·거시경제학

거시적 동태론 巨視的 動態論 macrodynamic theory

국민소득, 소비, 저축, 투자 등 경제전체의 집계량에 관한 개념을 사용하여 경기순환이나 경제의 성장과 같은 경제변동의 전과정을 분석하는 이론이다. 이 이론의 중요한 특징은 케인즈 Keynes, J. M. 에 의하여 처음으로 경제이론 속에 도입된 승수이론과 종래의 경기이론에 주로 사용되어 온 가속도원리를 적절히 결합함으로써, 경제변동의 전과정을 인과론적으로 설명할 수 있는 자기완결적 체계를 수립하였다는

데 있다. 종래의 경기이론이 가속도원리에 주로 의존하여, 경기의 전환점이 왜 소비재 산업보다도 자본재 산업에 빨리 나타나는가 하는 경기전환점의 문제만 인과론적으로 설명하였던 것에 비하여 큰 진보를 보이고 있다.

오늘날 거시적 동태론의 중요한 형태는 세 가지로 분류된다. ① 사뮤엘슨 Samuelson, P. A., 힉스 Hicks, J. R. 형 : 승수·가속도 관계의 결과에 의하여 경제를 분석할 경우, 투자를 투자지출이라는 유효수요의 측면으로만 다루어 경제변동을 일관하여 유효수요의 관점으로만 분석한다. ② 칼렉키 Kalecki, M., 칼도어 Kaldor, N. 형 : 투자가 소득증가에 의존한다고 하는 가속도원리를 뒤로 돌리고, 투자를 소득의 절대수준에 의존시키는 속도원리 velocity principle 를 주장하는데, 특히 이 경우 자본축적량의 증가는 투자에 부(負)의 영향을 미치는 것으로 생각하여 경제변동을 유효수요와 자본축적의 양면에서 분석한다. ③ 해로드 Harrod, R. F., 도마 Domar, E. D. 형 : 승수·가속도 관계의 결합에 의하여 경제를 분석하는데, 이 경우 투자를 투자지출의 면과 동시에 자본축적에 수반하는 생산력의 증가라는 면으로 다루어, 경제변동을 유효수요와 생산력의 두 가지 관점에서 분석한다. →거시적 분석, 미시적 분석, 저축·투자논쟁

*거시적 소득분배이론 巨視的 所得分配理論 macro-theory of income distribution

개별생산요소에 대한 단위당 보수율의 결정을 문제로 하는 것을 미시적 소득분배이론이라 하고 국민소득이 임금·이윤(또는 이자)·지대 등의 형태로 어떻게 분배되는가, 즉 계층간의 소득분배문제를 다루는 것이 거시적 소득분배이론이다. 전자

는, 신고전파의 가격이론에 의하면 시장메카니즘에 의해 각 재화에 대한 균형가격이 결정되는 과정에서 부수적으로 결정되는 것으로 되어 있다. 즉 완전경쟁에서 어떤 생산요소에 대한 보수 r은 $r=\text{MPP} \cdot P$ (MPP는 한계생산력 marginal physical product이고 P는 재화가격이다)이므로 P가 결정되면 r도 자연히 결정될 수 있다. 반면에 후자는 아직도 별다른 진전을 보이고 있지 못한 경제학분야 중의 하나이다. 여기에서는 고전파이론, 신고전파이론, 칼렉키 Kalecki, M.의 독점도이론, 칼도어 Kaldor, N.를 비롯한 신케인즈파이론을 소개하고 그것들의 약점을 지적한다.

① 고전파이론 : 고전파이론은 리카도 Ricardo, D.에 의해서 대표된다. 그는 노동가치설과 농업부문에서의 수확체감경향에 근거하여 자본주의경제에는 이윤율이 저하되는 경향이 존재하여 결국은 자본축적이 정지되는 정상상태(定常狀態) stationary state에 도달하게 될 것이라는 장기전망을 내린다. 그림에서 X는 곡물의 생산량, N은 투입노동량을, AP는 노동의 평균생산력곡선, 그리고 MP는 한계생산력곡선을 나타낸다. 임금은 노동단위당 곡물로서 지불되는데, 그것은 OH로 외생적으로 주어져 있다고 가정된다. 지대는 평균생산력과 한계생산력의 차와 같으며, 이윤은 전생산물에서 임금과 지대를 뺀 잔여로서 존재한다. ON_1의 노동이 투입될 때 곡물량으로 전생산물은 면적 $OJKN_1$, 이윤과 지대는 각각 면적 $HILM$과 $IJKL$이 된다. 그러나, 자본축적이 진행되어 그와 더불어 노동투입량이 ON_2가 될 때에는 전생산물을 임금과 지대로 지불하고 나면 이윤으로 분배되는 몫은 남지 않게 된다. 따라서 이 점에서 자본가는 축적을 중단하며, 그 결과 경제성장이 정지되는 정상상태가 도래한다. 그러나 리카도는 농업부문에서

의 기술진보의 가능성을 무시하고 있다. 만일 그곳에서 기술진보가 꾸준히 일어난다면, AP곡선과 MP곡선 또한 끊임없이 상방이동하여 정상상태가 도래하지는 않을 것이다.

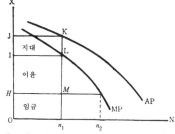

② 신고전파이론 : 신고전파이론은 규모에 대한 수확이 불변인 총체생산함수 aggregate production function를 가정하고, 국민생산물에서 노동과 자본에 각각 임금과 이자의 형태로 지불되는 몫은 기술적 요인과 그것의 공급량에 의해서 결정된다고 설명한다. 규모에 대한 수확이 불변인 생산함수에 대해서는 다음의 오일러 정리 Euler's theorem가 성립한다. 즉,

$$Q=\frac{\partial Q}{\partial K} \cdot K+\frac{\partial Q}{\partial L} \cdot L$$

여기에서 Q는 국민생산물, K와 L은 각각 자본과 노동의 공급량이고 $\frac{\partial Q}{\partial K}$, $\frac{\partial Q}{\partial L}$는 각각 자본과 노동의 한계생산물로서 기술적 요인에 의해서 결정된다. 따라서 완전경쟁에서 자본과 노동이 생산물로 각각 한계생산물과 같은 보수를 지불받으면 국민생산물은 모두 자본과 노동에 과부족 없이 분배되어 버린다. 위의 오일러 정리에서 알 수 있듯이 노동이 차지하는 몫은 $\frac{\partial Q}{\partial L}$와 L에 의존한다. 자본의 경우에도 마찬가지이다. 하나의 특수한 경우로서 콥·더글라스 생산함수 $Q=AK^\alpha L^{1-\alpha}$를 상정하는 경우에는 노동분배 $\frac{\partial Q}{\partial L} \cdot \frac{L}{Q}$은 파라미터 $1-\alpha$로 주어진다. 그러나 이 이

론은 소득분배에 영향을 미치는 제도적 요인을 무시하고 있다는 점 이외에도, 그것이 의도하고 있는 총체생산함수는 논리적으로 한 재화만이 존재하는 세계 one commodity world에서나 유의성을 갖게 된다는 이론적인 난점을 지니고 있다.

③ 칼렉키의 독점도이론 : 칼렉키는 오늘날과 같이 자본주의경제에 독점이 광범위하게 존재하는 경우에는 가격이 한계수입＝한계비용이 성립하는 식으로 결정되는 것이 아니라 생산비에 일정한 마크 업 mark-up을 더함으로써 결정된다는 이론을 제시했다. 독점도 degree of monopoly는 가격과 한계비용의 차, 즉 마크 업이 가격에서 차지하는 비율로 정의된다. 단기에서 한계비용＝평균비용이라고 가정하면, 전체경제의 평균적인 독점도는

$$독점도 = \frac{총매출액 - 총비용}{총매출액}$$

이 된다. 이 식에서 총매출액에서의 중간생산물액과 총비용에서의 중간생산비를 서로 상쇄시키면,

$$독점도 = \frac{국민소득 - 임금비용}{총매출액}$$

따라서 이 마지막 식으로부터

$$\frac{W}{Y} = \frac{1}{1 + \mu \cdot \frac{W}{T}}$$

이라는 식을 얻는다. 여기에서 Y는 국민소득, T는 총매출액, W는 임금소득, μ는 독점도이다. 즉 노동분배율 $\frac{W}{Y}$는 독점도 μ와 $\frac{W}{T}$에 의존한다. $\frac{W}{T}$는 물가와 기술진보에 의해서 영향을 받는다. 이러한 칼렉키이론은 개별기업의 독점도를 전체경제의 그것으로 집계하는 데 있어서 난점을 가지고 있지만, 단기의 소득분배를 설명하는 데는 유력한 방법이라 할 수 있다.

④ 신케인즈파이론 : 소득결정이론에 사용된 케인즈 Keynes, J. M.의 유효수요의 원리와 승수이론을 소득분배이론의 구성을 위해서 처음으로 도입한 경제학자는 칼도어였다. 그러나 그의 이론전개에는 논리적 결함이 수반되어 있다는 것이 밝혀져 있기 때문에 여기에서는 그것을 수정한 파시네티 Pasinetti, L. L.의 이론을 설명하기로 한다. 경제가 노동자와 자본가의 2계급으로만 구성되어 있다고 하자. 노동자도 임금소득 중 얼마를 저축하여 자본가에게 대부한다고 하면, 전체이윤은 자본가에게 뿐만 아니라 노동자에게도 분배되어야 한다. 균형에서는 저축＝투자이므로

$$I = s_w(P_w + W) + s_c P_c$$

여기에서 I는 투자, P_w는 노동자의 이윤소득, P_c는 자본가의 이윤소득이고, s_w와 s_c는 각각 노동자와 자본가의 저축성향을 나타내는 상수이다. 파시네티는 장기균형에서 각 계급이 수취하는 이윤소득은 그 계급의 저축에 비례해야 한다는 조건을 도입한다. 즉,

$$\frac{P_w}{s_w(P_w + W)} = \frac{P_c}{s_c P_c}$$

또는

$$W = \left(\frac{s_c}{s_w} - 1\right) P_w$$

이 조건을 앞의 저축·투자균형식에 대입하면 다음과 같은 결론이 도출된다.

$$\frac{P}{Y} = \frac{1}{s_c} \cdot \frac{I}{Y}$$

즉 이윤분배율은 자본가의 저축성향 s_c와 투자율 $\frac{I}{Y}$에 의존한다. $\frac{I}{Y}$는 자본가의 투자계획에 의해서 결정되며, 그것은 다시 자본가의 생기 animal spirits에 의존하는 독립변수로 취급한다. 신케인즈파라는 명칭도 주로 이러한 사실에서 유래한다. 하지만 칼도어나 파시네티의 이론은 원래 경제가 일정한 성장률로 꾸준히 그리고 안정적으로 성장해 가는 성장의 장기균형점(또는 항상상태 steady state)을 상정하고 있는

장기소득분배이론에 속한다. →독점도, 오 일러정리

〔참고문헌〕Kalecki, M., *Selected Essays on the Dynamics of Capitalist Economy*, 1971; Kalder, N., "Alternative Theories of Distribution", *Review of Economic Studies*, vol. 23, 1955-6; Pasinetti, L.L., *Growth and Income Distribution*, 1974; 김윤환, 「경제학」, 1975.

*거얼리-쇼오의 이론(理論) theory of Gurley and Shaw

거얼리 Gurley, J. G. 와 쇼오 Shaw, E. S. 가 「금융이론에 있어서의 화폐 *Money in a Theory of Finance*」라는 저서에서 주장한 이론으로, 이들은 골드스미스 Goldsmith, R. W. 의 실증적 연구에 영향을 받아서 금융자산의 축적이라는 관점에서 금융기관의 역할과 그 진화과정 및 경제발전의 금융적 측면을 이론화하였다. 그들에 의하면 경제의 성장과 발달에 따라 금융자산이 증대경향을 보여 왔는데, 이 현상을 저축・투자의 제도화 institutionalization of saving and investment 라고 명명하였다.

그들은 경제의 성장, 발전에 따라 금융자산이 축적되는 이유와 사람들이 금융자산을 보존하는 이유를 다음과 같이 설명한다. 첫째, 금융자산은 자본재의 참다운 소유권 내지 분배권 equity 을 그 자본재의 직접분배로부터 분리시키는 역할을 하고 있기 때문이다. 만일 금융자산이 존재하지 않는다면 '소유와 경영의 분리' 또는 '자본과 경영의 분리'는 존재하지 않으며, 따라서 현재 자본주의사회에서 볼 수 있는 거대한 자본축적은 불가능하다. 둘째, 금융자산은 어느 정도의 유동성을 갖고 있으므로 재화구입 또는 채무결제에 필요한 유동성을 직접 증가시키거나 또는 간접적으로 각 경제주체의 유동성 포지션 liquidity position 을 높이는 역할을 하기 때문이다.

이제 거얼리와 쇼오의 자본시장의 구조 분석을 통한 저축・투자의 제도화를 설명하면 다음과 같다. 국민경제에는 기업과 가계의 2개 부문만 있다고 하자. 생산주체인 기업은 자기투자가 자기저축을 초과하는 투자초과부문($I>S$)이며, 소비주체인 가계는 자기저축이 자기투자를 초과하는 저축초과부문($S>I$)이다. 각 부문의 실물면에서 저축・투자 갭은 금융면에서 반드시 보전(補塡)되어야 한다. 실물거래면에서의 투자초과부문 deficit sector 은 금융거래면에서 자금을 조달함으로써 그 부문의 자금부족을 충당하고, 반대로 저축초과부문 surplus sector 은 금융거래면에서의 자금처분을 통하여 이 부문의 자금잉여를 사용해야 한다.

통화조직 monetary system 및 비통화성 금융중개기관 non-monetary financial intermediaries 은 각기 화폐 및 간접증권을 발행함으로써 기업부문과 가계부문의 중개자로써 양부문을 결합시킨다. 그 중 상업은행조직은 통화조직 중에서 가장 중요한 위치를 차지하는 것으로 제 1 의 역할을 흑자지출단위인 가계부문에서 대부자금을 받아 들이고, 이것과 교환으로 간접증권 secondary security 인 통화와의 대체성이 높은 채무증서를 창출함으로써 유동성공급을 증대하는 역할을 한다. 즉 일반상업은행은 통화를 창조함으로써 자금수요의 한계적 변동부문을 공급함으로써 유동성에 가장 큰 영향을 준다. 이밖에 이러한 통화조직 이외의 각종 다양한 비통화성금융중개기관이 발달하게 되면 대부자금이 흐르는 경로가 다양화되고, 흑자지출단위가 입수할 수 있는 금융자산의 종류가 다양화될 뿐 아니라 적자단위가 직접증권을 발행・매각할 수 있는 시장도 다양화된다.

각종 금융기관이 각기 상이한 금융서비스를 체현한 간접금융자산을 발행하게 되고, 그것이 직접채무증권이나 화폐 대신에 축적하게 된다. 이러한 저축과 투자의 제도화 또는 금융기관화는 금융부문에 생산물의 분화를 가져오게 된다. 이처럼, 통화성금융중개기관이 매우 발달된 오늘날의 단계에서는 케인즈 Keynes, J. M. 의 경우에서 본 바와 같이 화폐와 채권만을 중시하는 종래의 화폐이론만으로는 오늘날의 금융현상을 도저히 설명할 수 없게 되었다. 거얼리와 쇼우는 이 점을 중시하여 '상업은행은 대부자금의 창출자이며 기타의 금융기관은 단순한 자금의 중개자'라는 전통적 이분법을 비판하면서, 은행과 비통화성금융중개기관 사이에는 본질적인 차이가 없으므로 종래의 금융정책에 의한 통제의 대상은 상업은행에만 한정시킬 것이 아니라 당연히 은행 이외의 금융기관에도 확장되어야 한다고 주장한다.

그들은 또 국민소득의 증가율보다 간접금융자산의 축적률이 훨씬 빠르다고 주장하면서 경제성장과 금융자산축적과의 관계를 중요시하였다. 현실적으로 이들의 주장은 아직 관철되지 못하고 있으나, 거얼리-쇼우의 분석은 하트 Hart, A. G., 케넨 Kennen, P. B. 이 이것을 지출분석에 대한 제3의 접근방법이라 보고 신용의 흐름에 대한 접근법이라 호칭한 바와 같이 새로운

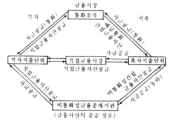

금융이론전개에 지대한 영향을 준 자금분석이론이라 할 수 있다.

[참고문헌] Gurley, J. G. & Show, E. S., *Money in a Theory of Finance*, 1960; Hart, A. G. & Kennen, P. B., *Money, Debt and Economic Activity*, 1948; 이승윤, 「화폐금융신론」, 1973.

건축순환 建築循環 building cycle

주택, 사무소, 공장 등의 건축활동에서 볼 수 있는 순환적 파동으로서 경기순환(「쥬글러」적 중기파동, 주기 7~12년)에 비하여 보다 길고, 보다 규칙적인 주기(15~20년)를 가지고 있다. 이 파동은 그 장기적 성격에 의하여 경기순환에 대단히 중대한 영향을 미치는 것이 인정되고 있다.

건설활동은 일반적으로 장기간 후가 아니면 그 효과를 나타낼 수 없으므로 수요의 증감이 있어도 즉각적으로 적응할 수는 없다. 따라서 예를 들면 신규건축에 대한 급격한 수요의 증가가 경기변동, 기타의 원인에 의하여 발생하였다고 하여도 그것이 그대로 공급의 부족으로 되어 장기에 걸친 가격(가옥임대료, 건축자재)등귀를 초래한다. 이 경향은 대규모의 건설활동 그 자체가 상당한 장기의 준비기간 후가 아니면 개시될 수 없는 사정에 의하여 더욱 조장된다. 이렇게 하여 확대를 개시한 건설활동은 유리한 상황이 존속하는 한 확대를 계속하며, 더욱이 한 번 확대되면 수요증가의 일시적 정체나 약간의 감소 등도 이 경향을 저지하기 어렵다. 공급부족이 소멸하고 가격의 하락이 시작되어도 아직 수개월 내지 10수개월이 경과하지 않으면 완성되지 않은 많은 건설활동이 존속하고 있는 것이 보통이다. 따라서 확장의 시작뿐만이 아니라 축소의 시작에도 상당한 시간적 지연이 생기는 것이다.

이리하여 건축순환은 경기순환에 큰 영향을 주지 않을 수 없다. 즉 경기의 하향전환이 경기순환의 상승기에 일어나면 계속 증대하는 건설활동이 경기의 지주가 되어 경기하향의 심각화를 저지할 뿐만 아니라 회복을 앞당길 것이다. 그러나 반대로 경기순환의 하강기에 이르면 불황을 심각화하여 장기화할 것이다. 1930년대의 대공황은 미국에 있어서 가장 심각하였는데 그

전 시기에는 장기에 걸친 번영이 계속되었다. 이 시기는 마천루의 건설이 경쟁적으로 나타난 시기였고, 사무용 고층빌딩에 의하여 미국 도시들의 스카이라인이 정비 완료된 시기에 건축순환과 경기순환의 불행한 일치가 시작되었다. 반대로 제2차대전 직후에는 대단한 불황이 예상되었음에도 불구하고 오히려 미증유의 번영을 초래한 원인의 하나로서 대량의 파괴로 말미암은 심각한 주택불황과 그에 따른 건축활동의 활황을 들 수가 있다. 오늘날 미국에서는 시중금리에 대하여 정부보증의 주택담보 대출이자율을 조작함으로써 건설활동을 제어하여, 그 효과를 지속적으로 또 완만하게 함으로써 경기조절의 중요한 수단이 되도록 하는 정책을 취하고 있다.

게임이론(理論) theory of games

현대 자본주의의 중요한 특질의 하나는 기본적으로 이해가 대립하는 경제주체 간에 독점적 경쟁이 지배하는 것이다. 그 경우 각 경제주체의 목적함수 objective function는 자신의 행동뿐만 아니라 다른 경제주체의 행동에도 의존하게 된다. 이러한 상황에서 목적함수를 극대화시키는 행동원리를 수학적으로 구명하는 것이 게임이론이다. 이 이론은 1928년 노이만 Neumann, J. v. 에 의해서 처음으로 개발되었으며, 1944년 노이만과 모르겐슈테른 Morgenstern, O. 의 공저 *The Theory of Games and Economic Behavior*에 의해서 경제이론과의 관계가 본격적으로 구명되기 시작했다.

게임이라는 것은 그 게임참가자의 활동을 규정하는 하나의 규약 a set of rules 이며, 각 참가자가 선택할 수 있는 대안을 전략 strategy 이라 한다. 각 참가자가 각각 하나의 전략을 선택해서 하나의 플레이가 성립하면 각 참가자에게 득점(이득, 효용

등)이 주어진다. 게임의 규약으로서, 각 게임참가자가 얻는 득실의 합이 일정할 때 일정합(一定合)게임 constant-sum game, 그것이 0일 때 0합(合)게임 zero-sum game, 0이 아닐 때 비(非)0합게임 non-zero-sum game 이라고 한다.

여기에서는 유한0합 2인게임에 한정해서 설명한다. 2인의 참가자 P_1, P_2 가 각각 유한개의 전략 $\pi_1 = \{i; i=1, 2, \cdots, m\}$, $\pi_2 = \{j; j=1, 2, \cdots, n\}$, 및 이득함수 $f_1 = f_1(i, j)$, $f_2 = f_2(i, j)$($i \in \pi_1$, $j \in \pi_2$)을 갖고, 항상 $f_1(i, j) + f_2(i, j) = 0$이 성립할 때, 이 게임을 유한0합 2인게임이라고 한다. $a_{ij} = f_1(i, j) = -f_2(i, j)$이라 하면, 행렬$(a_{ij})$은 이득과 전략의 관계를 나타내며, 이것을 게임의 이득행렬 pay-off function 이라고 부른다. 2인의 게임참가자 P_1 과 P_2 는 이 이득행렬에 대해 완전한 지식을 갖는 것으로 가정된다. P_1 은 이 이득행렬에 대해서 최대추구자이며, P_2 의 이득은 $-(a_{ij})$이므로 P_2 는 (a_{ij})에 관해서 최소추구자이다.

이렇게 동일한 이득행렬(a_{ij})을 둘러싸고 최대추구자와 최소추구자가 존재할 때의 양자의 합리적인 행동기준으로서 제시된 것이 미니맥스 원리 mini-max principle 이다. 최대추구자 P_1 은 P_2 가 (a_{ij})를 최소로 하려고 한다고 생각하고, 먼저 최악의 경우 $\min_j a_{ij}$, $i=1, 2, \cdots, m$ 을 고려한다. 이것은 P_2 의 행동여하에 관계없이 P_1 이 획득가능한 이득의 보증수준이다. P_1 은 자기의 전략 $i=1, 2, \cdots, m$ 중에서 적당한 전략을 선택해서 이 보증수준 중에서 최대의 것을 선택할 수 있다. 즉,

$$\max(\min_j a_{ij}, \cdots, \min_j a_{mj}) = \max_i \min_j a_{ij} = v_1$$

이 P_1 이 획득할 수 있는 보증된 이득 중의 최대의 것이다. 최소추구자 P_2 에 대해서도 그 최악의 경우 $\max_i a_{ij}$, $j=1, 2, \cdots, n$ 을 생각하고, 그 중에서 적당하게 j

를 선택하여 최소의 $\max_i a_{ij}$ 를 얻을 수 있다. 즉,

$$\min(\max_i a_{ij} \cdots, \max_i a_{ij})$$
$$=\min_j \max_i a_{ij}=v_2$$

가 P_2 에 있어 최악의 경우 당할지도 모르는 손실 중의 최대치이다. 이렇게 P_1 은 $\min a_{ij}$ 를 최대로 하고, P_2 는 $\max a_{ij}$ 를 최대로 한다는 행동원리가 미니맥스 원리이다. 만일

$$v_1=v_2=\max_i \min_j a_{ij}=\min_j \max_i a_{ij}$$
$$=a_{i_0 j_0}$$

가 성립하면, 이 게임은 해를 갖게 된다. 그 때의 전략 i_0, j_0 를 최적전략 optimum strategy 라고 한다. 그러나 일반적으로는 $v_1 \leq v_2$ 이며, 반드시 $v_1 = v_2$ 인 것은 아니다. $v_1 < v_2$ 인 경우, 이제 (a_{ij}) 라는 게임에서 P_1 이 갖는 전략 $i=1, 2, \cdots, m$ 이 사용되는 확률을 $P=(P_1, P_2 \cdots, P_n)$, P_2 가 갖는 전략 $j=1, 2, \cdots, n$ 이 사용되는 확률을 $q=(q_1, q_2 \cdots, q_n)$ 이라 하자. 이 때, 당연히

$$pi \geq 0, \ i=1, 2, \cdots, \ q_j \geq 0, \ j=1, 2, \cdots, n$$
$$p_1+p_2+\cdots+p_m=1$$
$$q_1+q_2+\cdots+q_n=1$$
$$S_1 \equiv |P| \qquad S_2 = |q|$$

이다. 이 p, q 를 P_1, P_2 가 취하는 혼합전략 mixed strategy 이라 한다. 이것은 P_1, P_2 가 자기의 전략을 어떠한 확률로 사용하는가를 나타내는 확률분포이다. 게임 (a_{ij}) 에서 P_1, P_2 가 p, q 이라는 혼합전략을 사용했을 때의 P_1 의 이득의 기대치는

$$E(p, q)=\sum_{i=1}^{m} \sum_{1j=1}^{n} a_{ij} \cdot p_i \cdot q_j$$

이다. 또한 P_2 의 이득의 기대치는 $-E$ (p, q) 이다. 이 $E(p, q)$ 에 대해서 P_1 은 최대추구자로서 행동하고 P_2 는 최소추구자로서 행동한다. 따라서 미니맥스 원리에 의해 양자가 행동한다고 생각하고 P_1 은 $\min_q E(p, q)$ 을 최대로 하고, P_2 는 $\max_p E(p, q)$ 를 최소로 하도록 행동한다면,

$$V_1' = \max_p \min_q E(p, q)$$
$$V_2' = \min_q \max_p E(p, q)$$

이라는 P_1, P_2 의 미니맥스값이 얻어진다. 만일

$$V_1' = V_2' = E(p_0, q_0)=\max_p \min_q E(p, q)$$
$$= \min_q \max_p E(p, q)$$

가 성립하면, p_0, q_0 가 P_1, P_2 에 있어 최적혼합전략이며 $E(p_0, q_0)$ 가 게임의 값이다. 노이만은 일반적으로 이러한 최적혼합전략이 존재한다는 미니맥스 원리를 증명한 바 있다. →미니맥스 원리

결부법 結負法

한국의 역대 토지계산법이다. 중국에서는 면적을 단위로 하는 경묘법(頃畝法)을 썼으나, 한국에서는 수확량을 단위로 하는 결부법을 썼다. 그러므로 결부법은 면적을 단위로 수확량을 계산하는 것이 아니고, 수확량을 기준으로 면적을 계산하는 것이다. 결부법의 기본단위에는 파(把)·속(束)·부(負)·결(結)이 있었다. 화곡(禾穀)으로서 1파는 한 줌, 1속은 한 단, 1부(복(卜)이라고도 한다)는 한 짐, 1결(속음(俗音)은 '먹'이다)은 100짐이다. 그리고 10파는 1속, 10속은 1부, 100부는 1결이다. 1결의 수확량은 토지면적에 관계없이 항상 같은 것이 원칙이다. 고려말, 조선초에는 1결의 수확량은 20석, 조세는 2석 정도였으며 이조후기에는 그것들이 일정치 않았다. 동일한 수확량에 대하여 동일한 조세를 부과하는 것이 한국 전통사회에 있어서 원칙이었기 때문에 결부는 조세의 단위이기도 한 것이다. 그러나 1결의 면적은 토지의 비옥도에 따라서 각각 다를 수 밖에 없다.

결부법은 이미 통일신라시대부터 그 이름이 있었다. 그리고 토지의 계산법도 실제로 결부법에 의했던 것이다. 그러나 구

체적으로 그 실질적 내용이 고려말·조선초 이후의 그것과 같은 것인지 아닌지에 대해서는 이론(異論)이 있는 것이다. 이조 후기 대부분의 실학자들은 고려 전기까지의 결부법은 이름만 있었고 실질적인 내용은 경묘법과 같았다는 것이며, 따라서 1결의 면적은 모두 같았다는 것이다. 그러나 근대국가의 경우 역대에 결부법이 실질적으로 적용되었다고 주장하는 학자도 있다.

지금 갑자기 그 주장들의 진실성 여부를 가리기는 어려우므로 자료에 나타난 결부법의 구체적 내용을 살펴보면 아래와 같다. 우선 양전척(量田尺)에 대해서 살펴보면 고려 문종 23(1069)년에 상등전(上等田)의 1척(尺)은 20지(指), 중등전(中等田)의 1척은 25지, 하등전(下等田)의 1척은 30지였다. 여기서 말하는 지(指)는 농부의 손가락의 길이로 생각되며, 농부의 손가락의 길이가 다 같지 않았을 것이므로 1척의 길이가 대단히 모호한 것이 사실이지만, 하여간 상·중·하등전의 비율은 4：5：6이었던 것이다. 이것이 한국에 있어서 최초의 수등이척제(隨等異尺制)의 확립이었다.

이조 세종 10(1428)년에 양전척은 주척(周尺)(주척 1척=0.231m)을 기본단위로 하여 계산하기로 결정하였으며, 동 25년에는 다시 양전척을 정리하여 1등전척(等田尺)은 4,775척, 2등전척은 5,179척, 3등전척은 5,703척, 4등전척은 6,434척, 5등전척은 7,550척, 6등전척은 9,550척으로 결정하였다. 이것을 기준으로 1결의 면적을 계산하면 1등전은 38.0묘(畝)=2,753.1평, 2등전은 44.7묘=3,246.7평, 3등전은 54.2묘=3,931.9평, 4등전은 69.3묘=4,723.5평, 5등전은 9.50묘=6,897.3평, 6등전은 152.0묘=11,035.5평인 것이다. 효종 4(1650)년에는 수등이척제를 지양하고 동적이세(同積異稅)의 원칙을 확립하였는데,

양전척으로는 1등척만 쓰기로 하며 주척 6척으로서 양전척 1척으로 삼고 1척은 1파(把), 10척은 1속(束), 100척은 1부(負), 1,000척은 10부, 10,000척은 1결로 되게 하였던 것이다. 이 때 전품(田品)에 따른 결부의 비율은 1등전 100부의 면적은 2등전이면 85부, 3등전이면 70부, 4등전이면 55부, 5등전이면 40부, 6등전은 25부가 되게 하였다. 1등전 1결과 6등전 1결의 면적비율은 1：4이다.

그런데 흔히들 고려 문종 23년에서 이조 세종 10(1428)년 사이에 1부와 1결의 척수가 몇 번 변경된 것으로 생각하고 있다. 즉 문종 23년에는 1부가 방(方) 3보(步)3척, 1결이 방 33보였던 것을 태종 5년에는 1부가 방 3보1척8촌, 1결이 87부6속이 되게 하였다가 다시 세종 10년에는 1부가 방 3보3척, 1결이 방 35척이 되게 하였다는 것이다. 그러나 위의 변경은 1척 길이의 변동을 고려하지 않는다면 계등(計等)의 착오를 시정한 데 불과하다. 문종 때에는 10척이 1보로 되는 것으로 오해하였기 때문에 1부가 방 30보3척이면 당연히 1결은 33보로 되는 것으로 알았으나 실제로는 6척이 1보였기 때문에 1보가 3보6척이면 1결은 당연히 방 35보가 되는 것이다. 즉 그간의 변경은 계산상의 착오를 시정하였을 뿐이다.

결부법은 전품에 따라 토지의 등급을 나누기 마련이다. 고려 성종 11(992)년에는 토지를 전품에 따라 상·중·하의 세 등급으로 나누었고, 이조 초에는 잠시 5등급으로 나누었다가 세종 25년에는 그것을 6등급으로 나누었던 것이다. 전품의 급은 토지의 비옥도에 따라 나누어지는데, 고려 때에 비하여 이조 때에 토지가 훨씬 많이 개간되었으므로 토지의 비옥도에도 더 많은 차이가 있었을 것임은 말할 필요도 없겠다. 그리고 위의 토지계산법은 해마다

개간되는 정전(正田)에만 해당하는 것이다. 일역전(一易田), 재역전(再易田) 등의 속전(續田)과 진전(陳田)에는 해당되지 않는 것이다.

이 결부법은 실학자들이 비판한 것처럼 전정(田政)으로서는 대단히 좋지 못한 법이었다. 토지의 비옥도는 사람의 노력에 관계되는 바가 크며, 따라서 그것은 해마다 바뀐다. 양전(量田)이 이 변천에 따라가지 못함은 말할 필요도 없으며 이조시대에는 미양전(未量田)의 고을이 많았던 것이다. 그러므로 수세는 양안(量案)에 따를 수가 없었고, 수세기준이 불명확함으로 해서 수세는 고을 아전들의 농간의 대상이 되지 않을 수 없었던 것이다. 결부법이 얼마나 현실적으로 유용하게 실행되었는지는 앞으로의 보다 구체적인 지방사의 연구를 기다려야 한다.

〔참고문헌〕「신라장적잔본(新羅帳籍殘本)」；「반계수록(磻溪隨錄)」；「경세유표(經世遺表)」；「목민심서(牧民心書)」；박극채, 「조선봉건사회의 정체적 본질」(이조사회경제사), 서울, 1946; 김재진, 「전결제연구(田結制研究)」(경북대학교논문집 2), 대구, 1958.

결합생산물 結合生産物 joint-product

하나의 동일한 생산과정에 의해서 두 개 이상의 생산물이 생산될 때, 이들 생산물을 결합생산물이라고 한다. 대표적인 예로서는 목양업에서 함께 생산하는 양모와 양고기의 경우를 들 수 있다. 그밖에도 근대적 화학공업에서 많은 결합생산물의 예를 찾아볼 수 있다.

결합생산물은 원래 생산과정이 목양업의 경우와 같이 기술적으로 불가분적이기 때문에 존재한다. 그러나 최근에는 그러한 생산과정을 사용하는 것이 오히려 보다 효율적이라는 이유에서도 결합생산물이 생산되고 있다. 만일 r이라는 하나의 생산요소의 투입에 의해서, x와 y라는 2개의 결합생산물이 생산된다면 그 때의 생산함수는 $r=f(x,y)$의 형태로 쓸 수 있다. 일반적으로 n개의 생산요소 $r_1, r_2, \cdots, r_n$의 투입에 의해서 m개의 결합생산물 $q_1, q_2, \cdots, q_m$이 생산된다면, 그 때의 생산함수는 $F(r_1, r_2, \cdots, r_n, q_1, q_2, \cdots, q_m)=0$이라는 음함수 implicit function 형태로 쓰는 것이 보통이다.

결합수요 結合需要 joint demand

때로는 필요에 의해서, 때로는 기호에 의해서 일반적으로 함께 사용되는 두 가지 또는 둘 이상의 생산물에 대한 수요를 말한다. 한 재화를 보다 많이 사면 다른 재화도 그에. 따라서 다량으로 구입하게 되는 경우에 결합수요는 나타난다.

마샬 Marshall, A.에 의해서 처음으로 사용된 이 개념은 생산요소의 수요 및 소비자수요의 두 가지 분석에 이용된다. 생산요소의 경우에는 예를 들면, 흑연과 목재 등과 같은 투입물에 대한 결합수요는 그러한 투입물에 결합되어 만들어지는 연필의 수요에 의해서 유발된다. 연필의 수요가 있으므로 목재와 흑연의 결합수요가 발생하는 것이다. 소비자수요의 경우 결합수요는 전축과 레코드, 자동차와 타이어 등과 같이 소비자가 그것을 배합함으로써 그 재화를 사용하고 싶다고 느껴지는 배합에서 발생한다. 결합수요의 이론은 예를 들면 가격변화 등에 의해서 한 쪽 재화에 대한 수요가 변화할 경우에, 다른 재화에 대한 수요가 어떤 경로를 거치게 되는가를 설명하는 데 도움이 된다.

결합재무제표 結合財務諸表 Combined Financial Sheets

2개 이상의 기업이 특정인에 의해 지배되고 있는 경우 회사간 내부거래를 제거한 후 개별재무제표를 수평적으로 결합한 재무제표를 말한다. 현행 연결재무제표(consolidated financial sheets)가 기업집단의 범위를 회사가 일정지분 이상을 소유하고 있는 기업으로 한정하고 있는 데 비해 결합재무제표는 기업집단 소유자를 중심으로 한 특수관계인(친인척 및 계열회사를 포함) 모두의 지분을 합하여 종속회사의 지배여부를 판단함으로써 기업집단의 재무구조와 경영성과를 올바로 파악할 수 있게 된다. 한편 연결재무제표 작성대상 기업은 종속회사를 가진 모든 지배회사이지만 결합재무제표 작성대상 기업은 매년 공정거래위원회가 지칭하는 30대 기업집단의 모회사에 국한된다. 또한 기업집단 소속여부 판단기준은 동일인(동일인 관련자 포함)이 발행주식의 30%이상 소유하면서 최다출자자인 경우, 동일인이 대표이사를 임명 · 해임하거나 임원의 과반수를 선임하는 등 회사 경영에 상당한 영향력을 행사하는 경우, 통상적인 범위를 초과하여 동일인과 자금이나 상품거래를 하고 있거나 채무보증 등을 주고받는 경우 등으로 연결재무제표의 지배 · 종속관계 판단기준에 비해 더 포괄적이다.

결합확률 · 조건부확률 · 한계확률
結合確率 · 條件附確率 · 限界確率
joint probability · conditional probability · marginal probability

확률변수란 1회의 관찰의 대상이 되는 미지의 표본에 대해서 표본이 취하는 어떠한 실수들을 정하여진 확률분포에 의해서 결정하는 함수이다. 다음으로 확률개념이 의미를 갖기 위해서는 다음의 세 조건을 반드시 만족해야만 한다.

(i) $P(C) \geq 0$, $C \subset S$

(ii) $P(C_1 \cup C_2 \cup C_3 \cdots) = \sum_{i=1}^{\infty} P(C_i)$
$\forall C_i \subset S$ and $C_i \cap C_j = \emptyset \forall i \& j$

(iii) $P(S) = 1$

$\begin{cases} S : 표본공간 \\ C : 사상(事象) \\ \forall : 모든 \ C에 \ 대하여 \end{cases}$

이러한 보조개념하에서 결합확률을 설명하면, 서로 배반되는 두 사상 E, F가 있을 때, 두 사상이 연속적으로 또는 동시에 일어나는 확률을 $P(E \cap F)$로 표시하고, E, F의 결합확률이라 한다. 예를 들어 동전을 2번 던지는 실험에서, 처음 동전이 표면이면 $x=1$, 이면(裏面)이면 $x=0$, 두 번째 동전도 마찬가지 방법으로 $y=1$, $y=0$라는 값을 준다. 이것을 표로 정리하면 다음과 같다.

S	$X=x$	$Y=y$
$HH=e_1$	1	1
$HT=e_2$	1	0
$TH=e_3$	0	1
$TT=e_4$	0	0

〈표 1〉 H : 표면, T : 이면

이 경우 첫 번째 동전은 표면($x=1$), 두 번째 동전은 이면($y=0$)일 확률은 $P\{x=1, y=0\} = P(1, 0) = \frac{1}{4}$이다. 좀 일반적으로 이산확률(離散確率)일 경우에는 $P(x, y)$로, 연속확률일 경우에는 $f(x, y)$로 표시된다. 결합확률의 계산은 동전의 실험처럼 각각의 사상이 나타날 확률이 서로 독립이면 $P(E \cdot F) = P(E) \cdot P(F)$ 또는 $f(x, y) = f(x) \cdot f(y)$로 된다.

한편 한계확률을 설명하기 위하여 〈표 1〉을 변형하여 〈표 2〉를 만든다.

Y \ X	0	1	
1	$e_3 \frac{1}{4}$	$e_1 \frac{1}{4}$	$e_1 e_3 \frac{1}{2}$
0	$e_4 \frac{1}{4}$	$e_2 \frac{1}{4}$	$e_2 e_4 \frac{1}{2}$
	$e_3 e_4 \frac{1}{2}$	$e_1 e_2 \frac{1}{2}$	

〈표 2〉

〈표 2〉에 의하면 $X=0$인 경우는 e_3, e_4이므로 $Y=y$의 값에 관계없이 $X=0$가 나올 한계확률은 $P(0,0)+P(0,1)=\frac{1}{2}$이다. 마찬가지로 $X=x$의 값에 관계없이 $Y=1$이 될 한계확률은 $P(0,1)+P(1,1)=\frac{1}{2}$이다. 연속확률분포에서의 한계확률은 적분기호 $\int$을 써서 표시한다. 연속분포에서의 결합확률 $f(x_1, x_2)$은 3차평면상의 곡선을 표시하므로 한계확률은 $f_1(x_1)=\int_{-\infty}^{\infty} f(x_1, x_2)\,dx_2$, $f_2(x_2)=\int_{\infty}^{-\infty} f(x_1, x_2)\,dx_1$이다. 이것을 그림으로 나타내면 다음과 같다.

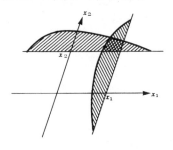

이 때 $f_1(x_1)$의 의미는 x_1의 값은 고정시키고, x_2의 값만이 변화할 때 $X=x_1$이 나타날 확률인 것이다. 따라서 한계확률이 의미를 가지기 위해서는 $1=\int_{-\infty}^{\infty} f_1(x_1)\,dx_1 = \int_{-\infty}^{\infty} f_2(x_2)\,dx_2$의 성질이 만족되어야 한다.

끝으로 조건부확률은 $P(E/F)$로 표시되며, 그것은 주어진 조건(즉, 사상 F가 일어났다는 전제 등)하에서 어느 사상 E가 일어날 확률을 의미한다. 그리고 $P(E/F)$, $P(F)$, $P(E \cdot F)$ 사이의 관계를 정식화하면,

$$P(E/F)=\frac{P(E \cdot F)}{P(F)}$$

또는 $P(E \cdot F)=P(F) \cdot P(E/F)$이다. 부연하면 사상 E와 F가 같이 발생할 확률 $P(E \cdot F)$은 먼저 사상 F가 발생할 확률 $P(F)$에 사상 F가 일어났다는 전제하

에서 사상 E가 발생할 확률 $P(E/F)$을 곱한 것과 같다. 조건부확률의 일반적인 표현은 연속분포의 경우 $f(x_2|x_1)=\frac{f(x_1, x_2)}{f_1(x_1)}$이다. 또한 $f(x_2|x_1)$이라는 조건부확률이 의미를 갖기 위해서는 x_2의 전구간에서 적분하면 1이 되어야 한다.

즉 $\int_{-\infty}^{\infty} f(x_2|x_1)\,dx_2$

$$=\int_{-\infty}^{\infty} \frac{f(x_1, x_2)}{f_1(x_1)}\,dx_2$$

$$=\frac{1}{f_1(x_1)}\int_{-\infty}^{\infty} f(x_1, x_2)\,dx_2$$

$$=\frac{1}{f_1(x_1)}f_1(x_1)=1$$

조건부확률의 또 다른 예로서, $X_1=x_1$이라는 조건하에서 x_2가 a, b 사이의 값을 취할 확률 $P(a<x_2<b|X_1=x_1)$은 $\int_{b}^{a} f(x_2|x_1)\,dx_2$로 주어진다. 한편 변량(확률변수)이 3개 이상일 때 확률은, 결합확률은 $f(x_1, x_2, \cdots x_n)$으로 주어지고, X_1의 한계확률은 $f_1(x_1)=\int_{-\infty}^{\infty} \cdots \int_{-\infty}^{\infty} f(x_1, x_2, \cdots, x_n)\,dx_2 dx_3 \cdots dx_n$이다. 따라서 확률변수 X_1가 a, b 사이의 값을 취할 한계확률은 $Pr(a<x_1<b)=\int_{a}^{b} f_1(x_1)\,dx_1$이다. 그리고 위의 두 확률개념을 사용하여 조건부확률을 정의하면 다음과 같다. $f(x_2, \cdots, x_n|x_1)=Pr[X_2=x_2, X_3=x_3 \cdots, X_n=x_n|X_1=x_1]=\frac{1}{f_1(x_1)} \cdot f(x_1, x_2, \cdots x_n)$이다. →확률변수

경기동향지수 景氣動向指數 diffusion index

경기예측을 위해서는 경기가 전산업분야에 어느 정도 파급되어 있는가를 파악하기 위한 각종 경제지표의 지수화가 필요하다. 경기동향지수는 경기확산지수라고도 하는데, 이것은 여러 가지 경제지표 가운데 확장 내지 상승과정에 있는 지표수를 전지표수에 대한 백분비로 나타낸 것이다. 이것이 50%선이면 경기의 전환점인 것으

로 알려져 있다. →경기지표

*경기변동·경기순환 景氣變動·景氣循環 business fluctuation·business cycles

자본주의 경제는 그 고유한 현상으로 역사상 장기, 중기, 단기파동을 기록하면서 번영과 침체과정을 반복해 왔다. 즉 생산량, 고용량, 물가 등의 경제변량들은 한번 어느 방향으로 변동하기 시작하면 같은 방향으로 누적적으로 발전하여 호황·불황의 과정을 겪어왔던 것이다. 경기변동이론이라 함은 경기변동의 여러 가지 국면 또는 양상을 분석하여 그 원인을 규명하려는 것이다.

자본주의 경제가 확립되면서 부터 그 경제가 공황을 중심으로 주기적인 변동을 갖는다는 것이 일반적으로 인식되었으며, 19세기에 들어서면서부터 세계적인 공황이 일정한 주기를 가지고 규칙적으로 도래하였고, 1857년에는 영국, 미국, 프랑스, 독일 이외의 세계 각국에서도 동시에 공황이 발생하자 경기변동은 자본주의 제도의 특유한 교란현상으로 되었다. 이러한 공황은 일정한 주기를 갖고 반복되며 확장기 expansion phase, 후퇴기 recession phase, 수축기 contraction phase와 회복기 revival phase라는 네 가지 국면을 거치며 전개되는 양상을 갖고 있다.

경기변동의 원인을 분석하기 위한 연구는 자본주의 경제의 발달과 더불어 시작되었다고 할 수 있는데, 초기에는 그 원인을 전쟁, 천재지변, 신자원의 발견 등 경제외적인 요인에서 발견하려 하였으나 경제변수의 총량적인 변동으로서의 경기변동이 반드시 경제외적인 요인에 의해서만 발생하는 것이 아니고 경제내적인 요인들의 상호복합적인 작용에 의해 발생함이 인식되었다. 역사적으로 경기변동에 관해 그 원인과 일정한 주기를 찾아 보려는 시도는 많은 학자들에 의해서 모색되었으나 체계적으로 이를 처음 시도한 학자는 1862년 프랑스의 쥬글러 Juglar, C.이다. 그는 영국, 프랑스 및 미국에서의 주기적 침체를 규명하기 위해서 당시의 각종 경제변수들을 분석하여 평균 6년에서 10년에 걸친 일정한 주기를 갖고 호황, 침체, 회복의 3단계로 구성되는 경기변동이 반복되고 있다는 것을 지적하였다. 이것을 그의 이름을 따라 쥬글러 파동 Juglar cycle이라 한다. 이것은 경기변동이론에 있어서 최초의 것이라는 데 그 의의가 있다.

쥬글러에 이어 키친 Kitchen, J.은 1923년 영국과 미국의 경제변수들을 연구·분석하여 경기변동은 일반적으로 장·단기 파동으로 구분되며 단기파동은 평균적으로 40개월 정도의 주기를 가지며 장기파동은 3개정도의 단기파동으로 형성된다고 하였다. 이 중에서 40개월의 단기파동을 키친 파동 Kitchen Cycle이라 한다. 키친의 단기파동에 이어 1925년 콘트라티에프 Kondratiev, N.D.는 18세기 말부터 1920년까지의 영국, 프랑스, 미국의 경제변수들을 분석하여 약 50년을 주기로 하는 장기파동이 같은 기간 동안에 두 개 반 있었다고 지적하였으며 1780년부터 상승기 upswing와 하강기 downswing로 하여 다음과 같이 분류하였다. 즉, 제1차 파동의 상승기는 1780년대 말~1810-1817으로, 하강기는 1810-1817~1844-1851으로, 제2차 파동의 상승기는 1844-1851~1870-1875으로 하강기는 1870-1875~1890-1896으로, 제3차 파동은 상승기 1890·1896~1914-1920으로 각각 분류하였다. 그러나 50년 주기의 콘트라티에프 파동은 하나의 독립된 것이 아니라 여러 개의 쥬글러 파동으로 형성되어 있으며, 상승기에는 쥬글러 파동의 호황기가 길고 침체기가 짧으며,

하강기에는 호황기가 짧고 침체기가 길어진다고 하였다. 이와 같은 경기변동에 대한 원인은 후에 많은 학자들에 의해서 규명되어졌으며, 특히 슘페터 Schumpeter, J. A. 는 세 개의 키친 파동은 하나의 쥬글러 파동을 형성하고, 다시 여섯 개의 쥬글러 파동은 하나의 콘트라티에프 파동을 형성한다고 하였고, 각 파동의 원인이 키친 파동은 재고의 축적에, 쥬글라르 파동은 기술혁신에, 콘트라티에프 파동은 철로, 전기 등과 같은 대발명에 있다고 하였다.

그는 또한 콘트라티에프 파동에 대해서 제1차 파동의 원인은 산업혁명의 약진기에 신기업이 집단적으로 출현하여 물가를 장기적으로 인상시켰기 때문이며, 제2차 파동의 원인은 중공업, 제철기술, 철의 보급 특히 철도수송의 발달에, 제3차 파동의 원인은 자동차, 전력, 화학공업 등 신흥공업의 대두 등에 기인한다고 하였다. 이상과 같은 기본적인 파동 이외에도 역사적으로 시계열(時系列)의 분석에 따라 많은 학자들이 여러 가지 파동을 이야기하고 있다. 반트루프 Wantrup, S. C. 의 전쟁설, 캇셀 Cassel, G. 의 금생산설, 한센 Hansen, A. 의 17~18년 주기의 건축순환설 등이 그 예이다. 경기변동은 경제변수의 종합적인 변동이 확대, 후퇴, 수축, 회복기를 따라 순환적인 변동으로 나타나 각각 독특한 양상을 갖는다. 확대기에는 시계열적으로 각 경제변수가 총량적으로 상승하는 경향을 띠어 소득, 투자, 고용 등이 증대하고 재고, 실업률 등이 감소하는 추세를 보인다.

따라서 확대기는 일반적으로 경기가 호황에 있는 시기가 된다. 후퇴기는 호황이던 경기가 바뀌어져 하락하는 초기를 의미하는 것으로 소득의 성장은 둔화되고 투자와 고용은 감소하게 되는 기간으로 이 기간이 연장되면 수축기에 접어든다. 이 시기에는 생산시설의 가동률은 평상수준을

하회하게 되고 재고의 증가와 실업이 만연되기에 이른다. 경기가 불황 속에 있게 되는 기간이 이 수축기이다. 이 수축기를 지나 모든 경제변수가 그 운동방향을 바꾸게 되면 회복기에 이르게 되며 생산시설의 가동률은 평상수준으로 회복되고 투자와 고용도 증대하기 시작한다. 확대기와 후퇴기 사이의 최고 호황기를 정점 peak 이라고 하며 수축기와 회복기사이의 최저 불황기를 저점(底點) trough 이라고 한다. 이상의 경기변동의 일반적인 양상을 그림으로 표시하면 다음과 같다.

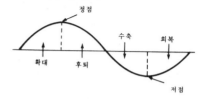

이상과 같은 경기변동이 19세기 말부터 현저하게 부각되고 국민경제에 영향을 끼치게 되자 경기변동에 관한 구체적이고 본격적인 이론체계의 확립이 요구되었다. 즉 고전학파의 경제이론으로는 자본주의 경제체제의 기본적인 모순이 집중적으로 표현된 경기변동 및 공황을 파악할 수 없게 되어 새로운 연구가 이루어지게 된 것이다. 더욱이 1936년 케인즈 Keynes, J. M. 의 일반이론이 출현함으로써 경기변동의 이론은 획기적으로 발전되었기 때문에 케인즈 이전의 이론과 이후의 이론으로 구분된다.

케인즈 이전의 주요경기변동이론은 제본스 Jevons, W. S. 의 태양흑점설, 무어 Moore, H. L. 의 강우(降雨)주기설, 홉슨 Hobson J. A., 스위지 Sweezy, P. M. 등의 과소소비설, 미제스 Mises, L. E. v., 하이에크 Hayek, F. A. v. 등 오스트리아학파의 화폐적 과잉투자설, 슈피토프 Spiethoff, A. A. C., 캇셀 Cassel, G. 등의 비화폐적 과잉투자설, 호트리 Hawtrey R. G. 의 화폐

적 경기이론, 슘페터 Schumpeter, J. A., 한 센 Hansen, A. H. 등의 기술혁신설 등으로 구분된다. 이들 이론은 그 대부분이 완전고용균형을 기준으로 하여 균형상태가 생산의 주기적 변화나 화폐제도의 특수한 순환적 기능 또는 기술혁신이나 자본주의 경제제도에 내재하는 모순, 즉 과잉생산, 과소소비, 또는 과잉투자로 교란되며 이 교란된 균형상태가 또 다시 균형상태로 회복되는 과정으로 경기변동을 이해하려 하였다.

케인즈 이후의 경기변동이론은 케인즈의 유효수요이론에 의거한 불완전고용 개념의 완성과 저축과 투자에 대한 분석으로 급속히 체계화되었다. 사뮤엘슨 Samuelson, P. A., 힉스 Hicks, J. R. 는 승수와 가속도원리에 입각한 투자함수 그리고 균형조건식 3개의 방정식체계에 의해서 한계소비성향의 크기와 가속도인자의 크기에 따라 어떻게 경기변동의 성격이 결정되는가를 규명하였다. 칼레키 Kalecki, M., 칼도어 Kaldor, N. 등도 소비함수와 투자함수에다 시차 time-lag 에 따른 요인을 결합하여보다 정밀화하였다. 더욱이 이들은 세분된모형을 가지고 실증적인 분석을 한 결과그 적합성에 대하여 회의을 갖게 되었으나최근에는 경기변동의 원인을 이들 모형과함께 확률적인 측면에서 규명하려고 시도하고 있다.

[참고문헌] Harberler, G., *Prosperity and Depression*, 1958; Maurice, W. Lee, *Macroeconomics, Fluctuation, Growth and Stability*, 1971; Schumpeter, J. A., *Business Cycles*, 1939; 김윤환, 「신경제원론」, 1970, 제4편.

경기변동의 국제파급 景氣變動의 國際波及 international transmission

해외요인의 변화를 통해 외국의 경기상태가 국내로 파급되는 현상을 말한다. 무역 등 대외의존도가 큰 경제에서는 교역상대국의 경기상황이 국내경기에 중요한 영향을 미친

다. 먼저 교역상대국의 경기가 확대되는 경우, 수출증가를 통해 국내경기도 확대된다. 둘째, 국제시장의 가격동향도 경기변동을 야기하는 요인이 된다. 원유와 주요 부품 등 원자재가격의 변화, 반도체, 철강, 자동차 등 주력수출품의 국제가격동향, 국제금리동향 등이 국내경기에 중요한 영향을 미친다. 셋째, 외생적 또는 정책적 요인으로 인한 환율변동도 수출입과 자본이동에 영향을 미침으로써 국내경기에 영향을 준다. 넷째, 자본의 불규칙한 국가간 이동도 경기변동을 야기하는 중요한 요인이 될 수 있다. 급격한 자금유입은 경기호황을 초래할 수 있으며 반면 급격한 자금유출은 경기불황을 초래할 수 있다. 때에 따라서는 불규칙한 자금이동이 통상적인 경기변동을 벗어나 경제위기를 불러올 수 있다.

해외경기호전에 따른 경기호황은 주로 수출의 증가로부터 비롯된다. 증대된 수출수요를 충당하려면 생산량을 늘려야 하며, 생산량을 늘리려면 생산요소의 고용량을 늘려야한다. 노동력의 고용을 확대해야 하며 하청업체에 대한 주문을 늘리게 된다. 한편 수출수요의 증가가 지속적인 현상으로 인식되면증가된 수요에 부응하기 위해 생산설비를 늘려야 하므로 투자 역시 활성화된다. 투자의확대는 원자재 및 자본재의 수입을 증가시키기도 하지만 국내 자본재산업에 대한 수요가증대된다. 이와 같이 수출산업, 자본재산업, 하청산업 등에서의 경기호황은 이들 산업종사자의 고용과 소득의 증대를 가져오며, 이러한 개인 소득의 증가로 소비지출도 늘어나므로 다시 소비재산업, 유통, 외식 등 서비스산업의 수요증대를 가져와 경기호황이 보다광범위하게 파급된다. 이러한 경기호황은 또한 공장, 공단, 매장 등의 신설 또는 증설 필요성을 통하여 통신, 도로, 항만시설 등 사회간접자본의 증설수요를 유발함으로써 건설업의 호황으로 이어지기도 한다. 실물부문의

이러한 경기호황은 금융중개규모의 확대와 주식 및 회사채 등 직접금융시장의 활성화로 금융산업도 경기호황을 경험한다. 이와 같이 수출의 증가는 생산과 투자, 고용의 증가를 낳고 고용의 증가는 소득의 증가를 낳으며 소득의 증가는 소비의 증가를 가져오게 되어 결과적으로 해외경기의 호황이 국내의 생산, 소득, 고용, 소비, 투자 등의 증가라는 국내 경기 호황으로 이어진다.

한편 국제이자율의 상승은 외채의 원리금 상환 부담을 직접 증가시키기도 하지만 국내 이자율의 상승을 유발하여 전반적으로 국내 기업의 자금비용을 증가시키기도 한다. 자금비용이 증가하면 기업은 금융비용을 줄이기 위해 영업 및 투자 활동의 규모를 축소하지 않을 수 없게 된다. 이는 생산과 투자활동의 위축을 가져오며 그 결과 해당산업의 고용이 감소하게 되고 나아가 하청산업, 자본재산업, 건설업 등 관련산업의 생산활동도 위축시킨다. 이러한 경기위축에는 물론 이자율상승이 원인이 된 비용상승으로 인하여 제품가격을 인상하지 않을 수 없게 되고 그 결과 수요량이 줄어드는 것도 한 몫을 한다. 이렇게 생산활동이 위축되면 고용규모도 축소되어 개인 소득이 위축되고 이는 다시 소비지출의 축소를 가져온다. 소비지출의 축소는 소비재, 유통, 서비스 산업의 경기후퇴를 가져오고 나아가 금융산업의 불황을 가져온다. 이러한 국민경제간 상호의존성의 증대는 한 국가의 호황이나 불황이 환율 등의 매개변수를 통하여 외국으로 유출되어 경기변동을 완화하는 순기능이 있는 반면 국내경기 불황의 경우에는 경기의 자동조절기능이나 불황극복을 위한 정책선택의 대내외적 효과를 상쇄하여 정책선택을 더욱 어렵게 하는 역기능도 있다. 예를 들어 한 국가가 어떤 외생적 요인에 의하여 불황에 빠져 소득이 감소하고 물가가 하락하면 외국에 대한 수출수요가 증가하여 불황의 효과가 상쇄된다. 반면에 어떤

국가가 경기확장을 위하여 재정금융상의 확장정책을 채택하는 경우 다른 경제가 확장국면에 있지 않으면 확장정책에 의한 국내수요의 확대는 수입수요를 더욱 증가시켜 경상수지만 악화시킨 채 국민소득의 성장은 제약된다는 것이다. 따라서 개방경제체제 하에서 경기대응을 위한 국내의 경제정책이 충분한 효과를 발생시키려면 다른 국가와의 정책조정이 필수불가결하게 된다.

경기예고지표 景氣豫告指標 index of business forecasting

경기의 사전예측의 수단으로 개발된 경기판단지표의 일종이다. 과거의 경험을 기초로 주요경제지표의 동향을 파악하여 현재의 경기상태가 과열상태인가 혹은 정체상태인가를 제시해 주는 종합판단지표이다. 일련의 단계적인 작업순서를 거쳐서 경기예고지표가 편제된다. 각종 경제지표의 원계열(原系列)을 수집하여 계절변동요인과 불규칙변동요인을 제거한다. 이러한 시계열(時系列) 조정작업이 끝난 지표들로부터 지표편제에 포함될 계열을 최종적으로 선정한다. 선정된 각 지표의 기준치를 산출하여 각 지표의 신호등을 결정하고 이를 기점으로 종합지표인 경기예고지표의 신호등을 도출하게 된다. 경기예고지표는 적신호, 청신호 등 4개로 구별하고 있다. 적신호는 경기억제 정책을, 청신호는 경기자극 정책을 취할 필요가 있음을 나타낸다.

경기예측 景氣豫測 business forecasting

단기와 장기의 경기상태에 관한 전망을 체계적으로 제시하는 것을 말한다. 단기의 예측은 3개월~1년 6개월의 기간에 걸쳐

서, 장기의 예측은 5년~15년의 장기간에 걸쳐서 이루어진다. 전자의 예측은 기업의 재고투자계획, 조업도나 판매활동에 관한 계획을 합리적으로 작성하고 실시하기 위한 지침으로서, 그리고 후자의 예측은 특히 경제안정과 성장을 위한 합리적인 재정·금융정책을 수립하고 그것을 일관성 있게 운영해 나가기 위한 지침으로서 그 역할을 하게 된다.

경기예측방법으로는 ① 경기지표에 의한 예측법, ② 여론조사법, ③ 계량경제학 모형에 의한 예측법 등이 있다. 실제로 가장 널리 이용되는 것은 ① 인데, 예측을 위한 경기지표로서는 물가지수나 생산지수와 같은 단일의 지표가 아니라, 경기변동이라는 경제전체의 움직임을 포괄적으로 대표할 수 있는 종합적 지표가 이용된다. 이것의 대표적인 예로서는 하버드 인덱스차트 Harvard Index Chart 와 디퓨전 인덱스 Diffusion Index(DI)가 있다. 최근 경기예측을 위한 계량경제학모형의 개발에 많은 경제학자들의 노력이 경주되어 왔다. →경기지표

경기적실업 景氣的失業 ☞실업

경기정책 景氣政策 trade-cycle policy
호황과 불황이 주기적으로 되풀이되는 경기변동은 자본주의경제의 본질적인 특징이다. 경기정책은 이러한 경기변동의 여러 결과에 대한 사후적 대책으로서 또는 경제안정과 순조로운 경제성장을 위한 경기조정적 정책 anti-cycle policy 으로서 취해지는 각종 정책의 총칭이다.

재정·생산·시장·가격 등 각 방면에서의 이들 정책의 내용은 경기국면과 여러 여건에 따라 달라진다. 1929년의 대공황 이전에 선진자본주의국가들이 취한 경기정책은 기껏해야 신용통제, 자유경쟁의 부활, 금본위제로의 완전복귀를 주요내용으로 하는 소극적인 자유방임주의에 머물러 있었다. 그러나 대공황과 그 뒤 1930년대의 대불황은 이러한 자유방임주의적 정책기조를 붕괴시켰다. 이에 따라 케인즈 Keynes, J. M.의 유효수요의 원리와 승수이론에 그 이론적 근거를 갖는 팽창주의적 경기정책이 대두되었다. 이러한 팽창주의적 경기정책은 경쟁적 가격기구에 의한 저축과 투자의 자연적인 균형과 자동적인 완전고용의 실현을 부정하는 것이었다. 그것은 대량으로 존재하고 있었던 노동 및 생산설비의 실업을 구제하기 위해서는 적극적인 재정투융자를 통해서 유효수요를 창출·자극할 것을 주장했다.

제2차대전까지 선진자본주의제국의 경기정책은 불황타개를 위한 팽창주의적 경기정책이었다고 할 수 있다. 그러다가 제2차대전 이후 1950년대부터는 경기정책의 성격이 다소 변모되었다. 즉 경기정책의 중점이 단순한 유효수요의 창출에서 단기적으로는 경제안정과 장기적으로는 지속적인 경제성장의 달성에로 옮겨졌다. 이것은 자동안정장치에 대한 논의에서 대표적으로 제시된다. 즉 인플레이션의 압력이 가중되는 호황기에는 정부지출의 삭감, 세수증가 및 금융긴축 등에 의해 유효수요를 억제하고, 불황기에는 감면세, 사회보장비지출의 확대, 공공지출의 증대, 금융완화 등에 의해 유효수요를 창출하여 제도적으로 경제안정을 도모하게 된다. 이러한 경기정책의 실현은 통계자료의 정비, 수리·계량경제학의 발전에 따른 경기예측기술의 진보에 의해서 가능하게 되었다고 할 수 있다. 또한 주기적인 경기변동의 간헐적인 대불황으로 특징지워지는 자본주의경제의 운동 그 자체가 국민경제에서의 정부부문의 비중과 역할을 크게 증대시켜

상술한 내용을 갖는 경기정책을 낳았다고
도 볼 수 있다. →경제정책

경기지표 景氣指標 business indicator
자본주의경제에는 주기적인 호황·불황
이 있으며 그것은 생산·물가·고용·이
윤·금융 등의 경제지표의 움직임에 반영
된다. 이들 지표에서 계절적 변동, 불규칙
적 변동, 추세적 변동을 제거한 순환적 경
기변동에 대해서 그 과정을 양적으로 반영
하는 것을 경기지표라고 한다.
　오늘날 작성되고 있는 경기지표는 그 작
성법의 차이에 따라 경제활동지표와 디퓨
전 인덱스 Diffusion Index(DI)로 대별된
다. 먼저 대표적인 경제활동지수로는 하버
드대학 경제조사위원회가 1919년 이래 발
표하고 있는 하버드 인덱스 Harvard Index
of General Economic Conditions 를 들 수
있다. 이것은 경제지표 23계열을 소재로
하여 계절적 변동과 추세적 변동을 제거한
다음 이것을 세 그룹으로 분류하여 각 그
룹마다 종합지표를 만든 것이다. 즉 뉴욕
주식시장의 상장평균가격을 나타내는 투
기지수 (A), 도매물가지표에 의거한 산업
활동지수 (B) 및 확정이자부증권가격에
의거한 화폐지수(C)가 그것이다. 1900년
이래의 이들 지표의 변동을 조사한 결과,
A.B.C 의 순환운동에서 A 는 경기에 대하
여 선행성을, B 는 일치성을, C 는 지행성
(遲行性)을 가지며, A 의 정점(최대치)은
C 의 저점(최소치)과 거의 대응한다는 규
칙성이 밝혀졌다. 그러나 이러한 규칙성은
1924년 이후에는 무너지기 시작했으며 대
공황 이후 하버드 인덱스는 경기예측보다
는 경기현황을 파악하는 데 그 목적을 두
게 되었다. 그럼에도 불구하고 이 방식은
퍼슨법 Person's method 을 비롯한 많은 시
계열해석방법을 낳아 많은 국가에서 경기
예측의 원형으로 이용되고 있다.

　다음으로 디퓨전 인덱스는 미국 전국경
제조사국 National Bureau of Economic
Research(NBER)의 미첼 Mitchell, W. C.
과 번즈 Burns, A. F. 가 작성한 것이다. 이
것은 여러 가지 경제지표 가운데 확장 내
지 상승과정에 있는 지표수를 전지표수의
백분비로 나타낸 것이다. 예를 들면 계절
적 변동과 불규칙적 변동을 제외한(추세적
변동은 포함된다) 6계열의 지표 가운데 확
장과정에 있는 지표가 3계열이면 그 시점
에서의 DI 는 50%이다. 지표는 보통 경기
동향의 타이밍(선행·일치·지행)에 따라
선택되는데 일치지표군의 DI 가 하강(상
승)하여 50%선에 도달하는 시점이 경기순
환의 정점(저점)과 거의 일치한다. 따라서
50%선이 경기의 전환점이다. 이상과 같은
DI 는 아직도 개발단계에 있다고 할 수 있
다. →경기예측

경매거래 競賣去來 spot transaction
　그때 그때의 시장상황에 따라 수요와 공급
이 균형을 이루는 가격과 물량의 균형점을
찾아 거래가 이루어지는 상황이 마치 경매를
통해 거래를 체결하는 것과 같다는 의미에서
생긴 이름이다. 경매는 다양한 재화와 서비
스의 매매에 사용되어 왔으며 어떤 종류의
경매는 수백 년 동안 지속되어 온 것도 있다.
이와 같이 오랜 기간 동안 경매가 하나의 시
장기구로 남아 있는 것은 이 방식이 판매자
와 구매자들에게 재화나 서비스의 효율적인
분배를 보장해 주기 때문이다. 경매에 참여
하는 상품소유자는 그들의 재화나 서비스를
경매를 이용하여 처분함에 따라 이득을 얻을
수 있다. 비록 낙찰자들이 지불하기를 원하
는 최대의 금액에는 미치지 못하더라도 경매
는 각 품목에 대하여 가장 높은 가격을 지불
하기를 원하는 구매자를 가장 싼 비용으로
식별할 수 있도록 하는 거래방식이다. 이와
같은 관점에서 보면 경매는 어떤 상품이나

서비스에 대하여 시장지배력을 가지고 있는 기업이 이윤의 증대를 위하여 취할 수 있는 수단이 될 수 있다. 경매가 소비자의 잉여 중 일부나 전부를 끌어낼 수 있느냐 없느냐는 경매되는 상품의 종류와 경매가 이루어지는 방식 그리고 이러한 경매규칙에 응찰자들이 어떻게 반응하는가에 의존한다. 경매의 방식에는 응찰자의 규칙과 낙찰자의 선정에 따라 여러 형태로 나눌 수 있다. 현실적으로는 골동품, 농수산물 등 희소한 가치가 있는 상품과 계절적 요인에 의해 생산량이 크게 좌우되는 상품이 거래되는 시장을 제외하고는 순수한 형태의 경매방식에 의한 거래는 별로 행해지지 않는다. 다만 생산재시장, 노동시장 등에 관한 경제분석을 위한 수단으로서 경매거래 spot transaction라는 개념이 이용되고 있다. 경매거래가 이루어지는 시장에서는 노동과 생산물에 대한 수요, 공급은 계속적으로 균형이 이루어지고, 시장의 모든 참가자들은 시장에서 발표되는 실질임금률과 생산물가격의 정보를 토대로 입찰을 거치는 상태를 반복한다. 이러한 과정이 성립하기 위해서는 가격과 임금이 완전히 신축적이어야 하고, 시장가격에 대해 시장참가자들이 완전한 정보를 보유하고 있어야 한다. 경매거래에 의한 고용과 산출량의 균형달성은 고전학파의 핵심적인 이론전개방식이다.

＊경비 經費 public expenditures

정부의 기능수행에 소요되는 비용을 말한다. 정부는 재화・용역의 생산자로서의 기능만이 아니라 소득재분배 및 경제안정을 이룩하기 위한 조정자로서의 기능도 갖고 있다. 이러한 기능수행에는 모두 비용이 필요하다. 그런 점에서 경비는 정부가 재화・용역을 구입하는 수단이며 또 사회정책 및 경제정책 등을 수행하는 수단이다.

예산총괄성의 원칙에 따라 경비는 모두 예산에 계상(計上)되어야 하지만 예산에 계상되지 않는 경비도 있다. 이러한 경비를 숨은 경비 Versteckte Staatsausgaben 라고 부른다. 숨은 경비란 국가가 당연히 지출해야 할 경비이지만 법규상 또는 행정명령 등에 입각하여 국민이 무상 또는 극히 적은 보상을 받고 국가에 제공하는 모든 급부를 총칭하는 것이다. 이러한 숨은 경비는 정부예산에는 계상되지 않고 절감된 경비에 해당되지만 실질적으로 국민조세부담을 증가시킨다. 따라서 이러한 숨은 경비에 의하여 재정규모를 팽창시킬 수도 있다. 전시와 같은 비상시에는 정부부문에의 비보상적 자원이전을 통하여 숨은 경비가 현저히 증가하게 된다.

경비는 각종 기준에 따라서 구분된다. 지출이 시기적으로 계속성을 갖는 여부에 따라 경상비, 임시비, 지출의 대상이 노동력이냐 또는 상품이냐에 따라 인건비, 물건비, 지출주체가 국가냐 지방단체냐에 따라 중앙비, 지방비, 국회의 세출의결권에 대한 제한의 유무에 따라 확정비, 자유비(의결비), 해당경비의 재무행정상의 지위에 따라 행정비(통치비), 경리비로 분류된다. 경비는 경제적 성질상 다음과 같이 분류되기도 한다. 즉 경제적 효과에 따른 소모적(실질적) 경비 또는 비이전적 경비・이전적 경비(피구 Pigou, A. C.에 의한 분류), 자본형성의 효과 유무여부에 따른 투자적(자본적) 경비・소비적(비자본적) 경비가 그것이다.

경비의 생산성에 관해서는 학설이 갈라져 있다. 스미스 Smith, A. 나 리카도 Ricardo, D. 는 경비를 비생산적이라 보았고 리스트 List, F., 디첼 Dietzel, K. A., 바그너 Wagner, A. H. G. 등은 생산적이라고 생각하였다. 다 같이 경비지출정책의 목표를 자본주의적 생산력의 발전에 두었으나 리카도 시대의 영국과 바그너 시대의 독일은 경제사회의 발전단계나 경비구조의 차이 등으로 국가활동과 생산력과의 관계가 달라서 이와 같이 견해가 나누어진 것이다. 자유주의시대(산업자본주의시대)에는 재정학이 경비론을 경시했지만, 독점자본주의시대에 들어와서 경비론은 차차 중요시되다가 1929년 세계대공황기에 국가의 재정투자활동에 의한 불황극복책이 실시되기에 이르러 경비론의 의의는 비약적으로 증대되었다. 케인즈 Keynes, J. M. 의 「일반이론」에서 전개된 재정정책론은 경비의 경제적 작용에 주의를 환기시켜 재정학의 방법론상 적지 않은 기여를 하였다. 근대자본주의 제국의 경비는 특히 19세기말 이후로는 일반적으로 팽창경향을 나타내고 있다. 이 사실은 바그너에 의하여 정식화된 이래 경비팽창의 법칙 Gesetz der zunehmenden Staatsausgaben 으로 알려져 있다. →이전적 경비·비이전적 경비, 공공경비팽창의 법칙

[참고문헌] Musgrave, R. A. and Musgrave, P. B., *Pulblc Finance in Theory and Practice*, 1973; Pigou, A. C., *A Study in Public Finance*, 1928, 3. rev. ed., 1947; Bator, F. M., *The Question of Government Spending*, 1960.

경비의 원칙 經費의 原則 principle of public expenditure

공공지출계획을 세우거나 또는 실시하는 데 있어서 준거해야 할 일반적 기준을 말한다. 즉 공공경비의 지출방향과 범위의 평가 및 결정을 위해 고려하지 않으면 안될 여러 가지 원칙이다. 공공경비의 지출방향과 범위는 곧 일국의 재정정책의 방향과 문제의식을 말하는 것이며 또 경비총액은 재정규모를 의미하므로 경비의 원칙은 재정에 요청되는 일반적 원칙과 같은 내용을 갖는다. 경비는 극대효과를 얻도록 지출되어야 한다. 이러한 기준은 극대후생의

원칙 principle of maximum welfare 에서 설명된다. 또 재정은 소비경제의 일면을 갖고 있기 때문에 절약의 원칙이 필요하다. 그밖에 공익의 원칙 또는 균형의 원칙이 있다.

I. **극대후생의 원칙** 달톤 Dalton, H. 은 재정의 목표는 사회이익을 극대화시키는 데 있다고 보고 최대의 사회이익을 얻을 수 있는 경비만이 정당화된다고 보았다. 또 이보다 앞서 피구 Pigou, A. C. 도 개인의 경우와 같이 각종 정부지출간에도 일정한 균형을 유지함으로써 사회는 더 많은 만족을 얻을 수 있다고 지적한 바 있다.

요컨대 사회이익을 극대화시키는 조건에 대한 피구 및 달톤의 견해는 다음과 같은 두 개의 원칙으로 요약될 수 있다. ① 각종 지출에서 얻어지는 만족의 한계충족도가 균등화되도록 경비는 각종 용도에 배분되어야 한다. ② 경비지출의 최종단위에서 얻을 수 있는 만족과 그 지출을 위한 재원조달로 인하여 발생한 희생이 균등하게 되는 점에서 경비지출은 억제되어야 한다. 이러한 원칙에 따라 결정되는 최적경비수준(최적예산규모)을 나타낸 것이 아래 그림이다. 예산규모를 X축에 표시하고 한계효용 또는 한계비효용을 Y축에 표시하면 각종 공공용도에 배분되는 공공경비의 한계효용곡선은 우하향곡선($e-e$선)으로 표시된다. 또 경비지출을 위해 조달하는 조세는 과세액 증가에 따라 개인소득을 감소시키고 개인의 손실은 더욱 커지므로 조세의 한계비효용도 역시 우하향하는 곡선($t-t$선)으로 표시된다. 경비지출에 따른 이익과 조세징수에 의한 손실의 차액은 순이익을 나타내며, 이를 $n-n$선으로 표시하면 경비지출의 최적규모는 OM에서 결정된다. 즉 이 때에 한계순이익은 0이다. 그러나 극대후생의 원칙은 극히 단순한 것 같지만 구체적으로 경비계획의 효율을 결

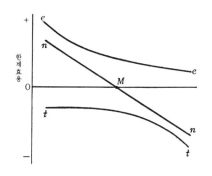

정하는 데 사용할 수 있는 기준이 되는 것은 아니다.

II. 일반적 원칙 ① 절약의 원칙 : 모든 경제활동에 절약이 요구되듯이 공공경비의 지출에도 그러한 기준이 적용된다. 특히 공공경비의 재원은 국민부담에 의해 조달되기 때문에 절약의 원칙이 갖는 의의는 크다. 그러나 이 원칙이 의미하는 것은 경비지출을 중지하거나 확정예산의 규모를 축소하는 것을 의미하는 것은 아니다. 이는 재정에 관한 정치적 결정이 의도하는 각종 목적을 완전히 달성하기 위해 공공경비를 합리적으로 지출해야 된다는 것이다. ② 공익의 원칙 : 공공지출에 의한 공적수요의 충족은 조세징수로 인하여 배제되는 사적수요의 충족보다 항상 긴급한 것에 한정되어야 한다는 것이다. 즉 정치적 욕망 또는 시장경제의 보완·수정을 목적으로 하는 경비가 그러한 것에 해당된다. ③ 균형의 원칙 : 이미 극대후생의 원칙에서 지적한 바 있거니와 개별적 경비의 한계이익이 균등되도록 경비가 배분되어야 한다는 것이고 또 경비총액은 국민소득과 적정한 관계를 가져야 한다는 것이다. 이상과 같은 일반적 원칙은 모두 그 근원이 극대후생의 원칙에 있고 또 구체적 행동기준이 되지는 못하지만 경상비는 가급적 경상수입으로 충당해야 한다는 원칙과 함께 경비

계획을 평가·결정하는 데 작용되는 형식 논리적인 기준인 동시에 경비지출에 있어서 준거해야 할 형식적 기준으로서 생각되어 왔다. →경비

경상거래 經常去來 current transactions

국제경제거래를 국제수지에 계상할 때는 경상거래와 자본거래로 나누어 전자를 경상계정에 후자를 자본계정에 넣는다. 경상거래는 자본거래 이외의 거래로 상품의 매매, 서비스의 제공, 물물교환, 증여 등이고 거래의 대상이 되는 것은 다음과 같다. ① 수출품, 수입품, 물물교환품 ② 비화폐용 금 ③ 외국여행비 ④ 해상항공운임, 용선료, 항만수입 ⑤ 보험료 ⑥ 이자, 배당금 등의 투자수익 ⑦ 수수료 등의 상업이윤 ⑧ 공관비 등의 정부지출비 ⑨ 통신료 ⑩ 기타의 서비스 등이다. 이 중 ①과 ②의 수지를 무역수지, 기타를 무역외수입이라 한다. 경상거래는 국제거래의 중심을 이루고 있기 때문에 적자나 흑자가 항상 문제가 된다. →국제수지

경상비 經常費 ☞경비

경상수지·자본수지 經常收支·資本收支 ☞국제수지

경영과 소유의 분리 經營과 所有의 分離

현대 주식회사제도에서 볼 수 있는 자본소유와 경영기능의 분리를 말한다. 주식회사에서 자본소유는 주주총회에서 대표되고, 경영기능은 총회에서 위임되는 이사회(경영자)가 수행한다. 여기서는 자본가가 주주의 자격으로서는 경영에 참가하지 않고 사실상 화폐자본가로 기능한다. 주식회사에서의 경영과 소유의 분리는 이자부(利

子附) 자본의 자립화에 의한 자본소유와 자본기능이 분리된 발전결과이고 이것에 의하여 자본가가 화폐자본가로 변화함으로써 대출가능한 화폐자본을 주식에 투하하여 주식회사를 자본집중의 강력한 기구로 만든다. →주식회사

경영분석 經營分析 business analysis
광의로는 경영의 재무활동뿐만 아니라 생산·판매·관리 등을 포함하는 모든 경영활동의 분석을 말하나 보통은 주로 경영의 재무구조 및 재무활동에 한정하는 협의의 의미로 쓰인다. 대차대조표, 손익계산서 등 재무제표(財務諸表) 자료를 사용하여 분석하는 점에서 재무분석 및 대차대조표분석과 큰 차이는 없으며, 경영의 수익성과 채산상황을 명백히 하고 자금유동의 상태와 지급능력의 정도 등 경영상태를 분석하여 그 양부(良否)를 판단하는 행위를 말한다.

경영분석에는 자금을 대여할 때의 신용분석과 유가증권투자를 할 때의 투자분석이 있다. 역사적으로 보면 은행, 거래처, 투자가 등에 의한 신용분석이나 투자분석은 19세기 이전부터 행하여 졌으나 오늘날 경영분석의 중핵을 이루는 경영자에 의한 경영관리의 내부적 목적을 위해 행하여지는 분석은 제1차대전 이후부터 발전하였다. 분석의 방법으로서 재무제표의 항목의 숫자에서 비율을 나타내는 비율분석과 각 항목의 실수를 비교하는 비교분석이 있다. →대차대조표, 손익계산서, 재무제표

경영자본 經營資本 ☞고정자본

경영자혁명 經營者革命 managerial revolution
1941년에 미국의 버남 Burnham, J. 이 제창한 것으로서 그 근원은, 근대주식회사에 있어서의 소유와 경영의 분리라는 사실에 있다. 즉 자본을 소유하는 계급으로 부터 구별하여, 생산에 있어서의 지휘와 조정의 기능을 수행하는 경영자계급의 동태적 역할을 강조하였다. 버남에 따르면 이 혁명의 단계는 첫째, 경영자계급이 자본소유자로부터 권력을 빼앗아 그것을 무력한 상태로 만든다. 둘째, 대중의 힘을 마비시켜 그들에게 경영자적 이데올로기를 주입시킨다. 셋째, 세계의 경영자간의 경쟁상대들 사이에서 지배를 위한 투쟁이 행하여진다는 삼단계이다. 버남의 이론 중 세계사의 전망에 관한 부분은 그 후 별로 관심을 끌지 못했으나, 소유와 경영의 분리를 배경으로 한 경영자계급의 개념은 많은 학자·실무자에 의하여 현재 널리 이용되고 있다. →기업(소유)과 경영의 분리

경영학 經營學 business management
기업이란 타인을 위해서 재화와 용역을 생산 공급하는 생산경제조직체라 할 수 있다. 즉 기업이란 일정한 자본을 투하하여 재화와 용역을 생산판매하여, 여기에서 얻은 수입과, 이 활동을 전개하는 데 투입된 비용을 대비하여 수익을 확정하고, 이를 증대시키려는 경제주체이다. 따라서 기업은 영리경제, 생산경제라는 특징을 갖고 있으며, 경영학이란 기업을 대상으로 그 운영원리를 연구하는 학문이다.

한편 경영이란 개념은 여러 가지 형태로 사용되고 있는데, 이는 행동개념과 조직개념으로 크게 구분된다. 경영을 행동으로 규정하는 입장에서는, 어떠한 실무 또는 사업을 계획적으로 질서있게 영위하는 행동이라고 보고 있다. 경영을 조직개념으로 규정하고 있는 입장에서는 경영을 어떠한 목적을 달성하기 위하여 행동하는 조직체로 보는데, 이 입장은 다시 기술단위설, 경제조직설, 생산경제단위설로 구분된다.

기술단위설은 기업을 경제조직으로 간주하고 경영을 그 하위개념으로서의 기술단위로 규정한다. 즉 경영이란 기업이 영리목적을 달성하기 위하여 가져야 하는 기술상의 단위라는 것이다. 다음으로 경제조직설은 경제주체로서의 경제적 측면을 총칭하여 경영이라고 보는 것을 말한다. 끝으로 생산경제설은 경영을 경제성장을 지향하여 운영되는 통일체로서의 생산경제라고 보는 입장이다.

이상에서 본 것처럼 경영학의 대상이 무엇인가에 대해서는 아직도 통일적 견해를 찾아보기 어렵다. 또한 경영학이 지향하는 궁극적인 목표는 어디에 있는가가 문제된다. 이는 크게 세 가지로 나누어지는데 각각을 약술하면 다음과 같다.

① 수익성원리 : 경영학의 대상을 사기업에만 한정하는 학자는 그 지도원리를 수익성에서 구하고 있다. 이 때 수익성이란 투하된 자본가치를 증대시키기 위해 보다 더 많은 화폐이윤을 추구하는 행위를 말하며,

$$수익성 = \frac{순익}{자본} = \frac{급부 - 비용}{자본}$$

으로 측정된다.

② 경제성원리 : 사기업뿐만 아니라 공기업까지 포함하는 모든 기업에 적용할 수 있는 일반원리로서, 합리성에 기초를 둔 경제성원리를 경영학이 지향하는 목표라고 주장하는 것이다. 이 때 경제성이란 최소의 비용으로 최대의 효과를 얻기 위한 행위의 준칙으로서 경영활동에서 얻어진 성과와 그 활동에 투하된 희생을 비교함으로서 측정된다.

③ 생산성원리 : 생산성이란 생산에 대한 합리성을 의미하는데, 이는 경제상의 합리성과 기술상의 합리성으로 구별되며 흔히 전자가 중시되고 있으며, 이는 생산물가치와 그 생산에 소요된 생산요소비용과의 비율에 의해 측정·표시되며 흔히 경제성원리와 동일시된다.

경쟁 競爭 competition

생산과 분배가 이루어지는 경제환경을 나타내는 말로서 독점에 대립하여 쓰인다 : 보통, 경쟁의 정도를 알기 위해서는 다음 네 가지의 기준을 사용하는 것이 일반적이다. ① 기업가적 재능만 있다면 누구든지 언제나 용이하게 자금을 조달할 수 있는가 하는 점. 이것을 비지네스 데모크라시 business democracy 기준이라 부른다. ② 중세의 길드와 같이 동일산업에 속하는 공급자의 수를 제한하는 것 같은 배타적 제도가 존재하지 않고, 자본과 노동이 자유로이 참입(參入)할 수 있는가 하는 점. 이것을 자유참입 free entry 의 기준이라 한다. ③ 동일 산업에 속하는 생산자의 시장에 공급하는 생산물이, 예를들면 상표라든가 디자인이라든가 품질의 차이라든가 또는 판매조건 등에 따라 서로 생산물차별화 product differentiation 를 강조하거나, 그것에 의하여 적극적으로 자기의 생산물에 구매자의 주의를 환기시키지나 않는가 하는 점. 이것을 동질화상품의 기준이라 한다. ④ 어느 생산자의 손에도 시장지배력이 장악되지 않을 만큼 동일한 생산물을 공급하는 생산자의 수가 충분히 많은가 하는 점. 이것을 독점력배제의 기준이라 부른다.

위의 네 가지 기준을 모두 완전하게 충족시키는 경우를 완전경쟁이라하며 그 중 ③과 ④를 충족시킬 뿐이고 자본과 노동의 참입에 대하여서는 규정하지 않는 경우를 순수경쟁 pure competition 이라 부른다. 그리고 사실상 ①부터 ④까지의 모든 기준을 완전히 충족시키지 못하고, 따라서 소수의 생산자가 그 산업의 생산물의 대부분을 지배하고 있는 경우라도, 이 소수생산

자간에 결탁, 그밖의 방법이 쓰이지 못하고 시장의 기능이 저해되지 않는 한 경쟁이 유효하다고 생각하는 유효경쟁 work-able competition 설도 있으나, 이 경우 소수의 판매자 사이의 경쟁은 어디까지나 가격경쟁보다는 판매량의 경쟁이 되는 경우가 많다. 즉 이 경우에는 독점가격과 독점이윤을 유지한 채로 광고나 기타의 방법에 의한 판매량 확대 경쟁을 용인하는 결과에 지나지 않으므로 일종의 독점옹호론에 지나지 않는다.

그리고 과다경쟁 excessive competition 이라고 불리우는 것도 다음의 두 가지 형태로 분류할 수 있다. 하나는 대단히 수가 많은 영세생산자가 난립하여 서로 경쟁하는 결과, 서로의 이윤률을 낮추고 정상적인 이윤률마저 얻지 못하며 그 때문에 임금률도 평균보다 낮게 억제되는 것과 같은 경우이다. 또 다른 하나는 대기업 사이의 경쟁에서 볼 수 있는 기술도입경쟁 또는 설비투자경쟁, 선전판매경쟁 등으로서, 이 경우에는 전자의 경우와는 달리 대기업의 이윤률이 반드시 평균 이하로 되는 것은 아니다. 이 후자를 앞에 말한 네 가지 기준에 맞추어 말한다면 어느 정도 제②의 기준과 제④의 기준을 충족시키고 있으며 그런 점에서는 경쟁적이지만, 제①의 기준과 제③의 기준에 어긋나는 것이기 때문에 일종의 과점상태이면서 각 기업 모두가 기대하고 있는 독점이윤의 수준 이하의 이윤률밖에 획득할 수 없을 정도로 경쟁률이 심하다는 뜻으로서 과점기업간의 과다한 경쟁이라고 할 수 있다.

경쟁가격 競爭價格 competitive price
일반적으로 시장에 있어서의 경쟁의 경합도는 거래에 참가하는 사람의 다소 혹은 그들의 행동양식의 특수성 등에 의해서 그 정도를 달리한다. 그리고 경쟁도가 다름에

따라서 거기서 성립하는 재화 또는 용역의 가격도 달라지는 것이 보통이다. 경쟁가격이란 특히 완전경쟁이 이루어지는 경우의 시장가격을 가리키는 것이다.

그런데 완전경쟁이 행해지는 시장이란 ① 시장참가자의 수가 많고 ② 생산자의 진입이 자유로운 시장을 말한다. 따라서 완전경쟁시장에서의 공급자는 현행의 가격을 주어진 것이라고 간주하고 그 가격 아래서 자기의 생산물을 조절하지 않을 수 없게 된다. 또한 그같은 경우에는 현행가격에 있어 초과이윤 excess profit 이 존재하는 한 그것은 새로운 생산자의 시장참가를 유발하는 것으로 되기 때문에 가격과 생산비와는 결국 일치하지 않을 수 없다. 그리고 이 최후의 귀결은 이른바 생산비의 법칙으로 알려지고 있는 시장가격=한계생산비=평균생산비라는 명제와 같은 내용의 것이다. 그런데 완전경쟁이 모든 시장을 지배하고 있는 경우에는 왈라스 Walras, M. E. L. 가 분석한 바와 같이 소위 모색의 과정이 계속되어 전시장에 있어서 수급이 균형을 이루고 또한 어떠한 시장에 있어서도 이윤 또는 손실이 존재하지 않는 것같은 일반균형의 상태가 성립한다. 따라서 경쟁가격은 반드시 일의적으로 결정되지 않으면 안되는 것이다. 물론 자본주의 경제에 있어서도 실제로 완전경쟁이 행해지는 일은 없으므로 이 경쟁가격이라는 개념도 현실적으로 경험할 수 있는 것은 아니지만 만일 실제로 이 경쟁가격에 가장 가까운 것을 구한다면 가격통제가 미치지 않고 있는 농산물가격 등이 그 한 예이다. 그러나 경쟁가격의 이론, 특히 완전경쟁을 전제로 하는 일반이론은 현실의 근사적 묘사라기보다는 오히려 경제분석을 위한 하나의 방법론상의 가설이며, 전제로 되는 완전경쟁도 분석의 방법으로 연구된 방법론적 분석도구라고 생각하는 편이 적당하

다. →일반균형, 교환의 일반균형

*경제개발 5개년계획(한국) 經濟開發五個年計劃(韓國) The Five-Year Economic Development Plan(Korea)

2차대전 후 자본주의국에 도입·발전된 경제개발계획은 크게 두 가지 유형으로 나누어진다. 하나는 선진국의 경기조정 내지 경기예측적 기능에 중점을 둔 경기정책적 경제계획 anti-cyclical planning 이다. 이것의 특색은 기존의 경제·사회적 구조의 테두리 안에서 경기침체가 초래되지 않도록 주로 기업 및 재정활동의 방향을 사전적으로 제시하는 데 있다. 다른 하나는 저개발국의 경제발전계획 development planning 으로 경제적 측면에서는 고도경제성장의 달성, 근대기업을 주축으로 한 산업구조의 고도화 그리고 선진국과 대외경제적 협력체제의 강화를 꾀하는 것이고, 사회적 측면에서는 근대화의 추구가 그 주된 기능이 된다.

경제개발계획에 대한 국제적 관심이 높아져 가는 시대적 조류에 따라 한국에서도 1960년 당시의 부흥부 산업개발위원회에 의하여 1960~62년까지의 종합경제개발 3개년계획이 처음으로 입안되었다. 사실 그 전에도 UN에 의한 UNKRA 원조계획을 뒷받침하기 위한 1953년 3월의 네이산보고서(한국경제재건계획)와 7월의 타스카보고서(타스카 3개년대한원조계획) 및 1954년 7월경 한국인에 의해서 작성된 최초의 계획인 경제부흥 5개년계획 등이 있었다. 그러나 이러한 계획들은 어느 것이나 한국민의 자발적 의지에 의하여 작성되었다기보다는 원조 및 지원정책을 수립하는 데 이용하고자 작성되었다고 할 수 있다. 경제개발 3개년계획은 미국의 대한원조가 점차 감소하리라는 예상하에 자립화 기반 구축을 목표로 하였으나 4·19혁명으로 계획

에 그치고 말았다. 5·16 이후 그 내용이 수정되어 1962년 제1차 계획으로 실천에 옮겨진다. 이 1962년의 제1차 5개년계획을 시발점으로 하여 1991년까지 6차의 5개년계획이 시행되었다. 1992년부터 1996년까지 계획된 제7차 경제개발 5개년계획은 1993년 대통령의 취임시 5년단위의 대통령 임기와 맞지 않아 「신경제 5개년계획」으로 수정되고 여기서 이전 계획과의 단절이 생기게 된다.

한국의 경제개발 5개년계획은 다음과 같은 일반적 성격을 가지고 있다. 첫째, 그것은 물량적 차원에서의 성장우선계획이었다. 그것은 광공업을 성장주도산업으로 하여 전략부문과 사회간접자본의 집중적 개발에 중점을 둔 불균형 성장모형이었다. 둘째, 그것은 자원 동원과 배분의 중점을 공업화에 둔 공업화 계획이었다. 셋째, 그것은 공업화에 필요한 투자재원의 조달을 경제협력을 통한 적극적인 외자도입에 의존한 계획이었다.

1962~1991까지 6차에 걸친 계획을 통하여 한국경제는 연평균 17.6%의 GNP 성장률을 달성하였다. 1인당 GNP 도 1961년의 83달러에서 1992년에는 6,749달러로 80배 이상 증가하였다. 또한 산업구조가 1차산업 중심에서 중화학공업 중심으로 발전하였다.

이 기간에 수출은 연평균 약 27.4%로 급속히 증가하여 1960년에는 32.8백만달러에 불과하던 수출실적이 1995년에는 125,058.0백만달러에 달했다. 수출상품구조도 경제개발이 진전됨에 따라 1차산품 중심에서 공산품 중심으로, 경공업 중심에서 중공업 중심으로 바뀌었다. 수입의 경우 수출증가율보다는 완만하였지만, 역시 연평균 약 18.7%로 증가하여 1960년에 343.5백만달러였던 것이 1995년에는 135,118.9백만달러에 달하였다.

제 7 차 계획을 수정하고 수립된 신경제 5개년계획은 이전의 경제개발계획들과는 달리 제도와 의식개혁을 통해 국민의 참여를 이끌어낸 후, 성장잠재력을 확충하고 국제시장기반을 확충하며 국민생활여건의 개선을 뒷받침하고자 한 것이다. 7차계획과는 고통분담 등 경제활성화를 위한 국민의 동참과 희생을 요구한다는 점, 경제정의의 실현을 목표로 경제개혁과제를 제시하고 있는 점, 행정규제완화를 강조한다는 점 등에서 차이가 있다. →경제계획

〔참고문헌〕 변형윤·김윤환 편, 「한국경제론」, 1977; 전국경제인연합회편, 「한국경제정책삼십년사」, 1975.

*경제계획 經濟計劃 economic planning

I. 경제계획의 계기 국가가 경제에 관한 목표를 정해서 그 목표를 실현하기 위해 필요한 방법과 정책을 강구하는 행위를 일반적으로 경제계획이라 한다.

자본주의경제하에서 경제계획이 현실의 정치적 과제로 된 것은 1920년 이후부터였지만 그 주요한 계기로서 다음 3가지가 지적된다. ① 사회주의적 계획경제에서의 급속한 경제발전과 완전고용이 자본주의제국에 강한 충격을 주었다. 이에 따라 자본주의제국 내부에서 사회주의적 계획경제가 가능할 수 있는 조건 및 자본주의 경제체제와 사회주의 경제체제의 우열이 논의되게 되었다. ② 주기적인 공황을 경험하면서 진행된 자본주의는 20세기에 들어오자 그 발전의 필연적 귀결로서 자본의 집중·독점화의 경향을 나타내고 그에 따라 경제성장률의 저하, 만성적 실업·유휴설비가 두드러지게 나타나기 시작했다. 1929년의 세계공황을 발단으로 한 심각한 경제의 정체화경향으로 인해 시장의 자율적인 작용만으로는 경제의 발전, 완전고용을 기대하기가 곤란하다는 것이 명백해졌다. 심각한 불황으로부터의 탈출, 실업자의 구제, 나아가서는 성장경제로의 유도라는 목적을 위해 각국에서 일련의 경제정책이 전개되고 국가계획이 성립되게 되었다. 한센 Hansen, A. H. 은 이러한 상태를 이중경제 dual economy 라고 불렀다. 1930년대의 장기정체 이후 제 2 차대전중에는 경제력을 전쟁목적에 동원하기 위해 정부는 경제에 직접적으로 개입하였다. 이 전쟁중의 경험을 기초로 해서 정상적 상태하에서도 국가계획에 의해 아마도 높은 경제성장과 완전고용이 실현될 것으로 생각하게 되었다. 이러한 사정과 나아가서는 많은 나라들에 있어서 제 2 차대전에 의한 파괴로부터의 조속한 회복의 필요성이 자본주의체제하에서의 경제계획성립을 가져오게 된 구체적인 계기가 되었다. ③ 케인즈 이후의 거시경제학의 발전에 따라 일국의 경제전체의 활동, 국민경제내부의 부문간 상호관계를 파악하는 수단이 고안되었다. 소위 국민경제계산 national economic accounting 이 그 대표적인 것이다.

국민경제계산은 보통 다음과 같은 5개의 체계로 구성되어 있다. (i) 국민소득의 생산·분배·지출의 총액이나 구성만이 아니고 경제를 형성하는 여러 부문 활동의 상호관계를 통해서 국민소득의 순환을 명백히 하려고 하는 국민소득계정. (ii) 소득뿐만이 아니라 경제전체의 모든 재화 및 서비스의 흐름을 통해 경제의 생산면에 있어서의 결합양식을 파악하려고 하는 산업연관표. (iii) 통화·신용의 흐름을 파악함과 동시에 그것과 재화 및 서비스의 실물면에서의 흐름과의 관계를 명백히 하려고 하는 자금순환분석 money-flow analysis. (iv) 특정시점에서의 부와 자본량을 파악하려고 하는 국민자본계정. (v) 일국경제의 대외거래를 명백히 하는 국제수지계정.

그런데 오늘날에는 이들 체계들을 통합하려고 하는 시도가 여러 가지로 이루어지고 있다.

II. 경제계획의 특질 현재 많은 자본주의 국가의 정부는 경제의 현상을 분석하고 국민경제계산 등에 의해 경제동향을 기록하고 그 분석·진단을 기초로 해서 장래에 대한 예측을 행하고 있다. 진단·예측은 경제계획의 기초조건을 이루고 있는 것이지만 이것만으로는 경제계획이라 할 수 없다. 경제계획이라고 말해지기 위해서는 우선 계획의 목표가 정해져야 하며 그 목표를 달성하는 방법·수단이 결정되어야 한다. 즉 계획목표와 예측되는 경제의 추이가 비교되어 이 양자의 차이와 그 차이를 메꾸는 데 필요한 조건들이 명백히 되고 더욱이 그 조건을 만족시킬 수단이 제시되지 않으면 안된다. 전시경제 등을 제외한 정상적인 상태하의 계획목표는 완전고용, 안정적·지속적인 고도경제성장, 소득분배의 평등화 및 생활수준의 향상 등에 두어진다. 그리고 사적자본의 수익활동을 허용하는 가운데 '경제체제에 있어서 중앙당국에 의해 신중히 통제·관리 할 수 있는 변수'를 선택하고 그것을 조작함에 의해 경제를 계획목표를 향해서 유도하는 것이 계획방법의 기본을 이루고 있다. 공공투자를 중심으로 하는 재정지출, 조세, 이자율 혹은 화폐공급량 등이 계획변수를 이루고 있는 것이므로 금융·재정정책이 계획수단의 주체를 이루고 있다. 또 공공요금·농산물가격을 통제하는 가격정책, 경제력의 집중을 억제하는 독점금지입법 등도 계획수단 가운데 포함하는 경우가 있다.

이와 같이 자본주의적 경제계획은 사적자본의 수익활동을 직접 규제할 수 있는 것이 아니면 계획목표의 실현은 매우 곤란하다. 계획기간이 길면 특히 그러하다. 이탈리아, 네덜란드, 프랑스 및 캐나다 등에서 볼 수 있듯이 10년을 넘는 기간에 걸친 계획은 경제의 장래에 대한 희망적 관측을 할 수 있는 것이 아니다. 다소라도 현실적인 의의가 있는 것이라고 한다면 그것은 예측과 동시에 정책적인 의도를 포함한 국민경제계산이라고 말해지는 국민경제예산 national economic budget 의 형태로 준비되고 있는 연차경제계획과 같은 단기적인 것이다. 경제계획은 자본의 집중·독점에 대한 구조변혁을 그 기본적 계획수단으로 취할 수 없기 때문에 자본주의의 모순을 근본적으로 극복하려고 하는 것은 아니다. 더욱이 경제계획이 본래 무정부적인 자본주의의 질서를 확립하려고 하는 이념에 의해 지탱되고 있다고 한다면 그 질서가 어디까지나 독점자본적인 질서임은 두말할 것도 없다. 여기에서 자본주의적 경제계획의 본질적인 특징을 찾아야 할 것이다.

→산업연관분석

[참고문헌] Harris, S. E. (ed.), *Economic Planning: The Plans of Fourteen Countries with Analysis of the Plans*, 1949; Hicks, J. R., *The Social Framework, An Introduction to Economics*, 1942, 3rd. 1960; Pigou, A. C., *The Economics of Welfare*, 1970, 4th ed, 1932; Lewis, W. A., *Development Planning*, 1966; Tinbergen, J., "Economic Planning(Western Europe)", *Encycolopedia of Social Science*, 1954.

경제구조 經濟構造 economic structure

경제구조의 문제가 크게 논의되기 시작한 것은 제1차세계대전 후의 독일에서였다. 탈하임 Thalheim, K. 은 경제구조를 국민경제를 구성하는 이질적 부분의 상호의존관계와 그들과 전체의 상호의존관계라고 규정하고 구조요소의 하나로서, 농업·공업·상업 등의 경제부문이 국민경제 안에서 갖는 관계를 들고, 그 비율은 개개의 국민경제의 유형분류의 가장 중요한 기준이라 하였다. 그밖에 하름스 Harms, B. 등이 1920년대부터 1930년대에 걸쳐서 경제구조에 관하여 논하였는데, 그들은 독일 역사학파의 전통에 영향을 받아 분석적이 아니고 기술적(記述的)인 것에 시종하였다.

다른 한편, 미국의 레온티에프 Leontief, W. W.는 그의 주저 *The Structure of American Economy, 1919~1939*(1946, 2ed., 1951)에서 경제구조를 '전경제체계의 상호연관' 또는 '일반적 상호의존관계'로 규정하고 '경제체계를 구성하는 여러 부문 사이의 일반적인 상호의존이라는 사고방식은 현재에 이르기까지 경제분석의 참다운 기초로 인정되어 왔다'라고 기술하고 있다. 머클럽 Machlup, F. 등은 경제구조라는 개념은 특수한 전문용어 jargon 로서 무엇이 무엇인지 알 수 없는 용어 weasel words 라고 말하고 있으나 마르크스 Marx, K.는 이미 19세기 중엽에 「경제학비판」(1859) 서문에서 경제구조란 '생산제(諸)관계의 총체이다'라고 명확한 규정을 내리고 있다. 그리고 그것이 사회의 현실적 토대로 되어, 그 위에 법률적 및 정치적 상부구조가 성립한다고 규정하고 있다. 오늘날에는 말할 것도 없이 생산제관계의 총체로서의 경제구조 중에서 자본가와 임금노동자와의 생산관계가 지배적인 생산관계이다. 그런데 많은 개별자본의 순환은 서로 얽혀있으며 그 유기적인 상호관계성 위에 사회총자본의 운동을 형성하고 있다. 그리고 사회총자본의 재생산=유통이라는 총괄적인 파악은 마르크스의 재생산표식에서 이루어지고 있다. 따라서 경제구조를 사회총자본의 재생산구조로서 이해하고, 특히 공업과 농업의 관계를 정확히 파악하는 것이 중요하다. →산업구조, 산업연관표

경제모형 經濟模型 economic model

경제분석 및 예측을 목적으로 경제이론에 따라 고안된 개념의 틀 framework 을 말한다. 즉 복잡한 경제현상의 변수들간의 상호의존관계를 이론적으로 구명하고 이를 다시 수식화시켜 경제통계자료에 의해 검증함은 물론 나아가서 경제예측에 쓰여지는 것을 의미한다.

따라서 모형설정의 변수들은 원칙적으로 관측이 가능한 경제변수라야 하며 이들 변수는 통상 2개부분으로 구성되고 있다. 즉 이론적으로 인과관계의 설명이 가능한 조직적인 이론변수와 확률적 성질을 가진 확률변수가 그것이다. 이 때 경제이론분석만을 위하여 이론변수를 과학적 형식으로 결합시킨 모형을 이론적 모형 theoretical framework 이라 하고 여기에다 경제통계에 의한 검증 및 확률변수를 첨가한 모형을 계량경제모형이라 한다.

경제모형을 구성하는 방정식은 성질상 다음 3가지 기본형태로 분류할 수 있다. 첫째는 정의식 definitional relationship 이며 이것은 '국민소득=소비+투자' 등 단순한 정의적인 관계를 표시하는 것이다. 둘째는 기술관계식 technical relationship 으로, 경제행위의 분석에 있어서 주어진 여건으로 여러 관계들을 식으로 표시한 것이다. 예를 들면 투입―산출간의 기술적 관계를 설명하는 생산함수나 소비자의 기호 내지 관습 등이다. 이들 기술관계식에서는 외생적 요인은 일단 불변인 것으로 간주된다. 셋째는 행위방정식 behavioral relationship 이며, 어떤 경제주체의 의사결의를 나타내는 관계식으로 수요―공급 방정식 등을 그 예로 들 수 있다. 이들 관계식들은 변수간의 관계를 결합하여

한 경제구조를 구성하기 때문에 이들을 가르쳐 구조방정식 structural equation 이라고 부른다.

한편 경제모형내의 변수에는 기본적으로 내생변수(內生變數), 외생변수(外生變數)가 있다. 내생변수는 경제체계 내부에서, 즉 방정식들에 의하여 결정되는 변수를 말하므로 일명 이를 의존변수라고도 한다. 둘째로 외생변수는 경제체계 외부에서, 즉 경제모형 밖에서 결정되는 변수이다. 또한 경제모형은 그 분석대상에 따라 미시분석모형과 거시분석모형으로, 구조방정식의 수학적 성질에 따라 선형모형 linear model 과 비선형모형 nonlinear model 으로, 끝으로 그 모형내에 시간의 흐름이 고려되는지의 여부에 따라 정태모형 static model 과 동태모형 dynamic model 으로 나누어진다.

경제발전 經濟發展 ☞경제성장 · 경제발전

경제발전단계설 經濟發展段階說
theory of economic development stage

경제사학에 있어 경제의 역사적인 발전과정을 몇 개의 경제적 특질에 관련시켜 개괄하고 이것을 단계적으로 정리 · 이해하고자 하는 방법을 경제발전단계설이라고 말한다. 일반적으로는 독일의 역사학파 경제학에서 발전단계설이 그 전형인 것으로 되어 있다. 리스트 List, F. 는 어떠한 생산이 중요한 지위에 있는가에 착안하여 경제의 발전과정을 야만→목축→농업→농공→농공상상태의 5 단계로 분류하였다. 이것은 고전학파의 개인주의와 자유무역론에 대항하여 그가 주장하는 국민주의와 보호무역론의

기초 위에서 세계사에 있어서의 독일의 후진성을 극복코자 하는 정책에 대한 이론적 지주로서 논의된 것이다.

또 뷔허 Bücher, K. 는 재화의 생산과 소비와의 관계, 즉 재화가 생산자로부터 소비자에게 이르는 과정을 중심으로, 봉쇄적 가족경제→도시경제→국민경제의 단계로 구분하고, 힐데브란트 Hildebrand, B. 는 교환방법을 기준으로 경제의 발전을 자연경제→화폐경제→신용경제의 3단계로 나누었다. 다시 슈몰러 Schmoller, G. 는 경제정책의 담당자로서 정치조직을 중심으로 하여 촌락경제→도시경제→영역경제→국민경제→세계경제의 5단계로 구분하였다. 그러나 좀바르트 Sombart, W. 는 이러한 경제발전단계설에 만족치 않고 생산이 개인적인 것에서 사회적인 것으로 전환되는 정도를 기준으로 이러한 발전단계에 경제체제의 변화를 결부시켜 개인경제→과도적 경제→사회경제의 3단계로 구분하여 다시 이것을 세분화하였다. 한편 마르크스 Marx, K. 는 유물사관에 입각하여 생산력과 생산관계의 통일인 생산양식의 차이에 따라 경제의 발전과정을 원시공산제→고대노예제→중세봉건제→근대자본주의→공산주의의 5단계로 구분하였다.

이와 같이 경제발전단계설은 인류 전 역사의 장기적 발전을 대상으로 하고 있으나 근대경제학자들은 종래의 이와 같은 장기적 문제를 중시하지 않았다. 제2차대전 후 근대경제학자들도 경제의 장기적 동향에 관심을 가지게 되어 경제성장을 중심으로 하는 이론을 전개하였다. 이러한 기반 위에 근대경제학의 지식을 응용한 새로운 단계설이 수립되었다. 이 새로운 단계설은 봉건제의 해체에서 오늘에 이르기까지의 공업발전의

시기를 중심으로 하고 있으며 재래의 경제발전단계설과는 구별되어 경제성장단계설이라 하지만 일종의 발전단계설임에는 틀림없다. 이 설의 주장자는 로스토우 Rostow, W. W. 이다. 그는 경제성장이라는 관점에서 인류의 전역사를 전통사회→도약을 위한 선행조건이 발전하는 시기→도약기→성숙기→고도대중소비사회의 단계를 거쳐 성장하는 것으로 보았다. →로스토우의 발전단계설

경제발전론 經濟發展論 theory of economic development

경제성장론이 경제과정을 주로 경제의 양적확대의 과정으로서 파악하는 데 반하여, 경제발전론은 그것을 경제의 양적 확대뿐만 아니라 질적변화까지도 포함한 과정으로서 파악한다. 그러나 최근 경제학에 있어서, 이 양자는 그렇게 엄격하게 구별되지는 않고 오히려 같은 개념으로 규정하는 것이 보통이다. 즉 경제성장의 과정은 노동력 증대·자본축적·기술혁신·신자원개발·신상품의 발명·조직의 개선과 같은 공급구조의 변화, 그리고 다른 한편으로 인구의 규모나 구성의 변동·소득수준과 분포의 변동·기호의 변화·조직의 개선 등의 수요구조의 변화를 불가피하게 수반한다. 경제발전론은 경제성장과정의 분석에 있어서, 특히 이 두 가지의 구조변화와 그 상호관련을 명백히 하는 데 그 목적을 두고 있다.

슘페터 Schumpeter, J. A. 는 이들 변화 중에서 기업가의 혁신에 따르는 공급구조의 변화가 주도적이라고 보고, 여기에서 경제성장과 질적으로 구별되는 경제발전의 동향을 구하였다. 근래에 와서 길 Gill, R. T. 은 정체적인 경제의 악순환, 성장하는 경제의 자기유지적 성격,

악순환을 타파하고 장기의 과정으로 이행하기 위한 시동이라는 상호관련되는 세 가지 요소를 기축으로 하여 경제발전론의 일반적 체계화를 시도했다. 이러한 여러 각도로부터 전개되어 온 경제발전론은, 특히 넉시 Nurkse, R., 뮈르달 Myrdal, G., 히긴스 Higgins, B. 등에 의하여 현대의 후진국개발론에 적용되고 있다. 그러나 어느 것이든지 경제성장론과 완전히 구별되는 경제발전론의 성립은 생각할 수 없다고 하겠다.

이상에 대하여 고전적인 경제발전론은 푸리에 Fourier, F. M. C., 리스트 List F., 힐데브란트 Hildebrand, B., 뷔허 Bücher, K. 등과 같이 미개시대부터 근대에 이르는 인류사회의 발전과정을 사회의 경제적 특질을 지표로 하여 구분한, 이른바 경제발전단계설로서 전개되었다. 그밖에 생산관계는 궁극적으로 생산도구의 개선이 주원인이 되어 일어나는 생산력의 발전에 조응하여 변화해가는 것으로 이해하고, 자본주의 경제의 발전과정을 동시에 사회주의로 지향해가는 과정으로서 파악하는 마르크스 Marx, K. 의 유물사관이 있다. 이 마르크스의 입장을 계승하는 경제발전론은, 현대에는 돕 Dobb, M. H., 스위지 Sweezy, P. M. 등에 의하여 새로이 전개되고 있다. 한편 이것과는 내용을 전혀 달리 할 뿐만 아니라, 그것에 대한 대항을 적극적인 목표로 한 로스토우 Rostow, W. W. 의 경제발전단계설도 있다.

→경제발전단계설, 경제성장론, 균형분석, 균형이론, 로스토우의 경제발전단계설

경제백서 經濟白書 economic white paper

연차경제보고라고도 하는 바, 이는 연간국민경제의 동향을 총괄한 정부의 보

고서를 말한다. 우리 나라에서는 1962년 7월 경제기획원에서 제1차 경제백서를 발표한 바 있으며 이후 연차적으로 출간되었다. 원래 백서란 말은 영국정부의 연차경제보고서의 표지가 백지로 되어 있었기 때문에 이러한 명칭이 붙게 되었다.

경제법칙 *經濟法則* economic law

경제법칙이란 일정한 조건하에서 경제현상간에 존재하는 일정관계의 규칙적 반복을 의미한다. 이 때의 규칙적 반복이란 자연현상에서 볼 수 있는 것과 같은 규칙성은 아니고 경제주체는 자유의사에 따라 경제행위를 하기 때문에 각 경제변수의 값의 일정한 관계의 경향적인 반복일 따름이다. 따라서 경제법칙이란 경향적 법칙 또는 경험법칙이라고 말할 수 있다. 경제법칙은 비교적 많은 나라와 여러 시대에 있어서 타당한 것들과, 그렇지 못한 경우가 있다. 즉 어느 때나 어느 장소에 있어서도 공통적으로 존재하는 조건하에서 유도할 수 있는 법칙을 보편법칙이라고 부른다. 한편 특정한 때와 장소에서만 존재하는 조건하에서 유도되는 법칙을 역사법칙이라 한다. 스미스 Smith, A. 나 리카도 Ricardo, D. 는 보편법칙을 발견하려고 노력했으며, 독일의 역사학파 리스트 List, F. 나 슈몰러 Schmoller, G. 는 역사법칙을 발견하려고 노력하였다.

*경제성장 · 경제발전 *經濟成長 · 經濟發展* economic growth · economic development

경제성장은 일반적으로 생산요소투입의 증가 또는 생산요소효율성의 제고 등으로 말미암아 총생산이 증가하는 과정을 지칭한다. 이에 반하여 경제발전은 단순히 양적인 증가뿐만 아니라 사회의 변화라는 질적인 의미도 포함하는 포괄적인 개념이다. 사실 경제발전에 정확한 의미를 부여하기란 여간 힘들지 않은데, 이는 경제발전이 전체적인 사회발전의 일국면으로서 독립적으로 진행되어 나가는 것이 아니라, 문화발전이나 정치발전 등과 상호의존관계하에 진행되고, 한 나라의 정책목표에 따라 그 의미가 달라질 수 있기 때문이다. 그러나 일반적으로 경제발전은 '전체적인 사회의 진보'나 생산성의 증가, 사회 · 경제적인 평등화, 현대적 지식의 보급, 사회조직과 행동양식의 개선, 그리고 저개발상태에 놓여진 바람직하지 못한 여러 조건을 타개할 정책의 실시 등과 같은 이상적인 근대화로 정의할 수가 있다.

이와 같이 경제발전을 정의할 경우 경제발전은 바로 개발도상국의 경제개발의 정책목표가 된다. 왜냐하면 선진국의 경우는 기존의 사회질서 테두리 안에서 경제성장이 이루어져 왔다. 즉 경제력의 발달로 사회구조 내지 경제구조도 자생적으로 발전되었기 때문에 경제성장은 바로 경제발전이 될 수 있었다. 그러나 흔히 개발도상국의 경우는 선진국에 의한 식민지배과정에서 이식된 근대부문과 전통적인 전근대부문이 병존하는 이중구조를 갖고 있기 때문에 단순한 양적인 증가만으로는 개발도상국의 근본문제를 해결할 수 없고, 사회의 변혁을 포괄하는 의미의 발전이 이루어져야 하는 것이다. 예를 들면 농업의 근대화, 인구성장을 능가하는 총생산의 증가로서의 1인당 GNP 의 증가, 소득분배의 평등화, 식민지적 잔재의 청산, 사회복지의 실현 등을 들 수 있다. 이러한 경제발전은 개발도상국에서 빈곤을 추방하고 지속적인 사회발전을 위한 초석이다.

→후진국개발이론

[참고문헌] Meier, G. M., *Reading Issues in Economic Develoment*, 1973; 조 순, 「경제학원론」, 1974.

경제성장률 經濟成長率 economic growth rate

국민경제가 일정 기간(보통 1년)에 성장하는 비율, 즉 실질국민소득의 증가율을 말한다. 보통 성장률이라고 하면 장기에 걸친 평균증가율 뿐만 아니라 실질국민소득의 연간변동률도 포함된다. 실질국민소득 크기의 변화를 보면 때로는 증가되고 때로는 감소되지만 장기적으로 보아 증가되는 것이 보통이다. 실질국민소득의 대전년도 증가율을 식으로 표시하면 다음과 같다. 전년도의 실질국민소득을 Y라고 하면 성장률은 $\dfrac{(Y+\Delta Y)-Y}{Y}=\dfrac{\Delta Y}{Y}$ 가 된다. 이와 같이 경제성장률은 실질액의 증가율이기 때문에 특히 실질성장률이라고도 한다. 그러나 정부의 경제예측에서는 명목상 국민총생산의 성장률로 나오므로 이것과 혼동하지 않도록 실질신장률을 일반적으로 실질성장률이라 부르고 있다.

→국민총생산, 국민소득, 경제성장

*경제성장이론 經濟成長理論 theory of economic growth

인구증가·자본축적·기술진보의 장기적 요인들을 도입하여 시간의 경과에 따른 경제의 전면적인 운동을 분석대상으로 하는 이론분야이다. 그것은 보통 자본주의적 사회경제 구조가 잘 확립되어 있는 선진제국의 경우를 전제로 전개된 것이라는 점에서 단순한 경제성장 뿐만 아니라 사회, 정치 및 문화 등 전체적인 구조의 광범위한 개혁을 수반하는 저개발국의 경제발전이론과 구별되기도 한다.

장기이론은 케인즈 Keynes, J. M. 의 「일반이론」에서 전개된 단기에서의 유효수요원리에 의한 소득결정이론을 장기에까지 확장시켜 보려는 시도로서 발전하기 시작했다. 그것의 선구적인 저작이 바로 해로드 Harrod, R. F. 의 *Towards a Dyamic Economics*(1949)이다. 그러나 성장이론이 학설사상, 이 때 처음으로 출현한 것은 아니다. 국민경제가 전체로서 생성·발전해가는 과정의 법칙성을 구명하는 것은 스미스 Smith, A., 리카도 Ricardo, D. 등의 고전학파, 마르크스학파, 독일 역사학파에서의 주요과제였다. 그러다가 1870년대부터 신고전파가 근대경제학의 주류를 차지하게 되면서부터 이론경제학의 연구대상이 주로 정태적 조건에서의 상품의 상대가격결정이론의 치밀화로 이행되었다. 따라서 1940년대 이후 성장이론이 다시 활발하게 부활된 것은 「일반이론」을 계기로 경제학의 연구대상이 종래의 가격중심의 경제이론으로부터 소득중심의 그것으로 이행하게 된 것과 밀접한 관련이 있다. 다른 한편으로 그것은 제 2 차대전 이후 커다란 경기변동을 겪지 않고 상당히 순조로운 성장을 계속해 온 선진제국의 역사적 배경과도 관련되어 있다.

I. 해로드-도마성장이론 이것은 케인즈의 유효수요의 원리를 성장분석에 도입하여 지속적 균형성장의 조건을 구명하려는 것이다. 이 모형에 대해서는 '해로드-도마성장모형'이라는 항목에서 따로 자세하게 설명했으므로 여기에서는 그것에 대한 해로드의 동태적 분석에 대해서 언급한다. 먼저 $I=S$라는 균형조건이 충족되면

$$G_w C_r = s \cdots\cdots\cdots\cdots\cdots (1)$$

가 도출된다. I와 S는 각각 투자와 저축을, G_w C_r, s는 각각 적정성장률, 필요자본계수 required capital coefficient, 저축성향을 나타낸다. 이제 $I=S$라는 균형조건

이 충족되지 않을 때의 경제의 움직임에 대해서 살펴보자. 만일 $I>S$이면 자본부족이 생기고, $S>I$이면 자본과잉이 생긴다. G를 현실성장률 actual rate of growth, C를 현실자본계수라 하면, $G=\dfrac{dY}{Y}$ 및 $C=\dfrac{S}{dY}$이므로, 항등식

$$GC=s \cdots\cdots\cdots\cdots\cdots\cdots\cdots (2)$$

가 성립한다. 이 때 Y는 국민소득이다. 이제 $G>G_w$라고 하면 $C_r>C$가 성립한다. 이것은 현실자본계수가 필요자본계수보다 작다는 것을 나타내므로 자본부족을 의미한다. 반대로 $G_w>G$이면 $C>C_r$이 되어 자본과잉을 의미하게 된다.

해로드이론의 특징은 G와 G_w간의 갭이 일단 생기면 그것이 동일방향으로 누적적으로 확대된다는 것을 지적하는 데 있다. 먼저 $G>G_w$ 즉 $C_r>C$인 경우를 보자. 자본부족에 직면해 있는 기업가는 보다 많은 투자수요를 갖게 될 것이다. 축적성향 s가 일정하면 이것은 승수과정을 통해 점점 큰 dY의 결과를 초래하여, 현실성장률 G도 점점 커질 것이다. 그런데 ①식과 ②식에서

$$G_w C_r=GC \cdots\cdots\cdots\cdots\cdots\cdots (3)$$

가 성립하므로 C_r이 불변이라면 C와 C_r간의 갭은 이전보다 더 커질 것이다. 즉 G는 가속적으로 G_w로부터 괴리되어져 간다. 그 반대의 $G<G_w$인 경우에 대해서도 같은 수법의 논의를 전개할 수 있다. $G>G_w$의 국면은 $I>S$인 호경기를, $G<G_w$의 국면은 $I<S$인 불경기를 나타낸다. 이상에서 자본의 완전이용($I=S$)이 달성되는 균형성장경로는 현실성장률이 일단 그것으로부터 일탈하면 그 괴리가 점점 더 커지게 된다는 의미에서 동태적으로 불안정한 성장경로이다. 그런데 $G<G_w$인 경우, 호경기가 언제까지 지속될 수 있는가를 보

기 위해서 해로드는 G_w와 자연성장률의 관계를 검토한다. 인구증가율을 n이라 하면

$$G_n=n \cdots\cdots\cdots\cdots\cdots\cdots\cdots (4)$$

이 된다. 만일 자본—산출비율은 불변으로 유지시키면서, 노동생산성만을 증대시키는 해로드의 중립적 기술진보 Harrod neutral technical progress 를 고려하여 그 기술진보율을 λ라 하면

$$G_n=n+\lambda \cdots\cdots\cdots\cdots\cdots\cdots (5)$$

가 된다. 만일 완전고용상태에서 출발하여 $G=G_n$이면, 노동자는 성장경로상에서 완전고용이 될 것이다. 앞에서 $G_w<G$이면 G는 시간의 경과와 함께 점점 커지므로 결국 G가 G_n을 초과하게 될 것이다. 그러나 완전고용 이상으로 노동자를 고용할 수는 없으므로 기껏해야 $G=G_n$이 될 수 밖에 없다. 즉 G_n은 경제가 달성할 수 있는 최대성장률이다. 여기에서 두 경우를 생각할 수 있다. 먼저 $G_w>G_n$일 때에는 결국 $G_w>G_n=G$가 되어 호경기는 끝난다. 다음에 $G_n>G_w$일 때에는, 호경기가 진행됨에 따라 물가등귀와 이윤증대 때문에 저축성향 s가 증대하여 결국은 $G_w>G_n$이 되어 처음의 경우로 환원된다. 이렇게 해서 호경기의 종언은 필연적이다.

II. 신고전파성장모형 솔로우 Solow, R. M. 는 해로드—도마성장모형의 불안정성이 자본과 노동의 대체성을 배제시킨 고정계수생산함수의 가정때문이라고 하여, 신고전파생산함수에 의거한 일부문모형을 제시했다.

① 가정 : (i) $S=sY$이다. 그리고 이 저축 S는 완전한 예측 perfect foresight 이 존재하는 경쟁적 제조건에서 항상 투자 I와 같다. 그리고 신축인 가격기구에 의하여 모든 생산요소의 완전고용이 보장된다. (ii) 1차동차의 신고전파생산함수 $Y=F(K, L)$이 상정된다(K는 자본, L은 노동이

다). 즉 K와 L은 무한히 많은 비율로 결합되어 사용될 수 있으며, 규모에 대한 수익은 불변이다. (iii) 노동력은 매년 외생적으로 주어진 n의 성장률로 증가한다.

② 모형의 내용 : 저축·투자균형조건에서

$$I=\frac{dK}{dt}=S=sY(t : \text{시간})$$

또는 $\frac{dK}{dt}=sY$ ·····················(1)

다음에 생산함수는 1차동차이므로 자본－노동비율(노동자 1인당 자본)을 $k(=K/L)$라 하면,

$$Y/L=F(K/L, 1)=f(k)$$
또는 $Y=L \cdot f(k)$ ···············(2)

이제 $k=K/L$에 대한 약간의 수학적 조작을 행한다.

$$\ln k=\ln K-\ln L$$

이것을 시간 t에 관해서 미분하면

$$\frac{\dot{k}}{k}=\frac{\dot{K}}{K}-\frac{\dot{L}}{L}$$ ·····················(3)

가 된다. 여기에서 $\dot{k}=\frac{dk}{dt}$이다. 그러면 $\frac{\dot{k}}{k}$는 k의 성장률을 나타내므로 가정에 의해 $\frac{\dot{L}}{L}=n$이다. (1)식과 (2)식을 (3)에 대입하면,

$$\frac{\dot{k}}{k}=\frac{sY}{K}-n=\frac{s \cdot L \cdot f(k)}{K}-n$$

또는 $\dot{k}=s \cdot f(k)-nk$ ··················(4)

(4)식이 신고전파성장모형의 기본미분방정식 fundamental differential equation 이다. 그것은 자본－노동비율 k의 시간변화율이 $s \cdot f(k)$와 nk의 차에 의해서 측정됨을 보여 준다.

그것의 의미를 그림으로서 설명하자. 그림에서 볼록한 $f(k)$의 모양은 노동자 1인당 산출량 Y/L가 1인당 자본 k의 증가에 따라 체감적으로 증가함을 보여준다. nk는 n이 주어진 인구성장률이므로 원점을

지나는 직선으로 나타나 있다. 성장의 장기균형은 $k=0$일 때이다. 그것은 경제의 가격조건들이 K/L를 변화시킬 아무런 유인도 제공하지 않음을 의미한다. ④식으로부터 $\dot{k}=0$은 $s \cdot f(k)=nk$일 때, 즉 $k=k^*$일 때 성립한다. 따라서 경제가 $k=k^*$인 E점에 있을 때 성장의 장기균형이 달성된다. 그림에서 장기균형점 E는 안정적이다. 만일 경제가 E점의 왼쪽에 있다면 $s \cdot f(k)>nk$이므로 $\dot{k}>0$이 된다. 즉 k는 k^*에 도달할 때 계속 커진다.

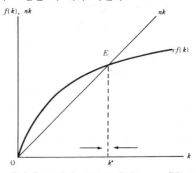

반면에 E점의 오른쪽에서는 $s \cdot f(k)<nk$이므로 $\dot{k}<0$이 된다. 그 결과 k는 k^*에 도달할 때까지 작아진다. 이상에서 E점은 안정적인 장기성장균형점이다. 경제가 E점에 도달하면, 산출량·자본·노동력은 모두 k의 성장률로 증가해 간다. 따라서 자본－노동비율, 자본－산출량비율은 일정하게 된다. 이와 같이 신고전파성장모형의 특징은 k의 변화를 통해서 해로드－도마성장모형에서와는 달리 성장의 장기균형이 안정적이라는 것을 강조하는 데 있다. →해로드－도마성장모형

[참고문헌] Brasnson, W., *Macroeconomic Theory and Policy*, 1972; Harrod, R. F., *Towards a Dynamic Economics*, 1949; Jones, H., *An Introduction to Modern Theories of Economic Growth*, 1975.

경제순환 經濟循環 circulation of economy

인간은 그 생활을 유지·발전시키기 위해서 끊임없이 생산하여 소비하고 또 생산해야 한다. 즉 경제생활에 있어서 생산→분배→소비→생산의 물질적 재생산이 계속 되풀이되지 않으면 안된다. 이것을 경제순환이라고 한다. 순환하는 것은 재화, 용역 및 화폐이며 그것들은 기업과 가계간 또 기업간을 순환한다. 또 생산재산업과 소비재산업간 혹은 농업과 공업간에도 순환이 이루어진다. 이와 같이 하여 경제순환을 표식적으로 나타내면 경제활동의 전체적인 구조와 그 가운데서 변동하고 있는 경제제량의 상호의존관계를 파악할 수 있고 경제분석에 유익한 자료로 될 수 있다.

지금까지의 주요 경제이론은 모두 경제의 순환구조를 과학적으로 파악하고자 노력하였다. 케네 Quesnay, F. 는 그 특유의 재생산과정의 표식인 '경제표'에 의하여 국민경제의 순환형태를 파악하고, 스미스 Smith, A. 는 '넌년의 생산물'에 의하여 경제순환의 사실을 인식하였다. 마르크스 Marx, K. 는 자본주의경제의 순환기구의 전황을 밝히기 위해 '재생산표식'을 구성하였다. 또 왈라스 Walras, M. E. L. 는 정밀한 이론모형을 '일반균형론'의 형태로 구성했다. 최근에는 케네에서 마르크스, 왈라스에 이르는 이론 중에 현대경제를 분석하는 데 유효한 수단이 포함되어 있음을 발견하고 실제통계숫자에 의하여 경제의 순환을 전체적으로 파악하려는 케인즈 Keynes, J. M. 류의 거시적이론이 발달을 보게 된 이래 국민소득의 흐름을 토대로 하여 경제순환을 생각하게 되었다. 그러나 케인즈류의 순환도식은 기능분석을 중심으로 하는 국민소득분석이므로 경제활동의 구조를 구체적으로 파악하는 데는 한계가 있었다. 이 점에서 새로운 경제순환의

입체적 파악의 방법이 요청된다. 이 요청에 따라 최근 산업연관표와 머니 플로우(자금순환표)가 크게 각광을 받게 되었다. →국민소득의 순환, 산업연관표, 머니플로우분석

경제예측 經濟豫測 economic forecasting

관상대가 내일의 일기를 예보하는 것처럼 현재는 어떠한 경기국면에 있는가, 금후는 좋아질 것인가 또는 나빠질 것인가, 경제성장의 속도는 어느 정도일 것인가 등과 같이 미래의 경제상황을 예측하는 행위를 말한다.

이러한 예측은 제1차대전 후부터 경기예측 business measurement 이란 이름 아래 미국·독일·영국을 중심으로 대단히 유행하면서도 많은 실패를 거듭하여 왔는데, 제2차대전 후에는 이러한 경험을 살려 종래의 감각에 의한 예측에서 이른바 과학적인 방법에 의한 예측으로 발전하여 많은 연구가 계속되고 있다. 최근 사용되고 있는 방법으로는 대체로 네 가지가 있다.

① 미국의 전국경제조사국 National Bureau of Economic Research(NBER) 이 만들어 낸 방법으로서, 우선 경제의 각 분야로부터 순환적 움직임을 나타내고 있는 많은 지표를 선정하여 각기 계절변동과 불규칙변동을 제거한다. 그러면 그것들이 경기의 변동에 각기 선행·일치·후행하는 지표로 분류됨에 따라 그들의 정점 peak, 또는 저점 bottom 을 미리 관측·결정된 경기의 정점 또는 저점을 중심으로 그 양측에 피라미드형으로 균등하게 분포하게 된다. 거기에서 그들 지표 중에서 상승곡선을 밟고 있는 것의 전체에 대한 비율을 확산지수 diffusion index 라 하며, 이 지수의 움직임으로부터 경기의 전환점을 예측하는 것이다. 이 방법은 배후에 어떠한 경

제이론도 가지고 있지 않으므로 변동의 인과관계를 명백히 할 수는 없고, 또 경제구조에 변화가 생겼을 경우에는 타당성이 적어진다는 결함을 가지고 있다.

② 제2차대전 후 구미를 중심으로 급속하게 보급을 본 앙케이트에 의한 방법으로서, 그 원리는 심리적 경기이론이나 기대에 관한 각종의 이론적 전개와 관련을 갖는다. 이것은 각 사업담당자로부터 기업의 매출액·산출액·재고액·설비투자액 등에 대하여 당월의 실적 및 익월 내지 수개월 후까지의 전망과 계획에 관한 의견을 수집하고 이것을 종합·검토하여 경제동향의 단기예측을 행하는 것으로서, 기업가예측조사 business survey 라 불리운다. 이밖에 여러 가지의 소비자동향예측조사도 이 방법 속에 포함된다.

③ 최근에 특히 주목을 끌고 있는 것인데, 경제모형 economic model 을 이용하는 방법이다. 이것은 먼저 어떤 이론 또는 과거의 통계적 연구를 기초로 하여 경제의 동태적인 움직임을 반영한 계량경제모형을 만들고, 계속하여 이것에 예상수치 등을 대입하여 방정식의 해를 구함으로써 경제에 대한 장래의 동향을 예측하는 방법이다. 이것은 예측결과인 여러 가지 수치 상호간의 제합성(齊合性)이 확보된다는 점, 정책효과를 고려한 예측수치를 명확하게 파악할 수 있는 점 등의 이점을 갖고 있어 전자계산기의 이용에 따라 금후 더욱 유행할 경향이 있다.

④ 국민소득법이라고도 할 수 있는 것인데, 국민소득의 생산·분배·지출에 관한 여러 통계를 서로 비교·검토하면서, 이것들의 과거의 움직임에 관한 경험을 토대로 하여 장래의 소비·투자·재정·수출입 등의 추계(推計)를 행하며, 그것을 합계하여 경제성장률을 산출한다. 이것은 될 수 있는 대로 많은 통계자료를 수집한 다음에 경험과 직관을 경제이론에 조합시켜 예측을 행하는 것이다. →경기예측, 확산지수, 계절변동

경제외적강제 經濟外的强制 non-economic compulsion

근대적 토지소유관계에서는 자본주의적 지대는 자본에 대한 평균이윤 이상의 초과부분으로서 경제적 강제력을 가진 가치법칙에 따라 성립한다. 이 경우 토지소유자·차타농업자(借他農業者)·농업근로자의 행위를 규제하는 것은 경제적 동기 이외에는 아무 것도 없다. 반면에 봉건제도 하에서 농민(농노)은 자기의 토지를 보유하고 노동용구를 소유하여 자기의 생활자료를 생산하는 어느 정도 자립적인 생산자이다. 이러한 농민이 스스로 자진해서 봉건영주에게 고율의 지대를 납입할 경제적인 이유는 존재하지 않는다. 따라서 봉건영주가 농민으로부터 봉건지대, 특히 노동지대 및 생산물지대를 징수하기 위해서는 농민의 인격적 자유를 구속하여 영주의 직접통제 즉 신분적인 예속관계하에 계박(繫縛)시켜 두는 것이 필요하다. 이와 같은 토지소유에 기초한 영주의 권력행사를 경제외적강제라고 한다. 그리고 그것의 근원은 영주의 무력으로서, 주로 영주재판권·경찰권의 행사라는 형식을 취하였다.

경제인 經濟人 economic man

경제적인 이유에 의해서만 움직여지는 인간의 개념으로서, 고전학파의 경제학자에 의해서 고안되었다. 경제인은 경제적 의미에 있어서 인간의 장점을 완벽하게 구비한 평균적 인간의 대표이다. 그의 모든 특징은 경제적인 것이다. 고전파 경제학자가 그들 이론의 기초를 이룬 것은 이 일반화된 인간의 개념에 의해서이다. 연역적 방법을 사용해서 그들은 경제학을 순수경

제학이라 일컬어지는 정확한 과학으로 만들려고 했다. 그러나 그들은 이윤 기타의 금전이해 이외에 인간은 여가, 독립, 안전 기타의 비금전적 이익을 필요로 한다는 것을 인정할 수가 없었다. 인간에 대해서 이것과 대항적인 사고방식, 즉 상이한 시대와 상이한 조건하에 있어서의 인간을 연구하는 소위 역사학파 또는 현실주의학파를 발생케 한 것은 이러한 모순 때문이었다.

경제적부가가치 經濟的附加價値

EVA; Economic Value Added

기업이 영업활동을 통해 창출한 순가치의 증가분으로 영업이익에서 법인세와 자본비용을 차감한 이익을 말한다. 이는 자본조달 방법에 따라 순이익에 차이가 발생함으로써 경영성과에 대한 평가가 왜곡되는 것을 방지하기 위한 지표이다. 즉 기존의 회계처리를 적용할 경우에는 타인자본을 사용한 대가로 지급한 이자는 비용으로 공제하지만 자기자본에 대한 기회비용은 비용으로 인식하지 않아 동일한 경영성과가 나타났을 경우 자기자본을 더 많이 사용하는 기업이 자기자본을 적게 사용하는 기업에 비해 순이익이 커지게 된다.

그러므로 자본의 효율성을 정확히 판단하려면 자기자본에 대한 기회비용까지를 감안한 경제적 부가가치를 이용하는 것이 좋다. 자본비용을 계산함에 있어서 타인자본비용은 손익계산서를 통해 쉽게 계산할 수 있으나 자기자본에 대한 기회비용은 계산이 매우 어렵다. 자기자본에 대한 기회비용은 주주가 특정기업의 주식에 투자할 때 기대하는 수익으로서 자본자산가격결정모형(CAPM)등에 의해 계산할 수 있다. 이와 같이 타인자본비용과 자기자본에 대한 기회비용이 계산되면 각각의 자본 구성비를 가중치로 이용하여 가중평균자본조달금리를 구한 후 이를 투자자본 수익률과 비교하여 자본의 효율성을 측정

하게 된다.

EVA = 영업이익-법인세-(타인자본조달비용
+자기자본에 대한 기회비용)
= 투자자본(투자자본수익률-가중평균자본
조달금리)
· 투자자본 = 총자산-비영업자산-이자비발생
부채
· 투자자본수익률 = (영업이익-법인세)/투
자자본

경제재 經濟財 ☞자유재

경제적 후생 經濟的 厚生 economic welfare

경제적 후생이라는 개념은 케임브리지 학파의 피구 Pigou, A. C.에 의해서 전개되었다. 피구는 그의 주저 후생경제학 *The Economics of Welfare*(1920, 4ed., 1932)에서 사회적 후생과 국민소득과의 대응관계를 면밀히 고찰하고 국민소득의 증가, 분배, 안정의 관점에서 사회적 후생의 변동요인을 분석하였다.

피구는 후생을 결정하는 인간의 사회생활은 만족, 불만족, 인식작용, 감정, 욕망 등 많은 요소로 구성되어 있으므로 이들 전부를 포괄적으로 연구의 대상으로 하는 것이 원칙이겠지만, 사실상 이는 불가능한 것이기 때문에 이들 중에서 측정이 가능한 것에 한하여 이론을 전개시켰다. 즉 사회생활에서 이용할 수 있는 유일하고 명백한 측정용구는 화폐이기 때문에 사회후생 중에서 직접·간접으로 화폐라는 가치척도와 관련을 지을 수 있는 부분, 즉 경제적 만족과 경제적 불만족에 한정시켜 이를 경제적 후생이라 하였다. 그리고 경제적 만족과 불만족에 영향을 주는 요인들을 경제적 원인이라 하였다. 피구는 이와 같이 정의된 경제적 원인의 도입에 의하여 사회적 후생이 어떻게 변화하는가를 구명하는 것

을 후생경제학의 과제로 삼았다. 그런데 경제적 원인은 엄밀히 따져서 경제적 만족 및 불만족 이외에 의식에 의해서도 영향을 받으므로, 어떤 경제적 원인이 경제적 후생을 증대시킨다 할지라도 사회생활전반에 걸친 사회적 후생을 감소시킬 수도 있다. 그러나 피구는 경제적 후생과 사회적 후생간에는 양(陽)의 상관관계가 있다고 주장한다. 즉 어떤 원인이 경제적 후생에 영향을 주는 경우 이것이 사회적 후생 전체에 미치는 영향과 비교하면, 비록 그 크기는 다를지라도 그 방향에 있어서는 거의 같다고 주장하였다.

다음에는 경제적 후생에 대한 논의를 좀 더 구체적으로 하기 위해서 피구의 세 가지 전제 및 명제를 서술해 보자. 먼저 피구의 3가지 전제는 다음과 같다. ① 경제적 후생의 변화와 후생일반의 변화간에는 평행관계가 있다. ② 일반적으로 경제적 원인은 일국의 경제적 후생에 직접 작용하는 것이 아니고 국민분배분 national dividend 또는 국민소득이라는 경제적 후생의 '객관적 대응물'의 형성과 사용을 통해서 작용한다. 따라서 경제적 후생과 국민분배는 서로 교호적이다. 즉 경제적 후생의 크기를 변화시키는 요인은 국민분배분이고, 다시 이것은 어떤 기간에 생산되는 순국민생산물의 크기로 파악된다. ③ 개인간의 경제적 후생 내지 효용은 비교가능하다.

피구는 위의 세 가지 전제에서 다음 세 개의 중요한 명제를 도출하고 있다. ① 다른 사정이 동일하다면 ceteris paribus, 1인당 국민분배분이 증대하면 할수록 경제적 후생은 증대한다. 이것은 1인당 생활수준의 상승을 의미하고 있으므로, 상식적인 이야기지만 여기에서도 다음과 같은 조건이 만족되어야 한다. (i) 빈자(貧者)에 귀속되는 소득부분이 감소하지 않을 것. 이것은 한계효용체감을 전제로 할 때, 소득

에 대한 한계효용이 부자보다 빈자가 더 크다고 생각하기 때문이다. (ii) 국민소득의 증가에서 얻을 수 있는 만족이 그 증가를 위한 희생에 따른 불만족보다 클 것. (iii) 앞의 전제에서서처럼 개개인의 후생의 총합이 계산 가능하다는 것이다. ② 다른 사정이 동일하다면, 총국민분배분 중 빈자에 귀속되는 비율이 크면 클수록 경제적 후생은 크다. ③ 연간 국민분배분의 크기와 가난한 사람들에게 귀속되는 분배분의 변동이 작으면 작을수록 경제적 후생은 크다. 즉 변동적인 실질소득에서의 만족이 같은 크기의 안정적인 실질소득에서의 만족보다도 작다는 것이다. 이를 종합하면 피구는 국민분배분의 성장, 평등 및 안정이라고 하는 3개의 명제를 경제적 후생의 촉진요인이라고 생각하였다.

그러나 그의 기본전제 중 개인적 효용의 비교가능성에 대해서는 많은 논란의 여지가 있다. 로빈슨 Robinson, J.은 '경제학이란 여러 목적과 대체적용도를 갖는 희소한 여러 수단과의 관계를 통하여 인간행동을 연구하는 과학'이라고 하여 객관주의적 입장에서 상이한 개인의 효용을 객관적으로 비교할 수 없으며 따라서 피구의 후생경제학은 윤리적인 연구에 지나지 않는다고 비판했다. 즉 상이한 두 개인의 효용 비교는 가치판단을 필요로 하고 따라서 과학적인 증명을 기대하기는 어렵다고 하였다.
→후생경제학

＊경제정책 經濟政策 economic policy

I. 경제정책의 정의 정부가 의식적으로 국민의 경제생활을 간섭하거나 또는 이에 영향을미치기 위하여 취하는 조치라 할 수 있다. 이 정의를 부연하면 다음과 같다. 첫째, 경제정책은 정부에 의해서만 수행되는 것이다. 그 이유는 민간단체의 정책이란 아무리 결과적으로 공익을 위한다

할지라도 제일의적으로 그리고 지속적으로 국민경제 전체의 복지를 향상시킨다고 볼 수 없으므로, 경제정책은 공익을 대표하는 정부 및 지방자치단체에 의해 수행된다고 간주해야 한다. 둘째, 경제정책이란 국민의 경제생활에 대한 정부의 의식적인 조치이다. 이 때의 의식적 조치란 정부가 민간경제를 규제하기 위하여 강제수단을 동원하는 것만 포함하는 것이 아니고, 때로는 의도적인 방임 또는 부작위도 포함된다. 즉 경제정책이란 강력력을 행사하거나, 때로는 간접적인 배려 내지 의도적인 부작위를 통해 국민의 경제적 복지가 정책적 조치 없이는 최선의 상태에 도달하지 못한다는 인식의 바탕 위에서 국민의 경제적 후생을 증대하는 것이다.

II. 경제정책의 내용 위에서 밝힌 바와 같이 경제정책의 궁극적 목적이 국민의 경제적 복지의 증진에 있다고 할지라도, 어떤 구체적인 지표 없이는 그 방향을 정립하기 힘들다. 따라서 경제정책에서 그 구체적 방향과 방법을 밝히기 위해서는 어떤 표준 내지 지표를 설정할 필요가 있으며, 이들 지표의 구체적인 예로는 완전고용, 물가안정, 국제수지균형의 달성, 소득분배의 평준화 등을 들 수 있다. 이들을 경제정책의 목표라 할 수 있다. 무릇 모든 정책에서 그렇듯이 경제정책에서도 이들 목표를 달성하기 위해서는 어떤 정책도구, 즉 정책수단이 필요하다. 이들 수단은 대체로 어떤 수량을 변경시키거나, 혹은 경제적 구조 내지 제도를 개혁함으로써 구체화된다. 예를 들면 고용증대라는 목표를 위해서는 공공지출을 확대시키거나 노동집약적인 중소기업을 집중지원하는 등의 정책수단을 구사할 수 있다. 이처럼 정부의 주요정책문제란 이들 여러 가지 정책수단 중에서 가장 그 목표를 잘 달성할 수 있다고 생각되는 것을 선택하는 것이다. 이와 같이 어떤 특정 상황 속에서 선택되는 특정 정책수단을 정책방안 policy measure 이라 한다. 위에서 우리는 경제정책에는 목표, 수단, 방안의 세 가지 요소가 있음을 알 수 있다. 이와 같은 논의는 결국, 경제방안의 선택은 경제이론에 그 근거를 두고 있으므로 다음에는 경제정책과 경제이론과의 관계를 살펴보고자 한다.

III. 경제이론과 경제정책 경제이론과 경제정책과의 관계는 일찍이 베버 Weber, M. 가 제기한 사회과학방법론을 중심으로 논란의 대상이 되었다. 우선 경제정책은 경제이론에서 밝혀진 경제이론을 응용해야 한다. 물론 정책당국은 경제이론 이외에도 그 나라의 사회적 풍토 social climate 에 부합되어야 하며, 각국의 경험에서 얻어진 공통적인 경제사실을 평가하는 동시에, 각국의 특수한 사실을 배려하여 현실경제의 바람직한 방향을 모색하게 되지만, 결국 경제이론에서 밝혀진 경제법칙이 그 기초가 되어야 한다. 경제학은 일찍이 서양에서는 정치경제학 political economy 이라고 불리워졌으며, 경제학자들이 경제이론을 정립할 때에도 언제나 그 뒤에는 실천적 요구가 뒤따랐다. 경제학자들은 역사의 흐름이나 현실경제의 정책적 요구를 통찰하여 어느 특정한 관점에서 경제이론을 정립시켰던 것이다. 이에 부합하여 볼딩 Boulding, K. E. 은 '경제정책이 따로 있고, 경제이론이 따로 있는 것이 아니라 정책원리는 다름 아닌 경제이론에서 유도되는 것이다'라고 언급하고 있다.

이상을 종합하면 경제정책이란 주관적인 가치판단이 개재되기 때문에 경제정책이 하나의 정책과학으로 성립하기 위해서는 우선 현실경제의 경제법칙을 파악하기 위해 경제이론의 정립이 선행되어야 하며, 경제이론으로 하여금 현실경제에 비추어서 정책의 타당성을 검증하는 시행착오의 누적이 무엇보다 바람직한 일이다. 이러한 기초 위에서 경제정책은 그 나라의 역사적·사회적 풍토의 조건들에 부합될 수 있는 정책체계를 선택해야 한다. 끝으로 경제정책은 미시적 정책과 거시적 정책으로 구별될 수 있다. 거시정책의 목표는 주로 국민의 경제활동의 수준에 관계되는 정책으로서, 예를 들면 완전고용, 물가안정, 성장률의 달성 등이 그것이다. 미시정책은 경제활동수준이라기 보다는 자원의 배분에 관계되는 것으로, 예를 들면 어떤 재화의 생산 확대 또는 억제, 소득분배의 평준화, 특정산업의 육성, 특정지역의 개발 등을 목표로 하는 정책이 이에 해당된다.

[참고문헌] Samuelson, P. A., *Economics*, 9th ed. 1973; 조 순, 「경제학원론」, 1974; 정병휴, 「경제원론」, 1974.

경제조직 經濟組織 economic organization

경제사회가 정상운영을 위하여 필요한 협력관계를 성립시킨 사회적 조직이다. 우리의 경제생활은 원시사회와 같이 자급자족형태가 아니라 ① 소비자가 요구하는 것을 제조하는 생산자의 협력, ② 생산자가 공급하는 생산물에 만족을 느끼는 소비자의 욕망 등 순환운동에 참가함으로써 성립된다. 경제행위에는 반드시 주체가 있으나 이들이 모여서 형성되는 경제조직에는 고유의 주체가 없으므로 이를 종합경제라 한다.

오늘날 주된 경제조직은 국민경제이다. 이 국민경제는 국가를 중심으로 하여 국민이란 정치단체를 기반으로 형성된 경제조직을 말한다. 국가가 국민경제의 중심을 이루기는 하지만 국민전체의 소비 및 생산계획에 참여하는 것은 아니며 이를 직접 담당하는 것은 개개의 가계와 기업이다. 그러나 사회주의경제하에서는 국영의 범위가 확대됨으로 국가가 생산의 대부분을 담당한다. 자본주의경제에 있어서도 국방상 또는 완전고용의 달성 내지 국민복지의 향상을 위해 예외적으로 국가가 일정한 범위 안에서 생산을 직접 담당하는 경우가 있다. 오늘의 경제조직은 자본주의경제라고 하는데, 이것은 사유재산제도하에 재산에서 얻는 소득, 즉 지대와 이자가 시인되는 경우를 말하고, 사유재산제도가 인정되지 않는 사회주의경제와는 경제조직을 달리한다.

경제주체 經濟主體 economic subject

경제행위에 관한 의사결정을 독립적으로 할 수 있는 경제단위 economic unit 를 말한다. 경제주체는 자기의 책임하에 경제행위를 영위하나 반드시 직접 실행적 행위를 담당하지는 않는다. 물론 개인경영의 상공업에서 볼 수 있는 바와 같이 동일인이 경제주체인 동시에 실행적 행위의 담당자인 경우도 있으나, 일체의 실행적 행위를 사용인에게 맡기고 있는 기업은 경제주체이지만 경제담당자는 아니다. 곧 경제주체가 소유관계를 통해 주도적인 행위를 한다면, 경제담당자는 실행적 행위를 담당하며, 이 양자를 합쳐 경제단위라고도 한다. 경제주체로는 가계, 기업, 정부, 외국이 있다. 가계는 소비주체이며 기업은 생산주체이다. 가계와 기업, 두 경제주체만으로 형성된 경제를 민간경제 civil economy 라 부른다. 이에 대해 정부, 외국은 생산·소비의 측면에서 그 주체가 된다. 정부의 경제행동은 정부경제를 형성하는데, 이른바 국민경제는 민간경제와 정부경제의 종합으로서 이해된다. →가계, 기업

*경제체제 經濟體制 economic system

인간의 경제생활을 영위하기 위해 고도의 분업과 특화(特化)를 기초로 하여 이루어지는 부분적·개별적 경제활동을 전체

로서 질서있게 하고 조직화하는 일련의 제도를 말한다. 각 경제체제는 각각 고유의 기본원리를 가지고 있으므로 그 기본원리의 상이에 의해 여러 가지 경제체제로 구분된다. 경제체제의 효율성은 성과 performance 기준에 의해 판정된다. 성과기준의 설정은 가치판단의 문제이지만 경제적 효율 · 성장 · 안정 · 소득분배의 평등 · 풍부성 · 경제적 주권 · 경제적 자유 등의 여러 사항을 내용으로 한다.

현대사회에서 경제체제를 분류하는 중요한 지표는 각 경제주체의 활동간의 상호조정이 시장기구에 의존하는가 중앙계획에 의존하는가에 있다. 현대사회에서의 경제체제의 유형은 기본적으로 자본주의와 사회주의 혹은 시장경제와 계획경제로 구분된다. 더 세분하면 I. 자본주의적 시장경제, II. 사회주의적 계획경제, III. 자본주의적 계획경제, IV. 사회주의적 시장경제의 네 가지 유형이 있다. 대체로 미국이나 서구의 경제체제가 I의 유형에 속하고 옛 소련 · 중국 등 공산권국가들의 경제체제가 II의 유형에, 나치스시대 독일의 중앙관리경제가 III의 유형에, 유고슬라비아의 경제체제가 IV의 유형에 속한다. 현실적으로 오늘날의 각 경제체제는 대체로 이네 유형에 속하지만 기본적으로 자본주의경제체제와 사회주의경제체제의 어느 한편에 속한다. 이제 이 두 체제 각각의 기본원리, 특징 및 장단점을 비교함으로써 양체제의 차이를 보기로 한다.

자본주의체제는 생산수단의 사유와 비집권적인 자유시장기구하에서 사적이윤의 추구를 동기로 기능하는 경제기구를 갖고, 사회성원이 생산수단을 사유하고 잉여소득을 사적으로 영유하는 자본가계급과 그것을 갖지 않는 노동자계급으로 구성되는 경제 · 사회질서이다. 이에 대해 사회주의체제는 생산수단의 사회화와 중앙집권적

인 계획기구하에서 사회적 이익의 향상을 목적으로 기능하는 경제기구를 갖고, 사회성원간의 경제적 · 계급적 불평등을 없애려는 경제 · 사회질서이다. 양체제의 보다 구체적인 특징은 다음과 같다.

① 자본주의 경제기구 조직의 기본적인 특징은 소유형태에서 보면 재산 특히 생산수단의 사유제도를 기초로 하고, 자원배분형태에서 보면 경제자원의 배분이나 경제활동이 시장기구를 통하여 개별경제단위에 의해 비집권적 결정으로 이루어진다. 일반상품이나 자본 · 노동도 시장기구를 통해 배분됨으로써 노동까지도 상품화된다. 이런 점이 생산수단의 사회화와 계획경제를 실시하는 사회주의경제체제와 다르다. 기능면의 기본적 특징으로서는 첫째로 경제활동의 목적이 사적이윤의 추구이고, 둘째로 경제활동의 결과로서 획득한 경제적 잉여는 사적이윤으로서 사적 자본소유자에 귀속되며, 셋째로 경제발전을 위한 자본축적의 대부분이 사적이윤으로 이루어진다.

② 자본주의체제의 정치권력기구를 보면 여러 정책목표를 설정하고 이것을 실천에 옮기는 주도권을 장악하는 주체는 자본가이다. 이에 대해 사회주의체제에서는 혁명의 결과 계급관계가 역전하여 무산의 노동계급이 지배권을 장악하고 공산주의체제가 진전됨에 따라 계급관계가 소멸하여 계급대립이 소멸한다는 것이다.

③ 경제이념을 보면 자본주의체제는 개인주의와 자유주의를 사상적 지주로 하고 있는데, 사유재산제도와 분권적인 자유시장기구는 이러한 사상의 발로이다. 이에 대해 사회주의체제는 평등주의 · 공동주의(집산주의)를 이념으로 하고 있고 이러한 이념의 구현에 필요한 제도가 공유재산제도와 집권적 계획경제이다.

이상과 같은 기본원리 및 이념을 가지는

양체제는 각각 다음과 같은 장단점이 있다고 지적한다. 우선 자본주의체제의 장점을 살펴보자. ① 시장기구가 각종 재산에 대한 수요공급을 자동적으로 일치시키는 기능을 효과적으로 수행하며 자원의 효율적 배분을 위한 지표로서의 이윤과 시장가격이 있다. ② 시장은 거기에 참가하는 모든 경제주체에 대해 동등한 경제적 기회를 부여하는 민주주의기능이 있어 소비자선택의 자유, 직업선택의 자유, 기업활동의 자유가 보장되어 있다. ③ 자유경쟁은 개인의 창의성을 발휘케 하여 혁신과 진보의 강력한 원동력이 되고 있고 사유재산제도는 이러한 경향을 조장하는 데 유리하게 작용하는 것이다. 이와 같은 장점에 비해 다음과 같이 단점도 있다. ① 시장기구의 기능이 충분히 발휘되지 않을 경우 경제활동상 혼란과 불안정이 초래되며 주기적 불황과 실업은 그 대표적인 예이다. ② 재산과 소득의 분배가 불평등하다는 것이다. ③ 공공재의 공급이 불충분하고 외부불경제, 즉 공해가 증대한다. ④ 자본주의는 선진국의 경우 유리한 면이 많으나 저개발국의 경우에는 불리한 면이 많다.

한편 사회주의체제의 장점은 ① 생산의 무정부성을 배제하고 경제적 혼란이나 불안정을 적게 하며 ② 투자율이나 저축률을 계획적으로 결정할 수 있으며 자원을 경제성장에 유리한 부문에 많이 배분함으로써 경제성장률을 높게 유지할 수 있고 ③ 재산 및 소득분배의 불평등이 적음과 동시에 ④ 사회자본에 대한 충분한 배려를 하기 쉽다는 것이다. 반면 그 단점은 ① 사회구성원 개개인의 경제적 욕구를 효과적으로 반영시킬 기구가 없고 ② 생산면에서 자원의 합리성, 능률적 배분과 이용을 촉진할 적당한 지표가 없기 때문에 자원의 낭비가 일어나기 쉬우며 경제활동이 중앙당국의 지령에 의해 중앙집권적으로 이루어지며

관료화 내지 전체주의화가 될 가능성이 커서 개인의 자유가 억제되기 쉽다.

양체제의 장단점이 위와 같지만 오늘날 자본주의경제는 사회적인 관점을 도입하고 사회주의경제는 보다 개인적인 관점을 받아들이는 방향에서 각각 제도와 정책을 바꾸어 나가고 있는 것이 일반적 현상이다. 자본주의 체제는 사회주의적 요소를 도입하여 체제의 결함을 보완 내지 수정할 목적으로 혼합경제체제로 나아가고 있다. 한편 사회주의체제는 기업경영과 개인의 자유재량의 영역을 확대하였다. 즉 옛 소련의 1965년의 이윤제도 도입이나 유고슬라비아의 시장사회주의로의 발전 등은 그 예라 할 수 있다. 그러나 1990년 들어 소련과 동독의 붕괴를 계기로 사회주의체제는 지구상에서 사라지는 운명에 처하게 되었다. 그런데 과거 식민지통치를 경험한 대부분의 저개발국 혹은 개발도상국은 현재 위의 어느 한 체제에 입각하여 경제개발을 추진하고 있지만, 이들 나라들에게는 과거의 식민지적 잔재와 구시대의 유물을 청산하고 정치·사회·경제·문화적으로 완전한 독립을 달성하여 국가사회의 자주적 발전을 지속시키기 위해 가장 효율적인 경제체제가 무엇인가를 알고 그것을 확립하는 것이 경제개발 그 자체보다 중요한 문제로 대두되고 있다. →자본주의, 사회주의경제, 혼합경제, 공산주의

〔참고문헌〕 김윤환, 「경제학」 4판, 1976; Schumpeter, J. A., *Capitalism, Socialism and Democracy*, 1942; Pigou, A. C., *Socialism versus Capitalism*, 1937; Sombart, W., *Der moderne Kapitalismus*, 3Bde, 1902~27; Grossman, H., *Economic Systems*, Foundations of Modern Economic Series, 1967; Marx, K., *Das Kapital*, 3Bde., 1867~94; Samuelson, P. A., *Economics*, 9ed., 1973; Blodgett, R. H., *Comparative Economic Systems*, rev. ed., 1949.

경제추세 經濟趨勢 ☞장기추세

＊경제통합 經濟統合 economic integration

경제력이 비슷한 지위에 있는 국가들이 그들의 존속과 발전을 위하여 그들간에 놓여 있는 최적경제활동의 인위적인 장해요인을 제거하고, 그들간의 존속과 발전에 필요한 조정과 통합의 모든 요소를 의식적으로 도입함으로써 그들에게 가장 바람직한 경제권을 만들어 내는 것을 경제통합이라고 할 수 있다.

경제통합의 유형을 보면 다음과 같은 것들이 있지만, 현실에는 여러 가지 경제활동 가운데 몇 부분에 국한된 지역적 경제통합이 진전되고 있을 따름이다. 발라사 Balassa, B.에 의한 분류를 살펴보자.

① 자유무역지역 free trade area : 가맹국간의 무역을 방해하는 것, 즉 관세라든가 수입수량할당제 quota system를 폐지하여 이들 지역내의 무역을 완전히 자유롭게 하는 것으로서 EFTA, LAFTA 등이 여기에 해당된다.

② 관세동맹 customs union : 자유무역지역에서 볼 수 있는 관세·수입수량할당의 폐지 등 이 외에도, 가맹국 이외의 국가에 대한 관세를 일률적으로 부과한다. 즉 자유무역지역에서는 가맹국이 역외에 대한 관세자주권을 방기(放棄)하고 대외공통관세를 적용한다. 여기에는 베네룩스 관세동맹이라든가 적도아프리카 관세동맹들이 있다.

③ 공동시장 common market : 관세동맹에서 한 걸음 더 나아가 상품의 자유유통뿐만 아니라 이동가능한 생산요소의 자유이동도 실현시키자는 것이다. 즉 상품뿐만 아니라 생산요소에도 국경이라는 울타리를 제거하고 경제면에 있어서 거의 한 나라와 같은 상태를 만들어 내자는 것이다.

④ 경제동맹 economic union : 공동시장을 진일보시켜 경제정책전반에 걸쳐 조정을 기도하려고 하는 것이다. 왜냐하면 공동시장을 완성시켰다고 하더라도 각 가맹국의 재정·금융정책이나 노동정책이 유기적인 것이 되지 못하면 비합리적인 것이 되기 때문이다. 그리하여 경제정책에 관해서도 각국정부가 사전에 긴밀한 연락을 통하여 정책면에서 조정을 행할 수 있도록 하는 통합형태인 것이다.

⑤ 전면적 경제통합 total economic integration : 경제동맹이 목표로 하는 경제정책의 조정에만 머물지 않고 모든 경제정책을 통일적으로 하자는 것이다. 이를 위해서는 각국의 주권으로부터 독립한 행정기구의 설치가 당연히 필요하게 된다. 즉 초국가적인 기관을 만들어 그것이 금융·재정정책이나 통화정책, 또는 경기정책 등을 수행하게 하는 것이다. 따라서 이러한 종류의 경제통합은 경제면뿐만 아니라 정치면에서의 통합을 필연적으로 수반하는 것이라고 해도 과언이 아니다. EU(유럽연합)의 최종목표는 이런 종류의 통합형태라고 볼 수 있다.

다음으로 경제통합이 무역에 대하여 어떤 효과를 가져다 줄 것인가의 문제는 오늘날 관세동맹이론이나 대시장이론에 의해서 설명되고 있다. 관세동맹이론은 관세의 가격효과분석을 중심으로 한 정태적 이론인데 반하여, 대시장이론은 동맹과 통합에 있어서 규모의 경제, 외부 및 내부경제 경쟁, 기술진보 등에 의한 생산효율의 상승에 관련시킨 동태적 효과를 중시한다. 이는 주로 시토프스키 Scitovsky, T.나 드니요 Deniau, J.F.에 의해 주장된 이론이다. 여기에서는 관세동맹이론을 고찰한다. 관세동맹이론의 핵심은 관세동맹에 의한 무역의 효과에 있다. 즉 관세동맹의 형성에 수반된 이해의 가능성은 바이너 Viner, J.에 의하여 도입된 무역창출효과와 무역전환효과라는 두 개념을 이용하여 가장 잘 설명된다. 무역창출효과 trade-creating effect 란 어떤 국가간에 관세동맹이 맺어져 이제까지 무역이 전혀 행해지지 않았거나 또는 소량밖에 거래되지 않았던 상품에 대하여 무역이 새로이 창출되는 효과를 말한다. 무역전환효과 trade conversion effect 란 1국이 제3국(저비용생산국)과 무역이 행해지고 제2국(고비용생산국)과는 무역이 없었다고 가정할 때, 제1국이 제2국과의 관세동맹으로 새로이 무역이 창출되는 대신에 종래의 제3국과는 무역이 행하여지지 않게 되어 무역의 방향이 전환되는 효과를 말한다. 이 양효과를 검토함으로써 관세동맹의 효과를 파악하게 된다.

현실적으로 경제통합의 결과 제기되는 문제점은 다음과 같다. ① 통합체가 역외보다도 우선적으로 역내발전을 목적으로 하는 이상 역내이익을 우선 도모하게 되는데, 이 때 선진국들의 통합은 역외국들에 좋은 영향뿐만 아니라 보다 큰 악영향을 미침으로써 전세계적인 경제협력을 어떻게 조정하는가의 문제가 있다. ② 통합 후에 경제적 요인이나 경제외적 요인에 의하여 가격메카니즘이 효율적으로 작용하지 못함으로써 생산과 소비의 재분배를 합리적으로 이룰 수가 없거나, 대시장의 형성에 의하여 성립된 대기업이 독과점가격을 형성한다면 통합체의 역내는 경제의 안정적 성장을 이룰 수가 없게 되는 문제가 있다. 오늘날 선진제국간에는 선진제국들만의 경제통합이 아니라 개발도상국을 자극하여 남북문제까지도 해결하려는 보다 확대된 경제통합, 즉 새로운 자유무역지역을 이미 제안하고 있다. 그러나 그러한 것이 전세계적인 효과를 거두기에는 아직도 요원한 상태이다.

〔참고문헌〕 Bo Södersten., *International Economics*, 1970; Meier, G. M., *International Trade and Economic Development*, 1968; Kindleberger, C. P., *International Economics*, 1958.

경제표 經濟表 〔佛〕 Tableau Economique

중농주의의 창시자 케네 Quesnay, F. 가 1758년에 발표한 경제순환(사회적 총자본의 재생산과 유통)에 관한 도표를 말한다. 경제표에는 수종의 형이 있는데, 대별하여 최초의 형을 원표(原表), 미라보 Mirabeau, M. de 의 *Philosophie Rurale*(1763) 중에 있는 것을 약표(略表), 케네의 논문「경제표의 분석」(1766) 중에 있는 것을 범식(範式)이라 한다.

경제표는 간단한 도표에 의하여, 일국의 연생산물의 유통과 분배의 과정, 즉 경제순환을 단순재생산의 과정으로서 명백하게 표시한 특이한 착상이었다. 경제표에서는, 어느 대국(사실은 프랑스)을 전제로 하여 그 나라의 총생산물의 가격은 매년 같고 생산의 규모는 불변으로 가정되어 있다. 그리고 그 국민은 생산적 계급(농업자)·불생산적 계급(농업 이외의 상공업 종사자)·지주계급의 3계급으로 구성되어 있다. 도표는 총생산물 및 화폐의 3계급 사이에 있어서의 유통과 분배를 간단하면서도 명료하게 표시하고 있다. 케네는 농업자본에 대하여 고정자본과 유통자본을 구별하고, 그 보전(補塡)을 설명하고 있다. 그리고 농업만이 잉여생산물, 즉 순생산물 produit net 을 만들어 낸다고 생각하고, 그 잉여가치를 지대로서 규정하였다. 도표에서는 농업이 재생산의 출발점으로 되어 있어서, 농업생산력의 발전에 의한 국부의 증진과 지주에게 단일세의 부과라는 세제개혁의 이론적 근거가 명백히 되어 있다. 경제표에 의한 단순재생산의 분석은 마르크스의 경제표 및 재생산표식론에서 비판적으로 다루어지고 있다. →케네

경제행위 經濟行爲 economic behaviour

경제주체가 주어진 경제수단으로 자기의 경제적 목적을 가장 합리적으로 달성하기 위해서 세심하게 고려한 계획적 행위를 말한다. 생산자가 한정된 자본으로 극대이윤을 가져다 줄 생산요소의 배분(최적생산요소조합)을 고려한다든지 소비자가 주어진 소득으로 극대효용을 가져다줄 소비재의 조합을 선택한다든지 하는 것이 그 예이다. 따라서 경제행위의 중심이 되는 것은 합리성에 기초한 선택행위이며, 이러한 경제행위의 규준이 되는 것이 경제원칙이다. →한계효용균등의 법칙

경제협력개발기구 經濟協力開發機構 ☞OECD

경제활동인구 經濟活動人口

일국의 노동력을 인적 자원의 견지에서 집계·파악하는 개념으로서, 총인구 중 경제활동이 가능한 일정연령 이상의 인구를 말한다. 경제활동인구의 하한연령은 각국마다 다소의 차이는 있으나 일반적으로 14~15세 연령에 그 기준을 두는 것이 통례이다. 경제활동인구를 측정하는 접근방법은 유급근로자법 gainful worker approach 과 노동력접근방법 labor force approach 으로 대별된다. 우리 나라의 경우 1987년 이전까지는 14세 이상의 인구를 대상으로 했으나 당해년도부터는 15세 이상의 인구를 대상으로 재화 또는 서어비스를 생산하기 위하여 노동을 제공할 의사와 능력이 있는 사람을 경제활동인구로 정의한다. 그렇지 못한 사람은 비경제활동인구라 한다.

경제활동인구는 실업자와 취업자로 나누어진다. 실업자란 경제활동을 할 수 있는 능력과 의사를 가지면서도 조사기간중 수입이 있는 일에 전혀 종사하지 못한 자를 말하며, 직업 또는 사업체는 가졌으나 조사기간중 일시적인 병, 일기불순, 휴가 또는 연가, 노동쟁의 등의 이유로 일하지 못한 일시휴가자는 취업자로 분류된다. 조사기간중 소득, 이익, 봉급, 임금 등 수입을 목적으로 한 시간이라도 일한 자, 가족경영농장이나 사업체에서 무보수로 일한 자는 취업자로 분류된다. 취업자는 종사상의 지위에 따라 자영업자, 고용주, 무급종사자, 상고(常雇) 및 임시, 일고(日雇)로 나누어지는데, 여기서 자영업자란 자기 스스로 기업을 경영하거나 농장을 경영하는자, 또는 상점이나 전문적인 직업을 독립적으로 경영하는 자를 말하며, 고용주란 한사람 이상 피고용인을 두고 기업을 경영하거나 농장을 경영하는 자를 말한다. 그리고 무급가족종사자란 자기에게 수입이 오지 않더라도 가구단위에서 경영하는 농장이나 사업체의 수입을 높이는 데 도운 자로 취업시간이 주당 18시간 이상인 자를 말하며, 상고 및 임시는 임금 또는 봉급을 받고 고용되어 있으며 고용계약 기간이 1개월 이상인 자를 말하고, 일고는 임금 및 봉급을 받고 고용되어 있으나 고용계약기간이 1개월 미만인자, 매일 매일 고용되어 일급을 받고 일하는 자, 또는 일정한 설비가 없이 단순한 노동으로 집안이나 떠돌아 다니면서 일한 대가를 받는 자를 말한다.

우리 나라에서는 이와 같은 경제활동인구의 고용구조 및 변동추이를 분석하기 위해 1962년 8월부터 경제활동인구조사가 실시되어 오고 있다. 이 조사에 따라 1995년의 경제활동인구의 구조, 고용구조를 보면 15세이상 인구 33,558천명 중 경제활동인구는 20,797천명으로 경제활동참가율은 61.9%이다. 또 경제활동인구 중 취업자는 20,377천명, 실업자는 419천명으로

실업률은 2.0%이다. 취업자는 자영업주 및 고용주 5,692천명, 무급가족종사자 1,950천명, 상고 및 임시 10,935천명, 일고 1,801천명으로 전년대비 2.7% 증가하였다. 실업자는 419천명으로 전년대비 14.3% 감소하고 실업률은 0.4%포인트 감소하여 93년 이후 지속적으로 감소하였다.

경제효율 經濟效率 economic efficiency

경제효율은 주로 자원의 사용이나 배분에 관한 평가의 기준이 되는 개념이다. 후생경제학에서의 경제효율은 매우 독특한 의미를 가진다. 부연하면 A, B 두 개의 경제상태를 비교할 때, A 라는 균형상태로부터 어떤 경제여건 내지 경제정책의 결과로 B 라는 새로운 균형이 이루어졌다고 할 때, 즉 자원배분이 A 에서 B 로 변경된 결과, 효용이 저하된 사람은 없는 반면에 적어도 일부분의 사람들에게는 효용의 상승이 있다고 한다면, 이 변화(A→B)는 경제 전체의 자원이용에 있어서 경제효율의 개선을 의미한다고 할 수 있다. 한편, 국민경제의 생산능력면에서의 경제효율은 현재의 기술이 허용하는 범위내에서 모든 생산자원을 완전고용하여 기술적으로 가장 능률적인 방법으로 생산하는 경우, 그 경제는 완전효율상태에 있다고 할 수 있다. 이런 의미에서 생산설비 및 노동의 불안전고용은 그만큼 경제적 비효율을 낳는다고 할 수 있다. 따라서 경제효율의 달성은 경제정책목표로 여겨져 왔으며 이를 실현시키기 위한 여러 정책수단이 꾸준히 연구·실시되었다.

그러나 한 가지 주의할 점은 경제효율이 규범경제학에 있어서의 가치판단의 중요한 기준임에는 틀림 없으나, 이것이 항상 경제적 공평 economic equity 과 일치하지는 않는다는 점이다. 이 때의 경제적 공평은 소득분배나 사회보장의 상태를 평가할 때에 쓰이는 가치판단기준으로서 경제효율과는 달리 어떤 객관적 내용은 없고 매우 주관적 판단의 여지가 많다는 점이 그 특징이라 할 수 있다. 한편 일반적인 의미에서의 효율은 산출량에 대한 투입량으로 정의되며, 그 비율이 높은 것이 효율적이라 할 수 있다

경합가능시장 競合可能市場
Contestable Markets

W. Baumol, J. C. Panzar, R. Willig 등이 주장한 것으로 과점기업이나 나아가 독점기업이 완전히 경쟁적인 기업처럼 행동하는 시장을 말하며 시장에 대한 진입과 퇴출이 전혀 비용을 수반하지 않는 costless 경우에 가능하다는 것이다. 이러한 조건을 만족하는 경우 시장에 있어서 기업의 수와 가격, 수량의 완전경쟁시장과의 차이에 따른 초과이익간에 일정한 관계가 성립하지 않는다는 것이다. 그런데 여기서 비용이 수반되지 않는다 함은 시장에 공급하기 위한 생산 수단이 필요 없다는 것이 아니라 진입과 퇴출과 관련되는 매몰비용 sunk cost이 소요되지 않는다는 것을 의미한다. 서울-부산간 국내선 항공시장과 삼척에 건설하는 시멘트 생산설비를 비교해 보면 전자의 경우 수백억 원의 항공기가 필요하지만 퇴출하는 경우 시장가격에 항공기를 매각하거나 리스하는 것이 가능하여 매몰비용이 없으나 후자의 경우 시멘트 생산설비의 대체용도가 없어 퇴출에 막대한 매몰비용이 수반된다는 것이다. 경합가능시장 이론에 대한 비판론자들은 모든 시장에는 진입과 퇴출에 중요한 매몰비용이 존재한다는 것이다. 국내선 항공시장의 경우에도 공항내 사무실 공간, 화물처리시스템, 광고, 활주로 이용계약 등 매몰비용이 소요된다는 것이다. 그러나 산업조직론의 일반적인 견해는

최소한 경합가능시장 이론이 내포하는 직관 insight이 적용되는 상황이나 산업이 폭 넓게 존재하는 것으로 판단하고 있다.

경험학습 經驗學習 learning by doing
생산성향상은 연구개발 R&D에 대한 명시적 투자의 결과로서만 일어나는 것이 아니라 실제 생산활동의 부수적 결과로서 실현되기도 하는데 기업이 생산활동으로부터 경험을 획득함에 따라 생산비용이 절감되는 유형의 기술적 변화를 말한다. 축적되는 생산경험과 비용절감의 체계적 관계인 학습곡선 learning by doing은 일정한 형식의 항공기 생산대수가 증가함에 따라 생산비용이 획기적으로 절감된 항공기 산업에서 맨처음 발견되었다. 경험학습이 중요한 경우 기업은 한계수입과 한계비용이 일치하는 수준 이상의 물량을 생산하게 된다. 현재의 생산량 증가는 미래의 생산비용을 절감하기 때문이다. 기업이 초과생산하는 물량은 학습곡선의 기울기에 따라 달라진다. 미숙련 노동자가 생산활동을 통해 숙련노동자로 변신하는 것은 그가 따로 숙련공이 되기 위한 교육을 받기 때문이 아니다. 장기간 집중해서 동일한 생산활동에 몰두하다 보면 자기도 모르게 숙련도가 높아지는 것이다.

경험학습은 배워야 할 새로운 지식이 계속해서 존재하지 않는 한 그 생산성향상속도가 급격히 저하되는 속성을 지닌다. 그러므로 경험학습만 가지고 지속적 경제성장을 설명하는 것은 어렵다. 그리하여 끊임없는 도전과 이를 해결하려는 노력이 필요한 것이다. 세대간의 기술전수 역시 경험학습으로 이해할 수 있다. 이 경우 새 세대가 기성세대의 경험을 배우는 데 그치지 않고 신선한 창의력을 발휘함으로써 기술수준을 높일 수 있다면 경제성장의 원동력은 고갈되지 않을 것이다.

경험학습을 현재의 경제활동 규모의 함수로 정의하면, 총생산량이나 총자본량이 클수록 경험도 풍부해져 더 많이 배울 수 있게 된다. 그런 의미에서 볼 때, 현재의 기술수준이 높다는 것은 그만큼 축적된 경험이 많은 것으로 이해할 수 있고 따라서 기술진보도 빨라진다고 할 수 있는 것이다.

경화·연화 硬貨·軟貨 hard currency·soft currency
지폐가 발행된 이래 은행권이나 지폐 등과 구별하기 의하여 금속주화를 경화라 불렀던 것이다. 그러나 오늘날에 있어서는 일국의 화폐가 국제지불수단인 금이나 또는 타국의 태환성화폐(兌換性貨幣)로 자유로이 전환할 수 있는 전환통화를 경화라 한다. 연화란 경화의 대칭으로 본래 주화 이외의 화폐를 말하는데, 오늘날에 있어서는 금이나 타국의 태환성화폐로 전환이 불가능하거나 허용되지 않는 전환불가능화폐를 말한다. 각국이 연화로 지불하는 국가보다 경화로 지불하는 국가에 보다 많은 양의 재화를 수출하려는 것은 경화가 금이나 타국의 태환성화폐로 전환이 가능하기 때문이다.

계급 階級 class
사회의 생산체제에 있어서 생산수단에 대한 소유관계를 통해서 생산과정에서 점하는 각각의 지위의 상위(相違)에 의해 구별되는 인간집단을 말한다. 일정한 사회에 있어서 사람들의 지위의 상위는 생산관계에서 차지하는 지위의 상위에 기초하는 것이며 이것은 생산수단이 누구에 의해서 소유되어 있는가에 따라 규정된다. 따라서 계급은 정치적·사회적 체제에서의 사람들의 지위가 아니고 경제제도 혹은 생산의 사회적 체제에서의 지위를 가리킨다. 생산수단을 사유·독점하는 사람은 다른 사람의 노동을 지배하고 착취할 수 있다. 이 착취·피착취관계는 바로 생산수단에 대한 소유·비소유의 관계로 부터 발생하는 것이며 이것이 계급의 본질적 관계이다. 따라서 계급관계는 모순적이며 대립적이다.

사적 유물론에 의하면 계급은 역사상 원시공동체 가운데서 생산수단의 사유제가 발전함과 동시에 생겼다. 그 이후 노예소유자와 노예, 토지를 독점하는 영주와 그것에 종속하는 농노는 노예제사회 및 봉건제사회의 기본적 계급이다. 이 두 사회의 경우에는 신분적 지배·피지배의 관계가 기본적 조건을 이루고 있지만 근대사회에는 법적·신분적인 평등 위에 자본가계급과 노동자계급간의 계급대립이 생긴다. 생산수단을 소유하는 것이 자본가계급이며 그것을 소유하지 못하고 다만 자신의 노동력을 팔아서 생활하는 것이 노동자계급이다. 노동자는 자신이 생활자료의 생산에 필요한 시간 이상으로 노동하는데 여기서 생긴 잉여생산물은 자본가의 수입으로 된다. 이상의 기본적 계급 외에 중간의 위치에 있는 중간층이 있다. 예를 들면 자본주의 사회에서의 영세기업주, 농민, 지식인과 같은 계급이 그것이며 현대에도 중요한 의의를 가지고 있다.

계급간의 대립과 모순은 피지배자와 지배자의 계급투쟁을 낳는다. 노예나 농노의 계급투쟁은 보다 진보한 다음 사회로의 발전을 가능케 한 사회적 원동력이었다. 마르크스주의에 의하면 자본주의사회에서의 노동자계급의 계급투쟁은 사회주의사회의 건설을 목표로 하고 일체의 계급은 폐지하는 것을 목적으로 하고 있는 점에서 종전의 그것과는 다르다. →생산양식

계량경제학 計量經濟學 econometrics

수량적 경제법칙을 검출하기 위해서 이론경제학·수학·통계학의 성과를 종합, 적용하는 경제학이라 할 수 있다. 그것은 수량적 법칙을 검출하고 또한 그 현실타당성을 통계적 실험에 의해 검증한다는 점에서, 선험적 가설로부터 연역적 추론만에 의해 질적 법칙을 도출하는 것에 그치는 이론경제학과 다르다. 그것은 또한 먼저 가설을 세우고 다음에 그 현실적 타당성을 검증한다는 절차를 취하는 점에서, 어떠한 추상이론도 부정하고 통계자료의 수집·정리만으로부터 의미있는 결론을 도출하려고 하는 통계적 경제학과도 다르다.

Ⅰ. **발전과정** 계량경제학의 선구자는 1914년에 소맥의 수요탄력성에 관한 수량적 연구를 행한 바 있는 무어 Moore, H. L. 라고 할 수 있다. 이것이 발단이 되어 1920～30년대에 주로 미국에서 슐츠 Schultz, H. 를 중심으로 수요함수, 공급함수, 비용함수 등의 통계적 연구가 활발하게 전개되었다. 그리고 콥 Cobb, C. W., 더글라스 Douglas, P. H. 에 의해서 생산함수의 계측을 위한 노력이 펼쳐진 것도 이 시기이다. 1930년 계량경제학회가 결성되어 1940년대에 계량경제학의 방법론적 기초는 거의 확립되게 되었다. 제 2차대전 후 계량경제학은 경제안정화정책의 수립이라는 실천적 요청에 따라 비약적인 발전을 보였다. 이 시기의 연구의 내용은 포스트케인지언 post-keynesian 류의 거시동태모형의 추정이 주제였다는 점이다. 클라인 Klein, L. R. 은 여기에서 괄목할 만한 업적을 보였다. 근래에 널리 연구되어 온 산업연관모형도 클라인이 시사하고 있는 방향에 따라 확률론적 산업연관모형의 추정과 가설검정이 행해지면 착실한 계량경제학적 연구로 발전될 것이다. 타일 Theil, H. 은 1958년 계량경제학적으로 추정된 구조방정식을 기초로 해서 장래의 경제동향을 예측하는 방법에 관한 문제를 연구한 바 있는데,

이러한 경제예측의 문제는 계량경제학의 연구 중 한 주제가 되고 있다. 그밖에 경제의 안정성장을 도모하려는 국가의 경제정책을 정형화 built-in 시킴으로써 경제의 체질개선을 위한 정책에 자동제어공학의 이론과 기술을 응용한 방향에서의 연구도 기대되고 있다.

Ⅱ. 체계와 방법 계량경제학적 연구방법은 모형구성 model-building, 파라미터의 추정, 가설검정이라는 3단계로 나누어진다. 먼저 모형구성에 대해서 설명한다. 예를 들어 이론경제학의 소비함수 $C_t = \alpha Y_{t-1}$을 생각하자. C는 소비, Y는 국민소득, α는 소비성향을 나타내는 상수이다. 위 식은 t기의 소비가 전기의 국민소득에 의존한다는 것을 나타낸다. 그러나 현실적으로는 Y_{t-1}이 C_t를 결정하는 가장 중요한 인자이기는 해도 C_t는 그밖의 다른 인자들에 의해서 영향을 받는다. 계량경제학에서는 이 여타의 인자를 명확하게 하기 위해서 확률변수 random variable U를 도입해서 위 식 대신에 $C_t = \alpha Y_{t-1} + U$라는 관계식을 설정한다. 물론 확률변수 α에 대해서는 통계학적 가정이 세워진다. 이렇게 해서 어떤 모형이 구성되고 그것에 필요한 시계열자료(時系列資料)가 수집되면, 다음에는 추측통계학에서 연구된 추정론을 이용해서 모형의 파라미터(위의 예에서 α)를 추정하게 된다. 추정법은 단일방정식접근법(고전적 최소자승법(最小自乘法))과 연립방정식접근법으로 대별되며, 후자는 다시 간접적 최소자승법, 완전정보최우도(最尤度)법, 제한정보최우도법, 조작변수법 등으로 세분된다. 끝으로 수량적 내용을 갖게 된 통계적 법칙에 대한 가설이 과연 현실타당성을 갖는지의 여부가 검증된다. 여기에서는 추측통계학의 가설검정론이 응용된다. 만일 가설이 검증에서 기각되면, 다시 최초의 모형을 수정하고 파라미터의 추정, 가설검정의 단계를 반복하게 된다.

계산화폐 計算貨幣 〔佛〕 numéraire
화폐경제내에서는 재화의 가격은 보통 화폐단위로 표시되므로 화폐의 기능중의 하나는 가격의 계산단위로서의 역할을 수행하는 것이다. 예를 들면, 어떤 재화 1단위가 100원권 20장과 교환되면, 그 재화의 가격은 2,000원이며, 1달러지폐 5장과 교환되면 5달러이다. 그러나 계산단위는 반드시 실제로 유통하는 본래의 화폐만이어야 할 필요는 없고, 예를 들어 소맥 이외의 재화가 소맥 몇 붓셀과 교환되는가에 따라 그 재화의 가격을 표시하는 것도 가능하다. 그리고 이 경우에는 소맥을 단위로하여 각 재화의 가격이 표시되는 것으로 된다. 또한 상품에 투하된 노동시간을 계산단위로 가격을 표시하는 것도 이론적으로는 가능할 것이다. 이처럼 본래의 화폐뿐만 아니라, 그에 의해서 여타의 모든 교환가치를 표시하기 위한 기준으로 되는 재화를 일반적으로 계산화폐 혹은 뉴메레르 numéraire 라고 한다.

뉴메레르의 값은 언제나 1이다. 왜냐하면 100원권은 1장의 100원권과 교환되며, 1붓셀의 소맥은 1붓셀의 소맥과 교환되기 때문이다. 일반균형론의 분석에 있어서는 모든 재화를 포함한 수급방정식을 만들어 그 중 한 재화를 뉴메레르로 삼고 있다. 이상과 같이 계산화폐는 교환가치표시의 기준으로 되는 재화 즉 뉴메레르 그 자체를 가리키며 가치척도재 또는 표준재라고도 불리워진다. 그러나 케인즈 Keynes, J. M. 는 「화폐론」에서 원이나 달러 등의 추상적 단위만을 계산화폐라고 불러 실제의 100원권, 500원권, 1,000원권과 같은 본래의 화폐와 구별하고 있다. 이 경우에 있어서는 계산화폐란 호칭 그 자체에 불과하며, 그

구체화된 것이 본래의 화폐가 된다고 보아
야 한다. →뉴메레르, 화폐의 기능

*계약곡선 契約曲線 contract curve

재화의 생산은 고려되지 않고, 2인만이
존재하는 경제에서 각자에게 부존(賦存)
된 일정한 재화량을 교환할 때 쌍방 모두
에게 효용극대화를 가져오는 최적재화결
합점의 궤적, 또는 생산물의 교환은 고려
되지 않고 부존된 일정한 2개의 생산요소
로 2개의 생산물을 생산할 때 산출량극대
화를 가져오는 최적요소결합점의 궤적을
나타내는 곡선을 말한다.

이것은 에지워드 Edgeworth, F. Y. 의 상
형도표 box diagram 를 사용함으로써 간명
하게 설명할 수 있다. 여기에서는 후자,
즉 생산균형을 논의의 대상으로 한다. 2개
의 생산요소 자본 K 와 노동 L 이 Q_K, Q_L
만큼 부존되어 있으며, 이들에 의해서 2개
의 생산물 A, B 가 생산된다고 하자. 그러
면 다음과 같은 상형도표를 만들 수 있다.

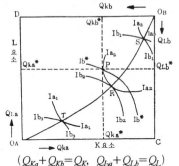

$$(Q_{Ka}+Q_{Kb}=Q_K,\ Q_{La}+Q_{Lb}=Q_L)$$

그림에서 A 의 생산에 투입되는 자본과 노
동의 양은 O_A 를 원점으로 각각 $O_A C$ 축 오
른쪽과 $O_A D$ 축 왼쪽으로 측정되며, B 의
경우에는 각각 $O_B D$ 축 왼쪽과 $O_B C$ 축 아
랫쪽으로 측정된다.

그리고 I_{a1}, I_{a2} 등은 각 경우의 요소투입
량에 상응하는 생산물 A 의 등생산량곡선
isoquant 을 나타내며, 생산물 B 의 그것은

I_{b1}, I_{b2} 등으로 나타나 있다. 이를테면 생
산물 B 의 생산에 자본과 노동의 량이
Q_{Kb}^* 와 Q_{Lb}^* 일 때의 등생산량곡선은 I_b^*
이다.

그림에서 보면 P 점으로 나타내어지는
요소결합에서 생산하는 것은 비효율적임
을 알 수 있다. 그 이유는 다음과 같다. 만
일 현재 P 점에서 생산하고 있다면 A 의
산출량은 I_{a2} 의 수준에 의해서, B 의 산출
량은 I_b^* 의 수준에 의해서 측정된다. 한편
P 점에서 R 점으로 이동하여 생산하면, A
의 산출량은 앞서와 같이 I_{a2} 의 수준으로
측정되지만, B 의 산출량은 I_b^* 보다 높은
수준에 있는 I_{b2} 의 수준으로 측정된다. 따
라서 P 점에서 R 점으로 이동은 A 의 산출
량의 감소없이 B 의 산출량의 증가를 가능
하게 한다. 그러나 일단 R 점에서 생산하
고 있으면 A, B 의 산출량중 어느 하나의
감소없이는 다른 하나의 증가는 불가능하
다는 것을 알 수 있다. 이 의미에서 R 점은
파레토최적점이다. 즉 R 점은 그때의 요소
투입량에 상응하는 극대산출량을 가져오
는 생산의 균형점이다. R 점을 보면, I_{a2} 와
I_{b2} 가 접하고 있음을 알 수 있다. 따라서 R
점에서 A 의 생산에 투입되는 자본과 노동
의 한계기술적대체율 marginal rate of tech-
nical substitution 과 B 의 생산에서의 그것
은 같다. 반면에 P 점에서는 I_{a2} 와 I_b^* 가
교차하고 있으며, 따라서 A 의 생산과 B
의 생산에서의 한계기술적 대체율은 같지
않다. 이 경우에는 다른 요소결합점을 선
택함으로써 하나의 산출량을 감소시킴이
없이 다른 하나의 산출량을 증가시키는 것
이 언제든지 가능하다. R 점 이외에 S, T
점에서도 두 생산물의 등생산량곡선이 접
하고 있다. 따라서 이들 점도 각 경우의 요
소투입량에 상응하는 파레토최적점이다.
계약곡선은 바로 이러한 파레토최적점들
을 연결한 곡선으로 그림에서는 곡선

$O_A TRSO_B$가 그것이다. 바꾸어 말하면 계약곡선상의 모든 점들은 파레토최적의 생산균형점이다. 이상의 설명을 교환균형의 경우에도 똑같이 적용할 수 있다. 즉 그림에서 2개의 생산물 대신 교환경제에서의 2인을 고려하여 등생산량곡선을 무차별곡선으로 대체시키면 파레토최적의 교환균형점들을 나타내는 교환의 계약곡선을 얻을 수 있다. →파레토최적

[참고문헌] Henderson, J. M. & Quandt, R. E., *Microeconomic Theory: A Mathematical Approach*, 2nd edition; Ferguson, C. E., *Microeconomic Theory*.

계절변동조정 季節變動調整
Adjustment for Seasonal Variation

경제흐름을 분석하기 위하여 월별 또는 분기별 경제통계를 이용하다 보면 경제통계에서 기후, 설·추석과 같은 사회적 관습과 제도 등으로 인하여 흔히 1년을 주기로 같은 형태를 반복하여 움직이는 계절변동 현상이 발견되는 데 이를 통계적으로 조정하는 것을 말한다. 예를 들어 GDP는 농산물의 추수시기, 영업일수의 차이 등으로 매년 1/4분기에는 작게, 4/4분기에는 크게 나타나며 실업율도 학교졸업에 따른 신규노동인력 증가와 농한기로 매년 3월에는 높게, 농번기인 10월에는 낮게 나타난다. 이러한 계절변동을 고려하지 않고 경제통계를 이용, 분석하는 경우 반복된 계절변동으로 인해 인접기간간 경제통계를 비교하기 곤란할 뿐만 아니라 또한 분석대상 통계간의 관계를 파악하는 경우에도 바른 인과관계를 파악하기 어렵다. 따라서 작성·공표된 통계중에서 계절변동 성분을 미리 파악하여 이를 제거한 상태에서 통계의 움직임을 분석하고, 통계간의 관계를 파악하는 것이 바람직하다.

일반적으로 경제통계의 구성성분은 변동주기에 따라 추세변동성분, 순환변동성분, 계절변동성분 및 불규칙변동성분의 4가지 성분으로 나눌 수 있으며 경제통계는 이 4가지 성분의 합 또는 곱으로 표현될 수 있다. 여기에서 추세변동은 경제성장 등에 수반하여 발생하는 주기가 10년 이상인 장기적인 상승 또는 하강 경향을 나타내는 변동이며 순환변동은 경기순환과정에서 확장 및 수축기간이 교대로 나타내는 약 2~6년의 주기를 갖는 변동이다. 계절변동은 1년을 주기로 반복해서 발생하는 변동으로 우리 고유명절인 설과 추석의 월 또는 분기간 이동에 따른 변동과 영업일수의 차이에 따른 변동 등도 여기에 포함된다. 불규칙변동은 위의 3가지 성분 외의 변동으로서 돌발적인 요인이나 원인불명의 요인(파업, 태풍, 지진, 홍수 등)에 의거하여 일어나는 변동을 의미한다. 계절변동조정이란 경제 통계내에 존재하는 1년 주기의 계절변동에 해당하는 성분을 통계적으로 추출하여 원래의 통계로부터 제거하는 절차를 의미한다. 계절변동조정통계란 앞서의 절차(계절변동조정방법)를 프로그램화하여 원통계에 적용하여 원통계에서 계절변동을 제거한 통계를 의미한다. 이러한 가변형 계절변동을 조정하는 대표적인 방법으로는 이동평균형 조정법이 있다. 이동평균형 조정법은 1년 분의 원통계를 이동평균하면 1년 주기의 계절변동요인이 제거되는 점을 고려하여 각 시점별로 1년간의 이동평균을 하여 계절 변동조정통계를 산출하는 방법이다. 이동평균 방법은 컴퓨터가 발전하면서 복잡한 계산이 용이해짐에 따라 보다 정교하게 되었다. 대표적인 이동평균형조정법으로는 미 상무부 센서스국의 X-11, 캐나다 통계청의 X-11 ARIMA 등이 있다.

계절적 실업 季節的 失業 seasonal unemployment

어떠한 산업의 생산이 계절적으로 변동했기 때문에 일어나는 단기적인 실업을 말한다. 산출량에 영향을 미치는 두 개의 중

요한 계절적 요인은 기후와 양식의 변화이
다. 농업이나 건축업과 같은 산업은 년간
의 어느 시간에는 조업이 안되며 한편 아
이스크림이나 석탄산업과 같은 산업은 소
비수요가 정하여진 계절적 변동에 지배되
고 있다. 자동차 또는 의복과 같이 그 해의
새로운 형이 소개되어 유행이나 거래관습
이 바뀌면 그 결과 계절적인 경기의 침체
가 생긴다. 크리스마스나 연말과 같이 일
반적인 소비수요가 절정에 달하는 계절은
또한 어떤 특유한 산업의 고용 또는 실업
에 계절적인 변동을 일으킨다.

계절적 실업은 완전히 없앨 수는 없으나
반드시 예측할 수 없는 것은 아니다. 따라
서, 계절적인 해고로 인한 위험이나 곤란
은 미리 계획적으로 경감시킬 수 있다. 또
한 피용자(被傭者)는 계절이 지나면 소득
을 얻지 못하게 될 지 모르나 이런 종류의
실업은 일시적 성질의 것으로서 새로운 계
절의 도래와 함께 재고용되는 것이 보통이
다. 이와 같은 계절적 변동의 작용에 저항
하기 위하여 사용되는 수단으로는 고정임
금 또는 보조금을 들 수 있다. 또한 그 년
도의 신형발표의 시기를 바꾼다든지 판매
정책을 변경시키는 것 등도 이 문제를 해
결하는 방법이 될 수 있다.

계획경제 計劃經濟 planned economy
단일의 국가계획의 작성과 그 수행이라
는 형태로 경제발전이 행하여지며 재화의
생산, 유통, 분배가 인간의 의식적 관리
아래 이루어지는 국민경제를 말한다. 이
용어는 학자에 따라서 여러 가지로 다르게
쓰이지만 대별해서 자본주의 계획경제와
사회주의계획경제의 둘로 나눌 수가 있다.
계획경제라는 개념은 사회주의사회에
한해서만 해당된다고 생각하는 논자는 자
본주의계획경제라는 말 그 자체가 무의미
하다고 하겠지만, 계획이라는 말을 넓은

의미로 해석한다면 자본주의의 틀 안에서
생산의 무정부성을 수정하려 하는 계획을
자본주의계획경제라고 부르는 것이 결코
부당하다고는 할 수 없다. 자본주의계획경
제는 1929년의 세계공황 이후 특히 문제로
되어 왔다. 그러나 여기서 사회적인 생산
이 자본을 사유하는 기업가의 이윤추구를
동기로 하여 이루어진다고 하는 자본주의
경제의 기본적인 성격은 그대로 놓아둔 채
자본주의의 결함만을 계획적으로 시정한
다는 것이 문제로 제기된다. 이러한 방향
을 취하기 위해서는 계획적으로 조작되어
야 할 물량도 제한되지 않을 수 없게 된다.
이를테면 고도의 자본주의체제에 있어서
는 항상 실업자가 존재하여 완전고용이 달
성되지 못하는 문제가 있는데, 케인즈
Keynes, J. M. 는 이 문제를 화폐수량의 조
정에 의해 공공지출을 증대시킴으로써 수
정할 수 있다고 생각했다. 화폐수량에 대
한 규제 이외에 공정가격, 배급제도, 생산
통제, 소비규제 등의 방법에 의해 자본주
의의 결함을 수정하는 방도도 있다.

사회주의 계획경제에 있어서는 국민경
제의 전 부문간, 즉 공업·농업·상업·교
통·운수업·재정·금융·소비·외국무
역 등의 전부문이 계획화된다. 계획화는
소박한 수준의 것으로부터 점차 고도의 것
으로 진행한다. 이 계획경제에 있어서는
각 개인의 이윤추구에 근거한 경제의 자동
적 조절기능은 인정되지 않으므로 중앙의
계획당국에 의해서 정밀한 계획이 세워질
필요가 있다. 이를 위해서는 계획당국은
국민경제의 현실적인 능력에 대해서 충분
하고 정확한 자료를 파악할 필요가 있으며
그것이 부정확하면 계획도 부정확하게 됨
은 말할 것도 없다. 이러한 계획을 실제로
수행할 수 있기 위한 객관적인 가능성으로
서는 다음과 같은 조건들을 들 수 있다. 첫
째, 국내에 계획경제에 필요한 천연자원

즉 철강·석탄·석유·곡물·면화(綿花) 등이 충분하게 존재할 것. 둘째, 이 같은 방대한 천연자원의 이용을 가능케 할 수 있는 의욕과 힘을 가진 강력한 권력자가 존재할 것. 셋째, 이 권력이 근로자·농민 대중의 협력적인 지지를 받고 있을 것 등이다.

다음에 이론적으로 상정되는 사회주의의 유형으로서는 강권제 사회주의와 자유제 사회주의가 있다. 이것은 경제계산론 theory of economic calculation 의 문제와 관련되어 제시된 형태이다. 강권제 사회주의 authoritarian socialism 에 있어서는 자유시장은 존재하지 않으며 소비자선택, 직업선택의 자유도 존재하지 않는다. 따라서 가격도 존재하지 않으며 파라미터 기능을 수행할 수 있는 어떤 것도 존재하지 않는다. 그러므로 이 같은 사회에서는 경제의 합리적 운영은 이루어질 수 없다고 생각되고 있다. 이에 반해서 자유제 사회주의 libertarian socialism 에 있어서는 소비자선택, 직업선택의 자유가 용인되며 생산재는 국유로서 공정가격이 부여되나, 소비재와 노동에 있어서는 자유가격이 성립한다. 이러한 사회에 있어서는 가격의 파라미터 기능이 용인되어 경제의 합리적인 운영도 가능하게 된다. 그런데 이 경제계획론의 문제는 현재에 있어서도 계속 논의되고 있다. →자본주의, 사회주의경제

고센 Gossen, Hermann Heinrich(1810~1858)

독일의 경제학자. 그는 한계효용학설의 사실상의 창시자이면서도 그 업적에 대한 정당한 평가를 받은 것은 사후에 그 저서가 아담슨 Adamson, D.에 의해 발견되어 제본스 Jevons, W. S.가 인정하고부터이다. 한계원리에 대한 그의 주요명제는 다음과 같은 3부분으로 구성되어 있다. ①

재화소비에 따르는 만족의 양은 재화소비량의 증가와 함께 감소하여 결국에는 영이 된다. 이 같이 재화 1단위가 가져오는 효용의 추가분은 체감하는 경향이 있다. 이것을 한계효용체감의 법칙 또는 고센의 제 1법칙이라고 한다. ② 모든 욕망이 충족되지 않을 경우 극대만족을 얻기 위하여 각 재화에 대한 욕망의 강도가 같아지는 점에서 각재에 대한 욕망만족이 단념된다. 이것이 발전된 것은 한계효용균등의 법칙 또는 고센의 제 2법칙이라고 한다. ③ 앞의 양자에서 도출되는 데 요구되는 양보다 이용될 수 있는 양이 적은 재화에 대해서만 주관적 가치가 부여 된다. 또한 이 같은 주관적 가치는 0까지 감소한다.

〔참고문헌〕*Entwicklung der Gesetz des menschlichen Verkehrs und der daraus fliessenden Regeln für menschliches Handeln*, 1854.

고스플랜 Gosplan

1921년에 창립된 소련각료회의의 국가계획위원회를 말한다. 그 임무는 혁명 후의 러시아 국민경제를 사회주의경제로서 발전시키기 위한 계획을 입안하고 계획의 실시과정을 점검하는 것에 있었다. 당초부터 생산부문 전체의 장기계획과 년도별계획을 입안해 왔지만, 제 2차대전 후에는 생산력의 집중, 생산의 대규모화에 따라 일국의 테두리를 넘은 사회주의세계권의 공동계획도 포함하려고 하고 있다.

고용 雇傭 employment

I. 고용의 구조와 장기추세적 변화 자본주의경제의 발달은 산업제부문간의 상대적 중요성을 서서히 변화시킨다.

① 국내의 산업을 농업과 비농업으로 대별하면, 농업고용은 장기적으로 감소해가는 경향이 있는데 비해 비농업고용은 반대로 자본주의의 발달과 더불어 증가하여 왔다. 더욱이 농업에 있어서는 농가의 가족

노동에 의존하는 비율이 크고 고용노동에 의존하는 작업부문은 비교적 적은데 반하여 비농업 부문에서는 고용노동에 의존하는 작업의 부분이 압도적으로 크다. 이것은 농업고용과 비농업고용의 유형의 차를 나타내는 것이다.

② 그러나 비농업부문의 고용 중에는 특히 제 2 차대전 때부터 전후에 걸쳐 정부기관에 고용자수가 현저히 증가하였고 소위 제 3 차산업에의 고용증가 경향이 주목된다. (i) 제조공업부문에서는 고용노동자의 절대수가 장기적으로는 증가하고 있지만 비농업고용총수 중의 비율로는 1929년 이래 그리 변화하지 않았고 최근에는 노동생산성의 현저한 증가 때문에 오히려 비중의 저하를 보이고 있다. (ii) 또 광업부문에서의 노동력수요는 전전(戰前)부터 전후에 걸쳐 절대적 감소를 보이고 있는데, 이것은 채광기술의 진보에 의한 노동생산성 상승의 영향이나 에너지혁명의 영향뿐만이 아니고 광업부문의 취업을 청년노동자층이 기피하는 경향이 있기 때문이다. (iii) 건설부문에서의 고용은 계절변동과 경기변동의 영향을 받기 쉬우나, 근래에 와서는 불황대책으로서 공공사업이 진행됨에 따라 일반의 경기가 후퇴하였을 때에 건설업의 고용증가를 보게 되어 장기추세로서도 정부의 공공사업 확대와 함께 건설업에서의 고용도 점증하는 경향이다. (iv) 수송업과 공익사업(전기, 가스 등)의 고용은 1920년대의 불황과 제 2 차대전에 의해서도 큰 변화는 없었고 대체로 안정되어 있지만, 특히 수송업부문에서는 교통기관의 발달에 따라 철도를 대신하여 자동차나 항공기가 진보되어 고용노동의 배분에 변화가 생긴 것은 주목할 만하다. (v) 비농업고용의 증가경향 중에서 특히 주의하지 않으면 안되는 것은 시장문제의 중대성이 반영되어 상업에의 고용이 점증하고 있다는 것과

기타 서어비스부문의 고용도 전후에 뚜렷한 증가세를 보이고 있다는 것이다. 거기에는 이른바 페티의 법칙이 작용하는 것으로 보인다.

Ⅱ. 고용의 장기변동 자본주의경제의 발전은 순환적 변동을 통하여 진행되는데, 그에 따라 고용량도 단기적으로 변동한다. 단기변동은 경기변동과 계절변동으로 구별된다.

① 경기변동에 따라서 고용량이 변동하는 것은 자본주의 경제에서는 필연적이며 호황기에는 노동력 수요가 증가하고 불황기에는 감소한다. 그러나 급속한 기술진보가 일어나는 시기에는 사업활동이 활발하여도 고용자수는 많이 증가하지 않을 때도 있으며, 그러나 불황의 초기에 노동조합이 감소된 작업량을 노동시간단축에 의하여 다수의 노동자에게 배분하면 경기의 악화에도 불구하고 고용량은 그다지 감소하지 않는다. 일반적으로 호황기에 고용량의 증가가 생기는 경우에도 그것은 생산량의 증대보다 뒤지는 경향이 있으며, 불황기에 고용량의 감소가 생기는 경우에 그 감소율은 생산량의 감소율보다 적은 것이 보통이다. 더욱이 노동시장의 모든 부분이 경기변동에 대하여 같은 반응을 나타내지는 않는다. 특히 상업, 공익사업, 서비스산업 등의 고용은 광공업이나 건설업의 고용과는 달리 불황에 대한 저항력이 훨씬 크다. 정부고용도 마찬가지이며 농업고용도 불황의 제 1 단계에서는 그러하다. 그러나 장기불황의 경우에는 생산량이 증가하지 않고, 더욱이 기술진보가 진행하면 고용노동력의 일부는 노동조합의 반대에도 불구하고 해고당하며, 생산량이 안정적이라 하여도 노동력인구가 매년 증가하면 그만큼 실업이 증대된다.

② 고용의 계절변동의 경우, 일부는 기후에 의존하고 일부는 생산상의 관례에 의

존한다. 예를 들면 농업고용이나 옥외의 건설고용은 전자의 예이고 자동차공업, 섬유제품제조업 및 소매상업의 고용은 후자의 예이다. 특히 계절적 변동이 전전(戰前), 전후를 통하여 가장 명확히 보이는 부문은 농업, 건설업, 상업이고 그 다음으로 계절변동이 인정되는 것은 식료품제조업, 의복, 장신용품제조업, 서비스업, 수송업 등이다.

Ⅲ. 고용의 이론 고용의 이론에는 고전파고용이론과 케인즈 Keynes, J. M. 파 고용이론의 두 가지 형이 있다.

① 고전파고용이론 : 전통적인 고용이론의 사고방식은 실질임금률의 변동을 통해 노동의 수요와 노동공급이 균등화되며, 기업가의 합리적인 노동수요가 수익체감법칙을 전제로 한 이윤극대화 원리에 의하여 결정되고, 노동자의 합리적인 노동공급이 한계고용체증법칙을 전제로 하는 잉여효용극대화원리에 의하여 결정된다는 것이다. 즉 고전파고용이론은 기업가도 노동자도 대등하게 합리적 행동을 하는 것으로 상정한 균형이론이며, 현실의 노동시장의 메카니즘을 곧바로 설명할 수는 없고 세이의 법칙 및 완전고용의 가정과 결부되어 있다.

② 케인즈파고용이론 : 케인즈는 고전파고용이론(당시 피구 Pigou, A. C. 가 그 대표)이 노동자의 합리적 행동을 가정한 것은 비현실적이라고 비판하고, 한편 노동공급을 실질임금률의 증가·증대로 상정한 고전파고용이론의 입장에 비판적이었다. 케인즈의 경우에는 불황의 조건하에서 대량의 실업자가 존재하기 때문에 현행의 화폐임금률로 충분히 노동공급을 기대할 수 있다. 그렇기 때문에 주어진 화폐임금율에서 기업가의 노동수요가 증대하면 고용량도 증대하는 것이므로 고전파이론과 같이 고용량증대를 위해 실질임금률을 인하할

필요는 없어진다. 더욱이 유효수요의 원리는 세이의 법칙에 대한 반증이라고 할 수 있으며, 이 유효수요의 원리에 의하여 케인즈는 과소고용상태에 있는 자본주의 경제를 완전고용에 이르게 하는 이동균형의 이론을 수립하여 성숙 자본주의의 모순인 '풍요속의 빈곤'의 문제를 자본주의의 테두리 안에서 해결하기 위한 처방을 제시한 것이다. 케인즈의 고용이론은 점차 광범한 지지를 받아 현대경제학의 지배적인 원류로 되었다.

고전적 이분성 古典的 二分性
classical dichotomy

고전학파는 상품시장, 노동시장, 증권시장 등을 포함하는 실물부문과 화폐시장을 의미하는 화폐부문이 완전히 분리되어 있다고 생각하였는데 이를 고전적 이분성이라고 한다. 전체 경제를 실물과 화폐의 2개 부문으로 분리하고 그 중 한 부문에서 결정되는 경제변수들은 다른 부문에서 결정되는 경제변수들에 대하여 전혀 영향을 미치지 않는다는 것이다. 고전학파에 의하면 투자는 이자율의 함수이지만 화폐수요는 국민소득만의 함수여서 이자율과는 무관하다. 따라서 양 부문을 연결하는 경로가 없게 되므로 고전적 이분성이 나타나게 된다고 말한다. 실물부문에서는 실질총생산, 고용, 실질이자율 등과 같은 실질변수가 결정되며, 화폐부문에서는 명목임금, 물가수준 등 명목변수가 결정된다. 따라서 실질총생산, 고용, 실질이자율은 화폐에 의해 전혀 영향을 받지 않으며 경제의 물적, 인적 자원의 증가나 기술수준의 향상 등에 의해서만 영향을 받는다. 물론 고전학파 경제학자들도 실물부문과 화폐부문간의 상호작용이 있을 수 있다는 점은 인정하였다. 그러나 이러한 상호작용은 오직 단기적으로만 일어나는 외적인 현상으로 파악하였다. 고전학파 경제학자들은 장기적 경제현상

에 주로 관심을 가지고 있었기 때문에 이러한 단기적 관련성은 그들의 이론구성에 별로 중요한 고려사항이 되지 못하였다.

고전적 이분성은 첫째, 실질총생산, 고용, 실질이자율과 같은 실질변수들이 어떻게 결정되는가, 둘째, 물가수준, 명목임금 등 기타 명목 경제변수들이 어떻게 결정되는가 하는 문제를 서로 분리함으로써 경제현상의 분석을 매우 단순화시키는 이점을 가지고 있다. 경제의 실물부문에서 무엇이 일어나고 있는가를 파악하기 위해서는 화폐시장에서 무엇이 일어나고 있는가를 알 필요 없이 실물부문만을 분석함으로써 바로 답을 구할 수 있기 때문이다.

고전적 이분성이 존재하는 경우 통화량과 물가간에는 정비례관계가 성립한다는 화폐수량설 quantity theory of money이 타당하다. 고전학파는 화폐수량설이 고전적 이분성의 자연스러운 결과라고 생각하였다. 이 경우 가격이 신축적이며 경제주체들이 화폐환상을 갖지 않는 경우 통화증가에 의한 총수요의 증가가 물가와 임금의 상승을 초래할 뿐 생산이나 고용의 증가를 가져오지 않는다는 화폐의 중립성 neutrality of money이 성립된다. 다시 말하면, 고전적 이분성이 충족되면 화폐는 실물부문에 아무런 영향을 미치지 않는 베일(veil)에 불과한 것이다.

그러나, 오늘날 고전적 이분성을 믿는 사람은 아무도 없다. 실물부문의 여러 가지 현상이 실질총생산, 고용, 투자 등 실물부문 자체의 변수들에 의하여 변화하는 것은 지극히 당연한 일이다. 그러나 이들 실물현상은 또한 화폐에 대한 수요, 화폐의 공급, 물가 등 화폐부문의 변수들의 변화에 의해서도 크게 영향을 받을 뿐만 아니라, 실물부문의 변화도 화폐부문에 큰 영향을 미치는 것이 현대경제의 특징이다. 신케인즈경제학 new Keynesian economics에 의하면 가격이나 임금이 경직적이거나 불완전경쟁이 일반화되어 있는 등의 경우에는 총수요 변화가 생산과 고용 등 실물경제활동에 영향을 주므로 통화량 변화가 총수요 변화를 통하여 실물변수에 영향을 주게 되어 고전적 이분성이 성립되지 않는다고 한다.

＊고전학파 古典學派 classical school

스미스 Smith, A.에서 맬더스 Malthus, J. R., 리카도 Ricardo, D.를 거쳐 밀 Mill, J. S.에 이르는 영국경제학파를 말한다. 그들의 학설에 의해 경제학은 비로소 기본적으로 통일적인 이론체계로서 확인되고, 그 후의 경제학연구의 토대로 되었다. 이 학설의 사회적 배경은 영국자본주의의 형성·확립이다. 고전학파는 발전하고 있던 영국시민계급이 자본주의경제사회를 체계적으로 파악하려고 한 이론·사상이다.

I. 고전학파 성립의 배경 스미스가 「국부론」(1776)에서 경제학체계를 제시한 것은 산업혁명의 전야였다. 영국에는 이미 17세기에 시민혁명에 의해 절대왕정을 타도하고 시민계급은 의회제하에서 자본의 본원적 축적을 진행했다. 18세기 전반에는 매뉴팩쳐가 발전하고 제 2 차 인클로저 운동에 의해 농업의 기술혁신이 진전됨에 따라, 자립한 산업자본은 종래의 중상주의정책에 의한 보호와 규제를 필요로 하지 않게 되었다. 이제 그것은 산업자본의 발전에 장해요인으로 되었다. 스미스의 이론배경은 중상주의의 타파를 목표로 하는 산업자본의 입장에서 형성되었다. 스미스는 이 자본주의의 입장에 서서 당시 영국의 사회철학의 주류였던 자연법사상을 기초로 하여 시민사회의 경제구조를 분석하였다.

II. 스미스의 경제학설 스미스는 자본주의를 우선 분업과 교환의 사회, 즉 상업사회로 파악했다. 여기서는 개개인이 이기심에 기초해서 개인적 이익을 추구하면 '보이지 않는 손 invisible hand'에 의해 그것이 공익의 증대를 가져온다. 그는 국부, 즉 생활필수품과 편의품은 년년의 노동에 의해 만들어지고 그 노동생산력의 발전은 분업과 교환의 사회에 있어서 최고도로 달성된다고 했다. 이 사회의 경제구조와 그 발전의 이론적 분석이 「국부론」 제1·2편의 내용을 이루고 있다. 제3·4편 및 제5편의 국가재정론에서는 그것을 기초로 한 역사와 현상의 비판이 전개된다.

한편 스미스는 전체계의 이론적 기초를 노동가치설에 두고 있다. 즉 상품교환의 규제자로서의 시장가격의 기준은 가치에 있고 그 가치는 노동에 의해 규정된다고 해서 투하노동가치설을 명백히 하였다. 동시에 교환가치는 구매 혹은 지배할 수 있는 노동에 의해서도 규정된다는 지배노동설도 서술하고 있다. 여기서 그는 양자를 혼동하고 있지만 이 두 개의 규정을 병존시킴으로써 올바르게 사회적 노동을 추상적 인간노동으로 파악했다. 스미스는 자본주의사회에서는 투하노동에 의한 가치가 임금 외에 이윤·지대로 분해된다는 가치분해설을 명백히 해서 잉여가치의 원천을 옳게 파악했다. 그렇지만 그는 여기서 또 혼동을 하고 있다. 즉 자본주의 사회에서는 투하노동가치설을 적용할 수 없고 상품의 가치는 임금·이윤·지대의 3개의 부분으로 구성된다는 가치구성설 deduction theory of value 혹은 생산비설을 설명한다. 이것은 지배노동설에 기초를 두고 있다. 결국 그는 양자의 모순을 규명하지 못하였다. 그런데 스미스의 이론적 공헌은 특히 생산적 노동의 개념을 명백히 해서 농업노동만이 생산적이라고 주장하는 중농학파의 한계를 넘어서 전진한 데 있다. 또 그는 자본의 자유로운 활동을 방해하는 중상주의 체제를 격렬히 비판하고 자유방임주의를 주장했다. 이런 점에서 그의 이론은 성장하고 있던 시민계급의 이익을 대변하고 있었다고 할 수 있다.

III. 리카도에 의한 고전학파의 완성 산업혁명은 1770년대부터 급속히 진전되고 1820년대에는 자본주의가 확립되었다. 동시에 이 시대는 프랑스혁명과 나폴레옹전쟁이라는 격동기에 있었다. 여기서 산업자본은 지주 및 노동자계급과의 대립에 직면했다. 특히 당시 문제가 된 것은 곡물법 corn law 을 둘러싼 논쟁이었다. 맬더스는 수입곡물이 농산물가격을 하락시켜 농업이윤과 지대를 감소시키고 이것이 공업제품에의 유효수요를 축소시키며 가격하락과 이윤률 저하를 낳으므로, 농업과 지주를 보호하기 위해 곡물관세제도의 필요를 주장했다. 이에 대해 리카도는 곡물법 폐지와, 자유무역에 의해 곡물가격이 하락하면 임금이 저하하고 이윤이 증가해서 자본축적이 증진된다고 설명한다. 이 주장을 밑받침하기 위해서는 임금저하가 가격을 조금도 변화시킴이 없이 이윤을 증가시킨다는 것을 증명할 필요가 있었다. 리카도는 이것을 위해 가치론에서의 스미스의 두 개의 측면, 즉 가치구성설을 버리고 투하노동설을 취해 그것을 가치분해론에까지 일관해서 전개하고 자본 축적에 따라서 지대·임금·이윤이 어떻게 변동하는가를 명백히 했다. 이 가치론을 기초로 한 자본축적의 운동법칙의 해명에 의해 자본주의 사회의 3개의 기본적 계급의 대립과 상호관계가 이론화되면서 고전학파의 기본적 체계가 완성되었다.

IV. 고전학파의 해체 산업혁명의 완성과 함께 1825년부터 주기적 공황이 시작되고 생산력의 급속한 발전과 함께 자본과 노동의 대립이라는 기본적 모순이 심각하게 표출되었다. 이러한 문제에 당면해서 리카도 이후의 고전학파는 이론적으로 명쾌하게 해결을 줄 수 없었다. 원래 리카도 체계에는 잉여가치의 원천의 문제나 평균이윤율 형성의 문제가 미해결로 남아 있었다. 이것을 둘러싸고 리카도 지지파와 이것을 비판하는 맬더스의 논쟁이 확대되어 갔지만 맬더스와 같이 가격이나 이윤을 수급설에 기초해서 해결하려고 하는 일파의 경제이론이 우위를 점하고 투하노동설을 기초로 하는 리카도의 입장은 힘을 잃게 되었다. 이와 동시에 노동자의 입장에서 리카도의 가치론·분배론에 의해 노동과 자본의 계급대립을 명백히 하고 하고 자본주의를 비판하는 리카도파 사회주의가 생겼다. 이에 따라 고전파경제학은 결정적으로 해체되었던 것이다.

〔참고문헌〕 Roll, E., *A History of Economic Thought*, 1938, rev. ed., 1945; Marx, K., *Theorien über Mehrwert*, hrg von Kautsky, K., 3Bde., 1905; Dobb, M., *Theories of Value and Distribution since Adam Smith*, 1973.

고정비용 固定費用 fixed cost

기업의 생산량이 변화하여도 단기적으로는 변동이 없는 비용을 고정비용이라고 한다. 고정비용은 기업시설의 존재와 유지에 관련되어 있으므로 비록 생산을 중단한다 하더라도 같은 액수만큼 발생한다. 임차료, 지불이자, 공장 및 설비의 감가상각비, 재산세 및 경영자층의 급료는 보통 고정비용으로 분류된다. 이와 같은 비용은 회피 불가능한 것으로서 고정적인 것이다. 기업은 고정비용에 관해서는 선택의 여지가 없으며, 이런 비용은 단기적으로는 고정적인 데 반하여 장기적으로는 존재하지 않는다. 기업은 생산량과 마찬가지로 생산능력의 규모도 변화시킬 수 있기 때문이다.

고정자본·유동자본 固定資本·流動資本 fixed capital·working capital

마르크스 경제학의 입장에서 보면, 고정자본이란 일정한 생산기간에 투하된 자본 중 일부분만을 생산물에 이전시키고 다른 부분은 여전히 생산과정중에 고정되어 그것에 의해서 생산된 상품과는 독립되어 있는 자본부분을 말한다. 예컨대 공장, 기계 등과 같은 것이다. 이것은 생산물에 대하여 자체의 사용가치형태를 유지하며, 수십차례의 생산과정에서 사용되고, 생산물에 대한 가치이전은 그 사용가치가 상실되는 정도에 비례한다는 데에 특징이 있다. 유동자본이란 노동수단, 즉 고정자본을 제외한 원료나 보조자료같은 노동대상인 자본부분이다. 유동자본은 1회의 생산과정을 통과함으로써 완전히 그 사용가치를 잃고, 그 가치의 전부를 생산물에 이전한다는 데에 그 특징이 있다. 한편 경영학의 입장에서 기업자본의 고정성과 유동성의 관점에서 볼 때 토지, 건물, 기계 등 장기로 사용되는 설비나 시설을 위한 설비자금을 고정자본이라 하고 상품, 원재료, 현금 등 운전자금을 유동자본이라 한다. 기업은 이 고정자본과 유동자본을 적절한 비례로 배합하여 경영상 균형을 유지해야만 자본의 유동성과 수익성을 살릴 수 있다.

고정자산·유동자산 固定資産·流動資産 fixed assets·current assets

사업에 이용할 목적으로 기업내부에서 장기간 보유하고 있는 재산을 고정자산이라 한다. 그 전형적인 것이 토지, 건물, 기타의 영업설비류이며, 이들 자산의 특성은 단 1회의 이용 또는 상각만에 의하여 소모 내지 변형되는 일이 없이 지속적으로 영업수단에 제공되는 점에 있다. 그러므로 고정자산에 투입된 자본의 가치회수계산은 보통 그 내용연수(耐用年數)를 기초로 하는 감가상각의 방법으로 행해진다. 고정자산은 그 형태, 용도, 회계처리방법에 따라 여러 가지 관점에서 분류되고 있으나, 일반적으로 형태분류법에 의해 유형고정자산, 무형고정자산, 투자자산으로 대별된다. 유형고정자산에는 차량, 토지, 건물, 기계장치 등이 있고 무형고정자산에는 특허권, 광업권 등이 포함된다. 투자자산에는 관계회사유가증권, 투자유가증권, 출자금 등이 속한다.

한편 유동자산은 기업자산 중에서 현금, 예금 및 환금성이 높은 외상매출금이나 받을 어음 등과 같이 단기에 현금화되는 채권 및 제품, 상품의 재고품으로 이루어진 재고자산을 의미한다. 따라서 기업이 지불능력을 보지(保持)하기 위해서는 유동자산이 유동부채보다 많아야 한다. 이 중 유동자산이 유동부채를 초과하는 부분은 운전자본이라고 호칭되며, 경영자가 단기의 기업활동을 수행함에 있어 자유로 사용할 수 있는 자금을 말한다.

고정환율 · 변동환율 固定換率 · 變動換率

단기적으로 평가를 고정하여 환율의 변동폭을 극히 협소한 범위내로 한정하는 것을 고정환율제 fixed rate라 하고, 그보다 변동폭을 평가(平價)의 상하 각 5% 정도로 확대한 신축환율제 flexible rate 라 하며 평가를 정하지 않고 변동폭도 전혀 규제하지 않은 자유변동환율제 fluctuating rate 를 변동환율제라 한다. 고정환율제에서 환율의 변동폭에 한계가 있기 때문에 그 상하한에 달했을 경우 금융기관의 시장개입이 필요하기 때문에 금 및 외화준비를 요한다. 그 금의 유출입이나 당국의 외화매매조작은 국내통화량을 수축 또는 확대시켜 국내의 성장, 완전고용, 물가안정 등의 정책을 제한한다. 바꾸어 말하면, 국제수지 상황에 의하여 금융정책이 좌우되는 비율이 크다.

이에 반하여 변동환율제에서는 국제수지의 불균형은 환율의 자유변동에 의해 자동적으로 조정되기 때문에 금 및 외화준비

의 보유량이 적어도 되고 금융정책도 국내의 정책목적에 따라 운용할 수가 있다. 그러나 환율의 안전성, 환투기에 의한 불안정화의 가능성, 수출용 생산을 둘러싼 자원이동의 불안정 등이 문제로 되고 있다. 요즈음 세계각국은 관리 가능한 변동환율제를 채택하는 경향이 짙다.

고한제도 苦汗制度 sweating system

자본주의의 발전에 따른 노동자 혹사의 참상을 통칭하는 표현이다. 기계제 대공업이 성립 · 발전한 이래 그 주변에 광범하게 존재하는 근대적 가내공업 내지 매뉴팩처에서의 노동조건은 극히 열악한 상태에서 있어 왔다. 이들 생산부문은 동일산업부문에서 독점적 대기업과의 경쟁에서 극히 불리한 처지에 놓여 있는 것이 보통인데, 이것은 자본규모의 열위(劣位), 노동생산성의 저위(低位), 시장조건의 열위 등에서 나타난다. 이들 부문의 기업들이 이러한 생산조건 및 경쟁조건에서의 불리를 고용노동자의 극심한 착취를 통해 극복하려고 하기 때문에 여기에 고용되는 대부분의 부인 및 연소근로자들은 극히 낮은 임금, 무제한의 장기간노동, 열악한 작업환경을 강요당하게 된다.

이러한 고한노동은 자본주의 발전과정에서 공장법의 적용대상에서 오랫동안 제외되어 왔기 때문에 그 상태는 더욱 악화되어 왔다. 이것은 19세기 말의 영국에서 처음으로 사회문제화되었으며, 그 결과 1888년 상원에 고한제도 조사위원회가 설치되었고, 나아가서 1909년의 최저임금제 Trade Board Act로 발전되었다. 그런데 이러한 고한제도는 자본주의의 발전에 따른 상대적 과잉인구(실업 및 반실업인구)의 누적을 그 존립의 기반으로 삼아왔기 때문에 자본주의의 고도의 발전에도 여전히 유지되고 있어 저임금의 주요한 원인의

하나로 되고 있다. 우리 나라에서도 이 고한제도는 광범하게 존재하고 있는데, 대공업중심지의 주변에서 주로 대공업과의 하청·재하청관계를 통해 생산을 하는 가내공업에서 그 전형적인 모습이 발견된다. 대체로 5인 이하의 근로자를 고용하고 있는 이들 가내공업은 현행근로기준법의 적용대상에서마저 제외됨으로써 아직 고한제도를 극복할 수 있는 계기가 주어지지 않고 있는 실정이다.

곡물법 穀物法 corn law

영국에서 곡물의 수출입조정을 위하여 제정된 일련의 법령을 말한다. 대별하여 의회적 중상주의정책의 일환이었던 1660년에서 1804년에 이르는 곡물법과 1815년과 1828년에 의해 대표되는 개정곡물법으로 구분된다. 전자는 소맥의 수입세를 소맥의 국내가격이 낮을 때에는 높게, 높을 때는 낮게 정하여 국내시장에서의 곡물의 안정적 공급과 이에 따른 곡물가격의 변동억제를 의도한 것이다. 후자는 18세기 후기에 영국이 곡물수입국으로 전환된 것을 전제로, 곡가하락을 두려워한 지주 및 농업생산자가 저곡가를 추구하는 산업자본가를 누르고 소맥의 국내가격이 안정수준 이하로 떨어지는 경우에는 곡물 수입을 금지할 것을 입법화하여 프랑스, 우크라이나, 흑해연안 등지로부터의 더욱 저렴한 소맥 유입을 저지하려는 것이었다.

19세기 초부터 경제학자간에 곡물법논쟁이 전개되었으나, 정치적으로는 1839년에 콥덴 Cobden, R., 브라이트 Bright, T. 등을 중심으로 맨체스터에서 산업자본가층이 일반 소비자인 서민층을 포섭하여 반곡물조례동맹 Anti-Corn Law League 을 구성하고 본법의 철폐운동을 전개하였다. 이러한 분위기 속에서 1846년 아일랜드의 감자기근을 직접적인 계기로 수상 필

Peel, R. 에 의해 폐지법안이 제출되었고 1849년에 정식으로 폐지되었다.

공개시장조작 公開市場操作 open market operation

금리정책과 마찬가지로 중앙은행이 시행하는 통화정책의 중요한 수단의 하나이며 대체로 1920년대 이후에 행하여진 통화정책이다. 공개시장조작은 중앙은행이 일반의 공개시장에 적극적으로 개입해서 공채나 그밖의 유가증권의 매매를 통해서 직접적으로 유동성 내지 통화량을 조절하는 것을 말한다. 즉 통화량이 과잉인 때는 보유하고 있는 유가증권을 매각해서 통화를 흡수하고, 또한 통화량이 부족한 경우에는 매입함으로써 통화를 추가공급하여 금융시장의 안정을 꾀하는 것이 그 의도하는 점이다. 금리정책에 비해서 그 효과가 적극적이고 신축성이 많으며 또한 직접적이라고 할 수 있다. 그러나 우리 나라의 경우에는 통화안정증권이라는 제도를 통하여 파행적으로 시행되고 있으나 본격적인 시행은 이루어지지 않는 실정이다. →금융정책

공공경비팽창의 법칙 公共經費膨脹의 法則 law of increasing public expenditure

공공경비가 팽창하는 경향을 처음으로 지적한 사람은 로셔 Roscher, W. G. G. 라고 알려져 있으나, 이와 같은 경향을 법칙으로 정식화한 사람은 바그너 Wagner, A. H. G. 였다. 바그너는 사회발전에 따라 국가활동이 계속 늘어나는 경향을 역사적으로나 통계적으로 찾아볼 수 있다는 것을 지적하고 그러한 일반적인 경향을 공공활동, 특히 국가활동팽창의 법칙이라고 불렀다. 이러한 국가활동의 증대는 국민의 발전적 욕망이 늘어난 것과 그로 인하여 국

가와 사경제와의 결합관계가 변화한 데 기인하는 현상으로서, 이에 따라 공공경비는 필연적으로 늘어나게 된다. 그러므로 바그너는 국가활동팽창의 법칙에서 당연히 공공경비팽창의 법칙이 파생된다고 보았던 것이다.

통설에 의하면 경비팽창의 원인에는 다음과 같은 것이 있다. ① 경비의 명목적 증가, 즉 장기적으로 보면 화폐가치는 계속적으로 저하되어 왔으며, 그로 인하여 경비의 절대액이 증가한다. ② 인구증가로 인한 1인당 공공행정비의 증가. ③ 전쟁 및 전쟁기술의 변화로 인한 군사비의 증대. ④ 사회관계비의 증가, 즉 공립학교의 설립에서부터 사회보장제도의 실시에까지 이르는 광범위한 사회적 국가기능의 수행을 위한 경비의 증가. ⑤ 경제관계비의 증가, 즉 정부가 국민경제의 안정과 성장에 대한 책임을 지게 된 이래 발생한 경기대책적 경비 또는 장기적 경제개발을 촉진시키기 위한 정부의 직접·간접투자비의 증가.

그러나 바그너의 법칙이 말하는 공공경비의 팽창은 명목적인 경비의 팽창이 아니고 그 실질적 증대를 의미한다. 바그너의 법칙은 역사적인 경험과 사실에서 정식화된 일종의 확신이었고 또 예언이었다. 19세기 이래 이 법칙은 경험적으로나 통계적으로 입증이 되었고 20세기에 이르러 바그너의 예언은 적중하였으므로 더욱 현저한 사실로서 증명되었다. 그러나 이 경험법칙이 의미하는 것은 하나의 일반적 경향이며 역사적 절대성을 의미하는 것은 아니다.
→경비

공공요금 公共料金

정부와 지방자치단체가 직접 관여할 수 있는 재화 및 서비스의 가격을 말한다. 여기에는 ① 철도운임과 같이 법률로 결정하는 것, ② 국립학교의 수업료와 같이 정부가 결정하는 것, ③ 사설교통기관, 전기, 연탄 등 기업주가 신청하여 정부가 허가하는 것 등이 있다.

공공재 公共財 public goods

공공재란 사유재 private goods 에 대립되는 것으로서 사유재와는 달리 그것에 대한 소비자들의 선호가 드러나지 않기 때문에 시장 메카니즘에 의한 공급은 불가능하고 투표를 통한 의사결정의 정치적과정 political process 을 통해서만 공급될 수 있는 성질을 갖는 재화와 서비스를 말한다. 예를 들면 경찰, 국방, 소방, 공원, 도로, 교육 등은 공공재의 대표적인 것들이다.

시장이 사유재를 공급해 주는 효율적인 기구가 되는 궁극적인 이유에는 두 가지가 있는데, 하나는 사유재에는 배제원칙 exclusion principle 이 적용된다는 것이며 다른 하나는 사유재의 소비행위는 경쟁적 rival 이기 때문에 배제원칙이 효율적으로 적용될 수 있다는 것이다. 배제원칙이란 재화 또는 서비스에 대한 대가를 지불한 사람만이 그 재화 또는 서비스를 소비할 수 있으며 대가를 지불하지 않은 사람은 소비에서 배제된다는 원칙이다. 그리고 소비행위가 경쟁적이라 함은 제3자의 소비행위에의 참여가 재화의 소비로부터 얻는 편익을 감소시킨다는 것을 뜻한다. 그런데 공공재에 있어서는 이러한 두 가지 조건이 충족되지 않는다. 즉 공공재는 비배제성 non-excludability 을 특징으로 하며 공공재의 소비는 비경쟁적 non-rival 이다. 만약 어떤 재화에 대해 배제원칙이 적용되지 않거나 그 소비가 비경쟁적인 경우에, 시장은 그 재화를 공급하는 데 실패하게 된다. 따라서 경쟁시장은 공공재를 충분히 공급해 주는 데 실패하는 것이다.

공공재와 사유재 그리고 시장의 실패를 초래하는 두 조건간의 관계에 대한 지금까지의 논의는 다음 표를 통해서 정리된다.

소 비	배 제	
	가 능	불가능
경 쟁 적	A	B
비 경 쟁 적	C	D

이 표에서 A의 경우는 사유재의 경우로서 시장을 통한 공급이 가능하며 효율적이다. 그러나 나머지 B, C, D의 경우에는 시장의 실패가 일어난다. 그런데 만약 시장의 실패가 일어나는 모든 경우에 대해 공공재란 용어를 적용할 수 있다면 B, C, D의 경우가 모두 포함될 것이다. 그렇지만 C와 D의 경우에 대해서는 공공재란 용어의 적용을 유보하는 것이 통례이다. 물론 이러한 경우에도 정치적과정 또는 예산과정 budgetary process이 요청된다는 점에서 B의 경우와 다를 바가 없으나, 비경쟁적 소비가 존재하는 경우에는 효율적인 자원이용을 위한 조건이 소비가 경쟁적인 경우에 적용되는 조건과 달라진다는 점에서 B의 경우와 구별되기 때문이다. 따라서 어떤 재화가 공공재냐 사유재냐 하는 것을 판가름하는 궁극적인 기준은 배제원칙의 적용여부에서 찾을 수 있는 것이다.

공공투자 公共投資 public investment
공적인 목적을 위하여 정부나 지방자치단체에 의하여 이루어지는 투자를 말한다. 즉 도로, 항만과 같은 공공사회시설을 확충하기 위해 재정자금으로 시행하는 투자를 공공투자라고 하여 영리를 목적으로 하는 사적 투자와 구별한다. 예산의 경비별 분류에서는 공공사업관계비가 여기에 해당되고 치산치수, 도로정비, 항만건설, 임야정비, 도시개발, 농업기반정비 등이 주이다. 주택건설도 광범위한 의미에서는 공공투자이다. 정부의 재정자금에 의한 투자라는 점에서 정부투자나 재정투자와 거의 같은 뜻을 갖지만 엄밀한 의미에서 이 3가지 개념이 반드시 일치하지 않을 경우도 있다. 이른바 장기정체론에 있어서는 자본주의경제의 성숙과 더불어 투자가 저축에 미치지 못하기 때문에 영구적으로 유효수요부족이 일어나 만성적인 불경기상태를 초래하게 되는데, 이러한 경우 공공투자는 고용을 증가시키기 위한 가장 유효하고도 중요한 수단이 될 수 있다. 그리고 공공복지의 증진을 위한 공공투자(도로정비, 항만시설, 도시개발, 주택건설)는 건전한 유효수요촉진책으로서 높이 평가되고 있다.
→유효수요의 원리

공급 供給 supply
기업가가 가격과의 관계에서 사전적으로 기꺼이 제공하고자 하는 상품의 일정량을 말하며, 그 공급행위를 지칭하는 것은 아니다. 그리고 그것은 면포의 공급과 같이 어떤 한 가지의 상품에 관한 그 산업 전체의 공급량을 말하는 것으로, 개인이나 한 회사의 공급량은 아니다. 이 공급량은

보통 그 상품의 가격이 상승함에 따라 증가하는 성질이 있다. 이와 같은 관계를 표로 나타낸 것이 공급표 supply schedule이며, 이것을 수식화하여 상품의 공급량 S_1을 그 가격 P_1의 함수 $S_1 = f(P_1)$의 형식으로 나타낸 것이 공급함수 supply function이고, 그것을 그래프로 나타낸 것이 공급곡선 supply curve이다. →공급곡선, 수요공급의 법칙

＊**공급곡선·공급함수** 供給曲線·供

給函數 supply curve · supply function

공급이란, 기업이 일정한 가격수준하에서 재화나 용역을 판매하기 위하여 생산하고자 하는 욕구를 말한다. 따라서 공급량이란 실제로 판매를 달성한 양이 아니라 판매하고자 의도하는 양을 나타내며, 플로우 flow개념이므로 단위기간당으로 표시된다. 일반적으로 한 재화에 대한 공급량은 그 재화의 가격, 타재화의 가격, 생산기술, 생산요소의 가격 및 운송 등 여러 조건에 의해 결정된다. 즉 X_i재의 공급량 Q_s는 다음과 같이 수학적으로 나타낼 수 있다.

$$Q_s = f(P_i, P_1, P_2, \cdots, P_{i-1}, \cdots, P_n, T, F_1, \cdots, F_m, \cdots) \cdots\cdots (1)$$

여기서 P_i는 X_i재 가격, $P_1 \cdots P_n$은 X_i재 이외의 타재화가격, T는 기술수준, F_1, $\cdots$, F_m은 각 생산요소의 가격 등을 나타내고 있다. 이 (1)을 공급함수라 한다. 그런데 Q_s에 영향을 미치는 각종요인들 중에서 P_i를 제외한 기타의 요인들이 Q_s에 미치는 영향은 비교적 간접적이며 작다고 할 수 있으므로, P_i를 제외한 다른 모든 변수들이 일정하다고 가정하면 공급함수 (1)은

$$Q_s = f(P_i) \cdots\cdots\cdots\cdots\cdots (2)$$

라고 바꾸어 쓸 수 있다. 이 공급함수(2)를 가격과 공급량을 축으로 한 도표로 나타낸 것을 공급곡선이라 한다.

일반적으로 한 재화에 대한 공급량은 그 재화의 가격을 제외한 기타조건이 일정하다고 가정할 때 그 재화의 가격과 정의 함수관계가 성립한다. 즉 가격이 올라가면 공급량은 증가되고 가격이 떨어지면 공급량도 감소하게 된다. 이를 공급법칙 law of supply 이라 하며 함수관계로 나타내면 (2)와 같다. (2)는 공급량이 그 재화 가격의 함수임을 뜻하는 것으로, 공급곡선은 그림 1과 같다.

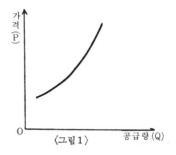

〈그림 1〉

이제 완전경쟁 perfect competition 을 전제로 했을 경우에 한 기업의 공급곡선은 어떻게 되는가를 생각해 보자.

기업은 이윤극대화가 목표이므로 조금이라도 손해보지 않게 행동한다고 가정을 하면 공급곡선은 가변요소 variable inputs 만을 변경시킬 수 있다. 단기 short run 의 경우와 생산시설까지도 변경시킬 수 있는 장기 long run 의 경우에는 다소의 차이가 있다.

단기의 경우, 우리는 그 기업의 각 비용곡선을 그림 2와 같이 그릴 수 있다.

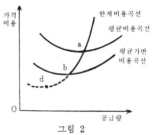

그림 2

그런데 완전경쟁하에서의 이윤극대화조건은 시장가격=한계비용이 되므로 기업의 공급은 한계비용곡선을 따라서 움직이게 된다. 만일 시장가격이 a점에서 결정된다면, 평균비용과 한계비용이 같으므로 기업은 계속 생산활동을 하게 되며 b점에서는 한계비용과 평균가변비용이 같게 되는데, 이 때는 어차피 불변비용은 손해를 보게 된다. 즉 생산활동을 계속하거나 중단해도(d점) 불변비용은 손해를 보게 된다.

따라서 이 b점까지는 생산활동을 계속할
것이지만 그 이하에서(d점) 가격이 결정
된다면 그 때는 생산활동을 중단하게 된
다. 때문에 기업은 b점 이상의 가격조건
하에서만 공급활동을 계속하게 되므로, 단
기에서 기업의 공급곡선은 평균가변비용
곡선보다 위에 위치하는 한계비용곡선과
일치한다.

한편 산업의 공급곡선은 단순하게 모든
기업의 공급곡선을 수평적으로 더함으로
써 얻어진다. 즉 산업의 공급곡선은 산업
내에 n개의 기업이 존재한다고 할 때, 그
것의 공급함수, $S = \sum_{i=1}^{n} Q(P_i)$에 의해서 나
타내어진다. 이제 각 산업간의 수출입까지
허용되는 한도내에서의 산업의 장기공급
곡선을 살펴 보자. 이것은 산업의 확대로
인한 기업의 비용체감, 체증, 불변의 경우
로 나누어 생각할 수 있다. 여기에서는 외
부비경제 때문에 비용체증이 존재하는 경
우를 살펴보자.

그림 3에서 보듯이 시장이 E에서 균형
을 이루다가 수요의 증가로 가격이 P_2로
오르면 기업은 많은 이윤을 남기게 되고
따라서 새로운 기업들이 들어오게 된다.
이렇게 되면 공급도 늘게 되지만 아울러
생산요소의 가격이 인상되어 기업의 장기
평균비용곡선은 LAC_1에서 LAC_2로 이동
하게 되고 또한 새로운 균형점 E'가 생기
게 된다. 결과적으로 시장에서의 장기공급
곡선은 EE'를 연결하는 선이 된다. 마찬
가지로 비용체감의 경우 시장에서의 공급
곡선은 우하향이 되며, 비용불변의 경우에
는 수평선이 된다.

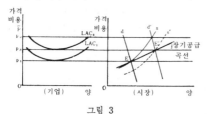

그림 3

[참고문헌] Henderson, J. M. & Quandt, R. E.,
Microecomic Theory; a Mathematical Approach; Lipsey, R. G., *An Introduction to Positive Economics*.

공급측 경제학 供給側 經濟學
supply-side economics

I. 배 경 1970년대 이후 미국경제는 높
은 실업률과 인플레이션, 저성장의 문제에
직면하였다. 또 과도한 사회복지비 지출은
재정적자를 누적시키고 경제활동을 담당
하는 개인 및 기업에 대한 조세부담을 가
중시켰으며 전반적인 생산성 후퇴와 비효
율을 가져왔다. 이러한 상황에서 총수요관
리정책은 현실경제문제를 해결하는 데 별
로 도움을 주지 못한 채 오히려 문제점들
을 심화시켰다. 또한 석유파동으로 인한
스태그플레이션에 대해서도 케인즈적 총
수요관리정책은 무기력함을 보였다. 이러
한 점들이, 총수요의 측면을 강조하는 기
존의 입장과는 달리 장기적으로 경제의 공
급능력을 강화시키는 정책 제안을 하는 공
급측 경제학의 성장배경이 되었다.

II. 내 용 공급측 경제학은 국민소득
수준, 물가수준을 결정하는 데 있어서 수
요의 측면보다는 공급의 측면이 더 중요하
다고 본다. 그리고 이러한 공급능력에 영
향을 미치는 중요한 변수로서 조세체계를
손꼽는다. 불합리한 과세는 근로자의 근로
의욕, 저축의욕 및 자본가의 투자의욕을
저하시켜 생산성 향상을 둔화시키고 자본
형성을 저하시켰다고 해석한다. 이들은 생
산활동에 있어서 조세유인을 강조하여, 소
득세의 감세는 사람들의 실질소득을 증가
시키고 근로의욕을 고취시킴과 동시에 저
축률도 높여 자본축적의 증가를 낳고, 또
기업의 법인세 감세나 고정설비 특별상각
제도는 기업의 설비투자를 촉진하여 생산
성 향상, 고용증가를 가져온다고 주장한
다. 또한 이러한 정책이 성공을 거두면 생

산능력이 확대되고, 생산의 증가는 인플레이션을 억제해 물가안정과 고용증대라는 두 거시경제목표를 함께 달성할 수 있다고 본다.

공급측 경제학은 이러한 맥락에서 정부의 지나친 개입과 정부부문의 팽창을 반대한다. 즉 이들은 경제정책이 총수요보다는 공급측에 미치는 영향을 중시하여 정부부문의 팽창이 효율적이고 창의적인 민간부문을 위축시켰다고 평가하는 것이다. 또한 이들은 소득재분배정책에도 반대한다. 즉 복지국가를 지향하는 사회보장제도의 비대화가 건전한 노동윤리를 타락시켰다는 것이다.

Ⅲ. 래퍼와 펠드슈타인 조세가 갖는 경제적 유인효과를 중시하는 공급측 경제학의 대표적 학자로는 래퍼 Laffer, Arthur B.와 펠드슈타인 Feldstein, Martin S. 이 있다. 래퍼는 세율의 변화가 경제주체의 유인 incentive 에 주는 영향을 통해 조세수입에 미치는 효과를 래퍼곡선 Laffer curve으로서 설명하였다. 이 래퍼곡선은 납세 후의 임금, 이자율, 이윤이 높을수록, 즉 세율이 낮을수록 근로의욕, 저축의욕 및 투자의욕이 제고된다는 사실을 전제로 하고 있다. 이에 따르면 세율이 0%일 때 경제주체들이 경제활동을 할 유인은 최대가 되지만 세금을 납부할 필요가 없으므로 조세수입은 0이고 세율이 100%이면 경제활동을 할 아무런 유인이 없으므로 역시 조세수입이 0이다. 세율이 낮은 상태에서 어느 수준까지는 세율이 상승함에 따라 조세수입이 증가한다. 그림에서는 t^* 에 이르렀을 때 조세수입이 극대화되는 것이다. 그러나 세율이 t^* 이상으로 증가하면 경제주체들의 유인을 감소시켜 생산활동을 위축시키고 지하경제의 번성과 탈세를 유발하여 세율이 상승함에도 불구하고 조세수입은 감소한다. 세율이 t^* 이상인 구역을

금지영역 prohibited zone 이라 한다. 그런데 미국의 세율은 현재 t_0와 같이 금지영역에 속해 있으므로 세율인하는 재정적자를 증가시키는 것이 아니라 오히려 조세수입을 증가시킨다고 래퍼는 주장하였다. 래퍼곡선은 이와 같이 감세를 통하여 경제의 생산성을 향상시키고 잠재적 공급능력을 증대시키려는 미국 레이건 행정부의 경제정책기조를 뒷받침하였다.

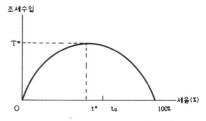

래퍼와 더불어 공급측 경제학을 대표하는 펠드슈타인은 세율인하가 조세수입을 증대시킨다는 래퍼의 주장에는 찬성하지 않지만, 높은 세율이 저생산성의 원인이 된다는 점에서는 동의한다. 그는 미국의 현행 조세제도와 사회보장제도가 근로자 및 기업의 의욕을 저하시켜 생산성을 저하시키고 저조한 자본형성을 초래했다고 생각한다. 그는 1960년대 중반부터 1970년대 말까지 명목이자율은 상승하였으나 높은 인플레이션과 세금을 감안한 실질이자율은 크게 하락하였음을 발견하고, 이것이 사람들의 저축의욕을 저하시켰다고 보았다. 또 인플레이션과 조세구조는 기업에도 유리한 방향으로 작용하지 않았다. 왜냐하면 인플레이션으로 인하여 실질이자율이 하락하였음에도 불구하고 감가상각방식, 재고평가방식 등이 기업의 이윤을 과대평가하여 이에 대한 조세효과률 고려하면 오히려 기업의 설비투자수요를 억제하는 결과를 낳을 수 있기 때문이다. 또한 그는 미국의 사회보장제도가 개인저축 및 자본형

성을 크게 저해한다고 실증적으로 밝히면서, 그와 관련된 정부지출을 억제하고, 구체적 목적을 갖는 조세의 세율을 인하함으로써 민간저축과 투자를 증대히켜야 한다고 주장한다. 그리하여 펠드슈타인은 정책적 처방으로서 긴축적 통화정책과 적극적인 유인을 제공하는 재정정책을 사용할 것을 제안한다.

Ⅳ. 문제점 우선 래퍼곡선에서 나타나는 문제로, 현재의 세율이 금지영역에 있는지, 또 적정세율은 얼마만큼 되는지 측정할 수 없고, 또 세율인하가 민간의 유인을 자극하여 생산성 향상을 가져오는 데에는 상당한 시간이 걸리고 그 효과를 측정하기가 어렵다는 것이다. 그리고 조세감면이 근로의욕, 저축의욕, 투자의욕은 증진시킬 수도 있지만 반면 소비수요를 자극하여 인플레이션을 악화시킬 가능성도 있는데, 공급측 경제학은 이러한 측면을 무시하고 있다. 또한 이 이론은 분배의 형평을 등한시하고 있으며, 실증에 의해 뒷받침되지 않는다는 점도 문제가 된다.

공동체 共同體 〔獨〕 Gemeinde
집단적인 토지의 점유를 물질적인 토대로 하고 구성원간의 경제외적 법칙에 기초하여 재생산이 영위되는 공동조직, 또는 사회관계를 의미한다. 그것은 계급이 존재하지 않았던 소위 원시공동체뿐만 아니라, 그것을 원형으로 하여 그것과 관련을 가지고 있는 아시아적·고대적·게르만적 공동체(지페 Sippe 등)까지도 포함한다. 자본주의에 선행하는 제생산양식(노예제·봉건제 등)에 있어서는, 토지가 부의 원천을 이루며 토지의 공동소유가 사회구성의 근저를 이루고 있었던 것으로서, 거기에서 공동체가 점하는 지위는 자본주의 아래에서의 상품생산(및 유통)의 지위에 대비될 수 있다. 따라서 봉건제로부터 자본주의에로의 이행과정에는 공동체의 붕괴, 즉 노동자의 토지로부터의 분리가 필연적인 일환으로서 수반되어 있다.

공리주의 功利主義 utilitarianism
이는 벤덤 Bentham, J. 에 의해 완성되어 19세기 전반 영국을 지배한 사회사상으로서, 인간의 도덕적 행위의 기초를 개인적 이익에서 구하여 최대다수의 최대행복을 도덕철학 및 사회철학의 기본원리로 삼았다. 벤덤은 그의 유명한 저서인「도덕과 입법의 원리서설 Introduction to the Principle of Morals and Legislation」(1789)에서 '자연은 인류를 두 개의 주권자, 즉 쾌락과 고통하에 두었다'고 하여 모든 인간을 쾌락을 구하고 고통을 피하려는 존재로 파악하고, 사회를 이러한 등질의 인간집합체로 간주하였다. 즉 공리주의는 일종의 원자론적 사회관에 입각한 사상이었다.

한편 공리주의는 경제적으로는 자유방임을 주장하고 각자의 자유로운 사적 이익의 추구를 시인하여 경제에 대한 국가의 간섭을 배제하고 국가의 기능을 개인소유권의 보호에 국한시키려 하였다. 이처럼 야경국가론의 입장에서 공리주의는 국가활동은 최소한의 필요에 그쳐야 한다는 주장을 신봉하여 그 비용인 세금도 경미해야 한다고 하여 '값싼 정부 cheap government'를 요구하였다. 따라서 공리주의는 자본주의적 경제질서가 완전히 자립화하여, 확립되는 단계의 시민계급의 사상이라고도 할 수 있다. 한편 19세기는 영국의 정치체제, 특히 시민계급의 전반적인 참여를 가로막는 하원의 구성방법(선거법)이 오랫동안 개선되지 않았기 때문에 공리주의자들은 동시에 정치적인 면에서도 시민계급의 지배가 달성되기를 원했다. 그들이 철학적 급진자라고 불리우는 것은 그 때문이다. 그리고 그들의 특징은 자본주의를 전폭적으로 신뢰하는 가운데 노동자계급의 빈곤은 노동인구를 임금기금에 알맞도록 조절함으로써 회피할 수 있다고 생각하고 자본축적은 무한히 이루어질 수 있다고 낙관하였다. 요컨대 공리주의사상은 봉건적 인습과 전통에 관한 비판인 동시에 인간의 도덕적 행위의 기본적 동기를 이기주의에서 구하는 것이며 발전기에 처해 있는 시민계급의 진로를 제시하는 이론이다.

공모 共謀 Collusion

과점시장을 구성하는 소수의 상호 독립적인 기업이 서로 협력하여 생산량을 조절하거나 높은 가격을 유지하는 집단적인 행동을 말한다. 전통적인 과점 이론에 의하면 독점기업의 이윤은 과점 시장에서 생산량 경쟁에 의한 Cournot 균형이나 가격경쟁에 의한 Bertland 균형에 따른 과점기업들의 이윤의 합보다 크므로 과점기업들은 극심한 경쟁을 회피함으로써 독점이익의 일부를 얻기 위하여 그들의 전략을 조정할 수 있으며 이러한 기업간 협력을 공모 collusion라고 본 것이다. 그러나 최근에는 이론적으로나 경험적으로 완전경쟁 또는 Bertland 균형과 Cournot 균형 사이에도 공모의 다양한 정도에 상응하는 스펙트럼이 있다고 보아서 완전경쟁시장 또는 Bertland 균형 이상의 이윤을 획득하는 모든 산업 내에는 기업행동에 공모가 내재하는 것으로 분석되고 있다. 그런데 공모하고자 하는 이윤동기 못지 않게 일단 공모가 이루어지면 공모를 위반하고자 하는 이윤동기가 작용하므로 공모의 성사도 어렵고 유지도 어려운 것이 사실이다. 공모를 성사시키고 유지하는 행동을 촉진하는 요인을 보면 먼저 수요가 비탄력적이고 시장진입을 제한하기 용이하여 독점이윤의 잠재력이 큰 산업의 경우에 공모가 용이하게 이루어지고 유지된다. 또한 산업 내 소수의 기업 존재, 높은 수준의 산업 집중, 기업간 생산비용의 유사성, 제품

차별화 미흡 등으로 기업간 협력의 거래비용이 낮을수록 공모가 용이하다. 시간적으로나 공간적으로 시장에서의 상호작용이 자주 이루어지는 경우 일회성 게임보다 반복게임의 특성이 작용하여 공모를 유지하기 위한 비용이 저렴하게 된다거나 수요나 비용조건의 변화가 매우 적어 시장조건이 안정적인 산업에서도 용이하게 공모가 이루어진다. 한편 Cartel과 같이 명시적인 형태의 공모는 미국, EU 등 모든 선진국에서 반독점 관련법으로 금지되고 있으며 묵시적인 담합의 경우에도 반독점 정부기관에 의하여 적발되는 경우 법적인 제재를 받게 되어있으나 담합에 참여한 기업이 반독점 정부기관에 비해 수요와 생산, 수송 함수에 대한 정보에 있어 우위를 점하고 있어 담합을 증명하기가 어려운 점이 있다 indistinguishability theorem.

공산주의 共產主義 communism

광의로는 자본주의의 다음에 오는 생산수단의 사회적 소유에 입각한 사회구성체 일반을 말하며, 협의로는 광의의 공산주의의 낮은 단계로서의 사회주의로부터 성숙된 높은 단계를 지칭한다. 보통 공산주의라 하면 광의로 해석하여 사회주의와 동일한 의미로 쓰이지만 양자는 엄밀히 구분되어야 한다. 즉 협의의 공산주의는 일반적으로 다음과 같은 기본적 특질을 가지는 것으로 이해되고 있다. ① 생산수단의 공산주의적 단일소유가 확립된다. 현재의 사회주의적 소유형태인 콜호즈적 소유나 국가적 소유는 완전히 성숙하여 단일의 공산주의적 소유로 등장한다. ② 이것과 관련해서 계급적 차이도 완전히 없어진다. ③ 상품·화폐관계도 완전히 없어진다. ④ 생산력이 발전하고 정신노동과 육체노동의 대립이 없어진다. ⑤ 인간 그 자체가 근본적으로 개선되며 노동은 살아가기 위한 수단일 뿐만이 아니고 그 자체가 제일의 생

활욕구로 된다. ⑥ 각인은 능력에 따라서 일하고 필요에 따라 보수를 받을 수 있게 된다. ⑦ 국가는 완전히 사멸한다.

공상적 사회주의 空想的 社會主義 utopian socialism

공상적 사회주의라는 말은 마르크스 Marx, K.에 의해 마르크스 이전의 사회주의에 대해서 붙여진 명칭인데 생·시몽 Saint-Simon, C. H. de R., 푸리에 Fourier, F. M. C., 오웬 Owen, R. 등이 주창한 사회주의 사상이 그것이다. 18세기 말부터 19세기 초에 이르는 수 년간에 걸친 프랑스 혁명 후의 혼란이나 산업혁명 때문에 초래된 병폐는 그들로 하여금 사회주의로 나아가지 않을 수 없게 하였다. 그들은 기존질서의 모순이나 병폐의 원인을 사유재산제도에 있다고 보고 생산수단의 공유와 소비생활의 공동화로서 이상사회의 구도를 그리고 있다. 그들의 사상에는 현실사회와 이상사회와의 관계가 단절되어 있다는 점과 이상사회의 실현은 전적으로 계몽된 유산자나 지식인의 실천행동에서 구해지고 있다는 점 등이 특색이다. 여기에 그들의 공상성이 있으며, 그들이 일괄적으로 공상적 사회주의자라고 불리우는 이유가 있는 것이다. 그러나 그들의 사회개조에 대한 진지한 태도와 실천적 열정은 차츰 많은 사람들의 관심을 현존 질서의 모순이나 병폐에 쏠리게 하는 결과를 낳게 하였다.

공시가격(석유) 公示價格(石油) posted price

산유국이 원유를 채굴하고 있는 국제석유회사로부터 이권료와 소득세를 징수하기 위해 설정하는 원유가격을 말한다. 1948년 베네주엘라가 1베럴당 2달러 11센트로 한 것이 처음이고, 그 후는 대부분의 산유국이 이 방식을 채택하게 되었다.

1971년 2월의 테헤란 협정은 소득세 55%, 이권료 5%를 합하여 공시가격의 60%를 산유국의 취득분으로 하였다. 그런데 산유국의 공세는 원유가격의 인상으로부터 현지 석유회사의 경영에도 참가하기 시작하고 있으며 현지 석유회사의 100% 경영참가를 바라보게 되었다. 이에 따라 이권료 소득세의 기준으로 되는 공시가격의 필연성이 없어지고 말았다. 이런 관계로 산유국은 공시가격을 폐지하려 하고 있다.

공업소유권 工業所有權 industrial property

특허권, 실용신안권, 의장권, 상표권과 같은 무형의 재산권을 말한다. 따라서 공업소유권은 산업에 관한 무형의 지적산물로서 배타적·독점적 효력을 가진 재산권이다. 그러므로 이러한 권리를 산업발전상 중요한 의의가 있고 또 발명, 발견을 장려하기 위해 일련의 공업소유권법에 의해 소유권과 같은 권리로서 보호받고 있다. 공업소유권은 무형의 재산권이므로 그러한 의미에서 저작권을 포함하여 무형재산권이라고도 불리운다. 공업소유권은 국제적으로도 보호받을 필요가 있으므로 국제 공업소유권보호 동맹조약이 있다.

공정가격 公定價格 official price

국가가 일정한 정책목표를 달성하기 위해 결정한 특정한 물품의 판매가격을 말하는 것이다. 이같은 공정가격제도는 독점가격의 형성과 더불어 이러한 독점기업이 상품의 판매조건을 그들의 독점이윤을 극대화시키는 조건하에서 결정하게 되어 자유로운 수급에 의한 시장가격의 형성이 인위적으로 제약받게 되었기 때문에 이와 같은 시장가격결정에 대한 인위적인 제약을 제도적으로 방지하기 위하여 도입된 것이다. 이같은 공정가격은 가격의 최고한을 국가가 결정하는 최고공정가격 내지 가격의 최저한을 국가가 결정하는 최저공정가격으로 나타나는 것이 일반적이다.

공정거래법 公正去來法 fair trade law
일반적으로 독과점의 폐해를 규제하고 공정하게 자유로운 경쟁거래질서를 확립하기 위해서 제정된 법을 말한다. 미국의 독점금지법 Anti-Trust Acts 이나 독일의 경쟁제한법이 이것에 해당한다. 우리 나라에서는 그 동안 물가상승의 중요한 요인의 하나였던 독과점상품가격의 실질적인 규제를 가능하게 한 '물가안정 및 공정거래에 관한 법률'이 1975년 12월에 제정되어 1976년 3월 15일부터 시행되었다.

1990년 1월 13일 「독점규제 및 공정거래에 관한 법률」로 전면 개정된 후 1996년 12월 13일 다시 개정되어 시행되고 있다. 이 법의 목적은 사업자의 시장지배적 지위의 남용과 과도한 경제력의 집중을 방지하고, 부당한 공동행위 및 불공정거래행위를 규제하여 공정하고 자유로운 경쟁을 촉진함으로써 창의적인 기업활동을 조장하고 소비자를 보호함과 아울러 국민경제의 균형있는 발전을 도모하는 것이다. 그 주요 내용을 살펴보면 다음과 같다.
① 시장지배적 지위의 남용금지 : 시장지배적 사업자는 경쟁을 실질적으로 제한하거나 소비자의 이익을 현저히 저해할 우려가 있는 행위를 하여서는 아니됨. ② 기업결합의 제한 및 경제력집중의 억제 ③ 부당한 공동행위의 금지 : 사업자는 계약·협정·결의 기타 어떠한 방법으로도 다른 사업자와 공동으로 일정한 거래분야에서 경쟁을 실질적으로 제한하는 행위를 할 것을 합의하여서는 아니됨. ④ 불공정거래행위의 금지 : 사

업자는 공정한 거래를 저해할 우려가 있는 행위를 하거나, 계열회사 또는 다른 사업자로 하여금 이를 행하도록 하여서는 아니됨. ⑤ 사업자단체는 그 설립일로부터 30일 이내에 그 설립사항을 공정거래위원회에 신고하여야 하며 부당한 공동행위 및 불공정거래행위를 하여서는 아니됨. ⑥ 재판매가격유지행위의 제한 : 상품을 생산 판매하는 사업자는 재판매가격유지행위를 하여서는 아니됨.

＊공채 公債 public debt
국가 또는 지방공공단체가 경비를 조달하기 위하여 부담하는 채무이다. 공채는 조세수입·행정수입 및 공기업수입 등의 재정수입을 초과하는 경비지출의 필요가 있는 경우에 발행되는데, 어느 경우든 공채란 재정수입의 부족을 메우기 위해서 취하는 임시적인 재정수단에 불과하다.

중상주의시대에 공채는 국부증가의 상징으로서 화폐의 유통과 생산을 촉진할 뿐만 아니라, '주머니돈이 쌈짓돈'이라는 속담식으로 공채에 대해 아무 위구심(危懼心)을 가질 필요가 없다는 사고방법이 성행하였다. 그러나 자유주의시대에는 생산공채이든 적자공채이든 간에 민간의 기존자본을 흡수하여 정부가 사용하고 일정기간 후까지 원리금지불의 부담을 남겨 두는 위험한 재정수단이라는 사고가 지배적이었다. 그 후 독일에서는 생산공채를 시인하는 사상이 성행하였으며, 케인즈 Keynes, J. M. 이후로는 불황기에 국가경비를 증대시키기 위한 재원을 적자공채에서 구하여 경기진흥을 꾀하여야 한다는 생각이 유력하게 되었다. 공채의 작용은 공채의 발행조건과 발행방법 및 공채발행시의 경제계의 상태에 따라서 차이가 있으나 대량

의 공채발행이 필요하게 된 것은 전시로서, 제1차·제2차대전중에는 이례적으로 공채의 누적이 생겨 금융의 구조나 제도에 막대한 영향을 미쳤다. 독일이나 일본에서는 중앙은행인수공채가 남발되어 극심한 인플레이션을 야기시켜 공채의 실질가치의 저하를 가져 왔다. 또 영국이나 미국에서는 국민소득에 견줄 만큼 공채가 누적하여 재정상으로는 원리금지불의 부담이 되었고 금융상으로는 공개시장조작의 무기가 되었다.

공채는 분류기준에 따라 여러 가지 종류가 있다. ① 발행주체에 따라 국채와 지방채로, ② 공채의 모집지를 기준으로 내국채와 외국채로, ③ 상환기간을 기준으로 장기(확정)공채와 단기(유동)공채로, ④ 응모방법에 따라 강제공채와 임의공채로, ⑤ 공채에 의해 조달된 자금의 용도에 따라 생산공채와 비생산공채 등으로 나뉜다. 공채의 발행에는 공모에 의한 방법과 제1차대전 이후 금본위폐지 이래 중앙은행인수에 의한 방법의 두 가지가 있다. 공모의 경우, 공채의 자금원천은 화폐·자본시장에서 유통되는 민간자금이지만 중앙은행인수의 경우에는 화폐의 창조와 똑같은 효과가 있다. 공채의 발행에는 할인발행·프레미엄 부발행·평가발행(平價發行) 등이 있다.

① 할인발행 : 시장이자율보다 공채이자율을 낮게 정하고 액면 이하의 가격으로 발행하는 방법.

② 프레미엄부 발행 : 공채이자율을 시장이자율보다 높게 정하고 액면 이상의 가격으로 발행하는 방법.

③ 평가발행 : 공채이자율을 시장이자율과 거의 같게 정하고 액면가격대로 발행하는 방법.

공채의 상환이란 공채의 원금을 전부 또는 일부 변제하는 것을 말하며 강제적 상환과 임의적 상환이 있다. 강제적 상환은 국가의 의무로서 매년 일정액의 공채를 상환하는 방법이다. 우리 나라에는 감채기금제도는 없지만 결산잉여금은 우선적으로 공채상환에 충당키로 되어 있다. 임의적 상환은 재정상 잉여가 발생할 때와 같이 공채의 상환이 용이할 때 상환하는 방법이다. 공채의 구체적인 상환방법에는 추첨상환, 할인상환, 만기상환 등이 있다. 공채가 금융시장이나 국민경제에 주는 효과는 공채의 종류, 공채의 발행방법 및 조건(상환이자율 등) 혹은 공채의 누적정도에 따라 다르다.

[참고문헌] Hansen, A. H., *Fiscal Policy and Business Cycles*, 1941; Musgrave, R. A., *The Theory of Public Finance*, 1970; 차병권, 「재정학개론」, 1972.

공해 公害 environmental pollution

불특정다수의 대중에게 정신적, 경제적, 육체적 피해를 주는 것을 말한다. 우리 나라 공해방지법(1971년 법률 제2305호)에서는 행정규제의 대상으로 공해를 ① 배출시설에서 나오는 매연, 먼지, 악취 및 가스 등으로 인한 대기오염, ② 배출시설에서 나오는 화학적·생물학적 요인에 의한 수질오염, ③ 소음·진동으로 규정하고 있다(제2조 1항). 이러한 공해를 법률로 엄격히 규제하는 데에는 대규모 공장시설의 증가와 도시인구의 과밀에서 오는 오염이나 소음·진동으로 인한 국민보건위생상의 위해와 생활환경의 피해를 방지하자는 데 목적이 있다. 근래에 와서는 위에서 말한 공해 외에 불량식품·불량의약품·자동차·농약 등도 공해의 일종으로 취급되고 있다.

공황 恐慌 crisis

공황, 즉 일반적 과잉생산공황은 자본주의 생산에 고유한 것으로서, 자본주의 생산 이외에 있어서는 발생하지 않는다. 자본주의 생산의 가장 기본적인 특징은 상품 생산이라는 것이다. 따라서 상품생산 중에 이미 공황의 가능성이 존재하고 있다. 상품과 상품의 교환이 화폐를 매개로 하여 행해지는 상품유통(W-G-W)에 있어서는, 상품과 상품의 교환이 상품의 판매(W-G)와 구매(G-W)의 대립으로 분열되어 있으므로 상품을 판매(W-G)하여 얻은 화폐(G)가 축장화폐(蓄藏貨幣)로 되어, 다음의 구매(G-W)가 이루어지지 않는 관계로 교환의 상대방은 자기의 상품을 판매할 수 없게 되는 경우가 생길 수 있다. 그리고 화폐가 지불수단의 기능을 하고 외상판매가 이루어지기 때문에, 최종채무자의 채무의 불이행이 일련의 다른 채무의 불이행을 초래하는 일이 생길 수 있다.

여기에 공황의 가능성을 엿볼 수 있는데, 그것은 문자 그대로 일반적·추상적·형식적 가능성으로서, 이것만으로는 자본주의 생산에 고유한 공황의 현실성을 설명할 수는 없다. 공황의 진실한 원인을 명백히 하기 위해서는, 우선 그것이 자본주의의 기본적 모순의 폭발이며, 그리고 일시적인 해결이기도 하다는 파악이 필요하다. 자본주의의 기본적 모순이란 생산의 사회적 성격과 소유의 사적·자본주의적 형태와의 사이에 있는 모순인데, 그것은 단적으로 잉여가치의 생산조건과 현실조건과의 사이에 모순이란 형태로 나타난다. 잉여가치의 생산조건은 사회의 생산력에 의해서만 제한되는데, 잉여가치의 실현조건은 각 생산부문간의 균형과 사회의 소비력에 의하여 제한되고 있다. 자본주의생산 아래에서는 생산력의 발전이 자본의 유기적 구성의 고도화를 통하여 이루어지는데, 그것은 한편에서는 이윤율의 하락을 초래하지만, 도리어 이 이윤율의 저락을 보완하기 위한 목적으로 축적·집중에 의한 투하자본량의 증대, 따라서 상품의 생산량의

증대를 초래하며, 다른 한편으로는 생산부문간의 불균등발전과 상대적 과잉인구의 누진적 생성을 낳는다. 이리하여 잉여가치의 생산조건과 현실조건과의 사이에 모순이 발생하며, 그것은 또한 상업자본과 신용의 개입에 의하여 한층 현저하게 된다. 말하자면 공황은 이와 같은 모순의 폭발이며, 동시에 일시적 해결이기도 하다.

생산부문간의 균형에 대하여 제1부문(생산수단 생산부문)의 발전이 제2부문(소비자료 생산부문)에 의하여 궁극적으로 제약되고 있는 것을 고려한다면, 모든 현실의 공황의 궁극적 근거는 생산력을 무제한으로 발전시키려고 하는 자본주의 생산의 충동과 대비되는 '대중의 궁핍과 소비제한'에 있다고 할 것이다. 한 번 공황이 발생하면 생산의 격감, 생산물의 폐기, 가격의 폭락, 대량실업을 볼 수 있으며, 그 결과 자본가계급과 노동자계급의 대립은 격화한다. 이리하여 공황에 의하여 자본주의의 역사적·경과적 성격과 역사적 사명이 명백하게 된다. 근대적 공황의 특징으로는 모든 경제부문을 포괄하는 일반성과 더불어 주기성을 들 수 있다. 공황에서 시작하여 불황, 활황, 번영의 국면을 경유하여 다시 공황에 도달하는 산업순환 industrial cycle에 있어서 공황은 정기적인 지위를 차지하고 있으나 그 주기는 최초의 1825년 공황 이래, 제1차세계대전 이전까지의 1836년, 1847년, 1857년, 1866년, 1873년, 1882년, 1890년, 1900년, 1907년 등의 공황 발생이 나타나는 것과 같이, 거의 10년의 주기를 보여주고 있다. 이와 같은 공황의 주기성의 물질적인 기초는 고정자본의 변신이라고 간주되고 있다. →경기 순환

과당경쟁 過當競爭 over competition
동업종의 기업이 난립하여 서로 판로를 확장하려는 상태를 말한다. 가격의 인하경

쟁이나 설비과잉으로 공급과다 등의 악영향이 생긴다. 이로 인하여 합병, 제휴에 의한 기업 수의 변동, 공동투자, 공동수주, 공동판매, 협정가격의 설정 등으로 적정경쟁체제로 바뀌기도 한다.

과세물건 課稅物件 object of taxation
조세객체라고도 하며 과세의 대상이 되는 목적물을 말한다. 즉 토지세 부과의 대상이 되는 토지, 소득세 부과의 대상이 되는 소득 등 물건·행위·실질과 같은 것이다. 과세물건과 세원은 일치할 수도 있고 일치하지 않을 수도 있다. 소득세의 과세물건은 소득이며 그 세원도 소득이다. 그러나 영업세의 과세물건은 영업행위이지만 그 세원은 영업수익이다. →과세표준

과세표준 課稅標準 bases of assessment
세액이나 세율을 결정할 대상이 되는 가격과 수량을 말한다. 예를 들면 소득세의 경우 순소득액이나 법인세의 경우 회사의 각사업년도의 소득액, 주세(酒稅)의 경우 주류의 출고수량, 부동산세의 경우 부동산의 임대가격 등과 같은 것이다. 과세표준은 세율과 더불어 국민의 실질적 조세부담을 결정하는 것이므로 이를 어떻게 정할 것인가는 대단히 중요한 문제이다. 과세표준은 세원과도 다르고 과세물건과도 다르다. 세원은 조세가 지급되는 원천이며 일반적으로 납세자의 소득·재산 및 자본을 말하고 과세물건은 과세의 대상이 되는 목적물, 즉 물건·행위·사실 등이다. 그러나 소득세처럼 세원도 소득이고, 과세물건도 소득이고, 과세표준도 소득이 되어 3자가 일치되는 경우도 있다.

과소소비설 過少消費說 under-consumption theory
공황의 원인은, 소득에서 차지하는 소비지출이 상대적으로 낮은 반면 저축률이 높은 데 있다는 이론을 총칭하여 과소소비설이라 한다. 대표적인 과소소비론자로는 맬더스 Malthus, T. R., 시스몽디 Sismondi, J. C. L. de 등을 들 수 있다. 과소소비설의 일반적인 특징은 과잉생산 또는 유효수요의 부족은 부분적이 아니라 일반적이며, 자본주의의 발전에 따라 그것이 한층 더 심화하는 경향이 있다고 주장하는 데 있다. 그러나 일반적 과잉생산론이 모두 과소소비설인 것은 아니다. 고전학파의 세이의 법칙 Say's law에 반대하는 마르크스학파 및 케인즈학파의 대다수는 그 이론이 과소소비설이라고 불리우는 것을 거부하여 왔다.

과소소비설의 난점으로 다음의 것들을 들 수 있다. ① 소비의 상대적 제한성이 자본주의 경제에서는 일반적·항상적인 것이며, 공황 직전의 일시적인 상태는 아니다. 따라서 과소소비설에 의하면 공황은 항구적인 것으로 되어야 하는데 현실적으로는 그렇지 아니한 것, ② 생산수단, 생산부문의 발전속도는 소비재생산부문의 그것보다도 더 빠르며 현실의 주기적 과잉생산은 일반적으로 생산수단 생산부문에 먼저 나타나는 것으로 소비재의 과잉이라는 형태를 취하지는 않는다는 것, ③ 역사적·통계적으로 보아 저축률이 현저하게 증대하는 경향은 볼 수 없다. 즉 장기적 과소소비의 경향이라는 것은 존재하지 않는 것이 그것이다. 과소소비설이 이와 같은 비판에 답할 수 없었던 근본적인 이유는 그것이 총유효수요 중에서 소비수요만을 고려하고 생산수단에 대한 수요, 즉 투자수요는 간과한 채 이론을 전개한 데 있다.
→과잉투자설, 공황

과시적 소비 誇示的 消費 conspicuous consumption

부를 과시하는 것을 의식하면서 행하는 소비를 말한다. 이 개념을 도입한 베블렌 Veblen, T. 은 과시적 소비가 가장 빈곤한 계층을 포함해서 사회의 모든 계층간에 존재하고 있다고 주장하고 있다. 그들은 비록 자기의 자력(資力)을 넘는 것이라도 훌륭한 재를 구입함으로써 그 이웃사람들의 부러움의 대상이 되려 한다. 베블렌에 의하면, 가장무도회와 같이 사치스럽고 낭비적인 오락은 과시적 소비를 함에 있어서는 가장 좋은 방법이다. 엄밀히 따지면 대부분의 공업국의 소비지출은 거의 모두가 과시적 소비의 상표를 붙이게 될 것이다.

과잉투자설 過剩投資設 over-investment theory

경기순환에 있어서는 일반적으로 자본재를 생산하는 산업 쪽이 소비재를 생산하는 산업보다 극심한 변동에 처해지는 것이 보통이다. 이러한 기본적인 사실로 부터 출발해서 소비재산업의 발전에 비하여 자본재산업의 지나친 발전이 경기변동의 원인이라고 하는 이론을 과잉투자설이라고 한다. 즉 경기가 상승하는 시기에는 소비재의 생산에 비교하여 자본재의 생산이 격증하고, 이와 반대로 경기가 하향할 때는 자본재생산은 격감하는 것인데, 과잉투자설은 이를 호황의 과정에 있어서 경제의 구조적 부(不)조정에서 오는 것이라고 여기는 것이다. 그것은 원료로부터 중간생산물을 거쳐 최종생산물로 구체화되는 일관된 계열, 즉 생산구조에서 생긴 조정불량이기 때문에 가끔 수직적 부조정 vertical maladjustment 이라고도 일컬어진다. 이처럼 과잉투자란 일정의 생산구조를 전제로 하여 고려된 상대적인 개념이므로 일정의 생산구조에 대비해서 자본재의 생산이 전체의 조화적인 발전을 깰 만큼 과잉으로 되는 것을 의미하는 것이다.

그런데 이 과잉투자설은 크게 둘로 나눌 수가 있다. 화폐적 과잉투자설과 비화폐적 과잉투자설이 그것이다. 화폐적 과잉투자설 monetary over-investment theory 은 종종 신(新)빅셀이론 neo-Wicksellian theory 이라고 불리운다. 왜냐하면 화폐적 과잉투자설은 신용조직, 특히 은행제도의 모순이 생산구조의 수직적인 부조정을 촉진하는 요소라고 여기는 입장에 서는 것인데, 이러한 발상은 금융면으로부터의 작용이 생산구조를 부조정시킨다는 인식하에서 자연이자율과 화폐이자율과의 격차에 의해서 물가의 변동을 설명하는 빅셀의 사상에 그 기초를 두고 있다. 이와는 달리 비화폐적 과잉투자설 non-mometary over-investment theory 이 강조하는 논점은 자본재, 특히 고정자본의 변동이 생산구조의 수직적인 부조정을 촉진하는 요소라는 점에 있다. 다시 말해 호황의 과정은 자본재 생산의 과잉과 원료, 임금의 상승으로 특징지워지며, 또한 그로 인해서 화폐자본의 부족을 초래하기 때문에 이것이 곧 불황의 원인이 되는 것이라고 주장하는 것이다. 화폐적 과잉투자설 혹은 비화폐적 과잉투자설 중 어느 쪽의 입장을 취하든, 특히 과잉투자설은 호황의 종말이 생산구조의 수직적 부조정으로 특징지어진다.

과전법 科田法

과전법은 1391년 중소지주출신인 신진사류로 구성된 이성계일파가 대지주·귀족세력을 물리치고 제정한 토지제도이다. 과전법의 제정은 고려후기 문란하였던 토지제도를 개혁함으로써 백성들의 고통을 다소간 완화하였으며, 구지배세력의 물질적 기반을 무너뜨리고 새 왕조의 물질적 기반을 확립하는 데 그 역사적 의의가 있었다.

고려 후기 토지제도는 대단히 문란하였다. '한 땅의 주인이 5~6명이요, 1년의 수조가 8~9차에 달하는' 현상을 빚어내었다. 고려왕조에서도 이러한 폐단을 제거하기 위하여 여러 번 토지제도의 개혁을 단행하려 하였으나 집권층인 대토지소유자의 반대에 부딪혀 실행될 수가 없었다. 1388(우왕 14)년 5월 위화도회군을 단행한 이성계는 새로운 왕조의 건설을 기도하여 토지겸병자(土地兼倂者)인 세신대족(世臣大族)을 반대하는 신진관료들과 일부 고관들을 자기 주위에 집결시키고 토지제도의 개혁에 착수하였다. 1388년 6월에 이미 왕실재정과 군비를 튼튼히 한다는 명목으로 ① 요물고(料物庫 : 왕실창고의 하나)에 소속된 360개의 장(庄), 처(處)의 토지로서 선대에 사원들에 기부하였던 것을 회수할 것, ② 동북면과 서북면의 사전을 몰수할 것이라는 원칙을 세우고 곧 착수하였다. 또 그 때에 ①전국적으로 양전(量田)을 실시하여 불법적으로 점탈 및 약탈된 토지를 조사하고 새로 제정된 전제(田制)의 요목에 의하여 국가수조지(收租地), 왕실수조지, 분급수조지 등을 재론할 것, ② 새 전제에 의한 급전을 실시하기 이전에 우선 긴급대책으로서 금후 3년간 일체의 공·사전의 전조(田租)를 공수하여 군수의 축적과 관리들의 녹봉에 충당할 것을 건의하고 왕에 의해서 채택되었으나 왕과 세신대족들의 반대에 부딪혀 실천에 옮겨질 수가 없었다.

이에 이성계는 1389년 11월 창왕을 폐위하고 공양왕을 옹립하여 곧 다음과 같이 전제개혁의 기본방침을 결정하였다. ① 개간지 총면적 50만결 중 10만결은 일반국용으로 우창(右倉)에 소속시키고 3만결은 왕실비용으로서 사고(四庫)에 소속시키고, 10만결은 관리의 녹봉으로서 좌창(左倉)에 소속시키고, 경기전 10만결은 관리들에게 과전으로 분결(分結)하고, 나머지 17만결은 주현(州縣), 진(津), 원(院), 역(驛),

사원, 향리, 지방관 등의 위전(位田), 공수전(公須田), 아록전(衙祿田)에 충당한다. ② 사전의 무절제한 발전을 막기 위하여 관료들에게 분급하는 과전은 반드시 경기(京畿)내에 설정한다. 단, 경기전이 10만결이 되지 못하므로 경기도를 넓힌다. ③ 경기 이외에 각도에는 국고수조지, 위전, 공수전, 아록전뿐이고 관료들에게 분급하는 과전은 절대로 설정하지 않되, 다만 군전은 설정한다. 과전법은 실질적으로 1390년 말까지는 그 제정이 완료되었는데, 다시 정리하고 법제화를 위한 과정을 거쳐 1391년 5월에 발표된 것이다.

과전법은 위에서 본 바와 같이 개별적 관료들을 위한 분급지에 관한 규정을 자세히 설정한 외에 국고수조지, 중앙 및 지방 각기관 혹은 외역인들의 수조지에 대한 규정과 조 및 세의 징수에 대한 일반적인 원칙이 설정되었다. 그 구체적 내용을 보면 아래와 같다. ① 과전은 시직(時職)과 산직(散職)을 물론하고 1품으로부터 9품까지의 유품관리(流品官吏)에서 산직에 이르는 각 관리들을 18과로 나누어 분급한다. 각 과의 토지분급량은 아래와 같다.

② 이전의 공·사문적을 참작하여 새로 분급할 토지분량을 정해서 국고수조지, 중앙 및 지방관청들의 수조지, 관·사원의

과전지급결수

과	결 수	과	결 수
제 1 과	150	제10과	65
제 2 과	130	제11과	50
제 3 과	125	제12과	50
제 4 과	115	제13과	43
제 5 과	105	제14과	35
제 6 과	97	제15과	26
제 7 과	89	제16과	20
제 8 과	81	제17과	15
제 9 과	73	제18과	10

수조지와 각종 외역전을 분급한다. 위에서 열거한 것 중 관·사원의 수조지는 사전이요, 나머지는 공전이다. ③ 군무에 복무하는 지방의 한량관리들에게 '품의 고하를 막론하고 그 본전(本田)의 다소에 따라 군전 10결 혹은 5결씩을 준다'. 한량관리란 신분적으로는 양반들이요, 본전이란 그 관리가 본래 가지고 있었던 토지이다. 이 규정이 전시과(田柴科)와 과전법이 기본적으로 다른 특징 중의 하나이다. 전시과 체제하에서는 모든 군인, 즉 모든 부병들에게까지 토지를 분급하였으나 과전법체제하에서는 극소수의 양반, 군인들에게만 토지를 분급한 것이다. ④ 특별한 공로를 세운 공신들에게는 공신전을 지급한다. ⑤ 개인들이 임의로 사원에 토지를 기부하는 것을 금한다. 이 규정은 고려후기의 무절제한 사원전의 팽창사정을 고려한 것이다. ⑥ 지금으로부터 개간되는 토지는 군수전(軍需田)에 충당한다. 이 규정은 과전의 분급에 있어서 군수전이 가장 적게 고려된 것을 감안한 것이다.

각 유형의 과전의 수수에 대한 규정을 보면 아래와 같다. ① 지금 신미년(1391)에 자기 과에 해당하는 것보다 토지를 적게 받은 자 및 앞으로 관리가 되는 자에 대해서는, 자기 과에 해당하는 과전을 분급하되 과전으로 회수된 토지로서 분급한다. 이 규정은 사전의 범위가 무제한하게 발전하는 것을 방지할 목적으로 설정되었다. ② 수전자(受田者)가 죽은 후 아들이 있는 미망인이 수신하는 경우에는 그 과전을 수신전(守信田)으로, 부모가 다 죽고 아들이 20세 미만인 경우에는 과전의 반을 휼양전(恤養田)으로 지급한다. 이것은 사자세록지의(仕者世祿之意)에 해당되는 것인데 이 조항 때문에 과전회수가 제대로 이행되지 않고 사전이 무절제하게 늘어나 과전법 자체가 붕괴되는 원인이 되기도 하였다.

③ 과전을 받은 자가 일정한 범죄를 저질렀을 때 과전은 몰수된다. ④ 공사천인(公私賤人), 공장(工匠), 점장이, 무당, 창기, 승려 등은 본인은 물론이요 그 자손들까지도 수조지를 받을 수가 없다. 위 과전법의 수수규정으로 보아 과전은 양반들에게 집중적으로 주어졌다는 것을 알 수 있다.

마지막으로 과전에 대한 조·세의 징수와 전주(田主) 대 개객(個客)간의 관계에 대한 규정을 보면 아래와 같다. ① 공전(국고 및 국가기관수조지)이거나 사전(개인수조지)이거나를 막론하고 전조는 수전(水田) 1결에는 조미(어느 정도 찧은 쌀) 30두(2석), 한전(旱田) 1결에는 잡곡 30두로 하고 그 이상 징수하는 자는 엄벌한다. 논밭의 1결당 30두는 수확고의 10분의 1이다. ② 사전을 받은 자들은 특별한 예외를 제외하고는 다 자기가 경작농민으로부터 받은 전조 중 1결당 전세 2과씩을 국고에 수납한다. 이것은 국가가 관리들에게 수조지를 분급하면서도 그것을 전적으로 수전자에게 일임하는 것이 아니라 일정한 간섭을 한다는 것을 나타낸 것이다. ③ 수전자가 전주(田主), 경작자가 전객(佃客)이기는 하지만 전주가 전객의 토지를 함부로 빼앗을 수는 없다. ④ 공·사전의 구역내에 유한지가 있을 때는 누구나 자유로이 신탄채취(薪炭採取), 방목, 어로, 수렵 등에 이용할 수 있다. ⑤ 경작자인 전객은 임의로 자기의 경작지를 타인에게 매도·양도해서는 안된다.

과전법이 전시과와 기본적으로 다른 점은 첫째, 전시과 체제하에서보다 과전법하에서 수조율이 낮았다는 것 둘째, 전시과 체제하에서는 모든 군인들에게 군인전을 주었으나 과전법하에서는 특수한 군인인 한량관리에게만 군전을 지급하였다는 것 셋째, 전시과체제하에서는 전지(田地)와 시지(柴地)를 지급하였으나 과전법하에서는 전지만 지급하고 시지는 지급하지 않았다는 것 등이다. 이들 중에서도 전자와 후자의 기본적 차이는 수조율의 차이에 있었던 것이다. 전시과체제하에서는 수조율이 높을 때 토지수확량의 4분의 1이나 되었으나 과전법하에서는 그것이 10분의 1을 초과한 일이 없었다. 그리고 세종 때의 공법(貢法)의 제정에 따라서 그것은 20분의 1로 격감되었다. 수조율이 이렇게 낮아짐으로 해서 과전법하에서는 공적인 수조자 외에 사적인 대토지소유의 발전이 가능하였다. 이 점이 고려의 토지제도와 이조의 토지제도를 기본적으로 갈라놓는 점이다. 과전법은 그 후 여러 가지의 변천을 겪다가 세조 12(1466)년 직전법이 공포됨으로 해서 폐지되었다.

〔참고문헌〕 고려사; 천관우, 「한국토지제도사(하)」, 「한국문화사대계 Ⅱ」, 서울, 1965.

과점 寡占 oligopoly

어떤 상품을 두 개 이상의 소수 기업이 공급하는 시장형태를 말한다. 특히 상품이 두 개의 기업에 의해서 공급되는 경우를 복점 duopoly 이라고 한다. 과점이 발생하게 되는 원인은 다음과 같은 것에서 찾아볼 수 있다. 즉 ① 공공기업의 경우와 같이 정부의 법령 내지 정책에 의해서, ② 경쟁적 시장에서 규모의 경제가 작용하여 소수의 기업을 제외한 나머지 기업들이 경쟁에서 탈락한 경우, ③ 다수의 생산자가 담합 collusion 에 의해서 카르텔을 형성하는 경우 등이 그것이다.

과점의 본질적인 특징은 각 기업의 행동이 상호의존적이라는 점이다. 과점기업의 산출량·가격에 관한 의사결정은 타기업의 의사결정과 자사의 행동에 대한 타기업의 반응에 의해서 크게 영향을 받는다. 이와 같이 과점기업의 행동패턴은 상호의존

적이기 때문에, 완전경쟁시장에서와 같이 과점시장의 균형에 관한 일반이론을 구성하는 것은 불가능하다. 그러므로 지금까지 이 문제에 대하여서는 어떤 특수한 상황하에 있는 과점시장을 상정하고 특수한 행동패턴을 가정함으로써 그에 따라 분석모형이 제시되어 왔다.

몇 가지 주요한 이론들을 소개하면 다음과 같다. ① 쿠르노 Cournot, A. A. 의 이론에서는 과점기업의 행동패턴에 관해서 각 기업이 타기업의 산출량을 불변이라고 상정하고, 자사의 산출량에 관해서 이윤극대화를 추구한다고 가정되어 있다. 이 때 균형은 각 기업의 반응곡선 reaction curve 이 교차하는 점에 이루어진다. ② 스위지 Sweezy, P. M. 의 이론에서는 다음과 같은 행동패턴이 가정되어 있다. 즉 미리 결정된 가격-산출량 관계에서, 만일 한 기업이 가격을 인하하면(산출량을 증가시키면) 다른 기업은 자신의 시장점유율을 종전대로 유지하기 위해서 가격을 인하하는(산출량을 증가시키는) 식으로 반응한다. 반면에 만일 한 기업이 가격을 인상하면, 다른 기업은 가격을 변화시키지 않으며 따라서 자신의 시장점유율을 증대시킨다고 가정된다. 이러한 가정 위에서 얻어진 것이 과점기업의 굴절수요곡선 kinked demand curve 이다. 이 이론에서는 한계비용곡선이 한계수입곡선의 수직의 불연속적인 부분을 통과하는 한 과점가격은 경직성을 띠게 된다고 설명되어 있다. ③ 시장점유율 이론에서는 한 기업이 고정된 시장점유율을 유지하는 식으로 행동한다고 가정되어 있다. 이 경우, 이 기업의 행동목표는 단기적인 이윤보다는 일정한 시장점유율을 유지함으로써 얻을 수 있는 장기적인 이익에 두어져 있는 셈이다. ④ 슈타켈베르그 Stackelberg, H. V. 의 가격선도이론에서는 행동패턴에 관해서 다음과 같이 가정한다.

즉 선도기업 leader 은 경쟁기업이 추종자 follower 로서 행동한다는 가정 위에서 경쟁자의 반응곡선이 주어져 있다고 생각하고 자신의 이윤을 극대화한다. 반면에 추종기업은 그의 경쟁기업을 선도자라는 가정 위에서 경쟁자의 산출량에 관한 의사결정이 주어져 있다고 생각하고 자신의 이윤을 극대화하기 위해 산출량을 조정한다. ⑤ 담합이론에서는 과점기업들이 자신들의 상호의존성을 인식하고 경쟁의 악순환을 피하여 담합 내지 협약에 의해서 산업 전체의 이윤을 극대화시키는 식으로 행동한다고 가정한다. 물론 담합에는 카르텔을 통한 시장분할, 가격지배, 가격협정 등 각양각색의 경우가 존재한다. ⑥ 최근에 노이만 Neumann, J. v., 모르겐슈테른 Morgenstern, O. 등에 의해서 개발된 게임이론에서는 경쟁자의 반응을 추측해서 자기의 행동을 결정하는 대신 자기의 최선의 행동에 대해 경쟁자가 취할 수 있는 가장 유리한 전략을 예견하고 이에 대해 적절한 자기의 방도를 결정하는 미니맥스원리를 통해서 과점균형이 분석되고 있다. →반응곡선, 굴절수요곡선, 가격선도제

과정분석 · 기간분석 過程分析 · 期間分析 process analysis · period analysis

경제변동의 과정을 불연속적인 것으로 재편성하여, 변동에 있어서의 인과의 요소를 명백하게 하려는 연구방법을 과정분석이라 한다. 이 방법은 북구학파가 처음으로 표방한 것이나 현대에 와서는 경제체계의 동학적 분석을 위한 기술적 방법으로서 널리 중요시되게 되었다.

경제현상은 일종의 시간적 현상이므로 경제제량간의 관계는 그 시간적 측면을 고려치 않으면 파악되지 않는다. 그 뿐만 아니라, 예를 들면 상품의 생산량, 가격, 국민소득 등의 개념을 정의할 때에도 그 시간적 요소를 무시하는 것은 불가능하다. 그러나 경제변동의 시간적 경로를 이미 아는 것으로 가정하여 그 분석을 진행하는 정학적(靜學的) 균형분석에서는 경제제량간의 동시적 관련이 고찰되는 것이므로 그 시간적 경과에 대해서 그렇게 주의할 필요는 없다. 그러나 경제변동의 시간적 경로가 직접 그 문제의 대상이 되어 있는 동학적(動學的) 이론에서는 시간적 요소에 대한 분석태도를 먼저 결정하지 않으면 그 분석은 진전되지 않는다. 이 때 그러한 시간적 요소를 분석하는 방법은 2종류로 대별되는데, 그 하나가 경제제량의 변동을 연속적인 각 시점에 관한 변화율로서 파악하는 방법이며, 다른 하나가 시간의 경과를 불연속적인 단위기간으로 분할하여, 경제제량을 그 단위기간당의 크기로 해서 파악하는 방법이다.

첫째 방법에 의하면 경제제량의 변동은 연속적인 것으로 생각되나, 둘째 방법에서는 그것이 매 시간마다의 불연속적인 크기로 파악되며 과정분석의 방법으로서는 보통 둘째 방법이 적용되는데, 이것을 또 기간분석이라고도 한다. 그러나 엄밀히 말하면 그 어떤 방법에 의하든 그것은 시간적 요소를 분석하는 편의상의 수단에 불과할 뿐이다. 어쨌든 과정분석에 있어서의 기간의 개념은 그 기간중 경제주체의 계획이 변경되지 않는 시간적 단위로 정의된다. 그러나 이러한 기간의 길이는 경제주체를 달리함에 따라 당연히 변화한다고 생각하며 거시적분석에 있어 각 경제주체의 계획기간의 공통분모라고 칭할 수 있는 시간적 단위로서 단위기간의 길이를 정의하고 또 그 기간중 만일 경제주체의 계획이 변경되는 일이 있더라도 경제제량의 변동에 대해서는 아무런 실질적 효과를 미치지 않는 것으로 가정한다. 이렇게 하여 경제변동의

단위기간이 설정되면, 경제체계의 변동은 만일 그 여건의 변동이 일정하다면 그 당시에 있어서의 운동은 그 초기에 있어서 각 경제주체가 의존하는 것으로 생각한다. 또 당기의 결과는 차기의 초기계획의 효과를 통해서 차기 이후에 영향을 미치는 것으로 생각한다. 그렇게 하여 상호 전후기간의 변동을 추구하여 가는 것으로 경제의 자생적 변동의 양상을 명백히 하기 위하여 중요한 지침을 주는 점에서 과정분석의 효용이 인정된다.

과학산업혁명 科學産業革命 scientific-industrial revolution

자본주의의 발흥기와 결부된 산업혁명 이후 산업계에 큰 영향을 미친 기술혁신이 집중적으로 이루어진 시기가 몇 차례 있었지만, 특히 제2차대전 직후의 시기에는 전쟁기술과 관련하여 원자력학, 오토메이션, 전자공학, 항공공학 및 신합성물질의 다섯 가지 분야가 거의 때를 같이하여 산업계에 등장하게 되었다. 그러한 여러 가지가 결합되어 산업계에 미친 영향은 산업혁명이라고 불리울 정도로 대규모의 것이었으며, 그것의 특징은 과학이 단지 우연적으로만 산업과 관련을 가지는 것은 아니고, 의식적·계획적으로 산업 속에서 응용·도입되었다는 점에서 이것을 과학산업혁명이라 부른다. 과학자가 지향하는 종국적인 목표는 순수이론을 탐구하는 것인데도, 과학자 자신이 일종의 생산력으로서 영리기업의 논리에 봉사하는 경우가 생기게 됨에 따라 새로운 인간소외의 문제가 발생하고 있다. →오토메이션

과학적 사회주의 科學的 社會主義 scientific socialism

마르크스 Marx, K., 엥겔스 Engels, F. 를 창시자로 하는 사회주의로서 마르크스

주의와 같은 말이다. 공상적 사회주의와 같이 감정에 입각하여 이상적 미래사회를 인간·이성·정의·일반의 해방으로서 구성하지 않고 역사적 현실인 자본주의의 운동법칙을 과학적으로 파악하며 이 현실의 운동 그 자체가 사회주의사회의 건설을 필연화한다고 주장하는 사상으로서 그들 스스로가 자기들의 사상을 전대의 '공상적'인 것에 대립시켜 '과학적'인 것으로 본 것이다.

자본주의사회에 대한 그들의 분석도구는 변증법적 유물론과 잉여가치설이다. 잉여가치설은 생산의 반도덕성을 해명하는 것으로서 자본주의가 노동력의 착취 위에 번성하고 있는 악의 꽃임을 증명하여 현존 사회에 대한 도덕적 비난과 사회주의사회에 대한 주장을 과학적 기초 위에 올려 놓았다. 변증법적유물론은 이러한 내재적 모순을 가진 자본주의사회가 사회주의사회에 의해 대체될 역사적 필연성을 설명하는 이론이다. 즉 일체의 사회질서는 일정불변한 것이 아니라 생성→발전→소멸이 부단히 반복되는 과정인데, 이러한 역사의 한 과정인 자본주의도 봉건제도의 모순을 지양함으로써 생성·발전한 것이지만 그 스스로 내포하고 있는 모순에 의해 새로운 고차적인 사회인 사회주의사회로 지양된다는 것이다. 이러한 필연적인 역사의 단계를 비약할 수는 없지만 단축시킬 수 있는데, 이러한 길을 마르크스는 계급투쟁에서 구한다.

스스로 과학적이고자 한 마르크스는 비과학성을 염려하여 사회주의경제의 구체적 내용을 제시하고 있지는 않지만 '고타강령비판'에서 사회주의와 공산주의사회 사이의 경제문제를 간략히 말하고 있다. 즉 궁극의 이상사회인 공산주의사회로 이행하는 과도기적인 사회주의사회에서는 생산력의 발전이 낮으므로 자본주의경제

의 잔재가 남아 각자는 '능력에 따라 노동하고 노동에 따라 소비한다'는 원칙이 지배하며 일체의 생산수단은 국유화되고 인민은 능력에 상당한 쿠폰 coupon 을 받아 소비재를 얻는다. 프롤레타리아는 한편으로는 생산력을 발달시키고 다른 한편 자본주의적 잔재를 없애기 위해 계급독재를 한다. 이러한 두 가지 과업이 완수되면 생산력의 발달은 비약적이 되어 각자는 '능력에 따라 노동하고 필요에 따라 소비한다'는 공산주의사회에 이르게 되고 프롤레타리아 독재와 아울러 국가는 소멸한다는 것이 마르크스의 생각이었다. →마르크스주의, 공상적 사회주의, 사회주의

관리가격 管理價格 administered price

이 용어는 자주 쓰여지고 있음에도 불구하고 아직까지도 명확한 정의는 내려진 것이 없다. 다만 그 여러 가지 특징으로 보아 관리가격은 독과점하의 가격이라고 할 수 있는데, 실제로 관리가격의 대표적인 예로 들 수 있는 것은 과점산업인 철강업이나 석유산업의 제품가격이다. 따라서 독점의 이론 혹은 불완전 경쟁의 이론의 발전에 따라 관리가격의 성질은 차츰 밝혀져 갈 것이라고 생각된다. 그러므로 여기서는 관리가격의 특징을 파악하는 것으로 그 성격을 밝히고자 한다.

일반적으로 관리가격은 경쟁가격보다도 그 가격 신축성의 폭이 작고, 상승할 때는 보다 늦게 상승하며, 반대로 하강할 경우는 거의 하강치 않는다. 즉 관리가격은 비교적 경직적이라고 말할 수 있으며 이 같은 현상을 명확하게 나타내는 것은 설비가 완전히 가동되고 있을 때 보다도 오히려 불완전한 가동상태에 있을 때이다. 관리가격이 실제로 문제가 되는 것은 주로 이와 같은 경우에 있어서이다. 예를 들면, 관리가격에서는 수요가 감퇴해 가는 경우에 있어서도 가격인상이 행해지는 것 같은 일이 드물지 않은 것이다.

이 같은 관리가격의 움직임에 대한 설명으로서 첫째로 과점산업에 있어서는 산업 상호간의 견제 때문에 풀·코스트원리 full cost principle 에 따라서 결정된 가격은 별로 변동하지 않는다는 점, 둘째로 과점산업의 제품은 대체로 기초자재가 많고 따라서 그에 대한 수요는 가격에 있어 비탄력적인 것이 많다는 점, 셋째로 과점하의 산업은 위에서 밝힌 바와 같이 가격경쟁은 그다지 할 수 없으나, 그 대신 품질경쟁 등이 극히 심하고, 그리고 중요한 사실은 이를 위한 비용이 수요의 변동에 관계 없이 필요하다는 점이다. 관리가격의 움직임은 이와 같은 몇 가지 이유에 의해서 설명되지만 최근에 이 관리가격은 코스트·인플레이션의 요인이 되고 있다고 본다.

관리기능 管理機能 management function

경영활동을 지휘, 감독하기 위한 기획·조직·지휘·조정·통제 등의 기능을 말한다. 관리라 함은 계획 planning, 실시 doing, 평가 seeing 의 행위를 말하며 관리자가 하급직원을 지휘하여 자기의 책임을 수행하려면 다음과 같이 작업의 계획을 수립하여야 한다. ① 계획 planning : 합리적 경영활동을 위하여 활동·실행에 앞서 업무수행의 방책을 세우는 것. ② 조직 organizing : 각 조직원의 업무분담과 상호관계를 결정하는 것. ③ 지휘 directing : 각 조직원의 업무에 대해 지시와 명령을 행하는 것. ④ 조정 coordinating : 업무수행중에 야기되는 여러 가지 문제를 해결하고 집단노력을 결집시켜 행동의 통일을 도모하는 것. ⑤ 통제 controlling : 조직원이 지시대로 활동하여 소기의 성과를 달성하였는지

의 여부를 검토·심사하는 것.

*관리통화제도 管理通貨制度
managed currency system

관리통화제도란 정화준비(正貨準備)의 증감을 금의 보유량에 의한 기계적인 제약으로부터 벗어나 금융당국에 의한 합리적인 규제에 의해서 통화량을 조절시키려는 제도를 말한다. 원래 금본위제도는 일국의 화폐공급량을 금의 보유량에 의해서 구속하는 것이며 국제적 균형의 확보를 우선목표로 하는 것이라서, 금 유출국에 있어서는 국내 물가수준의 심한 하락과 이에 따른 실업 등 국내적으로는 많은 결함을 가지고 있는 것이다. 따라서 금의 생산량 혹은 유입량이 풍부한 나라가 아닌 이상, 금본위제도 아래에서는 국내적 균형을 유지하고 완전고용을 실현하기 위해서 필요한 화폐량을 공급할 수가 없다. 이와 같은 이유 때문에 제1차세계대전 이후 영국을 중심으로 한 세계경제기구가 붕괴되고 금의 편재때문에 국제무역의 원활한 결제가 어렵게 되자, 각국은 저마다 국내적인 균형유지와 완전고용수준의 실현을 꾀하는 통제경제의 체제로 이행함과 아울러 관리통화제도가 채택되기에 이르렀던 것이다.

관리통화 managed currency라는 말이 최초로 사용된 것은 케인즈 Keyenes, J. M. 의「화폐개혁론」(1923)에서라고 알려지고 있다. 관리통화제도 아래에서는 본위통화로서의 금화에 해당하는 것은 없고, 금이 발권은행에 의해 보유되는 경우에도 그것은 국내태환을 위한 것이 아니고 국제결제를 위해서 사용될 뿐이다. 다시 말해서 이 제도 아래서는 국내적 균형과 완전고용수준의 실현이 제1의 목표로 되고 국제적 균형유지와 환시세의 안정은 제2차적으로 취급된다는 의미에서 이른바 은행주의의 입장이 그 기본으로 된다. 그렇지만 어떠한 나라라 할지라도 그 국제적인 면을 무시하고 국내경제의 성장과 안정을 이룩할 수는 없다. 다시 말해서 각국은 장기적으로는 국내경제를 위주로 하는 입장에서 외환시세를 변경한다 하더라도 단기적으로는 될 수 있는 대로 일정의 시세에 안정시키도록 노력하지 않을 수 없다. 영국의 환평형계정 exchange equalization account, 미국의 환안정자금 exchange stabilization fund 및 각국의 이와 동등한 기금계정은 정부내에 설치된 특별기금으로 외환의 매매행위를 통해서 이러한 목적을 달성하려는 것이다. 또한 환시세의 유지를 위해서는 이와 같은 수단에 의할 뿐 아니라 한 걸음 더 나아가 환관리 및 무역관리 등 직접적인 수단까지도 취하지 않을 수 없게 되는 것이다. 그러나 세계의 모든 나라가 자국중심의 국제경제정책만을 취할 경우에는 국제간의 균형은 극도로 저해되지 않을 수 없게 된다. 따라서 그러한 사태를 막기 위해서 각국의 관리통화제도의 국제적 협조를 목적으로 고안된 것이 IMF 이다. →통화주의, 은행주의, 실물화폐, 명목화폐, 브레튼 우드체제, IMF

〔참고문헌〕Keynes. J. M., *A Treatise on Money*, 2 Vols, 1930; Chandler, L. V., *The Economics of Money and Banking*, 5th ed., 1969; 이석륜, 「화폐금융론」, 1972.

관방학파 官房學派 〔獨〕 Kameralist
17~18세기에 이르러 독일의 여러 연방에서 발달한 중상주의적인 사회·경제·행정의 체계인 관방학 Kameral-Wissenschaft oder Kameralismus 의 학자들을 말한다. 관방학의 내용은 복잡하며, 오늘날의 경제학·행정학·재정학·통계학 등을 포함한다. 그 특색은 관방, 즉 국고의 행정에 관한 지식을 이론화하고 국가재정강화의 정책을 수립하는 데 있다. 그 중심문제는 영·불의 중상주의와 같이 어떻게 하여

군후의 재정을 풍부히 하고 국내산업을 육성하며 국권을 신장하느냐에 있었다. 따라서 관방학은 행정기술론적 성격이 강한 학문이 되었다.

독일은 당시 많은 영주국으로 나뉘어져, 30년 전쟁으로 부흥은 늦어지고 국가통일은 기대할 수 없었다. 그러므로 국토의 부흥은 영주국을 중심으로 하여 영주국을 부강하게 하는 것으로부터 시작하여야만 했고, 그러기 위한 부국책으로서 관방학이 나타났다. 이 학파에 속하는 주된 학자는 젝켄도르프 Seckendorff V. L. v., 콘링 Conring, H., 퓨펜도르프 Pufendorf, S. v., 유스티 Justi, J. H. G. v., 존넨펠스 Sonnenfels, J. v., 등이었다. 영국의 고전학파 경제학이나 프랑스 자유사상의 유입에 의하여, 관방학은 경제이론·경제정책·재정학의 3부문으로 해체되었다. 그러나 관방학파 이래의 전통인 국가중심주의의 색채는 독일 경제학, 특히 역사학파 안에 오랫동안 남았었다. →중상주의

관세 關稅 customs duties

일국의 세관을 출입하는 상품에 부과되는 조세를 말하며, 수출세·통과세·수입세 등 3종이 있다. 앞의 두 가지는 오늘날 후진국을 제외하고는 별로 이용되지 않고 있다. 수입세는 수입품에 부과하는 세이므로 국내의 소비자·생산자에 영향을 주며, 일반적으로 소비자로 하여금 국산품을 구입하도록 유도함과 동시에 국내산업을 보호·육성하기 위해서 부과되는데, 물론 그 효과는 세율의 크기와 부과방법에 따라 다르다.

관세는 부과방법에 따라 종가세 ad valorem duties 와 종량세 specific duties 로 나누어진다. 전자는 상품의 가격을 기준으로 하여 세율을 정하는 경우이고, 후자는 중량, 용적, 개수 등 상품의 수량을 기준으로 세액을 결정하는 경우이다. 자국자본의 이익을 보호하기 위하여 국내상품과 경쟁관계에 있는 수입품에 부과하는 관세가 보호관세 protective duties 인데, 이것은 자본주의의 단계에 따라 여러 가지 형태를 취한다. 초기에는 국내의 유치산업을 보호·육성하기 위하여 육성관세 educational duties 가 부과되었으며, 국내산업이 어느 정도 자립한 단계에 이르러서는 그것을 유지하기 위하여 유지관세 preserving duties 가 부과되었다. 더욱이 제국주의 단계에서 독점이 강화되면, 독점자본의 이윤 확보를 위하여 어떤 상품의 수입을 전면적으로 금지하는 것과 같은 금지관세 prohibitive duties 가 설정된다. 세계시장 확보를 위한 국가간의 경쟁이 격화됨에 따라 보복관세·덤핑방지관세 등도 설정되어 있다.

관세에는 차별적인 것도 있는데, 그 대표적인 것은 특혜관세 preferential duties 이다. 이것은 한 나라가 특별한 관계가 있는 나라로부터의 수입품에 대하여 제3국에 대한 것보다 낮은 세율을 부과하는 것을 말한다. 과거 영국내의 식민지는 본국으로부터의 수입품에 대하여 일방적으로 특혜관세를 적용하도록 되어 있었으나, 그 후 1930년대에 제국의 강화를 위하여 제국특혜제가 행하여져 제국 내부에서는 서로 특혜관세를 부과하거나, 또는 관세를 철폐하였다. 이와 같이 서로 특혜관세를 적용하는 경우를 호혜관세 reciprocal duties 라 한다. →금지관세, 보호관세

관세동맹 關稅同盟 ☞경제통합

관세 및 무역에 관한 일반협정 關稅 및 貿易에 關한 一般協定 ☞GATT

관세양허 關稅讓許 concession of tariff

가트 GATT 의 목적에 따라 각 가맹국이 호양적(互讓的) 교섭에 의해 관세율의 양보와 인허(認許)를 하는 것으로서, 고정된 관세율을 인하 또는 앞으로 관세율을 인상하지 않겠다는 약속을 하는 것을 말한다. 이렇게 양허(讓許)한 관세율을 도표화한 것을 관세양허표라고 한다. →관세, 가트

관세장벽 關稅障壁 tariff wall

국제수지의 개선 또는 불황에 시달리는 국내산업의 보호를 위해서 수입상품에 높은 관세율을 부과하여 그것의 수입을 제한하는 방법을 말한다. 1930년대의 대공황 후 각국간에 관세장벽을 쌓는 경향이 강화되어 갔는데, 이러한 세계각국의 연쇄적인 반응이 결국 관세전쟁을 야기시킨 바 있다. 제 2차대전 후 세계각국은 가트 등을 통하여 관세장벽을 완화시켜 세계무역의 증진을 위해 노력해 왔다. 수입제한 방법에는 관세율의 인상 이외의 수입물량통제, 수입할당 등의 방법이 있는데, 이것을 총칭 비관세장벽이라고 한다. →가트, 케네디라운드

관세환급제 關稅還給制

종래 수출용원자재, 기계장비 등에 대하여 감면세조치를 해 주던 관세를 일단 부과 징수하고, 그 후 수출이행실적에 따라 되돌려 지급해 주는 제도를 말한다. 관세를 환급하는 데는 정액환급과 개별환급의 두 가지 방법이 있는데, 전자는 미리 정해진 일정한 품목별요율표에 따라 관세를 환급해주는 방식이고, 후자는 수출이 이행된 후 각 수출품에 대한 관세감면 여부와 면세액을 일일이 심사하여 개별적으로 환급을 해주는 방식이다. 관세환급제가 능률적으로 운용되기 위해서는 가급적 정액환급을 많이 하고 개별환급을 줄이는 것이 좋다. 정액환급은 매 수출품마다 소요 원자재의 해외가격, 원자재소요량, 국산화비율 및 관세율 등을 감안하여 액수를 정하고 있으며 매 3개월 마다 정부가 개정하도록 되어 있다.

광고 廣告 advertising

개인소비자 또는 사회, 정부기관에 대해서 판매증가를 최종목적으로 하여 특정의 상품, 서비스, 기회에 대한 정보를 제공하는 수단을 말한다. 광고는 상품 또는 서비스에 대하여, 그것이 어떤 것인가, 용도는 무엇인가, 어디서 팔리고 있는가, 그리고 그 값은 얼마인가 등의 상세한 정보를 전한다. 광고는 특히 국가적인 것 또는 국제적인 것에 대하여 중요한 판매촉진의 역할을 맡기 시작하고 있다. 이것은 잠재구매자에게 어떤 제품에 대해서 알리는 데 있어서, 보다 적은 세일즈 맨으로도 가능하다는 자동화된 판매로 향하는 일단계라고도 생각된다. 대부분의 기업가는 광고가 몇 억불에 달하는 상품 또는 서비스를 공장 또는 도매상, 소매점, 서비스업의 창구로부터 소비자로 옮기는 데 도움이 되고 있다고 믿고 있다.

한편 어떤 경제학자들은 자원의 낭비를 초래하며, 대중에게 바람직스럽지 못한 욕구를 일으키며 그 이윤은 거의 코스트에 상응한 것이 아니라고 믿고 있다. 1950년대 이전에 광고는 경제의 안정에 도움이 되지 않는다는 것이 일반적인 사고방식이었음에도 불구하고 2차대전 후에는 광고가 경제력을 안정시키는 것으로 여겨지고 있다. 한편 광고는 항상 비용과 수입의 관련 하에 광고비지출액의 최적결정이 중심과제가 된다. 판매고의 일정률을 광고비로 지출하는 판매고백분율법 등이 지출가능액법이나 타사대항법(他社對抗法) 등과 함께 쓰이고 있으나 모두 이론적 근거는 없다. 가장 합리적인 것으로는 미국에서

일반화한 목표과업법 objective-and-task method 이다.

교부세 交付稅 shared tax

지방재정조정 및 지방재원을 확보하기 위하여 국가가 지방자치단체에게 교부하는 세를 교부세라 하며 지방자치단체의 재원상에서는 간접과징(間接課徵)에 의한 지방자치단체의 세라고도 한다. 지방교부세는 흔히 소득세·법인세·주세·영업세 등의 주요한 국세와 결부되어 있고 교부세의 총액은 그러한 세액의 일정비율로 고정되어 있다. 지방교부세에는 보통교부세와 특별교부세의 2종류가 있으며 전자는 매년도 기준재정수요액이 기준재정수입액을 초과하는 단체에 교부되며 후자는 특별한 사정이 발생할 때마다 수시로 교부하게 되어 있다.

*교역조건 交易條件 terms of trade

수출상품과 수입상품과의 교환비율을 뜻한다. 그리고 이 교역조건에 의하여 무역이익의 크기를 알 수 있다.

Ⅰ. 교역조건의 여러 개념 상품의 교환비율에 관한 것으로는 상품교역조건, 총교역조건 및 소득교역조건이 있으며 또 생산자원의 교환에 관한 것으로는 요소교역조건과 이중요소교역조건이 있다.

① 상품교역조건 : 순교역조건이라고도 한다. 당년도의 수출가격지수를 수입가격지수로 나누고 그 값을 지수로 표시하는 것이다. 즉 상품교역조건＝$\frac{수출가격지수}{수입가격지수}$ ×100

② 총교역조건 : 당년도의 수입수량지수를 수출수량지수로 나누고 그 값을 지수로 표시하는 것이다. 즉 총교역조건＝$\frac{수입수량지수}{수출수량지수}$ ×100

③ 소득교역조건 : 당년도의 수출총액지수(즉 수출수량지수×수출가격지수)를 수입가격지수로 나누고 그 값을 지수로 표시한 것이다. 따라서 소득교역조건은 실질적으로는 상품교역조건에 수출수량지수를 곱한 것과 같다. 즉 소득교역조건＝$\frac{수출총액지수}{수입가격지수}$ ×100＝상품교역조건×수출수량지수. 기준년도에 비하여 소득교역조건이 상승하였다면 이는 곧 기준년도에 비하여 수출액 1단위에 대한 수입가격의 비율이 하락한 것을 의미하므로 기준년도에 비하여 수출총액의 수입능력이 증대된 것을 의미한다. 따라서 소득교역조건은 이런 의미에서 수입능력지수라고도 불리운다.

④ 요소교역조건 : 한 나라의 수출산업의 실질소득의 변화를 통해서 소득 또는 복지수준의 변동을 판단하려는 것이다. 당년도의 상품교역조건에다가 한 나라의 수출부문의 생산성지수를 곱하여 표시한다. 즉 요소교역조건＝상품교역조건×수출부문의 생산성지수. 한 나라의 경제성장은 생산성의 상승을 수반하기 때문에 요소교역조건은 경제성장과정에서 나타나는 무역이익의 변동을 나타낸 것이다. 만약 생산성 상승 이상으로 상품교역조건이 악화된다면 요소교역조건은 불리하게 되고 이에 따라 실질소득수준은 저하한다. 이러한 경우를 궁핍화성장 immiserizing growth 이라고 말한다.

⑤ 이중요소교역조건 : 한 나라의 수출산업 뿐만 아니라 상대국의 수출산업에 있어서 생산성의 변화도 함께 고려한 교역조건이다. 이중요소교역조건은 상품교역조건에 자국수출산업의 생산성지수를 곱한 것을, 자국의 수입품생산에 종사하는 외국의 수출산업의 생산성지수로 나누어 표시한다. 즉 이중요소교역조건＝(상품교역조건×자국수출산업생산성지수)/외국수출산업생산성지수

Ⅱ. **교역조건과 후생판단** 상품교역조건의 이론적 의의는 수출과 수입의 수량적인 변화비율 또는 그 가격의 변화비율을 통해서 무역당사국의 후생을 판단하는 데 있다. 즉 상품교역조건의 변화는 외국무역을 통해서 그 나라의 실질소득에 어떤 변화를 가져오기 때문에 상품교역조건은 후생판단의 지표로 삼을 수 있다. 그러나 상품교역은 한 나라의 생산과 소비에 관한 기본적 조건이 변하지 않는 경우, 즉 무역구조의 변동을 무시해도 좋을 만한 단기분석에 한하여 후생판단의 지표로 삼을 수 있을 것이다. 단기적 후생판단의 경우에도 상품교역조건 뿐만 아니라 무역량과 무역관련 산업의 생산성도 함께 고려하여야 할 것이다. 따라서 장기에 걸쳐 한 나라의 후생의 변동을 비교적 잘 나타내는 것은 요소교역조건일 것이다. 그러나 현실적으로는 상품교역조건이 주로 관심의 대상이 되고 있다. 그 이유는 첫째, 상품교역조건은 오늘날 대부분의 국가에 의하여 산출되고 있으며, 역사적으로 보아도 여러 다른 개념보다는 일찍부터 이용되기 시작하였기 때문에, 특히 교역조건의 장기적 추세와 그에 따른 경제적 효과를 파악하는 데 있어 자료상의 이용가치가 크다. 둘째, 요소교역조건을 파악하는 데에는 많은 기술적 어려움이 따르고 있어 그의 현실적 이용이 어려운 반면, 상품교역조건은 그 계산이 비교적 간단하다.

Ⅲ. **교역조건의 장기추세** 프레비쉬 Prebish, R., 싱거 Singer, H., 뮈르달 Myrdal, G. 등은 교역조건이 1차산업제품을 주로 수출하는 후진국에 대하여 매우 불리하게 변동되어 왔으며, 앞으로도 계속 불리해질 것이므로 그에 대한 대책이 요구된다고 주장하고 있다. 싱거-프레비쉬 가설 또는 장기적 악화설이라고 불리우는 이와 같은 견해가 오늘날 후진국들에게 주는 정책적 시사는 매우 중요한 것이다. 이 가설의 주창자들은 1차산업제품을 주로 수출하는 후진국의 교역조건이 장기적으로 악화되지 않을 수 없는 이유로서 다음의 세 가지 요인을 들고 있다. ① 후진국내 1차산업부문에서의 생산성향상은 생산물의 가격하락으로 반영되는 반면, 선진국내 2차산업부문에서의 생산성향상은 생산물의 가격하락으로 반영되지 않는다. ② 경기변동이 선진공업국보다는 저개발국에 더욱 불리하게 작용한다. 장기적으로 볼 때 경기변동이 반복되는 과정에서 유발되는 1차산업제품의 가격변동은 상승과 하락간의 상쇄작용으로 그리 크지 않으나, 2차산업제품의 가격은 지속적으로 상승하게 된다. ③ 세계적인 추세로 볼 때, 경제가 발전되어감에 따라 1차산업제품에 대한 수요는 2차산업제품에 대한 수요에 비하여 상대적으로 감소되고 있다. 이상과 같은 장기적 악화설에 대하여 하벌러 Haberler, G., 바이너 Viner, J. 등은 비판적이며 가설이 갖는 제약점을 지적하고 있다. 싱거-프레비쉬 가설이 갖는 약점은 이 가설이 기초하고 있는 실증적 면과 이론적 면에 대한 것으로 구분되는데, 특히 1차산업제품과 2차산업제품간 교역조건의 추세로 보는데 이에 따르는 문제점들이 지적되고 있다.

Ⅳ. **교역조건의 변동과 조정** 교역조건의 변동요인으로는 다음과 같은 것이 있다. 첫째, 일국의 불황으로 수출을 강력하게 진흥시킬 필요가 있는 경우에는 덤핑, 환율인상, 임금인하, 디플레정책 등을 사용하므로 수출품의 대외가치를 인하시키고 교역조건은 불리하게 된다. 둘째, 1차산업제품은 수급의 조절이 어려우나 2차산업제품은 자연의 제약을 적게 받아 수급의 조절이 용이하다. 따라서 경기상승기에는 교역조건이 농업국에 유리하고 하강기에는 농업국에 불리하게 된다. 셋째, 독점

력·국가세력의 대소 등으로 교역조건이 변한다. 공업국이 농업국보다 수출력이 강하고 식민지에 대해서는 정치적 세력으로 교역조건을 불리하게 할 수 있다. 그밖에도 국제상품에 대한 세계적인 수요와 공급사정, 기술진보에 의한 생산비의 변화 등도 교역조건을 변화시킨다. 교역조건의 조정책에는 다음과 같은 것이 있다. ① 자국의 교역조건을 유리하게 하기 위해서는 수입대체산업의 육성이 필요하다. ② 자국의 수출품이 수출대상국인 해외시장에서 소득탄력성이 크거나, 수출대상국의 국내 형편상 절대생산이 증가되지 않는 품목이 수출산업으로 선정되면 교역조건은 개선된다. ③ 1차산업제품에 대한 가격안정 및 합리적인 가격정책을 하도록 한다. ④ 그밖에도 불요부급품(不要不急品)에 대한 수입규제관세부과, 경제통합의 형성, 공업화를 촉진한다. →궁핍화성장

〔참고문헌〕 Kindleburger, C.P., *International Economics*, 1958; 김신행, 「국제경제」, 박영사, 1975; 정도영, 「국제경제」, 박영사, 1973.

교차탄력성 交叉彈力性 cross elasticity

어떤 재화의 가격변화가 다른 재화의 수요에 미치는 영향을 나타내는 지표이며, 식으로 나타내면(X, Y 2재의 경우) Y재의 X재가격에 대한 수요의 교차탄력성 = $\dfrac{Y재수요량변화율}{X재가격변화율}$ 이다. 다만 소비자의 기호, 화폐소득 및 다른 가격은 전부불변 ceteris paribus 이라고 가정한 것이다. 교차탄력성은 두 재의 관계의 정도를 측정하는 것이다. 즉 X와 Y의 교차탄력성이 높으면 높을수록 양자는 그 만큼 서로가 의존하고 있는 것이다.

X재 가격의 하락이 Y재의 수요를 상승시킬(예를 들면 테니스 라켓 가격의 하락이 테니스 볼의 수요를 증가시킨다) 경우에는 (분자와 분모의 부호는 다르므로) 교차탄력성은 부(負)이다. 이 때 양재는 보완재이다. 보완재의 일방가격의 저하는 그 재의 사용증가를 자극시킴으로써 다른 재의 한계효용을 높여 제 2 의 재의 구입량을 증가시킬 수 있다. 그러나 X재 가격의 하락이 Y재의 수요를 하락시킬(예를 들면, 커피 가격의 하락이 차의 수요를 하락시킨다) 경우에는 교차탄력성은 정(正)이며, 양재는 경쟁재 또는 대체재이다. 일방의 재의 가격하락은 그 재의 사용증가를 자극시킴으로써 다른 재의 한계효용을 저하시켜 제2의 재의 구입량을 감소시킨다. 교차탄력성은 해당상품의 총예산에서 극히 적은 부분밖에 차지하지 않으며, 가격변화에 의한 소득효과를 무시할 수 있을 경우만이 재의 보완성 및 대체성의 순수한 지표가 되는 것이다.

교환가치 交換價値 exchange value

상품은 첫째, 그 속성 혹은 구체적 유용성에 따라 인간의 욕망을 충족시킬 수 있으며 둘째, 다른 상품과 일정비율로 교환될 수 있다. 전자를 사용가치, 후자를 교환가치라 하는데 상품은 이 두 가지의 통일물이다. 상품은 생산자 자신의 직접사용을 위해서가 아니라 교환을 위해서 생산된 생산물이다. 교환가치는 우선 어떤 종류의 사용가치가 다른 종류의 사용가치와 교환되는 양적관계 혹은 비율로서 표시된다. 예컨대 한 벌의 양복이 80kg 의 쌀과 교환된다면 양복 한 벌의 교환가치는 80kg 의 쌀이다.

그런데 양복과 쌀이라는 종류가 다른 사용가치가 이처럼 양적으로 비교되고 교환되는 까닭은 양자가 질적으로 동일한 어떤 공통인자를 포함하고 있기 때문이다. 이 공통인자는 노동, 엄밀히 말해서 무차별적 인간노동력의 지출로서의 추상적 인간노

동 abstract human labour 이다. 양복과 쌀은 모두 노동생산물이고 다같이 추상적인 간노동이 대상화되어 있다. 이처럼 양자에 공통으로 포함되어 있는 사회적 실체, 즉 추상적 인간노동의 결정이 상품의 가치이다. 상품의 교환비율을 궁극적으로 규정하는 것은 이 가치의 크기이다. 한 벌의 양복과 쌀 80kg이 서로 교환될 수 있는 것은 두 상품의 생산에 필요한 노동량이 같기 때문이다. 필요노동량이 변하면 가치의 크기도 변하고 이에 따라 상품의 교환비율도 역시 변화한다. 그러므로 상품이 지닌 교환가치의 기저에는 가치가 가로놓여 있다. 교환가치는 가치의 표현양식 혹은 현상형태에 불과하다. 교환가치는 화폐의 출현과 더불어 가격으로 전화한다. 가격은 화폐로 표현된 상품가치인 것이다. →가치

교환의 일반균형 交換의 一般均衡
general equilibrium of exchange

완전경쟁의 여러 조건에서 효용극대화를 꾀하는 다수의 경제주체가 각자 부존(賦存)받은 주어진 재화를 각 시장에서 교환하는 경우, 모든 시장에 균형이 이루어져 있는 상태를 말한다. 일반균형은 교환을 통한 효용극대화원리에 의해서 이루어지며, 생산은 명시적으로 고려되지는 않는다. 교환의 일반균형이론은 왈라스 Walras, L. 에 의해서 처음으로 수학적으로 정식화되었으며, 후에 캇셀 Cassel, G. 에 의해서 더욱 체계화되었다.

이제 m개의 재화와 n인의 경제주체가 존재하는 교환경제를 생각하자. 제 i재(i $=1, 2, \cdots, m$)의 가격을 P_i, 그것의 한계효용을 MU_i라 하고, 제 i재에 대한 수요와 공급을 각각 D_i, S_i라 하자. 그러면 교환의 일반균형의 성립조건은 다음과 같이 된다. (1) 한계효용균등, 즉 $\dfrac{MU_i}{P_i} = \dfrac{MU_j}{P_j}$ ($i, j=$ $1, 2, \cdots, m$; $i \neq j$). (2) 각 경제주체의 수입

과 지출의 균등, 즉 제 k인($k=1, 2, \cdots, n$)에 대해서 $\sum\limits_{i=1}^{m} P_i x_i = \sum\limits_{i=1}^{m} P_i x_i$ (단, x_i는 제 i재의 판매량, x_i는 구매량을 나타낸다). (3) 각 재화에 대한 총수요와 총공급의 균등, 즉 $D_i = S_i$ (모든 i에 대해서, $i=$ $1, 2, \cdots, m$). 교환의 일반균형에서 이들 조건이 동시에 만족된다.

이것을 좀 더 자세하게 검토해보자. 각 재화에 대한 수요와 공급은 모든 재화가격의 함수로 볼 수 있다. 따라서 제 i재의 수요와 공급 D_i와 S_i는

$$D_i = D_i \quad (P_1, P_2, \cdots, P_i, \cdots, P_m)$$
$$S_i = S_i \quad (P_1, P_2, \cdots, P_i, \cdots, P_m)$$

으로 쓸 수 있다. 그러면 교환의 일반균형식 (3)으로부터

$$D_1(P_1, P_2, \cdots, P_m) = S_1(P_1, P_2, \cdots, P_m)$$
$$D_2(P_1, P_2, \cdots, P_m) = S_2(P_1, P_2, \cdots, P_m)$$
$$\vdots \quad \vdots \quad \vdots \quad \vdots$$
$$D_m(P_1, P_2, \cdots, P_m) = S_m(P_1, P_2, \cdots, P_m)$$

의 연립방정식체계에서 어느 한 재화의 가격을 가치척도, 즉 뉴메레르 numèraire 로 하면 (따라서 그것은 1이 된다), 결정되어야 할 미지수(상대가격)는 $m-1$개가 되어 방정식의 수보다 하나 적은 것 같이 보인다. 그러나 교환의 일반균형에서는 또한 모든 재화에 걸친 총수요액과 총공급액도 같아야 한다. 즉 $\sum\limits_{i=1}^{m} P_i D_i = \sum\limits_{i=1}^{m} P_i S_i$ 라 표현되는 왈라스법칙 Walras' law 이 성립한다. 따라서 위의 연립방정식체계에서 $m-1$개의 방정식이 성립하면 나머지 하나(뉴메레르)의 방정식은 자동적으로 성립하게 된다. 결과적으로 미지수의 수와 방정식의 수가 일치한다. 그리고 이것에 의해서 결정되는 상대가격균형해가 경제적인 의미를 갖기 위해서는 분명히 $P_i > 0$이어야 한다. 그러나 그 균형해가 일의적 unique 인지는 말할 수 없지만, 왈라스 자신은 모색과정을 통해서 경제가 반드시 이러한 일의적 균형해에 도달할 것이라고 생각했다.

→생산의 일반균형, 일반균형이론

구매력 購買力 purchasing power

구매력이라 할 때는 보통 화폐의 구매력 purchasing power of money 을 말하는데, 그것은 화폐 1단위를 가지고 구매할 수 있는 재화 및 용역의 수량을 의미한다. 따라서 화폐 1단위와 교환되는 재화 및 용역의 단위비율로 생각하면 그것은 화폐의 가치 value of money 에 불과하다. 재화 및 용역과 화폐와의 교환비율을 화폐의 단위수로 표시한 것이 물가지수이다. 그렇기 때문에 화폐의 구매력은 물가지수의 역수로 표시된다. 이 때 얻어지는 물가지수는 실제로 어떤 것을 취하였는가, 예를 들면 도매물가지수를 취하였는가 소매물가지수를 취하였는가에 따라 각기 화폐의 구매력이 달라진다. 화폐의 구매력은 소비표준, 즉 소비의 대상으로서의 중요성을 가중하여 적당한 재화와 용역으로 되는 어떤 합성상품을 생각하여 그 물가지수로써 측정하는 것이 가장 적당하다고 케인즈 Keynes, J. M.는 말하였다. 화폐가 교환수단으로서의 기능을 발휘하면 화폐가치는 재화 및 용역과 화폐와의 교환비율을 표시하는 물가에 의하여 표시된다.

그러나 화폐는 한편 가치보장수단으로서의 기능을 가짐으로 부의 보유형태의 하나로서 수요된다. 부를 보유하려고 할 경우에는 그 보유형태로서 현재화폐를 선택하느냐 그렇지 않으면 다른 자산의 보유, 즉 그 자산과의 교환으로 장래 화폐를 더욱 유리하게 입수하기 위한 권리를 선택할 것인가의 문제가 발생한다. 이런 의미에서 제2의 화폐가치형태는 현재화폐를 장래화폐와 교환할 때에 생기는 프레미엄으로서의 금리, 즉 화폐이자율로 나타난다. 예를 들면 염가의 화폐 cheap money 라고 할 때에 화폐가 염가라고 하는 의미는 현재화폐와 장래화폐와의 교환비율이 현재화폐에 있어서는 불리하다는 것이다. 즉 금리가 저하하는 것을 의미한다. 디어 머니 dear money 는 반대로 금리가 상승하는 것을 의미한다.

그런데 문제를 국내유통경제의 화폐가치에 국한시키지 않고 국제유통경제의 영역에까지 확대할 때에 화폐가치의 제3형태가 발생한다. 화폐의 대내가치 domestic value of money 에 대비하여 화폐의 대외가치 foreign value of money, 즉 일국화폐와 타국화폐의 교환비율을 제시하는 외환시세가 그것이다. 오늘날의 국제경제체제하에서는 각국은 서로 다른 화폐제도를 유지하여 일국의 화폐는 타국의 유통경제에서 직접구매력을 실현할 수는 없다. 그러나 각국은 다소를 막론하고 외국의 재화, 용역, 자산에 대한 각자의 수요 또는 공급을 가지고 있기 때문에 이러한 공급은 자국화폐와 외국화폐의 교환을 통하여 간접적으로 실현할 수 밖에 없다. 거기에서 제3의 화폐가치형태, 즉 외환시세가 생기는 것이다. →화폐수량설, 유동성선호설, 물가지수

구매력평가설 購買力平價說 theory of purchasing power parity

고전적 외환이론의 하나로 20세기 초 스웨덴의 캇셀 Cassel, G. 에 의하여 제창된 외환이론이다. 여러 나라의 통화가 금과 연결되어 있을 때, 각국 통화의 교환비율, 즉 환율은 각각 포함되어 있는 금의 분량에 의해 결정된다. 예를 들면 영국에서는 1파운드 당 113.0016그레인, 미국에서는 1달러 당 23.22그레인일 때, 기본적 환율은 1파운드 당 4.866달러이다. 그리고 이 환율은 금수송점(金輸送點)이라는 좁은 범위 안에서만 변동된다.

구매력평가설은 금본위제가 포기될 경우에 주화평가 대신 환율변동의 중심점을 구

매평가로 대체하려고 하였다. 그 공식은 일국의 재화, 용역가격의 가치와 다른 나라의 재화, 용역, 가격의 가치비율이 환율을 결정한다는 생각에 바탕을 둔다. 이 설에 의하면, 어떤 기준년도의 환율에 그 후 어느 한 나라의 물가상승률과 다른 나라의 물가상승률과의 비율을 곱한 것을 현재 환율의 기준으로 한다. 1921년의 영국과 프랑스의 예를 들어 보면 1921년의 구매력평가=주화평가

$$\times \frac{1921년의\ 프랑스의\ 물가지수}{1921년의\ 영국의\ 물가지수} = 25.2\% \times$$

$\frac{345}{182}$=48과 같이 된다. 보통 구매력평가와 현실환율의 양자는 변화의 방향은 같으나 변화의 정도는 대단히 다르다. 이 차는 기준년도에서 멀어지면 멀어질수록 커지는 경향이 있다. 또 기준년도의 환율이 국제수지의 균형을 반영하고 있지 않으면 구매력평가와 환율변동의 기준을 표시한다고 볼 수 없다.

상술한 구매력평가식은 가격과 환율의 관계를 나타내는 데는 유용하나, 정확히 그 관계를 측정한다고는 말할 수 없다. 그 부정확성을 초래하는 요인으로서, 먼저 물가지수의 산정에 있어서 국내재와 국제재의 가격 및 구성의 변동문제이다. 즉 국내재의 가격등귀와 국제재의 가격하락 또는 기간이 경과함에 따른 양재의 구성도의 변화로 인해 지수의 정확성을 떨어뜨리게 된다. 다음 구매력평가식에 포함된 난점으로는 자금거래, 투기성거래의 양이나 방향에서도 매년 크게 변화된다는 것이다. 이런 자금 투기성거래의 경향을 정확히 파악하는 것은 불가능하다. 이상과 같이 구매력평가설은 여러 가지 난점을 지니고 있어, 엄밀한 적용은 곤란하다. 그러나 각국의 가격체계간에 밀접한 상호의존의 관계가 있으므로 구매력평가설이 의도하는 가격·환율의 관계분석은 그 의의가 있다.
→환율, 물가지수

구매자시장 購買者市場 buyer's market

기업규모의 확대, 대량생산의 발달, 경쟁의 격화 등의 이유로 시장에서 상품의 과잉공급 현상이 일어나면, 거래상의 조건은 구매자에게 유리하게 된다. 이러한 상황하에 있는 시장을 구매자시장이라고 말한다. 이러한 환경하에서 기업은 소비자지향기업 consumer oriented business이 되는데, 이에 따라 기업활동에 있어서 마케팅의 비중이 높아져 마케팅 중심적 기업이 된다. 즉 대량생산, 경쟁격화 등을 흡수하기 위한 대량판매를 기도하게 되어 기업은 소비자들의 이익을 위하여 그들의 관습, 기호 등까지도 기업활동에 고려하게 된다.

구빈법 救貧法 poor law

구빈법의 기원은 영국 등지에서 멀리 중세에서부터 찾을 수 있지만 일반적으로는 자본주의적 생산기구에서 탈락한 빈민층을 구제하기 위한 입법의 총칭이다. 그것이 한 역할은 각국 자본주의의 특수성에 따라 특히 자본주의의 발전단계에 따라 다르지만 각 단계에서의 구빈법의 기능은 영국에서 그 전형적인 모습을 찾을 수 있다.

영국의 초기 자본주의 단계에서의 본원적 축적은 농민으로부터의 토지수탈, 승원(僧院)의 해체, 봉건가신단(封建家臣團)의 분해, 길드의 붕괴 등에 의해 수많은 걸식자, 부랑자, 도적을 낳았는데, 이들을 심리적·기술적으로 임금노동자로서 유도하고 생산기구에 편입하는 것이 이 단계에서 구빈법이 행한 역할이었다. 즉 그것은 '피의 입법'이라고도 불리우는 것처럼 노동능력이 없는 빈민은 구조했지만 노동능력이 있는 빈민에 대해서는 잔학한 형벌로서 부랑을 금지함과 동시에 그들을 노역장 workhouse에 수용하여 노동을 강요하였다. 엘리자베스여왕 치하의 일련의 구빈지

출을 충당하기 위해 자선적 거출(據出)에 대신해서 구빈세제도를 만든 것은 상대적 과잉인구의 유지비를 사회일반으로부터 강제적으로 징수하는 것을 의미한다.

산업자본주의단계에서는 산업혁명의 진전에 따라 대량의 빈민이 발생하여 구빈세는 현저히 팽창했다. 산업자본확립기를 맞아서 1834년의 신(新)구빈법은 빈민의 구조를 감축하기 위해 워크하우스 테스트 workhouse test나 열등처우 등에 의해 금지수단을 노골적으로 나타냈다. 그것이 기도한 바는 한편에는 구빈세 부담의 경감에 의한 자본축적의 촉진이며 다른 한편에는 빈민의 임금노동자화로의 가일층의 촉진과 노동시장에서의 무제한 자유거래의 보증이었다. 그러나 구빈법의 제지적(制止的) 원리의 강화는 노동자계급의 격렬한 반대에 부딪혀 이 단계에서조차 어느 정도 양보·후퇴하지 않을 수 없게 되었지만 최소한 구빈법은 실업구제사업적인 기능을 아울러 행하였다. 독점자본주의단계에서는 노동력의 재생산의 유지는 이미 노동자계급 자신의 상호부조조직이나 구빈법만에 의해서는 도저히 불가능하게 되고 각종의 사회보험이나 공적부조가 등장함과 동시에 구빈법의 자혜적·제지적 성격은 노동자계급의 비판의 대상으로 되고 구빈법의 해체가 그들의 투쟁구호로 되었다. 그러나 전반적 위기의 심화에 따라 사회보험에 있어서의 보험원리의 유지는 점점 곤란하게 되고 마침내 구빈법은 사회보험이나 여러 가지 공적 부조와 함께 재편성되고 사회보장제도 속으로 통합되기에 이르렀다.

구조적 실업 構造的 失業 structural unemployment

경기순환의 일국면인 불황기에서 경제전체에 걸친 총수요의 부족으로 발생하는 경기적 실업과는 달리 산업부문간 노동수급의 불균형으로 말미암아 발생하는 실업을 말한다. 따라서 경제 전체적으로 노동에 대한 수요가 충분하더라도 어떤 산업부문에서는 실업이 발생할 수 있다. 이것은 소비유형의 변화, 경제활동의 입지변동 등의 경제환경의 변화에 따른 노동수요의 변화에 기인한다.

그러나 구조적 실업을 초래하는 또 하나의 이유는 노동자의 이동이 실제로 그다지 용이하지 못하다는 점이다. 그것은 노동자가 교육수준, 숙련도, 연령 등에 따라 이질적이기 때문에, 노동의 초과공급이 존재하는 산업부문으로부터 노동에 대한 초과수요가 존재하는 부문으로 이동할 수 없기 때문이다. 따라서 어떤 부문의 실산률(失産率)은 경기회복과 더불어 총수요가 증대하더라도 전체적인 실업률보다 상당히 높은 수준을 장기간 유지하게 될 수도 있다.

구조적(構造的) 인플레이션 structural inflation

경제전체의 수요가 초과되지 않은 때에라도 특정산업의 산출물에 대한 수요가 초과하고 있기 때문에 일어나는 가격상승을 말한다. 특정의 경제부문에 수요압력이 가하여졌기 때문에 가격과 임금이 상승한다. 그 결과 수요가 각기 다른 경제제부문의 가격과 임금이 그 이하로는 내려갈 수 없는 최저치가 경직화하는 경향이 있기 때문에 전반적인 인플레이션이 일어난다. 예를 들면 1950년대에 있어서 서비스의 수요가 급증, 따라서 서비스의 가격과 서비스업 종사 노동자의 임금이 대폭 상승하였으나 한편에서는 내구소비재와 자본재의 수요가 상대적으로 하락하였다. 그러나 내구소비재산업 및 자본재산업에 있어서의 재화의 가격은 그다지 하락하지 않았는데도 이들 양산업 노동자의 임금이 상승한 결과,

금융적 인플레이션이 일어났다. 미국의 대부분의 경제학자는 인플레이션이 나타날 때는 구조적 인플레이션과 함께 디맨드 풀 demand pull 형, 코스트 푸시 cost-push 형 인플레이션 등이 동시에 일어나고 있다고 보고 있다.

구축효과 驅逐效果 crowding-out effect

1970년대 이후 세계적으로 심각해진 스태그플레이션하에서 재정지출의 확대만으로는 경기가 회복하지 않는 이유를 설명하기 위해 프리드먼 Friedman, M., 블라인드와 솔로우 Blinder, A. S. and Solow, R. M. 등이 지적하였다. 구축효과란, 화폐공급량은 불변인 채 재정지출이 확대되면 이자율이 상승하고 이 이자율상승이 민간투자를 억제하여 본래의 소득증대효과를 상쇄하는 현상을 일컫는 말이다.

이러한 구축효과의 발생은 두 단계로 파악할 수 있다. 우선 화폐공급량이 불변인 상태하에서 재정지출확대에 드는 비용은 국채발행으로 충당한다고 가정하자. 그림에서 보면, 재정지출확대에 의해 우선 IS는 IS'으로 이동하고 LM은 불변이다. 만일 이 때 이자율이 r_0로 불변이라면 국민소득은 y'_1까지 증가할 것이지만 국민소득증가로 인해 화폐수요가 증가하여 이자율을 r_1까지 상승시킨다. 이 이자율상승으로 민간투자는 억제되고 소득수준은 y_1까지 상승한다. 즉 이것은 재정지출확대에 의해 민간투자가 구축되는 것으로, 제1단계의 구축효과이다(E_1). 이 구축효과의 정도는 LM 곡선의 기울기에 따라 달라져, LM 곡선의 기울기가 클수록 커진다.

더욱이 국채발행은 민간보유자산을 증가시켜 이에 따라 소비가 증가하고 IS'은 IS"로 다시 이동한다. 다른 한편 민간보유국채의 증가는 자산 중 화폐가 차지하는

비율을 감소시켜 이를 회복할 만큼까지 화폐수요를 높이고 따라서 LM은 LM"으로 이동한다. 이 때 LM의 이동이 IS의 이동보다 클 때에는 소득수준이 y_2로 더욱 감소한다(E_2).

또 재정지출확대로 물가가 상승하면 실질통화량이 감소하기 때문에 LM 곡선이 왼쪽으로 이동하여 구축효과는 더욱 확대될 수 있고, 재정적자, 환율변동 등으로 인하여 IS와 LM이 이동하여 구축효과의 크기는 변동된다. 그러나 현실에서 재정정책에 의하여 얼마만큼 구축효과가 일어날지 실증적으로 계측하기는 어렵다.

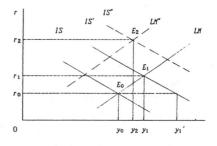

구츠헤르샤프트 〔獨〕 Gutsherrschaft

주로 엘베강 동쪽의 독일에서 15~16세기에서 19세기까지 존속하였던 봉건적 토지소유형태 및 영주가 직영하는 대농장경영형태를 말한다. 동부독일에서는 한자동맹 이래 상품작물의 생산이 활발하였다는 사실과, 보다 직접적으로는 15~16세기의 전쟁과 흉작에 의한 노동력의 부족이 원인이 되어 봉건영주의 반동으로서 구츠헤르샤프트가 성립하였다. 농민은 화폐지대를 지불하는 자유민으로부터 영주의 토지에서 부역노동을 하는 농노의 지위로 전락되어 인격적 자유를 박탈당한 세습예농화하였다. 이 제도하에서 농민은 자기의 보유지를 가지고 삼포농법(三圃農法)을 행하

였으나 경제외적 강제는 대단히 강화되었
다. 이와 같이 재현된 농노제와 재편성된
고율의 노동지대가 구츠헤르샤프트의 특
색이었다. 이 제도는 19세기 초, 프러시아
의 농민해방(슈타인 하르덴베르크개혁)에
의해서 폐지되어, 융커경영으로 전화되었
다.

구형적 순환 矩形的 循環 rectangular cycle

힉스 Hicks, J. R. 는 동학적(動學的) 균
형체계에 관하여 투자가 산술급수적, 기하
급수적 및 정현(正弦) sine 급수적으로 변
화할 경우에는 동학적 균형이 성립함을 증
명하였다. 더 나아가 투자가 m 기간은 산
술급수적으로 증가하다가 n 기간은 불변으
로 있고 다시 m 기간은 산술급수적으로 감
소한 다음에 다시 n 기간은 불변으로 머물
러 있을 경우의 승수의 메카니즘을 밝히고
이것도 역시 동학적 균형의 하나의 양태라
고 했다.

$Y_t = t$ 기의 국민소득, $s=$ 저축계수, $A=$
자발적 투자, $h=$ 산술급수적으로 변화하
는 투자의 공차(公差)라고 하면 최초의 m
기간($t=1, 2, \cdots, m$)에는 $Y_t = (1-s)Y_{t-1} + A$
$+ th$ 의 방정식이 성립하고 다음 기간 즉, t
$= m+1,\ m+2, \cdots, m+n$의 기간에는 $Y_t(1$
$-s)Y_{t-1} + A + mh$ 의 방정식이 성립하고
다음의 m 기간, 즉 $t = m+n+1,\ 2m+n+$
$2, \cdots, 2m+2n$ 기간에는 $Y_t = (1-s)Y_{t-1} + A$
의 방정식이 성립한다. 이 결과를 그래프로
그리면 그림 1의 $ABCD$ 와 같은 순환경로가
그려지는데 이러한 광의의 동학적 균형경로
를 힉스 Hicks, J. R. 는 구형적 순환이라고
불렀다. 이러한 구형적 순환에 있어서 B 혹
은 D에서 투자가 일정수준에 머물러 있는
기간이 짧고, 균형치 C 혹은 D에 이르기 이
전에 투자가 감소 혹은 증가로 전환하게 되
면 과거의 지차(遲差) lag 에 의한 소득변동

으로 인하여 산출량의 변동경로는 그림 2와
같이 평탄한 것이 된다.

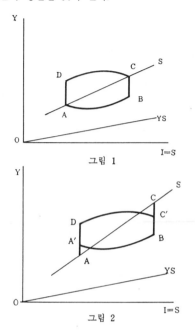

그림 1

그림 2

만약 BC', DA 의 기간이 짧고 그 후에
오는 투자의 변화가 완만하면 과거의 투자
에 유래하는 소득의 증감이 금기의 투자의
변동에 기인하는 소득의 증감을 상계(相
計)하여 소득의 극대 혹은 극소가 투자의
그것보다 늦어서 그림 2와 같은 완만한 구
형적 순환을 이루게 된다.

국가독점자본주의 國家獨占資本主義 state monopolistic capitalism

독점자본주의의 전화된 하나의 형태로서
특히 제 1 차대전의 전반적인 위기단계에서
독점자본이 이 위기에 대응하기 위해 국가
권력과 결탁하여 국가권력을 강력하게 이용
함으로써 여러 모순을 완화하고 자기의 체
제를 보강할 목적으로 채용하기에 이른 경
제체제이다. 이러한 체제가 지배적으로 된

것은 1929년의 세계대공황 이후이다.

국가독점자본주의의 구체적인 형태는 각국의 역사적 조건에 따라 각각 상이하다. 예를 들면 독일에서는 파시즘의 형태를 취했고, 미국에서는 뉴딜 New Deal 과 같은 형태를 취했다. 전자는 폭력적 억압의 정치체제와 깊게 연루된 것이고 후자는 총자본의 요구에 근거한 합리적 정책이라는 형태를 취하고 나타났다. 그러나 이들 사이에 공통된 몇 가지 일반적 특징을 찾아볼 수 있다. 즉 ① 개개의 민간기업의 경제기능이 극히 광범하게 국가권력의 수중으로 옮아간다는 것(가장 단적인 경우에는 국영기업의 형태를 취한다). ② 노동자의 고용관계에 국가가 개입하여 규제한다(미국의 고용법 등이 그 전형이다). ③ 재정·금융에 대한 국가기능의 강화, 그 기초로서의 관리통화제도의 확립. ④ 국제적인 경제협력·경제원조에 대한 국가의 개입 등이 그것이다.

근대경제학에서는 이와 같은 특징을 갖는 국가독점자본주의를 혼합경제 mixed economy 라고 부르고, 독점자본주의 고유의 집중된 권력의 분산을 꾀하여 개인의 자유를 최대한으로 보장하면서 자본주의의 자유방임으로부터 오는 폐해를 정부의 힘으로 시정하는 합리적인 제도로 생각하고 있다. 그러나 이와 같은 견해는 정부 내지 국가를 초계급적으로 파악하고 있는 점에서 잘못이라고 보아, 국가를 계급적 본질에서 파악하고 이 국가독점자본주의야말로 사회주의에로의 이행기라고 보는 마르크스주의의 견해와 대립되고 있다. →자본주의

국가사회주의 國家社會主義 state socialism

자본주의 체제에는 많은 모순이 내재해 있는데 자본주의 그 자체를 부정하는 것이

아니라 국가권력의 발동을 통해서 부와 소득의 공정한 분배와 노동조건을 개선하며, 나아가서 주요산업의 국유화와 사회정책의 실시에 의해서 노사관계의 원활화를 도모하려는 적극적인 사회개량주의를 근저로 한 체제를 국가사회주의라고 한다. 독일의 랏살레 Lassalle, F. 와 로드베르투스 Rodbertus, J. K. 를 대표자로 하며, 국가의 초계급성과 개인에 대한 절대적 우월성을 강조하는 국가주의와의 결합이 특징적이다. 이런 의미에서 이것은 사회주의라기보다는 오히려 국가자본주의에 가깝다고 할 수 있다. 다만 당시 비스마르크가 노동계급의 회유를 위해 랏살레 등을 이용해서 하향식 사회정책을 시행하려고 꾀했을 때, 그것을 국가사회주의라고 부른 사실로 부터 이 명칭이 생겼다. 또한 의회주의를 통해서 사회주의를 실현할 수 있다고 본 점에서는 페이비언 사회주의와 공통성을 갖고 있다.

국고채무부담행위 國庫債務負擔行爲

법률이나 해당년도의 세출예산 내지 계속비에 의하지 않고 경비의 지출을 수반하는 계약을 체결하는 것으로서 예산을 가지고 국회의 의결을 받는다. 국가가 토지, 가옥의 매입, 국제분담금의 인수, 원리금 보증 등 연도내에 계약을 체결하여야 하지만 실제로 지출은 전부 또는 일부가 다음 연도 이후에 이루어지는 경우에 국회의 의결을 획득하는 형식이다. 의결은 계약할 때마다 필요한 이유와 채무분담의 한도액 등을 명시한 후에 받는 것이 원칙이지만 재해복구 등 긴급한 경우를 위하여 미리 일정한도에 대하여 의결을 받아 둘 수도 있다. 계약체결 후 실제의 지출이 필요하게 되었을 때는 사전에 세출예산으로서 의결을 받든가 또는 예비비를 사용하고 사후

승인을 받는 것이 필요하다.

국내균형·국제균형 國內均衡·國際均衡 domestic equilibrium · international equilibrium

실업을 감소시키기 위해서는 정부지출 또는 국내투자를 증가하거나 그렇지 않으면 수출이 확대되어야 한다. 그리고 인플레이션을 완화하기 위해서는 정부지출 및 국내투자의 감소와 수입의 확대가 필요하다. 그런 의미에서 인플레이션 압력을 수반하지 않는 완전고용, 즉 국내균형의 달성, 유지를 목표로 하는 한, 정부지출이나 국내투자수준을 조정하는 정책도 수출, 수입수준을 변하게 하는 수출진흥 또는 수입진흥정책도 다 같이 유효하다. 그러나 국제수지에 미치는 영향을 보면 수출, 수입의 진흥정책과 그 외의 유효수요조정정책과는 정반대의 효과를 가진다. 예를 들면 디플레이션 때의 국내균형화정책으로는 둘 다 유효하다 해도 수출의 증가는 무역수지의 개선에 기여하는 데에 반하여 정부지출 또는 국내투자의 증가는 무역수지를 악화시킨다. 따라서 국내균형의 달성, 유지를 위해 실시하는 정부지출, 또는 국내투자의 확장정책은 보정적(補整的)인 자본유입이 기대하기 어렵거나 외화준비가 충분하지 않을 경우에는 국제수지의 양벽 사이에 끼일 때가 있다. 이런 경우 국내균형을 취하여야 하는가 국제균형을 취하여야 하는가의 딜레마에 직면하게 된다. 수출증가가 해외사정에 비추어 가망이 없고 실업과 외화준비가 약한 국가에서는 국내균형과 국제균형의 상극의 현상은 심하게 된다. 또 인플레이션과 국제수지의 흑자, 불균형이 병존할 때에도 같은 곤란에 직면하게 된다.

국민경제예산 國民經濟豫算 national economic budget

재정에서의 예산처럼 장래에 기대하는 경제상태를 표시하는 소득·투자·소비·대외결제잔고 등 경제제량의 사전치를 사회회계 social accounting, 즉 국민경제계산 national economic accounting 에 의한 계정방식으로 예산화한 것이다. 국민경제계산은 과거의 거래에 관한 논리적인 계정체계를 표시하는 것으로서 사후적·회고적인 결산표로서의 성격을 가지고 과거의 국민소득의 실태를 해부학적으로 파악케 하는 데 탁월한 기능을 발휘한다. 그러나 그것은 장래의 예측이나 계획을 위해 이용될 수 있으며, 이와 같은 예측 내지 계획모형으로서 사용되는 국민소득계정체계가 곧 국민경제예산이다.

국민경제예산의 편성방식의 개요는 다음과 같다. 먼저 국민소득계정의 차변과 대변의 항목을 간단한 방정체계로 만들면 $Y+T+M=C+I+G+X$, $C+S_1=Y$, $G+S_2=T$, $X+B=M$, $I=S_1+S_2+B$ 로 된다. 여기에서 Y 는 국민소득, C 는 소비, I 는 투자, S_1 은 저축, T 는 정부수입, G 는 정부지출, S_2 는 정부저축, X 는 수출, M 은 수입, B 는 무역차액을 표시한다. 이것에서 다음과 같은 식을 얻게 된다. 즉 $Y+T+M=C+S_1+G+S_2+X+B=C+G+I+X$. 이 식이 갖고 있는 10개의 변수 중 6개는 임의로 결정될 수 있는 계획변수 또는 전략변수이므로 이들을 사전에 결정해 놓으면 나머지 변수는 일의적으로 결정되는 것이다. 이와 같은 국민경제예산이 최초로 작성된 것은 1946년 네덜란드, 영국 및 노르웨이에서 였으며 1948년에는 덴마크 및 스웨덴이 이에 따랐다.

*국민소득 國民所得 national income

기업은 가계에서 생산용역을, 다른 기업에서 원료 등 중간재를 구입하여 산출물을 생산하고, 그것을 상품으로 시장에 판매하여 일정한 이윤을 얻는다. 또 가계는 생산용역을 기업에 제공하며 그 대가로 일정한 소득을 획득하고 그 일부를 재화나 용역의 소비에 충당하며 나머지를 저축한다. 이와 같은 기업과 가계간의 교류를 통하여 생산에서 소비로 끝나는 국민경제의 순환이 반복된다. 모든 사람은 이와 같은 경제순환의 과정에서 재화 또는 용역의 생산에 참가하며, 그것에 대해 일정한 소득이 분배되고, 분배된 소득은 소비재나 생산재에 지출된다. 따라서 국민소득의 흐름은 생산, 분배, 지출의 세 개의 면에서 파악된다. 그 어떠한 면에서 파악하는가에 따라 생산국민소득 national income produced, 분배국민소득 national income distributed, 지출국민소득 national income expended 이라는 세 개의 소득개념이 생기게 된다.

생산국민소득은 국민총생산물의 가치에서 생산재의 사용액, 즉 감가상각을 공제한 국민순생산물로서의 국민소득이다. 다시 말하자면, 그것은 일정 기간내에 생산된 생산물의 부가가치의 합계와 같다. 이때 국민총생산물의 가치에서 공제되어야 하는 것은 ① 기업이 다른 기업에서 구입하여 생산과정에 이용한 원재료, 연료 등의 사용액과 ② 고정자본설비의 손모부분에 대한 보전액(補塡額), 즉 감가상각비이다. 이와 같이 해서 산정된 생산국민소득에는 유형의 재화창출에 따르는 소득은 물론 무형의 서비스나 생산에서 생기는 소득도 포함되어 있다. 이 속에는 자가생산하여 자가소비하는 농작물 등의 유형재를 산입하며 가사노동과 같은 서비스의 생산은 그 가치평가상 여러 가지 곤란이 따르므로 생산국민소득산정에서는 제외된다. 생산국민소득은 또 국민간에 분배가능한 유형·무형의 생산물의 총가치에 불과하므로 마샬 Marshall, A. 이나 피구 Pigou, A.

C. 등은 이것을 국민분배분 national dividend 이라고 부르기도 한다.

분배국민소득은 생산활동에 참가한 개개의 생산요소에 대하여 지출되는 소득과 기업이윤의 총계를 말한다. 이것은 임금, 지대, 이자, 이윤(배당포함)의 형태를 취한다. 그러나 모든 것이 화폐소득의 형태를 취하는 것은 아니다. 노동자에 대한 실질급여나 물납소작료(物納小作料) 등과 같이 실물의 형태를 취하는 것과 자가소유의 가옥이나 토지의 사용료 등과 같이 소유자 스스로에게 귀속되는 임료(賃料) 등은 시장가격으로 평가되어 분배국민소득 속에 산정된다. 그러나 화폐소득의 형태를 취한다고 하여도 소위 이전소득 transfer income 과 같이 생산을 통해서 생기는 소득이 아닌 것은 국민소득 속에 산정되지 않는다. 그 이유는 그것이 다만 국민생산물의 재분배에 따라 생기는 파생적 소득에 지나지 않기 때문이다. 이전소득은 본래 증여·자선·구제금 등의 화폐수입을 가리키지만 은급, 연금 등도 편의상 그것에 포함된다. 다시 분배국민소득과 관련해서 개인소득과 법인소득이라는 소득의 분류방법이 있다. 개인소득 personal income 이란 개인이 받는 모든 소득의 합계이고, 임금·봉급·개인업주소득·지대·가임(家賃) 등 개인의 임대소득, 배당·이자 및 연금과 같은 이전소득을 포함한다. 특히 개인소득에서 개인소득세나 그 외에 공과(公課)를 공제한 것을 가처분소득 disposable income 이라고 한다. 법인소득 corporate income 은 법인이 수취하는 모든 원천으로부터의 소득으로 사내유보·법인소유의 자산에서 생기는 임대소득·배당 등과 그밖의 정부의 보조금 등과 같은 이전소득을 포함한다. 따라서 개인소득이나 법인소득은 분배국민소득 개념과는 엄밀히 합치되지 않는 것이다.

지출국민소득은 소비와 투자와의 합계액으로서 민간 및 정부의 재화와 용역의 소비액 및 그 투자액, 그리고 대외채권의 증가액의 셋으로 구성된다. 이상 세 개의 국민소득은 동일한 국민생산물의 흐름을 서로 다른 측면에서 파악한 것이므로 생산, 분배 및 지출의 3개 측면에서 본 국민소득의 크기는 원칙적으로 일치하지 않으면 안된다. 이러한 등가관계를 삼면등가의 원칙이라고 한다. 이것은 어디까지나 이론적인 원칙으로서, 현실에 있어서는 이러한 등가관계가 항상 성립되는 것은 아니다. 생산물이 생산되어 소비되는 사이에 생산량은 항상 변동하기 마련이므로 동일기간 안에 생산된 액과 지출된 액 및 분배된 액이 반드시 같아지는 것은 아니다. 이상과 같이 국민소득을 생산·분배·지출의 삼면에서 산정함에 있어서, 그것을 측정년도의 가격수준으로 나타낸 것을 화폐국민소득 또는 명목국민소득이라고 하고 물가지수를 사용하여 물가수준의 변동분을 감안한 것을 실질국민소득이라고 한다. 당연히 국민소득의 실질적인 움직임은 후자에 의해서 나타나게 된다. →국부, 국민총생산·국민순생산

〔참고문헌〕 Ackley, G., *Macroeconomic Theory*, 1961; Barson, W. H., *Macroeconomic Theory and Policy*, 1970; 조 순, 「경제학원론」, 1974.

*국민소득결정이론 國民所得決定理論 theory of income determination

국민소득이란 일정기간 동안에 내국인에 의하여 생산된 최종생산물의 시장가치를 합한 것을 의미한다. 국민소득결정이론은 일정한 가정하에서 구성된 모형에서 균형국민소득이 얻어지는 과정을 설명함으로써 생산량, 고용량, 가격수준을 조절하는 재정·금융정책에 대한 이론적 배경을 제시하는 역할을 한다.

역사적으로 볼 때 국민소득결정이론의 전개는 1930년대에 발생한 대규모의 공황과 이로 인한 만성적인 높은 실업률에 대한 설명의 방법으로, 케인즈 Keynes, J. M.가 1936년에 발간한 「일반이론」에서 이제까지의 고전파경제학의 이론을 반박하고 새로운 유효수요론을 주장하면서부터 이루어졌다. 그 후 1940년대에 들어서자 국민소득계정의 기법이 발전하면서 국민소득의 경험적 자료를 이용할 수 있게 됨으로써 국민소득의 결정에 관한 여러 가지 가설들이 그 타당성을 검토받을 수 있게 되었고 국민소득이론은 보다 세련되어질 수 있었다. 케인즈 이전의 고용이론은 완전고용을 일반적인 상태로 보고 일시적인 실업의 발생은 탄력적인 임금의 변동만 가능하면 곧 치유될 수 있다고 하였다. 이에 대하여 케인즈는 노동시장에서의 초과공급은 반드시 임금하락과 함께 소멸되지 않는데, 이것은 노동의 초과공급과 부수하여 발생하는 상품에 대한 초과수요가 '유효한'것이 아니기 때문이며 기업측으로서는 추가고용의 동기가 없기 때문이라고 했다. 이것은 경제가 불완전고용하에서도 균형될 수 있다는 사실을 보여주는 것이며 따라서 새로운 균형수준에서 완전고용을 달성하기 위해서는 정책적인 정부의 개입이 요청되며 재정정책을 통한 투자의 사회화가 이루어져야 한다.

일반적인 국민소득결정이론은 실물, 화폐, 금융시장을 모두 고려하여 전개된다. 그러나 여기서는 실물시장에 대한 분석을 중심으로 하여 소득이론의 일반적 성질을 도출하기로 한다. 먼저 실물시장분석에서는 화폐의 개입이 없기 때문에 모든 경제량은 실질단위를 갖게 된다. 또 분석의 편의를 위하여 외부와의 교역이 없고 기업과 가계로만 구성되는 경제를 가정한다. 기업은 생산을 목적으로 자본재와 생산원료를

구입하며, 이 때의 지출액을 투자 I라고 한다. 또 가계는 그 소득 중 일정부분을 재화와 용역의 구입을 위해 지출하며 이를 소비 C라고 한다. 일반적으로 $C=cY$(c는 평균소비성향, Y는 소득)로 표시된다. 저축 S는 소득 중 소비되지 않는 부분이므로 소득 Y는 소비와 저축으로 처분된다고 할 수 있다. 반면 총생산 Y는 소비와 투자의 합으로 이루어지는 총지출에 부응하여 이루어진 것이며, 균형소득은 총소득 $C+S$가 총지출 $C+I$와 일치할 때 얻어진다. 따라서 $C+S=Y=C+I$의 식은 균형국민소득의 방정식이며 간단히 $S=I$로 표시된다. 이 때 I는 기업측에서 일정한 소비수요를 예상하고 지출하는 투자액이고 S는 가계가 소득 중 소비계획에 의하여 지출하고 남는 부분이므로 양자는 불일치하는 것이 일반적이며 이 때 국민소득은 불균형상태에 있게 된다. 만약 $S<I$이면 이는 총지출이 총소득보다 큰 경우가 되며 경제 전체에는 초과수요가 발생한다. 가정에 의해 가격수준은 일정하므로 기업은 예상보다 큰 수요에 부응하기 위하여 투자를 늘리고 소득수준 Y는 $S=I$가 될 때까지 증가한다. 반면에 $S>I$인 경우 소득수준은 감소하여 새로운 균형을 달성할 것이다. 이 때 새로운 균형점으로 이동할 때 최초의 균형점으로부터의 변동의 정도는 승수에 의해 결정된다. 승수는 소비성향의 크기에 의해 결정되는데 그 작용은 다음과 같이 그림으로 표시될 수 있다.

소비함수를 $C=a+bY$(a는 상수, b는 한계소비성향)로 표시하고 투자는 독립적으로 이루어 진다고 가정한다. 그림에서 종축을 지출($=C+I$)축으로 하고, 횡축을 소득($=C+S$)축으로 하여 $Y=C+I$의 그래프를 표시하고, 45°선과 만나는 점을 E라 하면, 이 때의 소득수준 Y_E는 소득과 지출이 같으므로 균형소득수준이 된다. E점 오

른쪽에서는 $I<S$가 되어 소득은 감소하고 왼쪽에서는 $I>S$로 소득은 증가하므로 Y_E는 안정적인 균형점이라고 할 수 있다.

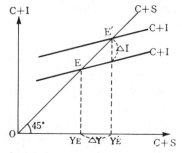

이 경우에 투자 I를 I'로 ΔI만큼 증가시키면 지출선은 $C+I'$로 이동한다. 이 때의 균형소득은 Y_E'이며 ΔI에 대한 균형소득의 변동량 ΔY의 비를 승수라고 한다. 승수의 크기는 $Y=a+bY+I$의 식을 Y, I에 관해 미분하여

$$dY(1-C)=dI \qquad \frac{dY}{dI}=\frac{1}{I-C}$$

로 표시된다. 이 때 $0<C<1$이므로 승수의 크기는 1보다 크다고 할 수 있다. 앞서 말한 바와 같이 Y_E는 안정적 균형소득수준이고 완전고용을 달성할 수 있는 소득수준을 Y_F라 하면 $Y_E \neq Y_F$인 경우가 일반적이며 따라서 양자를 일치시키려면 I를 변화시켜 승수의 작용으로 균형소득수준을 이동시켜야 한다. 이제 이 모형을 개방경제로 확대시키고 정부부문을 도입하면, 수출 X와 정부지출 G는 투자와 마찬가지로 생산물에 대한 지출수요를 구성하고 수입 M과 조세 T는 저축 S와 마찬가지로 소득 중 생산물에 대한 수요로 지출되지 않는 부분을 구성하여, 균형국민소득방정식은 $Y=c(Y-T)+I+G+X-M$(c는 한계소비성향, 소비는 가처분소득의 함수)로 되며 G와 T를 변동시키는 재정정책의 작용은 I의 변화와 같은 효과를 보이게 된다. 이와 같은 실물시장중심의 국민소득결정이

론은 화폐를 도입하지 않은 것이므로 경제 정책에 의한 소득결정시 가격의 움직임(이자율)을 나타낼 수 없고 화폐의 공급량을 조절하여 사적투자의 크기에 영향을 미치는 금융정책을 표시할 수 없다는 한계를 갖고 있다. 실물시장에 화폐 및 금융시장을 도입하는 보다 일반적인 모형에서 소득결정의 과정을 보면 정부의 지출이나 사적인 자발적 투자가 그와 부수해서 발생하는 가격수준의 변동으로 인하여 그 변화의 효과가 상쇄되어 실물시장에서의 승수보다 일반적으로 작은 승수효과를 나타낸다. 그러나 실물시장모형을 통한 소득결정이론의 설명은 경제의 가동률을 조정하는 경제정책효과의 일반적 방향을 표시하는 데 유효한 것이다.

[참고문헌] Keynes, J. M., *The General Theory of Employment, Interest & Money*, 1936; Liejonhufvud, A., *On Keynesian Economics and the Economics of Keynes*, 1968; Branson, W. H., *Macroeconomic Theory and Policy*, 1974.

＊국민소득계정 國民所得計定 national income and product accounts

국민소득계정은 국민소득의 내용과 구성을 경제주체(가계, 기업, 일반정부, 해외부문) 및 경제활동의 형태(생산, 소비, 자본축적, 정부 및 대외거래)별로 정리하고 그 결과를 복식부기의 원리에 입각하여 나타내는 계정체계를 말하며, 이것은 산업연관표 input-output table, 자금순환계정 flow of funds account 과 더불어 한 나라의 경제활동을 파악하는 데 있어 불가결한 통계표 중의 하나이다.

국민소득계정 발전의 첫 단계에서는 국민총생산과 그 구성요소에 대한 분석에 역점을 두었었다. 즉 국민총생산량의 집계를 위해서 각 부문의 소득, 임금, 임대수입, 이윤을 합하는 데 주력함으로써 소득 및

지출의 관계에 대해서는 관심을 두지 않았다. 그러나 2차대전 이후 이러한 국민소득계정은 거시경제이론의 경제항등식관계 즉 국민소득과 지출 및 저축과 투자의 관계를 설명하는 계정으로 발전되어 왔는데, 이와 같은 계정으로의 조정은 투자, 정부지출 또는 조세의 영향을 분석하는 데 도움을 준다는 이점이 있다. 이것은 현 국민소득계정상에 경제활동이 거래별로 구분되어 있고 각각의 거래는 한 번은 소득으로 기입되고 다른 한 번은 지출로 기입되어 있으므로 소득 및 지출행태를 쉽게 분석할 수 있기 때문이다. 그러나 국민소득계정은 경제활동의 최종재에 관한 것이므로 각 산업간에 일어나는 경제활동은 중간재로 취급되어 포함하고 있지 않다. 그러므로 이러한 생산요소와 산출량 그리고 각 산업간의 연관관계를 나타내기 위해 개발된 것이 레온티에프 Leontief, W. W. 에 의해서 고안된 산업연관표이다. 그리고 국민소득계정은 자금의 순환에 관해서도 설명하지 못하고 있어 이점을 보완하기 위해서 고안된 것이 코프랜드 Copeland, M. 에 의해서 그 이론적 기초가 정립된 자금순환계정이다. 이 계정은 화폐, 신용, 주식 등과 같은 거래를 나타내는 것으로서 국민소득계정에 기록되는 거래도 자금면의 활동으로부터 영향을 받으므로 이 부문의 계정이 국민소득계정을 이해하는 데 도움을 주는 것이다.

이와 같은 특징을 갖고 있는 국민소득계정의 작성은 국민소득추계방법의 발달을 전제해서만이 가능하다. 국민소득추계의 역사는 17세기 말 패티 Petty, W. 에까지 소급할 수 있지만 국민소득추계가 본격적으로 발달하게 된 것은 마샬 Marshall, A., 피구 Pigou, A. C. 의 가치론 및 케인즈 Keynes, J. M. 의 유효수요론의 영향을 받고 나서의 일이다. 그 후 2차대전중에는

영국과 미국에서 계정방식에 의한 국민소득추계가 매년 발표되었으며, 전후 이것을 모체로 해서 UN 통계국에 의해 표준 국민계정체계가 작성되었다. UN 통계국은 각국의 국민소득추계에 적용되는 방법과 용어상의 개념규정 및 그 양식을 통일함으로써 국제간의 비교를 용이하게 하기 위해서 1953년에 국민계정체계와 그 부표(附表) A System of National Accounts and Supporting Tables: SNA 를 제정하여 각국으로 하여금 이에 따르도록 권고하였으며 우리 나라에서도 이 기준에 따라 국민소득을 추계하고 있다.

그러나 그 후 거시적 경제분석, 특히 산업연관분석과 자금순환분석 등의 이론 및 관련통계의 개발에 따라 계량경제분석의 입장에서 경제활동을 종합적으로 파악하기 위하여 보다 포괄적인 국민계정 체계를 필요로 하게 되었다. 이에 따라 1968년 UN 은 구SNA 를 대폭 개정하여 각국이 앞으로 국민계정 체계를 더욱 확대, 발전시키는 데 필요한 국제적인 지침으로 신SNA 를 마련하게 되었다. 현재 선진제국에서는 이 신SNA 에 의하여 국민소득을 추계하고 있으며, 우리 나라에서도 이 신SNA 에 의한 추계를 하고 있다. 오늘날 국민소득은 이와 같은 추계지침에 따라서 생산·분배·지출의 세 가지 측면에서 접근하여 추계되고 있으며 그 결과는 국민소득의 여러 가지 개념을 중심으로 한 계정체계로 정리되어 널리 이용되고 있다.

[참고문헌] Bailey, M. J., *National Income and Price Level*, 1972; Ackley, G., *Macroeconomic Theory*, 1961; 김덕중, 「거시경제이론」, 1974; 한국은행발간, 「한국의 국민소득」, 각연보.

국민소득의 국제비교 國民所得의 國際比較 international comparison of national income

국민소득의 국제비교는 보통 그때그때의 외환시세를 그대로 이용하여 행해진다. 그러나 외환시세는 국제거래의 대상인 상품의 가격변동에 따라 좌우되기 쉬우므로 국민소득측정의 기초가 되는 개개의 상품의 가격을 충분히 반영한다고는 할 수 없다. 또한 각국의 생활양식이나 생산조건의 차이에 의해 개개의 상품의 거래고비율도 다르기 때문에 외환시세만으로 국민소득의 국제비교를 하는 것이 반드시 적당하다고는 할 수 없다. 이와 같은 결점을 없애려는 것이 클라크 Clark, C. G. 의 국제단위라는 개념이다.

국제단위 international unit 란 각국의 가계비의 구성에 의해 외환시세를 수정하고, 이 수정된 외환시세를 사용해서 각국의 화폐액을 미국의 1달러로 구입할 수 있는 재화 및 용역의 수량으로 나타낸 것이다. 클라크가 제시한 미국과 독일과의 비교를 예로 들어 설명해 보자. 피셔 Fisher, I. 의 이상산식(理想算式)을 써서 다음과 같이 독일의 구매력비율을 산출한다. 즉

$$\sqrt{\frac{\text{미국가계지출} \times \text{독일가격}}{\text{미국가계지출} \times \text{미국가격}}}$$
$$\times \sqrt{\frac{\text{독일가계가격} \times \text{독일가격}}{\text{독일가계지출} \times \text{미국가격}}}$$

1925~1934년 사이의 통계자료를 사용하여 구하면

$$\sqrt{\frac{94.2}{100} \times \frac{100}{117.9}} = \sqrt{\frac{89.4}{100}}$$

로 된다. 이는 독일의 물가가 미국의 물가보다 약간 싸다는 것을 나타내고 있다. 그러므로 가령 1929년의 독일의 외환시세가 1마르크 당 0.2382달러였다고 하면, 이 구매력비율로 환산한 0.2664달러가 국제단위이다. 이 같이 국제단위에 의해서 국민소득을 표시·비교하려는 것이 클라크의 방법이다.

독일의 1925~1934년의 국민소득은 간접세를 포함해서 636억 3,100만마르크이므로 외환시세 1마르크 당 0.2382달러로 환산하면 약 151억 5,790만달러로 된다. 이에 대해서 구매력비율 또는 국제단위에 의한 독일의 국민소득은 169억 5,129만달러가 된다. 현재 각국의 국민계정은 UN 통계국이 1953년에 제안한 국민계정체계와 그 부표(SNA)에 명시된 국민소득개념의 통일안에 따라 편제되어 왔으며, 이에 따라 각국의 국민소득통계간의 개념차는 다소 해소되었다고 할 수 있다. 그러나 이러한 국민소득의 국제비교는 두 나라의 소득격차가 심하고 문화적 전통과 생활양식이 다를 경우 소비지출의 구성내용이 크게 다르면 국민소득의 국제비교는 큰 의미가 없게 된다. →국민소득, 외환

국민순생산 國民純生産 ☞국민총생산·국민순생산

국민자본 國民資本 national capital

국민자본표는 어떤 한 시점에 있어서의 국민경제 전체로서의 자본의 축적을 가리키는 것이며, 국민소득표가 어떤 기간의 국민순생산의 가치의 흐름을 파악하고 있음에 대비된다. 양자의 관계는 일정의 수량을 채우고 있는 저수지의 한 시점에 있어서의 수량과 일정의 기간에 걸쳐 이 저수지에 유입 혹은 유출하는 수량과의 관계에 비유된다.

어떤 기간의 유입량과 유출량이 같으면 저수지를 채우고 있는 물은 변화되더라도 전체로서의 저수량은 변함이 없다. 한 기간에 있어서 저수지로의 물의 유입을 토지, 자본 및 노동 등의 생산요소 및 용역의 투입으로 가정하고, 그 유출을 같은 기간에 있어서의 국민순생산물의 가치로 가정하는 경우에, 투입량과 산출량을 같다고 생각하는 한, 저수지의 수량으로 가정되는 국민자본의 내용은 부단의 신진대사에 의해서 회전하지만 그 가치의 크기는 변하지 않는 것으로 된다. 확대재생산에 있어서는 이 유출하는 수량, 다시 말해서 국민순생산의 일부가 다시 저수지의 저수량, 즉 국민자본의 가치를 증대케 하는 것으로서 축적에 추가되는 것이라고 생각하면 된다. 이 경우의 축적으로의 추가분이 곧 투자이다. 결론적으로 말해서 전자는 국민경제를 스톡분석의 관점에서 파악한 것이고, 후자는 플로우분석의 관점에서 파악한 것이라 할 수 있다. 이와 같이 국민자본표는 일국의 부를 가리키는 것으로서 해마다의 국민소득을 생산해 나가는 국민경제의 생산력의 크기를 가리킨다고 생각된다.

그런데 여기서 말하는 자본의 저축이란 어떠한 시점에서 국민경제내에 존재하는 재화의 전부를 가리키는 것이 보통이다. 즉 국민경제가 봉쇄체계일 때는

실물자본존재고≡국민자본

이다. 대외관계를 고려해서 개방체계로서 생각한다면

실물자본존재고+대외채권

≡국민자본+대외채무

혹은

국민자본≡실물자본존재고
+대외채권-대외채무

로 된다. 그런데 여기서 주의하지 않으면 안 될 점은 이 경우의 실물자본에는 고정자본은 말할 것도 없거니와 미완성재 및 완성재의 스톡으로부터 형성되는 운전자본 및 유동자본 liquid capital 까지도 포함하고 있는 점이다. 고정자본은 기업에 있어서의 토지, 건물, 구축물, 기계장치 및 가계에 있어서의 가옥 기타의 내구소비재 등 그 사용에서 효용이 서서히 제공되는 재화를 가리키고, 운전자본 또는 경영자본

재화를 가리키고, 운전자본 또는 경영자본은 사용 또는 소비를 위해 제조의 준비 과정에 있는 것, 운송중 또는 상업자의 수중에 있는 것, 또는 계절의 전환을 기다리고 있는 것 등을 가리킨다. 즉

실물자본존재고≡고정자본＋운전자본
＋유동자본≡완성재＋미완성재

이다. 그리고 이 실물자본존재고의 증가분이 자본형성이며, 국민소득의 저축 또는 투자에 대응하는 것이다. 우리 나라에 있어서도 국민자본표의 필요성이 벌써부터 통감되어 왔지만 그 계산이 매우 복잡다난하기 때문에 국민소득표와 같이 그 조사가 해마다 행해지지는 않고 있다. →투자, 국민소득, 국부

국민저축률 國民貯蓄率

GNP에 대한 국민저축의 비율을 말한다. 따라서 이것은 국민저축률에다 해외저축률까지를 더한 국내저축률과는 다르다. 해외저축은 차관 등의 형태로 국내에 도입된 투자재원으로 대외부채가 된다. 국민저축률과 소비율을 더하면 반드시 1이 되지만, 국내저축률과 소비율을 더할 때에는 1보다 커지기도 한다. 국내저축률에 대한 국민저축률의 비, 즉 $\dfrac{\text{국민저축률}}{\text{국내저축률}}$은 그 나라의 투자재원의 자립도를 나타내는 지표라고 할 수 있다.

국민총생산·국민순생산 國民總生産·國民純生産 gross national product **GNP**·net national product **NNP**

일정기간(1년) 동안에 국민경제가 생산한 최종생산물을 시장가격으로 평가한 그것의 가치총액을 국민총생산이라 하고, 국민총생산에서 생산과정에 사용되어 소모된 자본의 가액을 공제한 것을 국민순생산이라 한다. 한 국민경제의 경제력을 표시하는 지표로서 국민총생산 개념이 제2차

대전이후 널리 사용되었는데, 그 이유는 다음 두 가지에서 찾아볼 수 있다. 하나는 내구자본설비는 일시적으로 그 소모분을 보전(補塡)하지 않고서도 사용될 수 있으므로 단기에서 한 국민경제의 생산능력을 파악하는 데 있어서 국민소득 개념보다 편리하다는 점이다. 다른 하나는 소모된 자본설비의 감가상각액을 정확하게 산출해 내기가 현실적으로 어렵다는 점이다. 그러나 최근에 와서는 심각한 공해문제 등으로 국민총생산의 증가가 반드시 복지의 증가를 의미하는 것은 아니라는 인식이 고조되어 왔다. 그 결과 경제성장의 성과를 후생의 측면에서 평가하여 국민순복지 net national welfare 의 개념으로 수량화하려는 연구가 활발하게 진행되고 있다. →국민순후생

국민총생산(國民總生産) 갭 gross national-product gap

일국경제의 재화 및 용역의 산출액과 인플레이션을 수반하지 않은 완전고용(실업률 4% 이하)하에 있어서 그 경제의 잠재적 산출액 사이의 갭을 말한다. 갭의 크기는 명확한 것은 아니며, 잠재적인 GNP를 정확하게 측정할 수 있는 가능성에 대하여 경제학자 사이에서 많이 논의되어 왔다.

국민총수요 國民總需要 gross national demand **GND**

국민소득총계의 중심적 존재인 국민총지출 중에서 개인소비지출, 정부의 재화, 서비스, 경상구입비, 국내총고정자본 형성, 재고품 증가, 수출과 해외로 부터의 소득을 총계한 것을 국민총수요라고 한다. 따라서 국민총지출의 구성항목 중 수입과 해외에의 소득을 공제하지 않고 일국의 경제 전체로서의 수요를 총합한 것이다. 이에 대해 국민총공급은 국민총생산 GNP에

국민총지출 중 공제항목으로 되어 있는 수입과 해외에의 소득을 옮겨 가산한 것이다. 이 양자는 국민경제 전체의 수급관계를 나타낸 계정으로 금액은 동일하다. → 국민총생산, 국민총지출, 국민소득

국민총지출 國民總支出 gross national expenditures GNE

국민총생산 gross national product을 소비하는 여러 가지 지출의 합계를 말한다. 국민총생산은 국민소득과 같이 생산, 분배, 지출의 3면에서 생각할 수 있다. 그 생산면을 나타낸 것이 산업별 국민총생산이고, 분배면은 국민총생산비로 GNP에 대한 비용의 구성을 말하며, 지출면은 국민총지출로 최종생산물에 대한 수요의 구성을 나타낸 것이다.

국민총생산을 지출의 면에서 볼 때 네 가지로 구분할 수 있다. 즉 ① 소비지출 C ② 투자지출 I ③ 정부지출 G ④ 수출 X 이나, 이 중 ①, ②, ③은 내수재에 대한 지출이며, ④는 해외시장에 나가는 재화에 대한 지출이다. 만약 투자가 총투자 gross investment를 의미한다면 이들 지출의 합계는 GNP가 되며 또 순투자를 의미한다면 국민순생산 NNP이 된다. 또 단순히 국민소득 Y이라고 부르기도 한다. 즉 국민소득 Y은 소득창출의 관점에서 $Y = C + I + G + X$로 된다. 이 방정식을 소득창출방정식 income creation equation이라 한다. 이는 국민소득이 네 가지 지출로 구성되어 있으며 이들 지출의 크기에 따라 국민소득의 크기가 결정된다는 것을 나타내고 있다. →국민총생산, 국민순생산, 국민소득

국부 國富 national wealth

한 나라의 유형자산의 총가치이다. 국부의 통계는 한 지역의 경제적 스톡의 지표이다. 보통 사용되고 있는 국민소득의 개념은 원래는 소득계산 접근방법에서 생겨난 유량 flow으로 현재는 사회회계학적 접근방법에 의지하고 있음에 대하여 국부의 측정은 대차대조표적 접근방법에서 도출된 저량 stock 이다.

간단한 계산은 이것을 총체적으로 포착하는 것이다. 즉 감가상각을 공제하지 않고 내용년수 · 유효도 및 기타를 전부 무시하고 한 나라의 자산가치를 총계한 것이다. 보다 현실적인 측정법은 감가상각을 공제한 순자산에 의해 평가된다. 이렇게 해서 포착된 국부는 재생산 가능한 유형자산, 소위 자본스톡과 재생산 불가능한 자산, 예를 들면 토지 · 천연자원을 포함한다. 재생산 가능한 자산의 가치는 그 자산의 내용년수에 따라 감가상각된 영구재산목록에 의해 평가된다. 재생산 불가능한 자산의 가치는 그것과는 별도로 전수조사(全數調查)나 조세자료에서 종종 추정된다. 경제성장의 지표로는 토지나 다른 천연자원을 포함하지 않는 재생산 가능한 유형자산 쪽이 총국부보다 적당하다.

국세조사 國勢調査 ☞센서스

국세 · 지방세 國稅 · 地方稅 national tax · local tax

국가, 즉 중앙정부가 부과하는 조세를 국세, 지방자치단체가 징수하는 조세를 지방세라 한다. 지방세는 국가의 수권(授權)에 의해 주로 지방자치단체가 관할하는 지역사회의 복지를 증진시키기 위한 목적에서 징수된다. 국세에 비교해서 과세권의 범위와 그 조세배분의 원칙에 따라 다음의 두 가지의 지방세의 특징을 들 수 있다. 첫째, 국세는 절대적인 것이며 지방세는 상대적인 것이다. 즉 지방세의 징수는 소지역 소수의 주민에 한정된다. 둘째, 국세는 능력원칙에 의거하고 있는데 지방세는 능

과세의 분류

국 세	I 1) 소득세류 소득세, 법인세 2) 소비세류 부가가치세, 특별소비세, 영업세, 부당이득세, 통행세, 주세, 전 기가스세, 입장세 II 자산세류 상속세, 증여세, 재평가세, 인지세, 전화세
지 방 세	I 1) 소득세류 농지세, 주민세 2) 소비세류 자동차세, 마권세, 도축세, 면허세, 등록세 II 자산세류 재산세, 취득세, 도시계획세, 공동시설세, 사업소세

자료 : 세법, 현암사.

력원칙과 더불어 이익원칙을 준용하는 것이 보통이다. 국세와 지방세를 소득세류, 소비세류 그리고 자산세류로 3대별할 경우, 우리 나라 과세의 분류는 다음 표와 같다.

국유재산 國有財産 national assets

광의로는 국가존립의 물적기초 내지 그 활동의 자산적 결과로서 국가의 소유에 속하는 재산을 말하며 협의로는 법률로 정한 국유재산으로 고유재산대장(固有財産台帳)에 게재되고 국유재산법에 의해 통일적으로 관리되고 있는 자산을 말한다. 우리 나라 국유재산법 제3조에 있어서 국유재산이라 함은 다음에 규정된 재산 중에서 국가의 부담이나 기잔(寄棧), 또는 법령이나 조약의 규정에 의하여 국유로 된 것을 말한다. ① 부동산과 그 종물(從物) ② 선박・부표(浮標)・부잔교(浮棧橋)・부선거(浮船渠) 및 항공기와 그들의 종물 ③ 정부기업 또는 정부시설에서 사용하는 중요한 기계와 기구 ④ 지상권, 지역권, 광업권 기타 이에 준하는 권리 ⑤ 주식출자로

인한 권리, 사채권, 지방채, 증권과 투자신탁 또는 개발신탁의 수익증권 ⑥ 특허권, 저작권, 상표권, 실용신안권, 기타 이에 준하는 권리 등이다. 그리고 동법 제4조에서는 국유재산을 그 용도에 따라 행정재산, 보존재산, 잡종재산으로 구분하고, 행정재산으로는 공용재산, 공공용재산, 기업용재산 등이 있다. 국유재산의 이용에 관하여는 동법 제3장 제1절・제2절・제3절에서 규정하고 있는데, 이에 의하면 행정재산은 그 용도 또는 목적에 장해가 되지 않는 범위 안에서 사용 또는 수익을 허가하는 경우를 제외하고는 이를 양도하거나 사권(私權)을 설정할 수 없게 되어 있다. 그러한 보존재산과 잡종재산은 일정한 조건하에서 매각・양도・교환・대부할 수 있고, 또 이에 사권을 설정할 수도 있다.

국제개발기구 國際開發機構 ☞AID

국제개발협회 國際開發協會 ☞IDA

국제결제은행 國際決濟銀行 ☞BIS

국제경제협력 國際經濟協力 economic cooperation

개발도상국의 경제개발을 위해 선진국이 경제적으로 협력하는 것을 말한다. 국제적 경제협력의 시도로서 최초로 착수된 것이 1944년 7월 미국의 브레튼우즈 Bretton Woods에서 제정된 브레튼우즈협정 Bretton Woods Agreement 이며, 전후의 국제통화금융과 국제적 경제개발의 두 가지 사항을 그 내용으로 하는 것으로서 현재의 국제통화기금 IMF 과 국제부흥개발은행 IBRD 이 이 협정에 의거해서 설립된 것이다. 그리고 1947년과 1948년 각각 설립된 관세 및 무역에 관한 일반협정 GATT 및 국제무역기구 ITU 도 같은 취지라 할 수 있다. 이미 국제경제협력에는 정부베이스 부문과 민간베이스 부문이 있고 또 2개국간에 행하여지는 경우와 다수국간에 행하여지는 경우가 있다. 방법으로는 자본의 제공, 장기연불수출(長期延拂輸出), 민간의 합작투자가 있다. 최근에는 남북문제로서 선진국의 개발도상국에 대한 경제협력이 큰 과제로 되어 있다.

국제금본위제도 國際金本位制度 international-gold standard system

국제금본위제도란 금본위제도가 국제적으로 채용되어 금이 세계화폐로서의 기능을 발휘하는 제도를 말한다. 역사적으로 보면 금본위제는 1816년에 영국이 이를 채택함으로써 비롯되었다. 당시의 영국은 선진공업국으로서 전세계에 산재해 있는 식민지를 발판으로 자유무역을 주장하여 독자적인 교역권을 갖는 지도적인 지위에 있었다. 영국이 이와 같이 우월한 지위에 서게 되자, 각국의 국내적 국제적 상품거래는 영국을 중심으로 한 세계시장에 있어서

부분시장의 지위에 서야만 했다. 따라서 금본위제는 국제적 통화제도로서의 성격을 띠게 되었고 각국도 이를 채택하지 않을 수 없게 되었다.

1844년의 필은행조례 Peel's Bank Act 이후 미국의 금본위 제도는 통화주의적 원리에 따라서 유지되었다. 이 원리에 따르면 발권은행의 첫째 임무는 충분한 금준비를 유지하는 데 있으므로 은행권의 발행고는 금준비에 의해서 엄중하게 통제되지 않으면 안된다. 그러므로 중앙은행이 행하는 일체의 통화정책목표는 금본위제에 대한 옹호에 집약되어 있었다. 이러한 주장의 배경에는 영국을 중심한 당시의 국제경제가 이와 같은 국제금본위제하의 금의 국제적 분배를 통해 자동적으로 균형이 이루어진다는 생각이 있었다. 즉 어떠한 교란원인에 의해서 일국이 수입초과가 되는 경우, 그 나라로 부터 금의 유출이 생겨 이 금유출국의 물가는 하락하고 금유입국의 물가는 등귀한다. 이로 인해 양국의 수출입량이 변화하여 무역수지는 필요한 균형액에 이른다. 따라서 각국 사이에 있어서 금의 적당한 분배가 실현된다. 이러한 국제금본위제를 전제로 한 자동적인 국제수지의 조정방법을 금본위제의 룰이라고 한다.

이와 같은 국제금본위제는 19세기의 후반에 영국이 후진국가들에 대한 수출초과와 함께 이에 대응하는 해외투자, 특히 식민지에 대한 투자를 계속하여 국제적인 다각적 결제를 가능하게 하였다. 따라서 이 시기의 금본위제는 비교적 순조롭게 운영되어 갔던 것으로 볼 수 있다. 그러나 제1차대전 후에 그러한 체제가 무너지고 다액의 금이 무역수지, 단기자본이동 등을 통해 미국에 유입되었다. 이것은 미국 국내경제의 필요에 따라 금불태화정책(金不兌化政策)을 낳았고 금의 편재를 가져 오게

되었다. 이 때문에 각국은 자국경제의 불황에서 오는 유동자금의 압박으로 인해 차례로 금본위제도를 폐지하여 국제금본위제는 완전히 붕괴되었다. →은행주의, 트랜스퍼 논쟁, 금본위제도

국제금융공사 國際金融公社 ☞ IBRD

국제금융시장·국제자본시장 國際金融市場·國際資本市場 international money market·international capital market

금융거래가 국제적으로 행하여지는 특정한 장소를 말한다. 무역의 결제수단으로서 외국환이 사용되는데, 은행간에 외국환의 거래가 성행하게 되면 은행은 자금의 조정을 기하기 위해서 해외시장을 통하여 환거래를 할 때가 많다. 이러한 국제금융의 중심시장인 국제금융시장 중에는 단기시장과 장기시장이 있는데 단기시장에서는 어음할인, 콜거래, 단기대부, 당좌계정 거래 등의 거래가 있으며, 장기시장에서는 장기의 대차거래, 주식 및 공사채의 발행이 행하여 진다. 영국의 런던과 미국의 뉴욕이 대표적이다. →국제자본이동

국제노동기구 國際勞動機構 ☞ILO

국제대차설 國際貸借說 theory of international indebtedness

환시세는 환의 수급관계에 의하여 변동하며, 환의 수급관계는 국제간의 대차관계에 따라 결정된다고 하는 이론이다. 환시세에 관한 고전적 이론은 고센 Gossen, H. H.에 의해 체계화 되었으며 금본위제도를 배경으로 형성된 대표적 환이론이다. 국제간에 대차관계가 생기는 것은 국제간에 각종 경제거래가 행해지기 때문이며 특히 상품거래를 중심으로 하는 국제거래는 필연적으로 국제간에 대차관계를 발생시킨다. 여기서 이 대차결제를 위한 환거래가 발생한다. 즉 채권회수를 위한 환의 매각(환의 공급)과 채무결제를 위한 환의 매입(환의 수요)이 발생하며 따라서 국제대차관계는 환수급, 즉 환시세 변동의 원인이 된다. 여기서 국제대차라고 말한 것은 현대적 입장에서 보면 국제수지이며 국제간의 자본거래를 말하는 이론과 국제대차는 아니다. 그러므로 이 설을 국제수지설이라고도 한다. →국제수지, 외환

국제무역기구 國際貿易機構(ITO) ☞GATT

국제부흥개발은행 國際復興開發銀行 ☞IBRD

국제분업 國際分業 international division of labour

국제무역이 행해지는 이유는 이를 행하는 국가들이 그것에 의해서 이익을 얻을 수 있기 때문이다. 일반적으로 사람은 각자 자기에게 가장 적합한 한 가지 일에 전념하여 여기에서 생산된 재화 및 용역을 서로 상대편과 교환함으로써 궁극적으로는 서로 효용을 증대시킬 수 있게 된다. 이러한 개인간에 있어서의 분업의 이익은 국제간의 상품교환에 있어서도 마찬가지로 볼 수 있는 현상이다. 즉 각 국가들이 각자 그 특수한 환경에 가장 적합한 상품을 만드는 데 전념하고, 그것을 무역을 통해서 서로 교환하는 것이 곧 국제분업이다.

각국의 특수한 상품에 대한 적합성은 각기 그 지역적인 제약의 영향 아래 그 경제구조가 상이한 데서 생기는 것이다. 첫째, 생산의 면에서 각국은 각기 그 천연자원의 부존(賦存)이 다르다. 즉 광산물이나 특유

한 기후·환경을 필요로하는 농산물의 편재가 그것이다. 둘째, 각국의 인구분포의 불균등을 들 수 있다. 자연적 조건에 비해 인구가 과잉한 나라는 공업을 일으켜서 인구를 흡수하고, 그 생산물을 인구가 희박한 나라의 원료생산물과 교환할 필요성이 생긴다. 셋째, 인간의 능력 차이이다. 이 차이는 자질, 의지력과 같은 천부의 기질로부터 과학적 지식 및 기술과 같은 후천적인 것까지도 포함하며 각국의 교육적, 경제적, 정치적 및 사회구조의 차이를 가져온다. 넷째, 역사적으로 계승된 넓은 의미의 국민적 유산의 차이가 있다. 생산설비, 철도 기타의 방대한 자본재를 이어받거나 혹은 특수한 미술, 공예적·문화적 지식 등 유용한 무형재가 전래되어 있는 나라와 그렇지 못한 나라가 있는 사실로부터 각국 나름의 경제적 특성이 생기는 것이다.

또한 이상과 같은 생산조건의 상이뿐만 아니라 각국에 있어서의 수요조건의 상이도 고려되지 않으면 안된다. 즉 각국은 토지·노동·자본 등 생산요소의 부존상태면에서 각각 그 특성을 달리하는데, 만약 일국의 생산요소의 양과 질이 그 나라 자체의 수요에 대해 상대적으로 과잉하면 여기서 하나의 특성이 생긴다. 예컨대 오스트레일리아나 아르헨티나와 같은 경우에는 비옥하며 광대한 면적의 토지를 영유하고 있는 관계로 목축업이 번성하여 특히 양모수출국으로 되어 있지만, 만약 인구가 많아 그 양모가 국내수요만을 충당할 수 있는 양에 불과한 경우라면 그것은 결코 그 나라의 특산품이라고는 할 수 없다. 이처럼 순수한 경제적 견지에 선다면 각국은 상대적으로 가장 저렴하게, 따라서 가장 유리하게 생산할 수 있는 상품(비교우위가 있는 상품)의 생산에 각각 특화(特化)하여 국제분업을 행함으로써 그 상품의 잉여생

산량을 수출하고 비교열위에 있는 타종의 상품을 다른 나라로부터 수입함으로써 이익을 얻게 되고, 이에 따라 국제무역이 성립하게 된다.

그런데 현실적으로 국제간에 있어서의 상품의 이동은 각국의 외환시세에 따라 환산된 가격차에 의해 일어나며, 노동이나 자본 등의 생산요소의 이동도 마찬가지로 그 가격인 임금, 이자의 차이에 의해서 이루어진다. 그리고 상품이동과 생산요소의 이동과는 다음과 같은 불가분의 관계에 있는 것이다. 즉 생산요소의 국제이동은 만일 다른 장애만 없다면 임금차, 이자차에 의해서 자유로이 이동해야 할 것이지만, 현실적으로는 자국을 떠나는 데 대한 고통, 불편, 사회정세의 위험 등의 원인으로 용이하게 실행되지 못하고, 보통 상품이동으로서 대치되고 있는 실정인 것이다. 따라서 상품무역은 간접적인 생산요소이동이라고 생각할 수 있다. 예를 들면, 한국이 외국으로부터 원면을 공급받아 이를 가공해서 섬유제품으로 외국에 수출하는 것은 보통 가공비를 벌기 위해서라고 하지만, 이는 실제에 있어서는 간접적 노동이동과 다름 없다. →비교생산비설

국제상품협정 國際商品協定 International Commodity Agreement **ICA**

특정한 상품에 대하여 관계국이 생산·소비·가격 등의 조정을 위하여 약정한 국제협정을 말한다. 저개발국에 있어서 1차상품의 수출수입은 총수출수입 중에서 8할 이상의 비중을 차지하고 있다. 따라서 제1차상품의 수출고에 따라 저개발국의 수출수입규모가 결정된다고 해도 과언이 아니므로, 저개발국은 1차상품의 수출수입의 안정과 그 증대를 위하여 국제적인 규모로 상품협정을 체결할 것을 요청하게 되었다. 상품협정은 1차상품 가격이 폭락하

였던 1930년대의 대공황시에 이미 체결된 바 있다. 현재 국제곡물협정(IGA), 국제설탕협정(ISA), 국제주석협정(ITA), 국제커피협정(ICA), 국제올리브유협정(IOA) 등이 있다.

이들 국제상품협정에는 세 가지 유형이 있다. ① 다국간장기계약협정 : 수출국과 수입국이 그 수출량과 수입량을 다각적으로 계약하는 것이다. 즉 국제시장가격이 협정가격의 상한인 최고가격 이상으로 오르는 경우에 수출국은 계약량까지는 최고가격으로 판매하도록 하는 한편 협정가격의 하한인 최저가격 이하가 되는 경우에는 수입국은 계약량까지 최저가격으로 매입해야 한다. ② 수출할당협정 : 국제설탕협정과 국제커피협정은 수량을 수출할당제의 원칙에 입각하여 운영하고 있다. 국제설탕협정은 신협정에 의하여 자유시장가격을 인상하였고 또 수출량을 연간 900만톤으로 규정하고 있다. 한편 국제커피협정은 국제가격이 1962년의 수준을 하회하지 않도록 생산과 수출을 규제하고 있다. ③ 완충재고협정(緩衝在庫協定) : 완충재고의 조작에 의하여 운영되는데, 이 조작은 상품협정당국이 완충재고를 가지고 자유시장가격이 등귀 또는 하락함에 따라 상품을 방출 또는 매입하는 방식을 취한다. 국제주석협정이 이에 해당된다.

그런데 위와 같은 상품협정에는 다음과 같은 세 가지 문제점이 있다. 첫째, 생산국과 소비국의 이해관계조정이 어렵다. 둘째, 완충재고를 조작하는 경우 저장비용이 필요하며 또 저장이 곤란한 상품에는 이 협정을 적용할 수 없다. 셋째, 협정위반에 대한 벌칙이 없어 가입국을 강제적으로 구속할 수 없다.

＊국제수지 國際收支 balance of payments

Ⅰ. 정 의 국제수지란 일정한 기간(보통 1년)동안에 한 나라의 국민과 외국의 국민 사이에 이루어졌던 모든 경제적 거래를 체계적으로 분류하여 집계한 것으로, 한 나라가 일정한 시점에서 외국에 대해 얼마만큼 채권 또는 채무를 지니고 있는가를 종합적으로 표시하는 국제대차와는 구별된다. 국제수지는 플로우 개념인데 반해 국제대차는 스톡 개념이다.

Ⅱ. 국제수지표 국제수지의 사후적·통계적·회계적 기록을 국제수지표라고 한다. 그것은 한 나라의 거주자와 외국 거주자 사이의 모든 경제거래를 복식부기의 형식으로 종합적으로 기록한 것이다.

① IMF 방식 국제수지표 : 세계각국의 국제수지표를 작성하는 데 있어서 그 원리 및 양식을 통일시키기 위한 지침으로 IMF는 국제수지표 작성요람을 발간하였는데, 이 국제수지표 작성요령에 의한 것이 IMF 방식 국제수지표이다.

② 경상수지·자본수지 : IMF 방식에 의한 국제수지표는 크게 세 가지의 기본적 거래항목으로 분류된다. (i) 재화(무역수지) 및 용역(무역외수지)의 거래 (ii) 이전(移轉)수지 (iii) 자본수지로 구성되며,

IMF 방식 국제수지표(원표)

제1부 재화 및 용역과 이전수지
  A. 재화 및 용역(1~8)
    1. 상 품
    2. 비화폐용 금
    3. 화물운송 및 보험
    4. 기타운수
    5. 여 행
    6. 투자수익
    7. 정부거래
    8. 기타용역
  B. 이전수지(9~10)
    9. 민 간
    10. 정 부

제 2 부 자본 및 화폐용 금의 이동
　C. 자본 및 화폐용 금
　　11. 민간장기
　　12. 민간단기
　　13. 지방정부
　　14. 중앙정부
　　15. 중앙통화기관
　　16. 기타통화기관

제 3 부 제 1 부와 제 2 부와의 조정
　　17. 재화 및 용역(1~8)
　　18. 이전수지(9~10)
　　19. 대외자산 및 화폐용 금(11~16)
　　20. 대외부채(11~16)
　　21. SDR
　　22. 순거래액 합계(17~20)
　　23. 순오차 및 누락

　　24. 합계(22~23)

(i)과 (ii)를 합쳐 편의상 경상수지라고 부르고 있다. 경상거래는 직접 소득을 만들어 내든가 혹은 그것을 사용하는 거래이므로 경상계정은 국민소득의 경상적 순환의 흐름에 영향을 주기 때문에 소득계정이라고도 한다. 한편 자본거래는 대외자산 내지 부채에 변화를 가져오는 거래와 화폐용 금의 거래를 밝히는 것이다.

　③ 기초수지·종합수지 : 국제수지표에 있어서 모든 국제거래는 복식부기의 원리에 따라 경상계정과 자본계정에 다같이 기장되므로 경상수지잔고와 자본수지잔고는 항상 일치한다. 따라서 일국의 국제수지의 건전성을 나타내는 국제수지의 균형은 이와 같은 국제수지표상의 균형과 구별되어야 한다. 현실적으로 국제수지의 균형은 기초수지와 종합수지를 기준으로 판별된다. 기초수지=경상수지＋장기자본수지이다. 이 기초수지는 일국의 장기적 결제능력의 추이를 보기 위하여 변동이 심한 단기자본을 제외하여 국가수지의 상태를

보려는 것이다. 종합수지=기초수지＋단기자본수지＋오차 및 누락 이다. 오차 및 누락을 포함시킨 것은 국제수지표를 작성할 때 포착되지 못한 것이 단기자본거래라고 생각하기 때문이다. 종합수지는 대외거래 전체를 포괄하는 동시에 종합적인 대외지불능력을 측정하는 척도가 된다.

Ⅲ. 국제수지의 균형 ① 넉시 Nurkse, R.의 국제수지균형에 관한 대표적 견해에 의하면 국지수지의 균형은 경상거래의 대변합계와 차변합계가 같은 경우를 가리킨다. 그런데 여기에는 다음과 같은 조건이 충족되어야 한다. 첫째, 수입제한, 수출보조금, 외환관리 등이 실시되지 않아야 된다. 둘째, 국내경제에 불경기나 비자발적 실업이 존재하지 않아야 된다. 셋째, 균형이 계절변동, 경기의 순환변동 등에 의한 영향을 제거할 수 있는 기간을 대상으로 해야 한다는 것이다.

　② 미드 Meade, J.E.는 자율거래와 조정거래의 개념으로서 국제수지의 균형을 설명하고 있다. 국제수지표는 차변과 대변이 원칙적으로 일치하도록 작성되지만 그 일치는 국제수지의 균형을 의미하는 것은 아니므로, 미드는 국제수지의 균형·불균형을 판단할 수 있는 하나의 기준으로서 자율거래 autonomous transaction의 개념을 제시했다. 국제거래에 있어 다른 거래와는 하등의 관계없이 독자적인 이유에서 발생하는 것을 자율거래라 하며, 그는 이 자율거래가 균형 또는 적자(혹은 흑자)냐에 따라 국제수지의 균형 또는 불균형이 판정된다고 한다. 따라서 자율거래의 대변의 합계와 차변의 합계가 일치하는 경우를 국제수지의 균형상태라고 하며 그렇지 않은 경우를 불균형상태라고 정의하고 있다. 한편 다른 국제거래의 결과로 생긴 것을 유발거래라고 한다. 또 이는 국제수지를 균형시키는 역할을 한다는 의미에서 조정거래

accommodating transaction 라고 한다. 보통 무역은 자율거래에 속하며, 정상적인 대외투자도 자본수익 또는 높은 이자율 때문에 이루어지므로 자율적인 것으로 볼 수 있다. 이에 대하여 화폐용 금의 이동, 외환보유고의 변화, 대부분의 단기투자이동 등은 국제수지의 갭을 메우고 조정하는 데 사용되므로 조정거래에 속한다.

Ⅳ. 한국의 국제수지동향　우리 나라의 국제수지는 부존자원의 빈약과 대외의존도가 높은 역사적·경제적 여건 때문에 1960년대 이후 계속 어려움을 겪었다. 수출의 급격한 증가에도 불구하고 무역수지 적자는 1960년대 후반 이후 10억 달러 수준을 유지하여 오다가 석유파동 이후의 세계적 불황과 국제인플레이션의 영향으로 수출이 부진하고 수입부담이 가중된 데다가 교역조건이 크게 악화되면서 1974년과 1975년에 무역수지가 크게 악화된 것을 주요인으로 경상수지적자가 확대되게 되었다. 우리 나라 국제수지의 특징은 만성적인 경상수지의 적자를 자본거래에서 보전(補塡)하여 왔다는 점을 들 수 있다. 우리 나라 국제수지가 역조를 보이는 근본적 원인은 두말할 필요도 없이 경상수지의 역조에 있으며, 경상수지의 역조는 주로 수출과 수입의 갭인 무역수지의 역조에 기인하고 있다. 따라서 자본거래로 보전되지 않고 경상계정에서 이 수지가 균형에 접근하고, 그것이 기조적으로 계속될 때 우리 나라의 국제수지문제는 해결의 실마리가 풀릴 것이다. 1977년 한국경제는 중동 건설 붐을 타고 1천2백만불의 경상수지 흑자를 기록하였다. 그러나 1978년부터 다시 적자로 반전되어 경상수지 적자가 지속되었다. 1986년부터 1990년까지 4년 동안은 3저(低)라고 불리우는 유리한 국제경제환경의 변화에 힘입어 약 3백4십억불의 경상수지 흑자를 실현하였다. 이 기간 중 연구개발투자와 산업고도화로 흑자 기조를 정착화시켜야 했다. 그러나 흑자관리에 실패하여 1990년부터 적자로 반전된 경상수지는 1993년 3억8천만불의 흑자를 제외하고는 그후 계속 적자가 확대되어 1996년은 237억2천만불 적자를 기록하였다. →IMF, 교역조건

[참고문헌] IMF, *Balance of Payments Yearbook*, 1949; Meade, J. E., *The Balance of Payments*, 1951; Harrod, R. F., *International Economics*, 1957; Harberler, G., *Die Internationale Handel*, 1933; 정도영, 「국제경제학」; 김윤환·변형윤, 「한국경제론」, 1977.

국제수지조정기구 國際收支調整機構 adjustment mechanism of international payment

일국의 국제수지가 불균형상태에 있을 경우 그 균형성립을 위한 조정기구에는 가격조정기구와 소득조정기구가 있다.

① 가격조정기구 : 먼저 고전학파적인 국제금본위제하에서의 가격조정기구에서는 국내적으로 완전고용과 국제금본위제의 전제하에서 일국의 국제수지가 흑자를 나타낼 경우에는 금유입→국내통화량증가→국내물가상승→수출감퇴·수입증가 라는 일련의 경로를 통하여 당초의 국제수지 흑자가 해소되어 국제수지의 균형이 실현되게 된다. 적자의 경우에는 반대의 경로를 통하여 균형에 이르게 된다. 다음 자유변동환율하에서의 가격조정기구에서는 수출초과가 발생하였을 때에는 환시세가 등귀하고, 따라서 외국통화로 표시한 수출품가격이 상승하며 국내통화로 표시한 수입품가격은 하락하기 때문에 수출은 감소하고 수입은 증가하여 균형이 회복된다. 수입초과의 경우에는 반대의 경로를 통하여 균형에 이르게 된다. 이상과 같이 국제수지불균형의 주요인을 환시세의 변화와 금이동이 가져오는 물가수준 또는 교역조건

의 변동에서 구하고 있기 때문에 가격효과를 중요시하는 것이라 할 수 있다. 그러나 완전고용이 존재하지 않는 경우나 화폐당국의 태도 여하에 따라서는 이같은 자동조정기구는 작용하지 않게 된다. 또한 가격조정기구의 현실적 결함은 국내균형의 희생에 의하여 국제균형이 달성되는 점에 있다.

② 소득조정기구 : 구매력 내지 국민소득의 변동을 통하여 국제수지가 균형화되는 기구를 지칭한다. 즉 출초국(出超國)에서는 소득이 증가하고 입초국(入超國)에서는 소득이 감소하며, 이같은 소득변동은 출초국의 수입을 증가시키고 입초국의 수입을 감소시킨다. 이리하여 쌍방의 매출입의 상대적 변동에 의하여 국제수지의 균형이 달성된다. 가격조정기구에서는 물가나 교역조건의 변화가 없이도 구매력 내지 국민소득의 변동에 의하여 국제수지 균형이 달성된다. 그러나 이같은 소득조정기구도 항상 원활히 작용한다고는 할 수 없다. 예를 들어 지도적 지위에 있는 출초국의 한계수입성향이 작고, 그 출초(出超)에 의하여 타국의 수출이 억압받고 이들 국가의 국민소득이 감소한다면 이 국가의 출초와 타국의 입초(入超)는 계속되어 국제수지는 균형되지 않을 것이다. 이같은 경우에는 쌍방의 국제수지조정을 위하여 출초국으로부터 입초국에의 국제투자, 출초국의 국내투자의 증대 등의 정책이 취해져야 한다. 요컨대 가격조정기구와 소득조정기구는 국제수지균형화에 있어서 가격효과와 소득효과라는 각각 그 중요한 측면을 강조한 것이며 양기구는 대립적이라기 보다는 오히려 보완적으로 양기구가 동시에 작용하여 국제수지의 균형화가 달성되는 것으로 보아야 할 것이다. →국제수지, 국제금본위제도, 국내균형, 국제균형, 한계수입성향, 국제수지조정조치

국제수지조정조치 國際收支調整措置 measure for adjustment of international payment

국제수지의 적자 또는 흑자가 급격히 확대된다든가 혹은 그 폭이 비록 작다하더라도 적자 또는 흑자의 지속이 만성화할 경우에는 국제수지의 균형을 위해서 조정조치를 취해야 한다. 조정조치에는 환시세조정(평가조정), 금융·재정정책 그리고 직접통제가 있다. 이러한 조치는 실제에 있어 다른 조정조치와 복합적으로 이루어지는 경우가 많다. 이 외의 조정수치로서 먼델 Mundell, R. A. 이 분석한 폴리시 믹스 policy mix 를 들 수 있다.

① 환시세조정 : 가격변동에 관한 것이기 때문에 이론적으로는 우선적으로 고려되는 수단이나, 실제에 있어서는 모든 수단이 실패한 후 마지막으로 취해지는 대표적인 조치이며 그 조작이 간단한 것이 이점이다. 평가절하는 국내의 생산 및 고용을 자극하는 경향이 있으므로 국내경제가 불경기일 경우 경기회복의 기능을 하지만 국내에 인플레이션이 진행되고 있는 경우에는 인플레이션을 격화시킬 염려가 있다. 전후 주요국에서 국제수지의 적자를 시정하기 위한 평가절하가 자주 이루어졌으나, 국제수지의 흑자를 시정하기 위한 평가절상은 별로 이루어지지 않았다. 환시세조정에 의하여 국제수지가 조절되려면 일정한 조건이 전제되어야 한다.

② 금융·재정정책 : 국제수지가 적자인 경우 이를 시정하기 위해서는 우선 금융정책면에서 이자율을 올리든가 금융긴축을 통해서 기업의 지출에 영향을 주어 유효수요의 감축을 꾀하고, 한편 재정면에서 재정지출의 삭감으로 정부지출에 영향을 주어 유효수요의 감축을 도모한다. 유효수요가 감축되면 가격 및 임금률이 신축적인 경우에는 임금률이 하락하고 이것은 재화

의 가격하락을 가져와 수출을 자극할 것이다. 한편 가격 및 임금률이 하방경직적(下方硬直的)인 경우에는 고용 및 소득수준의 하락을 가져와 수입을 억제하는 작용을 할 것이다. 이같이 금융·재정정책은 소득과 가격을 조정하여 국제수지를 개선하고 나아가서 국제수지의 조정을 가능하게 한다. 그런데 가격 및 임금률이 하방경직적인 경우에는 이러한 유효수요의 감축은 소득수준의 저하와 실업증대라는 희생을 수반하기 때문에 완전고용을 실현하는 것을 경제정책의 목표로 삼고 있는 오늘날에는 채용하기 어렵다. 그러나 국제수지의 적자가 인플레이션에 의해서 발생되는 경우에는 채용되고 있다.

③ 직접통제 : 매입할당제와 같은 무역제한은 갑자기 나타나는 대폭적인 적자를 억제하는 데 더욱 효과적이다. 국제수지의 적자를 시정하는 데 있어 다른 수단으로는 어느 정도 시간이 필요하다든가 또는 대외지불준비에 여유가 없다든가 하는 경우에 이 조치가 취해진다. 이러한 행정적 조치로써 무역에 직접통제를 가하는 경우 그 효과는 직접적이다. 저개발국은 외환제한·외환할당 등 직접통제를 행하고 있으며 이것은 저개발국의 국제수지를 조정하는 주요수단이 되고 있다. 직접통제는 국제수지불균형의 원인에 대한 근본적 해결방법이 아니라 어디까지나 일시적 조치에 불과하다. 직접통제가 일단 제도화되면 일시적으로는 국제수지가 균형될 수 있으나 반면에 이미 근본원인에 의해서 왜곡된 사태가 더욱 악화될 위험성마저 있다.

④ 폴리시·믹스 : 위에서 말한 세 가지 조정수단을 사용하면 국제수지의 균형을 달성 할 수 있을지 모르나 반면에 국내균형의 희생이 뒤따른다. 그러므로 국제균형뿐만 아니라 국내균형도 동시에 달성할 수 있는 정책수단이 요청된다. 본래의 폴리시·믹스란 복수의 정책목표(고도성장·완전고용·국제수지균형·물가안정)를 위한 복수의 정책수단(재정정책·금융정책·외환정책·노동정책·소득정책)을 동시에 적용하는 것을 의미한다. 그러나 여기에서의 폴리시·믹스란 재정정책과 금융정책의 혼합을 가리킨다. 먼델은 국내균형과 국제균형의 두 가지 정책목표를 달성하기 위한 수단으로서 금융정책과 재정정책만을 채택했다. 국제균형은 경상수지면의 흑자(또는 적자)와 자본의 순유출(또는 순유입)이 같을 때 달성되며, 국내균형은 총수요가 완전고용산출량과 같을 때, 즉 인플레이션 갭 또는 디플레이션 갭이 없을 때 달성된다.

먼델은 다음과 같은 세 가지 가정 위에서 재정흑자폭의 조작과 이자율의 변경을 각각 정책수단으로 하였다. (ⅰ) 수출수요가 주어지고 경상수지는 주로 국내지출의 증대에 의해서 악화되며 국내지출의 감소에 의해서 개선된다. (ⅱ) 단기적으로 완전고용산출량이 주어지고 국내지출수준은 재정정책과 금융정책에 의존한다. (ⅲ) 자본의 국가간 이동은 이자율의 차에 감응적이다. 이 경우 국내균형과 국제균형은 재정흑자폭의 대소와 이자율의 고저와의 여러 가지 조합에 의해 달성되는데, 이러한 관계를 도시하면 다음과 같다.

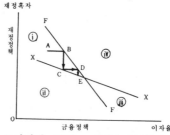

그림에서 FF 는 국제수지균형선이며, XX 는 국내균형선이다. FF 와 XX 가 교차하는 점 E 는 국제균형과 국내균형이 동

시에 달성되는 재정흑자와 이자율의 조합을 표시한다. 두 직선은 제 1 상한을 네 구역으로 나누고 있는데, 각 상한은 각각 다음의 상태를 나타낸다. 즉 (i) 국제수지적자·디플레이션 (ii) 국제수지적자·인플레이션 (iii) 국제수지흑자·인플레이션 (iv) 국제수지흑자·디플레이션 등이 그것이다. 이 때 정책당국의 목표는 불균형상태를 균형상태인 E 점으로 유도시키는 데에 있다. 가령 (i)의 상태에 있다면 먼저 이자율을 상향조작하고 재정흑자폭을 축소시켜 불균형상태를 균형점 E 에 도달하게 함으로써 국제수지의 균형과 국내균형을 모두 달성할 수 있다. (ii), (iii), (iv)의 상태에 있는 나라의 정책당국도 같은 방법으로 재정흑자폭과 이자율을 변경시켜 국제균형과 국내균형을 동시에 달성할 수 있다.

이상과 같은 먼델의 분석은 정책목표와 정책수단과의 관계를 지극히 단순화시켰다는 점에서 이론상의 문제점도 없지 않다 하겠으나, 폴리시·믹스를 하나의 정책수단으로 발전시킬 수 있는 계기를 마련했다는 점에 의의가 있다고 하겠다. →국제수지, 평가절하·평가절상, 마샬-러너조건, 국내균형·국제균형, 인플레이션 갭·디플레이션 갭

국제식량농업기구 國際食糧農業機構 ☞FAO

국제연합무역개발회의 國際聯合貿易開發會議 ☞UNCTAD

국제유동성 國際流動性 international liquidity

일국의 국제유동성이란 금의 보유액, 준비통화액, 이 준비통화의 차입가능액을 합계한 것을 말한다. 일국이 환시세의 변경이나 디플레이션정책 또는 제한정책에 호소하지 않고, 국제수지의 역조를 조정하기 위해서는 국제유동성의 준비가 필요하다. 금은 절대적인 유동자산이지만 현실의 세계경제에서는 국제적으로 편재해 있어 자산금액도 불충분하여 국제유동성은 금만에 의해서는 충족될 수 없으며, 국제통화 특히 달러보유에 의해서 유동성이 유지되어 온 것이 실상이다.

이와 같이 달러와 같은 일국의 국내통화가 동시에 국제통화로서 타국의 국제준비자산으로 되어 있는 현상에서는, 미국의 국제수지가 적자이고 타국이 달러를 입수할 수 있는 관계가 지속되지 않으면 국제유동성은 충족되지 않는다. 그런데 미국의 국제수지적자는 달러의 금교환성에 대한 신용을 동요시키는 소위 유동성 딜레마 liquidity dilemma 라는 기본적 모순을 피할 수 없게 된다. 미국은 1971년 금교환제를 정지하고 달러를 평가절하하였다. 여기서 미국의 국제수지적자에 의하지 않고 유동성공급을 증대할 수 있는 각종 대책이 검토된 결과 1970년부터 특별인출권 SDR 이라는 새로운 국제유동성이 공급되기에 이르렀다. →SDR

국제자본시장 國際資本市場 ☞국제금융시장·국제자본시장

국제자본이동 國際資本移動 international capital movement

I. 정 의 일국의 화폐자본이 타국에 이전되는 것을 국제자본이동이라고 하며, 따라서 여기에서 문제가 되는 자본은 화폐자본이며, 실물자본은 아니다. 국제수지의 구성항목 속의 경상계정의 차와 장기, 단기의 자본이동의 차 사이는 항상 균형관계에 있으므로 차관공여를 한 때에는 경상계정이 수취초과로 되지 않으면 안된다.

그러므로 자본재의 매출이 반드시 자본의 이동은 아니며, 화폐로 나타낸 대비관계가 발생할 때만 자본이동이 행하여지는 것이다.

II. 종 류 국제간에 이동되는 자본은 장기자본과 단기자본으로 나누어진다. 일반적으로 볼 때, 손실없이는 필요한 적시에 회수할 수 없는 자본이 장기자본이고, 단기간내에 회수가능한 자본이 단기자본이다. 이것은 자본공급자측의 유동성선호도를 기준으로 한 구별이다. 자본의 수요자 측에서 보면, 장기자본은 산업적 유통에 사용되며 단기자본은 금융적 유통에 사용됨에 그친다. 단기자본이동의 현실적 형태로는 외국단기증권에의 투자, 외국금융시장에서 은행인수어음의 매입 및 콜론, 외국환 어음의 매입, 외국수입상사에 대한 단기신용의 공여, 외국은행에의 예금, 외국화폐의 보장(保藏) 등이 있다. 장기자본이동의 형태는 다음과 같다.

① 직접투자 : 투자자가 외국에서 영업을 개시할 때의 자본이동.

② 간접투자 : (ⅰ) 증권투자의 형태를 취하며 외국회사의 주식을 매입하는 것으로 자본이동을 수반할 때와 (ⅱ) 외국의 공채, 사채의 발행에 응모하는 것으로 자본이동을 수반하는 경우가 장기자본이동의 전형적인 것이다. (ⅲ) 조건부 차관 tied loan : 자본의 매출과 상품의 매출 등이 직접 결합되어 있는 외국차관으로 차입금은 차입자본을 공여국의 상품구입에만 충당하도록 되어 있다. 이것은 재화의 이동이 직접 자본이동으로 되는 점에서 직접투자와 유사하다.

III. 원 인 자본의 이동을 야기하는 요인들은 다음과 같다.

① 국제간에 있어 이자율의 차 : 국제간의 이자율의 차는 단기적으로 말하면, 각국의 화폐적 사정의 상위(相違)에 의해 발생하나 장기적으로는 자본의 상대적 희소성의 차에 의해 생긴다. 각국에 있어 생산요소, 즉 자본, 노동, 토지의 상대적 공급량에는 상위가 있으며, 상품의 국제교역은 각국 생산요소의 상대적 희소성을 균등화하는 경향을 가지나, 무역에는 운임, 기타의 비용을 필요로 하므로 완전히 상대적 희소성이 균등화되지는 않는다. 각 요소의 가격은 그 상대적 희소도에 비례하므로 노동, 토지에 비해 상대적으로 자본이 풍부한 나라의 이자율은 낮고, 자본이 희소한 나라는 이자율이 높다. 그러므로 전자에서 후자에게로 자본의 이동이 행하여진다. 단기자본일 때는 환율이 결정적인 중요성을 갖게 되지만 환율의 안정이 보장되지 않으면, 투기적 동기를 제외하고는, 단기이자율의 차가 단기자본이동의 원인이 되지 않는다.

② 위험의 회피 : 자본가치의 안전을 도모하기 위한 이동으로 위험이 많은 나라에서 적은 나라로 이동한다. 여기에서 말하는 위험에는 장래에 있어서의 환율의 하락, 인플레이션, 평가절하, 환관리 실시 등의 화폐적 위험, 과세증가 등의 재정적 위험, 채무자 도의(道義)의 이완 등 사회적 위험, 국제정세의 긴장, 국내정치의 불안에서 오는 정치적 위험 등이 있다. 물론 이러한 위험은 어디까지나 예상으로서, 불확실한 요소가 존재한다. 그리고 이 예상을 바탕으로 위험을 피하기 위해 자본의 이동이 행하여진다. 그러므로 이러한 이동은 이자소득의 증가를 직접 목적으로는 하지 않는다. 이러한 자본이동을 자본도피 capital flight라 부르기도 한다.

③ 투기 speculation : ②의 경우와는 반대로 위험을 무릅쓰고 모험하는 것으로, 정상 이상의 이익을 얻기 위한 자본이동이다. 이것은 투기적 동기를 바탕으로 행하여지는 자본이동이다.

④ 수동적 이동 : 직접적으로 이동원인이 주어진 것이 아니고, 국제수지에 있어서 다른 항목변화의 결과로서 수동적으로 발생하는 것이다. 예를 들면, A국이 B국에서 장기차입을 할 때 장기자본은 B에서 A로 이동되나, 그 자본 전부가 일시에 A에게로 이동하지 않고 일부분이 B에게 예금의 형태로 남아 있을 때 단기자본이 A에서 B로 이동한 것이 된다.

⑤ 이 외에 배상금의 지불, 공납, 증여 등의 경제외적 요인에 의한 것, 또는 국제증권의 재정(裁定), 재외(在外)자산의 설정 등 여러 가지가 있다.

Ⅳ. 효 과　자본이동의 본래의 역할은 자본도피가 아니고 그 생산적 효과에 있다. 즉 자본이동의 결과로서 차입국에서는 경제개발, 공업화 등 생산적 효과를 낳으며, 자본부족국의 자본구성은 고도화되고 생산수준도 높아진다. 또 이 생산효과는 종래까지의 비교생산비비율을 변화시켜, 국제분업은 새로운 비교생산비 하에서 행해지게 된다. 이런 의미에서 자본이동은 보호무역과 대체적 관계에 있고, 자본이동에 의해 차입국에서 발흥(勃興)한 산업이 공여국의 산업과 경쟁적이 되지 않는 한 보호무역은 불필요하다. →트랜스퍼 메카니즘, 투기, 자본도피, 직접자본, 간접자본

국제차관단 國際借款團 consortium

원래는 여러 국가들이 공동으로 차관을 제공하는 형식이었는데, 제2차대전 후 개발도상국의 경제계획에 대하여 선진공업국이 협력하여 경제원조를 제공하는 것이 유력한 방식으로 되어 왔다. 구체적인 예로는 1958년 8월에 발족한 대인도채권국회의 (세계은행 외에 10개국으로 구성되어 있다)가 있지만 대체로 세계은행이 주재자로 되는 경향이 있다.

국제통화 國際通貨 international currency

국가간의 상품, 서비스, 자본이동에 따른 대차(貸借)를 결제할 수 있는 국제적인 지불수단으로 되는 통화를 말한다. 금은 국제간의 절대적 지불수단이기 때문에 엄밀하게 금만이 국제통화일 수 있다. 그러나 실제면에서는 파운드화나 달러화도 금과 같이 국제통화라고 한다. 달러는 대표적인 국제통화로서 각 국 통화와 대체로 자유로이 교환되고 있다. 파운드는 스털링지역과 외국의 국제거래를 결제하는 통화로서의 지위를 견지하고 있다. 현재는 미국, 영국 이외의 제3국간의 결제도 달러나 파운드로 하고 있다. 이 점에서 양자는 국제통화로 통용되고 있다. 또한 일본의 엔화가 일본의 장기적인 무역흑자를 배경으로 국제통화로서 급부상하고 있다.

국제통화기금 國際通貨基金
☞IMF

굴절수요곡선 屈折需要曲線 kinky demand curve

굴절수요곡선이란 기업의 개별수요곡선이 그 현행가격에 대응하는 점에서 굴절하는 것을 말하는 것인데, 과점가격의 경직성이라는 사실에 대하여 하나의 유력한 이론적 설명을 제시한다.

과점의 경우 각 기업이 그 가격정책을 결정할 때 적대기업의 경쟁적 반응을 고려하여야 한다. 만약 기업 A가 가격을 인상한다면 적대기업 B는 이로서 새로운 고객을 얻을 것이므로 새로이 어떤 특별한 행동을 취할 필요가 없겠지만, A가 가격을 인하한다면 B는 고객을 빼앗기게 되므로 가격을 인하할 것이다. 따라서 기업 A의 입장에서 보면 만약 그 가격을 인상하면 고객을 적대기업에 빼앗기는 결과에 빠진

다는 것을 예기하여야 하고, 반대로 가격을 인하하면 이에 대하여 적대기업이 보복적으로 가격을 인하하는 결과로 새로운 고객의 증가를 기대할 수 없게 된다. 그 결과 그 기업의 개별수요곡선은 상향변화에 대해서는 탄력적이지만 현행가격의 하향변화에 대해서는 비탄력적이 되어 현행가격에 대응하는 점에서 굴절하게 된다.

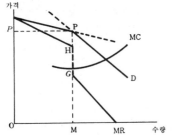

그림에서 D 곡선은 현행가격이 P 인 경우의 굴절수요곡선을 나타내고 있다. 지금 이 수요곡선에서 한계수입곡선 MR 을 도출하면, 그것은 현행가격 P 에 대응하는 생산물수량에 관하여 불연속이 된다. 그리고 그 불연속구간 HG 의 거리는 P 점에서, D 곡선의 기울기의 차, 즉 P 점의 좌측과 우측의 탄력성 차에 의존한다.

다음으로 현재 불연속구간 HG 를 통과하고 있는 MC 곡선의 위치가 이동하더라도 그것이 구간 HG 를 통과하는 한 현행가격과 생산물 수량을 변화시킬 이유는 없는 것이다. 이러한 이론전개는 과점상태 하에서의 가격경직성을 설명하는 유력한 방법이나, 현행가격이 어떻게 결정되어지는 가에 대한 해명에까지는 이르지 못하고 있다. →가격의 신축성·경직성, 과점

궁방전 宮房田

궁방전은 궁중에 소속된 토지의 총칭이다. 궁중의 토지는 내수사(內需司), 제궁(諸宮) 및 제방(諸房)에 분속되어 있었다. 내수사는 궁중의 재정을 담당하는 기관이었으며, 제궁 및 제방은 왕족을 모시는 기관으로서 그 수는 일정치 않았다. 이조 후기 궁실 중에서 중요한 것은 명례궁(明禮宮), 용동궁(龍洞宮), 수진궁(壽進宮), 어의궁(於義宮), 육상궁(毓祥宮), 경우궁(景祐宮) 및 선희궁(宣禧宮)이며, 내수사와 더불어 일사칠궁(一司七宮)이 하였다. 방에는 대군방(大君房), 군주방(君主房), 대원군방(大院君房), 공주방(公主房), 옹주방(翁主房) 등이 있었으며 그 수는 아주 많았다. 그리고 시기에 따라서 궁방은 폐지되기도 하고 신설되기도 하였다. 이와 같이 궁방전은 내수사 및 궁방에 소속된 장(압)토(莊(壓)土)이므로 사궁장토(司宮莊土), 궁장(압)토(宮莊(壓)土) 및 궁방둔전(宮房屯田)이라고도 한다.

궁방전이 한국사에 나타난 것은 임진왜란 이후라고 일반적으로 생각되고 있다. 물론 이 이전에도 궁방에는 토지를 사급(賜給)·사여(賜與)하는 예규가 있기는 하였으나, 이 때에 궁방에 소속된 토지로서 중요한 구실을 한 것은 과전법 및 직전법에 의하여 분급된 토지였으며, 궁방은 그 토지에 대하여 소유권을 가지고 있었던 것이 아니라 수조권(收租權)을 가졌을 뿐이었고, 그 규모에는 자연히 한계가 있기 마련이었다. 그러나 임진왜란 이후에 이미 직전법이 폐지되어 있었고, 인민들은 유리(流離)하고 토지는 널리 황폐화되어 있었는데도 불구하고 왕실의 토지수요는 그치지 않았다. 이에 왕실에서는 예빈사(禮賓寺) 소속의 백궁선반(百宮宣飯) 및 왜·야인(倭·野人)의 접대를 위한 어(魚)·염(鹽)·시(柴)·탄(炭)의 소출지를 절수(折受)함으로써 그 수요를 충당하였는데 이것이 이 이후 절수의 법에 의한 왕실의 사적 토지집적의 계기가 되었던 것이다.

항수(抗受)의 대상은 국유전답, 무주진

황지(無主陳荒地), 염장(鹽場), 어전(漁箭), 산림, 천옥(川沃) 등 이었다. 이조 후기에 들어오면 많은 국유지와 대부분의 어장, 염장뿐만이 아니라 선세(船稅)까지도 궁방에 절수되었으며 광활한 산림도 궁방의 소유로 되었다. 그리고 전국의 많은 토지가 무주진전(無主陳田)이라는 명목으로 궁방에 절수되었던 것이다. 초기 궁방토의 확대과정이란 진실로 이 무주진전의 절수과정이었던 것이다. 전국의 토지는 선조계묘년(宣祖癸卯年)(1603)에 경기, 황해, 강원, 평안 및 함경의 5도에서, 인조갑술년(仁祖甲戌年)(1634)에 충청, 경상 및 전라의 3도에서 개척되었다. 당시는 임진왜란 직후였기 때문에 무주진전이 많을 수 밖에 없었다. 국가에서 진전의 개간을 장려하기 위하여 양전사목(量田事目)에 '무주진전은 개간하는 자가 주인이 된다'는 규정을 두었고, 궁방은 이 개간을 빙자하여 많은 토지를 절수받았던 것이다.

그런데 이 무주진전은 오랜 기간 동안 무주(無主)로 남아있을 리가 없는 것이다. 난이 평정한 후, 인민들은 곧 개간을 착수하였고 양안상(量案上)에 무주진전으로 기록된 것도 인민에 의하여 경작되고 있었고 그들간에 매매하기도 하였던 것이다. 이와 같이 사실상 주인이 있는 토지를 궁방에 무주진전이란 명목으로 절수함으로써 절수는 인민의 토지를 백탈(白奪)하는 것이나 다름없는 것이었다. 인민들은 양전사목의 규정을 가지고 궁방에 대항하기도 하였으나 왕은 사목(事目)의 규정은 법령이 아니기 때문에 법령에 대항할 수 없다고 하였다.

궁방토의 확장과정에서 발생한 또 다른 문제는 투탁(投託)과 민전백탈(民田白奪)이었다. 궁방토는 본래 비법적(非法的)인 면세지였다. 면세의 대상은 전세(田稅)뿐만이 아니라 부역 또한 그러하였다. 봉건

적 부세(賦稅)는 본래 그 자체로서도 인민들에게 무거운 부담이 오는데 지방관리들의 불법적 수탈이 자행되었기 때문에 인민들은 부세의 부담을 견딜 수가 없었던 것이다. 궁방이란 본래 봉건국가에 있어서 최고의 권문(權門)이며, 궁방전 또한 각종 부세를 면제받고 있었기 때문에 인민들 중에는 자기의 토지를 가지고 궁방에 투탁하는 자가 많았다. 즉 그들은 궁방에 일정한 지대를 바치고 국가의 부세를 면제받았던 것이다. 그 결과 궁방의 수입은 증가 하였으나 국가의 부세수입은 감소하였고 이 또한 봉건적 모순을 격화시켰다. 궁방은 절수와 투탁뿐만이 아니라 민전백탈에 의해서도 토지를 집적해갔다. 선조의 아들 임해군진(臨海君珒)과 청림부령언형(淸林副令彦珩)은 남의 재산과 토지·노비를 약탈하며 "사람을 죽이기를 초개와 같이 하면서도" 아무런 제재도 받지 않았다.

그러나 절수의 과정만은 그다지 오래 가지 못하였다. 임진왜란 후 세월이 경과함에 따라 무주진전은 대부분 개간이 되었으며, 궁방전의 전개과정과 더불어 토지의 사적 소유관념이 발전하여 갔기 때문에 무력한 농민을 제외하고 세력있는 자들은 궁방의 횡탈(橫奪)에 대하여 큰 반격에 나섰기 때문이다. 이 때문에 절수에 의한 모순은 더욱 격화되었고, 이에 숙종14년(1688)에는 절수의 법은 영원히 폐지한다고 선언 하였다. 절수의 폐지는 문자 그대로의 완전한 폐지는 아니었다. 절수는 하지 않지만 대신에 사여(賜與)는 한다고 하였다. 이 이후에는 절수는 사여라는 명목으로 오래도록 계속된 것으로 볼 수 있다.

그러나 절수든지 사여든지 어느 경우나 그다지 쉬운 일이 아니었으므로 궁방전 집적의 수단으로서 수조지(收租地)의 분급과 급가매장(給價買莊)의 방법이 등장하

였다. 수조지의 지급에 의하여 획득된 토지가 바로 무토(無土)궁방전으로서, 이 이후 궁방전 집적의 가장 유력한 수단이 되었다. 무토궁방전은 민전(民田)에 3~10년 기간으로 윤정(輪定)하게 되며 법적으로 국가에 납부할 부세를 궁방에 납부하는 것으로 되어 있으나 사실상 절수와 구별하기 힘드는 경우가 많았다. 궁에서 파견된 차인·도장들은 부세로 정액의 2배를 받기도 하였으며 때로는 토지의 소유권까지 약탈했던 것이다. 급가매토(給價買土)도 절수 대신에 나온 궁방토 집적의 수단이었다. 1688년 대군과 공주는 5,000량(兩), 왕자와 옹주는 3,000량을 지급하여, 토지를 매입하되 늑매강탈(勒買强奪)을 방지하기 위하여 소송 중의 토지매입은 금지한 것이다. 그러나 이것도 규정대로만 지급된 것이 아니고 초과지불되는 경우가 종종 있었다.

앞에서 본 바와 같이 궁방전의 집적방법은 절수, 투탁, 백탈, 급가매입, 수조지분급 등인데 이를 통한 궁방전의 집적은 막대한 것이었다. 이조 후기에 있어서 궁방전의 규모는 시대에 따라 달랐다. 임진왜란 직후에 그것이 얼마나 되었는가는 지금으로서는 추단(推斷)할 수 없으나 영조52년(1776)에는 34,103결이었으며 고종10년(1873)에는 45,160결이었다. 위의 수치는 면세결(免稅結)의 수량이다. 궁방에서는 면세결뿐만이 아니라 막대한 출세결(出稅結)도 소유하고 있었다. 정조 11년(1787)의 예를 들어보면 내수사, 명례관, 용동궁과 수진궁의 명세결이 9,063.87결인데 대하여 그 출세결은 4,012.64결이었다. 출세결과 면세결을 합한 궁방전의 규모는 위의 숫자를 훨씬 능가하였으리라는 것은 쉽게 추단할 수 있다.

그리고 궁방토는 토지에 대한 소유관계를 기준으로 유토(有土)와 무토(無土)로 나눌 수 있다. 유토는 토지소유권 자체를 궁방이 소유한 토지이며, 무토는 궁방이 토지소유권을 가진 것이 아니고 그 토지에 대한 수조권만 가진 토지이다. 출세결은 궁방의 소유토지로서 마땅히 유토였다. 면세결에는 유토면세결과 무토면세결이 있었는데 후기로 내려올수록 무토면세결의 비중이 커져 갔다. 그 비중관계를 몇 개 년도의 사례로서 알아보면 1807년에는 유토면세 11,308결, 무토면세 26,547결, 1852년에는 유토면세 6,446결, 무토면세 21,010결, 1884~94년간에는 유토면세 6,887결, 무토면세 19,873결이었다. 앞에서 지적한 바와 같이 무토면세결이라고 해서 궁방에서 국가가 먹을 부세만을 대신 먹은 것은 아니다. 궁방은 무토면세결로부터 국가에 바치는 부세의 2배를 받기도 하였고, 심지어는 토지소유까지 약탈하는 경우도 있었다. 이 때문에 유토·무토의 구별은 궁방전에 대한 참다운 사회경제적 성격의 구별이 될 수 없는 것이다.

궁방전의 성격을 사회경제적 측면에서 구분해 보면 영작궁둔형(永作宮屯型), 조세 200두형·상세배징형(常稅倍徵型) 및 국가지급형으로 나눌 수 있다. 영작궁둔형의 궁방토는 궁방의 사적소유지였다. 여기에 있어서의 지대수취는 일반 민전에 있어서의 지대수취와 다를 바가 없었다. 지대수취계는 궁방—도장(導掌)—감관(監官)—사음(舍音)—소작인으로 되어 있었는데, 이 경우에 있어서 도장이 도장권을 가지고 있었고 도장권은 일종의 소유권이 있으므로 그 권리에 대한 궁방의 자의적인 침해를 방어할 수가 있었다. 이 때문에 도장의 토지에 대한 지배력은 대단히 강력한 것이었으며, 궁방의 수조율은 일반 민전의 지대율보다 낮은 삼분취일(三分取一), 이분취일(二分取一)이었다. 도장의 역가(役價)는 일정치 않았으나 고종10년 황해도 대녕군 신구동의 수진궁소유답 250석락(石

落)의 소작료 총액 2,928석 중 장토경영비 (도당, 감관, 사음의 역가 및 기타) 1,284석 6두를 지출하였는데, 그 중 도장역가는 249석이라는 사실로부터 추측될 수 있는 것이다.

조세 200두형의 궁방토는 실제로 인민에 의하여 경작되고 있었던 무주진전으로서 궁방에 절수된 것이나 민전백탈에 의하여 궁방에 소속된 토지였던 것으로 생각된다. 200두는 13석 5두이니, 1결의 소출을 40석으로 잡는다면, 수조율은 3분의 1이다. 조세수취체계는 궁방-도장(차인)-농민이었다. 이 경우의 도장은 앞의 경우와는 달리 도장권을 갖고 있지 못하였으며 궁방에서 파견된 단순한 하례(下隷)에 불과하였다.

상세배징형의 궁방토는 실제로 경작자가 있는 무주진전이 절수된 것의 일부와 무토면세지 중 수조를 궁방에서 직접 행하는 토지로 생각된다. 이 토지에 대해서도 역시 궁방이 도장을 파견하여 수세하였는데 수조율은 일반 민전의 수조율 20두의 배인 40두를 징수하였다. 국가지급형의 궁방토는 무토면세지 중 호조에서 조세를 징수하여 궁방에 지급하는 토지였다. 그러므로 이 토지의 수조율은 일반 민전에 있어서의 국가의 수조율과 다를 바가 없었으며 이 경우에는 도장이 개재할 여지가 없었다.

앞에서 본 바와 같이 궁방전은 이조의 봉건적 토지제도, 즉 과전법과 직전법이 해체되는 과정에서 발생·성장하였다. 다른 측면에서 보면 궁방전의 성장과정 그 자체는 바로 이조의 봉건적 토지제도의 붕괴과정이었던 것이다. 봉건적 토지제도의 붕괴는 봉건적 토지제도가 제대로 유지되는 한 발생할 수 없었던 여러 가지 사회현상발전의 조건이 되었다. 궁방전의 발전에 수반된 하나의 중요한 사회경제적 현상은 소유권 의식의 성장이었다. 궁방전이 발전하기 이전에는 토지국유의 원칙이 제대로

지켜졌으며, 이 국유원칙은 토지에 대한 개인의 사적 점유를 배제한 것은 아니었지만 국유원칙이 제대로 관철되는 한에 있어서는 사적의식의 성장에는 일정한 한계가 있었던 것이다. 그러나 궁방전의 발전은 국유원칙을 붕괴시키는 것이었고 궁방 스스로가 토지에 대한 사적 소유를 추진하는 과정이었으므로 인민들 속에서도 점차 사유의식이 발전하게 된 것이다. 사유의식의 발전은 중앙집권적 봉건제도의 존립에 대하여 위협적인 것이었다. 중앙집권적 봉건제도는 그 내용이 어떻든지간에 토지에 대한 국유의 원칙을 그 물질적 바탕으로 하고 있었는데, 이 원칙의 붕괴는 자연히 봉건제도 그 자체의 붕괴를 촉진하지 않을 수가 없었다. 궁방전의 발전과 토지의 국유 원칙의 붕괴만으로 봉건제도가 붕괴하는 것은 아니지만 전자는 후자를 위한 하나의 조건을 마련하는 것이었다.

〔참고문헌〕「조선왕조실록」;「만기요람(萬機要覽)」; 김용섭,「조선후기농업사연구(I)」, 서울 1970; 麻生武龜,「조선전제고(朝鮮田制考)」, 서울, 1940; 안병태,「조선근대경제사연구」, 동경, 1905.

궁핍화성장 窮乏化成長 immiserizing growth

저개발국에서 가끔 수요가 비탄력적인 상품의 생산량을 증가시켜 수출을 증대시킬 때 교역조건이 악화되는 경우가 생긴다. 이 때 교역조건의 악화정도가 상당히 크다면, 국민후생수준을 증대시키지 못하고 오히려 저하시키고마는 결과를 초래 할 수도 있는 것이다. 바그와티 Bhagwati, J.는 이러한 과정을 궁핍화성장이라고 하였다. 선진국에서는 대부분의 상품은 그것에 대한 수요가 소득탄력적이므로, 기술진보에 의한 생산성의 상승으로 가격인하가 일어나 수출증가의 경로를 걷고 또 이윤증대

로 인한 투자증대를 가져와 또 다시 가격 인하를 초래하여 수출증가를 가져오는 순환을 되풀이한다. 이와는 반대로 저개발국에서는 1차상품을 수출하는 부문의 기술혁신이 그 상품에 대한 해외시장의 수입수요의 비탄력성 때문에 교역조건의 악화만을 초래할 가능성이 있다는 것이다.

기술진보가 중립적 성장을 가져오는 경우에도 교역조건은 저개발국에 대해서 극도로 불리하게 되며 그 때문에 저개발국이 경제성장 이전에 존재했던 사회무차별곡선상의 만족수준보다도 저위(低位)의 만족수준을 나타내는 사회무차별곡선에 위치할 가능성이 존재한다. 이러한 관계를 도시하면 다음과 같다.

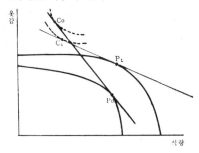

생산은 최초에 P_0에서, 소비는 C_0에서 이루어진다. 이 저개발국이 일단 경제성장을 이룩한 다음, 생산은 P_1으로 이동된 생산가능곡선상에서 이루어진다. 이 때 성장 전후의 각 교역조건은 점 P_0, P_1에서의 접선의 기울기로 나타내어지며, 성장 이후의 소비점은 C_1이다. 그림에서 보는 바와 같이 성장 후의 소비점 C_1은 성장 전의 소비점 C_0보다 원점으로부터 더 가까운 사회무차별곡선 위에 위치하고 있으므로 성장 후의 만족수준은 성장전보다 저위에 있다. 이와 같은 경제성장의 결과, 이 나라의 교역조건은 악화되며 소비의 만족수준도 성장 전보다 저위에 있으므로 이 나라에서는 결국 궁핍화성장이 이루어졌다고 한다. →

교역조건

궁핍화이론 窮乏化理論 theory of deterioration of conditions of working class 자본주의적 생산에 있어서는 자본축적이 진전되면 될수록, 노동생산성이 발전하면 할수록 필연적으로 노동자계급의 생활수준이나 노동조건이 악화한다는 이론으로 마르크스주의자에 의해 주장되고 있다.

이론에 의하면 원래 자본가와 노동자의 이해는 근본적으로 대립한다. 즉 자본이 급속히 증대하고 임금이 등귀해서 노동자의 실질적 생활조건이 개선되는 경우에도 이윤은 이에 비교도 안될 정도로 증대하고 노동자와 자본가의 사회적 지위의 격차는 확대된다.

이 경우 노동자계급의 지위와 상태의 악화는 두 가지 형태로 나타난다. 첫째, 해마다 국민소득 중 노동자계급에 돌아가는 부분은 자본가계급의 그것에 비해 끊임없이 적게 된다. 이것은 자본가계급의 부의 증대 정도에 비해서 노동자의 임금은 상승한다고 해도 상대적으로는 훨씬 적게 된다는 것을 의미한다. 이것을 노동자계급의 상대적 궁핍화라 한다. 둘째, 자본주의의 발전에 따라 창출되는 상대적 과잉인구의 압력에 의해 노동강도의 증대, 노동력가치 이하로의 임금의 하락, 실업기간의 장기화와 그 규모의 확대, 가족 중 임금노동자화하는 가구원의 비율의 증가 등을 통해서 노동자계급의 절대적 궁핍화로 진행한다. 이렇게 해서 자본주의적 축적의 진행과 함께 소수의 자본가계급 수중에로의 거대한 부의 축적과 대다수 노동자계급의 궁핍·억압·예종·타락 및 착취의 정도는 증대한다. 그러나 이 과정은 또한 자본주의적 생산과정 그 자체에 의해 조직적으로 결합되고 훈련된 노동자계급을 증대시킨다. 따라서 노동자계급의 궁핍화는 동시에 자본의 지배에 대한 노동자계급의 끊임없는 반항의 증대를 수반한다. 이러한 반항에 의해 궁핍화는 완화 내지 제한되지만 그것을 지양할 수 없다. 이상이 마르크스 Marx, K. 의 궁핍화설이다.

그러나 1870년대 이후 영국 및 독일 자본주의의 독점이윤 및 식민지특별이윤에 의한 발전은 마르크스의 이론과 맞지 않는 사실을 나타내고 있는 것으로 보아 마르크스의 '궁핍화법칙'에 대한 수정 내지 부인이 성행했다. 카우츠키 Kautsky, K. J. 는 상대적 궁핍화설만을 긍정했고 베른슈타인 Bernstein, E. 및 기타의 학자들은 마르크스의 궁핍화설에 전면적으로 반대했다. 한편 마르크스주의에 입각한 바르가 Varga, E. S. 나 쿠친스키 Kucynski, J. 등은 절대적 궁핍화의 진행을 증명하는 수 많은 사례를 들어 수정론이나 부정론에 반박을 가해 왔으나 수 십년간에 걸쳐 국제적 규모로 행해진 이 논쟁은 여전히 미해결상태에 있다. 논쟁의 초점은 절대적 궁핍화란 무엇인가, 또는 그것은 법칙인가 아니면 마르크스의 예언인가, 또 그 지표는 무엇이냐 하는 데 있다.

귀속소득 歸屬所得 imputed income 화폐의 형태를 갖지 않은 소득을 말한다. 예를 들면 제공된 용역과 교환하여 수령되는 무료의 식료품, 숙박, 또는 자기의 농장에서 생산되어 자가에서 소비되는 식료품, 소유자가 집세를 물지 않고 거주하고 있는 가옥의 편익 등이 그것이다. 국가에 따라서는 귀속소득의 시장가치를 산정하여 그것을 국가소득계정에 산입하는 나라도 있으며 나아가서는 앞에서 말한 항목 외에 다른 종류의 항목을 포함시키고 있는 국가도 있다.

귀속이론 歸屬理論 theory of impu-

tation
오스트리아학파에서 창안된 전형적인 기능적 분배론이다. 귀속이라는 것은 사회의 생산물이 그 생산에 참가한 생산요소들 사이에 그 가치대로 남김없이 분배되는 것을 말한다. 따라서 이 이론은 개개의 생산요소의 가치 또는 가격의 결정을 설명하려는 것이다. 처음에는 멩거 Menger, C., 뵘바베르크 BöhmBawerk, E. v., 비저 Wieser, F. v. 에 의해 전개되었으며, 빅스티드 Wicksteed, P. H., 왈라스 Walras, L. 등을 거쳐 빅셀Wicksell, K. 에 이르러, 한계생산력설에 오일러 정리를 원용하게 됨으로써 완성되었다.

멩거에 의하면, 생산요소가 일정한 가치를 갖는 것은 그 자체에 효용이 있기 때문이 아니라, 생산물의 생산에 기여하기 때문이라는 것이다. 여기에서 기여의 정도를 나타내는 각 생산요소의 생산력이 그것의 가치를 결정한다. 그런데 개개의 생산요소는 통상 다른 몇몇의 생산요소와 결합해서 생산에 기여하므로, 결합관계에 있는 개개의 생산요소의 생산력, 따라서 그 가치를 어떻게 측정하느냐가 귀속이론의 주요과제로 된다. 멩거는 소위 상실(喪失)원리 Verlustprinzip 에 의해, 어떤 생산요소의 가치는 그 생산요소를 다른 생산요소와 결합해서 사용할 때 얻어지는 생산물의 가치와 그 생산요소없이 생산할 때 얻어지는 생산물의 가치의 차로서 나타내어진다고 설명했다. 이를테면 생산요소 A, B, C 를 결합해서 100의 가치를 갖는 생산물이 생산된다고 하자. 이제 A 없이 B, C 만으로 70의 가치를 갖는 생산물이 생산된다면 A의 가치는 30이 된다.

비저는 이러한 상실원리에 의한 설명에 대해서 비판적이었다. 이를테면 멩거의 경우에는 A 가 생산되지 않을 때에는 다른 생산요소의 생산력이 일부 상실됨에도 불구하고 이것을 고려하지 않고 A의 가치를 측정하고 있다. 이 난점을 피하기 위해서 비저는 생산요소의 여러 가지 결합에 의해 생산되는 생산물의 가치를 연립방정식으로 나타내고 이것의 해로써 개개의 생산요소의 가치를 측정하려고 했다. 이제 생산요소 A, B, C의 여러 가지 결합으로 부터, 이를테면 A+B=100, 2A+3C=290, 4B+5C=590이라는 식으로 생산물이 생산된다고 하자. 이 때 A, B, C의 가치는 연립방정식의 해로서 각각 40, 60, 70으로 측정된다. 그러나 빅셀이 지적한 대로 비저의 이러한 시도도 완전히 성공한 것은 아니었다. 이로 부터 귀속이론은 한계생산력설로서 전개되기 시작했으며, 오일러 정리의 수용을 통해서 결국 완성을 보게 되었다. →오일러 정리, 한계생산력이론

규모의 경제 規模의 經濟 economies of scale

대량생산의 경우에서와 같이, 생산규모가 증가함에 따라 생산비에 비해 생산량이 보다 크게 증가함으로써 생기는 경제적 이익을 말하며, 규모에 대한 수익returns to scale이라고도 한다. 규모의 경제는 투입되는 모든 생산요소의 크기의 변화에 따르는 생산량의 변화를 고찰하는 규모에 대한 수확법칙 laws of retuns to scale과 관계된 것이며, 생산요소들의 투입비율의 변화에 따르는 생산량의 변화를 고찰하는 가변비례의 법칙 laws of variable proportions과는 관계가 없다. 또한 규모의 경제는 생산규모와 관련된 것이며 경제규모가 커진다고 해서 반드시 규모의 경제가 발생하는 것은 아니다. 예를 들면 분산된 소규모의 생산공장을 다수 소유하고 있는 어떤 기업의 경영규모는 크다고 할 수 있지만 그것으로 부터 뚜렷한 규모의 경제를 기대할 수는 없다. 이 경우, 만일 모든 생산요소

를 일정한 비율로 증가시켜 생산량이 그 비율 이상으로 증가하면 규모에 대하여 수확체증 increasing returns to scale이라고 하고, 각 생산요소의 증가율과 생산량의 증가율이 같은 경우에는 규모에 대한 수확불변 constant returns to scale이라 하며, 생산요소의 증가율이 생산량의 증가율을 상회하면 규모에 대한 수확체감 decreasing returns to scale이라 한다. 그리고 규모의 경제에는 기업 내부의 사정으로 생기는 내부경제와 기업 외의 산업전체 또는 일국의 경제전체의 규모에 따라 생기는 외부경제가 있다. →수확체감·불변·체증의 법칙, 내부경제·외부경제

균역법 均役法

균역법은 영조26년(1750) 균역청을 설치하여 종래 양역(良役)으로서 16세~60세의 양인정년자(良人丁年者)로부터 1년에 군포(=양포·보포) 2필(疋)씩을 징수하던 것을 1필로 감하고 그 세수의 감액분을 결미(結米)·결전(結錢), 어(漁)·염(鹽)·선세(船稅), 병무군관포(迸武軍官布), 은·여결세(隱·餘結稅), 이획(移劃) 등으로써 충당케 한 부세제도이다. 이 제도는 부분적이나마 종래의 인두세를 수입에 기초를 둔 지세로 전환하였으며, 양인만이 홀로 부담하던 부세를 국민이 더불어 부담하게 되었다는 데 그 역사적 의의가 있는 것이다.

군포는 삼정(三政) 중의 하나인 군정(軍政)이며, 이조시대 조세수취체계인 조(租)·용(庸)·조(調) 중의 용에 해당하는 것이다. 그러므로 군역은 마땅히 양인이 지는 부역 중의 하나이며, 이조전기에는 특히 그러하였던 것이다. 이조전기에는 당의 부병제를 모방하여 병농일치제(兵農一致制)를 표방하고 16~60세까지의 양정에게 군역을 부과하였다. 그러나 당의 부병

제를 모방한 고려시대에 있어서와는 달리 이조시대에는 일부의 양반군인인 한량관리를 제외하고는 군인들에게 토지를 지급하지 않았으며, 번상(番上)하는 정군(正軍)에게는 그 비용조달을 위하여 2~3명의 보인(保人)을 주었을 뿐이다. 그러나 자신이 무기와 식량을 자담(自擔)하는 정군(正軍)의 번상에는 막대한 비용이 들었고 또 정군이 보인에게 번상을 대신시키는 등 여러 가지 폐단이 생겨 군제가 해이해지자 중종년대 이후에는 정군의 번상을 폐지하고 대신 군포를 징수하는 일이 많았다.

임진왜란 이후 이조전기의 오위제(五衛制)에 대신하여 오군영(五軍營)이 갖추어져 점차 국가로부터 급료를 받는 직업군인이 번상군으로 대체되어 갔고, 이에 군역은 군포로 물납화되었다. 그런데 이 군포는 봉건국가의 재정에 있어서 큰 비중을 점하게 되었을 뿐만 아니라 양인들에게는 무거운 경제적 부담이었다. 그 때문에 양인들 중에는 이 군포를 면제받거나 포탈(逋脫)하려는 노력이 끊임없이 계속되었다. 어떤 자는 교생(校生)·원생(院生) 등 양반에 준하는 신분을 획득하기도 하고, 어떤 자는 궁방(宮房)·아문(衙門)에 투탁(投託)함으로써 교묘하게 징포(徵布)를 면하려고 하였다. 이 때문에 이미 균역법을 실시하기 직전에는 「50만명이 져야할 양역을 10여만명이 부담」하여야 할 상태에 이르렀으며, 백골징포(白骨徵布)·황구첨정(黃口簽丁)·인징(隣徵)·족징(族徵)이 일반화되고 농민의 유리(流離)·걸식을 막을 수가 없었다. 농민의 유망(流亡)과 세수의 감소에 대하여 봉건적 통치계급은 마땅히 대책을 강구하지 않을 수 없었다. 그것이 바로 이미 인조·효종 때부터 계속되어 오던 양역변통론의(良役變通論議)인 것이다.

숙종대에는 이 논의가 보다 발전하여 호포론(戶布論)·결포론(結布論)·유포론(游布論)·구전론(口錢論)이 대두하게 되고, 다른 한편에서는 군액(軍額)의 감소, 군문(軍門)의 축소가 논의되었다. 호포론이란 군포의 징수를 인정(人丁)단위로 하지 않고 가호를 단위로 하여 양반에게도 수포(收布)하자는 것이며, 결포론은 군포를 폐지하고 그것을 토지의 부가세로 징수하자는 것이며, 유포론은 유한양정을 조사하여 양반자제와 유생에게도 수포하자는 것으로서, 징포의 주대상이 유생이므로 유생론이라고도 하였다. 구전론은 군포를 폐지하고 각 사람당 전화(錢貨)를 징수하자는 것이다. 영조대에 들어와서는 처음에 호포론이 유력하였으나 이것은 일부 양반들의 끈질긴 반대에 부딪혀 실현될 수 없었다. 이에 하는 수 없이 미온적인 대책으로서 감필론(減疋論)이 대두되었다. 감필론이란 군포 2필 중 1필을 감하여 주고 거기에서 생기는 세수의 감소는 다른 대책에 의하여 충당하자는 것이다.

그 후 보충제도의 확보가 여의치 않아 흐지부지하던 중 영조24년에 전국의 양정수(良丁數)와 군포필수(軍布疋數)를 조사한 「양역실총(良役實總)」이 간행되어 감필론이 시행될 경우 부족한 세수가 50만필, 즉 100만량이라는 것을 파악하게 되자 왕의 특명으로써 1750년 7월에 균역청이 설치되고 보충재원의 구체적인 내용이 결정되었다. 결손재원(缺損財源)의 보충 대책은 감혁(減革), 이획(移劃), 병무군관포(迸武軍官布), 해세(海稅), 결전(結錢), 은·여결세(隱·餘結稅), 분정(分定) 등이 있다.

① 감혁은 중앙의 각 아문과 지방의 각 영·진(營·鎭)의 경비를 절감하는 것이며 이로써 50여만량의 경비가 절감되었다. ② 이획은 선혜청과 지방관청의 재원 일부

를 균역청의 재원으로 이관하는 것이며, 그 금액은 약 7만량이었다. ③ 병무군관포는 부유한 양인들 중 각종 수단으로 양역을 도피한 자들에게 병무군관이라는 이름을 주고 1필씩 징수한 것이다. ④ 해세는 어염선세인데 그 때까지는 절수의 명목으로 궁방과 아문의 수입으로 되었으나 이것을 균역청의 수입으로 한 것이다. ⑤ 결전은 결미라고도 하는데, 토지 1결에 대하여 미 2두 혹은 돈 5전씩을 거두는 전세의 부가세로서 균역청의 주재원이 되었다. 단 평안도와 함경도에서는 결미·결전을 징수하지 아니하였다. ⑥ 은·여결세는 은결과 여결에서 거두는 불법적인 조세수입으로서 종래에는 지방관청 및 수령·서사(胥吏)들의 수입으로 되었으나 이것을 균역청에 납부토록 한 것이다. ⑦ 분정은 각 감영·병영·주현(州縣)들에게 전번제(轉番制)로 일정한 책임수량의 전(錢)·목(木)·미(米)를 균역청에 납부케 한 것이다. 균역법에 의한 세입의 증감을 총괄하면, 감필에 의한 조세수입의 감소가 100만량이며, 경비절약이 50만량이고, 새로운 세입으로서는 해세, 병무군관포, 은·여결세가 10만량, 결전이 30만량이었다. 균역청은 이 재원으로써 균역법에 의하여 세입의 결손을 본 아문(衙門), 군문(軍門)의 재정을 보충해 주었던 것이다.

위에서 본 바와 같이 균역법은 개혁으로서는 대단히 미온적인 것이었다. 군포를 폐지한 것이 아니라 반감하는 데 그쳤을 뿐만 아니라 감필에서 오는 결손의 대부분을 백성으로부터 다른 명목으로 조세를 더 징수함으로써 보충하였던 것이다. 또 그 결손의 큰 부분을 결미·결전으로써 보충하였는데, 당시에 전세를 대부분 농민이 부담하고 있었으므로 결미, 결전도 지주가 부담하였던 것이 아니고 농민이 부담하였던 것이다. 그리고 당시의 군정문란(軍政

紊亂)에서 가장 중요한 것이 중앙정부에 군포를 내는 군보(軍保)외에 지방에서 잡다한 명목으로 수탈당하는 군보문제였는데, 균역법은 이 문제에 대하여 전혀 손도 댈 수 없었다. 다만 균역법의 역사적 의의를 찾는다면 첫째, 중앙정부에 군역을 지는 양인의 부담을 덜어서 일반농민이 지게 함으로써 전자의 부담을 약간 덜어주었다는 것 둘째, 봉건적인 두세(豆稅)를 부분적이나마 수입을 기초로 하는 전세(田稅)로 전환하였다는 것에서 찾을 수 있을 것이다.

〔참고문헌〕「양역실총(良役實總)」;「균역사실(均役事實)」;「만기요람(萬機要覽)」;「목민심서」; 차문섭,「임란이후의 양역과 균역법」(「로마학연구」) 10.11, 서울, 1961.

균제상태성장 均齊狀態成長 steady state growth

솔로우 모형으로 대표되는 신고전학파의 경제성장이론에서 비롯된 개념으로 자본소득 분배율이 일정한 상황에서 기술이 일정한 속도로 진보한다면 1인당 자본증가율과 1인당 소득증가율이 일정한 값을 유지하게 되어 소득, 소비, 자본 등이 모두 일정한 속도로 성장하는 성장경로를 말한다. 경제가 균제상태성장을 보이는 경우 균형성장경로 balanced growth path를 따라 성장한다고도 말한다.

경제성장이란 장기간에 걸쳐 경제의 총량규모가 지속적으로 팽창해나가는 현상을 말한다. 자본주의 경제는 단기적으로는 순환적 변동을 겪으면서도 장기적으로는 지속적인 성장을 해왔다. 이를 자본주의 경제의 순환적 성장이라고 한다. 경제성장을 GNP 또는 1인당 소득의 지속적인 증가로 정의한다면, 인류는 끊임없는 경제성장을 이룩해왔다고 볼 수 있다. 사실 경제 전체의 총량규모를 측정하는 대표적 거시변수가 실질국민소득이므로 경제성장이라 하면 통상 실질국민소득이 지속적으로 증가하는 현상을 지칭한다. 물론 이것은 국민경제의 성장을 단 하나의 지표로 축약해서 표현한 것이므로 경제성장의 배경에는 주요 실물 거시경제변수의 지속적 성장이 자리잡고 있다. 그러나 자본주의 경제가 항상 순조로운 발전과 성장을 이룩해 온 것은 아니므로 경제성장론은 장기적인 관점에서 경제의 생산능력이 증대하는 원인 및 결과를 분석하기 위해 전개되었다.

솔로우 모형에 의하면 모든 경제변수의 값은 균형상태에서 결정되므로 동태분석에서도 동태적 균형에 대한 개념정의가 요구된다. 신고전학파 성장모형을 수립한 솔로우 R. Solow(1959)는 동태체계의 최종적인 균형으로서 정상상태 stationary state란 1인당 저축과 1인당 필요투자가 같아지는 점에서 정상상태 stationary state의 자본축적량이 정해지며 정상상태에서는 시간의 경과에 관계없이 경제체계의 모든 경제변수, 예를 들어 1인당 자본축적량 k*, 1인당 소득 y*, 1인당 소비 c*, 국민소득이나 물가 등의 값이 일정하게 되어 변화하지 않게 된다고 하였다. 따라서 경제가 정상상태에 이르면 경제주체는 재화를 y*만큼 생산해서 c*만큼 소비하고 y*-c*를 자본축적에 투자하는 활동을 반복한다는 것이다.

그런데 외생적인 기술진보가 지속적으로 일어난다면 사정은 달라진다. 기술진보율이 0보다 크다면 1인당 자본축적량 k가 결코 정상상태에 도달하지 않는다. 자본소득 분배율이 일정한 경우 1인당 자본증가율이 0이 아닌 일정한 값을 갖게 되고 1인당 소득증가율과 1인당 소비증가율이 일정한 값을 갖게 되기 때문이다. 이와 같이 소득, 소비, 자본 등이 모두 일정한 속도로 성장하는 것을 경제가 균형성장경로를 따라 움직인다고 말하고 정상상태 stationary state와 구분하여 경제가 균제상태 steady state에 머물러 있다고 말한다.

균형 均衡 equilibrium

같은 무게의 두 물체를 천칭(天稱)의 좌우에 놓으면, 균형이 이루어져 천칭은 움직이지 않는다. 경제에 있어서도 일정한 조건이 충족되면 대비되는 두 경제량(예를 들면 쌀에 대한 수요량과 공급량)이 그 이상 변화하지 않는, 즉 안정이 잡힌 상태가 된다. 이 안정된 상태를 균형이라 하며, 그 때의 경제량의 값을 균형치라 한다.

그러므로, 이와 같은 정지하고 있는 상태가 얻어지기 위해서는 균형상태를 둘러싸고 있는 다른 사정이 변화하지 않는다는 것이 필요하며, 이 주변 사정의 상위(相違)에 따라 균형의 위치도 달라진다. 예를 들면 쌀이라는 특정한 재화만을 골라 다른 사정에 변화가 없을 것이라는 가정 아래에서 얻어진 균형을, 경제의 일부분만의 균형이라는 점에서 부분균형 partial equilibrium이라 하며, 인구·기호·기술·생산조직 등 이른바 여건이 변화하지 않는다는 사정 아래에서 경제 전체의 경제량들 사이에 정지한 상태가 얻어지면, 이 균형을 일반균형 general equilibrium이라 한다. 그리고 자본의 양도 생산된 상품의 양도 일정하다는 공급조건에서 성립된 균형을 일시적 균형 temporary equilibrium, 자본의 양에는 변화가 없으나 생산되는 재화의 양은 조절할 수 있다는 전제하에서 성립된 균형을 단기균형 short-run equilibrium, 자본량 그 자체도 조절할 수 있다는 조건에서 성립하는 균형을 장기균형 long-run equilibrium이라 한다.

마샬 Marshall, A.의 장기균형상태는 변동이 더 이상 없는 상태이며, 대표적 기업은 정상이윤만을 얻고 초과이윤은 얻지 못하므로 생산규모를 증감시키지 않고, 따라서 순투자가 0인 상태이다. 이에 대하여 로빈슨 Robinson, J.v.의 장기균형상태는 자본주의의 꾸준한 자본축적과정을 분석하려는 예비적 개념으로서 이윤률의 극대화가 보증되고, 외적 충격도 존재하지 않으며, 산출량, 자본량, 소비량 등의 관련제량(關聯諸量)이 동시적으로 성장하며, 기업가의 기대도 실현되어(이것을 정온(靜穩)의 상태 state of tranquility 라 한다) 모든 사람들이 시장상태를 완전히 알고 있고(이것을 명석 lucidity 이라 한다) 그리고 분배관계가 불변(이것을 조화 harmony 라 한다)인 상태이다. 더욱이 일반균형의 상태와 같이 생산·교환·소비가 한 기간에 동시적으로 이루어지는, 거의 시간적 요소를 포함하지 않는 균형을 정태균형 static equilibrium, 모든 경제량이 균형관계를 유지하면서 시간의 경과와 더불어 변화하여 가는 상태를 동태균형 dynamic equilibrium 이라 하며, 특히 동태균형 중에서도 모든 시간의 경과와 함께, 여건이 변동함에 따라 변화해 가는 균형의 계열을 이동균형 moving equilibrium, 작년의 양과 금년의 양과 같이 시간의 차원을 달리하는 양사이에 균형관계가 성립되어 있는 상태를 이시(異時)균형 inter-temporal equilibrium 이라 한다.

균형이론에서 주의하여야 할 것은, 경제는 천칭의 균형과는 달리 '균형의 상태'에 있으면 그 이상 변동이 일어나지 않는다는 것이며, 경제가 균형으로부터 조금이라도 일탈할 때에는 그 상태로 되돌아 올 것인가의 여부는 알 수 없다는 점이다. 따라서 이 경우 경제가 균형을 회복하는가 아니면 균형으로부터 멀어지는가, 즉 균형의 안전성을 연구할 필요가 생기게 되는데, 이 문제를 '안정조건론'이라 한다. 만일 원래의 균형상태로 돌아간다면 그 균형을 안정균형 stable equilibrium 이라 하며, 그것으로부터 더욱 더 멀어진다면 불안정균형 unstable equilibrium 이라 한다. 이와 같이 균형이라는 개념은 물체에는 정적 관계, 또는 안정적 관계가 존재한다는 사고방식 위에서 성립된 것으로서, 물체에는 그 스스로의 내부로부터 변동을 일으키는 여러 힘이 존재하며 정지적인 안정은 외적인 힘에 의하지 않고서도 스스로 깨어진다고 생각하는 마르크스 경제학의 입장과는 대조적이다. →안정조건, 일반균형·부분균형, 단기균형·장기균형, 정태균형·동태균형

균형가격 均衡價格 equilibrium price 재화 또는 용역의 수요량과 공급량이 일치할 때 성립되는 가격을 말한다. 재화 또는 용역의 수급균형이라고 할 경우에도 그것은 고찰의 대상으로 되어 있는 시간의 장단에 따라 그 내용을 달리한다. 따라서 가격에 대해서도 어떤 관점에서 보면 균형가격이지만 다른 관점에서 보면 불균형가격이라는 경우가 생길 수 있는 것이다.

마샬 Marshall, A. 은 고찰의 대상으로 되는 시간단위의 장단에 따라서 균형개념을 일시적 균형·단기적 균형·장기적 균형의 세 가지로 분류했다. 이것에 따라 균형가격도 또한 일시적 균형가격·단기적 균형가격·장기적 균형가격으로 구별되는 것이다. 이를테면 지금 시장에 매출된 포도주가 1병에 300원의 가격으로 거래된다고 하면, 그 때의 300원은 이 포도주의 일시적 균형가격이다. 만일 300원의 포도주에 구매자가 쇄도하여 차츰 그 가격이 등귀한다고 하면 등귀하는 도중에서의 그날그날의 가격도 또한 일시적 균형가격이다.

그런데 생산자가 현재의 자본설비를 증대시키지 않고 생산량만을 증대하려고 할 경우에는 생산비는 일반적으로 상승한다. 포도주의 가격이 점차 상승해 갈 때, 300원 이상의 어떤 가격에서라면 일정량까지는 생산비의 상승을 고려해 넣더라도 위와 같은 방법에 의해 생산을 증가하는 것이 유리하게 될 것이다. 그리고 생산량의 증

가에 의해서 포도주의 공급량이 증가하면 그 가격은 차츰 하락하는 경향을 가져오게 될 것이다. 그러므로 가령 320원으로 수급이 일치하는 균형이 성립했다고 하면 그 때의 이 320원이 단기균형가격이며, 이 가격하에서 생산되는 수량이 단기적 균형생산량이다. 따라서 이 경우에는 단기적 균형과 일시적 균형이 동시에 성립하고 있는 것이다.

다음으로 자본설비가 확장되는 경우를 생각해 보기로 한다. 이 경우 규모의 경제에 의해 포도주의 평균 비용은 점차 저하하게 된다. 따라서 이에 수반하여 포도주의 공급가격이 저하하면 그에 대한 수요가 환기되어 확장한 생산량에 있어서 새로운 균형이 성립한다. 이와 같이 자본설비의 확장을 허용하는 경우의 균형을 장기적 균형이라 부르고, 이 상태하에서는 장기균형가격 및 균형생산량이 실현된다. 그리고 이 때에는 일시적 균형 및 단기적 균형도 또한 동시에 성립하고 있는 것으로 상정된다. →단기균형 · 장기균형

＊균형성장 · 불균형성장 均衡成長 · 不均衡成長 balanced growth · unbalanced growth

후진국의 경제성장의 전략에 관한 이견으로서, 개발투자를 어떤 특정산업에 중점적으로 집중시킬 것인가 아니면 모든 산업에 골고루 분산시킬 것인가에 대한 논쟁이 1950년대 선진국의 학자들간에 벌어졌다.

넉시 Nurkse, R. 나 로젠스타인 · 로당 Rosenstein-Rodan, P. 과 같은 학자들에 의하여 주창된 균형성장론에 의하면 경제내의 모든 산업부문이 일률적으로 성장할 수 있도록 발전정책이 세워져야 한다고 한다. 즉 A 산업에 있어서 성장이 이루어지려면 B 산업에 있어서도 이와 병행하는 투자가 이루어져야 하고, 서로의 시장을 확대시켜

줌으로써 경제가 발전할 수 있다는 것이다. 예를 들어 어느 산업에서 생산된 생산물의 수요를 그 산업에 종사하는 노동자와 경영자가 모두 수요할 수 있다면 그 산업을 개발하는 데는 문제가 없을 것이다. 그러나 자급자족 경제의 범주를 벗어난 곳에서 이러한 현상은 일어날 수 없으며, 따라서 어느 산업이 발전하기 위해서는 이 산업의 시장을 확보해 줄 다른 산업에 투자가 필요하게 되고, 이러한 투자는 다른 산업의 시장확보를 위하여 또 다른 산업에 시장을 제공하여야 한다는 식이다. 즉 수요면에서의 확장이 경제발전의 전제로 받아들여지고 있다.

이상과 같은 균형성장론에 비하여 허쉬만 Hirschman, A. O. 과 같은 경제발전론자에 의해서 주장된 불균형성장론에 의하면, 경제발전이라는 것은 어떤 한 선도산업의 발전이 타산업에 연쇄반응적인 효과를 미치는 과정에서 이루어지는 것이므로 경제발전을 유도하기 위해서는 소수의 선도산업에 중점적인 투자를 하는 것이 마땅하다는 것이다. 허쉬만의 이론에 있어서 이러한 선도산업이 타산업에 미치는 경제적인 효과를 연쇄효과 linkage effect 라고 한다. 다시 연쇄효과는 전방연쇄효과와 후방연쇄효과로 구분되며, 전방연쇄효과는 선도산업의 발전이 그 선도산업의 생산품을 사용하여 생산할 수 있는 새로운 산업을 발전시키는 효과를 말하며, 후방연쇄효과는 선도산업이 설립되면 그 선도산업에 투입될 원자재 및 중간생산재를 생산하는 산업의 발전이 유발되는 효과를 의미한다. 그리하여 그는 개발도상국이 이러한 연쇄효과가 큰 산업에 집중 투자하는 것이 유리하다고 주장하고 있다.

그러나 이 두 가지 주장은 각기 장단점을 갖고 있는데, 균형성장론은 투자를 유발하기 위하여 보완적인 국내시장의 창조

를 주장하는 바, 이러한 시장은 수입규제나 수출확장으로도 창출될 수 있으며 중간재시장에 있어서는 수직적 불균형이 불가피하다는 단점을 갖는다. 한편 불균형성장은 개발초기에 흔히 겪는 투자재원의 빈약과 시장협소의 제약조건하에서, 합리적인 선도산업의 선택을 통해 투자의 낭비를 줄일 수 있는 장점도 있으나, 산업간 지역간 불균형의 심화를 낳을 우려도 없지 않다. 이와 같은 균형성장론과 불균형성장론의 대립은 사실 실질적인 내용에 있어서의 대립이라기 보다는 표면적인 것으로 생각된다. 왜냐하면 균형성장론을 주장하는 사람도 실제에 있어서는 어떤 중점부문을 선정할 필요성을 인정하지 않을 수 없을 것이며, 또 그 반면에 불균형성장론을 주장하는 사람도 생산물에 대한 수요의 유무를 전연 무시하고 몇 개의 중점산업에만 투자를 국한하는 극단적인 입장을 취하지는 않을 것이기 때문이다. 결국 양론에는 모두 일리가 있다고 생각되며 그 강조점에 차이가 있을 뿐이다.

[참고문헌] Meier, G. M., *Dealing Issues in Economic Development*, 1973; 조 순, 「경제학원론」, 1974.

균형예산 均衡豫算 balanced budget
한 회계년도내의 세입과 세출이 균등한 정부의 예산을 의미한다. 이는 정부의 재정지출을 조세 등의 경상수입 범위내로 제한함으로써 균형예산을 유지하는 것이 건전한 재정의 존재양식이라는 생각에서 나온 개념이다. 그러나 정부지출의 증가 및 조세의 삭감에 대한 정치적 지지는 쉽게 얻을 수 있으나 균형예산을 고집한다는 것은 이러한 조치의 사용을 제한한다. 예산의 균형은 재정책임을 확보하는 고전적인 방법이었지만 오늘날 재정이 경제중에 차지하는 비중이 커짐에 따라 정부지출, 조세, 국채관리 및 기타 재정수단의 조작에

의해 경제의 안정과 성장을 실현하려는 생각이 통념으로 되었다. 균형예산계획에서는 경기후퇴기에 있어서 조세수입은 감소하므로 그 결과 발생하는 적자를 메우기 위해 세수의 증대 또는 지출의 감소, 나아가서는 그 쌍방을 같이 실행하여야 할 것이다. 그러나 그와 같은 정책은 소득과 조세수입을 더욱 감소시키므로 일반적으로 경기후퇴를 한층 더 악화시킨다. 인플레이션 시기에 있어서는 조세수입의 증대를 조세의 삭감 내지 정부지출의 증가로써 상쇄하려고 하나 이러한 정책은 인플레이션을 촉진시키게 된다. 그러므로 오늘날 단순히 균형예산만을 건전재정으로 보는 입장은 비판을 받게 되고 고용이나 물가수준 뿐만 아니라 경제성장률과 대외수지의 개선을 위한 예산을 요구하게 되었다. 이러한 경향은 1943년 러너 Lerner, A. P. 의 「기능재정론 *Theory of Functional Finance*」(1945), 하벨모 Haavelmo, T. 의 「균형예산의 승수효과 *Multiplier Effects of Balanced Budget*」 등에서 볼 수 있다. 이리하여 균형예산이 건전재정의 필요요건이라고 보는 고전파적 견해는 무너지게 되었다. →예산, 적자예산·흑자예산, 적자예산의 승수효과

균형예산승수 均衡豫算乘數 multiplier of balanced budget
케인즈 Keynes, J. M. 의 승수이론이 제시되기 이전에는 예산이 균형되어 있는 상태에서 정부지출의 증가만큼 조세도 증가하면 국민소득에 대한 효과는 전혀 없는 것으로 간주되었다. 그러나 케인즈의 승수이론은 위의 경우에 국민소득이 증가된다는 것을 보여 준다. 이 때 정부지출의 증가분에 대한 국민소득의 증가분을 균형예산승수라고 한다. 그리고 그것의 크기는 투자, 조세 등에 관해서 어떠한 가정을 하느

냐에 따라서, 또 실물부문만을 고려하느냐 아니면 실물부문과 화폐부문을 모두 고려하느냐에 따라서 달라진다.

이제 가장 단순한 경우의 균형예산승수를 산출해 보기로 하자. 즉, 실물부문만을 고려하고 투자 i는 외생적으로 일정하게 주어지며($i=i_0$), 조세 t는 정액세 lump-sum tax 인 경우, 실물부문이 균형상태에 있을 때,

$$y=c(y-t)+i_0+g$$

여기에서 c는 소비함수, g는 정부지출을 나타내며 소비는 가처분소득에 의존하는 것으로 되어 있다. 위 균형조건을 전미분하면 비교정태결과(比較靜態結果)를 얻을 수 있다. 즉,

$$dy=c'(dy-dt)+di_0+dg$$

$di_0=0$이므로 $dy=c'(dy-dt)+dg$

여기에서 c'는 한계소비성향을 나타낸다. 그런데 균형예산에서는 $dt=dg$이므로

$$(1-c')dy=(1-c')dg$$

따라서 $\dfrac{dy}{dg}=\dfrac{1-c'}{1-c'}=1$

이상에서 가장 단순한 경우의 균형예산 승수는 1이라는 것을 알 수 있다. 이것은 정부가 균형예산을 유지하면서 정부지출을 x원만큼 증가시키면 국민소득도 x원만큼 증가됨을 의미한다. →적자예산의 승수, 승수이론

그레샴의 법칙(法則) Gresham's law

'악화는 양화를 구축한다'라고 불리워지고 있는 법칙을 말하는데, 이것은 16세기 영국의 금융업자이며 상인으로서 엘리자베스여왕 Queen Elizabeth I 의 고문이었던 그레샴 Gresham, T. 의 이름을 따서 붙여진 것이다. 그레샴이 여왕에게 행한 진언에 의하면 화폐의 개악에 의하여 영국화폐의 품질이 저하되었기 때문에, 이 때까지 저렴한 금속을 함유하는 화폐를 사용해

서 유지해 왔던 영국의 외국무역은, 한편에서 고가인 금속이 퇴장(退藏)되어 유통에서 밀려나고 있어 손실을 입고 있었다는 것이다.

그레샴 법칙이 뜻하는 것은 일반상품에 있어서는 가격이 같고 품질을 달리하는 경우에는 품질이 우수한 것이 수요되며 여타의 상품은 경쟁에 의하여 구축되지만, 화폐에 있어서는 같은 액면가격으로 통용되는 두 종류 이상의 소재가치를 달리하는 화폐가 동시에 존재하는 경우에는 소재가 열등한 화폐만이 유통되며 우량한 화폐는 주궤(鑄潰), 용해, 저장, 수출 등으로 유통계에서 소멸된다는 것이다. 이 그레샴 법칙에 포함되는 원칙들은 변함없이 경제이론 및 실무의 중요한 부분에 적용되고 있다. 예를 들면 여러 재화의 지불에 있어서 미국에 수출한 수출품의 대금지불에서 달러가 아닌 금으로 수령하려고 외국이 결의하는 경우 등에 이 원칙이 작용하고 있다.

그룬트헤르샤프트 〔獨〕 Grundherr-schaft

독일에서의 봉건적 토지소유와 농업경영관계 및 그 제도·기능을 총칭하며, 이것에는 두 가지 의미가 있다. 하나는 서부독일에서의 전시기에 걸친 봉건적 토지소유형태를 나타내는 뜻으로, 또 다른 하나는 16세기 이후의 동부독일의 구츠헤르샤프트와 대비하여 서부독일의 토지소유형태를 나타내는 뜻으로 사용한다. 독일에서 봉건적 토지소유가 성립한 때(8~9세기)부터 13세기까지의 형태를 고(古)그룬트헤르샤프트, 13세기부터 18~19세기까지의 형태를 순수그룬트헤르샤프트라고 한다.

토지는 귀족인 지주가 소유하며 농민은 토지를 대여받고 그 대가로서 지대를 지불한다. 농민은 또한 경제외적 강제를 받으

며 개방경지제도하에서 삼포농법(三圃農法)에 의한 농업을 행한다. 고그룬트헤르샤프트에서는 지대는 노동지대이며, 순수 그룬트헤르샤프트에서는 생산물지대를 기축으로 하여 공동체의 이완이 시작되어, 영주본령지는 분할되고 부역노동은 거의 없어졌으며 영주의 인격적 지배권은 폐지되어 봉건적인 소작관계가 발생하였다. 이 토지소유형태는 나폴레옹의 서부독일점령과 프러시아의 농민해방에 의해서 소멸되었다. →구츠헤르샤프트

극대원리 極大原理 maximum principle

극대원리는 경제이론이 경제주체의 행동양식에 대해 설정하는 하나의 가정이다. 근대경제이론은 경제체계의 구조 또는 그 변동을 이론적으로 해명하기 위해서 경제주체로서의 인간을 일정형으로 규정하고 있다. 즉 근대경제이론에서 소비자로서의 경제주체는 소득액이나 소비재가격 등의 조건이 주어질 때, 소득의 배분 즉 여러 종류의 소비재에 대한 수요량을 결정함에 있어서 주어진 조건 아래 자기의 효용을 극대화하는 것을 목표로 하는 것으로 가정된다. 또한 생산자로서의 경제주체는 생산요소, 생산물의 가격 및 생산기술 등의 조건이 주어질 때, 생산요소에 대한 수요량 및 생산물의 공급량을 결정함에 있어서 주어진 조건 아래서 자기의 이윤을 극대화하는 것을 목표로 하는 것으로 가정된다. 또 후생경제학에 있어서는 사회후생함수를 설정하고 정책의 목표를 이 후생의 극대화에 있다고 정하는 것이다.

이와 같은 예가 가리키는 바와 같이 근대경제이론은 경제주체의 행동원리로서 주어진 조건하에서의 어떤 양을 극대화한다는 원칙을 설정하고 있는데, 이 원칙을 극대화원칙이라 부른다. 즉 그것은 '주어

진 수단을 가지고 최대의 효과를 올린다'라는 경제적 합리성의 원칙 또는 경제성원리 Prinzip der Wirtschaftlichkeit 와 다름없다. 그리고 경제주체의 행동원리로서 극대원칙을 설정하고 이를 기초로 하여 경제의 질서를 설명하려는 것은 경제의 구조 및 변화에 대해서 이른바 합리성의 공준(公準)을 적용하는 것을 의미하는 것이다.

극대화원칙은 실증적으로도 그 내용을 시인할 수 있는 원칙으로서 전통적으로 채용되어 왔었으나, 최근 기업가에 관한 실증적 조사연구의 결과를 논거로 하여 극대원칙을 비판하는 학자가 나타났다. 영국의 홀 Hall, R. L., 힛치 Hitch, C. J. 등은 다수의 기업가가 실제에 있어 이윤극대를 목표로 행동하지 않고, 평균생산비에다 일정률의 이윤을 더한 판매가격의 유지를 목표로 하여 생산량을 조정한다는 이른바 풀 코스트 원리 full cost principle 에 따라서 활동하고 있다고 주장했다. 이와는 달리 노이만 Neumann, J. v. 및 모르겐슈테른 Morgenstern, O. 은 이른바 게임이론 game theory 을 제창하여 장래의 극대원칙을 비판하고 미니맥스원리 mini-max principle 를 밝히고 있다. →한계분석, 게임의 이론

극대이윤 極大利潤 maximum profit

기업이 그 생산량을 정할 경우에는 총수입과 총비용의 차액인 총이윤을 극대화시키려는 데에 중점을 둘 것이다. 기업은 한계생산력균등의 법칙에 따라 그 생산요소의 수요량과 생산물의 공급량을 결정하면 된다. 수입, 비용의 함수가 주어질 때는 한계수입과 한계비용이 균등하게 되는데서 가격과 생산량을 결정하면 된다. 예를 들어 아래의 그림과 같이 수입과 비용의 함수가 주어져 있는 경우에는 이윤의 함수가 정해지게 되는 것이다. 이 때, 극대이윤을 주는 생산량은 한계이윤을 0으로 하

는 것이다. 한계이윤 marginal profit 이란 생산량의 증가에 따라 총이윤이 증가 또는 감소 할 때(손실의 경우는 부(負)의 이윤이 감소 또는 증가할 때) 생산량의 1단위의 증가분에 대한 이윤의 증가분이며, 극한적으로는 총이윤과 생산량과의 관계를 도시(圖示)한 이윤곡선 total profit curve 의 변화율이다.

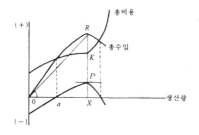

그림에서 X 축에 평행한 직선이 총이윤 곡선과 접하는 점을 P 라 하고, P 에서 X 축에 세운 수직선상의 총수입곡선, 총비용곡선 및 X 축과의 교차점을 각각 R, K, X 로 하면 OX 는 극대이윤을 주는 생산량이며, RK(총수입-총비용)는 PX(총이윤)와 같으며 극대이윤이다. 또한 이윤곡선과 횡축과의 교차점은 그림에서 분명한 바와 같이 소위 손익분기점 break-even point 을 나타낸다. R, K 에서 총수입곡선, 총비용곡선에 각각 그은 접선은 평행이다. 즉 이때의 한계수입은 한계비용과 같은 것이다. 그리고 또한 이 때의 가격은 XR/OX 이다. 그리고 그림은 수요곡선이 우하향의 경우를, 즉 독점 내지는 불완전경쟁의 경우를 가리키고 있다. 그러나 완전경쟁의 경우에는 총수입곡선이 직선으로 된다. →불완전경쟁, 한계수입, 한계생산비, 평균생산비, 생산의 일반적 균형

근대경제학 近代經濟學 modern economics

1870년대 초반에 오스트리아의 멩거 Menger, C., 프랑스의 왈라스 Walras, M. E. L., 영국의 제본스 Jevons, W. S. 또는 마샬 Marshall, A. 이 거의 때를 같이 하여 각각 한계분석과 극대원리라는 분석방법을 기본으로, 새로이 효용개념에 의거한 소비자행동이론을 도입한 새로운 경제학을 제창하였다. 그 이후, 이 방향을 따라 발전해 간 경제학을 총칭하여 일본에서는 보통 근대경제학이라 하여 고전학파 및 마르크스경제학과 구별된다.

그러나 구미에서는 일본과 같이 고전파 경제학이나 마르크스경제학에 관한 연구가 성행하지 않으므로, 이러한 총괄적 명칭을 필요로 하지 않고 단순히 마르크스경제학과 구별하여, academic economics 라든가 정통파 이론 orthodox theory 이라고 할 때는 있어도, 현대경제학 modern economics 이라고 할 때에는 단지 최근의 경제학이라는 뜻에 지나지 않는다.

물론, 근대경제학이라고 지칭하여도 그 내용이 다 같은 것은 아니다. 왈라스에서 시작하는 로잔느학파는 일반균형체계를 강조하였고, 파레토 Pareto, V. F. D. 에서 효용가치론이 배제되었으며, 힉스 Hicks, J. R., 사뮤엘슨 Samuelson, P. A. 등이 일반균형체계를 동학화(動學化)하고 그 동학체계의 안정조건론을 연구하는 등의 방향으로 발전하고 있는 데 반하여, 멩거에서 시작하는 오스트리아학파는 비저 Wieser, F. v., 뵘바베르크 Böhm-Bawerk, E. v. 에 계승되었으나, 제3세대에 이르러서는 효용의 가측성(可測性)의 문제를 중심으로 하여, 예를 들면 슘페터 Schumpeter, J. A. 처럼 로잔느학파에 합류하여 갔다. 그리고 마샬로부터 피구 Pigou, A. C. 에 이르는 케임브리지학파는 영국경험론의 토대 위에서 당면한 영국의 경제문제를 해결하기 위한 일반이론을 공고히 하였다. 그

러나 한편에서는, 케임브리지학파로부터 나온 케인즈가 자유방임주의하에서 실업이 생기는 이유를 해명하면서 종래의 경제학을 비판하고 새로운 거시적 경제이론을 도입하여 이것이 모든 경제학에 대해 큰 영향을 주게 되었다는 점과, 다른 한편에서는 실증적 방법이 보급되어 계량경제학적 방법이 성행하게 되었다는 점, 더 나아가서는 산업연관분석이나 활동분석의 대두에 따라 최근의 근대경제학의 추세는 학파간의 차이가 없어져 가고 있다.

근대경제학은 경험적 방법을 중시한다고 하는 우수한 면이 있으나 경제제도 등을 주어진 여건으로 하여 그 상태하에서의 원인·결과의 정밀과학을 생각하고자 하기 때문에, 자칫하면 현재의 경제제도를 무비판적으로 받아들이기 쉽다는 약점을 갖고 있다. 과거 사회주의 국가였던 폴란드나 소련에서도 계량경제학이나 산업연관분석의 방법을 이용하였던 것은 바로 이러한 사실에 기인하는 것이다.

근대화 이론 近代化 理論
Modernization Theory

선진국 the North과 후진국 the South간의 경제적 격차에 대한 서구의 사회학자와 경제학자들의 설명으로서 발전된 이론이다. 근대화 이론은 빈국이 경제발전을 이룩하기 위하여 서구형의 사회를 지향하면서 경제사회체제를 전반적으로 근대화하여야 한다고 주장한다. 사회를 근대화한다는 것은 우선 산업화한다는 것과 같은 의미로서 그 핵심인 경제·기술적 요소를 중심으로 산업사회에 적합한 정치, 사회 그리고 문화적인 측면을 포함한 포괄적이고 심도 있는 변화를 이룩하는 것을 말한다. 근대화는 지속적이고 개방적인 과정이며 어느 한 순간에 종료되는 1회의 성취가 아니다. 따라서 근대화는 안정화

나 균형달성을 허용하지 않는 동태적인 원리를 근대사회의 구성요소로 내포하는 것으로 보인다. 또한 정체지역 "backward" regions이나 주변집단 "peripheral" groups의 존재를 통하여 불균등하게 이루어지는 근대적 발전의 속성으로 인하여 근대사회에는 항상 긴장과 갈등이 존재하게 된다. 따라서 근대화 이론은 근대사회가 "도전과 응전"을 본질적인 특성으로 하면서 이러한 요소를 어려움과 위험으로보다는 근대사회가 인류역사에 있어 가장 심오하고 광범위한 혁명을 달성하는 수단으로 활용한 것이라고 주장한다.

근로기준법 勤勞基準法

자신의 노동력 이외에는 달리 판매할 것을 가지고 있지 않는 노동자는 자본주의하에서 사회경제적으로 여러 가지 불리한 처지에 있다. 그 불리성의 주요한 일부는 노동력의 매매과정, 근로계약과정에서 나타난다. 근대사회의 헌법은 대체로 모든 인간의 법률상의 자유·평등을 보장하고 있지만, 사유재산제도와 자유경쟁의 원칙에 따르는 자본주의사회에서는 이러한 법률상의 자유·평등의 보장으로는 사실상의 불평등상태를 극복할 수 없게 된다. 이러한 불평등성은 특히 자본가와 노동자 사이의 관계에서 잘 나타난다. 자본가와 노동자간의 노동력 매매과정 및 노동과정에서의 노동자의 불이익상태를 방치하지 않고, 최소한의 법률적 규정에 의해 개선시키기 위해 성립된 것이 근로기준법이다.

우리 나라의 근로기준법은 헌법 제28조 3항의 '근로조건의 기준은 법률로 정한다'라는 규정에 의거, 1953년 5월에 제정되었다. 동법은 '헌법에 의거하여 근로조건의 기준을 정함으로써 근로자의 기본적 생활을 보장, 향상시키며 균형있는 국민경제의 발전을 기함'을 목적으로 하고 있으며, 총

칙, 근로계약, 임금, 근로시간과 휴식, 여자와 소년, 안전과 보건, 기능습득, 재해보상, 취업규칙, 기숙사, 근로감독관, 벌칙 등 총 12장으로 구성되어 있다. 이 법은 원칙적으로 모든 사업 또는 사업장에 적용되지만, 동거의 친족만을 사용하는 사업 또는 사업장과, 가사사용인이나 대통령령으로써 정하는 사업 또는 사업장(4인 이하의 근로자를 고용하는 사업장)에는 적용되지 않는다. 근로기준법을 포함한 노동조합법, 노동쟁의조정법 등 노동 3법은 경제환경의 변화에 따라 1997년 3월에 개정되었다. 즉 1997년 3월 13일 법개정에 의하여 노동조합법과 노동쟁의조정법은 「노동조합 및 노동관계조정법」으로 통합되고 근로기준법은 존속되었으며 노동위원회법이 신설되었다.

근린궁핍화정책 近隣窮乏化政策 beggar my neighbour policy

수출은 국내 생산물에 대해서 외국인이 그 대금을 지불하는 것이므로 국내구매력을 증가시킨다. 한편 수입은 우리가 얻은 소득을 외국인에게 지불하는 것이므로 국내생산물에 대한 구매를 감퇴시킨다. 즉 소득순환과정에서 보면 수출은 투자와 마찬가지로 투입이며 수입은 유출이다. 따라서 수출증가는 투자증가의 경우처럼 승수(乘數)적인 고용증대 내지 소득증대를 초래하며, 수입증가는 저축증가의 경우처럼 승수적인 고용감퇴와 소득감퇴를 초래한다. 따라서 1930년대와 같은 세계적 대공황시에 각국은 환율인하, 수출보조, 수입억제정책을 통하여 국내 실업을 외국으로 수출하려고 하였는데, 이러한 실업 수출책을 근린궁핍화정책이라 한다.

한 나라의 수출초과는 여타국가의 수입초과를 의미하므로 계속적인 수출증가만을 기도함은 어리석은 일이다. 뿐만 아니라 세계적인 경기 하강기에 있어서 한 나라의 수출증대 및 수입억제정책은 여타국가의 실업을 더욱 악화시킨다. 따라서 여타국가도 보복적인 수출정책, 수입억제정책을 채택하므로 한 나라의 실업수출정책은 여타국가의 실업수출책에 의하여 상쇄되고 그 결과 세계무역만 더욱 감퇴하게 된다. 제 2 차 세계대전 후에는 이와 같은 정책의 폐해를 배제할 목적으로 IMF 나 GATT 등의 국제적 협력을 위한 기구가 마련되었다. →보호무역주의, 가트

근원인플레이션 根源 Underlying Inflation

정형화된 개념은 아니나 일반적으로 예상치 못한 일시적 외부충격(석유파동, 이상기후, 제도변화 등)에 의한 물가변동분을 제거하고 난 후의 기조적인 장기물가상승률을 의미하는데 Underlying inflation 또는 Core inflation이라고도 한다. 근원인플레이션의 대표적인 측정방법으로는 첫째 전체 물가변동 중에서 일시적인 공급충격(식료품, 에너지가격의 급변 등)을 제거해 보는 방법, 둘째 생산요소비용의 장기추세로 보는 방법, 셋째 통화수급과 실물경제의 잠재적 공급능력 등 생산물의 수급관계를 감안한 잠재 인플레이션율에 의해 측정해 보는 방법 등이 있다. 이 중에서 측정상의 용이성 등으로 첫번째의 방법이 주로 이용되고 있는데, 미국 노동부에서도 에너지와 식료품을 소비자물가지수에서 제외한 지수를 Core inflation이라 하여 원지수와 함께 매월 발표하고 있다. 우리나라의 경우 소비자물가에서 곡물이외의 농산물과 석유류의 가격변동분을 제외하여 근원 인플레이션을 측정해 본 결과 소비자물가에 비해 근원 인플레이션이 안정적인 변동추이를 보이고 있는 것으로 나타났다.

글로벌화 化 Globalization

경제의 글로벌화는 2차 대전 이후 세계를 형성하여 온 가장 강력한 추세 중의 하나이며 특히 1973년 Bretton Woods 체제 붕괴 이후 세계경제에 있어 국가 등 경제주체간의 상호의존성이 심화되고 강화되어온 과정을 지칭하기도 한다. 실제로 지난 반세기동안 상품과 서비스의 국제교역은 가속적으로 중요성을 강화시켜 왔으며 이러한 현상은 국제금융의 거래에도 현저하게 나타나고 있다. 다시 말하면 국제금융거래와 국제생산 확대가 글로벌화의 핵심요소를 이루고 있는 것이다. 경제글로벌화의 두 가지 중요한 원동력은 기술의 진보와 혁신에 의한 수송·통신비용의 절감과 무역과 자본이동 등 국제거래에 대한 정부의 정책과 제도에 있어서 지속적인 규제 완화라고 할 수 있다. 그러나 최근의 경제글로벌화의 수준은 아직 선례 없을 정도로 unprecedented 만족할 말한 것은 되고 있지 않으며 거리, 지리적 요소, 언어, 문화, 지역통합, 정치적 관계, 다른 통화 등 국가 간 거래를 제약하는 요소 home-country bias가 산재되고 있는 것으로 평가된다. 또한 1차 대전 전후와 20세기 전반의 경험에서 보듯이 각 국의 정책 선택이나 국가 간의 경제협력 결과에 따라서는 항상 퇴보할 가능성도 내재하고 있어 불가역적인irreversible 현상도 아니다. 그러나 경제글로벌화가 국제분업의 이익을 통해 경제성장에 긍정적인 효과를 가져오고 있으며 소득 분배, 환경보전 등 비경제적·사회적 목표에 대하여도 장기적으로 긍정적이라는 점에서 성공적인 글로벌화 진전을 위한 각국 정부간의 긴밀한 정책협조가 요청되고 있다.

[참고문헌] T.D Lairson, D. Skidmore, International Political Economy , 1997

금담보차관 金擔保借款

국제통화기금 IMF 의 선진 10개국재상회담에서 주로 이탈리아의 국제수지곤란을 해결해 주기 위해 생각해 낸 제도이다. 그 내용은 다음과 같다. ① 각국의 중앙은행은 준비자산으로 보유하고 있는 금을 담보로 상호간에 융자할 수 있다. ② 이 때 금의 담보가격은 당사국 중앙은행간에 결정한다는 것이다. 이 조치가 이탈리아의 국제수지곤란을 해결하기 위해 취해진 것인 만큼 금의 담보가격은 시장가격에 가까운 수준으로 결정되었다. 또한 채무불이행시에는 당사국 중앙은행간에 시장가격으로 금이 거래되는 결과가 된다. 따라서 이 조치는 실질적인 금가격인상으로서 금폐화(金廢貨)라는 목표에 반대되는 것으로 보는 견해가 유력하다. 그러나 금이 일반 물건과 같이 담보로 취급된다는 점에서 금폐화로 향한 일보전진으로 보는 견해도 있다. →킹스턴 체제

금리생활자 金利生活者 rentier

대부자본가(화폐자본가)는 이자만을 유일한 소득원천으로 한다는 뜻에서 이를 금리생활자라 한다. 그러나 금리생활자를 광의로 해석하여 그 속에 일정액의 지대·가옥임대료를 취득하는 지주·가옥주도 포함시키거나, 또는 연금·은급생활자까지도 포함시키는 경우도 있다. 대부자본가=금리생활자는 신용제도가 발달함에 따라 그들의 화폐를 은행에 예치하거나, 증권제도가 발달함에 따라 주식·사채·국채 등 유가증권에 투자하기도 한다. 이자를 유일한 소득원천으로 한다는 의미에서 대부자본가=금리생활자의 존재는 전혀 새로운 것은 아니지만, 그것이 하나의 계급으로서 특별한 주목의 대상이 된 것은 금융자본 financial capital 이 지배하는 단계에 이른 이후라고 할 수 있다. 즉 다른 모든 종류의

자본가에 대한 금융자본가의 지배가 확립되는데, 그것은 금리생활자 및 금융과점제 Finanzoligarchie 의 지배를 의미한다. 특히 금융자본의 지배가 한층 완벽해지고 자본수출이 행해지면 그만큼 금리생활자의 기생성이 한층 강하게 되고, 한 나라 전체의 다른 나라에 대한 기생성이 농후해져 자본수출국은 금리생활국의 성격을 띠게 된다.

금리정책 金利政策 bank rate policy
경제상태의 변화에 따라서 중앙은행이 어음할인, 기타 대출에 적용하는 공정이자율을 인상 또는 인하하고, 나아가서 통화량을 조절함으로써 시중은행의 대출을 증감시키고 일반금융시장의 금리에도 영향을 주어 물가 내지 경기를 조정하려는 정책을 말한다.

예를 들어 중앙은행이 공정이자율을 인상하면, 일반시중은행으로부터의 차입이 억제되므로 시중금리도 상승하며 다른 조건이 동일하다면 투자수요가 감퇴하여 투자재가격하락이 초래될 것이다. 다른 한편으로 금리인상은 민간인의 저축증가를 유인함으로써 소비수요를 감퇴시켜 그 결과 소비재가격도 하락하게 된다. 따라서 금리가 인상되면 국내경제면에서 물가가 하락하는 경향이 있다. 반면에 금리인상의 대외경제적 효과로서는 국제수지의 호전을 기대할 수 있다. 보통은 할인정책을 통해 수입을 억제하고 수출을 촉진시켜 무역수지를 개선시킴과 아울러 저금리국으로부터의 자본유입을 유인함으로써 자본수지도 개선시키며 따라서 전체적으로 국제수지의 호전을 가져온다.

금리정책이라고 하면 보통은 할인정책 discount policy 을 말하지만 이것은 공정이율 중 어음 재할인률의 조작에만 관계되는 것에 불과하므로 금리정책보다는 그 범위

가 좁다. 금본위제도하에서의 금리정책의 목표는 직접 적정의 금준비(金準備)에 두어지며 이것을 통하여 자동적인 신용의 조절이 가능하였지만, 관리통화제도로 이행한 후로는 재정과 금융의 관계가 밀접하게 되어 금리정책만으로는 유효한 금융조절을 꾀하기 어렵게 되었다. 이에 따라 공개시장정책 open market policy 과 지불준비금제도 cash reserve system 에 의한 지준률(支準率)의 조작도 금리정책과 병행해서 금융정책의 일환을 이루고 있다. →금융정책

금리체계 金利體系 structure of interest
한 나라의 금융시장은 거래되는 자금의 성질, 원천, 용도 등에 따라 여러 부분의 시장으로 분할되어 있고, 각 시장에서 형성되는 금리수준 및 그 변동양상도 각각 상이하다. 이들 금리 사이에는 일정한 격차가 존재하면서도 상호 밀접한 관련을 유지하며 전체로서 하나의 유기적인 균형체계를 구성하고 있는 것이 보통이다. 금리체계란 유기적인 금리 상호간의 관계를 의미한다. 금융시장은 일반적으로 대차기간에 따라 장기금융시장과 단기금융시장으로 분류되고 이에 따라 이자율도 보통 장기금리와 단기금리로 나누어지는데, 금리체계는 이들 양자간의 상호관련여하에 따라 규정된다 할 수 있다.

금리체계를 우선 자금수요측의 상호연관성을 통해서 보면 다음과 같다. 기업이 시설자금을 조달하여 생산을 확장하면 이에 따라 원료구입비나 임금지불도 증가하게 되어 조만간 운전자금의 수요도 증가하는데, 이러한 관계를 일종의 보완관계라 한다. 또 같은 목적의 달성을 위한 자금조달의 형태가 여러 가지 있을 때에는 금리를 비롯한 조달조건의 유리·불리와 조달

의 난이 등에 의해서 어느 한 가지 조달형
태를 선택할 것인데, 이것을 일종의 대체
관계라 한다. 예를 들면 설비자금의 수요
는 보통 장기금융시장에서 충족되는 것이
지만, 장기금리가 단기금리보다 정상 이상
으로 높을 때에는 단기자금을 차입하여 시
설투자를 하고, 상환만기가 됨에 따라 다
른 단기채로 바꾸는 것이 유리할 때도 있
는 것이다.

또한 자금의 공급측에도 상호연관성이
존재한다. 자금의 공급은 다른 측면에서
보면 채권자산에 대한 수요가 된다. 저축
자금과 같이 장기간 운영할 수 있는 자금
의 공급자는 수익성, 안전성, 유동성 등의
차이를 비교하여 공채, 사채, 보험, 저축
성예금, 요구불예금 등의 장기 및 단기의
여러 가지 채권자산 등에서 선택할 수 있
다. 마지막으로 금리간에 비정상적 격차가
생겼을 때의 상호적응과정을 보면, 예를
들어 단기금융시장에 있어서의 수요급증
으로 인하여 단기금리가 폭등하였을 경우
장기채권자산의 소유자는 그것을 매각하
여 얻은 자금을 단기시장에 돌리려 할 것
이다. 따라서 단기시장의 자금압박이 완화
되어 단기이자율이 인하됨과 동시에 장기
이자율은 상승하게 된다. 결국 양자간에는
이러한 상호적응이 일어나 정상상태로 회
복되려는 경향을 갖는다.

이와 같이 각 부분시장에서 성립되는 금
리간에는 수평적·수직적으로 밀접한 관
계가 성립되어 상호영향을 미치며, 각 금
리수준의 상대적 고저에 의해서 부분시장
간에 자금수요의 이동이 생겨 각 시장으로
의 자금배분이 행해진다. 이리하여 여러
종류의 금리는 상품에서의 가격체계와 같
은 의미의 금리체계를 구성하게 된다.
→금융시장

금본위제도 金本位制度 gold stan-
dard system

금을 가치척도 measure of value 로 하여
일정량의 금을 본위화폐로 하는 화폐제도
를 말한다. 고전적인 금본위제도에서는 금
의 자유주조, 금화의 유통, 금의 자유용
해, 금의 자유수출입, 금의 자유태환(自由
兌換)이 행해져 지금(地金)과 금화 및 은
행권이 등가관계에 놓여 있었고, 이에 따
라 화폐가치의 안정이 보장되어 있었다.
이와 같은 고전적 금본위제도는 19세기 초
에 영국에서 확립되었는데, 다른 여러 국
가는 19세기 말에 가서야 겨우 금본위제도
로 이행되었다.

보통 은행권의 금과의 태환 등은 정지되
었어도 금은 여전히 가치척도로서의 기능
을 수행하며, 대외지불에 있어서도 불환은
행권(不換銀行券)은 금으로 태환되지 않
으면 지불수단으로 사용될 수 없다. 제 1
차대전중에 각국은 금태환의 정지는 물론
금의 자유수출입 등을 금지하였으나, 가치
척도가 금이라는 의미에 있어서 금본위제
도가 폐지된 것은 아니었다. 1920년대에
각국은 은행권의 금과의 태환·자유수출
입 등을 부활시켰으나, 금화의 자유주조·
태환이 허용된 고전적인 금화본위제도
gold coin standard 는 부활되지 않았고, 지
금태환(地金兌換)을 행하는 금지금본위
(金地金本位)제도 gold bullion standard,
금환(金換)으로 태환하는 금환본위제도
gold exchange standard 등이 채택되었다.
그러나 1930년대에는 이러한 태환도 정지
되고 국내통화인 은행권은 불환지폐로 되
었으며, 이른바 관리통화제도로 전환되어
오늘에 이르고 있다. 그리고 1972년 이후
유일한 태환지폐인 미 달러도 금과의 태환
이 정지되었으므로 그 후의 각국의 통화제
도는 금본위제도라 할 수 없다. →본위제
도, 금환본위제

금속주의 · 명목주의 金屬主義 · 名目主義 metalism · nominalism

화폐의 본질에 관한 대립된 두 개의 대표적인 학설로서, 양자의 차이는 화폐의 역사적 발전과 밀접한 관계를 가지고 있다. 화폐는 처음에 물품화폐의 형태로 시작하여 금속화폐를 거쳐 오늘날의 신용화폐로 발전되어 왔다. 금속학설은, 화폐는 가치척도의 역할을 하는 것이므로 화폐 그 자체도 소재가치를 가짐으로써 비로소 가치의 척도, 교환의 매개수단으로서의 기능을 갖는다는 것이다. 이 금속학설은 넓은 의미의 화폐상품학설의 일종이라 볼 수 있다. 화폐상품학설은 화폐와 상품이 교환되는 이상, 화폐 그 자체도 소재가치가 있는 상품이어야 한다는 것이다.

그러나 교환경제가 발달됨에 따라 화폐가 반드시 실물화폐이어야 할 필요는 없게 되었다. 따라서 현대는 화폐로서 소재가치가 거의 없는 지폐가 유통되게 되었으므로 화폐본질관도 달라지지 않을 수 없게 되었다. 이러한 시대적 변천에 따라 제창된 것이 명목주의라는 화폐본질론이다. 이에 의하면 화폐의 본질은 일정한 명목을 가진 화폐단위로서 적용되는 표권(票券)에 지나지 않는다. 즉 화폐가 가치의 척도로서 혹은 교환의 매개수단으로서 그 수행하는 기능에서 화폐의 본질을 찾으려는 것이다.

이 명목학설에는 다음 네 가지가 있다.

① 화폐국정설(貨幣國定說) : 명목화폐의 선구적 역할을 한 학설로서, 크나프 Knapp, G. F. 가 주장하였다. 이 설에 의하면 화폐는 국가가 법제적(法制的)으로 강제통용력을 부여하기 때문에 화폐가 될 수 있는 것이지 소재가치를 갖기 때문에 화폐가 되는 것은 아니라는 것이다.

② 화폐직능설 : 헬퍼리히 Helfferich, K. T. 에 의하여 주장된 학설로서, 화폐적 기능을 하는 것은 그것이 재화이건 재화가 아니건 화폐가 될 수 있다고 보는 것이다.

③ 지도증권설(指圖證券說) · 표권설(票券說) : 화폐국정설이 법률적인 명목학설이라면 지도증권설은 경제적인 명목학설이라 할 수 있다. 즉 화폐라는 것은 생산된 재화나 용역에 대한 청구권을 뜻하며 이러한 청구권을 상징하는 표권 또는 지도증권이 화폐라는 것이다. 이 설의 주창자는 벤딕센 Bendixen, F., 엘스터 Elster, K. 등이다.

④ 추상적 계산단위설 : 심리적인 명목학설이라고도 볼 수 있는 것으로서 리프만 Liefmann, R. 에 의하여 주장되었다. 즉 화폐라는 것은 상품 상호간의 가치관계를 표시하는 계산단위이며 하등의 구체성을 필요로 하지 않는 추상적 표시에 지나지 않는다는 설이다. →화폐의 기능

금융 金融 finance

금융이란 이자를 받고 자금을 융통하여 주는 것을 말한다. 즉 일정기간을 정하고, 앞으로 있을 원금의 상환과 이자변제에 대해 상대방을 신용하여 자금을 이전하는 것을 말한다.

금융은 약속된 상환기간의 장 · 단에 따라서 단기금융과 장기금융으로 분류된다. 주로 전자는 운전자금의 대차를, 후자는 설비자금의 대차를 가리키는데, 이 구별은 반드시 엄밀한 것이라고는 할 수 없다. 실제로는 보통 6개월 이내의 상환계약에 의한 것을 단기라 하고, 1년 이상의 것을 장기라고 부르고 있다. 또 6개월에서 1년까지의 것을 중기금융이라고 하는 경우도 있다. 일반적으로 기업의 설비자금은 자본금(주주의 불입금), 적립금 혹은 사채에 의해서, 그리고 운전자금은 상업(일반)은행을 중심으로 하는 단기금융을 통해서 조달되는 것이 타당시되고 있다.

금융은 또한 금융선(金融先)의 산업부

문의 종류에 따라서 상업금융, 공업금융, 농업금융 등으로 나누어진다. 상인이 상품을 구입하고, 제조업자가 원료, 연료를 조달하기 위해서 요하는 자금을 조달·공급하는 것이 상업금융이다. 그 전형적인 형태는 어음할인이고, 이를 주로 담당하는 것이 이른바 상업은행이며, 우리 나라의 일반시중은행이 이에 해당한다. 공업금융은 산업금융 혹은 생산금융이라고도 하는데, 이는 생산에 필요한 자금, 특히 설비자금의 조달공급을 가리킨다. 공업금융의 특색은 근대공업에 있어서 생산설비 등 거대한 고정자본을 필요로 하기 때문에 자금의 회수가 장기화되는 점에 있다. 이와 같은 공업금융은 기업자체의 유보(留保), 주식 및 사채의 발행, 은행의 장기대출 등에 의해서 이루어진다.

다음으로 농업경영에 필요한 자금의 조달공급이 농업금융이다. 상공업에 비해서 농업의 특색은, 특히 한국의 농업에 대해서 말하면 경영규모의 영세성, 융자에 필요한 확실한 담보물건이 없는 점, 농작물의 수확이 년 1회 내지 2회로 수입이 계절적으로 집중될 뿐 아니라 천재(天災) 때문에 극히 불안정한 성격을 지니고 있다. 따라서 1건당의 농업자금의 수요액은 소액이지만 그 회수에는 항상 위험성이 뒤따른다. 이 때문에 농업금융은 영리적인 금융기관의 영업대상으로는 되기 어렵고, 주로 그에 적당한 협동조합적 조직을 갖춘 농업협동조합 및 그 산하조직인 원예조합을 비롯하여 각 특수조합이 불충분하지만 농업금융을 담당하고 있다.

그런데 일반적으로 보아 기업이 원활하게 운영되기 위해서는 그 업종이나 규모에 따라 다르기는 하나 거의 일정의 원자재와 반제품 및 적정량의 제품재고를 필요로 하는데, 이를 초과한 부분을 체화(滯貨)라고 한다. 시황(市況)이 기업가의 예상과는 달라 이와 같은 체화가 생기면 기업은 그만큼 과중한 자금의 고정화에 봉착하게 되어 곤란한 지경에 처하게 된다. 이러한 경우 기업가가 자금회수의 필요 때문에 할 수 없이 재고품을 투매한다면 이로 인해서 가격은 더욱 하락하는 일련의 악순환에 빠질 위험이 있다. 따라서 기업은 이 같은 투매 때문에 보게 되는 손실을 피하기 위해서 금융기관의 융자를 구하게 되고 금융기관 측에서도 기업의 도산으로 인한 자금의 회수불능사태가 발생하지 않도록 때때로 이에 응하지 않을 수 없게 되는 것이다. 이러한 경우의 금융을 특히 체화금융 또는 체화융자라고 한다. →금융시장, 금융중개기관

금융관련비율 金融關聯比率

케인즈의 「일반이론」 이후, 경제활동에 대한 스톡으로서의 자산선택이 갖는 역할의 중요성이 널리 인식되었고 금융자산의 스톡분석이 금융이론에서 중요한 위치를 차지하게 되었다. 종래의 플로우분석을 중심으로 한 금융경제의 파악방법은 이론적인 면에서나 정책적인 면에서 허다한 문제점이 노출되어 그 보완과 수정 및 반성이 요청되었다. 또한 1950년대 초에 화폐의 재발견이라든가 금융정책의 부활 등이 크게 논의되게 된 것은 금융경제구조의 변화에 따라 새로운 금융이론의 형성이 필요하게 되었기 때문이다. 이러한 금융구조의 변화와 금융기관의 다양화현상에 재빨리 주목하여 이에 대한 선구적 연구를 시도한 사람이 골드스미드 Goldsmith, R. W. 이다.

그는 경제성장의 과정은 자본스톡의 축적과정인 동시에 금융자산의 축적과정이라는 점에 착안하여 금융구조분석을 전개하였다. 골드스미드는 경제성장과 금융구조와의 관계를 표시하는 하나의 지표로서 금융관련비율이라는 개념을 도입하였다. 이것은 한 나라의 국민경제에서 금융자산

(무형자산)과 실물자산(유형자산)과의 비율을 의미하며 다음과 같이 표시된다.

$$금융관련비율 = \frac{국민자산}{국부} - 1$$

여기에서 국부란 국민유형자산을 지칭하며, 국민자산이란 '유형자산+무형자산'이므로 금융관련비율은 결국 금융자산과 실물자산과의 비율을 의미한다. 즉,

$$
\begin{aligned}
&금융관련비율 \\
&= \frac{국민자산}{국부} - 1 \\
&= \frac{국민자산 - 국부}{국부} \\
&= \frac{(유형자산 + 무형자산) - 유형자산}{유형자산} \\
&= \frac{무형자산}{유형자산} = \frac{금융자산}{실물자산}
\end{aligned}
$$

이것을 금융관련비율이라 하는 이유는 실물자산이 어느 정도의 금융적 청구권 financial claims 이나 부채 또는 소유권증서 및 지분권증서 equity 와 대응하는가를 표시해주기 때문이다.

한편 금융관련비율에 관한 연구는 금융구조의 장기적 변화를 수량적으로 포착하려는 것으로서, 구조변화의 인과분석이 아니라 형태학적 분석으로서, 경제성장과 금융구조의 장기적 변화와의 관련을 파악하는 방법을 제시하였다. 또한 그것은 금융의 원천 및 채널이 성장속도와 성격에 어떠한 영향을 주며 또한 금융구조의 차이가 성장패턴에 어떠한 영향을 주는가를 해명하였다. 일반적으로 금융관련비율은 ① 저축주체와 투자주체의 분리정도 즉, 투자주체의 외부금융의존도 ② 외부자금 중 간접금융의 점유율 ③ 간접금융의 우회정도 ④ 증권시장의 발달, 금융구조의 다양화 등 금융의 분배기술과 중개기술의 발달정도 등이다.

다음으로 국가간의 금융관련비율을 비교하면 선진국에서는 그 비율이 높고 저개발국과 계획경제하의 국가는 그 비율이 낮다. 그 이유는 대체로 경제발전과정에 있어서 소득수준이 증대함에 따라 금융자산의 증가가 국부나 국민총생산액보다 훨씬 빠른 속도로 증가하기 때문이다. 미국의 경우를 보면, 1880년대 초기의 금융자산의 수준은 그 때 국부수준의 약 $\frac{1}{2}$에 지나지 않았으나, 근래에 와서는 금융자산의 축적 속도가 국부의 축적률보다 빨라, 금융관련비율은 20세기 초기의 1, 1960년대초의 1.25, 1970년대의 1.45를 거쳐 계속 그 비율은 증대되고 있다.

금융긴축 金融緊縮 ☞금융완화·금융긴축

금융시장 金融市場 financial market
화폐의 대차거래가 이루어지는 시장을 말하며 화폐시장이라고도 한다. 이것이 일반상품시장과 다른 점은 ① 그 곳에서 거래되는 대상이 질적으로 무차별한 화폐이며 ② 그 화폐는 기한부로 매매되며 이자를 낳는 대부자본이라는 것 등이다. 금융시장에서 화폐의 수급량에 따라 자본으로서의 그것의 가격 즉, 이자가 결정된다. 그러나 구체적인 거래에서는 그 매매조건이 각양각색이며, 대부기간·이자 및 상환·보증 등에 있어서 각각 상이하다. 금융시장을 대부기간에 따라 단기금융시장과 장기금융시장으로 나누어, 전자를 화폐시장 money market, 후자를 자본시장 capital market 이라고 하기도 한다. 이러한 분류는 편의상 실제의 금융계에서 사용되고 있는 형식적인 것으로 단기금융시장과 화폐시장, 장기금융시장과 자본시장이 반드시 일치하는 것은 아니다. 오히려 이 분류는 할인시장·콜 마켓을 전자, 공사채의 기채시장(起債市場)·주식발행시장·특정의 금융기관(이를테면 우리 나라의 한국산

업은행)을 후자로 하는 것이 편리하다는 정도의 의미를 가진다. 거래대상은 단일의 상품인 자본으로서의 화폐이므로 금융시장을 하나로서 취급하는 것이 보다 그 본질을 잘 파악할 수 있게 한다고 할 수 있다.

금융선물계약 金融先物契約
Financial Futures Contracts

미래의 일정시점에 특정가격으로 특정한 부채증서 a debt instruments를 매각하는 계약을 의미한다는 점에서는 이자율선물계약 interest-rate forward contracts과 같으나 이 자율선물계약이 가지는 계약불이행 위험과 유동성문제를 극복하는 몇 가지 방법상의 차이를 가진다. 가장 광범위하게 거래되고 있는 금융선물거래의 하나인 Chicago Board of Trade의 美재무성증권 선물거래를 예로 들어보자. 계약금액은 100,000불 액면금액의 채권이며 가격은 point로 표시되고 1point는 1,000불, 가격변화의 최소단위는 1/32 point(31.25불)이다. 이 계약은 계약완료 시점에서 지급되는 채권이 지급시점에서 채권만기까지의 잔여기간이 15년 이상일 것을 규정한다. 이러한 선물계약을 매입한 측은 long position을 취했다고 하고 매각한 측은 short position을 취했다고 한다. 만일 A가 2월 1일에 100,000불의 6월 contract를 115(115,000불)에 매각했다고 할 때 이자율이 상승하여 6월말 채권가격이 110이라면 이 계약의 매각자는 5points(5,000불) 이익을 보고 매입자는 5points(5,000불) 손실을 본 것이다. 이때 선물계약의 완료당시 선물계약의 가격은 재정거래에 의하여 지급되는 채권의 현물가격과 같게 될 것이다. 금융선물계약은 이자율선물계약과 어떻게 다른가. 금융선물의 경우 거래규모와 계약완료시점이 표준화되어 있다. (미재무성증권의 경우 거래규모는 100,000불 단위, 계약종료시점은

3,6,9,12월말이다.) 둘째, 일단 선물계약이 매각·매입되면 계약종료시점까지 언제든 다시 거래될 수 있다. 셋째, 이자율선물계약과는 달리 단지 한 종류의 미재무성증권 뿐 아니라 만기가 15년 이상 남은 재무성증권은 모두 지급의 대상이 될 수 있다. 이러한 세 가지 요소가 선물계약의 유동성(거래의 용이성)을 높이고 있다. 금융선물시장이 지급대상 부채증서의 범위를 넓게 유지함으로써 대규모거래자가 시장을 매점 "corner the market"하여 short position을 취한 거래자를 압박함으로써 막대한 이익을 챙길 가능성을 거의 배제하고 있다. 또는 금융선물계약은 이자율선물계약이 가지는 계약불이행의 위험을 완화하기 위하여 선물거래의 일방을 선물 결제기구 futures clearing house로 하고 선물 결제기구는 시장참여자에게 일정한 규모의 증거금 margin requirement를 유지하게 함으로써 계약불이행의 위험을 크게 완화하고 있다. 또한 금융선물시장은 short position을 취한 거래 당사자가 선물계약의 상쇄거래 offsetting purchase를 함으로써 부채증서의 지급을 회피하는 것을 허용함으로써 물리적 지급의 비용을 절감하고 있다.

금융기관이 금융선물계약을 통해 특정한 보유자산의 이자율위험을 헷지하는 것을 micro hedge라고 금융기관이 보유한 전체자산의 이자율위험을 헷지하는 것을 macro hedge라 한다. 이러한 금융선물시장은 몇 가지 남은 문제를 안고 있다. 헷지대상인 자산의 가격과 선물계약의 대상인 자산의 가격이 반대로 움직여 오히려 헷지거래가 손실을 악화시킬 가능성 basis risk이 존재한다는 것이다. 예컨대 지방정부 채권 보유를 헷지하기 위하여 재무성증권의 short position을 취하는 경우 지방정부채권이 채무불이행에 빠지면 상대적으로 재무성증권에 대한 수요증가와 이에 따른 가격상승으로 추가적 손실을 입게 된다. 또한 금융기관이 일정자산 보유

로 이자율 위험에 따른 손실을 입는 경우 헷지를 통해 취득한 이익(미실현 이익)으로 상쇄하지 못하여 시장의 오해를 야기하거나 세무상 불이익을 당하는 회계상 문제 accounting problems가 있다.

금융완화·금융긴축 金融緩和·金融緊縮 easy money·tight money

금융시장에서 자금공급이 자금수요를 초과하여 자금조달이 용이한 상태를 금융완화라 하고, 그 반대의 경우를 금융긴축이라 한다. 여기에서는 금융완화를 중심으로 설명한다. 금융완화는 계절적 요인과 경기변동 요인에 의해서 생긴다. 계절적 요인으로서는 기업의 운전자금에 대한 수요의 계절적 감소, 민간의 현금통화수요의 계절적 감소, 그리고 정부나 지방자치단체의 재정지출의 계절적 감소 등을 들 수 있다. 경기변동요인과 관련해서 금융완화는 경기침체기에 생긴다고 할 수 있다. 이 때에는 생산활동이 활발하지 못하고 그에 따라 소득수준도 낮아 기업의 은행자금에 대한 수요도, 그리고 민간의 현금통화에 대한 수요도 크지 않다. 이렇게 금융완화가 일어나면 금융시장에서 이자율은 하락하게 된다. 금융완화정책은, 유효수요의 부족으로 디플레이션 갭이 존재하는 경우에 공정이자율의 인하, 지불준비율의 인하 등의 금융정책을 통하여 일반은행의 유동성을 증대시켜 투자수요를 자극함으로써 유효수요수준을 증대시키려는 정책이다.

금융의 분배기술·중개기술 金融의 分配技術·仲介技術 distributive technique of finance·intermediative technique of finance

적자주체인 기업이 흑자주체인 가계의 저축을 충분히 흡수하기 위해서는 본원적 증권 primary securities 발행을 원활히 해주는 금융상의 제도적 장치가 필요한데 이것을 금융의 분배기술이라 한다. 구체적으로 흑자주체의 금융자산보유선호와 적자주체의 금융부채발행선호 등에 관한 정보제공이라든가, 유가증권거래의 신속화, 능률화, 균질화 등에 의한 증권거래시장의 발전, 정부에 의한 본원적 증권의 보증 등이 저축의 이전을 보다 용이하게 해주는 구체적인 금융의 분배기술이다. 그러나 저축주체와 투자주체간의 자금이전을 더욱 원활히 해주는 분배기술의 발달은 유가증권을 다양화시키기는 하나, 그것은 어디까지나 본원적 증권의 다양화이므로 흑자주체는 적자주체가 발행한 증권을 직접 보유할 수밖에 없다.

그런데 현실적으로 분배기술이 발달하여 금융시장을 통한 양자간의 정보교환이 완전하다 해도 최종적 자금대여자가 보유하고 싶어하는 금융자산의 형태와 최종 자금차입자가 발행하고 싶어하는 금융부채의 형태는 반드시 일치한다고 볼 수 없다. 따라서 금융자산보유선호와 금융부채발행선호에 대한 양자간의 갈등을 최소한도로 감축시켜 자금의 이전을 더욱 원활히 해주기 위해서는, 최종적인 차입자로부터 본원적 증권을 구입하고 자기 스스로의 채무증권인 간접증권 또는 제2차증권 indirect securities을 발행하여 최종적 자금대여자의 구미에 맞는 증권을 공급하는 각종 금융중개기관의 활동이 필요하다. 이같이 본원적 증권을 기초로 금융자산의 종류를 수직적으로 더욱 다양화시키는 제반기술을 금융의 중개기술이라 한다.

이상은 금융의 분배·중개기술에 대한 개념정의이고, 이것이 경제발전과 금융자산축적메카니즘에서 수행하는 역할과 그 위치에 대해 기술하면 다음과 같다. 경제성장과 발전은 실물자본의 축적과정인 동시에 금융자산의 축적과정이라고도 할 수 있다. 금융자산의 축적과 다양화는 경제발전의 결과인 동시에 또 한편으로는 발전의 속도와 성격을 규정하는 중요한 요인이기도 하다. 따라서 이와 같은 분배·중개기술의 발달은 금융자산의 종류를 더욱 다양화시켜 대여자가 원하는 금융자산을 공급해 주는 반면, 차입자에게는 불리한 조건으로 금융부채를 발행하지 않고서도 차입할 수 있는 길을 열어 주기 때문에, 최종적 대여자는 여러 종류의 본원적 증권 뿐만 아니라 여러 종류의 파생적 증권도 보유할 수 있게 되어 금융자산보유에 따르는 한계효용을 높여 준다. 이같은 사실은 자기저축을 보다 효율적으로 배분할 수 있는 방법이며, 따라서 저축수준을 높이는 작용을 한다. 반면에 최종적 차입자는 다양화된 채널로부터 자금을 획득할 수 있기 때문에 정비된 시장기구를 통해 차입금선별을 할 수 있으므로 금융부채(본원적 증권) 발행의 한계비용을 저하시키는 작용을 하는 것이다. 이것은 투자수준을 높이고 또한 투자의 효율화를 가능케 하여 준다.

이상에서 고찰한 바와 같이 금융의 분배기술과 중개기술의 발전에 의한 다종의 본원적 증권 및 간접증권의 축적은 투자와 저축의 제도화를 통한 저축투자의 수준을 상승시키고 동시에 자원의 효율적 배분을 촉진시켜 준다. →금융관련비율

금융의 양적규제 金融의 量的規制
financial quantitative regulation

금융정책의 목표를 달성하기 위한 수단으로서 양적규제와 질적규제 두 가지가 있다. 전자는 민간에 방출된 통화의 절대량을 기계적으로 통제·조절하는 것이며, 후자는 통화의 양 뿐만 아니라 각 부문에 유통되는 자금의 방향까지 통제를 가하는 것이다. 양적규제의 중요한 방법은 금리정책, 공개시장조작, 지불준비율조작 등으로, 모두 직접·간접으로 통화량을 통제·조절하는 정책이다. 한편 질적규제라 함은 중앙은행이 시중은행에게 자금을 대출할 경우 국민경제상 필요한 용도에는 특히 좋은 조건으로 대출하며 불필요한 대출에는 금리를 높이는 등으로 자금유통에 차별대우를 하는 것이다. 이를 선택적 신용통제라고도 한다. 그러나 질적금융통제는 그 자체만으로 주효한 것은 아니고 다른 모든 물동계획(物動計劃)의 완비와 종합적 경제계획이 선행된 후에 비로소 그 목적을 달성할 수 있다. →중앙은행, 금융정책, 공개시장조작

금융의 질적규제 金融의 質的規制
☞금융의 양적규제

금융자본 金融資本 financial capital

자본주의는 1873~96년의 불황을 거쳐, 그 때까지의 자유경쟁을 기조로 하는 산업자본주의단계에서 독점자본주의단계로 변화하였다. 금융자본은 역사적으로 독점자본주의단계의 독특한 자본양식으로 독점자본주의 경제체제 유지의 기초가 되었다.

힐퍼딩 Hilferding, R.이나 레닌 Lenin, V.I.의 고전적 견해에 따르면 금융자본은 은행과 산업의 독점적인 금융적 결합체이다. 즉 자유경쟁은 주요산업부문에서 고정자본의 거대화를 통하여 몇몇 대기업에 의한 생산, 자본의 집적·집중을 촉구하여 드디어는 독점체를 형성한다. 한편 은행업에 있어서도 은행업무의 집적, 집중이 진행되어 대은행의 독점적 지배가 형성되었다. 이러한 집적, 집중=독점은 주식회사형태를 기초로 하고 있는데, 이것은 또 산업과 은행의 긴밀한 관계의 기초가 된다. 오늘날 사회의 유휴자금의 대부분을 집중, 지배하는 대은행은 이것을 단순히 유동자금에 대한 단기신용으로 대기업에 대출할

뿐 아니라 고정자본에 대한 장기신용의 형태로 자금을 대기업에 제공한다. 여기에 양 독점체의 금융적 결합에서 유착된 금융자본이 성립되는 것이고, 그것은 또 중역파견(重役派遣)과 대기업에 의한 대은행의 주식보유에 의하여 보강된다. 또 이런 관계는 업무의 안전을 위하여 은행측에서 산업독점을 촉진하고 강화한다.

금융자본은 사회의 화폐자본의 대부분을 지배하고 국내뿐만 아니라 해외지역에 대한 금융적 지배망을 널리 조직하여 독점이윤을 추구하고 비독점부분의 중소자본과 노동자, 피지배지역의 경제를 수탈한다. 이 경우 금융자본에 의해 뒷받침되는 소수의 집중된 주식회사가 출현하여 그 국가 및 세력권 내의 정치・경제를 사실상 지배하는 형태를 금융과두지배(金融寡頭支配)라 한다. 더욱이 금융자본의 축적기반인 산업독점은 독점보호관세의 설정으로 보호되어 과잉자본의 처리, 즉 자본・상품수출의 촉진과, 자원의 확보를 위한 식민지 및 세력권 확대에 의해 강대국간의 국제적 대립을 야기시킨다. 제1차 세계대전은 그러한 식민지분점을 위한 투쟁의 귀결이었고 제2차 세계대전 또한 그러한 일면을 가지고 있었다.

이상의 고전적인 금융자본개념은 독일 자본주의의 역사적 분석에 의하여 얻은 것이었다. 그러나 특히 은행과 산업과의 관계의 구체적 입장은 각 자본주의국에 따라 또는 시기에 따라 상이하다. 영국에서는 20세기 초기에 양자의 단기신용관계 및 산업독점형성의 지연 등의 문제점 해결과 팽대(膨大)한 해외투자(=해외세력권)에 대한 금융적 지배의 필요성 및 독일금융자본과의 경쟁을 위하여는 금융자본화가 불가피하다는 견해가, 제1차 대전 후의 미국 산업독점체의 자기금융화에 착안하여 주장되어 금융자본의 불필요성의 주장과 대

립되었다. 즉 이 점을 고려하여 독점자본주의의 지배적인 자본의 존재양식의 특징은 중공업부문을 중심으로 한 독점형식 및 주식회사형태를 이용한 축적과 금융적 결합, 지배관계의 형성이다. 따라서 지금 고전적 규정을 떠나서 금융자본이란 주식회사형태에 의한 금융적 결합지배관계에 따르는 독점체라 할 수 있다. 그 경우 은행이 행하는 역할은 더욱 구체적인 금융자본분석의 문제가 된다. 그러나 여기 규정한 금융자본이 금융적 지배, 금융과두지배, 제국주의적 대립 등 먼저 말한 금융자본의 의의를 모두 구비하고 있음은 말할 나위도 없다. →독점자본주의

금융자산 金融資産 financial assets

자금의 공급에 수반하여 공급자에게 발생한 채권을 의미하는데, 국민경제적인 머니 플로우 money flow 분석의 입장에서는 주식, 출자금 등과 같이 보통 법률적 의미의 채권으로 취급할 수 없는 것까지 여기에 포함된다. 예를 들면 외상매출금, 수취어음, 은행예금, 주식, 출자금, 가통화(假通貨) 등의 자산이 그것이다. 이러한 자산에 대해서는 국민경제 전체로서 반드시 동액의 부채가 다른 곳에 존재하고 있는 것으로 된다. 이제 여기에서 국내 각 부문간의 채권, 채무를 상쇄하면 금융투자 및 금융부채는 소멸되고 자산측에는 고정자산, 재고품 및 대외순채권만이 남게 되어 이것은 국민자본, 즉 국부에 해당된다.

*금융정책 金融政策 monetary policy

금융정책이란 통화량 또는 이와 관련되어 있는 여러 가지 변수의 변경을 통해서 국민경제활동의 수준을 조정함으로써 완전고용, 물가안정, 국제수지의 향상, 경제성장의 촉진 등의 정책목표를 달성하기 위해서 금융당국(정부와 중앙은행)이 취하

는 경제정책을 말한다.

재정정책이 정부지출이나 조세수입을 통해서 국민소득의 흐름에 직접적인 영향을 미치는데 비하여 금융정책은 통화량이나 이자율 등의 변경을 통해서 간접적으로 국민소득의 흐름에 영향을 미칠 따름이다. 이를 위해서 금융당국이 사용하는 금융정책의 수단으로는 일반적 정책수단 general control 과 선별적 정책수단 selective control 을 들 수 있다. 전자를 양적 통제수단 quantitative control 이라 하고 후자를 질적 통제수단 qualitative control 이라고 부르기도 한다.

일반적 정책수단이란 금융정책의 효과가 국민경제의 어떤 일부분이 아니라 국민경제의 전반에 대하여 영향을 미치는 정책수단을 말하는데, 여기에는 공개시장조작·재할인률조정·지불준비율조정의 세 가지 정책수단이 포함된다. 먼저 공개시장조작 open market operation 이란 금융정책의 여러 수단 가운데서도 가장 유력하고 부작용이 적은 정책수단으로서, 중앙은행이 국채시장에서 국채를 매입 또는 매각하여 통화량 및 은행의 지불준비금을 변화시키고 이자율을 변경시키는 기능을 수행한다. 재할인률의 조정이란 중앙은행이 일반은행에 대하여 부과하는 대출이자율을 변경시켜 일반은행의 대출이자율이 이에 따르도록 함으로써 자금의 양적조절을 꾀하려는 정책이다. 그러나 일반은행에 대한 중앙은행의 자금공급방법은 상업어음의 재할인뿐만 아니라 일반적 대부형태의 방법도 채용되고 있으므로 중앙은행은 재할인률의 변경뿐만 아니라 대부이자율의 변경을 통해서 일반은행에 대한 자금공급량을 조절하기도 한다. 지불준비율의 조정이란 은행의 예금부채의 일정비율을 현금자산으로 은행이 금으로 보유하거나 또는 중앙은행에 예입하도록 법령으로 규정한 법

령지불준비제도에 의거해서 법정지불준비율을 변경시킴으로써 은행이 보유하는 실제준비금과 통화량에 영향을 미치는 정책수단을 말한다. 예컨대 법정지불준비율을 인하하면 은행에 있어서의 초과지불준비금이 증가되어 통화승수의 크기를 증가시킨다. 이와 반대로 법정지불준비율을 인상하면 초과지불준비금이 감소하고 통화승수가 감소한다. 따라서 금융팽창의 효과를 기대할 때에는 법정지불준비율을 인하시킨다.

이상과 같이 일반적인 정책수단은 간접적으로 통화량을 규제하는 방식으로서 가장 중요한 것이 공개시장조작이다. 그런데 이 수단은 국·공채시장이 존재하여 이것이 원활히 운행되고 있는 것을 전제로 한다. 따라서 국·공채시장이 존재하고 있지 않은 후진국이나 국·공채시장이 존재하는 나라일지라도 공개시장조작만 가지고는 충분한 통화량 규제의 효과를 기대할 수 없는 사정이 있을 때는 이른바 한도제(限度制)라는 직접적인 수단이 채택되는 수가 있다. 한도제 ceiling 라 함은 이를테면 통화량, 일반은행의 자산, 중앙은행의 국내자산 또는 국내총여신량이 일정한도를 넘지 못하도록 그 상한선을 설정하는 것을 말한다. 지금까지 언급한 직접적·간접적 영향을 미치는 일반적 정책수단은 단독적으로 사용되기도 하고 상호보완적으로 실시되기도 하는데, 일반적으로는 이러한 정책수단을 관련성있게 사용하여 상호보완적인 효과를 기대하는 것이 상례로 되어 있다.

다음 선별적 정책수단이란 어떤 특정부분에 대하여 선별적으로 영향을 미칠 것을 목적으로 취해지는 금융정책을 말한다. 선별적 정책수단을 크게 두 가지 종류로 나눌 수 있는데, 하나는 경제안정을 주목적으로 하는 것으로서 일반적 금융통제 정책

의 집행결과로서 어떤 특정부문이 바람직하지 못한 영향을 받는 경우 그것을 중화하기 위해 취하는 선별적 통제이고 다른 하나는 경제의 특정부분의 육성 또는 발전을 위한 것이다. 전자는 대체로 선진국에서 후자는 후진국에서 채택되는 수단으로서 전자의 경우에는 증권금융의 규제 margin requirement on securities, 소비자신용의 규제 consumer credit control, 부동산신용의 규제 real estate credit control 등이 해당되며 후자의 경우에는 중소기업의 지원이나 수출의 진흥, 그 외에 농업의 지원이나 중화학공업 및 기계공업의 육성을 위한 특별한 금융적 지원이 행하여지는 것이 해당된다.

금융정책이란 지금까지 논한 여러 가지 정책수단을 통해서 완전고용의 달성, 물가안정, 국제수지의 개선 등 여러 가지 경제적 목표를 달성하기 위한 경제정책으로 과연 이것이 얼마만큼 유효한 정책수단인가 하는 문제가 항상 제기되어 왔다. 특히 1930년대의 대공황 이후 금융정책에 대한 불신은 고조되었으며 그 중에서도 케인즈파의 경제학자들은 금융정책의 효과에 대해서 매우 강한 회의를 품게 되었으며 재정정책의 중요성을 강조하였다. 그러나 제2차대전 이후에는 세계경제의 초점이 불경기와 실업의 문제로부터 인플레이션으로 이행됨에 따라 금융정책의 유효성에 대한 재평가가 이루어졌는데, 프리드먼 Friedman, M. 을 중심으로 하는 신화폐수량설이 그것을 이론적으로 뒷받침하였다. 그러나 다시 1960년 후반 이후에 이른바 스태그플레이션의 현상이 나타난 뒤로는 금융정책뿐만 아니라 재정정책도 별다른 실효를 거두지 못하고 있는 실정이다.

[참고문헌] Branson, W. H., *Macroeconomic Theory and Policy*, 1975; 조 순, 「경제학원론」, 1974; 이승윤, 「화폐금융신론」, 1974.

금융중개기관 金融仲介機關 financial intermediary

저축자 일반으로부터 자금을 예입받아 그 자금을 차용인에게 대부하는 금융기관을 말한다. 넓은 의미에서 이 용어는 상업은행을 포함한 모든 금융기관에 적용되지만, 보통은 상업은행을 제외한 상호저축은행, 보험회사, 증권금융회사, 연금 및 투자신탁회사 등을 가리킨다. →금융제도

금융채 金融債 bank debenture

은행 및 기타 금융기관이 특별규정에 의하여 장기자금 등을 흡수할 목적으로 발행하는 일종의 채권을 말하며, 이 금융채를 발행하는 주체를 채권발행은행이라 부른다. 일반금융기관의 예금수입은 단기융자를 위한 자금을 흡수하는 수단으로 행하여지나 금융채의 발행은 장기융자를 위한 자금을 흡수하는 수단으로 이용되는 점에 차이가 있다. 금융채는 발행권과 마찬가지로 발행은행의 채무이다. 상환방법에는 상환기가 미리 정해져 있는 것, 매입매각에 의하여 수시상환되는 것, 혹은 추첨에 의하여 기한전에 상환되는 것 등 여러 가지가 있다. 일반적으로는 무기명채권으로 유통되는 것이 보통이다. →채권, 특수은행

금전신탁 金錢信託 money trust

신탁은행이 고객으로부터 금전을 신탁재산으로 예치받아 이것을 타기업에 대출하거나 사채의 매입 등으로 운용하여 일정 기간 후 다시 금전으로 원금과 이익을 수익자에게 반환하는 방법을 금전신탁이라 한다. 이에 대하여, 수탁할 때에는 금전으로 수탁하였으나 신탁종료시에는 수탁한 금전으로서 운용된 신탁재산의 형태로 수익케 하는 것을 금전신탁 이외의 금전신탁이라고 하여 금전신탁과 구별된다.

금전신탁은 그 운용방법에 따라 ① 위탁

자가 예치한 금전의 운용방법을 구체적으로 세밀하게 결정하는 특정금전신탁 ② 운용에 대해서는 대출이나 유가증권매입 등으로 대체적인 표준만 결정하는 지정금전신탁(指定金錢信託) ③ 신탁의 금액과 그 목적은 확정되어 있으나 그 운용은 신탁행위에 아무런 특정(特定) 또는 지정(指定)이 없는 불특정(不特定)·불지정신탁(不指定信託) 등이 있다. 특정신탁의 경우 그 운용에서 손실이 발생할 때 그 책임은 수익자가 부담해야 하며 지정신탁의 경우는 신탁회사가 책임을 지게 된다. 또한 불특정·불지정신탁은 이러한 종류의 신탁재산에 속하는 금전의 관리방법에 많은 법적 제한이 있으므로 실제로는 거의 이용되지 않고 있다. →신탁

금준비 金準備 gold reserve
금준비는 본래 중앙은행의 준비금을 말하였다. 중앙은행은 일국의 신용제도의 기축이므로 중앙은행의 준비금은 그 국가신용제도의 축이다. 금본위제도하의 중앙은행의 준비금에는 3가지 사명이 있었다. 국제적 결제를 위한 준비금, 국내적 금속통화를 위한 준비금, 예금의 지불 및 은행권의 태환(兌換)을 위한 그것이다.

그러나 최근 신용제도의 발달에 따라 국내적 유통에서 금속화폐의 대용이 되는 은행권이 발행됨으로써 국내적 금속통화를 위한 준비금으로서의 사명은 소멸되었다. 또 근대적 신용제도의 발달에 의하여 중앙은행의 준비금은 필요한 최소한까지 압축되었다. 그런데 전쟁이나 공황에 의하여 중앙은행의 준비금에 있어서 국내적 기능과 국제적 기능의 대립이 표면화되어 금의 자유수출, 자유태환, 자유주조, 자유용해가 금지되기에 이르자 예금의 지불이나 은행권의 태환을 위한 준비금으로서의 사명도 소멸되었다. 따라서 불환제(不換制)하

의 중앙은행의 준비금의 사명은 국제적 지불을 위한 준비금, 즉 세계화폐의 준비금으로만 되었다. 뿐만 아니라 금의 자유수출금지에 따라 세계화폐로서의 준비금의 사용도 제약되어 환관리나 무역관리에 의하여 유지되고 있을 따름이다.

자본주의 경제의 발전에 따라 세계화폐로서의 금기능의 제약은 필연적이 되고 국제적 신용화폐로서의 외국환어음이 새로 발달하여 그것은 세계화폐로서의 금을 대신하게 하였다. 또 금준비도 외환준비에 의하여 대신하게 되었다. 그러나 신용의 배후에는 항상 금의 은닉이 있는 것과 같이 국제적 신용의 배후에도 세계화폐로서의 금이 감추어져 있다. 이와 같이 외국환어음의 발달에 따라 세계화폐로서의 금도 절약되게 되었는데 그것이 세계화폐로서의 금을 부정하는 것으로 되지는 않았다. 국제간의 신용이 동요하면 돌연히 외국환어음은 세계화폐로서의 금으로 전화되기 때문에 외국환어음이 여하히 발달하여도 금준비는 필요하다. 제2차대전 후 1950년대에는 각국에 있어서 통화정책의 부활과 통화가치의 안정이 요구되었고 국가의 대외지불준비로서 사실상 집중되어 있는 금 및 외화를 중앙은행이 발권준비로서 일원적으로 보유하여 금 및 외화준비의 증감을 어느 정도 은행권발행고에 반영시키는 경향이 일반적으로 되었다. 그러나 자국의 발권제도가 외국의 통화, 신용의 변동에 의하여 영향을 받는 것을 피하기 위해서는 외화준비보다도 금준비의 증대와 강화가 기도되고 있다. →금본위제도

금지관세 禁止關稅 prohibitive duty
세율이 극히 높아 상품수입을 매우 낮은 수준까지 감소시키는 관세를 말한다. 관세 때문에 수입재의 판매가격이 국내에서 생산되는 같은 종류의 재화에 비하여 월등히

높아 국내산업과 거의 경쟁할 수 없게 되었을 때, 그 관세는 금지적인 성격을 갖는다. 금지관세는 때때로 외국과의 파괴적인 경쟁으로부터 국내생산자를 보호하기 위해, 혹은 타국의 같은 종류의 행위에 대한 보복으로 과세되기도 한다. →관세, 관세장벽, 보호관세

금평가 金平價 gold par

금본위제도국간에 있어서의 평가(平價)를 말한다. 세계각국이 금본위제도를 유지하고 있던 시대에는 각국의 통화가 공통단위인 금에 결부되어 있었으므로 그 공통단위의 금함유량을 비교하면 일국의 통화와 타국의 통화와의 비율을 산출할 수 있다. 이것을 법정평가 mint par of exchange 또는 금평가라 하고 단지 평가라고도 한다.

금화본위제 金貨本位制 ☞금본위제

금환본위제 金換本位制 gold exchange standard

국내에서는 지폐와 주화를 유통시켜 놓고 국제거래의 최종결제는 금에 의해서 이루어지도록 다른 금본위국의 외국환, 즉 금환(금으로 태환(兌換)할 수 있는 채권)을 일정한 시세로 매매하는 방식을 통해서 국내통화를 금과 결부시키는 제도이다. 따라서 이 제도가 성립하기 위해서는 적어도 어느 한 나라가 금화본위제도 또는 금지금본위제도(金地金本位制度)를 채택하고 있어야 한다. 금지금본위제가 국내에서의 금의 절약을 목적으로 하고 있듯이, 이 제도는 금의 국제적 편재를 고려하여 국제경제면에서의 금의 절약을 목적으로 한 것으로서 제1차대전 이후 특히 동양제국과 기타 후진국에 널리 보급되었다. 중앙은행은 금과 결부되어 있는 외국환을 보유하여 이것을 국내준비에 충당하며, 이를 위해서 금

융당국은 외국환을 일정한 시세로 매입·매각할 의무를 지게 된다. 그리고 국내의 본위화폐로서는 지폐를 사용하고 주화는 전부 소액보조화폐로서 사용된다. 금환본위제도에는 화폐발행준비로서 금을 보유하지 않고 전부 외국환만을 가지고 있는 순수 금환본위제와, 준비의 일부를 금으로 충당하고 다른 일부를 외국환으로 충당하는 혼합금환본위제의 2종류가 있는데, 후자가 실제적으로 많이 채택되고 있다. 제2차 대전 후의 국제통화기금 IMF 체제를 금환본위제로 보는 견해가 일반적이다. →금본위제도

기간분석 期間分析 ☞과정분석·기간분석

기간산업 基幹産業 key industry

한 나라의 토대가 되는 산업을 말하며 기초산업이라고도 한다. 따라서 어떤 산업이 기간산업이냐 하는 것은 그 나라의 산업구조에 따라 달라질 수 있다. 일반적으로 석탄·석유·전력 등의 동력산업, 제철·제련·야금 등의 금속공업, 공작기계·선박·차량 등의 기계공업, 비료·시멘트·소다 등의 화학산업, 철도·해운·항공 등의 수송산업 등을 말한다. 이들 기간산업은 일반제조산업의 기초가 되며 공업화의 촉매역할을 한다.

기계 機械 machine

기계는 노동수단의 일종이지만 같은 노동수단인 도구와는 구별된다. 기계의 출현은 대체로 산업혁명과 함께 시작되었는데 그것은 매뉴팩처와는 구별되는 공장 factory 이라는 새로운 작업장을 출현케 했다. 발달된 모든 기계는 원동기, 전동기(傳動機), 도구기(道具機) 혹은 작업기라는 본질적으로 상이한 세 개의 부분으로 구성되

지만 산업혁명의 출발점으로 된 것은 도구기이다. 기계의 사용에 의해, 노동자의 숙련도와 도구의 작업능력에 크게 제약되고 있었던 매뉴팩처의 기술적 기초가 지양된다. 한편 기계사용에 의한 노동생산력의 증대는 곧 상대적 잉여가치의 증대를 가져왔다. 그런데 기계의 자본주의적 채용의 한계는 협애(狹隘)하다. 즉 가치증식의 수단으로서 기계는 그것을 채용하는 데 드는 비용이 그로 인해서 배제되는 노동자의 임금비용보다 적은 경우에 한해서만 사용되기 때문이다.

기계채용이 노동자의 고용에 미치는 영향을 둘러싸고 소위 '기계론'의 논쟁이 고전학파 당시부터 있었다. 리카도 Ricardo, D.는 '보상설 Kompensationstheorie'을 주창하여 기계채용에 의한 노동자의 실업은 일시적이며 궁극적으로는 유리(遊離)된 자본에 의해 실업노동자는 다시 고용될 수 있다는 견해에 입각하고 있었지만 뒤에 이것을 철회했다. 자본의 유기적 구성의 고도화에 의한 상대적 과잉인구의 발생이라는 마르크스 Marx, K. H.의 견해는 이 문제에 대한 해명을 위한 노력으로 평가된다. →산업혁명

기능적 재정 機能的 財政 functional finance

모든 재정정책 fiscal policy 중에서 가장 극단적인 견해를 대표하는 일군(一群)의 주장이며 러너 Lerner, A. P.가 그 대표자이다. 재정정책 고유의 성격은 경제의 안정화 요인으로서 재정조작을 이용하는 점에 있으나, 기능적 재정의 주장은 정부지출 수준은 완전고용국민소득 달성을 위한 정부지출의 효과만 고려하여 결정되어야 하며, 과세의 기능은 정부수입의 조달에 있는 것이 아니라 민간지출을 조작하는 데 있어야 한다는 것이다. 또한 정부차입에

대해서도 인플레이션 방지의 목적을 위해 민간부문에 있어서의 유동성 감소를 피할 때만 사용되어야 한다고 주장한다. 따라서 이 주장에 의하면 위의 목적에 대해 과세와 차입이 모두 적절한 수단이 아닌 경우에는 정부지출의 재원은 통화의 창출에 의해 조달될 수 있다.

이 주장에는 완전고용의 달성과 경제의 단기적 변동의 안정화라는 목적을 위해 민간의 유효수요를 조절하는 것이 과세의 역할이므로 수입조달이라는 과세의 고유기능은 무시된다. 과세라는 수단이 이들 목적에 이용되는 여지는 충분히 인정할 수 있다 하더라도 그것을 유일의 기능으로 간주하는 것은 재정의 본질을 전혀 무시하고 있는 것이다. 더욱이 경제예측의 부정확성은 별도로 쳐도 안정정책의 목적이나 기능에서만 조세조작을 행하는 데는 입법적, 행정적 곤란이 있으며 세제의 주요한 기준인 공평의 원칙을 간과해 버릴 위험이 있다. 더욱이 이 주장은 재정수요와 재원조달의 관계를 완전히 차단하고 정부지출을 통한 공적 서비스의 특수성이나 그 배분에 관한 평가를 무의미하게 한다.

따라서 기능적 재정은 과장된 보정적(補整的) 재정이며 거시적 분석에 근거하는 현대재정정책이 이러한 재정조작에 기대하는 역할은 오히려 많은 제약조건 아래에서 가능하다는 점에 주의하여야 한다. 기능적 재정을 고려할 때는 조작에 의해 초래되는 민간부문에 있어서의 목적역행적인 반작용이 고려되어야 하며 그 제한 내에서 안정정책의 목적달성이 기대된다. 기능적 재정이 공채의 계속적 누적의 위험에 무관심하게 되고 인플레이션대책으로 과세에 의한 방법이 필요한 시기를 잃게 되며, 공채이자상환의 재원은 더욱 추가되는 차입에 의해 조달되어야 한다는 사실에서 과세면의 고려없이 일방적 정부지출은 그

자체로서 계속 증대하는 경향을 갖는 위험에 대해 무방비상태에 있음을 생각하지 않으면 안된다. →보정적 재정정책, 재정정책

기대 期待 expectation

내일의 일기를 점친다든지 1년 후의 특정된 자재가격을 예상하는 경우처럼 정확하게 그 결과가 어떨지 모르는 장래에 대하여 미리 어떤 의견을 가지는 것을 예상 또는 기대라 한다. 기대가 필연적으로는 적중되지 않는 불확실한 미래를 불확실성 uncertainty 이라 한다. 불확실성을 가장 체계적으로 독특하게 경제학에 도입한 경제학자는 케인즈 Keynes, J. M. 였다. 그는 「일반이론」에서 불확실성이란 확률로서 접근할 수 없고, 인간의 인식능력으로는 도저히 알 수 없는 불가지(不可知)한 현상이라고 규정하면서 투자가(기업가)는 기대라는 예상심리에 의해 투자를 한다고 주장하고 있다. 사람들의 행동은 과거의 경험이나 현재의 사태에 의해서 뿐만 아니라 장래에 대한 기대에도 크게 좌우되는 경우가 많고, 특히 많은 사람들이 독립적으로 경쟁하면서 경제활동을 영위하고 있는 경우에 기대의 문제는 경제학상 대단히 중요하다.

기업이 통상 행하는 기대는 두 가지가 있다. 첫째는 기업이 현재 가지고 있는 공장설비를 사용하여 생산을 행하는 경우 그 생산물이 도대체 얼마만큼 팔릴 것인가에 대한 기대로서, 단기기대 short-term expectation 라 불리우며, 공장설비의 크기를 일정하게 하였을 경우의 기대이다. 둘째는 기업이 그 공장설비를 늘리기 위해 자본재를 구매하려 할 때, 이 새로운 투자로부터 과연 얼마만큼의 이윤을 얻을 수 있을 것인가라는 것에 대한 기대로서, 장기기대 long-term expectation 라 불리우며, 공장설비가 변화하여 자본축적이 행하여질 때의

기대이다. 특히 후자의 기대는 경제의 기동력이라 불리우는 투자에 큰 영향을 미치는 것으로서, 경기변동이나 경제발전문제를 분석할 경우에 매우 중요하다. 기대의 분석에는 기대의 탄력성 elasticity of expectation 개념이 채용되는데 이것은 어떤 특정상품의 기대된 장래가격의 변화율에 대한 그 상품의 현재가격의 변화율의 비라고 정의되어 있으며, 기업의 활동이 현재가격의 변화와 더불어 기대가격의 변화에 의하여서도 영향을 받는다는 점을 고려하여 힉스 Hicks, J. R. 가 창안한 개념이다. 그러나 이에 대한 비판으로 본래 불확실한 단기가격을 이미 협정된 가격처럼 취급하고 있음이 지적되고 있다. →환율

기대조정(期待調整) 필립스곡선(曲線) expectation augmented Phillips curve

석유파동 이후 필립스곡선이 우상방으로 이동한 것이 통계적으로 관측되었고 이를 설명하기 위해 프리드먼 Friedman, M. 이 주창한 것이 기대조정 필립스곡선이다.

통상적인 필립스곡선은 물가상승률 π 과 실업률 u 의 상관관계를 나타내는 것으로서 $\pi = f(u)$, $f' < 0$와 같이 표현된다. 여기서 $\pi = 0$일 때의 실업률(u_0)이 자연실업률이다. 이제 인플레이션이 진행되면 경제주체는 물가상승을 예상하게 되고 이러한 인플레이션 예상을 도입하면 필립스곡선은 $\pi = f(u) + \pi^\circ$(단, π°는 예상물가상승률)로 변형된다.

그림에서 볼 때, 지금 π_1에서 인플레이션이 진행된다면, 사람들은 물가상승률이 π_1이라고 예상한다($\pi^\circ = \pi_1$). 그러면 필립스곡선 $\pi = f(u) + \pi_1$에서 $u = u_0$이지만 $\pi = \pi_1$이고 필립스곡선은 (u_0, π_1)을 지나게 된다. 즉 사람들의 예상물가상승만큼 필립스곡선이 상방이동하는 것이다. 또 장

기적으로는 사람들이 물가상승을 완전히 예상하기 때문에 필립스곡선은 u_0을 지나는 수직선이 된다(합리적 기대를 가정하면 단기에서도 수직이다).

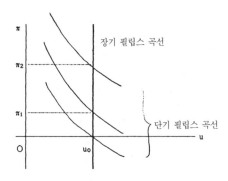

기대효용가설 期待效用假說
expected utility hypothesis

일반적으로 사람의 행동이 초래하는 결과는 불확실하다. 소비자가 당면하는 불확실성은 행동 그 자체의 불확실성이라기 보다는 행동의 결과에 대한 불확실성이기 때문에 이 소비자의 예산집합과는 무관하고 다만 소비행위 x에 대한 효용지표 u(x)의 크기를 단일한 값으로 확정하지 못하도록 할 따름이다.

한 소비행동의 결과가 불확실하여 $E_1, E_2, \cdots\cdots, E_n$으로 나타날 수 있고 각각의 경우 효용이 $u(x; E_1)$, $u(x; E_2)$, $\cdots\cdots u(x; E_n)$으로 다르게 나타난다면 u는 더이상 효용을 하나의 지표로 나타내지 못한다. 그러나 만일 어떤 함수 v(x)가 이 불확실한 결과를 감안하여 소비행위 x에 대하여 소망스러운 정도를 사전에 단일한 값으로 나타낼 수 있다면 효용 u를 v로 대체하여 불확실성하의 소비이론을 전개할 수 있을 것이다.

각각의 E_i가 일어날 확률을 p_i라 할 때, 지표 v를 $v(x) = \Sigma p_i u(x; E_i)$라 하면 이 함수는 완전성, 이행성, 합리성, 볼록성의 공리를 충족하여 효용함수가 된다. 이처럼 불확실한 결과를 내포하는 소비행위들 간의 선호관계를 효용지표 u의 기대값 v(x)의 상대적 크기로 나타내고자 하는 견해를 기대효용가설이라 하고, 이 지표 v를 기대효용함수 또는 폰 노이만-모르겐슈테른 효용지표 von Neumann Morgenstern utility index라 한다. 또한 v(x)의 단조선형변환 $\alpha v(x) + \beta$도 기대효용함수가 된다.

기독교사회주의 基督敎社會主義
christian socialism

이는 기독교에서 말하는 사랑의 협동체의 원리를 사회문제 해결의 기초로 삼아야 한다는 것을 주장하는 사회주의로 옛부터 기독교 내에서 설교되어 왔던 것인데, 사회사상사(社會思想史上)으로는 19세기 중엽 영국에서 나타난 운동을 가리킨다. 영국국교파의 목사 킹슬레이 Kingsley, Ch., 모리스 Maurice, J. F. D. 등에 의해 1848년 실천운동으로 전개되었는데 우애와 협동과 평등을 부르짖는 기독교의 신앙에 의한 인간성의 개선에서 사회주의의 기초를 찾을 수 있다는 전제하에서, 이 방법론에 의해 자본주의의 병폐를 없애고 신의 왕국을 실현시키려는 것이었다. 이 운동자체는 단기간에 그치고 말았으나 그 영향력은 아직도 영국사회주의운동의 움직임 속에 남아 있다.

기수적 효용·서수적 효용 基數的 效用·序數的 效用 cardinal utility·ordinal utility

효용이란 특정한 개인이 일정량의 재화를 소비함으로써 얻는 주관적 만족의 정도를 의미한다. 효용은 주관적인 것이므로 소득이 같더라도 사람에 따라 같은 재화에 대한 효용은 달라질 수 있고, 또 같은 개인이라도 그의 경제사정에 따라 달라지게 된다. 따라서 효용에 대한 가측성의 문제와 개인간 비교가능성에 대해 날카로운 논쟁이 일어났다. 이에 대해 초기의 효용이론에서는 효용을 심리적인 만족 내지는 욕구를 측정하는 양의 개념으로 파악하고, 기수적으로 측정 가능하다고 생각하였다. 이것이 기수적 효용이다. 예를 들어 어떤 사람이 사과 한 개의 효용이 10이고 배의 효용이 5라면, 사과의 효용은 배의 그것에 비해 꼭 2배의 만족을 얻고 있다는 것이다. 이에 반해 서수적 효용은 이를 부정하고, 단지 재화의 선택에 대한 우선순위만을 알 수 있고, 재(財)의 효용이 타재의 그것보다 몇 배 큰지 알 수도 없으며 또 알 필요도 없다고 주장한다. 서수적 효용은 각각의 재화에 대해서 소비자에게 동일만족을 주는 재화의 조합에 초점을 두고 전개된 무차별곡선의 이론적 배경이 되었다.
→무차별곡선

기술적실업 技術的失業 ☞실업

기술진보 技術進步 technological progress
주어진 일정량의 생산요소를 가지고 더 많은 산출량을 생산할 수 있게 하는 생산기술상의 발전을 말한다. 기술진보는 생산함수를 상향 이동시킨다. 기술진보는 산출·자본비율 output-capital ratio 및 자본·노동비율 capital-labour ratio 을 변화시킴으로써 투자율, 고용, 소득분배에 영향을 미친다.
자본·노동비율과 관련해서 기술진보를 다음과 같이 분류하고 있다. 기술진보가 산출량 1단위를 생산함에 있어서 자본·노

동비율을 증가시키는 경우에는 이것을 자본사용적 기술진보 capital using technological progress, 반대로 감소시키는 경우에는 자본절약적 기술진보 capital saving technological progress 라고 한다. 양자는 산출량 1단위당 필요한 노동의 비율의 측면에서 보면 각각 노동절약적 기술진보 labour-saving technological progress 와 노동사용적 기술진보 labour-using technological progress 에 해당한다. 그리고 자본·노동비율을 변화시키지 않을 때에는 중립적 기술진보 neutral technological progress 라고 한다.
한편 기술진보는 기능적 소득분배에도 영향을 미친다. 로빈슨 Robinson, J. 은 자본절약적 기술진보의 결과, 국민주산물의 분배가 노동에 유리하게 행해질 때, 이것을 자본에 불리한 기술진보 unfavorable technological progress for capital, 그리고 반대로 노동절약적 기술진보의 결과 분배가 자본에 유리하게 행해질 때, 이것을 자본에 유리한 기술진보 favorable technological progress for capital 라고 부르고 있다. 슘페터 Schumpeter, J. A. 는 개별적이 아닌 총체로서의 기술진보가 경제의 성장이나 구조변화에 미치는 영향을 강조하기 위해서 특별히 기술혁신 technological innovation 이라는 용어를 사용했다. →이노베이션

기술통계학 · 추측통계학 記述統計學 · 推測統計學 descriptive statistics · inductive statistics
일반적으로 어떤 목적을 향해 행동방침을 정할 때, 충분한 지식과 정보를 가지고 의사결정 decision-making 을 한다기보다는, 대부분 불확실하고 불충분한 지식을 가지고 행동을 결정하기 마련이다. 따라서 통계학은 이와 같은 불확실성하에서 생기

는 잘못될 위험을 줄이는 정확한 판단방법
의 연구, 즉 행동이론의 연구를 목적으로
하는 학문이다. 이 때, 판단의 기초가 되
는 지식은 경험에서 얻어진 것이 대부분이
며, 이 지식을 수량적으로 정리하여 그 기
초 위에서 판단하는 과정을 통계적 추론이
라 한다. 통계적 추론은 불확실성하에서
전개되므로 반드시 확률의 개념이 도입된
다. 이와 같이 통계적 추론을 그 중심내용
으로 하는 통계학은, 통계집단의 취급방법
에 따라 기술통계학과 추측통계학으로 구
별된다. 전자는 다시 정태집단서술론(靜
態集團叙述論)과 동태집단서술론(動態集
團叙述論)으로, 후자는 통계적 가설의 검
정론과 통계적 추정론으로 구분된다.

기술통계학은 영국의 피어슨 Pearson,
K.에 의해서 일단 완성된 것으로서, 대량
관찰이나 전수조사(全數調査)에 의해서
통계집단의 내부구조를 분석하고, 그 집단
의 안정성이나 가변성의 정도를 표시하는
지표를 연구함을 그 목적으로 하는 과학이
다. 종래의 통계학은 주로 기술통계학이
그 주된 내용이었다. 정태집단서술론은 일
시점에서의 집단의 내부구조의 통계적 특
징을 어떻게 기술할 것인가를 연구대상으
로 한다. 일시점에서의 집단의 내부구조를
분석·기술하는 데 사용되는 통계지표에
는 대표식, 분산도, 비대칭도, 상관계수
등이 있다. 동태적 집단서술론은 집단의
내부구조의 시간적 변동상태를 어떻게 포
착할 것인가를 연구대상으로 한다. 집단의
내부구조를 분석하고 그것의 시간적 변동
상태를 기술하는 데에는, 시계열분석(時
系列分析), 계열상관(系列相關) 및 지수
(指數) 등이 사용된다.

추측통계학은 집단의 일부분을 조사한
결과를 가지고 집단의 전단위를 조사한 결
과에 대신할 것을 목적으로 하는 귀납적
과학이다. 이 조사된 집단의 일부분을 표

본 sample이라 하고 전집단을 모집단
population이라 한다. 실제로 조사해서 얻
어진 통계자료가 모집단에서 임의로 추출
될 것이라고 간주될 때, 그 자료를 임의표
본 random sample이라 한다. 이 임의표본
의 통계지표를 나타내 주는 것이 표본분포
sampling distribution이다. 그리고 이러한
표본의 통계지표와 모집단의 통계지표와
의 관계로서 표본과 모집단의 여러 관계를
고찰하는 추측통계의 부분을 표본론 sam-
pling theory이라 한다. 표본론에 있어서
의 통계적 추론은 주로 이 표본분포의 이
론을 기초로 해서, 통계적 가설의 검정론
의 방법에 의하거나 혹은 통계적 추정론의
방법에 의하여 행해진다. 추측통계학은 고
셋 Gosset, W.S.에 의해서 일반적으로 발
전되었고 피어슨 및 네이만 Neyman, J. 등
에 의해서 확장되었다. →통계학

기술혁신 技術革新 ☞이노베이션

기업 企業 firm

자본주의사회에 있어서 기업이란 이윤
추구를 목적으로 하는 생산경제의 단위체
를 말한다. 기업은 기업가의 지배하에 집
합된 자본설비 또는 기타의 자원으로 구성
된다. 기업은 노동 또는 원자재 등을 구입
하고 구입한 원자재를 생산과정을 통하여
가치를 부가시킨 후, 시장에서 이 제품 또
는 서비스를 판매하는 것이다. 기업은 다
른 경제주체, 예를 들면 가계나 정부와는
달리 이윤을 추구하고 있다는 점이 다르
다. 기업은 이것을 구성하고 있는 주체에
따라서 그 기업의 형태와 종류가 다르다.
또 기업형태는 기업주체의 단수·복수 여
부 및 책임의 종류에 따라서 결정된다. 따
라서 기업형태는 ① 공기업(국영기업·공
영기업), ② 공사합동기업, ③ 사기업(개
인기업·집단기업－합명회사·합자회

사·익명회사·유한회사·주식회사·협동조합)으로 분류될 수 있다.

기업가이윤 企業家利潤 entrepreneur's profit

오늘날의 회사를 생각하면, 생산을 행하기 위하여 필요한 자금은 주식에 의하여 모집하거나, 매해의 이윤 중 사내유보로서 적립한 자기자본과 은행으로부터의 차입이나 사채의 발행 등에 의하여 조달한 타인자본의 두 가지로 이루어진다. 따라서 매출금액에서 직접생산을 위하여 쓰인 비용, 즉 원료비나 임금과 같은 주요비용과 감가상각비나 중역의 급료와 같은 보충적 비용의 회계를 차감한 나머지 전부가 회사의 이윤이 아니고, 그 중에서 다시 타인자본에 대한 이자비용을 차감하지 않으면 안 된다. 기업가이윤이란 이 차감잔액이다.

그런데 근대경제학에 있어서는 생산에의 기업의 참가가 자유롭고 장래가 확실하게 예견되는 정태(靜態)의 경우, 장기균형에서는 생산비의 법칙이 지배하게 되어 이 기업가이윤은 소멸되어 버린다고 생각하고 있다. 그리하여 기업가이윤의 성립을 설명하는 견해로서는 부단히 생산비의 절감을 꾀하여 생산비법칙의 지배를 타파하여 가는 기업가의 창조적·혁신적인 생산활동에 대하여 지급된다고 하는 이윤동태론과, 이윤은 기업가가 생산을 행하는 경우에 불가피하게 생기게 되는 위험에 대하여 지불되는 것으로 생각하는 위험부담설이 있다. 양자는 다 같이 이윤의 성립을 옹호하는 성격을 가진 견해이다. →이윤, 생산비법칙

*기업공개 企業公開

기업공개란 주식의 대중화와 기업재무내용의 공시를 통해서 명실상부한 주식회사 체제를 갖추는 것으로서, 실질적으로

개인이나 소주주로 구성되어 폐쇄성을 띠고 있는 주식회사가 그 주식을 법정절차와 방법에 따라 균일한 조건으로 일반 대중에게 매출 또는 모집한 후 증권거래소에 상장시킴으로써, 회사의 재산상태와 영업활동의 결과 및 주요계약 등을 이해관계자에게 공시하는 것을 말한다. 즉 기업을 공개한다 함은 기업내용의 공시와 상장법인이 됨을 의미한다. 한편 상장법인이란 한국증권거래소에 그 주식을 상장하고 있는 법인을 말한다.

보통 주식공개와 같은 의미로 사용되는 경우가 많지만 기업공개는 단순히 주식공개로만 그치는 것은 아니다. 그것은 대중에게 주식분산을 통하여 폐쇄적인 가족기업경영을 지양하고 경영과 소유의 분리를 실현함으로써 실질적인 기업경영의 공개와 경영합리화를 도모한다는 것까지를 의미한다. 기업공개는 다음과 같은 효과를 가진다. 첫째, 건전한 자본시장육성을 통하여 유휴민간자금을 장기산업자금으로 동원할 수 있게 해 준다. 둘째, 과도한 간접금융에의 의존도를 경감시켜 기업의 재무구조 개선을 촉진시킨다. 셋째, 대중의 기업참여를 자극함으로써 기업의 사회적 책임이 보다 원활하게 추진되도록 한다.

1960년대 이래 기업공개를 통해 우리 나라 기업금융의 정상화와 재무구조개선 및 국내민간자본의 조달을 본격적으로 추진하기 위하여 정부가 취하여 온 법령의 제정과 조치로는 1968년의 자본시장육성에 관한 법률, 1973년의 기업공개촉진법, 1975년의 5·29 조치, 1987년의 기업공개 및 시가유상증자 확충방안, 1988년의 자본시장육성에 관한 법률개정, 조세감면규제법 개정, 그리고 수 차례의 유가증권인수업무에 관한 규정개정 등이 있어 왔는데 이러한 과정을 통해서 건전한 자본시장육성에 정책적인 노력을 경주해 왔다. 그 내용의

주요부분을 정리하면 다음과 같다.

① 기업공개의 요건 : (i) 설립 후 5년 이상 경과할 것. 건설업 해당기업은 10년 경과하여야 함. (ii) 납입자본금이 30억원 이상이고 자기자본이 50억원 이상일 것. (iii) 최근 3년간 평균 매출액이 150억원 이상이고, 공개직전년도 매출액이 200억원 이상일 것. (iv) 납입자본 이익률이 1년만기 정기예금 이자율의 100~150%일 것. (v) 부채비율은 상장법인 동업종 평균비율의 1.5배 미만. (vi) 중소기업의 경우는 설립 후 경과년수가 10년 이상이어야 하며 신용평가등급은 상위 2등급 이상, 순자산은 최근 사업년도 말 현재의 순자산이 총자산의 4분의 1 이상일 것.

② 상장법인에 대한 혜택 : (i) 비상장대법인과 비상장기업에 대해서 적정유보소득을 초과하는 유보금액의 25%에 해당하는 법인세를 추가적으로 과세하도록 한 규정에 해당되지 않게 되어 법인세법상의 혜택을 받는다. (ii) 비상장법인의 주주가 주식을 타인에게 양도할 때에는 양도차익에 대한 양도소득세가 부과되지만 기업공개를 위하여 구주를 매출하는 경우에는 이것이 면제되어 소득세법상의 혜택을 받는다. (iii) 배당소득세의 원천징수 세율 및 과세방법상에 있어 비상장법인에 비해 혜택이 있으며, 자산평가법에 의한 재평가 적립금 자본전입에 있어서 비상장법인의 경우에는 주주가 받는 무상주에 대해 배당의제되어 배당소득세를 부담하여야 하나 상장법인의 경우에는 의제배당소득세가 과세되지 않아 소득세법상의 혜택을 받는다. (iv) 내국인이 법인외의 자, 외국법인 또는 대통령령이 정하는 기관투자자로부터 금전출자를 받아 자본을 증가하고 변경동기를 한 경우에는 일정금액을 소득금액에서 공제받아 조세감면규제상의 혜택을 받는다. 이 외에 (v) 자본시장육성에 관한

법률에 의한 혜택도 여러 가지가 있다.

③ 증권시장 추이표에서 보면 상장회사 수는 1968년의 34개에서 1995년에는 721개로 약 21배 증가하였으며, 상장주식자금도 96,535백만원에서 약 394배인 38,047,000 백만원으로 크게 증가했다. 특히 재무부장관이 공개적격법인을 지정하고 그 법인의 공개를 명할 수 있도록 규정한 1973년의 기업공개촉진법이 시행된 이후 증권시장이 비약적으로 발전하고 있다.

〔참고문헌〕 김윤환·변형윤, 「한국경제론」, 1977; 전국경제인연합회, 「한국경제정책30년사」, 1976.

기업금융 企業金融 business finance

기업에서 필요로 하는 자본을 조달하고 그것을 운용하는 활동을 말한다. 회사금융이라고도 하며, 때에 따라서는 재무관리와 같은 의미로 해석되기도 한다. 여기서는 기업금융을 자본조달면을 중심으로 살펴보자. 자본조달이란 기업에서 필요로 하는 자본을 여러 원천으로부터 공급받는 기업의 재무활동이다. 자본조달 원천은 여러 가지가 있으나, 보통은 자기자본에 의한 조달과 타인자본에 의한 조달로 구별된다. 자기자본은 가장 좋은 뜻에서의 자본으로, 출자자로부터 직접 기업에 조달되는 불입자본과 이 조달자본의 운영을 통하여 축적된 이익으로 조달되는 자기자본의 증가부분이 추가자본으로 구성된다. 타인자본은 출자자 이외의 은행, 거래처, 기타 채권자들로부터 차입한 자본으로서, 차입자본 또는 채권자본이라고도 한다. 이와 같은 차입자본은 기한의 장단에 따라서 장기차입자본과 단기차입자본으로 구분된다

한편 자기금융은 출자자로부터의 불입자본이나 증자에 의한 자금조달은 아니며 기업 스스로가 경제활동을 통하여 벌어들인 기업자본의 성장부분인 자본의 증가분

증권시장추이표

(단위 : 백만원)

연도 구분	상장회사수 (개)	상장회사 자 본 금	증 권 발 행		
			공모신주	사 채	합 계
1 9 7 9	355	2, 202, 262	4, 875	624, 630	629, 505
1 9 8 0	352	2, 421, 416	345	983, 700	964, 945
1 9 8 1	343	2, 410, 241	3, 045	1, 036, 148	1, 039, 193
1 9 8 2	334	2, 811, 317	—	2, 112, 169	2, 112, 169
1 9 8 3	326	3, 238, 872	20, 000	1, 426, 524	1, 447, 324
1 9 8 4	336	4, 336, 163	81, 190	1, 804, 063	1, 885, 253
1 9 8 5	342	4, 664, 388	33, 860	3, 176, 744	3, 210, 604
1 9 8 6	355	5, 649, 718	33, 860	2, 728, 871	2, 762, 731
1 9 8 7	389	7, 594, 879	197, 714	3, 189, 617	3, 387, 331
1 9 8 8	502	12, 560, 367	554, 115	4, 244, 320	4, 798, 435
1 9 8 9	626	21, 211, 523	1, 962, 236	6, 959, 035	8, 921, 271
1 9 9 0	669	23, 981, 636	315, 709	11, 083, 555	11, 399, 264
1 9 9 1	686	25, 509, 634	506, 894	12, 740, 679	13, 247, 573
1 9 9 2	688	27, 064, 658	318, 001	11, 137, 260	11, 455, 261
1 9 9 3	693	28, 800, 700	355, 619	15, 598, 264	15, 953, 883
1 9 9 4	699	34, 402, 600	854, 794	20, 033, 160	20, 887, 954
1 9 9 5	721	38, 047, 000	604, 770	23, 581, 230	24, 186, 000

중에서 여러 공제금을 제외한 내부유보(內部留保)이다. 따라서 유보된 이익만큼 기업의 자기자본이 추가된다는 점에서 자기자본 조달의 한 형태로 볼 수 있고 또 추가자본의 조달이기도 하며, 동시에 기업의 자본축적이기도 하다. 자기금융은 기업에서 필요로 하는 자금조달의 한 방법으로서 가장 안전하고 유리한 것은 물론이다.

기업의 사회적 책임 企業의 社會的 責任 social responsibility of enterprises
복지사회에의 욕구가 고조되는 가운데 기업은 이익에만 집착하지 말고 사회의 일원으로서 책임을 자각하여 그것을 실천하여야 한다는 사고방식을 말한다. 공해·상품투기·편승가격상승 등 기업이 국민복지를 저해하고 있다는 비판의 소리가 높아지고 있는 가운데서 나온 것이다.

기업진단 企業診斷 management consulting
기업경영의 불합리성을 시정하고 건전한 기업의 유지·발전을 위해서 전문가인 제3자에게 의뢰하여, 기업경영실태를 조사·분석케 하여 그 결과에 따라 결함을 개선하기 위한 적절한 대책을 마련하고 권고·지도를 행하게 하는 것을 말한다. 이것은 기업조직이 복잡다기해 지고, 기업경영내용이 전문·세분화됨에 따라 기업자체내의 판단만으로는 기업합리화를 추진할 수 없기 때문에 경영전반 또는 각종 전문기능에 대한 외부경영전문가의 조언이 필요하게 됨으로써 이용되기 시작했다.

기업진단은 대체로 예비진단·본진단·권고·사후지도의 순서로 이루어 진다. 예비진단은 먼저 기업개황을 파악하여 본진단에서 취급할 중요사항을 잠정적으로 추려내기 위한 것이다. 본진단에 들어가면 예비진단을 기초로 하여 기업전반 또는 각 부문의 여러 문제점을 조사·분석하며, 그 결과가 권고서작성을 위한 자료가 된다. 사후지도는 권고가 구체적으로 어떠한 방법으로 시행되는 것이 효과적인가를 조언·지도해 주는 과정이다. →경영분석

기업집중 企業集中 concentration of enterprises

2개 이상의 기업이 시장 또는 생산에서의 지배력을 강화하기 위해서 기업활동의 전부 또는 일부를 공동으로 하거나 대자본과의 제휴 등을 말하며, 한 기업자본이 그 이윤의 축적을 통해서 증대해가는 기업자본의 집적과는 구별된다.

기업집중에는 분류의 기준에 따라 여러 가지 종류가 있는데, 대표적인 분류는 다음과 같다. ① 기업집중에 의하여 참여기업의 전부 또는 일부가 독립성을 상실하는 것으로, 여기에는 (ⅰ) 합동, 흡수, 결합, (ⅱ) 트러스트 등이 있다. ② 기업집중에 의하여 참가기업들의 독립성이 제한되는 것, 여기에는 (ⅰ) 리스 lease, (ⅱ) 특수회사, (ⅲ) 이익집단 또는 계열, (ⅳ) 콤비나아트 등이 있다. ③ 독립한 대기업간의 협정, 여기에는 (ⅰ) 신사협정, (ⅱ) 동업자단체, (ⅲ) 풀 pool(가격, 이윤, 시장분할, 공판기관, 특허 등의 공동계산을 뜻하며, 실제상 카르텔과 구별하기 어렵다), (ⅳ) 카르텔 등이 있다. ④ 이상 각종의 기업집중의 최고형태인 콘체른 등이 있다. 그러나 위의 분류도 극히 일반적인 것이며 국가에 따라 실제로는 복잡하게 조종하고 있다.

말할 것도 없이, 기업집중 가운데 가장 강력한 형태는 기업통합 integration 인데, 이것은 수평적 통합 horizontal integration, 수직적 통합 vertical integration, 다각적 통합 lateral integration 으로 구별된다. 수평적 통합이라 함은, 동일한 생산물을 생산하는 기업 통합, 즉 특정업종에 있어서 보다 큰 생산규모로 확장하기 위한 결합으로, 예를 들면 자동차회사가 대량생산의 이익을 획득하기 위하여 서로 병합·흡수하여 통합하는 경우가 그것이다. 수직적 통합이라 함은, 어떤 특정산업의 전후 단계에 걸친 결합으로서, 이것은 다시 후방통합 backward integration, 전방통합 forward integration 의 두 가지로 나눌 수 있다. 전자는 원재료의 공급원을 확보하기 위한 통합으로, 예를 들면 자동차회사가 자동차생산에 필요한 특수강을 만드는 공장을 자사의 계열에 통합하는 경우가 그것이다. 이에 대하여 전방통합이라 함은, 예를 들어 어떤 화학회사가 자사제품인 카바이트를 원재료로 하는 염화비닐회사를 자기의 지배하에 넣는 경우와 같이, 생산물 시장확보를 위한 통합이다.

끝으로 특히 최근에 주목받고 있는 다각적 통합이란 경영다각화를 목적으로 업종을 달리하는 인접기업을 통합하는 경우이다. 다각적 통합의 목적은, 쇠퇴해 가는 시장을 가진 생산물과 성장하고 있는 시장을 가진 생산물과의 사이에 생산량을 적당히 배분하고, 그리고 이익률은 높으나 계절적인 변동이 큰 시장과 판매는 확실하나 이익이 적은 시장과의 사이에 생산량을 배분함으로써 경기변동의 영향을 극복하려는 데 있다. 이것은 기술혁신이 심한 때에 특히 현저한 통합형태라고 할 수 있으며 전후경제에서 부각되고 있는 계열전방·전후의 수직적 통합과 다각적 통합을 결합

한 원 세트 one set 통합의 색채가 강한 것이라고 볼 수 있다.

기업통합 企業統合 ☞기업집중

기초공제 基礎控除 basic exemption

소득세 또는 그것에 준하는 조세의 과세표준을 산정하는 데 있어, 일정 개인의 최저생활을 보장하는 금액을 소득액에서 공제하는 것을 의미한다. 담세능력에 맞는 과세액을 산정하려 할 때 세율의 결정과 함께 중요하다. 실제는 정부의 기대세수액과의 관련하에서 결정되는 경향이 있다. 이 기초공제액은 일반적으로 면세점과 일치한다.

기초수지 基礎收支 ☞국제수지

기초적 불균형 基礎的 不均衡 fundamental disequilibrium

이론적으로 확정된 정의는 없지만 국제수지가 장기에 걸쳐 불균형에 빠져, 이것을 시정하려면 국내경제를 많이 희생하지 않으면 안되는 상태를 말한다. IMF 협정에 의하면 가맹국은 기초적 불균형을 시정하려는 경우를 제외하고는 자국통화의 변경을 제의하여서는 안된다. 또 해당 가맹국의 제의가 있을 때에 한하여 IMF는 평가변경을 협의할 수 있다(제4조 제3항)고 규정하고 있어 기초적 불균형의 존재가 평가변경의 전제조건으로 되어 있다. 그러나 현실적으로는 기초적 불균형으로 인정되는 대외불균형이 생겨도 해당국이 평가변경을 단행하지 않기 때문에 불균형이 누적되어 국제통화의 불안을 주는 경향성 있다. 이런 관계로 IMF를 중심으로 국제수지조정 메카니즘의 개선이라는 관점에서 현행의 기초적 불균형이 생겼을 경우는 평가변경이 '가능하다'라는 제도로 개선하

여 기초적 불균형이 있으면 어떠한 형식으로든지 반드시 평가를 조정할 것을 의무화하였다. →IMF, 국제수지

기축통화 基軸通貨 Key Currency

역사적으로 국제적인 주도국가 hegemonic state의 통화로써 국제거래의 결제수단으로 널리 수용되는 통화를 말한다. 이러한 수용가능성acceptability은 당해 통화가치의 안정에 대한 신뢰 confidence와 상품이나 부채에 대한 결제수단으로의 수용가능성에 대한 명성 reputation에 의존한다. 19세기에는 영국의 pound貨가 기축통화 역할을 하였고 20세기 중반 이후에는 미국의 dollar貨가 기축통화로서 자리를 잡았다. 특히 미국 dollar貨의 경우 2차 대전 이후에 미국이 유럽의 국제수지 적자 보전과 경제회복에 필요한 재원을 지원하는 과정에서 dollar貨를 공급한데서 비롯되었다. 2차 대전 이후 4년 간(1945~1949) 미국정부는 여타국가의 국제수지 불균형 보전을 위한 280억불을 공급하였고 1950~1951년 간에는 마셜플랜 Marshall Plan에 의하여 이러한 추세가 지속되었다. 이에 따라 미국 dollar貨가 국제결제의 1차적인 수단이 되고 Bretton woods 체제에 참여한 여타국가 등 경제주체에게 가치를 저장하는 통화로서의 기능을 제공하게 된 것이다.

기펜의 역설(逆說) Giffen's paradox

일반적인 재화와는 달리, 그 가격이 하락하면 소비자의 구입량은 감소하고, 가격이 등귀하게 되면 구입량은 증가하게 되는 재화가 있다. 열등재 가운데 특히 이런 성질을 갖는 재를 그 발견자의 이름을 따서 기펜재 Giffen's goods 라 하고, 이상과 같은 관계를 기펜의 역설이라 부른다. 즉 가격변화에 의한 음의 소득효과가 양의 대체효과를 상쇄하고도 남는 경우에 이런 현상

을 보인다.

기회비용 機會費用 opportunity cost

다양한 용도를 지니고 있는 재화가 경제원리에 의해서 사용된다면 그 활동은 사용자에게 최상의 효용을 가져다 준다. 따라서 그보다 낮은 효용을 가져다 주는 차선의 경제활동의 기회는 포기하게 되는데 이 포기하는 기회의 가치를 기회비용이라 한다. 즉 현재의 의사결정에서 다른 대체적인 행동보다는 그 행동을 선택하게 됨으로써 포기하게 되는 기회의 가치를 말한다.

예컨대 한 사람이 자기가 일생동안 저축한 돈 백만원을 투자하여 자그마한 기업을 만들어 자기가 직접 노동하고 일년에 40만원 연봉을 주고 조수를 고용하였다고 하자. 이 경우 이 기업주의 비용은 얼마일까? 원료를 사용하지 않는다고 가정할 때 그의 연간 현금지출은 40만원이지만 기회비용을 고려해 넣어야 한다. 자기자본 백만원을 투자함으로써 기업주는 이 돈을 다른 데서 이자를 받고(예컨대 연률 5%) 빌려줄 수 있는 기회를 포기하게 된다. 또한 자기 기업에서 직접 일하게 되므로 타기업에서 얻을 수 있는 노동소득(예컨대 연 60만원)을 잃게 된다. 비록 기업주의 현금지출은 40만원이지만 이자수입 5만원, 노동소득 60만원, 조수에 대한 연봉 40만원을 합한 105만원이 그의 기회비용이 되며, 이와 같은 종류의 기회비용을 때로는 암묵적 비용 implicit cost 이라고 하며 실제 현금지출 또는 명시적 비용과는 대조된다

일반적으로 일정량의 생산요소로 동시에 생산되는 A와 B의 두 재(財)가 있을 경우, A재의 추가단위를 얻기 위하여는 B재의 약간의 단위를 희생하지 않으면 안되며 이 한계점에서 대체되는 비용을 기회비용이라 한다. 우리는 이 두 재간의 여러 가지 배합을 생각할 수 있는데 생산량이 불변이면 두 재간의 양적비율을 나타내는 변형곡선 transformation curve은 직선이고, 두 재간의 교환비율이 생산비에 의해서만 결정된다면 체증·체감 어느 경우이건 A, B의 변형곡선이 곡선일 때에는 수요를 고려하여야 한다. 이 경우에는 두 재의 배합비율을 수요가 결정하여 이 때의 대체비용이 기회비용이 된다. 즉 두 재간의 소비자 무차별곡선과 변형곡선이 공통의 접선을 갖는 점에서 두 재간의 기회비용과 상대가격은 같게 된다. 이 기회비용개념은 오늘날 경제분석의 중심개념이 되었으며 소비이론의 무차별곡선, 생산이론의 변형곡선, 후생경제학의 사회적 후생함수 등의 기초개념으로 사용되고 있다. →한계대체율

기후변화협약 氣候變化協約
framework convention of climate change

지구온난화로 인한 재앙을 방지하기 위하여 온실가스의 배출을 감축하는 것을 목적으로 하는 국제협약이다. 기후변화협약은 1992년 6월 브라질 리우 데 자네이로에서 개최된 유엔환경개발회의에서 160여 개 국가의 서명으로 채택되었으며, 51개국이 가입하여 협약의 발효조건이 충족됨에 따라 1994년 3월 21일 공식 발효되었다. 우리 나라는 지난 1993년 12월 47번째로 기후변화협약에 가입하였다.

기후변화협약의 전문은 기후변화와 이에 따른 피해가 인류의 공동 관심사임을 명시하고 있다. 인간의 사회 경제적 활동이 증가함에 따라 대기 중 온실가스의 농도가 급격히 증가하고 있으며, 이로 인하여 온실효과가 가속화되고 있음을 우려하고 있다. 구체적으로 살펴보면, 지구 표면 및 대기의 평균기온 상승에 따라 생태계와 인간에 대한 부정적인 영향을 미칠 수 있음을 지적하고 있다. 그 동안 산업혁명 이후 온실가스의 대부분은 선진국에서 배출되었음을 지적함과 동시에 향후

개발도상국은 급속한 경제발전과 더불어 온실가스의 배출 비중이 점차 높아질 것을 예상하고 있다. 각 국의 공동노력에 대해서는 '차별적 공동책임' Common but Differentiated Responsibilities의 원칙 하에, 각 국의 능력, 사회경제적 여건에 맞게 온실가스 절감을 위한 노력이 진행되어야 함을 밝히고 있다. 자원 이용에 관한 각 국의 주권, 타국에 대한 환경피해 방지를 위한 책임을 확인하고 있으며 기후변화와 관련하여 국가주권원칙을 명시하고 있다.

기후변화협약에 있어서 무엇보다도 중요한 전제는 각 국의 지속 가능한 경제발전의 권리를 인정한다는 것이다. 이는 각 국의 경제개발 목표가 현실적으로 최우선의 국가목표 중의 하나임을 인식하는 것이라 하겠다. 과거 선진국들의 경제개발 및 발전 유형에 비추어 볼 때 개발도상국의 경제발전을 위해서는 개발도상국에서의 에너지 사용과 이에 따른 온실가스 배출은 필연적으로 증가할 것이라는 점을 고려한 것이라 하겠다. 또한 기후변화에 대응하는 정책이란 이유로 국제무역에 있어서 일방적인 규제나 임의적 차별 또는 위장된 제약 등을 행사할 수 없다고 규정하고 있다. 일반적인 규제는 가능하나 일방적인 것이 아니어야 하며 합의를 이루어야 한다는 것이다. 이는 국제협약이 구속력을 갖기 위해 대체로 무역 규제조항을 포함하고 있는 것에 대한 개발도상국의 우려를 반영한 것이라 하겠다. 기후변화협약은 크게는 선진국과 개발도상국의 경제적 이해의 차이, 각 국의 다양한 경제발전 단계, 생활양식, 문화의 차이 등에도 불구하고 이에 따라 서로 다른 상이한 국가적 목표를 지향하는 지구상의 거의 모든 국가들이 범 지구적인 문제의 해결을 위해 국제적인 합의를 도출한 점에서 매우 의의가 크다고 하겠다.

길드 guild

10세기 중엽 내지 11세기 이후 유럽에 있어서의 상업 및 수공업의 독점적·배타적인 동업조합을 말한다. 길드는 도제제도(徒弟制度)의 직장에 의해 조직되어, 조합원의 경제적 공존과 보호를 목적으로 하였으나 경제적 목적뿐만 아니라, 사회적·종교적인 성격도 지니고 있었다. 유럽외에 중세기 인도, 일본 등에도 길드조직이 존재하였다. 그 중에서도 전형적인 자본주의화의 길을 걸어 온 영국에서의 길드는 17세기에 이르러 붕괴하기 시작하여 산업혁명의 진전과 더불어 거의 소멸하였다.

역사적으로 보면 길드는 첫째로 원격지 상인, 호상(豪商) 등의 상인길드로서 발생하여 그것의 선도하에 중세도시가 발달하였다. 12세기 전반부터 수공업길드=쭌프트 Zunft가 발생하여, 13세기 후반부터 확산되었으며 14세기에는 큰 세력을 가지고 시정에 참여한 경우도 있었다. 수공업길드는 도제의 수업년도·도제수의 제한·가입금·직장·상품검사 등에 관한 규약을 가졌고 공동구입·생산·판매까지도 행하였다. 길드의 모든 운영은 전통에 따라 행해졌으며 길드에 소속되지 않은 상공업자에 대하여 완강하게 스스로의 배타적 특권을 수호하려고 노력했다. 그러나 매뉴팩쳐나 선대제(先代制)가내공업 등의 새로운 산업생산조직형태의 출현으로 길드의 특권은 점차 강화되어 갔으며, 직장사이의 빈부격차에 의한 갈등과 직장과 도제사이의 이해대립의 격화로 마침내 길드는 붕괴하게 되었다.

길드 사회주의(社會主義) guild socialism

펜티 Penty, A. J., 홉슨 Hobson, S. G. 및 콜 Cole, G. D. H. 등을 창시자로 하여 영국에서 발달한 사회주의 사상이다. 길드사회주의는 노동자계급 해방의 제1보로서 임대제도를 폐지하고, 그대신 생산자 대표로서 산업별 전국 길드를 창설하고, 이에 입각해서 노동자가 주관하는 산업자치를 확립해야 한다고 주장했다. 그리고 이와 함께 한편으로는 생산자의 전횡(專橫)을 배제하기 위해서 소비자 대표로서의 국가에게 생산수단의 소유를 이관함으로써 산업의 국유와 길드에 의한 경영과의 결합을 꾀해 점차 자본주의제도를 대신케 하려는 것이다. 그러나 길드사회주의는 그 반의회주의적인 면이나 직접행동주의를 전술로 내세우는 점에 있어 다른 사회주의보다는 오히려 신디칼리즘에 보다 가깝다고 볼 수 있으나 현재에 있어서는 콜 등도 페이비언사회주의로 전신(轉身)하고 실천운동으로는 이미 그 생명을 잃었다.

길항력 拮抗力 counterveiling power
자본주의체제에서 한 기업이 마음대로 가격을 인상하거나 조악품을 판매할 수 없는 현상은 동업자간의 경쟁때문이라고 할 수 있다. 그러나 독점화되면 그 경쟁적 제약이 없어지므로 자본주의의 합리성이 그만큼 상실된다는 것이 통설이었다. 이에 대하여 갈브레이드 Galbraith, J. K. 는 독점적 대기업의 발전은 불가피한 것으로 인정하고 동시에 대기업에 대한 제어력은 같은 판매자측으로부터의 경쟁에 의하여 생기는 것이 아니고 그것에 길항하여 발생하는 중간적 구매자의 조직 또는 노동조합 등에서 생긴다는 이론을 지시했다. 이것이 길항력의 이론이다. 길항력이 그 기능을 충분히 발휘하면 경쟁형은 아니라 할지라도 일종의 균형이 달성되고 독점의 폐해도 어느 정도 제거될 수 있지만, 인플레이션 과정에서는 이와 같은 길항력의 기능발휘가 어렵다는 것을 갈브레이드 자신도 인정하고 있다. →경쟁가격

나이트 Knight, Frank Hyenman
(1885~1962)
미국의 경제학자, 경제사회학자. 미국에서의 반(反)케인즈 경제학을 지지하는 대표자이며 사이먼즈 Simons, H. 와 더불어 사카고학파의 이론적 기초를 형성하였다. 특히 그의 가장 큰 공헌은 기업가 기능 및 기업가 이윤문제와 관련하여 정밀히 음미된 위험·불확실성요소를 분석한 데 있다. 그는 또 경제의 정치화가 관료주의를 통해 경제의 움직임을 정체시킬 위험이 있다고 지적했다.

〔주 저〕 "Profit", *Encyclopaedia of the Social Sciences*, vol. 12, 1932; "Capitalistic Production, Time and the Rate of Return," *Economic Essays in Honour of Gustav Cassel*, 1933; "Unemployment and Mr. Keynes' Revolution in Economic Theory", *Canadian Journal of Economics and Political Science*, vol. 3, 1931; "Profit and Entrepreneuria Functions", *Journal of Economic History*, Supplements, Dec., 1942.

남북문제 南北問題 north-south problem
지구의 북반부에 집중하고 있는 선진공

업국과 적도부근에서 남반구에 걸쳐 있는 개발도상국간의 경제격차 및 거기에 수반하는 여러 문제를 말한다. 1959년 말에 미국의 올리버 후랭크스 로이즈 은행회장이 '남북문제는 동서대립과 함께 현대의 2대 문제이다'라고 지적한 것이 이 말을 쓰게 된 동기이다. 개발도상국은 산업구조가 생산성이 낮은 제1차 산업에 편중되어 있으며, 제2차 산업에서도 자본의 규모가 작고 기술의 낙후로 인하여 발전의 속도가 느린 불리한 조건을 내포하고 있다. 그 위에 높은 인구 증가율로 경제성장이 저해되기 때문에 선진제국과의 경제적 격차는 확대될 따름이다. 이러한 남북의 격차시정을 위하여 개발도상국측은 선진국이나 세계은행 등의 국제원조기구로부터 융자를 받아 무역수지개선의 개발자금을 조달하고 있으나 가장 원조를 필요로 하는 빈곤한 국가들이 충분한 융자를 받지 못하는 등의 문제가 제기된다.

1970년대의 남북격차시정의 지침으로서 '제2차 국제연합개발 10개년 국제전략'이 확립되어 다음과 같은 내용을 골자로 하는 결의문을 채택하였다. ① 1970년대의 개발도상국 전체의 GNP 성장률을 적어도 연평균 6%(농업 4%, 제조업 8%)로 하고, 인구증가율을 2.5%로 억제하여 1인당 GNP 성장률을 3.5%까지 높인다. ② 선진국은 GNP의 1%를 개발도상국에 원조하며 그 중 0.7%는 정부원조로 한다. ③ 선진국은 제1차 상품에 대한 관세 등 수입장벽을 철폐하는 데 노력한다. 이 외에 개발도상국측은 SDR과 개발융자의 링크, 다국적기업의 규제, 자원주권의 확립 등 여러 면에서 선진국측에게 강력한 요구를 하였으며 특히 석유파동 이후, 자원보유국과 선진공업국과의 대립은 그 절정에 달하였다. 일면 석유파동은 개발도상국중의 자원보유국과 비자원보유국과의 이해대립을 고조

시켜, 현재는 자원보유국, 비자원보유국, 선진국의 3자가 대립하고 있다. →자원내셔날리즘

내구재 · 비내구재 耐久財 · 非耐久財 durable goods · non-durable goods

재화를 분류하는 방법의 하나로, 장기간 사용함에 따라 그 사용으로부터 얻어지는 편익의 흐름이 서서히 소모되어 가는 재화를 내구재, 단기의 사용으로 소모되어 버리는 것을 비내구재라고 한다. 이 분류는 주로 소비재에 대해 행해지는 것으로서, 주택 · 가정용재봉틀 · 전기냉장고 등이 전자에 속하고, 식료품 · 비누 · 담배 등이 후자에 속한다.

그러나 엄밀하게 얼마의 기간 이상 사용할 수 있는 재화를 내구재로 할 것인가를 명확하게 규정할 수는 없다. 의류 · 서적 등은 몇 년을 두고 사용할 수 있지만, 보통 비내구재로 분류된다. 오히려 경기순환의 과정에서 기계설비 등의 생산과 유사한 경기변동요인으로 작용하는 소비재를 지칭하여 특히 내구재라고 할 때가 많다. 비내구재 중에서 일회의 사용으로 소멸되어 버리는 식료, 담배 등을 단용재 single-use goods 라고도 한다.

내부경제 · 외부경제 內部經濟 · 外部經濟 internal economies · external economies

내부절약 또는 외부절약이라고도 하며 생산규모의 증대에서 생기는 경제(비용의 절약)를 말한다. 즉 내부경제는 생산량이 증가할 경우 기업의 내부에서 생기는 생산상의 경제 즉 평균비용의 감소를 뜻하며, 외부경제는 그 기업이 속한 산업이 발전하여 생기는 기업의 생산상의 경제, 즉 평균비용의 하락을 뜻한다. 대규모생산으로 내부경제가 생기는 이유로는 ① 분업으로 인

한 노동력의 절약, ② 대단위 고정자본재의 이용으로 인한 기술상의 절약, ③ 판매비용의 절약, ④ 경영비용의 절약 등을 들 수 있다. 그러나 이러한 내부경제의 요인도 산출량이 지나치게 많아지면 오히려 평균비용의 증가를 뜻하는 내부비경제 internal diseconomies를 초래하게 된다.

한편 대규모생산으로 인해 외부경제가 생기는 이유로는 ① 숙련노동력의 확보, ② 원료 및 완제품시장의 발달, ③ 보조적 관련산업의 발달 또는 타기업의 생산성의 증대로 인한 자기기업의 생산성의 증대, ④ 보다 싸게 생산원료를 구입할 수 있는 경우 등이다. 따라서 비슷한 상품을 생산하는 다수의 기업들이 특정지역에 집중하면 보조산업, 동력, 교통이 발달되고 숙련노동의 공급확보 등이 용이해져 기업의 평균비용이 하락될 수 있는 것이다. 그러나 이와 반대의 경우도 있다. 예를 들어 어떤 사람이 옷감에 물감을 들이는 염색업을 한다고 하고 그 주위에 근래에 많은 공장이 들어섰다고 생각해 보자. 전에는 물감을 한 번만 들여도 원하는 색을 얻을 수 있었으나 지금은 주위의 공장에서 내뿜는 매연으로 인해 적어도 두 번은 염색을 해야 한다고 하면 그 염색업자의 평균비용은 증가하게 된다. 이처럼 오히려 평균비용이 증가되는 경우를 외부비경제라고 한다. 내부경제와 외부경제는 상호의존적이라는 점에 주의해야 한다. 즉 산업이 발달됨에 따라 각 기업은 상술한 외부경제, 특히 기업전문화의 이익을 얻기도 하지만 동시에 기업규모도 확대되어 내부경제도 누리게 된다는 점이다.

내쉬균형 Nash equilibrium

게임이론의 개념으로서 각 참여자 player가 상대방의 전략을 주어진 것으로 보고 자신에게 최적인 전략을 선택할 때 그 결과가 균형을 이루는 최적전략의 집합을 말한다. 즉 상대방의 전략이 공개되었을 때 어느 누구도 자기 전략을 변화시키려고 하지 않는 전략의 집합이라고 말할 수 있다. 그리고 이러한 전략 구성이 두 참여자에 의해 모두 예측되었을 때 이 게임은 내쉬균형에 도달하게 된다.

기업 A의 전략 a와 기업 B의 전략 b의 짝이 있는데 이들이 다음과 같은 성격을 갖는다고 하자. 기업 B가 b의 전략을 선택한 것을 주어진 사실로 볼 때, 기업 A로서는 a를 선택하는 것이 최적의 대응이 된다. 동시에 기업 A가 a의 전략을 선택한 것을 주어진 사실로 본다면 기업 B로서는 b를 선택하는 것이 최적의 대응이 된다. a와 b가 이와 같은 성격을 가질 때 이 두 전략의 집합을 내쉬균형이라고 부른다. 말하자면 내쉬균형은 상대방의 최적전략에 대해서만 최적대응이 될 수 있는 전략의 존재를 요구하고 있다.

꾸르노 균형도 내쉬균형의 한 부분이라고 말할 수 있다. 꾸르노 모형에서는 각자의 전략이 이윤극대화 산출량을 어떻게 정하느냐 하는 것이다. 그리고 각 기업이 받게 되는 보수는 두 기업이 선택한 전략, 즉 산출량의 조합에 의해서 결정되는 이윤이 된다. 꾸르노 모형에서의 균형은 반응곡선이 교차하는 점에서 이루어지는데, 반응곡선은 각 기업이 주어진 상대방의 산출량에 대해 자신의 이윤을 극대화시키는 산출량을 선택한 것을 나타낸다. 그러므로 반응곡선은 게임이론에서의 내쉬균형 전략과 똑같은 성격을 갖는다고 말할 수 있다. 두 반응곡선의 교차점에서 찾아지는 꾸르노 균형은 두 내쉬균형 전략의 집합에 해당하기 때문에 결국 내쉬균형과 다를 바 없다. 엄밀하게 말하자면 내쉬균형은 꾸르노 균형을 한층 더 일반화시킨 개념이라고 말할 수 있다.

내쉬균형의 성격으로서 관심을 끄는 또 다른 점은, 이것이 반드시 파레토효율적인 결과를 가져다 주는 것은 아니라는 사실이다. 이를 설명하기 위해 참여자가 둘(기업 A 기업 B)이고 각 경기자가 채택할 수 있는 전략의 수 역시 둘인 지극히 간단한 게임의 예를 들어 설명해 보기로 하겠다. 이 게임에 참가하는 기업 A가 취할 수 있는 전략은 적은 금액의 광고비를 쓰는 전략 a_1 과 많은 금액의 광고비를 쓰는 전략 a_2 이며, 역시 기업 B가 취할 수 있는 전략은 적은 금액의 광고비를 쓰는 전략 b_1 과 많은 금액의 광고비를 쓰는 전략 b_2 이다. 각 기업이 어떠한 전략을 선택하느냐에 따라 네 가지 결과가 나올 수 있는데, 각 경우에서의 게임의 보수를 정리한 게임의 보수행렬은 다음과 같다.

〈 게임의 보수행렬 〉

기업 B

기업 A		전략 b_1	전략 b_2
	전략 a_1	(8, 8)	(1, 10)
	전략 a_2	(10, 1)	(4, 4)

만약 두 기업이 모두 적은 광고비만을 쓰는 전략을 선택한다면 각 기업은 8 만큼의 보수를 받게 되는데, 두 기업이 모두 많은 광고비를 쓰는 전략을 쓰는 경우에는 각 기업의 보수는 4로 줄어들게 된다. 그러나 제시된 보수구조를 검토해 보면 기업 A가 전략 a_2 를 선택했을 때 상대방이 어떠한 전략을 쓰는지에 관계없이 전략 a_1 을 선택할 때보다 더 큰 보수를 얻는다는 것을 알 수 있다. 다시 말해 기업 A로 보아서는 상대방이 어떤 전략을 선택하든간에 a_2 가 최적전략이 된다는 뜻이며, 기업 B의 경우에도 많은 광고비를 쓰는 전략 b_2 가 우월전략이 된다는 것을 알 수 있다. 이 균형은 우월전략균형의 성격을 가지므로 당연히 내쉬균형의 성격도 가지고 있다. 그런데 이 보수행렬에서는 두 기업이 모두 적은 광고비만 쓰는 전략(a_1과 b_1)을 선택할 때 각 기업의 내쉬균형의 상태에서보다 더 큰 보수를 얻는 것으로 나타나

있다. 다시 말해 a_2 와 b_2 대신에 a_1과 b_1 을 선택함으로써 둘 다 이득을 보는 '파레토개선 Pareto-improvement'이 가능하다는 뜻인데 이는 a_2 와 b_2 의 짝으로 대표되는 내쉬균형이 파레토효율적이지 못함을 말해주고 있다.

넉시 Nurkse, Ragnar (1907~1959)
스페인 태생의 미국의 국제경제학자로 콜롬비아대학 경제학 교수를 역임하였다. 국제경제이론의 권위자로 1935년에 그가 발표한 「국제자본이동의 연구 Internationale Kapitalbewegungen」는 당시 획기적인 것이었다. 국제자본이동의 문제는 1929년을 전후로 독일 배상금문제를 중심으로 한 트랜스퍼 논쟁과 결부되어 수많은 사람의 주의를 끌었다. 특히 케인즈 Keynes, J. M. 와 오린 Ohlin, B. G. 사이에 전개된 트랜스퍼 논쟁에 자극된 그는 경제전체의 현상들과 자본이동 사이의 일반적 관계의 해명과 또 경기변동의 지역적 파급시 자본이동이 하는 역할에 대하여 주도면밀한 분석을 가했다.

또한 케인즈류의 분석이 보급된 후 그는 이것을 국제경제에 적용할 때 유효수요의 파급과 더불어 국내적 균형이 어떠한 상호관계를 가지며 또 어떻게 조정되는가를 예리하게 분석하고 있다. 그가 해리스 Harris, S. E. 편찬의 The New Economics 에 게재한 논문에 그 연구의 요점이 종합되어 있다. 또 그가 집필하여 국제연맹에서 출판한 International Currency Experience (1944)는 제1차대전 이래의 외환·통화 및 국제수지의 문제를 사실에 입각해서 구명함과 동시에 복잡하게 일어나는 경제사상의 문제에 명석한 해명을 준 것으로 높이 평가되고 있다. 그의 근저 「저개발국의 자본형성론」은 제2차대전 후에 특히 이론적으로나 실제적으로 저개발국에서 제기된 가장 중요한 문제인 자본부족을 논하고 있

다. 그는 일반적으로 후진국은 '빈곤의 악순환' 때문에 자력에 의한 자본형성을 할 수 없으므로 외국자본을 도입하여야 한다고 주장했다. 그리하여 개발도상국의 공업화 과정에서 가장 중요한 동인(動因)이 농촌에 필요 이상 존재하는 위장실업자임을 지적하였으나 어떠한 방법으로 그와 같은 실업자를 공업화과정에 흡수할 수 있는가에 대하여는 해명하지 못했다. 어쨌든 그는 이 문제로 오늘날 후진국개발론자로 널리 세상에 알려져 있다.

〔주 저〕 *Internationale Kapitalbewegungen*, 1935; *Conditions for International Monetary Equilibrium*, 1945; *Course and Control of Inflation*, 1946; "Domestic and International Equilibrium", in the *New Economics*, ed. by Harris, S.E., 1947; *Capital Formation in Underdeveloped Countries*, 1953.

노동 勞動 labour

인간이 자기와 자연간의 물질대사과정을 매개하고 규제하며 통제하는 합목적적인 행위, 즉 인간 노동력의 지출을 말한다. 동물은 자연에 본능적으로 적응하고 생활수단을 섭취함에 불과하지만, 인간의 노동은 정신적 노동과 육체적 노동의 통일로서 자연을 합리적으로 변형해서 생산수단을 생산하고 동시에 인간을 변혁한다. 따라서 노동은 인간의 생존에 필수불가결하다. 노동은 자연과 사회의 결절점(結節點)이며 토지와 함께 물질적 부의 원천의 하나이며 나아가서 정신적 부의 원천이다.

그런데 이러한 의미의 인간노동은 초역사적인 개념이다. 노동력이 상품화되어 있는 자본주의적 생산하에 노동은 가치증식노동 혹은 임금노동이라는 소외된 형태를 취한다. 여기에서 노동은 단순상품생산 사회하에서와 같이 가치의 실체일 뿐만이 아니라 그 일부인 잉여노동은 잉여가치의 실체이다. 상품생산에 있어서 노동은 사용가치를 형성하는 구체적 유용노동과 가치를 형성하는 추상적 인간노동의 통일이다. 예컨대 옷을 만드는 재봉노동, 아마포를 만드는 직물노동 등의 식으로 질을 달리 하는 상품에는 각각 질을 달리하는 구체적 유용노동(有用勞動)이 체현된다.

이와 같이 노동은 그 구체적 형태와 유용적 성격에 따라 서로 질을 달리하는 구체적 유용노동의 형태로 구분된다. 그러나 모든 종류의 구체적 유용노동은 동시에 그것이 모두 인간의 뇌수·신경·근육 등의 생산적 지출이라는 점에서 동등한 인간노동이다. 즉 그것은 추상적 인간노동이다. 이 추상적 인간노동이 가치의 실체이며 구체적 유용노동은 이러한 노동의 구체적, 유용적인 형태이다. 이것을 노동의 이중성이라 한다. 이러한 노동의 이중성은 상품의 이중성(즉 상품의 사용가치와 교환가치의 통일)을 나타내는 것이다. 한편 노동은 단순노동(미숙련노동)과 복잡노동(숙련노동)으로 구분되기도 한다. 또 노동자가 자신을 위해서 노동하는 노동일의 부분인 필요노동과 자본가를 위해서 노동하는 부분인 잉여노동으로 나뉘기도 하며, 잉여가치를 생산하는 노동과정에 투입되는 생산적 노동과 그렇지 않은 비생산적 노동 등으로도 구분된다.

그런데 주의할 것은 노동과 노동력을 구분하는 일이다. 노동은 노동력의 지출행위이며 결코 노동력 그 자체가 아니다. 마르크스 경제학에 있어서 이 구별은 가치론의 이론구성에서 매우 중요한 출발점이다. 노동자는 노동력의 가치(현상형태로서는 임금) 이상으로 노동함으로써 잉여가치를 생산한다. 고전파경제학자들은 노동과 노동력을 동일시함으로써 잉여가치(혹은 이윤)의 원천을 구명하지 못하였으며 그 가치론의 이론구성에서 피할 수 없는 모순에 부딪혔다. →가치론, 잉여가치, 단순노동·복

잡노동·노동가치설

노동가치설 勞動價値說 labour value theory

상품가치의 크기는 그것의 생산에 소요된 노동량 혹은 노동시간에 의해 결정된다고 설명하는 가치이론이다. 이 경우 가치의 크기는 사회적인 가치의 크기이며, 개개의 기업 혹은 생산자가 상품의 생산에 실제로 투하한 개별적인 노동량 혹은 노동시간은 아니다. 따라서 가치는 그 상품의 생산에 사회적으로 필요한 노동량 혹은 노동시간—어떤 사회에서의 평균적인 생산조건, 즉 평균적인 기술수준 및 기능, 평균적인 노동강도하에서 그 상품을 생산하는 데 필요한 노동시간—곧 사회적 필요노동시간에 의해 결정된다.

이러한 노동가치설은 최초로 페티 Petty, W.에 의해 창시되고 스미스 Smith, A., 리카도 Ricardo, D.에 의해 발전되고 마르크스 Marx, K. H.에 의해 비판적으로 섭취되고 완성되었다. 스미스는 상품의 가치의 크기는 그 생산에 투하된 노동량에 의해 결정된다는 투하노동가치설과 그 상품으로 지배 혹은 구매할 수 있는 노동량 quantity of labour commanded에 의해 결정된다는 지배노동가치설을 설명했다. 더욱이 상품의 자연가격은 임금·이윤·지대의 3개의 요소에 의해 구성된다고 설명하였는데 이것이 생산비설(生産費說)이다. 이와 같이 스미스에 있어서는 투하노동가치설=가치분해설=잉여가치설과 지배노동가치설=가치구성설=생산비설이 병존하고 있었던 것이지만 물론 올바른 노동가치설은 전자이다.

이러한 스미스에 있어서의 이원적인 가치설로부터 리카도는 투하노동가치설을 올바르게 계승해서 화폐·임금·지대·외국무역·과세 등의 현상들을 노동가치설에 따라 설명하는 데 일단 성공했다. 그러나 그에게 있어서도 이윤의 원천 및 평균이윤의 성립이라는 사실을 노동가치설로부터 설명할 수 없었다. 그래서 결국 노동가치설을 수정하기에 이르렀다. 마르크스는 리카도에 있어서의 이러한 가치이론의 불완전함을 지양하고 노동의 가치와 노동력의 가치를 구별하여 잉여가치의 발생을 최초로 이론적으로 해명했다. 그리고 상품의 생산가격은 생산비에 평균이윤을 더한 것으로 이윤의 총액은 생산된 잉여가치의 총액과 같다는 것, 즉 모든 상품의 가격 총계는 그 가치총계와 같다는 것을 밝혔다. 이렇게 해서 가격을 노동가치설에 의해 일관되게 설명할 수 있게 되었다.

고전학파 중에서도 맬더스 Malthus, T. R.는 상품의 가치=가격의 결정을 수요공급에서 찾는 수요공급설을 설명하고 밀 Mill, J. S.은 생산비설을 채용했다. 주로 1870년대에 시작된 효용가치설 혹은 주관가치설은 객관가치설인 노동가치설과 예리하게 대립되는 가치이론이다. →가치론, 고전학파, 효용가치설

노동강도 勞動强度 intensity of labour

일정시간 내에 행해지는 노동지출의 정도, 노동력의 긴장, 노동의 응축 정도를 말한다. 노동일수가 노동의 외연적 크기를 나타냄에 대해 노동강도는 노동의 내포적 크기를 나타낸다. 노동강도는 노동일(勞動日)의 길이, 노동생산성과 함께 노동력의 가격과 잉여가치의 '상대적 크기', 즉 잉여가치율을 규정하는 요인으로서 작용한다.

이 경우 노동강도의 변동은 노동생산성의 변동과 구별되어야 한다. 노동생산성이 증대하는 경우에는 동일한 노동일에 있어서의 동일한 노동지출로 지금까지보다도

많은 생산물이 생산된다. 따라서 개개의 생산물에 대해서 보면 지금까지보다도 적은 노동량밖에 소요하지 않기 때문에 생산물 1단위당 가치는 당연히 저하한다. 이에 반하여 노동강도가 증대하는 경우에는 자금까지와 동일한 노동일로도 지금까지보다도 많은 노동이 지출되며 산출량도 증가한다. 그러나 비록 지금까지보다도 많은 생산물이 생산되었다고 해도, 생산물 1단위당 지금까지와 동일한 노동량을 소요하게 되므로 그 가치는 불변이다. 노동강도가 증대하는 것은 이와 같이 지금까지보다도 많은 노동량이 동일한 길이의 노동일에 압축되는 것, 따라서 동일한 길이의 노동일이 보다 많은 가치생산물에 구체화되는 것을 의미하여 노동일을 연장하는 경우와 같은 효과를 가져온다.

더욱이 노동강도가 증대하는 경우에는 노동력의 소모는 가속도적으로 진행되는데 노동력가격이 상승하여 이것을 보상하지 않으면 잉여가치율은 그에 따라 높아지게 되고 또한 노동력가격이 그만큼 상승하더라도 잉여가치의 절대적 크기는 증대하게 된다. 노동강도의 증대, 즉 노동강화는 표준노동일의 설정에 의해 노동시간이 단축됨에 따라 특히 현저하게 나타났다. 표준노동일을 위한 노동자의 투쟁의 결과로서 국가에 의한 노동시간의 강제적 단축은 자본에 대해서 생산력의 발전 및 생산수단의 절약에 강한 자극을 줌과 동시에 노동자에 대해서 노동강화를 강제하는 중요한 계기가 되었다. 즉 자본은 단축된 노동일내에 보다 다량의 노동을 노동강화에 의해 구체화하려고 하는 것이다. 자본은 이러한 노동강화를 행하는 방법으로서 성과급임금을 채용하게 된다.

노동자의 작업능률은 그 작업시간에 반비례하지만 단축된 일정의 노동일의 범위에서 노동자의 작업능률을 자극해서 사실

상 보다 많은 노동량을 지출시키기 위해 임금지불형태로서 성과급임금제가 이용된다. 다음에 기계의 운전속도를 증대시키는 것, 같은 노동자가 담당해야 할 기계 혹은 그의 작업장 면적의 범위를 확대하는 것 등에 의해서도 노동강도는 증대된다. 이들 방법으로 새로이 증대된 노동강도가 모든 산업부문에서 보편화된 경우에는 이처럼 높아진 노동강도가 마침내 사회적 표준도로 되기에 이른다.

노동귀족·노동관료 勞動貴族·勞動官僚 labour aristocrat·labour bureaucrat

노동자계급 가운데 상대적으로 높은 임금을 받고 사회적·정치적 특권을 가지고 소(少)부르조아화하여 부르조아지의 사회적 지주로 되는 층이 노동귀족이다. 또한 노동조합, 사회민주주의정당 및 기타의 노동자단체의 확대와 기구의 관료화에 따라 그 지도적 지위에 서서 부르조아지의 신임을 받고 노자(勞資)협조주의·기회주의에 의해 노동자계급을 관료적으로 지배하는 역할을 하는 것이 노동관료이다.

이 용어의 개념 및 내용의 전개는 주로 레닌 Lenin, V. L.에 의해 이루어졌는데 그의 이론에 의하면, 부르조아지는 자기의 지배를 유지하기 위해 혁명적 노동운동을 탄압하는 한편 노동자계급의 일부를 매수해서 자기의 사회적 지주를 만들어 낸다. 전형적으로는 19세기 후반 영국자본주의의 산업독점을 배경으로 해서 숙련노동자층이 고임금에 집착해서 노동귀족층을 형성하였다. 초기의 노동조합, 즉 숙련공을 주체로 하는 직업별조합은 그들의 특권적 이익을 옹호하는 조직으로서의 역할을 하고 있었다. 독점자본주의 단계에 들어오면 독점이윤·식민지초과이윤의 일부분에 의한 매수로 구미 각국에 노동귀족층이 형성

되었다. 그들의 특징은 노자협조주의, 개량주의를 내세우는 점에 있다.

그러나 전반적 위기의 개시 이후 특히 제2차세계대전 후 위기가 심화됨에 따라 각국 자본주의는 노동귀족층을 유지·배양할 여유를 잃어 그 기초가 불안정하게 되고 축소·소멸되는 경향을 나타내고 있다. 그것에 대신해서 노동관료의 역할이 증대하고 있다. 자본주의의 발전과 함께 노동조합 기타 노동자단체가 확대되고 거대한 기구를 가지게 되면 그 사회적 영향력은 크게 됨과 동시에 그 운영을 위해 대량의 직업적인 간부를 필요로 한다. 이들 중 우익은 높은 급료나 공직·이익을 얻어서 관료화한다는 것이다.

노동력이동 勞動力移動 movement of labor force

보다 나은 노동조건을 찾아 노동자가 지역간, 산업간 및 기업간을 이동하는 것을 말한다. 노동력이동이 일어나는 이유를 설명하는 데는 대체로 임금격차설과 취업기회설이 있다. 전자는 노동력은 임금이 낮은 곳에서 높은 곳으로 이동한다는 견해로 노동이동의 '푸쉬 push 가설'이라 부르며, 후자는 노동력의 이동이 임금의 상대적 높이와는 관계없이 취업기회의 유무에 따라 행해진다는 견해로 노동이동의 '풀 pull 가설'이라 부른다. 그런데 이 두 개의 가설은 이론적으로나 현실적으로 서로 대립하는 관계에 있는 것이 아니고 상호보완적인 성격의 것이라고 생각해야 할 것이다. 말하자면 임금격차의 존재가 노동력이동의 필요조건이라고 한다면 취업기회의 증대는 그 충분조건인 것이다.

노동분배율 勞動分配率

국민소득 가운데 노동자가 소득으로 받는 상대적 분배분(分配分) relative shares 을 말한다. 즉 노동분배율 α 은

$$\alpha = \frac{W}{Y} = \frac{\omega N}{PQ} = \frac{\omega}{P} \Big/ \frac{Q}{N}$$

(단, W : 노동소득, Y : 국민소득, ω : 화폐임금률, N : 고용량, P : 생산물가격, Q : 산출량)로 나타낸다. 그런데 국민소득의 증가에 따라 노동자의 절대적 분배분 absolute share 이 증가하더라도 상대적 분배분, 즉 노동분배율은 저하하는 수가 있다. 실질임금률이 노동생산성의 상승에 맞춰 상승되지 않으면 노동분배율은 저하한다. 화폐임금률이 인상되더라도 기업이 노동 절약적인 기술선택을 통해서 노동생산성을 제고시키거나 또는 시장에서의 가격지배를 통해서 생산물가격을 인상시키면 노동분배율은 상승하지 않는다.

노동삼법 勞動三法

1997년 3월 13일 노동관계법 개정에 의한「노동조합 및 노동관계조정법」,「근로기준법」및「노동위원회법」을 말한다.「노동조합 및 노동관계조정법」의 제2장, 제6장, 제8장에서는 헌법에 의한 근로자의 단결권·단체교섭권 및 단체행동권의 보장을 규정하고 있고 노동조합의 조직과 그 법인자격의 취득, 설립에 필요한 제반규정, 노동조합의 관리·운영·해산, 그리고 단체협약의 권한과 구속력, 부당노동행위의 정의, 구제절차, 벌칙 등을 규정하고 있다.

동법의 제3장, 제4장에서는 노동쟁의와 공익사업 등에 대한 정의와 특별조정위원에 관한 규정이 있다. 이 법은 총칙 외의 쟁의행위의 제한과 금지에 대한 규정과 냉각기간, 노동쟁의의 신고 및 알선과 그에 따른 조정에 관한 규정으로 이루어져 있다.

마지막으로 근로기준법은 1953년에 제정된 이후로 별다른 법내용의 변화 없이

계속 적용되고 있다가 1997년 3월 13일 전면 개정되었다. 노동조건 및 노동기준에 관하여 광범위하게 규정하고 있어 주로 노동자의 보호를 위한 법률이라 할 수 있다. 전 12장, 116조 및 부칙으로 구성된 이 법은 현행 노동법 가운데 노동보호법의 성격을 갖고 있는 것 중에서 중추를 이루었다.

노동생산성 勞動生産性 labour productivity

어떤 생산부문 또는 어떤 생산자의 노동의 생산력이나 생산성은 일정 시간내에 생산되는 생산물의 수량에 의하여 측정된다. 다만 이 경우 노동의 강도는 일정불변으로 가정한다. 노동의 생산력을 특히 규정하는 것은 노동자의 숙련의 평균정도, 과학 및 그 기술적인 응용가능성의 발전단계, 생산과정의 사회적 결합, 생산수단의 범위 및 작용능력, 자연적 사정(인종, 농산물의 풍흉, 광물의 매장량 등)이다. 노동의 생산력이 변하여도 일정 기간내에 생산되는 상품의 총가치는 영향이 없다. 그러나 일정 기간내에 생산되는 상품의 수량이 변하기 때문에 개개의 상품가치의 크기는 변하지 않을 수 없다. 상품가치의 크기는 노동의 생산력에 역비례하여 변동한다.

*노동시장 勞動市場 labour market

자본의 축적운동에 따라서 노동력을 각종의 직업·산업에 배분하여 노동력상품의 가격, 즉 임금을 결정하는 기구를 말한다. 그런데 노동력은 일반상품과는 달리 판매자인 노동자의 심신을 떠나서는 존재할 수 없는 것이며 자본에 의해서는 생산될 수 없다는 특수한 성질을 가지는 상품이기 때문에 자본축적에 따라서 노동수요가 증대했다고 해서 곧 노동력의 공급이

그에 따라 충분히 증가한다고는 할 수 없다. 이 수급의 불균형은 자금등귀와 이윤률의 저하를 가져옴으로써 자본의 축적을 저해하는 것으로 되지만, 이 모순은 자본주의사회에서는 경기순환에 수반하는 산업예비군의 창출에 의해 해결된다. 노동력의 가격은 이 산업예비군(상대적 과잉인구)의 변동을 배경으로 해서 변하지만, 그 과정 중에 노동자 및 그 가족의 생활을 유지할 수 있는 수준(노동력의 가치)을 실현하게 된다.

그런데 이러한 노동시장이 성립하기 위해서는 노동자가 자기의 노동력을 자유로이 처분할 수 있고 더욱이 노동력을 판매하지 않고는 생활할 수 없는 프롤레타리아로서 존재하지 않으면 안된다. 이러한 이중의 의미에서 자유로운 노동자는 자본의 본원적 축적의 과정에서 농민·수공업자 등이 생산수단으로부터 분리됨으로써 형성되었다. 그러나 이러한 자유노동자가 형성되었다고 해서 곧 자유로운 노동이동에 의해 수급이 조절되는 것은 아니다. 기계제 대공업의 발달이 미숙한 자유주의 단계에서는 장기의 훈련기간을 필요로 하는 숙련노동자가 기계공업, 건축업 등을 중심으로 상당히 잔존하고 있었는데, 그 산업의 동일직업 내부에서는 노동이동이 용이하지만 외부로부터 들어오는 것은 곤란하였다. 이러한 숙련노동자의 분야에는 종제제도(從弟制度)를 기반으로 한 직능별조합이 임금 및 기타의 노동조건의 규제에 중요한 역할을 했다.

그러나 19세기 후반 독점자본주의 단계에 이르면, 기계화가 진전하고 종제훈련이 불필요하게 됨으로써 이 면에서는 노동이동의 장해가 적어졌다. 다른 한편으로 이관계에는 독점자본의 기술적 독점을 배경으로 해서 노동자의 기능이 특정의 공장에서만 가치를 갖게 되는 경향이 강하게 되

고 더욱이 과잉인구가 누증(累增)되었기 때문에 노동자의 기업간 이동은 곤란하게 되었다. 이에 따라 노동시장은 기업간에 분단되는 경향을 보이게 된다. 이와 같이 독점단계에서는 구형(舊型)숙련의 해체에 따른 노동시장의 단일화와 신형(新型)숙련의 기업별 형성에 따른 노동시장의 분단화가 동시에 진전되는데, 일국의 노동시장의 구조는 그 나라의 자본주의의 발전 정도 특히 독점화의 진전정도, 생산과정의 기술적 성격 및 그 수준, 노동력의 사회적 존재형태 등에 의존한다고 할 수 있다.

우리 나라는 이중경제구조로 인해 노동시장도 이중구조를 이룬다고 일반적으로 이해되고 있다. 즉 독점적 대기업과 중소기업의 노동시장은 각각 상이하고 양자는 서로 분단되어 있다. 그러나 최근의 몇몇 실증적 연구에 의하면 노동시장의 기업간 분단은 주로 사무노동자나 고급기술・기능노동자의 경우에 나타나고, 단순기능노동자나 광범한 미숙련・단순노동자의 경우에는 거의 나타나지 않고 있다. 즉 전자의 경우에는 중소기업에서 대기업으로의 노동이동이 잘 보이지 않고 양자에 대한 노동력공급원이 상당히 다른 반면, 후자의 경우에는 대기업・중소기업 상호간에 이 동성이 높다. 이것은 위의 두 그룹의 노동자계층의 기업규모간 임금격차가 전자의 경우에는 상당히 큰 반면, 후자의 경우에는 조금밖에 존재하지 않는다는 사실에서도 알 수 있다.

[참고문헌] Sills, D. L., ed., *International Encyclopedia of the Social Sciences*, vol. 8, 1968; Reynolds, L. G., *Labour Economics and Labour Relations*, 6th ed., 1974.

노동운동 勞動運動 labour movement

노동자계급이 자신들의 생활조건을 유지・향상시키기 위해 행하는 조직적인 운동을 말한다. 노동운동의 가장 일반적인 형태는 주로 임금・노동시간 등 노동조건의 유지・개선을 요구하는 노동조합운동이지만 공제조합운동이나 협동조합운동, 나아가서 자본주의체제를 부정하고 사회주의・공산주의사회의 건설을 목표로 하는 정당운동도 있다.

노동운동은 자본주의의 발생과 동시에 시작되어 자본주의의 발전에 따라 확대・강화되었다. 노동운동이 처음 발생한 곳은 가장 먼저 자본주의 체제의 확립을 본 영국이었다. 영국 노동운동은 17세기 후반에 중세적인 직인층(職人層)에서 발생한 우애조합에서 비롯된다. 이것은 상호부조와 친목도모를 목적으로 한 것이었는데, 그 후 영국의 노동조합운동에 공제운동이라는 전통을 물려주었다. 18세기 후반 산업혁명의 진전으로 종래의 수공업직인이 임금노동자로 전락되기 시작하자 신식기계의 채용과 공장제공업의 발전에 반감을 품은 노동자계급은 러다이트운동이라는 기계파괴운동을 벌여 1812년에는 최고조에 달했다. 그러나 이 운동은 문제가 기계 그 자체에 있는 것이 아니고 그것이 자본가적으로 이용된다는 데 있다는 것이 인식됨으로써 사라졌다.

노동운동이 격화되어 가자 영국정부는 1799년 단결금지법을 제정하여 노동운동을 탄압했으나 1822년에 이 법은 폐지되었다. 이에 따라 노동조합운동도 급속히 발전하여 1834년에는 오웬 Owen, R. 등의 지도로 전국노동조합대연합이 결성되었고, 또 1832년에 제정된 신선거법에 불만을 품은 노동자들은 선거권 확장을 요구하며 차티즘 chartism 운동이라는 폭력적인 정치운동을 전개하였다. 19세기 후반에 이르러서는 점차 자본주의의 기초가 안정됨에 따라 새로운 노동조합운동이 발전했는데 1851년에 결성된 합동기계공조합을 선구로 하여 목공, 광부, 방적공 사이에 일어난 직종별 조합운동이 그것이다. 이것은 정치적으로는 자본주의를 용인하면서 일정한 임금수준을 유지하려는 운동으로 오늘날의 노동조합운동의 출발점이 되었다. 세계 각국의 노동운동은 그 발전시기나 형태가 각각 다르지만 영국에서와 같이 본능적·자연발생적인 폭력운동으로부터 조직적·계획적인 조직운동으로 발전해 왔다고 볼 수 있다.

이와 함께 사회주의적 정당운동도 발전했다. 마르크스 Marx, K. 와 엥겔스 Engels, F. 두 사람에 의한 1847년의 공산주의자동맹의 결성에서 비롯된 이 정당운동은 그 후 제1 인터내셔날(1864~72년), 제2 인터내셔날(1889~1914년)로 이어져 각국의 노동운동에 많은 영향을 미쳤다. 제2 인터내셔날은 제1차대전을 계기로 분열되었다. 그 후 국제노동운동은 사회민주주의에 의해 재건된 제2 인터내셔날(1919~현재)과 공산주의자에 의하여 창설된 제3 인터내셔날(코민테른, 1919~43년)로 분열되었다. 또 그 후 독일, 이탈리아, 스페인에서 대두된 파시즘 fascism 은 이들 국내의 노동운동을 붕괴시켰으나 프랑스를 비롯한 많은 나라에서는 노동운동은 민주주의 옹호를 위해 활동했으며 제2차대전 중에는 제국주의 타도와 평화를 위하여 큰 역할을 하였다. 특히 제2차대전을 전후하여 선진제국주의에 의해 종속되어 있던 아시아·아프리카 등 많은 식민지·반식민지 국가들에서는 노동운동은 주로 민족해방운동의 중핵을 이루어 독립쟁취에 커다란 역할을 하였다. 이러한 노동운동은 일찍이 1917년의 러시아혁명에 의한 소비에트 연방의 성립과 제2차대전 후 동유럽과 중국 등의 공산정권의 수립으로 연결되었고, 자본주의국가에서도 사회민주주의정당이 단독 또는 연립으로 정권을 잡는 것으로 이어졌다.

그런데 오늘날 선진자본주의국가에서는 노동운동의 주류는 주어진 체제 내에서 노동자계급이 가능한 많은 이익확보를 꾀하는 방향으로 흐르고 있고, 자본주의 발전이 왜곡되고 뒤떨어져 있는 후진국에서는 기존체제의 개혁을 목표로 하는 정치운동으로서의 노동운동이 주류를 이루고 있는 경우가 많다.

노동의 공급곡선 勞動의 供給曲線
supply curve of labour

각 임금수준에 대응하여 노동자가 매기(每期)에 공급하고자 하는 노동량을 표시하는 곡선을 말한다. 전통적인 이론에 의하면 노동자는 매기당 노동공급량을 결정함에 있어서 노동의 한계비효용 marginal disutility of labour 과 소득의 한계효용을 비교한다. 임금의 효용 혹은 소득의 한계효용이 노동의 한계비효용보다 크면 노동의 공급량을 증가시키고, 반대의 경우에는 공급량을 감소시킨다. 그러므로 양자가 동일할 때 공급량이 결정된다. 노동공급이 증가함에 따라 그 한계비효용이 증가하므로 그것을 상쇄할 만큼 임금수준도 높아져야 한다.

따라서 보다 많은 공급량에는 보다 많은 임금이 대응하여야 한다. 이 관계를 그래프로 그리면 그림과 같은 우상향(右上向)의 공급곡선이 얻어진다.

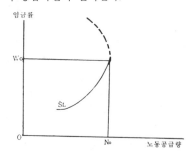

그런데 개인의 노동공급곡선은 어느 점에서 후방으로 굴절하는 경우가 있다. 그림의 점선부분에서는 임금률이 W_0보다 높아지면 오히려 공급량이 감소한다. 임금률이 높아지면 노동자의 소득이 증가하므로 노동자는 노동을 더 공급하기보다는 차라리 여가를 더 선택하기 때문이다. 다시 말하면 소득이 일정 수준을 넘으면 소득의 한계효용보다 여가의 한계효용이 더 커지므로 노동의 공급량이 적어지는 것이다. 그러나 노동자의 소득수준이 매우 낮아 노동자가 빈곤의 압박하에 있을 때에는 임금률의 하락은 오히려 노동력공급을 증가시키게 된다. 낮아진 임금률로 인한 소득의 저하로 살아나가기 어려울 경우에 노동자가 그의 노동력공급을 증가시키는 것은 당연한 일이기 때문이다. 이 경우 노동의 공급곡선은 앞에서와는 반대로 우하향(右下向)할 것이다. 저임금에 시달리는 노동자에게 있어 위와 같은 소득과 여가 사이의 선호를 행할 만큼 여유가 없음은 사실이다. 전통적 이론이 설명하는 노동공급곡선은 이러한 요인을 고려하고 있지 않다는 점에서 비판의 대상이 되고 있다.

노동의 수요곡선 勞動의 需要曲線
demand curve of labour

임금의 변화에 따른 기업의 노동력수요의 변화를 나타내는 곡선이다. 실물적 견지에서 말하면 노동의 한계생산물곡선은 그대로 노동수요곡선이라고 볼 수 있다. 다른 생산요소가 고정되어 있는 상태에서 노동투입량을 증가시키면 수확체감의 법칙에 의해 노동의 한계생산물은 감소한다. 그러므로 노동의 한계생산물곡선은 우하향의 형태를 취한다.

기업가는 노동자를 고용할 때 노동의 한계생산물과 임금(생산의 한계비용)을 비교해 본다. 만일 노동 1단위의 추가적 고용을 통해 얻어지는 생산물(=노동의 한계생산물, MP_L)이 그 노동 1단위에 지불해야 하는 임금보다 크면 노동 1단위를 더 고용하는 것은 언제나 기업가에게 유리하다. 반대의 경우에는 노동의 한계생산물(임금일 경우에는 고용량)을 줄이는 것이 이익이다. 따라서 기업가는 노동의 한계생산물이 임금과 같게 되는 점까지 노동량을 고용할 것이다. 그림에서 임금수준이 W_1이면 기업가는 매기에 N_1단위를 고용하려 할 것이고 임금수준이 W_0이면 매기에 N_0단위의 노동을 고용하려 할 것이다. 이와 같이 노동의 한계생산물곡선은 각각의 임금수준에 대응하는 기업가의 노동고용량을 나타내므로 이것은 곧 기업의 노동수요곡선이라 할 수 있다. 동질적인 노동을 사용하는 모든 개별기업의 수요곡선을 수평으로 집계하면 그 노동에 대한 사회적 수요곡선을 얻을 수 있다.

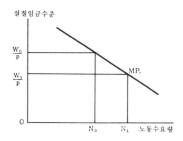

노동쟁의 勞動爭議 labour dispute

크게는 노동관계에서 생기는 분쟁 일반을 가리키지만, 작게는 사용자와 근로자집단이 당사자로 되어 있는 집단적 노사분쟁을 말하며 동맹파업·태업·직장폐쇄 기타 노동관계 당사자가 그 주장을 관철할 목적으로 행하는 행위와 이에 대항하는 행위로서 업무의 정상적인 운영을 저해하는 것을 말한다. 노동조합 및 노동관계조정법에서는 노동쟁의를 '임금·노동시간·복지·해고 기타 대우 등 근로조건에 관한 노동관계 당사자간의 주장의 불일치로 인한 분쟁상태를 말한다'고 규정하고 있다.

이 규정에 따라 노동쟁의에 대한 법률적 의미를 보면 다음과 같다. ① 노동관계 당사자는 근로자측의 경우에는 근로자의 단체라야 한다. 따라서 근로자 개인과 사용자와의 분쟁은 노동쟁의라 볼 수 없다. 다만 이와 같은 개인적 분쟁이라도 근로자 전체에 영향을 주는 것이라고 하여 노동조합이 이를 문제 삼고 노동조합과 사용자간 분쟁의 대상으로 할 때는 노동쟁의가 된다. ② 노동관계 당사자간에 근로조건에 관한 주장의 불일치가 있어야 한다. 따라서 쟁의는 단체교섭이 행해진 것을 전제로 하는 것이고, 그것이 행해지지 않은 쟁의는 노동쟁의조정법상의 노동쟁의라고는 할 수 없다. ③ 이와 같은 '주장의 불일치'가 원인이 되어 '분쟁상태'가 야기된 것이어야 한다. 현재 우리 나라의 노동입법은 노동조합 및 노동관계조정법에 쟁의행위에 대한 형사면책을 규정하고 그에 대한 민사면책규정을 두고 있다. 더욱이 동법에는 쟁의기간 중에 있어서의 근로자의 구속제한, 쟁의기간 중 쟁의와 관계 없는 자의 채용제한을 규정하여 쟁의행위의 정상적인 행사를 뒷받침하고 있다. 아울러 근로자가 정당한 쟁의행위를 한 경우는 이를 이유로 해고, 기타의 불이익을 주는 행위를 금하고 있다. 그러나 현재 쟁의행위의 자유에 상당한 제한이 가해지고 있다.

그런데 노동쟁의가 발생하여 당사자간에 자주적으로 해결되지 않을 경우에는 제3자가 개입하여 조정을 한다. 노동쟁의조정방법에는 알선 conciliation·조정 mediation·중재 arbitration 의 세 가지를 규정하고 있다. 알선은 알선자가 노사쌍방을 개별적으로 회견하고 쌍방의 주장, 양보조건 등을 확인한 후, 이를 상대방에게 전하여 분쟁해결의 공통지반을 설정함으로써 해결을 촉진하는 방법이다. 알선은 보통 가장 먼저 취해지는 쟁의조정의 수단으로서 그 본질을 어디까지나 단체교섭에 대한 원조, 협력이며 해결안의 권고, 재정(裁定)의 강제 등의 간섭이 가해지지 않는 것이 특징이다. 조정은 노동위원회 또는 단독조정인은 분쟁에 관한 실정을 조사하고 또한 당사자의 의견을 청취한 다음 타당하다고 생각되는 조정안을 작성하여 그 수락을 권고하는 방법이다. 조정안은 양당사자가 무조건 수락하면 구속력이 발생하지만 어느 한 쪽이 거부하면 구속력이 없다. 그러나 조정안이란 해결의 근거가 제시되는 점에서 알선보다 강제적이다. 중재는 노동위원회가 당사자의 의견을 들은 다음 재정(裁定)을 내리고 그 재정이 무조건 당사자를 구속하는 방법이다. 이것은 노동쟁의에 대한 가장 강한 개입형태이다. 우리 나라에서는 노동조합 및 노동관계조정법에 따라 노동위원회에 의해 구성된 중재위원회 또는 특별조정위원회에서 노동쟁의의 조정 또는 중재를 하고 있다. 이 위원회에서 제시한 조정의 내용이 당사자에 의해 수락되면 그것은 단체협약과 동일한 효력을 가지게 되며, 중재위원회에서 확정된 중재재정 또는 재심결정의 내용도 동일한 효력을 갖는다.

＊노동조합 勞動組合 trade union, labour union

노동자들의 노동조건과 생활조건을 유지하고 개선하는 것을 기본적 목적으로 하는 노동계급의 자주적인 단체이다. 노동조합의 기능은 무엇보다도 임금·노동·시간 등 노동자들의 경제적 지위를 향상시키는 데 있지만, 노동조합운동의 발전에 따라 단순히 여기에 머물지 않고 노동자계급의 사회적 지위개선을 위한 정치활동을 적극적으로 수행하는 데까지 그 기능이 확대되고 있다.

노동조합의 본질은 자본주의 사회에서 정치·사회·경제적으로 열위에 있는 노동계급이 스스로 단결하여 자기들간의 경쟁을 제한하고 조직력을 통해 자본에 대항함으로써 자신들의 사회경제적 처지를 개선시키는 데 있다. 그것은 자본주의의 경제적 과정이 필연적으로 노동자에게 미치는 불리한 영향을 스스로의 힘에 의해 제한하고 극복하려는 조직적 노력의 결정체이다. 자신의 노동력을 노동시장에서 판매하지 않고는 달리 살아갈 방도가 없는 노동자가 고립·분산적으로 노동력을 판매하는 한 노동력이란 상품의 특수성에서 오는 불리함을 극복할 수 없기 때문이다. 노동력이라는 상품에는 저장성이 없고, 또한 먹고 살아가기 위해서는 불리한 조건에서라도 매일매일 자신의 노동력을 판매하지 않을 수 없는 특수성이 있다. 그것은 곧 노동력의 궁핍판매(窮逼販賣)이다. 더욱이 노동자들 상호간의 경쟁은 노동력의 판매조건을 더욱 악화시키게 된다. 이와 같이 고립·분산적 노동자는 자본과의 관계에서 더욱 불리하게 된다.

여기서 노동조합은 노동력판매자의 집단으로서 적정한 수준의 임금이나 고용조건을 집단적으로 정하고 그것을 사용자측에 제시하고 교섭한다. 사용자측이 이에 응하면 조합으로 결집한 노동자는 동일한 임금률로 노동하고 교섭이 타결되지 않으면 조합으로서는 조합원이 노동력을 사용자에게 제공하는 것을 거부함으로써 압력을 가하고, 자기의 요구를 관철하려고 한다. 따라서 노동조합이란 노동시장에서의 노동력 내지 임노동(賃勞動)의 판매자단체라고 할 수 있다. 개개의 노동자가 분산

적으로 자신의 노동력을 판매하는 대신에 노동시장에 등장하는 판매자를 가능한 한 하나의 큰 조합으로 조직하고 통일된 임금 및 기타 노동조건과 통일된 의사에 의해 진퇴할 수 있는 집단으로 통합함으로써 노동자의 노동력을 가능한 한 유리한 조건으로 상대방에 요구하려고 하는 것이다.

이러한 경제적 활동과 노동조합은 정치적 영역에서까지 그 활동범위를 넓혀 왔다. 노동조합의 정치적 활동은 노동자들의 경제적 이익을 증대시켜 줄 수 있을 뿐만 아니라 그 자체로서 노동자의 정치적·사회적 지위를 개선시키는 데 도움이 될 수 있기 때문이다.

노동조합의 역사는 자본주의의 역사와 함께 시작한다. 따라서 그것은 자본주의의 발전에 따라 그 기능 및 목적에 변천을 보이면서 발전해 왔다. 대체로 선진자본주의국에서 노동조합은 초기의 자유경쟁자본주의시대의 소수의 숙련노동자로 구성된 직업별조합 craft union에서 독점자본주의 단계에서의 산업별조합 industrial union 으로 발전해 왔다. 공장제도가 아직 충분히 발전하지 않고 매뉴팩처가 지배적이었던 자본주의 초기에는 노동자 개인의 숙련이 중요시되고, 숙련노동자가 되기 위해서는 오랜 기간의 훈련을 필요로 했기 때문에 숙련노동자를 기반으로 하는 직업별조합이 형성되었다. 당시 숙련노동자는 상당한 범위에 걸쳐 동종의 직장을 이동하고 이동을 통해서 서로 접촉을 가짐과 동시에 자신들의 직업을 둘러싼 고용조건에 대해서 공통의 관심을 갖게 되었다.

그러나 19세기 말 독점자본주의 단계에 들어오면서 생산과정에서의 기술적 성격의 급격한 변화, 즉 기술혁신에 따라 종래의 숙련직종이 해체되고 반숙련·미숙련 노동자층이 광범위하게 형성되었다. 종래의 숙련노동자 중심의 조합활동으로부터

소외된 이들 반숙련·미숙련노동자들은 자신의 열악한 노동조건을 개선하기 위해 조직화를 시도하여 산업별조합의 성립을 보게 되었다. 이 후 산업별조합은 후기자본주의에서의 노동조합조직의 가장 일반적인 형태로 되었다. 산업별조합은 직업별조합이 숙련노동자의 산업별 직업의식을 기저로 하는 것과는 달리, 직업과 숙련을 초월하는 노동자의 계급적 연대에 기초하고 있다는 점에서 노동조합의 기능과 목적을 잘 수행할 수 있는 조직형태라 할 수 있다. 산업별조합은 '하나의 대조합 one big union'으로서 전국적 규모의 노동자조직으로 발전·성장함으로써 보다 효과적으로 그 기능을 수행할 수 있다. 우리 나라의 한국노총, 미국의 AFL-CIO, 영국의 TVC, 독일의 DGB 등은 모두 산업별조합의 조직형태를 취하고 있다.

그런데 국가독점자본주의 단계에 들어오면 임금 및 노동조건의 결정에 국가권력이 적극적으로 개입하고 노동자정당이 결성됨에 따라 노동조합의 활동은 다면화한다. 그 결과 노동조합은 한편에서는 경제주의에 서서 개량주의적 방향을 추구하는 보수적 노동조합과 다른 한편에서는 정치활동에도 중점을 두면서 현상변혁적 사상을 기본노선으로 하는 혁신적 노동조합으로 분열되어 갔다. →노동운동

〔참고문헌〕 Wedd, S. & B., *History of Trade Unionism*, 1894, rev., ed., 1920; Cole, G. D. H., *An Introduction to Trade Unionism*, 1953.

노동집약도 勞動集約度

생산 1단위에 소요되는 투하노동력의 비율을 말한다. 산업별로 본래 나타나는 집약도의 차이와 기계화의 진행상황의 차에 의한 집약도의 차이가 있는데, 노동집약도라고 하면 보통 전자를 의미한다. 노동의 집약도를 가능한 한 저하시키는 것이 생산성 향상에 연결되는 것이고 또 노동집약도가 낮은 산업구조로의 개선이 경제의 고도화에 연결된다고 보아야 한다.

노무관리 勞務管理 labour management, personnel administration

경영관리의 한 분야로서 개별기업이 그 노동력을 가장 효율적으로 사용하기 위해 행하는 여러 시책의 총칭이다. 일반적으로 인사관리와 협의의 노무관리로 나뉜다. 인사관리는 생산과정에서의 노동력의 능률적 이용에 직접적으로 관계되는 시책이며, 작업현장에서의 노동력의 현실적 이용에 관한 작업관리와 노동력의 조달에 관계되는 협의의 인사관리로 되어 있다. 즉 인사관리의 기능은 구체적으로는 노동자의 채용·배치·교육훈련·노동조건·작업환경·보건·안전 등에 관한 합리적 방책을 강구하는 것이다. 이것에 대해 협의의 노무관리는 생산과정 밖에서 노동자의 인격에 관심을 기울임으로써 생산의 기계화가 가져오는 노동자의 비인간화를 극복하고 노동자의 노동의욕을 향상시키려고 하는 시책이다. 협의의 노동관리의 기능으로서는 노동조건의 적정화, 복지·후생에 관한 시책 및 여러 가지의 노사협조방책 등을 들 수 있다.

*노사관계 勞使關係 union-management relations

I. 정 의 넓게는 노동자와 자본가·경영자 사이에 보여지는 지배·피지배관계를 말하며 기본적으로는 계급관계이다. 그러나 노사관계는 계급관계 일반이 아니고 그것에 기초해서 발생하는 집단으로서의 노동자와 자본가·경영자와의 관계로서 이해되고 있다. 구체적으로는 노동력의 매매 및 그 교섭을 둘러싼 노동조합과 개

별적인 자본가·경영자 혹은 그 단체와의 관계이다.

Ⅱ. 구조와 기능 피고스와 마이어스 Pigors, P. & Myers, C. A. 는 노동조합과 단체교섭에서 자본가·경영자가 취하는 태도·방침으로서 단계적으로 다음 네 가지의 유형을 들고 있다. ① 전투형 ② 무장평화형 ③ 협의형 ④ 협력형이 그것인데, 그 중 가장 일반적인 것이 무장평화형이라고 지적하고 있다.

노사관계가 기본적으로 계급관계인 한 이것은 당연하다. 확실히 노동조합은 본래적인 임금·노동조건의 유지·향상에 머물지 않고 단체교섭을 통해서 끊임없이 생산·재무·인사 등 소위 경영권의 영역에 침투하려고 하고, 이것에 대해 자본가·경영자는 더 많은 잉여가치생산을 순조롭게 지속시키기 위한 불가결의 조건으로서 통상적으로 노동조합의 무력화(無力化)를 꾀한다. 노사관계는 극단적인 전투형에서 노동조합의 성장과 함께 무장평화형으로 진화한다. 그렇지만 자본가·경영자는 그들의 필요에 의해서 노사관계를 다시금 협의형·협력형으로 이질적 진화를 시도하게 된다. 제1차대전 후, 특히 제2차대전 후 독점자본주의의 고도화에 따라 여러 가지의 협의형·협력형 노사관계가 나타났던 것은 이 때문이다. 결정권은 경영측에 보류시킨 채로 노동조합원인 노동자를 개별적으로 경영에 참가시키기도 하고 혹은 조합단위로 경영에 참가시키는 것에 의해 계급관계를 은폐하려고 하는 것이 그 목적이며 그것은 계급으로서의 노동자에게 행해진 자본공세라 할 수 있다. 종업원지주제도 employee stock ownership 나 노동주제도 labour stock system 등에 의한 자본참가 혹은 이윤분배제도 profit sharing system 등에 의한 이익참가는 노동자의 경영참가로서 잘 알려져 있지만, 노동자의 이익 혹은 노동조합이 경영 그 자체에 직접 참가하는 종업원대표제도, 경영협의제도, 역원(役員)파견제도 등도 협의형·협력형 노사관계가 제도화된 것으로 잘 알려져 있다.

그런데 이것들 모두를 단순히 자본공세라고 할 수는 없다. 노동조합의 경영권침투의 한 수단으로서 혹은 노동권방위의 한 수단으로서 생긴 것이라 할 수 있다. 예컨대 1920년대 미국의 노사협력제도는 조합무력화정책의 성과로 보아야 할 노사협의제도에 비해서 조합조직의 방위, 단체교섭기능의 회복을 목적으로 생긴 것이며, 또한 독일에서의 1920년의 경영협의회법은 노동자의 계급적인 우위를 배경으로 소위 바이마르 체제하에서 생긴 것이다. 그러나 제2차대전 후, 협의형·협력형의 노사관계에 의한 전반적인 노사관계의 안정은 자본가·경영자의 절실한 요구로 되고 있다. 미국의 선도로 일어난 각국의 생산성향상운동이 노동조합과의 협력에 의한 생산성의 향상을 목적으로 하고 있는 것은 이 때문이지만, 독일에서는 철강, 석탄의 두 산업에 대해 공동결정법이, 일반기업에 대해서는 경영조직법이 제정되어 입법조치에 의한 노사관계의 강제적 안정이 도모되고 있다.

Ⅲ. 제 도 노사관계를 경영의 측면에서 노동관계, 종업원관계, 공공관계로 구별할 수 있다. ① 노동관계에는 단체교섭, 협약, 알선, 조정, 중재, 불만처리 등 노동조합과의 직접적인 관계가 문제로 된다. ② 종업원관계는 보통 인사관리의 대상으로 되는 고용, 배치, 훈련, 임금 노동조건, 복지후생, 승급, 승진, 해고, 일시해고 등 노동자와의 직접적인 관계가 문제로 된다. 노동관계는 협의의 노사관계이며, 종업원관계도 그것이 노동조합의 교섭대상인 노사관계에 포괄되며, 나아가서 공공

관계 public relations 로서 광의의 노사관계
로 생각되고 있다. ③ 공공관계에서 문제
로 되는 것은 일반소비자, 주주·출자자,
종업원 등의 이익집단과의 관계이며 그것
은 사회적 존재로서의 기업, 사회적 책임
을 갖는 경영이라는 관점에서 생긴 새로운
노사관계이다. 공공관계는 노사교섭의 영
역을 떠난 현단계적인 노사관계라 할 수
있다. 이렇게 해서 노사관계는 앞에서 서
술한 것처럼 본래 노동조합과 개별적인 자
본가·경영자 혹은 그 단체와의 관계이지
만, 거기서 출발해서 자본주의를 둘러싼
체제적인 문제로 발전한다. 이에 따라 인
간관계 human relations 가 노동관리의 주
요수단으로 되고 협의형·협력형의 노사
관계가 자본주의 그 자체의 요구로 된다.
또한 법률도 이 요구에 부응하여 노동자에
있어서 기본적인 단결권, 단체행동권을 근
대적으로 제한하려고 한다. →노동관리

[참고문헌] Pigors, P. & Myers, C. A., *Personnel Administrations*, 1956; Slichter, S. H., *Union Policies and Industrial Management*, 1941; Slichter, S. H., Healy, J. J. & Livernagh, E. R., *The Impact of Collective Bargaining on Management*, 1960.

노스 North, Douglass (1921~   )
미국의 경제학자로서 현재 워싱턴대학
교수로 재직 중이며 과거의 문헌과 자료를
토대로 경제사를 계량적으로 새롭게 접근
한 연구방식에 대한 공로를 인정받아 1993
년도 노벨경제학상을 수상하였다.
그는 경제사 중에서도 특히 경제제도의
변천에 가장 많은 관심을 기울여 왔다. 즉
미국과 유럽의 장기적 발전사 속에서 제도
와 조직의 변화가 경제성장에 어떤 영향을
미쳐왔는가를 분석하여 신제도학파의 창
시자로 손꼽히고 있다. 그가 1990년에 출
간한 「제도, 제도의 변화 그리고 경제적
성과」는, 왜 어떤 경제는 부유하게 되고

다른 경제는 가난하게 남아있는가 하는 근
본적인 이유가 바로 제도의 변화와 개혁을
어렵게 하는 이념적인 또는 비경제적인 요
인에 있음을 지적하고 있다. 즉 경제성장
에 중요한 역할을 하는 제도에 대한 분석
이 없이는 결코 인류의 역사를 지배해 온
성장의 논리를 이해할 수 없다는 주장이
다.
그의 연구에 따르면 중세로부터 18세기
에 서유럽의 경제발전이 보여 준 것은 상
대가격의 변화와 인구성장률의 변동이 제
도의 변화를 초래해서 장기적인 경제발전
이 가능했던 것이지 기술발전만으로는 이
것이 이루어질 수 없다는 것이다. 역사적
으로 새로운 제도가 생겨나는 것은 한 사
회의 특정집단이 소득을 높일 수 있는 가
능성을 발견했을 때 가능하며 기존제도의
요소들은 이러한 변화를 저지해 왔다. 예
를 들어 영국과 네덜란드에서 급속한 산업
혁명이 가능했던 것은 길드와 같은 보수적
인 제도가 약화된 데 있었으며 당시 스페
인과 달리 이들 나라에서는 사유재산제도
가 있었기 때문에 장기적인 경제발전으로
연결될 수 있었다고 본다.
이 분야는 다소 생소하기 때문에 사회일
반으로부터 그다지 많은 관심을 모으지는
못했으나 그의 노벨경제학상 수상은 제도
개혁과 경제활성화를 통해 선진경제권 진
입을 달성하려는 국가들이 어떻게 성장전
략을 수립해야 하는가에 대해 시사하는 바
가 크다.

노예제도 奴隸制度 slavery
역사발전 단계에서 원시공동체가 해체
되면서 나타난 것이 노예제 생산양식이며
그 전형은 고대 그리이스·로마에서 나타
났다. 노예제는 먼저 가부장제 대가족 안
에서 가내노예가 발생하는 것에서 비롯되
지만 그것은 아직 대가족공동체의 일원으

로 사회전체적 생산의 기초가 되고 있지는 않았다. 노예제를 일반화하는 데에는 일정한 수준의 생산력의 발달, 사회적 분업 및 교환의 발전이 필요했다. 농업·목축·수공업분야에서 생산력이 증가됨에 따라 노예노동은 확대되고 교환의 확대는 상품·화폐의 발전과 도시의 형성을 가져왔다. 또한 사회적 분업에서 상인계급이 분리됨에 따라 고리대업이 생기면서 채무노예가 생겨났다. 이리하여 노예제 생산양식의 확립을 보게 되었다. 여기에서 사회는 자유민과 노예로 나누어지고, 자유민은 시민으로서의 권리를 가지며 이들도 대노예소유자와 소생산자(농민·수공업자)로 구성되어 있었다. 그런데 이 시기의 가장 중요한 노예공급원은 전쟁포로와 피정복국의 주민 및 속주(屬州)나 식민지와의 노예매매였다.

이렇게 해서 이루어진 노예제의 특징은 직접적인 생산자인 노예가 단지 '말하는 도구'로서 생산수단과 함께 노예주에게 소유되고 있다는 점이다. 또 노예의 노동은 강제적이고 전 생산물은 노예주의 소유가 되며 노예에게는 약간의 생활필수품밖에 주어지지 않았다. 노예제는 원시공산제에 비해 사회적 생산력을 한층 발전시켰다. 단순협업에 의해 고대의 거대한 건조물이 만들어졌으며 사회적 분업은 한층 심화되고 생산력이 증대되었다. 고대 그리이스의 대제작소였던 에르가스테리온 ergasterion 이나 로마의 대귀족이 소유한 라티푼디움 latifundium(대소유지)에 의한 대농장의 발전은 바로 이러한 노예노동에 기초하고 있었다. 노예제의 발달에 따라 상업이 큰 역할을 하게 되어 마침내 상업자본과 고리대자본이 크게 발전하였다. 이들 자본은 노예제에 기생하여 소생산자를 몰락시키고 채무노예의 발생을 촉구했다. 이미 발생하고 있던 도시는 노예소유자나 상인고리대금업자·국가관리가 집결·활동하는 중심지로 더욱 발달하여 농촌과 분리되고 양자의 대립을 격화시켰다. 그리스 도시국가나 로마제도(帝都)에서 그 전형을 보게 되는 이 도시는 소비경제 중심의 생활, 자유민의 민주주의의 장으로 되었다.

이와 같이 노예제는 생산력의 발전과 인류문화의 개화를 가져왔으나 대토지소유자와 소생산자간의 알력, 노예의 도망, 무장봉기 등 내부적 모순의 심화로 차차 쇠퇴의 길을 밟았으며 다시 외부세력의 압력, 특히 게르만 민족의 침입으로 고대로마 노예제는 붕괴되고 봉건제사회가 나타나게 된다. 그런데 우리 나라에서의 노예제사회의 존재여부에 관한 문제는 아직도 논쟁의 대상으로 되고 있다. 노예제사회의 존재를 인정하는 입장에 의하면 노예제는 삼국시대에 가장 발전된 단계에 이르렀으며 그 말기부터 쇠퇴하여 농노제사회로 이어진다는 것이다. 이의 존재를 부정하는 입장은 삼국시대나 신라 및 고려시대에도 신분적인 개념의 노예는 다수 존재했으나 그들의 대부분은 가내노예였고 경제적 의미의 노예는 아니었다고 한다. →라티푼디움

노이만 Neumann, John von (1903~1957)

헝가리 태생으로 원래 수학자였으나 몇 가지 경제분야에도 큰 공헌을 세웠다. 베를린, 부다페스트, 쮜리히의 각 대학에서 수학하고 베를린대학 사(私)강사를 거쳐 미국의 프린스톤대학으로 옮겼으며 동대학 고등연구소의 수학교수를 역임한 바 있다. 수학계에서는 히르벨트 공간의 추상화, 연속기하학 등의 업적으로 유명하며 경제학계에서는 모르겐슈테른 Morgenstern, O. 과의 공저 「게임이론과 경제행위」 및 「일반균형성장모형」 등으로 널리 알려

져 있다. 또한 전자계산기의 발달에 관해 서도 프로그램 내장 stored program 의 착상 등 많은 공헌을 한 바 있다.

〔주 저〕 *Theory of Games and Economic Behavior*, 1944; "A Model of General Equilibrium", *Review of Economic Studies*, XIII, No. 1, 1938.

녹다운 수출(輸出) knock down export

부품·반제품 형태로 수출한 것을 그 수입지에서 조립하여 완성품으로 다시 수출하는 무역방식을 말한다. 수송·운반기기 등과 같은 플랜트류의 수출상품이 주로 이 수출방식을 택하고 있다. 녹다운 수출의 경제적 효과를 양쪽 교역국의 입장에서 살펴보면 다음과 같다. ① 수입국의 입장에서는 노동자고용이나 제품조립에 필요한 다량의 물자조달이 가능하고 관련산업을 발달시킬 수 있어 공업화를 촉진하는 경제적 효과를 기대할 수 있다. ② 수출국의 입장에서는 수입국의 완성품에 대한 수입제한·관세장벽 등의 제약을 벗어날 수 있다는 이점이 있다. 뿐만 아니라 부품형태로서 수출되므로 운임·관세가 낮고 수입국을 전략적 거점으로 하여 다른 시장에 진출할 수가 있으며 현지의 낮은 세제·노동력·원재료 등을 활용할 수 있어 마케팅, 코스트 면에서 유리하다는 이점이 있다. 이와 같은 부품수출에 의한 현장조립의 KD(knock down) 방식은 자국의 생산을 보호·육성한다는 입장에서 특히 개발도상국가에서 주로 이용되고 있다.

녹색혁명 綠色革命 green revolution

수확량이 많은 개량종을 도입하여 식량의 증산을 도모하는 농업정책을 말한다. 1960년대의 중반부터 미국을 중심으로 한 각지의 농업연구소에서 소맥, 쌀, 옥수수 등의 품종개량이 실시되어 식량부족에 번민하던 개발도상국이 이것을 적극적으로 도입, 동지역의 농업생산에 획기적인 역할을 다하고 있다. 특히 동남아시아에서는 필리핀에 있는 IRRI(국 제도(稻)연구소)를 중심으로 '기적의 볍씨 miracle rice'라 불리우는 벼의 최고수확품종이 탄생되어 이것이 아시아 국가들의 식량자급체제의 확립에 기여하고 있다. 그러나 한편에서는 개량품종은 병에 약한 결점을 가지고 있어 그 도입에는 비료, 농약을 대량으로 필요로 하기 때문에 가난한 농민에의 보급은 그리 진척되지 않았다. 또 이런 관계로 농촌에서 빈부의 격차가 생겨 농촌인구가 도시로 유출되는 문제도 제기되고 있다.

녹색회계제도 綠色會計制度 green accounting

환경경영제도의 대표적 수단으로써 기업이 비용편익분석을 통해 환경지출에 따른 비용과 편익을 과학적으로 추정하는 방법이다. 특정 기술이나 제품, 기업활동 및 정부규제가 유발하는 환경영향을 경제적으로 평가하는 데에 활용된다. 비용편익분석은 기술, 제품, 기업활동이 환경에 미치는 경향을 경제적 가치로 환산할 수 있게 한다는 점에서 환경친화적 산업구조, 기업경영, 소비행태를 분석하고 평가하는 지표를 만드는데 필요한 기초자료를 제공할 수 있다. 제품이나 기업활동의 환경적 영향을 화폐가치로 평가한 결과는 정부가 환경관련 각종 부담금제도를 추진하는 토대로 사용되거나, 소비자가 제품 및 기업에 대한 환경정보를 확보하는데 활용될 수 있다. 또한 정부나 공공기관의 산업기술 지원할 때 다양한 기술적 대안에 대한 평가과정에 활용함으로써 기술적 대안의 경제적 가치뿐만 아니라 환경적 가치를 통합하여 고려할 수 있다. 아울러 정부규제 도입에 따른 비용과 편익을 산정할 때 규제로 인한 환경적 영향을 경제적 측면에서 평가할 수 있는 방법론을 제공하게 된다.

그 외 환경비용편익분석 기법은 쓰레기봉투 가격, 매립지 반입료, 소각장 반입료, 재활용산업 지원범위, 상·하수도 이용가격, 환경피해와 관련한 보험상품의 보험료 결정 등에 유용하게 활용할 수 있다.

농가구입가격지수·농가판매가격지수 農家購入價格指數·農家販賣價格指數 ☞패리티지수

농노 農奴 serf

봉건제사회에서 봉건영주의 신분적 지배하에 직접적 생산을 담당하였던 피지배계급을 말한다. 농노는 고대의 노예보다는 인격적으로 자유로우나 토지에 긴박(緊縛)되어 경제외적 강제에 의하여 영주에게 봉건지대를 납부하였다. 각국의 봉건제의 구조는 지역 또는 시대에 따라 상이하며 이에 대응하는 봉건적 토지소유의 자기실현의 방법인 노동지대·생산물지대·화폐지대의 실현방법도 상이하였고 직접적 생산자인 농노의 사회·경제적 지위도 다르게 나타난다. 이것들을 총괄하여 봉건지대를 지불하는 농민을 농노 또는 예농범주(隸農範疇) Leibeigenschaft, Hörigkeit 속에 넣는 것이지만 일반경제사의 통례적 표현에 의하면 인격적으로 부자유스러운, 주로 노동지대(勞動地代)의 단계에 대응하는 농민을 협의의 농노 또는 체복(體僕) Leibeigene, homme de corps, serf 이라 하고, 인격적으로 그 보다는 약간 향상되고 생산물지대 또는 화폐지대를 납부하는 농민을 협의의 예농 Hörige, vilian franc 이라고 한다. 이러한 구분은 지대부담의 경중에 따르는 것이나 형식적으로 지대수취의 방법에 근거를 두는 구분이며 이는 농민의 사회적 신분규정에 관계되는 것이다. →봉

건제

농민층의 분해 農民層의 分解 differentiations of peasantry

하나의 통일적 계층을 이루는 농민상호간에 계층적 격차를 만들어 내는 사회적 상승·하강운동을 말한다. 이 운동과정에서 생산·재생산되는 계층관계의 차이에 의해 농민층의 분해는 봉건적 분해와 자본주의적 분해로 구별되지만 경제사에서 특히 문제가 되는 것은 후자이다. 농민층의 자본주의적 분해의 기점은 봉건사회의 해체과정에서 일반적으로 출현하는 소상품생산자로서의 소농민경영이다. 이 농민경영은 노동력을 위시한 생산수단의 대부분을 경영내부에서 자급할 뿐만 아니라 생산물 중 잉여부분을 상품으로 방출하는 반자급적인 경영이지만 판매에 의한 이윤이 자본으로서 경영확대에 투하되는 조건이 갖추어졌을 때 이러한 소농민층의 분해가 시작된다. 이 때 소농경영의 자급경제적 요소를 지탱하고 있던 촌락공동체의 규제가 해체되고, 자유경쟁에 바탕을 두는 상품경제의 법칙이 관철되게 됨으로써 이러한 분해가 결정적으로 일어나게 되었다고 할 수 있다. 그 결과 경쟁의 승자는 축적한 자본을 토지집적·경영확대를 위해 투하하여 타인의 노동력을 고용하는 부농 내지는 농업자본가로 되고 반면에 경쟁의 패자는 일체의 생산수단을 잃고 임금노동자로 전락하게 되었다.

이와 같이 농민층의 분해는 농업에서의 자본주의적 생산의 성립과 아울러 근대적 임금노동의 창출을 의미하는 것이 보통이다. 특히 농민층의 분해는 노동력공급의 가장 중요한 원천 중의 하나를 제공한다. 우리 나라 농민층의 분해의 기점은 일반적으로 일제하 토지조사사업(1910~1918)이라 할 수 있다. 토지조사사업의 결과 일제

의 토지수탈에 의해 토지를 상실한 광범한 농민층은 소작농으로 전락하거나 근대적 임금노동자로서 도시로 압출(壓出)되어 당시 일본독점자본의 식민지초과이윤의 달성에 기여하였던 것이다. →토지조사사업

농산물가격 지지제도 農産物價格支持制度 farm price-support system

1933년 미국의 민주당 정부는 농업조정법 AAA 을 제정하였다. 즉 농민은 농산물의 시장가격이 융자가격 이하로 하락하였을 때에는 상업신용회사 Commercial Credit Company(C. C. C.) 에 가져가고 시장가격이 융자가격 이상으로 상승하였을 때에는 차입금을 반제(返濟)하고 담보한 농산물을 유리한 시장가격으로 매각할 수 있는 조건을 제시하였다. 따라서 C. C. C.의 융자가격은 농산물의 최저가격을 의미하고 일반적으로 지지가격이라고 불리운다. 이 제도는 농산물가격의 안정, 특히 경기후퇴시 농가소득의 유지에 공헌하였다. →지지가격

농업혁명 農業革命 agricultural revolution

농업에 있어서 토지소유·농업기술·농업경영방식 등의 급격한 변화를 말하며 일반적으로는 자본주의적 농업의 확립을 의미한다. 이러한 농업혁명은 영국에서 전형적으로 이루어졌는데 영국은 16세기와 18세기의 두 차례에 걸친 농업혁명으로 봉건적 토지소유제는 근대적 토지소유제에 의해 완전히 대체되었다. 그 과정을 보면, 18세기 말부터 시작한 인클로저 enclosure 운동 이후에 상품작물이나 목초재배기술의 개량, 발명에 의한 휴경지의 이용, 신경작법, 윤작법 등의 신기술과 새로운 경영방법의 발달에 의하여 농업생산력이 비약적으로 증대하였다. 이 신농업경영에는

종래보다 더 많은 자본이 필요하게 되므로 경제력이 약한 독립자영농업민층의 대부분은 몰락하여 농업노동자계급을 형성하였다.

크롬웰혁명의 결과 봉건적 토지소유가 타파되고 근대적 지주계급이 발생하였는데, 차지(借地)농업자가 지주의 토지를 차용하고 다수의 농업노동자를 고용하여 근대적 농업경영을 함으로써 자본주의적 농업이 확립되었다. 그런데 프러시아에 있어서는 농업근대화의 주도권을 봉건적 지주계급이 장악하고 있었으므로 농업혁명은 완전하게 이루어지지 못하고 영국과는 상이한 길을 걷게 되었다. 자본주의 성립기의 농업혁명의 결과 지주 대 소작인의 직접대립의 생산관계가 농업자본가 대 농업노동자의 직접 대립관계로 발전하고 농업노동자와 지주와의 관계는 지주가 단순한 지대수취자로 전화함으로써 간접적 대립관계로 바뀌어진다.

이와 같은 생산관계의 변혁은 물론 일정한 농업생산력, 즉 농업용 기계·기구의 발달을 전제로 한다. 그러므로 결국 농업혁명은 농업에서의 생산력과 생산관계의 총체적인 변혁발전을 의미하게 된다. 그러나 이와 같은 변혁은 봉건적 토지소유제도의 해체와 자유로운 소농민생산을 뒷받침하는 농민적 토지소유형태의 확립이 없이는 불가능하다. 이런 의미에서 토지혁명은 농업혁명의 출발점을 이룬다. 보통 농업혁명이 토지혁명과 동일한 것으로 규정되는 이유는 여기에 있다. 그런데 이상과 같은 자본주의적 농업혁명에 대하여 사회주의적 농업혁명이 있다. 사회주의적 농업혁명은 일정한 농업생산력의 발전의 기초 위에서 토지사유의 해체, 토지국유화를 통해 사회적인 노동방법에 의한 공동적인 농업경영을 확립하는 과정이다. 1917년의 10월혁명 이후 소련의 농업공동화과정 및 중국

의 인민공사운동 등이 이에 해당된다. →
인클로저, 구츠헤르샤프트

누진세·비례세·역진세 累進稅·比例稅·逆進稅 progressive tax·proportional tax·regressive tax

담세능력이 증가함에 따라 과세율이 증가·일정 또는 감소하느냐에 따라 조세를 누진세·비례세 또는 역진세로 구분한다. 소득세, 법인세, 간접세는 각각 누진세, 비례세, 역진세의 대표적인 예이다.

일반적으로 조세부담의 형평의 도모라는 관점에서 누진과세의 원리가 옹호되고 있다. 누진과세의 원리는 스미스 Smith, A.에게 까지 거슬러 올라가는데, 그것을 정당화하는 근거로는 한계효용체감의 법칙이 제시되었다. 즉 고소득의 한계효용은 저소득의 한계효용보다 작으므로 고소득계층에게 보다 높은 과세율을 적용하여도 사회적 후생에는 적어도 손실이 초래되지 않는다는 논의가 그것이다. 그러나 누진세의 효과를 사회적 후생의 관점에서 분석하기 위해서는 사회적 후생함수가 먼저 전제되어야 하며, 이것은 다시 효용의 가측성 (可測性)문제로 귀착된다. 그러나 어떤 조작적인 의미를 갖는 사회적 후생함수를 상정하는 것이 일반적으로 불가능하므로, 어느 소득수준부터 어느 소득수준까지 얼마의 세율로 누진과세를 적용할 것인가에 대해서는 해결책을 찾기 어려운 실정이다. 게다가 가령 누진과세와 사회적 후생간의 관계를 정식화하여 그로부터 세율을 찾을 수 있다고 하더라도, 그것이 생산 및 고용에 미치는 효과 특히 유효수요에 대한 영향도 또한 고려하지 않으면 안된다. 왜냐하면 세율조정은 소득분배를 변화시키기 때문이다.

빅크리 Vickrey, W.는 이상과 같은 모든 난점이 해결되지 않는 이상 누진세율의 단계를 설정하는 데 있어서 큰 격차를 두지 않는 편이 합리적이라는 견지에서, 과세표준이 증대함에 따라 한계세율은 체증하나 100%보다는 작아야 한다는 조건을 충족시키는 산식을 제시하고 있다. 즉 m을 한계세율, x를 순소득 또는 순상속재산(세금포함), E를 공제액, b를 누진강도를 결정하는 임의의 파라미터라고 하면,

$$m = 1 - (1-b)\left(\frac{x}{E}\right)^{-b}$$

의 식에 따라 세율을 결정하는 것이 바람직하다고 주장한다. 그러나 이 식이 사회적 후생에 대해서는 전혀 아무 것도 명료하게 언급하지 못하고 있다는 것은 말할 나위도 없다.

이상에서 누진과세를 사회적 후생과 관련해서 분석할 뚜렷한 이론이 아직까지 존재하지 않는다는 것을 지적하였다. 그러나 우리 나라와 같이 역진세의 성격을 갖는 간접세가 조세수입에서 차지하는 비중이 너무 크면 저소득층에게 상대적으로 보다 무거운 조세부담이 가해지므로 이를 보완할 사회복지정책이 절실히 요청되는 것이다. →직접세·간접세

뉴딜정책(政策) New Deal Policy

트럼프의 카드를 새로 나누어 준다는 뜻에서 1933년 대불황시 대통령에 취임한 루즈벨트 Roosevelt, F. D.가 미국정부의 경제정책을 일신(一新)할 의도로 사용한 정책이다. 최초에는 머래이 Murray, R. 등의 영향을 받아 국내대책 제1주의, 경제활동에의 정부개입의 강화, 자유경쟁주의의 수정 등 3원칙을 내세웠으나, 사태진전에 따라 경제정책은 많은 유연성을 가지고 조정되어 갔다. 초기의 전국산업부흥법 NIRA과 농업조정법 AAA은 최고재판소에 의하여 위헌판결을 받아 좌절되었고, 정책은 점차 지출정책을 주축으로 하는 방향으로

전환하여 갔는데 전체를 통해서 테네시 하역개발법, 전국노동관계법, 공정노동기준법과 같은 사회개혁적 성격을 지닌 입법도 추진하였다. 1938년 이후에 특히 루즈벨트는 반독점의 기치를 들고 후세에 중요한 자료를 남긴 임시전국경제조사위원회 TNEC를 조직하기도 하였다. 오늘날 뉴딜정책이라 함은 1933년에서 1940년경까지의 루즈벨트대통령 임기 제1기 및 제2기의 경제정책을 총칭한다.

뉴메레르 numéraire

가령 한 사회내에 n종의 재화(소비재는 물론 채권·주권 및 각종 생산재 포함)가 있다고 하자. 그 중 하나의 재화, 제1재(소맥이라 하자)를 화폐재로 하면, n종의 재화의 가격은 제각기 그것과 교환되는 소맥의 분량으로 표시할 수가 있다. 이 경우에 가치척도의 구실을 하는 제1재(소맥)를 왈라스의 뉴메레르라 한다. 이 때 제1재의 가격인 소맥 1두는 언제나 소맥 1두와 교환된다는 의미에서 그 교환비율, 즉 가격은 1이 된다. 그러면 왈라스의 일반균형모형에서 n개의 재화가격 중 이미 제1재의 가격은 1로 정해져 있으므로 나머지 $n-1$개의 가격만이 결정되어야 할 미지수로 남는다. →일반균형이론

다각결제 多角決濟 multilateral compensation

쌍무(雙務)결제에 대립되는 용어로서 여러 명의 관련자 사이에 채권과 채무의 결제가 이루어지는 것을 말한다. 즉 어음교환소에서 개개의 은행이 상호간의 청구권을 결제하는 것이 그 예이다. 은행 A가 은행 B에 10만원, 은행 C에 5만원, 한편 은행 B는 은행 C에 3만원, 이와 같이 서로 채무를 지고 있다고 가정하면 정산한 결과 은행 A는 타은행에 합계 15만원의 순채무를, 은행 B는 순채권 7만원을, 그리고 은행 C는 순채권 8만원을 가지고, 이 때 관계자 전부의 채권과 채무를 실제 잔고에 통합하여 단일지불에 의해 채권, 채무를 결제하면 이것은 개별적인 거래보다 매우 편리하며 또 경제적이다. 특히 결제량이 많은 관계자들은 더욱 그러하다. 영국의 경제학자 케인즈 Keynes, J.M.는 1943년에 국제적 다각결제를 제안한 바 있다. →다각무역

다각무역 多角貿易 multilateral trade

두 나라 사이에서만 수출입을 균형시키려 하는 쌍무무역 bilateral trade은 상호간 수지균형을 지나치게 강조하기 때문에 무역액은 위축되지 않을 수 없다. 따라서 세 나라 이상 다수국가간에 무역이 행해지면, 그 중 2국간의 무역이 비록 불균형이 된다

하더라도 그 불균형이 제3국과의 무역으로 해소될 수 있기 때문에 전체로서 각국의 무역량은 증가한다. 이러한 방법의 무역을 다각무역이라 한다.

다각무역에는 다각결제제도가 수반된다. A국이 B국에 대하여 수취초과이고 C국에 대하여는 지불초과일 경우, B국에 대한 채권으로 C국에 대한 채무를 지불하는 등과 같이 관계국이 많으면 많을수록 채권채무관계는 복잡화되는 경향이 있지만 수출입 규모는 증가한다. 이것은 제2차 대전 후에 무역정책의 목표가 되어서 구제국간에 널리 행하여 졌고, 다각결제제도는 구주결제동맹 EPU으로 결실되어, 다각무역과 다각결제는 서구의 경제부흥에 크게 기여하였다.

*다국적기업 多國的企業 multinational enterprise

국제직접투자의 한 특수한 형태로서 단순히 해외에 지점 또는 자회사를 두고 있는 것이 아니라 현지국적을 취득한 현지법인으로서의 제조공업 또는 판매회사를 가지고 있으며, 현지의 실정과 모회사의 전략에 따라 움직이고 공통적인 풀 pool에서 자본, 경제 및 기술자원을 공급받는 범세계적인 조직망을 가지는 기업조직 또는 그 기업조직의 일환이다. 세계기업, 국제기업 또는 초국적기업과 동의어로 사용되기도 한다.

이러한 다국적기업이 출현하게 된 배경은 특히 미국의 수출촉진을 위한 자유화의 추진과 이에 따라 미국기업이 EU 역내로 진출한 데서 찾아볼 수 있다. 즉 미국기업은 EU 역내에 제조공장을 설립하여 그들의 판매시장을 확대하려고 하였다. 이와 같은 미국의 거대기업의 전략은 다국적기업의 증가를 가져왔고 해외에 있어 생산

및 판매활동을 강화시키는 최대의 원동력이 되었다. 다국적기업의 해외진출의 일반적 유인은 다음의 3가지 유형으로 정리할 수 있다. 즉 ① 생산요소지향형 ② 시장지향형 ③ 자연자원지향형이 그것이다. 이러한 다국적기업의 해외진출은 그 3분의 2가 미국계 기업이다.

다국적기업의 역할을 긍정적으로 평가하는 경우 이는 자본과 인력을 효과적으로 동원하며 국제적인 기업의 성과로 나타난 기술을 통합하는 데 공전의 효율을 발휘했다고 본다. 반면에 다국적기업의 해외진출은 선진제국 사이에 치열한 시장쟁탈전을 가져왔으며 그 과정에서 자본의 국제적 집중이 급속한 속도로 진행되었다. 이러한 독과점의 강화로 인해 발생되는 문제는 한 나라의 국민경제 또는 그 나라의 기간산업이 외국자본의 지배하에 들어가지 않게 되는가 하는 불안감이다. 미국의 다국적기업에 의한 그 나라 국내기업의 지배는 이른바 신식민지화하지나 않을까 우려를 자아낸다. 이러한 외국자본은 특히 저개발국에 대한 경제지배가 우려되어 경계의 대상이 되고 있다. 또한 다국적기업에 의한 거대한 자본이동은 기업내부(자회사에서 모회사로)에서의 교역이 지배적이므로 조정메카니즘을 둔화시키고 자유시장의 운용을 제한함으로써 국제통화위기의 하나의 원인(遠因)이 되고 있다.

다국적기업의 행동양식에 대한 국제적 관심은 1974년 6월 UN 사무총장이 UN 경제사회이사회에 제출한 보고서에서 '다국적기업의 올바른 투자 및 과세의 지침이 될 만한 연구 및 정보가 필요하다'는 의견을 제시함으로써 표면화되었다. 동 보고서의 내용은 다국적기업의 투자가 피투자국의 고용창출에 도움이 되지 않는다는 전제에서 ① 개발도상국에 대한 다국적기업의

투자협정에는 장기적으로 외국인소유권 (주식)을 감축시키는 규정을 포함시킬 것, ② 다국적기업의 해당 국내정치간섭에 엄격한 제재를 가할 것, ③ 다국적기업의 본국과 투자대상국은 인권탄압 및 인종차별정책에 관한 UN안보리의 결의를 위반하지 않도록 적절한 조치를 취할 것 등이 포함되어 있다. 현재 우리 나라에 들어와 있는 다국적기업형태의 회사로는 Gulf, Caltex, Ford, GM(Korea), IBM, Motorola, Westinghouse, Pepsi, Cocacola 등 미국계를 비롯하여 일본, 서구 등의 많은 기업들이 있다.

〔참고문헌〕 Kindleberger, C. P., *International Economics*, 1953; Behrman, J. M., *Some Patterns in the Rise of Multinational Entreprise*, 1968.

다부문성장론 多部門成長論 multisectoral theory of growth

경제를 농업·공업이라든가, 제 1 차산업·제 2 차산업·제 3 차산업이라든가, 생산수단 생산부문·소비자재 생산부문이라든가 하는 등등의 몇 가지 부문으로 구분하여 부문간의 관련을 생각하면서 성장을 분석하는 이론을 말한다. 종래의 경제성장에 관한 이론, 예컨대 해로드 Harrod, R. F., 도마 Domar, E. D. 형의 이론은 경제전체의 움직임을 일괄하여 생각하였다. 이것을 거시적 성장론 macro theory of growth 이라고 부른다. 이 이론은 경제내부의 구조와 경제성장의 관련분석이 안된다는 결함이 남아 있었다. 다부문성장론은 이 한계를 극복하려는 새로운 시도이다.

이 이론의 중심되는 관점은 균형성장 balanced growth 혹은 성장균형 growth equilibrium 이다. 균형성장 혹은 성장균형이라는 것은 각부문 생산물간의 상대적 비율을 일정하게 유지하면서 경제가 확대되는 상태를 가리킨다. 이것이 성립되기 위한 조건은 경제의 생산구조가 수확불변 constant returns 의 전제를 충족하는 것이다. 이 전제를 수학용어로 1차 동차성 homogeneity of first degree 이라 부를 때도 있다. 그러나 이러한 균형성장은 각 부문의 구성 여하에 따라 여러 가지가 가능하다. 그 중에서도 가장 바람직스러운 것은 성장율 최대의 균형성장임은 말할 것도 없다. 이 성장율 최대의 균형성장을 최초로 구상하여 분석한 학자가 수학자인 노이만 Neumann, J. 이었다. 그러므로 이것을 노이만균형성장 Neumann model of an expanding economy이라고도 부른다. →경제성장, 턴 파이크정리

다부문승수 多部門乘數 ☞승수이론

다우·존스평균지수(平均指數)
Dow·Jones stock price average

*Wall Street Journal*을 간행하고 있는 다우·존스사에서는 4종류의 주가평균을 산출·공표하고 있다. 이 4종류는 가장 역사가 오래되고 가장 잘 알려진 다우·존스공업주 30종평균 외에 철도주 20종평균, 공공주 15종평균과 이 65종주식의 총평균이다. 다우·존스평균에 채용되는 회사의 주식은 모두 뉴욕 증권거래소에서 상장되어 있다. 당초 다우·존스평균은 각 그룹 내의 주식의 평균가격을 표시하고 있었다. 그러나 주식의 분할이나 평균계산에 채용되는 주식이름의 변경 또는 그 외의 요인이 발생함에 따라 주가의 변동을 보충하기 위하여 어떤 공식이 발명되었다. 다우·존스평균은 오늘에 와서는 벌써 각 그룹에 속하고 있는 주식의 실제

의 평균가격을 표현하는 것은 아니지만
한시간마다의 다우·존스평균이 *Wall
Street Journal*지의 각판에 발표되고 있
다. 그외에 여러 신문은 다우·존스평균의
상락가, 보합, 하락가를 매일 발표하고
있다.

다원상관 多元相關 multiple correlation

하나의 변수(Z)가 다른 두 개 이상의 변
수(X, Y…)에 대하여 어떠한 관계에 있는
가를 생각할 때, 다원상관관계의 문제가
생긴다. 두 개의 변수관계는 단순상관의
문제이다. 예를 들면 어느 상품의 수요량
이 그 상품의 가격과 소득의 크기에 어떻
게 관계되어 있는가 하는 것이다. 다원상
관관계는 둘로 나누어진다. 하나는 편상관
관계(偏相關關係) 또는 부분상관관계이
고, 나머지는 전상관관계(全相關關係)이
다.

① 편상관관계 partial correlation : 지금
하나의 변수 Z가 다른 두 개의 변수 X 및
Y와 관계가 있고, 이것들이 다음 직선방
정식으로 표시된다고 하면

$$Z=a+bX+cY \cdots\cdots\cdots\cdots (1)$$

의 관계식이 성립된다.

X, Y, Z의 산술평균을 각각 Mx, My, Mz
로 하면, (1)식에서

$$Mz=a+bMx+cMy \cdots\cdots\cdots (2)$$

(2)식을 (1)식에서 빼면

$$Z=bx+cy \cdots\cdots\cdots\cdots (3)$$

단, x, y, z는 각각 X, Y, Z의 편차, 즉

$$x=X-Mx,\ y=Y-My,\ z=Z-Mz$$

이다. 지금 (3)식에 최소자승법을 적용하
면, 정규방정식은

$$\Sigma xz=b\Sigma x^2+c\Sigma xy$$

으로 표시되고,

$$\Sigma yz=b\Sigma xy+c\Sigma y^2$$

이 식을 풀면

$$
\left.\begin{array}{l}
b=\dfrac{\Sigma xz\Sigma y^2-\Sigma yz\Sigma xy}{\Sigma x^2\Sigma y^2-(\Sigma xy)^2} \\[3mm]
c=\dfrac{\Sigma yz\Sigma x^2-\Sigma xy\Sigma xz}{\Sigma x^2\Sigma y^2-(\Sigma xy)^2}
\end{array}\right\} \cdots\cdots\cdots (4)
$$

이 된다. 그리고 $\Sigma xy=n\gamma_{xy}\sigma_x\sigma_y$가 성립한
다. 여기에 γ_{xy}는 x와 y사이의 상관계수
즉

$$\gamma_{xy}=\frac{\Sigma xy}{n\sigma_x\sigma_y}$$

이고, σ_x, σ_y는 각각 X 및 Y의 표준편차
즉,

$$\sigma_x=\sqrt{\frac{1}{n}\Sigma(X-Mx)^2}$$

$$\sigma_y=\sqrt{\frac{1}{n}\Sigma(Y-My)^2}$$

이고, n은 통계자료의 개수이다. 이러한
관계를 고려하면, (4)식은 다음과 같이 변
형된다.

$$
\left.\begin{array}{l}
b=\dfrac{\gamma_{xz}-\gamma_{xy}\,\gamma_{yz}}{1-\gamma_{xy}^2} \cdot \dfrac{\sigma z}{\sigma x} \\[3mm]
c=\dfrac{\gamma_{yz}-\gamma_{xy}\,\gamma_{xz}}{1-\gamma_{xy}^2} \cdot \dfrac{\sigma z}{\sigma y}
\end{array}\right\} \cdots\cdots\cdots (5)
$$

이 때 b를 X에 관한 Z의 편회귀계수(偏
回歸係數) partial regression coefficient 라
하며, 이것은 (1)식에서 Y를 일정한 것으
로 할 때의 회귀계수이다. 또 c도 마찬가지
로 X를 일정한 것으로 할 때의 Y에 관한
Z의 편회귀계수이다.

그래서, (1)에 대응하여

$$X=a'+b'Z+c'Y \cdots\cdots\cdots\cdots (6)$$

로, 전과 같이 b'를 구하면,

$$b'=\frac{\gamma_{zx}-\gamma_{zy}\,\gamma_{yx}}{1-\gamma_{zy}^2} \cdot \frac{\sigma x}{\sigma z} \cdots\cdots (7)$$

를 얻는다. 지금 Y가 일정할 때 X와 Z와
의 상관계수를 Y에 관한 X와 Z와의 편
상관계수 partial correlation coeffcient 또는
부분상관계수라고 하며, 이것을 γ_{xzy}로
다시 표시하면 $bb'=\gamma_{xz\cdot y}$

$$\gamma xz \cdot y = \frac{\gamma xz - \gamma xy \ \gamma z}{\sqrt{1-\gamma xy^2}\sqrt{1-\gamma z^2}} \quad \cdots\cdots (8)$$

로 된다. 같은 방법으로 X에 관한 Y와 Z의 편상관계수 $\gamma yz \cdot x$는

$$\gamma yz \cdot x = \frac{\gamma yz - \gamma xy \ \gamma xz}{\sqrt{1-\gamma xy^2}\sqrt{1-\gamma xz^2}} \quad \cdots\cdots (9)$$

가 된다.

② 전상관관계 total correlation : (1)식에서 X와 Y가 함께 변동할 때 이것과 Z사이에 존재하는 상관관계는 전상관계수 total correlation coefficient 또는 다원상관계수 multiple correlation coefficient 로 나타내어진다. 이것을 Rz로 표시하면

$$Rz^2 = \frac{\gamma xz^2 + \gamma yz^2 - 2\gamma xz \cdot \gamma yz \cdot \gamma xy}{1-\gamma xy^2} \cdots (10)$$

이 Rz는 $+1$과 -1의 사이값을 취하며, $+1$에 가까우면 가까울수록 X, Y의 변동과 Z의 변동과는 같은 방향이며, 동시에 밀접한 관계가 있으며 -1에 가까우면 가까울수록 반대 방향으로 점점 밀접한 관계가 있다고 할 수 있다. 그리고 가까울수록 관계가 약해지며, 0이 되면 무관한 것을 뜻한다. →단순상관, 최소자승법

단기 · 장기 短期 · 長期 short-run · long-run

미시분석에서는 기업이 산업에 필요한 기계설비 등의 고정생산요소 fixed factors of production를 변화시키는 것이 불가능한 기간을 단기, 그것이 가능한 기간을 장기라고 한다. 이러한 구분은 순전히 경제분석의 편의를 위해서 개념적으로 설정된 것이며, 그것에 어떠한 시간적 길이가 구체적으로 부여되어 있는 것은 아니다. 단기에서 어떤 기업의 생산물에 대한 수요가 증가하면 그 기업은 기존자본설비의 가동률을 높이거나 또는 원료·노동 등의 가변생산요소의 추가적인 투입 또는 초과작업 overtime works 등을 통해서 대처하게 된다.

이 경우 기존자본설비가 통상적인 수준에서 가동되고 있으면, 생산물의 한계비용은 상승하게 될 것이다. 그 결과 고정생산요소의 투입까지도 증대시킬 수 있는 장기에서는 어떤 기업의 생산물에 대한 수요가 꾸준히 증가해가고 있을 때 기업은 자본설비를 확장함으로써 그에 대처하게 된다. 한편 거시분석에서는, 한 국민경제의 자본스톡이 고정되어 있는 것으로 상정되는 기간을 단기, 자본스톡의 변화까지도 고려되는 기간을 장기라고 한다. 예를 들면 IS-LM곡선에 의한 소득결정분석은 바로 자본스톡이 고정되어 있는 단기에서 유효수요의 변화에 따라 국민소득이 어떻게 변화하는가를 보여 주는 것이다.

반면에 시간의 경과에 따라 어떤 국민경제의 생산능력 productive capacity, 자본스톡, 국민소득 및 고용 등이 어떻게 변화해가는가를 분석하는 경제성장이론은 바로 장기를 대상으로 하고 있는 것이다. 이와 같이 경제분석은 단기 또는 장기에서의 경제활동의 인과관계를 분석하느냐에 따라 단기분석 short-run analysis 또는 장기분석 long-run analysis 으로 나누어진다.

그러나 위의 예에서 언급했듯이, 그것이 미시적 맥락 context에서냐 또는 거시적 맥락에서냐에 따라 같은 단기분석이라 할지라도 그 분석대상과 내용은 크게 달라진다. →단기균형, 장기균형

단기공급곡선 · 장기공급곡선 短期供給曲線 · 長期供給曲線 short-run supply curve · long-run supply curve

수요의 변화에도 불구하고 생산설비규모의 변화가 불가능한 단기에서 상품가격과 공급량의 관계를 나타내는 곡선을 단기공급곡선, 반면에 수요증가에 따라 생산설비규모의 확장이 가능한 장기에서 상품가격과 공급량의 관계를 나타내는 곡선을 장

기공급곡선이라 한다.

먼저 단기공급곡선에 대해서 설명하자. 그림 1에서 SMC, SAC 및 SAVC 는 각각 개별기업의 단기한계비용곡선, 단기평균비용곡선 및 단기평균가변비용곡선이다. 기업가는 완전경쟁에서 상품가격=한계비용이 되는 수준까지 생산·공급하게 된다. 그러나 상품가격이 평균가변비용도 보전(補塡)할 수 없을 정도로 낮은 수준(OP 이하)에 있다면 기업가는 생산을 중단하게 된다. 왜냐하면 생산을 함으로써 고정비용뿐만 아니라 가변비용의 일부까지도 손실을 보기 때문이다. 따라서 SAVC 보다 위쪽에 있는 SMC 의 부분이 바로 이 기업의 단기공급곡선이 된다. 그리고 산업의 단기공급곡선은 단순히 개별기업들의 그것을 수평적으로 합계한 것이 된다.

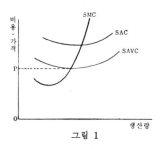

그림 1

다음으로 산업의 장기공급곡선에 대해서 살펴 보자. 그것은 해당산업이 비용증가 increasing cost, 비용불변 constant cost 또는 비용감소 decreasing cost 를 시현(示顯)하느냐에 따라 우상향곡선, 수평선 또는 우하향곡선의 형태를 취하게 된다.

여기서는 비용증가의 경우를 예로 하여 설명한다. 비용증가의 원인은 그 산업의 생산량이 증가함에 따라 외부불경제(外部不經濟) external diseconomy 가 발생하거나 또는 투입으로서 사용되는 생산요소의 가격이 상승하는 데 있다. 우선 산업의 장기균형이 이루어져 있는 상태를 고려하자.

그림 2의 (a)의 우측에서 산업 전체의 수요곡선 DD 와 단기공급곡선 SS 가 교차하는 점에서 균형가격 OP 가 형성되어 있다. 그 좌측에는 이 산업에 속하는 어떤 개별기업의 장기균형점 E 가 표시되어 있다. 이 점에서 장기평균비용곡선 LAC 의 최하점과 단기평균비용곡선 SAC 의 최하점이 접한다.

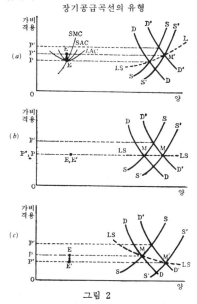

장기공급곡선의 유형

그림 2

이제 이 산업의 생산물에 대한 수요가 DD′ 로 증가해서 가격이 OP′ 로 상승했다고 하자. 그러면 개별기업은 초과이윤을 보게 되므로, 장기적으로 새로운 기업이 이 산업에 진입하게 되고 기존기업 역시 생산규모를 확장시킬 것이다. 그 결과 산업전체의 공급이 증가하여 공급곡선이 SS 로부터 S′S′ 로 이동하게 되며, 가격도 OP′ 에서 점차 하락하게 된다.

그러면 최종적인 장기균형가격 OP″ 가 OP 와 OP′ 사이에서 형성되는 이유는 무엇인가? 그 이유는 이 산업이 비용증가적 산업이므로 산업 전체의 공급이 증가함에

- 247 -

따라 개별기업의 비용곡선이 상방이동하여 원래의 균형점 E가 위쪽으로(그림에서 E′) 이동하기 때문이다.

즉 한편에서는 생산물가격이 OP′로부터 하락하고, 다른 한편에서는 평균비용이 OP로부터 상승하여 이 양자가 일치하는 점이 바로 E′이며 그 때의 가격이 바로 OP″인 것이다. 개별기업은 OP″선의 어느 점인 E′에서 장기균형을 이루게 되며 산업전체도 OP″선상에 있는 M′에서 장기균형을 이루게 된다. 산업전체의 원래 균형점 M과 새로운 균형점 M′를 연결하면 장기공급곡선 LS가 얻어진다. 비용불변적 산업의 장기공급곡선은 그림 2의 (b), 비용감소적 산업의 그것은 (c)에 나타나 있으며 위와 비슷한 논리가 적용된다.

다만 여기에서 동일한 크기의 수요증가에 대응해서 (a)보다는 (b), (b)보다는 (c)의 경우에서, 공급곡선이 오른쪽으로 보다 더 많이 이동해 있음에 주목할 필요가 있다. (a), (b), (c)의 상이점은 바로 이것에 의해 집약적으로 표현되어 있기 때문이다. →단기비용곡선 · 장기비용곡선, 산업균형

단기균형 · 장기균형 短期均衡 · 長期均衡 short-run equilibrium · long-run equilibrium

마샬 Marshall, A. 은 시장분석에 시간개념을 도입하여 균형을 일시적 균형, 단기균형, 장기균형으로 구분하였다. 이 3가지 개념은, 일단 시장의 균형조건이 파괴되었을 때, 가격기구 price mechanism 의 조정작용에 의한 변화요인의 제거가 수량조절 quantity adjustment 에 의해서 이루어 졌는가, 아니면 가격조절 price adjustment 에 의해서 이루어졌는가 하는 사실과 밀접한 관계가 있다. 이상을 그림을 통해 설명하면 다음과 같다.

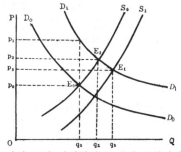

가령 A재 산업에서 E_0점이 균형점이었다 하자. E_0점에서는 매기당 q_0의 수량이 P_0의 가격으로 팔리고 있다. 그런데 이 때 경제여건이 바뀌어 수요가 D_0에서 D_1으로 증가하였다고 가정하자. 생산증가에는 시간이 걸리므로 당장의 공급량은 q_0로 불변일 것이다.

따라서 이 불변의 공급량과 증가된 수요에 의하여 그 날의 가격은 P_1수준에서 결정될 것이다. 이와 같이 생산물의 공급량이 불변일 수 밖에 없는 짧은 기간(마샬의 day)에 성립하는 균형을 일시균형이라 한다. 그러나 며칠이 지나가는 동안 가격상승에 유인된 A산업내의 각기업들은 현재 시설의 가동율을 높임으로써 새로운 가격(완전경쟁의 경우, 가격＝한계수입임)과 한계비용이 일치하는 점까지 생산을 확장할 것이다. 이로 인하여 시일의 경과와 함께 매기당 산업전체의 시장공급량이 증가한다. 그에 따라 가격이 내리고, 매기의 수요량이 증가하여 E_2점에서는 수급이 일치한다. 다른 사정이 변화하지 않는 한 새로운 가격균형과 매매량은 P_2, q_2로 지속될 것이다.

이와 같이 개별기업이, 고정시설자체를 변경시킬 수 없는 단기에서 현존시설의 가동율만 높임으로써 생산증가가 가능한 경우에 형성되는 균형을 단기균형이라 한다. 단기균형에서 산업전체공급량의 증가는

So-So 곡선을 따라 이루어진다. 한편 단기 균형가격 P_s하에서 기업들이 정상이윤 이상의 초과이윤을 누리고 있다면, 기일이 더욱 경과할 때, A 재산업내의 기존기업들은 생산시설을 확장하여 생산량을 더욱 증가시킬 것이고, 또 완전경쟁시장형태하에 A 재산업이 놓여 있다면, 새로운 기업들이 진입할 것이다. 이에 따라 산업의 공급곡선은 우측으로 이동하고 시장가격은 하락할 것이다. 공급증가, 가격하락의 과정이 마침내 이 산업내의 기업의 초과이윤을 소멸시키게 될 때 시설의 확장, 신기업의 진입은 그칠 것이다. 이 때는 E_1점에서 균형이 성립한다. 이리하여 자본설비, 기업의 수가 변화할 수 있을 만큼 긴 기간에 있어서 종국적으로 성립하리라 생각되는 균형을 장기균형이라 한다. 이상에서 일시균형, 단기균형의 경우 새로운 균형은 주로 가격조절에 의해서 이루어 지고, 장기균형의 경우에는 충분한 시간이 흐르는 가운데 수요변화에 공급측면이 충분히 적응했다고 간주하므로 새로운 균형은 주로 수량조절에 의해서 이루어진다. →단기공급곡선·장기공급곡선

단기파동 短期波動 ☞장기파동·단기파동

단순노동·복잡노동 單純勞動·複雜勞動 〔獨〕 Einfache Arbeit·Komplizierte Arbeit

상품생산에 있어서 노동은 구체적 유용노동으로서 방적·직물과 같은 상이한 특정의 사용가치를 낳음과 동시에 사용가치 여하에도 불구하고 모두 동일하게 인간의 뇌수·근육·신경·감각 등의 기능을 소모하는 추상적 인간노동으로서 상품가치를 창출한다. 이 가치를 창출하는 인간노동력의 지출의 정도가 평균적인가 아니면 배가된 것인가하는 점으로부터 단순노동·복잡노동이라는 구별이 생긴다.

단순노동은 평균적으로 누구라도 보통의 인간이 특정의 훈련·교육을 받지 않고 그 육체 속에 가지고 있는 간단한 노동력의 지출이다. 복잡노동은 말하자면 자승(自乘)된, 배가된 단순노동이며 단순노동에 비해서 보다 고도의 복잡한 인간노동이기 때문에 같은 시간에 보다 큰 사용가치를 낳는다. 노동력의 가치라는 점에서 볼 때도 복잡노동력은 그 훈련·육성에 드는 비용과 육체적·정신적 소모의 회복에 드는 비용 때문에 노동력의 재생산비가 높고 그 가치는 보다 크다. 복잡노동은 일정분량의 단순노동으로 환원되고 복잡노동의 생산물도 모두 일정분량의 단순노동이 대상화(對象化)된 것으로 간주된다. 복잡노동의 단순노동에로의 환원에 대해서는 환원이 사실상 상품생산의 사회적 과정으로서 행해진다는 것으로 충분하다고 보는 입장, 복잡노동력·단순노동력 양자의 가치 비율에 따라서 환원된다고 하는 입장, 노동력의 지출, 노동의 생산능률 등의 비율을 통해서 환원된다고 하는 입장 등이 가치론에서 서로 대립하고 있다.

복잡노동·단순노동의 구별은 원칙적으로는 상이한 노동과정에 대해 쓰인다. 기계제 대공업의 발달에 따라 동일노동과정에 있어서의 노동의 숙련·강도의 균일화·표준화가 진전하고 일정의 노동과정에는 거의 일정의 노동지출도가 대응하게 된다. 이러한 각종의 노동과정에 있어서의 표준적인 노동지출도에 대해서 복잡노동·단순노동이라는 구별이 쓰여지는 것이다. 보통의 인간이 평균적으로 육체에 지니고 있는 간단한 노동력은 국가와 시대에 따라 다르지만 일정의 국가, 일정의 시대에는 주어져 있다고 할 수 있다. 자본제 생산의 발전은 기계제 대공업의 발달을 통

해서 점점 많은 노동을 단순노동화해갈 뿐 아니라 과학이나 교육의 보급, 인간의 육체적·정신적 발달에 의해 보통의 인간이 평균적으로 지니고 있는 노동능력 자체가 높아지는 경향도 있다. 이 때문에 복잡노동과 단순노동의 차이가 축소되고 단순노동분야가 확대된다.

단순상관 單純相關 simple correlation
물가의 등락과 중앙은행권의 발행고의 증감처럼 2개의 변수 X와 Y사이의 관련정도를 나타내는 척도를 상관계수(r) coefficient of correlation 라고 한다. 이것은 다음과 같이 정의된다.

$$r = \frac{\Sigma(X - Mx)(Y - My)}{n\sigma_x\sigma_y} \cdots\cdots (1)$$

위 식에서 Mx, My는 각각 X 및 Y의 산술평균, n을 주어진 통계자료의 개수, σ_x, σ_y는 각각 X 및 Y의 표준편차, 즉

$$\sigma x = \sqrt{\frac{1}{n}\Sigma(X - Mx)^2}$$

$$\sigma y = \sqrt{\frac{1}{n}\Sigma(Y - My)^2}$$

이다. r의 성질로서는 ① 그 값은 반드시 +1과 −1 사이에 있다. ② X의 증감과 Y의 증감 등이 같은 방향이면 양의 값을 취하고, 그 상관도가 높으면 높을수록 +1에 가깝고, 낮으면 낮을수록 0에 가깝다. ③ X의 증감과 Y의 증감이 반대방향이면 상관계수는 부(負)의 값을 취하고 그 상관도가 높으면 높을수록 −1에 가까와 지고, 낮으면 낮을수록 0에 가까와진다. ④ X와 Y가 서로 상관이 없을 때는 r이 0으로 되든지 0에 극히 가까운 값이 된다.

상관계수는 2개의 변수 X와 Y 사이의 관련정도를 측정하는 것이나, 여기에서는 X와 Y와의 관계를 나타내는 식을 유도한다. 지금 직선의 방정식

$$Y = a + bX \cdots\cdots\cdots (2)$$

를 생각한다. (2)식에서는 용이하게

$$My = a + bMx \cdots\cdots\cdots (3)$$

가 얻어 진다. (2)식에서 (3)식을 빼면

$$Y - My = b(X - Mx)$$

또는 $y = bx \cdots\cdots\cdots (4)$

가 된다. X 및 Y는 각각 전술한 X 및 Y의 편차이다. 이 (4)식에 최소자승법(最小自乘法)을 적용하여 b의 값을 구하면

$$b = \frac{\Sigma xy}{\Sigma x^2}$$

가 된다. 이것을 회귀계수 regression coefficient라고 한다. 이것은 다음과 같이 변형된다.

$$b = \frac{\Sigma xy}{\Sigma x^2} = r\frac{\sigma_y}{\sigma_x} \cdots\cdots\cdots (5)$$

이 값을 (4)식에 대입하면

$$y = \frac{\Sigma xy}{\Sigma x^2}x \text{ 또는 } y = r\frac{\sigma_y}{\sigma_x}x \cdots\cdots (6)$$

이 식을 x에 관한 y의 회귀직선 line of regression 또는 직선회귀방정식 linear regression 이라 부른다. 편차 x 및 y 대신 X 및 Y를 쓰면,

$$Y - My = \frac{\Sigma xy}{\Sigma x^2}(X - Mx) \cdots\cdots (7)$$

또는 $Y - My = r\frac{\sigma y}{\sigma x}(X - Mx)$

가 된다.

이상은 2개의 변수 X와 Y 등이 직선적 관계를 갖는 경우이나 변수가 세 개 이상의 경우에는 다원상관계수의 문제가 된다.
→다원상관, 최소자승법

단순재생산 單純再生産 〔獨〕 Einfache Reproduktion
동일규모의 생산과정이 단순히 반복되는 재생산을 말한다. 이제 마르크스 Marx, K. H. 의 재생산표식에 따라 생산재생산부문과 소비재생산부문의 2부문으로 구성되고, 자본가와 노동자의 2계급만이 존재하

는 자본주의경제를 상정하여 단순재생산이 이루어지기 위한 조건을 살펴 보자.

$$c_1 + v_1 + s_1 = w_1 \quad\cdots\cdots\cdots\cdots (1)$$
$$c_2 + v_2 + s_2 = w_2 \quad\cdots\cdots\cdots\cdots (2)$$

(1)은 생산재생산부문, (2)는 소비비생산부문을 나타내며, c, v 및 s는 각각 불변자본가치, 가변자본가치 및 잉여가치를 나타낸다. w는 해당부문에서 생산되는 생산물의 총가치이다. 그러면 단순재생산의 조건은 다음과 같이 정식화된다. 단순재생산이 이루어지기 위해서는 먼저 (1)부문에서 생산되는 생산물의 총가치가 이 재생산기간 중에 양부문에서 생산적으로 소비되어 차기의 생산을 위해 보전(補塡)되어야 할 불변자본의 총가치와 같지 않으면 안된다. 따라서

$$c_1 + v_1 + s_1 = c_1 + c_2 \quad\cdots\cdots\cdots\cdots (3)$$

다음에 (2)부문의 생산물의 총가치는 양부문의 자본가와 노동자의 소득총액과 같지 않으면 안된다. 따라서

$$c_2 + v_2 + s_2 = (v_1 + v_2) + (s_1 + s_2) \cdots (4)$$

(3)식과 (4)식으로부터 다음과 같은 조건이 도출된다. 즉

$$c_2 = v_1 + s_1 \quad\cdots\cdots\cdots\cdots (5)$$

(5)식이 바로 단순재생산을 위한 필요조건이다. 단순재생산이 이루어지기 위해서는 자본가가 자신이 수취하는 잉여가치전부를 소비에 충당해야 한다는 전제가 필요하다. 만일 자본가가 잉여가치의 일부를 소비하지 않고 추가자본의 구입에 사용한다면, 자본축적이 일어나는 확대재생산으로 이행하게 된다. →재생산론, 확대재생산

단순평균 單純平均 simple average
몇 개의 항목을 평균할 때의 계산방법에는 산술평균과 기하평균 등이 있는데 특히 산술평균은 이 항목들을 단순히 합산하여 항목의 수로 나누어서 계산하는 것이다. 가중평균은 각 항목의 중요도를 염두에 두

고 계산하는 것이다. 예를 들면 10원짜리 사과 3개와 20원짜리 사과 2개를 샀을 경우 사과 1개의 값은 단순산술평균으로는 10원과 20원을 합하여 2로 나눈 15원이고 가중평균에서는 10원짜리 사과 3개분의 금액에 20원짜리 사과 2개분의 금액을 합한 70원을 전체의 개수인 5로 나눈 14원으로 된다. 기하평균도 마찬가지로 각 항목의 비중을 고려하느냐, 않느냐에 따라 가중기하평균과 단순기하평균으로 나누어 진다. →산술평균

단자시장 短資市場 call market
금융기관이나 증권회사 등 상호간의 단기의 대출, 차입을 말하며 call 의 뜻과 같이 '부르면 대답한다'는 의미에서 명칭된 것으로 여기서는 아주 단기에 회수가능한 대차가 이루어 진다. 공급자(대출자)측은 콜 론 call loan, 수요자(차입자)측은 콜 머니 call money 라 부른다. 콜은 주로 은행의 어음교환잔고의 결제 등 단기자금의 융통에 이용된다. 콜은 언제라도 은행이 회수가능한 단기의 대출이기 때문에 은행으로서는 일반적으로 유휴자금으로 운용하는 데는 최적의 방법이다. 콜 거래에는 익일물(翌日物 : 대출한 날의 다음 날 회수가능한 것), 무조건물(전일, 회수청구를 하면 그 다음 날 반제되는 것), 월월무조건물(月越無條件物 : 대출한 다음 달이 되어 1일 전의 청구로 회수하는 것)의 3종류가 있으며 이러한 콜의 거래가 이루어질 수 있는 기구를 콜 시장 call market, 단자시장이라 한다.

단주 端株 odd lot
증권거래소가 결정한 매매단위에 미달하는 주식의 수량을 말한다. 예를 들면 매매단위 내지 규정매매주수 round lot 가 10주라고 할 때 1주에서 9주까지의 주수(株

數)는 단주수(端株數)로 되는 것이다. 증권거래소에서 매매되는 것은 규정매매주수 이상에 한함으로 고객에 대해서 단주를 매매하려는 중개업자는 단주 중개업자 즉 단주의 매매를 전문으로 취급하는 거래소의 회원업자에게 주문을 양도하지 않으면 안된다. 단주중개업자는 중개업자로부터 양도받은 주문에 대하여 단계를 붙인 수수료를 청구한다. 즉 증권거래소에서 단주중개업자가 붙이는 가격은 단주주문이 매매포스트에 도달한 직후에 성립하는 규정매매주수거래에 의한다.

단체교섭 團體交涉 collective bargaining

피고용자의 대표(보통 노동조합의 직원)와 고용주가 상호간에 만족할 만한 고용조건을 정할 목적으로 행하는 교섭을 말한다. 단체교섭의 범위는 임금률, 노동시간, 고용, 일시해고절차 등의 많은 중요한 문제서부터 휴식시간, 노동 후 피고용자에 허용되는 세탁과 경의(更衣)의 시간과 같은 세세한 부분까지 이르고 있다. 최종적으로 합의된 조건은 피고용자와 고용주 모두를 구속하는 단체교섭협정 내지 협약에 삽입된다.

단체교섭은 지금까지 몇 개의 형태로 오랫동안 존재하여 왔지만 그것이 괄목할 만한 발전을 한 것은, 단체교섭을 위해 노동자들이 스스로의 조직체를 만드는 것을 확실하게 허용한 입법(1932년 미국의 Norris-La Guarrdia Act)과 그 후 고용주가 피고용자대표와 성의있는 교섭을 거부하는 것은 위법이라고 규정한 법률(1953년 미국의 전국노동관계법 The Wagner Act)의 통과에 의해서였다. 1947년에 제정된 미국의 노사관계법(태프트·하트리법 Taft Hartlely Act)은 단체교섭의 적용범위에 어느 정도의 제한을 가하고 있다. 단체교섭의 방법에는 지금까지 많은 비판이 있어 왔다. 그 대표적인 것은 직접 당사자, 즉 자본가와 노동자가 상호간협정에 도달하였다고 해도 일반대중의 이익은 무시될 우려가 있다는 주장이다.

달러방위(防衛) dollar defense

1960년 11월의 골드 러쉬 gold rush 를 계기로 표면화된 불안에 대해 미국정부가 국제수지개선을 위하여 취한 각종정책의 총칭을 말한다. 아이젠하워정부가 1960년 11월 시작한 달러방위계획이 최초이고 케네디, 존슨정부 때 점차 강화되어 결국 닉슨행정부에 의한 달러의 금태환정지와 수입과징금의 실시에까지 이르렀다. 초기의 달러방위책은 수출진흥에 중점을 두고, 바이 아메리칸 buy American, 쉽 아메리칸 ship American 정책과 대외원조의 삭감을 실시하였다. 그러나 자본유출을 주원인으로 하는 국제수지의 악화는 계속되어 1963년 7월 케네디대통령은 금리평형세를 창설하였고 존슨정부시대에는 민간기업의 대외투융자에 대한 직접규제, 해외여행의 제한 외에 달러가치유지를 위하여 각종 국제협력체제를 구축하였다. 그럼에도 불구하고 미국의 국제수지는 악화일로를 계속하여 1971년 8월 15일 닉슨행정부는 달러의 금태환정지라는 달러방위의 최후수단을 포함한 신경제정책을 실시하였으며 그 후 2차에 걸쳐 달러의 평가절하를 단행하였다.

달러위기(危機) dollar crisis

제2차세계대전 후의 자본주의체제는 미국을 중심으로 한 경제적, 군사적 원조에 의하여 구축된 냉전체제였다. 그런데 미국자본의 세계경제에 대한 지배의 하나의 기초는 국제통화기금 IMF (1945년 설립)이었다. IMF는 금 1온스를 35달러로 규정하여 달러는 금과 동일한 것으로 간주되었다. 국제수지의 적자국은 IMF에서 단기자금의 원조를 받아 전체적으로 실업자구제정책을 취하게 되었다. 1958년 파운드화의 교환제 회복, EEC 발족, 1960년대에는 월남전쟁, 일본·독일의 국제경쟁력 강화 등으로 미국의 국제수지는 적자가 증가되었으며 금의 유출이 계속되어 달러의 신용은 저하되었다. 이리하여 미국의 금보유고가 점차적으로 감소됨에 따라, 달러의 금태환성(金兌換性)에 대한 인식의 저하로 일어난 일련의 사태를 달러위기라고 한다. →브레튼우즈 체제

*당구대이론 撞球臺理論 billiard table theory

당구대 위의 공이 대(臺)의 쿠션에 충돌하여 반전운동하려는 것과 같은 방식으로 경기변동과정을 설명하려는 힉스 Hicks, J. R.의 제약적 경기순환이론을 말한다. 당구대이론은 여타의 경기변동이론과 같이 이론체계내부의 자동적(自動的)인 기구로 경기전환점을 설명하고자 하지 않는 데 그 특색이 있다. 따라서 당구대이론은 그 운동방정식에 의하여 전환점을 설명하는 대신, 경기의 상승 또는 하강의 한계를 미리 설정하고 그와 같은 한계에 운동방정식이 제약되도록 이론체계를 편성시킴으로써 경기전환점을 자동적으로 발생시킬 수 있게 된다. 이와 같이 당구대이론에서 설정하는 상방한계(上方限界)를 천정 ceilling 이라 하며 그 하방한계(下方限界)를 바닥 floor 이라고 부른다.

천정 또는 상한(上限)은 케인즈 Keynes, J. M.가 말하는 완전고용국민소득수준으로 설정하는 한편, 그 하한(下限)은 0의 조투자(粗投資)로 설정한다. 즉 완전고용국민소득수준에서는 생산탄력성이 0이기 때문에 원칙적으로 국민소득은 성장할 수 없으므로 경기는 그 이상 상승할 수 없다.

반면 경기하강의 하한을 이루는 0의 조투자점은 기존자본이 적자로 자본소모충당금을 적립할 수 없게 되고 그 때문에 재투자하지 못하여 실물자본이 잠식되고 있는 점이다. 경기가 하강을 계속할 때 그 제1차적인 여파는 순투자의 소멸에서 비롯되는 것이긴 하지만 순투자가 소멸되어도 재투자부분이 계속 투자되면 기존자본은 소비수준이 허용하는 한 수축되지 않는다. 그러나 만일 순투자의 소멸로 소비수준조차 감퇴되면 기업은 적자운영을 하게 되어 재투자가 불가능하게 된다. 따라서 생산의 수축이 계속되어 결국 축소된 생산과 축소된 소비가 균형점을 다시 회복하는 상태를 발생시키기 때문에 경기가 그 이상 하강할 수 없게 되는 것이다.

힉스 Hicks, J. R.는 이상과 같은 상한과 하한을 교묘히 이용하여 경기변동현상을 설명하였다. 힉스는 사뮤엘슨 Samuelson, P. A.의 이론을 발전시켜 제약적 순환이론을 완성하였다. 사뮤엘슨 체계의 발전이라는 관점에서 보면 당구대이론의 특징은 다음 두 가지 점에 있다. ① 승수와 가속도인자간의 상호작용의 메카니즘을 정상적인 균형수준에서가 아니고 동적균형수준 dynamic equilibrium 상에서 구성한 것이다. ② 사뮤엘슨 이론체계가 지적하는 4개의 가능한 변동유형 중에서 특히 발산형(發散型)을 현실적인 것으로 선택하고 이에 상한과 하한의 한계선을 도입하여 소위 제약된 순환이론을 제시하였다. 먼저 동적균형경로는 주어진 독립투자의 일정한 성장률을 기준으로 한 산출량의 균형성장률에 따라 결정된다. 산출량의 동적균형수준의 독립투자에 대한 비율을 초승수(超乘數) super-multiplier 라 한다. 다음 상방의 한계선은 고정된 수준은 아니고 그 자신 일정한 비율로 증가한다고 본다. 한편 하방의 한계선은 결국 독립투자의 승수효과

에 의하여 규정된다.

이제 그림에서 균형경로상의 P_0에서 출발하기로 하자. P_0점에서 돌발적이고도 일시적인 독립투자의 증가가 발생하면, 발산체계의 가정에 의하여 소비와 유발투자는 상호촉진적으로 작용하여 현실의 산출량은 균형선에서 더욱 괴리(乖離)되어 드디어 P_1점에서 상방한계선 FF에 부딪친다. 산출량은 이미 이 상방한계의 성장률 이상의 속도로 증가하지는 못한다. 거기서 상방한계선에 따라서 한동안 진행한 후에는 유발투자는 단지 이 FF선의 성장률에 따른 산출량증가에만 기인한다. 이와 같은 유발투자는 산출량의 증가를 균형경로 EE선에 따라 유지할 뿐이기 때문에 FF선에 따라 진행하기는 불충분하다. 그 결과 현실의 산출량은 조만간 상방한계선 FF로부터 하방으로 전환한다. 산출량의 감소가 계속되면 음($-$)의 가속도효과가 발생하고 음의 투자가 점점 증대하여 산출량은 $\theta_1 P_2 q$처럼 수축경로를 걷게 된다. 그러나 가속도계수 α가 상승과정과 하강과정에서 비대칭적이 되고, 하강과정에서 유발되는 음의 투자는 통상 재투자를 중지하는 데서 나타난다. 이는 고정자본의 감가상각 범위에서 그침을 의미한다. 불황이 일어나는 현실의 경로 $\theta_1 \theta_2$는 가속도계수의 변형이 없는 경우에 출현하는 경로 $\theta_1 P_2 q$의 상방에 있어 독립투자의 성장선 AA에 단순한 투자승수 $\dfrac{1}{1-\alpha}$를 곱하여 얻어진 하방한계선 LL로 수렴하게 된다. 그러나 회복과정으로의 전환은 필연적이다. 그것은 소득이 일단 θ_2수준에 달하면 곧 독립투자의 성장으로 소득은 다시 확장을 시작할 것이고 가속도인자의 본래의 작용이 부활하기 때문이다. 본래 가속도효과가 작용하고 있을 때의 균형경로는 EE이므로 경제는 EE를 향하여 상승을 시작한다.

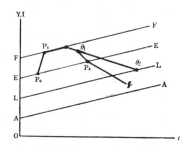

횡축 : t(시간)
종축 : 산출량 및 투자의 log 값
AA : 독립투자의 성장경로
EE : 균형성장경로
FF : 상한선(ceiling)
LL : 하한선(floor)

이 이론은 소위 선형체계(線型體系) linear system 에 상·하한을 설정함으로써 비선형체계를 절충시킨 이론이라 할 수 있다. 이 이론의 특징은 사뮤엘슨적인 정적 평균 대신에 산출량이 확장하는 동적균형을 생각하여 사뮤엘슨의 감쇄적(減衰的) 진동을 가속도인자작용의 비대칭성과 한계성을 수반한 제약적 순환으로까지 발전시킨 데 있다. 그러나 당구대이론의 중요한 가정은 외생적인 독립투자가 규칙적으로 성장한다는 것이다. 해로드 Harrod, R. F. 의 비판과 같이 불황의 저변(밑바닥)에서도 독립투자가 일정비율로 증대할 것이라는 것은 의심스럽다. 또한 당구대이론은 사뮤엘슨과 같이 파라미터 parameter 의 특수한 값을 가정하여 진동현상을 설명하는 것은 아니지만 체계 밖에서 주어진 한계선에서 상승운동이 하방으로 전환하며 또 하강운동이 상방으로 전환하는 힘이 순환체계와는 구별되는 외부로부터 주어진 독립투자의 운동에 의거하고 있다는 문제점을 안고 있다. →승수와 가속도의 결합, 경기변동·경기순환

[참고문헌] Samuelson, P. A., *Foundations of Economic Analysis*, 1947; Hicks, J. R., *A Contribution to the Theory of Trade Cycle*, 1950.

대공황 大恐慌 the great depression

1929년 10월에 일어난 뉴욕 증권시장의 주가대폭락을 계기로 하여 30년대에 엄습한 세계적 불황을 말한다. 1931년 5월에 오스트리아의 크레디트 안슈탈트은행이 파산에 빠진 것을 계기로 구미의 은행에 환불소동, 폐쇄소동이 일어났고 뒤를 이어 세계적인 금융공황이 초래됐다. 프랑스, 영국, 독일, 미국 등 당시 주요공업국의 생산수준은 1908~09년 수준까지 하락하여 불황의 심각도는 그 이전의 어떠한 경기후퇴기보다도 컸다. 또 공업국뿐만 아니라 농업국도 생산부문전체, 상업, 무역, 금융 등 경제활동의 전분야에 경기후퇴현상이 발생한 것이 그 특색이다.

불황의 진원지로 되었던 미국은 당시 제 1 차세계대전당시 농산물 수출국이었는데 종전 후에 농산물수출의 감퇴로 인한 수입감소로 농가의 공업제품 구매력이 감퇴되었다. 또 공업생산력의 확대에도 불구하고 합리화, 기계화의 진전으로 임금노동자의 소비는 축소되었다. 그리고 주가의 대폭락은 제 1 차세계대전중에 비대해진 생산력과 국민의 구매력 사이에 큰 갭이 생겼기 때문이다. 전전(戰前)의 주가가 투기로 인해 계속 상승하였기 때문에 폭락의 파문은 더욱 컸다. 미국내의 기업도산, 실업증가는 물론, 미국에서 자금을 대량으로 도입하고 있던 독일에서는 미국의 고금리정책으로 미국자본이 본국으로 되돌아 가는 현상이 초래됐다. 그 결과 금융이 핍박하고 경기후퇴현상이 나타나게 되었으며, 또 세계금융시장의 중심이었던 영국에서는 독일에 대한 채권의 회수불능과 더불어 외국으로부터 예금인출이 쇄도하는 등 대혼란이 초래되어 금융시장이 대폭축소되고 결국 영국은 1931년 9월 금본위제에서 이탈하지 않을 수 없었다.

각국은 불황을 극복하기 위하여 관세인상 등 각종의 수입제한책으로 외국제품의 수입에 대하여 국내산업, 시장을 보호하여 수출증대를 도모하려는 환율인하경쟁에 나섰다. 그러나 이같은 정책은 오히려 해외시장의 축소를 초래하여 불황은 더욱 심각하게 되었다. 제 2 차 세계대전은 1930년대 불황시 각국의 대립, 이기주의 및 경기회복책으로서 취한 적자재정에 의한 군수지출증가를 원인(遠因)으로 한다는 설도 있다.

대내균형·대외균형 對內均衡·對外均衡 ☞국내균형·국제균형

대동법 大同法

대동법은 이조 전기에 있어서 호를 단위로 징수하던 공물·상납 및 각종의 방물(方物)대신에 그것을 전결(田結)을 단위로 미(米)·포(布)·목(木)·전(錢)으로 징수하여 공인(貢人)·시인(市人)들로 하여금 정부로부터 대가를 받고 종전의 정부수용물(需用物)을 납부케 하는 재정제도였다. 이 제도는 1608년(선조 41년)에 경기도에서 처음 실시되었으며, 1624년(인조 2년)에는 강원도에, 1651년(효종 2년)에는 충청도에, 1657년에는 전라도의 연해군현(郡縣)에, 1662년(현종 3년)에는 전라도의 산간군현에, 1677년(숙종 3년)에는 경상도에, 1704년에는 황해도에 각각 실시됨으로써 100년의 기간을 두고 전국적으로 실시를 보게된 것이다. 평안도와 함경도에서는 이 제도가 실시되지 아니하였다.

대동법은 상정법(詳定法), 선혜법(宣惠法)이라고도 한다. 대동법의 대상은 조(租)·용(庸)·조(調) 중의 조, 즉 호역(戶役)으로서의 각종 토산물로 구성되어 있었다. 곡물을 제외한 과일·기름 등의 농산물, 시탄(柴炭) 등의 임산물, 어염·패류 등의 수산물, 금·은·연(鉛)·철 등의 광산물, 직물·도자기 등의 수공업제품, 소·말·돼지 등의 축산물, 호랑이, 표범·곰·꿩 등의 자연산물이 그 징수대상이었던 것이다. 말하자면 전세(田稅)로서의 미·황두(黃豆)와 신역(身役)으로서의 포·목을 제외하고 왕실·아문(衙門)이 필요로 하는 각종의 현물이 이로써 충당되었던 것이며 심지어는 기타 아문의 비용일부까지도 여기에서 지출되었던 것이다.

그런데 고려말·조선초에 있어서처럼 전세가 무거울 때에는 이 공물의 부담은 상대적으로 가벼웠고 그것이 인민에게 큰 부담이 되지는 않았다. 그러나 세종대에 공법(貢法)이 확정되어 전세의 문란이 정리되고, 또 그 세율이 낮아짐에 따라서 공물의 부담은 무거워져 갔던 것이다. 종래 1결2석의 전세는 공법의 제정에 의하여 1결에 최고 20두로부터 최하 4두로 되었으며 임진란 이후에는 1결당 거의 4두로 고정되다시피 되었고 많아야 1결에 6두였다. 이러한 세입의 감축은 어디에선가 보충되지 않으면 안되었다. 공물이 바로 그 보충수단으로서 등장했던 것이다. 이미 임진란 직후에는 공물의 부담이 대소의 읍에 따라 대단히 불균등하였지만 1결당 1~2두로부터 7~8두의 값에 이르렀다. 그러나 위의 수치는 정부에 수납된 것을 기준으로 한 것이요 인민에의 징수량은 이것의 '수십배 내지 수백배'가 되었다고 한다. 유성룡의 상소에 의하면 인민으로부터 거두어 들인 공물 중 정부에 수납되는 것은 2~3할에 불과하였으며 효종원년에는 공물의 대가가 1결당 면포 10여필(疋), 적어도 7~8필이었는데 이것을 쌀로 환산하면 1결당 50두였다(1필은 50두였다).

위와 같이 공물의 부담이 무겁게 된 것은 앞에서도 설명한 바와 같이 전세의 감축을 보충하는 대책으로서 공물의 증징(增徵)이 이루어 졌기 때문이다. 공물의 징수에는 본래 구체적인 기준이 없었다. 세종조에 공부상정도감(貢賦詳定都監)이 설치되어 전국적인 공물수납액은 결정되었지만 그것이 무엇을 기준으로 징수되는 가는 명확하지 않았다. 이에 공물의 징수에는 온갖 농간과 협잡이 성행하였으며, 결과적으로는 농민들에게 견딜 수 없는 부담으로 되어갔다. 심지어는 관리와 서리들이 짜고 정부에 공물을 대납하고 지방에서 공물을 징수하는 방납(防納)이 성행함에 따라서 공물의 부담은 더욱 무거워졌다. 이에 봉건통치자들은 전세가 무거워져 인민들이 견딜 수 없게 되자 공법을 제정하여 전세를 변통하였듯이 공물의 징수를 변통하지 않을 수 없었던 것이다.

대동법의 구상은 이율곡의 '공물작미지의(貢物作米之議)'에서 비롯되었다. 이율곡은 선조2년(1569년)에 공물의 값을 환산하여 쌀로써 징수하자고 하였으나 실현되지 않았다. 그 후 유성룡은 임진란 중 긴급한 군수를 조달하기 위하여 시무책(時務策)으로서 대공수미법(代貢收米法)을 제창하면서 공물을 쌀로 환산하여 매전결(每田結)에서 2두씩 징수하고, 전라·충청·강원·황해도의 수미(收米)를 경창에 수납케하여 각사(各司)의 공물과 진상방물(進上方物)의 구입경비로 쓰게 할것을 건의하였는데 이것이 대동법의 모체가 되었다. 대동법은 이원익과 한백겸 등의 건의로 경기도에 처음으로 실시되었다. 그 내용은 매수조전결(每收租田結)에 대하여 미 16두를 봄·가을로 나누어 징수하고 그 중 14두는 공물의 무역용으로 공인에게 지불하고 2두는 수령의 공비(供費)로 지급한다는 것이었다. 그후 조익 등의 건의로 1623년에 강원·충청·전라의 3도에 대동법이 실시되었으나 제도상의 미비를 틈탄호(壕)들의 반대에 부딪혀 실시한지 2년만에 철폐되고 강원도의 대동법만이 호조로 이관되어 계속 실시되다가 효종2년 김육의 건의로 충청도에 실시되고 3년 후에 호서대동사목(湖西大同事目)이 이룩되어 대동법은 그 제도상의 완비를 보게 된 것이다.

앞에서 지적한 바와 같이 대동법이 전국적으로 일시에 시행되지 못하고 백년의 세월을 두고 도별로 시행된 것은 이 법의 실시에 따른 사회계층간의 이해충돌에 원인이 있었다. 대동법은 토지가 없거나 적은, 가난한 농민에게는 이익이 되었지만 토지가 많은 토호들과 사대부들에게는 불리하였으며, 또 아전(衙前)·서리(胥吏)들은 이 법의 실시로 농간의 기회가 줄어 들었기 때문에 불리한 것이었다. 즉 '세력있는 양반들로서 토지가 많고 국역을 적게 담당하는 자들'의 반대 때문에 이 법의 전국적 시행은 극히 어려운 일이었다.

대동법의 내용을 정리하면 아래와 같다.

I. 과수(課收) 전1결에 대하여 미13두를 징수하되 강원도의 미량읍(未量邑)에는 16두, 영동에는 14두, 황해도에는 15두를 징수하였다. 전세(田稅)가 면제된 전결(田結)에 대해서는 원칙적으로 대동미를 면제하되 아록(衙祿)·공수전(公須田)은 예외였다. 그리고 대동미는 봄·가을로 분등(分等)하여 징수하며, 춘등수미(春等收米)는 경창에 수납하고(上納米), 추등수미(秋等收米)는 도내의 각관에 저치(儲置)하였다(儲置米). 해읍(海邑)에서는 쌀로 징수하였으나 산군(山郡)에서는 목(木) 혹은 전(錢)으로써 징수하였다. 대동목은 5승(升)의 면포 35척인데 쌀로 환산하면 1필당 5~8두였으며 전1량은 쌀3두 정도였다.

II. 용 도 징수된 대동미는 상납미와 저치미로 구분되었다. 상납미는 종전에 각 도에서 상납하던 원공(元貢)·전공(田貢)·별공(別貢)·진상(進上)·세폐(歲幣)·방물 등의 구입과 각종 잡세조공물 및 역가(役價)의 지급에 충당하였고, 저치미는 종전에 공물수입에서 지출하던 각도 및 각군현의 봉름(俸廩)·요역(徭役)·잡세조(雜稅條)의 경비와 상납미의 운송비 등으로 충당하였다. 상납미는 책정된 바대로 각사에 분납하여 공인·시인(市人)으로 하여금 소요의 물품을 조달하게 하였는데, 이것이 대동법의 시행에 있어서 하나의 중요한 부분을 차지하였다.

대동법이 시행된 후 물론 공물의 징수가 완전히 철폐된 것은 아니었다. 일부의 공물은 대동법의 적용대상에서 제외된 것도 있었으며, 때로는 상납미의 비중이 과다하였기 때문에 지방관청의 경비조달을 위하여 공물이 다시 거두어지는 경우도 있었다. 그러나 대동법의 실시는 봉건적 세법에 있어서 일대 발전이었던 것이다. 이 법의 시행으로 인하여 원칙적으로 공납제가 폐지되고 그것이 전세(田稅)로 통일되었던 것이며, 조세부담의 평균원칙으로의 일보전진이었다. 그리고 이 법의 실시는 상품화폐 경제의 발전을 촉진하였다. 우선 대동목(大同木)·전(錢)의 징수과정에 있어서도 어느 정도 그것의 발전을 자극하였다는 것은 말할 필요도 없겠으나 이 법의 실시로 각종 생산물을 조세의 대상에서 해방시켰고, 그것을 유통과정을 통하여 매입하는 데서 그것의 발전을 더욱 촉진한 것이다. 이조후기의 상품화폐관계의 발전은 대동법의 실시와 크게 관계있는 것이다.

[참고문헌] 「만기요람(萬機要覽)」; 한영국, 「호서에 실시된 대동법」(역사학보 13.14); 한영국, 「호남에 실시된 대동법」(역사학보 15.20.21.24); 김옥근, 「조선후기경제사연구」, 서울, 1977.

대량생산 大量生産 mass production

생산설비규모가 증대됨에 따라 생산물 단위당 생산비가 감소하는 것을 대규모생산의 법칙이라 한다. 반면에 일정한 생산설비규모하에서 생산량이 증가함에 따라 생산물 단위당 평균비용이 감소하는 것을 대량생산의 법칙이라 한다. 대량생산의 법칙은 기업의 대규모화에 따른 경영의 효율화가 가능해지기 때문인 것으로 알려져 있다. 대량생산은 이상의 두 법칙에 근거하여 규격화된 생산물이 대량으로 생산되는 것을 말한다. 이것은 기술적으로 생산과정의 기계화와 단계별 기능별 특화에 의해서 가능하게 되었다. 물론 수요측면에서는 이에 대응한 시장이 형성되어야 한다. 소품종 특히 단일품종 대량생산의 경우에는 일관작업방식이 채택되는 경우가 많다. 이러한 일관작업방식이 생산과정을 자동화하기는 하지만, 노동을 단순한 하나의 부속품으로 만들어 노동소외 내지 인간성 상실을 야기하는 사회적 문제를 낳고 있다.

→수확체감·불변·체증의 법칙

대부자금설 貸付資金說 loanable-funds theory of interest

케인즈 Keynes, J. M. 혁명 이전의 고전파이론에 의하면, 이자율은 새로이 투자하려고 생각하는 사람들의 자본재의 수요와 사람들의 소득 중 소비하지 않고 저축하려는 결과로 생기는 자본재의 공급이 일치하는 곳에서 결정되는 것으로 생각되어 왔다. 그림에서 I곡선·S곡선이 그 투자곡선·저축곡선을 표시하고, 그 교차점의 높이 i' 가 그 때의 이자율을 나타내고 있다. 그런데 케인즈는 이와 같은 투자량·저축량과는 관계없이 화폐의 존재량과 화폐에 대한 수요량이 일치하는 곳에서 이자율이 결정되는 것으로 생각하였다. 이 관계를 표시하면, 그림과 같이 화폐존재량을 나타내는 M곡선과 화폐에 대한 수요를 나타내는 L곡선의 관계로 되어 그 교차점의 높이 i'' 가 그 때의 이자율이 된다. 그림에서 명백한 바와 같이 두 가지 설에 의해 표시

되는 이자율은 일치되지 않는다. 그러므로 이 두 가지 설을 종합하기 위하여 저축량+화폐존재량을 대부용자금의 공급으로 생각하고, 투자량+화폐수요를 대부용자금의 수요로 생각하여, 그 대부용자금의 수급이 일치한 곳에서 이자율이 결정된다고 하는 고찰방법이 생겼다.

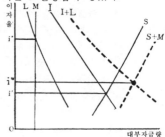

이것이 대부자금 수요설이다. 이것은 그림에서 점선으로 표시된 $I+L$곡선, $S+M$곡선이 각기 대부자금의 수요·공급곡선을 나타내며 그 때 교차점의 높이가 i''' 가 이자율이다. 그런데 이 설에 대하여 현실의 이자율은 i' 와 i'' 의 중간의 어떤 높이로서 결정되는 것은 아니고, 그 어떤 것인가 높은 수준의 하나로 결정된다고 하는 해로드 Harrod, R. F. 의 비판이 있다. 그에 의하면 자본주의의 초기에 있어서는 투자의 수요가 매우 크기 때문에 i' 의 편이 높고, 자본주의의 후기에 있어서는 소지현금의 수요가 매우 크므로 i'' 의 편이 높다고 한다.

→유동성선호설

대수법칙 大數法則 law of large numbers

통계학에서 어떤 표본을 관찰할 때, 그 관찰회수가 많을수록 표본의 결과가 나타나는 확률은 점차 어떤 법칙상에 의해 지배를 받는다. 예를 들면 주사위를 몇 번 던져 어떤 수가 나오는가를 조사할 때 어떤 때에는 1이 세 번씩이나 계속 나올 경우도 있지만 몇 번이고 계속 던지면 1부터 6까

지의 수가 나오는 회수에는 규칙적인 관계가 있음을 알 수 있다. 이것은 일시적인 또는 우연적인 원인, 예컨대 주사위를 던질 때 힘을 주는 정도라든가 던진 방향과 같은 우연적인 원인이 서로 상쇄되어 버리기 때문이다. 이와 같이, 될수록 다량으로 관찰하면 우연성이 점점 제거되어 일정한 규칙적인 관계가 나타나게 되는 것이 대수법칙이다.

이 법칙은 18세기 독일의 쥐스밀히 Süissmilch, J. P. 에 의하여 상식적으로 실증된 바 있으나 께뜰레 Quetelet, L. A. J. 는 인간론과 사회물리학을 통하여 모든 사정이 같은 한, 개개의 표본을 관찰할 때 대상의 수가 크면 클수록 점차 진리 내지는 법칙에 가까워진다는 수리적 확률론의 기초에서 대수법칙의 근거를 명시함으로써 현대통계학의 이론을 확립하였다.

대약진정책 大躍進政策 great leap forward

1958년에 시작된 중국의 경제건설운동이다. 농산부분에는 인민공사를 조직하고, 공업부문에는 중공업 최우선정책을 취하였다. 그러나 1959년부터 3년간 계속된 흉작과 구 소련인 기사들의 철수로 이 정책은 좌절되었다.

대응의 원리 對應의 原理 correspondence principle

비교정학 comparative statics(또는 동학 dynamics)에 속하는 문제가 동학(또는 비교정학)에서 취급되는 문제로 변환될 수 있다는 사실이 알려져 있다. 즉 양자 간에 대응성이 존재한다는 이 사실을 대응의 원리라고 한다.

비교정학은 시간경로 time path 를 고려하지 않고 여건의 변화에 따른 경제제량(經濟諸量)의 변화를 구명한다는 점에서,

시간변수가 본질적인 역할을 하는 동학과는 그 취급하는 문제의 성격이 다르다. 그럼에도 불구하고 다음의 예가 보여 주는 것과 같이 양자 간에는 밀접한 관련, 즉 대응성이 존재한다. α 를 어떤 재화에 대한 소비자의 기호를 나타내는 여건이라고 하면 수요·공급함수는 각각 $D=D(p, \alpha)$, $S=S(p)$로 표시할 수 있을 것이다. p는 해당 재화의 가격을 나타낸다. 이제 α 의 변화에 대한 균형가격의 변화방향은 비교정학에 속하는 문제이다. E를 초과수요함수라고 하면, $E=D(p, \alpha)-S(p)$가 된다. 이것을 전미분하면

$$dE=\frac{\partial D}{\partial p}dp+\frac{\partial D}{\partial \alpha}d\alpha-\frac{\partial S}{\partial p}dp$$

가 성립한다. 새로운 균형에서 $dE=0$이므로, 위 식을 정리하면 아래와 같이 쓸 수 있다.

$$\frac{dp}{d\alpha}=\frac{\partial D}{\partial \alpha} \cdot \frac{1}{\frac{\partial S}{\partial p}-\frac{\partial D}{\partial p}}$$

$\frac{\partial D}{\partial \alpha}$는 기호의 변화에 대한 수요의 변화를 나타내므로 $\frac{\partial D}{\partial \alpha}>0$이다. 따라서 $\frac{\partial S}{\partial p}$와 $\frac{\partial D}{\partial p}$의 크기에 따라 $\frac{dp}{d\alpha}\gtreqless0$이 된다. 그런데 $\frac{\partial S}{\partial p}$와 $\frac{\partial D}{\partial p}$는 각각 바로 공급곡선과 수요곡선의 기울기이다. 이상에서 공급곡선의 기울기가 수요곡선의 그것보다 크냐 또는 작으냐에 따라서 기호가 증대할 때 균형가격이 상승하느냐 또는 하락하느냐가 결정된다. 한편 $\frac{\partial S}{\partial p}\gtreqless\frac{\partial D}{\partial p}$이라는 부등식은 동학적 안정조건에서 균형이 안정적이냐 또는 불안정적이냐를 판정하기 위한 조건이기도 하다는 것을 알 수 있다. 즉 이 예에서 기호의 변화에 따른 균형가격의 변화방향 여하라는 비교정학의 문제는 균형의 안정성이라는 동학의 문제와 동일한 조건에 의해서 규정되고 있다. 이러한 사실

이 바로 대응의 원인인 것이다. →동학·정
학, 비교정학·비교동학, 안정조건

대차대조표 貸借對照表 balance sheet

매년 일정시기에 기업의 재정상태를 등
식에 의하여 표시한 일람표를 말한다. 그
러나 이와 같은 평균형식을 취하는 외에
현재 미국에서 사용하고 있는 차감식인 보
고서식 대차대조표가 있다. 이것은 기업의
재정실태를 표시한다는 뜻에서 재정표
financial statement 혹은 재무실태표 state-
ment of financial condition 라고도 한다.
그것은 그 시점에서 기업이 소유하고 있는
자산, 기업이 차용한 부채 및 순자산의 완
전한 표를 제시한다. 대차대조표를 1년간
의 영업의 기록인 손익계산서와 혼동해서
는 안된다.

자산은 관례적으로 유동자산과 고정자
산으로 대별된다. 유동자산은 현금, 정부
증권에 대한 투자, 외상매출금(거래처가
그 기업에 지불하여야 하는 금액), 결산자
산 및 기타 단기투자를 포함한다. 고정자
산은 토지, 건물 및 설비를 포함한다. 부
채는 1년안에 반제기일(返濟期日)이 도래
하는 유동부채와 장기부채로 대별된다. 유
동부채는 외상매입금(기업이 구매한 거래
처에 지불해야 하는 금액) 단기차입금, 미
불이자 및 미불세금이다. 장기부채는 장기
은행차입금, 무담보사채, 담보사채 같은
것이다. 자산회계에서 부채회계를 공제함
으로써 기업의 순자산 또는 기업에 있어서
의 주주의 지분이 확정된다. 순자산은 액
면 또는 발행가격으로 기재되어 있는 모든
발행주식의 가격에 잉여금을 합계한 것이
다. 대차대조표에서 총계는 항상 균형을
이루지만 개별항목별로 반드시 부채와 재
산이 균형되는 것은 아니다. →재무제표, 손
익계산서

대체재·독립재·보완재 代替財·獨立財·補完財 substitute goods·independent goods·complementary goods

A와 B 두 재화 간에 어떤 한 재화(A)의
가격이 상승함에 따라 다른 재화(B)에 대
한 수요가 증가하는 경우 A와 B는 대체
재의 관계에 있다고 한다. 그것의 예로서
는 커피와 홍차를 들 수 있다. 대체재의 경
우에는 어떤 재화에 대한 수요가 다른 재
화의 가격과 같은 방향으로 변화한다. 반
면에 어떤 한 재화의 가격이 상승함에 따
라 다른 재화에 대한 수요가 감소하는 경
우 A와 B는 보완재의 관계에 있다고 한
다. 이를테면 커피와 설탕이 그것이다. 보
완재의 경우에는 어떤 재화에 대한 수요가
다른 재화의 가격과 역의 방향으로 변화한
다. 끝으로 어떤 한 재화에 대한 수요가 다
른 재화의 가격의 변화에 의해서 전혀 영
향을 받지 않는 경우, A와 B는 독립재의
관계에 있다고 한다. 설탕과 쌀의 경우가
그 예이다.

대체재·독립재·보완재는 보통 위와
같이 정의되고 있지만 엄밀한 정의라고는
할 수 없다. 왜냐하면 재화의 가격이 변화
하면 소비자의 실질소득도 영향을 받기 때
문이다. 그 결과 어떤 재화(A)의 가격이
상승할 때 다른 재화(B)에 대한 수요가 감
소했다면, 과연 그것이 A와 B가 보완재
의 관계에 있기 때문인지 아니면 실질소득
의 감소 때문인지를 구별할 수 없는 경우
가 생긴다. 따라서 대체재·독립재·보완
재는 어떤 재화의 가격변화가 가져오는 가
격효과 price effect 중에서 대체효과 sub-
stitution effect 와 소득효과 income effect
를 구별하여 다음과 같이 대체효과로만 엄
밀하게 정의되어야 한다. 대체효과라는 것
은 어떤 재화(A)의 가격이 변화할 때 그것
이 가져오는 소득효과는 무시하고(따라서

효용은 가격변화 이전의 수준으로 유지된다고 가정 된다) 다른 재화(B)의 수요에 미치는 효과, 즉 $\left(\dfrac{\partial q_B}{\partial p_A}\right)_{U=\text{constant}}$로 정의된다. 여기에서 p_A는 A재의 가격, q_B는 B재에 대한 수요, U는 효용수준을 나타낸다. $\left(\dfrac{\partial q_B}{\partial p_A}\right)_{U=\text{constant}} > 0$이면 A와 B는 대체재, $\left(\dfrac{\partial q_B}{\partial p_A}\right)_{U=\text{constant}} = 0$이면 A와 B는 보완재, 그리고

$\left(\dfrac{\partial q_B}{\partial p_A}\right)_{U=\text{constant}} < 0$이면 A와 B는 보완재의 관계를 갖게 된다.

다음은 한계효용에 의한 대체재·독립재·보완재의 분류에 대해서 언급해 보자. 전술(前述)의 보통 사용되는 정의에 의하면, A와 B가 대체재의 관계에 있을 때에는 어떠 한 재화의 가격상승은 다른 재화의 한계효용을 증가시키고 보완재의 관계에 있을 때에는 한계효용을 감소시킨다고 되어 있다. 그러나 엄밀한 정의에서는 재화간의 대체재 또는 보완재의 관계는 이러한 사실과는 전혀 관계가 없다는 것에 유의할 필요가 있다. →가격효과

대체탄력성 代替彈力性 elasticity of substitution

한계대체율이 상품의 한계대체율과 생산요소의 한계대체율로 구분되듯이 대체탄력성도 상품과 생산요소의 대체탄력성으로 나누어 생각할 수 있다. 상품의 경우, 재화 사이에는 대체가 용이한 것도 있고 그렇지 않은 것도 있다. 예를 들면 만년필과 펜의 대체는 용이하나 만년필과 연탄과의 대체는 불가능하다.

재화의 대체탄력성은 두 재화가 대체되는 정도를 나타내 주는 척도로서 다음 식으로 정의된다. 두 재화 X, Y에 대한 대체탄력성을 e_s라 하면

$$e_s = \frac{d\left(\dfrac{x}{y}\right)}{\dfrac{x}{y}} \bigg/ \frac{d\left(\dfrac{dy}{dx}\right)}{\dfrac{dy}{dx}} \quad \cdots\cdots(1)$$

이다.

(1)식에서 $\dfrac{x}{y}$는 소비자가 갖고 있는 X재와 Y재의 비율이고 $d\left(\dfrac{x}{y}\right)$는 그 비율의 변화를 나타낸다. $\dfrac{dy}{dx}$는 한계대체율이고 $d\left(\dfrac{dy}{dx}\right)$는 한계대체율의 변화이다. 그러므로 대체탄력성이란, 소비자가 가지는 두 재화의 비율이 그 한계대체율의 변화에 어떻게 반응하는가를 보임으로써 X, Y재가 대체되는 정도를 나타내는 척도이다.

한편 소비자의 소비행동은 합리적이라고 가정되므로 X, Y재의 한계대체율은 그 가격비와 같다. 즉

$$\frac{-dy}{dx} = \frac{p_x}{p_y} \quad \cdots\cdots(2)$$이다.

(2)식을 (1)에 대입하면, 대체탄력성은 다음 식으로도 표시가능하다.

$$e_s = \frac{d\left(\dfrac{x}{y}\right)}{\dfrac{x}{y}} \bigg/ \frac{d\left(\dfrac{p_x}{p_y}\right)}{\dfrac{p_x}{p_y}} \quad \cdots\cdots(3)$$

(3)식이 갖는 경제적 의미를 설명하면, X, Y재의 상대가격의 변화에 따라서 소비자가 갖는 두 재화비율의 변화가 어느 정도 민감하게 반응하는가 하는 크기를 나타낸다. 따라서 재화 X, Y의 비율 $\dfrac{x}{y}$를 횡축에, 가격비율 $\dfrac{p_x}{p_y}$를 종축에 잡아서 양자의 관계를 표시하면 그림과 같다. 그림에서 우하향하는 곡선이 되는 이유는, $\dfrac{p_x}{p_y}$ 즉 'Y재 가격으로 표시한 X재의 상대가격'이 올라감에 따라(X재의 상대가격이 증가함에 따라) X재를 Y재로 대체하므로 $\dfrac{x}{y}$가 감소하기 때문이다. 대체탄력성은 이 곡선에 대한 탄력성을 의미한다. 만일 대체탄력성이 1이면, X재, Y재의 대체관계

를 표시하는 곡선은 직각 쌍곡선이므로 Y 재를 X 재로 대체하여 $\frac{x}{y}$ 가 커지더라도 곡선의 아래 부분의 넓이는 불변이다. 만약 대체탄력성이 1보다 크면 그 면적은 증가한다.

그림에서 직사각형의 면적은

$$\frac{P_x}{P_y} \cdot \frac{x}{y} = \frac{P_x \cdot x}{P_y \cdot y} = \frac{X재에 \ 대한 \ 지출액}{Y재에 \ 대한 \ 지출액}$$

이므로 대체탄력성이 1이면, Y 재를 X 재로 대체하더라도 두 재화에 대한 지출액의 비율은 불변이고, 대체탄력성이 1보다 크면 그 비율이 증가하는 것을 알 수 있다. 두 재화 X, Y의 대체탄력성에 관한 이상의 설명은, 두 재화 X, Y를 생산요소 A, B로 바꾸면 생산요소에 대한 대체탄력성이 된다.

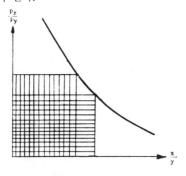

대체효과 代替效果 ☞가격효과

대충자금 對充資金 counterpart fund
제 2 차대전 후의 대외원조에 있어서 피원조국 정부가 원조의 증여분에 상당하는 달러액과 같은 액수의 자국통화를 특별계정에 적립한 것을 말한다. 대충자금의 의의가 주목을 끌게 된 것은 1948년의 마샬플랜 marshall plan 에서 였다. 마샬플랜에 있어서 경제협력법이 규정하는 쌍무협정에 의거하여 피원조국인 플랜참가국에 적립된 금액 중 우선 5%가 전략물자구입 및

기타 미국정부의 파견기관의 비용을 위해 보유되고, 나머지 95%가 원조국인 미국정부의 동의하에 피원조국의 통화의 안정과 경제재건을 위하여 사용하도록 하였다. 대충자금의 설정은 증여의 경우에 한정되고 차관의 경우에는 해당되지 않는다. 적립액은 미국정부에 보유된 부분을 제외하고는 형식적으로는 피원조국의 소유에 속하는 것으로 되어 있으나 원조국의 동의 없이는 그 사용이 허용되지 않는다. 그런 의미에서 순수한 또는 단순한 증여는 아니다. 전후의 미국의 대외원조가 '끄나풀이 달린 tied 것'이라는 까닭도 여기에 있다.

대충자금은 그 이용을 통해서 전후의 자본주의국의 경제부흥에 커다란 역할을 함과 동시에 다른 한편으로는 미국의 세계정책에 중요한 지렛대로서의 구실을 하였다. 우리 나라의 경우에는 정부수립 후 약 40여억달러의 경제원조를 받아 왔는데, 이 원조물자는 정부에 의하여 국내에 공매되었으며 공매시에 원조 달러화액과 같은 금액의 원화가 정부에 집적(集積)하게 된다. 대충자금은 이와 같이 정부에 집적된 원화를 말한다. 따라서 대충자금의 근원은 미국정부의 달러화 지출이나 국내에 있어서의 그 자금원은 원칙적으로 원조물자의 국내불하대가이다. 이 대충자금은 정부와 원조당국의 합의에 의하여 사용하도록 되어 있으며 정부측에서도 이를 운영하기 위하여 충당자금 특별회계가 설치되었다. 대충자금은 한때 정부세입의 50% 가까이를 차지한 때도 있었으며 군사비와 전후복구비 및 경제개발비의 지출로 팽창된 정부세출의 중요한 재원이 되었다.

대표적 기업 代表的企業 representative firm
영국의 근대경제학자인 케임브리지학파의 창시자 마샬 Marshall, A. 이 처음 사용

한 개념으로, 어떤 기업의 설비가 그 기업이 속해 있는 산업의 일반적 진보를 대표할 만하고 또 기업이 해당산업의 총생산규모에 의해서 규정되는 내부경제와 외부경제를 어느 정도 충분히 누리고 있는 기업을 말한다. 그 개념규정이 반드시 명확하다고는 할 수 없으나 한 산업내에 각종의 생산규모를 가진 다수의 기업이 경쟁하고 있는 경우, 상당한 기업수명을 가지고 상당한 성공을 거두고 있는 기업중 중립적이고 평균적인 것을 대표적 기업이라 할 수 있다. 따라서 과점대기업은 물론이고 거의 정상적인 이윤을 올리지 못하는 한계기업도 대표적 기업일 수는 없다.

덤핑 dumping

덤핑이란 경제이론의 입장에서 보면 동일재화를 상이한 시장에 대해 상이한 가격으로 판매하는 것이다. 그러나 국제무역에서 문제가 되는 덤핑은 수출국이 국내구매자에게 받는 가격보다 낮은 가격으로 외국에 수출하는 것을 말한다. 어느 나라가 어떤 상품을 지속적으로 외국시장에 덤핑할 수 있는 전제조건은, ① 이 상품의 생산자가 국내시장에 판매하는 재화의 가격이나 수량을 이윤극대화가 이루어 지도록 결정할 수 있는 독점기업 또는 독점적 행동을 취하는 집단(카르텔)일 것(생산비체감에 의해 생산량을 확대할 수 있을 때 독점이 성립되기 쉽다), ② 국내가격보다도 싼 가격으로 외국에 판매하는 것이므로 일단 외국에 판매한 상품이 싼 가격으로 국내에 역류하는 것을 막는 관세장벽이 필요하다.

그림에서 hh' 는 국내수요곡선, FF' 는 외국수요곡선, DD' 는 양자의 합계인 총수요곡선, mr 은 국내판매에서 얻어지는 한계수입곡선, MR 은 외국판매를 포함한 총한계수입곡선, MC 는 생산비체감의 한계비용곡선이다. 만약 국내판매 뿐이라면

mr 과 MC 와의 교차점 q 에 있어서의 수량

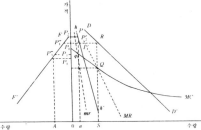

Oa 는 한계생산비 aq 보다도 높은 가격 aP 로 판매되므로 이윤이 극대로 된다. 이 때 국내시장은 물론 외국시장에도 판매한다면, MR 과 MC 와의 교차점 Q 에 있어서의 수량 OS 를 한계생산비 SQ 보다도 높은 SR 로서 국내시장에 판매할 때 이윤이 극대로 된다.

이 경우에 국내에는 P_1P_1' 양을, 외국에는 $P_1P_1''(=P_1'R)$ 양을 같은 가격 $SR(=OP_1)$ 로 판매한다. 따라서 덤핑은 존재하지 않는다. 그러나 같은 극대이윤을 얻기 위하여 다음과 같이 내외시장에 차별가격으로 판매할 때 덤핑이 된다.

① 국내에는 외국판매를 하지 않는 때의 가격 aP 로 Oa 량만큼 판매하고 외국에는 그것보다 싼 가격 OP_4 로 OA 양만 판매한다. 내외시장에 동일가격으로 판매할 때와 같은 수량만 판매하면 같은 극대이윤이 확보된다고 할 수 있다. 이 조건은 $Oa+OA=OS$ 이다.

② 국내에는 외국판매를 하지 않을 때의 가격 aP 보다도 싼 가격, 예를 들면 OP_2 로 P_2P_2' 양만 판매하고 외국에는 그것보다 싼 가격 OP_3 로 P_3P_3'' 만 판매할 수도 있다. 내외시장의 판매량의 합계 $P_2P_2'+P_3P_3''$ 는 OS 와 같다. 이 때에는 국내가격도 하락하므로 국내소비자는 환영할 것이다. 덤핑은 생산비체감의 경우에 한하지 않고 생산비체증, 불변의 경우에도 독점이윤을 극대로 하며 또 내외시장에 차별가격

으로 판매할 때 성립된다. 이 때에는 *MC* 곡선을 우상향의 곡선, 혹은 수평선으로 다시 그려 생각하면 된다.

덤핑의 형태에는 상술한 것과 같이 지속적 덤핑외에 팔고 남은 상품이나 견본상품을 투매(投賣)하는 산발적 sporadic 덤핑이나, 경쟁을 배제하여 어느 외국시장을 획득 또는 유지하기 위하여 행하는 단기 또는 단속적 short-run or intermittent 덤핑 등이 있다. 또한 지나친 평가절하에 의한 수출증가를 환덤핑이라 하며, 저임금에 의한 상품수출을 소셜 덤핑 social dumping이라 부르지만 이들은 이론적으로 의미있는 덤핑은 아니다.

도덕적 해이 道德的 解弛

moral hazard

감추어진 행동이 문제가 되는 상황에서 정보를 가진 측이 정보를 가지지 못한 측의 이익에 반하는 행동을 취하는 경향을 말한다. 본인-대리인의 문제(principal-agent problem)에서 대리인이 본인의 이익에 부응하지 않는 방향으로 행동하는 것은 도덕적 해이의 전형적인 예이다.

자기 행동이 상대방에 의해 정확하게 파악될 수 없다는 것을 아는 대리인은 자신의 이득을 추구하는 행동을 할 유인을 갖게 된다. 그 결과 상대방, 즉 본인의 이익에 반대되는 행동을 취할 수 있는데, 이런 행동이 나타난 것을 가리켜 도덕적 해이가 일어난다고 말한다. 도덕적 해이는 본인-대리인의 관계에서 주로 나타나지만, 감추어진 행동이 문제가 되는 상황이면 어디에서든 나타날 수 있다. 다시 말해서 감추어진 행동이 문제가 되는 상황에서, 정보를 가진 측은 정보를 가지지 못한 측에서 보면 바람직하지 못한 행동을 취하는 경향이 있는데, 이와 같은 행동이 나타났을 때 도덕적 해이가 일어났다고 말한다. 도덕적 해이라는 표현을 썼다고 해서 그

와 같은 행동을 하는 대리인을 도덕적으로 비난하고 있는 것은 아니다. 다만 본인의 이익을 위해 최선의 노력을 다하겠다는 명시적이거나 암시적인 약속이 있었음에도 불구하고 그렇지 못한 행동이 나왔다는 뜻에서 '도덕적'이란 표현을 쓰고 있을 뿐이다.

노동시장에서의 도덕적 해이는 본인-대리인 관계 이외에 공동생산의 문제에서도 발견된다. 공동생산체제란 여러 명의 대리인들이 공동으로 노력을 투입하여 전체의 성과가 나타나는데 개별 대리인의 노력 정도는 관찰할 수 없는 경우를 일컫는다. 공동생산체제에서는 개별 대리인의 노력 정도가 드러나지 않으므로 다른 사람들이 열심히 일하는 동안 적당히 놀다가 나중에 최종생산물의 분배에만 참여하려는 무임승차동기가 존재한다. 그런데, 모든 대리인이 무임승차동기를 가질 것이므로 결국 아무도 일하지 않고 성과도 미미하게 되는 소위 죄수의 딜레마 prisoner's dilemma 현상이 나타난다.

보험시장에서 보험료에 비하여 보상조건이 지나치게 좋은 경우 보험가입자의 도덕적 해이가 나타나게 된다. 자동차보험의 보상조건과 사고로 인한 입원비지불이 지나치게 후하다면 보험가입자는 사고를 일부러 유발시킬 동기를 갖게 된다. 국민의료보험제도로 인하여 의료비가 완전히 무료라면 아프지 않아도 병원에 감으로써 회사업무를 소홀히 한다든지 입원함으로써 며칠 푹 쉰다든지 하는 도덕적 해이가 발생한다. 실제로 서구사회에서 지나친 복지정책이 도덕적 해이를 통한 국민들의 게으름을 부추기고 있다는 비판이 있어 왔다.

도덕적 해이의 해결책으로 유인설계 incentive design가 제시되고 있다. 유인설계란 관찰불가능한 정보보유자의 행동과 관찰가능한 성과간에 정의 관계가 존재하는 경우 성과에 근거한 보상체계를 설정함으로써 정보보유자의 노력을 유발하고자 하는 것을 뜻

한다. 고용주와 피고용인의 관계에서 고용주는 피고용인의 노력을 관찰할 수 없으므로 피고용인의 업무성과에 근거하여 성과급제도를 도입한다. 즉, 업무성과가 좋으면 높은 임금과 상여금을 지급하고 업무성과가 나쁘면 낮은 임금과 상여금을 지급하는 것이다. 물론 낮은 업무성과가 반드시 노동자의 태만으로 인한 것은 아니지만 업무성과가 나쁠 경우 노동자가 태만했을 가능성이 높다면 성과급을 적절히 조정함으로써 노동자는 노력을 유발할 수 있다. 이 같은 유인설계는 판결결과에 따른 변호사수임료, 공동생산, 보험계약 등 도덕적 해이가 발생할 수 있는 모든 상황에서 관찰가능한 변수에 근거한 보상체계의 수립으로 가능하다.

이상의 논의를 현실의 상황과 비교해 보면 다음과 같은 의문을 갖게 된다. 우선 기업들이 왜 유인의 문제가 있다는 것을 알면서도 고정된 임금제도를 쉽사리 포기하지 않는지가 의문일 수 있다. 또한 성과급제도가 양 당사자에게 모두 좋을 수 있는데도 왜 어떤 피고용인들은 이를 달갑게 생각하지 않는가에 대해서도 의문을 품을 수 있다.

첫 번째 의문에 관해서는, 우선 모든 근로자가 일을 태만히 하는 데서 효용을 얻는 것은 아니라는 사실을 지적할 수 있다. 자기가 하는 일을 성실히 수행하는 데 대해 강한 긍지를 가지고 있거나, 일을 태만히 하는 데 대해 죄책감을 갖는 사람이 현실에서는 의외로 많을 수 있다. 그러므로 유인이 적절하지 않다 해서 반드시 도덕적 해이 현상이 광범히 게 일어나리라고 단정하기 힘들다. 그뿐 아니라 현실의 임금제도가 비록 표면상 고정된 보수인 것 같아도 내용을 보면 성과급의 요소를 지니고 있다는 사실을 지적할 수 있다. 어떤 근로자가 일을 태만히 하다가 적발되면 승진에 지장이 생기거나 심지어는 파면까지 당할 수 있다고 할 때, 실질적인 의미에서 그의 보수는 결코 고정된 것이 아니다.

두 번째 의문에 관해서는, 성과에 따라 보수를 다르게 만드는 제도가 피고용인도 위험부담을 하게 만드는 결과를 가져온다는 점을 들 수 있다. 피고용인은 일반적으로 위험부담의 능력이 매우 작기 때문에 이를 극도로 싫어하는 경향이 있다. 예를 들어 각자가 생산하는 양에 비례해서 임금을 받는데 갑작스런 정전이나 기타의 사고가 났을 경우를 생각해 보면 왜 그런 태도를 갖는지 이해가 될 것이다. 반면에 기업주는 다변화된 자산구조를 갖고 있어 위험부담의 능력이 더욱 크다고 할 수 있다. 이런 점들을 생각해 보면, 대부분의 기업에서 엄격한 성과급제도를 쓰지 않고 고정된 임금을 주면서 중간관리자 middle manager나 십장 foreman을 통해 작업진도를 감독하는 방식을 채택하는 현실을 어느 정도 이해할 수 있다.

도마 Domar, Evsey D. (1914~)
미국의 경제학자, 수학자, 그의 학문적 관심은 주로 러시아 경제의 연구와 경제성장의 연구에 집중되어 있다. 특히 그의 성장이론은 최근의 이론경제학계에서 주목을 끌고 있다. 해로드 Harrod, R. F. 가 제기한 경제성장률의 개념을 단기분석적인 케인즈이론에 도입함으로써 장기적 경제동학 모델을 형성하려고 하였다. 여기서 그가 강조한 것은 투자의 이중성, 즉 투자는 한편으로는 유효수요로서 소득을 창출하고 다른 한편으로는 국민경제의 생산력도 증가시킨다는 것이다. 케인즈 Keynes, J. M. 는 주로 유효수요의 측면만을 강조하였지만 생산력의 증가가 공급에 주는 경향도 무시할 수 없다는 것이 그의 지론이다.

[주 저] "Capital Expansion, Rate of Growth and Employment", *Econometrica*, Apr. 1946; "Capital Accumulation and the End of Prosperity", *Econometrica*, Jul. 1949, Supplement.

도수분포 度數分布 frequency distribution

예를 들어 어떤 집단의 104명의 시험성적을 통계적 방법으로 관찰하기 위하여 득점을 30~39, 40~49, ……, 90~99와 같이 정리한다면, 각 계급에 표시된 인수(人數)를 그 계급의 도수(度數)라 하고 이 분포형태를 도수분포라 한다. 그리고 그것을 표로 나타낸 것을 도수분포표(度數分布表)라 하고, 그림으로 나타낸 것을 도수분포도(度數分布圖)라 한다.

도수분포표

득점(계급)	인수(도수)
30~39	1
40~49	5
50~59	18
60~69	32
70~79	29
80~89	12
90~99	7
계	104

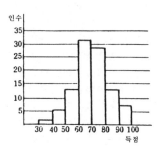

도수분포도

도약단계 跳躍段階 ☞로스토우의 발전단계설

도지법 賭地法

도지법은 이조시대의 소작제도의 일종으로서 지대징수방법에 의한 분류이며, 병작법(並作法)과 더불어 소작제도의 전체상을 구성한다. 도지법은 병작법에 비하여 그 역사적 기원이 훨씬 새로운 것이며, 대체로 이조중기 이후에 보편화된 것이 아닌가 추측되고 있다. 그리고 소작제도 중에서 차지하는 비중은 병작법에 비하여 훨씬 낮았다. 지역에 따라서는 도조법(賭租法), 도지법(賭支法) 혹은 도작법(賭作法)이라고도 불리워졌다.

도지법에는 크게 나누어 두 가지가 있다. 하나는 두지정(頭支定), 집수(執穗) 혹은 집조(執租)라는 것이요, 다른 하나는 정도지(定賭地) 또는 영정도지(永定賭地)라는 것이다. 전자의 소작료 결정방법은 매년 추수기에 작물을 거두기 전에 지주가 간평인(看坪人)을 파견하여 소작인의 입회하에 작황을 조사하고 그 수확예상량을 추정하여 소작료를 결정하는 방법이다. 따라서 이 방법에 의하면, 풍흉에 따라서 소작료액은 매년 달라지게 되므로 소작료는 정액법에 의하는 것이 아니라 병작법에 있어서와 같이 정률법에 의하여 결정되는 것이다. 일제시대에 이 법은 집조법(執租法)으로 발전하였다. 후자의 경우에 있어서는 소작계약시에 이미 소작료가 일정액으로 결정됨으로써 정액법이 실시되었다. 이 소작료를 정하는 방법은, ① 평년작을 기준으로 소작료를 결정하는 방법, ② 토지가격을 기준으로 소작료를 결정하는 방법 등이 있었으나 평년작을 기준으로 소작료를 결정하는 방법이 일반적이었다. 이 방법에 의한 소작료액은 대체로 수확량의 3분의 1이며, 따라서 3분법이라고도 하였다. 이 법은 일제시대에 정조법(定租法)으로 발전하였다. 이 법은 정액법이기 때문에 원칙적으로는 풍흉에 관계없이 소작료액이 일정하였던 것이나 심한 흉작의 경우에는 소작료가 감면되기도 하였던 것이다.

위의 도지법에 관한 설명은 소작료의 결정방법에 따른 것이다. 도지법은 또 소작인의 소작지에 대한 권리에 따라서 일반도지법과 특수도지법으로 나누어 볼 수 있다. 일반도지법에 있어서는 소작인의 소작지에 대한 권리는 소작기간의 만료에 의하여 해제된다. 그러나 특수도지법에 있어서는 소작인의 소작지에 대한 권리는 도지권(賭地權)으로서 나타나며, 도지권은 소작인의 소작지에 대한 영구소작권임과 동시에 일종의 재산권인 것이다. 특수도지법은 이조후기에 소작제도에 있어서 그것이 차지하는 비중은 낮았으나 전국적으로 보급되어 있었다. 그것은 소작제도에 있어서 나타난 새로운 변화이며, 이조사회의 변동을 나타내 주는 것이기 때문에 자세히 살펴보면 아래와 같다.

특수도지법은 앞에서도 지적한 바와 같이 결코 일부 특정지역에만 나타난 특수현상은 아니었고 전국적으로 보급되어 있던 것이다. 그러나 그것은 또한 특정지역에서 성행하였으며 그들 지역에서 가장 선진적 모습을 나타내기도 하였다. 특수지역의 도지관행(賭地慣行)을 열거하면, ① 압록강 유역에 위치한 의주군과 용천군의 원도지(元賭地), ② 대동강 유역에 위치한 대동군, 강서군과 중화군의 전도지(轉賭地 : 굴도지) 및 도지(賭地), ③ 재령강 유역에 위치한 봉산군, 신천군, 재령군과 안악군의 중도지(中賭地) 또는 영세(永稅), ④ 금강 유역에 위치한 전주군과 정읍군의 화리(禾利), 남강상류에 위치한 진주군과 고성군의 병정(倂耕 또는 並耕) 등이 특히 유명한 것이었다. 위에서 나타나는 원도지, 전도지(굴도지), 도지, 중도지, 영세, 화리 및 병정은 모두 특수도지의 명칭이었으며, 그들 도지에는 전부 도지권이 붙어 있었다.

도지권의 기원에 관해서는 여러 가지 설이 있다. 원도지의 경우에 있어서와 같이 소작인이 자기의 노동과 자본을 투하하여 지주의 토지를 개간·축제(築堤)·재개간함으로써 획득된 경우도 있었고, 병정의 경우에 있어서와 같이 지주로부터 토지권을 매입함으로써 획득된 경우도 있었다. 그러므로 도지권의 기원에 관해서는 정설을 얻기가 어려우나 도지권이 대체로 임진란 이후에 발생하였으며, 위에서 열거한 특수도지들이 강변에 집락적(集落的)으로 분포되어 있는 것으로 미루어 보아 임진란 이후 개간사업이 진행되는 과정에서 강변의 넓은 황무지를 주변의 농민들을 동원하여 개간함으로써 발생하였던 것이 아니었던가 추측된다. 위와 같은 과정에서 일단 도지권이 발생하고, 이후 그것이 하나의 관행으로 되자 이제는 개간·축제하는 사실이 없어도 기존의 전지(轉地)에서 지주가 토지의 소유권을 파는 것이 아니라 도지권을 판매함으로써 도지권이 발생하기도 한 것으로 생각된다. 하여튼 특수도지법은 개간·축제·매매를 통하여 전국적으로 보급될 수 있었던 것이다.

특수도지법의 성격은 다음과 같이 세 가지로 요약할 수 있다. ① 특수도지에서는 비교적 저율의 정액소작료를 지불하였다. 원도지의 경우에 있어서는 그 지대율이 총수확량의 2분의 1이었으나 다른 도지에서의 지대율은 대체로 총수확량의 3분의 1이었던 것이다. 즉 일반지대율을 총수확량의 2분의 1로 보면 그것보다 총수확량의 6분의 1만큼 쌌던 것이다. 그리고 지대는 풍흉에 관계없이 고정되어 있었다. ② 특수도지법에 있어서는 도지권자는 영대(永代)소작권을 가지고 있었다. 지주는 도지권자로부터 도지권을 매입하지 않고서는 소작관계를 취소할 수가 없었으며, 지주가 토지를 매각하는 경우에도 도지권의 가격을 차인한 값을 받음으로써 도지권자는 토지의 도매인에 대해서도 그 권리를 주장할 수 있었다. 즉 도지권은 도지권자가 소작료의 납부를 행하지 않는 등 특수한 이유 없이는 그 소작권을 취소할 수가 없었다. ③ 도지권은 지주의 승낙없이도 제3자에게 판매 · 양도 · 상적(相續) · 저당할 수 있었다. 그러므로 도지권은 일종의 재산권이며 토지에 대한 부분적인 소유권이었다. 도지권의 가격은 여러 경우에 있어서 일정하지 않으나 대체로 지가의 5분의 1 내지 3분의 1 사이가 아니었던가 추측된다.

위와 같은 도지권의 발생은 이조후기 사유권에 대한 의식의 성장을 나타내주고 있다. 이조후기에 있어서의 과전법 체제의 전반적 붕괴는 왕토사상(王土思想)의 붕괴였고, 그것은 자연히 사유의식의 발전을 촉진하지 않을 수가 없었던 것이다. 이러한 사유의식의 발전 속에서 도지권도 발생 · 성장할 수 있었던 것이다.

〔참고문헌〕 조선총독부, 「朝鮮の小作慣行」(하), 경성, 1932; 花島得二, 「朝鮮に於ゲる永小作の歷史的 發展」(「社會經濟史學」 제9권 제2호), 동경, 1939; 신용하, 「이조말기의 도지권과 일제하의 영소작(永小作)의 관계」(경제논집 제6권 제1호), 서울, 1967; 안병태, 「조선근대경제사 연구」, 동경, 1975.

도함수 · 편도함수 導函數 · 偏導函數 derivative · partial derivative

I. 도함수 derivative 함수 $y=f(x)$에서 독립변수인 x가 Δx만큼 증가할 때 종속변수인 y가 Δy만큼 증가하였다면 $\Delta y=f(x+\Delta x)-f(x)$가 성립하고 $\dfrac{\Delta y}{\Delta x}$, 즉 x의 증분(增分)에 대한 y 증분의 비를 평균변화율이라 한다. 이것을 그림으로 나타내면 P, Q점을 잇는 선분의 기울기로 표시된다. 이 때 함수 $f(x)$가 $x=a$에서 연속이고 x의 증분 Δx가 0으로 수렴하면, y의 증분 Δy도 0에 수렴한다. 이 경우 $\dfrac{\Delta y}{\Delta x}$가 일정치에 수렴하면, 이 극한치를 $x=a$에서의 $f(x)$의 미계수 differential coefficient 라 하고 $f'(a)$로 표시한다. 즉

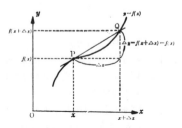

$$\lim_{\Delta x \to 0}\frac{\Delta y}{\Delta x}=\lim_{\Delta x \to 0}\frac{f(a+\Delta x)-f(a)}{\Delta x}=f'(a)$$

이다. 다시 말하면, 미계수란 $x=a$에서 x의 미소(微小)증분 Δx에 대한 함수치 y의 미소증분 Δy의 비를 의미한다. 미계수 $f'(a)$가 존재할 때 $f(x)$는 $x=a$에서 미분가능이라고 하고, 미계수를 구하는 것을 미분 differentiate 한다고 한다.

미분계수의 그림표상에서의 의미는 앞에서 $\dfrac{\Delta y}{\Delta x}$인 평균변화율이 PQ선분의 기울기를 의미한 데 비해 미계수는 함수 $f(x)$상의 $x=a$점에서 그은 접선의 방향계수(=기울기)를 나타낸다. 그리고 함수 $f(x)$의 $x=a$에서의 미계수를 $f'(a)$라 하면, 이 미계수는 일반적으로 a의 값이 변함에 따라 그 값이 변한다. 이 때 a를 x로 바꾸어 주면 x에 관한 새로운 함수를 얻게 된다. 이것을 원시함수 $y=f(x)$의 도함수라고 한다. 그리고 도함수는 $\dfrac{dy}{dx}$, $\dfrac{d}{dx}f(x)$, $f'(x)$ y' 등으로 표시된다. 그러므로 $y=f(x)$의 도함수는

$$\lim_{\Delta x \to 0}\frac{\Delta y}{\Delta x}=\lim_{\Delta x \to 0}\frac{f(x+\Delta x)-f(x)}{\Delta x}=f'(x)$$

로 정의된다. 이상의 설명에서 분명한 바와 같이 $x=a$에서 $y=f(x)$의 함수 $f(x)$의 미계수는, $f(x)$를 x에 관하여 미분한 도함수 $f'(x)$에다 $x=a$를 대입함으로써 얻어

진다.

Ⅱ. 편도함수 partial derivative 편도함수를 설명하기 전에 다변수함수 및 그 연속조건을 다루기로 한다. 이제까지 고찰한 것은 모두가 일변수함수에 관한 것이었다. 그러나 함수는 일반적으로 다변수함수로 1개 이상의 독립변수를 가지는 것이 보통이다. 예컨대 직원주의 체적 V와 반경 x, 높이 y와의 사이에는 $V = \pi x^2 y$라는 관계가 성립한다. 이와 같이 서로 독립적인 2개 이상의 독립변수를 가지는 함수를 다변수함수라고 한다. 여기에서는 논의를 간단히 하기 위하여 2개의 변수를 가지는 2변수함수만을 고찰하고, 이것을 일반적인 다변수함수에 확장적용한다. 2개의 독립변수 x, y의 값이 주어지며, 제3의 변수 Z의 값이 결정될 때를 x, y의 함수라 하고 $Z = f(x, y)$로 표시한다. 그리고 이 $Z = f(x, y)$는

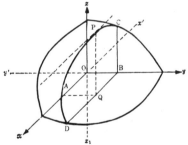

원점에서 서로 교차하는 공간좌표축을 사용하여 표시하면 일반적으로 곡선이 된다. 즉 그 곡선은 $Z = f(x, y)$의 궤적으로 주어진다. 그림 2에서 실선방향이 +이고, 점선방향이 -를 나타낸다. $Z = f(x, y)$ 곡면상의 한 점 P는 먼저 x, y를 축으로 하는 직각좌표 평면상의 한 점 Q가 OA, OB로 주어지면, Q점 상방으로 Z의 값을 취함으로써 결정할 수 있다. 일단 점 P의 궤적이 곡면을 그린다고 할 때 문제가 되는 것은 연속의 문제이다. 2변수함수의 연속은 1변수함수의 연속과 마찬가지로 정의된

다.

함수 $f(x, y)$에 대해서 $x = a$, $y = b$일 때 일정한 값 $f(a, b)$가 존재하고, 또한 x, y가 각각 a, b에 수렴할 때의 $f(x, y)$의 극한치가 $f(a, b)$와 같을 때 즉,

$$\lim_{\substack{x \to a \\ y \to b}} f(x, y) = f(a, b)$$

일 때, 함수 $f(x, y)$는 $x = a$, $y = b$에서 연속이다. 한편 변수가 3개 이상인 함수를 기하학적으로 표현하는 것은 불가능 하지만 이론상으로는 n차함수는 $(n+1)$차원공간에 있어서의 곡면을 표시한다. x, y의 변역(變域)에서 연속인 $Z = f(x, y)$에 있어서 두 변수 x, y가 서로 독립적으로 변화할 때에 y를 일정상수(一定常數) b로 간주하면, $Z = f(x, b)$이다. 따라서 Z는 x만의 함수가 되므로 $x = a$에서 $f(x, b)$의 미계수를 생각할 수 있다. $x = a$에 있어서의 미계수는

$$\lim_{h \to 0} \frac{f(a + hb) - f(a, b)}{h} = f'(a, b)$$

가 되며, 이것을 $x = a$, $y = b$에서의 함수 $Z = f(x, y)$의 x에 관한 편미계수(偏微係數)라 하고, $f_x(a, b)$라는 기호로 표시한다. 그런데 이러한 편미계수는 a, b의 값의 변화에 따라 변하므로 편미분 계수는 a, b의 함수이다. 이 때 a, b를 각각 x, y로 바꾸어 주면 x, y에 관한 새로운 함수가 도출된다. 이것을 Z의 x에 관한 편도함수라 하며

$$\frac{\partial Z}{\partial x}, \frac{\partial f}{\partial x}, f_x(x, y), Z_x, f_x$$

등의 기호로 표시한다. 그러므로

$$f_x(x, y) = \lim_{\Delta x \to 0} \frac{f(x + \Delta x, y) - f(x, y)}{\Delta x}$$

이며, $f_x(x, y)$는 전술한 바와 같이 $Z = f(x, y)$에서 y를 상수로 간주하고 x에 관하여 미분해서 얻은 것이다.

이 편미계수가 가지는 기하학적인 의미는 다음과 같다. 앞의 그림에서 곡면 $Z = f(x, y)$와 이 곡면상의 점 $P(x, y, z)$를 통과

하면서 y축에 수직한 평면과의 교선을 CPD라고 하면, $f_x(a, b)$는 분명히 P점에서 이 곡선 CPD에 그린 접선이 x축과 만나는 각 θ_x의 탄젠트값, 즉 접선의 방향계수와 같다.

끝으로 전미분(全微分)에 대해 설명하자. $Z=f(x, y)$의 함수에서 편미분은 x, y 중 하나만을 변수로 간주한 데 반해, 전미분은 x, y를 둘다 변수로 취급하여 Z의 변화가 x, y의 변화와 어떻게 관련되어 있느냐를 파악하고자 하는 것이다. 일반적으로 전미분은 다음과 같이 정의된다.

$$dz=\frac{\partial z}{\partial x}dx+\frac{\partial z}{\partial y}dy$$

이 결과가 유도되는 과정을 약술하면, $Z=f(x, y)$에서

$$\Delta Z=f(x+\Delta x, y+\Delta y)-f(x, y)$$
$$=f(x+\Delta x, y+\Delta y)-f(x, y+\Delta y)$$
$$+f(x, y+\Delta y)-f(x, y)$$
$$=\frac{f(x+\Delta x, y+\Delta y)-f(x, y+\Delta y)}{\Delta x}$$
$$\cdot\Delta x+\frac{f(x, y+\Delta y)-f(x, y)}{\Delta y}\Delta y$$

가 성립한다. 이 때 $Z=f(x, y)$가 x, y의 변역에서 연속함수이고 미분가능하면, $\Delta x\rightarrow 0$, $\Delta y\rightarrow 0$일 때 $\Delta z\rightarrow 0$이므로

$$\lim_{\Delta z\rightarrow 0}\Delta Z$$
$$\lim_{\Delta x\rightarrow 0}\frac{f(x+\Delta x, y+\Delta y)-f(x, y+\Delta y)}{\Delta x}\Delta x$$
$$+\lim_{\Delta y\rightarrow 0}\frac{f(x, y+\Delta y)-f(x, y)}{\Delta y}\Delta y$$

따라서

$$dZ=\frac{\partial f}{\partial x}dx+\frac{\partial f}{\partial y}dy$$
$$=f(x)dx+f(y)dy$$

가 유도된다.

전미분의 경제학적 의미를 저축함수를 예로 들어보면 다음과 같다. 일반적으로 저축함수는 $S=S(Y, i)$(단, Y : 국민소득, i : 이자율)로 표시되고, S는 Y와 i의 모든 변역에서 연속이고 미분가능하다고 가정하고 저축함수 x를 전미분하면

$$ds=\frac{\partial S}{\partial Y}dY+\frac{\partial S}{\partial i}di=S_Y dY+S_i di$$로 된다.

이 식을 경제적으로 해석하면 저축액의 증가분 dS는 한계저축성향 S_Y와 소득의 증가분 dY를 곱한 것에 S_i와 이자율의 증가분의 곱을 더한 것이 된다. 이 때 이자율이 불변이라면 $di=0$ 이므로 $dS=S_Y dY$ 및 $\left(\frac{dS}{dY}\right)=S_Y=\frac{\partial S}{\partial Y}$이 성립한다. ($i=$ constant)

〔참고문헌〕 Chiang, A., *The Fundamental Methods of Mathematical Economics*, 2nd. ed. 1974.

독립변수 獨立變數 ☞변수

독립자영농 獨立自營農 independent self-sustained peasant

봉건사회의 해체과정에서 발생한 독립적이며 자유로운 자영농민을 말한다. 그것은 근대자본주의의 발생원천 중의 하나였는데 다음과 같은 점에서 봉건사회의 자영농민과는 근본적으로 그 성격을 달리한다. 첫째로 극히 경미한 지대를 지급하는 경제적으로 안정된 실질상의 토지소유 농민이었다. 따라서 봉건영주의 영주적 강제에서 사실상 완전히 해방되었다. 둘째로 공동체적 규제로부터 해방되어 경영상의 자주성을 가질 뿐 아니라 소상품 생산자로서 잉여생산물의 자유판매를 통해 스스로 화폐를 축적했다.

이들은 인격적 독립과 경제적 자립을 이룩한 대체로 풍족한 농민이었지만, 정치적·경제적 요인의 작용으로 결국 빈부의 양극으로 갈리는 불안정한 과도적 계층이었다. 이들의 양극분해에 의해 자본·임금 노동 관계가 확립된 것은 산업혁명의 과정을 통해서였다. 서유럽에서의 독립자영농의 존재형태는 나라에 따라 달랐으나 그

기본적 특징이 가장 전형적으로 나타난 곳은 영국이었다. 영국에서 독립자영농을 대표하는 것은 요맨 yeoman 계층으로 자유토지보유농을 의미했는데 그 중에는 상층부농도 포함된다. 요맨의 특징은 토지의 자유로운 소유자이며, 차지료(借地料)를 지불하지 않는 독립성을 가졌다는 데 있다. 이러한 요맨층이 계층으로서 형성된 것은 15세기였다. 그러나 16세기의 인클로저운동 enclosure movement을 계기로 요맨은 양극분해를 시작했으며 17세기의 시민혁명 때는 가장 충실한 지지자로서 크롬웰 군대의 중핵을 이루었다. 요맨의 중요성은 17세기는 약간 감소했으나, 1688년의 명예혁명 후에도 요맨은 아직 사회의 중요한 계층을 형성하고 있었다. 그러나 요맨은 18세기의 산업혁명과 함께 양극분해되어 거의 소멸되었다.

독립투자 獨立投資 autonomous investment

독립투자란 자발적 투자라고도 불리우며, 그 움직임을 경제의 내적변수의 움직임과 결부시켜 설명하기에는 부적당한 투자로서, 구체적으로는 기술의 진보나 인구의 증가와 같은 외생적 요인에 관한 판단에 기초를 둔 투자나 신기술의 도입에 의한 혁신 innovation 을 위해 투자하는 유형을 말한다. 정부에 의해 이루어지는 재정지출도 일종의 독립투자이며 독립투자는 변수 분류에 의하면 외생변수이다. 그리고 독립투자는 케인즈 Keynes, J. M. 의 단순모형에서 소비와 더불어 소득을 결정하는 소득수준 내지 그 증가율에 무관한 투자를 말하기도 한다.

독점 獨占 monopoly

한 상품에 대하여 판매자가 한 사람일 때의 시장형태를 말한다. 순독점의 경우를

보면 시장에서 상품의 경쟁상대가 전혀 없는 경우로, 단일판매자는 그 판매하는 시장가격에 절대적인 지배력을 행사한다. 이 판매자는 가장 수익이 높은 가격을 선택할 수 있는 것이며 또한 산출고를 경쟁가격하에서의 산출고보다 적은 양을 생산할 수 있다. 따라서 독점은 보다 높은 판매가격, 보다 적은 산출고 및 초과이윤을 가져온다. 독점력을 행사하는 데는 반드시 전산출고를 완전히 지배할 필요는 없다. 일반적으로 산출고의 80% 정도를 지배하면 나머지 20% 산출고의 가격도 지배할 수 있다.

독점은 공적독점과 사적독점으로 대별할 수 있다. 공적독점이라 함은 우편제도, 연초전매, 철도와 같이 정부에 의하여 운영되는 것이고, 사적독점은 개인이나 기업체에 의하여 운영되며, 특허나 판권과 같이 정부가 인정하는 권리, 뛰어난 기술과 재능의 소유, 전략자본의 소유권 등이다. 또 하나의 다른 형태로는 빅 비지니스 big business 라는 사적독점이다. 어떤 산업에서 회사를 설립하려면 거액의 자본투자가 필요하여 그 산업에의 참여를 곤란하게 하는 큰 장벽이 되는 경우, 이 산업에 있어서 기존기업에게 잠재적 독점력을 주는 것이다. 그러나 이러한 독점력의 행사는 대체되는 생산력의 발달, 신기업 참여기도 및 공적기소나 규제의 가능성을 초래하게 된다.

독점금지정책 獨占禁止政策 anti-trust policy

독점, 거래조건, 공모(共謀)에 의한 경쟁제한을 금지하고 그 폐해를 규제하는 정책을 말한다. 자유경제체제의 기본목표는 자유경쟁원리가 최대한으로 보장된 시장질서의 유지를 통하여 자원의 최적분배를 실현시킴으로써 국가경제의 발전은 물론

국민생활수준의 향상을 달성하는 데 있다. 그러나 자유경쟁의 결과 선진제국에서 경험한 바와 같이 산업이 일부 대기업에 과도집중되거나, 자유방임적 시장체제가 오히려 경제효율을 저하시키고 중소기업 근로자 및 소비자의 이익과 상치되는 사태를 초래시킴으로써 구미제국에서는 오래 전부터 이에 대한 반성이 싹트기 시작하였다. 그리하여 각국은 독과점기업의 폐해의 교정을 통해서만이 자본주의체제 자체의 영속적인 발전을 꾀할 수 있다는 인식을 갖게 되었다.

이에 따라 오늘날 대부분의 선진국과 이스라엘, 인도 등을 포함한 30여개국이 독점 및 경쟁제한 행위를 규제하기 위한 독과점 금지법 또는 공정거래법을 제정하여 실시하고 있으며, 프랑스, 멕시코 등은 형법이나 민법으로 독과점기업을 규제하고 있다. 그밖에도 많은 나라가 독점금지법을 법제화하려는 움직임을 보이고 있어 독과점금지정책은 자유경제체제를 표명하고 있는 국가의 경제질서유지를 위한 보편적인 경제정책으로 일반화되고 있다.

자본주의의 발전과정에서 자본집적과 기업집중을 통한 기업규모의 확충은 대량생산에 의한 생산원가의 절감을 가능케 함으로써 기업의 경쟁력을 강화하고 소비자에게 저렴한 가격으로 상품을 공급할 수 있게 한다. 또한 기업규모의 확대는 제품의 규격화와 신제품 개발 등 기술혁신을 위한 기반을 강화함으로써 산업 및 기업의 발전을 촉진함은 물론 국민생활수준을 향상시키고 나아가서 국내기업의 해외시장 진출을 가능케 한다. 그러나 기업의 자본집중이 어느 단계를 지나 독과점적 지위를 누리게 되면 현실적으로 다음과 같은 여러 가지 폐해가 야기될 수 있다.

① 단일 또는 소수의 대기업이 시장을 지배하는 경우 생산원가와는 관계없이 이윤극대화가 가능한 수준에서 일방적으로 제품가격을 결정함으로써 소비대중에게 불이익을 가져다 준다. 이러한 관리가격의 폐해는 비단 해당품목의 가격인상에 국한되지 않고 이를 원료로 하는 상품의 가격인상을 자극함은 물론 인플레를 선도함으로써 국민경제발전을 저해한다. ② 가격조작, 출고조절, 부당한 거래조건의 적용, 신기업의 시장참여 제한 등 독과점 지위확보 또는 영속화를 위한 조치는 경제질서의 혼란은 물론 비정상적인 이윤추구의 풍조를 조성하는 요인이 되기도 한다. ③ 독과점기업에 의한 경쟁제한은 자원의 효율적 배분을 저해함으로써 산업발전을 지연시키는 요인으로 작용하기도 한다. 즉 기업간의 경쟁제한 및 참가장애는 자본 및 노동력의 저생산성 부문으로부터 고생산성 부문으로의 이동을 저해한다.

이상과 같이 독점은 물론 긍정적 측면도 없지 않으나 그 폐해도 적지 않으므로 각국은 이에 대해 규제를 가하고 있다. 미국의 셔만법 Sherman Act(1890), 클레이튼법 Clayton Act(1914), 독일의 카르텔명령 Verordnung gegen Misbrauch Wirtschaftlicher Machtstellungen(1923), 영국의 독점규제법 Monopolies and Restrictive Practices(Inquiry and Control) Act(1948), Restrictive Trade Practices Act(1956), 일본의 독점금지법(1947)이 그러한 예이다. 대체로 독점금지법의 주내용은 독점기업체의 설립금지, 지주회사의 설립금지, 기업합병의 금지 등이다.

일반적으로 독점규제대책은 다음과 같다. ① 독점으로 인한 공공의 이익이 침해되는 것을 방지하기 위하여 산업을 국가방침에 따라 재편성하도록 유도하는 것이다. 따라서 기간산업의 일부 혹은 전부를 국유화하거나 공사합동 형태로 운영하는 것이다. ② 경쟁을 제한하는 거대기업의 행동을 법률로써 규제하는 것이다. 독점의 법적 규제는 원칙적인 금지주의의 입장과 폐해규제주의 입장의 두 가지로 대별된다. 원칙금지주의는 독점이라는 경쟁제한행위를 경제의 자유로운 발전을 저지하는 사회악으로서 규정하여 원칙적으로 금지하고 그 제재로 형사적 수단(벌금, 체형 등)이 사용된다. 폐해규제주의는 독점이라는 경쟁제한행위 그 자체를 위법시 하는 것이 아니라, 다만 그 폐해를 행정적 수단(권고, 명령 등)을 통하여 규제하는 입장이다. ③ 독점에 대한 사회적 대항력을 양성하여 간접적으로 독점력행사를 규제하는 것이다.

세계 각국의 독점대책으로 원칙금지주의와 폐해규제주의를 탄력적으로 운용하고 있다. 그러나 그 실효성은 크지 못하여 각국에서는 독점의 폐해가 항상 문제되어 왔다. 여기에 독점대책의 새로운 정책기준으로 제기된 것이 주로 미국에서 발전한 유효경쟁론이다. 이것은 한편으로는 완전경쟁에 따른 기준을 배격함과 동시에 다른 한편으로 현실에 적응할 수 있는 실행 가능한 경쟁규모의 확립을 추구하고자 하는 사고방식에 입각하고 있다. 우리 나라는 국내시장이 협소하고 대외경쟁력 강화를 위하여 기업이 처음부터 독과점업체로 출발한 예가 많고, 그렇지 못한 업종에서도 정부가 여러 가지 방법을 통해 독과점 기업으로 유도하여 왔다. 따라서 미국 등 선진국이 채택했던 원칙금지주의를 채택한다는 것은 생각할 수도 없었고, 채택한다 하더라도 거의 손이 미치지 못하는 형편이다. 이런 특수상황하에서 우리 나라가 취한 입장은 독과점으로 인해 사후적으로 발생하는 폐해를 줄이는 폐해규제주의였다. 1975년 12월에 제정한 물가안정 및 공정거래법률이 바로 이것이다. 그러나 원칙금지주의가 적용될 수 있는 부문도 있으니 이러한 부문에서는 이 주의의 취지를 살리는 방향으로 정책적 배려가 있어야 할 것이다. →유효경쟁, 공정거래법

독점도 獨占度 degree of monopoly

독점 혹은 과점이 존재할 때, 그 정도를 측정하는 데는 여러 가지 지표가 사용된다. 집중도 및 상위 몇 개 회사의 생산액이 산업의 총생산액에서 차지하는 비율도 쓰이지만 독점도라는 개념을 사용할 때도 종종 있다. 가장 널리 사용되는 독점도의 지표는 러너 Lerner, A. P. 가 사용한 가격 P 와 한계비용 MC 사이의 갭이다.

만약 완전경쟁이 행해지고 있으면 가격과 한계비용은 일치하며, 따라서 양자간에 갭이 있으면 그것은 경쟁의 불완전함, 말을 바꾸면 독점 내지 과점의 존재를 나타내는 것으로 봐도 좋으며, 그 차가 클수록 그만큼 독점도가 높다. 만약 완전경쟁이 존재하면 한계비용보다도 가격이 높을 때에는 그 초과이윤을 추구해서 새로운 기업이 산업에 진입하여 공급을 증가시키므로 가격은 하락되어 가격과 한계비용은 일치하게 되지만, 진입에 대한 장벽 barriers to entry 이 있으면 가격은 한계비용보다도 높게 유지된다. 따라서 진입에 대한 장벽이 많이 존재할수록 독점도는 높아진다고 할 수 있다. 러너의 독점도는 $\frac{P-MC}{P}$ 로 나타내어진다. 기업은 극대이윤을 추구하기 위해 한계비용=한계수입이 되도록 생산활동을 한다.

해로드 Harrod, R. F. 는 이러한 독점도가 수요의 탄력성에 의존한다는 것을 아래와 같이 밝혔다.

$$\frac{P-MC}{P}=\frac{P-MR}{P}$$

그런데 $MR=P\left(1-\frac{1}{\eta}\right)$

(Amoroso-Robinson 공식, η=수요의 탄력

성)

따라서 독점도는 $\dfrac{P-MC}{P}=\dfrac{1}{\eta}$ 로서 나타낼 수 있다. 즉 독점도는 수요의 탄력성의 역수라 할 수 있다. 따라서 독점도는 수요의 탄력성만 측정할 수 있으면 알 수 있게 된다. 그러나 개개의 재화에 대해서가 아니고 국민경제 전체에 대해서 독점도를 측정하려면 많은 곤란이 생긴다.

칼레키 Kalecki, M.는 이 점에 대해 근사적이기는 하지만 국민경제 전체에 대한 독점도의 측정방법을 고안했다. 칼레키는 우선 평균비용을 한계비용과 큰 차가 없다고 보고 전자로 후자를 측정할 수 있다는 전제를 한다. 이 전제하에서 매상조이윤률(賣上粗利潤率)을 독점도로 본다. T를 거래액, E를 기업가소득, O를 간접비라하면 독점도$=\dfrac{E+O}{T}$ 의 관계로 나타난다. 또한 국민소득을 A라고 하면 $A=E+O+W$ (W는 임금소득)이기 때문에 독점도$=\dfrac{A-W}{T}$ 로 된다. 칼레키의 경제변동 이론은 이것을 기초로 해서 독점도의 개념을 임금과 이윤의 분배율에 결부시킨 점에 특색이 있다. →독점, 아모로소-로빈슨공식

독점자본주의 獨占資本主義 monopolistic capitalism

자본주의는 독점체가 지배하는 이전의 단계에서는 자유경쟁에 의하여 발전하였는 데, 자유경쟁은 산업과 자본의 집적을 촉진하여 거대한 독점체를 낳게 하고, 그것은 또 점차 독점자본주의로 이행하였다. 독점자본주의는 제국주의의 경제적 기초를 이루고 있다. 따라서 제국주의와 독점자본주의의 경제적 특징은 동일하다. 즉 ① 생산과 자본의 축적이 고도의 발전단계에 도달하여 독점을 낳게 하기에 이른다. ② 은행자본과 산업자본과의 융합체인 금융자본과 이 금융자본을 기초로 한 금융과

두제(金融寡頭制)가 형성된다. ③ 자본수출은 상품수출과는 달리 특히 중요한 의의를 가지고 있다. ④ 국제적, 독점적 자본가단체가 형성되어 세계시장을 분해하고 있다. ⑤ 지구상의 영토적 분할이 자본주의 최강국에 의하여 완료되었다. 이상이 독점자본주의의 고전적 규정이다. 독점자본주의는 자본주의의 전반적 위기를 계기로 하여 국가독점자본주의라는 새로운 형태를 취하였다. 정치경제의 전체적 위기에 처하여 독점자본은 국가기관을 종속시켜 자기의 지배체제를 유지하여야 하기 때문이다. →국가독점자본주의, 제국주의

독점적 경쟁 獨占的競爭 monopolistic competition

보통 독점적 경쟁과 불완전경쟁 imperfect competition 과는 동의어의 미국적 표현과 영국적 표현으로 생각되기 쉬우나 실제로는 내용이 판이한 개념으로서 그 구별이 필요하다. 불완전경쟁의 경우는 주로 구매자측의 기호가 원인이지만, 여기에 반하여 독점적 경쟁은 단순히 수요자측의 사정에만 의한 것이 아니고 기업이 여러 가지 방법으로 동종상품 중에서 특히 자기생산물의 특징을 강조하여 적극적으로 수요자의 주의를 끌어 판매자 독점의 입장을 획득하려고 노력은 하지만 결국 어느 정도의 경쟁을 면하지 못하는 것으로 독점적 요소와 경쟁적 요소가 혼재하는 시장에서 발견되는 것이다. 이 독점적 경쟁의 개념은 미국의 경제학자 챔벌린 Chamberlin, E. H.(1899~)에 의하여 이론화되었다. 이하 양자의 일치점 및 상이점을 명확히 하여 두자.

불완전경쟁은 수요측에서 볼 수 있는 특수한 선호를 그 성립의 기본적 요인으로 하는 데 반하여, 독점적 경쟁은 생산자가 자기의 생산물에 의식적으로 창조하려는

생산물차별화 product differentiation 에 그 성립의 근거를 둔다. 따라서 구체적으로는 독점적 경쟁은 특허, 상표, 디자인, 품질, 월부판매 등의 방법을 전적으로 사용하는 비가격경쟁을 행하며 가격하락경쟁을 극력(極力) 피하는 것이 특징이다. 양자가 같이 현실을 완전독점도 완전경쟁도 아닌 중간영역이라고 보는 점에서는 공통되지만, 불완전경쟁은 독점의 분석을 가치의 일반이론으로 보고 완전경쟁의 분석을 그 특수한 경우로 하여 포섭하는 데 반하여, 독점적 경쟁은 어디까지나 독점과 경쟁의 혼재를 중시하여 그 양자택일이 아닌 점을 강조한다.

불완전경쟁은 동일 그룹에 속하는 각 기업간의 반작용을 전연 무시하여 분석대상 이외의 기업은 항상 균형상태에 있다고 생각되고 있다. 그런데 독점적 경쟁은 독점 간의 경쟁이 주목되므로 그룹 내의 각 기업간의 반작용이 중시된다. 따라서 불완전 경쟁의 경우 개별기업의 수요곡선은 타경쟁자의 가격이 균형가격에 고정되어 있다고 가정하였을 경우에 그려지는 곡선뿐인데, 독점적 경쟁의 경우에는 그 외에 타경쟁자가 자기가격에 추종하여 같이 변동한다고 가정한 경우에 그려지는 수요곡선을 합하여 생각하고 있다. 불완전경쟁은 기업의 자유진입 free-entry 을 일반적으로 승인하고 있지만, 독점적 경쟁에는 자유진입을 인정하는 개방그룹 open-group 이외의 진입을 완전봉쇄한 봉쇄그룹 closed group 과, 전출은 인정하지만 가입에 대해서는 봉쇄하는 가입봉쇄 closed entry 등이 있다. 불완전경쟁은 완전균형(한계비용, 즉 수요가격의 조건을 충족하는 균형)의 성립을 일반적으로 승인하지만, 독점적 경쟁에서는 자유참입(自由參入)의 조건과 기업자 다수의 조건하에서만 이것을 인정하여 오히려 예외적으로 생각되고 있다. 양자

다 같이 개별기업의 수요곡선의 우하향을 가정하기 때문에 완전균형에 있어서 평균비용최소의 조건(최적규모의 조건)이 충족되지 못하고 그 이하의 규모로 되므로, 그 의미에서 과잉설비 excess capacity 의 존재를 승인하여 이것을 독점의 낭비라고 생각한다. →불완전경쟁, 독점, 과점

돕 Dobb, Maurice Herbert (1900~1976)

영국의 마르크스주의 경제학자. 케임브리지대학을 졸업하고 런던대학 경제학부에서 박사학위를 받았다. 1923년 3월 케임브리지대학의 반정통파적인 경제학자그룹이 제출한 보고서에서 그는 가격론에 시종(始終)하는 케임브리지대학의 전통적인 경제학에 대한 비판의 포문을 열었다. 그 내용은 그의 처녀논문 "The Entrepreneur Myth"에 담겨져 있다. 이 논문은 뒤에 나온 그 자신의 저서에서 때때로 서술하고 있는 것처럼 그의 사상 및 이론연구의 발전에 기초가 되었다는 의미로 주목할 가치가 있다.

그는 이 논문에서 전통적인 경제이론의 중핵을 이루고 있는 기업이론에 대해 역사적·이론적 견지에서 비판을 가하고, ① 경제이론이 상정하는 이상적 기업이 계급관계를 무시하고 자본주의 계급관계 위에서만 기업으로서 성립한다는 것을 간과하고 있다는 것, ② 순수이론은 계급관계를 무시하고 있지만 계급 없는 사회는 계획경제하에서의 기업과 축적에 의해 비로소 가능하게 되고, 불황을 포함한 경제의 불확실성은 이 사회에서는 제거된다고 지적하고 있다.

이 견해는 *Capitalist Enterprise and Social Progress*(1925)에서 전개되고 *Political Economy and Capitalism*(1937), *Studies in the Development of Capitalism*(1946) 등의

저서에서 발전되어간다. 돕은 이들 저서에서 일관하여 전통적인 경제이론에 비판을 가하고 가격 및 화폐이론에 대해서는 마르크스의 가치론을 대치시켰다. 그는 경제사 연구에서 경제학상의 분석은 역사적 발전의 연구와 결부되어야 한다고 주장하고, 소비에트 연구에서는 계급없는 일국계획사회의 경제발전과 후진국개발의 지침을 파악해야 할 것이라고 서술하고 있다.

[주 저] "The Entrepreneur Myth", *Economica*, Feb. 1924; *Capitalist Enterprise and Social Progress*, 1925; *Russian Economic Development since the Revolution*, 1927; *Political Economy and Capitalism*, 1952; *Studies in the Development of Capitalism*, 1946; *Wages*, 1928, 5. rev. ed, 1956; *On Economic Theory and Socialism* 1955; *An Essay on Economic Growth and Planning*, 1960; *Economic Growth and Underdeveloped Countries*, 1963; *Theories of Value and Distribution since Adam Smith*, 1973.

동맹파업 同盟罷業 strike

쟁의중 노동자가 집단적으로 노동의 제공을 거부하고 작업을 중지하는 것을 말하며 보통 스트라이크라고 한다. 쟁의행위 가운데 가장 일반적인 것은 단체행동권으로, 이것은 노동법상으로 보장되어 있는 정당한 쟁의수단이다. 스트라이크는 그 범위에 따라 부분스트라이크, 지방스트라이크, 전국스트라이크로 구분되고, 또 그 방법에 따라 작업장을 떠나는 일반적인 스트라이크, 공장에서 행하는 연좌스트라이크 sitdown strike, 단기적으로 반복하는 파장스트라이크, 예고없이 실행하는 기습스트라이크, 지령없이 이루어지는 무통제스트라이크 등으로 구분되고 또 당사자가 분쟁에 직접 관계가 있으냐 없느냐에 따라 동정(同情)스트라이크, 연대스트라이크 등으로 나뉜다.

스트라이크는 근대화된 공장제도의 발달에 따른 노동조직이 형성되면서 시작되었고, 노동조합의 발달과 더불어 스트라이크의 수도 증대하여 왔다. 스트라이크에 호소하여 관철하려는 바는 대체로 조합승인, 임금, 노동시간, 노동협약조항, 해고 등의 노동조건에 대한 것이다. 요구의 내용은 그 나라의 노동운동의 전통이나 일반 정치·사회·경제정세에 따라 결정된다. 예컨대 경제상태가 불안정하고 물가가 상승일로에 있을 때는 임금인상 요구가 지배적이다. 이에 반해 불황·공황기에는 임금인하 또는 해고에 반대하는 경우가 많다. 그런데 스트라이크는 이것을 지도하는 노동조합이나 정당의 성격에 따라 그 전략, 전술을 비롯하여 양태가 달라진다. 좌익적인 조합주의하에서는 경제적 요구 이외에 자본주의제도에 대한 공격을 추가한다. 경제주의적 조합에서는 직접 경제적 목적의 실현에 노력하고 노사협조의 입장을 취하는 수도 있다.

동서무역 東西貿易 east-west trade

동방측의 사회주의국과 서방측의 자본주의국과의 무역거래를 동서무역이라 한다. 동서무역의 역사적 추이를 보면 다음과 같다.

① 제 1 단계(1945~48년) : 생산저하와 부흥수요 등으로 상호교환할 물자가 부족하여 무역량은 저수준에 머물렀다.

② 제 2 단계(1949~53년) : 미국의 대외원조가 공산세력의 침투를 방지하는 방향에서 이루어지며 대공산권경제봉쇄가 실시되었기 때문에 1953년의 동서무역총액은 약 30억달러에 머물렀다.

③ 제 3 단계(1954~60년대초) : 공산권경제의 자급도가 높아지고 대공산권금수조치가 완화되었으며, 평화공존노선이 제기됨에 따라 동서무역확대의 길이 열렸다.

④ 제 4 단계(1970년대) : 서구국이 대공

산권 플랜트무역을 둘러싸고 장기연불(延拂)수출경쟁을 하고, 광범한 경제협력을 모색하여 동서경제관계의 새로운 전환기를 가져온 시기이다. 1972년의 무역총액은 296억달러로서 1950년에 비해 무려 6.5배로 증대했다. 이 시기의 동서무역의 지역별구성을 보면, 공산권과 선진자본주의국과의 무역이 약 70%, 저개발국과의 무역이 약 30%를 차지했다. 상품구성을 보면, 공산권이 원재료·연료·농축산품 등을 수출하고 자유진영이 공업완제품 특히 기계·설비·중화학공업제품 등을 수출하는 것이 특징적이어서 선후진국간의 전형적인 무역구조를 나타내었다. 그러나 구소련, 동구 등의 대 저개발국에 대한 수출에 있어서는 기계설비 등을 수출하여 그 양상이 다르다. 정치적으로는 평화공존, 경제적으로는 동서쌍방의 생산력의 발전이 동서무역확대의 큰 요인이었다. 공산권으로서는 대서방수출로 외화를 획득하여 국내경제건설을 위한 생산물수입이라는 동서무역의 현실적 의의가 있었다. 서방측에서 볼 때에도 자유진영의 다원화와 무역침체에 따라 새로운 시장이 요구되는 마당에서 공산권은 추가시장으로서 그 의의가 큰 것이다. 더욱이 자본재수출의 비중이 커감에 따라 선진자본주의 국가들은 장기연불수출확대에 힘썼다.

⑤ 제 5 단계(최근) : 1990년 10월 서독에 의한 동독의 흡수통일, 구소련과 동구의 자유시장경제의 채택은 마침내 동서무역의 의미를 상실케 하였다. 이제 21세기를 앞둔 세계는 자본주의국가와 사회주의국가의 경쟁과 대립이라는 개념을 떠나 국가이익을 위한 경제전쟁이 더욱 치열해지는 추세에 있다.

동인도회사 東印度會社 East India Company

동방의 산물(특히 후추 등의 향료)을 산출하는 지역에로의 무역, 특히 동인도무역의 독점적 지배를 둘러싸고 영국, 네덜란드, 프랑스 등이 17세기에 설립한 배타적 특허독점회사를 말한다. 맨 처음 그 목적을 달성할 수 있었던 것은 숙적 포르투갈과 영국을 물리치고 중요한 향료산지인 말라카즈제도를 확보한 네덜란드의 합동동인도회사(1600년 설립, 1798년 해체)였다. 고도의 중개상업적인 성격을 가진 동인도무역에 대한 회사의 경영방침은 스페인령 신대륙의 은으로써 향료를 싸게 사고 그것을 유럽지역에 비싸게 파는 것이었다. 이렇게 해서 17세기 중엽에 황금시대를 맞은 회사는 그 후 구매독점의 수립, 소량의 상품에 의한 막대한 이윤확보, 극도의 생산제한의 수행 등 상업목적 달성을 위해 정치적 권력을 이용하면서 그 지배하의 식민지사회의 부와 생산력을 철저하게 파괴하기에 이르렀다.

영국의 동인도회사(1600년에 런던〔구〕동인도회사가 설립되고 이어 1698년에 이에 대항하기 위해 영국〔신〕동인도회사가 설립되었으나 1709년에 양회사가 합병하여 합동동인도회사가 되어 1858년까지 존속)는 동인도제도를 둘러싼 네덜란드와의 경쟁에서 패배한 뒤 오히려 인도에 그 무역거점을 마련했고, 그 뒤 네덜란드 및 프랑스를 물리친 뒤에는 인도에서 패권을 장악했다. 회사는 항해→상관(商館)→성채(城砦)→토지→토지보유→식민지라는 단계를 밟아 발전했다. 즉 동인도회사는 정치적 주권과 지주제도와 상업적 독점이 결합된 권력을 통해서 전인도를 사실상 영유하기에 이르렀다. 이와 같이 18세기를 통해서 인도로부터 영국으로 유입된 재보(財寶)는 무역을 통해서 보다는 오히려 그 영토를 직접적으로 착취하고 막대한 재산을 약탈하는 것에 의해 획득되었다. 그러나 소위 자본의 본원적 축적의 담당자로서의 독립적인 정치적 지배자 및 상인이라는 본래의 모습에서의 동인도회사는 1833년 인도조례에 의해 사실상 소멸하고 그 이후 해체시까지 국가의 단순한 기관으로서 잔재했다.

동차성의 공준 同次性의 公準 homogeneity postulate

동차성을 수학용어에서 보면 어떤 함수가 n개의 독립변수에 의해 결정될 때 이 n개의 독립변수를 k배 하면 함수의 값이 k^t배로 되는 경우, 이 함수를 t차동차함수라 한다. 이를 함수식으로 표현하면 다음과 같다.

$$y=f(x_1, \cdots, x_n) \cdots\cdots\cdots\cdots\cdots (1)$$
$$k^t y=f(kx_1, \cdots, kx_n)\cdots\cdots\cdots\cdots (2)$$

특히 $t=1$이면 (2)식은 $ky=f(kx_1, \cdots, kx_n)$으로 표시되며, 이 특수한 경우를 1차동차함수라 한다.

경제학에서 동차성의 공준이라고 불리우는 명제는 다음 두 가지로 분리된다. 하나는 일반균형이론에 있어서의 동차성공준으로 모든 재의 가격이 n배로 되었다 할지라도 재의 수요공급량에는 변화가 없다는 주장이다. 즉 재의 수급량은 모든 재화가격의 0차동차함수이다. 이를 다른 각도에서 보면, 화폐의 유통량을 증감시키더라도 그것은 모든 재의 가격을 비례적으로 증감시킬 뿐, 재화수급량을 변경시키는 상대가격비에는 전혀 영향을 미치지 못한다는 화폐관으로서 고전파 이론의 기본적인 공준이다.

다음에 케인즈 이론에서의 동차성공준은 화폐임금의 절상(切上)이나 상승은 소비성향, 자본의 한계효율, 이자율에 변화가 없는 한 고용량에 전혀 영향을 주지 못한다는 것이다. 이 때 고용량은 화폐임금의 0차동차함수가 된다. 이를 수식으로 표현하면 좀 더 분명해진다. 고용량 N은 실질임금의 함수인데, 실질임금은 화폐임금 W를 물가수준 P로 나눈 것이다. 그러면 고용함수는 $N=\left(\dfrac{W}{P}\right)$로 쓰여진다. 여기서 화폐임금을 $t\%$로 절하하면 임금노동자의 재화에 대한 수요의 감퇴로 물가수준도 $t\%$ 떨어져, 결국 실질임금은 변화하지 않으므로 고용량은 불변이 된다. 따라서 케인즈 Keynes, J. M. 는 고용증대를 위하여 임금정책은 무효하고 유효수요증가만이 필요하다고 주장하였다.

동태적 비일관성 動態的 非一貫性 dynamic inconsistency

재정과 금융, 그리고 산업 부문을 비롯한 정부의 경제정책이 시간이 경과함에 따라 일관성을 가지고 집행되지 못하여 경제주체의 예측가능성을 저해하는 현상을 말한다. 경제정책의 수립과 집행은 사전에 정한 규칙을 따라 안정적이며 예측 가능한 방식으로 운영해야 한다는 주장과 모든 상황을 감안하여 사전에 규칙을 수립하는 것이 불가능하므로 그때 그때의 상황에 따라 재량을 가지고 운영하는 게 옳다는 주장이 대립되어 있다. 재량적 경제정책은 장기적 이익을 희생하여 단기적으로 이익을 도모하는데 쓰이기 쉽다는 단점을 지니고 있지만 정책담당자를 온전히 신뢰할 수 있다면 그의 재량에 따라 정책을 집행하도록 허용하는 것이 나은 것처럼 보인다. 그러나 이 경우 동태적 비일관성 dynamic inconsistency을 회피할 수 없다는 데 심각한 문제가 있다.

예를 들어 상습범람지역에서 농사를 짓는 농부들이 해마다 물난리를 겪으며 그때마다 정부더러 피해를 보상해 달라고 요구한다. 이에 정부는 매번 이번 보상이 마지막이니 앞으로 범람의 위험이 있는 강 유역에서 농사를 짓지 말라고 당부하면서 내년부터는 보상하지 않겠다고 한다. 그런데 막상 내년이 되어 또 다시 홍수가 나면, 정치적 이유로 피해를 보상하지 않을 수 없는 상황이 반복된다. 이처럼 홍수가 나더라도 보상해주지 않겠다는 정책은 동태적 일관성을 갖지 못한다. 거시경제문제에서 예를 들어보자. 중앙은행이 저인플레이션 정책을 공표하여 수년간 시행한 결과 대부분의 사람들이 앞으로 상당 기간동안 인플레이션율이 3%미만에 머물 것으로 예상하게 되었다 하자. 그런 상황에서 일시적으로 경기가 나빠졌을 경우 중앙은행은 인플레이션율을 조금 높여 경제를 회복시키고자 하는 유혹을 강하게 느끼게 된다. 이처럼 일단 어떤 정책을 집행하여 사람들이 그것을 감안하여 장래를 예상하게 되면 예상을 뛰어 넘는 정책변화를 통해 큰 효과를 거둘 수 있으므로, 정책담당자는 규칙에 매이기보다는 재량에 따라 정책을 집행할 수 있기를 희망한다. 그러나 정책 담당자의 재량에 맡겼을 때 상당한 정책효과를 거둘 수 있으므로 준칙을 따르도록 하는 것보다 재량에 맡기는 것이 낫다는 주장은 상당히 근시안적인 견해이다. 왜냐하면 재량적으로 정책을 집행한다는 것은 정책집행의 동태적 일관성을 저버린다는 것이며 정책집행이 동태적 일관성을 상실하게 되면 정책에 대한 신뢰가 깨어져 당초 의도했던 효과를 거둘 수 없기 때문이다. 정책집행과 관련해서 발생하는 이러한 자기모순은 통화신용정책 뿐 아니라 다른 모든 정책에도 수반되는 어려운 문제이다.

[참고문헌] 이지순, 「거시경제학」, 2000

동태균형·정태균형 動態均衡·靜態均衡 dynamic equilibrium·static equilibrium

정태균형은 모든 여건이 일정할 때 여러 경제량이 그 상호의존관계를 통하여 도달할 것으로 생각되는 균형상태를 말한다. 이 정태균형에 있어서는 일체의 시간적 요소는 무시되는 것이다. 이것을 좀 더 확대하면 여건불변이라는 것을 전제로 하여 동일규모의 생산, 교환, 소비가 순환적으로 반복되는 경우를 생각할 수 있다. 이 상태를 특히 정상상태 stationary state 라고 한다. 이에 반해서 동태균형은 여건이 변화하는 발전과정에 있어서의 균형으로서, 시간의 함수로 생각한 경제량들의 사이에 성립하는 균형상태를 말한다. 즉 그것은 정태균형보다도 현실의 경제현상을 보다 더 구체적으로 파악, 분석하기 위한 개념이다. 그리고 상이한 시점에서의 경제량들 사이에 성립하는 균형을 이시적(異時的) 균형 intertemporal equilibrium 이라고 한다. →동학·정학, 균형

동태분석·정태분석 動態分析·靜態分析 ☞동학·정학

*동학·정학 動學·靜學 dynamics·statics

동학·정학의 개념을 설명하기에 앞서 동학모형 dynamic model 과 정학모형 static model 을 언급하고 이에 대한 논의를 기초로 동학·정학의 내용을 파악한다. 경제현상을 분석하기 위하여 모형을 만들 때에는 관련된 변수 모두를 고려하는 것이 아니라, 분석목적에 따라 중요하다고 생각되는 약간의 변수를 추출한다. 그리고 이렇게 선택된 변수들간의 상호연관을 함수식으로 구성한 분석적 체계를 모형이라고 한다.

정학모형과 동학모형을 구별하기 위하여 간단한 예를 든다. x, y를 변수, A를 여건, 이들 사이에 성립하는 독립적인 함수체계를

$$\left.\begin{array}{l} f(x, y, A) = 0 \\ g(x, y, A) = 0 \end{array}\right\} \quad \cdots\cdots\cdots\cdots\cdots\cdots (1)$$

으로 하면 일반적으로 x, y의 값이 구해진

다. 만약 A 가 시간 t 의 함수라고 하면(여건이 시간이 지남에 따라 변화한다면) 모형은

$$\left.\begin{array}{l} f(x, y, A(t))=0 \\ g(x, y, A(t))=0 \end{array}\right\} \cdots\cdots\cdots\cdots (2)$$

으로 변형되고, x, y 는 각각 A 의 함수로서 표시된다. 이 때 시간요소를 모형이 포함하느냐의 여부에 의하면 (1)은 정학모형, (2)는 동학모형이다. 그러나 (2)는 여건변동에 따르는 균형치의 변화를 나타내므로 엄밀한 의미에서 동학모형이 아니고 비교정학모형이다. 즉 서로 다른 t 에 대해서 x, y 의 균형치를 비교하는 것을 일반적으로 비교정학 comparative statics 이라 한다. 이시점(異時點)의 변수를 포함하는 체계를 비교정학으로 이해하면 동학모형을 표시하는 기본적인 방법은 정차(定差)방정식 difference equation 내지 미분방정식 differential equation 을 사용하는 것이다. 예를 들면

$$\left.\begin{array}{l} f\{x(t), y(t-1), A\}=0 \\ g\{x(t), y(t), A\}=0 \end{array}\right\} \cdots\cdots\cdots (3)$$

에서 $x(t)$ 를 소거하면 y 에 관한 1계(階)의 정차방정식이 구해진다. (3)의 모형은 변동과정을 단속적인 시간의 관계로 봄으로 이 방법을 경과분석 또는 기간분석이라고도 한다. 이에 대해 시간이 연속적으로 변화한다고 가정하면,

$$\left.\begin{array}{l} f\{x, y, dy/dt, A\}=0 \\ g\{x, y, A\}=0 \end{array}\right\} \cdots\cdots\cdots\cdots (4)$$

와 같이 미분관계를 포함하는 동학모형이 형성된다.

이상의 서술을 기초로 몇몇 학자들의 대표적인 이론을 열거하면서 정학과 동학의 정의 및 그 차이를 설명하고자 한다. 첫째로 힉스 Hicks, J. R. 에 의하면 경제이론 중 시간을 고려하지 않아도 좋은 부분이 정학

이고, 각 경제량에 시간을 대응시켜 생각해야 하는 부분이 동학이라는 것이다. 수요공급의 가격결정기구에서 균형점의 위치를 알기 위해서는 정학모형으로 충분하지만, 가격의 시간변동경로를 분석하자면 동학모형이 적합하다. 둘째로 프릿슈 Frisch, R. 및 사뮤엘슨 Samuelson, P. A. 의 정의에 의하면, 정학은 각 경제주체의 계획표 schedule, 예를 들면 수요곡선 · 공급곡선 등에 의하여 동학은 경제체계의 시간적 변화를 각 시점에서의 변수로 구성되는 함수체계로 표현하는 것이다. 셋째로 슘페터 Schumpeter, J. A. 는 이론의 내용을 강조하여 다음과 같이 정의를 내리고 있다. 정학이란 여건의 변화가 없이 모든 경제량이 매기마다 동일한 규모로 순환을 되풀이하는 과정을 분석하는 것이고, 동학이란 어떠한 외부적인 충격에 의하여 경제체계의 정태적인 순환이 깨어지고 새로운 규모하에서 순환이 창조되어 가는 과정을 분석하는 것이다. 넷째로 해로드 Harrod, R. F. 에 의하면 정학이란 일정한 여건하에서의 매기의 산출량과 생산요소 및 생산물의 가격의 결정을 다루는 분야이고 동학이란 기초적인 여건이 변화하고 있을 경우의 여러 경제량, 특히 산출량의 변화율을 문제로 하는 것이다. 요컨대 해로드는 성장이론이야말로 전형적인 경제동학이라고 주장하였다.

끝으로 이상의 논리를 종합하면서 동학 · 정학에 대한 개념을 정립해 보자. 정학이란, 경제의 여러 가지 여건, 즉 기후, 인구증가율, 국내외 정치관계, 생산기술 등 경제변수에 영향을 미치는 요인들이 변화하지 않는다고 가정하고 여러 가지 경제수량, 예를 들면 생산량, 가격수준 등에 대하여 균형이 성립했을 때 그 균형에서의 여러 경제상황을 분석하는 것이다. 한편 동학에 있어서는 어떤 특정시점에서 다음

시점으로 경제변수가 변화하는 경로를 여건변화의 결과로서가 아니라, 경제내의 내생적인 변화기구의 작용을 가지고 분석하는 것이다. 한편 동학의 또 다른 형태인 비교동학이란 모형의 초기 균형해(解)가 깨어지는 요인이 여건의 변화라는 점에서는 비교정학과 같으나, 일단 균형파괴 후 새로운 균형해가 얻어지는 과정에 중점을 두어 경제를 분석하는 것을 말한다. 경제이론에는 흔히 정학적인 것이 대부분이고 동학적인 것은 아직 초기개발단계에 있다. 그 이유는 경제변동의 장래를 예측하기 위해서는 동학이론의 발전이 필수적이나, 복잡한 경제현상의 시간적 구성이 어렵기 때문이다. 그러나 경제를 분석할 때 동학적인 관심과 사고방식을 가지고 그 표현을 정학적으로 하는, 절충적인 분석방법도 생각할 수 있다. 케인즈 Keynes, J. M. 는 그 대표적인 학자이다.

〔참고문헌〕 Lipsey, R. G., *An Introduction to Positive Economics*, 1966; Samuelson, P. A., *Economics*, 10th ed. 1976; 조순, 「경제학원론」, 1974.

듀젠베리 Dusenberry, James Stembel (1918~)

미국의 경제학자로서 1957년부터 하버드대학 교수로 있다. 그는 제 2 차대전 후에 벌어진 소비함수논쟁에서 상대소득가설을 주장하여 유명해졌다. 케인즈 Keynes, J. M. 의 소비함수는 $C=a+bY$(C 는 실질소비, Y 는 실질소득, a 와 b 는 $a>0$, $0<b<1$인 상수)의 형태로 나타낼 수 있는데, 여기에서 소비는 소득의 절대수준의 함수로 되어 있으며, 평균소비성향(C/Y)은 소득수준의 증대와 더불어 단조(單調)감소하는 것으로 되어 있다. 소비함수논쟁은 이러한 케인즈의 소비함수로는 실제의 검증결과에서 나타난 사실, 즉 소비성향은 장

기적으로는 안정적이며 단기적으로는 경기순환에 따라 변동한다는 것을 설명하기 어렵다는 것으로부터 일어났다. 듀젠베리는 개인의 소비가 현재의 절대적 소득수준에 의존하는 것이 아니라 과거에 누렸던 최고소득 peak income 및 그가 소속되어 있는 사회에서의 그의 상대적 소득지위에 의존한다는 상대소득가설을 제시하여 위의 실측결과를 이론적으로 설명하려 하였다. 그의 가설 중 전자를 톱니효과 ratchet effect, 후자를 전시효과 demonstration effect 라 부른다.

드브뢰 Debreu, Gérard (1921~)

1921년 프랑스에서 출생한 드브뢰교수는 파리대학을 졸업한 뒤 1950년 미국에 건너와 시카고대학과 예일대학에서 연구원과 교수로 봉직했고 1971년 계량경제학회장으로 선출되었으며 1983년 노벨경제학상을 받았다.

드브뢰교수가 노벨경제학상을 받게 된 결정적 이유는 엄정한 객관성을 견지하여 자본주의 바탕을 굳건히 하였다는 점과 수학적 분석을 이용하여 새로운 균형이론을 확립했다는 것에 있다고 할 수 있다. 드브뢰교수의 업적은 주요공헌인 일반균형이론을 위시하여 응용수학 등 다방면에 걸쳐 있지만 무엇보다도 중요한 것은 그의 일반균형이론이라 할 수 있다. 일반균형이론은 다음과 같다. 어떤 연관재의 가격이 일정한 수준에 있을 때 일정한 가격에서 원하는 구입량이 원하는 판매량과 일치한다면 이 가격을 균형가격이라고 부른다. 그런데 연관재의 가격이 변동하면 그에 관련한 특정 물건의 균형가격도 변동할 수 밖에 없다. 그렇다면 각 재화시장에서 동시에 균형가격이 실현될 수 있지 않는가 하는 의문이 제기될 수 있다. 이 의문에 처음으로 체계적인 도전을 시도한 학자는 왈라스

Walras, L. 였다. 왈라스는 n개의 재화가 있을 때 각 재화의 원하는 구입량과 원하는 구매량을 각각 n개 재화의 가격의 함수로 보고 이 두 양이 각 재화마다 같을 때의 가격체계가 균형가격체계라고 하였다. 환언하면 왈라스는 각 재화의 구입 판매를 연립방정식으로 구성하고 3개의 변수에 대응하여 n개의 방정식이 있으므로 이 연립방정식에는 균형가격체계가 존재한다고 했다. 그러나 그의 이러한 착상에 여러 난점이 나타나기 시작했는데, 그것은 방정식끼리 모순이 되어 해(解)가 존재하지 않을 수도 있다는 것, 방정식끼리 독립이 아니어서 해가 무수히 많을 수 있다는 것 등이다.

이러한 난점의 극복을 시도한 학자가 바로 애로우 Arrow, K. J. 와 드브뢰였다. 이들은 1954년 발표한 「경쟁경제에 있어서 균형의 존재」에서 결정적인 공헌을 하였다. 이 논문에서 이들은 극히 일반적인 가정을 설정, 상식적인 개념을 도입하고 각 용개정점정리를 이용하여 왈라스이론의 허점을 극복하면서 균형가격체계의 존재를 유도하였다. 그 후 드브뢰교수는 이 이론을 발전시키고 「가치이론 The Theory of value」이라는 책을 저술하여 파리대학에서 1956년 이학박사 학위를 취득하였던 것이다. 그러나 그의 모형에도 결함이 없는 것은 아니다. 이 모형에는 첫째, 규모경제가 배제되어야 하고 둘째, 균형가격체계의 '존재'가 증명되었을 뿐 '유일성'은 증명되지 않았으며 셋째, 반드시 균형가격체계가 '성립'한다는 보장은 없다.

등비용곡선 等費用曲線 isocost curve

생산요소가격이 일정하게 주어졌을 때 주어진 화폐량으로 구입할 수 있는 자원의 모든 조합을 나타내는 직선을 말한다. 이 것을 그림으로 나타내면 다음과 같다.

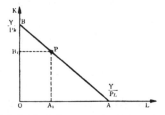

일정한 화폐액 Y로 노동만을 고용한다면 그 양은 Y를 노동의 단위가격 P로 나눈 $\dfrac{Y}{Pe}$가 되고, 자본만을 고용하면 $\dfrac{Y}{Pk}$만큼이 될 것이다. 이것은 그림에서 A, B점으로 나타나며, 이 양점을 연결한 선이 등비용곡선이다. AB선상의 P점은 화폐액 Y로, 자본을 OB_1만큼, 노동을 OA_1만큼 구매한 상태이다.

이 등비용곡선은 소비자균형에서 예산제약조건에 해당하는 개념이므로 생산자에게 허용된 화폐액이 증가하면 이 곡선은 원점의 오른쪽으로 이동한다. 그리고 등비용곡선의 기울기는 그림에서 보면 $\dfrac{OB}{OA}$로 나타내어지고, 이를 생산요소가격의 비로 환원시키면

$$\frac{OB}{OA} = \frac{\dfrac{Y}{Pk}}{\dfrac{Y}{Pe}} = \frac{Pe}{Pk}$$

위 식에서 알 수 있듯이 $\dfrac{Pe}{Pk}$이다. 두 비용곡선은 등량곡선(等量曲線) isoquant 과 더불어 생산자의 균형을 나타내는 생산요소 결합비율을 결정할 수 있다는 데 그 중요성이 있다.

*등생산량곡선 等生産量曲線 isoquant curve

일정한 산출량을 생산할 때 그 생산요소의 결합은 여러 형태가 있을 수 있다. 예를 들어 자본과 노동을 사용해서 10톤의 산출량을 생산한다고 가정하면 기업은 자본을

노동에 비해 상대적으로 많이 사용할 수도 있고, 노동을 자본에 비해 상대적으로 많이 사용할 수도 있다. 또한 두 생산요소를 거의 비슷하게 사용할 수도 있다. 이처럼 일정한 산출량을 생산할 때 생산요소들을 좌표축(座表軸)으로 해서 효율적인 투입물 결합을 나타내는 점들을 연결한 선을 등량곡선이라 하며, 이는 소비자들의 무차별곡선과 대응된다. 이를 좀 더 자세히 살펴보자. 다음 그림은 자본과 노동을 사용해서 n단위를 생산할 수 있는 과정을 각각 다섯 개의 점 A, B, C, D, E로 나타내고 있다. 이 다섯 점이 나타내는 과정 가운데 어느 두 점을 연결하는 선을 따라 두 과정이 짝을 지어 결합될 수 있다. E점은 A와 D를 연결하는 모든 점에 비하여 효율적이라고 볼 수 있으나 A와 C, B와 D 또는 B와 C를 연결하는 결합에 비하여 비효율적이라고 볼 수 있다.

결국 효율적인 과정이란 A, B, C, D이며 효율적인 결합은 A와 B, B와 C, C와 D를 연결하는 결합이다. 따라서 산출량 n단위의 등량곡선은 $ABCD$를 연결하는 굵은 선이 된다. 만일 여러 과정을 사용하는 생산이라면 등량곡선은 그림 2와 같게 된다.

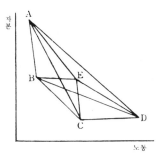

이러한 등량곡선은 다음과 같은 기본성질을 갖고 있다.

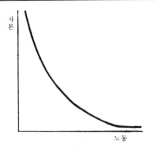

① 등량곡선은 원점에 대하여 볼록 convex 하다. 따라서 등량곡선 위의 모든 점들을 합한 집단을 convex set 라 한다. ② 두 개의 서로 다른 등량곡선이 같은 점을 지날 수 없다. 그 점이 표시하는 투입물 결합이 가져오는 두 가지 산출량 가운데서 낮은 수준의 생산은 비효율적이므로 사용되지 않고 생산함수에 포함되지 않는다. 따라서 서로 다른 등량곡선은 겹치거나 교차할 수 없다. ③ 두 등량곡선 중에서 원점에서 먼 것일수록 보다 높은 생산량을 나타낸다. 만일 그렇지 않다면 보다 멀리 떨어진 등량곡선이 비효율적인 생산을 나타내기 때문이다. 따라서 원점에서부터 멀리 떨어짐에 따라 등량곡선은 차례로 보다 높은 생산량을 나타내게 된다. ④ 등량곡선의 기울기는 투입물 간의 대체율 rate of technical substitution 을 나타낸다. 즉 이 비율은 생산과정이 바뀜에 따라 한 투입물을 대체하기 위하여 다른 투입물을 얼마나 더 사용해야 하는가를 말해준다. 만일 투입물이 x_1, x_2이라면, 대체율은

$$-\frac{\Delta x_2}{\Delta x_1} \quad \text{또는} \quad -\frac{\Delta x_1}{\Delta x_2}$$

의 형태로 표시된다. 만일 2개의 요소가 완전대체재일 경우에는 한계대체율은 변하지 않으므로 등량곡선은 직선이 될 것이며, 요소간에 대체성이 없다면 등량곡선은 요구되는 생산량을 가리키는 점에서 L형 곡선을 나타낸다.

[참고문헌] Henderson, J. M. and Quandt, R. E., *Microeconmic Theory: A Mathematical Approach*, 2nd. ed., 1971.

D/A · D/P documents against acceptance · documents against payment

신용장 letter of credit 을 개설하지 않고도 하환(荷換)어음만으로 수입대금을 결제하는 선수입방식의 일종이다. D/A 는 수입상이 은행으로부터 하환어음을 제시 받았을 때에 단순히 어음을 인수만 함으로써 선적서류를 인수받을 수 있으며 만기일에 수입대금을 지불하면 되는 데 대하여, D/P 의 경우에는 하환어음의 지불과 동시에 선적서류를 인수받을 수 있는 점에서 양자는 차이가 있다. 그러나 신용장에 의하지 않고 하환어음만으로 수입대금을 결제하는 선수입방식이라는 점에서 양자는 공통된다. 보통 D/A 와 D/P 의 구별은 하환어음 상에 명기되지만 특히 기재되지 않았을 경우에는 D/P 로 취급된다.

*디플레이션 deflation

디플레이션이란 '공기를 뽑는다' 또는 '팽창물을 수축시킨다'(deflate)라는 동사에서 나온 말로서, 경제학에 있어서는 통화공급과 신용의 수축으로 일반적인 물가수준의 하락현상을 말한다. 디플레이션은 보통 물가수준의 하락 뿐만이 아니라 생산의 감소와 실업의 증가가 수반되며 경기순환의 하강국면과 관련된다. 디플레이션의 정확한 원인에 대해서는 모든 경제학자들의 의견이 일치하지는 않지만 일반적으로 은행신용의 급격한 수축과 총지출의 부족이 물가수준의 하락을 가져오는 중요한 요인이라 생각되고 있다.

디플레이션 하에서 대부분의 가격은 하락하나 모든 가격이 똑같이 하락하는 것은 아니다. 정액소득자들의 수입은 다른 사람들의 수입에 비해 덜 감소하므로 그들은 디플레이션으로 이득을 보는 셈이 된다. 그러나 이것은 그들이 소득의 원천을 확보할 수 있는 경우에만 해당되므로 실업의 위험이 매우 큰 경우에는 그럴 가능성이 거의 없는 것이다. 이러한 이유 때문에 현대의 정부는 실업을 방지하고 디플레이션의 악화를 저지하기 위해서 여러 가지 경기대책을 실시하는 것이 보통이다. 여기에는 공공사업을 위한 정부의 적자지출, 이전지출, 금융완화정책 등이 포함된다.

제 2 차대전 이후 세계각국은 정도의 차이는 있으나 지속적인 인플레이션의 추세를 보여 왔으며 디플레이션을 야기시킨 경우는 거의 찾아볼 수 없다. 제 2 차대전 이후에도 세계경제는 몇 번의 소폭적인 경기후퇴를 경험하였으며, 특히 1970년대의 오일 쇼크로 인한 세계적인 경기침체가 있었음에도 불구하고 디플레이션의 징후는 거의 찾아볼 수 없고 오히려 전통적인 이론을 가지고는 설명할 수 없는 스태그플레이션 현상이 나타났던 것이다. 이렇게 볼 때 역사적으로 디플레이션이 발생하였던 때는 국제금본위시대에까지 소급해 올라가며, 그 대표적인 실례로 1929~1932년의 대공황 the great depression 을 들 수 있다. 이것은 본질적으로 디플레이션에 기인한 것이었다. 이 세계적인 대공황은 각종의 발명, 농업의 기계화, 특히 산업합리화에 의한 상품생산의 격증과 이에 대응하는 유효수요의 부족에도 기인하였지만 제 1 차대전 이후 세계의 금생산의 감소와 금의 편재경향 때문에 야기된 통화의 과소공급에도 기인하였던 것이다. 많은 문제점은 있으나 프리드먼 Friedman, M. 의 미국의 화폐사에 관한 실증연구는 이러한 견해를 실증적으로 뒷받침해주는 대표적인 것이다(Friedman, M. and Schwartz, A. J., *A Monetary History of the U.S., 1867~1960*, Princeton University Press, 1963).

그리하여 세계각국은 금이라는 세계화폐의 기능장애에서 오는 파괴적인 작용의 파급을 방지하기 위해서 금본위제도를 이탈하게 되었던 것이며, 그 후 각국은 통화의 대외가치하락을 꾀하든가 또는 통화단위의 금에 대한 법정평가를 저하시켜 통화량을 증대시키는 방식을 취하였다. 즉 리플레이션 reflation 에 해당하는 통화팽창조치를 채택하였던 것이다. 리플레이션이란 그것에 선행하는 디플레이션 경향을 역전시켜 경기를 회복시키려는 통화팽창정책을 말한다. 제1차대전 이후에는 이와 같이 디플레이션경향을 역전시키려는 통화정책으로서 리플레이션 정책을 채택한 것과 같이, 제2차대전 후에는 인플레이션 경향을 억제하기 위해서 디스인플레이션 정책을 채택하였다. 디스인플레이션 disinflation 정책이란 그것에 선행하는 인플레이션을 종식시키기 위하여 점차적으로 통화를 수축시킴으로써 급격한 디플레이션 정책에 따르는 경제적 혼란없이 경제를 안정시키려는 정책을 말하며, 이 점에서 디스인플레이션과 디플레이션이 구별된다. 금본위제도를 이탈하여 관리통화제도하에 있는 오늘날의 경제적 상황하에서는 과거 금본위제도하에서와 같이 대규모적인 디플레이션이 발생할 가능성은 희박하다. 또한 디플레이션은 인플레이션에 비해 그 원인구명과 해결책의 제시가 상대적으로 용이하고 오늘날 세계경제가 지속적인 인플레이션 경향을 보여주고 있다는 사실 때문에 디플레이션문제는 인플레이션문제만큼 이론적, 현실적으로 주목을 받고 있지 못하는 실정이다.

〔참고문헌〕Douglas Greenwald and Associates, *The McGraw-Hill Dictionary of Modern Economics*, McGraw-Hill Inc., 1965; 이승윤, 「화폐금융신론」(제정3신판), 법문사, 1974.

디플레이션 갭 ☞인플레이션 갭·디플레이션 갭

라그랑지 함수(函數) Lagrange function

경제학에서 취급하는 최적화이론은 크게 제약조건이 없는 상태하에서의 극대·극소문제와, 주어진 제약조건을 만족시켜야하는 극대·극소문제로 구분된다. 라그랑지 함수는 후자의 조건부 극대·극소를 해결하는 방법으로서 개발되었다. 먼저 조건부극대 constrained maximum 와 단순극대 free maximum 와의 차이점을 그림을 통해서 설명해 보자.

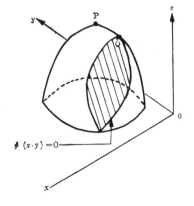

그림에서처럼 $Z=f(x, y)$라는 함수식을 극대화시키는 점은 단순극대의 경우 P점 이며, $\phi(x, y)$의 제약조건식(이하 조건식이라 한다)을 만족시키는 Z의 극대점은 Q점이다. 이제 구체적으로 $\phi(x, y)=0$을 만족시키는 함수 $Z=f(x, y)$가 극대·극소치를 갖게 되는 x, y의 값을 구하는 방법을 생각해 보자. 조건식 $\phi(x, y)=0$을 y에 관해서 양함수로 표현하면 $y=\phi(x)$가 되고, 이것을 다시 Z에 대입하면 $Z=f\{x, \phi(x)\}$로 된다. 즉 Z는 x만의 함수이다. 따라서 Z가 극대·극소로 되는 x, y의 값을 구하기 위해서는 우선 $\dfrac{dZ}{dx}$를 계산해야 한다.

$$\frac{dZ}{dx}=\frac{\partial f}{\partial x}+\frac{\partial f}{\partial y}\cdot\frac{dy}{dx}=f_x+f_y\frac{dy}{dx}$$

이다. 또 조건식의 양변을 x에 관해서 미분하면,

$$\frac{\partial \phi}{\partial x}+\frac{\partial \phi}{\partial y}\cdot\frac{dy}{dx}=0, \quad 즉 \quad \phi_x+\phi_y\frac{dy}{dx}=0$$이 되며 여기에서 $\dfrac{dy}{dx}$를 구해서 $\dfrac{dZ}{dx}$의 우변에 대입하면,

$$\frac{dZ}{dx}=f_x-f_y\frac{\phi x}{\phi y} \quad\cdots\cdots\cdots\cdots\cdots (1)$$

를 얻는다. 따라서 Z가 극치를 갖게 되는 x, y의 값을 구하려면

$$\frac{dZ}{dx}=0 \quad\cdots\cdots\cdots\cdots\cdots\cdots (2)$$
$$\phi(x, y)=0$$

을 풀면 된다.

다음에 (2)식을 만족하는 x_0, y_0의 값이 $Z=f(x, y)$를 극대로 하는가 또는 극소로 하는가를 판정하기 위해서는 $\dfrac{d^2Z}{dx^2}$를 구하여야 한다. (1)식을 x에 관하여 미분하면

$$\frac{d^2Z}{dx^2}=f_{xx}+f_{xy}\frac{dy}{dx}-\left(f_{xy}+f_{yy}\frac{dy}{dx}\right)\frac{\phi_x}{\phi_y}$$
$$-f_y\left(\frac{1}{\phi_y^2}\right)\left[\left(\phi_{xx}+\phi_{xy}\frac{dy}{dx}\right)\phi_y-\phi_x\right.$$

$$\left.\left(\phi_{xy}+\phi_{yy}\frac{dy}{dx}\right)\right] \quad\cdots\cdots\cdots\cdots\cdots (3)$$

가 된다. 따라서 (2)식에서의 x_0, y_0의 값을 (3)식에 대입했을 때 $\dfrac{d^2Z}{dx^2}>0$이면 $Z=f(x_0, y_0)$는 극소가 되며, $\dfrac{d^2Z}{dx^2}<0$이면 $Z=f(x_0, y_0)$는 극대가 된다. 이상은 라그랑지 함수를 사용하지 않고 극치(極値)를 구하는 방법을 소개한 것이다. 그러나 라그랑지 함수를 사용하면 이상의 과정이 단순화되어 쉽게 극치의 조건식을 얻을 수 있다. 목적함수 Z와 조건식이 n개의 변수 $x_1, \cdots, x_n$의 함수라고 가정한다.

즉
$$\begin{pmatrix} Z=f(x_1, x_2, \cdots, x_n) \\ \phi(x_1, \cdots, x_n)=0 \end{pmatrix} \quad\cdots\cdots\cdots (4)$$

이제 (5)식으로 주어지는 W라는 새로운 목적함수를 생각하자.

$$W=f(x_1, x_2, \cdots, x_n)+\lambda g(x_1, \cdots x_i)$$
$$\cdots\cdots\cdots\cdots\cdots\cdots\cdots\cdots\cdots (5)$$

이것이 바로 라그랑지 함수이며, λ는 미정승수로서 라그랑지 승수라고 한다. (5)식을 $x_1, \cdots, x_n, \lambda$에 대해서 편미분하여 0으로 놓으면 W가 극치를 갖기 위한 $n+1$개의 1계조건식을 얻을 수 있다.

$$\left.\begin{aligned} W_1&=\frac{\partial W}{\partial x_1}=f_1+\lambda g_1=0 \\ W_2&=\frac{\partial W}{\partial x_2}=f_2+\lambda g_2=0 \\ &\vdots \\ W_n&=\frac{\partial W}{\partial X_n}=f_n+\lambda g_n=0 \end{aligned}\right\} \quad\cdots\cdots (6)$$

$$W_\lambda=\frac{\partial W}{\partial \lambda}=g(x_1, \cdots\cdots, x_n)=0$$

여기에서 (6)식의 $n+1$번째 식 $W_\lambda=g(x_1, \cdots, x_n)=0$이 바로 조건식을 나타냄을 알 수 있다. 라그랑지 함수는 앞에서와 같이 조건부 극대·극소문제를 단순극대·극소문제로 바꾸는 절차를 거쳐 만들어진 것이기 때문이다. 2계조건식은 어려운 행렬식에 대한 전개가 필요하므로 여기에서

는 생략한다. 끝으로 라그랑지 함수의 장점은 조건식이나 목적함수에 2개 이상의 독립변수가 포함되어 있어서, 조건식 내의 각 변수를 목적함수 내의 변수로 변환하기 어려울 때, 미정승수법은 그것에 구애받지 않는다는 점이다. →극소·극대조건

라스파이레스 식(式) Laspeyres formula

피셔 식, 파쉐 식 등과 함께 가중평균에 의한 종합지수 산출방식의 하나로서 각 항목의 가중치 weight 를 기준시에서 취한 것이다. 기준시의 기본량(물가지수에서는 가격)을 X_0, 비교시의 기본량을 X_1, 기준시의 조건량(물가지수에서는 가중치의 거래량)을 Y_0, 비교시의 조건량을 Y_1으로 하면,

$$라스파이레스 식 = \frac{\Sigma X_1 Y_0}{\Sigma X_0 Y_0}$$

예를 들면 기준시의 생산재와 거래량의 비를 10대 4로 하고 기준시의 가격을 100으로 했을 때, 비교시의 생산재가격을 160, 소비재가격을 140으로 하면 100의 10배와 100의 4배와의 합수(기준시의 거래금액)와 160의 10배와 140의 4배와의 합수(비교시에도 기준시와 같은 비율로 거래되었다고 가정했을 경우의 거래금액)와의 비율 154.29가 이 경우의 지수가 된다. →물가수산식

라이프 사이클 가설(假說) life-cycle hypothesis

모딜리아니 Modigliani, F., 브룸버그 Brumberg, R. 그리고 안도 Ando, A. 에 의해 전개된 하나의 소비이론으로서, 이 이론의 본질은 프리드먼 Friedman, M. 의 항상소득가설에서와 같이 소비지출이 기대소득 expected income 에 의존한다는 것이다. 또한 이 가설은 프리드먼의 항상소득

가설이 주로 횡단 cross section 자료에 의한 소비함수를 잘 설명하지 못한 점을 보완하여, 개개인의 소비행태로부터 출발하여 총량화된 소비함수의 도출을 시도하였다.

이 가설은 다음과 같은 이론적 기초에서 전개되었다. 첫째, 소비자의 효용은 현재의 소비는 물론 앞으로 일생 life-cycle 동안의 소비에 의해서도 영향을 받는다. U를 이시(異時)효용함수라 하면 $U = U(C_0, C_1 \cdots, C_t \cdots, C_T)$이다. 단 C_i는 i기에서의 실질소비이다. 둘째, 개개소비자의 일생 동안의 소비는 소비자가 일생동안 기대할 수 있는 소득의 크기에 따라 결정된다.

$$\sum_0^T \frac{y_t}{(1+r)^t} = \sum_0^T \frac{C_t}{(1+r)^t},$$

단 y_t, C_t는 t기에서의 실질소득, 실질소비이고, r은 시장이자율이며, T는 소비자의 잔여생존기간을 의미한다. 따라서 $\sum_0^T \frac{y_t}{(1+r)^t}$는 소비자가 일생동안 기대되는 소득의 흐름을 시장이자율로 할인한 현재가치이다. $\sum_0^T \frac{C_t}{(1+r)^t}$도 마찬가지 관점에서 해석이 가능하다. 셋째, 소비자의 미래소득은 다시 자산으로부터 얻어지는 소득과 노동으로 얻어지는 기대소득의 흐름으로 구성된다.

즉 $PV_0 = \sum_0^T \frac{y_t^L}{(1+r)^t} + \sum_0^T \frac{y_t^P}{(1+r)^t}$이다.

PV_0는 미래소득의 흐름을 시장이자율로 할인하여 0기(현재시점)에서 평가한 현재가치액이다. y_t^L, y_t^P는 t기에서 기대되는 노동 및 자산으로부터의 소득이다. 이 때 전식의 우변의 둘째 항은 자본시장이 완전한 기능을 발휘한다는 가정하에서, 현재의 자산가치(a_0)와 같다.

즉 $PV_0 = a_0 + y_0^L + \sum_1^T \frac{y_t^L}{(1+r)^t}$이다.

넷째, 개개소비자(i)를 관찰해 보면, 그의 t기에서의 소비지출액(C_t^i)은 앞으로 잔여

기간동안 기대되는 소득의 흐름을 t기에서 평가한 현재가치액 PV_t^i의 함수이다. 즉 $C_t^i=k^i(PV_t^i)(0<k<1)$. 다음으로 라이프 사이클 가설이 상정하는 한 개인의 전생애를 통한 소비 및 소득의 자연스런 패턴은 그림과 같다. 그림을 보면 한 개인의 소득수준은 청년기와 노년기에는 낮고 장년기에는 높다. 이것은 주로 청년기에는 교육과 기술습득을 위해 충분히 생산활동에 종사할 수 없기 때문이고, 노년기에는 퇴직하여 생산활동이 중지되기 때문이다.

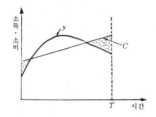

한편 소비지출수준의 변화는 소득의 그것과 양상을 달리한다. 즉 C함수는 완만한 경사를 가진 증가함수이다. 따라서 y와 C를 종합하면, 소비자는 젊었을 때는 빚을 지게 되지만 중년에 가서는 이 빚을 청산할 수 있으며 한편 퇴직시를 위해 저축을 할 수가 있다. 그러므로 이 가설에 의하면, 가령 가계조사자료에서 소득계층별로 표본을 취할 때 고소득층에는 장년기에 속하는 고소득자의 비중이 상대적으로 많으므로, 결국 평균소비성향(C/Y)은 낮다는 것이다.

한편 저소득계층에는 퇴직한 노년층 및 젊은 세대인 청년층이 상대적으로 많으므로 평균소비성향은 높아지게 된다. 그래서 어느 한 시점에서 취해지는 표본가계조사에서는 결국 소득이 증가함에 따라 평균소비성향은 떨어지며 한계소비성향은 평균소비성향보다 작게 나타난다. 이것은 케인즈의 단기소비함수와 일치한다. 끝으로 이 가설을 종합하면, 현재의 소비는 현재의

소득뿐 아니라 미래의 기대소득에도 의존하며, 개인은 그의 소득 및 소비지출계획에 따라 대차행위를 행하면서 그의 전효용을 극대화하도록 소비지출을 한다. →항상소득가설

라인과 스탭　line and staff

경제관리의 합리적·과학적 관리를 위하여 에머슨 Emerson, H.에 의하여 창안된 경영관리조직으로서, 통일적 지휘와 전문화를 동시에 달성코자 하는 조직형태이다. 즉 기업경영에 관한 기본적 직능(목적업무 또는 직접업무)을 담당하는 조직을 라인이라 하며, 직무·권한·책임의 직선적인 계층체계를 형성한다. 따라서 경영관리의 집행자는 라인이라고 할 수 있다. 한편 전문적인 경영관리지식을 활용하여 라인에 조언·조력함으로써 라인직능을 보완·촉진하는 업무를 담당하는 조직이 스탭이다. 스탭은 라인의 계층체계의 여러 단계에서 옆으로 분화되어 그 체계 밖에 놓여 있는 것이다. 조력은 전문적·기술적 활동으로서 라인의 실제활동을 촉진하는 것이며, 조언은 조사·검토·의견의 진술·제안을 가리킨다. 기업규모가 확대됨에 따라서 직능분화가 현저해지며 이에 스탭조직이 필요하게 되는 것이다.

라티푼디움　〔羅〕Latifundium

기원 전 2세기 초 이후 로마의 영토확대에 따라 광대한 '국유지 ager publicus'가 생기고 '원로원의원 senatores'이나 '기사 equites'가 이를 대규모로 점유하게 되었다. 이러한 대토지소유를 라티푼디움이라 한다. 이 라티푼디움에 헬레니즘 및 카르타고의 과학적 경영법이 도입되고 다액의 자본투하가 이루어지고부터, 인근의 소토지소유농민은 라티푼디움과의 경쟁에서 이겨낼 수 없게 되어 무산자로 전락했다.

라티푼디움의 경영은 '일하는 도구'로서의 노예와 가축을 생산수단으로 해서 행해졌다. 노예는 무가족, 무소유로 영사 kaserne 에 수용되어 감독노예 vilicus 의 지휘하에 엄격한 군대식 훈련을 받으며 완전히 수탈되었다. 이 결과 필연적으로 수반된 극도의 인간소모는 오직 노예노동이 풍부히 공급되어 노예가격이 싼 경우에만 보충가능하였다. 그러나 '로마의 평화 pax Romana'의 도래와 함께 이러한 가능성이 없어지게 되어 로마제정기에 들어오면 라티푼디움의 노동력으로서의 노예는 점차 소작농 colonus 으로 대차되었다. 이들 중에는 자유인 출신도 있었고 해방된 노예도 있었지만 어떻든 라티푼디움 내의 일부의 토지를 얻어 거기서 나온 수확으로 자기와 가족의 생계를 유지함과 동시에 금납 내지 물납의 지대를 바치고 사정에 따라서는 무상노동을 제공하기도 하였다. 이렇게 하여 라티푼디움은 그 구조상 중세의 장원으로 변모해 갔다.

라틴아메리카 경제위원회(經濟委員會) ☞ECLA

랏살레 Lassalle, Ferdinand (1825~1864)

독일의 사회운동가. 1862년에 발표한 *Das Arbeiterprogramm* 의 출판으로 인하여 그가 기소당하게 되자 노동자계급의 주목을 끌게 되었다. 이 책에서 그는 비록 '공산당선언'에 가까운 입장을 보이기는 하였지만 국가의 소멸은 부인하여, 계급이 철폐된 다음에는 이성의 실현으로서의 진정한 국가가 처음으로 출현한다고 주장한 점에서, 프롤레타리아가 부르조아를 타도하여 계급없는 사회를 건설할 역사적 사명을 가지며 그 후에는 국가가 소멸할 것이라고 한 마르크스 Marx, K. 와는 거리를 보

이고 있다. 이러한 점에서 그는 어디까지나 헤겔 Hegel, G. W. F. 학도이며 포이에르바하 Feuerbach, L. A. 같은 헤겔 좌파와 마르크스, 엥겔스 Engels, F. 등 공산주의자와는 구별된다. 그의 유명한 임금철칙론을 풀이한 부분을 포함하는 *Das Offene Antwortschreiben*(1863) 가운데서, 그는 노동자계급은 자주적 정당을 조직해야 하며 노동자의 상태를 개선하려면 국가신용에 의한 생산조직을 설립해야 한다고 하였다. 그런데 그러기 위해서는 국가의사는 노동대중에 의해 결정되어야 하므로 보통선거권의 획득이 필요하다고 주장하였다.

그가 비스마르크같은 보수주의자와 타협한 데 대하여 마르크스주의자로부터 비난을 받았다. 그러나 사실상 공동소유와 이윤을 목적으로 하지 않는 계획경제라는 두 가지 목표를 가지고 그 현실수단을 보통·평등선거에서 구하려는 노동자의 희망을 대변하는 랏살레는 노동자에 대한 보통·평등선거를 거부하려는 자유주의자에 대항하기 위해서는 자유주의자들을 적으로 삼는 보수당과 상당한 정도까지 공동전선을 펴지 않을 수 없었기 때문이다. 또 비스마르크의 사회입법을 시인한 것도 현실적인 랏살레로서는 공론을 위하여 노동자의 실제이익을 거부할 수 없었기 때문이었다. 랏살레파 베벨 Bebel, F. A., 베른슈타인 Bernstein, E. 과 마르크스파 리브크네히트 Liebknecht, K. A. F., 룩셈부르그 Luxemburg, R. 의 이견은 전자가 실천면에서, 후자는 이론면에서 각기 두각을 나타내면서 계속되어 오고 있다.

[주 저] *Das Arbeiterprogramm*, 1862; *Die Indirekte Steuer und die Lage der Arbeitenden Klassen*, 1863.

랑게 Lange, Oskar Richard (1904~1965)

폴란드의 경제학자, 1937년 록펠러재단

의 유학생으로 도미하여 경제학을 연구했으며, 그 후 미시간·캘리포니아·스탠포드대학강사를 거쳐 1939년에 시카고대학교수가 되었다. 1949년 이래 폴란드 아카데미회원, 바르샤바대학 정치경제학교수로 재직했다. 그는 효용가측성의 문제, 마르크스주의경제학과 근대경제이론의 비교, 후생경제학 등에 관한 많은 업적으로 항상 학계의 관심을 끌었다. 특히 경제계획론의 분야에 있어서는 경쟁적 사회주의론을 파레토 Pareto, V. F. D., 바로네 Barone, E. 의 연구방향을 따라서 전개하였다.

그는 미제스 Mises, L. E. v., 하이에크 Hayek, F. A. v. 등의 경제계산불가능론에 대하여 공정한 계산가격의 파라미터기능에 의하여 수급이 조정되어 시행착오적으로 계산경제가 운행될 수 있다고 결론을 지었다. 그러나 그의 오늘날까지의 업적중에서 가장 주목할만한 것은 케인즈체계의 정비에 대하여 이룬 공헌일 것이다. 특히 중요한 노작(勞作)으로서 *Price Flexibility and Employment*(1944)를 들 수 있다. 힉스 Hicks, J. R. 가 「가치와 자본」에서 시도한 일시적 균형론은 일반균형론적 사고를 동태화하였으나 화폐기능에 대하여는 충분히 해명되지 않아서 이 점이 「가치와 자본」의 약점으로 지적되었다. 랑게는 「가격탄력성과 고용」에서 재화와 화폐와의 대차관계를 통해서 힉스체계의 약점을 보완하고 케인즈 Keynes, J. M. 「일반이론」의 한 중심문제였던 생산요소가격 특히 임금의 신축성이 고용량 및 체계의 안정성에 어떠한 영향을 미치는가 하는 문제를 미시적 체계의 테두리에서 해명하려고 하였다. 그리고 그는 생산요소가격의 변동이 전체계에 미치는 효과를 왈라스법칙을 중심으로 화폐적 효과, 예상의 탄력성 및 화폐당국의 태도를 나타내는 화폐제도의 감응성 등의 3자의 조합으로 설명하였다. 그의 업적

은 빅셀 Wicksell, J. G. K. 에서 케인즈에 이르는 화폐이론의 발전에 대하여 미시적 체계에 의한 통일적 결론을 내린 점이다. 또한 그의 화폐창조효과의 분석은 미시적 체계에 의한 경과분석의 하나의 귀중한 시도로서 높이 평가되어야 할 것이다.

[주 저] "Rate of Interest and the Optimum Propensity to Consume," *Economica.*, Feb. 1938; "The Theory of the Multiplier," *Econometrica*, Jul. and Oct., 1943; "Say's Law : a Restatement and Criticism," *Studies in Mathematical Economics and Econometrics, in Memory of Henry Schultz*, 1942; *Price Flexibility and Employment*, 1944; *Die Preisdispersion als Mittel zur Statistischen Messung Wirtschaftlicher Gleichgewichtes Torungen*, 1932; *On the Economic Theory of Socialism*, ed. by Lippencott, B. E. 1938; *The Two Roads for World Economy*, 1949; *Theory of Statistics*, 1951.

래디칼 이코노믹스 radical economics 미국의 급진적 소장 경제학자들의 미국 경제학계의 주류를 이루는 신고전파 경제학에 대한 안티테제 anti-these 라는 의미를 가진다. 신고전파 경제학은 완전경쟁모델을 중심으로 시장경제제도를 분석의 대상으로 하고 있기 때문에 공해, 도시문제, 후진국의 경제발전 문제 등은 유효하게 해결하지 못한다는 비판과 함께 신고전파경제학은 경제정책의 실행인인 정부에 대하여도 무색투명(無色透明)의 중립적인 존재에 불과하다는 전제에 서 있지만 래디칼 경제학의 입장은 이러한 전제 자체가 현체제 지지적이고 보수적인 이데올로기에 휘감겨 있다고 비판한다. 래디칼 경제학은 1968년 9월 미시간주에서의 급진적 정치경제학을 위한 연합의 결성에서 제시되었다. 전통적인 마르크스주의 입장에 서서 정치경제학의 복권을 주창하는 것부터 미국자본주의의 생활양식에 밀착되어 있는 '퇴

폐'의 근원을 찾아내려는 것 등 그 내용이 광범위하다.

래퍼곡선(曲線) Laffer curve

래퍼곡선은 공급중시 경제학 또는 공급측 경제학의 근간이 되는 이론을 설명하는 곡선이다. 공급중시 경제학은 기업가 등 경제주체에 대한 유인을 중시하고 있으며, 조세가 이에 중대한 영향을 미친다고 보고 있다. 래퍼 B. Laffer는 세율의 변화가 경제주체들의 유인에 주는 영향을 통해 조세수입에 미치는 효과를 래퍼곡선으로써 상징적으로 설명하였다.

래퍼곡선은 세율 t와 조세수입 R과의 관계를 나타내고 있다. 래퍼곡선은 납세 후의 임금, 이자율, 이윤이 높을수록, 즉 세율이 낮을수록 노동의욕, 저축의욕 및 투자의욕이 제고된다는 사실을 전제로 하고 있다. 래퍼곡선에서는 정부의 조세수입이 0이 되는 세율이 두 곳 존재한다. 세율이 0%일 때 경제주체들이 경제활동을 할 유인은 최대가 되지만 세금을 납부할 필요가 없으므로 조세수입이 없고, 세율이 100%일 때는 경제활동을 할 아무런 유인이 없으므로 역시 조세수입이 없다. 세율이 낮은 상태에서 어느 수준까지는 세율이 상승함에 따라 조세수입이 증가한다. 래퍼곡선에서는 적정세율인 t*의 수준에 이르렀을 때 조세수입이 극대화된다. 그러나 t이상으로 세율이 증가하면 경제주체들의 유인이 감소하여 생산활동이 위축될 뿐만 아니라 지하경제의 번성과 탈세가 유발되어, 세율이 상승함에도 불구하고 조세수입은 감소한다.

원래 래퍼곡선은 세율의 인하가 조세수입의 증대를 가져와 재정적자를 줄일 수 있다는 것을 보여주려는데 그 목적이 있었다. 문제는 측정시점의 세율이 적정세율 t*보다 큰 금지영역 prohibited zone에 있는지의 여부에 대한 판단이다. 1980년대 초 미국의 공급

중시 경제학자들은 당시 미국의 현행세율이 t0와 같이 금지영역에 속해 자원배분의 비효율을 야기하고 있으며 세율인하는 조세수입을 오히려 증가시킨다고 주장하였다. 특히 고소득층에 대한 세율인하는 이들의 탈세를 막는 한편 투자의욕을 고취시켜 경제를 활성화시킴으로써, 중·저소득층에로의 세금전가를 발생시키지 않을 수 있다고 주장하였다. 미국경제는 1970년대부터 인플레이션과 생산성하락이라는 문제로 시달려 왔으므로 수요관리정책을 중시하는 기존의 경제학자들은 이러한 상황에서 감세는 재정적자를 악화시키고 유효수요의 증가를 초래하여 인플레이션을 심화시킬 것이라고 생각했다. 그러나, 공급중시 경제학자들은 조세감면은 총수요에 크게 영향을 미치지 못한다고 생각하였으며, 또한 단기적으로는 재정적자를 증가시킬지 모르나 중장기적으로는 민간부문의 경제활동에 대한 유인을 제고하여 생산성을 향상시키고 이는 세원의 확대를 통한 세수증가를 가져와 재정적자를 감소시킬 수 있다고 주장하였다. 래퍼곡선은 이와 같이 감세를 통해 미국경제의 생산성을 향상시키고 잠재적 공급능력을 증대시키려는 레이건행정부의 경제정책기조를 뒷받침하였다.

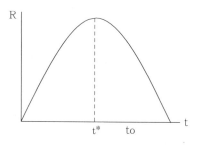

러너 Lerner, Abba Ptachya (1903~1982)

영국태생의 미국경제학자. 런던대학을 졸업하고 1940년 도미, 컬럼비아대학교수를 거쳐 시카고의 루즈벨트대학교수로 재

직하였다. 러너 자신이 말하듯이, 그의 최초의 연구대상은 사회주의사회에서의 가격기구였으며, 이것은 자유제사회주의이론에 포함된다고 할 수 있다. 그의 공적은 사회주의사회에서의 한계생산비의 원칙이나 동태적 문제를 취급한 점에 있다. 또한 그의 독점이론의 연구는 또 하나의 공헌이다. 그는 런던스쿨을 중심으로 신후생경제이론의 선도자이기도 하였으나 그는 종래의 자기의 연구성과와 케인즈의 고용이론을 포괄하여 민주주의적 생활의 확충만이 사회주의의 목표이며 정부가 사회이익을 위하여 최선의 노력을 할 수 있는 것은 통제경제라는 구상을 갖게 되었다. 그리고 이 기초가 되는 것이 후생경제이론이라고 주장한다.

〔주 저〕 *The Economics of Control, Principles of Welfare Economics*, 1944; *Economics of Employment*, 1951; *Essays in Economics of Employment*, 1951; *Essays in Economic Analysis*, 1953; *Planning and Paying for Full Employment*(with Graham F. D.) 1946.

러다이트 운동(運動) Luddite Movement

18세기 말에서 19세기 초에 걸쳐 영국의 공장지대에서 일어난 노동자에 의한 기계파괴운동을 말한다. 생산혁명이 진행됨에 따라 특히 방직업과 양모공업에 있어서 기계의 채용은 종래의 제조직공들을 실직시키고 일반적으로 임금을 저하시켰다. 더욱이 나폴레옹전쟁과 악천후에 의한 식량부족이 노동자의 생활을 더욱 곤란하게 하였다. 그리하여 이들 직공과 하급노동자를 주체로 한 기계파괴운동이 1811~1813년에 최고절정에 달하여 랭카서, 요오크서, 노팅검 시를 비롯하여 전공장지대에 파급되었다.

이 운동은 현대식 대형기계와 임금을 저하시키는 기계를 파괴만 하면 종래의 좋은 노동조건이 회복될 것이라는 자본주의의 경제기구에 대한 무지에 기인한 것이다. 또 단결금지법(1799년)때문에 노동자가 합법적으로 고용조건의 개선을 요구할 수 있는 길이 없었다. 이러한 정세가 노동자와 그 가족을 생활개선을 위하여 기계파괴운동에 뛰어들게 하였다. 노동계급의 빈곤의 원인은 기계의 채용이 아니라 자본가에 의한 기계의 소유와 노동의 착취, 즉 자본주의제도가 지닌 모순이었는데, 당시의 노동자계급은 이 자본주의제도의 모순을 알지 못하였다. 이러한 결함을 가진 기계파괴운동은 파괴금지법의 시행과 군대의 출동에 의하여 계속적인 탄압을 받았다. 또 자본주의적 생산양식의 확립과 더불어 파괴운동이 무력하다는 노동자의 자각이 제고되어 1812년의 폭동을 경계로 이 운동은 급속도로 쇠퇴해 갔다. 그리하여 노동자계급은 점차로 1824년에 획득한 단결권을 기초로 한 근대적 노동조합운동에 문제의 해결을 위임하게 되었다. →공상적 사회주의, 산업혁명

레닌 Lenin, Vladimir Illiich (1870~1924)

소련의 마르크스주의 경제학자, 철학자, 사회주의혁명의 지도자. 그는 마르크스주의를 경제학·철학·정치학·역사학 등의 분야에서 발전시키고 과학적 사회주의의 현실성을 러시아혁명에 의해 실증했다.

경제학분야에서는 우선 '시장이론'의 확립에 공헌했다. 19세기 말 러시아의 나로드니키 Narodniki 는 러시아의 자본주의적 발전이 인민을 빈곤화하고 중간층을 몰락시켜 국내시장이 형성되지 않고 해외시장도 또한 선진자본주의 제국의 지배하에 있어 진출의 여지가 없기 때문에 시장이론의 성립가능성은 있을 수 없다고 논했다.

이것에 대해 레닌은 「소위 시장문제에 대해서」(1893)와 「나로드니키의 경제학적 내용」(1894)에서 마르크스의 재생산론을 기초로 해서 해외시장이나 국내중간층이 없어도 상품의 생산은 가능하며 자본의 확대재생산은 행해진다는 것을 논증하고 '시장의 이론'을 정식화했다. 더욱이 「러시아에 있어서의 자본주의의 발전」(1899)에서 풍부한 통계자료를 구사하여 러시아에 있어서 현물경제에서 상품경제에의 이행과정과 그 기초 위에서 자본주의가 진전하고 국내시장이 형성된 과정을 이론적·실증적으로 해명했다.

이어서 그는 19세기 말에서 20세기 초에 걸친 자본주의의 새로운 발전에 주목하고 이것을 자본주의의 최고의 단계로서 '제국주의'로 규정했다. 즉 그의 저서 「제국주의론」(1917)에서 제국주의의 경제적 특징을 처음으로 명백히 하고 그 경제적 기초를 이루는 독점자본주의의 운동법칙을 해명했다. 이 외에 러시아 사회민주당의 농업강령문제를 비롯하여 농업문제에 대해서의 일련의 저술이나 혁명 후 사회주의에로의 과도기에 대한 논고 등 그의 마르크스경제학에의 이론적·실천적 기여는 매우 컸다. 그의 사상 및 이론은 제국주의단계의 마르크스주의라고 하여 특히 레닌주의라고 불리워진다.

〔주 저〕 *Imperializm, kak vysshaja stadija kapitalizma* (자본주의의 최고단계로서의 제국주의), 1917; *Materializm i empiriokritsizm* (유물론과 경험비판론), 1909; *Gosudarstvo i revaljutsija Karl Marx*, 1914 (국가와 혁명), 1917; *Chto delatj?* (무엇을 할 것인가?), 1902; *Razvitie kapitalizma v Rossii* (러시아에 있어서의 자본주의의 발달), 1899; *Kapiralizm v seljskom khozjajstve* (농업에 있어서의 자본주의), 1900; *Chto takoe 'druzjja naroda' i kak oni vojujut protiv sotsialdemokratov* ('인민의 벗'이란 무엇인가), 1894; *Kkharakteristike ekonomicheskogo romantizma* (경제적 로맨티시즘의 특징에 대하여).

레온티에프 Leontief, Wassily W. (1905~)

소련태생의 미국경제학자, 레닌그라드대학에서 공부했으며, 졸업 후 1931년 하버드대학 경제학부강사가 되었다. 그 후 동대학 교수를 역임했으며 현재 뉴욕대학 경제분석 연구소를 운영하고 있다.

주저로는 「미국경제구조 *The Structure of American Economy*」(1941)를 들 수 있다. 이 저서는 왈라스 Walras, M. E. L. 류의 일반균형의 개념을 국민경제생산순환의 거시적 분석으로 구현시킨 귀중한 문헌이다. 즉 미국은 1919, 1929, 1939년에 경제를 농업·식품공업·철강업·자동차공업·비철금속공업·제유업·석탄공업·제재업·제지업·인쇄업·섬유공업·피혁, 고무공업·건축 및 운수업 등 41종의 산업과 수출입업·소비부문 등 총계 44부문으로 분할하여 경제밸런스표를 작성하고 다음에는 이것을 다시 10부문으로 통합하여 수리적 분석을 행하고 있다. 이것을 오늘날에는 투입산출분석 input-output analysis 혹은 산업연합론 interindustrial study 이라고 하는데 그 특색은 위에서 말한 바와 같이 산업과 가계의 각 부문간의 수입과 지출의 상호의존관계를 일련의 방정식체계를 가지고 해석하고 그 성과를 통계적으로 조사하여 Leontief 표라고 하는 하나의 도표로 요약함으로써 국민경제의 생산과 유통의 전모를 파악하였다. 또한 그는 초기의 논문에서 수요·공급곡선구성의 방법을 발표("Studien über die Elastizität des Angebots Weltwirtschaftliches," 1932)하였으나 그것에 대해서는 프리쉬 Frisch, R. A. K. 로부터 격심한 공격을 받고(Frisch, R., "Pitfalls in the Statistical Construction of Demand and Supply Curves," 1933) 이것에 대해서 응답, 수차에 걸쳐서 논전을 전개한 것은 유명하다.

[주 저] "The Use of Indifference Curve in Analysis of Foreign Trade," *Quarterly Jounal of Economics*, 1932; "Verzögerte Angebotsanpassung und Partielles Gleichgewicht," *Zeitschrift für National Ökonomie*, 1934; *The Structure of the American Economy, 1919~29*, 1941; *Studies in the Structure of the American Economy, with Others*, 1953.

레온티에프 생산함수(生産函數)
Leontief production function

어떤 재화 1단위의 산출에 필요한 요소 i 의 투입량이 $a_i(i=1, 2, \cdots, n)$로 고정되어 있을 때, 투입$(x_1, \cdots, x_n)$으로부터 얻을 수 있는 산출량 y는 $y=\min |x_1/a_1 \cdots, x_n/a_n|$ 이고, 이러한 생산함수를 레온티에프 생산함수라 한다. 2요소인 경우에 $y=\min |L/a, K/b|$, a>0, b>0이고 이 경우 등량곡선은 그림과 같이 된다.

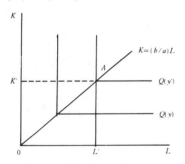

이 레온티에프 생산함수에서는 하나의 요소투입을 감소시키면 다른 요소를 아무리 증가시키더라도 결코 원래의 산출량을 생산할 수 없기 때문에 요소간에 대체가 불가능함을 내포하고 있다.

레온티에프 역설(逆說) Leontief paradox

1953년에 레온티에프 Leontief, W. W. 는 생산연관표를 사용하여, 1947년에 미국은 노동집약적 상품을 수출하고 자본집약적 상품을 수입하고 있다고 하는 계산결과를 발표하였다. 보통 미국과 같이 상대적으로 자본이 풍부한 나라에서는 노동집약적 상품을 수입하고 자본집약적 상품을 수출한다고 생각되고 있었으나 사실은 그것과 반대였다. 이것은 종래 무역이론에서 받아들여지고 있는 헥셔-오린정리와 얼핏 보아 모순되므로, 이것을 발견한 사람의 이름을 따서 레온티에프 역설이라고 부르고 있다.

레온티에프는 미국이 100만달러어치의 상품을 수출했을 경우에 필요로 하는 자본과 노동자의 수와 미국이 경쟁적 수출품 100만달러어치를 국내에서 공급할 경우에 필요로 하는 자본과 노동자의 수를 계산함으로써 위와 같은 결론을 얻은 것이다. 레온티에프 자신은 미국의 노동생산성이 높다는 사실에서 미국은 노동자가 상대적으로 적은 것같이 보이지만 능률로 따지면 노동이 풍부한 셈이 된다고 하여 그의 연구결과와 헥셔-오린정리와의 조화를 도모하고자 하였다. 그 후 레온티에프 역설의 찬반을 둘러싸고 많은 이론적·실증적 연구가 이루어지고 있다. →헥셔-오린정리

레저산업(産業) leisure industry

여가산업을 말한다. 즉 여가활동에 의한 향락욕구충족을 그 목적으로 하는 재화 및 서비스 생산에 종사하는 산업을 의미한다. 대별(大別)하면 ① 레저 상품 leisure goods (예를 들면 TV 등) 산업과, ② 레저 서비스 산업이 있다. 정보산업, 주택산업과 더불어 시스템산업의 최첨단을 걷는 산업을 말한다. →정보산업

로드베르투스 Rodbertus, Johann Karl (1805~1875)

독일의 경제학자, 사회사상가이며 국가사회주의자. 괴팅겐대학과 베를린대학에

서 법학을 공부하였으나, 그 후 경제학·철학·역사학으로 연구의 관심이 옮겨졌다. 그는 자본주의사회를 역사적 단계로 보는 데서 출발하여 지대와 이윤은 노동의 잉여가치에서 발생한다는 잉여가치설에 입각하여 절대지대에 관한 최초의 체계적 이론을 전개하였다. 다시 자본주의사회에서는 노동자의 실질임금이 부단히 저하하고 과잉생산공황이 그것의 구조적 병폐로서 나타난다는 것을 지적하고, 사유를 기초로 하는 사회조직의 전면적 개혁에 의해서만 사회문제를 해결할 수 있는 것이라고 논하고 있다. 이 견지에서 강단사회주의(講壇社會主義)가 자본주의의 근저를 도외시하고 표면적 개량으로만 끝나고 있는 점을 예리하게 지적하였다.

[주 저] *Zur Erkenntniss unsrer staatswirt-schaftlichen Zustände*, 1842; *Widerlegung der Ricardoschen Lehre von der Grundrente und Begründung einer neuen Rententheorie, Dritter Brief an von Kirchmann*, 1851.

로렌쯔곡선(曲線) Lorenz curve

소득분포의 불평등도를 나타내기 위하여 로렌쯔 Lorenz, M. O. 가 고안한 도표이다. 소득인원 및 소득금액을 낮은 쪽으로부터 누계하여 이 누적소득인원 및 누적소득금액의 그 총계에 대한 백분비를 구하여 소득인원수의 누적백분비를 횡축에, 소득액의 누적백분비를 종축에 표시하여 그림과 같은 로렌쯔곡선을 얻게 된다. 그림에서 대각선은 누적인원수와 누적소득액이 같은 비율로 증가하는 선이므로 이는 소득이 평등하게 분포되는 것을 뜻하며, 따라서 균등분포선이라 한다. 소득분포가 불평등하면 할수록 로렌쯔곡선은 균등분포선에서 멀어지게 되며, 그 불평등도는 로렌쯔곡선과 균등분포선으로 둘러싸인 사선부분의 면적의 크기로 측정된다. 로렌쯔곡선의 방정식은 지니법칙으로 나타내는 방정식

$$N = \frac{1}{C} S^{\delta} \quad \cdots\cdots\cdots\cdots\cdots (1)$$

(단 N: 누적인원, S: 누적금액, C: 상수, δ: Gini의 집중도지수)를 변환시킴으로써 얻어진다. 이제 N', S' 를 소득인원 및 금액의 총계로 하면 N', S' 에 있어서도

$$N' = \frac{1}{C} S'^{\delta} \quad \cdots\cdots\cdots\cdots\cdots (2)$$

가 성립함으로 (1)식을 (2)식으로 각각 나누면 $\frac{N}{N'} = \left(\frac{S}{S'}\right)^{\delta}$ 가 되어 이것은 N, S를 백분비로 변환한 것으로서 로렌쯔곡선의 방정식에 지나지 않는다. 이제 $\frac{N}{N'} = y$, $\frac{S}{S'} = x$ 라고 하면 로렌쯔곡선과 균등분포선으로 둘러싸이는 면적 λ 는

$$\lambda = \frac{1}{2} - \int_0^1 y dx = \frac{1}{2} - \frac{1}{\delta+1} \quad \cdots\cdots (3)$$

또 파레토상수 α 와 δ 와의 사이에는 $\delta = \frac{\alpha}{\alpha-1}$ 라는 관계가 있으므로

$$\lambda = \frac{1}{2(2\alpha-1)} \quad \cdots\cdots\cdots\cdots\cdots (4)$$

이 된다. 로렌쯔곡선에 의하여 소득의 불평등분포도를 분석하는 방법은 로렌쯔곡선과 균등분포선 사이의 면적에 의존하기 때문에 전체적인 불평등성을 나타낼 수는 있으나 빈부의 차이는 나타낼 수 없다는 결함이 있다. 물론 로렌쯔곡선의 모양에 따라서 소득분포가 집중되는 경향을 대체로 알 수 있지만 소득계층을 구별하여 불평등도를 나타낼 수는 없을 것이다. →소득분포, 지니의 법칙

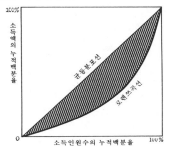

로버트슨 Robertson, Dennis Holme
(1890~1963)

영국의 경제학자, 케임브리지대학의 트리니티 칼리지를 졸업하였으며, 동대학 강사를 거쳐 교수로 봉직했다. 영국 경제학계의 중진으로 피구 pigou, A. C., 케인즈 Keynes, J. M. 와 더불어 케임브리지학파의 세 거두(巨頭)이다.

그의 연구는 매우 다방면에 걸쳐 있는데, 특히 중요한 것은 경기변동론의 분야이다. 그가 25세에 출판한「경기변동론」은 이론적 분석의 투철함과 자료의 풍부함 때문에 경기의 실물적 측면의 분석으로서는 현재까지도 이를 능가한 책이 없다. 케임브리지경기이론의 특징인 실물적 수요의 탄력성에 의한 농업원인설의 정밀화를 처음으로 조직적으로 시도한 것도 이 책이며 판로법칙(販路法則)에 대하여 가장 이론적으로 철저하게 비판한 것도 이 책이었다.

그는 이러한 실물적 분석에만 만족하지 않고 경기변동의 화폐적 측면까지도 분석을 하였으며 이것이「은행정책과 가격수준」이라는 저서로 결실되었다. 화폐의 평균유통기간을 중심으로 하는 구매력의 흐름과 평균생산기간을 중심으로 하는 실물측의 움직임을 기간분석의 수법을 통하여 자본형성과정과 가격변동과정의 관계를 명백히 하였다. 또한 케인즈에게 많은 영향을 주기도 하였다. 이 때부터 화폐의 동태에 대한 케인즈와 로버트슨의 논쟁이 시작되었다. 두 사람은 때로는 협동연구자로, 때로는 열렬한 논적(論敵)으로 케임브리지파의 변동이론을 발전시켰다. 케인즈의 금융적 유통의 사고·유동성 선호의 이론·저축투자의 이론도 모두 로버트슨과의 논쟁과정에서 생겨난 것이며, 또「일반이론」에 대한 많은 비판 중에서 가장 철저한 비판이 로버트슨의 비판이라는 것도 우연한 일이 아니다. 그의 이론에 대한 깊은

연구는 아직도 충분히 이루어지지 않고 있는 실정이다.

[주 저] *A Study of Industrial Fluctuation*, 1915; *Money*, 1922, 2nd ed., 1924; *The Control of Industry*, 1923; *Banking Policy and Price Level*, 1926; *Economic Fragments*, 1931 ; *Essays in Monetary Theory*, 1940; *Utility and All That*, 1952.

로빈슨 Robinson, Joan Violet
(1903~1983)

영국 케임브리지출신의 여류경제학자. 1926년 케임브리지대학의 경제학자 로빈슨 Robinson, E. A. G. 과 결혼하고 37년 동대학의 강사가 되었다. 65년 남편이 퇴임한 뒤를 이어 여성으로는 처음으로 경제학교수가 되었다.

그녀의 업적으로는 완전경쟁과 완전독점의 이원론적 가정을 극복하고 독점하에서의 불완전경쟁의 이론을 전개하였는데, 이로써 개개의 기업이 주어진 자본설비하에서 이윤극대화를 추구하게 되면 한계비용=한계수입이 이루어져 경제균형을 이룬다는 것이 논증되었다. 또한 그녀의 공적으로 케인즈경제학을 장기동학화하려는 노력이 있다. 즉 케인즈의「일반이론」에서는 기술·설비 등이 불변인 것으로 가정되었으나 로빈슨은 이러한 요소들을 변수로 할 경우 케인즈이론은 어떻게 수정되는가를 관찰하고자 기도하고 있다.

그녀의 대표적인 저서「자본축적론」에는 해로드 Harrod, R. F. 나 도마 Domar, E. D. 보다 훨씬 광범위한 분야를 흡수하고 마르크스의 이부문분할, '자본의 유기적 구성', '이윤률저하의 경향' 등을 포괄하며, 그 외에 또한 기술혁명이 있을 경우에는 어떻게 될 것인가 하는 점을 장기자본축적 문제의 초점으로 설정하였다. 그 결론으로 기술진보하에서 기업가들이 새로운 기술을 채용하여 특수이윤의 획득으로

장기자본축적이 가능하다고 주장하고 있다. 사상적으로는 케인즈 좌파의 중심에 위치하면서도 마르크스경제학에 성실하게 접근하여 그것을 비판하기도 하였다.

[주 저] *The Economics of Imperfect Competition*, 1933; *Essays in the Theory of Employment*, 1937; *The Rate of Interest and other Essays*, 1952; *The Accumulation of capital*, 1956; *Essays in the Theory of Economic Growth*, 1962; *Economic Philosophy*, 1963; *The Cultural Revolution in China*, 1969.

로스토우 Rostow, Walt Whitman
(1916~1986)

미국의 경제학자. 예일, 옥스포드 및 케임브리지대학에서 공부하였고, MIT교수를 역임하고 케네디대통령 밑에서 정책계획위원회의장으로 활약한 바 있다. 그는 특히 근대경제사의 연구를 통하여 인간을 이윤·효용극대화만을 추구하는 경제인 homo öconomicus 으로 가정하는 경제이론이 지닌 경제결정론적 전제에 불만을 품고 인간행위를 경제요인과 사회·문화·정치적인 비경제요인간의 균형의 산물이라고 생각하였다. 이에 그는 경제학을 새로이 확립하고 또 경제를 포함하는 사회의 성장과정을 새로이 설명할 것을 제창하고 그자신이 이를 시도하여 적지 않은 관심을 불러 일으켰다.

그는 비경제적인 여러 요인을 경제요인들과 연결시키는 교량적 분석수단으로서, 기초과학을 발달시키는 성향, 응용과학을 발달시키는 성향, 혁신수용성향, 물질적 진보를 추구하는 성향, 소비성향, 산아(産兒)성향이라는 여섯 개의 성향개념을 제시하여 이것들을 계량가능한 것으로 보고 근대경제학의 이론적 장치 속에 내생화시키려고 노력하였다. 이와 같은 이론적 도식을 전제하는 한, 로스토우의 경제사관은 필연적으로 마르크스의 유물사관과 상반되게 된다. 그는 특히 1700년 이후의 경제성장과정을 전통적 사회, 선행조건충족단계, 도약단계, 성숙단계, 고도대중소비단계의 다섯 단계로 구분하여, 한 단계에서 다음 단계로의 이행을 마르크스적인 필연성이 아닌 선택가능한 과정으로 설명하고 있다. 여기서 로스토우는 이 다섯 단계중 도약단계 take-off 를 지속적 경제성장이 개시되는 근대화달성의 획기적 시기로서 중시하였다. 근년 로스토우의 실제정책론적 관심의 증대는 이 도약을 성취하지 못한 후진국의 문제와 이의 달성을 촉진하는 선진국의 대외정책이라는 문제의식에 입각하고 있다.

[주 저] *The British Economy of Nineteenth Century*, 1948; *The Process of Economic Growth*, 1952, 2nd ed., 1960; *The Growth and Fluctuations of the British Economy, 1790~1850*, (with Others), 1953; *A Proposal-key to an Effective Foreign Policy*, 1957; *The Stages of Economic Growth*, 1960.

＊로스토우의 발전단계설 發展段階說
theory of economic development stages

미국의 경제학자인 로스토우 Rostow, W. W. 는 개발도상국의 성장과정을 그들의 정치·경제·사회적 제도에 관계없이 조만간 거쳐야 할 5단계의 과정으로 나누어 분석하였다. 즉 그는 경제발전의 동태이론을 기준으로 하여 제1단계로 전통적 사회 traditional society, 제2단계로 도약을 위한 선행조건충족의 단계 preconditions for take-off, 제3단계로 도약단계 take-off, 제4단계로는 성숙단계로의 진입 the drive to maturity, 제5단계로는 고도대중소비단계 the stage of mass consumption 로 나누었는데 이들 성장의 여러 단계는 결국 경제성장에 관한 하나의 이론을 이루는 것인 동시에 아직은 극히 부분적인 것이긴 하지만 근대사 전반에 관한 일반적인 이론을 이루는 것이다.

로스토우에 의한 5단계의 성장단계구분은 마르크스 Marx, K. 의 근대사 이론에 대한 대안으로서, 20세기의 미국, 소련, 19세기의 봉건적인 일본, 19세기의 제정 프러시아, 근대의 인도, 중국 등과 같은 다양한 사회의 성장과 발전과정을 포함하여 설명할 수 있는 포괄적인 이론이었다. 또한 로스토우는 어떤 단계에서나 선도부문(先導部門)이 존재하여 선도부문의 변화가 그의 성장단계론에 있어서 중요한 역할을 한다고 믿고 있다. 이제 각 단계별로 그 특징을 살펴보기로 하자.

① 전통적 사회 traditional society : 전통적 사회란 뉴톤 이전의 과학 및 기술의 수준과 뉴톤 이전의 물리세계에 대한 태도로 말미암아 구조적으로 제한된 생산함수에 머물러 있는 사회를 말한다. 그렇다고 해서 정태적인 것을 의미하는 것은 아니고 산출고는 증가하지만 산출고 증가를 제한하는 요소가 존재한다는 것이다. 일반적으로 말해서 이와 같은 사회들은 생산상의 제약 때문에, 그 자원의 대부분은 농업부문에 투입되며 농업부문이 선도부문을 이루게 되고 계층적인 사회구조를 가지고 있어 가족 및 씨족적 연고가 사회조직에 있어 커다란 역할을 담당하게 된다. 또한 정치권력의 핵심적 부분은 일반적으로 토지를 소유하거나 지배하는 계층의 수중에 장악되는 정치구조를 갖는다.

② 도약을 위한 선행조건충족의 단계 preconditions for take-off : 전통적 사회가 가속적인 성장을 하기 위한 준비단계로서 과도기적 과정에 처해 있는 사회를 말한다. 서구의 경우는 프랑스혁명 이전의 2세기 반 동안의 사회로, 이 시대의 대부분은 신대륙의 발견에 의해 시작되어 유럽대륙에서는 300년 후 나폴레옹의 등장으로 끝이 났다. 이 시대의 중요한 특징으로 상업도시에서는 부르조아계급이 출현하고 신국가가 성립됨으로써 국내적으로 관세장벽이 철폐되고 프로테스탄티즘 protestantism 이 대두하며 이성이 지배한다는 것 등이다. 그런데 이 기간에 있어서 경제 자체와 사회적 가치관의 두 가지 측면에서 주요한 변동이 있기는 했으나, 결정적인 특색은 정치면에서 국민적 단합에 기반을 둔 강력한 중앙집권적 국민국가가 확립되었다는 것이며, 이는 예외없이 도약단계로의 이행에 필수조건이 되었다. 또한 이 시대의 선도부문은 사회간접자본, 농업, 수출부문이었다.

③ 도약단계 take off : 경제적 진보를 강력하게 추구하는 힘이 사회를 지배하여 성장이 지속적이고 정상적인 상태로 되는 단계를 말하며, 20년~30년에 걸친 단기의 단계이다. 영국과 천부의 혜택을 누렸던 미국, 캐나다 등에서는 도약단계에의 커다란 자극은 주로 기술적인 것이었으나, 보다 일반적으로 도약단계가 실현되려면 기술의 발전뿐만 아니라 경제의 근대화를 중대하고도 고차적인 정치과제로 삼으려는 집단에 의한 정권장악도 필요하다. 도약단계의 충족을 위한 전제조건으로 첫째, 국민소득 또는 국민순생산의 5%에서 10%정도의 생산적 투자율의 증가가 필요하고 둘째, 높은 성장률을 갖는 하나 혹은 그 이상의 실질적인 공업부문이 선도부문으로 발전할 것 셋째, 근대부문에 있어서의 충분한 확장과 도약의 잠재적인 외부형태, 즉 지속적 성장을 위한 외부경제효과를 제공하는 정치적, 사회적 및 제도적 틀의 현존 또는 급속한 출현이 필요하다.

④ 성숙단계 the drive to maturity : 도약과정을 발동시켰던 시초의 산업뿐만 아니라 전산업에 걸쳐서 근대적 최첨단의 기술이 보급되고 이러한 기술을 흡수, 응용할

수 있는 능력이 현시되는 단계를 말한다. 즉 한 경제가 모든 것을 생산하지는 않지만 생산하고자 하는 것은 무엇이든 생산할 수 있는 기술적 능력 및 기업능력을 갖춘 단계를 말한다. 일반적으로 도약단계에 들어서서 60년 후 혹은 도약단계가 끝난 40년 후에는 대개 성숙단계에 들어간다.

⑤ 고도대중소비단계 the stage of mass consumption : 선도산업이 내구소비재 및 서비스 부문으로 이행하고, 근대기술의 가일층(加一層) 발달이란 것은 이미 낡아 버린 목표로 받아들여지게 되며, 증대된 자원을 사회후생과 사회보장에 배정하게 되는 단계이다. 현재 미국은 이 시대를 벗어나기 시작하고 있고, 서구와 일본은 이 시대의 희열을 맛보고 있고, 러시아는 기술적으로는 이 단계에 들어갈 태세를 갖추고 있으나 어려운 사회조정문제에 직면하게 되었다. 이 단계를 지나서 어떤 단계가 도래될 것인가를 예언하는 것은 어려운 일이나 일반적으로 군비경쟁 내지 군비제한의 문제와 신흥국가군의 문제가 보다 진전된 서구사회(만성적인 정신적 침체와 권태에 빠져 있고 내구소비재 생산이 포화점에 도달하여 상대적 한계효용체감이 작용하는)에서 가장 절박한 문제로 등장하는 단계라고 추측할 수 있다.

위에서 살펴본 로스토우의 발전단계설은 지금까지 많은 사람들이 주장해온 것과는 달리 경제사적인 관점과 경제이론적인 관점을 종합하고 있다는 점에서 높이 평가되고 있으나, 전통적 사회의 성격을 서구적인 동질사회와 동일시함으로써 후진사회의 특징인 식민지적 전통사회를 간과하고 있다는 점에서, 그리고 각 단계에 있어서의 이행과정에 대하여 충분한 설명이 되어 있지 않다는 데에 비판을 받고 있다.

〔참고문헌〕 경제학자 13인 공편, 「후진국경제론」, 1972; Meier, G. M., *Reading Issues in Economic Development*, 1973.

로잔느학파(學派) Lausanne school

사회적인 경제제량(經濟諸量)은 상호의존 관계를 맺고 있다고 생각하지 않으면 안된다. 오스트리아학파의 창립과 때를 같이 하여 왈라스 Walras, M. E. L. 는 이 상호의존관계의 세목을 총체적으로 포착하여 일반적인 함수관계로 수식화함으로써 이른바 일반균형론의 체계를 확립하였다. 이 학설은 쿠르노 Cournot, A. A. 등에 의한 경제이론과 수학과의 종합전개이고 왈라스, 파레토 Pareto, V. F. D. 를 통하여 주로 스위스의 로잔느대학의 학자를 중심으로 발전되었다. 왈라스의 이론에 의하면 한 시점에서의 인구, 욕망, 자본, 기술 등의 이른바 여건에 변화가 없고 더욱이 완전한 자유경쟁이 생길 때에는 경제제량간에 하나의 정적 일반균형상태가 이룩된다고 한다. 이 상태에서 모든 경제제량은 일의적(一義的)으로 결정된다. 따라서 각량을 미지수로 하고 그들의 상호의존관계를 연립방정식에 의하여 표시하면 미지수와 방정식의 수는 일치하고 일반균형상태는 이 방정식의 해로서 수학적으로 나타내어지는 것이다. 왈라스는 또 이러한 일반균형의 이론적 분석과 경험적인 시장의 수량분석과의 종합화를 시도하였다. 그러므로 이 학파의 본질적 내용은 이른바 일반균형론이고 그것은 또 그 이론과 수학과의 깊은 내적 관련으로 보아 수리경제학이라고도 한다.

왈라스의 후계자 파레토는 선택이론에 의하여 효용불가측성의 난점을 극복하고 순수한 경험적 지표함수를 기초로 한 무차별곡선의 이론을 구성하였다. 그리고 한계효용이라는 추상적 요인을 제거하고 순전히 경험적인 경제량에 의하여 그 체계를 확립하는 데 성공하였다. 이것은 경험과학으로서의 경제학의 발전을 목표로 하여 가치나 원인이라는 추상적 개념을 개입시키지 않고서, 경험에 의하여 주어진 객관적 경제제량의 함수관계의 확정에 의하여 경제의 균형상태를 기능적으로 분명히 하려는 순수경제학을 창조한 것이다.

후기에 로잔느학파는 오스트리아학파의 젊은 세대와 결합하여 이른바 런던학파 London school 를 형성하였으며, 특히 런던대학의 로빈스 Robins, L. C. 나 비인으로부터 전환한 하이에크 Hayek, H. A. v. 는 영국 신고전학파를 비판하면서 이론을 정밀화시켰다. 이 런던학파의 이론의 가장 유명한 체계는 힉스 Hicks, J. R. 의 「가치와 자본」에 발표되었다. 그 이론은 영·미를 통하여 각학파와 교섭하면서 특히 안정조건과 동학이론의 전개방향을 추진시켜 경기순환이론에 크게 기여하였다. →일반균형, 부분균형, 효용의 가측성

로컬 크레디트 local credit

무역업자가 수출상품의 생산을 제조업자에게 하청할 경우, 무역업자가 외국으로부터 받은 신용장을 담보로 하여 시중은행이 제조업자에게 수출과 동시에 대금을 지불하겠다는 내용의 약속어음을 발행하는 것을 말한다. 이것은 국산원자재의 사용을 촉진하고 무역업자의 자금부담을 덜어주는 한편, 은행을 개입시켜 무역업자와 제조업자 사이의 신용거래를 가능하게 할 목적으로 발행한다. 우리 나라에서는 수출에 의한 외화는 외환증서로 지급하고 있으므로, 원자재사용량에 해당하는 대금을 외환증서로 결제할 것을 약속하는 내용의 외환증서발급약속제도가 곧 로컬 크레디트제가 된다. →신용장

루이스 Lewis, Arthur (1915~)

1915년 영연방 서인도제도의 세인트 루시아라는 작은 섬에서 태어난 루이스교수는 평화상이외의 부문에서 노벨상이 수여된 최초의 흑인이다. 그는 영국 런던대학에서 수학, 25세란 젊은 나이로 경제학박사학위를 취득하였다. 1938년에 런던대학 강사로 임명되었고 63년에는 서인도대학 부총장으로서 엘리자베스 여왕으로부터 기사 작위를 받았다. 63년 이후 프린스턴대학에서 정치경제학교수로 재직하였다.

루이스교수는 경제의 진정한 발전은 경제변수의 일시적인 양적성장만을 의미하는 것이 아니고 장기적으로 사회전체에 변화를 가져다 주어야한다고 강조하고 있다. 경제발전을 하려면 물적자원과 인적자원이 필요할 뿐만 아니라 경제발전을 하려는 '의지'가 필요하다고 주장하였다. 전통적으로 경제학자들은 경제발전요인으로서 어느 일면, 즉 스미스는 교역과 시장의 확대, 마르크스는 자본, 마샬은 기업인만을 강조하였지만 루이스는 이들 모두가 다 중요하나 어느 하나에 치중하다보면 경제발전이 순조롭게 이루어질 수 없다고 주장하고 있다. 루이스 교수가 특히 관심을 가졌던 것은 과잉인구를 안고 있는 후진지역의 경제발전문제였다. 그에 의하면 후진국에서는 농촌의 과잉노동을 배경으로 임금상승 압력없이 공업화의 추진과 경제개발이 가능하기 때문에 생산요소의 보수가 한계생산성에 의해 결정된다고 하는 신고전파 경제이론은 완전고용하의 선진국경제에 맞는 이론이지 비숙련노동의 임금이 사회적 약정에 의해 결정되는 후진국경제에는 타당한 이론이 아니라고 생각한다.

루이스의 두 개의 유명한 개발모델 중 첫째는 개도국의 이중구조에 관한 것이다. 즉 농업부문은 전통적인 방법으로 생산하며 여기에 인구의 대부분이 종사하고 있는 반면, 근대적 자본주의 부문은 공업부문으로 공업성장의 원동력은 농업부문에서 나

오는 무제한 노동력을 바탕으로 하고 있다. 노동자는 낮은 수준의 저임금에 만족하지만 농업부문에서 0에 가깝던 한계생산성이 공업부문으로 이동해서 일거에 상승되고 따라서 낮은 임금과 상승된 생산성과의 격차가 공업부문의 이윤과 저축이 되어 확대재생산에 필요한 자본의 원천이 된다고 보는 것이다.

두 번째 모델은 열대농산물과 공업제조품간에, 또 개도국과 선진국간의 교역조건이 어떻게 결정되는가 하는 것이다. 첫 번째 모델에서는 근대적 자본가부문의 성장을 강조한 반면, 두 번째 모델에서는 전통적 농업부문의 성장을 강조하고 있는데 이러한 상충된 점이 생기는 이유는 첫 번째 모델은 폐쇄경제하의 동태모델이고 둘째 모델은 개방경제하의 정태적 모델이기 때문이다. 루이스는 이러한 두 모델을 바탕으로 제3세계의 성장패턴을 역사적·통계적으로 분석하였고, 다시 자기모델을 정교히 다듬어 나갔다. 그는 경제성장모델에 정치가와 독재자의 기능을 삽입하였고 「경제계획론」과 「서아프리카 정치론」에서 보여준 바와 같이 중앙계획경제가 시장기능을 무시하면 어려움이 발생한다는 사실을 분명히 밝혀냈다. 지시에 의한 계획과 시장을 통한 계획을 구분한 것은 루이스의 유명한 공헌의 하나가 되고 있다.

루카스 비판(批判) Lucas critique

정부가 안정화 정책의 수립과 집행에 있어 정책에 대한 경제주체의 기대를 합리적으로 반영하지 않은 경제모형을 활용하는 경우 안정화정책이 경제를 더 불안하게 만들 수 있다는 것으로서 노벨상 수상 경제학자인 Lucas의 전통적 경제모형 활용에 대한 비판을 말한다. 다시 말하면 경제의 장래를 예측하기 위해 경제모형을 활용함에 있어, 정부가 시행할 정책에 따라 경제주체의 반응, 특히 경제주체의 장래에 대한 기대가 달라진다는 점을 고려에 넣은 모형을 활용해야 정확한 예측이 가능할 것이나 전통적인 예측모형은 그러한 점을 고려에 넣지 않고 있으므로 정확한 예측을 내릴 수 없다. 따라서 기대의 문제를 합리적으로 반영하지 않은 모형을 활용하여 수립한 안정화 정책을 시행하면 경제를 더 불안정하게 만들 가능성이 크다. 전통적 예측모형의 이러한 문제점을 지적하는 것이다.

새로운 정책의 효과를 예측함에 있어 우리는 흔히 사람들이 지금까지 해온 행동양식을 근거로 하여 달라진 정책의 효과를 알아내고자 한다. 정책이 달라지면 행동양식 자체가 달라질 수도 있다는 사실을 간과하는 것이다. 따라서 이러한 행동양식의 변화를 고려하지 않고 정책의 효과를 분석하면 새로운 정책이 가져올 인간행동의 변화를 정확하게 예측할 수 없게 된다. 그러므로 그런 방식으로 정책효과를 분석하는 것은 잘못된 관행이다. 이것이 루카스 비판의 요지이다.

예를 들어 필립스커브는 물가상승률과 실업률간에 존재하는 것으로 여겨지는 마이너스 상관관계를 의미한다. 실제로 과거의 데이터를 이용하여 물가상승률과 실업률간의 관계를 산포도로 그려보니 우하향하는 관계 즉, 마이너스 상관관계가 관찰되었다 하자. 그러한 관찰로부터 물가상승률을 높이면 실업률을 낮출 수 있다는 결론을 얻은 정책당국자가 실제로 인플레이션 정책을 썼다면 처음에는 실업률이 좀 하락할 수도 있으나 물가상승률이 높아졌다는 사실을 반영하여 노동공급이라는 행동양식을 변화하기 시작하면 실업률은 다시 원상태로 높아진다. 실제 인플레이션에 맞추어 인플레이션에 대한 기대치를 조정함에 따라 필립스커브 자체가 상향이동하게 되는 것이다. 실업률을 낮출 수 있을 것으로 생각해서 썼던 인플레이션 정책이 실업률은 낮추지 못하고 인플레이션의 기대치만 높여 놓는 결과를 초래하게 되는 것이다.

결국 정책의 수립과 집행에 있어 새로운 정책에 따라 사람들의 행동이 어떻게 달라질 것인지를 이해하는 것이 선결과제라는 것이다.

룩셈부르그 Luxemburg, Rosa (1870~1919)

폴란드 태생의 독일 사회민주주의 운동가이며 마르크스주의 경제학자. 그녀는 사회민주주의운동에서 뛰어난 활약을 했으며, 자본축적에 관한 독자적인 이론을 전개하였다.

그녀에 의하면 자본가와 노동자만으로 구성되어 있는 순수자본주의에서는 과소소비로 인하여 잉여가치가 실현될 수 없다. 따라서 현실적으로 자본제 생산사회가 지속적인 자본축적을 이루어 나가기 위해서는 부단히 식민지 등과 같은 비자본주의적 영역을 침식·파괴해야 하며, 여기에 바로 자본제적 발전이 필연적으로 제국주의를 초래하게 되는 근본적인 이유가 있다는 것이다. 그녀의 이론은 과소소비설적(過少消費說的) 성격과 더불어 마르크스의 재생산표식을 기본적으로 오해하고 있었다는 비판을 받았지만, 마르크스재생산론을 둘러싼 축적논쟁의 시발점이 되었다는 점에서 그 의의가 크다고 할 수 있다.

〔주 저〕*Sozialreform oder Revolution?*, 1899; *Die Akkumulation des Kapitals*, 1913.

리스트 List, Friedrich (1789~1846)

독일의 경제학자, 정책론자. 역사학파 경제학의 선구자로서 독학으로 튀빙겐대학의 국가행정학교수가 되었으며, 이 때부터 독일 관세동맹의 실현을 위해 노력하였다. 그의 경제학은 국민생산력의 이론·경제발전단계·경제학의 국민성의 주장을 특색으로 한다. 즉 그는 스미스 Smith, A.의 경제학을 부(富)의 분석이론이라고 규정하고 영국과 같은 세계제국(리스트가 말하는 최종발전단계)에 있어서는 자유주의적 경제정책이 가능하며 또 필요한 것이지만, 독일과 같은 후진국에서는 역사적 발전단계를 달리하므로 경제학도 그에 따라서 국민성을 가져야 하며 부의 분석보다는 부의 창조, 산업육성을 위한 국민생산력의 이론과 보호관세론이 주가 되어야 한다고 주장하였다.

리스트는 국민경제의 발전단계를 원시상태·유목상태·농업상태·농공상태·농공상상태의 다섯 단계로 나누고 당시 농공상의 최고발전단계에 있는 나라는 영국과 프랑스이며 농공상태에 있는 나라는 독일과 미국이므로 이 후진독일의 유치산업 보호를 제창하였다. 그러나 리스트는 이 보호정책에 의해서 국민경제가 농공상상태로 발전하면 다시 자유무역정책으로 환원하여야 한다고 말하여 근본적으로는 스미스와 동일한 사상을 갖고 있었다. 말하자면 리스트는 세계를 지배하던 영국자본에 대항하여 연약한 독일의 민족부르조아지를 옹호한 것이라고 볼 수 있다. 리스트의 주저 「정치경제학의 국민적 체계」는 스미스의 「국부론」과 함께 이론·역사·정책의 통일을 시도한 것이다. 그러나 전체적으로 볼 때, 그는 너무나 성급하게 주체성·실천성을 강조한 나머지 경제의 수량적·객관적 파악을 게을리 하였다는 비판을 받고 있다.

〔주 저〕*Outlines of American Political Economy*, 1827; *Le Système Naturel d'Économie Politique*, 1837; *Das Nationale System der Politischen Ökonomie*, 1841.

리야드 협정(協定) Riyadh Agreement

1972년 12월, 사우디아라비아와 아부다비 양국이 국제석유회사와 리야드에서 조인한 경영참가에 관한 협정을 말한다. 1973년 1월 쿠웨이트와 카다루도 조인하였다. 그 주요내용은 ① 산유국은 현지에서 조업하는 국제석유회사에 대하여 1973년부터 25%의 경영참가를 실시하고 그 후 단계적으로 산유국의 참가비율을 확대하여 82년까지는 51%로 한다. ② 산유국은 참가비율의 증대에 따라서 석유회사에 보상금을 지급한다. ③ 산유국은 직접 판매할 수 있는 원유를 취득하지만 일정 비율에 따라 석유회사에 다시 매도한다 라고 되어 있다. 그러나 쿠웨이트 국민회의는 이 협정의 국내비준을 거부, 1973년 여름부터 당초참가비율 25%를 51%로 할 것을 요구하여 석유회사와 수정교섭에 들어갔다. 그러나 1973년 10월에 발발한 제4차 중동전쟁에 의하여 상황은 일변하여 산유국은 메이저와의 교섭없이 원유가격을 대폭인상함과 동시에 74년에는 경영참가율이 60%에 달하였다. 뿐만 아니라 1974년 후반에 들어 100% 경영참가교섭에 들어가서 1975년에 타결을 보았다. 따라서 리야드 협정은 사실상 폐기되었다.

리카도 Ricardo, David (1772~1823)

영국의 경제학자로서 고전파경제학의 완성자로 알려져 있다. 주식중개업을 하는 사업가로 활동하다가, 1799년 우연히 스미스 Smith, A. 의 「국부론」을 읽고서부터 경제학에 관한 연구를 시작하게 되었다.

1809년에 지금문제(地金問題)에 관한 의견을 발표하여 경제학자로서의 지위를 구축하였다. 그러나 그의 체계에 가장 큰 영향을 준 것은 곡물조례논쟁(穀物條例論爭)(1813~1815)이었다. 거기에서 그는 지주계급을 옹호하는 맬더스 Malthus, T. R. 에 대립해서 산업자본가계급의 입장에서 곡물조례에 반대했다. 이를 계기로 하여 그는 '분배를 좌우하는 법칙들을 구명하는 것이야말로 경제학의 주요문제'라고 생각하고 분배이론에 집중하였다. 즉 자본주의적 생산확장 그 자체보다는 확대된 생산의 결과가 자본가·지주·노동자의 3계급간에 어떻게 분배되는가, 또 사회발전의 제 단계에서 그것이 어떠한 법칙에 따라 변화하는가를 구명하는 것이 그의 주요관심사였다. 그는 스미스의 노동가치설에서 나타나는 혼란을 지적하고, 상품가치의 크기는 그 생산에 투하된 노동량에 의해 결정된다는 투하노동가치설(投下勞動價置說)을 확립했다. 그러나 이윤의 원천이나 평균이윤의 성립을 노동가치설의 입장에서 충분히 설명하지 못했다. 분배론의 일부로서의 지대론(地代論)에서 그는 처음으로 명확한 형태의 차액지대론을 전개했다.

한편 그는 임금은 노동자의 생계비이며 이윤은 생산물의 가치에서 임금을 뺀 잔여라고 규정하고, 따라서 임금과 이윤은 대항관계에 있다는 것을 보였다. 그의 임금이론은 랏살레 Lassalle, F. 에 의해 '임금철칙'이라고 불리웠다. 자본축적에 따른 분배변화에 대해서는, 먼저 임금·이윤·지대라는 3소득의 상호관계를 설명하고, 인구의 증가에 의해 곡물가격이 등귀하고 그 결과 지대의 몫은 증가한다고 말했다. 반면에 임금은 절대적으로는 증가해도 상대적으로는 감소하고, 이윤은 절대적으로도 상대적으로도 감소한다고 했다. 이렇게 해서 곡물가격을 높은 수준에 유지하려는 지주계급은 자본가계급 및 노동자계급의 공동의 적이라고 강력하게 비난했다. 그의 미발표의 초고나 서간을 포함한 전집인 *The Works and Correspondence of David Ricardo*(10 vols., 1951~1955)는 스라파 Sraffa, P. 의 20여년에 걸친 편집작업의 성과로서 간행되었다. →차액지대, 노동가치설

[주 저] 전게외(前揭外) : *The Price of Gold, Three Letters on that Subject Contributed to the Morning Chronicle*, 1809; *An Essay on the Influence of a Low Price of Corn on the Profits of Stock*, 1815; *Proposals for an Economical and Secure Currency*, 1816; *On the Principles of Political Economy and Taxation*, 1817, 2nd ed., 1819, 3rd ed., 1821; *On Protection to Agriculture*, 1822.

리카도 효과(效果) Ricardo effect

호황말기에 있어서는 소비재가격의 등귀속도가 화폐임금의 상승률보다 크기 때문에 실질임금은 저하된다. 이것은 기업가로 하여금 노동으로서 기계라는 생산수단, 즉 자본재를 대체하려는 경향을 갖게 한다. 하이에크 Hayek, F. A. v. 는 이것을 리카도 효과라고 명명하였다.

오스트리아학파의 생산구조론에서 본원적 생산요소(자본과 노동)는 몇 단계의 생산과정을 거쳐 소비재로 완성된다고 보고 그 시간의 연장 또는 단축(생산양식의 우회화, 단축화)에 주목한다. 호황초기의 노동투하기간에 있어서 연이윤율이 연이자율과 같아 균형상태에 있다고 할 때, 호황후기에는 소비재가격이 등귀하여 실질임금률이 저하하는 경우, 각 노동투하기간의 이윤율은 동등하게 상승하지 않고 노동투하기간이 짧은(자본회전률이 높은) 것은 상승률이 높고 투하기간이 긴(자본회전률이 낮은) 것은 낮게 되는 경향이 있다. 따라서 단기간의 노동투하의 생산방식이 장기간의 노동투하의 그것보다 유리하게 되어 생산구조가 단축화, 즉 비우회화된다고 한다. 하이에크에 의하면 생산구조의 우회화, 생산과정의 신장은 호황이고 그 역은 불황을 뜻한다. 그래서 리카도 효과는 호황이 불황으로 필연적 전환을 하는 것으로, 소위 경기전환점을 설명하고 있다.

리카도 효과는 소비재수요의 증가가 자본재수요의 감소를 낳는다는 것을 지적함으로써 소비재수요의 증가가 자본재수요를 증가시킨다는 가속도원리와 완전히 대립되고 있다. 그러나 가속도원리는 일반적으로 다음과 같이 정식화 된다. 소비재수요×가속도인자=자본재수요, 즉 가속도원리는 가속도인자를 일정한 상수로 취급하여 소비재수요의 증가가 자본재수요를 유발하는 것으로 보는 데 반하여 리카도 효과는 이를 부정하고 있다. 리카도 효과는 소비재 수요의 증가에 따라, 자본재수요는 가속도원리에 의해 절대적으로 증가하나 상대적으로는 점차 감소하여 소비재생산과 자본재생산과의 비율은 점점 커져가고, 마침내 자본수요는 절대적으로 감소하기 시작하여 호황은 일전(一轉)하여 공황으로 옮겨진다는 것이다. 리카도 효과는 가속도원리를 인정하면서도 경기전환점을 나타내는 것이다. →가속도원리

리플레이션 reflation

경제가 디플레이션 상태에 들어가서 유휴자본과 유휴설비가 있고 실업자가 격증한 경우에, 신용팽창·통화증발이 물가를 인상시켜 사업활동을 활발히 하고 고용량을 증가시키는 일련의 대책을 세울 때가 있다. 이와 같이 정책적으로는 상품의 생산·유통을 확대하여 경기를 부양시켜 불황에서 이탈하려 할 경우에, 통화의 증발을 적당히 억제하여 심한 인플레이션이 되지 않을 정도로 경기대책을 세우는 것을 리플레이션이라 한다. 이 전형적인 실례는 1930년대의 세계적 대공황에서 탈출하기 위하여 미국이 취한 뉴딜 New Deal 정책인데, 이 용어는 당시 미국의 경제학자가 처음으로 사용한 후 일반화되었다.

린달 균형(均衡) Lindahl equilibrium

의사결정권이 분산된 시장경제에서 공

공재의 배분이 효율적으로 이루어질 때의 상태를 말한다. 사적재화의 시장수요곡선이 개별수요곡선의 수평합으로 도출됨에 반하여 공공재의 시장수요곡선은 개별수요곡선의 수직합으로 도출된다. 그 이유는 사적재화의 경우에는 판매가격과 소비자별 가격이 동일하고 소비량이 각각 다름에 반하여 공공재의 경우에는 가격이 서로 다르고 그 소비량은 동일하기 때문이다.

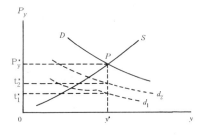

이 그림에서는 공공재의 시장균형상태를 보여주고 있다. 시장균형은 P에서 결정되고 이 때 균형판매가격과 수량은 각각 py^*와 y^*로 결정된다. 그리고 소비자별 가격은 각각 t_1^*와 t_2^*로 결정된다. 이러한 가격체계하에서 개별 경제주체가 모두 가격 수용자로 행동하면 ① 각 소비자는 예산제약하에서 최대의 만족을 누리고 있고 ② 기업은 최대의 이윤을 얻고 있으며 ③ 공공재에 대한 개별수요량이 모두 동일하고 ④ $t_1^*+t_2^*=py^*$ 이며 ⑤ 상품별 수요와 공급이 서로 일치하는 상태에 도달하게 되는 데, 이 상태를 린달 균형이라 한다. 이 린달 균형은 파레토효율배분이다.

립신스키의 정리(定理) Rybczynski theorem

일국의 생산변동이 교역조건에 아무 영향을 주지 못하는 경우, 단일요소의 공급증대가 생산유형에 여하한 효과를 줄 것인가에 대한 이론적 연구가 립신스키 Rybczynski, T. N.에 의해 처음으로 이루어졌다. 립신스키의 정리란 1차동차의 생산함수, 2개의 재화 및 2개의 생산요소를 가정할 때, 단일생산요소의 공급이 증대될 경우 증대된 생산요소를 집약적으로 필요로 하는 산업의 생산은 절대적으로 증대되는 반면, 증대된 생산요소를 상대적으로 적게 사용하는 산업의 생산은 절대적으로 감소된다는 것이다. 예를 들면, X재의 생산은 노동집약적이며, Y재의 생산은 자본집약적인 경우, 노동의 공급이 증대되면 X재의 생산은 증대되나 Y재의 생산은 감소된다는 것이다. 이와 같은 립신스키의 정리를 상형도식(箱型圖式) box-diagram 을 이용하여 나타내면 그림과 같다.

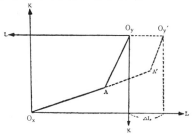

립신스키의 정리가 의미하는 요소공급의 무역구조에 대한 생산효과는 다음과 같다. 즉 교역조건이 불변일 때, 수출산업이 집약적으로 사용하는 요소의 공급증대에 따른 경제발전은 수출산업의 생산증대와 수입대체산업의 생산감소를 초래하므로 초무역편향적(超貿易偏向的)이다. 반면 수입대체산업이 집약적으로 사용하는 요소의 공급증대에 따른 경제발전은 수입대체산업의 생산증대와 수출산업의 생산감소를 초래하므로 초반무역편향적(超反貿易偏向的)이다.

마르크스 Marx, Karl Heinrich (1818~1883)

독일의 경제학자, 철학자로 과학적 사회주의의 창시자. 계몽사조의 자유로운 공기 속에서 성장하고 본과 베를린 대학에서 법률을 전공했지만 오히려 역사와 철학에 주로 관심을 두고 연구하였다. 졸업 후 자유주의적인 '라인 신문'의 주필을 지냈다. 거기에서 처음으로 현실의 정치·경제문제에 직면한 그는 경제학과 사회주의연구의 중요성을 느끼고 사직해서 1843년 가을 파리로 건너가 그 연구에 전념하면서 포이에르바하의 현실적 인간주의를 매개로 하는 헤겔 비판을 시작했다. 「헤겔법철학비판—서설(法哲學批判—序設)」(1844)은 그 성과이며 거기서 그는 이미 공산주의사상에 도달해 있었다.

영국고전파경제학, 프랑스 사회주의사상, 독일고전철학이라는 당시의 대표적인 삼대설의 비판적 섭취의 과정에서 쓴 「경제학·철학초고」(1844) 가운데의 노동소외론으로 자신의 신사상을 정립했다. 그 당시 엥겔스와 만나 서로 사상적·실천적 동지가 되었다. 1848년 혁명 전, 그들은 브뤼셀로 이주해서 포이에르바하와 독일사회주의를 비판한 원고 「독일 이데올로기」(1845~46)를 썼다. 나아가서 마르크스는 프루동 Proudhon, P. J. 의 사상을 논파한 「철학의 빈곤」(1847)을 공간하고, 사회체제의 일반적 운동법칙을 설명하는 사적유물론을 발전시키고 국제노동운동에 관심을 기울여 망명독일인노동자를 중심으로 하는 공산주의자동맹을 위해 「공산당선언」(1848)을 공동으로 집필하고, 변증법적 유물론에 기초한 프롤레타리아혁명론의 대강(大綱)을 내어 놓았다.

1848년 파리에서 2월혁명이 일어나자 그들은 조국에 돌아가 '신(新)라인신문'을 발행해서 독일의 3월혁명에 참가하고 민주주의혁명의 완수을 위해 투쟁했지만, 독일 부르조아지와 지주와의 타협에 의한 반혁명이 승리했기 때문에 1849년 가을, 함께 런던으로 망명했다. 런던시대부터 「자본론」 제 1 권 간행까지 마르크스는 그곳에서 실천운동으로부터 물러나 엥겔스의 도움을 받아가며 경제학의 연구에 몰두했다. 세계경제의 중심지 런던에서 1850년대 이후의 자본주의의 약진을 관찰하면서 그 심층에 흐르는 경제법칙의 체계적 파악을 완성하는 것이야말로 무엇보다 중요하다고 확신했기 때문이다. 경제학문헌의 보고인 대영박물관도서관에서 수 년간 침잠(沈潛)한 끝에 ① 자본, ② 토지소유, ③ 임노동(賃勞動), ④ 국가, ⑤ 외국무역, ⑥ 세계시장의 6부로 구성된 그의 이론체계의 구상이 마침내 무르익어 그 최초부분의 개요를 1857~58년에 원고 「경제학비판요강」으로서 일단 정리한 후, 제 1 분책 「경제학비판」(1859) 공간(公刊)에 첨부했다. 그리고 「자본론」의 제 4 부에 해당하는 「잉여가치학설사」(1905~1910)를 포함하는 전체원고를 1865년까지 완성했다. 한편 그는 1864년부터 발족한 국제노동자협회에 처음부터 참가해서 협회의 이론적 지도자로서 활약하고 주저(主著)의 완성에 노력하여 마침내 1867년 가을 「자본론」 제 1 권을 간행했다. 계속해서 그는 국제노동자협회를 통해서 개량주의, 무정부주의와 격렬하게 투쟁하면서, 또한 독점단계로 이행할 기미를 보이기 시작한 1870년대 이후의 자본주의의 신국면에 주목하면서 자본론체계의 완성에 정진했지만 방대한 원고를 남겨둔 채 1883년에 세상을 떠났다.

그의 주저인 「자본론」에서 마르크스는 '근대사회의 경제적 운동법칙'을 명백히 했다. 또 자본이란 자본가와 임금노동자가 생산과정에서 맺는 사회적 관계라고 규정해서 잉여가치의 생산의 비밀을 파헤치고 잉여가치가 자본으로 전화하는 과정을 분석했다. 그는 자본주의사회의 생성·발전·소멸의 과정을 역사적으로 파악하고 자본주의에서 사회주의로의 이행의 필연성을 논증하였으며 엥겔스와 함께 과학적 사회주의를 확립했다.

〔주 저〕 *Das Kapital*, Bd. I, 1867. 2. Aufl. 1873, Bd. II, 1885, Bd. III, 1894; *Kritik der politischen* Ökonomie, 1859; *Value, Price, and Profit*(1865), 1898(Lohn, Preis, und Profit); *Lohnar beit und Kapital*, 1849; *Die Deutsche Ideologie*, 1845~46; *Das Elend der Philosophie*, 1847; *Manifest der Kommunistischen Partei*, 1848; *Grundrisse der Kritik der Politischen Ökonomie*, 1857~58; *Theorien uber den Mehrwert*, 3 Bde., hrsg. v. Kautsky, K. 1905~10; *Die Klassenkämpfe in Frankreich* 1848 bis 1850, 1850.

*마르크스주의 경제학(主義 經濟學)
Marxian economics

마르크스 Marx, K. H. 와 엥겔스 Engels, F. 에 의하여 확립된 경제학체계를 말하며 마르크스주의의 가장 핵심적인 부분을 이룬다. 자본주의를 영구불변의 체제로 파악한 종래의 경제학자의 비역사적인 관점과는 달리, 마르크스는 독자(獨自)의 역사적 관점을 확립하여 자본주의사회를 인류역사상 하나의 경과단계(經過段階)로서 파악

하고 그것에 고유한 여러 가지 경제적 범주와 법칙의 역사적 성질을 명백히 했다. 그렇게 함으로써 그는 자본주의의 생성·발전·소멸의 필연적 과정을 구명하려 했다.

그는 1859년 「자본론」의 선구를 이루는 「경제학비판 *Die Kritik der Politischen Ökonomie*」에서 그 특유의 경제학방법체계를 수립했다. 그는 인간사회의 구조와 그 역사적 발전의 일반적 법칙을 규명한 사적 유물론을 기초로 하고 잉여가치론을 도입하여 자본주의경제의 운동법칙을 해명하려고 했다. 마르크스가 자본주의경제를 분석함에 있어 핵심이 되는 가치론은 영국 고전학파 경제학의 스미스 Smith, A. 와 리카도 Ricardo, D. 의 이론을 계승·발전시킨 것이다. 그리고 그의 철학, 역사, 경제이론을 집대성하여 자본주의체제에 대한 비판의 과학으로서 체계화한 것이 「자본론 *Das Kapital*」이다. 오늘날에 이르기까지 마르크스주의 경제학의 전 체계는 무엇보다 「자본론」에 입각하고 있다. 따라서 자본론의 구성 및 이론체계를 살펴봄으로써 마르크스주의 경제학의 핵심을 알 수 있을 것이다.

「자본론」 제1권 '자본의 생산과정'에서는 그 특유의 가치론에 의해 잉여가치의 원천과 잉여가치의 자본에로의 전화과정 및 다시 자본의 잉여가치를 생산하는 과정을 분석하고 있다. 마르크스에 의하면 상품의 가치는 그 상품을 생산하는 데 드는 '사회적 필요노동시간'에 의해 결정되며 이것이 그 상품의 교환비율을 결정한다. 한편 상품의 유통에는 두 가지 형태가 있는데, 하나는 '사기 위해서 파는', 즉 소비를 목적으로 하는 것으로서 상품(C)—화폐(M)—상품(C)의 형식으로 정식화되며, 다른 하나는 '팔기 위해서 사는'것으로 화폐(M)—상품(C)—화폐(M')의 형식

으로 정식화된다. 그런데 자본주의 사회에서 지배적인 상품유통형태는 후자이며 그것은 직접소비, 즉 사용가치를 목적으로 하는 것이 아니라 교환가치를 목적으로 하고 가치의 증식을 목적으로 하는 것이다. 이 유통형태에 있어서는 처음과 마지막이 다 같이 화폐이지만 $M-C-M'(=M+m)$이 되어 잉여가치(m)가 생기게 되는 것이다. 그는 이 잉여가치가 직접적 생산과정에서 노동력의 생산적 지출에 의해 생기는 것으로 보았다. 그에 의하면 이 잉여가치는 노동자가 생산과정에서 자신의 생활수단의 가치(노동력의 가치) 이상으로 노동함으로써, 즉 잉여노동을 함으로써 창출된 것이다. 이 생산과정에서 원료·보조재·노동도구 등 생산수단(불변자본)은 가치를 증식시키는 것이 아니라 단순히 그 가치를 이전할 뿐이다.

마르크스에 의하면 자본가가 노동자를 고용하는 이유는 노동자의 고용을 통해 잉여가치를 생산할 수 있기 때문이다. 따라서 자본가는 노동자로부터 가능한 많은 잉여노동을 지출시키려고 노력하게 되는데, 이 직접적 생산과정에서 잉여가치의 생산을 둘러싼 자본가와 노동자간의 긴장·대립관계가 형성된다고 한다. 그리고 제2권 '자본의 유통과정'에서는 생산과정에서 생산된 잉여가치가 유통과정에서 화폐로 실현되는 과정을 논하고 있다. 제3권 '자본제생산의 총과정'에서는 생산과정에서 생산되고 유통과정에서 실현된 잉여가치의 분배, 즉 잉여가치의 현상형태로서 이윤인 상업이윤, 이자, 기업소득, 지대 등에의 분화 내지 전화를 구명하고 평균이윤이론과 이윤율 저하의 법칙을 설명한다. 노동일의 연장에 의해 생산되는 절대적 잉여가치와 협업, 분업 및 기계화에 의해 생산되는 상대적 잉여가치는 자본가계급의 총소득·총이윤을 구성한다.

자본주의사회에서는 자유경쟁의 결과 개별자본에 의해 직접 생산된 잉여가치는 자본의 크기에 따라 개개의 자본에 평균이윤율로서 배분된다. 따라서 개별자본에 의해 생산된 상품은 가치대로 판매되지 않고 비용가격에 평균이윤을 합한 생산가격으로 판매된다. 그러나 이것은 가치법칙 그 자체의 파탄을 말하는 것은 아니며, 상품의 가치총액과 생산가격의 총액이 일치한다는 의미에서 가치법칙은 여전히 관철되어 있는 것이다. 실현된 총잉여가치 중 자본가에게 돌아가는 산업이윤은 다시 자본으로 전화되어 새로운 잉여가치를 생산하고, 이러한 과정이 반복됨에 따라 자본은 누적적으로 확대재생산을 계속하여 자본축적이 이루어진다. 자본축적의 과정에서는 자본의 집적과 집중이 일어나고, 이것은 다시 자본축적이 진행됨에 따라 불변자본에 대한 가변자본의 상대적 비율이 감소되어 자본의 유기적구성이 고도화되고 이윤율의 저하경향이 나타나게 되어 자본과잉상태가 초래된다. 또 노동생산력의 증대에 따른 생산의 대량화는 사회적 소비능력을 훨씬 초과하는 상품생산의 집적을 가져와 과잉생산이 일반화된다. 또 자본의 유기적구성의 고도화는 상대적 과잉인구 혹은 산업예비군을 창출하고 이 과잉인구의 끊임없는 팽창과 누적은 노동계급의 궁핍화를 초래한다.

자본주의 사회에 내재되는 생산수단의 사적 소유와 생산의 사회성간의 모순은 과잉생산을 필연화시켜 이것은 결국 주기적 공황을 발생시킨다. 공황과 그 회복이 서로 변전(變轉)되는 경기순환은 회수를 거듭할수록 그 범위가 확대되어 일반적 위기를 조성하게 된다. 자본의 집중은 자본주의의 발전에 따라 갈수록 진전되고, 부가 축적되나 다른 한편으로 빈곤이 심화된다. 이 대립은 자본축적이 진행됨에 따라 한층 더 격화된다. 이에 따라 자본주의적 생산기구에서 훈련·통합·조직적 노동자 계급의 정치적 단결력은 증대되며 생산수단의 집중과 생산 및 노동의 사회화는 자본주의적 생산관계와 양립할 수 없는 한계점에 이르게 되어 자본주의적 사유(私有)에 종말이 오게 된다. 노동자는 수탈당하고 자본가적 사유는 사회적 소유에 의해 대체된다는 것이다. 이상과 같은 마르크스의 경제학설은 그 후 카우츠키 Kautsky, K., 힐퍼딩 Hilferding, R., 레닌 Lenin, V.I., 스탈린 Stalin I.V. 등에 의해 계승되었다.

카우츠키는 당시 수정주의자인 베른슈타인 Bernstein, E. 등과 논쟁·대립하고 스스로를 정통파 마르크스주의자라 불렀으며 힐퍼딩은 독점 내지 금융자본주의의 분석에 있어 마르크스이론을 대표하였고, 레닌은 제국주의에 있어서 마르크스 이론을 대표한다고 할 수 있다. →과학적 사회주의, 궁핍화, 절대적 과잉인구, 사적 유물론, 잉여가치, 노동가치설

[참고문헌] Marx, K.H., *Das Kapital*, Bd. I, Bd. II, Bd, III, 1867~94; *Theorien über den Mehrwert*, 3 Bde., 1905~10; Sweezy, P.M., *The Theory of Capitalist Development*, 1942; Dobb, M.H., *Political Economy and Capitalism*, 1937; Kautsky, K., *Die Agrarfrage*, 1899; Hilferding, R., *Das Finanzkapital*, 1910; Lenin, V.I., *Imperialism*, 1917.

마샬 Marshall, Alfred (1842~1924)

영국의 경제학자로 케임브리지학파의 창시자이다. 다윈 Darwin, C. 과 스펜서 Spencer, H. 의 진화론으로부터 영향을 받고, 전통적인 공리주의적 윤리사상을 갖고 있다가 1870년경 경제학연구에 몰두하게 되었다. 1885년에서 1908년 제자 피구 Pigou, A.C. 에게 그 직(職)을 계승시킬 때까지 케임브리지대학의 경제학 교수로 있었다.

그에 있어서 경제학은 '부의 연구인 동시에 인간연구의 일부'이며, 요컨대 인간복지를 위한 학문이었다. 따라서 그는 수학의 이용에 대해 경제이론의 추상적인 단계에서 단순화된 경제현상을 설명하는 경우에만 그 유용성을 갖는다고 보았다. 한편 가치론의 분야에서는 그는 밀 Mill, J. S. 로 대표되는 생산비설을 공급측의 분석으로 하고 제본스 Jevons, W.S. 로 대표되는 한계효용이론을 수요측의 분석으로 받아들여 양자를 결합하는 이론을 제시했다. 즉 상품의 가치는 그 상품의 수요와 공급과의 균형점에서 결정된다. 여기에서 그는 한계대체 substitution at the margin 의 개념을 소비재에 뿐만 아니라 생산요소에도 적용하여 그것들의 대체·보완관계를 분석했다. 이렇게 해서 소비재의 가격도 생산요소의 가격도 모두 그 이용의 한계대체의 과정에 의해 상호 관련되고, 따라서 분배의 문제도 가격결정 과정의 일부로서 포괄되는 것이다. 더욱이 가격결정 과정과 관련해서 시간요소를 중시하고, 장기와 단기의 구별에 의해 정상가격을 명확하게 규정하였다. 그밖에 외부경제·내부경제·준지대·대표적 기업·수요의 탄력성 등은 그가 만들어 낸 독창적인 분석개념이다.

[주 저] *Principles of Economics*, 1890; *Industry and Trade*, 1919; *Money, Credit and Commerce*, 1923; *The Pure Theory of Foreign Trade and the Pure Theory of Domestic Values*(privately printed), 1879.

마샬-러너의 조건(條件) Marshall-Lerner condition

환시세절하(평가절하)가 무역수지(또는 국제수지)를 개선시키도록 하기 위해서는 외국과 자국이 지니는 수입수요의 탄력성의 합이 1보다 커야만 된다는 조건이 필요하다. 이러한 조건을 마샬-러너의 조건이

라고 한다. 만약 양국의 수입수요 탄력성의 합이 1보다 작을 때는 평가절하하더라도 수지는 악화되며, 반면에 이러한 수입수요탄력성의 합이 1보다 클 때의 평가절상은 수지를 악화시킨다. 이 조건은 양국의 수출공급의 탄력성이 무한대라는 가정과 처음부터 국제수지는 균형되어 있다는 가정에 입각하고 있다. 따라서 공급의 탄력성이 작을 경우나 원초적으로 국제수지가 불균형한 상태일 때는 이 조건이 국제수지 개선을 가져올 수 있는 소지가 적어진다 할 수 있다. →평가절하·평가절상·

마샬의 k Marshallian k

일국의 국민은 각자 즉시구매력(即時購買力) ready purchasing power을 수중에 보유하려 하는데 그 보유액은 평균적으로 재산에 대한 일정비율과 소득에 대한 일정비율로 형성된다. 그러나 흔히 전자의 비율은 사상(捨象)되어, 후자의 비율, 즉 국민이 보유하려는 화폐량의 화폐소득에 대한 비율을 마샬의 k라 한다.

Y를 화폐국민소득, M을 통화량(현금과 요구불예금), k를 마샬의 k라 하면, $M=kY$ 혹은 $k=\dfrac{M}{Y}$라는 마샬의 현금잔고수량방정식을 얻게 된다. 예를 들면 1995년도의 우리 나라 화폐국민소득 Y는 348조 9,793억원이었고, 통화량 M은 38조 8,728억이었다. 따라서 $k=\dfrac{M}{Y}=0.111$ 혹은 11.1%이다. 따라서 k의 의미는 전 국민이 보유했던 통화량이 화폐국민소득의 약 9분의 1이라는 것이다. 환언하면, 국민소득은 통화량의 약 9배이고 화폐는 평균적으로 1년간 9회 유통되었다는 것이다.

따라서 여기서 우리는 중요한 사실을 발견할 수 있는데, 그것은 마샬의 k는 화폐의 소득유통속도 V의 역수라는 것이다. 만일 통화의 공급이 국민의 현금보유성향,

즉 화폐에 대한 수요액을 초과하면 국민은 추가지출을 함으로써 과잉통화량을 제거할 것이다. 이 때 만일 산출고(실질국민소득)가 일정하다면, 물가수준 P은 등귀하여 통화 일단위의 가치는 저하하고 화폐국민소득은 증대할 것이다.

마샬 플랜 Marshall plan

제2차대전 후의 서구제국에 대한 미국의 원조계획으로, 그 목적은 서구제국의 경제성장을 촉진하고 나아가서 공산주의의 확대를 저지시키려는 것이었다. 이 계획은 1947년에 미국무장관 마샬 Marshall, G.에 의해 제안되었다. 이 계획은 구주부흥계획 European Recovery Program (ERP)이라고도 불리우며, 1948년에는 경제협력법 Economic Cooperation Act이 제정되었다.

이 새로운 계획은 설비와 군수품의 필요수입품을 원조하여 재정적 안정을 촉진하기 위한 대내정책을 장려하며 유럽국가들 간에 일층 긴밀한 경제협력을 촉진함으로써 관계국의 생활증가를 도모하는 것을 목적으로 했다. 이 계획에 의하여 유럽국가의 미국무역에 대한 의존성은 감소하게 되었으며, 유럽 16개국은 구주경제협력기구 Organization for European Economic Cooperation(OEEC)를 형성했다. 이는 관계국의 부흥계획을 통합하기 위한 것이었다.

미국은 필요한 원조를 제공하고 여기에 관계국가들의 통화 및 재정정책을 통제하는 수단의 부여가 보증되었다. ERP가 실시된 4년간을 통하여 미국의 서구에 대한 원조는 114억불까지 확대하였으며, 그중 90%가 완전한 양도의 형태로 제공되었다. 주된 수령국은 영국(24%), 프랑스(20%), 독일(10%), 이탈리아(10%)였다. 그 결과

마샬 플랜에 의한 원조는 구주(歐洲)의 생산의 실질적인 확대를 가져왔다. 1951년 구주의 공업생산은 1938년보다 약 40% 증가했다. 또한 서구의 공산주의운동이 저지되었다. 미국의 대유럽경제원조는 마샬 플랜의 완료(1952년 6월) 후에도 계속 실시되었다.

마찰적 실업 摩擦的 失業 frictional unemployment

노동자가 자신에게 가장 유리한 직장을 찾기 위해서 정보수집활동에 종사하고 있을 동안의 실업상태를 말한다. 이러한 실업은 노동력에서 뿐만 아니라 자본재 등에서도 일어날 수 있다.

마찰적 실업이 발생하는 원인은 현실적으로 완전한 시장정보가 즉시로 얻어지는 것이 아니라는 사실에 있다. 즉 어떠한 자본이든지 그것이 가장 효율적으로 이용될 수 있는 용도를 발견하기 위한 정보의 생산·수집·전달·보급에는 반드시 비용과 시간이 소요된다. 따라서 유효수요의 부족에 기인하는 비자발적 실업, 또는 경제 전체로서의 유효수요는 부족하지 않지만 부문간 수급불균형으로 발생하는 구조적 실업이 존재하지 않는다고 하더라도 경제 내에는 정보의 불충분성으로 인한 마찰적 실업은 반드시 존재하게 된다. 따라서 그것은 경기순환적인 것이 아니며, 유효수요의 증대나 그것의 부문간 조정에 의해서 경감될 수 있는 성질의 것은 아니다. 마찰적 실업을 감소시키기 위해서는 자원의 이동성을 제고시키고 고용기회에 관한 정보를 합리적으로 운용시킴으로써 정보수집활동에 필요한 시간을 경감시키는 것이 보다 중요하다고 할 수 있다. →자발적 실업, 비자발적 실업, 구조적 실업

마코위츠 Markowitz, Harry M.
(1927~　)

뉴욕시립 바루흐대학에 재직하면서 동경대학 교환교수로도 재직했다. 마코위츠는 경영학의 한 분야인 투자론에서 획기적인 업적을 남긴 학자인데, 그의 이론은 '포트폴리오 이론'으로 대표된다. 포트폴리오 이론은 시카고대학에서의 그의 박사학위논문에서 기본적 틀이 만들어져 1952년 저명학술지에 처음 소개되었으며, 그 후 59년과 72년에 발간된 저서에서 확고하게 완성되어 오늘에 이르고 있다. 이러한 일련의 연구로 인해서 마코위츠 교수는 현대 포트폴리오 이론의 아버지로 존경받게 되었고 이 이론으로부터 투자론 분야의 많은 새로운 연구가 유발되는 획기적인 계기가 마련되었다. 좋은 예로 1990년 노벨상을 공동수상하게 된 샤프 교수는 마코위츠 교수의 포트폴리오 이론을 한 단계 발전시켜 자신의 가격결정모형(CAPM)을 고안하게 되었다.

마코위츠는 많은 투자자들이 단지 수익률을 극대화하도록 단일 자산에 투자하지 않고 여러 개의 다른 자산, 즉 자산의 포트폴리오에 투자한다는 단순한 현실의 관찰로부터 그의 이론을 전개하게 되었다. 다시 말해 투자자들은 수익률을 극대화할 뿐 아니라 여러 자산에 분산투자함으로써 위험을 분산시키려는 노력을 한다는 것이다. 그렇다면 여러 개의 다른 자산을 어떻게 결합하는 것이 가장 효율적인가? 이를 위해 그는 포트폴리오의 위험을 정의하고 그것을 계량화할 수 있음을 보였는데 이 위험의 정의로부터 분산투자에 있어서 고려해야 할 자산들간의 다른 특성은 자산의 수익률들이 같이 움직이는 정도, 즉 통계적 개념으로서의 상관계수임을 밝혔다. 상관계수가 낮은 자산들을 결합하는 것이 최적의 포트폴리오를 구성하는 비결이라는

것이다. 결국 이러한 투자에 있어서의 포트폴리오 선택이론이 마코위츠에게 노벨 경제학상의 영광을 안겨주었던 것이다.

만성적 실업 慢性的 失業 chronic unemployment

적어도 6개월간에 걸쳐 지속되는 실업으로 특정기업에서의 계절적 이완이나 상습적인 전직 및 이와 유사한 것 이외의 여러 요인이 결과로서 생긴 것을 말한다. 만성적 실업의 일반적인 지표는 미국 노동성의 통계계열이며 이는 장기적인 실업을 다루고 있다.

만성적 실업의 원인으로 흔히 거론되는 것은 특정의 활동을 진부화(陳腐化)시키는 경제의 구조적 변화, 적재적소작업을 저해하는 부적당한 교육, 자율화의 발달에 의한 각종 직장에서의 미숙련·반숙련 노동자의 해직, 또 경제 전체로서는 불만족한 성장률 등이다. 또한 특정 그룹의 노동자가 제공하는 서비스에 대한 상대적으로 낮은 수요 등도 원인이 되고 있다.

매뉴팩처 manufacture

공장제수공업을 말하는 것으로 자본주의생산의 발전과정에서 있어서 기계제대공업(機械制大工業)에로의 이행을 위한 과도적인 형태이다. 그것은 그 초기가 수공기술에 머물러 있었다는 점에서는 수공업에 가깝지만, 임금노동에 의존하는 대규모생산이라는 점에서는 자본주의적 공장제에 가까운 것이었다. 메뉴팩쳐가 자본주의생산의 지배적인 형태였던 '본래의 매뉴팩처 시대 Eigentliche Manufakturperiode' 는 영국의 경우 1550년에서 산업혁명 전야인 1760년 무렵까지 계속되었다.

매뉴팩처의 특색은 '분업에 의한 협업' 이라는 생산형태를 취하는 것에 있고, 그 요소는 노동과정의 일부분만을 담당하는

'부분노동자'와 발달한 복잡한 '도구'이다. 매뉴팩처는 다수의 부분노동자를 합리적 비율로 공장조직 속에 배열하고 복잡한 도구를 사용함으로써, 단순협업보다 큰 생산력을 발휘하고 보다 큰 '상대적' 잉여가치를 생산하는 것을 가능하게 하였다. 그러나 매뉴팩처는 복잡한 도구와 고도의 숙련을 요하는 노동을 요소로 하고 있었기 때문에 주로 협애(狹碍)한 기술적 조건에 의하여 그 생산력이 제한되어 있었다. 그래서 본래의 매뉴팩처 시대에는 소생산이나 자본제적 가내노동, 선대제(先貸制)가내공업의 광범위한 존재를 허용하나 전생산을 지배할 수는 없었고, 농업과 공업의 완전한 분리와 국내시장의 형성을 추진할 수도 없었다. 매뉴팩처는 그 협애한 기술적 조건 때문에 한층 더 큰 생산력을 발휘할 수 없었으므로 기계의 출현에 의하여 일소되어 버렸다. 그리고 그것은 기계제생산으로의 변천에 필요한 조건을 마련하였다.

매판자본 買辦資本 comprador capital

청말(清末) 이후 매판의 활동에 의해 축적·집중·증식된 자본을 말한다. 매판이란 신대륙발견 후 포르투갈, 영국 등의 상인이 중국에 건너와 무역을 시작할 때, 외국선박에 필수품을 공급하거나 외국상인에 고용되어 회계관리, 통화의 감정, 구매중개 등을 해 주던 중국인을 말한다. 이들의 수는 특히 아편전쟁 이후 중국이 구미자본주의체제의 일환으로 편입되면서 증가하였는데, 이 때부터 이들은 외국인과 계약을 맺고 외국상품의 관리·판매, 중국상품이나 원료의 관리·구입 등의 업무를 많이 취급하게 됨에 따라 그 역할이 증대하였으며, 19세기 말 이후에는 외국자본의 대중국수출의 대리인 역할까지 맡게 되었다.

매판은 이러한 활동을 통해서 외국자본이 창출한 이윤의 일부를 얻어 거대한 화

폐자본을 축적하였다. 이러한 매판자본의 성격이나 역사적 역할은 다음과 같이 요약할 수 있다. ① 외국자본에 대한 종속성이 강했다. ② 중국이 다수의 자본주의국에 의해 반식민지적으로 지배되었기 때문에 판매자본도 그들을 지배하는 주인공에 따라 몇 갈래로 나누어지는 할거적(割據的) 성격을 가지고 있었다. ③ 청말 이후의 상품생산의 발전과 농민층의 급속한 분해를 반영해서 특히 19세기 말엽 이후, 일부 매판자본은 민족적인 산업자본으로 전화, 성장하는 경향을 나타내었다. ④ 그러나 압도적인 외국자본과 국내의 반봉건적 세력이 굳게 결합하고 이들의 지배를 받고 있는 소상품생산이 아직 지배적이었기 때문에 산업자본에로의 전화는 관철될 수 없었고 오히려 주로 상업자본과 고리대자본으로서 운동하였다. 따라서 매판자본은 부분적으로는 근대적 생산관계를 형성시켰지만 대세로서는 중국경제를 외국자본에 종속시키고 국내의 반봉건적 생산관계를 온존(溫存)시키는 역할을 하였다. 따라서 ⑤ 매판자본은 성격상 관료자본화하기 쉽고 동시에 관료자본도 매판자본화하기 쉬웠으므로 매판적 관료자본이란 말이 생기게 되었다. 실제 매판적 자본이라는 말은 직접 외국자본의 대리역을 담당하지는 않지만 넓은 의미에서 그것에 예속하고 의존하는 모든 사회적 자본 특히 관료독점자본도 포함하는 의미로 사용되게 되었다.

맥패든 McFadden, Daniel L.(1937~)

맥패든 교수는 1937년 북캐롤라이나주 릴레이에서 태어났으며 미네소타대에서 물리학을 전공했다. 그는 인간행동을 계량적으로 분석한 학자로 유명한데 교통과 에너지 및 주택 수요에 대해 계량적 분석을 많이 했다. 그의 주거지 선택 이론은 미국 샌프란시스코의 고속통근철도 BART 설계와 전화

서비스 및 노인용 주택에 대한 투자에 응용되기도 했다. 그는 또 경제주체들의 심리와 행동을 반영한 '맥패든 생산함수'를 고안해 내기도 했다. 지난 90년대에는 알래스카 해안의 엑슨 발데즈호 기름유출사고가 복지에 끼친 영향을 연구, 환경경제학 분야에서도 업적을 남겼다.

그는 개인과 가계의 행동과 관련, 광범위하게 활용되고 있는 통계적 분석기법을 개발한 공로로 헤크먼 교수와 함께 2000년도 노벨 경제학상을 공동 수상했다.

맨체스터학파(學派) Manchester school

주로 19세기 전후 영국의 맨체스터시의 상공회의소를 본거지로 한 경제적 자유주의의 급진파를 말한다. 이 학파의 대표자는 코브덴 Cobden, R. 과 브라이트 Bright, J. 였다. 그들은 반(反)곡물법동맹(1836년) 운동에 앞장서서 경제적 자유주의를 위하여 투쟁했다. 그리고 산업혁명이 끝난 뒤 영국산업자본가의 이익을 위하여 보호무역뿐만 아니라 일체의 보호제도에 반대하였다. 맨체스터학파는 19세기 전반의 독일에서도 동조자를 발견하였지만 그들은 오히려 동부독일의 지주계급이나 상업자본가의 대변자 역할을 하였다.

맬더스 Malthus, Thomas Robert (1766~1834)

영국 고전학파경제철학자로서, 유명한 「인구론」을 저술하였으며 스미스 Smith, A., 리카도 Ricardo, D. 등과 함께 고전학파의 대표적 학자 중의 한 사람이다. 케임브리지대학을 졸업한 후 영국학회의 목사보가 되었다. 18세기 후반기 유럽의 급격한 인구팽창을 관찰하고 재직 중에 「인구론」을 저술함으로써 인구를 경제적인 문제

로서 논하여 올바른 기반 위에 올려 놓은 최초의 이론가가 되었다.

그의 인구이론은 1798년 *An Essay on the Principle of Population-as it affects the Future Improvement of Society, with Remarks on the Speculations of Mr. Godwin, M. Condorcet and other Writers* 라는 긴 제목하에 익명으로 출판되었다. 이 저작은 원래 고드윈 Godwin, W. 의 무정부주의 사상을 반박하기 위해 집필한 것이다. 고드윈은 당시의 하층계급의 빈곤과 악덕의 원인이 정치제도 내지 사유재산제도에 있다고 하여 그 철폐를 주장하였으나, 맬더스는 빈곤이나 악덕은 그와 같은 사회제도의 결함으로부터 생기는 것이 아니라 인구법칙에 따른 필연적인 현상이라 주장했다. 그는 인간의 생존에 필요한 식물 (食物)은 산술급수적으로 증가하는 데 반하여 인구의 증가율은 기하급수적으로 증가하므로 인구증가는 생필품의 부족이라는 필연적인 장애에 봉착하게 되어 빈곤과 죄악은 근절될 날이 없으므로 인간사회 장래의 개선은 바랄 수 없으며, 따라서 이상사회는 하나의 꿈이라고 주장하였다.

그는 초판에서는 인구증가에 대한 유력한 방해는 아사, 살인, 전쟁과 같은 죄악에 의하는 것밖에 없다고 주장하였으나, 1803년에 출판된 제2판에서는 인구증가를 억제하는 요인으로 초판에서 주장한 요인과 죄악 이외에 결혼의 연기라든가 도덕적 절제를 통해서 인구증가의 자연적 경향을 다소 억제할 수 있는 도덕적 억제를 인정하고 있다.

그는 또한 곡물조례개정문제에 있어서 지주계급을 옹호하는 보수적인 입장에 섰으며, 가격론에 있어서는 리카도 Ricardo, D. 를 비판하여 수급설을 제창하였다. 또한 그는 가치론의 영역에서도 상품가치는 생산에 투하된 노동량에 의해 결정된다는 스미스 Smith, A. 의 노동가치설을 부정하고 상품의 가치는 수요와 공급에 의해 결정된다고 주장하였다.

[주 저] *An Essay on the Principle of Population as it affects the Future Improvement of Society*, 1798, 2 ed. enlarged as *An Essay on the principle of Population, or a View of its Past and Present Effects on Human Happiness, with an Inquiry into our Prospects respecting the Future Remove or Mitigation of the Evils which it occasions*, 1803; *Observations on the Effects of the Corn Laws, and of a Rise or Fall in the Price of Corn on the Agriculture and General Wealth of Country*, 1814; *An Inquiry into the Nature and Progress of Rent, and the Principles by which it is regulated*, 1815; *Principles of Political Economy, considered with a View to their Practical Application*, 1820.

맬더스주의(主義) Malthusianism

맬더스 Malthus, T. R. 에 의해 주장된 인구원리와 인구대책을 승인하는 주의이다. 이에 대해 맬더스의 인구원리는 승인하지만 인구대책으로 맬더스가 승인하지 않은 산아제한을 주장하는 것이 신(新)맬더스주의 neo-Malthusianism 이다. 맬더스는 그의 저서 「인구론 *An Essay on the Principle of Population*」(1798)에서 인구는 기하급수적으로 증가하지만 식량 등 생필품은 산술급수적으로밖에 증가하지 않아, 이 때문에 과잉인구에 의한 빈곤과 악덕이 필연적으로 발생하고 이상사회의 실현은 항상 제한을 받는다고 주장했다. 유럽에서는 산업혁명 후 실업·빈곤 등의 사회악의 현상이 나타났기 때문에 인구의 증가는 사회악의 원인이며 일반적으로 인구증가의 억제가 필요하다고 생각되기에 이르렀다. 맬더스는 당시 이러한 생각의 대표자로서, 금욕생활·결혼연기 등의 '도덕적 억제'에 의해 인구증가를 제한해야 된다고 주장했는데 이것을 맬더스주의라 한다.

이에 대해 금욕생활의 부자유스러움을 지적하고 인위적인 산아제한에 의해 인구 증가를 억제하려고 하는 것이 신맬더스주의인데 이것을 실제로 운동화한 사람은 생거 Sanger, M. 부인(1883~1966)이었다. 맬더스주의의 요체를 이루는 소위 맬더스의 인구법칙은 수확체감의 법칙의 전제 아래에서 전개되었다.

머튼 Merton, Robert(1944~)

1997년 노벨경제학상 공동수상자. 미국 MIT대에서 경제학박사학위를 취득하고 1988년부터 하버드대 경영대학교수로 재직 중이다.

자본시장 및 금융시장과 관련된 재무관리이론 연구에 기여했으며 포트폴리오 선택, 자본 자산 및 옵션가격결정, 기업부채, 대부 보증, 파생상품분야에서 탁월한 공적을 인정받고 있다. 그는 또 롱텀캐피털매니지먼트라는 투자회사를 공동 설립해 자신의 학문을 실제 재무세계에 활용하는 여유를 보이기도 했다.

주요 저서와 논문으로는 「합리적 옵션가격 결정이론」(1973), 「연속 시간 파이낸스」(1990), 「재무엔지니어링 사례집」(1995), 「글로벌 금융시스템」(1995) 등이 있다. →숄스

먼델 Mundell, Robert A. (1932~)

1999년도 노벨 경제학상 수상자인 미국 콜롬비아 대학 로버트 먼델 교수는 '자유자본화'로 집약되는 현 국제경제, 금융질서의 이론적 토대를 제공한 인물로서 특히 유럽 단일통화체제탄생에 이론적 토대를 마련했다는 평가를 받는다. 국제경제학의 고전으로 통하는 그의 이론(먼델-플레밍의 법칙)은 서로 다른 환율체제 하에서 각 국의 통화, 재정정책이 다른 나라에 어떤 영향을 미치는지를 명쾌하게 규명해냈다.

그는 캐나다 태생으로 56년 미국 MIT에서 경제학 박사 학위를 취득한 뒤 시카고, 존스홉킨스대학에서 강단에 섰으며 74년 이래로 콜롬비아 대학에 재직 중이다. 또한 IMF와 국제연합 UN, 세계은행 IBRD 및 미국, 유럽, 캐나다, 라틴 아메리카 국가 등의 정부 자문관으로 활동하는 등 현실 경제 정책분야에도 깊숙이 간여해왔다.

그의 연구업적은 「국제통화시스템 : 갈등과 개혁」, 「인간의 경제학 그리고 국제경제학」, 「통화이론 : 개방경제하에서의 이자, 물가, 성장」, 「국제경제균형」, 「외채, 적자와 경제정책」 등의 저서와 논문에 수록돼 있다.

먼델-토빈효과(效果) Mundell-Tobin effect

총공급곡선이 우상향하는 경우, 통화량의 증가가 실질 이자율의 하락을 통하여 투자, 생산, 소비 등 경제의 실물부문에 영향을 미치게 되는 현상을 말한다. 명목이자율(i)과 실질이자율(r), 그리고 예상인플레이션(πe) 사이의 관계를 보여주는 피셔방정식 Fisher Equation은 다음과 같이 표현된다.

$$i = r + \pi e$$

이러한 관계는 인플레이션율의 증가에 따라 예상되는 구매력의 하락을 보상해 줄 수 있도록 명목이자율 수준이 정해짐을 의미하는 것이다. 이에 의하면, 예상인플레이션율이 1% 오를 경우 명목이자율도 따라서 1% 오르게 된다. 이처럼 예상인플레이션율의 변화와 명목이자율의 변화 사이에 1대 1의 관계가 성립하는 것을 피셔효과 Fisher Effect라고 한다. 즉 현재의 명목이자율과 예상인플레이션율을 각각 i_0와 π_0^e라 하고, 인플레이션에 대한 예상이 변화한 이후의 값을 각각 i_1과 π_1^e로 나타낼 때, 피셔효과는 다음 식이 성립함을 의미한다.

$i_1 - i_0 = \pi_1^e - \pi_0^e$

그러나 명목이자율의 변화와 예상인플레이션의 변화간에 과연 1 대 1의 관계가 성립하는가 또는 실질이자율이 시간의 흐름에 관계없이 일정한 수준을 유지하는가의 여부는 이론적이나 실증적으로 상당한 논쟁거리가 되어 왔다. 먼델 Mundell(1963)과 토빈 Tobin(1965)은 인플레이션에 대한 예상에 변화가 있을 경우 명목이자율의 변화분이 예상인플레이션율의 변화분보다 작다는 이론을 제시하였다. 그들의 이론에 따르면 인플레이션율이 증가할 것으로 예상되는 경우 그러한 변화는 명목이자율의 상승과 실질이자율의 하락 양쪽으로 반영되기 때문에 명목이자율의 변화와 예상인플레이션율의 변화사이에 1대1의 관계가 성립하지 않게 된다는 것이다.

이러한 주장의 근거는 예상인플레이션의 증가가 실질화폐잔고 real money balance를 감소시킨다는 데 있다. 실질화폐잔고와 실질부 real wealth의 감소로 말미암아 소비가 감소하고 저축이 증가하게 되면 이는 다시 실질이자율을 하락시키는 힘으로 작용한다. 결국 실질화폐잔고의 감소에 따른 실질이자율의 하락은 투자를 활성화하고 자본축적과 성장을 촉진하게 된다. 이상의 효과를 먼델-토빈효과 Mundell-Tobin Effect라 부른다.

먼델-토빈효과에 따르면 결국 인플레이션의 변화가 명목이자율뿐만 아니라 실물경제활동에도 영향을 미치게 됨을 알 수 있다. 먼델-토빈효과는 실질이자율이 인플레이션예상의 변화에 따른 포트폴리오조정에 의해서도 변동하게 되며 이러한 실질이자율의 변화가 예상인플레이션율의 변화와는 반대방향으로 나타나게 되므로 결국 예상인플레이션율의 변화에 대한 명목이자율의 반응이 보다 작게 됨을 보여주고 있다.

그런데 먼델-토빈 효과가 성립하기 위하여 총공급곡선이 물가에 대하여 우상향한다는 가정이 충족되어야 한다. 만일 총공급곡선이 장기적으로 물가에 대해 수직선의 모습을 가진다면 먼델-토빈효과는 단기적인 현상에 그치게 되는 것이다.

메리트재 (財) ☞ 가치재

메츨러 Metzler, Lloyd Appleton (1913~)

캔자스주 태생의 미국 경제학자. 하버드대학을 졸업한 후 예일대학교 조교수를 거쳐 1939년 시카고대학교 교수로 재직했으며 Econometric Society의 회원이기도 하였다. 그의 주된 관심은 국제경제학분야이지만 타분야에서의 공헌도 크다. 1942년에 발표된 그의 논문 "Underemployment Equilibrium in International Trade" (*Econometrica*, Vol. 10, 1942)에서 무역수지의 조정을 당사국의 가격변동으로 처리하려는 고전이론에 대해서 케인즈 Keynes, J. M. 사상에 입각한 소득변동에 의한 조정방식을 택하여 선진국과 후진국의 무역수지 및 고용의 변동 모델을 비교정학(比較靜學)적으로 분석하였다. 그는 국제경제학분야 뿐만 아니라 일반이론경제학 분야에 있어서도 주목할 만한 업적을 남겼는데, 정학적 한계를 극복하려는 시도라든가 또는 경제변동론 분야에서의 시차분석에 대한 고찰 등이 그것이다. 그는 또한 국제경제이론을 계속 연구하여 1942년에 나온 앞서의 논문의 확장이라고도 할 수 있는 n개국으로 이루어진 일반적 모형을 설정하여 소득변동 및 그 안정성을 고찰했다. 이같은 그의 연구는 선형(線型)모형의 연구라는 입장에서도 매우 중요한 공헌이라 할 수 있다.

〔주 저〕"Underemployment Equilibrium in International Trade", *Econometrica*, Vol. 10, Apr., 1942; *The Theory of International*

Trade-A Survey of Contemporary Economics, 1948; Exchange Rate and the International Monetary Fund, International Monetary Policies, 1947; "The Rate of Interest and Marginal Product of Capital", Journal of Political Economy, Vol. 58, Aug., 1950.

멩거 Menger, Carl (1840~1921)

오스트리아의 경제학자로 오스트리아 학파의 시조이다. 비인대학과 프라하대학에서 법학 및 사회과학을 연구했으며, 1872년 비인대학의 교수가 되었다.

멩거의 경제학상 업적은 무엇보다도 한계효용이론의 전개에 있다. 그는 지극히 일반적인 욕망, 재화, 가치의 개념에서 출발하여 정밀한 경제이론을 수립하였다. 그는 주저인 「국민경제학원리 Grundsätze der Volkswirtschaftslehre」(1871)에서 각자의 재화에 대한 주관적 평가의 분석을 출발점으로 하여, 가격, 가치, 교환, 화폐 등의 현상들을 해명하고, 이것에 의해 종래의 고전파의 이론을 과학적으로 구명하려고 기도하였다. 또한 멩거는 경제행위에 대하여 단순한 인과적 해명을 넘어 오히려 실천이성적인 것 또는 목적합리적인 것을 구명하려 하였는데, 이러한 기도는 그의 유고 제 2 판에서 볼 수 있다. 멩거의 이러한 학설은 뵘바베르크 Böhm-Bawerk, E. v. 에 의해 계승되었으며, 비저 Wieser, F. v. 등에 의해 더욱 발전되었다. 이와 같은 멩거의 학설은 당시 경제학계의 지배적 조류였던 역사학파와 대립하여 역사학파의 이론을 비판 · 배격하였을 뿐만 아니라 이론 경제학의 수립에 상당한 공헌을 하였으며, 정통학파의 객관주의적 이론에 대립하여 주관적인 이론을 정립하였다.

〔주 저〕 Grundsätze der Volkswirtschaftslehre, 1871; Untersuchungen über die Methode der Sozialwissenschaften und der politischen Ökonomie insbesondere, 1883; Kleine Schriftenzur Methode und Geschichte der Volkswirtschaftslehre, Bd. 3, 1935; Schriften uber Geldtheorie und Währungspolitik, Bd. 4, 1935.

면세점 免稅點 ☞기초공제

명목임금 · 실질임금 名目賃金 · 實質賃金 nominal wage · real wage

화폐량으로 표현된 임금을 명목임금이라고 하고, 이에 대해 노동자의 생활수단으로 나타낸 임금을 실질임금이라 한다. 명목임금과 실질임금의 구별은 노동자의 교환가치와 이 가치가 전환되는 생활수단의 분량과의 구별을 의미하고 있다.

20,000원의 명목임금이 10,000원의 명목임금보다도 고액인 것은 확실하지만 현재의 20,000원으로 10년 전에 10,000원으로 구입한 생활수단보다도 다량을 구입할 수 있는 것은 아니다. 명목임금액이 상승해도 그 이상으로 생활수단의 가격이 상승하면 노동자의 손에 들어오는 생활수단의 양은 적게 된다. 노동자에게 필요한 생필품이나 서비스의 가격 변동은 임금의 변동과는 다른 요인에 의해 변동하기 때문에 설사 명목임금이 일정하다해도 그것으로 구입할 수 있는 생활수단의 분량은 변동할 수 있다. 따라서 노동자 계급의 임금지불의 실태를 파악하기 위해서는 명목임금으로는 불충분하며 실질임금에 의해 보다 정확히 파악할 수 있다. 이것은 한 나라 내에서만이 아니고 국제간의 임금을 비교할 때도 마찬가지다. 보통 명목임금에 대해서는 후진국보다도 선진국의 그것이 높다. 그러나 실질임금에 있어서는 반드시 그렇다고 할 수 없다. 각각의 나라마다 물가수준이나 물가체계가 다르기 때문이다.

그런데 실질임금에 의해 노동자에 대한 임금지불의 모든 변동이 파악되는 것은 아니다. 실질임금은 임금의 명목액과 생활수단의 가격과의 관계만을 표시함에 불과하다. 임금지불의 실제의 크기는 노동력의 재생산비의 대소에 관련하는 다른 여러 요인, 예컨대 노동력가치의 변동, 노동지출도(노동시간, 노동강도)의 변동에 대응하는 임금지불액을 문제로 하지 않으면 안되기 때문이다. 여기서 상기와 같은 개념을 포함해서 실질임금의 개념을 확대해석해서 사용하는 경우가 있다. 보통 실질임금은 명목임금지수를 생계비지수로 나눈 실질임금지수로 나타내어진다. 따라서 생계비지수의 산정방법의 여하에 따라서 다른 결과가 나온다.

실질임금이 산정되기 시작한 것은 19세기 말 이후이지만 노동조합이 이것에 깊은 관심을 가지게 된 것은 제 1 차대전중의 물가폭등 때였다. 자본주의 각국의 실질 임금의 추이는 각각 차이는 있지만 쿠진스키 Kuczynski, J. 의 계산에 의하면 다음과 같다. 즉 일반적으로는 초기 산업자본주의시대에는 저하하고 그 후 정체했지만 자본주의의 발전기에는 계속 상승했다. 독점자본주의의 초기단계에는 이 상태가 유지되어 가지만, 독점자본이 완전히 지배권을 가지게 됨과 동시에 정체경향을 나타내고, 전반적 위기의 시대로 이행함에 따라서 실질임금은 다시 저하경향을 나타내었다.

명목주의 名目主義 ☞금속주의 · 명목주의

명목화폐 · 실물화폐 名目貨幣 · 實物貨幣 fiat money · commodity money 힐데브란트 Hildebrand, B. 의 경제발전단계(자연경제→화폐경제→신용경제) 중 자급자족적인 자연경제시대에서, 화폐성립의 초기형태로서 재화의 사용가치에 기초를 둔 화폐를 실물화폐 또는 자연화폐

natural money 라 한다.

실물화폐의 구체적인 형태로는 처음에는 장식품이나 장신구의 일부인 패각(貝殼)이, 후에는 피혁, 곡물, 우마 등이 사용되었다. 즉 그 생산량이나 존재량이 충분하지 못하여 희소가치가 있다든가 또는 교환도구로서 편리한 소수의 재화가 실물화폐로 사용되었다. 그러나 이처럼 구체적인 재화의 성격을 갖는 실질화폐는 가분성 divisibility, 동질성 homogeneity, 내구성 durability 또는 휴대의 편리성 transportability 에서 큰 결점을 갖고 있어, 이런 결점이 없는 귀금속류가 화폐재료로서 적당하다고 인정되어 금속화폐가 발전된 실물화폐로 사용되었다. 이러한 실물화폐가 더욱 발전하여 화폐의 소재가치와 명목가치가 분리되었다. 이러한 성질을 가진 화폐를 명목화폐 또는 표지화폐라 하며, 그 대표적인 것은 지폐이다. 이러한 명목화폐는 그 자체가 가치를 가져서 화폐가 된 것이 아니라, 국가법률의 권위를 배경으로 또는 역사적인 관습이 그대로 사회적 신임을 받게 되어 교환의 도구로서 통용되게 된 것이다.

끝으로 실물화폐인 금속화폐가 명목화폐로 발전하는 과정을 살펴보자. 중세 이후에 유럽에서는 금장(金匠) goldsmith 이나 보석상들이 부업으로 은행가의 역할을 하게 됨에 따라 그 후 개인은행가의 출현이 많아졌다. 이들은 귀금속이나 주화를 대중으로부터 예탁받아 그것에 대하여 금장어음 goldsmith's notes 혹은 은행가어음 banker's notes 이라고 불리는 예탁증을 발행하였다. 이 예탁증은 배서에 의해서 결제에 사용되기도 했던 것이다. 이러한 제도의 출현은 명목화폐인 예금화폐와 지폐발행의 계기를 마련해 주게 되었다. 한편 금속화폐의 수량은 귀금속의 양에 의하여 규제되었으므로 실물경제가 확대됨에 따

라 이에 적절한 화폐공급량 증가가 곤란하였다. 따라서 이에 대처하기 위하여 주화의 실질가치를 명목가치 이하로 저하시키는 평가절하가 합리화되었다. 이러한 평가절하는 소재가치와 명목가치를 분리시키는 중요한 역할을 담당하여 명목화폐를 발생시키는 계기가 되었다.

모딜리아니 Modigliani, Franco
(1918~   )

1918년 이탈리아 로마에서 출생한 모딜리아니 교수는 로마대학을 졸업한 뒤 뉴욕 사회과학원에서 법학박사학위를 취득, 곧이어 시카고대학에 진학하여 본격적으로 경제학 공부에 정진하게 된다. 1948년 가을 일리노이대학에서 처음으로 교편을 잡은 데 이어 1962년부터 정식으로 MIT 대학 교수로 취임하였다. 그는 교수 재직기간 중에도 대외활동에 관심을 보여 48년 카우웰경제연구소의 고문으로 잠시 재직한 것을 비롯, 국립경제연구소 상임위원, 계량경제학회 회장, 미국경제학회 회장 등을 역임했다.

모딜리아니 교수의 학문적 성향은 케인지언에 속하여, 그는 케인즈 이후 제임즈·토빈박사와 함께 60~70년대의 거시경제학을 주도해 온 계량경제학의 대가이다. 그는 '라이프 사이클 가설'과 '모딜리아니-밀러 모델'에서 나타난 것처럼 소비·저축·소득관계의 계량모델을 완성했다는 공로로 1985년 노벨상을 수상했다.

그의 이론은 크게 세 가지가 있는데, 첫째는 '톱니바퀴효과'라는 것으로 이는 소득이 늘면 소비도 늘게 되지만 나중에 소득이 줄더라도 소비는 이에 따라서 줄지 않는다는 것이다. 이것을 도표로 그리면 톱니바퀴와 비슷하다고 해서 붙여진 이름이다. 이 이론을 더욱 발전시켜 나온 것이 라이프 사이클 가설이다. 라이프 사이클

가설이란 어떤 한 해의 소비가 그 해의 소득에 의해 결정되는 식으로 사람들의 소비 패턴이 이루어지는 것이 아니라 평생에 걸친 소득의 흐름을 예상하고 이런 평생의 소득에 맞추면서 사람들의 소비는 나이가 많아짐에 따라 일정한 비율로 증가한다는 것이다. 이 이론은 소득·소비, 그리고 저축간의 관계를 규명한 케인즈 이론이나 밀턴·프리드먼의 항상소득 가설을 한 차원 더 발전시킨 것으로 평가된다. 또 그는 이 가설을 응용하여 연금제도의 존속이 개인 저축을 떨어뜨리는 결과를 초래했다는 것을 검증하였다.

그의 이론 중 세 번째는 58년에 밀러 Miller, M. 와 함께 부채의 규모와 구조가 회사의 시장가치에 미치는 영향을 분석한 '모딜리아니-밀러 모델'이다. 이 이론의 내용은 한 기업의 시장가치는 그 기업의 부채비율에 무관하다는 것이다. 이 정리의 기본가정은 ① 기업경영자는 항상 기업의 시장가치를 높이는 것을 목표로 하여, ② 기업이나 개인의 파산가능성은 없고, ③ 자본시장은 완전경쟁이며, ④ 부의 증가에 대해 세제상의 차이는 없다는 것이다. 이 기본가정하에서는 회사의 가치는 자본구조와 관계없이 총이익에 의존한다는 것이다. 이 이론은 다음 두 명제로 구성된다. ① 이익예상이 완전히 동일한 두 기업의 총가치는 자본구성과 관계없이 똑같다는 것, ② 법인세가 없는 경우 기업의 신규투자가가 현재의 주주들에게 이익이 되느냐는 투자자금의 조달방식에 좌우되지 않는다는 것이다.

[주 저] "Liquidity Preference and the Theory of Interest and Money," *Econometrica*, Vol. 12. No. 1, Jan., 1944; "Fluctuations in the Saving-Income Ratio–A Problem in Economic Forecasting," *Studies in Income and Wealth*, 1948; *Papers and Proceedings: Expectations and Business Fluctuations Fir-*

st-Progress Report, 1949; "The Measurement of Economic Expectations 〈Abstract〉", *Econometrica*, Vol. 20, Jul. 1952; *National Income and International Trade* 〈with Neisser, H.〉, 1953.

모르겐슈테른 Morgenstern, Oskar
(1902~1977)

독일태생의 미국경제학자. 비인대학에서 이론경제학을 연구하고, 1935년 동대학의 교수가 되었다. 1931년 오스트리아 경기(景氣)연구소 소장이 되었으나 1938년 나치스가 오스트리아를 합병하자 미국으로 건너가 프린스턴대학에서 연구를 계속하였다. 현대경제학에서의 그의 공적은 1944년에 간행한 노이만 Neumann, J. L. v. 교수와의 공저 *Theory of Games and Economic Behavior* 이다. 이 저서에서 노이만은 수학적 측면을, 모르겐슈테른은 경제학적 측면을 담당하였으며, 경제정책, 특히 국제무역정책이론상에 큰 성과를 올린 것으로 평가되고 있다. →게임이론

〔주 저〕 *Wirtschaftsprognose: Eine Untersuchung ihrer Voraussetzungen und Möglichkeiten*, 1928; *Die Grenzen der Wirschaftspolitik*, 1934; *The Question of National Defense*, 1959.

모색의 이론 摸索의 理論 〔佛〕
théorie de tâtonnements

가격의 파라미터기능에 의하여 시장이 균형점에 도달하는 경로를 설명하는 이론으로서, 왈라스 Walras, M. E. L. 가 그의 일반균형이론에서 균형가격의 분석에 대한 이론적 무기로 사용한 것이다. 즉 일반균형은 방정식의 수와 미지수의 수가 일치한다는 조건하에서 성립하고, 시장에서 어떻게 하여 그와 같은 일반적 균형에 도달하는가 하는 과정을 설명하는 것이 모색의 이론이다.

가령 지금 증권거래소에서의 매매계약의 성립과정을 생각해 보자. 다수의 매자(賣者)와 매자(買者)는 거래소원이 부르는 가격에 응해서 제각기 증권의 공급량과 수요량을 결정한다. 만약 수요량이 공급량을 초과할 때 거래소원우 새로이 전보다도 더 높은 가격을 지정하여 수요량의 조절을 꾀할 것이다. 이와는 반대로 공급량이 수요량을 초과할 때는 전보다도 낮은 가격으로 지정하여 수급량을 조절할 것이다. 어느 쪽이 되었거나 새로운 가격결정은 증권의 수요량과 공급량이 균형있게 일치할 때까지 계속된다. 그래서 양쪽이 일치되었을 때 처음으로 거래가 형성되어 균형가격이 성립된다. 모색과정이라는 것은 이상과 같이 균형가격이 성립될 때까지 진행되는 거래의 조정과정을 말하는 데 지나지 않는다.

왈라스는 모색의 과정이 거듭되면 결국에는 균형상태가 성립한다고 생각하고, 그것이 행해지는 데 있어서 어떠한 이유에 기인하여 현실이 일단 균형상태에서 떠난다고 하더라도 곧 다시 전과 같이 균형상태로 도달한다고 한 것이다. 이와 같은 균형상태는 이른바 안정균형에 지나지 않지만 이에 대한 왈라스의 분석결과는 충분하지 못했다. 후일에 힉스 Hicks, J. R., 사뮤엘슨 Samuelson, P. A. 등의 안정조건의 이론은 이에 대한 투철한 분석을 보여 주었다. 한편, 왈라스는 자본축적에 따르는 발전과정에도 이 모색과정의 이론을 확장하고 있으나, 이 문제는 어디까지나 동태분석의 기본적 문제일 뿐 아직도 최종적인 해결이 나지 못하고 있다.

모집단 母集團 parent population

추측통계학의 가장 기본적인 개념이다. 추측통계학은 유한한 또는 무한한 사물의 집합에 속한 약간을 추출하여 그것만을 관찰하고 그 결과로서 본래의 집합 전체에

관한 여러 성질을 추측하는 문제를 취급한
다. 이 때 이러한 사물의 집합에 속하는 개
개의 것을 개체(요소)라 하며, 개체의 전
집합을 모집단, 모집단에 관한 어떤 지식
을 얻기 위해 일반적으로 모집단에서 추출
된 개체를 표본이라 한다.

실제의 문제에서 모집단은 특정한 성질
을 갖는 극히 다수의 개체를 포함하여 통
계학적 고찰의 대상이 되는 집단을 뜻하
며, 이론적 연구에서는 모집단을 구성하는
개체의 수를 무한하다고 간주하는 경우가
많다. 그러나 유한한 개체로서 성립된다고
생각하지 않으면 안 될 경우, 유한모집단
으로 한다. 따라서 모집단을 명확하게 규
정하고 또 현실의 자료가 이 모집단의 추
출표본이라는 보증이 있으면 현실의 자료
를 상술한 모집단의 표본으로 보는 것이
허용된다. 모집단의 표본도 공통의 성질을
가진 개체의 집단으로 각각의 분포형에 대
하여 약간의 특성치(평균분산 등)를 가지
고 있으며, 양자의 비교는 특성치의 비교
로써 이루어진다. 이 때 모집단의 특성을
보이는 특성치를 모수(母數) parameter,
표본의 특성을 보이는 특성치를 통계량
statistic 이라 한다. →추측통계학

모회사 母會社 parent company

타기업의 자본을 소유하여 적극적으로
경영을 하는 지배회사를 말한다. 따라서
모회사는 기업의 경영을 하지 않는 지주회
사와는 상이하다. 대부분의 모회사는 자회
사의 의결권부주식(議決權付株式)의 전부
또는 과반수를 소유하고 있다. 모회사의
유명한 예로서는 미국의 Western Electric
회사의 주식의 약 80%를 소유하고 있는
미국전화전신회사 American Telephone
and Telegram 이다.

**무어 Moore, Henry Ludwell
(1869~1958)**

미국의 계량경제학자. 무어의 연구활동
은 추상적인 경제이론의 통계적 테스트와
경험적 법칙들의 발견에 관한 선구적 노력
에 시종하고, 오늘날의 계량경제학의 기초
를 구축하였다.

통계적 경제학에 있어서의 그의 연구는
처녀작 *Laws of Wages*(1911)에서 비롯되
는데, 최대의 공적은 경기순환의 통계적
연구와 통계적 수요·공급함수의 측정 등,
두 분야에 관한 것이다. 전자에 대하여는
Economic Cycles : Their Law and Cause
(1914)에서 강우량의 주기가 농작물수확량
의 주기성에 일치하고 농작물 가격이 그
수확량과 밀접한 관계를 가지는 것을 밝히
고, 경기순환의 원인은 강우량의 순환변동
에 의하여 설명할 수 있다고 고찰하였다.
다른 한편 수요·공급함수의 계측에 관한
연구는 제자인 슐츠 Schultz, H. 등에 의하
여 발전되었다. 또한 마지막 저서인
Synthetic Economics(1929)에서는 왈라스적
균형분석의 동학화, 정량화가 의도되어 있
다.

〔주 저〕전게외(前揭外) : *Forecasting the
Yield and Price of Cotton*, 1917; *Generating
Economic Cycles*, 1923.

무역수지 貿易收支 ☞국제수지

**무역승수 貿易乘數 foreign trade
multiplier**

무역의 자생적 증가의 결과로 생기는 총
국민소득의 증가액을 당초의 무역증가분
에 대한 배수로 표시한 것이다. 해로드
Harrod, R. F. 는 케인즈 Keynes, J. M. 의
승수이론을 국제무역의 영역에 도입함으
로써 무역승수이론을 처음으로 전개했다.
한 나라의 국민소득 Y 는 소득발생원인

에 따라 국내소비자에게 판매되는 상품의 생산액 C, 외국에 수출되는 상품의 생산액 X 및 국내자본재증가를 위하여 판매되는 상품의 생산액 I로 구별된다. 또 국민소득을 ㄱ 지출목적에 따라 국내수비재의 구입 C, 수입상품의 구입 M 및 저축 S로 나누어진다. 국민소득의 증가분 ΔY에 대한 이와 같은 지출증가분의 비율을 각각 한계소비성향 $c(\Delta C=c\Delta Y)$, 한계수입동향 m $(\Delta M=m\Delta Y)$, 한계저축성향 $s(\Delta S=s\Delta Y)$이라 하면 $c+m+s=1$이 된다. 만일 균형소득수준이 유지된다고 하면 다음의 관계가 성립된다.

$$\Delta Y=\Delta C+\Delta X+\Delta I=(c+m+s)\Delta Y$$

이 때 $\Delta C=c\Delta Y$이므로

$$\Delta X+I=(m+s)\Delta Y$$

$$\therefore \Delta Y=\frac{1}{m+s}(\Delta X+\Delta I)=\frac{1}{1-C}(\Delta X+\Delta I)$$

이 식이 무역승수식이고, $\frac{1}{m+s}$ 즉 한계수입성향과 한계저축성향의 합계의 역수가 무역승수이다. 따라서 무역승수는 한계수입성향과 한계저축성향이 작으면 작을수록, 한계소비성향이 크면 클수록 커진다.

이 무역승수식은 수출액의 변동은 그 무역승수만큼 국민소득수준을 변화시킨다는 것 외에, 이론적으로도 매우 커다란 의의를 가지고 있다. 이론적으로는 ① 그 때까지는 충분한 설명을 해줄 수 없었던 경기의 국제파급과정이 명료해진다. ② 한 나라의 수출액의 변동이 그 나라의 무역수지(넓게 말하여 국제수지)에 어떤 영향을 미치는가를 계량적으로 추정할 수가 있다. ③ 이론적으로는 이상의 분석에 외국의 반작용을 가하여 복잡화시킬 수가 있다. 따라서 무역승수식이 시사하는 정책적 의의 역시 매우 큰 것이다.

무역외수지 貿易外收支 ☞국제수지

무역의존도 貿易依存度 degree of dependence on foreign trade

한 나라의 국민경제 줌에서 무역이 어느 정도의 비중을 차지하는가를 표시하는 지표로서, 구체적으로는 국민소득 혹은 국민총생산에 대한 수출입총액의 비율로써 계산된다. 수출입총액은 수출액과 수입액으로 구분하여 각각을 국민소득 혹은 국민총생산과 대비하여 수출의존도와 수입의존도를 각각 계산할 수도 있다.

무역의존도는 그 나라의 경제규모의 절대적 크기, 경제발전의 정도 즉 산업구조의 발전 여하에 따라 크게 좌우되며, 구조변동기에는 그 변화가 심하나 단기적으로는 비교적 안정된 수치를 가지는 것이 보통이다. 일반적으로 무역의존도가 높다는 것은 그 나라 경제의 외국경제에 대한 관계도가 높다는 것을 의미하여, 반대로 무역의존도가 낮다는 것은 그 나라 경제의 자급자족도가 높거나 외국경제에 대한 관계도가 낮다는 것을 의미한다. 무역은 외국의 경기변동, 기타의 해외사정에 따라서 좌우될 수 있으므로 무역의존도가 크다는 것은 그 나라의 국민경제가 그만큼 불안정하다는 것을 의미할 수도 있다.

우리 나라의 무역의존도는 1954~61년 평균이 14.5%, 제1차 경제개발 5개년 계획기간(1962~66) 중의 평균이 24.7%, 제2차 경제개발 5개년 계획기간(1967~71) 중의 평균이 42.1%로서 점차 높아지고 있고 1974년의 경우 77.4%에 이르고 있다. 이는 그 동안의 경제발전으로 수출이 비약적으로 신장됨과 아울러 기간산업의 육성과 확충을 기반으로 한 경제개발사업을 위하여 필요불가결한 원자료를 많이 수입한 결과라 하겠다. 그 후 1995년의 무역의존도는 57.4%를 나타내었다.

무역통제 貿易統制 trade control

무역의 전부 또는 일부에 관하여 그 총액, 내용, 거래상대국, 시기, 결재방법 등을 적극적으로 규제하는 것을 말하며 관리무역이라고도 한다. 따라서 가격기구를 매개로 간접적으로 무역량을 규제하는 관세정책과 대조를 이루고 있다.

1929년의 대공황 이후 국제통화기구의 혼란과 국제수지의 불균형의 격화를 배경으로 하여 자본주의국들에서 광범위하게 채용되었다. 그 주요한 방법은 다음과 같다. ① 수입할당제 : 상품별, 국별 또는 상사별의 수입제한선을 설치하여 그 범위 안에서 수입을 인정하는 제도. ② 수입허가제 : 보통 수입할당제와 결부시켜 거래할 때마다 허가를 요하는 경우와 일정범위에서 총괄적으로 허가하는 경우가 있다. ③ 환관리 : 환거래의 자유를 제한하여 환을 정부 또는 중앙은행이 집중하여 관리하는 방법. ④ 환정산제도 : 환관리의 부산물로, 원칙으로 일정기간내에 수출입 가격을 균형시킬 것을 목표로 하고 만약 차액이 생기면 그 차액만을 금 또는 제3국 통화로 결제한다. ⑤ 바터제 : 구상(求償)무역이라고도 하며 수출입가격과 품목을 일정기간내에 균형시키는 제도, ⑥ 링크무역제 : 일정의 수출을 조건으로 하여 수입을 허가하는 제도로 수출장려책의 일종이다. 이러한 모든 방법은 개별적으로 존재하는 것이 아니고 상호연결되어 있기 때문에, 전체로서 자본주의의 다각무역기구를 혼란시켜 쌍무주의적 경향을 조장하여 국제무역을 축소시키는 결과를 초래한다. 제2차대전 후는 국제통화기금(IMF), 가트(GATT) 등의 국제기구를 통하여 무역통제의 점차적 철폐가 기도되었다.

무임승차문제 無賃乘車問題 free rider problem

경합성과 배제성을 가지고 있는 사적 재화와는 달리 공공재의 경우에는 타인의 공동 소비를 배제할 수 없기 때문에 댓가를 지불하지 않으면서 소비하는 것을 막을 수가 없다. 따라서 공공재의 경우에 소비자들의 입장에서는 자신이 부담하여야 하는 비용을 줄이려고 하는 유인이 발생하게 된다. 이러한 문제를 경제학에서는 무임승차문제라 한다. 이 무임승차문제는 공공재의 소비자가 자신의 선호를 왜곡되게 주장하기 때문에 발생한다. 이 문제를 해결하는 방법으로는 다음의 두 가지를 생각할 수 있다. 첫째, 선호를 올바르게 표명하지 않은 경우 벌을 주는 배분방법을 채택하는 것이다. 둘째, 공공재에 대한 선호표명과 비용부담을 분리하는 방식을 채택하는 것이다. 그러나 이 중 어느 것도 무임승차문제를 완전히 해결할 수 없다.

무작위추출법 無作爲抽出法 random sampling

모집단에서 표본을 추출하여 이 표본에 대한 조사결과를 가지고 모집단의 성질에 관한 추정을 하는 경우, 문제가 되는 것은 추출의 방식이다. 예를 들면 한 나라의 전국민에 대한 산업별 구성을 조사할 경우 전국민의 10분의 1을 추출하여 1/10스케일의 표본을 구성하든가, 난수표를 이용하여 필요한 수의 표본을 추출하여 그 표본에서 산업별 구성을 조사하고 그것을 토대로 전국민의 산업별구성을 추정하는 방법을 단순임의추출법 simple random sampling 이라 한다. 이 방법에 의한 추정의 효율은 그리 높지 않기 때문에 실제의 조사에서는 많이 사용되지 않는다. 오히려 미리 시, 군, 면 등의 행정구획을 추출단위로 하여 그 중에서 임의로 몇 개의 시, 군, 면을 추출한 다음 이 추출된 시, 군, 면 중의 세대명부에서 몇 개의 세대를 추출하는 이단

(二段)추출법 two stage sampling 이나, 추출을 하기 전에 미리 모집단을 몇 개의 같은 특질의 층으로 분류시켜 놓고 각 층에서 따로따로 추출하여 이를 종합하는 층화(層化)추출법 stratified sampling 등을 사용할 때가 많다. →표본조사

*무차별곡선 無差別曲線 indifference curve

시장가격이 주어져 있을 때, 동일한 일정의 효용수준을 주는 2개의 재화 또는 용역의 조합의 집합을 재화평면 commodity plane 에 도시한 곡선을 말한다. 따라서 소비자는 무차별곡선상의 모든 재화결합점에 대해서 무차별적인, 즉 똑같은 선호를 갖는다. 고전적인 한계효용균등의 법칙에 의하면 소비자균형은 각 재화의 한계효용이 그 가격에 비례할 때 이루어진다고 설명한다. 그러나 이 법칙에 대해서는 그것이 효용의 기수적(基數的) 가측성에 의거하고 있다는 비판이 가해졌다. 즉 어떤 재화의 한계효용을 10, 20 등과 같은 기수로 측정할 수는 없기 때문이다. 그러나 어떤 2개의 재화결합(q_1, q_2), (q_1', q_2')에 대해서 소비자는 둘 중에서 어느 하나가 더 좋다든지 또는 어느 것이나 상관없다든지 하는 선호순위를 표현할 수는 있을 것이다. 무차별곡선은 효용의 기수적 가측성에 의거하지 않고, 단순히 각 재화결합에 대한 소비자의 선호순위에만 의거하여 소비자선택이론을 전개할 목적으로 도입되었다.

2개의 재화만이 존재할 때 소비자는 주어진 가격조건하에서 자신의 소득으로 구입할 수 있는 모든 재화조합 (q_1, q_2), (q_1', q_2')을 나열할 수 있을 것이다. 그 조합들 중에서 소비자에게 서로 선택의 우선순위상 무차별한 조합의 집합을 그림으로 표시한 것이 무차별곡선이다. 선택의 우선순위상 무차별한 조합들이 무수히 많다고

가정하고 그린 것이 그림에서의 무차별곡선 Ⅰ이다. 만일 소비자의 소득이 증가했거나, 또는 재화가격이 하락하여 이전보다 더 많은 재화를 구입할 수 있게 된다면, 그는 더 높은 효용수준을 주는 무차별곡선 Ⅱ로 이동할 수 있다. 같은 논리로 그 밖에도 얼마든지 더 많은 무차별곡선들을 그릴 수 있는데, 이것을 총칭하여 무차별곡선군 indifference map 이라고 한다.

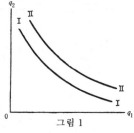

그림 1

효용함수를 $U = f(q_1, q_2)$라 할 때, 무차별곡선은 정의에 의해서
$$dU = f_1 dq_1 + f_2 dq_2 = 0, \quad f_1 = \frac{\partial f}{\partial q_1}, \quad f_2 = \frac{\partial f}{\partial q_2}$$
라는 수식으로 나타낼 수 있다. 따라서 무차별곡선의 기울기는 $\frac{dq_2}{dq_1} = -\frac{f_1}{f_2}$가 된다. $\frac{dq_2}{dq_1}$, 즉 무차별곡선의 기울기의 절대값을 한계대체율 marginal rate of substitution 이라 한다. f_1과 f_2는 각 재화의 한계효용을 나타내므로 $f_1 > 0$, $f_2 > 0$이다.

무차별곡선에 대해서는 다음의 4가지 성질을 지적할 수 있다. ① 무차별곡선의 기울기는 마이너스이다 $\left(\frac{dq_2}{dq_1} = -\frac{f_1}{f_2} < 0\right)$. 즉 무차별곡선은 우하향한다. ② 무차별곡선은 서로 교차하지 않는다. 이제 상이한 효용수준을 나타내는 무차별곡선 Ⅰ, Ⅱ가 A점에서 서로 교차한다고 하자. 그러면 A점과 B점, A점과 C점은 서로 무차별하다. 따라서 B점과 C점도 서로 무차별해야 한다. 그러나 B점과 C점은 서로 다른 무차별곡선상의 점들이므로 서로 무차별할 수 없다. 이것은 모순된 소비자행동을

나타낸다. ③ 원점에서 먼 무차별곡선일수록 보다 높은 효용수준을 나타낸다. 따라서 소비자는 가능한 한 더 높은 위치에 있는 무차별곡선으로 이동하려고 한다.

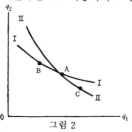

그림 2

④ 무차별곡선은 보통 원점에 대해서 볼록하다고 가정된다. 이 조건은 한계대체율이 체감하면 충족된다. 그러나 한계효용이 체감한다고 해서 반드시 무차별곡선이 원점에 대해서 볼록해지는 않는다는 점에 유의할 필요가 있다. 즉 한계효용체감은 그것의 충분조건이 아니다. 무차별곡선은 가격소비곡선 price-consumption curve 을 통한 수요곡선의 도출 및 가격효과의 분석 등 소비자선택의 이론에 널리 이용되는 분석도구이다. →소비자선택의 이론

〔참고문헌〕 Chiang, A. C., *Fundamental Methods of Mathematical Economics*, International Student Edition; Henderson, J. M. & Quandt, R. E., *Microeconomic theory*, McGraw-Hill, 1971; 조 순, 「경제학원론」, 1974.

무환수출·무환수입 無換輸出·無換輸入 export without foreign exchange. no-draft export · import without foreign exchange. no-draft import

무환수출은 환에 의한 대금결제 없이 행하는 수출을 말한다. 선물, 이사화물, 구조품과 같은 순전한 무환수출과 크레임의 처리를 위한 대체품의 수출이나 대리점의 수수료를 화물로 보내는 경우와 같이 어떤 형식으로든지 결제를 해야할 것이 있다.

그러나 무환수출은 외화획득에 도움이 되지 않을 뿐더러 자본도피의 수단이 되기 쉽다. 무환수입은 환에 의한 대금결제 없이 하는 수입을 말한다. ① 상품견본, ② 외국인의 사무용비품, ③ 무상의 선전용품, ④ 박람회출품화물, ⑤ 수리를 위한 수입화물, ⑥ 수출품의 반품화물, ⑦ 위탁가공무역계약에 의한 수입 등이 여기에 속한다. 또 장차 대가를 송금하게 되어 있는 수입도 현재 대가를 지불하지 않은 것은 무환수입으로 취급된다. →자본도피

물가수준 物價水準 price level

모든 재화의 가격을 평균하는 것이 아니고 구매하는 비율에 의하여 평균하는 의미를 가진다. 소비재가격의 평균을 소비재물가수준이라 한다. 이와 동일하게 도매가격의 평균으로서 도매물가수준, 재화일반 평균으로서 일반물가수준 등을 생각할 수 있다. 그리고 이러한 물가수준을 과거의 그것과 비교하기 위하여는 기준이 되는 연도의 물가수준을 100으로 하고 현재물가를 지수의 형태로서 표시한다. 이것을 물가지수 price index 라고 한다. 물가수준은 화폐와의 대응관계를 가지고 변화하므로 화폐경제의 내면적 구조를 이해하는 데 지표가 된다고 할 수 있다. →물가지수론

물가안정목표제 物價安定目標制 System of Price Stability Objective

명시적인 인플레이션 억제목표를 사전에 설정한 후 중간목표 없이 정책수단의 조작을 통하여 목표를 달성하려는 통화신용정책 운용방식으로서 1997년 말 한국은행법의 개정으로 우리나라에 도입되었다.

과거 통화정책의 우선목표를 경제성장 또는 완전고용에 두었을 경우 결국에는 인플레이션만 초래하였을 뿐 지속적인 성장은 거의 이루어지지 않았다는 반성에서 출발한 이 제

도는 1990년 뉴질랜드를 시작으로 캐나다, 이스라엘, 영국, 호주, 스웨덴, 핀란드, 스페인 등에서 채택하고 있다.

물가안정목표제에서 중앙은행은 먼저 중기적 관점에서의 적정 인플레이션 목표를 사전에 설정·공표하며 그 후 통화량, 금리, 환율 등 다양한 변수의 움직임을 분석하여 장래의 인플레이션을 예측함으로써 현재의 통화정책기조가 목표달성에 적합한지를 점검하게 된다. 그리하여 필요한 경우 공개시장 조작, 재할인정책 등의 정책수단을 사용하여 통화정책기조를 변경하는 등 목표 인플레이션에 도달하도록 정책을 시행한다.

인플레이션 지표로는 일반의 인지도가 높고 속보성도 있는 소비자물가지수를 사용하는 것이 일반적이나 소비자물가지수에서 기후조건이나 국제원자재가격의 상승과 같은 비통화적 요인에 의해 주로 영향을 받는 품목들을 제외시킨 근원 인플레이션 Underlying inflation을 별도로 산출하여 이용하는 경우가 많다. 우리나라의 경우 한국은행에서 설정한 물가안정목표는 2000년 현재 곡물이외의 농산물과 석유류를 제외한 소비자물가지수의 연평균 상승률로서 2.5±1%이다.

물가안정목표제가 효과적으로 운영되기 위해서는 적정한 인플레이션 억제목표의 설정과 함께 물가상황에 따라 통화정책의 기조를 결정하여야 하므로 인플레이션에 대한 정확한 예측 능력이 요구된다. 아울러 통화당국인 중앙은행이 정치적 영향 등으로부터 벗어나 독자적인 판단에 의하여 정책을 수행할 수 있는 여건을 조성하는 것이 매우 긴요하다고 하겠다.

[참고문헌] 한국은행, 『주요경제지표해설』, 1999

물가안정정책 物價安定政策 price stabilization policy

오늘날 자본주의국가에서는 디플레이션은 하나의 전설로 되고 인플레이션이 아주 일상화되고 있는 실정이다. 그것은 한편에서 가격기구의 자동조정적 기능이 약화 내지 경직화되어 있다는 것의 반영인 동시에, 다른 한편에서 팽창한 정부부문이 경기조정과 지속적인 경제성장을 위해서 끊임없이 유효수요를 증대시키기 때문이다.

인플레이션은 다음과 같은 폐해를 가져온다. 첫째, 물가가 상승할 때 모든 가격이 비례적으로 동일률만큼 상승하는 것은 아니다. 따라서 인플레이션에 대처하여 자신의 이익을 보호할 수 있는 적응능력에 차이가 발생하게 된다. 이렇게 해서 인플레이션은 고유한 생산활동에 의하지 않고 소득 및 부를 개인들 간에 재분배하는 사회적 경제적 역기능을 한다. 둘째, 인플레이션이 심화되는 시기에는 미래에 대한 불확실성이 한층 증대되어 합리적 계산을 보다 어렵게 한다. 그런데 생산설비에 대한 투자는 장기간에 걸친 수익예상에 근거해서 이루어지는 것이 보통이다. 따라서 인플레이션이 심화될 때에는 생산적 투자보다는 오히려 부동산 등의 특정자산과 물자에 대한 투기가 조장되는 경향이 나타나기 쉽다. 그 밖에 물가안정은 사회안정이라는 정치적 이유에서도 중요하다. 이 때문에 물가안정은 어느 나라를 막론하고 완전고용과 국제수지의 균형과 함께 경제정책의 주요 목표의 하나로 되어 있다. 물가안정은 생산과 고용에 큰 영향을 주지 않은 범위내에서 통화의 구매력을 유지시키는 것을 말한다.

물가안정정책에는 직접적 정책과 간접

적 정책이 있다. 전자로서는 물가통제정책이 있다. 이것은 주로 생활필수품과 임금에 대해서 실시된다. 현재 한국이 실시하고 있는 공공요금의 인가 또는 허가제가 이것의 일종이다. 그러나 이러한 직접통제는 자본주의의 시장원칙에는 부합되지 않으므로 광범위하게 적용할 수는 없다. 다음에 간접적 정책으로서는 ① 장기적으로 물량공급부족이 나타나고 있는 생산품에 대한 세제상의 특혜조치·보조금지급 등을 통한 생산자극정책, ② 단기간에 물량확보가 어려운 품목에 대해서는 수입을 허가하는 정책, ③ 독과점가격규제정책, ④ 농산물과 같이 수급의 계절적 변동이 심한 품목에 대한 정부의 일련의 수매·보관·방출정책, ⑤ 재정·금융정책 등을 들 수 있다. 물가안정정책으로서의 재정·금융정책은 총수요억제책의 형태를 취한다. 재정정책은 정부지출의 감소를 통해서 직접 총수요를 억제하는 반면에, 금융정책은 금리정책·지준률조작 등에 의한 긴축정책으로 민간투자수요를 간접적으로 억제하게 된다. 따라서 물가안정에 대한 효과는 금융정책보다 재정정책이 훨씬 강력하다. 일국의 물가안정정책은 위에서 열거한 모든 것들로 구성된 종합적 대책으로 수립되게 된다.

현재 한국도 물가안정책으로서 안정기조의 견지, 선별적인 자금방출, 독과점가격, 서비스요금의 규제, 유통구조의 개선, 가격의 직접통제 등을 포괄하고 있다. 그러나 한국의 경우에는 항구적인 물가안정을 위해서는 중화학공업의 기초 및 중간재 생산부문의 개발이 필요한 전제가 된다는 것이 강조되어야 한다. →인플레이션

물가연동제 物價連動制 indexation

임금, 금리 등을 결정할 때에 일정한 방식에 따라 물가에 맞춰 연동(連動)시키는 정책을 말한다. '물가지수에 맞춘다'라는 의미로 이렇게 부르지만 인덱싱 indexing 이라고도 부른다. 인플레이션의 진행에 의하여 생기는 명목가치와 실질가치의 차를 조정하여 인플레이션이 현실경제에 미치는 악영향을 중화하는 정책을 일반적으로 인플레이션 중립화정책이라 하지만 물가연동제는 그 구체적인 것이다. 가장 철저한 형태로 물가연동제를 도입한 국가는 브라질이다. 임금이나 각종 금리 뿐만이 아니라 개개의 매매계약가격과 세금에까지 물가지수연동방식을 사용하고 있다. 구미제국에서도 부분적으로 물가연동제를 채용하려는 경향을 보이고 있다. →인플레이션

*물가지수 物價指數 prices indices

물가수준의 시간적 변화를 측정하는 통계수치로서 2개의 시점 사이에 있는 많은 개별 상품가격의 종합적 변화를 취급하는 종합지수이다. 이 측정을 시행함에 있어 어떤 시장의 어떤 거래계층에서 어떤 상품을 해당시키느냐에 따라 여러 종류의 물가지수가 있을 수 있다. 우선 거래단계에서 보면 거래단계 중에서 도매시장에 해당되는 물가지수가 도매물가지수 wholesale price index 이다. 이 도매단계에 있어서 가격은 일반적으로 가장 파악하기 쉬우므로 도매물가지수는 역사적으로 오래 전부터 작성되어 왔다. 한국에서는 한은조사부의 '서울도매물가지수'가 그 대표적인 것이다. 소매시장에 관련되는 소매물가지수 retail price index 는 최종소비자가 구입하는 상품가격의 동향을 표시하는 것이다.

이 외에도 생계비지수 cost of living index number 가 있으며, 소비자의 생활분석이란 점에서 후자가 보다 이론적이다. 우리 나라의 대표적 물가지수로선 역시 한은조사부의 도매물가지수가 있다. 또 생계비지수로서는 통계청 조사의 소비자물가

지수가 대표적이다. 생산재나 소비재와 같이 상품의 종별에 의거하여 각자의 물가지수를 살펴볼 때에는 최종소비자의 소매라는 단계를 고려할 필요가 없으므로 생산재의 물가지수는 주로 도매단계에서 고려된다. 여기서 도매물가지수를 생산재지수와 소비재지수로 분류할 수 있다. 그러나 일반적으로 도매물가에 대해서는 그 성격이 애매하기 때문에 도매물가지수를 생산재물가지수로 생각하고 소매물가지수를 소비재물가지수로 하는 경우가 있다. 또 실제로는 도매물가지수를 일반물가수준의 동향을 표시하는 지수로 하는 경우도 적지 않다. 그런데 인플레이션 대책으로서 가격을 통제할 경우에는 상품의 거래는 공정시장 외에 암시장에서도 이루어지게 된다. 이 경우 생산재 및 소비재의 물가지수에 대하여 단지 공정가격만을 고려하는 때는 이 실제가격이 변동을 표시할 수 없다. 이러한 공정가격과 암가격의 양자를 반영하는 물가지수가 곧 실효물가지수 effective price index 이다.

끝으로 패리티지수 parity index 는 농산물가격정책의 기준에 사용되는 것이 일반적이다. 일반적으로 농가가 판매하는 농산물 가격에 대한 물가지수, 즉 농가수취가격지수와 농가가 구입하는 상품에 관한 물가지수, 즉 농가지불가격지수에 대한 비율은 농가를 중심으로 한 교역조건을 나타낸다. 이 값이 변동하면 그것은 농가경제가 타부문에 대하여 상대적으로 유리 또는 불리하게 되는 것을 표시한다. 즉 이 비율이 1일 경우 농가경제는 국민경제의 타부문에 대하여 기준시점과 동등한 상대적 지위에 있는 것이다. 국가가 농산물에 관한 가격정책을 결정하려고 할 때 상술한 비율, 즉 패리티 비율이 하나의 기준을 주는 것이다. 즉 농가지불가격을 기초로 한 패리티 비율을 고려하여 농가수취가격, 따라서 농산물가격

을 결정하는 것이다. 이 때 농가수취 가격지수는 농가지불 가격지수에 종속하여 결정되므로 후자를 패리티지수라고 부른다. →물가지수론, 물가지수산식, 지수

[참고문헌] Fisher, I., *The Making of Index Numbers*, 1922; Frisch, R., "The Problem of Index Number," *Econometrica*, Jan. 1936

* 물가지수론 物價指數論 theory of price indices

물가지수의 산정을 위해서 여러 가지 지수산식이 연구되었지만, 각 산식이 어떤 이론적 근거에 기준을 두고 물가수준이나 화폐의 구매력 변화를 측정하느냐를 설명하고자 하는 이론을 총칭한 것이다.

프리슈 Frisch, R. A. K. 에 의하면 물가지수론은 지수의 구성요소인 여러 가격과 거래수량과의 사이에 일정한 함수관계를 전제로 하느냐 않느냐에 의해서 함수적 물가지수론과 원자적(原子的) 물가지수론으로 대별된다. 먼저 원자적 물가지수론에 있어서는 상품의 가격과 수량이 독립되어 있다고 보고 수리적으로 지수산식의 구조를 정하는 것이 문제의 중심이 된다. 이와 같은 산식에는 총화법과 상대법이 있다. 총화법은 물가지수를 비교시점에서의 상품단가의 단순산술평균 및 가중평균의, 기준시점에서의 상품단가의 단순산술평균 및 가중평균에 대한 비율로서 정의한다. 이에 대해서 상대법은 개별적인 가격지수, 즉 각 상품에 대한 비교시점가격의 기준시점가격에 대한 비율을 단순평균 내지 가중평균하여 물가지수를 산정하려는 것이다. 구체적으로 말하면 라스파이레스식, 파쉐식, 피셔식, 에지워드식 등의 물가지수산식이 원자적 방법에 속한다.

한편 함수적 물가지수론에 있어서는 가격과 수량 사이에 일정한 함수관계가 있는 것이 전제가 된다. 이 함수적 방법은 소비

자와 생산자의 양측면에서 고찰할 수 있지만, 여기에서는 소비자의 선택권을 기초로 하여 설명하기로 한다. 현재 어떤 소비자가 그림에 나타나 있는 바와 같이 두 개의 상품 x, y에 관해서 주어지는 가격선 A와 그 효용의 무차별곡선 I와의 접점 E_0에서 소비균형상태에 있다고 하자. 이러한 경우 그는 일정한 지출로 최대의 효용을 얻고 있다. 이·지출을 $\sum_{i=0}^{n} p_0 q_{0i}$로 한다. 이제 이 기준시점의 가격체계를 표시하는 A선(혹은 A'선)이 비교시점에서는 B선(또는 B'선)으로 변화했다고 하자. 이 때에 소비자가 기준시점과 동일한 효용을 얻기 위해서는 무차별곡선 I상의 점으로 나타나는 지출의 조합을 얻지 않으면 안된다. 그리고 가격선이 B로 주어지면, 이전의 균형점 E_0는 이미 균형점이 아니며, 새로운 균형점은 E_1이 된다. 이 비교시점의 균형지출을 $\sum_{i=0}^{n} p_1 q_{1i}$로 표시한다. 함수적 방법은 이상과 같은 가격변화의 전후를 통하여 소비자에게 동일한 효용을 주는 지출을 비교하여, 비교시점의 지출 $\sum_{i} p_1 q_{1i}$의 기준시점의 지출 $\sum_{i=0}^{n} p_0 q_{0i}$에 대한 비율로서 물가지수를 정의하려는 것이다. 이와 같이 정의되는 정확한 물가지수를 구하기 위해 이것에 대한 상하 두 개의 한계치를 통계적으로 구해서 그 값을 추정하려는 것이

한계물가지수론이다. 이는 실제로 가장 응용도가 높은 함수적 물가지수론의 하나로 볼 수 있다.

그림에서 비교시점의 지출 $\sum_{i}^{n} p_1 q_{1i}$(B선상에 있음)은 기준시점의 균형구매량을 비교시점의 가격에 의해서 평가한 지출(B'선상에 있음) $\sum_{i}^{n} p_1 q_{0i}$보다 적은 것이다. 그 이유는 B선이 B'선보다 하위에 있기 때문이다. 똑같은 이유로 비교시점의 균형구입량을 기준시점의 가격에 의해서 평가한 지출(A'선상에 있음)$\sum_{i}^{n} p_0 q_{1i}$은 기준시점의 지출(A선상에 있음)보다 크다. 그것은 A'선이 A선보다 상위에 있기 때문이다. 따라서 다음의 부등식이 성립한다.

$$\sum_{i=1}^{n} p_1 q_{1i} < \sum_{i=1}^{n} p_1 q_{0i} \cdots\cdots\cdots\cdots (1)$$

$$\sum_{i=1}^{n} p_0 q_{0i} < \sum_{i=1}^{n} p_0 q_{1i} \cdots\cdots\cdots\cdots (2)$$

(1)과 (2)를 결합하여 정리하면 다음과 같은 부등식이 유도된다.

$$\frac{\sum_{i=1}^{n} p_1 q_{1i}}{\sum_{i=1}^{n} p_0 q_{1i}} < \frac{\sum_{i=1}^{n} p_1 q_{1i}}{\sum_{i=1}^{n} p_0 q_{0i}} < \frac{\sum_{i=1}^{n} p_1 q_{0i}}{\sum_{i=1}^{n} p_0 q_{0i}} \quad \cdots(3)$$

여기에서 $\dfrac{\sum_{i=1}^{n} p_1 q_{1i}}{\sum_{i=1}^{n} p_0 q_{1i}}$는 파쉐식(Passche

formula)의 물가지수이며, $\dfrac{\sum_{i=1}^{n} p_1 q_{0i}}{\sum_{i=1}^{n} p_0 q_{0i}}$는 라스파이레스식 Laspeyres formula 의 물가지수식이다. 앞서 함수론적인 방법에 의해 정의한대로 물가지수를 $\sum_{i}^{n} p_1 q_{1i} / \sum_{i=0}^{n} p_0 q_{0i}$로 하면 (3)식에 의해 이 식은 라스파이레스식이 상한으로 되고 파쉐식이 하한으로 된다. 다시 이와 같은 한계가치론에 대하여 진정한 물가지수를 일정하게 부여하려는 것에 근사치 물가지수론이 있다. →물가지수, 물가지수산식

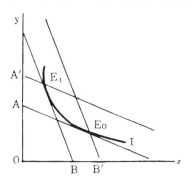

- 329 -

물가지수산식 物價指數算式

물가지수를 산정하기 위한 산식을 말한다. 여기에는 라스파이레스 Laspeyres, E. 식, 파쉐 Paasche, H. 식, 피셔 Fisher, I. 식 및 에지워드 Edgeworth, F. Y. 식 등이 유명하지만, 이것들은 어느 것이나 원자적 물가지수론에 속하고 있다.

첫째, 라스파이레스식 Laspeyres formula은 1864년 라스파이레스가 고안한 것이며 다음과 같은 산식으로 표시되고 있다. 즉 기준시점 0에서 모든 상품의 가격 및 수량을 각각 $p_{01}, p_{02}, \cdots\cdots, p_{0n}$ 및 $q_{01}, q_{02}, \cdots\cdots, q_{0n}$ 으로 하고, 비교시점 1의 가격과 수량을 각각 $p_{11}, p_{12}, \cdots p_{1n}$ 및 $q_{11}, q_{12}, \cdots, q_{1n}$ 으로 표시할 때 라스파이레스식에 의한 물가지수 L은 $L = \sum_{i=1}^{n} p_i q_{0i} \div \sum_{i=1}^{n} p_{0i} q_{0i}$ 로 주어진다. 결국 기준시점의 수량이 비교시점에 있어서는 거래되는 것으로 하고 거래금액이 기준시점에 비해 몇 배가 되느냐에 따라 물가의 움직임을 나타내려는 것이다.

둘째, 파쉐식 Paasche formula은 1874년 파쉐가 사용한 것으로, 그것은 다음의 산식에 의해서 주어진다. 즉 물가지수를 P 라고 하면, $P = \sum_{i=1}^{n} p_i q_{1i} \div \sum_{i=1}^{n} p_0 q_{1i}$ 즉 파쉐에 있어서 물가지수는 비교시점의 수량이 기준시점에서도 거래되고 있다는 전제하에서 비교시점 거래액의 기준시점 거래금액에 대한 비율이다.

셋째, 피셔식 Fisher formula은 1911년에 제창된 것이며, 그 지수 F는 다음과 같이 라스파이레스식 L과 파쉐식의 P의 기하평균치로 나타나 있다. 피셔는 이것을 수학상의 이유에서 이상산식(理想算式)이라 불렀다.

마지막으로 에지워드식 Edgeworth formula은 에지워드가 제창한 것이며, 물가지수를 E로 하면

$$E = \sum_{i=1}^{n} \frac{1}{2}(q_{0i} + q_{1i}) p_{1i}$$
$$\div \sum_{i=1}^{n} \frac{1}{2}(q_{0i} + q_{11}) p_{0i}$$
$$= \sum_{i=1}^{n}(q_{0i} + q_{1i}) p_{1i} \div \sum_{i=1}^{n}(q_{0i} + q_{1i}) p_{0i}$$

로 주어진다. 즉 이 물가지수는, 기준시점과 비교시점의 수량의 평균치가 제각기의 시점에서 거래되었다고 할 때에 비교시점 거래액의 기준시점 거래액에 대한 비율로 나타난다. 이 에지워어드식은 보울리 Bowley, A. L. 산식과도 동일하기 때문에 때로는 이것을 보울리식 Bowley formula 이라 할 때도 있다. →물가지수, 물가지수론

물량방식 物量方式

노동조합이 임금인상을 요구하기 위해 이론적 근거로 내세우는 생계비산출 방식이다. 산출 방법으로는 전물량(全物量) 방식과 반물량(半物量) 방식이 있다. 전물량 방식은 생활에 필요한 전 소비물자(서비스도 포함)를 모두 물량으로 표시하여 그 필요한 물자의 구입가격을 합산하는 방식이며 마케트 바스킷 market-basket 방식이라고도 한다. 반물량 방식은 이론적으로 결정하기 쉬운 식료품비에 대해서만 물량방식을 사용하고 다른 부문, 즉 주거, 광열, 피복, 오락비 등은 엥겔계수에 의해 산출하는 방법이다. →엥겔법칙·계수·함수

물세 物稅 ☞인세·물세

물품세 物品稅

물품세법(법률 제824호)에 규정되어 있는 특정한 물품을 제조장에서 반출하거나 판매장에서 판매할 때 또는 보세지역(保稅地域)에서 인수하기 위하여, 수입신고를 할 때에 그 반출·판매가격 또는 수량을 과세표준으로 하여 부과하는 조세이다. 과세물건은 주로 보석·귀금속류, 오락용제

품, 사치성 가전제품, 기호식품, 광학기기, 피혁 및 동(銅)제품, 사류(糸類), 직물 등이다. 그리고 납세의무자는 이들 물품을 제조하여 반출하는 자, 판매업자, 수입신고자 등이다. 적용되는 세율은 물품에 따라 다르다. 그러나 이 세는 1977년 7월 1일부터 부가가치세로 통합·폐지되었다. →소비세

뮈르달 Myrdal, Karl Gunnar (1898~1987)

스웨덴의 경제학자 및 정치가. 스톡홀름대학 재정학교수, 정부관계 제위원회위원, 상원의원, 중앙은행이사, 사회민주당 내각의 상공장관을 역임한 바 있으며, 1947년 이후에는 UN의 구주경제위원회(EEC)위원장으로 동서무역촉진을 위해 활약하였다. 1970년에는 경제학과 인접사회과학의 종합적 연구에서 보인 공로로 노벨경제학상을 수상했다.

그는 스톡홀름학파의 한 지주로서 종래의 정학적 균형이론에서 전제로 하고 있는 가격형성의 여건 이외에 경제주체에 관한 예상을 중요시한다. 그는 여건의 변화에 따라 성립되는 균형상태를 동학적 균형이라 규정하고 역사적 경제변동분석의 인식수단으로 삼으려 하였다. 그는 또한 린달 Lindahl, E. R.과 더불어 동태과정에 있어서의 시간요소와 예상요소의 작용을 중요시하고 피셔적 자본소득개념을 중심으로 하는 빅셀적 화폐이론의 동학적 확충을 시도하는 한편 기간분석방법을 비현실적이라 비판하였다. 그리고 빅셀 Wicksell, J. G. K.의 이론에서는 화폐적 개념이 결정적인 중요성을 갖는 것이라 생각하고 그것이 물가수준의 중심결정요인이라는 것을 부인하였다. 여기서 도출되는 화폐정책의 의의와 평가에 대해서는 린달과 대립하게 되었다

뮈르달은 화폐적 균형성립 제조건을 면밀히 검토함으로써 빅셀이론의 근저(根底)에 있는, 임의의 시점에 있어서 자연이자와 화폐이자와의 비교가능성에 주목하고 자본의 한계수익률개념을 중요시함으로써 빅셀적 누적과정의 양상을 명확히 하려 하였다. 재정학분야에 있어서도 그의 업적은 크다. 스웨덴정부는 그가 제안한 장기적 균형예산제도를 채택하게 되어 1930년대의 세계공황극복에 도움이 된 바 있다. 이 제도는 미국의 '보정적(補整的) 재정정책 compensatory fiscal policy'의 운영에 영향을 주었다 한다.

〔주 저〕 *Das politische in der nationalökonomischen Doktrinbildung*, 1932; *Population Crisis*, 1934; *Monetary Equilibrium*, 1939; *Population-Problem of Democracy*, 1940; *An International Economy-Problems and Prospects* 1956; *Economic Theory and Under-developed Regions*, 1957; *Challenge to Affluence*, 1962; *Beyond the Welfare State*, 1960; *Asian Drama-An Inquiry into the Poverty of Nations*, 1968.

미가의 가중평균방식 米價의 加重平均方式 weighted average system on producer's rice price

정부가 농가로부터 쌀을 매입할 경우 정부의 필요량과 정부가 필요로 하지 않는 양에 대해 별도의 산정방식으로 미가를 산출하여 이 두 개의 가격을 양과 관련시켜 가중평균한 가격을 생산자미가로 하는 방식이다.

미 공법(美公法 P. L) 408호 Agricultural Trade Development and Assistance Act of 1954

미국 국내에서 남은 농산물을 해외에 매각하여 잉여를 완화하고 이것을 대외원조에도 이용하려는 목적으로 제정한 법이다. 피원조국은 이 수매에서 자국통화로 지불

할 수 있다.

미니맥스원리(原理) minimax principle

게임이론상의 하나의 전략선택원리로서, 게임에 임하는 당사자가 선택 가능한 모든 전략 strategy 중에서 가상적으로 각각 전략을 선택했을 때 최악의 결과를 기대하고, 그 최악의 결과들 중에서 그래도 최선의 결과를 가져오는 전략을 선택하는 원리를 말한다. 예를 들면 A와 B 두 사람이 각각 두 가지 전략을 갖고 있는 다음의 경우를 생각하자.

	B₁	B₂
A₁	5	3
A₂	4	1

〈표〉

표에서 A_i, B_i $(i=1, 2)$는 각각 A와 B가 선택할 수 있는 전략이고, 수치는 A와 B가 각각 해당 전략을 선택했을 때 B가 A에게 지불하기로 되어 있는 금액(원)을 나타낸다. 이것을 영계(零計)2인 게임 zerosum two preson game 이라고 한다. 이제 A가 미니맥스원리에 따른다고 가정하고, 어떤 전략을 선택할 것인가를 알아본다. 만일 A가 전략 A_1을 선택한 경우, B가 B_1을 선택하면 5원을, 그리고 B_2를 선택하면 3원을 받을 것이다. 따라서 A는 미니맥스원리에 따라 A_1을 선택하면 B로부터 3원을 받게 될 것이라고 기대한다. 한편 A가 A_2를 선택한 경우, 마찬가지로 그는 B로부터 1원을 받게될 것이라고 기대한다. 결국 A는 전략 A_1의 최소치 3원과 전략 A_2의 최소치 1원 중의 최대치 3원을 가져다 주는 전략 A_1을 선택하게 된다. 이상의 방법을 B의 입장에서 반복하면 그는 전략 B_2을 선택하게 된다. →게임이론

미분방정식 微分方程式 differential equation

변수, 함수, 도함수를 포함하는 방정식을 말한다. 1차도함수 $\dfrac{dy}{dx}$를 포함하는 방정식의 일반형은 $f\left(x, y, \dfrac{dy}{dx}\right) = 0$이다. 이것은 1차도함수를 포함하므로 1계(一階) 미분방정식 differential equation of the first order이라 불리운다. 이에 대해 2차도함수 $\dfrac{d^2y}{dx^2}$를 포함하는 미분방정식을 2계(二階) 미분방정식 differential equation of the second order 이라고 한다. 한편 미분방정식이 y 및 $\dfrac{dy}{dx}$에 관한 1차식(단, 계수는 x의 함수라도 무방하다)으로 이루어졌을 때, 예컨대 $\dfrac{dy}{dx} + \mu(x, y) = \omega(x)$ 같은 미분방정식을 1계선형미분방정식(一階線形微分方程式) linear differntial equation of the first order 이라고 한다. 경제학에서는 1계선형 및 1계미분방정식이 주로 이용되고 있다. 이상은 미분방정식의 형태에 관한 서술이고, 아래에서는 미분방정식의 해의 종류와 몇 가지 해법 및 경제학에서의 구체적인 응용예를 살펴보고자 한다.

먼저 해의 종류에 한해서는 아래와 같다. 임의의 1계미분방정식을 만족시키는 해는 무수히 존재하지만 그들은 모두 하나의 임의상수의 차이에 불과하다. 따라서 1계미분방정식의 모든 해는 하나의 임의상수를 포함하는 동일식으로 표현된다. 이 해를 일반해 general solution 라고 한다. 이 때 일반해에다 이미 주어진 x, y의 값(이것을 초기조건 initial condition 이라 한다)을 대입하면 임의상수의 값이 정해진다. 이것을 특수해 special solution 라 한다. 다음에는 1계미분방정식의 간단한 해법을 몇 가지 유형에 따라 간단한 예를 들면서 설명한다. 1계1차미분방정식은 M, N을 x, y의 함수라 할 때,

$M(x,y)dx+N(x,y)dy=0 \cdots\cdots (1)$
와 같은 미분형식으로 주어진다. (1)에 대해서는 다음의 세 가지 해법을 생각할 수 있다.

① 변수분리형 : 대수적인 방법에 의하여 M, N을 $M_1(x)$, $N_1(y)$로 변형할 수 있다면 (1)은,
$M_1(x)dx+N_1(y)dy=0 \cdots\cdots (2)$
와 같이 변수가 분리된다. 이 경우에는 적분에 의하여 일반해
$\int M_1(x)dx + \int N_1(y)dy=0$을 얻는다.

② 동차미분방정식 : 일반적으로 $F(x,y)$는 $F(kx,ky)=k^nF(x,y)$일 때, n차의 동차함수이다. 미분방정식 (1)에서 M과 N이 x,y에 대해서 같은 차수의 동차함수일 때 (1)을 동차형이라 한다. 이 경우 (1)은 다음과 같이 고쳐 쓸 수 있다.
$\frac{dy}{dx}=-\frac{M}{N}=f\left(\frac{y}{x}\right) \cdots\cdots (3)$
이 때 $\frac{M}{N}$은 x,y에 대해서 0차동차함수이다. 이 경우에 종속변수를 치환, $y=vx$로 바꾸어줌으로써 (3)은
$\frac{d(vx)}{dx}=f(v), \quad x\frac{dv}{dx}+v=f(v),$
$\frac{dv}{f(v)-(v)}=\frac{dx}{x} \cdots\cdots (4)$
와 같은 변수분리형으로 된다. (4)를 적분하고 v를 $\frac{y}{x}$로 바꾸면 구하는 해를 얻을 수 있다.

③ 완전미분방정식 : 주어진 미분방정식에 있어서 변수분리가 되지 않는다 하더라도, 그 방정식이 어떤 적분가능한 함수들의 조합으로 되는 경우가 있다. 보기를 들면 방정식
$(2x+y)dx+xdy=0$은 $2xdx+(ydx+xdy)$
$=0$
인 꼴로 쓸 수 있고, 따라서
$d(x^2)+d(xy)=0$
이므로 적분에 의하여 $x^2+xy=c$인 해를 얻는다. 일반적으로 미분방정식
$M(x,y)dx+N(x,y)dy=0 \cdots\cdots (1)$
에서 그 좌변이 어떤 함수 $\mu(x,y)$의 전미분일 때, 즉 $Mdx+Ndy=d\mu$일 때 (1)을 완전미분방정식이라고 하며 그 해는
$\mu(x,y)=c$
이다. 한편 함수 μ의 전미분이 $d\mu=\frac{\partial\mu}{\partial x}dx+\frac{\partial\mu}{\partial y}dy$이므로, (1)이 완전미분방정식이 되기 위해서는
$\frac{\partial\mu}{\partial x}=M, \quad \frac{\partial\mu}{\partial y}=N$
이어야 한다. 이 때 $\mu(x,y)$가 연속함수라면 $\frac{\partial^2\mu}{\partial y\partial x}=\frac{\partial^2\mu}{\partial x\partial y}$이므로 $\frac{\partial M}{\partial y}=\frac{\partial N}{\partial x}$을 얻는다. 이것은 (1)이 완전미분방정식인가의 여부를 판정하는 기준이 된다.

끝으로, 미분방정식의 경제학에서의 응용을 고찰하기 위하여, 미분이론 중 가격결정의 동학적모형을 설례(設例)로 든다. 다음의 설례는, 여건의 변화가 경제모형내의 각 변동에 미치는 영향을 신구(新舊)균형점을 비교함으로써 파악하는 비교정학과는 근본적으로 다른 동학모형이므로, 이에 대한 깊은 이해는 동학과 정학의 차이를 인식하는 데 도움이 될 것이다. 먼저 단순화를 위하여 특정 재화에 대한 수요공급함수를 다음과 같이 선형함수로 가정하자.
$Qd=a-bp$
$Qs=-c+dp \cdots\cdots (5)$
$\left(\begin{array}{l}a,b>0,p\text{는 가격}\\c,d>0,Qd,Qs\text{는 재화의 수요공급량}\end{array}\right)$
균형가격 $\bar{p}$를 알기 위하여 $Qd=Qs$를 풀면 $\bar{p}=\frac{a+c}{b+d}>0$가 된다. 이 때 만약 초기의 가격 p가 $\bar{p}$라면, 이미 시장에서 균형이 이루어진 것을 의미하므로, 어떤 동학적 조절과정에 대한 설명이 필요없다. 따라서 여기서는 일단 $p(0)\neq\bar{p}(p(0)\lessgtr\bar{p})$을 가정하고, 시간이 충분히 흐를 때($t\to\infty$), 가격의

- 333 -

조절메카니즘이 과연 $p(t)$(t시점에서의 가격)를 $\bar{p}$로 수렴시키겠는가에 논의의 초점을 두고자 한다. 이러한 문제에 응하기 위해서는 먼저 시간경로 time path에 따른 가격의 시간변화율 $\dfrac{dp}{dt}$를 초과수요 $F_c=Qd-Qs$의 함수로 가정한다. 즉,

$$\frac{dp}{dt}=\alpha(Qd-Qs)\cdots\cdots\cdots\cdots(6)$$

α는 $\alpha>0$로서 조절계수 adjustment coefficient 라고 한다. (6)식에 (5)식을 대입하면

$$\frac{dp}{dt}=\alpha(a+c)-\alpha(b+d)p$$

또는

$$\frac{dp}{dt}+\alpha(b+d)p=\alpha(a+c)\cdots\cdots\cdots(7)$$

가 된다. (7)식은 1계1차미분방정식이다. (7)식을 이미 논의된 변수분리형 해법에 의하여 풀면 다음과 같다.

$$p(t)=\left[p(0)-\frac{a+c}{b+d}\right]e^{-\alpha(b+d)t}+\frac{a+c}{b+d}$$
$$=[p(0)-\bar{p}]\,e^{-kt}+\bar{p}\cdots\cdots\cdots\cdots(8)$$

단, $k\equiv\alpha(b+d)>0$

(8)식의 양변에 $t\to\infty$일 때 극한치를 취해 주면

$$\lim_{t\to\infty}p(t)=\lim_{t\to\infty}[p(0)-\bar{p}]e^{-kt}+\bar{p}$$
$$=\bar{p}(\lim_{t\to\infty}e^{-kt}=0)$$

즉 $\lim_{t\to\infty}p(t)=\bar{p}\cdots\cdots\cdots\cdots\cdots(9)$이다.

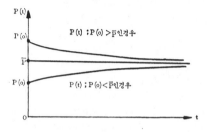

(9)식을 경제학적으로 해석하면, 시간이 충분히 흘렀을 때 t시점에서의 가격 $p(t)$는 균형가격 $\bar{p}$에 수렴한다는 것이다. 이것을 그림으로 표시하면 아래와 같다.

따라서 이 균형조건은 동학적으로 안정적임을 알 수 있다. 이상이 미분방정식을 이용한 동학모형의 일례이다. →동학 · 정학

＊미시경제학 · 거시경제학 微視經濟學 · 巨視經濟學 micro-economics · macro-economics

일반적으로 경제학은 미시경제학과 거시경제학으로 나누어 진다. 미시경제학은 경제적 의사결정의 주체인 개별단위, 예컨대 가계, 기업, 생산요소의 공급자(노동자, 자본가, 지주 등)와 이들 상호간의 관계, 나아가서 개별시장의 행위를 대상으로 삼는 반면, 거시경제학은 경제전체에 걸쳐 또는 경제전체를 주요부분(총소비, 총투자, 총저축, 정부지출 등)으로 나누어, 모든 개별적인 재화와 용역을 집계하고 그 총계를 대상으로 삼는다. 즉 미시경제학은 개별단위를 강조함으로써 상대가격, 교환관계, 주어진 자원의 배분 및 일정수준의 소득의 분배 등을 대상으로 한다.

반면에 거시경제학은 경제의 총체적 측면을 강조함으로써 상대가격을 주어진 것으로 보고 소득, 고용 및 가격의 총체적인 수준, 인플레이션 및 경기후퇴, 실업 및 완전고용, 경제성장률 등을 다룬다. 미시경제학과 거시경제학에 대한 상대적인 관심은 경제학의 발전과정을 통하여 볼 때 여러 차례 바뀌어 왔다. 1776년의 아담 · 스미스 Smith, A.에서부터 19세기 중엽의 마르크스 Marx, K.H.에 이르기까지 경제학은 미시적인 측면과 거시적인 측면에 다 같이 관심을 두었고 구태여 양자의 명백한 구별을 시도하지 않았다. 19세기 후반에

이르러 오스트리아학파, 한계효용학파, 신고전학파로 불리는 경제학자(예컨대 제본스, 마샬, 멩거, 왈라스 등)들은 경제학의 관심을 상대가격이나 특정한 재화와 용역에 대한 수요 및 공급의 미시경제적 측면에 돌렸다. 그러나 1930년대의 침체기에 이르러 케인즈 Keynes, J. M.를 비롯한 여러 경제학자들이 경제분석의 역점을 다시 국민소득, 실업, 공황 등과 같은 거시적 문제에 두게 되었다. 그러나 근년에는 양자의 상호의존성이 더욱 강조되고 있다. 즉 이는 미시경제학에서 가격이 중요한 역할을 한다고 해서 소득개념을 무시할 수 없으며, 거시경제학에서 가격을 무시할 수 없음을 뜻한다. 요컨대 경제분석의 각 분야는 당면한 문제의 해결에 공헌하여야 할 과제를 갖고 있다. 거시적 분석은 경제체제 전체의 파악을 강조하는 데 비하여 미시적 분석은 경제체제의 각기 다른 단위들의 상호의존관계를 분석하는 데 그 초점을 둔다. 따라서 이 두 가지 분석방법의 장점은 동시에 약점이 되기도 한다. 거시경제적 변수들과 그 관계식에 집착한 나머지 개인의 선호 및 행위에 관한 미시경제적 측면이 무시되고 각각의 경제단위 사이의 미시경제적 상호관계만을 강조하게 되면 구성의 오류 fallacy of composition, 즉 경제체제의 한 부분에서 보아 진리인 것은 체제 전체로 보아도 진리라고 생각하는 잘못을 저지르기 쉽게 된다.

〔참고문헌〕Ackley, G., *Macroeconomics*, 1961; Stigler, G. J., *The Theory of Price*, 1953, rev. ed., 1959.

미이드 Meade, James Edward
(1907~　)

영국의 경제학자. 케임브리지대학을 졸업했다. 1938년 국제연맹의 금융부 및 경제정보부 요원이 되어 L. N. World Economic Survey를 편집하였으며, 1940년 처칠 전시내각의 경제부 자문위원을 역임했다. 그 후 런던대학을 거쳐 현재에는 케임브리지대학교수로 있다. 그는 국제경제이론에서의 공로로 올린 Ohlin, A. G.과 1977년도 노벨경제학상을 공동수상했다.

그는 케인즈적인 입장에 서는 경제정책학자로서, 그의 *An Introduction to Economic Analysis and Policy*(1936)는 케인즈경제학 및 정책적 응용에 대한 특징있는 입문서로서 알려져 있으며 그의 정책적 입장이나 분석수법을 가장 잘 나타내고 있는 것으로는 *Planning and the Price Mechanism — the Liberal-Socialist Solution*(1948)이 있다. 그는 가능한 한 개인적 자유를 보증하면서 완전고용·경제안정·경제적 평등의 실현을 정책목표로 들고, 이들 정책목적 간의 모순을 적절한 정책채용으로 조정하는 것을 과제로 하여 생각할 수 있는 정책에 대하여 그 장단을 비교하고 그 효과를 판정하려고 하였다. 직접통제는 개인의 창의와 자유를 저해한다고 생각하여 이자율·세율의 조작, 사회정책의 확충, 경쟁의 촉진, 독점적 산업의 사회화 등의 간접적인 조작에 의존하여야 한다고 말하고 있다.

한 나라의 경제정책의 성패는 국제수지와 밀접한 관련을 갖는다. 그는 이 점에 대하여 직접적인 무역통제보다는 환시세의 조정을 통한 목적 달성이 좋다고 말하고, 이 원칙의 적부는 국제적 협력 여하에 달려있는 것임을 강조하고 있다. 이러한 측면을 더욱 면밀히 분석한 것이 *The Theory of International Economic Policy*, Vol. I, *The Balance of Payments*(1951), *A Geometry of International Trade*(1952)로, 여기에서 재정정책, 가격조정, 직접통제 등을 각 조건에 대응하는 정책목표의 효과와 관련하여 검토하고 있다. 또한 국제수지 잔고문제를 연구하여 자본이동을 내생적 요인으로 들고 있는 점에서 주목할 만하다. 그의 특징은 경제이론의 성과를 특정문제에 유효하게 적용하는 탁월한 능력을 가진 점으로 그의 모든 저서에 잘 나타나 있다.

[주 저] *An Introduction to Economic Analysis and Policy*, 1936; *Planning and the Price Mechanism—the Liberal Socialist Solution*, 1948; *The Theory of International Economic Policy*, Vol. 1, 1951; *The Balance of Payments*, 1951; *A Geometry of International Trade*, 1952; *Public Works in their International Aspect*, 1933; *The Rate of Interest in a Progressive State*, 1933; *Consumer's Credit and Unemployment*, 1937; *The Economic Basis of Durable Peace*, 1937; *National Income and Expenditure*, 1944.

미제스 Mises, Ludwig Edler von (1881~1973)

오스트리아 태생의 미국경제학자. 그는 오스트리아학파에 속하나 화폐이론가로서의 그는 철저한 자유주의자로서도 유명하다.

그의 최대의 공헌은 뵘바베르크 Böhm-Bawerk, F. v. 등의 근대경제학의 선구자들이 충분히 개척하지 못하였던 화폐이론체계를 완성한 데에 있다. 그의 화폐이론은 한계효용학설의 입장을 취하며 화폐의 역사적 연속성을 강조하고 있다. 따라서 그의 신용이론은 은행의 신용구조가 생산구조와 경기상태에 어떻게 영향을 미치는가를 음미함으로써 강제저축, 자연이자율과 화폐이자율과의 괴리, 신용의 불안정성에 의한 생산재가격과 소비재가격과의 상대적 변화 등의 현상을 추구하여 화폐적 경기이론의 전개에 있어 중대한 역할을 하였다.

그리고 계획경제론의 분야에 있어서도 그는 '사회주의의 이론적 불가능성' theoretical impossibility of socialism 을 입

증한 점에서 유명하다. 개인의 자유는 인위적 경제계획과 양립될 수 없으며 다만 자동적 제력(諸力)에 의하여서만 보증된다고 보고, 이러한 제력의 운영에 필요한 제제도(諸制度)가 배제된 여하한 계획도 유해하다고 보았다. 금본위제도를 자동적 제력의 운영에 필요한 하나의 제도로 보고 있는 것이다. 그러나 그의 이러한 사상은 후기의 저서에서 볼 수 있듯이 상당히 많이 수정되었다.

[주 저] *Theorie des Geldes und der Umlaufsmittel*, 1912; *Die Gemeinwirtschaft, Untersuchungenüber den Sozialismus*, 1922; *Geldwertstabilsierung und Konjunkturpolitik*, 1928; *Die Ursachender Wirtschaftkrise*, 1931; *Nationalökonomie*, 1940; *Planned Chaos*, 1947; *Human Action, A Treatise on Economics*, 1949.

미첼 Mitchell, Wesley Clair (1874~1948)

미국의 경제학자. 시카고대학과 비인대학에서 수학하고 후에 컬럼비아대학교수가 되었다. 전국경제조사국을 설립하는 데 참여했고 미국과학계의 실천주의적 성격을 가장 잘 대표하는 경제학자로서 미국의 제도학파 instiutional school 의 사상 위에 경기변동의 통계적, 실천적 연구에 몰두했다. 그 이전의 경기변동이론이 통계자료를 이론의 특정단계에 대한 방증(傍證)으로 삼는 전통을 파괴하고 조직적인 통계적 연구에서 얻은 가설로부터 출발하였고, 추상적 이론의 추구로 장래의 상태를 추측하는 방식을 지양하여 그 통계적 검증을 추구했다. 경기변동을 단순한 이론의 영역으로부터 경험해명의 영역에 올려, 단순한 경기이론으로부터 경제체계운행의 이론으로 확립했다. 이를 추구하기 위해서는 방대한 시계열의 분석을 요구한다. 미첼은 전국경제조사국을 조직하여 이 과업을 수행하는

한편 그로부터 얻는 추론을 검증하기 위하여 역사적 자료의 중요성을 강조하고 있다.

또한 경기순환이 방대한 실업을 초래하고 일국의 자원을 낭비하며 부나 소득의 불평등한 분배를 가져온다고 생각한 그는 제도학파의 한 사람으로서 개량주의적 입장을 취하여 광범위하게 사적 창의를 허용하면서 국가적 경제계획 아래 일반복지를 증진시키는 일이 가능하다는 견해를 표명했다.

〔주 저〕 *A History of Greenbacks*, 1903; *Business Cycles and their Causes*, 1913; *Business Cycles and Unemployment*. 1923; *Business Cycle; the Problem and its Setting*, 1927; *Measuring Business Cyles*, 1947; *What happens during Business Cyles*, 1951.

밀러 Miller, Merton M. (1923~)

밀러교수는 1944년에 하버드대학에서 학부를 졸업하고 1952년에 존스홉킨스대학에서 박사학위를 받았다. 졸업 후 1953~61년 펜실베니아주의 카네기·멜른대학에서 가르쳤으며 1961년부터 시카고대학 경영대학원의 교수로 재임해왔다.

밀러교수는 동료교수인 모딜리아니교수와 함께 현대기업금융이론을 발전시켰다. "모딜리아니·밀러이론", 즉 "MM이론"은 현대 기업금융이론의 시발점이 되는 바 자금경색이나 조세가 없이 자금시장이 완전경쟁하에 있다면 어느 개별 기업이 발행하는 채권과 주식은 완전한 대체재가 되기 때문에 자금조달에 있어서 채권과 주식의 포트플리오(적정비율) 구성문제는 전혀 일어나지 않는다는 사실을 강조한다. 그러나 실제로는 조세부담과 자금경색의 존재 때문에 결국 채권과 주식간에 적정비율 같은 것이 있을 수 있다는 사실도 성립한다.

경제학에 있어 세 개의 큰 경제주체는 가계, 기업, 정부인데 이 중에서 기업의 경영행태나 금융행태를 연구하고 또한 이것이 경제 전체에 미치는 영향을 분석하는 것은 지극히 중요한 일임에 틀림없다. 그러므로 일찌기 이 분야에서 개척자 정신을 발휘하여 많은 업적을 쌓은 밀러교수가 1990년 노벨경제학상을 수상한 것은 당연한 일이라 할 수 있을 것이다.

바그너 Wagner, Adolph Heinrich Gotthilf (1835~1917)

독일의 경제학자. 슈몰러 Schmoller, G. v., 브렌타노 Brentano, L. J. 와 같이 후기 역사학파를 대표하고, 사회정책학회에 있어서는 브렌타노의 자유주의적 좌익, 슈몰러의 중간파에 대하여 국가사회주의적 우익의 통솔자였다. 처음에는 바그너도 역시 자유주의적 금융·재정·무역정책의 신봉자로서 현실문제를 취급하고 있었으나 로서 Roscher, W. G. F., 슈몰러, 브렌타노가 노동자의 자유적 단결에, 슈몰러가 중산계층의 유지·육성에 치중한 데 대하여 바그너는 국가에 의한 대자본억압에 치중하였다. 여기서 조세에 의한 분배정의의 실현이 주장되고 그의 국가사회주의가 시작되어 사유재산제의 국가적 제한조차 고려하기에 이르렀다. 그의 국가사회주의는 슈몰러에 앞섰으며, 그만큼 강렬하였고 일찍부터 비스마르크의 지지자였다.

프로이센의 융커적 관료국가를 주체로 하고 자본가를 객체로 하는 그의 사회개량에 있어서 노동자는 단순한 수익자에 불과하고, 따라서 자본주의사회는 밑으로부터의 개혁에 의하여 폐기될 것이 아니고 분배과정의 수정을 통해서 존속시켜야 할 자연질서였다. 그의 유명한 국가경비팽창의 법칙은 역사적 고찰에서 얻은 결론인 동시에 경비를 생산적인 것으로 보는 사고방식에서 나온 요청이기도 했다.

[주 저] *Finanzwissenschaft*, 4Bde. 1877—1901; *Grundlegung der politischen Ökonomie*, 1892—94; *Die Strömungen in der Sozialpolitik und der Katheder-und Staatssozialismus*, 1912.

바이너 Viner, Jacob (1892~1970)

캐나다 태생의 미국 경제학자. 하버드대학에서 타우시그 Taussig, F. W. 교수 지도하에 학위를 획득하고 국제무역론을 전공하였다. 그는 1937년에 저술한 *Studies in Theory of International Trade*로 유명해졌으며, 여기에서 국제경제이론에 대하여 중상주의 비판에서부터 근대적 트랜스퍼이론까지의 과정을 자세히 취급하였다. 또한 1924~49년까지의 논문을 모아 *International Economics Studies*를 출판하여 이론적 분석과 정치적 분석에 대한 융합을 취급하였으며, 내용으로는 국제가치론·관세론·국제금융론·대외정책론·원자력문제·경제계획서 등이 광범위하게 논술되어 있다.

그는 항상 고전학파와 케인즈학파의 중간적 입장에서 국제경제학의 독자적인 체계를 확립하려 하고 있으며 뉴딜정책에는 대체로 반대의 입장을 취하였다. 또 그는 「국제무역과 경제발전 *International Trade and Economic Development*」(1953)에서 논급하기를 빈곤에 있어서 농업이나 공업자체의 결여가 아니고 빈곤한 농업, 빈곤한 공업의 문제라고 하였으며, 농공업의 선택문제에 있어서도 우선권을 논의하지 않았고, 양자 중에서 목표를 선택하는 것은 자본가, 기업가, 노동자의 자유에 일임하는 것이 좋다는 정태적인 비교생산원리에 입각한 이론을 전개하였다. 그는 일반적으로 후진국의 공업화를 지지하는 많은 학자와 달리 빈곤과 후진국의 기본적인 요인을 제거하는 방책으로서 농업의 발전을 중시하고 있다. 1958년에는 "The Poorer Countries, Problem, Instability and Progress in the World Economy"란 논문 중에서 빈국 경제의 안전과 진보에 관한 문제를 취급하였다.

[주 저] *Dumping — A Problem in International Trade*, 1923; *The Relations Between Free Market and Controlled Economies some Aspects of Customs Unions*, 1943; *International Trade and Economic Development*, 1953; *Studies in the Theory of International Trade*, 1937; *International Economics*, 1951.

바터무역(貿易) barter trade

구상(求償)무역이라고도 한다. 바터라 하면 처음부터 금전의 수수가 없는 물물교환경제를 지칭한다. 무역용어로서는 상품의 수출과 수입을 하나의 환결제방법으로 상호결속시키는 무역형태를 말한다. 바터무역에서는 무역품목이 협정되고 또 수출액과 수입액이 균형을 이루도록 하기 위하여 외국환의 수급을 필요하게 하는 대차의 차액을 내지 않도록 무역통제를 행하게 된다.

바터무역의 형태에서는 다음 세 가지가 있다. ① 상계(相計)신용장 back to back

credit 방식 : 양거래자가 동시에 신용장을 개설한다. ② 조건부양도신용장 escrow credit 방식 : A국의 수입업자가 B국의 수출업자로부터 상품을 수입했을 때, 그 대금을 B국의 수출업자에게 직접 지급하는 것이 아니고 제3국인 A국의 지정은행에 지급하면 그 은행이 이를 수출업자의 예금으로 예수(預受)하고, B국의 수입업자가 A국의 수출업자로부터 상품을 수입하는 경우,·이 예금으로 충당하여 정화(正貨)의 국제이동 없이 수출입을 가능케 하는 방식이다. ③ 토머스 신용장방식 : 한편에서 수입신용장을 개설하는 대신 상대편은 일정기간내에 수입한다는 수입보증장을 내게 되는 방식이다.

반응곡선 反應曲線 reaction curve

복점균형에 관한 쿠르노 모형은, 복점자(複占者) 쌍방이 적대기업의 현재의 생산량을 일단 주어진 것으로 보고, 그에 응하여 자기에게 가장 유리한 생산량을 결정해가는 메카니즘을 설명한 것이다.

즉 복점자들이 그때그때의 주어진 시장상황에 대해 수동적으로 적응해가는 하나의 모색과정을 나타낸 것이다. 그는 두 사람이 인접한 광천에서 동질의 광수를 공급하는 경우를 예로 들었다.

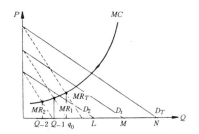

그림 1에서 D_T곡선은 광수에 대한 시장수요곡선이고, MR_T는 그에 대한 한계수입곡선이다. 공급자 A는 그의 경쟁자 B

가 전연 광수를 공급하지 않는다면 독점자의 위치에서 MR_T곡선과 MC곡선의 교차점이 가리키는 q_0를 공급한다. 이 때 만약 B가 NM을 공급한다면 A가 직면하는 수요곡선과 한계수입곡선은 각각 D_1과 MR_1으로 이동한다.

그에 따라 A의 최적공급량은 Q_{-1}의 수준으로 감소한다. 또 만약 B가 LN을 공급한다면 A는 D_2와 MR_2의 교차점인 Q_{-2}를 공급할 것이다. 여기서 B의 공급량의 변화에 따른 A의 반응을 하나의 표로 종합하면 아래와 같고, 이러한 관계를 그림으로 표시하면 그림 2에서 AA'곡선이 얻어진다.

〈표〉

B의 공급량	A의 공급량
O	q_0
MN	Q_{-1}
LN	Q_{-2}

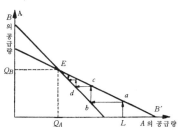

이 곡선은 B의 공급량이 주어질 때 A의 공급량이 어떻게 반응하는가를 표시하는 것이므로 반응곡선이라 불리워진다. 한편 B의 입장에서 A의 각 생산량에 대한 자기의 반응을 나타내는 반응곡선 BB'를 같은 절차로 구할 수 있다. 이와 같은 상황을 가정하면, A와 B의 균형공급량은 두 반응곡선의 교차점에서 결정되고 A는 Q_A를, B는 Q_B를 공급하게 된다. 만약 이 균형점에서 이탈하면 복점자들은 상호반응을 계속하여 균형점으로 되돌아 온다. 이

반응메카니즘을 약술하면, 가령 A가 OL을 공급한다면 B는 그에 대한 반응으로 aL을 공급한다.

그러나 B가 aL을 공급한다면 이번에는 A가 그에 대한 반응으로 b점의 위치로 옮겨간다. 이러한 상호반응은 결국 복점자의 공급량의 구성을 b점에서 c점으로, c점에서 d점으로 옮겨 E점에 이르게 한다. 끝으로 쿠르노모형에서 복점자의 의사결정이 상호의존관계에 있음에도 불구하고 균형이 성립하는 것은 양자의 반응이 일정한 패턴을 좇을 것이라는 가정이 포함되었기 때문이다. 그러나 현실적으로 A, B 둘 다 서로의 허점을 찌를 속셈으로 서로 각자의 반응패턴을 갑작스레 바꿀 가능성을 배제할 수 없으므로 결국 반응곡선은 무효화되고, 각자의 최적공급량은 결정되지 못할 것이다. 그러므로 쿠르노모형은 과점의 본질을 의도적으로 사상(捨象)시켜 문제의 핵심을 회피하였다고도 할 수 있다.

발권은행 發券銀行 bank of issue

은행권의 발행을 업무의 일부로 하는 은행으로, 역사상으로는 어느 나라에서나 많은 은행이 발행은행이었으나 현재는 은행권발행의 집중화로 정부 감독하의 중앙은행이 독점적인 발행은행으로 되어있다. 원래 발권은 은행이 타인의 어음을 자기앞음인 은행권으로 바꾸어 은행의 신용으로 상업신용에 대체하는 데에서 비롯되었는데, 대부분의 발권은행은 태환청구(兌換請求)에 응하지 못하고 지불정지 또는 파산에 이르렀다. 그리하여 군소(群小)발행은행의 정리를 시행하여 발행을 한 은행에 집중하면서 발권준비제도를 갖추게 되었다. 따라서 발권은행으로서는 지불준비의 충실이 가장 중요하였는데, 현재의 불환은행권 유통하에서의 발권은 재정금융정책에 의존하게 되었다.

발권제도 發券制度 system of note issue

현대 국가화폐의 중심인 은행권의 발행은 중앙은행에서 시행한다. 중앙은행에 의하여 발행된 은행권은 현금으로 일반에 유통되고 또 그 일부는 시중은행의 지불준비금으로 되는데, 그것은 당연히 중앙은행의 채무이므로 발행시에는 거기에 균형이 잡히게 금괴, 대출금, 국채 등의 자산이 그 보증으로서 보유되지 않으면 안된다. 금본위제도하에서는 은행권이 발행액에 발행될 경우에는 발행은행은 언제나 발행권을 금과 태환하는 의무가 있기 때문에 중앙은행은 우선 은행권의 발행액에 상응하여 일정량의 금화, 금지금(金地金), 금환 등의 보유를 필요로 한다. 이렇게 하여 보유된 것이 금준비 gold reserve 이다.

일반적으로 국내의 수요 또는 국제지불결제를 위한 금현송(金現送)의 필요에서 생기는 은행권 또는 정부지폐의 태환에 대비하여 발권은행이나 정부가 보유하는 정화, 즉 본위화폐 또는 본위화폐의 소재지금을 정화준비 specie reserve 라 한다. 그러나 은행권의 발행에 대해서는 발행액의 전부가 정화와의 태환을 요구하지는 않는다는 경험적 사실에 비추어 그 일부는 상업어음, 국채, 기타 확실한 증권의 보유로서 보증할 수 있다. 이 경우 이러한 보증을 기초로 하여 행하여진 은행권의 발행을 보증발행이라고 한다. 은행권발행제도의 원리에 대해서는 19세기 초부터 영국에서 논의되어 그 결과 1944년 7월 19일 당시의 재상 필 Peel, R. 의 주도하에 필조례 Peel's Bank Act 가 제정되었다. 필조례는 정화준비발행을 원칙으로 하였는데, 그러나 100%의 정화준비가 규정된 것이 아니고 일정한도의 보증발행도 보완적으로 인정되었다.

이 이른바 정액 이상 전액준비제도 또는

보증발행제한제도를 효시(嚆失)로 하여 각국에서 엄격한 은행권발행제도에 대한 규정이 설정되었다. 정화준비발행과 보증발행에 대한 편성과 방법에는 여러 가지가 있다. 예를 들면 비례준비제도 proportional reserve system는 은행권발행 총액에 대하여 일정비율의 정화준비를 규정하는 제도로서 제한하는 것이다. 현재 미국은 1/4비율 준비제도를 채용하고, 영국은 형식적으로는 보증발행제한제도를 채용하고 있다. 더욱이 이 외에 중요한 발행제도로는 일본이 1942년 이래 채용하고 있는 최고액 제한제도가 있다. 이것은 정화준비발행과 보증발행과의 구별을 두지 않고 직접 발행액의 최고한도를 정한 것이다. →은행화폐, 통화주의, 은행주의

발행시장 發行市場 issue market, investment market

증권시장의 기능을 관찰할 때 유통시장과 구별되는 말로서, 새로 발행하는 주식의 모집, 기발행주식의 공개매각, 공사채의 매각을 하는 시장을 말한다. 그러나 건물 등 구체적인 시장은 없고 추상적 시장으로는 발행자, 증권인수업자, 투자자가 발행시장에 해당한다. 이에 대해 유통시장은 매매시장이라고도 하며 발행된 증권이 매매되는 시장으로 추상적 시장에 그치지 않고 증권거래소와 같은 구체적 시장의 형태를 취하고 있다. 발행시장은 신규증권이 여러 가지 목적에 의해 최초로 출현하는 시장이라는 점에서 증권의 제1차적 시장 the primary market for securities 이라 부르기도 한다.

이러한 증권시장은 원칙적으로 자본조달시장이 되나 주식이나 국채의 무상교부 등과 같은 경우 증권교부시장이 되는 경우도 있다. 증권발행의 기본적인 형태로는 크게 비공모발행과 공모발행으로 대별된

다. 전자는 발행주체가 발행코자 하는 신규증권을 특정 소수에게만 발행하는 경우이며, 후자는 이것을 불특정 다수에게 발행하는 경우이다. 또한 발행사무 절차를 발행주체가 담당하느냐, 발행기관에 위탁하느냐에 따라 자기모집과 위탁모집으로 구분된다. →증권시장, 증권거래소

방위산업 防衛産業 defense industry

방위기기를 생산·판매하는 산업의 총칭이다. 방위기기는 무기, 항공기, 함선, 특수전자기기, 특수차량의 5가지로 분류되는데, 근대 병기는 전자공학과 밀접하게 결부되어 있으며 항공기·미사일·함선 등 일련의 장비를 하나의 체계로서 사용하는 시스템화가 진행되고 있다.

방위세 防衛稅 defence duty

우리 나라는 1975년 7월 16일자로 국방력을 강화하기 위한 재원을 확보하기 위하여 방위세를 신설하였다. 방위세는 이스라엘, 자유중국에서 이미 오래 전부터 실시해온 제도이며, 미국·영국·서독·일본 등지에서도 전시에는 전시소득세라는 이름으로 유사한 제도를 실시하였던 것으로, 새삼스러운 제도는 아니다.

방위세법의 내용을 간단히 살펴보면 제1조에는 이 법제정의 목적을 국토방위를 위하여 국방력을 증강하는 데 필요한 재원을 확보함을 목적으로 한다고 명시하고 있다. 제2조에는 방위세의 납세의무자를 세분하여 규정하고 있는데, 이에 의하면 대체로 관세·소득세·법인세·상속세 또는 증여세·등록세·주세(탁주 제외)·물품세·입장세·전화세·영업세 및 지방세법에 의한 주민세·재산세·자동차세·유흥음식세·마권세(馬券稅) 등의 납세의무자 전체와 그밖에 전답임야소유자(재산세의 과세대상은 제외)가 방위세의 납세의무자

로 되어 있다. 다음 제 3 조에는 과세표준
과 세율을 규정하고 있는데, 세율은 관세
의 납세의무자의 경우 수입물품에 대해서
는 수입가격의 25/100와 전담임야소유자의
경우의 그 가액의 1/100을 제외하면 그밖
의 것은 본세액의 10%에서 30%까지로 되
어 있다. 그밖의 조항은 부과, 징수에 관
한 내용이 규정되어 있고, 부칙에는 이 법
을 시한법으로 하여 그 유효기간을 1980년
12월 31일까지로 규정하고 있었으나 실제
로는 1991년 말 폐지되었다.

배당 配當 dividends

보통 주식회사가 주식총회의 결의에 의
해 소유주식수의 비율에 따라 주주에게 이
익금을 분배하는 것을 말한다. 여기에는
보통배당 또는 정기배당 regular dividends
과 특별 또는 임시배당 special or extra
dividends 이 있다. 전자는 결산시에 정기
적으로 배당되는 것을 말하며 특별배당은
보통배당 이외의 임시적인 배당을 말한다.
또 이익배당의 순위로 보아 우선주에 대한
우선배당 preferred dividends, 보통주에 대
한 보통배당 common dividends 및 후배주
(後配株)에 대한 열후배당(劣後配當) de-
ferred dividends 으로 구분된다. 또 배당은
그 지급기에 따라 중간배당과 최종배당으
로 구분된다. 이 중 중간배당은 회계년도
의 도중에 있어서의 이익배당이며(한국에
서는 현행법상 허용되지 않고 있다), 최종
배당은 결산 후의 배당이다.

끝으로 배당은 그 지급형태에 따라 현금
배당, 스크립배당, 사채배당, 재산배당 및
주식배당으로 나누어진다. 보통, 배당은
현금으로 지급되지만, 이 중에서 스크립배
당은 회사의 재정상태가 상당히 핍박하기
때문에 일종의 증권을 발행하여 배당을 지
급하는 것이며, 사채배당은 배당지급에 충
당하기 위해서 사채를 발행하는 것이지만,

거의 사용되지 않는다. 한편 배당률 rate
of divdend 이라는 용어가 사용되는데, 이
것은 불입금액에 대한 배당금의 비율을 말
한다. 이것은 보통 수익률이 높은 기업에
서 높으며 수익률이 낮은 기업에서 낮으며
이익이 없는 기업에서는 배당이 없다. 이
와 같이 배당률은 기업의 수익률에 크게
의존하지만, 경영재무상의 배당정책 및 재
무구조에 의해서도 영향을 받는다. →주식
배당

배출권 거래제도 排出權 去來制度
emission trading system

특정 오염물질에 대해 일정량의 배출권을
설정하고 정해진 방식에 따라 배출권을 초기
분배한 후 인위적으로 배출권 시장을 형성하
여 배출권의 거래를 허용하는 제도이다. 배
출권 거래제도는 오염원들에게 계속적으로
오염을 감소시킬 유인을 제공한다는 측면에
서 배출부과금제도와 같다. 그러나 배출부과
금제도는 가격규제인 반면 배출권 거래제도
는 가격에 따라 주어진 오염배출량을 효율적
으로 배분하는 제도이기 때문에 일종의 총량
규제이다. 따라서 배출권 거래제도는 오염물
질 총량을 직접 통제할 수 있다는 이점을 가
지고 있다. 즉, 기존의 경제적 수단은 정부가
규제대상에 대해 오염배출량 또는 오염절감
목표량을 직접적으로 부과하지 않는다. 단지
오염물질의 배출에 대해 일정액의 대가를 지
불하게 하거나 오염물질의 감축에 대해 일정
액을 보상해 줌으로써 규제대상이 스스로 자
신의 오염배출량을 결정하게 하는 방식이다.
정부가 배출총량에 대한 목표를 설정해 놓고
정책수단을 사용하는 경우라 할지라도 일단
기업에 전달되는 신호는 부과금제도와 같이
가격의 조정을 통해 이루어지기 마련이다.
그러나 배출권 거래제도는 먼저 규제대상에
대해 오염의 배출권 또는 감축목표를 할당하
게 되는데 이 점에서는 여타 경제적 수단과

구별되고 오히려 직접규제방식과 유사한 면이 있다고 할 수 있다. 그러나 배출권 거래제도는 규제대상에 대해 각각의 감축목표 수준을 강제하는 것이 아니라 배출권의 시장가격과 자신의 오염절감비용을 비교하여 스스로 배출권을 판매하거나 구입할 수 있도록 허용한다는 차원에서 직접규제와는 확연히 구별된다. 결국 당사자간에 배출권의 거래를 허용함으로써 규제대상이 자신의 여건에 맞는 배출량을 결정할 수 있도록 고안된 제도라는 측면에서 기본적으로 경제적 수단의 성격을 가진다고 할 수 있을 것이다.

배출권 거래제도는 비교적 최근에 고안된 정책수단이면서도 많은 주목을 받고 있다. 특히 1990년대에 들어 지구온난화에 대처하기 위한 기후변화협약이 체결되면서부터 기후변화가스 배출량의 감축의무를 지닌 국가들 간에 이산화탄소를 포함한 기후변화가스 배출권거래에 대한 논의가 활발해지면서 크게 주목을 받고 있다. 배출권 거래제도는 정태적 효율성, 동태적 효율성 등 대부분의 정책평가항목들에서 직접규제보다 우월한 것으로 평가되고 있다. 그러나 역시 다른 제도와 마찬가지로 이를 적용하는 데에 비용이 수반된다. 이러한 비용으로는 할당된 배출량을 준수하고 있는지 여부를 감시하기 위한 상시 측정망 설치비용과 배출권의 거래를 승인하고 이를 정산하기 위해 소요되는 행정비용 등을 들 수 있다. 현재 배출권 거래제도는 부분적으로 독일에서 시행되고 있으나 대부분은 대기 오염을 대상으로 미국에서 시행되고 있다. 미국에서는 1974년 배출권 거래제도가 처음 도입된 후 10여 종의 배출권 거래제도가 실시 중이며 1990년 미국환경청 EPA에 의해 실시되고 있는 '산성비 프로그램'과 남부 캘리포니아에서 실시되고 있는 'RECLAIM : Regional Clean Air Incentives Market'이 가장 성공적인 사례로 꼽히고 있다.

[참고문헌] 김승우 등,「환경경제학」, 2000

범위의 경제 範圍의 經濟 economies of scope

많은 기업들이 한 제품보다는 여러 제품을 함께 생산하는 결합생산의 방식을 채택하면 생산비용을 절감할 수 있는 현상을 말한다. 다시 말하면, 한 기업이 여러 가지 제품을 각각 생산하는 경우보다 동시에 결합하여 생산하는 경우에 생산비가 적게 든다면, 범위의 경제가 있다고 한다. 예를 들면, 자동차의 경우 하나의 공장 내에서 여러 차종을 함께 생산하는 것이 각 차종을 독립적인 공장에서 생산하는 것보다 유리하다.

두 제품 1과 2를 생산하는 경우를 고려하자. 제품 1과 2를 q_1단위, q_2단위 생산하는 생산비를 각각 $C(q_1, 0)$, $C(0, q_2)$라 하고, 이 두 제품을 결합생산할 때의 비용을 $C(q_1, q_2)$라 하자. 다음의 관계 $C(q_1, 0) + C(0, q_2) > C(q_1, q_2)$가 만족되면 범위의 경제가 있다고 하며, 범위의 경제(SC)의 정도는 다음과 같이 측정된다.

$$SC = \frac{C(q_1, 0) + C(0, q_2) - C(q_1, q_2)}{C(q_1, q_2)}$$

즉, SC는 두 제품의 개별적 생산에서 결합생산으로 전환되는 경우의 비용의 상대적 감소를 측정한다. 만약 SC의 값이 0.25로 계산되어 나왔다면 이는 두 상품을 한 기업이 생산하는 체제에 비해 각 기업이 하나씩 생산하는 체제에서의 총생산비용이 25%나 더 크다는 것을 뜻한다. 이 값이 더 클수록 범위의 경제가 더 큰 폭으로 존재하는 셈인데, 이것이 음으로 나올 경우에는 범위의 불경제가 존재한다고 말할 수 있다.

현실의 생산과정에서 범위의 경제가 나타나게 되는 이유에는 여러 가지가 있다. 첫째 생산시설이나 투입요소가 여러 가지 상품의 생산과정에서 동시에 사용될 수 있는 경우이다. 예를 들어 자동차 엔진을 만드는 기계가 승용차 생산에만 쓰일 수 있는 것이 아니라 트럭이나 밴을 만드는 데도 쓰일 수 있다면, 이 세가지 차를 함께 생산하는 경우 드는 비용이 작아지는 결과가 나타난다. 둘째, 한 상품을 생산하는 과정에서 부산물로 나오는 것이 다른 상품의 생산에 활용할 수 있는 경우이다. 예를 들어 쇠고기를 생산하는 과정에서 가죽이나 뿔이 부산물로 나올 수 있어, 한 기업이 이들을 함께 생산해야 경제적이 된다.

범위의 경제가 발생되는 이유 중 가장 중요한 요인은 생산요소의 공동사용이다. 예를 들어, 지식과 정보는 공동으로 사용되는 중요한 생산요소이다. 한 제품의 생산과 판매에 관한 지식은 관련제품의 생산과 판매에도 유용하게 사용될 수 있으므로, 관련된 여러 제품을 함께 생산, 판매하는 것이 각 제품을 독립적으로 생산, 판매하는 것 보다 유리하다. 산업 내 거래비용이 높은 경우에도 수직적 통합을 통해 범위의 경제가 발생할 수 있다.

그러나 모든 형태의 결합생산 또는 수직적 통합이 항상 생산비를 절감시키지는 않는다. 한 기업이 여러 상품을 동시에 생산한다고 해서 언제나 생산비용이 절감되는 것은 아니라는 점이다. 한 기업이 도맡아서 생산하는 것보다 각 기업이 한 상품씩을 맡아서 생산하는 것이 더욱 경제적일 때도 있다. 이 경우에는 생산기술에 범위의 불경제 diseconomies of scope가 있다고 한다. 범위의 불경제가 생기는 이유는 한 상품의 생산공정이 다른 상품의 생산공정에 방해가 되는 결과가 빚어지기 때문이다. 제조과정에서 다량의 먼지가 방출되는 냉장고와 먼지가 조금이라도 나서는 안되는 반도체가 같은 공장에서 만들어지는 경우가 그 좋은 예가 될 수 있다.

법인세 法人稅 corporation tax

법인의 소득에 대한 과세이다. 법인세를 부과받는 법인은 ① 회사 ② 특수법인 ③ 공익법인인데, ③은 수익사업을 하여 생긴 소득이 과세의 대상이 된다. 또 수익사업을 계속하여 행하는 사단법인, 재단법인도 일반법인과 같이 과세된다.

법인소득 法人所得 income of private corporations

국민소득분배계정의 참고로서 종합된 항목으로, 그 내용은 민간의 법인기업, 협동조합 등이 일정기간 생산활동에 참가하여 얻은 순부가가치이다. 따라서 국민소득분배계획 중에는 국내법인기업이 상호 지불하는 배당은 중복계산되므로 제외하고, 해외로부터의 배당이나 지점, 자회사 이윤의 순수취액을 가한 액이다. 바꾸어 말하면 국민소득분배계정을 구성하는 항목의 하나인 개인재무소득 중의 국내법인으로부터의 개인배당 및 법인기업으로부터 개인으로의 이전, 법인세, 세외부담, 법인유보의 합계이다. 법인소득의 검토는 먼저 법인을 과세법인과 비과세법인으로 구분한 뒤, 과세법인의 이윤규모는 세무통계의 법인세과세표준액을 이용하고, 영리단체 가운데 비과세법인에 관해서는 정부투자기관 결산서에서 국영기업체 가운데 비과세법인체의 이윤을 추출 집계하는 방법을 사용한다. →법인세, 국민소득계정

법인의제설 法人擬制說 fictional theory

현존하는 권리의 주체는 자유로운 의사를 가지는 자연인에 한정하여야 하지만, 법인은 국가법률상의 목적에 의해 재산권의 주체로서 자연인에 의제(擬制)된 존재라고 주장하는 학설이다. (의제라 함은 본질이 다른 2개를 일정한 법률취급

상 동일시하고 동일의 효과를 부여하는 것) 바꾸어 말하면 법인의제설은 자연인 외에도 권리주체로서 적당한 실체가 있을 수 있으며, 이것이 법인의 본체라는 학설이다.

법정지불준비금 法定支拂準備金 legal reserve

시중은행이 예금주의 예금인출에 대비하기 위하여 반드시 보유하도록 법령에 의하여 규정되어 있는 준비금으로서, 이것은 예금총액을 중앙은행이 결정하는 법정지불준비율 legal reserve ratio로 곱한 것이다. 이 법정지불준비율은 예금의 종류에 따라 다르다. 일반적으로 요구불예금에 대한 법정지불준비율은 큰 반면, 저축성예금에 대한 그것은 상대적으로 낮다. 법정지불준비금과 밀접한 관계를 맺고 있는 지불준비금은 실제보유지불준비금 actual reserve과 초과지불준비금 excess reserves이 있다. 전자는 은행이 보유하고 있는 예금과 중앙은행예치금의 합계이다. 후자는 실제보유지불준비금에서 필요지불준비금을 차감한 것으로, 보통 양의 크기가 된다. 그러나 만약 음이 되면 그것이 양으로 회복될 때까지 신규대출 및 주식에 대한 배당이 억제되며, 특히 우리 나라의 경우에는 과태료가 부과된다. 특히 초과지불준비금은 은행의 신용창조의 원동력으로 이것이 소멸할 때까지 신용창조가 이루어진다. →지불준비금

법화 法貨 legal tender

국가가 주조·발행하는 주화, 지폐 및 국가에 의해 독점권을 부여받은 중앙은행의 은행권 등으로 매매지불수단으로서의 배타적 통용성을 인정하고 다른 종류의 유통수단을 배제한다고 하는 국가적 강제를 내용으로 하는 화폐를 말한다. 근대의 법화규정은 부르조아적 사적소유원리, 등가교환의 보전이라는 시민의 요청을 확보하기 위한 규제로 나타났다. 어떠한 화폐든 본위화폐로 태환이 가능한 것만 법화자격을 인정하는 금본위제의 법화규정은 쌍무적인 신용원리의 유지를 위한 조치라는 형태로 작용하고 있다. 그러나 현대에 들어 금본위제 정지에 따른 조치로 불환중앙은행권에게 공사의 모든 거래에서 무조건법화 unconditional legal tender의 자격부여의 경우 국가에 의한 수납의무로서 형식적으로 쌍무적 신용원리는 남아 있으나, 국가 자체가 부르조아적 사적소유원리를 침해하게 되어 법화에 대한 국가의 일방적 강력성이 전면에 나오게 되었다. 법화는 그 통용력과 지급력이 무제한인가 혹은 제한을 받는가에 따라 무제한법화 unlimited legal tender와 제한법화 limited legal tender로 구별된다. 이는 또 완전법화 full legal tender 및 불완전법화 partial legal tender로도 불린다. →본위화폐, 보조화폐, 은행권

베르뜨랑 모형(模型) Bertrand model

프랑스의 수학자 베르뜨랑 J. Bertrand은 꾸르노의 수량결정식 복점경쟁모형을 비판하고 대신 가격결정식 복점경쟁모형이 타당하다고 주장하였다. 각 복점기업은 상대방의 생산량을 보고 자신의 생산량을 결정하는 방식으로 경쟁하는 것이 아니라 상대방이 책정한 가격을 보고 자신의 가격을 책정하는 방식으로 경쟁한다는 것이다. 이처럼 수량 아닌 가격을 선정하는 방식으로 벌이는 과점기업들간 경쟁을 베르뜨랑 모형이라고 부른다. 각 기업이 베르뜨랑 경쟁을 벌이는 복점모형이 바로 베르뜨랑 복점모형이다. 각 복점기업이 생산, 공급하는 상품이 완전히 동질적인 것이 아니라 어느 정도 특화된 경우에는

반응곡선을 활용하여 베르뜨랑 균형을 나타낼 수 있다. 즉, 각각 라이벌기업이 책정한 가격을 보고 자신의 가격을 책정하는 복점기업행동의 균형은 두 기업의 반응곡선이 서로 교차하는 점으로 결정된다. 그러나 두 기업이 생산, 공급하는 상품이 완전히 동질적인 경우의 베르뜨랑 경쟁은 가격이 한계비용과 일치하도록 결정된다고 하는 역설적 결과를 낳는다.

그의 모형에서 각 기업은 상대방이 현재의 가격을 그대로 유지할 것이라는 기대 하에서 자신의 행동을 선택한다. 다시 말해 베르뜨랑 모형에서는 가격의 추측된 변화 CVp가 0이라는 가정이 채택되고 있다는 뜻이다.

$$CVp = \frac{\Delta Pj}{\Delta Pi} = 0$$

베르뜨랑 모형은 꾸르노 모형과 마찬가지로 모든 면에서 동일한 두 기업이 경쟁하는 시장을 상정하고 있다. 그리고 소비자들이 완전한 정보를 갖고 있으며, 상품을 생산하는 데 드는 한계비용은 일정한 수준에서 변화하지 않는다고 가정한다. 이 상황에서 기업 1이 한계비용보다 높은 가격을 선택했다면, 기업 2는 이보다 가격을 약간 낮춰 소비자들을 모두 자기에게로 끌어들이려고 할 것이다. 두 기업이 생산하는 상품이 동질적이므로 완전한 정보를 갖고 있는 소비자들은 더 낮은 가격을 부르는 기업 쪽으로 몰려들게 된다. 기업 2는 상대방이 현재의 가격을 계속 유지할 것이라는 예상 하에서, 가격을 그보다 조금만 낮추어도 소비자를 모두 끌어들일 수 있다고 기대하는 것이다.

그런데 기업 2가 제시한 가격이 아직도 한계비용보다 더 높다면, 이번에는 기업 1이 이보다 약간 더 낮은 가격을 제시해 소비자들을 자기 쪽으로 끌어들이려고 한다. 가격이 한계비용보다 더 높은 수준에 있는 한 이

와 같은 경쟁적인 가격인하의 연쇄반응이 지속될 것이다. 결국 가격은 한계비용의 수준까지 내려오고, 이 상황에서 각 기업은 0의 이윤을 얻게 된다. 이 베르뜨랑 균형 Bertrand equilibrium에서 가격과 산출량은 완전경쟁시장에서의 그것들과 매우 비슷해져, 효율적인 자원배분이 이루어 질 수 있다. 또한 만약 복점기업들이 먼저 설비용량을 결정하는 경쟁을 벌인 다음 주어진 설비용량의 제약을 지닌 채 베르뜨랑 경쟁을 벌인다면 꾸르노 수량경쟁의 균형과 같은 결과를 얻는다는 사실이 증명되어 있다. 그러나 이와 같은 결과가 매우 제한적인 가정 하에서 얻어진 것이라는 사실을 잊어서는 안 된다. 다시 말해 두 기업의 상품이 동질적이고 한계비용이 고정되어 있다는 등 일련의 강한 가정이 전제되지 않고서는 효율적인 자원배분을 가져다주는 균형이 이루어지기를 기대할 수 없다는 뜻이다.

베른슈타인 Bernstein, Eduard
(1850~1932)

독일 수정주의의 대표적 이론가. 1872년 사회민주주의노동당에 입당, 당기관지 *Zukunft*를 편집하였다. 1878~88년 스위스로 이주하여 쮜리히에서 당기관지「사회민주당원」의 주필로서 활약하였다. 1888년 잠시 귀국하였으나 비스마르크 Bismarck, M.E.L.v.의 탄압으로 런던으로 추방되었다.

1896~98년에 사회민주당의 학술기관지 *Neue Zeit*에 "Problem des Sozialismus"라는 논문을 게재하여 마르크스학설에 대한 수정의견을 발표하였고, 다시 1899년에는 이것을 체계적으로 종합하여 "마르크스주의비판"으로 발표하였다. 그는 마르크스주의의 사회적인 근저에 관해서 물질적인 요소를 발달의 만능적인 힘으로 받드는 것은 하나의 자기기만이라고 단정하였다. 그

이유는 정치적·도덕적 신념, 종교 등의 관념적인 요소는 경제적인 생산관계 또는 계급관계에 못지않게 사회생활과 문화생활의 제현상에 원대한 작용을 미쳐서 인류 발달을 인도하는 것이라고 생각하였기 때문이다. 그는 마르크스의 경제학설에 대하여도 하나하나 상세한 비판을 하였다. 이를테면 노동가치설에 대하여 그것은 노동자에 대한 착취라는 사회적 불의에 관한 우리의 윤리적 확신을 표현하는 것에 불과하다고 설명하여 1870년대 이후 정통파이론으로서 발전한 한계효용학설과 암묵적으로 타협하려고 하였다.

마르크스가 설명한 바와 같이 자본과 경영은 끊임없이 집중되는 방향으로만 움직이는 것이 아니다. 오히려 기술진보와 정확히 때를 같이 하여 항상 신규 중소경영이 존립하는 조건도 조성될 뿐만 아니라, 구래(舊來)의 소경영이라 하더라도 많은 영리부문에 있어서 대경영에 대항할 능력을 구비하고 있다. 특히 유럽을 포함한 거의 모든 국가에서 발견되는 광범위한 소규모 농산경영의 존재는 농업을 포함한 모든 영역에서 자본주의적 집중이 강화되어 간다는 집중설이 이 방면에서 얼마나 무력한가를 실증하였다.

집적설에 대해서도 베른슈타인은 마르크스가 자본주의의 자기파괴의 징후라고 본 주식회사의 발달에 의하여 자본의 소유가 한층 다수인에 분산되는 경향을 나타낼 뿐 아니라 생산조직의 발달로 노동자의 일부분은 점차로 자본의 소유자로 전화될 수 있다고 주장하였다. 또한 이윤분배제, 기타 시설은 노동자계급의 빈궁화를 유효하게 방지하고 있다. 그리하여 그는 근대사회의 발전은 사회적 계층구조에서의 중간층의 역할과 위치에 의존한다고 하였다. 한편 사회운동의 실천에 있어서도 그는 마르크스주의의 만민적(萬民的)인 국제주의 대신에 각국의 국민적 특성에 따라서 각각 다른 정치적 행동을 채택할 필요성을 역설했다. 또 이미 자본주의사회의 급속한 전면적 붕괴가 믿을 수 없는 것인 이상, 농민과 중산계급을 위한 민주주의적인 개혁, 공공단체의 사회정책, 협동조합운영의 조성 등 노동자계급을 정치적으로 조직하고 민주주의적으로 육성하며, 노동계급을 향상시켜 국가가 민주주의적 의미에 있어서 변혁으로 적당하다고 생각되는 모든 변혁을 국가내에서 쟁취하지 않으면 안된다고 역설하는 것이다. 이것은 노동자의 정치활동에는 의회주의를, 노동조합운영에는 개량주의를 의미한다.

〔주 저〕전게외(前揭外) : *Die heutige Sozialdemokratie in Theorie und Praxis*, 1899; *Die Voraussetzungen des Sozialismus und die Aufgaben der Sozialdemokratie*, 1899; *Wie ist wissenschaftliche Sozialismus möglich?*, 1901; *Die Geschichte der Berliner Arbeiter-Bewegung*, 3 Bde, 1907—1910.

베버 Weber, Max (1864~1920)

독일의 경제학자 및 사회학자. 그의 연구범위는 경제사 및 경제정책, 경제학 내지 사회과학의 방법론, 종교사회학, 사회학 등에 널리 미쳤다. 제1차대전 후 청년층으로부터 지도자로 추앙받으며 부르조아 자유주의사상가로서 활동했다. 그는 민족국가를 최상의 권위로서 승인하고 사회과학은 그 권위를 위한 것이라고 생각하여, 이 요구와 과학적 인식의 보편적 가치의 조화가 그의 학문적 과제였다. 국가는 직접 과학적으로 처리되는 것은 아니다. 그러나 근대국가는 그 이전의 국가와는 달리 신비적인 힘 대신 합리적인 구성과 기능을 볼 수 있는데 이는 근대적 시민사회의 발전 때문이다. 이 합리화 과정에서 국가나 세계의 합리화를 위한 길이 트인다. 그러므로 학문은 국가의 비합리성의 성립을 밝히고, 이것이 합리화되어 가는 과정을 규명하여야 한다. 이 과제를 준 것이 *Gesammelte Aufsätze zur Religionssoziologie*(3 Bde., 1920~1921)이다. 여기서 그는 동서양의 세계종교와 그 사회와의 관계를 밝히는 자리에서 근대유럽에 있어서 프로테스탄티즘 Protestantism 의 신앙이 얼마나 자본축적의 의욕을 긍정·촉진했는가를 해명했다.

한편 그는 당위 Sollen 와 존재 Sein 를 엄밀히 구별하여, 이론적 과학의 영역에서뿐만 아니라 정책적 과학의 영역에 있어서도, 가치판단의 도입을 물리치고 과학자는 단지 사상(事象)의 인과관계의 분석 또는 목적과 수단과의 적합성의 추구에만 머물러야 한다고 주장하였다. 이것이 유명한 몰가치성 또는 가치로부터의 자유 Wertfreiheit 론이다. 역사학파에 대한 비판으로서 출판된 이「가치로부터의 자유」에 의하면, 정책의 의무는 어떤 주어진 목적에 도달하기 위해서 어떠한 합리적인 수단이 있는가를 추구하는 데 그치고, 생각할 수 있는 많은 수단 중에서 어떤 것을 선택할 것이냐 하는 것은 오로지 각 개인의 주관에 맡겨, 학문의 영역 밖에 속하는 것으로 생각하였다. 그러나 일정한 목적에 대한 수단의 적합성을 알기 위해서는 어떤 보조적인 인식수단이 필요하게 된다. 이것을 위해 그는 이념형 Idealtypus 이라는 개념을 구상하였다. 또한 그는 역사적 상대주의의 입장에서 경제사의 연구를 행하여 사적유물론에 반대하였다. 마르크스주의에 대항하는 입장을 의식적으로 취한 그의 사회과학방법론은 오늘날의 구미, 특히 미국의 사회과학에 강한 영향력을 주었다.

〔주 저〕 *Wirtschaft und Gesellschaft*, 1922; *Wirtschaftsgeschichte*, 1924; *Die Objectivtät, sozialwissenchaflticher und sozialpolitischer Erkenntnis*, 1904; *Die Protestantische Ethik und der Geist des Kapitalismus*, 1904-1905; *Wisund Sozialp*, Bd. XX - XXI, Senschaft als Beruf, 1919.

베블렌 Veblen, Thorstein Bunde (1857~1929)

미국 제도학파 창설자. 그의 경제학은 사회학적, 사회심리학적 방법을 가지고 사회를 구체적·전체적으로 파악하고자 하는 것이었으며 근대경제학의 추상화 경향을 배제하였다. 그에 의하면 고전학파·신고전학파·한계효용학파 등은 쾌락주의 심리학과 자연법철학에 그 기초를 둔 것으로 경제의 비현실적 균형상태를 연구함에 지나지 않는다. 경제학이 현실에 부합되는 이론이 되기 위해서는 사회경제적 제도의 진화에 관한 구명이 중요하다 하여 근대적 행동심리학과 진화론의 이론을 경영학에 도입하였다.

그의 많은 저작은 현대의 자본주의를 구성하는 제도적 기반의 분석에 전력이 경주되고 있으며 경제이론에 대한 분석은 비교적 소홀히 취급되고 있다. 이런 점에서 그가 기존학설에 대한 비판만에 시종되고 있다는 비판도 받았으나 행동심리학의 경제학에의 응용, 그리고 제도적 연구의 강조 등은 미국의 젊은 경제학자에게 지대한 영향을 주었다. 미첼 Mitchell, W., 코먼스 Commons, J. R. 등은 베블렌의 쟁쟁한 후계자들이었다.

〔주 저〕 *The Theory of the Leisure Class— An Economic Study in the Evolution of Institutions*, 1899; *Absentee Ownership and Business Enterprise in Recent Times—the Case of America*, 1899.

베이싱-포인트-시스템 basing-point-system

어떤 상품의 가격을 기준표시가격에다 고정점에서 시장까지의 수송비를 더하여 정하는 가격제를 말한다. 여기에서 고정점이 반드시 판매지구와 구매자지구 사이에 있을 필요는 없다. 이것의 단적인 예로서 미국의 철강업에서 공식적으로 사용되고 있는 피츠버그 플러스 시스템을 들 수 있다. 이 가격제에서 철강의 가격은 모두 피츠버그에서의 가격(기준표시가격)에 피츠버그(고정점)에서부터 시장까지의 수송비를 더한 것으로서 결정된다. 예를 들어 피츠버그에서 철강 1톤당 가격이 50달러, 피츠버그에서 시카고의 시장까지의 수송비가 10달러라면 그 철강이 어느 지구의 철강소에서 수송되든지 간에 상관없이, 시카고에서의 철강가격은 60달러이다. 이 가격제는 수송비가 가격과 높은 상관성을 갖는 산업에서는 가장 효과적인 것이다. 이것에 대한 반대론자는 그것이 가격경쟁을 배제시키고 지역적 가격격차를 야기시키며, 그 때문에 쓸데없는 착오수송이나 비경제적인 공장의 설치를 유도한다고 주장한다.

베커 Becker, Gary S. (1930~)

1930년 미국 펜실베니아주 포츠타운이라는 조그만 마을에서 태어난 베커교수는 시카고 대학에서 1953년과 1955년에 각각 경제학 석사 및 박사학위를 취득하고 모교인 시카고대학의 경제학과 조교수로 근무했다. 57년 부교수로 승진한 베커교수는 그해 「차별의 경제학」을 저술하였다. 또한 69년에 시카고대학에서 정교수로 승진한 베커교수는 「경제이론」(1971), 「인간행위에 대한 경제학적 접근」(1976)을 저술하기도 했다. 1992년 인간행위와 사회현상을 분석하여 미시이론에 인적자본개념을 도입한 공로로 노벨상을 수상했다.

베커교수는 전통적인 관점에서 볼 때, 사회학·인류학·범죄학 등 비경제학적 분야에까지 경제학적 분석을 시도하여 '실증경제학'의 새로운 지평을 열었다. 예를 들어 그는 범죄에 대한 공급, 비용문제 그리고 그에 대한 처벌로서 벌금, 징역 등의 부과문제를 경제이론으로 설명하였으며, 결혼·이혼문제에 있어서도 부부의 임금격차 등을 고려하고 있고, 남녀 사랑의 무차별곡선을 분석도구로 삼고 있다. 또한 베커교수는 이른바 가정생산함수라는 개념을 통해 적정시간 배분문제에 새로운 차원을 제시하였다. 즉 종래의 분석과는 달리 소비시간과 노동시간 및 인적자본에 대한 투자시간을 고려하여 가정에서의 순수한 여가시간 이외에도 식사·세탁시간 등의 시간을 가내생산활동으로 간주하고 있다.

특히 그는 슐츠교수와 데니슨교수의 연구를 확장시켜 인적자본의 수익률계산과 최적인적자본 결정모형 등을 제시하였다. 이러한 그의 연구는 이른바 프리드먼교수 등에 의해 제시된 「영구소득가설」의 발전에도 영향을 미친 것으로 평가된다. 특히 베커교수는 인적자본을 개인특유자본과 기업특유자본으로 분류함으로써 기업의 사내교육과 적정자본 축적량 결정 및 노동계약분야에 큰 영향을 미쳤다고 평가받고 있다. 이같은 인적자본이론은 최근 루카스와 로머교수 등에 의해 경기변동 및 경제성장이론의 중요분석도구로 되고 있을 정도이다. 베커교수는 또한 경제연구에 미시와 거시경제학의 구분을 반대하고 오직 인간행위분석을 위한 경제이론만이 존재한다고 주장했다. 이러한 견해는 거시경제분야에도 영향을 주어 최근의 미국 경제학계에서는 거시경제학의 미시경제학적 기초를 강조함으로써 두 분야의 통합이 시도되고 있다.

벤덤 Bentham, Jeremy (1748~1832)

영국 공리주의를 대표하는 사회사상가. 본래 법학자였는데, 정치·경제·교육 등 다방면에 많은 업적을 남겼다. 그는 변호사가 되었지만 기존의 해석법학에 흥미를 잃고, 로크 Locke, J. 와 흄 Hume, D. 의 경험론철학의 연구에 몰두하였다. 프리스틀리 Priestley, J. 의 「정부론」(1968)을 읽고 이책에서 '최대다수의 최대행복'이라는 구절을 발견하였다. 그는 이에 대하여 '공사(公私)의 도덕에 관한 나의 주의가 확립된 것은 이 소책자의 이 구절에서였다'고 말하고 있다. 1776년 「정부론단편」을 익명으로 출판하고 그 후 1789년에는 「도덕 및 입법원리의 서론」을 공표하였다. 그는 이 저서에서 공리의 원리를 가지고 개인적 도덕행위 및 사회적 입법을 구명하고 있다. 벤덤에 있어서는 도덕과 법률은 일치하는 것이며, 양자의 기초원리는 공리주의, 말하자면 최대다수의 최대행복에서 찾을 수 있었다. 그는 프랑스혁명이 무정부적 혼란을 반복하는 것을 보고 프랑스 혁명사상, 즉 혁명의 기초를 이루는 자연법사상에 반대하고 비판을 가하였다. 또한 그는 1808년 밀 Mill, J. 을 알게 되었으며, 벤덤의 사상은 밀에 의하여 한층 더 발전되었다.

경제이론면에서 벤덤은 효용에 관한 분석을 통하여 주관가치론의 선구자로서 알려져 있으나 그의 기본적인 관심은 오히려 자본의 축적에 의한 국부의 증대에 있었다고 하겠다. 특히 화폐경제적인 분석에 주력하였다. 그의 경제학상의 최초의 역서 *Defence of Usury*(1787)는 이자율의 통제에 관한 스미스 Smith, A. 의 주장을 비판하고 경제자유의 원칙을 철저하게 옹호한 것으로서 유명하다. 1793년 대불전쟁 개시 후, 그는 전쟁비용의 조달을 위해 정부지폐발행계획을 입안하였고, 이것이 그로 하여금 화폐의 경제과정에 미치는 영향을 고찰하는 계기가 되었다. 이로부터 정부지폐의 발행이 인위적인 자본을 창출하고 노동고용과 생산력 향상의 수단을 제공함으로써 국부의 증대에 공헌한다고 하는 새로운

주장이 생겨났다. 그러나 그 후, 그는 통화의 증발이 물가등귀나 신용교란 등 유해하게 작용하는 것을 밝히고 결국 인플레이션적인 자본축적책을 부정하게 되었다. 신용창조나 강제저축 등 벤덤에서 볼 수 있는 화폐의 경제과정에 미치는 적극적인 작용의 분석은 그가 생각하고 있던 효용가치론과 더불어 고전학파와는 전혀 다른 경제학을 지향하는 것이었다.

〔주 저〕 *A Fragment on Government*, 1777; *Defense of Usury*, 1787; *An Introduction to the Principles of Morals and Legislation*, 1789; *Traités de Législation Civile Pénale*, 3 tomes, 1802; *Constitutional Code for the Use of All Nations and Governments Professing Liberal Opinions*, Vol. I, 1830.

＊변동환율제 變動換率制 flexible exchange rate system

환율의 기준을 고정시키지 않고 외환시장에서 외환의 수요와 공급의 관계에 따라 자유변동이 인정되는 외환제도를 말한다.

변동환율이란 일반적으로 자유변동환율과 신축환율의 두 가지 뜻이 있다. 전자는 완전한 자유변동을 인정하여 상한의 한계없이 변동하는 제도로서 프리드먼 Friedman, M. 이 그 대표적 주장자이며, 후자는 현행 IMF 평가의 상하 변동폭을 더욱 확대하려는 것이다. 자유변동환율제 아래서는 환율이 수요·공급의 원칙에 따라 움직이며 그 변동을 통해 국제수지의 자율적인 회복을 기대할 수 있다. 이러한 변동환율제는 고정환율제보다 국내경제에 큰 타격없이 국제수지의 균형을 달성하게 하며 자유로운 환율조정에 의해서 각국의 물가의 영향을 자동적으로 상쇄하고 준비통화의 보유를 불필요하게 하는 이점이 있다. 그러나 완전한 의미의 변동환율제(자유변동환율제)는 브레튼우즈 Bretton Woods 협정하에 있는 현재의 국제경제질서에 거의

실현가능성이 없으며 미래의 환율에 대해 불안감을 조성할 우려가 있다. 또한 물가 안정을 위한 계속적인 평가절상은 투기를 야기하게 되며, 환율변동이 빈번함에 따라 기업가들은 생산과 판매에 주력하지 않고 환율변동에만 관심을 집중하여 시간과 정력을 소모시킨다는 단점이 있다. 뿐만 아니라 자유환율변동은 양차 세계대전기간 중에 국제금융을 혼란에 빠뜨렸고 국제무역을 감축시켰다는 쓰라린 경험에 비추어, 자유변동환율제는 바람직하지 않다는 견해가 지배적이었다. 그러나 국제적으로 환율의 변동을 강화하는 것이 일반적인 추세이다. 그 한 예로 1966년 세계의 주요 경제학자 27인 그룹은 현행의 고정환율제를 지양하여 환율 변동폭의 확대를 인정하는 와이더 밴드 wider band를 주장함으로써 국제수지의 조정을 가능케 하는 신축환율제를 실시할 것을 제언했다.

신축환율제에는 와이더 밴드 제안 외에 크롤링 펙 crawling peg 내지 슬라이딩 패리티 sliding parity 방식이 있는데, 이는 외환시세의 변동폭은 그대로 두고 필요에 따라 평가를 매년 1퍼센트 내지 5퍼센트의 범위내에서 변동할 수 있게 하여 점진적으로 국제수지의 균형을 달성시키는 환율로 이행하는 제도로서, 미드 Meade, J. E.가 주장한 것이다. 이러한 신축환율제로의 이행은 국제긴장의 원천을 제거하고 각국으로 하여금 그들의 금융·재정정책의 수단을 국내경제에 집중적으로 사용할 수 있게 할 수 있다. 그러나 환율변동폭을 5퍼센트로 확대한다면 변동폭은 상하를 통해서 10퍼센트가 되며 제2국 통화 상호간의 변동폭은 상하를 합치면 20퍼센트로 확대되어 균형파괴적인 기구가 개입될 여지가 크며, 또 미드의 안(案)과 같이 계속 적은 폭으로 평가가 조정된다면 통화에 대한 불신감이 확대되어 투기가 빈번히 일어날 수 있

다는 문제점을 내포하고 있다. →고정환율, 변동환율, 환투기, 환율

[참고문헌] Branson, W. H., *Macroeconomic Theory and Policy*, 1972; Samuelson, P. A., *Economics*, 9 ed., 1973; 정도영, 「국제경제학」, 1972.

변수 變數 variable

그 크기가 변할 수 있는, 즉 상이한 값을 취할 수 있는 수를 말한다. 변수는 독립변수 independent variable와 종속변수 dependent variable, 내생변수 endogenous variable, 외생변수 exogenous variable 등으로 분류된다.

먼저 독립변수와 종속변수의 관계를 보자. 두 변수 x, y 사이에 y 가 x 의 함수로 되는 관계, 즉 $y=f(x)$ 가 성립할 때 x 를 독립함수, y 를 종속함수라고 한다. 여기에서 f 는 함수기호이다. 다시 말하면 y 는 x 의 변화에 따라서 변화한다. 소비함수 consumption function를 예로 들어 소비가 가처분소득의 함수인 경우를 생각하자. 소비를 c, 실질국민소득을 y, 조세를 t(정액세)라 하면, $c=f(y-t)$. 여기에서 y와 t가 독립변수, c가 종속변수가 된다. 만일 조세가 정액세가 아니라 y의 함수라고 하면 $t=g(y)$로 쓸 수 있다. 따라서 이 조세함수에서는 y가 독립변수, t가 종속변수가 된다. 이와 같이 어떤 변수(이를테면 조세 t)가 독립변수 또는 종속변수로 되느냐 하는 것은 이론구성이 어떤 문제를 대상으로 하여, 그곳에서 어떠한 함수관계를 설정하느냐에 따라 달라진다.

다음에 내생변수와 외생변수의 관계를 살펴보자. 내생변수는 모형 안에서 그 해가 결정되는 변수를 말하며, 외생변수는 그 크기가 모형 밖에서 결정되어 모형에서는 단지 여건 data으로서만 받아들여지는 그러한 변수를 말한다. 예를 들면 수요함수와 공급함수에 의해 어떤 재화의 균형가

격이 결정되는 시장균형의 문제가 고려될 때에 가격 P는 내생변수이지만, 완전경쟁에서 소비자균형을 고려할 때에는 소비자에게 모든 재화의 가격이 알려져 있다고 가정되므로 그 때의 가격은 외생변수이다.

끝으로 경제모형에서의 파라미터 parameter에 대해서 설명하자. 즉 여기에서 말하는 파라미터는 수학적 정의에 의한 그것과는 다르다. 상수 constant는 그 크기가 변하지 않는 수를 말한다. 그러나 상수가 수직적이기 보다는 상징적인 경우가 있다. 예를 들면 어떤 재화에 대한 수요함수 D가 $D=a-bP$로 표시된다고 하자. 여기에서 a와 b는 $a, b>0$인 상수를 나타내는 기호이다. a와 b는 분명히 어떤 주어진 상수를 나타내는 것으로 되어 있지만 아직 그것에 특정한 수치가 부여된 것은 아니므로 그것을 실제로 어떠한 값도 취할 수 있다. 이러한 a, b와 같은 수를 파라미터 또는 매개변수적상수 parametric constant라 한다. →파라미터

변수변환 變數變換 transformation of variable

단위나 좌표상의 원점을 변경하는 것을 변수의 변환이라 말한다. 변수의 단위를 변경할 때에는 $X'=aX$(단 a는 상수)로 놓으면 X가 취하는 실수의 집합 $|x_1, x_2, \cdots, x_n|$의 각 원소는 $|x_1', x_2', \cdots, x_n'|$ 내의 각 원소와 1대 1로 대응하고, X는 X'라는 새로운 변수로 바뀐다. 마찬가지로 원점을 변경할 때에는 $X'=X+b$(단 b는 상수)로 놓으면 된다. 이와 같은 변환을 1차변환 linear transformation이라고 한다. 다음으로는 2개의 변수를 결합하여 다른 변수로 변환하는 경우를 생각할 수 있다. 예를 들면 $y_1=u_1(x_1, x_2)$, $y_2=u_2(x_1, x_2)$에서 y_1, y_2를 $x_1=w(y_1, y_2)$, $x_2=w(y_1, y_2)$를 통해 x_1, x_2로 변환할 수 있다. 그러나 이와 같

은 변수변환이 가능하기 위해서는 변수와 동수의 상호독립적인 변환식이 존재하여야 한다. 위의 변환식에서 (y_1, y_2), (x_1, x_2)의 미분간의 관계를 구하면

$$\begin{pmatrix} dx_1 \\ dx_2 \end{pmatrix} = \begin{pmatrix} \dfrac{\partial w_1}{\partial y_1} & \dfrac{\partial w_1}{\partial y_2} \\ \dfrac{\partial w_2}{\partial y_1} & \dfrac{\partial w_2}{\partial y_2} \end{pmatrix} \begin{pmatrix} dy_1 \\ dy_2 \end{pmatrix}$$

와 같다. 이것은 두 식의 미분(dy_1, dy_2)와 $(dx_1 dx_2)$의 변환식이다. 이것은 또한 $dx=\left(\dfrac{\partial w}{\partial y}\right)dy$라고도 표현할 수 있으며, 이때 $\left(\dfrac{\partial w}{\partial y}\right)$를 야코비안행렬 Jacobian matrix 이라고 한다. 만약 $|J|=\left|\dfrac{\partial w}{\partial y}\right|=0$이면, 2개의 변수변환식은 상호의존하는 경우이므로 변수변환이 이루어질 수 없다. 따라서 $|J|$는 방정식체계에 있어서 각 방정식간의 독립여부를 판정할 때에도 사용된다. 구체적으로 $y_1=f^1(x_1\cdots x_n)$

$$\vdots$$

$$y_n=f^n(x_1\cdots x_n)$$

표시되는 방정식 체계에서의 야코비안 행렬식은

$$|J|=\dfrac{\partial(y_1\cdots y_n)}{\partial(x_1\cdots x_n)}=\begin{vmatrix} \dfrac{\partial y_1}{\partial x_1} & \cdots & \dfrac{\partial y_1}{\partial x_n} \\ \dfrac{\partial y_2}{\partial x_1} & \cdots & \dfrac{\partial y_2}{\partial x_n} \\ \dfrac{\partial y_n}{\partial x_1} & \cdots & \dfrac{\partial y_n}{\partial x_n} \end{vmatrix}$$

로 표시되고, 이 경우 $|J|$가 모든 $x_i(i= 1\cdots n)$의 값에 대하여 0이면, 각 방정식 $y_1\cdots y_n$은 상호독립이 아니다. 따라서 위의 방정식체계는 n개 중 어떤 방정식은 잉여 방정식이므로 이것은 방정식체계에서 제거될 수 있다. →행렬

변형곡선 變形曲線 ☞생산가능곡선

보복관세 報復關稅 retaliatory tariff
A국이 B국의 수출품에 대하여 B국 이외의 수출품보다 관세상 불리한 차별대우

를 했을 경우, B국도 A국의 수출품에 대하여서 타국보다 관세상 불리한 차별대우를 하는 것을 말한다.

보세제도 保稅制度 bonded system

일정한 지역을 제한하여 관세 특히 수입세의 부과를 일시적으로 보류하는 제도를 말한다. 수입세의 부과가 보류된 채 상품이 보관되는 지역을 보세지역이라 한다. 이 제도의 이점은 보세지역에 있는 한 관세부과가 보류되므로 무세(無稅)상태로 가공할 수 있으며, 단순한 통과무역의 경우 통관절차를 생략할 수 있으므로 원료나 상품의 수입을 대량으로 할 수 있다는 점이다. 그러므로 이 제도의 목적은 가공무역이나 중계무역을 촉진시킨다는 데 있다 할 수 있다. 보세제도를 위해 필요한 보세지역은 몇 종류가 있다. 즉 보세창고, 보세공장, 지정보세지역, 보세장치장 등이다. →가공무역, 중계무역

보완재 補完財 ☞대체재 · 독립재 · 보완재

보정적 재정정책 補整的財政策 compensatory fiscal policy

국민소득과 고용에서의 변동을 보충정리하기 위하여 행하여지는 정부의 재정조작을 말한다. 적자무역과 흑자무역을 결합하는 보정적 재정정책은 높은 국민소득수준을 유지함으로써 높은 고용수준을 달성하려고 노력한다. 그것은 바람직한 균형을 이루기 위하여 과세와 지출을 사용하여 조정한다. 기업활동이 쇠퇴하였을 때에는 바라는 소득수준을 유지하기 위하여 민간기업으로부터의 정부의 총구입량을 증가시키던가 또는 조세를 감하여 소비자나 기업 또는 그 양자의 소득을 증대시키는 정부정책을 실시한다. 한편 지나친 확장이나 인플레이션 시기에는 바람직한 소득수준을

유지하기 위하여 정부정책은 지방재정교부금지출의 감소나 가능한 한의 조세의 증가 또는 양자 모두에게 보충시켜야 한다. 만일 그러한 정부의 시책이 시기적으로 적중하였고 또 그 충당액이 충분하면 국민소득과 고용에서의 실질적 변동은 피할 수 있을 것이다. 일반적으로 민간소비는 단기에는 안정적이나 민간투자는 상대적으로 불안정하기 때문에, 보정적 재정정책은 주로 민간투자의 변동을 상쇄하는 데 목적을 둔 것이다.

보조화폐 補助貨幣 ☞본위화폐 · 보조화폐

보증보험 保證保險 guarantee insurance

영국과 미국에서 성행되고 있는 보험으로서, 건축공사 등의 입찰 · 정부 및 물품납입에 대한 계약의 수행과정에서 청부인(보험계약자)의 채무불이행으로 그 청부계약을 해제하고 미완성부분에 대해 다른 청부인과 계약을 하는 경우, 그리고 입찰을 하여 낙찰이 되었음에도 불구하고 청부계약 또는 매매계약을 체결하지 않는 경우에 있어서 주문자(피보험자)가 입은 손해를 보전하는 새로운 형식의 보험이다. 여기에는 성실보증보험(또는 신원보증보험), 계약보증보험, 관공리보증보험, 법정보증보험, 신탁보증보험, 인가보증보험, 예금보증보험 등이 있다. 최근 우리 나라에도 보증보험이 등장하고 있다.

보통사람의 정리 定理

Folk Theorem

게임이론으로 카르텔 협약의 유지가능성을 입증하는 정리이다. 무한히 반복되는 게임이 모든 기업에 대하여 일회성 Nash 균형 보수를 초과하는 보수의 집합을 가진다고 가정하

는 경우 모든 기업에 의하여 Nash 균형 보수보다 선호되는 실현 가능한 어떤 보수의 집합도 할인율이 충분히 1에 가까운 반복게임의 하위게임 완전균형 subgame perfect equilibria으로 지지된다는 것이다. 이를 복점 duopoly 모형에 대하여 설명하면 두 기업이 각각 비협조 전략을 채택하는 경우(Nash 균형)보다 큰 이익을 내고 두 기업 이익의 합이 협조전략을 채택하는 경우(Monopoly 균형)보다 작아 실현 가능한 feasible 카르텔 협약은 이자율이 과도하게 높지 않은 경우 무한히 반복되는 게임에 있어서 하위게임 완전균형으로 유지 될 수 있다는 것이다. 다만 이 이론의 약점은 복수균형의 문제가 될 것이다. 이 정리는 공식적인 증명이나 저술이 있기 전에 "이러한 종류의 협력은 위반자에 대한 보복의 위협으로 유지될 수 있다."는 직관적으로 명백한 결론으로 게임이론가들에 의하여 회자되어 왔기 때문에 보통사람의 정리 Folk theorem라 불리우게 된 것이다.

보통주 · 우선주 普通株 · 優先株
common stock · preferred stock

주식회사가 종류가 다른 몇 가지 주식을 발행하는 경우에는 주주권의 근본원칙인 주주평등의 원칙이 깨진다. 이 때 기본적 주식(보통주)에 대하여 이익배당, 잔여재산의 분배에서 예외적인 우대조치를 받는 주식을 우선주라고 한다.

우선주는 회사설립 또는 증자에 있어 사업의 전도불명 또는 부진 등으로 말미암아 보통 방법에 의해서는 자금을 조달하기가 곤란한 경우 구주주의 희생으로 발행된다. 그것은 참가적 우선주와 비참가적 우선주로 나누어진다. 전자는 소정의 배당률 이외에 잔여의 이익에 대해서도 일정한 비율에 따라 분배에 참가하는 것이며, 후자는 잔여이익의 다과에 관계없이 소정의 우선적 배당률에 의한 배분을 받는 것에 그친

다. 잔여재산의 분배에 있어서도 동일한 구별이 존재한다. 또 우선배당에는 누적적인 것과 비누적적인 것이 있다. 전자는 특정년도에서의 우선주에 대한 배당이 소정의 우선배당률에 미치지 못한 경우, 그 부족한 부분을 차년도 이후의 이익배당에서 다시 받을 수 있는 것을 말하며, 후자는 차년도에 이월되지 않는 것을 말한다. 끝으로 우선주의 우선권에는 무조건 · 무기한의 것과 해제조건부 · 기한부의 것이 있다.

보험 保險 insurance

해난, 화재, 또는 사망 등에 의하여 발생하는 재난에 일정의 대중이 금전을 내어 이것에 대처하려는 조직을 보험이라 한다. 보험계약에 있어서 보험을 인수하여 책임을 지고 손해를 보상하는 자를 보험자, 그 상대방으로서 일정의 금액을 거출(據出)하는 자를 보험계약자, 그리고 그 일정의 금액을 보험료라 한다. 보험은 기준에 의하여 여러 가지로 구분된다.

① 손해보험과 생명보험 : 담보하는 위험의 성질에 의한 구분으로 당사자의 일방이 우연적인 일정의 사고에 의하여 발생할지도 모르는 재산의 손해를 보충할 것을 약속하는 보험을 손해보험이라 하고, 인간의 생사에 관하여 일정의 금액을 지불할 것을 약속하는 보험을 생명보험이라 한다. 손해보험에는 해상보험, 화재보험, 운송보험 및 신종보험이 있다. 해상보험은 가장 오랜 것으로, 보험의 목적에 의하여 선박보험과 적하보험으로 구분된다. 화재보험도 보험의 목적에 의하여 동산보험, 부동산보험 등으로 구분된다. 운송보험은 일반적으로 육상, 하천, 호상의 수송화물에 대한 보험을 말한다. 신종보험은 상술한 것 외에 새로 설정한 여러 가지 보험의 총칭이고, 자동차보험, 도난보험, 풍수해보험 등이 있다. 사망보험은 사망했을 때에,

생존보험은 일정연령까지 생존하였을 경우에 지불되는 것이다. 양로보험은 생존보험과 사망보험을 혼합한 것으로, 사망하여도, 생존하고 있어도 지급된다.

② 사회보험, 경제정책보험, 보통보험 : 정책수단으로서의 보험기능의 유무에 의한 분류로 사회정책의 수단으로서 행하여 지는 것(실업보험, 건강보험, 후생연금보험, 노동자재해보상보험 등)을 사회보험이라 하고, 특정산업보호를 목적으로 하는 보험(농업보험, 중소기업신용보험, 수출보험 등)을 경제정책적 보험이라고 하여, 보통보험(사보험)과 구별하고 있다.

③ 공영보험, 사영보험 : 경영주체에 의한 분류인데, 사회보험은 전자에 속한다. 이밖에도 공영보험에는 보통보험의 성격을 가진 우리 나라의 간이생명보험(簡易生命保險) 같은 것이 있다. 사영보험에는 영업보험과 상호보험의 구분이 있는데, 전자는 영리주의로 하는 것을 말하고 후자는 실비주의로 하는 것을 말한다.

보호관세 保護關稅 ☞관세

보호무역주의 保護貿易主義 protec-tionism

국가가 관세, 수입할당제, 그밖의 수단으로 외국무역에 간섭하여 국내산업 또는 고용을 보호하려고 하는 주장을 말한다. 유리한 무역수지의 흑자에 의한 귀금속과 외화의 축적을 목적으로 한 중상주의적 보호는 별도로 하고 자유무역주의에 대항하여 일어난 근대적 보호주의는 다음과 같은 근거를 바탕으로 하고 있다.

① 유치산업보호육성 : 유치산업보호론은 미국의 해밀턴 Hamilton, A. 에 의하여 주장되어 다시 독일의 리스트 List, F. 에 의하여 체계화 되었다. 리스트는 경제발전 단계설과 생산력의 이론을 바탕으로 보호

주의를 전개하고 있다. 영국과 같은 선진국은 자유무역정책을 취하는 것이 이로우나, 당시의 독일과 같은 후진국에서는 국내에 유치공업이 발흥하고 있어서 이 공업의 육성과 발달의 조성이 필요하므로 보호정책을 취하지 않을 수 없다는 것이 그의 주장이므로, 이것은 마노일레스코 Manoilesco, K. 에 의하여 다시 발전되었다.

② 고용량 증대를 위한 보호무역 : 국내의 고용량 증대와 완전고용달성을 위하여 관세와 환율의 인하에 의한 보호정책의 주장이다. 그러나 이 방법은 타국을 희생시키는 정책이므로 근린궁핍화 정책이라고 비난받고 있다. 당연히 국내고용의 유지는 이와 별개의 국내적인 금융재정정책에 의하여야 할 것이다.

③ 임금안정을 위한 보호 : 고임금수준의 나라가 저임금의 나라로부터의 수입에 관세를 부과하여 자국의 고임금을 유지하려고 하는 이론이다. 이것은 오늘날 여전히 영국, 미국 등지에서 널리 유포되고 있는 논의이다. 국제무역은 각국의 생산요소의 상대적 희소성을 균등화한다. 따라서 요소가격도 균등화 한다는 것이 헥셔-오린의 정리이다. 고임금국은 무역에 의하여 임금이 저하하므로 보호정책에 의하여 고임금을 유지할 수가 있다. 이밖에 보호주의의 논거로는 쇠퇴산업유지를 위한 보호정책, 국방적 관점에서 본 주요산업의 보호육성 등이 있으나 중요한 것은 유치산업육성을 위한 보호주의이다. 이 경우에도 보호정책이 취하여진다고 해서 언제나 자동적으로 산업이 성장하는 것은 아니라는 것에 유의할 필요가 있다. →중상주의, 자유무역주의, 근린궁핍화정책

복배 復配 resumption of dividend

업적이 부실하여 배당을 못하던 회사가 업적의 회복으로 수익이 증가하였을 경우

에 배당을 다시 시작하는 것을 말한다. 증배나 복배가 증가하는 것은 기업의 업적이 호조임을 증명하는 지표로 된다.

복본위제 複本位制 ☞본위제도

복식예산제도 複式豫算制度 double budgeting system

예산을 경상예산 current budget 과 자본예산 capital budget 으로 구분하여 운영하는 제도를 말한다. 스칸디나비아제국에서는 1930년대부터 실시되고 있는데, 미국의 후버 위원회의 권고와 힉스 Hicks, J. R. 의 '예산개혁문제'(1948) 등에도 이 주장이 있다. 경상예산과 자본예산을 구분하는 이 점으로서는 경제분석을 위한 유효성, 자본관리, 채무조달이 용이하다는 것 등을 들 수 있다. 그리하여 복식예산제도는 경상예산에 대해서는 매년도 균형을 구하지만 자본예산에 대해서는 다년간에 걸친 균형을 기도하는, 예산의 장기적 균형의 사고방식에 결부되어 있다.

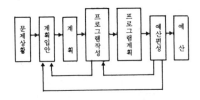

복지국가 福祉國家 welfare state

스미스 Smith, A. 는 그의 「국부론」에서 개인의 계발된 이기심 enlightened self-interest 과 '보이지 않는 손'을 바탕으로 한 사회의 예정조화를 굳게 신봉하고, 민간경제활동에 대한 정부의 간섭을 부정하였다. 스미스의 이러한 사상은 '최대다수의 최대행복'의 추구를 도덕철학 및 사회철학의 기본원리로 삼는 공리주의로 계승

되었다. 이러한 일련의 사상은 그 당연한 귀결로서 자유방임 laissez-faire 과 값싼 정부 cheap government 를 주장하였다. 이것은 산업혁명 후 확장일로에 있던 시민계급의 진로와 그들의 입장을 정당화시켜준 것이었으나, 자본주의사회가 발전함에 따라 처음에 기대하지 못했던 여러 가지 자본주의의 고유문제—주기적인 경기의 후퇴, 공황 및 실업—가 제기됨에 따라 위와 같은 자유방임 및 값싼 정부에 대한 근본적인 성찰이 요구되었다. 그러던 중 케인즈 Keynes, J. M. 는 「자유방임의 종언」(1925)에서 자유방임을 명백히 부정하고, 건전한 국민경제의 발전을 위한 정부의 역할을 강조하였다.

이상의 설명은 복지국가의 이념과 사상의 형성에 대한 계기를 역사적인 관점(자본주의경제체제의 변모에서 비롯되는 자본주의제도의 인위적 수정)에서 살펴본 것이다. 한편 이와는 관점을 달리하여 다른 측면에서의 복지국가형성의 계기가 설명되기도 한다. 그것은 첫째, 빈곤, 무지, 타락을 구제하려는 휴머니즘 둘째, 자본가의 입장에서의 노동력보호와 혁명운동의 완화 셋째, 노동운동과 민주주의의 성장 등이다. 이 입장은 개인본위 위주에서 오는 결함을 수정하여, 즉 사회본위를 가미하여 개인과 사회가 조화된 사회를 만들자는 것이다. 따라서 복지국가란 자본주의경제의 수정 내지 점진적인 개혁을 통해 경제문제를 합리적으로 해결하고 개인의 행복과 사회의 번영이 합치되도록 하는 이상의 구현을 꾀하는 국가이다. 그러므로 복지사회의 이념은 상호부조의 원리, 사회연대주의, 또는 절대적 개인주의에 대립되는 개념으로서, 상대적 개인주의이다.

다음에는 복지국가의 사상적 기초인 복지의 개념을 피구 Pigou, A. C. 의 「후생경제학」을 원용하여 살펴 보자. 피구에 의하면 복지는 비교가능하며 만족 또는 불만족한 인간의 의식상태로서, 그것은 다시 경제적 복지와 비경제적 복지로 나뉜다. 그 중 직접·간접으로 화폐척도와 관계를 맺을 수 있는 것을 경제적 복지라 하고 그 객관적 대응물을 실질국민소득이라 하였다. 그는 다른 조건에 변함이 없는 한 실질국민소득의 증대(경제성장), 평등(분배의 평등화), 안정(고용, 물가, 경기안정)이 경제적 복지를 증대시킨다는 3가지 명제를 이끌어 냈다. 그리고 그의 비경제적인 복지는 오늘에 와서 생활환경의 개선, 민주주의의 경제면에까지의 확대, 인간성의 회복, 올바른 윤리·도덕의 형성 등으로 해석된다. 그러므로 사회복지의 향상은 경제성장, 분배의 평등화, 경제의 안전과 그에 못지 않게 중요한 비경제적 복지를 조화적인 관점에서 고려해야만 가능하다. 따라서 복지국가는 첫째, 개인의 생명, 자유, 행복추구의 기본적 인권을 보장하는 민주주의의 확립을 기초로 해야한다. 둘째, 개인복지와 관련된 사회적 복지수행을 국가의 책임으로 본다. 셋째, 사회적 복지의 실현을 목적으로 국가기능의 계획화 또는 혼합경제체제의 채택이 가능하다. 넷째, 각개인의 의식에 있어서 사회적 연대성의 자각이 필요하다. 이러한 특징을 가진 복지국가가 구체적으로 수행해야 할 기능은 다음과 같다. ① 사회보장의 완비와 충실 ② 산업민주주의의 확립 ③ 공공부문의 확대 및 공공재의 원활한 공급 ④ 경제계획을 행하기 위한 제도의 정비.

복지연금 福祉年金 welfare pension

노령이나 신체장애 등으로 갹출제(醵出制)의 연금에 가입할 능력이 없어 방치해 두면 연금에 의한 생활보장을 받지 못할 계층을 구제하기 위해 급부액 전부를 세수입으로 조달하는 연금을 말한다. 이것을 무(無)갹출연금이라고도 한다. 우리 나라에서는 이 제도와 비슷한 형태로 우선 원호대상자를 위한 연금제와 공무원연금제를 실시하고 있다.

본원적예금 · 파생적예금 本源的預金 · 派生的預金 primary deposit · derived deposit

오늘날 화폐형태의 주류를 구성하고 있는 것은 중앙은행이 발행하는 은행권과 일반시중은행이 창조하는 예금통화의 두 종류이다. 초기화폐경제시대의 통화는 주로 주화와 은행권으로 구성되어 있었으나 신용거래의 증대와 신용제도의 발달, 그리고 이에 따른 각종 금융기관의 발달로 예금통화의 비중이 점차 커지게 되었다. 본원적예금이란 은행에 대하여 외부로부터 현금이 들어오면서 생기는 예금을 말한다. 이것을 기초로 하여 은행은 대부 또는 투자를 할 수 있다. 파생적 예금이란 대출로 말미암아 요구불예금이 창조될 때 그 창조된 예금을 의미한다. 이러한 파생적예금의 창조가 가능한 이유는, 은행에 구좌를 가지고 있는 고객이 은행으로부터 대출을 받는 경우, 은행의 대차대조표상의 변화를 살핌으로써 알 수 있다. 즉 은행이 대출을 해줄 때 차용자에게 현금을 직접 주는 것이 아니라 차용자의 요구불예금계정을 대출액만큼 증가시킨다. 이 때 은행의 대차대조표에는 차변에 자산으로서의 대출액이 기입되고 대변에는 부채로서 요구불예금이 기입된다. 한편 파생적 예금과 본원적 예금의 차이점은, 전자의 경우 은행의 지불준비금이 증가하지 않고 요구불예금이란 부채가 발생하는 데 비해, 후자의 경우는 현금이 외부로부터 은행에 유입됨으로써 지불준비금이 증가하면서 요구불예금이란 부채항목의 성립이 가능하다는 점에 있다.

→신용창조, 법정지불준비금

본원적 축적 本源的 蓄積 ursprüng-liche Akkumulation

자본주의의 발전의 내용을 이루는 자본의 축적은 이미 성립하고 있는 자본·노동관계를 전제한 그의 확충·발전을 의미한다. 그러나 이러한 자본·노동관계는 역사적으로 형성된 것이다. 이러한 자본축적에 대해 그것이 전제하고 있는 자본·노동관계 그 자체의 역사적 형성을 본원적 축적이라 한다. 자본주의가 생겨난 모체가 된 봉건사회의 생산적 기초는 자영농민 및 수공업자였다. 자본주의는 이 자영업자로부터 생산수단, 특히 자영농민으로부터 토지를 수탈해서 노동력과 생산수단의 자연적 결합을 파괴하고, 이렇게 해서 생산수단을 수탈당한 노동력을 자본을 위한 임금노동으로 전화시키고, 생산수단을 임금노동착취의 수단으로써 자본으로 전화시킬 때 성립한다. 따라서 자원적 축적은 두 개의 과정으로 구성된다.

제1의 과정은 자영업자 특히 자영농민으로부터 생산수단을 수탈하는 과정이다. 이 수탈과정은 영국의 인클로우저 운동 가운데 전형적으로 나타난다. 14세기 후반의 제1차 인클로우저 운동과 18세기 중엽의 제2차 인클로우저 운동은 대량의 농민을 토지로부터 분리시키고 그들을 무산자로 전락시켰다. 제2의 과정은 이렇게 해서 분리된 생산수단이 소수의 수중에 집중되고 이것이 자본으로 전화하는 과정이다. 농업에서의 토지집중·집적·도시수공업의 발전, 해외무역과 식민지 착취를 통한 거대한 상업자본의 축적·집중이 이루어짐으로써 이 과정이 완성되었다. 즉 이렇게 해서 소수의 수중에 집중된 거대한 부가 자본으로 전화하고, 이 자본이 제1과정에서 형성된 무산자를 고용하여 임금노동자로 전화시킴으로써 자본주의적 생산을 역사적으로 출현시켰던 것이다. 이처럼

본원적 축적은 생산자와 생산수단을 분리시켜 대량으로 프롤레타리아를 창출함과 동시에, 유리된 생산수단을 자본으로 전화시켜 자본주의의 획기적인 출발점을 이루는 역사적 과정을 말한다. 자본주의가 성립한 나라들은 정도의 차는 있어도 예외 없이 어떤 형태로든 이러한 본원적 축적과정을 거쳤다. →인클로저 운동, 중상주의

본위제도 本位制度 standard system

일국의 화폐제도의 근간이 되는 기초적인 화폐를 본위화폐라고 하며, 이 본위화폐의 가치를 정하는 법률적 제도 또는 경제적 질서를 본위제도라고 한다. 금본위제도 gold standard에서는 국가가 법률에 의해서 금의 일정량을 가격의 계산단위로 규정한다. 그리고 금은 이 공정가격으로 중앙은행이 자유로이 그 매매에 응하도록 되어 있었다. 이러한 금본위제도는 몇 가지의 종류가 있다.

우선, 금화본위제도 gold coin standard는 그 고전적 형태이며 실제로 본위화폐로서 금화가 주조되어 유통되는 제도인데, 이 경우에는 금화의 자유주조와 자유주궤가 인정되므로 화폐단위와 금의 일정량과의 등가관계는 항상 보증되며, 또한 금의 수출입이 자유이기 때문에 금의 일정량을 대표하는 외국화폐와 자유화폐와의 교환비율의 유지는 보증된다. 그러나 금보유량이 부족한 제국에 있어서는 이 금화본위제도를 유지하는 일이 곤란하기 때문에 국내유통에는 금화주조를 허용하지 않고 국제지불결제를 위해서만 정부 또는 중앙은행 등의 화폐관리당국이 무제한으로 금지금(金地金) 매매의 업무를 부담하는 제도가 채용되었다. 이것이 금지금본위제도 gold bullion standard이다. 또 자국의 화폐단위를 금으로 정해져 있는 외국의 화폐단위를

기초로 하여 정하고, 그 시세로 금환의 무제한 매매의 의무를 지는 것이 금환본위제도 gold exchange standard 이다. 금본위제도와 같이 본위화폐의 소재를 1종류의 금속에 제한하지 않고 2종류의 금속을 법적 소재로서 정하여 다 함께 가치척도로 삼는 것이 복(複)본위제도 double standard 인데, 일반적으로는 금·은 2종의 금속이 이에 적용되며 금은복본위제도 gold and silver bimetallism 라고 일컬어진다. 그런데 그런 경우, 화폐단위의 가치와 금 및 은의 가치의 등가관계를 유지하는 방법은 금본위제도의 경우와 동일하다.

이상과 같이 본위화폐 1단위의 가치를 금속의 일정량과 묶어 놓은 것을 구속본위제도 또는 금속본위제도라고 한다. 이와는 달리 이러한 구속을 하지 않는 것을 자유본위제도라고 하며, 자유본위제도에 있어서는 그 나라의 법규 또는 화폐당국의 판단에 의거해서 화폐의 가치와 수량의 통제가 행하여진다. 그리고 이 경우에 있어서는 통상적으로 관리통화제도가 취해진다.
→실물화폐, 명목화폐, 관리통화제도

본위화폐·보조화폐 本位貨幣·補助貨幣 standard money·subsidiary money

오늘날 대부분 국가의 화폐는 각각 그 용도에 따라 ① 소재와 명목가치를 달리하는 보조화폐, ② 각종의 지폐, ③ 은행의 신용창출에 의한 예금화폐로 구성되어 있는 것이 보통이다. 이러한 여러 종류의 화폐로 구성된 통화에 관한 일정한 통일적인 질서를 화폐제도 monetary system 또는 통화제도라고 한다. 환언하면 화폐제도라는 것은 화폐발행과 소멸, 그리고 그 운용에 관한 규정과 관습을 말한다. 화폐제도의 중심을 이루고 있는 것은 본위제도이다. 화폐를 발행할 때는 반드시 어떤 기준의 확립이 필요한데, 그 기준이 되는 화폐단위를 본위라고 한다. 그리고 이 본위를 어떠한 것에서 구하느냐에 따라 본위제도 system of monetary standard 는 달라진다. 일국의 화폐 중 일정한 본위제도에 의해 발행된 화폐를 본위화폐라 하며, 본위화폐에 대하여 보조적인 역할을 행하면서 소액지불 및 원활한 거래를 위해서 사용되는 화폐를 보조화폐라 한다.

본인-대리인 문제 本人-代理人 問題 principal-agent problem

감추어진 행동이 문제되는 비대칭적 정보 asymmetry of information의 상황에서 생겨나는 문제의 전형적 예가 바로 본인-대리인의 문제다. 이 문제는 어떤 일을 하려는데 여건상 자신이 직접 그 일을 할 수 없어 다른 사람에게 일 처리를 부탁하는 상황에서 발생하게 된다. 일을 부탁하는 사람을 본인 principal, 그리고 의뢰를 받아 대신 일 처리를 해 주는 사람을 대리인 agent이라고 부를 수 있다. 그런데 대리인은 나름대로 이해관계를 갖고 있어 언제나 본인의 완전한 분신처럼 행동하지는 않는다. 다시 말해 대리인 자신의 이익을 추구하기 위해 본인의 이익에 반하는 행동을 할 가능성이 있다는 뜻이다. 그런데도 본인은 대리인이 어떤 행동을 하고 있는지 알 수 없는 상황이 조성되어 있기 때문에 문제가 발생하게 되는 것이다. 이와 같은 배경을 갖고 있는 본인-대리인의 문제는 다음과 같은 세 가지 중요한 특징을 갖는다. 첫째, 경제적 관계를 맺고 있는 양 당사자 중 한 쪽이 다른 쪽의 경제적 후생에 영향을 줄 수 있는 행동을 취한다. 둘째, 본인은 대리인이 취한 행동을 관찰할 수 없다. 셋째, 본인과 대리인은 대리인이 어떤 행동을 하는 것이 바람직한지에 대해 의견이 엇갈리고 있다. 이는 양자가 서로 다른 이해관계를 갖고 있기 때문이다.

이러한 본인-대리인의 문제는 결국 유인 incentive의 문제로 귀착될 수 있다. 대리인이 본인의 이익을 위해 최선의 노력을 기울일 유인이 결여되어 있기 때문에 문제가 발생하는 것이기 때문이다. 따라서 본인이 어떤 적절한 유인구조를 제공함으로써 대리인의 행동을 바람직한 방향으로 유도할 수 있는지가 중요한 관심사로 떠오르게 된다.

현실에서도 이러한 본인-대리인의 문제는 많이 볼 수 있다. 주주와 경영자 사이의 관계에서는 경영자의 개인적 이해관계가 주주의 이해관계와 완전히 일치하지 않으며, 주주들이 경영자의 행동을 일일이 감시할 수 없기 때문에 경영자는 자신의 이해관계를 좇아 행동할 수 있는 여지를 갖게 된다. 국민과 관료 사이의 관계에서도 본인-대리인의 문제는 발생한다. 원칙적으로 관료는 국민의 이익에 봉사하는 것을 유일한 목표로 삼아야 한다. 그러나 관료의 개인적 이해관계는 국민의 이해관계와 다를 수 있어 관료의 모든 행동이 국민의 이익에 봉사하는 차원에서 이루어지지는 않는다. 국민은 관료가 과연 어떤 행동을 하고 있는지 알기 힘들며, 관료는 이러한 정보의 불균형을 이용하여 자신의 사사로운 이익을 추구하는 행위를 할 가능성이 있다. 견제와 균형을 중심 축으로 하는 민주적인 정치제도는 이 본인-대리인의 관계에서 대리인의 감추어진 행동을 바람직한 방향으로 인도하고자 하는 노력의 소산이라고 할 수 있다. 이 밖에도 소송의뢰인과 변호사, 가수와 매니저, 운동선수와 에이전트, 농민과 위탁판매자 사이의 관계 등에서 그와 비슷한 상황을 광범위하게 발견할 수 있다.

*봉건제 封建制 feudalism

사회경제의 발전과정에서 노예제에 후속하고 근대자본제생산의 구성에 직접 선행하는 중세봉건사회의 생산양식을 말한다. 봉건사회에서는 농업을 그 생산적 활동의 주축으로 하고 직접적 생산자인 농민은 토지 및 기타 농구·역축 등의 생산수단과 결합되어 자가노동에 의해 생활한다. 그러나 사실상의 토지소유자이며 농업경영자인 농민은 농노로서 영주로부터 경제외적 강제에 의해 봉건지대의 형태로 잉여노동을 수취당한다. 이러한 봉건적 토지소유는 단순히 농민보유지에 대한 영주와 농민이라고 하는 토지소유의 한 형태만을 의미하는 것이 아니라 봉건사회 전경제구조의 기초를 이룬다. 그리고 이러한 봉건적 토지소유하에서의 잉여노동인 봉건지대의 수취는 자유주의하에서의 잉여노동의 일반적 형태인 이윤처럼 가치법칙에 의해 이루어지는 것이 아니라 영주에 의한 경제외적 강제에 의해 이루어진다. 더욱이 자본주의적 토지소유하에서는 지대가 자본이 실현하는 이윤의 일부에 불과한 데 비해, 봉건지대는 봉건사회의 모든 잉여노동의 유일한 형태로서 나타난다. 이와 같이 봉건적 토지소유 아래에서 농민의 잉여노동이 영주의 경제외적 강제에 의해 착취당하는 영주 대 농민의 대항관계가 바로 봉건적 생산양식의 특질이다.

봉건적 토지소유의 최초의 형태는 고전장원제이다. 여기서 토지는 영주직영지와 농민보유지로 구성되는데, 영주직영지는 농민의 부역에 의해서 경영된다. 이것은 봉건지대의 형태로서 노동지대에 해당하고 부역을 제공하는 농민은 농노로서 신분적 속박하에 있다. 이러한 고전장원제가 해체된 근본원인은 농민보유지에서의 노동생산성의 진보와 영주직영지에서의 생산성의 정체에 있다. 이것을 경영형태에서 보면 영주직영지의 대부분은 분할되어 농민에게 대여되는 것이며, 지대형태로 본다면 부역이라고 하는 노동지대로부터 생산물지대 내지 화폐지대로의 전화(轉化)이다. 또 신분적 속박에서 본다면 농민이 협의의 농노적 속박에서 해방되어 자유민으로 해방되는 것, 즉 중세농민해방 또는 농노해방이며, 제도적으로는 고전장원으로부터 순수장원으로의 이행이다.

이러한 변화는 유럽에서는 대개 12～14세기경에 진행되었다. 생산물지대도 노동지대의 단순한 전화형태로 볼 수 있지만 이를 통해 생산의 주도권이 전면적으로 농민의 수중으로 이행되고 종래 임의로 수취되는 경향에 있던 지대액도 관습적으로 생산물의 일정비율로 고정화된다. 따라서 농민에게는 생산력의 발달에 따른 자가소비와 지대를 공제한 잉여부분의 축적이 진전되어 사회적 분업의 성립을 촉진하고 공업발달과 상품교환을 자극한다. 여기에서 생산물지대에서 화폐지대로의 전화가 필연적으로 발생하게 되는데, 이것은 14～15세기 사이에 진행되었다. 화폐지대도 봉건지대라는 본질에 있어서는 같으나, 이것에 의해 영주 대 농민의 관계가 일정액의 화폐로 매개되는 순수한 계약관계로 전환되고 생산력의 발달은 농민의 수중에 많은 잉여부분의 축적을 가능하게 했다. 더욱이 15～16세기에는 화폐가치가 계속 하락함에 따라 농민층은 사실상 봉건지대로부터 해방되어 독립자영농민으로 상승하였다. 이들 현상은 봉건적 토지소유관계의 사실상의 해체를 의미하고 봉건사회의 구조적 위기의 심화를 의미한다. 이러한 봉건사회의 구조적 위기 속에 새로운 자본주의적 요소가 형성되고 이것이 발전해 감에 따라 결국 봉건사회는 붕괴・해체되었다. →장원

[참고문헌] Stephenson, C., Medieval Feudalism, 1942; Hintze, O., *Wesen und Verbreitung des Feudalismus*, 1929.

봉쇄경제체제 封鎖經濟體制 ☞개방경제체제・봉쇄경제체제

뵘바베르크 Böhm-Bawerk, Eugen von (1851～1914)

비인대학에서 법학・국가학을 공부하고 하이델베르크・라이프찌히・예나의 각 대학에서 크니스 Knies, K. G. A., 로셔 Roscher, W. G. F., 힐데브란트 Hildebrand, B.에게 경제학을 배웠다. 비인대학・잉스부룸대학 강사를 역임하고 1889년에 비인에 돌아와 재무성 고문이 되고, 1895, 1897, 1900년 3회에 걸쳐 재상에 올랐으나, 1904년에 그 직을 사임하고 비인대학 경제학교수로 활동하였다. 비저 Wieser, F. v. 와 함께 멩거 Menger, C. 의 뒤를 이어 오스트리아 학파의 기초확립에 공헌하였다. 특히 1884년부터 89년에 걸쳐 발표된 「자본 및 자본이자」는 그의 대표작으로 제1권은 자본이론에 관한 종래의 제학설을 해명・비판하고, 제2권은 적극적으로 자기의 학설을 주장한 것이다. 동저서에서 그는 우회생산의 정도에 의해 사회의 자본량을 생각하고 그것이 일정한 한도에서 결정되기 위한 이자・임금 등의 제조건을 밝혔다.

또 하나의 대표작으로 들 수 있는 것은 1886년의 논문 '경제적 재화가치의 기초이론'이다. 가치론의 문제는 이미 제1의 대표작에도 포함되어 있지만 이 논문은 특히 이 점에 대해서 주관적 가치에서 가격 또는 교환을 교묘히 해명한 것으로 유명하다. 또 뵘바베르크는 고전파 및 마르크시즘의 이론을 특히 가치에 관해서는 유치한 것이라고 생각하여, 예를 들면 디첼같은 사람과의 논쟁에서 '가치이론에 대한 간투언(間投言)'을 쓰고, 마르크시즘에 대해서는 '마르크스학설의 종언'을 썼는데, 후자에 대해서는 그 후 힐퍼딩 Hilferding, R. 및 부하린 Bukharin, N. I. 의 반박이 있었다. 뵘바베르크의 자본이론에의 공헌은 그 후의 학계에 큰 영향을 주어 빅셀 Wicksell, J. G. K. 을 거쳐 오늘날에도 오이켄 Eu-

cken, W. 및 하이에크 Hayek, F. A. v. 에 의
해 계승·발전되고 있다. 그가 생산기간의
장단에 의해 자본량을 파악하려 한 데 대
해서는 비판이 많으나 우회생산에 의한 자
본의 본질을 파악하려는 견해 그 자체는
화폐적인 자본관과 더불어 오늘날에도 아
직 생명이 있다. →시차설, 우회생산

[주 저] *Kapital und Kapitalzins*, 1884~89;
*Grundzuge der Theoriedes Wirtschaftlichen
Güteruertes-b. f. National Ökonomie U. Sta-
tistik*, N. F., 13. Bdg., 1886; "Zum Abschluss
des Marxschen Systems," *Staatswissenschaf-
ten Arbeiten*, Festgaben für Karl Kines, 1896;
Gesam melte Schriften herausgeg, V. F. X.
Weiss, 1923; *Kleine Abhandlungen herausgeg*,
V. F. X. Weiss, 1926.

부가가치 附加價値 added value

생산과정에서 생산물에 새로이 첨가된
가치를 말한다. 즉 도식화하면

부가가치＝매상고－사용·자비용

요소비용＋이윤　　원료·감가상각

인건비·이자

따라서 부가가치는 인건비, 이자, 이윤의
합계라 할 수 있다. 부가가치를 경제전체
에 대해서 합계한 것이 순국민소득이다.
그러나 이것은 순부가가치이고 총부가가
치는 순부가가치에 감가상각을 합한 것이
다. →감가상각

부가가치세 附加價値稅 value added tax

생산 및 유통의 각 단계에서 부가된 가
치에 대해서 과세하는 조세를 말한다. 부
가가치세를 산정하는 방식에는 전단계세
액공제방식이 있고, 그것을 과세하는 방식
에는 전단계거래공제방식이 있다. 전단계
세액공제방식은 매출액에 세율을 곱해 얻
은 세액을 상품 또는 용역의 대금에 합하
여 판매하고, 이것을 판매자가 납부하면
다음 판매자에 대해서는 판매에 부과한 세
액에서 구입할 때 지급한 세액을 공제하는
방식이다. 전단계거래공제방식은 매출액
에서 구입액을 제외한 금액을 부가가치로
하고 이것에 세율을 곱하여 부가가치세를
부과하는 방식이다.

부가가치세는 매출세 sales tax 의 일종
이라고 할 수 있지만, 다음과 같은 차이점
을 지적할 수 있다. 매출세는 일반적으로
유통의 각 단계에서 판매액의 일부 세율에
해당하는 금액으로 과세되기 때문에 소비
자에게 인도될 때까지 조세액이 누적작용
을 일으켜 소비자가 지불하는 금액 중에서
얼마가 매출세인지 불명확한 것에 반하여
부가가치세는 유통의 각 단계에서 부가가
치세에 대해서 그 일정비율에 해당하는 금
액만큼 과세되므로 소비자의 조세부담액
이 명확하다. 따라서 부가가치세는 세수증
대효과가 크며 조세저항을 회피할 수 있다
는 점과 아울러 기능적 납세원천이 분명하
다는 점이 인정되고 있다. 우리 나라에서
는 1977년 7월부터 물품세, 섬유류세 등 8
가지 간접세를 부가가치세로 일괄 통합하
여 실시하고 있다.

부분균형 部分均衡 ☞일반균형·부분균형

부채 負債 liabilities

채권자가 개인 또는 회사에 대해서 갖는
청구권 내지 권리를 화폐액으로 표시한 것
이다. 기업회계에 있어서는 부채가 타인자
본을 가리킨다. 오늘날에는 기업경영이 대
규모화됨에 따라 기업은 외부로부터의 자
금, 즉 타인자금을 주요자금원천으로 하지
않을 수 없게 되었다. 기업의 부채는 유동
부채(단기부채), 고정부채(장기부채) 및

충당금 등으로 구성된다.

유동부채는 또한 매입채무(지급어음, 외상매입금), 단기차입금, 미지급금, 미지급비용, 선수금(先受金), 예수금(豫受金), 선수수익, 가수금(假受金) 등으로 되어 있다. 고정부채는 사채, 장기차입금, 관계회사 장기차입금 등으로 구성된다. 그리고 충당금은 아직 그것에 대한 지출은 없으나 당해년도에 부담해야 할 사유가 인정된 특정 목적에 대한 준비금을 말한다. 즉 견적으로 결정된 금액을 어떠한 불특정 자산의 형식으로서 유보하고 있음을 표시하는 하나의 정리계정이다. 그것에는 수선충당금, 퇴직수당충당금, 납세충당금, 가격변동충당금, 자가보험충당금 등이 있다. 한편 기업의 재무구조의 분석에 부채비율 debt ratio 이라는 용어가 많이 사용되는데, 이것은 $\dfrac{\text{타인자본}}{\text{자기자본}} \times 100\%$의 공식으로 계산된다. 이것은 기업의 안정성을 판정하기 위한 하나의 기준이 되는데, 보통 200~250%가 적정부담수준인 것으로 알려지고 있다. →자산, 자기자본, 타인자본

부캐넌 Buchanan Jr., James M.
(1919~   )

1919년 미국 테네시주 머프리스보로에서 태어난 부캐넌교수는 1940년 테네시대학에서 경제학석사학위를 받은 후 48년에는 시카고대학에서 경제학박사학위를 취득하였다. 그 후 57~67년까지 10년동안 교수로 재직중이던 버지니아대학에서 정치경제 및 사회철학연구센터의 소장을 겸임했으며, 69년에는 버지니아 응용과학협회 및 공공선택연구센터 소장 등을 역임했다.

부캐넌 교수는 여러 경제정책에 대해 이를 이론적 차원에서 논의하는 데 그치지 않고 정책들이 어떻게 결정되고 집행되며, 왜 그러한 결과가 나오게 되었는가를 따져보는 정치경제학적인 분석에 초점을 두었

다. 그는 재정학 분야에서 공공선택이론의 정립을 시도하였는데, 공공선택이란 공공부문에서의 각종 의사결정이 순수경제이론적인 합리성에 기초한 도형만으로는 해결할 수 없는 것이고, 투표라든가 기타 여러 가지 정치적 합의를 통하여 결정되는 것인 만큼 이러한 정치적 과정 속에서 바람직한 의사결정, 즉 바람직한 공공선택이 어떻게 마련될 수 있는가를 밝히고자 하는 이론이다. 부캐넌 교수는 특히 집합적 선택이론을 전개하였다. 이것은 한 개인을 민간부문에서 행동하는 것과 마찬가지로 공공부문에서도 자신의 이익을 극대화시키는 원리에 의해 행동하므로 정부는 개인들이 집합적으로 모여 결정하는 하나의 '민주정치과정'으로 보고, 구성원 각자는 자신의 효용을 극대화시키는 이기적이고 합리적인 시민이라는 것이다. 이러한 상황에서 채택될 수 있는 가장 바람직한 집합적 결정이란 이에 소요되는 정치적 비용을 극소화시킬 수 있는 결정을 뜻한다. 따라서 부캐넌에 의하면 민주적인 절차와 과정을 통해 전국민이 참여하는 의사결정이 가장 소중한 것이며 통상적인 단순과반수(51%)에 의해 채택된 결정은 효율적이지도 못하고 공평하지도 않다고 결론짓고 있다. 또한 그는 누진세구조도 연구했다. 소득세의 누진세율구조가 민주제도 속에 정착하게 된 배경과 당위성에 대해서도 많은 연구를 하였는데, 조세의 반영구적인 성격에 근거한 재정헌법의 일환으로 이를 지지하였다.

부캐넌은 민주과정 속에서의 의사결정을 중시하는 재정민주주의의 신봉자요, 나아가서는 자유주의에 대해 확고한 신념을 가지고 있는 경제학자로 결론지을 수 있다. 그는 신정치경제학에서의 공공선택이론을 정립하여 정치경제적인 의사결정과정을 체계적으로 이론화시킨 공로로 1986

년 노벨경제학상을 수상했다.

북구학파 北歐學派 swedish school, stockholm school

왈라스 이후, 근대경제이론은 정태적 일반균형이론을 동태화하여 경제변동과정을 분석하는 방향으로 나아갔다. 케임브리지학파와 함께 특히 시간요소와 예상의 문제를 도입하여 독특한 이론을 형성한 것이 북구학파이다. 이 학파는 시조 빅셀 Wicksell, J. G. K. 이후 주로 스웨덴의 스톡홀름대학에서 발전되어 스톡홀름학파 또는 스웨덴학파라고도 불리운다.

빅셀은 오스트리아학파의 뵘바베르크 Böhm-Bawerk, E. v. 의 자본이론을 발전시킴과 동시에 한편 경제변동의 동적 과정을 이자율을 매개로 하여 투자와 저축이 균형을 찾아가는 과정으로 파악하고, 화폐적 누적과정에 있어 물가수준의 변동을 분석함으로써 근대 동태이론에 큰 기초를 이루었다. 이러한 분석을 이어받아 한편에서는 변동의 과정을 각 시계열로서 파악하는 과정분석이 전개되고 다른 한편에서는 캇셀 Cassel, G. 류의 '균형적 발전경제'의 구상과 결합하여 사전적·계획적인 균형을 분석하고, 경제 전체의 미래에 대한 예상에 주목하여 균형추이의 이론이 전개되었다. 전자는 린달 Lindahl, E. R. 에 의해 연구되었고, 후자는 뮈르달 Myrdal, K. G. 에 의해 이른바 화폐적 균형의 문제로서 연구되었다. 현실의 발전과정에 있어 사후적으로 확인되는 경제제량의 크기는, 동시에 그것의 사전적인 미래의 예상, 계획 내지 기대되는 크기에 영향을 준다. 바로 이 때문에 위의 두 이론적 분석은 서로 교류하며 독특한 거시적 동태론을 형성하고, 케임브리지학파나 특히 케인즈류의 동태론과 광범위하게 교착되기에 이르고 있다. →빅셀의 누적과정, 사전분석·사후분석

북미자유무역협정 北美自由貿易協定 North American Free Trade Agreement

미국, 캐나다, 멕시코간에 무역의 장해 요인을 제거하기 위한 자유무역협정을 말한다. 1단계로 미국과 캐나다 사이에는 1989년 1월 실질적으로 모든 재화와 서비스에 대한 모든 관세를 1999년까지 폐지하는 것 등을 내용으로 하는 자유무역협정이 발효되었다. 북미 3개국 간의 자유무역협정인 NAFTA는 1992년 12월 조인되었으며 추가적인 부속협정이 마련된 후 1993년 11월 미국의회의 인준이 이루어졌다. 이 협정은 협정 발효 후 15년 간에 걸쳐 각 상품별 자유화 일정에 따라 무역장벽 완화를 시행하는 것을 주된 내용으로 하고 있다.

미국이 NAFTA를 주도적으로 추진하게 된 것은 유럽통합의 가속화에 따른 경쟁압력에 공동 대응하고 GATT Uruguay Round의 타결을 간접적으로 촉진하는 한편 부수적으로 1985년경 시행된 멕시코의 경제자유화를 확고히 하기 위한 것이었다. 미국과 세계 최대의 양자간 무역관계를 가지고 있는 캐나다의 입장에서는 미국시장에 대한 유리한 접근을 확보하고 무역분쟁을 해결할 수 있는 장치를 마련함과 동시에 멕시코를 잠재적 시장과 생산기지로 활용하고자 하는 것이었다. 멕시코 또한 미국시장에 대한 접근을 주요목표로 하면서 관세의 대폭인하와 비관세장벽의 획기적 완화, 가격 규제철폐 등 경제자유화정책에 상응하는 대외정책 조치로서 이 협정에 참여하였다.

3국 모두 경제주권의 상실과 일부산업 노동자의 피해에 대한 우려에 기초한 국내의 정치적 반대와 저항에 직면하면서 추진되었다. 캐나다의 경우 미국 문화산업의 무차별 공격과 고용에 대한 불안 등이 제기되었으며 미국에서는 주로 저기술산업 중심의 노조와 환경단체 중심의 반대가 거세었는데 멕시코

로 생산기지가 이전되는 경우 환경파괴가 가속화되고 미국산업의 생산과 고용이 위축되는 데 대한 우려가 핵심을 이루고 있었다. 멕시코에서는 주요 기업의 해외매각 가능성에 대한 민족주의적 정서와 국내산업기반이 와해될 가능성에 대한 우려가 강하였다.

NAFTA 체결이후 단기적으로 역내교역이 증가하는 무역창출과 무역전환 현상이 가시화되고 있다. 특히 캐나다가 대미 수출 증가로 가장 혜택을 누리고 있으며 미국과 멕시코간에 효율성 이익 efficiency gain을 확보하기 위한 산업 구조조정 효과가 나타나고 있는 것으로 평가된다. 또한 NAFTA의 체결과 시행은 라틴 아메리카 국가들의 자유무역협정과 지역통합을 자극하는 부수적 효과를 거두고 있으며 2005년까지 전 아메리카 대륙의 자유무역협정을 체결하기 위한 노력과 함께 다양한 지역통합 노력이 활발히 진전되고 있다.

분류과세 分類課稅 separated taxation

소득세의 과세에 있어서 개인에 귀속하는 각종 소득을 사업소득, 이자소득 등으로 나누어 원천별로 과세하는 것을 말한다. 이 방식은 징세가 간단하고 탈세를 방지할 수 있다는 장점을 가지고 있으나, 차별과세가 불가피하며 세부담이 불공평해 진다는 단점이 있다. 우리 나라에서는 퇴직소득·양도소득·산림소득을 분류과세로 인정하고 있다. →종합과세, 배당분리과세

분배국민소득 分配國民所得 national income distribution

분배면에서 본 국민소득으로 생산활동에 참가한 각 생산요소에 지불되는 소득의 총액을 말한다. 임금, 지대, 이자, 이윤(배당을 포함) 등의 형태를 취한다. →국민소득

분산도 分散度 ☞산포도

분업 分業 division of labour

단독으로 행하는 일을 여러 부분으로 분할하고, 각 분담자의 작업을 총괄적으로 그리고 하나의 전체적인 일로 행하는 것을 말한다. 스미스 Smith, A.의 학설 이래 분업은 작업의 분할과 노동의 전문화로 노동생산력의 증진을 가져오는 것으로 중요시되어 왔다. 그것은 사회적 분업과 개별분업(작업장내분업)으로 나누어진다. 전자는 사회의 총노동이 농업·공업·상업 등의 큰 생산유통부문이나 나아가서 그 내부에서 특수직업으로 분화되는 것을 말한다. 이것은 2개의 출발점에서 발전한다. 하나는 가족 또는 종족의 내부에서 성별 및 연령별 차이라는 생리적인 기초 위에서 자연발생적으로 생기는 경우이고, 다른 하나는 공동체 상호간의 생산물교환으로부터 생기는 경우이다.

반면에 개별적 분업은 개개의 작업장 내에서의 노동의 기능분할을 말한다. 자본주의 이전의 사회에서는 이러한 분업은 기껏해야 우연적으로밖에 존재하지 않았다. 자본주의적 생산방법이 채택되는 단계에서 단순협업은 작업장내에서의 분업에 의해 이루어지는 협업으로 발전한다. 이 협업은 매뉴팩쳐에서 전형적으로 나타난다. 사회적 분업과 개별적 분업은 유사성과 관련성을 갖고 있지만, 양자는 구별되지 않으면 안된다. 왜냐하면 개별적 분업은 언제나 협업으로서 통일적 의지에 기초해서 계획적으로 행해지지만, 사회적 분업은 반드시 그런 것이 아니라 상품생산이 행해지는 사회, 특히 자본주의사회에서는 무정부적으로 행해지기 때문이다. →매뉴팩쳐, 협업

*분포함수 分布函數 distribution function

확률변수는 크게 연속확률변수와 이산확률변수로 나뉜다. 전자는 R' (실수의 집합)내의 임의의 점에 대해서 확률이 정의되고, 후자는 R' 내의 양의 정수에 대해서만 확률이 정의된다. 이상을 수학적으로 표현하면 연속확률변수의 경우에는

ⓐ $P_r[X=x^*]=0$ A $x^* \in R'$ (단 A는 '모든 x^*에 대하여'를 의미함)

ⓑ $P_r[X \in (a, b)] \geq 0$ (단 a, b는 표본 공간 S 내의 임의의 두 점)

가 성립한다. 한편 연속분포의 경우 확률밀도함수 probability density function P. D. F. 는 다음의 성질을 갖는 함수로 정의된다.

ⓐ $\int_{-\infty}^{\infty} f(x)dx=1,\ f(x) \geq 0$

ⓑ $P_r[X \in (a, b)] = \int_a^b f(x)dx$

이것을 그림으로 표시하면 다음과 같다.

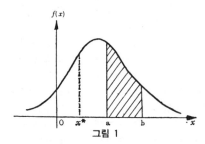

그림 1

분산분포는 임의의 실구간 (a, b)에서 (단 $-\infty < a, b < \infty$)

ⓐ $P_r[X=x_i] > 0$

을 만족하는 x_i의 개수가 유한이고,

ⓑ $P_r[X \in (a, b)] = \sum_{i=1}^{m} P_r(X=x_i)$

로 표시되면 X는 이산확률변수 discrete random variable 이다. 이 때에는 연속분포의 $f(x)$에 대응해서 $P_r(x)$를 사용한다. 다음으로 분포함수 cumulative distribution function 는 확률변수가 어떤 구간 내의 임의의 값을 갖는 확률을 나타낼 때 쓰이며

연속분포의 경우에는 $\int$ 로, 이산분포의 경우에는 Σ를 사용하여

$$F(x)=\int_a^x f(x)dx,\ F(x)=\sum_{i=1}^{x} P_r(x_i)$$

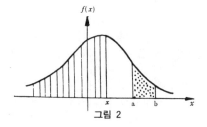

그림 2

등으로 나타낸다. 그림 2에서 $F(x)$는 빗금친 부분의 넓이이고,

$P_r(a \leq x \leq b)=F(b)-F(a)=\int_a^b f(x)dx$ 는 점선으로 표시한 부분의 넓이를 의미한다.

연속분포의 분포함수 $F(x)$는 다음과 같은 성질을 갖는다.

ⓐ $0 \leq F(x) \leq 1$

ⓑ $F(x_1) \geq F(x_2)$ for $x_1 > x_2$

즉 $F(x)$는 단조증가함수이다.

ⓒ $F(-\infty)=0,\ F(\infty)=1$

이다. 그러므로 $F(x)$와 $f(x)$는 다음과 같은 기계적인 관계에 있다.

$$F(x)=\int_{-\infty}^{x} f(w)dw,\ f(x)=\frac{dF(x)}{dx}$$

이제 여러 가지 분포의 확률밀도함수에 대해서 살펴보자.

Ⅰ. 이항분포 binomial distribution

1회의 독립시행에서 어떤 사건이 발생할 확률을 p, 발생하지 않을 확률을 q 라 할 때 $p+q=1$이면 독립시행을 베르누이 트라이얼 Bernoulli trial이라 한다. 이런 독립시행을 n 회 반복하였을 때 어떤 사건이 x회 일어날 확률은 다음 식으로 주어진다.

$$P_r(X=x)=\binom{n}{x}p^x q^{n-x}=$$

$$\frac{n!}{x!(n-x)!}p^x q^{n-x} \cdots\cdots\cdots\cdots\cdots (1)$$

이처럼 확률변수 X가 $0, 1, 2, \cdots n$의 값을 가질 때 이것이 나타날 확률이 (1)식으로 주어지면, X는 이항분포에 따른다고 한다. 이항분포에 따르는 확률변수 X의 평균(기대치)과 분산은 각각 np, $np(1-p)$로 주어진다.

II. 포아송분포 poisson distribution

이항분포에 있어서 P의 값이 극단적으로 0에 가깝고 n이 무한히 클 때, 그 확률변수는 대체로 포아송분포를 갖는다. 포아송분포의 확률밀도 함수 $P_r(x)$는 다음 식으로 주어진다.

$$P_r(x) = \frac{m^x e^{-m}}{x!}, \quad x = 0, 1, 2, 3, \cdots, \quad m > 0$$

$$= 0 \quad \text{elsewhere}$$

포아송분포의 확률변수 x는 m, m을 각각 그 평균과 분산으로 한다. 이것을 증명하기 위해 X의 적률생성함수(積率生成函數) moment-generating function M. G. F. 를 구해보면, M. G. F. 정의식에 따라

$$M(t) = E(e^{tx}) = \sum_{x=0}^{\infty} e^{tx} f(x)$$
$$= \sum_{x=0}^{\infty} e^{tx} \frac{m^x e^{-m}}{x!}$$
$$= e^{-m} \sum_{x=0}^{\infty} \frac{(me^t)^x}{x!}$$
$$= e^{-m} e^{me^t} = e^{m(e^t-1)}$$

($\therefore 1 + m + \frac{m^2}{2!} \cdots + \frac{m^n}{n!} \cdots = \sum_{x=0}^{\infty} \frac{m^x}{x!}$에서 $\sum_{x=0}^{m} \frac{m^x}{x!}$는 e^m에 수렴한다)

이 때 $M(t)$는 t의 모든 실수 값에 대해서 성립하므로 $M'(t)$, $M''(t)$를 구해보면

$$M'(t) = e^{m(e^t-1)}(me^t)$$
$$M''(t) = e^{m(e^t-1)}(me^t) + e^{m(e^t-1)}(me^t)^2$$가 얻어진다.

따라서 $\mu = E(x) = M'(0) = m$
$$\sigma^2 = E[(x - E(x))^2]$$
$$= E[(x-m)^2]$$

$$= M''(0) - \mu^2 = m + m^2 - m^2$$
$$= m$$

이다. 포아송분포에서는 $\mu = \sigma^2 = m$이 된다.

III. 감마분포 gamma distribution

연속확률변수 X의 확률밀도함수가 다음 식을 가질 때, 확률변수 X는 감마분포에 따른다고 한다.

$$f(x) = \frac{1}{E(\alpha)\beta^\alpha} x^{\alpha-1} e^{-\frac{x}{\beta}}, \quad 0 < x < \infty$$

이 때 X의 평균값과 분산은 각각 $\alpha\beta$ 및 $\alpha\beta^2$으로 주어진다. 즉,

$$\mu = E(x) = \alpha\beta$$
$$\sigma^2 = E[(x-\mu)^2] = E[(x-\alpha\beta)^2]$$
$$= \alpha\beta^2$$

이다.

IV. 정규분포 normal distribution

이항분포에서 비록 $p \neq q$일 경우에도 양자의 차이가 크지 않고 n이 ∞일 때 얻게 되는 원활한 곡선을 정규곡선 또는 가우스 곡선이라 한다. 연속확률변수가 정규분포에 따를 때 확률밀도함수는 다음 식으로 주어진다.

$$f(x) = \frac{1}{\sqrt{2\pi}\,\sigma} e^{-\frac{1}{2}\left(\frac{x-\mu}{\sigma}\right)^2}$$

위 식에서 확률변수의 평균, 분산 및 적률생성함수는 각각 μ, σ^2, $M(t) = e^{\mu t + \frac{1}{2}\sigma^2 t^2}$으로 주어진다. 그리고 X가 평균이 μ, 분산이 σ^2인 정규분포에 따를 때 기호로는 $X \sim N(\mu, \sigma^2)$라고 쓴다. 정규분포의 $f(x)$는 추정이론에서 매우 중요하며 그 특징들을 열거하면 다음과 같다. ⓐ $f(x)$는 $x = \mu$에서 최대값을 갖는다. ⓑ $f(x)$는 $x = \mu$에 대해서 대칭이다. ⓒ X가 μ의 양쪽으로 멀어지면 $f(x)$의 값은 단조감소한다. ⓓ $f(x)$는 $x = \mu \pm \sqrt{\sigma}$점에서 변곡점을 갖는다. 정규분포에서 통계적으로 필요한 것은 정규분포곡선하의 면적이다. 이 때 평균치와 표준편차를 달리하는

모든 정규곡선을 $\mu=0$, $\sigma=1$을 갖는 표준정규곡선 standard normal curve 에 환원시키면 수치표를 이용하여 면적을 구할 수 있다. 이제 변량 x 대신에 $Z \equiv \dfrac{x-\mu}{\sigma}$ 라는 표준척도를 쓰면, 새로운 변량 Z는 표준정규분포에 따른다고 하고 $Z \sim N(0, 1)$로 표시한다. 이 때 Z의 확률밀도함수는 $f(Z) = \dfrac{1}{\sqrt{2\pi}} e^{-\frac{Z^2}{2}}$ 이다. 여기에서 $Z_1 \sim Z_2$ 사이의 면적은 $P_r(Z_1 \leq Z \leq Z_2) = \int_{Z_1}^{Z_2} \dfrac{1}{\sqrt{2\pi}} e^{-\frac{Z^2}{2}} dZ$ 로 주어진다.

V. x^2-분포 chi-square distribution

x^2-분포는 감마분포의 확률밀도함수에서 $\alpha = \dfrac{n}{2}$, $\beta = 2$ (단 n은 양의 정수)일 때의 특수한 경우이다. 따라서 x^2-분포에 따르는 확률변수 X의 확률밀도함수는

$$f(x) = \frac{1}{\Gamma\left(\frac{n}{2}\right) 2^{\frac{n}{2}}} x^{\frac{n}{2}-1} e^{-\frac{x}{2}}, \quad 0 < x < \infty$$

으로 주어진다. 이때 X는 자유도 degree of freedom 가 n인 x^2-분포에 따르고, 기호로는 $X \sim x^2(n)$으로 쓴다. 한편 x^2-분포는 정규분포에서도 유도된다. 즉 확률변수 X가 평균이 μ, 분산이 σ^2인 정규분포에 따를 때, $(X \sim N(\mu, \sigma^2))$, $V = \left(\dfrac{x-\mu}{\sigma}\right)^2$라고 정의되는 새로운 확률변수 V는 자유도가 1인 x^2-분포에 따른다.

즉 $V \sim x^2(1)$

이를 확장하면, $x_1, \cdots, x$가 서로 독립이고 X_i가 자유도 r_i인 x^2-분포를 할 때 $Y = \sum_{i=1}^{n} X_i$으로 주어지는 새로운 확률변수 Y는 자유도가 $\sum_{i=1}^{n} r_i$인 x^2-분포에 따른다.

즉 $Y \sim x^2\left(\sum_{i=1}^{n} r_i\right)$ 이다.

VI. t-분포 t-distribution

W가 평균이 0, 분산이 1인 표준정규분포에 따르고, V는 자유도가 r인 x^2-분포에 따르며 W와 V가 확률적으로 독립일 때 W를 분자로, $\sqrt{\dfrac{V}{r}}$를 분모로 취한 확률변수를 T라 하면, T는 다음과 같이 쓸 수 있다.

$$T \equiv \frac{W}{\sqrt{\dfrac{V}{r}}}$$

이 때 T는 자유도 r을 갖는 t-분포에 따른다고 하고 기호로는 $T \sim t(r)$로 표시한다. T의 확률밀도함수는

$$f(t) = \frac{\Delta\left(\dfrac{r+1}{2}\right)}{\Delta\left(\dfrac{r}{2}\right) \sqrt{\pi \cdot r} \left(1 + \dfrac{t^2}{r}\right)^{\frac{r+1}{2}}}$$

$$(-\infty < t < \infty)$$

이다. $f(t)$의 성질은 ⓐ$t=0$에서 $f(t)$는 대칭이고 최대값을 갖는다. ⓑ $f(t)$는 $|t|$가 증가할수록 그 값이 감소하는 $t=0$을 중심으로 한 단조감소함수이다. ⓒ $f(t)$는 r의 자유도를 가지고 r이 커지면 $f(t)$는 정규분포에 접근한다.

VII. F-분포 F-distribution

$U \sim x^2(r_1)$, $V \sim x^2(r_2)$이고 U와 V가 확률적으로 독립일 때, $\dfrac{U}{r_1}$를 분자로, $\dfrac{V}{r_2}$를 분모로 놓으면, 즉 $F \equiv \dfrac{U/r_1}{V/r_2}$이면 새로운 확률변수 F는 자유도가 (r_1, r_2)인 F-분포에 따른다고 한다. 이 때 F의 확률밀도함수인 $g(f)$는 다음과 같다.

$$g(f) = \frac{\left(\dfrac{r_1}{r_2}\right)^{\frac{r_1}{2}} \Gamma\left(\dfrac{r_1 + r_2}{2}\right)}{\Gamma\left(\dfrac{r_1}{2}\right) \Gamma\left(\dfrac{r_2}{2}\right)}$$

$$\cdot \frac{f^{\frac{r_1}{2}-1}}{\left[1 + f\left(\dfrac{r_1}{r_2}\right)\right]^{\frac{r_1+r_2}{2}}}$$

[참고문헌] Akley, N. & Bach, K. R., *Introduction to the Theory of Probability and Statistic*, 1950; Hoel, P. G., *Introduction to Mathematical Statistics*, 3rd ed., 1962.

분할지토지소유 分割地土地所有
〔獨〕 Parzelleneigentum

봉건적 부담에서 신분적, 경제적으로 해방되고 독립된 자유로운 소농민의 토지소유형태를 말한다. 여기서 농민은 그 토지의 자유로운 소유자이다. 분할지토지소유가 세계역사상 특히 중요한 의미를 가진 이유는, 이것을 기초로 한 영국의 요맨 yeoman(독립자영농민)과 프랑스 및 서부독일의 농민이 산업자본의 성립을 위한 모태가 되었다는 점이다.

영국에서 분할지토지소유는 14세기의 부역전납화·commutation 이후 특히 상업혁명에 의한 화폐가치의 계속적인 하락과정에서 봉건적 제부담을 해소시키면서 급격히 전개되었다. 이는 농민의 경제적 상승을 의미하였지만 농민이 점차 상품경제에 속하게 됨에 따라 (국지적 시장권의 성립) 농민층 그 자체가 경제적으로 부유한 층과 빈곤한 층으로 분리되기 시작하여 자기의 토지를 상실한 임금노동자층을 형성하였다. 그러므로 분할지토지소유는 산업자본 형성의 필요한 과정이라 할 수 있다. 이와 같이 분할지토지소유는 봉건적 토지소유의 해체과정 중에 성립하였고 산업자본과 프롤레타리아를 동시에 발생시켰다는 점에서 의의를 가지고 있다. 이러한 이유로 분할지토지소유는 자본주의성립의 지반이지만, 동시에 그것이 확립된 후에는 자본주의적 발전과 모순에 빠지게 된다는 양면성을 가지고 있다. →자본의 축적, 자본의 전형운동

불가능성정리 不可能性定理 impossibility theorem

1950년대 초 경제학자 애로우 Arrow, K. J.는 타당한 사회적 선호관계가 구비해야 할 몇 가지 특성을 모아서 다음의 네 가지 조건으로 요약하였다. 〔조건 1〕('집단합리성의 조건') 사회적 선호관계는 완전하고 이행적이어야 한다. 〔조건 2〕('파레토원칙') 임의의 두 사회적 상태 s1과 s2에 대하여 국민 각자가 모두 s1을 s2보다 선호한다면 사회적으로도 s1이 s2보다 선호되어야 한다. 〔조건 3〕('제3상태로부터의 독립의 특성') 국민 각자의 개별적 선호관계가 변화한 후에도 기존의 두 상태에 대해서는 선호관계가 변하지 않는다면 그 두 상태에 대한 사회적 선호관계도 변하지 않는다. 공리주의적 선호는 이 조건을 만족하지 못한다. 〔조건 4〕('비독재성') 사회적 선호는 독재이어서는 안된다.

애로우는 이 네 조건을 검토한 결과 이들이 서로 논리적 모순관계에 있음을 보임으로써 이 네 조건을 동시에 만족하는 사회적 선호관계란 결코 존재할 수 없음을 발견하였다. 이것을 애로우의 불가능성 정리라 한다.

애로우의 불가능성 정리는 1950년대 초의 경제학계에 대단한 충격을 주었다. 이것은 후생경제학에서 사회적 후생함수와 가치판단의 의미에 대하여, 그리고 더욱 폭넓게는 개인의 가치판단과 사회적 선택의 관련성, 민주주의의 이론적 가능성 등에 대하여 여러 가지 문제를 제기하였다.

불가분성 不可分性 indivisibility

현실적인 생산과정에서는 그것에 투입되는 생산요소(노동력, 생산설비)가 어느 한도보다 작은 단위로 분할 사용되어서는 전혀 생산이 불가능하거나 그 효율이 현저하게 떨어지는 제약조건이 존재한다. 이것을 생산요소(또는 투자)의 불가분성이라고 한다. 예를 들면 소 1마리는 불가분적인 최소투입단위이다. 불가분성의 실질적인 중요성은 생산 또는 투자의 효율과 관련되어 있다. 즉 생산 또는 투자가 일정한 효율을 유지하기 위해서는 적어도 생산 또

는 투자가 일정규모 이상으로 이루어져야 한다는 것이다. 이렇게 볼 때 불가분성을 대규모생산의 경제를 생성하는 한 요인이라고 할 수 있다. 불가분성의 특성은 특히 사회간접자본의 경우에 두드러지게 나타난다. 즉 철도건설의 경우에는 개별적으로도 투자규모가 큰 철로, 철도차량, 부대시설 그리고 전력의 경우에는 발전시설, 송전 및 배전시설 등에 포괄적인 투자를 해야 하므로 투자수요량이 방대하고 또한 분할투자도 불가능하다.

불균형성장 不均衡成長 ☞균형성장·불균형성장

불비례설 不比例說 disproportionality theory

투간바라노프스키 Tugan-Baranovskii, M. I.에 의해 최초로 주장된 공황이론으로, 사회적 총생산물의 원활한 실현을 위해서는 그 각 부분간에 일련의 비례성이 요청되지만, 자본주의생산의 무정부성하에서는 그렇게 될 보증은 없고 불비례에 의한 공황이 발생한다는 이론이다. 그래서 이 경우 특징적인 것은, 비례성만 올바르게 유지되면 생산은 소비수요로부터 완전히 독립해서 발전할 수 있다고 주장한 투간은 불비례를 공황의 배타적 원인으로서 간주하고 비례성을 규정하는 소비 요인의 독자적 역할을 부인하고 있다는 점이다. 즉 마르크스 Marx, K. H.가 공황의 궁극의 근거로 규정한, 생산의 무제한적인 확대경향에 대립된 대중의 제한된 소비의 문제 및 자본주의 생산에 내재된 이 모순을 전반적 과잉생산으로 표현하는 중요한 일계기(一契機)인 소비수요의 문제가 단순한 불비례일반의 문제로 해소되어 버리고 이론적 시야로부터 완전히 추방된 점이다. 그러나 그러한 관점으로부터는 공황은 단지

무정부적 생산일반에 유래하는 어떠한 우발적인 불균형=생산의 과부족, 따라서 부분적 과잉생산에 귀착하지 않을 수 없다.

거기서 이 우발적·부분적 과잉을 주기적·전반적 과잉생산으로 발현시키는 다른 요인이 공황의 직접적 원인으로서 도입된다. 그러나 자본주의 생산에 내재적인 모순을 사상(捨象)해 버린 이 입장으로부터는 그 요인은 오로지 화폐·신용관계(투간의 대부자본부족설)나 가격형성·이윤균등화기구(힐퍼딩 Hilferding, R.)의 교란이라는 외면적 사상(事象)에서 구하게 된다. 요컨대 이러한 유통·신용면에의 편중이 불비례설의 제2의 특징이다. 또한 이러한 이해가 '조직된 자본주의'(힐퍼딩)의 주장과 결부되고 '공황없는 순환'이라는 조화론으로 귀결된 것은 놀라운 일은 아니다. 사실 불비례설은 그 후 마르크스공황론의 계보라기보다는 오히려 근대경기이론에 합류되기에 이른다. →과소소비설

불안정균형 不安定均衡 ☞안정균형·불안정균형

불완전경쟁 不完全競爭 ☞완전경쟁·불완전경쟁

불완전취업 不完全就業 underemployment

취업의식, 소득, 취업시간 등을 총합적으로 고려하여 불충분한 취업상태에 있는 것을 말하며 잠재실업, 위장실업 등을 말한다. 원래의 의미는 불황 등으로 노동공급이 과잉상태가 되었는데도 불구하고 기업이 노동조합의 저항, 종신고용제도 때문에 해고는 단행하지 못하고 계속 취업시키는 경우를 가리키는 것이었다. 그러나 현재 말해지고 있는 불완전취업자는 ① 의식면에서 전직이나 추가취업을 희망하고 있

는 자 ② 소득면에서 생활보호법에 의한 피보호자와 같은 정도의 수입밖에 벌고 있는 못한 자 ③ 취업시간면에서는 취업시간이 매우 짧거나, 또는 장시간 취업하고 있으면서도 그 수입이 매우 낮은 자 등을 말한다. →위장취업, 잠재실업

불임저축 不妊貯蓄 abortive saving

고전학파 및 오스트리아학파의 일반적인 생각에 의하면 저축의 증가는 이자율의 하락을 통해 투자를 자극하며, 경제발전의 원동력이 된다고 한다. 그러나 신고전학파의 일군에서는 그것과는 전혀 다른 대립적인 생각이 있었다. 로버트슨 Robertson, D. H., 케인즈 Keynes, J. M., 피구 Pigou, A. C. 등이 이러한 생각을 가진 대표적인 사람들로서 내용은 다음과 같다. 저축이 증가되면 그 결과 소비수요의 감퇴가 일어나 물가가 하락한다. 이는 소비자의 실질소득, 실질현금잔고를 증가시켜 소비지출을 자극한다. 따라서 처음에 생긴 저축의 증가는 이 소비증가에 의해 상쇄된다. 이것을 불임저축이라 한다. 이러한 저축증가에 의한 물가하락은 저축자로부터 소비자에게로 소비이전을 초래하나, 동시에 물가하락으로 기업의 손실이 발생함으로써 소비자, 생산자로부터 저축자에게 부의 이전이 생긴다. →피구효과, 화폐보유의 동기

불평등지수 不平等指數 inequality index

한 사회에 존재하는 소득분배의 불평등도를 하나의 숫자로 대표하여 표현할 수 있는 지표를 말한다. 즉, 소수의 부자들이 국가의 전체소득 중 너무 많은 부분을 차지하고 대다수 국민들이 극빈층이 되어 있으면 그 국가는 소득분배가 매우 불균등하다고 한다. 이러한 소득분배의 불균등도를 계량화하여 나타낸 것이 불평등지수 inequality index이

다.

㈎ 로렌츠곡선 Lorenz curve과 지니계수 Gini coefficient

로렌츠곡선은 한 사회의 구성원을 소득이 가장 낮은 사람으로부터 높아지는 순서에 따라 차례로 배열한다고 할 때, 일정 비율의 사람들이 차지하는 전체소득 중의 비율을 나타내는 점들을 모아 놓은 곡선이다. 만약 어떤 사회의 분배상태가 완전히 평등할 때 그 사회의 로렌츠곡선은 원점에서 시작하는 대각선이 될 것이다. 모든 사람의 몫이 똑같으면 사람의 비율과 이들이 차지하는 전체 소득 중의 비율이 언제나 똑같게 될 것이기 때문이다. 반면에 그 사회의 모든 소득이 한 사람의 수중에 집중되어 있는 경우라면 로렌츠곡선은 마치 L자를 뒤집어 놓은 모양의 곡선이 된다. 현실에서 도출된 로렌츠곡선이 대각선에 가깝게 위치할수록 한층 더 평등한 소득분배를 의미하는 것이며, 반대로 멀리 떨어져 있을수록 더욱 불평등한 분배를 의미하게 된다. 로렌츠곡선에 의한 평가방법은 어느 하나의 분배상태가 더 평등한지 아닌지 그 자체만을 알려줄 뿐, 얼마나 더 평등한 것인지는 전혀 알려주지 못한다. 다시 말해 평등한 정도의 순서만을 매길 수 있을 뿐인데, 바꾸어 말하면 이 평가방법이 서수적인 성격을 갖는다는 것을 의미한다. 또한 복수의 소득분배 상태를 비교하는 경우 서로 다른 소득수준에서 불평등도의 상대적 비교가 엇갈리는 경우 비교의 준거를 제공하지 못한다. 다시 말하면 경제 A와 경제 B를 비교할 때 낮은 소득수준에서는 경제 A가 경제 B보다 대각선에 가까운 로렌츠곡선을 나타내어 불균등도가 작은 데 높은 소득 수준에서는 경제 A가 경제 B보다 대각선에서 먼 로렌츠곡선을 나타내어 불균등도가 큰 경우 양 경제의 불균등도를 비교하기 어렵다는 것이다. 이에 반해 지니계수 Gini coefficient는 대각선과 로렌츠곡선 사이의 면적이 전체 삼각형에서

차지하는 비중을 나타내 주는 계수이다. 즉, 소득이 완전히 균등하게 분배되었을 때는 지니계수의 값이 0이고 한 사람이 모든 소득을 다 차지했을 때는 지니계수의 값이 1이 되어 서로 다른 소득분배 상태를 기수적으로 비교할 수 있게 한다.

(나) 십분위분배율

그 단순성으로 말미암아 흔하게 사용되는 기수적 불평등도지수로 십분위분배율이 있다. 이것은 소득계층의 최하위 40%가 차지하는 전체 소득 중의 점유비율을 최상위 20%가 차지하는 점유비율로 나눔으로써 간단히 구할 수 있다. 이 십분위분배율의 경우에는 지니계수와 반대로 그 값이 클수록 더욱 평등한 분배상태를 뜻한다.

(다) 앳킨슨지수 Atkinson index

영국의 경제학자인 앳킨슨은 기존의 불평등도지수가 암묵적으로 도입하고 있는 가치판단에 문제가 있을 수 있음을 지적하고, 아예 처음부터 어떤 명백한 가치판단을 전제로 하는 불평등도지수를 만들어 사용할 것을 제의하였다. 앳킨슨이 제시한 불평등지수에서는 균등분배 대등소득 equally distributed equivalent income; y^{EDE} 이라는 개념이 핵심적인 역할을 수행한다. 이 개념을 설명하기 위해 다음과 같은 예를 들어 보기로 하자. 현재 어떤 사회의 1인당 평균소득이 월 150만원이라면, 이 평균소득의 수준과 더불어 이것이 분배된 상태에 의해 이 사회의 후생수준이 결정된다. 예컨대 모든 사람에게 1인당 월 120만원의 소득을 균등하게 분배하면 현재와 똑같은 수준의 사회후생을 가져올 수 있다고 가정하자. 그렇다면 바로 이 1인당 월 120만원의 소득이 균등분배대등소득이 되는 것이다. 현실에서 존재하는 불평등성이 사회후생을 저하시키는 요인으로 작용하고 있기 때문에, 균등분배대등소득은 위에서 보인 예에서와 같이 실제의 평균소득 보다 작게 된다. 나아가 분배의 불평등성이 크면 클

수록 양자 사이의 격차는 한층 더 커질 것이다. 앳킨슨은 바로 이 점에 착안하여 다음과 같은 공식에 의해 그 값을 구할 수 있는 불평등지수를 제의하고 있다.

$$A = 1 - \frac{y^{EDE}}{\mu}$$

만약 현실의 분배상태가 완전히 균등한 것이어서 평균소득이 바로 균등분배대등소득이 된다면 앳킨슨지수는 0의 값을 갖는다. 반면에 소득의 분배가 지극히 불평등하여 균등분배대등소득이 거의 0에 가깝다면 앳킨슨지수는 1에 가까운 값을 갖는다. 앞에서 든 예에서와 같이 평균소득이 150만원이고 균등분배대등소득이 120만원일 때의 앳킨슨지수는 0.2의 값을 가질 것이다. 앳킨슨지수는 균등분배대등소득의 개념을 통해 다양한 가치판단이 반영될 수 있는 통로를 열어 놓고 있다. 이 지수를 구하는 공식을 만들 때, 평등성을 얼마나 중시하느냐에 따라 균등분배대등소득의 크기가 달라질 수 있게 만들어 놓았기 때문이다. 이와 같은 신축성은 지니계수 등 다른 불평등지수에서는 기대할 수 없는 앳킨슨지수 고유의 장점이라고 할 수 있다. 이와 같은 장점 때문에 앳킨슨지수는 소개된 지 얼마 되지 않아 지니계수에 버금갈 만큼 자주 사용되는 불평등 지수로서의 위치를 차지하게 되었다.

불평등화요인 不平等化要因

한 지역의 경제발전은 다른 지역의 발전에 두 가지 영향을 준다. 첫째는 다른 지역의 발전을 저해하며 지역간의 발전의 불평등화를 초래하는 영향(뮈르달 Myrdal, K. G. 은 역류효과 backward effects, 허시만 Hirschman, A. O. 은 분열효과 polarization effects 라고 한다)이다. 둘째는 다른 지역의 발전을 촉진해서 평등화를 초래하는 영

향(뮈르달은 파급효과 spread effects, 허시만은 침투효과 trickling-down effects 라고 한다)이다.

불평등화작용은 노동·자본·재화의 이동에 의해서 야기된다. 먼저 발전하고 있는 지역은 다른 정체지역으로부터 생산성이 높은 인적자원(진취적인 청년노동·숙련노동·기술자·경영자)을 선택적으로 흡수하고 생산성이 낮은 인적자원과 불리한 인구구성(피부양자의 상대적 증대)을 다른 지역으로 배출한다. 자본의 발전지역으로의 집중은 발전지역의 발전을 한층 추진할 뿐만 아니라 얼마 안되는 정체지역의 저축마저 흡수한다. 나아가서 발전지역의 산업(공업)은 대부분의 경우 수확체증과 대규모생산의 이익에 의해 정체지역의 산업을 압도한다. 반면에 또 평등화요인도 작용한다. 평등화작용에서 가장 중요한 것은 발전지역의 정체지역에 대한 매입과 투자의 증대이다.

불평등화요인과 평등화요인 양자의 강도를 뮈르달은 시장제력은 불평등화의 방향으로 강하게 작용한다고 생각하고 있다. 그러나 허시만은 그와 같은 생각은 너무도 비관적이라고 비판하고, 비록 일시적으로 불평등이 강하게 작용한다 할지라도 머지않아 정책담당자는 정체지역의 발전 없이는 발전지역의 발전도 한계점에 이른다는 것을 알게 되고 결국 한 나라 전체를 커버하는 발전정책이 수립되게 되어 평등화요인의 작용이 강화된다고 생각하고 있다.

불환지폐 不換紙幣 inconvertible paper money

태환지폐에 반대되는 개념으로 정부나 중앙은행이 정화와의 태환이라는 보증 없이 발행한 지폐를 말한다. 현재 대부분의 나라는 금화의 유통을 금지하고 금본위제도를 실시하지 않기 때문에 대부분의 지폐

는 불환지폐이다. 그런데 정부지폐는 정부가 재무상 궁핍한 상태에 있을 때 가장 손쉬운 자금조달의 방법이기 때문에 자연히 경제적 필요도를 넘어서 물가등귀·화폐가치의 하락 등과 같은 지폐팽창의 현상을 유발하기 쉽다. →법화·은행권

불황 不況 ☞호황·불황

붐 boom

단어의 의미로는 사업 또는 투기활동의 활발한 기세, 자원과 인구의 급속한 발전, 가격·판매·상업상의 발전 등으로 쓰이나 일반적으로는 갑자기 경기나 가격이 폭등하는 것을 말한다. 이러한 의미에서 단기적으로 일어나는 호황을 번영 prosperity이란 말 대신 붐이라고도 부른다. 붐의 주요특징은 ① 소나기 경기로 특히 증권시장이나 상품시장의 투기에 의해 일어난다. ② 경기순환의 절정 peak으로 슬럼프 slump 라는 경기순환의 밑바닥의 반대현상이다. ③ 공황 crisis 이나 패닉 panic 이후퇴의 강도를 나타내듯이 붐은 호황의 강도를 나타낸다. →경기변동, 경기순환, 호황

뷔허 Bücher, Karl (1847~1930)

독일의 신 역사학파의 대표자. 본 및 괴팅겐대학에서 역사·철학 및 국가학을 수학한 후 신문기자로 잠시 활동하였으며 1881년 이후 독일의 여러 대학에서 교직을 역임, 1892년 라이프찌히대학의 경제학교수가 되어 26년간에 걸쳐 강단에 섰다. 그는 경제학에서 역사적·귀납적 방법을 쓰면서도 오히려 이론적·연역적 방법을 중요시하였다. 그의 최대업적 가운데 하나는 유럽경제생활의 발달사를 해명하고 독자적인 경제발전단계설을 확립한 것이다. 그것과 함께 뛰어난 또 하나의 업적은 산업경영형태의 발전사적 연구이다. 그러나 그

의 경제발전단계설도 그 후의 실증적 경제
사가에 의해 비판되기에 이르렀다.

〔주 저〕 *Beiträge zur Wirtschaftsgeschiche,*
1992; *Die Frauenfrage in Mittelalter,* 1822,
2. Aulf., 1910; *Gesammele Aufstätze zur*
Zeitungskun de, 1926.

*브레튼우즈 체제(體制) Bretton
Woods system

Ⅰ. 성립 1930년대 세계경제는 대공황
의 여파로 19세기 이후 유지되어 온 국제
금본위제도의 붕괴, 무역제한조치의 만연
과 환율의 불안정으로 인한 경쟁적 평가절
하를 겪었다. 1940년대에 들어와서도 세계
경제는 국제유동성의 부족과 외환통제의
보편화 등 국제통화질서의 위기에 직면하
게 되었다. 이와 같은 경제적 배경하에서
세계경제를 위기에서 구출하고 새로운 국
제통화제도를 수립해야 한다는 논의가 계
속되던 중, 1943년 4월 영국정부는 국제청
산동맹안(=Keynes 안)을 발표했으며, 동
년 7월에는 미국정부가 연합국안정기금예
비초안(=White 안)을 발표함으로써 국제
통화제도 수립을 위한 실질적인 논의가 시
작되었다. 이들 양안은 영국과 미국의 서
로 다른 입장을 대변하고는 있으나 환율안
정과 국제수지조정을 위한 국제기구의 필
요성 인정 등에는 공통된 의견을 보였다.
이에 따라 1944년 7월 1일 미국 뉴햄프셔의
브레튼우즈에서 연합국 44개 통화금융회
의가 개최되어 IMF 와 IBRD 설립원안이
확정되고 1945년 12월 27일에는 30개국이
서명함으로써 IMF 와 IBRD 가 정식으로
설립되었다.

Ⅱ. 기본구조 브레튼우즈 체제는 국제
통화제도의 본질적 기능인 유동성의 공급
과 국제수지조정 메카니즘을 금환본위제
도와 조정가능 고정환율제도를 통해서 해
결하고자 하였다. ① 금환본위제도 : 미국
이 은행국으로서의 역할을 담당하였으며

이에 따라 각국은 달러를 대외준비자산으
로 보유하고 미국은 타국이 보유한 달러에
대하여 금태환을 보장하고 있다. 그리고
각국은 자국통화의 환평가를 금 또는 1944
년 7월 1일 현재의 중량과 순분(純分)을
가진 달러로 표시하도록 하고 있다. 이와
같이 금과 달러가 직결되어 있기 때문에
브레튼우즈 체제하에서의 국제유동성은
산금량과 달러의 공급수준에 의해서 증감
하게 된다. ② 조정가능고정환율제도 : 원
칙적으로 각국의 현물환거래는 평가의 상
하 1%의 마진 이내에서 행하여야 한다.
각국은 기초적 불균형에 처한 경우에 한하
여 가맹국의 제의에 의해 IMF 와 협의 후
10% 이상의 범위에서 평가를 변경할 수
있으며 가맹국 전체의 일률적 평가변동은
IMF 가맹국의 총투표권의 85% 이상의 찬
성에 의해서만 가능하다.

Ⅲ. 문제점 이 체제는 다음과 같은 문
제점을 가지고 있다. ① 국제유동성문제 :
국제유동성은 세계의 화폐용 금의 추가적
공급과 기축통화의 국제수지적자 그리
고 국제금융기구의 국제신용매개체창출에
의해서 공급되는 바, 브레튼우즈 체제하에
서는 금과 달러 및 IMF 신용수단이 국제
유동성을 결정한다. 그러나 여러 가지 사
정으로 금에 의한 충분한 유동성공급은 기
대할 수 없었다. 따라서 동체제하에서는
기축통화인 미국의 국제수지상태가 국
제유동성수준을 결정할 수 밖에 없다. 그
러나 이러한 상황은 소위 유동성 딜레마
liquidity dilemma 라는 구조적 모순을 야기
시키게 되므로 결국 적정수준의 국제유동
성을 유지하면서 세계무역의 증대를 기하
기 위해서는 미국이 항상 중용의 정책을
추구해야 하지만 미국의 정책은 자국내의
여건에 의해 결정되기 때문에 이를 기대할
수는 없다. 따라서 전세계의 유동성총량이
일국의 경제정책에 의해 결정되어지는 결

과로 되기 쉽다. ② 조정의 문제 : 환율을 원칙적으로 평가에 고정시키고 기초적 불균형시에 한하여 변경하도록 하고 있다. 따라서 환율변경에 의한 국제수지조정은 이와 같은 고정환율제의 경직성 때문에 용이하지 않다. 국제수지불균형을 현시한 경우 적자국은 국내물가의 인하와 소득수준의 감소에 의해서 동(同)적자를 조정하고 흑자국은 반대로 물가인상과 소득수준의 향상 등에 의해서 동(同)흑자를 조정하여야 한다. 또한 국제수지조정에 있어 흑자국은 적자국보다 여유가 있기 때문에 적자국과 흑자국의 대칭적 평가변동을 기대하기 어려우며 기초적 불균형의 개념도 애매하므로 불균형조정에 부당한 시간지연을 유발하고 단층적 평가변경은 환투기를 조장하게 된다. 또한 각국은 국제수지문제를 국내정책의 조절보다 IMF 의 기본목적에 반하여 무역이나 외환에 대한 직접통제에 의해서 해결하려고 하게 된다. ③ 신인(信認)의 문제 : 달러, 파운드와 같은 준비통화와 금 사이의 관계가 악화됨으로서 야기되었던 것이다. 만약 달러 보유가 거래에 필요한 금액을 훨씬 초과한 경우에, 과잉달러는 그 가치보장을 위해 금교환을 요구할 것이다. 특히 미국의 금준비가 격감한 이후의 금가격은 금파동에서 볼 수 있듯이 매우 유동적이었으므로 금교환이 활발히 일어났다. 이러한 현상은 금의 뒷받침이 없는 달러는 신용할 수 없다는 데에 기인하며 이로써 신인의 문제가 제기된 것이다. ④ 기타문제 : 특정국민통화인 달러에 대하여 타통화는 능동적으로 평가를 변경할 수 있으나, 달러의 타통화에 대한 평가변동은 극히 제한적이며 이는 정치적인 결단에 의해서만 가능하기 때문에 미국의 국제수지조정이 더욱 어렵게 되었다.

Ⅳ. 붕 괴 세계경제여건의 변화, 특히 유럽제국의 급속한 경제성장과 미국의 만성적인 국제수지적자누증으로 1960년대에 들어와 브레튼우즈 체제는 구조적 모순을 들어내기 시작했으며, 이에 따라 여러 차례에 걸친 국제통화위기가 발발하게 되었다. 그 결과 스왑 Swap 협정, IMF 의 일반차입협정(GAB), 금(金)풀제도, 이중금제도 및 IMF 의 쿼타증액 등 일련의 수정 내지는 보완작업을 통하여 국제통화위기를 그때그때 극복해옴으로써 브레튼우즈 체제는 그 명맥을 유지하여 왔다. 그러나 미국이 1971년 8월 지속적인 국제수지적자로부터 달러화를 방어하기 위하여 달러화(貨)의 금태환정지조치를 취함으로써 브레튼우즈 체제는 사실상 붕괴되었으며, 과도적으로 1971년 12월 스미소니안 Smithsonian 체제가 성립되었다. 그러나 이 체제도 1973년 초에 달러화의 제2차 평가절하로 무너졌으며, 이후 국제통화체제는 혼미를 거듭하다가 1976년 1월 쟈마이카 수도 킹스턴에서 열린 제5차 잠정위원회에서는 지금까지 잠정위원회의 논의결과와 선진 10개국의 합의내용을 바탕으로 금문제, 환율문제, 기타 IMF 협정문개정안, 제6차 쿼타조정, IMF 신용제도의 개선문제 등에 일괄 합의함으로써 신국제통화체제(=킹스턴 체제)가 탄생하게 되었다. →스미소니안 체제, 킹스턴 체제, 스왑 협정, 달러위기

〔참고문헌〕 Hawtrey, R. G. *Bretton Woods*, 1945; Hansen, A. H., *America's Role in World Economy*, 1945; Machlup, F., *Plans for Reform of the International Monetary System*, 1964; 정도영, 「국제경제」.

비가격경쟁 非價格競爭 non-price competition

과점 혹은 독점적 경쟁관계에 있는 기업들이 서로 시장을 쟁탈하기 위하여 가격을 내리는 가격경쟁은 기업 상호간에 손해가 가는 출혈경쟁이므로 현대의 기업들은 가

격경쟁보다 다른 경쟁방법을 중요시한다. ① 선전경쟁 ② 품질경쟁 ③ 판매조건경쟁 등이 그 주요수단들인데 이들 모두를 비가격경쟁이라고 한다.

선전의 주요목표는 선전을 통한 소비자의 자기제품에 대한 관심을 고취시켜 기업생산물에 대한 수요곡선을 우측으로 이동시키고 현행가격 근방에서 수요의 가격탄력성을 낮추는 것이다. 따라서 이러한 선전활동은 그 상품에 대한 사회적 수요 중에서 자기 앞으로 떨어지는 수요를 많게 하거나, 안정적인 수요를 창출하기 위한 기업행동 중의 하나이다. 다른 비용이 수요곡선에 영향을 주지 않고 다만 생산비곡선에만 영향을 주는데 반해 기업의 선전비는 결정적으로 수요곡선의 위치와 기울기에 영향을 미치므로 선전비의 지출수준은 기업의 총수입 및 총이윤에 영향을 준다는 점이 중요하다. 따라서 기업의 이윤을 극대화시켜 주는 균형선전비의 결정이 문제가 된다. 이에 대한 일차적인 접근은 한계원리를 원용하여 기업선전비의 추가지출액과 거기에서 예상되는 총수입의 증가액을 대비하는 것이다. 즉 선전의 한계수입과 한계비용이 일치하는 한계점까지 선전을 극대시키는 것이 현명하다. 그러나 현실적으로 기업은 선전의 효과로서 수요곡선이 어떻게 변화하는지를 예견하기 어려운 만큼 실제로는 경험적 지식을 이용하여 위의 해결방법으로 접근할 수 밖에 없다.

기업간의 품질경쟁은 자기제품에 특성을 부여함으로써 소비자의 기호에 영합하려는 것이다. 여기에서 품질상의 차이라 함은 상품의 물리적 성질, 디자인, 포장 등 사실적인 차이 뿐만 아니라 수요자의 주관적 평가상의 차이도 포함된다. 끝으로 판매경쟁에는 여러 가지 형태가 있으나 이것은 마케팅의 주요 연구분야에 속한다.

그 주요형태에는 외상제도(外上制度), 부불제도(賦拂制度), 소비자신용제도, 품질보증제도 등이 있다. →과점, 독점적 경쟁

비경쟁집단 非競爭集團 non-competing groups

케언즈 Cairnes, J. E. 가 1870년 전후 영국에 있어서의 직업별노동조합의 존재에 기초하는 이종직업(異種職業)간의 임금격차에 주목해서 제창한 임금이론의 기초개념이다. 각종의 직업은 그 직업에 종사하기 위한 훈련비용과 훈련기간 및 직업수행상에서의 유쾌함이나 사회적 위치의 정도가 다르다. 이러한 직업간의 비효용을 상쇄하는 데 필요한 임금격차, 즉 균등화격차의 존재는 경쟁적 노동시장과 양립하는 것이며, 만약 직업선택의 기회균등과 노동이동성이 완전하면 이 임금격차에 의해 각 직업간의 순이익의 균등화가 실현되게 된다(이것을 스미스 Smith, A. 는 순이익균등의 원칙 principle of equal net advantages 이라 하였다).

그러나 이 원칙은 긴밀하게 비교할 수 있는 직업간에는 성립한다고 해도, 예컨대 미숙련공과 대회사의 전무와 같은 집단간의 임금격차를 설명하는 것은 곤란하다. 현실의 노동시장은 단순한 구조를 가지는 것이 아니라 여러 계층의 노동자군으로 구성되어 있다. 직업선택의 기회균등이 보장되지 않고 자녀의 훈련비용이 개인부담으로 되어 있는 사회에서는 이들 각 계층의 노동자군간의 상호교류, 이동이 매우 제한되어 있다. 이와 같이 각 계층내에는 경쟁적이지만 각 계층간에는 경쟁이 이루어지지 않아 임금 및 순이익의 불균등이 유지되고 있는 노동자의 집단을 비경쟁집단이라고 한다. 이러한 비경쟁집단으로 인해 현실적인 이들 계층 간의 임금격차는 순이익이 균등한 상태의 균등화격차 이상으로

확대·유지된다. 더욱이 그것은 노동자세대 간에 재생산되어 영속화하는 경향을 가진다. 예컨대 현재의 미숙련노동자의 자녀들은 자기들 가정의 저소득으로 인해 교육과 훈련을 통한 기능의 습득기회를 갖지 못하여 대체로 미숙련노동자로 되는 경우가 바로 그것이다. →임금격차

비과세소득 非課稅所得 non-taxable income

소득세법에 있어서 사회적 고려 및 과세기술상의 요청에 따라 소득세를 부과하지 않는 소득을 말한다. 우리 나라에서는 소득세법 제 5 조에 규정되어 있으며 중요한 비과세소득을 보면 ① 국가 지방자치단체 기타 대통령이 정하는 법인이 발행하는 채권·증권 또는 국민투자 기금에 대한 예탁금의 이자와 할인액 ② 국민저축조합 저축의 이자 ③ 우편저금의 이자, 공익신탁의 이자 ④ 대통령이 정하는 복무중인 군인이 받는 급여 ⑤ 근로의 제공으로 인한 부상, 질병 또는 사망과 관련하여 근로자나 유가족이 받는 연금과 위자료의 성질이 있는 급여 ⑥ 국민 복지 연금법에 의하여 지급받는 노령연금, 장해연금, 유족연금과 반환일시금 등 34개의 소득에는 과세하지 않는다. →소득세

비관세장벽 非關稅障壁 non-tariff barrier, NTB

관세 이외의 방법으로 정부가 국산품을 보호하기 위해 외국품의 수입을 억제하려는 정책일반을 말한다. 전형적인 것은 수입수량제한, (우리 나라의 경우는 쌀, 쇠고기, 비료, 양주 등에 해당) 국내산업보조책, 수출품에 대한 금융지원과 세제상의 특혜 및 반덤핑 정책 등 정부의 국산품보호와 수출장려정책의 한 수단을 말한다.

비교동학 比較動學 ☞비교정학·비교동학

*비교생산비설 比較生産費說 theory of comparative cost

국제경제학의 일차적 과제는 국가간의 교역의 패턴을 설명하는 데 있다. 이 패턴의 설명은 1817년에 리카도 Ricardo, D. 가 제창한 비교우위 comparative advantage 의 이론에서 비롯되었다. 리카도의 이론은 본질적으로 가치이론에 대한 일반균형 및 기회비용적 접근법의 특수한 경우이다. 즉 하나의 생산요소(노동), 규모에 대한 고정수익(고정된 노동계수), 두 가지 상품, 두 개의 국가, 수송비용의 무시라는 가정 아래서 리카도는 '각국은 자국이 노동생산성의 비교우위를 갖는 상품을 수출한다'는 가설을 도출하였다. 이 이론은 나라마다 각기 다른 생산함수를 전제하고 수요조건의 상이와 생산요소의 부존조건에 영향을 받지 않는 것으로 되어 있으나, 1950년대에 가서 비로소 공식화된 헥셔-오린 Heckscher-Ohlin 의 비교우위이론은 양국 간에 존재하는 생산요소의 부존조건의 차이에 입각하여 교역패턴을 설명하고자 하였다. ① 생산함수는 양국이 모두 같고 생산요소는 어느 나라나 동일하며, ② 두 가지 생산요소, 두 가지 상품 및 두 개의 국가만을 고려하고, ③ 상품생산에 있어서 상품요소의 집약도가 각기 다르며 상대적 집약도의 순위가 바뀌지 않고, ④ 어느 나라나 소비패턴이 동일하고, ⑤ 수송비용의 무시 등을 전제로 한 헥셔-오린의 이론은 다음과 같다. 즉 각국은 자국이 풍부하게 갖고 있는 생산요소를 집약적으로 사용하여 생산하는 상품을 수출한다. 다시 말하면 헥셔와 오린은 국제교역패턴을 설명하는 여러 가지 요인 가운데서 각국의 상대적인 부존자원의 차이를 가장 크게 강조하

였다. 그 후 사뮤엘슨 Samuelson, P. A. 등에 의해 이 이론은 이미 위에서 지적한 바와 같은 일련의 과정 속에서 두 가지 생산요소의 부존조건의 차이만을 가지고도 양국간의 교역의 패턴을 설명할 수 있는 강력한 이론으로 발전되었다. →헥셔-오린정리

〔참고문헌〕 Ricardo, D., *Principles of Political Economy and Taxation*, 1817; Harrod, R. F., *International Economics*, 1933, 3rd rev. ed., 1957; Johnson, H. G., *International Trade and Economic Growth*, 1958; Ohlin, B., *Interregional and International Trade*, 1933.

비교정학・비교동학 比較靜學・比較動學 comparative statics・comparative dynamics

신구의 양균형점을 비교함으로써 여건의 변화가 경제체계를 구성하는 경제변수에 미치는 효과의 방향 및 크기를 분석하는 방법을 비교정학이라 한다. 비교동학은 비교정학이 여건변동의 결과(균형점의 변동)에 주목하여 변수의 균형치의 변화에만 관심을 기울이는 데 반해, 그 결과에 이르기까지의 시간적 적응과정을 문제로 삼는다. →동학・정학

비례세 比例稅 ☞누진세・비례세・역진세

비버리지 Beverige, William Henry (1879~1963)

영국의 경제학자이며 특히 고용문제에 관한 전문가. 대표작으로는 1909년에 출판한 「실업론 *Unemployment*」과 1944년에 나온 「자유사회에 있어서의 완전고용 *Full Employment in a Free Society*」이 있다. 그런데 이들 두 저작 사이에는 그의 사상에 기본적인 변화가 있었음을 엿볼 수 있다. 전자에서 실업은 고임금에서 기인한다는 고전적인 입장에 서서 임금인하와 마찰적

실업의 제거를 강조했었다. 그러나 후자에서는 케인즈 Keynes, J. M. 적인 사고에 입각하여 실업의 발생을 유효수요의 부족, 즉 시장의 협소성에 귀착시켰다.

1942년에 「비버리지보고」라고 통칭되는 일련의 보고서 「사회보험 및 관련서비스」를 발표하여 사회보장제도의 확립을 주장했으며 다음 6원칙을 제시했다. ① 최저생활급의 일률정액 ② 보험료의 일률정액 ③ 사회보장제도운영기관 책임의 통일화 ④ 보험급부의 적정화 ⑤ 보험적용범위의 확대 ⑥ 피보험자의 연령・성 및 종업상의 지위에 따른 분류. 이들 6원칙은 역대정부 및 국민의 지지를 받아 1945년 이래 각종 법률로서 구체화되어 오늘날과 같은 모든 국민의 최저생활을 국가적으로 보장하는 사회보험제도를 낳게 하였다.

〔주 저〕 *Unemployment, A Problem of Industry*, 1909, new ed., 1930; *The Public Service in War and Peace in Austria*, 1920; *Causes and Cures of Unemployment*, 1931; *Planning under Socialism*, 1936; *Full Employment in a Free Society*, 1944.

비법인기업 非法人企業 proprietorship

한 개인이 기업을 소유하는 일종의 사업조직을 말하는데, 법적으로는 그 소유자가 기업이다. 개인업종은 농업 또는 소매업에 있어서 가장 일반적인 유형의 사업조직이다. 일반적으로 이용 가능한 자본이 한정되어 있으므로 비법인기업은 소기업이 보통이다. 기업을 설립하는 것이 간단하며 법적 조건이 까다롭지 않은 점, 소유자가 직접이윤을 획득할 수 있는 점 등이 장점이다. 소유자와 기업이 불가분의 관계에 있으므로 비법인기업에는 불리한 점도 있다. 만일 소유자가 사망하거나 정신이상자가 되든가 또는 육체적으로 사업을 계속하는 것이 불가능해지면 사업은 중지된다.

더욱이 비법인기업체는 무한책임이므로 모든 업주의 개인적인 자산은 채권자에게 담보로 이용되는 것임을 의미한다. 개인소유자의 사망이나 병 때문에 비법인기업체는 일반적으로 합명회사 또는 주식회사와 비교해서 존속기간이 짧다.

BIS Bank for International Settlements 국제결제은행. 제1차세계대전 후 독일의 배상문제를 원활히 처리할 것을 목적으로 하여 1930년 5월 스위스의 바질 Basile에 설립된 국제은행이다. 원래의 주업무인 배상금에 관한 업무 외에 각국 중앙은행에 대한 대부할인, 단기국제신용의 공여 등을 취급하였으며 동은행에 설치된 각국중앙은행계정의 청산기능도 수행하였다. 그러나 제2차대전 후에는 유럽의 결제대리기관으로 구주지불동맹(EPC)과 구주통화협정(EMA)의 실무담당기관의 기능을 하며 국제부흥개발은행(IBRD)과 협력하여 국제금융문제처리에 기여하고 있다.
→E. M. A., E. P. U.

비용가격 費用價格 cost price
비용가격은 평균이윤과 함께 생산가격을 구성하는 것으로서 생산요소인 생산수단과 노동력에 지출된 자본가격이다. 바꾸어 말하면 불변자본 및 가변자본가치를 보완하는 생산가격부분이다. 이 경우 비용이라는 뜻은 자본가에게는 실제로 비용이 들었다는 개념에서 생겼다. 따라서 생산가격 중 비용가격의 부분은 상품판매시에 꼭 확보하지 않으면 안되는 최저한이다. 비용가격에서는 불변자본과 가변자본의 구별이 없어지고 고정자본과 유동자본과의 구별만이 남게 된다. →이윤, 이윤율

*비용곡선 費用曲線 cost curve
기업은 여러 수준의 산출량을 생산할 수 있는데, 각 산출량에 따라 주어지는 생산비용을 종축, 생산량을 횡축으로 하는 비용을 나타내는 그래프를 그릴 수 있다. 이와 같이 생산량에 대비한 비용의 그래프를 비용곡선이라 하며, 이에는 총비용곡선 total cost curve, 평균비용곡선 average cost curve, 한계비용곡선 marginal cost curve 등이 있다. 총비용곡선은 예컨대 산출량 q를 생산하기 위해 사용된 총비용을 나타내며, 평균비용곡선은 총비용 TC 산출량 q으로 나눈 $\left(\dfrac{TC}{q}\right)$ 단위당생산비용을 산출량에 대비하여 그린 그래프이며, 한계비용곡선이란 생산량을 한 단위 증가시킬 때 나타나는 추가적 비용 $\left(\dfrac{\Delta TC}{\Delta q}, \dfrac{dTC}{dq}\right)$ 을 생산량에 대비하여 그린 곡선을 말한다. 그러나 평균비용이나 한계비용은 총비용에서 도출되므로 총비용이 분석의 중심이 된다. 이 총비용은 토지, 건물, 기계설비 등의 불변비용과 노임, 이자 및 원료비 등의 가변비용으로 구분되지만 장기와 단기에 따라 분석상의 차이가 생긴다.

우선 장기비용곡선을 다음 두 가지 경우에 따라 분석해 보자. 첫째는 규모에 대한 수익불변 constant return to scale 의 경우이다. 즉 규모에 대해 수익불변을 가진 기술이 주어지고 투입물가격이 주어질 때, 총비용곡선은 원점을 통과하는 직선이 되며 평균비용곡선은 수평선이 된다(그림 1). 규모에 대한 수익불변을 가정할 경우, 10톤을 각각 생산하는 모든 과정이 만일 20톤을 생산하려면 각각의 과정에는 2배의 투입물을 사용해야 한다. 이것이 모든 과정에서 성립되므로, 생산량을 2배로 하면 생산비용도 정확히 2배가 들게 되어 총비용곡선은 원점을 지나는 직선이며 평균비용곡선은 수평이 된다.

둘째는 모든 점에서 규모에 대한 수익체감 또는 수익체증을 나타내는 경우에는 비용곡선이 곡선을 이룬다. 규모에 대한 수

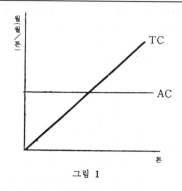

그림 1

익체감 또는 수입체증을 나타내는 경우를 보면 장기총비용곡선(LTC)은 비용이 매 출량의 증가비율보다 더 크게 증가하는 것을 나타내며, 장기평균비용곡선(LCA)은 우상향의 기울기를 갖는다(그림 2-a). 만일 10톤의 생산비가 15만원이라면 투입량을 두 배로 하여 30만원을 지출해도 산출량은 두 배보다 작은 예컨대 15톤이 된다. 따라서 비용의 증가율이 더 크며 평균비용(AC)도 산출량의 증가에 따라 증가하게 된다. 규모에 대한 수익체감을 나타내는 경우에는 LTC곡선은 비용이 산출량의 증가율보다 더 작게 증가하는 것을 나타내며 LCA곡선은 하우향의 기울기를 갖는다(그림 2-b).

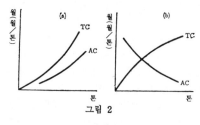

그림 2

이제 한 가지 또는 몇 가지의 투입물의 양이 제한되었을 경우, 즉 단기비용곡선 short-run cost curve 을 생각해 보자. 이는 주로 투입물을 증가시키는 데 시간이 충분하지 못하기 때문에 제한조건이 발생하는 것으로 흔히 나타나는 현상이다. 만일 생산수준이 낮아서 투입물의 최소비용결합이 공급된 양보다 적게 필요할 때의 분석은 장기일 때와 같으며 단기총비용(STC)곡선도 일치하게 된다. 그러나 생산수준이 높아져서 최적투입물결합이 공급가능한 수준 이상으로 투입물을 요하게 될 때 단기분석은 달라진다. 즉 생산량이 일정한 수준을 넘어서게 되면 단기비용이 장기비용보다 높아지며 평균비용도 높다(그림 3). 이 그림 중 STC_1을 설명해 보자. 이 때는 시장수요가 q_1으로서 안정된 상태에서 생산을 하고 있다. 만일 수요가 q_2로 증가한다면 기존의 생산시설로는 감당해낼 수 없게 된다. 즉 한계비용(SMC)이 크게 증가하므로 생산시설을 늘려서 STC_2상태에 도달하게 된다. 이 때는 대규모생산에 의해 비용이 낮아지며 장기나 단기에서 모든 한계비용과 평균비용이 일치된다

또한 완전경쟁하에서는 가격도 일치되는데, 이 때가 최적생산비용이다. STC_3에

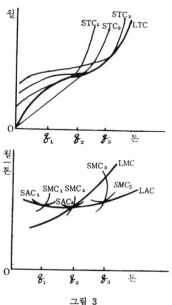

그림 3

가면 다시 한계비용이나 평균비용 등이 증가하게 된다. 그런데 기업이 일정생산량을 최저의 비용으로 생산할 때에는 SMC와 LMC가 일치하고 LTC곡선은 각각의 STC곡선과 한 점에서 접한다.

〔참고문헌〕 Stigler, G. J., *The Theory of Price*, 1953, rev. ed., 1959; Henderson, J. M. and Quandt, R. E., *Microeconomic Theory, A Mathematical Approach*, 1971; Ferguson, C. E., *Microeconomic Theory*, 1972.

비용편익분석 費用便益分析 cost benefit analysis

비용편익분석은 사회자본에 관한 투자기준을 마련하기 위해 고안된 분석용구의 하나이다. 민간투자의 경우에는 얻어지는 이익이 판매수익인 화폐액으로 나타나는 데 비해 사회자본의 경우에는 이익이 판매수익을 나타내지 못하므로 한정된 자원을 효과적으로 활용하기 위해서는 이익을 비용과 비교할 수 있도록 화폐단위로 환원해야 한다는 문제가 생긴다. 예컨대 정부 또는 공공단체가 수자원개발을 위해 댐을 건설할 때 몇 가지 계획안을 놓고 각각의 경우의 비용과 이익의 양면을 비교·검토하여 그 중 가장 유리한 계획안을 채택하는 것과 같은 방식이다.

가령 어떤 특정한 사회자본으로부터 기대되는 내용년수 n년에 걸친 이익이 각각 화폐액 $b_1 b_2 \cdots b_n$으로 표시된다면 일정한 할인률을 써서 그 현재가치 B를 $B=b_0+\dfrac{b_1}{(1+i)}+\dfrac{b_2}{(1+i)^2}+\cdots+\dfrac{b_n}{(1+i)^n}$과 같이 구해, 이를 그 사회자본의 이익으로 본다. 한편 그 건설에 소요되는 총비용 C가 측정된다면, B와 C를 비교함으로써 그 사회자본의 효율이 측정될 수 있다. B와 C의 비교에 있어서는 ① B와 C의 차액을 구하는 방법 ② B를 C와 같게 하는 할인률, 즉 사회자본의 한계효율을 측정하는 방법, ③ B/C를 구하는 방법 등이 있으나

③이 일반적으로 쓰인다. 그러나 사회자본으로부터의 이익을 화폐단위로 계산할 때에는 많은 문제점이 따른다. 즉 내용년수의 결정에 불확정요소가 많은 점 및(특히 진부화요인 등으로) 할인률의 선정에 있어 시장이자율, 공금리, 민간자본수익률 등 어떤 것을 기준으로 할 것인가에 대해서는 일의적인 논거를 찾기가 어렵다. 그러나 이러한 문제점이 비용·수익분석 자체를 무용화시킨다고는 볼 수 없다.

비용함수 費用函數 cost function

기업은 일정한 산출을 얻기 위한 비용을 최소화하려 하고 이 최소화하는 문제의 해로서 도출되는 것이 비용함수이다. 비용최소화문제

min WX s.t. y. $=f(x)$

의 해 $x^*(w, y)$를 조건부요소 수요함수 (conditional factor demand function)라 하고, 이것을 화폐액으로 표시한 $C(w, y)=wx^*(w, y)$가 비용함수이다.

한편 이 비용함수는 생산함수가 주어져 있으면 비용최소화 문제로부터 도출할 수 있고, 역으로 비용함수가 주어져 있으면 (생산함수가 준오목 등 일정한 성질을 만족할 때)이 비용함수로부터 생산함수를 도출할 수 있다. 따라서 생산함수 대신에 비용함수로서 생산이론을 전개할 수 있는 것이다. 이것을 생산이론에서 쌍대성(雙對性)duality 이라 한다. ☞비용곡선

비이전적경비 非移轉的經費 ☞이전적 경비·비이전적 경비

비자발적 실업 非自發的失業 ☞자발적 실업·비자발적 실업

빅셀 Wicksell, Johan Gustaf Knut (1851~1926)

스웨덴의 경제학자로서 스톡홀름학파의 창시자이다. 처음에는 수학을 전공하였으나 사회의 빈곤문제를 계기로 하여 경제학으로 전향하였다. 그는 초기 저작 「가치・자본 및 토지」(1893)에서 왈라스의 일반균형이론에서의 자본이론을 요약하고 문제점을 지적한 다음, 뵘바베르크의 자본이론에 근거를 둔 생산・분배이론을 독자적으로 전개하였다. 그 저서에서 그는 자본축적에 충당되는 일부분이 임금률(및 지대)의 상승에 의해서 흡수되는 결과, 그 전부가 생산능력의 증대로 되는 것은 아니라는 명제를 제시하여 이자율과 자본의 한계생산력이 일치하지 않는다고 주장했다. 자본축적의 이러한 효과를 빅셀 효과 Wicksell effect 라고 부르며, 후에 로빈슨의 「자본축적론」에서 그 함의(含意)가 더욱 구명된 바 있다. 그러나 그의 최대업적은 역시 화폐이론분야에서의 동학적 분석이라 할 수 있다.

그의 저서 「화폐이자와 재무가격」(1898)은 모든 의미에서 근대 화폐이론의 출발점이 되었으며, 당시까지의 단순한 화폐수량설을 극복하여 화폐가치 또는 수량의 변화와 전반적인 경제활동 특히 저축・투자와 동학적 관계를 분명히 한 획기적인 저작이었다. 그에 의하면, 실질자본의 대부에서 성립하는 자연이자율과 화폐자본의 대부에서 성립하는 시장이자율 사이의 괴리(乖離)가 저축・투자의 승리와 물가수준의 변동을 초래하여 호황・불황의 누적적 과정을 만들어 낸다. 이러한 혁신적인 화폐이론은 한편에서 오스트리아학파의 화폐적 경기순환이론을 낳게 하였으며 다른 한편에서는 스톡홀름학파의 화폐적 균형이라는 개념이라든가 케인즈적 소득분석의 이론적 선구가 되었다. 이밖에 그는 인구론, 조세론 등의 분야에서도 큰 업적을 남겼으며 이것들을 집대성한 「국민경제학강의」

(1913~1922)도 빼놓을 수 없는 그의 주요 저작이다.

[주 저] *Über Wert, Kapital und Rente*, 1893; *Geldzins und Güterpreise*, 1898; *Vorlesungen über Nationalökonomie*, 1913~22.

빅셀의 경기이론 景氣理論 ☞빅셀의 누적과정

빅셀의 누적과정 (累積過程) Wicksell's cumulative process

현실의 경기순환현상을 물가의 주기적 변동이라고 하는 일측면에서만 파악하고, 경기의 상승(또는 하강)기에서 볼 수 있는 물가의 누적적 상승(또는 하강)과정을 은행의 화폐이자율과 신용확장에 관련시켜 설명하는 이론이 빅셀 Wicksell, J. G. K. 에 의해 수립되었다. 그에 의하면 실물경제에 있어서 자본의 한계생산력으로서 결정되는 자연이자율과 현실의 자본시장에서 결정되는 화폐이자율(대부이자율)이 일치할 경우에, 대부이자율은 정상적이며 자본시장에 있어서의 대부자본에 대한 수요와 저축은 균형을 이루고 물가수준은 안정된다. 그러나 은행의 인위적 금리정책에 의해 화폐이자율이 자연이자율보다도 낮아지면 기업인의 비용부담이 저하되기 때문에 초과이윤에 의한 자극은 기업인으로 하여금 생산확장을 일으키게 함으로써 기업인은 보다 많은 생산요소를 구입하기 위하여 은행으로부터 차입을 증가시키려 한다. 그러나 기업인이 생산요소에 투자한 비용은 생산요소의 소득이 되어 구매의 증가를 초래하고 물가의 상승을 일으키게 한다. 이 과정은 화폐이자율이 자연이자율보다도 낮은 상태가 계속되는 한 누적적으로 진행된다. 이것이 빅셀이 말하는 물가의 누적적 상승과정이다. 이와 반대로 화폐이자율이 자연이자율을 초과하면 물가의 누적적 하강과정이 시작된다. 이와 같은 분석에서는 어째서 물가가 상승하고 생산이 확장되는가는 설명할 수 있지만 생산확장과 물가등귀의 결과 어떠한 사태가 발생할 것인지는 명백하지 않다.

빈곤의 악순환 貧困의 惡循環 vicious circle of poverty

넉시 Nurkse, R.가 1953년 그의 저서 「저개발국의 자본형성의 제문제 *Problems of Capital Formation in Underdeveloped Countries*」에서 저개발국이 용이하게 지속적인 경제발전궤도에 오르지 못하는 저해요인으로 지적한 것이다. 그 내용은 2가지 측면에서 설명될 수 있다. 먼저 공급측면에서 살펴보면 저개발국은 일반적으로 자금축적이 빈약하여 생산성이 낮으며 저생산성은 낮은 실질소득을 낳는다. 그 결과

낮은 저축수준이 불가피하여 자본형성을 곤란하게 함으로써 자본부족을 초래한다. 한편 수요측면에서는 저소득으로 말미암아 일반적인 구매력 수준이 낮아 기업의 입장에서 본 시장은 협소하기 마련이다. 이것은 다시 기업의 이윤기대에 악영향을 주어 투자요인을 적게 한다. 따라서 이것은 저수준의 투자수요와 저소득의 원인이 된다. 이상을 도식적으로 나타내면 다음과 같다.

공급면 : 자본부족→저생산력→저소득→저저축→저자본형성→자본부족

수요면 : 저소득→저구매력→시장의 협소→저투자요인→저투자수요→저소득

결국 빈곤의 악순환이란 실질소득의 저수준이 악순환되는 관계를 말한다.

사내유보 社內留保 internal reserve

당기이익에서 세금, 배당금, 이사(理事) 보너스 등 외부유출금을 공제한 잔여로 회사에 축적되는 금액을 말하며 순기업저축이라고도 한다. 기업저축은 감가상각이나 신투자를 위해 쓰여진다. 감가상각 전의 기업저축을 조(祖)기업저축이라 하는데 여기에서 감가상각준비금을 공제한 잔여분이 순기업저축이다. 기업이 법인과 비법인으로 분리되어 있으므로 기업저축도 법인저축과 비법인저축으로 분리되는데 기업저축 중에서는 법인저축이 그 대부분을 차지하고 있다. 이것을 법인유보라 하며 특히 그 법인체가 회사조직인 경우는 사내유보라한다.

사단법인 社團法人 corporate juridical person

자선사업이나 영리사업을 위해 일정의 목적을 가진 사람들이 모여서 조직한 단체를 사단법인이라 한다. 여기에 대하여 하나의 재산(그것이 여러 사람으로부터 기증되었거나 한 개인에 의해 기증된 경우를 막론하고)을 운영하는 것을 목적으로 하는 단체를 재단법인이라 한다. 사단법인은 사원총회의 의결기관과 이사의 집행기관, 감사의 감독기관 등 내부조직에 의해서 운영되지만, 재단법인은 사원이 없는 관계로 사원총회가 없고 이사가 그 조직을 운영하고 있다.

사뮤엘슨 Samuelson, Paul Anthony (1915~)

미국의 이론경제학자, 신신고전학파 neo-neo classicals 의 대표자 가운데 한 사람이다. 시카고대학과 하버드대학을 졸업하고 1940년에 M. I. T 의 경제학교수로 취임한 후 현재 이르고 있다. 1947년에 출판된 명저「경제분석의 기초 *Foundations of Economic Analysis*」는 그가 종래 발표한 논문들을 한 권의 책으로 엮어 발전시킨 것인데, 이는 경제분석의 기초원리를 '정학'과 '동학'의 양면에서 정리하고 발전시킨 것이다. 정학의 기초원리가 되고 있는 것은 경제주체(가계 또는 기업)의 극대행동원리이다. 그는 경제주체의 행동을 해석학적으로 분석하고 '조작적 의미를 갖는 제정리'를 유도했다.

다음에 각 기업 또는 가계 및 그들 상호간의 상호작용의 장으로서의 시장의 균형을 분석했다. 이 분야에서의 그의 공헌은 힉스 Hicks, J. R. 에 의해 개척되고 있었던 비교정학의 분석방법을 해석학적으로 해결한 것이다. 또한 그는 시장균형의 동학적 분석의 측면에서도 주목할 만한 업적을 남기고 있다. 그것은 비교정학의 분석으로부터 유도된 시장균형의 안정조건이 바로 동학적인 안정조건과 긴밀한 대응관계를 갖고 있다는 것을 해석학적으로 보인 것이다. 이 대응관계를 '대응의 원리'라고 한다. 이 저작은 경제이론의 수학적 해석의 가장 우수한 업적 중의 하나이다. 또한 경제학입문서인「경제학 *Economics: An Introductory Analysis*」(1948)에서 그는 거시적 소득분석과 미시적 가격분석을 각각 신고전학파의 사고방식에 따라 확장시키고 종합하려는 신고전학파종합 neo-classical synthesis 을 시도하였다. 그밖에 그는 1950년대 초부터 급속하게 발전한 '활동분석 activity analysis'의 수법을 경제이론에 응용하여 경제의 균형성장의 분석에 뚜렷한 업적을 보였다. 또한 가속도원리와 승수이론의 상호작용에 의한 경제변동의 분석, 국제경제이론에서의 요소결합의 문제, 후생경제학에의 공헌, 마르크스 재생산이론의 흥미로운 해석 등도 학계의 주목을 끈 연구이다. 그는 1970년에 제 1 회 노벨경제학상을 수상했다. →대응의 원리

〔주 저〕 전게외(前揭外) : "Welfare Economics and International Trade," *American Economic Review*, vol. 28, 1938; "Interactions between the Multiplier Analysis and the Principle of Acceleration," *Review of Economic Statistics*, vol. 29, 1939; "Prices of Factors and Goods in General Equilibrium," *Review of Economic Studies*, vol. 21, 1953; *Linear Programming and Economic Analysis*(with Dorfman, R. & Solow, R. M.), 1953.

사업소세 事業所稅 office tax

사업소나 공장의 연면적, 종업원수에 따라 부과하는 세를 말한다. 대도시의 인구과밀현상의 억제와 도시 재정의 재원확보를 위하여 영국과 프랑스 등에서 실시하고 있고 우리 나라에서는 1976년에 지방세로서 신설되었다. 우리 나라의 사업소세는 지방세법 제243조에 그 과세 및 징세방법이 규정되어 있다. 종업원수 50인 이상 혹은 사업소 연면적 100평 이상의 사업소가 과세대상으로 되어 있다. 과세표준은 사업소 연면적에 부과되는 재산할과 종업원의 급여총액에 부과되는 종업원할로 되어 있다. 세율은 재산할 사업소연면적 1평당 250원, 종업원할 종업원 급여총액의 100분의 0. 5로 되어 있다.

사용가치 使用價値 value in use

사물의 유용성 usefulness 또는 효용 utility 을 일반적으로 사용가치라 한다. 사용가치는 사용 또는 소비함으로써 실현된다. 그러나 사물의 유용성이나 효용은 사물의 고유한 성질에 의하여 제약되므로 이 의미에서는 밀, 다이아몬드 등과 같이 사물 그

자체가 사용가치라고도 볼 수 있다. 어떤 사물의 생산자 자신에 대한 것이 아닌 타인에 대한 사용가치를 사회적 사용가치라고 부른다. 사용가치 그 자체는 아무런 특정한 생산관계도 나타내지 않지만 상품의 사용가치는 가치와 함께 상품의 두 가지 요인을 이루고 있고 또 가치의 물질적 담당자이다. →가치, 효용

사용자비용·요소비용 使用者費用·要素費用 user cost·factor cost

이 개념들은 케인즈 Keynes, J. M. 가 「일반이론」에서 사용한 것으로서, 사용자비용은 한 기업이 생산을 위해 타기업에 지출한 것을 말하며, 요소비용은 생산에 투입되는 생산요소의 용역에 대한 보수로 지불되는 것을 말한다. 그리고 사용자비용과 요소비용을 더한 것을 케인즈는 주요비용 prime cost 이라고 부르고 있다. 사용자비용 U를 식으로 표시하면 $U=(G'-B')-(G-A_1)$이 된다. 여기에서 G'는 생산에 사용되지 않을 때에 기말에 보유될 것으로 생각되는 자본설비의 가치, B' 기초설비의 유지수선비, G는 기말에 보유되는 자본설비의 가치, A_1은 타기업으로부터 구입한 원료 등의 총가치를 나타낸다. 그런데 G'는 보통 기초설비의 가치 G_0에 B'를 더하고 생산과는 관계없이 시간의 경과 및 시장가치의 변화 등으로 기말까지 감가될 것으로 예상되는 기초설비 일부의 기대 감가인 보족적(補足的) 비용 supplementary cost V를 공제한 것이라 할 수 있다. 즉,

$$G'=G_0+B'-V$$

따라서 사용자비용

$$U=(G_0+A_1-G)-V$$

여기에서 G_0+A_1-G는 판매되는 완성재의 생산에 필요한 자본설비의 감가 및 소모액이 된다. 한편 요소비용 F는 구체적으로는 임금·급료·지대 등에 상당한다. 「일반이론」에서는 자본용역에 대한 보수, 즉 이자는 이윤에 포함시키고 있다. 따라서 이윤은 이자와 엄밀한 의미에서의 이윤 (기업가소득)으로 나누어진다.

이제 매출액을 A라고 하면 $A-(U+F)$가 기업가소득 또는 기업이윤이 된다. 그런데 요소비용은 생산요소의 공급자의 입장에서 보면 바로 그 자신의 소득이 된다. 그러므로 매출액 A에 상당하는 생산에서 발생한 전체소득은 이윤에 요소비용을 더한 것, 즉 $A-(U+F)+F=A-U$이다. 기업가는 $A-U$ 중에서 요소비용을 초과하는 부분을 극대화시키는 수준에서 고용량을 결정하게 될 것이다. 최근의 국민소득계정에서는 국민소득을 한편에서는 최종생산물, 다른 한편에서는 요소소득 factor income 으로 파악하고 있는데, 요소소득은 위에서 말한 케인즈의 요소비용에 이윤 중에 포함된 이자를 분리하여 가산한 것으로 볼 수 있다. →국민소득

사적비용·사회적 비용 私的費用·社會的 費用 private cost·social cost

아래 그림의 DD곡선, S_0S_0곡선은 각기 산업의 수요곡선, 공급곡선을 표시하는 것으로 한다. 이 S_0S_0곡선은 산업에 속한 개개의 기업이 실제로 부담하는 비용에 대한 한계적 평가, 즉 한계비용에서 결정된다. 이 한계비용을 사적인 기업이 지출하는 비용이라는 뜻에서 사적 한계비용이라 부른

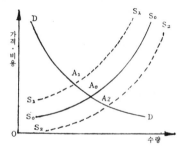

다.

그러나 기술적 외부효과가 존재할 경우 생산에 지출되는 사회전체의 비용은 이 사적 기업이 지출하는 비용과 반드시 일치하지는 않는다. 즉 기업이 생산을 함으로써 다른 경제주체가 손해를 보든가(기술적 외부비경제) 또는 이윤을 볼 때(기술적 외부경제)에도 그것은 시장을 통한 효과가 아니므로 기업의 사적비용에는 계상(計上)되지 않는다. 그러나 사회적 관점에서는 고려되어야 하므로 사회적 비용에 포함시켜야 한다.

그림의 S_1S_1곡선, S_2S_2곡선은 각기 외부비경제, 외부경제가 존재할 경우에 이 사회적 비용에서 얻어지는 공급곡선을 표시한다. 외부비(非)경제가 발생할 경우에는 그만큼 사회적 한계비용은 사적 한계비용보다 크고 또 외부경제가 발생할 경우에는 그만큼 사회적 한계비용은 사적 한계비용보다 적게 된다. 최적의 자원배분을 달성하기 위하여 필요로 하는 가격, 즉 한계비용의 조건은 외부효과가 존재하지 않는 경우에는 A_0점, 외부비경제가 존재할 경우에는 A_1, 외부경제가 존재할 경우에는 A_2점에 의하여 충당되는 것이다. →외부경제, 외부비경제

사적유물론 史的唯物論 historical materialism

사회의 구성과 발전의 일반법칙에 관한 마르크스주의의 학설이다. 사적유물론은 일반적으로 인간을 노동에 의하여 동물과 구별하고 그 사회생활의 기초를 물질적 생산면에서 관측하여 사회발전의 궁극의 기준을 물질적 생산력의 발달수준으로 인정하는 유물론적인 입장에 서 있다. 우리들의 의식에서 독립한 일정의 생산관계가 사회구성의 바탕을 이루고, 정치적·사회적 제도나 조직 또는 사상, 철학, 예술 등의 이데올로기는 이 생산관계에 의하여 기본적으로 규정되는 것이다. 그리고 각각의 생산관계가 이미 그 내부에서 부단히 전진하는 생산력 이상의 자유로운 발전에 대해 질곡(桎梏)으로 되어 보다 새로운 고도의 생산관계에 의하여 대체되는 것이 사회발전의 기동력을 이루는 것이다.

사회의 생산력이 저하하고 또 그 잉여생산물이 부족한 시기에는 생산수단의 공유와 공동노동에 의한 원시공산적 생산관계가 유일한 것이었다. 따라서 생산력의 발전에 의하여 사유재산과 타인의 잉여노동의 탈취에 의한 계급적 생산관계가 유일한 것으로 되어 노예제적·봉건제적 생산관계가 생겼다. 그 최후의 형태인 자본제적 생산관계하에서 사회적 생산력의 거대한 발전과 필요노동시간의 획기적·단축이 초래됨에 따라 계급제도는 또다시 생산수단의 공유, 공동노동, 의식적 계획적인 생산에 의한 공산주의적 생산관계에 의하여 대체되어 사회는 인간에 의한 인간의 지배와 인간자신의 생산물에 의한 인간의 지배상태를 탈피하여 자유의 왕국에 들어간다. 이 공산주의제도는 그 내부에서는 생산력의 발전수준에 의하여 '노동에 따라서'라는 분배원칙이 지배하는 단계에서 '필요에 따라서'라는 분배원칙이 지배하는 단계로 진전한다. 그러나 노동이 어디까지나 자신을 위한 것이며 창조적인 쾌적한 행위라고 할지라도 그것은 자기목적이 아니고 인간이 생존을 위한 강제된 행위인 이상 참된 자유는 노동자체 내에서가 아니고 '노동의 피안'(자본론)에 자유로운 창조활동내에서 발견되는 것으로서 인간은 생산력을 무한정 발전시켜 노동시간을 무제한 단축시키고 자유로운 활동시간을 증대하여 풍요한 개성과 문화를 꽃피우게 하는 것이다. 이것이 사적유물론으로 본 사회의 발전과정의 개요이다.

사적유물론은 역사의 숙명적인 견해에 반대하여 인간이 역사를 창조하는 것으로 보지만 인간의 의도나 의견이 역사를 궁극적으로 규정하는 것으로 파악해서 인간이 자의적으로 역사를 창조하는 것으로 보는 주관주의적 역사관에 반대한다. 인간의 각 세대는 그 생산관계를 자유롭게 선택하는 것이 아니고 그 때까지의 생산력의 역사적 발전에 의해 규정되어 있는 일정생산관계를 항상 주어진 전제로 하여 수취한다. 또 이 전제에서의 인간의 모든 활동은 인간의 의식과 의도를 통해서 행해지는 것인데 한편으로는 이 개개의 행위는 서로 상쇄 또는 상호증강한다. 그리하여 그 총계로 표현되는 역사적 성과는 최초에 의식된 것과는 전혀 별개의 것이 되었고 다른 한편으로는 이 의도나 의견은 그것이 단순히 개인적, 우발적인 것이 아니고 무엇인가 역사적인 성과를 가져오는 집단적, 필연적인 한에서는 결국 생산관계에 의하여 규정되어 있다. 사회의 역사적 과정은 자연 그것과 동일하며 객관적이며 합법적인 과정이라고 보고 있다.

사적유물론은 이와 같이 사회의 역사를 합법적인 과정으로 보지만, 역사에 있어서 인간의 능동적, 창조적 역할을 부정하는 것은 아니다. 사회적 의식이 사회적 존재에 의하여 근본적으로 규정되는 것을 인정함과 동시에 반대로 억제적이고 촉진적인 반작용이 토대에 미친다는 것을 인정한다. 특히 사회변혁의 시기에는 새로운 미래를 희망하는, 역사발전의 합법성을 보다 정확하게 반영하는 사상이 대중을 교육하고 조직하고 동원하여 이미 그 토대에 적응되어 있는 새로운 사회 탄생을 위한 위대한 능동적인 역할을 수행하는 것을 인정하고 이런 뜻에서 인간이 역사를 창조하는 것으로 본다.

사전분석 · 사후분석 事前分析 · 事後分析 ex-ante analysis · ex-post analysis

사전 · 사후라는 표현은 뮈르달 Myrdal, K. G. 이 처음 사용했는데, 사전적이란 개념은 예상된 looking forward, 기대된 expected, 의도된 planned, 전망된 prospective, 희망적 desired 이란 의미이며, 사후적이란 개념은 뒤를 향한 backward looking, 실제의 actual, 실현된 realized, 회고적인 retrospective 등의 의미이다. 이러한 사전 · 사후의 구별은 초기에 계획된 사전적 수치가 기말에 있어서의 사후적인 수치와 어떻게 다르며 그것이 차기의 계획에 어떻게 반영될 것인가를 생각하는 기간분석에 있어서는 이 사전 · 사후의 구별은 본질적으로 중요하다.

경제주체의 행동을 분석할 경우에 사용되는 여러 가지의 함수표 schedule 는 경제주체의 계획적인 행동에 관계되는 것이며, 곧 예정표이다. 이를테면 어떤 경제주체의 어떤 재화에 대한 수요표 demand schedule 는 그 상품의 가격이 $P_1, P_2, \cdots, P_n$ 원이라면 그 주체가 수요로 하는 양은 각각 $D_1, D_2, \cdots, D_n$ 인 것과 마찬가지로 각종가격에 대한 각종수요량의 편성을 가리키는 표이다. 그리고 그것은 결코 실제의 가격이 얼마이며, 실제의 구입량이 얼마였다라는 사실을 말하는 것은 아니다. 이같은 사정은 또한 공급표 supply schedule 에 대해서도 마찬가지로 그것은 결코 과거의 가격이 $P_1, P_2, \cdots, P_n$ 원 이었을 때 그 공급량이 실제로 $S_1, S_2, \cdots, S_n$ 등 이었다고 하는 것을 말하는 것은 아니다. 이와 같은 경제주체의 계획적 · 예정적인 표를 기초로 하여 이루어지는 분석이 사전분석이다. 수요표와 공급표의 교차점에서 균형가격이 결정된다는 것은 이 같은 사전분석의 한 예이다. 한편 실제로 이루어진 구입량·구매량 및 가격은 모두 사후적인 제량(諸量)이다. 사후적인 제량으로서의 구입·수요량과 판매·공급량이란 수요자와 공급자가 동일인이 아니므로 모든 가격에서는 반드시 일치한다고 할 수 없다. 양자가 일치하는 것은 균형점에 있어서만이다. 그러나 사후적 제량으로서의 판매량과 구입량은 판매된 것은 동시에 구매된 것이기 때문에 반드시 일치한다. 이같은 사후적 제량을 취급하는 분석을 사후분석이라 한다. 예를 들면 현실의 국민소득은 우리들이 여러 가지 거래관계를 통해서 매매행위를 한 결과 발생한 사후적 양이며 따라서 이를 취급하는 국민경제계산은 사후분석에 속한다고 할 수 있다. 이 사전분석·사후분석은 경제변동의 동학적 과정분석인 기간분석의 중심개념으로서 경제주체의 결의와 그 실현에 필요한 기간 또는 지출이나 생산에 소요되는 시차 time lag 를 고려하여 사전·사후개념으로 분석하는 것이다. →경과분석, 기간분석

사채 社債 ☞유가증권

사회간접자본 社會間接資本 social overhead capital

재화와 서비스의 생산에 직접 사용되기보다는 간접적으로 생산활동을 지원하며 촉진시키는 데 필요불가결한 자본을 말한다. 이것은 보통 정부가 소유하거나 개인이나 기업이 소유하더라도 정부의 규제를 받는 사회적 성격을 띤 자본이다. 따라서 사회간접자본은 개인직접생산자본 directly productive capital 에 대조되는 개념이다. 그것이 협의(狹義)로 사용될 때에는 수송, 통신, 전력, 용수 등 자본시설을 지칭하며, 광의(廣義)로 사용될 때에는 이에 추가하여 국방, 치안, 보건, 의료, 후생, 교육 등 산업의 생산활동과 일상생활에 필수불가결한 모든 공공적 성격을 띤 시설을 포함한다. 사회간접자본의 범위가 이처럼 포괄적이기 때문에 사회하부구조 social infrastructure, 경제적 하부구조 economic infrastructure 또는 단순히 하부구조 infrastructure 등의 많은 상이한 용어가 그것에 대한 유사개념으로 사용되고 있다.

사회간접자본은 직접생산자본 또는 재고자본에 비해 다음과 같은 특성을 갖는다. 첫째, 항만, 철도, 발전시설 등에서 보는 바와 같이 투자소요량이 방대하며 또한 필요 시설물을 분할하여 부분적으로 투자하는 것은 거의 불가능하다(lumpiness and indivisibility). 예를 들면 철도투자의 경우 선로투자, 객차, 화차, 동차 등의 차량투자 그리고 신호시설, 역사시설 등의 부대시설투자를 병행해야 한다. 둘째, 이와 같은 투자의 방대성으로 인하여 투자가 행해진 후 실제로 서비스 생산이 이루어지기까지는 상당한 기간이 소요되므로 투자의 회임기간이 길다. 셋째, 사회간접자본에 의해서 발생되는 편익과 서비스는 특정인이나 기업 및 집단을 대상으로 하는 것이 아니고, 다수의 기업 및 사회전체를 대상으로 하며, 특정제품생산이 아니라 거의 모든 제품생산에 필요한 서비스를 제공한다. 즉 사회간접자본은 광범위한 외부경제효과를 가져 온다. 넷째, 사회간접자본의 투자와 시설의 운영 및 관리는 대부분의 경우 시장기능에 의존할 수 없으므로 보통 정부의 투자대상으로서 정부가 소유·관장하게 되며, 개인이나 기업이 소유하는 경우에는 소유권의 행사와 건설 및 운영이 정부의 엄격한 규제대상이 된다.

상술한 바와 같이 사회간접자본은 그 시설투자소요량이 방대하므로 그 규모 자체로서도 중요할 뿐만 아니라 공익증진과 여타 생산활동 촉진에 필수요건이 된다. 특

히 자본이 부족한 후진국으로서는 경제개
발을 위해서 얼마의 투자를 직접생산자본
으로 그리고 얼마의 투자를 사회간접자본
에 할당해야 하느냐가 개발전략상의 중요
한 문제가 된다. 반면에 선진국으로서는
공공재 public goods 를 생산하는 공익사업
과 사유재 private goods 를 생산하는 비공
익사업과의 균형을 어떻게 유지해 나가느
냐가 중요한 과제로 된다. →불가분성, 내부
경제, 외부경제

사회개발 社會開發 social develop-
ment

일반적으로 생산 제일주의의 경제정책
을 점차로 국민복지 중심으로 바꾸어 가는
것을 의미한다. 경제개발이 경제의 양적
확대를 추구하는 것이라면, 그 질적 향상
을 도모하는 것이 사회개발이라고 할 수
있다. 생산의 향상과 관련되는 정책이면
모두 사회개발정책이라고 불리우는 것이
보통이지만, 정부시책을 기준으로 분석해
보면 ① 주택의 정비 ② 상하수도 등 생활
환경시설의 확장 ③ 공해방지 ④ 사회보장
제의 확립 ⑤ 근로조건의 개선 ⑥ 인적능
력의 향상 ⑦ 소비자의 보호 등이 사회개
발의 주요내용이 되며 그밖에 치안대책 등
이 포함된다.

사회민주주의 社會民主主義 social
democracy

19세기 말부터 제 1 차대전까지 제 2 인
터내셔날에 집결한 사회민주당의 이론과
정책의 총칭이다. 19세기 말 자본주의하의
노동자에게도 참정권이 주어져 정치적·
형식적 민주주의는 달성되었지만 경제적
민주주의는 아직 달성되지 않았는데 이것
을 획득하는 것이 노동자계급의 과제라는
발상으로부터 사회민주주의란 용어가 생
겼다.

이 용어는 사회주의운동의 도달목표를
표현하기 위한 것이며 아직 개량주의적 방
법을 표현하는 것은 아니었다. 그러나 제
1 차대전 발발과 함께 서구의 노동자정당
은 국가에 충성을 맹세했기 때문에 제 2 인
터내셔날은 붕괴되고 러시아에서만 혁명
이 성공해서 제 3 인터내셔날이 성립됐다.
각국 사회민주당내에서의 좌우대립의 심
각화와 함께 제 2 인터내셔날계의 사회민
주당과 코민테른과의 대립은 코민테른이
반파시즘 통일전선을 결성하게 되기까지
격심하였다. 따라서 제 1 차대전 후에는 사
회민주주의란 용어는 러시아혁명을 비난
하고 개량주의를 표방하는 서구의 우익사
회민주당의 노선을 가리키는 용어로 되었
다.

농민 및 기타 중간층도 노동자계급과 함
께 독점자본주의국가의 전쟁정책에 동원
되었다는 사태는 노동자정당으로 하여금
각국 자본주의의 특수한 구조에 대해서 분
석적 파악을 하게 만들었지만 제 2 인터내
셔날계의 정당은 이 과제에 답할 수가 없
었고, 경제학적으로는 전반적 공황을 부정
하는 균형론적 입장에 서서 유통과정통제
와 조직된 자본주의에 의해 사회주의에로
의 이행이 가능하다고 주장함에 그쳤다.
정치적으로는 제 1 차대전 후의 혁명을 반
혁명으로 역전시켜 독일에서 보이는 것처
럼 나치스 정권의 수립을 도왔다. 이 점에
서는 코민테른측도 러시아혁명의 경험을
일반화하고 세계자본주의의 변혁이라는
발상 위에 서서 각국 노동자정당에게 전
략·전술의 획일성을 요구한 것도 영향을
주었다. 제 2 차대전 후 서구사회민주당은
자본주의 체제내의 정당으로 되어 '민주사
회주의'라는 용어를 쓰고 있다.

사회보장제 社會保障制 social secu-
rity

사회의 구성원인 개인이 부상, 질병, 출산, 실업, 노쇠 등의 원인에 의해 생활이 곤궁에 처하게 될 경우에 공공의 재원으로 그 최저생활을 보장하여 주는 제도를 말한다. 이에는 사회부조와 사회보험의 두 가지가 있다. 사회부조는 국가 또는 공공단체가 생활비의 일부 또는 전부를 부조하는 제도이며, 생활곤궁자에 대해서만 부여되는 것이 보통이다. 사회보험은 본인 또는 이를 대신하는 자가 보험료를 적립하고 여기에 국가가 보조를 해주어 상기한 바와 같은 사유가 발생한 경우에는 연금 또는 일시금을 지급하는 제도이다.

사회보장에 대한 재원의 일부는 국가의 부조금 또는 보조금이며, 이는 조세에 의해서 충당되는 것이다. 조세는 대체로 누진과세에 의해 부유층이 비교적 많은 부분을 부담하고, 사회보장의 수익자는 저소득자이므로 사회보장제도의 발달과 완비는 소득의 재분배의 결과가 된다. 그리고 실업보험 등은 불황의 경우에는 정부의 급부가 늘고, 호황인 경우에는 급부가 감소하기 때문에 호황과 불황의 격차의 폭을 완화하는 안정화기능도 가지고 있다. 그런데 사회보장제도 전체로서도 이와 같은 기능을 갖는다고 볼 수 있기 때문에 이를 경기의 자동안정장치 built-in-stabilizer 라고 부를 때도 있는 것이다. 사회보장제도는 독일과 영국에 있어서는 금세기의 초기부터 부분적으로 실시되어 왔는데, 1935년에 미국에서 사회보장법이 공포된 이래 세계적인 추세로 확대되어 오고 있다. 우리 나라에서는 국민복지연금 제도가 1988년에 도입되었는데 이것이 사회보장제도의 초기적 형태로 생각될 수 있다.

사회보험 社會保險 social insurance

인간에게는 살아가는 동안에 실업·질병·노쇠·출산·상해·사망 등의 각종의 사고에 의해 노동능력이 일시적 혹은 영구적으로 상실되고 임금이나 소득의 획득이 중단·상실되는 일이 일어난다. 사회보험은 이러한 사고가 발생한 경우에 생활보장을 목적으로 보험기술을 이용해서 급부를 행하고 이것에 의해 위험을 분산하고 사고에 따르는 가계비를 사회적으로 상호부담하는 국가에 의한 강제적 보장제도의 총칭이다. 사회정책의 한 형태인 사회보험은 1878년의 사회주의 진압법을 중심으로 하는 비스마르크의 정책이 완전히 실패한 후에 취해진 일련의 사회보험계획에서 비롯된다.

1833년의 질병보험법, 1884년의 재해보험법, 1889년의 양로·폐질보험법 등의 공포에 의해 그 계획이 실현되었는데 이것이 근대적 사회보험의 효시였다. 노동자가 조합을 만들어 사망·상해·질병 기타의 재해에 대해서 상호부조를 행한 사례는 중세의 길드시대부터 발견된다. 영국에서는 이러한 종류의 공제조합이 우애조합 friendly society 으로서 16세기에 나타났고 18세기 이후 현저하게 발전했다. 이것에는 노동조합으로 하여금 상호부조를 행하게 하여 구빈법의 부담을 경감시킴과 동시에 이것을 자혜적인 노무관리의 한 수단으로 이용하려고 하는 자본가의 의도가 은폐되어 있었다. 독일에서 성립된 사회보험은 오히려 노동자의 자주적 운동을 억압하려는 의도를 가지고 더욱이 이것에 의해 산업평화라는 정치적 목적도 달성하려고 했다. 당시 독일의 노동자가 사회보험에 대해 격렬하게 반대한 것은 이 때문이었다. 그러나 사회보험의 실시에 의해 노동자가 어느 정도 이익을 본 것은 사실이다. 사회보험의 본질에 대해서는 여러 가지 견해가 있으나 대체로 그것은 노동운동이 일정한 발전을 본 독점자본주의 단계에 대응하는 총자본의 노동력보전책으로 파악된다. 그리고 사회보험은 소득의 재분배효과, 특히 이윤과 임금간의 재분배효과를 가진다.

독일의 사회보험의 경우에는 질병보험이나 재해보험을 통해서 요양급부·상병수당의 형태로, 나아가서는 노령연금·폐질연금·유족연금의 형태로 노동자계급에게 실질적 임금을 제공하였지만, 1911년 영국이 국민보험법 National Insurance Act 으로서 사회보험을 취급하자 건강보험외에 실업보험이 실현을 보게 되었다. 이것은 토목·조선·기계·제철·차량제조·제재 등 6개 부문에서 노동자의 실업기의 생활을 보장하는 것으로 세계 최초의 국가적인 규모의 강제적 실업보험이었다. 그러나 제1차대전 후의 세계공황에 수반하여 구조적 실업이 만연하자 영국의 실업보험은 그 기능을 잃게 되었다. 미국이 사회보장법 Social Security Act(1935)의 이름 아래 연방정부에 의한 노령연금보험과 함께 주영(州營) 실업보험을 실현한 것은 이 때이다. 여기서는 다른 나라의 사회보험이 보험료를 노사가 함께 분담한 것과는 달리그 전액을 고용주가 부담하는 제도를 만들었다. 영국에서는 제2차대전 말기에 공표된 비버리지 Beveridge, W. H. 의 구상에 기초해서 1948년 사회보장제도가 실현되었다. 이에 따라 사회보험은 노동자보험에서 국민보험으로 발전함과 동시에 사회보장제도의 지주가 되었다. →사회보험제

사회유기체설 社會有機體說 theory of social organism

사회의 구성을 생산유기체와 유사한 것으로 보고, 이에 입각하여 유추적으로 사회의 구조와 기능을 설명하려고 하는 사회실재론의 한 형식이다. 이것은 멀리 고대 그리이스 이래 존재하였으나, 근대의 사회유기체설은 19세기에 이르러 계몽주의나 공리주의가 상정한 사회를 개인의 집합이라고 하는 원자론적인 사회관이라 비판하면서 이에 대한 대결 내지 수정을 기도하여 생겨난 사회이론이다. 이 이론은 자유주의 내지 개인주의의 근대적 원리가 사회질서로서의 자격을 의심받기 시작하였을 때 자본주의의 새로운 질서화를 위한 이론으로서 등장한 것이다.

19세기 전반에 프랑스 사회의 재조직을 기도한 꽁트 Comte, A. 는 계몽사상을 단지 비판적인 형이상학이라고 주장하고, 실증주의의 입장에서 사회유기체설을 전개하였다. 부연하면 자본주의사회의 모순, 빈부의 차와 계급대립이 격화되어 시민사회에 대한 회의와 비판이 고조되었을 때, 그는 그 때까지 지배적이었던 원자론적인 자연권에 기초를 둔 사회관과 개인의 권리의 확대를 사회질서라고 본 사회관을 배격하고, 개인의 절대적 권리를 부정하고, 사회 그 자체를 모든 개인을 유기적으로 결합한 통일체로 간주하는 사회관을 성립시켰다.

이와 같이 해서 성립된 사회유기체설은 자본주의사회를 전제로 하였으므로, 이 점에서 볼 때 그것은 시민사회의 내부비판이라고도 할 수 있다. 이상을 종합하면 사회유기체설은 19세기 이후 노골화된 자본주의사회의 모순을 개인주의원리의 결과로서 파악하고 그것을 유기체설에 의해 위로부터 다시 조직함으로써 그 모순을 제거하여 자본주의사회를 안정된 질서로 재구성할 것을 기도한 것이다.

사회적 무차별곡선 社會的 無差別 曲線 ☞사회적 후생함수

사회적 후생함수 社會厚生函數 social welfare function

모든 사회구성원의 효용의 함수로서 사회후생의 서수적 지표 ordinal index 를 나

타낸다. 사회구성원이 n인이고, $Ui(i=1, 2, \cdots, n)$를 제 i인의 효용수준이라고 하면, 사회적 후생함수 W의 일반형은

$$W = W(U_1, U_2, \cdots, U_i, \cdots, U_n)$$

으로 쓸 수 있다. 효용의 기수적 측정이 불가능하고, 더욱이 개인상호간의 효용을 비교할 수 없으므로 사회적 후생함수의 형태와 성질에 관해서는, 다른 모든 사람들의 효용수준이 불변이고, 어느 한 개인의 효용수준이 증가 또는 감소할 때 사회적 후생도 증가 또는 감소한다는 명제 이외에는 전혀 아무런 것도 말할 수 없다. 이를테면 나머지 효용수준들은 불변인 채 U_1이 증가하고, U_2가 감소할 때 사회적 후생이 변화가 있기 전보다 증가했는지 또는 감소했는지를 알 수 없다. 왜냐하면 그것에 대해서 명확한 답을 얻기 위해서는 U_1과 U_2의 사회적 동요도가 먼저 전제되지 않으면 안되기 때문이다. 그리고 이것은 다시 각 개인의 효용의 사회적 중요도에 대한 가치판단을 필요로 한다. 더욱이 사회적 후생함수에 대해서는 민주적인 투표에 의한 방법에 의해서도 일의적(一義的)으로 결정할 수 없다는 사실이 알려져 있다. 그러나 사회적 후생함수로부터 도출되는 사회적 무차별곡선 social indifference curve 에 제한적 가정을 도입함으로써 그것을 유용한 분석도구로 사용할 수 있다.

이제 2인만이 존재하며, 2개의 생산물이 생산되는 단순한 경제를 생각하자.

$U_1 = U_1(q_{11}, q_{12})$, $U_2 = U_2(q_{21}, q_{22})$를 각인의 효용함수라 하면, 사회적 후생함수는 $W = W[U_1(q_{11}, q_{12}), \ U_2(q_{21}, q_{22})]$가 된다. 여기에서 q_{ij}는 제 i인이 소비하는 제 j재의 양이다($i, j = 1, 2$). 따라서 사회적 후생은 사회가 생산하는 각 재화의 산출량 q_1, q_2의 수준에서 뿐만 아니라, 그것이 각 개인에게 어떻게 분배되느냐에도 의존함

을 알 수 있다. 여기에서는 사회적 후생이 그것의 분배와는 관계없이 q_1과 q_2의 크기에만 의존한다는 제한적 가정을 도입하자. 즉 $W = W(q_1, q_2)$이라 하자. 그러면 사회적 무차별곡선은 일정한 사회적 후생을 주는

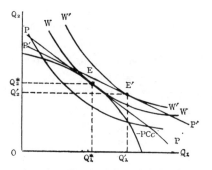

q_1과 q_2의 조합들의 집합을 재화평면에 도시한 곡선으로 정의된다. 그것이 개인의 무차별곡선과 동일한 성질을 갖는 것은 아니지만, 그림에서는 원점에 대해서 볼록한 그것을 가정하고 있다. 이것은 물론 추가적인 제한적 가정이다. 그러면 이 경제는 생산가능곡선 PPC 과 사회적 무차별곡선이 서로 접하는 E점에서 생산할 때, 사회적 후생을 극대화할 수 있을 것이다. 직선 pp의 기울기는 두 재화의 상대가격비를 나타낸다. 따라서 E 점에서는 한계대체율=한계전환률 marginal rate of transformation=상대가격비라는 등식관계가 성립한다.

이상의 분석에서 사회적 무차별곡선은 이 경제가 생산가능곡선상의 어느 점에서 생산할 것인가를 결정하기 위해서 도입되었다. 사회적 무차별곡선은 또한 국제무역의 이익을 설명하기 위해서도 이용될 수 있다. 위 그림에서 국제무역이 개시되기 전에 E 점에서 국내생산균형이 이루어져 있다고 하자. 그런데 국제무역이 개시되어 이 경제가 직선 $p'p'$의 기울기로 나타내어지는 두 재화의 상대가격비로 무역을 할 수 있다고 하자. 그러면 이 경제는 그 상대

가격비에서 무역을 통해서 $Oq_1{}^* - Oq_1{}'$ 만큼을 수출하고 그 대가로 그 대신 $Oq_2{}' - Oq_2{}^*$ 만큼을 수입할 수 있어, 그 결과 PPC 외부에 위치하는 E' 점에서 소비할 수 있게 된다. E' 점에서는 무역개시 전보다 더 높은 수준의 사회적 후생을 달성할 수 있다. →후생경제학

사회주의경제 社會主義經濟 socialist economy

사적유물론에 의하면 자본주의 다음에 출현하는 사회경제체제는 공산주의이며, 이 공산주의는 낮은 단계(사회주의)와 높은 단계(협의의 공산주의)로 구분된다. 사회주의란 충분히 성숙되지 않은 단계의 공산주의로서 구사회의 여러 가지 모순이 아직 남아있는 상태이다. 사회주의경제의 주요한 특징을 자본주의경제와 대비하여 규정하면 다음과 같다. 즉 사회주의경제에서는 생산수단의 사적 소유가 금지되어 모든 주요생산수단이 사회적 소유에 속하고, 잉여노동의 생산물이 사회화되며, 생산수단의 소유자에 의하여 타인의 노동성과가 착취되는 일이 없고, 부불노동(不拂勞動)의 취득에 의한 치부(사회의 부가 개인의 부로서 축적되는 것)가 존재하지 않으므로 물질적 재화의 생산이 자본주의처럼 치부의 수단으로 영위되지 않고 사회의 욕구충족을 목적으로 영위되며, 물질적 재화의 생산·유통·분배가 개별자본의 자기증식 운동으로 행하여지는 것이 아니므로 자본주의적 경쟁과 생산의 무정부성이 해소되어 국민경제적 규모의 계획화가 가능해지고, 착취의 폐지에 의한 노동의욕의 향상과 계획화에 의하여 각종의 자본주의적 낭비가 제거되는 결과, 대체로 사회주의경제 하에서는 자본주의경제 하에서 보다 더 빠른 속도의 경제발전이 가능하다는 등이 그것이다.

자본주의와 사회주의 사이에는 일정기간의 이행시기가 있다고 한다. 자본주의경제는 봉건제사회의 내부에서 발달하여 일정한 발전단계에 이르렀을 때 국가권력의 이전이 행해지지만 자본주의로부터 광의의 공산주의로 이행할 경우에는 자본주의의 태내에서 형성되는 것은 사회주의경제의 요소가 아니라 그 물질적 전제조건에 지나지 않고, 사회주의경제의 형성은 국가권력이 이전된 후에 시작한다는 것이다. 자본주의기업의 국유화(무상몰수 또는 유상몰수에 의함)와 소생산자의 협동조합화(집단화)에 의하여 국민경제를 사회주의적으로 개조하고 생산·유통·분배에 대한 계획적 관리운영의 체제를 수립하는 것이 자본주의로부터 사회주의로 이행하는 시기의 주요 경제정책의 내용이지만, 저개발국의 경우에는 국가의 공업화가 이행기 경제정책의 중요한 과제가 된다.

협의의 공산주의와 대비하여 사회주의경제의 주요한 특징을 규정하면 다음과 같다. 즉 사회주의 하에서의 각인(各人)은 능력에 따라 일하고 노동에 따라 받는다는 원칙이 존재하는 데 대하여 협의의 공산주의에서는 능력에 따라 일하고 욕망에 따라 소비한다는 원칙이 적용된다는 것이다. 이 말은 사회주의 하에서는 아직 노동은 보수를 얻기 위한 수단으로서의 성격을 지니고 있고, 소비재의 분배는 노동에 대한 물질적 자극으로서의 기능을 가지고 있음을 의미한다. 그것은 사회주의 하에서는 생산력의 발전수준이 아직 충분할 만큼 높지 않고 노동에 대한 공산주의적 태도가 미성숙한 데서 유래한다는 것이다. 이것은 정신노동과 육체노동의 차이나 공업과 농업(도시와 농촌)의 격차가 사회주의 하에서는 아직 존속하고 있다는 것과 관련이 있다. 또 상품·화폐적 관계의 폐지가 사회주의 하에서는 미완성이라는 것, 즉 노동생산물

의 상품형태의 폐지는 협의의 공산주의 하에서 비로소 완료된다는 것과, 사회주의 하에서는 사회적 소유의 낮은 형태인 협동조합적(집단적) 소유가 다소 남아 있다는 것도 사회주의경제의 특징이다. 사회주의 경제는 생산력의 발달, 국민경제의 관리계획화 방식의 개선, 사상적·문화적 성숙의 진행에 의하여 공산주의로 점차 이행된다는 것이다.

사회주의경제학 社會主義經濟學
political economy of socialism

사회주의자의 경제학이라는 의미로 사용되는 일도 있지만, 보통 이것은 사회주의경제에 관한 과학을 가리킨다. 이 과학이 전체적으로 어떤 체계적 구성을 가지는 것인지 현재로서는 아직 충분히 규명되어 있지 않다. 마르크스 Marx, K., 엥겔스 Engels, F. 등은 사회주의 하에서 물질적 재화의 생산·유통·분배가 어떻게 진행될 것인가에 관하여는 상세한 연구를 남기지 않았지만 자본주의경제에 대한 비판적 분석에서 유도해 낼 수 있는 범위 내에서, 사회주의경제에 대한 기본적 특징을 정립하였다. 즉 사회주의 하에서는 생산수단이 사회화되며 착취가 폐지되고, 전국민경제가 계획화되고, 노동생산물의 상품형태가 폐지되어 노동에 따라 분배하고, 사회주의의 물질적 토대는 대규모의 기계제공업 뿐이며 소상품생산자는 협동조합화에 의하여 사회주의로 이행한다는 것 등이 그것이다.

마르크스, 엥겔스 등에 의하여 표명된 일련의 이러한 예견적 견해는 1920∼1930년대의 소련 사회주의경제 건설을 위한 지침이 되었다. 1930년대 중반에 소련에서 사회주의의 기본적인 건설이 완료되자 사회주의경제학의 체계화라는 문제가 제기되었다. 그 후 모색과정을 거쳐 1954년에 이르러 소련의 사회주의건설에 대한 역사

적 경험을 총괄하는 과학 아카데미편 경제학 교과서의 일부분으로서 사회주의경제학이 출간되었다. 그러나 이 교과서는 스탈린시대의 개인숭배와 교조주의(敎條主義)의 영향을 강하게 받아 사회주의경제에 관한 서술은 대체로 마르크스주의 고전의 원리적인 추상명제를 반복하고 소련의 경제제도를 기술하는 데 시종(始終)하였다. 1956년 이후 소위 개인숭배나 교조주의로부터의 탈피가 소련과 동구 사회주의국가에서 강력히 요청되게 되었고, 동시에 이들 나라에서는 1930년대의 소산인 종래의 국민경제관리·계획화제도가 진부화되어 광범위한 수정이 필요하게 되었다는 사정도 있어, 사회주의경제와 사회주의경제학에 관한 연구와 토론이 대단히 활발하게 되었다.

활발히 논의된 사회주의경제학에 대한 주요한 문제점은 다음과 같다. 즉 가격형성, 투자효율, 기업활동의 효율적 지표(이른바 이윤논쟁), 물질적 자극, 사회주의 하에서의 이자·지대 등 요컨대 사회주의 하에서의 사회적 노동계산과 노동보수에 관련된 일련의 문제, 중앙집권적 계획화와 직접적 생산자의 창의와 자주성의 결합에 관한 문제(이른바 주문생산방식의 실험이나 정보이론적 접근방법의 도입 등), 각종 경제모형의 작성에 관한 문제(산업관련균형, 지역관련균형 등), 사회주의 계획경제와 상품·화폐관계에 관련된 문제(사회주의 하에서 특수한 상품이나 화폐가 잔존하는 이유와 그 올바른 처리방법 등), 공산주의로의 이행조건과 방법(예컨대 국가적 소유와 집단적 소유라는 두 가지 형태의 접근과 융합에 관한 문제), 사회주의적 국제분업에 관한 문제, 질적 분석과 양적 분석의 결합, 수학과 전자계산기 및 사이버네틱스 cybernetics 가 가지는 의의 등의 방법론적 문제 등이다. 그리고 비(非)마르크

스주의적 방법에 의한 사회주의경제학에의 접근으로서는 1920년대의 경제계산논쟁 이래 최근의 비교경제체제론에 이르는 유파가 있다.

사회지표 社會指標 social indicator

복지수준을 계량하는 지표이다. 최근 경제운영에 있어서 복지중시의 필요가 지적됨에 따라 복지는 하나의 큰 문제로 되었다. 정부는 국민생활 심의회에서 이 지표의 개발에 착수하였다. 국민생활 심의회가 개발을 추진하고 있는 사회지표는 안전, 교육, 환경, 여가, 건강 등의 각 항목, 예를 들면 교육에 있어서는 교원수, 교육에 의한 효과 등의 산출량 output 지표, 학교의 설비 등의 스톡 stock 지표 등 여러 가지에 대해 지표화하는 것이다.

사회회계 社會會計 social accounting

기업회계의 복식부기방법을 모방하여 국민경제를 한 개의 거대한 산업으로 보고 몇 개의 계정체계로 통합하는 방식이다. 국민소득통계는 이 방식을 도입함으로써 어떤 국가가 1년간에 이룩한 경제순환을 분석하고, 거기에서 생기는 생산물(소득)의 흐름을 포착하는 것이다. 여기에 따라 우리는 국민소득의 크기와 구성내용을 통계적으로 알 수 있다. →국민소득

산술평균·기하평균 算術平均·幾何平均 arithmetic mean·geometric mean

먼저 산술평균에 대해서 살펴 보면, 그것은 변량(變量)의 총합을 그 변량수로 나눈 값을 말한다. 따라서 도수 frequency 가 모두인 n개의 변량 $x_i(i=1, 2, \cdots, n)$에 대해서 산술평균 M_a는 다음과 같이 된다.

$$M_a = \frac{1}{n}(x_1 + x_2 + \cdots + x_n) = \frac{1}{n}\sum_{i=1}^{n} x_i$$

만일 각 변량의 도수가 1이 아니고 일반적으로 $f_i(i=1, 2, \cdots, n)$라고 하면,

$$M_a = \frac{x_1 f_1 + x_2 f_2 + \cdots + x_n f_n}{f_1 + f_2 + \cdots + f_n}$$

$$= \frac{\sum_{i=1}^{n} x_i f_i}{\sum_{i=1}^{n} f_i}$$

로 표시된다. 전자를 단순산술평균 simple arithmetic mean 이라 하고 후자와 같이 중요도 ─ 이 경우에는 도수 ─ 를 가중한 것을 가중산술평균 weighted arithmetic mean 이라 한다. 일반적으로 가중치가 w_i인 경우

$$M_a = \frac{w_1 x_1 + w_2 x_2 + \cdots + w_n x_n}{w_1 + w_2 + \cdots + w_n} = \frac{\sum_{i=1}^{n} w_i x_i}{\sum_{i=1}^{n} w_i}$$

가 된다. 예를 들어 보통 소비자 물가지수는 가중산술평균으로 산출되는데, 그 때 사용되는 가중치는 소비자가계 소비지출액 전체에 대한 각 개별항목의 소비지출액의 비중이 된다. 다음으로 기하평균에 대해서 살펴보자. 그것은 변량의 상승적의 그 변량차평방근(變量次平方根)으로 정의된다. 기하평균을 사용하는 이유는 산술평균이 극한치의 영향을 받는 결점을 제거하기 위한 것이다. 이제 도수가 모두 1인 변량 $x_i(i=1, 2, \cdots, n)$에 대해서 기하평균 M_g는

$$M_g = \sqrt[n]{x_1 x_2 \cdots x_n} = \left(\prod_{i=1}^{n} x_i\right)^{\frac{1}{n}}$$

가 된다. 또 도수가 1이 아니라 일반적으로 $f_i(i=1, 2, \cdots, n)$일 때에는

$$M_g = \sum_{i=1}^{n} f_i \sqrt{x_1 f_1 \times x_2 f_2 \times \cdots \times x_n f_n}$$

$$= \left(\prod_{i=1}^{n} x_i f_i\right)^{\frac{1}{n}}$$

이 된다. 이 때 앞서와 같이 전자를 단순기하평균, 후자를 가중기하평균이라 한다.

산업공학 産業工學 industrial engineering

공학적인 수법을 사용해서 예산·원가·관리·생산기술·경영관리방식·경영조직 등 경영상의 모든 문제의 합리화를 도모하려는 연구방법을 말한다. 이것에는 표준시간치의 연구, OR이나 시뮬레이션에 의한 공장건설계획, 공정관리, 생산계획의 연구, 일관공정관리를 원활하게 하기 위한 일정의 연구 등이 있다.

산업구조 産業構造 industrial structure

산업구조라는 용어는 다음의 두 가지 개념으로 사용된다. 첫째, '제산업간의 구조 inter-industrial structure', 즉 산업 상호간의 구성비율관계를 말한다. 클라크 Clark, C. 가 말하는 페티의 법칙 또는 호프만의 법칙, 나아가서는 레온티에프 Leontief, W. W. 의 산업연관표 상에 나타나는 산업구조는 이러한 의미의 개념이다. 보통 산업구조라 하면 이와 같은 개념으로 이해된다. 둘째, '산업의 구조 structure of a industry'라는 의미로 사용되기도 한다. 로빈슨 Robinson, E. A. G. 의 '경쟁적 산업의 구조'는 이것의 전형적인 예이다. 따라서 산업조직론에서 사용되는 산업조직이라는 개념은 로빈슨류의 산업구조와 같은 내용의 것이다. 그곳에서는 특정산업에서의 기업수, 생산집중도, 진입장벽, 수요의 강력성 및 성장률 등과 같은 문제가 분석대상이 된다. 산업구조를 어떻게 정의하든 간에 그것은 일반적으로 경제구조 보다는 하위개념으로 공업구조보다는 상위개념으로 인식되고 있다. 즉 산업구조는 경제구조에서, 이를테면 금융구조와 같은 것을 제외한 것이며, 또 제조업내의 업종별구성을 나타내는 공업구조만을 의미하는 것도 아니다.

다음에 산업구조, 즉 산업간의 구성관계를 측정하는 기준은 두 가지가 있다. 하나는 그 산업의 생산액(또는 부가가치)을 기준으로 한 것이고, 다른 하나는 그 산업에 종사하고 있는 취업노동력을 기준으로 한 것이다. 대개의 경우 산업구조의 변동은 국민소득통계에 의한 부가가치기준으로 파악되고 있으며 취업노동력을 기준으로 하는 경우에는 산업별 취업구조라는 표현을 많이 쓴다. 산업구조의 변동요인은 일반적으로 ① 해당제품에 대한 수요(국내수요와 수출수요) ② 자연자원, 자본, 노동력 등 생산요소의 부존상태 ③ 생산기술의 세 가지로 집약된다. 결국 산업구조는 이들 세 요인의 상호결합관계로 규정되는 산물이라 할 수 있다. 산업구조변동에 대해서는 경험적 법칙이 알려져 있는데, 그것은 클라크에 의하여 '페티의 법칙'으로 객관화되기 시작했다. 페티 Petty, W. 에 의하면 경제가 진보하고 1인당 소득수준이 높아짐에 따라 사회적 취업인구가 제1차산업에서 제2차산업으로, 다시 제3차산업으로 그 비중이 점차 높아가는 법칙성이 존재한다. 이 '페티의 법칙'은 산업별 취업인구의 변동을 기준으로 한 것이지만 소득구성비를 기준으로 하더라도 이와 유사한 경향적 법칙이 존재한다는 사실이 클라크와 쿠즈네츠 Kuznets, S. 의 실증적 분석에서 확인되었다. →호프만 비율, 경제개발 5개년 계획

산업균형 産業均衡 equilibrium of industry

독점적 경쟁하의 장기균형상태를 말하는 것으로, 개별기업의 균형에 대립되는 개념으로 다수의 기업을 포함하는 한 산업 전체의 균형을 말한다. 독점적 경쟁하의 단기균형은 독점시장형태와 동일하다. 단

기에 있어서는 개별기업이 시설규모를 변경할 시간적 여유가 없고 또 신기업의 진입도 있을 수 없으므로 이윤을 극대화하는 산출량과 가격은 한계수입 MR=한계비용 MC를 충족시키는 점에서 결정된다.

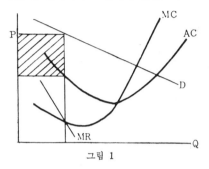

그림 1

P : 가 격
Q : 수급량
D : 개별수요곡선
AC : 평균비용곡선

그림 1에서 사선 부문만큼의 초과이윤이 존재한다. 그러나 장기적으로는 위와 같은 초과이윤이 존재하는 한 신기업이 진입하게 되어 그 결과 시장전체의 공급량은 증가하고, 따라서 개별수요곡선도 하방으로 이동하여 가격이 하락한다. 그러나 평균비용곡선 AC 이하일 수는 없다.

독점적 경쟁하의 종국적인 가격은 개별수요곡선과 평균비용곡선의 접점에서 결정되는데, 이 경우 ① MR=MC인 동시에 ② P=AC가 된다(그림 2). 이 균형에 있어서 기업의 수는 고정되며 기업은 정상이윤만 얻는다. 이 상태를 로빈슨 Robinson, J.은 전부균형 또는 완전균형이라 불렀고, 챔벌린 Chamberlin, E. H.은 집단균형 또는 산업균형이라 하였다. ①, ②의 두 조건을 흔히 '칸의 정리 Kahn's theorem'라 한다. 이제 칸의 정리를 수식으로 나타내 보자. x를 공급량, p를 가격(이 때 p는 x의 함수이다), q를 평균비용이라면,

$$MR = \frac{d(x \cdot p)}{dx}, \quad MC = \frac{d(x \cdot q)}{dx}$$

균형조건 MR=MC에서

$$\frac{d(x \cdot p)}{dx} = \frac{d(x \cdot q)}{dx}$$

즉 $p + x \cdot \dfrac{dp}{dx} = q + x \cdot \dfrac{dq}{dx}$

여기서 $p=q$라면

$$\frac{dp}{dx} = \frac{dq}{dx} \quad \cdots\cdots\cdots\cdots\cdots\cdots (1)$$

(1)식은 개별수요곡선과 평균비용곡선이 접하는 것을 나타낸다(그림 2에서 E점).

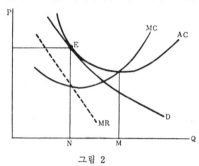

그림 2

완전경쟁하에서 균형가격은 p=MC=AC이고, 가격은 최소평균비용과 일치하므로 균형공급량은 그림 2에서 ON이다. 그러나 독점적경쟁에서는 M에서 공급을 중단한다. 여기서 각 기업은 과잉시설을 가지고 있는 것이며 챔벌린이 말하는 독점의 낭비 waste of monopoly가 생긴다.

＊산업연관분석 産業聯關分析 interindustry analysis

국민경제의 상호의존관계를 일람표형식으로 표시한 산업연관표(투입산출표)를 기초로 하여 경제동향을 산업간의 생산기술적 연관구조에 초점을 두고 구명하는 분석방법이다. 이 이론은 레온티에프 Leontief, W. W.에 의해서 창시되었는데, 케네 Quesnay, F. 이래의 "경제표"의 사고방식과 왈라스류의 일반균형이론의 상호의존

관계의 사상을 결합하여, 산업이 복잡하게 연결되어 있는 근대경제사회를 구명하는 실증적 분석방법으로 발전하여 현재에 이르렀다.

I. 분석방법 ① 산업연관표 interindustry table 또는 투입산출표 input-output table : 산업연관분석의 중심분석도구의 하나이다. 이 표는 다음과 같은 산업연관의 2가지 측면을 보여준다. 하나는 각 산업의 상품이 어떤 부문에서 얼마만큼 쓰여지는가의 산출의 배분구성이며, 이것은 표의 행(行)에 표시된다. 예를 들면 〈표 1〉에서 제 1 행은 농업부문의 총산출 100중 20은 농업, 30은 공업, 20은 서비스, 나머지 30은 최종수요(소비, 투자, 수출)에 각각 배분되었음을 나타낸다. 다른 하나는 각 산업이 산출물을 만들기 위해 투입으로서 어떤 부문으로부터 얼마만큼을 구입하는가의 투입구성이며, 이것은 표의 열(列)에 표시된다. 〈표 1〉의 제 1 열은 농업부문이 총투입 100중 20은 농업, 20은 공업, 30은 서비스, 나머지 30은 최종공급부문에서 조달된다는 것을 나타낸다. 〈표 1〉의 산업연관표로부터 〈표 2〉의 투입계수표(또는 투입산출행렬)가 도출된다. 투입계수 input-coefficient 는 어떤 산업이 산출물 1단위를 생산하는 데 필요한 각 부문의 산출물의 투입량을 말한다. 따라서 〈표 1〉의 각 열을 당해산업의 총산출로 나누면 〈표 2〉의

〈표 1〉　　　　투입산출표

산출부문 / 투입부문	1 농업	2 공업	3 서비스업	최종수요	산출계
1. 농　　　업	20	30	20	30	100
2. 공　　　업	20	80	40	60	200
3. 서 비 스 업	30	50	40	30	150
부 가 가 치	30	40	50		120
투　　입　　계	100	200	150	120	570

〈표 2〉　　　　투입계수표

	1 농업	2 공업	3 서비스업
1. 농　　　업	0.20	0.15	0.13
2. 공　　　업	0.20	0.40	0.27
3. 서 비 스 업	0.30	0.25	0.27

(계산방법)

$$20÷100 \quad 30÷200 \quad 20÷150$$
$$20÷100 \quad 80÷200 \quad 40÷150$$
$$30÷100 \quad 50÷200 \quad 40÷150$$

각열의 값을 얻을 수 있다. 투입계수는 해당경제의 기술조건에 의해서 결정된다. 따라서 투입계수표는 생산의 기술적 구조를 나타낸다고 할 수 있다.

② 산업연관체계의 구성 : 앞에서 투입계수표를 도출함에 있어서 최종수요가 외생적(外生的)으로 결정되며 이것이 산업부문에 발생하여 내생부문에서는 상호의 수요가 투입계수에 의하여 기술적으로 결정된다는 이론구성이 전제되고 있다. 따라서 다음으로 문제가 되는 것은 각 생산물의 수급균형조건이며, 이것은 생산연관분석의 제 2 의 중심내용이 된다. 이것은 최종수요와 투입계수행렬이 주어져 있다는 전제 하에서 수급균형이 이루어지기 위해서는 각 부문이 얼마만큼의 생산량을 생산해야 하는가의 문제로 생각할 수 있다. 이제 각각 하나의 산출물만을 생산하는 n 개의 산업이 존재하는 투입산출모형을 고려하자. 제 i 산업$(i=1, 2, \cdots, n)$의 산출량을 x_i 라 하고, 제 j 재$(j=1, 2, \cdots, n)$를 1단위 생산하는 데 필요한 제 i 재의 양을 a_{ij}(투입계수), d_i 를 제 i 재에 대한 최종수요라고 하면, 수급의 일반균형을 이루기 위해서는 모든 i 에 대해서 다음의 관계식이 성립해야 한다.

$$x_i = a_{i1}x_i + a_{i2}x_2 + \cdots + a_{in}x_n + d_i$$

따라서

$$-a_{i1}x_1 - a_{i2}x_2 - \cdots + (1-a_{ii})x_i - \cdots$$
$$-a_{in}x_n = d_i$$

이것을 모든 i에 대해서 전부 쓰면 n개의 식으로 구성된 연립방정식체계가 얻어진다.

$$(1-a_{11})x_1 - a_{12}x_2 - \cdots - a_{1n}x_n = d_1$$
$$-a_{21}x_1 + (1-a_{22})x_2 - \cdots - a_{2n}x_n = d_2$$
$$\cdots\cdots\cdots\cdots\cdots\cdots\cdots\cdots\cdots\cdots$$
$$-a_{i1}x_1 - a_{i2}x_2 - \cdots + (1-a_{ii})x_i - \cdots$$
$$-a_{in}x_n = d_i$$
$$\cdots\cdots\cdots\cdots\cdots\cdots\cdots\cdots\cdots\cdots$$
$$-a_{n1}x_1 - a_{n2}x_2 - \cdots + (1-a_{nn})x_n = d_n$$

이 연립방정식체계는 $x_1, x_2, \cdots, x_i, \cdots, x_n$을 미지수로 하는 문제이며, 결국 방정식의 수가 n개, 미지수도 n개이므로 해(解)가 존재한다. 이 문제를 행렬을 사용해서 다음과 같이 간단하게 그 해를 표시할 수 있다. 즉 행렬 $A = |a_{ij}|$, x를 산출량의 열(列)벡터, d를 최종수요의 열벡터, I를 단위행렬이라하면 위의 연립방정식체계는

$$(I-A)x = d$$

로 된다. 여기에서 A는 바로 〈표 2〉와 같은 종류의 투입계수행렬이다. 따라서 $(I-A)$가 비특이행렬 nonsingular matrix 이면 그것의 역행렬 $(I-A)^{-1}$가 존재하여, 해는 $x = (I-A)^{-1}d$가 된다.

③ 파급효과의 분석과 역(逆)행렬표 : 위에서 얻어진 결과는 최종수요의 양 및 구성변동이 각 산업의 생산활동에 미치는 파급효과를 계수화할 수 있게 한다. 최종수요의 변화는 그것과 직접 관계된 부문의 생산활동에만 영향을 미치는 것은 아니다. 해당산업의 생산활동의 변화는 순차적으로 여타의 연관생산에 대해서 투입수요를 유발하여 이러한 간접적 파급으로 인해 연관산업의 생산도 동시에 영향을 받게 된다. 이 직접·간접의 총파급효과는 바로 위에서 얻어진 수요균형식 $x = (I-A)d$에 의해서 나타난다. 왜냐하면 이 식은 산업 전체의 일반균형조건으로부터 도출되었기

때문이다. 여기에서 역행렬 $(I-A)^{-1}$은 최종수요와 각 산업의 산출량간의 관계를 나타냄을 알 수 있는데, 이것을 표의 형식으로 나타낸 것이 역행렬표이다. 〈표 3〉은 위의 예에 대해서 역행렬표를 작성한 것이다. 〈표 3〉에서 제 1 열의 1.62, 0.96, 0.98은 농업부문에 대한 최종수요가 1일 때, 그것을 충족시키기 위해서는 농업생산은 1.62, 공업생산은 0.96, 서비스업의 생산은 0.98만큼 있어야 한다는 것을 의미한다. 따라서 이것을 최종수요의 변화가 가져오는 파급효과의 측면에서 보면, 농업부문에 대한 최종수요가 1만큼 증가할 때 새로운 균형에서 농업생산은 1.62, 공업생산은 0.96, 서비스업의 생산은 0.98만큼 증가하게 될 것이다.

〈표 3〉 역행렬표

	1 농업	2 공업	3 서비스업
1. 농 업	1.62	0.61	0.50
2. 공 업	0.96	2.35	0.99
3. 서 비 스 업	0.98	1.04	1.99

Ⅱ. 모형의 주요형태 산업연관모형은 흔히 개방모형과 폐쇄모형으로 구분된다. 전자는 내생제산업부문 이외의 최종수요와 같은 외생부문은 체계의 내부에서 결정하지 못하고 외부에서 주어지는 것으로 하는 모형이다. 따라서 이를테면 가계가 제공하는 노동용역은 체계 내에서는 재생산되지 않는 본원적 생산요소로서 간주된다. 즉 여기에서는 산업간의 생산의 내적 관계가 수요와 본원적 생산요소의 양단에서 외부에 대해 개방되어 있다. 앞의 산업연관표는 개방모형에 근거한 것이다. 반면에 후자는 이 양단을 모형 내에 포함하여, 일국의 경제활동을 모두 생산이라는 하나의 활동 범위내에서 파악하고자 하는 모형이다. 예를들면 소비를 가계의 비용을 구성하는 투입으로 간주하여, 가계를 소비재를

투입하여 노동용역을 산출하며 이것을 여타산업에 판매하는 하나의 산업부문으로 파악하는 것이다. 이러한 의제적(擬制的)인 산업부문처리법을 그밖의 외생부문에도 적용함으로써 경제 전체가 모두 포괄되는 폐쇄모형이 만들어진다. 이 모형은 경제분석의 지평선을 넓힌다는 점에서 그 적극적인 의의가 있는 것이지만, 실제에 있어서 모형구성과 전개에 있어 많은 난점이 가로놓여 있다. 이와 같은 분류방식 외에 산업연관모형은 그 속에서의 경제량이 가격으로 평가된 가액으로 표시되느냐, 또는 물량으로 표시되느냐에 따라 각각 가격모형과 물량모형으로 분류되기도 한다. 실제에 있어서 산업연관표는 보통 전자에 의거해서 작성된다.

Ⅲ. 응 용 산업연관분석은 이와 같이 산업상호간의 전체적인 연관성을 사전에 염두에 두지 않으면 해결될 수 없는 문제에 대해서 효과적인 분석방법을 제공한다. 따라서 그것은 현상분석에 대한 것만이 아니라, 장래의 산업구조에 대한 예측분석과 경제계획의 합리성 판정 내지 계획편성문제에도 널리 응용된다. 여기에서 산업연관표의 구성을 ① 중간재 거래를 통한 산업간의 연관관계 ② 부가가치 내지 외생적 생산요소(노동·천연자원 등)와의 관계 ③ 각종의 최종수요와의 상호관계라는 세 가지 측면에서 볼 수 있다. ①에서는 파급효과면에서 산업의 공급능력과 영향력의 크기의 판정(산업의 불가분성, 영향력계수, 감응도계수의 계측), ②에서는 생산에 필요한 노동·천연자원 및 수입량의 추계(노동계수 등의 계측) 등을 들 수 있다. 그리고 ③에서는 예를 들면 최종수요의 시장구성에 근거해서 제산업의 소비, 투자, 수출에 대한 의존도 등을 추정해야 한다. 그밖에 예를 들면 국민소득분석이나 계량경제학모형과의 결합, 선형계획이론의 응용·도입

등 다른 이론영역과의 협조에 의한 실증적·이론적 방식들이 전개될 수 있다.

〔참고문헌〕 Chenery, H. B. & Clark, C. G., *Interindustry Economics*, 1959; Dorfman, R., Samuelson, P. A. & Solow, R. M., *Linear Programming and Economic Analysis*, 1958.

산업연관표 産業聯關表 ☞산업연관분석

산업예비군 産業豫備軍 industrial reserve army

마르크스 Marx, K. 는 자본주의하에서는 자본축적이 진전됨에 따라 자본의 유기적 구성이 고도화되는 것을 지적하였다. 즉 기술개선을 도입함으로써 자본의 총액이 증가하고 이에 따라 불변자본 중의 기계와 설비에 지출되는 자본부분의 비율은 노동력에 지출되는 자본부분인 가변자본보다도 빨리 증대한다. 한편 프롤레타리아의 총수는 자본주의의 발전과 더불어 증가한다. 거기에서 자본이 축적되고 그 유기적 구성이 고도화됨에 따라 노동력에 대한 수요는 상대적으로 감소된다. 그 결과 많은 노동자가 일자리를 얻지 못하게 된다. 그리하여 노동인구의 일부는 상대적으로 과잉되어 이른바 상대적 과잉인구가 형성된다. 이 과잉인구는 맬더스 Malthus, T. R. 가 설명한 것처럼 절대적인 것은 아니고 상대적인 것이라고 마르크스는 설명하고 있다.

이러한 상대적 과잉인구는 다음과 같은 중요한 형태로 구별된다. ① 유동적 과잉인구 : 이것은 생산의 감퇴라든가, 새 기계의 도입이라든가, 기업이 폐쇄되는 경우 등으로 어떤 기간동안 직업을 잃은 노동자로 구성된다. 생산이 확충될 때에는 이들 실업자의 일부는 청년층의 새로운 노동자의 일부와 함께 취업하는 것이다. ② 잠재적 과잉인구 : 이것은 몰락하여 가는 소생

산자, 특히 빈농과 일일고용 농업노동자로 구성된다. 그들은 농업에는 1년 중 불과 몇 개월만을 일하고 또 공업에서도 일터를 구하지 못하므로 농촌에서 이럭저럭 생활하는 상태에 있다. ③ 정체적 과잉인구 : 이것은 일정 직업을 잃고 불규칙한 작업에 종사할 뿐 보통임금수준보다 훨씬 낮은 임금을 받는 대다수의 사람들로 구성된다. 그들은 자본주의 가내노동분야에서 일하든가 임시적 일일고용으로 생활을 유지하고 있는 근로자의 광범위한 층이다. ④ 마지막으로 상대적 과잉인구의 최저층은 오래 전에 생산면에서 추방되어 다시 그 전 일터로 돌아갈 희망도 전혀 없이 그때그때의 막벌이로 생활하여 가는 인구로 구성된다. 생산과정에서 추방당한 노동자는 산업예비군을 형성한다. 이 예비군은 자본주의에 필요한 부속물로서 생산의 확대가 필요한 호황기에는 생산과정에 동원되지만, 그 후 공황이 오면 다시 대량의 실업자가 되어 생산과정에서 추방된다. 따라서 산업예비군의 존재가 취업노동자의 지위를 불안정하게 하고 노동조건을 악화시킨다. →궁핍화이론, 자본주의경제, 마르크스경제학

산업입지정책 産業立地政策 industrial location policy

산업과 기업이 발전하려면 여러 가지 조건이 필요하지만, 가장 큰 조건은 어떤 지역에 공장이나 작업장을 설치하느냐에 있다. 이것을 산업지위라 한다. 산업이 각각 최적의 입지를 선택할 수 있도록 지도하는 정책을 산업입지정책이라 한다. 일반적으로 산업의 입지조건은 공업용지, 공업용수, 노동력, 소비자와의 거리, 원료, 구입조건, 수송력 등에 좌우된다.

산업자본 産業資本 ☞자본의 전형운동

산업조직론 産業組織論 industrial organization theory

과점가격의 이론을 현실의 산업에 적용하여 정부의 독점금지정책을 위한 이론을 마련하고자 하는 응용경제학의 한 분야이다. 완전경쟁조건을 현실의 정책기준으로 삼을 때에는 실현 불가능한 이상상태를 현실의 경제세계에서 구하게 되기 때문에 실현 불가능한 정책을 수립하고 있는 셈이다. 따라서 시장경제기능의 효과적인 작용과 바람직한 성과를 현실에서 기대한다면 분석도구로서 완전경쟁모형에 대신하여 현실에 맞는 실현 가능한 경쟁기준의 확립이 바람직하고, 그러한 요청에 응하려는 것이 메이슨 Maison, E. S. 등이 주장하는 유효경쟁론이다. 이와 같은 유효경쟁론을 발전적으로 계승한 것이 산업조직론이다.

시장에 있어서의 기업활동은 그 기반이 되는 시장구조에 의해 제약되는 동시에 시장구조에 영향을 미친다. 그리고 시장성과는 시장구조와 시장행동의 존재양상에 의존한다. 따라서 산업조직론은 시장구조, 시장행동, 시장성과를 그 주내용으로 하는데 다음과 같다. ① 시장구조 집중도, 제품차별의 정도, 시장참가의 조건을 내용으로 한다. ② 시장행동 기업 및 그 집단의 가격·제품·판매정책, 기업결합, 공모·가격선도제·경쟁자의 강압 등 기업 및 기업집단(企業集團)간의 조정행위를 내용으로 한다. ③ 시장성과 기술적 효율성, 이윤율, 판매비용의 규모, 진보성을 내용으로 한다.

산업조직정책이란 바람직한 시장성과를 얻기 위해 전체로서의 경제성과에 공헌하도록 시장구조와 시장행동을 규제하여 유효한 산업조직을 편성할 것을 목표로 하는 정책이다. 이러한 정책에는 경쟁유지정책, 경쟁규제정책, 대항력정책 등이 있다.

① 경쟁유지정책 : 경쟁유지, 독점저지를 위한 법적 규제와 제도적·구조적인 규제로 나누어 생각할 수 있다. 법적 규제는 경쟁유지정책으로 가장 널리 실시된 것인데, 원칙적 금지주의의 입장이나 폐해규제주의의·입장을 취하고 있다. 그러나 근래에 와서는 원칙적 금지주의가 완화되는 방향으로 폐해규제주의가 강화되는 방향으로 변화하는 조짐이 보여 양자의 차이는 점차 축소되어 가고 있다. 이상과 같은 법적 규제와 더불어 시장기구에 공기업 내지 공사혼합기업을 등장시킴으로써 경쟁제한 행위를 저지하고 경쟁을 촉진시키려는 간접적인 방법이 제도적·구조적인 경쟁유지정책이다. 이것은 현재 서구제국에서 급속히 보급되고 있으며, 그 대표적인 것이 이탈리아의 경우이다.

② 경쟁규제정책 : 경쟁으로 경제복지면에서 불리한 결과를 야기시킨다고 생각되는 분야에 대한 경쟁을 규제하는 정책이다. 첫째로, 경쟁의 제한이 필요한 것은 시장기능에 맡겨 경쟁을 시키면 가격이 극히 불안정하게 변동하는 분야나 다수 소규모 기업간의 과당경쟁으로 정상이윤조차 얻을 수 없게 되어 도산이 속출할 가능성이 있는 경우이다. 둘째로, 경쟁에 대해 직접적인 정부규제가 필요한 것은 주로 전력, 가스, 공적 수송, 전신, 전화와 같이 공공성이 큰 부문이다.

③ 대항력정책 : 시장의 경쟁조건에 직접 손을 대든가 그것의 큰 테두리를 규정하는 정책과 더불어 독점이나 경쟁에서 발생하는 성과자체를 간접적으로 규제하려는 것으로서 어느 정도 효과적인 정책이라고 생각된다. 대항력으로서 생각되는 것은 다음과 같다. 첫째로, 기업의 독점력행사에 대한 소비자의 대항력이다. 둘째로, 자본가나 경영자에 대한 노동자의 대항력이다. 이것은 노동조합의 세력이 커지고 산업민주주의가 발달함에 따라 더욱 효과적이 된다. 셋째로, 정부의 대항력이다. 예컨대 공공복지에 중대한 영향을 미치는 산업의 국유화는 최저한 실시해야 하고, 필요한 경우에는 거대기업에 대항할 만한 기업을 정부의 힘으로 설립하든가(이탈리아의 경우), 협동조합을 육성, 발전시키는 것도 하나의 방법이다(북구의 경우). 넷째로, 공기업을 적극적으로 전략적으로 배치하여 경쟁유지와 경쟁규제의 무기 또는 경제성장·분배의 평등화를 촉진하는 거점으로서 이용하는 방법도 검토할 만한 가치가 있다. →유효경쟁론, 독점금지정책

산업합리화 産業合理化 industrial rationalization

일반적으론 생산, 유통과정에의 신기술과 신조직의 채용에 따른 생산성의 향상에 의하여 비용의 절감을 도모하는 것을 말한다. 이러한 일반적 의미의 산업합리화는 자본주의적 생산하에서는 비용절감에 의한 특별잉여가치 또는 상대적잉여가치의 추구라는 형태로 끊임없이 요청되고 저가격 저이윤률이 불황기에 특히 강화된다고 할 수 있지만, 특히 산업합리화가 운동으로서 국가적 규모로 등장하게 된 것은 제1차대전 후였다. 이 때의 산업합리화가 가지고 있던 의미는 광범위하여 합리화운동을 우선 전면적으로 시작한 독일에서는 생산과정에 있어 과학적 관리법이나 포드시스템의 채용, 표준화, 단순화, 전문화, 에너지원으로서의 석유·전력의 중시 등뿐만이 아니고 중화학공업부문을 중심으로 한 산업구조의 재편성(약소기업의 정리, 집중, 합병, 카르텔화 등)과 노사협조까지도 포함한 것이었다. 즉 자본주의경제의 강화에 필요한 모든 면의 능률화를 의미하고 있었다.

이러한 합리화는 벌써 1920년 공황에 대

립하여 미국에서 낭비배제운동이라는 형태로 전개되었고 그것이 독일에서 합리화운동으로서 완성된 것이다. 그것과 함께 산업합리화운동은 세계적 경향으로 되었는데 이 시기의 산업합리화운동의 배경으로는 국가에 따라 특수성도 있지만 일반적으로는 제1차대전을 통한 노후·과잉설비의 존재, 세계시장에 있어서의 경쟁의 격화, 사회주의국의 탄생과 각국에 있어서 계급투쟁, 사회주의운동의 첨예화 등이 거론된다. 또한 자본주의적 합리화가 강요하는 노동자의 희생에서 오는 노동자의 반합리화투쟁과 어울려 노사협조를 운동의 중요한 지주로 되게 한 요인이었다. 산업합리화운동은 거의 같은 내용을 가지고 제2차대전 후에 계속되었지만 그것은 특히 생산성향상운동으로서 유럽에서는 마샬 플랜 Marshall Plan 을, 일본에서는 MSA 협정을 계기로 전개되고 있다.

＊산업혁명 産業革命 industrial revolution

기계 및 생산기술의 발전과 운용, 그에 기초한 공장제도(대표적으로는 기계제대공업)의 보급, 또 그것을 기축으로 자본-임노동관계가 사회전체에 확대되는 과정, 즉 자본주의 확립기에 나타난 생산양식의 격변기를 일반적으로 산업혁명이라 부른다. 일찍이 토인비는 1760년~1830년대 영국에서의 공장제도 성립에 수반하는 일련의 경제적 격변을 정치적 혁명에 필적하는 산업상의 대변화라 하여 산업혁명역사상을 창출한 것이지만 오늘날에는 특히 산업혁명이라 할 때에는 영국의 산업혁명을 지칭한다.

영국의 산업혁명은 매뉴팩처 경제의 발전국의 산업혁명의 극, 즉 기술적으로는 매뉴팩처 스스로 각종의 기계를 창출하고 경제적으로는 사회적 분업의 진전과 중소

생산자층의 분해를 통하여 형성된 광대한 국내시장을 근거로 하여 자생적 내부필연적으로 전개되었다. 기계의 사용은 최대의 국민적 필수품이며 소비재생산부문인 의류생산부문, 특히 면업에서부터 시작되어 1760년대에는 하그리브스 Hargreaves, J. 의 제니방적기, 아크라이트 Arkwright, R. 의 수력방적기가 출현하고, 1779년에는 크롬프톤 Crompton, S. 의 뮬방적기가 발명되었다. 동력기·원동력기가 1782년 왓트 Watt, J. 의 복동식회전기관의 발명에 의해 실용화하고 또 전도기가 도입되어 기계제 생산에의 재편성조정이 진행되었다. 이렇게 해서 기술의 변혁은 방적→직포→완성·준비공정→각종의 화학공업에로 계속 파급하고 또 금속공업과 탄광업의 기술적 발전을 기초로 공작기계와 원동기를 생산하고, 또 기관차와 철도를 제작하는 등으로 주요생산부문에 기술의 변혁이 파급되어 대규모생산 내지 공장제도를 성립시키고 농업부문에 대해서도 각종의 농업기계를 공급해서 자본제 대농경영을 촉진하였다.

이 연쇄반응의 과정은 동시에 사회적 분업의 진전을 가져왔고 상업교통조직에도 급격한 변혁을 가져왔다. 근대적 분산시장조직(생산지의 전문적 도매상→전문운송업→소비지의 전문소매상)이 성립하고 철도망의 성립은 공장제생산에 의한 상품의 대량유통을 담당하게 됨과 동시에 생산수단생산의 대규모화를 촉진하는 중요한 요인이 되었다. 또 자본제적 농업의 기술적·시장적 기초도 기계제대공업의 성립에 의해 확고부동하게 되었다. 이에 따라 공업에서도 농업에서도 기계제생산 내지 공장제생산은 소생산자와 매뉴팩처를 압도하여 그들을 임노동자(賃勞動者)로 분해시켜 버렸다. 이리하여 산업혁명은 본격적인 주기적 과잉생산공황의 개시(1825년)

로 표현되는 산업자본의 전사회적 규모로의 확립을 가져오게 되고, 또 공장입법의 본격화(1883년 이후)로 상징되는 자본-임노동의 적대적 관계를 국민적 규모로 정착시켰다. 후진국에 있어서는 선진국의 산업혁명의 성과를 전제로 또 선진국으로부터의 경쟁을 받으면서 자본주의의 세계체제와의 연계하에서 산업혁명이 전개된다. 따라서 국내적 조건으로서는 자생적으로는 아직 산업혁명의 개시를 고하는 작업기의 도입은 수입기계의 정착이라는 형태를 취하여 반드시 의류생산부문에 최초로 도입된다고는 할 수 없고 때때로 자본주의의 세계체제와 해당국과의 긴장관계 및 해당국의 내부적 사정에 규정되어 군수품생산 또는 운송교통수단 생산부문이 우선된다. 이러한 관련에서 생산수단생산부문에 있어서는 내부에 현저한 파행성을 내포하면서도 조숙하게 생산과 기술의 양면에서 세계수준을 능가하기에 이른다.

그러나 기술변혁은 일반적으로 일부의 산업부문에 국한되고 타부문은 여전히 저수준 또는 계속 수공업적 수준의 소경영에 머무는 경우가 많다. 거기에다 이러한 산업화의 급속한 진전은 반드시 봉건적 제도의 전면적 폐기를 초래하지 않고 오히려 고정시키는 경우도 있으며, 상업, 금융, 농업, 노동의 각 방면에서 산업혁명의 고전적 형태와는 판이한 전기적 성격이 불식되지 않고 기계제적 기축산업과 기타 산업의 차가 현격하고 또 용이하게 해소되지 않는 특징을 나타낸다. →기계, 농업혁명

〔참고문헌〕 Aston, T. S., *Industrial Revolution 1760~1830*, 1948; Clapham, J. H., *An Economic History of Britain*, 1926.

산학협동 産學協同 cooperative system

산업계와 대학교가 협력하여 산업인의 육성에 노력하는 제도를 말한다. 구체적으로 대학교에서 경제학 교육을 하거나 회사 측에서 학교에 위탁연구생을 파견하여 재교육을 하는 한편 이와는 반대로 대학교의 학생을 각 기업이 받아들여 공장이나 현장에서 실습을 하게 하거나, 강사를 상호 교환하여 학문과 산업간에 실제의 융합을 기도하는 것이라 할 수 있다.

삼각무역 三角貿易 triangular trade

상대국과의 사이에 제 3 국을 개입시켜서 상대국과의 무역불균형을 제 3 국과의 무역을 통해서 수지균형을 꾀하는 무역방법이다. 일반적으로 2국간에서만 무역이 행해지면 편무역이 될 가능성이 많기 때문에, 제 3 국을 개입시켜 3국 전체로서 채권과 채무의 상쇄가 가능토록 꾀하는 무역방법이다. →다각무역

상관계수 相關係數 correlation coefficient

물가와 화폐발행고 또는 가계의 소득과 소비지출 사이에 어느 정도의 관계가 있는가를 알고자 하는 경우처럼, 두 개의 변량 X와 Y간에 존재하는 관계의 정도를 측정하는 척도를 상관계수라 한다. 따라서 여기에서 문제되는 것은 두 변량간의 형식적인 상호의존관계를 규명하는 것이지, X, Y 어느 하나를 다른 하나의 원인 혹은 설명요인으로 규정하는 것은 아니다. 실제로 두 변량 X, Y간에 강한 상관관계가 성립되는 경우에도 원인관계가 전혀 없는 경우도 있으며, 또 두 변량간의 상관이 제 3 의 변량 Z와 공통의 밀접한 관계의 결과일 수도 있다. 이와 같이 두 변량 X, Y가 임의로 선택된 관찰대상의 서로 대응하는 변량일 경우에 그 상관의 분석을 상관분석이라 한다. 이에 대해서 두 변량 중 하나를 독립변량으로 생각하고 이 독립변량의 변

화가 가져오는 다른 변량(종속변수 또는 결과변수)에 대한 효과를 관찰하고자 하는 것이 회귀분석의 방법이다.

다음에는 이러한 기초개념하에서 상관계수의 엄밀한 수학적 정의를 설명하고자 한다. 먼저 상관계수 σ_{xy} 는 다음과 같이 정의된다.

$$\rho_{xy} = \frac{\sigma_{xy}}{\sigma_x \sigma_y} (\text{단, } \sigma_x, \sigma_y > 0)$$

이 때 σ_x 는 변량 X 의 표준편차를, σ_y 는 변량 Y 의 표준편차, σ_{xy} 는 두 변량 X, Y 의 공분산 covariance 을 나타낸다. 한편 공분산은 X, Y 가 $f(x, y)$ 라는 동시분포 joint distribution 에 따를 때, 각 변량 (X, Y) 에서 그 평균치(μ_x, μ_y)를 뺀 곱의 기대치로 정의된다. 즉

$$\sigma_{xy} \equiv E[(X - \mu_x)(Y - \mu_y)]$$
$$\equiv \int_{-\infty}^{\infty} \int_{-\infty}^{\infty}$$
$$(x - \mu_y)(y - \mu_x) f(x, y) dxdy$$

이다. 이 때 σ_{xy} 가 양이면 두 변량 X, Y 의 변화는 대체로 같은 방향성을 갖으며, 음이면 반대의 방향성을 갖는다. 다음에 상관계수 ρ_{xy} 의 성질을 설명하면 (i) $\rho_{xy} \gtreqless \leftrightarrow \sigma_{xy} \gtreqless 0$ (ii) $-1 \leq \rho_{xy} \leq 1$ 이다. (iii) $\rho_{xy} = 0$ 이면 X, Y 사이에는 상관관계가 전혀 없고 $\rho_{xy} = \pm 1$ 이면 X, Y 에는 완전한 양, 음의 상관관계, 즉 선형관계 linear relationship 가 있다.

이상을 구체적으로 살펴보면 첫째, ρ_{xy} 의 부호와 σ_{xy} 의 부호는 일치한다는 것인데 이것은 ρ_{xy} 의 정의상 자명하다. 둘째, ρ_{xy} 는 ± 1을 초과할 수 없다는 것인데 이것의 증명은 아래와 같다. 먼저 $h(v)$ 라는 새로운 함수를 다음과 같이 정의한다.

$$h(v) = E[\{(X - \mu_x) + v(Y - \mu_y)\}]^2,$$
$$h(v) \geq 0 (\text{모든 } h \text{에 대해서})$$
$h(v)$를 전개하면,
$$h(v) = E[(X - \mu_x)^2 + 2v(X - \mu_x)(Y - \mu_y)$$

$$+ v^2(Y - \mu_y)^2] = \sigma_x^2 + 2\sigma_{xy} \cdot v + v^2 \cdot \sigma_y^2$$
$$\cdots\cdots (1)$$

(1)식은 v 에 관한 2차식이며, v 의 값에 관계없이 항상 0보다 크거나 같다. 따라서 (1)식의 판별식은 0보다 커서는 안된다. 즉

$$D = \sigma_{xy}^2 - \sigma_x^2 \sigma_y^2 \leq 0$$
그러므로
$$\sigma_{xy}^2 \leq (\sigma_x \sigma_y)^2, \rho_{xy}^2 \leq 1,$$
$$-1 \leq \rho_{xy} \leq 1$$

이다. 끝으로 상관계수와 관련되는 중요한 정리 하나를 소개한다. 정리내용은 두 변량 X, Y 가 서로 확률적으로 독립이면 ρ_{xy} 는 0이 된다. 즉 $X \perp Y \rightarrow \rho_{xy} = 0$ 이다. 이것에 대한 증명은 다음과 같다. $X \perp Y$ 이므로 $f(x, y)$ 는 $f(x)$ 와 $f(y)$ 의 곱과 같다. 따라서

$$\sigma_{xy} = \int_{-\infty}^{\infty} \int_{-\infty}^{\infty} (X - \mu_x)(Y - \mu_y)$$
$$f(x, y) dxdy$$
$$= \int_{-\infty}^{\infty} (X - \mu_x) f(x) dx \cdot$$
$$\int_{-\infty}^{\infty} (Y - \mu_y) f(y) dy = 0 \text{이다.}$$

X, Y 의 공분산 σ_{xy} 이 0이므로 X, Y 의 상관계수 ρ_{xy} 도 0이 된다. 그러나 위 정리의 역은 일반적으로 성립되지 않는다. 부연하면 $\rho_{xy} = 0$ 일 때 꼭 X, Y 가 서로 확률적으로 독립이 아니라는 것이다.

상대가격 · 절대가격 相對價格 · 絶對價格 relative price · absolute price

상대가격은 어떤 재화의 실물 1단위가 다른 재화의 실물과 교환되는 비율을 말하며, 절대가격은 그 재화와 교환되는 화폐단위수, 즉 화폐가격을 말한다. 예를 들어 재화 A, B, C 가 10 : 2 : 5로 교환된다고 하면 A 재로 표시한 B 재와 C 재의 상대가격은 각각 5와 2가 된다. 여기에서 계산단위가 되는 재화를 가치척도재 numéraire 라

고 한다.

다음에 상대가격과 절대가격의 관계를 간단히 살펴 보자. 만일 화폐가 일반균형이론에서와 같이 단순한 교환의 매개물, 즉 계산단위에 지나지 않으면 절대가격의 크기는 상대가격관계에 전혀 영향을 미치지 못한다. 앞의 예에서 A재의 절대가격이 6원이라면 당연히 B재와 C재의 그것은 각각 30원과 12원이 될 것이다. 그리고 절대가격의 크기는 바로 경제 내에 존재하는 가치척도재의 양에 의존하게 될 것이다. 화폐에 대한 이러한 견해를 화폐베일관이라고 한다. 그러나 화폐가 가치저장수단으로서의 역할도 하는 현실세계에서는 파틴킨 Patinkin, D. 등의 논의를 통해 절대가격의 크기가 상대가격관계를 변화시키는 것으로 생각되고 있다. 그리고 이 경우에는 절대가격의 크기를 일의적(一義的)으로 결정하는 것도 간단하지 않게 된다. →가격, 화폐수량설

*상대소득가설 相對所得假說 relative income hypothesis

사람들의 소비지출은 그들의 절대소득수준에 의해서 결정되는 것이 아니라, 그들의 상대적인 위치에 의해서 결정된다는 것을 골자로 하는 이론이다. 이것은 소비함수에 관한 문제들을 해결하려는 유력한 이론 중의 하나로서 듀젠베리 Duesenberry, J. S. 에 의해 주장되었다. 일반적으로 이론적인 소비함수는 다음과 같은 가정에 근거하고 있다. ① 소득변화로 인한 소비지출의 변화는 정의 값을 갖지만 소득변화액보다는 작다. 즉 한계소비성향(MPC)은 0보다 크지만 1보다 작다(0<MPC<1). ② 소득변화분에 대한 소비지출변화분의 비율은 모든 소득수준에서 동일하다(MPC는 일정). ③ 소득수준이 높아짐에 따라 소득에 대한 소비지출 즉 평균소비성

향(APC)은 감소한다(APC는 감소). 이러한 가정에 입각해서 보통 소비함수는

$$C=a+bY \text{ (단, } a>0, \ 0<b<1)$$

로 표시되어 왔다. 그런데 과연 이러한 이론적인 소비함수(이른바 케인즈의 소비함수)가 실증적인 검증결과와 부합하느냐 하는 문제가 꾸준히 제기되어 왔다. 경험적으로 소비함수를 측정하는 데는 횡단면분석에 의한 단기소비함수의 측정과 시계열자료를 이용한 장기소비함수의 측정이라는 두 가지 방법이 이용되고 있다. 그런데 지금까지의 실증연구결과에 의하면 단기소비함수는 이론적인 소비함수와 거의 유사하나 장기소비함수는 그렇지 않다는 사실이 밝혀졌다. 특히 1869~1929년간 미국의 실증자료로써 분석한 쿠즈네츠 Kuznets, S. S. 에 의해 평균소비성향은 약 0.86 정도로 일정하다는 것이 밝혀졌으며 그 후 골드 스미스 Goldsmith, R. W. 는 1876~1949년간의 평균소비성향이 평균 0.88정도로 일정함을 밝혀내어 쿠즈네츠의 분석결과를 재확인해 주었다.

이러한 실증적 연구의 결과는 이론적인 소비함수의 타당성을 크게 훼손시키는 것으로서 지난 수십 년 동안 소비함수연구의 주요과제는 이러한 실증적 연구의 결과를 합리화시키려는 데 있었다고 해도 과언이 아니다. 그리하여 이를 위해 몇 가지 가설이 제시되었는데 그 중의 하나가 듀젠베리가 주장한 상대소득가설이다. 듀젠베리는 소비지출수준이 절대소득수준에 의해서 결정된다는 케인즈 소비함수에서의 가설을 부인하고 평균소비성향은 안정적인 값을 갖는다고 주장하면서 다음과 같은 방법에 의해서 단기소비함수와 장기소비함수의 조화를 꾀하였다. 즉 그는 장기적으로 모든 소득수준에서 평균소비성향이 일정한 이유는 절대소득수준의 변화에 상관없이 상대적으로 부유한 사람들과 상대적으

로 가난한 사람들이 있기 때문이라고 주장한다. 따라서 사람들은 그들의 절대소득수준이 어떻든지 간에 항상 같은 비율로 소비함으로써 그들이 사회에서 차지하고 있는 상대적 위치를 유지 내지는 개선하려고 한다는 것이다.

그 결과 모든 소득수준에서 평균소비성향은 일정하게 된다는 것이다. 또한 그는 소득-소비관계는 시간적으로 불가역적이라고 가정하였다. 즉 사람들은 항상 절대소득의 일정비율을 소비하지만 일시적인 편차 deviation 는 있을 수 있고 이러한 일시적인 편차를 보여주는 것이 곧 단기소비함수의 경우이므로 장기소비함수와 단기소비함수 사이에는 다음과 같은 관계가 성립하게 된다. 절대소득수준이 하락할 경우 소비지출의 하락은 장기소비함수에 의해 결정되는 것이 아니다. 이것은 소득수준이 하락할 경우 사람들은 소비지출을 소득의 하락과 같은 비율로 줄일 수 없다는 것을 뜻한다. 듀젠베리는 그 이유로서 사람들은 비록 그들의 소득수준이 하락하더라도 지금까지 유지해 온 사회적 위치에서 떨어지지 않으려는 본능을 가지고 있기 때문이라고 설명한다. 따라서 만약 그의 주장과 같이 소득-소비관계가 불가역적이라면 사람들은 소비행동의 기준을 과거의 최고소득수준에 둘 것이다. 이와 같이 새로운 소비지출수준이 과거의 최고소득수준에 의존하기 때문에 높아지는 경향을 듀젠베리는 톱니효과 ratchet effect 라고 불렀다. 이러한 듀젠베리의 가설을 함수관계로 표시하면 다음과 같다. 먼저 그는 저축함수를 다음과 같이 표시하였다.

$$\frac{s}{y}=a_0+a_1\frac{y}{\hat{y}} \qquad \cdots\cdots\cdots\cdots (1)$$

여기서 y 는 실질가처분소득, $\hat{y}$ 는 과거의 최고소득수준, s 는 저축을 나타내며, a_0, $a_1>0$ 이다. 이 저축함수에서 소비함수를 유도해 내면 다음과 같다.

$$\frac{c}{y}=(1-a_0)-a_1\frac{y}{\hat{y}} \qquad \cdots\cdots\cdots\cdots (2)$$

이 소비함수에서 알 수 있듯이 경기후퇴기에는 $y<\hat{y}$ 이고 경기팽창기에는 $y>\hat{y}$ 이므로 $\frac{c}{y}$, 즉 평균소비성향은 경기후퇴기에 경기팽창기보다 클 것이다.

그러나 소득이 장기적으로 증가하는 과정에 있어서는 과거의 최고소득수준이란 항상 전년도의 소득이 될 것이므로 $y/\hat{y}$ 의 값은 항상 $(1+g_y)$ 가 될 것이다. 여기서 g_y 는 실질소득의 증가율을 나타낸다. 따라서 단기적으로는 평균소비성향이 하락하겠지만 장기적으로는 일정한 추세를 유지할 것이다. 또한 (2)식을 변형하면

$$c=(1-a_0)y-a_1\frac{y^2}{\hat{y}}$$

의 식을 얻게 되는데 다시 이 식을 편미분하면 다음 식을 얻을 수 있다.

$$\text{MPC}(\text{한계소비성향})=\frac{\partial c}{\partial y}$$

$$=(1-a_0)-2a_1\frac{y}{\hat{y}} \qquad \cdots\cdots\cdots\cdots (3)$$

이 (3)식과 (2)식을 비교해 보면 단기적으로 볼 때 한계소비성향은 평균소비성향보다 작다는 것을 알 수 있다. 이것은 앞에서 지적한 소비에 있어서의 톱니효과를 뒷받침하는 것으로서 다음 그림을 통해서 알 수 있다.

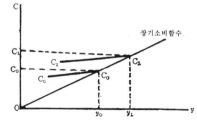

소득이 지속적으로 증가하는 경우에 소비는 이 그림의 장기소비함수에 따라서 이

루어질 것이다. 그러나 예를 들면 (c_0, y_0)
와 같은 점에서 소득이 하락하고 경기후퇴
기를 맞는다면 소비와 소득은 단기소비함
수인 c_0c_0선을 따라 움직일 것이다. 그후 경
기가 회복되면 다시 c_0c_0선을 따라 움직일
것이며 일단 (c_0, y_0)의 수준으로 복귀한 후
에는 장기소비함수를 따라서 움직일 것이
다. (c_1, y_1)점에 있어서도 마찬가지의 변
화가 일어날 것이다. 이상과 같은 내용을
갖는 상대소득가설은 비록 그 기본적인 개
념에 있어서의 미비점과 몇 가지 예측상의
약점은 가지고 있으나 소비함수와 관련된
문제를 해결하는 데 이론적으로 기여한 바
가 적지 않다.

〔참고문헌〕 Branson, W. H., *Macroeconomic Theory and Poilcy*, 1972; Bailey, M., *National Income and Price Level*, 1972; 김덕중, 「거시경제이론」, 1974.

상대적 과잉인구 相對的 過剰人口
relative over-population

자본주의적 생산의 발전에 따라 노동력
의 생산력은 증대하지만 그것은 자본의 유
기적 구성의 고도화를 수반한다. 따라서
자본의 축적이 진행됨에 따라 전(全)투하
자본에서 가변자본이 점유하는 상대적 비
율은 감소한다. 예를 들어 축적의 진행에
따라 불변자본부분의 가변자본부분에 대
한 비율이 처음에는 1 : 1이던 것이 2 : 1, 4
: 1 등과 같이 되어간다면, 자본의 증가에
따라 노동이 투하되는 자본부분은 $\frac{1}{3}$, $\frac{1}{5}$
이 되고 반대로 생산수단에 투하되는 자본
부분은 $\frac{2}{3}$, $\frac{4}{5}$가 된다. 이리하여 투하된
자본량이 증가함에 따라 가변자본부분이
점차 감소하므로, 자본주의적 축적은 자본
의 소요노동에 비해 여분의 노동인구를 끊
임없이 산출하게 된다. 이것을 상대적 과
잉인구라고 한다. 이 경우의 결정적인 요
인은 자본측에 있는 것이지만 마치 가변자

본의 증가보다 항상 빠른 노동인구의 절대
적 증가 때문이라 이해하기 쉽다. 예를 들
면 맬더스 Malthus, T. R. 의 「인구론」이 그
한 예이다. 상대적 과잉인구의 누진적 증
가는 자본의 축적에 수반되는 이윤률 저하
의 경향에 의하여 한층 더 필연화한다. 상
대적 과잉인구는 자본주의적 축적의 결과
이지만 동시에 자본주의적 축적의 근간이
기도 하며 나아가서는 자본주의적 생산양
식의 불가결한 존립조건이다. 그 이유는
자본의 급격한 증식욕에게는 인구의 자연
증가에 의하여 제공되는 노동력의 분량만
으로는 충분하지 않기 때문이다. 자본주의
적 생산의 무제한적인 발전에 필요한 산업
예비군 industrial reserve army 을 제공하는
것은 다름 아닌 상대적 과잉인구이다(그
외에 원시적 축적이나 공황도 산업예비군
을 산출하는 작용을 한다). 산업예비군의
존재는 현역 노동자군에 대하여 항상 압박
을 가한다. 따라서 상대적 과잉인구는 노
동의 수요공급의 법칙의 작용범위를 자본
의 착취욕과 지배욕에 적합하도록 제한하
는 작용을 한다. 상대적 과잉인구에는 항
상 다음 세 가지의 형태가 존재한다.

① 유동적 과잉인구 : 공장과 기타의 근
대산업의 중심에서는 노동자가 때로는 해
고되고 때로는 고용되곤 한다. 이와 같이
일시적으로 실업하는 것을 유동적 과잉인
구라고 한다.

② 잠재적 과잉인구 : 농업이 자본주의
화하여 자본이 축적됨과 동시에 농업노동
자에 대한 수요는 절대적으로 감소하지만
일단 실업한 노동자는 다른 산업에서와 같
은 유동성이 결핍되어 결국 도시에서의 취
업기회를 기다리면서 임시적 일자리에서
저임금을 받거나 또는 위장실업의 형태로
농촌에 잠재하게 된다. 이것을 잠재적 과
잉인구라고 한다.

③ 정체적 과잉인구 : 현역 노동자군의

일부를 이루고 있지만 취업상태가 전혀 불규칙한 것을 가리켜 정체적 과잉인구라고 한다. 일급 노동자는 그 전형적인 예이다.

상쇄관세 相殺關稅 countervailing duty

수출업자가 보조금을 받고 있을 경우 그 상품에 대하여 부과되는 관세이다. 상쇄관세의 중요한 목적은 보조받고 있는 수출의 특별한 이익을 상쇄하고 그것을 다른 수입품이나 국내생산물과 같은 입장에 두는 것이다. 상쇄관세의 액은 보통 보조금의 액수와 같다. 상쇄관세의 사용은 외국의 보조금에 의한 덤핑조작을 중화하는 방법이다.

상속세 相續稅 inheritance tax

증여자의 사망에 의해 재산을 수취하는 개인에게 부과되는 세이다. 유산이 상속인에게 분배되기 전에 고인의 유산에 부과되는 유산세와는 구별해야 된다. 상속세율은 일반적으로 누진적이고 그것은 또 상속인과 고인과의 관계에 따라 증감된다. 상속세에 대한 주요한 이론적 정당화는 지불능력원리 ability-to-pay principle 이다. 이 세에 찬성하는 다른 논의는 그것이 세대에서 세대로 계승된 재산으로 생활하는 영구고소득자층의 형성을 방지하는 데 도움이 된다는 것이다.

상업신용 商業信用 commercial credit

산업자본가 및 상업자본가가 서로 주고받는 신용을 말한다. 상품유통과 화폐유통이 발전하여 상품의 판매가 행하여질 경우, 구매자가 화폐를 가지고 있지 않을 때에도 판매자는 상품을 양도하고서 화폐를 받지 않고, 상품의 등가를 구매자에게 대부하는 이른바 외상판매를 함으로써 판매자는 채권자, 구매자는 채무자가 된다. 화폐는 후일 지불기일에 이르러 지불수단으로서의 기능을 한다. 이와 같은 신용관계가 상업신용이고 신용의 본래적인 기초를 이룬다. 자본가는 상업자본을 화폐형태로 전형하기 위해 상업신용을 허용하지만 반면 상품의 구매자가 될 때에는 다른 자본가로부터 신용을 얻게 되어 상업신용은 자본가 간에 있어서 상호적인 것이다. 외상판매를 할 때 구매자는 상품과 교환으로 지불약속어음을 판매자에게 넘겨 준다. 이것은 구매자의 채무증권이고 또 판매자는 지불을 위탁하는 증권을 구매자에게 주어 인수하게 하지만 양자 다 어음의 형식을 취한다. 상품의 매매에 수반하여 발행하는 어음을 상업어음이라고 한다. 상업어음을 은행이 할인하고 은행권을 어음의 소지자에게 주면 상업신용은 은행신용에 의하여 대체된 결과가 된다. 최초의 구매자는 판매자에 대한 채무자가 아니라 은행에 대한 채무자가 된다. 이리하여 상업신용은 은행신용의 기초가 된다.

상업자본 商業資本 commercial capital

산업자본은 생산과정과 유통과정에서 기능을 갖는다. 유통과정에서 본다면 자본의 일부분은 화폐로 전환되기 위하여 상품으로 존재하고(상품자본) 다른 부분은 상품으로 전환되기 위하여 화폐로 존재한다(화폐자본). 유통과정에 있는 자본의 이 양기능은 일반적으로 자본의 특수한 기능으로서 상품자본은 상품취급자본 warenhandilungskapital 이 되고 화폐자본은 화폐취급자본 geldhandlungskapital 이 되어 양자는 함께 상업자본, 즉 상인자본을 형성한다. 상업자본가란 이런 상업자본의 소유자이며 독자적인 기능을 행하게 된다. 상업자본가는 그가 취급하는 자본의 종류에 따라 상품취급업자 warenhändler 와 화폐취급업자 geldhändler 로 구분된다. 상품취급업자는 일정량의 화폐를 가지고 산업자본가로부터 상품을 구입하여 $(G-W)$, 이것을 생산적 혹은 개인적 소비자에게 최종적으로 판매한다 $(W-G)$. 종점의 화폐 (G')가 시점의 화폐 (G)를 초과한 액 (ΔG)이 상업이윤 kommerzieller profit 이다. 그것은 한 사회에서 생산된 총잉여가치가 일반적 이윤률에 따라서 상업자본에 배당된 것이다.

요컨대 상품취급업자는 산업자본가로부터 상품을 생산가격 이하로 구입하여 생산가격대로 판매하는 것이지만 적어도 이 정도의 상업이윤(및 유통비)이 확보되도록 생산가격 이하로 사게 된다. 따라서 상품취급자본의 운동은 $G-W-G'$라고 하는 공식에 의하여 표시된다. 그것은 산업자본에 대하여 역사상 선행된 상인자본의 운동형태와 다를 바 없다. 이렇게 하여 산업자본가의 손에 있을 때는 $W-G$이던 것이 지금은 상품취급업자의 손에서 $G-W-G'$가 되어 여기서 투하화폐자본의 특수한 증가가 나타나게 된다. 일반적으로 상품취급업자의 개재는 다음 점에서 산업자본가에게 유리하다. ① 산업자본가의 자본 중 오직 매매에만 소유되는 자본(유통상의 경비)이 절약된다. ② 유통시간이 단축되는 결과 자본의 회전속도가 빨라지게 된다. 화폐취급자본이 행하는 기능은 산업자본과 상품취급자본의 유통과정에서 화폐가 수행하는 순기술적인 운동으로서, 예를 들면 화폐수납·화폐지불(지불차액의 계산과 결제)·부기·저장화폐의 보관·대부·차입 혹은 신용취급 등이다. 화폐취급자본의 운동형태는 $G-G'$라는 공식에 의하여 나타난다. 즉 화폐취급업자는 G의 투하에 의하여 ΔG만큼 증가한 G'를 회수한다. 그것은 산업자본에 대하여 역사상 선행한 고리자본 그리고 이자를 낳는 자본과 동일한 운동형태이지만 ΔG는 이자는

아니고 이윤을 나타낸다. 이 이윤 ΔG는 한 회사에서의 총잉여가치의 일부분에 지나지 않는다. 그가 처리하는 것은 산업자본가와 상품취급업자의 화폐자본이라는 이미 실현된 가치이기 때문이다. 화폐취급업자의 존재는 산업자본가와 상품취급업자에게는 화폐유통의 기술적 조작을 집적하고 단축하고 단순화함으로써 여기에 소요되는 화폐량을 절약시킨다는 점에서 유리하다. →유통비용

상업혁명 商業革命 commercial revolution

1492년 콜럼부스에 의한 신대륙의 발견과 1498년의 바스코 다가마에 의한 아프리카 남단 희망봉 경유의 동인도항로개척 등 소위 지리상의 발견에 의해 그 때까지 지중해상업권에 국한되어 있던 상업은 아메리카, 아시아, 아프리카의 3대륙을 포함하는 문자 그대로 세계적 상업권을 대상으로 하였다. 이것에 의해 야기된 상업의 규모·체제에 있어서의 대변혁을 상업혁명이라 부른다. 신대륙은 영국을 비롯한 유럽공업국들의 산물·제품에 대해서 일대 시장을 제공했다. 방대한 신시장의 수요를 충족시키기 위해 중세적인 농·공·상업 형태는 대변혁을 겪었다. 예컨대 아메리카시장 등에 수직물을 공급하기 위해 영국농업에서는 엔클로저 운동을 행하여 원료양모를 생산하고, 공업에서는 중세의 길드적 소규모생산을 지양하고 선대제(先貸制)·매뉴팩처 등의 대규모생산형태를 취하고 무역면에서는 십수 개의 물권적 무역회사가 설립되었다. 이러한 무역의 급격한 확대와 그것을 뒷받침하는 생산형태의 발전은 당시 유럽제국의 자본주의 발전에 큰 영향을 미쳤다. 자본주의 성립의 전제가 되는 본원적 축적 중의 하나의 과정은 바로 이 상업혁명을 통한 해외로부터의 막대

한 부의 유입·축적에 의해 달성되었다. 결국 상업혁명은 근대자본주의 발전에 외적요인으로서 중요한 매개적 계기가 되었던 것이다. 상업혁명이야말로 산업혁명의 선행조건이며 근대자본주의의 서광을 나타낸 것이다. →가격혁명, 본원적 축적

상장증권 上場證券 listed security

증권거래소에 등록되어 거래적격판정을 받은 주식이나 공·사채 등의 유가증권을 말한다. 증권이 증권거래소에 상장되어 거래되기 위해서는 일정한 자격과 요건을 구비해야하며, 증권거래소의 모든 규칙과 규제를 준수하지 않으면 안된다. 한국의 경우 유가증권을 상장하기 위해서는 증권거래소에 등록을 마치고 심사를 거친 후 재정경제원장관의 인가를 받아야 한다(단, 대통령령이 정하는 유가증권인 국채, 지방채, 특수채권에서는 그러지 아니한다). 이러한 상장증권에 대해서는 증권거래소의 규정에 의해서 공정한 거래가 이루어지도록 여러 가지 보호조치가 취해진다. 그리고 상장법인에 대해서도 자본시장의 육성이라는 목표 아래 금융·세제상의 각종 우대조치가 주어지고 있다. →기업공개, 증권거래소

상품 · 상품경제 商品 · 商品經濟 commodity · commodity economy

개개의 생산자가 서로 자신의 욕망을 충족시키기 위해서가 아니라 타인의 욕망을 충족시키기 위해서 생산하며, 나아가서 사적 노동의 상호연결이 생산물의 교환을 통해서 이루어지도록 되어 있는 독특한 생산체제를 상품경제라 하고, 그 때의 생산물을 상품이라고 한다. 교환은 우선 교환대상의 사유를 전제로 하고 있으므로 역사상 최초의 교환은 원시공동체내부의 개별구성원간이 아닌 공동체와 공동체간에 이루어지게 되었으며, 생산력의 발달과 함께 공동체내부에까지 파급되었다. 처음에는 잉여생산물이 교환되었으나 후에는 사회적 분업이 확립됨에 따라 교환을 목적으로 하는 생산이 나타나게 되었다.

상품생산의 전제는 사회적 분업과 생산수단의 사적 소유이므로 상품생산은 이들 조건을 갖춘 여러 경제사회구성체에서 행해졌지만 그것이 지배적인 생산형태로 등장하게 된 것은 자본주의사회에서이다. 자본주의적 상품생산은 생산수단으로부터 분리된 임금노동에 의해서 행해지는 데 반해, 자본주의 이전의 단순상품생산 einfache warenproduktion에서는 생산자 자신이 생산수단을 소유한다는 차이점이 있다. 또 자본주의사회에서 하나의 우클라드 uklad로서 존재하는 상품생산은 소상품생산 kleine warenproduktion이라고 한다. 일반적으로 상품생산의 특징은 사회적 분업과 사유재산제도를 기초로 하는 무정부적 생산이라는 점에 있다. 그리고 이 경우 가치법칙이 유일한 생산의 규제자이다. 상품생산의 기본적인 모순은 상품생산자의 사적 노동과 사회적 노동과의 모순이다. 어떤 사물이 상품으로 되기 위해서는, 그것이 노동생산물이고 사회적 사용가치를 가지고 있으며 교환대상이 될 수 있다는 세 가지 조건을 충족시켜야 한다. 따라서 상품은 사용가치 이외의 가치를 갖게 된다. 왜냐하면 상이한 상품이 일정의 비율로 교환되기 위해서는 그것들이 서로 공통적인 성질를 갖고 있어야 하는데 그 교환의 공통적 기초가 다름아닌 가치, 즉 대상화된 노동이기 때문이다. 그리고 교환가치는 가치의 발현형태이다. 따라서 상품은 사용가치와 가치의 통일물이다. →가치법칙

상품의 물신성 商品의 物神性 commodity fetishism

상품교환하의 사회관계인식을 특징짓기 위해 마르크스가 사용한 용어로「자본론」에서 발전되었다. 상품교환하에서 생산물은, 즉 상품형태는 인간노동의 사회적 성격을 노동생산물들 자체의 물적성격으로 보이게 하며, 따라서 총노동에 대한 생산자들의 사회적 관계를 그들의 외부에 존재하는 물건들의 사회적 관계로 보이게 한다. 상품의 형태를 띠고 나타나는 노동생산물의 가치관계는 인간들 사이의 특정한 사회적 관계에 지나지 않는데, 인간의 눈에는 이 관계가 마치 물건들 사이의 관계라는 환상적인 형태로 나타난다. 인간의 두뇌의 산물인 물건들이 스스로 생명력을 가진 인물들로 등장하여 그것들 자신 사이에서 또 인간과의 사이에서 일정한 관계를 맺는다. 마르크스는 이것을 물신성이라고 불렀다. 이러한 물신성은 노동생산물이 상품으로서 생산되자마자 그 생산물에 부착되는 것이다.

상호수요균등의 법칙 相互需要均等의 法則 law of equation of reciprocal demand

국제무역이론에서 리카도 Ricardo, D. 의 업적은 각국이 어떤 종류의 상품을 특화해야 하며, 또 어떤 상품을 수출 또는 수입해야 할 것인가를 설명함으로써 생산과 무역의 패턴을 밝힌 점에 있다. 그러나 그는 생산을 규정하는 상품의 공급측면만을 중시한 나머지 수요측면을 무시하였다. 그는 한 나라의 무역량, 즉 수출량과 수입량이 얼마나 되며, 또 그 교환비율(교역조건)이 어떻게 되는가는 밝히지 못하였다. 이러한 리카도의 이론적 결함을 보완하는 데 기여한 사람은 밀 Mill, J. S. 이었다. 국제교환비율의 결정에 관한 문제는 밀의 저서「경제학원리」에서 논의되고 있다. 이 책에서 인용한 산술예를 보면 다음과 같다. 즉 영국에서는 동일 노동량을 투하하여 면포를 10야드 또는 아마포 15야드를 생산할 수 있으며, 한편 독일에서는 동일 노동량을 투하하여 면포 10야드 또는 아마포 20야드를 생산할 수 있다고 가정한다. 두 나라의 무역은 영국이 면포를 수출하고 아마포를 수입하는 한편 독일이 아마포를 수출하고 면포를 수입함으로써 성립된다. 이 두 상품의 국내 교환비율은 각각 영국에서는 면포 10야드 대 아마포 15야드이며, 독일에서는 면포 10야드 대 아마포 20야드이다. 따라서 국제교환비율의 범위는 면포 10야드에 대해 아마포 15야드 이상 20야드 이내이어야 할 것이다. 그렇다면 이들 상품의 국제교환비율이 이러한 범위내에서 결정되는 요인은 무엇인가? 밀에 의하면 국제교환비율은 독일산 아마포에 대한 영국의 수요와 영국산 면포에 대한 독일의 수요가 균형되는 점에서 결정된다고 하였다. 이 이론을 상호수요균등의 법칙 또는 상호수요설이라고 부른다.

그런데 마샬 Marshall, A. 과 에지워드 Edgeworth, F. Y. 는 상호수요에 관한 이론적 정식화를 시도하였으며, 특히 마샬의 공적은 무역당사국의 상호수요탄력성이 무역균형의 안정조건을 결정한다는 점을 밝힌 데에 있다. 한편 에지워드는 상호수요곡선을 효용무차별곡선과 관련시켜 상호수요의 법칙성을 더욱 명확하게 하는 데 기여하였다. 상호수요설에 있어서는 상대국의 상품에 대한 수요의 강도를 자기 나라가 제공하려는 상품의 양으로 표시할 수 있다. 즉 국제교환에 있어 상대국상품에 대한 수요가 강하면 많은 양의 자국상품을 제공하려 할 것이며 반대로 수요가 약하면 적은 양의 상품의 제공하려 할 것이다. 이것은 상대국의 경우에도 마찬가지일 것이다. 밀의 상호수요설의 배후에 있는 이러한 국제교환관계를 오퍼곡선 offer curve 으로서 도시할 수 있다. 이 곡선은 처음에 에지워드에 의해 창안되었으며, 그 후 마샬에 의해 더욱 정밀화되었다. →비교생산비설

쌍방독점 雙方獨占 bilateral monopoly

시장의 수급쌍방에 공급독점과 수요독점이 대립한 상태를 쌍방곡선이라고 한다. 이러한 경우 쌍방이 서로 상대의 의도를 읽으면서 자기에게 가장 유리하도록 거래량을 결정한다. 그것은 오직 흥정과 타협에 의해 결정될 뿐이며 그 타협조건은 결국 쌍방의 교섭능력에 달려있다고 할 수 있다. 따라서 종래의 극대원리를 중심으로 설명하는 근대경제학에서는 이러한 줄다리기의 결과로 성립되는 균형의 결정을 설명할 수 없다. 그런데 최근에는 이와 같이 자기가 이렇게 하면 상대방은 저렇게 할 것이므로 자기는 상대방의 헛점을 찔러 이렇게 한다는 이른바 전략적 대립의 문제를 추상적인 형식이기는 하지만 게임이론인 미니·맥스원리에 입각하여 해명하려고 기도하고 있다. →독점, 계약곡선, 게임의 이론

생계비 生計費 cost of living

인간이 생활하는 데 필요로 하는 비용으로서 가계비 중 소비지출에 대응하는 개념이다. 생계비에는 실제로 지출된 비용을 나타내는 실질생계비와 일정한 생활조건, 즉 거주영역·연령·가족구성 등에 대응하는 표준적인 소비유형을 가정하여 계산하는 표준생계비가 있다. 전자는 '있는 그대로'의 생계비이나 후자는 '있어야 할' 생계비로서의 요소를 포함하고 있어 임금수준(특히 최저임금제의 경우)이나 최저생활비수준을 결정하는 데 이용된다. 그런

데 이 경우 표준은 실태를 전제로 하여 가정되는 것이므로 양자는 밀접한 관계를 가진다. 표준생계비의 계산방법에는 이론생계비방식과 실질생계비방식이 있다. 전자는 표준적인 생활에 필요하다고 생각되는 소비재와 서비스의 품목별수량을 설정하여 이것을 금액으로 환산하는 방식으로 마케트 바스킷 market basket 방식이라고도 한다. 후자는 일정한 생활조건하에 있는 가계를 조사하여 얻은 실질생계비의 최빈치(最頻値) 또는 평균치를 기초로 계산하는 방식이다. 전자는 표준생계비를 계산하는 방법론으로서 일단 타당성을 가지고 있으나 필요하다고 생각되는 품목이나 그 필요량을 설정함에 있어 객관적인 기준을 찾기 어려운 점이 있다. 후자는 객관적인 측정이 용이하다는 이점이 있으나 실태를 그대로 표준으로 본다는 데 방법론상의 문제점이 있다. 그래서 실제로는 양자의 절충식이 이용되는 일이 많다. →소비자 물가지수

생디깔리즘 Syndicalism

어원은 프랑스어의 syndicat 에 있으며, 노동조합을 통해서 사회주의를 실현하려한 사상 및 운동을 말한다. 생디깔리즘은 2개로 대별되는데 그 중 하나는 노동가 계급의 이해를 대표하는 정당형성과 그를 통한 정치운동을 인정하지 않고, 노동운동을 경제투쟁에 한정시키려는 노동조합주의의 '우파생디깔리즘'이고, 나머지 하나는 '우파생디깔리즘'보다 과격한 '혁명적 생디깔리즘'이다. 이 혁명적 생디깔리즘은 오로지 노동조합의 직접행동과 그 최고형태로서의 총파업 general strike 에 의해서 사회혁명을 달성하고 공산제에 의거한 생산·소비조합의 자유로운 활동을 통해 신사회를 구성하려고 한다. 보통 생디깔리즘이라 하면 이 혁명적 생디깔리즘을 지칭하며 국가권력 일반을 부정하는 점에서 아나

르코 생디깔리즘 anarcho syndicalisme 이라고도 불린다. 이 운동의 이론가인 「폭력론 Reflextions sur la violence」(1908)의 저자 소렐 Sorel, G. 의 사상이 뭇솔리니 Mussolini, B. 에 의해 이용된 바와 같이, 민주주의 원리를 부정하고 소수정예주의를 취하는 것도 하나의 특색이다. 이 운동은 1895년경에서 1910년경에 걸쳐 당시 우세했던 제 2 인터내셔날의 기회주의적 경향에 대한 반동으로서 특히 소시민적인 무정부주의의 전통을 가진 프랑스에서 성행하였고, 1906년 프랑스 노동총동맹 GGT 의 지도이념으로서 아미앵헌장 Charte d'Amiens 에 명문화되었다. 이 사상은 한때 라틴아메리카를 비롯 여러 나라에 퍼졌으나 마르크스주의에 의거한 러시아혁명의 성공으로 급속히 쇠퇴하였다.

생산가격 生產價格 price of production

가격의 전환형태로서 생산원가에 평균이윤을 가한 가격을 생산가격이라고 말한다. 즉 상품가치의 구성요소는

c(불변자본가치)$+v$(가변자본가치)$+m$(잉여가치)

이지만, $c+v$ 가 k(비용가격)로 나타나고 m 이 p(이윤)로서 나타나면 그것은 $k+p$ 가 된다. 그러나 p 가 경쟁에 기인한 이윤율의 균형화 경향에 의하여 평균이윤으로 전환함과 동시에 $k+$평균 p 로서의 생산가격이 성립된다. 생산가격은 시장가격 변동의 중심이 된다. 또 가치와 생산가격의 관계를 보면 양자의 일치는 일반적 이윤율과 동등한 특수적 이윤률을 향유하고 있는 생산부문의 상품에서만 나타나는 것이고 다른 일반적인 상품에 있어서는 양자는 일치하지 않는다. 그러나 생산가격의 총액은 항상 가치의 총액과 같다. 가치는 생산가격의 역사적 및 논리적 선행자인 것이고

가치법칙을 떠나서 생산가격을 이해할 수는 없다. 생산가격이라는 개념은 마르크스 Marx, K. H. 에 의하여 확립되었지만, 그것은 스미스 Smith, A. 의 자연가격 natural price, 리카도 Ricardo, D. 의 생산가격 price of production, 또는 생산비 cost of production, 중농학파의 필요가격 prix nécessaire 과 동일한 개념이다.

＊생산가능곡선(변환곡선) 生產可能曲線(變換曲線) production possibility curve(transformation curve)

일정한 생산요소를 완전히 사용하여 생산활동을 할 때 기술적으로 가능한 여러 가지 생산물조합을 그래프로 나타낸 것을 생산가능곡선 또는 생산물변환곡선이라 한다. 각각의 생산단위(개별기업, 국가)는 주어진 생산요소들을 사용해서 생산에 임하고 있다. 이제 생산단위가 총생산요소를 고용하여 농산물과 공산품만 생산한다고 가정할 때 특정한 시점에서 공산물, 농산물을 각각 40단위와 30단위씩을 생산한다고 하자. 그러나 이 나라가 생산가능한 생산물의 조합은 무수히 많다. 지금 40단위, 30단위 외에도 농업부문의 노동력과 기타의 생산요소를 공업부문으로 돌린다면 50단위, 25단위 또는 55단위, 23단위 등 수없이 많은 형태의 생산물조합을 취할 수가 있다.

이처럼 생산요소의 총량이 일정하다해도 생산물조합은 여러 가지로 나타날 수 있다. 그림은 일반적인 생산가능곡선을 그린 것이다. 원점에 대해 오목인 것은 생산체감을 나타내고 있다. 즉 생산물조합 중에서 공산품의 비율을 크게 하면 할수록 그에 따라 희생되는 농산품의 양이 많아진다는 것을 의미한다. 점 A 는 공산품은 생산하지 않고 생산요소전체를 농산품생산에 사용했을 경우이며, 점 E 는 공산품만

을 생산했을 경우를 표시해 주고 있다. 또
한 이 생산가능곡선의 기울기는 변형률
rate of product transformation 을 나타낸다.
위의 생산가능곡선은 단지 주어진 생산요
소가 완전고용을 전제로 할 때만 가능하
다. 그러나 만약 실업이 존재한다면 B 에
서 C 로 갈 때 농업부문에서 노동력을 빼
낼 것이 아니라 실업상태의 노동력을 사용
하여 공산품생산을 증가시킬 것이며, 그에
따라 생산가능곡선을 우상향으로 이동케
될 것이다.

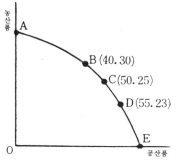

[참고문헌] Henderson, J. M. & Quandt, R. E.,
Microeconomic Theory, 2nd ed., 1971; Fried-
man, M., *The Price Theory*, 1962; 이학용,
「미시경제이론」, 1975.

생산계수 生産係數 coefficient of pro-duction

어떠한 생산물의 생산량을 X_0, 그것에
필요한 생산요소를 $X_1, X_2, X_3, \cdots, X_n$ 이라
면 생산함수는

$$X_0 = f(X_1, X_2, X_3, \cdots, X_n)$$

의 형태로 표시된다. 이 경우 단위생산량
에 포함되어 있는 제생산요소의 양을 생산
계수라 한다. 이러한 생산계수는 생산물의
단위를 평균단위로 취하느냐 한계단위로
취하느냐에 따라 평균개념적(X_1/X_0,
$X_2/X_2, \cdots$)인 것과 한계개념적(dX_1/dX_0,
$dX_2/dX_0, \cdots$)인 것으로 구별되나 보통 생산
계수라 하면 한계개념적인 것을 말한다.

이 생산계수의 값이 항상 일정하다고 하는
것은 어떤 일정한 생산량을 산출하기 위해
필요한 생산요소의 결합비율이 항상 고정
되어 있다는 것을 말한다. 이 경우 기술의
선택은 없으며 따라서 다른 방법으로 전환
할 가능성은 없다. 이 때의 생산요소를 완
전히 보완적이라 한다. 이것에 대해 생산
계수가 가변적이라는 것은 일정한 생산량
을 만드는 데 필요한 생산요소의 조합에
기술적 변환이 가능하다는 것을 의미한다.
이 경우 생산요소는 대체적이다. 생산요소
가 대체적이라 할 때는 한계생산계수가
경제적 의미를 갖게 된다. 이 생산계수
의 역수를 생산성 또는 생산력이라 한다.
여기에도 평균 및 한계의 두 가지 개념이
있으며 그 중 이론적으로 중요한 것은 한
계생산력이다. 위 식에서 $\partial X_0/\partial X_1$,
$\partial X_0/\partial X_2, \cdots, \partial X_0/\partial X_n$ 가 한계생산력을 나
타낸다.

생산계수는 일반적으로 여러 요소들의
가격을 일정하다고 보고 또 생산함수를 고
정시켜 놓은 단기에 있어서만 정의할 수
있다. 이 때 생산요소의 양은 생산량만의
함수가 된다. 그러나 그것이 어떤 함수가
되느냐 하는 것은 그 생산요소가 생산량의
변화에 관계없이 일정한 고정요소인가 아
니면 그것이 비례적으로 변화하는 비례적
가변요소인가 또는 그 변화에 대해서 비례
관계를 설정할 수 없는 불비례적 가변요소
인가에 따라서 결정된다. 즉 a_i, a_j, a_k 를 각
생산요소의 수량, x를 생산량이라 하고, c
와 k 를 상수라 하면 위의 관계는 각각 $a_i=$
$c, a_j=kx, a_k=f(x)$로 표시할 수 있다. 또
각각의 경우에 대응한 평균생산계수는

$$\frac{a_i}{x} = \frac{c}{x}, \quad \frac{a_j}{x} = k, \quad \frac{a_k}{x} = \frac{f(x)}{x}$$가 되고,

한계생산계수는

$$\frac{da_i}{dx} = 0, \quad \frac{da_j}{dx} = k, \quad \frac{da_k}{dx} = \frac{df(x)}{dx}$$가 된다.

즉 고정요소의 생산계수는 평균치는 체감하고 한계치는 0이 되어 일정하다. 또 비례적 가변요소의 생산계수는 양쪽 모두 일정하며 값도 같다. 그러나 불비례적 가변요소의 경우에는 위와 같은 변화를 기대할 수 있다. 생산계수의 이상과 같은 성질은 비용함수의 구조를 규명하는 데 유용하며 동시에 생산함수의 성질을 밝히는 데도 편리한 수단을 제공해 준다. →생산함수

생산관계 生産關係 ☞생산양식

생산구조 生産構造 structure of production

본원적 생산요소의 투입으로부터 최종소비재의 생산이 완성될 때까지의 생산과정의 전체를 말한다. 생산구조는 크게 단선적 생산구조 single linear stage pattern 와 복선적 생산구조 double linear stagepattern 로 구분된다. 단선적 생산구조는 노동력의 투입으로부터 소비재의 생산에 이르기까지의 전생산과정이 단선적인 흐름으로써 나타내어지는 경우에 성립한다. 예를 들면 어부가 물고기를 잡기 위해서 자신의 노동력을 투입하여 먼저 실로 어망을 만들어 최종소비재인 물고기를 포획하는 경우가 그것이다. 이 경우에는 본원적 생산수요가 전(全)단계의 중간생산물에 차례로 부가되어 결국 소비재가 생산된다. 중간생산물전체는 자본재 capital goods 로써 역할하는 것이며, 소비재생산량과 중간생산물인 자본스톡과의 비율을 우회도라 한다. 생산의 우회도가 커질수록 보다 많은 최종생산물이 얻어지게 된다.

하이에크 Hayek, F. v. 는 이상의 단선(單線)적 생산구조에 관한 논의에서 다음의 결론에 도달하였다. 첫째, 자발적 저축은 평균생산기간을 연장시키고 소비자신용은 그것을 단축시킨다. 둘째, 생산신용에 의해 평균생산기간은 연장되지만, 결국은 소비재수요의 상대적 증가에 의해 평균생산기간은 단축된다. 그리고 이 생산기간의 연장으로부터 단축에로의 마찰적 경과가 바로 경제공황의 주요 원인이다. 그러나 과거의 생산활동의 결과로서 이미 자본재가 축적되어 있는 현실의 경제에서는 생산이 단선적 생산구조에 따라 이루어지지는 않는다. 즉 생산의 후기단계에서 뿐만 아니라 최초의 본원적 생산요소가 투입되는 초기단계에서도 생산수단으로서의 자본재가 사용되는 것이 보통이다. 이러한 생산구조가 복선적 생산구조이다. 복선적 생산구조의 일반적인 서술은 산업연관표(또는 투입산출표)에 의해서 가장 잘 표현되어 있다. 그곳에서는 어떤 산업부문에서의 생산이든지간에 생산과정이 본원적 생산요소→중간생산물→최종소비재의 순으로 일직선에 놓여 있는 것이 아니라, 모든 여타의 산업부문의 생산물과 본원적 생산요소인 노동 및 토지를 투입물로 하여 생산이 동시적으로 이루어지는 것으로 되어 있다. 케네 Quesnay, F. 의 경제표, 마르크스 Marx, K. 의 재생산표식, 하이에크의 제형(梯型)적 생산구조의 도식 등도 모두 넓은 의미의 산업연관표의 특수한 경우라고 할 수 있다. →산업연관론

생산국민소득 生産國民所得 ☞국민소득

생산·물가의 유효수요탄력성 生産·物價의 有效需要彈力性 output and price elasticity of effective demand

유효수요에 관한 생산의 탄력성(E_o)은 유효수요의 변화율과 생산량의 변화율과의 비를 의미하므로 유효수요의 변동이 얼마만큼 생산을 증가시키는가를 말해준다. 그리고 유효수요에 관한 물가의 탄력성은

E_p로 표시되며 이는 유효수요의 변화율과 물가의 변화율과의 비를 가리키는 것으로서 유효수요의 변동이 얼마만한 비율로 물가를 등락시키는가를 알려준다. 이 때 중요한 사실은 이 두 개의 탄력성이 다음에 표시하는 관계에 의해서 상호결합되어 있다는 점이다. E_o, E_p를 통해 유효수요의 변동이 생산과 물가의 양면에 여하히 흡수되는가를 설명할 수 있다. 유효수요를 D, 생산량을 O, 물가를 P로 표시하면

$$D=O \cdot P \cdots\cdots\cdots\cdots\cdots\cdots (1)$$

라는 수요측면에서의 정의식이 성립된다. (1)식을 전미분하여 정리하면

$$dD=\frac{\partial D}{\partial O}dO+\frac{\partial D}{\partial P}dP=PdO+OdP$$
$$\cdots\cdots\cdots\cdots\cdots\cdots\cdots\cdots\cdots (2)$$

(2)식의 양변을 dD로 나누면

$$1=\frac{dO}{dD}P+\frac{dP}{dD}O \cdots\cdots\cdots\cdots (3)$$

이 성립하고

$$1=\frac{dO}{dD}\frac{OP}{O}P+\frac{dP}{dD}\frac{OP}{P} \cdots\cdots (4)$$

로 쓸 수 있다.

이 때 $OP=D$이므로 (4)식은

$$1=\frac{dO}{dD}\frac{D}{O}+\frac{dP}{dD}\frac{D}{P}$$
$$1=E_o+E_p \cdots\cdots\cdots\cdots\cdots\cdots (5)$$

라는 중요한 식으로 유도된다. (5)식이 의미하는 바는 유효수요변화의 일부분은 생산에, 일부분은 물가에 영향을 줌으로써 그 영향력을 소실시킨다는 것이다. 이 때 $E_0=1$이면, $E_p=0$이 되므로 유효수요의 증가는 물가를 불변으로 유지시키고 생산만을 증가시킨다. 반대로 $E_0=0$이면 $E_p=1$이 되므로 유효수요가 증대하여도 생산은 전혀 상승치 않고 물가만이 등귀한다. 물론 일반적으로는 생산의 탄력성과 물가의 탄력성이 각각 1씩 되는 극단적인 경우는 드물며, 대체로 0과 1 사이의 값을 갖는다.

그러나 이 때 E_0가 1에 가까우냐 0에 가까우냐 하는 것은 주로 현재생산자원 및 자본설비의 고용정도에 의해 결정된다.

불완전고용단계에서 유효수요가 증가하면 그것은 생산에 전적으로 흡수될 율이 높으나 생산요소가 완전고용에 접근하면 각종 애로(隘路) bottleneck 가 나타나 E_0는 점점 줄고 E_p는 점점 늘게 된다.. 그러다가 국민경제가 완전고용에 도달하여 국민생산액이 최고도로 되었을 때 유효수요가 증가하면, 그만큼이 초과수요로 되어 E_p가 1로 된다. 케인즈는 $E_o=1$, $E_p=0$인 때를, 특히 수량조절 quantity adjustment 기간, $E_o=0$, $E_p=1$인 때를 가격조절 price adjustment 이라 명명하였다.

상술한 두 개의 탄력성과 그 관계는 경제전체에 대해서도 성립하지만 개개의 산업이나 기업에 대해서도 적용된다. 개개의 산업에 대한 수요는 일반적으로 같은 비율로 증가하지 않으므로 산업별 개별탄력성을 살펴보는 것도 중요하다. 예컨대 어느 산업에 유효수요의 증가가 더 많이 나타나느냐에 따라 전체 생산과 물가의 상승률이 달라진다. 소위 버틀네크는 유효수요의 증가가 많이 있는 산업에 먼저 나타난다. 그런데 버틀네크에 도달된 다음에도 수요의 증가가 누적될 때에 전체로서의 E_0는 1에서 0으로 감소하는 경향이 생긴다. 그러나 실제로는 버틀네크하의 산업에 대한 생산자원의 상대적 불균등이 시간의 경과에 따라 시정되면 생산탄력성 E_0는 일시적으로 감소를 정지하든가 혹은 상승하게 된다. →유효수요이론

생산비 生產費 cost of production

생산에 쓰여진 생산요소의 가치를 생산비라 한다. 이질적인 생산요소의 가치를 집계하자면, 각 생산요소의 가격을 매개로 하지 않으면 안되므로 화폐경제하에서는

생산비가 하나의 화폐비용으로 표시된다. 생산의 경제적 문제는 일정량의 생산물을 얻기 위하여 가장 유리한 생산요소의 결합을 구하는 것으로, 생산비를 극소화하는 것에 귀착된다. 반대로 말하면 일정한 생산비를 가지고 생산량을 극대로 하는 것이다. 즉 생산의 문제는 생산비문제라고 할 수가 있다.

생산비는 생산량과의 관계에서 불변비용 constant cost 또는 고정비용 fixed cost 과 가변비용 variable cost 또는 유동비용으로 나누어진다. 전자는 생산량의 변화와 관계가 없는 일정한 비용이고 후자는 생산량의 변화와 같이 변동하는 비용이다. 가변비용에는 생산량과 비례하여 증가하는 비례비용과 변동은 하나 비례적이 아닌 불비례적 비용이 있다. 생산비에는 생산물의 각 일정단위에 직접 소비되는 것으로 생각되는 것과 생산물 전체에 소비되는 것으로 각 단위에는 계산상 할당되는 것에 지나지 않는 것이 있다. 전자를 직접비 direct cost, 후자를 간접비 indirect cost, overhead cost 라 말한다. 또 직접비는 특수비용 special cost, 간접비는 일반비용 general cost 이라고도 부른다. 원재료의 가격, 즉 원재료비나 일정단위의 생산 때문에 직접생산에 소요되는 노동가격 즉 임금, 직접노무비 등은 직접비이고, 설비 등의 고정자본재의 소모부분을 나타내는 비용, 즉 감가상각비나 지대 또는 직접생산에 관여하지 않는 노동의 가격 즉 급료 등(간접노무비)은 간접비이다.

생산비곡선 生産費曲線 ☞비용곡선

생산비의 법칙 生産費의 法則 law of cost

로빈슨 크루소라면 자기의 생산량을 결정하는 기준을 그 생산물에서 얻는 효용과 그것을 획득하는 데에 필요한 노동의 불효용과의 직접적 비교에서 구하겠지만, 생산물의 결정자가 직접 노동에 종사하지 않는 자본가인 현실의 기업에서는 효용과 불효용과의 비교는 불가능하다. 이 경우에는 비용과 수입과의 비교가 생산량 결정의 기준이 된다. 근대경제학에서는 이것을 분석하기 위하여 기업은 수입과 비용과의 차액인 이윤을 극대화하도록 행동한다고 상정한다. 이것을 이윤극대화의 원리 principle of profit maximization 라고 부른다.

우선 이 원리를 불완전경쟁의 상태에 적용하여 보면 이 상태에서는 생산량의 증가와 함께 어떤 기업의 생산물에 대한 수요가격이 하락한다고 생각된다. 그림 1에서 실선으로 그린 우측으로 내려가는 수요곡선이 이 관계를 표시한다. 이 곡선에 의하여 생산량×수요가격＝총수입을 계산하면, 생산량의 증가에 따라 처음에는 증가하고 조만간 최고점에 도달하였다가 종국에는 감소하게 된다는 것을 알 수 있다. 한편 평균비용곡선의 형태가 그림 1과 같다고 가정한다면, 생산량×평균비용＝총비용은 생산량의 증가와 함께 일방적으로 상승한다. 따라서 총수입－총비용＝총이윤도 생산량의 변화에 따라 처음에는 증가, 다음에는 최고점, 마지막에는 감소라는 변화를 한다. 이 경우, 구하는 이윤극대의 상태는 기업이 생산량을 1단위 증가시킴으로써 얻는 수입의 증가분, 즉 한계수입 marginal revenue 과 바로 그 1단위를 생산하는 데 필요로 하는 비용의 증가분, 즉 한계비용이 같게 될 때 성립한다.

그림 1에서는 한계수입곡선과 한계비용곡선의 교차점에서의 생산량(OQ)이 이윤극대의 생산량이다. 왜냐하면 한계수입이 한계비용을 초과하는 생산량에서는 생산량을 증가시킴으로써 이윤총액이 더 증대될 것으로 기대되고, 한계비용이 한계수입

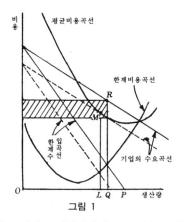

그림 1

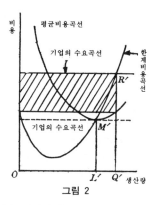

그림 2

을 초과하는 생산량에서는 그 최후의 단위 생산에 관한 한 손실이 발생하고 있어 이윤의 극대화를 위하여서는 그보다 적은 생산량이 유리하기 때문이다. 이 한계수입＝한계비용의 상태에 있을 때 기업균형 equilibrium of firm 또는 개별균형 individual equilibrium 이 성립되었다고 한다. 그러나 이 기업의 균형에서는 이윤이 존재한다. 이윤이 존재하는 한 그것을 목표로 새로운 생산을 개시하는 기업이 출현하여 경쟁이 생기고 그 결과 수요가격이 하락하게 된다. 이렇게 하여 결국 모든 기업의 수요곡선이 그 평균비용곡선과 접하게 될 때까지 하락하였을 때(그림 1에서는 점선의 수요곡선으로 표시되어 있다), 그 경쟁은 멈추게 된다. 왜냐하면 그 접점(그림 1에서는 M)이 표시하는 생산량(OL)에서는 총수입과 총비용이 서로 접하고 있으므로 한계수입＝한계비용(이윤극대)인 동시에 평균비용＝수요가격이 되어 이윤은 0이 되기 때문이다. 이 상태를 산업의 균형 equilibrium of industry 또는 완전균형 full equilibrium 이라 부른다. 이와 같이 경쟁의 결과, 기업의 초과이윤이 소멸되어 평균비용＝가격의 관계가 성립되는 것을 생산비의 법칙이라고 한다.

다음 완전경쟁의 경우에 대하여 생각하여 보자. 이 경우에는 그림 2와 같이 기업의 수요곡선은 횡축에 평행한 직선이다. 따라서 한계수입은 항상 수요가격과 같으므로 이윤극대화의 원칙은 가격＝한계생산비일 때 충족된다. 그림 2의 R'점이 이 관계를 나타내는 점이고 이 때의 이윤총액은 사선부분으로 표시된다. 이것이 기업의 균형이다. 경쟁의 결과 성립하는 산업의 균형은 이 경우 평균비용의 극소점 M'점에서 나타나고 이 점에서 한계비용＝평균비용＝가격이라는 관계가 성립된다. →비용곡선, 완전경쟁, 불완전경쟁, 공급

생산비의 분석 生産費의 分析 analysis of production cost

생산비의 구성은 다음 두 가지로 구분하여 볼 수 있다. 하나는 일반비용 general cost 과 특수비용 special cost, 또는 간접비용 indirect cost 과 직접비용 direct cost 의 구별이다. 일반비용과 간접비용, 특수비용과 직접비용은 대체로 서로 일치한다고 생각할 수 있다. 일반비용이란 생산물의 특정부분생산 유무에 관계없이 생산이 이루어지는 한 필요한 생산비이다. 특수비용이란 생산물의 일정 단위를 위해 직접 소비된 것으로 계상되는 비용이다. 재화의

생산을 위해 쓰이는 원재료, 노동의 임금, 또한 생산으로 인한 영업시설의 소모 등이 그것이다. 또 하나는 불변비용 constant cost 과 가변비용 variable cost 의 구별이다. 불변비용이란 생산량의 증가에 관계없이 변화하지 않는 비용부분이다.

가변비용은 다시 수량의 증감과 비용의 증감이 서로 비례되느냐 아니냐에 따라 비례적 가변비용 proportionally variable cost 과 불비례적 가변비용 unproportionally variable cost 으로 나뉜다. 또 대체로 일반비용과 불변비용, 특수비용과 가변비용은 일치된다. 다음에 생산비는 생산물 수량과의 관계에서 총비용 total cost, 평균비용 average cost, 한계비용 marginal cost 으로 구별된다. 총생산비란 일정량을 생산하는 데에 필요한 생산비 총액이다. x를 생산량으로 하여 이것을 $K(x)$로 나타내기로 한다. 평균비용은 총생산비를 생산수량으로 제한 액이며, $\dfrac{K(x)}{x}$로 표시한다. 한계비용은 생산물이 일정량 생산되고 있을 때 다시 1단위를 추가 생산하는 데 필요한 생산비의 증가분이며 $\dfrac{dK(x)}{dx}$로 표시된다. 지금 한계비용의 움직임을 그림 1과 같이 표시하면 (1)의 경우가 한계비용 불변이고, (2)의 경우가 한계비용체증이며, (3)의 경우가 한계비용의 체감이다. 한계비용 불변의 경우란 생산함수가 1차동차함수로서 현실적으로는 별로 존재하지 않는다. 한계비용체증의 경우란 농업 등에서 볼 수

있으며, 한계비용체감이란 일반공업생산 등에서 볼 수 있다. 평균비용의 움직임을 보면, 생산수량과 관계없이 처음에는 불변비용이 소요되므로 생산량이 증가함에 따라 평균비용은 체감하는데 이것을 대량생산의 법칙이라 부른다.

다음에 한계비용과 평균비용의 관계를 그림 2에서 보면 한계생산비와 평균생산비가 같아지는 점에서 평균생산비는 극소로

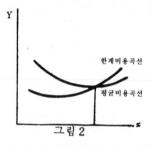

그림 2

되는데, 이 조건을 충족시키는 점을 최적점 optimum point 이라고 부르고 이에 대응하는 생산량은 최적생산량 optimum output, 이 때의 규모를 최적규모 optimum scale 라고 부른다. 또 평균 및 한계생산비가 평등할 때 평균생산비가 최소로 된다는 법칙을 한계생산비와 평균생산비균등의 법칙이라고 부른다. 이러한 한계를 기업수입에서 본다면 기업가가 기업을 운영함에 있어 가장 유리한 생산량과 가격이란 이윤을 극대화하는 점이다. 즉 그러한 균형점은 한계비용과 한계수입이 일치하는 점이고 자유경쟁의 경우에는 가격과 한계

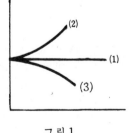

그림 1

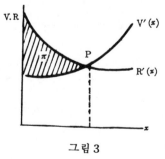

그림 3

비용 또는 한계생산비가 일치하는 점이다. 즉 그림 3과 같이 횡축에 산출량, 종축에 비용·수입을 잡으면 $V'(x)$는 한계비용선, $R'(x)$는 한계수입곡선이 되고 그 교차점 P가 곧 이윤 π가 극대로 되는 점이다.

이상과 같이 자유경쟁하에서는 가격과 한계비용 또는 한계생산비가 같아지는 점에서 진정한 평균점이 존재하게 된다. 그러므로 가격＝한계생산비는 기업에 극대의 이윤을 보장하기 위한 조건이다. →생산비·생산비의 법칙

생산성 生産性 productivity

분업이 발달된 현대사회에서는 한 기업이 어떤 생산물을 생산하기 위해 투입한 생산요소는 직접 고용한 노동력 이외에 외국에서 수입한 원료, 타부문에서 구입한 기계나 연료 등 다양한 것이 보통이다. 어떤 단위기간에 있어서 그 생산물 총량을 직접 투입된 노동력의 양으로 나눈 크기를 그 기업의 노동의 조생산성(粗生産性) gross productivity 이라고 부른다. 만약 그 기업이 기계화를 추진하여 노동력을 절약하였다면 물론 그 조생산성은 상승한다. 그러나 추가로 사용하게 된 기계를 생산하기 위하여 그 경제의 다른 어떤 부문에서 그만큼 추가의 노동력을 사용하였을 것이므로 국민경제의 입장에서 보면 조생산성에 나타난 상승률이 그대로 생산성의 상승이라고 볼 수는 없다. 기업을 통합하여 한 산업전체를 단위로 생각하여도 마찬가지다. 따라서 최근에는 어떤 생산물 1단위의 생산에 필요한 각 생산요소의 수량을 원(原)단위라고 하는데, 이것을 계측하여 그 변화를 보고 생산성의 변화를 논하는 것이 보통이다.

모든 생산물에 대하여 단위필요량 unit labor requirements, 즉 투입노동량을 생산량으로 나누어서 얻은 값을 계산할 수 있다면 원단위숫자는 노동량으로 표현할 수 있다. 그러나 단순히 노동이라고 하지만 단순·복잡의 차이가 있고 투입한 시기의 차이도 있으므로 같은 차원으로 환원하기는 어렵다. 이론적으로는 상품의 가치가 사회적 필요노동시간에 의하여 결정된다는 의미에서 가치의 저하가 생산성의 상승을 나타낸다고 할 수 있지만 현실적으로는 어떤 산업에서의 조생산성의 상승이 그 산업에서의 임금 또는 이윤의 상승이라는 형태를 띠는 경우도 많고, 특히 독점자본주의하에서는 가치의 상대적 변화에 대응하는 가격의 상대적 변화가 반드시 자동적으로 일어나는 것은 아니다.

생산양식 生産樣式 〔獨〕 produktionsweise

사적 유물론에 의해 사회의 물질적·경제적·기초구조를 나타내면 이것은 생산력과 생산관계라는 2개의 측면으로 구성되어 있다. 인간생활의 기초는 물질적 재화의 생산이다. 인간은 자연에 작용해서 노동에 의해 자연력을 이용하고 노동수단을 만들어내며 노동대상인 자연물을 자신의 목적에 알맞는 것으로 개조한다. 이것은 인간이 동물과 다른 본질이다. 이와 같이 인간의 자연에 대한 관계를 나타낸 것이 생산력이다. 그러나 인간은 물질적 생산에 있어서, 고립해서 자연에 대립하는 것이 아니고 사람과 사람이 상호관계를 맺고 생산을 행한다. 이러한 생산에서의 인간의 상호관계가 생산관계이다. 생산양식은 이 생산력과 생산관계를 통일한 것을 말한다. 결국 인간의 자연에 대한 작용은 일정의 사회적 관계 가운데서만 행해지는 것이다. 즉 생산력과 생산관계는 물질적 생산에 있어서 결부되어 있는 두 개의 측면이며 그 통일로서의 전체를 생산양식이라 부르는 것이다.

인간은 자기 멋대로 생산관계를 만들 수 없다. 그것은 인간의 의식이나 의지로부터 독립된 객관적·물질적 관계이며 생산력의 일정의 발전수준에 의존하고 있다. 생

산양식 두 개의 측면 중 생산력이 주도적 측면이다. 생산관계의 변화는 생산력의 발전에 규정되고 있기 때문이다. 생산력의 발전에 대해서 생산관계는 뒤떨어지는 경향을 가지고 생산력과의 사이에 모순이 생기게 되면 결국은 낡은 생산관계는 파괴되고 발전한 생산력에 조응하는 생산관계가 형성되어 생산력과 생산관계의 새로운 결합이 달성된다. 이렇게 해서 생산양식은 역사적으로 변화하고 교체되어 왔다. 역사상 5개의 생산양식이 나타났다. 원시공산제, 노예제, 봉건제, 자본제, 사회주의제 등이 그것이다. →사적 유물론

생산요소 生産要素 factors of production

재화·용역의 생산에 필요한 요소를 말하며 전통적으로는 자본·노동 및 토지로 분류된다. 경제학자에 따라서는 이밖에 기업가경영 enterprise 을 제4요소로서 생산요소에 포함시키기도 한다. 위의 3분류에서 노동과 토지는 경제체제 내부에서 생산과정을 거쳐 생산된 것이 아니므로 본원적 생산요소 primary factors 라 하고, 자본은 원래 노동과 토지의 사용에 의해서 생산된 생산요소이므로 생산된 생산수단 produced means of production 이라고 한다.

생산요소는 다음의 점에서 원재료 또는 중간투입물과 다르다. 첫째, 생산요소의 경우에는 생산과정에서 그 용역만이 투입으로서 필요한 데 반해서 중간투입물은 물리적, 화학적으로 생산물로 전화·소멸된다. 둘째, 생산요소는 생산과정에서 부가가치를 낳는데 반하여 원재료는 새로운 가치를 낳지 않는다. 생산요소는 부가가치를 생산하므로 그것의 용역에 대해서 각각 이자, 임금 및 지대의 형태로 보수가 지불된다. 이들 보수는 그 소유자인 자본가·노동자·지주의 소득이 된다. 따라서 생산요소는 단순히 투입이라는 생산의 기술적 관계만을 나타내는 것이 아니라, 아울러 생산물의 분배측면도 포괄하고 있는 개념이다.

생산의 일반균형 生産의 一般均衡 general equilibrium of production

생산기술조건 및 완전경쟁조건이 주어져 있을 때, 생산측면에서 파악한 경제의 균형상태를 말한다. 즉 이것은 모든 기업이 균형을 이루고 있는 부분균형상태를 가리킨다. 이제 어떠한 조건 하에서 이것이 성립하는가를 보기 위해서 경제내에 s개의 기업이 존재한다고 하고, 제 i번째기업($i=1, 2, \cdots, s$)을 고려하자. 이 기업의 생산가능성은 생산물의 전환을 포함하여 다음과 같은 생산전환함수 production transformation function 에 의해서 나타내어진다. 즉

$$f_i(x_1, x_2, \cdots, x_m) = 0$$

$x_j > 0$일 때에는 상품의 산출을, $x_j < 0$일 때에는 상품 또는 생산요소의 투입을 나타낸다($j=1, 2, \cdots, m$). P_j를 x_j의 가격(생산소요일 경우에는 용역가격)이라고 할 때 이 기업은 $f_i(x_1, x_2, \cdots, x_m) = 0$을 만족시키면서 이윤 $\sum_{j=1}^{m} P_j x_j$을 극대화하려고 한다. 여기에서 이윤은 다음의 조건들이 만족될 때 극대화되고, 기업도 균형상태에 있게 된다. 즉

$$\frac{f_{ji}}{f_{ki}} = \frac{P_j}{P_k} (j, k=1, 2, \cdots, m; i=1, 2, \cdots, s)$$

$$f_i(x_1, x_2, \cdots, x_m) = 0$$

여기에서 $f_{ji} = \dfrac{\partial f_i}{\partial x_j}$, 즉 생산과정에 x_i의 투입을 미분량만큼 증가시킬 때 얻어지는 모든 상품의 산출의 증가분(한계생산물)을 나타낸다. 생산균형조건식은 다음과 같은 사실을 의미한다. 첫째, x_j와 x_k가 모두 생산요소의 투입을 나타낼 때, 그것은 기업 i에 대해서 각 생산요소의 한계생산물의 비(=한계기술적 대체율)가 요소가격의 비와 같아야 한다는 것을 의미한다. 둘째, x_j와 x_k가 모두 상품의 산출을 나타

낼 때, 그것은 생산의 한계전환률 marginal rate of product transformation 이 상품가격의 비와 같아야 한다는 것을 의미한다. 셋째, x_j가 생산요소의 투입이고 x_k가 상품의 산출일 때, 그것은 생산요소의 가격이 그것의 한계생산물의 가치와 같아야 한다는 것을 의미한다. 왜냐하면,

$$P_j = P_k \frac{f_{ji}}{f_{ki}} \text{에서} \quad \frac{f_{ji}}{f_{ki}} = \frac{\partial f_i / \partial x_j}{\partial f_i / \partial x_k} = \frac{\partial x_k}{\partial x_j},$$

즉 $\dfrac{f_{ji}}{f_{ki}}$는 산출 x_j만의 생산에서 투입 x_j의 한계생산물이기 때문이다. →교환의 일반균형, 한계대체율

생산자본 生産資本 productive capital

자본이 화폐의 형태를 취할 때 이것을 화폐자본이라 하지만 이것이 실제로 영리의 목적에 쓰일 때에는 자본의 투하(투자)라고 한다. 투자에 의하여 생산된 재화가 매각되어 다시 되돌아 올 때 이것을 자본의 회수라 하여 자본이 투하되어 회수되는 과정을 자본의 회임(懷姙)이라 한다. 화폐자본이 투하되어 기계, 원료, 노동력 등이 매입되어 생산과정이 시작될 때 자본은 생산자본의 형태를 취한다고 한다. 그리고 생산물이 생산되어 상품의 형태를 갖출 때 이것을 상품자본이라 한다. 상품이 매각되어 화폐가 다시 회수될 때 자본은 다시 화폐자본의 형태를 갖춘다.

생산자 선택의 이론 生産者 選擇의 理論 theory of producer's choice

자본주의사회에서의 모든 기업가는 이윤극대화를 목적으로 생산을 하고 있다. 생산자선택의 이론은 이것을 두 단계로 나누어서 분석한다. 첫째는 일정량의 재화를 생산할 때 총생산비를 최소로 하기 위하여 어떻게 생산요소를 결합하느냐의 기술상의 문제이다. 이에 대한 대답은 한계생산력균등의 법칙으로 나타난다. 둘째는 생산물의 판매수입액과 위에서 구한 최소의 총

생산비와의 차, 즉 이윤을 최대로 하기 위해서는 생산량을 어떻게 결정하는 것이 좋은가라는 문제이다. 이에 대한 대답이 생산비의 법칙으로 나타난다. 이것을 소비자선택의 이론과 비교하여 보면, 후자에서는 일정의 소득을 가진 소비자의 만족을 최대가 되게 하기 위하여 소비재의 어떤 조합을 선택해야 하는가 하는 상술(上述)의 첫째 단계의 문제만 추구되고, 둘째 단계에 해당하는, 소비자가 자기의 소득을 어떻게 하여 결정하는가 하는 문제는 묻지 않는다. 이 점에서 양자의 형식상의 차이가 나타난다. →한계생산력균등의 법칙, 생산비의 법칙.

생산자잉여 · 소비자잉여 生産者剩餘 · 消費者剩餘 producer's surplus · consumer's surplus

생산자잉여는 생산자가 낮은 가격을 받고서라도 생산 · 판매하고 싶은 재화를 실제로는 그보다 높은 가격으로 판매할 경우, 그로부터 얻는 이윤을 말하며 생산자지대 producer's rent 라고도 한다. 반대로 소비자잉여란 소비자가 어떤 재화를 구입하지 않는 것보다는 오히려 구입하는 편이 낫다고 생각하여 지불하고자 하는 최대가격이 실제로 그가 지불하는 시장가격을 넘는 초과액을 말한다. 이제 이를 그림으로 설명하기 위하여 X재에 대해 종축을 가격 (P_x), 횡축을 공급 또는 수요량으로 하면,

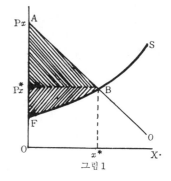

그림 1

수요곡선을 AD, 공급곡선을 FS로 그릴 수 있다. 따라서 시장균형은 $B(P_x^*$ 의 가격과 x^* 량)에서 이루어진다. 이 때 생산자잉여는 수평선 P_x^*B 아래의 빗금친 부분을 말하며 소비자잉여는 P_x^*B 윗쪽의 빗금친 부분을 말한다. 좀더 자세히 설명하기 위해서는 공급가격 supply price 과 수요가격 demand price 의 개념을 사용해야 한다.

맨 첫단위의 공급가격은 위 그림에서 OF가 될 것이나, 시장가격은 OP_x^* 이므로 첫단위의 OP_x^*-OF, 즉 FP_x^* 만큼의 잉여를 보게 된다. 이와 같은 분석과정을 거쳐 x^*, 단 위에 와서는 공급가격과 시장가격이 일치(P_x^*)되어 이 때는 잉여가 없게 된다. 따라서 매 단위 때마다의 잉여를 합한 빗금친 부분(P_x^*BF)만큼이 생산자잉여를 나타낸다. 한편 소비자들은 x^* 단위의 재화를 구입하기 위해서 $OABx^*$ 를 지불하고자 하지만 실제로는 OPx^*Bx^* 만 지불했으므로 Px^*AB만큼의 소비자잉여를 얻는다.

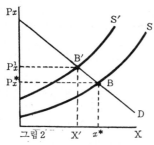

그림 2

그러나 소비자잉여는 사용하는 수요곡선에 따라 분석이 달라진다. 즉 부분균형분석을 전제로 한 마샬식 수요곡선 Marshallian demand curve 과 가격변화의 소득효과를 이미 감안하여 보상한 힉스 Hicks, J. R. 의 일반분석에 의한 보상수요곡선 compensated demand curve 에 따라서 소비자잉여의 가치가 달라지며 일반균형 및 후생경제학에서는 후자의 수요곡선을 사용한다. 만일 정부의 재정지출로 인해서 조

세가 부과되었다고 생각하면, 그림 2에서 나타나듯이 공급곡선이 S에서 S'로 이동될 것이며 이에 따라 교환량은 줄고 가격은 올라갈 것이다. 따라서 B'의 새로운 균형을 이룰 것이다. 이 때는 생산자잉여와 소비자잉여의 합인 종합잉여가 ABF에서 $AB'F'$로 줄게 되는데 이는 주로 소비자잉여가 줄어들기 때문이다.

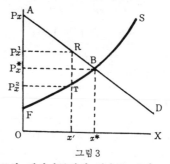

그림 3

또한 생산자독점인 경우를 보자. 지금 그림 3에서처럼 독점으로 인해 생산량이 Ox^* 에서 Ox'으로 감소하고 가격은 OP_x^* 에서 OP_x^1으로 높아진다고 하면, 소비자잉여는 ABP_x^* 에서 ARP_x'로 줄고, 생산자잉여는 FBP_x^* 에서 $FTRP_x^1$로 증대하지만, 종합잉여는 ABF에서 $ARTF$로 감소한다. 이것은 최적이 아닌 생산량이 생산됨으로써 생기는 사회적 손실이다. 그러나 한 산업만을 독립적으로 생각하지 않고 경제의 여러 산업부문에서의 반작용까지 고려한다면 생산자잉여와 소비자잉여의 측정이 매우 곤란해진다. →소비자선택의 이론

생산재 生產財 ☞소비재・자본재

생산적노동・비생산적노동 生產的勞動・非生產的勞動 productive labour・unproductive labour

인간은 살아가기 위하여 자연에 작용하여 생존에 필요한 생활수단을 획득한다. 이와 같은 인간의 활동이 노동과정이다. 생산수단의 획득을 목적으로 하는 생산적

노동은 생산수단과 함께 노동과정의 기본적인 요소를 이루고 있다. 이것을 생산적 노동의 본원적 규정이라고 한다. 그러나 노동과정은 각각 특정한 사회에서 상이한 역사적 형태를 갖고 영위되므로 생산적노동의 규정도 상이한 사회에서 상이한 역사적 형태를 가지게 된다.

자본주의사회에서는 자본가를 위하여 잉여가치를 낳는 노동(반드시 잉여가치를 직접 생산하는 노동뿐만 아니라 이윤의 취득에 기여하는 모든 노동을 포함한다)이 생산적노동이다. 따라서 생산적 노동이라는 것은 자본과 교환되는 노동이라고 말할 수 있다. 이렇게 하면 비생산적노동의 의의도 자명하여진다. 그것은 수입(임금·이윤·이자·지대 등)에 대하여 교환되는 노동이다. 자본주의적 생산의 발달에 따라 점차 생산적 노동과 비생산적노동의 소재적 구별이 나타난다. 즉 소수의 예외를 제외하면, 생산적노동은 전적으로 상품의 생산을 위한 노동으로서, 비생산적노동은 전적으로 개인적인 노동급부(서비스)로서 나타난다. 그러므로 스미스 Smith, A.는 잉여가치를 낳는 노동이 생산적노동이라는 정의와 함께 상품을 생산하는 노동이 생산적노동이라는 정의도 하였다. 그러나 상품을 생산하는 노동이 생산적노동이라는 규정은 생산적노동을 자본주의적인 역사적 형태규정의 기본적인 단계 혹은 국면에서 파악한 것에 불과하다.

＊생산함수 生産函數 production function

일정한 기간에 생산요소의 투입량과 생산물의 산출량 사이에 존재하는 기술적관계를 나타내는 함수를 말한다. 즉 생산함수는 일정한 생산요소의 투입량으로부터 기술적으로 얻을 수 있는 생산물의 극대산출량을 나타낸다. 이제 m개의 생산요소 $x_1, x_2, \cdots, x_m$를 투입해서 n개의 생산물 $Q_1, Q_2, \cdots, Q_n$을 생산한다고 하면, 생산함수는 다음의 음함수(陰函數)형태로 쓸 수 있다.

$$F(x_1, x_2, \cdots, x_m ; Q_1, Q_2, \cdots, Q_n)=0$$

그러나 생산물이 Q 하나만일 때에는

$$Q=f(x_1, x_2, \cdots, x_n)$$

의 형태로 쓰는 것이 보통이다. 그리고 모든 생산요소의 투입량을 k배로 증가시킬 때 생산물의 산출량이 k^t배로 증가하면 즉, $f(kx_1, kx_2, \cdots, kx_n)=k^t f(x_1, x_2, \cdots, x_n)$일 때 이 생산함수를 t차동차생산함수라고 한다. 여기에서 $t \gtreqless 1$이냐에 따라 이 생산함수는 규모에 대한 수확체증·불변·체감을 나타냄을 알 수 있다. 그래서 1차동차생산함수를 때로는 규모에 대한 수확불변 생산함수 constant-returns-to-scale prduction function 라고도 한다. 콥·더글라스 생산함수와 CES 생산함수는 이것의 대표적인 예이다.

한편 다른 모든 생산요소의 투입량은 일정하게 고정시키고 한 생산요소의 투입을 미분량만큼 증가시킬 때 그것이 생산물의 증가에 기여하는 효과, 즉 $\frac{\partial Q}{\partial x_i}(i=1, 2, \cdots, n)$를 생산요소 x_i의 한계생산력이라고 한다. 물론 이 경우에는 생산함수 f는 모든 x_i에 대해서 미분가능하다는 것이 가정되어 있다. 이것은 일정한 양의 생산물을 생산하는 데 있어서 기술적으로 무한한 생산요소의 조합이 가능하다는 것, 따라서 생산기술이 무한히 존재한다는 것을 의미한다. 또 이것을 달리 표현하면 생산요소들간에 완전한 기술적 대체성이 존재한다는 것과 같다. 위의 가정과 수확체감이 작용한다는 가정하에서 만들어진 생산함수를 흔히 신고전파생산함수 neo-classical production function 이라고 한다. 그러나 만일 생산물을 생산하는 기술이

하나만 존재할 때(생산요소들간의 대체성이 전혀 존재하지 않을 때)에는 생산함수의 형태가 크게 달라진다. 생산물 1단위를 생산하는 데 필요한 생산요소의 양을 각각 $a_1, a_2, \cdots, a_n$ 이라고 하고, 그것들의 투입량을 $x_1, x_2, \cdots, x_n$ 이라고 하면, 이 경우의 생산함수는

$$Q = \min \left\{ \frac{x_1}{a_1}, \frac{x_2}{a_2}, \cdots, \frac{x_n}{a_n} \right\}$$

의 형태를 취한다. min 이라는 기호는 Q 가 괄호안의 $\frac{x_i}{a_i}(i=1, 2, \cdots, n)$ 중에서 각각 최소의 것을 취한다는 것을 나타낸다. a_i 를 투입계수 input-coefficient 라 하고, 이 생산함수를 고정적 투입계수함수 fixed-coefficient production fuction 라 한다. 따라서 이 경우에는 생산할 수 있는 산출량은 어떤 생산요소가 보다 부족하기 때문에 제한될 수 있다. 이러한 생산요소를 제한적 생산요소 limitational input 라 한다. 이제 신고전파 생산함수로 돌아와서 생산수요가 크게 자본재 K 와 노동 L 의 두 가지로 나누어진다고 하자. 그러면 생산함수는 $Q = f(K, L)$의 형태가 될 것이다. Q 를 일정한 수준 Q_0 에 고정시켜 놓고 $Q_0 = f(K, L)$, 즉 등생산량곡선을 전미분하면,

$$-\frac{dK}{dL} = \frac{\partial Q / \partial L}{\partial Q / \partial K} = r$$

이라는 식을 얻을 수 있다. 이 r 을 기술적 한계대체율 marginal rate of technical substitution 이라고 하는데, 그것은 등생산량곡선의 기울기와 같다. 그리고 자본·노동비용(K/L)의 r 에 대한 탄력성을 대체탄력성 elasticity of substitution 이라고 한다. 즉 대체탄력성을 σ 라 하면

$$\sigma = \frac{d\left(\frac{K}{L}\right)}{\frac{K}{L}} \left/ \frac{d\left(\frac{dK}{dL}\right)}{\frac{dK}{dL}} \right.$$

그런데 자본재용역가격을 P, 임금률을 w 라 하면, 경쟁적 균형에서는 $-\frac{dK}{dL} = \frac{w}{P}$ 가 성립하므로

$$\sigma = \frac{d\left(\frac{K}{L}\right)}{\frac{K}{L}} \left/ \frac{d\left(\frac{w}{P}\right)}{\frac{w}{P}} \right.$$

으로 쓸 수도 있다. →대체의 탄력성, 콥·더글라스 생산함수, CES 생산함수

[참고문헌] Henderson, J. M. & Quandt, R. E., *Microeconomic Theory, A Mathematical Approach*, 2nd ed, 1971; Black, J., *The Technical Progress Function and Production Function*, 1962.

샤프 Sharpe, William, F. (1934~)

샤프 교수는 기업재무의 대표적 자산가격 결정이론이라 할 수 있는 CAPM 모델을 처음으로 개발하였으며, 그 공로로 1990년 노벨상을 수상했다. 그의 공헌은 마코위츠에 의해 개발된 포트폴리오 이론을 자본시장균형과 연결시켜 예상되는 수익과 투자위험의 상관관계를 정립시킨 것이다. 샤프의 자산가격 결정이론의 요지는 투자위험이 따르는 자산에서의 예상수익이 투자위험이 전혀 없는 자산에서의 수익과 리스크 프리미엄의 합계라는 것이다. 여기서 리스크라함은 분산투자에 의해서도 회피할 수 없는 투자위험으로서 자본시장의 균형을 전제할 때 이러한 회피불가능한 투자의 위험을 측정할 수 있으며 투자위험의 시장가격을 도출할 수 있다. 리스크 프리미엄은 측정된 투자위험과 시장가격을 곱한 값이다.

자산의 가격이 예상된 수익과 투자위험의 함수관계에서 도출된다는 샤프의 이론은 후학들의 실증적 검증에 의해 그 유효성이 인정되었으며 계량적 투자기법개발의 초석이 되었다. 또한 샤프 교수의 이론은 효율적 자본시장가설을 실증적으로 연구한 수많은 논문들의 이론적 틀을 제공하였다.

주요저서로는「포트폴리오 이론과 자본시장」,「관리경제학 입문」,「투자론」등이 있으며 그의 컴퓨터에 대한 남다른 관심을 보여주는 저서로 컴퓨터경제학과 BASIC 언어를 사용한「컴퓨터프로그램 입문」등이 있다.

서비스 services

물질적 재화를 생산하는 노동과정 밖에서 기능하는 노동을 광범위하게 포괄하는 개념으로서 용역이라고 번역되기도 한다. 서비스에는 여러 가지 노동이나 활동이 포함되는데 대체로 다음과 같은 특징이 있다. ① 다른 노동은 생산물로 대상화되어 생산물을 통하여 우회적·간접적으로 인간의 욕망을 충족시켜주나, 서비스 노동은 인간의 욕망을 직접적으로 충족시켜준다. ② 다른 노동은 생산물로 대상화되어 그 생산과 소비가 시간적·공간적으로 분리되어 이루어지나, 서비스 노동은 생산물로 대상화되지 않으므로 시간적으로는 생산과 동시에 그리고 공간적으로는 생산된 곳에서 소비되어야 한다. ③ 다른 노동은 물질적 재화의 생산을 통하여 인간생명의 물질적 재생산에 직접 기여하는 바가 많으나 서비스 노동은 인간생명에 직접 기여하는 바는 적다. ④ 다른 노동은 노동대상이나 노동수단, 곧 생산수단을 필요로 하나 서비스 노동은 반드시 생산수단을 필요로 하지는 않는다. 서비스 노동이 활동하는 산업부문을 서비스 산업이라 하는데, 클라크 Clark, C. G. 는 전산업을 3부문으로 분류하여 서비스 산업을 제3차산업으로 규정하여 도매업, 소매업, 운수·통신업·공무·가사노동 기타의 비물질적 생산을 담당하는 모든 업무를 포함시켰다.

바인트라우프 Weintraub, D. 와 맥도프 Magdoff, H. 는 서비스 산업을 다시 5부문으로 세분하고 있다. ① 운수, 통신, 도매업 등 이미 생산된 재화를 취급하는 산업 ② 금융업, 보험업 등 금융·재산을 취급하는 산업 ③ 가사노동, 자유업 등 전적으로 개인적 서비스만을 제공하는 산업 ④ 관공리 등의 공무업 ⑤ 제1차 산업, 제2차 산업에서 관리사무를 담당하는 직원층 등이다. 또한 피셔 Fischer, A. G. B. 는 서비스 산업을 두 가지로 분류하여 ① 물적 생산의 생산과정과 밀접한 관련이 있는 종속적·보조적인 형태의 생산과 ② 직접 소비자의 욕구를 충족시켜 주는 생산으로 나누고 있다.

자본주의 사회가 발달하면 제3차 산업인 서비스 부문이 팽창하는 경향이 있다. 이는 페티 Petty, W. 나 클라크에 의해 지적되고 있다. 서비스 노동의 성질에 대해서는 스미스 Smith, A. 이래로 논의가 거듭되고 있다. 최근에도 서비스를 국민소득에 포함시킬 것이냐 하는 문제를 둘러싸고 이론이 대립되고 있다. 힉스 Hicks, J. R., 피구 Pigou, A. C., 쿠즈네츠 Kuznets, S. S. 등은 서비스를 생산적이라고 생각하나, 팔리체프 Palitsev, A., 코지올레크 Koziolek, H. 등은 비생산적이라고 주장했다.

서비스에 대한 과학적 논의는 스미스에 의하여 처음으로 전개되었다. 스미스는 사법 및 군무의 관리, 목사, 법률가, 의사, 문인, 배우, 음악가, 오페라 가수 등의 서비스노동은 비생산적이라고 생각했다. 즉 스미스는 자본과 교환된 노동과 상품으로 실현된 노동만을 생산적이라 생각했는데, 서비스는 후일 그것과 교환하여 등량의 가치를 획득할 수 있는 아무것도 생산하지 않기 때문이다. 마르크스 Marx, K. 는 스미스의 규정을 더욱 순화하여 ① 초역사적인 노동과정일반의 관점에서 '생산물로 즉 상품으로 실현된 노동은 생산적'이며, ② 자본제 생산의 가치증식과정의 관점에서 '직접으로 자본을 증식시키는, 즉 잉여가치를 생산하는 노동이 생산적'이라고 규정하여 서비스 노동은 직접 생산물로 현상화되지 않고, 또한 직접 잉여가치를 생산하지 않으므로 비생산적이라고 주장했다. →잉여가치

석유수출국기구 石油輸出國機構 ☞ OPEC

석유파동 石油波動 oil-shock

1973년말 석유수출국기구 OPEC 에 의한 석유공급의 단계적 삭감과 석유가격의 급격한 인상조치로부터 발생한 사태를 말한다. 자국의 유전에 대한 항구주권을 주장하는 산유국과 세계대부분의 유전을 지배하고 있는 7대 메이저 간의 오랜 대립과정에서 발생한 석유파동이 세계경제에 준 충격은 제 2 차 세계대전 이후 가장 심각한 것이었다고 할 수 있다. 60년대의 고도성장을 향유하였던 미국, 일본 등 선진국은 석유파동하에서 전례없는 부(負)의 경제성장과 국제수지의 역조심화, 그리고 물가앙등을 동시에 경험하였으며, 특히 산유국을 제외한 대부분의 개발도상국의 경우 석유파동의 충격은 선진국이 받은 것에 못지않게 큰 것이었다. 석유파동이 이처럼 세계경제에 큰 변화를 초래케 된 이유는 ① 1965년 이후 선진제국의 확대정책의 누적적 결과인 인플레 현상을 석유파동이 급격하게 가속시켰던 점, ② 자국자원의 보호 및 항구주권론을 배경으로 하는 자원 내셔날리즘을 자극하여 경제성장에 대한 자원공급면에서의 제약요인을 현재화(顯在化) 시켰다는 점, ③ 석유가격인상에 따라 달러를 중심으로 하는 국제유동성이 산유국에 편재됨으로써 전반적인 수요감퇴현상을 초래하였다는 점 등을 들 수 있다.

이와 같은 사실들로 미루어 볼 때 석유파동은 세계경제질서를 붕괴시킨 근본적인 원인이었다기 보다는 과거 세계경제체제에 내재하고 있던 문제들을 현재화시키는 계기가 되었다고 할 수 있고, 여기서 석유파동은 자원, 경제성장, 국제 인플레 및 국제통화문제 등과 관련하여 기존세계경제질서의 일대전환을 가져올 새로운 차원의 출발점으로 이해되어야 할 것이다. 현재로서는 산유국에 흡수된 대규모의 오일달러가 어떠한 방법과 어떠한 경로를 거쳐 비산유국으로 환류되느냐, 즉 2차대전 이후와 같은 국제유동성의 편재현상을 어떻게 해소하느냐 하는 문제야말로 세계경제가 당면하고 있는 불황과 실업문제에 대한 해결의 요체가 될 것으로 보인다. 한편 석유파동은 부존자원이 빈약하고 국제시장이 협소한 여건 가운데 대외지향적 성장정책을 추구해 온 우리 나라에 국제수지의 역조심화와 물가앙등 그리고 경제성장의 둔화를 동시에 가져온 직접적인 원인이 되었다. 우리 경제가 국제수지의 기조적 개선을 통하여 안정적인 성장과 물가안정에 보다 많은 노력을 기울여야 할 필요성을 보다 강조하는 계기가 되었다고 하겠다. →자원내셔날리즘, 오일 달러

선대제도 先貸制度 putting-out system

광범위하게 분산해서 각각의 직장과 도구를 가지고 있는 소생산자에 대해서 상인이 원료 혹은 도구를 전대(前貸)해서 가공시키는 방법을 말한다. 이 선대제도는 그것에 적합한 길드적 가내공업의 전개와 함께 발생하였다. 중세원격지 상업의 전개와 더불어 중세도시에는 각종의 수공업자가 증가해 가지만, 원료와 판로 모두 원격지무역에 의존하는 도시길드공업의 경우에는, 원격지거래에 종사하는 상인들이 판로와 원료를 독점하여 생산자를 직접의 시장접촉으로부터 차단하면서 용이하게 선대

제도를 전개할 수 있었다. 그러나 노동과정 그 자체에는 어떠한 변화도 생기지 않는다. 선대제가내공업은 생산형태로서 길드 수공업과 구별되는 것이 아니고 오히려 길드적 생산방법·노동조직이 그 전제로서 유지되고 있으며, 변화는 유통과정(원료의 구입과 제품판로)에 한정되는 것이다. 이러한 선대제도는 15세기 후반부터 17세기 중엽에 이르기까지 영국의 농촌에 점차 확대되어 갔는데 특히 농촌의 모직물공업에 두드러졌다. 말하자면 선대제도는 공업조직의 발전과정에서 길드제도 혹은 수공업제도와 공장제도의 중간에 나타난 과도적인 형태로 상인이 원료나 생산도구의 선대를 통하여 많은 소규모 생산자를 경제적으로 지배하고 종속시켜 가는 형태라고 할 수 있다. 우리 나라의 객주제가 이에 해당한다.

그런데 선대제도는 도구에 의한 수공업생산에 기초를 두고 있어 그 발전은 마침내 한계에 부딪치고 새로운 공업조직인 공장제도에 자리를 양보하지 않으면 안되었다. 그 이유는 다음과 같다. ① 이 제도 아래에서는 생산량의 증가를 위해서는 생산단위의 수를 끊임없이 증가시키는 방법밖에 없다. 그런데 원료의 배부나 제품·반제품의 회수에 필요한 비용을 생각하면 이용 가능한 농촌지역의 확대범위에는 스스로 한계가 있다. 즉 노동력공급의 비탄력성이 증산을 저해하는 애로점이 된다. ② 공업계의 경쟁은 당연히 비용절감을 가져오는데, 선대제도가 도구에 의한 수공업기술에 입각하는 한 임금을 인하하는 길밖에 없다. 그러나 임금을 인하하면 원료의 착복, 품질의 저하, 최저임금의 요구 등의 형태로 노동자는 저항한다. 선대제도가 가지는 이와 같은 난점과 모순은 경제사회의 발전과 더불어 격화되어 마침내 이 생산력의 한계를 돌파하는 새로운 공업조직으로

서 공장제도의 등장을 보게 된다.

한편 선대제도의 역사적 역할에 대해서는 그것이 상업자본→선대제도자본→산업자본이라는 자본제 생산의 성립과정에 없어서는 안되는 필연적인 한 단계로 보는 통설적 견해가 있다. 그러나 이러한 견해에 대립되는 입장이 근래 강력하게 대두되고 있다. 즉 우선 당시의 유럽경제사에서 상인에 의한 생산자지배가 광범위하게 전개된 것은 사실이라 하더라도 ① 중세 말 이후 선대제도가 크게 발달한 것은 북이탈리아, 남부네덜란드의 여러 도시와 19세기의 동부독일이었는데도 불구하고 이들이 산업자본의 형성에는 오히려 뒤진 지역이었는 데 반하여, 산업자본이 가장 먼저 순조로운 발전을 본 영국에서 선대제도의 지배가 약했다는 사실이라든가, ② 선대제상업자본은 기본적으로는 길드 및 기타의 봉건적 기구를 자기존립의 기초로 삼았기 때문에 '밑으로부터'의 산업자본의 성장을 일반적으로 억압하는 경향이 많았다는 사실 등을 논거로 선대제상업자본의 산업자본에의 전화가능성은 인정한다 하더라도 이는 단순한 매개형태에 불과하다는 것이다. 이 견해에 의하면 산업자본의 자생성장을 위한 과정은 선대제상업자본→산업자본이 아니라 소상품생산→산업자본이라는 것이다. →길드, 매뉴팩처, 상업자본

선물시장 先物市場 futures market

상품이나 외국환에 대한 장래에 있어서의 인수·인도계약이 매매되는 시장을 말한다. 상품자체가 선물시장에 반입되는 것이 아니라, 거래되는 것은 선물이라 일컬어지는 장래에 있어서의 인수·인도계약뿐이다. 선물상품시장은 때때로 상품거래소조직에 편입되어 있어서 선물매매가 항시 이루어질 수 있는 계속적이면서도 안정된 시장을 제공하고 있다. 선물시장의 주

요한 역할은 상품이 생산될 때와 최종적으로 이용하게 될 때까지의 사이에 있어서 가격변동이 있게 될 위험에 대한 보험의 수단을 제공하는 데 있다. 이 보험기능은 연계(連繫)매매(현물시장에서의 입장과는 반대의 입장을 취하는 것)에 의해서 수행된다. 선물시장을 갖지 않는 상품시장은 보통 때는 위험을 부담하는 거래업자의 수도 많지 않으며, 연계매매를 적절하게 운영할 자본량도 충분치 않다. 안정되고도 유동적인 시장이 항시 존재하고 있다는 것은 상품의 정상적인 거래를 꾀하는 것을 용이하게 한다.

선별금융 選別金融 selective lending
불경기 혹은 금융핍박의 경우에 있어서 금융기관이 자기와 밀접한 관계에 있는 거래처 또는 건실한 회사와 부실한 회사를 엄선하여 건실한 회사에만 융자하는 것을 말한다. 금융이 궁핍하여 금융기관의 자금대출이 핍박하면 금융기관은 선별금융을 강화한다. 일반적으로 대기업이 중소기업보다 경영내용이 건실하고 정치적 영향력이 크기 때문에 금융기관이 선별금융을 강화하면 중소기업의 금융이 곤란해진다.

선임권 先任權 seniority
고용주의 자의적인 해고로부터 노동자의 고용을 지키기 위해 1930년대에 미국에서 발전한 고용관행이다. 고용주가 종업원을 일시해고 lay-off 할 때, 근속년수가 오래된 사람의 고용되는 권리를 존중하여 근속년수가 짧은 사람부터 순서대로 해고하고, 재고용하는 경우에는 근속이 오래된, 즉 선임된 사람부터 순서대로 채용하는 관계를 말한다. 선임권을 사업소의 전종업원에 대해서 정하는가 동종의 직종에 따라 정하는가 하는 단위의 크기에 대해서는, 조합은 큰 단위를 주장하고 고용주는 단위

를 크게 하면 할수록 해고에 따르는 배치전환 등으로 혼란이 생기기 때문에 작게 정하려고 하는 경향이 있다. 또한 일반적으로 선임권조항에는 '능력과 능률이 동일하면'이라는 조건이 붙어 있는 것이 보통으로 이것에 의해 고용주는 다소의 조정을 행하게 된다. 현실적으로 실시되고 있는 선임권제도는 매우 다양하다. 선임권제도는 그 자체가 기업애의 근속을 장기화하게 한다. 그러한 의미에서 종신고용과 대응되지만 전자는 조합의 요구로서 형성된 것이며 후자는 고용자의 노대정책(勞對政策)으로 생겨난 점에서 노사관계로서는 다른 의미를 가지고 있다.

선하증권 船荷證券 bill of lading
선박회사가 탁송화물에 대하여 발행하는 하물대표증권이다. 선박회사와 하주(荷主)간의 운송조건을 결정한 운송계약서로서 운송화물의 수취증 역할을 하며 하환(荷換)어음의 부속서류 중에서 가장 중요한 것이다. 보통 한 화물의 운송에 있어 2, 3통을 발행하여 지정된 양륙항(揚陸港)에서 그 중 한 통과의 인환(引換)으로 화물의 인도를 청구할 수 있다.

선행기간 先行期間 lead time
상품의 주문일시와 인도일시 사이에 경과된 시간을 말한다. 1955년 이래 예비적 제조능력의 증강과 각종 상품의 규격화의 강화에 따라 대부분 상품의 선행기간은 짧아지게 되었다. 이것은 특히 기계와 같은 공업제품의 경우에 해당된다. 1959년에 행해진 맥그로힐회사 경제부조사에 의하면, 비전기관계기계의 평균선행기간은 제 2 차 세계대전중의 6개월에서 1959년에는 4개월으로까지 감소하였다. 그런데 사무장치는 선행기간이 일반적인 경향과 반대되는 유일한 업종이다.

*선형계획 線型計劃 linear programming

선형계획은 2차대전 당시 미공군에서 군사동원을 위한 수학적 모형을 개발한 데서 그 기원을 찾을 수 있으며, 이 연구팀에 속해 있던 단찌히 Danzig, G. B.가 심플렉스 해법 simplex method을 고안한 이래 선형계획은 컴퓨터의 정보처리능력의 진전과 함께 현실경제를 분석하는 막강한 분석도구로 발전하였다. 미시경제이론에서 경제문제를 분석하는 데 있어 조건부극대화 혹은 극소화 문제를 취급한다. 예를 들면, 소비자가 주어진 소득의 제약 아래에서 그의 효용을 극대화시키는 소비행위나 기업가가 주어진 예산 아래에서 일정생산량을 가장 최소의 비용으로 생산하고자 하는 행위 등이 모두 조건부극대·극소의 문제이다. 선형계획도 역시 조건부극대·극소문제를 취급한다. 아래에서는 선형계획과 전통적 미시이론과의 상이점 및 유사점을 기술한다.

먼저 전통적 이론에서는, 소비자나 기업가의 효용극대화 및 이윤극대화의 가정처럼 각 경제주체의 행동목적을 선형계획에서는 목적함수 objective function라 한다. 그리고 전통적인 이론에서 소비자나 기업가의 경제행위에 대한 제약조건인 소득 및 자금의 공급능력을 선형계획에서는 제약조건식이라 부른다. 따라서 선형계획이란 주어진 제약조건식 side constraints 밑에서 목적함수를 극대화 또는 극소화시키는 합리적인 자원의 배분에 관한 의사결정을 말한다. 이 때 선형계획 linearity이라는 의미는 극대화·극소화의 대상이 되는 미지수(결정변수)와 제약조건식의 관련변수가 모두 1차결합으로 이루어졌음을 말한다. 이 때 전통적인 미시론에서는 목적식 내의 각 변수는 미분 가능하다는 가정이 포함되어 있다. 선형계획에 관한 한 가지의 예를 들어 보자.

$$\max F = 3x_1 + 2x_2 \quad \cdots\cdots\cdots\cdots (1)$$
$$\text{subject to } 2x_1 + x_2 \leq 6$$
$$x_1 + 2x_2 \leq 8 (x_1, x_2 \geq 0)$$
$$\cdots\cdots\cdots\cdots\cdots\cdots\cdots (2)$$

이것이 의미하는 바는 x_1, x_2가 ②의 제약조건식을 만족하는 범위 내에서 F를 가장 크게 하는 x_1과 x_2를 결정하는 문제이다. 이상을 경제학적으로 해석하면 아래와 같다. 먼저 x_1, x_2는 각 생산물의 수준을, 제약식의 6과 8은 x_1과 x_2를 생산하는 데 소요되는 제1, 제2 생산요소의 양을, 목적식의 3과 2는 각각 x_1, x_2를 한 단위씩 더 팔았을 때의 한계수입을, 제약식에서 x_1과 x_2의 계수인 $\begin{pmatrix} 1, & 2 \\ 2, & 1 \end{pmatrix}$은 x_1과 x_2를 한단위 생산하는 데 필요한 각 생산요소의 양, 즉 투입계수를 의미한다. 그러면 기업가는 현존기술상태하에서, 즉 투입계수가 고정된 단기에서, x_1과 x_2를 얼마만큼씩 생산하여야 총수입 F가 극대화되느냐를 결정해야 한다. 이에 대한 분석도구가 바로 선형계획이다. 그리고 선형계획의 일반적인 형태는 다음과 같다.

$$\pi = c_1 x_1 + \cdots + c_n x_n$$
$$\text{subject to} \begin{cases} a_{11}x_1 + a_{12}x_2 + \cdots + a_{1n}x_n \leq r_1 \\ a_{21}x_1 + a_{22}x_2 + \cdots + a_{2n}x_n \leq r_2 \\ \vdots \\ a_{m1}x_{11} + a_{m2}x_2 + \cdots + \\ a_{mn}x_n \leq r_m, x_j \geq 0 (j=1\cdots m) \end{cases} \cdots (3)$$

여기에서 결정변수$(x_1, \cdots x_n)$의 갯수는 n이고, 제약조건식의 갯수는 m개이다. 위의 ③을 행렬형태로서 표현하면

$$\pi = c'x \qquad \text{와 같다. 단 } A, c, r, x$$
$$Ax \leq r (x > 0),$$

는 다음과 같다.

$$A \equiv \begin{bmatrix} a_{11}\cdots a_{1n} \\ a_{21}\cdots a_{2n} \\ \vdots \\ a_{m1}\cdots a_{mn} \end{bmatrix} \quad c = \begin{bmatrix} c_1 \\ \vdots \\ c_n \end{bmatrix}$$
$$(m \times n) \qquad\qquad (n \times 1)$$

$$r=\begin{bmatrix}r_1\\ \vdots\\ r_m\end{bmatrix}_{(m\times 1)} \qquad x=\begin{bmatrix}x_1\\ \vdots\\ x_n\end{bmatrix}_{(n\times 1)}$$

한편 이러한 선형계획의 구체적인 해법에 대해 고찰하면 크게 도식에 의한 방법, 심플렉스 방법의 2가지로 대별된다. 전자는 제약식의 수나 목적함수의 결정변수의 수가 작아 이것을 그래프로 나타내기가 용이할 때에 한하여 쓰여진다. 후자는 좀 더 일반적인 해법으로서 도식으로 풀기에는 결정변수의 수나 제약식의 수가 너무 많을 때 이용된다. 여기에서는 총수입을 극대화하고자 하는 우리의 설례를 그래프로 푸는 과정에서 몇 가지 중요한 개념을 소개하고, 이것으로 구체적인 선형계획의 해법에 대신하고자 한다.

$$\max F=3x_1+2x_2 \quad\cdots\cdots\cdots\cdots\cdots\cdots ⓐ$$
$$2x_1+x_2\leqq 6 \quad\cdots\cdots\cdots\cdots\cdots\cdots\cdots ⓑ$$
$$x_1+2x_2\leqq 8 \quad\cdots\cdots\cdots\cdots\cdots\cdots\cdots ⓒ$$
$$x_1,\ x_2\geqq 0 \quad\cdots\cdots\cdots\cdots\cdots\cdots\cdots ⓓ$$

먼저, x_1, x_2를 각각 x, y축으로 하는 직각좌표평면에다 ⓑ, ⓒ, ⓓ를 각각 나타내면 그림과 같다. 그림에서 사각형 ORPQ는 제약조건식을 동시에 만족시킨다. 목적함수 ⓐ를 변경하면 $x_2=-\dfrac{3}{2}x_1+\dfrac{F}{2}$이므로 절편 $\dfrac{F}{2}$가 고정되지 않아 그 위치는 가변적이다. 따라서 ⓐ식은 기울기가 $-\dfrac{3}{2}$인 직선군을 나타내므로, F를 극대화시키기 위해서는 ⓐ식이 그림의 P점을 지나야 한다. 그 때의 F값은 $\dfrac{32}{3}$이다. 또한 그림 I에서 □OQRP 선상이나 그 내부의 임의점 s는 ⓑ, ⓒ, ⓓ의 제약식하에서 생산가능한 x_1, x_2의 수량을 나타내므로, 이 s점을 실행가능해 feasible solution 라 한다. 그리고 P점은 실행가능해 중 F를 극대화시키므로 최적해 optimal solution 라 한다. 따라서 우리는 P가 최적해로 되려면 먼저 필요조건으로 실행가능해가 되어야 한다는 것을 알 수 있다. 이상의 논의를 기초로

해서 전통적 최적이론과 선형계획이론을 비교할 수 있다.

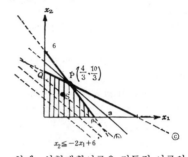

첫째, 선형계획이론은 전통적 이론의 경우와는 달리 미적분학이 아니라 선형대수학 linear algebra 또는 집합론에 의거하여 이론이 이루어져 있다. 둘째, 선형경제학에서 이론적 모델에 적용되는 함수형은 선형함수이다. 셋째, 단순히 추상적 순수이론이 아니라 컴퓨터나 계산기를 사용해서 현실경제에 관한 수치계산을 가능케 할 수 있는 형태로 이론이 구성되어 있다는 것이다. 이런 뜻에서 국민경제에 관한 경제계획이나 개별기업의 경영정책을 수량적으로 구체화시킬 수가 있다.

[참고문헌] 이형순, 「경제학원론」, 1975; 강오전 「OR의 이론과 응용」, 1973; Chiang, A. C., *Fundamental Methods of Mathematical Economics*, 2nd ed., International Student edition 1977; Intriligator, M.D., *Mathematical Optimization and Economic Theory*, 1971.

설비투자 設備投資 plant and equipment investment

기업이 그 생산설비, 영업사업소 등의 건설에 자금을 투하하는 것으로 경제가 성장하고 발전해감에 따라 설비투자가 증가한다. 설비투자는 그 경제적 효과로서 생산력 효과와 소득효과(수요효과)의 양면을 가지고 있는데(이것을 도마 Domar, E. D.의 투자의 이중성이라고도 한다). 생산력을 높히면서 기계의 발주 등, 수요를 창

출시키는 효과가 있어 국민경제의 수요측면에서 경제동향에 큰 영향력을 가진다. →소득효과

성과급 成果給 piece wage

시간임금의 전화형태로 노동자의 산출량에 따라 지불되는 임금형태이며 개수임금(個數賃金)이라고도 한다. 따라서 성과급의 경우 임금은 노동력의 가치에 의해서가 아니고 노동자의 작업능력 여하에 의해 규정되는 것처럼 보인다. 시간임금의 경우 노동은 직접적 지속시간에 의해 측정되지만, 성과급의 경우에는 그것이 일정시간 내에 대상화된 생산물량에 의해 측정됨에 불과하며 임금의 본질은 어느 임금형태하에서도 변하지 않는다. 성과급에서의 척도단위, 즉 임금지불의 기준으로 되는 임금률은 단위 생산물에 대상화된 노동의 가격이며 평균적으로는 노동력의 평균 일(日) 가치를 노동일의 평균생산물량으로 나눈 몫이다. 이 경우 1노동일의 평균생산물량은 평균적인 노동강도와 숙련 및 일정정도의 기술수준을 전제로 해서 경험적으로 확정되고 이 생산물량에 투하된 노동시간이 사회적으로 필요한 노동시간으로 간주된다. 그리고 개별 노동자의 생산물량은 각각 노동의 강도 및 숙련에 따라 다르므로 임금수준도 각각 다르게 된다.

성과급의 특징은 다음과 같다. ① 임금이 생산물의 평균적 품질의 보지(保持)를 조건으로 해서 지불되기 때문에 노동의 질을 미리 규제함과 동시에 제품검사 등을 통해서 임금인하에 이용될 수 있다. ② 노동강화에 대한 자극이 높아져 노동시간을 연장하는 것도 용이하게 된다. 이 경우 개인적 차이는 전작업장에서는 상쇄되어 지불되는 총임금은 그 사업부문의 평균임금이므로 임금과 잉여가치의 비율도 변하지 않는다. ③ 노동자 상호간의 경쟁을 유발

하여 개별노동자가 받는 임금은 평균수준 이상으로 상승하지만 평균수준 그 자체는 저하하는 경향을 가진다. ④ 노동생산성의 증대는 일정 시간에서의 생산물량의 증대, 즉 생산물 단위당 노동시간의 감소를 가져온다. 성과급도 이 변동에 대응해서 변동하지 않을 수 없지만 이것을 둘러싼 노자(勞資)간의 분쟁이 야기된다. 이 경우 성과급은 현실적으로 한층 낮은 비율로 인하되든가, 혹은 노동생산성의 증대에 노동강화가 수반됨에 의해 임금수준 저하의 경향이 생긴다. ⑤ 노동의 질·강도를 미리부터 규제함에 의해 노동감독의 대부분을 불필요하게 하고 자본가와 노동자 사이에 하청작업 등 기생자(寄生者)의 개입이나 주요 노동자에 의한 보조노동자의 착취제도의 기초로 된다. 성과급은 이와 같이 자본주의적 생산양식에 가장 적합한 임금형태이며, 그 발전단계에 대응하여 다양한 형태를 취한다. →임금형태

성과주의예산 成果主義豫算 performance budget

자금소유의 목표와 이들의 달성을 위해 제안되는 여러 계획비용, 그리고 각 계획 하에서 수행되는 성과와 작업의 양적측정 자료가 표시되는 예산을 말한다. 전통적인 예산에서는 관청별로 경비가 구분되고 그 내역은 구입물건별로 표시되어 왔는데 그런 방식은 예산의 집행·검사에는 편리하나 어떤 직능으로 사업성과를 올리는 데 얼마만큼의 경비가 투입되는지가 불명확하여 행정의 능률, 경제성평가를 위한 정보를 얻기가 힘들다. 따라서 정부활동의 증대와 함께 경비지출의 경제성이 더욱 더 요구됨에도 불구하고 이러한 결점을 내포한 예산제도를 그대로 쓴다는 것은 있을 수 없다는 것이다. 이같은 반성에 입각하여 성과주의예산은 기능·활동·(사업)계

획에 근거를 두고 정부계획의 비용과 효과 간의 관계를 명시하는 예산인 까닭에 ① 정부 계획의 내용을 명백히 하기 위해 사업별·활동별로 분류된 예산과목을 사용하며, ② 경비의 성질 및 계획수행의 책임을 표시하기 위하여 각종 계획의 비용을 사업별·활동별로 업무량을 기준으로 산출하게 된다. ③ 또 정부계획의 성과 및 그 수행상태를 평가하기 위하여 미리 정하여진 성과표준에 의하여 내용통제 및 성과분석을 행할 수 있다.

이처럼 성과주의예산제도는 정부활동의 평가에 유용한 양적자료를 구체적으로 제시하고 사업계획비용과 효과의 관계를 명시하는 까닭에 입법부의 책임을 명확히 확립시킬 수 있다. 또한 행정부는 과학적 관리방식에 의하여 예산집행상태를 분석·평가할 수 있으며 그보다 앞서 예산편성을 합리화시키고 그 절차를 간단하게 만들 수도 있다. 더욱 중요한 것은 정부예산을 장기적 목표와 관련시켜 편성·집행할 수 있는 이익이 있다. 그러나 성과주의예산은 본질적으로 예산의 통제기능과는 대립되는 요소를 다분히 가지고 있다. 효율적인 성과주의예산의 실시를 위해서는 회계제도가 발생주의원칙에 따라 개편되지 않으면 안된다. 또 예산이 활동별로 표시되면 각 행정기관에 대한 의회적 통제는 거의 불가능하다. 특히 성과주의 예산제도는 성과단위·업무단위의 결정, 단위원가의 측정 등 기술적인 여러 문제가 선결되어야만 실제로 운영될 수 있다는 것을 부인할 수 없다.

성장률의 이론 成長率의 理論
theory of growth rate

투자·산출량·국민소득 등 여러 가지 경제변수의 연증가율을 성장률이라고 한다. 그리고 성장률에 관한 개념을 사용하여 경제를 분석하는 이론을 성장률의 이론 theory of growth rate 이라 부를 때가 있다. 해로드 Harrod, R. F. 의 성장이론은 3가지의 성장률 개념을 사용하고 있다. 그의 주장에 의하면 사람들이 저축을 하면 그만큼 자본저축량이 증가하는 것이다. 즉 저축은 신자본재의 공급을 의미하고 그 크기는 소득수준에 의하여 결정된다. 이에 대하여 기업가가 생산을 증가시키기 위하여 자본재를 주문하는 양의 크기는 보통 가속도원리에서 보여 주는 바와 같이 소득의 증가율에 의존한다. 그리고 만약 기업가의 주문량이 그 때의 저축과 일치하면 새로운 자본재는 완전고용되어 기업가는 극대이윤을 얻은 데에 만족하고 앞으로도 같은 산출량의 증가율을 유지할 생각을 한다. 이와 같은 기업가의 균형을 나타내는 산출량의 증가율을 적정성장률 warranted rate of growth 이라 하고 이처럼 같은 성장률에 의한 경제의 성장을 안정된 성장 steady advance 이라 한다. 그러나 현실적 경제에서는 사람들은 소득에서 저축하려는 양과 기업가가 소득의 증가율에 따라 자본재를 주문하는 양은 반드시 일치하는 것이 아니다. 따라서 신자본재에 미판매분이 발생하기도 하고 부족이 발생하기도 한다.

이 실제의 산출량 증가율을 현실성장률 actual rate of growth 이라고 한다. 그리고 완전고용이 유지되면서 인구증가와 기술진보에 의하여 가능하게 되는 산출량 증가율을 자연성장률 natural rate of growth 이라고 하고 현실성장률이 장기적으로 도달하게 되는 최대평균치이다. 도마 Domar, E. D. 의 성장이론은 투자의 이중적 성격, 즉 투자가 승수를 통하여 소득을 창출시키는 동시에 다른 한 사회의 잠재적인 생산능력을 증대시킨다는 이중의 효과를 가진다는 점에 주목한다. 여기에서는 소득의 증가는 투자의 증가에 승수배한 것과 같

고, 사회의 잠재적인 생산능력의 증대 또
는 투자의 절대액에 산출계수를 곱한 것과
같다. 따라서 투자에 의한 잠재적인 생산
능력의 증가는 투자의 증가에 의하여 발생
되는 소득의 증가와 항상 같다면 완전고용
에서 출발한 사회는 완전고용을 계속 유지
할 수 있다고 주장한다. 그리고 이와 같이
완전고용을 실현시키는 투자의 성장률을
균형성장률 equilibrium rate of growth 이라
고 하고 그 이하의 실업을 발생시키는 투
자의 성장률을 불완전고용성장률 undere-
mployment rate of growth 이라고 부른다.
→저축투자논쟁, 경제성장·경제발전

성장주 成長株 growth stock

이익의 증가가 큰 회사의 주식을 말한
다. 이익의 신장률이 GNP 신장률을 상회
하는 회사나 과거 5년, 장래 5년에 걸쳐서
연 15% 이상 이익이 증가했든가 또는 증
가할 장래성이 인정되는 회사주라고 불리
우나 그 정의는 일정하지 않다. 주가를 보
면 장래의 수익성 여부를 면밀히 검토할
수 있기 때문에 즉시 수익증가를 초래하지
않더라도 언젠가는 큰 이익을 가져올 수
있는 신제품, 신기술을 가진 회사의 주식
도 성장주라고 한다.

성장통화 成長通貨 appropriate cash supply for economic growth

경제가 성장함에 따라 그만큼 통화량도
증가한다. 그 증가된 통화량을 성장통화라
부른다. 성장통화가 공급되는 방식은 다음
과 같다. 개인이나 기업이 은행에서 돈을
차용했을 때 잠시 은행에 예금의 형태로
예치한다. 이 단계에서는 돈은 있지만 아
직 은행에 예치되고 있어서 개인이 상품을
구입하든가 산업이 예금을 지불하는 때 등
에 예금이 필요하게 되어 비로소 지출되게
된다. 이 돈을 일정 기간 합계한 것이 성장

통화가 된다. 은행은 돈이 나가면 지불준
비금 보유량이 감소되어 그만큼 보충하지
않으면 안된다. 따라서 중앙은행에서 차용
하든가 오퍼레이션을 받는 등으로 부족해
진 돈을 보충한다. 따라서 성장통화는 일
정기간에 중앙은행의 은행권증발고로 나
타난다.

세계무역기구 世界貿易機構 WTO: World Trade Organization

세계무역의 관리와 자유화를 기본 목표로
1995년 1월 104개국을 창립회원국으로 하여
설립된 국제기구이다. WTO는 1947년 창설
된 관세 및 무역에 관한 일반협정 GATT을
계승한 것이다. GATT는 국제연합 UN의 특
별기구인 국제무역기구 ITO로의 발전적 대
체가 무산되었음에도 불구하고 약 반세기동
안 세계무역의 자유화를 성공적으로 추진한
것으로 평가되고 있다. 그러나 1990년대 중
반 국제무역을 감독하고 통상 분쟁을 해결하
는 보다 강력한 다자간 기구의 필요성이 부
각됨에 따라 GATT가 해체되고 WTO가 창
설된 것이다. WTO는 마지막 주요 통상협상
이자 GATT의 폐지와 WTO의 창설을 결정
한 우루과이 라운드 Uruguay Round(1986
~1994)를 포함하여 종전의 모든 GATT협
정에 대한 회원국의 준수를 감시하는 기능을
수행하는 한편 새로운 통상협상의 개최와 그
결과의 집행에 대한 책임도 부여받고 있다.
WTO는 스위스 제네바에 본부를 두고 있으
며 2년마다 개최되는 각료회의 Ministerial
Conference의 지배를 받고 사무국 General
Council이 각료회의가 임명하는 사무총장
Director-General의 지휘에 따라 각료회의의
정책결정을 집행하며 일상업무를 수행한다.

세계화폐 世界貨幣 world money

화폐의 기능 중의 하나이다. 국제거래에
서 금(은)이 일반적인 교환수단으로서 상

품형태를 대신하여 일반적인 부의 이동수단으로서의 역할을 수행할 경우 이 금(은)은 세계화폐가 된다. 화폐가 국내유통을 떠나서 세계화폐로서의 역할을 하기 위해서는 특정영역의 역내교환과정에서 성장·발전한 가격의 도량기준, 주화, 보조화폐의 가치기준 등의 지방적 제형태를 벗어버리고 귀금속 본래의 지금(地金)형태로 되돌아간다. 세계화폐로서 화폐가 가지는 기능은 저축화폐의 일부가 세계화폐의 준비금 역할을 함을 필요로 한다. 세계화폐는 교환비율에 따라서 여러 나라의 유통시장을 끊임없이 왕래할 뿐만 아니라 금(은)의 원산지에서 세계시장으로 유출하는 이중의 운동형태를 나타낸다.

세액공제 稅額控除 tax credits

소득세는 전소득을 합산하여 거기서 기초공제, 배우자공제, 부양공제 등을 차인한 액에 소정의 세율을 곱하여 납입되는 세액을 말한다. 그런데 이 세액에서 또 여러 가지를 차인(差引)할 것을 인정받는다. 이것을 세액공제라 한다. →소득세, 기초공제

세이 Say, Jean Baptiste (1767∼1832)

프랑스의 고전파경제학자. 스미스 Smith, A. 의 「국부론」을 읽고 심취하여 경제학을 연구하게 되었다. 그는 스미스의 이론을 프랑스에 도입하고 유럽대륙에 그것을 유포시키는 데 새로운 계기를 만들었다. 그의 주저 「정치경제학 Traité d'économie politique」(1803)은 스미스의 「국부론」을 체계화하고 통속화시켰다고 한다. 그는 가치의 본질은 효용이며, 생산이라는 것은 물질의 창조가 아니라 효용의 창조라고 생각했다. 이러한 사고방식으로 그는 모든 노동은 서비스, 다시 말해서 사용가치를 생산하므로 생산적이며, 중농주의나 중상주의와 같이 농업 혹은 상업만이 생산적이라고 볼 수는 없다고 하였다. 또한 스미스에 있어서와 같이 상품을 생산하는 노동만이 생산적이라 할 수는 없으며 따라서 기업가 활동도 생산적인 것이고 이자는 자본의 서비스에 대한 보수이며 지대도 농업기업가의 임금일 뿐이라고 주장했다.

이와 같이 고전학파이론 중 노동가치설을 버리고 생산비설만을 추출함으로써 기업가의 입장을 명시하고 모든 노동이 생산적임을 밝혔으나 전부가 균등한 유용성을 갖지 않는다는 점에서 기업가와 두뇌노동자를 구별했다. 이와 같은 모든 혼란은 가치, 사용가치, 가격을 혼동한 데에 기인한다고 말해진다. 세이의 이론은 가치설보다는 판로설(販路說)로 더욱 유명하다. 판로설에 의하면 생산물은 타생산물과 상호교환되어 공급은 필연적으로 거기에 상응하는 수요를 창출하므로 어떤 생산물에 대해서는 초과공급이, 다른 생산물에 대해서는 초과수요가 발생하는 부분적 과잉생산은 발생할 수 있어도 일반적 생산과잉이나 일반적 공황은 발생치 않는다는 것이다. 그의 판로설은 리카도 Ricardo, D., 밀 Mill, J. S. 에 의해 지지되었으나, 맬더스 Malthus, T. R., 시스몽디 Sismondi, J. 등에 의해서는 비판을 받았다.

〔주 저〕전게외(前揭外) : *Cours complets d'économie politique pratique*, 1828∼29.

세이의 법칙(法則) Say's law

'재화의 공급은 그 스스로의 수요를 창조한다'라는 것으로 그의 이름을 따서 이것을 세이 Say, J. B. 의 법칙이라 한다. 이 법칙은 또 판로의 법칙 théorie des débouchés 이라고도 불리워지며, 명시적 또는 묵시적으로 고전학파이론의 주주로 되어 왔다. 케인즈 Kyenes, J. M. 는 그의 「일반이론」에서 이 세이의 법칙을 부정하

고, 고전적인 완전고용의 균형이론에 대해서 불완전고용 아래서도 균형이 성립함을 보였다.

세이의 법칙은 원래 재화의 일반적 생산과잉은 존재하지 않는다는 것을 내용으로 하는 시장이론이다. 즉 재화의 공급 또는 생산은 그에 수반해서 사람들에게 소득을 낳게 하며 소득은 시장가격의 자동조절기구를 통해 그 전부가 수요로 되어 지출된다. 따라서 혹시 마찰적 원인에 의해 부분적인 불균형은 있다하더라도 전반적인 생산과잉은 존재할 수 없다고 풀이하는 것이다. 그런데 세이의 법칙을 노동시장에 적용할 경우 노동력의 공급을 일종의 재(財)의 공급이라고 본다면, 시장가격의 자동조절작용을 통해서 반드시 완전고용이 실현되지 않으면 안될 것이다. 고전파이론이 완전고용의 상태를 전제하고 있다고 일컬어지는 것은 이 세이의 법칙을 기초로 하고 있기 때문이다.

이에 대해서는 맬더스 Malthus, T. R., 시스몽디 Sismondi, J.로부터의 반론이 펴졌으나, 그 어느 것이나 부분적 비판에 그쳤고 후년 마르크스 Marx, K.에 의해 비판이 펼쳐지고, 근대에 이르러 케인즈의 유효수요론에 의한 철저한 비판이 행해졌다. 리카도는 긴 안목으로 본다면 시장가격의 자동적 조정작용의 유효성을 기초로 한다는 이 세이의 법칙이 결국에 가서는 타당한 것이라고 생각했다. 그러나 자본주의 경제의 발달과 더불어 일방에 있어서의 독점에 의한 일반적인 가격의 경직성과 타방에 있어서의 가격의 변동에 따른 수요의 탄력성의 감소는 장기적 법칙으로서의 세이의 법칙의 타당성에도 의문의 여지를 두게 되었다. 즉 장기정체의 이론이 그에 해당한다. →유효수요의 원리, 과소소비설

세이프가드 safeguard

특정품목의 수입이 격증하여 국내산업에 중대한 위협을 주거나 그럴 우려가 있을 때 긴급히 발동할 수 있는 수입제한조치를 말한다. 가트 GATT(관세 및 무역에 관한 일반협정)는 가맹국들이 무역제한조치를 취하는 것을 원칙적으로 금지하였지만 그 예외조치로서 가트협정 제19조에 세이프가드가 규정되었다. 이 19조는 한 가맹국이 다른 가맹국에 세이프가드를 발동할 경우 그러한 조치의 필요성, 그 한도, 나아가서 그것이 인정되는 경우의 대항조치에 대한 보상방법 등을 협의할 것과 전(全)가맹국에 대해 무차별적으로 적용할 것을 규정하였다. 과거 영국은 자국의 섬유류 및 신발류 업계를 보호하기 위해 세이프가드를 발동시킴으로써 우리 나라 수출업계를 긴장시킨 바 있다. →가트

세인트 페데르스부르크의 역설(逆說) St. Petersburg's paradox

불확실성에 관한 연구는 두 종류의 복권 사이에 어떤 복권이 더 소망스러운가를 분석하는 데에서 비롯되었다. 초기에는 복권 A와 B 사이의 기대소득의 크기를 비교함으로써 이를 비교할 수 있다고 생각되었으나, 세인트 페데르스부르크의 역설은 기대소득이 큰 행동이 더 바람직하다는 견해가 얼마나 비현실적인가를 보여주었다.

세인트 페데르스부르크의 어느 도박장에서는 다음과 같은 도박을 제의하였다. 앞면과 뒷면이 나올 확률이 각각 $1/2$인 공정한 동전을 던져 n번째만에 비로소 앞면이 나오면 그 사람에게 2^n루블을 주는데, 이 도박에 참가하기 위해서는 참가비 $10,000$루블을 도박장에 지불하여야 한다.

이 도박장에서 얻는 소득이 2루블일 확률은 $1/2$, 2^2루블일 확률은 $(1/2)^2$, …2^n루블일 확률은 $(1/2)^n$이므로, 이 도박에서

얻는 기대소득은 $(1/2) \cdot 2 + (1/2)^2 \cdot 2^2 + \cdots = \infty$ 이고, 이 도박에 응할 경우 순소득의 기대값도 역시 $\infty - 10,000 = \infty$ 가 된다. 그러나 이 도박에 응한 사람은 아무도 없었다.

이 예에서 13번째에 처음으로 앞면이 나올 때 도박에서 얻는 금액은 8,192루블이고 14번째에 처음으로 앞면이 나올 때 얻는 금액은 16,384루블이므로, 이 도박에서 참가비 이상의 금액을 얻어내기 위해서는 14번째 이후에 앞면이 처음 나와야 하고 그 확률은 1/8192로 거의 0에 가깝다. 즉 순기대소득은 무한대이지만 참가비조차 보상받지 못할 위험이 너무 크기 때문에 아무도 이 도박에 응하지 않은 것이다.

이것이 세인트 페데르스부르크의 역설로, 이것은 기대소득의 크기로서만 행위의 소망스러운 정도를 판정하면 위험이 소비자의 의사결정에 미치는 영향을 설명하지 못하게 됨을 보여주는 대표적인 예이다.

센서스 census

센서스의 정의는 정확히 확정되어 있지는 않지만 일반적으로 집단의 구조를 밝히기 위해 실시하는 대규모의 일제 통계조사를 말한다. 보통 인구 센서스를 지칭하나 농업 센서스, 공업 센서스 등의 용어로 사용될 경우도 있다. 어원은 고대 로마의 센서스 census, 즉 시민의 권리, 의무를 확정하기 위해 5년마다 행해졌던 인구 및 재산의 일제 등록이다. 센서스는 대부분 신고의무를 수반하는 조사의 근거법령을 가지고 있으며 10년 또는 5년마다 주기적으로 행한다. 또한 양적 사항 뿐만 아니라 질적인 구성까지도 파악하는 것을 목적으로 하는 점에서 양적인 변동만을 조사하는 경상조사 current survey 와 구별되며 대상을 전부 조사하는 전수(全數)조사라는 점에서 그 일부만을 조사하는 표본조사 sample survey 와 구별된다.

센서스는 정부통계 중의 기본이기 때문에 우리 정부에서도 1949년에 정부수립 후 처음으로 대규모 조사를 시작하였으나 한국전쟁으로 그 자료가 남아있지 않다. 1955년에 중간조사를 하였고 1960년에 비로소 대규모조사를 실시하였다. 그리고 같은 해에 농업 센서스도 실시되었다. 전에는 국세조사(國勢調査)라는 이름으로 행하여졌으나 1963년 경제기획원장관의 자문기관인 통계위원회에서 국세조사라는 용어가 일본어이고 센서스가 전수조사라는 의미에서 이 국세조사라는 말은 일체 쓰지 않기로 하였다.

센 Sen, Amartya (1933~   )

1993년 인도 벵골출생인 아마르티야 센 교수는 후생경제학분야의 사회선택이론에서 경제적 합리성 이외에 자유와 권리의 개념을 도입하여 이를 계량화한 공로를 인정받아 1998년에 노벨 경제학상을 수상하였다.

1959년 케임브리지대에서 박사학위를 받은 뒤 미국 코넬대(1978~84)와 영국 옥스퍼드대(1980~88)를 거쳐 88년 이후 미국 하버드대에서 재직하다 현재는 캠브리지 대학에서 교수를 역임하고 있다. 전공은 사회선택이론과 후생경제학, 경제개발론 등이다.

센 교수는 아시아인으로는 처음으로 노벨 경제학상을 수상하였으며 빈곤퇴치에 지대한 관심을 가지고 있어 빈곤을 수치로 측정, 어떤 상태에 있는 사람을 빈곤층으로 봐야 하는가에 대한 기본모형을 제시하기도 했다. 그는 그동안의 경제학이 주로 합리성과 효율성만을 주된 목표로 삼았다면 여기에다가 사회 전체적인 의사결정은 인간의 자유와, 권리, 정의라는 정치사회학적 요소도 함께 고려해 경제학이 분배정의 실현에 중점을 둬야 한다고 주장했다. 주요저서로는 「집단적 선호와 사회복지」, 「경제적 불평등」,

「선호. 후생. 평가」, 「윤리학과 경제학」 등이
있다.

셍시몽 Saint-Simon, Claude Henri de Rouvroy, Comte de (1760~1825)

프랑스의 사회사상가. 보통 공상적 사회
주의자로 불리지만 그의 사상의 주류를 이
루는 것은 부르조아적 산업주의이다. 소년
기에 달랑베르 d'Alembert, J. de R. 의 영향
을 받았다. 1777~84년 미국독립전쟁에 종
군하여 근대사회에서의 산업의 중요성을
인식했으며, 1798년부터 본격적인 학문연
구에 착수했다. 처음에는 주로 과학론에
몰두해서 그 사상체계의 기초를 세우고,
그 후에는 정치·경제·역사를 포함하는
산업론에 관한 많은 저서를 발표했다.

그는 과학과 산업을 사회의 기초적 구성
요소 및 그 발전의 원동력으로 보았다. 그
는 과학의 완성을 사회생리학의 분야를 포
함하는 19세기적인 일반과학 또는 백과전
서의 완성에서 구하고 또 산업의 완성을
기업가 계급이 주도적인 역할을 하는 산업
체제의 확립에서 구하였다. 과학의 측면에
서 그는 콩트 Comte, A. 에 의해 체계화되
는 사회학에의 길을 열고, 산업의 측면에
서는 프랑스에서의 산업혁명의 진행을 사
상적으로 촉진하는 역할을 하였다. 이 의
미에서 그의 사상은 실증주의 사회관에 기
초를 두고 있는 산업혁명사상이라고 할 수
있다. 셍시몽의 사상적 영향은 사회학 이
외에 실증사학, 사회주의, 산업혁명운동,
생산협동조합운동 등에 현저하게 나타났
다.

〔주 저〕 *Mémoire sur la science de l'homme*,
1813; *L'industrie*, 1817~18; *L'organisateur*,
1819~20; *Du système industriel*, 1821~1822.

소득분석 所得分析 ☞가격분석·소득분석

소득분포 所得分布 personal income distribution

자본주의 국가에서는 소수의 부유층과
다수의 빈곤층이 있어 빈부의 차가 심하
다. 이 소득의 불평등에 대하여 근대경제
학에서는 한편으로는 이것을 생산요소의
요소가격에 기인한다고 생각하여 노동전
체와 자본전체를 일괄하여 그 상대적 분배
분—— 이것을 기능적 분배 functional dis-
tribution 라고 한다—— 을 설명하려는 분
배론상의 한계생산력설과 다른 한편으로
는 통계적으로 그 나라의 인구를 개인의
소득순으로 배열한 후, 이 소득분포로서
인적 분배 personal distribution 의 상태를
밝히려는 기도가 병존하고 있다. 그리고
소득분포의 상태를 밝히는 방법에도 여러
가지가 있다.

개인소득의 수준		5만원 이하	5만원 이상 7만원 이하	7만원 이상 10만원 이하	10만원 이상
소득자수	전과세인구에서 차지하는 비율 %	25%	25%	25%	25%
	누적분포 %	25%	50%	75%	100%
소득총액	전과세소득자중에서차지하는비율 %	8%	18%	19%	55%
	누적분포 %	8%	26%	45%	100%

지금 어떤 특정한 년도의 과세소득을 낮
은 것부터 순서적으로 배열하여 각 소득자
가 전과세인구 중에서 차지하는 위치에 따
라 크게 등분한다면 다음 표와 같이 된다
고 가정하자. 이런 경우 만약 소득이 예컨
대 모든 인구에 완전히 균등하게 분배되었
다면 전인구의 25%가 전소득의 25%를 차
지하고 전인구의 50%가 전소득의 50%를
차지하며 전인구의 75%가 전소득의 75%
를 차지할 것이다. 전인구 중에서 차지하
는 소득자수의 비율을 횡축에 표시하고 전
소득액 중에서 차지하는 그 인구의 소득액

의 비율을 종축에 표시하여 그 관계를 도시하면 그림 1의 대각선으로 나타나게 된다. 또 같은 연도의 소득분포가 위 표와 같았다고 이 관계를 도시한다면, 그림에서와 같이 대각선의 우측 아래 부분에 위치하는 곡선이 그려진다.

로렌쯔곡선

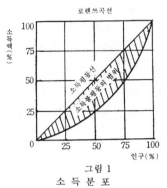

그림 1
소 득 분 포

소득계층	인원누적(%)
500만원 이상	0.01
200만원 〃	0.09
100만원 〃	0.18
70만원 〃	0.35
50만원 〃	2.00
30만원 〃	3.52
25만원 〃	4.53
20만원 〃	5.84
15만원 〃	11.63
10만원 〃	21.89
7만원 〃	49.87
4만원 〃	81.51
2만원 〃	96.56

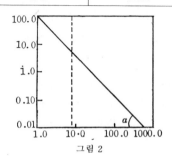

그림 2

이 곡선이 대각선에 가까우면 가까울수록 소득분포는 균등한 것이고 멀면 멀수록 불균등한 것을 나타낸다. 이 곡선을 고안자의 이름을 따서 로렌쯔곡선 Lorenz-curve 이라고 한다. 또 상기 표의 소득분포를, 횡축에 소득의 크기를 계층별로 잡고 종축에 그 소득계층별로 소속하는 소득자수의 비율을 고액소득자부터 시작하여 누적적으로 나타내는 것을 대수도표로 도시하면, 그 관계는 그림에서와 같이 우측으로 하향하는 직선으로 나타난다. 이 때에 모든 인구에게 완전히 균등한 소득의 분배가 있었다면 이 소득분포는 그림의 점선으로 그린 것과 같은 수직선을 그리게 된다. 그러므로 소득불균등의 정도는 이 경우 우측으로 하향하는 직선의 경사의 크기에 의하여 표시하게 된다. 이 경사의 값 α 를 파레토 상수 Pareto's constant 라 부른다. α 의 값이 크면 클수록 소득분포는 균등한 것이고 α 의 값이 작으면 작을수록 불균등한 것을 나타낸다. 이상에서 말한 것 외에도 통계적인 소득분포를 어떤 곡선으로 나타내는 방법은 여러 가지가 있지만 현실적인 분배의 상태가 왜 이러한 곡선의 모양을 취하게 되는가에 관한 일정한 이론적인 구명은 현재로는 충분히 이루어져 있지 않다. →한계생산력설

소득세 所得稅 income tax

각 개인이 소득을 획득한다는 사실에서 소득을 얻는 그 주체에 대하여 부과하는 인세이다. 이 세는 기초공제 및 그밖의 공제에 의하여 최저생활비는 면세하며 납세자의 개별적 사정을 고려할 수가 있다. 특히 각종 소득이 개인의 수중에 돌아갈 때에 이것을 일괄하여 과세하는 총합세, 노동소득을 경과(輕課) 또는 면세하며 재산소득 또는 불로소득에 중과(重課)하는 소득세액에 따른 차별세, 소득이 커짐에 따

라 그 비율 이상으로 세액이 크게 되는 누진세 등은 이 세의 중요한 특색이다. 더욱이 소득을 획득하는 주체에는 자연인 외에 법인을 포함할 때도 있다.

소득세는 1799년 핏트 Pitt, W.에 의해 영국에서 처음 시작하였는데 그 후 폐지되었다가 1842년 필 Peel, R.에 의해 부활되었다. 영국의 이 소득세는 지대, 이자, 임금, 봉급 등의 개개의 소득에 개별적으로 부과되는 분류소득세에 속하나, 20세기 초의 일련의 세제개혁에 의해 차별세와 누진세의 열매를 맺게 된 소득세로 발전하였다. 한편 철저한 종합소득세는 1913년의 미국, 1920년의 독일의 소득세법에서 처음으로 실시되었다. 소득세는 법인조직의 발달과 분배형태의 진화에 따라 개인소득의 범주가 명확해진 반면, 소득분배의 차등이 현저하게 된 시기, 즉 자본주의의 제국주의단계에 있어서 조세제도의 중심에 위치하게 되었다. 이 세의 수입은 증대하는 경비를 충당하는 탄력성이 강하여 19세기 말부터 지배적으로 되어 있는 사회정책적 조세학설의 이념에 합치되며 빈부의 격차와 계급투쟁의 격화에 대처할 수 있다고 보았다. 그러나 최근에는 물가상승에 의하여 기초공제가 최저생활비 면제의 역할을 다할 수 없게 되어 소득세의 대중과세화라고 부르게 되었지만 이 세의 소득탄력성이 크기 때문에 이른바 자동안전장치의 중요한 일부로서도 주목되고 있다. →기초공제

소득소비곡선 所得消費曲線
income-consumption curve

힉스 Hicks, J.R.가 제시한 개념으로서 소득의 변동에 대응하여 다른 조건이 일정할 때 other things being equal 소비자행위의 균형점(효용극대점)이 어떻게 이동하는가를 표시하는 궤적이다. 이제 그림 1에서 일정한 소득으로 구입할 수 있는 X재

의 수량은 OL이고 Y재의 수량은 OM이라고 하면 ML을 연결하는 직선은 가격선이 된다.

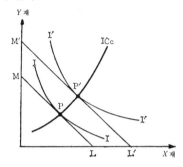

여기서 소비자 균형점은 무차별곡선과 가격선의 접점이므로 P점으로 표시된다. 그런데 소득이 증가하면 가격선 ML은 평행이동하여 $M'L'$로 되며, 이 때 새로운 가격선 $M'L'$와 그에 접하는 무차별곡선의 접점 P'를 얻게 된다. 이와 같이 소득이 계속하여 증가할 때 얻어지는 균형점의 궤적 $PP'\cdots$을 소득소비곡선이라 한다. 이 소득소비곡선은 소득변화가 수요에 미치는 영향을 고찰하기 위하여 고안된 것이다. →가격효과

소득재분배 所得再分配 income redistribution

시장기능에 의한 소득분배는 현저하게 불평등한 것이 일반적이므로 이러한 소득의 불평등을 완화하기 위한 정부의 정책개입을 말한다. 소득재분배는 현대 정부의 중요한 정책목표가 되고 있으며 주로 조세와 보조금 등의 재정정책 수단에 의하여 그러한 목표가 달성되고 있다. 정부의 재정정책은 국민경제의 소득분배에 분명한 영향을 끼친다. 예를 들어 조세의 경우 고소득층에 중과세하고 저소득층에는 감세하는 누진적인 조세정책은 소득재분배효과가 매우 크다. 그러나 재화에 부과되는 소비세의 경우 재화의 상대가격이

변동함으로써 자원배분의 비효율성이 발생하게 되는 문제점이 있다. 예를 들어 소득재분배를 위해 사치품에 대해 중과세 하여야 하지만 그렇게 되면 필수재의 가격이 상대적으로 저렴해져 필수재가 필요 이상으로 수요될 수 있다. 뿐만 아니라 소비세는 소비액을 기준으로 부과하므로 소득기준으로 보면 역진적인 효과를 나타내는 경우가 많으며 고소득층이 소비를 하지 않거나 해외에서 소비하게 되면 납세부담에서 벗어나게 되므로 재분배효과 면에서는 부차적 중요성밖에 갖지 못한다. 이에 반하여 소득세는 누진세율, 소득수준에 따른 차별과세 또는 각종 공제규정을 활용하여 소득재분배효과의 극대화를 기할 수 있다. 이와 함께 재산과세도 재산소득의 불평등을 시정하기 위한 유효한 수단이다.

조세와 함께 소득재분배의 직접적이고 효과적인 수단을 구성하는 것이 보조금이다. 소득재분배를 위한 보조금에는 저소득층을 주된 대상으로 하여 소득, 식품, 의료, 주택 등 기본생활을 보장할 수 있도록 지원하는 소득이전적 보조금 income-tested subsidy과 중산층을 대상으로 소득과 무관하게 질병, 실업, 산업재해, 노령 등의 위험으로부터 개인을 보호하는 사회보험 social insurance이 있다.

누진적 과세제도와 이전적 지출을 통한 소득 재분배를 시행하면 일반적으로 고소득층보다 저소득층의 소비성향이 높기 때문에 사회전체의 소비성향이 늘어나고 그에 따라 승수효과를 높여 경기확장에도 긍정적 효과를 미친다. 그러나 공정한 소득분배를 위해서는 조세와 보조금을 포함하는 협의의 재정정책수단 외에도 상품시장에서의 독점이윤의 배제, 노조의 교섭력 강화에 의한 노동분배율의 인상, 지역사회의 균형 개발, 근로자의 재산형성, 권력의 평등화 등 정책이 필요하다.

그러나 소득재분배를 논의하는 데 있어 기본적으로 문제가 되는 것으로는 과연 무엇이 공평하고 정의로운 소득분배이며 이러한 적정분배의 기준을 어떻게 마련할 수 있는가 하는 점이다. 적정한 소득분배에 대한 기준은 사람들이 보는 견해에 따라 상당히 다를 수 있기 때문이다. 어떤 사람들은 평등사상에 입각한 균등소득분배를 최적분배로 보는가 하면, 혹은 사회구성원 전체의 동의가 있는 그러한 분배를 가장 공정한 것으로 보아 우선 최저생계수준의 사람들의 후생을 최대한 올려 줄 수 있는 그런 소득재분배를 지지하기도 한다.

소득분배의 불평등은 부정적 측면도 있지만 한편으로 보면 소득이 개별경제주체의 경제활동에 대한 유인이라는 점에서 불평등을 대가로 효율성을 확보하는 것이라 할 수 있다. 따라서 소득재분배 정책은 효율성을 대가로 하여 공평성을 확보하는 "공평성-효율성 상충관계"상의 선택을 의미하므로 정책설계와 집행에 있어 목표하는 공평성을 확보하면서 효율성에 대한 부정적 영향을 최소화하는 것이 핵심문제라 할 것이다.

[참고문헌] J.E.Stiglitz, *Principles to Microeconomics*, 1997

＊소득정책 所得政策 income policy
특히 서구의 선진공업국에서 임금인상에 기인한 인플레이션을 제거하면서 균형 있는 안정적 성장을 도모하려는 의도에서 발상된 정책을 말한다. 인플레이션은 일반적인 물가수준의 지속적이고 빠른 상승현상을 말한다. 물가의 빠른 상승은 국제수지를 악화시키고 소득분배의 불균형을 심화시키고 자원의 각 생산부문으로의 최적배분을 저해하는 등 경제구조에 많은 악영향을 준다. 소득정책은 중앙정부가 물가 및 임금의 상승률에 대해 일정한 지표를 작성하여 이를 각 경제단위에 제시하여 그에 따르게 함으로써 물가 및 임금의 상승을 억제하려는 반인플레이션 정책의 하나

이다.

인플레이션의 발생원인으로는 화폐공급의 증대, 초과유효수요의 발생, 생산비용의 상승 등이 지적되고 있다. 이 중 화폐수량의 조절이나 유효수요의 억제는 금융기관이나 정부투자기관의 정책으로 경제적 시장기구에 개입함으로써 가능한 것이다. 그러나 노동조합의 임금인상 요구에 의한 생산비 상승과 이에 따른 이윤폭의 축소를 방지하기 위해 기업가측에서 가격수준을 높이고 또 다시 노동자들이 높아진 생활비의 부담을 해소하기 위하여 임금상승을 요구하는 임금·이윤의 연쇄작용에 의해 발생하는 비용상승 인플레이션은 시장기구를 통한 경제정책으로는 치유가 불가능하다. 정부는 행정력을 동원하여 노동조합의 임금인상 요구를 억제하고 기업가측의 가격인상을 조절함으로써 이런 종류의 인플레이션을 방지할 수 있다. 이 때 정부가 제시하는 지표는 다음과 같은 이론에서 얻어진다. 한계생산력설에 의한 임금수준은 노동의 한계수입생산물이 되며,

$W = p \cdot f(N)$으로 (W: 명목임금, P: 물가수준, $f(N)$: 한계생산력, N: 노동량) 표시할 수 있다. 이 식의 양변에 log 를 취하면 $\log W = \log P + \log f(N)$으로 표시되고 이를 시간에 관해 미분하면

$$\frac{dW}{W \cdot dt} = \frac{dp}{p \cdot dt} + \frac{df(N)}{f(N) \cdot dt}$$ 가 되며 각 항은 각각의 값의 변화율이 되므로 $\dot{W} = \dot{P} + \dot{f}(N)$로 표시할 수 있다. $\dot{P} = \dot{W} - \dot{f}(N)$이 되며 가격을 안정시키려면 $\dot{P} = 0$이어야 하므로 $\dot{W} = \dot{f}(N)$ 즉 명목임금의 상승률이 노동의 한계생산력의 상승률과 같아야 한다.

소득정책은 제 2 차 세계대전 후 발생한 인플레이션을 치유하기 위하여 1948년 영국에서 채택되었고 미국에서도 1962년에서 1965년까지 케네디행정부의 경제정책이 되었으나 그 적용과정에 있어 많은 문제점이 나타나고 있다. 즉 노동자측이나 기업자측이 현재의 소득분배상태에 만족하지 않는 경우 소득정책은 이를 해소시킬 수 있는 기능을 하지 못하며 또 소득정책이 법률적인 뒷받침을 받아 강행되는 경우 정부의 권력이 시장기구에 개입함으로써 생기는 국민의 행정력에 대한 불만이 이 정책의 시행을 정치적으로 어렵게 하는 요인이 될 것이다. 경제적으로도 정부의 행정력에 의한 가격통제는 독점기업이나 과점기업이 있는 부문에만 시행 가능할 것이며 완전경쟁에 의해 형성된 가격에 대해서는 그 통제가 불가능하다는 난점이 있다. 또 가격수준이 비용인상 이외의 조건에 의해 상승하여 소득정책의 지표에 어긋나는 경우 이에 대처할 수 없다는 점도 소득정책의 중요한 한계가 된다. 이밖에도 노조와의 성공적 타협여부, 통계상의 문제점, 소득의 복합성 및 다양성, 이윤처리의 다양성 등의 난점에 봉착하여 본래의 의도대로 충분히 실천되지는 못하고 있다. 그러나 이러한 정치적, 경제적 난점에도 불구하고 소득정책의 논리는 비용상승 인플레이션을 치유하는 데 유효한 근거를 제시하며 닉슨행정부가 자유방임적 경제정책을 추구했던 때에도 궁극적으로는 인플레이션에 대한 처방으로 소득정책적 접근법을 채택했다는 사실은 주목할 만하다.

[참고문헌] William, H. Branson, *Microeconomic theory & policy*; Michael Steward, Keynes & After Martin Brontenbrenner, "A survey of inflation theory," in *A survey of economic theory*.

소득혁명 所得革命 income revolution
제 2 차대전 후 자본주의제국 특히 미국에서 소득평등화의 경향이 현저해졌다는 통계적 연구를 토대로 하여 이 평등화의 경향을 소득혁명이라고 부른다. 그 계기가 된 것은 최상위층이 받는 소득의 상대적

비율이 1930년대 중엽과 전후의 번영기를 비교할 때 상당히 감소되었다는 것을 보여준 쿠츠네츠 Kuznets, S. S. 의 조사였다. 재산소득의 비율이 장기적으로 감소하고 있다는 것은 거의 모든 자본주의 국가에 대하여서도 말할 수 있는 것 같지만, 쿠츠네츠의 조사 그 자체에 대하여서는 비교의 기준이 된 1930년대의 중엽이 특히 실업자가 많던 시기라는 것과 그가 지적한 변화도 1944년을 경계로 하여 그 이후에는 평등화의 경향이 보이지 않는다는 점 등으로 충분한 논증이라 말하기 어렵다는 비판이 있다.

소득효과 所得效果 ☞가격효과

소비성향 消費性向 propensity to consume

소득은 지출면에서 소비와 저축으로 나누어지는데 소득에 대한 소비의 비율을 소비성향, 저축의 비율을 저축성향이라 한다. 이 비율은 소득의 변화에 따른 소비 또는 저축에 대한 심리적 성향을 나타낸다. 일반적으로 소비가 증가하는 비율은 소득이 커짐에 따라 작아지는 경향이 있다. 이 경우에 한계소비성향과 평균소비성향의 두 개의 개념을 구별하지 않으면 안된다. →한계소비성향

소비세 消費稅 consumption tax

소비재에 부과되는 조세를 말한다. 생산물의 구매자 또는 판매자에게 부과되는 소비세의 기준은 구매되는 재화 또는 판매되는 재화의 양 내지 가치이다. 소비세는 본래 모두 소비자에게 부과되는 것은 아니지만 생산자나 분배자에게 부과되는 소비세가 소비재의 가격에 세액을 포함하는 것에 의해 조세의 이전이 일어나게 되고 그 때문에 소비자가 최종적 부담을 지게 되는

것이다. 각 개인에 대한 세액은 그의 지출수준에 따라 변화한다. 소비세의 가장 일반적 형태는 소매거래세, 매상세, 특정한 재화의 생산판매 및 사용에 관한 세(사업조수입에 부과되는 세, 사용세 및 물품세), 그리고 수입세이다. 소비세는 부자보다 빈자에게 많은 부담을 주기 때문에 역진적이라 생각되지만 안정된 수입(소비는 보통 소득보다 안정되어 있으므로), 비교적 낮은 징수비용, 즉시적으로 수입을 올리는 능력, 그리고 소비(예컨대 사치품의 소비)를 규제하는 효과 등과 같은 이점을 준다. 거래세와 같은 소비세의 역진성은 식량과 같은 필수품을 면제하는 것으로 완화될 수 있다. →직접세·간접세

소비자균형 消費者均衡 ☞소비자선택의 이론

소비자물가지수 消費者物價指數 consumer's price index **CPI**

어떤 특정한 계층(이를테면 도시근로자 가구)의 소비지출, 즉 생계를 유지하기 위해서 필요한 생활자료의 가격변동을 나타내는 지수로서 일종의 물가지수이다. 소비지출의 구성항목으로서는 식료품비, 광열비, 주거비, 피복비, 잡비의 5가지가 설정되어 있다. 이들 개별항목을 지수화하여 종합지수로서 소비자물가지수를 작성하는 경우에는 가중치 weight 를 어떻게 정하는가 하는 것이 가장 중요한 문제이다. 이것에는 두 가지 방법이 있다. 하나는 실제의 가계조사에서 발견한 소비유형에 근거해서 가중치를 정하는 것이고 다른 하나는 어떤 이론적 규준에 따라 일정한 소비기준을 고려하여 그것을 기초로 가중치를 정하는 마케트 바스킷 market basket 방식이다. 전자에 의한 생계비지수를 실질생계비지수, 후자에 의한 것을 이론적 생계비지수

라고 한다. 그리고 지수를 계산할 때 가격은 보통 소매가격을 쓴다. 우리 나라는 매월 재정경제원이 가계조사를 통해 전국도시 소비자물가지수와 서울 소비자물가지수를 작성·발표하고 있다.

＊소비자선택이론 消費者選擇理論
theory of consumer choice

일정한 소득을 얻는 소비자가 자기의 소비 목적을 위하여 가장 합리적으로 그 소득을 지출하려고 할 때 무엇을 얼마만큼 구입하여야 할 것인가를 설명하는 이론이 소비자선택이론(소비자행동이론 theory of consumer behavior)이다. 이에는 3가지 이론이 대표적인데, 가장 오래된 전통적 이론은 한계효용이론이고 오늘날 가장 널리 이용되고 있는 이론은 무차별곡선이론이며 비교적 최근에 개발되고 있는 이론으로는 현시선호이론이 있다.

I. 한계효용이론 이는 1870년대에 영국의 제본스 Jevons, W. S., 오스트리아의 멩거 Menger, C., 프랑스의 왈라스 Walras, M. E. L. 등에 의해 발전된 것으로 효용의 가측성을 전제로 하고 있다. 즉 소비자는 효용의 극대화를 위해서 각 재화에 대한 추가적 단위지출로부터 얻어지는 한계효용이 같도록 재화의 소비량을 결정한다는 내용으로 '한계효용 균등의 법칙'이라 한다. 즉 X재와 Y재를 구입할 경우, X재로부터 얻어지는 한계효용(MU_X)과 Y재로부터 얻어지는 한계효용(MU_Y)이 같도록 한다는 것이다. 이를 수식으로 표시하면,
$$\frac{MU_X}{P_X} = \frac{MU_Y}{P_Y}(P_X, P_Y \text{는 가격})$$
이 된다. 그러나 효용의 가측성에 관해서는 일찍이 근본적으로 의문이 제기되어 왔으며 이러한 난점을 극복하기 위하여 기수적 개념이 아니라 서수적 개념의 효용에 입각한 무차별곡선이론이 등장하였다.

II. 무차별곡선이론 무차별곡선 indifference curve 의 개념은 1930년대에 들어서 영국의 힉스 Hicks, J. R. 와 알렌 Allen, R. G. D. 등에 의해서 본격적으로 경제학의 중심 부분으로 도입되어 오늘날까지 소비자선택에 관한 중심이론이 되고 있다. 이 이론에서는 소비자의 기호를 나타내는 데에 효용표 대신 무차별도표를 사용한다. 단순화를 위해 재화의 조합을 식품과 의복으로 하면 무차별도표는 그림 1과 같다. 즉 식품과 의복의 소비량을 각각 횡축, 종축으로 하여 무수히 많은 무차별곡선을 그릴 수 있다.

다음으로 시장에서 예컨대 식품 1단위의 가격이 3,000원, 의복 1단위의 가격이 2,000원이면 일정한 소득(월 12,000원)으로 구입할 수 있는 모든 조합은 그림 2에서 우하향하는 직선 NJ로 나타낼 수 있다. 이 NJ선을 등지출선, 소득선, 예산선 등으로 부르나 그 기울기가 의복가격에 대한 식품가격의 비를 나타내므로 보통 가격선 price-line 이라고 부른다.

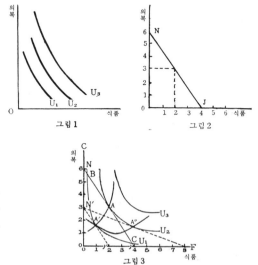

그림 1

그림 2

그림 3

이제 이 가격선과 무차별곡선을 한 그래프에 그리면 가격선과 무차별곡선이 접하는 점을 표시할 수 있다. 그림 3의 접점 A는 가격선상에 있는 재화의 모든 조합 중에서 가장 높은 효용수준을 주는 조합(여기에서는 식품 2단위와 의복 3단위)이다. 왜냐하면 B점이나 C점은 무차별곡선 U_1상에 있으므로 U_2보다 낮은 효용을 나타내고 있기 때문이며 U_3는 월소득(12,000원)으로는 도저히 도달할 수 없는 효용이기 때문이다. 따라서 A점이 바로 소비자균형점이다. 그리고 이 점에서 식품의 의복에 대한 한계대체율이 의복가격에 대한 식품가격의 비와 같다. 이제 월소득이 12,000원에서 6,000원으로 반감한다 하고, 두 재의 가격변화가 없다면 가격선은 $N'J'$ 선이 되어 균형구입점은 A점에서 A'점(식품 1단위와 의복 $1\frac{1}{2}$단위)으로 이동한다. 또 월소득 6,000원의 경우 식품의 가격이 3,000원에서 750원으로 하락한다면 가격선은 $N'J'$ 선이 되고 균형구입점은 A'점에서 A''점(식품 4단위와 의복 $1\frac{1}{2}$단위)으로 이동한다. 전자의 AA'선을 소득소비곡선 income consumption curve 이라 하고 후자의 $A'A''$선을 가격소비곡선 price consumption curve 이라 한다.

또한 그림에서 보듯이 A'점을 지나는 가격소비곡선은 항상 A'점을 지나는 소득소비곡선의 우측에 있게 되는데, 이것은 가격하락의 효과가 A'점에서 A점으로 실질소득을 상승시키는 소득효과 income effect 와 A점에서 A'점으로 무차별곡선을 이동시키는 대체효과 substitution effect 의 합계임을 뜻한다. 그러나 최근 이러한 선택이론에 대하여 비판이 나오고 있다. 즉 상술한 이론에서는 무차별곡선의 존재를 직접 상정하고 그 곡선의 주어진 성질에서 출발하였지만 근래에는 사뮤엘슨 Samuelson, P. A. 등에 의해 주어진 가격과 소득의 상태에서 소비자행동의 일관성 등 몇 개의 공리에 입각한 현시선호이론이 대두되었다. →가격효과, 현시선호이론

[참고문헌] Henderson, J. M., & Quandt, R. E., *Microeconomic Theory*, 2nd ed., 1971; Chaing A. C., *Fundamental Methods of Mathematical Economics*, 2nd ed., 1974.

소비자신용 消費者信用 consumer credit

소비자가 현금지불 없이 소비재 특히 주택·자동차·전기기구 등 내구소비재를 구입할 수 있도록 하는 금융을 말한다. 소비자는 금융기관으로부터 특정한 소비재를 구입하기 위한 자금을 직접 대출받는 경우도 있고 금융기관이 상인의 지불어음 등의 외상매출채권을 매입함으로써 할부판매의 형식으로 간접적으로 융자를 받는 경우도 있다. 즉 후자에서는 금융기관이 상인에게 융자해 주는 것이기는 하지만 그것을 통해서 상인은 소비자에게 할부판매를 할 수 있게 되므로 결국은 소비자신용이 창출되었다고 할 수 있다. 그리고 융자받은 자금의 반제(返濟)는 일정기간 동안 분할상환하는 방식에 의하는 것이 보통이다. 소비자신용은 미래의 소득까지도 현재의 소비에 끌어들이는 유효수요증대책의 하나라고 할 수 있다.

소비자잉여 消費者剩餘 ☞생산자잉여·소비자잉여

소비자주권 消費者主權 consumer sovereignty

자유경쟁을 원칙으로 하는 시장경제에서 재화생산의 형태와 수량을 결정함에 있어서 소비가 행하는 지배적 역할을 말한다. 소비자의 구입은 실제로는 구입하는 재화에 대해 화폐로써 투표하는 행위라고 바꾸어 말할 수 있다. 따라서 소비자는 재

화 및 서비스로 계산한 자기의 욕구를 선거인 명부에 기록하는 것이다. 소비자에 의한 화폐의 투표는 생산의 유인인 기업이윤에 직접 옮겨 바꾸어지며 따라서 수요의 변화는 대응하는 생산패턴의 변화로 나타난다. 즉 어떤 재화에 대한 소비자의 수요가 증가함에 따라 이윤에 대한 새로운 잠재력을 지니기 위하여 그러한 재화의 생산이 증가된다. 그러나 독점 및 제품에 대한 지식의 결여 또는 생산자들의 판매활동 등의 요인들에 의해 소비자주권은 제한되고 있다. 세계 대부분에서 보여지는 소득의 불균등으로 고소득 소비자는 저소득 소비자보다도 생산에 큰 영향력을 가지고 있다. 이러한 상황에서 소비자주권은 사회전체의 만족을 극대로 하는 생산패턴을 가져오지 못한다. 사회주의 경제체제가 소비자주권을 배제하고 중앙에 의한 계획과 배분의 강령으로 대체되는 이유의 하나가 여기에 있는 것이다.

소비재·자본재 消費財·資本財 consumption goods·capital goods

재(財)를 분류하는 방법이 여러 가지 있지만 그것이 최종소비자의 욕망을 직접적으로 충족시키기 위한 것과 반대로 간접적으로 충족시키기 위해 필요한 것으로 구별된다. 이에 의하여 소비재와 자본재로 구분한다. 다만 토지 등은 일종의 경제재이긴 하지만 자본재에 포함하지 않는 것이 보통이다. 물자에 따라서는 석탄과 같이 가정연료로서 소비재의 역할을 수행하는 일도 있지만 공업원료 및 연료로서 자본재로 간주될 수도 있기 때문에 모든 재를 이 기준에 의해 명확히 구분할 수 없다. 자본재는 생산과정에 있어서 이용되는 것으로서 생산자재 producer's goods 라고 부르기도 한다. 또 투자의 대상으로서 투자재 investment goods 로 부르기도 한다. 더욱

이 관점을 달리하여 우회생산의 과정에서 볼 때 노동력과 지력(地力)을 본원적인 수단으로 보고 그것과 최종적인 소비재 사이에서 생산에 기여하는 모든 경제재를 중간생산물 intermediate product 이라고 부른다.

뵘바베르크 Böhm-Bawerk, E. v. 등은 우회생산과 중간생산의 관계를 중요시하는 이론을 세웠다. 중간생산물에 대응하는 것은 최종생산물 final product 인데 이것은 반드시 소비재와 같은 뜻으로는 사용되지 않고 완성재 finished goods 라 부르기도 하며 기계설비, 공장건설 등을 포함한 의미로 사용되기도 하고 또 범위를 넓혀서 국민총생산의 내용을 이루는 전체를 가리켜 말할 때도 있다. 그렇기 때문에 용역도 최종생산에 포함된다.

소비함수 消費函數 consumption function

소비는 사람이 자신의 욕망과 필요를 충족시켜 스스로를 재생산하는 가장 기본적인 경제활동이다. 실제로 국민총생산과 소비지출액간의 관계를 살펴보면 몇 가지 중요한 사실을 발견할 수 있다. 우선 소비지출은 국민총생산에 대한 지출 가운데 가장 큰 비중을 차지하고 있으며 상대적으로 안정적인 지출이다. 그리고 소비지출을 결정하는 요인은 가계의 소득 및 부의 스톡, 경기에 대한 전망, 정부정책, 기호 등이다. 그러나 그 가운데서도 가장 결정적인 중요성을 가지는 요인은 가처분소득이므로, 분석의 편의상 소비에 영향을 미치는 다른 요인들은 일단 일정불변이라 가정하고 오직 소득(가처분소득)만을 소비지출의 결정변수로 간주한다. 결국 소비지출 C는 국민소득 Y의 함수라는 가설을 세울 수 있다. 이 가설을 소비함수라고 부른다. 소비함수는 미시이론에 있어서의 수요함수

와 마찬가지로 각 소득수준에 대응하여 사람들이 의도하는 소비의 수준을 나타내는 것이지, 실제로 소비한 액수를 나타내는 것은 아니다. 실제로 소비한 액수는 사후적 ex-post 소비인데 반하여 의도하는 소비는 사전적 ex-ante 소비이다. 소비함수는 구체적으로 어떠한 모양을 가지는가? 다시 말하면 소비지출과 소득과의 관계는 대체적으로 어떠한가?

일반적으로 단기소비함수는 대체로 다음과 같은 특질을 가지고 있다. ① 소득이 크면 클수록 소비지출도 크다. ② 소득수준이 매우 낮은 때에는 소비지출은 소득을 초과할 것이다. 그러나 소득이 일정수준(소득소비)에 달한 후에는 소비지출은 소득보다 작을 것이다. ③ 소득의 증가에 따라서 소비도 증가하지만 후자는 전자보다 작다. 즉 소득증가분의 일부는 소비의 증가로, 나머지는 저축의 증가로 처분된다. 여기에서는 소비함수를, 총소비는 주로 총소득의 절대수준에 의존한다는 케인즈 Keynes, J. M. 의 절대소득가설에 따라 논하기로 한다. 가처분소득을 Y_d로 하면, 소비함수는

$$C = a + bY_d \quad\cdots\cdots\cdots\cdots\cdots\cdots (1)$$

이다. (1)식을 변형하면

$$\frac{C}{Y_d} = \frac{a}{Y_d} + b \quad\cdots\cdots\cdots\cdots\cdots (2)$$

이다.

(2)식에서 Y_d가 증가하면 a가 양(陽)인 한 평균소비성향 $\frac{C}{Y_d}$는 저하하고, 한계소비성향 $\frac{\Delta C}{\Delta Y_d}$는 소득수준에 관계없이 일정하다. 이것을 그림으로 나타내면 다음과 같다.

그림 1은 소비함수와 저축함수를 나타낸 것이다. (그림 1-a)에서 H_o점은 '소득=소비'이므로 Y_o소득수준하에서의 저축액은 0이다. 이 H_o점을 파국점(破局點)이라 한

다. 저축함수는 위의 그림에서 보듯이 가처분소득과 소비함수에서 기계적으로 도출된다. 즉

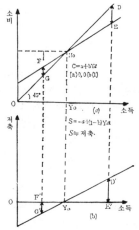

(a)

(b)

$$(a + bY_d) + S = Y_d, \quad S = -a + (1-b)Y_d$$

이다. 끝으로 소비함수가 중요시되는 이유는 첫째, 국민경제의 총소비지출수준의 크기는 국민소득과 고용량을 결정하며 경제성장과 경제변동을 지배하는 중요한 요인이기 때문이다. 둘째, 소비함수는 이론상뿐만 아니라, 경제예측의 불가결한 도구로서 통계적으로도 크게 중요시되기 때문이다.

소비함수논쟁 消費函數論爭 controversy of consumption function

제 2 차 세계대전이 종말에 임박함에 따라 전후 미국경제가 불황에 빠져 방대한 실업을 발생시킬 것인가, 그렇지 않으면 호황의 유지가 가능할 것이냐, 즉 비관적인가 낙관적인가 하는 경제예측논쟁이 일어났다. 경기의 예측은 유효수요의 규모를 어느 정도로 예측하느냐에 의존하게 되는데, 유효예측의 구성요인 중 투자지출과 정부지출은 종전과 더불어 감소될 것이 예상되었기 때문에 소비지출에 대해서 가장

큰 관심이 집중되었다. 이 때 케인지안 Keynesian인 한센 Hansen, A. H. 이 중심이 된 일련의 예측에 의하면, 경기가 악화되어 대량의 실업이 일어날 것이라 하여 그 대책을 세운 바 있다. 그러나 이와는 달리 실제로는 실업이 발생하지 않았기 때문에 그 예측이 실패한 원인을 규명하려는 논쟁이 일어났다. 결국 예측실패원인이 소비예측을 과소평가하였다는 점에 있다고 판명되어 필연적으로 예측에 사용된 소비함수(절대소득가설에 입각한)에 대한 반성을 자아내었다. 이 논쟁을 소비함수논쟁이라 한다.

이 논쟁을 계기로 케인즈 경제학이 비판을 받았으며, 케인즈파의 소비함수론은 보다 일반성을 띤 이론으로 발전하였다. 이러한 소비함수논쟁을 통해서, ① 장기적으로 소비성향은 비교적 안정적이다. 즉 한계소비성향과 평균소비성향은 일치한다. ② 단기적으로 보면 불황의 바닥에서부터 회복되어 가는 과정에서 저축성향은 상승한다고 하는 것이 명백해졌다. 그래서 이것들을 통일적으로 해명하려는 여러 가설이 생겨나게 되었다. 즉 소비자의 행동은 상호의존적이어서 어떤 표준이 되는 소득과 자신의 소득을 비교하여 소비를 결정한다고 하는 상대소득가설 relative income hypothesis, 소비가 유동자산의 크기에도 의존한다고 생각하는 유동자산가설 liquid assets hypothesis, 전소득 중에서 변동소득이 차지하는 비율이 높을수록 저축률이 높아진다고 하는 항상소득가설 permanent income hypothesis 등이 그것이다. →라이프 사이클 가설, 상대소득가설, 항상소득가설

소비혁명 消費革命 consumption revolution
경제성장으로 인하여 대중의 소비생활 양식이나 소비에 관한 윤리관념이 질적으로 크게 변화함으로써 일어나는 소비생활의 변화를 말한다. 이러한 소비혁명을 가능케 하는 기본적 조건은 개인소득의 급속한 증대에 있으나 직접적인 원인으로는 첫째, 대기업이나 백화점 등의 대자본에 의한 신종상품의 개발과 마케팅의 조직적인 전개이며 둘째, 매스콤 특히 TV 방송망의 보급이다.

이와 같은 여러 요인으로 대중의 소비습속(習俗)은 단시일에 급속히 변하며 그 변화는 주로 다음과 같이 나타난다. ① 내구소비재의 보급이 크게 확대되어 간다. 가전제품을 중심으로 하는 TV, 승용차, 냉방장치 등의 보급이 활발해진다. ② 소비가 평준화되어 가는데, 이는 청년층의 소득이 신장되어 대중이 풍요하게 된 결과로 대량소비의 기반이 확립된다. ③ 할부판매의 보급이 확대된다. 특히 고가품의 할부가 늘어나고 소액품의 할부가 줄어든다. ④ 유행이 대규모·조직적으로 되어간다. ⑤ 인스탄트 instant 상품과 웨이스트 waste 상품의 보급 등이다. 이러한 소비혁명은 국민경제와 대중생활에 좋은 면과 나쁜 면을 초래하게 되는데 좋은 결과로는 가사노동의 경감이다. 대중이 자유시간과 오락의 기회를 보다 많이 가지게 되었음에 반해 나쁜 결과로는 소비풍조에 의해 허영적 소비경향이 대중에 만연된다는 것이다.

소셜 덤핑 ☞덤핑

소수주주권 少數株主權 minority stockholder
주식회사에서 대주주의 횡포를 방지하고 소수주주의 이익을 보호하기 위하여 인정된 권리로 일정비율의 주식을 가진 주주가 행사할 수 있다. 상법에 인정된 바로는 주식총수의 $\frac{5}{100}$ 이상을 가진 주주는 주주

총회소집청구권, 이사·감사해임청구권, 특별청산의 검사명령신청권을, $\frac{1}{10}$ 이상의 주주는 장부열람청구권, 검사역선임청구권, 회사해산청구권 등을 가진다.

소작농 小作農 tenant farming

농업경영에 소요되는 토지를 타인으로부터 차용하여 경작하는 농민계층을 말하며 일반적으로 자본제적 차지농(借地農)과는 구분되어 쓰여진다. 자본제적 차지농은 이윤취득을 목적으로 하는 데 비해 소작농은 생활의 영위를 목적으로 한다. 전자에 있어서 토지소유는 자본의 지배하에 있는데 반하여 후자는 직접적으로 지주적 토지소유의 압력하에 놓여 있다. 토지로부터 분리된 농민이 여전히 농업에 종사함으로써 살아갈 수 밖에 없다면 거기서 이루어지는 차지(借地)는 빈곤으로 인한 차지이지 결코 이윤획득을 위한 차지가 아니다.

우리 나라에서는 1949년의 농지개혁으로 종래의 소작농에게 농지를 유상분배함으로써 기생(寄生)지주제를 일단 일소하였으나 과중한 지가상환의 부담, 과다한 외곡도입과 저농산물가격정책 등으로 토지를 전매하는 자가 속출하여 소작제도는 재생되어 왔다. 1990년 현재 「농업총조사결과」에 의하면 전농민의 42.8%가 타인의 토지를 경작하고 있고 그 토지는 전경지면적의 27.9%에 이르고 있다. 한편 소작농이 지주에게 지급하는 토지사용료를 소작료 하지만 그 형태나 성질은 소작제도에 따라서 다르다. 우리 나라와 같이 농업이 아직 자본주의화되지 않고 봉건적 잔재가 존속하고 있으며 생산력이 낮은 소농경영이 일반적인 경우에는 소작료는 소작농의 이윤의 일부 혹은 전부, 때로는 직접생산자로서의 노임부분까지 잠식되는 수가 있다.

우리 나라의 소작료 징수방법에는 3가지 관행이 있다. ① 집조(執租) : 농작물을 수확하기 전에 지주와 소작인이 전답현장에 나가서 작황을 서로 검토하고 그 해의 소작료의 액이나 율을 결정하는 방법인데 대부분의 경우 지주가 이를 전단(專斷)하여 소작인에게 강요하게 된다. ② 타조(打租) : 농작물을 수확하고 탈곡, 도정까지 하여 소정의 비율에 따라 지주에게 납부하는 방법으로 가장 널리 행해져 왔다. ③ 정조(定租) : 그 해의 풍흉을 불문하고 소정의 액대로 현물 혹은 현금으로 납부하는 방법이다. 종래 우리 나라의 소작료율은 보통 5할이 넘는 고율이어서 소작농의 생활을 압박하는 중요한 요인으로 되어 왔다.

손익계산서 損益計算書 profit and loss statement

기업의 어떤 일정기간의 수익과 비용을 요약한 계산서이다. 이 계산서는 그 회계기간의 수익의 원천과 금액, 비용의 종류와 금액, 또한 그 결과로서 생긴 순소득 및 순손실을 표시한다. 기업을 경영하는 가장 큰 목적은 이익을 추구하는 데 있다. 이 계산서는 그 목적이 어느 정도 달성되었나를 표시하는 것이다. 손익계산서는 영업상의 성적표이므로 그것을 검토함으로써 이익을 증대시키는 방법이 제시된다. 과거의 영업상태는 장래의 희망과 요구에 대하여 어느 정도의 열쇠를 주는 것으로 판매자, 구매자, 채권자 및 주주는 손익계산서에 관심을 가지고 있다.

손익분기점 損益分岐點 break-even point

총비용과 총수입이 같아지는, 즉 순이익 pure profit이 0이 되는 한계생산점(생산액)을 말한다. 이것은 기업이 고정비의 존재로 말미암아 이익을 내는 데 필요한 최저조업수준(매출액)을 나타낸다. 이제 당기매출액을 s, 고정비를 f, 변동비를 v라 하면 손익분기점은 다음과 같이 계산된다. 즉, $x = \dfrac{f}{1-\dfrac{v}{s}}$ 과 같이 된다.

솔로 Solow, Robert M. (1924~)

뉴욕 브루클린 출생으로 하버드대학에서 경제학 학사·석사·박사학위를 받았고, 49년부터 줄곧 MIT 대학 교수로 재직하였다. 또한 61년~62년에는 대통령자문위원으로, 64년에는 미국계량경제학회 회장으로 79년에는 미국경제학회 회장 등으로 활동하였다.

수량경제학·자본 및 성장이론·거시경제학 등의 대가인 솔로교수의 학문적 업적 중 가장 손꼽히는 것은 균형성장이론이다. 그는 사뮤엘슨 교수와 신고전학파이론의 기초를 정립하였는데, 이 이론은 노동과 자본의 대체관계를 인정하고 경제성장요인을 수요측면이 아닌 생산측면에서 찾으려 하였다. 경제가 지속적으로 성장하는 균제상태 steady state 에서는 저축과 투자가 이자율의 조정으로 항상 일치할 뿐만 아니라 완전고용을 실현할 수 있다. 또한 솔로는 한계생산력설과 기술의 가변성을 도입하여 새로운 시각에서 성장이론을 전개했던 것이다. 그는 시장수급조절기능에 따라 경제가 균형상태에 이르며 일정한 규제하에서 기업의 이윤이나 개인의 효용을 극대화한다는 경제학의 기본원리를 존중하지만 동시에 현실경제는 불균형 상태에 있으므로 유효한 거시정책을 시행해야 한다는 케인즈학파의 전통을 따르고 있다.

솔로교수는 자본이론과 성장이론을 정립한 거시경제학계의 태두이며, 실천적 경제학자이다. 그는 자신의 학문발전에 큰 역할을 한 것은 사뮤엘슨 교수와의 교류였다고 말하였는데, 실제로 그는 사뮤엘슨 교수와 신고전파이론의 기초를 다지고 시장경제의 수급조절기능과 정부간섭을 동시에 강조하고 있다. 그는 경제성장에 대한 생산요소를 측정하는 이론을 정립하여 1987년 노벨상을 수상하기에 이르렀다.

송(품)장 送(品)狀 invoice

수출업자가 수입업자에게 작성해 보내는 선적화물의 계산서 및 물품명세서로서 각종 선적서류 가운데 가장 기본적인 것이다. 수입업자의 입장에서는 수입계산서의 역할을, 수출업자의 입장에서는 대금청구서의 역할을 하는 것이다. 상법거래상의 유용성과 중요성 때문에 신용장에는 예외 없이 송장의 첨부를 명기하고 있지만 이러한 기재가 없이 다만 선적서류 shipping documents 라고 규정되어 있는 경우에도 송장의 첨부를 요한다. 그러므로 신용장의 조건에 따라서 적화(積貨)의 견본번호·상품명·수량·단가·총액화인(貨引)·운임·보험료 등을 상세히 기재한다. 이와 아울러 적재선명·출범일·적재지·출향지·송화인 및 수화인의 성명 또는 상호·선적방법을 기재한 것이다. 이것은 수출업자가 수입업자에게 적화의 명세 및 기산(記算)을 알리는 동시에 수입지의 세관이 수입화물에 대한 과세결정의 경우에 참고를 위하여 작성된다. 보통 이것을 상품송장 commercial invoice 이라고 한다. 여기에는 대개 다음과 같은 것이 있다. 즉 선적송장 shipping invoice(매매송장 sales invoice·위탁판매송장 consignment invoice·위탁매입송장 indent invoice·견본송장 sample invoice) 및 매입견적송장 proforma invoice 이 있다. 또 수입세탈세방지를 위한 관계관청의 증명을 수입통관용으로 수입업자에게 작성시키는 공용송장 official invoice 이 있으며 영사송장 consu-

lar invoice 과 세관송장 customs invoice이
있다.

숍 제도(制度) shop system

노동조합원의 자격범위와 채용·해고를
통제하기 위해 정해진 노동협약으로서 종
업원의 자격과 조합원의 자격 사이의 관계
를 규정한 것이다. 이것은 노사간의 역관
계(力關係)에 의해 결정되는데, 그 유형에
는 비조합원의 채용을 허용하지 않는 클로
즈드 숍 closed shop 제와 채용은 사용자의
자유이지만 채용 후에는 일정기간내에 조
합원이 될 것을 강제하는 유니온 숍 union
shop 제가 있다. 이 두 가지 협약에 공통된
점은 노동조합으로부터의 탈퇴자·제명자
의 해고를 사용자의 의무로 정한 점이다.

숄스 Scholes, Myron(1941~   )

파생금융상품의 평가이론을 확립한 공로
로 1997년 노벨경제학상을 공동수상했다.

숄스교수는 1969년 미국 시카고대학 경
영대학원에서 박사학위를 취득했고 1983년
부터 현재까지 스탠퍼드대 경영대학원 교
수로 재직하고 있다.

그는 시카고대학 시절인 1973년 스승인
고(故) 피셔 블랙 교수와 함께 블랙-숄스
모델을 개발하면서 학계의 주목을 받기 시
작했다. 블랙-숄스 모델은 모든 옵션 거
래의 기본으로 처음 선보인 지 24년이 됐
지만 세계의 대부분 투자자나 펀드 매니저
들은 아직도 바이블로 삼는다. 저서로는
「보통주의 가격과 수익률에 대한 배당률
및 배당정책의 효과」(1974), 「배당과 세
금」(1978), 「선물시장에서의 헤지와 스프
레드의 경제학」(1981)등이 있다. →머튼

수권자본 授權資本 authorized capital

주식회사가 이사회결의만으로 주식을
발행할 수 있도록 인정한 자본금액이다.

그 주수를 수권주식수라 한다. 이 수권주
식수를 얼마만큼 발행하느냐 하는 것은 주
주총회에서 결정한다.

수리경제학 數理經濟學 mathematical economics

경제이론을 전개하는 데 있어서 수학적
인 방법을 크게 도입하는 경제학을 일반적
으로 수리경제학이라 하며, 이런 의미에서
이것은 내용상에서가 아니라 분석방법상
에서 나눈 개념이 된다. 오늘날에는 경제
학의 거의 모든 분야가 수학적으로 구성되
고 있어서 근대경제학은 곧 수리경제학이
라고 하여도 과언이 아니다. 수리경제학에
서 널리 쓰이는 수학적 방법으로는 게임
이론, 선형계획이론, 투입-산출분석이론
등과 아울러 고전적인 방법인 미분법·적
분법·미분방정식이론·행렬이론·벡터
이론 등이 있으며 최근 일부에서는 해석학
과 위상학(位相學)이 채용되고 있다.

수요 需要 demand

맥주를 마시고 싶다는 생각 자체는 단순
한 욕망에 지나지 않고 아직 수요는 아니
다. 그 욕망을 충족시키기 위하여 제한된
소득의 일부를 지출할 수 있을 때 수요가
된다. 이러한 의미의 수요를 특히 유효수
요라고 부를 때가 있다. 따라서 소비자의
소득에 변화가 없고 맥주값만 오를 때, 맥
주를 마시려는 욕망에는 아무런 변화가 없
더라도 맥주에 대한 수요는 감소한다.

그러나 보통 맥주의 수요량이라는 것은
사회전원의 수요량통계를 말하는 것이고
개인의 수요량을 말하는 것이 아니다. 따
라서 이것을 사회적 욕망 das gesellschaft-
liche Bedürfnis 이라고도 한다. 또 모든 생
산이 이 사회적인 수요총량을 목적으로 행
해진다는 견지에서 각 상품별·각 부문별
의 사회적 수요량을 최종수요 final de-

mand 라고 부르는 경우가 있다. 일반적으로 각 재화에 대한 사회적 수요에 관해서도 이상의 맥주에 대한 소비자의 수요와 마찬가지로 다른 사정에 변화가 없는 한, 1재화의 수요량은 가격의 상승에 따라 감소하고 가격의 하락에 따라 증가하는 것으로 생각되고 있다. 이것을 수요의 법칙 law of demand 이라고 한다. 이 관계를 수

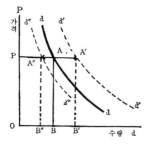

직표로 나타낸 것이 수요표 demand schedule 이고, 이것을 수식화하여 어떤 재화의 수요량 d_1을 그 가격 P_1의 함수 $d_1 = f(P_1)$의 형태로 나타낸 것이 수요함수 demand function 이며 이것을 그림의 dd선과 같이 그래프로 표시한 것이 수요곡선 demand curve 이다. 일반적으로는 수요곡선은 우하향하지만, 재화의 종류에 따라 그 경사에 차이가 있다. 예를 들면, 쌀과 같은 필수품은 경사가 급하여 가격이 다소 높아져도 그 수요량은 크게 감소하지 않지만, 위스키같은 기호품은 경사가 완만하여 가격이 약간만 올라도 그 수요량은 크게 감소한다. 보통 이와 같은 경사의 정도를 측정하는 척도로서 수요변화의 비율÷가격변화의 비율이 사용된다.

이것을 수요의 탄력성 elasticity of demand 이라고 한다. 필수품은 수요의 탄력성이 작고 기호품은 수요의 탄력성이 크다. 1910년대 이후 이 수요의 탄력성을 통계적으로 확정하여 보려는 노력이 각국에서 시도되어 왔다. 다음으로, 한 재화의

수요량은 그 가격에 변화가 없으면 변화하지 않는가 하면 그렇지 않다. 우선 소비자 전체의 소득에 변화가 있으면 변화한다. 이것은 수요곡선자체가 소득의 증가(감소)에 따라 우측(좌측)으로 이동함으로써 도시된다. 그림의 $d'd'$선($d''d''$선)이 그것이다. 이에 의하면 가격 P가 일정하여도 소득의 증가(감소)에 의하여 수요량이 OB에서 $OB'(OB'')$가 됨을 알 수 있다. 또 그 외의 많은 재화의 가격($P_2, P_3, \cdots P_n$)에 변화가 있어도 변화한다. 이 관계를 도입하면 수요함수는 $d_1 = f(P_1, P_2, P_3, \cdots, P_n)$이 되어 그래프로는 표현할 수 없게 된다.
→유효수요

수요견인(需要牽引) 인플레이션
☞인플레이션

수요공급의 법칙 需要供給의 法則
law of demand and supply

일반적으로 공급측의 사정은 불변이고 수요의 증가(감소)가 있으면 가격이 상승(하락)하고 매매되는 상품이 증가(감소)하며 ―수요의 법칙 law of demand― 반대로 수요측의 사정은 일정하고 공급의 증가(감소)가 있으면 가격이 하락(상승)하고 매매량은 증가(감소)한다―공급의 법칙 law of supply―고 생각되고 있다. 이와 같이 한 상품의 수요·공급과 그 가격과의 관계에 관한 법칙을 수요공급의 법칙이라 부른다. 자세히 말하면, 이 법칙의 내용은 다음 7가지의 경우 다소의 변화가 생긴다.

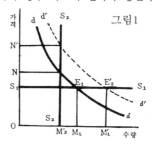

그림1

① 비용이 일정할 경우 : 이것은 설비에 별로 큰 자본을 필요로 하지 않고, 생산확장을 할 때에는 기계·원료·노동자를 1조만 더 투입하면 간단히 끝나는 상품, 예컨대 볼트·너트와 같은 부분품의 경우로서 이 때의 공급곡선은 그림 1의 S_1S_1선과 같이 횡축에 평행이므로, 수요가 증가하여 수요곡선이 dd곡선에서 점선으로 나타낸 $d'd'$곡선으로 이동하여도 그것은 단순히 매매량을 OM_1에서 OM_1'로 증가시킬 뿐이고 가격에는 영향을 주지 않는다.

② 공급이 완전히 고정되어 있어 비탄력적일 경우 : 이것은 예컨대 예술품이나 토지와 같은 경우로서 그림 1의 S_2S_2직선과 같이 공급곡선이 종축에 평행한 수직선이 된다. 지금 수요가 증가하여 dd곡선에서 $d'd'$곡선으로 수요곡선의 이동이 있더라도 공급량은 전혀 증가하지 않고 가격만 ON에서 ON'로 상승할 뿐이다.

③ 공급이 후방굴절형 backward-bending인 경우 (처음에는 우측으로 올라가다가 도중부터 좌측으로 올라가는 공급곡선의 경우) : 이것은 노동의 공급곡선처럼 어떤 임금수준(그림 2의 T점) 이하에서는 임금의 상승에 따라 노동의 공급이 증가하지만, 어떤 임금수준(T 점)을 지나면, 예를 들어 지금까지 부부가 맞벌이를 하고 자식에게도 일을 시키고 있던 가정에서 남편의 수입만으로 생계가 가능하게 되므로 아내를 가사에 전념케 하고 자식에게는 고등교육의 기회를 줄 수 있게 되어, 따라서 임금의 상승에 따라 노동의 공급은 그만큼 감소하는 경우이다. 이같은 관계는 그림 2의 공급곡선으로 표시된다.

이 경우 그림과 같이 수요곡선이 우측 상방으로 이동하면 확실히 가격은 ON에서 ON'로 상승하지만 노동량은 OM에서 OM'로 감소한다.

④ 수확체감, 따라서 비용체증의 경우 :

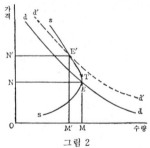
그림 2

이것은 일반적으로 생산규모를 불변으로 하고 생산량의 변화를 생각하는 경우로서 그림 3의 SS곡선과 같이 공급곡선이 우상향 형태이다. 여기에서 수요의 증가 즉 수요곡선이 우상향으로 이동하면 ON에서 ON'로의 가격상승과 OM에서 OM'로의 매매량증가가 있게 된다.

⑤ 우측에서 내려가는 수요곡선을 고정시켜 놓고 공급곡선이 이동할 경우 : 이 경우에는 그림 3에 나타낸 SS곡선 및 $S'S'$곡선과 dd곡선의 관계에서 분명하듯이 매매량은 OM에서 OM''로 증가하고 가격은 ON에서 ON''로 하락한다.

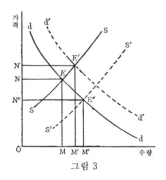
그림 3

⑥ 비용체감의 경우 : 이것은 설비확대에 의하여 대규모생산의 법칙이 작용하는 경우로서, 보통 ④에서 본 바와 같이 설비가 일정한 경우에는 공급곡선이 우측으로 올라가므로 수요량의 증가는 가격을 상승시키지만, 이 경우 수요량의 증대와 함께

설비 그 자체가 확장되어 그림 4에 명시한 바와 같이 공급곡선자체가 SS선에서 S'S' 선으로 우측하향이동을 한다. 따라서 매매량은 OM에서 OM'로 증가하지만, 가격은 화살표 방향을 따라 EM에서 E'M'로 하락한다.

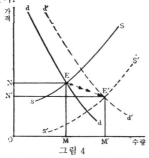

그림 4

⑦ 우측하향의 수요곡선의 경우 : 빵 소비자의 생활수준이 매우 낮을 때에는 식량에 대한 수요의 대부분이 빵으로 향하게 되지만 소득이 상승하면 오히려 빵을 줄이고 그 외의 여러 가지 부식물로써 영양을

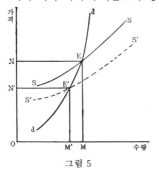

그림 5

섭취하려 할 것이다. 만약 빵의 가격이 하락한다면 이것은 생활수준이 낮은 소비자에게는 소득의 상승과 같은 효과를 가져오게 되며 빵의 가격하락이 오히려 그 수요량을 감소시키게 된다. 이러한 경우를 그 발견자의 이름을 따서 기펜의 사례 Giffen's case 라고 한다. 이 경우의 수요곡선은 그림 5의 dd곡선과 같이 우상향이 된다. 이 수요곡선을 고정시키고 공급곡선을

우측으로 하향 이동시키면 가격은 ON에서 ON'로 저하하는데도 불구하고 매매량은 OM에서 OM'로 감소한다.

수요독점 需要獨占 monopsony

구매조합에 의한 독점구입이나 소비자의 불매동맹 등과 같이 구매자가 많은데도 구매자가 1인 또는 하나의 통일의사를 가진 주체로 나타나는 경우를 수요독점이라 한다. 예를 들면, 조직되지 않은 개개의 노동자가 단일 기업에 고용되어 있는 경우 노동자 편에서는 기업가가 제시하는 임금을 감수할 수 밖에 없으므로, 고용주는 노동시장에 있어서 수요독점의 지위를 갖는 결과가 된다.

이 경우 고용량 결정이론은 다음과 같다. 노동시장에 구매자가 다수 존재하고 완전경쟁이 성립되어 있는 경우에는, 구매자가 노동자를 얼마만큼 고용하더라도 그 임금률에 영향을 주지 않는다. 그러나 구매자가 단 1인인 경우에는 구매자의 고용량에 따라 임금률이 영향을 받는다. 보통 노동조합이 존재하지 않는 경우에는, 임금률 w는 고용량 N의 증가함수 $w=\phi(N)$으로, 고용량이 커지면 높아지고 고용량이 적어지면 낮아지는 것으로 생각된다. 즉 노동의 공급곡선은 우측으로 올라간다. 이것은 다음 그림의 노동 1단위당 평균비용곡선으로 나타난다. 이것이 왜 노동의 공급곡선이 되는가 하면, 간단화하기 위하여 비용의 모두가 노동비용으로 성립되어 있다고 간주하고 횡축에 고용량을 표시했기 때문이다. 그런데 노동 1단위당 평균비용곡선이 우측으로 올라가는 경우, 노동 1단위당 한계비용곡선도 당연히 더욱 급경사인 우상향의 곡선이 될 것이다. 이것을 그림에서는 점선으로 표시하였다.

다음 이 노동에 의하여 생산되는 생산물의 시장에 대해 명백히 하지 않으면 안된

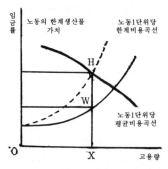

다. 생산물시장에서는 완전경쟁이 지배하고 있다고 간주하자. 따라서 생산물가격은 생산량의 대소에 관계없이 항상 일정하다. 그러나 노동의 한계생산력체감법칙의 작용을 가정하기 때문에 노동의 한계생산물의 가치는 그림과 같이 우하향의 곡선이 된다. 이러한 조건 아래에서 수요독점의 입장에 서 있는 기업은 총수입과 총비용의 차인 이윤을 극대로 하게끔 노동시장에서 고용량을 결정할 것이다. 여기서 이윤극대화의 조건은 노동의 한계생산물의 가격이 노동단위당의 한계비용과 같다는 것이며 상기 그림에서는 고용량 *OX*가 이윤극대의 조건을 충족시키는 고용량이라는 결과가 된다. 그런데 그림에 의하여 알 수 있는 바와 같이, 이 이윤극대조건을 충족하는 고용량에 있어서 한계비용 *XH*는 평균비용 *XW*(즉 임금률 *w*)보다 크므로, 노동의 한계생산물의 가치는 임금률 *w*보다 크게 된다.

경쟁이 완전하다면 임금률은 노동의 한계생산물의 가치와 같을 것이므로 이와 같이 임금률이 노동의 한계생산물의 가치보다 작을 경우에는 수요독점적 착취 monopsonistic exploitation 가 생기고 있다고 간주될 것이라고 로빈슨 Robinson, J. V. 은 설명하고 있다. 위 그림에서 말한다면, *WH* 의 부분이 착취당하고 있는 부분이다. 또 로빈슨에 의하면, 여기서 만일 생산물

시장이 공급독점의 상태에 있다고 한다면 전생산물 중 노동자의 몫은 공급독점과 수요독점의 쌍방에 의하여 착취되는 결과가 될 것이다.

수요분석 需要分析 demand analysis
특정상품에 대한 수요의 동향을 결정하는 각종의 요인을 파악하여 이 요인들이 어느 정도의 비중으로 전체의 수요에 영향을 주느냐를 밝혀내는 것이다. 바꾸어 말하면 기업이 생산 내지 판매의 계획을 세우는 경우에 출발점이 되는 시장예측이다. 이를 위해서는 매상고, 소비자 1인당 소비량, 기타의 통계자료를 모아서 수요변화의 동향을 파악한다. 이 경우 매상고를 종속변수로 하고 각 지배요인을 독립변수로 하여 함수를 구한다. →변수

수요예측 需要豫測 demand forecast
수요분석을 위하여 시장조사나 각종의 예측조사의 결과를 기초로 하여 장래의 수요를 예측하는 것이다. 예측기간에 의하여 장기예측, 연차예측, 단기예측 등 여러 가지 예측방법으로 분석된다. 수요예측은 산업이나 회사가 구입, 생산, 자금, 판매 등의 계획을 세우는 데에 불가결한 것이다. →수요분석

수요의 소득탄력성 需要의 所得彈力性 income elasticity of demand
한 재화나 서비스에 있어서 소비자의 소득이 변화했을 때 그것이 그 재화나 서비스의 수요량에 어떤 변화를 주는가를 보여주는 비율이다. 즉 소득이 1% 변화할 때에 수요량이 몇 % 변화하는가를 보여주는 것으로 소득의 변화율의 비율로써 나타낸다. 예를 들면 가계의 지출을 생각할 때 식비나 의복비는 소득수준이 높아지면 소득의 증가만큼 증가하지 않는 경향이 있다.

이는 소득탄력성이 1 이하인 예이다. 한편 교육비나 내구소비재에 대한 지출은 소득의 상승 이상으로 증가하는 경향이 있다. 이러한 재화나 서비스는 소득탄력성이 1보다 큰 것으로 생각된다. 일반적으로 소득이 증대하면 재화나 서비스에 대한 수요도 증가하는 것으로 생각되지만 오히려 감소하는 재화도 있다. →수요의 탄력성

＊수요의 탄력성 需要의 彈力性 elasticity of demand

수요라 함은 소비자가 재화나 용역을 구매하고자 하는 욕구를 말하는 것으로서 이 수요를 결정하는 요인으로서 ① 그 재화나 용역의 시장가격 ②타재화나 용역들의 가격 ③ 소비자의 소득 ④ 그 재화에 대한 소비자의 기호 ⑤ 기타 등으로 구별할 수 있으며 이들 요인 중에서 그 재화의 가격이 수요에 미치는 영향이 제일 크고 직접적인 반면에 타요인들은 비교적 간접적이라 할 수 있어, 타요인들이 일정불변하다고 가정한다면 X라는 재화에 대한 수요가 가격에 의해서 결정된다는 것은 D_x는 X재화에 대한 수요량을 뜻하며 P_x는 X재화의 가격이라 할 때 $D_x = f(P_x)$로 표시될 수 있으며 이를 가장 단순한 형태의 수요함수라 한다. 이 함수상 X재화의 가격변화로 변화하는 X재화의 구입량의 변화를 수요량 the quantity demanded 의 변화라 하며 X재화가격 이외의 소득, 다른 재화가격, 기호 등의 변화로 인하여 달라지는 X재화에 대한 구입량의 변화를 단순히 수요의 변화라고 하여 양자를 구별해 둔다. 즉 전자는 주어진 수요곡선상의 변화를 말하며 후자는 수요곡선자체가 자리를 옮기는 것을 뜻한다.

재화의 가격 변화율에 대한 수요량의 변화율을 수요의 탄력성 elasticity of demand 또는 수요의 가격탄력성 price elasticity of demand 이라한다. 그러나 탄력성이란 가격변화와 수요량변화비율에만 한정되어 있는 것이 아니며 그 외 소비자의 소득변화에 대한 수요량변화비율을 나타내는 수요의 소득탄력성 income elasticity of demand, 타재화의 가격변화에 대한 수요량변화비율을 나타내는 수요의 교차탄력성 cross elasticity of demand 등이 있다. 수요의 탄력성(E_d)은 다음과 같은 식으로 표기될 수 있다. 즉,

$$E_d = \frac{\text{수요량의 변화율}}{\text{가격의 변화율}}$$

$$= -\frac{\Delta Q}{Q} \bigg/ \frac{\Delta P}{P} = -\frac{\Delta Q}{\Delta P} \cdot \frac{P}{Q}$$

이 때 P와 ΔP는 각각 특정재화가격과 그 변화분을 말하며 Q와 ΔQ는 수요량과 가격변화로 인해 증가 또는 감소된 수요량을 말한다.

그러나 수요함수의 성질에 의해서 가격과 수요량의 변화 사이에는 역의 관계가 존재하기 때문에 탄력성 값 자체는 부(負)가 되나 편의상 부의 기호를 위 식 앞에 붙여 이를 정(正)값으로 나타낸다. 또한 탄력성 값은 그 변화율을 계산하는 기준을 무엇으로 하느냐에 따라 달라지기 때문에 일반적으로

$$E_d = \frac{\Delta Q}{(Q_1 + Q_2)/2} \bigg/ \frac{\Delta P}{(P_1 + P_2)/2}$$

$$E_d = -\frac{\Delta Q}{\Delta P} \cdot \frac{(P_1 + P_2)}{(Q_1 + Q_2)} \text{로 표시한다.}$$

이와 같은 탄력성은 호탄력성 arc elasticity 이라 하며 이것과 대조되는 것으로서 어느 한 점에서의 탄력성을 나타내는 점탄력성 point elasticity 이 있다. 호탄력성과 비교하여 점탄력성이란 가격변화 ΔP가 '0'에 무한히 가까워질 때 호탄력성이 취하는 극한치라 할 수 있다. 즉 점탄력성 $\lim_{\Delta P \to 0} \frac{\Delta Q}{\Delta P} \cdot \frac{P}{Q}$=호탄력성의 극한치의 관계가 성립한다.

이 점탄력성은 이와 같이 도함수를 이용하는 것 이외에도 기하학적인 방법으로 구할 수도 있다.

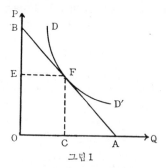

그림 1

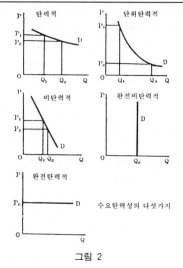

그림 2

그림 1의 점 'F'에서 가격 P은 $CF=OE$, 수요량 Q은 $EF=OC$, F에서의 직선 AB의 기울기는 CF/CA로서 $\Delta Q/\Delta P$와 역의 관계임을 알 수 있다. 따라서 점 'F'에서의 탄력성(E_d)은

$$E_d = \frac{\Delta Q}{\Delta P} \cdot \frac{P}{Q} = \frac{CA}{CF} \cdot \frac{CF}{OC} = \frac{CA}{OC}$$

이 때 그림 1에서 삼각형 CFA와 삼각형 OBA에서 $\dfrac{CA}{OC} = \dfrac{FA}{BF}$가 성립되어

$$\frac{CA}{OC} = \frac{FA}{BF} = \frac{BE}{OE}$$

가 된다.

탄력성은 일반적으로 그 값의 크기에 따라 ① $E_d=0$이면 완전비탄력적, ② $0<E_d<1$이면 비탄력적, ③ $E_d=1$이면 단위탄력적, ④ $1<E_d<\infty$이면 탄력적, ⑤ $E_d=\infty$이면 완전탄력적이라 한다. 이들을 그림으로 나타내면 그림 2와 같다. 수요곡선이 그림 3과 같이 직선인 경우 수요곡선상에서의 탄력성은 각 점마다 각각 다른 값을 가지며 일반적으로 그림 3에 나타난 바와 같이 구분한다. 소비자들의 소비지출액은 곧 생산자의 수입이므로 어떤 재화에 대한 소비자의 총지출액은 기업의 총수입액과 일치한다. 따라서 가격이 변화할 경우 수요의 가격탄력성이 변화하면서, 소비자의 지출액과 따라서 기업의 수입액이 변화하게 된다. 이러한 관계를 나타낸 것이 표 1이다.

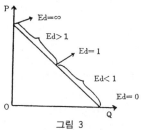

그림 3

표 1

수요의 탄력성	가격변화율과 수요량변화율	총지출액의 변화	
		가 격 하락시	가 격 상승시
$Ed>1$	$\dfrac{\Delta P}{P} < \dfrac{\Delta Q}{Q}$	증가	감소
$Ed=1$	$\dfrac{\Delta P}{P} = \dfrac{\Delta Q}{Q}$	불변	불변
$Ed<1$	$\dfrac{\Delta P}{P} > \dfrac{\Delta Q}{Q}$	감소	증가

이를 기업의 총수입과 수요곡선의 관계에서 보면 총수입(TR)은 가격에 수요량을

곱한 것이므로 $TR=PQ$가 성립한다. 이 식을 Q에 대해서 미분하면

$$\frac{d(TR)}{dQ}=P+Q\cdot\frac{dP}{dQ}$$
$$=P\left(1+\frac{Q}{P}\cdot\frac{dP}{dQ}\right)=P\left(1-\frac{1}{E_d}\right)$$

이 된다. 이 때 $E_d=1$이면 $\frac{d(TR)}{dQ}=0$이고, 이는 총수입극대의 필요조건이며 $E_d>1$이면 $\frac{d(TR)}{dQ}>0$이며 수요량이 증가할 때 총수입도 증가하나, $E_d>1$이면 $\frac{d(TR)}{dQ}<0$이 되고 수요량이 증가하여도 총수입은 감소한다. 이와 같은 관계를 그림표로 표시하면 다음 그림 4와 같다.

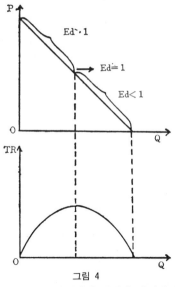

그림 4

이상과 같이 탄력성에 대해서 분석하였으나 일반적으로 어떤 재화에 대한 탄력성이 탄력적이다 아니다 함은 그 재화의 가격이나 소득은 물론 그 재화에 대한 대체재의 수와 그 대체정도의 크기, 소비자의 그 재화에 대한 중요도에 따라 결정된다. 모든 재화는 장기적으로 탄력적인 것이 일반적이다. 수요의 탄력성은 경제학의 가장

기본적인 개념으로서 기업의 가격인상, 인하 등 가격결정에 있어서나 정부의 물가정책 등에서 매우 중요한 위치를 차지하고 있다. →수요의 소득탄력성, 수요함수

〔참고문헌〕 Samuelson, P. A., *Economics*, 9th ed., 1975; Ferguson, C. E., *Microeconomic Theory*, 3rd ed., 1972.

＊수요표 · 수요곡선 · 수요함수 需要表 · 需要曲線 · 需要函數 demand schedule · demand curve · demand function

수요란 소비자가 재화나 용역을 구매하고자 하는 욕구를 말한다. 따라서 수요량이란 실제로 구매한 양이 아니라 구매하고자 의도하는 양을 뜻하며 어떤 기간동안 계속되는 구매의 흐름 즉, 플로우 flow 개념이므로 단위기간당 얼마로 표시된다. 일반적으로 수요에 영향을 미치는 가격을 제외한 기타의 모든 조건들이 일정하다고 가정할 때, 한 재화에 대한 수요량은 그 재화의 가격과 역의 함수관계가 성립한다. 즉, 가격이 올라가면 수요량은 감소하고 가격이 떨어지면 수요량은 증가하게 된다. 이를 수요법칙이라 하며 이 관계를 수치로 나타낸 것을 수요표라 하고 함수관계로 나타낸 것을 수요함수, 도표로 나타낸 것을 수요곡선이라 한다.

지금 합리적인 가계가 소득 y을 모두 지출하여 구매하는 n종의 재화를 x_1, x_2, $\cdots$, x_n이라 하고 이에 대응하는 가격을 p_1, p_2, $\cdots$, p_n이라 하자. 임의의 가격 p_i하에서의 x_i재의 수요량은,

$$x_i=f_i(p_1,\ p_2,\ \cdots,\ p_i,\ \cdots\ p_n,\ y) \quad\cdots\cdots(1)$$

라 표시된다. 이 (1)을 수요함수라 한다. 그런데 x_i에 영향을 미치는 각종 요인들 중에서 p_i를 제외한 기타의 요인들이 미치는 영향은 비교적 간접적이며 작다고 할

수 있으므로 p_i를 제외한 다른 모든 변수들이 일정하다고 가정하면, 수요함수(1)은

$$x_i = f(p_i) \quad \cdots\cdots\cdots\cdots\cdots\cdots\cdots (2)$$

라고 바꾸어 쓸 수 있다. 이 수요함수(2)를 수치로 표시한 것을 수요표, 도표로 나타낸 것을 수요곡선이라고 한다. 한편, 한 재화의 수요량이 특정구매자에 국한되는 개별적인 것인가, 아니면 사회전체적인 것인가에 따라 개별수요와 시장수요로 구분되며 각 가계의 독립성을 가정하여 각 개개별수요를 합하면 시장수요가 된다.

수요표

시장가격	수요량
50원	10개
45	15
40	20
35	25
30	30
25	35
20	40

여기서 달걀을 예로 들어 설명하면, 달걀 1개의 가격이 50원일 때 한 가계의 수요량이 10개이고 45원일 때 15개, 40원일 때 20개 등이라면 수요표는 옆과 같으며 가격과는 역의 관계가 있음을 보여주고 있다. 이는 개별수요를 나타내고 있으므로 각 가계의 수요를 합하면 총수요(시장수요)를 나타내게 된다. 이 수요표는 $x=60-p$의 함수관계를 나타내고 있는데 이를 수요함수라 하며 수요곡선은 그림 1과 같이 그려진다. 마샬 Marshall, A. 이래의 관례에 따라 수학의

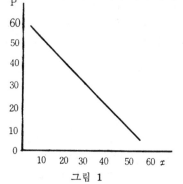

그림 1

관례와는 달리, 독립변수인 가격을 종축,

종속변수인 양을 횡축으로 나타낸다. 가격을 종축으로 잡는 경제학의 관례는 너무 오래된 전통이어서 모든 경제학 교과서에서 그대로 답습되고 있다. 이러한 개별수요곡선을 시장수요곡선으로 하는 것은 매우 단순하다. 즉 시장수요함수는 총수요량을 X_i라 할 때 $X_i = \Sigma x_i$라 할 수 있으며, 그 수요곡선은 그림 2처럼 그릴 수 있다.

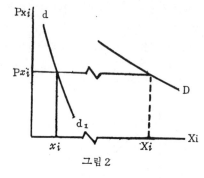

그림 2

일반적으로 수요곡선이 우하향의 기울기 (감소함수)를 갖지만, 예외적으로 우상향의 기울기(증가함수)를 갖는 경우도 있는데 이러한 재화를 기펜재라 하며, 이는 하급재이며 부(負)의 소득효과 income effect 가 정(正)의 대체효과 substitution effect 를 압도하는 재화이다.

〔참고문헌〕 Henderson, J. M. & Quandt, R. E., *Microeconomic Theory*, 2nd ed., 1971; Friedman, M., *Price Theory*, 1962; Samuelson, P. A., *Economics*, 9th ed., 1975.

수익률곡선 收益率曲線 Yield Curve

금융자산 중 채권의 만기 수익률과 만기와의 관계를 나타내는 것이 수익률곡선 Yield Curve이다. 수익률곡선은 일반적으로 우상향하는 모습을 보이나 우하향 또는 수평 flat 의 형태를 보이기도 한다. 이처럼 수익률 곡선형태가 다른 것은 경제주체의 期待說

expectations theory, 流動性 프리미엄說 또는 市場分割說 등으로 설명된다. 일반적으로 수익률곡선의 형태는 미래의 단기이자율에 대한 예상(期待說)에 의하여 결정된다. 예를 들어 앞으로 5년간 1년짜리 단기이자율이 연평균 10%로 예상된다면 5년 만기 채권의 이자율은 연 10%가 된다. 경제주체들이 미래의 단기 이자율이 현재와 같을 것이라고 예상한다면 수익률곡선은 수평이 되고 현재의 단기 이자율 이상으로 상승할 것으로 예상한다면 우상향한다. 이와 달리 미래의 단기 이자율이 현재의 단기 이자율 이하로 하락할 것으로 예상한다면 수익률곡선은 우하향하게 된다. 또한 장기채권은 단기채권에 비해 위험이 크며 현금화될 수 있는 유동성도 작은 것이 일반적이므로 유동성에 대한 프리미엄을 요구(流動性 프리미엄說)하게 되어 장기금리가 올라 우상향하는 형태를 취하게 된다. 한편 市場分割說은 채권시장이 만기에 따라 분할되어 있으며 만기가 다른 채권간에는 전혀 대체관계가 없다고 가정한다. 즉 만기가 다른 채권의 수익률은 각 채권에 대한 수요와 공급에 의해 결정되며 다른 채권에 대한 기대수익률 등에는 영향을 받지 않는다고 본 것이다.

이러한 수익률 곡선은 금융시장이 앞으로의 경기전망을 어떻게 보고 있는가를 시사해 준다. 이자율과 경기는 같은 방향으로 움직이기 때문에 수익률곡선이 우상향의 기울기를 보인다면 시장참가자들이 이자율의 상승 즉 경기의 확장을 예상하고 있으며, 반대로 수익률곡선이 우하향한다면 경기의 위축을 예상한다는 것을 의미한다.

수익자부담 受益者負擔

공공재를 생산하는 경우, 그 소요비용을 누가 부담하느냐 하는 문제가 제기된다. 이 때 수익자부담원칙이란 사적인 재화의 소비에서처럼 공공재로부터 이익을 받거나 그것을 집약적으로 이용하는 사람에게 비용을 부담시킨다는 원칙이다. 예를 들면 휘발유세는 도로사용자가 휘발유 사용량에 비례하여 도로건설과 유지를 위한 비용을 부담하는 것이다.

수입관세 輸入關稅 import duties

수입품에 대해 부과되는 관세를 말한다. 수입관세를 부과하는 목적은 재정수입을 획득하고(재정관세 또는 세입관세), 미발달의 국내산업을 보호·육성하며(협의의 보호관세), 국내산업을 외국산업의 부당한 경쟁에서 방위(상계관세 내지 보복관세)하는 등이다. 특히 당초의 목적이 세입에 있을 때 수입(收入)관세라고 한다. 수입관세의 가장 전형적인 것은 국내에서 거의 또는 전연 산출되지 않는 수입품에 대하여 부과하는 것으로서 이를테면 우리 나라, 유럽 국가들이 수입 커피·코코아 등에 부과하는 관세이다.

수입담보 輸入擔保 import deposit

수입보증금이라고도 한다. 투기적인 수입을 방지하기 위하여 수입업자가 물자의 수입승인을 받을 때 외환은행에 적립하는 담보를 말한다. 화물의 수입의 경우 신청액의 일정비율(이것을 수입담보율이라 한다)을 현금 또는 국채, 정기예금증서, 금융기관의 보증서 등을 담보로 제공해야 하며 담보율은 품목에 따라 다르다. 수입억제가 필요할 때는 이 담보율을 인상하는 것이 상례이다.

수입대체 산업화 輸入代替 産業化
Import Substitution Industrialization

제 3세계 국가들이 국내시장 판매를 목적으로 제조업 상품을 생산하는데 초점을 두는 내부지향적 산업화를 추진하는 경제발전전략이다. 제3세계 국가들은 식민시대에 식민열강이 제시하는 바에 따라 원료와 자원수출, 공산품 수입을 위주로 하는 무역 패턴을 지향해야만 했고 이러한 식민시대의 유산은 식민지의 해방이 이루어진 후에도 기존의 산업과 무역구조를 해체하는데 상당한 어려움을 낳게 한다. 이러한 질곡에서 벗어나는 노력의 일환으로 1930년대 초부터 라틴아메리카를 중심으로 많은 제3세계 국가들이 수입대체 산업화 ISI 전략을 바탕으로 실질적인 제조업 부문을 개발하기 시작한다. 30년대에서 40년대의 기간은 세계대공황으로 전통적인 수출시장이 위축되고, 2차 대전으로 선진 공업국으로부터의 소비재 흐름이 중단되던 때였다. 이에 따라 라틴아메리카 국가들은 자족경제의 확대와 국내산업화를 추구하게 되는 것이다.

2차 대전 직후 개발도상국의 기업은 대부분 규모가 영세하고 경험이 부족한 상태였기 때문에 선진공업국의 수출업체들과 직접 경쟁하기 어려운 상황이었다. 개발도상국 정부들은 유치산업을 육성하고, 수입재를 국산품으로 대체하기 위해 외국과의 경쟁을 차단할 보호장벽을 강화하기 시작했다. 먼저 보호의 대상이 된 산업은 상대적으로 기술적 장벽이 낮고 자본소요 규모가 작았던 소비재 산업이었다. 소비재산업 부문의 공기업과 공기업의 민영화를 통해 등장한 신생 민간기업의 경우 보호관세 외에도 각종 보조금과 수입원료 구매를 위한 외환확보상의 특혜 등 다양한 형태의 국가지원을 향유하였다. 국내산업이 적합한 지식이나 자본을 보유하지 못한 분야에는 선진국의 다국적기업이 수출보다는 개도국 국내에 생산기지를 건설하였다.

ISI와 관련하여 여러 가지 정책이 시행되었다. 개발도상국의 통화는 지속적으로 과대평가되었다. 이는 수입대체산업을 위한 석유, 원자재, 자본재 등 주요 수입 투입재의 가격을 낮추는 역할을 하게 된다. 수입대체 산업이 생산한 소비재에 대한 국내시장을 활성화하기 위하여 임금인상이 허용되고 사회복지 지출이 증가되기도 하였다. 수입대체 산업에의 투입요소 구매를 위한 외환의 확보를 위하여 상업작물의 수출이 중시되었음에도 불구하고 대체로 농업부문은 축소되면서 투자가 농업에서 제조업으로 이전되고 잉여 노동력이 농촌에서 도시지역으로 공급되었다.

1950년대까지 라틴아메리카 및 다른 개발도상국이 괄목할만한 경제성장과 산업화를 달성하게 했던 ISI는 1960년대 들면서 전략에 내재하던 모순적인 요소 때문에 역동성을 상실하기 시작하였다. 소비재 부문의 국내시장의 한계로 성장잠재력이 감퇴하면서 정부는 자본재나 철강 등의 중화학공업의 발달을 추진하는 것을 내용으로 하는 심화된 ISI "deepening" of ISI를 추구하기 시작했다. 이러한 자본집약적 산업에 대한 투자는 거대한 자본과 세련된 기술을 필요로 하는 것으로 대규모의 해외 차관이나 재정 지출을 요구하는 것이었다. 더구나 많은 국가에서 이러한 재화에 대한 국내시장의 수요가 작았기 때문에 효율적인 규모의 경제를 실현할 수 없어 높은 수준의 상품가격과 거액의 정부 보조금을 초래하였다. ISI전략으로 많은 기업들이 보호주의에 의존하게 되어 보호장벽 유지를 위하여 로비활동을 하는 반면, 혁신을 통한 효율성 개선의 유인이 없고 독점가격을 부과하는 상태가 지속되었다.

또한 재정금융상의 문제에 직면하였는데 정부의 산업보조와 사회복지 지출 증대는 대규모의 재정적자를 야기하였고, 해외차관, 다국적기업의 이윤 환수, 통화 고평가에 따른 수출위축 등은 국제수지 적자와 외채의 증가를 가져 왔으며, 임금상승, 재정적자, 수입대체산업의 높은 가격수준은 심각한 인플레 압력을 초래하였다.

이에 따라 라틴아메리카와 여타 개발도상국의 ISI전략이 경제개발 초기에 급격한 산업화를 자극했던 중요한 역할을 했음에도 불구하고 최근에는 이 전략에 내재하는 경직성과 비효율성으로 경제의 성장과 발전을 방해하고 있는 것으로 평가되고 있다.

→ 수출주도 산업화

수입성향 輸入性向 propensity to import

일국의 경제가 수입에 의존하고 있는 정도를 지칭할 경우를 수입의존도라고도 한다. 보통은 국민소득 또는 GNP(국민총생산)에 대한 수입액의 비율로 나타내어 평균수입성향이라 한다. 소득의 증가에 대한 수입의 증가의 비율을 산출한 것을 한계수입의존도 또는 한계수입성향이라 한다.

→무역의존도

수입수량제한 輸入數量制限 quantitative trade restriction(quota)

일정기간에 외국으로부터 수입되는 특정상품의 수량에 대한 제한을 말한다. 직접적인 수입 쿼터로서 다음의 5종류가 있다.

① 관세할당 : 일정량까지의 수입에 관하여는 특별한 저관세율을 적용하고 그 이상의 수입에 관하여는 아주 높은 관세를 부과하는 것,

② 편무적 수입할당 : 일정기간에 어떤 품목의 수입의 절대량을 제한하는 것,

③ 수입허가제 : 특정의 상품수입에 대하여 정부의 허가를 필요로 하는 것, 수입허가제에는 수량에 의하는 것과 금액에 의하는 것의 2종이 있다.

④ 쌍무적 할당 : 해외생산자와의 교섭, 수출국에 있어서의 행정조치 등의 수단을 통하여 수입국측에 있어서의 독점적 착취를 억제하려고 하는 것,

⑤ 혼합할당 : 자국의 최종생산제품에

사용되는 해외 원재료의 수입수량을 규제하는 것. 관세의 경우와 같이 위와 같은 것은 수입을 삭감하여 그 소비가격을 인상시키는 효과를 가지고 있다. WTO(세계무역기구)는 수입할당, 수입제한, 수입허가제를 금지하고 있으며 IMF(국제통화기금)에도 이와 같은 취지의 규정이 있다.

수입(輸入)유전스 import usance

수입대금의 연불을 말한다. 즉 수입어음의 기한을 30일, 60일, 90일로 정하고 어음결제시기를 연장하여 그만큼 수입업자의 금융을 원만하게 하는 방법으로 여기에는 두 가지 방법이 있는데, 첫째는 외국의 수출업자 자신이 기한부어음 usance bill을 발행하여 이것을 은행에서 할인하는 방법으로 이것을 acceptance 방법이라 한다. 둘째는 신용장에 의하여 수출업자가 발행하는 어음을 결제하기 위한 자금을 은행이 별도로 외화로서 수입업자에 2개월, 3개월로 융통해 주는 방법이다.

수입의존도 輸入依存度 ☞무역의존도

수입(輸入)인플레이션 import inflation

물가앙등이 수입품의 가격상승에 의해서 일어나는 것을 말한다. 원래 인플레이션은 국내의 임금상승, 통화의 팽창, 또는 어떤 산업부문의 애로 bottleneck 등으로 일어나는데, 이같은 요인에 의해 물가가 오르는 국내 인플레와는 달리 해외물가앙등 요인에 따라 일어나는 인플레가 수입인플레이다. 오늘날의 개방경제체제하에서는 국제간의 무역의존도가 높아지고, 따라서 한 나라의 물가상승은 필연적으로 교역상대인 타국에 파급된다. 예를 들면 석유

파동 이후 무역의존도가 높은 우리 나라는 주로 해외요인에 의해 74년중에 44.6%, 75년에 20% 이상(소비자) 물가가 올랐는데 이것은 수입인플레의 일종이다. →무역의존도, 인플레이션

수입할당제 輸入割當制 import quota system

정부가 자주적으로 또는 상대국과의 협정에 의하여 국내산업의 보호, 구제, 국제수지의 개선, 환관리의 실시 등을 위하여 또는 상대국에 대한 차별대우나 보복의 수단으로서 일정기간에 걸쳐 일정한 수입상대국, 또는 모든 수입상대국의 상품의 수입수량, 또는 수입액을 직접 할당하거나, 또는 자국의 수입량에 대해서도 수입량을 할당함으로써 수입을 제한관리하려고 하는 방식을 말한다. 1931년 7월 프랑스가 대마의 수입에 대하여 이 제도를 채택한 이래 오늘날 널리 각국에 보급되어 왔다.

수입허가 輸入許可 approval of import

화물을 수입할 경우에는 우선 세관에 신고하여 화물의 검사를 받은 후 수입허가를 받아야만 한다. 신고는 보통 수입하는 화물이 있는 지역의 세관에 서류를 제출하면 세관이 이것에 대해 유세품에 대해서는 관세 납부 후에, 무세품이나 면세품에 대해서는 그 결정 후에 수입신고자에게 허가서를 교부한다. 허가된 화물은 비로소 관세법상의 내국화물이 되어 자유로 유통된다. 수입허가제에는 수량에 의한 것과 금액에 의한 것과의 두 종이 있는데 전자는 국내산업보호를 목적으로 하여 이루어지며, 후자는 국제수지를 중요 목적으로 하여 이루어진다. 그리고 이러한 수입허가제는 품목에 따라서 수입을 제한없이 허가하는 경우와 일정량(액)의 범위 내에서 할당하는 경우가 있다. 전자를 자동승인제 automatic approval system(AAS), 또는 일반포괄허가제 open general license(OGL)라고 한다.

수정자본주의 修正資本主義 revised capitalism, modified capitalism

노사대립의 격화, 심각한 불황 등 자본주의의 발전과정에서 나타난 모순에 당면해서 자본주의의 일부, 특히 개별자본의 자유로운 이윤추구를 국가의 개입이나 자본(資本) 상호간의 자주적 조정에 의해 위에서부터 그 모순을 제한·수정함으로써 체제전체를 총자본의 입장에서 구제하려고 하는 시도의 총칭이다. 1929년의 대공황 뒤 미국의 뉴딜 New Deal 정책이나 영국의 복지국가정책이 이 수정자본주의적 정책에 해당하며 최근의 소위 인민자본주의론이나 민주사회주의론 등에도 이러한 경향이 나타나고 있다. 결국 수정자본주의는 자본주의경제 그 자체를 부정하는 것이 아니라 자본주의경제의 내재적 모순을 수정하고 완화하여 자본주의체제의 지속적인 유지를 목표로 하는 정책적 노력의 표현이라 할 수 있다. 따라서 그것은 독점자본주의, 혹은 국가독점자본주의와 같은 특정한 경제체제를 가리키는 말이 아니다. 또한 이 경우의 '수정'은 관료적인 경제통제나 군사적인 통제에 의한 수정과는 본질적으로 다르다고 할 수 있다. →혼합경제

수직적분업 垂直的分業 ☞국제분업

수직적통합·수평적통합 垂直的統合·水平的統合 ☞기업집중

수출관세 輸出關稅 export tax

수출품에 대해 부과하는 관세로서 수입

품에 대해 부과하는 수입관세와 구별된다. 이 제도는 수출가격을 높이고 국제경쟁력을 약화시키므로 이러한 관세가 부과되는 일은 드문 일이나, 국내에 물자가 모자라거나 수출품이 그 나라의 독점특산물로서 고가일지라도 시장을 잃을 염려가 없을 때 실시되기도 한다. 이것과 흡사한 제도로서 수출과징금이 있다. 일반적으로 수출관세는 국가가 과세하여 일반재원으로 하는데 비해 과징금은 업계를 위해 사용되기도 한다. 어떤 것이나 유력한 수출억제책으로 국제수지조정에 있어서 효과적인 역할을 한다. →수입관세

수출구조 輸出構造 export structure

일국의 수출이 어떠한 상품구성을 갖고, 또 어떠한 지역을 대상으로 이루어지고 있느냐를 나타내는 지표상의 구조를 말한다. 따라서, 이것은 수출상품구조와 수출지역구조로 나누어진다. 한국의 경우, 전자에 있어서 1960년대 초에 이르기까지는 주로 수산물·광산물·식료품 및 원료를 수출하는 극히 후진적인 수출유형에서 벗어나지 못하다가 경제개발이 진행됨에 따라 1차산품 중심에서 공산품 중심으로 바뀌어 갔다. 즉 1961년에는 농산품 19.0%, 수산품 17.0%, 광산품 42.0%, 공산품 22.0%이던 수출상품구조가 1996년에는 농수산품 2.6%, 광산품 4.9%, 공산품 92.5%로 수출상품구조가 더욱 고도화되었다. 공산품이 압도적인 비중을 차지하고 있다. 한편 수출지역구조면에서는 미국과 일본에의 편중은 여전하다. 다만 양국에의 수출의존도가 71.8%로서 최고에 달했던 1972년 이후에는 크게 감소되어 1995년에는 32.9%를 나타내고 있다.

수출(輸出)드라이브 export drive

국내경제의 불황국면에서 내수의 저하로 인한 판매부진을 극복하기 위해 기업에 수출의 압력을 넣는 것을 말한다. 불황기에는 국내수요가 감퇴하여 공급이 과잉 기미를 보이는데 기업은 보통 가동률의 저하를 방지하기 위해 의도하지 않은 재고가 증가함을 억제하고 수출가격을 인하해서라도 수출을 증가시키려는 경향이 있다. 이 수출의 확대가 경기회복의 열쇠가 되는 경우가 많다.

수출보조금 輸出補助金 export subsidy

특정상품을 저렴한 가격으로 수출할 수 있게 하거나 수출을 증진시키기 위해 직접 혹은 간접적으로 수출기업 내지 수출업자에게 주어지는 여러 형태의 보조적 성격을 가지는 지원금을 말한다. 이것은 중상주의 정책의 일환으로서 오래 전부터 채용되어 왔지만 제1차대전 후 선진자본주의제국에서 과잉생산의 처리와 수출경쟁력의 제고수단 등의 다양한 형태로 나타났다. 그러나 수출보조금은 수입국으로 하여금 상계(相計)관세의 부과 등을 하게 하는 대항조치를 야기시켜 자유무역을 크게 저해할 우려가 있기 때문에 WTO는 수출보조금의 지급을 금지하고 있다. 우리 나라는 60년대 전반까지 수출보조금제도를 실시해 왔으나 가트 가입 등 개방체제로의 지향을 위해서 1965년에 이 제도를 폐지하고 대신 수출지원금융, 세제상의 특혜 등 간접지원 체제로 전환하였다.

수출보험 輸出保險 export insurance

해상보험과 화재보험과 같은 보통 민간보험으로 구제받지 못하고 정치적·경제적 등의 이유로 발생하는 수출 등 대외거

래상의 위험으로부터 수출업자나 수출품 생산업체를 보호하기 위하여 정부가 경영하는 보험을 말한다. 이러한 보험의 요인에는 정책적으로 이루어지는 기업의 국유화, 전쟁, 내란, 혁명 등의 정치적 위험과 수입제한이나 금지 등의 경제적 위험을 포함하는 비상위험, 경영자 자신의 판매예상이나 경영예측이 어긋남으로써 투자비용을 회수하지 못하는 기업위험, 수출계약상 대방의 파산, 계약불이행, 지급불능채무 이행지체 등의 신용위험, 환율의 급격한 변동에 따른 환위험 등이 있다. 우리 나라에서는 1994년 8월 수출보험법이 개정되어 수출보험공사에서 이 업무를 대행하고 있으며 각국이 모두 비영리국공영보험으로 취급하고 있다.

종류는 보통수출보험, 수출대금보험, 수출어음보험, 수출금융보험, 위탁판매수출보험, 해외광고보험, 해외투자원금보험, 해외투자이익보험의 8종류가 있다.

① 보통수출보험 : 수출계약이 성립된 후 위험이 발생하여 계약이 이행되지 않아 대금이 회수 불가능할 때 수출업자가 받는 손해를 보충한다.

② 수출대금보험 : 플랜트류의 수출계약 또는 기술제공계약에는 화물을 선적한 후 또는 기술제공을 개시한 후 그 화물의 대금, 임대료 또는 기술의 대가를 받게 되어 있을 때 이것들의 연불대금이 회수 불가능할 경우 그 손해를 보충한다.

③ 수출어음보험 : 하환(荷換)어음이 부도가 났을 때 어음을 매입한 각국환공인은행이 받는 손해를 보충된다.

④ 수출금융보험 : 은행이 수출업자나 생산업자로부터 융통한 수출자금을 기한까지 차주로부터 반제받지 못했을 경우 그 손실을 보충한다.

⑤ 위탁판매수출보험 : 수출자가 위탁판매수출계약에 따라 화물을 수출하였을 경

우 여기에 관련된 지출비용이 회수불가능할 때의 손실을 보충한다.

⑥ 해외광고보험 : 생산자가 수출할 목적으로 상품의 해외선전을 하였으나 예정대로 수출이 되지 않아 광고 선전비가 회수 불가능할 경우의 손해를 보충한다.

⑦ 해외투자보험, 해외투자이익보험 : 이 두 가지 모두 해외에 투자하여 예정되는 이익이나 원금이 회수되지 않았을 때의 손실을 보충한다.

수출입물가지수 輸出入物價指數
☞교역조건

수출주도 산업화 輸出主導 産業化
Export-led Industrialization

개발도상국이 국내시장의 구매력이 부족한 상황에서 수출을 확대함으로써 규모의 경제를 활용한 산업화를 달성하는 것을 핵심으로 하는 경제발전전략이다. 수출주도 산업화 전략 ELI: Export-led Industrialization은 선진국 시장 수출을 위한 생산을 중심으로 전개되며 동아시아 신흥산업국가 Newly Industrializing Countries들은 경제개발 초기의 단기간 동안 수입대체 산업화 ISI: Import Substitution Industrialization 전략에서 수출주도전략으로 신속히 이행하여 산업의 국제경쟁력을 확보함으로써 성공적인 경제발전을 이룩한 것으로 평가되고 있다.

라틴아메리카와 여타 개발도상국의 ISI전략이 시간이 지남에 따라 오히려 경제의 성장과 발전을 방해하고 있다고 평가됨에 따라 ELI전략이 개도국 경제발전에 막대한 긍정적 효과를 가져 온 대안적 전략으로 부각된 것이다. ISI가 내수를 중점으로 폭넓은 산업기반과 상대적으로 자족적인 산업경제의 건설에 목적을 두는 전략이라면 ELI는 세계시장을 대상으로 제조업 제품 생산에 중점을 두면서 비교우위를 가진 상품에 특화하고 다

른 상품은 저가의 수입재에 시장을 개방하는
전략이다.

성공적인 ELI의 사례는 동아시아에서 찾
아 볼 수 있다. 동아시아의 개발 도상국 중
선두에 섰던 그룹은 한국, 대만, 싱가포르,
홍콩이다. 대만은 지난 40여년 동안 연평균
8% 이상의 실질GNP성장을 이룩해 왔고
1960년대 후반 단 한번 실업률이 2%를 기록
한 것을 제외하면 1988년까지 실업률이 1%
대를 유지하였다. 한국의 경우에도 일인당
실질GNP가 60년대 초반 이후 연평균 8%이
상 성장하였고 실업률은 지난 25년 이상
2~4%를 유지하고 있다. 한국은 단순노동
집약업종으로 산업화를 시작했으나 지금은
산업구조 고도화가 성공적으로 진전되어 세
계 최대의 조선국이자 주요 반도체 생산국이
되었으며, 자동차산업도 1993년 40%이상의
수출 신장을 보이는 등 역동성을 유지하고
있다.

많은 라틴아메리카 국가들의 경우에 급격
한 경제성장이 소득과 부의 분배에 있어 심
각한 불평등을 동반한 현상을 한국, 대만, 싱
가폴, 홍콩 등 동아시아 NICs 국가들은 회
피할 수 있었다. 대만의 경우 1980년대 소득
분배의 형평성이 다소 떨어지긴 했지만, 일
반적인 기준과 비교하여 높은 형평성을 유지
하고 있다. 한국은 소득 분배에 있어 상위
10% 소득이 하위 20% 소득의 3.7배 정도로
비교적 균등한 편이다.

대만과 한국의 경제발전 전략은 급속한 수
출증대와 국제무역특화에 기초를 두고 있다.
한국의 경우 세계12위 교역국가이며 교역량
은 GNP의 1/2수준에 이르고 대만은 지난
수년간 무역흑자가 지속되었고 1995년 외환
보유고가 900억 달러에 이르렀다. 1950년과
1991년 사이 대만의 수출성장률은 평균 21%
이었고, 한국의 경우는 평균 27% 이상을 기
록하였다. 한국과 대만, 그리고 홍콩과 싱가
폴은 1990년 개발도상국 공산품 수출의 60%

이상을 차지했다.

일련의 수출주도형 국가들이 동아시아의
네 마리의 용들에 의해 개척된 루트를 따르
기 시작했다. 1980~1992년 세계 무역성장은
평균 5%에 그쳤으나 말레이시아 수출은 연
평균 11.3%, 태국 수출은 연평균 14.7%이상
의 성장을 보였다. 인도네시아는 전자산업
생산은 지난 15년 동안 18배가 증가했고,
1965년 이후 경제성장률은 연평균 7%에 이
르렀다.

이러한 동아시아 NICs의 성공은 새로운
도전을 수반하였다. 한국의 임금률은 민주화
로 이어지던 1987년~1990년 사이 두 배로
증가했고 대만의 임금 역시 1986년~1990년
사이 40%이상의 상승추세를 보였다. 이에
따라 한국과 대만은 저임금 구조를 바탕으로
급성장하는 동남 아시아국가부터 강한 위협
을 받게 되었다. 이 같은 상황 하에서 동아시
아 NICs는 첨단기술산업과 정보서비스 산
업을 육성하여 대응하고 있다. 90년대 중반
현재 대만은 세계 컴퓨터 설비의 3대 생산국
이 되었고 저임금 산업을 인접국으로 이전시
키고 있다. 대만은 1988년~1989년 사이 중
국, 인도네시아, 말레이시아, 타이로 50억 달
러의 이상의 자본을 투자했다. 한국 역시 해
외투자가 1994년~1995년 사이에 두 배로 증
가했다.

한국과 대만은 정부의 경제개입과 중상주
의적 무역 정책을 축소하고 있다. 1986년~
1990년 사이 대만내의 평균관세는 28%에서
10%로 줄어들었고, 한국에서는 24%에서
13%로 줄어들었다. 한국정부는 해외투자 규
제완화, 사회복지지출 확대, 경제력집중 완
화를 위한 중소기업 여신의 확대, 해외 통화
에 대한 원화의 평가절상 허용 등을 시행하
였다.

동아시아 NICs의 성공에는 공통된 요소들
이 있다. 한국과 대만은 50년대 미국의 대규
모 원조를 받았고, 2차 대전 이후 광범위한

토지개혁을 단행하여 보수적 토지소유 엘리트의 정치 경제적 힘을 붕괴시켰다. 노동조합의 정치적 영향력이 약했고 중앙집권적 권위주의 정부체제에 의해 통치되었다. 한국과 대만은 ELI로 전환하기 이전 단기간 ISI 단계를 거쳤다. 양국은 유망산업 육성을 위하여 조세유인, 보조금, 여신, 규제정책을 수행하는 숙련된 행정관료를 경제부처에 보유하고 있었고 국가의 산업정책은 기술력의 향상을 통한 산업발전을 일관성 있게 추구하는 한편 외국인 직접투자도 주의 깊게 관리하였다. 싱가폴과 홍콩은 금융과 마케팅 중심지로 출발했다. 이들 두 국가 역시 비민주적 정치체제와 무기력한 노동조합이 있었다. 이들 네 국가는 공통적으로 높은 수준의 국내 저축과 투자를 나타내고 있다. 일본을 제외하고 동아시아 전체 저축율은 90년대 초반 36%에 이르는데 이는 라틴아메리카의 2배가 넘는 수치이다. 라틴아메리카 국가들이 교육자원을 대학이상의 교육 higher education에 중점을 두어 투입한 데 대하여 동아시아 국가들은 양질의 기초교육 primary education에 중점을 두고 지식, 기술의 확산을 유도했는데 노동생산성 증가와 형평성 증대에 많은 영향을 주었다.

세계은행 등 개발기구들은 제 3세계 국가에 대하여 NICs의 성공적인 경제발전모델을 권장하고 있지만 동아시아의 산업화 모델을 이들 국가에까지 무리 없이 일반화시킬 수 있을지에 대해서는 의문이 따른다. 세계은행과 많은 전문가들이 신자유주의적 ELI를 제3세계 발전전략으로 제안하고 있는데, 동아시아 NICs들이 경제발전 초기단계에서 추구했던 중상주의 전략과는 미묘하지만 매우 중요한 차이가 있다. 동아시아와 라틴아메리카는 전자의 공업생산이 해외시장을 지향하였고 후자의 공업생산은 국내 수요를 지향했다는 차이에도 불구하고 경제발전과정에서 양자 모두 광범위한 정부통제가 이루어

졌다. 새로운 ELI지지자들은 최근까지 계속되고 있는 정부의 경제개입은 무시하거나 거부하지만, 동아시아국가들의 수출지향성을 수용한다. 현재 많은 제 3세계국가들이 추구하는 신자유주의적 ELI가 초기 ELI의 중상주의 전략의 성과와 비교하여 어떤 결과를 얻을지는 아직 알 수 없다.

한국과 대만의 성공이 역사적 발전 단계상 고유한 특징들과 관련되어 있는 것이 중요하다. 이 특징들은 강력한 권위주의적 정부, 유능한 관료제의 발달, 지주계급의 취약성, 그리고 낮은 수준의 노동 이동성을 말한다. 산업화 초기에 미국으로부터 군사적 보호뿐만 아니라 중요한 경제적 원조라는 특별한 편익을 누렸다. 역사적 타이밍 또한 중요하다. 동아시아 NICs는 대부분의 다른 제 3세계 국가들이 내부지향적 전략을 추구하고 있을 때 ELI를 채택했다. 당시 주요시장인 선진국 경제는 무역장벽을 낮게 유지하면서, 활발한 성장을 하고 있었다. 낮은 임금의 노동력으로 생산된 제조업 상품으로 선진국시장을 타겟으로 하는 전략은 성공을 위한 조건을 갖추고 있었다. 그러나 오늘날은 많은 제 3세계 국가들이 같은 선진국시장에 상품을 공급하기 위해 경쟁하고 있는 반면, 선진국 수요의 성장은 둔화되고 있다.

한국이나 대만과 같은 나라들의 경제발전 모델을 추구하는 나라들은 동아시아에서의 급속한 공업화가 가져온 부정적인 결과를 충분히 고려해야 한다. 예를 들어 한국의 성장은 심각한 환경오염과 인프라의 부실을 초래하였다. 또한 한국과 대만이 최근 들어 민주주의로 이행해 가고 있지만 동아시아 NICs는 전통적으로 정치적인 반대세력을 탄압하고 노동권을 제한하는 억압적인 권위주의정권을 특징으로 하고 있었다.

→ 수입대체 산업화

[참고문헌] T.D Lairson, D. Skidmore, *International Political Economy*, 1997

Economy. 1997

수평적 분업 水平的 分業
☞국제분업

*수확체감·불변·체증의 법칙 收穫 遞減·不變·遞增의 法則 law of diminishing·constant·increasing returns

생산요소의 투입량이 증가할 경우 그 증가요소에 의해 생산되는 생산물의 양이 어떻게 변화하는가에 관한 법칙을 수확법칙 또는 수익법칙 law of returns 이라고 한다. 수확법칙을 크게 나누면 다음 두 가지가 된다. ① 생산요소에 관한 수확법칙 law of returns to factors of production 으로 생산에 사용되는 생산요소(단순화를 위하여 자본과 노동 두 가지뿐이라고 하자)의 투입비율을 변화시킬 경우(예컨대 노동량을 일정하게 유지하고 자본량만 증대할 경우)에 관한 법칙이다. 이것을 가변비례의 법칙 law of variable proportions 이라고도 한다. ② 생산규모에 관한 수확법칙으로 모든 생산요소의 수량을 구성비율은 바꾸지 않고 변화시킬 경우(예컨대 노동량도 2배, 자본량도 2배로 증가시킬 경우)의 법칙이다. 이것을 규모의 경제에 관한 법칙이라고도 한다. 먼저 전자의 생산요소에 관한 수확법칙에 대해서 설명한다. 이것에는 다음의 수확체감·불변·체증의 세 가지 경우가 있다. 즉 생산에 필요한 생산요소들 가운데 나머지는 그 투입량을 불변으로 한채 임의의 한 생산요소의 투입량을 k배로 증가시킨 경우 생산물이 그 요소의 k배 이상으로 증가하면 수확체감, 그보다 k배 미만으로 증가하면 수확체감이라고 한다.

이제 생산물량을 Q, 자본의 투입량을 K, 노동의 그것을 L이라 하고 다음의 생산함수 $Q=F(K, L)$를 생각하자. 이 때

$$\frac{\partial}{\partial K}\left(\frac{\partial F}{\partial K}\right)>0, \quad \frac{\partial}{\partial K}\left(\frac{\partial F}{\partial K}\right)=0,$$

또는 $\frac{\partial}{\partial K}\left(\frac{\partial F}{\partial K}\right)<0$

이냐에 따라 이 생산함수가 자본에 대해 수확체증, 수확불변 또는 수확체감을 나타내는가 하는 것이 결정된다. 노동에 대해서도 마찬가지이다. 즉 수확체증·불변·체감인 $\frac{\partial F}{\partial K}$ 또는 $\frac{\partial F}{\partial L}$는 각각 자본과 노동의 한계생산물을 나타내므로 어떤 생산요소의 한계생산물이 그것의 투입량이 증가함에 따라 결정된다. 이것을 비용의 측면에서 보면, 수확체증·수확불변·수확체감은 각각 비용체감·비용불변·비용체증에 해당된다. 리카도 Ricardo, D. 가 노동가치설에 입각해서 농업부문에서의 수확체감의 법칙으로부터 자본주의경제가 결국은 정상(定常)상태 stationary state 에 빠지게 될 것이라는 장기전망을 도출한 사실은 유명하다. 기술진보나 경영합리화 등을 기대하기 어려운 단기에서는 생산함수가 수확체감을 나타낸다고 상정하는 것이 보통이다.

다음으로 생산규모에 관한 수확법칙에 대해서 설명한다. 이것에도 수확체감·불변·체증의 세 가지 경우가 있다. 즉 생산에 필요한 모든 생산요소를 k배로 증가시킬 때, 생산물이 k배 이상으로 증가하면 규모에 대한 수확체증, k배로 증가하면 수확불변, k배 미만으로 증가하면 수확체감이라고 한다. 이것을 동차생산함수의 개념으로 설명할 수 있다. $F(kK, kL)=k^t F(K, L)$이 성립할 때 이 생산함수를 t차동차 생산함수라 한다. 이것은 모든 생산요소의 투입량이 k배로 증가될 때, 생산물이 k^t배로 증가함을 나타낸다. 따라서 여기에서 $t>1$이면 규모에 대한 수확체증, $t=1$이면 수확불변, $t<1$이면 수확체감이 된다. 기

술조건이 일정하다고 하고 고정된 투입계수를 사용하는 레온티에프 Leontief W. W.의 투입생산모형(또는 일반적으로 선형생산모형 linear production model)이나 고정생산계수생산함수 fixed-coefficient production function에서는 규모에 대한 수익불변이 가정되어 있는 것이다. 후자의 경우 α, λ를 각각 자본계수와 노동계수라 하면, $Q=\min\left[\dfrac{K}{\alpha}, \dfrac{L}{\lambda}\right]$이 되므로 K와 L이 각각 kK, kL이 되면 산출량도 kQ가 됨을 알 수 있다. 이밖에도 규모에 대한 수확불변의 가정은 분석을 단순화시켜주기 때문에 경제이론에 광범위하게 이용된다. →체감비·비례비·체증비

[참고문헌] Ferguson, C. E., *Microeconomic Theory*, 3rd ed., 1972; Lipsey, R. G. & Steiner, P. D., *Economics*, 3rd ed., 1974; Samuelson, P. A., *Economics*, 9th ed., 1975.

순국민후생 純國民厚生 net national welfare NNW

국민후생지표 또는 후생국민소득이라고도 하는데 GNP(국민총생산)를 보완해서 국민의 후생수준을 측정하는 지표이다. GNP의 확대를 꾀하는 급속한 경제발전의 과정에서 환경파괴, 재해의 증대 등 마이너스재의 생산과 여가, 정신적 안정 등 새로운 문제가 제기되어 후생수준의 척도로서의 GNP의 한계가 명백해지게 되었다. NNW의 계산방법은 GNP를 토대로 하여 ① 개인소비 ② 재정지출 ③ 공해방지 ④ 여가 등의 4항목을 주축으로 이루어진다. 구체적으로는 GNP로부터 공해, 방위비, 통근시간 등 후생과 결부되지 않는 항목은 공제하고, 여가, 주부노동 등을 GNP에 첨가하고 화폐가치로 표시한다.
→국민총생산

순수경쟁 純粹競爭 pure competition

보통 경쟁이라고 할 경우 광고, 선전, 할인, 현상(懸賞) 등 여러 가지 수단을 사용함으로써 이루어지는 고객쟁탈전을 말하나, 근대경제학에 있어서 순수경쟁이라고 할 때에는 이러한 격렬한 경쟁을 말하는 것이 아니라 일종의 이상상태를 말하고 있다. 즉 가격기구의 작용이 근대경제학에서 생각하는 경제합리성을 순수하게 관철하는 조건을 만족시키는 경쟁이다.

순수경쟁이 성립하는 조건은 다음과 같다. ① 수요자측 조건 : 모든 구매자가 항상 상품에 대해서 완전한 지식을 가지고 있으며 특별한 기호도 없다. 또한 거의 같은 정도의 구매력을 가진 구매자가 수적으로 많아야 하며 모든 구매자가 항상 시장가격에 대하여 수동적으로 행동한다. ② 공급자측의 조건 : 여기에는 다음 2개의 조건이 있다. 첫째는, 동일생산물을 공급하는 판매자가 다수존재하여 어느 한 판매자의 공급량도 그 생산물의 총공급량에 비교하면 극히 미소한 부분에 불과하며 개인의 공급량을 증대하거나 감소하여도 사회전체의 공급량에는 거의 영향을 주지 못한다. 따라서 시장에서 지배적인 가격을 인하하거나 인상하는 힘을 갖지 못한다. 이것을 독점력배제의 가정이라고 한다. 둘째는, 판매자가 공급하는 생산물이 동질적이고 각 판매자는 특허, 상표, 디자인, 품질, 월부판매방법의 채용 등에 의하여 적극적으로 구매자의 관심을 끄는 행위를 하지 않는다. 이것을 동질화상품 또는 표준화상품의 가정이라 한다. 결국 어떤 판매자도 적극적으로 다른 판매자보다 저가격으로 판매하거나 또 자기생산물을 동일산업의 다른 생산물에 대하여 차별을 나타내지 않으며 전체의 판매자는 항상 수동적으로 행동해야 한다.

이와 같이 사회의 모든 판매자와 구매자가 시장에서 성립하는 가격을 수동적으로

받아들여 각자의 판매량 또는 구매량을 결정하는 경우에는 사회전체의 수요와 공급이 일치하는 곳에서 가격이 결정될 것이다. 그러나 이상과 같은 조건을 충족시키는 순수경쟁하에서 수요·공급의 일치로 결정된 가격으로 생산하고 있는 각 생산자는 반드시 동일한 평균생산비를 지불하고 동일한 매상이윤률을 취한다고는 볼 수 없다. 각 생산자는 모두 공장부지의 조건이나 자본설비 또는 그 규모를 달리하고 있으므로 시장가격으로 정산이 맞는 기업은 막대한 이윤을 얻는 자로부터 겨우 손익분기점에서 생산하고 있는 한계공급자에 이르기까지 여러 가지 형태로 병존하고 있다. 순수경쟁은 이상의 조건 외에 다음 두 조건이 동시에 충족되는 경우에 성립한다.

① 자유참입 free entry 의 조건 : 중세 길드 Guild 와 같이 동일산업에 속하는 공급자의 수를 제한하는 배타적인 제도를 배제하고 노동이나 자본이 모두 자유롭게 비교적 불리한 산업으로부터 보다 유리한 산업으로의 이동이 가능해야 한다.

② business democracy 의 조건 : 기업가적 재능만 있으면 누구라도 언제든지 쉽게 자금의 조달이 가능해야 한다. 이 두 가지 조건이 충족되면, 성능이 뛰어난 자본설비를 갖춘 신규기업들은 순수경쟁하에서 발생하는 초과이윤을 획득하기 위해 계속 참입(參入)하게 된다. 그 결과 공급량 증대에 의해 시장가격이 저하되며 이에 따라 한계공급자는 도태된다. 이와 같은 신규기업의 참입은 초과이윤이 소멸될 때까지 계속된다. 그 결과 모든 기업의 평균생산비는 주어진 기술상태에서 가능한 최저수준에서 같게 되며, 동시에 그 생산비와 시장가격이 일치하게 된다. 순수경쟁하에서 성립하는 이와 같은 평균생산비=가격의 상태를 근대경제학에서는 최적규모 optimum size 의 완전균형 full equilibrium 이라 부르

며 하나의 이상상태로 생각된다. →불완전경쟁·독점적경쟁, 정상가격

슈몰러 Schmoller, Gustav von (1838~1917)

후기역사학파 및 사회정책학회의 창시자. 튀빙겐, 할레, 슈트라스부르크, 베를린대학의 교수를 역임한 바 있다. 1872년에는 사회정책학회의 창립에 중심적 역할을 하였으며 1890년부터 사망시까지 회장의 지위에 있었다. 학회에서 그는 우파 바그너 Wagner, A. H. G. 와 좌파(자유주의) 브렌타노 Brentano, L. J. 에 대하여 중도파의 입장을 취했으며 중도파의 통솔자였다. 그런 의미에서 강단(講壇)사회주의의 대표자라고 할 수 있다. 1881년 이래 「독일제국입법행정연보」, 즉 「슈몰러 연보」를 간행하고 기타 2, 3종의 잡지편집에 참가했다. 그는 자기와 제자들의 역사연구의 성과를 「슈몰러 연보」를 통하여 발표하였다.

전기역사학파에 대하여 후기역사학파는 역사의 세목(細目)연구로 특징을 이루었는데 그것이 이 연보에 나타나고 있다. 또한 슈몰러는 고전학파의 추상적 방법을 배척하고 구역사학파조차 보편화가 너무 조급하며 역사성이 충분치 못하다하여 세목적 역사연구를 시도하였던 것이다. 그러나 이와 같은 역사연구에서 법칙 내지 이론을 수립하는 논리를 추구하였다 하여 멩거 Menger, C. 의 비판을 받았다. 크니스 Knies, K. G. A. 의 경우와 같이 슈몰러에 있어서도 경제학은 자연과학과 정신과학과의 중간에 위치하며 특히 그는 경제의 논리적 규제를 중요시하여 논리학파라 불리워졌으며 베버 Weber, M. 의 비판대상이 되었다. 그는 전기역사학파의 국민경제나 논리협동체의 개념을 바꾸어 국가관념을 전면에 내세웠으며, 국가가 국민경제의 통일자, 전체적 목적의 시현자, 따라서 논리

적 목적을 추구하는 사회정책의 초계급적 주체라고 보았다. 슈몰러의 국가관은 바그너적 국가사회주의에 비하여 문화적·논리적 색채가 강하며 이 점으로 말미암아 브렌타노가 비평한 바와 같이 '프리드리히 1세풍'의 사회주의의 담당자라고 불리우고 있다.

〔주 저〕 *Wechselnde Theorien und Feststehende Wahrheiten in Gebiet der Staats-und Sozialwissenschaften und die heutige Volkswirtschaftslehre*, 1897; *Über einige Grundfragen der Sozialpolitik und Volkswirtschaftslehre*, 1898; *Umrisse und Untersuchungen Zur Verfassungs, Verwaltungs und Wirtschaftsgeschichte, besonders des Preussischen Staates im 17 und 18 Jahrhundert*, 1898.

슈바베의 법칙(法則) 〔獨〕 Schwabesches Gesetz

소득이 증가하면 증가할수록 주거비로 지출되는 금액은 절대액으로는 커지지만 지출액 전체와 비교하면 상대적으로 감소한다는 것을 독일의 슈바베가 1868년에 베를린시의 가계조사를 실시하여 발견하였다. 이 경험적 법칙을 슈바베의 법칙이라고 부른다. 이 법칙에 의하여 엥겔법칙의 일부인 '소득액이 증가하여도 주거비가 차지하는 비율은 불변이다'라는 결론이 수정되었다. 그러나 슈바베의 연구는 대도시에서의 조사일 뿐이고, 또 소득액도 가족의 전수입을 대상으로 한 것이 아니며 조사방법에도 미비한 점이 있어 그 후의 각국 조사결과는 이 법칙과 엄밀하게는 일치하지 않는다. →엥겔법칙

슐츠 Schultz, Theodore W.
(1902~)

슐츠는 1902년 미국 사우스 다고타주의 아징톤에서 태어나 위스콘신대학에서 1928년에 석사, 1930년에 박사학위를 받았다. 아이오와 주립대학과 시카고대학의 경제

학과에서 교수로 재직했고, 1979년에 개도국 문제 고찰을 통한 경제발전연구로 노벨상을 수상했다.

슐츠는 농업경제학자로 시작하였다. 농업경제학에 있어서의 슐츠의 특징은 농업경제를 고립해서 보지 않고 전경제의 일환으로 취급했다는 점이다. 슐츠의 분석적 관심은 공업이나 기타 도시경제활동에서는 생산성이나 소득수준이 높은데 반해 왜 농업에서는 상대적으로 빈곤과 저개발현상이 나타나는가 하는 점이다. 그는 이러한 생각을 미국과 같은 선진공업경제에 적용하였고 개도국에도 시도해 보았다.

슐츠는 처음에는 미국농업의 연구에서 시작하여 농업의 국제적 전망으로 확대하면서 가격이 각 경제부문내 또는 부문상호간의 자원배분을 어떻게 유도하는가 하는 점에 특히 유념하고 있다. 선진국에서는 패리티계획이 재분배에 좋은 영향을 미치지만 농업내에서나 또는 더 넓은 영역에 이르러서는 나쁜 영향을 미칠 수도 있음을 적절히 지적하고 있다. 더욱이 개도국에서는 저가격판매나 조세가 농업생산을 왜곡시키고 경제개발을 일반적으로 저해한다고 생각하고 있다.

슐츠의 학문적 업적을 평가하면서 위의 농업경제학과 함께 인간자본론을 빼놓을 수 없다. 인간투자에 관한 슐츠의 원래의 아이디어는 더욱 발전되어 지금은 개발경제학, 농업경제학, 노동경제학, 경제사, 국제경제학, 경영경제학, 도시경제학, 재정학, 신가족 경제학에까지 널리 원용되고 있다. 슐츠의 인간투자에 대한 작업은 먼저 교육투자에 관한 연구로 시작되었다. 심포지엄을 개최하여 정규교육은 물론 직장습득, 보건, 이민, 정보투자를 계속 연구하였으며 이제 이들 연구결과는 고전이 되다시피 하고 있다.

슐츠는 교육투자가 농업생산성과 경제

전반의 생산성에 어떻게 영향을 미치는가를 처음으로 분석하였다. 방법론상의 제한성을 인식하면서 먼저 인적자본의 규모를 축적된 교육투자의 합으로 규정하고 이를 계측하였으며 이러한 교육투자의 비용은 대부분 교육을 받을 동안의 고용소득상실로 구성된다고 보고 이를 개인이나 사회의 기회비용으로 생각하였다.

슐츠 Schultz, Henry (1893~1938)

미국의 계량경제학자로서 수요함수의 통계적 측정의 개척자. 그가 사망하기 직전에 간행된 「수요측정의 이론」(1938)은 설탕, 면화, 소맥 등의 상품에 대한 수요함수의 측정과 설탕·차·커피 수요의 상관관계, 쇠고기·돼지고기·양고기 수요의 상관관계 등을 연구한 것으로 당시까지의 수요의 통계적 측정은 주로 재화의 가격과 수요량의 상관관계를 문제로 할 정도의 부분균형적인 것이었는데 반해, 그는 상품수요의 상관관계를 측정함으로써 경제조직의 상호의존관계를 명백히 하려 했던 것이다. 그보다도 더욱 중요한 것은 수요의 측정에 사용한 그의 분석도구가 당시의 계량경제학계의 수준으로 보아서는 대단히 놀랄만한 것으로 그 후 이 방면의 연구에 새로운 시야와 가능성을 제시한 점이라 하겠다.

〔주 저〕 *Statistical Laws of Demand and Supply with Special Application to Sugar*, 1928; *The Theory and Measurement of Demand*, 1938; *The Meaning of Statistical Demand Curves*, 1930.

숨페터 Schumpeter, Joseph Alois
(1883~1950)

오스트리아 태생으로 비인학파의 지도적 경제학자. 1906년 이래 하버드대학 교수로서 미국경제학계에서 활약한 금세기의 대표적 경제학자 중의 한 사람이다.

1906년 비인대학을 졸업한 후 여러 관직과 요직을 역임한 뒤 1932년 이후 하버드대학 경제학교수로 봉직했다. 그는 또한 계량경제학회의 창립멤버로서 1937~1941년에는 동회(同會)의장으로 일하기도 했다.

그는 자본주의경제의 발전과정은 본질적으로 동태적인 과정이며, 혁신기업가의 행동을 기축으로 하여 전개되는, 비연속적이고 그 원동력은 경제체계 안에 내재되어 있다는 의미에서 내생적이라 보았다. 그는 오스트리아학파는 물론 로잔느학파, 케임브리지학파, 클라크 Clark, J. B. 등의 미국 경제학, 마르크스 Marx, K. H. 및 역사학파의 경제사회학 등을 광범위하게 섭취하여 독창적인 이론체계를 구성하였다. 그의 이와 같은 이론체계의 윤곽은 왈라스 Walras, M. E. L.의 영향을 받아 쓰여진 처녀작 「이론경제학의 본질과 주요내용 *Das Wesen und der Hauptinhalt der theoretischen National ökonomie*」(1908) 속에서 이미 드러나고 있으나, 이론체계의 골격이 완성된 것은 「경제발전의 이론 *Theorie der wirtschaftlichen Entwicklung*」(1912)에서이다.

이 책에서 자본주의경제의 발전과정은 혁신기업가의 행동으로 말미암은 균형파괴과정과 그것에 대한 경제체계의 적응과정·균형회복과정이라는 이면적인 과정으로 이해되고 있다. 그의 순환이론은 생산물의 가치·가격이 남김없이 노동용역과 토지용역의 가치·가격으로 분해되어 이자도 이윤도 없는 순환 내지 균형의 상태를 설명하는 것이며, 따라서 출발점과 적응과정을 서술하는 것을 과제로 한다. 이것에 대해 발전이론은 은행의 신용창조에 의해 가능해진 기업가의 신결합의 수행 Durchsetzung neuer Kombination 으로 초래되는 경제발전과정 내지 균형파괴과정을 서술함으로써 신용, 자본, 이자, 이윤,

경기순환 등의 동태론적 문제를 통일적으로 해명하는 것을 과제로 한다. 이러한 체계의 최종적인 완성은 「경기순환론 *Business Cycle*」(2vols., 1939)에서 볼 수 있다. 여기에서는 신결합 대신 혁신 innovation 이라는 새용어를 사용하고 혁신에 의한 경제과정내의 변화와 그 모든 결과 및 그에 대한 경제체계의 반응을 경제발전이라 부르는 새로운 정의를 내리고 있다. 그는 또 「자본주의·사회주의·민주주의 *Capitalism, Socialism and Democracy*」(1942) 속에서 스미스 Smith A. 이래의 독점죄악관에 도전하는 흥미있는 독점옹호론을 전개했다.

〔주 저〕 전게외(前揭外) : *Epochen der Dogmen und Mothodengeschichte*, 1914; *Zur Soziologie der Imperialismus*, 1919; *Ten Great Economists from Marx to Keynes*, 1951; *History of Economic Analysis*, 1954.

스네이크 체제(體制) snake system

공동변동환율제라고도 한다. 역내통화 간의 환율안정을 위해, 환율변동폭을 일정한 범위내로 유지하고 있는 EC 의 공동변동환율제를 말한다. 참가국 상호간에는 고정평가를 유지하면서, 달러 등 역외통화에 대해서는 유동화시킴으로써 시장실세에 의해서 환율이 결정되도록 하는 제도이다. 즉 공동변동환율제 참가국 상호간에는 기준교환율을 중심으로 상하 각각 2.25%의 변동폭을 유지하여야 하나 역외통화에 대해서는 이 의무가 없다. 이러한 환율변동은 참가국 통화 전체로 볼 때 일정한 괴리폭을 갖는 밴드 band 를 형성하게 되며 이 밴드의 움직이는 양상이 마치 뱀 snake 이 움직이는 모양과 같다 하여 스네이크 체제라고 한다. 동제도에의 참가국은 EC 제국(영국, 이탈리아, 아일랜드 제외)과 스웨덴, 노르웨이이며 후에 프랑스가 탈퇴하였다.

스미스 Smith, Adam (1723~1790)

영국의 경제학자로서 고전학파경제학의 창시자. 스코틀랜드 역사학파의 중심인물로서 도덕주의학파 Moral Sence School 에도 속한다. 스코틀랜드 태생으로 글레스고 대학 졸업 후, 1751년 동대학교수로 임명되어 이 때부터 흄 Hume, D. 과 친교를 갖게 되고, *Edinburgh Review* 지(1755~1756)의 편집에 참가하여 스미스의 경제적 자유주의가 처음으로 공표되었다. *Edinburgh Review* 는 보수세력의 압력으로 곧 폐간되었으나 그의 명성은 그 후 곧 출판된 「도덕감정의 이론 *The Theory of Moral Sentiment*」(1759)에 의하여 전유럽에 알려지게 되었다.

스미스가 경제학의 아버지라고 불리우는 것은 그의 저서 「국부론 *An Inquiry into the Nature and Causes of the Wealth of Nations*」(1776)이 이론·역사·정책에 걸쳐 통일된 대저작이고 그 이전의 개개 경제이론을 처음으로 구체적 과학으로서 구성하였기 때문이다. 그는 중상주의에 대한 비판을 통하여 그 이론을 확립하였으며, 부는 금은이 아니라 매해의 생산물이라고 규정하였다. 노동의 생산력을 증대시킴으로서 국민의 부(富)인 연생산물의 양을 증대시킬 수 있고, 생산력은 분업에 의하여 증진된다고 하여 생산에 있어서의 분업의 역할을 중시하였다. 그리고 노동의 생산력을 증대시키기 위해서는 분업의 채택과 함께 생산적 노동을 사용하는 농업, 제조업에 자본을 많이 투하해야 한다고 주장하였다. 한편 스미스는 경제행위를 관찰하여 근대인의 경제행동의 동기는 자리(自利) self-interest 라고 하였다. 즉 이기심은 반드시 공감 sympathy 을 수반하는 것이므로, 경제적 타산으로 행하여지는 개인적인 경제행위는 '보이지 않는 손'에 이끌려 결국은 공공의 복지를 증진시킨다고 생각하였다. 이와 같이 자본주의적인 생산과 분배에는 '자연적 질서'가 작용하여 스스로 조화를 유지한다고 생각하고 낙관적인 예정조화의 사상을 전개하였다. 이 자연적 질서에 대한 신념으로 일체의 보호제도의 폐지와 자유방임적 정책의 채택이 국부증진의 길이라고 주장하였다. 따라서 국가는 그 임무를 단순히 국방·사법·공공사업에만 국한하는 '야경국가'여야 한다고 역설하였다. 이와 같은 그의 경제학은 초기의 저작 「도덕감정의 이론」에서 표현된 인간성과 도덕 등에 대한 논리적 연구가 그 기초를 이루고 있다.

독일역사학파는 이른바 '스미스 문제'를 제기하여 그가 프랑스 여행중에 유물론자의 영향을 받아 공감의 도덕철학자로부터 이기심의 경제학자로 변신했다고 비판했으나, 스미스에 있어서는 이기심과 공감이란 서로 대립되는 것이 아니라 이기심의 사회적 승인이 바로 공감이었다. 국부론에서 볼 수 있는 스미스의 변신은 오히려 자유평등한 독립생산자의 시민사회로부터 새계급구성의 자본주의사회로, 또 그 자율적 발전(재생산)으로 초점을 옮긴 데 있다. 「국부론 제2편」의 재생산론에서는 분명히 케네 Quesnay, F.의 영향을 찾아 볼 수 있다. 제1편에서는 기업에 의한 노동생산력의 증대와 노동생산물의 분배가 중심 문제로 되어 있는데, 여기서는 독립생산자의 입장이 남아있음으로써 생기는 혼란을 포함하면서도 노동가치론이 등장하고 있다. 그는 투하노동량과 노동의 보수(임금)를 독립생산자의 입장에서 동일시했기 때문에 투하노동에 의한 가치의 결정을 전(前)자본주의사회에 한정시킨 것이다. 한편 그의 노동가치론은 투하노동가치론과 지배노동가치론 사이에서 그 어떤 형태로든 명확하게 제시되지 못했는데, 이 점은 후에 리카도 Ricardo, D.에 의해서 날카롭게 비판을 받았다. 제3편부터 제5편에 걸쳐서는 자본주의사회의 자율적 발전을 위한 제조건이 역사적, 국제적(특히 식민지와의 관계에서) 또 사회적(특히 국가, 교육, 종교와의 관계에서)관점에서 분석되고 있다.

〔주 저〕전게외(前揭外) : *Lectures on Justice, Police, Revenue, and Arms*, delivered in the University of Glasgow, ed. with an Introduction and Notes by Cannan, E., 1896; *Essays on Philosophical Subjects*, ed. by Black, J. and Mutton, J., 1795.

스미소니언 체제(體制) Smithsonian system

달러화의 금태환정지(1971.8.15)에 따른 국제통화제도의 혼란을 수습하기 위하여 1971년 12월 워싱턴의 스미소니언 박물관에서 열린 다국간 통화조정회의 이후 실시되기 시작한 국제통화체제를 말한다. ① 달러화의 7.89% 평가절하(금 1온스당 35달러에서 38달러)와 이에 따른 다국간평가의 재조정 ② 환율변동폭을 평가기준상하 각각 2.25%로 하는 와이더 마진 wider margin제를 주요내용으로 하는 스미소니언 협정이 성립되었다. 그러나 스미소니언 체제는 그 후 유럽외환시장에서의 달러투매, 파운드화 위기 등이 야기됨에 따라 전면적인 통화불안현상을 빚었고, 미국은 1973년 2월 달러화를 다시 10% 평가절하(금 1온스당 38달러에서 42.22달러)하였다. 그러나 달러의 재평가절하 직후 1973년 3월에는 투기적인 달러투매현상이 재연되어 대부분의 외환시장이 폐쇄되기에 이르렀으며 3월 11일의 EC 재무상회의는 드디어 공동변동환율제(일명 스네이크 체제) 채택을 발표함으로써 스미소니언 체제도 무너지게 되었다. 이후 국제통화체제는 혼미를 거듭하다가 1976년 1월 쟈마이카 수도 킹스턴에서 신국제통화체제(킹스턴체

제)를 수립했다. →브레튼우즈 체제, 스네이크 체제, 킹스턴 체제

스왑 Swaps

스왑은 이자율위험과 환율위험 등을 헷지하는 파생금융상품의 하나로서 거래일방 당사자가 보유하고 있는 지급수단 a set of payments과 거래 상대방이 보유하고 있는 지급수단을 교환하는 것을 내용으로 하는 금융계약을 말한다. 특정 통화의 지급과 여타 통화의 지급을 교환하는 것을 내용으로 하는 currency swaps와 동일한 통화로 표시된 특정이자 지급과 다른 이자지급을 교환하는 것을 내용으로 하는 interest-rate swaps가 있다.

이자율스왑 interest-rate swaps 중 가장 일반적이고 단순한 형태인 plain vanilla swap의 예를 들면 A은행은 B사에게 1억원의 national principal에 대하여 7%의 확정금리를 10년 동안 지급하는 내용과 B사는 A은행에게 1년 만기 미재무성증권 금리 +1%의 변동금리를 같은 기간 동안 지급하는 내용으로 하는 계약을 체결하는 경우이다. 이러한 거래가 이루어지는 것은 A은행이 단기자금을 조달하여 모기지와 같은 장기 자금을 융자함에 따라 rate-sensitive liabilities보다 rate-sensitive assets이 1억원 더 많은 반면 B사의 경우 장기채 발행으로 자금을 조달하여 단기자금을 융자함에 따라 A은행과는 반대의 상황에 직면하고 있는데 따라 이자율위험을 제거하기 위한 것이다. 이러한 이자율스왑은 금융기관이 대차대조표의 내용을 조정하지 않고 거래 비용을 최소화하면서 이자율위험을 헷지할 수 있는 장점이 있다. 또한 이자율스왑은 금융선물이나 금융선물 옵션보다 장기에 걸쳐 활용된다. 그러나 이자율스왑은 매우 특정한 형태의 지급 조건을 교환하는 것을 내용으로 하므로 거래의 유동성이 떨어지고 거래상대방의 계약 불이행의 위험에 노출되어 있다. 이에 따라 대규모 상업은행이나 투자은행 등이 시장참가자에 대한 정보의 우위를 활용하여 스왑시장을 개설하고 중개기관으로 영업하는 경향이 있다. currency swap은 환율위험을 헷지하기 위한 것으로 일정기간에 걸쳐 특정 통화의 주기적인 지급과 여타 통화의 주기적인 지급을 교환하는 계약을 말한다. 무역거래 등 환율위험에 대한 헷지가 필요한 거래가 장기에 걸쳐 주기적으로 발생할 때 이자율 선물계약 interest-rate forward contracts, 금융선물 financial futures, 통화옵션 currency options에 비해 선호되는 금융수단이다.

스왑협정(協定) SWAP Arrangement

중앙은행 사이에 주로 환시세의 안정을 도모하기 위해 서로 자국의 통화를 예치하기로 하는 협정이다. 즉 2국의 중앙은행이 일정액의 자국통화를 일정기간 상호예치하여 약정한 기한이 되어 서로 반제(返濟)할 때에는 예치를 실행했을 때와 같은 환시세를 적용하는 것으로 여기에 따라 환시세의 변동에 의한 위험을 피한다. 이는 IMF 체제하에서 국제금융협력의 한 수단으로 이용된다. →중앙은행

스위지 Sweezy, Paul Marlor (1910~　)

미국의 마르크스주의 경제학자이며 경제평론가. 1931년 하버드대학을 졸업한 후 유럽에 건너가 London School of Economics에서 연구하였으며 라스키 Laski, H., 돕 Dobb, M. 등의 영향을 받아 마르크스주의에 몰두하기 시작했다. 런던 체재중에 「영국석탄생산에 있어서의 독점과 경쟁」을 출판, 그 업적으로 귀국 후 모교 하버드대학의 조수를 거쳐 조교수가 되었다. 슘페터 Schumpeter, J. A. 등의 지인들에게

인간적 비호를 받았다. 하버드대학 재임중에 근대이론경제학으로부터 마르크스학파로 전향해 1937년에 이르러서는 마르크스주의 경제학자로서의 입장을 더욱 공고히 하였다. 1942년 출간된 「자본주의발전의 이론 *The Theory of Capitalist Development*」(1942)은 그 때까지의 이론적 연구의 총결산이다. 전후 교직을 사퇴하고 1949년 이후에는 사회주의 평론지 *Monthly Review*의 편집자로 활동하였다.

[주 저] *Monopoly and Competition in the English Coal Trade, 1550~1850*, 1938; *The Theory of Capitalist Development*, 1942, 2nd ed., 1946; *Socialism*, 1949; *The Present as History, Essays and Review on Capitalism and Socialism*, 1953.

스태그플레이션 stagflation

신(新)인플레이션현상 가운데서 특히 경기의 침체 stagnation 와 물가상승 inflation이 공존하는 상태를 스태그플레이션이라고 한다. 여기에서 신인플레이션이란 과거의 전통적 인플레이션이 경기순환의 호황국면에서 나타나는 일반적인 물가상승현상으로 이해되었는 데 반해, 1950년대 이후의 인플레이션으로서 호·불황과 관계없이 일어나는 지속적인 물가상승현상을 의미한다. 즉 최근의 인플레이션을 과거의 그것과 구별하는 의미에서 신인플레이션이라 한다.

한편, 스태그플레이션이 발생하는 원인으로는 일반적으로 전후에 완전고용과 경제성장의 달성을 위한 팽창위주의 경제정책과 주로 독과점기업에 의해 주도되는 물가상승 및 물가하방경직성 그리고 자원공급의 인위적 내지 자연적인 애로 등을 들 수 있다. 스태그플레이션을 전후 경기순환의 한·국면으로 보는 견해에 의하면 스태그플레이션이란 수요견인 인플레이션 demand pull inflation 국면에 뒤이어 생산성

증가 추세의 둔화, 애로조건의 출현, 통화량 증가추세의 둔화 등의 현상 때문에 생산의 증가가 현격하게 감소하고 있음에도 불구하고 물가와 임금은 전국면에서의 격심한 인플레이션의 후유증 때문에 상승추세가 계속되고 있는 국면을 말한다. →인플레이션

스터링 지역(地域) sterling area

파운드지역 pound block 이라고도 한다. 영국의 파운드화를 중심으로 금융적·경제적으로 결합되어 있는 지역, 즉 영국이 외국환의 관리상, 영국과 무역 및 금융관계를 가진 나라들이 선정한 파운드 거래의 자유지역을 지칭한다. 이 파운드지역을 그 역사적 변천에 따라 다음과 같이 셋으로 분류하고 있다.

① 제1차 스터링지역 : 영국과 그 식민지 및 속령은 세계적 경제위기를 극복하기 위하여 1932년 7월 오타와 협정을 체결하여 영국을 중심으로 하는 경제블록(지역)을 설정한 시기이다. 그 참가국은 영국, 캐나다, 아일랜드, 오스트레일리아, 뉴질랜드, 남아프리카공화국, 인도, 남로디지아 등이다.

② 제2차 스터링지역 : 제2차 대전의 발발과 더불어 조직된 것으로서 무역·통화기구로 일변하였다. 즉 영국은 군수물자 수입에 필요한 달러를 보유하기 위해서 영국연방, 이란, 아이슬랜드, 덴마아크령 등이 보유하는 미국 달러, 캐나다 달러 등의 통화전부를 런던에 집중시켜 파운드지역 달러 풀 pool 제를 채택하였다.

③ 제3차 스터링지역 : 제2차 스터링지역은 가맹국통화를 지역(블록)외의 외국통화와 자유로이 태환할 수 없는 특색을 가지고 있었다. 그러나 미국의 대영차관의 대상(代償)문제 등으로 1947년 7월 파운드와 달러와의 자유태환이 실시되었다. 그러

나 달러자체의 전환도가 극심하여 그 해 8월 자유태환제를 재정지하였다. 그 후 캐나다와 몇 나라를 제외한 영연방, 영국위임통치령, 영국의 보호령 및 보호국(버마, 아이슬랜드, 이라크) 등으로 외환관리법상의 지정지역을 설정하고 이 지정지역이 취득하는 미국달러 전부를 런던에 집중시켜 달러지역으로부터의 수입을 최소한도로 제한하는 협정을 체결하였다. 이 지정지역이 현재의 제3차 스터링지역이다.

스톡분석(分析) ☞저량분석 · 유량분석

스톤 Stone, Richard (1913~　)

스톤교수는 케임브리지 대학의 응용경제학과장, 재무회계학과장을 역임하고 1955년 계량경제학회장, 78년에서 80년에 영국왕립경제학회장을 역임하였으며 오슬로대학, 브뤼셀대학, 제네바대학, 와위대학, 파리대학, 브리스톤대학 등 유럽 각처에서 계량경제학을 강의하였다.

순수이론적 계량경제학의 대가인 베이스만교수와 응용적 계량경제학을 주창하던 스톤교수는 학문적 · 이념적 토론이 자주 있었다. 그의 명저「영국인의 소비지출과 소비형태의 계량」(1954)은 수요함수의 추정을 시도한 최초의 연구로서 오늘날 계량경제학교과서에서 널리 인용되는 것이다. 그는 어떤 특정계층의 소비자형태를 다른 계층의 소비자형태와 분간하기 위하여 의제변수 Dummy Variable 를 최초로 사용하였는가 하면 다중공선성 Multicollinearity 유무를 검증하기 위하여 Bunch Mat Method 를 최초로 분석에 응용하였고, 또한 소비함수의 탄력성측정을 위해 이중대수 수를 과감하게 도입하기도 했다. 계량경제학의 가치와 역할에 대한 그의 견해는 78년에 발간된「계량경제학의 공공정책결정에 대한 공헌」이라는 책의 서문에 잘 나타나 있다. 즉 계량경제학은 실제로 일어난 경제현상을 동시대의 이론과 관찰에 근거하여 분석하고 합리적 통계적 해석을 내려야 한다고, 다시 말하면 이론과 방법론이 잘 조화되어야 함을 주장하였다.

그의 계량경제학적인 관심은 응용을 강조하는 영역을 넘어서 정치학 및 사회학분야에도 이를 폭넓게 적용해야 한다는 것이며 그의 저서「인구통계의 모형화」(1971), 「경제 및 사회현상의 모형화」(1980) 등에서 그의 그러한 범사회과학적인 학문의 자세를 엿볼 수 있다.

스톤교수는 인플레이션의 응용적 측면을 중시하여 국민경제의 흐름을 추적하는 계정체계를 발전시킨 공로로 1984년 노벨경제학상을 수상하였다.

스티글러 Stigler, George J. (1911~　)

스티글러교수는 1911년 미국 워싱턴주의 렌턴에서 태어나 워싱턴대학 · 노스웨스턴대학을 거쳐 27세 때 시카고대학에서 박사학위를 취득하였다. 박사학위를 받기 전 2년간 시카고대학 경제학교수로 발령될 정도로 그 능력을 인정받았으며 그 후 미네소타대학, 브라운대학, 콜롬비아대학을 거쳐 58년에 다시 시카고대학으로 옮겨 재직하였다.

스티글러는 가격이론 · 산업조직론 · 경제사상사 · 정부규제에 관한 대가로 알려져 있기는 하나, 그의 지속적인 관심사는 경제이론의 핵심인 가격과 시장이론을 심화시켜 현실경제에 적용하는 데 있었다. 그는 스미스나 마샬의 업적들을 계승하고 거기에 정보분석, 시장조직의 동태적 · 법적 · 정치적 과정이 경제에 미치는 역할을 흡수하여 기존의 가격이론을 살찌게 하였다. 따라서 그는 이른바 '정보경제학',

'규제경제학'의 창시자로 불려지며 법과 경제의 상호관계를 탐구한 개척자의 한 사람으로 평가된다.

그의 첫번째 업적은 1940년대 후반 독점기업에 의해 경제가 지배되는 불완전경쟁 상태하에서 어떻게 시장이 작용하는가에 관한 이론을 새롭게 발전시켰다는 것을 들 수 있다. 그는 이 당시 미국 내에 임대규정과 최저임금법안이 시장에 끼치는 영향을 이론적·실제적으로 연구하여 이러한 규정들이 단기적으로 기대했던 효과를 거둘 수 있을지 모르지만 장기적으로는 의외의 역효과를 초래할 수 있음을 밝혀냈다. 그는 가격과 산업구조를 미시경제적으로 접근하였는데, 이러한 그의 가격이론은 완전경쟁체제하에서의 정치(精緻)를 극한 종전의 이론이 비현실적이며 블랙박스라는 비판을 받고 있을 때, 이에 대한 하나의 발전적 시도로서 독점적 경쟁하에서의 현실적인 산업구조와 시장구조를 이론적·실증적으로 분석·발전시켰다. 산업조직론에 있어서의 스티글러의 많은 업적은 이미 고전적 위치를 차지하고 있지만, 그는 연구방법에 있어서 다른 산업조직 경제학자들로 하여금 올바르게 사용되었을 경우의 미시경제이론의 힘을 재평가하게 하였다. 한편 그는 「정보경제학」에서 각 시장에 나타나는 가격불일치를 설명하고 있는데, 그 내용은 정보를 산출하는 비용이 많이 들므로 정보산물에 있어서의 한계비용과 그에 의한 한계수익이 일치하는 점까지만 정보를 가지게 되어 결국 정보란 불완전할 수밖에 없다는 것이다. 이 이론은 이후 불완전정보를 가진 시장모델의 발전을 초래했다.

그의 또 다른 업적은 정부규제에 관한 것인데, 그에 의하면 정부규제란 현실경제에 대한 잘못된 판단, 광범위한 부수적 악효과 등으로 본래 의도했던 효과를 거둘

수 없다고 한다. 그는 이러한 규제의 발생원인을 규제받는 자의 자기이익추구적 정치행위에서 찾았기 때문에 규제란 경제 바깥에서 경제에 영향을 미치는 '외생적'힘이 아니고, 경제체제내의 '내생적'인 변수가 되는 것이다. 이처럼 불필요하고 비능률적인 정부규제가 산업과 성장에 미치는 악영향을 분명히 밝혀낸 그의 자유주의경제학은 자유경쟁과 작은 정부론 등 시장경제 원리에 바탕을 둔 시카고학파의 하나의 큰 봉우리를 형성하고 있다고 할 수 있다.

슬루츠키 방정식(方程式) Slutsky's equation

소비자행동의 이론에서는 소비선택이 개개인 사이에 각기 독립적이라는 가정하에서 각 재의 수요량을 모든 재의 가격과 소득의 함수라고 상정하고, 이로부터 일반적 개인수요함수를 도출한 후 다시 그 질적인 변동법칙을 구명한다. 즉 가격과 소득의 변화에 따라 균형구입량이 어떻게 변화하는가를 구명한다. 지금 X_1, X_2의 2재에 관하여 그 수요량을 각각 x_1, x_2, 그 가격을 p_1, p_2, 그 소비자의 소득을 M이라 하면, 소득을 일정하다고 할 때 가격 p_1의 상승에 대한 수요량 x_1의 변화는 비교정학의 방법에 따라 수지균등식(예산방정식)과 효용균등식(균형조건식)으로부터 미분연산을 하여 결국

$$\frac{dx_1}{dp_1} = \frac{dx_1}{dp_1}(u=\text{const})$$

$$-x_1\frac{dx_1}{dM}(p_1=\text{const}) \cdots\cdots\cdots (1)$$

로 표시된다. 이것은 동일한 무차별곡선상에서 p_1의 상승에 대한 x_1의 변화로부터, p_1이 불변이고 소득 M이 증가할 경우의 x_1의 변화율과 x_1과의 적(積)을 뺀 것이다. (1)식은 슬루츠키가 발견한 것으로 슬루츠키의 소비자선택이론의 기본방정식이라고

부르지만, 힉스 Hicks, J.R.는 별도로 이 것을 가치이론의 기본방정식이라고 부르고 우변의 제1항을 대체항(대체효과), 제2항을 소득항(소득효과)이라고 불렀다. 대체효과는 재의 상대적 가격이 변화함으로써 생기는 효과로서 2재의 대체정도를 나타내는 것이고, 소득효과는 실질소득이 변화하여 생기는 효과를 나타낸다. 기본방정식은 소득소비곡선 income-consumption curve 과 가격소비곡선 price-consumption curve 을 사용하면 다음과 같이 생각될 수 있다.

다음 그림에서 가격선(소득선)의 최초 위치를 MQ 라 하고, 가격 P_1 이 상승한 결과로 MP 로 이동한다면, 균형점은 Q 에서 P 로 옮겨지고, X_1 의 수요량은 OC 에서 OA 로 바뀌어 이 변화는 두 개의 부분으로 분해된다.

하나는 Q 와 동일한 무차별곡선에서 가격선과의 접점이 Q 에서 R 로 이동하여 x_1 이 OC 에서 OB 로 감소하는 것, 또 하나는 소득소비곡선 PR 에 따라 균형점이 R 에서 P 로 이동하여 x_1 이 OB 에서 OA 로 이동하는 변화이다.

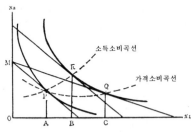

전자는 대체항이 나타내는 변화이고 후자는 소득항이 나타내는 변화(소득항이 나타내는 변화의 부호를 바꾼 것)이다.

마찬가지로 가격 P_1 의 변화에 의한 x_2 의

$$\frac{dx_2}{dP_1} = \frac{dx_2}{dP_1}(u=\text{const})$$
$$-x_2\frac{dx_2}{dM}(P_1=\text{const}) \cdots\cdots (2)$$

변화도로 표시된다. 3재 이상의 경우 일반적으로 n 재일 때도 기본방정식이 성립하고, 일반개인수요함수, 수지균등식, 균형조건식을 각각

$$x_j = h'(P_1, \cdots, P_n, M) \cdots\cdots (3)$$
$$(j=1, 2, \cdots, n)$$
$$\sum_{j=1}^{n} P_j x_j = M$$
$$u_j(x_1, \cdots, x_n) + \lambda P_j = 0 \cdots\cdots (4)$$
$$(j=1, \cdots, n) \quad \text{단, } \lambda \text{ 는 라그랑지미정}$$
계수

로 나타내면, (3), (4)를 임의의 가격 p_i 로 편미분하여 임의재의 수요량 x_j 에 주는 효과를 보면, 계산의 최종적 결과로서

$$\left(\frac{\partial x_j}{\partial P_i}\right)_{u=\text{const.}} = \frac{\partial x_j}{\partial p_i(M=\text{const.})}$$
$$+\frac{\partial x_j}{\partial M}\frac{\partial M}{\partial p_i}(M=\text{variable})$$
$$\binom{M=\text{variable}}{p=\text{const.}}$$
$$= \frac{\partial x_j}{\partial P_i} + x_i\frac{\partial x_j}{\partial M}$$
$$= K_{ji}(i, j=1, \cdots, n) \cdots\cdots (5)$$

(5)는 슬루츠키의 복합항의 형으로서 힉스의 정의로는

$$\frac{\partial x_j}{\partial P_i} = -x_i\frac{\partial x_j}{\partial M} + K_{ji}(i, j=1, \cdots, n)$$
$$\cdots\cdots\cdots\cdots\cdots (6)$$

이고 K_{ij} 는 슬루츠키에 의하여 제 i 재 가격의 보상적 변화에 대한 제 j 재 잔여변화율이라고 불린 것으로 앞에서의 대체항을 나타낸다. 대체항에 대하여서 힉스는 다음 네 개의 기본적인 규칙이 있음을 보였다.

① $K_{ji} = K_{ij}$

즉 $\frac{\partial x_j}{\partial P_i} + x_i\frac{\partial x_j}{\partial M} = \frac{\partial x_i}{\partial P_j} + x_j\frac{\partial x_i}{\partial M}$

② $K_{ij} < 0$

③ $\sum_{j=1}^{n} P_j K_{ij} = 0$

④ $\sum_1^m \sum_1^m \lambda_i \lambda_j K_{ij} < 0$

(단, $m < n$, $\lambda_i > 0$, $\lambda_j > 0$)

이 슬루츠키방정식은 수요법칙에서 가장 기본적인 의미를 가지고 있다. 이로부터 연관재(대체재·보완재)·상급재·하급재 등의 중요한 문제가 분석·검토된다.

→소비자선택의 이론, 대체효과·소득효과, 가격소비곡선·소득소비곡선

승수와 가속도의 결합 乘數와 加速度의 結合 synthesis of the multiplier and the accelerator

승수이론이 투자증대로 유발되는 소득증대를 정식화한 데 반해, 가속도원리는 소득증대가 투자증대를 유발시키는 관계를 설명해 주고 있다. 따라서 승수이론과 가속도원리를 결합시키면 소득변화와 투자변화의 상호작용이 가져오는 종합적인 결과를 도출할 수 있게 된다. 사뮤엘슨 Samuelson, P. A. 은 승수와 가속도를 결합하는 데 있어 시차 time-lag 를 도입해

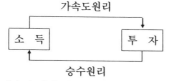

서 다음과 같이 정식화했다. t기의 소득 Y는 소비 C와 투자 I 및 정부지출 G로 이루어지고, 소비는 $t-1$기의 소득의 함수이며 투자는 가속도인자(β)에 의해 결정된다면

$Y_t = C_t + I_t + G_t$ ·························· (1)

$C_t = \alpha Y_{t-1}$ ····························· (2)

(α : 한계소비성향, $0 < \alpha < 1$)

$I_t = \beta(C_t - C_{t-1}) = \beta(\alpha Y_{t-1} - \alpha Y_{t-2})$
$= \alpha\beta(Y_{t-1} - Y_{t-2})$ ·················· (3)

(β : 가속인자, $\beta > 0$)

(2), (3)을 (1)에 대입하면

$Y_t = \alpha Y_{t-1} + \alpha\beta(Y_{t-1} - Y_{t-2}) + G_t$

$= \alpha(1+\beta)Y_{t-1} - \alpha\beta Y_{t-2} + G_t$ ······ (4)

가 된다. 그러므로 어떤 기간에 있어서 총소득은 한계소비성향, 가속인자, 전기 및 전전기의 소득수준, 기타의 요인에 의존한다. 결국 사뮤엘슨의 결합모델은 (4)에서 $\alpha\beta Y_{t-2} - \alpha(1+\beta)Y_{t-1} + Y_t = G_t$ 라는 정차방정식이 되어 각 경우별로 $\alpha \gtrless \dfrac{4\beta}{(1+\beta)^2}$ 및 $\alpha\beta \gtrless 1$에 따라 소득변화의 유형이 결정된다. $\alpha\beta = 1$과 $\alpha = \dfrac{4\beta}{(1+\beta)^2}$의 경우 그림 1이 되며, 또한 사뮤엘슨은 α, β가 취하는 값에 따라 4개의 변동유형을 제시했다.

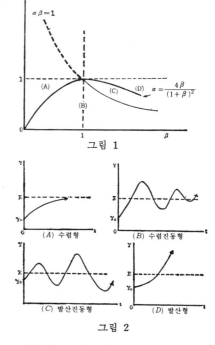

그림 1

그림 2

*승수이론 乘數理論 theory of multiplier

경제체계의 모형은 몇 가지 변수의 균형조건을 나타내는 방정식으로 표현할 수 있다. 이 때 이 방정식의 균형해를 구한다거

나 또는 이 방정식 자체에서 어떤 외생변수가 주로 경제외적인 상황의 변화에 의하여 변할 때 균형해가 어떻게 변화할 것인지를 분석하는 것은 현대 경제학의 중요한 분석방법의 하나이다. 승수이론은 경제변수의 균형조건을 표시하는 모형에서 특정한 외생변수가 변화하였을 때 이로 인하여 기타의 내생변수가 변화하게 되는 일종의 파급효과를 분석하는 이론체계라고 정의된다. 이 때 외생변수의 변화량이 내생변수의 변화량을 유발시키는 상대적 비율을 승수 multiplier 라 하며 처음에 변화한 외생변수를 피승수 multiplicand 라 한다.

승수이론이 처음으로 시도된 것은 칸 Kahn, R. F. 의 고용승수분석이며 이를 케인즈 Keynes, J. M. 가 「번영에의 길」에서 계승하여 소위 투자승수라는 전통적 의미의 승수이론을 정식화하게 되었다. 이 후로 승수이론은 거시경제학의 출발점으로서 각종 변수 사이의 인과관계를 분석하는 데 매우 유용한 도구로써 사용되기 시작하였다.

해로드 Harrod, R. F., 사뮤엘슨 Samuelson, P. A., 클라크 Clark, C. G., 랑게 Lange, O. R., 쿠즈네츠 Kuznets, S. S. 등이 승수이론을 경기변동이론 및 기타 실증적인 계량경제모형에 응용하여 발전시켰으며, 특히 레온티에프 Leontief, W. W. 가 다부문 경제모형에서 행렬승수 matrice multiplier 를 고안함으로써 승수이론은 경제현상의 분석에 있어서 가장 정확하고 유용한 분석방법이라는 위치를 차지하게 되었다. 먼저 전통적인 의미에서의 승수라고 볼 수 있는 케인즈의 투자승수를 사뮤엘슨의 간단한 예를 들어 설명하면 다음과 같다. 차고를 짓기 위해서 어떤 사람이 신규로 1,000달러 규모의 중간투입물을 고용한 경우 이 1,000달러 규모의 새로 창출된 지출의 증대가 전경제체계의 총지출수준에 어떤 효과를 주는가를 보기로 하자. 이 경우 1,000달러의 지출증대는 피고용인의 소득증대를 가져오고 다시 이 소득증대가 피고용인의 소비재 수요증대를 가져오게 되며 이는 다시 소비재생산부문의 소득증대를 유발하게 됨으로써 총지출수준이 지속적으로 증가하게 된다. 이 때 한계소비성향을 $\frac{2}{3}$라고 가정하면 전경제체계의 총지출증가는 다음의 산술식으로 표시할 수 있다.

$$\begin{array}{ll}
\$1,000.00 & 1\times\$1,000 \\
+ & + \\
\$666.67 & \left(\frac{2}{3}\right)\times\$1,000 \\
+ & + \\
\$444.44 & \left(\frac{2}{3}\right)^2\times\$1,000 \\
+ & + \\
\$296.30 & \left(\frac{2}{3}\right)^3\times\$1,000 \\
+ & + \\
\$197.53 & \left(\frac{2}{3}\right)^4\times\$1,000 \\
\cdots & \cdots \\
\hline
\$2,999.9999 & \dfrac{1}{1-\dfrac{2}{3}}\times\$1,000 \\
\text{또는 } \$3,000 &
\end{array}$$

즉 초기의 1,000달러의 투자지출증대가 전경제의 소득증대를 통하여 3,000달러의 지출증대를 유발시켰음을 알 수 있다. 이를 기호로서 정식화하면, (Y: 소득, Z: 투자, S: 저축, C: 소비, K: 투자승수) 국민소득의 균형조건은 $I=S$이고 저축의 항등식은 $S=Y-C$이므로 승수체계의 구성식 $K\cdot\Delta I=\Delta Y$에 이를 대입하면

$$K\cdot\Delta I=K\cdot\Delta S\equiv K\cdot(\Delta Y-\Delta C)=\Delta Y$$

가 된다. 따라서

$$K=\frac{1}{1-\dfrac{\Delta C}{\Delta Y}}=\frac{1}{\dfrac{\Delta S}{\Delta Y}}$$

이 얻어진다. 여기에서 $\dfrac{\Delta C}{\Delta Y}$는 한계소비성향 MPC이고 $\dfrac{\Delta S}{\Delta Y}$는 한계저축성향

MPS이므로 투자승수는 $\frac{1}{MPS}$ 또는 $\frac{1}{1-MPC}$임을 알 수 있다.

그리고 승수이론을 처음으로 고용의 측면에서 분석한 칸의 고용승수를 살펴보면 투자의 증대 ΔI는 이 투자가 증대된 부문에서의 고용증대 ΔN_2를 유발시키며 이 고용증대는 바로 소득의 증대를 의미하므로 다른 부문에서의 고용증대를 유발시키게 됨으로써 전경제의 고용증대는 ΔN_2의 K' 배만큼, 즉 $K'\Delta N_2 = \Delta N$만큼 증대하게 된다. 이 경우 K'가 바로 고용승수인데 이를 정식화하면 다음과 같다. 화폐임금 수준을 w라 하고 노동자 1인의 고용증가로 인한 이윤의 증가를 P라 표시하고 노동자 1인의 고용증대와 결합되는 중간투입재의 수요증가액을 R로 표시하기로 한다. 이 때 새로운 고용증가에 의한 소득의 창출 가운데에서 mw만큼의 임금과 nP만큼의 이윤이 소비지출로 사용된다고 하면 제일차적으로 $\frac{mw+nP}{w+P+R}=K$만큼의 고용증대가 발생하게 된다. 여기에서 동일한 과정이 누적적으로 발생하게 되면 총고용의 증대는 $K+K^2+K^3+\cdots=\frac{K}{1-K}$만큼 증대되게 되며, 이 경우 제 1 차적인 고용수준이 N이라면 총고용수준은 $N\left(1+\frac{K}{1-K}\right)$로 되고 고용승수는 $\frac{1}{1-K}$이 된다. 대략 이상의 간단한 과정으로 설명될 수 있는 승수이론은 물가수준의 변동을 전혀 고려하지 않은 실물승수로서 굳윈 Goodwin, R. M.에 의하여 비판을 받게 되고 점차로 물가수준의 변화를 고려한 화폐승수를 분석하는 방향으로 발전하였다. 이에 따라서 승수이론은 현재 비약적인 발전을 보아 정부지출승수, 균형예산승수 및 개방모형에 있어서의 무역승수, 그리고 다부문경제모형에서의 행렬승수와 가속도원리까지 고려한 힉스 Hicks, J. R.의 초승수까지 분석하게 되었다. 특히 레온티에프의 행렬승수는 다양한 경제부문에 있어서의 상이한 구조적 차이를 분석할 수 있는 장점을 지니고 있으며, 힉스의 초승수는 시차를 수반하는 장기동학적 모형에 있어서의 승수효과를 분석할 수 있는 장점을 지니고 있다. 행렬승수와 초승수를 역시 간단한 모형을 사용하여 설명하면 다음과 같다. 경제체계의 전산업을 m개의 산업분야로 구분하여 각 부문의 연관관계를 분석하는 일반모형은

$$x_i = a_{i1}x_1 + a_{i2}x_2 + \cdots + a_{im}x_m + y_i$$
$$\cdots\cdots\cdots\cdots\cdots\cdots\cdots\cdots\cdots\cdots\cdots (1)$$
$$(단 \ i=1, \ 2\cdots\cdots m)$$

으로 표시될 수 있다. (1)식을 변형하여 상이한 m개의 방정식을 구성하고 이 방정식의 체계를 행렬대수로 표시하면 다음과 같이 된다.

$$(1-a_{11})x_1 - a_{12}x_2 - \cdots - a_{1m}x_m = y_1$$
$$-a_{21}x_1 + (1-a_{22})x_2 - \cdots - a_{2m}x_m = y_2 \quad (2)$$
$$\cdots\cdots\cdots\cdots\cdots\cdots\cdots\cdots\cdots\cdots\cdots$$
$$-a_{m1}x_1 - a_{m2}x_2 - \cdots + (1-a_{mm})x_m = y_m$$

이 때 (2)식을 행렬대수의 방정식체계로 구성하면 $(1-A)X=Y$로 되며 $X=(I-A)^{-1}Y$의 해가 얻어진다. 단 X는 산출량의 열벡터, Y는 최종수요의 열벡터이며 $(I-A)^{-1}$은 계수의 역행렬로서 고정되어 있다고 가정한다. 이 때 $(-A)^{-1}$을 행렬승수 matrice multiplier 혹은 다부분승수 multisector multiplier 라 하여 최종수요 Y의 변화에 따른 산출량 X의 변화를 표시하여 주게 되므로 경제분석상 매우 중요한 역할을 하게 된다. 이 경우 물론 균형해는 솔로우 Solow, R. M.의 조건 Solow's condition, 즉 $\sum_{i=1}^{m} a_{ij} < 1$의 조건하에서 구하게 된다. 다음으로 승수이론과 함께 가속도원리를 고려함으로써 장기동태적인 승수이론을 확립한 힉스는 다음과 같이 시차를 고려한 정차방정식을 구성하고 있다.

$$Y_t = A_t + C_t + I_t \cdots\cdots\cdots\cdots\cdots\cdots (1)$$

$$C_t = \alpha Y_{t-1}, \ I_t = \beta(C_t - C_{t-1}) \cdots\cdots (2)$$

(단 α는 한계소비성향, β는 가속도 계수임)

(2)식을 (1)식에 대입하여 정리하면

$$Y_t = A_t + \alpha(1+\beta)Y_{t-1} - \alpha\beta Y_{t-2}$$

라는 2계비동차정차방정식(二階非同次定差方程式)이 구성된다. 여기에서 힉스는 독립투자 A_t가 매년 일정비율 g로 증가하는 경우를 고려하고 이 비율이 소득 Y_t에 대해서도 마찬가지로 가정하여 각각 $A_t = A_0(1+g)^t$, $Y_t = Y_0(1+g)^t$이라고 식을 구성하였다.

이 때 소득변동을 유발하는 초승수 super multiplier는

$$\frac{Y_t}{A_t} = \frac{Y_0}{A_0}$$

$$= \frac{1}{1 - (1+g)^{-1}\alpha(1+\beta) + (1+g)^{-2}\alpha\beta}$$

로 얻어지게 된다.

대략 이상과 같은 내용의 발전과정을 통하여 승수이론은 비교정태적 승수로부터 동태적 승수로, 실물승수로부터 화폐승수로, 소부문의 승수로부터 다부문의 승수로 여러 가지의 경제변수를 결합하여 분석하는 방법으로 발전하여 왔다. 승수이론은 결국 외생변수의 변화를 통한 내생변수의 변화를 분석하나 실제적으로 외생변수 및 내생변수는 필요에 따라 임의로 규정되는 성격을 띠므로 외생변수와 내생변수의 구분은 그다지 중요하다고 볼 수 없다. 실제로 내생변수 상호간의 변화율을 고려하는 의승수(擬乘數) pseudo multiplier도 여러 가지가 출현하고 있는 형편이다. 그렇기 때문에 승수이론이 유용한 경제분석의 도구로서 사용될 수 있기 위하여는 무엇보다도 실제의 경제현상을 정확하게 대표할 수 있는 유용한 방정식체계를 파악하는 일이 중요하다고 하겠다. 그리고 현실적인 이용가능성을 위해서는 될 수 있는 한 방정식의 체계는 간결하고 명확해야 하며 가능한 해 feasible solution를 구할 수 있는 엄밀한 조건하에서 구성되어야만 한다. →투자승수, 가속도 원리, '초승수

〔참고문헌〕Keynes, J. M. *The General Theory of Employment, Interest and Money*, 1936; (김두희역「고용·이자 및 화폐의 일반이론」 1955); Kahn, R. F., "The Relation of Home Investment to Unemployment," *The Econ. Journ*, Vol. 41, Jun. 1931; Lange, O. R., "The Theory of the Multiplier," *Econometrica*, July-Oct. 1943; Goodwin, R. M., "The Multiplier," *The New Economics*, 1947.

승자독식효과 勝者獨食效果
Winner-take-all effect

정보통신기술의 발전 등 경제구조의 변화에 따라 생산요소의 미세한 능력차이가 막대한 한계생산의 가치로 전환되는 현상을 말하며 수퍼스타효과 superstar effects라고도 한다. 이러한 현상은 생산과정에 있어서 재화나 서비스의 공급이 광범위한 다수에게 이루어질 수 있는 특성을 필요로 하는데 주로 상업적 스포츠나 연예분야에서 쉽게 찾아 볼 수 있다. 예컨대 테너가수의 성악에 있어 과거에는 공연중인 극장내에서만 소비가 가능했으나 현대에는 방송, CD 등으로 전세계 소비자의 동시 소비가 가능하게 됨에 따라 세계최정상의 2-3인의 테너가 대부분의 시장을 차지하게 됨으로써 이들과 능력에 있어 바로 아래 그룹에 속하는 가수와의 차이는 현격한 차이를 보이게 되는 것이다. 테니스와 골프 등 상업적 스포츠 분야에서도 동일한 이론이 적용된다.

승자의 저주 勝者의 詛呪 Winner's curse

경매에 있어서 낙찰가는 대상물건의 진정

한 가치를 넘어선다는 일반적인 원칙을 말한
다. 이는 모든 경매참여자의 대상 물건 가치
에 대한 추정이 편의성을 갖지 않는다
unbiased 할지라도, 즉 추정치의 평균값이
진정한 가치와 같다 하더라도 우연적 요소를
포함하여 최고가를 제시한 참여자가 경매의
승자가 되므로 경매의 승자는 손해를 보는
것이 일반적이라는 것이다. 따라서 경매에
있어서 합리적인 참가자는 이러한 사실을 감
안하여 응찰가격을 하향 조정해야 할 것이
다. 이러한 하향조정의 크기는 경매에 대한
참가자의 수에 비례하게 된다. 예를 들어 어
떤 경매에 N명의 참가자 bidders가 있고 각
각이 오름차순으로 정렬한 N개의 추정치
$x_1, x_2, \cdots x_N$ 중에서 하나를 임의로 선택한다고
하자. 여기서 추정치 $x_1, x_2, \cdots x_N$은 $(0, C)$ 구간
의 동일분포 uniform distribution로부터 추
출된다고 하자. 이때 추정치의 평균은 C/2가
되며 이것이 경매대상물건의 진정한 가치가
될 것이다. 따라서 가장 높은 추정치의 기대
값은 CN/(N+1)이 될 것이므로 합리적인
참가자의 추정치가 X가 되었다면 물건가치
의 최대값은 C = X(N+1)/N이 되고 응찰가
는 $X^* = C/2 = X(N+1)/2N$으로 조정되어야
할 것이다.
[참고문헌] R.H. Frank, *Microeconomics
and Behavior*, 1994

시간선호 時間選好 time preference
사람들이 그 소득의 일부를 현재의 소비
에 지출하고 나머지를 장래의 소비를 위하
여 유보할 때 그는 소득의 소비에 관한 시
간선호를 하고 있다고 한다. 케인즈
Keynes, J. M.에 의하면 개인이 실제로 이
심리적 시간선호를 수행할 경우에 그들은
두 가지 결정을 필요로 한다. 첫째는 소득
을 어떻게 하여 현재의 소비와 저축에 배
분하느냐 하는 것이고, 둘째는 이 저축,
즉 장래의 소비에 대한 지배력을 어떠한

형태로 보유하느냐는 것이다. 그런데 저축
보유의 형태는 일반적으로 2개로 분류되는
데 여기에서는 화폐의 보장 또는 저축유금
(類金)과 유가증권보유 중에서 어떤 것을
선택하느냐 하는 것이 문제가 된다. 케인
즈는 이자율이 사람들의 첫 번째 선택에
영향을 주는 요인이라고 생각하는 점을 잘
못이라고 배척하여 이자율은 오히려 두 번
째 선택에서 사람들의 결정을 좌우하는 데
불과하다고 하였다. 이것이 그의 이른바
이자율결정의 유동성선호설이다. →유동성
선호설

시간간 선택모형 時間間 選擇模型
Inter-temporal Choice Model
현재에 있어 서로 다른 상품간 소비선택에
관한 무시간 선택모형 atemporal choice
model에 비하여 시간에 걸쳐 소비를 배분하
는 선택에 관한 이론모형을 말한다. 분석의
편의성을 위하여 보통 현재와 미래라는 2기
간 분석의 형태를 활용한다. 시간간 선택모
형에 있어 예산제약은 〈그림〉과 같이 저축과
대출의 가능성을 포함한 최대의 현재소비와
최대의 미래소비를 잇는 직선의 형태를 취한
다. 그리고 이러한 예산제약선의 기울기는
이자율을 r이라 할 때 -(1+r)이 된다. 시간
간 선택모형에 있어 무차별곡선의 형태는 무
시간 선택모형에서와 유사하나 무차별곡선
을 기울기는 시간선호의 한계대체율
marginal rate of time preference : MRTP
을 나타내며 MRTP의 절대값이 1보다 큰
정(正)의 시간선호positive time preference
가 일반적이다. 최적 소비점은 무차별곡선과
예산 제약선이 만나는 점(C*)에서 이루어지
며 현재의 소득에 비해 현재의 소비가 큰 경
우 소비자가 인내심이 없다 하며
impatience, 현재의 소득에 비해 현재의 소
비가 작은 경우 소비자가 인내심이 있다한
다 patient. Böhm-Bawerk는 미래에 대한

불확실성을 제외하면 현재와 미래의 소비를 동일하게 하는 것이 효용을 극대화할 것이라고 주장하여 사람들이 현재의 소비에 너무 치중하는 경향이 있다고 지적하였다. 그러나 일시적 즐거움(인기스타와의 키스 기회)에 대해서는 이를 기대하면서 기다리는 시간을 갖고자 한다거나 일시적 고통(전기 충격)은 두려워하며 기다리기 보다 당장 받고자 하는 부의 시간선호 negative time preference와 같이 상황에 따라 예외적인 경우가 있으며 소비수준의 감소보다는 시간의 경과에 따른 소비수준의 증가를 선호하는 rising consumption standard 등 여러 가지 요인이 시간간 선택에 영향을 미칠 수 있다.

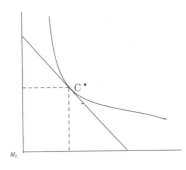

시계열분석 · 횡단면분석 時系列分析 · 橫斷面分析 time-series analysis · cross-section analysis

시계열분석은 일정한 단위시간의 변화에 따른 개개의 경제단위나 경제단위의 통합체, 그리고 개개의 상품이나 상품의 집합체에 관한 경제변량의 기본적인 관계를 나타내는 계수를 추정·분석하는 방법을 말하며, 횡단면분석은 일정한 단위시간의 변화가 아닌 어느 일정한 시점에서 개개 요소의 차이에서 오는 공간적인 변화에 기초를 두어 변량간의 관계를 분석하는 것이

다. 간단한 예를 들면 1980년부터 1995년까지 국민소비지출과 국민소득의 통계자료를 이용하여 소비성향을 회귀분석하여 2000년대의 국민소비지출을 예측하고자 한다면 이는 시계열분석에 의해서만이 가능하다. 또한 소비지출과 소득수준과의 관계를 연구하는 데는 어느 주어진 시점에서 소득수준을 달리하는 계층의 소비활동의 양상을 살펴봄으로써 가능하다. 즉 1995년도의 일정한 지역내의 소득계층별 소비통계자료를 이용하여 분석하는 방법을 횡단면분석이라고 한다.

시계열분석은 일정한 단위시간의 변화에 따른 각 경제변량이 동질적이라고 가정한다. 두 변량간의 어떤 특정한 관계를 분석할 경우 현실적으로 그 관계를 완전히 설명할 수 있는 것은 존재하지 않기 때문에 실질적인 분석에 있어서 이러한 미설명분을 오차 error 라 하여 이 오차를 가능한 작게 하는 최소자승법을 이용한다. 또한 이 때 변량과 이 임의의 오차간의 관계에서 동질성은 가정할 수 없으며, 변량과 오차 사이는 독립적인 관계에 있어야 한다. 그러나 이 시계열분석을 역사적으로 장기에 걸쳐 이용할 경우 경제변량간의 동질성 가정은 그 의미를 상실한다. 횡단면분석은 개개의 통계자료가 모두 동질적이라 가정하며 이 경우에도 계측된 변수와 임의의 오차간의 차이를 동질적이라고 가정하지 않는다. 그러나 횡단면분석은 그 통계자료가 일반적으로 미시적인 수준에서 개개의 의사결정단위를 자세하게 보여주고 있다는 장점이 있다.

시계열분석은 몇 가지 문제점으로 인하여 횡단면분석과 혼용하여 이용되고 있다. 어떤 경제변수들의 시계열이 시간적으로 동일한 추세와 경기변동의 주기를 갖고 평행적으로 움직이는 경향이 있을 경우(이를 계량경제학에서는 다공선성(多共線性)

multicolinearity 이라함) 이로 인해서 그 경제변수만의 영향을 통계적으로 분리할 수 없게 된다. 예를 들면 어떤 재화의 수요함수를 상대가격과 실질소득을 설명변수로 하여 시계열분석을 할 경우 이들 상대가격과 실질소득이 계절적인 요인으로 변화하여 이것이 그 재화의 수요에 영향을 미칠 경우, 이는 엄격한 의미에서 제3의 다른 요인으로 인한 것이므로 이를 제거해야 한다. 이를 위해서는 횡단면분석을 이용하여 어느 한 시점에서의 수요함수를 상대가격과 실질소득을 이용하여 추정함으로써 시계열분석의 문제점을 보완하게 하는 것이다. 이러한 계절적인 요인뿐만 아니라 다른 요인들 즉, 개인의 재산보유정도, 사회의 소득분포양상 등에 의해서 영향을 받을 경우에도 횡단면분석으로 보완할 수 있다.

통계자료에 의해서 계산된 계수에 대한 해석에 있어서 식별의 문제가 나타난다. 방정식추계의 기초가 되는 통계자료는 시장과정에서 나타나는 관계들의 상호작용으로 인하여 나타난 결과치이므로 시장에서의 공급면이나 가격의 압력, 소득결정 등에 관하여 구체적으로 기술, 분석하여 추정된 방정식이 반드시 수요함수라고 식별할 수 있어야 한다. 이러한 문제점도 시계열분석과 횡단면분석을 상호보완적으로 이용하여 해결될 수 있다. 통계자료에 의한 계수의 추정을 위해 이용되는 최소자승법은 설명변수가 통계적으로 임의의 오차항과 독립되었다는 것을 가정하여 일방적인 인과관계를 사전에 가정한다. 그러나 현실적으로 경제전반에 걸처 분석할 경우 이러한 일방적인 인과관계를 가정함으로써 실제의 인과관계에 있어서는 영향력이 미약하여도 일단 무시되었기 때문에 편이(偏倚) bias 가 발생한다. 따라서 횡단면분석에서 구한 미시적 수준에서의 최소자승관계는 시계열자료만을 사용했을 경우에 나타나는 추정편의의 문제를 해소하는 방법으로써 이용된다.

시니어 Senior, Nassau William (1790~1864)

영국의 경제학자. 옥스포드대학 졸업후 같은 대학 교수로 봉직했다. 그는 처음 이론과 정책을 통일한 경제학의 체계를 생각하였으나 구빈법위원회에 관계하면서부터 부에 관한 이론만을 경제학의 내용으로 체계화했다. 또한 그는 임금률과 노무비와의 관계, 임금과 이윤과의 관계, 생산비와 가격과의 관계, 국제무역과 귀금속의 국제적 분배, 농업에 있어서의 수확점감의 경향 등의 연구에 공적이 있으며 특히 처음으로 명확한 형태로서 제욕설(制慾說) abstinence theory 을 주창한 것으로 유명하다. 즉 그 당시 리카도 Ricardo, D. 나 그 외의 사람들은 자본에 대한 이윤은 임금노동자의 잉여노동을 원천으로한다고 설명한 데 대하여, 그는 자본가가 사치에 대한 욕망을 자제하고 보유화폐를 사치자금으로 지출하지 않은 것에 대한 보수라고 설명하였다.

〔주 저〕 *An Outline of the Science of Political Economy*, 1836; *An Introductory Lecture on Political Economy*, 1827; *Three Lectures on the Rate of Wages*, 1830; *Three Lectures on the Value of Money*, 1840.

시뮬레이션 ☞오퍼레이션 리서치

시민혁명 市民革命 bourgeois revolution

Ⅰ. 정의   시민혁명은 정치사적으로는 절대주의 및 기타 봉건권력을 타도해서 부르조아 및 광범한 일반시민을 해방하고 근대국가를 수립한 급격한 정치변혁이다. 혁명에 의해 사유재산제가 확립되고 정치적 자유와 입헌주의의 방향이 취해진다.

경제사적으로는 이 혁명은 사회의 태내(胎內)에서 발생한 자본주의적 발전의 결과로서 봉건적인 생산관계가 일소되는 과정이다. 혁명에 의해 일거에 자본주의가 확립되는 것은 아니지만 토지를 중심으로 하는 생산수단이 전면적으로 상품화된다. 말할 것도 없이 그 전제 위에 자본과 임(賃)노동의 분리, 따라서 자본주의적 생산이 개화하는 것이다. 시민혁명의 사례로서는 영국의 퓨리턴혁명(1640~60년), 미국의 독립혁명(1775~83년), 프랑스혁명(1789~94년) 독일의 3월혁명(1848년), 러시아의 2월혁명(1917년) 등을 들 수 있다.

Ⅱ. 유형　각각의 국민이 처한 조건에 따라 혁명의 유형이 다르지만, 대체로 귀족 혹은 지주를 주도세력으로 하는 불철저한 독일형의 혁명과 농민을 포함하는 소부르조아 계급을 주도세력으로 하는 급진적인 프랑스형의 혁명으로 구별할 수 있다. 영국혁명은 혁명의 귀결점으로 보아 전자에 속하고 미국혁명은 후자에 속한다고 볼 수 있다. 전자에서는 구래(舊來)의 토지소유권이 기본적으로 유지되고 개혁은 최소한에 그치지만, 후자에서는 귀족적 토지소유의 폐기에 의해 농민적 소유가 확충되고 민주주의적 개혁이 폭넓게 추진된다. 그러나 유형의 여하에 따라 상이한 경제체제가 생긴다고는 할 수 없다. 정치적·사회적 상위(相違)는 크지만 경제구조상 경영양식에는 큰 차이가 없다. 다만 구래의 양식과 새로운 양식간의 비중이 나라에 따라 차이가 난다는 것 뿐이다.

Ⅲ. 원인　혁명의 직접적인 원인은 많은 경우 조세문제이다. 이해관계가 다른 계급 사이에서 정치·경제적으로 대립되는 조세와 재정의 영역에서 분쟁이 일어난다는 것은 절대왕정 혹은 본국의 식민적 지배가 경제발전과 모순된 상황으로 되었음을 나타낸다. 어느 국가의 경제도 혁명 전까지 상당한 변화를 겪고 있었지만 그 주요한 점은 봉건적 착취관계가 봉건적 권리라는 형태로 국가기구 가운데 편입된 것, 봉건제의 해체에 따라 차지농(借地農) 경영·부농경영·매뉴팩처 등의 소부르조아적, 부르조아적 생산이 발전해 온 것, 그 결과 부르조아적 생산의 발전과 상부구조 사이의 모순이 곡물거래나 산업규제·무역통제·조세정책 등의 문제를 둘러싸고 표면화되지 않을 수 없게 된 것 등이다. 부르조아적 이해는 영국에서는 왕권과 귀족의 대항을 이용하는 부르조아의 '삼부회' 소집의 요구라는 형태로 나타나고 미국에서는 영국본국에 대한 식민지인의 반란이라는 형태로 나타났다.

Ⅳ. 경과　혁명의 전개는 권력투쟁이 광범한 소부르조아층을 끌어들여 그들을 주요한 추진력으로 하는 점에서 다를 바는 없다. 영국에서의 크롬웰의 군대, 프랑스의 쟈코뱅·몽테뉴파, 미국의 '자유의 아들' 등의 급진파, 독일의 민주파 등이 그 것이다. 그러나 민중행동은 결국 의회에 집약되고 의회와 구권력과의 대립과 타협이 혁명과정의 주요한 내용을 이룬다.

Ⅴ. 귀결　시민혁명은 그 수행방식에 의해 구래의 토지소유자가 많은 이익을 얻었는가, 아니면 생산자인 농민이 많은 이익을 얻었는가 하는 것을 별개로 하면 당시의 기본적인 생산수단인 토지를 봉건적 구속으로부터 자유로운 상품으로서 해방시키고 그것을 새로운 국가질서의 기초로서 확립하는 것에 불과하다. 이 변혁에 의해 전시대 이래의 본원적 축적과정이 농업생산에 침투하고 생산자와 생산수단의 분리를 공공연히 추진하기 위한 조건이 충족된다. 이렇게 해서 시민혁명은 자본주의에로의 관문을 크게 여는 것에 기여하였다.

시스몽디 Sismondi, Jean Charles Léonard Simonde de (1773~1842)

스위스의 역사가이며 경제학자로서 프랑스 고전파경제학의 최후의 대표자. 소년시절에 루소 Rousseau, J. J. 의 영향을 받았으며 후에 경제학과 역사학을 연구하였다. 그의 저작 「상업적 부 *De la richesse commerciale, ou principes d'économie politique appliqués à la législation du commerce*」(2 vols., 1803)는 나폴레옹 체제비판을 위해서 쓰여진 것이며, 그 나름대로 이해한 스미스 경제학을 지도원리로 하고 자유방임 laissez-faire 을 구가하고 있는 점이 특징적이다. 왕정복고 후 쓰여진 「신원리 *Nouveaux principes d'économic politique, ou de la richesse dans ses rapports avec la population*」(2 vols., 1819)는 그의 경제학과 역사학연구의 결실이라고 할 수 있다.

그에 의하면 경제학은 사회질서 전체를 대상으로 하는 도덕과학이며, 부를 그 자체로서가 아니라, 인간과의 관계에서 고찰해야 하며 따라서 인간의 사회경제적 관계가 경제학의 중심문제로 된다. 그는 또한 그 자신이 옹호한 소부르조아 민주주의가 기계제도와 대농(大農)제도에 의해서 특징지워지는 자본주의 때문에 그 기초가 위협당하고 있다는 점에 주안점을 두고 이론을 전개했다. 그리고 대자본의 옹호책으로서의 자유방임을 비판하고 소생산의 옹호를 위한 국가간섭을 주장했다. 그는 이 저작에서 공황을 자본주의의 불가피한 산물로서 파악하고, 과소소비설적 공황론에 근거한 소부르조아 사회주의의 시조로 되었다.

[주 저] 전게외(前揭外) : *Political Economy*, 1818; *Histoire des Français*, 31 vols., 1821~44.

CIF·FOB cost insurance and freight · free on board

국제무역에서 많이 채용되고 있는 거래조건을 말한다. CIF 는 운임보험료를 포함한 매매계약을 말한다. 즉 계약상품을 수출항에서 본선에 선적할 때까지의 비용을 포함한 수출원가에다 수입항까지의 운임과 보험료를 합친 일종의 복합원가를 채산기준으로 하여 체결되는 계약이다.

CIF 계약의 특징은 상품의 선적이 계약당사자의 위험부담의 한계점이 되고 비용의 분담은 수입항까지를 수출상이 부담하나 소유권은 선적서류가 수입상에게 합법적으로 도달된 후에 비로소 선적시까지 소급하여 수입상에게 귀속된다는 점이다. CIF 의 변형으로서 CIF & E(CIF 외에 환의 리스크도 수출상 부담인 것), CIF & C(특수 수수료를 포함한 것), CIF & I(환어음에 대한 이자를 포함한 것), CIF & CI(수수료와 이자를 포함한 것) 및 C & F (CIF 에서 보험료를 제외한 것) 등이 있다.

FOB 는 수출상이 약정화물을 일정기간 내에 소정의 선적항에서 수입상이 지적한 선박에 적재해야 하며 본선상에 인도가 끝날 때까지의 일체의 비용(포장비·선적항까지의 운임·창고료 등)과 위험을 부담하는 매매계약이다. 한편 인도완료 후의 일체의 책임손실 이를테면 해상운임, 선적 후의 비용 일체는 수입상이 부담한다. 그리고 수출상의 인도완료증명은 본선수령증 ship's receipt 이 있으면 충분하다.

CES 생산함수 生産函數 CES production function

1948년 더글라스 Douglas, P. H. 에 의하여 「생산에는 법칙이 있는가」라는 논문에 발표된 콥-더글라스 생산함수는 오랫동안 경제학의 생산이론에서 여러 가지 이론적인 기여를 이룩하였다. 그러나 콥-더글라스 생산함수가 갖는 제한성, 특히 요소간의 대체탄력성이 1이라는 제한은 새로운 생산함수의 출현을 촉구하게 되었고 마침내는 1961년 애로우 Arrow, K. J., 체너리 Chenery, B. H., 그리고 솔로우 Solow, R. M.에 의하여 대체탄력성이 일정한 constant elasticity of substitution CES 생산함수가 도출되었다. CES 생산함수는

$$q = A[\alpha x_1^{-\rho} + (1-\alpha)x_2^{-\rho}]^{-\frac{1}{\rho}}$$
$$\cdots\cdots\cdots (1)$$

의 형태를 갖는다. 이 때 α 는 분배파라미터, 대체파라미터, x_1, x_2 는 생산요소 ρ 는 생산물이다. CES 생산함수는 다음의 2가지 성질을 갖고 있다. ① CES 생산함수는 1차동차생산함수이다. ② CES 생산함수는 대체탄력성의 값이 일정하다. (1)의 성질은 구체적으로 $f(tx_1, tx_2) = tf(x_1, x_2)$을 만족시킨다는 것이다. 즉,

$$A[\alpha(tx_1)^{-\rho} + (1-\alpha)(tx_2)^{-\rho}]^{-\frac{1}{\rho}}$$
$$= tA[\alpha x_1^{-\rho} + (1-\alpha)x_2^{-\rho}]^{-\frac{1}{\rho}}$$

이다.

한편 x_1, x_2의 한계생산력은,

$$\frac{\partial q}{\partial x_1} = \frac{\alpha}{A^\rho}\left(\frac{q}{x_1}\right)^{\rho+1} \cdots\cdots (2)$$

$$\frac{\partial q}{\partial x_2} = \frac{1-\alpha}{A^\rho}\left(\frac{q}{x_2}\right)^{\rho+1} \cdots\cdots (3)$$

이다. 따라서 생산요소 x_1, x_2의 한계기술대체율 marginal rate of technical substitution(RTS)은,

$$RTS = \frac{\alpha}{1-\alpha}\left(\frac{x_2}{x_1}\right)^{\rho+1} \cdots\cdots (4)$$

이다(아래부터 한계기술대체율은 RTS 로 표시한다).

RTS 란 일정한 생산수준을 유지하면서 x_1을 x_2로 대체할 때, x_1을 한 단위 더 고용함으로써 x_2 몇 단위를 생산과정에서 절약할 수 있는가를 나타내는 것이다. 수학적으로 표시하면 다음과 같다. 먼저 기업의 일반적인 생산함수를 $q = f(x_1, x_2)$라 할 때, 등생산량곡선 isoquant curve 은 $q_0 = f(x_1, x_2)$를 만족하는 x_1과 x_2의 조합을 의미한다. 따라서 $q_0 = f(x_1, x_2)$를 전미분하면 $dq_0 = f_1 dx_1 + f_2 dx_2 = 0$ 이므로 RTS인 $\frac{dx_2}{dx_1}$는 $-\frac{f_1}{f_2}$이다. CES 생산함수의 RTS 는,

$$RTS = \frac{dx_2}{dx_1} = -\frac{f_1}{f_2} = \frac{\frac{\partial q}{\partial x_1}}{\frac{\partial q}{\partial x_2}}$$ 이다.

따라서 (2), (3)식에서 (4)식이 성립한다.

다음에는 CES 생산함수의 대체탄력성의 값이 일정함을 설명한다. 대체탄력성 σ 는 RTS 의 변화율에 따른 생산요소결합비율의 변화를 나타내는 계수로서 아래와 같이 정의된다.

$$\sigma = \frac{d\log(x_2/x_1)}{d\log(f_1/f_2)} = \frac{f_2/f_1 \cdot d(x_2/x_1)}{x_2/x_1 \cdot d(f_2/f_1)}$$
$$\cdots\cdots\cdots (5)$$

(5)식에서

$$d(x_2/x_1) = \frac{x_1 dx_2 - x_2 dx_1}{x_1^2},$$

$$d(f_1/f_2) = \frac{\partial(f_1/f_2)}{\partial x_1}dx_1 + \frac{\partial(f_1/f_2)}{\partial x_2}dx_2$$

$$dx_2 = -(f_1/f_2)dx_1$$이다.

이상의 결과를 (5)식에 대입하여 정리하면,

$$\sigma = \frac{f_1(f_1 x_1 + f_2 x_2)}{f_2 x_1 x_2\left[f_1\dfrac{\partial(f_1/f_2)}{\partial x_2} - f_2\dfrac{\partial(f_1/f_2)}{\partial x_1}\right]}$$
$$\cdots\cdots\cdots (6)$$

이다. (6)식의 괄호안을 풀어 (6)식을 최종적으로 다시 쓰면

$$\sigma = \frac{f_1 f_2(f_1 x_1 + f_2 x_2)}{x_1 x_2 D} \cdots\cdots (7)$$

단 $D=2f_{12}f_1f_2-f_1^2f_{22}-f_2^2f_{11}$이다. 참고로 (6)식의 괄호를 전개하면 다음과 같다.

$$f_1\frac{\partial(f_1/f_2)}{\partial x_2}-f_2\frac{\partial(f_1/f_2)}{\partial x_1}$$

$$=f_1\cdot\frac{f_{12}f_2-f_1f_{22}}{f_2^2}-f_2\cdot\frac{f_{11}f_2-f_1f_{21}}{f_2^2}$$

한편 CES 생산함수는 1차동차생산함수이므로 오일러 정리 Euler's theorem 가 적용된다. 이 때 CES 생산함수를 $q=f(x_1,\ x_2)$의 꼴로 일반화시키면 오일러 정리에 의하여,

$$x_1f_1+x_2f_2=q\cdots\cdots\cdots\cdots\cdots(8)$$

가 성립한다. (8)식을 전미분하여 정리하면,

$$(f_1+x_1f_{11}+x_2f_{21})dx_1+(f_2+x_1f_{12}+x_2f_{22})dx_2=dq\cdots\cdots\cdots\cdots(9)$$

가 된다. 이 때 $dx_2=0$, $dx_1=0$을 가정하고 (9)식의 양변을 각각 dx_1, dx_2로 나누면 x_1과 x_2의 한계생산력 $\frac{\partial q}{\partial x_1}$, $\frac{\partial q}{\partial x_2}$을 구할 수 있다. 즉,

$$\left.\begin{array}{l}f_1+x_1f_{11}+x_2f_{21}=\dfrac{\partial q}{\partial x_1}=f_1\Rightarrow f_{11}=-\dfrac{x_2}{x_1}f_{21}\\[2mm]f_2+x_1f_{12}+x_2f_{22}=\dfrac{\partial q}{\partial x_2}=f_2\Rightarrow f_{22}=-\dfrac{x_1}{x_2}f_{12}\end{array}\right)$$

$$\cdots\cdots\cdots\cdots\cdots\cdots\cdots\cdots(10)$$

따라서 CES 생산함수의 대체탄력성 σ는 (10)식을 (7)식에 대입함으로써 얻을 수 있다. 즉

$$\sigma=\frac{f_1f_2(x_1f_1+x_2f_2)}{f_{12}(x_1f_1+x_2f_2)^2}=\frac{f_1f_2}{f_{12}q}\ \cdots(11)$$

(오일러 정리에 의하면 $q=x_1f_1+x_2f_2$이다.)

한편 (1)식에서

$$f_{12}=\frac{(1+\rho)\alpha(1-\alpha)q^{1+2\rho}}{A^{2\rho}(x_1,\ x_2)^{1+\rho}}$$

을 얻을 수 있다. 그러므로 이것을 (11)식에 대입하면, CES 생산함수의 대체탄력성 σ은 최종적으로 다음과 같이 확정된다.

$$\sigma=\frac{1}{1+\rho},\ \ \rho=\frac{1}{\sigma}-1$$

콥-더글라스 생산함수에서는 생산요소 사이의 대체탄력성이 모두 1이나 ($\sigma=1$), CES 생산함수에서는 σ가 산업별로 다르게 추정되므로 σ도 여러 가지 값을 가질 수 있다.

다음에는 CES 생산함수에서의 σ가 가지는 경제적인 의미를 해석한다. 첫째로 $\rho=-1$이면 $\sigma=\infty$가 성립되고 생산함수는 다음의 형태를 갖는다.

$$q=Bx_1+Cx_2[단,\ B=A\alpha,\ C=A(1-\alpha)]$$

이 때 $\sigma=\infty$가 된다는 것은 두 생산요소 x_1과 x_2가 무한히 대체될 수 있다는 사실을 의미하므로 등생산량곡선은 우하향하는 직선형태를 취한다. 둘째로 $\rho=0$이면 $\sigma=1$이고 CES 생산함수는 콥-더글라스 생산함수로 귀착하게 된다. 셋째로 $\rho\to\infty$가 되면 $\sigma\to0$이 된다. 이 경우에는 생산요소 사이에 대체가능성이 완전히 없어지므로 생산량은 애로가 되는 생산요소에 의해 제

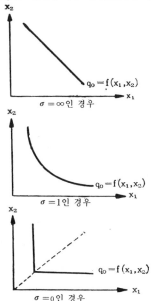

$\sigma=\infty$인 경우

$\sigma=1$인 경우

$\sigma=0$인 경우

한받는다. 이 때의 등생산량곡선은 두 요소의 투입비율을 표시하는 점에서 직각으로 꺾이는 모양을 취한다. 이상의 논의에서 CES 생산함수는 콥-더글라스 생산함수보다 훨씬 더 일반적인 생산함수임을 알 수 있다.

시장구조 市場構造 market structure

경제시장에 있어서의 조직상의 특질들을 말한다. 조직상의 가장 중요한 측면은 시장에 있어서의 경쟁 및 가격형성의 특질에 영향을 주는 것이다. 시장구조의 중요한 요소는 공급자의 집중정도, 즉 공급자의 수와 그 규모별 분포이다. 공급자의 수는 단일(독점), 소수(과점), 다수(다점)로 분류할 수 있다. 공급자 집중의 정도가 공급자간의 경쟁의 강도와 효과에 영향을 미치는 것과 마찬가지로 시장구조의 또 하나의 중요한 요소인 수요자 집중의 정도도 수요자경쟁의 성질에 영향을 준다.

생산물의 분화 내지 상이한 공급자의 질, 디자인, 평판 등을 수요자가 식별할 수 있는 능력도 중요한 시장구조요소이다. 상이한 공급자의 생산물이 동질화될수록 가격경쟁은 점차 격화된다고 볼 수 있다. 기존생산자가 잠재적 가입자에 대해서 신규진입을 막기 위해 취하는 여러 가지 장해도 잠재적 경쟁이 공급자의 시장행동에 주는 효과를 결정짓는 데 역할을 하고 있다.

시장점유율 市場占有率 market share

일정 기간에 있어서 금액 또는 수량에 의한 가능치나 실제치에 바탕을 둔 총매상고에 대한 어떤 회사의 매상비율이다. 예를 들면 미국의 승용차시장에 있어서의 General Motors 의 점유율은 1962년에는 대수로 보아 57%이었다. 시장점유율을 늘리기 위해 회사는 때때로 지속적인 광고 캠페인을 실시하거나 판매조직을 확장하고 있다. 만일 General Motors 가 1962년의 점유율 57%를 1967년에는 가능점유율 65%까지 증대하고자 계획하면 회사는 분명히 판매에 대해 이전보다도 더 많은 시간과 자금을 투입하거나 경쟁회사의 신제품에 대항하여 쉽게 소비될 수 있는 신제품을 내놓을 필요가 있는 것이다.

시장참가의 자유 市場參加의 自由 freedom of entry

새로운 기업이 어떤 산업에 신규진입할 때의 용역성을 말한다. 신기업의 시장진입은 완전경쟁 시장형태에서는 완전히 자유로우나 비경쟁적 시장형태에서는 크게 제한을 받는다. 이것을 진입장벽이라 하며 구체적으로 다음 3가지 종류로 요약할 수 있다.

① 규모의 경제 : 기존기업이 이미 규모의 경제를 누리고 있는 산업에 신규진입하려면 신기업도 규모의 경제를 갖는 대형 플랜트를 가지고 진입하여야 하나, 이 때 만약 시장이 좁아 기존기업의 산출량으로도 시장수요를 거의 충족시킬 수 있다면 결과적으로 과잉공급현상이 초래되어 가격은 하락하고, 상대적으로 기존기업에 비해 비용조건이 나쁜 신기업은 도태된다.

② 절대비용 : 신기업은 기존기업에 의한 노하우 know how, 특허의 소유, 중요한 생산요소의 매점, 자본조달의 곤란성 등으로 인해서 기존기업보다 비용상 불리하게 되기 쉽다.

③ 제품차별화 : 신규기업은 비록 생산비면에서 기존기업에 뒤지지 않더라도 판로확보나 광고비 등 판매면에서 기존기업 이상의 비용을 요한다. 이상을 종합하면 기업의 시장참가의 자유도는 위의 3가지 진입의 장벽에 의해 결정된다.

시차 時差 time-lag

어떤. 자극이 주어진 후 그 영향이 결과로서 나타날 때까지 지체되는 시간을 말한다. 경제학에서 시간의 문제를 시차의 형태로 이론적 분석에 사용되게 된 것은 특히 북구학파의 사전·사후분석과 케인즈 Keynes, J. M. 의 소득분석이 발전된 이후의 일이다. 오늘날. 경제이론에서 사용되는 시차 가운데에서 특히 중요한 것은 투자가 일어난 후 그것이 소득을 창출하기까지 걸리는 이른바 승수기간으로서의 시차와 자본설비에 대한 주문이 이루어 지고서부터 그것이 생산되어 실제로 인도되기까지의 기간으로서의 시차이다.

메츨러 Metzler, L. A. 에 의하면 전자는 다시 다음의 3가지로 나누어진다. ① 지출시차 expenditure time-lag : 소비자가 소득을 수취해서부터 그것을 소비에 지출하기까지의 기간으로서 그 길이는 일반소비자들의 일상적 관습에 의해 결정된다. 힉스 Hicks, J. R. 는 이것을 소비시차 consumption time-lag 라고 부른다. ② 산출량시차 output time-lag : 기업이 매출액의 변동을 파악하고 그것에 대응해서 산출량을 변화시키기까지 걸리는 기간이다. ③ 수입시차 earning time-lag : 생산이 행해진 결과로서 사회의 소득이 창출된 후 그것이 개인에게 분배되기까지 걸리는 기간이다. 이들 시차는 경제이론에서 여러 목적에 이용되고 있는데, 그 중에서도 특히 경제변동이 생기는 근본원인은 경제활동에 수반되는 특정의 시차에 있다고 생각하고 경기순환에 관한 이론을 만들려고 하는 것을 시차이론이라고 한다. →경과분석·기간분석

시차설 時差說 time preference theory

이자의 발생원인을 설명하기 위하여 뵘바베르크 Böhm-Bawerk, E. v. 가 주장한 이자(利子)학설이다. 그에 의하면, 이자는 현재재를 동종·동량의 미래재보다도 높이 평가하는 데서 생기는 수수료 agio 라고 하는 것이다. 이것이 생기는 이유로서 그는 3가지의 이유를 들고 있다. 첫째, 대부분의 사람은 장래에 있어서는 취득의 증가에 의해 욕망과 그 충족수단과의 관계가 더욱 유리하게 된다고 생각한다. 둘째, 사람들은 현재의 욕망을 높이 평가하고 장래의 욕망을 낮게 평가하는 경향이 있다. 셋째, 현재재는 우회생산을 위해서 이용될 수 있다는 점에서 미래재보다도 기술적으로 우월하며 보다 큰 생산력을 내포하고 있다.

따라서 이와 같은 이유 때문에 현재재는 미래재보다도 높이 평가되며, 취득의 일부를 저축함으로써 현재재의 지배를 일부 포기하고 이들 미래재의 지배로 바꾸려고 하는 자에 대해서는 평가의 차액에 동등한 만큼의 이자가 부여되지 않으면 안된다는 것이다. 그러나 위의 3가지 원인 중에서 첫째와 둘째는 개인의 주관에 따라서 이자를 설명하고 있다고 할 수 있고, 셋째는 물리적인 생산력에 의하여 장래재를 다량으로 생산한다 하더라도 가치면에서는 반드시 증대가 된다고는 할 수 없기 때문에 모두 근거가 빈약하여 이 학설이 이자의 발생근거를 충분히 해명하여 주고 있다고는 할 수 없다.

시카고학파(學派) Chicago school

자유경쟁원리를 경제철학의 근본 바탕으로 삼는 신자유주의자들로서, 화폐정책을 무엇보다도 중시하는 시카고대학 중심의 경제학자 그룹을 말하며, 이 학파의 주장을 신화폐수량설 또는 신통화주의라고도 한다. 이들은 자유시장기구가 충분히 기능하기만 하면 약간의 예외(공해 등의 외부경제가 존재하거나, 공공재 공급의 경

우)를 제외하면, 경제자원의 효율적 배분과 시장에서 자동적 균형이 실현된다고 믿는다. 이들 신자유주의자는 이처럼 시장기능에는 절대적인 신뢰를 하지만 정부의 역할에 대해서는 상당한 불신감을 갖고 있다.

한편 실제의 경제정책에 있어서는 물가 및 국제수지대책으로서 전통적인 금융정책에 의한 수요억제책을 지지하고 소득정책을 유해하다고 보아 이를 거부한다. 또 국제무역에 관해서는 상대적으로 풍부한 생산요소를 활용하는 형태로 국제분업이 이루어지는 것이 바람직하다고 본다. 따라서 국제간 자유화에 관해서는 그것이 자본의 효율적 배분면에서나 경쟁조성을 위해서도 바람직하다고 보아 이를 적극 추진한다. 산업정책으로는 기업의 대형합병이나 제휴가 시장기능을 손상시킨다고 보아 이들에 대해 상당히 비판적이며 과도집중이나 제휴를 원칙적으로 금지시키는 독점금지대책을 지지한다. 시카고학파의 대표적 학자로는 「예종에의 길」의 저자인 하이에크 Hayek, F. v. 화폐정책지상주의자로 널리 알려진 프리드먼 Friedman M., 「가치론」으로 유명한 스티글러 Stigler, G. J. 등이 있다.

식량자급률 食糧自給率 degree of food self-support

한 나라의 식량소비량 중 어느 정도가 국내에서 생산·조달되는가를 나타내는 비율이다. 이것은

$$\frac{국내생산량}{국내생산량+순수입량} \times 100(\%)$$

로 계산된다. 한국의 경우 식량자급률은 지난 70년 80%를 웃돌았으나 80년 56%, 85년 48%로 낮아졌다. 90년대에는 개방폭이 확대되면서 하락폭이 두드러져 92년에는 식량자급률이 34%로 급락했다. 이중 주곡인 쌀의 자급률은 90년 108%로 완전자급을 이루었지만 92년에는 98%로 떨어졌다. 이처럼 자급률이 하락한 데는 우리 농산물의 국제경쟁력 약화가 주된 원인이다.

신경제 新經濟 new economy

정보통신기술을 기반으로 새로운 유망분야가 출현하거나 확대되고 경제성장과 물가안정의 공존이 지속되는 현상을 말한다. 10년 가까운 기간 동안 안정속의 성장을 구가하고 있는 미국경제가 이러한 특징을 보이면서 과거와는 전혀 새로운 경제패턴을 나타내고 있다고 하여 "신경제"라 불리우고 있는 것이다. 미국이 다른 경제에 앞서 신경제에 진입했다는 점을 강조하기 위하여 미국 연방준비제도이사회 FRB 의장인 그린스펀은 미국경제를 "번영의 오아시스 oasis of prosperity"라 비유하고 "1세기 한번 있을까 말까한 시기에 살고 있다. 컴퓨터와 정보통신 기술의 등장이 미국경제의 구조를 근본적으로 변화시키고 있다."라고 하였다.

이러한 신경제의 모습은 과거 1860년대 철도와 전신의 보급, 1920년대 도로망의 확충과 전기, 전화의 대중화, 1960년대 가전산업의 발달 등의 시기에도 유사하게 나타나고 있으나 1990년대 중반 이후의 신경제는 경제, 사회, 문화를 총체적으로 변화시키고 있다는 점에서 뚜렷한 차이를 나타내고 있다. 특히 미국의 신경제는 갑작스럽게 얻어진 것이 아니라 비용감소와 효율성 증대를 위하여 추진된 과거 10년간의 금융, 기업, 정부의 구조조정과 이를 바탕으로 이루어진 정보통신 분야의 인프라와 설비에 대한 막대한 투자의 산물인 것이다. 신경제의 확산은 국민경제의 변동성을 완화시키고 장기적인 경제성장을 지속시킬 것으로 기대된다. 또한 유럽과 일본 등 아시아국가는 주주이익 극대화, 벤처비중 확대, 자본시장 발달, 적대적 M&A 보

편화 등 미국식 자본주의를 대폭 수용해 나갈 것으로 예상된다. 이와 함께 새로운 비즈니스 모델과 기술투자가 중시되는 기술패권주의가 강화될 것이라는 것이 지배적인 전망이다.

신경제에서는 정보를 디지털 형태로 수집, 축적, 정리, 가공하는 활동의 비중이 증가하는 데 이러한 경우 퍼스트 카피 프로덕션 first-copy production에는 많은 자원이 들지만 재생산은 비용이 영에 가까울 정도로 아주 적게 들어 규모의 수확체증현상이 나타난다.

신경제에 확대되는 경제활동은 지식을 기반으로 하는 매우 창의적인 것일 수밖에 없어 참여자에게 최대한의 자율성이 보장되어야 하고 적절한 동기가 부여되어야 한다. 따라서 신경제를 지향하는 노력의 동원과 조정이 시장기구에 의존해야 하는 것이다. 다만 퍼스트 카피와 네트워크 효과에 따른 외부경제성의 문제를 치유하기 위한 정부의 개입은 필요할 것이다.

신경제에서 소비자들은 다양한 재화를 저렴한 가격에 소비하여 효용을 극대화한다. 지역시장에서 세계시장으로 구매 범위가 확대되는 등 소비활동에 대한 공간과 시간의 제약이 사라진다. 또한 시장이 작아 공급되지 못했던 재화의 생산이 신경제에서는 가능해지면서 다양한 제품을 소비할 수 있게 되고 전자상거래는 소비활동의 편리성을 획기적으로 높여 준다.

반면 기업간의 전자상거래는 조달, 재고, 유통, 물류비용 등을 절약하고 기업경영에 있어서 정보기술의 활용에 의하여 불확실성에 기인한 비효율적인 경영을 개선한다. 이제 정보기술투자는 기업의 생존을 위한 전략적 필수재로 변화하고 있다.

경제의 중심축이 새로운 신경제 new economy로 이동함에 따라 경제학도 다시 씌어져야 한다는 지적이 있다. 신경제에서 일어나는 경제성장, 인플레이션, 실업, 국제거래 등의 문제에 지금까지의 이론으로는 설명할 수 없는 새로운 현상이 많다는 주장이다. 그러나 이러한 주장은 과거에도 몇 차례 제기된 적이 있다. 철도혁명, 전기혁명, 자동차혁명, 전자혁명 등 혁명이라 부를만한 경제구조의 대변혁기에는 언제나 그러한 주장이 대두되곤 했던 것이다. 정보통신혁명기를 맞아 그러한 주장이 다시 제기되는 것은 그래서 크게 놀랄 일이 아니다.

신경제정책 新經濟政策 new economic policy

미국의 닉슨 대통령이 1971년 8월 15일에 발표한 내외경제의 총괄적 정책들의 총칭이다. 그 주요 내용은 ① 임금과 물가를 90일간 동결한다. ② 생계비 각료위원회를 설치하여 장기적인 임금, 물가정책 운영에 임한다. ③ 달러와 금과의 교환을 일시적으로 정지한다. ④ 10%의 수입과징금을 잠정적으로 실시한다. ⑤ 의회에 투자세공제의 부활을 요청한다.

국내적으로는 물가의 안정과 고용의 증대를 통한 미국경제의 재건과 대외적으로는 미국의 경쟁력 강화를 목표로 한 이 정책은 전후의 세계경제체제를 일시적으로 혼란에 빠뜨렸다. 이후 미국정부는 국제수지에 대해서는 신경제정책을 기초로 하여 선진주요국통화의 평가절상을 요구, 선진 10개국은 1971년 12월 18일의 워싱턴의 재상회의에서 달러평가절하를 포함한 다국간통화조정에 합의하였으며, 이에 따라 수입과징금도 철폐하였다. 한편 국내정책의 주축인 임금·물가통제는 90일간의 동결 후 가이드 포스트 guidepost 방식이나 자율규제에 의한 통제, 재차(再次)의 동결 등 시행착오를 반복하였을 뿐 결국은 성과없이 1974년 4월 30일에 전면 철폐되었다. 생계비위원회도 역시 산회(散會)되고 재무

성에 새로 설치된 경제안정국에 인계되었
다.

신고전파성장모형 新古典派成長模型 ☞경제성장이론

*신고전학파 新古典學派 neo-classical school

19세기 중엽 마샬 Marshall, A. 을 창시자로 하여 피구 Pigou, A. C., 로버트슨 Robertson, D. H., 로빈슨 Robinson, J. 등 영국의 케임브리지대학 중심의 경제학자들에 의해서 전통적인 고전학파의 이론을 계승·발전시키는 동시에 당시의 시대적 요구에 부응하기 위하여 한계효용이론을 도입하여 절충적인 이론체계를 수립한 학파로, 케임브리지 학파라고도 한다.

신고전학파의 이론은 당시 영국자본주의제도의 모순인 소득분배의 불평등, 만성적인 실업, 독점 등의 문제를 해결하기 위한 실천적인 경제학 건설에 목적이 있었으나, 1930년대의 대공황중에 나타난 구조적인 실업이나 장기적인 침체현상, 경제변동과 같은 거시적 동태이론을 연구하지 않았기 때문에 고전학파와 신고전학파의 이론을 비판하고 경제이론과 경제정책의 새로운 방향을 제시한 케인즈혁명 Keynesian revolution 이 케인즈 keynes, J. M. 에 의해서 일어나게 되었다.

19세기 후반, 빅토리아여왕 시대의 영국은 자본주의의 세계적 발전을 완성함과 동시에 밖으로 미·독·불과의 경쟁에 부딪히게 되고 안으로는 점차 표면화되는 노자(勞資)대립에 직면하게 되었다. 이미 고전학파는 밀 Mill, J. S. 에 의해서 그 역사적 역할을 끝내고 리카도 Ricardo, D. 적인 사회주의 비판이 생겨나게 되었으며 한편으로 영국경제학의 전통하에 근대적 한계원리를 포섭하여 자본주의사회를 분석하고

그 조화적 발전을 확실히 하려는 학파가 발생했는데, 이것이 신고전학파이다. 1871년 영국의 제본스 Jevons, W. S. 는 멩거 Menger, C. 나 왈라스 Walras, L. 와 나란히 한계효용원리를 전개하여 영국경제학에 있어서 고전학파의 노동가치설에 대하여 주관적인 효용원리에 기초한 경제이론이 형성되는 길을 터 놓았다.

이 때 리카도와 밀의 영국 전래의 고전학파사상을 토대로 하고 1870년대에 출현한 주관적 사상을 받아들여 두 개의 가치론을 절충·종합하여 독자적인 체계를 창출한 사람이 마샬이다. 그에 의하면 재화의 정상가격을 결정하는 것은 수요측면에서의 한계효용과 공급측면에서의 생산비이며, 가격형성과정에 시간적 요소를 도입, 장기정상가격의 결정에는 생산비가, 단기에는 한계효용이 주요인이라고 했다. 그는 이 분석을 통하여 탄력성 및 대표적 기업 등의 개념을 창출했다. 한편 경제변동의 일반적 상호의존관계를 밝히는 데 있어서는 곧바로 일반균형의 성립을 전제하지 않고 시장의 내적 구조에 직접 부분균형의 성립을 추구하여 그 체계화를 시도하는 방법을 택하였다. 이 이론은 로잔느학파의 일반균형이론에 대응하여 부분균형이론이라고 불리우는 것으로, 시간요소를 도입하여 신고전학파에 있어서 경험적인 현실 접근의 방법론적인 특징을 이룬 것이다.

마샬은 이 균형이론을 근거로 분배론에서 정상이윤, 정상임금의 결정을 한계생산력균등의 법칙으로 설명했다. 그러나 총국민분배분, 즉 국민소득의 최대치가 반드시 사회적 후생의 극대와 양립되지 않는다는 본질적 모순이 이미 당시 영국사회에서 나타나고 있었다. 마샬은 경제논리의 고양에 의해 결국 이 모순이 극복되어 사회적 후생의 극대와 조화적 발전이 이루어진다고

생각했다. 그러나 이 모순은 제1차 대전 이후에 영국에서 더욱 확실하여졌다.

피구는 이 문제에 직면하여 「후생경제학 The Economics of Welfare」을 저술하여 해결책을 제시하려 하였다. 그는 세 가지 주요명제를 들고 있다. 즉 다른 사정이 동일하다면 첫째, 국민분배분의 평균량이 크면 클수록 둘째, 분배가 균등화되어 빈자에게 돌아가는 국민분배분이 크면 클수록 셋째, 국민분배분의 변동이 작으면 작을수록 경제적 후생은 커진다고 하여 첫째 명제의 원리, 즉 한계생산력 균등과, 둘째 및 셋째 명제의 원리 즉 한계효용균등의 법칙 실현의 내적 관련성을 연구하였다. 그리고 첫째 명제를 주로 하여 자본주의의 체계를 긍정하여 둘째, 셋째 명제의 실현이 첫째 명제를 손상시키지 않도록 모순을 극복하여 체계화하려 하였다. 그는 이 문제를 1930년대의 대공황 속에서 고용 및 실업의 문제에 초점을 맞추어 발전시켰다. 케인즈의 분석은 구조적 실업의 발생에 대하여 피구를 포함한 고전학파 및 신고전학파의 이론을 비판하여 불완전고용상태하의 균형을 해결하는 새로운 이론체계를 탄생시켰다. 그리고 그것은 국가적 통제나 공공사업에 의한 실업의 해결책을 요청하기에 이른 것이다.

케인즈에 의하여 일단 비판을 받고 수정된 신고전학파이론은 그 전제조건이 경제사회의 진전과 더불어 현실과 매우 달라지게 되었다. 특히 기업에 관한 이론은 다음과 같이 크게 변하게 되었다. 첫째, 국민경제를 구성하는 단위경제주체는 분권적인 시장기구를 통해서 소유하고 있는 희소자원을 자유로이 사용 및 처분할 때 그 양에 있어서나 그 과정에 있어서 외부비경제가 발생하지 않는다는 묵시적인 조건이다. 그러나 개인이나 개별기업이 자유처분할 수 있는 희소자원의 양이 너무 많거나 혹

은 처분과정에서 제3자나 사회 전체에 미치는 영향이 외부비경제적인 것으로 나타날 때에는 분권적인 경제주체에 의한 선택의 자유는 그대로 허용될 수 없으며 이에 대한 한계에는 어떠한 형태로든지 사회적 합의가 이루어져야 한다. 둘째, 고전학파 및 신고전학파 이론상 엄격한 의미에서 생산의 주체는 기업가이지 '기업'이 아니었다. 생산자는 생산기간이 전혀 없는 가운데 각종 생산요소를 결합하여 생산공정에 투입하면, 곧 제품이 생산되며 수요·공급의 균형이 이루어진다. 그러나 자본주의경제가 발전됨에 따라서 생산자본의 축적은 생산요소의 고정화, 생산의 우회화 및 기간의 장기화를 가져왔다. 이러한 과정에서 기업을 구성하는 물적 자원으로의 고정자산의 고정성은 높아지며, 이에 따라 인적자원의 고정성도 커져 자연히 기업을 구성하는 생산요소에 대한 법적 소유자의 처분의 자유성도 제한을 받게 되어 소유와 경영의 분리현상이 발생하게 되었다. 따라서 현대경제의 생산주체는 추상적인 개인으로 되돌리거나 분해할 수 없으며, 오직 유기적인 조직체로서의 주식회사, 합자회사, 합명회사 등의 '기업'이라는 점이 강조되어졌다. 그러나 여전히 자유자본주의 경제의 본질은 존속되는 것이다. 왜냐하면 그것은 첫째로 주식을 통한 유기적인 생산조직체로서의 기업소유를 포함하는 사유재산제도를 의미하며 둘째, 선택과 행동의 지표로서의 이윤추구가 그것이며, 끝으로 유기적 조직체로서의 기업을 포함한 경제주체의 자유성을 의미하기 때문이다. →고전학파, 후생경제학, 케인즈혁명, 재정정책

[참고문헌] Hatchison, T.W., A Review of Economic Doctrines, 1860~1929; Schumpeter, J. A. H., History of Economic Analysis, 1954; Taylor, H. C., A History of Economic Thought, 1960.

신고전학파종합 新古典學派綜合
neo-classical synthesis

대부분의 서방세계, 즉 미국, 영국 및 북유럽 제국과 네덜란드 그리고 부분적으로는 일본 등에서 오늘날 경제학의 주류를 이루고 있는 근대경제학의 한 이론체계이다. 신고전학파종합이란 유효수요의 원리를 중심으로 한 케인즈이론과 한계효용 및 시장가격의 수급조정기능을 전제로 한 신고전학파이론의 종합을 의미하는 것이며, 사뮤엘슨 Samuelson, P. A. 이 그의 *Economics*(3rd. ed. 1955) 에서 이러한 표현을 처음 사용한 이래 널리 사용되고 있다.

신고전학파종합에 따르면 현대의 혼합경제에서는 한편으로는 재정정책과 금융정책을 적절히 결합하여 운용함으로써 완전고용과 경제성장을 달성할 수 있으며, 다른 한편으로는 시장가격기구의 작용에 의하여 자원의 효율적인 배분이 이루어질 수 있다는 것이다. 이를 현대경제학의 중심적인 이론체계로 만드는 데 기여한 대표적 학자는 사뮤엘슨, 솔로우 Solow, R. M., 파틴킨 Patinkin, D., 힉스 Hicks, J. R., 토빈 Tobin, J. 등이다. 그러나 로빈슨 Robinson, J. V., 칼도어 Kaldor, N. 등이 주도하는 신케인즈학파로부터는 이들 신고전학파종합이 케인즈의 경제학을 왜곡하였다고 하여 서출(庶出)의 케인즈학파 bastard keynesian school 라는 비난을 받고 있다. →신고전학파

신국제경제질서선언 新國際經濟秩序宣言 proclamation of new international economic order

77그룹으로 불리우는 비동맹국그룹의 제창으로 유엔자원특별총회가 채택한 새로운 세계경제질서를 위한 선언이며 자원주권의 승인을 주된 내용으로 하고 있다. 77그룹은 현재의 세계경제구조가 선진공업국의 부익부를 촉진할 뿐이므로 개발도상국들이 빈곤의 악순환을 면하기 위해서는 그 구조가 개편되어야 한다고 주장한다. 이들은 현재 선진공업국이 장악하고 있는 그들 자신의 자원을 자신의 이익에 맞도록 관리할 수 있어야 하며, 이것이 새로운 국제경제질서로 승인되어야 한다고 촉구했다. 제 6 회 유엔특별총회는 이 주장을 받아들여 자원주권의 확립을 골자로 하는 새로운 국제경제질서확립선언 20개항 및 이 선언을 실천하기 위한 10개장의 행동강령을 채택했다. 이로 말미암아 최근 자원보유국들의 자원별 동맹이 대거출현, 세계경제에. 심각한 문제점을 안겨주고 있다. →자원내셔날리즘

신국제(新國際)라운드 new international round

1973~1979년까지 개최된 가트의 7번째 다자간 교역협상인 동경라운드를 말한다. 1973년 8월에 동경에서 개최된 GATT 각료회의에서 채택된 동경선언을 출발점으로 1975년중에 완결할 것을 목표로 하였다. GATT 의 무역교섭은 동경라운드 이전에도 지금까지 6회 행해졌으며, 1964년에서 67년까지의 제6회째의 케네디 라운드가 관세일괄인하라는 새로운 방식으로 성과를 거두었다. 그러나 관세장벽이 자유무역의 저해요인으로서 부상된 외에도 케네디 라운드로 개발도상국에 주어진 일반특혜관세의 장점이 감소되는 등의 문제가 야기되어 신국제라운드에서 비관세장벽의 축소철폐 및 개발도상국의 추가적 이익의 확보 등이 큰 과제로 되었다.

또 동경각료회의에서는 통화개혁과 관세인하방식 등을 둘러싸고 미국과 EC (특히 프랑스) 간에 의견대립이 있었으나, 일본의 조정에 의해 동경선언으로 귀착되었다. GATT 에서는 이에 따라 1973

년 10월 무역교섭위원회를 열어 실질적인 작업에 들어갔으나, 미국에서 신통상법안의 국회통과가 어려워짐에 따라 그 후의 교섭은 지연되다가 1979년 관세평균 33% 인하, 반덤핑·상계관세·기술장벽과 같은 비관세분야에서 협정을 체결하는 성과를 거두었다. →GATT, 케네디라운드, 비관세장벽

신디케이트 syndicate

카르텔 중 가장 발달한 형태이고, 카르텔에 가맹된 개개의 기업이 직접 판매하지 않고 카르텔 자신이 공동판매기관을 가지며 가입기업의 상품을 일괄하여 판매할 때, 이 카르텔을 신디케이트라 한다. 이것의 공동판매기관만을 신디케이트라고 할 때도 있다. 신디케이트에서 카르텔의 통제는 가장 완전하게 행해지고 판매통제뿐만 아니라 상품의 생산에 대하여도 통제력을 미칠 수 있다. 가맹기업의 독립성은 현저하게 제한되는 것이기 때문에 신디케이트는 카르텔 중에서도 특히 그 정도가 높은 것이다.

신용금고 信用金庫

일반금융기관의 성격을 완화, 개조시킨 형태로 출발한 비영리적 조합조직에 의한 금융기관이다. 중소기업과 국민대중을 위한 자금을 융통하며 저축의 증대를 목적으로 하고 있다. 지역적인 회원제를 채택하며 출자는 회원에 의하여 이루어진다. 업무의 중심은 회원의 예금취급 및 대출과 국내 환업무이다. 비회원의 예금은 취급하지만 대출에 있어서는 예금을 담보로 하는 것을 의무화하고 있다. 우리 나라에서는 1972년 12월, 당국인 재무부의 인가를 얻었다. 그러나 예금업무는 할 수 없고 부금만을 취급하며 대출은 계약액 한도내에서 허용되고 있다.

신용보험 信用保險 credit insurance

채무자가 채무를 이행할 수 없게 됨으로써 채권자가 입는 손해를 보상하는 보험이다. 일반적으로 중소기업은 신용력이 결핍되어 있으므로 금융기관으로부터 자금을 차입하기가 곤란하여 정부가 중소기업 대출에 대한 지불보증을 함으로써 중소기업 금융의 원활화를 기도하는 것이다. 이 목적을 달성하기 위하여 중소기업 신용보험금고법에 따라 중소기업 신용보험금고가 설치되었다. →중소기업

신용(信用)인플레이션 credit inflation

보통 과대한 신용팽창이 물가등귀의 원인이 되는 경우를 가리켜 신용 인플레이션이란 말을 사용하고 있다. 과대한 신용이란 생산고에 대응하는 이상의 신용팽창을 가리키며, 따라서 지불능력이 없는 차입자가 신용을 받고 은행이 예금의 한도를 초과해서 신용을 제공하는 사태를 말한다. 호황기에는 신용팽창과 물가등귀가 동시에 일어나지만, 이 때의 신용팽창은 재생산의 확대와 거래액의 증대를 반영하고 있다. 호황말기에 자본축적의 한계가 발생하더라도 신용은 여전히 계속 확장되어 간다. 이 때 과대신용이 발생하며, 이러한 신용은 일정기간 동안 물가등귀를 가져오게 된다. 불황기에는 재생산의 축소에 대응해서 수축되어야 할 신용이 저금리정책이나 구제융자로 지탱되어 높은 수준에 머물러 있으면 과대신용이 일정기간 동안 물가하락을 저지할 것이다. 그러나 이와 같은 신용팽창은 그 반동으로서 신용공황을 야기시키며 재생산과정의 공황을 격화시키게 된다. 신용인플레이션의 문제는 그것이 신용화폐의 물가에 대한 중립성과 모순된다

는 데 있다. 신용화폐로서의 태환은행권에 감가를 인정함으로써 신용인플레이션을 긍정하는 논의도 있지만 이것은 일반적으로 인정받지 못하고 있다. 그러나 현실적으로 신용팽창이 재생산의 확대를 가능케 한다면 신용은 물가에 작용할 수도 있다.

은행이 기업에 제공하는 신용은 한편으로는 화폐의 형태로 다른 한편으로는 대출자본으로 제공된다. 상품가격의 등락이 생기는 것은 상품내부의 일이며 여기에서는 상품가격총액에 대응하는 만큼의 화폐량밖에 흡수하지 않는다. 기업에 제공되는 대부자본은 현실자본으로 전화되어 상품수요를 증가시키고 재생산을 확대시킨다. 따라서 시장가격이 등귀하고 생산량이 증가한다. 그 결과 상품가격총액은 증대되며 상품유통에 필요한 화폐량도 증대된다. 그러므로 기업에 제공되는 신용화폐(그 일부는 현금으로 지출된다)는 그 유통필요량증가에 대응하는 정도이며 그것을 초과하지는 않는다. 만약 초과하더라도 구매수단이 되는 것이 아니라 은행예금으로 머문다. 따라서 신용팽창은 물가등귀를 자극하지만 인플레이션을 야기시킨다 할 수는 없다. 그러나 그것이 공신용의 팽창을 가리킬 때는 사정이 달라진다. 그것은 지폐 인플레이션을 유발하기 때문이다. →인플레이션, 신용화폐

신용장 信用狀 letter of credit **L / C**
은행이 거래선기업의 의뢰에 의하여 그 신용을 보증하기 위해 발행한 증서를 말한다. 신용장에는 상업신용장과 여행신용장이 있다. 상업신용장은 수입업자의 거래은행이 수입업자의 의뢰에 의하여 자기의 신용을 제공하여 일정의 조건하에 수출업자가 수입업자 앞으로 발행한 환어음의 인수지불을 보증하고 나아가서 자기앞으로 어음을 발행케 하여 그 어음의 인수지불을

약속하는 보증장이다. 여행신용장은 여행자의 의뢰에 의하여 발행은행의 본지점 및 거래선은행에 대하여 여행자가 발행은행 또는 그 지정은행 앞으로 발행한 일람어음을 매수할 것을 의뢰하여 그 어음의 지불을 약속하는 보증장이다.

신용장의 거래관계자를 신용장의 당사자라 한다. 상업신용장을 예로 하여 이 당사자 사이의 경제적 관계를 설명하면 다음과 같다. 매매계약의 당사자인 매주(賣主)와 매주(買主)는 동시에 신용장의 당사자로 된다. 어떠한 신용장을 개설하느냐하는 것은 처음부터 매매계약의 지불조건으로서 명확히 규정하는 것이 원칙이다. 여기에 따라 매주(買主)는 자기의 거래은행에 대하여 매주(賣主; 판매자)를 위한 신용장의 개설을 의뢰한다. 이 매주(買主; 구매자)를 보통 신용장개설의뢰인이라 하고, 매주의 의뢰에 응하여 신용장을 개설하는 은행을 발행은행 또는 개설은행이라 부른다. 신용장을 받는 판매자를 수익자라 한다. 발행은행은 신용장의 개설을 직접수익자에 대하여 통지하는 경우와 수익자 소재지의 거래은행을 경유하여 통지하는 경우가 있다. 이 통지를 하는 은행을 통지은행이라 한다.

신용장개설, 의뢰인, 발행은행, 통지은행 및 수익자의 4자가 기본적인 신용장 당사자이다. 수익자는 신용장에 의하여 선적을 준비한다. 선적을 완료하면 신용장의 규정에 따라 구매자 또는 발행은행으로 환어음을 발행하여 여기에 신용장의 요구대로 선적서류를 첨부하여 신용장과 같이 통지은행에 그 어음의 매입을 의뢰한다. 이 어음을 매입하는 은행을 어음매입은행이라 부른다. 신용장의 통지은행 또는 발행은행의 거래은행이 그 신용장에 근거하여 발행된 어음에 대하여 그 인수와 지불의 책임을 표시하는 것을 신용장의 확인 confirmation이라 하고, 확인된 신용장을 확인신용장 confirmed L/C, 확인한 은행을 확인은행이라 한다. 확인신용장과 무확인신용장의 해석에는 미국과 영국이 상이하다. 미국에 있어서의 확인은 어음매입은행이 어음의 매입을 보증하는 것을 의미하지만 영국에서의 확인신용장은 취소불능신용장 irrevocable L/C-신용장을 일단 발행한 이상 신용장 당사자 전원의 동의가 없으면 신용장을 취소하든가 조건을 변경하는 것은 할 수 없다-과 같은 의미로 해석하고 무확인신용장은 취소가능신용장 revocable L/C과 같이 해석하고 있다. → 상업어음, 상업신용

신용조합 信用組合

중소기업이나 노동자의 상호부조적 조합조직에 의한 금융기관을 말한다. 단, 회원을 위한 자금의 대부, 예금의 수취, 어음할인 등의 업무를 취급하는 외에 지방공공단체와 회원가족의 예금을 취급하며 또 예금을 담보로 한 대출업무도 겸하고 있다. 신용조합의 시조는 독일이며 형식적으로는 상기한 바와 같지만 실제적으로는 반드시 그렇지도 않다. 즉 산업자본의 확립을 가능케 하기 위한 자본의 요구에 응하여 중소기업생산자를 자본의 지배하에 규합하려는 하나의 수단으로 이용되기에 이르렀다. 사실상 금융자본의 확립기에 있어서 신용조합은 그 지배하에서 자체의 사명은 저버린 채 낙후된 생산양식을 대표하는 영세농민, 영세상인은 그대로 방치하였으며 그들을 물질적 기반으로 하는 제국주의정책을 수행하게 만들었다. 이에 따라 신용조합은 생산적 서민의 이익에 배치되고 금융자본의 제국주의정책 수행에 봉사하는 기관으로 변모되기도 하였다.

신용창조 信用創造 credit creation

오늘날 유통되고 있는 화폐는 크게 나누어 은행권을 중심으로 하는 국가화폐, 즉 현금 cash과 일반상업은행이 창조하는 예금통화 deposit money의 두 형태로 구성되어 있다. 예금통화라는 것은 화폐 대용물로서 수표 또는 대체지시서를 가지고 구좌 간의 이전, 즉 대체가 이루어지는 상업은행에의 요구불예금 demand deposit, 즉 당좌예금을 사용하지 않고 실제로 지불수단의 기능을 다하는 데에서 법화인 현금통화와 구별된다. 일반적으로 신용창조에는 시중은행(상업은행)의 예금통화의 창조와 중앙은행의 신용창조, 즉 중앙은행권의 발행이 있는데, 여기서는 전자 즉 상업은행의 신용창조만을 설명하기로 한다.

시중은행의 예금통화의 창조가 가능한 이유는 첫째, 예금의 체류성 둘째, 예금의 연결성에 있다. 다시 말하면 예금은 언젠가는 인출되는 것이지만 일정기간 은행내에 체류하게 될 뿐 아니라 또 예금은 항상 인출되는 반면 계속하여 예입되고 있는 것이다. 그러므로 은행에서는 이 예금의 일부를 다른 곳에 전용하는 것이 가능하게 된다. 상업은행조직에서 예금통화가 창출되는 신용창조의 과정을 예시해 보면 A은행에 은행조직 외의 유통계로부터 새로이 현금으로 5,000원의 예금이 들어왔고 지불준비율이 20%라면, A은행은 이 중에서 4,000원을 기업 갑에게 대출할 수가 있다. 이 때 A은행은 갑에게 대출과 동시에 갑의 당좌예금 4,000원을 개설하여 갑을 위하여 예금통화 4,000을 공급한다. 기업 갑은 그 4,000원을 원자재의 구입대금으로 기업 을에게 수표로 지불했을 때 기업 을은 B은행 구좌에 이 수표를 불입하였다 하자. B은행은 어음교환소를 통하여 이 수표를 A은행에 제출, A은행에서 현금으로 4,000원을 지불받게 되는데, 또 B은행이 20%의 지불준비금을 공제한 3,200원을

기업 병에게 대출하였다 하자. 이 과정을 표로 작성하여 보면 다음과 같다.

신용 창조 과정

	신예금	대 출	현금준비
A은행	5,000 원	4,000 원	1,000 원
B 〃	4,000	3,200	800
C 〃	3,200	2,560	640
D 〃	2,560	2,048	512
E 〃	2,048	1,638.40	409.6
F 〃	1,638.40	1,310.72	327.68
	25,000	20,000	5,000

이 표에서 신예금의 총액은

$$₩5,000+4,000+3,2000\cdots\cdots$$
$$=5,000\times\left\{1+\frac{4}{5}+\left(\frac{4}{5}\right)^2\cdots\cdots\right\}$$
$$=5,000\times\left(\frac{1}{1-\frac{4}{5}}\right)=25,000$$

과 같이 계산되고, 이 예금이 전부 당좌예금이라면 은행은 전부가 외부에서의 현금유입을 의미하는 예금, 즉 본원적 예금을 초항으로 하여 지불준비율을 공비(公比)로 하는 무한등비급수의 총합과 같은 예금통화가 창조된다. 이 계산은 승수이론의 적용예이고 신용창조의 승수이론이라 부른다. 물론 이 예는 은행 전체에 대하여 예금창조의 최대한계를 표시한 것으로, 대출에 수반되는 은행 외의 유통계의 예금유출과 예금중에는 예금통화에 들어가지 않는 정기예금도 있는 것을 참작하면 그 수치는 이것과는 달라진다. 또한 하나의 은행에 대해서만 신용창조가 어디까지 가능한가는 대출에 따라 얼마까지가 재차 수표에 의한 은행예금에 예입되느냐에 따라 결정되고, 이 예에서는 그것은 0으로 계산이 된다.

신용화폐 信用貨幣 credit money

이것은 본래의 화폐, 예컨대 금의 지불을 약속하는 채무증서이고 화폐의 대용물이다. 이것은 기본적으로 지불수단으로서의 화폐의 기능에서 생긴 것이며, 단순한 상품유통하의 상업신용에 기인하여 생긴 상업화폐(상업어음의 형식을 취한다)가 최초의 신용화폐이다. 은행신용이 상업신용에 대신하게 되는 단계에서는 은행신용을 기초로 하여 만들어지는 은행화폐가 본래의 신용화폐가 된다. 은행화폐의 대표적인 것은 태환은행권이며 예금통화·은행인수어음 등도 그 하나의 형태이다.

→은행권

신임금기금설 新賃金基金說 ☞임금기금설

*신케인즈학파 新케인즈學派 neo-keynesian

케인즈 경제학의 가장 큰 공적은 완전고용달성을 위한 정책수단에 대한 연구였다. 그에 의하면 실업의 원인은 유효수요부족으로 경기가 악화하는 데 있다. 그리고 유효수요부족의 원인은 자본주의사회의 근본적 결함인 분배의 불평등으로 노동계급의 구매력이 저하되고 자본축적이 이루어짐에 따라 투자의 한계효율이 낮아져, 자본가의 투자의욕이 감퇴되기 때문이다. 그러므로 완전고용의 달성을 위해선 먼저 분배관계를 시정하여 노동자의 구매력을 증대시키고 정부가 민간투자가를 대신하여 투자활동을 함으로써 투자의 사회화가 이루어져야 한다. 이상과 같은 케인즈이론은 그 구조상, 실물면에서는 단기정태이론이고 화폐면에서는 화폐와 오직 한 종류의 금융자산 간의 선택을 생각하는 등 매우 간략화되었다. 따라서 이들에 대한 반성이 행해지면서 케인즈이론은 수정·발전되었다. 「일반이론」이후의 이같은 이론발전은 신케인즈학파의 경제학자들에 의해서 이루어졌다. 아래에서는 몇 가지 중요한 측면에서 케인즈이론을 발전시킨 신케인즈학파의 경제이론을 다룬다.

Ⅰ. 정태분석에서 동태분석에로의 발전

일반이론의 체계는 수많은 동태적 발언에도 불구하고 본질적으로 정태분석의 체계였다. 따라서 그것이 동태화되기 위해서는 정태적 소득결정 모델에 대해 시간요소가 도입되어 동태적 소득결정모델이 구성되어야 한다. 한편 사뮤엘슨 Samuelson, P. A., 칼렉키 Kalecki, M. 등은 승수이론과 가속도원리를 결합하여 투자가 경기변동에 미치는 작용을 분석하는 동태적인 경기이론을 형성하였다.

Ⅱ. 단기분석에서 장기분석에로의 발전

자본설비가 일정하고 기술수준이 일정하다는 것을 전제로 한 「일반이론」은 단기분석이었다. 이에 대해 한센 Hansen, A. 의 장기정체이론은 증가율이 한계점에 도달한 신지역의 개발 및 기술진보의 정체 등에 의해서 투자기회가 고갈되어 자본주의 경제의 장기적 정체가 초래된다고 주장하여 자본주의 장래에 관한 장기분석을 시도하였다. 그러나 이것이 엄밀한 의미의 장기분석이 되기 위해서는 투자의 승수효과, 투자의 생산력효과가 고려되어야 한다. 해로드 Harrod, R. F., 도마 Domar, E. D., 로빈슨 Robinson, J. V., 칼도어 Kaldor, N. 는 이 분야에 대한 선구적인 연구를 담당하였다.

구체적으로 해로드의 성장이론에서는 현실의 성장률 G와 적정성장률 G_w 와의 관계에서 단기변동이, 또한 적정성장률 G_w 와 자연성장률 G_n 과의 관계에서 장기변동이 설명되었다. 로빈슨의 이론에 있어서도 마찬가지로 가능한 축적률과 바람직한 축적률의 개념이 도입되었으나, 해로드보다도 장기적인 측면에 보다 중점이 놓여져 있다고 할 수 있다. $G=G_w=G_n$ 가 성립하는 순탄한 성장경제를 로빈슨은 황금시대의 경제라고 불렀고 그 성립조건을 고찰하였다.

Ⅲ. 물가분석의 확충

실업문제가 중요하던 1930년대와는 달리, 인플레이션 문제가 중대화된 1960년대에 있어서는 물가에 대한 관심이 매우 강해졌다. 그리고 수요인플레이션에 대해 코스트 인플레이션의 가능성이 논해지게 되었던 것이다. 와인트라우프 Weintraub, S. 의 WCM 물가방정식은 물가이론의 일반화로서 논해진다. P 를 일반물가수준, k 를 노동분배율의 역수, W 를 임금률, A 를 노동생산성으로 한다면 $P=\dfrac{kW}{A}$ 로 나타낼 수 있고, 이리하여 일반 물가수준은 k, W, A 라는 세 개의 중요한 요인에 의존하게 된다. 이 중 와인트라우프는 W 의 동향에 주시하여 이것이 노동조합의 공격적인 임금인상운동에 의한 것인지, 노동시장의 초과수요에 바탕을 두는 것인지를 음미하는 것이 중요하다고 하였다.

Ⅳ. 금융자산의 다원화

일반이론의 화폐적 분석에 있어서의 특색은 금융자산의 분석, 즉 유동성선호설에서 볼 수 있다. 그리고 케인즈는 화폐와 오직 한 종류의 금융자산과의 선택을 생각했었다. 그러나 이것은 현실과 상당히 거리가 있어, 로빈슨이 화폐, 단기채권, 장기채권의 선택으로 확충하고, 뒤이어 토빈 Tobin, J., 뉴울린 Newlyn, W. T. 등이 다종류의 금융자산을 고찰의 대상으로 하였다. 한편 금융자산의 누적과 은행 이외의 금융기관의 발전을 배경으로 하여 새로운 금융이론이 탄생했던 것이다. 그것은 종래의 금융정책이 이자율을 통해서 투자에 영향을 미친다고 생각하고 있었음에 비해, 새로운 금융이론은 시장에 있어서의 이용가능한 자금량 즉 자금의 어베일러빌리티 availability 가 투자에 영향을 미친다고 생각하고 있다. 이같은 새로운 금융이론의 전개도 케인즈경제학의 전개로 생각할 수 있다.

신케인즈학파는 이처럼 「일반이론」을 각방면으로 발전·전개시키면서, 신고전학파 혹은 신신고전학파와 논쟁을 벌이는 가운데 현대경제학의 조류를 형성해가는 것이다.

〔참고문헌〕 Harrod, R. F., *Towards a Dynamic Economics*, 1948; Robinson, J. V., *The Accumulation of Capital*, 1956; Kaldor, N., *Essays on Economic Stability and Growth*, 1960; Leijonhufvud, A., *On Keynesian Economics and the Economics of Keynes*, 1968.

신탁 信託 trust

금전, 유가증권, 부동산 등 재산의 소유자가 어떤 이유로 그 재산을 운용할 수 없을 때 신뢰할 수 있는 개인에게 그 재산의 관리 또는 처분을 의뢰하는 것이다. 대체로 큰 조직을 가진 신용도가 큰 신탁회사가 조직되어 재산의 신탁을 행하고 있다. 은행이 신탁업무를 겸영하고 있는 것을 신탁겸영은행이라고 부른다. →신탁은행

신호원리 信號原理 Signalling Principle

특정시장에서 공급자가 수요자에 비해 많은 정보를 가지는 비대칭적 정보 asymmetric information의 상황 하에서 공급자가 수요자에게 상품에 대한 정보를 전달하고자 하는 노력을 신호 signalling라 하고 이러한 신호가 특정 상품을 다른 상품과 차별화하는 경우 효과를 나타내는 현상을 신호원리 signalling principle라 한다. 예를 들어 A사가 판매하는 자동차에 대하여 5년/5만km 보증기간 warranty을 제공하는 경우 소비자가 자동차 수리에 비용을 지불할 위험을 줄여줄 뿐 아니라 소비자로 하여금 A사가 자사제품에 결함이 있을 확률이 적지 않은 경우라면 보증기간을 제공하지 않을 것이라는 신뢰를 준다는 점에서 보증기간은 가치가 있는 것이다. 자동차 판매상이나 보석상과 같이 소비자가 제품에 대한 정보에 있어 공급자에 비해 현저히 열세에 있는 경우 제품에 문제가 있어도 공급자가 사라지지 않고 언제든지 찾아 갈 수 있다는 신호를 보내기 위하여 비용을 들여 전시장을 호화스럽게 꾸미는 것도 신호원리를 상당부분 나타내는 것이다. 또한 투자은행가나 변호사와 같이 잠재적 고객에게 자신의 능력에 대한 신호를 보낼 필요성이 큰 전문직종 종사자의 경우 의복이나 자동차에 많은 현시적 소비 conspicuous consumption를 하는 것도 마찬가지 이유에 의한 것이다.

신화폐수량설 新貨幣數量說 new quantity theory of money

피셔 Fisher, I. 와 마샬 Marshall, A. 의 고전적 화폐이론은 화폐의 유통속도와 실질산출량을 단기적으로 일정하다고 가정하고 통화량의 변화와 물가수준의 .변화간의 비례적인 관계를 주장하였으며 또한 실질소득의 함수로서 화폐수요를 상정하였다. 이러한 고전적 화폐이론은 케인즈 Keynes, J. M. 에 의해 신랄하게 비판되었다. 케인즈는 단기적으로 보더라도 화폐의 유통속도 및 산출량은 변할 수 있다고 주장하고 또한 화폐수요이론으로서, 불확실한 장래에 대한 예상심리를 반영하는 유동성선호설을 주장하였다.

이에 시카고대학의 프리드먼 Friedman, M. 교수는 케인즈의 화폐수요이론을 비판하고 고전학파의 화폐이론을 기초로, 새로운 화폐수요이론을 제창하였다. 이것이 고전적 화폐수량설의 부활로서의 신화폐수량설이다. 이 신화폐수량설은 어떤 정식화된 이론이라기보다는 화폐수요이론에 있

어 하나의 분석의 시각을 제시한 것으로서 그 내용은 다음과 같다. 즉 화폐를 하나의 자산으로 보고 화폐이론을 자산 내지 자본에 관한 이론의 테두리 안에서 고찰하여 화폐수요에 관한 이론을 화폐이론의 중심으로 삼고 있는 것이다. 프리드먼은 다른 자산을 보유함으로써 용역이나 이익을 얻듯이 화폐를 보유함으로써도 일련의 용역을 얻는다고 보았다. 이러한 일련의 용역은 화폐보유고가 크면 클수록 그로인한 용역의 가치는 다른 자산으로인한 용역의 가치보다 작아진다고 가정했다. 또한 그는 화폐수요분석에서 화폐보유액을 한정하는 예상제약조건과 화폐보유로 인한 기회비용을 측정하는 적절한 변수의 모색에 많은 노력을 경주하였다. 프리드먼의 이론에서는 부가 화폐보유의 예상제약조건이 되며, 다른 자산보유에 대한 수익률이 화폐보유에 대한 기회비용이 된다. 이제 신화폐보유량을 함수식으로 나타내면 다음과 같다.

$$Md = f\left(w, \ i - \frac{1}{i} \cdot \frac{di}{dt}, \ \frac{1}{p} \cdot \frac{d\phi}{dt}, \ h\right) P$$

(단, Md: 화폐에 대한 명목수요, i: 이자율, p: 물가수준, w: 부, h: 비인적 부에 대한 인적 부의 비율).

이 함수식의 각 독립변수에 대해 부연하면 다음과 같다. 첫째, $i - \frac{1}{i} \cdot \frac{di}{dt}$는 이자율에서 이자율의 변화율을 공제한 것으로 수익자산 대신 화폐를 보유함으로써 생기는 순기회비용을 나타낸다. 둘째, $\frac{1}{p} \cdot \frac{d\phi}{dt}$는 물가수준의 예상변화율을 의미한다. 또한 이것은 보유화폐의 예상수익률과 밀접하게 관련되어 있다. 즉 물가수준의 등락에 따라 보유화폐에 대한 수익률이 변화하는데, 물가수준이 상승하는 경우에는 수익률은 감소하고 하락하는 경우에는 수익률이 증가하게 될 것이다. 따라서 다른 사정이 동일한 한, 보유화폐에 대한 예상수익

률이 높을수록 화폐보유는 증가한다. 그러므로 물가수준의 예상변화율이 화폐수요함수에서 중요한 변수가 된다. 셋째, p는 실질화폐수요를 명목화폐수요로 전환시키기 위한 물가수준을 의미한다. 넷째, h는 비인적 부에 대한 인적 부의 비율로서 h가 커지면 화폐수요는 늘어난다. 왜냐하면 인적 부는 시장화가능성이 적으므로 유동성이 적고, 따라서 유동성이 적은 부의 비중이 커지면 그만큼 상대적으로 화폐수요가 증가한다.

위의 각 변수가 갖는 성질을 기초로 그들의 변화가 화폐수요에 미치는 영향의 방향을 정리하면,

$$\frac{\partial Md}{\partial\left(i - \frac{1}{i} \frac{di}{dt}\right)} < 0, \quad \frac{\partial Md}{\partial\left(\frac{1}{p} \frac{d\phi}{dt}\right)} < 0,$$

$$\frac{\partial Md}{\partial h} > 0, \quad \frac{\partial Md}{\partial w} < 0,$$

와 같다. 신화폐수량설에 의하면 화폐수요에 가장 결정적인 영향을 미치는 것은 $i - \frac{1}{i} \cdot \frac{di}{dt}$가 아니라 w이다. 즉 이자율의 변화에 대한 화폐수요변화의 탄력성은 비교적 작으며, 화폐에 대한 수요는 무엇보다도 소득이나 부에 의하여 큰 영향을 받는다는 것이 이 이론의 기본적인 측면이라 할 수 있다. 또 이 이론은 화폐수요함수를 거시경제에 있어서의 어떤 함수관계보다 강력하고 안정적인 것으로 본다. 따라서 통화량의 증감은 소득의 증감에 가장 결정적인 영향을 미치며 명목국민소득은 과거 및 현재의 통화량에 의해 결정된다.

실물경기변동이론 實物景氣變動理論 real business cycle theory

신고전학파의 방법론에 기초를 두고 있는 경기변동이론으로서 실물요인의 불규칙한 변화, 특히 기술변화 등 공급측면의 변화에

따라 경기변동이 일어난다고 보는 이론이다. 주요 거시경제변수들이 일정한 기간을 주기로 하여 상하운동을 하면서 변화하는 현상을 경기변동이라 하는데 이러한 경기변동이 어떠한 이유로 순환성을 가지면서 일어나는가를 이론적으로 규명하고자 하는 노력은 오랜 연원을 지니고 있으며, 그 동안 다양한 이론이 제기되어 왔지만 아직 하나의 이론체계로 정리되고 있지 못하다.

루카스에 의해 제시된 균형 경기변동이론은 1980년대에 접어들면서 키들랜드 F. Kydland와 프레스콧 E. Prescott 등에 의해 실물적 요인이 경기변동의 가장 중요한 원인이라고 보는 실물경기변동이론으로 발전하였다. 이 이론은 루카스의 방법론에 따라 경기변동을, 불확실성이 존재하는 상황에서 개별경제주체들의 동태적 최적화를 도모하는 개별 경제주체의 행위에 따른 시장의 청산에 의해 결정되는 GNP, 고용, 소비, 투자, 이자율 등 주요 거시경제변수의 변화로 파악한다. 즉 기본적으로 경기변동을 균형현상으로 파악하는 것이다. 다만 이 이론은 경기변동을 유발시키는 외부적 충격으로서 예상치 못한 통화량 변화와 같은 화폐적 요인이 아니라 생산성 혹은 기술변화와 같은 실물적 요인의 역할을 강조한다는 점에서 화폐 경기변동이론과 대비하여 실물경기변동이론으로 불린다.

이러한 실물경기변동이론에서는 투자가 여러 기간에 걸쳐 이루어지기 때문에 경기변동의 중요한 특징인 지속성을 잘 설명한다고 평가된다. 또한 자본재시장, 노동시장, 재화시장 등 여러 시장이 함께 균형을 이루는 일반균형상태에서 거시경제변수들이 결정되기 때문에, 이 모형은 생산, 노동공급, 투자, 소비 등 거시경제변수들이 동일한 방향으로 움직이는 공행운동 co-movements현상도 잘 설명할 수 있다. 실제로 키들랜드-프레스콧이 그들의 이론적 모형에서 도출한 거시경제변수들의 시계열을 미국경제의 실제 시계열과 비교해 본 결과, 이들의 이론모형이 미국경제의 실제 경기변동을 매우 잘 설명하는 것으로 나타났다.

실물적 경기변동이론이 이같이 현실의 경기변동을 잘 설명하고 있지만, 이에 대한 반론도 여러 가지 제기되고 있다. 먼저 실물적 경기변동이론에서 기술충격은 每期의 값이 그 前期의 값보다 클 수도 있고 작을 수도 있는 불규칙적 교란요인으로 가정되었다. 그러나 현실에서 기술퇴보라는 음의 기술충격이 존재한다고 보기는 어렵다는 것이 하나의 비판이다. 또한 실물 경기변동이론에 의하면 오늘의 실질임금이 증가하면 소비자는 오늘의 여가를 줄이고 내일의 여가를 증가시킨다. 달리 말하면 오늘의 노동공급을 늘리고 내일의 노동공급을 줄인다고 상정한다. 그러나 이것이 실증적으로 현실의 경기변동이나 노동시장상황을 잘 대변하는 것인지에 대해서는 의문의 여지가 많다. 끝으로 실물적 경기변동이론은 경기변동의 주원인이 기술충격과 같은 실물적 요인이라고 본다. 따라서 이러한 실물적 경기변동이론은 전후 미국의 주요한 GNP변동에 통화량변동이 선행했다는 프리드만 M.Friedman과 슈바르츠 A.J.Schwartz의 관찰을 설명하기 어렵다는 반론 또한 제기되었다. 이에 대해 실물경기변동 이론을 주장하는 경제학자들은 통화량변화가 GNP변동을 유발한 것이 아니라, GNP변동이 통화량변동을 유발한 것이라고 주장하지만 아직 이를 뒷받침할 만한 강력한 실증적 근거는 제시되지 않고 있다.

실물화폐 實物貨幣

고유의 사용가치와 교환가치를 갖는 통상적인 상품이 그 자체가 화폐로 사용되어 화폐의 기능을 수행할 때, 그것을 실물화폐라고 말한다. 화폐경제의 초기에 있어서는 각기 그 사회의 고유한 사정에서 가축,

면포, 패류, 피혁 등이 이와 같은 실물화폐, 즉 상품화폐 commodity money 로 쓰여졌다. 그러나 용량에 비해서 가치가 높고 운반에 편리하며 임의로 분할·합병도 가능하고 또한 변질되지 않으며 내구성이 있는 등의 특성에서 귀금속, 특히 금 또는 은이 주로 이와 같은 실물화폐로 사용되기에 이르렀다. 이렇게 금속이 화폐로서 사용된 것을 금속화폐 metallic money 라고 한다. 그리고 각국간의 교역이 세계적 규모로 이루어지는 세계경제의 시대에 이르러서는 화폐에도 전세계를 단위로 하는 일반적 가치척도 또는 일반적 교환수단으로서의 기능이 요구되어 선진국인 영국이 채용한 금본위제도에 따라서 금이 세계화폐 money of the world 로 되었던 때가 있었다. 이와 같이 그 자체가 통상적인 상품으로서의 사용가치와 교환가치를 동시에 갖는 실물화폐는 교환경제가 충분하게 확립된 경우에 반드시 필요한 것은 아니다.

근대적인 교환경제가 발달한 어떤 범위 내, 특히 국내경제에 있어서는 그에 대한 일반적 수용성이 법률 및 사회의 신용에 의해서 보증되고 있는 한 화폐는 그 소재가치가 액면가치와 동일하지 않더라도 교환수단으로서의 기능을 수행할 수가 있다. 그리하여 실물화폐에 대응하여 신용화폐 credit money 가 생기게 되었다. 신용화폐란 광의로는 금속본위제도하에 있어서 금화 및 은화 등의 본위화폐 이외의 일절의 화폐, 즉 보조화폐·은행권 및 장부상의 대체결제에 의해서 유통하는 예금통화를 말한다. 또한 신용화폐를 명목화폐 fiat money 와 동의어로 사용하는 경우가 많다. →화폐의 기능, 금속주의·명목주의

실업 失業 unemployment
노동력의 공급면을 표시하는 노동력인구와 노동력의 수요면을 표시하는 고용인구와의 차이다. 그러므로 노동력의 공급과 수요를 규정하는 제요인이 실업의 원인을 해명하는 데 연결되지만, 노동력의 수요양면은 상호의존하고 있으며 독립변수로서 취급하는 것은 허용되지 않는다. 특히 노동력수요를 규정하는 제요인이 중요하며 각종의 실업이론은 주로 자본주의경제의 노동력수요를 그 공급에 비하여 상대적으로 감소케 하는 제요인의 해명에 관한 것이다.

Ⅰ. **노동력인구** 노동력의 공급면을 표시하는 노동력인구를 규정하는 요인으로는 인구의 순증식률(출생률과 사망률과의 차), 재산상속제도의 방식, 가계의 평균소득수준, 교육제도의 방식, 사회보장제도의 정비상황, 퇴직제도 등을 일반적 요인으로 볼 수 있다. 기본적 경향으로는 자본주의경제의 발전에 따라 노동력인구는 증가하고 있는데, 이것은 생산수단의 소유에서 해방되는 인구가 자본주의의 발달과 더불어 증가한 것을 의미한다. 물론 단기적으로 보면 계절과 사업상태와 함께 노동인구도 변동하고 총인구의 증가경향에 따라서도 노동인구는 증가하지만, 단기적인 변동에 관해서는 노동력수요의 변동이 결정적으로 중요하며, 장기적인 노동력인구의 증가추세에 대해서는 총인구의 자연적 증가보다도 총인구 중의 노동력인구의 비중을 제고시킨 사회경제적 제조건이 중요하다. 특히 각 가계의 재산보유상황과 소득수준이 규정하는 경제상태의 여하에 따라 가계내의 노동가능인구가 변화할 수 있는 점이 중요하다. 물론 인구의 연령구성 여하가 노동인구의 총범위를 규정하며 성별구성의 결과도 노동인구에 영향을 미친다.

Ⅱ. **노동수요 또는 고용** 자본주의경제의 발전과 함께 노동력수요 또는 고용노동력인구도 단기적인 변동을 반복하면서 장기적으로는 증대된 것이 사실이다. 장기적인

추세로서 노동력수요가 증대하여 온 것은 자본주의제국의 국민경제가 그 규모에 있어서 장기적으로 성장하고 자본축적의 규모가 점점 커졌기 때문이다. 그러나 노동절약적인 기계의 채용에 의하여 노동자는 축출되어 고용노동인구가 절감되는 현상도 자본주의제국의 발전과정에서 항상 존재한다. 이상 2개 측면이 어떻게 결합되었는가에 따라서 노동력수요의 장기적 변화방식이 결정된다. 위의 두 번째 사실 그 자체는 이른바 기술적 실업 technological unemployment 을 초래하는 사정에 불과하다.

노동력수요의 단기적 변동은 주로 경기변동과 계절변동에 의한다. 노동력수요는 호황기에 증가하며 불황기에 감소하고, 농업노동력수요는 농번기에 증가하고 농한기에 감소한다. 전자는 경기변동, 후자는 계절변동에 따르는 노동력수요이나, 현실문제에 접근시키기 위해서는 완전취업자와 부분취업자의 구별, 노동력수요의 유형적 차이의 구별 등이 중요하며, 고용노동인구 중에서 차지하는 각자의 비율을 측정하는 것이 각국노동력시장의 구조적 차이를 해명하는 데 필요하다.

Ⅲ. 실 업 이상의 노동인구(공급)와 고용인구(수요)와의 차를 실업이라고 했으나, 이 실업에 대하여 마르크스 Marx, K. 는 이것을 자본의 유기적 구성의 고도화에 따르는 상대적 과잉인구 또는 산업예비군으로 간주하여 그 존재형태를 유동적, 잠재적, 정체적 형태의 세 가지로 구별하였다. 자본의 유기적 구성의 고도화에 의한 상대적 과잉인구로서 자본주의적 실업을 지적하는 마르크스의 사고방식은 리카도 Ricardo, D. 의 「기계론」에서의 배제설을 이론적으로 재구성한 것이라 말할 수 있으며, 자본설비의 완전이용에서도 또한 존재하는 실업을 의미한다. 따라서 자본축적의 증대에 의한 가변자본이 격증해 가면 이러한 과잉인구도 생산과정에 흡수되므로 경기의 번영국면과 자본주의경제의 고도성장과정에서는 기술혁명의 물결과 함께 대규모의 신규수요가 발생하여 대량의 산업예비군은 발생하기 어렵다. 마르크스의 산업예비군에 대해 케인즈적 실업은 1930년대의 대공황기에 발생한 대량실업이고 자본설비의 불완전이용을 전제로 하고 있다.

케인즈는 실업범주를 마찰적 실업 frictional unemployment, 자발적 실업 voluntary unemployment, 비자발적 실업 involuntary unemployment 등 3가지로 구별했다. 앞의 두 가지 실업범주는 완전고용과 양립한다고 생각되므로 과소고용의 조건에 해당되는 케인즈적 실업범주는 비자발적 실업이며, 이 실업을 제거하는 것이 완전고용의 달성이라고 하였다. 케인즈의 경우 이 실업 제거는 불황조건하에서 금융과 재정정책에 의하여 서서히 유효수요를 늘리고, 완만한 인플레이션 mild inflation 을 통하여 기업자에게 유리한 물가상승을 유도하여 유휴설비를 완전가동케 함으로써 실현된다. 따라서 자본설비가 완전이용되면 케인즈적 실업은 해소되고 완전고용이 달성되나, 마르크스적 실업(산업예비군)은 자본설비의 완전이용에서도 존재하는 실업이며 노동절약적 기술진보의 결과로서 증가하는 상대적 과잉인구이므로 케인즈적 실업과는 그 차원을 달리한다. 또한 노동의 한계생산력이 극도로 낮으며 저임금으로 고용되어 있는 노동자를 위장실업 disguised unemployment 이라 하며 실업수당제도나 구빈정책의 불충분한 사회에서의 과잉노동력의 저능률적인 고용형태를 의미하는 경우도 있다. →상대적 과잉인구, 고용, 위장실업, 산업예비군

실질비용 實質費用 ☞ 기회비용

실질소득 實質所得 real income
화폐액으로 표시된 명목소득 nominal income을 소비자물가지수로 디플레이트 deflate한 것으로서, 그 소득의 실질적인 구매력을 나타낸다. 만일 전년도에 비해 화폐소득이 20% 증가했고 소비자물가 상승률이 동기간중 10%였다면, 실질소득은 10%만큼 증가한 셈이 된다.

실질임금 實質賃金 ☞ 화폐임금·실질임금

실질잔고효과 實質殘高效果 real balance effect
경제주체의 화폐보유량의 실질가치, 즉 실질잔고의 변화가 재화수급량에 영향을 주는 것을 말한다. 경제주체는 일정량의 실질잔고가 그 정상치를 벗어나면 이것을 정상치로 만들기 위하여 재화에 대한 수급량을 조정할 것이라는 가정 아래 연구하게 된 분석상의 개념인 것이다. 일반적으로 실질잔고효과는 양이며, 즉 실질잔고의 증가는 재화수요의 증가를, 실질잔고의 감소는 재화수요의 감소를 초래한다.
대체효과가 상대가격의 변화에 소득효과가 실질소득의 변화에 의존하는데 대해, 실질잔고효과는 물가수준 내지 화폐수급변화에 의한 화폐잔고의 실질가치의 변화에 기인하는 것이다. 그리고 이것은 이 효과의 크기 자체보다는 이 효과의 존재가 더욱 중요하다. 실질잔고효과는 상품시장 뿐만 아니라 노동시장, 증권시장, 화폐시장을 거쳐서 화폐경제의 전면에 작용한다. 파틴킨 Patinkin, D. 은 저서 「화폐, 이자 및 가격」에서 실질잔고를 도입한 거시적 체계를 제시하면서 실질잔고효과가 어떻게 작용하느냐에 대하여 흥미있는 분석을 전개하고 있는데, 이것은 그 본질상 왈라스 Walras, M. E. L. 의 소망현금(所望現金)의 개념을 계승한 것이며 또한 힉스 Hicks, J. R. 의 「가치와 자본」의 방향을 더욱 발전시킨 것이라고 할 수 있다. →피구효과

실질환율 實質換率 Real Exchange Rate
외환시장에서 매일 고시되는 이종통화 간의 환율인 명목환율 nominal exchange rate이 두 나라간의 물가변동을 반영하지 못하는 문제점이 있으므로 이를 감안하여 구매력 변동을 반영하도록 조정한 환율을 말한다. 예를 들어 미국과의 실질환율은 다음 식과 같이 구할 수 있다.

$$RER(t) = NER(t) \times Pk(t)/Pus(t)$$

단, NER : t시점에서 우리나라 원화의 대미달러 명목환율
　　Pk : t시점에서 우리나라의 물가
　　Pus : t시점에서 미국의 물가

실질환율은 절대적 의미 또는 상대적 의미로 다르게 해석할 수 있다. 먼저 절대적 의미에서의 실질환율은 국가간에 있어서 동일 상품의 가격은 동일 통화로 표시할 때 같아야 한다는 일물일가의 법칙 the law of one price을 말한다. 즉 앞의 식에서 구한 일정시점의 실질환율이 1과 같다면 양국통화간에 구매력이 평가를 이루어 absolute purchasing power parity 일물일가의 법칙이 성립함을, 1보다 크면 자국통화가 저평가 되어 있음을, 1보다 작으면 자국통화가 고평가 되어 있음을 의미한다고 볼 수 있다. 그러나 일물일가의 법칙이 성립하기 위해서는 실질환율의 산출을 위하여 물가에 포함되는 상품이 교역가능하고 동질적이며 거래비용이 없어야 한다는 등의 제약이 있다.
상대적인 의미에서 실질환율은 양국간

환율의 변동률이 양국의 물가수준 변동률의 차이와 같아야 한다는 것을 말하며 특정시점을 기준으로 한 지수의 형태로 표시되는데 통상 앞의 식에 100을 곱하여 100을 기준으로 평가한다. 이때 기준시점에 비해 비교시점의 실질환율이 100보다 작은 경우(RER〈100) 자국통화가 외국통화에 비해 상대적으로 고평가 되어 있음을. 즉 자국통화의 상대적 구매력 relative purchasing power이 상승하여 자국상품의 수출경쟁력이 약화되었음을. 100보다 큰 경우 (RER〉100) 자국통화가 외국통화에 비해 상대적으로 저평가 되어 있음을. 즉 자국통화의 상대적 구매력이 하락하여 자국상품의 수출경쟁력이 강화되었음을. 100인 경우 양국 통화간에 구매력이 평가를 이루고 있음 relative purchasing power parity을 의미한다고 볼 수 있다.

실효가격 實效價格 effective price

어떤 상품에 대해서 공정가격제가 실시되고 있는 경우, 암시장이 형성되어 암가격이 존재할 수 있다. 이 경우에는 상품의 매매가 이중으로 이루어지기 때문에 공정가격이나 암가격은 그 상품의 정당한 가격수준을 반영하지 못한다. 실효가격은 바로 이 정당한 가격수준을 파악하기 위한 것으로서, 공정가격과 암가격으로 거래되는 수량과 각각의 가격을 곱하여 더한 것을 전체수량으로 나눈 것, 즉 가중평균하여 계산해낸 가격이다.

실효세율 實效稅率 effective rate of tax

법인이나 개인에 대하여 실제로 부과되는 세금의 부담비율을 말한다. 예컨대 법인에 대한 세금에는 법인세, 영업세, 주민세 등이 있는데, 이 세율을 단순히 가산한 것은 표면세율이고 실제의 세부담을 나타

낸 것이라 할 수 없다. 법인세법에 의해 영업세는 손금(損金)에 계상되고 그만큼 법인세의 과세대상액은 감소된다. 따라서 일정한 법인소득에 대한 세금은 표면세율로 계산한 때보다 낮아지는 것이다. 이와 같이 일정한 소득에 대해서는 국세, 지방세를 합하여 얼마의 세금이 부과되는가를 계산하는 것이 실효세율이고, 세금의 비중을 국제적으로 비교할 경우의 지표로 되어 있다.

실효이자율 實效利子率 effective rate of interest

금융기관이 대출자금에 부과하는 명목상의 이자율과는 달리 자금차입자가 실제로 부담하는 이자율을 말한다. 이것은 자금차입에 부대비용이 드는 경우 또는 분할불(拂)대출의 경우에서 나타난다. 예를 들어 대출금 120만원이 1년 후 이자 6만원과 함께 매월 10만원씩 분할상환되는 경우를 생각하자. 그러면 120만원에 대한 명목상의 이자율은 년 5%이다. 그러나 이 계산은 120만원이 1년 후에 한꺼번에 상환되는 경우에 기초한 것이므로, 1개월마다 10만원씩 먼저 상환되는 이 경우에 차입자가 실제로 부담하는 이자율은 이보다 크게 된다. 그것은 다음의 공식에 의해서 계산된다.

$$실효이자율 = \frac{2 \times 명목이자율 \times 지불회수}{지불회수 + 1}$$

이렇게 계산해 보면 위 예에서 실효이자율은 연 9.23%가 된다.

아모로소-로빈슨 공식(公式)
Armoroso-Robinson formula

생산요소의 가격은 시장에서 주어지고, 즉 생산요소시장은 완전경쟁 상태에 있고 어떤 특정재화 X의 생산자가 단 한 사람뿐인 독점하에서, 가격 P, 한계수입 MR 및 수요의 가격탄력성 e 사이에는 다음과 같은 관계가 있다.

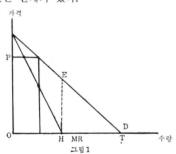

그림1

$$MR=P\left(1-\frac{1}{e}\right) \cdots\cdots\cdots\cdots (1)$$

(1)식을 아모로소-로빈슨 공식이라고 한다. (1)식을 그림 1로 나타내면 다음과 같다. 그림 1에서 수요곡선 D의 탄력성은 E점에서 $e=\frac{HT}{OH}=1$, E점의 왼쪽에서 $e>1$, 오른쪽에서 $e<1$이다. 한계수입곡선은 OT의 이등분점 H를 통과하므로 $e=1$일 때에 한계수입 MR이 0이 되고, 또한 $MR=0$일 때에 총수입 TR이 극대가 되는 것은 당연하다. 이 관계는 위 공식에서도 볼 수 있다. (1)식의 e에 1을 대입하면 $MR=0$이 된다. E점 왼쪽의 수요곡선의 탄력성은 1보다 큰데, 수요의 탄력성이 1보다 크다는

것은 1%의 가격하락이 1% 이상의 판매량의 증가를 가져온다는 것을 의미하므로 총수입은 증가한다. 총수입이 증가한다는 것은 곧 한계수입이 0보다 크다는 것을 의미한다. 그림 1에서 탄력성이 1보다 큰 영역에는 정(正)의 한계수입이 대응하고 있다. (1)식도 이 관계를 표시하고 있다. e가 1보다 클 때에는 $\frac{1}{e}$은 1보다 작고, 따라서 $\left(1-\frac{1}{e}\right)$의 값은 0보다 큰 수치가 된다. 따라서 MR도 0보다 크다. 마찬가지로 그림 1에서 E점의 오른쪽에 위치한 탄력성이 1보다 작은 영역에는 부(負)의 한계수입이 대응하고 있다. 탄력성이 1보다 작다는 것은 가격 1%의 하락이 1% 이하의 판매량의 증가를 가져온다는 것을 의미하고 총수입은 감소하므로 한계수입이 부(負)이다. 이것은 (1)식에 $e<1$인 값을 대입했을 때의 결론과도 일치한다. 이상과 같은 관계를 밝힌 두 학자의 이름을 따라 (1)식을 아모로소-로빈슨공식이라 한다.

끝으로 (1)식의 결과를 유도하는 과정은 다음과 같다. 독점기업의 총수입 TR은 판매가격 P와 판매수량 Q의 곱과 같다. 이것을 수식으로 표시하면

$$TR=PQ \cdots\cdots\cdots\cdots\cdots\cdots (2)$$

이며 (2)식을 전미분하면

$$dTR=\frac{\partial TR}{\partial P}dP+\frac{\partial TR}{\partial Q}dQ$$
$$=QdP+PdQ \cdots\cdots\cdots\cdots (3)$$

(3)식이 얻어진다. (3)식의 양변을 dQ로 나누어주면,

$$\frac{dTR}{dQ} = \frac{QdP}{dQ} + P \cdots\cdots\cdots (4)-ⓐ$$

$$MR = P + \frac{dP}{dQ}Q \cdots\cdots\cdots (4)-ⓑ$$

를 얻을 수 있다. (4)-ⓑ식을 최종적으로 변형시키면 $MR = P\left(1-\frac{1}{e}\right)$ 이라는 식이 유도된다. (4)-ⓑ식의 우변을 P로 묶어 내면,

$$MR = P\left(1+\frac{QdP}{PdQ}\right) \Rightarrow MR = P\left(1-\frac{1}{e}\right)$$

이다.

아시아개발은행 亞細亞開發銀行
☞ADB

아시아달러시장(市場) Asian dollar market
아시아 달러를 모아 이것을 거래하는 시장을 말하며 싱가포르가 중심지이다. 유로달러시장을 모델로 하여 미국의 유명한 은행인 BOA(Bank of America)가 중심이 되어 동남아시아 각국에 큰 힘을 가진 화상(華商)의 달러자금을 모을 것을 목적으로 발족하였다. →유로달러

아시아민간투자회사 亞細亞民間投資會社 ☞PICA

아시아적 생산양식(的 生産樣式)
〔獨〕 Asiatische Produktionsweise
마르크스 Marx, K.가 경제학비판의 서문에서 처음으로 사용한 말로서, 1926년 이후 그것의 해석을 둘러싸고 활발한 국제적인 논쟁이 있었다. 그러다가 1939년에 마르크스의 유고 「자본주의생산에 선행하는 제(諸)형태」가 발표되어 다음과 같은 고대아시아에 특유한 형태의 노예제 생산양식을 의미한다는 것이 명백하게 되었다. 인도·메소포타미아 등의 고대동방사회에서는 농업생산의 자연적 조건 때문에,

일찍부터 관개용수를 관리하기 위한 대규모의 조직적인 토목공사가 실시되지 않으면 안되었다. 하천·운하의 전반에 걸친 이 대규모 사업은 도저히 작은 공동체에 의해서는 수행될 수가 없다. 따라서 이들 동방사회에서는 씨족제도 또는 공동체적 관계를 그대로 뿌리깊게 존속시키면서도, 또한 일찍부터(기원전 약 3,500년 이후) 공동체의 결합적 통일체로서 공동체에 군림하는 전제국가가 형성되었다. 그리고 전제국가 또는 그 최고의 권력을 구현하는 동양적 전제군주의 손에, 한편으로는 공동체적 토지소유자가 집중되고 다른 한편으로는 대규모 사업에 필요한 대량의 노예가 집적되었다. 즉 그곳에서는 토지가 사적으로 소유되는 일이 없이, 전제국가에 의해서 공동적, 통일적으로 소유되며 국가를 구성하는 군소공동체는 세습적인 토지소유자로 되었다. 나아가서 노예제의 발달과 더불어 점차 더 많은 노예가 전제국가에 의해서 직접 사용되게 되어, 독자적인 집단적 노예제 allgemeine sklaverei 가 성립되었다. 이상이 아시아적 생산양식의 주요한 특질이다.

토지와 수리시설을 소유하는 전제군주나 지배계급은 노예노동과 그의 잉여생산물을 기념물의 건립이나 시급하지 않은 대규모 사업에 비생산적으로 사용하는 것이 일반적이었다. 이로 인하여 아시아적 생산양식은 전통적 경작방법의 유지, 공동체의 테두리 안에서의 농업과 수공업의 결합, 상품생산의 미발달 등과 더불어 보다 높은 생산력의 발전을 저지함으로써 장기에 걸쳐 아시아사회에 특유한 정체성을 초래하였다. 그러나 이 아시아적 정체성을 자연적, 숙명적인 것으로 이해하거나, 현대의 제국주의의 지배에 의해서 초래된 아시아 국가들의 정체성과 혼동해서는 안된다.
→공동체, 생산양식

IDA International Development Association

국제개발협회. 일반적으로 제2의 세계 은행이라고도 한다. 개발도상국의 경제개 발원조를 목적으로 1960년에 설립된 국제 금융기관이다. 세계은행과는 달리 보통의 상품 베이스 base 에 속하지 않는 개발사업 도 융자대상으로 하며 소프트 론 soft loan (조건이 까다롭지 않은 융자)을 특색으로 하기 때문에 개발도상국에는 대단히 유리 한 기관이다. 개발원조요청이 증가됨에 따 라 세계은행 내에서의 IDA 의 중요성이 새 로이 인식되게 되었다. 1997년 3월 현재 가 맹국 수는 우리 나라를 비롯해 159개국에 이른다. →개발도상국, 국제투자은행

IBRD International Bank for Reconstruction and Development

세계부흥개발은행. 세계은행 World Bank 이라고도 하며 1944년 브레튼 우즈 Bretton Woods 협정에 의해 IMF 와 함께 발족되었다. 세계은행은 그 후 발족된 국 제개발협회 International Development Association(I. D. A.), 즉 제2세계은행 및 국제금융공사 International Finance Corporation(I. F. C.)와 함께 '세계은행그룹' 이라 한다. 세계은행은 처음에는 유럽의 부흥개발을 위한 장기융자를 그 임무로 하 였으나 그후 동서원조경쟁의 격화에 따라 개발도상국에 중장기의 융자를 평균금리 6 ~7%로 하는 상업은행으로서의 성격을 갖 게 되었다(1996년 현재 수권자본 1,823억 달러). 세계은행의 차관공여조건이 지나 치게 엄격하므로 제2세계은행이 1960년 발족되어 무이자(수수료 넌 0.75%)로 거 치기간 10년, 반제기간 40년의 호조건으로 개발융자를 하고 있다(수권자본 10억달 러). 이 기관들에 대한 미국의 투표권은 25~26%로, IMF 와 함께 미국의 달러 지

배체제를 보완하는 기구이다.

＊IS-LM곡선(曲線) IS-LM curve

거시경제모형에서 실물부문의 균형조건 은 $I=S$(I : 사전적 투자, S : 사전적 저축) 이며, 화폐부문의 균형조건은 $L=M$(L : 화폐의 수요 즉 유동성선호, M : 화폐공급 량)이다. 양부문에서 균형이 동시에 성립 하는 상태를 일반균형이라고 하며, 그것은 $I=S$, $L=M$을 동시에 만족시켜 주는 국민 소득 Y와 이자율 i에서 달성된다. 단순케 인즈모델은 독립투자를 외생(外生)변수 로, i도 외부(화폐시장)에서 결정되는 외 생변수로 보았을 때 생산물(상품)시장에 서의 균형조건을 고찰하는 것이다. 그러나 $I=f(i)$이고 i는 화폐시장에서 결정되므로 생산물시장만으로는 균형국민소득 $\bar{Y}$를 구할 수가 없다. 따라서 양시장을 통합함 으로써 균형국민소득과 균형이자율 $\bar{i}$를 구 할 수 있다.

먼저 일련의 방정식체계를 가지고 생산 물시장부터 살펴 보자.

$$C=A+bY \cdots\cdots\cdots\cdots\cdots\cdots (1)$$
$$I=G_0+G_1 i \cdots\cdots\cdots\cdots\cdots\cdots (2)$$
$$Y=C+I \cdots\cdots\cdots\cdots\cdots\cdots (3)$$

(단, b, A, $G_0>0$, $G_1<0$, $0<b<1$)

(1)은 케인즈 Keynes, J. M. 의 절대소득가 설로서, 소비 C는 소득의 함수임을 나타 내며 (2)는 투자를 이자율의 감소함수로 표시한 것이고 (3)은 생산물시장의 균형조 건이다. 이 때 생산물시장의 구조방정식은 4개의 미지의 내생(內生)변수(C, Y, I, i) 를 포함하고 있으나 식의 수는 3개이므로 해를 구할 수 없다. 그러므로 구조방정식 체계는 2개만의 변수, 즉 Y와 i의 방정식 으로 다음과 같이 표현할 수 있다.

$$Y=\frac{A+G_0+G_1 i}{1-b} \cdots\cdots\cdots\cdots (4)$$

(4)식이 바로 생산물시장의 균형을 나타내

는 IS곡선이다. IS곡선에 내포된 의미는 첫째, 사전적저축=사전적투자, 둘째, 국민경제의 예상지출액 desired expenditure =국민소득, 셋째, IS곡선은 (4)식을 $Y(X$ 축)와 $i(Y$축)의 좌표평면에 표시한 것으로서 음(陰)의 기울기를 갖으며, 그 자체로서는 균형국민소득과 균형이자율수준을 일의적(一義的)으로 결정할 수 없다.

다음에는 화폐시장조건을 일련의 구조방정식체계를 가지고 살펴보자.

$$M^d = L(i, Y) \cdots\cdots\cdots\cdots (5)$$
$$M^s = h(i) \cdots\cdots\cdots\cdots (6)$$
$$M^d = M^s \cdots\cdots\cdots\cdots (7)$$

이 때 M^d, M^s는 각각 화폐의 수요함수, 공급함수로서, 전자는 i와 Y의 함수이며 후자는 i의 증가함수이다. 즉 $\frac{\partial h(i)}{\partial i} > 0$이다. 왜냐하면, 시중은행은 이자율이 증가하면 대출을 증가시키고자 하는 성향이 나타나, 이것이 통화량(민간보유화폐＋요구불예금)을 증가시키기 때문이다. (7)식 즉 $M^d = M^s$는 화폐시장의 균형조건식이다. 위의 방정식체계도 4개의 내생변수 (i, Y, M^d, M^s)를 갖고 있으나, 식의 수는 3개이므로 구조방정식체계는 그 자체로서 해를 구하지 못하고, Y와 i의 이변수 방정식으로 다음과 같이 쓸 수 있다.

$$L(i, Y) = h(i) \cdots\cdots\cdots\cdots (8)$$

(8)식을, Y를 횡축으로 i를 종축으로 평좌표평면상에 나타낸 것이 LM곡선이다. LM곡선도 화폐시장을 균형시키는 Y와 i의 조합을 나타내며 양(陽)의 기울기를 갖지만 (그 이유는 조금 후에 설명한다), 그 자체로서 균형국민소득과 균형이자율을 일의적으로 결정할 수 없다. 그러므로 그림 1과 같이 IS, LM곡선을 결합함으로써 양곡선의 교차점에서 $\bar{Y}$, $\bar{i}$가 얻어진다. 만약 생산물시장에서 독립적인(Y와 i에 의존하지않는) 소비 A와 투자 G_0가 외생적인 요인에 의하여 증가하였다면 IS곡선은

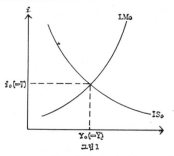
그림 1

오른쪽으로 이동 shift 할 것이다. 그 이유는 (4)식을 살펴보면 자명하다. 위와 같은 변화가 초기의 균형치(Y_0, i_0)에 어떠한 영향을 주는가를 비교정학의 관점에서 살펴보면 그림 2와 같다.

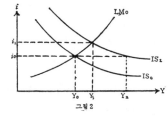
그림 2

그림 2에서 보듯이 균형국민소득과 균형이자율수준은 Y_0, i_0에서 Y_1, i_1으로 증가하였다. 이 때 Y_2는 단순 케인즈모델에서 단순승수 simple multiplier 로 인한 소득의 변화를 의미한다. Y_2가 Y_1보다 큰 이유는 화폐시장에서의 반응 즉 이자율상승을 고려하지 않았기 때문이다.

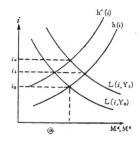

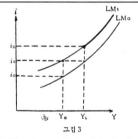

그림3

이번에는 *LM*곡선의 기울기 및 이동을 그림 3을 통해 살펴보자. 첫째, *LM*곡선의 기울기가 양인 이유는 다음과 같다. 그림 3의 ⓐ중 $L(i, Y)$는 화폐수요함수, $h(i)$는 화폐공급함수임은 이미 설명하였다. 이 때 $\frac{\partial L(i, Y)}{\partial Y}>0$이므로 소득이 Y_0에서 Y_1으로 증가하면 $L(i, Y)$곡선은 오른쪽으로 이동한다. 따라서 화폐시장의 균형은 소득 증가 전의 (i_0, Y_0)에서 (i_1, Y_1)으로 옮겨지고 $Y_1>Y_0$, $i_1>i_0$이므로 *LM*곡선은 우상향의 양의 기울기를 갖는다. 둘째, *LM*곡선의 이동에 대한 설명은 다음과 같다. 화폐공급함수가 정부의 통화량감축으로 $h(i)$에서 $h'(i)$로 이동하면, Y_0소득하의 화폐시장의 균형이자율은 i_0에서 i_1으로, Y_1소득하에서는 i_1에서 i_2로 증가하므로 (i_1, Y_0)와 (i_2, Y_1)을 연결한 *LM*곡선은 좌측으로 이동한다. 마찬가지 이유로 통화량이 증가하면 *LM*곡선은 우측으로 이동한다. 이러한 논의를 기초로 정부의 통화팽창정책의 효과를 *IS-LM*곡선을 가지고 분석할 수 있다.

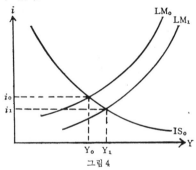

그림4

그림 4에서 볼 수 있듯이 통화팽창은 균형국민소득을 증가($Y_0 \to Y_1$)시키고 균형이자율을 감소($i_0 \to i_1$)시킨다. 다음에는 케인즈의 유동성함정 liquidity trap 과 관련시켜 케인즈가 경제공황기간에 그 타개책으로 주장한 재정정책을 설명한다. 그림 5에서 보듯이 경제가 공황에 빠지면 화폐수요(화폐수요의 이자율탄력성)가 무한히 커지므로 *LM*곡선의 왼쪽끝은 거의 평평해진다. 따라서 이 때에는 금융정책은 무용하고

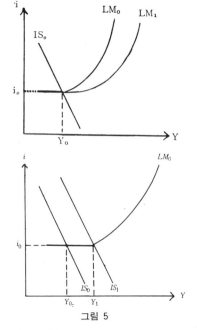

그림 5

재정정책만이 유효하다. 이와 같은 유동성함정과 투자수요의 이자율 비탄력성에 대한 가정은 케인즈로 하여금 투자의 사회화 socialization of investment 를 주장하게 되었다.

이상의 *IS-LM*곡선에 의한 경제분석은 국민경제의 공급측면은 사상(捨象)하고 수요측면만 다룬 것이므로 양자의 괴리로 인한 물가수준의 변동과 그것의 *IS-LM*곡

선에 대한 반작용을 설명할 수가 없다. 따라서 아래에서는 거시경제모형에다 수요측면인 생산물시장과 화폐시장 및 공급측면인 노동시장을 포함시켜 경제를 분석한다. 이 때 확장된 모형내의 각 변수는 물가수준을 고려한 실물적이므로 소문자로 쓴다. 생산물시장의 균형조건은

$$y=c(1-t)y+i(r)+g \cdots\cdots\cdots\cdots (9)$$

이다. 단 c, i, g, r, t 는 평균소비성향, 투자수요, 정부지출액, 이자율 및 조세율이고, $(1-t)y$ 는 가처분소득을 의미한다. 화폐시장의 균형조건은

$$\frac{M}{P}=l(r)+k(y) \cdots\cdots\cdots\cdots\cdots (10)$$

이다. 단 $k(y)$, $l(r)$ 은 화폐수요중 소득의 함수인 것과 이자율의 감소함수인 것을 의미한다. 노동시장의 균형조건은

$$h(P,N)=Pf(N)\cdots\cdots\cdots\cdots\cdots (11)$$

이다. (11)식의 좌변은 노동의 공급함수를 나타내며, 그것의 의미는 물가상승이 있을 때 노동자가 노동공급을 줄이고 임금상승을 요구한다는 것이다 $\left(\frac{\partial h}{\partial P}<0\right)$. 한편 $f(N)$ 은 노동의 한계생산력을, 우변은 노동의 한계생산물가치, 즉 노동수요곡선을 나타내며, 노동자측에는 부분적인 화폐환상 money illusion 이 존재한다고 가정한다.

$$\left|\frac{\partial h}{\partial P}\right|<\left|f(N)\right|=\left|\frac{\partial(Pf(N))}{\partial P}\right|$$

이상의 구조방정식체계를 가지고 재정정책의 변화(정부지출의 증가)가 내생변수에 어떤 영향을 주는가를 단순한 *IS-LM* 곡선모형의 경우와 비교하면서 설명한다. 이를 위해서 (9), (10), (11)을 전미분하면 다음과 같다.

$$\left.\begin{array}{l}dy=c(1-t)dy-c'ydt+i'dr+dg \\ -\dfrac{M}{P^2}dP+\dfrac{dM}{P}=l'dr+k'(y) \\ \dfrac{\partial h}{\partial P}dP+\dfrac{\partial h}{\partial N}dN=Pf'dN+f(N)dP \\ dy=\dfrac{\partial y}{\partial N}dN\end{array}\right\}\cdots(12)$$

(12)식을 행렬로 쓰면 아래와 같다.

$$\begin{pmatrix} 1-c'(1-t) & -i' & 0 & 0 \\ -k' & -l' & -\dfrac{M}{P^2} & 0 \\ 0 & 0 & \dfrac{\partial h}{\partial P}-f(N) & \dfrac{\partial h}{\partial N}-Pf' \\ 1 & 0 & 0 & -\dfrac{\partial y}{\partial N} \end{pmatrix}$$

$$Ax=b$$

$$\begin{pmatrix} dy \\ dr \\ dP \\ dN \end{pmatrix}=\begin{pmatrix} -c'ydt+dg \\ -\dfrac{1}{P}dM \\ 0 \\ 0 \end{pmatrix}$$

이 때 정부가 공채를 발행함으로써, 재정지출을 증가시키는 경우($dt=0$, $dM=0$) 균형국민소득의 변화는 (13)식으로 나타난다.

$$\frac{dy}{dg}=\frac{|A_{11}|}{|A|}=\frac{1}{1-c'(1-t)+i}$$

$$\frac{1}{+\left(\dfrac{k'}{l'}\right)+\dfrac{Mi'}{P^2l'}\left(\dfrac{1}{\partial y/\partial N}\cdot\dfrac{Pf'-\partial h/\partial N}{\dfrac{\partial h}{\partial P}-f(N)}\right)}$$

$$\cdots\cdots\cdots\cdots\cdots\cdots\cdots\cdots\cdots (13)$$

(13)식은 외견상 대단히 난해해 보이지만 순서대로 풀어보면, 그것이 가지는 의미를 쉽게 파악할 수 있다. 먼저

$$\frac{dy}{dg}=\frac{1}{1-c'(1-t)}$$

은 생산물시장만을 고려한 케인즈의 단순모형에서 이자율 및 물가수준의 변화를 사상(捨象)한 경우의 단순승수이다.

다음으로,

$$\frac{dy}{dg} = \frac{1}{1 - c'(1-t) + i'\left(\frac{k'}{l'}\right)} \quad\cdots\cdots (14)$$

은 생산물가시장과 화폐시장을 고려한 전통적인 IS-LM모형 내에서 이자율의 변화가 균형국민소득에 미치는 영향을 감안했을 때의 승수이다.

끝으로 (13)식의 $\frac{dy}{dg}$는 IS-LM모형에 노동시장을 부가했을 때의 승수로서, 이자율 및 물가수준의 변화까지 감안한 것이다. 이제 (13)식과 (14)식을 비교하기 위하여 그림 6을 사용한다. 그림 6의 ⓐ는 생산물시장, 화폐시장을, ⓑ는 노동시장을, ⓒ는 국민경제의 총수요공급함수를, ⓓ는 총생산함수에 의한 생산량의 수준을 나타낸다. 그림 6에서 $(y_0,\ r_0,\ W_0,\ N_0,\ P_0)$는 초기균형치를, $(y_2,\ r_2,\ P_0)$는 재정지출의 증가가 있은 후 (화폐공급량 및 조세율은 일정불변) 전통적인 IS-LM분석에서의 새로운 균형치를, $(y_3,\ r_3,\ W_3,\ N_3,\ P_3)$는 확장된 모형에서의 새로운 균형치를 나타낸다.

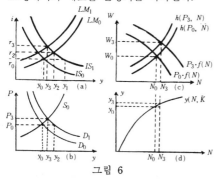

그림 6

아래에서는 초기균형치(A_0)가 새로운 균형치(A_3)로 수렴하는 과정을 설명한다. ⓐ에서 정부지출의 증가는 IS_0를 IS_1으로 이동시켜 이자율을 r_0에서 r_2로, P_0의 가격수준하에서 국민경제의 지출수준 desired expenditure을 y_0에서 y_2로 증가시킨다. 이것은 그대로 ⓑ에 반영되어 총수요곡선을

D_0에서 D_1으로 $((P_0,\ y_0)\rightarrow(P_0,\ y_2))$이동시킨다. 따라서 P_0의 가격수준하에서는 y_0y_2만큼의 초과수요가 발생하므로 시장조절기구의 작용으로 물가수준은 P_0에서 P_3로 상승한다. 이러한 물가상승은 노동의 수요·공급곡선에 반영되어 ⓑ에서 보는 바와 같은 변화를 야기시키며 한편 통화의 실질공급량을 줄임으로써 ⓐ의 LM곡선을 LM_0에서 LM_1으로 이동시켜 추가적으로 이자율을 r_0에서 r_3로 상승시킨다. 이 때 주의할 점은 노동시장에서 균형고용량이 N_0에서 N_3로 증가되었다는 것이다. 그 이유는 노동자에게는 부분적인 화폐착각이 존재하여 노동공급곡선을 수요곡선보다 덜 이동시킴으로써 $\left(\frac{\partial h}{\partial P}<f(N)\right)$ 명목임금과 균형고용량을 각각 W_0와 N_0에서 W_3와 N_3로 증가시킨다. 이 증가된 균형고용량은 ⓓ의 총생산함수에 따라 생산량(실질국민소득)을 y_0에서 y_3로 증가시킨다. 위의 과정에 따라 경제의 각 변수가 서로 영향을 주고 받음으로써 새로운 균형치에 도달한다. 이상이 확장된 거시경제모형의 균형에 대한 개략적인 설명이다.

[참고문헌] Branson, W. H., *Macroeconomic Theory & Policy*, 1972; Bailey, M., *National Income & Price level*, 1974; Ackely, G., *Macroeconomic Theory*, 1961; Keynes, J. M., *The General Theory of Employment, Interest & Money*, 1936; Hansen, A., *A Guide to Keynes*, 1956; 조 순, 「경제학원론」, 1974; 김윤환, 「경제학(이론과 정책)」, 1976.

IFC International Finance Corporation 국제금융공사. IBRD의 보조기관으로 저개발국의 사기업에 대한 투자를 목적으로 1956년 7월에 발족했다. IBRD와는 달리 민간기업이 IFC로부터 융자를 받을 때 자국정부의 보증을 필요로 하지 않으며 그 융자대상이 저개발국이다. IBRD의 가맹국만이 가맹국이 될 수 있으며 가맹국의 출자금은 IBRD에 대한 출자액에

비례한다. 우리 나라의 한국개발금융주식
회사(현재 장기신용은행)는 1967년에
IFC 의 권고와 일부 출자에 의해 설립되
었으며 또한 한국투자금융주식회사(현재
하나은행)의 설립에 IFC 는 참가한 바
있다.

ILO International Labor Organization

국제노동기구. 노동분야에서 중요한 책
임을 지는, 국제연합의 독립된 하나의 전
문기구이다. 1919년 베르사이유조약에 의
하여 국제연합의 전신인 국제연맹의 부속
기관의 하나로서 창설되었다. 그 최초의
목적은 각국에 적용되는 노동기준을 명시
하는 것이었는데 운영면에서 사실상 활동
범위를 넓혀서 고용과 노동기준에 저촉되
는 모든 사회적, 경제적 문제에 관심을 갖
게 되었다.

ILO 는 각가맹국이 정부대표 2명과 고
용자측과 노동조합측 각 1명의 출석에 의
한 독특한 3자구성을 취하고 있다. ILO 는
다음 3개의 기관에 의하여 운영된다. ①
국제노동의회 : 전가맹국의 대표로 구성되
며 기본적방침과 정책의 결정기관이다. ②
이사회 : 회의에서 선출된 40명으로 구성
되며 연차회기기간중에 일어나는 문제를
처리한다. ③ 국제노동사무국 : 행정조직
에 의하여 활동한다. 제 2 차 세계대전 이
후 1946년에 ILO 는 자기자금으로 운영하
게 되었다. 1951년 이후 각 가맹국의 출자
비율은 미국 25%, 소련 10%, 영국 9.4%,
프랑스 약 6%이다. 아프리카국가는 ILO
에 중요한 구성원으로 등장하여 1963년에
는 가맹국의 1/4 이상을 차지하였다. ILO
의 본부는 스위스 제네바에 있다. 우리 나
라는 아직 이 기구에 가입하지 못하고 있
다. 1977년 11월 미국은 ILO 가 본래의 목
적과는 달리 제 3 세계와 공산국의 정치무
대로 되어가는 것에 불만을 품고 탈퇴하
였다.

IMF International Monetary Fund

국제통화기금. 브레튼우즈 협정 Bretton
Woods Agreements 을 모태로 하여 1947년
3월 1일 발족한 국제통화기구이다. 가맹국
은 1946년까지 브레튼우즈 협정비준을 완
료한 39개국을 최초가맹국으로 하여 현재
세계 거의 대부분의 나라가 가맹하고 있
다. 한국은 1955년에 가입했다. IMF 의
목적은 국제수지의 단기적 불균형을 해소
시키는 데 있다. 즉 협정 제 1 조에 규정된
바와 같이 첫째, 가맹국은 외환의 안정을
유지하고 외환시세의 경쟁적 절하를 피해
야 하며 둘째, 외환제한을 제거하는 것이
다. 그러나 환평가(換平價)의 조정 즉 정
당한 환평가의 발견, 유지는 반드시 용이
한 것은 아니다.

평가변경(平價變更)의 일반적 원칙은
IMF 협정 제 4 조 제 5 항에 의하면 다음과
같다. ① 평가의 변경은 관계 가맹국이 스
스로 제의하여 IMF 와 협의한 후에 비로
소 그것을 실행하는 것이나, ② 가맹국이
평가변경을 제의하는 것은 자국경제의 근
본적 불균형 fundamental disequilibrium 을
시정하기 위하여 필요한 때에 한정한다 라
는 조건이 붙어 있다. 또 IMF 로서는, 평
가변경의 제의가 근본적 불균형시정에 필
요한 것을 확인한 때에는 꼭 이것을 승인
하지 않으면 안된다.

여기서 근본적 불균형이란 어떤 것인가
는 IMF 의 목적실현을 위한 선결문제가
되는 것이나, IMF 협정에는 이것에 관하
여 어떤 설명도 되어 있지 않다. 따라서 실
제로는 근본적 불균형 존부(存否)의 인정
은 IMF 당국의 판단에 맡겨져 있으나, 이
론적으로는 2개의 견해로 대립되어 국제경
제이론의 중요한 문제가 되어 있다. 그 하
나는 하벌러 Haberler, G. 에 의해 대표되는

고전파 무역이론으로 근본적 불균형은 국제수지의 현실적 불균형이라는 객관적이고 관측가능한 기준에 의해 해석하려고 한다. 그 다른 하나는 한센 Hansen, A. H.에 의해 대표되는 케인지안의 근대적 견해로, 현실의 국제수지는 결코 근본적 불균형의 기준이 아니다. 즉 통화의 과대평가는 반드시 국제수지의 악화로서 나타나는 것이 아니라, 국내 디플레이션과 실업증가로 나타나는 것이며 만약 국제수지의 균형이 유지되더라도 외국에서의 압박으로 국내경제의 현저한 교란이 있으면 거기에 근본적 불균형이 있다고 보는 것이다.

이 양견해의 대립은 국제수지균형화기구론에서의 논쟁을 배경으로 하고 있다. 고전파 견해는 수출입 수요에 대한 가격효과에 신뢰를 두고 국제수지의 불균형은 환평가의 변경으로 용이하게 시정된다고 확신한다. 그리고 이 확신에서 출발하여 근본적 불균형을 국제수지의 현실의 불균형이라고 해석한다. 이에 대해서 근대적 견해는 가격효과보다는 오히려 소득효과를 중시하며, 즉 국제수지균형을 환관리로는 달성하지 못하고 국내경제의 소득수준을 희생시켜 달성하는 점을 강조하고, 국제수지에 근본적 불균형의 지표를 구하는 것은 참된 근본적 불균형을 인식하지 못하고 있기 때문인 것으로 생각한다. 그러므로 양자의 근본적 불균형에 관한 해석은 상이한 문제인식 위에 서 있다. 이 이론적 대립은 미해결로 남겨진 문제이나, 그것이 실제로 IMF의 운영을 곤란하게 하는 사실임은 부정할 수 없다. →브레튼우즈협정

IMF방식국제수지표(方式國際收支表) balance of payments according to IMF formula

IMF에 제출하기 위해 각 국의 중앙은행이 재무당국의 위임을 받아 매월 작성하고 있는 국제수지표이다. ① 양식이 국제적으로 통일되어 있기 때문에 각종의 국제비교에 편리하며, ② 대외거래를 상세하게 분류·망라하고 있는 등의 이점이 있기 때문에 국제수지통계로는 가장 우수한 것으로 간주되고 있다. IMF에서는 이 국제수지표를 보고국의 거주자와 외국의 거주자의 모든 경제거래를 체계적으로 기술한 것이라고 정의하고 있다. →IMF, 국제수지

IEA International Energy Agency

국제에너지기구. 세계의 주요석유소비국으로 이루어진 초국가적 기구로서 금후 10년간 산유국의 공급제한에 대항하여 참가국간에 석유의 긴급융통을 하거나 소비의 억제, 대체에너지의 개발촉진을 목적으로 한다. 1974년 2월에 워싱턴에서 개최된 석유소비국회의에 따라 같은 해 11월 파리의 OECD 안에 프랑스를 제외한 EC 8개국, 미국, 일본, 캐나다, 스웨덴, 스위스, 오스트레일리아, 스페인, 터키 등 16개국이 참가하여 설치되었다. 최고결정기관으로 이사회를 두고, ① 긴급문제 ②석유시장 ③ 장기적 협력 ④ 산유국과 기타 소비국과의 관계 등을 담당하는 4개상설위원회와 사무국으로 구성되어 있다. 사실상 석유소비국동맹이라고도 말할 수 있는 기관이지만, 본부가 설치되어 있는 프랑스는 산유국과의 대결기관이 된다는 이유를 내세워 불참하고 따로 산유국, 소비국, 개발도상국의 3자회담을 주장하여 EC국가들도 이에 참가하는 한편, 산유국과의 관계 긴밀화를 도모하는 등 여러 가지 문제를 안고 있다.

아태경제협력기구 亞太經濟協力機構 Asian-Pacific Economic Cooperation

아시아와 태평양 연안에 위치하고 있는 21 개 국가로 구성된 지역경제협력기구로서 이 지역 경제의 상호의존성 강화에 대응하여 1989년에 창설되었다. 비공식적인 대화집단 dialogue group으로 출발한 APEC는 개방적인 무역과 실질적인 경제협력을 증진하기 위한 가장 중요한 지역 협력의 추진체로 발전하고 있다.

창설 초기에는 대체적으로 의견교환이나 구체적인 사업 project-based 추진에 역점을 두면서 역내 경제협력의 과정을 진전시키고 GATT Uruguay Round의 적극적인 타결을 촉진하는데 주된 관심을 가져왔다. 그러나 최근 들어 APEC은 보다 광범위한 내용과 차원 높은 목표를 가진 협력체 Forum로 발전시키고자 하는 회원국의 기대에 부응하여 경제성장 달성을 통한 역내 공동체의 건설과 무역과 경제협력을 통한 균등한 발전을 도모하고 있다. 1993년 11월 미국 Seattle 근교 Blake Island에서 있었던 회원국 정상간의 비공식회담은 개방과 동반자관계의 강화, 변화의 도전에 대응하는 협력, 재화와 용역 및 투자의 자유로운 교환, 전략적인 경제성장과 생활 및 교육수준의 향상, 자연환경을 보전하는 지속가능 성장 등의 정신에 입각하여 아시아와 태평양지역 공동체를 건설하는 것을 내용으로 하는 비전을 마련하였다. 이에 따라 회원국 각료와 정상은 연례회의를 통하여 이러한 비전을 구체화하고 실천하기 위한 체계를 마련해오고 있다. 1994년 인도네시아 Bogor회의에서 완전히 자유롭고 개방적인 무역과 투자체계를 선진국은 2010년까지, 개발도상국은 2020년까지 정착시키는 적극적인 목표를 수립한 것은 그 중요한 예가 될 것이다.

안정균형 · 불안정균형 安定均衡 · 不安定均衡 stable equilibrium · unstable equilibrium

모든 경제주체가 현재의 상태에 만족하고 있으며 그 상태에서 일탈하려는 유인을 가지고 있지 않은 그러한 상태를 균형상태라고 한다. 만일 균형이 외부의 교란요인 등의 어떤 이유로 균형점으로부터 일탈해도 다시 원래의 균형점으로 복귀하려는 힘을 가질 때, 그 균형을 안정균형이라고 한다.

안정균형의 개념은 병 속에 든 구슬에 비유할 수 있다. 병 밑에 정지하고 있는 구슬은 비록 교란에 의해 동요되었어도 다시 병 밑에 가라앉는 힘을 가지고 있다. 즉 그것은 안정균형의 상태에 있는 셈이다. 그런데 많은 재화시장에 대해서는 공급이 수요를 초과하면 가격이 하락하고, 수요가 공급을 초과하면 가격이 상승하는 것처럼 가격이 신축적 수급조절의 기능을 수행할 수 있는 것으로 믿어지고 있다. 이 조건을 왈라스 Walras, M. E. L. 의 안정조건이라 부른다. 이 경우 수급의 일치에 의하여 균형가격이 성립되면 그 상태가 안정균형이다.

이에 반하여 어떤 경우에는 일단 경제의 균형상태가 교란되면 경제 내에는 다시 본래의 균형상태에 복귀하려는 힘이 없을 뿐만 아니라 나아가서 그 곳으로부터 일탈해 가려는 경향이 생기는 경우가 있다. 이런 균형상태를 불안정균형이라 한다. 예를 들면 이것은 경사를 이룬 평면상에 있는 구슬의 상태와 같은 것이다. 해로드 Harrod, R. F. 는 자본축적이 계속 이루어지는 발전과정에서는 일단 현실이 균형경제에서 일탈되면 불균형상태가 가속도적으로 더욱 확대될 것이라고 주장하였다. 이러한 생각은 빅셀 Wicksell, J. G. K. 의 경기변동이론에도 이미 나타나 있었다. 이 밖에 균형개

넘으로서는 또 중립균형이 있다. 이것은 일단 교란에 의한 경제적 균형상태가 그 위치를 변동하였을 때 안정균형과 같이 원래의 균형상태에 복귀하는 힘은 없지만 불안정균형과 같이 더욱 그 곳으로부터 일탈되어 가는 경향도 없는 상태를 가리킨다.

원래 균형상태라고하면 보통 정태균형을 의미한다. 그러나 자본축적이 부단히 진행되고 더욱이 그러한 상태에서 모든 경제주체가 만족하고 있는 경우에는 그것은 분명히 발전적 균형이라고 명명하지 않으면 안될 상태이다. 그리고 이러한 발전적 균형에서는 계획저축과 계획투자가 같아진다. 물론 이러한 균형이 안정적이냐, 불안정적이냐, 아니면 중립적 안정이냐 하는 것은 경제변동의 분석에서 기본적인 중요성을 가지는 문제가 된다. 현재까지는 거기에 대하여 이자율이 충분히 안정적 조절기능을 가진다는 입장과 이미 지적한 해로드의 입장이 있는데 불안정하다고 보는 견해가 지배적이다. →안정조건, 거미집이론, 정태균형・동태균형

안정성장 安定成長 stable(economic) growth

장기경제계획을 세울 때에는 적정한 경제성장이 궁극적인 목표가 된다. 이 때에 경제성장율은 클수록 좋지만 거기에는 ① 유효수요량이 공급능력을 초과하여 경제가 과열되고 물가가 급속하게 상승하는 등의 문제와 ② 생산증가의 결과 수입이 급격하게 증가하여 국제수지적자가 나타나는 등의 문제도 아울러 고려되지 않으면 안된다. 위의 두 가지 문제를 어느 정도 해결하는 한계내에서 가능한 큰 성장을 추구하는 것을 안정성장이라 한다.

*안정조건 安定條件 stability condition

경제모형내의 경제체제가 어떤 이유로 균형상태에서 벗어났을 때, 그것을 다시 균형상태로 복귀시키는 힘이 작용하는가의 여부를 판정하기 위한 조건을 안정조건이라 한다. 이 때에 경제모형내의 경제체계가 균형상태로 복귀하는 메카니즘 mechanism 을 가지면 그 체계를 안정적 stable 이라 하고 승수가 점점 커지면 그 체계를 불안정적 unstable 이라 한다. 이러한 안정조건은 다시 정태적 안정조건(왈라스 Walras, R, 힉스 Hicks, J. R.)과 동태적 안정조건(사뮤엘슨 Samuelson, P.)으로 구분되는데, 전자는 시간을 무시한 채 균형방정식체계에 따라 경제체계의 안정성을 고찰하는 것이고, 후자는 시간의 변동에 대응하는 미분 또는 정차(定次)방정식을 도입하여 경제체계의 안정성을 고찰하는 것이다.

I. 정태적 안정조건 static stability condition

① 단일재교환의 안정조건 : 교환균형에 있어서는 수요와 공급이 일치할 때 균형이 성립하지만, 수요와 공급의 일치만으로 그 균형이 안정적이라고 할 수는 없다. 안정적이기 위해서는 균형가격 이상으로 가격이 상승하였을 경우 그 가격을 다시 균형가격으로 환원시키려는 힘이 작용하여야 한다. 이것은 완전경쟁하에서 초과수요가 있는 경우 가격이 상승하고, 부(負)의 초과수요(초과공급)가 있는 경우 가격은 하락함을 의미한다. 이제 특정재화 X_i 의 수요량을 D, 공급량을 S 라 할 때, X_i 재의 수요함수, 공급함수는 각각

$$D_i = D(P), \quad S_i = S(P)$$

이다. 이 경우의 균형조건은 $D^i = S^i$ 이고 안정조건은

$$\frac{dEi}{dP} = \frac{d}{dP}(D_i - S_i) < 0$$

(단 E_i 는 X_i 재의 초과수요이다)

이다. 만일

$$\frac{dE_i}{dP}=\frac{d}{dP}(D_i-S_i)>0$$

이면 균형은 불안정적이다. 이것을 그림으로 나타내면 다음과 같다. 그림 1의 (a), (b)의 경우는 안정적이고 (c)의 경우는 불안정적이다.

② 2재교환의 안정조건 : 교환모형에 두 재화 X_i, X_j를 포함시키면, 각 재화는 대체 혹은 보완관계를 통하여 X_j재 가격의 변화가 X_i재 가격에 영향을 주고 또 X_i재 가격의 변화가 X_j재 가격에 영향을 주므로 1재교환의 균형과 2재교환의 균형을 동시에 분석해야 한다. 이상을 1재교환모형의 기호 notation에 따라 표시하면,

$$D_i=D(P_i,\ P_j),\ S_i=D(P_i,\ P_j)$$
$$D_j=D(P_i,\ P_j),\ S_j=D(P_i,\ P_j)$$

와 같고 균형조건은 $D_i=S_i,\ D_j=S_j$ 또는 $E_i=D_i-S_i=0,\ E_j=D_j-S_j=0$이다. 2재교환 모형의 균형 및 안정조건에 대해 우선

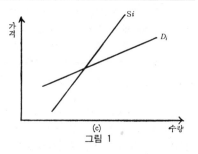

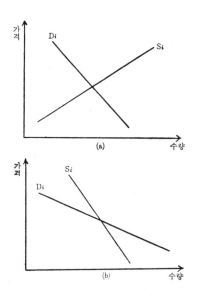

그림 1

그래프를 사용하여 힉스의 정태적 안정조건론을 단순화한 형태로 소개한다. 먼저 개별시장의 균형과 양시장간의 균형을 개념적으로 분리한다. 그림 2가 그것을 표시한다.

그림의 종축에는 X_j재 가격을 표시하고 횡축에는 X_i재 가격을 표시한다. 그러므로 평면상의 임의의 한 점은 한 쌍의 가격을 표시한다.

이 때 X_j재와 X_i재는 대체관계에 있는 것으로 가정한다. 직선 YY'는 X_i재의 모든 가격─균형가격이든 아니든─에 대응하여 X_j재 시장에서 단독적으로 성립하는 균형가격의 계열을 표시한다. 두 재화가 대체관계에 있으므로 X_i재가격상승→X_i

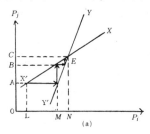

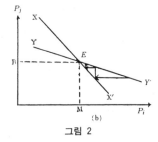

그림 2

재수요감소→X_j재수요증가→X_j재가격상승의 연쇄인과관계를 반영하여 YY'선은 우상향이다. 한편 XX'선은 X_i재의 모든 가격—균형가격이든 아니든—에 대응하여 X_i재시장에서 단독적으로 성립하는 균형가격의 계열을 표시하며 위와 같은 이유로 우상향이다.

이 때 두 곡선의 교차점 E는 각 시장 및 두 시장 사이에서 성립하는 X_i재 및 X_j재의 균형가격을 가리킨다. 즉 X_i재의 가격이 ON일 때에 X_j재시장은 OC의 가격하에서 균형이 성립하고, X_j재의 가격이 OC일 때에는 X_i재시장은 ON의 가격하에 균형이 성립한다. 이 때 가령 어떤 이유로 X_i재 가격이 OL수준으로 떨어졌다고 하자. 그러면 X_j재시장에서 반응이 일어나 X_j재 가격은 OA로 떨어진다. 이에 대하여 이번에는 X_i재시장에서 반응이 일어나 X_i재가격이 ON으로 상승한다. 이와 같은 작용, 반작용의 과정이 되풀이되어 마침내 X_i재, X_j재가격은 E점으로 수렴한다. 이것은 2재화시장 사이에 안정적 균형의 실현을 보장하는 자동적 메카니즘이 작용한다는 것을 의미한다. 그림 2의 (b)는 X_i재와 X_j재가 대체관계가 아니라 보완관계에 있을 때의 2재시장간에 성립되는 균형을 그리고 있다.

Ⅱ. **동태적 안정조건 dynamic stability condition** 경제변수가 연속적인 시간변화에 따라 값을 취할 때 ($t≥0$의 모든 실수값에서 정의될 때), 또는 불연속적인 시간변화에 따라 값을 취할 때 ($t≥0$ 중 모든 정수값에서 정의될 때), 전자의 경우는 미분방정식을, 후자의 경우는 정차(定差)방정식을 사용하여 각각 안정조건을 구한다. 특히 후자를 시차분석 time lag analysis 이라 한다.

이제 전술한 왈라스안정조건을 이용하여 구체적인 시차분석의 예를 든다. $t-1$

기에 초과수요 $E(P_{t-1})$가 있었다면, t기에는 수요자들의 경쟁으로 인해 가격이 상승한다.

즉 $P_t=P_{t-1}+kE(P_{t-1})>P_{t-1}$ ……(1)

이다. 이 때 k는 조정계수, P_t, P_{t-1}은 각각 t기, $t-1$기의 가격이다. (1)식을 변형하면

$$P_t-P_{t-1}=kE(P_{t-1})……………(2)$$

이다. 한편 수요공급량이 각각 그 기간동안의 가격의 함수라면,

$$D_t=aP_t+b, \ S_t=AP_t+B…………(3)$$

이 성립한다. 이 때 (3)식의 두 번째식의 공급함수는 재고가 충분해서 즉각적으로 가격변화에 응하여 공급량을 조절할 수 있을 때를 가정하고 있다. $t-1$기의 초과수요는 (3)식에서 기계적으로 도출된다.

$$E(P_{t-1})=(a-A)P_{t-1}+b-B…(4)$$

(4)식을 (2)식에 대입하여 정리하면 1계정차(一階定差)방정식인

$$P_t=[1+k(a-A)]P_{t-1}+k(b-B)$$
$$…………………………………(5)$$

를 얻을 수 있다. $t=0$, $y_x=y_0$인 초기조건을 사용하여 (5)식을 풀면

$$P_t=\left(P_0-\frac{b-B}{A-a}\right)[1+k(a-A)]^t$$
$$+\frac{b-B}{A-a} …………………(6)$$

이다. (6)식에서 t가 무한히 커질 때, t기의 실제가격 P_t가 균형가격에 수렴할 때 (6)식은 안정적이라 할 수 있다. 따라서 (6)식의 안정조건은 $-1<1+k(a-A)<1$이다.

다음에는 균형의 동태적 안정을 그림으로 설명한다. 그림 3의 (a)에서 $E(P_{t-1})$은

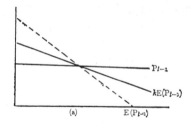

(a)

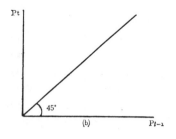

(b)

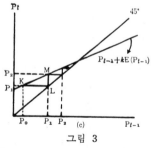

(c)

그림 3

$t-1$기의 초과수요를, $kE(P_{t-1})$은 $k<1$이라는 가정하에서, 조정관계를 감안한 초과수요를 나타낸다. (b)는 $P_t=P_{t-1}$인 궤적을, (a)는 $P_t=P_{t-1}+kE(P_{t-1})=f(P_{t-1})$ [P_t는 (a)의 $kE(P_{t-1})$와 (b)의 $P_t=P_{t-1}$의 합성함수이다]를 나타낸다. 위 설례의 조정메카니즘은, 초기가격을 P_0라 하면 [(c)의 횡축상의 P_0] 제 1 기가격 P_1은 P_0에서의 $f(P_{t-1})$함수의 y좌표에 의해 결정된다. 다음 기의 가격을 알기 위해서는 K점을 오른쪽으로 이동시켜 45°선과 만나는 L점을 찾아야 한다.

제 2 기의 가격 P_2도 마찬가지 방법으로

$f(P_{t-1})$의 y좌표인 M점으로 결정된다. 이와 같은 절차를 반복하면 균형가격은 N점임을 알 수 있다. 왜냐하면 N점에서는 $P_t=P_{t-1}$이므로 $P_t=P_{t-1}+kE(P_{t-1})$에서 $kE(P_{t-1})$이 0이기 때문이다. 한 가지 주의해야 할 점은, k의 값이 아주 커지면 $E(P_{t-1})$가 음의 기울기를 가지더라도 $f(P_{t-1})$가 음의 기울기를 가져 45°선을 아래에서 관통하기 때문에 이 균형체계는 불안정하게 된다는 것이다. 끝으로 미분방정식을 이용한 안정조건에 대한 분석은 본사전중 '미분방정식'의 경제적 응용을 참고할 것을 권한다.

[참고문헌] Henderson, J. M., & Quandt, R. E., *Microeconomic Theory*, 2nd ed., 1971; Chiang, A. C., *Fundamental Methods of Mathematical Economics*, 2nd ed., 1974; 남덕우, 「가격이론」, 1972.

안정화폐론 安定貨幣論 stable money principle

국내의 재화, 용역에 대한 구매력이 안정되어 있는 화폐를 안정화폐라 한다. 그리고 화폐의 대내구매력 안정은 물가수준의 안정에 의해 달성된다고 보고 이것을 금융정책의 목표로 삼아야 한다고 주장하는 화폐이론이 안정화폐론이다. 물가안정의 중요성이 특히 주장되기 시작한 것은 1920년대의 격심한 인플레이션하에서의 경제교란이 경제안정을 위한 물가의 안정, 즉 구매력이 안정된 화폐의 필요성을 통감케 했기 때문이다. 당시의 대표적인 안정화폐론자는 영국의 케인즈 Keynes, J. M., 미국의 피셔 Fischer, I. 였다.

케인즈는, 19세기의 고전적 금본위제도하에서는 화폐공급량이 금량에 의해 제약받고, 환안정 때문에 물가안정이 희생되었다고 주장하면서 물가수준의 안정을 제일 목표로 하는 관리통화제도의 운용을 주장하였다. 즉 중앙은행이 자유재량에 의해 화폐공급량을 관리·통제함으로써 물가수준의 변동을 예방해야 한다고 주장하였다. 피셔는 그의 저서 「달러의 안정 *Stabilizing the Dollar*」(1920)에서 안정화폐정책의 일환으로서 보정(補整)달러 compenasted dollar 내지 안정달러 stabilized dollar 를 제창하였다. 그 골자는 금화를 폐지하고 금증권을 발행하여 물가상승시에는 달러를 대표하는 금량을 높여 화폐수량을 줄이고 물가하락시에는 이를 낮추는 등 가격지수의 변화에 따라 화폐량을 조절하고 한편으론 금증권과 금 사이에 자유로운 상호전환을 인정함으로써 물가수준의 변화를 최소한으로 줄이려고 하는 것이다. 이 이론은 1920년대 후반의 금융당국에 큰 영향을 주었다.

그러나 1929년의 세계적인 대공황의 경험은 물가안정이 반드시 경제전체의 안정을 보장하는 것이 아니고 또한 완전고용을 실현하는 것이 아니라는 안정화폐론에 대한 반성이 일어났다. 왜냐하면 생산성 상승에 의한 단위생산비가 저하하는 경우 물가수준을 고정시키면, 기업이윤은 대폭 증가하여 경제의 과도한 확대와 투기가 발생하여 마침내는 공황에 이를 수도 있다는 것이다.

안티노미 이론(理論) antinomy theory

영국의 경제학자 해로드 Horrod, R. F. 는 '경제변동의 요인은 자본의 축적을 가능하게 하는 저축공급량과 산출량의 증대에 따르는 필요자본량과의 필연적 불일치이다'라고 하였다. 이것이 안티노미 이론이고 해로드 자신이 명명한 것이며, 이율배반이론 또는 모순이론이라고도 한다. 그는 경제가 원활히 발전하려면 저축에 의한 수요와 공급이 일치하지 않으면 안되지만, 공급되는 저축량은 기본적으로는 실질국민소득의 수준에 의존하는 반면에 요구되는 저축의 양은 실질국민소득의 증가율에 의존하므로 일치할 가능성이 없는 이율배반의 관계에 있기 때문에 경기변동이나 장기추세변동이 생긴다고 설명하고 있다.
→경제성장이론

알레 Allais, Maurice (1911~)

1911년에 파리에서 태어나 파리공과대학과 파리고등광산학교에서 수학한 후 1944년이래 파리고등광산학교의 경제분석교수로 재직하였고 49년에는 파리대학 박사학위를 취득하였다. 47~68년에는 파리대학 통계연구소 이론경제학교수로 있었고, 54년에는 프랑스 국립과학연구소 연구부장을 역임했고 70년 이후 파리 제10대학 교수로, 77년도에는 프랑스 최고훈장인 레종도뇌르 훈장을 받았다.

대부분의 프랑스 경제학자들이 그렇듯 그는 경제학의 여러 분야에 걸쳐 업적을 쌓아왔다. 굳이 그의 주전공분야를 따진다면 일반균형이론과 화폐수요와 이자율에 관한 이론, 그리고 우연적 선택이론 등을 들 수 있다. 1988년 그에게 노벨경제학상의 영광을 안겨준 일반균형이론분야에 있어서의 업적은 1953년 발표된 「일반균형과 경제적 위험이 있는 경우의 사회적 생산성에 관한 이론의 일반화」, 1971년에 발표된 「일반균형과 최대효율에 대한 이론」 등과 같은 미시적 일반균형에서의 탁월한 이론전개와 효율성제고에 대한 해결책의 제시 등에서 잘 나타나고 있다. 나폴레옹전쟁 후 경제공황으로 인해 자본주의의 시장메카니즘에 관한 효율성문제가 제기되었는데, 이 문제에 관해서 그는 로잔느학파의 왈라스의 이론을 발전시켜 안정적인 가격체계를 창출하는 수요와 공급의 균형이 자원의 최적배분을 보장한다는 이론을 정립한 수리경제학의 이론체계를 통하여 증명하였다.

이러한 미시경제학분야의 괄목할 이론을 바탕으로 응용경제학분야에 있어서도 폭넓은 이론적 기여를 하였다. 즉 국영철도·전매사업 등 공공투자의 효율성제고를 위한 연구를 통하여 공기업 경영계획수립에 적용할 수 있는 기초이론분야에서 현대 프랑스경제학자 중 가장 탁월한 업적을 남겼다. 특히 전후 유럽공동체(EC)의 창설에 이론적 기반을 제공한 프랑스경제학자 장 모네의 이론을 발전시켜 60년대 중반 「통합유럽과 번영의 길」을 발표하는 등 유럽통합에 선구자적 관심을 보여 EC의 시장통합에 관한 이론적인 방향을 제시했다는 평가를 받고 있다. 이 밖에도 그는 자본이론, 성장이론, 국제경제이론 등에서 제3세계에 관한 연구, 통계학, 여가문제에 이르기까지 깊은 관심을 보였다.

압솝선 absorption

GNP는 국민경제의 재화 및 용역의 생산수준을 나타내줌으로써 경제활동의 지표로 사용되지만, 그 국민경제가 소비 및 투자를 위하여 얼마만큼의 재화 및 용역을 사용 내지 흡수하였는가를 알려주지는 못한다. 일정기간 동안에 국민이 사용한 재화 및 용역의 총량을 총자원사용량 또는 압솝선이라 한다. 이 압솝선 개념은 국제수지의 이론을 고찰하는 데, 또는 우리 나라와 같은 개발도상국의 경제발전문제를 연구하는 데 있어 매우 유용한 개념이다.

다음으로 GNP와 압솝선과의 차이를 설명하면서 양자의 관계를 설정한다. 먼저 GNP는 어떤 일정기간동안 내국인에 의하여 생산된 재화와 용역의 부가가치액의 총계를 의미하는 데 비하여, 압솝선은 그 기간동안에 그 국민이 사용한 모든 재화 및 용역(그 기간동안에 생산된 것, 그 기간 이전부터 존재하였던 것 및 외국산을 포함

한 모든 재화 및 용역을 다 포함한다)을 의미한다. 이같은 양자의 차이는 주로 개방경제에서는 대외거래에 연유하고 봉쇄경제에서는 재고감소에 기인한다. 좀더 상술하면 GNP에는 수출은 포함되고 있으나 수입은 포함되어 있지 않다. 그것은 GNP 개념상 당연하다. 그러나 압솝선에는 수입은 포함되어야 하고 수출은 배제되어야 한다. 왜냐하면 압솝선에는, 누구에 의해 어디에서 생산된 것인가를 막론하고 그 국민이 일정기간 동안에 사용한 자원은 모두 포함되어야 하기 때문이다. 일정기간 동안의 압솝선은 그 기간 이전에 생산된 것, 즉 재고를 사용하였다 할지라도 이것을 포함하여야 한다. 따라서 재고가 감소하는 경우란 GNP가 압솝선보다 적다는 것을 의미한다.

이상을 종합하면 GNP와 압솝선간의 관계가 다음과 같이 정식화된다. 압솝선=GNP+재고감소+수입−수출. 이 때 압솝선이 GNP보다 많았다면, 그 국민은 자기들이 생산한 액수보다 더 많은 재화 및 용역을 사용하였다는 것을 의미하므로 그 차액은 결국 해외로부터 차입 내지 무상원조 또는 재고의 사용에 의하여 보전(補塡)되지 않을 수 없다. →국민총생산

애슈톤 Ashton, T. S. (1889~　)

영국의 경제사학자. 맨체스터대학에서 강의하던 초기부터 언윈 Unwin, G.의 영향을 크게 받아 언윈이 주장한 사기업문서 연구의 성과인 처녀작 *Iron and Steel in the Industrial Revolution* (1924)으로 학계에서 그 지위를 확립할 수 있었다. 그 후 산업혁명사 연구의 명저 중의 하나라는 *The Industrial Revolution, 1760~1830* (1948)은 저술할 때까지 소위 클래팜 Clapham, J. H. 파의 입장을 견지하여 영국 경제사학계의 주류적 경향을 대표하고 있

다.

[주 ·저] *The Coal Industry of the Eighteenth Century*, with Sykes, J., 1929; *Economic and Social Investigations in Manchester, 1833~1933*, 1934.

액면가액 額面價額 par value

보통주, 우선주 및 사채의 표면에 기재되어있는 금액을 액면가액이라고 말한다. 보통주의 경우 액면가액은 원래 발행된 주식의 배후에 있는 현금, 자산 또는 서비스 등의 창업시의 투자를 표시하는 것이다. 그렇지만 회사가 영업을 개시해서 어느정도 시간이 경과하면 액면가액은 시장가격과는 아무런 관련이 없어지는 것이 보통이다. 시간이 흐르면 보통주의 액면가액은 뜻없는 숫자가 되어버린다. 이와 같은 사실이 있으므로 현재 많은 회사들은 무액면주를 발행한다.

또한 양도세가 액면가에 의해서 과세되는 경우에는 낮은 액면가액의 주식을 발행하는 회사도 있게 된다. 우선주 또는 사채의 경우 배당 또는 이자는 액면가액에 의해서 계산되므로 액면가액은 보다 중요하다. 예를 들면 4%우선주의 경우 액면가액 100달러(우선주에 있어서 통상의 액면가액)의 각 1주에 대하여 회사는 매년 4달러를 지불한다. 우선주 또는 사채의 액면가액은 보통주의 경우보다도 시장가격에 가까우나 시장가격과 같은 것은 대단히 드물며 그 차가 커지는 수도 있다.

약속(約束)어음 promissory note

일정액의 화폐를 일정한 기일에 지불할 것을 타인에게 약속한 서류를 말한다. 약속어음은 채권자에게 몇 가지 이점이 있다. 즉 이는 채무의 증거로서 훌륭한 것이며 이에 의거하여, 지불액이나 기일에 관하여 착오가 생길 위험이 적게 된다. 또한 통상 이는 양도가능하므로 이서에 의하여 타인에게 양도할 수가 있다. 약속어음은 은행대부나 개인지불신용의 증서로서 흔히 사용되지만 기타의 상업거래에 있어서는 그 이용범위가 한정되어 있다. 상업신용은 오픈 어카운트 open account 에 의거 부여되며 신용위험도가 적은 거래에서 약속어음의 발행이 요구되고 있다.

약속의 문제 約束의 問題
Commitment Problems

어떤 경제주체가 추후에 자신의 물질적 이익과 일치하지 않는 방식으로 행동하는 것을 약속 commitments함으로써 자신에게 더 좋은 선택이 이루어지도록 할 수 있는 경제문제를 말한다. 예를 들면 어떤 기업이 특정한 일련의 행동을 약속함으로써 그 기업과 실제 또는 잠재적 경쟁자간의 경쟁의 본질에 주요한 영향을 미치는 현상을 말한다. 기업간, 국가간 등 중요한 경제주체간의 전략적 상호작용에 있어서는 약속 commitments이 매우 중요한 역할을 한다는 것이다. 일정한 경제주체의 이러한 약속이 경쟁상대가 의사결정을 하기 전에 만들어져 공개되는 경우 특별한 전략적 가치를 가진다. 예를 들어 지배기업 A사와 소규모 경쟁자인 B사간의 광고경쟁의 예를 들어보자. 동시에 움직이는 simultaneous 게임에서는 유일한 Nash 균형이 A:B = (저비용광고, 고비용광고)가 되나 A사가 고비용광고 전략을 commit하는 경우 B사는 저비용광고를 선택하게 되고 A사는 2원의 추가이익을 받게 된다. 이 경우 이러한 약속 commitments이 전략적 가치를 가지려면 약속이 가시적이고 공개적으로 표명 visible and comprehensible되어야 하고 위반의 비용이 너무 커서 약속을 되돌릴 수 없도록 하는 irreversible 방법으로 이루어져야 한다.

〈그림〉 광고경쟁의 payoffs

(단위 : 억원)

		A사	
		고비용광고	저비용광고
B사	고비용광고	(3, 8)	(5, 10)
	저비용광고	(4, 12)	(4.5, 13)

약정금리 約定金利 contracted(agreed) interest rate

은행 등 금융기관이 기업에 대하여 현금을 대출하거나 어음을 할인할 때에 약속하는 금리로 표면금리라고도 한다. 실제로 금융기관은 대출의 조건으로 어음할인조건으로서의 보적(步積) 등을 요구하여 대출금의 일부를 약속함으로써 기업의 실질적 금리부담은 약정금리보다 높아지는 것이 보통이다. 이 실질적 금리는 파악하기가 매우 어려우므로 중앙은행은 금리수준을 확인한 후에 전국은행의 약정금리를 평균·종합하여 금융정책상의 하나의 참고지표로 하고 있다.

양도성예금증서(N)CD 讓渡性預金證書 (negotiable) certificate of deposit

1961년 미국의 시티뱅크에서 최초로 발행된 것으로 일반 정기예금이 타인에게 양도할 수 없는 것과는 달리 만기 이전에도 금융시장에서 매각하여 현금화할 수 있는 예금증서를 말한다. 우리 나라에서 CD는 액면 5천만원 이상 무제한으로 발행할 수 있으며 기간은 91일 이상 180일 이하이다. 금리가 여타 금융상품에 비하여 높은 편이고 발행방식이 무기명이기 때문에 거액의 자금을 가지고 있는 사람이 선호한다. 우리 나라에서는 1978년부터 발행되었다. 1997년부터 중심통화지표로서 M_2(총통화)와 함께 $MCT=M_2+CD+T$(신탁)를 채택하여 CD도 통화관리의 대상이 되고 있다.

양도소득 讓渡所得 capital gain

토지, 건물 등의 고정자산, 고가의 가정용 동산(골동품, 귀금속) 등 자산의 양도에 의해 생기는 소득을 말하며 과세의 대상이 되는 소득 중의 하나이다. 원칙적으로 취득 후 5년 이내에 자산을 양도한 경우를 단기양도소득, 5년 이상 보유한 자산을 양도한 경우를 장기양도소득이라 한다.

어음 bill

통상 상품유통에 있어서 상품의 외상매매가 이루어지면 상품의 판매자는 채권자, 구매자는 채무자가 되는 신용관계가 형성되어 화폐는 지불시에 지불수단으로서의 기능을 수행한다. 이러한 신용제도는 자본제 생산양식하에서 일반화되어 상업신용 연쇄관계로 확대되었다. 이 경우 상품은 화폐와 인환되는 것이 아니고 일정기일에 지불하는 계약서와의 인환으로 양도된다. 이러한 일정기일에 지불한다는 계약서를 어음이라 한다. 그리고 이 어음은 그 만기일에 이르기까지 이서(裏書)양도할 수 있어 그 자체는 지불수단으로서 유통될 수 있다. 이러한 순환어음을 본래의 상업신용화폐라 한다.

따라서 어음이란 실제로 상품판매에 수반하여 발행되는 일정지불기한부의 채무증서·연불(延拂)증서이며 상품판매에 결부된 상업상의 채무(신용)를 내용으로 하는 신용상표이다. 이 어음을 상업어음·상품어음이라 하며 융통어음과는 구별된다. 어음의 양식에는 그 사용도나 형식에 따라 약속어음, 환어음, 복명(複名)어음, 단명(單名)어음 등의 종류가 있고 또 어음이 통용되는 산업계의 분야에 따라 상업어음, 공업어음, 농업어음, 어업어음으로 분류되며 또 은행이 받는 채무(신용)를 내용으로 하는 은행어음 등이 있다.

어음교환소(交換所) clearing house

은행대표자들이 집합하여 지급어음을 상호 교환하는 일정지역의 은행집합체이다. 각 가맹은행은 자행 앞 채권과 타행 앞 자행채권을 동시에 청산한다. 이 결제는 처음에는 현금으로 하였으나 후에는 쌍방은행의 어음, 수표 또는 어음교환소 융자증권으로 결제하였다. 도시에서는 은행간 거래에서 생기는 환어음과 동은행에 의한 지불을 위시하여 현지대기업 지급환어음이나 시채, 군채 등도 어음교환소에서 교환된다.

우리 나라에서도 교환소에 가맹하고 있는 금융기관에서는 타행을 지급으로 하는 어음, 수표를 교환으로 돌리나, 교환의 결과 상계(相計)되지 않은 차액은 가맹금융기관이 한국은행에서 소유하는 당좌예금계정의 대차이체로 결제될 수 있다. 한국은행에 당좌계정을 갖고 있지 않은 금융기관은 타금융기관에 교환을 의뢰하게 되는데 이것을 대리교환이라고 한다.

어음할인(割引) discounting of bill

은행융자의 한 형태로 은행이 상품매매에 수반하여 발행된 상업어음을 어음수취인(상품판매자)으로부터 지불기일이 되기 전에 그 기일까지의 이자를 차감한 금액으로 매입하는 것을 말한다. 차감한 이자를 할인료라 한다. 이 어음은 실제로 상거래에서만 생기는 것으로 어음의 지불기일은 짧고 지불은 확실하며 할인료는 어음대출의 금리보다도 저렴하다.

억압형(抑壓型)인플레이션 suppressed inflation

인플레이션 압력이 존재하지만 가격에 대한 직접통제나 재화의 할당 등을 통하여 인플레이션이 공식적으로는 실현되지 않는 상태를 말한다. 제2차대전중 미국 소비자의 실질소득이 상승한 것은 사실이지만 소비재의 공급이 제한되어 있었기 때문에 재화의 구입을 증가시킬 수 없었다. 소비재 가격은 공급이 적고 수요가 많은 시기에는 그 가격이 통상 상승하게 되지만 가격통제가 그 상승을 막았다. 이와 같이 하여 인플레이션은 통제기간중 억압되었던 것이다. 환언하면 억압된 인플레이션은 가격통제가 해제되면 가격이 곧 상승하므로 물가안정과는 본질적으로 다르다.

에너지 탄력성(彈力性) energy elasticity

실질경제성장률에 대한 에너지 소비의 신장률의 비를 말하며 그 값은 국가의 산업구조 등에 따라 다르다. 우리 나라도 에너지 다소비형산업인 중화학공업이 큰 비중을 차지해감에 따라 지난 10여년간 경제성장에 편승하여 에너지소비량이 급격히 증가하였다.

SDR Special Drawing Rights

IMF의 특별인출권을 말하는 것으로서 SDR은 IMF에서 창설되어 IMF 가맹국이 규약에 정해진 일정조건에 따라 IMF로부터 국제유동성을 인출할 수 있는 권리를 말한다. 국제통화체제로서, 제2차대전 이전은 금을 국제통화로 하고 대전 후는 이에 대립하는 외화(미달러, 영파운드)를 제2의 통화로 해서 금과 병행시켜 왔으나, 1967~68년의 파운드위기와 달러불안을 계기로 IMF는 이 특별인출권을 제3의 통화로 해서 국제유동성을 부여하고 국제통화로서의 기능을 발휘하게 되었는데, IMF의 일반인출권(이른바 자금공여)과는 구별된다.

SDR은 1969년 IMF 제22차총회에서 가맹 106개국에 의해 승인되었으며 70년 1월 1일부터 초년도에 35억 달러, 2차, 3차년도에 각각 30억달러가 발행되기에 이르렀다. 1974년 6월에는 SDR의 가치를 스탠다드 바스켓 standard basket 방식으로 할 것을 결정하고 7월 1일부터 실시했다. 스탠다드 바스켓 방식이란 단위바스켓 중에 16개 주요국통화를 적당한 단위수로 넣어놓고 매일 변화하는 각국 통화의 가치를 당일의 외국환시장의 비율 rate에 상응한 달러로 환산, 이것으로부터 역산하여 각국 통화표시의 SDR의 가치를 정하는 것이다. 오늘날 국제통화제도의 추이를 살펴보면 금과 달러보다도 SDR이 국제통화제도에서 중추적 역할을 해나갈 것 같다. 1999년에는 유로화의 도입으로 달러화, 유로화, 파운드화, 엔화의 4대 통화체제가 되었고, 이후 2016년 10월 중국 위안화가 편입되어 5대 통화체제로 변경되었다. → 킹스턴 체제, 브레튼우즈 협정

에스칼레이터 조항(條項)
escalator clause

시세나 임금의 변동에 대비하여 그에 응할 수 있도록 정한 특약조항을 말한다. 무역계약에서는 국제물가나 환시세 변동에 대비하여 이 조항을 본 계약에 첨부시켜 계약가격에 폭을 둔다. 노동계약에서는 물가의 변동에 따라 임금을 올리고 내리고 할 수 있도록, 즉 물가연동제를 채택하고 있다.

ADB Asian Development Bank

아시아개발은행. 동은행의 설립협정은 1965년 12월 아시아극동경제위원회 ECAFE 각료회의에서 조인되었으며, 1966년 12월 필리핀의 마닐라에 본부를 두고 업무를 개시하였다. 설립목적은 아시아 지역의 경제협력을 촉진하는 데 있으며, 가맹국은 1996년 현재 총 56개국이다. 자본금은 수권자본이 1996년 말 현재 501억 달러이다. 융자

대상은 광공업·농업·운송·통신 등이며 일국의 중요 프로젝트 외에 2개국 이상의 공동개발계획 등에 우선적으로 융자한다. 현재 우리나라는 ADB 가맹국 가운데 최대수혜국의 위치를 차지하고 있다.

AID Agency for International Development

미국국제개발국. 미국의 대외원조(비군사원조)를 취급하는 국무성 내의 기관이다. 그 업무 중에는 개발차관이 큰 비중을 차지하며 수원국(受援國)에게 최장 40년의 장기차관을 제공한다. 1961년 11월 케네디 대통령이 그때까지의 ICA(국제협력국)와 DLF(개발차관기금)를 통합하여 신설하였다. 닉슨 전 대통령은 1971년 4월, 의회에 해외원조계획 법안을 제출하여 원조기관으로서 국제개발협회, 국제개발공사, 해외민간투자공사, 미주사회개발협회 등 4개를 신설하여 AID를 단계적으로 해체하기로 하였다. 특히 이중에서 해외민간투자공사 (OPIC), 미주사회개발협회가 이미 발족하였다.

ASEAN Association of Southeast Asian Nation

동남아시아국가연합. 1967년 5월 태국, 인도네시아, 필리핀, 말레이시아, 싱가포르 등 5개국이 결성한 지역협력기구로 ① 역내 협력의 촉진 ② 외국의 간섭으로부터 역내 제국의 안전과 안정의 수호 ③ 경제, 사회, 기술의 각 분야에서의 상호원조의 도모 등을 목적으로 하고 있다. 1984년 부르네이도 가맹.

AFL-CIO American Federation of Labor and Congress of the Industrial Organization

미국노동총동맹-산업별회의. 미국의 양대전국적노동조합조직인 AFL 과 CIO 가 1955년 12월 합동하여 성립된 세계최대의 전국적 노동조합조직이다. AFL 과 CIO 의 역사를 살펴보면, AFL 은 직업·숙련도·인종 등의 차별없이 널리 노동자를 포섭하고 있던 노동기사단에 반기를 든 숙련공들에 의하여 1886년에 창설되었다. AFL 은 처음으로 조직된 전국적 노동조합조직이었는데 운동방침은 미숙련·미숙련노동자를 배제하는 직능별노동조합주의였고 정치투쟁을 부정하는 온건한 개량주의였다. 한편 CIO 는 AFL 의 숙련노동자 중심주의와 직능별조합주의에 반대하는 AFL 내의 조합이 독립하여 1938년에 창립된 산업별노동조합이다. CIO 의 방침은 동일산업에 종사하는 모든 노동자를 단일조직 안에 들게 하려는 것이었다.

뉴딜정책에 즈음하여 산업민주주의를 주장하는 등 AFL 보다 정치적인 움직임을 보였다. 조합구성원도 차차 증가했으나 제2차대전 후 좌파조합에 대한 정부의 압력도 있고 하여 차차 AFL 에 접근해 갔으며 조직에 관한 싸움을 피할 목적으로 AFL 과 합동하기에 이르렀다. AFL-CIO 는 노동조합은 정치에 관여하지 않는다는 AFL 의 전통적 방침을 계승했으며 공산주의 반대, 단체교섭력의 강화, 조직의 확대, 노동자의 생활조건개선, 유효수요의 증대, 전미국민에 대한 봉사 등을 표방하고 있다. 또한 국제적으로는 UN 의 지지, 후진국원조에 의한 공산주의 세력의 저지를 표방하고 국제자유노동연맹 ICFTU 의 강력한 추진력으로서 큰 역할을 하고 있다.

에지워드 Edgeworth, Francis Ysidro (1845~1926)
영국의 수리경제학자이며 통계학자. 옥스포드대학에서 철학, 윤리학, 경제학 등을 전공하였고 수학에도 깊은 관심을 가졌다. 1880년에 런던대학 킹즈칼리지의 윤리학강사가 되었고, 1891년에 옥스포드대학의 정치경제학교수가 되었다. 그는 경제학 분야에서 웅장한 이론체계의 수립보다도 단편적인 특수연구에 대한 예민한 착상과 분석을 하였다. 예를 들면 한계효용에 관한 무차별곡선을 도출하여 주관적 가치론의 수학적 발전의 길을 열었고, 또한 독점가격으로 쿠르노 Cournot, A. A. 의 이론에 대해서 비판을 가하기도 하였다.

1891년에서 1921년에 걸쳐서 발표된 그의 연구결과의 대부분은 *Papers relating to Political Economy* (3 vols, 1925) 중에 수록되어 있으며 이외에 *The Pure Theory of Monopoly* (1925) 등의 저서가 있다. 통계학과 확률론의 분야에서도 다채로운 활동을 하였다. 그 내용은 오차론, 상관론, 지수론에 걸쳐 있으며 특히 피어슨 Pearson, E. S. 에 앞선 직선상관계관계의 연구와 물가지수산정에 관한 에지워드방식은 유명하다.

〔주 저〕전게외(前揭外) : *Mathematical Physics : An Essay on the Application of Mathematics to the Moral Sciences*, 1881.

FRS Federal Reserve System
미국의 연방준비제도. 미국의 중앙은행제도로 1913년 연방준비법에 의하여 설립된 것이다. 미국 전국토를 12개의 연방준비구로 나누어 각 지구에 하나씩 연방준비은행을 창설하였다. 연방준비은행은 주식조직으로 그 지구내의 국립은행 national bank 의 전부와 주립은행 state bank 의 일부가 주식을 인수하여 설립된 것으로 이 은행들은 가맹은행이라고 한다.

각 준비은행의 금융시장전반에 대한 영향력에는 매우 큰 차가 있고, 그중에서도 뉴욕연방준비은행은 재무성의 대리인으로 서 내외의 공적 결제를 담당하고 있으며 발언권도 강하다. 또 각 준비은행은 워싱 턴의 FRB에 의해 통괄되며, 화폐제도의 통일과 통화공급의 조절 등을 목적으로 업 무를 행하고 있으나, 그 중요한 업무는 은 행권(연방준비권과 연방준비은행권)의 발 행이다. 연방준비은행은 이 외에도 가맹은 행의 예금지불준비를 집중보관하며 가맹 은행에 대하여 상업어음과 농업어음의 재 할인과 공개시장조작을 행한다.

FAO Food and Agriculture Organization 국제식량농업기구. 로마에 본부를 두고 1945년 10월에 발족하였다. 목적은 ① 각 국민의 영양과 생활수준의 향상 ② 식량과 농산물의 생산과 분배의 개선에 있다. FAO는 이러한 목적을 위해서 세계의 식 량·농업정세에 관한 조사·연구, 매년의 농업생산 및 농업통계의 작성, 1950년 이 후 10년마다 실시하는 세계농업센서스 기 술개선이나 개발계획을 위한 국제적 공동 연구의 조직화, 각종 전문가의 교육·훈련 및 파견, 주요농산물별로 조직된 상품연구 부회 및 협의회에 의한 가격안정정책과 무 역촉진회의 연구·협의, 농업정책과 개발 계획의 방향에 관한 각국 정부에의 조언 등의 활동을 계속하고 있다. 1993년 현재 가맹국수는 161개국에 이르고 있다.

FOB ☞CIF·FOB

X% 규칙 X percent rule
케인즈적 재량적 경제정책에 반대하여 프리드먼 Friedman, M.이 제안하는 정책 방법. 프리드먼은, 정책에는 여러 종류의 시차(時差) lag가 존재하기 때문에 재량적 정책은 오히려 경제의 불안정성을 증대시 키고, 따라서 안정적인 경제정책을 실시하 는 것이 좋다고 주장하였다. 특히 정책변 수로서 통화공급을 선택하여 그 증가율을 경제성장률 X%와 동일하게 유지하는 정 책이 경제의 안정화를 위해 더욱 효과적이 라는 것이다. 이를 X% 규칙이라 한다.
프리드먼의 이러한 제안은 그의 화폐이 론과 실증적 사실에 기초하며, 그는 금리 보다는 통화공급쪽이 정책변수로서 우월 하다고 한다. 그러나 재량과 규칙 rule 중 어느것이 우수한지 실제로 판정하는 것은 어렵다.

X-효율성 效率性 X-efficiency
일반적인 효율성 개념인 배분적 효율성 allocative efficiency과 대조되는 효율성의 개 념으로 관찰하기 어려운 측면의 효율성을 말 한다. 예를 들어 완전경쟁시장에서 가격이 한계비용과 같아진다든가 장기평균 생산비 용이 최소가 된다든가 하는 것은 배분적 효 율성을 뜻한다. 이와는 달리 똑같은 노동자 라 할지라도 일하고자 하는 의욕에 차 있을 때와 마지 못해 일할 때의 효율성에 차이가 있을 것인바 이러한 차이를 설명하는 개념이 바로 X-효율성 X-efficiency인 것이다.
라이벤스타인 H. Leibenstein에 따르면 독 점기업은 경쟁의 압력이 없기 때문에 최대한 의 X-효율성을 추구할 동기가 없다는 것이 다. 그는 비용극소화의 가정이 경쟁적 시장 내의 기업에게는 성립되지만 비경쟁적 시장 내의 기업에게는 성립되지 않는다는 점을 지 적하였다. 경쟁적 시장에서는 경쟁사에 의한 기업인수가 항상 가능하지만 독점시장에서 는 경쟁사로부터의 경쟁의 압력이 없으므로 기업 인수의 위험이 훨씬 적다. 기업 인수의 위험이 크지 않은 독점기업의 경영진이나 노 동자들은 비용극소화를 도모하지 않고 자기 들 스스로의 목표를 추구할 수 있다. 독점기 업의 실제비용과 비용극소화를 도모했을 때 얻을 수 있는 가상적 비용간의 차이를 라이벤스타인은 독점기업의 X-비효율성이라고 불렀다. 또한 그는 배분적 효율성뿐 아니라 X-효율성까지 고려했을 경우 독점의 사회적 비용은 상당한 규모에 이를 것이 분명하다고 주장했다. 그런데 이와 같은 주장에 대한 반론도 만만치 않음을 볼 수 있다. 즉 많은 경제학자들이 X-효율성의 측면에서 독점의 사회적 비용이 나온다는 지적에 수긍하지 않고 있는 것이다. 이윤극대화를 추구한다는 점에서 본다면 독점기업도 다른 시장의 기업과 다를 바 없고, 그렇다면 최대한의 효율성을 추구하지 않을 이유가 없다는 것이 그들의 지적이다.

NNW ☞순국민후생

NNP net national product
국민순생산. GNP(국민총생산)로부터 공장이나 기계 등 설비의 소모분을 제외한 것이다. 최근에는 NNP를 또 하나의 다른 관점에서 생각하고 있다. 즉 생산활동을 통하여 발생하는 공해 등 환경파괴를 중시하여, 발생된 공해를 제거하기 위하여 사용된 생산물을 GNP에서 공제할 뿐 아니라 환경파괴와 관계되는 자연의 소모분도 계량화하여 삭감하는 사고방식이 그것이다. →국민총생산, 공해

MEW measure of economic welfare
GNP가 국민복지의 크기를 잘 측정하지 못한다는 데 착안하여, 미국의 경제학자 노드하우스 Nordhaus, W. D. 와 토빈 Tobin, J. 이 GNP의 복지지표로서의 결함을 보완하여 제시한 경제적 후생지표이다. 원래 GNP는 일국의 경제활동의 수준을 나타내는 지표로서 널리 이용되고 있으나, 그 계측상의 문제점들로 말미암아 경제의 궁극적 목표인 국민의 경제적 복지라는 관점에서 볼 때 그 제한이 있다.

이것을 구체적으로 살펴보면, ① GNP 중에는 인간의 효용을 직접적으로 증가시키는 것이 아니라 효용을 낮게 하는 활동을 지지하기 위한 '필요악적인 지출 re-grettable expenditure'을 많이 포함하고 있다. 예컨대 경찰, 국방, 도로의 정비 등을 위한 지출 등이다. ② GNP에는 인간후생의 한 가지 요인이 될 수 있는 여가가 계상되지 않는다. 주당근무시간의 감소와 이에 따른 여가의 증대는 인간의 복지를 증가시킬 것임에 틀림없지만 GNP는 감소시킬 것이다. ③ GNP에는 시장을 통하여 거래되지 않는 재화와 용역은 제외된다. 예를 들어 가정주부의 가사노동은 GNP에 계상되지 않지만, 같은 일이라도 음식점이나 세탁소에서 이루어지면 이것은 GNP에 포함된다. ④ GNP에는 공해, 교통혼잡, 농촌의 황폐 등과 같은 외부효과에 기인하는 비효용이 공제되어 있지 않다. 공해를 제거하는 데 드는 비용이 GNP를 증가시킨다는 점은 불합리하다. 즉 GNP는 이런 외부불경제만큼 국민의 복지를 과장하고 있다. ⑤ 복지의 증가를 올바로 표시하는 것은 NNP이다. 그리고 NNP는 적어도 인구의 증가율만큼 늘어야 겨우 원래의 1인당 소비수준을 유지할 수 있는 것이다. 다시 말하면 GNP 증가 중 상당한 부분은 단순히 국민의 복지를 전과 같이 유지하기 위한 것이며, 따라서 GNP가 증가하고 있는 만큼 복지가 증가하고 있다고 생각해서는 안된다.

노드하우스와 토빈은 GNP의 각 항목을 상기한 사항들에 조응하여 공제할 것은 공제하고 첨가할 것은 첨가하여 국민복지를 화폐적으로 측정하고자 시도하였다. 이 시도의 결론에 의하면 미국의 경우, MEW는 GNP보다 그 증가율이 훨씬 느리다. 1929~65년 동안의 GNP의 연성장률은 1.7%인데 반해, MEW의 그것은 1.1%이

었다. 종합하면 MEW의 개념은 복지의 지표로서의 GNP의 결함을 상당히 보완한 것이라 하겠지만 생산물의 질적인 차이가 MEW에 반영되어 있지 않고, 다만 GNP의 계수적인 조정이라는 성격이 강하다는 비판을 받고 있다.

엥겔법칙·계수·함수(法則·係數·函數) Engel's law·coefficient·function

가계에서 각 비목(費目)의 지출액과 수입 내지 총지출액 사이의 규칙적인 관계는 소비자수요분석의 중요한 대상이며 이것의 출발점은 엥겔 Engel, C. L. E. 이 행한 가계조사와 그 분석, 특히 벨기에 노동자가계의 연구였다. 그 중에서도 그는 균질적인 집단에 대하여 관찰할 때 음식비가 총지출에서 차지하는 비율은 수입이 큰 계층일수록 작아진다는 간결한 규칙성을 처음으로 지적하였다. 각국에서 행한 그 후의 많은 가계조사도 대체로 이 사실을 실증하였으므로 후에 이것을 엥겔법칙이라 부르고, 음식비가 총지출에서 차지하는 비율을 엥겔계수라고 부르게 되었다.

엥겔법칙에 관한 연구는 다음 세 가지 문제를 중심으로 발전했다. 첫째는 이 경험적 법칙의 보편성에 관한 문제이고, 둘째는 물질적 후생 내지 생활수준의 지표로서 엥겔계수의 타당성 문제이며, 셋째는 가계지출의 일반적인 규칙성으로 확대된 수요의 이론적 분석과 관련된 문제이다.

첫째 문제에 대해서는 대단히 소득이 낮은 계층에서는 수입이 많아짐에 따라 엥겔계수가 오히려 커진다는 사실이 각국의 자료에 의하여 상당히 존재한다는 것이 지적되었다. 이 점을 처음 종합적으로 지적한 사람은 미국의 사회학자 짐머만 Zimmerman, C. 이었다. 그러나 음식물을 소재적 개념으로서 해석하지 않고 필수품(수요의

소득탄력성이 1보다 작음)일반이라는 경제적 개념으로 해석하면 이러한 역현상이 일어나지 않는다. 둘째 문제에 대해서는 시계열상의 또는 이질집단간의 비교에서 엥겔계수의 성질에 대하여 문제가 집중되었다. 이 경우는 엥겔법칙의 원형과는 다르며, 근접시점간의 비교를 별도로 하면 일반적으로 소비습관·선택척도와 상대가격을 달리하는 소비자간의 비교라는 문제로 귀착된다. 엥겔 자신이 물질적 후생의 척도로서 엥겔계수를 중요시하였지만, 그는 '다른 사정이 같은 한'이라는 조건을 붙였다는 것에 주의해야 한다. 제2차대전 전에는 음식물의 상대가격이 낮았고 또 식료소비의 질적 내용이 비교적 저질인 후진국 노동자 가계의 엥겔계수가 선진국의 그것보다도 낮았다는 사실은 엥겔계수가 생활수준의 지표로서 도움이 되지 않는다는 뚜렷한 사례이다. 셋째 문제점은 수요의 순수이론적 분석에 관한 것이다.

가계에서의 각 비목별지출의 변동이 총지출(내지 소득)의 변동에 대하여 보이는 관계를 함수관계로 이해할 수 있을 때 이것을 엥겔함수라 한다. 그러므로 엥겔함수는 지출함수의 별명이다. 이 함수는 알렌 Allen, R. G. D. 과 바울리 Bowley, A. L. 에 의해서 처음으로 대략 직선성이라는 것이 확인되었다. 무차별곡선을 이용하는 소비자선택이론에서는 소비균형점을 연결하는 선을 지출확장선이라고 부르지만, 이것은 엥겔함수의 이론적 별명인 것이다. 그리고 엥겔계수 자체를 총지출의 함수라고 생각하고 그 성질을 연구하는 것은 첫째 문제점과의 관계에서도 중요하지만, 이 경우에는 그 함수를 엥겔계수곡선이라고 부른다.
→슈바베의 법칙

엥겔스 Engels, Friedrich (1820~1895)
마르크스 Marx, K. 와 함께 과학적 사회

주의의 창시자. 그는 초년에 급진적 문화 단체인 청년독일에 접근하였고 베를린대학에서 강의도 들었으며 청년헤겔파에 가입하여 1842년 3월에는 소책자「쉘링과 계시」를 간행하여 쉘링의 신비주의를 철저히 비판하였다.

병역을 마친 후에는 맨체스터에 가서 실제로 노동자와 접촉하고, 노동계급층에 대한 연구를 시작하여「독불연지(獨佛年誌)」에「국민경제학비판대강 Umrisse zur einer Kritik der Nationalökonomie」(1844)을 발표했다. 귀국 도중 파리에서 마르크스를 만나「신성가족 Die heilige Familie oder Kritik der Kritischen Kritik」(1845)을 함께 저술하고 귀국 후엔「영국노동자계급의 상태 Die Lage der arbeitenden Klasse in England」(1845)를 저술했다. 브뤼셀에 이주한 후로는 마르크스와의 공저「독일 이데올로기 Die deutsche Ideologie」(1845~46)에서 포이에르바하철학과 청년헤겔파의 견해를 비판하였으며, 마르크스와 함께 공산주의동맹에 참가하고 동단체의 강령 초안이 된「공산주의원리 Grundsätze des Kommunismus」(1847)를 저술하였다. 1848년 2월혁명 돌발직후 파리로 이주했다가 3월혁명이 진전되자 쾰른으로 돌아와 '신(新)라인신문'을 발간하여 혁명을 지도했다. 그러던중 반혁명으로 투옥·추방되어 파리로 피신했다가 스위스를 거쳐 쾰른으로 돌아와서 무장폭동에 참가했다. 폭동이 진압될 즈음 런던으로 본거지를 옮겼다. 이 때 혁명기의 이론적 결산으로 쓴 책이「독일 농민전쟁 Der deutsche Bauernkrieg」(1850)과「독일에 있어서의 혁명과 반혁명 Revolution and Counterrevolution in Germany」(1851~52)이다.

1850년 맨체스터에 가서 갑자기 상업에 종사했는데, 이는 물질적 궁핍을 당하고 있었던 마르크스를 원조하기 위함이었다고 한

다. 이 시기에 군사문제를 연구함과 동시에 마르크스와 서신으로 경제학, 즉「자본론」의 문제를 검토했다. 제일인터내셔날을 창설하고 마르크스와 함께 프루동주의, 바쿠닌주의와 싸우며 이 단체의 해산 후에도 노동운동을 지도하고 반대파와의 투쟁을 계속했다. 당시 마르크스의「자본론」완성에 전념하는 한편「반(反)뒤링론Anti-Dühring」(1878)을 쓰고 자연과학영역에 있어서의 변증법의 의의를 명백히 했다. 마르크스 사후「자본론」의 출간에 노력하고「가족·사유재산 및 국가의 기원Der Ursprung der Familie, des Privateigentums und des Staats」(1884) 및「포이에르바하론 Ludwig Feuerbach und der Ausgang der klassischen deutschen Philosophie」(1888)을 간행하고 과학적 사회주의의 이론과 실천을 위하여 계속 투쟁했다.

〔주 저〕전게외(前揭外) : Die Entwicklung des Sozialismus von der Utopie zur Wissenschaft, 1882; Zur Kritik des sozialdemokratischen Programmentwurfes, 1891.

여건 與件 data

근대경제이론이 경제제량의 상호의존관계와 상호작용 및 그로부터 결과되는 균형을 문제로 하는 경우, 경제모형의 외부에서 미리 주어진 것으로 상정되는 여러 여건들을 말한다. 여건변화에 따라서 경제에 어떠한 영향이 초래되는가 하는 것은 경제학적 분석의 대상으로 되지만, 여건변화 그 자체를 연구하고 원인을 구명하는 것과 같은 일은 경제이론의 과제는 아니다. 그러나 경제이론에 있어 일반적으로 무엇을 여건이라고 생각해야 할 것인가는 원칙적으로 그 이론이 취급하려고 하는 문제의 성격에 크게 의존한다. 이를테면 케인즈의 단기소득분석에서는 여건으로서 취급되는 자본스톡이 경제성장이론에서는 바로 분

석의 중심변수가 되는 것이 그 하나의 예이다. 그러나 그것은 또한 경제학자가 갖고 있는 경제사회의 동태적 메카니즘에 대한 비전에 의해서도 달라진다.

예를 들면 맬더스 Malthus, T. R. 나 마르크스 Marx, K. H. 는 인구를 경제변량이라고 간주하여 여건으로는 보지 않고 있는 데 대해 클라크 Clark, J. B. 나 슘페터 Schumpeter, J. A. 는 이것을 여건으로 보고 있다. 이와 같이 하나의 요인을 놓고 여건으로 보느냐 아니냐로 견해를 달리하는 경우도 있고, 어떤 요인이 여건이라고 인정되어도 그것이 주요한 여건인가 어떤가에 대해서는 의견을 달리 하는 경우도 있다. 클라크는 자본·인구·소비자의 기호·기술·생산조직을 여건으로서 열거하고 있으나, 슘페터는 인구·욕망상태·지리적 환경·사회경제조직·생산기술·초기에 존재하는 재화량을 주요한 여건으로 생각하고 있다. 또한 부분균형론은 경제체계의 일부만을 취급해서 제한된 몇 개의 요인의 상호관계와 그 균형을 문제로 하므로 경제체계의 잔여부분은 여건으로서 전제된다. 가령 쌀 가격이 그 수요량과 공급량의 관계만으로 결정된다고 생각되는 경우에는 쌀의 가격에 영향을 주는 모든 가격은 모두 불변으로 여겨지고 있는 것이며 그 가격들은 여건으로서 취급되고 있는 셈이다. 따라서 부분균형이론에 있어서는 일반균형이론에서 여건으로 취급되는 것 이외에 그 포괄되는 분석의 범위에 따라 특정의 경제적 요인이 여건으로서 추가되는 것이다. →비교정학·비교동학, 부분균형·일반균형

여신규제 與信規制 credit control
인플레이션압력을 완화시키거나 또는 경제활동을 자극하기 위해서 경제내에 새로운 신용이 유입되는 것을 규제함을 말한다. 규제수단으로서는, ① 일반은행이 중앙은행으로부터 차입할 때 재할인률의 인상 또는 인하 ② 증권시장에서의 공개시장조작을 통한 유휴자금의 흡수 또는 방출 ③ 일반은행이 반드시 보유하지 않으면 안 되는 지불준비금 수준의 인상 또는 인하 ④ 국회의 인준에 의한 채권대부, 저당대부 및 소비자 신용대부의 제한 등을 들 수 있다. 이상의 수단 중에서 처음 3가지는 일반은행이 신용확장을 위해서 사용하는 자금량을 제한하거나 증대시키는 것이다. 또 이런 수단은 새로운 신용에 부과되는 이자율에 간접적인 영향을 주며 은행이 행할 수 있는 신규대부의 규모와 그 성격에 간접적인 영향을 준다.

채권대부, 저당대부 또는 소비자 신용대부에 대한 일정한 규제만을 직접규제라 한다. 미국의 경우에는 재무성의 재정정책도 자본시장의 자금사정을 긴축 또는 완화시킬 수 있다는 점에서 신용규제의 하나로 볼 수 있다고 생각하는 논자도 있다.

역금리 逆金利 negative interest
과잉흑자를 내고 있는 국가에 대한 제재수단으로 그 외화준비에 부과하는 부(負)의 금리를 말한다. 지스카르·데스땡 프랑스재무상이 1973년 7월 IMF 20개국 재상회의에서 제안한 것으로, 특정국의 외화준비가 과잉누적하면 국제통화체제를 불안정하게 함으로써 이것을 억제하는 대상으로서의 흑자국의 과잉외화를 IMF 에 예치시켜 금리에 해당하는 액을 차감하자는 것이다. 국제수지의 조정과정과 달러의 금태환성회복에 연결되는 제안으로 주목되었다. 또한 1965년경에 우리 나라에서 실시됐던 국내금리체계에서와 같이 대출금리가 예금금리보다 작았을 때에 오는 역마진을 역금리라고도 부른다.

역류효과 逆流效果 backwash effect

국내의 제조업의 성장 또는 지방의 공업화를 희생하면서 수출무역(일반적으로 원재료)에 힘쓴 결과 발생한 개발도상국의 악화된 경제상태를 말한다. 경제학자 중에는 무역의 역류효과는 확장효과보다도 더 강하다고 말하는 사람도 있다. 저개발국들에게 요망되고 있는 공업화의 속도가 둔화됨으로 인하여 역류효과는 개발에 커다란 장애가 되며 선진국과 저개발국간의 생산성의 격차는 확대된다.

역사학파 歷史學派 〔獨〕 historische schule

1840년대에서 20세기 초에 걸쳐 주로 독일을 중심으로 하여 일어난 경제학의 한 학파이다. 리스트 List, F.를 선구자로 하여 로셔 Roscher, W. C. F., 크니스 Knies, K. G. A., 힐데브란트 Hildebrand, B.(이들을 구역사학파라고 부른다)이어서 슈몰러 Schmoller, G. V., 브렌타노 Brentano, L., 바그너 Wagner, A.(이들을 신역사학파라고 부른다)등이 그 대표자이다. 그들은 영국고전학파의 연역적 방법에 의하여 얻어진 보편타당적이고 추상적인 경제법칙의 존재를 부정하고 경제현상은 시대나 나라의 차이에 따라 달라지는 상대적, 개별적인 것이고 역사적 연구나 통계적 조사를 주로 해야 한다고 주장하였다. 또 그들은 경제정책에 있어서도 고전학파의 자유무역주의를 배척하고 보호무역주의를 강조하였다. 신역사학파에 있어서는 사회윤리적 입장에서의 노자협조론이나 사회정책론을 제창하기도 하였다. '국민경제학 Volkswirtschaftslehre'이라고 하는 것은 원래 그들이 자기들의 경제학에 명명한 이름이었다.

신역사학파는 또 '사회정책학파 Verein-für Sozialpolitik' 혹은 '강단사회주의자 Kathedersozialisten'라고도 불리운다. 역사학파의 발생에는 그 역사적 근거가 충분히 있었다. 그것은 영국자본주의가 그 선진적 지위를 이용하여 후진자본주의국인 독일에 침입해 오는 것에 대항하고 독일이 자국의 유치산업을 보호하기 위하여 주장한 이론이었다. 그밖에 국내의 유통기구(교통망과 관세제도)의 정비에 힘쓸 것도 강조하였다.

역선택 逆選擇 adverse selection

보험가입자의 사고율에 대하여 보험회사가 완전정보를 가지고 있지 않고 그 정보를 얻는 데 커다란 비용이 든다고 하자. 이 때 보험회사는 보험가입자를 식별하려면 비용이 많이 들기 때문에 보험가입자별로 보험료에 차등을 두지 못하고 일률적인 평균보험료율로 계약을 맺는다. 그러나 그 경우 위험도가 낮은 보험가입자는 보험계약에 불만을 갖게 되고 보험회사에 자신을 사고율이 낮은 주체로 취급할 것을 요구하나, 보험회사는 이러한 식별에 높은 비용이 들기 때문에 그렇게 하지 못한다. 결국 이 위험도가 낮은 보험가입자는 보험시장에서 퇴장하고 높은 사고율을 가지는 보험가입자만 시장에 남아 균형이 성립하게 된다. 이렇게 하여 사고율이 낮은(보험회사의 입장에서는 양질의)보험가입자는 시장으로부터 제외되고, 사고율이 높은(보험회사의 입장에서는 불량한) 보험가입자만이 보험에 가입한다는 보통과는 뒤바뀐 선택이 이루어지게 되는데, 이 현상을 역선택이라 한다.

역진세 逆進稅 ☞누진세·비례세·역진세

연결재무제표 連結財務諸表

Consolidated Financial Sheets

2개 이상의 회사가 법률상으로는 서로 독립적이지만 실질적으로는 지배·종속 관계에 있는 경우 지배회사의 종속회사와의 내부거래를 제거한 후 지배회사의 재무제표와 종속회사의 재무제표를 합하여 만든 재무제표이다.

*연결대상 지배·종속관계 판단 기준

①지배회사가 종속회사 발행주식의 50% 이상을 소유한 경우

②지배회사가 종속회사 발행주식의 30% 이상을 소유하고 최대주주인 경우

③지배회사와 다른 종속회사가 합하여 종속회사 발행주식의 30% 이상을 소유하면서 최대주주인 경우

기업의 이해관계자들은 연결재무제표를 통하여 지배·종속관계에 있는 기업집단 전체의 재무상태와 경영성과를 알 수 있을 뿐만 아니라 해당 기업간의 상호출자나 내부거래 등을 고려하여 개별기업 재무제표를 올바로 분석할 수 있게 된다. 그러나 실질소유주가 친인척이나 비영리법인 등을 포함한 특수관계인을 통해 계열사를 지배하는 것이 보편화된 우리 현실에 비추어 볼 때 연결재무제표는 그 작성대상이 회사가 일정지분 이상을 소유한 경우로 한정되어 있어 한계를 가질 수밖에 없다.

연구개발 研究開發 research and development R&D

과학적 연구와 기술적 연구를 총칭하여 기업조직·정부조직·비영리조직이 행하고 있는 기초·응용을 포함한 연구·공학과 프로세스의 설계 및 개발에 대해서 사용되는 개념이다. 연구개발이라는 용어에는 품질관리, 통상의 제품검사, 시장조사, 판매촉진, 판매활동, 지질학적 또는 지구물리학적 조사 등은 포함되지 않는다.

현대사회에서 연구개발은 체계적·조직적인 공동노력과 아울러 연구설비나 연구재료에서도 다액의 비용을 장기적으로 투입할 것을 필요로 한다는 점에서 특별한 의의를 갖게 되었다. 따라서 연구개발의 효과적인 전개를 위해서는 단순히 그것의 기술적인 창조력뿐만 아니라 이것을 관리·조정·통제하는 여러 경영활동도 필수적인 전제가 된다. 많은 경제학자들은 연구개발이 경제성장의 매우 중요한 요소라고 생각하고 있다.

연구·개발요소의 이론 研究·開發要素의 理論 theory of research and development factor

국가간의 기술상의 갭 때문에 무역이 일어난다는 주장이며 특히 무역패턴의 원인을 연구·개발요소에서 구하려는 이론으로 이른바 R&D 이론으로 불리워진다. 소득탄력적인 신제품의 발명, 기존상품의 생산비절감을 가져오는 생산방법의 개선 등은 어떠한 나라에서도 모두 가능한 것은 아니다. 그것은 과학수준이 높을 뿐만 아니라 그 과학의 연구결과를 실용화할 만한 조건을 갖춘 나라에서만 가능한 것이다.

기술혁신적 상품은 이러한 조건 밑에서 생산되고 있다. 그런데 전통적인 국제분업 이론으로서는 이러한 현상을 설명할 수 없다. 여기에 기술혁신의 연속적 흐름이 발생하는 이유를 연구·개발요소에서 구하려는 이론이 주장되었다. 이 R&D 이론은 버논 Vernon, R. 등의 공동연구와 키싱 Keesing, D. B.에 의하여 독립적으로 제창되고 있다. 버논에 의하면 미국과 같은 고소득국에서는 ① 소득수준의 향상에 따른 신제품에 대한 수요가 강하며 ② 높은 임금때문에 노동절약적 생산방법의 개발에 대한 요구가 강하다. ③ 또 그러한 나라는 과학자·기술자·숙련노동자 등 질적으로

우수한 노동력이 있으므로 연구결과에 대한 기업화가 가능한 소지가 풍부하다는 것이다. 따라서 이러한 나라는 유리한 기술집약적 상품의 수출에 있어서 비교우위를 가지게 될 것이다. 연구·개발(R&D)요소가 수출을 규정한다는 이 이론은 실증적 연구를 토대로 하여 주장되었다. 이 실증은 R&D 요소를 나타내는 어떤 지표를 만들어서 산업별 R&D 요소의 집약도를 검출하여 이것과 수출과를 비교하는 방법을 취하고 있다. →헥셔-오린정리

연금 年金 annuity

일정년수, 수명 또는 영구기간에 걸쳐서 매년 또는 어떤 규칙적 간격을 두고 행하여지는 지불을 말한다. 결정된 년수에 계속되는 연금을 확정연금이라 하고 지불이 계속되는 기간이 고정되지 않은 연금을 불확정연금이라 한다. 연금은 타인을 위해서도 또 자기자신을 위해서도 설정된다. 제1의 형태로 사용되는 것은 일반적으로 일괄적 증여 또는 유증(遺贈) 대신에 타인을 위하여 설정되는 연금으로 일정기간에 걸쳐 부양의 계속을 보증하려는 것이다. 현재로는 자기자신을 위하여 설정된 연금이보다 일반적 형태이다. 가장 중요한 근대적 연금은 생명보험의 어떤 형태, 보험회사에 의하여 행하여지는 그밖의 연금계약 및 퇴직, 발병연금제도가 있다.

연방준비제도 聯邦準備制度 federal reserve system

1907년 격심한 금융공황 후 그 대책으로서 1913년의 연방준비법 Federal Reserve Act(1935년에 개정)에 의거해서 설립된 미국 특유의 중앙은행제도이다. 그 목적은 금융상태를 적절하게 조정함으로써 ① 기업활동과 고용의 확대 ② 달러가치의 유지 ③ 경제의 지속적 성장의 촉진을 도모하는

것에 두어져 있다. 연방준비제도이사회를 중심으로 전국 12개 준비구에 24개 연방준비은행이 설치되어 있으며 그 아래 다시 2,400개의 가맹은행이 있다.

국립은행은 반드시 가맹해야 하며 주립은행의 가맹은 임의적이다. 연방준비제도 이사회는 상원의 승인을 얻어 대통령이 임명하는 7인의 전임이사로 구성된다. 이사회는 통화정책을 수립하고 그 시행을 감독하는 기능을 수행하며 다음과 같은 권한을 갖는다. ① 연방준비은행이 가맹은행에 대한 대출에 적용하는 할인률의 검토·결정과 그 변경 요구, ② 일정범위내에서의 가맹은행의 예금에 대한 법정지불준비율의 변경, ③ 증권금융에서의 증거금률의 결정, ④ 상업은행의 정기예금 및 저축예금에 대한 이자의 최고한도 결정, ⑤ 각 연방준비은행이사의 3분의 1 임명 및 그 총지배인·제1부지배인의 임명·승인, 모든 이사 및 지배인의 해임 요구 등. 이사회는 또한 연방준비은행의 운영을 감독하며, 이사개인은 이사회와 함께 연방준비제도의 최상부구조를 형성하는 연방공개시장위원회 Federal Open Market Committee 의 구성원이기도 하다.

연방공개시장위원회는 공개시장정책을 결정하는 데 연방준비은행에 대해서 지정한 공개시장조작의 실시를 명할 수 있다. 한편 연방준비은행은 그 지역의 중앙은행의 역할을 하며, 담당하는 주요업무는 다음과 같다. ① 가맹은행에 대한 적격어음의 재할인 및 대출 ② 가맹은행의 법정지급준비금의 수탁 ③ 공개시장에서의 증권매매조작 ④ 연방준비권의 발행 ⑤ 가맹은행을 위한 어음교환 및 추심의 편의제공 ⑥ 가맹주립은행에 대한 업무감독 ⑦ 국고대리업무 등 연방준비제도는 연방준비월보 Federal Reserve Bulletin 와 금융 및 기업통계에 관한 연방준비도표 Federal Re-

serve Chart Book on Business Statistics 를
매월 발행한다.

연불수출 延拂輸出 deferred export

수출대금의 선금만을 받거나 또는 전액
을 외상으로 공급하여 일정기간에 그 대금
을 분할하여 결제하는 것을 말한다. 일반
적으로 수출입무역은 신용장이 개설되고
약정품이 선적 또는 입하되면 대금을 결제
하는 것이 정상적이다. 그러나 플랜트
plant 수출의 경우나 선진국의 저개발국에
대한 수출의 경우에 있어서 선진국끼리 수
출경쟁을 하게 될 때, 또는 저개발국의 지
불능력을 고려한 수출증대를 도모하기 위
하여 그 방식을 사용하는 것이다. 더욱이
근래에 국제상거래가 신용장 및 정상결제
방식에서 점차 중장기연불수출로, 대선진
국거래에서 대저개발국거래 위주로 전환
되고 있는데 우리 나라도 이에 부응하여
지난 1969년 7월 한국수출입은행법이 제정
되었고 연불수출업자에 대한 금융지원을
도모하고 있다.

연쇄효과 連鎖效果 linkage effect

어떤 한 산업의 생산활동이 타산업의 창
설 또는 그 생산활동의 확장을 가져 오게
하는 경제적인 파급효과를 말한다. 연쇄효
과는 허쉬만 Hirschman, A. O. 이 소수의
선도산업에 중점투자함으로써 경제성장을
도모할 것을 주장한 그의 불균형성장론의
이론적 지주로 되어 있다.

연쇄효과는 전방연쇄효과 forward link-
age effect 와 후방연쇄효과 backward link-
age effect 로 구분된다. 전자는 어떤 산업
이 자기의 생산물을 타산업의 투입재로서
공급함으로써 그 산업의 생산활동을 촉진
시키는 파급효과를 말하며, 철강산업의 발
전이 기계공업의 발전을 촉진시키는 관계
가 그 예이다. 반면에 후자는 타산업의 생
산물을 투입재로 사용함으로써 어떤 산업
이 자기의 생산물을 만들기 위해 타 산업
의 생산활동을 촉진시키는 파급효과를 말
한다. 전방연쇄효과의 예에서 기계공업의
발전이 거꾸로 철강산업의 발전을 유발하
는 관계가 그것이다.

이와 같이 한 국민경제를 구성하는 산업
들간의 연관도가 크면 클수록, 산업활동이
가져오는 연쇄효과는 국내에서 충분히 발
휘할 수 있게 된다. 기초생산재부문의 발
달이 미약한 산업구조를 가진 국민경제는
해외산업과 연관을 맺게 됨으로써 연쇄효
과를 국내에서 충분히 향유하지 못하고 해
외에 누출시키는 결과를 초래하게 된다.

연화 軟貨 ☞경화·연화

열등재 劣等財 ☞우등재·열등재·기
펜재

영업동기 營業動機 ☞유동성선호설

영업비·영업외 비용 營業費·營業外費用 operating expenses·nonoperating expenses

영업비란 영업활동을 위하여 지출되는
비용을 말하며, 구체적으로는 제조원가 및
영업외비용을 제외한 일절의 비용을 뜻하
며 공식적으로는 일반관리비 및 판매비라
는 용어가 사용된다(재무제표규칙 제 6
조). 이에는 임금·급료·집세·광고비·
설비·수선비·세금·광열비·통신비·
잡비·감가상각비 등이 포함된다. 영업비
의 다과는 기업이윤에 큰 영향을 주므로
그의 적정지출을 위하여 효율적인 영업비
관리가 요청된다.

영업외비용이란 기업의 주된 영업활동
이외의 원인에 의해 발생하는 비용을 말한
다. 이에는 지급이자·사채이자·할인

료·유가증권매각손비 등이 포함된다. 영업외비용은 영업비에 대립되는 개념으로서 총비용에서 영업비를 제외한 나머지로 결정되는 것이다. 여기서 중요한 것은 영업외비용은 그 자체의 입장에서 적극적으로 결정되는 것은 아니라는 점이다.

예금 預金 deposit

은행예금을 분류하는 데 가장 일반적인 방법은 그 예치기간의 장단에 의한 것인데 우리 나라에서는 당좌예금, 보통예금, 정기예금 등이 있다. 당좌예금은 영국의 current account, 또는 demand deposit 에 해당되며 상공업자 등이 영업용의 현금 및 일시적 여유금을 예치하는 것으로서, 수표에 의한 대체가 허용되며 출입의 빈번도가 가장 큰 것이다. 예금통화라고 할 때에는 이 당좌예금을 지칭하는 것이 보통이다. 보통예금이라 함은 저소득자 또는 중소기업자가 일시적인 여유자금 또는 영업용현금을 맡기는 예금이다. 정기예금은 대개 영국의 deposit account 또는 미국의 time deposit 에 해당하고 일정 금액을 일정 기간 예치하는 예금이다. 영·미의 정기예금의 대부분은 형식적인 면에서 오히려 우리 나라의 통지예금에 해당하고 인출 이전에 일정 기간의 예고를 요하는 예금에 불과하다. 또 정기적금도 정기예금의 일종으로 일정 계약기간중에 매월 또는 몇 해에 걸쳐 일정액을 적립하는 것이다. 이상 몇 개의 예금 중에서 당좌예금, 보통예금과 같이 요구에 응하여 즉시 지불되는 예금을 요구불예금 demand deposit 이라고 한다.

예금분류법으로서 주목하여야 할 다른 방법은 케인즈 Keynes, J. M. 가 「화폐론」에서 말한 분류법이다. 케인즈에 의하면 선진자본주의국의 전통화유통량의 90% 정도가 예금통화의 이전에 의한 은행간의 예금의 대체에 의해서 이루어지므로 은행예금이 화폐일반을 대표한다고 할 수 있다. 그러나 한 사회에 존재하는 화폐는 모두가 어떤 동기로부터 그 사회의 사람들에게 보유되고 있다. 따라서 화폐 또는 그것을 대표하는 은행예금은 그것이 사람들에게 어떤 종류의 화폐수요에 대응하고 있는가에 따라 분류할 수 있다는 것이다. 케인즈는 이러한 관점에서 은행예금을 소득예금 income-deposit, 영업예금 business-deposit, 저축예금 saving-deposit 의 3종으로 분류하였다. 즉 소비지출을 마련하기 위해 보유하는 것이 소득예금이며, 기업가가 영업상의 지출을 위해 보유하는 것이 영업예금이며 소유자가 저축보장의 목적으로 수중에 보유하고 있는 것이 저축예금이다. →유동성선호설

예금보험 預金保險 deposit insurance

예금보험 회사가 은행예금에 대하여 일정한 비율의 보험료를 징수하고 이에 대한 대가로 은행이 지급불능 상태에 이르면 예금을 환불해 주는 제도를 말한다.

실물부문의 기업과 마찬가지로 금융기관도 도산할 수 있다. 금융기관이 도산할 것으로 보이면 예금인출쇄도 bank-rush가 나타나 금융제도 전체의 안정성이 침해될 수 있다. 그러므로 금융제도의 불안정성을 제거하는 동시에 정보 열위자인 예금자를 보호하기 위한 제도적 장치가 필요하다. 이 같은 취지에서 만든 사회적 안전망이 바로 예금보험제도 deposit insurance system이다.

우리 나라의 금융산업은 그 동안 정부로부터 강력한 규제를 받아 왔다. 이것은 한편에서는 중앙은행이 금융기관의 최종적 대부자가 된 대가이기도 하지만, 금융제도를 산업정책의 수단으로 활용한 데 더 중요한 원인이 있다. 즉, 자본이 부족한 상태에서 급속한 경제개발을 추진하는 과정에서 특정한 산업

이나 기업, 또는 투자사업을 지원하기 위하여 금융자금의 배분에 적극 개입하여 온 것이다.

근래에 들어와 금융규제의 이익보다 부작용이 더 크게 되자 규제를 완화하여 금융시장을 자율화시키려는 금융자율화와 금융의 대외개방이 빠른 속도로 진행되고 있다. 금융규제가 완화되는 대표적 예로 금융기관의 업종구분 완화, 이자율 자유화, 금융상품의 자유로운 개발 등을 들 수 있다.

금융자율화가 진전됨에 따라 과연 시장 스스로가 금융제도의 안정성을 보장할 수 있는가에 관한 의문이 제기되면서 금융업무에 대해서도 보험제도를 도입하자는 주장이 제기되었고 우리 나라에서도 예금보험제도를 도입하게 된 것이다. 1995년 12월 제정된 예금자보호법에 따라 1996년 4월 은행 예금자에 대한 보호업무를 담당하기 위한 예금보험공사가 설립되었으며 1998년 4월부터는 은행 외에 증권사, 보험사, 종합금융회사, 상호신용금고, 신용협동조합 등 6개 부문의 전 금융권에 대한 예금보호를 담당하는 기관으로 기능이 확대되었다. 예금보험공사는 금융기관이 납부한 예금보험료만으로 재원이 부족할 경우 예금보험기금채권 발행 등의 방법을 통해 재원을 조성하게 된다.

예금보험제도가 실시되면 예금자가 거래은행의 재무구조에 관해 의구심을 갖고 있다 하더라도 예금인출을 서두를 필요가 없게 된다. 따라서 예금보험제도가 실시되면 예금인출사태의 발생빈도가 줄어들고, 또한 한 은행의 문제점이 다른 은행으로 파급되는 일이 생기지 않는다. 그 결과 은행공황의 발생가능성이 현저히 감소한다. 미국의 경우, 연방예금보험공사가 설립된 1934년 이전에는 금융제도의 붕괴를 가져 올 정도의 은행공황이 빈번하였으나 1934년 이후에는 심각한 은행공황이 일어나지 않은 것으로 분석되고 있다.

예금보험제도는 금융시장에 참여하는 경제주체들이 금융시장에 존재하는 정보 비대칭성과 그에 따른 금융 불안정성을 제거하기 위하여, 금융시장에서 발생할 수 있는 외부효과를 내부화한 것이다. 즉, 일반 예금자들이 직면하는 위험을 분산함으로써 위험에 따른 비용을 완화하기 위하여 창설한 보험제도가 바로 예금보험제도이다. 그러나 예금보험제도가 합리적으로 운영되지 않으면 보험이 실시됨으로 해서 금융제도가 오히려 더 불안정하게 될 가능성이 있다. 보험이 있으므로 예금자가 은행을 선별할 유인을 잃게되고 은행은 은행대로 대출채권의 위험을 분산할 유인이 적어지게 된다. 도덕적 해이 moral hazard와 역선택 adverse selection의 문제가 발생하는 것이다. 그 결과 자칫하면 금융부실이 누적되어 금융제도의 안정성을 더 크게 위협할 가능성이 존재한다. 특히 예금보험제도의 운영이 은행경영의 건전성 감독과 연계되지 않은 경우에는 그런 가능성이 더 크다. 예금보험제도의 시행에 따른 도덕적 해이문제를 완화하기 위하여 우리나라의 예금보험제도도 수정이 가해지고 있다. 2001년부터 보장한도를 축소하여 2000년말까지 원금에 대해서는 금액의 규모에 관계없이 전액을 보장하던 것을 2001년부터는 원금과 이자를 합쳐 최고 5000만원까지 보장하게 되고 투자자의 판단이 중시되는 금융상품은 보장의 대상에서 제외하였다. 은행의 경우 외화예금, 외화채권, 양도성예금증서 CD, 개발신탁, 은행발행 채권 등이 보장에서 제외된 상품들이다.

예금창조 預金創造 ☞신용창조

예금(預金)코스트 cost of deposit, ratio of interests and expense on deposit 예금원가라고도 하며, 예금이자, 인건비, 선전비 등 은행영업에 필요한 경비가

은행의 예금액에 대한 비율을 말한다. 예금액은 이 비용들을 지출한 기간중의 평균잔고를 취하는 것이 보통이고 또 비율(코스트)은 보통 연리로 표시한다.

예금통화 預金通貨 deposit currency

은행예금의 형태로 지불수단 또는 구매수단으로 사용되는 것으로 지폐, 주화 등의 현금통화와 나란히 통화를 구성하고 있다. 예금통화 중에는 은행이나 기타 금융기관에 대한 당좌예금, 보통예금, 통지예금, 별단예금이 포함된다. 예금통화의 공급은, 예를 들면 은행이 거래기업에 대하여 대출을 할 때 대출금을 그 기업의 당좌예금구좌에 삽입하는 것, 즉 신용창조에 의하여 이루어진다. →금융기관, 신용창조

예비비 豫備費

예상하기가 곤란한 예산의 부족을 충당하기 위하여 세출예산에 계상되는 경비를 말한다. 추가예산의결을 위하여 국회를 소집하는 번잡을 피하기 위한 것인데, 사용한 후에는 국회의 사후승인을 필요로 한다. 단 승인의 유무는 사용의 법률상 효과에는 영향이 없다.

*예산 豫算 budget

일정기간(대개 1년)의 정부경제를 운영하기 위한 계획안으로 여기에는 정부경제의 목적·개별수입·여러 지출계획 및 그 규모와 한계가 숫자로 나타나 있다. 모든 정부의 수입과 지출을 계상하는 이 예산의 본질은 미래의 수입과 지출에 대한 예견이고 평가이며 또 양자의 대비라는 데에 있다. 예산에 계상된 공공경비의 지출계획과 이를 충당하기 위해 정부가 획득할 수 있는 공공수입 및 기타 자원의 조달계획은 그 총액에 있어서 일치하고 상호간에 균형된다. 그리고 재정의 본질이 계획경제인

까닭에 공공수입 및 지출은 단순한 계획 또는 예정액이 아니라 확정된 계획을 통하여 관리된다. 따라서 정부예산은 일정기간의 재정활동에 대하여 확정적 구속력을 갖는다. 즉 예산은 이미 정하여진 예산집행절차에 의하여 행해지는 미래의 재정활동에 대한 지침이 되는 동시에 그 활동방향을 규제하며 정치적 결정이라는 의미에서 엄격한 구속력을 갖는다.

이러한 특질은 정부예산중 특히 세출예산에서 뚜렷하다. 세입예산은 공공수입의 예정액에 불과하지만 세출예산은 국회가 정부에 대하여 공공경비지출의 권한을 부여하는 하나의 형식으로 정부활동은 계상된 지출금액 및 지출목적에 구속을 받는다. 또 현행 예산회계법의 규정에 따르면 예산은 세출세입예산 이외에 국가채무에 관한 수권규정을 포함하고 있어 예산의 법규적 효력(구속력)은 더욱 현저하다. 이러한 예산은 국회에서 정부의 정책 전반에 걸친 정치적 토의와 정부의 재정계획에 대한 엄격한 심사 뒤에 확정되는 까닭에 예산에는 정치적 의사가 충실히 반영된다. 따라서 예산은 정치적 결정에 입각한 국민적 계획이며, 정부의 재정활동을 포함한 모든 정책에 관한 계획을 숫자로 집약한 것으로 볼 수 있다.

예산의 효과를 충분히 발휘하려면 어떠한 원리·원칙이 필요한가를 생각할 때 예산원칙이 도출된다. 예산원칙은 실천적인 과제이기 때문에 그 체계는 명확한 정설이 없고 다종다양한 원칙론이 있다. 이들 여러 가지 원칙은 대체로 다음 세 가지로 분류된다. ① 완전성의 원칙으로서 언제 어디서고 재정정책으로서 필요하며 가능한 원칙인데, 예산제도의 전 기구에 관한 것이다. 그것은 모든 공공수입이 빠짐없이 예산기구 안에 포함되어야 한다는 것이다. 이 원칙으로부터 예산 이외의 입법으로 재

정지출을 의결해서는 안되며 예산은 재정
수지만을 포함한다는 배타성의 원칙이 도
출된다. ② 예산기구 전체의 성격이 위와
같이 정해진 다음 그 기구 내부의 경과나
짜임새를 정하는 성격의 것이다. 이들 원
칙 중 제 1 의 원칙은 단일성 혹은 통일성
의 원칙이다. 모든 공공수지는 통일적으로
다루어져야 한다는 것으로서 국고통일의
제도는 이 원칙을 보증하는 회계제도이다.
또한 이것은 특정수입과 특정지출을 결부
시키는 기금별 회계제도를 부정하는 것이
되어 논어펙션 non-affection 의 원칙이라고
불리는 때도 있다. 제 2 의 원칙은 한정성
의 원칙이다. 세출예산의 비목을 명확히
하는 질적한정, 세출가능의 한도를 정하는
양적한정, 지출의 유효기간을 정하는 시간
적 한정의 3종류가 있다. 제 3 의 원칙은 1
년성 혹은 단순성의 원칙으로서 예산의 내
용이 1년간의 수지에 한정되어야 한다는
것을 요구하는 것이다. 제 4 의 원칙은 정
확성의 원칙으로서 어떠한 예산관계자가
예산업무에 임하더라도 정확을 기하지 않
을 수 없도록 편성이나 집행의 절차와 방
법을 확립할 것을 요구하고 있는 것이다.
③ 예산과 국민과의 관계에서 요청되는 원
칙들이다. 그 제 1 의 원칙은 명료성의 원
칙이고 제 2 의 원칙은 공개성의 원칙이다
예산은 알기 쉽고 명료해야 하며, 국민
에게 공개되어야 한다는 이 두 원칙은 예
산을 납세자의 대표인 국회가 통제함으로
써 정부가 불법·부당하게 예산을 사용하
는 것을 막기 위해서 필요한 것이다. 이것
은 예산의 정치적 역할을 확보하고 재정민
주주의를 확보하기 위해 요청되는 것이다.
최근에는 재정정책이 국민경제에 미치는
효과나 영향을 명시해야 한다는 견지에서
도 이 원칙이 주장되고 있다.

〔참고문헌〕Musgrave, R. A., *The Theory of*
Public Finance, 1959; Buchanan, J. M., *The*

Public Finance, rev. ed, 1965; 차병권, 「재정
학원론」 1973.

예산유보 豫算留保

성립된 예산의 일부분에 대하여 집행을
일시적으로 보유하는 행정상의 조치를 말
한다. 따라서 유보조치가 취해지면 그것과
관련된 지불과 지출부담행위(국가지출의
원인이 되는 계약 등의 행위), 실시계획은
승인되지 않는다. 예산의 유보는 재원난
등의 시기에 취해지는데, 실질적으로는 예
산절약으로 되는 경우가 많다.

예산의 이용·유용 豫算의 移用·流用

예산의 세출은 각각의 항목으로 구분되
어 있으며 정부 각 부처의 각 항의 경비는
원칙적으로 각 부간 또는 각 항간의 이용
을 인정하지 않는다. 그러나 예산집행상
필요할 때에는 사전에 국회의 의결을 거친
경우에 한하여 경제기획원장관 승인을 얻
어 이용할 수 있다. 유용은 동일항목간에
융통하는 것으로 경제기획원장관의 승인
하에 유용할 수 있다.

예산총칙 豫算總則 general provisions

예산전반에 대한 총괄적 규정 외에 국채
발행, 차입금의 한도액, 재정경제원의 증
권 발행한도 등 기초적인 사항과 예산집행
에 필요한 사항을 정한 것을 말한다. 예산
안을 국회에 제출, 결의를 얻기 위해서는
일정의 형식을 구비할 필요가 있고 예산은
예산총칙, 세입세출예산, 계속비, 이월비
및 국고채무부담행위로 구성하기로 되어
있다. →국고채무부담행위

예산편성 豫算編成 compilation of the budget

국가예산이 국회에 제출될 때까지의 작업과정과 절차를 말한다. 우리 나라의 경우 각 부처는 예산의 개산(槪算)요구서를 전년도 8월 말까지 재정경제원에 제출하는 것이 예산법의 원칙으로 되어 있다. 재정경제원은 이것을 받아 예산편성방침을 국무회의에 상정, 결정한 후 이것에 의해서 각 부처의 개산요구의 내용을 검토하여 수정, 삭감을 가한다. 이것을 사정(査定)이라고 한다.

재정경제원은 사정이 끝나면 이것을 재정경제원 원안으로 하여 각부처에 회시(回示)한다. 각 부처는 회시안이 이해되지 않으면 재정경제원에 의견서를 첨부하여 재사정을 요구한다. 이것을 부활요구라고 부르며 재정경제원은 부활요구를 검토하여 필요가 인정되면 원안을 수정하여 개산각의(槪算閣議)에 회부, 정부안을 확정한다. 여기에서 예산분류의 기준이 되는 것이 예산과목인데 세수예산은 수입의 성질에 따라 장(章), 관(款), 항(項), 목(目)으로, 또 세출예산은 지출의 목적별로 항, 목으로 나누어지며, 이 중 항까지는 모두 국회의 의결대상이 된다. 또 예산편성시 인건비, 물건비의 단위 및 그 액수를 결정하여 경비를 산정한다.

오린 Ohlin, Bertil Gotthard (1899~1979)

스웨덴의 경제학자. 1924년 코펜하겐대학교수를 역임하고 1929년에 스톡홀름 상과대학교수에 취임하여 현재에 이르고 있다. 또한 정치가로서도 활약하여 자유당총재를 지낸 바 있다. 빅셀 Wicksell, J. G. K., 뮈르달 Myrdal, K. G.과 함께 북구학파의 대표자의 한 사람이며, 이 학파의 이론적 발전에 기여한 바 크다. 1950년의 저서「고용안전의 문제 The Problem of Employment Stability」에서 나타난 그의 입장

은 일견 케인즈적이지만, 그 이론적 기초는 북구학파의 화폐이론 내지 소득이론에 있다고 하겠다.

그러나 그의 최대의 공헌은 무역이론분야에서이다. 제1차대전 후의 독일의 배상문제를 둘러싸고 케인즈 Keynes, J. M.와 논쟁하고, 케인즈에게는 소득분석이 결여되어 있다는 것을 비판한 논문 "The Reparation Problem: A Discussion"(*Economic Journal*, Jun 1929)도 특기할 만한 것이다. 그의 주저 *Interregional and International Trade*(1933)는 무역이론의 근대화에 매우 중요한 역할을 하였다. 그는 무역이론에 일반균형분석을 적용하고 소득이론을 도입하였으며, 나아가서 '헥셔-오린정리'를 제시함과 함께 비교생산비이론의 동태화(動態化)를 시도하였다. 제2차대전 후의 근대무역이론은 오린이 개척한 방향에 따라 발전해 왔다고 할 수 있다. 1977년 국제경제이론에서의 공로로 미드 Meade, J. E.와 함께 노벨경제학상을 공동수상하였다. →북구학파, 헥셔-오린정리

[주 저] 전게외(前揭外): *The Causes and Phases of the World Economic Depression*, 1931; *International Economic Construction*, 1936; "Some Notes on the Stockholm Theory of Savings and Investment, pt. I~II," *Economic Journal*, 1937.

오버 론 over loan

일반상업은행(시중은행)의 대출과 투자의 합계가 수신량인 예금과 자기자본의 합계를 초과하였을 경우를 오버 론이라고 한다. 그러나 통상적으로 말하는 의미의 오버 론은 대출액이 예금액을 초과한 상태를 말하는 것이 보통이다. 그것은 은행경영상 위험한 상태라고 말한다. 이러한 상태가 장기간 계속되면 시중은행은 중앙은행으로부터 자금을 차입하지 않으면 안되게 되고, 그 결과 중앙은행의 은행권의 남발을

초래하여 인플레이션의 원인을 만들 염려
가 있다.

대출액이 예금액을 초과하지 않았다 하
더라도 대출액이 예금액에 비하여 정상적
인 비율을 넘어서 상대적으로 증가했을 때
에는 이미 건전성을 잃었다고 볼 수 있다.
따라서 양자의 비율을 어떻게 조정하느냐
하는 문제가 야기된다. 그것은 나라와 시
간에 따른 구체적인 일반경제조건에 의해
서 판단되어야 할 성질의 것이므로 반드시
양적으로 분명히 규정할 수 없다. 왜냐하
면 한 나라의 국민경제가 비약적인 발전도
상에 있을 경우 자발적인 저축만으로는 팽
창하는 자금수요에 대처할 수 없을 때, 신
용의 팽창이 불가피하여 일시적인 물가등
귀를 가져올 수도 있기 때문이다. 그러나
착실하게 국민경제가 발전도상에 있을 때
에는 오버 론 그 자체가 그렇게 문제시되
지 않는다. 즉 오버 론에 대한 적부의 판단
은 일국경제의 그때그때의 객관적 정세를
중시해야 한다. 그리고 자금의 공급자 측
에서 볼 때의 오버 론은 자금의 수요자측,
즉 기업가의 입장에서 볼 때에는 오버 보
로윙 over borrowing 이다.

따라서 오버 론의 궁극적인 원인은 기업
의 주식 등에 의한 자기자본이나 장기사채
에 의한 자금조달에 비하여 은행으로부터
차입이 과다하는 점에서 찾아볼 수 있다.
그러므로 그 대책으로서는 기업경영의 건
전화, 자본축적, 재정·금융기관의 합리
화, 금융제도의 개선에 의한 산업자금공급
의 합리화 등을 들 수 있다.

오버슈팅 over-shooting

통화공급 등 환율을 결정하는 요인이 변
화할 때에는 환율조정이 시작된다. 이 과
정에서 조정이 끝난 후 도달될 균형환율을
회복하고도 일시적으로 그것을 뛰어넘어
과잉조정되는 경우가 많다. 이것을 환율의
오버슈팅이라고 한다. 이것의 원인으로는
미래의 환율에 대한 사람들의 기대, 금융
시장에 비해 재화시장의 조정에는 시차가
존재한다는 점 등이 있다. 환율의 오버슈
팅은 산출량, 고용수준 등의 변동을 확대
하여 이것을 다른 나라에 전파하고, 또 다
른 나라로부터 그 나라에 전파하는 등 경
제의 단기적인 불안정화의 요인이 된다.

일반적으로 오버슈팅이라 하면 동태적
인 모형에서 제반 변수들이 균형에 도달하
고서도 일시적으로 그것을 뛰어넘는 현상
을 일컫는다.

오스트리아학파(學派) Austrian school

멩거 Manger, C. 에 의해 창시되고, 제
2세대인 비저 Wisser, F. v., 뵘바베르크
Böhm-Bawerk, E. v. 에로 계승·발전되었
으며, 슘페터 Schumpeter, J. A. 등의 제3
세대에 이르러서는 사실상 로잔느학파에
합류해간 경제학파로서, 오스트리아의 비
인대학을 중심으로 발전했기 때문에 그러
한 명칭으로 불린다.

멩거는 칸트철학의 영향 아래 소비자의
주관적 평가로서의 효용을 재화의 가치의
궁극으로 생각하고 근대적 인간의 경제활
동에 대한 내면적 합리성으로서 한계효용
체감·균등의 법칙을 전개하고 생산재가
치는 소비재에서 파생한다는 귀속이론을
구상하는 등 효용가치론 위에서 모든 경제
체계를 구축하였다. 그것은 한편에서는 고
전학파의 노동가치론에 대항하고, 다른 한
편에서는 역사학파의 이론을 부정하기 위
한 것이었다. 그러나 뵘바베르크에 와서는
자본이론, 이자론 또는 분배론 등에 중점
이 옮겨져서 마르크스 경제학과 대립되는
논쟁을 거듭하였다.

그러나 그 후 슘페터의 제3세대에 이르
러서 그 주류는 점차로 효용가치론을 버리

고 일반균형이론에 접근해 갔다. 그와 동시에 그 계보에는 비인학파 또는 그 흐름을 계승한 시카고학파와 같이, 가격의 자유로운 움직임 속에 경제균형의 전략적 의의를 발견하고, 예를 들면 하이에크 Hayek, F. A. v., 미제스 Mises, E. v. 와 같이, 국가가 경제에 개입하면 합리적인 가격결정을 하지 못하게 되어 드디어 전체주의가 되고 예종에의 길로 들어서게 된다고 하여, 사회주의도 케인즈이론도 부정하는 극단적인 자유주의경제학이 발생하게 되었다. 이 이론은 제 2 차대전 후의 사회정세변화에 힘입어 큰 영향력을 행사하였다.
→한계효용학파

오웬 Owen, Robert (1771~1858)

영국의 공상적 사회주의자이며 조합운동의 선구자. 영국산업혁명의 중심지인 맨체스터에서 자라 젊은 시절에 산업자본가로서 성공했다. 그는 저임금과 불황이 자본주의적 자유경쟁하에서의 맹목적 이윤추구에 기인된다고 생각하고, 화폐의 사용, 분업 및 사유재산의 폐지를 주장하였다.

그러나 그는 부르조아적 입장을 버린 것은 아니고, 자유경쟁체제의 완전한 변혁을 주장하였다. 여기에서 그는 기업으로 운영되는 농공겸영의, 그리고 분업과 사유재산이 존재하지 않는 마을이 불황도 실업도 없으며 고도의 생산력을 창출한다는 것을 실험적으로 예증함으로써, 자본주의가 서서히 자발적으로 사회주의에로 이행할 수 있음을 보이려고 하였다. 1824년 그는 미국의 뉴하모니 마을에서 그 실험을 시작했지만 실패하고, 귀국 후 노동교환소의 경영, 노동조합운동의 지도에 힘썼지만 그 어느 것도 성공하지 못하였다.

이러한 경험을 통해서 만년에 그의 '성격형성원리'가 제시되었다. '성격형성원

리'는 성격은 환경에 의해 결정된다고 하는 것이지만, 그의 독자성은, 그것을 기초로 하여 노동자의 생활과 노동조건의 개선이 노동능력과 의욕의 향상, 따라서 이윤의 증대를 가져온다는 '고임금의 경제이론'을 주장하고 또 국가의 실업대책사업에 의한 실업해소를 의도한 점이라 할 수 있다.

〔주 저〕 *Report to the County of Lanark*, 1821; *The Book of New Moral World*, 7 vols, 1836—44.

OECD Organization for Economic Co-operation and Development

경제협력개발기구. 미국이 제 2 차대전 후 유럽에 대하여 실시한 마샬계획의 수용기관으로서 1948년에 설립된 유럽경제협력기구(OEEC)가 개편되어 1961년 9월에 발족한 선진자본주의제국 상호간의 국제경제협력을 위한 기구이다. 최근 멕시코, 한국 등이 가입 회원국은 29개국이 되었다. OEED는 가맹국간의 경제정책의 조정, 저개발국원조, 무역관계의 조정을 목표로 하고 있으며 완전고용, 통화의 안정, 국제수지의 균형, 지속적인 경제성장 등의 목표달성을 위한 정책을 조정하고 전체로서 고도의 경제발전을 가능하게 하는 것이 가맹국정부의 제1의 의무로 되어 있다. 개발원조는 선진공업국의 저개발지역원조를 가장 효과적인 것으로 하기 위하여 각국의 원조계획을 조정하는 점에 주안점을 두고 있다. 무역관계에서는 관세의 인하, 무역외거래의 자유화추진을 도모하는 것을 지향하고 있다. OECD 그 자체는 WTO, IMF와 같이 강제력을 가지지 않으며 선진국클럽으로 불리우며 선진국간의 대화의 장으로 되어 있다. OECD의 최고의결기관은 이사회로서 그 결의는 만장일치제를 택하고 있다. 이사회를 보좌하고 그 결

정을 집행하기 위하여 모든 회원국 대표로 구성되는 집행위원회가 있다.

오일달러 oil dollar

석유달러. 이것은 산유국이 석유의 소득세와 이권료 그리고 직접 판매에 의한 대금으로 수취한 외화를 말하며, 달러가 대부분을 차지하기 때문에 오일달러라 부른다. 산유국 중에서 중근동제국의 비중이 대단히 높기 때문에 쉐이크(아랍의 수장)달러라고도 한다. 또 산유국이 보유하고 있는 달러 이상의 외화도 포함시켜 오일머니 oill money 라고도 한다.

1970년대 초부터 원유가격의 상승으로 산유국이 보유하는 외화의 규모는 급속도로 확대되었으며 그 잉여자금이 유로달러시장'에 방출·운용되고 있기 때문에 국제통화제도에 큰 교란요인으로서 주목을 받았다. 특히 1973년 이후에는 원유가격의 대폭인상으로 산유국의 잉여자금은 급증하고 있으며 세계은행의 추정에 의하면 1980년에는 6천억달러, 1985년에는 1조 2천억달러에 달하였다. 이 잉여자금은 지금까지 미국이나 유럽계의 은행에 단기예금으로 예치되는 경우가 많았으나 은행은 단기예금을 장기로 대출하는 운용방법을 취하여 왔기 때문에 그 액수가 많아짐에 따라 신용불안을 초래하는 원인이 되었다. 따라서 최근에는 잉여자금의 용도도 미국이나 유럽의 정부증권의 매입이나 주식, 부동산투자 등으로 다양화되었고 IMF 의 오일 퍼실리티나 10개국 재상회의의 금융원조협정과 같이 국제적으로 오일달러의 환류를 기도하는 제도도 생기게 되었다. 또 산유국은 자금을 자국경제개발이나 다른 개발도상국의 발전을 위한 원조자금으로 사용하고 있다. →오일 퍼실리티

오일러 정리(定理) Euler's theorem

규모변화에 따른 수확의 변화는 동차(同次)생산함수 homogeneous production function 형태로 곧 알 수 있다. $f(x_1, x_2) = t^k f(x_1, x_2)$의 성질을 갖는 함수 $f(x_1, x_2)$를 k차동차생산함수 homogeneous function of degree k라 할 때 $k > 1$이면 수확체증, $k=1$이면 수확불변, $k < 1$이면 수확체감이 된다. 특히 $k=1$일 때의 $f(x_1, x_2)$를 1차동차함수라 한다. x_1, x_2, q를 생산요소인 노동과 자본 및 생산물로 하고 기업의 1차동차생산함수를 $q = f(x_1, x_2)$라 하면,

$$q = \frac{\partial f}{\partial x_1} \cdot x_1 + \frac{\partial f}{\partial x_2} \cdot x_2 \cdots\cdots (1)$$

가 만족된다. (1)식을 오일러정리라 한다.

이제 (1)식을 증명하고 그것이 갖는 경제적 의미를 한계생산력에 따른 완전배분과 관련지워서 설명한다. $f(tx_1, tx_2) = tf(x_1, x_2)$를 t에 대해서 편미분하고 $x_1 f_1(tx_1, tx_2) + x_2 f_2(tx_1, tx_2) = f(x_1, x_2)$ 여기에다 $t=1$를 대입하면,

$$x_1 f_1 + x_2 f_2 = f(x_1, x_2) = q \cdots\cdots (2)$$

가 성립한다. (2)식의 양변을 q로 나누면

$$\frac{x_1 f_1}{q} + \frac{x_2 f_2}{q} = 1, \quad w_1 + w_2 = 1$$

이 성립한다. 이 때 w_1, w_2는 생산요소로 x_1, x_2의 산출량탄력성을 의미한다.

즉 $w_1 = \frac{\partial(\log q)}{\partial(\log x_1)} = \frac{x_1}{q} \cdot \frac{\partial q}{\partial x_1} = \frac{x_1 f_1}{q}$,

$w_2 = \frac{\partial(\log q)}{\partial(\log x_2)} = \frac{x_2}{q} \cdot \frac{\partial q}{\partial x_2} = \frac{x_2 f_2}{q}$

이다. 따라서 기업이 1차동차생산함수인 $f(x_1, x_2)$에 따라 생산한다면, 각 요소의 산출량탄력성의 합은 1이 된다.

(1)식의 오일러정리가 갖는 경제적인 의미는 아래와 같다. 첫째, 총생산량 q는 남김없이 모두 각 생산요소의 대가로서 지급된다. (1)식을 다시쓰면, $f_1 x_1 + f_2 x_2 = q$에서 f_1과 f_2는 각각 생산요소 x_1, x_2의 한계생산력 MP 이고, $f_1 x_1, f_2 x_2$가 생산에 기여한

몫이다. 둘째, 생산요소는 제각기의 한계 생산물가치 value of marginal physical product(VMP)에 따라 지급받는다. 다시 말하면 노동량을 1단위 추가적으로 투입했을 때 증가하는 한계생산물을 시장가격으로 평가한 가치에 따라 임금을 지급받게 된다. 자본의 경우에도 동일하므로 한계생산 이론에 의한 귀속이론이 성립한다. 이것은 (2)식의 양변을 q의 시장가격인 p로 곱함으로써 알 수 있다.

즉, $pf_1x_1+pf_2x_2=pq$ ·················(3)

에서 pf_1, pf_2는 x_1과 x_2의 한계생산물가치이며, $pf_1x_1=r_1x_1$, $pf_2x_2=r_2x_2$는 각각 x_1과 x_2의 소득분배이고 pq는 기업의 총수입이다. 셋째, 기업의 초과이윤 excess profit 은 0이다. 이것은 기업이 초과이윤 없이 자기가 수고한 대가만큼의 정상이윤 normal profit 만을 지급받는다는 것을 의미한다. 그 이유는 (3)식에서 자명하다. 끝으로 오일러정리는 완전경쟁이 가정되어야 성립한다는 데 유의해야 한다.

오일 퍼실리티 oil facility

석유자금융자제도. IMF 가 산유국으로부터 차입한 자금을 석유가격의 상승에 의하여 국제수지의 압박을 받게 된 국가에 융자하는 제도를 말한다. 1974년 6월 IMF 20개국 위원회에서 설립이 결정되어 동년 9월부터 대출업무를 개시하였다. 사우디 아라비아, 이란, 쿠웨이트, 아부다비, 베네쥬엘라, 캐나다 등의 산유국이 거출한 총액 약 28억 SDR 을 기금으로하여 1974 년말 현재 33개국에 17억 160만 SDR 을 대출하고 있다. 상환은 3년 거치 후 4년 이내로 사분기 평균분할방식을 취하고 있다. 금리는 최초의 3년간이 6.875%, 4년째가 7%, 5년 이후는 7.125%로 되어 있다. 1975년 1월 IMF 잠정위원회는 1975년의 오일 퍼실리티의 규모를 50억 SDR 로 하고, 특히 석유가인상으로 큰 타격을 받은 개발도상국에 대해서 선진국과 산유국이 공동부담으로 이자에 대한 보조를 해주기로 결정하였다. →IMF, SDR, 개발도상국

오토메이션 automation

인간이 신체기관의 단순한 연장에 지나지 않는 도구라는 데 비해서 기계의 특색은 그것이 인간노동을 대신할 수 있다는 점인데, 오토메이션은 그러한 기계·기계체계가 최고의 발전단계에 이른 것, 즉 자동적으로 조종·제어되어, 인간은 단지 그것의 감시·지령·연구·개발만을 하고 있으면 되는 기계·기계체계를 말한다. 오토메이션에는 기계적 오토메이션, 복원적 오토메이션, 사무적 오토메이션 등의 여러 가지 형태가 있는데, 어느 것이나 인간노동을 절약하고 사회적 생산력을 극도로 상승시키는 역할을 한다. 그러나 자본주의 아래에서의 오토메이션의 채용은 상대적 잉여가치의 생산을 증대하기 위하여 행하는 것에 지나지 않으므로 사회주의의 경우와 비교하여 부분적인 것에 머무르게 되는 동시에 실업을 증대케 하는 경향을 가지고 있다. →기계, 생산력

오퍼 offer

매매계약의 신청을 말한다. 무역에서는 구매자가 판매자에게 매입조건을 제시하여 신청하고 판매자가 구매자에게 판매조건을 제시하여 신청하는 것이다. 상대방의 승인기간을 지정하여 그 기간중에 반드시 회신하는 것을 의무화시키는 오퍼를 확정 오퍼 firm offer 라 한다. 매매당사자의 한편에서 제시된 거래조건에 상대방이 불만일 때 다시 조건을 내세우는 것을 카운터 오퍼 counter offer 라 한다.

오퍼곡선(曲線) offer curve

국제무역에 대한 상호수요설을 기하학적으로 설명하는 경우에, 무역상대국의 상품에 대한 수요의 강도를 자국에서 제공하려는 상품의 양으로 나타낸 곡선을 말한다.

이 곡선은 처음에는 에지워드 Edgeworth, F. Y. 에 의해 창안되었으며, 마샬 Marshall, A. 에 의해 더욱 정밀화되었기 때문에 마샬－에지워드의 오퍼곡선이라고도 한다. 그러나 그 후 이 곡선과 그 배후에 있는 생산과 소비 및 무역관계를 명확하게 하기 위해 미드 Meade, J. E. 는 생산가능곡선과 사회무차별곡선으로부터 무역무차별곡선 trade indifference curve 을 도출하였고 이를 이용하여 오퍼곡선을 도출함으로써 생산·소비 및 무역의 일반균형을 기하학적으로 설명하였다.

마샬－에지워드가 도출했던 오퍼곡선을 살펴보자. A 국은 X 재를, B 국은 Y 재를 수출한다고 하자. 그림에서 횡축에는 X 재의 수량을 표시하고 종축에는 Y 재의 수량을 표시하고 있으며 두 상품의 교환비율은 직선으로 나타나 있다. A, B 양국이 제공각 연결하면 그림에 나타나 있는 바와 같이 A국의 OA 곡선과 B 국의 OB 곡선을 각각 얻을 수 있는데 이들이 양국의 오퍼곡선이다. 그런데 양국의 오퍼곡선은 각각 무역이 없는 상태하에서 두 상품의 국내교환비율을 나타내는 직선, 즉 A 국의 경우는 Oa, B 국의 경우는 Ob 를 벗어날 수는 없다. 어느 나라이든 자국내에서 생산할 수 있는 수입경쟁 상품의 경우보다 더 적은 양의 상품수입을 하기 위해 자국생산물을 수출하려하지는 않을 것이기 때문이다.

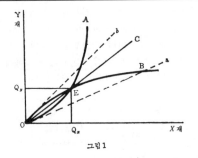

그림 1

그림에서 OA 는 A 국의 오퍼곡선으로서 A 국이 Y 재를 수입하기 위해서 제공하려는 X 재의 여러 가지 양을 나타내는 것이다. 그런 의미에서 오퍼곡선은 국제무역에 있어서의 공급곡선으로 생각될 수 있다. 뿐만 아니라 OA 곡선은 X 재를 제공하여 수입하려고 하는 Y 재의 여러 가지 양을 나타내고 있다는 의미에서 하나의 특수한 수요곡선이라고 간주될 수도 있다. A 국의 오퍼곡선, 즉 OA 가 상향으로 굴신(屈伸)하는 모양을 나타내는 것은 A 국이 X 재와 교환하여 수입한 Y 재의 양이 많아질수록 X 재의 공급은 점차 줄어들기 때문이다. 왜냐하면 첫째, A 국이 필요로 하는 Y 재의 양이 점차 줄어들게 되기 때문이며 둘째, 수출로 인해 X 재의 국내공급은 감소되어 X 재의 가치가 더욱 높아지기 때문이다.

B 국의 오퍼곡선 OB 의 모양도 마찬가지이다. 그림에서 A, B 양국의 오퍼곡선 OA, OB 는 E 점에서 교차하며 이 점에서 양국의 수출입이 균형을 이룬다. 무역량은 OX(X 재), OY(Y 재)가 된다. 여기서 원점과 E 점을 연결한 직선 OE 는 두 상품 XY 의 국제교환비율을 나타내며 교역조건선이 된다.

미이드가 도출했던 무역무차별곡선으로부터 무역오퍼곡선 trade offer curve 의 도출무역무차별곡선은 그 만족수준이 변화됨에 따라 수많은 무역무차별곡선군으로 나타나게 된다. 그림 2는 이를 나타내고 있다. 여기서 우리는 X, Y 두 상품의 가격 비율을 나타내는 교역조건선이 수없이 많이 있음을 알 수 있다. 이들은 모두 원점 O를 통과하여 무역무차별곡선군과 각각 접하고 있다. 이들 수많은 접점을 연결하면 하나의 곡선 OA가 그려진다. 이것은 A국의 오퍼곡선이다. 오퍼곡선상의 모든 점은 무역개시 후 X, Y 두 상품의 상대가격과 수출입량을 표시한다. 이런 방법으로 B국의 오퍼곡선도 도출된다. 또한 양국의 오퍼곡선이 교차되는 점에서 두 상품에 대한 양국의 오퍼가 일치된다. 양국의 오퍼곡선의 교점과 원점 O를 연결한 직선이 균형교역조건선이 되며 이 교역조건선은 두 상품의 국제균형가격비율을 나타내는 것이다.

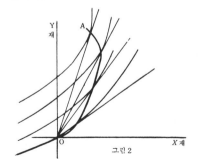

그림 2

오퍼레이션 리서치 operational research, operations research

하나의 경영내부의 문제를 처리하는 경우에도 서로 모순되는 사태가 일어나기 쉽다. 예를 들면 노동생산성을 높여서 노동비용을 낮추기 위해서는 기계화가 필요하지만, 이 경우 노동생산성에 비해서 자본비용이 더 증가하게 될지도 모른다. 오퍼레이션 리서치는 주어진 조건에서 이러한 모순되는 요구에 대한 최적해(最適解)를 발견하기 위한 분석방법으로서 일반적으로 OR이라는 약어를 사용한다.

원래 이 방법은 명칭이 함축하고 있는 것과 같이 제2차대전중에 효과적인 작전계획을 세우기 위하여 미국에서 개발되었다. 오퍼레이션 리서치의 특징은 하나의 문제를 각종의 실무자 및 과학자들이 전문분야별로 검토하고 그 문제에 대한 최적의 해결방법을 발견해내는 집단적인 접근방법이라는 점인데, 여기에서 특히 중요시되는 것은 그 문제에 관한 수학적 모형의 수립이다. 현재 이런 종류의 방법으로는, ① 최적화를 위한 극치(極値)를 구하는 선형계획법 linear programming, ② 통계적 관리개념에 기초를 두고 최적운영법을 구하는 재고관리법 inventory control, 대기행렬의 이론 queuing theory, waiting line theory, ③ 계산기에 의한 탁상실험, 즉 시뮬레이션 simulation을 사용하는 몬테카를로법 Monte Carlo experiment, 비지니스 게임 business game 등이 있다. 오퍼레이션 리서치는 임상의학과 같이 원래 개별적인 특수문제에 응용될 성질의 것으로서, 같은 산업에 속하는 회사라 할지라도 A회사에서 성공한 케이스를 그대로 B회사에 적용할 수는 없다. →선형계획

OPEC organization of petroleum exporting countries

석유수출국기구. 1960년 9월 이라크, 쿠웨이트, 사우디아라비아, 이란, 베네쥬엘라 등 5개국이 이라크의 바그다드에서 설립하고 본부는 비인에 두었다. 그 후 카타르, 리비아, 인도네시아, 알제리아, 아부다비, 나이지리아, 에쿠아도르 등이 가입하고 가봉이 준회원국으로 가입하여 현재 13개국으로 구성되어 있다. 1959~60년에 원유생산의 과잉경향이 보이자 국제석유회사는 2차에 걸쳐 원유공시가격을 인하하였다. 이것은 산유국의 위기의식을 유발하

여 OPEC가 설립되고 원유생산의 조정과 가격인하저지가 당초 가장 중요한 정책목표로 되었다.

1971년 2월 테헤란협정, 같은 해 4월 트리폴리협정으로 원유가격(1배럴당 각각 35센트에서 90센트)의 대폭인상과 1975년까지의 인플레이션 슬라이드조항을 명시하는 데 성공했다. 또 1972년 1월과 1973년 6월에는 달러의 평가절하에 의한 원유가격의 감가분을 보충하기 위하여 각각 8.9%, 11.9%의 인상을 실시하였다. 더욱이 1973년 10월에 원유가격의 대폭인상과 함께 테헤란, 트리폴리 양협정을 일방적으로 파기하고, 같은 해 12월에는 가격을 다시 2배로 인상하여 공시가격은 1배럴당 11달러 65센트로, 산유국 실수입은 7달러로 하였다. 1974년에 들어서 OPEC는 공시가격은 그대로 둔 채 7월과 9월 2차에 걸쳐 이권료, 소득세를 인상하였으며, 또 11월에는 사우디아라비아, 아랍토후국연방, 카타르의 3국이 공시가격을 11달러 25센트로 인하하여 소비국의 가격인하요구에 응하는 자세를 보였으나 동시에 이권료, 소득세를 인상하여 산유국수입은 반대로 증가시키는 등 원유수급이 완화되는 가운데에서 수입유지의 방침을 강력히 추진하고 있다. 이동안 OPEC는 오일 쉐일, 석탄가스화 등 대체에너지개발에 필요한 비용과의 관련성을 무시하는 원유의 신가격체계를 OPEC 경제전문위원회에서 검토한 결과, 12월의 OPEC 총회에서는 산유국수입 1배럴당 10달러 12센트라는 통일가격을 새로 제시하고 예상되는 산유국의 100%의 국유화에 따라서 그 필요성을 상실하는 공시가격의 폐지를 명확히 제시했다. 또 선진소비국과의 협의에 있어서는 1975년 1월에 발표된 전년 12월 총회의 공동성명을 통해서 이것을 지지하는 방침을 보였다.

옵션 Options

이자율과 주식시장 위험을 헷지하기 위한 파생금융상품의 하나로서 매입자에게 특정 금융수단을 일정기간(계약만료시점 이전)에 특정가격(행사가격) exercise price: strike price에 매입하거나 매도할 수 있는 선택권을 부여하는 계약을 말한다. 옵션의 매도자 seller, writer는 매입자 purchaser가 금융수단의 매입 또는 매도 선택권을 행사하는 경우 이에 상응하여 매도 또는 매입할 의무가 있으며 이에 반하여 옵션의 매입자 또는 보유자는 이러한 선택권을 행사할 수 있고 하지 않을 수도 있다. 이러한 선택권은 경제적 가치를 가지므로 이에 대하여 premium을 지불하게 된다.

옵션에는 여러 가지 종류가 있다. American option은 계약만료시점까지 언제든지 선택권을 행사할 수 있는 것이고 European option은 계약만료일에만 행사할 수 있는 것이다. 선택권의 대상이 되는 금융수단의 종류에 따라 주식 옵션, 금융선물 옵션 등이 있고 금융수단의 매입 선택권인지 매출 선택권인지에 따라 Call option과 Put option이 있다. 美재무성증권을 대상으로 하는 금융선물에 대한 옵션을 예로 들면 June Treasury Bond futures contract를 115라는 가격에 매입할 수 있는 선택권을 premium 2000불에 매입한다면, 이 옵션의 매입자는 6월말일 이전 언제든지 June TB futures contract를 매입할 수 있는 선택권을 언제든지 행사할 수 있다. 따라서 June TB futures contract를 매입하는 경우와 비교하면 이러한 옵션을 매입하는 경우 TB가격이 115를 상회하는 경우 이익을 premium(2000불)만큼 줄이는 대신에 115를 하회하는 경우 옵션을 행사하지 않음으로써 손실을 premium(2000불)에 한정하게 하는 일종의 보험과 같은 기능을 하는 것이다.

*완전경쟁 · 불완전경쟁 完全競爭 · 不完全競爭 perfect competition · imperfect competition

완전경쟁은 시장형태의 일종인 동시에 시장의 기본모형의 전제가 되는 개념이다. 완전경쟁이 성립하려면 다음 네 가지 조건이 충족되어야 한다. 첫째, 산업내의 기업은 다수이고 소규모이어야 한다. 한 기업이 생산량을 증대시키거나 수요량을 변화시켜도 산업전체의 수급량에 비하면 극히 적은 것이어서 시장가격에 영향을 미치지 못한다. 따라서 개별기업측에서 보면 생산물에 대한 시장가격은 산업전체의 수요공급의 균형에 의해 주어지는 것이다. 둘째, 각 기업에서 생산하는 생산물은 동질적이어야 하고 거래선에 대해 특별한 단골관계가 성립하지 않는다. 셋째, 산업에 대한 기업의 진입에는 아무런 장애가 없다. 한 기업이 특정 산업에로 진입하거나 퇴출하는 이유는 이윤에 있다. 즉 기업은 정상이윤보다 이윤이 높을 때 그 산업에 진입하고 이윤이 정상이윤보다 낮을 때 그 산업에서 퇴출한다. 또한 기존기업 등이 계약을 맺거나 또는 그 산업이 어떤 법률적 제약을 받음으로써 기업의 진입이나 퇴출에 대해 어떤 형태로도 제약을 가할 수 없다. 넷째, 소비자, 생산자, 자원소유자는 시장에 대해 완전한 정보를 얻을 수 있다. 따라서 각 행위주체는 시장내의 모든 변동사항을 즉시 간파하여 이에 대한 대책을 수립하여 행동한다.

이상의 완전경쟁의 조건은 현실에 비추어 볼 때 상당히 추상적인 것이지만 농산물시장은 이에 상당히 접근되어 있다고 볼 수 있다. 그러나 완전경쟁과 현실 사이의 차이는 장기적인 관점에서 볼 때 어느 정도 메꾸어질 수 있다. 예컨대 장기적으로 볼 때 기업은 상당히 유동적이며 이윤이 높은 산업으로 움직이는 경향이 있다. 이와 같이 완전경쟁이 현실을 반영하지 못하면서도 경제분석에서 중요한 지위를 차지하는 이유는 다음과 같다. 첫째, 완전경쟁은 이론분석이 간단하여 모든 시장구조의 표준이 되고 있다. 둘째, 장기적으로 볼 때 완전경쟁은 후생경제면에서 효율성 efficiency이 높다. 이것은 완전경쟁시장의 장기균형이 산업내의 모든 기업의 추가이윤을 삭감시켜 버리고 가격, 한계생산비, 평균생산비가 일치하는 점에서 가격이 성립하며 이 때 평균생산비는 기업이 도달가능한 최소비용을 나타내게 됨을 의미한다. 불완전경쟁이란 완전경쟁의 조건을 갖추지 않은 시장상태를 통틀어 가리키는 용어이다. 불완전경쟁시장은 독점, 복점, 과점, 독점적경쟁의 형태로 흔히 구분된다.

〔참고문헌〕 Henderson, J. M. & Quandt, R. E., *Microeconomic Theory*, 1972; Lipsey, R. G., *An Introduction to Positive Economics*, 1966.

완전고용 · 불완전고용 完全雇傭 · 不完全雇傭 full employment · under employment

완전고용이란 일정실질임금하에서 일하고 싶은 사람들이 전부 고용되고 있는 상태를 말한다. 다시 말하면 일정실질임금수준하에서 노동의 수요와 공급이 일치하고 있는 상태이고 이론적으로는 노동의 수요곡선과 공급곡선의 교차점이 가리키는 고용수준을 의미한다. 그림에서 Y축에 실질임금, X축에 고용량을 표시하고 노동의 수요곡선을 D, 공급곡선을 S로 표시하면 실질임금 $\dfrac{W_0}{P_0}$에서는 ON_0가 완전고용수준이 된다. 그러나 만약 실질임금수준이 $\dfrac{W_1}{P_1}$이라면 $N'N''$만큼의 노동이 실업상태에 놓이게 된다. 이것이 곧 불완전고용의 경우이다. 완전고용 혹은 불완전고용은 물론 노동시장의 상태를 말한다.

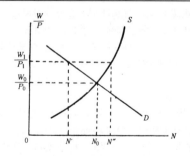

그러나 사회경제는 노동시장뿐만 아니라 재화시장, 화폐시장 등으로 구성된다. 종래의 일반균형론의 입장에서 본다면 노동시장이 불균형상태로 있으면서 경제전체의 균형이 성립한다는 것은 있을 수 없다. 그러므로 노동시장에 불완전고용(공급초과)이 있는 채로 타시장 내지 경제전체가 균형이 성립한다는 것은 있을 수 없다. 그리고 이러한 이론구조는 ① 실질임금과 이자율이 신축적이다. ② 총공급과 총수요는 언제나 일치하기 마련이다(Say의 법칙). ③ 화폐수량의 변화는 물가수준을 변화시킬 뿐 기타의 생산과 고용에 대하여는 중립적이다(화폐수량설)라는 등의 기본가정을 토대로 하는 것이다.

케인즈 Keynes, J. M.는 이러한 고전파의 이론을 비판하고 노동시장에 불완전고용을 지닌 채로 노동시장·재화시장·화폐시장에 걸치는 거시적 경제균형이 성립할 수 있음을 주장하였다. 불완전고용균형의 성립을 밝히는 그의 유효수요이론의 기본적 전제는 고전파의 완전고용균형의 이론의 그것과는 다음과 같이 비교된다. ① 불완전고용상태하에서의 화폐임금은 비신축적이다. ② 공급이 수요를 창조하는 것이 아니라 공급은 유효수요에 의하여 한정된다. ③ 화폐수량은 회사의 화폐수요(유동성선호)와의 균형에 의하여 이자율을 결정하고 이자율은 투자수준에 영향을 준다. 그러므로 화폐수량은 이자율을 통하여 실물경제면에 영향을 준다. 이리하여 케인즈에 의하면 소비성향·자본의 한계효율·유동성선호가 주어지면 화폐수량이 이자율을 결정하고 이자율이 투자수요를 결정하고, 투자수요가 소비수요와 함께 유효수요를 결정하고, 유효수요가 산출량 따라서 고용량을 결정하게 되는 것인데, 이와 같이 결정된 고용량이 현존화폐임금하에서 일하고자 하는 노동량을 남김없이 흡수한다는 보장은 없다. 이리하여 거시적 균형하에서 있을 수 있는 노동의 공급초과를 그는 비자발적 실업이라고 이름지었다. 케인즈에 의하면 완전고용은 이같은 비자발적 실업이 없는 상태를 의미한다.

완전고용승수 · 과소고용승수 完全雇傭乘數 · 過少雇傭乘數 full employment multiplier · under-employment multiplier

보통의 승수이론에서는 화폐적 투입(독립투자액 또는 소비액의 증가)의 소득에 대한 효과를 분석하는 것을 문제로 하지만 소득이 실질소득이냐, 화폐소득이냐는 구별하지 않는다. 그러나 만약 가격수준의 변동이 있을 때에는 실질소득에 대한 승수(실물승수)와 화폐소득에 대한 승수(화폐승수)는 달라진다. 가격수준의 변동을 포함하면 승수방정식은 극히 복잡한 것이 되므로 보통 케인즈이론에서는 다음과 같은 편의적인 가정을 함으로써 이 곤란을 회피하고 있다. 그 가정이란 완전고용에 이르기까지는 모든 재화의 공급은 완전히 탄력적이고, 완전고용에 도달한 후에는 완전히 비탄력적이 된다는 것이다.

이 가정하에서는 과소고용하에서의 가격수준이 불변이고 따라서 화폐소득과 실질소득은 같은 율로 움직이지만 완전고용을 지나면 실질소득은 불변인 완전고용소득의 수준에 멈추고 다만 가격수준이 화폐소득과 같은 비율로 상승한다고 상정할 수 있다. 이 가정하에서 과소고용승수에 대해서는 화폐승수와 실물승수는 비례인자를 제외하고는 일치하며 일반적 승수방정식으로 나타낸다. 완전고용승수에 대해서는 실물승수는 언제나 0이고 따라서 화폐승수만 남는다. 이 경우 화폐적 완전고용승수는 화폐적 과소고용승수보다 크다는 것이 다음과 같이 증명된다. Cr=실물적 소비, Cm=화폐적 소비, Yr=실질소득, Ym=화폐소득, P=가격수준, $\bar{P}$=과소고용하의 불변인 가격수준, $\bar{Y}_{rf}$=완전고용하에서 불변인 실질소득, $\bar{I}$=자생적 투자라 하고 화폐차관이 없는 것으로 가정한다. 과소고용하에서는 실질소비함수가 $C_r=aY+k$라면 화폐소비함수는 $C_m=aY_m+k \cdot \bar{P}$가 되므로 소득결정의 방정식은

$$Y_m=aY_m+k \cdot \bar{P}+\bar{I} \quad \cdots\cdots\cdots (1)$$

로 되고 승수는

$$\left[\frac{dY_m}{d\bar{I}}\right]_u = \frac{1}{1-a} \quad \cdots\cdots\cdots (2)$$

가 된다. 완전고용에서는 실질소비함수가 $Cr=a\bar{Y}_{rf}+k$이라 한다면 화폐소비함수는 $C_m = \left(a+\dfrac{k}{\bar{Y}_{rf}}\right)Y_m$이 되므로 소득결정방정식은

$$Y_m = \left(a+\frac{k}{\bar{Y}_{rf}}\right)Y_m + \bar{I} \cdots\cdots\cdots (3)$$

이 되고 승수는

$$\left[\frac{dY_m}{d\bar{I}}\right]_f = \frac{1}{1-\left(a+\dfrac{k}{\bar{Y}_{rf}}\right)} \quad \cdots\cdots (4)$$

이다. 분명히 완전고용승수는 $\left[\dfrac{dY_m}{d\bar{I}}\right]_f$는 화폐적 과소고용승수 $\left[\dfrac{dY_m}{d\bar{I}}\right]_u$보다 크다. 이상에서 물론 $\left|\partial+\dfrac{k}{\bar{Y}_{rf}}\right|<1$ 및 $k>0$을 가정하고 있다. 실제로는 완전고용에 도달하기 훨씬 전에 총공급이 완전히 탄력적이

되지는 않을 것이다. 그리고 완전고용을 어떻게 정의하느냐에 따라서 완전고용하에서도 공급이 탄력적일 수도 있을 것이다. 이 경우 가격수준의 변동을 포함하는 승수분석은 한층 어렵고 복잡해진다.
→인플레이션, 투자승수

왈라스 Walras, Marie Esprit Léon (1834~1910)

프랑스의 경제학자. 로잔느학파의 시조이며 일반균형이론의 창시자. 파리의 광업학교에 입학했으나 중도에서 그만 두고 역시 경제학자였던 아버지 Walras, A. 의 영향을 받아 경제이론의 연구에 착수했다. 이미 그의 처녀작 *L'economie politique et la justice*(1859)는 경제학에 수학을 적용할 수 있다는 그의 확신을 보여주고 있다. 1860년에 로잔느의 조세회의에 참가한 것을 계기로 1870년 로잔느 아카데미에 신설된 경제학강좌의 초대교수로 초청되었다. 이 때부터 연구생활에 전념했으며, 1892년에 파레토 Pareto, V. 에게 강좌를 인계한 후에도 레만호 주변에 거주하면서 연구생활을 계속하였다.

왈라스는 1870년대의 한계효용이론의 발견자 중 한 사람이지만, 오히려 일반균형이론의 창시자로서 불후의 명성을 남겼다. 「순수경제학요론 *Élements d'économie politique pure, ou théorie de la richesse sociale*」(1874—77)에서 전개되고 있는 일반균형의 이론체계는 먼저 한계효용원리에 기초하여 상품간의 교환이론으로부터 다수상품간의 교환이론으로, 다음에 생산이론, 자본 및 신용의 이론 등의 점차 복잡한 문제를 다루는 방법을 취하고 있다. 생산이론에서는 3종의 생산요소로서 토지용역, 노동용역, 자본용역을 고려하고 이들 용역의 수요공급량 및 가격(지대, 임금, 이자)이 소비재의 수요공급량 및 가격과

동시에 시장의 일반균형을 통해서 결정되는 메카니즘이 명백하게 구명되어 있다. 생산의 일반균형을 규정하는 방정식체계는 ① 생산용역의 공급함수 ② 소비재의 수요함수 ③ 생산요소의 수요균등의 조건 ④ 각 재(財)의 생산비와 가격의 균등조건으로 구성되고, 전체적으로 서로 독립적인 방정식의 수와 미지수의 수가 같다는 것으로부터 일반균형해가 존재한다는 것이 설명되어 있다. ①과 ②의 함수들은 한계효용원리에 의거해서 도출되지만, ③과 ④의 방정식에 포함되어 있는 생산계수는 당초 상수라고 가정되어 있었다.

그리고 일반균형의 방정식체계가 경쟁시장을 통해서 어떻게 평균해를 낳는가를 예시하기 위해서 왈라스는 소위 모색(模索)이론을 전개하고 있다. 생산이론으로부터 자본에 대한 이론에 의하면, 소비재와 함께 자본재의 생산이 취급되고 여기에서 얻어지는 소득은 소비재구업에 지출되는 소비부분과 자본재구업에 지출되는 저축부분으로 나누어진다. 그리고 자본재로부터 얻어지는 순수입률의 결정까지 고려되는 방정식체계의 수립이 시도되고 있다. 「순수경제학요론」의 출판 이후 그는 화폐문제에 주력, 복본위제에 관한 일련의 논문을 발표했다. 그 중에서도 특히 1886년의 논문 "Théorie de la monnaie"은 현금잔고접근법에로의 이행을 암시한다는 점에서 중요하다.

〔주 저〕 전게외(前揭外) : *Études d'économie sociale*, 1896; *Études d'économie politique appliquée*, 1898.

왈라스 법칙(法則) Walars' law

화폐를 교환의 매개수단으로 하는 시장에 있어서는 재를 사는 일은 화폐를 공급하는 것이며, 재를 파는 일은 화폐를 수요하는 것이다. 따라서 화폐 이외의 재의 총수요가 총공급을 초과하면 이는 화폐의 총공급이 총수요를 초과함을 의미한다. 만약 화폐를 제외한 재에 대해 수요와 공급이 일치하면 당연히 화폐의 수급도 일치한다. 또 이 관계는 왈라스가 그 이론의 시초에서 상정한 것처럼 화폐를 매개재로서 사용하지 않고, 특정의 재를 가치척도재로서 사용하는 물물교환의 경제에 있어서도 성립한다. 예를 들어 가치척도재를 쌀이라고 한다면, 쌀을 제외한 다른 모든 재화의 공급, 즉 쌀로 표시한 총수요는 쌀의 총공급과 일치한다. 또 가치척도재가 아니더라도 임의의 특정재에 대해서도 이와 동일한 관계가 성립한다. 요컨대 모든 재의 수요와 재의 공급은 균형점에 있어서는 당연히 일치한다는 자명한 사실에서 이 법칙이 귀결된다.

이 법칙은 왈라스가 그 일반균형이론을 수식화함에 즈음하여 종종 활용한 것이다. 즉 시장에서 m 사람이 n 재를 교환하는 경우, 미지수는 각 사람, 각 재의 교환량 mn 개와 가격 $n-1$ 개이나 균형방정식은 각 사람의 효용균등식이 $m(n-1)$ 개, 수지균등식이 m 개, 각 재의 수급균등식이 n 개로 합계 $mn+n$ 개 성립한다. 따라서 형식상 식이 1개 과잉으로 되나, 위의 법칙에 의해 $n-1$ 개의 재에 대해 수급이 균등하면 당연히 제 n 재에 대해서도 수급이 균등하기 때문에 최후의 1식은 다른 식에 의해 의존한다. 따라서 방정식과 미지수의 수가 일치하여 균형이 성립한다. 이 법칙을 왈라스법칙이라고 명명한 사람은 랑게 Lange, O. 이다.

왈라스 자신은 $n-1$ 개의 재의 수급이 균등하면 제n재에 대해서도 수급이 균등하다는 형식으로 이 법칙을 사용하였으나, 랑게는 이것을 더욱 확장하여 개개의 재에 있어서 수급이 균등하지 않아도 화폐 이외의 재의 초과수요와 화폐의 초과공급 또는 그 역이 항상 일치한다는 형식으로 이 법칙을 표시하고, 또 나아가서 가치척도에 대해서도 같은 법칙이 성립함을 증명하고 있다. 랑게와 같이 왈라스법칙을 확장하면, 이것을 화폐와 재의 균형관계분석의 도구로써 이용할 수 있다. 랑게는 이 법칙을 화폐적 효과의 분석의 도구로서 사용하고 있다. 화폐적 효과란 화폐의 초과수요가 화폐를 재로 대체하느냐 또는 안하느냐라는 효과를 나타낸다. 랑게의 이 시도는 정태균형의 테두리 안에서 성립하는 왈라스법칙을 동태분석에 사용하려고 한 점에서 성공하였다고 할 수 없으나, 그 의도는 파틴킨 Patinkin, D. 등에 의해 계승되어 실물체계와 화폐체계의 관계를 구명하는 도구로서 왈라스법칙이 사용되고 있다.
→일반균형이론

외부경제 外部經濟 ☞내부경제·외부경제

외자도입 外資導入 import of foreign capital

국제간의 교역은 상품의 이동과 생산요소의 이동으로 나누어지며 상품의 이동을 국제무역이라 하고 노동을 제외한 생산요소(구체적으로 기술 및 화폐자본)의 이동을 국제자본이동이라 한다. 자본이 국제적으로 이동하는 일반적인 요인은, 자본주의가 발달한 국가에서는 자본의 과잉축적으로 이윤·이자율이 낮으며, 자본주의가 발달하지 못한 국가에서는 자본이 부족하고 투자의 한계효율이 높아 이윤·이자율이 높다는 사실이다.

이 국제적 자본이동을, 자본이 유출된 국가측에서 보면 해외투자가 되고 유입된 국가측에서 보면 외국자본의 도입, 즉 외자도입이 된다. 그런데 오늘날 개발도상국에 도입되는 외자의 형태에는 원조, 차관,

직접투자, 합작투자 등이 있다. 이러한 국제자본이동은 그 기간에 따라 장기와 단기로 구별되며 전자는 주로 산업자본에, 후자는 주로 금리차를 이용하여 자본이득을 노리는 투기자본에 속하며 외자로서 문제가 되는 것은 주로 전자이다.

개발도상국에서 외자도입이 필요한 이유는 첫째, 경제개발에 필요한 내자의 부족을 보충하려는 데 있다. 즉 소득증가를 위해서는 신투자가 있어야 하며 투자를 위해서는 저축이 있어야 하는데 일반적으로 개발도상국은 국민저축률이 낮아 자본부족을 겪고 있다. 이의 해결을 위해서는 다른 사정이 동일한 한, 외국으로부터 자본을 수입함으로써 투자부족을 메꿀 수 밖에 없다. 둘째, 국제수지의 입초(入超)를 보전하기 위함이다. 국제수지는 경상계정과 자본계정으로 구분되며 경상계정에서의 적자를 자본계정에서 메꾸는 경우, 외자도입이 필요하며 이것은 주로 기초원자재 및 자본설비의 수입수요를 충당키 위한 것이 많다.

그런데 이러한 외자도입의 파급효과를 살펴 보면 개발도상국에선 외자도입으로 투자가 증대되므로 승수효과에 의해 국민소득은 증대되고 수입이 촉진된다. 차입국의 수입증대가 대부국의 수출을 증대시킴으로써 국민소득을 증가시켜 상호수입을 왕성하게 하므로 국제적 경기의 상승적 파급을 가져온다. 또한 자본수입국에서는 이자율이 저하되고 자본수출국에서는 이자율이 상승하여, 결국 이자율이 평준화된다. 개발도상국이 국민소득의 증가를 위해서 투자재원을 조달하는 방법으로 조세징수, 인플레이션에 의한 강제저축보다 외자도입을 택하는 경우에는 외자의 원리금상환을 전제로 하므로 외자도입규모의 한계내지 적정성이 문제가 된다. 원리금상환을 위해서는 도입된 외자가 수출산업 또는 수

입대체산업에 투입되어 무역수지의 개선을 꾀하여야 한다. 만약 이것이 실패하면, 원리금상환은 외환 및 물가정책면에서 제약을 받는다.

외자도입의 적정규모를 정하기는 어려우나, 외자의 흡수능력이나 경제적 수준, 자본의 한계효율 등을 고려하여야 한다. 로댕 Rodin, R. 은 「저개발국의 국제원조」에서 한 나라가 필요로 하는 외자의 적정규모는 경제발전에 소요되는 총투자액에서 국내저축을 뺀 나머지라고 정의하고 있다. 끝으로 우리 나라의 외자도입은 미국의 대외원조정책이 1957년부터 무상원조공여방식에서 개발차관위주로 전환과 1962년 경제개발 5개년계획이 추진됨에 따라 본격화되었다. 구체적으로 '외자도입촉진법'이 1960년 제정되었고, 1962년에는 차관의 지불보증에 관한 법률 및 장기결제방식에 의한 자본도입에 관한 특별조치법 등이 제정되어 적극적인 외자도입활동이 펼쳐졌다.

우리 나라의 외자도입은 ① 양적 확대에 치중하여 단기고리채의 조건이 나쁜 악성차관의 도입과 ② 주로 미국과 일본에 편중된 외자도입정책은 양국의 경제변화에 민감하게 반응되어 그 적응력이 부족한 점 ③ 원리금상환을 필요로 하지 않는 직접 및 합작투자의 비율이 낮은 점 등 외자도입의 구조적 취약점이 있었던 것도 사실이지만 외자도입이 그간의 경제개발계획의 수행에 미친 역할은 크다고 볼 수 있다. 그러나 앞으로의 외자도입은 개별적으로 추진되기에 앞서 투자순위의 결정, 사업경영능력, 국내시장 및 수출시장규모의 객관적 파악 등 외자수용태세가 확립되어야 하며, 외자도입은 초기의 양적 극대지향에서 질적 엄선의 방향으로 전환되어야 하고, 그 규모도 점차 작아져야 한다. 끝으로 강조할 점은 경제개발을 목적으로 외자도입을

하는 경우, 이에 대한 안이한 의존정신은 자국을 타국에 대해 경제적 속국으로 만들기 쉬우므로 경제적 자립이나 개발은 자국에서 자력으로 성취하여야 한다는 확고한 경제의지 the will to economize 가 선행되어야 한다는 점이다.

외자도입법 外資導入法 law concerning foreign investment

'외자에 관한 법률'의 약(略). 6·25동란 후 우리 나라 경제의 재건을 위해 외국자본의 도입이 대단히 필요하였기 때문에 이 외자도입법이 설정되었다. 그리고 한국경제의 자립과 건전한 발전, 국제수지 개선에 기여할 수 있는 건전한 외국자본에 한하여 도입을 인정하였다. 그리고 그 이윤과 원금의 송금을 확보하는 등 외국자본을 보호할 것을 규정하였다. 원칙적으로 외자도입에는 자유를 인정하지만 일정한 인가기준을 두고 제한하는 단서가 있다.

외화가득률 外貨稼得率 rate of foreign exchange earning

상품수출가액에서 수입원자재가액을 공제한 값의 상품수출가액에 대한 비율을 말한다. 이 비율은 상품품목별로 산출되며 원자재를 국내에서 생산할 수 있는 산업의 외화가득률은 높고, 일반적으로 경공업보다 중공업쪽이 높다. 따라서 외화가득률이 높은 산업을 육성함으로써 국민경제전체의 무역수지가 개선된다. 그러므로 그 평가기준을 찾아내는 것이 이러한 비율을 산출하는 목적이기도 하다. 한편 외화가득률은 한 나라의 경제를 산정하는 데 이용된다. 즉 그 나라의 평균적인 외화가득률과 기초수입액을 알고 있다면, 필요한 수출액은 다음 식에 의해서 산출할 수 있다.

외화가득률을 α, 기초수입액을 M_1, 수출산업원자재수입액을 M_2, 수출액을 X 라

하면, $\alpha = \dfrac{X-M_2}{X}$, 수입총액 $M = M_1 + M_2$ 에 의하여 $\alpha = \dfrac{X-M+M_1}{X}$ 이 되고 수출입의 균형을 위해서는 $X-M=0$일 필요가 있으므로 $\alpha = \dfrac{M_1}{X}$, 따라서 $X = \dfrac{M_1}{\alpha}$ 이 된다. 즉 수출액은 기초수입액에다 α 의 역수를 곱한 것만큼 달성되어야 수지균형이 이루어진다. 그러나 이러한 비율만을 표준으로 하여 산업구조정책이나 무역정책을 세우는 것은 곤란하다. 왜냐하면 첫째, 이 비율은 수출산업에 대한 해외의 수요나 그 산업의 국제경쟁력을 고려하지 않고 있으며 둘째, 외화가득률의 인상을 꾀하는 정책은 무역차액의 증대만을 강조하고 수출입의 균형잡힌 증대를 통하여 경제의 확대가 이루어진다는 점을 경시하고 있다.

외화준비액 外貨準備額 foreign currency reserves

외화준비액을 말하기 전에 외화준비제도부터 설명하기로 한다. 외화준비제도는 환은행의 외화자산 중 일정액을 외국은행의 예금이나 미국과 영국의 정부증권과 같이 유동성이 높은 자산의 형태로 보유하는 제도이다. 이 제도에 의하여 국가가 수입대금의 결제나 차입금의 반제 등과 같은 대외지불에 충당하는 공적인 준비자금을 금액으로 나타낸 것을 외화준비액이라 한다. 이것은 경기변동과 경제성장의 전제를 비판하기 위한 중요한 경제지표의 하나로서 우리 나라에서는 매월 재무부가 발표한다. 우리 나라의 외화준비액은 ① 정부보유분과 ② 한은보유분의 공적인 것으로 한정되어 있고 환은행과 상사가 보유하고 있는 부분은 포함되지 않는다.

외환 外換 foreign exchange

환이라 함은 일반적으로 현금의 수수없이 지불위탁 또는 채권양도에 의하여 원격지자(遠隔地者)간에 발생한 채권·채무를 결제하는 방법을 말한다. 예를 들면 서울의 A 상인이 부산의 B 상인에게 10만원의 지불채무가 있고, 또 한편 서울의 C 상인이 부산의 D 상인으로부터 받을 동액의 채권이 있다 하자. 이 때 A 가 B 에게, D 가 C 에게 각기 10만원의 현금을 송금하는 대신에 B 가 A 에 대해 가지고 있는 채권을 C 에게 양도하고 C 가 D 에 대해 가지고 있는 채권을 B 에게 양도하면 A 는 C 에게, D 는 B 에게 각기 10만원을 인도하게 되어 양지간에 현금을 송치하는 비용과 위험을 생략하여 전부가 결제되는 것이다.

이러한 환의 원리를 국내에 적용한 경우가 내국환 domestic exchange 이고, 국제간에 확장 적용한 경우가 외환이다. 즉 외환은 국제간의 거래에 의해 발생하는 대체관계를 금의 수수에 의하지 않고 채권양도, 지불위탁에 의해서 결제하는 방법을 말한다. 그 원리는 내국환의 경우와 동일하다. 이제 한국의 수출상 A 가 미국의 수입상 B 에게 가발을 수출하고, 반면에 한국의 수입상 D 가 미국의 수출상 C 로부터 기계를 수입한다고 하자. 우연히 금액이 같다고 하면, A 는 B 가 발행한 환어음을 D 에게 제시하여 대금을 회수하고, D 는 이것을 C 에게 송달하여 대금지불에 사용하고, C 는 다시 이것을 B 에게 제시하여 대금을 회수한다. 이 일련의 거래에 의해 국제간의 대차관계는 세계화폐인 금의 수송을 수반하지 않고도 청산되며 그 결과 유통비가 절약된다.

실제로는 금액이나 지불기일, 지불장소, 통화의 종류가 서로 다르기 때문에 상례와 같이 상인간에 직접 채권양도가 행해지는 것이 아니라, 환어음을 매매하는 형식을 취해 자기계산으로 채권을 인수하고 양도하는 업자가 개재하여 환거래를 원활하게 한다. 이 업자가 환은행이다. 따라서 외환이라는 것은 간단히 말해서 환은행을 통해 외국환어음이라는 수단에 의해 국제간의 대차관계를 결제하는 제도 내지 방법이라고 할 수 있다. 그러나 경우에 따라서는 외국통화로 표시된 채권으로서의 일체의 대외지불수단을 가리킬 때도 있다. 그리고 환어음을 수취한 수출업자가 환은행에 그것을 매각하여 채권을 회수하는 방법을 역환 negotiation by draft 이라 한다.

외환관리 外換管理 exchange control
외환에 대한 정부규제의 체제를 말한다. 이 체제하에서는 정부가 모든 외환의 매매를 취급하고 국민에 대하여 외국통화의 공급을 할당하거나 배분한다. 이 방법에 의해서 국제수지의 곤란에 직면하고 있는 국가는 그 국민의 외환의 축적에 의하여 가능한 액까지 수입을 제한한다. 이렇게 함으로써 국제수지균형을 인위적으로 달성할 수가 있는 것이다. 환의 통제는 필요한 재화만이 수입될 수 있게 수입업자를 차별하기 위해서도 이용된다. 예를 들면 더욱 필요한 재화의 수입을 장려하기 위하여 사치품이나 중요하지 않은 재화를 수입하기 위한 외환은 허가하지 않는다.

외환관리법 外換管理法 foreign exchange control law
현대국가에서는 외환거래에 대하여 직접적인 규제 또는 조정을 가할 필요성이 높아지고 있다. 이러한 외환관리의 목적은 일반적으로 환율의 안정과 국제수지의 균형을 기하는 것이다. 국민경제가 국내적으로나 국제적으로 균형을 유지하기 위해서는 일반적인 재정금융정책과 같은 간접적인 통제방식만으로는 불충분하므로 대외거래를 직접 규제하고 관리할 필요가 발생하여 외환관리법이 요청되고 있다.
우리 나라의 경우는 1961년 12월 31일 이법이 제정·공포되어 그 시행령과 함께 1962년 1월 20일부터 실시되었다. 외환관리법은 직접 외국환관리를 목적으로 하는 기본법규와 외국환관리에 간접적으로 관련되는 관련법규로 나눌 수 있는데 전자에 속하는 것으로는, 외국환관리법과 그 시행령, 외국환관리규정 및 외국환심의위원회규정 등이 있고, 후자에 속하는 것으로는 외환거래법, 외자도입법, 한국은행법, 국내재산도피방지법 등이 있다.

외환집중제도 外換集中制度 foreign exchange concentration system
국민이 취득한 외화의 전부를 정부 또는 이에 준하는 특정기관이 강제적으로 사들여 당국이 외화를 집중적으로 보유·관리·운영하는 제도를 말한다. 외화가 민간의 외화취득자로부터 당국의 수중에 집중되는 데에는 보통 두 가지 단계가 있다. 첫째, 민간의 외화취득자에 의하여 외환은행에 외화가 매각되는 단계이며 둘째, 외환은행이 취득한 외화를 당국이 어떻게 집중시키는가의 단계이다.
외화집중의 제2단계는 전면집중제와 보유고집중제로 나누어진다. 전면집중제에서의 환은행은 고객과 당국과의 사이에 있는 단순한 매개기관이며, 외화의 자기보유가 인정되지 않는 통과계정에 불과한 것이다. 그 방식이 약간 완화된 것으로 자금집중제라는 것이 있다. 보유고집중제에 있어서는 환은행의 외화보유를 인정한다. 이 경우 당국은 스스로 외화를 보유하기보다는 오히려 환은행 자체로 하여금 외화를 보유하게 하고 또 이에 외화를 예탁하여 운영시키는 것을 원칙으로 한다. 이것이 한층 더 완화된 것이 상사 등에 일정한도의 외화보유를 인정하는 경우이다.

요구불예금 要求拂預金 demand deposit

은행에 예고함이 없이 예금자가 인출할 수 있는 은행예금을 요구불예금이라고 한다. 요구불예금은 정기예금과 달리 이자가 붙지 않지만 수표로 인출할 수 있으므로 유동적 특성을 많이 갖고 있다. 이러한 점에서 요구불예금은 때에 따라 수표화폐 check-book money로 호칭되며 총통화량의 하나의 구성인자가 된다. 요구불예금은 은행계정에 현금을 예금함으로써 발생하는 본원적 예금 primary deposits과 대출을 통하여 은행에 창조되는 파생적예금 derived deposits의 두 가지의 범주로 나눌 수 있으며 은행은 파생적인 예금창조를 통하여 거래의 필요에 응하기 위한 화폐공급을 증가시킬 수 있다.

요맨 yeoman

영국의 전형적인 독립자영농민을 말한다. 협의로는 14~15세기 중엽까지의 년수(年收) 40실링 이상의 자유보유농 free holder을 말한다. 광의로는 15세기 중엽 이후에 이 자유보유농 외에 지대의 금납화 commutation에 의하여 지위를 개선하여 신분적으로나 경제적으로나 상당히 자유롭게 된 농민을 말한다. 등록소작인 copy holder 또는 관습소작인 customary holder의 상층에 속하는 농민도 요맨이라 부른다. 보통 요맨이라 함은 이 광의의 요맨을 가리킨다. 15세기 튜더왕조의 절대적 사회 기반을 이룬 것은 이 요맨층이었다.

16세기에는 요맨 중에서 소자본가적 차지(借地)농업자가 생겨났으며 또 농촌공업으로서 모직물 매뉴팩처의 경영이 발전하였다. 그러나 인클로저 enclosure의 급격한 진전과 아울러 요맨층은 그 중에서 생겨난 산업자본가층과 농업자본가층이 대립하게 되었다. 울타리식 농업운동, 대농경영의 경쟁력, 지대의 등귀, 중개인의 시장조작 등에 의하여 18세기 중엽의 제2차 인클로저 과정에서 요맨은 자본가와 임금노동자로 분화되어 갔다. 결국 요맨은 영국 자본주의 발생을 위한 지반이었으며 자본주의의 발전에 의하여 소멸된 것이기도 하다.

요소가격균등화정리 要素價格均等化定理 factor price equalization theorem

사뮤엘슨 Samuelson, P. A.은 헥셔·오린 정리에 대한 실증적 검토결과, 요소가격균등화정리를 도출하였다. 이 정리는 무역이 자유롭게 이루어진다면 노동과 자본 등의 생산요소가격은 국제적으로 균등화하는 경향이 있다는 것이다.

헥셔·오린 정리에 따라서, 가령 자본이 상대적으로 풍부한 A국은 자본집약적 상품 X를, 노동이 상대적으로 풍부한 B국은 노동집약적 상품 Y를 수출한다고 하자. 이 때에 무역으로 인하여 A국에서는 Y재의 생산에 사용하였던 자본과 노동을 X재의 생산에 전용하게 되지만 이 경우 X재의 생산에 전용된 요소 가운데 자본을 보다 많이 사용하기 때문에 자본에 대한 수요가 상대적으로 증가하는 반면에 노동에 대한 수요는 감소한다. 따라서 자본의 가격은 상대적으로 상승하며 노동의 가격은 하락한다. 그 결과로 무역개시 전에 상대적으로 낮았던 자본의 가격은 상승하고 반면에 높았던 노동의 가격은 하락한다. 한편 B국에서는 반대로 상대적으로 낮았던 노동의 가격이 높아지고 상대적으로 높았던 자본의 가격이 낮아진다. 결국 국가간의 두 생산요소의 가격은 각각 상대적으로나 절대적으로 균등화 경향을 갖게 될 것이다. 이와 같이 비록 생산요소의 이동이 없더라도 무역을 통하여 생산요소의 가격은 국제적으로 균등화되는 경향이 있다는 것이다.

헥셔·오린 정리와 요소가격균등화 정리를 이용하여, 슈톨퍼 Stolper, W.F.와 사뮤엘슨은 고임금국 노동자의 생활수준이 저임금국과의 자유무역을 통하여 어떠한 영향을 받는가에 관해서 검토하였다. 고임금국 노동자의 임금수준이 저임금국과의 경쟁으로 인하여 인하된다는 것을 논증하였는 바 이것을 슈톨퍼·사뮤엘슨의 정리(Stolper-Samuelson theorem)라고 부른다. →헥셔-오린 정리

요소비용 要素費用 ☞사용자비용·요소비용

우등재·열등재·기펜재 優等財·劣等財·기펜財 superior good·inferior good·Giffen's good

실질소득이 증가할 때 그 수요량도 증가하는 재화를 우등재 또는 상급재, 반대로 그 수요량이 감소하는 재화를 열등재 또는 하급재라고 한다. 실질소득이 증가하는 경우는 두 가지가 있다. 하나는 재화가격이 불변인 채 가계의 명목소득이 증가하는 경우이다. 다른 하나는 명목소득은 불변인 채 재화의 가격이 하락하여 실질소득이 증가하는 경우이다. 이 경우에 어떤 재화가 우등재이냐 또는 열등재이냐 하는 것은 재화가격의 하락의 소득효과 $\left(\dfrac{\partial q}{\partial y}\right)$ prices $=$constant 가 플러스이냐 또는 마이너스이냐에 따라 결정된다. 여기에서 y는 실질소득, q는 고려되는 재화의 수요량을 나타낸다.

한편 기펜재는 명목소득은 불변인 채 재화가격이 하락할 때, 그것에 대한 수요량이 오히려 감소하는 재화를 말한다. 기펜재는 가격효과 $\dfrac{\partial q}{\partial p}$ 가 마이너스인 재화이다. 가격효과는 대체효과와 소득효과로 나

누어지며, 대체효과 $\left(\dfrac{\partial q}{\partial p}\right)$ u=constant 는 항상 플러스이다. 여기에서 p는 가격, u는 효용수준을 나타낸다. 따라서 어떤 재

	대체효과	소득효과	가격효과
우등재	+	+	+
열등재	+	−	+
기펜재	+	−	−

화가 기펜재로 되기 위해서는, 첫째 마이너스의 소득효과를 가져야 하며(즉 열등재이며) 둘째, 그 절대적인 효과가 플러스의 대체효과를 능가하지 않으면 안된다. 기펜재의 경우에는 우상향의 기울기를 갖는 수요곡선 upward sloping demand curve 이 성립하게 된다. 그러나 위의 두 조건을 모두 만족시키는 기펜재의 예는 현실적으로 거의 발견되지 않으므로 보통 모든 재화의 수요곡선은 우하향한다고 할 수 있다.
→가격효과, 기펜의 역설

우루과이 라운드 (UR)Uruguay Round

1986년 우루과이에서 개최된 GATT의 제8차 다자간(多者間)무역협상을 말한다. 우루과이 라운드는 최고 의사결정기구로서 각료급으로 구성된 무역협상위원회 Trade Negotiation Committee가 있고, 그 산하에 14개 분야의 상품협상그룹(GNG: Group of Negotiations on Goods)과 우루과이 라운드에서 처음 도입된 서비스협상그룹(GNS: Group of Negotiations on Service) 등 모두 15개 협상그룹을 두었으며 1994년 4월 15일 협상이 완전타결 되었다.

우선주 優先株 ☞보통주·우선주

우클라드 〔露〕 uklad
경제제도라고 번역된다. 사회의 경제적

토대를 구성하는 특정한 형을 가진 생산관계를 말한다. 예를 들면, 1920년대 초기의 자본주의에서 사회주의에의 이행과정에 있었던 소련경제는, ① 가부장제적 현물경제, ② 소상품생산, ③ 사경제적 자본주의, ④ 국가자본주의, ⑤ 사회주의라는 다섯 가지의 우클라드가 존재하였다.

붕괴기(崩壞期) 이전의 원시공동체와 완성된 공산주의사회를 제외한 다른 사회에서는 단일한 우클라드만이 존재하는 것은 아니고, 반드시 하나의 지배적 우클라드와 몇 가지의 종속적 우클라드가 병존한다. 종속적 우클라드에는 전사회의 유제(遺制)로서의 우클라드와 새로이 발생하여 발전과정에 있는 우클라드가 있다. 그리고 지배적 우클라드가 그 사회구성체 Gessellschaftsformation 의 일반적 성격, 즉 그 사회의 발전단계를 규정한다. 그러나 종속되어 있는 모든 우클라드의 종류와, 그들 모든 우클라드와 지배적 우클라드가 얽혀 있는 형태가 그 사회구성체의 특수한 성격을 규정한다. 생산력의 발전에 따라 새로이 형성되어 발전해 가고 있는 종속적 우클라드는 생산력이 어떤 발전단계에 도달하면 사회혁명에 의하여 낡은 지배적인 우클라드에 대체된다. 이렇게 하여 사회의 역사에 있어서, 원시공동체 노예제적·봉건적·자본주의적 및 사회주의적 우클라드가 각각의 사회의 지배적 우클라드로 되어 그 시대의 사회구성체의 성격을 규정하였다. →생산양식

우회생산 迂廻生産 round-about production

우회생산이란 소비재의 생산에 사용될 본원적 생산요소, 즉 사회적 노동력의 일부를 최종목적에 대하여서는 간접적인 것에 지나지 않는 생산수단의 생산에 사용하여, 즉 그 사용을 우회시킴으로써 한층 더 많은 이익을 얻으려는 생산방법을 말한다. 우회생산의 원리에 관한 로서 Roscher, W. G. 의 유명한 예증을 인용하면 직접적인 노동투하, 예컨대 맨손을 사용하여 매일 3마리의 생선을 잡는 어부가 그의 노동력의 일부를 어선이나 어망의 제조에 바친 후 그것을 사용하여 어획을 한다면 매일 30마리의 어획을 올릴 수 있을 것이라는 것이다.

발달된 자본주의경제에서는 거의 모든 생산이 이런 의미에서의 우회생산형태를 띠고 있다고 말할 수 있다. 로서의 어선과 어망이 오늘날에는 복잡한 설비나 기계 등의 생산수단으로 나타났지만, 그 근본원리는 조금도 다를 바 없다. 현실의 생산은 사회적 분업이 고도로 발달함으로써 본원적 생산요소가 생산에 최초로 투입되어 완전소비재를 얻게 되는 사이에 매우 긴 생산기간이 경과할 필요가 있다. 우회생산이란 또 이와 같이 긴 시간의 경과를 필요로 하는 생산방법을 의미하는 것이다. 이 경우 생산요소의 사용은 보통 몇 개의 단계를 경과하여 최종재의 생산으로 결실된다.

뵘바베르크 Böhm Bawark. E. v. 는 이를 몇 개의 동심원을 가진 윤환도의 도식으로 설명하였다. 노동력만 사용하여 만든 제1단계의 중간생산물은 중심부의 동심원으로 나타내고 그것이 차례로 새로운 노동력의 투하를 가하여 그 외측의 동심원, 즉 중간생산물로 변하고, 끝으로 최외부의 동심원, 즉 최종소비재로 완성된다는 것이 그 구상이다. 우회생산이 가능하기 위해서는 이에 앞서 일정한 생존기금이 존재하여야 한다. 예컨대 로서의 어부는 어선이나 어망을 생산할 동안 그의 생명을 지탱할 여분의 생선을 필요로 한다. 지금 우회생산이 n 개의 기간에 n 개의 생산단계를 통과함으로써 행하여진다고 가정하자. n 의 단위기간을 1년으로 하고 투자도 일시에 행

하는 것으로 한다면 노동자의 1년간 소비 J를 충당할 생존기금 S는 연초에 소비재로 존재하고 있어야 한다. 즉 $S=J$, 그러나 우회생산이 n년간 걸리고 순차로 매년 보완투자된다고 한다면 연초에 제1년의 소비분 J와 동일한 완성소비재 외에 제2, 제3… 제 n년의 소비분이 각각 $\frac{n-1}{n}$, $\frac{n-2}{n}$ … $\frac{1}{n}$ 의 완성도를 가지는 반성품(半成品), 즉 중간재가 존재해야 된다. 노동자는 매년 완성되어 가는 소비재를 소비하여 각 단계의 중간재를 1단계씩 진척시키는 동시에 새로 제1단계의 재 $\left(완성도 \frac{1}{n}\right)$ 를 생산한다. 따라서 이 경우에는

$$S=J\left(1+\frac{n-1}{n}+\frac{n-2}{n}+\cdots+\frac{1}{n}\right)$$
$$=\frac{n+1}{2}J$$

이와 같이 수익의 증가를 목적으로 우회의 기간이 장기화되기 위하여서는 n의 값이 증가함에 따라 S의 값도 증가, 즉 더 많은 생존기금의 존재가 필요하다. 이 생존기금이 이른바 뵘바베르크의 자본이고 또 우회생산에서 발생하는 이익은 그것을 지탱하는 자본의 이자가 성립되는 매개적 요인이다. 그런데 현실적으로 그럴듯이 소비재의 거의 전부가 시시각각 이와 같은 우회생산의 방법으로 완성되고, 연속적으로 시장에 나타나고 있을 경우에는 생존기금의 거의 전부가 중간생산물, 즉 잠재적 소비재의 형태로 존재하게 된다. 여기에서 자본, 즉 중간생산물이라는 뵘바베르크의 정의가 성립하게 되는 것이다.

운전자본 運轉資本 working capital

유동부채를 초과하는 유동자산액을 말한다. 이 유동자산의 초과분석은 영업활동을 하기 위하여 사용할 수 있다. 호황시에는 수요가 증가함에 따라 생산을 확대하기 위해서는 다종의 운전자본이 필요하게 된다. 한편 수요가 감소하면 조업률을 낮추어서 조업하기 때문에 소액의 운전자본밖에 필요치 않게 된다. 필요한 운전자본의 액수 또는 비율은 산업에 따라서 많은 차이가 있다.

원단위 原單位 ☞적정가격

원천과세 源泉課稅 withholding tax

소득이 경제주체에 귀착된 후에 조세가 부과되는 것이 원칙이나 이것은 가끔 탈세의 우려가 생기고 또 세무당국이나 납세자의 세액사정의 노고나 징수비용이 커지므로 이를 절약하는 의미에서 소득의 원천, 즉 개인의 소득이 되는 지급금의 지급자로 하여금 지급과 동시에 일정률의 세액을 차인하여 납세케 하는 제도를 말한다. 과세의 원천징수방법의 이점 중에는 정부에 대한 즉시납부, 그리고 노동자는 원천징수되는 돈을 결코 소유하지 않으므로 노동자측에 있어서는 불평이 적을 수가 있다. 불리한 점 중에는 자금을 원천징수하는 회사에 요구되는 추가적인 서류상의 작업이 있게 된다.

위장실업 僞裝失業 disguised unemployment

로빈슨 Robinson, J. V. 에 의해 최초로 쓰여진 실업의 한 형태를 나타내는 용어로 '보통 일반산업에 대한 수요의 감소가 생기면 생산성이 보다 높은 직업에서부터 보다 낮은 직업을 향해서 노동의 전환이 일어나며 해고된 노동자가 지금까지보다 못한 직업에 고용되는 것을 위장실업이라고 말한다'고 규정하고 있다. 현실적으로 취업의 상태에 있으면서 실업의 한 형태로 되는 논리적인 설명은 반드시 명확하지 않다. ① 그가 일을 하든 안하든 사회의 총생산량은 증가하지 않는다. ② 보다 생산성

이 낮은 직업이란 전자본주의적인 부문인 것으로, 거기서의 취업은 근대적인 의미에서의 고용이라고 말할 수 없다는 두 개의 다른 설명이 주어지고 있지만 규정 및 전후의 관련에서 보면 ②의 설명이 보다 강조되고 있다. 그렇지만 이 경우 상정되고 있는 것은 유효수요의 부족이 실업을 발생시키고 있는 선진자본주의경제이며 전(前)자본주의적 부문은 극도로 축소된 사회인 점에 주의해야 할 것이다.

이 용어는 뒤에 넉시 Nurkse, R. 등에 의해 후진국 경제의 분석에 적용되어 '한계생산력이 0인 노동'이라고 보다 엄밀히 정의되었다. 전(前)자본주의적인 가족경제가 지배적인 후진경제에는 방대한 위장실업이 존재하고 사회에 있어서의 잠재적인 저축으로 되고 있다. 이것을 건설적인 용도(도로·관개, 간단한 생산용구의 생산)로 전화시키면 후진경제는 소비수준을 지금까지 이하로 인하시킴이 없이 자본축적을 행할 수 있다고 하는 것이 그의 이론이다. 그런데 여기서는 로빈슨의 설명이 강조되고 한층 명확화되고 있지만 ②가 단순히 후진경제에 적용되어 '자급자족의 가계로 이루어지는 경제는 항상 완전고용을 향수(享受)하는 것이다'라고 서술하고 있는 점과 모순되는 경우에 사용되고 있다. 전자본주의적 자급자족 경제가 지배적인 후진국농촌에 근대적인 의미에서의 실업이 존재하지 않는 이상 오히려 넉시가 말하는 위장실업은 '과잉인구' 혹은 '농촌과잉인구'라는 용어를 쓰는 편이 적절할 것이다.

위치재 位置財 Positional Goods

그 가치가 다른 사람이 소비하는 다른 재화나 서비스와의 비교에 크게 의존하는 재화나 서비스를 말한다. 주로 다이아몬드와 같은 사치재, 좋은 직업, 교육서비스 등이 위치재적 성격을 농후하게 지니는 상품들이다.

교육의 경우 특정인물의 교육정도는 비슷한 세대의 다른 사람이 받는 교육정도와 비교하여 사회적으로 평가되는 것이다. 위치재의 중심적인 특성은 내재적인 희소성에 있다. 위치재에 대한 선호는 현재와 미래에 걸친 소비의 시간간 선택에 영향을 미쳐 소비와 저축에 관한 라이프사이클 가설이나 항상소득가설의 수정을 필요로 한다. 즉 교육을 통한 사회적 지위의 상승 등 위치재에 대한 선호가 중요하게 고려되는 경우 교육서비스 등에 대한 현재의 소비를 저축을 통한 미래소비에 대하여 우선시 하게 된다. 따라서 라이프사이클 가설이나 항상소득가설에 의하면 가계의 저축률이 국민경제의 소득분배에 있어서 당해 가계의 지위에 영향을 받지 않는 것으로 보는데 반해 위치재에 대한 선호를 고려하면 저축률이 국민경제의 소득분배에서 차지하는 지위가 상승할수록 높아진다는 것을 예측할 수 있게 되는 것이다.

위탁판매무역 委託販賣貿易 foreign trade on consignment(on a consignment basis)

위탁판매수출과 위탁판매수입이 있다. 수출의 경우는 국내의 생산업자 또는 무역업자(위탁자)가 해외의 판매업자(수탁자)에게 상품의 판매를 위탁하는 것이다. 이것은 상대국내의 판매망이 확립되지 않은 때에 이용된다. 수탁자에게는 상품의 매상총액의 일정률에 해당하는 수수료를 지불하고, 팔다 남은 잔품은 반송한다. 수입의 경우는 이것과는 반대로 수입과 함께 상품판매의 위탁을 받는다. →위탁자

위험기피의 척도 危險忌避의 尺度 measure of risk aversion

기대효용가설에서 효용함수 $u(y)$의 오목성($u'' < 0$)은 소비자의 행동이 위험기피적임을 의미한다. 그림에서 볼 수 있듯이

효용함수가 오목하다는 말은, 확률 p 와 1
-p 로써 소득 y_1과 y_2를 얻을 경우의 기대
효용 E(u(y))보다, 확실한 소득 E(y)로부

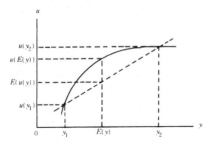

그림 위험기피자의 효용함수

터 얻는 효용 u(E(y))이 더 크다는 것, 즉
이 소비자가 불확실한 것보다는 확실한 것
을 더 선호한다는 것을 의미한다.

상이한 효용함수를 가진 각각의 경제주
체는 위험에 대해서도 상이한 주관적 평가
를 한다고 생각할 수 있다. 위험기피의 정
도는 효용함수의 오목성의 정도에 따라 달
라지는 바, 애로우 Arrow, K. J. 와 프래트
Pratt, J. W. 는 이러한 위험기피의 정도를
표현하기 위한 대표적인 척도로서 절대적
위험기피도와 상대적 위험기피도라는 두
가지 척도를 개발하였다. 절대적 위험기피
도는 Au(y)=-u″(y)/u′(y)로 정의되고
상대적 위험기피도는 Ru(y)=-yu″(y)
/u′(y)로 정의된다.

위험비용 危險費用 risk cost

위험은 경제학상 2종류로 분류된다. 하
나는 통계 등의 수량적인 지식에 근거하여
예상이 어느 정도 적중하는가를 거의 정확
하게 알 수 있는 상태에서의 위험으로, 예
를 들면 가옥의 화재라든가 선박과 운송화
물의 손해와 같이 보험화의 대상이 될 수
있는 위험이고, 다른 하나는 예상이 어느
정도 실현되느냐 하는 예측이 거의 불가능
한 상태에서의 위험으로, 예를 들면 사업

을 시작할 때에는 과연 성공할 것이냐 또
는 어느 정도의 이윤을 획득할 수 있느냐
하는 것과 같이 전혀 알 수 없는 불확실한
위험이다. 이 경우 실제이윤과 예상이윤과
의 차를 보전하기 위한 비용을 위험비용이
라 하며 그것은 기업자의 정상이윤에 포함
되어 있다.

유가증권 有價證券 securities

유가증권은 크게 화폐증권과 자본증권
으로 나누어진다. 화폐증권은 화폐의 대용
으로 유통하는 수표, 어음 등으로서, 통화
의 사용을 절약할 뿐만 아니라 그 수수에
따르는 비용·위험을 배제할 수 있다. 자
본증권은 주식·공채·사채 등과 같이 자
본 및 수익에 대한 청구권을 나타내는 증
권을 말한다. 우리가 보통 말하는 증권은
자본증권을 가리키며, 증권시장에서 거래
의 대상이 되는 유가증권도 이같은 자본증
권을 가리킨다.

유가증권은 증권시장에서 매매되는데,
여기에서 장기자금의 수요자인 기업측으
로부터의 자금의 고정화 요구와 공급자측
에 있어서 유동성의 요구라는 서로 모순되
는 양측의 요구를 조화시킨다. 그 결과 개
별적인 기업의 지속적인 투자 내지 가계의
지속적인 저축뿐만 아니라 일시적인 유휴
자금까지도 이른바 자금의 증권화를 통해
서 다른 기업의 설비자본형성에 도움을 주
는 것이 가능하게 된다. 그리고 이상과 같
이 증권제도에 의해 소액의 자금을 모아
이를 거액의 장기투자로 돌리는 것이 가능
하게 되므로 이 증권제도는 증권의 유동성
을 실현시키는 증권시장과 아울러 자본축
적의 과정에 있어서 중요한 금융기구가 정
비되어야 비로소 의미가 있게 된다.

증권시장에서 거래의 대상으로 되는 유
가증권은 크게 나누면 확정이부증권(確定
利付證券)과 불확정수익증권이 있다. 확

정이부증권에는 국가가 발행하는 국채, 지방자치단체가 발행하는 지방채, 금융기관이 발행하는 금융채, 주식회사에서 발행하는 사채 등이 있고, 그와 같은 것들은 액면금액과 상환기한이 정해져 있으며 일정의 약속된 이자의 지급이 보증되어 있는데, 이들은 보통 채권이라고 불리워진다. 이와는 달리 불확정수익증권은 주권(株券), 출자증권, 투자신탁의 수익증권 등으로서 그것들에는 채권과 같은 상환기간 및 이자지급의 규정은 없고 수익이 있는 경우에 그에 따른 이익이 배당되는 것이다. 그 가운데 주권은 기업에 대한 출자, 즉 기업에의 참가를 나타내고, 채권은 대부증권으로서 자금의 대부를 나타낸다. 전자는 참가증권이라 불리워지며, 후자는 기업이윤에 대한 청구권을 나타내는 점에서 이윤증권이라고도 불리워진다. →증권시장

유니온 숍 ☞숍제도

유동부채 流動負債 current liabilities
기업이 통상 1년 이내에 지불하지 않으면 안되는 채무이다. 유동기간의 가장 일반적인 것은 지불계정, 미불임금, 미불세금, 미불이자 및 배당이다. 유동부채는 신속히 지불기한이 도래하므로 지불능력을 보지하려면 기업은 유동부채보다 많은 유동자산을 보유하고 있지 않으면 안된다. 유동자산이 유동부채를 초과하는 부분은 운전자본이라고 하며 경영자가 단기의 기업활동을 수행함에 있어 자유로 사용할 수 있는 자금을 말한다.

유동비율 流動比率 current ratio
유동자산을 유동부채로 나눈 비율을 말한다. 회사의 지불능력을 판단하기 위하여 사용되는 분석지표로서, 유동부채에 비하여 얼마 만큼의 유동자산을 가지고 있는가

를 나타내는 것이다. 이 비율은 높을수록 지불능력이 큰 것으로, 200% 정도가 이상적이라고 말해진다.

$$유동비율 = \frac{유동자산}{유동부채}$$

*유동성 流動性 liquidity
유동성의 개념은 일의적으로 그 내용이 규정될 수 없고, 자산의 유동성과 경제주체의 그것으로 분리되어 각각 정의되어야 한다. 자산의 유동성은 다시 화폐의 유동성과 화폐 이외의 금융자산유동성으로 나누어 진다.

화폐의 실질적 내용은 일반적 구매력 general purchasing power 을 갖는다는 점에 있으나, 구매력이라는 점에서 볼 때 화폐 이외의 각종 금융자산도 구매력을 가지므로 양자는 다 같이 구매력의 존재형태라는 점에서 같다. 단지 화폐는 별 제한없이 모든 재화와 용역에 대해 즉각적인 지배력을 발동할 수 있다는 의미에서 일반적 구매력을 갖는 데 대해, 비화폐적 금융자산은 증권의 만기도래 또는 그 매각이라든가 예금의 인출 등의 형태로 필요시에 화폐로 전환이 가능하다는 의미에서 특수적 잠재구매력을 갖는다는 차이가 있다. 화폐경제 하에서 화폐단위표시의 구매력을 자금이라면 화폐형태를 취하는 것은 자유자금이며, 비화폐적 금융자산의 형태를 취하는 것을 구속자금이라 할 수 있다.

한편 비화폐적 금융자산에서 화폐로의 전환가능성과 확실성의 정도는 금융자산의 종류에 따라 차이가 나며, 이같은 차이는 금융자산의 유동성의 차이에 기인한다. 결국 금융자산의 유동성이란 그것이 자본손실 없이 즉시 화폐로 전환될 수 있는 가능성의 정도로 정의되어진다. 다음에, 경제주체에 대한 유동성 문제는 우선 그 경제주체가 전체로서 어느 정도의 유동성을

갖고 있느냐 하는 데 있다. 그러나 경제주체를 중심으로 생각할 때에는 그 주체의 보유자산의 이용은 물론 여타 경제주체에서 수신하는 것을 포함한 '유동성입수의 난이도'로까지 확대해 생각해야 한다. 따라서 경제주체의 유동성은 그 경제주체가 현재 보유하고 있는 자산의 구성과 양, 즉 유동성포지션에 의해 결정될 뿐만 아니라 금융기관의 여신흡수능력, 즉 신용가능성 credit availability에 의해서도 영향을 받는다. 이런 의미에서 유동성은 각 경제주체의 소비와 투자를 규제하는 중요한 요인이 되므로 경제활동수준의 결정요인이 되기도 한다.

특히 금융에 있어서 유동성이 갖는 의의는 크다. 금융의 본질은 화폐대출거래에 있고, 그것은 당사자간의 신뢰관계를 기초로 하여 형성된다. 이러한 신뢰의 내용이 되는 것은 화폐, 금융자산, 경제주체의 각 유동성에 대한 신뢰이다. 이들 유동성에 대한 신뢰를 유지하고 충족시키기 위해서는 유동성의 제도화가 필요하며, 화폐본위제도의 확립, 중앙은행제도의 형성, 각종 금융기관의 정비, 증권제도의 발달 등 구체적인 유동성제도에 의하여 비로소 유동성의 유지·충족의 메카니즘이 경제과정 중에 들어오게 된다. 즉 금융제도의 역사는 바로 유동성제도화의 역사라 할 수 있다. →유동성포지션, 유동성선호설.

〔참고문헌〕 Samuelson, P.A., *Economics*; 이승윤, 「화폐금융신론」, 1973; 조 순, 「경제학원론」, 1973.

*유동성선호설 流動性選好說 theory of liquidity preference

유동성이란 일반적으로 어떤 자산이 그 가격의 손실없이 즉석에서 일반적 구매력을 갖는 화폐와 교환될 수 있는 가능성의 정도를 말한다. 따라서 모든 자산은 이와

같은 일반적 의미에 있어서의 유동성을 가지며 화폐는 100% 유동성을 갖는다. 그러므로 유동성선호란 결국 유동성을 선호하는 것, 다시 말하면 화폐에 대한 수요를 의미한다.

화폐 그 자체로서는 아무 수익도 가져다 주지 않는데도 불구하고 사람들이 화폐를 보유하고자하는 동기를 케인즈 Keynes, J. M.는 세 가지로 분류하여 설명하였다. 그 세 가지 동기란 ① 거래적 동기 transaction motive, ② 예비적 동기 precautionary motive, ③ 투기적 동기 speculative motive 이다. 위와 같은 유동성선호설은 케인즈이론체계에서 이자율을 결정하는 중요한 부분이다. 이것은 고전학파의 이자론과는 판이하게 다르다. 물론 이자율이나 통화량이 모두 고전학파이론의 핵심적 요소임에는 틀림없으나 이들은 케인즈이론에서처럼 서로 밀접한 관계를 유지하고 있지는 못했다.

고전학파이론에서는 이자율수준이 근본적으로 저축의 공급(검약)과 투자수요(자본의 생산성)와 같은 실물요인에 의존함으로써, 통화량은 본질적으로 산출량의 절대가격수준을 결정하는 요인으로서 이자율과는 독립적이었다. 그러나 케인즈이론에서는 통화량과 경제전망에 의하여 크게 영향을 받는 유동성선호가 이자율을 결정하고 이것이 실물부문에 큰 영향을 주는 요인으로 이해되었다. 따라서 유동성선호설이란, 케인즈의 이자율결정이론에서 화폐의 공급에 대해 화폐에 대한 수요를 결정하는 이론을 말한다. 그러면 화폐의 구체적인 보유동기를 설명해 보자.

Ⅰ. 거래적 동기 및 예비적 동기에 의한 화폐수요 ① 거래적 동기에 의한 화폐수요란 일상 생활에 필요한 거래를 위하여 화폐를 보유하고자 하는 동기를 말하며, ② 예비적 동기에 의한 화폐수요는 장래에 있

어서의 불측(不測)의 용도에 대비하기 위하여 화폐를 보유하고자 하는 의욕을 말한다. 이 두 가지 동기에 의한 화폐수요는 모두 소득 Y의 함수라 볼 수 있다. 즉 소득이 높으면 이 두 가지 동기에 의한 화폐수요가 많아지고, 소득이 낮으면 낮아진다고 할 수 있다. 이 두 동기에 의한 화폐수요량을 M_1으로 표시한다면 $M_1 = kY$로 된다. 이것은 화폐의 기능을 거래의 매개수단으로 여기는 현금잔고방정식과 마찬가지이므로, 케인즈는 M_1에 대해서는 화폐수량설의 이론이 그대로 적용될 수 있다는 것을 인정하였다.

Ⅱ. 투기적 동기에 의한 화폐수요 케인즈 화폐이론의 진면목은 투기적 동기에 의한 화폐수요에 있다. 사람들은 단순히 어떤 지출을 하기 위한 목적에 의해서만 화폐를 보유하는 것이 아니라, 화폐도 다른 모든 자산과 마찬가지로 가치를 보장할 수 있는 하나의 자산이므로, 다른 모든 자산과 비교하여 화폐를 보유하는 것이 더 유리하다고 생각될 때 화폐를 보유하는 것이다. 좀 더 부연하면 자본주의 사회에서는 개인이나 기업을 막론하고 모든 경제주체는 항상 여러 가지의 금융자산을 보유하고 있으며, 경제여건 및 전망의 변화에 따라서 항상 보유하는 자산을 선택하고 조정하는 것인데, 이와 같은 자산선택의 일환으로 화폐수요도 항상 조정되는 것이다.

이러한 경제주체의 행태는 화폐의 기능에 있어 거래의 매개수단뿐 아니라 가치저장수단인 점을 중요시한 것이다. 그러나 다른 수익자산(주식이나 사채)을 보유하는 대신 화폐를 보유하면 기회비용으로서의 이자를 희생하게 된다. 그러면 사람들은 어떤 수준의 이자율에서 어느 정도의 화폐수요를 원하겠는가? 이에 대해 케인즈는 화폐에 대한 수요는 결코 실제이자율에 의하여 결정되는 것이 아니라, 앞으로 기대되는 예상이자율에 의하여 결정된다고 보았다.

케인즈에 의하면 사회에는 어떤 수준의 정상이자율 normal rate of interest 이라는 것이 있어, 실제이자율이 정상이자율보다 낮으면 사람들은 앞으로 이자율이 오를 것을 예상할 것이고 반대의 경우에는 사람들은 앞으로 이자율이 내릴 것으로 예상한다고 보았다. 이처럼 케인즈는 누구보다도 경제에 있어서의 기대와 그에 입각한 심리적 측면을 강조하였다. 이 때 만약 실제이자율이 어떤 정상적인 수준보다 낮으면 낮을수록, 한편으로는 화폐를 보유함으로써 희생해야 하는 기회비용(이자)이 낮아져서 채권을 구입하는 대신 화폐를 보유할 유인이 클 것이고 또 다른 한편으로는 가까운 장래에 이자율이 상승할 것이 확실시되므로, 지금 채권을 사면 곧 그 가격이 하락할 것이 예상되어 자본손실을 피하기 위해서도 화폐를 보유할 유인이 더욱 커질 것이다. 실제이자율이 정상이자율을 초과하는 경우에는 지금까지 살펴본 바와는 정반대의 이유로 화폐를 보유하고자 하는 의욕은 작아질 것이다. 그러므로 투기적 동기에 의한 화폐수요는 주어진 소득수준 Y_0하에서 이자율이 높으면 높을수록 투기적 동기에 의한 화폐수요는 적어지고 이자율이 낮으면 낮을수록 화폐수요는 많아진다.

끝으로 케인즈의 유동성선호설을 종합하면 다음과 같다. 거래적 및 예비적 화폐수요를 M_1, 투기적 화폐수요를 M_2라 하면 M_1은 국민소득 Y의 함수이고 M_2는 이자율 r의 함수이다. 따라서 전(全)화폐수요를 M^d라 하면 $M^d = M_1 + M_2 = k(Y) + l(r)$이 성립한다. 이것을 실질텀 term(물가수준을 고려한)으로 표시하면 $m^d = \dfrac{M^d}{P} = h(Y) + l(r)$이다. 따라서 이자율이 결정되는 화폐시장에서의 균형조건은 $m^s = m^d$이므로, $m^s = h(Y) + l(r)$이 되는 점에서 균형이자율

이 형성된다. 이것을 그림으로 나타내면
아래와 같다. →유동성 함정

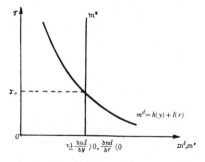

$$m^d = h(y) + l(r)$$

$$단 \frac{\partial nd}{\partial y} \rangle 0, \frac{\partial nd}{\partial r} \langle 0$$

〔참고문헌〕 Keynes, J. M., *The General
Theory of Employment, Interest and Money*,
1936; Hansen, A. H., *A Guide to Keynes* 1953;
조 순, 「경제학원론」, 1974; 김덕중, 「거시경
제학」, 1973.

유동성(流動性)포지션 liquidity position

유동성의 개념은 자산과 경제주체에 대
해서 정의되어 진다. 즉 증권의 유동성처
럼 자산에 대해 사용할 때도 있고 기업의
유동성처럼 경제주체에 대해 사용될 때도
있다. 유동성을 자산의 측면에서 정의할
때에는 그 자산을 화폐로 전환하는 난이도
를 뜻한다. 이 경우 화폐는 처음부터 화폐
이므로 100%의 유동성을 갖는다고 할 수
있다. 따라서 금융자산은 화폐를 유동성의
정점으로 하는 각종의 금융자산에 내포된
여러 층의 유동성의 존재로 간주될 수 있
으며 금융자산의 구성과 양은 유동성의 구
성 및 양에 지나지 않으므로 이것을 유동
성 포지션이라 정의한다.

이에 대해 기업, 개인 및 금융기관 등 경
제주체의 유동성에 대해서는 그 경제주체
가 전체로서 갖고 있는 유동성의 정도를
말한다. 따라서 보다 일반적인 의미로는
기업과 개인으로 구성되는 지출단위부문
이 그들의 투자지출과 소비지출에 영향을

주는 금융자산의 구성과 양의 상태를 의미
한다고 볼 수 있다. 따라서 유동성 포지션
의 문제는, 구체적으로 기업과 개인부문
등 금융기관 이외의 민간부문이 ① 어느
정도의 통화를 보유하고 있는가? ② 어느
정도로 용이하게. 자금을 조달할 수 있는
가? 즉 그들의 투자활동이나 지출활동을
지탱할 수 있는 금융적 원천이 어느 정도
인가? ③ 금융기관은 이들의 활동을 어느
정도 지원해주고 있는가? ④ 그리고 이러
한 유동성 포지션을 전제로 실행 내지 실
행이 예상되는 투자활동 또는 지출활동은
장래의 경기과열의 요인이 되는가 안되는
가? ⑤ 그러한 요인이 된다고 예상된다
면, 어느 정도로 통화조달의 난이도를 변
경시켜야 옳을 것인가? 하는 문제로 귀착
된다. →유동성

유동자산가설 流動資産假說 liquid assets hypothesis

상대소득가설에 대한 반론으로서, 토빈
Tobin, J.이 소비에 대한 유동자산의 효과
를 고려하여 절대소득가설을 수정한 소비
함수를 말한다. 절대소득가설에 의해서는
장기에 걸친 소비성향의 안정성, 즉 소비
성향이 장기적으로는 소득수준과 관계가
없다고 하는 사실을 설명할 수가 없었다.

토빈은 소비 C의 설명변수로서 절대소
득 Y외에 소비자가 보유하는 유동자산량
M을 도입하여 수중의 현금외의 유동자산
의 방출에 의해서도 소비지출이 이루어진
다고 하는 소비함수를 제시하였다. 즉 $C=
a + bY + cM$이 그것인데, 이 양변을 Y로
나누면 $\frac{C}{Y} = b + \frac{a}{Y} + c\frac{M}{Y}$이 된다. 만일 유
동자산효과가 없으면 Y의 상승에 따라 소
비성향 $\frac{C}{Y}$가 저하할 것은 당연하지만, $c
\frac{M}{Y}$항 때문에 이 $\frac{C}{Y}$의 잠재적 저하경향이
상쇄되어 소비성향의 장기적 안정이라는

현상이 나타난다는 것이다. 한편 소비함수 논쟁에서 같은 소득수준의 흑인가계와 백인가계 사이의 소비성향차이의 설명은 중요한 논점이었는데, 유동자산가설은 백인의 유동자산소득비율 $\frac{M}{Y}$이 흑인의 그것보다 높기 때문에 백인의 소비성향이 흑인의 그것보다 높다고 설명하였다. →소비함수논쟁, 절대소득가설

유동성함정 流動性陷穽 liquidity trap

케인즈 Keynes, J. M. 의 유동성선호이론에 의하면 사람이 화폐를 보유하려는 동기는 거래적, 예비적, 투기적 동기로 구분된다. 이 가운데서 이자율과 가장 밀접한 관계가 있는 것은 투기적 동기로서 이자율과 감소함수 관계를 가지며, 그림에서 L_s로 표시된다.

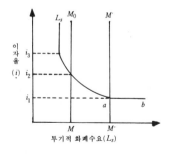

투기적 화폐수요(L_s)

L_s곡선 중 이자율이 아주 낮은 수준에서는 투기적 화폐수요는 이자율에 완전탄력적이며, 그림에서는 구간 ab로 표시되어 있다. 이 구간을 유동성함정이라 부른다. 이 때는 이자율 i_1이 너무 낮기 때문에 대부분의 사람들은 앞으로 이자율이 올라갈 것으로(증권가격은 낮아질 것으로) 예상하게 되며, 이 때 중앙은행이 이자율을 더 하락시키고자 통화량을 MM'로 증가시킨다 해도 사람들은 그 증가된 통화량을 가지고 증권을 매입하지 않고, 이자율이

올라갔을 때, 즉 증권가격이 싸졌을 때 증권을 구입하기 위하여 증가된 통화량을 모두 현금으로 보유하려는 성향을 가지므로 화폐수요는 무한히 커져 이자탄력성은 무한대로 커진다. 따라서 이런 경우에는 화폐당국이 공개시장조작 등으로 통화공급량을 증가시켜도 이자율을 낮출 수 없으므로 기업의 투자를 자극할 수 없게 되어 금융정책은 무의미해진다. 후에 케인지언은 유동성함정을 투자의 이자율 비탄력성과 더불어 금융정책 무용론을 주장하는 최대의 이론적 무기로 삼았다.

유럽결제동맹(決濟同盟) ☞EPU

유럽경제공동체(經濟共同體) ☞EU

유럽자유무역연합(自由貿易聯合) ☞EFTA

유럽통화협정(通貨協定) ☞EMA

유로달러 Euro-dollar

미국 이외의 은행, 주로 유럽의 은행에 예치되어 있는 달러자금을 말한다. 일종의 예금이며 실제의 거래에서도 이것을 흡수하는 은행은 예금자의 의사에 따라 콜 call 이나 정기예금으로 취급하고 기업과 타은행에 대출하고 있다.

일반예금과 다른 점은 이 달러는 이른바 국적이 없으므로 어떤 국가의 통제도 받지 않고 예입도 대출도 국적을 완전히 초월하여 행하여진다는 것이다. 이 때문에 유로달러는 유럽 각지의 금리차나 평가조정에 의한 환차익을 찾아 부동하는 핫 머니 hot money의 성격을 가지고 있고, 거래의 중심지는 런던을 비롯하여 유럽 주요도시이다.

유로달러거래의 기원은, 미국의 은행에 미달러를 예금하고 있던 공산국의 은행이 1950년도 초 미·소간의 냉전격화에 따라 이 예금을 미국정부가 동결 또는 몰수할 것을 염려하여 서유럽의 은행에 옮겨 예금했던 것에서 비롯된다고 한다. 이후, 미국의 국제수지적자로 대량의 달러가 유럽에 누적되었다. 자금보유자측에서는 미국시장보다 고리로 운용되며 또 수요자(차주)측에서는 저리로 거액의 자금조달이 가능하다는 등의 이점이 있기 때문에 유로달러시장은 급속하게 발전하여 1972년 말의 시장규모는 700억 달러에 이르렀다(국제결제은행, BIS의 추정). 그러나 1967년 이후 거듭되는 통화불안에 의하여 서독의 마르크 매입을 위한 투기적인 유로달러 수요가 활성화되는 등 투기자금의 거대한 풀 pool 로서의 성격이 첨가되었다. 특히 1973년의 석유위기 이후 대량의 달러를 보유한 중동산유국의 동향이 유로달러시장에 중요한 요소로 되어 있다.

유로통화시장(通貨市場) Euro-currency market

각국은행이 유럽에 보유하고 있는 달러 등의 외화예금을 유로통화라고 부른다. 이 예금을 대상으로 한 각종의 거래로 구성되어 있는 금융시장을 유로통화시장이라 부른다. 이 시장에서는 자금을 예금의 형태로 받아들여 그 운용도 원칙적으로 재예금의 형태를 취하였고, 거래가 당사자간의 신용을 기초로 전화나 텔렉스를 이용하여 국제적으로 광범위하고 신속하게 행하여지고 있다.

국제결재은행(BIS)의 추계에 의하면 시장규모는 1969년에 500억 달러, 1972년에는 1,000억 달러, 1973년 말에는 1,910억 달러에 달하였다. 이 중 유로달러는 970억 달러이고 나머지가 기타의 구주통화이다.

유로통화는 자유롭게 움직이는 거액의 국제단기자금으로서 각국의 금융정책에 큰 영향을 주는 외에 국제통화불안의 원인으로도 되고 있다. 특히 석유위기를 계기로 오일달러(석유달러)가 통화시장에 대량으로 유입되었는데, 이것들은 대부분 단기예금이라는 결점이 있으며 더욱이 미국의 프랭클린내쇼날은행과 서독의 헤르슈타트은행 등의 도산은 불안상태를 고조시켰었다. 이런 이유로 시장의 안정운영이 언제까지 가능한가에 각국의 관심이 기울고 있다. →BIS, 오일 달러.

유로화 貨 Euro

유럽국가들은 1970년대 들어 브레튼우즈체제 Bretton Woods System의 붕괴 등 달러화의 불안 지속으로 인한 유럽외환시장의 동요와 이에 따른 역내 경제의 혼란을 방지하기 위하여 경제의존도가 높은 역내국간 통화통합을 추진하여 왔다. 이에 따라 유럽국가들은 1972년 EC 스네이크체제 European Community Snake System를 출범시키고 1979년 3월 환율조정 메카니즘 ERM; Exchange Rate Mechanism을 근간으로 하는 유럽통화제도 EMS;European Monetary System를 발족시키는 등 단일경제권 구축을 위한 다양한 노력을 기울여 왔다.

그러나 EMS 체제하에서는 유럽통화단위 ECU;European Currency Unit가 회계단위로서의 기능만을 수행하는데 그친 데다 회원국간의 경제력 차이로 인해 회원국들의 통화가 강세통화와 약세통화로 양분되어 통화위기 가능성이 상존하는 등 장기적으로 통합이 되더라도 경제적 이익을 극대화하기 어렵다는 인식이 확산되었다. 이에 따라 1991년 12월 EC 12개국 정상회담에서 유럽 경제통화동맹 EMU;Economic and Monetary Union을 추진하기 위한 마스트리히트 조약을 체결하여 1992년 말까지 유럽연합(EU)

회원국 각 국이 국내법 절차에 따라 비준을
완료하고 1993년 1월부터 동 조약을 발효시
킬 예정이었으나 각국의 사정으로 비준이 늦
어짐에 따라 1999년 1월 마침내 유럽연합 회
원국 15개국중 독일. 프랑스 등 11개국이 참
여한 가운데 유럽 경제통화동맹을 정식 출범
시키고 이와 동시에 단일통화인 유로화
(Euro)를 도입하였다. 유럽 경제통화동맹의
출범은 1970년대의 브레튼우즈체제 붕괴 이
후 국제통화질서에 변화를 가져올 수 있는
가장 중요한 사건이라 할 수 있다.

유럽 경제통화동맹의 출범과 유로화의 도
입으로 1999년 1월부터 유럽 중앙은행
ECB: European Central Bank은 참가국을
대상으로 유로화에 의한 단일 통화정책을 수
행하고 있으며 유럽 경제통화동맹 지역 내에
서의 국공채 발행 및 정부간 자금거래와 은
행간 거래는 유로화 표시로만 가능하게 되었
다. 다만 모든 거래를 유로화로 일시에 전환
할 경우 나타날 수 있는 금융. 경제적 혼란을
방지하기 위하여 각종 거래를 유로화로 전환
하는 것은 2002년 6월말까지 3년 6개월의 전
환기간 transition period을 두고 단계적으로
추진하기로 하였다. 즉 2002년 7월부터는 참
가국 통화의 법적 효력이 정지되고 유로화
표시만으로 거래가 가능하게 된다.

유로화의 도입으로 유로지역은 빠른 속도
로 단일경제권으로 통합되어 가고 있으며 이
에 따라 유로화에 대한 수요가 크게 증가하
여 유로화가 국제금융시장에서 달러화와 함
께 중심통화로 사용될 것으로 예상된다. 유
로화는 1999년 1월 1일 출범과 함께 1월 4일
1.1828달러로 미달러화에 대해 일시 강세를
보이기도 하였으나 코소보사태의 발발에 따
른 외환시장 불안과 유로지역의 경제성장 둔
화 등으로 대체로 약세를 나타내어 1999년
말 1.0078달러로 마감되었다.

유발투자 誘發投資 induced investment

자발적 투자의 상대적 용어로서, 현존하
고 있는 특정의 생산물에 대하여 또는 경
제전체를 통하여 예상되어지는 지출의 증
가에 따라 행하여지는 투자를 말한다. 유
발투자의 원인으로는 소득의 증가와 인구
성장에 의한 재화 및 용역에 대한 보다 큰
수요에 기인한다. 따라서 일반적으로 유발
투자는 특정의 재화 또는 용역을 보다 많
이 생산하기 위한 추가설비에 대한 지출이
다. 이에 반하여 외생적 투자(독립투자)는
독립적으로 신생산물이나 신생산과정의
도입 결과로 생기는 것이다. 특정산업에서
의 외생적 투자는 경제활동을 활발히 함으
로써 경제전체에 투자유발을 일으키는 것
이다.

유보가격 留保價格 Reservation Price

경제적 행동에 대한 의사결정을 설명하는
개념으로 경제활동 x의 유보가격은 어떤 경
제주체가 x를 실행하는 것과 실행하지 않는
것 사이에 무차별한 가격을 말한다. 다시 말
해 경제활동 실행여부를 결정하기 위하여 경
제주체가 명시적으로나 묵시적으로 수행하
는 비용편익 분석에 있어서 일정한 비용 또
는 편익은 화폐기준으로 평가되기 어려운 경
우가 많은데 이러한 경우 유보가격의 개념이
활용된다.

예를 들어 안락의자에 앉아 음악을 들으며
휴식을 취하는 사람 A가 듣고 있는 CD의
다음 음악이 싫어하는 곡인 경우 일어나서
음악을 끌 것인지 그대로 있을 것인지를 결
정한다고 하자. 이 경우 안락의자에서 일어
나 음악을 끄는 행동을 경제활동 x라 한다면
A는 편익 B(x)가 비용 C(x)보다 클 때 x를
실행하게 될 것이다. 그런데 B(x)와 C(x)가
화폐기준으로 직접 평가되기 어려우므로 A

가 다른 사람에게 x를 시키는 것과 시키지 않는 것을 무차별하게 느껴지는 대가금액을 B(x)라 하고 다른 사람이 A에게 돈을 지급하는 경우 x를 할 것인가의 여부가 무차별하게 느껴지는 금액을 C(x)라 하여, B(x)와 C(x)를 비교함으로서 B(x)가 C(x)보다 크면 x를 실행하게 될 것이다.

또한 대표적인 유보가격의 하나로 유보임금율 reservation wage rate을 들 수 있다. 시장의 노동공급을 분석하는 데 활용되는 개념으로서 노동시장에 노동을 공급하는 개인마다 어떤 수준의 임금 이하에서는 노동공급량이 0이 되는 데 이와 같이 일하는 것과 일하지 않는 것을 무차별하게 하는 특정수준의 임금율을 유보임금율이라 한다. 임금이 이 수준이나 그 이하로 하락하게 되면 노동자가 일할 것을 포기하게 되는 것이다.

[참고문헌] R.H. Krank, *Microeconomics and Behavior*, 1994

UNCTAD United Nations Conference on Trade and Development

국제연합무역개발회의. 남북문제를 해결하기 위하여 국제연합이 설립한 회의이다. 제1차 총회는 1964년 스위스의 제네바에서, 제2차 총회는 1968년 인도의 뉴델리에서 개최되었고, 제3차 총회는 칠레의 샌디아고에서 1972년 4월에 중국을 포함한 141개국이 참석한 가운데 열렸다. 상설기관으로는 무역개발이사회 Trade and Development Board(TDB)가 있고 동기관 하에 1차 상품, 제품, 융자, 해운의 4위원회가 설립되어 있다.

제1차 총회에서는 선진국이 개발도상국에 대한 원조로서 GNP의 1%를 제공할 것을 제의하였고, 제2차 총회에서는 '전체 개발도상국으로부터의 수입에 대하여 선진국은 무차별특혜를 적용한다'는 결의가 채택되어 선진국측에서도 원칙적으로

이것을 받아들였다. 제3차 총회에서는 개발도상국이 1971년의 국제통화조정에서 격심한 피해를 받았다 하여 금후의 통화조정 교섭에의 참가를 요구, 더욱이 원조와 SDR의 연동 link 등을 추궁하였다. 이 결과 연동문제는 IMF에서 그 검토를 요구할 것으로 되었다. 또 1973년 가을에 시작된 석유파동을 계기로 자원카르델 결성의 움직임이 활발하게 전개되는 가운데 74년 8월 제네바에서 개최된 TDB 회의에서는 '국제상품문제 및 정책에 관한 새로운 접근법'에 관한 결의안을 채택하였다. 이것에 의하여 개발도상국의 수출상품가격에 대한 국제적인 인플레이션의 피해를 완화하려는 '상품가격의 지수화 indexation 방식'을 채택한다는 방침을 결정하였다.

→남북문제, 개발도상국, 인덱세이션

UNIDO United Nations Industrial Development Organization

국제연합공업개발기구. 1967년 1월에 발족된 것으로, 본부를 비인에 두고 개발도상국의 공업개발을 위한 조사·계획작성·기술원조 등을 주요한 목적으로한다.

유치산업 幼稚産業 infant industry

한 나라의 산업 중 장차 성장잠재력은 있지만 최초의 실험단계에서 벗어나지 못해 국제경쟁력을 갖추지 못했거나 금융적인 곤란을 받고 있는 미발달의 산업을 의미한다. 따라서 관세정책으로 그 산업에 대한 보호기간을 부여함으로써 이 유예기간동안 그 산업은 규모의 경제와 기술적 효율을 이룩할 수 있어, 생산비용이 저하되고 그 결과 외국의 산업 및 상품과의 경쟁력을 배양할 수 있다. 끝으로 유치산업의 보호가 성공되기 위해서는 다음 두 가지 조건이 충족되어야 한다. 첫째, 보호기간이 시한부적이며 점진적으로 관세율을

낮춘다. 둘째, 유치산업의 업종선택이
매우 중요하여 장차 국제비교우위가 있
을 업종을 택해야 한다.

유통계열화 流通系列化

생산업체가 자사제품의 판매를 용이하
게 하고 소매가격을 유지하기 위해서
도매점을 조직화하여 배타적인 판매조
직을 만드는 것을 말한다. 도매상이 소
매점에 대하여 판매경로를 개척하는 것
도 계열화라고 한다. 생산업체가 계열
화를 꾀할 때에는 전문판매회사를 설립
한다든지 도매상에 자본 참가를 하는
외에 각종의 판매점 원조와 리베이트
등 소매점을 조직화하는 경우가 많다.
다만 생산업체의 제품계획이 안이하게
되거나 또는 계열화를 위한 경비가 드
는 등의 결점도 있다.

유통비용 流通比容 distribution cost

마케팅 코스트라고도 한다. 상품의 원
가와 판매가격의 차액을 말한다. 예를
들면 500원의 상품의 원가가 300원이
라 하면 그 차액, 즉 200원이 유통비용
이다. 상품의 원가가 변동 없다고 보면
유통비용은 판매방법에 의하여 좌우되
는 것이고, 선전광고 분야와 밀접한 관
계를 가진다.

유통혁명 流通革命 distibutive revolution

대량생산 · 대량소비가 증진하여 상품
의 유통기구, 거래방식, 거래관습 등 기
업의 양상이 완전히 일신되는 것을 말
한다. 유통혁신의 추진주체로서 슈퍼마
켓, 슈퍼스토어, 디스카운트 스토어 등
은 모두가 본점을 주축으로 하여 많은
지점을 집중관리 하는 방법(체인 스토
어)으로 소매업이 대규모화하여 판매의
주류를 이룬다. 나아가서 유통혁명은
컴퓨터의 보급에 의하여 소비자의 욕구
가 과학적으로 파악되어, 즉 소비자 정

보가 생산체계에 신속하게 반영되어 가
격결정도 생산자와 판매자가 대등하게
행하며 생산, 유통, 소비의 계획화가 진
행되는 것까지를 포함하고 있다.

유한책임 有限責任 limited liability

기업의 손실에 대한 기업소유자의 부
담을 그가 기업에 투자한 자본액에 한
정하는 것이다. 주식회사에 있어서 주
주는 그가 투자한 금액만큼 책임을 진
다. 따라서 주주는 투하자본 뿐만 아니
라 자기의 사유재산에까지 무한책임을
지는 파트너 partner나 개인기업주와
구별된다.
　유한책임의 개념은 거대한 사업을 행
할 수 있는 자금을 조달하기 위하여 다
액의 자본 집적을 촉진하는 방안으로
택한 영국의 joint stock company(미국
의 경우는 주식회사)에서 시작된다. 만
일 유한회사라는 것이 없다면 투자자는
회사에 대하여 사실상 아무런 발언권도
없으면서 그의 사유재산까지 법률적으
로 규제를 받게 되어, 일반인의 회사에
대한 투자를 촉구하는 것은 사실상 곤
란하게 될 것이다. 유한책임은 대규모
의 주식회사가 출현하는 주요요인이 되
었다.

유한회사 有限會社 limited liability company

대한민국 상법에 의하면 1인 이상의
유한책임 사원이 출자액에 한하여 책임
을 지는 회사를 말한다. 이 회사는 소
규모의 주식회사라고 할 수 있다. 이것
은 합명회사와 주식회사의 장점을 절충
한 것이라 하겠다. 설립이 용이하고 설
립비용이 소액인 동시에 주식회사보다
도 그 조직이 간단하고 공개의무도 없
는 것이 특징이다. 이 회사형태는 1892
년 독일에서 최초로 발생하였다.
　유한회사의 기관으로는 이사·감사·사원
총회가 있다. 그리고 사원은 1명 또는

그 이상의 이사를 임명할 수 있는 바, 보통 이사는 사원 자신이 된다. 이사의 권리와 의무는 주식회사의 중역의 그것과 유사하다. 감사는 임의기관이기 때문에 절대성을 갖지 못한다. 그러나 독일에서는 제 2차 대전 이후 강제적으로 이를 규정하고 있다. 또 사원총회는 최고의 의사결정기관으로서 주식회사의 주주총회와 같은 것이다. 그리고 결의권의 행사는 인원수에 의하는 것이 아니라 소유지분에 의한다.

유효경쟁 有效競爭 workable(effective) competition

완전경쟁에 대신하여 실제의 경제분석이나 경제정책의 기준으로 사용되는 경제개념이다. 미국의 경제학자 메이슨 Mason, E. S. 에 의하면 시장의 구조면에서는 ① 다수의 판매자와 구매자가 존재하며, ② 그 중 누구도 시장의 대부분을 점유하지 못하며, ③ 그룹간의 결탁이 존재하지 않으며, ④ 신기업에 의한 시장진입의 가능성이 존재하느냐의 여부가 그 판정기준이 된다.

또 기업의 성과면에서는 ① 제품과 생산과정의 개선을 촉구하는 압력이 존재하며, ② 비용의 대폭적인 절감에 의하여 가격을 인하하려는 힘이 작용하며, ③ 가장 효율적인 규모에 생산을 집중하며, ④ 판매활동에서의 자원소비를 피하려는 동인이 존재하느냐의 기준에 비추어 유효경쟁인지 아닌지를 판단할 수 있다고 한다. →완전경쟁·불완전경쟁, 산업조직론

*유효수요론 有效需要論 theory of effective demand

1930년대의 대공황으로 인한 만성적인 대량실업은 종래의 고전파 경제학의 이론을 가지고는 설명할 수도, 또한 해결책을 제시할 수도 없었던 현상이었다. 이에 대하여 케인즈 Keynes, J. M. 는 이를 극복하기 위한 새로운 이론을 제시하였는데, 이러한 그의 노력은 「일반이론」으로 집약되었고 그 기초원리가 된 것이 바로 유효수요론이다. 케인즈에 의하면 리카도 Ricardo, D. 이후의 전통적인 고전파경제학은 경제균형이 완전고용상태에서만 성립하는 특수이론이라는 것이다. 그 이유는 '공급은 그 자신의 수요를 창조한다'고 하는 세이의 법칙 Say's law 이 승인 또는 가정되어 있기 때문이었다. 따라서 세이의 법칙을 부정하기보다는 불완전고용상태에 있어서 경제균형이 성립한다는 것을 설명해주는 새로운 원리를 확립할 필요가 있었으며, 이러한 관점으로부터 케인즈가 세이의 법칙에 대신하는 것으로서 「일반이론」의 기초로 삼았던 것이 바로 유효수요의 원리였다. 이 원리는 세이의 법칙과는 반대로 '공급은 수요에 의해서 한정된다'고 하는 명제로 요약된다. 이러한 케인즈의 유효수요의 원리 그 자체는 인구·자본설비·기술 등이 주어져 있을 때 사회 전체적으로 고용수준이 어떻게 해서 결정되는가를 설명해 주는 것으로, 그것에 의하면 고용량은 총공급함수와 총수요함수의 교차점에서 결정된다는 것이다. 이러한 사실은 다음 그림에 잘 나타나 있다.

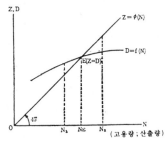

여기에서 총공급함수 aggregate supply function 란 고용량 N의 변화와 그것에 대응하는 총공급가격 Z의 변화 사이의 관계

를 나타내는 함수로서 $Z=\phi(N)$으로 표시
된다. 총공급가격이란 기업가로 하여금 어
떤 고용량을 받아들일만하게 하는 매상액
의 기대치이다. 따라서 「일반이론」에 나타
난 케인즈의 총공급함수는 모든 수준의 고
용량과 그에 따른 산출량으로부터 획득되
는 수입과의 관계를 나타내며, 이것은 횡
축에 산출량(또는 고용량), 종축에 예상수
입을 나타내는 좌표상에서의 45°의 총공급
곡선으로 표시된다.

한편 총수요함수 aggregate demand func-
tion는 고용량의 변화와 그것에 대응하는
총수요가격(D)의 변화 사이의 관계를 나
타내는 것으로 $D=f(N)$으로 표시된다. 총
수요가격이란 주어진 고용량에서 기업가
가 현실적으로 생각하는 매상액의 기대치
이다. 여기에서 매상액의 기대치란 결국
기업의 예상수입 또는 국민경제에 있어서
의 사전적 지출을 말하는 것으로서, 예상
소비지출과 예상투자지출의 합계를 말한
다. 그런데 단기적으로 볼 때, 투자지출은
고용량에 관계없이 일정하고 소비지출은
고용량의 증가에 따라, 즉 산출량 또는 소
득의 증가에 따라 체감적으로 증가하므로
총수요함수는 기울기보다 작은, 따라서
45°선보다 완만한 곡선으로 표시된다. 이
두 개의 함수(곡선)가 교차하는 점, 즉 D
$=Z$인 점 E에서 고용량이 결정되는 것은
이 점에서 기업가가 기대하는 이윤이 극대
가 되기 때문이며, 만약 $D>Z$인 경우에는
기업가는 고용을 증가시킬 것이며, $D<Z$
인 경우에는 반대로 고용을 감소시킬 것이
다. 이 때 $D=Z$인 점 E에서의 D의 값을
유효수요 effective demand 라고 하며 이에
대응하는 N_E는 균형고용량수준이다.

따라서 고용수준을 높이려면 총공급함
수에 대응하는 총수요함수를 상향이동시
켜야 하며 이것은 소비지출과 투자지출의
증대를 통해서 유효수요를 증가시켜야 한

다는 것을 의미한다. 이와 같이 유효수요
론은 균형고용수준, 나아가서는 현대적인
의미에서 균형국민소득이 어떻게 해서 결
정되는가를 보여주는 이론인 동시에 그러
한 균형이 고전학파의 경제이론에 있어서
와 같이 완전고용수준에서만 이루어진다
고는 볼 수 없음을 보여 주는 이론이다.

〔참고문헌〕 Keynes, J. M., *The General
Theory of Employment, Interest and Money*,
1936; 김덕중, 「거시경제이론」, 1974.

육성관세 育成關稅 〔獨〕 Erziehung-szölle

국내산업이 선진국의 발달된 동종산업
과의 경쟁으로 발전이 저지되거나 파멸되
는 것을 막기 위해 내외생산비의 차이를
보충할 정도로 부과하는 일종의 보호관세
를 말한다. 이에 의해 국내산업을 육성하
여 외국산업과의 경쟁에 충분히 견딜 수
있도록 하자는 것이 목표이므로 목적만 달
성되면 철폐되어야 하는 것이지만, 실제로
는 그 소극적·방어적 기능을 바꾸어 적극
적·공격적 기능을 갖는 카르텔관세로 변
화하는 경우가 많았다. 왜냐하면 관세에
의해 외국과의 경쟁이 배제된 국내산업에
시장독점을 위한 가장 좋은 기반이 제공되
기 때문이다.

최초로 육성관세론을 조직적으로 전개
한 사람은 리스트 List, F. 였다. 그는 영국
에 대한 독일산업의 후진성을 보완하기 위
해 고율의 관세부과를 요구했으며, 일정기
간 후에 그 산업이 보호없이도 외국과 경
쟁할 수 있게 되면 내지(內地)생산자간의
경쟁에 의해 가격이 세계시장가격으로까
지 내려가 보호관세의 필요는 없어진다고
생각했다. 이처럼 육성관세를 자유무역에
도달하는 수단으로 한 점이 리스트의 특색
이다.

육의전 六矣廛

육의전은 이조 후기에 정부로부터 특권
이 부여된 시전(市廛) 중 6개의 큰 시전으
로 구성되어 있었다. 육의전의 구성은 시
대에 따라 상이하였으며 한 전은 한 상인
의 상점이었던 것이 아니라 같은 물종을
취급하는 상인들의 단체였다. 그러므로 육
의전은 육주비전(六注比廛)이라고도 하였
던 것이다. 그들은 정부가 건축한 공랑(公
廊)점포에서 영업하였으며 그 위치는 현재
의 종로 1, 2가로 추측되고 있다. 육의전
의 대정부 의무는 정부수용품의 조달이었
으며, 그들은 이 의무의 대상(代償)으로서
그들이 취급하는 물종을 다른 상인이 거래
하는 것을 금지할 수 있는 권한이 부여되
어 있었는데, 이것을 금난전권(禁亂廛權)
이라고 한다. 즉 육의전은 특권적어용상인
의 단체들이었던 것이다.

이조 초, 한성의 시전체제는 고려시대
개경의 그것을 모방한 것이라 한다. 태조
2년에는 도시계획의 일환으로서 시전 건설
의 제안이 있었으나 실현되지 못하였고,
태종대에 이르러 한성의 주요 간선도로의
양편에 공랑(公廊)이 건조됨으로써 시전
체제 또한 완비되었다. 공랑이 완비되기
전까지 상인들은 도성 내의 각체에서 무질
서하게 상업을 영위하였는데, 공랑의 완비
와 더불어 상인을 공랑상인, 좌상, 행상인
으로 구분하고 각각 거래장소를 지정하여
주었던 것이다. 공랑상인은 관부에서 제공
하는 공랑에서 영업하는 상인인데, 이들은
공랑 1간(間)당 춘추로 저화(楮貨) 20장
(張)의 세금을 바쳤다. 이들은 정부에 대
하여 세금을 바치는 외에 정부수용품의 수
요에 응하였던 것은 물론이겠지만, 그것이
그들의 의무로 되어 있었는지 어떤지 지금
으로서는 단정하기 어렵다.

그러나 이와 같은 시전체제는 임진란을
계기로 완전히 파탄하게 되었다. 그것은
전쟁에 의한 도시의 파괴에서만 기인하는
것이 아니라 그것을 계기로 사회경제에 질
적 전환이 초래되었기 때문이다. 우선 정
부재정의 궁핍화를 들 수 있다. 전쟁으로
인한 양안(量案)의 상실, 토지의 황폐화,
사회질서의 문란과 중앙권력의 약화가 조
세수입의 감소를 초래한 것은 물론이겠지
만, 이들보다 그들을 결정적으로 촉진한
것은 토지제도의 문란으로 인한 토지겸병
의 진행과 이로 인한 당세(當稅)의 감소
및 체제의 해이를 틈탄 공물 등 부세수입
의 중간착취의 진전 등이었다. 정부재정의
빈곤은 결국 세로운 세원의 발견을 불가피
하게 하였으며 시전 또한 국역을 부담하지
않을 수 없게한 것이다. 둘째, 이조 전기
에 걸쳐서 꾸준히 발전하여 온 사회적 생
산력을 기초로 상품화폐경제가 발전하기
시작하였다. 이러한 상품화폐경제의 발전
은 또 대동법 및 균역법의 실시로 더욱 촉
진되었으며, 그 결과 이조 후기에 들어와
서는 도매 등 새로운 사상층의 발전을 보
게 되었다. 사상(私商)층의 발전은 자연히
도시의 시전상인들과 경쟁관계에 들어가
게 되었으며, 이러한 경쟁을 더욱 촉진시
킨 것은 토지로부터 이탈된 농민의 도시유
입 및 오군영(五軍營)체제의 성립으로 인
한 상비군의 도시정주로 인한 도시인구의
증가와 그들의 상업행위였다.

시전은 이러한 새로운 경쟁자로부터 그
들의 권익을 보호할 필요가 있었으며, 그
때문에 그들은 정부와 결탁하여 금난전권
(禁亂廛權)을 획득하지 않을 수 없었던 것
이다. 시전의 국역부담 및 금난전권은 이
조 전기의 시전체제와 후기의 그것을 뚜렷
이 구분해 주는 특징이다. 시전이 국역을
부담하고 금난전권을 획득한 정확한 연대
는 아직 분명히 밝혀져 있지 않다. 인조 15
년(1637)에 처음으로 중국에 보내는 방물
(方物)과 세폐(歲幣)를 부담한 것으로 보

아 시전의 국역부담은 인조대부터가 아닌가 생각된다. 이때부터 난전에 관한 기록도 나타나는 것으로 보아 이미 금란전권도 성립한 것으로 보인다. 순조대 서울의 시전들은 국역부담을 기준으로 분류하여 보면 유분전(有分廛)과 무분전(無分廛)이 있었으며, 무분전은 또 시안(市案)에 등록된 것과 등록되지 아니한 소소전(小小廛)이 있었다. 유분전은 육의전을 비롯하여 37전이 있었는데 각각 10분(分)으로부터 1분 사이의 국역을 부담하고 있었다. 무분전은 시안에 등록된 것이 50여 전이고 등록되지 않은 것은 매우 많았으며, 규정된 국역은 없으나 그들도 역시 국역을 부담하였던 것이 명백하며, 평시서(平市署)가 분정(分定)하여 육의전에 공납케 하였던 것이다.

육의전은 유분전 중 그 규모가 비교적 큰 것이다. 「만기요람(萬機要覽)」에 기재된 각 전명과 그 국역부담을 보면 선전(입전 혹은 선전이라고도 한다) 10분, 면포전(은목전 혹은 백목전이라고도 한다) 9분, 면주전(익세전이라고도 한다) 8분, 지전 7분, 저포전·포전 11분, 내·외어물전 9분으로 되어 있다. 위에서 보는 바와 같이 육의전이라고 하여 반드시 6개의 전으로 구성되어 있었던 것이 아니다. 위에서는 두 개의 전을 합분하여 6이라는 수를 맞추기는 하였으나 본래 전의 수는 8개였고, 어떤 시기에는 8개의 전을 병치하여 팔의전이라고도 하였던 것이다. 그리고 육의전의 구성은 시대에 따라서 각각 달랐는데 선전(縇廛), 면포전(綿布廛), 면주전(綿紬廛), 지전(紙廛), 저포전(苧布廛)은 항상 육의전에 속해 있었으나 내·외어물전, 포전, 청포전은 시기에 따라 육의전에 들어가기도 하고 거기에서 빠지기도 하였던 것이다.

이제 각 전들의 구조를 보면 아래와 같다. 「도가사례(都家事例)」에 의하면 육의전의 수전(首廛)인 선전의 건물구조는 1방으로부터 7방으로 구분되어 있으며 각 방은 10간으로 되어 있었다. 1간에 1인의 상인이 있었다면 선전의 도중(都中)은 70인이었던 것이다. 그리고 다른 전들은 5방 혹은 6방으로 되어 있었으나 그 방수는 크게 차이가 있었던 것은 아니었다. 육의전의 각 전들도 그러하였는지는 알 수 없으나 국역부담의 차이로 보아 육의전보다 방수가 크게 적었으리라고 짐작된다. 선전에는 전포 뒤쪽에 도중의 집회소로서 도가(都家)가 있었는데, 도가의 건평은 65평이었으며 간수인이라는 관리인을 두었다. 말하자면 도가는 동업조합원들의 집회소로서 국역부담, 상호부조, 중세적 도덕의 장려, 금난전권의 행사 등 도중의 공동업무를 수행하던 곳이었다. 다른 전들의 도가의 경우에도 이와 유사하였으리라 생각된다.

「입전완의(立廛完議)」에 의하면 도가의 임원은 상공원(上公員)과 하공원(下公員)이 있었다. 상공원은 대행수(大行首), 도령위(都領位), 수령위(首領位), 부령위(副領位), 차지령위(次知領位), 별임령위(別任領位) 등이며, 하공원은 실임(實任), 의임(矣任), 서기(書記), 서사(書寫) 등이었다. 대행수는 한 전의 대표자로서 도중의 사무를 총리하는 직책이며, 각 영위는 평의원과 같은 기능을 하였는데 이들은 모두 선거에 의하여 선출되었다. 하공원은 장부정리 등 도중의 실무를 담당하였으며 그 선발은 임명제에 의거하였다. 임원의 임기는 춘추 2기로 되어 있으며, 상공원은 명예직인 까닭에 보수가 없고 별임령위와 실임 이하는 1기에 전 10량를 받았다. 도중에의 가입조건을 보면 아래와 같다. 도중에의 가입자격은 도원의 자손과 외손들에게 우선적으로 부여되었다. 이것은 도원 자격의 혈연적인 상속관계를 나타내는 것

이다. 도중과 인연이 없었던 신가입자의
가입도 배제된 것은 아니었으나 그 조건은
매우 까다로운 것이었던 것으로 생각된다.
그리고 가입금은 가입자격에 따라서 각각
달랐다.

가입자별 가입금

가 입 자	예은	면흑예은
시선생자서(時先生子壻)	3량	
구(舊)선생자서	6〃	
구선생자아동	3〃	
시구선생진손	20〃	20〃
〃 외손·진증손	25〃	25〃
〃 외증서·진손서	30〃	30〃
〃 외손서	30〃	30〃
〃 진손아동	20〃	20〃
신래인(상첩이 있는 자)	40〃	40〃
〃 (연고없는 타인)	50〃	부정

가입금에는 예은(禮銀)과 면흑예은(面黑
禮銀)이 있었는데, 전자는 가입금이고 후
자는 가입향연비이다. 이것을 가입자격에
따라 표시하면 위와 같다. 이 표에서 볼 수
있듯이 도중에의 가입은 부자상덕을 원칙
으로 하고 도원과 혈연관계가 먼 자일수록
가입조건을 까다롭게 하였던 것이다.

이제 육의전의 국역부담을 보면 아래와
같다. 정부는 경시서(京市署)로 하여금 각
전의 분에 따라 상납시킬 물품의 품목 및
수량을 결정하여 각 전의 도가에 하명한
다. 도가는 그 전에 속하는 상인들의 부담
능력에 따라 부담을 배분하고 상납품을 징
수하여 경시서에 상납한다. 도가는 상납품
을 하명받을 때마다 수시로 징수하여 상납
하였던 것은 아니었다. 도가는 각 상인이
부담하여야 할 물품을 미리 징수하여 두었
다가 명령이 내리는 즉시로 상납하는 것이
관례였다. 국역의 내용은 원공(元貢)과 별
무(別貿)로 구성되어 있었다. 원공은 공안
에 기재되어 있는 것으로서 그 대표적인

것이 세폐와 방물이었으며, 별무는 정부가
임시로 필요할 때마다 시전에 하명하여 구
입하는 것이었다. 「만기요람」에 기재된 상
납품의 액수를 보면 세폐는 각 색세면포
(色細綿布)가 원정수(元定數) 10,000필,
시존수(時存數) 30,000필, 각 색면주(色綿
紬)가 원정수 2,000필, 시존수 400필, 각
색저포(色苧布)가 원정수 200필, 시존수
200필, 각 색세마포(色細麻布)가 원정수
400필, 시존수는 없었으며, 방물에는 연례
방물과 별사방물이 있었는데 그 물품의 종
류는 각종의 저포, 면류, 지(紙)들과 전
복, 문어, 대구어, 해삼, 홍합, 해대(海
帶), 광어 등이 었다. 별무는 정량이 없었
고 정부가 수시로 필요할 때마다 상납시켰
기 때문에 그 액수는 방물과 세폐보다 많
았던 것으로 생각되며, 또한 시전의 무거
운 부담이었다. 시전의 국역부담은 대가가
없는 것은 아니었다. 상납품은 어느 것이
든지 일정한 대가를 받았으나 시가에 미치
지 못하는 것이 일반적이었다.

시전은 위와 같은 국역부담의 대상(代
償)으로서 정부로부터 여러 가지 보호를
받았다. 그 한 가지는 정부에 의한 금융적
지원인데, 시전이 경제적으로 곤궁할 때
수만량의 자금을 무이자로 대여받기도 하
였다. 다른 하나는 금난전권인데 근기(近
畿) 100리의 내에서는 다른 상인들로 하여
금 시전들이 취급하는 물종을 거래하지 못
하게 함으로써 시전들에게 독점적 판매권
을 부여하였던 것이다. 금난전권을 가진
시전의 범위가 어떠하였는지는 분명치 않
다. 그것이 육의전에만 국한된 것은 물론
아니었으며 유분각전에도 대체로 부여되
었던 것이 아닌가 한다. 왜냐하면 이 권리
는 국역부담의 대상으로 주어졌던 것이었
기 때문이다.

그런데 이 금난전권은 시간이 지날수록
강력한 도전을 받게 되었다. 사상도가(私

商都賈)의 난전, 궁가 및 고관의 가노들의 난전, 군문군졸들의 난전이 그것으로서 권력을 배경으로 자행되는 가노들의 난전은 진실로 금지하기 어려웠던 것이다. 이에 대하여 정부는 난전을 강력히 금지하는 조치를 취하기도 하였지만 전문군졸들의 난전과 같이 군인의 생계보충수단으로서 행해지는 난전은 정부로서도 금지하기 어려운 형편이었다. 뿐만 아니라 또 시전인들은 그들의 특권을 이용하여 난전이 아닌 상업행위도 난전으로 규정하고 이를 금지하였기 때문에 상업상의 혼란을 초래하고 가난한 인민들의 생계를 위협하게 됨으로써 난전문제의 처리는 점점 어렵게 되었다. 18세기 말에 와서는 이 문제에 대하여 어떻게 변통하지 않으면 안될 상황에 부딪치게 되자 정부는 1787년에 정미통공(通共), 1791년에 신해통공, 1794년에 갑인통공을 각각 단행함으로써 육의전을 제외한 모든 시전의 금난전권을 혁파하였다. 이로써 금난전권은 오로지 육의전의 특권으로 되었던 것이다. 이러한 육의전의 특권도 개항 이후 외국상품의 침투에는 견딜 수 없었고, 1895년 갑오개혁과 더불어 그것이 소멸됨으로써 시전체제도 완전히 해체되었다.

〔참고문헌〕「만기요람」; 「입전완의문서」; 이능화, 「이조시대 경성시제」(만선사논총); 구로마사 이와오, 「キルトとしての경성육의전(경제사논고)」; 유원동, 「한국근대경제사연구」, 서울, 1977.

융커 〔獨〕 Junker

Junger Herr(젊은 군주)에서 유래하여 본래 국왕 또는 영주의 아들을 가리켰는데, 뒤에는 동부독일에서 19세기 초까지 주로 농민의 부역에 의해 구츠헤르샤프트(영주직영지경영)를 하고 있던 귀족을 가리키게 되었다. 또 19세기 중엽 이후에는 단지 귀족뿐만 아니라 일반적으로 동부독일에서 대농장경영을 행하는 자를 융커라 부르고, 그 농장경영을 융커경영이라 하게 되었다. 그런데 이 대농장경영자의 특징은 단지 농업자본으로서 대농장경영을 할 뿐 아니라 동시에 그 농장토지의 소유자이기도 했다. 즉 여기서는 예컨대 영국에서의 전형적인 자본주의적 대농장경영에서 보는 바와 같이 농업이윤을 자본가와 지주가 분배하지 않았다.

또 융커경영을 위한 노동자는 인스틀로이헤라는 특수한 임금노동자이며 그 경제생활은 농민과 농업임금노동자의 중간에 위치하고 그 임금노동은 부역과 순수한 임금노동과의 중간형태를 나타내고 있었다. 이 융커계급의 주류를 이룬 것은 시타인·하르덴베르크의 개혁(1807~1821)을 중심으로 하는 19세기 전반의 개혁, 이른바 프로이센농민해방에 의해 구츠헤르샤프트 아래에서 농민의 부역에 의한 직영지경영을 하고 있던 구츠헤르가 전화한 자들이었다. 그 밖에 18세기 말까지 농민의 부역에 의해, 부역폐지 후에는 자유임금노동자를 고용해서 왕령농장을 경영하고, 그 후 농장을 매수한 왕령소작인 Dominenpächter들 및 특히 1820년대의 농업공황기에 서부독일 등지에서 동부독일로 유입하여 농장을 구입한 농업기업가들이 융커계급을 구성했다. →구츠헤르샤프트

은행권 銀行券 bank note

일정한 화폐액을 표기한 지권으로서 원래는 신용화폐의 한 형태였으며, 일반적 유통수단으로서 은행에 의해 발행된 것이다. 은행권에는 태환은행권 convertible bank note과 불환은행권 inconvertible bank note의 2종류가 있는데, 먼저 전자에 대해서 설명한다.

태환은행권은 발권은행이 액면금액의 금을 언제든지 지참인에게 지불할 것을 약

속한 채무증권이다. 즉 발권은행의 일람불 (一覽拂)의 금채무증권이다. 그것은 태환이 확실하게 이행되는 한, 금을 대신하기 때문에 현실적으로 금과의 동일성이 보장된다. 이렇게 해서 태환은행권은 금화를 대신하여 상품유통을 매개할 수 있는 신용화폐 credit money 가 된다. 그것은 역사적으로 상인이 서로 주고받는 상업어음의 은행할인, 즉 상업신용의 은행신용에 의한 대체에 의해서 발행되고, 유통되게 되었다. 그러나 그것은 태환에 의해서 금과의 동일성이 보장되었으므로 상업어음의 유통범위를 넘어 일반적 유통 · 지불수단으로서 기능하게 되었다.

양자의 이러한 유통범위의 차이는 그 뒷받침되고 있는 신용이 개별적이냐 또는 사회적이냐하는 것에 기인한다. 여기에서 태환은행권은 화폐유통의 법칙에 의해 지배된다. 즉 태환은행권은 상품유통이 화폐를 필요로 하는 한 금화 대신 유통되고, 거래되는 상품의 가격총액의 증감에 따라서 증감한다. 일시과잉으로 된 태환은행권은 예입이나 태환을 통해서 은행으로 되돌아온다. 다음으로 불환은행권은 문자 그대로 태환이 정지된 은행권이다. 즉 그것은 발권은행의 금채무증권도 아니고 신용화폐도 아니다. 그러나 그것은 유통 및 지불수단으로서 상품유통을 매개할 수가 있다. 이것은 불환은행권이 국가에 의해서 강제유통력을 부여받은 법정지불수단이기 때문이다. 태환은행권도 법정지불수단이지만 금과의 동일성이 보장되어 있기 때문에 유통되는 것이며, 법정지불수단으로서의 규정은 이 사실을 국가가 추후로 인정한 것에 불과하다. 이에 반해서 불환은행권은 법정지불수단으로서 강제유통력을 부여받지 않는 한 유통될 수 없다.

원칙적으로 불환은행권의 발행에 의해서 항상 인플레이션이 발생한다고는 할 수 없다. 그것은 여전히 근대신용제도로서의 발권은행에 의해서 상품유통의 필요에 의하여 발행되는 것이다. 그러나 적자공채를 중앙은행이 인수함으로써 발행되는 불환은행권은 유통필요금량을 초과하며, 그에 따라 화폐단위의 가치가 사실상 절하되며 인플레이션이 초래된다.

＊은행주의 · 통화주의 銀行主義 · 通貨主義 banking principle · currency principle

19세기 초 지금논쟁(地金論爭)의 뒤를 이어, 1830~1840년대에 영국에서 행하여진 금융통화에 관한 논쟁에 있어서 서로 대립되는 견해를 말한다. 통화주의는 리카도 Ricardo, D. 의 화폐이론을 계승한 입장으로, 오버스톤 Overstone, L., 노먼 Norman, G. W., 토렌즈 Torrens, R. 등이 이에 속한다.

그들의 주장을 요약하면 ① 물가는 통화량의 증감에 따라 등락한다. ② 은행권은 정부지폐와 같으며 어음과는 다르다. ③ 은행은 은행권 유통량을 자유로 증감시킬 수 있다. ④ 순수한 금속유통 아래에서 통화의 증감과 같이, 은행권 유통량을 지금(地金)의 증감에 따라서 증감할 필요가 있다. 통화주의자들은 이상의 견해에 근거하여 은행권이 금의 유출입에 따라 조절되도록 하자고 주장하였다.

이에 대하여, 투크 Tooke, T., 풀라톤 Fullarton, J., 윌슨 Wilson, J., 길바트 Gilbart, W. 등 은행주의를 취한 사람들은 다음과 같이 통화주의를 비판하였다. ① 물가는 통화량에 의하여 결정되는 것이 아니라 그 반대이다. ② 은행권은 어음과 성질을 같이 하며 불환지폐와는 다르다. ③ 은행권은 은행에 의하여 자유로이 증감될 수 없는 것으로서 수요에 대응해서 유출되고, 불필요하게 되면 환류된다고 하였다. 은행주의는 화폐를 일면적으로 보지 않고 여러 가지의 형태규정을 파악하고, 특히 신용화폐의 특징을 명백하게 하는 공적을 남겼으나, 유통수단과 축장화폐의 구별을 통화와 자본의 구별로 오인하고 소득의 화폐형태와 자본의 화폐형태의 구별을 통화의 유통과 자본의 유통과의 구별로 오인하는 잘못을 저질렀다. 이 논쟁은 정책상으로는 통화주의의 승리로 돌아가고, 1844년의 필은행조례 Peel's Bank Act로 구체화되었지만, 은행주의가 신용이론에 공헌한 바는 매우 크다. 이 두 가지 입장의 대립은 현재에 이르기까지 화폐금융이론상에서 끊임없이 재현되고 있다.

〔참고문헌〕Chandler, L. V., *The Economics of Money and Banking*, 1970; 이승윤, 「신화폐금융론」, 1974.

의장권 意匠權 design right

무체(無體)재산권으로 공업소유권의 일종. 형태, 모양, 색채, 기능 또는 이것을 결합한 것에 대한 신규의 공업적인 고안을 의장법(1973 법 제2507)에 의하여 특허국에 등록하면 독점적인 사용을 인정받는 권리이다. 의장권은 설정등록에 의하여 발생하고(의장법 제18조) 존속기간은 등록한 날로부터 8년(의장법 제21조)이다.

의제자본 擬制資本 fictious capital

일명 가상자본이라고도 하는데, 이자부(利子付)자본이라는 새로운 자본의 형태가 성립하면 정상적인 화폐소득을 이자로 간주하여 시장이자율을 적용함으로써 자본화 또는 자본환원 Kapitalisierung을 행할 수 있다. 이와 같이 이자를 자본화함으로써 형성되는 자본을 의제자본이라 한다.

예를 들면 정규적으로 반복되는 연수입이 100만원이고, 이자율이 5%이면 이 100만원은 원금 2,000만원에 대한 연이자와

같다. 여기에서 이 2,000만원은 총액 100만원에 대한 법률상 소유자명의의 자본가치로 간주될 수 있다. 따라서 이 소유명의를 매입하는 사람에게는 100만원의 연수입이 그가 2,000만원을 투자했을 때 그의 투하자본으로부터 생기는 5%의 이윤을 나타낸다. 이윤을 시장이자율로 자본화하여 얻은, 예컨대 정규적으로 100만원의 연수입을 보장받은 사람은 시장이자율이 5%이라면 2,000만원에 해당하는 의제자본을 소유하고 있는 셈이다. 만일 이윤율이 이자율보다 높으면 의제자본은 산업자본(불입자본)보다 크게 되며 양자의 차액이 이른바 창업자이득이 된다.

의제자본으로 들 수 있는 것은 국채증권이나 사채 등의 확정이자부증권·주권·토지가격 등이다. 의제자본이 때로는 실체가 없는 명목만의 자본을 의미하는 용어로 사용되는 경우도 있다. 독점자본주의의 단계에서는 의제자본의 양은 현저하게 증대하며 그 자체가 독점자본주의의 기생적인 성격을 나타낸다. 그리고 의제자본의 의의를 보다 광의로 사용하는 경우, 예를 들면 은행이 정화(正貨)준비를 하지 않고 은행권을 발행하는 경우에도 이것을 의제자본이라고 한다. →창업자 이득

의존효과 依存效果 dependence effect

일반적인 의·식·주와 관련된 인간의 절대적 욕망은 그 충족도가 높아짐에 따라 약화되는 것이 보통이다. 그러나 소비증대가 반드시 욕망충족의 증대를 의미하지 않는 경우도 있다. 그것은 소비로부터 얻어지는 만족도가 타인과의 비교에 크게 의존하기 때문이다. 이러한 인간의 상대적, 심리적 욕망은 욕망이 충족되는 과정에서 생기는 전시효과나 과시적 소비에 크게 의존하는데, 이와 같이 욕망의 창출이 욕망이 충족되는 과정에 의존하게 되는 관계를 의

존효과라 한다. 심리적 욕망을 자극하는 것은 생산자측에서의 교묘한 광고나 판매 촉진정책 등의 심리적 판매술이다. 따라서 사회가 풍요해질수록 욕망이 충족되는 과정이 동시에 욕망이 창출되는 과정을 의미하게 된다.

의존효과라는 개념은 갈브레이드 Galbraith, J. K. 가 그의 저서 「풍요한 사회」에서 그 사회의 특질을 구명하기 위해서 사용했다. 그는 거기에서 인간의 절대적 욕망은 거의 충족되어 있어 생산의 한계효용이 0이 되는 상태를 상정하고 있다. 따라서 풍요한 사회에서는 생산확장과 경제성장이 지속적으로 이루어지기 위해서는 의존효과를 통해서 상대적 욕망이 계속 창출되지 않으면 안된다. 그러나 이것은 상대적 욕망의 창출을 위한 판매술이나 레저산업에 과다한 자원이 다소 비생산적으로 사용되게 하는 결과를 초래함으로써 투자재원배분구조를 왜곡시켜 도로·교육시설·의료시설 등의 사회자본을 빈곤화하는 경향을 야기시킴으로써 현대사회의 안정과 균형을 저해할 우려가 있다고 갈브레이드는 경고하고 있다. →전시효과, 과시적 소비

이노베이션 innovation

일반적으로 기술혁신, 신기축(新機軸) 또는 신결합으로 번역된다. 처음으로 이것에 관한 이론을 체계적으로 전개한 슘페터 Schumpeter, J. A. 는 이것을 신상품의 생산·신생산방법의 도입·신시장의 개척·신자원의 개척·신조직의 달성(예컨대 독점)으로 포괄적으로 해석하고 있다.

슘페터에 의하면 이노베이션에 필요한 자금은 은행의 신용창조에 기인하는 강제저축에 의해서 조달되며, 이노베이션의 특질은 그것이 비연속적으로 그리고 군생적 혹은 집단적으로 행해지는 데 있다고 한다. 또 그는 이노베이션이 경기순환을 야기시키는 요인이라고 한다. 이노베이션의 수행과정을 경기의 상승(호황)으로 보고, 그것의 정리과정을 경기하강(불황)으로 보고 있다. 물론 그는 이노베이션을 경제발전의 기동력으로 보고 있기도 하다. 또 그는 이노베이션에 의하여 콘드라티에프 Kondratief, N. D. 의 장기파동을 설명하려고 하였다.

콘드라티에프에 의하면 제1파동은 1780년 말부터 1850년대 초기까지, 제2파동은 1850년 초기부터 1890년까지, 제3파동은 1890년대부터 1920년대까지이다. 슘페터는 이에 대하여 제1파동은 산업혁명 및 그것이 침투하는 과정, 제2파동은 철도의 건설을 중심으로 하는 증기와 철의 시대, 제3파동은 전기, 화학, 자동차의 시대라고 설명하였다.

이동균형 移動均衡 moving(shifting, dynamic) equilibrium

일반적으로 균형이란 서로 상반된 두 경제량이 일치될 때 이루어지며, 한번 이루어지면 주어진 여건이 변하지 않는 한 서로 이탈하지 않으려는 성향이 지속적으로 존재하게 된다. 이처럼 일정하게 주어진 여건 속에서의 균형을 순간균형 momentary equilibrium 이라고 한다. 그러나 시간이 흐름에 따라 주어진 여건은 변하게 되며 균형도 변하게 되는데, 이같은 균형을 이동균형이라 한다. 즉 어떤 시점 t_1에서 임의의 경제량, 예를 들면 가격 p_1이라는 균형치를 가졌다고 하자. 다음 시점인 t_2에서는 여건이 변해(예—투입요소의 가격이 변해) 균형치는 p_2로, t_3에서는 p_3로 각각 변했다고 하자. 이와 같이 시간의 흐름, 즉 여건의 변동에 따라 변화해 가는 균형치의 계열을 이동균형치라 하며 이같은 균형을 이동균형이라 한다. 지금 t시점에서 균형가격 p가 이루어졌다면,

$F(p, t)=0$ ·························· (1)
으로 나타낼 수 있으며, 이 (1)의 식은
$p=p(t)$ ···························· (2)
로 표시할 수 있다. 따라서 (2)는 이동균
형치를 나타내고 있다. 그러나 우리가 주
의해야 할 것은 t 이다. 즉 (1), (2)에서 t
는 시간을 나타내지만, 실제로는 시간의
흐름에 따라 일어나는 여건의 변화의 총체
를 뜻하는 것이다. 다시 말하면 t 가 t_1 에서
t_2 로 변화한다는 것은 t_1 에서 주어진 여건의
총체가 t_2 에서의 여건의 총체로 변화하는
것을 의미한다. 따라서 이동균형은 주어진
여건의 추이에 따라 균형치가 변화해가는
양상을 파악하고자 하는 것이다.

ESCAP Economic and Social Commission for Asia and the Pacific
아시아태평양 경제사회위원회. 국제연
합경제사회이사회의 보조기관인 지역위원
회의 하나로서 아시아 및 태평양의 지역적
경제문제를 취급하는 기구이다. 1947년 아
시아 극동지역 각국의 경제부흥을 위한 경
제, 사회의 조사 및 연구, 통계 등을 종합
정리하기 위해 설치된 아시아극동 경제위
원회(ECAFE)의 후신으로서 1974년 9월
12일에 ESCAP으로 개명되어 오늘에 이
르고 있다.
기관으로는 총회와 보조단체 외에 아시
아통계소위원회, 아시아경제문제각소위원
회, 메콩강지역개발위원회 등이 있다.
본부는 방콕에 있으며 가맹국은 한국을
비롯하여 56개국에 이르고 있다.

EFTA European Free Trade Association
유럽자유무역연합. 영국, 스웨덴, 노르
웨이, 덴마아크, 스위스, 오스트리아, 포
르투갈의 7개국간에 1960년 5월에 결성된
자유무역지역이다(핀란드는 준가맹국).

발족 당시의 목적은 유럽대륙 6개국의 EC
에 대항하여 27개국간의 무역을 자유화하
고 장차 EC 6개국도 포함한 유럽 전역에
걸쳐서 자유무역지역을 설립하는 데 있었
다.
그 후 역내관세의 인하가 점차 실행되고
1966년 말에 관세가 전폐된 결과 EFTA 국
들의 무역은 급속하게 신장하였다. 그러나
EFTA의 주동인 영국과 덴마아크가 1973
년 1월에 EFTA를 탈퇴하고, EC에 가맹
하였기 때문에 정치, 경제적 입장의 약화
를 면할 수 없게 되었다. 이 때문에 1972년
7월에 EC와의 사이에 유럽자유무역지역
협정을 맺고, 금후의 활로를 모색하게 되
었다. 동협정은 EFTA와 EC 제국이 공업
제품에 대하여 수량제한을 전폐하고, 1973
년 4월부터 1977년 7월까지를 5단계로 나
누어 관세를 20%씩 인하하여 자유무역지
역이 결성된 것이다. →EEC

이력효과 履歴效果 Hysteresis
높은 실업과 낮은 경제성장이 몇 해 계속
되면 경제주체가 성장에 대한 확신을 잃어버
리게 되고 그 결과 자연실업률 natural rate
of unemployment과 이에 상응하는 자연총
생산 natural rate level of output이 완전고
용수준에서 멀어져가는 현상을 말한다. 과거
의 경험이 경제활동에 영향을 미쳐 실제 경
제성장률이 잠재 성장률보다 낮게 나타나는
현상을 이력효과라고 하는 것이다. 대표적인
사례로 80년대 미국의 불경기와 90년대 일본
의 저성장을 설명하는데 이용된다.
이러한 이력효과는 자연총생산이 총수요충
격에 의해 영향을 받지 않는다는 통화론자의
주장에 대한 반론으로 제기되었다. 총수요가
위축되어 실업이 증가하면 실업자는 용기를
잃고 일자리를 열심히 찾으려는 노력이 줄어
들고 기업들은 오랫동안 실업상태에 있는 노
동자를 고용하는 것을 꺼리게 되어 자연실업

률이 완전고용수준 이상으로 상승하게 된다. 이럴 경우 자기교정 메카니즘 self-correcting mechanism이 경제를 자연실업률과 자연총생산 수준으로 돌려놓기는 하지만 완전고용수준으로 돌려놓는 것은 아니다. 정부의 조세감면 등 확장정책만이 총수요곡선을 우상향 이동시켜 자연실업률을 완전고용수준으로 낮출 수 있다. 따라서 이력효과를 강조하는 견해는 경제의 완전고용수준회복을 위한 적극적이고 확장적인 경기대책을 지지한다. 미래에 대한 기대성장률이 하락하면 기업과 개인의 경제활동은 위축되고, 경제활동이 위축되면 성장이 둔화되어 기대성장률은 더 떨어지게 된다. 여러 해 동안 경제가 부진하게 되면 경제주체들은 각종 경제활동의 계획을 객관적인 잠재성장률 이하로 축소하는 현상이 장기화된다는 것을 뜻한다

EMS European Monetary System

유럽통화제도. 1979년 3월 유럽 8개국(프랑스, 서독, 이탈리아, 네덜란드, 벨기에, 룩셈부르크, 덴마크, 아일랜드)이 참가하여 유럽의 통화협력, 통합을 더욱 강화할 의도로 발족시킨 통화제도. EMS 참가국들의 통화간에는 상호간의 변동폭이 기준률의 상하 2.25% 이내로 제한되고, 미국달러 등의 역외통화에 대해서는 변동환율제가 채택된다. 참가국 통화의 기준은 ECU(유럽통화단위, European Currency Unit)인데, 이 ECU의 가치는 이미 정해져 있는 EC 11개국 통화 상호간의 기준률에 근거하여 그들 9통화의 가중평균으로 구한다. EMS 참가국 중 어느 나라의 통화가치가 증가하거나 감소하여 대 ECU 환율 허용변동폭의 75%에 달했을 때, 즉 변동허용 상하한에 도달하기 전에 그 나라는 시장개입, 국내금융정책, 기준률의 개정 등의 조치를 취해야 한다.

EMA European Monetary Agreement

유럽통화협정. 1958년 12월 서유럽제국의 통화교환성회복에 따라 EPU에 대신하여 발족한 유럽의 무역지불기관이며 다각적 결제제도와 유럽기금의 두 가지로 구성되어 있다. 그러나 EPU와는 달리, 각 가맹국의 통화가 교환성을 회복하였으므로 무역결제는 통례로 런던이나 파리 등의 금융시장에서 현금결제로 이루어지며 따라서 실제로는 다각결제제도를 통하여 결제가 이루어지는 것은 아니다. 또 유럽기금은 가맹국이 일시적으로 국제수지난에 봉착하였을 때 이 국가에 대해 융자를 제공하는 것을 목적으로 하며 자본금 총액은 6억 달러이다. IMF의 유럽판이라고 할만하다. →EPU

*이윤·이윤률 利潤·利潤率 profit·rate of profit

이윤은 임금·이자·지대와 함께 하나의 소득원천이며, 기업가가 기업활동을 영위하면서 극대화하려고 하는 목표가 된다. 기업이윤은 자본이윤에서 이자를 공제한 잔여이다. 자본의 투하로 얻은 생산물의 매상대금에서 임금·지대·원료비·감가상각비 등 이자 이외의 비용을 뺀 것이 자본이윤이다. 그러나 임금이 노동에 대한 보수이고 이자가 자본용역에 대한 보수이며 지대가 토지용역에 대한 보수라고 하면 이윤은 과연 무엇에 대한 보수인가에 대해서는 학설상 많은 논의가 있어 왔으나 일치를 보지 못하고 있다. 이윤의 원천에 관한 주요 학설을 제시하면 다음과 같다.

① 동태설·독점설 : 완전경쟁하의 산업균형에서는 한계수입=한계비용인 동시에 평균비용=수요가격이 되어 기업가의 초과이윤은 소멸되며, 가격은 정상이윤을 포함한 평균비용과 같기 때문에 기업가는 정

상이윤만을 얻게 된다. 동태설은 슘페터 Schumpeter, J. A. 가 주장한 것으로서 초과이윤 발생의 원인을 기업가의 이노베이션에 의한 정태적 균형(산업균형)으로부터의 괴리에서 구하려는 학설이다. 즉 기업가가 기술혁신을 단행하여 새로운 생산방법을 채택할 경우에는 경쟁에서의 우위성을 차지할 수 있어 초과이윤을 획득할 수 있다는 것이다. 이에 대해 자유경쟁에 의한 정태적 균형에의 수렴을 저해하는 독점의 존재에서 이윤발생의 근거를 구하는 것이 독점설이며, 파레토 Pareto, V. 와 챔벌린 Chamberlin, E. H. 에 의해서 주장되었다.

② 착취설 : 이것은 마르크스 Marx, K. 경제학의 설명으로서, 그에 의하면 자본주의 경제에서는 생산수단의 소유인 자본가가 노동자를 그의 생활유지에 필요한 생활자료 생산에 소요되는 노동시간 이상으로 일을 시켜 그의 잉여노동의 성과를 착취하는데 이것이 잉여가치의 생산이다. 이 잉여가치를 자본주의적 생산의 총과정이라는 관점에서 볼 때 이윤이라는 것이다.

③ 위험부담설 · 마찰설 : 자본주의경제는 그것의 무정부적 생산이라는 성격때문에 끊임없이 경제변동에 당면하게 되고 그 때문에 기업경영은 언제나 위험을 수반한다. 이 기업경영에 수반되는 위험부담이라는 기능 또는 부담할 위험을 선택하는 기능에서 이윤발생의 근거를 구하는 것이 위험부담설이며 나이트 Knight, F. H. 에 의해서 주장되었다. 마찰설은 완전경쟁을 제한하는 일체의 장해, 즉 마찰을 이윤의 원천이라고 본다. 즉 균형상태에 도달할 때까지는 수많은 저항현상이 일어나는데, 그 가운데 약간의 기업은 언제나 우월한 지위에 서게 되며 이 우월성으로 말미암아 이윤을 얻게 된다는 것이다. 이것은 왈라스 Walras, L. 와 뵘바베르크 Böhm-Bawerk,

E. v. 에 의해서 주장되었다. 다음에는 경제이론에서 나타나는 이윤에 관한 개념들을 설명하기로 한다.

① 평균이윤 average profit : 완전경쟁을 가정하고, 일정 시점에서 산출량 x를 생산해서 주어진 가격 p로 그것을 판매하는 한 기업을 생각하면, 산출량 1단위당 기업가 소득을 e_a, 평균고정비(이자, 감가상각비, 봉급)를 O_a, 평균임금과 원료비를 각각 W_a, r_a 로 나타낼 때, $e_a = p - (O_a + W_a + r_a)$ 로 된다.

② 한계이윤 marginal profit : 단기한계비용 m(일정한 자본설비를 가지고 생산물을 추가적으로 1단위 더 생산하는 데 드는 비용)은 단기가변비용 즉, 임금 W_m 과 원료비 r_m 의 합과 같다. 따라서 한계이윤 e_m 은 다음과 같다.

$$e_m = P - (W_m + r_m) = p - m$$

③ 총이윤 total profit : 총이윤 e는 기업이 산출량 x를 판매하여 획득하는 이윤의 총액이므로,

$$e = x \cdot e_a = xp - x(O_a + W_a + r_a)$$

이다. 기업가는 그의 총이윤을 극대화시키는 점에서 산출량을 결정한다. 이 점은 한계이윤 e_m 이 0일 때, 즉 $p = m$ 이 되는 점이다. 생산물의 시장가격이 OP로 주어져 있을 때, 총이윤은 $p = m$ 인 Q점에서 극대화된다.

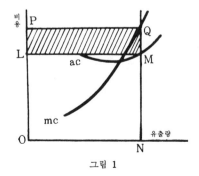

그림 1

이 때 평균이윤 e_a는 QM이고 총이윤 e는 면적 $PQML$로 나타내어진다.

④ 정상이윤 normal profit : 정상이윤 e_n은 현재 일반적으로 행해지고 있는 가격(생산물 및 생산요소)에서 기업가로 하여금 생산규모를 확대 또는 축소시키도록 하는 어떠한 동기도 주지 않는 이윤으로 정의된다. 이제 일정한 자본설비의 설치 또는 구입을 결정하게 되는 장기균형을 고려할 때, 기업가는 해당 자본설비의 존속기간을 통해서 생산되는 산출량에 대해서 예상되는 판매가격이 그 기간을 통해서 계산되는 평균비용($O_a + W_a + r_a$)과 정상이윤 e_n을 더한 것과 같아지도록 자본설비의 규모를 선택하게 된다. 이렇게 선택된 자본설비를 정상적으로 가동할 때에 얻어지는 가격수준을 정상가격, 그 때의 조업수준을 최적조업수준이라고 한다. 이제 새로이 구입되는 주어진 자본설비 k_0의 존속기간(T)중 t기의 수입을 R_t, 정상이윤을 포함하고 이자비용과 위험부담비용을 제외한 모든 비용을 C_t라 할 때, $\sum_{t=0}^{T} (R_t - C_t) \left(\frac{1}{1+e}\right)^t = 0$를 만족시키는 할인률 e를 예상이윤률(케인즈의 자본의 한계효율)이라고 한다. 그리고 예상이윤을 π라 하면, 기업주는 주어진 투자액 k_0에 대해서 할인률 e 또는 예상이윤 π를 극대화시키는 생산방법을 선택한다. 다음에 최선의 생산방법을 선택할 때 얻어지는 극대이윤을 π_m,

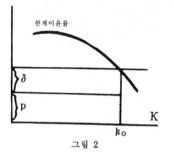

그림 2

시장이자율을 π, 위험부담률을 ρ라하면, 기업가는 $\frac{d\pi_m}{dk} = \rho + \sigma$가 되는 점까지, 즉 자본의 한계효율이 이자율과 위험부담률을 더한 것과 같을 때까지 투자를 행하게 된다. 이 때의 최적투자액 k_m에서 평균이윤 $e_a =$정상이윤 e_n이 되며, 한계이윤 e_m은 0이 된다. 즉 투자액 k_m에 대해서 총이윤 e는 극대화된다.

⑤ 의외의 이윤 windfall profit : 만일 어떤한 이유, 예를 들면 위험부담률의 감소에 의해서 최적투자액 k_m이 증대하게 되면, 변화가 있기 전의 최적투자액에서 평균이윤 $e_a >$정상이윤 e_n이 되어 그 차액만큼 기업가는 예상외의 이윤을 얻게 될 것이다. 따라서 기업가는 그 의외의 이윤을 0으로 할 때까지 생산규모를 확대시키려는 유인을 갖게 될 것이다. 케인즈의 표현에 의하면 사전적으로 투자와 저축이 동등한 경우 정상이윤이 실현되지만 만일 사전적 투자가 사전적 저축을 초과하는 경우 현실의 이윤은 의외의 이윤을 발생시키게 된다. 이것은 경제의 어떤 부문에서인가 상쇄되지 않은 수요의 증대가 발생해서 그 결과 그 부문의 자본의 한계효율이 이자율 이상으로 상승했다는 것을 의미한다. 따라서 정상이윤 이상의 평균이윤, 즉 의외의 이윤을 발생시킨다. →자본의 한계효율

[참고문헌] Clark, J. B., *The Distribution of Wealth*, 1958; Knight, F. H., *Risk, Uncertainty and Profit*, 1921; Schumpeter, J. A., *Theorie der wirtschaftlichen Entwicklung*, 1926.

이윤극대화조건 利潤極大化條件
condition of profit maximization

각 기업은 산출량수준과 그에 따른 비용을 기업의 목표(이윤극대화)달성을 위해 조절할 수 있다. 여기에서는 생산물시장과 생산요소시장이 완전경쟁상태하에 있다고 가정하고, 기업이 어떻게 행동해야 극대이

윤을 누릴 수 있는가 하는 조건을 설명한다.

기업의 이윤 π는 총수입 TR에서 총비용 TC를 뺀 차액으로 정의된다($\pi = TR - TC$). 기업의 생산함수를 $q = f(x_1, x_2)$(단 x_1, x_2는 생산요소)로 정의하면, 총수입은 산출량 q에다 그 가격을 곱한 pq 또는 $pf(x_1, x_2)$로 된다. 한편 생산요소 x_1, x_2의 가격을 r_1, r_2로 하고 총비용함수를 선형으로 가정한다. 따라서

$$\pi = pf(x_1, x_2) - (r_1 x_1 + r_2 x_2 + b) \quad \cdots\cdots (1)$$

(단 b는 고정비용이다)

가 성립한다. (1)식의 π를 x_1, x_2에 대해서 편미분하면

$$\frac{\partial \pi}{\partial x_1} = pf_1(x_1, x_2) - r_1,$$

$$\frac{\partial \pi}{\partial x_2} = pf_2(x_1, x_2) - r_2$$

가 된다. 이 때 $\dfrac{\partial \pi}{\partial x_1}$, $\dfrac{\partial \pi}{\partial x_2}$는 생산요소를 한 단위 더 고용하였을 때의 이윤변화율을 의미하므로, 이윤극대화를 위해서는 $\dfrac{\partial \pi}{\partial x_1}$, $\dfrac{\partial \pi}{\partial x_2}$가 0이 될 때까지 생산을 하여야 한다. 따라서 이윤극대화를 위한 조건(좀더 엄밀한 의미에서의 필요조건)은

$$\frac{\partial \pi}{\partial x_1} = pf_1 - r_1 = 0, \quad \frac{\partial \pi}{\partial x_2} = pf_2 - r_2 = 0$$

이다. 이것을 변형하면

$$pf_1 = r_1, \quad pf_2 = r_2 \quad \cdots\cdots\cdots (2)$$

가 된다. (2)의 의미는 각 생산요소의 한계생산물가치가 그 요소가격과 같아야 한다는 것이다. 끝으로 이윤극대화의 2계조건(충분조건)은

$$\frac{\partial^2 \pi}{\partial x_1^2} = pf_{11} < 0, \quad \frac{\partial^2 \pi}{\partial x_2^2} = pf_{22} < 0$$

$$\begin{vmatrix} \dfrac{\partial^2 \pi}{\partial x_1^2} & \dfrac{\partial^2 \pi}{\partial x_1 \partial x_2} \\ \dfrac{\partial^2 \pi}{\partial x_2 \partial x_1} & \dfrac{\partial^2 \pi}{\partial x_2^2} \end{vmatrix} = p^2 \begin{vmatrix} f_{11} & f_{12} \\ f_{21} & f_{22} \end{vmatrix} > 0$$

이다.

이윤률 利潤率 ☞이윤·이윤률

이윤률저하의 법칙 利潤率低下의 法則 law of falling rate of profits

이윤율이란 투하자본에 대한 이윤의 비율이다. 전통적인 이론에 의하면 일정한 기술하에서 자본이 부가될수록 그 한계생산력은 점차 감소하므로 자본의 한계생산력체감의 법칙에 따라 이윤률은 저하한다. 이것을 이윤률저하의 법칙이라고 한다. 따라서 일정한 기술수준하에서 노동자 1인당 자본이 증가되면 생산량의 증가율은 그 자본의 증가율보다 적은 비율로 증가한다. 여기에서 이윤률은 노동자 1인당 자본이 증가함에 따라 감소한다는 결론이 유도된다. 가령 노동시장이 완전경쟁에 의해 지배된다면 실질임금은 노동의 한계생산력에 따라 결정되고, 이 때 노동자 1인당 자본의 증가는 노동의 한계생산력을 높일 것이므로 실질임금도 증가한다. 그런데 한편 이것은 자본의 한계생산력을 감소시키므로 자본에 대한 이윤률은 적어질 수 밖에 없다.

그러나 노동자 1인당 자본이 증가되면 노동자 1인당 생산량을 증가시키고 결국은 국민소득을 증대시키므로 경제의 장기적인 발전의 가장 근본적인 원인이 된다고 볼 수 있다. 즉 노동자 1인당 자본의 증가는 한편으로 이윤률을 저하시키고 한편으로 실질임금을 상승시킴으로써 장기적인 경제발전의 원인이 되고 있음을 알 수 있다. 한편 마르크스 Marx. K.는 이 관계를 자본의 유기적 구성이 고도화되면 이윤률, 즉 잉여가치와 총자본과의 비율은 저하된다고 설명하였다. 그가 말하는 자본의 유기적 구성이란 불변자본과 가변자본의 구성을 가리키며, 한편 가변자본

은 노동력의 투입을 가리키므로 자본의 유기적 구성이 고도화된다는 것은 총자본 중의 불변자본의 비중이 커지는 것, 다시 말하면 노동자 1인당 자본의 증가를 가리키는 것이다.

그리고 잉여가치의 창조는 결국 노동력의 투하에 의존하므로 노동자 1인당의 생산량개념에 대응되는 가변자본(V)에 대한 잉여가치(M)의 비율을 잉여가치율 $\left(\dfrac{M}{V}\right)$ 이라고 할 때 이것이 일정하다고 가정하면 총자본에 대한 잉여가치의 비율인 이윤률 $\left(\dfrac{M}{V+C}\right)$ 은 자본이 증가될수록 적어지는 것을 용이하게 알 수 있다. 여기서 전통적 이론과 다른 점은 전통적 이론에서는 이윤률저하는 실질임금의 상승과 더불어 설명되고 있음에 비하여 마르크스는 잉여가치의 불변, 즉 노동의 한계생산력 또는 실질임금의 불변을 전제하고도 이윤률의 저하를 설명하고 있는 점이다.

이율배반이론 二律背反理論 ☞안티노미 이론

EU European Union 유럽연합

1993년 11월 8일부터 EC(European Community)는 EU로 개칭되었다. 로마조약에 의거, 1958년 1월 1일 서독·프랑스·이탈리아·벨기에·네덜란드·룩셈부르크의 6개국에 의해 발족된 EEC는 그 후 1967년에 그동안 각각 독립되어 있었던 ECSC(유럽석탄·철강공동체)와 EURATOM(원자력공동체)을 흡수하여 EEC라는 단일체제로 발전하게 되었다. 이를 계기로 EEC는 유럽공동체 European Community(약칭 EC)라고도 불리어지게 되었다. 이와 같이 형성된 EEC는 역내관세의 철폐·역외공통관세의 부과·수입수량제한의 철폐를 중심으로 한 관세동맹을 1968

년 7월에 완성하였으며, 역내농업의 합리적 발전, 역내농산물시장의 안정, 농민의 생활수준향상, 농산물의 적절한 공급, 농산물의 적정가격보장 등을 기본목표로 한 공동농업정책도 1968년 7월에 대체로 실현하였다.

또한 EC는 1980년까지 가맹국의 경제 및 통화정책을 3단계에 걸쳐 단계적으로 접근·조정시킴으로써 최종적으로는 ① 역내통화의 완전한 교환성확립과 환률변동의 제거 ② 평가의 고정 ③ 자본이동의 완전자유화 ④ 단일통화의 창출 등을 목표로 한 경제·통화동맹을 추진, 정치동맹으로 발전을 모색하였으며 야운데협정과 아루사협정 등을 통하여 대외연합 및 특혜무역을 확대하였다. EC는 이러한 과정 속에서 유럽통합정신에 입각하여 영국, 덴마크, 에이레, 그리스, 스페인, 포르투갈이 가맹하여 12개국 체제가 되었다.

EC는 1973년에 들어와 국제통화의 불안 속에서도 공동변동환율제(스네이크체제)의 채택, 유럽통화협력기금의 창설을 통한 경제·통화동맹의 지속적 추진으로 유럽통합에의 의지를 과시하기도 하였으나, 1973년 10월 중동전을 계기로 발단된 석유파동과 영국의 EC 가입조건수정 제기 등 대내외 여건의 급격한 변동으로 인하여 많은 시련을 겪었다. 앞으로 EC는 내부결속의 강화와 외연적 확대에 의해서 역내무역을 증대시키고 가맹국의 경제성장을 촉진시켜 나아갈 것으로 보이나, 공동농업정책에서 야기되는 역내간의 이해상충(利害相衝)을 조정해야 되는 난제도 안고 있다. 한편 EC는 지중해연안제국 및 아프리카제국과의 연합관계를 강화, 확대시켜 유로·아프리카권이라는 자급경제권을 형성할 가능성도 크다. 따라서 EC의 이러한 블럭경제의 강화는

자유무역을 근간으로 하는 WTO 체제를
크게 위협할 수도 있을 것이다. →경제통
합, 스네이크체제

이자·이자율 利子·利子率 interest·rate of interest

이자는 임금, 지대, 이윤 등과 함께 소
득의 한 원천이 되며 그것은 화폐재산으로
부터의 소득이다. 이자는 대체로 일정기간
동안 대부된 화폐를 반제할 때 나타난다.
이제 원금을 P, 단위기간당 이자율을 r,
대부된 기간의 길이를 h, 또 이자를 매번
지불해야 하는 기간의 길이를 m 이라 하
자. 그러면 단리의 경우는 바로 $h=m$ 인
경우이다. 이 때 만기에 지불할 총액은

$$S=P(1+mr)$$

이며, 여기서 이자는

$$S-P=mrP$$

이다. 이자가 대부기간중 여러 번 지불되
는 경우는 이자가 복리로 계산되며 이 때
는 h/m 가 대부기간중 이자가 계산되는
횟수를 가리킨다. 이 경우 만기에 지불하
게 되는 총액은

$$S=P(1+mr)h/m$$

이다. 다른 변수들이 일정한 한, 이자가
계산되는 단위기간이 짧을수록, 즉 m이
짧을수록 지불총액 S는 크게 된다. 극한
의 경우, 복리는 매시간마다 연속적으로
계산되므로 이 경우 지불총액은 $S=Pe^{rh}$
로 된다(m이 0에 접근하기 때문이다. 여
기서 $e=2.718\cdots$이다). 대부는 화폐로 이
루어지는 것이 보통이나 고대의 쌀 대부처
럼 상품의 형태로 이루어지기도 한다. 이
렇게 실물을 대부할 때의 이자율을 케인즈
는 자기이자율 own rate of interest 이라고
불렀다.

예상되는 상품의 가격변동이 각각 다를
것이므로 각 상품의 자기이자율도 다르게
될 것이다. 그러나 투기가 완전하게 진행

되고 있다면 양자는 같게 된다. 즉 r_n을 화
폐대부의 이자율, r_c를 상품대부의 자기이
자율, S_c를 그 상품의 화폐가격의 예상증
가율이라 할 때 평균수준에선 $r_n=r_c+S_c$로
된다. 왜냐하면 이 식에서 우변이 좌변보
다 크면 화폐를 차입하여 쌀을 사서 자기
이자율로 대부해 두었다가 차입액을 갚을
때 쌀을 팔면 이윤이 남을 것이기 때문이
다. 이러한 투기거래는 r_n을 증가시키고 r_c
와 S_c를 감소시키게 되어 점차 $r_n=r_c+S_c$
에 도달하게 된다. 피셔 Fisher, I. 가 생각
했던 화폐이자율과 실질이자율의 구별도
이것과 관계있다. 즉 S_c를 물가수준의 예
상증가율이라고 할 때 실질이자율은 상품
으로 측정된 이자율이 되어 r_n-S_c가 된
다. 이러한 구별을 할 때 우리는 인플레이
션 기간에는 화폐이자율이 높게 되는 것을
이해할 수 있다. 균형에서 화폐이자율은
실질이자율과 물가상승률의 합계로 나타
난다.

시장에서의 이자율의 결정은 다른 모든
가격의 결정과 마찬가지로 대부자금의 수
요와 공급에 의하여 이루어진다. 대부자금
의 수요는 기업의 투자로 구성되며 그 공
급은 곧 가계의 저축으로 구성된다. 따라
서 이자율의 결정은 투자와 저축에 의하여
결정된다. 기업가의 투자는 자본의 한계생
산성(여기서는 케인즈의 자본의 한계효율
과 동일)에 의존한다. 즉 일정한 설비를 V
의 비용을 들여 투자했을 때, S_1, S_2, $\cdots$,
S_n을 제 1 기, 제 2 기, $\cdots$, 제 n 기에 그 투
자로부터 발생되리라 예상되는 수익이라
하자. 따라서 S_1, S_2, $\cdots$, S_n은 기업가가
장래에 대한 자신의 주관적인 예상으로부
터 산출된다.

$$\frac{S_1}{1+\rho}+\frac{S_2}{(1+\rho)^2}+\cdots+\frac{S_n}{(1+\rho)^n}=V$$

위 식을 만족시키는 할인률 ρ 가 존재하게
된다(케인즈 자신은 이 할인률을 투자의

한계효율이라 불렀다). 이제 ρ가 이자율보다 크면 그는 V의 투자에서 이윤을 얻게 되므로 투자를 하게 된다. 만약 ρ가 이자율보다 작다면 그는 손해를 보게 되므로 투자하지 않는다. 기업가로서는 ρ와 이자율이 동일할 때까지 투자를 하게 된다. 기업가의 예상이 일정하다고 전제할 때 그림의 D곡선은 바로 기업가의 투자의사를 표시한다. 이자율이 높을 때는 투자가 적고 이자율이 낮을 때는 투자가 크다.

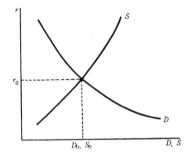

한편 저축은 가계의 결정에 속한다. 위에서 기업이 자신의 이윤을 극대로 하는 투자량을 선택하였듯이 가계 또한 자신의 효용을 극대로 하는 저축량을 선택한다. 즉 가계는 자신의 미래소비에 대한 현재소비의 한계대체율이 $1+r$과 같도록 자신의 현재소비를 결정할 때 그는 극대효용을 얻는다. C_1을 현재소비라고 하고 n기간을 고려할 때 어떤 가계가 미래소비의 흐름을 C_2, C_3, $\cdots$, C_n으로 예상한다 하자. 이 때 C를 미래의 단위기간당 소비의 일정한 수준이라 하고 그것의 현재가치는 C_2, C_3, $\cdots$, C_n의 현재가치와 동일하다고 하자. 즉

$$\sum_{t=2}^{n}\frac{C_F}{(1+r)^{t-1}}=C_F\sum_{t=2}^{n}\frac{1}{(1+r)^{t-1}}$$

$$=\sum_{t=2}^{n}\frac{C_t}{(1+r)^{t-1}}$$

라 하자. 그러면 미래소비 C_F의 현재소비

C_1에 대한 최적대체율은

$$\frac{r}{1-\left(\dfrac{1}{1+r}\right)^{n-1}}$$

로 나타난다. n이 무한대로 커지면 바로 이 대체율은 r과 같게 된다. 즉 가계는 현재소비 1원을 포기하고 그 대신 미래의 기간당 소비 r원을 일정하게 얻을 때 자신의 소비로부터 얻는 효용을 극대로 하게 된다. 따라서 위 그림의 S곡선 위에서 어떤 저축의 크기에 해당하는 이자율의 크기는 바로 그만큼의 저축을 할 때의 한계시간선호와 동일하다. 이리하여 저축은 위 그림의 S로 표시된다. 이자율은 이렇게 하여 결정된 투자곡선 D와 저축곡선 S의 교차점, 즉 D_0, S_0에서 그 평균치 r_0가 결정된다. 이러한 균형이자율은 저축의 양과 투자의 양을 동일하게 하는 것이며 또 동시에 가계의 최적시간선호 및 기업가의 미래의 예상에 기초한 최적투자를 반영하는 것이다. →저축, 투자, 자본의 한계효율

이자율선물계약 利子率先物契約
Interest-Rate Forward Contracts

미래의 일정시점에 특정가격으로 특정한 부채증서 a debt instrument를 매각하는 계약을 말하며 이자율위험을 헷지하는 데 사용된다. 예를 들면 A은행이 B보험회사에게 1년 후 액면 5백만불의 2015년 만기 이자율 8%의 미재무성증권을 오늘과 같은 이자율에 상응하는 가격에 매각하는 계약을 말한다. 이때 증권을 사기로 한 B보험회사는 long position에, 증권을 팔기로 한 A은행은 short position을 취했다고 한다. 이자율선물계약이 특정한 부채증서의 거래를 대상으로 하므로 부채증서의 매입 및 매각주체가 이자율변동으로부터 오는 위험을 완전히 헷지할 수 있다는 장점이 있다. 즉 선물거래의 융통성 flexibility이 매우 크다는 것이다. 그러나

반면에 이자율선물계약은 특정한 부채증서에 대하여 매입자와 매각자의 의사가 일치하여야 하므로 거래가 용이하게 성사되기가 매우 어렵거나 불리한 가격에 매입 또는 매각해야한다는 단점이 있다. 즉 선물거래의 유동성 liquidity이 떨어진다는 것이다. 또한 계약의 이행을 보장하는 제3의 기관이 없기 때문에 이자율변동에 따른 거래상대방의 계약파기나 거래상대방의 도산 등에 따른 계약불이행의 위험 default risk이 매우 크다는 것이다. 따라서 이자율선물계약의 거래당사자는 상대방의 재무적 건전성과 도덕성 등 계약이행 가능성을 면밀히 검토해야 한다. 또한 역선택 adverse selection이나 도덕적 해이 moral hazard문제 등이 개입되어 계약이행 위험은 이자율선물계약의 활용에 심각한 애로로 작용하고 있다. 이러한 단점들로 인하여 미재무성증권, 모기지담보증권 등에 이자율선물시장이 존재함에도 불구하고 금융선물시장에 비하여 상대적으로 작은 규모에 머무르고 있는 것이다.

이자학설 利子學說 interest theories

이자가 왜 존재하며 또 왜 발생하는가에 대해서는 종래 여러 가지 이론적인 해석이 많이 나왔으나 그중 몇 가지의 이자학설을 보면 다음과 같다.

이자를 생산자본의 수급으로 해명하려는 고전적인 실물적 이자론과 화폐자본의 수급으로 해명하려는 근대적인 화폐적 이자론 내지 양자의 종합이 있다. 실물적 이자론에는 이자는 제욕(制慾)에 대한 보수라는 제욕설(Senior, N. W.), 현재재를 미래재보다 높이 평가하는 데 그 차가 이자라는 시차설(Böhm-Bawerk, E. v.), 이자의 원천을 자본의 한계생산력에서 구하는 한계생산력설(Clark, J. B.), 경제동태하에서만 이자가 성립된다는 동태설(Schumpeter, J. A.), 이자란 자본가가 노동자의 노동생

산물을 착취한 것이라는 착취설(Marx, K.)이 있다. 이상과 같은 고전적 이자론에 대해 근대적 이자론으로서 유동성선호설, 대부자금설, 유동성선호설을 IS-LM 곡선방식으로 발전시킨 힉스 Hicks, J. R., 한센 Hansen, A. H. 의 절충적 이자설 등이 있다.

이전가격 설정 移轉價格 設定
Transfer Pricing

다국적기업이 기업 내 거래 intra-firm trade에 적용되는 가격을 임의적으로 조정하는 회계관행으로서 주로 고세율 국가의 지사 branch나 현지법인 subsidiaries에서 저세율 국가의 지사나 현지법인으로 이윤을 이전하거나 이윤 송금에 대한 투자 진출국 정부의 규제를 회피하기 위하여 해외지사나 현지법인에서 본사로 이윤을 이전하기 위한 목적에서 이루어진다. 세무당국이 어떤 특정 상품에 대하여 독립적인 기업 간의 거래에 적용될 가격을 알아내기가 어려우므로 이러한 회계관행을 찾아내어 규제하는 것은 용이하지 않다. 또한 제3세계 국가들이 외국기업의 이윤에 대하여 상대적으로 높은 세율을 적용하므로 이전가격 설정의 대상이 되고 잠재적인 세수를 상실하게 되는 경우 이전가격 설정행위가 빈번하게 발생하는 것이다.

이전소득 移轉所得 transfer income

생산활동에 있어서 하등의 반대급부도 없이 지불되는 소득을 말한다. 증여나 구제금 등이 그 대표적인 예이지만 은급연금(恩給年金)이나 실업수당 등도 포함시키는 것이 관례로 되어 있다. 은급이란 평소 직무에 종사하고 있을 때, 급여 중에서 공제하여 놓았던 것을 정년이 된 후에 받는 것이기 때문에 생산활동에서의 아무런 반대급부도 없이 지불되는 소득이라고 할 수는 없지만 취업중에 공제된 부분은 그 때

마다 국민소득 중에 계산되어 버렸기 때문에 이중계산을 피하는 의미에서도 은급으로 지불될 때에는 반대급부 없는 소득, 즉 이전소득으로 취급한다. 또 이자나 배당 등 아무 일도 하지 않고 받는, 말하자면 불로소득이기는 하지만 돈을 빌려주고 회사에 출자한 보상이므로 이전소득이라고는 하지 않는다. 다만 전혀 비생산적인 목적에 금전을 대부하여 얻는 이자는 이전소득으로 보는 것이 관례이다.

이전적 경비·비이전적 경비 移轉的 經費·非移轉的 經費 transfer expenditure·non-transfer expenditure

경비는 그 경제적 효과에 따라 이전적 경비와 비이전적 경비로 구분된다. 비이전적 경비는 재화·용역의 구입을 목적으로 지출하는 경비로서 인건비·물건비 또는 국내에서 실물을 조달하여 지급하는 대외채무의 반제경비로 구성된다. 따라서 피구 Pigou, A. C.는 처음에 이것을 소모적 경비 또는 실질적 경비라고 불렀다.

이전적 경비는 구매력을 이전시킬 목적으로 또는 개인의 국가에 대한 청구권에 따라 지출되는 경비로서 공채이자, 연금, 은급, 보조금, 사회보험금, 사회보장급부, 공채원금상환을 위한 지출로 구성된다. 이전적 경비와 비이전적 경비를 이와 같이 구분하는 기본적 기준은 이른바 공공지출이 사회소득을 발생시키는가의 여부에 두어진다.

일반적으로 정부의 재화·용역의 구입은 직접적으로 사회의 유효수요를 구성하며 또 민간부문의 유발투자를 발생시키는 기동력이 되기도 한다. 따라서 정부의 비이전적 경비의 규모는 그 사회의 유효수요의 크기를 직접 결정하는 요인이 되고 국민소득의 증가에 기여한다. 그러나 이전적 경비는 재화·용역을 대상으로 하지 않는

재정지출인 까닭에 직접적으로 사회의 유효수요를 형성하는 것은 아니다. 다만 정부부문에서 민간부문으로 구매력이 이전하는 것에 불과하다. 그러므로 이전적 경비는 개인소득에는 포함되지만 국민소득계정에는 포함되지 않는다. 현대국가는 모두 복지국가를 지향하고 있기 때문에 사회정책적 내지 경제정책적 목적에 충당할 이전적 경비를 증가시키는 경향이 있다.
→경비

이중가격 二重價格 double price

동일품목에 대해서 국내에서 판매하는 가격과 해외에 수출하는 가격이 다른 경우 이 품목에는 이중가격이 존재한다고 한다. 보통 수출가격이 국내가격보다 낮으며 이것이 원가보다도 낮을 경우를 출혈가격이라 한다. 그러나 국내용과 해외용은 품질이나 규격도 다를 경우가 많으므로 간단하게 비교할 수는 없다.

이중경제 二重經濟 dual economy

이중경제라 함은 후진국가의 경제발전과정의 구조적 측면을 특징짓는 용어로서 주로 다음과 같은 의미에서 사용된다. 첫째, 생산부문의 이중구조를 말한다. 즉 전통적인 생존유지적인 농업부문과 근대화된(또는 상업화)된 비농업부문이 서로 접촉없이 병존하는 상태를 말한다. 둘째, 기술상의 이중구조를 말한다. 특히 각 부문 내부에 있어서 전통적인 기술과 가장 최신의 첨단기술이 동시에 사용되는 상태, 예컨대 농가의 물레 및 베틀과 최신식 자동화된 방적 및 방직시설을 들 수 있다. 이것은 또한 중소기업과 대기업간의 기술수준의 격차에서도 나타난다. 셋째, 소비의 이중구조를 들 수 있다. 전통적 부문에 종사하는 가구와 근대화된 부문에 종사하는 가구 사이의 소비패턴, 특히 소비품목의 격

차까지도 포함한다. 결국 전통적 생활양식과 근대적 생활양식의 공존을 뜻한다.

이중곡가 二重穀價 double rice price
정부가 국내산곡물을 생산자로부터는 생산자비용을 보상할 수 있는 가격수준에서 매입하여, 소비자에게는 생산자가격에 중간제경비(소·도매상이윤 포함)를 더한 가격보다 싸게 판매할 때, 이것을 이중곡가라 한다. 따라서 정부가 이중곡가를 실시하면 정상적인 소비자가격(생산자가격＋중간제경비)과 정부판매가격과의 차에서 생기는 결손은 정부재정(우리 나라의 경우 양특계정)에 의해서 부담되지 않으면 안된다. 이중곡가는 공업화를 통해서 급속한 경제성장을 꾀하는 국가가, 한편에서는 직접생산자인 농민에게 생산자비용의 보상을 보장해줌으로써 농업생산력의 증대를 통해 증대해가는 식량수요를 충족시키고, 다른 한편에서는 도시공업부문의 소비자에게 식량을 저렴하게 공급함으로써 공업노동자의 임금상승을 방지하려는 목적에서 실시되는 경우가 많다.

이중금가제 二重金價制 two tier gold price system
각국 중앙은행 및 정부간의 금거래는 공정가격으로 이루어지지만 한편 중앙은행이 자유시장에의 개입은 하지 않음으로써 시장의 실세에 일임하여 금가격을 이원화한 것으로, 1968년 3월 워싱턴에서 개최한 미국, 벨기에, 서독, 이탈리아, 네덜란드, 스위스, 영국의 금 풀 7개국 중앙은행총재간에 합의되었다. 그러나 5년을 경과한 1973년 11월, 자유금시장에서의 금가격이 공정가격을 훨씬 상회하여 그 때까지 약체화된 달러가 석유위기를 계기로 반등하였을 때도 있어, 금 풀 7개국은 중앙은행이 보유한 금을 자유시장에 매각할 수 있도록 합의하였다. 이 조치에 대해서는 ① 금의 폐화를 위한 전진이다. ② 금결제가 이것에 의해 재개될 가능성이 있고 화폐로서 부활한다라는 대립된 견해를 보였지만 일단 금의 이중가격제는 폐지되었다. 그런데 1974년에 들어 자유금시장의 금가격은 공정가격(1온스=42.22달러)의 4~5배에 달한 실세에서 공적보유금의 재평가문제가 발생하였다. 이것은 1974년 6월의 금담보결정, 12월의 미불수뇌회담에서의 공적 보유금의 재평가합의를 그 계기로 하였다. 미국의 목적은 금평가액을 불안정한 시장가격으로 하여 금을 폐화하려는 데 있지만, 프랑스는 반대로 재평가하여서 새로이 공정가격을 설정하자는 데 있다. →달러위기, 브레튼우즈협정, 금담보차관

EPU European Payment Union
유럽결제동맹. 동맹내의 모든 가맹국은 참가국에 대한 입초를 동맹내의 타국에 대한 출초에 의하여 상쇄할 것을 인정하는 자유로운 자동적·다각적 체제에 의하여 유럽내 무역의 흐름을 촉진하여 자유화하는 것을 목표로 한 유럽내의 결제동맹이다.

EPU는 유럽경제협력기구 OEEC의 가맹국의 동의에 의하여 1950년 7월 1일에 발족했다. EPU는 제2차 세계 대전의 후유증으로부터 회복될 때까지 유럽제국을 원조하는 과도기적 조직이 되어 왔다. 동맹은 마치 어음교환소와 같은 기능을 수행하여 가맹국 상호간의 쌍무적인 입출초액에 관하여 가맹 각국으로부터 월별보고를 받았다. 그리고 이러한 입출초액을 상호 상쇄시켜 각국의 총입출초액을 구하여, 이로부터 각국의 전기 포지션 position에 가산 내지 차감을 행하였다. 각국은 1949년의 유럽내 총거래에 근거하여 할당액이 결정되었다.

각국계정은 일부는 금으로 일부는 할당액만큼의 차관으로 매월 결제되었다. 할당액을 넘는 입초(入超)는 금으로 지불되었다. 그러나 EPU의 내부에서 모든 나라에 무제한으로 수지결제를 할 수는 없었다. EPU는 경제부흥의 전후기에 통화교환성을 성공리에 수행했다. EPU는 1958년 12월 27일에 해산하여 유럽통화협정 the European Monetray Agreement에 흡수되었다.

인덱세이션 indexation

지수연동제를 말한다. 즉 계약에 의해 지급해야 할 화폐액을 특정물가지수의 변동에 연계시키는 것을 의미하는 것이다. 완벽한 지수연동사회에서는 민간 및 공공 임금계약·융자계약·보험 및 연금계약·사회보장급부 및 기타 이전지급·조세수입 등이 지수에 연동될 수 있다. 포괄적인 인덱세이션제도를 도입한 것은 핀란드이다. 그 후에 프랑스와 이스라엘이, 최근에는 브라질이 도입하여 많은 성과를 거두고 있다. 은행예금에 대해서는 1949년에 중공에서 처음 도입하였고, 핀란드가 1955년, 브라질이 1965년에 각각 도입하여 실시했다.

인덱세이션은 일찍이 마샬 Marshall, A., 케인즈 Keynes, J. M. 등과 같은 저명한 경제학자들의 지지를 받았다. 프리드먼 Friedman, M.으로 대표되는 오늘날의 인덱세이션 찬성론자들은 인덱세이션이 물가의 안정을 기할 수 있는 가장 유효한 방안일 뿐만 아니라 인덱세이션을 통하여 소득분배의 형평과 자원배분의 효율을 어느 정도 달성할 수 있다는 점을 들어 이의 실시를 주장하고 있다. 즉 이들은 구체적으로 ① 각종 재화 및 용역의 상대가격의 일정수준 유지 ② 조세수입의 안정성 유지 ③ 화폐적 환상의 제거 ④ 시장기구의 광범한 활용촉진 ⑤ 자본의 구매력 확보에 따른 자산에 대한 위험회피 등의 이점이 있다고 주장하고 있다.

한편 인덱세이션 반대론자들은 인덱세이션이 실시되는 경우 ① 인덱세이션이 적용되지 않는 계약에 관계되는 개인 및 기관의 이해관계에 따르는 형평상의 문제야기 ② 인덱세이션 실시를 위한 지주선택상의 애로 ③ 인플레이션의 악화 우려 등을 들어 이 제도의 실시를 반대하고 있다.

인세·물세 人稅·物稅 personal tax·real tax

조세를 분류할 때에 과세대상이나 과세표준에 의하여, 다시 말하면 과세액결정에 있어서 담세자의 개인적 사정을 고려하느냐 않느냐에 따라 구분되며 주체세·객체세라고도 불리운다. 인세는 수입을 획득하는 사람(경제주체)의 지급능력에 따라 징수되는 조세(소득세)이다. 물세는 부의 원천, 즉 토지·가옥 등에 부과되는 조세로서, 원칙적으로 수익을 획득하는 사람과는 관계없는 조세(수익세)이다. 인세는 납세의무자의 지급능력이나 개인적 사정을 고려하는 점에서 물세보다 큰 장점을 가지나, 물세도 각종 차별과세방식을 적용하면 같은 효과를 거둘 수 있고, 또 외형표준에 의하여 간단히 조세를 부과할 수 있는 장점이 있다.

인적자본 人的資本 human capital

일국 국민의 교육수준 및 숙련도를 높이기 위한 투자를 말한다. 인적자본의 축적, 특히 교육투자는 과거와 장래의 경제성장에 가장 큰 원천의 하나로서 실증되었다. 슐츠 Schulz, T. 및 데니슨 Denison, E.에 의하면 인적자본의 증가는 물적인 공장이나 설비의 성장보다도 미국 및 서구의 성장에 큰 공헌을 하였다는 결론을 내렸다.

*인클로저 enclosure

15세기 중엽 이후, 주로 영국에서 대규모로 이루어진, 지주계급에 의하여 개방지·공동지·황무지 등을 돌담·나무·울타리·벽·그밖의 경계표지로 둘러싸고 사유지로 한 것을 말한다. 15세기 중엽 이후, 인구증가에 따른 식량수요의 증가, 가격혁명에 따른 실질적 지대수입의 감소, 특히 모직물제조의 융성에 의한 양모가격의 등귀 등의 이유로 해서 지주계급은 종래의 농민보유지·공동지·황무지나 구교회령을 비합법적·폭력적으로 울타리를 치고 사유화했다. 이것을 제 1 차 인클로저라 하며, 주로 양의 방목을 목적으로 하였고 17세기 중엽까지 계속되었다.

그 후 18세기 중엽부터, 자본주의생산의 발전에 수반된 곡물가격의 상승에 자극되어 농업생산력의 향상을 목적으로 하고, 새로운 농업기술의 도입에 의한 대농경영을 위한 인클로저가 이루어졌다. 이것을 제 2 차 인클로저라 하며, 그 실행을 이전과 같은 폭력적 수단에 의하지 않고 농민의 합의를 얻기 위하여 의회에의 청원, 법률의 제정과 같은 수단이 취하여졌다. 그러므로 이것을 의회적 인클로저 parliamentary enclosure 라고도 부른다.

이 두 차례에 걸친 인클로저는 15~16세기에 번영한 요맨층을 상하로 분열시키고 농업자본가와 농업노동자를 만들어 내었으며 농업에 있어서의 자본주의적 생산관계의 성립을 촉진하였다. 이와 같이 인클로저는 한편에서는 지주·농업자본가계급의 수중에 자본을 축적케 하고, 다른 한편으로는 지주로부터 쫓겨난 다수의 근대적 임금노동자를 창출하였다. 이러한 인클로저에 의한 농민의 토지로부터의 추방은 본원적 축적과정의 기초를 이루었다. 프랑스 및 그밖의 국가에서는 영국에 있어서와 같은 정도의 광범한 인클로저 운동은 볼 수 없었다. →본원적 축적, 농업혁명

[참고문헌] Cwrtler, W. H. R., *The Enclosure and Redistribution of Our Land*, 1929; Hammond, J. L. & B., *The Village Laborer, 1760 ~1832*, 1911.

인플레세(稅) inflation tax

인플레이션으로 인하여 민간 경제주체로부터 정부에게로 이전되는 경제적 자원을 말한다. 인플레이션이란 전반적인 물가수준이 지속적으로 상승하여 화폐가치가 떨어지는 현상을 의미한다. 일정 기간 동안 거래된 모든 재화와 서비스가격의 평균치가 물가이므로, 물가가 상승한다는 것은 평균적으로 보아 재화와 서비스의 가격이 전보다 상승함을 뜻한다. 이는 또한 화폐가치의 하락을 의미하기도 한다. 인플레이션은 물가지수의 변화율로 측정된다. 가령 작년에 100이던 물가지수가 올해 110이 되었다면 1년간의 물가상승률이 10%가 된다. 물가지수에는 GDP디플레이터, 소비자물가지수, 도매물가지수 등이 있다. 그런데 물가수준의 상승폭과 속도를 모든 사람들이 예측하고 이에 대한 대비를 할 수 있는 예상된 인플레이션은 큰 문제가 되지 않을 수도 있지만 예상치 못한 인플레이션은 사회 경제적으로 문제를 발생시킨다. 가장 큰 문제는 인플레이션이 화폐자산보유자로부터 실물자산보유자에게로 부와 소득을 재분배한다는 점이다. 그 이유는 경제에 화폐자산과 실물자산이라는 두 가지 형태의 자산이 있기 때문이다. 화폐자산은 일정액의 화폐에 대한 청구권으로서 예컨대 현금이나 예금, 증권과 같이 그 명목가치가 물가의 등락과는 아무런 관계없이 고정되어 있는 자산을 말하며, 실물자산은 가격이 고정되어 있는 것이 아니라 집, 차 등과 같이 인플레이션이 진행됨에 따라 그 가격이 상승하게 되는 자산을 말한다. 인플레이션이 야기되면 일정한 명목소득을 받는 정액소득자와 화폐자산을 보유한 경제주체는 인플레이션율에 해당

하는 만큼의 실질소득과 자산의 감소를 감수해야하기 때문에 손해를 보게 된다. 이러한 손해분이 다른 경제주체에게로 전가되므로 결국 부와 소득의 재분배가 발생하는 것이다.

이러한 인플레이션이 가져오는 부의 재분배효과는 정부와 민간 사이에서도 적용된다. 인플레이션은 현금과 공채를 보유하고 있는 민간으로부터 그 발행자인 정부에게로 부를 재분배한다. 그러므로 예상치 못한 인플레이션으로부터 정부는 민간을 희생시키면서 이득을 얻게 된다. 그러한 의미에서 인플레이션은 화폐에 대해 부과되는 조세 inflation tax라고도 볼 수 있다. 사실 정부는 경제자원을 획득하기 위해 가끔 인플레이션이란 수단을 사용한다. 특히 전시 또는 경제개발 초기에 정부는 막대한 재정지출을, 흔히 통화증발에 의한 인플레이션 재정에 의존한다. 정부가 불환지폐를 증발하여 지출함으로써 전쟁수행이나 경제개발에 필요한 경제적 자원을 확보하게 되는데 이러한 정책은 결국 인플레이션을 일으키게 된다. 부와 소득이 정당한 노력에 대한 대가로 분배되지 않고 인플레이션 때문에 강제로 재분배된다면 이는 자본주의경제의 혼란을 가져올 것이므로 건전한 자본주의의 발전에 저해요소로 작용할 수 밖에 없다.

＊인플레이션 inflation

I. 의 의   보통 일반물가수준이 지속적으로 상승하는 과정으로 정의된다. 그러나 이것은 현상적인 정의에 불과하다. 인플레이션은 본질적으로는 여러 가지 요인의 복합적 작용에 의해서 형성되는 동태적인 경제과정인 것이다. 본래의 의미에서의 인플레이션은 지폐인플레이션을 가리켰다. 지폐인플레이션이란 불환지폐의 증발(增發)에 의한 명목적인 물가등귀를 말한다. 이것은 대체로 금본위제도하에서 통용

되던 견해였다. 그러나 오늘날의 인플레이션은 그 발상형태가 다양함은 물론 그 원인에 있어서도 일률적으로 단정하기 어려울 만큼 복잡하고 다양하다.

오늘날의 인플레이션은 단순히 평면적인 통화증발이나 전반적인 초과수요에 의해서만 설명할 수는 없게 되어 있으며 임금인상압력, 심리적 요인, 해외에서의 경기회복에 따른 원료확보경쟁, 인플레이션 예상심리, 상품 및 노동시장에서의 부문별 수급불균형, 대기업집단의 시장지배력을 바탕으로 한 자의적인 가격결정, 과잉유동성에 바탕을 둔 단기자금의 투기적 이동 등 허다한 요인들을 지적할 수 있다.

II. 종 류   위와 같은 요인들을 유형화함으로써 인플레이션의 원인에 관한 대표적인 이론으로 수요견인설 demand-pull theory, 비용인상설 cost-push theory, 수요이동설 demand-shift theory을 지적할 수 있다. ① 수요견인설 : 인플레이션의 원인에 관한 가장 전통적인 이론으로서 수요가 공급을 초과할 때 인플레이션이 발생한다고 주장한다. 이 점은 케인즈 Keynes, J. M. 의 이론에 있어서나 화폐수량설에 있어서나 마찬가지이지만, 양자는 인플레이션의 본질이나 그 처방에 대해서는 견해를 달리한다. 케인즈의 이론에서는 총수요가 완전고용산출량을 초과할 때 인플레이션이 일어난다고 설명한다.

만약 경제가 불완전고용상태에 있다가 어떤 이유로 총수요가 증가하였다면 물가도 다소 상승하겠지만, 유효수요의 원리에 따라 산출량이 보다 증가하게 될 것이다. 여기에서 물가도 다소 상승하게 되는 이유는 경제가 완전고용에 점차 접근해감에 따라 수확체감의 법칙이 작용하거나, 아니면 경제의 어떤 부문에서 자원부족 또는 노동자부족 등의 애로로 인해 원료비, 임금 등이 상승하여 제품가격이 상승하지 않을 수

없게 되기 때문이다. 이러한 이유로 인해 경제가 완전고용에 도달하기 전에 발생하는 물가상승현상을 흔히 애로(隘路)인플레이션 bottleneck inflation 이라고 부른다. 그러나 보통 단순한 케인즈의 이론에서는 분석의 편의를 위해 불완전고용하에서 총수요가 증가할 때 물가는 상승하지 않고 산출량만 증가하며, 완전고용이 달성된 후에도 계속 총수요가 증가할 때 비로소 물가가 상승하게 된다고 설명한다. 이것이 진정(眞正)인플레이션 true inflation 이라고 불리우는 것이다.

한편 케인즈의 이론과는 달리 화폐수량설에 의하면, 다른 조건이 일정하다고 할 때 화폐수요에 비해 화폐공급이 상대적으로 과다한 경우에 인플레이션이 발생한다는 것이다. 이것은 교환방정식 $MV=PT$ 또는 현금잔고방정식 $M=kpy$ 등으로 표현되는 고전적 화폐수요량설의 기본입장이다. 그 후 프리드먼 Friedman, M. 을 중심으로 하는 신화폐수량설은 고전적 화폐수량설을 재해석하여 화폐의 유통속도가 일정한 것이 아니라 가변적임을 인정함으로써 물가가 통화량에 정비례한다는 소박한 화폐수량설의 결론으로부터는 다소 후퇴하였지만, 인플레이션의 원인을 통화량의 증가에서 찾는다는 점에서는 고전적 화폐수량설과는 본질적으로 다를 바가 없다. 인플레이션의 원인에 대한 케인즈의 이론과 화폐수량설의 견해차이는 인플레이션 대책에 반영되어, 케인즈의 이론에서는 총수요를 억제하기 위한 긴축재정정책을, 화폐수량설에서는 통화량을 감소시키는 긴축금융정책을 채택할 것을 주장한다.

② 비용인상설 : 생산요소 및 재화의 가격이 경쟁적 시장메카니즘에 의해 결정되는 것이 아니라, 현실적으로 시장이 불완전하기 때문에 어떤 독점적 공급자가 가격을 관리한다는 사실에서 인플레이션의 원인을 찾는다. 비용인상설에서도 임금인상설 wage-push theory 과 이윤인상설 profit-push theory 의 두 가지 이론이 대립하고 있다. 임금인상설은 불완전고용상태일지라도 어떤 산업의 노동조합이 매우 강력해서 노동생산성의 증가율을 상회하는 임금인상을 요구한다면, 이것은 그 제품의 가격을 인상시킬 것이며 또한 다른 산업에도 그 영향이 파급되어 임금과 제품의 가격이 일반적으로 상승하게 된다고 주장한다. 이와 같이 임금인상인플레이션이 발생하게 되는 조건으로서는 노동조합이 강력한 힘을 가지고 있어야 할 뿐만 아니라 기업의 독점력도 고려하지 않을 수 없다.

강력한 시장지배력을 가진 독점기업에서는 쉽사리 노동자의 임금인상요구가 실현되는 경향이 있으나, 경쟁적인 산업에서는 노동조합이 강력하더라도 임금인상이 용이하지 않은 경우가 많기 때문이다. 이윤인상설에 의하면 노동조합이 노동생산성의 증가율 이상으로 임금을 인상시킬 수 있는 것과 마찬가지로 기업가도 비용상승을 상쇄하고 남는 수준까지 제품가격을 인상시킴으로써 이윤증가를 도모할 수 있다는 것이다. 이윤인상인플레이션이 가능하려면 제품가격을 관리할 수 있는 독과점기업의 존재가 그 전제조건이 된다.

③ 수요이동설 : 슐츠 Schultz, C. L. 는 '불경기 속의 인플레이션'이라는 새로운 경제현상을 설명하기 위해서 이 이론을 제시하였다. 그의 이론에 따르면 총수요의 증가 또는 비용의 인상 없이도 산업부문 사이에 단순히 수요가 이동함으로써도 인플레이션이 발생할 수 있다는 것이다. 이러한 슐츠의 이론은 처음에는 상당한 관심을 불러 일으켰으나, 그 후의 실증연구는 그의 가설을 뒷받침해주지 않는 것으로 평가되고 있다.

이상 인플레이션의 원인에 관한 몇 가지

대표적인 이론에 대해 언급하였는데, 제 2 차대전 이후 세계 각국이 경험한 바에 의하면, 인플레이션의 원인을 수요나 공급의 어느 한 측면에서 찾기보다는 수요견인과 비용인상의 두 가지 요소를 결합함으로써 보다 현실적으로 인플레이션과정을 설명할 수 있다는 것이다. 또한 인플레이션은 그 현실적인 발현상태에 따라 서행성(徐行性)인플레이션 creeping inflation, 주마성(走馬性)인플레이션 galloping inflation, 개방성인플레이션 open inflation, 억압성인플레이션 suppressed inflation 등 여러 가지로 분류될 수 있는데, 각각의 형태에 따라서 그 발생원인과 해결책도 다르다는 점에 유의할 필요가 있다.

Ⅲ. 효 과 인플레이션은 그것이 어떠한 형태를 띄건 간에 일반적으로 인플레이션이 진행되면 경제적으로 여러 가지 효과를 미치게 되는데, 그러한 경제적 효과 중에서 가장 중요한 것이 부와 소득의 재분배 효과이다. 흔히 인플레이션은 채권자로부터 채무자에게로 부를 재분배한다고 인식되고 있으나 엄밀하게 말해서 예상하지 못했던 인플레이션이 발생하는 경우에만 순화폐채권자는 부의 손실을 입게 되며 순화폐채무자는 부의 이득을 얻게 된다.

인플레이션이 정확하게 예상될 때에는 채권자는 부의 손실을 방지하기 위해서 물가상승률만큼 명목이자율을 높일 것이기 때문이다. 인플레이션이 진행되고 있는 동안에는 사람들이 보유하는 부 뿐만이 아니라 소득도 재분배된다. 만약 인플레이션과정에 있어서 모든 재화, 용역 및 생산요소의 가격이 똑같이 신축적이어서 모두 같은 비율로 상승한다면 소득재분배는 이루어지지 않을 것이다. 그러나 현실적으로는 항상 어떤 생산요소의 가격은 물가보다 더 빨리 상승하는 반면, 또 어떤 생산요소의 가격은 물가의 상승속도에 미치지 못하는

사태가 발생하게 된다. 따라서 이 경우 가격이 느리게 상승하는 생산요소의 소유자로부터 가격이 보다 빨리 상승하는 생산요소의 소유자에게로 소득이 재분배되는 것이다.

그밖에 인플레이션은 국제수지와 경제성장에도 중요한 영향을 미친다. 인플레이션은 수입을 증가시키고 수출을 감소시킴으로써 국제수지를 악화시키는 효과를 갖고 있으며, 한편 완만한 인플레이션은 기업가에게 낙관적인 심리를 불어 넣어 투자를 증가시키고 경제성장을 촉진시키는 효과를 가질 수 있으나, 급속히 진행되는 인플레이션은 기업가로 하여금 합리적인 계산을 하기 어렵게 만들 뿐만 아니라 생산활동보다는 오히려 투기활동에 몰두케 함으로써 경제성장을 저해하는 효과를 갖기도 한다.

Ⅳ. 신경향 오늘날 인플레이션은 세계경제의 제일의 적으로서 그 양상도 매우 복잡하게 변질되어 전통적인 거시경제이론을 가지고는 그 해결책을 구하기가 매우 어려운 실정이다. 이를테면 세계 도처에서 경기후퇴가 있었음에도 불구하고 물가는 서서히 상승하는 추세를 보여주었으며, 특히 1970년대에 들어와서 두드러진 현상으로서 대기업의 시장지배력, 소득정책의 결여, 통화전쟁의 격화 및 에너지위기 등으로 인하여 종래의 인플레이션이 '성장과 고용의 정체 속에서의 물가상승'이라는 스태그플레이션 stagflation으로 변질되어감에 따라 그 해결책을 제시하기가 점점 더 어려워지고 있는 실정이다.

[참고문헌] Samuelson, P. A., *Economics*, 9th ed., 1973; 조 순, 「경제학원론」, 1974; 이승윤, 「화폐금융신론」, 1974.

인플레이션 갭·디플레이션 갭 inflationary gap·deflationary gap

생산시설이나 노동력이 거의 완전하게 이용되고 있는 상태에서 실현되는 국민소득(완전고용수준 국민소득)에 비해서 의도된 총지출이 전자를 초과할 때 그 초과액을 인플레이션 갭, 의도된 총지출이 그보다 부족할 때 그 부족액을 디플레이션 갭이라고 한다. 인플레이션 갭이 존재하는 경우에는 적어도 단기에서는 총공급이 총수요를 충족시키지 못하므로 물가상승이나 수입증가·수출감소의 현상이 야기되는 경향이 생긴다. 반대로 디플레이션 갭이 존재하는 경우에는 총수요가 총공급을 하회하게 되어 재고가 누적되고 물가가 하락하며 생산감소와 수입감퇴가 발생하게 된다.

이제 양자를 그림을 통해서 살펴보면 다음과 같다. 그림에서 종축에는 소비·투자 등의 유효수요 또는 지출을, 횡축에는 국민소득을 표시한다. Y_D, Y_F 및 Y_I는 각각 디플레이션 갭이 존재할 때의, 완전고용수준에서의 그리고 인플레이션 갭이 존재할 때의 국민소득을 나타낸다. 총수요 또는 총지출을 구성하는 요소에는 소비(C), 투자(I), 정부지출, 해외부문(순수출)의 네 가지가 있으나, 여기에서는 논의를 단순화시키기 위해서 소비와 투자만을 고려한다. 그리고 투자는 외생적으로 주어진다고 가정한다. 그러면 앞의 정의대로 디플레이션 갭은 CE, 인플레이션 갭은 DE로 측정된다. 왜냐하면 전자의 경우 완전고용수준에서 총공급은 $OY_F=EY_F$인 반면에 총지출은 CY_F이기 때문이다. 인플레이션 갭의 경우에도 마찬가지이다.

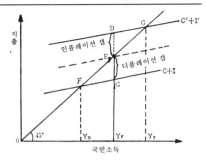

또한 디플레이션 갭은 완전고용수준에서 저축이 그 수준에서 계획된 투자를 초과하는 액과 같으며, 반대로 인플레이션 갭은 완전고용수준에서 계획된 투자가 저축을 초과하는 액과 같다. 디플레이션 갭이 존재하는 불완전고용수준 Y_D에서 완전고용수준인 Y_F로 이행해 가려면 CE만큼의 추가적인 지출이 있어야 한다. 이것을 위해서는 민간투자지출의 증대 또는 소비성향의 증가, 그리고 정부지출을 고려하는 경우에는 재정지출의 증대를 가져오는 팽창적 재정·금융정책이 필요할 것이다. 반대로 인플레이션 갭이 존재하는 경우에는 총지출을 억제하여 인플레이션의 압력을 완화하기 위한 긴축적 재정·금융정책이 필요하게 될 것이다. →국민소득결정이론

일물일가의 법칙 一物一價의 法則
law of indifference

완전경쟁이 이루어질 때 동일시기, 동일시장에서 품질이 완전히 동일한 상품의 가격은 2개 이상 형성될 수 없다는 사실을 가리켜 일물일가의 법칙이라고 한다. 제본스 Jevons, W. S.는 이것을 무차별의 법칙이라고 불렀다.

이제 동일시기, 동일시장에서 품질이 동일한 어떤 상품에 대해서 2개 이상의 다른 가격이 형성되었다고 하면, 경쟁에 의해서 모든 판매자는 가장 싼 가격을 제시하는

판매자의 상품을 구매하려고 할 것이다. 따라서 보다 비싼 가격을 제시하는 판매자는 판로를 상실하게 되므로 상품가격을 인하하지 않을 수 없게 되어 결국 가격의 차는 소멸되어 버리게 될 것이다. 제본스는 이 일물일가의 법칙으로부터 한계교환량(최후증가분)은 전체교환량과 동일비율로 교환되지 않으면 안된다는 법칙, 즉 무차별의 법칙을 도출하였다.

이제 제본스의 설명에 따라서 2상품 X, Y 가 $x : y$ 의 비율로 교환된다고 하면, x 의 $1/m$ 은 y 의 $1/m$ 과 교환될 수 있을 것이다. m 을 점차 증대시켜 $m \rightarrow \infty$ 로 할 수 있다고 하면, 극한에서 x의 무한소부분도 y의 무한소부분과 $x : y$ 의 비율로 교환된다. 즉 $\dfrac{dy}{dx} = \dfrac{y}{x}$ 가 성립하게 된다. →완전경쟁 · 불완전경쟁

일반균형 · 부분균형 一般均衡 · 部分均衡 general equilibrium · partial equilibrium

일반균형은 경제제력의 작용의 결과로서 경제체계를 구성하는 모든 변수들이 변화하려는 경향이 존재하지 않는 상태를 표현하기 위해서 사용되는 개념이다. 즉 그것은 완전경쟁의 존재, 사유재산제도, 계약의 자유 및 무제한적인 수요공급법칙의 작용을 가정할 때의 경제제력의 균형을 나타내는 개념이다. 경제이론에서 일반균형은 변수 상호간에 성립하는 관계를 함수식으로 표현하고 변수와 동수의 독립적인 방정식들이 존재하는 연립방정식체계를 구성하여 그것의 동시해를 구하는 것에 의해서 정식화된다.

경제체계를 일반균형체계로 이해하려는 생각은 이미 쿠르노 Curnot, A. A. 에서 싹텄지만, 이것을 위와 같이 수학적으로 엄밀하게 정식화된 형태로 제시한 경제학자로는 왈라스 Walras, L. 가 최초였다. 왈라스에 의해서 처음 체계적으로 전개된 일반균형이론은 파레토 Pareto, V. 를 거쳐 힉스 Hicks, J. R. 의 「가치와 자본」에 의해서 완성되었다. 일반균형이론에서는, 변화가 일어나면 경제제력은 궁극적으로 균형을 회복할 것이라고 주장되고 있다. 그러나 이것의 입증을 위해서는 새로운 경제체계의 안정분석이 필요하게 된다. 한편 부분균형은 경제에서 모든 변수들간의 일반적 상호의존관계를 무시하고 가장 중요하다고 생각되는 몇 개의 변수들간의 상호의존관계만을 고려하여 다른 변수들은 불변이라고 가정할 때 어떤 경제부문에서 성립하는 균형상태를 표현하기 위해서 사용되는 개념이다. 예를 들면, 모든 재화의 가격을 주어진 것으로 가정할 때, 특정한 하나의 재화에 대해서 수요와 공급이 균형되는 경우가 그것이다.

부분균형이론은 마샬 Marshall, A. 에 의해서 발전되었으며, 케임브리지학파는 주로 이 방법을 사용한다. 일반균형이론은 이론상 모든 변수들의 인과관계를 전부 고려한다는 점에서는 일반적이기는 하지만 경제정책과 관련해서 뚜렷한 결론을 얻기 어렵다는 것이 지적되고 있다. 피구 Pigou, A. C. 는 몇 개의 부분적 균형의 결합으로 전체계를 설명하려는 방법을 택하였다. 예를 들면 생산요소의 양과 가격을 주어진 것으로 하고 생산물시장의 균형을 고찰한 다음에 생산물의 가격을 주어진 것으로 하여 생산요소시장의 균형을 고찰하는 등의 방법이 그것이다.

일반균형이론 一般均衡理論 theory of general equilibrium

일반균형은 여러 여건―생산의 기술적 조건, 기호, 재화 및 생산요소의 부존량 등―이 주어져 있으며, 완전경쟁과 효용 및 이윤극대화원리가 작용한다는 가정하

에서 가격을 포함한 모든 경제량이 전면적인 균형상태에 있게 되는 것을 말한다.

일반균형이론은 무수한 경제주체가 존재하는 원자적 완전경쟁경제에서 경제주체들간의 상호의존관계가 시장행동을 통해서 어떻게 일반균형상태로 나타나게 되는가를 구명하는 이론이라 할 수 있다. 여기서 일반균형이 성립하기 위한 필요조건은 ① 소비에서의 한계대체율 marginal rate of substitution＝생산에서의 한계생산물변환률 marginal rate of product transformation＝해당재화의 상대가격비, ② 한계기술대체율 marginal rate of technical substitution＝생산요소의 상대가격비이다. 이 ①과 ②의 조건이 성립하면 가계는 효용을 극대화하게 되며 기업은 이윤을 극대화하게 된다. 그리고 모든 재화 및 용역의 수급량은 일치하게 된다.

일반균형이론의 창시자는 로잔느학파의 시조 왈라스 Walras, L. 이며 파레토 Pareto, V. 에 의해 계승되었고, 최근에는 애로우 Arrow, K. J. 와 드브뢰 Debreu, G. 에 의해서 이시(異時)일반균형모형 intertemporal general equilibrium model 으로 확장되었다. 또한 그것은 레온티에프 Leontief, W. W. 의 산업관련분석의 개념적 기초를 제공하였다. 위와 같은 일반균형의 이론에서는 화폐는 단순한 계산단위로서의 가치척도재로서 취급된다. 그 경우 일정기간에 거래된 재화의 총거래량 T는 각 소비재(m개)의 가격 P에 그 수량 Q를 곱한 것과, 각 생산요소(n개)의 용역가격 π에 그 수량 x를 곱한 것을 더한 것과 같다. 즉

$$T=(P_1Q_1+P_2Q_2+\cdots+P_mQ_m)+(\pi_1x_1+\pi_2x_2+\cdots+\pi_mx_m)$$

이 때 만일 물가수준을 P'라 하면, 화폐량 M과 그 유통속도 V를 곱한 화폐의 유통량 MV는 $MV=P'T$가 될 것이다. 이것이 화폐수량설이라는 것이다. 그러나 화폐가 단순한 교환의 매개수단으로뿐만 아니라 가치저장수단으로서도 사용된다는 사실을 고려할 때, 경제전체의 움직임의 완전한 설명이 가능하기 위해서는 가치분배이론으로서의 일반균형이론 이외에 새로운 화폐이론이 요구된다고 할 수 있다. 케인즈경제학의 의의도 이 점에서 찾아볼 수 있는 것으로 알려져 있다.

이제 정통파이론으로서 근대경제이론의 주류를 형성해 온 일반균형이론의 효용과 그에 대한 비판을 간단히 살펴보자. 먼저 그것의 효용은 다음과 같다. 첫째, 그것은 스미스 Smith, A. 가 '보이지 않는 손'이라고 표현한 자유기업제도하의 가격기구의 기능을 총괄적으로 이해하는 데에 유용한 분석의 틀이 된다. 이것을 통해서 자원이 각 경제부문에 어떻게 분배되는가 하는 것이 밝혀진다. 둘째, 그것은 경제사회의 후생적 효율의 기준과 경제정책의 지도원리를 제공한다. 물론 일반균형이론으로부터 정책입안이 직접 도출될 수 있다는 것은 아니다. 셋째, 그것은 경제제량간의 상호작용과 상호의존의 메카니즘을 이해하는 데 큰 도움이 된다.

그러나 반면에 일반적 균형이론에 대해서 다음과 같은 비판이 가해지고 있다. 첫째, 그것은 주어진 여건 속에서 자원배분·가격결정·분배의 문제들을 취급한다. 따라서 애당초 가정된 초기상태 initial condition 는 과연 어떻게 해서 형성된 것인지의 문제는 전혀 알 수가 없다. 둘째, 그것은 균형에서는 강하지만 변화에는 약하다. 즉 일반균형이 어떠한 과정을 거쳐 도달되는 것인지의 문제는 좀처럼 만족스럽게 다루어지고 있지 않다. 셋째, 그것은 본질적으로 모든 경제주체가 동일한 힘을 갖고 있는 원자적 경쟁경제를 취급하고 있다. 그러나 이렇게 상정된 경제가 현실적인 자본주의경제체제의 특징들을 잘 반영

하는 것인지는 매우 의심스럽다. 그것은 개인의 심리적 행동원리에 대해서는 강하지만 경제사회의 제도적 측면들에 대해서는 대단히 취약하다. →교환의 일반균형, 생산의 일반균형

〔참고문헌〕Chiang, A. C., *Fundamental Methods of Mathematical Economics*, 1971; Friedman, M., *Price Theory*, 1961; Henderson, J. M. & Quandt, R. E., *Microeconomic Theory*, 2nd ed., 1971.

일반은행(상업은행) 一般銀行(商業銀行) commercial bank

은행법에 의거하여 일반대중으로부터 모은 예금을 자금원으로 주로 단기금융을 영위하는 은행을 말하며, 1997년 현재 우리 나라에는 서울에 본점을 둔 시중은행 15개와 지방은행 10개가 있다. 일반은행은 일반개인이나 기업의 저축을 예금으로 받아들여 이것을 자금원으로 대출을 하고 있으며, 이와 함께 ① 당좌예금계정을 가지고 수표를 취급하고 ② 내국환망을 형성하여 격지 송금 등을 취급하며 ③ 신용창조를 통하여 현금준비의 승수배만큼 예금통화를 창조하는 등 금융기관 중에서도 중심적인 역할을 담당하고 있다.

일차동차생산함수 一次同次生産函數 ☞생산함수

일차산품 一次産品 primary commodity, primary product

식량, 농광산원료, 연료 등 가공되기 전의 원료형태 그대로의 산품을 말한다. 쌀, 밀, 설탕, 커피, 코코아, 코프라, 면화, 양모, 동, 석, 석유 등으로, 주로 동남아시아, 아프리카, 라틴아메리카 등의 개발도상국에서 생산된다. →개발도상국

임금 賃金 Arbeitslohn

임금이란 노동용역의 가격을 말한다. 근대경제학에 있어서 가계는 기업에 노동용역을 제공하며 그 대가로 임금을 획득하는 것으로 생각된다. 임금을 지급하는 기업가의 입장에서 보면 임금은 생산비의 일부를 구성하지만, 그것을 받는 가계에서 본다면 소득인 것이다. 임금은 그것을 계산하는 기준에 따라서 시간급, 월급 및 청부급으로 구별되지만 경제분석에 있어서 중요한 것은 임금이 무엇을 표준으로 해서 표시되느냐 하는 구별이다.

임금은 화폐액으로 표시되고 있지만, 그것으로 구입되는 재화 또는 용역에 의해서 화폐임금과 실질임금으로 구분된다. 임금은 자본주의경제에서는 예외적으로 그 일부가 실물로써 지급될 수도 있지만, 일반적으로는 화폐로 지급되는 것이 원칙이다. 화폐로 지급되는 임금, 즉 화폐임금으로 구입하는 재화 또는 용역의 수량을 실질임금이라고 하지만, 이 실질임금은 통상화폐임금을 일반물가수준으로 나누어서 구하게 되는 것이다. 화폐임금은 통계적 표시에 의하면 물가수준에 뒤져서 변동하기 때문에 물가가 등귀하는 경기의 상승기에는 실질임금이 하락하고, 물가가 하락하는 경기의 하강기에는 실질임금이 반대로 등귀한다. 이와 같이 화폐임금은 일반적으로 실질임금보다는 안정적이다. 노동용역에 대한 기업가의 수요가 변화함에 따라서 화폐임금이 신축적으로 변화하는 것을 화폐임금의 신축성이라고 하며, 반대로 그것이 민감하지 않은 것을 화폐임금의 경직성이라고 한다.

피구 Pigou, A. C. 를 대표로 하는 일부 학자는, 화폐임금이 신축적이라고 한다면, 가령 실업이 생긴다더라도 그것은 일시적인 것이며 단시간내에 실업은 임금의 신축적인 작용에 의하여 감소한다는 견

해를 취하고 있다. 즉 가끔 실업이 시간적으로 잔존한다고 하면 그것은 화폐임금이 경직적인 데에 있는 것이다. 그러므로 실업을 해소하기 위해서는 화폐임금을 경직적으로 만드는 제도, 즉 노동조합의 결성을 배제하는 수단이 필요하다는 것이다. 이에 대하여 케인즈 Keynes, J. M. 및 그 학파에 속하는 학자는 반대 견해를 취하고 있다. 그들에 의하면 실업의 결과 화폐임금을 인하할 수 있다고 하더라도 그것은 다른 모든 가격을 비례적으로 하락시키기 때문에 실질임금은 불변이며, 따라서 실업은 조금도 감소하지 않는다. 즉 실업 또는 고용량을 좌우하는 것은 유효수요인 것이며 화폐임금의 신축성에 있는 것은 아니다.

임금결정에 관한 학설은 리카도 Ricardo, D. 의 임금생존비설과 밀 Mill, J. S. 의 임금기금설, 뵘바베르크 Böhm-Bawerk, E. v. 의 신임금기금설, 그리고 더글라스 Douglas, P. H. 의 한계생산력설 등이 있으며 특히 한계생산력설에 대하여 비판적인 것으로서 임금세력설을 들 수 있다. 임금세력설은 듀링 Dühring, E. 의 견해에서도 볼 수 있지만 이 학설을 가장 강하게 주장하는 학자는 일본의 다가와 야스마박사이다. 임금세력설은 현실의 임금이 노동의 한계생산력에 비례되지 않는 사실에 주목하고, 사회관습, 전통, 노동조합의 결성 등 사회적 세력의 요인을 받아 들여 현실의 임금결정을 설명하려 하고 있다. 또 노동조합 밑에서의 임금결정을 독점시장에 있어서의 문제로 전개하려고 하는 학자로는 루스 Luce, R. D. 등이 있다. →임금기금설

임금격차 賃金隔差 wage differential
산업별·기업규모별·직종별·성별·학력별·연령별·근속년수별 등의 임금수준의 동일시점에서의 격차를 말하며, 보통 지수로 표현된다. 임금격차의 원인은 일반적으로 노동력가치의 차이와 노동시장의 마찰, 즉 노동력수급의 불균형에서 찾을 수 있다. 현실적인 임금격차는 물론 이 두 가지 요인의 복합에 의해 다양하게 나타난다. 먼저 임금의 본질은 노동력의 가치이므로 노동력의 가치에 차이가 나면 그 현상형태로서의 임금에도 차이가 생긴다. 단순노동과 복잡노동의 임금격차가 바로 그것이다.

복잡노동은 그것이 형성되는 데 일정액의 교육·훈련비가 소요되므로 단순노동보다 그만큼 가치가 높으며, 따라서 가치형성력도 단순노동보다 높다고 할 수 있다. 이러한 노동력의 가치의 계층적 구조에 따라 노동시장의 계층적 구조가 형성되고, 현실적인 노동시장에서 단순노동과 복잡노동의 임금격차가 나타난다. 미숙련공, 반숙련공, 숙련공, 기술공, 기술자간의 임금격차는 일차적으로 이 노동력가치의 차이에 의해 설명될 수 있다. 노동자의 기능도가 학력·연령·근속년수에 비례한다고 가정할 때 학력별·연령별·근속년수별 임금격차도 이에 준한다 할 수 있다. 그런데 임금격차는 이와 아울러 노동시장의 마찰, 즉 노동력수급의 불균형에 의해서 매우 다양하게 나타난다.

산업간 자본축적의 진행정도의 차이에 따른 노동력수요의 차이와 산업부문들간으로의 노동력공급의 차이에 따라 노동력수급의 불균형이 필연적으로 발생하는데, 이것이 임금격차를 가져오는 하나의 원인이 된다. 급속한 자본축적의 진행이 대량의 노동력수요를 가져와 노동력수요가 그 공급을 초과하는 산업에서는 타산업에 비해 높은 임금상승이 이루어질 수 있으므로 이에 따라 임금격차가 발생하게 된다. 산업별 임금격차는 바로 이러한 요인에 의해 발생한다. 지역간 자본축적(경제발전)의

불균등에 따른 지역별 임금격차, 기업규모 간 자본축적의 불균등에 따른 기업규모별 임금격차의 원인도 부분적으로 이에 준한 다. 그리고 직종별 임금격차는 한편으로는 노동력가치의 차이에 의해, 다른 한편으로 는 위와 같은 노동력수급의 직종별 불균형 에 의해 발생한다.

이상에서 본 바와 같이 임금격차의 일반 적 원인은 노동력가치의 차이 및 노동력수 급의 불균형에서 찾을 수 있지만, 현실적 으로 이들 요인보다 오히려 더 중요한 요 인으로 될 수 있는 것은 자본의 노동력차 별정책에 의한 임금격차이다. 남자노동력 에 대한 여자노동력의 차별, 고학력노동력 에 대한 저학력노동력의 차별, 사무관리직 에 대한 생산직의 차별 등을 통해 자본은 임금비용을 극소화하고 극대이윤을 확보 하는 것이다. 이러한 자본의 노동력차별정 책은 노동력가치의 차이 및 노동력수급의 불균형에 의해 초래되는 격차 이상으로 임 금격차를 확대케 함으로써 임금격차의 중 요한 원인으로 된다.

또한 임금격차는 노동의 이동성 mobil-ity 의 제약에 의해서도 생긴다. 노동의 산 업간·지역간·기업규모간·직종간 이동 가능성이 제약될수록 임금격차는 항구화 된다. 특히 직업선택의 기회균등이 실현되 지 않고 자녀교육비가 개인부담으로 되고 있는 사회에서는 노동시장이 상이한 성격 을 가진 노동력계층들로 분리·고정되어 서로간에 소위 비경쟁집단 non-competing group 을 이루어 임금격차는 세대적으로 영속화하는 경향이 있게 된다. 더욱이 국 민경제가 이중구조적으로 편성되어 있는 우리 나라와 같은 경우, 경제의 이중구조 적 발전에 따라 독점적 대기업과 중소영세 기업간의 노동력 수요조건의 차가 격심한 데, 이에 대응하여 노동시장도 이중구조를 이루게 됨으로써 결국 대기업과 중소기업

간의 임금의 이중구조가 나타나 임금격차 는 구조적으로 고정된다. →비경쟁집단

임금기금설 賃金基金說 wage-fund theory

사회에는 임금지불에 충당해야 할 일정 액의 임금기금이 존재하는데, 이것을 노동 자수로 나눈 것이 바로 평균임금이라고 주 장하는 학설을 말한다. 임금기준이란 유동 자본 중에서 노동의 고용에 지불되는 부분 이다. 이 학설은 맬더스 Malthus, T. R. 에 서 발상되어, 제임스 밀 Mill, J. 을 거쳐 존 스튜어트 밀 Mill, J. S. 에 의해서 정식 화되었다. 이 학설의 논거는 다음과 같다.

임금은 노동의 수급, 즉 직접적으로 노 동구매에 지출되는 유동자본과 고용되는 노동자수의 비율에 의해서 결정되는데, 이 의미에서 자본(임금기금)은 저축과 부가 증대함에 따라 증대하기는 하지만 어떤 일 정시기에서는 하나의 미리 결정된 액이라 는 것이다. 이 학설이 실질적으로 임금기 금으로서 생각하고 있는 것은 생활자료 특 히 식료이며, 이것을 임금의 기초에 두고 또 고정된 양이라고 간주한 것은 나폴레옹 전쟁 및 대륙봉쇄라는 시대적 배경에 영향 받은 바 컸다. 이 소박한 형태의 임금결정 이론에 대해서는 일정시기에 임금기준으 로서의 유동자본은 결코 고정된 액이 아니 라는 비판이 가해져, 밀 Mill, J. S. 자신이 이 학설의 오류를 공식적으로 인정하였다. 왜냐하면 임금기금은 경제체계 내에서 결 정되어야 할 성질의 변수이며, 결코 하나 의 여건으로서 간주할 수는 없기 때문이 다. 이러한 영국에서의 임금기금설은 이후 에 오스트리아학파에 의해서 이른바 신임 금기금설 neue Lohnfoundstheorie 로 제시 되었다.

임금기금설이 임금을 단순히 노동자 1인 당 임금기금으로 생각한 것에 대해서 뵘바

베르크 Böhm-Bawerk, E. v. 의 신임금기금설은 어디까지나 생산기간과의 관련에서 임금결정을 고찰하려고 한다. 즉 생산자료 또는 생존기금 Subsistence fund 의 증가가 곧바로 임금상승을 가져오는 것이 아니라, 증가된 생존기금이 일단 생산기간의 연장에 사용되어 그 생산기간의 연장이 잉여수익의 체감을 초래하는 경우에 한해서 자본이자율의 저하와 임금의 상대적 등귀를 초래한다고 생각한다. 스트리글 Strigl, R. v. 은 나아가서 이 신임금기금설을 한계생산력설과 결부시켜 임금과 이자는 각각 노동과 실물자본 각각의 한계생산력과 같게 되는 점에서 결정된다고 하였다. 이와 같이 이것은 신임금기금설을 계승한 것은 아니며 그것과는 이론적 성격을 달리하는 것이다. →임금철칙설, 임금재생산비설

임금단위 · 노동단위 賃金單位 · 勞動單位 wage unit · labour unit

일반적으로 재화의 가치는 화폐액으로 측정되기 때문에 산출량, 국민소득, 소비 및 투자수요 등의 경제제량도 또한 화폐단위 money term 로 표시되는 것이 보통이다. 이렇게 경제제량을 화폐단위로 측정할 때 그것의 크기는 물가변동에 의해서 직접 영향을 받게 된다. 여기에서 물가변동의 영향을 배제하고 실질단위 real term 로 경제제량의 크기를 측정하기 위해서 흔히 사용되는 것이 GNP 디플레이터이다.

임금단위와 노동단위는 케인즈 Keynes, J. M. 가 「일반이론」에서 경제제량 상호간의 실질적 관계 및 그 변동을 측정하기 위해 GNP 디플레이터 대신 사용한 개념이다. 그는 보통의 숙련도를 가진 노동 1시간을 노동단위 labour unit 로 하고 이것을 고용량측정의 단위로 쓴다. 그리고 이 노동단위에 대해서 지급되는 실제의 임금률을 임금단위라고 한다. 다시 말해서 만일

보통의 숙련도를 가진 노동에 대한 보수가 1시간당 1달러라면 임금단위는 1달러이다. 그리고 케인즈는 임금률의 상이는 대체로 노동의 숙련도의 상이에 기초한 것으로 가정하고, 가령 1시간에 3달러의 보수를 얻는 노동은 3노동단위에 상당하는 것으로 하였다. 그리하여 노동자가 받는 임금총액을 E, 총고용량을 N_r, 노동단위(시간) · 임금단위를 W라고 하면, $E = W \cdot N_r$ 라는 관계가 성립한다.

케인즈는 생산설비나 기술을 일정한 것으로 가정할 수 있는 그러한 단기분석의 경우에는 산출량의 증감과 고용량의 증감은 밀접한 관련을 가지며, 또한 임금단위와 물가수준과는 대체로 일치해서 움직이는 것으로 생각했다. 만일 그렇다면 화폐국민소득(Y)를 물가지수(P)에 의해서 디플레이터할 경우에는 실질단위로 측정한 국민소득, 즉 실질국민소득(실질산출량) ($0 = Y/P$)의 변화가 분명하게 되는 데 대해, 그것을 임금단위(W)로 측정하는 경우에는 고용량($N = Y/W$)의 변화를 측정할 수 있는 것으로 된다. 케인즈는 이와 같은 임금단위를 채택함에 있어 다음과 같은 3가지의 이유를 들고 있다.

① 종래의 물가수준이라는 개념은 극히 애매하며 엄밀한 분석에는 사용하기 어렵다. ② 임금단위는 단기적으로는 비교적 안정적이다. ③ 또한 비록 그것이 변화하는 경우에도 그것은 다른 요소비용, 즉 제가격을 같은 비율로 변화시키는 것이 보통이다.

이와 같은 이유에서 「일반이론」에서는 소득 · 소비 · 투자 · 저축 등의 실질적인 크기를 표시하기 위해서 임금단위가 사용되고 각각 Y_w, C_w, I_w, S_w 등의 기호가 사용되었다. 그러나 실제에 있어서는 임금단위와 가격의 변화는 반드시 동일률로 행해진다고만은 할 수 없고, 특히 장기적으

로는 양자가 크게 어긋나는 경우가 많다. 케인즈도 장기에 걸친 산출량의 비교나 국가간 비교에는 임금단위를 사용할 수 있다고는 생각지 않고 있다. 또 한센 Hansen, A. H. 은 임금단위가 아니라 종래의 실질단위를 사용했다고 하더라도 「일반이론」의 분석은 똑같은 성과를 올릴 수 있었을 것이라고 말하고 있다. →물가지수

임금(賃金)드리프트 wage drift

구미에서의 임금률은 일반적으로 노사의 단체교섭에 의해 결정된다. 그러나 그것은 전국적 혹은 지역적인, 어떤 의미에서 공통의 임금률이며, 각 사업소내에는 그 협약임금률을 기초로 해서 작업의 난이, 노동자의 직급, 특수작업수당 등에 대해서, 또한 성과급의 경우에는 표준작업량이나 보너스제도 등에 대해서 고용주가 대개 종업원과 협의해서 구체적으로 결정한다. 따라서 협약임금은 원칙적으로 최저임금이며, 실제로 노동자에게 지불되는 임금은 다소 그것을 상회하게 된다.

제 2 차대전 후 유럽제국에서 노동력부족이 현재화(顯在化)함에 따라 고용주는 노동력 확보를 위해 협약임금을 상당히 상회한 임금을 지불하는 것이 일반화하게 되었으며, 이 현상을 임금드리프트(임금부상)라고 부른다. 그것은 1960년대 초기에는 50~60%에 달했다.

드리프트가 대폭적으로 되면, 단체교섭에 의한 임금협약의 의미가 그만큼 적게 되며 노동자에 대한 조합의 영향력도 적게 되지만 역으로 이 드리프트를 지렛대로 해서 임금률인상의 요구를 실현하는 것이 용이하게 된다. 불황의 영향도 있어 1960년대 후반이 되면 드리프트율은 일반적으로 25~30% 정도로 내려가지만, 아무튼 제 2 차대전 후의 유럽제국의 임금을 둘러싼 새로운 현상이라고 할 수 있다.

임금생존비설 賃金生存費說 wage subsistence theory

임금은 노동의 재생산비인 노동자와 그 가족의 생활비에 의해 결정된다는 설을 말하며, 노동생산비설이라고도 한다. 이 설은 케네 Quesnay, F. 에 의해 주장되고, 스미스 Smith, A. 나 리카도 Ricardo, D. 에 의해 완성되었다. 리카도에 의하면 노동에는 일반상품과 같이 자연가격과 시장가격이 있다.

자연가격은 노동자 자신과 가족을 부양하기 위한 생활비이고, 시장가격은 시장기구를 통한 노동의 수급에 의해 결정되는 가격이다. 만일 시장가격이 자연가격보다 높으면 인구증가로 노동의 과잉공급이 일어나고 마침내 시장가격이 하락하게 된다. 반대로 시장가격이 자연가격보다 낮으면 인구감소로 노동의 과소공급이 일어나 시장가격이 다시 상승한다. 이처럼 임금은 자연가격에 일치하려는 경향에 있으며, 자본축적이 계속 증가되고 있는 사회에서는 노동에 대한 수요가 증가하기 때문에 임금은 자연가격보다 높은 위치에 있게 된다. 이 경향은 단기적으로는 볼 수 없으나 장기적으로는 나타나므로 이 학설은 장기적 설명으로밖에 타당치 않다.

이 학설은 영국 산업혁명의 진행과정에서 생성, 발전한 것으로서 임금이 최저생존비 이상으로 상승하면 노동자는 반드시 많은 가족을 갖는다는 경향 위에 세워진 것이다. 생존비설의 결점은 단기간에 있어서의 임금변동이나, 숙련공·미숙련공과 같은 이종(異種)노동자간에서 볼 수 있는 임금수준의 차이의 원인을 설명하지 못한다는 점이다.

임금률 賃金率 ☞임금

임금재생산비설 賃金再生産費說
reproduction cost theory of wages

리카도 Ricardo, D. 는 임금, 즉 노동의 가격에 대해서도 일반상품에 대해서와 같이 자연가격과 시장가격을 생각하였다. 자연가격으로서의 임금은 노동자가 평균적으로 생활하고 노동자 자신과 그의 가족을 지탱하기 위해서 관습적으로 불가결한 식료, 필수품 및 편의품의 양을 구입할 수 있는 수준의 임금을 말한다. 후에 마르크스 Marx, K. H. 는 이러한 사고방식을 계승하여 노동력의 가치는 노동력의 재생산에 필요한 노동자 생활자료의 가치로서, 그것은 자본가와의 교환에서 노동자가 받는 임금이어어야 한다고 주장하였다. 물론 리카도와 마르크스 간에는 가치론 등에서 커다란 차이점이 존재하지만, 임금이 노동력의 유지에 필요한 비용이라는 공통점이 발견되므로 이것을 넓은 의미에서 모두 임금재생산비설이라고 한다. →임금기금설, 임금철칙설

임금철칙설 賃金鐵則說 theory of iron law of wages

광의로는 튀르고 Türgot, A. R. J. 이래의 임금최저생활자료설을 말하지만, 협의로는 랏살레 Lassale, F. 가 그의 저서 *Offenenes Antwortschreiben*(1863)에서 정식화한 설을 가리킨다. 그는 임금결정에는 수요와 공급의 제력이 작용하지만 일국의 평균임금은 생계유지와 자손번식을 위해 관습적으로 필요로 하는 생활필수품의 양이 측정되는 수준에서 결정된다는 사실을 '임금결정의 철칙'이라고 했다. 그에 의하면 현실의 시장임금은 일시적으로는 이 필요생계비로부터 상하로 괴리될 수도 있지만 결국 이것에 환원되지 않을 수 없다. 왜냐하면 임금이 그것 이상으로 상승할 때에는 노동자의 생활향상→결혼과 번식의 증

가→노동자인구증가→노동공급증가→임금하락의 메카니즘, 그 반대의 경우에는 노동자의 빈곤→국외이주의 증가·결혼감소·산아제한→노동자수의 감소→노동공급감소→임금상승의 메카니즘이 작용하기 때문이다.

시장임금이 자연임금=필요생산비에로 필연적으로 환원된다는 것을 맬더스 Malthus, T. R. 의 인구법칙에 의해 설명한 것은 랏살레가 처음은 아니다. 그러나 그는 이것에 의거해서 슐체-델리취 Schulze-Delitzsch, F. H. 의 소비조합운동이 노동자에게 무익하다는 것을 비판하기 위해 원용하고, 생산협동조합을 통해 노동자가 스스로 기업가가 됨으로써만 이 철칙을 깨뜨릴 수 있다고 주장했다. 이 임금철칙설의 최대의 약점은 그것이 비과학적인 맬더스의 인구법칙에 의존하고 있다는 사실이다.

임금체계 賃金體系 wage structure

임금구성이라고 불리워지며 노동자에 대하여 임금으로서 지급되는 것의 구성내용을 말한다. 임금의 구성내용은 기본급과 능률자극을 위한 장려가급금으로 귀결된다. 그리고 장려가급금의 산정에 관하여는 각종의 형태가 구별되고 있다. 그런데 현실적으로 지급되는 임금에는 이들 이외에 각종 수당이 포함되어 있다. 이러한 임금체계를 예시하면 대체로 다음 표와 같다.

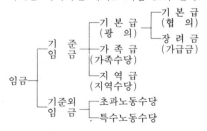

기준임금은 노동자가 소정의 통상노동에 종사한 경우에 지불되는 임금이다. 그

것은 ① 노동협정에서 정해진 통상노동시간에 있어서의 노동에 대한 임금인 동시에, ② 노동협약에서 정해진 통상작업조건 하에서 행해지는 노동에 대한 임금이다. 그리고 소정의 통상노동시간 및 작업조건 이외에 행한 노동에 대해서는 기준임금 이외에 특별임금이 지불되는데, 이것이 기준외임금이다. 기준외임금에는 잔업수당, 휴일근무수당, 야간근무수당, 등 특별 및 초과노동수당이 포함된다.

우리 나라의 근로기준법 제55조에 사용자는 연장시간근로와 야간근로 또는 휴일근로에 대해서는 통상임금의 100분의 50 이상을 가산하여 지급하여야 한다고 규정하고 있다. 그리고 광의의 기본급은 협의의 기본금과 능률자극을 위한 가급금, 즉 장려급으로 나누어지고 협의의 기본급의 주요한 내용을 이루는 것은 연령급, 능력급 및 근속급의 세 가지이다. 이것이 전적으로 직무평가에 입각하여 결정하는 소위 직무급제이다. 그리고 기준임금은 적어도 노동자 자신 및 그 가족의 최저생활을 보장할 수 있는 것이라야 한다. 그러나 특수한 경제사정 아래에서는 기준임금이 이와 같은 임금의 최저한도에 미달하는 수도 있다. 이와 같은 사태에 대처하기 위해 발생한 급여가 가족수당 및 지역수당 같은 것이며, 이것들이 기준임금에 가산됨으로써 광의의 기본급과 기준임금은 각각 그 내용을 달리하게 된다. 즉 전자는 후자의 일부분을 구성하는 데 지나지 않게 된다. 가족수당은 제1차대전 이래 유럽제국에서 처음으로 실시되었는데, 그 이유는 전쟁중의 물가등귀로 인해 노동자의 실질임금이 현저히 저하하여 부양가족이 많은 노동자의 생활이 극히 궁핍해졌기 때문이다.

＊임금형태 賃金形態 wage form
　자본주의사회에서 노동자의 보수는 일정의 노동분량에 대해서 지불되는 화폐, 즉 노동의 가격으로서 나타난다. 그것은 임금의 본질인 노동력의 가치 혹은 가격이 전화한 형태이다. 임금의 형태는 매우 복잡・다양하지만 그것에는 두 개의 지배적인 기본형태가 있다. 그것은 시간임금과 성과임금(산출고임금)이며, 다른 여러 가지의 임금형태도 대부분은 이 두 개의 기본형태의 복잡한 변형조합에 불과하다. 노동력은 항상 일정한 기간에 걸쳐 판매되는 것이므로 노동력의 1일의 가치, 1주간의 가치 등으로 나타나는 전화형태는 일임금, 주임금 등의 시간임금의 형태를 취하지 않을 수 없다. 이런 의미에서 시간임금 time wages 은 노동력의 가치의 가장 직접적인 전화형태이다. 이 임금형태하에서는 노동일수에 의해, 즉 매월 노동자에 의해 제공되는 노동분량에 의해 임금액은 달라진다. 따라서 일임금, 주임금 등의 노임의 총액과 시간당임금인 노동의 가격과는 일단 구별해서 생각하지 않으면 안된다. 예컨대 명목적인 일임금이나 주임금이 상승해도 노동의 가격이 그대로 있거나 하락할 수도 있다. 성과임금 piece wages 은 시간임금이 전화한 형태이며 단가×개수라는 산식으로 지불된다. 평균적인 숙련과 강도로 노동하는 1인의 노동자가 일정의 제품을 하루에 10개 생산하는 것이 경험적으로 명백하고 또한 일임금이 500원이라고 하면 1개당 단가는 50원으로 된다. 성과임금은 시간임금과 같이 노동자의 살아있는 노동에 대해 지불되는 화폐가 아니고 이미 만들어진 생산물에 포함되어 있는 노동에 대해 지불되는 것이다. 그러므로 이 경우 임금은 노동자의 작업능력에 따라 결정되는 것이다. 그러나 성과임금의 본질은 시간임금과 마찬가지로 역시 부불노동(잉여노동)이 착취된다.

　그런데 19세기 말부터 능률급의 연구가

활발하게 진행되어 할시 Halsey 할증제, 로완 Rowan 할증제, 테일러 Taylor, F. W.의 과학적 관리법 등이 나타났다. 이들 능률급은, 요컨대 어떠한 임금지불방법을 쓰면 노동자의 능률을 향상시킬 수 있는가를 목적으로 한 것이었다. 특히 테일러의 과학 관리법은 작업을 가장 간단한 요소동작으로 분해하고 각각의 요소동작을 표준화해서 시간을 계산해두고, 새로운 작업은 각 요소동작의 소요시간을 합계하고 이것에 예상시간을 더해서 결정한다. 그리고 이 작업을 달성한 사람에게는 높은 임금을 주고, 작업을 달성하지 못한 사람에게는 낮은 임금을 준다. 이러한 방법에 의해 노동의 내용이 상세하게 파악되고 노동강도를 현저하게 촉진하는 것이 가능하게 되었다.

이상의 임금형태는 노동자 개인의 능률을 자극하는 것이었지만 미국에 있어서는 1920년대부터 자동차, 철강, 전기기구 등의 산업에 대량생산방식이 도입되어 벨트 컨베이어 시스템 belt-conveyer system 을 일반화했기 때문에 개인에 대한 능률자극의 의미가 없어졌다. 이에 따라 집단임금제, 포드 시스템 Ford system(시간임금), 직계·직무급 등의 새로운 임금형태가 발전하게 되었다. 특히 직무급은 현재 자본가의 임금정책의 중심과제로 되고 있다.

→성과급, 직능급, 임금

〔참고문헌〕고지마 다께요시, 「임금형태」, 1958; 후르가와 기라쿠, 「임금형태론」, 1953; Cole, G. D. H., *The Payment of Wages*, 1918.

잉여가치 剩餘價値 surplus value

잉여가치는 자본이 자기증식을 한 가치부분이다. 자본제 생산의 본질은 잉여가치의 생산이다. 생산활동의 시점(始點)에서 투하된 일정액의 가치량이 종점(終點)에서보다 다액의 가치량으로서 실현될 때,

그 차액이 잉여가치이며 투하총가치량에 대한 그 비율이 이윤율이다. 이윤율과의 관계에서 개념된 잉여가치가 이윤이다. 따라서 잉여가치는 이윤의 실체이며 후자는 전자의 전화형태이다. 그런데 가치의 전형이 이루어지는 유동과정에서는 잉여가치는 실현되어도 창출되는 것은 아니다.

유통과정으로부터의 잉여가치의 설명은 부등가교환을 전제하지 않는 한 이론적으로는 불가능하다. 한 사람이 얻는 것은 다른 사람이 잃는 것과 같아 사회적으로는 아무런 잉여가치의 창출도 행해지지 않기 때문이다. 따라서 잉여가치는 생산과정을 떠나서는 그 생성을 이야기할 수 없다. 자본의 직접적 생산과정은 투하화폐자본인 일정액의 가치량으로서 구입한 노동력과 물적 생산수단을 결합시켜 생산활동을 개시하는 것에 시작된다. 즉 자본은 $G-W\langle {A \atop P_m}$ $-P-W'-G'$의 운동형식을 취한다. 상품가치의 실체는 추상적 인간노동이라는 가치론의 입장에 서면, 가치의 크기는 그 상품의 생산에 필요로 되는 인간노동의 분량에 의해 규정된다.

노동은 가치의 실체이며 노동한다는 것은, 곧 가치를 창출한다는 것이다. 그런데 구체적인 노동은 일정의 생산설비하에서 일정의 노동수단을 가지고 노동대상에 작용하여 사용가치인 생산물을 만들어내지만 이 노동과정은 동시에 가치형성의 과정이다. 즉 노동은 생산수단 중에 이미 실재하고 있는 가치를 그 과정을 통해 보존하면서 새로운 생산물에 이전시킴과 동시에 새로운 가치를 창출한다. 이것이 소위 가치생산물이며 부가가치라고도 불리운다. 따라서 생산가치는 생산설비·기계기구·원재료 등 노동을 매개로 해서 신생산물에 이전된 가치부분과 가치생산물의 합계로 구성된다.

근대 경제학에서의 부가가치는 해당 상품을 생산하기 위한 직접적 생산과정에서 노동에 의해 새로이 형성된 가치이지만 이 부가가치 중 노동력의 가치를 초과하는 부분이 잉여가치이다. 따라서 잉여가치의 이론적 해명에는 노동력의 가치에 따라서 노동력 상품의 특수성이 파악되지 않으면 안 된다. 노동이란 노동력의 사용가치를 소비하는 것이며, 노동력의 사용가치란 노동의 대상화이며 가치의 창조, 즉 가치의 원천이라는 독특한 성질에 불과하다. 노동력의 가치는 노동력에 대상화되어 있는 일정량의 사회적 평균노동을 표시한다. 더 구체적으로 말하면 노동력의 유지·재생산에 필요한 일정량의 사회적 평균노동이다. 환언하면 노동자가 노동력의 유지·재생산을 위해 필요로 하는 일정분량의 생활자료의 생산에 요하는 일정량의 사회적 평균노동이다. 따라서 현실의 노동과정에서 노동자가 그의 노동력의 재생산에 필요한 노동을 초과해서 여분으로 노동하면 이 초과노동부분이 잉여노동이며, 이 잉여노동이 대상화된 것이 잉여가치이다.

이것에 반해서 노동력의 가치는 노동력의 재생산에 필요한 노동이 대상화된 것이다. 여기서 필요노동 및 잉여노동의 개념이 성립한다. 필요노동에 대한 잉여노동의 비율은 노동의 착취율이라고 말해지며, 이 관계를 달리 파악하면 노동력의 가치, 즉 자본의 입장에서 보아 임금으로서 지출된 가변자본에 대한 잉여가치의 비율로 되는 것이며, 이것을 잉여가치율이라 부른다. 잉여가치의 생산은 노동력의 상품화를 전제하고, 상품형태로서 완전히 특징지워지는 자본제 상품생산 경제체제에 특이한 현상이다. 자본제사회에서의 잉여가치의 원천을 노동력상품의 특수성에 입각한 잉여노동의 대상화에서 구하는 이러한 견해를 주관적 가치론은 반대한다. 그들은 생산수단인 자본설비에도 가치증식에의 적극적 역할을 인정하려고 한다. 그들은 부가가치인 분배국민소득이 노동과 자본으로 배분되는 데 있어서 노동의 임금과 자본의 이윤을 대응시키고 있으나, 국민총생산에서 자본설비의 감가상각 부분과 자본이윤을 합하여 총이윤이라고 개념지음으로써 스스로 모순을 폭로하고 있다.

설비 등의 감가상각 부분이 자본의 지출인 것과 같이, 임금도 역시 자본의 지출이며 양자가 상품가격의 구성요소인 한 판매로서 회수되는 것이다. 만약 자본설비의 가치증식에 대한 공헌을 주장하려면 국민총생산에서 설비의 감모가치(減耗價値) 플러스 임금을 공제한 잔액만이 순가치생산물이며 그것이 노동과 자본에 의해 적당한 비율로 배분되어야 한다고 설명하여야 비로소 논리적으로 수미일관(首尾一貫)할 것이지만, 본래부터 이와 같은 견해가 무의미한 것은 말할 나위도 없다. 가능한 많은 잉여가치를 산출하는 것을 목적으로 하는 자본주의적 생산에서 자본가는 잉여노동을 증대시키기 위해 노력한다. 잉여노동의 증대는 노동일을 연장하여 잉여노동시간을 길게 하거나, 혹은 노동일이 주어진 크기인 경우에는 노동의 생산성을 증대시켜서 필요노동을 단축하여 상대적으로 잉여노동을 크게 하는 2가지 방법이 있다. 전자의 방법에 의한 것을 절대적 잉여가치의 생산, 후자의 방법에 의한 것을 상대적 잉여가치의 생산이라 한다. 상대적 잉여가치의 생산은 자본제 생산양식을 특징지우는 것인데, 협업·매뉴팩처·공장제 대공업으로 이어지는 자본주의적 생산방법의 발전과정이, 곧 노동생산성의 증대를 주축으로 하는 상대적 잉여가치의 생산과정이었음은 두말할 여지도 없다 하겠다.
→가치론

자금계획 資金計劃 credit program
국내자금의 동원, 배분계획 또는 수요·
공급을 조정하는 계획을 말한다. 자본주의
경제는 원래 자유경제가 그 바탕이므로 이
자율의 변동을 통해서 자금의 수급이 조절
되는 것이 원칙이나, 대부분의 국가에서는
인플레이션의 문제 및 경제개발에 소요되
는 투자자금과 융자의 문제 등을 효율적으
로 해결해 나가기 위해서 국가가 자금계획
을 편성하는 경우가 많다. 따라서 자금계
획은 국가에 의한 자금수급통제계획이라
고 할 수 있다. 그러나 자본주의경제체제
하에 있어서는 자금의 수요 또는 공급의
절대적 크기를 미리 확정할 수 없는 것이
므로 자금계획이라 하더라도 자금수급 자
체의 조정은 힘들며 자금수급의 균형을 목
표로 하는 데 그치지 않을 수 없다.

자금계획은 그 대상이 되는 자금의 범위
에 따라서 대체로 다음 두 가지 유형으로
구분할 수 있다. 첫째는 국민소득의 범위
내에서 재정자금, 기업의 소득자금 및 국
민소득자금을 조달하고 이 국민소득의 성
립기초가 되는, 즉 자금의 원천이 되는 국
민생산의 계획화(물동계획)와 함께 원천
의 적절한 동원·배치를 기하려는 자금수
급과 국민소득계산을 결합하는 경우이다.
따라서 이 유형의 특징은 일국의 경제적
자원의 효율적인 동원·배치를 자금면에
서 무리없이 수행하도록 계획화한 것이다.
우리 나라에서 연차적으로 수립·실시되
고 있는 총자원예산이 그 예이다. 둘째는

계획대상이 되는 자금의 범위를 금융시장
을 통하는 본래의 자금에 한정하고, 이러
한 자금의 수급을 조정함으로써 통화의 증
감을 규제하고자 하는 것이다.

우리 나라에 있어서 자금계획이라고 하
는 것은 후자의 범주에 속하는 개념으로서
한미합동경제위원회에서 수립하는 재정안
정계획이 이에 해당한다. 우리 나라의 재
정안정계획은 그 기본목적을 통화량의 증
가한도를 일정수준 이하로 억제함으로써
통화가치의 안정을 기하는 데 두고 있는
데, 그것은 해방 후의 경제적 혼란을 극복
하기 위한 1950년의 '경제안정 15원칙'과
1952년의 '마이어 협정'으로 불리우는 경
제조정에 관한 협정에서 비롯되었다. 즉
마이어협정으로 한미합동위원회가 구성되
고 그 다음 해에는 장기종합부흥계획의 일
환으로 재정안정을 위한 계획의 수립과 집
행을 위한 다각적인 방법을 모색한 데서
비롯된 것이다. 그 결과 정책당국에 의하
여 규제가 가능한 통화증발요인을 총망라
하여 분기별, 월별, 부문별 또는 항목별
한도를 설정하여 통화량의 연간증가한도
를 고수함으로써 물가안정을 고수하려는
재정안정계획이 1957년부터 수립·시행되
어 현재에 이르고 있다. →재정인플레이션

＊자금순환분석 資金循環分析 money-
flow analysis
I. 연 혁 국민경제의 움직임은 상품
의 생산, 유통, 소비라는 실물면의 흐름과
국내외의 신용창조 및 통화공급유통이라

는 금융의 흐름으로 성립된다. 또 실물면의 흐름 중에서 일부는 장래를 위한 비축으로써 자본형성으로 향하게 되고, 금융면의 흐름 중에서도 그 일부는 금융자산으로 축적된다. 자금순환계정은 이러한 신용 및 흐름 flow 과 그 스톡 stock 을 경제부문별로, 또 각 거래항목별로 분류한 표에 종합한 것이다. 이 자금순환계정에 의하여 금융의 구조나 그 변화를 더욱 명확하게 파악할 수 있고 동시에 경제실물면의 동향이 어떻게 반영되며 또 반대로 금융정책을 통하여 경제실물면에 어떠한 효과를 가져오는가를 구명할 수 있게 된다. 이러한 금융경제의 분석을 자금순환분석이라고 한다.

최근 회계학상의 계정형식을 이용한 국민경제계산 national economic accounts 이 국민소득계정을 중심으로 급속히 발달해 왔는데, 국민소득계정은 실물거래, 즉 통화의 산업적 유통만을 분석의 대상으로 삼고 있고 실물을 수반하지 않는 자금의 대차거래, 즉 통화의 금융적 유통을 분석하지는 않는다. 그런데 최근 선진 각 국에서 금융시장과 금융자산이 발달함에 따라 통화 및 신용의 흐름이 실물경제활동에 큰 영향을 미치게 되었고 경제정책에 있어서는 통화신용정책의 역할이 점차 커지게 되었다. 이에 따라 경제의 실물순환뿐만 아니라 통화신용의 순환을 포함한 분석수단이 필요하게 되었으며, 이러한 필요에 부응해서 발전된 것이 자금순환분석이다.

이러한 시대적 배경을 가지고 자금순환계정을 개발한 것은 미국연방준비제도이사회의 조사통계부와 이를 지도한 코넬대학의 코플란드 Copeland, M. A. 교수로서, 그 효과는 1952년에 「미국의 자금순환에 관한 연구 *A Study of Money Flow in the United States*」에 처음으로 발표되었다. 그러나 이 연구는 자금순환계정의 기본원리는 확립하였으나 그 실증분석에 있어서 현금과 예금통화의 흐름에 국한되어 있었다. 이에 미국연방준비제도이사회는 통화뿐만 아니라 유가증권 및 각종의 신용형태에 의한 모든 자금의 흐름을 포함한 자금순환계정을 개발하고 이를 이용하여 '1939~1953년간의 미국경제의 자금순환'을 1955년에 발표하기에 이르렀다. 우리 나라는 1965년부터 한국은행에서 1963년부터의 시계열을 작성, 분석, 발표하고 있으며 그 이후의 금융구조의 변화에 따라 1976년에 개편한 바 있다.

Ⅱ. 자금순환표의 기본구조 자금순환표에 대한 국제적인 표준계정은 아직 확립되어 있지 않기 때문에 각국이 작성하는 자금순환표는 작성기관과 분석목적 및 기초자료의 구비사정에 따라 계정의 구조, 거래의 포괄범위, 부분분류 및 거래항목의 분류 등에 다소 차이가 있다. 우리 나라의 자금순환표는 계정방식에 의한 형태별 자금순환표로서 행렬별 형태를 취하고 있다.

아래에서 보는 바와 같이 행에는 국민경제를 구성하는 경제주체인 금융, 정부, 기업, 개인, 해외의 다섯 부문이 나열되어 있고, 열에는 각 부문간의 거래형태가 비금융계정(경상계정·자본계정), 금융계정의 순서로 분류되어 있다. 각 부문은 다시 자금의 원천(조달·대변)과 운용(공급·차변)으로 나누어지며, 원천란에는 소득, 저축, 금융부채의 증감을 기록하고, 운용란에는 소비지출, 투자, 금융자산의 증감을 기록한다. 이와 같이 자금순환표는 국민경제의 각 경제부문간의 거래를 각 부문에 있어서 자금의 조달과 공급의 관계로서 종합적으로 기록하고 있다. 즉 표에서 거래항목별 금액을 행으로 보면 어떤 형태의 자금이 어느 부문으로부터 어느 부문으로 흘러들어 갔는가를 알 수 있고, 또 부문별 금액을 종으로 보면 경제 각 부문이 어떤 형태의 자금을 조달하여 어떤 형태로 썼

자금순환계정(가설예)

부문별류\거래항목	총액		금융		정부		법인기업		개인		해외	
	운용	원천	운용	원천	운용	원천	운용	원천	운용	원천	운용	원천
A. 경 상 계 정	493	493	3	3	79	79	31	31	200	200	180	180
수　　　입	—	493	—	3	—	79	—	31	—	200	—	180
지　　　출	364	—	1	—	60	—	15	—	188	—	100	—
저　　　축	129	—	2	—	19	—	16	—	12	—	80	—
B. 자 본 계 정	129	129	2	2	19	19	16	16	12	12	80	80
저　　　축	—	129	—	2	—	19	—	16	—	12	—	80
투　　　자	129	—	1	—	29	—	89	—	10	—	—	—
자 금 과 부 족 (—)	—	—	1	—	—	-10	—	-73	—	2	—	80
C. 금 융 계 정	213	213	53	53	6	6	42	42	32	32	80	80
자 금 과 부 족 (—)	—	—	—	1	—	-10	—	-73	—	2	—	80
통　　　화	21	21	—	21	—	—	—	11	—	10	—	—
저 축 성 예 금	31	31	—	31	—	—	—	11	—	20	—	—
유 가 증 권	36	36	8	—	6	6	20	30	2	—	—	—
은 행 대 출 차 입	45	45	45	—	—	—	—	15	30	—	—	—
해 외 채 권 채 무	80	80	—	—	—	10	—	70	—	—	80	—

는가를 알 수 있다.

먼저 거래항목별로, 경상계정 중에서 자금의 원천(수입면)에 속하는 것으로 개인부문의 노동소득이 200, 법인기업의 사업소득이 31, 정부부문의 조세·사업 및 재산소득 등이 79, 해외부문의 재화와 용역의 수출(우리 나라로서는 수입)이 180, 금융부문의 사업 및 재산소득이 3이며, 여기서 각 부문의 운용액(지출)을 차감한 저축의 총액이 129로 되어 있다. 자본계정에 있어서 저축과 투자는 경제전체로서는 국제수지의 경상적자 80을 포함하여 사후적으로 균형되어 있으나, 부문별로 보면 법인기업과 정부부문이 투자초과로 자금부족을 나타내고 이것을 개인부문·금융부문 및 해외부문의 저축초과(자금잉여)로 보진(補塡)하고 있다. 금융계정은 이러한 비금융계정(실물거래)의 자본과부족을 메꾸기 위한 금융거래와 그 밖의 순수한 금

융적 유통으로 구성되어 있다. 금융거래를 부문별로 보면, 예를 들어 금융부문은 자기저축(1)과 통화(21)와 저축성예금(31)의 형태로 개인과 기업에서 52를 조달하여, 개인(15)과 법인(30)에게 45를 대출하고 8의 유상증권을 매입하였다. 또 법인기업의 경우 주식·사채 등 유상증권발행(30)과 은행차입(15) 및 해외자본도입(70)으로 실물면의 자금부족액(73)을 보전하고 나머지는 유가증권과 유동성자산(통화 및 저축성예금)으로 운용하고 있다. 또 해외부문은 모든 대외거래를 종합하여 해외국가들의 입장에서 기록한 것으로서, 우리 나라 국제수지경상계정이 지불초과(적자)이므로 해외국들의 입장에서 80의 수취초과(자금잉여)를 나타내었고, 이것이 우리 나라의 해외채무의 증가로서 기록되고 있다.

Ⅲ. 여타의 국민경제계산과의 관계

일정기간에 있어서 국민경제의 활동을 종합적

으로 파악하기 위한 통계적인 계산체계인 국민경제계산은 국민소득계정, 산업연관표, 자금순환계정, 국민대차대조표, 국제수지표의 5계정으로 이루어진다. 이들은 각기 특정한 시각으로부터 국민경제의 움직임을 파악하므로 서로 밀접한 관련을 가지고 있지만, 독자적인 목적과 배경을 가지고 발전해 왔기 때문에 최근 국민경제계산체계의 통합의 필요성이 대두되고 있다.

여기서 자금순환계정과 여타계정과의 관계에 대해서 살펴 보면 ① 국민소득계정과 자금순환계정, 국민소득계정에서는 자금의 금융적 유통이 최종적으로는 상쇄되는 것으로서 사상(捨象)되고 있는데 대해, 자금순환계정은 자금의 금융적 유통의 파악에 중점을 두고 있으므로 경제의 실물면의 움직임을 나타내는 국민소득계정과는 본래 상호 보완적인 관계에 있다. 따라서 국민경제에 있어서의 통화·신용의 산업적 유통과 금융적 유통의 교류관계를 파악하는데는 이 두 계정의 계수를 종합적으로 분석할 필요가 있다. ② 산업연관표와 자금순환계정 산업연관표의 목적은 국민경제전체의 생산구조 내지 기술관계를 명백히 하는 데 있으므로 그 부문분할도 기능적 기준 또는 활동 베이스에 의해 이루어진다. 따라서 산업연관표를 국민소득계정과 생산면에서 접속시키기는 비교적 용이하지만 제도적인 부문구성에 의한 자금순환계정과 접속시키기는 매우 어렵다. ③ 국제수지표와 자금순환계정 : IMF 방식의 국제수지표는 일정기간의 대외거래에 대해 재화·서비스의 거래를 경상계정, 자본의 대출거래를 자본계정으로 기록하고 있는데, 자금순환계정에 있어서의 해외부문은 이 국제수지표의 움직임을 상대국의 입장에서 보고 그 비금융거래는 국제수지표의 경상계정의 부분에, 금융거래는 자본계정의 부분에 해당하므로 자금순환계정과

국제수지표는 완전히 접합될 수 있다.
→산업연관분석

〔참고문헌〕 Copeland, M. A., *A Study of Money Flow in the United States*, New York, 1952; Board of Governors of Federal Reserve System, *Flow of Funds in the United States 1939－1953*, 1955; Conference of Research in Income and Wealth, "The Flow-of Funds Approach to Social Accounting", National Bureau of Economic Research, *Studies in Income and Wealth*, Vol. 26, New York, 1962.

자금(資金)코스트 cost of funds

운용하는 자금의 단위당 원가를 말한다. 일반기업이 채권발행, 은행차입, 증자 등으로 자금을 조달할 경우 지불이자(배당)나 채권·신주발행의 경비, 세금 등을 일괄하여 이를 자금 코스트라 할 때도 있지만 보통 은행이 운용하는 자금에 대하여 운용이윤에 대한 자금원가(예금이자나 직접, 간접의 경비)를 가리키는 경우가 많다. 자금종류별로 코스트를 계산하는 것은 간접경비의 배분에 문제가 많아서 일반은행에서는 경비의 전부를 예금에 부담시켜 예금 코스트로서 계산하는 것이 보통이다.
→예금 코스트

자금(資金)포지션 bank's fund position

금융기관에 있어서의 자금대차상태를 말한다. 금융기관은 예금수탁, 금융채발행 등의 수신업무에 의하여 조달한 자금을 기초로 대출이나 유가증권투자 등의 여신업무를 하고 있으나, 이 두 업무에 의하여 생기는 자금의 과부족의 상황이 자금 포지션이다. 금융기관의 콜론 잔고가 콜 머니, 금융기관차입금, 한은차입금 등 이른바 외부부채잔고를 상회한 경우를 론 포지션, 하회한 경우를 머니 포지션이라 한다.
→콜론·콜머니

자기금융・타인금융 自己金融・他人金融

여러 가지 경제적 기능을 담당하는 금융은 분류기준에 따라 몇 개의 종류로 구분되고 있다. 자금의 조달방법에 따라 금융은 자기금융과 타인금융으로 나뉘어진다. 이 때 전자는 자기자본으로 소요자금을 충당하는 방식이고, 후자는 외부 또는 타인자본으로 충당하는 방식이다. 따라서 자기금융은 일반적으로 기업이 이윤의 일부를 기업내에 유보축적하여 이것을 자기의 투자자금으로 이용하는 방식이다. 이에 반해 타인금융은 은행의 대출을 받아서 또는 사채나 주식을 발행하여 외부자금을 끌어들임으로써, 기업의 투자자금수요를 충족시키는 금융방식이다.

자기이자율 自己利子率 own rate of interest

일정기간 보유되는 재화에는 그 자체를 단위로 하여 계산되는 이자율이 고려되는데, 케인즈는 이것을 재화의 자기이자율이라 하였다. 케인즈에 의하면 금융시장에서 1년 후에 원리금합계 105원을 지불할 약속으로 100원의 화폐의 대차가 이루어졌다는 것은 현물도의 화폐 100원에 대한 선물계약의 가격이 105원이라는 의미를 가진다. 이 때 화폐이자율 money rate of interest 이란 선물계약의 화폐액(105원)이 이러한 선도계약의 현물(100원) 혹은 원금을 초과하는 액, 즉 이자의 원금에 대한 백분률(5%)이다. 이러한 관계는 다른 모든 재화에 대해서도 생각할 수 있다. 예컨대 현물도 100쿼타의 소맥이 1년 후에 인도되어야 할 소맥 98쿼타와 같은 가치를 가지면, 소맥의 소맥이자율은 $(98-100)/100 = -2\%$라고 할 수 있다. 이것은 소맥의 현물도가격이 예컨대 100쿼타당 100달러, 1년 후에

인도되는 소맥의 선물계약의 가격이 100쿼타당 107달러 또 화폐이자율 5%인 경우에 생긴다. 왜냐하면 이 경우 화폐의 현물 100달러는 선물 105달러를 사는 것으로 되며 화폐의 선물 105달러는 소맥의 선물 $(105/107)\times100 \fallingdotseq 98$쿼타를 사는 것으로 되고, 따라서 현물도의 소맥 100쿼타는 선물계약의 98쿼타와 같은 것으로 되기 때문이다.

이러한 사실에서 케인즈는 화폐이자율이 두 개의 화폐액의 비율인 것과 같이 여러 가지 재화에 대해서도 각각 그 자체로서 나타낸 이자율을 생각할 수 있다고 보고 이것을 자기이자율이라 하였다. 이 자기이자율은 다음 3가지 속성으로 구성된다. ① 생산과정에 협조하든가 소비용역을 제공함으로써 얻어지는 수익, 이것을 그 재화 자체를 단위로 하여 g로 표시한다. ② 화폐 이외의 재화는 이월비용 내지 보관비용을 필요로 한다. 이것을 c로 표시한다. ③ 재화는 일정기간 그것을 자유롭게 처분할 수 있으므로 잠재적인 편익을 주는데, 이에 대하여 사람이 지급하는 금액을 유동성선호라고 하며 l로 표시한다. 이리하여 재화의 자기이자율(일정기간 재화를 보유함으로써 생기는 총수익률)은 $g-c+l$로 표시된다. 예컨대 가옥의 자기이자율은 $g_1(c=0, l=0)$, 소맥의 자기이자율은 $-c_2$ $(g=0, l=0)$, 화폐의 자기이자율은 $l_3(q=0, c=0)$ 등으로 나타낼 수 있다. 그런데 이러한 재화의 자기이자율은 공통의 단위인 화폐로 측정되는 것에 의해 보통의 의미의 자본의 한계효율로 변환된다. 즉 화폐에 의해 측정된 재화의 가치의 등귀율 및 하락률을 각각 a_1, a_2라 한다면, 가옥의 한계효율은 g_1+a_1, 소맥의 한계효율은 $-c_2+a_2$, 화폐의 한계효율은 l_3로 되어 균형상태에서 $g_1+a_1 = -c_2+a_2 = l_3$라는 조건이 충족되지 않으면 안된다. 화폐경제에서

는 화폐이자율 l_3는 충분히 하락할 수 없기 때문에 다른 재화는 자기이자율을 충분히 하락시킬 수 있을 정도로는 생산될 수 없다. 이리하여 자원과 노동력이 유휴상태에 있음에도 불구하고 생산은 어떤 점에서 정체되어 만성적 실업의 발생은 불가피하다고 한다.

자기자본 · 타인자본 自己資本 · 他人資本 owner's capital · borrowed capital

회계상 자본의 종류이다. 자기자본은 주주 또는 자본주의 기업재산에 대한 청구권, 즉 지분을 말한다. 또한 자기자본은 기업의 총자산액에서 타인자본액을 공제한 자산을 말한다. 주식회사의 경우 자기자본은 법률에 의하여 그 액수가 확정되어 있는 법정자금과 그 외 부분인 잉여금으로 되어 있다. 잉여금에는 보통 그 발생형태별로 자본 그 자체의 증감 · 변동에 기인하는 자본잉여금과 이익을 회사에 유보 또는 축적한 이익잉여금으로 구별된다.

타인자본은 부채라고도 하고 채권자의 지분, 즉 기업재산에 대한 청구권을 의미하고 기업이 장래 반제할 의무가 있기 때문에 법률상의 채무와 대체로 동일하다. 타인자본은 결산일로부터 1년 이내에 반제하여야 하는 유동부채와 지불기한이 1년 이상의 고정부채, 장래 발생할 것이 확실한 손비에 대한 충당금과 그 발생이 장래의 일정조건에 제약된 우발채권 등으로 되어 있다.

자동승인제 自動承認制 automatic approval system

AA제 또는 수입자동승인제라고도 한다. 외국에서 화물을 수입할 때 수입승인의 방법으로 IQ제, AIQ제, AA제의 3개가 있다. 이 중 정부에 사전에 수입할당신청을 제출하게 하는 것이 IQ제이고 수입제한품목에 적용된다. 이것에 대해서 IQ제와 마찬가지로 정부에의 수입신청절차는 필요하지만 자동적으로 수입할당을 해주는 것이 AIQ제이며, 신청을 필요로 하지 않고 환은행에서 자동적으로 수입승인이 허용되는 가장 자유화된 것이 AA제이다.

자동안정장치 自動安定裝置 automatic stabilizer

정부의 정책을 변화시키지 않고서도 소득이나 가격변동의 폭을 좁히는데 필요한 경제상의 완형(緩衝)장치를 말한다. 개인 및 법인소득세나 실업자보험은 미국이나 기타 선진국 경제에 있어 가장 중요한 자동안전장치의 하나이다. 경기가 하락하기 시작하면, 정부의 소득세수입은 곧 개인소득보다도 큰 비율로 감소되고 실업자에 대한 지불이 증대된다. 이렇게 하여 소비자의 구매력이 증대되고 경기후퇴압력이 완화된다. 사회보장계획이나 농업원조계획도 또 자동안전장치로서 사용한다. 제 2 차 세계대전 이후 미국에서는 이러한 여러 가지 안전장치가 결합하여 경기후퇴를 신속하게 역전시키는 데에 중요한 역할을 한 것으로 믿어지고 있다.

자발적실업 · 비자발적실업 自發的失業 · 非自發的失業 voluntary unemployment · involuntary unemployment

현행 실질임금수준에서 고용되어 있는 노동량과 그 임금수준에서 '취업을 희망하는 노동량이 같을 때' 경제내에 존재하는 총노동량에서 고용량을 뺀 나머지 실업상태의 노동량을 자발적실업이라고 한다. 이 경우 '자발적'이라는 말은 현행 임금수준에서 고용되기를 원하는 노동력은 완전히 고용되고 나머지 노동력은 그 임금수준에서는 스스로 취업을 원하지 않기 때문에 실업상태에 있다는 것을 의미한다.

케인즈 Keynes, J. M. 의 「일반이론」이 출현하기 이전의 정통파이론에서는 화폐임금이 신축적으로 움직이기만 한다면 노동시장의 균형은 항상 완전고용수준에서 이루어지는 것으로 되어 있다. 이 때 '완전고용'이라는 말은 비자발적실업이 전혀 존재하지 않는다는 의미이며, 경제전체의 모든 노동력이 고용되어 있다는 것을 의미하는 것은 아니다. 반면에 현행 실질임금수준에서 취업을 희망하는 노동량이 실제로 기업이 그 임금수준에서 고용하고자 하는 그것을 초과할 때, 전자와 후자와의 차가 비자발적실업이다. 여기에서 양자는 모두 노동시장이 균형상태에 있다는 전제에서 정의된 것이며, 노동시장의 일시적 불균형으로 인한 실업의 발생은 문제의 대상이 되지 않는다. 그런데 정통파이론에서는 가격이 신축적일 경우 그 가능성이 배제되었던 비자발적실업은, 가격의 자동조절작용을 부정하고 그 대신 유효수요의 원리를 도입한 케인즈체계에서의 개념이다.

유휴생산능력의 존재를 전제하는 케인즈체계에서 국민소득수준과 고용량을 결정하는 것은 유효수요의 크기이므로 비자발적실업의 원인은 경제 내에 존재하는 노동량에 비해서 유효수요가 부족하기 때문이라고 할 수 있다. 따라서 비자발적실업을 해소시키기 위해서는 공공투자의 확대, 금리인하, 조세감면 등의 팽창적 재정·금융정책의 실시가 필요하다. 여기에서 유효수요의 증대가 고용증가를 가져오는데, 비자발적실업을 해소시키기 위해서는 유휴생산능력이 존재하거나 그에 대응해서 생산능력이 확장될 수 있다는 것이 전제되지 않으면 안된다. 만일 고용이 자본부족에 의해서 제한되는 경우에는 팽창적 재정·금융정책에 의한 유효수요의 증대는 그에

대응하는 물량적 공급능력의 확대를 가져오지 못함으로써 인플레이션만을 유발시킬 것이다. 이와 같이 경제내에 존재하는 자본이 부족함으로써 생기는 비자발적실업을 유효수요의 부족에 기인해서 생기는 케인즈류의 그것과 구별하여 마르크스류의 비자발적실업이라고 한다. 따라서 이 경우에 비자발적실업을 해소시키기 위해서는 생산설비의 건설을 통한 생산능력의 확장이 선결되지 않으면 안된다.
→실업, 마찰적 실업

자본 資本 capital

자본주의 하의 경제구조는 자본을 중심으로 이루어져 있고 또 그것을 통하여 운행된다. 따라서 자본주의경제의 모든 문제는 결국 자본의 문제에 귀착되는 것이다. 이와 같은 자본의 본질이 무엇인가는 경제학상 가장 이론(異論)이 많은 문제이고 입장이나 관점에 따라서 여러 가지 정의가 있지만, 여기에서는 자본실체설, 자본작용설, 자본의 사회관계설을 중심으로 그 본질을 고찰하기로 한다.

① 자본실체설은 가장 고전적인 학설로서 자본을 토지, 노동과 더불어 생산의 3대요소의 하나로 보는 학설이다. 스미스 Smith, A. 나 리카도 Ricardo, D. 의 자본학설이 여기에 해당된다. 이들에 의하면 자본이란 단순히 생산된 생산수단으로서 특정한 물적재화인 것이다. 경제이론에서 보통 자본재 capital goods 또는 실물자본이라고 하는 것은 이 특정한 재화의 집합을 의미한다. 이러한 재화 가운데 공장설비, 기계 등과 같이 수차례에 걸친 생산과정에서 계속 사용되는 동안에 차츰 소모되어 그 가치가 생산물에 점차 이전되는 것을 고정자본 fixed capital 이라고 하며, 원료 등과 같이 1회의 생산과정에서 그 가치가 완전히 생산물에 이전되는 것을 유동자본

circulating capital 이라고 한다. 이 의미에서의 자본은 생산에 사용됨으로써 토지나 노동이 그 소유자에 지대·임금 등의 소득을 가져다 주는 것과 똑같이 그 소유자에 일정의 수익을 가져다 준다고 생각되고 있는 것이다. 그러나 이상의 재화설에 시종(始終)하는 경우에는, 궁극적으로는 토지와 노동에 의해서 생산된 재화에 지나지 않는 생산수단이 그것들과 나란히 제3의 생산요소로서 특별히 취급되는 근거가 명확하지 않을 뿐만 아니라, 자본의 사용에 의해서 지대나 임금 이외에 특별의 잉여가 성립하는 이유가 분명하지 않다.

② 그리하여 자본의 실체개념을 부정하고 그 작용을 중요시하는 자본작용설이 주장된 것이다. 이 설은 자본을 우회생산의 수단으로 보고 그 잉여를 일반적인 우회생산의 이익에서 설명하려는 것이다. 이른바 오스트리아학파의 자본학설이 바로 그것이다. 물론 이 경우에도 생산된 생산수단으로서의 자본재를 고정자본, 유동자본과 같이 그 형태에 따라 분류하는 것은 무관하지만, 본래 자본이라는 것은 생산수단뿐만 아니라 다른 생산요소까지 포함해서 우회생산을 가능하게 하는 모든 것을 말하는 것이다. 즉 원리적으로는 한 시점에서 존재하는 모든 재화는 노동자를 양성하기 위해 필요한 소비재까지 포함해서 모두 우회생산의 수단으로 역할을 하게 되는 것이므로 자본이라고 보아야 한다는 것이다. 따라서 하이에크 Hayek, F. A. v. 와 같이, 자원, 즉 광의의 생산요소를 본원적인 토지용역이나 노동 등과 같이, 그 능률유지를 위하여 특별한 배려를 요구하지 않는 영구적 자원 permanent resources 과 일정한 생산에 효과적으로 공헌하기 위해서는 그 소비되는 부분을 보충하는 것이 필요한 비영구적 자원 non-permanent resources 으로 나누어 후자를 자본 혹은 실물자본 real capital

으로 정의하는 입장도 있다. 그런데 이 우회생산을 실행하는 기업가는 우선 소요자금을 조달해서 생산수단재, 토지용역 및 노동력을 구입하고 그것을 생산과정에 결합시킴으로써 우회생산의 이익을 실현시킬 수 있다. 따라서 이 학설에 따르면 생산요소의 구입에 필요한 구매력의 원본, 즉 화폐가 자본이라는 정의가 성립하고, 궁극적으로는 슘페터 Schumpeter, J. A. 와 같이 기업가의 손에 주어진 자본으로서의 화폐, 즉 화폐자본 money capital 만이 실제로 자본으로서의 작용을 한다는 견해도 성립하는 것이다.

③ 자본의 사회관계설로서는 마르크스 Marx, K. 의 자본이론이 가장 전형적인 것이다. 그것에 의하면 자본의 본질은 물적 생산수단이 일정한 사회적 관계를 가지는 것에 있다고 한다. 즉 우회생산을 가능케 하는 모든 재화는 단순히 축적된 노동에 지나지 않으며 일정한 역사적인 사회적 생산관계 위에서만 자본으로 된다. 이 일정한 생산관계에서 분리되는 경우에는 그것은 이미 자본이 아니다. 자본은 단순히 물적 생산수단의 역할을 할 뿐만 아니라 자본가가 이득을 획득하는 수단으로 된다. 그러므로 자본은 우회생산의 수단을 소유하는 자본가와 일정한 임금으로 자기의 노동력을 매각하는 노동자가 분리되어 있는 사회에서만 임금노동과 동시에 성립한다. 이 설에 따르면 자본은 우회생산의 수단이 되는 재화의 성질이 아니고, 자본주의사회의 특정한 생산관계에 있어서만 성립할 수 있는 하나의 역사적, 사회적 산물이라고 생각해야 한다는 것이다. →우회생산, 자본축적

[참고문헌] Böhm-Bawerk, E. von, *Kapital und Kapitalzins*, 2 Bde., 1894~99; idem, *Positive Theore det Kapitales*, 1888, 4. Aufl., 2 Bde., 1921; Schumpeter, J. A., *Theorie der wirtschaftlichen Entwicklung*, 1912, 4. Aufl.,

1935; Marx, K., *Das Kapital*, 3 Bde., 1867~94; Keynes, J. M., *A Treatise on Money*, 2 vols., 1930.

자본계수 資本係數 capital coeffcient
자본계수란 1단위의 생산물을 산출하는 데 어느 만큼의 자본액이 필요한가를 나타내는 비율이다. 즉 국민경제전체의 실물자본량 K와 국민총생산액 Y와의 비율 $\left(\frac{K}{Y}\right)$를 가리킨다. 이 때 생산물 1단위를 추가적으로 증가시키는 데 얼마 만큼의 자본액의 증가가 필요한가를 나타내 주는 $\frac{\Delta K}{\Delta Y}$를 한계자본계수 marginal capital coefficient 라 한다. 이러한 한계자본계수 $\left(\frac{\Delta K}{\Delta Y}\right)$는 투자율 $\left(\frac{I}{Y}\right)$과 함께 경제성장률 $\left(\frac{\Delta Y}{Y}\right)$을 결정한다. 구체적으로

$$\left(\frac{\Delta Y}{Y}\right)=\frac{\frac{I}{Y}}{\frac{\Delta K}{\Delta Y}}$$의 관계에서 삼자는 상

호결합되어 있다. 따라서 (한계)자본계수는 목표경제성장률을 결정한 후에 그 목표를 실현시키기 위하여 소요투자율을 추정한다든가, 동원할 수 있는 투자율을 기초로 하여 달성가능한 성장률 등을 추정할 경우 또는 투자우선순위를 각 산업별로 정하는 경우에 없어서는 안되는 유용한 개념이다. 그러나 이 때에는 (한계)자본계수의 값은 단기적으로 안정된 값을 가진다는 제약적인 가정이 암암리에 포함되어 있다. 이와 같이 자본계수는 대단히 유용한 개념임에는 틀림없으나, 그 제약성 역시 인정되고 있다.
구체적으로, ① 자본계수의 값을 일정하다고 간주할 수 없을 때가 있다. 즉 기술변화가 이루어지면 그 결과 자본계수의 값은 일반적으로 저하된다. ② 한계자본계수는 일정한 기간의 투자와 산출량의 증가분간

의 비율을 표시하는 것이다. 그런데 투자와 산출량의 증대와의 사이에는 시간적인 격차가 항상 존재할 뿐더러 그 격차 또한 일정하지 않은 것이 보통이다. 예를 들면 단기간에 자본투입이 이루어질 뿐만 아니라 산출도 단기간에 완료되는 점투입·점산출 point input·point output 사업이 있는가 하면, 장기간에 걸쳐 투입이 계속되었다가 단기간에 산출이 완료되는 지속투입·점산출 continuous input·point output 사업 등을 생각할 수 있다. 따라서 투자의 우선순위를 결정하거나 경제성장률을 추정할 때 (한계)자본계수만을 고려함은 바람직하지 않다고 볼 수 있다. ③ 위처럼 기간을 고려하지 않더라도 투입과 산출의 정확한 관계를 알기가 어렵다. 이를테면 각 산업의 (한계)자본계수를 비교하는 경우, 각 산업이 다른 산업에 대하여 제공하고, 또 제공받는 중간재와 용역 또는 외부경제를 고려하지 않는다면 자본투입과 산출의 정확한 양적인 관계를 나타내는 자본계수를 측정하기 곤란하다. 예를 들면 제조업이나 유통산업의 자본계수는 전기나 운수업 등 기초적인 사회간접자본의 확충 정도에 따라 크게 그 값이 달라진다.
한편 하이에크 Hayek, F. A. v. 에 의하면 자본계수가 커진다는 것은 생산물단위당 자본재의 양이 증가하는 것을 의미하여 이것은 우회생산이 장기화되는 것을 나타내는 지표가 된다. 자본주의가 발달할수록 생산에 있어서 기계나 설비 등의 고정자본재를 많이 구비하게 되며 이에 따라 자본재와 노동의 결합비율은 전자가 점점 커짐으로써 생산물단위당 자본재의 양도 그만큼 증가된다. 이와 같이 각 산업이 자본재를 더 많이 사용함으로써 생산의 증가를 초래하는 것을 자본의 심화 capital deepening 라고 부른다. 이에 반해 지금까지와 동일한 비율의 자본재와 노동의 결합비율

로 생산을 증가시키는 것을 자본의 확장 capital widening 이라고 한다. 각 산업에서 자본의 심화가 진행되면 국민경제전체의 자본계수는 그만큼 커진다.

자본계정 資本計定 capital account

경상적 거래가 아닌 장기에 걸친 자본적 거래를 복식부기의 원리에 따라서 기록해 놓은 계정으로서 경제의 여러 분야에서 각각 상이한 의미를 가지고 사용되고 있다. 국제수지표에 있어서 무역 및 무역외수지를 기록하는 경상계정과 대립되는 것으로서 금융상의 청구권 및 화폐용 금의 흐름이 기록되는 자본 및 화폐용 금계정인데 이 계정은 다시 이론적 분석을 위해 흔히 자본계정과 금융계정으로 나누어진다. 이 중 자본계정에 있어서는 자국자본의 유출은 자산의 증가로서, 유입은 자산의 감소로서 한편 외국자본의 유출은 부채의 감소로서, 그 유입은 부채의 증가로서 구분되며 자산증가와 부채감소는 국제수지표상의 마이너스(지급)로서 또 자산감소와 부채증가는 플러스(수입)로서 계상된다. 이와 같이 자본계정에는 국가간의 자본이동 관계가 기록되는데 이것은 다시 1년을 넘는 정부 및 민간의 자본이동을 기록하는 장기자본수지와 당초의 계약기간이 1년 미만이든가 또는 계약기간을 특별히 정하지 않은 자본이동을 기록하는 단기자본수지로 나누어진다.

국가예산제도에서도 자본계정이 이용될 수 있는데, 예산제도에서 자본계정이란 경상적인 세입·세출을 계상하는 경상계정과는 달리 별도로 자본적인 세입·세출(예컨대 공채의 발행)만을 계상하는 계정을 말한다. 단일예산을 이와 같이 경상계정과 자본계정으로 구분하면 예산의 분류를 국민소득계정의 분류와 일치시킬 수 있기 때문에 예산의 내용을 국민소득개념과 일치

하는 정부소비와 정부투자로 명확하게 구분하여 파악할 수 있다. 또한 자본계정을 별도로 설치함으로써 재정정책의 신축성을 넓히고 경제변동에 따라 공공지출을 증가시킬 필요가 있을 때도 재원을 세수증대에 의존할 필요가 없으며 또한 국내총자본형성에 대한 정부의 기여도를 명시해주므로 경제분석의 유효한 수단이 될 수 있다. 이와 같은 유용성에 관한 모든 논의의 배후에는 불균형예산이 갖는 기능이나 예산의 장기적 균형이 갖는 이익을 강조하고자 하는 목적의식이 흐르고 있으며 경제에 대한 균형화요인으로서 재정을 이용하는 보정적 재정정책을 정당화시키기 위한 생각이 내재해 있는 것이다. 이와 같이 단일예산내에서 경상계정과 자본계정을 구분하는 방법의 유용성은 오래 전부터 지적되어 왔으나 현실적으로는 이 방법을 채택하는 대신에 예산을 경상예산과 자본예산으로 구분하는 복식예산제도가 채택되어 스웨덴을 포함한 스칸디나비아 제국에서 다년간의 실험끝에 항구적으로 실시되고 있는 실정이다. 그런데 이 예산제도에서의 자본예산과 단일예산제도에서의 자본계정간에는 그 기능에 있어서 하등의 차이도 없다.

자본도피 資本逃避 capital flight

경제적, 정치적, 군사적 불안으로부터 가치를 보전하기 위해 한 나라에서 다른 나라로 통화를 대량이전하는 것을 말한다. 가령 1930년대 후반 전쟁의 위협이 있게 되자 유럽의 수천만 달러의 민간자금이 스위스나 미국 또는 중립국이나 지속적인 정치적, 경제적 안전을 유지하기가 용이한 그 외의 나라로 송금되었다. 이러한 이전은 자본의 국제이동에 혼란을 일으키고 그것이 원인이 되어서 대폭적인 국제수지부족에 직면하는 나라들이 생겨났다. 그리하여 통화투기의 큰 파동과 유출을 막기 위

한 국가규제, 국가관리가 생겨났다. 국제통화기금 International Monetary Fund 은 현재 일시적인 국제수지부족국에는 단기대부를 행하여 통화투기를 억제하고 불안정한 정치상태에서 생기는 자본도피로 발생되는 나쁜 영향을 완화시키고 있다.

자본소모충당 資本消耗充當 provisions for the consumption of fixed capital, capital consumption allowance

일정 기간에 발생하는 고정자산가치에 대한 소모분을 보충하기 위한 충당액으로 그 내용은 정부가 소유하는 것 이외의 전체고정자본에 대한 감가상각과 미리부터 예측할 수 있는 고정자본의 진부화와 우발손실 등이다. 우발손실은 기업의 경리상 감가상각으로 보완이 안되는 고정자산의 감가분으로 실제로는 손해보험의 지불보험금과 책임준비금의 증가액으로 측정한다. 국민소득계정에 있어서는 그 기본적 계정상태인 GNP 계정과 자본형성계정의 한 항목으로 되어있다. →고정자산, 감가상각, 국민소득계정, 국민총생산

자본수출 資本輸出 capital export

Ⅰ. 의 의 자유경쟁이 지배하고 있던 산업자본주의 단계에 있어서는 상품수출이 기본적인 것이었는데, 독점이 지배하는 제국주의 단계가 되면 자본수출이 전형적 형태로 나타난다. 그것은 자본수출이 독점의 형성, 발전과 강하게 결합되어 있고 또 독점의 지배 강화는 자본수출에 크게 의존하기 때문이다. 자본수출은 독점, 금융자본 국제 트러스트 등과 함께 제국주의의 자본적인 경제적 기초이다.

Ⅱ. 자본수출의 일반적 조건 일반적으로 자본이 외국에 수출되는 것은 그것이 국내에서는 절대로 이용될 수 없기 때문이 아니라 국내에서보다 외국에서 높은 이윤률을 취득할 수 있기 때문이다. 따라서 각 국가별 이윤률의 차이가 자본수출의 일반적 조건이 된다. 각 국민경제에 있어서 성립되는 평균이윤률은 생산력의 발전이 각 국가별로 차이가 있고, 따라서 각 국가는 자본구성을 달리하며 또 국민적 잉여가치율을 달리하는 결과 상이한 것으로 나타난다. 선진자본주의국에서는 노동생산성이 높고 상대적 잉여가치가 비교적 크기 때문에 잉여가치율은 일반적으로 높겠지만, 자본주의적 생산이 발전함에 따라 자본의 유기적 구성도는 높아지고 이윤율은 하락하는 경향이 있다.

이에 반하여 후진국에서는 노동생산성이 낮고 상대적 잉여가치는 비교적 적다고 하여도 절대적 잉여가치는 상당히 크다고 할 수 있다. 비록 잉여가치율이 비교적 낮다 하여도 여기에서는 자본의 유기적 구성도가 대단히 낮고 노임도 저렴할 뿐 아니라, 지가가 비교적 저렴하고 원료도 저렴하기 때문에 일반적으로 이윤률이 높은 것이 보통이다. 이자율에 대해서도 같은 식으로 설명할 수 있다. 선진국에서는 축적된 자본이 많고 이윤률이 낮기 때문에 일반적으로 이자율은 낮다고 볼 수 있는 반면 후진국에서는 이윤률이 높은 데다가 근대적 금융조직이 발달되지 못하였기 때문에 전기적 자본, 즉 상업자본의 지배가 강하고, 이자에는 이윤 전체 또는 노임의 일부마저 포함되어 있는 경우가 많기 때문에 일반적으로 이자율은 높다고 할 수 있다. 이렇게 일국의 상대적 과잉자본은 보다 높은 이윤률, 이자율을 찾아 국경을 넘어 유출되는 것이다.

Ⅲ. 자본수출의 필요성 자본주의의 발전은 이러한 이윤률, 이자율의 국가적 차이를 불가피하게 하고 자본수출은 자본주의의 발전에 따라 언제든지 발생할 수 있는 현상이다. 그러나 자본수출이 본격화된

것은 자본주의발전의 특정단계로서 20세기 초 영국의 세계적인 일국독점이 붕괴되고 이에 대신하여 자본주의가 발전한 모든 선진국에서 자본가들의 독점단체가 형성되어 자본축적이 거대한 규모에 달하여 소수의 부유한 국가의 독점적 지위가 형성되었을 때부터이다. 따라서 상품수출을 대신하여 대량의 자본수출이 필연적으로 나타나는 근본요인은 선진자본주의제국에 있어서 독점체의 형성이고 그 밑에서 계속 형성되는 방대한 자본의 과잉이다.

이에 반해 자본투하의 가능성은 제한되어 있다. 독점체의 가치증식은 자기영역에 자본을 투하하여 생산을 확대하는 것이 오히려 이윤의 감소를 초래하는 경우가 대부분이므로 외부에서 투자기회를 구하는 편이 유리하게 된다. 이렇게 하여 최대의 독점이윤을 유지하기 위해서 국경외에서 투자기회를 구할 수 밖에 없는 과잉자본이 끊임없이 형성되는 것이다. 그것은 또한 독점이윤에 대하여 상대적인 과잉자본으로서 순환적 공황에 해결을 발견하는 절대적인 자본과잉과는 구별하지 않으면 안된다.

자본수출의 필연성은 소수의 국가에서 자본주의가 성숙하여 국내에 유리한 자본투하기회가 없다는 데서 조성되는 것이다. 개발도상국들이 유치산업육성을 위한 보호관세는 상품수출의 가능성을 축소시켜 상품수출을 대신하는 자본수출이 필연적이 된다. 관세장벽은 상품의 침입을 저지할 수는 있어도 자본의 침입을 저지할 수는 없기 때문에 공장을 외국에 설치하는 형태의 자본수출이 생기게 된다. 생산의 일부를 외국에 옮김으로써 자신도 보호관세의 이익을 얻기 때문이다. 더욱이 저렴한 가격의 원료, 노급원(勞給源)을 확보하는 요구도 이 단계의 자본수출을 촉진하는 중요한 요인이다.

Ⅳ. 자본수출의 형태 대출자본의 수출과 기업자본의 수출의 2개의 형태를 취한다. 우선 사적자본에 대하여 보면 첫째는 자기의 자회사의 창설, 지점설치, 또는 재외기업을 매수하기 위하여 자본을 직접이전하는 것이고, 둘째는 대출자본의 형태로, 즉 확정이부채권의 구입 또는 외국회사의 주식을 구매하는 형태로 수출된다. 보통 전자를 직접투자, 후자를 증권투자로 구별하는데 기업자본은 직접투자뿐만 아니라 증권투자의 형태로도 수출된다. 자본수출의 형태는 또 세계시장경쟁의 격화와 더불어 역사적으로도 크게 변화되고 있다.

자유무역이 지배적인 경쟁형태였던 산업자본주의 단계에서는 대출자본의 수출이 주요한 자본수출형태였으나 고율보호관세에 의한 독점적 경쟁의 단계에서는 기업자본의 수출이 주요한 수출형태로 되어 그것이 더욱 발전하여 국가독점자본주의의 단계에 돌입하면 사적자본 대신 국가자본의 수출이 지배적인 형태로 된다. 그러나 자본이 어떠한 형태로 수출되더라도 독점자본의 일정이익이나 특권과 결탁하여 행하여지는 것으로, 지접·간접으로 상품수출을 촉진하는 중요한 수단이다. 제 2 차 세계대전 후의 미국의 대외원조도 예외는 아니다.

Ⅴ. 현 상 제 2 차 세계대전 후 자본주의의 전반적 위기의 심각화에 따라 제국주의의 자본수출은 중대한 타격을 받아 그 수출환경은 극도로 악화되었다. 그러나 자본수출에 있어서의 곤란이 제국주의에 있어서 그 중요성의 감퇴를 의미하지는 않는다. 오히려 전후, 특히 1950년대 후반부터 그 중요성은 더욱 강화되어 상품수출에 대한 자본수출의 우위는 결정적으로 되어 있다. 예를 들면 미국의 대외 제조공업의 매상고는 1960년에는 236억 달러에 달하여 같은 해의 상품수출액을 초과하였고 또 대

외직접투자이윤이 법인기업의 세인하 후
의 이윤총액이 차지하는 비율을 보아도
1950년의 7.8%에서 60년에는 15.6%로 증
대하였다. 대기업에서는 그 비율이 더욱
높아 최대 25사에서는 30%에 이르렀다.

전후에 있어서 자본수출은 그 내부구조
나 형태가 크게 변화하였다. 첫째, 자본수
출의 불균등이 격화하여 미국은 세계최대
의 자본수출국으로 되어 영국 등의 제국주
의국가들은 미국자본의 수입국의 지위로
전락하였다. 그러나 1950년대의 세계자본
주의의 불균등 발전은 이 제국주의국가들
을 또 다시 중요한 자본수출국으로서 부활
시켰다. 둘째, 국가독점자본주의의 성장
을 반영하여 자본수출이 차지하는 국가자
본수출의 비중이 증대하였다. 미국에서는
그 비율이 1939년의 0.3%에서 49년에는
최고 46%로 증대하였다. 정부증여를 합하
면 국가자본의 비중은 1951~55년에는
73%, 1956~60년에도 아직 54%로 민간자
본수출을 상회하고 있다. 정부증여는 정부
차관과 달라서 엄밀히 말하면 자본수출로
는 볼 수 없지만 제국주의적 팽창의 수단
으로서 현실의 역할에서 볼 때 그것은 국
가자본수출의 한 형태이다. 셋째, 민간투
자 중에는 전통적인 수출형태이었던 증권
투자가 감퇴하여 직접투자가 금일의 자본
수출의 지배적 형태로 되었다. 오늘날 미
국에서는 민간장기대외투자 중 70% 이상
이 직접투자인데, 1920년대에는 반대로 $\frac{2}{3}$
까지가 증권투자였다. 이것은 소수의 독점
체에로의 생산 및 자본의 집중이 한층 더
진전되고, 이에 따라 투자금융에 있어서
자기금융이 발전되었음을 자본수출면에서
반영하는 것이라 할 수 있다. 직접투자형
태로서의 자본수출은 아직 이 투자이윤의
재투자에 의해서도 증대하였다. 미국의 대
외투자수익에 대한 재투자율은 1951~1960
년에는 평균 약 56%였다. 직접투자형태로

서의 자본수출의 발전은 투자규모별로는 1
억달러 이상의 거대규모인데, 산업별로는
석유와 제조업에, 지역별로는 성장률이 높
은 선진공업국에 투자의 집중화를 가져왔
다.

자본시장 資本市場 capital market

장기자금을 취급하는 금융기관과 일반
투자가로 구성된다. 상업은행도 증권투자
에 의해 간접적으로 장기자금을 공급하고
있지만, 자본시장의 주된 자금공급자(대
부자)는 자본주의의 고도의 발전에 따라
성장한 투자은행, 신탁은행, 보험회사, 증
권회사 및 정부 금융기관으로 되어 있다.

이들 투자기관은 동산·부동산담보의
장기대부에 의해 최종적 자금수요자(차입
자)에게 설비자금을 융자하는 한편, 유가
증권의 발행·인수 및 투자에 의해 장기자
금을 공급하고, 자본시장의 주요한 일환으
로서의 증권시장 stock market 을 좌우하고
있다. 그들은 상업은행과 같이 통화를 창
출할 수는 없기 때문에 자금의 공급은 겨
우 자기자본을 제외하고 다액의 타인자본
에 의존하고 있다. 그것은 저축예금, 금전
신탁, 보험료의 수입이나 주식·채권 기타
의 수익증권의 발행·매각에 의해 조달된
다. 따라서 그들의 투자는 궁극적으로 금
융시장을 통해서 동원할 수 있는 공중의
저축예금에 제약되지 않을 수 없다.

자본시장의 발달은 직접금융방식의 확
립을 조장하는 것은 명백하지만, 투자기관
이 반드시 사리사욕이 없는 매개자에 그치
고 있는 것은 아니다. 그들은 개인투자가
보다 한술 더 떠서 타인의 자본이나 신용
을 남용하고 증권가격을 조종해서 투기적
인 이윤을 추구한다. 이렇게 해서 장기금
리의 지표로서 증권의 이율은 대폭적으로
변동하고, 자본시장은 불안정한 것으로 된
다. 자본시장에 대해서 금융당국의 간섭이

필요로 되는 까닭도 여기에 있다.

→금융시장

자본의 심화와 확장 資本의 深化와 擴張 deepening and widening of capital

자본주의의 고도화와 더불어 생산은 일반적으로 기계나 설비 등의 고정자본재를 더욱 더 많이 필요로 하므로, 재화 1단위 생산에 있어서의 자본재와 노동의 결합비율은 점차 제고되어 생산물 단위당 자본재량은 그만큼 증대하게 된다. 이와 같이 각 산업이 노동에 대한 자본재의 비율을 높임으로써 생산의 증가를 행하는 것을 자본의 심화 capital deepening 라고 하고, 이에 대하여 생산물 1단위당 노동과 자본의 결합비율을 그대로 유지하고 자본재와 노동을 동일한 비율로 증가시킴으로써 생산의 증가를 꾀하려고 하는 경우를 자본의 확장 capital widening 이라고 한다.

자본의 유기적 구성 資本의 有機的 構成 organic composition of capital

자본의 구성은 이것을 가치의 측면에서 보면, 자본이 불변자본(생산수단의 가치)과 가변자본(노동력의 가치, 즉 임금의 총액)으로 분할되는 비율에 의하여 결정된다. 이것을 자본의 가치구성 value composition of capital 이라고 한다. 다시 자본의 구성을 생산과정에서 기능하는 소재의 측면에서 보면, 충용되는 생산수단의 분량과 그 충용에 필요한 노동량과의 비율에 의하여 자본구성이 결정된다. 이것을 자본의 기술적 구성 technological composition of capital 이라고 한다. 이 두 개의 구성은 밀접한 관계를 가지고 있기는 하지만, 양자를 결정하는 요인이 각각 다르기 때문에 양자가 반드시 정확하게 비례한다고는 할 수 없다. 그러므로 자본의 기술적 구성에 의하여 결정되고, 또 그 변화를 반영할 때에 한하여 자본의 가치구성을 자본의 유기적 구성이라고 한다. 가변자본에 대한 불변자본의 비율이 커지는 것을 자본구성의 고도화라고 한다. 자본주의의 발전에 수반하는 자본구성의 고도화는 노동생산력의 향상을 의미하지만, 그때문에 인구의 과잉과 자본의 과잉을 초래하게 된다. →상대적 과잉인구, 이윤, 이윤율

자본의 전형운동 資本의 轉形運動 〔獨〕 Metamorphose des Kapitals

자본이 생산과정에서 그 작용을 달성할 때, 그것은 여러 가지 다른 형태를 취하여 순환하게 된다. 즉 자본이 생산과정에 들어오기 전에 유통과정에서 먼저 화폐자본 Geldkapital 으로서 기업가에 의하여 확보되어야 하고, 기업가는 다음에 이 화폐자본(G)으로서 생산에 필요한 생산수단(P_m)과 노동력(A)을 구매하게 되어, 결국 실물자본 또는 생산자본 produktives Kapital 의 형태로 전환한다.

생산자본(W)은 생산과정(P)에서 증식된 가치를 가진 상품자본 Warenkapital 으로 나타난다. 상품자본(W′)이 유통과정에서 판매될 때에 자본은 다시 증식된 화폐자본(G′)으로 존재하게 되는 것이다. 이러한 경우 자본형태의 구별은 동일한 소유자에 속하는 동일한 자본의 존재형태의 변화를 토대로 한 구별인 것이며, 독립된 별개의 사업에 속하는 자본의 종류를 의미하는 것은 아니다.

자본은 일반적으로 그 운동의 종점에서 시점으로, 다시 동일한 형태로 돌아온다. 이것을 마르크스 Marx, K. 는 자본의 순환 Kreislauf des Kapitals 이라고 했지만, 동일한 소유자에 속하는 자본이 위와 같이 세 가지 형태를 전부 취하여 순환하는 경우에는 그 자본은 다른 것과 구별해서 특히 산업자본 industrielles Kapital 이라고 불렀

다. 그리고 이와 같은 순환의 출발점을 보는 관점에 따라서 화폐자본의 순환, 생산자본의 순환 및 상품자본의 순환으로 구별한다. 그러나 이것은 다음 도식에서 보는

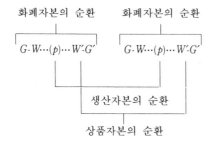

화폐자본의 순환   화폐자본의 순환

$$G\text{-}W\cdots(p)\cdots W'\text{-}G' \qquad G\text{-}W\cdots(p)\cdots W'\text{-}G'$$

생산자본의 순환

상품자본의 순환

바와 같이 동일한 자본의 순환과정에 포함되어 있는 것을 다른 입장에서 관찰하고 구별한 데 지나지 않는다. 근대 경제학에 있어서는 이 화폐자본의 순환을 가장 중요시하지만 그것은 시점과 종점을 형성하는 화폐형태 가운데 자본의 순경제적인 존재방법이 표시되어 있다고 생각하기 때문인 것이다. →자본

자본의 축적 資本의 蓄積 accumulation of capital

생산요소의 결합 및 생산의 확대를 위해 자본을 축적하는 것을 말하며, 이는 주어진 소득 가운데 현재의 소비를 억제하여 저축을 함으로써 이루어진다. 자본주의적 상품생산은 잉여가치의 생산을 목적으로 행하여진다. 즉 일반적으로 생산은 기업가의 이윤추구가 동기가 되어 행하여지는 것이며, 교환경제하에서의 상품생산은 그 상품이 직접 생산자의 욕망을 충족시키기 위한 것이 아니고 교환에 의한 이윤의 추구가 동기가 되는 것이다. 따라서 생산자는 사회의 소비력을 고려하지 않고 이윤의 추구만을 위하여 생산을 계속 확대시키려는 경향이 있다. 이와 같이 생산증가를 위하여 경쟁적으로 더 많은 자본형성을 행하

고, 생산을 우회화시킴으로써 사회적인 재생산의 규모를 확대시키는 것이다.

마르크스 Marx, K.는 자본주의사회의 재생산과정은 항상 자본축적의 과정에 의하여 진행되며, 자본의 축적은 과잉가치를 자본화해서 그것을 다시 생산자본으로 사용하는, 즉 추가적 자본형성 capital formation이라고 하고, 이 과정을 명확하게 나타낸 것이 이른바 확대재생산표식인 것이다. 그러나 슘페터 Schumpeter, J. A.는 이와 대립하여 자본의 작용은 기업가의 역할이 있어야만 가능하다고 보고 있다. 마르크스는 자본가와 기업가를 구분하지 않았으나, 슘페터는 화폐자본의 소유자 또는 공급자인 자본가와 신결합에 의하여 창조적 혁신을 수행하는 기업가를 엄밀히 구별하고 있다. 그러나 어쨌든 생산의 매개적 존재로서의 자본이 이론적으로나 실제적으로 가장 큰 관심을 갖게 하는 것은 경제발전에 대한 역할인 것이다. 경제발전면에서의 자본의 역할에 대한 가장 전통적인 견해는 자본이 경제발전의 기본적인 조건이라는 고전파학자들의 이론이다.

그러나 이러한 입장은 케인즈 Keynes, J. M. 이후에는 양상을 달리하게 되었다. 그는 오히려 자본주의경제의 발전의 정체가 자본축적의 진행에 기인한다고 보고 있다. 그러나 이것은 오히려 축적된 자본이 투자기회를 발견하지 못하는 데 직접적인 원인이 있고, 자본축적 그 자체에 전가시킬 수 있는 것은 아니다. 한편 마르크스는 자본주의적 생산의 출발점을 부여한 자본의 축적을 본원적 축적이라고 하였다. 이러한 뜻에서의 본원적 축적은 직접 자신의 노동력으로 생산을 행하는 독립적인 생산자가 생산수단을 빼앗기고 임금노동자가 되는 역사적인 과정이며, 따라서 본원적 축적의 역사는 자본주의생산의 탄생과 봉건적 생산수단붕괴의 역사에 지나지 않는 것이다.

→자본

자본의 한계효율 資本의 限界效率
marginal efficiency of capital

일정한 종류의 자본자산, 즉 공장·기계 등의 생산설비, 유동자본재 또는 이들의 일정한 결합체 등으로 형성되는 자산의 1단위가 새로 증가되는 경우, 그것에서 얻어지는 예상수익률을 그 자본자산의 한계효율이라고 한다.

지금 자산 1단위의 생산비가 2,000만원, 내용(耐用)기간이 2년, 그리고 2년 후에는 경제적으로 무가치하게 된다고 가정하자. 다음에 그 예상수익액, 즉 그것을 운전시켜서 얻어지는 산출물의 매상액 중에서 회전에 필요한 모든 경비(이 자산의 감가상각비까지도 포함하여)를 공제한 수익이 1년째에 1,100만원, 2년째에 1,210만원이라고 가정하면, 이 때 자본의 한계효율은 10%로 계산된다. 그리고 이는 2,000만원의 자본 중에서 1,000만원을 1년간, 나머지 1,000만원을 2년간 투자하는 것과 같은 것이며, 그 수익률을 10%로 하면 각 년의 수익은 원금까지 포함해서 1,100만원 및 1,210만원으로 되기 때문이다. 이는 또한 각 년도의 수익에서 각각 10%씩 할인한 현재가치 present value 의 합계 $1,100/(1+0.1)+1,210/(1+0.1)^2=2,000$이 이 자본자산의 공급가격, 다시 말해서 그것을 새로 생산하는 데 필요한 생산비와 똑같아지는 것을 의미하고 있다.

일정한 자본자산에서 그 내용기간(n년)을 통해서 얻어지는 해마다의 예상수익($Q_1, Q_2, \cdots, Q_n$)을 하나의 연금수입이라고 보면, 이를 일정한 율(m)로 할인할 경우, 그 현재가치가 꼭 그 공급가격(S)과 같아지게 하는 할인률이 바로 자본의 한계효율을 나타낸다. 즉 그것은 S와 Q_1, Q_2, $\cdots$, Q_n의 값을 알고 있을 때,

$$S=Q_1/(1+m)+Q_2/(1+m)^2+\cdots+Q_n/(1+m)^n$$

을 성립시키는 m의 값과 같다. 최초의 식에서도 알 수 있듯이 예상수익($Q_1=1,100$, $Q_2=1,210$)이 더 적거나 또는 자본자산의 공급가격($S=2,000$)이 더 높은 경우에는 양변을 같게 하는 할인률($m=0.10$), 즉 한계효율은 10% 이하가 아니면 안된다. 동종의 자본자산의 증가가 진행되면 경쟁의 격화에 의해서 본래의 예상수익(Q_1, Q_2, $\cdots$, Q_m)은 점차 줄어들게 되며 또한 그 자산의 생산이 점차로 곤란하게 되기 때문에 일반적으로 그 공급가격(S)은 등귀하지 않을 수 없게 된다. 다시 말해서, 일정한 종류의 자본재의 투자가 진행됨에 따라서 그 한계효율은 저하해 가는 것이다. 만약 현재 새로 생산되는 임의의 자본자산으로부터 얻을 수 있는 최고의 예상수익률이 10%라고 하면, 그 10%는 사회에 있어서의 자본일반의 한계효율이다.

우리는 현재 1단위(가령 2,000만원)의 새로운 투자에서 얻어지는 자본일반의 한계효율이 이를테면 10%, 다음의 1단위의 새로운 투자로부터의 그것은 9%라는 식으로 새로운 투자가 진행됨에 따라서, 자본의 한계효율이 점차로 저하되어 가는 관계를 나타내는 도표를 상상할 수가 있을 것이다. 케인즈 Keynes, J. M. 는 이러한 도표를 가리켜 투자수요표 investment demand schedule 또는 자본의 한계효율표라고 불렀다. 신투자는 이 투자수요표, 즉 투자곡선상에서 자본의 한계효율이 그 당시의 시장의 이자율과 동등하게 되는 점까지 진행되는 것이다. →투자, 투자유인

자본의 회전 資本의 回轉 〔獨〕
Umschlag des Kapitals

자본의 순환이 독립된 상태로서가 아니고 주기적으로 반복되는 과정이라고 규정

되었을 때, 그것을 자본의 회전이라고 한다. 자본가가 자기의 자본을 증식하여 그 본래의 형태로 회수하기 위하여 투하해두지 않으면 안되는 시간을 자본의 회전시간이라고 하지만, 그것은 자본의 순환과정이 생산과정과 유통과정을 포함함에 대응하여 생산시간과 유통시간으로 형성된다. 즉 생산시간이라 함은 자본이 생산과정에 머물러 있을 때의 시간이고, 유통시간이라 함은 자본이 유통과정에 머물러 있는 시간을 말한다. 그러나 생산시간은 전부가 노동시간은 아니다. 노동시간이라함은 일정한 사업부문에서 완성생산물을 제공하는 데 필요한 노동일을 말한다. 따라서 생산시간에는 비노동기간이 포함되어 있다. 그러나 비노동기간은 유통시간이 아니다. 예를 들면 지하창고에 저장되는 포도주는 장기의 비노동기간을 거친다. 곡물의 생산, 피혁의 정제 등에서도 마찬가지 사실을 발견할 수 있다. 자본회전의 기본적 측정단위는 1년이다.

이제 1년을 U로 하고 일정의 자본회전시간을 u로 하여 그 자본의 회전수를 n으로 하면 $n=U/u$로 된다. 가령 u가 3개월이면 $n=12/3=4$로 자본은 1년에 4회 회전한다. 고정자본과 유동자본의 회전방식이 서로 다른것은 필연적이다. 따라서 어떤 사업부문에 있어서는 고정자본이 1회전하는 동안에 유동자본은 여러번 회전하게 된다. 한 사업부문의 자본회전수는 고정자본의 회전수와 유동자본의 회전수의 평균치이다. 일반적으로 자본주의의 발전에 따라 또 자본의 유기적 구성이 고도화함에 따라 고정자본이 전(全)투하자본 중에서 점유하는 비율이 증대하므로 회전속도는 완만화하는 경향이 있다.

자본자유화 資本自由化 liberalization of capital transactions

투자를 목적으로 하는 자금의 국제간의 이동을 자유롭게 하는 것을 말한다. 협의로는 외국기업의 자유로운 진출을 인정하는 대내직간접투자를 말하고, 광의로는 외국의 자금이 자국에 유입되는 것과 자국의 자금이 외국으로 유출되는 것에 대한 양면의 자유화를 말한다. 자본의 형태별로는 직접투자와 간접투자로 구분된다. →직접투자

자본장비율 資本裝備率 capital equipment ratio

정확하게는 노동의 자본장비율이며, 노동장비율이라고도 부른다. 노동사용량 L에 대한 자본사용량 C의 비율, 즉 C/L을 가리키는데, 좀 더 구체적으로 말하면 노동자 1인당의 자본설비액(유형고정자산) tangible fixed assets per regular employee이다. 철강업이나 화학공업 등의 중화학공업은 장비율이 높고 따라서 노동절약산업이며, 섬유공업 등의 경공업은 장비율이 낮아 자본절약적 산업이다.

자본재 資本財 ☞소비재·자본재

＊자본주의 資本主義 capitalism

자본주의라는 개념은, 근대경제체제의 구조와 그 운동법칙을 밝히기 위하여 마르크스 Marx, K. H. 등 사회주의 경제학자들에 의해서 만들어진 것으로서, 역사적으로는 16세기부터 시작하여 18세기 후기 이래 산업혁명을 계기로 서구사회에 일반화되어 아메리카대륙에 파급되었으며, 현재에는 아시아, 아프리카대륙에까지 이르게 된 근대사회 특유의 사회경제체제이다.

많은 학자들이 이 자본주의에 대한 연구를 하여 그들대로의 자본주의에 대한 정의를 시도하였으나, 이것은 학자들이 그들의 연구과정에서 이론구성의 편의상 정의된

것으로서, 다양한 측면에서 명확하고 논박의 여지가 없는 정의를 내린 사람은 없다.

그러나 많은 학자들이 자본주의에 대한 정의에서 다음과 같은 공통된 특징과 그 역사적 변천과정을 주장하고 있다. 자본주의의 특징으로서 일반적으로 인정되고 있는 것은 ① 사유재산제도의 인정 : 이것은 소비재는 물론 자본재에 대해서도 그 사적 소유와 자유처분의 원칙이 인정되고 있다. ② 자유경쟁주의 또는 경제활동의 자유 : 이것은 개인의 경제적인 자유가 허용되어 소비선택의 자유와 직업선택의 자유를 인정한다. ③ 영리주의 : 이것은 자본주의체제내에서 모든 경제활동은 이윤획득을 목적으로 이루어진다는 것이다. ④ 교환경제 또는 시장경제 : 이것은 사유재산제도가 기본이 되어 모든 재화는 상품으로 생산되어 이윤획득을 목적으로 시장에서 교환되고 그 재화의 가격이 결정되는 것이다. 따라서 모든 경제활동은 이 시장에서 결정된 가격을 중심으로 이루어지고 있다. 이것은 자본주의 경제체제내에서 가격이 각 경제활동에 대해서 매개변수적 기능 parametric function of price 을 하기 때문이다. ⑤ 노동력의 상품화 : 자본주의는 생산수단을 소유하고 있는 자본가와 노동자라는 2대계급으로 되어 있어 노동자는 자기의 노동을 시장에서 자유로이 판매하고, 자본가는 이들을 고용하여 상품을 생산하게 되는 것이다.

이상의 것을 종합, 요약한다면 자본주의란 생산수단인 자본을 소유하고 있는 자본가가 노동자를 고용하여 시장에서 가격의 매개변수적 기능을 통해서 최대의 이윤획득을 위하여 상품을 판매하는 경제체제라 하겠다. 그러나 이러한 자본주의의 특징은 경쟁형태의 변화, 대내외적 발전의 불균등성, 기업에서의 소유와 경영의 분리, 기술진보와 자본저축양상의 변화 등으로 자본

주의는 창조적 균형파괴과정을 통해서 자기회복능력을 상실한 채 국가통제의 의존도가 커지고 이에 따라 생산수단의 사적 소유가 제한을 받고 이윤동기의 억제, 기업경영에의 노동자 및 정부의 간여 등으로 수정, 변천하게 되었다. 자본주의체제의 역사적 변천과정을 살펴보면 다음과 같다. 서구사회에서 16세기에 발생하여 18세기 후반부터 19세기 전반에 걸친 산업혁명으로 확립된 자본주의는 시대의 변천과 함께 초기의 그것과는 대단히 다른 성격상의 변화를 가져왔다.

그 변천과정은 ① 초기자본주의 시대인 상업자본주의 시대 경제체제 내부에서 자본주의적 요소가 성장하기 시작한 16세기부터 산업혁명에 이르는 시기이다. 상품의 유통과정에서 이윤을 추구하는 이 상업자본주의는 15세기말 지리상의 발견시대 이후 신항로의 개척, 신개척지로부터의 원료획득, 금·은의 유입, 판로의 확대 등으로 활발하게 발전되어 16세기 이래 서구사회에 새로운 기풍을 조성하였으며, 당시 절대왕조의 부국강병이라는 중상주의 경제정책의 비호하에 더욱더 비대해져 원료의 독점과 자금대부를 통해서 국내생산업자를 지배하면서, 자본주의 성립의 전제조건인 자본의 본원적 축적이 본격적으로 이루어진 시기이다.

② 산업혁명을 거쳐 산업자본이 확립된 산업자본주의 시대, 상업자본 대신에 산업자본이 그 주도권을 장악한 시기다. 상업자본의 활발한 전개로 원시적 자본축적이 이루어져 가내수공업형태에서 공장제수공업 manufacture 으로 바뀌었으며, 이것은 다시 기술혁신에 따른 산업혁명으로 대량생산이 가능해져 합리적인 경영하에 본격적인 공업생산이 종전까지의 주문생산 또는 제한된 수요를 목표로 한 한계생산에서 특정한 수요자를 위한 생산이 아니라, 국

내외의 시장을 통하여 판매될 것을 예측하고 상품생산이 이루어지게 되었다. 이러한 것은 산업자본주의의 생산조직 및 경제체제를 자유주의원칙에 입각하여 존재하게 한 것이며, 어떠한 상품을 생산하든 국가나 기타 어떤 단체도 이를 간섭하지 않는다. 이 시대에는 또한 중상주의 대신에 자유주의가, 절대주의국가 대신에 야경국가와 값싼 정부 cheap government 가 시대의 요구로 나타났으며, 자본주의의 전형적인 특징이 가장 뚜렷하게 나타난 시기이다.

③ 독점자본주의시대 19세기 말 이후 20세기에 이르는 시기를 말한다. 자유주의에 입각한 자유경쟁은 군소약소기업을 도태시키고 대기업만이 생존경쟁에서 잔존하여 대기업간의 경쟁으로 나타나, 그 경쟁이 격심해져 마침내 이를 피하고 서로의 이윤확보를 위해 상호독점을 결성하게 되었다.

이와 같이 자유경쟁은 무너지고 자본의 집중, 기업결합 등에 의한 독점기업의 출현, 독점자본과 결합한 은행자본이 지배적인 역할을 하게 되었다. 그러나 마침내 자본주의는 그 자체내에서 많은 사회적인 문제점을 노출하게 되었으며, 가격의 자동조절작용 기능은 불가능해져, 국가가 간섭하여 자유화원칙에 대하여 통제를 하거나 계획화를 실시하게 되었다. 경제에 대한 국가통제는 자본주의 초기에는 예외적이었으나 자본주의가 발달됨에 따라 일반화되어 오늘날 국가와 경제는 밀접한 관계를 갖게 되었다. 따라서 20세기 후반부터는 이러한 자본주의의 변모에 대한 재인식이 현대자본주의론으로서 많은 경제학자들에 의해서 이론적인 전개를 보기에 이르렀으며, 자본주의의 현단계는 그 변모를 인식하는 관점에 따라 수정자본주의 modified capitalism, 인민자본주의 people's capitalism, 관리자본주의 managed capitalism, 혼합경제 mixed economy 등으로 불리워지고 있다. 그러나 현대자본주의는 정통적 자본주의에 입각한 산업자본주의에 대해서는 큰 변동을 의미하나 자본주의 자체를 부정하는 것은 아니다. →산업혁명, 현대자본주의

〔참고문헌〕 Sombart, W., Der moderne Kapitalismus, 1902; Sweezy, P. M., The Theory of Capitalist Development, 1942; Schumpeter, J. A., Capitalism, Socialism and Democracy, 1942.

자본집약도 資本集約度 capital intensity

여러 가지 의미로 사용되며 자본장비율과 동의어로 쓰여지는 외에 산출능력에 대한 순자본의 비율, 자본 대 노동의 비율, 평균 노동자 1인당의 총자본(부채＋자본) liabilities and net worth per regular employee 이라고도 불린다. →자본장비율

자본집약적 산업 資本集約的 産業 capital-intensive industry

노동력 또는 생산량에 비하여 대량의 자본설비를 사용하는 산업을 말한다. 산업의 자본집약도는, 자본량/노동량 또는 자본량/산출량의 비율로 측정된다. 이 비율이 높은 산업의 예로는 석유, 제1차 금속, 화학, 지류(紙類)산업 등이다. 반대로 이 비율이 낮은 산업의 예로는 의류, 피혁, 가구산업 등이 있다. 일반적으로 경제가 고도로 발달한 나라에서는 자본집약적 산업이 지배적이다. 이에 개발도상국가에 있어서는 자본집약적 산업이 대개 수출산업에서 이루어진다. 이런 종류의 산업은 고능률의 생산방식과 고도의 노동생산성을 보이고 따라서 높은 실질소득과 생활수준 등을 나타낸다. 이런 이유로 비교적 발전이 뒤떨어진 나라에서는 자본형성의 필요성을 강조하고 있다. 그것은 자본형성이

높은 생산과 부(富)에의 길이라고 생각하고 있기 때문이다.

자본형성 資本形成 ☞자본의 축적

자산 資産 asset

기업이나 개인이 소유하고 있는 가치있는 물적재산이나 무형의 권리를 말한다. 자산은, 그것이 장래용역의 원천으로서 또는 장래에 이익을 획득하는 데 이용되는 것으로서 소유자에게 매우 유용하다. 기업의 자산은 유동자산과 고정자산의 두 종류로 대별되는 것이 보통이다. 유동자산은 용이하게 현금화될 수 있는 자산으로서, 현금, 판매금, 재고자산 및 시장성 있는 유가증권을 포함하며, 고정 또는 비유동자산은 기업의 영업을 저해함이 없이는 쉽게 현금화할 수 없고, 또 보통 1년 이상 소유되는 자산인데 토지, 건물, 설비 및 장기투자를 포함한다. 고정자산 중에는 특허권, 저작권, 상표권 및 영업권과 같은 특정의 실체를 가지고 있지 않은 권리와 편익인 유형자산이 포함된다.

자산평가 資産評價 evaluation of asset

자산을 특정시점에서 화폐가치로 측정함을 말한다. 자산평가를 어떻게 행하느냐 하는 것은 평가시에서의 회계주체의 놓여진 상황에 따라 일정치 않다. 예를 들면 결산시와 청산시에서는 자산평가의 원칙은 전혀 다르나, 여기에서는 가장 일반적이고 또 중요한 결산시의 자산평가에 대해 논하기로 한다.

사업의 계속을 전제로 하는 결산시의 자산평가에 있어서는 현금이나 금전채권 등의 소위 화폐적 자산을 제외하고, 일반적으로 자산을 그 취득원가를 기초로 하여 평가하는 것이 오늘날 기본원칙으로 되어

있다. 이와 같이 취득원가를 기초로 하는 평가원칙을 원가주의 cost basis 라고 한다. 취득원가는 자산을 취득하기 위한 구입원가 또는 제조원가이며 구입자산에 대해서는 구입대가에 매입수수료나 인수운임 등의 부수비용을 더하여 계산한 구입원가가, 또 자제자산(自製資産)에 대해서는 그 제조에 필요한 각종 원가요소를 일정한 원가계산방법에 따라 집계한 제조원가가 각각 그 취득원가로 된다. 이렇게 하여 계산된 구입원가 또는 제조원가를, 일정한 원가배분방법에 따라 매기(每期)의 비용과 기말자산원가로 분할하여 기말자산원가를 평가액으로 하는 것이 원가주의이다. 이리하여 원가주의에 있어서는 비용의 결정을 통하여 자산평가가 기간손익계산과 불가분의 관계에 있음을 알 수 있다.

원가주의의 배후에는 회계의 중심적 과제를 기간손익계산에서 찾는 동태론의 사고가 있음을 주의해야 한다. 원가배분방법은 자산의 종류에 따라 동일하지 않다. 재고자산의 경우를 보면 전기로부터의 이월액이 더해진 1기간의 취득원가합계를, 기중(期中)에 지출된 산업부분과 기말(期末)에 잔존하는 자산부분으로 배분함에 의해 기말재고자산의 취득원가가 결정된다. 이 경우 동종(同種)의 자산이 취득원가가 다른 수 개로 구성되어 있을 때는 선입선출법, 평균법 또는 후입선출법 등의 방법이 선택, 적용된다. 선입선출법은 먼저 유입된 원가가 우선적으로 비용화한다고 가정하는 방법이며, 후입선출법은 후에 유입된 원가가 우선적으로 비용화한다고 가정하는 방법이다. 전자에서는 후에 유입된 원가가 자산으로 남고, 후자에서는 먼저 유입된 원가가 자산으로 남게 되므로 물가상승기에 있어서 기말재고자산원가는 선입선출법에서는 최근의 고물가를 반영하여 높게 되지만, 후입선출법에서는 과거의 저

물가를 반영하여 낮게 된다.

평균법에서는 평균적 가격을 반영하여 기말원가는 선입선출법과 후입선출법의 기말원가의 중간적 높이가 된다. 유형고정자산에서는 원가배분은 감가상각의 형태를 취한다. 감가상각은 유형고정자산의 취득원가에서 잔존가액을 공제한 액을 기간 또는 생산고를 기준으로 하여 그 자산이 이용되는 각 회계기간에 비용으로서 배분하는 방법이며 다음 그 이후의 기간에 비용으로 될 부분과 잔존가액의 합계액이 기말에서의 유형고정자산의 평가액이 된다. 무형고정자산에 대해서는 감가상각에 준한 원가배분방법인 상각이 적용된다.

자산평가원칙에는 원가주의 외에 저가주의 cost of market whichever is lower basis 와 시가주의(時價主義)가 있다. 저가주의는 재고자산에 관한 평가원칙으로서 결산시에서의 시가가 취득원가보다 하락한 경우에는 시가에 의해 평가함을 인정하는 입장이며 오랜 전통을 갖는 것이기에 원가주의와 같이 재고자산의 평가원칙으로서 일반적으로 인정되고 있다. 저가주의를 적용하는 경우 시가를 초과한 취득원가 부분은 평가손으로서 처리된다. 시가주의는 결산시의 시가에 의해 자산을 평가하는 평가원칙으로, 시가가 취득원가를 상회할 때는 그 차액은 평가익이 된다. 시가주의는 자산평가원칙으로서는 그 적용범위가 극히 한정된 것이다.

화폐적 자산 가운데 금전채권에 대해서는 그 채권금액에 의해 평가하지만, 대손(貸損)의 우려가 있을 때는 대손평가액을 채권금액에서 공제한 액이 평가액으로 된다. 인플레이션의 진행에 의해 화폐가치가 현저하게 저락하는 경우에 장기에 걸쳐 기업에 이용되는 고정자산의 취득원리를 그대로 둔다는 것은 문제가 있다. 과거의 높은 화폐가치에 의해 측정된 고정자산의 취득원가에 기초하여 계산된 감가상각비는 그 후의 낮은 화폐가치에 의한 다액의 수익에 비교하면 현저히 소액일 것이다. 이러한 과소의 감가상각비를 포함한 비용을 공제하여 계산된 이익에는 인플레이션이 득이 포함되어 있으며 손익계산상 문제가 있게 된다. 그래서 감가상각의 적정화를 도모하기 위해 인플레이션시에 특별히 고정자산의 재평가가 인정되기도 한다. 이러한 재평가는 낡은 재화가치에 의한 원가에 수정을 가하기 위한 특별한 평가이며 결산평가는 아니나, 그 효과는 그 이후의 결산평가에 오랫동안 영향을 주는 것이다. → 자산, 감가상각

자연성장률 自然成長率 ☞성장률의 이론

자연실업률 自然失業率 natural rate of unemployment

노동시장이 정상적으로 기능하는 상태에서 노동에 대한 수요와 노동의 공급을 일치시키는 균형실업률을 말한다. 고용정책의 목표가 영(零)의 실업률이 아니라 완전고용과 부합하는 적정한 수준의 정(正)의 실업률이며 이 적정한 수준이 자연실업률이 된다. 완전경제의 자연실업률은 노동의 수급과 관련되는 경제환경, 제도, 정책 등이 영향을 미친다. 최근 미국의 경제학자들은 자연실업률을 5∼6%로 측정하고 있는데 이 추정치는 여전히 불확실성과 이견을 내포하고 있다. 또한 정부의 적정한 정책, 일자리에 대한 정보 공급, 직업훈련 프로그램 등이 자연실업률 수준을 낮추기도 한다고 볼 수 있다.

먼저 자연실업률을 비교정학적 시각에서 정의할 수 있다. 노동시장의 변화에 따라 취업자 중에서 일자리를 떠나거나 잃는 사람과 실업자 중에서 일자리를 찾는 사람이 생겨난

다.

취업자 중에서 일자리를 떠나거나 잃은 사람의 비율인 실직률이 1%, 실업자 중에서 일자리를 찾는 사람의 비율인 구직률이 19%라고 하면 실업률이 5%가 될 때 취업자나 실업자의 수가 변화하지 않는 상태가 되며 이 때 결정되는 실업률을 자연실업률 natural rate of unemployment이라 한다.

통화주의는 물가예상의 조정과정이 완료되어 예상물가와 현재물가가 같게 되었을 때의 균형노동량에 대응하는 실업률을 자연실업률 natural rate of unemployment이라고 말하며 다음과 같이 정의된다.

자연실업률(u*) =

$$\frac{경제활동인구(N_F) - 완전예상하의 고용량(N^*)}{경제활동인구(N_F)}$$

프리드만에 의하면 이는 곧 '실질임금률 구조하에서 결정되는 균형수준과 일치하는 실업률이며, 경제의 실물적 요인에 의하여 결정되는 실업률'로서 경제사회적으로 큰 문제가 되지 않는 실업률이라는 것이다. 즉 실업률이 0인 상태는 현실적으로 달성되기 어려우며 또한 바람직한 것도 아니라는 것이다. 자연실업률하에서는 실질임금을 기준으로 그 임금수준하에서 일하고자 하는 모든 노동자가 고용된 상태이므로 사실상 완전고용이라고 생각할 수 있다는 것이다. 이러한 자연실업률에 영향을 미치는 제도와 정책은 고용보험제도, 최저임금제도 및 노동조합 등이 있다. 먼저, 고용보험제도가 시행되는 경우 실업상태에 있는 노동자가 그렇지 않은 경우에 비해 새로운 직장을 좀 더 오래 찾을 것이며 노동시장 밖으로 나가는 빈도도 작아질 것이다. 뿐만 아니라 고용보험제도가 시행되면 취업자들이 그렇지 않은 경우에 비해 더 쉽게 현재의 직장을 떠나게 된다. 그러므로 고용보험제도는 자연실업률을 높이는 결과를 가져온다. 둘째, 최저임금제도란 이에

적용을 받는 사업장에서 노동자에게 지급해야 할 최저수준의 임금을 법으로 정하는 제도를 말하는데 이러한 제도가 시행되면 고용주들은 생산성이 낮은 노동자를 채용하는 것을 회피하게 된다. 지불해야 할 임금수준이 노동생산성보다 높은 경우 그러한 노동자를 채용하면 이익이 줄어들기 때문이다. 따라서 최저임금제도는 미숙련노동자의 실업률을 높여 자연실업률을 높이게 된다. 마지막으로 강력한 노동조합결성 여부가 자원배분에 왜곡을 가져올 수 있다. 강력한 노동조합이 결성된 부문에서는 적정 수준보다 적은 고용이 이루어지는 반면, 노동조합이 결성되어 있지 않은 부문에서는 필요 없이 많은 고용이 이루어 질 수 있는 것이다. 이러한 자원배분의 비효율은 당장 실업률에 영향을 미치지 않을지 모르나 경제의 장기적 성과에는 나쁜 영향을 줄 수 있으며 서유럽의 경우 실제 장기 평균실업률이 높은 것으로 나타나 이러한 가설을 뒷받침하기도 한다.

자연이자율·화폐이자율 自然利子率·貨幣利子率 natural rate of interest·monetary rate of interest

뵘바베르크 Böhm-Bawerk, E. v. 가 처음으로 제시한 자연이자율의 개념을 전개 발전시켜 물가변동의 분석도구로까지 정밀화시키고, 화폐이론의 기초로 구축한 사람은 빅셀 Wicksell, J. G. K. 이었다. 빅셀에 의한 자연이자율의 정의는 ① 만일 화폐가 사용되지 않고 모든 대부가 실물자본재의 형태로 이루어진다면, 그 수급에 의해서 결정될 이자율 ② 저축과 투자를 균형시키는 이자율 ③ 물가를 변동시키지 않을 이자율, 즉 물가에 대해 중립적인 이자율, ④ 새로 형성된 자본의 예상수익에 대응하는 이자율 등으로 구분된다.

여기서 제 1 의 정의는 뵘바베르크의 실물적 규정에 의한 자본이자율이며, 제2의

정의는 다시 정상이자율 normal rate of interest 로 개정되었는데, 정상이자율이란 자본에 대한 새로운 수요와 동일기간내에 이루어진 저축을 정확히 합치시키는 이자율이다. 화폐이자율은 화폐자본에 대한 수급에 의해서 결정되는 시장이자율인데, 실제로는 은행이 기업에게 대부를 해줄 때의 이자율, 즉 대부이자율이다. 그리고 만일 은행이 자연이자율 이하의 낮은 이자로 대출해 준다면 첫째로 저축은 억제되고, 둘째로 기업가의 투자수요는 증대하게 된다. 이와 같이 하여 발생한 초과수요에 의해 물가상승과정이 개시된다고 하였다. 이러한 자연이자율과 화폐이자율과의 괴리를 저축과 투자의 괴리로서 포착하여, 그것으로서 물가변동과정을 논하려는 분석방법은 소득분석의 실마리를 제공한 것이라 할 수 있다. →빅셀의 누적과정

자원(資源)내셔날리즘 resources nationalism

자원민족주의는 1960년대 이후 기본적으로 자원이 있으면서 자본과 기술을 갖지 못한 개발도상국들이 정치적 독립과 더불어 자국의 유한한 자원을 외세로부터 보호, 효과적으로 이용하여 국가이익을 도모하려는 정치·경제적 이데올로기이다. 구체적으로는 자원보유국인 개발도상국이 ① 자원산업에의 자본참가에 있어서 전면적인 국유화를 추진한다. ② 가격인상 또는 외국자본에 지역개발의 투자를 요청한다. ③ 개발도상국이 협조·단결하여 자원소비국인 선진국에 대처한다는 등의 일련의 동향을 말한다.

역사적으로 자원민족주의는 다국적기업의 등장과 국제정치의 다극화라는 두 요인에 의해 오늘과 같은 전개과정을 밟아왔다. 특히 전자의 경우 메이저 major 라 불리는 석유재벌은 아랍 산유국과 자원착취

문제로 대립이 첨예화 되었다. 후자의 경우도 선진국 중심의 국제경제체제를 개혁하자는 제3세계의 요구가 높아지고 있다. 자원민족주의는 1917년 멕시코헌법이 규정한 '지하자원의 국제소유'를 발아점으로 하여 60~70년대에 나타난 석유수출국기구 OPEC 결성, 유엔총회(66년)의 '천연자원에 대한 항구주의' 결의, '모든 비동맹국은 그들의 천연자원을 국유화하고 국내의 경제활동을 통제할 권리를 갖는다'는 알제리 비동맹국 수뇌회담(73년)의 '경제선언'을 확대키로 하여 발전해 왔다. 특히 73년 10월 OPEC 의 석유무기화 성공은 자원보유국의 지위를 더욱 향상시키는 계기가 됨으로써 자원민족주의의 강화를 촉진시키는 역할을 하였다. 현재는 비동맹 제3세계와 선진제국이 각각 전열을 가다듬고 더 큰 불씨를 잉태하고 있는 잠재적 과도기로 보인다.

고도성장에 수반되는 대량생산과 인구증가에 따라 자원의 수요는 급증하였다. 이에 반하여 자원은 그 성질상 한계성이 있고 그 분포상태가 일부지역에 편재되어 있다. 그것도 소수의 독점자본의 지배하에 있으며, 자원보유국의 자원국유화 내지 수출제한조치가 빈번하게 되었다. 이러한 원인으로 인한 공급과점과 수요팽창은 자원문제를 더욱 복잡하게 하고 있다. 자원민족주의는 ① 국가경제의 상호의존관계에서 오는 제약, ② 자원의 유한성, ③ 식량의 무기화, ④ 국제적 세력관계 같은 현실적 제약에 의한 한계점도 지니고 있다.

자원민족주의는 한국과 같은 인구과잉형 자원비보유국의 입장에서 볼 때 우리에게 이익을 가져오기 보다는 지난 석유파동 때처럼 불리하게 작용한다. 우리 경제는 노동집약형, 자원부족형, 수출지향형의 특징을 지녀 기초원자재공업이 취약하기 때문에 ① 부존자원개발 ② 자원절약의 당

위성은 물론이고 ③ 자원보유국을 대상으로 한 차원 높은 경제외교가 요청된다. 아울러 한국의 경제정책에도 자원민족주의는 더 격렬해질 수 있다는 가능성을 전제로 정책방향이나 내용의 재조정이 필요하다.

자원배분 資源配分 allocation of resources

사용자간에 서로 다른 용도에 따라 자원을 배분하는 것을 말한다. 모든 경제체제의 근본문제는 효율의 극대가 이루어지도록 자원배분을 달성하는 것이다. 자원은 소비자가 가장 원하는 재화의 생산에 그 목적을 두지 않으면 안된다. 또한 자원은 가장 생산적인 산업의 배분이어야만 한다. 자원의 최적배분은 완전경쟁으로 달성되며 비교적 불리한 용도에서 보다 유리한 용도로, 비교적 중요치 않은 용도에서 보다 더 중요한 용도에로 자원이 이동한다.

자원의 최적배분 여부를 판정해 주는 조건은 어떤 자원의 한계생산력이 이것과는 택일적인 다른 용도에 대해서 균등한 것이다. 완전경쟁하에서 최적배분은 자동적으로 달성되나, 독점이 있을 때에는 용도에 따라 다른 한계생산력이 생겨나며 부적정한 배분이 행하여 진다. 자원의 최적 배분에 대한 그밖의 장애로서는 수익성이 있는 투자기회에 대한 무지, 사회적, 심리적 요인 및 제도상의 제약 등이 있다. →파레토최적

자유무역주의 自由貿易主義 free trade movements

국가권력에 의한 보호·통제·제한·금지 등의 간섭이 없는 자유로운 외국무역을 자유무역이라 한다. 19세기의 자유무역주의는 중상주의적 무역통제정책의 비판으로부터 발생하여, 리카도 Ricardo, D. 의

비교생산비원리에 의하여 이론적 기초가 부여되었다. 즉 비교생산비원리가 가리키는 방향으로 생산을 특화함으로써 자원의 최적배분이 확보된다고 하는 것이다.

인위적으로 무역을 통제하는 것은 자원의 최적배분을 왜곡시키므로 비능률적이라는 것이다. 그러나 자유무역주의는 그 전제로서 경제의 발전단계가 동등한 국가간의 자유무역이라는 것, 자유경쟁에 의한 무역이익이 각국에 예정조화적으로 배분된다는 것, 금본위제에 의해 가격과 국제수지가 자동조정된다는 것을 포함하고 있다. 자유무역의 주도국인 영국이 실제로 대폭적인 관세인하를 단행하고 자유무역 시대를 출현시킨 것은 1860년의 관세개정에서부터이나, 10년이 채 못되어 당시의 후진국 독일에서 보호무역주의가 시작한 것은 위의 세 가지 전제가 현실적으로 충족되지 못한 것을 의미한다.

또한 제 1 차 세계대전 후 금본위제에의 복귀를 통한 자유무역에의 경향은 경기변동 특히 불황의 파동에 의해 분쇄되었다. 이것은 19세기적 자유무역론이 경기순환의 문제를 포함하지 않고 완전고용하에서의 자원의 최적배분만을 문제로 삼고 있었기 때문이다. 제 2 차 세계대전 후 각국이 부흥됨에 따라 무역자유화의 움직임이 강화되어 왔다. 그 배후에 있는 원리는 여전히 전과 마찬가지로 가격의 메카니즘이 갖는 자원배분의 능률에 중점이 두어진 것이나, 다른 점은 WTO·IMF 와 같은 국제기구를 가지고, 또한 동시에 EU 에서 보는 바와 같은 지역적인 협력기구를 통해서 자유화에의 추진이 행하여지고 있다는 점이다. →비교생산비원리, 보호무역주의

자유무역지역 自由貿易主義 ☞경제통합

자유방임 自由放任 laissez-faire

정부의 활동은 법과 치안의 유지에만 한정되고 거래와 민간경제활동에 관한 정부의 모두 법적 제한은 제거되어야 한다는 사상이다. 이 사상은 17세기 말부터 18세기 초에 걸쳐 영국과 프랑스의 군주정치하에서 전개되었다. 이 말을 최초에 사용한 사람은 르깡드르 Lequendre 라는 프랑스 제조업자로서, 그는 콜베르 Colbert, J. B. 대신이 정부가 어떻게 하면 기업을 원조할 수 있겠는가라고 물었을 때 '우리들을 자유롭게 방임하라'고 대답하였다.

18세기 영국의 위대한 경제학자 스미스 Smith, A. 와 그의 후계자들은 자유방임정책은 자유경제적 자원의 최선의 사용과 경제적 성장을 촉진할 것이라고 주장하였다. 이 사상은 19세기 후반에는 널리 받아들여지게 되었으나, 그 후 자본주의의 불균형적 발전에 따라서 정부규제에의 요망이 높아짐에 따라 그 영향력을 잃었다. 그러나 경제학자들 중에는 자유방임의 적극적인 프로그램을 계속 주장하는 사람도 있다. 그 프로그램에 의하면 정부는 가격 및 거래에 직접적 간섭은 피하나, ① 산업의 경쟁상태의 유지 ② 화폐공급의 통제 ③ 몇몇 사회복지활동에 관해서는 커다란 책임을 맡는다. 자유방임이 바람직하다는 고전적인 학설은 스미스의 「국부론」에 연유한다.

자유재 自由財 free goods

인간의 욕망에 비해, 의식적인 노력을 하지 않고서도 원하는 만큼의 양을 얼마든지 향유할 수 있을 정도로 풍부하게 공급되어 있는 재화를 말한다. 반면에 인간의 욕망에 비해 희소한 재화를 경제재 economic goods 라고 한다. 자유재의 예로는 공기, 물, 태양광선 등을 들 수 있는 데, 이 자유재는 점유와 판매의 대상이 되지 않는다.

자유재와 경제재를 구별하는 기준은 재화 자체의 성질이나 그것이 생산된 것인지 아니면 자연에 의해서 주어진 것인지 등이 아니라, 인간의 욕망과 재화의 존재량 간의 양적관계이다. 종래의 경제분석에서는 자유재는 고려의 대상이 되지 못하였으나 최근에는 환경파괴 등 시장가격의 최적자원배분 기능을 방해시키는 외부비경제 external diseconomies 의 대두로, 자유재의 종래개념에 대한 재고를 계기로 경제분석의 대상으로 되었다.

자유지불준비금 自由支拂準備金 free reserves

일반은행이 보유하고 있는 지불준비금이 법정지불준비금(또는 필요지불준비금)을 초과할 때 그 초과분이 초과지불준비금인데, 자유지불준비금은 이 초과지불준비금에서 중앙은행으로부터의 차입을 공제한 잔액, 즉 순초과지불준비금을 말한다. 따라서 자유지불준비금은 은행조직의 보다 강력한 신용창조의 근본이 된다. →지불준비금

자율거래·조정거래 自律去來·調整去來 ☞국제수지

자중손실 自重損失 deadweight loss

경쟁의 제한으로 인한 시장의 실패에 따라 발생하는 자원배분의 효율성 상실을 말한다. 자중은 원래 차량자체의 중량이란 뜻으로서, 아무 것도 싣지 않아도 그 무게는 나가게 되므로 총 운반가능 중량에서 빠져야 되는 무게가 된다. 경제학에서는 이러한 자중의 개념을 시장실패로 인한 자원배분의 비효율성을 설명하는데 사용하고 있다. 여기서는 시장실패를 설명하는 데 있어서 자중손실 deadweight loss이라는 개념이 어떻게 사용되는가를 시장실패의 유형을 '불완전경쟁'

과 '정부개입'의 두 가지로 나누어 설명하도록 하겠다.

(가) 독점에 의한 자중손실

독점시장이 갖는 비효율성은 주로 자원배분과 관련하여 나타나지만 소득분배의 측면에서도 문제를 가져 온다. 자원배분의 비효율성을 요약하면 완전경쟁 시장과 비교하여 독점시장에서는 더 높은 가격에 의하여 사회적으로 바람직한 생산량보다 적은 물량의 재화가 공급되어지는 것을 말한다. 그런데 분배 측면에서도 비효율성이 발생하는 데 어떤 재화가 독점시장에서 공급되어질 경우 소비자는 완전경쟁시장과 비교하여 더 적은 소비자 잉여를 누리게 된다. 이를 두고 소비자의 후생을 희생하는 대가로 독점기업은 완전경쟁시장의 기업보다 더 높은 독점이윤을 누리게 된다고 표현한다. 그런데 문제는 소비자의 희생된 잉여만큼 독점기업의 독점이윤이 증가하는 것이 아니라 그 중 일부가 손실되는 데 이는 사회적으로 보았을 때 어느 누구의 후생도 증가시킨 것이 아니기 때문에 사회적 후생의 손순실이라고 말할 수 있다. 이와 같은 사회적 손실을 가리켜 독점에 의한 자중손실이라고 한다.

(나) 정부 개입에 의한 자중손실

정부 개입으로 인한 자중손실은 보통 조세에서 대표적으로 나타나며 이러한 자중손실을 초과부담이라고 부르기도 한다. 조세의 초과부담은 '조세로 인해 정부로 이전된 구매력을 초과하는 납세자 구매력의 상실'이라고 할 수 있다. 납세자의 구매력의 상실이라는 개념은 앞서 설명한 소비자 잉여의 상실과 거의 비슷한 개념이라고 할 수 있다. 그런데 조세로 인한 납세자의 구매력의 상실은 모두가 정부로 이전되지 않고 그 중 일부만이 이전되는 데 이처럼 정부로 이전된 구매력을 초과하는 납세자의 구매력의 상실분을 초과부담 혹은 자중손실이라고 한다. 예를 들어 정부가 어떤 재화에 물품세를 부과할 경우 납세자는 100원 만큼의 구매력을 잃는데 정부가 징수하는 세액은 60원에 그친다고 하면 차액 40원은 경제내의 누구에게도 이전되지 않고 증발되는 것이다.

자회사 子會社 subsidiary company

다른 회사에 의해 지배·종속되고 있는 기업. 자회사의 주식은 지배회사(특수회사 또는 모회사)에 의해서 소유되고 있다. 자회사는 그 자신의 법인격과 정관을 갖고 있는 점에서 모회사의 지점과는 다르다. 모기업은 기존회사의 지배에 필요한 주식을 매입 또는 새로운 회사를 설립하여 그 주식의 대부분을 보지함으로써 자회사를 갖게 된다. 자회사의 전주식이 하나의 회사에 의해서 소유되고 있으면 그 자회사는 고유의 자회사라 하고 둘 이상의 회사에 의해서 소유되어 지배되고 있는 자회사는 공유의 자회사라고 한다.

잠재가격 潛在價格 shadow price

재화의 가격이 그 재화의 기회비용을 올바르게 반영하는 가격을 말한다. 가격통제나 독점적 행동 등의 이유로 가격이 자유롭게 움직이지 못하고 어떤 점에 고정될 경우, 이 고정된 가격을 완전경쟁하에서 성립될 경쟁가격과 비교할 때 이 개념이 발생한다. 완전경쟁에서의 균형분석을 경직가격 rigid price 내지 타성적 가격 conventional price 이 존재하는 경우에도 적용하려 할 때에 잠재가격이라는 개념의 발생이유가 있는 것이다.

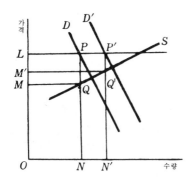

그림에서 보는 바와 같이 완전경쟁하에서는 가격은 수요곡선 D와 공급곡선 S와의 교차점에서 결정된다. 지금 가격이, 예컨대 그보다 높은 OL의 수준에 고정되어 있다고 하자. 이 때 판매자는 LT를 공급하기를 원하지만 실제로는 MQ만 팔린다. 따라서 표면에 나타난 실제의 가격은 OL이고, 이것은 여건으로 고정되어 있지만 다른 한편 균형분석의 입장에서 보면 판매자에게는 OM이라는 가격이 잠재적으로 존재하여 작용한다고 할 수 있다. 여기에서 다음과 같이 생각할 수 있다. 표면에 나타난 실재가격 OL은 구매자에게만 경직가격으로 고정되고 가격 OM은 판매자에게만 잠재가격으로 정하여져 이들 가격의 차액은 판매자에게 여분의 수입으로 주어진다고 해석하면 수급균형의 균형조건은 그대로 유지된다. 그러나 완전경쟁하에서 보는 일물일가의 법칙은 성립하지 않는다.

이와 같은 잠재가격이라는 개념을 생각하는 이유는 그것이 특히 공급측에 중요성을 가지며 또한 가격변화가 다른 시장에 미치는 반작용에 관한 일반균형분석이 이 개념의 도움으로 가격이 경직적인 경우에도 유효하게 적용되기 때문이다. 이른바 소득효과·대체효과의 분석으로 보면 판매자는 실제에 있어서 잠재가격을 수취하지 않고 여분의 수입으로 보상받으므로 잠재가격은 소득효과에 대해서는 별로 중요하지 않지만 공급측의 대체효과를 지배한다는 점에서 중요하다. 지금 수요가 증가하여 수요곡선이 D에서 D'로 이동하였다고 하자. 물론 고정가격을 변경시킬 수는 없다. 그러나 구입량은 증가하므로 잠재가격은 OM으로부터 OM'로 상승하여 그 결과 공급은 현실의 가격이 OM에서 OM'로 상승할 때와 마찬가지로 ON에서 ON'로 증가한다. 이 한 시장의 공급측변화는 마치 현실의 가격변화가 있는 것처럼 대체효과를 통하여 다른 시장에 반작용을 일으킨다. 즉 수요증가에 의한 잠재가격의 상승은 그 재의 공급을 다른 재의 희생 위에서 증가시킬 것이다. 잠재가격이 중요한 것은 이 때문이며, 가격의 고정에 의하여 차단되는 것은, 크게 중요하지 않은 소득효과를 무시하면, 수요측에 대한 반작용 뿐이다. 그리고 이 공급측에서 다른 시장에 미치는 반작용은 완전경쟁의 가정하에서 얻는 일반균형분석의 적용에 의해 분석할 수 있다.

경직가격의 안정요인으로서의 작용도 이 분석을 통하여 해명된다. 경직가격과 잠재가격을 제외한 모든 다른 가격이 동일한 비율로 상승할 경우를 생각하자. 수요곡선 F와 공급곡선 S는 원형태를 유지하면서 위로 이동하게 된다. 그 결과 ① 상품의 판매량이 증가한다. ② 불변으로 있는 매입자측의 경직가격은 다른 가격들에 비하여 저하된다. ③ 판매고의 잠재가격은 다른 가격들에 비하여 높아진다. ④ 여분의 수입의 크기는 변화한다. 여기서 ④의 영향은 소득효과를 발생시키며 ②, ③의 영향은 다른 상품의 수급량에 얼마간의 영향을 준다. 그 결과 만약 그들 가격이 저하되는 경향이 있으면, 경직가격의 존재는 안정요인을 조장할 것이다. 한편 경직구매자가격의 상대적 하락은 그 대체재의 가격을 저하시키고 보완재의 가격을 높인다.

일반적으로 체계 전체에 대하여서는 대체관계가 우세하므로 이것은 안정요인을 조장할 것이다. 그러나 잠재판매자가격의 상대적 상승은 대체재의 가격을 높이고 보완재의 가격을 저하시켜 그 결과 불안정요인을 조장한다. 결론적으로 경직가격의 영향이 잠재가격의 영향을 압도할 때 비로소 경직가격의 존재가 안정을 조장하게 된다. 이것이 확실히 일어날 수 있는 것은 잠재가격의 변동이 작을 때이며, 특히 생산요소의 경직가격(경직적인 임금)이 바로 이 경우에 해당한다. →슬루츠키 방정식, 대체의 탄력성, 가격의 신축성·경직성

잠재실업 潛在失業 disguised unemployment

잠재실업은 경기적 불황하에서 노동자가 갖고 있는 기능 내지 숙련도를 충분히 발휘할 기회가 주어지지 않아 부득이 노동생산성이 낮은 취업을 강요받는 상태를 의미한다. 또는 구조적으로 노동의 한계생산성이 0이 될만큼 과잉노동자가 존재하는 상태를 의미한다. 따라서 이 경우에는 일부 노동인구를 감소시켜도 총생산량에는 변화가 일어나지 않는다.

경기후퇴기에 있어 숙련노동자가 반숙련노동자로 또 반숙련노동자가 미숙련노동자로 격이 떨어지는 것은 피고용자가 유효하게 이용되지 못함을 의미한다. 노동자들이 비교적 저임금을 받고 상대적으로 낮은 생산성을 나타내는 서비스산업에서는 번영기에도 잠재실업의 상태가 비교적 많다. 고등교육을 받은 자와 숙련자의 취업기회가 한정되어 있는 개발도상국에서는 특히 농촌에서의 잠재실업의 문제가 심각하다.

잠재적 국민총생산(완전고용산출고) 潛在的國民總生產(完全雇傭産出高) potential gross national product (full employment output)

완전고용의 조건하에서 국민경제가 생산가능한 산출고를 말한다. 잠재적 GNP는 인플레이션의 압력을 수반하지 않고 달성할 수 있는 최대생산량이다. 이것은 생산능력의 대체적인 척도의 일종으로 완전고용의 기준으로서 4%의 실업률을 사용하고 있다. 몇몇 경제학자는 잠재적 GNP의 측정가능성 그 자체에 대해 의문을 느끼고 있다. 미국의 경우를 보면 경제자문위원회 Council of Economic Adviser 가 3.5%의 성장률을 써서 1955년을 기준시점으로 해서(실업률은 약 4%이다) 1961년 말의 잠재적 GNP의 추정치를 작성했을 때 1960년의 잠재적 GNP(1961년 가격)는 5,430억달러로 추계되었다. 이것에 대해 실제 GNP는 5,110억달러이었다.

이러한 양자간의 갭의 고찰방법 및 이 갭의 크기를 비판하여, 번즈 Burns, A.는 1957년의 2/4분기와 1947년의 2/4분기를 다른 기준시점으로 사용하여(실업률은 이 때도 약 4%이었다) 전혀 다른 결과를 얻었다. 그의 연구결과는 1957년 2/4분기를 기준으로 하고 3.5%의 성장률을 사용하면, 잠재적 GNP는 약 5,310억달러로 추계된다. 한편 1947년의 2/4분기를 기준으로 하여 3.5%의 성장률을 사용하면, 그 갭은 해소되고, 1960년의 잠재적 GNP는 5,090억달러로 결국 실제의 GNP를 20억달러 하회하고 있었다는 것을 명백히 밝혔다. 잠재적 GNP의 다른 산정방법은 경제자문위원회의 전문위원인 오컨 Okun, A. M.에 의해 제시되었다. 그는 실업이 4%를 넘었을 때의 산출고가 감소되는 정도를 측정하였다. 이 관계는 평균적으로 지금까지 실업률이 4% 이상으로 증가하면, 그

초과분 1%에 대해서 실질 GNP 의 3% 하락이 수반되는 식으로 표현될 수 있다.

잠정(가)예산 暫定(假)豫算 provisional budget

예산은 매회계년도 개시 전에 국회의 의결을 거쳐 성립·확정되는 것이 원칙이다. 그러나 정부의 예산편성이 늦어지거나 국회의 심의가 지연되어 본예산이 성립되지 않을 경우 1개월분의 예산을 임시로 승인하고 집행한다. 이것이 잠정적 예산이다. 이 제도는 처음부터 본예산성립까지의 조치이기 때문에 공무원의 봉급 또는 헌법이나 법률에 의해 설치된 기관 또는 시설의 유지비와 법률상지출의 의무가 있는 경비, 계속비 등 최소한의 필요한 경비만을 계상하는 것으로 본예산이 성립되면 자동적으로 거기에 흡수된다. 원칙적으로 잠정적 예산에는 정책적인 경비는 계상하지 않는다. →예산

장기 長期 ☞단기·장기

장기균형 長期均衡 ☞단기균형·장기균형

장기금리·단기금리 長期金利·短期金利 long term interest rate·short term interest rate

전통적으로는 금융시장에 있어서의 수급의 대상인 자금은 일단 동질적인 것으로 간주하고, 이자율의 결정 메카니즘을 일반적이고 원리적으로 취급한다. 그러나 실제에 있어서는 경영비용의 차이, 차입자의 자력의 대소사업의 성질, 특히 대차기간의 장단이나 유동성 등에 따라 수급의 내용이 각각 이질적인 성격을 띠게 되어 금융시장도 여러 부분 시장으로 분할되며 금리의 성질과 수준도 상이하게 된다. 금융시장의 일반적인 구별은 대차기간에 따라 장기금융시장과 단기금융시장으로 분류된다. 이에 따라 이자율도 보통 장기금리와 단기금리로 나누어진다.

Ⅰ. 단기금리 단기금융시장에서의 이자율을 단기금리라 한다. 단기금융시장은 주로 상공업의 운전자금, 정부의 일시적인 필요자금 등이 수급되는 시장이며, 그 기한은 대체로 일년이나 대부분이 3개월 내지 6개월이다. 단기자금의 공급자로서 관여하는 금융기관은 주로 상업은행이나 외국에서 볼 수 있는 어음할인회사 discount houses 들이다. 우리 나라의 경우 시중은행의 단기금리는 연체대부, 당좌대월일반자금대부, 상업어음할인, 무역금융 등으로 대별되며, 금리는 맨처음의 것이 제일 높고 맨나중의 것이 제일 낮다.

Ⅱ. 장기금리 장기금융시장에서 결정되는 이자율로서, 주로 고정설비의 확장, 갱신 등에 필요한 시설자금의 대부이율이다. 그리고 그 금리는 대부분 부동산 또는 각종재산 등을 담보로 한 증서대부방법에 의한 금융기관의 장기대출금리 또는 확정리부증권(確定利付證券), fixed interest securities, 즉 사채, 금융채, 공채 등의 이자율로 표시된다.

장기정체론 長期停滯論 secular stagnation thesis

자본주의가 고도로 발달하면 경제의 성장률은 점차 감소되고 나아가서는 파국상태에 이르게 될 위험이 있다. 이 상태를 장기정체 secular stagnation 라고 부른다. 이 사실은 한센 Hansen, A. H. 에 의하여 처음으로 주장되었는데 그는 이 장기정체를 다음 4개의 원인으로 설명하고 있다. ① 경제발전의 결과 1인당 실질국민소득이 상승하는 것과 기업이 이윤의 일부를 배당하지 않고 회사에 유보하는 형식으로

행하여지는 소위 법인저축 corporate saving과 보험 등의 제도적 저축의 증가에 의하여 평균저축성향이 상승하는 것. ② 인구증가율이 점차 감소하여 유효수요가 상대적으로 저하되고 그와 함께 노동공급의 감소에 의하여 자본저축이 감소되는 것. ③ 자본절약적인 기술혁신의 결과 현재시설의 보충이 자본설비의 상각적립금(償却積立金) 이하의 금액에 의하여 행하여질 가능성이 생기고 이러한 자본설비의 대체가 일종의 디플레이션적인 효과를 가지게 되는 것. ④ 프론티어의 소멸에 의하여 자본의 한계효용이 저하되어가는 것, 이 경우 이른바 프론티어에는 현존의 기술인구, 노동 및 자본에 대하여 수확체증의 상태를 가져오는 지리적 프론티어, 즉 미개발지의 존재와 기술, 인구, 취미의 변화에 의하여 체증의 법칙을 실현하는 경제적 프론티어가 있는데 이 프론티어의 감소는 모두가 장래에 있어서 자본재의 예상수익을 저하시키는 것이다. 이 4개의 원인은 서로 독립적인 것이 아니고 결합되어 디플레이션·갭을 심화시키는 요인이 된다. 따라서 그 결과는 4개의 원인을 합한 것보다 대단히 크게 나타날 수 있다.

한센의 이론은 경제 외적인 인구나 기술 등의 요인에 의하여 설명을 하는 외생적 장기정체론이다. 이에 반하여 정체의 직접적 원인이 되는 자본의 감소, 자본축적의 감퇴를 자본주의의 고도화의 특징인 독점의 형성과 관련하여 설명하는 이론인, 즉 내생적 장기정체론이 있다. 이 입장의 대표적인 학자로는 스타인들 Steindle, J. 을 들 수 있다. 그는 특히 과점의 경우에 있어서 기업의 내부저축의 과잉이 투자수요를 감소시킨다는 점에서 장기정체현상의 발생을 설명하고 있다. 이상 어떤 경우든 장기정체론이 설명하려고 하는 것은 경기순환이 아니고 경제활동의 장기적인 추세를 분석하는 이론을 가리키는 데 있다.

장기추세(경제추세) 長期趨勢(經濟趨勢) secular trend(economic trend)

경제계열의 규칙적·장기적 변동을 나타내는 통계용어이다. 대부분의 경제계열의 장기추세는 정(正), 즉 상향인데 이것은 성장을 표시한다. 추세의 강도는 성장률이 어느 정도 빠른가 또는 느린가에 달려있다. 예를 들면 화학제품의 판매와 생산은 식료품의 판매와 생산보다는 더 빨리 성장하기 때문에 장기추세는 쌍방의 산업이 함께 상향이지만, 화학제품의 장기추세는 식료품의 추세보다 기울기가 급하다. 그러나 장기추세가 부(負)로 되어 감소를 표시할 때도 있다. 주요경제계열의 장기추세의 계산은 경제예측에 있어서 중요하다. 다시 말해서 장기간에 걸쳐 제조업의 생산의 장기추세를 계산하고 금후 10년의 성장률을 예측하여 그 기간의 제조업생산의 추세치를 추정할 수가 있다.

장기파동·단기파동 長期波動·短期波動 long waves·short waves

자본주의사회는 끊임없이 호경기와 불경기가 교체하면서 전개되고 있으며 근대경제학은 이 경기의 상승과 하향을 회복·확장·후퇴·수축 등 여러 가지 국면을 나타내는 파동이라고 보고 있다. 그런데 이 파동을 잘 관찰하면 보통 경기순환이라고 부르는 9~10년을 주기로 하는 파동 외에 대략 50년이라는 극히 장기의 주기를 가지는 파동과, 40개월을 주기로 하는 짧은 파동이 있다는 것을 알게 된다. 이러한 파동을 구별하기 위하여 주기의 길이에 따라 50년의 파동을 장기파동, 10년에 가까운 파동을 중기파동, 40개월의 파동을 단기파동이라고 부르거나 발견자의 이름을 따서 각각 콘드라티에프의 파동 Kondratieff's wave, 쥐글라르의 파동 Juglar's wave, 키친의 파동 Kitchin's wave 이라고 부른다.

가장 긴 콘드라티에프의 파동은 산출량의 변화가 아니고 물가의 상승과 하락으로 나타나며, 지금까지 그 파동이 세 번 있었다고 보고 있는데(1780년대 말~1850년대 초, 1850년대 초~1890년대 초, 1890년대 초~), 각각 ① 영국산업혁명, ② 철강업과 철도의 발전 ③ 전기·화학·자동차공업의 출현과 그 시각이 일치하므로 슘페터 Schumpeter, J. A. 와 같이 기술의 혁신이나 발명 등에 그 원인을 찾는 견해가 유력시되고 있다. 그리고 장기파동은 주순환 및 소순환과 더불어 경기순환의 3대 유형을 이루고 있으며 이러한 장기파동의 특징을 콘드라티에프는 다음과 같이 요약한다. 첫째, 장기파동은 중기파동과 마찬가지로 자본주의경제에 내재하는 복잡한 동태적 과정의 속성이며 둘째, 장기파동의 후퇴기에는 예외없이 농업이 장기간 침체하며 셋째, 장기파동의 후퇴기에는 생산기술과 통신상의 중요한 발명·발견이 이루어지지만 그 다음 장기파동 상승기에 그것이 대규모적으로 실용되며 넷째, 장기파동의 상승기에는 전생산이 증가할 뿐만 아니라 세계시장은 특히 식민지의 확장으로 확대되며 다섯째, 장기파동의 상승기 중에는 참혹하고 대규모적인 전쟁과 혁명이 일어난다고 한다.

가장 짧은 키친의 파동은 산출량이나 물가를 통해 나타난다기 보다는 이자율의 상승·하락으로 나타난다. 이에 대하여 쥐글라르의 파동은 산출량의 변화·물가·이자율에도 나타나며, 이 파동을 일으키는 원인은 투자의 변동이며 이는 최근의 거시적 동태론이 승수와 가속도원리를 결합하여 설명하려는 시도가 있으나 명확한 결론은 아직 나오지 않고 있다. 다만 마르크스 Marx, K. 경제학과 견해가 다른 것은, 마르크스경제학은 공황이라는 현상을 중요시하고 거기에서 자본주의의 모순을 찾고 있는 데 대하여, 근대경제학은 원칙적으로 평탄한 파동은 자본주의의 특징이라고 여기고 공황을 예외라고 보는 점이다.

근대경제학은 이상과 같이 세 가지 파동을 구별하여 각각 다른 현상으로 연구하지만, 현실적으로 쥐글라르파동의 상승은 항상 키친파동의 상승에 자극되고 가속되며 키친파동의 하강에 의하여 몇 번 중단되고 쥐글라르파동의 하강과정은 키친파동의 상승에 의하여 중단되는 일이 적다. 또 콘드라티에프파동의 하강과정에 일어나는 쥐글라르파동의 하강과정은 길고 심각하다는 등 세 가지 파동은 서로 중첩되는 관계에 놓이게 되어 복잡한 파동을 그리고 있다. →경기변동, 경기순환이론

장부가액 帳簿價額 book value
회계기록에 의한 기업의 가치를 말한다. 자산에서 전체의 채무를 공제한 잔여가 총장부가액이 된다. 총장부가액은 순자산이라고도 한다. 만일 기업이 300만원의 자산과 100만원의 채무가 있으면 그 총장부가액은 200만원이다. 주식회사의 보고서에 있어서는 장부가액은 보통 1주당(一株當)으로 표시된다. 이것은 총장부가액을 주(株)수로 나눈 것이다. 위의 예에서 회사가 1만주를 발행하였으면 1주의 장부가액은 200원이다. 장부가액은 주식의 가액과 다르고 또 시장가격과도 다르다.

장원 莊園 manor
봉건적 토지소유형태의 의미이다. 봉건제하에서는 농업생산이 생산력의 기축이기 때문에 토지의 의의는 결정적이며 부는 주로 토지의 소유라는 형태를 취한다. 토지소유는 귀족적 영주의 독점적 특권이며 농노인 직접생산자농민은 원칙적으로 여

기서 배제되고 있었다. 농민은 영주에 대해 봉건적 지대를 부담하지만 경제발전에 대응해서 지대형태는 노동지대→생산물지대→화폐지대로 전화한다. 봉건적 토지소유하에서는 모든 산업은 농업을 기축으로 해서 이것과 불가결하게 결합하는 수공업과 함께 공동체적으로 구성되어 있다.

농업생산은 공동체적 규제에 따라서 영위된다. 이용하는 토지는 농민이 영주로부터 부여받는 경작지인데 이것은 지조(地條)로 경계가 지어지고 동전(冬田)·하전(夏田)·휴경지의 3구획으로 분할되었다. 또 지조는 일정면적으로 균분되고 이것에 의해 균등균질의 보유지 Hufe 가 주어졌다. 농업생산은 주로 삼포제도(三圃制度)에 기초한 경작강제에 의해 소맥·대맥·휴경의 차례로 3년주기로 순환한다.

경작지 외에 목초지와 방목지가 있어 이것은 정도의 차는 있어도 공동적으로 이용된다. 노동지대의 단계에서는 농민은 직영지에서 영주를 위해 무상노동을 하는데 이것이 지대로 된다. 그러나 점차 직영지가 해소되고 모든 토지가 농민보유지화하면서 그 농민보유지에서의 생산물이나 그것을 시장에 판매한 대금의 화폐가 지대로 전화한다. 그와 함께 농민의 토지에 대한 관계는 단순한 보유권에서 소유권으로 안정되고 또한 농노는 신분적으로 자유롭게 된다. 그 결과는 영국에서와 같이 독립자영농민인 요맨 yeoman 을 성립시켰으며, 농노해방이나 시민혁명 과정에서 최종적으로 해소되었다. 그런데 장원에는 지역적 단계적으로 각종의 유형이 발생한다. 우선 그 최초의 단계에서는 '고전장원'이 기본적으로 지배적인 범위를 보이지만 그에 이어지는 단계에는 지역차가 현저하게 나타난다. 봉건제 하에서는 영국은 전형적이라고 하기보다는 오히려 특수성이 강하게 나타나고 있다.

영국에서 '비장원적영지 nonmanorial estate'라고 불리는 비전형적인 토지소유는 영토직영지에 있어서의 노동지대를 결여하고 있다. 이것은 '순수장원'이라고 하기에는 문제가 있지만, 13세기에 지대형태가 비약적으로 노동지대로 부터 화폐지대로 전화한 금납화(金納化) commutation 과정 중에 있는 장원은 모두 '순수장원'이다. 독일, 프랑스에서는 둘 다 같은 시기에 영주직영지와 노동지대가 폐기되고 생산물지대와 (부분적으로는) 화폐지대에로의 이전이 일어났다. 이것이 본래 '순수장원'으로 불린 것이지만 거기서는 토지보유는 법제화되어 '소작 pacht' 관계로 되고 지대는 특정의 생산물 혹은 화폐액의 지불로 단순화되었다. 그러나 독일에서는 13세기부터 동부식민지운동이 일어나서 동부식민지역은 16세기 이후 당초의 생산물지대·화폐지대와 농민의 자유로운 상태가 도리어 역행적으로 열악화되었다. 그 결과 고액의 노동지대가 재편성되고 농노제도 세습예농제로서 강화되었다. 이것이 재판농노제(再版農奴制)이다. 그런데 이러한 유럽에서의 장원은 근대시민계급의 상승에 기초하는 시민혁명에 의해 최종적으로 폐기되었다. →봉건제

재고 在庫 inventory

필요할 때 신속하게 수요에 응하고 기업에 지장이 없는 조업을 보증하기 위해 기업이 직접 관리하는 여러 가지 재화의 공급을 말한다. 예를 들면 제조공업에 있어서의 재고는 구매자에게 곧 발송할 수 있는 완성재 뿐만이 아니고 원재료, 넛트나 볼트, 종이나 연필 또는 생산이나 생산물의 분배에 필요로 하는 많은 대소의 품목을 포함한다. 수요의 갑작스런 변화 또는 생산량의 예기치 않은 변화로 인하여 때로는 과잉재고가 누적될 경우도 있으나, 그

경우 과잉공급분이 소멸될 때까지 새로운 구입량을 줄이도록 신중한 노력이 이루어진다. 이와 같은 재고를 줄이는 노력은 그것이 광범위하게 이루어질 때는 제2차대전 후의 미국의 경우와 같이 경기후퇴의 주요요인이 될 수도 있다. 재고는 비용의 많이 드는 투자의 형태이므로 기업은 적정한 기업활동에 따른 최저수준으로 재고를 유지하려고 노력한다. 이 목적을 달성하기 위해 선형계획, 오퍼레이션·리서치 OR 등의 효율적인 기술이 발달되어 왔다.

재고순환 在庫循環 inventory cycle

재고는 기업의 원료, 반제품 및 완제품의 보유량을 말하며, 기업은 경기변동에 따라서 자발적으로 또는 비자발적으로 보유재고를 증감시키게 된다. 이와 같은 재고투자의 증감으로 유발되는 경기변동을 재고순환이라 한다. 일반적으로 경기순환 모형은 장기파동, 주순환 및 소순환의 세 가지가 있는데 재고순환은 소순환에 해당하는 것으로, 그 평균순환 주기는 약 40개월이다. 재고의 순환적인 파동을 야기시키는 이유는 기업의 단기생산계획과 소비자의 단기구매계획 및 시간적 지체 때문이다. 즉 경기가 호황국면에 접어 들면 판매증가 때문에 기업의 보유재고는 감소하는 것이다. 그러나 기업측은 계속되는 수요증가에 대비하여 재고를 보충증가시켜야 하는 것이다. 따라서 호황국면의 일정기간 동안은 재고가 축적된다.

그러나 재고의 축적은 조만간 포화상태에 도달하게 되어 재고조정이 필요하게 되어 기업이 재고조정의 필요성을 느껴 재고를 감소시키면 소순환상의 불경기가 도래되는 것이다. 이와 같은 재고순환은 주순환의 측면에 따라 그 성격이 달라진다. 그 주순환이 상승국면에 있을 때에는 재고순환이 상승추세에 따라서 재고규모를 확충시켜 주순환의 상승국면을 가속화시킨다. 반대로 주순환이 하강국면에 있을 때에는 주순환의 추세에 따라서 하강국면의 속도를 증가시켜 불황을 심화시킨다. 그러나 주순환의 상승국면은 재고순환의 붕괴와 때를 같이하여 중단되는 것이나, 하강국면은 재고순환의 상승전환으로 중단되지 않는 것이 일반적이다.

재고재평가 在庫再評價 inventory-valuation adjustment

기업이 보유하는 재고의 가치에 영향을 미치게 하는 가격변동의 결과 발생하는 이익 또는 손실에 대한 척도이다. 기업의 순이익에는 생산에 의해서 얻어지는 것만이 아니고 재고에 의해서 얻어지는 이익도 포함된다. 기업은 일반적으로 생산에 소요되는 원재료를 그 재료의 보충원가에 의해서가 아니고, 취득시의 원가에 의해 평가하는 것이므로 이익은 원재료의 가격이 상승하고 있을 때는 과장되는 경향이 있으며, 그 가격이 하락했을 때는 축소되는 경향이 있다. 재고재평가는 이익의 과대 또는 과소평가를 수정하기 위하여 국민소득계정에서 사용되고 있다.

재고지수 在庫指數 inventory index

매월의 재고량을 어떤 일정한 시기의 재고량을 기준으로 지수화하여 그 증감을 한 눈으로 볼 수 있게 정리한 것을 말한다. 주요한 것으로는 생산자제품 재고지수, 판매업자제품 재고지수, 원자재 재고지수의 3가지가 있으며 경기예측상 중요한 의미를 지닌 경제지표의 하나이다. 또 재고의 크기를 판단하는 지표로서는 재고율지수가 있다. 재고율지수는 상품의 회전률이라고도 하는데 다음과 같은 공식에서 유도될 수 있다.

매출원가÷평균상품재고액＝재고율지수

매출원가수치를 이용할 수 없는 경우에는 매출액에 관계되는 수치를 이용하여 계산할 수도 있다. 즉,

매출액÷평균상품재고액(평균상품판매가격)＝재고율지수

이것은 회계기간 동안의 상품의 회전회수를 나타내기도 하며 1회전의 평균기간의 길이를 나타내기도 한다.

재무레버리지효과 財務레버리지效果 Financial Leverage Effect

기업이 조달한 자금 가운데서 차입한 자금을 의미하는 타인자본이 차지하는 비율을 말한다. 타인자본을 사용하게 되면 영업이익의 증가나 감소에 관계없이 일정금액의 금융비용이 지급되고 그 나머지가 경상이익으로 계상된다. 이와 같은 금융비용의 고정비적 성격으로 인하여 경상이익률은 영업이익의 증감률에 정비례하여 변화하지 않고 영업이익의 증감률보다 더 크게 변화하는데 타인자본이 지렛대처럼 작용함으로써 손익이 확대된다 하여 이를 재무레버리지효과 Financial Leverage Effect라고 한다.

재무레버리지 효과에 따른 경상이익의 변화

영업이익	100(50%감소)	200(현재)	300(50%증가)
금융비용	100	100	100
경상이익	0(100%감소)	100(현재)	200(100%증가)

위의 예에서 보면 영업이익이 50% 변동할 때 경상이익은 100% 변동하는데 이는 타인자본을 사용한 결과 발생하는 지급이자, 즉 금융비용이 있기 때문이다. 재무레버리지효과는 금융비용 규모가 클수록 크게 나타나므로 차입금평균이자율이 일정할 경우 차입금의존도가 클수록 더 크게 나타난다.

재무제표 財務諸表 financial statements

기업경영에 수반되는 재무상황을 기록·계산·정리하여 경리내용을 명확히 하고 이해관계자들에게 보고하기 위해 기업이 작성하는 각종의 계산표를 말한다. 재무제표의 체계는 상법의 규정에 의한 것과 기업회계원칙에 의한 것으로 나누어진다. 상법에서는 주식회사에 대하여 재산목록, 대차대조표, 영업보고서, 손익계산서, 손익처분안 등의 5가지를 열거하고 있는데 반하여 기업회계원칙에서는 손익계산서, 대차대조표, 잉여금계산서(또는 결손금계산서), 잉여금처분계산서(또는 결손처분계산서), 부속명세서의 5가지를 들고 있다.

오늘날 주식회사는 모든 이해관계자에게 경영상태를 공개보고할 책임이 있는데 이러한 기업회계의 보고기능의 실행과 공개원칙의 준수가 재무제표에 의하여 표현된다고 할 수 있다. 그러나 재무제표는 거래의 장부기록만을 기초로 한 것이 아니고 기업활동상의 관습, 업무의 판단 등의 종합적 표현이기 때문에 단순한 객관적 표시가 아니고 오히려 다분히 주관적 판단과 관습적 요인이 개재되어 있다는 점에서 때로는 공정타당성을 상실하여 경영실태를 왜곡되게 표시할 우려가 있다. →손익계산서, 대차대조표

재벌 財閥 financial clique

어원적으로 본래의 의미에 있어서는 다수기업의 집단을 지배하는 경제귀족을 의미하나, 최근에는 동일자본계통하에 여러 종류의 방계회사(傍系會社)를 설립하고 그 자본력을 통하여 많은 은행과 다른 기업체를 지배함으로써 경제계에 지배적 세력을 행사하고 있는 기업가집단을 말한다.

재산세 財産稅 general property tax

재산에 대하여 부과하는 조세를 말한다. 이에는 일반적으로 재산을 과세물건으로 하며 조세가 부과되지만 납세자가 자기의 소득 중에서 납부하는 명목적 재산세와 실질적으로 자기의 재산에서 납부하는 실질적 재산세(임시적 재산세)의 두 가지 종류가 있다. 분류상으로 보면 재산을 소유하는 사실에 대하여 과세되는 정적(靜的) 재산세와 재산의 이동 또는 가치의 증가에 대하여 부과되는 동적(動的) 재산세가 있다. 그리고 세원을 개별적으로 포착하여 과세하는 개별적 재산세(물세)와 재산소유자를 중심으로 해서 각자가 부담하는 일반재산세(인세)로 구별된다. 토지세, 가옥세, 대지세 등이 전자에 속하고 일반재산세는 교환가치를 갖는 유형·무형의 모든 재산의 경제적 평가액에서 채무를 공제한 순재산액을 과세표준으로 하고 또 개인사정을 고려하여 기초공제 등을 허용하는 재산세이다.

역사적으로 보면 경제상태가 미개발단계에 있어서의 담세력은 외부적인 재산으로 측정하는 것이 가장 적당하다고 하여 재산세가 항구세로서 주세였었다. 그러나 스미스 Smith, A.를 중심한 여러 학자들이 재산·자본에 대한 직접과세는 경제발전을 저해한다고 주장하게 되면서 차츰 주세로서의 재산세는 없어지고 임시세로 되었다. 임시적 재산세는 전시 또는 전후에 긴급수단으로 채용된 것이 보통이었는데 1913년 독일에서 군비확장비를 충당하기 위하여 국방비분담금을 징수한 것과 2차대전 후 프랑스, 벨기에, 일본 등에서 임시적 재산세가 징수된 것이 그 예이다.

각 나라에서 실시한 임시적 재산세는 그 내용에 있어서 정도의 차이는 있으나 순재산액 또는 순재산증가액을 과세표준으로 하여 누진세율을 적용하고 분납 또는 현물대납이 허용되는 데에 공통적 특징이 있다. 근래에는 소득세가 주세가 되고 재산세는 수익세 등과 더불어 보충세로 되었다. 우리 나라에서는 국세로서의 상속세를 유산세의 성질로 볼 때에 이것이 실질적 재산세의 성질을 어느 정도 가졌다고 할 수 있다. 명목적 재산세는 지방세로서의 재산세가 있다. →소득세

*재생산론 再生産論 〔獨〕 Reproduktions theorie

재생산과정은 생산을 끊임없이 갱신하고 반복하는 과정이다. 이러한 재생산 과정을 분석대상으로 하는 특수이론을 일반적으로 재생산론이라고 부른다. 자본주의적 생산양식하에서는 생산수단이 자본주의적 사유와 생산수단으로부터의 노동자의 소외라는 소유관계를 기초로 생산과정에 있어서의 개인들의 사회적 위치가 규정되고 나아가서는 생산의 결과들의 분배관계도 정해진다. 이러한 분배관계의 결과, 앞에서 말한 자본주의적 소유관계가 재현되고 동일의 과정이 같은 규모로 혹은 한층 확대된 규모로 갱신 반복되는 것이다. 이러한 생산관계의 재생산과정을 관철하는 법칙을 해명하는 것이 재생산론의 기본적 과제이다.

자본주의적 재생산은 직접적인 생산과정과 유통과정을 포함하고 있다. 재생산이 이루어지려면 자본은 화폐형태에서 생산형태 및 상품형태를 거쳐 다시 화폐형태로 순환해야 한다. 따라서 생산된 사회적 총생산물의 일부는 다음 연도의 생산에 있어서 생산수단의 형태들을 취하고 있지 않으면 안되고 다른 부분은 다음 연도의 임금노동자 및 자본가의 개인적 소비에 충당되는 소비자료의 형태를 취하고 있지 않으면 안된다. 이러한 관계를 마르크스 Marx, K.는 사회적 총생산물의 현물형태의 관점에

서 보는 2부문 분할(제 I 부문=생산수단 생산부문, 제 II 부문=소비재 생산부문)과 가치관점에서 보는 3가치구성(불변자본, 가변자본, 잉여가치)과를 기초 범주로 표식화하고 있다.

단순재생산
I : $c_1 + v_1 + m_1 = W_1$
II : $c_2 + v_2 + m_2 = W_2$
확대재생산
I : $c_1 + v_1 + k_1 + \triangle c_1 + \triangle v_1 = W_1{}'$
II : $c_2 + v_2 + k_2 + \triangle c_2 + \triangle v_2 = W_1{}'$

먼저 단순재생산의 경우를 보자. 지금 불변자본을 c_1, 가변자본을 v_1, 잉여가치를 m_1이라고 하면 제 I 및 제 II 부문의 생산물의 가치(W_1, W_2)구성은 위 표와 같다. 단순재생산의 경우의 부문별 교환관계와 균형조건을 보면 다음과 같다. 제 I 부문에서 생산된 생산수단은 제 I 및 II 부문의 불변자본의 공급을 이루고, 제 II 부문에서 생산된 소비재는 제 I 및 II 부문의 가변자본 및 잉여가치의 공급을 이룬다. 즉 $c_1 + v_1 + m_1 = c_1 + c_2$, $c_2 + v_2 + m_2 = v_1 + v_2 + m_1 + m_2$이다. 여기서 $v_1 + m_1 = c_2$라는 균형조건이 도출된다.

이 균형조건을 유지하고 경제가 반복·순환하면 단순재생산이 이루어지고 이 경제는 축적이 이루어지지 않는다. 그러나 현실적인 생산과정은 대부분 확대재생산 과정이다. 확대재생산의 경우에는 잉여가치 중의 일부가 축적된다. 축적이 이루어지는 경우 잉여가치는 자본가의 개인적 소비에 충당되는 부분(k), 추가적 생산수단($\triangle c$) 및 추가노동자를 고용하기 위한 추가적 불변자본($\triangle v$)으로 나누어진다. 이때 생산물의 가치구성은 표와 같다. 이 경우 부문간 교환관계는 $c_1 + v_1 + k_1 + \triangle c_1 + \triangle v_1 = c_1 + \triangle c_1 + c_2 + \triangle c_2$, $c_2 + v_2 + k_2 + \triangle c_2$

$+ \triangle v_2 = v_1 + k_1 + \triangle v_1 + v_2 + \triangle v_2 \times k_2$로 나타나고 따라서 균형조건은 $v_1 + k_1 + \triangle v_1 = c_2 + \triangle c_2$로 된다.

이 균형조건이 의미하는 바는 다음과 같다. 조건식의 양변에 $\triangle c_1$을 더하여 변형하면 $v_1 + m_1 - c_2 = \triangle c_1 + \triangle c_2$로 된다. 따라서 $v_1 + m_1 > c_2$라는 조건이 나온다. 이것은 제 1부문의 가변자본과 잉여가치의 합계가 제 II 부문의 불변자본보다 커야 함을 의미하는데, 확대재생산의 불가결의 조건으로서 중요하다. 이러한 조건을 충족시키는 생산이 계속되는 과정이 곧 확대재생산과정, 즉 축적과정이다. 재생산론은 케네 Quesnay, F.에 의해 완성되었다.

오늘날 재생산론은 마르크스주의 경제이론에서 뿐만 아니라 근대 경제학자간에 있어서도 주목을 받고 있다. 근대 경제학자들은 주로 거시적 분석, 혹은 동태이론의 역법론적 관점에서 재생산론에 주목하고 있는데, 그들은 마르크스주의 경제이론이 중시하는 2부문 분할법을 취하지 않고 소득·소비·축적·투자의 관계와 같이 단순한 총체적 관찰을 행한다. 이 점에 있어서 레온티에프 Leontief, W. W.는 바로 역의 방향을 취하고 산업구조를 다부문으로 분화해서 경제순환의 구체적 계량화를 시도하였다. →자본축적, 산업연관표

재수출 再輸出 re-export
원료를 수입하여 가공한 상품을 다시 수출하는 것을 말한다. 홍콩이나 일본같이 가공무역이 성행하는 나라에서는 그것을 촉진하기 위하여 수출에 있어서는 보세나 관계면제 등 특혜제도가 적용되고 있다. 이와는 반대로 원료를 수출하고 타국에서 가공한 상품을 수입하는 것을 재수입이라 한다.

재정 財政 public finance

국가 및 기타 공공단체가 공공욕구를 충족하기 위해 필요한 수단을 조달하고 관리·사용하는 경제활동을 의미하며, 정부의 경제라고도 정의된다. 모든 국가는 권력적 통치단체로서, 일정한 정치조직을 갖고 일정한 기능, 즉 국방 및 치안유지, 교육사업 등의 운영, 국토보존과 그 개발, 경제질서의 유지 및 경제성장의 촉진 등을 수행하고 있다. 이와 같은 각종 기능을 수행하기 위해서 정부는 민간경제와 같이 일정한 자원을 지배하고 사용하지 않으면 안된다. 이러한 수입조달과 경비지출의 과정이 재정이다. 재정의 주체는 국가 및 기타 공공단체이다. 따라서 국가 및 공공단체, 즉 권력적 통치단체의 수입은 강제적으로 징수되는 조세 등을 기초로 한다. 이 점에서 재정의 기본적 개념은 강제획득경제에서 구하여진다.

또 재정은 권력적 통치단체의 경제이므로 그 수입이나 지출, 공채의 관리 및 재정정책의 수행은 모두 정치적 결정에 의존하며 예산을 통하여 계획적으로 질서있게 운영된다. 그러므로 재정의 본질은 계획경제이다. 그러나 재정의 계획경제적 특징은 국가정책상 계획경제라는 말이 의미하는 중앙관리적 경제조직을 의미하는 것은 아니다. 물론 재정활동의 목적, 각종 계획의 규모 및 그 한계는 일정한 형식을 갖는 계획표 속에 숫자로 표현되고 정치적 결정에 의하여 확정된다. 이렇게 확정된 재정계획은 현금수지의 예측, 차입금의 한도 및 사용용도 또는 재정투융자의 방향 및 범위 등을 총괄하고 있으며, 정부경제의 총체적 내용과 방향을 명시하고 정부활동의 목표와 수단을 표시한다. 그러나 일정기간내의 예정적 현금수지에 관한 계획 및 재정투융자계획을 포함하는 재정계획은 민간경제에 대한 생산명령을 포함하는 것은 아니

다. 따라서 재정은 자유시장경제의 무계획성과 대조적인 계획성을 가지며, 의식적인 지도 및 예측을 기초로 하여 설정되는 계획경제이지만 민간경제의 행동을 구속하는 관리경제적 성격을 갖는 것은 아니다. 그러나 현대의 혼합경제 아래에서는 재정의 계획적 활동은 사적 개별경제주체 또는 국민의 생활에 침투하고 있는 사적 개별경제주체의 내생적 계획을 설정하는 데 결정적 영향을 주는 외생적 여건으로 되어 있다.

국민소득의 3분의 1을 전후하는 거액이 정부예산을 통하여 수입되고 지출되는 오늘날의 경제에 있어서 재정문제는 국제무역과 해외수지, 임금과 소득, 화폐와 신용에 관한 문제들과 분리시켜 논할 수는 없게 되었다. 그러므로 재정현상은 화폐의 흐름을 수반하는 경제거래로서 파악할 수 있다. 이러한 점에서 재정은 또 화폐경제적 특징을 가지게 된다. 재정현상은 모든 사회현상이 그러하듯이 역사현상이다. 권력적 통치단체가 특징하는 재화의 종류, 그 조달활동 및 조직 등은 시간과 장소를 달리하여 사회경제의 기본관계에 의하여 역사적 규제를 받아왔다. 통설에 의하면, 재정 유형은 ① 관유지경제 ② 특권독점경제 ③ 조세경제의 순서로 발전되어 왔다고 한다.

또 근래에는 조세경제를 보충하는 재정 유형으로서 공채경제 또는 신용경제를 주장하는 학자들도 있다. 원래 파이넌스 finance라는 말은 화폐와 관계가 깊은 것이지만 케인즈 Keynes, J. M. 경제학을 출발점으로 하는 현대재정정책의 이론에서는 재정을 고용과 소득에 영향을 주기 위한 계획적인 정책수단의 하나로 생각한다. 따라서 종래의 재정이라는 말은 재정정책 fiscal policy으로 해석되며 정부수지는 경제안정을 위한 균형화요인 balancing factor

으로서의 기능을 가지게 된다. 그러므로 재정의 기초문제로서는 finance 의 문제이기보다는 자원분배·소득분배·완전고용·가격수준의 안전 및 경제성장에 관련된 문제가 제기되고 있다.

재정의 재분배효과 財政의 再分配效果 redistribution effect of public finance

생산요소 사이나 소득계층 사이의 소득이전인 재분배의 효과는 정부의 재정수지를 통한 것이 가장 효과적이다.

① 일반적효과 : 조세에 있어서 비교적 고소득층에 과세가 치우치고 지출에 있어서는 공동이용을 목적으로 하는 것에 대부분 사용되는 바 재분배효과를 갖게 된다. 즉 재분배는 단순히 과세에 의해서가 아니라 지출의 목적과 용도에 의해 효과가 발휘된다.

② 사회보장에 의한 재분배효과 : 공적부조는 빈곤에 대한 정책인데, 그 재원은 전액 국고부담(즉, 조세)이다. 이 조치는 납세자의 부담으로 비납세자(극빈계층)에 대하여 무상급부를 행하는 완전한 재분배이다. 사회보장은 실업·재해·질병·노령에 대한 정책인데, 그 재원은 개인과 기업이 부담하는 보험료 및 국고부담이다. 보험급부는 피보험자인 개인에게만 지출되므로 사회보험에 의한 재분배의 기능은 개인에게만 소득이전이 행해지는 것인 바, 기업으로부터 개인에의 재분배에 지나지 않는 것이다. 사회보장(소득유지정책)은 재분배에 의해 개인소비의 일부를 공공화하는 조치이다.

③ 조세에 의한 균등화 : 과세는 소득분배, 고용량 그리고 자원배분에 영향을 주는데, 주로 소득분배에 주는 효과를 다루어 보자. (i) 물품세 : 고소득층이 구입하려고 생각하는 물품에 과세하여 소득재분배를 기도하는 것은 다음과 같이 부적당하다. 즉 사치품의 범위가 불명확하고, 그러한 물품에 대한 고율과세는 사람들도 하여금 다른 물품을 대체구입케 하는 결과를 초래하고 또한 과세된 물품의 생산요소는 비경제적이 되어 과세물품의 생산으로부터 유출까지 경쟁에 의한 이익을 잃게 된다. 따라서 물품과세는 소득재분배를 위한 수단으로서는 부적당하다. (ii) 소득세 : 소득균등화를 위해서는 누진소득세가 가장 적당하다. 그러나 고율의 누진세는 고용량에 대하여는 반드시 좋은 영향을 주는 것은 아니다. 고율누진적인 소득세는 자본확대를 위한 지출을 감소시킨다. 그리고 고율의 소득세는 소득에 의한 저축률을 저하시킨다. (iii) 재산세 : 소득의 불균등상태의 원인이 주로 재산의 불균등한 소유에 기인되는 한에 있어서는 누진상속세는 소득의 균형화를 도모한다. 자본확대를 위한 지출은 소득세와는 달리 상속세에 의한 영향을 거의 받지 않는다. 그런데 소득의 균등화에는 재산의 사유로부터 공유에의 이전(사회화)이 어느 정도까지 필요하다. 예를 들어 공공투자란 투자의 사회화에 지나지 않는다.

재정(財政)인플레이션 financial inflation

주로 전비조달·군비확장 또는 과도한 정부투자활동 등으로 국가의 재정수요가 증대될 때, 이 증대된 재정수요가 조세증수 또는 국민의 자발적 저축에 의하여 충당되지 않을 때 국가재정은 지출증대분 만큼의 적자를 면하지 못하게 된다. 이 때 정부가 그 적자보전을 위하여 중앙은행인수라는 안이한 방식으로 공채를 발행할 때, 그것이 통화증발을 초래함으로써 유발되는 인플레이션을 말한다. 그러나 정부의 재정적자가 반드시 인플레이션을 유발한다고만 할 수는 없을 것이다.

즉 생산의 탄력성이 0 또는 극히 작을 때는 재정적자가 인플레이션 발생의 전제조건이 된다고 하겠으나, 유휴자원이 풍부하게 존재하며 재정적자가 오히려 고용의 증대효과를 통해서 이와 같은 유휴자원을 흡수할 수 있는 여건하에 경제가 놓여 있을 때는 재정적자의 물가자극효과는 소멸될 수 있다는 점에서 재정적자가 일률적으로 재정인플레이션을 유발한다고만 할 수는 없을 것이다. 그러나 우리 나라와 같이 생산의 탄력성이 경직적인데다가 중앙은행의 대정부신용에 의하여 만성적으로 거액의 재정적자가 충당되고 있는 곳에서는 재정적자의 인플레이션 가속화 효과는 매우 크다고 하겠다. →인플레이션

재정정책 財政政策 government financial policy

재정정책이란, 초기에 있어서는 '경제안정을 이룩하기 위해 정부수지의 균형을 위해 이용하는 정책'을 의미하고 있었으나, 최근에는 그 범위가 확대되어 '국민소득, 생산, 고용에 대한 바람직한 효과를 창출하는 반면에 바람직하지 못한 효과를 피하기 위해 정부수지를 이용하는 정책'이라고 정의되기도 한다. 또한 재정정책은 경제정책의 일환으로서 설정된 특정한 목표를 달성하기 위해 재정의 경제적 작용에 관한 경제분석을 기초로 하여 각종 재정수단을 체계화한 것으로서 이해되기도 한다.

혼합경제에 있어서 민간부문과 정부부문(공공부문)의 경제활동은 개념적으로 구별되고 각 부문의 활동이나 그 행동원리는 반드시 같은 것은 아니지만, 민간경제와 공공경제는 상호간에 밀접한 관련을 갖고 있을 뿐만 아니라 한 부문의 활동은 다른 부문에 매우 큰 영향을 미치고 있다. 정부활동에 소요되는 비용은 주로 민간경제로부터 조세의 징수와 자금의 차입에 의해 조달되지만, 그러한 공공자금의 조달은 민간경제의 구매력을 감소시키고 민간경제가 이용하기로 되어 있었던 생산적 자원을 민간용도에서 해방시킨다. 이와 같이 민간용도에서 해방된 생산적 자원은 공공경제에 의한 지출을 통하여 공공용도에 이전된다. 이상과 같이 공공부문에 있어서 재정활동은 정부·민간부문간의 자원배분에 작용한다. 이와 함께 재정수지 특히 조세의 징수와 이전적 지출은 소득분배상태를 변화시켰다.

더욱이 재정수지는 사회전체의 경제활동수준과 물가수준의 단기변동에 작용한다. 일반적으로 정부지출은 민간지출을 자극하는 데 그치지 않고 그 자체가 총지출을 증가시켜 국민소득수준을 높이는 효과가 있다. 그 반면에 과세는 민간의 소비 및 투자지출을 억제함으로써 소득수준을 수축시키는 효과가 있다. 그러므로 이와 같은 재정지출의 경제적 작용을 충분히 고려하지 않고 재정을 운영할 때에는 경제의 불안정이 생겨나기도 한다. 이상과 같이 정부활동에 필요한 자금을 조달하고 이를 특정한 공공욕구의 충족을 위해 지출하는 재정활동은 민간·정부부문간의 자원배분이나 소득분배 그리고 경제안정에 작용하지만, 그러한 재정의 경제적 작용을 고려하여 재정수단을 적절히 이용하면 정부는 특정한 정책목표를 가장 효율적으로 달성할 수 있다.

각국이 중요시하는 재정정책의 목표는 나라에 따라, 발전단계에 따라, 그리고 경제체제에 따라 그 내용이나 우선순위가 다르지만 많은 나라에서 선택되고 있는 주요한 정책목표에는 완전고용, 물가안정, 국제수지의 개선, 경제성장, 자원의 효율적인 배분, 공공욕구의 충족 그리고 소득 및 부의 재분배 등이 포함된다. 따라서 현대

의 재정정책은 정부기능의 증대와 현대경제이론의 발전을 기초로 하여 그 본래의 단순한 형식에서부터 점차 문제영역이 확대되어, 각종 대체적인 재정적 수단 중에서 어떠한 것을 선택할 것인지, 폴리시 믹스 policy mix 로서의 정책효과를 극대화시키기 위해 재정정책과 그밖의 통화신용정책이나 산업정책 등 정책간 또는 중앙재정과 지방재정간의 협력 내지 조정을 어떻게 이룩할 것인지 또는 장기적인 관점에서 재정정책의 내용이 어떻게 정식화되어야 할 것인지의 문제 등도 그 내용으로 삼게 되었다.

재정주도형경제 財政主導型經濟

재정투융자계획은 국가가 직접 시행하는 출자·융자 또는 정부관계기관이 정부보증 하에 행하는 민간자금의 조달계획을 표시한 것으로, 이른바 국가금융계획이라 할 수 있는 것이다. 근래에 와서 재정투융자계획의 규모는 점차 확대되어 제2의 국가예산이라고도 말한다. 그 배경에는 국민복지의 충실한 사회자본의 정비를 비롯하여 재정수요가 거대화했음에도 불구하고 조세를 중심으로 하는 일반회계의 재원에는 여유가 없기 때문에 재원의 탄력성을 가진 재정투융자에 의하여 수요를 충당하려는 경향이 짙다. 이것을 재정의 금융화라고 관측하지만, 예산과 재정투융자의 전체적 운용에 의한 재정의 효율화를 목표로 하는 재정주도형 경제라고 볼 수 있다.

재정투융자 財政投融資 government investment

재정자금지출에 있어서 투자적 항목(공공사업·정부기업에의 투자)에 지출된 것을 재정투자라 하고, 융자적 항목(금융기관을 통하여 민간중요사업에 융자)에 지출된 것을 재정융자라 하여, 이 두 개 항목을 합친 지출을 말한다. 이러한 재정자금의 원천은 조세·공채·해외저축 등에 의하여 조달되며, 이의 방향과 조건은 민간투융자와는 달리 재정적 견지에서, 즉 정부의 적극적 재정정책적 입장에서 결정되는 것으로, 특히 한국경제에 있어서는 자본부족상태에서 생산력확대와 인플레이션억제에 커다란 비중을 차지하고 있다. 따라서 재정정책은 단순히 경기순환에 대응하는 경기대책의 범위를 벗어나서 경제성장을 자극하지 않으면 안된다. 따라서 재정투융자의 재원조달·대상선정 등은 국민경제발전과 밀접한 관계가 있으며, 오늘날에 있어서는 경기대책의 범위를 넘어서 생산력 발전·유효수요 증대라는 경제성장문제와 부응되고 있는 것이다.

재투자 再投資 ☞투자

재할인 再割引 rediscount

은행 기타의 금융기관이 대출 및 할인에 운용하는 자금이 부족할 때, 1차 자기은행에서 할인을 한(차기까지의 금리를 제한 어음을 매수하는 것) 어음을 다른 금융기관이나 중앙은행에 의뢰하여 재차 할인하는 것을 말한다. →어음의 할인

저량·유량 貯量·流量 ☞저량분석·유량분석

*저량분석·유량분석 貯量分析·流量分析 stock analysis·flow analysis

저량분석과 유량분석이란 경제현상의 분석에 쓰이는 서로 다른 두 개의 방법이다. 저량은 어떤 특정시점을 기준으로 파악된 경제변량의 존재량이고, 유량은 일정기간을 기준으로 하여 파악된 경제변량의 흐름을 의미한다. 예를 들면 부와 자본은 저량개념이며 소득이나 투자는 유량개념

이다. 따라서 저량분석은 스톡개념을, 유량분석은 플로우 개념을 사용하여 경제현상을 설명하는 것이다.

가격이론을 예를 들면, 저량분석은 재화의 가격이 한 시점에 있어서 수요량과 공급량의 관계에 의해 결정되는 것으로 본다. 즉 한 시점에 있어서 저량 stock으로서의 수급량이 가격을 결정한다고 생각한다. 이에 대해 유량분석은 그것을 시간의 흐름에 따라 시장에 나타나는 수요량과 공급량과의 관계, 즉 유량 flow 으로서의 수급량에 의해 결정된다고 보는 것이다. 이 경우 저량이 유량에 미치는 영향 혹은 그와 반대되는 영향이 은연중 고려되므로 두 개의 견해는 관점에 따라서 상이할 뿐 서로 보완하는 관계에 있다고 할 수 있다. 양자의 대립은 주로 이자론에서 볼 수 있다.

고전파이론에 있어서 이자는 저축과 투자의 균형에 의해서 결정된다고 생각한다. 그런데 이 경우의 저축이나 투자는 어떤 시점에서의 저량은 아니고 한 기간에 걸친 유량개념으로서의 저축과 투자의 총량을 의미하는 것이므로 이는 유량분석에 속한다. 이에 대해 케인즈 Keynes, J. M. 는 이자를 현금보유에 대한 요구의 강도, 곧 현금보유성향에 의해서 결정된다고 간주하는 유동성선호설은 저량분석의 전형이다. 러너 Lerner, A. P. 등의 자본수급설은 대부자금의 수급에 의해서 이자가 결정된다고 주장하는 것이므로 일종의 유량분석이다. 경기변동의 이론에 있어서는 저량분석과 유량분석은 대립한다기보다는 오히려 적용의 영역을 달리 한다고 할 수 있다. 유량분석은 경기변동의 요인을 투자와 저축의 관계에서 고려하므로 주로 단기의 변동에 적용된다. 이에 대해 저량분석에서는 자본의 존재량과 국민소득과의 관계가 검토되기 때문에 장기적인 발전현상이 그 주요한 문제로 된다. 그러나 단기분석의 도

구인 승수이론이나 가속도원리 그 배후에는 자본의 존재량의 문제를 고려하고 있으며, 또한 칼레키 Kalecki, M. 와 같이 경기변동의 요인중에 자본의 존재량을 포함시키는 학자도 있어 경기이론에 있어서 스톡분석과 플로우분석과는 어느 정도 서로 보완하는 관계에 있다고 할 수 있다.

결국 저량과 유량은 경제의 정(靜)과 동(動)을 나타내는 것이므로 이것을 서로 보완하면, 경제 전체를 통일적으로 파악할 수 있다. 따라서 저량분석과 유량분석을 엄격히 구분하기보다는 양자를 포괄하는 방법이 바람직하다 할 수 있다. 이러한 입장을 제창한 것이 저량·유량분석 stock·flow analysis 이다. 저량과 유량의 상호연관에서 경제동태를 분석하려고 하는 대표적인 것이 경제성장론이며 현재 저량, 유량분석은 주로 일반균형론과 금융론에서 전개되고 있다. →유동성선호설, 자금수급설, 저량·유량

[참고문헌] Klein, L. R., *The Keynesian Revolution*, 1947; Boulding, K. E., *Economic Analysis*, 1955.

저축 貯蓄 saving

소득을 소비에서 사용하지 않은 것을 절약 thrift 또는 저축이라 하고, 만일 소득이 소비를 충당하지 못하여 재산이나 자본을 잠식할 경우 부의 저축 dissaving, negative saving 이라고 한다. 사회의 전생산물 중 사람들이 자본축적에 사용할 목적으로 절약하여 소비되지 않은 생산물에 해당한다. 고전학파는 사람들이 수입의 일부를 절약하면 소비되지 않은 생산물은 다른 사람들에 의하여 즉시 자본축적에 사용된다고 생각하였다. 그리고 절약이라는 것은 현재 그것을 소비하여 얻을 수 있는 쾌락을 억제 혹은 연기하는 제욕(制欲) abstinence 이나 미래에 이자의 형식으로 더 큰 수입

을 얻기 위하여 현재는 소비하지 않는 대인(待忍) waiting 을 의미한다고 생각하여, 수입을 절약하는 사람은 이러한 미덕행위에 대하여 이자라는 보수를 받는 것이라고 주장하였다.

그러나 저축의 일부는, 본인에 의해서 직접적으로 또는 은행에 예금함으로써 간접적으로 주식 또는 사채 등 이자부의 자산에 투자되지만, 다른 일부는 현금 그대로 보유될 수도 있다. 이 후자의 부분은 퇴장 hoarding 이라고 하며 이자를 낳지 않는다. 즉 실제로 이자는 저축에 대한 보수가 아니고 화폐를 타인에게 대여한 것에 대한 보수이다. 저축의 크기를 결정하는 것으로는 소득수준·물가수준·이자율·개인의 주관적 평가 등이 있지만 이 중에서 특히 중요한 것은 소득수준이다. 그리고 소득에 대한 저축의 비율을 저축성향 propensity to saving 이라고 하며 소득증가에 대한 저축증가의 비율을 한계저축성향 marginal propensity to saving 이라고 한다.

저축이 어떻게 행해지는가에 관해서 해로드 Harrod, R. F. 는 저축동기에 따라서 다음 세 가지로 나누어 설명한다. ① 노후를 위한 저축 hump saving : 수입이 없게 될 노후에 대비하여 수입을 일생 동안의 소비로부터 최대효용을 얻을 수 있도록 배분함으로써 생기게 되는 저축이다. ② 자손을 위한 저축 saving for posterity : 자손이 재산에서 이자수입을 얻도록 유산을 남기기 위한 저축이다. ③ 법인유보 surplus corporate saving : 개인에게 배당하지 않고 사업의 장래를 위해서 적립하는 준비금을 말한다. 하지만 이 분류에 따를 경우 부 또는 수입이 불평등하여 부자가 다 쓸 수가 없어 저축하게 되는 것과 같은 제도적 원인에 기인하는 저축을 취급할 수 없다.

이밖에도 저축의 공급을 설명하는 다른 분류방법이 있다. 즉 ① 자발적 저축

voluntary saving : 이것은 위에서 말한 저축과 같이 경제주체가 스스로 행하는 저축이다. ② 강제저축 forced saving : 이것은 물가의 상승이 화폐수입의 상승보다 빨라, 마치 수입의 일부를 저축한 것처럼 사람들이 이전만큼 소비할 수 없게 된 상태를 말하며 신용창조나 정부의 적자재정에 의한 인플레이션이 야기되었을 때 생긴다. →이자, 이자율

저축투자논쟁 貯蓄投資論爭

투자승수의 이론에 따르면 투자의 증가 ΔI 는 한계소비성향을 a 로 할 때 언제나 $\Delta y = \left(\dfrac{1}{1-a} \right) \Delta I$ 만큼 소득을 증가시킨다. 그런데 이 소득의 증가분에서 소비의 증가분을 뺀 잔액 $(1-a) \times \Delta y = (1-a) \cdot \left(\dfrac{1}{1-a} \right) \cdot \Delta I = \Delta I$ 는 저축의 증가분 (ΔS)과 같다. 여기에서 어떠한 경우에도 투자=저축이라는 관계가 성립한다. 이것은 유효수요의 원리에도 나타나 있는 바와 같이 유효수요=소득, 유효수요=투자수요+소비수요, 따라서 소득=투자+소비라는 관계와, 저축=소득-소비, 또는 소득=저축+소비라는 정의에 의한 관계로부터 자명하다고도 할 수 있다. 케인즈 Keynes, J. M. 는 저축과 투자는 사회 전체로 볼 때 동일물의 다른 측면에 불과하기 때문에 양자는 사후적으로 같아지지 않으면 안된다고 말했지만, 이른바 이 저축투자항등론은 후에 저축투자논쟁이라고 불리워지는 많은 논쟁을 일으키게 되었다.

① 호트리 Hawtrey, R. G. 는 투자와 저축을 각각 능동적인 것과 수동적인 것으로 구별할 것을 주장한다. 능동적 투자 active investment 는 기업가의 자발적 의사결정으로부터 이루어진 설비자산의 증가를 의미하고 수동적 투자 passive investment 는 상

품재고의 증가를 가리키는 것이다. 케인즈는 양자를 구별함이 없이 어느 것이나 기업자산의 증가라는 의미에서 투자로 정의하였다. 그러나 균형은 '능동적 투자=능동적 저축'인 때에만 성립한다. (i) '능동적 투자<능동적 저축'의 경우에는 양자의 차액에 상당하는 기업가가 예기치 못한 재고증가, 즉 수동적 투자가 생기거나 또는 가격의 하락에 의한 손실을 과거의 저축에 의해 보전할 필요로부터 비자발적인 부(負)의 수동적 저축이 발생한다. (ii) 반대로 '능동적 투자>능동적 저축'의 경우에는 예기치 않은 재고의 고갈, 즉 부(負)의 수동적 투자가 생기거나 그렇지 않으면 의외의 이윤의 유입에 의한 비자발적인 저축의 증가, 즉 수동적 저축이 생긴다. 이 저축은 사람들이 자발적인 의사결정에 의거해서 행하는 저축, 즉 능동적 저축과 구별되지 않으면 안된다. 케인즈와 같이 능동적 행위와 수동적 행위를 구별하지 않고, 단지 총량으로서의 저축 및 투자를 고려할 경우 양자는 정의에 의해 언제나 같아지게 된다. 그러나 경제의 변동은 기업가의 의사에 반하는 유동자본의 증감과 위와 같은 수동적 저축의 발생 속에서 집약적으로 표현되는 것이므로 유용한 저축투자관계의 분석을 위해서는 양자를 각각 능동적 저축과 능동적 투자에 한정하고 그 균등조건을 추구하지 않으면 안된다. 이런 의미에서 호트리는 케인즈의 저축투자항등론은 이론적으로 의미가 없다고 보았다.

② 로버트슨 Robertson, D. H. 도 또한 투자와 저축과의 불균등이 경제변동의 요인이 된다고 본다. 그는 소위 기간분석의 방법에 의해 다음과 같이 논증한다. 당기에 처분할 수 있는 소득은 전기에 수취된 소득(Y_0)이고 그것은 전기의 소비(C_0)와 투자(I_0)의 합과 같다($Y_0=C_0+I_0$). 당기의 저축(S_1)은 당기에 처분할 수 있는 소득에서 당기의 소비(C_1)를 뺀 것이다($S_1=Y_0-C_1$). 따라서 당기에 있어서는 $Y_1=C_1+I_1$이므로 $S_1-I_1=(Y_0-C_1)-(Y_1-C_1)=Y_0-Y_1$. 즉 당기의 저축과 투자와는 케인즈가 말하는 것과 같이 항등은 아니고, 그 차는 당기와 전기와의 소득의 차와 같다($S_1-I_1=Y_0-Y_1$). 바꾸어 말하면, 저축과 투자는 소득수준에 변화가 없는 경우에 한해서 같다고 할 수 있는 것이다.

③ 스웨덴학파의 경제학자들은 저축과 투자에 대해서 각각 사전 ex-ante의 계획된 그것과 사후 ex-post의 결과로 생긴 그것을 구별해야 한다고 주장한다. 사전의 저축과 사후의 저축 및 사전의 투자와 사후의 투자의 구별은 각각 호트리의 능동적 저축과 수동적 저축 및 능동적 투자와 수동적 투자의 개념과 거의 일치한다. 호트리에 있어서 그 내용을 이루는 형태가 문제였던 것에 반해 스웨덴학파의 경우에는 오히려 그것이 경제주체가 계획하는 크기인가, 사실로서 성립한 크기인가에 문제의 초점이 있다. 사전적 저축과 사전적 투자가 일치하지 않으면 균형은 깨어지고 경제의 누적적 변동이 발생한다. 그리고 사후적인 크기만을 고려해서 저축, 투자의 항등을 주장하는 케인즈의 명제는 균형조건이 아니라 단순히 정의에 의해서 자명한 것에 불과하다고 하는 것이다.

이상을 통해서 케인즈의 저축투자항등론에는 경제변동의 각 순간마다 투자와 저축은 사후적으로 항상 같다는 것과 균형에서는 투자유인의 이론에 따라 결정되는 투자와 소비성향에 의해서 결정되는 저축이 동등하게 되게끔 소득수준이 결정된다고 하는 서로 다른 두 가지 의미가 포함되어 있음을 알 수 있다. 첫 번째의 의미에서의 저축과 투자의 항등론에 대한 비판자들은 그것이 단순히 자명한 사후적 관계의 정의에 불과하며 소득의 여러 값(値)에 대응하

는 사전적인 저축의 크기를 나타내는 저축
표와 이와 마찬가지로 소득과 투자 사이에
존재하는 사전적인 일정의 관계를 나타내
는 투자표가 반드시 동일한 것은 아니라고
주장한 것이다. 이 경우 두 함수표의 교차
점에 있어서 각각의 수치를 저축 및 투자
가 실제로 같아진 균형치를 나타낸다는 의
미에서 가측치 observable 라고 불리운다.

그리고 비판자는 양자의 교차점, 즉 함
수표에서의 투자와 저축이 균등하게 되는
점에 있어서만 균형적인 소득수준이 정해
진다고 하는 이른바 저축투자균등론을 주
장하고 있는 것이다. 이에 대해서 두 번째
의미는 단적으로 이 가측치로서의 저축과
투자가 같다고 하는 당연한 사실을 말하는
것에 불과한 것이다. 이것에 대해서는 비
판자의 입장에서도 물론 이견이 없을 것이
다. 다시 말해서 케인즈의 분석이 균형상
태의 설명만을 문제로 하고 있었던 것을
고려하면 논쟁의 대부분은 클라인 Klein,
L. R. 도 지적했듯이, 함수표로서의 저축
투자와 가측치로서의 그것이 명확하게 구
분하여 사용하지 않았기 때문이었다고 할
수 있다. →저축투자의 소득결정론, 사전분
석·사후분석

저축투자의 소득결정이론 貯蓄投資
의 所得決定理論 theory of determina-
tion of income by saving and investment
케인즈 Keynes, J. M. 에 있어서 소득분
석은 저축과 투자의 관계를 통하여 소득결
정의 조건을 확실히 하고 있는 것이 그 특
색이라고 할 수 있다. 고전파 경제이론에
서는 저축과 투자와의 관계를 통하여 결정
되는 것은 이자율이라고 생각되어 왔다.
즉 투자 I와 저축 S은 자본에 대한 수요와
공급으로 나타나고 양자는 모두가 자본의
가격 또는 자본사용의 대가인 이자율 r에
의해 규정된다. $I=I(r)$, $S=S(r)$. 수요(투

자)가 공급(저축)을 초과하면 가격(이자
율)은 상승하고, 이에 따라 공급(저축)도
또한 증가된다. 반대의 경우는 상반된 움
직임이 생긴다. 이렇게 하여 투자와 저축
은 이자율의 변동에 따라 균등하게 되며 I
$(r)=s(r)$ 이자율의 크기는 양자가 균등되
는 점에서 결정된다고 말한다.

클라인 Klein, L. R. 은 이러한 이론을 저
축투자의 이자율 결정론이라고 불렀다. 그
러므로 이러한 경우 이자율의 등락에 따라
저축이 증감된다는 설명은 개인에 대해서
는 타당하나 전체에 대해서는 반드시 타당
하지는 않다. 경제 전체에 대해 생각할
때, 위의 명제는 그동안 소득수준 Y이 변
화되지 않는다는 전제가 없는 한 의미를
갖지 못한다. 일부의 사람이 저축을 증가
시킬 때 다른 사람의 소득이 감소하여도
그의 저축이 감소되지 않는 경우도 생각된
다. 즉 고전파이론에서는 소득수준 Y은
일정하다는 가정하에서 저축과 투자를 균
등하게 하는 메카니즘을 이자율이 담당한
다고 설명한다. 매개자가 이자율이라 생각
하여, $I(r)=S(r)$라는 함수관계가 상정되
는 것이다.

케인즈는, 이자율의 변화에 의해 투자와
저축 등이 변동할 때에 소득의 변화가 없다
고 말하는 가정은 전혀 성립되지 않는다고
생각하였다. 전체로서의 저축은 소득에서
소비를 뺀 차액이고 소비의 크기는 소득수
준과 밀접한 관계를 가지고 움직이기 때문
에 저축의 크기도 또 소득수준에 의해 결정
된다. 한편 투자는 투자유인에 의해 이것과
는 별도로 결정된다. 그리고 투자는 소비와
함께 소득의 크기를 결정하고 그 소득 안에
서 반드시 거기에 맞는 저축의 크기를 결정
한다. 바꾸어 말하면 투자승수의 이론에서
밝혀진 바와 같이 한계소비성향을 d(예를
들면 2/3)라고 하면 투자의 증가분 ΔI는
항상 그것의 승수배 $\left(\dfrac{1}{1-d}=3\right)$의 소득

증가($\Delta Y = \{1/(1-d)\} \cdot \overline{} \Delta I = 3\Delta I$)를 낳고, 그리하여 소비의 증가($\Delta C = d\Delta Y = 2/3 \times 3\Delta I = 2\Delta I$)를 뺀 저축의 증가($\Delta S = \Delta Y - \Delta C = 3\Delta I - 2\Delta I = \Delta I$)는 반드시 최초의 투자의 증가 ΔI와 같게 되는 것이다. 이런 뜻에서 양자의 사이에는 저축투자의 항등이라는 관계가 성립된다. 즉 저축과 투자가 항시 같게 되는 이자율이 아니라 소득수준이 결정되지 않으면 안된다. 이러한 케인즈의 새로운 주장을 고전파의 이론과 비교하여 저축투자의 소득결정론이라고 부른다. →소득분석, 저축투자논쟁

적극적 노동력정책 積極的 勞動力政策 active manpower policy

완전고용의 실현이라는 정책이념은 국가독점자본주의의 노동정책 가운데 가장 중요한 지위를 차지하고 있어 경제정책 전체의 효과로서의 실업의 해소가 추구되어 왔다. 그러나 초완전고용→임금급상승에 의해 자본축적이 완전고용의 반작용을 받게 되는 단계에 도달하면, 정부의 고용정책은 ① 양적으로 노동력 공급부족을 조정함과 동시에 ② 질적으로 노동능력이 높은 고용을 확보하고 기술혁신에 대응하기 위한 정책을 실시할 필요에 부딪히게 된다. 여기에 적극적 노동력 정책이 필연화하는 근거가 있다.

1964년의 OECD 의 규정에 따르면 이 정책은 '경제가 필요로 하는 인적자원을 양성하고 그 유동성과 질의 향상을 꾀하고 또한 고용의 지역적·직업적 패턴의 변화에 대해 원활한 적응'을 꾀하는 것을 목표로 하고 있다. 저생산성 분야로부터의 노동력이 유동화, 부인·고령자 등의 미이용 노동력의 개발·이용, 기고용노동자와 신규노동자에 대한 능력개발 등의 추진은 이 정책의 표현이라 할 수 있다. 이와 같이 적극적 노동력정책은 노동력부족으로 인한

임금상승이 자본축적의 진전을 저지하는 현상에 대처하여 자본 및 국가가 가능한 낮은 임금에서 자본의 자기증식에 적합한 노동력을 질·양으로 풍부하게 확보하기 위한 정책이다. 우리 나라에서 70년대에 들어와 적극적으로 추진하고 있는 기능인력 양성정책도 이 적극적 노동력정책의 일종이라 할 수 있다.

적자예산의 승수효과 赤字豫算의 乘數效果 multiplier effects of an unbalanced budget

정부적자지출의 증가분이 다른 어떤 지출의 교체에 의한 것이 아닌 순수한 신규지출이고, 그 신지출이 현재 행하여지는 민간의 소비 또는 투자지출에 아무런 영향을 주지 않으며 또 신지출이 계속될 때, 그것이 가져오는 승수배의 국민소득의 증가효과를 말한다. 적자재정의 승수효과는 일반적으로

$$(1 + C + C^1 + C^2 \cdots\cdots)\Delta G$$

이고, 승수는 한계저축성향의 역수 $\left(\dfrac{1}{1-C}\right)$ 이다. 이 때 C는 한계소비성향, G는 정부의 재화, 서비스에 대한 적자지출이다. 이것이 뜻하는 것은 다음과 같다. 정부의 적자지출의 증가가 1회에만 국한될 때에는 시간의 경과와 더불어 소득의 증가는 절감하고 결국은 소득의 증가분이 0이 된다. 환언하면 이 경우 일시적으로는 소득수준이 상승하지만 얼마 안가서 소득은 처음 수준으로 떨어진다. 반면에 정부지출이 계속되면 소득은 승수효과가 나타내는 새로운 소득수준에 도달한다. 일단 이 수준에 도달한 후에는 처음의 정부지출증가가 계속되어도 이 소득수준을 유지하는 데에만 소용될 뿐 소득수준은 그 이상으로 상승하지 않는다. 따라서 다시 소득수준을 끌어 올리려면 정부의 적자지출을 다시 증가시키지 않으면 안된다.

그 이유는 다음과 같다. 원래 정부의 적자지출이 증가한다는 것은 사회의 저축 중에서 지출되지 않는 부분이 정부지출을 통해서 유효수요화한다는 것을 의미한다. 그러나 이 정부지출의 증가에 의해 국민소득이 증가하는 과정에서 증가된 소득의 일부는 저축으로 소득의 흐름에서 누출되며, 결국 국민소득은 처음의 정부지출증가에 의해서 유효수요로 흡수된 저축분만큼 저축이 증가하게 되는 수준에서 균형상태에 도달하며, 이 수준에서는 유효수요의 증가분이 0이 된다. 이 점에서 바로 승수원리와 유수이론(誘水理論)의 결정적 상위를 발견할 수 있다.

유수이론에 의하면 정부가 일시적으로 신지출을 행하면 경제활동의 수준을 계속적으로 상승시키는 경향이 존재하고 있는 것으로 되어 있지만, 이러한 생각은 기본적으로 완전고용의 전제에 입각하고 있는 것이 확실하다. 승수원리가 이러한 의미를 내포하고 있는 것은 아니다. 이상에서는 소득의 증가과정에서 생기는 파생적 세수입을 사상(捨象)하였다. 이 점을 고려해 넣으면 적자지출의 세입에 대한 반작용을 표시하는 승수가 얻어진다.

$$\frac{dY}{dG} = \frac{1}{1-a(1-r)}$$

a는 한계소비성향, r은 한계조세성향이다. 위 식은 정부지출의 증가분을 피승수로 하고, 파생적 조세수입은 지출되지 않는다고, 즉 누출이라고 가정하고 있다. 세입증가효과는 처음의 적자를 해소할 만큼 크지는 않다. 그리고 고용소득의 증가과정을 통하여 나타날 실업수당을 중심으로 하는 구제비의 감소도 고려에 넣어서 적자지출의 세출감소효과를 나타내는 승수를 얻을 수도 있다. 이 때의 효과는 그 때까지의 구제지출이 조세와 차입 중 어느 것에 의해 조달되었는가에 따라 다르다. 요컨대 승수효과의 크기는 적자의 적자재정조달의 방법과 정부지출의 성질의 여하에 따라 달라진다. →균형예산의 승수효과

적정가격 適正價格 just price

자유경쟁시장에 있어서의 가격은 수요와 공급의 균형에 의해서 결정되는 것이지만, 당기에 성립되는 가격은 반드시 유통량으로서의 수요와 공급의 균형을 지속적으로 보증하는 것은 아니다. 따라서 시간의 경과에 따라 수요의 불균형이 생겨 가격의 변동이 있게 되는 경우가 많다. 오히려 단기적으로 다소의 수급의 불균형이 생기더라도 가격을 어떤 일정한 수준에서 유지함으로써 장기적으로 수요량을 안정시켜 보자는 입장에 서게 된다. 이러한 입장에 기초를 둔 가격을 적정가격이라고 한다. 공정가격이 시장의 안정을 목적으로 하여 실시될 때는 적정가격과 일치되는 것이 필요하다. 또 지지가격도 적정가격을 기준으로 하는 것이 바람직하다.

그런데 이론적으로는 생산자에게도 적당한 이윤을 보장하고 소비자에 대해서도 무리한 희생이 되지 않는 가격이 적정가격이겠으나, 실제적으로는 합리적 수준을 결정하기가 상당히 곤란하다. 적정가격을 실제로 결정하는 데에는 원료, 임금, 운임, 지대 및 이자, 감가상각비, 보험료 등 원가구성의 요소를 고려해서 생산물 1단위당의 표준적인 투입량을 구하여—이것을 원(原)단위라고 함—여기에 시장의 표준적인 요소가격을 곱하여 비용을 산출하고 시장에 있어서 평균이윤율을 적용하여 산출한 이윤을 가산한다. →공정가격, 지지가격

적정성장률 適正成長率 ☞성장률의 이론

전략산업 戰略産業 strategic industry

일명 선도산업(先導産業)이라고도 불리우며, 전체경제발전의 기동력이 되는 산업부문을 말한다. 전략산업이 되기 위해서는 생산의 파급효과가 클 뿐만 아니라 고용을 증진시킬 수 있어야 하며, 외부경제가 작용하여 산업의 규모가 일정 단계를 넘으면 비용체감이 가능하여 국제경쟁력을 가질 수 있어 수출증대에도 기여하여야 한다. 따라서 이런 전략산업을 선발하여 중점 육성하면 전체경제성장의 기폭제가 될 수 있다. →균형성장, 불균형성장

전략적 제휴 戰略的 提携

Strategic Alliance

2개 이상의 독립적인 기업이 지속적인 협력관계를 구축하는 것을 내용으로 하는 기업 간 협약을 말한다. 전략적 제휴는 연구개발 R&D, 생산, 마케팅 등 기업경영의 전반적인 범위에 걸쳐 이루어질 수 있으며 단순히 중요한 정보의 교환만을 내용으로 하기도 한다. 1980년대 이후 경제 글로벌화의 급진전에 따라 기술 변화가 가속화하고 국제경쟁이 격심해 지면서 혁신의 비용이 급증하고 제품의 수명주기가 현저히 단축됨에 따라 기업 간에 핵심역량을 공유하거나 일정한 비용을 부담하는 전략적 제휴의 중요성이 부각되고 있다. 1980년대에 시작된 미국 General Motors(GM)사가 판매하는 자동차를 일본 Toyota사가 캘리포니아에서 생산하는 내용은 국제적인 전략적 제휴의 중요한 사례이며 Toyota는 미국의 자동차 생산경험을 활용하고 GM은 일본의 탄력적, 효율적 생산방식 flexible and lean manufacturing를 습득하기 위하여 이루어진 것이다. 유사한 제휴가 일본 Mazda와 미국 Ford 간, 일본 Isuzu와 미국 GM 사이에 이루어졌다. 기술변화의 속도가 빠른 반도체와 컴퓨터 분야에서도 국제적인 전략적 제휴가 빈번히 이루어지고 있다. 전략적 제휴가 확대됨에 따라 국제경쟁에 있어 기업의 국적의 중요성이 희석되고 기업의 경쟁적 우위는 한 국가에 의해 주어진 우위요소보다 국제적 협력관계에 더욱 의존하는 경향을 나타내고 있다. 또한 전략적 제휴는 기술혁신의 진전을 가속화하고 세계경제의 역동성을 강화하는 긍정적 기여를 하고 있는 것으로 평가된다.

[참고문헌] T.D Lairson, D. Skidmore, *International Political Economy*, 1997

전시과 田柴科

전시과는 고려시대의 양반·군인·서리에 대한 수조지의 분급제도이다. 고려시대에는 국가의 공무에 봉사하는 각 사회계층에 대하여 그 반대급부로서 녹봉(祿俸)을 준 것이 아니라 일정한 토지에 대한 수조권을 지급하였다. 즉 그들이 분급받은 것은 어디까지나 그 토지에 대한 수조권(收租權)일 뿐이며 토지 그 자체를 지급받은 것은 아니다. 그들이 지급받은 토지가 전지(田地)와 시지(柴地)였기 때문에 전시과라 하였다. 그리고 그 수조권의 지급기간에는 두 가지가 있었다. 하나는 수조권자의 1대에 한정되는 것이요, 다른 하나는 일정한 조건하에 세습되는 것이다. 전자로서는 양반이 그 직역의 대가로 받은 토지가 있으며, 후자로서는 군인전 및 외역전 등이 있다.

전시과에 의하여 그 수조권이 분급된 토지를 사전(私田)이라 한다. 그러므로 사전은 농민의 토지소유 내지 보유를 배제하였던 것이 아니고 농민의 토지소유 내지 보유를 전제로 하고 설정된 것이다. 이것이 바로 고려의 사전제도였던 것이다. 고려의 공·사전제도는 곧 수조권의 귀속을 기준으로 하였다. 수조권이 국가에 귀속된 것을 공전이라 하고 그것이 사인에 귀속된 것을 사전이라 하였다. 고려왕조는 지방봉건세력들의 연합을 기초로 건설되었다. 그

러므로 초기에는 전국의 토지에 대한 중앙 권력의 획일적인 지배가 불가능하였으며, 그 때문에 지방봉건세력들의 이익을 존중하는 토지제도가 시행되지 않을 수 없었다. 이것이 바로 녹읍제도(祿邑制度), 식읍제도(食邑制度) 및 역분전제도(役分田制度)였던 것이다.

그러나 광종대에 와서는 중앙의 권력이 강화되었는데, 이것을 기초로 다시 양반·군인·서리들에 대한 수조지의 분급제도를 개편하였던 바, 그것이 곧 경종 원년(976)의 전시과제도였다. 이 때의 전시과제도는 양반전시과로서 군인에 대한 토지의 분급규정이 없었으며 또 잠정적인 성격의 것이었다. 그리하여 목종 원년(998)에는 이를 폐지하고 양반 및 군인전시과로 개정하였다. 그리고 현종 5년(1014)에는 양반과 잡색원리(雜色員吏)에게 전시를 첨가·지급하고 덕종 3년(1034)에는 양반 및 군인·한인전시과로 개정하였다는 기록이 보이나, 그 자세한 내용은 알 수 없다. 문종 30년(1076)에 또 그것이 개정되었는데, 여기에서 양반전시과, 무산계급 전시과 및 시지의 소재를 소상히 알 수 있다. 위의 각 전시과제도를 종합하여 보면 전시과의 주요구성이 양반전시, 군인전시, 공음전시 및 서리전시라는 것을 알 수 있다. 공음전시를 제외한 각 전시의 분급규정은 하나의 체계 속에 포괄되어 있었다.

1076년의 양반전시과

과	목	시	과	목	시
제 1 과	100결	50결	제10과	50결	15결
〃 2 〃	90 〃	45 〃	〃 11 〃	45 〃	12 〃
〃 3 〃	85 〃	40 〃	〃 12 〃	40 〃	10 〃
〃 4 〃	80 〃	35 〃	〃 13 〃	35 〃	8 〃
〃 5 〃	75 〃	30 〃	〃 14 〃	30 〃	5 〃
〃 6 〃	70 〃	27 〃	〃 15 〃	25 〃	
〃 7 〃	65 〃	24 〃	〃 16 〃	22 〃	
〃 8 〃	60 〃	21 〃	〃 17 〃	20 〃	
〃 9 〃	55 〃	18 〃	〃 18 〃	17 〃	

전시의 지급규정은 시대에 따라서 달랐다. 976년의 전시과에서는 문반과 무반에 따라 또 공복의 차이에 따라 같은 품계의 사람이라도 전시의 급여액이 각각 달랐을 뿐만이 아니라 또한 분과의 체계도 서로 달랐다. 그러던 것이 998년의 전시과에서부터는 분과의 체계를 통일하였는데, 양반·군인·서리를 18과에 나누어 각각 일정한 과에 소속시키고 그 과에 해당하는 전시를 지급하였다. 1076년의 전시과에 따라 그것을 표시하면 위와 같다.

이제 위의 각 사회계층이 받은 전시의 내용과 그 지급규정을 구체적으로 살펴보면 다음과 같다.

양반전시의 지급대상은 문무양반이었다. 양반은 현직이 있는 관료, 즉 직관(정직(正職), 정관(正官) 혹은 실직(實職)이라고도 한다)과 직역이 없는 산관(散官)(산직(散職), 계관(階官) 혹은 액외(額外)라고도 한다)으로 구성되어 있었다. 그들은 그들의 품계에 따라 일정한 전지와 시지를 지급받았는데, 976년의 전시과에서는 품계뿐만이 아니고 인품, 즉 국가에 대한 공헌의 정도로 참작되었으나, 998년의 전시과에서는 인품이라는 요소를 완전히 제거하고 품계만을 고려하였다. 산관은 직관보다 1~4층 정도의 낮은 과에 속하였으므로 동일한 품계라고 하더라도 직관보다 적은 전시를 지급받았다. 그리고 양반은 벼슬하는 경우 누구나 자기 과에 해당하는 전시를 지급받았으나 그가 사망할 때에는 그가 받은 전시를 국가에 돌려 주어야 하였다. 즉 수조지는 세습되는 것이 아니라 수조권자의 1대에 한하여 지급되었던 것이다.

양반관료들에게 지급된 전지의 소재에 대해서는 현재로서는 단정적으로 말할 수 없다. 과전법에서는 그것을 경기에 한정하였으나 전시과에서도 그러하였다는 설과 그렇지 않고 전국에 걸쳐 있었다는 설이 있다. 시지는 개경에서 걸어서 1~2일 정도의 거리 내에 있었으며, 1076년의 전시과에는 그 구체적 지명이 밝혀져 있다. 군인전은 양반전시와 더불어 전시과의 두 개의 구성부분을 이루는 것이며 따라서 고려의 수조지 분급제도상에 있어서 가장 기본적인 것의 하나이다. 군인전의 지급대상은 2군6위(二軍六衛)의 정병들이었다. 부병은 마군(馬軍), 보군(步軍) 및 감문군(監門軍)으로 구성되어 있었는데 그 숫자는 시대에 따라 상이하여 4만2천명 혹은 12만명에 이르기도 하였다. 고려의 군인에는 기본 군대인 2군6위의 군인 외에 계단(契丹)의 침입에 대비한 화군(化軍)과 동여진의 침입에 대비한 별무반(別武班) 등이 있었으나 이들은 군인전의 지급대상이 되지 않았다. 군인전을 지급받은 군인은 2군6위의 기본군인 뿐이었던 것이다. 군인들은 병종에 따라서 각각 상이한 토지를 지급받았다. 1076년의 전시과에 의하면 마군은 제15과 전(田) 25결, 보군은 제16과의 전 22결, 감문군은 제17과의 전 20결을 받았다. 즉 군인에게는 전지만 지급하고 시지는 지급하지 않았던 것이다. 그런데 이 군인들이 지급받은 토지는 어디까지나 수조지이며 한 군인이 지급받은 토지의 규모

는 아주 크다. 이것으로 보아 고려의 수조지를 지급받는 군인은 일반농민이 아니고 특수한 사회계층이라는 것을 알 수 있다. 그들은 양반들이 그들의 사회적 지위를 세습함으로써 양반씨족을 형성하였듯이 그들의 신분을 세습함으로써 군반씨족을 형성하고 있었던 것이다.

군인전의 수수규정은 양반전시와는 달랐다. 양반전시의 지급은 수급자의 1대에 한하는 것이지만 군인전은 전정연립제(田丁連立制) 혹은 전정체립제(田丁遞立制) 하에서 세습되었다. 고려의 부병들은 20세가 되어서 비로소 군인전을 받았으며 60세에 군역을 면제받았다. 60세가 되어도 20세가 된 자손이 없으면 70세까지 감문군에 소속되어 그 과에 해당하는 토지를 지급받았다. 다시 말하면 군인전은 군역의 세습을 조건으로 세습되었던 것이다. 이러한 토지를 영업전(永業田)이라고 한다. 또 군인들은 국가를 위하여 특수한 직역에 봉사하는 자들이므로 비록 군인들이 연립자손이 어리거나 또는 자손 없이 사망하거나 70세 이후에도 일정한 토지를 지급받았는데 이러한 토지에는 구분전(口分田)과 한인전(閑人田)이 있었다. ① 5품 이상 무연립사망군인처에게는 8결, ② 5품 이상 군인으로서 부처(夫妻)가 다 사망하고 연립자손이 없는 미혼여아에게는 8결, ③ 6품 이하 7품 이상 무연립사망군인처에게는 9결, ④ 8품 이하 전사군인처에게는 5결, ⑤ 감문위소속 70세 이상 무연립군인에게는 5결이 각각 구분전으로서 지급되었다. 구분전의 지급은 1대에 한하였다. 한인전은 군인인 그 아비가 사망하고 연립자손이 있기는 하나 20세가 되지 못하여 그 아비의 직역을 계승하지 못하는 경우에 지급되었는데, 제18과 전17결이 지급되었다.

그런데 우리는 군인전을 분석함에 있어서 전시과제도의 하나의 풀 수 없는 고리

를 발견하게 된다. 그것은 전시과의 규정대로 군인에게 전지가 지급되었다면 군인전만으로서도 전국의 토지를 다 차지하고도 남는다는 것이다. 고려의 토지는 1백수십만결에 불과하였다. 각 군인들에게 20결씩 토지를 분급하였다고 하더라도 군인이 4만2천명이면 군인전은 84만결이요, 12만명이라면 2백4십만결이다. 위의 사실로 보아 군인전이 제대로 지급되지 않았다는 사실은 분명하지만 어떻게 하여 실행하지도 못할 제도를 수백 년간 운용할 수 있었는가도 의문이다. 하여간 이 군인전에 대해서는 새로운 해명이 필요한 것이다.

공음전시에 관한 규정은 경종(景宗) 2년(977)에 비로소 제정되었다. 즉 녹읍제도와 역분전제도하에서는 국가에 대한 특별한 공로를 고려하여 토지를 지급할 수 있었으나 전시과 제도에서는 인품보다 품계를 중요시하였기 때문에 그것을 적절하게 고려할 수 없었고 이 때문에 그것을 고려할 수 있는 제도가 필요하였던 것이다. 977년에 공음전시를 지급받을 대상은 개국공신 및 향의귀순성주였다. 즉 고려의 통일사업에 특별한 공로가 있는 자와 지방봉건세력으로서 그것에 협력한 자들에게 공음전시를 지급한 것이다. 944년에는 체협(禘祫)공신들이 지급대상자에 추가되었고 대계단항쟁(對契丹抗爭)과정에서 발생한 공신들도 지급대상자에 추가되었을 것이다. 전시의 급여액을 보면 977년에는 50결로부터 20결 사이에서 차등 있게 지급하였으며, 1049년의 양반공음전시법에서는 1품에서 5품에 이르기까지 전지 25결~15결, 시지 15결~5결 사이에서 차등 있게 지급하였다.

공음전시는 수급자의 자손들에게 세습되었으며, 그 때문에 그것은 왕실의 번병(藩屛)에 대한 물질적 기초로 된 것이다. 서리전시는 중앙 및 지방의 서리들에게 지급된 토지이다. 고려의 서리층은 양반 및 군인들과 함께 고려의 통치층의 3대 구성부분이었다. 특히 지방서리인 향리는 지방에서 커다란 세력을 가지고 있었으며 중앙권력의 일반적인 행사를 불가능케 할 정도였다. 이들 향리들에게 분급되는 토지를 향직전(鄕職田) 혹은 외역전(外役田)이라고 한다. 향리는 호장을 비롯하여 큰 주현(州縣)에서는 84명, 작은 주현에서는 31명이었다. 이 향리들이 구체적으로 어떻게 토지를 분급받았는가는 998년의 전시과에는 밝혀져 있지 않으나 1076년의 규정은 아래와 같다.

제12과 　전 40결, 시 10결
　　　　대상(향직 4품), 좌승(3품)
제13과 　전 35결, 시 8결
　　　　원보(4품), 정조(7품)
제14과 　전 30결, 시 5결
　　　　원윤(6품)

그런데 향직은 일반적으로 세습을 원칙으로 하였다. 그러므로 전시과에서 외역전은 군인전과 같이 취급되었으며, 외역전 역시 수급자의 자손에게 세습되었던 것이다. 위에서 본 바와 같이 전시과는 수조지의 분급에 대한 제도로서 사전제도인 것이다. 사전의 수급자는 토지에 대한 수조권을 가질 뿐이요 소유권을 갖는 것이 아니며 또 농민의 토지소유 내지 보유를 전제로 하고 있었다. 그리고 전국의 토지 중에서 수조지로 분급된 것이 어느 정도의 비중인가는 알 수 없으나 사전이 공전을 모조리 삼켜버린 것은 아니었을 것이다. 그러므로 전시과제도에 관한 연구는 고려의 토지제도에 관한 부분적인 해명은 가능하지만 고려 토지제도의 본질을 이해하기에는 미흡한 것이다. 고려 토지제도의 본질을 해명하기 위해서는 전시과제도의 해명에 연구의 중점을 둘 것이 아니라 개별토지에서의 지주·개호(個戶)관계를 우선적으로 해명해야 할 것이다.

〔참고문헌〕 강진철, 「한국토지제도사(상)」 (「한국문화사대계 II」, 서울, 1965); 이우성, 「한인·백정의 신해석」(「역사학보」 19, 1962); 「고려의 영업전」(「역사학보」 28, 1965); 이기백, 「고려군역교」(「고려병제사연구」, 서울, 1965); 旗田巍, 「조선중세기사회의 연구」, 동경, 1972; 武田幸男, 「고려시대의 구분전과 영업전」(「사회경영사학」 33-5, 1967); 「고려전정의 재검토」(「조선사연구회논문집」 8, 1971).

전시효과 展示效果 demonstration effect

훌륭한 여러 가지의 재화를 보고 자신의 소득에는 변화가 없어도 이러한 재화의 구입에 지출을 증가시키도록 유인하는 개인의 심리적 영향을 말한다. 듀젠베리 Duesenberry, J. S.는 전시효과로 말미암아 가계의 소비지출이 소득수준에만 의존한다고 가정한 케인즈이론은 수정되어야 한다고 하였다. 즉 지금까지 구입해 온 재화보다도 훨씬 훌륭한 재화를 접할 기회를 가지면 소비자는 그의 소득에 변화가 없어도 지출을 증가시키거나 또는 소득이 저하하고 있어도 그의 지출을 감소시키지 않을 것이다.

넉시 Nurkse, R.는 이 이론을 국제문제로 확장하여 판이한 여러 나라의 총체적 소비함수도 특히 통신과 통상의 확대에 의하여 상호 관련되어 있으며, 이것이 어떤 나라의 국민을 타국의 여러 가지 훌륭한 재화와 접촉시켜 그들의 소비관습에 변화를 유발할 수 있다는 것을 시준하였다. 예를 들면 소비자를 위한 광고로 가득찬 잡지가 세계에 유포되면, 저소득층의 가정은 종래의 소비수준보다 훨씬 높은 수준의 소비지출을 갖게 되고 이 때문에 저축부족이나 심각한 국제수지적자라는 문제를 야기

시킬 수도 있는 것이다.

전자상거래 電子商去來 e-commerce

온라인 네트워크를 통하여 재화나 서비스를 사고 파는 모든 형태의 거래를 말한다. 가계, 기업, 정부, 금융기관 등 경제주체간에 상품과 서비스를 교환하는 데 전자적인 매체, 주로 인터넷을 활용하는 것을 전자상거래라고 할 수 있다. 최근에는 전자상거래를 전화, PC통신, TV, 케이블TV, CD롬 등을 이용한 전자 카달로그, 사내전산망 등 다양한 정보통신 매체를 이용하여 상품과 서비스를 유통시키는 모든 유형의 상업적 활동으로 확대되고 있다. 보다 넓은 의미로는 이러한 정보통신 매체를 활용하여 상품과 서비스를 사고 파는 것 뿐 아니라 수주와 발주, 광고 등 상품과 서비스의 매매에 수반되는 광범위한 경제활동을 의미하기도 한다. 미국 상무부는 1998년 발표한 "The Emerging Digital Economy"에서 전자상거래를 협의와 광의의 개념으로 나누어 규정하였는데 협의의 개념은 소비자나 기업이 통신망, 특히 인터넷을 이용하여 상품과 서비스를 사고 파는 것이며 광의의 개념은 기업과 소비자간 뿐 아니라 기업상호간, 기업과 정부간에 상품과 서비스의 매매, 물류, 유통, 광고, 마케팅, 고객관리, 애프터서비스 등을 포괄하는 활동을 말한다. 대금결제는 신용카드를 통해 지급되는 것이 일반적이나 가상은행에서 발행하는 전자화폐도 이용되고 있다. 전자 상거래의 가장 큰 장점은 시간과 공간의 제약이 없으며, 기업의 입장에서 유통비용, 광고비용과 건물임대료 등 거래비용이 획기적으로 절감되며 소비자 입장에서는 쇼핑을 위해 번거롭게 이동할 필요가 없다는 점이다.

전자상거래를 참여주체별로 기업간 B to B: Business to Business, 기업과 소비자간 B to C: Business to Consumer, 소비자간 Consumer to Consumer, 그리고 정부와 기

전자화폐

업간 G to B: Government to Business 등
으로 구별하기도 한다.

전자상거래라는 용어는 1989년 미국의 로
렌스리버모어연구소 Lawrence Livermore
National Laboratory에서 미국 국방부 프로
젝트를 수행하면서 처음 사용하였으며 이듬
해부터 일반적인 용어로 통용되기 시작하였
다. 초기의 전자상거래는 대부분 특정한 경
제주체간의 전용망인 부가가치 통신망VAN:
Value Added Network을 이용하여 기업간,
또는 정부와 기업간에 전자적인 자료를 교환
하는 전자문서교환 Electronic Data
Exchange에 국한되었으나 1990년대 중반 인
터넷이 상용화되면서 전자상거래가 급격하
게 확산되었다.

기업간 전자상거래는 주로 구매비용을 절
감하고 재고관리를 효율화하며 물류체계를
효율적으로 구축할 수 있게 한다. 기업과 소
비자간 전자상거래의 경우 판매와 마케팅비
용이 절감되며 고객과의 접점이 넓어져 새로
운 판매기회를 확보할 수 있고 업무절차가
개선됨에 따라 대고객 서비스가 향상된다.

전자상거래의 경제적 효과는 매우 긍정적
이다. 첫째, 유통채널을 단순하게 한다. 기존
의 상거래가 대체로 도매상과 소매상을 거쳐
소비자에게 제품이 전달되나 전자상거래는
인터넷을 통해 직접 소비자에게 전달되기 때
문에 유통채널이 단순하고 소비자는 저렴한
가격으로 구입할 수 있다. 둘째, 시간과 지역
의 제한이 없다. 인터넷을 24시간 접속이 가
능하며, 전 세계와 연결되어 있어 제한된 공
간에서 한정된 영업시간 내에서만 거래를 하
는 기존의 상거래와는 달리 언제 어느 때라
도 제품정보를 수집하고 전 세계의 제품을
거래할 수 있다. 셋째, 고객의 수요에 대한
정보 획득이 용이하다. 기존의 시장조사 방
식은 시장조사기관이나 영업사원이 소비자
의 수요를 파악하여 정리하는 것이었으나 전
자상거래는 인터넷을 통하여 수시로 정보를

획득할 수 있다. 넷째, 쌍방향 통신에 의한 1
대 1 마케팅 활동이 가능하다. 기존의 상거
래는 소비자의 의사에 상관없이 기업의 일방
적인 마케팅 활동이라 할 수 있다. 그러나 전
자상거래는 인터넷을 통해 소비자와 1 대 1
통신이 가능하기 때문에 소비자와의 상호작
용에 의한 마케팅 활동을 하게 된다. 다섯째,
판매활동을 위한 물리적 거점이 필요하지 않
다. 기존의 상거래는 시장이나 상점 등 물리
적인 공간 내에서 전시에 의해 판매를 하거
나 고객을 직접 방문하여 판매하는 방식을
취하였으나 전자상거래는 네트워크를 통해
많은 정보를 제공하고 이러한 정보를 이용하
여 판매를 한다.

그러나 전자상거래가 확산됨에 따라 소비
자나 기업정보의 노출, 소비자피해의 증가,
경제적 불평등의 확대 digital divide 등의 부
수적인 부작용이 지적되고 있으므로 정보보
안, 소비자보호, 경제적 형평성의 제고를 위
한 제도적 보완조치가 요청되고 있다.

전자화폐 電子貨幣 e-money

1990년대 중반 유럽중앙은행(ECB), 국제
결제은행(BIS) 등에서 사용되기 시작한 용
어로 일반적으로 電子媒體(이를테면 컴퓨터,
IC카드, 네트워크장비 등)를 통한 지급결제,
가치이전 등 화폐의 기능을 수행하는 수단을
말한다. 전자화폐는 가치저장 형태에 따라
크게 IC카드형 Integrated Circuit Card과
네트워크 Network형으로 분류된다. IC카드
형 전자화폐는 플라스틱카드에 IC회로를 내
장하여 안전성 및 자료처리 용량 면에서 기
존 MS Magnetic Stripe카드보다 기능을 대
폭 개선한 것으로 1998년 3월 영국 Mondex
이 처음 도입한 이래 현재 75개국에서 도입
을 추진 중에 있다. 네트워크 Network형 전
자화폐는 공중정보 통신망과 연결된 컴퓨터
기기 등을 이용하여 디지털방식으로 저장하
였다가 인터넷 등 네트워크를 통하여 전자상

거래 등에 이용되는 전자지급수단으로 미국 등 일부선진국에서 개발된 사례가 있으나 아직은 초보단계에 있다.

우리나라에서도 전자화폐 개발이 진전됨에 따라 2000년부터 전자화폐가 상용화되어 일반 국민들이 보다 편리하고 안전하게 사용할 수 있을 것으로 보인다. 전자화폐는 국민 경제적으로도 현금통화를 대체함으로써 화폐발행비용을 절약해 주는 효과가 있으나 이를 통화지표에 반영해야 하는지의 여부는 전자화폐 성격에 대한 인식과 은행회계방식에 의해 결정된다. 전자화폐를 결제수단 또는 예금으로 간주하는 독일, 네덜란드, 싱가포르 등의 경우에는 통화량에 포함시키고 있으며, 전자화폐 성격에 대한 의사 표명을 유보하고 있는 미국, 일본, 영국 등의 경우에는 아직 통화량에 포함시키지 않고 있다. 우리나라에서도 향후 전자화폐의 성격과 기능, 발행 규모 추이 등을 종합적으로 감안하여 통화량에 포함시킬지 여부가 결정된다.

전환사채 轉換社債 convertible debenture

회사가 채무의 증거로서 발행하는 증서로, 소유자의 의사에 따라 발행회사의 다른 종류의 증권(대체로 보통주이지만 때로는 우선주)으로 전환할 수 있는 권리가 인정된 사채를 말한다. 각 사채는 특정기간 내에 약정가격으로 특정수의 주식으로 전환된다. 전환사채는 발행회사로서는 다음 두 가지의 이점이 있다. 즉 ① 전환이라는 특전은 투자가에 대하여 사채를 보다 매력 있는 것으로 하고 아울러 이자비용을 감소시키는 경향이 있다. ② 소유자가 소유사채를 전환함에 따라 채무가 감소하고 자기자본이 증가하므로 전환사채는 채무의 해소를 촉진한다. 여기서 주요한 결점은 회사의 주식을 냉대하게 되는 것으로, 그것

들의 지분은 사채의 소유자가 전환함에 따라 적어진다.

전환기간 내에서는 언제나 사채와 주식의 가격 사이에 상호관계가 존재한다. 이 관계는 전환가격, 즉 각 사채가 전환할 수 있는 주식수 및 시장이 전환이라는 특전에 대하여 부여하는 가치에 기초하고 있다. 예를 들면 액면 8,000원의 보통주 100주에 전환되는 80만원의 사채는 보통 시장에서는 전환이라는 특전 때문에 80만원보다 높은 가격으로 거래된다. 더욱이 전환사채의 가격은 전환이라는 특전 때문에 주가의 변화와 함께 변화하는 것이다. 전환사채는 소유자가 회사의 성장에 참여하는 것을 제한함이 없이 고정소득(이자)을 가져오기 때문에 투자자에 있어서는 매력이 있다. 즉 회사가 성장하면 보통주의 가격은 상승하게 되므로 투기가는 전환사채를 좋아한다. 이것에 관하여는 상법 제513조와 제516조에 규정되어 있다.

절대수렴 絶對收斂
absolute convergence

경제여건이 다른 국가들이 오랜 시간이 지나면 서로 비슷한 성장을 달성하여 결국 다 같이 잘 살게 된다는 경제성장 가설을 말한다. 나라마다 1인당 자본축적량을 비롯한 초기조건이 달라 빈부의 차이를 보이는 경우에도 국가간 자본, 노동, 아이디어의 이동으로 서로 상대방의 장점을 배우게 된다면, 언젠가 국가간에 동일한 생산함수, 기술수준, 저축률 및 감가상각률을 갖게 되어, 모두 똑같이 잘 사는 상태로 수렴한다는 것이다. 보몰 Baumol (1986)은 매디슨 Madison (1982)의 16개 선진국에 대한 장기시계열자료(1870-1979)와 서머스와 헤스턴의 72개국에 대한 단기시계열자료(1950-1980)를 사용하여 각국의 생활수준이 수렴하였는가를 조사하였다. 그는 대상국가를 선진권 시장경제

국가, 계획경제 국가, 중위권 시장경제 국가, 저위권 시장경제 국가의 4개군으로 나누었다. 보몰은 우선 선진권에 있는 16개 나라들의 1인당 총생산이 지난 110년 동안 수렴하였는가를 분석하였다. 이들 16개국 중 성장실적이 가장 부진한 나라는 오스트레일리아였고 가장 괄목할 만한 성장실적을 보인 나라는 일본이었다. 그의 결과는 지난 1세기 동안의 성장률과 1870년의 노동생산성 수준 간에 현저한 역(逆)의 관계가 있음을 보여주고 있다. 1870년의 생산성수준과 그 이후 110년 동안의 경제성장률간에 역의 관계가 존재한다는 것은 바로 1870년에 노동생산성이 높은 나라일수록, 그 다음 세기 동안에는 성장이 둔화되었음을 의미하는 것이다. 이는 선진권 시장경제 국가들의 대부분이 지난 110년 동안 선두주자 그룹을 바짝 추격했거나 추월하였음을 말해준다. 보몰은 또한 72개국의 단기시계열 자료를 사용하여 중위권 시장경제국가와 계획경제국가에서도 이러한 수렴현상이 나타나고 있음을 확인하였다. 그러나 저위권 시장경제 국가들은 이 기간 동안 상대적으로 낮은 속도로 성장함으로써 이들 나라에서는 수렴에 관한 증거를 발견하지 못하였다. 한편 들롱 J. Bradford DeLong은 보몰이 대상으로 한 국가들은 세계에서 가장 부유한 국가들로서 보몰은 수렴을 유도하는 방향으로 조사 대상국가들을 선정함으로써 그의 연구결과에 편향을 초래했다고 비판하고 있다. 들롱은 아르헨티나, 칠레, 동독, 아일랜드, 뉴질랜드, 포르투갈과 스페인을 포함시키고 대신 일본을 제외한 결과 이들 국가들간에 1인당 생활수준이 수렴했다는 증거를 찾지 못했다. 세계경제가 수렴의 방향으로 발전할 것인가 하는 문제는 매우 흥미로운 과제이지만 경제학자들은 이 문제에 대해 상반된 결론을 내리고 있는 것이다. → 조건부수렴 참조

[참고문헌] 이지순, 「거시경제학」, 2000

절약의 역설 節約의 逆說 paradox of thrift

케인즈 Keynes, J. M.에 의해 최초로 제시된 원리로서, 저축률을 높이려고 하는 사회적인 노력이 오히려 저축을 할 수 있는 양을 감소시키는 결과를 초래한다는 이 이론은, 국민소득의 결정에 관한 케인즈적 저축·투자의 분석방법을 통해서 도달되는 것이다. 즉 저축을 하면 소비를 감소시키게 되어 국민소득이 감퇴하고 소득이 적어지면 사람들은 동일수준의 저축을 못하게 된다. 즉 저축은 악덕이고, 소비는 미덕이라는 역설이 성립하게 된다. 결국 절약은 개인의 입장에서 보면 바람직할 지 몰라도 사회 전체적 입장에서 보면 산출고와 고용의 전량에 대해서 비참한 효과를 가져올 가능성이 있는 것이다.

정규분포 正規分布 normal distribution

평균이 m, 표준편차가 σ인 변량 X가 $f(x) = \frac{1}{\sqrt{2\pi}\,\sigma} e^{-(x-m)^2/2\sigma^2}$으로 주어지는 확률밀도함수를 가질 때, X는 정규분포를 한다고 하고 $X \sim N(m, \sigma^2)$으로 표시된다. 이 함수는 이항분포에서 차수 power를 충분히 크게 한 경우에 어떤 양을 측정해서 얻는 우연오차의 확률분포로부터 생기는 함수로서 통계방법론상 가장 중요한 것이며, 대수법칙도 이 함수의 성질로부터 설명된다. 또한 표본추출조사를 할 때에는 주로 이 함수가 많이 이용되고 있다.

확률밀도함수 $f(x) = \frac{1}{\sqrt{2\pi}\sigma} e^{-(x-m)^2/2\sigma^2}$를 직교좌표면상에 그렸을 때, 그 곡선의 일정한 부분과 횡축으로 만들어지는 그 사이의 면적은 변량 X가 특정한 범위의 값을 가질 확률을 나타낸다. 이 정규분포곡선은 그림과 같이 완전한 동형의 대칭분포이다. 즉 $x=m$인 직선에 관해서 대칭이

며, $m+\sigma$ 와 $m-\sigma$ 가 이 곡선의 변곡점이
된다.

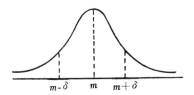

$P_r(|X-m|\geqq3\sigma)=0.0027$로 대단히 작
다. 물론 곡선과 횡축으로 둘러싸인 전체
의 면적은 $\int_{-\infty}^{\infty}f(x)dx=1$이다. X_1, X_2가
서로 독립이며, 모두 균형이 m, 표준편차
가 σ인 정규분포를 하는 확률변수, 즉
X_1, $X_2\sim N(m, \sigma^2)$이라면, 새로운 변량
$C_1X_1+C_2X_2(C_1, C_2$는 상수$)$는 평균이 m
(C_1+C_2), 표준편차가 $\sigma^2(C_1{}^2+C_2{}^2)$인
정규분포를 한다. 즉 $C_1X_1+C_2X_2\sim N(m$
(C_1+C_2), $\sigma^2(C_1{}^2+C_2{}^2))$이다. 이것은
정규분포의 하나의 특성이다. 변량 X를 t
$=\dfrac{x-m}{\sigma}$(표준측도)의 형태로 표준화하면,
변량 $T=\dfrac{x-m}{\sigma}$은 확률밀도함수가
$f(t)=\dfrac{1}{\sqrt{2\pi}}e^{-\frac{t^2}{2}}$으로 주어지는 표준정규
분포 standard normal distribution 를 하게
된다. 따라서 변량 T가 $t_1\sim t_2$사이의 값을
취하게 될 확률은 $\int_{t_2}^{t_1}\dfrac{1}{\sqrt{2\pi}}e^{-\frac{t^2}{2}}dt$에 의
해서 주어진다. 여기에서 원점으로부터의
여러 가지 값에 대한 면적의 값을 수표화
해두면 정규분포에서 변량 T가 $t_1\sim t_2$ 사이
에 놓이게 될 확률을 용이하게 알 수 있다.
이러한 표를 정규분포함수의 면적표라고
한다.

정보산업 情報産業 information industry

광의(廣義)로는 정보를 생산, 유통, 판
매, 서비스하는 산업군을 말하고, 협의(狹
義)로는 컴퓨터와 직접·간접으로 관련되
는 산업군의 뜻으로, 이것은 광의의 정보
산업과 구별하여 정보처리산업이라 부르
고 있다. 최근에는 광의와 협의의 구별이
확실히 됨에 따라 정보산업이라 함은 대체
로 광의의 의미로 보는 것이 일반적이라
할 수 있다. 광의로서는 정보처리산업을
위시하여 교육산업, 두뇌산업 등의 새로운
산업군과 출판, 인쇄, 신문, 방송, 통신,
광고 등의 산업군이 포함된다.

정보의 비대칭성 情報의 非對稱性
asymmetric information

경제적 이해관계를 가진 당사자간에 정보
가 한 쪽에만 존재하고 다른 한 쪽에는 존재
하지 않는 상황을 말한다. 이같은 상황은 보
험회사와 보험가입자 사이뿐 아니라, 주주와
경영자 사이, 고용주와 피고용인 사이 등 여
러 유형의 관계에서 발견할 수 있다. 우리가
흔히 보는 상품의 거래에서도 이런 상황이
존재할 수 있는데, 경우에 따라서 판매자만
이 정보를 가질 때도 있고 구매자만이 정보
를 가질 때도 있다. 이처럼 정보가 비대칭적
으로 존재하는 상황에서 우리의 흥미를 끄는
여러 가지 독특한 경제현상이 나타나고 있
다.

현실 경제에서 비대칭정보의 상황은 구체
적으로 다음 두 가지 중 하나의 형태를 취하
게 된다. 첫째로 감추어진 특성 hidden
characteristic의 형태로 비대칭정보의 상황
이 나타날 수 있다. 예를 들어 중고차를 사려
고 하는 사람은 시장에 나와 있는 어떤 차를
보고 결점이 없는 차인지 그렇지 못한 지 잘
알지 못한다. 즉, 그에게는 사려고 하는 차의
실제의 품질이 '감추어진 특성'이 된다. 또
한 어떤 사람이 보험에 가입하려고 할 때, 보
험회사측으로 보아서는 가입희망자가 사고
를 일으킬 위험성이 높은 사람인지 아니면
낮은 사람인지가 감추어진 특성이 된다.

두 번째로 감추어진 행동 hidden action의
형태로 비대칭정보의 상황이 나타나기도 한

다. 예를 들어 고용주는 어떤 근로자가 최선을 다해 열심히 일하는지의 여부를 정확히 알기 힘들다. 근로자의 모든 행동을 일일이 관찰할 수 없을뿐더러, 그의 속마음을 읽는 것은 더욱 어려운 일이다. 그러므로 근로자가 쏟는 노력의 정도가 고용주에게는 '감추어진 행동'이 된다. 보험가입자가 사고예방을 위해 최선의 노력을 하고 있는지의 여부도 감추어진 행동의 다른 한 예가 될 수 있다.

이와 같은 비대칭정보의 상황에 대해 우리는 다음과 같은 측면에 관심의 초점을 맞추고 있다. 우선 비대칭정보가 시장의 행태에 어떤 영향을 미치고 있는지에 관한 실증적 분석이 우리의 관심사가 된다. 다시 말해 이런 상황에서 어떤 일들이 일어나게 되는지를 객관적으로 분석하는 것이 하나의 주제가 되는 것이다. 다음으로는 정보를 갖지 못한 측이 이 문제의 극복을 위해 어떤 노력을 하고 있는지에 대해서도 관심을 가질 수 있다. 경제주체들이 비대칭정보의 상황에서 나오는 여러 문제들에 대하여 어떻게 대응하고 있는지 살펴보는 것도 유익한 일이 될 것이다.

비대칭적 정보로부터 발생하는 문제는 우선 시장 스스로의 대응에 의하여 해결되기도 한다. 예컨대 생명보험회사가 가입희망자에게 신체검사를 요구한다든지, 자동차 보험회사가 과거의 교통사고 통계를 근거로 가입희망자의 성별, 연령, 결혼여부 등을 기준으로 보험료를 차등 적용하는 것 등이다. 또한 정부도 자원배분의 효율성을 위하여 일정한 역할을 수행할 수 있을 것이다. 강제적인 공적 보험제도를 도입하여 역선택의 문제를 해소한다든지 과장광고 금지, 품질기준 수립 등 정보정책을 통해 정보의 흐름을 촉진할 수 있을 것이다.

정상가격 正常價格 normal price

재화의 가격은 그 재화에 대한 수요와 공급과의 관계에 의해서 결정되는데, 수요가 공급보다 많으면 가격은 상승하고 이와 반대의 경우에는 하락하는 것이 일반적인 현상이다. 그런데 이 가격이 생산가격, 즉 공급된 양의 생산에 수반하는 단위당의 비용과 평균이윤과의 합보다도 낮은 한은 영속적으로 그 수준에 머물러 있을 수는 없다. 또 그것은 수요자측의 재화에 대한 욕망의 강도를 나타내는 수요가격 이상으로 오를 수도 없다. 수요와 공급이 평균이윤을 포함한 생산비, 즉 생산가격에서 균형을 이룰 때 그 가격을 정상가격이라 한다. 그리고 이와는 달리 수요와 공급과의 관계에 따라 그때그때에 시장에서 성립하는 실제의 가격을 시장가격이라고 한다. 그러므로 시장가격과 정상가격은 반드시 언제나 일치한다고 할 수 없다. 그러나 매일 변동하는 시장가격은 일반적으로 정상가격을 향해서 접근하려는 경향을 가지는 것으로 생각할 수 있다.

정상가격은 생산가격과 수요의 강도라는 두 가지 요인에 의해서 정해진다. 즉 생산가격 그 자체는 생산량과 생산방법의 변화에 따라 변하지만, 다시 생산량과 생산방법은 수요량의 여하에 의해서 영향을 받는다. 수요량이 변동해도 고정적인 생산수단의 양을 즉시로 변동시킬 수는 없으므로, 단기적으로는 이러한 생산수단의 양은 그 사용방법만이 변하는 것으로 볼 수 있다. 이와 같은 단기간에 관찰되는 정상가격을 단기정상가격이라 부르기도 한다. 이것에 대해서 수요량의 변화가 충분히 영속적인 경우에는 생산수단의 양 그 자체도 변화해야 될 것이다. 이러한 장기에서 관찰된 정상가격을 장기정상가격이라고 하는데, 그것은 또한 스미스 Smith, A. 이후의 고전파 학자가 생각해온 자연가격 natu-

ral price에 해당하는 것이다. →균형가격,
장기균형·단기균형

정상상태 定常狀態 stationary state

어떤 한 시기에서 다음 시기로 시간이
경과하여도 단순히 전(前)수준을 재생
산·유지하는 데에 불과한 하나의 경제과
정을 말한다. 리카도 Ricardo, D., 밀 Mill,
J. S.과 같은 고전파 경제학자는 기술혁신
은 수확체감의 효과를 상쇄하는 데 충분하
지 못하므로, 그 결과 개발도상국에 있는
자본주의경제는 머지 않아 성숙경제체제
의 정상상태에 돌입하게 될 것이라고 확신
하였다. 투자가 증가함에 따라 수확체감관
계로 이윤율이 저하되고 새로운 자본축적
을 위한 어떠한 요인도 없어질 정도로 이
윤은 감소하게 된다. 고전학파에 의하면
정상상태에 있어서의 임금은 생물학적 생
존수준에 머물고 순자본형성은 0이다. 그
리고 이 때의 생산은 최대한도수준에 도달
한다.

정액법 定額法 ☞감가상각

정율보수실비지불계약 定率報酬實
費支拂契約 cost-plus percentage-fee-
contract

계약자는 작업 총경비의 일정비율로 정
하는 보수에 추가하여 해당 계약의 업무이
행에 필요한 전비용을 지급받을 것을 규정
한 계약을 말한다. 정율보수실비지불형식
은 건축계약에서 많이 사용되고 있다. 이
계약에서는 소유자는 작업기간이 어느 정
도 걸릴 것인지는 알 수 없으나 정율보수
실비지불계약에서는 소유자는 정액보수지
불계약의 경우와 달리 청부업자를 감독하
지 않으면 안된다. 청부업자는 분명히 총
경비를 늘리기를 원하는데, 그것은 청부업
자의 보수가 백분률을 기초로 하고 있어

작업비용이 증가함에 따라 늘어나기 때문
이다.

정차방정식 定差方程式 difference
equation

t를 시간을 나타내는 변수로 하고 $y(t)$를
시간에 따라 변화하는 함수라고 하면
$$f[t, y(t), y(t+1), \cdots, y(t+n)] = 0$$
$$\cdots\cdots\cdots\cdots\cdots (1)$$
을 정차방정식 또는 차분방정식(差分方程
式)이라 부르고 n을 이 정차방정식의 계
수라 한다.
$$\Delta y(t) = y(t+1) - y(t)$$
를 $y(t)$의 제1계차 또는 제1차분이라 하고,
$$\Delta^2 y(t) = \Delta y(t+1) - \Delta y(t)$$
를 $y(t)$의 제2계차 또는 제2차분이라 한다.
제3계차 이하도 같이 정의된다. 위의 식에
서
$$y(t+1) = y(t) + \Delta y(t)$$
$$y(t+2) = y(t+1) + \Delta y(t+1)$$
$$= y(t) + 2\Delta y(t) + \Delta^2 y(t)$$
이러한 식을 (1)에 대입하면 정차방정식은
$$F[\Delta^n y(t), \Delta^{n-1} y(t), \cdots, y(t), t] = 0$$
$$\cdots\cdots\cdots\cdots\cdots (2)$$
와 같이 $y(t)$ 및 그 계차관계식으로서 표시
할 수도 있다. (1) 또는 (2)의 관계를 만족
하는 함수 $y(t)$를 이 정차방정식의 해라 한
다. (1)식에 의하면 $y(t+1)$에서 $y(t+n)$까
지의 값은 임의로 정함으로써 $y(t)$는 t의
함수로서 확정된다. 그러므로 일반적으로
n계의 정차방정식의 일반해는 n개의 임의
정수를 포함, 이 임의정수에 일정의 수치
를 주는 것을 초기조건이라 한다. 초기조
건을 주어 임의정수를 포함하지 않는 해를
구할 때 이것을 특수해라 한다. (1)이 y에
대해서 1차식일 때, 예를 들면
$$ay(t) + by(t+1) + cy(t+2) = 0$$
$$ay(t) + bty(t+1) + d^2 y(t+2) = d$$
와 같은 식을 선형정차방정식 linear differ-

ence equation 이라 말하고, 이 중에 제1식은 모든 항이 어느 것이나 y에 대하여 1차이기에 선형동차 linear homogeneous 라고 하며, 제2식은 y에 대해 0차의 항을 포함하므로 선형비동차 linear nonhomogeneous 라고 한다. 또 (1)이 y에 대해서 1차식이 아닐 때, 예를 들면

$$y(t+1)=a\{y(t)\}^2+by(t)+c$$

와 같은 식을 비선형 non-linear 이라고 부른다. 사뮤엘슨 Samuelson, P. A. 에 의하면 경제동태는 이시점(異時點)에 있어서 함수의 관계를 가지는 체계이므로 이것을 표현하기 위하여 정차방정식이 쓰인다. 예를 들면 어떤 상품의 수요량이 당기가격의 함수이고, 공급량은 전기가격의 함수라고 하면 수급균등식은 다음 정차방정식으로 나타난다.

$$q_t=S(p_{t-1}), \qquad q_t=D(p_t)$$

만일 균형수급량 q_0 및 균형가격 p_0가 존재한다면

$$q_0=S(p_0), \quad q_0=D(p_0)$$

가 성립되어 균형점 부근에서는

$$(q_t-q_0)=\left(\frac{Sp^0}{Dp^0}\right)(q_{t-1}-q_0)$$

가 성립된다. 이것을 선형동차정차방정식이라 하고 그 해는

$$q_t=q_0+(\bar{q}-q_0)\left(\frac{Sp^0}{Dp^0}\right)^t$$

로 주어진다(Samuelson : *Foundations*, p. 265). 단 $\frac{1}{q}$은 $t=0$에 있어서의 수급량을 표시한다. 계차는 미분의 불연속으로 생각되어 정차방정식의 해법과 미분방정식의 해법과는 유사점이 많다. →동태균형·정태균형

정책무력성의 명제 政策無力性의 命題 policy ineffectiveness proposition

1970년대 중반 거시경제학계에 신고전학파 new classical school 또는 합리적 기대학파 rational expectation school라 불리우는 일군의 경제학자들이 등장하였다. 이들은 합리적 기대라는 가정에 기초하여 정부의 정책개입은 기본적으로 단기와 장기에 걸쳐 모두 효과가 없다고 하는 정책무력성의 명제 policy ineffectiveness proposition를 제시하였다. 현실적으로 발생되고 있는 단기적인 경제변동은 경제주체의 정보부족에 기인한다는 것이다. 정부가 신속하고 충분하게 정보를 제공하여 모든 경제주체에 대부분의 정보를 충분히 인식시키면 국민경제의 경기변동현상은 최소화될 수 있다는 견해를 취하며 정부의 정책개입에 반대하였다. 이러한 합리적 기대가설에 기초하여 이들 학파가 제시하는 경제정책에 대한 견해는 다음과 같다.

첫째, 예상된 총수요정책은 실질총생산이나 고용과 같은 실질변수에 전혀 영향을 미치지 못한다. 경제주체는 인플레이션에 대한 기대를 형성할 때 체계적인 오류를 범하지 않기 때문에 그들은 예상된 총수요정책의 내용을 이해하고 그것이 물가수준과 경제전반에 미치는 영향을 정확히 예측한다. 따라서 그들은 이러한 예상된 정책조치에 대하여 즉각적으로 반응한다. 예를 들면 확대통화정책이 실시될 경우 그들은 일반물가수준이 어느 정도 상승할 것인가 그리고 이에 따라 그들의 실질임금이 얼마나 잠식될 것인지를 예측한다. 그들은 예측된 실질임금의 잠식을 보상받기 위하여 물가상승분 만큼의 명목임금 인상을 요구한다. 이렇게 되면 물가수준의 상승으로 잠시 떨어진 실질임금은 곧바로 원래의 수준으로 되돌아가게 되며 따라서 기업은 고용을 늘리고 생산을 증가시킬 아무런 유인도 가지지 못한다. 이와 같이 실질총생산은 예상된 총수요정책에 의해서 전혀 영향을 받지 않게 되는데, 이는 경제주체들이 합리적 기대를 가질 경우 그러한 정책조치들의 효과를 무력화시킬 수 있는 정보를 구비하고

있기 때문이다. 이러한 결론을 정책무력성의 명제 policy ineffectiveness proposition라 한다. 이와 같이 합리적 기대가설은 거시경제정책과 관련하여 매우 혁명적인 의미를 갖는다. 만약 정책무력성의 명제가 옳다고 한다면 경제의 안정화를 도모하려는 총수요정책에 대하여 어떠한 역할도 기대할 수 없게 될 것이다.

둘째, 이러한 정책무력성의 명제에 수반되는 가설로 합리적 기대이론가들은 예상치 못한 총수요정책(수요충격)만이 실질총생산과 고용을 변동시킨다고 주장한다. 합리적 기대이론가들은 경제주체가 예상치 못한 정책교란에 의해서 야기되는 물가수준의 변동까지도 정확히 예견한다는 강력한 가설을 주장하지는 않는다. 이러한 경우 경제주체들은 물가수준의 변동을 예측하지 못하므로 정부정책에 대하여 즉각적 반응을 보이지 못하며, 따라서 이제 물가수준의 상승으로 실질임금이 하락하기 때문에 기업은 고용을 늘리고 생산을 확대한다. 이와 같이 예상치 못한 총수요정책은 실질총생산과 고용과 같은 실질변수에 영향을 미치게 된다. 합리적 기대가설은 총수요관리정책의 효과에 관해서 프리드먼의 자연실업률가설보다 회의적이다. 생산이나 고용의 자연율수준으로부터의 이탈은 오직 불가항력적 오류가 있을 때에만 일어난다. 다시 말하자면 정책당국자가 교묘하게 정책의 내용이나 집행시기를 숨긴다거나, 모든 가능한 정보를 다 이용하였지만 그 범위 밖에 있는 사건이라든지 하는 경우에만 경제주체들이 착오를 일으켜 수요충격에 반응하게 되는 것이다.

정체이론 停滯理論 ☞장기정체이론

정화 正貨 specie

일반적으로 보조화폐·지폐에 대한 본위화폐를 말한다. 금본위국에서는 본위화폐인 금화와 신화폐발행을 위한 준비 또는 대외결제를 위한 준비로서의 지금(地金)을 정화라고 할 수 있다. 현재에는 금본위제도를 채택하고 있는 나라가 거의 존재하지 않으므로, 금화 및 지금 외의 금과 확실하게 태환(兌換)될 수 있는 외국환 등도 정화에 포함시키는 경우가 있다. →법화

정화수송점 正貨輸送點 gold points

정화의 수출입이 일어나는 환시세의 한 계점을 말한다. 금본위제하에서 환시세는 금평가를 기준으로 한 일정의 범위내, 즉 정화수송비용을 가감한 한도내에서 변동

예를 들어 파운드화의 환시세변동을 살펴보면 파운드화의 환시세는 어느 점 이상으로 등귀(騰貴)할 수 없다. 그 이유는, 그 이상 등귀하면 미국의 수입업자는 달러화로 파운드화를 매입하는 대신 금을 매입, 이 금을 영국에 수출하여 파운드화를 대가로 매각하면 정상적인 환시장에서 소요되는 달러화보다도 적은 액수로 결제할 수 있기 때문이다. 파운드화의 공급이 완전탄력적인 상태로 되는 상한의 환시세를 금의 상방(上方)수출점 또는 금의 수출점 gold export point 이라고 한다.

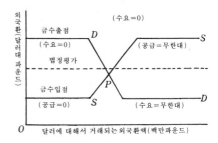

파운드화에 대한 수요가 완전히 탄력적이 되는 시세를 파운드화에 대한 금의 하방(下方)수송점 또는 금의 수입점 gold import point 이라고 한다. 그 점까지는 금이 평상보다 낮은 율로 수입하게 되는 것이므로 그 점이 파운드화에 대한 달러화 표시의 최저가격이 된다. 금의 수출점과 수입점과의 차는 금의 선적비, 수송중의 금가치에 대한 이자경비, 보험료, 운임 등 정화운송비에 따라 결정된다. 운송비의 증대는 정화수송점간의 차를 크게 하며, 이자 경비의 감소는 정화수송점간의 간격을 좁힌다. 금본위제하에서의 정화수송점 조작은 환시세의 변동범위를 한정하므로 환에 높은 안정성을 부여한다. →환율, 환차손익

제국주의 帝國主義 imperialism

제국주의란 말은 라틴어인 황제국가 imperium 에서 유래되었다 하나 이 말을 일반적으로 사용하게 된 것은 1870년대 이후라고 한다. 즉 당시 영국의 보수당원이었던 디즈레일리 Disraeli, B. 가 '제국적 결합의 정책'이 필요함을 강조하였고 이어 챔벌린 Chamberlin, E. H. 이 공공연하게 제국의 확대강화를 주장하게 되어 제국주의가 유행어로 등장하게 되었다고 한다. 제국주의는 식민지주의나 팽창주의와 밀접한 관련을 갖는다. 따라서 제국주의의 공통적 특징은 단일목적이 아니라 다목적을 위한 행동·억압·침략 및 팽창 등이라 할 수 있다. 제국주의론도 보는 관점과 분석방법에 따라 제국주의의 철학이론·경제이론·사회이론·정치이론·군사이론·심리이론 등으로 분류된다. 그러나 이 중에서 경제이론이 다른 이론보다 체계상 우월한 것으로 인정받고 있다.

제국주의 경제이론은 자유주의이론과 마르크스주의이론으로 대별된다. 자유주의이론은 홉슨 Hobson, J. A. 을 효시로 한다. 홉슨에 의하면 제국주의란 단지 종주국과 식민지와의 관계에 머무르는 것이 아니라 그보다 더 고차원의 선진국에 의한 후진국의 착취나 선진국의 기생성의 발전과 같은 현상이며 자본주의체제내에서 상품과 자본의 잉여를 해외시장이나 해외투자로써 해결하려는 데 제국주의의 근원이 있다고 본다. 이것은 마르크스주의 이론과 외견상 유사하지만 홉슨은 생산과 소비의 정상적 경제관계가 유지되지 못하기 때문에 과잉저축이 부의 과잉을 이루고 해외시장이나 해외투자를 위한 지역을 추구하게 되므로 만약 잉여소득을 소유자로부터 이전하고 노동자에게 고율의 임금을 지불하는 등의 방법에 의해 소비를 제고시켜 과잉저축을 처리할 수만 있다면 해외시장이나 해외투자지역을 쟁탈할 필요는 없을 것이라고 생각했다. 이와 같이 홉슨은 제국주의란 자본주의체제내에서 조정이 잘 이루어지지 않은 결과이므로 제국주의의 확장은 불가피한 것도 것도 아니고 잉여의 처리를 위한 합리적인 방법도 아니며 다만 양자택일적인 국내정책이라고 생각했다.

한편 마르크스주의 이론은 카우츠키 Kautsky, J. H. R. 와 힐퍼딩 Hilferding, R. 을 중심으로 하는 이론과 레닌 Lenin, V. I. 을 중심으로 하는 이론으로 구분된다. 전자의 이론은 자본주의의 내재적 모순으로부터 혁명발전론을 전개하지도 않고 독점·금융자본주의를 자본주의의 내재적 모순의 발전으로 파악하지도 않으며 그것을 다만 조직화된 자본주의나 금융자본의 정책으로 파악한다. 따라서 제국주의와 자본주의의 개연적(蓋然的) 관계는 인정하나 필연적 관계로 보지는 않고 있다. 이에 반해 레닌 등의 이론은 이와 같은 조직된 자본주의론, 금융자본정책으로서의 제국주의론, 변증법부정의 점진주의론, 일반

적 궁핍화의 부정론 등과는 근본적으로 다르다. 즉 레닌에 의하면 제국주의는 자본주의의 특수한 역사적 단계로서, 그 특수성은 첫째, 독점자본주의이고 둘째, 기생적이며 부패하는 자본주의이고 셋째, 사멸하고 있는 자본주의라고 규정하였다.

또한 그는 제국주의의 특징으로서 ① 생산과 자본의 집적·집중이 고도의 단계에 도달하여 독점을 형성하고, ② 은행자본과 산업자본의 융합에 의한 금융자본의 성립과 이를 기초로 한 금융과두제(金融寡頭制)의 형성 ③ 상품수출보다 자본수출이 특별한 의의를 가지며 ④ 국제적 독점자본가 단체가 형성되어 시장의 분할, 가격정책, 생산규모 등에 관해 경제면에서의 세계분할이 이루어지고 ⑤ 자본주의열강 사이에 지구의 영토적 분할이 이루어지고 영토획득을 위한 투쟁과 식민지쟁탈전이 격화된다는 것이다.

한편 슘페터 Schumpeter, J. A. 는 이상의 경제이론과 달리 제국주의의 본질을 국가의 무목적·무제한적 팽창성향 및 충동이라고 보았다. 따라서 역사상의 모든 제국주의를, 예컨대 고대로마제국이나 근대유럽의 전제군주국들에 의한 대외침략도 본질적으로는 동일시하여 제국주의를 초역사적으로 파악하였다. →독점자본주의, 초제국주의론

제도학파 制度學派 institutional school

미국에서 주로 19세기 말엽부터 1930년대에 걸쳐서 발달한 학파인데 경제현상을 역사적으로 발전·진화하는 사회제도의 일환으로 파악하려 하였다. 이 학파의 대표자는 엘리, 창설자인 베블렌 Veblen, T., 미첼 Mitchell, W. S., 코먼즈 Commons, T. R. 등이다. 19세기 초부터 미국에는 영국 고전학파경제학이 수입되었는데 남북전쟁 이후의 급속한 독점기업의 발전과 농민·

노동자의 빈곤화에 따라 고전학파의 이론과 정책을 비판하는 독일역사학파의 경제학과 사회정책사상이 흘러 들어왔다. 그러나 얼마 안가서 역사학파의 극단적인 이론 경시에 대한 반발이 일어나 한계효용이론의 섭취도 시도되었다. 이러한 사정을 배경으로 창설된 제도학파는 행동심리학·프래그머티즘(실용주의)·진화론·사회개량주의를 기초로 하여 고전학파경제학을 비판하고 이론적 연구와 더불어 귀납적·역사적 연구를 중요시하는 제도학파경제학이 성립되었다.

이 제도학파는 고전학파의 쾌락주의적 전제인 호모 이코노믹스 homo oeconomicus 라는 개념을 버리고, 성향과 습관의 심리학을 전제로 해야 한다고 주장하였다. 그러한 입장에서 제도학파가 말하는 '제도'는 넓은 의미를 가져 사회적 승인을 받은 관습적 사고와 행동양식, 또는 가족·주식회사·노동조합·국가 등 그 자체의 활동준칙을 가지는 사회제도를 말한다. 그리고 이와 같은 제도의 누적적인 발전으로서의 경제현상을 사회복지의 증진이라는 견지에서 고찰하고 있는 것도 이 학파의 특색이다. 이 학파는 점차 현실적인 사실에 관한 실증적 연구를 지향하였고 경제통계와 사회통계의 분야에서 큰 성과를 거두었다. 이와 같은 통계적 총량분석과 사회개량주의의 경향은 후에 미국이 케인즈 경제학을 받아들이는 소지를 형성하였다.

제로성장(成長) zero economic growth ZEG

로마클럽이 메사츄세츠공과대학(M. I. T.)에 위탁한 연구 '성장의 한계'에 의하면 식량, 환경오염, 자원고갈, 인구과밀 등의 요인을 들어 그것들이 제약요인이 되어 금세기 말에 세계는 성장정체에 빠져 정상상태가 되지 않을 수 없다고 하였다.

이러한 사고경향을 상징적으로 제로성장이라 부른다. 그러나 이러한 비관적인 생각에 대하여 인류는 여태까지 각종의 장애를 극복해 왔고 이제부터도 공해가 없는 기술의 개발, 신에너지개발 등에 의하여 인류생활을 저지하는 장애를 제거하고 경제성장을 수행할 것을 믿는다는 반론이 있다. 또 이러한 반성장사상에 대하여 인류의 복지향상에 항상 일정한 경제성장이 불가피하다는 관점에 서서 이러한 제로성장의 사고를 하나의 기우(杞憂)에 불과하다고 보는 사람도 있다.

제본스 Jevons, William Stanley (1835 ~1882)

영국 한계효용학파의 창시자로서 오스트리아학파의 맹거 Menger, C., 로잔느학파의 왈라스 Walras, M. E. L. 와 비견할 만한 경제학자이다. 영국의 리버풀에서 출생하여 런던대학에서 수학하고 1866년 맨체스터의 오웬칼리지에서 논리학 및 윤리학 교수를 지낸 바 있으며, 1875년에서 80년까지는 런던대학 경제학교수로 재직하였다. 그의 주저 「경제학의 이론」에 나타난 교환의 이론은 효용함수의 분석을 기초로 삼고 있다. 재화상호의 교환비율인 가치를 결정하는 것은 그 재화의 '효용이고 이것은 재화소유량과 더불어 변동하기 때문에 이 효용변동의 법칙, 즉 효용 및 이기심의 역학의 확립이 이론경제학의 의무라고 말하고 있다.

[주 저] *Theory of Political Economy*, 1871, 4th ed., 1911; *Principles of Economics*, ed. by Higgs, H., 1905; *Elementary Lessons in Logic*, 1870; *Methods of Social Reform*, 1883.

제 4 세계 第四世界 fourth world

개발도상국 중에서도 하위그룹에 속하며 석유와 같은 유력한 자원을 가지지 못한 제국을 말한다. 일반적으로는 선진자본주의제국을 제 1 세계, 소련·동구라파 등의 사회주의제국을 제 2 세계, 개발도상국을 제 3 세계라 부르고 있다. 그러나 미·소의 초대국을 제 1 세계, 유럽·일본 등을 제 2 세계로 보는 나라도 있어 제 1 세계에서 제 2 세계까지의 정의는 반드시 명확하지 않으며 또 공통적이라고 볼 수는 없으나 제 3 세계가 개발도상국을 가리키는 데는 그 정의가 일치한다. 그러나 제 3 세계 중에서도 자원국과 비자원국간의 경제격차는 점차 확대일로에 있다.

1974년 2월의 회교국수뇌회의와 1974년 3월의 비동맹제국회의 등 제 3 세계의 국제회의에서도 이 문제가 표면화되었지만 석유위기에 대처하기 위해 개최된 4월의 국제연합자원특별총회 이후 비자원개발도상국을 가리켜 특히 제 4 세계라는 단어가 사용되게 되었다. 이것은 자원위기의 영향이 같은 석유소비국 중에서도 선진국보다 경제구조가 약한 개발도상국에서 심각하게 나타난 까닭에 제 4 세계를 MSAC 와 같다는 설도 있다. →개발도상국

제 4 차산업 第四次產業 ☞정보산업

제 3 차산업 第三次產業 ☞제 1 차산업·제 2 차산업·제 3 차산업

제욕설 制慾說 abstinence theory

시니어 Senior, W. N. 에서 비롯된 이자학설로서, 자본에 대한 이자는 자본가가 자기의 소비를 절약하여 저축한 화폐를 자본으로 이용한 것에 대한 보수라고 주장하는 학설을 말한다. 제욕이라는 의미에는 소비억제에 의해서 자본이 형성된다는 것뿐만 아니라, 이 자본을 생산과정에 투입함으로써 보다 큰 생산효과를 얻는다는 적극적인 생산행위도 포함된다. 따라서 노동

이 노동자의 고통이라는 희생에 대한 보수라면, 이자(또는 이윤)는 소비로부터 얻을 만족을 억제한다는 희생에 대한 보수라고 규정하였다. 여기에서 생산비는 노동과 제욕으로 구성되며 이들에 대한 소득이 각각 임금과 이자가 되는 셈이다.

이와 같이 시니어는 생산에서의 자본가의 역할도 생산적이라고 주장하여 자본가의 이윤획득을 합리화하였다. 후에 마샬 Marshall, A. 등은 시니어가 사용한 금욕적·윤리적 색채를 띠는 용어 대신에 자본 사용에 의해 장래에 보다 큰 생산효과를 가져올 수 있다는 측면을 중시하여 기대 또는 대인(待忍) waiting 이라는 용어를 사용하였다.

제 2 차산업 第二次產業 ☞제 1 차산업 · 제 2 차산업 · 제 3 차산업

J 커브 효과 (效果) J-curve effect

한 나라의 환율상승(하락)은 그 나라의 경상수지를 개선(악화)시키는 효과가 있다. 그러나 환율의 변화가 경상수지에 이러한 효과를 미치기까지는 시차가 존재하고, 환율이 변화한 직후에는 오히려 이와 반대되는 효과가 일정 기간에 걸쳐 발생한다. 이것을 J 커브 효과라 한다.

J 커브 효과가 생기는 기본적인 이유는 가격변화에 대하여 수량변화가 시차를 갖고 일어나기 때문이다. 예를 들어 우리 나라의 대미 경상수지가 적자인 경우 원화가치가 하락(환율상승)하더라도, 단기적으로는 수출입량이 그에 따라 탄력적으로 변화하지 않기 때문에, 달러로 표시한 수출액(=수출가격×수량)은 하락(환율이 상승하면 달러로 표시한 수출가격이 하락하기 때문)하고 수입액(=수입가격×수량)은 별로 변화하지 않아, 경상수지 적자폭이 커지는 것이다. 그러나 시간이 경과하

면 가격변화에 따라 수량이 조정되어 정상적인 효과가 나타난다. 이것을 그래프로 표시하면 (가로축에 시간, 세로축에 경상수지) J 자 모양(환율이 하락하는 경우에는 역 J 자 모양)이 되기 때문에 J 커브 효과라고 하는 것이다.

제 1 차산업 · 제 2 차산업 · 제 3 차산업 第一次產業 · 第二次產業 · 第三次產業 primary industry · secondary industry · tertiary industry

클라크 Clark, C. G. 에 의한 산업분류로서 제 1 차산업에는 농업·임업·수산업·목축업·수렵업 등이 포함되며, 제 2 차산업에는 제조업·광업·건설업·전기수도가스업이, 그리고 제 3 차산업에는 상업·운수통신업·금융업·공무·가사·자유업 등이 포함되어 있다. 이러한 클라크의 3분류법은 페티 Petty, W. 가 산업을 농업, 제조업 및 상업으로 분류한 것을 전산업에 확장시킨 것이라 할 수 있다.

클라크의 3분류법은 주로 다음의 세 가지 점에 의거하고 있다. 첫째, 제 1 차산업의 생산물은 주로 생활필수품이기 때문에 그 수요가 확실히 비탄력적이라는 점, 다시 말하면 소득증가율만큼 수요가 증대되지 않는다는 사실이다. 둘째, 제 1 차산업은 생산량이 증대함에 따라 생산물단위당 생산비가 증가하는 이른바 수확체감의 법칙이 적용되는 데 반해 제 2 차산업은 반대로 수확체증의 법칙이 적용되고 있다는 점이다. 셋째, 제1, 2차산업의 생산물은 운반이 가능하기 때문에 이를테면 국제무역의 대상이 될 수 있는 데 반해서 제 3 차산업의 생산물은 원칙적으로 그것이 불가능하다는 점이다. 원래 개념 또는 분류의 유용성은 그것이 낳는 분석상의 성과에 달려 있다.

클라크는 '농업보다도 제조업이, 제조

업보다는 상업의 이득이 훨씬 더 많다'고 하는 페티의 인식을 자신의 산업분류에 적용하여 경제진보에 따라 제1차에서 제2차로 제2차에서 제3차로 자본·노동력 및 소득의 비중이 증대해 간다는 경험적 법칙을 페티의 법칙이라 일컫고 각국의 자료에 의거해서 통계적으로 확인하려고 했다. 사람에 따라서는 이것을 클라크의 법칙이라고도 한다. 따라서 클라크의 3분류법의 유용성도 부분적으로 클라크의 법칙이 타당한 것으로 입증되느냐에 달려있다고 할 수 있다. 그러나 이 법칙을 확인하기 위해서는 산업의 소득격차를 초래하는 요인 이외에 일반적으로 산업구성의 변화를 규정하는 조건들에 관한 경제학적인 구명이 필요하다.

제품(製品)사이클 론(論) product cycle theory

신제품은 생물의 경우와 마찬가지로 출생에서 시작하여 성장기를 거쳐 노쇠기에 이른다고 보고, 신제품의 3단계론과 연구·개발요소의 이론(R & D 이론)을 교묘하게 결합시켜 일정한 단계에 있어서의 제품은 어떤 나라에서 만들어지게 되느냐를 설명하는 이론으로 버논 Vernon, R. 과 킨들버거 Kindleburger, C. P. 등에 의해 제시되었다. 우선 발명이 어떤 나라에서 용이한가는 R & D 이론에 의하면, 보다 노동절약적이며 소득탄력적인 신제품개발에 있어서 미국과 같은 고소득국이 유리하다.

그러나 그 제품에 대한 수요가 확대됨에 따라 그 제품의 신생기 new phase stage 는 지나가고 다음 단계인 성장기 growing stage 에 들어간다. 이 때 판매고는 급격히 상승하며 생산설비의 고정화와 규모의 경제가 가능하게 되고 대량생산방법과 대량판매방법이 도입된다. 그리고 마지막 단계인 성숙기 mature stage 에 도달하게 되는

데, 이 때 제품의 판매액의 증가추세는 둔화되며 제품은 기술적으로 일정한 방향으로 굳어진 표준품이 된다. 이 시기에 있어서는 신생기와 성장기에 연구개발활동과 기업경영능력이 결정적 역할을 담당한 것과는 달리 미숙련노동이 중요한 역할을 맡게 된다.

이상과 같이 제품은 각 단계의 사이클을 보여주며 각 단계에 있어 선도국(가령 미국), 선진공업국(가령 유럽제국) 및 저개발국이 이에 대하여 어떤 대응을 보여주는가를 설명하고 있다. 즉 세 가지 유형의 나라에서 전개되는 무역의 패턴을 본다면, 제품의 신생기에는 선도국에서 선진공업국과 저개발국으로 신제품의 수출이 이루어진다. 다음 성장기에 이르면 선진공업국의 수출경쟁력이 강화되어 선도국은 저개발국을 상대로 한 수출경쟁에서 선진공업국에 패배하고 아울러 선도국의 국내시장에서까지도 국산품과 선진공업국 제품과의 경쟁에서 불리하게 된다. 드디어 선도국은 선진공업국으로부터 이 제품을 수입하게 된다. 이러한 관계가 선진공업국과 저개발국 사이에도 그대로 되풀이된다. 결국 제품의 생산지위는 저임금의 저개발국으로 이동된다. 그리하여 선진공업국은 저개발국으로부터 이 제품을 수입하게 된다. 이와 같이 세 개의 단계를 가진 제품사이클에 대응하여 생산이 선도국에서 다른 선진공업국으로, 다시 저개발국으로 이동되어 가는 관계를 밝혔다. 이와 같이 기술혁신이 활발한 첨단적인 공업분야에 있어서의 무역패턴은 헥셔-오린정리로는 설명될 수 없다.

이 이론은 한 제품의 생산에 관한 입지론적 고찰이 중심을 이루고 있으며, 또한 어떤 수출산업의 신생, 성장 및 성숙이 무역과 어떠한 관계가 있는가를 구명하는 유력한 이론이 되고 있다. 그러나 ① 이 이론

의 일부를 구성하고 있는 R & D 요소이론
은 핵셔-오린정리의 테두리를 벗어난 이
론이 아니다. ② 선도국, 선진공업국, 저
개발국의 세 가지 유형으로 입지를 구분하
여 설명하고 있으나 선도국에서 선진공업
국으로, 다시 저개발국으로 생산과 수출의
이동에 관한 설명이 이론적으로 명확하지
않다는 비판이 있다. ③ 제품사이클론에
등장되는 제품은 신제품 가운데서 성장상
품을 가리키는데, 이러한 제품이 세계무역
중에서 차지하는 비중은 매우 적다. 따라
서 이 이론은 무역의 패턴을 결정하는 일
반적인 이론으로서는 설득력이 부족하다
할 것이다. →연구·개발요소이론, 핵셔-오
린정리

제품차별화 製品差別化 product differentiation

제품차별화는 과점하의 기업간의 경쟁
형태가 가격경쟁에서 비가격경쟁으로 변
화한 것과 관련하여, 기업이 고객으로 하
여금 자기 제품을 다른 경합 제품과 구별
할 수 있게 함으로써 수요를 통제하고 경
쟁에서 유리한 입장에 서려는 수단이다.
이 제품차별화전략을 기업의 중요한 경쟁
적 무기로 시장이론에 도입한 최초의 학자
는 쳄벌린 Chamberlin, E. H. 이었다.

기업이 제품차별화를 행하는 이유는, 실
제의 시장이 동질적시장 homogeneous
market 이 아니라, 이질적시장 heterogeneous market 이고, 고객도 소득이나 기호가
다르고 독특한 요구를 가지고 있으므로 기
업은 상이한 욕구를 가진 고객에게 알맞는
상이한 제품을 제공하여 개별적 유리성을
확보하려고 하기 때문이다. 제품을 차별화
하는 구체적인 방법으로는 첫째, 제품 자
체의 외관, 품질, 성능 등 물리적 특성을
변경시키는 것과 둘째, 제품 자체의 물리
적 특성은 거의 차별하지 않지만 제품에

대한 고객의 신뢰도, 이미지, 제품에 대한
이해도나 호의적 태도 등 심리적 특성을
변화시키는 방법이 있다.

조건부수렴 條件附收斂 conditional convergence

경제여건이 비슷한 국가들은 처음의 차이
를 극복하여 결국은 동일한 생활수준을 경험
하게 된다는 경제성장 가설을 말한다. 생산
함수의 형태, 기술수준, 저축률, 감가상각률
등에 있어서는 조건이 동일한 나라들이 단지
초기자본축적량의 크기에서 차이를 보인다
면, 오랜 시간이 지남에 따라 국가간 경제발
전의 격차가 점차 해소되어, 궁극적으로 모
든 나라가 똑같이 잘사는 상태로 수렴한다는
것이다. 이와 같이 모든 나라의 경제를 동일
한 특징을 지닌 솔로우모형 Solow medel으
로 대표되는 전통적인 신고전학파의 성장모
형으로 나타낼 수 있다면, 각 국의 1인당 자
본축적량은 정상상태의 1인당자본축적량으
로 수렴하게 될 것이므로 모든 나라의 1인당
소득은 언젠가 같아지게 된다. 이러한 결과
를 소득의 조건부수렴 conditional convergence이라 한다. 초기자본축적량을 제외한 다
른 여건이 동일한 국가들만이 수렴의 대상이
된다는 점에서 모든 경제여건이 다른 나라간
에도 수렴이 이루어진다고 본 절대수렴 가설
과 구별된다.

맨큐 N. Gregory Mankiw, 로머 David
Romer 및 와일 David Weil은 솔로우모형이
각국간 소득수준의 수렴을 예측하기보다는
어떤 나라의 1인당 소득이 그 나라의 정상상
태 수준으로 수렴하는 것을 예측하는 것으로
보았다. 따라서 그들은 정상상태 소득수준의
결정요소들을 일정하게 통제한 후 수렴이 일
어났는가를 판단하여야 한다고 주장하였다.
한 나라의 1인당 소득수준이 낮지만 또한 그
나라의 정상상태 1인당 소득수준이 낮을 경
우 솔로우모형은 그 나라가 1인당 소득수준

이 높은 나라와 같은 소득수준으로 수렴하는 것은 아니라는 것이다. 이들은 정상상태 소득수준을 결정하는 요소로서 인적 자본, 저축, 인구증가 등을 들고 이들 변수를 성장모형에 추가하여 121개국을 대상으로 1960년부터 1985년까지 조건부 수렴이 일어났는지를 조사하였다. 그들은 고등학교 이상을 마친 인구수를 인적 자본에 대한 근사치로 사용하고 근로자 1인당 총생산 증가율을 종속변수로, 1960년 근로자 1인당 총생산을 독립변수로 하여 회귀분석을 시행한 결과 가난한 나라가 보다 빠른 속도로 성장하였다는 증거를 찾지 못하였다. 그들은 각국의 소득수준이 수렴하는 현상을 서방 선진국에서는 관찰할 수 있지만 보다 장기적으로 그리고 후진국까지 함께 관찰해 보면 이러한 소득수준의 수렴현상을 발견할 수 없다고 주장하였다. → 절대수렴

[참고문헌] 이지순, 「거시경제학」, 2000

조건부계약 條件附契約 contingent contract

주로 노동계약에 적용되는 개념으로 어떠한 상황이 발생하면 그에 맞추어 어떠한 일을 하겠다는 계약을 말한다. 노동계약은 계약기간 동안에 적용할 임금과 노동조건을 확정해 놓고 채용여부는 경제사정에 따라 사용자가 임의로 정하도록 하는 경우가 많다. 이 경우 노동자를 채용하는한 사용자는 이미 결정된 임금을 지불하여야 하며 경기가 악화되어 해고가 불가피해지면 노동자는 실업을 감수해야 하는 것이다. 이렇듯 임금수준을 사전적으로 정하는 노동계약이 일반화되어 있으면 총공급곡선은 우상향한다. 계약기간 동안 임금이 고정되어 있으므로 물가상승이 기업의 실질임금 부담을 낮추게 되고 이에 따라 고용이 늘고 생산량이 증가하는 것이다.

그러나 노동계약이 반드시 임금을 고정시켜 두는 형태로만 체결되는 것이 아니며 근래에는 예견할 수 있는 경제여건의 변화를 되도록 충실히 반영시키는 조건부계약으로 바뀌고 있다. 조건부계약 관행이 일반화되면 예상하지 못한 물가의 변화가 있을 경우에만 실질임금이 변화된다. 예견되는 변화는 이미 노동계약, 특히 임금계약에 반영되어 있기 때문이다. 따라서 노동계약을 맺을 당시에 예상하지 못했던 요인으로 인해 물가가 변화되는 경우에만 물가변화가 생산량변화와 관련을 맺게 된다. 그러나 예상하지 못한 물가변화로 인한 생산량변화의 효과는 오래 지속되지 않으며 물가변화를 사후적으로 반영해서 임금을 조정하는 계약을 맺는 경우에는 더욱 더 그러하다. 따라서 장기계약이 일반화되어 있는 경우 총공급곡선은 매우 비탄력적이 될 것이다. 그러나 노동계약이 시기적으로 보아 엇갈려서 맺어진다는 사실이 총공급곡선의 탄력성을 높이는데 기여한다. 노동계약을 체결하는 시점이나 계약기간이 산업별 또는 기업별로 모두 같지 않고 시간적으로 보아 서로 엇갈려 있기 때문에 총공급곡선의 탄력성이 커지게 되고 예상하지 못한 물가변화에 따른 생산량 변화효과가 비교적 크게 나타날 수 있는 것이다.

조건부 재화 條件附 財貨 contingent commodities

일반균형이론은 원래 불확실성을 도입하지 않고 전개된 이론이다. 이 원래의 일반균형이론의 모형 속에서는 모든 것이 확실하며 '비가 올지도 모른다'든가 '날씨가 더울 것 같다'든가 하는 표현은 전혀 없다. 조건부 재화라는 개념은 불확실성이 첨가된 상황에서 경제현상을 분석하기 위한 도구로서, 애로우 Arrow, K. J.에 의해 도입되고 드브뢰 Debreu, G.에 의해 발전되었다.

조건부 재화라는 개념은 기본적으로 확

실성 하의 통상적인 재화에 상황변수를 가미한 것이다. 예를 들어 동일한 우산이라도 비가 올 경우와 비가 오지 않을 경우에는 전혀 다른 것으로 간주되고, 동일한 아이스크림이라도 날씨가 더울 경우와 추울경우 각각 전혀 다른 재화로 간주되듯이, 각각의 재화는 그 물리적 속성 뿐만 아니라 그 시간적, 공간적 상황에 의해 그 성질이 구분된다. 이처럼 어떤 사건의 발생 여하에 따라 달라지는(contingent) 재화라는 의미로 이 개념은 사용되는 것이다.

S개의 상태가 있고 C종류의 재화가 존재한다면 S×C개의 조건부 재화가 존재한다고 상정하여 S×C개의 시장을 상정할 수 있다. 이 시장을 조건부 재화 시장 contingent commodity market이라 한다. 이처럼 조건부 재화 각각에 대하여 시장을 구성하고, 불확실성이 없는 경우와 마찬가지로 완전경쟁균형 및 파레토 최적을 분석할 수 있다.

조세국가 租稅國家 〔獨〕 Steuerstaat

국가의 경비에 충당할 수입을 원칙적으로 사경제로부터 조세의 형태로 조달하는 국가를 말한다. 봉건국가에서는 국가의 재정이 미분리상태에 있었고 재정수입도 가산이나 특권수입으로 구성되어 있었다. 근대국가의 성립과 함께 국가권력이 확립되어 그 발동으로 사경제로부터 조세를 징수하여 국가지출을 조달하게 되었다. 이렇게해서 자본주의국가에서의 조세는 국가를 전제로 하고 국가에는 조세가 수반된다. 그러나 최근에 와서는 팽창되어가는 재정수요의 부족을 보충하는 동시에 경제정책이나 사회정책을 구현하기 위해서 국가의 사경제적 활동이 점차로 확장되어 그 수입도 증가되어 가고 있으므로 조세국가는 붕괴되어 간다고 할 수 있다.

조세법률주의 租稅法律主義 no taxation without representaion

납세자인 국민의 대표기관인 의회가 정한 법률(세법)에 의거하지 않고서는 조세를 부과, 징수할 수 없다는 조세원칙을 말한다. 이 원칙은 1215년의 영국의 대헌장 Magna Charter에 기원을 두고 있으며 그후 근대입헌제도의 중요한 원리로서 확립되었다. 조세종류, 과세대상, 과세표준, 세율, 납세의무자, 신고 및 납세절차, 예외규정 등 조세에 관한 모든 중요한 사항은 세법으로 규정되며, 조세의 내용을 변경할 때에도 반드시 세법개정에 따르지 않으면 안된다. 이것의 궁극적인 목적은 봉건제하에서 보였던 것과 같은 과세권자에 의한 일방적·자의적 과세를 방지하자는 것에 있다.

조세부담 租稅負擔 tax burden

부과된 조세의 최종 귀착점이다. 요컨대 조세부담이란 누가 어느 정도 조세를 내느냐 하는 것이다. 현실의 조세부담을 사정하는 문제는 때때로 최종적인 조세부담자가 최초의 조세지불자와 동일하지 않다는 점에서 무척 복잡한 문제이다. 즉 많은 조세, 특히 기업에 대한 조세는 전가(轉嫁)가 가능하고 결국 최종조세부담은 소비자에 귀착되기 때문이다.

조세원칙 租稅原則 principles of taxation

국가가 경비를 조달하기 위하여 국민에게 과세함에 있어서 규준으로 삼아야 할 원칙이며 조세제도, 조세정책의 기초가 되는 조건을 말한다. 유명한 것은 스미스 Smith, A.의 4원칙으로 이것은 자유주의의 입장에서 값싼 정부의 원칙을 조세정책에 나타낸 것이다. 즉 ① 공평의 원칙 ② 명확의 원칙 ③ 편의의 원칙 ④ 경비절약의 원칙 등 네 가지이다. 독일에서는 바그너 Wagner, A. H. G. 가 9개 항에 이르는 4원칙을 수립하였는데 그것은 ① 재정정책상의 원칙 (i) 수입의 충분성 원칙 (ii) 수입의 탄력성 원칙 ② 국민경제상의 원칙 (iii) 세원확보의 원칙 (iv) 세종(稅種)선택의 원칙 ③ 공정의 원칙 (v) 부담보편의 원칙 (vi) 공평부담의 원칙 ④ 세무행정상의 원칙 (vii) 명확의 원칙 (viii) 편의의 원칙 (ix) 징세비절약의 원칙 등 9개항으로 되어 있다.

이들 원칙은 스미스의 4원칙처럼 통일적이 아니고, 9개항 중의 어떤 것은 상호 모순되지만 이것은 독일이 직면한 모순, 국가활동 확대를 위한 경비요구, 자본축적에 대한 요구, 계급투쟁 완화를 위한 사회정책적 요구의 타협적 표현에 지나지 않았다. 조세원칙은 이와 같이 조세정책을 시행하는 기반으로부터 규정되지 않을 수 없으며 또 불변의 것도 아니다. 현대의 조세원칙은 다소간 위의 원칙 중 몇 개를 수정하고 정리한 것으로 통일성을 결여하고 있다.

조세의 전가 租稅의 轉嫁 shifting and incidence of taxation

과세상·법률상의 책임부과로부터 가격조정과정을 통해 직접적 화폐부담이 최종적으로 정착하는 데까지 이르는 조세부담의 이전과정을 말하며, 특히 이 과정을 전전(轉輾) shifting 이라고 부르고, 직접적 화폐부담의 소재, 즉 조세부담의 최종적 납세자에의 귀속을 귀착 incidence 이라고 한다.

조세전가의 형태에는 전전(前轉), 후전(後轉), 갱전(更轉), 소전(消轉) 및 조세환원 등이 있다. 먼저 전전 forward shifting 이란 교환거래과정에 있어서의 전위자(前位者)에 대한 조세부담의 전가를 말한

다. 후전 backward shifting 이란 전전과는 반대로 거래상의 전위자로부터 후위자에게 조세부담이 이전하는 것을 말한다. 갱전 onward shifting 은 전전 또는 후전이 각기 연속적으로 일어나는 현상이다. 소전 transformation 은 생산자가 경영개선 또는 합리화 등에 의하여 비용을 절약하고 부과된 조세의 실질적인 부담을 회피하는 현상이다. 따라서 조세는 납부되지만 그 실질적 부담자는 존재하지 않는 것으로 볼 수 있다. 소전은 생산과정에서 일어나며 전전·후전과 같이 교환과정에서 일어나지 않는다는 데 그 특징이 있다. 마지막으로 조세환원 capitalization of taxation이란 미래의 재화소유자가 부담할 조세를 현재의 소유자가 부담하는 데서 발생하는 전가현상의 일종이다. 상술한 것처럼 조세의 전가란 시장의 가격기구를 통해서 직접적 화폐부담이 이전되는 현상을 말하는데 그 전가의 정도는 시장의 여건과 재화의 성질에 따라서 좌우된다.

조세의 전가를 결정하는 중요한 요인은 다음과 같다. 첫째, 재화의 성질(내구성 또는 소모성)에 따라서 전가의 정도가 다르게 된다. 내구성이 있는 재화는 조세환원의 효과를 발생시키고 조세의 부담이 현재의 소유자에게 귀착된다. 둘째, 재화생산의 경쟁조건(경쟁재 또는 독점재)을 들 수 있다. 경쟁기업의 생산물은 경쟁가격에 의하여 결정되며 정상이윤을 포함한다. 따라서 과세로 인한 한계생산비의 상승은 조세의 전가를 용이하게 만든다. 셋째, 조세의 성질에 따라 전가의 정도가 다른데, 조세의 부담이 일반적인 조세(예컨대 소득세)일수록 전가는 일어나지 않는다. 넷째, 재화의 수요 및 공급의 탄력성이 조세전가의 중요한 결정요인이 되는데 생활필수품과 같이 수요탄력성이 작은 재화에 대한 과세는 소비자에게 전가될 가능성이 크며

사치품의 경우는 수요탄력성이 큰 까닭에 소비자에 대한 전가의 가능성은 작다. 또한 재화의 공급이 탄력적일수록 조세전가의 가능성은 크며 공급이 비탄력적일수록 전가의 가능성은 작다.

그 외에 생산의 유리성, 생산비 조건, 조세가 부과되는 과정, 조세액의 많고 적음 등이 전가의 결정요인으로 지적될 수 있다. 이상 열거한 여러 가지 요인에 의해서 조세전가의 정도가 결정되며 그 결과에 따라서 재화의 가격과 생산량에 영향을 미치게 된다. 그러나 조세의 전가에 관한 분석은 부분균형분석이라는 약점을 가지고 있으므로 조세의 경제적 효과에 관한 분석의 일환으로서 다루는 데는 한계가 있음을 유의해야 할 것이다.

〔참고문헌〕 Musgrave, R. A., *The Theory of Public Finance*, 1959; 차병권, 「재정학개론」, 1973.

조업단축 操業短縮 curtailment of operation

독점자본주의 단계에서는 보통 독점기업간의 가격협정에 의하여 독점가격이 결정되고 독점이윤이 얻어지는데, 공황기에 독점가격의 동요를 방지하기 위해서 과잉생산의 해소, 즉 수요와 공급간의 균형회복이 필요하게 되어 공급량의 압축, 즉 생산제한이 불가피하게 된다. 그 방법으로서는 보통 채용되는 것이 조업단축, 즉 어떠한 형식으로라도 조업도를 일정한도까지 끌어내리는 것이 행해진다.

조업단축의 방법으로서는 ① 노동일의 단축, 휴일의 증가, 야간작업의 폐지 등에 의한 조업시간의 단축 ② 일정률의 설비축소 및 일부기계의 작업중지 ③ 원료공급의 제한 ④ 일정기준에 따라 각사에 직접생산량을 지시하는 생산할당 등이 있는데 여하튼 조업단축은 각 기업간의 통일행동하에

수행되지 않으면 효과가 없기 때문에 동업의 카르텔 결성과 그 카르텔 통제를 전제로 한다. 그런데 조업을 단축하는 것은 필연적으로 코스트를 상승시킨다. 따라서 독점이윤을 유지하기 위해서 행하는 조업단축은 그 조업단축률의 증대에 따라 상승하는 코스트로 인하여 오히려 독점이윤을 위협하기에 이르러 조업단축률을 둘러싼 독점기업간 경쟁은 치열하게 된다. 독점자본은 그 경영의 내부에서는 조업단축에 의한 코스트 상승을 방지하기 위하여 생산성의 인상을 요구하여 노동강화, 인원정리 등의 방법을 취한다. →카르텔, 조업도

조정실패 調整失敗 coordination failure

개별 경제주체의 행동을 합리적으로 조정하면 모두에게 나은 결과를 가져올 수 있음에도 우월한 결과를 가져오는 전략을 집단적으로 선택할 사적 이윤동기가 없어 열등한 결과에 머무르는 상태를 말한다. 즉 모든 기업이 A에서 B로 옮아가면 이익이 됨에도 불구하고 사적 이윤동기에 맡겨두면 B로 옮아가지 못하는 현상을 말한다. 총수요외부성이나 규모의 경제가 존재하는 경우에는 경제의 거시균형이 두 개 이상 존재할 수 있다. 그 한 예가 고소득균형과 저소득균형의 두 가지로 정해지는 경우이다. 이 때 경제가 고소득균형을 찾아가느냐 아니면 저소득균형을 찾아가느냐 하는 것이 확률적 요인에 의해 정해지는 경우가 많다. 그런데 경제가 저소득균형에 도달했을 때 외부에서 어떤 자극을 가하면 고소득균형으로 옮겨갈 수 있음에도 불구하고 시장 스스로는 그러한 자극을 만들어 낼 수 없는 경우가 있다. 이를 조정실패라고 한다.

어떤 경제활동이 외부효과를 지니면 조정실패가 일어날 수 있다. 예를 들어 시장에 참가하는 기업이 많을수록 시장이 더 잘 작동

하는 경우가 있다. 이 경우 시장참여자가 많을수록 시장이 더 잘 움직여 모든 참가자에게 도움이 됨에도 불구하고 개별기업에게 있어서는 그것이 외부효과에 불과하므로 그러한 사정을 고려에 넣어 행동할 유인을 갖지 않게 된다. 다른 기업의 시장진입을 도와주면 자기에게도 유익한 결과를 가져올 수 있음에도 불구하고 그렇게 하려는 생각을 갖지 못하게 되는 것이다. 즉, 고소득균형으로 갈 수 있음에도 불구하고 저소득균형을 벗어나지 못하게 된다.

어떤 생산활동이 산업전체로서 규모에 대한 수익증가의 특징을 지니는 경우에도 조정실패가 일어날 수 있다. 산업전체의 생산활동이 규모에 대한 수익증가의 특징을 지닌다면 그 산업의 수요가 클수록 평균생산비가 저렴해진다. 이 경우 산업전체의 수요를 확대하는 조치를 취할 수 있으면 그 산업에 참여하는 기업 모두가 혜택을 볼 수 있다. 그러나 개별기업으로서는 그러한 조치를 취할 유인을 적게 갖는다. 특정기업이 그런 조치를 취할 때 다른 기업이 따라하지 않는다면 비용은 많이 지불하면서 돌아오는 혜택은 극히 미미한 상태가 되어 손해가 될 것이기 때문이다. 그러므로 이 때에도 고소득균형으로 갈 수 있음에도 불구하고 저소득균형에서 헤어나지 못하는 상황이 전개된다. 신케인즈경제학 new Keynesian economics은 거시경제 불균형의 근본적인 원인을 조정실패와 관련된 문제에서 찾고 있다. 예를 들어 통화량의 축소나 해외수출수요가 위축되는 등 외생적인 요인으로 총수요가 감소하고 생산과 고용이 위축되는 경우 상품가격이나 임금이 신축적으로 하락하지 않아 불황이 심화된다는 것이다. 이때 모든 기업이 가격을 인하하여 수요가 회복되면 모두에게 이익이 됨에도 불구하고 그러지 못하는 것이 조정실패의 대표적인 예이다.

다른기업이 움직이지 않는다는 기대 하에 서 특정 기업이 가격을 인하하고 생산량을 확대할 인센티브가 없기 때문에 분권화된 경제체제에서 경제주체들이 그들의 개별적인 행동을 성공적으로 조정하지 못하게 되는 것이다. 한 기업의 전략선택이 다른 기업의 전략선택에 의존하는 전략적 상호보완성이 있음에도 집단적으로 일어나는 우월한 전략을 선택할 유인이 결여되어 일어나는 현상인 것이다. 따라서 신케인즈경제학은 신고전 거시경제학의 제안대로 조정실패의 원인을 제거하는 유인체계를 구축하는 것이 매우 어렵고 가격과 임금인하를 통하여 수요를 확대하는 데 장기간이 소요되므로 정부가 재정확대, 조세감면 등의 경기대책을 통하여 총수요를 확대함으로써 시장의 조정실패를 치유해야 한다고 주장하는 것이다.

[참고문헌] 이지순,「거시경제학」, 2000 ; B.Snowdon, H.Vane, P.Wynarczyk, *A Modern Guide to Macroeconomics*, 1994

좀바르트 Sombart, Werner (1863~1941)

독일의 경제학자. 사회과학에 가치판단이 혼입되는 것을 배격하고 베버 Weber, M. 와 함께 슈몰러 Schmoller, G. v.에 대항하였다. 좀바르트는 슈몰러, 바그너 Wagner, A. H. G., 딜타이 Dilthey, W., 마르크스 Marx, K. 등의 영향을 받았지만 특히 마르크스에게서 강한 영향을 받아 *Sozialismus und Sozial Bewegung*(1896)을 저술하여 유명해졌다. 이 때에도 그는 진정한 의미에서의 마르크스주의자는 아니었으며 점차 독일의 개념론적인 사회주의자로 되어갔다.

학문상으로는 신역사학파의 무이론성에 불만을 품고 이론과 역사의 통합에 노력하여 *Der moderne Kapitalismus*(1902)를 저술하고 경제체제의 개념을 수립하여 경제사회의 전체적 파악을 시도하였다. 이밖에 경제학방법론사의 연구로서 *Die drei Na-tionalökonomien*(1930)이 있다. 좀바르트는 사상적으로는 좌익에서 우익으로 전향하였다고 하며 학문적으로는 베버와 같은 논리적 엄밀성은 없으나 심미적·낭만적 경향이 강하여 당시의 젊은 학도들에게 많은 영향을 주었다.

[주 저] *Sozialismus und Sozial Bewegung*, 1896; *Krieg und Kapitalitmus*, 1912; *Die drei Nationalökonomien*, 1930; *Deutscher Sozialismus*, 1934.

종가세·종량세 從價稅·從量稅 advalorem duty·specific duty

관세는 과세방법을 표준으로 하여 종가세와 종량세로 구분된다. 과세표준을 가격에서 구할 것인가 또는 양에 의할 것인가에 따라서 무역과 과세행정 기술면에 미치는 영향이 대단히 크며 각국은 양자를 병용하거나 어느 한편만을 택일하고 있는 현상에 있다. 종가세제는 과세표준을 물품의 가격을 세율책정의 기초로 하므로 ① 관세부담이 균등·공평하며 ② 긴급한 인플레이션의 경우에도 세율책정 당시와 동등한 조세부담을 시키게 되어 안정된 재정확보를 기할 수 있으나, ① 송품장(送品狀)을 조작하여 저가신고를 하는 등의 허위를 방지하는 데 있어서의 애로와, ② 동일물품일지라도 CIF 가격을 과세가격으로 하게 되어 적출지와 시기에 따라 관세의 차가 있게 된다. 종량세는 물품의 수량을 세율책정의 기초로 하는 것이므로 물품의 수량, 즉 개수·길이·면적·용적 또는 체적·중량 등에 의하여 과세표준을 결정한다.

그러므로 이점으로는 ① 과세방법이 간편하다. ② 적출지와 시간에 따른 관세액의 차가 없다. ③ 외국이 덤핑수출을 하더라도 가격절하로 인한 관세부담의 영향이 없으므로 덤핑 방지책에 유효하다. 그러나 ① 원료품과 반제품·완제품의 가격차와 수량품일수록 세액이 높아 관세부담의 공평성을 기하지 못한다. ② 물가변동에 적응성이 없으므로 본래의 관세의 기능을 충분히 발휘하지 못하고 국가재정에도 차질이 있게 된다.

종속변수 從屬變數 ☞변수

종속이론 從屬理論 Dependency Theory

선진국 the North과 후진국 the South간 생활수준의 지속적인 차이를 설명하려는 경제발전 이론이다. 종속이론에 의하면 후진국의 발전은 식민지 시대로부터 시작하여 세계경제체제에 있어 제3세계의 종속적·주변적 역할에 의해 제약을 받아 왔다는 것이다. 이러한 관점에서 선진국과 후진국간 경제협력은 전자의 후자에 대한 착취로 특징 지워진다. 진정한 지속적 경제발전은 국제경제질서에 대한 후진국의 관계에 있어서의 근본적인 변화를 요구한다. 종속이론은 서구 중심적 진화론에 입각한 근대화이론이 부국이 빈국을 압도하는 국제권력관계를 경시하고 있다고 비판한다. 이러한 권력관계는 국제적 종속 international dependency이론이나 Immanuel Wellerstein의 개념인 세계자본주의의 체제 world capitalist system에 의하여 세계경제분석의 중심에 놓여지게 된다.

→ 근대화 이론

종합상사 綜合商社 general trade company

우리 나라와 일본에만 존재하는 대무역 상사를 말한다. 취급품목이 중공업제품으로부터 식료품에 이르기까지 다종다양하며 단순히 수출입업무 뿐만이 아니라 자원개발·유통업무 등에도 진출하는 종합적인 기능을 가진 회사이다. 일반적으로 특정상품을 중심적으로 취급하는 전문상사와 대비하여 이같은 명칭으로 불린다. 우리 나라에는 현재 삼성·대우 등 다수의 종합상사가 있다.

종합수지 綜合收支 ☞국제수지

죄수(罪囚)의 딜레마 prisoner's dilemma

게임이론에 등장하는 고전적 사례인 '죄수의 딜레마prisoner's dilemma'는 용의자의 딜레마라고도 한다. 그러나 이 게임의 두 참여자는 범죄를 저질렀다고 추정되나 아직 확인은 되지 않은 용의자들이다. 어떤 범죄를 함께 저질렀다고 짐작되는 두 용의자에게 담당검사가 다음과 같은 제안을 했다. "지금부터 당신들을 떼어놓고 심문하게 될텐데, 만약 둘 다 순순히 범행을 자백하면 비교적 가벼운 형벌인 징역 3년을 구형하겠소. 그런데 한 사람은 순순히 자백했는데 다른 사람이 부인한다면, 자백한 사람은 정직에 대한 보상으로 방면해 주려고 하나 부인한 사람은 최고형인 무기징역을 구형하려 하오. 만약 둘 다 부인한다면 당신들이 저지른 사소한 잘못을 걸어 징역 3개월을 구형하도록 할 작정이요." 만약, 이 두 용의자가 같은 장소에서 함께 심문을 받는다면 서로 눈짓을 주고받아 둘 다 범행을 부인함으로써 가장 가벼운 형벌만 받을 수 있을 것이다. 그렇지만 이 두 사람 사이에 의사전달이 전혀 허락되지 않기 때문에 이 같이 되기가 쉽지 않다. 만약 동료가 자백하지 않는다는 확신만 있으면 동지의식을 발휘해 같이 버티겠지만, 문제는 그가 어떻게 할지 전혀 짐작조차 할 수 없다는데 있다. 자신은 그를 믿고 버텼는데 그가 자백을 해 버렸다면 자신은 법정최고형인 무기징역을 구형 받는 신세가 된다. 이것이 바로 이 두 용의자가 처해 있는 딜레마이며, 이

상황은 마치 두 용의자가 하나의 게임을 하고 있는 것이나 마찬가지라고 할 수 있다.

각 용의자가 받게 될 처벌의 양을 일종의 점수로 환산하여 보수행렬을 만들어 보면 다음과 같다. 우선 방면되는 것을 가장 좋은 경우로 생각하여 10이란 수치로 환산하고, 법정최고형인 무기징역 구형을 제일 나쁜 경우로 생각하여 1의 수치로 부여한다. 다음에 징역 3년 구형을 3, 그리고 징역 3개월 구형을 7이란 수치로 환산한다.

〈 죄수의 딜레마 〉

용의자2

		부 인	자 백
용의자1	부 인	(7, 7)	(1, 10)
	자 백	(10, 1)	(3, 3)

이러한 보수행렬에서는 두 용의자 모두 자백하는 것이 우월전략 dominant strategy이 된다. 그러므로, 이 게임에서는 둘 다 자백하는 것이 우월전략균형이 되며 내쉬균형이 된다. 그러나 이러한 결과는 그들의 입장에서 볼 때 결코 바람직하지 못하다. 만약 둘이 입을 맞추어 범행을 부인하면 구형량을 3년에서 3개월로 떨어뜨릴 수 있었는데 그렇게 하지 못한 것을 뜻하기 때문이다. 이 사실을 잘 알면서도 실제로는 두 사람이 모두 범행을 자백하고 말 가능성이 크다는 데 이 게임의 특징이 있다.

그런데 용의자의 딜레마 문제에서 이 같은 결론을 도출하는 데 두 가지 사실이 중요한 역할을 하고 있다. 하나는 두 용의자를 격리시켜 심문하기 때문에 상호 의사전달을 통한 협조 cooperation가 불가능한 상황이 조성되어 있다는 점이다. 또 한가지 중요한 것은 이와 같은 게임이 단 한 번만 행해지는 것으로 상정하고 있다는 사실이다. 만약 이런 게임이 여러 번에 걸쳐서 행해진다면 상황이 크게 달라지게 된다. 동료가 자백을 했는데 부

인하고 버티다가 무거운 벌을 받은 용의자가 다음 번 게임에서 자백을 함으로써 일종의 보복을 가할 수 있게 되기 때문이다. 게임은 여러 번에 걸쳐 행해질 때는 '눈에는 눈, 이에는 이' 전략 tit-for-tat strategy이 활용될 여지가 생긴다.

주가평균 · 주가지수 株價平均 · 株價指數 stock price average · stock price index

주가평균이라 함은 다수의 주식가격의 대표가를 말하며, 산출방법에 따라 단순평균, 수정평균 및 가중산술평균의 세 종류가 있다. 단순평균은 각 채용 품목의 매일매일의 종가의 합계를 그 품목수로 나눈 것으로 1품목당의 평균적인 가격을 살필 때에는 적당하지만, 채용품목의 어느 것이건 증자신주의 할당(권리락(權利落))이 있으면 권리락 전일의 주가평균과 권리락 당일의 주가평균과의 사이에 단층이 생겨 주가평균의 연속성이 상실되는 결함이 있다. 이 단층을 수정하여 주가평균에 연속성을 부여한 것이 수정평균이다.

가중산술평균에는 각 품목의 매매액을 가중 weight 한 것(총매매대금/매매액)과 발행주식수를 가중한 것(상장주식시가총액/상장주식수)의 두 종류가 있다. 수정평균의 산출방법으로서 가장 일반적인 것은 미국의 다우 존스식 Dow-Jones averages으로 세계적으로 많이 쓰이고 있다. 다우 존스식의 수정방법은 증자신주의 할당이 있었을 경우 그 증자신주에 대한 불입을 하지 않고 권리부주식을 최종가로 매각하여 그 대금으로 이론적으로 계산된 권리락 주식을 매입함으로써 소유주수를 증가시키는 방법을 말한다. 이제 제 1 시점에 있어서 제 1 품목에 1대 R_1의 증자신주의 할당이 행해져서 그 불입금액을 A_1, 권리락 전일의 주가를 P_0, 권리락당일의 주가를

P_1이라 하면 산식은 다음과 같다.

제 0 시점의 수정평균 $\dfrac{1}{N}\sum\limits_{j=1}^{n} P_0{}^j$

제 1 시점의 수정평균

$$\frac{1}{N}\sum_{j=1}^{n} P_1{}^j \frac{\sum\limits_{j=1}^{n} P_0{}^j}{\dfrac{P_0^1+R_1{}^A}{1+R_1}+P_0{}^2+\cdots+P_0{}^n}$$
....(1)

제 1 시점의 수정평균

$$\frac{1}{N}\sum_{j=1}^{n} P_i{}^j \frac{\sum\limits_{j=1}^{n} P_0{}^j}{\dfrac{P_0^1+R_1{}^A}{1+R_1}+P_0{}^2+\cdots+P_0{}^n}$$

제 $i+1$시점의 수정평균

$$\frac{1}{N}\sum_{j=1}^{n} P_{i+1}{}^j \frac{\sum\limits_{j=1}^{n} P_0{}^j}{\dfrac{P_0^1+R_1{}^A}{1+R_1}+P_0{}^2+\cdots+P_0{}^n}\times$$

$$\frac{\sum\limits_{j=1}^{n} P_i{}^j}{\dfrac{P_i^1+P_i^2+R_2{}^A}{1+R_2}+\cdots+P_i{}^n}$$

(1)식의 $\dfrac{\sum\limits_{j=1}^{n} P_0{}^j}{\dfrac{P_0^1+R_1{}^A}{1+R_1}+P_0{}^2+\cdots+P_0{}^n}$

은 권리락 당일의 단순평균에 대한 수정배율(다우 배율)로 소득주수의 증가를 가리키는 것이다. 다우식 주가평균을 주가의 성장성을 표시하는 것이라고 하며 그 지수적 성격이 논의되는 것은 이 때문이다. 더욱이 다우식 주가평균의 일상적 계산에 있어서는 다음과 같은 제수(除數) 수정에 의한 방법이 채택되고 있고 (2)식의 분모는 항상 제수 constant divisor 라 부르고 다음 권리락(할당)이 있을 때까지 사용한다.

$$\frac{1}{N}\sum_{j=1}^{n} P_1{}^j \frac{\sum\limits_{j=1}^{n} P_0{}^j}{\dfrac{P_0^1+R_1A}{1+R_1}+P_0{}^2+\cdots+P_0{}^n}$$

$$=\frac{1}{N}\sum_{j=1}^{n}P_1^{j}\frac{\sum_{j=1}^{n}P_0^{j}}{\sum_{j=1}^{n}P_0^{j}-\frac{R_1(P_0^1-A)}{1+R_1}}$$

$$=\frac{\sum_{j=1}^{n}P_1^{j}}{N\times\frac{\sum_{j=1}^{n}P_0^{j}-\frac{R_1(P_0^1-A)}{1+R_1}}{\sum_{j=1}^{n}P_0^{j}}}\cdots\cdots(2)$$

주가평균에 있어서는 각 채용품목의 음복적(陰伏的) 웨이트를 고려할 필요가 있으나 여기에 웨이트를 부가하여 기준시점의 주가수준과 비교시점의 그것과의 변화를 분명히 한 것이 주가지수이고 그 대표적인 것에는 다음과 같은 지수가 있다.

(1) SEC(Securities and Exchange Commission) 주가지수(SEC stock price index)

$$\frac{\Sigma P_1 Q_1}{\Sigma P_0 Q_1}=\frac{\Sigma P_1 Q_1}{\Sigma P_0 Q_0+P_0 Q_a}$$

단, P_0, P_1는 각각 기준기간 base period 중의 평균주가 및 비교시점의 주가, Q_0, Q_1은 각각 기준기간중과 비교시점의 발행주식수, Q_a는 자본증가에 의한 추가주식수·$Q_1=Q_0+Q_a$(채용품목수=뉴욕 주식거래소상장 보통주 300종).

(2) 스탠다드 푸어사 주가지수(Standard & Poor's stock price index)산식은 위와 같고, 채용품목수는 500종이다.

(3) 동경증권거래소 주가지수

가격지수 $P_{01}=\sqrt{\frac{\Sigma P_1 Q_0}{\Sigma P_0 Q_0}\cdot\frac{\Sigma P_1 Q_1}{\Sigma P_0 Q_1}}$

수량지수 $Q_{01}=\sqrt{\frac{\Sigma Q_1 P_0}{\Sigma Q_0 P_0}\cdot\frac{\Sigma Q_1 P_1}{\Sigma Q_0 P_1}}$

유통대금지수 $=V_1 V_0=P_{01}\cdot Q_{01}$

단 P_0, P_1는 각각 기준월 및 비교월 중의 대금평균, Q_0, Q_1는 각각 기준월 및 비교월중의 매매액, V_0, V_1는 각각 기준월과

비교월중의 총유통대금연쇄기준을 사용(채용 품목수 225종). 위의 내용 중 (1), (2)는 모두 발행주식수를 웨이트한 것으로 장기간에 걸쳐서 주가수준의 변화를 나타내는 지표로서는 가장 신뢰할 수 있는 것이다. (3)은 일정기간 중의 주식시장에 있어서 주식유통상태의 변화를 관찰하려는 것으로, 매매액을 웨이트하여 피셔의 이상(理想)산식을 사용하여 유통대금의 변화가 주가와 매매액이 어떤 변화에 의한 것인가를 분석하려는 것이지만 주가의 권리락(할당)에 대한 수정이 이루어지지 않고 지수로서의 연속성을 상실하고 있는 것은 피셔의 이상산식이 지닌 경제적 의미를 잃는 것이다. →주식가격

주가지수 선물 株價指數 先物 Stock Index Futures

주식시장에서 연금기금이나 mutual fund 등 기관투자가의 중요성이 증대되고 시장의 전반적인 주가수준에 대한 관심이 고조되면서 창출된 선물상품으로서 주가지수에 대한 선물거래를 의미한다. 다른 금융선물이 증권 security의 지급으로 결제가 이루어지는 반면 주가지수선물은 현금의 지급으로 결제가 이루어진다. 현금지급은 이 거래의 유동성을 매우 높게 하고 특정 시장 참여자의 매점행위 cornering the market를 방지해 주는 장점이 있다. 미국에서 가장 광범위하게 거래되고 있는 Standard & Poor's 500 index futures contract의 대상인 S&P 500 index는 가장 폭넓게 거래되고 있는 500개 주식의 가치를 측정하는 지표이다. S&P 500 index contract는 최종 결제일에 S&P 500 지수에 500불을 곱한 금액을 현금으로 지급하는 것을 내용으로 한다. 예를 들어 2월 1일 June contract를 가격 800에 매도하였다면(400,000불) 최종결제 시점인 6월 말일에 당일 S&P 500 지수에 500불을 곱한 금액을 지급하고

400,000불을 지급 받는 것이다. 이러한 경우 S&P 지수가 6월 말일에 700으로 하락하였다면 June contract의 매도자는 350,000불(500불*700) 지급과 400,000불(500불*800) 수령을 June contract의 매입자와 상계한 수익 50,000불을 지급 받게 된다. 그러나 주가지수 선물은 1987년 Black Monday의 예에서 보듯이 시장의 변동성 volatility을 현저하게 확대시킨다는 비판이 있다.

주민세 住民稅 local inhabitants tax

지방세 중에서 가장 중요한 세목이다. 도·시민세와 면민세로 나누어지지만 모두가 개인과 법인의 소득을 과세대상으로 한다. 법인에 대한 주민세는 법인률과 균등률로 나누고 개인의 경우는 소득률과 균등률로 나눈다. 소득률은 국세의 소득세와 마찬가지로 개인의 소득에 비례하여 과세하고 균등률은 소득의 다소에 관계없이 일정 세율로 과세한다. 이것은 지방세가 수익자부담의 원칙에 서 있기 때문이다.

주4원칙 周四原則 Chou's four conditions

1970년 4월 중공 수상 주은래(周恩來)가 방중(訪中)한 일본측의 우호무역대표단과의 각서무역회담 후에 밝힌 것으로 ① 대만이나 한국과 거래하는 메이커, 상사, ② 대만이나 한국에 다액의 투자를 하고 있는 기업, ③ 미국이 지원하는 월남전쟁 때 무기를 제공한 기업, ④ 일본에 있는 미국의 합병회사나 자회사 등과는 거래를 하지 않겠다는 4항목의 원칙을 말한다.

주식 株式 stock, share

기업에 투하된 자본에 대한 소유명의인 주식은 고도로 발달된 가공대출자금(架空貸出資金)의 일종이다. 출자(出資)는 일종의 대출로서 나타난다. 왜냐하면 소유와 경영의 분리를 전제로 하면 경영에 관여하는 출자자도 출자라는 점에서는 소유자본가, 대출자본가로서의 의미를 가지기 때문이다. 따라서 주식은 배당형태의 이자가 약속된 대출증서, 즉 가공자본이다. 주식의 가장 뚜렷한 특징은 가공자본 자체가 상품으로서 매매의 대상이 된다는 것이다. 그 가치는 배당액이나 이자율 등에 기인하는 환상적인 자본화가치이며 처음 투하된 현실적 자본가치와는 독립하여 독자적인 운동을 한다. 주식제도는 이자를 낳는 자본이 고도로 발달한 형태이다.

주식가격의 결정 株式價格의 決定 determination of stock price

스톡개념을 적용하면, 일정시점에서 사람들이 보유하고자 하는 주식의 양(스톡수요)이 실제로 사회에 존재하는 주식의 양(스톡공급)과 일치하는 점에서 주식의 균형가격은 결정된다. 예를 들면, 어떤 시점에서 주식거래자들의 소득, 은행의 금리수준, 앞으로의 경제상황에 대한 전망 등을 고려해서 주식보유자들이 일주당 20,000원에 보유하고자 하는 주식수가 그 당시 존재하는 주식의 총량과 일치한다면 20,000원은 주식의 균형가격이다. 주식가격 결정에서 원용되는 중요한 개념인 스톡공급과 스톡수요에 대해서 설명하면 다음과 같다.

플로우공급이 '일정기간 동안'에, 또는 매'기간단위당' 판매를 위하여 생산하고자 하는 분량인데 반하여, 어떤 특정시각에 존재하는 어떤 분량 amount of something that exists at particular time이 스톡공급이다. 한편 플로우수요를 '어떤 기간 동안'내지 매'기간단위당' 사람들이 구매하고자 하는 양으로 규정한 데 비하여, 어떤 시각에 사람들이 '보유하고자 하는 양 amount of something that people want to hold at particular time'을 스톡수요라 한다. 이것을 사용하여 주식가격결정을 도시하면 그림 1과 같다.

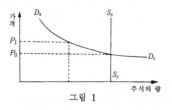

그림 1

S_sS_s는 주식의 스톡공급선이므로 주가와 관계없이 수직선으로 표시된다. D_sD_s는 스톡수요곡선이며 다른 수요곡선같이 우하향한다. 그 이유는 주식의 가격이 비싸다면, 비싸진 주식보다는 상대적으로 저렴한 다른 유가증권이나 자산을 보유하고자 할 것이므로 주식을 더 적게 수요하기 때문이다. 따라서 그림 1에서 보면 S_s와 D_s가 일치하는 P_0가 주식의 균형가격이 된다. 이제 주식가격의 결정메카니즘을 스톡수요공급은 물론 플로우수요공급까지 포함시켜 설명하면 그림 2와 같다.

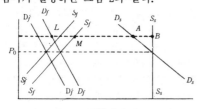

그림 2

그림 2의 왼쪽에 있는 D_fD_f곡선은 아침 개장할 때보다 더 많은 주식을 보유하기를 원하는 사람들이 그날 구매하고자 하는 주식량을 나타내는 플로우수요곡선이고, S_fS_f는 반대로, 개장하는 날 아침보다 더 적은 주식을 갖고자 하는 사람이, 그날 판매하고자 하는 초과주식량을 나타내는 플로우 공급곡선이다. 이 때 주식의 균형가격은 D_fD_f와 S_fS_f가 만나는 P_0이며 또한 S_sS_s와 D_sD_s의 교차점이기도 하다. 그리고 P_0보다 높은 P_1가격에서의 플로우 초과공급량 LM은 스톡초과공급량 AB와 일치한다.

한편 시장이 개장되어서 주식의 거래행위가 진행됨에 따라, D_fD_f와 S_fS_f는 같은 정도 왼쪽으로 이동하여 $D_f{}'D_f{}'$, $S_f{}'S_f{}'$로 된다. 왜냐하면 한 사람의 주식매입은 다른 사람의 주식매각과 일치하기 때문이다. 그러나 주식시장전체의 스톡수요와 스톡공급은 전혀 변하지 않으며 균형주식가격 역시 그날은 P_0로 고정된다.

끝으로 주의할 점은 첫째, 주식가격이 P_0에서 균형을 이루었다는 것이, 주식의 추가적인 거래가 없다는 것을 의미하지는 않는다는 점이다. 즉 P_0에서 주식의 거래는 끊임없이 이루어질 뿐 아니라 그 규모도 커지거나 작아질 수 있다. 왜냐하면 P_0에서는 사고자 하는 주식의 양(플로우수요)과 팔고자 하는 주식의 양(플로우공급)이 같으므로, 그 거래액은 그날의 시황에 따라 얼마든지 클 수도 작을 수도 있기 때문이다.

둘째, 국민경제에 존재하는 주식의 총량에 비하여 극소수(1% 미만)만이 거래되는 매일매일의 주식시장에서도 주식의 가격은 결정될 수 있다는 점이다. 이 때 거래에 참가하지 않는 대부분의 주식도, 스톡수요공급의 분석에서 본 것처럼, 똑같이 주식가격결정 메카니즘에 참여하고 있다.

→수요공급법칙, 스톡·플로우분석

주식공개 株式公開 ☞기업공개

주식배당 株式配當 stock dividend

주주에게 이익금의 일부 또는 전부를 현금이 아닌 미발행의 주식으로 배당하는 것을 말하며, 이것은 주식회사의 수권자본(授權資本)이 된다. 본질적으로 주식배당은 단지 주식회사의 자본의 구성을 변화시키는 것에 불과하다. 왜냐하면 잉여금 또는 유보이익의 계정액이 감소한 만큼 자본계정액이 증가하기 때문이다. 예를 들면 다음과 같다.

자본금계정

주식배당 전	50％주식배당 후
자본금 : 100,000주,	자본금 : 150,000주,
(1주 ₩5,000)	(1주 ₩5,000)
₩500,000,000	₩750,000,000
잉여금 : ₩500,000,000	잉여금 : ₩250,000,000

주식배당을 하면 주주의 보유주식수는 증가하지만, 1주당 장부가치(자본금과 잉여금의 합계를 주식수로 나눈 수치)는 작아지며 일반적으로 시장가치도 하락한다. 위 표에서 1주당 장부가치는 주식배당 전에는 5,000원이었으나 주식배당 후에는 3,335원으로 떨어졌다. 만일 배당 전의 시장가치가 1주 10,000원이었다고 하면 다른 조건이 같은 한, 배당 후에는 1주 6,667원이 될 것이다.

주식배당을 하는 이유는 다음의 두 가지 이유에서이다. ① 1주당 가격이 떨어져 회사가 주주층이 확대되는 것을 희망하고 있을 때 ② 현금유출을 좋아하지 않는 회사가 자금을 사내유보시키면서 이익배당의 실적을 올리려고 하는 경우가 그것이다.

주식(株式)프리미엄 premium on capital stock agio

주식의 발행가격이 액면금액을 초과할 경우 이 액면가액을 초과하는 불입액을 주식프리미엄(액면초과금)이라 하고 기업회계상으로는 자본잉여금으로 처리된다. 회계학의 통설에서는 주식프리미엄은 종래의 주주가 소유하는 축적잉여(유보이익)에 신주주가 균점(均占)하기 위하여 불입되는 것으로서 주주에 의한 불입이라는 자본거래에 의하여 생기는 점에서 자본의 성질을 가진 잉여금으로서 자본잉여금이라 하는 것인데 여기에 대하여 창업이득설은 통설의 비판 위에 서서 이것을 일반주주의 대출자본가화에 의하여 생기는 기업가이득 중 자본으로 환원되는 것으로 지배주주의 수중에 들어가는 창업자이득이라고 규정하고 있다. 그러나 창업자이득은 현실의 기능자본을 초과하는 의제자본분(擬制資本分)이고 단순히 액면초과분인 주식프리미엄과는 이질의 것이다.

산업자본이 주식프리미엄도 포함한 발행총액에 의하여 조달되었을 경우 이 주식프리미엄은 자본의 성질을 가진 잉여금이지 창업자이득은 아니다. 이와 같이 주식이 액면 이상으로 발행되어 주식프리미엄의 취득에 의하여 기능자본이 조달되는 것은 그것이 배당의 이자화(이자에의 감축화)의 한 형태이므로 그것은 지배자본에 의한 축적의 강화를 의미한다. 자본잉여금 개념의 성립은 독점자본의 축적이 일정단계에 도달한 1930년대 이후의 일이다.
→창업자이득

주식회사 株式會社 corporation

오늘날 사기업 가운데서도 가장 발달한 고도의 기업형태이다. 통설에 의하면 영국 동인도회사(1600년)와 화란 동인도회사(1602년)가 기원이라고 한다. 자본가가 소유한 자본 뿐만 아니라 일반대중의 수중에 있는 유휴자본까지도 흡수하여 대규모사업을 영위하는 데 적합한 기업형태인 동시에 순전히 자본적 결합에 치중한 물적 회사이다. 이 때문에 주식회사에 있어서는 합명회사와 같은 인적인 색채는 없어져 구성원의 개성은 문제되지 않고 구성원 각 개인이 가진 자본만이 표면에 나타난다. 그리하여 이러한 주식회사는 자본주의경제가 발전하여 개별자본의 집중·집적을 통한 대규모기업의 필요성이 증대됨에 따라 더욱 번성하여 왔으며 이 때문에 오늘날과 같은 독점자본주의 단계에 있어서는 이것이 지배적인 기업형태를 이루고 있는 것이다.

주식회사의 본질적 특색으로는 ① 회사에 출자한 사원(주주)의 지위는 출자액을 한도로 하는 유한책임을 지도록 되어 있고 ② 주식은 등액균등이며 ③ 이것의 자유양도가 가능한 점 등을 들 수 있다. 주주는 출자자로서 주주총회에 출석하여 의결권을 행사할 수 있고 또 이익배당을 청구할 수 있을 뿐이다. 주주는 성격에 따라 ① 사업주주 ② 투자주주 ③ 투기주주의 셋으로 나눌 수 있다. 주식회사는 그 운영상 특색으로서 각기 그 기능을 달리 하는 세 기관으로 분립, 운영되고 있다. 즉 ① 의사결정기관으로서의 주주총회(입법기관) ② 집행기관으로서의 이사회(운영담당기관) ③ 집행을 감독평가하는 감사(사법기관)가 각각 존재하여 운영의 민주적 수행을 법적으로 규제하고 있다. 현재 우리 상법상으로 이사의 임기는 2년, 감사의 임기는 3년으로 되어 있다.

주식회사의 공통적인 성격은 그 성격상으로 보아 다음과 같다. ① 회사는 그 구성원과는 아주 별개인 존재로서, 자본체라는 점 ② 확정된 사업목적의 범위내에서 법적 능력을 갖는 한 법인이라는 점 ③ 자본은 주식형태로 구성원의 출자에 의해서 형성되는 점 ④ 주식의 자유양도가 가능한 점 ⑤ 출자에 대한 책임은 유한책임에 그치는 점 ⑥ 경영과 소유가 분리되어 사업의 경영기능은 중역제도에 의하여 이사가 담당하고 출자자인 주주에게는 소유기능만이 분담되는 점 등을 들 수 있다.

주요비용 主要費用 ☞사용자비용 · 요소비용

주택채권 住宅債權 housing corporation bond

주택공사가 주택건설자금의 조달하기 위하여 발행한 정부보증채를 말한다.

주화 鑄貨 coin

금속주화는 그 초기에는 수불(受拂)을 할 때마다 품질의 감정과 중량의 칭량이 행해진 칭량(秤量)화폐였지만, 화폐유통이 확대됨에 따라 칭량화폐의 번잡을 피하기 위해서 금속편을 주조하여 품질과 중량을 보증하기에 이르러 주화가 생겨난 것이다. 주화의 품질과 중량이 주조기술의 미숙과 주조주체의 고의에 의하여 보증되지 않을 경우에는 주화라 할지라도 칭량화폐의 영역을 벗어날 수 없지만 완전한 주화는 개수계산만으로 수취 또는 양도된다. 주화의 주조주체는 역사상 사인(私人) · 단체 · 국왕 등이었지만, 근세에 이르러 중앙집권제도의 확립으로 주조권은 정부에 귀속되었다. 주화는 본위화폐로도 또 보조화폐로도 주조된다. 금화의 주조는 제1차 세계대전 후의 금본위제 재건시에 국제적으로 행해지지 않게 되어, 현재에는 주화라고 하면 보조화폐로 주조되는 동화 · 은화 · 니켈화 · 알루미늄화가 있을 뿐이다.

준비자산 準備資産 reserve assets

미달러화 등의 기축통화, 자국보유금, 골드트란쉐 gold tranche, SDR 등 외화준비에 충당되어 있는 자금을 말한다. 골드트란쉐는 IMF 가맹국이 IMF에 출자한 할당액과 IMF가 보유하고 있는 해당국 통화액과의 차액을 말하는데 이것은 수수료 없이 자유로이 인출할 수 있다. 즉 가맹국은 IMF에 할당액의 25%를 금, 나머지 75%를 자국통화로 불입하게 되어 있으므로 이 나라는 할당액의 25%를 골드트란쉐로 갖고 있는 셈이다. →SDR

준지대 準地代 quasi-rent

마샬 Marshall, A. 은 공장, 기계 등과 같이 내구적 자본설비의 이용에 대하여 지불되는 대가를 준지대라고 하였다. 즉 자연의 선물인 토지에서 얻어지는 소득을 지대라고 하는 것을 본떠서 어떤 특정한 기계가 지대에 준하는 소득을 낳는 데 대해서 준지대라고 이름지었다. 이 준지대는 이자와 다르다. 이자는 자유로운 화폐자본의 운용에서 얻어지는 소득으로 토지나 기계와 같이 고정된 자산에서 얻어지는 소득과는 다르기 때문이다.

원래 마샬은 토지개념을 내구적 자본설비의 경우에까지 확장하려고 한 것이다. 즉 내구적 자본설비는 그 생산이 장기간을 요하기 때문에 단기적으로는 토지용역과 같이 볼 수도 있는 것이다. 그렇지만 그 이용에서 이루어지는 초과이윤으로서의 소득은 지대와 같은 성질의 것으로 보지만 지대라고 하는 말은 자연의 은혜로 이루어지는 소득에만 한하기 때문에 토지와 비슷한 고정적인 내구적 자본설비에서 이루어지는 소득을 준지대라고 부르게 된 것이다. →지대

준화폐 準貨幣 near money

일종의 자산가치가 화폐액 표시로 고정되어 있어 쉽게 화폐로 바꾸어질 수가 있으나, 다만 직접적으로 유통될 수는 없는 것을 말한다. 준화폐의 가장 중요한 형태는 정기예금과 국채이다. 양자는 모두 특정액의 화폐로 바꿀 수가 있으나, 화폐의 정의에서는 제외된다. 그것은 양자가 직접적으로 화폐의 본원적 기능 중의 하나인 교환의 매개역할을 하지는 못하기 때문이다.

준화폐는 종종 개인의 소비행태에 중요한 영향을 미친다. 준화폐의 형태로 보유되는 자산액이 크면 클수록 소비자가 자기의 화폐소득 중에서 소비하려는 의욕이 크게 된다. 또한 고도로 유동적인 준화폐는 급속히 실제의 화폐로 바꿀 수 있어 화폐공급을 크게 증가시킨다. 따라서 인플레이션의 시기에는 준화폐의 이러한 통화팽창효과가 큰 문제를 야기시킨다.

중간배당 中間配當 interim dividend

결산기의 도중에 지불되는 배당을 말한다. 주식배당은 인정하지 않고 현금에 한하며 그것도 결산기의 중간에 지불하게 되어 있다. 변칙결산 때에는 중간배당은 할 수 없다. 또 중간배당을 했을 경우 만일 기말에 결손이 되면 이사들이 그 결손액을 회사에 배상하지 않으면 안된다는 규정도 있다.

중간수요・최종수요 中間需要・最終需要 intermediate demand・final demand

레온티에프 Leontief, W. W. 의 투입산출모형에서 어떤 산업이 생산하는 생산물은 자기생산과 여타산업의 생산을 위한 투입물, 즉 중간생산물로 사용되는 것과 생산에 투입되지 않고 가계・정부・해외부문에서 최종용도로서 사용되는 것으로 배분된다. 전자의 용도로 수요되는 생산물의 총량을 중간수요, 후자의 용도로 수요되는 생산물의 총량을 최종수요라고 한다.

이제 각각 하나의 산출물만을 생산하는 n개의 산업이 존재하는 투입산출모형을 생각하자. 제 i 산업$(i=1, 2, \cdots, n)$의 총생산량을 X_i라 하고, 제 j재를 1단위 생산하는 데 필요한 제 i재의 양을 a_{ij}, d_i를 제 i재에 대한 최종수요라고 하면, 수급균형이 이루어져 있는 상태에서는 다음의 식이 성립해야 한다.

$$X_i = a_{i1}X_1 + a_{i2} + \cdots + a_{in}X_n + d_i$$

또는 $-a_{i1}X_1-a_{i2}X_2-\cdots+(1-a_{ii})X_i-\cdots$
$-a_{in}X_n=d_i$

이 식을 모든 i에 대하여 쓰면 n개의 식으로 구성된 연립방정식체계가 얻어진다. $a_{ij}(i=1, 2, \cdots, n: j=1, 2, \cdots, n)$을 기술적 조건에 의해서 주어지는 것으로 하고, 최종수요 d_i도 외생적으로 주어진 것으로 하면, 이 연립방정식체계는 X_i를 미지수로 하는 문제가 되며, 방정식이 n개, 미지수도 n개이므로 해가 존재한다. 그러나 행렬을 사용하면 그것의 해는 간단하게 표시된다.

즉 행렬 $A=[a_{ij}]$, x를 생산물의 열벡터, d를 최종수요의 열벡터, I를 단위행렬이라 하면, 위의 연립방정식체계는

$(I-A)x=d$

로 된다. 여기에서 A를 투입계수행렬 input-coefficient matrix 이라고 하고 앞의 a_{ij}를 투입계수라 한다. 따라서 $(I-A)$가 비특이행렬(非特異行列) nonsingular matrix 이면 그것의 역행렬 $(I-A)^{-1}$이 존재하여, 해는 $x=(I-A)^{-1}d$가 된다.
→산업연관분석

중간재 中間財 intermediate goods

타재를 생산하는 데 사용되는 재를 말한다. 제조과정에 있어서 재화나 원료는 여러 가지의 생산단계를 거치게 되는데 어떤 때에는 갑(甲)공장에서 을(乙)공장으로 이전되고 혹은 갑기업에서 을기업으로 재를 매각할 필요가 생긴다. 예를 들면 용광로에서 제조되는 철강의 주괴는 압연되어 철강판으로 되고 압착기에 압착되어 샷쉬가 되고 이것은 조립공장에서 자동차로서 완성되는 것이다. 이 경우 철강주괴 철강판 및 샷쉬는 특정공장이나 기업에서는 최종재이지만 자동차의 전체제조과정에서 볼 때에는 중간재이다.

뵘바베르크 Böhm-Bawerk, E. v. 의 분석에 의하면 성숙경제가 그 대부분의 자원을 중간재의 생산에 할당하는 것은 정상적인 것이다. 원칙적으로 중간재의 가치는 이중계산을 피하기 위하여 국민총생산의 계산에는 포함되지 않는다. 즉 국민총생산은 중간재가 변화된 최종생산물(상기한 예에서는 자동차)의 가치만이 계산에 들어가기 때문이다. 제과점에서 매입하는 소맥분(밀가루)과 같은 중간재는 가정주부가 그것을 매입했을 경우는 최종재로 될 수가 있는 까닭에 국민소득총계에서는 어떤 특정회계기간에 타기업이 매입하여 경상비로서 공제하는 생산물만을 중간재로서 분류하고 있다.

중개무역 仲介貿易 intermediary trade

어떤 나라에 거주하는 자가 외국상호간에 화물을 이동시켜 거기에 따르는 대금결제의 당사자로 되는 무역을 말한다. 이것을 3국무역이라고도 한다. 예를 들면 싱가포르가 고무를 사서 이것을 구미제국에 판매하는 등의 행위를 말하며, 주로 자국의 강력한 상사를 가지고 있지 않은 개발도상국을 상대로 하여 이루어진다.

중계무역 中繼貿易 entrepot trade

거래상품이 수출국에서 수입국으로 직접 거래되지 않고, 제3국이 개재하여 수입화물을 원형 그대로 또는 보세공장에서 가공하여 재수입하는 무역형태를 말한다. 이 경우 최종수입지가 반드시 결정되어 있는 것은 아니다. 따라서 중계무역은 수출지로부터 화물이 적재될 때 이미 수입지가 정해져 있어 상품수송 중 단순히 제3국을 통과할 뿐인 통과무역과는 다르다.
→가공무역, 중개무역

중농주의 · 중농학파 重農主義 · 重農學派 physiocracy · physiocratic school

중농학파란 18세기 후반의 프랑스에서 케네 Quesnay, F. 및 그의 제자들에 의하여 형성된 경제학파를 말하며, 그들이 주창한 경제이론과 경제정책을 중상주의라고 한다. 중농학파는 케네, 미라보 Mirabeau, M. de V. R., 리비에르 Rivière, Le M. de la, 느무르 Nemours, D. P. de., 보도 Baudeau, N., 트론 Trosne, Le., 튀르고 Turgot, A. R. J. 등이 대표적인 학자들이며 그들은 스스로를 '경제학자들 économistes'이라고 하였다. 중농주의는 자본주의 생산을 최초로 체계적으로 파악했다는 점에서 학설사상불허의 지위를 차지하고 있다. 그 학설의 특색은 케네의 '경제표 Tableau économique'에 집약적으로 표현되어 있는 것처럼 자본주의 생산과 유통의 법칙을 인간의 의사나 정치 등으로부터 독립된 객관적 법칙으로 파악하였다는 점과, 국가의 부의 원천인 순생산물＝잉여생산물은 유통에서 발생하는 것이 아니라 농업생산에서만 발생한다고 설명했다는 점이다.

중농주의는 단순히 경제이론으로서가 아니라 당시의 프랑스를 재정적 곤경에서 구하여야 한다는 현실적인 문제에 대하여 그 해결을 이론적으로 표현한 것이고 또 그 이론에 입각한 정책인 것이다. 그들은 이 목적을 달성하기 위해, 농업생산을 발전시켜야 하며 농업자본의 축적을 촉진하여야 한다고 주장하였다. 그리고 농업에서 잉여가 커지면 상공업도 발전한다고 생각하고 대농경영의 경제적 우위성을 역설하였고 중상주의적 통제나 불경제적인 조세제도의 폐지를 제창하였다. 그리고 자유방임 laissez faire et laissez passer 의 정책을 실시하고 지주계급의 지대수입에 대해서만 과세할 것, 즉 토지단일세 l'impôt unique foncier 를 과하는 것이 국가의 부를 증가시키는 정책이라고 주장하였다. 그들이 농업만이 잉여생산물을 창조한다고 생각한 것은 당시 프랑스가 농업국이었기 때문이다. 그러나 농업생산에 관하여 자본주의 생산의 본질을 밝히고, 생산자본이 유통에서 취하는 여러 형식(원선급과 후선급)을 규정하여, 사회적 총자본의 재생산과 유통의 과정을 명확하게 파악하였다는 것은 중농주의의 일대 공적이라고 할 수 있다. 자본주의 경제의 순환과 생산적 노동에 관한 분석은 스미스 smith, A. 를 통하여 고전학파에 그리고 다시 마르크스 Marx, K. 에게 큰 영향을 주었다.

중립화폐 中立貨幣 neutral money

경제에 대한 화폐측으로부터의 작용이 전혀 없으며 단순히 교환의 매개수단으로서만 기능하게 될 때의 화폐를 말한다. 이러한 조건은 은행이 정하는 이자율이 투자와 자발적 저축을 일치시키는 성격인 것일 경우, 즉 신용창조도 신용수축도 없고 유통화폐량이 일정하게 유지될 경우에 충족된다고 한다. 하이에크 Hayek, F. A. v. 는 이 중립화폐의 조건을 충족시키는 이자정책을 채택함으로써 공황의 원인이 되는 추가적 신용의 공급을 저지하여 경기를 안정시킬 수 있을 것이라고 생각했다. 이와 같은 정책은 생산력의 발전이 있는 사회에서는 자연히 디플레이션을 초래하게 되므로 통화발행량을 인위적으로 조절함으로써 적극적으로 물가안정 또는 적정한 상승을 기도하여 그것에 의해 경기를 안정시키려는 케인즈 Keynes, J. M. 등의 안정화폐론과는 정면으로 대립한다.

제 1 차 대전 후에 금본위제도의 동요와 최악의 경기불안정이 계속되었을 때, 중립화폐론자가 결국 국내 · 국제금본위제도의 재건에 의한 혼란극복의 길을 택한 데 대하여 안정화폐론자는 환시세의 안정보다는 국내물가의 안정을 중시하고, 이를 위하여 통화의 발행을 금의 속박으로부터 해방시켜 국가의 의식적 통제에 맡기는 관리통화제도의 채용을 주장하였다. 그 후 1930년대의 대불황으로 금본위제도가 결정적으로 붕괴되었고, 관리통화제도로의 전향은 불가피한 것이 되었지만, 이 제도하에서의 지속적인 물가상승경향이 큰 경제문제로 부각되었다.

중상주의 重商主義 mercantilism

근세 절대주의국가의 성립기부터 영국산업혁명의 개시기에 이르는 -대략 15세기 중엽부터 18세기 중엽까지 -약 300년간 유럽제국에서 지배적이었던 경제정책·이론의 총칭을 말한다. 그 사회적 기반이었던 각국 자본주의의 발전단계의 차이에 따라 그 내용과 특색이 현저하게 다르지만 성숙한 경제정책·이론으로서의 고전적 중상주의는 주로 시민혁명 후의 영국에서 찾아볼 수 있다. 월폴 Walpole, R. 체제를 중심으로 한 휘그당 지배의 시대에 나타났던 것을 의회중상주의 parliamentary mercantilism 라고 부르는데, 이에 대하여 시민혁명 전의 것은 왕실중상주의 royal mercantilism 라고 부른다. 절대왕정의 이해와 밀착한 전기적 상업자본과 산업자본과의 이해대립은, 17세기 전반에는 먼 Mun, Th. 을 대표로 하는 일반적 무역차액을 유리하게 할 목적으로 개개의 거래를 자유화하는 정책과, 말린즈 Malynes, G. de. 를 대표로 하는 정화수입을 확보하기 위하여 개별적 무역차액을 유리하게 하고 정화·귀금속의 수출을 제한·금지하는 정책과의 대립으로 나타났다.

후자의 중금주의 bullionism 는 공장제수공업기의 산업자본(모직물공업)이 화폐의 부족을 호소한 데 대하여, 이것을 보호육성하기 위한 원료나 판로의 확보를 목적으로 하는 것이었다. 먼의 입장은 영국 동인도회사의 상업=무역자본의 이익을 대변하는 것으로 그 논의의 주축은 재수출이 결국 처음에 수출한 이상의 정화를 가져온다는 점에 있었다. 이상의 대립은 17세기 말부터 18세기 전반에 걸쳐 자유무역론과 보호주의와의 대립으로 나타났고, 전자에 속하는 사람은 바본 Barbon, N., 노스 North, D., 차일드 Child, J., 다비넌트 Davenant, Ch. 등 토리당 소속의 동인도회사 중역들이고, 후자에 속하는 사람들은 캐리 Cary, J., 폴렉스펜 Pollexfen, J., 킹 King, C., 지이 Gee, J. 등이었다.

이 시기의 자유무역론은 절대주의기부터 전하여 온 독점과 결부되어 있고, 길드제나 독점의 폐지를 지향한 경제적 자유주의는 오히려 분명하게 국민적 산업을 기반으로 하는 무역의 보호주의와 결부되어 있었다. 따라서 이 시기의 자유무역론을 사회적 계보상 종래의 스미스 Smith, A. 의 자유방임론과 결부시키는 것은 잘못이다. 중상주의의 추진자를 상업자본가라고 생각하는 것이 지금까지의 통설이었지만 오늘날에는 모직물공업생산자층을 그렇게 규정하는 견해가 강하게 되었다.

중소기업 中小企業 small and medium industry

중소기업의 정의는 그 실태와 마찬가지로 복잡하지만, 규모가 상대적으로 작은 기업을 말하는 것이고, 엄밀한 규정은 각국의 실정법상의 종업원수·자본금·총자산·자기자본 및 매출액 등 양적제기준에 의거하는 것이 보통이다. 중소기업의 질적인 특성으로는 ① 경영의 상대적 비전문화, ② 경영자와 종업원 및 고객간의 밀접한 개인적 접촉, ③ 자본조달의 곤란성,

④ 많은 기업체수 등이 지적되고 있다.

그밖에 대기업과의 비교에서 저생산성·저자본장비율·저임금수준·빈번한 기업의 출현과 몰락 및 과당경쟁 등이 중소기업의 일반적 특성으로 알려져 있다. 우리 나라의 경우 중소기업자의 범위는 중소기업기본법(1966년 12월 제정, 1976년 12월 개정)에 다음과 같이 규정되어 있다. 즉 개정된 중소기업기본법이 정하는 중소기업자의 범위는 ① 광공업·운수업에서는 상시종업원이 300인(건설업은 50인) 이하이거나 자산총액이 5억원 이하인 자, ② 상업 기타 제조업과 관련있는 서비스업에서는 상시종업원 20인 이하이거나 자산총액이 5,000만원(도매업은 2억원) 이하인 자로 되어 있다. 그러나 중소기업에 대한 위와 같은 정의는 실정법상의 규정에 불과한 것이며, 중소기업의 정의는 논의의 대상이 되는 문제의 성격에 따라 달라질 수밖에 없다. 예를 들면 근대화와 관련해서 중소기업을 논의할 때에는, 근대화과정에서 주도적 기능을 하는 것은 산업자본이므로 중소기업은 산업자본의 형태를 갖는 중소광공업을 의미하는 것으로 간주하는 것이 일반적이다.

끝으로, 중소기업은 대부분 노동집약적인 생산양식을 취하므로, 고용의 증대를 위해서도 중소기업의 육성이 절실하다. 그 기본전략은 첫째, 대기업과 수직적인 연계를 지우면서 중소기업을 계열화시켜야 하고 둘째, 중소기업을 특화시켜 고유한 장점을 살려야 하며 셋째, 대기업위주의 편중된 금융지원을 지양하고, 선별금융 등을 통해 중소기업의 자금지원을 강화시켜야 한다.

중심극한정리 中心極限定理 central limit theorem

$X_1, X_2, \cdots, X_n$ 을 각각 독립이고 그 크기가 n인 표본이라 할 때

$$Y_n = \frac{\sum_{i=1}^{n} x_i - n\mu_x}{\sqrt{n\sigma_x^2}}$$

$$= \frac{\sqrt{n}\,(\overline{X} - \mu_x)}{\sigma_x}$$

로, 새로 정의되는 확률변수 Y_n은 평균값이 0, 분산이 1인 극한표준정규분포를 한다. 이것을 중심극한정리라고 한다. 이에 대한 자세한 증명은 고도의 수학적 지식을 필요로 하므로 여기서는 일단 생략하고, 중심극한정리의 내용을 부연한다. 먼저 $X_1, \cdots, X_n$의 평균과 분산이 다음과 같이 주어졌을 때,

$$E(X_i) = \mu_x \cdots\cdots\cdots\cdots\cdots (1)$$
$$E[(X_i - \mu_x)^2] = \sigma_x^2 < \infty \cdots\cdots\cdots (2)$$

표본평균 $\overline{X}$의 평균 μ_x과 분산 μ_x^2은 다음식에 의해서 유도된다. 이 때 $\overline{X}$는 각각의 표본을 전부 합하여 표본크기인 n으로 나눈 값이다. 즉 $\overline{X} \frac{1}{n} \left(\sum_{i=1}^{n} x_i \right)$ 이다.

$$\mu_x = E(\overline{X}) = E\left(\frac{1}{n} \sum_{i=1}^{n} x_i \right) = \frac{1}{n} E(x_1 + x_2$$
$$+ \cdots + x_n) = \frac{1}{n} n\mu_x = \mu_x \cdots\cdots (3)$$

이고

$$\sigma_x^2 = E[(\mu\overline{X} - \mu_x)^2]$$

$$= E\left[\left(\frac{\sum_{i}^{n} x_i}{n} - \frac{n\mu_x}{n} \right)^2 \right]$$

$$= \frac{1}{n_2} E\left[\left\{ \sum_{i=1}^{n} (x_i - \mu_x) \right\}^2 \right]$$

$$= \frac{1}{n_2} E[(x_1 - \mu_x)^2 + (x_2 - \mu_x)^2 + \cdots (x_n$$
$$- \mu_x)^2 + 2(x_1 - \mu_x)(x_2 - \mu_x)\cdots]$$

$$= \frac{1}{n_2} \left[\sum_{i=1}^{n} E\left\{ (x_i - \mu_x)^2 \right\} \right] + \frac{1}{n_2} \cdot 2$$

$$E[(x_1 - \mu_x)(x_2 - \mu_x + \cdots] \cdots\cdots (4)$$

$$= \frac{1}{n_2} \cdot n\sigma_x^2 = \frac{\sigma_x^2}{n} \cdots\cdots\cdots\cdots (5)$$

이 때 (4)식의 두 번째 항은 0이다. 왜냐하면 $x_1, \cdots, x_n$은 서로 독립이므로 각각의 공분산은 0이기 때문이다. 따라서 (4)식은 (5)식으로 변형된다. 이상을 종합하면, $\overline{X}$ (표본평균)의 평균과 분산은 각각 μ_x, $\dfrac{\sigma_x^2}{n}$임을 알 수 있다. 따라서 정리의 내용 중 Y란 새로운 확률변수는 $\overline{X}$에서 그 평균 μ_x를 뺀 것을 분자로 하고 자신의 표준편차인 $\sqrt{\dfrac{\sigma_x^2}{n}}$을 분모로 하였을 때의 그 비인 것을 알 수 있다. →대수법칙

중앙(中央)아메리카 공동시장(共同市場) Central American Common Market

5개의 중앙아메리카 국가들─코스타리카, 엘살바도르, 과테말라, 혼두라스, 니콰라구아─과, 협력가맹국 파나마에 의하여 구성된 조직으로 중앙아메리카 각국 시장의 확대, 생산의 촉진, 재화와 서비스의 교환, 생활수준의 향상, 각국의 고용창출 등의 수단에 의하여 점진적인 지역경제통합과 지역개발계획을 그 목적으로 한다. 중앙아메리카 경제통합의 계획은 1951년 수 개국의 정부활동과 라틴아메리카 실행위원회─본부는 멕시코에 있음─의 협력에 의하여 시작되었다. 많은 기술적 연구와 상당히 강력한 활동으로 1963년까지 관세동맹과 공동시장의 실현을 위하여 최종적인 준비를 행하였다. 동시에 하부기구(교통, 수력발전조직 등), 공업, 농업, 가축사료의 영역에까지 계획을 실행에 옮겼다.

1960년 12월 3일, 가맹국이 서명한 중앙아메리카경제통합의 일반협정에 의거 3개의 조직이 이 운동을 추진하기 위하여 설립되었다. 즉 각각의 참가국의 경제장관으로 구성되는 중앙경제협의회가 그것이며 그 기능은 경제문제의 방향을 정하고 조정하는 데 목적을 두고 있다. 실행협의회는 감독기능을 갖고 있으며 각 체결국에서 임명된 대표에 의해 구성되어 협정의 적용과 관리에 관심을 가지고 있다. 준사법적 성격을 띤 상설사무국에서는 협정조항의 올바른 적용에 관하여 최종적 판단을 내리기 위해 중앙아메리카경제협의회 Central American Economic Council와 실행협의회 Executive Council의 양자가 협력한다.

중앙은행 中央銀行 central bank

중앙은행은 일국의 모든 금융기관의 최상위에 위치하여 금융제도의 중추적 기관으로서 여러 가지 중요한 기능을 하고 있다. 영국의 잉글랜드은행, 프랑스의 프랑스은행, 미국의 연방준비은행, 우리 나라의 한국은행 등은 모두 각국의 특별법에 의하여 설립된 공공적 성격을 가진 중앙은행으로 경영상의 차이는 있지만 모두가 다음 3가지의 기본적 기능을 가지고 정부의 감독하에서 그 업무를 수행하고 있다.

I. 발권은행 issue bank으로서의 기능
중앙은행은 원칙적으로 은행권의 발행독점권을 가진 발권은행이기 때문에 일국의 통화를 공급하며 그 조절을 담당하는 책임을 지고 있다. 금·은·주화가 없는 오늘날 은행권은 일국의 통화의 중핵을 이루고 있는 것이다. 또 중앙은행에는 은행권과 사실상 동등한 작용을 가지는 중앙은행예금이 설정되어 있다. 이것은 시중은행의 중앙은행에 대한 예금으로 구성되며 영·미의 은행제도에 있어서는 은행의 지불준비금으로서 중요한 의미를 가지고 있다. 따라서 중앙은행이 현금통화와 예금통화로 성립되는 전체의 통화량을 조절하기 위해서는 이 은행권과 중앙은행예금의 양자를 조절하지 않으면 안된다.

II. 은행의 은행 bank of banks으로서의

기능 중앙은행은 주로 시중은행의 지불준비금의 수탁을 행하며(특히 영·미) 전체 금융제도의 연대성과 안정성을 기할 뿐 아니라, 금융의 계절적 변동을 조정하는 임무를 가지고 있다. 또 시중은행의 어음교환, 잔액결제자금을 수탁하고, 따라서 교환잔고를 상쇄하여 현금유통량을 절약한다. 중앙은행은 일반금융기관에 대해 대출을 하지만 거기에는 국채, 어음 등을 담보로 하는 어음대출과 어음의 재할인이 있다. 이렇게 하여 은행의 대출능력을 증대시키는 반면, 이들에 대하여 통제력을 가지게 되는 것이다.

III. 정부의 은행 government bank 으로서의 기능 중앙은행은 보통 국고금의 수납, 지출, 보관 또는 공채의 발행상환 등의 업무를 담당하여 재정과 금융과의 조화를 도모하는 것을 임무 중의 하나로 하고 있다. 이런 의미에서 중앙은행은 정부의 은행이라 불리우는 것이다. 이밖에도 중앙은행은 금리정책, 공개시장조작, 지불준비율조작의 주체가 되며, 또는 외국환의 집중결제 기관으로서의 기능을 가지는 경우도 있다.
→금리정책, 공개시장조작

중위치 中位値 median

작은 수에서 큰 수로, 또는 큰 수에서 작은 수로 배열한 일군의 치(値) 중의 중앙치를 말한다. 중위치는 집단을 대표하는 특성치 중 하나로 그 중요한 이점은 비정상적으로 높은 치 또는 낮은 치에 의하여 대표치가 부당하게 영향받지 않는 것에 있다. 그것은 한 집단에 속하는 사람들의 전형적 소득을 기술할 때에 때때로 사용된다.

중화학공업 重化學工業 heavy and chemical industries

산업을 중화학공업과 경공업으로 나눌 때 철강, 비철금속, 기계, 화학, 석유, 석회제품, 펄프 등을 생산하는 공업을 중화학공업이라 하고, 고무, 피혁, 섬유, 제재, 요업, 식료품 등을 생산하는 공업을 경공업이라 한다. 또 일국의 산업에서 중화학공업이 차지하는 비중을 중화학공업화율이라 한다.

쥐글라르파동(波動) ☞단기파동·장기파동

증권거래소 證券去來所 stock exchange

증권거래소는 대량의 증권을 공정한 가격으로 원활하게 매매시키기 위해 설립한 것이다. 증권시장은 개념적으로는 발행시장과 유통시장으로 분류되지만 증권거래소는 구체적인 조직과 장소를 구비한 시장으로서 유통시장의 중심적인 위치를 차지하고 있다. 거래소에서의 증권매매에는 회원권을 가진 증권업자만이 참가할 수 있게 되어 있으며 그 구체적인 내용은 국가에 따라 상이하다.

우리 나라의 대한증권거래소는 유일한 증권거래소로 1956년 2월에 설립되었으나 1962년 4월에 증권거래법의 실시와 더불어 주식회사로 개편되었다. 그 후 과당투기, 대주주의 압력 등으로 거래소의 공신력이 극도로 저하하게 되자 정부는 1963년 4월 증권거래법의 개정을 공포하였다. 이에 따라서 주식회사체제의 대한증권거래소는 해체되고 특수법인체의 공영제조직체인 한국증권거래소가 동년 5월 8일 새로 개소(開所)되었다.

증권금융 證券金融 security credit

증권금융이라 함은 주로 ① 유가증권(특히 공사채, 주식 등의 자본증권)을 담보로 하는 금융, ② 유가증권의 불입 또는 기발행증권의 구입을 위한 자금의 금융을 말한다. 즉 투기를 목적으로 증권을 구매할 자금을 증권담보로 차입하는 것이 증권금융의 전형적인 것이다. 투기를 위한 증권금융에는 두 가지 발전경로가 있다. 즉 투기매매에 필요한 자금과 주식을 ① 투기자가 정산거래의 형태로 상호신용하에서 외부의 제3자에 의존하지 않는 발전경로와 ② 투기매매의 당사자 이외의 제3자로부터 차입하는 경로이다.

①의 전형은 우리 나라의 정산거래와 미국의 14일 결재거래이다. 이 경우 거래자 상호의 내부신용으로 결재되며 차액의 수수(授受)만이 행하여질 따름이다. 우리 나라는 1968년 10월 정부의 뒷받침 밑에 증권담보금융이 실시되어 같은 해 말에는 1억4천 만원을 융자하였으나 1996년 말에는 무려 7조 5,180억원에 달하였다.

증권시장 證券市場 securities market

넓은 의미에 있어서의 증권시장은 주식과 공·사채 등이 신규로 발행되어서 분매(分賣)의 과정을 거쳐 최종 투자가의 손에 들어갈 때까지의 증권 발행시장과 이미 발행된 증권이 매매되는 매매시장, 즉 증권유통시장으로 형성된다. 그러나 좁은 의미에 있어서의 증권시장은 증권거래소와 같이 일정한 장소와 건물을 가지고 일정한 규칙하에서 증권이 매매되는 구체적인 유통시장, 즉 매매시장만을 의미한다. 장외시장, 점두(店頭)시장도 이와 같은 구체적인 증권시장에 포함된다. 이상과 같이 협의의 구체적인 증권시장은 형식상으로는 증권의 매매가 행해지는 주식시장 stock market 과 채권이 거래되는 채권시장 security market 으로 구별되나 일반적으로 증권시장이라고 하면 주식시장을 의미하는 것이 보통이다.

여기에서 주의해야 할 것은 케인즈 Keynes, J. M. 의 이른바 자본의 한계효율 및 이자율과 주식 및 채권의 이회율(利廻率)과의 관계이다. 즉 자본의 한계효율은 근사적으로 매매시장에서의 주식의 수익률에 의하여 표현되며 이자율은 채권의 이회율로 표현되는 것으로 생각하므로 매매시장에 있어서의 증권의 가격결정 및 그 변동은 경제활동의 수준을 결정하는 데에 주요한 의미를 갖는 것이라 할 수 있다.

→유가증권, 자본의 한계효율

증서대출 證書貸出 loan on deeds

금융기관이 행하는 자금대출의 일종으로 대출에 앞서 차용증서를 받는 경우 말한다. 주로 설비자금을 대출할 경우에 이용되며 담보의 설정, 원리, 이자의 지불방법 등 명확히 표시되어 있다. 대출기간도 길고 이자도 어음대출보다 고율인 것이 그 특징이라 할 수 있다. 장기금융을 전문으로 하는 은행에서는 이 종류의 대출이 많다.

지금논쟁 地金論爭 bullion controversy

나폴레옹 전쟁을 배경으로 19세기 초 영국에서 행하여진 통화문제를 둘러싼 논쟁을 말한다. 1797년 잉글랜드은행이 태환을 정지하였기 때문에 지금시세가 오히려 주조가격 이상으로 등귀하고 아울러 물가도 상승하였으나 반면 환시세의 심한 하락을 초래하였다. 1810년에 이르러서는 이러한 현상이 심화·확대되어 의회의 특별위원회는 그 대책을 검토하여 지금보고 bullion report 를 발표하였다. 이 보고지지자를 지금주의자 bullionist, 그 반대자를 반지금주의자 antibullionist 라 하며 양자간에 논쟁이 전개되었다.

지금주의자는 리카도 Ricado, D. 의 학설에 동조하여 은행권의 과잉발행이 원인이라는 화폐수량설의 입장을 취하여 태환의 재개에 역점을 둔 근본적 대책을 강력히 요구하였다. 여기에 맞선 반지금주의자는 은행권은 유통의 필요에 기초해서 발행되었으며 과잉되게 발행된 것은 아니라고 하고, 지금의 고가 등은 당시 곡물의 흉작과 대외군사원조금의 지불에 그 원인이 있다고 하였다. 이 대립은 후에 통화주의와 은행주의와의 논쟁에 연결되었는데 화폐금융론의 기본적 대립이 당시에 중요한 시간문제를 둘러싸고 부각되어 후세까지 많은 영향을 주었다. →통화논쟁, 은행주의

지니의 법칙(法則) Gini's law

소득분포의 불균등도를 측정하는 기준척도의 하나로 지니집중지수로 집약된다. 지니는 소득분포에 대해서 $n = \frac{1}{C}s^\delta$

즉 $\log n = \delta \log s - \log C$, (단 C와 δ는 상수) .... (1)

라는 법칙에 따른다고 하였다. s는 고소득층부터 누적된 n번째 사람까지의 소득액이다. N을 전소득자의 수, S를 전소득액으로 하면

$$\log N = \delta \log S - \log C \cdots\cdots\cdots (2)$$

(1)식과 (2)식과의 차를 만들면

$$\log \frac{n}{N} = \delta \log \frac{s}{S}$$

$$\frac{n}{N} = \left(\frac{s}{S}\right)^\delta \cdots\cdots\cdots\cdots (3)$$

그러나 파레토 Pareto, V. F. D. 계수에 대해서

$$\frac{n}{N} = \left(\frac{s}{S}\right)^{\frac{\alpha}{\alpha-1}} \cdots\cdots\cdots\cdots (4)$$

식이 성립되므로

$$\delta = \frac{\alpha}{\alpha-1} \cdots\cdots\cdots\cdots\cdots (5)$$

지니는 이 계수 δ를 집중지수 indices concentrazione 라고 불렀다. 지니의 계수 δ는 불균등도 degree of inequality 를 측정

하는 척도로서 사용된다. 완전한 균등이란 로렌쯔곡선에 있어 균등선과 같다. 예를 들면 소득의 10%를 소득자의 10%가 갖게 되는 경우 그림의 45도선으로 표시된다.

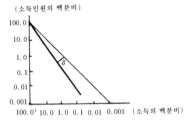

δ는 그 직선의 기울기를 나타내므로 값이 적을수록 분포는 균등에 가깝게 되는 것이다.

지니는 파레토법칙이 고소득층 및 저소득층에 충분히 적용되지 않는다고 비난하였으나 스스로 제창했던 지니방정식 역시 결점을 갖고 있다.

그것은 저소득층을 충분히 가리킬 수 없고 파레토와 같이 고소득층에 특히 주목하여 소득을 고소득층부터 누적하여 대수로 나타내기 때문이다. 저소득층으로부터 누적하여 그려 보면 반대의 결과를 보일 때가 있다. →파레토법칙, 로렌쯔곡선

지대 地代 rent

토지소유자가 그 토지의 사용자로부터 징수하는 화폐 및 기타의 대가를 지대라고 한다. 지대는 분배요소의 하나로서 토지가 가져오는 잉여가치에서 발생되는 소득이며 독점에서 결과되는 소득형태에서 이루어 진다고 한다. 따라서 봉건영주가 영내의 토지를 경작하는 농민(농노 및 예농)으로부터 징수하는 공납도 지대의 일종이며 자본가적 차지농업자가 지주에게 지급하는 일정액의 화폐도 지대이다. 지대는 자본주의사회에서의 노임·이윤·이자 등과 같이 수입 revenue 의 일종이며, 지대의 결

정을 일반가격론에서처럼 토지에 대한 사회적 수요공급의 균형점에서 찾고 있다.

지대는 토지 자체에서 생기는 것이 아니다. 토지는 중요한 생산수단이기는 하지만 그 자체가 생산물을 낳고 상품가치를 생산하는 것은 아니다. 즉 지대는 토지에 투하된 인간노동의 결과로서의 생산물 또는 가치의 일정분이 토지소유자에게 지급되는 것으로 파악되고 있다. 모든 지대는 그 내용에 있어서 직접적 생산자의 잉여노동이며, 혹은 그것이 대상화된 잉여생산물·잉여가치이다. 그러나 반대로 모든 잉여노동·잉여가치가 지대라는 것은 아니다. 봉건사회에 있어서는 지대가 직접 생산자인 농민의 잉여노동, 잉여생산물의 통상적인 형태이지만 자본주의사회에 있어서의 지대는 평균이윤을 초과한 잉여가치의 일부(초과이윤)의 전화형태에 지나지 않는다. 따라서 자본주의적 지대는 잉여가치의 일분기형태이며 그 배분형태이다. 지대는 이윤이나 이자와는 범주를 달리하는 독자적인 경제적 형태이다. 즉 토지소유는 가치생산에는 관여하지 않으면서도 자본주의적 상품생산의 발전에 따라 잉여가치의 많은 부분을 자기의 것으로 한다는 데에 지대 특유의 성질이 있는 것이다.

지대에는 다음과 같은 형태가 있다. ① 봉건적 지대형태 : (i) 노동 지대 (ii) 생산물지대 (iii) 화폐지대 ② 과도적 지대형태 : (i) 분익경영에 있어서의 지대 (ii)농민적 분할지소유에 있어서의 지대 (iii) 기타 ③ 자본주의적 지대형태 : (i) 차액지대(제1 및 2형태) (ii) 절대지대 (iii) 독점지대 →지대학설

지대학설 地代學說 theory of rent

지대학설이란 바로 지대이론을 가리키지만 이것이 문제가 된 것은 퍽 오래 전부터이다. 이것과 관련해서 예를 들면 페티

Petty, W., 앤더슨 Anderson, J., 부캐넌 Buchanan, N.S., 웨스트 West, E., 토렌즈 Torrens, R., 맬더스 Malthus, Th.R. 등의 이름을 들 수 있다. 그러나 지대가 경제학상 명확히 형성된 것은 리카도 Ricado, D.에 의해서였다. 리카도의 지대론은 차액지대 different rent, differential rent 론이라고 불리며, 그것은 리카도의 자본주의 경제분석의 중심적 기초를 이룬다. 차액지대는 동일면적의 토지에 2가지 등량의 자본과 노동을 투하할 때 획득되는 생산물간의 차액을 말하며, 한계개념의 맹아로서 주목할 만하다.

이것은 첫째, 토지의 비옥도나 입지조건에 차가 있을 때 둘째, 토지수확체감의 법칙의 작용에 의해서 성립한다. 따라서 차액지대는 두 개의 형태로 분류된다. ① 경작면적이 확장될 때, ② 동일한 토지에 투하되는 노동량이 증가할 때이다. 먼저 ①의 경우를 검토하자. 인구가 희소하고 농산물수요가 적을 때에는 일등지만이 경작되나, 인구가 증가하고 농산수요가 증대함에 따라 점차 열등지도 경작되게 된다. 이때 농산물의 가격은 열등지에서 생산되는 농산물도 보통이윤을 얻어 생산비를 보상받게 되는 수준에서 결정되므로 일등지의 가격은 등귀한다. 이 일등지와 이등지(열등지)의 우열에서 생기는 수익 또는 그 가격의 차는 일등지에 대한 지대로서 지불된다. 이렇게 해서 농산물의 가격은 경작된 열등지에서 생산되는 농산물도 보통이윤을 얻어 생산비를 보상받게 된다. 일반적으로 열등지가 경작됨에 따라 지대가 성립된다. 다음에 ②의 경우, 동일한 면적, 동질 동급의 토지에 자본과 노동을 증가시킬 때 수확체감의 법칙이 작용하면 최초의 투하자본은 그 이후의 투하자본에 비하여 초과이윤을 낳게 되며, 이것은 이윤률균등의 원칙에 의하여 토지의 임대계약을 갱신할

때 지주에게 귀속되는 것이다.

리카도는 이 차액지대설을 근거로 '지대는 결코 그 가격의 구성요소 중에 들지 않고, 또 들 수도 없는 것이다'라고 하여 지대는 잔여로서 발생하며 생산물의 가격을 구성하지 않음을 밝혔다. 그 이유는 가격과 생산비가 일치하는 조건하에서는 가격이 최열등지의 생산비에 의해 결정되며, 이것보다 우위에 있는 토지의 생산물은 최열등지의 생산물보다 저렴한 비용으로 생산되는데 이 생산비의 차액이 바로 차액지대이기 때문이다. 그 후 로드베르투스 Rodbertus, J. C. 는 리카도 비판자로서 절대지대 absolute grundrente 론을 제창하였으나, 여러 이론적 난점이 있어 마르크스에 의해 비판받기에 이르렀다. 차액지대론에 의하면 경작되는 최열등지대에는 지대가 발생하지 않는 것으로 되어 있다. 그러나 토지사유제하에서는 아무리 최열등지라고 하더라도 그 토지소유자가 무상으로 경작자에 임대하지는 않는다. 즉 지대가 지불되지 않으면 최열등지일지라도 자본투하가 허용되지 않는다. 이와 같이 차액지대가 성립하지 않는 최열등지에 대해서도 토지사유의 독점때문에 지불해야 되는 지대를 절대지대라고 한다. 절대지대의 지불을 위해서는 농산물가격이 생산비 이상으로 등귀하여야 하므로 이 의미에서 지대는 농산물가격의 앙등의 원인이 되며 토지소유가 바로 지대를 창출한다고 할 수 있다.

마샬 Marshall, A. 은 지대의 개념을 공업생산의 경우에도 적용하여 그곳에서의 초과이윤을 준지대 quasi-rent 라고 하였다. 즉 이윤률균등의 원칙이 성립한다면, 보다 효율적인 조건들(공장의 입지조건 등)을 갖춘 기업가는 그렇지 못한 기업가들에 비해서 보다 높은 이윤(초과이윤)을 취득할 수 있을 것이다. 다만 지대라는 용어는 자연의 혜택으로 생기는 소득에만 한정된 것으로, 일반적으로는 토지와 유사하게 고정성이 강한 내구재가 지대의 특질을 갖는 소득을 낳게 될 때에 준지대라고 칭하는 것이 적당하다고 하겠다.

지로 제도(制度) giro standard

대차관계를 결제하거나 공공요금을 납부함에 있어서 직접 현금이나 수표를 이용하지 않고 금융기관의 예금구좌를 통해서 주고 받을 돈을 결제하는 방식을 말한다. 즉 은행이 지급인의 예금구좌에 들어있는 돈을 수취인의 예금구좌에 입금시켜 결제를 끝내는 제도이다. 이 지로제도를 채택하게 되면 특히 공공요금의 납부에 있어서는 고지서의 분류·집계를 지로센터(금융기관전자계산소)에서 집중 처리하게 되어 사무처리가 단순해지며 이용자로서도 요금납부가 간편해진다. 그러므로 이 제도의 목적을 충분히 달성하려면 ① 지급인이나 수취인 쌍방이 은행에 예금구좌를 갖고 있어야 한다.

거래은행이 실시하는 이체의 종류로는 입금이체·구좌이체·자동구좌이체의 3종이 있다. 이 제도는 원 또는 회전이란 뜻을 가진 희랍어 guros 에 어원을 둔 것으로 1883년에 처음으로 실시된 이래 세계 60여 개 국에서 실시하고 있다. 우리 나라에서는 1977년 2월 1일부터 공공요금수납에 대한 서비스 증대와 저축증대 방안의 일환으로 지로제도에 의한 공공요금납부제도가 전력요금수납업무 및 TV 시청료를 대상으로 실시되었다.

지방세 地方稅 ☞국세·지방세

지방재정 地方財政 local finance

I. 현대의 지방재정 각국의 지방재정의 구체적 형태는 각기 그 국가의 정치행

정의 구조와 지방자치의 전통에 따라 상이하지만 일반적으로는 자본주의의 발전단계에 따라서 일정한 경향과 내용을 가지고 있다. 자본주의의 독점단계 특히 국가독점자본주의단계에 있어서는 독점자본의 정치·재정의 장악, 사회경제구조의 전국화, 집중화와 경제력의 지역적 불균등의 심화 및 사회계급의 분화, 계급투쟁의 첨예화라는 조건 아래서 지방자치나 지방재정은 형식적으로는 그 독립을 보지하면서도 중앙정부에 대하여 대단히 긴밀한 종속관계에 있고 그 지배기구의 중요한 일환으로 편성되어 있다. 그리고 지방행정부의 내용은 독점자본의 자본축적을 위한 제시책을 지방에서 실시한다는 데에 중점을 두고 있다. 그러나 지방단체의 모든 활동은 직접적으로 지역주민의 생활에 영향을 미침으로써 중앙시책에 대한 주민의 저항이 일어나고 또 지방자치를 법으로 인정하고 있는 이상 주민의 요구가 반영되어야만 한다. 이렇게 하여 독점자본, 중앙정부는 엄격한 통제 밑에서 노동자, 농민을 파악하기 위해서는 부득이 어느 정도의 사회행정을 지방단체에 부담시켜 지방행정, 지방재정에 있어서 일정비중을 차지하게 하여야 한다.

Ⅱ. 지방경비 각 선진국에서는 근래 지방경비는 팽창일로에 있다. 산업기반강화를 위한 도로, 항만, 재해복구 및 도시계획을 중심으로 한 토목비, 운영비, 산업경제비, 사회보장비, 경찰소방비, 공채비, 보건위생비 등이 있는데 국가에 따라 그 내용에 약간의 차이가 있지만 교육, 토목, 사회보장 등의 경비가 3대항목을 이루고 있는 것은 대체로 공통적인 현상이다. 그러나 현대에는 위에서 말한 바와 같은 이유로 지방단체의 활동은 국가행정의 분기 또는 대행으로서의 측면이 오히려 강조되어 있고 또 지역적 문제에 대한 정책에도

전국적인 정책과 관련을 가지지 않으면 효과를 거둘 수 없다. 더욱이 중앙정부는 입법적, 행정적 및 재정적인 모든 수단에 의해 지방단체의 활동이나 재정지출에 간여하여 통제를 가하고 있다.

이렇게 하여 지방의 행정과 경비에 있어서 지방성이 약화됨과 동시에 국가적인 획일적 성격이 강화되어, 즉 지방단체의 활동에 대한 기획과 내용이 중앙에서 결정되는 것이 많아진다. 현재 지방교육행정의 중심인 의무교육, 토목사업의 도로·항만, 사회보장의 생활보호와 아동복지행정 등은 모두가 중앙의 법령과 계획에 의해 실시되고 있다. 더욱이 독점자본의 자본축적에 직접 필요한 행정시설에 대해서는 재정상으로도 중앙이 이것을 원조하여 그 확충이 계획되는데, 주로 지역주민의 요구에 의한 사회보장, 보건위생 등에 대해서는 행정의 합리화와 절약이 강력히 요구된다. 지방행정의 국가적 성격과 중앙의 계획법령에 의한 행정시설증가는 지방단체의 경비사용을 피동적으로 만든다. 현대의 지방경비의 이 특징은 지방단체의 수입에도 큰 영향을 주고 있다.

Ⅲ. 지방수입 지방수입에 있어서 그 의존재원 중 가장 큰 것은 국고보조금이다. 그 외에도 부담금, 보조금, 장려금, 수탁금 등의 명칭으로 국고에서 지방단체의 특정행정에 대하여 대부되고 있다. 이렇게 국고보조금은 점증하고 있고 여기에 따라 중앙의 지방에 대한 감독통제가 확대되고 있다. 우리 나라의 지방세로서는 재산세, 취득세, 주민세, 면허세, 도축세 등이 있는데 그 비율은 국고보조금의 일부에 불과하다.

지방채 地方債 local bond
도·시·군 등 지방공공단체가 발행하는 채권이다. 지방재정법에서는 지방재정

의 건전화를 도모하기 위하여 ① 공영기업, ② 출자금과 대부금, ③ 지방채의 차환, ④ 재해사업, ⑤ 전재복구와 공공시설의 건설사업 등에 한하여 그 재원을 지방채으로 발행으로 보전할 수가 있다. →지방재정

지배기업모형 支配企業模型
Dominant Firm Model

매우 희귀한 순수 독점 시장에 대하여 많은 시장에서 지배적인 시장점유율(예:40% 이상)을 가진 시장지배기업 dominant firm 과 훨씬 작은 기업이 다수 competitive fringe 존재하는 시장모형을 말한다. 이 경우 지배기업은 비용상 우위를 보유하나 이러한 우위는 지배기업이 전체시장을 독점할 만큼 극단적이지는 않다.

일반적인 지배기업모형은 물량이 아니라 가격이 전략적 변수이며, 경쟁적인 소규모기업이 다수 존재하고 이들 소규모기업들은 가격 순응자 price-takers들이다. 따라서 지배기업이 일정한 가격(P^L)을 먼저 설정하면 순응적인 소규모기업들은 이 가격에 순응하여 생산량을 결정한다. 지배기업은 전체시장 수요곡선 $Q^D = D(P)$ 에서 이러한 소규모기업의 공급곡선 $Q^F (P^L)$에 따른 공급 물량을 제외한 물량을 잔여수요곡선으로 하여 한계수입(MR^L)와 한계비용(MC^L)을 일치시키는 이윤극대화 점에서 생산량을 결정하는 것이다. 지배기업이 과도하게 높은 가격(P_{MAX})을 설정하면 전체수요를 소규모기업이 공급하게 되고 충분히 낮은 가격 (P_0)을 설정하게 되면 지배기업의 잔여수요는 시장수요와 같게 된다. 일반적인 지배기업모형에서는 가격이 경쟁수준보다 높게 설정되고 차별적인 가격구조가 존재한다. 이러한 지배기업은 위협과 실제보복에 의하여 신규기업의 진입을 제한한다. 이에 대하여 J. A. Schumpeter는 지배기업의 초과이윤 향유는 다른 기업의 혁신을 유도하여 지배기업의 빈번한 교체를 통한 창조적 파괴 creative destruction의 과정이 활발하게 진행된다는 견해를 피력하였다.

지불준비금 支拂準備金 cash reserve

은행은 보유하고 있는 예금의 지불에 대한 경상적 또는 긴급인출에 대비하여 자체 보유현금 또는 타은행(주로 중앙은행)에 요구불예금을 가지고 있지 않으면 안된다. 이것을 지불준비금이라 한다. 그리고 예금액에 대한 그 준비금의 비율을 지불준비율 cash-reserve ratio이라고 부른다. 이 비율은 일본·영국에서는 관례에 의하여 정해지고 있는 데 반하여, 미국에서는 그 최저선이 법률이 정하는 범위내에서 연방준비은행이 지정하는 율로 결정된다. 미국의 이 제도는 지불준비율 법정제도로 불리우고 있다. 또 시중은행의 지불준비금을 중앙은행에 집중시키는 제도를 지불준비집중제도라 한다. 은행의 지불준비금의 상당부분이 중앙은행에 집중예탁되고 있는 것은 영국의 경우에서 보는 바와 같이 은행계의 관습으로서 자연적으로 발생하여 온 것인데 미국이나 서독에서는 이것을 법규에 의하여 강제하고 있다.

시중은행의 지불준비금이 중앙은행에 집중되는 것을 역사적으로 관찰하면, 최초에는 예금자 보호를 목적으로 하며 은행자산의 유동성을 확보하는 데 기인하였다. 그러다가 미국에서 지불준비율은 1930년대 초부터 중앙은행의 통화정책의 한 수단으로 되었다. 그것은 근대은행제도에 포함되어 있는 예금통화의 조작기능이 인식되었기 때문이다. 즉, 중앙은행이 신용의 확장을 필요로 할 때에는 이 지불준비율을 인하함으로써 시중금융기관의 예금통화공급의 증가를 기대할 수 있으며, 인상의 경우에는 그 반대의 기대를 할 수 있기 때문이

다. 중앙은행이 행하고 있는 이러한 통화정책을 지불준비율조작이라고 부른다. 이러한 조작이 통화정책의 수단으로 되게 된 객관적 이유는 시중은행의 축적자금이 증가하여 금리정책이나 공개시장조작에 많은 기대를 할 수 있게 된 데에 있다. 금융시장이 충분히 발달하지 못한 후진국가에서는 공개시장조작을 대체하는 수단으로 지불준비율조작이 널리 사용되고 있다. 그러나 후진국에 있어서는 금융상의 제약조건이 많기 때문에 양적 금융정책은 그 효과가 한정되어 있으므로 질적 또는 선별적 정책이 필요하게 된다. →신용창조·통화정책·공개시장조작

지불준비제도 支拂準備制度 cash reserve

지불준비에는 발권은행의 은행권에 대한 지불준비(태환준비), 국제결제를 위한 지불준비(외화준비), 예금은행의 예금지불준비의 세 가지가 있는데 보통 예금은행의 예금지불준비를 말한다. 예금의 지불준비의 제일선은 은행의 시재현금이고 다음은 중앙은행에 개설한 당좌예금이나 콜 call 등이다. 우리 나라에서는 법률에 의해 지불준비를 중앙은행인 한국은행에 강제적으로 집중예탁시킴과 동시에 예금의 종류에 따라 상이한 준비율을 법적으로 규정하고 있다. 준비율을 높이거나 낮추어서 은행의 신용창조력을 조절할 수 있어 준비율의 변경은 금융정책의 하나의 수단으로 되고 있다. 이 제도는 금리정책과 공개시장조작과 함께 유력한 금융정책의 하나이다.

지브라의 법칙(法則) Gibrat's law

지브라는 면세점 이하의 소득분포를 고려하는 경우 소득액 x의 자연대수치와 소득인원 y의 진수치를 대응시키면 소득분포를 반대수정규분포로서 나타낼 수 있음을 발견하고 분포법칙을 다음과 같이 정식화했다.

$$Y=\frac{1}{\sigma\sqrt{2\pi}}e^{-\frac{1}{2}\left(\frac{\ln x-g}{\sigma}\right)^2}\cdots(1)$$

여기에서 σ는 이 도수분포의 표준편차, g는 기하평균, Y는 소득인원의 백분비이다. 또 위 식의 $\frac{1}{\sigma\sqrt{2\pi}}e$는 상수이다. 지금 $-Z^2=-\frac{1}{2}\left(\frac{\ln x-g}{\sigma}\right)^2$이라고 두면 $Z=\frac{\ln x-g}{\sqrt{2}\sigma}$로 된다. 다시 $a=\frac{1}{\sqrt{2}\sigma}$, $b=\frac{-g}{\sqrt{2}\sigma}$로 놓으면

$$Z=a\ln x+b\cdots(2)$$

가 얻어진다. (2)식이 소위 지브라선의 방정식이다. a, b는 다 같이 통계적으로 결정되는 상수이지만, a는 지브라선의 기울기를 나타내고 소득의 불평등판정의 척도로서 이용된다. 이 a가 커질수록 σ는 작게 되고 소득분포는 평등하게 된다. 정규분포 곡선에서는 표준편차 σ가 작을수록 곡선의 분산도가 작게 되기 때문이다. →지니의 법칙, 소득분포

지속가능 발전 持續可能 發展 Sustainable Development

1987년 개최된 환경 및 발전에 관한 세계위원회 World Commission on Environment & Development 일명 Brundtland 위원회에서 처음 제시된 개념으로서 자신의 필요를 충족시킬 수 있는 미래 세대의 능력을 손상하지 않으면서 현재 세대의 필요를 충족시키는 발전을 말한다. 지속가능 발전은 고정된 조화의 상태가 아니라 자원개발, 투자와 기술발전의 방향, 제도개선 등이 현재의 필요와 함께 미래의 필요에도 부합하여 이루어지는 변화의 과정이라는 것이다. 지속가능 발전의 핵심적 요소로는 생활의 질 quality of life, 의사결정의 통합 integrated decision-making, 평등 equity 등의 개념을 들 수 있다.

먼저 인류는 경제 사회적인 발전과 환경의 질의 유지·개선 등 사회생활의 서로 다른 많은 측면에 가치를 부여하고 있으므로 경제적 발전과 사회적 평등을 환경의 질과 조화시키는 것이 지속가능발전의 핵심이라는 것이다. 이러한 유형의 발전을 실행해 나가기 위하여는 환경적 고려와 경제적 고려의 통합, 그리고 평등의 고려를 위한 의사결정의 통합이 전제되어야 한다는 것이다. 또 다른 지속가능발전의 요소는 평등으로서 발전의 비용과 편익이 빈부간, 세대간, 국가 간에 공평하게 배분되어야 하고 모든 인류가 기본권을 가지고 기본적인 필요를 충족할 수 있는 경제적 수단이 부여되어야 한다는 것이다. 1992년 브라질에서 100개 이상 국가의 정상이 참여한 가운데 개최된 리오지구정상회의 Rio Earth Summit는 공식명칭이 UN Conference on Environment & Development(UNCED)로서 환경보호와 사회경제적 발전을 위하여 시급한 문제를 논의하고 기후환경변화 협약의 기초의정서 the frame-work convention on climate change 생물다양성 협약 convention on biological diver-sity을 체결하는 한편 리오선언을 채택하였다. UNCED에서 결정된 사항을 효과적으로 추진하기 위하여 1992년 12월 UN의 기능별 위원회로서 지속가능발전위원회 Commiss-ion on Sustainable Development가 창설되었다. 이 위원회는 매년 50명 이상의 각료와 1000개 이상의 비정부단체(NGOs) 참여 하에 개최되어 오고 있으며 UN체제 내에서 지속가능 발전에 관한 주제를 가시화시켜 나가고 UN에 의한 환경과 발전을 위한 활동의 조정을 뒷받침하고 있다.

지수 指數 index number

기준시와 비교한 상대적 변화의 측도를 말한다. 기준시를 보통 100으로 하고, 그 때부터의 변화를 백분비로 표시한다. 예를 들면 기준으로 1957년=100이라 하고 기계의 가격이 1957년 이래 매년 10%씩 증대하였다고 하면 기계의 가격지수는 1958년=110이 되는 것이다. 보통 여러 기간에 걸쳐서 비교가 되지만 장소나 분류기간의 비교를 목적으로 하여도 이 지수는 인용된다. 예를 들면 전주와 광주의 소비자물가지수는 서울의 지수와의 관련으로 계산되고 또는 상이한 종류의 발전시설에서 각종 기계의 전압생산의 상대효율의 지수가 계산된다. 이탈리아인 칼리 Carli, G. R. 가 이 지수를 고안한 것이라고 일반적으로 알려져 있다.

지수연동계약 指數連動契約 indexed contract

경제상황을 대표하는 지수를 선정하여 그 지수의 변화에 따라 계약내용을 자동적으로 수정하는 형태의 계약을 말한다. 예상되는 경제여건의 변화를 반영하여 계약을 체결함에 있어 모든 변수를 정확하게 예측하기란 불가능하므로 변화의 내용이 너무나 중대해서 다음 계약을 맺을 때까지 기다릴 수 없거나 변화된 경제여건을 반영하여 계약을 변경하기가 비교적 용이하다면, 계약기간 중에 이러한 변수의 변화를 계약에 반영하여 계약내용을 수정하기도 한다. 이러한 변수중 가장 중요한 것이 인플레이션이므로 물가지수연동계약이 대표적인 지수연동계약이 될 것이다.

최근 명목이자율을 사전적으로 확정하는 대신 실질이자율을 사전적으로 확정하는 금융계약이 점차 확산되고 있다. 실질이자율을 확정하는 계약에서는 이자금액이 인플레이션에 따라 달라진다. 예를 들어 실질이자율을 연 5%로 하기로 하고 100만원을 꾸어주었는데 그 사이에 물가가 10%올랐다면 1년 후에 15.5만원의 이자를 받게 된다. 이러한 예처럼 실질이자율을 기준으로 하여 물가지수에 연동하는 내용의 계약을 지수연동계약 indexed contract이라고 부르며, 지수연동계약을 맺음으로써 인플레이션의 효과를 제거하는 행위를 인플레이션보정 inflation correction이라고 부른다. 브라질이나 이스라엘처럼 인플레이션이 극심했던 나라에서는 이런 유형의 계약을 체결하는 것이 일반적인 관행이었다. 우리 나라의 경우에도 임금계약을 맺을 때 생계비상승분을 자동적으로 보상해주는 제도가 있는데 이는 일종의 지수연동계약인 셈이다. 근래에 은행들이 시장상황에 따라 변동이자율을 적용하는 대출계약을 많이 취급하는 것도 일종의 지수연동계약에 해당된다. 우리 나라가 해외에서 차입할 때 적용금리를 시장상황에 따라 등락하는 리보이자율 libor rate을 기준금리로 결정하는 것도 지수연동계약이다.

지수연동계약을 맺으면 장기계약의 존재로 인해 총공급곡선이 물가에 대해 우상향하던 효과가 약화된다. 예컨대 거시경제의 균형상태에서 정부가 경기 확장을 위해 통화를 증발함으로써 물가가 상승하면 노동 등 생산요소의 실질가격이 하락하여 생산요소의 공급량이 증가하고 생산이 확대된다.(총공급곡선의 우상향 효과) 그러나 생산요소의 공급계약이 지수연동계약으로 이루어지면 생산요소의 실질가격이 불변하여 생산확대효과(총공급곡선의 우상향효과)가 나타나지 않게 되는 것이다. 만일 모든 종류의 경제여건변화를 빠짐없이 계약에 반영하는 것이 가능하다면 계약거래와 현물거래의 차이점이 없어진다. 물론 현실적으로는 극히 일부의 경제여건변화에 대해서만 지수연동화가 가능하다. 지수연동계약이 장기계약의 경제효과를 어느 정도 약화시키는가는 지수연동계약이

얼마나 체계적으로 구성되는가와 얼마나 광범위한 산업에서 지수연동계약이 쓰여지는가에 따라 정해진다. 연동화의 정도와 범위에 따라 지수연동계약이 장기계약의 경제효과를 무력화시키는 효과를 결정하는 것이다.

지식집약산업 知識集約産業 knowledge intensive industry

연구개발, 디자인, 전문적 판단 등 지적 활동의 집약도가 높은 산업을 말한다. 구체적으로는 ① 연구개발집약산업(컴퓨터, 항공기, 원자력관계) ② 고도단위산업(공해방지기기, 교육기기, 공장, 주택 등) ③ 패션산업(고급의류, 주택용품 등) ④ 지식산업(정보처리 서비스, 소프트 웨어 등)의 4개의 그룹산업이 있다. 자원, 자본집약산업과 단순노동집약적 산업과 대비되어 사용되는 말이다. →정보산업

GNP 디플레이터 GNP deflator

명목국민소득을 실질국민소득으로 환산하기 위한 지수를 말한다. 실질국민소득을 구하기 위해서는 우선 국민총지출의 구성요소인 소비·정부지출·투자 등을 각각에 대응하는 물가지수로 나누어 실질화하고, 그것들을 합계하여 실질국민소득을 구한다. 명목국민소득을 실질국민소득으로 나누면 GNP 전체에 대한 종합물가지수가 사후적으로 얻어진다. 이와 같이 얻은 디플레이터는 결과적으로 간접적으로 산출된 것이기 때문에 임플리시트 디플레이터 implicit deflator 라고 불리운다.

이제 GNP 가 소비 C, 투자 I, 수출 X, 수입 M으로 구성되고 소비재물가지수를 P_c, 투자재물가지수를 P_i, 수출재물가지수를 P_x, 수입재물가지수를 P_m으로 하면

명목국민소득$=C+I+X-M$

실질국민소득$=\dfrac{C}{P_c}+\dfrac{I}{P_i}+\dfrac{X}{P_x}-\dfrac{M}{P_m}$

GNP 디플레이터 $= \dfrac{\text{명목국민소득}}{\text{실질국민소득}}$ 이다.

지역분석 地域分析 regional analysis

지역간의 발전과 개발정도에 관한 비교연구 및 국민경제에 있어서 그 지역의 장래의 역할에 대한 분석을 말한다. 지역분석에는 지역적 생산물의 동향과 지역적 자원의 부존에 관한 자료가 필요한데, 이 자료들의 대부분은 불충분하기 때문에 지역경제에 관한 총괄적 정보는 얻기 곤란하다. 그러나 개인소득, 인구, 고용, 공업생산 등의 지역적 자료 중에는 입수할 수 있는 것도 있다.

지정통화 指定通化 designated currency

외환관리에서 대외거래결제를 위해 사용할 수 있도록 인정받은 통화를 말한다. 우리 나라에서는 미국 달러, 오스트레일리아 달러, 영국 파운드, 서독 마르크, 캐나다 달러, 프랑스 프랑, 이탈리아 리라, 스위스 프랑, 홍콩 달러, 스웨덴 크로네, 덴마아크 크로네, 벨기에 프랑, 오스트리아 실링, 노르웨이 크로네, 네델란드 길더의 15개국 통화가 대외결제시의 지정통화로 되어 있다.

지주회사 持株會社 holding company

투자보다는 지배를 목적으로 다른 회사의 주식 또는 증권의 과반수를 소유하는 회사를 말한다. 이것을 유일의 목적으로 하는 회사를 순수지주회사라 하며, 자체의 사업도 하고 있는 회사를 혼합지주회사, 또는 영업지주회사 holding-operating company 라 한다. 지주회사는 현재회사의 주식을 구입함으로써, 또는 신회사를 설립하여 그 신회사의 주식의 전부 또는 지배에 필요한 주식수 controlling share 를 보유함으로써 자회사를 가질 수 있다.

지주회사를 설립함으로써 다음과 같은 이점이 있다. ① 지주회사는 신설합병, 흡수합병 및 매수에 의한 것보다 법률적으로 간단하며 비용도 적게 들어 편리한 타회사의 지배권 획득의 방법이다. ② 모회사는 자회사의 채무를 책임지지 않고 대주주라는 명성을 보유한다. 그러나 지주회사를 설립함으로써 많은 결점도 있다. 즉 ① 지주회사와 자회사의 관계가 대단히 복잡하게 되므로 비능률적이다. ② 지주회사는 지주회사를 규제하는 특별법에 의하여 법률적으로 복잡하게 규제되어 있다.

지지가격 支持價格 support price

농산물과 같은 수요의 탄력성과 공급의 탄력성이 모두 작기 때문에 가격이 급격히 변동하는 상품에 대해서 정부가 최저가격과 최고가격을 정하여, 최저가격으로 무제한 매입하며 최고가격으로 무제한 방출하는 방식으로 가격변동의 폭을 일정한도내에 제한하는 정책을 취할 수 있다. 이 경우의 최저가격과 최고가격을 지지가격이라 한다. 예를 들면 미국에서는 면화, 소맥 등에 이러한 정책이 채택되고 있다. 제2차대전 전에 일본에서는 쌀에 대해 이 정책을 채택한 때가 있었다. 지지가격정책은 생산자와 소비자의 쌍방의 이익을 위하여 가격의 극단적 변동을 방지하는 것을 목적으로 하고 있는데, 사실상 생산자를 보호하는 결과가 될 때가 많다. 그러나 농업과 같은 기본산업을 안정시키는 것은 간접적으로 소비자의 이익이 되기 때문에 소비자의 이익에 반대된다고는 할 수 없다.

지지가격을 유지하기 위해서는 지지가격 자체가 적정하지 않으면 안된다. 적정한 지지가격을 결정하는 기준으로는 패리티지수 Parity index, 생산비, 소득보상방식 등이 사용된다. 패리티지수는 생산물의 가격지수와 생산자가 생산과 생활을 위해 구입하는 재화나 서비스의 가격지수와의 비율이며, 비율 1이 되게 하는 가격이 패리티가격이다. 이 패리티가격을 중심으로 하여 최저가격과 최고가격이 결정된다. 또 소득보상방식이라는 것은 어떤 기준시점에 있어서의 생산자의 소득을 일정수준에 유지하게끔 기준가격을 결정하는 방법이며, 이것은 패리티지수에 의한 방법과 유사하지만 반드시 동일하지는 않다. 예를 들면 흉작으로 인하여 생산이 감소된 경우, 소득보상방법에 의한 가격이 패리티가격보다 높아질 가능성이 많다. →공정가격, 패리티지수

지출함수 支出函數 expenditure function

통상적인 소비자문제인 '예산제약하의 효용극대화'문제(max u(x), s. t. px≤M)에 대한 쌍대문제는 '일정한 효용을 얻기 위한 지출최소화'이고 이 지출최소화문제의 해가 바로 지출함수이다.

가격 p가 주어져 있을 때 정해진 효용지표 u*를 누릴 수 있는 최소한의 소득을 구하는 지출최소화문제는

$$\min_{x} px, \qquad s.\ t.\ u(x)=u^*$$

이고, 이 문제로부터 해 $h(p, u^*)$가 구해지면 최소지출 $e(p, u^*)=ph(p, u^*)$를 구할 수 있다. 여기서 $h(p, u^*)$를 보상수요 compensated demand 라 하고 $e(p, u^*)$를 지출함수라 한다. 즉 보상수요란 주어진 효용을 얻기 위해 소비해야 하는 재화의 양을 말하고, 지출함수는 이 보상수요를 화폐액으로 나타낸 것이다.

한편 예산제약하의 효용극대화문제와 일정한 효용을 얻기 위한 지출최소화문제는 효용함수가 준오목 등 일정한 조건을 만족하면 소비자행동에 대하여 동일한 정보를 알려주고, 따라서 지출함수로써 소비자이론을 전개할 수 있는데, 이를 소비자이론의 쌍대성(雙對性) duality 이라 한다.

지출확장선 支出擴張線 ☞소득소비곡선

지폐 紙幣 paper money

화폐발전의 최종단계에 와서는 화폐의 소재가치와 명목가치가 분리하게 되었다. 소재가치와는 관계없는 화폐를 명목화폐, 표식화폐, 또는 기호화폐라고 한다. 이런 화폐 중 가장 전형적인 것은 지폐이다. 이러한 지폐는 그 자체가 가치를 가지고 있기 때문에 화폐가 된 것이 아니라, 국가법률의 권위를 배경으로, 또는 역사적 관습이 그대로 사회적 신임을 받게 되어 교환의 도구로서 통용되게 된 것이다. 그리고 지폐는 신용화폐와 더불어 화폐형태 발달상 가장 진보된 것이며, 화폐의 본질을 가장 명백히 표현한 것이라 볼 수 있다.

그러나 지폐는 출현 당시부터 오늘날의 불환지폐가 아니라 처음에는 태환지폐였다. 즉 금화 등의 실물화폐에 대한 대용물로서 유통한 태환지폐이다. 그러나 후에 태환준비도 일부준비로 되어, 태환지폐는 마침내 주화 또는 금지금의 대표자의 성질을 벗어나 태환준비는 다만 화폐가격의 안정 또는 지폐수량의 인위적 팽창을 저지하는 한 수단인 것에 불과하게 되었다. 그래서 지폐유통이 발달하고 있는 오늘날 모든 나라에서 현실적으로 유통되는 화폐는 불환화폐인 지폐이다.

지행지표 遲行指標 lagging indicator

일반경제가 전환한 후 경기순환의 전환점에 도달하는 경제활동의 측정을 말한다. 이러한 종류의 통계적 지표는 미국의 전국경제조사국 National Bureau of Economic

Research의 직원 밋첼 Mitchell, W., 퍼슨스 Persons, W. 및 번스 Burns, A. F.에 의하여 개발된 것으로, 경제의 일반적 추세에 대한 시간적 변화를 표시하기 위하여 사용되었다. 또 같은 연구소의 직원인 무어 Moore, G. H.와 시스킨 Shiskin, J.은 경기순환분석의 지표적 방법을 고찰하여, 변화하고 있는 어떤 경기상황의 현실을 완전한 것으로 하기 위해서는 지행되고 있는 것에 타이밍이 필요하다고 생각하였다.

단위노동, 가격, 이자율, 완성품재고 등 지행지표의 증가는 이윤, 자본투하계약 또는 원자재재고에의 추가적 투자와 같은 선행지표의 감퇴를 유도한다. 경제학자 중에는 지행지표에 주의를 하지 않는 사람이 많고, 또 이것이 경기예측에 중요한 기여를 하지 않는다고 시사하고 있다. 시스킨의 지도에 의한 미국국세조사국의 보고서는 7개의 지행지표를 기록하고 있다. 그러나 그것을 관련그룹으로 특별히 구분은 하고 있지 않다.

직능급 職能給 wages on job evaluation

종업원의 직무수행능력의 평가에 따라서 결정하는 임금을 직능급이라 한다. 또 직무수행능력의 종류(직종), 정도(등급)에 의해서 종업원을 분류하고, 그 직무수행능력의 정도를 평가하는 제도를 직능급 제도라 부른다. 그러므로 학력이나 근속년수를 하나의 기준으로 하면서 직무수행능력을 주된 기준으로 하는 것이 직능급의 특징이다.

직접금융·간접금융 直接金融·間接金融 direct financing·indirect financing

투자자가 자기 스스로 기업에 대해 직접 대부해 주거나 기업의 주식·사채를 인수함으로써 이루어지는 금융을 직접금융이라 한다. 반면, 간접금융이란 투자자가 예금·금전신탁·금융채의 인수 등으로 일단 금융기관에 자금을 공급하고, 금융기관이 그 자금을 기업에 대부하여 준다든가 기업의 주식·사채를 인수함으로써 이루어지는 금융을 말한다. 일반적으로 직접금융을 통한 기업자금조달이 바람직스러운 것이며, 간접금융에의 과도한 의존은 기업 재무구조의 악화를 초래하여 기업경영을 위협하는 요소로 된다.

현재 우리 나라의 법인기업의 자금조달을 보면 소요자금의 약 70% 이상을 외부자금에 의존하고 있다. 외부자금 중 은행을 비롯한 금융기관을 통한 간접금융의 비중이 약 50% 정도를 차지하고 있고 직접금융은 30% 이하이다. 더욱이 직접금융 중 거의 반 이상이 정부관리기업체에 대한 정부출자로 이루어졌고 또 민간법인의 직접금융도 은행에 의한 사채인수라는 것을 고려하면, 외부자금의 거의가 간접금융에 의존하고 있다고 말할 수 있어 우리 나라는 아직도 간접금융 중심구조를 나타내고 있다.

직접투자 直接投資 direct investment

간접투자가 배당을 목적으로 외국기업의 주식 또는 외국정부 발행의 공채를 매입하는 증권투자임에 반해, 직접투자는 기업의 경영권을 획득하기 위하여 단독으로 기업을 경영한다든지 또는 외국과 합작투자하여 공동경영하는 경우인데, 외자기업의 증권소유비율에 따라 경영권을 행사할 수 있다는 점에서 간접투자와 구별된다. 직접투자는 외국기술도입에 의한 기술향상, 외국과의 경쟁에 의한 국제경쟁력 함양, 경영합리화 등의 장점이 있는 반면에 외자에 의한 산업지배, 중소기업의 교란 등의 단점도 있다.

진부화 陳腐化 obsolescence

공장, 기계, 설비와 같은 고정자산의 수명의 단축화로서 발명, 생산공정의 개량, 경제적 조건의 변화와 같은 기술진보, 또는 기호의 변화 등 외부요인으로 인해 시설재의 내용연한이 단축되는 것을 말한다. 진부화는 감손(減損)과는 다르다. 감손은

산업에 있어서의 진부화(단위 : 10억불)

산 업	신시설비용
제조업 및 광업	74.3
석유공업	5.3
수출 및 통신업	18.4
전기 및 가스 등 공익사업	12.0
금융 및 서비스업	25.0
합 계	95.0

공장과 설비가 사용됨으로써 실제로 마손되는 것이기 때문이다. 1958년에 맥그로우힐 McGraw-Hill 출판사 경제부는 진부화의 척도를 확인하기 위하여 산업회사에 관한 대표본조사를 실시하였다. 그 결과 진부화된 시설을 전부 최량의 새로운 공장 및 설비로 개량하려면 산업계는 950억불이 소요된다고 하였다.

진입억제 進入抑制 Entry Deterrence

특정 산업 내에 이미 존재하는 기존 기업 incumbent firms이 비록 현재는 높은 수준의 이익을 향유하고 있지만 새로운 기업이 시장에 진입하는 경우 이러한 초과이익이 사라질 것이라는 점을 잠재적 경쟁자가 믿도록 하는 시장전략을 말하며 진입억제 행동 entry-deterring practices이라고 한다. 이러한 잠재적 진입기업의 신뢰를 형성하는 데에는 세 가지 중요한 방식이 있는바 이를 약탈가격설정, 초과생산능력, 그리고 진입제한가격 설정 등이 있다. 먼저 위협가격설정 predatory

pricing은 기존기업이 신규진입기업의 생산비용 이하로 가격을 낮춤으로써 신규진입기업을 몰아내고 잠재적 진입을 봉쇄하는 가격전략을 말하며 이러한 과정에서 기존기업도 손실을 볼 수 있으나 신규기업을 퇴출시키고 나서 독점가격 설정으로 이러한 손실을 보전할 것을 기대하는 것이다. 신규기업진입 후에 가격이 하락하는 것임을 믿도록 하는 다른 방법은 기존기업이 현재 필요한 수준 이상의 초과생산능력 excess capacity을 보유하는 방식으로서 기존기업이 용이하게 공급량을 늘릴 수 있다는 신호 signal를 잠재적 경쟁자에게 보내는 것이다. 마지막으로 진입을 억제하는 행동으로 잠재적 경쟁자로 하여금 기존기업이 자신의 한계비용이 매우 낮은 수준이며 신규진입이 있는 경우 용이하게 가격을 내릴 수 있다는 점을 보이기 위하여 독점가격보다 낮은 수준의 가격으로 한계수입과 한계비용을 일치시키는 수준보다 높은 물량을 공급하는 진입제한가격설정 limit pricing이 있다. 이러한 진입억제 장치 중에서도 초과 생산능력 보유 등은 사회적인 낭비를 초래하는 반면 진입제한가격설정은 소비자에게 이익이 되고 독점의 부작용을 완화하는 순기능을 하는 것으로 평가된다.

집계의 문제 集計의 問題 aggregation problem

경제이론에는 미시적 경제이론 microeconomics 과 거시적 경제이론 macroeconomics 의 두 가지 이론체계가 있다. 전자는 개개의 경제주체의 행동분석에서 출발하여 개개 주체의 각 재화에 대한 수급의 관계를 분석하고 그 결과로서 사회경제를 파악하는 것이고, 후자는 개개 주체의 행동분석보다는 소비, 투자, 물가수준, 국민소득 등과 같은 집계개념으로 이론을 구성하는 것이다. 거시적 경제이론은 국민경제의 총과정을 파악하는 데에 불가결한

것이지만 그 이론적 기초가 반드시 명백한 것은 아니다. 이와 같이 미시적 경제이론에서 거시적 경제이론을 도출하는 문제가 바로 집계의 문제인 것이다.

이 문제는 비교적 최근에 논쟁의 초점이 된 것이고, 현재까지 아직 만족할 만한 결과에 이르지 못하고 있다. 클라인 Klien, L. R. 에 의하면 집계문제를 취급하는 데는 두 가지 접근방법이 있다. 첫째, 미시적 경제이론을 주어진 것으로 하고 국민소득통계나 지수와 같은 자료라든가, 기타 집계치 aggregates 를 인정하여 이 두 가지 주어진 데이타로 거시적 경제이론을 유도하는 방법이다. 둘째는 우선 선험적(先驗的)으로 미시적 경제이론과 거시적 경제이론의 양이론을 정하여 놓고 그 두 체계에 모순이 되지 않는 집계치를 결정하는 방법이다. 첫째 방법에 의한 집계는 다음과 같이 행한다. 지금 i번째의 개인 또는 기업에 대하여 다음과 같은 관계식을 생각한다.

$$a_{1i}x_{1i}+a_{2i}x_{2i}+\cdots+a_{ni}x_{ni}=0 \cdots\cdots\cdots (1)$$
$$(i=1, \cdots, m)$$

이 경우 집계의 한 형은 다음과 같은 식으로 표시한다.

$$\sum_{i=1}^{m}(a_{1i}x_{1i}+a_{2i}x_{2i}+\cdots+a_{ni}x_{ni}+a_{0i}x_{0i})=0$$
$$\cdots\cdots\cdots\cdots\cdots\cdots\cdots\cdots (2)$$

변수 x_{ji} 가 모든 i 에 대하여 동일차원일 경우에는 다음과 같이 정의되는 집계치를 정한다.

$$\frac{\sum_{i=1}^{m}a_{ji}x_{ji}}{\sum_{i=1}^{m}x_{ji}}, \quad \sum_{i=1}^{m}x_{ji}=X_{j} \cdots\cdots\cdots\cdots (3)$$

이 (3)에 의하여 (2)식에서의 $\sum_{i=1}^{m}a_{ji}x_{ji}$ 라는 항은 $a_{j}X_{j}$로 치환할 수 있다. 실제적으로는 지수나 기타 선험적으로 정한 집계치와 같아지도록 X_{k} 를 선택한다. x_{ji} 가 상이한 i 에 대하여 다른 차원일 때에는 다음과 같이 된다.

$$\sum_{i=1}^{m}a_{k}x_{k}=a_{k}X_{k} \cdots\cdots\cdots\cdots\cdots (4)$$
$$(단, 일반적으로 X_{k}\neq\sum_{i=1}^{m}x_{ji})$$

변수 X_{k} 는 하나의 집계치이지만 개개수량의 합계는 아니다. 왜냐하면 그 합계는 각 x_{ji} 가 서로 다른 단위로 측정되었을 때에는 무의미하기 때문이다. 두 번째 방법에 의한 집계를 생산이론을 예로 들어 설명해 본다. 집계치(총생산물, 총노동용역, 총자본용역 그리고 이들의 가격수준)를 미시적 변수로 구성된 지수로 파악하지만 그 변환함수는 다음 두 가지 기준을 만족시키도록 정하여야 한다. ① 제1기준 미시적 변수에 관한 생산함수가 존재하면 집계치에 관한 생산함수도 존재한다. ② 제2기준 미시적 변수에 대하여 이윤극대조건인 한계생산력방정식이 완전경쟁하에서 성립하면 집계치에 대하여서도 유사한 방정식이 성립한다. 이렇게 하여 집계치를 구성하면 거시적 이론의 기초를 미시적 이론에까지 환원할 수가 있어 그 기초가 확고하여 진다. 클라인의 제2의 집계방법에 대해서는 다음과 같은 비판이 있다. 즉 미시와 거시의 두 이론체계가 동일한 대상에 대한 완전한 설명이 되기 위하여서는 두 이론체계의 해 사이에는 1대 1의 대응관계가 존재하여야 하지만 클라인의 방법에는 이것이 보장되지 않는다는 것이다.

집단농장 集團農場 collective farm

공산주의 국가에서 농업조직의 한 가지 방법이다. 집단농장은 농장소유권의 수용에 의해 1920년대에 소련에서 확립되었다. 이론적으로 집단농장은 국유지를 경작하는 권리를 소유하는 농민의 민주적인 협동조합이다. 집단농장에서의 생산수단은 토지 및 농경기계를 제외하고는 그 조합원에 의해 소유되고 있다. 집단농장의 정책은 표면적으로는 민주적이나, 중앙정부의 계획 가운데 나타나 있는 국가의 경제목적에 의해 결정된다. 따라서 집단농장에 있어서 곡물과 가축의 생산은 전체적인 경제계획에 적합하지 않으면 안된다. 그 위에 집단 농장의 연생산의 분배는 정부의 명령에 기초해서 이루어지며, 생산물에 대한 제1청구권은 협동조합, 농민보다는 오히려 국가에 귀속된다.

집중도 集中度 concentration ratio

한 산업의 총거래액에서 몇몇 대규모기업이 차지하는 거래액의 비율. 이 비율은 상대비율이며 한 산업의 소유권이나 지배권이 비교적 소수의 회사에 집중되는 정도를 표시하고 있다. 공업의 집중도를 측정하는 표준적인 수단은 없고 여러 가지 상이한 지표가 사용되고 있다. 일반적으로 집중도는 몇몇 대회사가 가지고 있는 재고자산, 생산, 판매, 고용, 이익의 백분율로 나타낸다.

집중은 해당산업에 있어서 생산자수와 규모의 분포의 두 가지를 나타낸다. 집중측도의 애매함은 표준측도가 극히 소수의 대규모단위를 그룹으로서만 취급하는 것에서, 그리고 그 회사가 한 회사만으로 지배되는지 안되는지, 시장력과 동등한 만큼의 세력을 공유하느냐 안하느냐 하는 등의 보이지 않는 것에서 일어난다. 집중도측정의 사용에 있어서 또 하나의 문제는 이러한 측정이 시장의 일면에서 일어나는 경쟁, 즉 대항력의 존재를 보이지 않는다는 데 있다.

차변·대변 借邊·貸邊 debtor·creditor

자산의 증가 또는 부채 및 자기자본의 감소를 표시하는 회계용어를 말한다. 우리나라의 회계관리에서는 차변, 대변으로 구별하여 계정 account 의 좌측을 차변, 우측을 대변이라고 한다. 상하대조식인 경우에는 상측이 차변, 하측이 대변이 된다. 어떤 차변에도 모두가 이것과 동액의 상쇄적인 대변이 있다. 그래서 회사에서 청구서에 의해 지불이 되었을 때 현금은 증가한 자산으로 차변에 기입되고, 수취계정(감소한 자산)은 대변에 기입한다. 오늘날의 부기는 복식부기의 기초 위에 자산, 부채, 손익, 자본의 전체적인 계산을 하기 위한 수단으로 이용되며 계정은 과거의 인적계정외에 물적계정, 손익계정 등이 사용되기에 이르렀다. 차변·대변이라는 용어도 본래의 의미나 내용의 것이 아니고 일종의 부기상의 부호라고 볼 수 있다.

차별가격 差別價格 ☞가격차별

차선의 이론 次善의 理論 theory of second best

k개의 효율성 조건 중에서 두 개가 충족되지 못하고 있는 상황이 세 개가 충족되고 있지 못한 상황에 비해 반드시 더 낫다고 말할 수 없다는 뜻이다. 예컨대 효율적인 자원배분을 위해서는 k개의 조건이 동시에 만족되

어야 한다고 하자. 그런데 어떤 이유 때문에 이 중 하나가 충족될 수 없는 상황이 발생했다고 할 때, 나머지 (k-1)개의 조건만은 모두 만족되는 것이 차선의 결과를 가져온다고 생각하기 쉽다. 그러나 립시 R. Lipsey와 랭카스터 K. Lancaster는 이와 같은 직관이 틀린 것일 수 있음을 증명해 보였다. 그들이 증명한 바에 따르면, 이미 하나의 효율성 조건이 위배되어 있을 때 만족되는 효율성 조건의 수가 늘어난다 해서 사회후생이 더 커지리라고 자신 있게 말할 수 없다.

이와 같은 내용을 갖는 차선의 이론 theory of the second best은 여러 가지 경제개혁 조치를 추진할 때 비합리적인 측면들을 점차로 제거해 나가는 점진적 접근법 piecemeal approach이 때때로 예기치 않은 문제를 일으킬 가능성이 있음을 경고해 주고 있다. 모든 비합리성을 일거에 제거하지 않고 그 중 일부분만을 제거한다면, 그 결과로 나타나는 사회의 상황이 예전에 비해 더 못한 것이 될 수도 있다는 것이다. 차선의 정리는 이와 같은 결과가 나타날 수 있음을 일깨워준다는 점에서 우리에게 귀중한 교훈을 제공하고 있다.

차액지대 差額地代 differential rent

차액지대는 절대지대와 함께 자본제지대의 기본적 형태를 이루고 있다. 차액지대에는 두 가지 형태가 있는데 이것을 차액지대의 제1형태, 제2형태라 부른다. 제1형태는 같은 면적의 토지에 투하된 동량의 자본에서 생기는 생산물이 동일하지 않는 데 근거한다. 이와 같이 동일하지 않은 생산물을 초래하는 일반적 원인은 토지의 비옥도와 위치이다. 즉 농업생산부문에서는 농산물의 시장조절적 생산가격은 최열등지의 개별적 생산가격이다. 이 점에서 농산물의 가격결정은 모든 다른 생산부문의 그것과는 다른데 이러한 결과를 가져온

것은 토지의 제한적 성질이고 이렇게 하여 농업생산부문 특유의 초과이윤(농업자본가가 받는 평균 이상의 초과분)이 최열등지보다도 우월한 모든 토지(그러한 토지에서의 생산물의 개별적 생산가격은 시장조절적 생산가격보다도 낮다)에서 생긴다. 차액지대는 이러한 초과이윤의 전화형태이다. 그리고 이 전화의 원인을 이루는 것은 토지사유의 존재이다.

제1형태가 비옥도 및 위치가 상이한 동일면적의 각종의 토지에 투하된 동량의 자본에 대한 생산력의 차이에서 발생하는 데 비하여 제2형태는 동량의 자본이 계속 동일토지에 투하되어 동일하지 않은 결과를 가져올 때 생긴다. 차액지대의 제1형태는 단순히 역사적 견지에서 뿐만 아니라 주어진 각 시점에서의 운동에 대하여도 차액지대의 제2형태의 기초이고 출발점이다. 요컨대 차액지대는 그 본질상, 토지(동일한 또는 상이한)에 투입되는 동량의 자본간의 생산력의 차이에 불과하다.
→지대, 지대학설

차티즘 Chartism

1836~1848년 사이에 영국에서 발생한 근대 노동운동역사 최초의 노동자에 의한 전국적 정치운동을 말한다. 영국 노동자는 1832년의 선거법 개정(유산자에게만 선거권을 부여하였다)과 1834년의 구빈법 개악(改惡)(구빈법은 종래의 생활부조적 성격을 잃고 빈민으로부터 시민권을 박탈하였다)에 반대하여 종래의 동맹자였던 부르조아지를 상대로 노동자의 자유를 위한 정치운동을 일으켰다. 이것을 차티즘이라고 부르는 이유는 1838년에 공시한 인민헌장 People's Charter 의 실현이 그들 요구의 중심을 이루고 있기 때문이다.

인민헌장은 6개조로 남자보통선거, 평등한 선거구, 의회의 매년소집, 피선거권

에 대한 재산조건의 폐지, 비밀투표에 대한 세비지급 등이 그 중요한 내용이었다. 이 노동자의 정치적 요구에는 노동조건의 개선과 개악된 구빈법의 철폐 등 경제적 요구가 밀접하게 결부되어 있었다. 이 운동은 여러 가지 내용과 형태를 가졌고 그 세력에도 많은 성쇠가 있었다. 노동자들은 자기들의 요구를 실현하기 위하여 대규모의 청원, 대시위운동, 무장봉기, 동맹파업 등을 감행하였지만 전부 좌절되었다. 이 실패의 직접적 원인은 운동의 기초가 되는 경제이론과 강력한 조직을 가지지 못하였고 노동조합과의 제휴에 실패하였기 때문이었다.

이 운동은 1848년에 국민적인 운동으로서는 힘을 잃었지만 제1인터내셔널의 전야까지 계속되었다. 영국의 노동자는 이 운동이 좌절된 후 자기들의 요구를 노동조합이나 협동조합의 활동에 의하여 실현하게 되었다. 차티즘의 쇠퇴는 그 원천인 노동자의 경제적 불만이 19세기 후반의 영국 자본주의의 번영에 의하여 제거된 데도 그 원인이 있었다. 그러나 이 운동은 임금인상과 공장법의 개정을 실현시키려 하였고 노동운동에 큰 교훈을 주었다.

창구규제 窓口規制 window operation

시중은행의 대출이 경기동향과 자금사정에서 보아 적정한 규모가 되도록 조정하기 위해 한국은행이 지도하는 것을 말한다. 창구지도(窓口指導)라고도 하며 한국과 일본에서의 독특한 방법으로 공정률조작, 채권매매, 예금준비조작 등의 금융정책을 보완하는 수단이다. →금융정책

창업자이득 創業者利得 founder's profits

이윤을 얻는 자본을 이자를 받는 자본형태로 전환함으로써 얻는 이득으로 발기인

이득(發起人利得)이라고도 한다. 바꾸어 말하면 어떤 기업의 이윤을 시장의 평균이자율로 자본에 환원한 금액에서 기업의 투자자본을 뺀 차액이다. 예를 들면 주가가 액면보다 높을 경우 이 액면 내지 창업 때의 인수가격과의 차가 창업자이득이다.

채권 債券 bonds

일정액의 화폐(원금)를 일정기일 또는 대부기일간에 정기적으로 지불할 것을 기재한 약정서인 확정이자부 유가증권을 말한다. 그 발행주체에 따라 정부가 발행하는 국채, 지방자치단체가 발행하는 지방채와 같은 공채(公債)와 기업, 특히 주식회사가 발행하는 사채(社債)로 양분할 수 있다. 공채는 정부 및 지방자치단체의 재정목적을 위하여 기채(起債)되고 그 이자지급은 조세를 원천으로 이루어지나 사채는 조달자본의 운영에 따른 이윤, 즉 잉여가치를 원천으로 한다. 특히 사채가 불확정적 이자부의 배당증권인 주식 stock 과 구별되는 점은, 주식은 회계학 및 법률상 자기자본을 구성하지만 채권은 타인자본을 구성하는 데 있다. 그렇지만 기업이 자본조달을 사채에 의존할 것인가 또는 주식에 의존할 것인가 하는 의사결정은 금융시장, 기업의 내부사정 및 조세제도 등을 감안하여 이루어지기 때문에 이는 다분히 편의적이므로, 경제적 성격에서 볼 때 형식적인 분류라 할 수 있다.

채권수익률 債券收益率 Yield to Maturity on Bonds

채권수익률은 채권투자에서 만기까지 얻게 되는 현금흐름의 현재가치와 채권의 시장가격을 일치시켜주는 할인율로서 채권의 투자성과를 평가하는 척도로서 이용되고 있다. 여기에서 투자자가 얻는 현금흐름이란 만기까지의 일정기간마다 받는 이자수입과 만기

시점에 받는 원금을 의미하며 현재가치라 함은 투자에서 발생하는 미래의 소득을 적정한 할인율로 할인하여 현재시점의 가치로 환산한 것을 말한다. 가령 어떤 채권에 투자하여 매기 C의 이자를 받고 n기 후에 액면가액 F를 상환 받을 경우 그 채권에 대하여 적용하게 될 할인율을 R이라 한다면 그 채권의 현재 가치(P_0)는 다음과 같다.

$$P_0 = \frac{C}{(1+R)} + \frac{C}{(1+R)^2} + \frac{C}{(1+R)^3} + \cdots + \frac{C+F}{(1+R)^n}$$

$$= \sum_{i=0}^{n} \frac{C}{(1+R)^i} + \frac{F}{(1+R)^n}$$

P_0:채권의 현재가치, C:매기의 이자지급액
F:상환가액(액면금액), R:할인율

우리는 여기서 채권수익률이 채권시장 가격의 변화와 반대방향으로 움직이는 것을 알 수 있다.

채권수익률은 채권유통시장에서의 수요와 공급에 의하여 자유롭게 결정되는데 그 크기에 영향을 미치는 요인으로는 경기동향, 통화당국의 금융정책, 시장의 수급 동향 등의 일반경제여건과 각 채권의 내적요인 즉, 채권의 만기, 표면이자율, 발행주체의 신용도 등이 있다. 먼저 일반경제여건의 변화가 채권수익률 결정에 미치는 과정을 보면 다음과 같다. 경기가 상승국면에 진입하면 기업의 자금수요가 늘어나면서 채권의 발행이 증가하고 금리도 상승함에 따라 채권수익률이 상승(채권가격 하락)하게 되며 반대로 경기후퇴기에는 기업의 자금수요가 진정되면서 시중금리도 안정세를 회복하게 되므로 채권수익률이 하락(채권가격 상승)하게 된다. 또한 통화당국이 통화공급을 늘릴 경우 채권의 수요가 증가하여 채권가격은 상승(채권수익률 하락)하게 되며 반대로 통화긴축을 하는 경우에는 채권의 매도물량이 증가하여 채권가격(채권수익률)이 하락(상승)하게 된다.

한편 채권수익률을 결정하는 내적 요인으로는 채권의 元利金 지급에 따르는 위험도 default risk, 채권의 만기 및 유동성의 정도 등을 들 수 있는데 일반적으로 지급불이행 위험정도가 낮고 상환기간이 짧으며 유동성이 높을수록 채권수익률은 낮아지게 된다. 우리나라에서는 한국증권거래소에서 1972년부터 국공채, 회사채 및 특수채 등의 수익률을 장내거래기준으로 매월 작성 발표하고 있으며 1993년 5월부터는 한국증권업협회에서 장외시장에서 거래되는 채권을 기준으로 매월 공시수익률을 발표하고 있다. 1999년 12월중 국고채권수익률(3년)은 9.03%, 회사채수익률(3년)은 9.95%로 국채수익률이 회사채수익률보다 다소 낮은 것으로 나타났다.

청산계정 淸算計定 open account

상업신용을 확대하는 방법의 하나로서 2국간의 무역상 대차결제를 외국환수불의 방법에 의하지 않고 단순히 장부상의 기장에 의한 청산을 목적으로 환청산협정을 맺고 각 당사국의 중앙은행에 서로 설정한 계정을 말한다. 이 방법에서 유일한 채무의 증거는 판매자의 장부에 있는 기장(記帳)이다. 청산계정은 장부계정(帳簿計定)이라고도 하며 가장 단순한 신용수단으로서 상업신용을 확대하기 위하여 널리 이용되고 있다. 판매자는 구매자에게 부여한 신용을 기장하고 판매 후 보통 30~90일을 경과하여 지불기간이 당도하였을 때 지불청구를 구매자에게 송부한다.

청산계정의 중요한 이점은 그 탄력성에 있다. 다시 말하면 처음의 계약조건, 예를 들면 계약기간을 매우 쉽게 변경할 수 있다는 것이다. 그리고 청산계정의 유지는 비교적 간단하므로 비용이 많이 들지 않는다. 그러나 원장(元帳)기입은 채무가 존재하는 확증이라고는 간주되지 않으므로 송장(送狀)이나 선하증권과 같은 한층 강력한 증거가 요구된다.

청산동맹 清算同盟 clearing union

국제적 은행기관(보통은 각국의 중앙은행)의 연합체로서 국제적 어음교환소 clearing house 의 기능을 하고 있다. 청산방법은 한 나라가 어느 나라에 대한 국제수지의 적자를 다른 나라에 대한 국제수지의 흑자로 상쇄·결제하는 것이지만 거래상대국 전체와의 순흑자 내지 순적자만을 그 대상으로 한다. 지금까지는 세계적 규모의 국제청산동맹이 존재하지 않았다. 이것에 가장 가까웠던 것은 1931년까지 영업을 한 런던어음교환소 London Clearing House 로, 당시 세계주요은행기관의 대부분이 런던에 있는 코르레스 은행에 예금구좌를 열고 이러한 계정을 통하여 상호지불을 행했는데 그 수지는 스털링신용이나 금으로 결제하였다.

1943년에 케인즈 Keynes, J. M. 는 세계적 규모의 청산동맹을 제안하였는데 그 중에는 어음교환 뿐만 아니라 뱅커, 즉 국제기관의 관활하에 있는 일종의 국제통화에 의해 주어진 신용으로 수지를 결제하는 것을 포함했다. 비록 그의 제안이 1944년의 브레튼우즈회의에서 채택되지는 않았으나 동회의는 그 대신 국제통화기금의 설립을 결의하였다. 케인즈안의 골자는 구주결제동맹(歐州決濟同盟)이라는 형태로 재현되었는데, 이 동맹은 1948년과 1949년의 구주부흥계획 참가국간의 제한된 청산동맹 업무를 이어 받아 1950년에 설립되었다. 모든 청산동맹의 목적은 각 가맹국의 수출이 대부분 다른 나라에 향하더라도 그 수입은 하나의 무역상대국에 집중할 수 있는 기회를 주며, 또 필요결제액을 금에 의하든 국제신용에 의하든 최소한까지 끌어 내림으로써 다각적 무역과 지불을 용이하게 하는 데 있다.

체감비·비례비·체증비 遞減費·比例費·遞增費

체감비는 이자비와 같이 조업도의 증진에 따라 증가하는 것으로 그 증가비율은 조업도의 증진비율 이하로 되는 비용을 말한다. 비례비는 원료비와 같이 조업도의 변화와 병행하여 증감하는 비용을 말한다. 체증비는 야근수당과 같이 조업도의 증진비율 이상으로 증가하는 비용을 말한다. 상기 3항목을 총합하여 변동비용이라 하며 그것은 일정한 생산설비에서 조업도의 변화에 따라 변동하는 원가비용을 말한다. 가변비용이라고도 하며 고정비용과 대조적인 것이다. 상기의 3항목은 변동의 정도에 따라 구분된 것이다. →고정비용

챔벌린 Chamberlin, Edward Hastings (1899~)

미국의 경제학자. 1921년 루이지아나 대학에서 B. A., 1922년 미시간대학에서 M. A., 1927년에 Ph. D. 를 받았다. 1923년부터 1934년까지 하버드대학의 경제학 교수를 역임하였으며 케임브리지대학의 로빈슨 Robinson, J. V. 과 함께 완전경쟁시장의 분석, 특히 독점적 경쟁이론의 연구자로서 유명하다. 로빈슨의 이론이 마샬 Marshall, A. 이래의 난문제—수확체증경향과 경쟁균형과의 비양립성문제—에서 출발하여 스라파 Sraffa, P. 가 제시한 해결방향을 추진하여 불완전경쟁이론으로 결실을 보았음에 대하여 챔벌린의 독점적 경쟁이론은 순수경쟁이론과 순수독점이론을 혼합하여 하나의 종합적인 이론을 형성하고 양극단의 추상이론에서 현실에 일치하는 현실적 이론을 만드는 데 중점을 두었다.

〔주 저〕 *The Theory of Monopolistic Competition*, 1933; *Monopoly and Competition and their Regulation*, ed, 1954. *Towards a more General Theory of Value*, 1957.

체너리 Chenery, Holis B. (1918~　)
미국의 계량경제학자. 주요연구는 가속
도원리 · 투자기준 · 산업연관론의 응용에
관한 것을 들 수 있다. 가속도원리에 관한
연구는 가속도원리에 있어서의 상관의 측
면 correlation aspect 과 회귀의 측면 re-
gression aspect 이 동시에 만족된다고 하는
이론, 즉 regression form 의 경우에 관한
이론을 비판한 틴버겐 Tinbergen, J.의 학
설에 따라 이를 더욱 현실적인 것으로 수
식화한 것이다.

[참고문헌] "Overcapacity and the Accelera-
tion Principle", *Econometrica*, Vol XX, 1952;
*Interregional and International Input-Output
Analysis & Application of Interindustry
Analysis to Problems of Economic Develop-
ment, The Structural Inter-dependence of the
Economy*, ed. Barna, 1954.

체크 프라이스 check price
수출에 있어 가격을 부당하게 인하, 투
매하는 덤핑 행위나 수입에 있어 외국업
자의 부당한 가격인상 혹은 이를 통한 국
내업자와의 부정거래를 방지하기 위해 수
출입물품가격을 인정하기 전에 사정하는
제도를 말한다. 우리 나라의 경우 무역법
제13조 규정에 의해 통산산업부가 부정거
래 가능성이 짙은 품목을 골라 기준가격
을 공고하도록 되어 있으며, 수출품의 경
우 수출조합 등이 추천할 때 그 가격을 사
정하여 부당성 여부를 가려낼 수 있도록
하고 있다. 스위스정부는 스위스직물공업
협회의 요청에 따라 한국 · 대만 · 홍콩 등
으로부터 수입되는 직물의류에 대한 수입
규제를 비밀리에 검토하였으며 이와 관련
해서 체크 프라이스제를 실시한 적이 있
다.

초과수요 · 초과공급 超過需要 · 超
過供給 excess demand · excess supply
일반적으로 재화의 가격이 결정되면 이
에 따라서 그 재화의 수요량과 공급량이
정해지지만, 그 가격이 균형가격이 아닌
경우에는 그 가격에 대한 수요와 공급은
일치하지 않고 구매부족이나 재고가 생기
게 된다. 이 구매부족을 초과수요라고 하
며 재고품을 초과공급이라고 한다. 즉 어
떤 가격하에서 수요량이 공급량보다 많으
면 초과수요, 공급량이 수요량보다 많으면
초과공급이라고 한다. 가격이 변화하면 수
요량도 공급량도 변화하고 그 초과수요나
초과공급도 따라서 변화한다. 그러므로 초
과수요나 초과공급은 모두 가격의 함수인
것이다. 이 함수관계를 초과수요함수 혹은
초과공급함수라고 부르며 이것을 도표에
표시한 것이 초과수요곡선, 초과공급곡선
이다. 더욱이 위의 설명에서 볼 때 초과공
급은 부의 초과수요, 초과수요는 부의 초
과공급으로 생각할 수도 있다. 그리고 균
형가격일 때에는 수요와 공급이 일치하므
로 초과수요와 초과공급은 서로 0이 된다.
다음 도표에 있어서 수요곡선을 *D*, 공급
곡선을 *S*라고 한다면 초과수요곡선은
ED, 초과공급곡선은 *ES*가 된다. *ED* 와
ES 는 가격 축에 대해서 대칭이다. 형식적
으로는 수요함수 *DD* 와 공급함수 *SS* 의 차
DD－SS 를 도표에 표시한 것이 *ED* 곡선이
며 *SS－DD* 는 *ES* 곡선인 것이다. 따라서
이 도표에서 명백한 것처럼 균형가격은 *P*
가 되지만 이 균형이 안정균형이냐, 아니
냐는 초과수요곡선 *ED*(따라서 또한 초과
공급곡선 *ES*)의 형태에 의존하고 있으며
안정균형이 되기 위해서는 *ED* 는 도표와
같이 우하향(*ES* 는 우상향)하지 않으면 안
된다

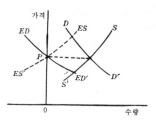

이와 같이 초과수요 및 초과공급의 개념은 특히 안정조건의 이론에 있어서 기초적인 것이 된다.

다시 일반적으로 재화의 수요 및 공급은 그 반대급부로서 화폐의 공급 및 수요를 따르기 때문에 재화의 수요와 공급의 차, 즉 재화의 초과수요는 화폐의 공급과 수요의 차, 즉 화폐의 초과공급과 대등하다. 또한 화폐의(정 또는 부)초과공급이 없는 경우만이 균형이 성립된다고 한 왈라스의 법칙이 이 개념을 잘 해명하고 있다. →화폐분석·실물분석, 안정조건, 수요의 탄력성, 공급곡선

초과이윤 超過利潤 surplus profit

평균이윤 이상의 이윤을 취득할 경우, 이 초과분을 초과이윤(또는 특별이윤 extra profit)이라고 한다. 그 형태에는 대체로 다음과 같은 것이 있다. ① 특별잉여가치의 전화형태로서의 초과이윤. 특별잉여가치는 이윤율의 균등화가 행하여질 경우 초과이윤이라는 새로운 형태를 가지게 된다. 즉 동일종류의 상품을 시장가격을 규제하는 일반적·사회적 생산가격 이하의 개별적 생산가격으로 생산할 수 있는 생산자는 양자의 차액을 초과이윤으로 취득한다.

이 경우 초과이윤은 상대적으로 높은 생산력에서 발생하지만 이 높은 생산력이 (i) 독점할 수 없는 생산요인에 의하는 것과 (ii) 독점할 수 있는 생산요인(특히 자연력)에 기인하는 것으로 구분된다. (i)의 초과이윤은 경쟁에 의하여 소멸될 것이므로 그 존재는 과도적인 것이다. (ii)의 초과이윤의 존재는 항구적이다. (ii)의 대표적인 것은 차액지대로 전화한 초과이윤이다. 그러나 그 어느 경우에도 ①은 정상적인 초과이윤 normal surplus profit 이라고 부른다. ② 초과이윤은 또 시장가격의 우연적 동요로부터 발생한다. 이 경우 시장가격이 생산가격 이상으로 상승하는 결과가 발생한다. 이 초과이윤은 일반적인 성질의 것이다. ③ 또 마찬가지로 생산가격 이상으로 시장가격이 상승하는 결과로 초과이윤이 발생하지만 그것이(인위적 또는 자연적) 독점의 작용에 의하는 경우가 있다. 즉 독점가격의 결과로서 독점이윤을 거두게 되는 것이다.

초승수 超乘數 super multiplier

독립투자 autonomous investment 가 규칙적으로 발생하는 경제에서는 소득의 동적 균형수준이 독립투자의 운동에 의하여 결정된다. 독립투자의 성장률이 주어지면 독립적 투자와 균형소득간의 비율은 확정적인 것이 되는데 이 비율을 초승수라고 한다. 이것은 임의로 주어진 독립투자의 수준에 대하여 이에 대응하는 산출량의 균형수준을 발견하기 위하여 적용된다. 수학적으로 설명하면, 정차계(定差系) 동학체계를 가정하면 제n기의 소득 Y_n은 당기소비 C_n과 유발투자 induced investment I_n 그리고 독립투자 A_n으로 구성된다. 즉

$$Y_n = C_n + I_n + A_n \cdots\cdots\cdots\cdots (1)$$

I_n은 그 이전 산출량의 변화에 일차적으로 의존한다고 가정하여

$$I_n = v_1(Y_{n-1} - Y_{n-2}) + v_2(Y_{n-2} - Y_{n-3})$$
$$+ \cdots + v_{p-1}(Y_{n-p+1} - Y_{n-p})$$

소비도 그 이전의 소득에 의존하므로

$$C_n = C_1 Y_{n-1} + C_2 Y_{n-2} + \cdots + C_p Y_{n-p} + K$$

따라서 (1)식은

$$Y_n = \sum_{r=1}^{P} C_r Y_{n-r} + \sum_{r=1}^{P-1} V_r (Y_{n-r} - Y_{n-r-1})$$
$$+ K + A_n \cdots\cdots\cdots (2)$$

이 된다. (2)식은 p계선형 비동차정차방정식이고 그 일반해답은 (2)식의 특수해와 동차방정식의 일반해의 합이다. K를 무시하고 $A_n = A_0(1+g)^n$로 쓰는데, 여기에서 g는 성장률이고 A_0는 독립투자의 초기식이다. 이 경우 $\bar{Y}_n = E(1+g)^n$라는 동적 균형해답이 (2)식의 특수해이다. E를 정하기 위하여 이것을 (2)식에 대입하고 A_n의 형에 주의하면

$$(1+g)^P = \sum C_r(1+g)^{P-r}$$
$$+ g\sum v_r(1+g)^{P-r-1} + \frac{A_0}{E}(1+g)^P$$
$$= E \frac{A_0}{1 - \sum C_r(1+g)^{-r} - g\sum v_r(1+g)^{-r-1}}$$

동학체계 (2)식이 안정적이면 n이 충분히 클 때에는 동차방정식의 일반해의 항은 거의 0이 되고 따라서 (2)식의 해는 동적 균형해와 거의 일치한다. 독립투자와 동적 균형소득의 비율 $\frac{Y_n}{A_n}$은 확정치 $\frac{E}{A_0}$를 얻는다. 이것이 초승수이고 그 크기는 한계소비성향, 한계투자성향, 독립투자의 성장률과 그 초기치에 의하여 결정된다.

초승수를 구하면 독립투자의 균형경로로부터 소득의 균형경로를 구할 수 있게 된다. 만약 소비나 투자는 동일하지만 A 경제의 성장률이 B경제의 성장률보다 높을 경우 A경제의 독립투자의 양이 B경제의 그것과 동일한 시기에 A의 균형소득은 B의 균형소득에 비하여 높을 것인가 낮을 것인가의 문제는 두 개의 상이한 성장률 g_A와 g_B에 대응한 초승수를 m_A, m_B라고 할 때 $g_A > g_B$이면 $m_A < m_B$가 되느냐, $m_A > m_B$가 되느냐 하는 것과 같은 문제가 된다. 힉스 Hicks, J. R.는 $m_A > m_B$가 된다고 하였지만 그 증명은 명확하지 않다. 일반

적으로는 그 어느 것이라고도 말할 수 없다. →동태균형·정태균형, 안정조건, 기간분석

초(超)인플레이션 hyperinflation

물가가 극단적인 속도로 상승하는 현상(1개월에 50% 초과)을 말한다. 1차 대전 이후 독일, 20여년 전의 남미 여러 나라, 10년 전의 이스라엘, 최근의 러시아 등이 20세기에 초인플레이션을 경험한 나라들이다. 대표적인 예가 1차 대전 이후 전쟁배상과 경제복구 비용을 통화증발에 의존했던 독일의 경우이며 매월 1000% 이상의 물가상승으로 1923년 초인플레이션 현상이 종료되었을 때 단 2년 전에 비해 물가가 300억배 상승한 결과를 나타냈다. 돈의 가치가 떨어져 빵 한 조각 사기 위해 손수레 가득 화폐를 가지고 가게에 갔다는 것은 유명한 일화이다.

초인플레이션은 과도한 통화공급에 의해 촉발되지만 그 진행과정에서는 물가가 더 오를 것이라는 경제주체의 기대가 기폭제 역할을 한다. 물가가 오를 것으로 예상하면 오르기 전에 지출하려 할 것이고 돈의 사용이 늘면 유통되는 통화의 양이 증가하여 물가가 오르고 물가가 오르니까 앞으로 더 오를 것으로 생각하게 되고 그래서 다시 지출을 늘리는 악순환이 지속적으로 반복되어 물가는 천정부지로 치솟게 되는 것이다. 초인플레이션이 생기면 돈이 쓸모가 없어져 물물교환의 시대로 회귀하거나 가치가 안정된 다른 화폐나 재화가 화폐의 역할을 대신하게 된다. 이 경우 거래비용은 증가하고 생산량은 위축된다. 초인플레이션 시기의 이스라엘에서 장기에 걸친 계약은 모두 달러화를 기준으로 체결했던 것이 그 예가 된다.

화폐가 제 기능을 수행해 경제복지 증진에 기여하도록 하려면 초인플레이션을 진정시켜야 한다. 우선 물가가 매우 빠르게 오를 것이라는 사람들의 기대심리를 바로잡아야 초

인플레이션을 진정시킬 수 있다. 그렇지만 여간해서는 경제주체들의 기대심리를 바꾸기가 쉽지 않으므로 초인플레이션을 진정시키기가 어려운 것이다.

문제는 통화당국이 초인플레이션을 잡겠다는 의지를 표명하고 그것을 사람들이 믿을 수 있어야 하는데 말로만 해서는 사람들의 믿음을 얻기가 힘들다는 데 있다. 브라질의 경우에는 중앙은행총재를 철저한 안정론자로 교체하여 국민들의 믿음을 얻고자 했으며 아르헨티나의 경우에는 어떤 일이 있더라도 자국화폐와 달러화의 교환비율을 일정하게 유지하겠다는 것을 약속하는 통화위원회 currency board 제도를 도입하여 약속대로 시행함으로써 초인플레이션 진정에 성공하였다.

초제국주의론 超帝國主義論 theory of ultraimperialism

19세기 말 소위 제국주의시대에 관해서 카우츠키 Kautsky, J. K. 가 주장하여 레닌 Lenin, V. I. 과 철저하게 대립한 독특한 제국주의론을 말한다. 카우츠키는 제국주의를 자본주의의 최고단계가 아니라 금융자본이 즐겨 쓰는 하나의 정책에 지나지 않는다고 해석하였다. 즉 자본주의는 농업보다 공업을 우선적으로 발전시켜 농·공업간의 생산의 불균형을 초래하고, 자본주의 공업국들은 원재료뿐만 아니라 구매자까지도 제공하는 농업지역을 병합하려고 다양한 노력을 하는데 이러한 노력의 특수한 형태가 바로 제국주의라는 것이다. 따라서 공업국들이 저마다 농업지역에 대하여 제국주의적 진출을 도모하는 한 강대국의 대립이 발생하는 것은 당연하지만 카우츠키에 의하면, 이 대립이 군비경쟁과 전쟁을 야기시킨다는 필연성은 존재하지 않는다는 것이다. 왜냐하면 그는 민족적인 금융자본의 상호투쟁 대신에 국제적으로 제휴한 금융자본(=국제카르텔)에 의한 세계의 공동착취라는 초제국주의의 대두를 전망하였기 때문이었다.

제국주의에 대한 이와 같은 평화적 견해는 이미 홉슨 Hobson, J. A. 도 국제제국주의라는 표현으로 주장하였지만 카우츠키의 특징은 초제국주의를 마르크스주의에 입각하여 주장하였다는 점에 있다. 이에 대하여 레닌은 초제국주의의 주장은 독점경향의 일면적인 추상을 기초로 하는 것이라고 규정하고, 현실적으로는 세계의 분할·재분할을 위한 제국주의 전쟁이 불가피하다고 주장함과 동시에 카우츠키의 이론은 제국주의의 첨예한 모순에 대한 주의를 흐리게 하는 것이고 자본주의하에서도 항구(恒久) 평화가 가능하다는 주장이라고 비판하였다. →금융자본

*총수요억제 總需要抑制

총수요란 국민경제의 총체적인 수요를 말하는 것으로서, 통상적으로는 소비수요와 투자수요의 합계로 정의되어 왔으나 정부지출의 규모와 해외부문의 비중이 증대됨에 따라 정부수요와 해외수요를 총수요에 포함시키는 것이 일반적인 경향으로 되어있다. 따라서 총수요(지출국민소득)는 지출국민소득을 Y, 소비지출을 C, 투자지출을 I, 정부지출을 G, 수출을 X, 수입을 M이라고 하면 $Y=C+I+G+(X-M)$으로 표시된다. 이와 같이 총수요가 총공급과 일치할 때 이 수요를 유효수요라고 하는데 이 유효수요가 완전고용수준에서의 총공급을 초과하는 경우에는 초과수요로 인한 인플레이션 갭이 생기며 이 때 이른바 진성(眞性)인플레이션이 발생하게 된다.

총수요를 억제해야 할 필요가 생기는 것은 바로 이와 같은 상태에서이다. 총수요의 억제책은 초과수요의 원인에 따라서 달라지겠지만 일반적으로는 금융정책과 재

정정책이 함께 실시되고 있다. 예컨대 만약 선진공업국에서 현저하게 나타나고 있는 바와 같이 소비의 돌발적인 증가로 인해 초과수요의 압력이 발생한다면 정부지출을 줄이거나 세수의 증대를 통해 소비를 어느 정도 억제하도록 해야 할 것이다. 또한 거의 모든 나라에서 고정자본투자와 재고투자를 위한 수요는 소비수요보다도 훨씬 변화하기 쉬운 요소이며, 특히 원료와 재화의 재고투자는 단기적으로 매우 변동하기 쉬운 성질이 있다. 따라서 타부문의 수요가 감소하지 않는 한 투기적인 재화의 축적을 포함하는 민간투자수요의 증대는 투자 인플레이션을 초래할 가능성을 항상 잠재하고 있다. 이를 억제하기 위해서는 이자율을 인상하여 과잉투자를 억제하는 금융정책을 실시해야 할 것이다.

다음으로 정부지출의 증가로 인해서 총수요가 증대되어 인플레이션을 야기시킬 수 있는데 이는 정부지폐의 증발(增發), 중앙은행으로부터의 정부차입금의 증대와 같은 방법에 의해 통화를 증발하기 때문에 발생하게 된다. 이러한 경우에는 단계적으로 긴축재정정책을 실시해야겠지만 반드시 흑자예산에 의하지 않고서도 총수요를 감소시킬 수 있다. 즉 재화와 용역에 대한 정부지출의 감소와 같은 규모의 조세삭감, 한계소비성향이 높은 계층에 대한 이전지출의 감소와 한계소비성향이 낮은 계층에 대한 조세삭감, 또는 한계소비성향이 높은 계층으로부터 한계소비성향이 낮은 계층으로의 조세부담의 전가 등이 그것이다.

한편 국제무역의 확대로 해외부문의 비중이 점점 높아짐에 따라 해외수요가 총수요를 결정하는 중요한 요인으로 대두되었다. 해외수요의 증가가 국내에서 인플레이션을 유발시키는 것을 방지하는 방법으로는 환율조정이나 이자율의 조정과 같은 방법 등을 들 수 있다. 수출이 수입을 계속 초과해서 해외부문에서 초과수요압력이 가중되는 경우에는 자국통화를 평가절하하거나 이자율을 인하함으로써 수출증가를 둔화시키고 수입증가를 유발하여 초과수요를 제거할 수 있을 것이다. 그리고 수입이 수출을 초과하는 경우에는 이와 정반대의 정책수단을 이용하면 될 것이지만 이때는 평가절하로 인한 수입비용의 상승으로 말미암아 수입비용 인플레이션이 발생할 소지가 다분히 있으므로 이를 방지하도록 유의해야 할 것이다.

이상 총수요를 구성하는 각 부문별로 초과수요의 압력이 있는 경우 이것을 억제하는 정책수단을 일관하였으나 여기서 초과수요는 어느 한 부문에서만 발생하는 것이 아님을 주목해야 한다. 여러 부문에서 동시에 수요가 증가하는 경우에는 소득과 소비에 직접적인 영향을 미치는 재정정책과 간접적인 영향을 미치는 금융정책을 포함한 정책의 적절한 폴리시 믹스 policy mix를 통해서 총수요를 억제하도록 해야 할 것이다. →재정정책, 금융정책

[참고문헌] Musgrave, R. A., *Theory of Public Finance*, 1959.

*총수요함수·총공급함수 總需要函數·總供給函數 aggregate supply function·aggregate demand function

총수요함수는 상이한 물가수준에서 총산출량이 어떻게 수요될 것인가를 나타내는 것이다. 또한 총공급함수는 한 경제내의 기업들이 각각의 가격수준에서 생산하려 하고 또 할 수 있는 최대산출량을 나타내는 것이다.

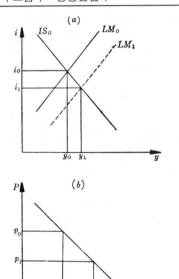

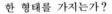

한 형태를 가지는가?

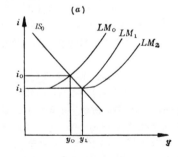

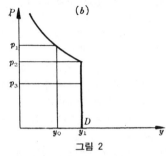

그림 1

그림 2

I. 총수요함수 이것은 생산물시장과 화폐시장에서의 균형을 나타낸 IS-LM 곡선으로부터 유도될 수 있다.

그림 1의 (a)에서 균형국민소득수준(수요측면)은 IS_0와 LM_0가 교차하는 y_0이다. 그리고 이 때의 물가수준을 P_0라 하자. 만약 물가수준이 하락하면 ($P_0 \rightarrow P_1$; $P_0 > P_1$) 화폐시장에서 실질통화량이 늘어나므로 LM_0곡선은 우측으로 이동하여 LM_1의 위치에 자리잡는다. 따라서 수요측면에서의 균형국민소득은 y_0에서 y_1으로 증가한다. 이제 신·구균형점, 즉 (P_0, y_0), (P_1, y_1)를 P, Y의 좌표평면에 옮긴 것이 그림 1의 (b)이다. 국민경제의 총수요곡선은 우하향의 기울기를 갖는다. 이것이 가지는 의미는 'P가 낮아질수록 국민경제의 총소비지출 및 총투자지출액은 증가한다'는 것이다. 그림 1의 (b)는 표준적인 총수요곡선의 형태를 갖고 있다. 그러나 경제가 극심한 불황에 빠졌을 때의 총수요곡선은 어떠

극심한 불황하에서는 물가수준이 신축적으로 하락하더라도, 즉 실질통화량이 늘어 LM_0곡선이 오른쪽으로 이동할지라도 수요측면에서의 균형국민소득수준은 y_1을 넘을 수가 없다. 이러한 사정은 그림 2에 잘 나타나 있다. 이것을 케인즈효과라고 한다.

II. 총공급함수 일정한 가격수준하에서 한 국민경제가 생산할 수 있는 산출량의 크기는 노동시장에서 결정된 균형고용량과 노동의 생산성에 달려 있다. 그러나 이러한 최대산출량은 가격수준에 따라 달라지는데 이것은 생산물의 가격수준에 따라서 고용량이 달리 결정되고 고용량에 따라 산출량이 결정되기 때문이다. 이와 같이 생산물의 총공급은 노동의 가용성, 생산성 및 일반임금수준에 의존한다. 아래에서는 고전파 체계하에서의 총공급함수와 케인즈체계(즉 화폐환상이 작용하는)하에서의 그것을 구분하여 설명한다. 총수요함수를

IS-LM곡선에서 유도했듯이 총공급곡선은 노동시장 및 총생산함수에서 도출할 수 있다. 먼저 고전체계하에서의 총공급곡선을 그림 3에서 다룬다.

교란요인을 상쇄할 만큼 화폐(명목)임금의 변화를 발생시키므로 노동시장은 다시 W_0, N_0에서 균형을 되찾는다. 그러므로

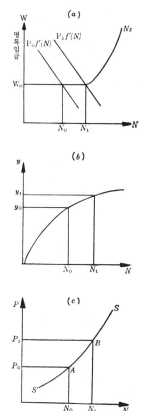

그림 4

(a)

N 실질임금 N_s

W_0

N_0 → N

(b)

y

y_0

N_0 → N

(c)

P S

y_0 → y

그림 3

고전파체계에서 노동시장은 쌍방이 완전경쟁상태하에 있고 임금의 신축성도 완전하므로 실질임금은 W_0, 완전고용노동량은 N_0이다. 따라서 총생산함수를 표시한 (b)에서 N_0에 해당하는 y_0를 얻을 수 있다. 만약 P가 변하여 노동자의 실질임금이 달라지면 노동시장에 불균형이 발생한다(노동의 공급이 달라지므로). 그러나 이러한 불균형은 노사쌍방의 경쟁을 매개로 P의

고전파체계의 총공급곡선은 P의 수준여하에 관계없이 완전고용생산량 y_0수준에서 수직선을 이룬다.

한편 케인즈체계에서는 다음의 가정을 하고 있다. 첫째, 노동자들은 화폐환상에 젖어 있어 물가수준변동에 따른 실질임금 변동을 감지하지 못한다. 즉 명목임금을 기준으로 그들은 노동을 공급한다. 둘째, 노동수요자인 기업은 노동의 한계생산물

가치 value of marginal product 에 따라 고용을 결정하되, 생산물의 가격변화에 민감하게 반응하여 고용량결정을 조정한다.

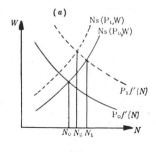

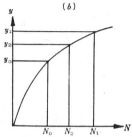

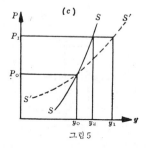

그림 5

이러한 가정하에서 그림 4의 총공급곡선 SS'를 유도한다. 노동자는 최소한 W_0의 명목임금이 보장되어야 노동을 공급할 유인을 갖는다. 즉 명목임금은 W_0수준 이하에서는 하방경직적이다. 그리고 기업가들은 생산물가격 P에다 노동의 한계생산성 $f'(N)$을 곱한 한계생산물가치인 노동수요곡선에 따라 고용을 결정한다. 처음에 가격(또는 물가수준)이 P_0일 때, 노동시장은

N_s와 $P_0 f'(N)$이 만나는 (W_0, N_0)에서 균형이 성립한다. 이 때 N_0는 그림 4의 (b)의 총생산함수에 따라 y_0수준의 산출량을 생산하고 (P_0, y_0)는 (c)에서 A점에 해당한다. 만약 가격이 P_0에서 P_1으로 증가하면, 노동의 한계 생산물가치가 증가하므로 $P_0 f'(N)$은 $P_1 f'(N)$으로 우측이동한다. 노동자들은 물가수준의 상승으로 인한 실질임금 하락을 느끼지 못하므로 그들의 노동공급형태는 불변이다. 따라서 노동시장에서의 균형치는 (W_0, N_1)이 되고 (P_1, y_1)은 위와 마찬가지절차를 밟아 (c)의 B점에 해당한다. 결국 케인즈체계하에서의 총공급함수는 우상향의 기울기를 갖는다.

한편 케인즈체계의 첫째 가정을 완화하면(보다 현실적이다), 즉 노동자가 부분적인 화폐환상에 젖었다면 물가수준의 변화시, 그들의 노동공급형태를 다소 바꿀 것이 예상된다. 부연하면 가격이 P_0에서 P_1으로 증가하였을 때 그들은 저실질임금에 압박을 받아 노동공급을 줄여 노동의 공급곡선은 좌측으로 이동한다. 이것을 그림으로 나타내면 그림 5와 같다.

그림 5의 (c)에서 보듯이 노동자에게 부분적인 화폐환상이 존재할 때의 총공급곡선 SS는 완전한 화폐환상이 존재할 때의 총공급곡선 SS'보다 P에 대해 비탄력적이다.

Ⅲ. 총수요·공급곡선의 종합 Ⅰ, Ⅱ에서 얻은 곡선을 그림 6처럼 같은 좌표평면

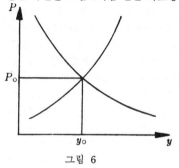

그림 6

에다 표시하면, 수요·공급측면을 모두 포괄했을 때의 균형실질국민소득 y_0와 균형물가수준 P_0를 얻을 수 있다.

〔참고문헌〕Ackley, G., *Macroeconomic Theory*, 1961; Bailey, M. J., *National Income and the Price Level*, 1970; Lipsey, R. G. & Steiner, P. D., *Economics*, 3rd ed., 1974.

총자원예산 總資源豫算 overall resource budget

매년의 국내외 여건의 변동·발전을 감안하여 중기계획(예를 들면 경제개발5개년계획)을 효과적으로 수행하기 위하여 작성하는 연차별 시행계획을 말한다. 현단계의 계획기술이나 기초통계로는 경제의 움직임을 수개년(예를 들면 5개년)에 걸쳐 매년 어떻게 움직일 것이며 이에 대비해 어떤 시책을 수립·실시해야 하는가를 연차별로 정확하게 진단·처방한다는 것은 거의 불가능하다. 따라서 중간계획은 경제가 움직여 갈 큰 테두리와 이를 실현케 할 기본적인 투자방향 및 정책수단을 제시하는 데 그칠 수 밖에 없고 중기계획의 테두리 안에서 매년 달성해야 할 목표를 설정하고 이를 위한 구체적인 수단의 발전은 연차별 시행계획인 총자원예산에 맡길 수 밖에 없다. 이러한 총자원예산에는 일반적으로 과거의 실적과 앞으로 몇 년간의 일반적인 경제추세분석 및 가용자원의 추정, 계획년도의 목표와 이를 달성하기 위한 구체적인 정책수단, 예산의 규모와 그 주요내역, 민간부문을 포함한 부문별 투자계획, 통화량의 규모를 포함하는 금융부문, 주요지표, 도입외자의 규모, 주요 물가수준과 그밖의 민간부문활동에 관한 지표 등이 포함된다.

그러나 총자원예산이 현실적으로 여러 개별계획의 지침이 되기에는 두 가지 난점이 있다. 첫째는 순환기에 따르는 정확성 문제이다. 예를 들면 총자원예산은 정부의 예산안에 앞서 작성되어야 할 것이나 그 해의 통계를 이용할 수도 없이 계획연도의 경제의 당위성을 논의해야 하므로 구체성과 정확성에 있어서 개별계획보다 뒤떨어질 우려가 있는 것이다. 둘째는 총자원예산이 성립하는 이론적 근거에 관한 문제이다. 모든 개별계획은 정치적, 사회적 법률상의 모든 기존여건을 받아들이지 않을 수 없지만 총자원예산은 경제적 효율을 극대화하는 데 필요한 정치적, 사회적 법률상의 문제는 개정되어야 한다는 전제하에 투자배분정책수단을 제시하게 되므로 어떤 경우에는 사회·정책적 현실에 비추어 보아 실현가능성이 적다는 비판을 받을 수 있다. 그러나 이러한 제약성을 가지고 있음에도 불구하고 총자원예산은 계획년도에 대해 종합적인 경제전망을 하고 이에 요청되는 정책수단을 제시함으로써 경제가 어떤 방향으로 움직여야 한다는 것을 다룬다는 점에서 의의가 있는 것이다.

총체적 일관성 總體的 一貫性 aggregate consistency

상품, 생산요소, 신용 그리고 화폐의 수요와 공급에 대하여 개별 경제주체가 내린 의사결정의 결과가 시장기능을 통하여 전체적으로 조화를 이루는 데 필요한 조건을 말한다. 먼저 국민경제를 구성하는 여러 시장에서 가격의 신축적인 변화를 통하여 수요와 공급이 일치되어 청산되는 일반균형 상태에서는 총체적 일관성이 자동적으로 충족된다. 이러한 일반균형모형은 거시경제와 미시경제의 양 측면에서 볼 수 있다.

거시경제의 일반균형 모형 macroeconomic general equilibrium model은 상품, 노동, 증권, 화폐 등 4개의 시장이 동시에 수요와 공급의 일치를 의미하는 균형에 이르는 현상을 상정하며 이 때 각 거시경제변수의 값이 결정된다고 본다. 예를 들면, 상품시장의 균형에 의하여 국민소득과 물가, 노동시장의 균형에 의하여 고용과 임금, 화폐시장과 증권시장의 균형에 의하여 이자율, 통화량 및 증권량 등이 결정되는 것이다. 그런데 실물경제의 일반균형 모형 real general equilibrium model에 의하면 화폐부문이 없이도 일반균형의 성립이 가능하다. 따라서 거시경제학에서는 화폐가 존재한다는 사실과 이에 따라 생기게 되는 명목변수와 실질변수의 괴리가 중요한 의미를 가진다.

한편 가격신축성에 제약이 있는 경우에도 총체적 일관성이 충족될 수 있다. 대표적인 사례가 가격경직성을 가정하는 케인즈모형이다. 케인즈는 가격의 신축적인 움직임을 바탕으로 시장이 수행하는 수급조절보다 할당 rationing에 의한 수급조절을 중시한다. 가격이 경직성을 가지는 경우에도 할당이 합리적으로 이루어진다면 총체적 일관성의 조건이 충족될 수 있다는 것이다.

[참고문헌] 이지순, 「거시경제학」, 2000

최고가격 最高價格 ceiling price

정부의 명령에 의해서 정해진 재화 및 용역의 가격의 상한을 말한다. 최고가격제는 보통 전시에 있어서의 생계비상승의 억제를 목적으로 하는 가격통제의 일환으로 실시되는데, 나라에 따라서는 평시에 있어서도 인플레압력이 강한 경우 이를 실시하는 사례가 있다. 우리 나라도 이런 경우에 속하는데 재화의 가격, 공공요금 등을 일반적으로 어느 일정기간의 최고수준선으로 묶어 놓는다. 최고가격을 넘은 가격으로의 거래는 그 필연성이 입증되지 않는한 정부조치 등에 의해서 금지된다. 그런데 최고가격제가 실시될 경우, 최고가격이 정해진 재화에 대한 초과수요가 해소되지 않으면 그 결과 암시장이 생기고 이 암시장에서 거래되는 그 재화의 가격은 최고가격보다 높게 된다. 이 때 최고가격제는 그

소기의 효과를 거두지 못하게 된다.

최빈치 最頻値 mode

변량 중에서 그 발생빈도 혹은 발생확률이 가장 높은 변량을 최빈치라고 한다. 이산변량의 경우에는 도수가 가장 높은 변량을, 연속변량의 경우는 그 확률밀도함수 probability density function 의 값이 최대치를 가질 때의 변량을 각각 최빈치라한다.

*최소자승법 最小自乘法 method of least squares

어떤 두 개의 경제변량 x와 y 사이에 함수관계가 존재한다고 할 때, 그 인과관계를 수량적으로 파악하는 데 일반적으로 사용되는 것이 최소자승법이다. 이는 어떤 경제변량이 시간이 경과함에 따라 변화하는 현상의 파악에는 물론 일반사회현상에도 이용할 수 있다. $Y = \alpha + \beta X$식에서 이론경제학에서는 두 변량 X, Y의 관계를 일의적으로 규정하여 $Y = \alpha + \beta X$라 할수 있지만, 실제경제에서는 X, Y 사이의 관계를 일의적으로 규정할 수 없으므로 체계적인 이론으로 다룰 수 없는 사소한 변수의 영향을 한데 종합하여 μ로 표시한다. 따라서

$$Y = \frac{\alpha + \beta X}{A} + \frac{\mu}{B} \cdots\cdots\cdots\cdots (1)$$

로 나타낸다. (1)식에서 A부분은 체계적인 관계를 나타내는 항이고 B부분은 오차항이다. 구체적으로

$$Y_i = \alpha + \beta X_i + \mu_i \cdots\cdots\cdots\cdots (2)$$

라는 식에서 최소자승법을 적용하기 위한몇 가지 유용한 가정을 하자.

(2)식에서 X_i를 각개인의 소득액, Y_i를 그 소비지출액이라 할 때, X_i를 고정시켜놓고 실제소비액 Y_i를 조사하는 경우, 각개인의 특수한 사정을 나타내는 μ_i는 각각 독립적인 확률변수로 취급되므로 Y_i 역

시 확률변수이며, 각 개인의 지출행위는 독립적이다. 가정① : $E(\mu_i)=0$, $E(\mu_i^2)$ $=\sigma_M^2$ $(i=1,\cdots,n)$확률변수 μ_i의 평균과 분산은 각각 0과 σ_u^2으로 동일하다. 가정 ② : $E(\mu_i,\mu_j)=0$, $\mu_i \neq \mu_j$ $i,j=1,\cdots,n$ μ_i,μ_j의 공분산은 0이므로 μ_i,μ_j간의 관계는 없다. 즉 각 개인의 소비지출은 상호 독립적이다. 가정③ : X_i는 확률변수가 아니다.

이제 X와 Y에 관한 몇 개의 관측치를 갖고 있다고 하자.

$$\begin{pmatrix} X & Y \\ x_1 & y_1 \\ x_2 & y_2 \\ \vdots & \vdots \\ x_n & y_n \end{pmatrix}$$

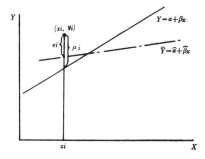

$\mu=X_i-(\alpha+\beta X_i)$, $e_i=Y_i-(\hat{\alpha}+\hat{\beta}X_i)$, $\hat{Y}=\hat{\alpha}+\hat{\beta}XX$ 와 Y관계의 추정식, $Y=\alpha+\beta XX$와 Y사이의 진 관계식

추정된 직선의 식을 $\hat{Y}=\hat{\alpha}+\hat{\beta}X$라 하면, $\hat{\alpha},$ $\hat{\beta}$를 $e_i \equiv Y_i-\hat{Y}_i \equiv Y_i-(\hat{\alpha}+\hat{\beta}X_i)$의 자승의 합이 최소가 되도록 정하는 방법을 최소자승법이라 하고 이 때 $\hat{\alpha}, \hat{\beta}$를 각각 α, β의 최소자승추정량 least square estimator 이라 한다.

$q=min\sum_{i=1}^{n}e_i^2=\sum_{i=1}^{n}(Y_i-\hat{\alpha}-\hat{\beta}X_i)^2$에서 X_i, $Y_i(i=1\cdots n)$는 기지량(旣知量)이므로 q는 $\hat{\alpha}$와 $\hat{\beta}$만의 함수이다. q의 최소화를 위한 조건은

(i) $\dfrac{\partial q}{\partial \hat{\alpha}}$, $\dfrac{\partial q}{\partial \hat{\beta}}=0$ 필요조건

(ii) $\dfrac{\partial^2 q}{\partial \hat{\alpha}^2}$, $\dfrac{\partial^2 q}{\partial \hat{\beta}^2}>0$ 충분조건이므로

(i)조건에서

$$\frac{\partial q}{\partial \hat{\alpha}}=-2\sum(Y_i-\hat{\alpha}-\hat{\beta}X_i)=0\cdots\cdots(3)$$

$$\frac{\partial q}{\partial \hat{\beta}}=-2\sum Y_i(Y_i-\hat{\alpha}-\hat{\beta}X_i)=0\cdots(4)$$

(ii)조건에서 $\dfrac{\partial^2 q}{\partial \hat{\alpha}^2}=2n>0$, $\dfrac{\partial^2 q}{\partial \hat{\beta}^2}=2\sum$ $x_i^2>0$을 얻을 수 있다.

(3)식에서 $\bar{Y}=\bar{\alpha}+\hat{\beta}\bar{X}$라는 정규방정식 normal equation 을 얻을 수 있으며, (3), (4)식에서 $\hat{\beta}=\dfrac{\sum(Y_i-\bar{Y})X_i}{\sum(X_i-\bar{X})X_i}$를 얻을 수 있다.

한편 이 최소자승법에 의해서 추정된 것은 최량선형불편(最良線形不偏)추정량 BLUE, Best Linear Unbiased Estimator 이라는 것임이 가우스-마르코프정리 Ga-

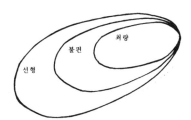

uss-Markov theorem 에 의해서 증명된다. 환언하면, 같은 방법에 의한 추정량은 선형으로서 최소분산의 추정량인 동시에 불편추정량이라는 것이다. 이들의 포함관계를 그림으로 표시하면 위와 같다. 종합하면 최소자승추정량은 선형이고 불편인 추정량 가운데서 최량인 것이다.

[참고문헌] Crag & Hogg, R. V., *Introduction to Mathematical Statistics*, 2nd edition; 윤기중, 「수량통계학」, 1967.

최소효율규모 最小效率規模

minimum efficient scale

생산을 시작하는 데 큰 비용을 소요하는 고정설비를 먼저 갖추어야 하는 경우에 생산량을 늘리면 늘릴수록 생산단가가 하락하는 현상이 나타난다. 그러나 그 설비용량에 걸맞는 수준까지 생산량이 늘어나면 생산단가의 하락현상은 멈추게 되는데 이러한 수준의 생산규모를 최소효율규모 minimum efficient scale라 한다. 이러한 최소효율규모는 평균비용곡선 상에서 평균비용이 가장 낮은 생산수준을 나타내는 점을 의미한다. 최소효율규모가 크다는 것은 산출량이 상당히 높은 수준에 이를 때까지 규모의 경제가 지속될 것이라는 의미를 갖는다. 즉 어떤 산업의 수요가 정해져 있다고 할 때 그 산업의 최소효율규모의 크기에 따라 경쟁의 양상이 달라지는 것이다. 만약 어떤 산업의 최소효율규모가 매우 작을 때, 이 산업에서는 경쟁체제가 성립될 가능성이 크다. 반면에 최소효율규모가 매우 큰 경우라면, 시장 수요를 충족시키는 산출량 수준까지 평균비용이 체감하기 때문에 경쟁체제의 존립이 힘들어진다. 이처럼 규모의 경제라는 기술적 요인이 독점화의 경향을 가져오게 되는 경우를 자연독점이라고 한다

최저임금제 最低賃金制 minimum wage

I. 최저임금제의 발전 최저임금제는 어느 일정 수준의 임금을 정해 놓고 그 이하의 임금지불을 법적으로 금지시키는 것으로 국가가 사회정책의 일환으로 결정하는 임금제도이다. 이 제도는 1894년의 뉴질랜드, 1896년의 호주의 빅토리아주에서 최초로 창설되어 20세기에 들어서서 각 선진국에 확대되었다. 1909년의 영국의 임금국법 Trade Board Act, 1915년 프랑스의 가내노동법 등이 그것인데, 제 1 차 대전

후부터 더욱 발전하여 1928년에는 국제노동기구 ILO 에서도 조약(제26호)으로 채택하기에 이르렀다. 1933년에는 미국에서 뉴딜정책의 일환으로 최저임금을 포함한 전국산업부흥법 National Industrial Recovery Act, NIRA 이 제정되었고 이것이 위헌판결을 받은 후 다시 38년에 새로 공정노동기준법 Fair Labor Standards Act 이 마련되었다.

1936년 프랑스에서는 인민전선 정부하에서 단체협약법이 성립되었는데 이중에는 단체협약의 효력확장의 규정이 포함되어 있었다. 2차대전 후에는 영국에서 임금심의회법 Wages Councils Act 이 성립되어 전보다 광범위하게 노동시간, 휴일 등의 문제도 규제할 수 있게 되었고 프랑스에서는 1950년 법에 의하여 전직업 최저보장임금이 결정되었다. 이 외에 새로 독립한 인도, 스리랑카, 필리핀 등의 아시아 국가들과 대부분의 라틴 아메리카 국가에서도 최저임금법이 성립하여 대단히 불충분한 내용이긴하지만 활용되기 시작하였다. 현재 전세계에서는 40여개국에 이 최저임금법이 마련되어 있는데 지금의 최저임금제는 사회정책의 일부문으로서 무시할 수 없는 지위를 확보하고 있다.

최저임금제는 많은 경우 미조직(未組織)의 임금노동자의 임금인상을 그 목적으로 하고 있는데 초기에는 특히 그 다수가 미조직이었던 부인 및 연소노동자의 임금에 중점을 두고 있었다. 즉 노동조합의 힘이 미치지 않는 노동자의 임금을 국가 권력을 통해 인상하고 나아가서는 전체 임금수준의 상승 내지 상승하기 쉬운 조건의 설정을 기도한 것이었다. 소위 고한(苦汗)노동 sweating labor 의 배제이며, 이것이 독점자본주의 단계에서 처음으로 문제가 된 것은 미조직노동자의 증대, 고립·분산적 직업별 조합 craft union 에서 부인, 연

소자, 미숙련 노동자 등 전노동자를 망라한 산업별조합 industrial union 으로의 발전, 독점기업과의 경쟁으로 곤경에 빠진 영세기업, 가내노동의 극단적인 저임금, 사회주의운동의 발전 등의 사정 때문이었다. 더욱이 최저임금제가 발전해감에 따라 오로지 부인·연소자의 임금에 직접 간접으로 결정적 영향을 미치는 제도까지 만들어지게 되었다.

Ⅱ. 최저임금제의 내용 최저임금제의 내용은 모두가 다르다. 결정기구에서 보면 ① 법률로 직접 정하는 것 ② 임금국(局) 내지 임금심의회의 자문을 거쳐 결정하는 것 ③ 임금국 자체가 결정하는 것 ④ 중재재판소가 결정하는 것 ⑤ 협약의 효력확대 등 다섯 가지가 있다. 임금국이나 심의회, 중재재판소는 모두가 노(勞), 자(資), 중립의 3자로 구성된다. 적용범위를 보면 a) 가내노동만을 적용하는 것(예 프랑스, 독일) b) 저임금업종마다 적용하는 것 c) 협약 d) 중개의 효력 확장 e) 전산업에 적용하는 것(미국의 공정노동기준법, 프랑스의 SMIG) 등이 있다. a), b)는 대체로 ②의 기구를 취하고 있고, 그 둘이 가장 많다. 특히 b)와 ②의 법령이 많다. 단지 국가에 따라서는 두셋의 상이한 형태를 가질 때도 있으나 프랑스는 SMIG 외에 a)와 c)를 가지고, 호주는 연방법으로 e)외에도 b)를 가지고 있고, 미국은 연방법의 공정기준법 외에 주법(19주에는 없음)에 의하여 주로 b)의 입법을 가지고 있다(연방법에서는 전국의 약 반수의 노동자가 적용을 받지 않는다). 결정된 최저임금은 남녀별, 연령별, 일률적, 숙련·미숙련별의 것 등 여러 가지인데, SMIG 는 만18세 이상으로 정하여(단 비농업과 농업으로 분리, 약간의 지역차가 있음) 그 미만의 연령은 감액하고 공정노동기준법은 시급(時給) 1.25달러로 (1963년부터 전국에 일률적으로 적용

됨), 영국의 임금심의회는 일반단체협약과 같이 직종별 내지 숙련·미숙련별, 남녀별, 연령별로 정하고 있다.

남녀를 차별하고 있는 나라로는 영국, 호주 등이 있는데 이것은 동일노동, 동일임금 원칙에 위반되는 것으로 일부 노동조합으로부터 공격을 받고 있다. 최저임금은 공정임금 fair wage 또는 생활임금 중 어느 하나의 원칙에 따라 정한다는 전제를 하고 있는데, 공정임금이라 함은 일반 노동자의 임금에 비하여 노동의 질과 양에서 보아 공정 여부에 의하여 최저임금을 정하는 것으로서 앞의 a), b)의 경우는 주로 이것에 의한 것이 많다. 생활임금이라 함은 보통의 생활을 유지할 수 있는 임금을 의미하는데 SMIG 는 표면상으로는 분명히 이 원칙에 서 있지만 실제로 결정된 임금은 지불능력이 고려되어 사실상 노자간의 역학관계에 의존하는 것은 어느 국가나 마찬가지이다.

Ⅲ. 임금·고용에의 영향 최저임금제는 가장 낮은 임금을 어느 정도 인상함으로써 일반적으로 임금격차를 축소시키는 경향을 가지고 있다. 특히 이것을 통하여 부인노동자의 임금을 상대적으로 인상하는 효과가 컸었다. 부인노동자의 임금인상의 타수단은 동일노동, 동일임금 원칙의 확립인 것은 두말할 필요가 없다. 그러나 전술한 바와 같이 남녀를 차별하는 최저임금제가 남아 있는 국가가 있다. 또 임금의 지역차, 산업간 격차, 기업규모간 격차도 또한 축소시켰다. 이 사실은 소·영세기업에 있어서는 타격이었으나 경영의 합리화, 노동강화를 통해 극복된 경우가 많고 기업이 도산한 예는 별로 없다. 그러나 최저임금제의 실시가 장기적으로는 이 소·영세기업들의 경쟁력을 약화시켜 그들을 도태시키는 작용을 함은 부정할 수 없다. 이 제도의 실시에 따라 가내노동은 일반적으로 현

저히 감소한 예가 많다. 또 최저임금제는 일반 임금수준에 좋은 영향을 주지만, 본래 독점자본의 수중에 있는 국가기관이 노동자의 임금을 대폭 인상하는 힘을 발휘한 국가는 드물다. 그럼에도 불구하고 임금의 극단적인 저화(低化)를 방지하고 노동자 계급의 궁핍화를 완화하는 점은 특기할 만하다.

최적관세 最適關稅 optimal tariff

일국이 달성 가능한 최고의 무역무차별곡선에 도달하도록 하는 관세를 말한다. 이는 관세부과에 의한 교역조건의 유리화가 수입량 감소로 인한 손실을 보상하고 그 차가 가장 클 때이다. 그림에 의해 이러한 관세를 구해 보자.

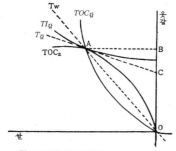

$TI_갑$: 선의 무역무차별곡선
T_w : 국제교역조건선
$T_갑$: 갑국내교역조건수
TOC_Z : 을국의 무역오퍼 곡선

여기에서 갑(甲)국의 거주자가 수출하고자 하는 가격비율($AB/BC : TI_갑$의 접선)과 국제가격비율(AB/OB)의 차를 관세율 t로 조정하면 된다. $(1+t)AB/BO = AB/BC = AB/BC$,

$$t = \frac{BO}{BC} - 1$$

여기에서

$$\frac{BO}{BC} = \frac{BO/OC}{BC/OC} = \frac{BO/OC}{BO/OC - 1}$$

(BO/OC가 오퍼곡선의 가격탄력성척도 e)

$$\therefore \frac{BO}{BC} = \frac{e}{e-1} \quad \therefore t = \frac{e}{e-1} - 1 = \frac{1}{e-1}$$

이것이 구하려는 최적관세의 공식이다. 즉 최적관세는 무역오퍼곡선의 탄력성에 의존한다.

최적오염수준 最適汚染水準 optimal level of pollution

환경오염문제는 시장의 효율적인 자원배분, 즉 시장실패의 대표적인 현상이다. 이러한 시장실패가 발생하면 경제주체들간의 자발적인 거래를 통한 파레토 효율적인 자원배분은 더 이상 이루어지지 않는다. 그렇다면 환경오염이 발생하는 경제행위가 존재한다고 했을 때 어떠한 자원배분 상태가 사회적으로 바람직한 것인지에 대한 이해가 필요하다. 즉, 사회적 효율성을 달성시켜 주는 가장 바람직한 최적오염수준 optimal level of pollution이 결정되어야 한다. 여기서 우리는 최적이라는 말에 주의할 필요가 있다. 최적이라는 말의 의미는 만약 오염배출량이 X에서 결정되었을 때, X수준에서의 오염은 사회적 효율성을 달성시켜 주는 가장 바람직한 수준이라는 것이다. 이는 X보다 많거나 적은 오염배출 수준에서는 사회후생의 감소로 인해 파레토 효율성이 달성되지 않음을 의미한다. 환경오염은 그 피해로 인한 사회적 비용을 유발하기 때문에 이러한 추가적 비용을 충분히 감안하여 자원배분 상태를 결정하여야 하며 이 때 오염물질의 발생량도 줄어들게 된다는 것이다. 그러나 중요한 것은 오염물질의 완전한 제거를 주장하고 있지는 않다는 점이다. 이는 최적오염수준이 X라는 양의 값을 가지는 데서 분명히 드러난다. 환경오염으로 인한 피해비용이 발생하였을 경우 이를 고려하여 생산수준을 결정하여야 하나 그렇다고 무조건 오염물질의 발생량을 0으로 만드는 것을 목표로 하지는 않는다는 것이다. 최적오염수준이 특정한 양의 값을 갖는다는 사실은 그 이하로 오염물질을 감축하게 되었을 때 피해비용의 감소로 인한 사회적 편익의 증가보다 오염감축으로 인한 과소생산에 따른 순편익의 감소에 따른 사회적 비용이 더 크다는 것을 의미한다. 바로 이 점이 최적오염수준이 갖는 중요한 특징의 하나라고 할 수 있다. 환경문제는 곧 경제문제이며 경제활동의 결과 환경오염이 발생하기 때문에 경제활동과 환경오염을 모두 고려하여 사회후생을 극대화시키는 방향으로 오염물질의 발생수준을 조정하는 것이 중요하다는 것이다. 반면 예를 들어 극단적인 생태론적 관점에서는 경제활동과 상관없이 환경오염은 무조건 최소화시키는 것이 가장 바람직하다고 주장할 것이다. 지금까지 우리는 가장 적정하다는 의미를 효율성이라는 관점에서만 파악하였다. 그러나 환경오염이 발생하였을 때 그것이 상대적으로 어떤 사회구성원들에게 더 큰 피해를 미칠 것인가와 같은 형평성에 대한 논의도 중요할 것이다. 이와 관련하여 최근에는 환경정의의 관점에서 환경문제를 바라보는 시각이 많이 강조되고 있다.

최적조업도 最適操業度 optimum capacity

적정조업도라고도 하며 기업의 산출량 단위당 평균비용이 최저로 되는 조업도를 말한다. 그림에서 AC곡선과 MC곡선은 각각 평균비용곡선과 한계비용곡선이며, p는 이 기업에 외생적으로 주어진 생산물의 완전경쟁가격이다. 최적조업도는 산출량이 OA만큼 생산될 때이며, 한계비용곡선은 평균비용곡선의 최저점을 통과하므로 한계비용이 평균비용과 일치할 때이기도 하다.

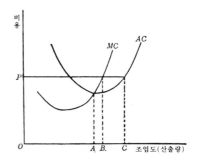

그러나 최적조업도는 기술적으로 가장 유리한 조업도를 나타낼 뿐, 그것이 경제적으로 가장 유리한 조업도라는 것은 아니다. 기업의 이윤은 $p=MC$일 때 극대화된다. 그림에서 이것은 산출량이 OB만큼 생산될 때이며, 이 때의 조업도를 최유리(最有利)조업도라고 한다. 끝으로 기업이 손실을 보지 않으면서 생산할 수 있는 조업도를 최대조업도라고 한다. 이것은 $p=AC$일 경우이므로 그림에서 OC만큼의 산출량이 생산되는 경우이다.

이윤극대화를 꾀하는 기업은 물론 최유리조업도에서 생산하게 된다. 그러나 전시와 같이 물가공급이 부족하게 되는 비상사태시에는 국가가 사기업에 대해서도 최대조업도까지 생산하도록 통제를 가하기도 한다.

최적통화지역 最適通貨地域 optimal currency area

화폐를 통합함으로써 얻는 이득이 화폐주권을 포기함으로써 얻는 비용보다 커서 자국화폐의 사용을 포기하고 단일화폐를 사용하는 것이 더 나은 나라들이 속해 있는 지역을 말한다. 즉. 단일통화가 통용되기에 가장 이상적인 크기의 지역을 의미한다.

세계의 거의 모든 나라가 각자 독자적인 화폐를 사용하는 가장 큰 이유는 그렇게 하는 것이 국가의 독립을 유지함에 있어 필수불가결의 요소가 된다는 생각때문이다. 화폐주권 monetary sovereignty이라는 말이 이를 대변해 준다. 화폐주권을 주장하는 배경에는 정부가 화폐공급량을 조절함으로써 국민경제에 대해 중요한 영향을 미칠 수 있다는 생각이 있다. 그렇게 중요한 힘을 다른 나라에 넘겨줄 수 없다는 것이다. 언제 적대국으로 변화할는지 모르는 타국에게 화폐발행권을 넘겨주는 것은 국가의 주권을 포기하는 것과 같다는 것이다. 이러한 생각은 화폐공급량을 임의로 조절함으로서 경제생활에 영향을 미칠 수 있고 또 그렇게 하는 것이 바람직하다는 것을 전제로 한다. 그러나 그러한 전제가 반드시 옳지는 않다. 많은 경우 화폐공급량을 임의로 조절하는 것은 바람직하지 않으며, 그렇게 함으로써 경제에 영향을 미치려는 정책이 때때로 큰 부작용을 낳기 때문이다. 그럼에도 불구하고 다른 나라가 통화주권을 활용하여 그 나라의 국익을 지키려 하는 한 자국이 일방적으로 통화주권을 포기할 수는 없을 것이다. 따라서 세계경제가 현재보다 훨씬 더 통합되어 국경이 갖는 의미가 아주 미약해지기 전에는 각국이 독자적인 화폐를 사용하는 현재의 제도가 유지될 것이다.

최적통화지역의 성립요건 중의 하나는 국가간에 대외불균형이 발생했을 경우 실업이나 인플레이션 등의 조정비용을 크게 지불하지 않고 불균형이 해소될 수 있어야 한다는 것이다. 한 국가내에서 단일통화를 사용하는 데에 비교적 문제가 적은 이유는, 지역간 불균형이 발생했을 경우 단기적으로는 금융차입이나 정부의 정책개입에 의해서 지역간 불균형이 해소될 수 있기 때문이라고 1999년 노벨상 수상 경제학자인 로버트 먼델 R.A. Mundell교수는 보고 있다.

한편 정부의 통합된 재정정책도 단기의 지역간 불균형을 해소하는 데 도움을 줄 수 있다. A지역에 경기침체가 발생한 경우 조세수입은 줄겠지만 정부의 이전지출을 늘린다면, 정부는 A지역의 불균형을 잠정적으로 해소하고 급격한 지역간 자원의 재분배에 따르는 부작용과 경제적 비용을 줄일 수 있다. 장기적으로는 A지역의 생산요소가 B지역으로 이동함으로써 A지역의 실업과 지역간의 불균형이 해소될 것이다. 노동자가 A지역을 떠나 B지역으로 이동하게 되면 A지역의 소득은 이 노동자의 한계생산성만큼 줄고 정부지출이 노동자의 소비만큼 줄 것이다. 그러나 실업상태에 있는 노동자의 한계생산성은 0이므로 정부지출만이 줄면서 균형이 회복될 것이다. 이 같은 논리를 국제적으로 확장한다면, 금융시장이 잘 통합되어 있고 경제정책 협조가 원활하며 생산요소 이동이 활발한 국가간에는 최적통화지역이 성립될 수 있을 것이다.

EU국가들이 유로라는 단일화폐를 사용하기로 한 것은 국가화폐의 장래에 관해 시사하는 바가 크다. 아직은 초기상태라서 유로와 각국 화폐가 같이 쓰이나 머지 않아 유로화가 역내국가의 단일화폐로 등장하게 될 것이다. 이는 EU국가들이 통화주권을 포기하는 데에서 오는 비용보다 통화통합에서 얻는 이득이 더 크다는 판단을 했기에 가능한 일이다. 앞으로도 경제상황이 비슷한 인접국가들이 통화를 통합하는 것이 독자적인 화폐를 유지하는 것보다 낫다는 판단을 하게되면 블록별 통화통합은 더 널리 진전될 것이다. 이러한 점에서 로버트 먼델은 최근 아시아에서도 아시아통화기금 Asian Monetary Fund 설립과 이를 중심으로 아시아 통화단위 ACU : Asian Currency Unit의 창출을 시도해 볼 수 있을 것이라고 주장하였다.

최종대부자 最終貸付者 Lender of Last Resort

금융시장에 위기가 발생했을 때 최종적으로 자금을 공급해 주는 기관으로 흔히 중앙은행을 가리킨다. 역사적으로 주요 선진국에서는 수많은 금융위기를 경험해 왔으며 그때마다 시장에 충분한 유동성을 공급하여 위기를 진정시켜야 한다는 요구가 생겨나게 되었다. 이러한 요구에 부응하여 독점적인 발권력을 가지고 있는 중앙은행이 최종대부자의 책임을 맡게 된 것이다. 중앙은행의 최종대부자기능이 필요한 이유는 한 금융기관의 파산이 금융기간의 연쇄도산 등을 일으켜 국민경제에 커다란 피해를 가져올 수 있기 때문이다. 따라서 중앙은행은 은행파산 등의 금융위기가 발생하였을 경우 충분한 자금을 공급해 줌으로써 사람들의 불안 심리를 안정시키고 위기의 확산을 방지하여 전체 금융시장의 안정을 도모하게 된다.

우리나라의 경우 1997년 12월 외환위기가 발생하게 되어 예금인출사태 등으로 금융시장이 불안한 모습을 보이게 되자 한국은행이 금융시장 안정 대책자금을 지원하였고 중소기업 부문에 집중된 신용경색 현상을 해소하기 위하여 총액한도를 확대하였으며 1999년 7월 대우사태 이후 금융시장 안정대책의 일환으로 금융기관이 보유하고 있는 국공채를 매입하거나 RP거래를 통하여 필요한 유동성을 지원한 바 있다.

그러나 다른 한편으로 중앙은행이 위기시마다 금융기관들을 도와줄 경우 금융기관들이 고수익·고위험자산을 더욱 선호함으로써 불건전한 경영전략을 택하게 되는 도덕적 해이 moral hazard의 문제가 발생할 수도 있다. 따라서 최종대부자로서 책임을 가진 중앙은행은 금융기관의 도덕적 해이를 방지하기 위해 경영실태를 분석하거나 지도·감독 등을 통하여 금융기관의 건전경영을 유도하기 위한 다각적인 노력을 기울이게 된다.

[참고문헌] 한국은행, 『주요경제지표 해설』, 1999

최종생산물·중간생산물 最終生産物·中間生産物

경제활동의 결과 일정기간에 생산된 재화와 서비스 중 그 기간 내에 원자재로서 다시 생산과정에 투하되는 것을 중간생산물이라 하고, 중간생산물 이외의 재화와 서비스의 유통을 최종생산물이라고 한다. 중간생산물의 가치는 원자재로서 최종생산물의 가치에 포함된다. 그러므로 일정기간의 생산활동의 성과는 최종생산물에 집약된다. 그리고 생산량을 측정하려면 기간을 정해야 한다. 일반적으로 기간을 정하지 않으면 그 생산의 다소를 계측할 수 없다. 이처럼 기간을 고려하지 않으면 계측할 수 없는 양을 플로우 flow 라 부른다. 한편 기계설비처럼 기간을 정하지 않아도 임의의 시점에서 존재량의 다소를 측정할 수 있는 것을 스톡 stock 이라 부른다. 이 양자의 관계에서 플로우 양은 스톡 변화를 야기시키며 스톡 변화는 플로우 양에 영향을 미친다.

최종수요 最終需要 ☞중간수요·최종수요

최혜국조항 最惠國條項 most favored nation clause

최혜국약관이라고도 한다. 체약국(締約國)의 일방이 제3국(최혜국)에 대하여 현재 또는 장래에 제공할 통상상의 양보, 또는 이권을 상대방 체약국에도 허용한다는 것을 약정한 규정을 말한다. 최혜국조항의 효과는 협정에 참가하는 모든 당사국이 비가맹제국에 부여하는 어떠한 관세인하도 자동적으로 상호간 적용되는 것을 보증하는 데 있다. 예를 들면 미국과 한국의 무역협정이 최혜국조항을 포함하고 있으면 미국은 영국, 즉 제3국에 대하여 영국산 자동차에 부과되는 수입관세를 인하하면 자동적으로 한국산 자동차에 대해서도 수입관세를 인하하여야 한다.

관세 및 무역에 관한 일반협정 General Agreement on Tariffs and Trade, GATT 이 국제감시하에서 다각적 관세교섭을 제창한 1948년 이래, 이 협정의 전서명국은 최혜국조항에 따를 것을 동의하였다. 그 결과, 이전에는 많은 국제문제가 되었던 관세차별 문제는 여전히 존재하고 있기는 하지만 대폭 완화되었다.

추가경정예산 追加更正豫算 supplementary budget

정부가 예산성립 후에 생긴 사유로 인하여 이미 성립한 예산을 변경할 필요가 있을 때 편성하는 예산을 말한다(헌법 제91조). 본예산에 대비되는 용어이며 보정(補正)예산이라고도 한다. 이론상 추가예산과 경정예산을 구분하기도 한다. 즉 추가예산은 이미 성립한 본예산의 부족을 보충하기 위하여 편성하는 것이며, 경정예산은 본예산의 세출을 삭감하거나 세출금액 범위내에서 조정하기 위하여 편성하는 것을 말한다. 일반적으로 새로 세입의 추가없이 세출예산 상호간의 과부족을 조정할 때에 이를 경정예산이라고 설명하는 경우도 있으나 엄밀한 의미에 있어 국회의 예산의결의 효력은 세출예산의 장(章)·관(款)·항(項)의 금액에 개별적으로 미쳐 행정부가 상호전용할 수 없기 때문에 세출예산을 삭감함에 그치는 경우를 제외하고는 경정예산이란 성립할 수 없다.

추가예산은 그 편성·제안·의결 및 공포에 있어 본예산과는 형식상 구분된다. 그러나 일단 추가예산이 의결되어 공포되면 본예산을 보충적으로 변경시켜 전체로

서 시행한다. 다만 본예산의 편성시에 경비지출의 필요성을 인정하면서도 이를 추가예산으로 미루어 본예산의 균형을 맞추거나 경비팽창을 감추는 것은 재무당국자가 언제나 범하기 쉬운 폐단이다.

추세 趨勢 trend

물가의 동향과 같은 경제통계의 시계열을 관찰하면 불규칙적이고 우연적인 변동이나 계절적인 변동, 그리고 경기순환에 따른 변동 등을 감안하더라도 거기에는 항상 일정한 장기에 걸쳐 지속하는 기본적인 변동의 경향이 존재한다. 이 변동의 경향을 추세라고 한다. 추세는 물가의 경우, 수십 년을 주기로 교체하는 이른바 장기파동을 나타내는 시계열이라고 보고, 주요한 기초상품의 생산수량일 경우에는 원칙적으로 증가계열이라고 하며 금리의 경우에는 대체로 감소계열이라고 생각되고 있다.

추세를 측정하는 방법으로는 보통 목측법(目測法) free hand method, 이동평균법 method of moving average, 최소자승법이 사용된다. 목측법이라는 것은 도표에 그린 시계열을 목측으로 될수록 완만하고 단순한 곡선으로 연결하는 방법인데 이 방법으로서는 정확을 기할 수 없다. 이동평균법은 시계열을 몇 개의 기간으로 나누어 각 기간의 평균위치를 연결하여 가는 방법이다. 최소자승법에 의하는 경우에는 미리 목측법에 의하여 적당하다고 생각되는 곡선의 모양, 예를 들면 직선, 2차포물선, 지수곡선들을 정하고 이 곡선을 시계열로부터 유출한다. →시계열

*추정이론 推定理論 theory of estimation

기술통계학에서는 주로 모집단에서 표본을 뽑았을 때 그 통계량 statistic 이 어떤 분포를 하는가, 따라서 표본오차가 얼마나

크게 나타나는가 등에 관심을 가져왔다. 그러나 실제 통계문제에 있어서는 이와 반대로 표본에서 모집단의 성질을 유추해야 할 때가 더 많다. 이 때 보통의 경우 모집단에 대해서는 전연 미지이며, 실제로 관찰할 수 있는 것은 모집단의 일부분인 표본이고 이 표본에 관한 지식을 알고 있을 뿐이다. 이와 같은 표본의 지식을 가지고 모집단의 성질을 유추하고자 하는 것이 모수추정이론 theory of estimation for population-parameter 이다. 이제 모수추정의 이론을 정식화한다. 모집단에서 뽑힌 크기 n개의 확률표본을 $\{x_1, x_2, \cdots, x_n\}$로 한다. 추정문제는 이 모집단의 모수의 추정치를 표본관찰치의 함수 $\hat{\theta}(x_1, x_2, \cdots, x_n)$로 하여 구하는 것이다. 모수의 추정치를 얻기 위해 고안된 표본관찰치의 함수를 추정량 estimator 이라 하며, 이 함수에 실제의 관찰치를 대입하여 계산한 통계량을 추정치 estimate 라 한다. 한편 추정이론은 크게 점추정 point estimation 과 구간추정 interval estimation 으로 구분된다. 모수를 추정하는데 가장 실용성이 있는 것은 모수를 가장 정확하게 대표하는 단일수치를 추정치로 산출하는 방법이다. 모집단에서 뽑은 확률표본은 모집단을 대표한 것이므로 이 확률표본에서 계산한 표본비율, 표본평균치, 표본분산 등의 특성치는 각각의 모수의 추정치를 생각할 수 있다. 이와 같이 단일수치로 모수를 추정하는 방법을 점추정이라 한다.

그러나 점추정치가 모수에 정확히 일치하는 경우는 매우 드물며 일반적으로 크든 적든 오차를 수반한다. 따라서 추정치에 대해서 어떤 확률에서 기대되는 오차의 범위를 명기하게 된다. 이것은 모수가 어떤 확률에서 포함되리라고 기대되는 추정치의 구간을 나타냄을 의미한다. 이러한 방법으로 모수를 추정하는 것을 구간추정법

이라 한다. 이 때 모수가 어떤 확률로 포함되리라고 기대되는 구간을 신뢰구간이라 하며, 그 구간의 상승과 하한의 값을 신뢰한계 confidence limits 라 하고, 이에 대한 확률을 신뢰계수라 한다. 예컨대 신뢰계수를 95%라 하면 모수는 95%의 확률로 정해진 신뢰구간 속에 포함된다. 이하에서는 점추정법을 중심으로 바람직한 추정량이 갖추어야 할 조건들을 논의하고자 한다. 점추정법으로 모수를 추정하는 경우 모수를 가장 정확히 나타내는 추정치를 발견하는 것이 가장 바람직스럽다. 따라서 이러한 준거(準據)를 충족시켜주는 추정량을 선택해야 한다.

① 평균평방오차 mean square error : 추정량의 가장 기본적인 조건으로서 모수와의 오차가 될 수 있는 대로 적어야 한다. 이제 모수를 θ, 그 추정량을 $\hat{\theta}$라 하면 가장 좋은 추정량은 다음 조건을 만족하는 $\hat{\theta}$이다. $\min E[(\hat{\theta} - \theta)^2]$

② 불편성 unbiasedness : 모수 θ의 추정량 $\hat{\theta}$가 다음 조건을 만족할 때, $\hat{\theta}$를 모수 θ의 불편추정량 unbiased estimation 이라 한다. $E(\hat{\theta}) = \theta$. 예컨대 표본균형치 X 또는 표본분산 등은 불편추정량이다.

$$E(\overline{X}) = E[\frac{1}{n}\sum_{i=1}^{n}X_i] = \frac{1}{n} \cdot nE(X_i)$$
$$= \mu_x$$
$$E(s^2) = E\left(\frac{\sum_{i=1}^{n}(X_i - \overline{X})^2}{n-1}\right) = \sigma_x^2$$

③ 최량불편성 : 모수 θ에 관한 불편추정량 중 가장 작은 분산을 가진 추정량을 말한다.

④ 일치성 consistency : 좋은 추정량은 표본의 규모가 크게 될 때 오차의 위험이 적게 되어야 한다. 이제 $\hat{\theta}_n$을 크기 n의 표본에서 계산된 추정량이라고 할 때, 다음 조건이 성립할 경우의 $\hat{\theta}$을 모수 θ의 일치추정량이라 한다. 즉 $\underset{n \to \infty}{P\lim}\hat{\theta} = \theta$이다. 환

언하면 표본이 무한히 크게 되면 일치추정량은 모수에 확률적으로 무한히 접근한다. $\hat{\theta}$를 θ에 관한 불편추정량, $\sigma^2_{\hat{\theta}}$을 $\hat{\theta}$의 분산이라 할 때 $\lim_{n \to \infty} \sigma^2_{\hat{\theta}} = 0$ 이다.

⑤ 완전성 sufficiency : 추정량 $\hat{\theta}(x_1, x_2, \cdots, x_n)$이 모집단의 성질에 관한 정보를 완전 독점할 때, $\hat{\theta}$를 θ에 관한 완전추정량 sufficient estimator 이라 한다. 이에 관해서는 피셔-네이만 Fisher-Neyman 정리가 있다.

[참고문헌] Hogg, R. V. & Craig, A. T., *Introduction to Mathematical Statistics*, 3rd edition, 1971; 유봉철, 「경제학」, 1976.

추측된 변화 推測된 變化
conjectural variation

기업이 의사결정을 할 때 상대방의 반응에 대해 어떤 식으로든 예상을 하게 되는데 이를 추측된 변화를 말한다. 구체적으로 말해 각 기업 자신이 산출량이나 가격을 변화시킬 때 경쟁기업은 산출량이나 가격을 어떻게 변화시켜 대응할 것인지 추측한 결과를 뜻한다. 이 유형에 속하는 모형들은 각 기업이 상대방의 반응에 대해 추측한 결과에 기초해 독자적인 행동을 취하는 것으로 본다는 특징을 갖고 있다. 이 추측된 변화는 변화의 대상이 산출량인지 아니면 가격인지에 따라 다음 두 가지로 구분할 수 있다.

산출량의 추측된 변화 conjectural variation in output : CV_g는 i번째 기업이 산출량을 ΔQi 만큼 변화시킬 때 경쟁상대인 j번째 기업이 산출량을 얼마만큼 변화시킬 것인가에 대한 추측을 뜻한다. 물론 추측을 하는 주체는 산출량을 변화시키고자 하는 i번째 기업이며, 만약 그 기업이 j번째 기업에 의한 산출량의 변화가 ΔQj 일 것이라고 추측한다면 산출량의 추측된 변화를 다음과 같이 표현할 수 있다.

$$CV_q = \frac{\Delta Qj}{\Delta Q i}$$

만약 i번째 기업이 자신의 산출량 변화에도 불구하고 j번째 기업은 산출량을 전혀 변화시키지 않으리라고 추측한다면 CV_q 의 값은 0이 된다.

가격의 추측된 변화 conjectural variation in price : CVp 는 가격을 둘러싼 반응에 대한 예상을 뜻하는데 i번째 기업이 가격을 ΔPi 만큼 변화시키고 이에 대해 j번째 기업이 ΔPj 의 가격변화로 대응할 것이라고 추측한다면 이를 다음과 같이 표현할 수 있다.

$$CV_q = \frac{\Delta Pj}{\Delta Pi}$$

이러한 추측된 변화는 어느 종류의 추측된 변화가 어떤 값을 갖는다고 상정하는지에 따라 꾸르노모형과 슈타켈버그모형과 같은 산출량에 대한 추측이 핵심을 이루는 모형과 베르뜨랑모형과 굴절수요곡선의 모형처럼 가격에 대한 추측이 핵심을 이루는 모형으로 나누어 진다.

추측통계학 推測統計學 inductive statistics

추계학이라고도 하고 근대통계학이라고도 한다. 통계분석 중 부분에서 전체를 추측하는 학문이다. 통계적 관찰의 대상이 되는 단위의 집합을 모집단이라 하고 그 부분 집단을 표본이라 한다. 만일 모집단의 일부를 빼내서 조사하여 전체를 추측할 수 있을 확률이 높으면 조사비용과 조사기간의 절약이란 점에서 크게 도움이 된다. 추측통계학은 모집단에서 표본을 택하여 그 표본치를 내고 여기에 의하여 모집단의 모수를 추측하는 방법이며 또 추측의 논리를 확립하기 위한 학문이다. →표본조사, 추정이론

취업구조 就業構造

노동인구가 산업별 및 종사상의 지위에서 보아서 어떻게 분포되어 있는가를 나타낸 것이다. 산업별로는 1차, 2차, 3차산업에 각각 어떤 비율로 분포되어 있으며, 또 종사상의 지위별로는 자영업주, 가족종사자, 피고용자 등이 각각 어떤 비율로 증감경향을 나타내고 있는가를 관찰점으로 한다. →1차산업

층화추출법 層化抽出法 stratified sampling

모집단을 미리 임의수의 동질적 집단으로 분류하여 각 층에서 공평하게 표본을 임의추출하는 방법이다. 이 방법에 있어서는 각 층은 동질적이므로 비록 각 층으로부터의 표본추출률은 낮더라도, 표본분산이 적으므로 표본조사의 결과로서 모집단의 성질을 추정할 때 그 신뢰성이 높다.

카르텔 cartel

기업연합이라고도 하며, 시장통제를 목적으로 동일 산업부문의 독립기업을 독점적으로 결합시키는 기업연합형태를 말한다. 기업과 기업간의 경쟁으로 일어나는 불이익을 제거하고 시장을 독점하며 초과이윤을 획득하는 것을 목적으로 하고 있는 점에서는 트러스트와 다를 바가 없으나, 카르텔의 특징은 독립기업의 연합형태, 즉 협약에 의한 결합형태인 것, 그리고 시장통제를 목적으로 하는 것에 있다. 카르텔에 있어서 그 참가기업은 법률적으로는 물론, 경제적으로도 독립성을 잃지 않고 공동행위는 협약의 범위내로만 한정되며, 그 이외에서는 자유로이 경쟁할 수가 있다.

카르텔의 성립 및 존속조건은 ① 참가기업이 비교적 소수일 것, ② 참가기업의 경제력의 차가 적을 것, ③ 강력한 외부의 경쟁자가 존재하지 않을 것, ④ 생산되는 상품의 표준화가 용이할 것 등이다. 카르텔의 형태는 그 시장통제의 방법에 따라, 제한 카르텔과 할당 카르텔로 크게 구별된다. 전자는 오직 그 참가기업의 활동을 제한할 뿐으로, 카르텔의 중앙기관이 여러 가지의 경제활동을 일정한 할당율에 따라 참가기업에 할당하는 후자와 비교하면 그 시장통제는 보다 낮은 단계에 있다. 카르텔은 그 협약이 참가기업의 자유를 제한하는 정도가 높아짐에 따라 형식적으로는 트러스트에 근접하여 간다. 카르텔은 점차로 생산과정의 기술적 합리화에도 개입하고, 한편 신디케이트를 형성하여 공동판매를 행하게 되면 참가기업은 사실상 독립성을 상실한다.

그리고 세계시장을 지배하고 최고의 이윤을 확보하는 것을 목적으로 하여 각국의 거대독점체의 사이에 시장분할·가격·생산 등에 관한 협정이 체결되는 국제 카르텔이 있다. 국제 카르텔은 가맹자를 위하여 세계시장에 있어서 판매영역을 확보하여(시장의 분할), 최고이윤획득을 목적으로 하는 가격(가격 카르텔)을 설정하고 그 생산규모를 결정한다. →콘체른, 신디케이트, 트러스트

카우츠키 Kautsky, Johann Karl
(1854~1938)

독일의 경제학자. 사회민주당의 대표적 이론가. 처음에는 마르크스 경제학자였으나 후에 사회민주주의자로 전향하였다. 엥겔스의 제자로서, 19세기 말부터 20세기 초에 걸쳐서 마르크스주의의 해설·보급에 힘썼다. 마르크스의 *Theorien über den Mehrwert* (1905~1910)를 편집·출판함과 동시에, 역시 *Die Agrarfrage* (1899)를 저작하여 농업문제를 정통적 마르크스 주의의 입장에서 취급하였다. 그는 많은 저작에 의하여 제 2 인터내셔널과 사회민주당의 이론적 지도자로서 활약하고, 베른슈타인 등의 수정 마르크스주의에 대한 논박서 *Bernstein und das sozialdemokratische Programm* (1899)을 저술하였다. 제 1 차 대전 당시에는 단일국제 트러스트 형성의 가능성과 초제국주의론을 주장하였다. 후에 러시아혁명에 반대하여 사회민주주의의 변호에 전력을 다하여, 레닌에 의하여 비판되었다.

칼도어 Kaldor, Nicholas (1908~　)

헝가리계의 영국 경제학자. 오랫동안 런던대학에서 교편을 잡았으며, 케임브리지대학 교수를 역임했다. 그의 연구는 불완전경쟁론·고용이론·후생경제학·경기순환론·분배론·생산함수론 등 다방면에 걸치고 있는데, 항상 그때 그때의 학계의 중심과제에 대해 활발한 주장을 해 왔다. 예를 들면 1930년대 전반의 불완전경제이론의 확립기에는 '상상(想像)상의 수요곡선'이라는 개념을 제시하고, 30년대 후반에는 화폐임금의 절하가 과연 고용증대를 가져오는가에 관한 피구 Pigou, A. C. 대 케인즈 Keynes, J. M. 의 논쟁에서 케인즈의 입장을 지지하여 피구로 하여금 그의 주장을 철회케한 바 있다.

'경기순환의 이론'에 있어서는 힉스 Hicks, J. R., 사뮤엘슨 Samuelson, P. A. 등이 승수·가속도원리의 상호작용이라는 관점에서 모형을 구성해 가는 데 반하여, 칼도어는 가속도원리의 역할을 부정하고 투자행위의 설명원리로서 자본스톡 capital stock 의 영향을 도입한 투자함수를 확립해야 한다고 주장하였다. 후생경제학의 분야에 있어서도 칼도어는 로빈스 Robbins, L. Ch., 러너 Lerner, A. P. 등과 더불어 피구가 사용한 개인별 효용의 비교가능성이라는 전제를 파기하고, '새로운 후생경제학'의 지반을 확립하여 마침내 힉스에 의한 대표적 체계화의 기초를 제공하였다.

[주 저] *An Expenditure Tax*, 1956; *Indian Tax Reform*, 1956; *Essays on Value and Distribution*, 1960; *Essays on Economic Stability and Growth*, 1960; *Capital Accumulation and Economic Growth*, 1961.

칼렉키 Kalecki, Michal (1899~1976)

폴란드의 경제학자. 경기론, 분배론의 연구가이다. 1952년 이후 폴란드의 경제계획위원회의 자문으로서 사회주의 계획경제론과 자본주의제국의 경기분석에 종사했다. 칼렉키는 사상적으로는 사회주의 내지 마르크스주의 marxism 이지만 그 경제학은 영국 근대경제학의 영향을 강하게 받고 있다. 그의 논문 *Proba Teorij Konjunktury* (1933)를 바탕으로 한 *A Macrodynamic Theory of Business Cycles* (1935)를 케인즈 Keynes, J. M. 와는 독립적으로 케인즈가 「일반이론」에서 전개한 새로운 개념에 도달한 것으로 평가되고 있다.

그는 마르크스 Marx, K. 의 재생산론과 투자의 크기가 소득수준을 결정한다고 하는 케인즈적 생각을 결합하여 첫째로 노동

자와 자본가의 분배관계가 경기변동과정
을 통하여 안정되어 있는 것을 통계적으로
명확히 하고 이 해명을 위하여 '독점도'라
는 개념을 도입하여 승수이론을 부각시켰
다. 둘째로 투자량의 결정에 가속도원리를
부정하고 이윤량이 이에 관계한다고 하는
속도원리를 설명하였으며, 투자가 유리하
면 자본이 축적되어 이윤율과 투자를 압박
한다고 하는 투자결정론을 첨가하여, 이
양자를 합하여 투자와 소득의 변동을 명확
히 한다고 하는 거시적 동태론을 전개했
다.

[참고문헌] *Essays in the Theory of Economic
Fluctuations*, 1939; *Studies in Economic
Dynamics*, 1944; *Theory of Economic
Dynamics*, 1954.

캇셀 Cassel, Gustav (1866～1945)
스웨덴의 경제학자. 스톡홀름대학, 웁
살라대학에서 수학하였으며, 1904년 스톡
홀름대학의 경제학 교수가 되었다. 그의
최대의 업적은, 제1차대전 후 유럽의 자
본주의국가를 엄습한 악성인플레이션과
외국환의 대혼란 중에서 많은 국제회의에
참가하면서 발표한 국제금융경제문제에
관한 의견서의 발표이다. 예를 들면 *The
World's Monetary Problem* (1921), *Money
and Foreign Exchange after 1914* (1922)
등이다. 그 중에서 후자에 전개된 구매력
평가설이 가장 유명하다. 다른 한편 그의
이론경제학상의 업적은 경제학으로부터
가치론을 추방하려고 기도한 것, 왈라스의
일반적 균형이론을 체계화하여 보급한 것,
경기이론을 경제학기초이론 속에 도입하
려고 시도한 것이다.

[주 저] *Theoretish Sozialökonomie*, 1918;
Fundamental Thoughts in Economics, 1925;
The Nature and Necessity of Interest, 1903.

케네 Quesnay, François (1694～1774)
프랑스의 경제학자이며 또한 외과의사
였던 그는 중농학파의 학문적 시조이다.
1694년 파리 교외의 농가에서 출생하여 외
과의사로서 출발하였다가 경제학 연구에
본격적으로 몰두하게 된 동기는 1749년 루
이 15세와 그의 애첩 뽕빠도르의 시의(侍
醫)로서 베르사이유궁전에 머물면서 자기
거실에서 사회경제에 관한 연구와 토의로
부터 시작되었다고 한다. 케네는 당시 유
럽제국을 풍미하고 있던 중상주의 mer-
chantilism에 반대하고 문자·화폐와 더불
어 3대 발명의 하나라고까지 일컬어지는
유명한 경제표 Tableau économique를 창
안하여 자기의 학문적 업적을 집약시켰다.
그는 자본주의적 생산과 그 유통법칙을
인간의 의사나 정치 등에서 독립된 객관적
법칙으로 파악하였으며, 또한 중상주의학
자들과는 달리 부의 원천인 순생산물의 발
생을 유통과정에서가 아니라 생산과정에
서 찾으려고 하였다.
그의 이론적인 기조는 당시 프랑스의 재
정파탄과 아울러 극도로 문란한 조세체계
에 대한 실천적인 과제에서 출발하였으며,
프랑스 국민경제의 재건을 위하여 그 정책
목표로서 농업생산의 증강을 주장했다. 즉
이러한 목표를 위하여 중상주의적 통제나
비경제적인 조세제도를 폐지하고 자유방
임 laissez-faire 정책과 지주계급의 지대수
입에만 과세하는 이른바 단세론을 내세웠
다. 케네의 이러한 업적에서 가장 높이 평
가될 수 있는 것은 경제현상을 사회적 총
자본의 견지에서(확대재생산으로서는 아
니지만) 총체적인 재생산과정으로 파악한
점이라 할 수 있다. 그는 잉여가치를 순수
입으로 파악하고 순수입을 생산하는 노동
을 생산적 노동이라고 보아 그 이후의 경
제학에서(특히 스미스 Smith, A.) 잉여가
치, 생산적 노동개념의 확립에 크게 공헌

하였다고 볼 수 있다.

이러한 케네의 학설은 그 후 많은 후계자가 배출되어 더욱 발전하게 되었는데, 미라보 Mirabeau, M. de V. R. 는 케네의 경제표를 최초로 공간(公刊)하였고, 1760년 튀르고 Turgot, A. R. J. 는 그의 저서 「부의 형성 및 분배에 관한 성찰 *Reflexions sur la Formation et la Distribution des Richesses*」(1776)에서 케네의 사상을 더욱 발전시켰다. 특히 스미스에 의해서 성취된 경험적 자연법사상의 형성에 지주가 되었다.

[주 저] *Essai Physique sur l'Economie Animale*, 1976, 2. éd, 1747; *Tableau économique*, 1758, repr. by H. Higgs, 1894; *Oeuvres Économiques et Phiosophiques de F. Quesnay*, éd. by August Oncken, 1 vol., 1888.

케네디 라운드 Kennedy Round

1962년 10월에 성립된 미국의 통상확대법을 배경으로 각국이 가트 GATT(관세 및 무역에 관한 일반협정)를 무대로 하여 행한 관세의 대폭일괄 인하교섭을 말한다. 1964년 5월부터 시작되었으나 난항을 거듭한 후 67년 6월에 타결이 이루어져 54개국이 조인하였다. GATT 는 통상확대법 성립까지 5회에 걸친 교섭으로 인하하기 쉬운 관세는 대부분 인하되어 있었기 때문에 관세인하문제는 정돈(停頓)상태에 빠져 있었다. 이것을 타개하여 세계무역의 확대를 진전시키기 위해 전미국대통령 케네디 Kennedy, J. F. 의 제창으로 행하여졌다. 교섭의 결과 공업품에 대해서는 평균 35%의 관세 인하에 합의를 보았다. 이 외에 반덤핑협정과 개발도상국에 대한 소맥원조를 결정한 국제곡물협정의 체결 등이 포함되어 있다. →GATT

케인즈 Keynes, John Maynard (1883~1946)

영국경제학의 대표자. 1883년 6월 5일 영국 케임브리지에서 태어났으며, 이튼을 거쳐 케임브리지의 킹스칼리지에서 수학하고, 수학과 우등시험에서 12위로 합격했다. 졸업 후 한 때 인도성에 근무하다가 대학에 돌아와 금융론을 강의했고, 그 후 약 20년간 마샬 Marshall, A. 의 충실한 후계자로서 피구 Pigou, A. C. 와 더불어 케임브리지학파의 쌍벽을 이루었다. 또 Royal Economic Society 의 서기로 있었고 *Economic Journal* 의 명편집자로서 잡지를 세계적으로 권위있는 경제학잡지로 육성했다.

제1차대전 중 재무성에 근무하여 평화회의에 재무성 수석대표 및 재무상대리로서 출석했다. 그는 강화조약, 특히 배상안의 모순을 통찰하여 그 수정완화를 주장하였으나 용납되지 않아 사직하고 「평화에의 경제적 귀결 *The Economic Consequences of the Peace*」(1919)을 공간하여 세상에 호소했다. 이 책은 전세계에 큰 반향을 일으켜 그를 일시에 세계적인 인물로 만들었다. 이 책에 쓴 '자유방임의 자본주의 laissez-faire capitalism 는 1914년 8월에 끝났다'는 사상이 케인즈이론의 출발점이다.

경제학자로서의 케인즈의 큰 업적은 역시 「고용·이자 및 화폐의 일반이론」에 있다. 1923년 「화폐개혁론」의 화폐수량설과 관리통화론, 또 1930년의 「화폐론」의 기본방정식도 모두가 1936년의 획기적 저서인 「일반이론」에의 이정표로서 이해된다. 그러나 동시에 그의 사상은 단순한 이론의 자기발전으로서가 아니라 제1차대전에서 제2차대전에 이르는 사이의 영국자본주의의 현상과 그 변모, 그 고뇌와 암중모색과의 관련에서 구명하지 않으면 이를 정당하게 이해할 수 없다. 그의 저술은 모두가 그것이 쓰여졌을 때의 생생한 경제문제와 그가 제시한 해명과 해결책을 말하는 것이다. 그러나「평화에의 경제적 귀결」이래 그는 이단적인 경제학자로서 주목되어 왔으며 그의 의견은 채용되지 않았으므로 그는 스스로 '사건의 진행에 적시의 영향을 줄 수 있었던 카산드라'로 자처하고 있었다. 「설득논집」은 그의 카산드라로서의 부르짖음을 모은 것이다.

그러나 1929년 가을 월가(街)의 대공황을 계기로 하는 세계적 불황 이래 사정은 일변하였다. 미국에 있어서도 그의「번영에의 길」이 루즈벨트 Roosevelt, F.D. 대통령의 뉴딜정책을 초래하고「일반이론」은 그 이론적 지침 되었다. 「일반이론」의 이론과 실천에 있어서의 비상한 성공은 경이적인 것이었다. 그는 이것으로써 마샬을 포함하는 고전파일반과의 결별을 선언했고 다수의 경제학자가 여기로 개종했다. 1936년 이래 경제학이 일변했다고 하여 케인즈혁명이라든가 케인즈학파라는 표현도 나온다. 불완전고용 등 처음에는 기이한 느낌을 주던 표현도 오늘날에 있어서는 일반적 용어가 되었다. 이같은 비상한 성공을 하게 된 가장 큰 원인은 그의 이론이 세계공황을 설명하고 그것을 극복할 방법을 제시할 수 있던 유일한 이론경제학이었기 때문이며 그것은 수정자본주의의 이론을 제공했다는 것이다.

제2차대전이 일어나자 그는 다시 재무성에 들어갔고, 그의「전비조달론」은 그 중 급진적 요소만을 제외하고는 영국 전시경제정책의 바탕이 되었다. 그는 또 전후의 국제금융과 세계무역의 구조를 만든 브레튼 우즈협정에서 주도적인 역할을 했고 부흥개발은행위원회의 장으로 추대되었다. 그는 또한 영미금융협정체결에 성공하여 전후 영국경제부흥을 위해 37억 5,000

만달러의 차관을 얻어 영국노동당의 사회주의정책의 촉진에 공헌했다.

〔주 저〕 *Indian Currency and Finance*, 1913 ; *The Economic Consequences of the Peace, A Tract on Monetary Reform*, 1923; *A Treatise on Money*, 1930(신태환·이석륜 역, 「케인즈화폐론」, 1958); *A Treatise on Probability*, 1921; *A Revision of the Treaty, A Short View of Russia*, 1925; *The End of Lassez-faire*, 1925(김윤환 역, 「자유방임의 종언」, 1959); *Essays in Persuasion*, 1931; *Essays in Biography*, 1933; *The Means to Prosperity*, 1933; *The General Theory of Employment, Interest and Money*, 1936(김두희 역, 「고용·이자 및 화폐의 일반이론」, 1955); *How to Pay for the War*, 1940.

케인즈 경제학(經濟學) Keynesian economics

케인즈 Keynes, J.M. 와 그의 후계자에 의하여 전개된 경제사상체계를 말한다. 케인즈 경제학의 중심이 되는 테마는 총지출과 총소득의 변동원인과 결과에 관한 분석이다. 총소득은 총소비＋총투자와 같다. 만일 저축의 모든 증가가 투자증가에 의하여 상쇄되지 않는다고 하면 소득은 감소하고 실업은 증대할 것이다. 소비(그리고 저축)수준은 소득의 함수인 개인의 소비성향에 의존한다고 보고 있다. 기업투자의 양은 자본의 한계효율 또는 자본에 대한 장래의 수익에 관한 기업가의 기대에 의하여 결정된다. 이자율은 저축의 공급과 투자의 수요를 같게 하는 요인보다도 오히려 현금의 형태로 보장을 하려는 개인의 욕구(그 사람의 유동성선호)의 정도에 의존한다고 보고 있다. 그러므로 저축과 투자는 반드시 균형에 이르지는 않을 것이다. 그 대신 저축수준은 일반적으로 투자보다도 높아지고 그 결과 실업과 정체가 가끔 일어난다.

그래서 케인즈는 경제이론에서 처음으로 과소고용균형의 가능성을 제기하였다.

경기순환의 불황과정에 있어서 대량실업을 방지하기 위하여 적자재정의 방법으로 지출을 자극하고 투자승수의 작용에 의하여 소득을 완전고용수준에 올리는 투자를 형성함으로써 중앙정부는 총수요의 부족을 보충하여야 한다고 그는 주장하고 있는 것이다. 케인즈학파 경제학이론의 기본적 원리는 1936년 케인즈의 주저「고용·이자 및 화폐의 일반이론」에 포함되어 있다. 그리고 미국의 한센 Hansen, A. H. 과 같은 그의 제자들에 의하여 더욱 발전된 것이다.

케인즈의 기본 방정식(基本方程式)
Keynes' fundamental equations

케인즈 Keynes, J. M. 는 그의 저서「화폐론」(1930)에서 물가수준이 무엇에 의해 결정되고 또 어떤 요인으로 변동되는가를 설명하기 위해 두 가지 기본방정식을 제시했다. 편의상 일반물가수준을 설명하는 제2 기본방정식부터 설명하기로 한다.

① 제2 기본방정식 : 이제 봉급, 임금, 실업수당 및 퇴직수당, 기업가정상보수, 자본이자, 규칙적인 독점이윤, 지대 등을 생산의 모든 요인의 수입으로 보고, 이것을 사회의 총화폐소득이라 불러 E로 표시한다. 즉 기업가의 정상보수, 이자, 보통의 독점이윤, 지대 등을 초과하는 이윤 Q는 총화폐소득 E 중에 포함되지 않도록 정의되고 있다. 여기에서 기업가의 정상보수란 기업가가 그것을 가지고는 산출규모를 증·감 어느 편으로도 변경할 동기를 갖지 않는 바와 같은 보수를 가리킨다. 이에 대해 Q는 이윤 또는 의외의 이윤 windfall profit 이라고 부른다. 따라서「일반이론」에 있어서의 화폐소득을 Y로 표시하면 $Y=E+Q$이다. 다음 E와 소비지출의 차를 저축 S라고 한다.

즉 초과이윤 Q는 그대로 투자자금에 충당되어 소비지출에 사용되지 않는다는 것이 암묵 중에 가정되고 있다. 그것과는 별도로 E에서 성립되는 저축만을 저축 S라고 부르는 것이기 때문에 일반이론에서의 저축은 $S+Q$와 같게 된다. 동기간 중의 자본가치의 증가분을 투자 I라 부르고, $I=S+Q$라고 생각하기 때문에 $Q=I-S$가 유도된다. 순산출물총량을 O, 일반물가수준을 π로 표시하면, $Y=\pi O=E+Q$라는 관계에서 다음 식이 나온다.

$$\pi = \frac{E}{O} + \frac{I-S}{O} \cdots\cdots 제2 기본방정식$$

우변 제1항은 순생산물 1단위당 평균생산비인데, 이것을 생산요소의 능률수입이라고 부른다. 제2항은 생산비 1단위당 평균이윤이다. 이 식에 있어서 순산출량 Q는 암묵 중에 완전고용점에서의 산출량이라고 가정되기 때문에 일정하고, 또한 물가가 불변이라면 능률수입 등은 단기간에는 변화하지 않는 것으로 간주된다. 그러므로 단 하나의 움직일 수 있는 전략적 요인은 Q 뿐이다. Q를 0이 되게 하는 이자율의 높이, 즉 $I=S$가 되게 하는 이자율을 자연이자율이라 한다. 시장이자율이 자연이자율보다 낮으면 $I>S$되어 정(正)의 초과이윤 Q가 발생하고, 반대의 경우에는 $I>S$되어 부(負)의 Q가 성립한다. 정의 Q는 확대요인을, 부의 Q는 축소유인을 내포하고, $I=S$가 되어 Q가 0인 경우에 균형이 성립될 것이다. 화폐수량설에서는 화폐수량 또는 유통속도의 변동이 일반물가수준을 변화시키고 이자율변화는 은행신용량의 변화를 통해 화폐량을 움직임으로써 간접적으로 물가수준에 작용한다고 생각되고 있었다. 이에 대해 케인즈는 이자율을 물가수준의 주요한 결정인자라고 생각하였다.

② 제1 기본방정식 : 실질산출량 O 중의 소비재산출량을 R, 신투자재생산비를 I'로 하고, 소비재가격수준 P를 나타내 보

자. 소비지출은 $E-S$, 소비재생산비는 $E-I'$이므로 소비재판매에서 얻는 의외의 이윤은 $(E-S)-(E-I')=I'-S$이다. 소비재단위당생산비는 $\dfrac{E-I'}{R}$이지만 공통단위로 측정한 소비재와 투자재와의 단위당 생산비는 동일하게 된다는 암묵의 가정에 의해 그것은 $\dfrac{E}{O}$로 바꾸어 놓을 수 있기 때문에 다음과 같은 식이 된다.

$$P=\frac{E}{O}+\frac{I'-S}{R} \quad \cdots\cdots \text{제 1 기본방정식}$$

③ 투자재의 가격수준 : 또한 세노이 Shenoy, B. R. 는 투자재생산량을 C, 투자재가격수준을 P'라 하여 투자재의 가격수준을 설명하는 방정식을 추가했다. $P'C=\pi O-PR$에서 $P'=\dfrac{E}{O}+\dfrac{I-I'}{C}$를 도출했다. 종래의 화폐수량설이 화폐수량의 증감은 곧 지출의 흐름의 비례적 변화를 통해 물가의 비례적 변화를 일으킨다고 강조한 데 대해 빅셀 Wicksell, K. 이나 케인즈는 이윤의 변동을 화폐측량과 지출의 흐름 사이의 매개항으로 이끌어들임으로써 단순한 기계적 화폐수량설에서 벗어났다. 그러나 거기에서는 아직 완전고용상태가 전제되었기 때문에 결과적으로는 완전히 물가변동만이 문제가 되었다.

케인즈 혁명(革命) Keynesian revolution

고전파경제학자는 일정한 자원과 기술을 전제로 하여 그것이 어떻게 생산에 이용되고 배분되는가를 연구하였다. 따라서 일정기간의 생산물은 반드시 분배되고 소비되므로 국민경제의 총공급량과 총수요량은 같으며 또한 이것은 국민소득과 같다고 생각되었다. 즉 고전파이론은 완전고용을 전제로, 상대가격비에 의한 자원의 효율적 배분에 관심을 두었다. 그러나 케인즈 Keynes, J. M. 는 국민경제가 항상 완전고용 상태에 머무를 수 없다고 주장하면서, 유효수요원리를 중심으로 한 그의 독특한 이론을 전개하였다. 케인즈의 「일반이론」에 담겨진 그의 경제이론 및 사회사상은 1930년대까지 풍미하던 고전파경제학체계를 완전히 부정할 만큼 혁신적이었으며, 그 당시의 주요경제문제였던 만성적 실업, 경기순환 내지 장기침체 등의 원인과 그 해결책을 전연 새로운 시각에서 설명하였다.

케인즈혁명이란 이같이 신고전학파를 중심으로 하는 정통파경제학을 비판·극복하고 새로운 경제이론을 제시한 케인즈의 업적을 기리기 위해 후세에 붙여진 이름이다. 케인즈 경제학의 직접적인 정책목표는 완전고용의 달성에 있다. 이 이론에 의하면 실업의 원인은 사회의 유효수요의 부족으로 경기가 악화되는 데 있다. 유효수요부족의 원인은 분배의 불평등으로 노동계급의 구매력이 저하되고, 경제발전이 어느 한도에 달하면 자본가의 투자의욕이 감퇴되기 때문이다. 그러므로 완전고용을 달성하기 위해서는 첫째, 분배관계를 시정하여 노동자의 구매력을 증대시켜야 하며 둘째, 정부자체가 민간자본가를 대신해서 투자활동을 행할 필요가 있다. 이와 같이 케인즈이론이 의도하는 바는 국가의 통제에 의한 자본주의경제의 옹호에 있다.

세이의 법칙에 대한 케인즈의 비판을 살펴 보자. 이 법칙은 생산과정에서 창출되는 소득은 자동적으로 지출된다는 명제에 지나지 않는다. 즉 이 법칙은 사회 전체로 볼 때 생산활동이 소득의 원천이 된다는 점에서 근본적인 타당성을 갖고 있다. 그리고 이 때 화폐가 개입된다 하더라도 '재화를 재화로'라는 직접교환이 '재화를 화폐로, 다시 화폐를 재화로'라는 간접교환으로 교환형태만 바뀔 뿐 세이의 법칙은 그대로 적용된다고 생각하였다. 이에 반해 케인즈는 화폐를 단지 교환수단으로 여긴 고전학파를 비판하고, 오히려 화폐의 가치 저장수단을 강조하여 그 기간 동안의 소득이 모두 지출되지 않을 수도 있다고 보았다. 따라서 케인즈는 고전파의 기본명제 중의 하나인 화폐베일관과 세이의 법칙은 화폐경제에서 적용될 수 없다고 비판하고, 유동성선호설에 입각한 새로운 이자율결정이론과 유효수요에 의한 소득창출이론을 제시하였다.

이밖에도 케인즈에 의한 고전파경제학의 비판은 여러 면에서 이루어졌다. 즉 고전파의 이자율결정이론, 노동시장에서의 균형고용량결정이론, 물가수준결정이론, 자유방임주의, 화폐의 역할 및 가격의 신축성 등에 예리한 비판을 가하였다. 그런데 케인즈 이론은 그 구조상 단기적, 정태적이다. 따라서 한센 Hansen, A. H., 사뮤엘슨 Samuelson, P. A., 칼레키 Kalecki, M. 등은 승수이론과 가속도원리를 결합하여 투자의 변화가 경기변동에 미치는 영향을 분석함으로써 동태적 경기이론을 구성하였다. 한편 자본주의의 장기적 발전이란 문제와 관련시켜 한센은 장기정체론을, 해로드 Harrod, R. F. 와 도마 Domar, E. D. 는 자본축적과 유효수요 간의 관계에 주목하여 경제성장이론을 전개시켰다. 더우기 로빈슨여사 Robinson, J. V. 나 클라인 Klein, L. R. 등은 마르크스 경제학과 케인즈 경제학을 융합시켜 케인즈 이론의 단점을 극복하고자 노력하였다.

케인즈 효과(效果) Keynes effect

'전반적으로 가격수준의 하락은 이자율의 저하와 투자의 증대를 가져온다'는 이론이다. 이것은 다음과 같은 일련의 추론에 기인하고 있다. ① 개인은 보유한 화폐잔고와 재화 및 용역에 대한 지출과의 사이에 어떤 바람직한 관계를 정하고 있다. ② 가격의 하락은 보유화폐의 실질가치를 상승시킨다. 즉 일정액의 화폐로 구입할 수 있는 재화 및 용역의 수량은 상승한다. ③ 따라서 실질잔고와 지출간에 바람직한 관계를 교란하여 개인에 대하여 유동자산은 과잉공급으로 된다. ④ 개인은 이 과잉공급부분을 대출하고자 한다. ⑤ 대출시장에 있어 자금공급의 증가는 이자율을 저하시킨다. ⑥ 이자율의 저하에 의하여 보다 큰 투자가 형성된다. 케인즈 효과는 채권시장에서만 작용한다. 그 점에서는 채권시장과 재화, 용역시장의 양자가 작용하는 실질잔고효과와도 다르다. →실질잔고효과, 피구효과

케임브리지학파(學派) Cambridge school

19세기 후반 및 20세기에 있어서 경제사상의 한 주류를 이루고 있는 학파로서, 마샬 Marshall, A., 피구 Pigou, A. C., 로버트슨 Robertson, D. H. 등의 업적에 기초를 두고 있다. 이 명칭은 이 학파의 많은 경제학자들이 케임브리지대학에서 강의했다는 것에서 유래한다. 이 학파는 고전파적인 여러 개념(가치의 기초로서의 실질비용, 지대) 및 화폐, 외국무역의 기초이론을 독일 역사학파의 접근법(제도적 측면에서 경제를 연구) 또는 한계효용학파의 여러 가지 공헌과 결합시키고 있다. 이 학파의 경제학자들은 특히 가치론 및 분배이론의 연구에 전념하여, 가격결정과 소득분배의 분석에서 지대한 공헌을 했다.

마샬은 재화의 정상가격은 수요측에서의 한계효용과 공급측에서의 생산비의 양자에 의해서 결정된다고 했다. 그는 이들 분석을 통해 탄력성의 개념이나 대표적 기업 등의 분석도구를 만들어냈다. 이 학파의 방법론적 특징은 경제변동의 일반적 상

호의존관계를 구명함에 있어서 직접 일반 균형의 성립을 상정하는 것이 아니라, '다른 사정이 동일하다면 ceteris paribus'이라는 단서 하에 개별시장에서의 부분균형 성립부터 밝혀 나가는 부분균형론을 기본적인 분석도구로써 사용했다는 것이다.

코메콘 Communist Economic Conference COMECON

국제연합과 GATT에서는 코메콘을 CMEA Council for Mutual Economic Assistance로 부른다. 소련어 명칭은 SEV로 공산권경제상호원조회의를 뜻한다. 이것은 마샬 플랜에 대항하여 1949년 1월에 성립된 경제협력기구(본부는 모스크바에 있다)이다. 가맹국은 소련, 폴란드, 체코, 헝가리, 불가리아, 루마니아, 동독, 몽고리아, 쿠바 등 9개국이다. 코메콘의 목적은 가맹국의 노력과 정책의 조정으로써 각국의 국민경제의 계획적 발전, 공업화의 추진, 국민복지의 증대 등을 도모하는 데 있다.

최고기관은 총회이고 그 밑에 각국별 수상급으로 구성된 집행위원회가 있으며 또 석유, 기계, 무역 등 분야별로 상설위원회가 있다. 금융기관에는 코메콘은행, 코메콘투자은행이 있다. 대표적인 공동사업으로는 소련에서 동유럽에 원유를 송유하는 우호 파이프라인과 마찬가지로 송전하는 평화 전력망이 있다. 최종적으로는 경제통합을 목적으로 1971년 7월의 총회에서는 경제통합에 관한 종합계획이 발표되었다. 코메콘은 공산권의 몰락에 따라 1991년에 해체되었다.

코스 Coase, Ronald H. (1910~)

영국의 조그만 마을에서 태어난 코스교수는 시카고대학 법학대학의 경제학 명예교수로 있다. 거래비용의 중요성에 대한 코스교수의 인식은 소유권의 개념과 존재의의, 계약과 조직이론 전반으로 경제학자들의 관심의 지평을 확산시켰으며, 그 공로로 1991년 노벨상을 수상했다.

로널드 코스 교수의 학문적 업적은 '코스의 정리'로 알려진 다음 명제로 요약될 수 있다. "거래비용이 없다면 외부효과가 존재해도 시장기구는 법적 권리의 배분에 상관없이 효율적인 자원배분을 달성한다. 여기서 외부효과라 함은 한 경제주체의 생산·소비활동이 물적보상의 지수없이 타 경제주체에게 이익(외부경제) 또는 손실을(외부비경제) 주는 것을 말한다." 먼저 코스의 정리는 거래비용이 없다는 전제 아래 시장기구의 효율성이 외부효과가 존재하는 경우까지 확장됨을 의미한다. 후생경제학의 효시라 할 수 있는 피구 Pigou, A. 이래 외부효과는 개인의 편익·비용과 사회적 편익·비용을 괴리시킴으로써 시장경제학의 자원배분을 왜곡시키는 것으로 인지되어 왔다. 따라서 국가의 개입에 의한 외부효과 내재화가 추천됐다. 그러나 코스교수는 시장기구가 이러한 외부효과에 의한 왜곡까지도 보정할 수 있음을 주장한다. 즉 외부효과의 존재에도 불구하고 법적권리의 배분에 관계없이 이해당사자 간의 거래는 보상이익의 포기를 포함한 개인적 비용을 사회적 비용에 일치시키며, 따라서 사회적 최적배분이 달성된다.

'코스의 정리'에서 간과되기 쉬운 것은 거래비용의 중요성이다. 즉 이 정리는 외부효과 또는 법적 권리배분의 중요성은 거래비용에 치명적으로 관련되어 있음을 밝힌 것이다. 사회적 최적을 위한 이해 당사자간의 거래에는 거래비용의 탐색, 거래비용의 체결과 그 이행, 그리고 계약위반의 감독·처벌 등의 비용이 발생하며 이러한 거래비용이 거래의 사회적 이익을 초과하면 사회적 최적은 달성될 수 없다. 그러나 이러한 거래에는 소위 「무임승차」문제 등의 전략적 행동에 따라 거래비용이 감당할 수 없는 수준으로 높아질 가능성이 크다. 실제로 이러한 전략적 행동은 최근 발전되고 있는 최적계약이론 또는 최적제도이론의 중요한 과제로 되어 있다.

코스닥시장 市場 KOSDAQ

코스닥시장 KOSDAQ, The Korea Securities Dealers Association Automated Quotation은 법률상으로는 "협회중개시장"이라 부르는데 한국증권업협회가 운영하는 유통시장으로서 거래소 없이 네트워크 network 시스템에 의하여 주식거래가 이루어진다.

코스닥시장은 1987년 3월 증권관리위원회가 중소기업 등의 주식장외거래에 관한 규정을 제정하면서 제도적 기반이 마련되었으며, 1997년 4월 증권거래소 상장주식 이외에 한국증권업협회 등록주식이 매매되는 협회중개시장으로 증권거래법에 반영됨으로써 법제화되었다. 코스닥시장은 증권거래소 상장요건에 미달하는 기업 중 유망중소기업, 벤처기업 등에게 증권시장을 통한 자금조달기회를 제공하는 한편 투자자에게는 고위험·고수익의 투자수단을 제공한다.

협회중개시장의 주가지수인 코스닥종합지수 KOSDAQ Composite Index는 기준시점인 1996년 7월 1일의 기준지수를 100으로 하여 1997년 1월 3일부터 발표하고 있으며 동지수는 한국종합주가지수와 같은 시가총액식 주가지수를 이용하여 산출된다.

코어 core

경제주체가 시장에서 거래하지 않고 교섭에 의하여 자유롭게 결사(結社)를 형성하여 구성원간에 재화를 재분배하는 모형을 상정해 보자(결사에 의하여 그 구성원의 상태를 개선시킬 수 있을 때에만 결사는 형성될 수 있을 것이다). 어떤 분배상태 x가 어떠한 결사를 구성해도 그 결사의 구성원 중 누군가 다른 사람의 상태를 악화시키지 않고서는 자신의 상태를 개선시킬 수 없을 때, 상태 x는 코어에 있다고 한다. 따라서 코어에 속하는 배분은 파레토효율배분이다. 2인경제에서 에지워드 상자 Edgworth box를 이용해 설명하면 코어배분은 계약곡선 중 두 사람의 초기보유량을 지나는 두 개의 무차별곡선 사이에 있는 부분이 된다. 이 두 사람과 동일한 선호 및 초기보유량을 가진 경제주체를 추가해 나가면 코어배분은 점차 축소되고, 경제주체의 수가 무한대가 되면 코어배분은 완전경쟁균형과 일치한다(극한정리).

코어개념이나 극한정리의 엄밀한 증명은 드브뢰-스카프 Debreu, G. and Scarf, H. E.에 의하여 이루어졌다.

코우즈 정리 定理 Coase theorem

외부성으로 인해 영향을 받는 모든 이해당사자들이 자유로운 협상에 의해 상호간의 이해를 조정할 수 있다면 정부의 개입 없이도 효율적인 자원배분을 달성할 수 있다는 것이다. 즉, 코우즈 Ronald R. Coase는 물건에 소유권이 분명하게 설정되고, 그 소유권이 아무런 비용 없이 이전될 수 있다면 완전경쟁이 외부효과를 내부화시켜 파레토최적을 달성할 수 있다고 주장하였다. 대체로 시장기구는 소유권이 명확히 설정된 것들에 대해서만 원활하게 작동하며 그렇지 못한 경우에는 원활한 작동을 하지 못한다. 왜냐하면 시장기구가 원활하게 작동하기 위해서는 모든 재화나 자원의 거래가 응분의 대가를 주고받는 가운데 이루어짐을 전제로 하여야 하는데, 이는 만약 소유권이 불분명하다면 누구나 재화나 자원의 이용을 함부로 사용하며 비효율적으로 이용하게 되기 때문이다.

노벨상 수상 경제학자인 코우즈는 근원적

으로 따져 보면 환경오염문제는 환경에 대한 권한이 분명하게 설정되어 있지 않은 탓으로 환경의 이용에 대해서 시장의 원리가 작용하지 않기 때문에 발생하는 문제라고 주장하였다. 예를 들어 어떤 하천의 상류에는 음식점이 있고 그 아래에는 양어장이 있으면 음식점이 생활하수로 하천을 오염시켜 양어장에 피해를 주는 외부효과가 존재한다. 하천의 물에는 소유권이 없기 때문에 그 물을 누구나 자유롭게 사용할 수 있다. 이 때 양어장이 오염된 하천 물을 고기를 키울 수 있을 정도로 정화시키는 데는 월 1,000만원의 비용이 소요되는데, 음식점이 생활하수를 정화시켜 배출하는 데는 월 400만원이 소요된다.

그런데 하천의 물에 소유권이 인정되고 양어장 주인이 소유권을 가진다면 음식점 주인은 400만원을 들여 생활하수를 정화해야 한다. 그렇지 않으면 양어장 주인이 소송을 제기하여 1,000만원을 보상받으려고 할 것이기 때문이다. 반대로 음식점 주인이 하천의 물을 소유한다면 음식점은 생활하수를 그대로 방류할 수 있다. 이때는 양어장 주인이 음식점 주인에게 생활하수를 정화하라고 400만원을 지불하는 것이 유리하다. 그렇지 않으면 자기가 1,000만원을 들여 하천의 물을 정화해야 하기 때문이다.

이와 같이 하천의 물에 소유권이 설정되면 누가 이를 소유하든 오염을 방지하는 비용은 내부화된다. 오염방지 비용 400만원이 시장안으로 들어오며 외부효과는 사라진다. 하천이 오염된 후에 이를 정화하는 비용은 1,000만원인데, 오염을 방지하는 비용은 400만원이다. 외부비용을 내부화시켜 400만원으로 오염을 예방하는 것이 사회적으로 더 바람직한 결과가 되고 있다. 이것은 누가 소유권을 가지든 하천의 물에 소유권을 설정함으로써 나타난 결과이다. 소유권이 분명하게 설정되고 이 소유권이 거래비용 없이 이전된다면 완전경쟁 하에서 외부효과는 사라지고

파레토최적이 달성된다.

그러나 모든 이해당사자들간의 자유로운 협상과 소유권의 인정을 통한 효율적인 자원배분의 달성을 주장한 코우즈 정리의 현실적용성은 상당한 제한성을 가진다. 먼저, 법률비용, 정보비용, 계약비용, 행정비용 등과 같은 소유권의 이전비용이 높으면, 외부효과를 제거시키는 비용이 너무 높아 사회적으로 바람직한 결과를 얻기 어렵다. 둘째, 우리가 현실에서 보는 외부성 또는 오염의 문제에서는 이해당사자가 누구인지 정확히 판별하기 힘든 경우가 많다. 예를 들어 요즈음 세계 각국에서 문제되고 있는 산성비의 경우에는 아직도 그 정확한 원인이 어디에 있는지를 알지 못하고 있다. 그러니 산성비에 의한 피해가 문제된다고 할 때 가해자로 누구를 불러야 할 지 막연할 뿐이다. 마지막으로, 이해당사자의 수가 무척 많을 경우 코우즈가 제의한 협상과정이라는 것이 매우 비현실적이 된다는 점도 문제가 된다. 우리가 현실에서 보는 상황에서 오염문제의 이해당사자들이 무수하게 많은 경우가 대부분을 차지하고 있다는 점을 볼 때 비현실성은 더욱 확연해 진다.

코콤 Coordnating Committee for Export Control **COCOM**

대공산권수출통제위원회를 말한다. NATO 가맹국과 일본이 조직한, 공산권에의 수출을 제한할 것을 목적으로 한 위원회이다. 1949년에 발족하였으며 본부가 파리에 있어 파리위원회라고도 부른다. 그리고 그 수출통제품목 리스트는 코콤 리스트라 불린다.

콘체른 concern

콘체른은 금융적 방법에 의한 기업집중의 형태이며 독점의 최고형태이다. 금융적 방법에는 자금대출에 의한 것과 콘체른 구성기업의 주식보유(주식참여)에 의한 것

이 있다. 일반적으로는 후자에 의한 기업 집중형태를 콘체른이라 부른다. 은행 또는 하나의 대기업이 같은 종류 또는 다른 종류의 몇 개 기업의 주식 과반수를 매수하든가 또는 많은 사채 또는 고정적인 채무를 인수함으로써 이 기업들이 지배권을 장악할 수가 있다. 이러한 경우에는 은행 또는 대기업과 상술한 기업들과는 상대적으로 독립의 지위를 유지하면서 하나의 종합체를 이루어 그 중 은행 또는 대기업이 지도적 위치에 서게 된다. 이러한 종합체가 콘체른이다.

콘체른은 자본관계에 의하여 내면적으로 결합하여 사실상 거의 하나의 기업으로 간주할 수 있을 정도이지만 시장의 지배를 직접적인 목적으로 하지 않는 점에서 카르텔이나 트러스트와는 다르다. 콘체른에 있어서는 그 구성기업은 트러스트와 달라서 법적 독립성을 가지지만 그 독립성은 형식적이다. 여기에서는 통일적인 지배가 확립되어 있는 동시에 카르텔이나 트러스트가 지닌 단점이 제거되어 있다. 그러기 때문에 여기에서는 기업집중이 모든 면에서 행하여지고 소수의 대자본에의 약소자본의 집중과 거기에 따른 전산업의 지배가 실현된다. 콘체른에서는 기업의 지배는 이른바 참여에 의하여 이루어진다. 참여에는 주식의 매수, 사채의 인수 외에 신설한 자회사에 참여와 금융회사의 설립에 의한 참여가 있다.

자본의 집중, 독점의 형태는 카르텔에서 트러스트로, 또 콘체른으로 더욱 강력한 지배를 확립하기 위하여 단계적으로 발전한다고 할 수 있다. 그러나 카르텔이나 트러스트가 전부 콘체른에 흡수되는 것은 아니고 이들 독점의 형태는 항상 병행하여 존재하고 있다. →카르텔

콘트라티에프 Kondratiev, N.D. (1892 ~1931)

소련의 경제학자. 나로드니키 Narodniki 우파의 대표적 이론가. 그가 발표한 유명한 *Die langen Wellen der Konjunktur*는 경기순환에 있어서의 장기파동을 발견한 것으로, 쥐글라르 Juglar 파동이라는 중기파동설에만 의거하던 종래의 경기변동설을 가일층 정밀화하여 학계에 공헌함이 크다. 그러나 이 설에 의하면 30년대의 대공황도 장기파동의 하강기에 불과하게 되고 자본주의체제는 장기적인 상승·하강의 연속으로 생존하게 되는 것이므로 30년대의 대공황을 자본주의의 내재적 모순에 의한 붕괴현상이라던 공산당의 마르크스학설과는 많은 대립점을 갖게 되어, 비판의 대상이 되고 시베리아로 유배되었으며 그 후는 소식이 없다.

〔주 저〕 *Mirove Khozjajstvo i ego Konjunktury no vermja i porle vojny; Rynok hhleboviego reguliiovanie vo vernja vojny irevo ljutsii*, 1920, Agranyi vpros.

콘트라티에프 파동(波動) ☞장기파동·단기파동

콘-혹 사이클 corn-hog cycle

시장균형의 안정조건을 해명하려는 최초의 이론이며, 상이한 시점에서 농산물 가격과 그 산출량 간에 일어나는 순환변동을 설명하려는 이론으로서 미국에서 정립되었다. 가격이 순전히 수요와 공급의 관계에 의하여 결정된다면, 수요가 증가하여 가격이 오르면 공급도 증가(공급곡선의 우측이동)하여 가격을 원래의 수준으로 낮추는 작용을 하고, 결국 가격은 일정한 정상수준을 유지하게 될 것이다. 그러나 실제에 있어서는, 가격의 상승이 공급량의 증가를 가져올 때까지는 얼마간의 시간이 경과되어

야 한다. 특히 농산물이나 축산물의 공급을 증가시키기 까지에는 1년이나 2년의 장기간을 필요로 하는데, 이 공급의 지연이 독특한 가격파동을 발생시키는 것이다.

그 전형적인 예를 미국의, 특히 시카고 시장에 있어서의 옥수수와 돼지가격의 순환운동에서 볼 수 있었다. 가령 어느 해의 옥수수가격이 돼지의 가격에 비해 상승한 다면, 농민들은 옥수수의 경작면적을 늘리고 양돈수를 줄이려 한다. 그 결과 다음 해에는 돼지의 공급량이 줄고 옥수수의 공급량이 증가하여 농민들의 기대와는 반대로 돼지가격이 상승하고 옥수수가격이 하락하는 상태에 직면하게 되는 것이다. 이리하여 가격과 생산량은 파상적으로 변화하게 되는 것이다. 이러한 현상은 농산물의 수급의 가격탄력성이 작기 때문에 일어나는 특수현상인데, 이 현상은 경제이론으로는 거미집이론 cobweb theorem 으로 일반화되고 있다. →거미집이론

콜론 call loan

청구에 의하여 대출자금을 회수할 수 있는 전형적인 단기자금대출을 말한다. 콜자금의 대차주는 금융기관과 증권업자이고 더욱이 자금의 대출매개를 업으로 하는 단자업자가 중요한 역할을 담당하고 있다. 대부분은 당일, 2일, 무조건물 등 극히 단기의 대차가 행하여지고, 대주의 일시적 여유자금이 일시적 자금부족에 대한 차주에 융자된다. 따라서 그 금리도 단기금리 중에서는 가장 낮은 수준에 있다. 그러나 우리 나라에서는 ① 콜 레이트가 타금리에 비하여 시장시세에 극히 민감하다. ② 시중은행은 항상 콜의 차주가 되고, 그 외의 금융기관은 항상 대주가 되기 때문에 콜시장은 일시적 자금시장의 운용, 조달을 위한 시장이 아니고, 또 콜 레이트도 타금리를 상회하는 경우가 많으며, 특히 금융긴

축기에는 그 정도가 심하다.

＊콥-더글라스 생산함수(生產函數)
Cobb-Douglas production functioon

산업 또는 국민경제 전체의 생산량과 그것에 투입된 요소량 사이의 관계를 규정하는 생산함수 중에서 콥-더글라스 생산함수는 노동과 자본을 생산요소로 하는 거시적인 생산함수의 대표적인 것이다. 먼저 경제 전체의 산출량을 Q, 투입된 노동량과 자본량을 각각 L, K 라고 하면 생산함수 $Q=f(L,K)$가 성립한다. 1934년 더글라스 Douglas, P. H. 는 수학자 콥 Cobb, C. W. 의 도움을 받아 1879~1922년의 미국의 제조공업자료에서 이상의 생산함수를 구체화하여

$$Q=bL^k K^{1-k} \cdots\cdots\cdots (1)$$
$$(단, \ k=0.75, \ b=1)$$

이라는 식을 얻었다. 이제 구체적인 콥-더글라스 생산함수의 특징을 살피면 다음과 같다.

① (1)식을 변형하면

$$\log Q=\log b+k\log L+(1-k)\log K$$
$$\cdots\cdots\cdots (2)$$

를 얻을 수 있고, (2)식의 양변을 L에 관하여 편미분하면

$$\frac{\partial Q}{\partial L} \cdot \frac{1}{Q}=\frac{k}{L}$$
$$\therefore k=\frac{\partial Q}{\partial L} \cdot \frac{L}{Q} \cdots\cdots\cdots (3)$$

식이 된다. (3)식의 k는 산출량의 노동탄력성이고, (3)식에서 우리는 노동의 한계생산성을 계측할 수 있다. 즉 $\frac{L}{Q}$은 노동자 일인당 생산량이므로 그 값을 알 수 있고 k는 시계열자료에서 그 값이 추정되므로 $\frac{\partial Q}{\partial L}(=$노동의 한계생산성)의 값을 구할 수 있다. 마찬가지로 $(1-k)$는 산출량의 자본탄력성이고 자본의 한계생산성은 $\frac{\partial Q}{\partial k}$ $=(1-k) \cdot \frac{Q}{K}$에 의하여 측정된다.

② 콥-더글라스 함수는 소득의 분배에 대한 한계생산력이론의 실증에 사용되고 있다. 생산물의 가격을 P, 노동자 1인당 임금을 W, 자본 1단위당 가격을 r로 표시하면, 한계생산력균등의 법칙에 의하여 $\dfrac{\partial Q}{\partial L} = \dfrac{W}{P}$, $\dfrac{\partial Q}{\partial K} = \dfrac{r}{P}$ 을 얻는다. 이것을 (3)식에 대입하면,

$$k = \frac{W}{P} \cdot \frac{L}{Q} = \frac{WL}{PQ} \quad\cdots\cdots\cdots\cdots\cdots (4)$$

이다. 즉 k는 임금지불총액의 생산액에 대한 비율이므로 노동의 분배율이다. 마찬가지로

$$1 - k = \frac{rk}{PQ} \quad\cdots\cdots\cdots\cdots\cdots\cdots (5)$$

이므로 $1-k$는 자본의 분배율이다. (4)식과 (5)식을 합하면

$$WL + rk = PQ \quad\cdots\cdots\cdots\cdots\cdots (6)$$

로 되어서 생산물가치는 각 생산요소에 완전배분 exhaustion 되는 것을 알 수 있다. 콥-더글라스 생산함수는 일차동차(一次同次)의 생산함수이므로 각 생산요소를 동시에 같은 비율로 증가시키면 생산량도 같은 비율로 증가하고 이 경우에도 귀속의 원리가 성립한다. 일반적으로 생산량을 q, 가변적인 생산요소의 양을 각각 x_1, x_2라 할 때, 생산함수 $q = f(x_1, x_2)$에 관하여 k를 상수, t를 임의의 실수라 할 때, $f(tx_1, tx_2) = t^k f(x_1, x_2)$의 관계가 성립하면 이 생산함수는 k차의 동차생산함수라고 말한다. 특히 $k=1$인 경우가 1차동차 생산함수인데, 이 때에는 각 생산요소의 양과 산출량은 정비례로 변한다. 콥-더글라스 생산함수 $Q = bL^k K^{1-k}$에서 노동과 자본투입량을 모두 t배하면 $b(tL)^k (tk)^{1-k} = tbL^k K^{1-k} = tQ$가 성립되어 산출량도 t배로 되므로 일차동차 생산함수이다. →생산함수

[참고문헌] Henderson & Quadt, *Microeconomic Theory, a Mathematical Approach*; Sumuelson, *Economics*.

콩글로머리트(복합기업 複合企業) conglomerates

콩글로머리트란 서로 기능적 관련이 없는 복수의 상품 또는 서비스를 생산·판매하는 기업, 혹은 시장조건이 달라 상호 경쟁관계가 없는 복수의 지역시장에서 사업활동을 영위하는 기업을 일컫는다.

미국에서는 1950년대 이후 콩글로머리트 합병이 크게 증가했는데, 그 기본적 요인은 첫째, 전시 중부터 전후에 걸쳐 군사기술이 발전하고 이것을 생산부문에 적용함으로써 새로운 제품과 새로운 산업이 생겨났는데 이것들을 광범위한 과학기술의 응용과 종합에 의해 성립하였다는 점 둘째, 컴퓨터의 도입에 의한 오토메이션의 진전과 정보전달수단의 가속화·대량화가 경영관리의 시스템화를 촉진시키고, 몇몇 상이한 산업의 유기적 결합에 의한 시스템 산업을 형성시켰다는 점 셋째, 미국의 독점금지정책이 수평적 및 수직적 결합은 크게 규제된 반면, 콩글로머리트 합병은 법정에서 경쟁감쇄효과를 입증하기가 어려웠다는 점, 그리고 넷째 증시호황 중에 신흥 콩글로머리트는 주가수익률 price-earning ratio 등을 이용하여 자사주의 주가를 올리고 연쇄적 매수전략으로 기업의 급성장을 도모했는데, 이 과정에서 국내의 투자신탁 등이 성장주에 집중투자하여 신흥 콩글로머리트주의 주가 급등을 초래하였다는 것 등이다.

콩글로머리트 합병은 다른 업종간 합병이기 때문에 직접적으로 시장집중도를 높이지는 않지만, 그 결과 생겨나는 대규모 콩글로머리트들은 어떤 상품에 대해 구매자로서의 지위를 이용하여 한 상품의 구매 시 상대방으로 하여금 자신의 상품을 구매하도록 하는 상호거래정책 reciprocity, 약탈적 가격인하 등 강압정책 coersivepolicy을 실행하는 보조금정책 subsidization, 확

립된 브랜드나 판매루트 등을 이용하여 다종제품의 판매촉진을 추진하는 통일판매정책 full-line selling 등 특유한 시장지배력을 발휘하며, 또한 진입장벽이 형성되기도 한다.

콩글로머리트 합병을 통해 급성장하여 미국기업 리스트의 상위를 점하고 있는 것으로는 Litton Industries, Textron, LTV (Ling-Temco-Vought, Inc.), Gulf & Western Industries 등이 있다.

쿠르노 Cournot, Antoine Augustin (1801~1877)

프랑스의 수학자. 수리경제학의 선구자. 주저 *Recherches sur les principes mathématiques de la théorie des Richesses*(1838)에서 그는 가격과 수요량과의 함수관계를 수식으로 표시하였고 수요의 탄력성을 엄밀히 하였으며, 독점기업이 이윤을 극대로 하기 위한 독점가격 쿠르노의 점의 결정을 설명하였다. 또한 그는 완전경쟁의 경우에 가격과 한계비용이 일치한다는 것 등을 처음으로 지적하였다. 그러나 불행하게도 이러한 이론은 출판당시에는 거의 관심을 끌지 못하였으며, 세상의 이목이 집중하게 된 것은 사망하기 직전 제본스가 이것을 소개한 후부터이다.

쿠르노의 점(點) Cournot's point

완전경쟁일 때의 가격이 수요·공급의 일치점에서 결정되는 것과는 달리, 독점기업은 자기 이윤이 극대가 되도록 스스로의 가격을 결정한다. ① 생산비가 필요치 않은 경우 그림 1에서 가격을 OP_1에 정하면 OA 단위의 상품을 팔 수 있고, 이 때의 총수입은 $OP_1 \times OA$ 즉 $OAEP_1$의 면적과 같게 된다. 만일 가격을 OP_0로 내리면 OB 단위를 팔 수 있고 따라서 총수입은 $OP_0 \times OB$, 즉 $OBCP_0$의 면적과 같게 된다. 그림

1에서는 C점에서 총수입이 극대가 된다. 왜냐하면 수요곡선 DD'에서 도출한 한계수입곡선 MR을 보면 C점에서 한계수입 0이 되기 때문이다. 총수입이 곧 총이윤이므로 C점에서 이윤이 극대가 된다. 이러한 관계를 밝힌 쿠르노 Cournot, A. A.의 이름을 따서 C점을 쿠르노의 점 또는 이윤극대점이라 한다.

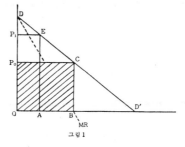

그림 1

② 생산비가 필요한 경우 그림 1에 한계비용곡선 MC를 그려 넣으면 쿠르노의 점을 결정할 수 있다. 그림 2에서 독점기업은 한계수입과 한계비용이 같은 OA의 산출량을 택할 때 이윤이 극대가 된다. 이 때의 시장가격은 OP_1이고 C점이 쿠르노의 점이 된다. 평균비용곡선이 AC와 같다면 이 때의 극대이윤은 P_0RCP_1의 면적과 같다. →독점, 한계수입

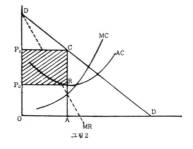

그림 2

쿠즈네츠 Kuznets, Simon Smith (1901~1985)

러시아 하르코프 태생인 미국의 경제학

및 통계학자. 미국의 전국경제조사국 National Bureau of Economic Research 의 유력한 이사이며 펜실베니아대학에서 경제학과 경제통계학을 담당하고 있다. 제2 차대전중에는 군수생산성계획·통계국의 부책임자로서 활약하기도 했다. 그의 주요 연구대상은 국민소득추계 및 국민소득이론이며, 미국 국민소득추계의 정비·발전에 큰 공헌을 하여 국민소득분야에 있어서의 그의 권위는 세계적이라 할 수 있다. 이 분야에 있어서의 그의 노작(勞作)들의 요약이라 할 수 있는 *National Income-A Summary of Finding*(1946)과 *National Product since 1869*(1956)의 완결에 이르기까지 미국의 국민소득 및 자본형성에 관해 많은 연구결과를 발표하였다.

〔주 저〕"Changing Inventory Valuations and their Effect on Business Savings on National Income, Produced", in *Studies in Income and Wealth*, I, 1937; "Secular Movements In Production and Prices, Propensity to Consume", *Economies*, Feb., 1938; "The Theory of the Multiplier", *Economics*, Jul. and Oct., 1943; "Say's Law; a Restatement and Criticism", *Studies in Mathematical Economics and Econometrics in Memory of Henry Schultz*, 1942; *Price Flexibility and Employment*, 1944; *Die Preisdispersion als Mittel Zur Staatistischen Messung wirtschaftlicher Gleichgewichtsstörungen*, 1932; *On the Economic Theory of Socialism*, ed. by B. E. Lippencott, 1938; *The Two Roads for World Economy*, 1949; *Theory of Statistics*, 1951.

쿠프먼즈 Koopmans, Tjalling Charles (1910~)

네델란드 출생의 이론경제학자, 계량경제학자. 1936년 네델란드의 라이덴대학에서 강의했으며, 그 후 1938년부터 1940년까지 국제연맹에서 경기순환에 관한 연구에 종사하고, 1914년에서 1947년에 걸쳐서 생명보험과 선박업의 실무에 종사한 적도 있다. 1944년 이후 Cowels Commission 의 정연구원이 되고, 1946년 이후 시카고대학 경제학교수를 겸임하여 계량경제학을 강의하고 있었다. 1949년 계량경제학회부회장이 되고 1950년에는 동회장으로 취임하였다. 그는 특히 활동분석 activity analysis 에 뚜렷한 업적을 쌓아 경제이론의 신천지를 개척하였다.

〔주 저〕*Linear Regression Analysis of Economic Time Series*, 1937; "Statistical Influence in Dynamic Models", *Cowles Commission for Research in Economics, Monographs*, No. 10, 1950(ed.); "Activity Analysis of Production and Allocation", *Cowles Commission for Reseach in Economics, Monographs*. No. 14, 1953 (ed.); "Studies in Econometric Method", *Cowles Commission for Research in Economics, Monographs*, No. 14, 1953.

쿼터 제도(制度) quota system

어떤 제한을 할 때 특정부문, 집단, 또는 개인에 대하여 주어지는 할당을 말한다. 예를 들면 외국제품의 유입을 규정하기 위한 수입쿼터, 농업생산을 규정하기 위한 농업쿼터 등 여러 가지가 있다. 국제무역의 분야에서는 다음과 같은 두 개의 기본적 할당방법이 있다. ① 일정량까지의 수입에 대해서는 관세율표를 적용하고 그 이상의 수입에 대해서는 높은 관세를 부과한다는 관세할당, ② 일정기간 특정국으로부터의 어떤 재화의 수입수량총액에 대하여 절대적인 제한을 규정하는 수입수량할당이다. 프랑스가 1931년에 이것을 채용한 것이 처음이고 그 후 수입할당은 여러 국가에서 채용되었다. 가트 GATT(관세 및 무역에 관한 일반협정)는 이러한 무역제한적인 쿼터의 배제에 노력하였다. →수입수량제한

클라인 Klien, Lawrence Robert
(1920~   )

클라인교수는 1920년 9월 14일 네브라스카 오마하에서 출생하였다. 그 후 MIT 대학에서 사뮤엘슨교수의 지도 아래 대학원생으로 경제학에 첫발을 디디고 1944년 약관 24세의 나이로 박사학위를 받았다. 당시 사뮤엘슨은 그보다 단지 두 살밖에 많지 않았다. 이러한 사제간의 관계로 클라인은 케인지언 경제학에 빠지게 되었으며, MIT 졸업 후 클라인은 카울스위원회의 연구원으로 일한 것이 인연이 되어 케인즈경제학도에서 계량경제학도로 모습을 바꾸게 되었다. 그는 계량경제모델을 만들어 이를 경제변동과 경제정책의 분석에 적용한 공로로 1980년 노벨상을 수상했다.

클라인의 학문적 업적은 두 가지로 구분할 수 있다. 첫째는 초기의 경제이론에 대한 업적이고, 둘째는 모델정립에 관한 업적이다. 우선 경제이론 분야에서 클라인의 중요한 업적은 케인즈의 기본사상을 규정하고 확장한 것이라 할 수 있다. 케인지언 사고를 확장시키기 위한 그의 이론적 노력은 투자함수의 규정에 관한 초기의 작업과 저량 및 유량 논쟁의 해결로 이어졌고 뿐만 아니라 프리드먼-베키의 착란을 포함하는 소비함수에 대한 논문(1959)은 소비함수에 대한 프리드먼 접근의 일관성을 소비함수에 대한 케인지언적 해석으로 입증하였다. 또한 통계적 추정이론에 있어 클라인의 작업은 근본적으로 해설적이고 명확하여 복잡한 추정방법을 알리는 데 큰 기여를 하였다.

이제 그의 최대업적인 계량경제모델 정립에 대해서 알아보자. 클라인의 초기연구는 주로 방법론적인 것이었으나 시간이 지남에 따라 모델을 만들어 이를 실용적인 목적에 사용하게 되었고 1950년대를 통해서는 미국경제모델을 단기예측에 성공적으로 사용할 수 있게 만들었으며, 이후 와튼 계량경제 예측모델을 작성하여 경기변동분석에 유용하게 사용될 수 있었다. 1960년대 말에는 LINK 라는 새로운 연구계획이 이루어졌는데, 이 프로젝트의 목적은 각국 계량모델을 조정·연결시키는 것이며, 이 모델이 지향하는 첫 번째 목표는 여러 나라에 경기변동이 확산됨을 분석하여 국제무역과 자본이동의 예측을 좀 더 정확히 하자는 것이다. 또 다른 목적은 한 나라에서 취해진 정치적 결정의 경제적 영향이 어떻게 다른 나라로 파급되어 오는가를 연구하는 것이었다. 이러한 접근법을 이용하여 석유가 인상이 어떻게 각국의 인플레이션과 고용, 무역수지에 영향을 미치는가를 연구하였다. 실천적 거시경제 분석에 있어 LINK 프로젝트는 새로운 경지를 개척하였으며 이는 이론적으로나 실제적으로 이용가치가 매우 큰 것이었다.

〔주 저〕 Keynesian Revolution, 1947; Economic Fluctuations in the United States, 1921~41, 1950; "Macroeconomics and the Theory of Rational Behavior", Econometrica, 1946; A Past Mortem on Transition Prediction of National Product", Journal of Political Economy, Aug. 1946; "Theories of Effective Demand and Empolyment", Journal of Political Economics, Apr. 1947; "Estimating Patterns of Saving Behavior from Sample Survey Data" "Economic Behavior", Studies in Income and Wealths, Vol. 14, 1951; "On the Interpretation of Professor Leontief's System", Review of Econ. Studies, Vol. 20(2) No. 52, 1952~53.

클라크 Clark, John Bates(1847~1938)

미국의 이론경제학자. 미국에 있어서의 이론경제학은 역사학파 진영 내의 이단자에 의하여 일으켜졌다. 즉 클라크, 파텐 Patten, S. N., 기딩스 Giddings, F. H. 등의 노력이 그것이다. 클라크는 순수이론경제학의 건설에 노력하고 연구결과를 연속적으로 처음에는 *New Englander* 지상에, 다음에는 *Quarterly Journal of Economics*에 발표하여 이것을 1899년에 종합 집대성하여 「부의 분배론」으로서 출판하였다. 이것이 이른바 미국학파의 초석이 되었으며 그 이후 미국이론경제학파는 다소간에 클라크 이론의 영향을 받게 되었던 것이다.

이론경제학에 대한 클라크의 적극적 공헌은 다음과 같다. 정태이론과 동태이론과의 구별을 논한 점, 가치 및 가격문제에 있어서 주관적 입장과 객관적 입장과의 종합을 시도한 점, 한계생산력설을 발전시켜 그 위에 임금 및 이자론을 건설한 점, 마지막으로 기업가이윤을 동태에 있어서만 인정한 점 등이다.

〔주 저〕 *Modern Distributive Process*, 1888; *Wages*, 1889; *The Distribution of· Wealth*, 1899; *Essentials of Economic Theory*, 1907.

클라크 Clark, Colin Grant(1905~   )

국민소득을 국제적 규모로 분석한 경제학자. 하버드대학에서 오린 Ohine, B. G.의 조수생활을 거쳐, 1931년부터 1937년까지는 케임브리지대학에서 통계학을 담당하였고, 그 후 오스트렐리아정부의 산업성, 퀸스랜드재무성고문 등을 역임하면서 멜버른대학과 시드니대학 등에서 강의하였다. 이 동안에도 국민소득에 관한 연구를 계속하여 1940년에는 그의 경제학연구의 업적을 대표할 수 있는 「경제적 진보의 제조건」을 저술하였다. 그는 이 책에서 산업을 제1차산업, 제2차산업, 제3차산업 등으로 분류하여 경제발전과정에서 여러 산업의 위치를 국제적 규모에서 이를 실증하였다. 즉 농림, 수산업은 제1차산업에 광공업은 제2차산업에 상업, 교통업 기타 서비스산업은 제3차산업에 각각 포함시켜 경제발전이 진행됨에 따라 제1차산업에서 제2차산업으로, 제2차산업에서 제3

차산업으로 그 비중이 전환된다고 하였다.

그 뿐만 아니라 이와 같은 산업구조의 변천은 궁극적으로는 소비구조의 변화를 수반하는 것이며 산업간의 취업인구 1인당의 실질소득수준은 제1차산업이 가장 낮고 제3차산업이 가장 높다는 것에 주목하여 이 산업간의 생산성의 경사가 노동력의 제1차→제2차→제3차 산업으로의 이동을 촉진한다고 생각하였다.

〔주 저〕 *The National Income*, 1924~31, 1932; *National Income and Outlay*, 1937; *The National Income of Australia*, 1938; *A Critique of Russian Statistics*, 1939; *The Conditions of Economic Progress*, 1940; *The Economics of 1960*, 1942.

클라팜 Clapham, John Harold (1873~ 1946)

영국의 경제사학자. 대표작인 *An Economic History of Modern Britain*은 영국 경제사학계의 최고수준을 보이는 대작이다. 사상이나 감정에 의해 사실을 왜곡하는 일없이 숫자를 가능한 한 많이 이용하고 일부를 전체로 잘못 보지 않으려는 신중한 연구태도를 보여주고 있다. 산업혁명의 어두운 면을 강조한 토인비 Toynbee, A.의 견해에 대하여 밝은 면을 강조하는 것이 현대 영국경제사학계의 공통되는 흐름인데, 그는 언원 Unwin, G.이나 놀즈와 아울러 그 대표적 학자이며 이러한 주류파를 가리켜 클라팜파라고 하게 되었다. 그는 어두운 면을 전면적으로 부정하는 것이 아니라 국민의 전경제활동 중에서 어두운 면이 차지하는 비중은 밝은 면에 비하면 가볍다고 주장하는 것이다. 만년에는 *The Bank of England, A History*를 저술하였는데 이는 제2차세계대전 중의 영국경제사학계의 가장 자랑스런 소산이라고 말하여지고 있다.

〔주 저〕 *The Woollen and Worsted Indus-*

tries, 1907; *The Economic Developement of France and Germany 1815~1914*, 1921; *An Economic History of Modern Britain*, 3 Vols., 1926~38; *The Bank of England A History*, 1944.

클로즈드 숍 ☞숍제도

키친파동(波動) ☞장기파동·단기파동

킨들버거 Kindleberger, Charles Poor (1910~　)

미국의 경제학자. 국제금융론을 전공하고 현재 매사추세츠공과대학 경제학부장을 지냈다. 1937년 컬럼비아대학에서 학위를 받고 뉴욕 연방준비국의 조사원을 역임하고 제2차대전 중에는 미국·캐나다 합동경제위원회위원, 워싱턴전략국 촉탁 등으로 활약하였고, 전후에는 도이치·오스트리아 문제 조사국 주사가 되었다. 1948년에 다시 매사추세츠공과대학에 복귀하였다. 그는 「국제단기자본이동론」이라는 유명한 학위논문 가운데서 당시 국제적인 경제교란의 최대원인이라고 지목된 핫 머니의 이동현상을 예리하게 추구하고 국제적 균형화요인으로서의 자본이동과 균형파괴화요인으로서의 자본이동을 대비 분석함으로써 금본위제이탈 후의 특이한 현상이라고 생각되던 이 방면의 연구에 처음으로 이론적 기초를 부여하였다.

[주 저] *International Short-term Capital Movements*, 1937; *The Dollar Shortage*, 1950; *International Economics*, 1953.

킹스턴 체제(體制) Kingston System

1976년 1월 쟈마이카 수도 킹스턴에서 IMF 잠정위원회의 합의에 의해 탄생한 국제통화체제를 말한다. 이 합의의 주요내용은 ① 고정환율제와 함께 현행 변동환율제를 그대로 유지시키되 변동환율제의 가장 약점인 시세 격변을 막기 위해서 각국이 중앙은행을 통해 보다 적극적으로 개입할 것 ② IMF의 주보유자산을 SDR(특별인출권)로 할 것 ③ 금의 지위를 변경시켜 공매가를 폐지하여 일반상품과 마찬가지로 시장에서 매매가 되도록 한다는 것이다. 이로써 금환본위제도와 조정가능 고정환율제도를 지주로 해서 30여 년간을 유지해 온 브레튼우즈 체제는 이제 IMF 자신에 의해 완전히 해체되고 SDR 본위제와 변동환율제를 양축으로 한 킹스턴체제가 그에 대신하게 되었다. 장기적인 관점에서 볼 때 킹스턴체제는 국제통화개혁작업의 완결된 단계가 아니라 이제 겨우 일단계 개혁작업을 완료한 것에 불과하다 하겠다. 킹스턴체제가 앞으로 해결하여야 할 가장 중요한 과제는 국제유동성의 통제방법이다. →브레튼우즈 체제, 스미소니언 체제

타인자본 他人資本 ☞자기자본·타인자본

탄력관세 彈力關稅 elastic tariff

국내산업의 보호, 물가안정 등의 여러 경제정책상의 이유로 외국산 수입품에 대한 관세율에 일정한 폭을 두어 그 한도 내에서 행정권에 의해 세율을 증감·변경할 수 있는 관세를 말한다. 우리 나라에서는 탄력관세를 채택하고 있는데 다음과 같은 것을 각각 대통령령으로 규정하고 있다. 즉 ① 부당염매방지관세 ② 긴급관세 ③ 상쇄관세 ④ 제한적 관세수권제도 ⑤ 관세할당제도가 그것이다. →상쇄관세

탄력성 彈力性 elasticity

경제량 상호의 변동관계를 파악하기 위한 개념이다. 변수 x의 변화율에 대한 변수 y의 변화율의 비의 극한으로

$$\eta = \lim_{\Delta x \to 0} \left(\frac{x}{y} \cdot \frac{\Delta y}{\Delta x} \right) = \frac{xf'(x)}{f(x)}$$

$$= \frac{x}{y} \cdot \frac{dy}{dx} = \frac{d(\log y)}{d(\log x)}$$

변동의 크기를 나타내는 개념을 탄력성이라 하고 보통 η_{yx}로 표시한다. 그리고 변수 x를 가격, 변수 y를 수요량과 같은 수량으로 나타내는 것이 마샬 Marshall, A. 이래의 관례이다. 이 개념은 예컨대 가격의 변동 dx에 수반하는 수요량의 변동 dy의 양상의 크기를 알기 위한 것이지만 $\frac{dy}{y} \bigg/ \frac{dx}{x}$를 곱하여 변동률의 비로 나타낸 것은 수

량이나 가격 등 측정단위의 상이에 따른 영향을 제거하기 위한 것이다. 탄력성계수의 부호는 물론 함수의 성질에 의존하고 따라서 그 함수가 증가함수일 때에는 정 (正), 감소함수일 때에는 부(負)가 되지만 부의 값을 가질 때에는 이것을 정으로 고치고 그 절대치를 취하는 것이 마샬 이래의 관례이다. 그리고 η가 1보다 크면 탄력적, 1보다 작으면 비탄력적이라고 한다. 한편 가격을 독립변수, 공급량을 종속변수로 하여 그 탄력성을 공급의 가격탄력성 (공급탄력성)이라고 한다.

이상은 하나의 변수에 관한 탄력성의 개념을 말하였지만 경제제량은 상호의존적이므로 탄력성계수는 엄밀히는 상호의존관계에 있는 경제변수로부터 임의로 두 개를 추출하고 다른 변수의 변화는 없는 것으로 하여 구하는 부분(편)탄력성계수로 표시하여야 한다. 지금 임의의 재화 X_r의 수요함수가 가격 $P_1, P_2, \cdots, P_n$에 대하여 다음과 같이 함수식으로 표시된다고 하면

$$X_r = \phi(P_1, P_2, \cdots, P_n), \quad (r = 1, 2, \cdots, n)$$

수요의 부분(편) 탄력성계수는

$$\eta_{rr} = -\frac{\partial(\log x_r)}{\partial(\log P_r)} = -\frac{P_r}{x_r} \cdot \frac{\partial x_r}{\partial P_r}$$

$$\eta_{rs} = -\frac{\partial(\log x_r)}{\partial(\log P_s)} = -\frac{P_s}{x_r} \cdot \frac{\partial x_r}{\partial P_s}$$

$$\eta_{sr} = -\frac{\partial(\log x_s)}{\partial(\log P_r)} = -\frac{P_r}{x_s} \cdot \frac{\partial x_s}{\partial P_r}$$

의 어느 하나에 의하여 나타낸다. η_{rr}는 r 재화의 가격에 관한 r 재 부분탄력성계수, η_{rs}는 s 재 가격에 관한 r 재 부분탄력성계

수이다. 후자를 특히 수요의 교차탄력성 (交叉彈力性) cross elasticity of demand

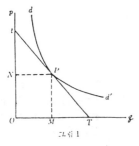

그림 1

이라고 한다. 이상의 탄력성의 개념은 물론 변수의 변화율을 무한소로 하여 생각한 것이고 기하학적으로 말하면 곡선상의 임의의 점에서의 접선의 기울기를 나타내는 것이므로 이것을 점탄력성(點彈力性) point elasticity 이라고 한다. 수요의 예를 들어 점탄력성을 구하면

$$\eta = \frac{MP}{OM} \cdot \frac{MT}{MP} = \frac{PT}{tP} = \frac{MT}{OM}$$

가 된다. 이에 대하여 변수의 변화율을 유한의 크기로 하여 생각하는 탄력성을 전자와 구별하여 호탄력성(弧彈力性) arc-elasticity 이라 말하고 전례에 따라 호탄력성은 P에 대하여

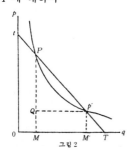

그림 2

$$\frac{P'Q}{OM} \cdot \frac{PM}{PQ} = \frac{PP'}{Pt} \cdot \frac{PT}{PP'} = \frac{PT}{Pt}$$

P에 대하여서는 마찬가지로 하여

$$\frac{P'Q}{OM'} \cdot \frac{MQ}{PQ} = \frac{PP'}{P't} \frac{PT}{PP'} = \frac{PT}{P't}$$

가 되나 이 탄력성은 P의 수준에 따라 호탄력성의 값이 달라지므로 이론적으로는 정확한 개념은 아니지만 실제의 적용에는 많이 쓰인다.

탄력성의 개념은 본래 쿠르노 Cournot, A. A. 에 의하여 암시되었고 마샬 Marshall, A. 에 의하여 경제학에 도입되었으나 그의 개념은 일변수에 관한 것이고 수요와 공급의 탄력성에 국한 되어 있었다. 그 후 노동수요의 탄력성(힉스 Hicks, J. R., 알렌 Allen, L. A.), 가격예상의 탄력성(힉스) 등 탄력성 개념은 경제분석도구로 광범위하게 이용되기에 이르렀지만 케인즈혁명까지는 미시적인 가격분석에 관한 것이 대부분이었다. 케인즈 Keynes, J. M. 에 의하여 거시적 경제제량에 관한 탄력성, 예컨대 유효수요에 대한 산출량의 탄력성, 고용의 탄력성, 물가의 탄력성 등 광범위하게 이용되었다. →수요의 탄력성, 대체탄력성

[참고문헌] Henderson, J. M. & Quandt, R. E., *Microeconomic Theory*, 1971 : Chiang, A. C., *Fundamental Methods of Mathemtical Economics*, 1971; 조 순, 「경제학원론」, 1974; 정병휴, 「경제원론」, 1974.

탄소세 炭素稅 carbon tax

이산화탄소 저감대책의 하나로 선진국을 중심으로 논의되고 있는 세제로서 그 본질상 부과금의 한 형태로서 화석연료를 사용하는 경우 연료에 함유되어 있는 탄소 함유량에 비례하여 세를 부과하는 제도이다. 즉, 탄소세란 일종의 종량세로서 탄소배출량에 따라 세를 부과하는 것으로 이는 에너지사용에 따라 불가피하게 배출되는 이산화탄소의 배출을 억제하는 데 그 목적이 있는 목적세라 할 수 있다.

경제적 규제수단으로 가장 대표적인 것이 세·과징금제도를 통해 오염물질의 배출원이나 배출자에 과세하거나 과징금을 징수하는 방법이다. 과징금은 보통 오염물질의 배

출량이나 함유하고 있는 성분에 따라 부과하는 배출부과금과 주로 공공처리를 하는 물질의 경우 사용자에게 부과하는 사용료가 있다. 이 외에도 오염물질을 배출하는 제품의 제조과정이나 소비과정에 대해 부과함으로써 그 제품의 가격에 영향을 미치기도 한다. 부과금제도는 보통 수질관리에 자주 사용되곤 하는데, 에너지생산 및 사용에는 상대적으로 활용도가 낮은 실정이다. 최근 지구온실효과의 주원인 물질로 알려지고 있는 이산화탄소 CO_2 저감대책의 하나로서 선진국을 중심으로 논의되고 있는 탄소세도 과징금제도와 유사한 형태로 화석연료를 사용할 때 연료에 함유되어 있는 탄소함유량에 비례하여 세를 부과하는 형태이다.

탄소세 제도하에서 오염배출자는 배출로 인한 부담이 한계감축비용보다 큰 경우 양자가 일치될 때까지 지속적으로 온실가스배출을 감축시키게 될 것이므로 동태적 효율성이 달성될 수 있으며, 또한 이 과정에서 한계감축비용이 저렴한 배출자가 그렇지 못한 배출자에 비해 더 많은 양을 감축하게 되므로 상대적 효율성도 달성된다. 그러나 과징금의 수준이 지나치게 높을 경우 즉, 신기술의 도입 등을 통해 공해저감을 달성하고자 하는 노력을 포기하도록 할 정도로 높을 경우, 과징금제도의 실시는 공해발생을 저하시키기보다는 오히려 음성화시킬 가능성이 있다. 특히 사용자의 입장에서 볼 때 규제수준을 준수하기 위해 필요한 자본장비를 구입·설치하는 것보다 오염물질을 배출하고 부과금, 혹은 벌금을 부과받는 것이 보다 경제적일 때가 있을 수 있다. 더욱이 환경공해와 같은 경우는 오염물질의 측정이나 규제의 적용상의 어려움 때문에 실제 피해비용의 극히 일부만이 벌금으로 추정될 수밖에 없으므로 이러한 사례는 더 많아질 수 있다. 더구나 정부는 개별기업들의 생산비용함수에 대한 충분한 지식을 갖고 있지 않으므로 설사 안다고

하더라도 실제로 정부가 높은 부과금을 책정하는 데는 정치적으로 어려움이 많을 뿐 아니라 오히려 부과금제도 자체를 붕괴시킬 우려마저 있다. 이와 같은 여러 가지 제약요인들을 고려할 때 보다 효율적인 제도가 되기 위해서는 경제적·기술적인 면을 충분히 감안해야 할 뿐 아니라, 제도 자체에 변화하고 있는 기술수준을 반영시킬 수 있어야 하며, 계속적으로 기업으로 하여금 신기술을 개발하도록 하는 유인을 제공할 수 있어야 한다. 이를 위해서는 제도의 경직성이 최소화되어야 하며, 조세체계에 대한 지속적인 관리·보완이 필수적이다.

화석연료에 대한 제품부과금은 덴마크, 핀란드, 이탈리아, 네덜란드, 노르웨이, 스웨덴에서 탄소세 형식으로 기존의 화석연료에 대한 물품세에 추가적으로 부과되고 있다. 대부분의 나라들은 국가경쟁력을 감안하여 제조업에 대해서는 탄소세를 면제하거나 낮은 세율을 적용하고 있다. 예를 들어 노르웨이는 연료에 따라 탄소세를 차등 부과하고 있다. 그러나 제조업체들이 많이 사용하는 연료인 석탄과 코크스에 대해서는 낮은 세율이 부과되고 있어 다른 나라와 마찬가지로 제조업에 대해서는 특혜를 주고 있다. 특히 시멘트 생산과 연안어업을 위해 사용된 연료에 대해서는 탄소세 전액을, 제지산업에 사용된 연료에 대해서는 탄소세의 50%를 면제해 주고 있다. 현재까지의 선진국의 연구결과에 따르면, 2000년까지 1990년 수준으로 이산화탄소 배출을 동결시키고, 2020년까지 20%를 추가적으로 감축시키기 위해 약 탄소환산 톤당 200~300 달러의 탄소세 부과가 필요한 것으로 추정되고 있다. 이 경우 세계경제에는 약 2~3%의 GDP 감소가 초래될 것으로 추정되고 있으며 선진국과 비교하여 에너지 다소비 업종의 비중이 높고, 에너지 효율이 상대적으로 낮은 경우의 나라들은 그 영향이 더욱 클 것으로 예상된다.

탈중개화 脫仲介化
disintermediation

정부의 이자율규제에 따라 은행에 대한 예금과 함께 은행의 대출과 유가증권 보유 등 전반적인 금융중개 financial intermediation 의 규모가 축소되는 현상을 말한다. 이러한 현상은 정부가 낮은 이자율 수준을 유지하기 위하여 이자율을 규제하는 경우 규제회피가 용이한 대출이자는 시장상황에 맞추어 결정되지만 규제회피가 어려운 예금이자는 낮은 수준을 유지하게 됨에 따른 것이다. 예금이자율이 하락하면 가계나 기업이 예금에 비해 다른 금융자산을 보유하는 것이 더 유리해지므로 예금보유를 줄이게 된다. 예금이 줄어들면 자연히 은행의 대출 및 유가증권보유도 축소되어 전반적인 금융중개의 규모가 줄어드는 것이다.

은행은 고객으로부터 예치금, 차입금 그리고 자기자본 등으로 조달한 자금을 대출 및 유가증권보유에 사용함으로써 수입을 얻는다. 자금을 조달하기 위해서는 물론 자금조달비용을 지불해야 한다. 자금조달비용에는 예치금 및 차입금에 대한 이자와 저축액이 증가함으로써 더 많아질 지불결제제도의 유지비용 등이 있다. 예를 들어 조달한 자금 한 단위당 조달비용을 r^*라 하자. 한편 은행이 수익성 자산을 보유함으로써 얻는 수익률을 r이라 하자. 은행이 경쟁에서 살아남으려면 $r-r^*$가 금융중개비용을 보상할 정도가 되어야 할 것이다. 여기서 금융중개비용 cost of intermediation은 예금을 받아 일부를 비수익성자산으로 보유하는 비용, 예금 및 수익성자산을 관리하는 비용, 그리고 금융중개기관의 정상수익률 등을 합한 비용을 말한다. 그러나 이자율을 규제하는 경우에 은행은 r^* 및 r을 시장상황에 맞추어 정할 수 없게 된다. 특히 실세금리가 높은 경우 예금에 대해 규제된 수준보다 더 높은 이자를 지불하기가 곤란하다. 반면 대출이자의 경우에는 부대업무를 위탁받아 수수료수입을 올리거나 대출금의 일부를 예치하도록 하는 조건부대출 등을 통해 이자율규제를 회피하기가 비교적 용이하다. 따라서 $r-r^*$에서 r은 시장상황에 맞추어 정해지는 반면 r^*는 규제수준에 머물러 있게 된다. 이 경우 시장이자율이 높아지면 $r-r^*$에서 r^*는 그대로 있는데 r이 높아지면 사람들이 은행예금을 줄이고 여타 금융자산을 보유하는 금융의 탈중개화 disintermediation가 발생하게 되는 것이다.

이자율이 실세금리보다 낮게 규제되는 상황에서 예금자를 유치하기 위해 은행들은 이자율 이외의 유인을 제공하는 비가격경쟁을 벌이기도 한다. 당연히 합당한 수수료를 받아야 할 은행서비스를 무상으로 제공하는 것이 그 예가 된다. 비가격경쟁은 자원배분의 효율성을 떨어뜨린다. 우리 나라의 금융시장 및 금융기관이 오늘날 낙후하게 된 이유가 여기에 있다. 우리 나라의 경우 비가격경쟁이 지불결제제도로서의 은행의 기능을 보다 활성화시키는 방향으로 작용하기도 하였다. 그러나 이것 역시 은행이 합당한 수수료를 받고 서비스를 제공하는 것에 비해 효율성이 떨어지는 방법이다.

[참고문헌] 한국은행, 「주요경제지표해설」, 1999

턴파이크 정리(定理) turnpike theorem

A 지점에서 B 지점으로 가는 경우, 거리적으로는 가까운 다른 길이 있더라도 A 지점에서 고속도로로 들어가 빨리 B 지점 가까이에서 고속도로를 벗어나 목적지에 도달하는 것이 가장 빠르다는 것이다. 이러한 경우를 최적경제성장경로에 적용한 것이 턴파이크 정리이다. 경제를 몇 개의 부문으로 나누어 규명하는 다부문성장이론에서는 노동력이 생존임금수준에서 필요

한 만큼 이용가능하다는 모델에 있어서 자본축적의 최대화의 목표를 달성하는 성장경로를 구한다. 이 때 기준이 되는 것은 각 부문의 산출액구성(또는 각부문의 자본스톡의 비율)을 일정하게 유지하면서 성장률을 최대로 하는 균형성장경로이다. 이의 최대성장률 균형성장경로는 발견자의 이름을 따서 노이만경로(고속도로)라고 부른다. 실제의 움직임이 노이만경로상에서 벗어난 초기점에서 출발할 때 자본축적의 최대화의 목표에 도달할 최적경로를 구한다면, 그것은 기간의 대부분을 노이만경로에 따라 우회적으로 전진하고 계획기간 말에 목표점을 향해 노이만경로를 이탈하는 것이 유리하다는 것이다.

결론은 자본축적최대화를 목표로 한다면 어디서 출발했든지간에 중간단계에서는 노이만경로에 접근하는 것이 유리하다는 것이다. 내용이 간단한 이 정리는 사실은 수많은 가정을 포함한 특수모델에 대해 고도의 수학에 의한 증명이 성공한 단계에 있다. 이 이론은 후생경제학의 동학적 확장이라고 할 수 있다. 이 이론 외에도 최적성장이론 optimal growth theory 의 하나로서 램지 Ramsey, E.P. 를 시초로 하는 국민1인당소비의 최대화를 목표로 하는 최적저축이론이 있다.

테일러 전개식(展開式) Taylor expansion

테일러 전개식을 유도하기에 앞서 이에 필요하고 유용한 2개의 정리부터 소개하고자 한다.

I. Rolle의 정리 함수 $f(x)$와 $f'(x)$가 개구간(a, b)에서 연속이고 $f(a)=0$, $f(b)=0$이면 $f'(x)=0$이 되게 하는 x의 값이 구간 (a, b)에서 적어도 하나가 존재한다. 이에 대한 엄밀한 증명은 생략하고 그 내용을 도시하면 그림 1과 같다.

II. 평균치의 정리 함수 $f(x)$가 개구간 (a, b)에서 연속이고 미분가능할 때,

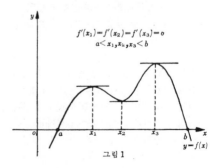

$$f'(x_1)=f'(x_2)=f'(x_3)=0$$
$$a < x_1, x_2, x_3 < b$$

그림 1

a와 b사이의 적당한 값 x에 대하여

$$\frac{f(b)-f(a)}{b-a}=f'(x) \cdots\cdots\cdots (1)$$

또는

$$f(b)=f(a)+(b-a)f'(x) \cdots\cdots (2)$$

를 만족하는 x가 적어도 한 번 존재한다.

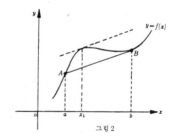

그림 2

Rolle 의 정리와 마찬가지로 그 내용만 도시하면 그림 2와 같다.

그림에서 선분 AB의 기울기는 $\frac{f(b)-f(a)}{b-a}$이며 $f'(x_1)$이 $x=x_1$에서 $y=f(x)$에 그은 접선의 기울기일 때, 이 양자가 같아지는 x의 값이 (a, b)내에 적어도 한 개 이상 존재한다는 것이다. 위의 (1) 또는 (2)식을 만족하는 x의 값은 a, b사이에 있으므로

$$x=a+(b-a)\theta \cdots\cdots\cdots\cdots (3)$$

단 $0 < \theta < 1$가 성립한다. 이 때 $b-a=h$ 라

고 놓으면 (2)식은 평균치 정리의 또 다른 형태인

$$f(a+h)=f(a)+hf'(a+\theta h) \cdots\cdots (4)$$

으로 된다. 이제 앞의 두 보조정리를 이용하여 테일러 전개식를 유도하면 다음과 같다.

평균치 정리에서부터 $f(a+h)=f(a)+hf'(a)+\dfrac{h^2}{2!}f''(a+\theta h)$, $0<\theta<1$가 성립함을 증명할 수 있다. 즉 R을 임의의 정수라 하고

$$f(b)-f(a)-(b-a)f'(a)$$
$$=(b-a)^2 R \cdots\cdots\cdots\cdots (5)$$

에서 R의 값을 구하기로 하자.

$$F(x)=f(b)-f(x)-(b-x)$$
$$f'(x)-(b-x)^2 R \cdots\cdots (6)$$

이라는 새로운 함수를 도입하면 $F(b)=0$, $F(a)=0$가 성립한다. 따라서 Rolle의 정리에 의하여 $F'(x)=0$이 되는 x의 값이 (a,b)내에 적어도 하나가 존재한다. 그 값을 c라 하면

$$F'(x)=-f'(x)+f'(x)-(b-x)^2 f''(x)$$
$$+2(b-x)R=-(b-x)^2 f''(x)+2(b-x)$$
$$R$$이므로

$$F'(c)=(b-c)\{-f''(c)+2R\}=0$$
$$\therefore R=\frac{1}{2}f''(c),\ a<c<b$$
$$=\frac{1}{2}f''(a+\theta(b-a)) \cdots\cdots (7)$$

(7)식과 $b-a=h$를 (5)식에 대입하면 $f(a+h)=f(a)+hf'(a)+\dfrac{h^2}{2}f''(a+\theta h)$을 얻을 수 있다. 이것을 확장된 평균치의 정리라 한다. 이러한 방법을 반복함으로써 다음과 같은 일반적인 결과를 얻게 된다.

$$f(a+h)=f(a)+\frac{h}{1!}f'(a)+\frac{h^2}{2!}f''(a)$$
$$+\cdots+\frac{h^{n-1}}{(n-1)!}f^{(n-1)}(a)+$$
$$\frac{h^n}{n!}f^{(n)}(a+\theta h) \cdots\cdots\cdots (8)$$

$0<\theta<1$ (8)식은 $y=f(x)$를 $x=a$라는 점에서 전개한 것이므로 일반적인 표현에서는 (8)식에서 a대신 x를 대입하여야 한다.

$$f(x+h)=f(x)+\frac{h}{1!}f(x)'+$$
$$\frac{h^2}{2!}f''(x)+\cdots+\frac{h^{n-1}}{(n-1)!}f^{(n-1)}(x)+$$
$$\frac{h^n}{n!}f^{(n)}(x+\theta h),\ 0<\theta<1 \cdots\cdots (9)$$

(9)식을 테일러 전개식이라 하고 끝항 $R_n=\dfrac{h^n}{n!}f^{(n)}(x+\theta h)$(단 $0<\theta<1$)을 라그랑지 Lagrange 잉여항이라 한다. 이때 $y=f(x)$에서 x의 근방 neighborhood 의 모든 값에서 $\lim\limits_{n\to\infty}R_n=0$이라면 $f(x+h)$는 h의 무한등비급수로 전개된다.

$$f(x+h)=f(x)+f'(x)h+\frac{h^2}{2!}f''(x)+\cdots$$
$$+\frac{f^r(x)}{r!}h^r+\cdots\cdots\cdots\cdots (10)$$

(10)식의 우변을 테일러급수라고 한다. 다음에 (10)식에서 $x=0$으로 하고 h를 x로 바꾸어 쓰면

$$f(x)=f(0)+\frac{f''(0)}{2!}x^2+\cdots$$
$$+\frac{f^{(r)}(0)}{r!}x^r+\cdots\cdots\cdots (11)$$

(11)식을 매클로린 Maclaurin 급수라 한다. 이상의 테일러 전개식은 변수의 미소 변화에 대한 함수의 근사치를 구하기 위해서 이용되며, 또 매클로린 전개식(또는 급수)은 $f(x)$를 x의 정식으로 근사시키기 위해서 이용된다.

토니 Tawney, Richard Henry (1880~1962)

영국의 경제학자이며 역사가. 인도의 켈커타에서 출생. 1905년부터 1932년 사이에 노동자교육협회의 집행위원이었고 1928년부터 1944년까지 동협회의 회장을 지냈다.

한편 1919년에는 석탄산업위원회의 위원이 었으며 1936년부터 1939년까지는 면업조정 위원회의 위원으로 있는 등 다양한 사회활동을 하였다. 그는 페이비언 사회주의의 입장에서 노동문제·중국문제·소아노동 문제를 연구하였으며 자본주의의 기원에 관한 그의 주장은 베버 Weber, M. 의 프로 테스탄티즘적 기원론과 함께 유명하다.

[주 저] *English Economic History*, 1914; *The British Labour Movement*, 1925; *Religion and the Rise of Capitalism*, 1926; *Land and Labour in China*, 1932; *Juvenile Employmens and Education*, 1934.

토빈 Tobin, James (1918~　)

1918년 미국의 일리노이주에서 출생, 1939년 하버드대학을 졸업하고 1947년 동 대학원에서 박사학위를 취득하였다. 1961 년 케네디대통령의 요청에 따라 연방정부 의 경제자문위원회 위원으로 이른바 '신경 제학'을 현실정책에 연결시키는 데 공헌하 였다. 토빈은 1981년 노벨경제학상을 받았 는데 이는 무엇보다도 금융시장론과 이것 이 소비, 투자, 생산, 고용 및 가격 등 실 물경제에 미치는 영향에 대한 연구결과라 고 할 수 있다. 이중 특히 중요한 업적은 개별가계 및 기업이 어떻게 자산구성을 결 정하는가를 분석한 포트폴리오 이론이다.

포트폴리오 이론이란 가계나 기업이 실 물자산과 금융자산을 어떤 형태로 보유하 며 그와 동시에 부채를 얼마 만큼으로 조 절하는 것인가에 대한 이론이다. 이 분석 의 핵심은 금융시장의 변화가 가계나 기업 의 지출결정에 미치는 영향을 나타내는 전 이메카니즘에 있다. 토빈의 분석은 기본적 으로 두 가지 틀을 갖는다. 첫째, 조세율 의 변화나 중앙은행의 정부채권, 재무성채 권의 판매 등 금융 및 재정정책이 국민소 득에 어떻게 영향을 미치는가 하는, 즉 전 이메카니즘을 분석하였고, 둘째는 명목국 민소득의 변화가 금융·재정정책을 통해 생산량변화와 물가수준의 변화간에 어떻 게 배분되며 그 요인은 무엇인가를 밝히고 자 하였다. 후자의 문제를 풀고자 임금문 제에 관심을 기울여, 단기적으로 임금은 항상 경직적이므로 상품·노동시장에서의 수요의 변화는 물가수준이나 인플레이션 률을 변화시킨다기 보다는 고용량을 변화 시키게 된다고 생각하였다. 자산과 부채에 관련되는 문제를 폭넓게 연구한 토빈은 전 이메카니즘을 확장시켜 이상의 여러 가지 영향이 금융구조 자체를 통해서 일어나는 것이라고 생각하였는데, 여기서 중요한 점 은 금융구조가 은행만으로 구성되는 것이 아니고 여러 다양한 포트폴리오 정책을 구 사하는 수많은 다른 금융기관도 포함시켜 성립되는 것이라는 점이다.

결국 토빈은 기존실물자본의 시장가격 과 새로이 생산된 실물자본을 취득하는 데 소요되는 비용간의 관계가 투자에까지 영 향을 미친다는 종래의 가설을 성공적으로 재확립하였던 것이다. 또 그의 거시경제균 형이론에서 주기적·순환적 현상은 단기 적 경제변동과 장기적 성장의 상호작용에 대한 분석이 총경제분석으로 귀결되는 중 심문제 중 하나가 되었는데, 단기변동과 장기변동 사이의 관계에 관한 그의 고찰은 다른 거시경제 이론가들과 달리하는 점이 되고 있다. 또 일반균형이라는 접근방식도 토빈이 강조하던 것 중 하나인데, 이것의 핵심은 다양한 경제행위자의 다양한 결정 행위가 상호의존하는 관계 속에서 이루어 진다는 것이다. 일반균형접근방식은 「화 폐, 자본, 다른 가치저장」과 「부채경영원 리에 대한 소고」를 포함하는 토빈의 초기 업적의 바탕을 이루었다. 대차대조표제약 의 외면적 취급, 그리고 경제내의 각 부문 을 열(列)에 대체자산과 부채는 행(行)에 표현하는 자금흐름행렬의 정리는 토빈의 자산선택의 이론적 분석 중 특히 주목받는 부분이 되고 있다. 토빈은 안정화정책이론과 이 이론적 원리의 실제적용을 중요시하였으며 그의 경제정책에 대한 기여는 경험적 결과에 의해 이론적 가치를 밝혔다는 데 있다.

토빈세(稅) Tobin tax

모든 국가가 자국으로부터 시작되는 모든 외환거래에 대하여 0.1%에서 0.5%정도의 낮은 일정 세율로 거래세를 부과하는 것으로 1981년 노벨경제학상 수상자인 James Tobin이 1972년에 주장한 세제이다. 최근 매일 1.3조 달러 규모의 거래가 이루어지면서 갈수록 강력한 영향력을 발휘하는 투기목적의 국제자본이동이 초래하는 금융위기를 방지하고 각국 정부의 독자적인 경제정책을 금융시장의 전횡으로부터 보호하기 위한 정책 조치의 일환으로 제안된 것이다.

이러한 세금은 매일, 주 단위, 월 단위로 이루어지는 단기적인 자금이동에 대하여 징벌적인 과세가 될 것이고 이러한 세금의 존재만으로도 지난 10년간 투기적인 자본이동에 의하여 부상하고 그리고 갑작스럽게 붕괴된 동아시아 금융시장이 가져 온 금융위기현상이 상당부분 방지될 수 있다는 것이다. 한편 이러한 세금은 일반적인 상품 수출입이나 생산적 기업의 장기 투자를 억제할 만큼 부담이 되지는 않는다는 것이다. 그러나 토빈의 이러한 제안에 대하여 비판적인 견해는 모든 국가가 동일한 세금제도에 합의하는 것은 매우 어려운 일이며 이러한 정도의 재정금융정책의 조화에 성공한 선례가 없다는 점을 지적한다.

토빈의 q Tobin's q

일정한 기업 주식의 총시장가격과 당해 기업 보유 물적자산의 총대체비용replacement cost 사이의 비율을 이 이론의 창시자의 이름을 따서 '토빈의 q'라고 하며 주로 기업의 신규설비투자에 대한 유인의 지표로 사용된다. 주식시장이 원활하게 작동한다면 기업의 시장가치는 그 회사가 발행한 주식의 시장가치와 같다. 가상적으로 그 기업과 꼭 같은 기업을 만들고자 할 때 드는 총비용이 대체비용 replacement cost이다. 따라서, 토빈의 q는 아래와 같이, 시장가치와 대체비용의 비율로 정의된다.

$$q = \frac{\text{시장가치}}{\text{대체비용}}$$

투자에 관한 의사결정을 하는데 사용될 수 있는 기준은 투자로부터 발생할 예상수익의 현재가치와 투자에 소요되는 투자비용의 현재가치간의 상대적 비교에 관한 것이다. 그런데 예상수익을 측정한다는 것은 실제에 있어서는 매우 어렵다. 그러나 주식시장에 있어서의 주식가격의 움직임이 이에 대한 어느 정도의 지표를 제공한다. 왜냐하면 주가는 어떤 개별투자로부터의 수익의 전망을 나타내지는 못하지만, 각 기업의 전반적 미래수익성에 관한 투자가의 확신을 반영하는 것이기 때문이다. 다시 말해서, 주식가격의 움직임은 어떤 특정한 신규투자사업에 대한 시장의 평가를 나타내는 것은 아니지만, 기업의 전반적 예상수익성에 대한 시장의 평가는 어느 정도 반영하는 것으로 볼 수 있다. 주가는 사실 그 기업의 전반적 경영상태, 성장가능성, 수익에 대한 모든 사람들의 전망을 반영하는 것이다. 또 주식가격은 이윤에 대한 청구권을 나타내는 것이기 때문에 위험에 대한 적절한 할인과 자금의 기회비용을 포함하는 것으로 보아야 할 것이다. q가 1보다 크다면, 시장에서 평가하는 기업의 가치가 그 기업과 똑같은 기업을 만드는데 드는 비용보다 크므로, 기업이 투자를 통해 자본축적량을 늘리는 것이 타당하다. 즉, 기업은 그 자산을 확보하기 위하여 내부유보이윤 내지 신규주식발행대금을 투자하는 것이 유리하다는 의미에서 투자유인을 가진다고 볼 수 있다. 이때, 투자란 단순히 기존자산의 감가한 부분에 대한 보수만이 아니라 신규자산에 대한 순투자도 포함한다.

반면 q가 1보다 작으면 이는 현재 기업의 시장가치가 대체비용만도 못함을 의미하므로, 자본이 마모되더라도 이를 대체하지 않는 게 타당하다. 즉, 대체비용에 비하여 시장이 평가하는 장래수익의 현재가치가 낮다면, 그것은 기존자산에 대한 투자마저도 억제하게 될 것이다. 이와 같이 q가 1보다 큰 값을 갖는지 여부에 따라 투자를 결정하는 게 타당하다는 것이 토빈이 제창한 q투자이론이다. q투자이론의 장점은, q값의 계산이 비교적 용이하며, q가 경제의 장래상황까지 반영한다는데 있다. 주식시장가격으로부터 측정되는 q비율은 이자율의 역할을 그 속에 내포하고 있다. 예를 들면, 이자율이 높아진다면 신규의 차입자금에 의한 투자계획으로부터 창출되는 수익에 대한 전망은 악화될 것이다. 즉, 이자율이 상승하면, 다른 사정이 다 같다면 기업의 장래순수익에 대한 시장의 평가가 악화되는 것이므로 q비율은 이자율변동이 실물자산의 시장평가에 미치는 영향을 반영하고 있을 뿐만 아니라 자본설비의 수익성에 대한 시장일반의 낙관 또는 비관의 전망을 반영한다. 따라서 q값의 크기는 간접적으로 기업의 신규투자에 대한 유인의 정도를 나타내는 것으로 볼 수 있을 것이다.

톱니효과(效果) ratchet effect

제2차대전 후의 이른바 소비함수논쟁을 통하여 불황기의 소비성향이 호황기보다도 오히려 높아진다는 사실이 점차 분명히 되었다. 그 이유는 소비자가 과거 최대소득수준을 확보했을 때의 소비수준을 절하할 것에 저항하는 데에서 생기는 것으로

생각된다. 만일 그렇다면 불황에 의하여 소득수준이 저하하려는 경향이 있을 때에도 소비는 그리 현저하게 감퇴하지 않는것이고, 이 때문에 경기와 수요 또는 실제의 소득수준은 이런 변동이 없는 것으로 생각했을 경우보다는 저하하지 않는다. 그렇기 때문에 소비함수의 움직임이 이런 효과를 가지고 경기에 밑받침이 되는 것을 하강을 저지한다는 의미에서 톱니효과라고 부른다. 이와 같은 관계는 최초 모딜리아니 Modigliani, F.에 의하여 발견되었으나 뒤이어 듀젠베리 Duesenberry, J.S.에 의하여 정식화되었다.

이제 듀젠베리의 상대소득가설을 요약하면 다음과 같다. C_t를 t기의 소비, y_t를 소득, y_{max}를 t시점 이전의 최고소득수준으로 하면

$$C_t = A + by_t + cy_{max}$$

로 표시할 수가 있으며 이를 정리하면 다음과 같다.

$$\frac{C_t}{y_t} = \frac{A}{y_t} + b + c\frac{y_{max}}{y_t}$$

이 식에 의하면 소비성향은 y_{max}/y_t 치에 따라서 특수한 변동을 하게 된다. 즉 그림에서 보는 바와 같이 y_{max}/y_t는 소득수준의 성장과정에서는 일반적으로 호황기에는 1보다 작게 되고 불황기에는 1보다 크게 되는데, 1보다 클 때에만 소비성향에 특수한 변동이 발생한다.

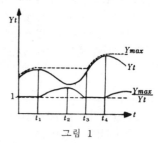

그림 1

즉 불황기에는 소비성향을 특히 높혀 경

기후퇴를 억제시키는 효과를 발생시킨다. 이것은 소비함수가 경기의 변동과 함께 상방이동 shift 하는 것을 표시하였고 그 대체(大體)의 관계는 그림 2에 의하여 더욱 자세하게 이해될 것이다. 그림에서 보는 바와 같이 경기가 후퇴하여 소득이 저하하기 시작하면 소비는 xy선에 따라서 감소하게 되나, 경기회복의 단계에 들어가서도 소비는 역시 같은 xy선에 따라서 증가해간다. 그러나 일단 과거의 최고소득을 넘어가게 되면, 그 때는 소비지출이 거의 원점 0을 통하는 OA선에 따라서 증대해 간다. 이와 같이 경기후퇴기와 회복기에 있어서의 소비함수의 경사도는 호황기의 경사도보다는 완만하게 된다. 그리고 호황기에는 소비가 급속도로 상승하나, 경기후퇴기에는 급격한 저하가 억제된다. 듀젠베리는 이와 같은 지그재그의 운동을 보고 톱니효과라고 명명한 것이다.

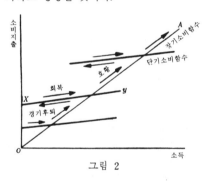

그림 2

통계학 統計學 statistics

I. 연구과정에 있어서의 통계방법 현실의 실증적 연구과정은 대체로 다음 단계로 분할할 수 있다. 즉 ① 역사적 과정, 사회적 실천이 제기하는 과제의 확인 ② 기존이론 및 문제점들의 검토와 재구성 기준의 결정 ③ 사실자료의 획득, 정리, 이용 ④ 이론 또는 명제의 새로운 구성 ⑤ 역사적 과정, 사회적 실천에 의한 이론의 검증단

계이다. 이 연구과정에서 통계방법이 가장 직접적으로 관계하는 것은 ③의 과정이다. 이 때 사회적 사실은 개별적 사실과 집단적 사실로 나누어 볼 수 있는데 통계방법은 집단적 사실에 관한 자료의 획득, 정리, 이용의 기법을 주요한 내용으로 한다. 따라서 통계학은 특수역사적인 통계대상의 생성, 발전, 소비에 의해 그것을 포착하는 여러 기법과 그 체계화의 형태변화를 일으키면서 발전한다.

II. 통계방법을 규정하는 집단의 종별통계 이는 객관적으로 존재하는 집단의 수량적 반영이지만 어떠한 집단을 통계대상의 주요한 것으로 보느냐에 따라 통계방법의 본질과 형태 및 이론은 판이하게 된다. 집단적 존재는 상식적으로는 개별적 존재와 대치되지만 양자는 다 같이 물질의 특수한 존재형태로서 상호연관되어 있다. 그러나 그러한 존재를 집단의 측면에 중점을 두고 포착하는 근거는 그 존재가 집단으로서 개별과는 상이한 속성을 가지고 객관적 기능을 현실에 실천하기 때문이다. 집단적 존재는 개별적 존재를 그 구성요소(인식의 관점에서 이것을 '단위'라 부른다)로 하는데, 집단의 속성과 기능은 반드시 개개의 구성요소의 속성과 기능과는 같지 않다. 양자가 항상 같으면 집단과 개별을 구별할 필요가 없다. 집단의 기본적 성격은 가장 단순할 경우 단일특정의 속성(인식의 관점에서 이것을 표식이라 부른다)에 의하여 결정되어 있지만 보통 여러 종류의 속성에 의하여 복합적으로 결정되어 있다.

전자를 단표식집단, 후자를 다표식집단이라 부를 경우 양자의 취급방식의 질적 차이에 주목할 필요가 있다. 전자는 수리적 순화가 용이하고 형식수리적 처리를 용납하게 하는 가능성이 매우 크지만 후자는 표식들간의 모든 관계, 집단의 기본적 성격에 대한 표식의 관계에 대하여 일정평가를 전제하지 않을 수 없기 때문에 단순한 형식수리적 처리를 허용하지 않는다. 여러 표식의 성질에 대하여 보면 순자연적 표식에 대해서는 항상 불변의 관계를 상정할 수 있을 경우가 많은데 사회적 표식들에서는 오히려 그 관계의 변화에서 의미를 찾아야 할 경우가 많다.

더욱이 사회적 표식들에 대해서는 사회공학적 표식과 순사회관계적 표식을 구별하여 관찰할 필요가 있다. 전자는 생산력의 동향에, 후자는 생산관계에 밀착하고 있다. 수리통계학자는 사회적 표식들의 변화를 형식수리의 형에 맞추어 이해하려고 하지만 그것은 기술적인 기재형식상의 문제이고 여러 표식간의 관계나 여러 표식집단의 기본적 성격 및 그 관계의 평가문제에 해답을 주는 것은 아니다. 이상은 집단의 종류에 관한 문제의 일단을 표시하는데 불과하다. 그러나 수리통계학은 단표식적 자연집단을, 사회통계학은 다표식적 사회집단을 그 주요한 사고기지로 하고 있다고 개괄할 수 있을 것이다.

Ⅲ. 통계학의 원류 통계의 작성과 이용은 고대국가의 성립과 시기를 같이 한다. 그러나 그것이 학문적 형태를 취하게 된 것은 17세기부터이다. 즉 주로 독일에서 일어난 국장학(國狀學)(＝독일대학통계학), 영국에서 일어난 정치산술, 프랑스에서 성립한 확률론 등이 그것이다. 이 3자 중 어느 것을 통계학의 본류로 할 것인가는 논자의 통계학관에 따라 다르다.

Ⅳ. 자본주의사회의 통계학 근대통계학은 케트레에 의하여 시작되었다. 그는 인간의 생리적, 심리적 속성들을 측정하여 그 측정치를 라플라스의 연구성과를 이용하여 확률론적으로 평균을 중심으로 정리하였고 사회생활의 외견상의 우연 가운데 필연성이 있는 것을 지적하였다. 그의 공적은 쥬스미루히와 같은 신학설을 부인하고 신으로부터 인간을 해방하여 통계학을 생물측정학으로 하여 기계적·유물론적으로 구성한 점에 있다. 그러나 그의 한계는 인간을 역사적, 사회적 조건에서 분리시켜 관념적·고정적으로 포착한 점에 있다.

케트레의 통계학은 독일에 수입되어 자유의사논쟁을 거쳐 사회통계학파와 방법론파의 통계학으로 분열·대립하였다. 사회통계학은 마이어 Mayer, M. E. 에 의하여 사회집단의 학문으로서 대성하였으나 관청측의 관점에 입각하는 한 사회통계이론은 계급투쟁의 격화에 따라 비판성을 잃고 통계기술론으로 방향을 바꾸었다. 이 방법론파의 방향은 골튼, 피어슨, 피셔 Fisher, I. 등의 생산집단을 기초로 하는 측정치정리법을 수리적으로 체계화한 수리통계학에서 그 이론적 근거를 찾았다. 수리통계학은 오늘날 그 기초적 개념인 확률의 사고방식에 따라 그 적용한계에 대한 견해가 서로 다르다.

미제스 Mises, L. v. 와 같이 확률을 무규칙적 구조의 집단현상에 있어서의 상대빈도의 극한치로 규정하는 객관주의의 입장이나 콜모·고로푸와 같이 미제스가 취급한 현상들을 부분적, 수학적으로 순화하여 확률을 확률공간의 측도로 규정하는 합리주의의 입장을 취하면 확률론의 적용한계는 극히 좁은 것으로 된다. 그러나 피셔와 같이 확률을 상대빈도에 기인하는 명제의 신뢰성의 척도로 해석하면 그 적용한계는 확장되고 더욱이 케인즈 Keynes, J. M. 와 같이 확률을 일정명제의 신뢰성의 척도로 하지 않는 데까지 확장하거나 사베지와 같이 확률을 개인적인 판단의 척도에까지 주관화하면 대상의 객관적 구조에는 관심없이 모든 경제현상을 확률현상으로 보아도 무방하게 될 것이다. 프래그마틱한 편의론(便宜論)이라면 몰라도 이론적으로 문제삼는 한, 수리통계학은 그 기초인 확률개

넘이 다양하게 해석되고 있어 어떤 것을 채택하느냐에 대해서는 아직 결정적 논의가 이루어지지 않고 있다.

V. 사회주의사회의 통계학

사회주의사회에서의 주류적 견해는 통계학을 일반적으로 사회경제통계의 학문에 한정하여 수리통계학을 확률론과 그 응용의 문제로 하여 본래적 통계학의 문제와는 구별한다. 거기에서의 통계학의 규정은 대체로 1954년 3월 소련에서 개최되었던 통계학의 문제들에 관한 학술회의의 결론을 채용하고 있는데 그것은 다음과 같은 것이다. 통계학은 독립된 하나의 사회과학이다. 통계학은 사회적 집단현상의 양적측면을 그 질적측면과 분리하지 않고 연구하여 장소와 시간의 구체적인 조건 하에서 사회발전의 합리성이 어떻게 나타나고 있는가를 연구한다. 통계학은 사회적 생산의 양적측면을 생산력과 생산관계의 통일에서 연구하여 사회문화생활과 정치생활의 현상을 연구한다. 더욱 통계학은 사회생활의 양적 변화에 대한 자연적 요인과 기술적 요인의 영향과 사회생활의 자연적조건에 미치는 사회적 생산의 발전영향의 연구한다.

통계학의 이론적 기초는 사적유물론과, 마르크스·레닌주의 경제학이다. 이 과학들의 원리와 법칙을 선택하여 통계학은 사회의 구체적인 집단현상의 양적변화를 표면화하여 그 법칙성을 분명히 한다. 사회주의 국가들의 통계이론가들은 이 규정에 찬성하건 안하건 간에 현시점에 있어서는 이 규정을 논의의 출발점으로 하고 있다.

통제경제 統制經濟 controlled economy

자유경쟁과 시장원리를 채택하는 자본주의 국가가 전쟁이나 천재지변과 같은 비상사태를 극복하기 위하여 가계 등 개개 경제주체의 행위를 행정권한으로 강제적이고 조직적으로 규제, 유도하는 경제형태를 말한다. 일반적으로 시장원리에 따라 결정되는 가격, 임금, 이윤 등을 어떤 기간에 인위적으로 결정하는 것 외에 물자, 자금, 노동 등 자원의 배합 또는 할당 등의 수단을 적용하고 그 위반자에 대하여 처벌을 가하여 그 체제를 유지하려 하는 것이 그 특색이다. 강한 소득정책 등도 이 통제의 한 형태이다. 우리 나라에서도 5·16군사혁명 이후 미곡, 석유 등에 대해서 행정지도라는 명목으로 사실상의 가격동결책을 써 왔으며 유류, 전력의 사용제한 등 국민생활과 관련된 기초재화에 대한 가격인상의 사전승인제 등으로 통제경제의 색채가 농후한 정책을 실시한 적이 있다.

통지예금 通知豫金 time deposit

개인이나 회사가 은행계정에 가지고 있는 현금을 인출할 때에 사전 통지가 요구되는 예금을 말한다. 일정일 전에 예고한다는 것은 예입자측에서는 불편하지만 은행측에서는 예금계획상 필요하고 비교적 안정성이 있기 때문에 정기예금 다음 가는 이율을 적용하고 있다. 통지기간은 영·미에서는 3일 전 통지, 7일 전 통지, 14일 전 통지, 1개월 전 통지 순서로 하고 있는데 우리 나라에서는 통지기간을 달리하는 종류는 없으며 영·미와 같이 통지하는 조건 외에 거치기간을 필요로 한다. 사전통지는 사회의 통지예금인 경우는 반드시 요구되지만 개인의 통지예금일 때에는 제외된다. 통지예금은 상업은행과 저축은행에 보유된다. 금융단협정에 의한 우리 나라 통지예금의 요건은 30일간의 거치기간에 3일간의 환불예고기간을 두었으며 이율은 10%, 거치기간 내에 15일을 경과하여 환불할 때에는 보통예금 이자율에 준하여 이자를 지불할 수 있다.

통화개혁 通貨改革 monetary reform

1973년 9월의 IMF 총회에서 20개국 위원회가 제출, 채택한 국제통화개혁의 중간보고이다. 동위원회 대리의회의 의장 모스 Moss, M. 의 이름을 따서 모스보고라 부르며 74년 6월에 동위원회가 발표한 최종보고의 기초가 되었다. 내용은 ① 서문 ② 조정 ③ 압력 ④ 환율의 메카니즘 ⑤ 복수통화개입제 ⑥ 규칙 ⑦ 교란적인 자본이동 ⑧ 교환성 ⑨ 주요한 준비자금 ⑩ 준비자산의 유보 ⑪ 개발도상국을 우대하는 링크와 신용공여의 11항목으로 되어 있다. 각 항목에 대하여 각국간에서 합의가 성립한 점과 의견이 대립한 점을 명기하여 그 후의 개혁작업의 방향과 신제도의 윤곽을 표시하였다.

이것에 의하면 개혁 후의 국제통화제도는 대체로 첫째, 안정적이나 조정가능한 평가에 기초한 고정시세제라 하여 각국은 국제수지의 불균형을 적시에 그리고 적절히 조정하기 위하여 환율의 탄력화를 기도한다. 둘째, 그 조정은 IMF 에 설치된 전문기관의 종합적 판단에 의해 국제수지의 흑자국, 적자국의 쌍방에 평등하게 행하며 특히 그 때 객관지표로서 외화준비의 동향을 중시한다. 셋째, 통화제도의 원활한 운영에 주요국의 전부가 평등의 의무와 책임을 분담하여 그것 때문에 미국을 포함한 전체의 나라가 대외결제를 원칙적으로 준비자금으로 행하는 이른바 자산결제제도를 실시한다. 넷째, SDR 을 주요한 준비자산으로 하여 각국 통화의 가치기준으로 SDR 을 채택한다는 등으로 되어 있다. → IMF, SDR

통화공급량 通貨供給量 ☞통화량

통화공급방식 通貨供給方式
mechanism of money supply

통화공급방식이란 통화가 공급되는 메카니즘을 말한다. 통화는 현금통화(민간보유)와 예금통화로 구성되어 있는데 현금통화와 예금통화가 공급되는 메카니즘은 서로 다르다. 따라서 통화공급의 메카니즘을 이해하기 위해서는 통화공급을 현금통화의 공급과 예금통화의 공급으로 나누어 고찰해야 한다. 먼저 예금통화의 공급 메카니즘을 살펴보자. 예금통화는 파생적 통화라고도 하는데 이것은 일반은행의 통화성부채로서 예금창조의 과정을 통해서 공급된다.

예금창조란 중앙은행의 부채인 현금통화가 주로 본원적 예금의 형태로 외부로부터 은행에 유입되어 은행의 지불준비금이 증가하고 이것을 기초로해서 파생적 예금, 즉 예금통화가 창조되는 것을 말한다. 이 예금창조에는 개별은행의 경우와 은행조직 전체의 경우에 있어서 하나의 차이점이 있다. 그것은 개별은행의 경우에는 역청산(逆淸算)에 의한 준비금의 감소가 예금창조를 제약하지만 은행조직 전체로 볼 경우에는 이러한 문제는 생기지 않는다. 왜냐하면 한 은행의 준비금의 감소는 다른 은행의 준비금의 증가로 나타나기 때문에 개별은행의 경우에 있어서와 같이 준비금이 감소하는 역청산이란 있을 수 없다. 예금통화의 공급에 있어서는 은행조직 전체에 의한 예금창조가 문제이므로 역청산의 문제는 고려할 필요가 없다. 그렇다고 하더라도 은행조직 전체의 예금창조를 제약하는 요인이 전혀 없는 것은 아니다.

그 제약요인은 첫째, 개별은행의 경우와 마찬가지로 대출증가로 인한 요구불예금(예금통화) 증가에 따른 필요지불준비금의 증가이고 둘째, 요구불예금의 증가에 따른 현금유출 cash drain 가능성의 증대이다. 이 두 가지 요인은 모두 은행조직 전체의 초과지불준비금을 감소시키며 이것이 완전히 0으로 감소될 때 은행조직 전체는 더이상 신용 및 예금창조를 할 수 없게 된다. 그런데 은행조직전체에 의한 예금창조의 정도는 현금유출이 있는 경우와 없는 경우에 차이가 있는데 이것을 수식으로 표시하면 다음과 같다. E는 본원적예금에 의한 최초의 초과지불준비금, r은 법정지불준비율, c는 현금유출비율, D_n은 예금창조액이라면 먼저 현금유출이 없는 경우에는 $D_n = \dfrac{E}{r}$가 되어 은행조직 전체의 최초의 초과지불준비금의 $\dfrac{1}{r}$배 만큼 승수적인 예금창조가 이루어지게 된다. 한편 현금유출이 있는 경우에는

$$D_n = \frac{E}{r + \dfrac{C}{1-C}}$$ 가 되어 현금유출이 없는

경우보다 예금창조의 규모가 적게 된다. 예금통화는 이상과 같은 메카니즘을 통해서 창조되는 것이다.

다음에는 중앙은행의 부채인 현금통화가 창조되는 경로를 살펴보자. 현금통화 (민간보유)는 화폐발행고에서 중앙은행을 제외한 은행조직 전체가 보유하는 시재금(時在金)을 공제한 잔액으로 정의되는데 이것은 본원통화 reserve base 의 크기에 의해서 결정된다. 본원통화는 민간보유현금통와 C_p와 은행조직 전체가 보유하는 시재금 C_b 및 은행이 중앙은행에 예치한 예치금 D_b으로 구성되어 있다. 중앙은행의 대차대조표상의 순자산 증감에 따라 이 본원통화는 변동하게 되며 그 결과 민간보유현금통화와 은행의 예금창조에 영향이 미치게 된다.

이와 같이 통화가 공급되는 메카니즘은 현금통화와 예금통화의 경우가 각각 다르지만 그 근원은 모두 본원통화에 두고 있

다. 즉 자본통화는 그 일부가 은행의 실제 보유준비금 $C_b + D_b$을 구성함으로써 예금통화 창조의 기초가 될 뿐만 아니라 현금통화의 규모를 직접적으로 결정해 준다. 따라서 본원통화에 의한 일차적인 통화공급을 기초로 해서 이차적인 통화공급인 파생통화의 창조가 어느 정도 가능한가에 따라 본원통화와 전체통화량 사이에 함수관계가 성립하게 되는데 이것을 정식화하면 다음과 같다.

$$M = k \cdot B$$

$$k = \frac{1}{\dfrac{C_p}{M} + \dfrac{A}{D} - A \cdot \dfrac{C_p}{M}}$$

(M=통화량, B=본원통화, k=통화승수, C_p=민간보유현금통화, A=은행의 지불준비비율, D=요구불예금)

이 식에서 알 수 있듯이 통화량을 결정하는 요인에는 본원통화의 크기, 예금통화비율, 지불준비율의 세 가지가 있지만 그 중에서 통화량에 가장 크게, 또 직접적으로 영향을 미치는 요인은 본원통화의 크기이다. 따라서 중앙은행은 본원통화를 규제함으로써 통화량을 규제할 수 있는데 이것이 바로 본원통화에 의한 통화규제방식인 것이다.

통화량 通貨量 money supply

통화량은 한 나라의 경제에서 일정 시점에 유통되고 있는 화폐(또는 통화)의 존재량을 말하는 것으로, 보통 민간이 보유하는 현금통화 currency in circulation 와 일반은행의 요구불예금 demand deposits 의 합계로 정의된다. 그러나 보다 엄격하게 정의하기 위해서는 요구불예금보다는 통화성예금 monetary deposits 을 포함시키는 것이 타당하다. 물론 양자는 본질적으로 동일한 것으로, 통화성예금이란 단지 요구불예금에서 미청산타지점수표 checks uncleared를 공제한 것을 말하는데, 이렇게 함으로써 이중계산을 피할 수 있기 때문이다. 여기서 한 가지 주의하여야 할 것은 현금통화나 통화성예금도 민간(즉, 정부와 금융기관을 제외한 모든 기관)이 보유하는 부문만 포함하고, 정부기관이나 금융기관이 보유하는 것은 통화량에 포함되지 않는다는 사실이다.

예컨대 일반은행이 그 금고 속에 가지고 있는 현금(시재금)은 통화량에 포함되지 않는다. 그 현금은 민간이 보유하고 있는 것과 외형으로는 하등의 차이가 없으며 다 똑같이 중앙은행의 부채임에도 불구하고 통화량에 포함시키지 않는 이유는, 화폐란 중앙은행과 일반은행을 포함하는 이른바 화폐제도 monetary system의 종합적 부채인데 일반은행이 가지고 있는 현금은 중앙은행의 부채이기는 하지만 한편 일반은행의 자산이므로 서로 상쇄되기 때문이다. 이와 같이 정의되는 통화량은 여러 가지 요인에 의해서 규모가 결정되는데, 그 결정요인으로는 첫째, 중앙은행의 의사에 따라 결정되는 본원통화 reserve base의 크기 둘째, 민간의 행동에 의해서 결정되는 현금통화비율 currency ratio 셋째, 금융기관의 행동에 의해서 결정되는 지불준비율 reserve ratio의 세 가지를 들 수 있다. 이 중에서 본원통화가 통화량에 미치는 영향이 가장 크고 또한 직접적이라 할 수 있다.

그런데 경제가 발전함에 따라 화폐와 밀접한 대체관계를 갖는 금융자산이 다양하게 등장하자 종래와 같은 통화량의 정의에 만족하지 않고 새로운 견해가 제시되어 왔다. 그 중 대표적인 것이 시카고대학의 프리드먼 Friedman, M. 교수의 견해로서, 그와 그의 동료들은 화폐의 개념을 넓혀서 현금통화와 통화성예금 이외에 저축성예금까지도 포함시켜야 한다고 주장한다. 따라서 그들은 현금통화와 통화성예금의 합

계로 정의되는 전통적인 협의의 통화량에 준화폐 near money인 저축성예금을 포함하는 광의의 통화량 또는 총통화가 보다 타당한 개념이라고 주장한다. 한편 스탠포드대학의 걸리 Gurley, J.G. 교수와 쇼오 Shaw, E.S. 교수는 비은행금융기관의 부채도 화폐의 개념 속에 포함시켜 금융정책의 규제대상으로 삼아야 한다고 주장한다.

이와 같이 화폐에 대한 정의가 다양해짐에 따라 정책적 규제의 대상이 되는 통화량에 대해서도 여러 가지 견해가 제시되어 왔으나 현실적으로는 각국의 금융당국이 채택하고 있는 것은 협의의 통화량이다. 그러나 통화량이 물가수준이나 경제활동 수준 일반에 대해서 결정적으로 중요한 영향을 미치는 경제변수임을 감안할 때, 보다 타당한 통화량의 개념을 모색하는 데 노력이 기울어져야 할 것이다.

통화승수 通貨乘數 money multiplier

일차적인 통화공급인 본원통화를 기초로 하여 어느 정도의 파생통화의 창출이 가능한가에 따라 본원통화와 전체통화량 사이의 함수관계가 성립하는데, 이러한 함수관계 또는 파생통화의 창조능력을 나타내는 지표를 통화승수라고 한다. 이제 본원통화와 통화량의 관계를 정식화하면 다음과 같다.

$$M = kB \cdots\cdots (1)$$

$$k = \cfrac{1}{\cfrac{C_p}{M} + \cfrac{A}{D} - \cfrac{A}{D} \cdot \cfrac{C_p}{M}} \cdots (2)$$

(M: 통화량, B: 본원통화, k: 통화승수, C_p: 화폐민간보유액, A: 금융기관의 지불준비금, D: 요구불예금)

(2)식에서 볼 수 있듯이 통화승수의 k의 크기는 민간의 현금보유선호의 크기와 금융기관의 지불준비금보유선호(법정지불준비율 자체는 아님)의 함수이다.

이제 (1), (2)식의 유도과정을 보이면 다음과 같다. 본원통화의 정의상

$$B = C_p + A \quad\cdots\cdots\cdots\cdots\cdots (3)$$

(3)식 양변을 M으로 나누면

$$\frac{B}{M} = \frac{C_p}{M} + \frac{A}{M} \quad\cdots\cdots\cdots\cdots (4)$$

(4)식의 $\frac{A}{M}$항은 다음과 같이 표시할 수 있다.

$$\frac{A}{M} = \frac{A}{M} \cdot \frac{D}{D} = \frac{D}{M} \cdot \frac{A}{D} \quad\cdots\cdots (5)$$

통화량의 정의상

$$M = C_p + D \quad\cdots\cdots\cdots\cdots\cdots (6)$$

(6)식 양변을 M으로 나누면

$$1 = \frac{C_p}{M} + \frac{D}{M}, \; 1 - \frac{C_p}{M} = \frac{D}{M} \quad\cdots\cdots (7)$$

(7)식을 (5)식에 대입하면

$$\frac{A}{M} = \left(1 - \frac{C_p}{M}\right) \frac{A}{D} = \frac{A}{D} - \frac{A}{D}\frac{C_p}{M}$$
$$\cdots\cdots\cdots\cdots\cdots (8)$$

(8)식을 (4)식에 대입하여 그 역을 취하면

$$\frac{B}{M} = \frac{C_p}{M} + \frac{A}{D} - \frac{A}{D} \cdot \frac{C_p}{M}$$

$$\frac{M}{B} = \frac{1}{\dfrac{C_p}{M} + \dfrac{A}{D} - \dfrac{A}{D} \cdot \dfrac{C_p}{M}} \quad\cdots\cdots (9)$$

(9)식을 M에 대해서 풀면

$$M = kB \quad\cdots\cdots\cdots\cdots\cdots ⓐ$$

$$k = \frac{1}{\dfrac{C_p}{M} + \dfrac{A}{D} - \dfrac{A}{D} \cdot \dfrac{C_p}{M}} \quad\cdots\cdots ⓑ$$

ⓐ, ⓑ식이 얻어진다. 이상을 종합하면 통화량의 결정요인은 첫째, 중앙은행의 의사에 따라 결정되는 본원통화 B의 크기와 둘째, 민간의 행동에 의해 결정되는 현금통화비율 $\frac{C_p}{M}$와 셋째, 금융기관의 행동에 의해 결정되는 지불준비율 $\frac{A}{D}$이다. 이 세 요인 중 $\frac{C_p}{M}$와 $\frac{A}{D}$는 단기적으로 안정적이

며 따라서 k도 안정적이므로 결국 통화량의 주결정요인은 중앙은행에 의한 본원통화의 증감이다.

통화전쟁 通貨戰爭 currency war
평가의 변경권은 각국의 주권에 속하는 중요한 것이기 때문에 본래 평가절하, 평가절상은 당사국이 스스로의 판단으로 행하여야 하는 성격의 것이지만, 1971년 12월에 있었던 다각적인 평가조정시와 73년 2월부터 3월에 걸친 통화위기의 수급시에 각국은 자국의 유리한 환 레이트 설정을 위하여 서로 정치적 압력을 넣어가면서 까지 상대국의 평가정책에 개입하려고 하였다. 통화문제를 둘러싼 이러한 과격한 외교적 행동을 통화전쟁이라고 한다. 특히 1971년 8월에는 미국이 달러의 금교환성을 정지하고 수입과징금을 실시하여 주요국에 평가절상을 강요하자 각국은 국익유지를 위해 일찍이 없었던 격렬한 통화외교를 전개하였다. →평가절하・평가절상

통화정책 通貨政策 ☞금융정책

통화제도 通貨制度 monetary system
일국의 통화발행과 유통을 규제하는 통화제도의 중심이 되는 것은 본위제도와 발행제도이다. 본위제도라 함은 불환지폐의 남발을 방지하기 위해 은행권의 발행액을 일정량의 금 또는 은과 결부시킨 것, 즉 금본위제와 은본위제도인 것이다. 그러나 제1차대전 후에는 이 제도가 붕괴되어 각국에서는 금, 은의 보유고와는 직접 관계가 없는 자유본위제도라 할 만한 관리통화제도를 채택하기에 이르렀다. 발행제도라 함은 은행권의 발행고에 제한을 가하는 제도이다. 여기에는 최고한도를 설정하는 최고발행액제도와 어음, 국채 등을 보증으로 발행하는 은행권의 총액에 일정한도를 설

정하여, 특별한 경우에 한도 이상의 발행을 인정하는 신축적 제한제도와 은행권발행고의 일정 비율의 금준비를 필요로 하는 비례준비제도의 3종류가 있다.

통화주의 通貨主義 monetarism

프리드먼 Friedman, M. 을 대표로 하는 시카고학파의 경제이론. 통화론자 monetarist 로는 케이건 Cagan, P., 멜처 Meltzer, A. H. 등이 있고 합리적 기대 rational expectations 론자들도 이에 포함된다. 학설사적으로 보면 고전파 경제이론의 계보에 속하고 케인즈 Keynes, J. M. 경제학과 정면대립한다.

1960년대 후반에 들어 그동안 누적되었던 인플레이션 압력이 점차 표면화되고 급기야 높은 실업률과 인플레이션률이라는 두 가지 해악을 함께 지니고 있는 스태그플레이션 현상이 대두하게 되자, 종래의 케인즈적 정책처방으로는 당면한 경제문제를 해결하기 힘들다는 인식이 널리 퍼졌는데, 그 대안으로 나타난 것이 바로 통화주의였다.

경제에 대한 통화론자의 기본입장은 자본주의적 시장기구의 자유경쟁원리에 대한 확고한 신념이다. 케인즈가 자유방임주의의 종언을 고하고 정부의 직접개입을 제안한 데 반하여 프리드먼은 정부의 활동은 시장기구의 경쟁메카니즘을 유지하거나 시장기구가 제공하기 어려운 서비스를 공급하는 데에만 국한시키고 나머지는 시장기구의 경쟁원리에 맡겨 두면 시장기구 자체의 자동조절기능에 의하여 최선의 결과가 나온다는 입장을 취하고 있다.

이러한 통화주의의 기본명제는 다음과 같다. ① 화폐는 매우 중요하다(Money does matter). ② 통화수요함수는 매우 안정적인 함수이다. 즉 $M_d = kpy$ 에서 k 가 안정적이라는 것이다. ③ 통화량은 명목국민소득의 결정에 있어 매우 중요한 역할을 하는 변수이다. ④ 통화정책의 지표로서 이자율은 적합하지 못하다. ⑤ 통화량의 변화를 수반하지 않는 재정정책은 국민소득의 결정에 거의 영향을 미치지 못한다. ⑥ 통화정책은 정책당국의 자유재량에 입각해서는 안되며 엄격한 준칙에 따라야 한다(x% 규칙 참고). ⑦ 장기적으로 인플레이션률과 실업률간에 역의 상관관계가 존재하지 않는다(기대조정 필립스곡선 참고).

통화태환성 通貨兌換性 currency convertibility

자국통화의 보유자가 그 통화를 일정교환비율로 타국통화와 어떠한 목적에서든지 교환할 수 있는 권리를 말한다. 완전한 통화태환성이 인정되는 경우에는 비록 국제수지가 적자인 때에도 국내통화의 보유자는 무제한으로 통화교환의 권리가 보장된다. 통화태환성에 의하여 소비자와 생산자는 자기에게 최대만족을 주는 시장거래를 할 수 있다는 것이 그 중요한 이점이다. 즉 소비자가 국내시장에서 구할 수 있는 재화나 용역으로는 만족할 수 없을 때에는 국외시장에서 구입하여 자국통화로서 지불이 가능하다.

한편 외국의 판매자는 지불받은 통화를 그에 상당하는 자국통화로 교환을 할 수가 있다. 이러한 통화태환성은 국제경제에 경쟁이 작용함으로써 중요한 요소가 된다. 외국통화의 보유가 충분하지 않을 경우에는 그 국가는 통화태환성을 정지하게 될 것이다. 정치적 또는 기타 목적으로 태환성의 정지를 차별적 무기로서 사용한 국가도 있다. IMF 는 외국화폐의 급격한 수요증대에 직면한 국가에 대하여 국내통화를 충분히 대출함으로써 그 국가가 본의 아니게 통화태환성을 정지 혹은 파기하지 않도록 하기 위해 노력하고 있다.

통화회전률 通貨回轉率

통화가 교환의 매개수단으로 일정 기간에 어느 정도 사용되고 있느냐 하는 회수를 말한다. 예금통화의 경우 전국은행의 당좌예금의 월중 지불액을 그 평균잔고로 나눈 것을 그 회전률로 하고, 현금통화의 경우는 전국은행의 창구에서 받아들인 달 중의 현금총액을 같은 달 중의 은행권평균 발행고로 나눈 수치가 그의 회전률이 된다. 통화의 회전률은 통화의 유통량과 물가와도 관계가 있으며, 이는 화폐가치를 결정하는 요인이다.

퇴장 退藏 hoarding

상품판매로 수취된 화폐가 재차 상품구매를 위해 사용되지 않고, 그대로 개인 또는 은행의 수중에 보유되는 것을 말한다. 부의 저축수단으로의 개인적 퇴장은 이윤을 낳는 생산활동에 투입되지 않음으로써 자본주의의 발달에는 무의미하다. 그러나 사회전체로서 보면, 국내외의 상품유통량의 변동에 따라 유통수단인 화폐량을 조절하는 데 있어서 퇴장화폐의 존재가 필요하게 된다. 즉 퇴장은 유통되는 화폐량의 공급과 배출의 채널로서의 역할을 한다. → 가치형태

투입계수 投入係數 input coeffcient

산업을 기본적 생산단위로 하여 국민경제의 구조를 그 상호연관관점에서 포착하려는 산업연관모델은 투입산출분석 input-output analysis 이라고도 불리우며, 미국의 경제학자 레온티에프 Leontief, W.W.에 의해 창시되었다. 그 특징은 신고전학파의 일반균형모델을 이론과 실증면에서 적용될 수 있는 형태로 간략화한 것이고, 그런 의미에서 현실의 경제정책의 기초로 많이 사용된다. 산업연관모델은 그 기초로서 몇 개의 특징적인 가정을 마련하고 있는데 그 것은 다음과 같은 것이다.

① 재화에는 주어진 생산기술 하에서 재생산이 가능한 것과 재생산이 불가능한 것이 있다. 이 가운데에서 재생산가능재(이것을 단순히 생산물이라 부르기로 한다)는 개념상 생산재와 최종소비재로 분류되는 데 산업연관모델에서는 생산물은 이 두 개의 성질을 합한 것으로 생각된다. 즉 생산물은 직접소비의 목적을 위하여 충당할 수도 있고 다른 재화의 생산을 위한 생산요소로 사용될 수도 있다고 가정한다. 이런 관계로 모든 재화의 생산에서 투입과 산출이 기술적인 순환관계에 있는 것이다. 재화 중 재생산이 불가능한 것으로 특히 그것이 생산요소로서 투입목적만을 위하여 사용되는 것을 본원적 생산요소라 부른다. 이 본원적 생산요소에는 노동과 천연자원과 같이 본래 생산불가능한 것과, 동시에 고정자본설비 등 재생산이 가능하지만 어떤 특정기간 내에서는 오히려 재생산이 불가능한 것으로 취급하는 것이 적당하다고 생각되는 것도 포함된다.

산업연관 모델에 있어서 본원적 생산요소의 존재를 인정하는 것을 오픈 모델 open model, 모든 재화를 특정기간 내에서 생산가능한 것으로 생각하여 본원적 생산요소의 존재를 배제하는 것을 클로즈드 모델 closed model 이라 부른다. 예를 들면 클로즈드 모델에서는 노동은 재를 투입하여 노동을 생산하는 가계의 한 생산물로 간주된다. 이와 같이 생산물과 기본적 생산요소의 구분방식은 그 분석목적에 대응하여 달라지는 것이며, 거기에 명확한 선을 긋는 것은 불가능하다.

② 산업연관 모델에서는 산업이 생산물의 기본적 생산단위이고, 또 그 생산기술은 결합생산을 배제하는 형태로 취급하지 않으면 안된다. 이 뜻은 만일 현실의 생산과정이 결합생산을 가지고 있는 것이라면

이 모델은 그것이 몇 개의 생산단위 생산기술에 환원되는 것을 전제하는 것으로 된다.

③ 각 산업의 생산기술은 분할가능성과 가법성의 두 성질을 충족한다. 예를 들면 분할가능성은 경제 전체에서 생산이 n개, 본원적 생산요소가 m개 존재하는 것으로 하고, 제 i생산의 생산물의 총생산량을 X_i, 또 X_i를 생산하는 데 사용한 각 재와 본원적 생산요소의 투입량을 벡터 vector $|x_{1i}\cdots x_{ni}; v_{1i}\cdots v_{mi}|$ —여기서 X_j는 제 j재의 투입량을, v_{ki}는 제k요소의 투입량을 표시하는 것으로 한다—로 표현하면 투입량을 모두 $1/2(2\geqq1)$로 할 때에는 산출량도 $1/2$로, 바꾸어 말을 하면

$$\left\{\frac{1}{2}x_{1i}\cdots\frac{1}{2}x_{mi}; \frac{1}{2}v_{1i}\cdots\frac{1}{2}v_{im}\right\}$$

의 투입에 의하여 $\frac{1}{2}X_i$로 되는 제 i생산물이 생산되는 것을 의미한다.

가법성(加法性)이라 함은 제 i재가 X_i, 제 j재가 X_j를 생산하는 데 각기 $|x_{1i}\cdots x_{ni} v_{1i}\cdots v_{mi}|$, $|x_{1j}\cdots x_{mj}v_{1j}\cdots v_{mj}|$만의 투입이 필요하게 되면 이 두 재는 동시에 $|X_i, X_j|$만을 생산하기 위해 전체로서 $|x_{1i}+x_{1j}\cdots, x_{ni}+x_{nj}; v_{1i}+v_{1j}\cdots v_{mi}+v_{mj}|$만의 투입이 필요하게 되는 것을 표시하고 있다. (이상의 예에서는 편의상 제 i재와 제 j재라 하는 2개의 재의 생산의 경우를 취급하였는데, 이것은 임의의 개수의 재의 생산에도 타당하다. 또 여기에서 i와 j는 $i=j$, 즉 동일의 산업을 표현한 것도 관계 없다.) 만일 각 산업의 생산기술이 이상의 2개의 성질을 충당하는 것이라면 각기의 기술을 어떤 적당한 규준으로 되는 기술에 의하여 표현하는 것이 가능하다. $x_{ij}/x_i=a_{ij}(i=1\cdots n; j=1\cdots n)$ $v_{ij}/X_j=b_{ij} (i=1\cdots m; j=1\cdots n)$로 하면 산업연관 모델에서는 이 규준생산기술은 제 $j(j=1\cdots n)$재를 1단위 생산하는 데 필요로 한 중간생산물 및 본원적 생산요소의 투입량의 편성이 $|a_{1j}\cdots a_{nj}; b_{1j}\cdots b_{mj}|$에 의하여 표시된다. 이 a_{ij}를 투입계수 input coefficient 라 부른다.

④ 생산연관 모델은 산업이 보유하는 기준생산기술이 단지 1개일 것을 전제로 한다.

투입산출분석 投入産出分析 ☞산업연관분석

투입산출표 投入産出表 ☞산업연관분석

투자 投資 investment
근대경제학에서 투자되는 매년 국민순생산에서 그 기간 내에 소비된 부분을 공제한 잔액을 가리킨다. 환언하면 그 기간 내에서의 국민경제 전체로서의 실물자본의 증가액, 즉 추가적인 자본축적을 투자라고 한다. 이 경우에는 그 중 국민경제 전체에서 그 기간의 생산에 수반되는 실물자본의 소모분을 보충하는 데 불과한 부분을 재투자 또는 보충투자라 부르고, 이에 대해 실물자본스톡의 증가를 의미하는 협의의 투자를 신투자 new investment 또는 순투자 net investment 라고 부르는 것이 보통이다. 그리고 이 양자를 합하여 총투자 gross investment 라 한다.

일정기간에서의 실물자본스톡의 증가가 투자 또는 신투자인 데 대해, 그 감소는 부(負)의 투자 disinvestment 이다. 일군의 기업가가 일정한 투자를 결의할 때 그 계획된 크기를 사전적 투자라고 정의하고 그 계획이 실행되는 과정에서 기업가가 실물자본 중의 하나인 재고량의 감소를 보전하지 않는 부의 투자를 행할 경우에는 기말에서 실제로 행하여진 투자, 즉 사후적 투자는 사전적 투자보다 적은 것으로 된다. 이와 반대로 예를 들면 소비재의 재고가

생겨 유동자본의 증가가 생기는 경우에는 사후적 투자는 그 부분 만큼 계획된 사전적 투자보다 크다. 이 경우에는 이 계획된 투자를 능동적 투자 active investment 라고 부르고, 이에 대해 재고증가에 의한 유동자본의 증가분을 수동적 투자 passive investment 라고 부른다.

통속적 용어로는 기업 또는 개인이 수익을 얻는 것을 목적으로 증권을 사는 것도 투자라고 부르고 있으나, 새로 발행된 증권과 교환하여 인도된 자금이 상기와 같은 실물자본의 증가에 도움을 준다고 하면 그것은 경제학상의 투자가 되지만, 그러나 기존의 증권의 매도인이 화폐를 입수하고 그 매수인이 증권을 입수하는 것과 같이 단순한 소유권의 이전에 의한 자산의 교환이 행해지는 경우에는 국민경제 전체로서는 투자가 이루어졌다고는 할 수 없다. 근대경제학에서 투자가 중요시되는 것은 그기에서의 실물자본의 순증가액이 그것과 꼭 같은 국민소득의 제1차적 증가를 의미하기 때문이다. →투자유인·투자함수

투자계획 投資計劃 investment plan

신규설비와 시설 등의 투자에 관한 기업의 예상을 말한다. 대부분의 기업은 단기와 장기에 걸쳐 실시될 투자계획을 위한 프로그램을 가지고 있다. 예상되는 투자의 정보는 경기상태를 예측하는 데 유용하기 때문이다. 회사나 정부의 계획입안자는 모두가 투자계획조사서에 면밀한 주의를 한다. 어떤 특정기일에 계획된 투자액은 동일시기에 실현된 투자액과 차이날 때가 많다. 그 차이는 신계획의 추가, 타계획의 연기, 기타 계획의 중지 등 때문에 생긴다. 기업단위의 단계에서는 계획된 투자와 실현된 투자의 차이는 대단히 크지만 개개의 데이타는 집계되어 생산 전체의 것이 되고 나아가 경제 전체를 집계한 것으로

되기 때문에 그 차이는 상호 상쇄되어 계획된 투자총액은 실현된 투자총액에 대단히 근사하다.

투자공제세제 投資控除稅制 investment tax credit

신규설비투자에 대한 세의 공제조치를 말한다. 미국의 닉슨 전대통령은 신경제정책의 일환으로 케네디 정부시대에 시작된 투자세공제의 부활을 요청(초년도에는 10%로, 평년도에는 5%로)했으나 의회심의에서 공제세율이 일률적으로 7%로 수정되어 통과되었다. 신규설비투자액의 7%가 법인세에서 공제되는 까닭에 설비투자의욕을 자극하여 경기확대의 원인이 되었다.

투자승수·소비승수·무역승수 投資乘數·消費乘數·貿易乘數 investment multiplier·trade multiplier·foreign trade multiplier

논리적으로 말하면 승수란 어떤 경제체계에서 그에 포함되는 독립변수 autonomous variable 가 변화할 때 그 체계의 내생적 변수 endogenous variable 의 변화를 문제로 하는 것이다. 이러한 승수(이것이 본래의 승수이다)에 대하여 내생변수 상호의 변수관계를 문제로 할 경우는 앞의 경우와 구별하기 위하여 의승수(擬乘數) pseudo multiplier 라고 하여야 할 것이다. 이것은 같은 내생변수에 관한 것이라도 그것이 어느 독립변수의 변화에 의한 것인가에 따라 다르다. 이상은 극히 일반적인 승수의 정의이지만 주의할 점을 두세 가지 지적하면, 소위 승수방정식은 어떤 모형에서 도출하느냐에 의하여 규정된다. 만약 정학적 모형에서 승수를 도출한다면 그것은 정학승수(靜學乘數) static multiplier 이고 동학모형에서 얻으면 동학승수(動學乘

數) dynamic multiplier 이다. 그러나 동학 승수는 그 동학체계가 안정적이면 그에 대응하는 정학체계의 승수와 일치하므로 정학승수에 대하여서만 언급한다. 정학승수는 비교정학의 방법으로 도출할 수 있다. 승수는 소득의 변동에 관한 것이 보통이고, 소득의 변화를 일으키는 독립변수로서 투자, 소비지출 또는 수출을 생각하고 그에 대응하여 각각 투자승수·소비승수·지출승수 및 무역승수라는 이름을 붙인다. 아래에 이들 승수에 대하여 그것이 도출되는 모형과 그 승수방정식을 설명한다.

① 우선 단순한 케인즈 Keynes, J. M. 소득방정식의 경우부터 시작한다. 다음 방정식이 그 소득결정식이다.

$$Y=c(Y)+I \quad\cdots\cdots\cdots\cdots\cdots\cdots (1)$$

여기에서 Y는 소득, $c(Y)$는 소비함수, $\bar{I}$는 독립투자를 나타낸다. 투자 $\bar{I}$의 변화가 소득에 어떤 변화를 일으키는가는 (1)식에서 도출된다. 즉 승수방정식은

$$\left(\frac{dY}{dI}\right)=\frac{1}{1-c'(Y)} \quad\cdots\cdots\cdots\cdots (2)$$

여기에서 $c'(\Delta Y)$는 한계소비성향이다. (2)는 승수이론에서 가장 널리 알려져 있는 케인즈의 투자승수이다.

② 소비를 독립변수로 하고 투자를 소득에 의존하는 내생변수라면 (1)은 다음 식으로 대치된다.

$$Y=I(Y)+c \quad\cdots\cdots\cdots\cdots\cdots\cdots (3)$$

독립적 소비지출의 변화가 소득에 미치는 효과를 측정하는 랑게 Lange, O. R. 의 소비승수는 (3)에 의하여 얻는다. 그 승수방정식은

$$\left(\frac{dY}{dc}\right)=\frac{1}{1-I'(Y)} \quad\cdots\cdots\cdots\cdots (4)$$

여기에서 $I'(Y)$는 한계투자성향이다.

③ (1)식에서 소비로서 소득에 의존하는 부분 $c(Y)$ 외에 독립소비 K를 새로 도입하고 또 투자로서 독립투자 외에 소득에 의존하는 부분, 즉 유발투자 $I(Y)$를 더하면 소득결정방정식은 다음과 같이 된다.

$$Y=\bar{K}+c(Y)+I(Y)+\bar{I} \quad\cdots\cdots\cdots\cdots (5)$$

이와 같은 모형에서는 소비승수와 투자승수는 같고, 다음과 같이 된다.

$$\left(\frac{dY}{dK}\right)=\left(\frac{dY}{dI}\right)=\frac{1}{1-c'(Y)-I'(Y)} \quad (6)$$

여기에서 $c'(Y)+I'(Y)$는 한계지출성향이다. 랑게는 이 같은 승수를 복합승수 compound multiplier 라고 부르고 (2) 또는 (4)와 같은 단순승수 simple multiplier 와 구별하였다. (5)식에서 독립소비와 독립투자를 일괄하여 독립지출이라고 한다면 그 변화가 소득에 주는 효과를 측정하는 지출승수는 (6)으로 표시된다.

④ 국제무역을 고려하게 되면 다음과 같이 된다. 이 경우 국민순생산물에 대한 수요는 국내품에 대한 소비지출 c와 국내산의 투자재에 대한 지출 I와 수출 X로 구성된다. 이 수출에는 해운이나 해외로부터의 이자·배당(순액)과 같은 무역 외의 서비스항목도 포함된다. 소득결정식은

$$Y=c+I+X \quad\cdots\cdots\cdots\cdots\cdots\cdots (7)$$

간단하게 하기 위하여 수입 M은 전부 소비재에 대한 것으로 하면 (7)을 다음과 같이 다시 쓸 수 있다.

$$Y=(c+M)+I+(X-M) \quad\cdots\cdots\cdots (8)$$

투자와 수출을 독립변수라 하면 수출의 변화가 소득에 미치는 효과는 다음 승수로 측정한다.

$$\left(\frac{dY}{dX}\right)=\frac{1}{1-c'(Y)} \quad\cdots\cdots\cdots\cdots (9)$$

수출만이 독립변수라 한다면

$$\left(\frac{dY}{dX}\right)=\frac{1}{1-c'(Y)-I'(Y)} \quad\cdots\cdots (10)$$

만약 $c+M=C$가 소득의 함수이고 무역차액 $X-M$이 독립변수라면 (8)은

$$Y=C(Y)+\bar{I}+(\overline{X-M}) \quad\cdots\cdots\cdots (11)$$

승수는

$$\left(\frac{dY}{d(\overline{X-M})}\right) = \frac{1}{1-c'(Y)} \cdots\cdots\cdots (12)$$

로 된다. (9)와 (10)은 수출량을 피승수로 하는 무역승수이고 (12)는 무역차액을 피 승수로 하는 무역승수이다.

투자유인·투자함수 投資誘因·投 資函數 inducement to invest·investment function

자본주의사회에서 경제활동의 수준을 결정하는 것은 기업가의 투자지출규모이 다. 이 때 투자가 실현되도록 하는 요인을 투자유인이라 한다. 그리고 투자와 투자를 결정하는 요인을 함수관계로 정식화한 것 이 투자함수이다. 여기서는 먼저 투자규모 를 결정하는 요인, 즉 '투자유인은 무엇인 가'부터 논의를 전개하고 구체적인 투자함 수를 설명한다.

Ⅰ. 현재가치기준 the present value criterion 기업의 신규투자비용을 C, 그 내구기 간을 n, r을 시장이자율, R_{t+i}를 투자가 실현된 후 i년째의 투자의 순예상수익이라 할 때, 그 투자사업의 현재가치 PV_t는 다 음 식으로 정의된다.

$$PV_t = -C + R_t + \frac{R_{t+1}}{(1+r)} + \frac{R_{t+2}}{(1+r)^2} + \cdots + \frac{R_{t+n}}{(1+r)^n} \cdots\cdots\cdots\cdots\cdots (1)$$

(1)식을 부연하면, 투자사업으로부터 기 대되는 순수익의 흐름을 각각 시장이자율 로 할인하고 그것을 투자비용과 대비시킨 것이다. 따라서 기업의 입장에서 볼 때 특 정 투자사업의 현재가치가 양이면, 그 사 업에 대한 투자유인은 충분하다. 이 기준 에 의한 기업의 균형투자규모는, 먼저 모 든 투자사업의 현재가치를 계산하고 그것 을 크기 순서대로 배열했을 때 그 값이 0이 되는 한계투자사업까지의 투자목적액에서 결정된다. 이것을 그림으로 표시하면 다음

과 같다.

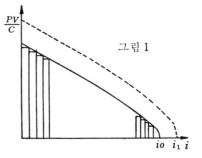

그림 1

그림 1에서 균형투자량은 i_0이다. 한편 시장이자율이 하락하든가, 투자환경이 밝 아져서 동일투자사업으로부터 기대되는 수익의 흐름이 커진다면, 투자사업의 현재 가치는 증가하므로 이 때의 균형투자량은 i_0에서 i_1으로 증가된다.

Ⅱ. 투자의 한계효율기준 marginal efficiency of Investment criterion 이것은 전형 적인 케인즈 Keynes, J. M. 의 견해로서 유 동성선호설과 함께 투자이론의 골격을 이 루고 있다. 투자의 한계효율 MEI 은 다음 식으로 정의된다.

$$O = -C + R_t + \frac{R_{t+1}}{(1+m)} + \frac{R_{t+2}}{(1+m)^1} + \cdots + \frac{R_{t+m}}{(1+m)^m} \cdots\cdots\cdots\cdots\cdots (2)$$

(2)식을 부연하면 MEI 는 어떤 투자사 업의 결과 장래에 발생할 것이 예상되는 기업의 순수입의 흐름이 현재가치를 그 투 자비용과 같게 하는 할인률이다. MEI 는 자본의 한계생산성 또는 예상수익률을 나 타내는 것으로 자본에 대한 수요를 나타낸 다. 한편 자본의 공급 및 이것이 유도하는 대부자금의 공급은 무엇에 의하여 결정되 는가? 따라서 자금의 공급 supply of funds 계획을 도입함으로써 기업의 투자유 인 및 투자결정이론을 완결할 수 있다.

그림 2에서 보듯이 자금의 공급계획률

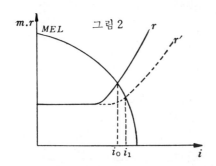

그림 2

r은 어떤 수준까지는 수평이고, 그 점을 지나면서부터는 증가한다. 이것은 다음과 같은 이유 때문이다. 기업이 투자자금을 전달하는 과정에서 처음에는 기업의 내부자금, 즉 사내유보이윤을 사용하므로 이 때의 투자비용은 사내유보자금의 기회비용을 반영하나, 점차 투자자금의 증가는 기업으로 하여금 외부자금, 즉 사채 bond 및 주식 equity 의 발행을 불가피하게 하므로 이 때의 투자비용은 전자보다 높지 않을 수 없다. 따라서 기업은 m이 투자비용 (기회비용 또는 이자율) r보다 높은 한 투자를 실현시키는 투자유인을 가지며, MEI 와 r schedule 이 교차하는 i_0까지 투자를 확대할 것이다. 한편 기업의 이윤이 증가하면 투자자금 수요를 충당시키는 내부자금의 양이 증가하므로 r schedule 은 r'로 이동하고 균형투자량은 i_0에서 i_1으로 증가한다.

Ⅲ. 투자함수 투자, 즉 신자본재에 대한 수요는 어떠한 원인에 의하여 어떠한 형태로 결정되느냐 하는 관계를 일정함수의 형태로 표시한 것을 투자함수라 한다. 일반적으로 투자를 결정하는 요인에는 소득증가, 기술혁신, 기업의 기대수익률 및 이자율과의 관계, 내부유보액 등이 있는데, 그 중 어느 요인을 중시하느냐에 따라 투자함수는 각기 달리 규정된다. 그 중 대표적인 투자함수를 소개하면 $i=i(r)$, $i=i$

(r,y), i 등이 있다. 첫째 및 둘째는 투자함수율, 이자율 또는 이자율 및 소득의 함수로 간주한 것이고, 셋째는 투자함수를 소득 및 이자율수준에 관계없는 독립투자로 간주한 것이다. 끝으로 $i=i(r,y)$에서 $\frac{\partial i}{\partial r}<0$, $\frac{\partial i}{\partial y}>0$가 성립한다.

투자의 이중효과 投資의 二重效果
dual effect of investment

도마 Domar, E.D. 에 의하면, 투자는 승수원리에 따라 소득을 파생시키는 동시에 (소득창출효과), 한편으론 자본스톡 증가를 가져와 생산력을 증진시킨다(생산력창출효과). 이와 같이 투자가 양면작용을 하는 것을 도마는 투자의 이중효과라 명명하였다. 이러한 이론의 출발점은 케인즈 체계의 비판으로부터 나타나고 있다. 도마는 케인즈 체계의 논리는 사용가능한 노동의 현재 숙련도 및 존재량과 설비의 현재량 및 질과 현행의 기술, 경쟁의 정도 그리고 소비자의 기호와 관습을 소여(所與)로 한 단기분석이라고 지적하면서, 순투자는 자본스톡을 증가시키므로 투자를 문제로 하면서 자본량을 일정하다고 가정함은 옳지 않다고 주장하였다.

만일 투자량이 변화하면 케인즈 Keynes, J.M. 의 경우처럼 고용량이 임금단위로 표시된 국민소득의 크기를 결정한다고 하는 것은 부당하다. 따라서 도마는 투자를 유효수요의 일구성요소로서 소득창출요인으로 파악하는 이외에 투자를 자본형성을 초래하는 요인으로 보아 생산력의 측면에서도 고찰하여야 한다고 주장하였다. 여기서 주의할 것은 잠재적 생산력을 증대시키는 것은 투자액 그 자체인데 반해, 소득을 증가시키는 것은 투자의 총액이 아니라 그 증가분에 불과하다는 점이다. 이에 대한 구체적인 예를 들면 완전고용에 대응하는 소득이 1,500이고, 평균저축성향이 10%이라면, 케인즈 체계에서는 150의 저축량과 같은 투자가 매년 이루어지면, 1500의 소득수준이 유지되고, 완전고용이 실현되는 것으로 생각되었다. 그러나 도마에 의하면 150의 투자는 당연히 자본설비의 증가를 낳고 그 증가된 자본설비는 사회의 잠재적인 생산능력을 증가시키므로 1500의 소득수준으로는 이 증가한 생산능력을 완전히 이용할 수 없다. 따라서 매년 150의 투자가 이루어지는 것만으로는 완전 고용을 유지할 수 없다.

끝으로 도마는 투자과정의 이중적 성격을 강조하면서, 고용이 국민소득의 함수라고 보는 케인즈적 접근법을 제1차접근이라 규정하고, 여기에 생산능력의 요인을 도입하여 고용문제에 대한 그의 독특한 가설을 주장하였다. 구체적으로 '고용노동률은 국민소득과 생산능력간의 비율의 함수이다'라는 그의 가설이 바로 그것이다.

→도마의 성장이론

투자이익률 投資利益率 ☞투자유인·투자함수

튀넨 Thünen, Johann Heinrich von (1783~1850)

독일 경제학자. 리스트 List, F. 와 더불어 독일 경제학의 선구자로서 알려져 있다. 올렌부르그의 예파란드 지주의 장남으로 태어나 아버지로부터 수학과 공학의 지식을 이어받고 1799년 이후 농업의 실습에 종사하였다. 정치적, 경제적인 고경(苦境) 중에서도 이론적 연구를 계속하였으며 테어의 영국 농법수입에 비판을 가하였다. 1810년 테로의 과학적 농장경영을 실시하면서 이론의 심화에 노력하였다. 1820년경부터는 여러 논문을 발표하여 성공하였으며 1830년 로스토크대학에서 학위를 받았다. 그는 경제학적으로 스미스 Smith,

A. 에 의존하고 있었지만 그 외에 리카도 Ricardo, D. 를 알지 못하고서 리카도적인 추상적, 독립화적 방법을 사용하여, 이 점에서는 리스트와 전연 다르다.

리카도의 차액지대에 있어서 비옥도의 차에 위치의 차를 부가한 점에서 보정(補正)을 가하여 자연적 임금의 이론에 있어서는 한계생산력설을 이용하여 후에 한계효용학파의 선구가 되었다. 그에 의하면 자본투자의 증가는 이윤률을 저하시켜 노임을 상승시킨다. 자본의 한계수익은 그 이상의 투자의 증가경향을 결정하며 그 나라 전체의 이윤률을 결정한다. 그리하여 최후의 투자가 행하여질 때 자연적 임금을 성립시킨다. 자연적 임금은 노동자의 필수품 a 와 그 노동의 생산물 p 와의 적(積)의 평방근 $\sqrt{ap}$ 이며, 자본의 증투가 생산물을 증가시킨다면 임금도 증가하며 이런 의미에서 자본과 노동과는 반드시 대립한다고는 할 수 없다. 이 공식은 후에 튀넨 자신도 의심하였지만, 요컨대 노자(勞資)조화의 시도였으며 계급대립의 교육에 의한 융화를 설파하는 것과 대응된다.

[주 저] Der isolierte Staat in Beziehung auf Landwirtschaft und Nationalökonomie, 3 Bde., 1826~1863.

튀르고 Turgot, Anne Robert Jacques (1727~1781)

프랑스의 정치가이며 경제학자. 한 때 리모쥬의 지사(知事)였던 그는 중농주의 사상에 의하여 빈곤한 지역의 개혁을 기도하였다. 즉 토지의 순생산의 조사를 명하고 이에 일치하는 조세를 강구하여 올바른 세제확립을 꾀함으로써 주민의 빈궁을 구제하려고 하였다. 이 밖에 상거래의 자유·독점폐지·구빈제도의 조직·농업의 장려 등을 주장하였다. 튀르고의 업적은 어느 것이나 소논문이며, '부의 형식과 분배에 관한 고찰', '가치 및 화폐', '상설시장 및 시장'에 관한 미완성 논문 등이 그것이다.

튀르고를 낳은 것은 중농학파임에도 불구하고 그가 방계학도로서 소외당하는 것은 다음과 같은 이유 때문이었다. 먼저 그는 케네 Quesnay, F. 같은 형이상학적인 자연질서의 개념에 서지 않고 역사적·심리적 사실에 입각하려고 하였다. 또한 중농학파는 그 이름이 나타내는 바와 같이 농업계급에만 생산성을 인정하고 순수입은 그들에게서만 발생한다고 주장한다.

그러나 튀르고는 상공계급의 생산성까지도 인정하려고 하였다. 또한 토지소유자에 대해서도 중농학파와 튀르고 간에는 중요한 의견차이가 있다. 전자에 의하면 지주의 토지소유권은 신의(神意)에 의한 것이며 인위적인 법칙으로 인정되는 것이 아니라는 것이며, 튀르고는 이것을 인간이 만든 제도에 의하여 발생한 것이며 다만 하나의 역사적 사실에 불과한 것으로 해석한다. 튀르고는 리카도 Ricardo, D. 의 「지대론」의 전제가 되어 있는 수확체감의 법칙을 이미 인식하고 있었으며 또한 랏살레 Lassalle, F. 의 임금철칙에 매우 유사한 것을 서술하였다.

〔주 저〕 *Lettre à l'abbé de cicé*, 1749; *Foires et Marché*, 1759; *L'éloge de Gournay*, 1759; *Mémoires sur les prêts d'argent*, 1770; *Lettres à l'abbé Terray sur la liberté du commerce des grains*, 1770; *Réflexions sur la formation et la distribution des richesses*, 1766; *Oeuvres de Turgot et documents le concernant*, éd., par G, Schelle, 5 Vols., 1913~23.

트랜스퍼 논쟁(論爭) transfer controversy

국제수지는 ① 취미, 기호, 저축성향과 소비성향의 변화, 생산기술, 산업구성, 생산우회도의 변화 혹은 흉작, 전재(戰災) 등의 수요 및 공급조건의 실질적 변동, 인플레이션, 디플레이션이라는 화폐적 변동과 같이 자본계정에 직접 영향을 주는 원인, ② 자본이동, 배상금과 같이 자본계정의 변동이라는 원인 등에 의해 교란된다.

이러한 원인에 의한 국제교역의 변동은 모두 무역수지 변동에 집중된다. 그리고 무역수지에 일어난 변동이 전체 국제수지에 불균형을 갖고 올 만큼 불균형이 확대되면, 그것을 시정하지 않으면 안된다. 또 자본이동, 배상금지불에는 그 만큼 필요한 무역수지의 불균형을 만들어 내지 않으면 안된다. 배상금지불은 물론 장기차관도 뒤에 이자나 원금을 수취하지만, 즉시 대상(代償)을 받지 않는 일방적 가치이전으로 결국은 상품, 서비스로 이전되지 않으면 안된다. 즉 국제수지의 경상계정이 그만큼 수취초과로 되지 않으면 안되기 때문이다. 이러한 무역수지의 조정과정을 특히 자본이나 배상금 이전에 관하여 트랜스퍼 메카니즘 transfer mechanism 이라고 부른다.

제 1 차대전 후 독일의 배상지불, 특히 금전배상의 경우에 관하여 케인즈 Keynes, J. M. 와 오린 Ohlin, H. 사이에 유명한 논쟁이 있었는데, 이것이 트랜스퍼논쟁이다. 그 내용은 다음과 같다. 금전배상은 결국 지불국이 수입을 감소시키든가 수출을 증가하든가 하여 수출초과를 가져오지 않으면 지불될 수 없는 바, 케인즈는 그 어느 것도 불가능하다고 했다.

① 수입에 대해서, 배상금은 국내에서의 과세에 의해 조달되어 그만큼의 소득, 즉 구매력이 감소한다. 그리고 이 구매력 감소가 모두 수입품의 수요에 향하여지면 좋지만 보통 수입품 수요량의 일부밖에 감소되지 않는다. 또 수입품이 주로 원료, 식료로 되어 있으면 수입감소는 국내생산수준과 수출생산능력을 저하시킨다.

② 수출액을 증가시키려면 수출품가격을 인하하지 않으면 안되나 그것이 자본설비 등의 개선에 의하지 않는 한 임금을 인하시킬 수 밖에 없다. 그래서 배상금지불에 따르는 과세에다 임금인하라는 이중압박이 생활수준에 가하여지나 생활수준의 저하에는 한도가 있어 결국 수출증가도 기대할 수 없게 된다.

③ 가령, 임금인하가 가능하더라도 그것으로 수출품생산이 증대된다고 볼 수는 없고, 또 수출증가를 위하여서는 원료의 수입도 증가되므로 수출초과를 만들기는 어렵다.

④ 채권국은 지불국으로부터의 수입을 증가하지 않으면 안된다. 그러나 독일의 배상문제에 관한 경우에 있어서도 채권국은 국내산업의 압박을 겁내어 관세를 높여 이를 방해한다.

결국 케인즈에 의하면, 트랜스퍼를 위해서는 자본 수취국의 급속한 수요증가가 없는 한 트랜스퍼 때문에 지불국은 임금인하, 수출품 가격인하, 교역조건의 악화를 감수해야하나 이도 충분하다고 할 수 있는 정도까지는 못되며 금전배상은 결국 곤란한 것으로 된다. 이상 케인즈의 주장에 대하여, 오린은 배상구매 금인도는 힘의 수취국에서의 증가, 지불국에서의 감소에 의해 가능하다고 주장하였다. 만일 지불국의 상품가격의 하락, 교역조건의 악화가 일어나지 않아도 채권국에서 구매력이 증가하면 수입은 증가한다. 배상금 전액 전부가 곧 수입수요 증가로 되지 않아도 국내품의 생산을 자극, 제 2 차, 제 3 차의 구매력 확장이 일어난다. 이 소득팽창과 한편으로 구매력 감소에 의한 지불국에서의 디플레이션에 의해 지불국의 상품은 수취국상품보다 싸게 되어 수취국의 수입은 일층 증가된다. 그래서 배상금의 지불이 가능해진다고 주장했다. 케인즈도 이론적으로는 지불국에서의 디플레이션, 수취국의 인플레이션에 의한 배상금의 트랜스퍼의 가능성을 인정하나 현실적으로는 이런 시책이 실행되기가 곤란하다고 생각하고 있었다.

보통 국제수지조정과정, 즉 트랜스퍼 메카니즘에 대해서는 고전적 조정기구와 근대적 조정기구 등의 둘로 나누어진다. 고전적 조정기구로는 ① 금본위제도 하의 기구 ② 환율조정 등이 있다. ①에 있어서는 금수송점 내에서 환율변동에 대해 차관공여 또는 배상지불국으로부터 수취국에의 금이동의 결과, 지불국에서의 물가하락, 수취국에서의 물가등귀에 의한 지불국의 교역조건의 악화로 수출입량의 변화가 생겨 조정된다고 보고 있다. 이것을 금이동(물가) 기구 또는 '금본위제의 룰'이라 한다. ②에 있어서는 금이동이 없어도 지불국의 환율이 하락하면 지불국의 수출증가, 수입감소로 조정이 된다고 생각한다. 다만 환율조정이 소기의 효과를 거두려면 외환시장의 안정성, 특히 양국의 수입수요의 가격탄력성의 합계가 1보다 큰 것이 필요하다. 결국 고전적 기구는 가격변화에 의해 조정을 도모하려고 하는 것으로 가격적 조정방안이라 한다.

한편 근대적 조정기구에서는 가령 물가변동이 없어도 구매력의 이동에 의해 조정이 가능하다고 한다. 소득변동과 수출입량 변동과의 관련은 외국무역승수 등에 의해 설명되어지는 바와 같다. 이런 뜻으로 근대적 기구는 소득효과적 조정방안이라 한다. 전술한 독일 배상금을 둘러싼 케인즈·오린의 논쟁에서 케인즈는 고전적 기구, 오린은 근대적 기구를 주장한 것이지만 근대조정기구이론의 발전이 '일반이론' 후의 케인즈 이론에 그 기초를 둔 것은 주지의 사실이다. →국제자본이동, 교역조건

특별상각 特別償却 specially recognized depreciation

회사나 기업을 경영하는 법인이 고정자산을 감가상각하려면 정액법 또는 정률법으로 매기 상각액을 산정하여 손금 또는 필요경비에 산입한다. 이것이 보통 상각이지만 산업정책의 입장에서 어떤 업종과 어떤 고정자산에 대하여 증액의 상각을 인정하는 것을 특별상각이라 한다. 결국 증액상각으로 손금산입(損金算入)을 증액함에 따라 법인부담세의 감액효과를 노린 것이다.

특별회계 特別會計 special account

국가가 특별사업을 시행하거나 특별자금의 운용 및 지출을 특별수입에 의존할 때 독립계정을 설치하여 일반회계와는 별도로 특별예산을 집행할 수 있으며 이를 특별회계라 한다. 예산이 객관성 및 명료성을 갖기 위해서는 원칙상 예산이 통일되어야 하나, 현대와 같이 정부활동의 영역이 크게 확대된 시점에서는 예산의 단일화는 오히려 비합리적인 결과를 가져올 수 있으므로 특별회계의 설치가 불가피하다. 특별회계는 예산회계법이 정하고 있는 기준에 의하면 ① 사업특별회계 ② 자금특별회계 ③ 구분경리특별회계로 나누어진다.

특수순환 特殊循環 specific cycle

개개의 경기순환지표에서 확장과 축소가 교대로 반복하여 생기는 것을 말한다. 개별계열에 관한 특수순환은 반드시 전반적인 경제활동의 순환에 일치하지는 않는다. 개개의 지표에 관하여서는 경기순환의 전환시점에 가장 가까운 경기의 정점 또는 저점의 시점을 택하여 그것을 특수경기순환의 전환시점으로 한다.

특수은행 特殊銀行 special banks

상업은행이 주로 자금창출에 관여하는 데 대하여 이러한 자금창출에는 그리 관여하지 않고 자금이전의 업무를 주로하는 특별법에 의하여 설립된 일련의 은행을 특수은행이라 한다. 특수은행의 특색을 대략 살펴보면 설립, 명칭, 임원의 선임 및 직무권한에 특별규정이 있고, 업무상으로는 금융채의 발행 등과 정부의 지시감독을 받는 것 등이다. 특수은행 존재의 경제적 이유는 자본주의의 발전에 따라 자유경쟁과 수익성원칙 하에 움직이는 자동적 조절에 맡길 수 없는 금융상의 공백을 메꾸기 위한 것이다.

중소기업이나 서민층주택, 농업부문 그리고 한국과 같이 자본축적이 부족한 개발도상국에 있어서의 기간산업부문 등은 그 수익상태가 고르지 않고 담보력이 약하며, 자금회전이 느리고, 거액의 장기저리자금이 소요되는 따위의 금융상 불리한 성격을 지니고 있기 때문에 일반은행의 융자대상에서 제외되기가 쉽다. 그러므로 사회정책상 또는 공공적 성격을 띄는 부문을 지원하기 위해서 특수은행 설립이 요청된 것이다. 따라서 장기의 고정적 신용을 공여하기 위해서는 장기저축예금을 흡수한다든가, 은행채권을 발행함으로써 소요자금을 조달해야 한다. 특수은행의 예로는 부동산은행, 저축은행, 주택은행 등이 있으며, 한국의 경우에는 주택은행, 중소기업은행, 산업은행 등이 있다.

특허 特許 patent

정부와 발명자간의 계약으로 그 발명의 내용을 모두 공개하는 대신에 정부가 발명자에 대하여 허가일로부터 12년간 그 발명의 독점적 사용권을 보증하는 것이다. 이 기간이 끝나면 특허는 만기가 되어 이후에는 누구나 사용할 수 있다. 특허를 준다는 목적은 발명의 공개를 추구하고, 과학 기술 및 공익의 발전을 추진한다는 것이다. 최초의 특허법은 1474년 베니스 특허조례(Venetian Patent Statue)에서 유래 되었고 1623년 영국에서 제정되었다. 이 법률에는 국내에 도입된 발명 또는 새로운 상업에 대한 특허는 14년간에 한정되었었다. 우리나라에서는 1961년 12월 31일 법률 제950조로 공시 · 시행된 특허법이 있으며 이 외에도 실용신안법, 의장법 등이 특허권을 보호하고 있다.

특혜관세　特惠關稅　preferential duties

특정국에 대하여 특별히 낮은 관세를 부과하거나 특정관세 그 자체를 폐지하여 다른 국가보다 무역상 유리한 대우를 부여하는 제도를 말한다. 이것은 GATT의 일반적 최혜국대우원칙에 위배되지만 세계무역의 현실에 비추어 예외적으로 인정되고 있다. 특히 개발도상국은 선진국의 개발도상국의 재화 및 용역에 대한 관세인하와 철폐를 UNCTAD 등에서 요구하여 1970년 10월 UNCTAD 특혜특별위원회는 미국, 영국, 일본, EC 등 선진 11개국이 향후 10년간 91개 개발도상국에 대하여 특혜계획을 실시할 것을 결정하였다. 이것을 일반특혜라 한다. EC와 일본은 1971년 여름부터 실시하였다. → 최혜국조항

특화　特化 specialization

각각 다른 개인, 산업, 지역 간에서 다른 생산 활동의 분업을 말한다. 단일재의 생산에도 이동조립에 의한 생산의 경우처럼, 다른 작업에 포함되는 특화와 분업이 있다. 특화는 특정의 공인과 상인의 작업과 같이 사회적인 생산단계에서도 생길 수 있다. 또 어떤 국가가 농업생산에 집중하고 다른 국가가 공업제품생산에 집중하는 경우와 같이 지역과 국가단계에서도 생긴다. 특화가 행하여지는 것은 생산효율을 높이고 보다 싼 비용으로 생산을 증가시키는 것으로 생각되기 때문이다. 특화는 각 개인이 각각 다른 능력을 발휘하는 이점을 가지고 있다. 즉 각 개인이 각각 자기 자신이 보다 능률적으로 종사할 수 있는 생산 분야에서 일하게 되기 때문이다.

분업도 또한 능률을 높이고 적절한 기능을 습득할 수 있게 한다. 각자의 시간을 단일작업에 집약하는 것은 또 하나의 작업에서 다른 작업으로 이동함으로써 생기는 시간의 손실을 없앤다. 하나의 생산과정 내에 특화함으로써 생긴 기능의 단순화는 그 자체 기계화와 노동절약적인 자본의 사용에 유리하다. 더욱이 산업의 특화는 발명과 기계의 효과적인 사용을 유도한다. 지역별생산의 특화는 토지와 자본 등 비인적자원을 가장 유효하게 사용하게 한다. 마치 개인적인 선천적 차이에 의하여 어떤 개인이 다른 개인에 비하여 어떤 형태의 일에는 보다 더 적당한 것과 마찬가지로 지역별 생산자원부존의 상대적인 차는 지역적인 특화를 일층 효과 있는 것으로 한다. 그러나 산업적 지역적인 특화의 범위에는 한계가 있다.

생산의 증가에 따른 비용의 상승은 특화에 의하여 얻어지는 비교우위를 이미 특화에 의한 이익으로 볼 수 없는 상태까지 감퇴시킨다. 또 특화는 생산물시장의 폭에 의하여도 제한을 받는다. 특화가 행하여지려면 일상생활에 필요한 재화나 용역의 생산에 있어서 상호 의존할 특정한 노동자, 산업지역 등의 존재가 필요하다.

티보우 모델 Tibout Model

C. Tiebout가 주창한 이론 모형으로 지방 정부 차원에서 제공 하는 공공재에 관하여 주민들이 공공재에 대한 비슷한 선호를 가진 사람들과 함께 지역 사회를 구성하는 것이 허용 된다면 공공재에 대한 선호의 차이가 야기하는 문제를 해결할 수 있다는 것이다. 예컨

대 어떤 집단은 모든 주민의 보건의료서비스
가 지방정부에 의해 공급되어야 한다고 주장
하고 어떤 집단은 개인 스스로 해결해야 한
다고 주장할 때 이러한 이질적인 선호의 타
협 compromise은 양 집단을 모두 만족시키
지 못한다는 것이다. 이러한 경우 높은 수준
의 공공재 공급을 선호하고 이에 수반되는
높은 조세를 부담할 용의를 가진 사람들로
지역사회를 구성하고 제한적인 공공재 공급
과 낮은 조세를 선호하는 사람들은 따로 지
역사회를 구성함으로써 공공재에 대한 선호
의 차이가 가져오는 문제를 해결할 수 있다

는 것이다.
　그러나 이러한 모델을 일반적으로 적용되
는 데는 심각한 문제가 있다. 만일 빈곤계층
에 대한 공공보조를 상대적으로 높게 유지하
고 있는 지역사회가 있다면 빈곤계층의 추가
적인 유입이 일어날 것이고 이에 따라 조세
부담이 과중해지면 부유계층의 유출이 일어
나 재정적자를 악화시킬 것이다. 따라서 티
보우 모델은 일정한 지역에서의 타협의 필요
성을 완화할 수는 있으나 완전히 해소하지는
못하는 것으로 평가된다.

파라미터 parameter
　수학적인 개념으로는, 각 함수식에 공통
적으로 들어 있는 변수를 소거하면 각 함
수식 간의 관계를 구할 수 있고, 한편 함수
식은 다수의 변수에서보다 소수의 변수의
함수로 변형될 수 있다. 예컨대 다음과 같
은 함수관계식에서

$$ex. \quad f(x, t) = 0$$
$$g(y, t) = 0$$
$$h(x, y) = 0$$

이 때 이 공통변수를 매개변수라 한다.
어떤 경제체계에서 생산량·소비량·통화
량 등의 변수가 각각 시간의 함수로 표시
될 때, 시간을 나타내는 변수는 파라미터
가 된다. 또한 위의 변수가 국민소득과 시
간과의 함수로서 주어진다면 국민소득과
시간은 역시 파라미터이다.
　이상과 같은 파라미터 또 다른 전용(轉
用)개념은 흔히 경제학에서, 어떤 함수식

의 변화를 관찰할 때, 일정단계에 선 파라
미터를 상수로 간주하여 그 값을 고정시켜
놓고 함수식을 관찰한 다음, 다음 단계에
서 그 값을 변화시켰을 때 함수식이 어떻
게 달라지는가를 전자와 비교함으로써 파
라미터의 함수식에서의 역할 내지 기능을
파악하는 것이다. 예를 들면 주어진 소득
을 가지고 효용을 극대화시킬 수 있는 재
화의 양을 구하고, 다음에 소득을 변화시
켜 그에 대응하는 재화량의 변화를 연구할
경우, 소득은 처음에는 상수로 여겨지고,
다음에 변화되므로 파라미터가 된다. 이
밖에 경제학 특유의 용법이 있다. 즉 경제
주체의 편에서 보면 외부적으로 주어지는
수량을 파라미터라 한다. 뿐만 아니라 그
주체가 통제할 수 있는 controlable 수량을
파라미터로 부르게 된다.
　통제경제에서는 이 의미의 파라미터를
움직임으로써 변수치를 어떤 목적에 도달

하도록 하는 방법이 쓰여진다. 예를 들면 이자율이나 공공투자를 조정함으로써 완전고용의 목적을 실현하려고 하는 케인즈 Keynes, J. M. 의 이론은 이자율이나 공공투자를 파라미터로 하는 것이다. 이자율은 본래 균형조건에 의해 결정되어야 할 변수이나 이자율의 변화에 대한 다른 변수의 탄력성이 작기 때문에 이를 파라미터로 비교적 자유롭게 조정할 수가 있다. →가격의 파라미터 기능

파레토 Pareto, Vilfredo Federico Damasso (1848~1923)

프랑스 파리 태생의 경제학자 및 사회학자. 튜링대학을 졸업한 후 아버지의 뒤를 이어 이탈리아 철도국에 들어가 고문기사가 되었고, 1874년에는 프로렌스의 방케 나쇼날레 Banca Nationale 에 근무하였다. 그 후 광산 및 제광소의 총지배인에 임명되었는데 이 때부터 직무상의 관심으로 경제학연구를 시작하였다. 1891년에는 왈라스 Walras, M. E. L. 와의 교신이 시작되었고 1893년에는 로잔느대학에서 경제학 및 사회학을 강의하게 되었다. 경제학 분야에 있어서의 초기업적 중 중요한 것은 소득분배에 관한 '파레토의 법칙'이다.

이는 계량경제학의 역사적 업적이라고 하지만 오늘날에 있어서는 그다지 의의를 인정받지 못하고 있다. 그는 왈라스의 일반균형이론을 확장하였으며 주체분석의 측면에 있어서는 오히려 왈라스를 능가하고 있어 그의 업적을 획기적인 것이라 보고 있다. 또한 에지워드 Edgeworth, F. Y. 의 무차별곡선을 확장한 그의 선택이론은 높이 평가되고 있으며, 바로네 Barone, E., 슬루츠키 Slutsky, E., 힉스 Hicks, J. R., 알렌 Allen, R. G. D. 등에 의해 계승·정리되었다. 그리고 이 새로운 이론에 의하여 '효용의 가측성'에 관한 중대한 장애

를 서수적 효용개념으로 처리하게 되었다. 즉 보다 안정된 기초 위에 오늘날의 선택이론을 구축하게 되었다. 파레토는 또한 선택이론의 적용과 왈라스의 한계생산력의 비판 위에 생산이론을 전개하고 선행자의 업적들을 일반화하는 데 큰 공헌을 하였다. 사회학자로서의 파레토는 자유주의 비판과 선량(選良)순환론에 의해 이탈리아 파시즘의 이론가로서 간주되고 있다.

[주 저] *Cours d'économie politique*, 1896~7; *Résumé du Cours donné à l'École des Hautes Études Sociales de Paris*, 1901~2; *Les Sistènes Socialistes*, 1902; reprinted, 1926; *manuale dieconomia, politica*, 1906; "L'économie Mathématique", in *Encyclopédie des Sciences Mathématiques*, 1911; *Trattato di sociologia generale* 1916.

파레토 법칙(法則) Pareto's law

파레토 법칙은 소득분포에 관한 통계적 법칙으로서, 파레토가 유럽제국의 조사에서 얻은 경험적 법칙이다. 이제 x를 소득액, N_x를 x 이상의 소득을 지닌 사람의 수 (고액자부터 누계)로 하고, A, α, γ를 통계적으로 정해진 상수라고 하면

$$N_x = \frac{A}{(x+a)^a} e^{-\gamma a}$$

A, a, γ: 상수

즉, $\log N_x = \log A - \alpha \log(x+\alpha) - \gamma\alpha$ 라는 법칙이 성립된다. 그러나 보통 근사식으로서 쓰이는 것은,

$N_x = Ax^{-\alpha}$ 또는

$\log N_x = \log A - \alpha \log x$ ……… (1)이다

종축에 $\log Nx$를, 횡축에 $\log x$를 표시하여 (1)식을 그림으로 나타내면 소득자의 누적분포곡선은 대략 직선이 되고 이 선과 횡축과의 경사가 α 이다. 소득계층의 x에 있어서의 소득자 수는 (1)식을 미분하여

$$-\frac{dNx}{dx} = A\alpha x^{-(\alpha+1)}$$ …………(2)

그의 총소득액은, (2)식에 소득액 x를 곱하여

$$Aax^{-(a-1)}x = Aax^{-a} \quad \cdots\cdots(3)$$

로 나타난다. 따라서 최저소득 x_0 이상의 소득의 누계는, 전소득자 수를 N_0로 하면 $(N_0 = Ax_0^{-a})$

$$\int_{x_0}^{\infty} Aax_0^{-a} \cdot dx_0 = \frac{Aa}{a-1}x_0^{1-a}$$
$$\cdots\cdots\cdots\cdots\cdots(4)$$

이다. 평균소득액을 M_0으로 하면, 그것은 (4)식을 총 소득자 N_0로 나누어

$$M_0 = \frac{a}{a-1}x_0 N_0/N_0 = \frac{a}{a-1}x_0 \cdots(5)$$

x 이상의 소득을 가진 사람의 수 (N_n)의 전소득자수 (N_0)에 대한 비율은

$$\frac{N_x}{N_0} = \left(\frac{x_0}{x}\right)^{\frac{1}{a}} \cdots\cdots\cdots\cdots(6) \text{이다.}$$

x 이하의 소득자의 나머지 합계를 y로 하면,

$$1 = (1-y)\left(\frac{x}{x_0}\right)^{\frac{1}{a}} \cdots\cdots\cdots\cdots(7)$$

평균소득 (M_0)와 x 이상의 소득의 평균액 (M_x)과의 비율은

$$\frac{M_x}{M_0} = \left(\frac{N_0}{N_x}\right)^{\frac{1}{a}} \cdots\cdots\cdots\cdots(8) \text{이다.}$$

파레토곡선의 기울기 a는 소득분포의 불평등도 degree of inequality를 보이는 하나의 척도이다. 파레토는 a가 작을수록 분포가 평등하다고 하였으나, 지니 이후의 많은 연구에 의하면 a가 클수록 소득의 균등화를 보이게 된다. 그러나 이러한 차이는 불평등의 정의에서 비롯되는 바가 크다. 파레토는 소득자수에 주목하여 'x 이하의 소득인원이 x 이상의 소득인원에 비하여 감소할 때에 소득의 불평등이 감소된다'라고 정의한다. 즉 $\dfrac{N_0 - N_x}{N_x} = \dfrac{y}{1-y}$ 가 적을수록 평등하고, 클수록 불평등하다고 말한다. 이것은 (6)식에 있어 $\dfrac{x_0}{d} < 1$이므

로 a가 큰 만큼 $\dfrac{N_x}{N_0} = 1-y$가 적게 되고, 따라서 불평등이 큰 것을 뜻한다. 그러나 소득자 수가 아니고 금액에 주목하면 (8)식의 $\dfrac{M_x}{M_0}$가 적을수록 소득은 균등화되었다고 말할 수 있다. 또 (8)식에 있어 a가 큰 만큼 $\dfrac{M_x}{M_0}$는 적다.

파레토법칙이 완전한 타당성을 지니려면, 소득곡선은 직선이 되어야 한다. 그러나 저소득층에 가까울수록 곡선은 굴절하여 수평선에 가깝게 되고, 따라서 a가 불평등의 척도로 타당하느냐 하는데 대해서는 논의의 여지가 있다. 이것은 하나는 대수 log 눈금을 사용하여 보기 때문이고 또 저소득층 수가 그것보다 높은 소득자에 비하여 퍽 적기 때문이다. 파레토 방정식에서는 소득 $(x) \to \infty$일 때 인원 (N)이 0가 되고, $x = 0$일 때 $N \to \infty$가 되므로 최고와 최저의 부분에 관해서는 정확하지 못하다.

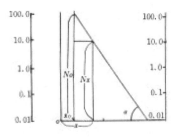

파레토는 a의 값이 대략 1.5이며, 예를 들어 1893~94년 영국은 1.50, 1894년 프러시아는 1.60, 1886년 파리는 1.57 등 모든 시대의 모든 국민에 있어 소득분포는 안정되고, 그 불평등도가 때와 장소에 관계없이 일정하다고 단언하였다. 그러나 그 후의 연구에 의하면 a의 감도가 민감하지 못하여 그것에 의한 소득 분포의 일정성을 말하는 것은 매우 위험하다는 결론에 이르고 있다. →지니의 법칙

[참고문헌] Pareto, V., *Cours d'économie politique*, 2 Vols., 1896~97; *Manuel d'économie politique*, 1909.

파레토 최적(最適) Pareto optimum

자원배분의 변경으로 경제가 생산하는 재화 및 용역의 내용이 달라진다면, 개인간의 소득분배도 달라진다. 이 때 자원배분이 E로부터 E'로 변경된 결과 효용이 저하된 사람이 없는 반면에 적어도 일부분의 사람들에게 효용의 향상이 있다고 한다면, 이 변화는 경제 전체의 자원이용에 있어서 효율성의 개선을 의미하는 것으로 볼 수 있다. 즉 어떤 사람의 효용을 감소시킴이 없이는 어떤 개인의 효용을 증가시킬 수 없도록 자원이 배분되어 있다면 자원배분은 파레토 최적상태에 있다. 따라서 파레토 최적개념은 개인간의 효용비교 혹은 소득배분의 양부(良否)에 대한 가치판단을 배제하고서도 국민경제 전체의 자원배분에 관한 효율성의 지표로 이용될 수 있다.

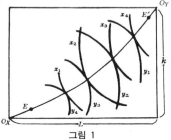

그림 1

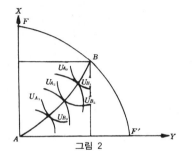

그림 2

그림 1에서 장방형의 횡축은 국민경제가 동원가능한 노동량을 나타내며 종축은 자본량을 표시한다. 이 때 국민경제에는 2생산요소(L: 노동, K: 자원), 2재화(X, Y), 2인(A, B)만 존재하는 단순화된 경제를 대상으로 상형(箱型)도식 box diagram 을 사용하여 분석한다. 여기서 X재의 등생산량곡선 X_1, X_2, X_3, X_4, X_5는 O_A를 원점으로 하고 또 Y재의 등생산량곡선 Y_1, Y_2, Y_3, Y_4, Y_5는 O_B를 원점으로 하여 그려진 것이다. 생산에 관한 파레토최적은 X재(X)의 생산증대가 필연적으로 Y재(X)의 생산감소를 초래하는 상태로 정의할 수 있으며 또한 이는 X재와 Y재의 등생산량곡선의 접점이 궤적 EE'이기도 하다. 여기에서 이 유효궤적 EE'를 종축에 X의 생산량을 횡축에 Y의 생산량을 나타내어, 바꾸어 그리면 그림 2에서 처럼, FF'곡선을 얻을 수 있다. 이 곡선을 생산가능곡선이라 하고 등생산량곡선이 매끄럽게 원점에 대해서 凸하면 생산가능곡선도 원점에 대하여 凹한 부드러운 곡선으로 된다.

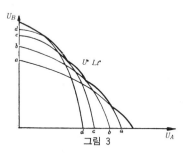

그림 3

다음에 FF'곡선상의 임의의 점을 잡아 그것을 한 모서리로 하는 장방형(長方型)을 그려 소비자 A의 무차별곡선 $u_A^1, u_A^2, u_A^3, u_A^4$는 A를 원점으로 하여, 또 소비자 B의 무차별곡선 $u_B^1, u_B^2, u_B^3, u_B^4$는 B를 원점으로 하여 표시하면, A의 만족 수준의 증대가 반드시 B의 만족 수준의 감소를 수반하는 소비면의 파레토 최적상태는 생산물 X재와 Y재의 분배가 소비자 A와 B의 무차별곡선의 접점의 궤적인 uu곡선상에서 이루어진다. 이 uu곡선을 A의 만족도 v_A를 횡축에, B의 만족도 v_B를 종축으로 하여 다시 그리면 그림 3의 aa곡선과 같이 된다. 이 곡선을 효용가능성곡선이라 부른다. 그런데 그림 2에서 장방형을 그리는 경우 FF'곡선상의 어디에 그 한 모서리를 잡느냐에 따라 이 uu'곡선의 형상은 각기 달라지기 때문에 uu'곡선은 하나가 아니고 생산가능곡선상의 각 점에 대응하여 여러 개 존재하게 된다(예를 들면 그림 3의 aa bb cc dd..). 이 여러 개 존재하는 uu'곡선의 포락선(包絡線) u^*u^*는 파레토 최적의 조건을 만족시키는 점의 집합으로서, 이것은 일정한 생산요소로부터 얻어지는 생산과 소비를 결합시킨 최종적인 교환면에서의 파레토 최적상태를 나타내며 u^*u^*를 효용가능곡선변경이라 부른다.

끝으로 파레토 최적과 완전경쟁균형 사이에는 다음과 같은 관계가 있다. ① 완전경쟁균형은 파레토 최적이다. ② 무차별곡선이 원점에 대하여 凸이고 또 생산함수가 凹함수이면 모든 파레토 최적상태는 완전경쟁적인 시장기구에 의하여 이룩된다.

파생금융상품 派生金融商品
Financial Derivatives

1970년대 이후 갈수록 이자율의 변동폭이 넓어지고 채권과 주식시장의 변동성 volatility이 확대됨에 따라 금융기관이 직면하는 위험 risk이 증대된 가운데 유용한 위험축소 도구로 개발된 새로운 금융수단 financial instruments으로서 그 수익이 이미 발행된 증권의 가격과 연계되는 금융상품을 말한다. 가장 중요한 파생금융상품의 예로는 이자율선물계약interest-rate forward contracts, 금융선물 financial futures, 주가지수선물 stock index futures, 옵션 options, 이자율스왑 interest-rate swaps 등이 있다. 이러한 금융상품은 이자율 위험 뿐 아니라 환율위험을 헷지하는 데도 유용하다. 최근 들어 이러한 파생상품은 전통적 사업분야가 쇠퇴하고 있는 금융기관 특히 대규모은행의 중요한 수익원으로 자리잡아 가고 있다. 파생금융 상품이 위험축소 수단으로 출발하였음에도 불구하고 그 자체가 내포하고 있는 위험요소에 대하여 몇 가지 우려가 제기되고 있다. 먼저 금융기관이 파생금융상품을 수단으로 그들의 leverage를 용이하게 확대할 수 있다는 점이다. 즉 투자하는 현금액수에 비하여 상대적으로 훨씬 대규모의 자산을 보유할 수 있다는 것이다. 둘째, 파생금융상품이 너무 복잡하고 정교해서 금융기관의 경영자가 파악하여 관리하기가 매우 어렵다는 점이다. 마지막으로 파생계약의 규모가 이들 금융기관의 자본을 현저하게 초과하기 때문에 금융기관이 막대한 신용위험 credit risk에 노출된다는 것이다. 뒤의 두 가지 위험성은 과장된 측면이 없지 않으나 파생금융상품을 사용하여 증대되는 leverage의 위험성은 매우 현실적인 것으로 평가되고 있다.

→ 이자율 선물계약, 금융선물, 주가지수선물, 옵션, 이자율스왑

파생수요 派生需要 derived demand

최종재에 대한 직접적인 수요의 결과 생겨나는 간접적인 수요를 말한다. 어떤 생산요소, 예를 들어 철강에 대한 수요곡선의 형태는 그것을 사용하는 최종재 예를 들면, 자동차에 대한 수요곡선에서 도출된다. 만일 철강생산자가 이윤극대행동을 취한다고 가정한다면 철강에 대한 수요곡선은 그 한계수입곡선이다. 이것은 자동차의 가격이 비싸다는 이유로 철강가격의 인상을 주장하는 것이 잘못된 것임을 시사하는

것이다. 보다 높은 철강가격은 단기적으로는 철강회사의 이윤을 상승시키겠지만, 자동차의 가격도 또한 상승되어 그 결과 자동차와 철강의 쌍방에 대한 수요는 저하하게 된다.

파쉐의 식(式) ☞물가지수산식

판매자 시장 販賣者市場 sellers' market

현행가격으로 수요가 공급보다 많은 시장상태를 말한다. 공급의 부족으로 인한 판매자는 시장에서 보다 유리한 상태를 포착하여 그 가격을 인상하여도 상품을 판매할 수 있다. 그러한 가격의 등귀현상은 수급이 다시 어떤 가격으로 균형될 때까지 계속된다. 가격이 과거의 가격이나 생산자의 평균생산비에 비하여 높을 때에는 판매자 시장이 있는 것을 알 수가 있다. 전쟁중의 결핍시와 같이 극단적인 판매자 시장의 경우에는 필연적으로 배급에 의한 통제가 실시된다.

판매촉진 販賣促進 sales promotion

판매촉진은 정보의 제공을 통하여 소비자와 판매업자를 동시에 자극, 설득함으로써 판매고와 이윤을 증대하려는 모든 기업활동을 의미하며, 그 내용에는 판매원 활동, 광고, 판매촉진 등이 포함된다. 판매촉진은 현재 제품차별화 및 가격결정과 함께 대기업의 경쟁활동의 3대 주요영역의 하나로 되어 있다.

① 판매원 활동과 광고 : 판매원 활동은 판매촉진의 중핵으로서 중요시되고 있음에도 불구하고 그 기술은 오랫동안 판매원들의 개인적 재능과 경험에 의존되어 있었다. 그러나 19세기 말에는 시장문제의 긴급성이 자본가에게 강하게 의식되자 이 분야의 합리화가 급속히 진전되었다. 판매편람, 판매강습회, 판매회의 기타의 판매원훈련과 판매원장려의 여러 제도의 정비, 판매지역과 판매고의 할당제도의 개발, 또한 판매원활동을 지원하는 수단으로써 광고의 검토 등 과학적 연구와 관리가 시작되었다. 광고가 기업의 주요한 판매촉진수단으로서의 지위를 확립하게 된 것은 비교적 새롭고 주요한 산업분야에서 독과점이 형성되어, 독과점 기업간에 현상을 유지하는 데 만족할 만한 안정된 시장의 확보를 위하여 전국적 규모의 격렬한 판매전이 개시된 때부터였다. 현재에는 근대적 기계제 대량생산에 의한 대량판매의 필요성과 제품차별화의 진전에 의한 상품의 다양성이 높아짐에 따라 광고의 상대적 중요성이 크게 제고되었다. 이리하여 오늘날 판매원 활동과 광고의 양자가 판매촉진의 중핵을 이루고 있다. 일반적으로 보면 광고는 같은 시간에 다수의 고객에게 어필함으로써 대량판매의 기초를 쌓고 나아가서는 판매원이 개개의 고객을 대상으로 구체적이고 융통성있는 설득을 통하여 판매계약체결을 도와준다. 따라서 양자의 관계는 대체적임과 동시에 보완적이다.

② 세일즈 프로모션 : 이 말은 최근 우리나라에서도 유행어로 되어 있다. 그것은 넓게는 판매촉진 전반을 뜻하기도 하지만 오늘날 일반적으로는 광고와 판매원활동을 보조하는 한층 더 효과적인 제반 판매활동을 의미한다. 최근 이 분야가 특정명칭하에 취급되게 된 것은 더욱 격화해가는 시장경쟁에 대응하여 끊임없이 새로운 방법을 추구하고 있는 기업군이, 판매원 활동과 광고 이외에도 그것을 보조하여 판매고증가에 큰 역할을 할 수 있는 미개척의 활동 분야가 있다는 사실을 인식하기 시작한 때 부터이다. 이 의미에서의 세일즈 프로모션은 소비자에 직접 작용하는 활동, 즉 견본의 전시나 배포, 콘테스트, 프레미

엄, 설명회 기타의 소비자 교육, 보증 서비스 등 뿐만이 아니라 자사의 상품을 판매하고 있는 도매상, 소매상 등의 판매업자를 상대로 하는 여러 가지 활동도 모두 포함하고 있다. 후자는 판매업자원조 dealer-helps 로 총칭되고 판매업자의 판매, 광고활동의 원조 및 판매업자를 상대로 경영 일반의 지도원조에까지 이르고 있다. 그 목표하는 것은 직접적으로는 판매업자로 하여금 취급하는 다수의 품목 중 자기상품에 최대의 관심을 가지도록 하는 데 있으나 본질적으로는 현대의 기본적 경향의 하나인 기업에 의한 판매업자의 종속화, 계열화라고 말할 수 있다. 이러한 세일즈 프로모션의 중요성의 증대에 따라 우리 나라에서도 대기업 중에는 최근 이것을 담당하는 전문부서를 설치하고 있다.

패리티 지수(指數) parity index

패리티라 함은 '균형잡히다'라는 뜻으로, 패리티 지수는 예를 들어 농가가 판매하는 농산물의 가격과, 구입한 비료와 생산용의 가격이 이전에 비하여 균형을 이루었는가 어떤가 하는 양자의 비율을 조사하는 데 사용된다. 오늘날 패리티 지수라 함은 농가에서의 농가 패리티 지수를 가리킨다. 우리 나라에서 패리티 지수는 주로 쌀의 고시가격의 기준을 계산할 때에 사용한다. 이 방법은 어떤 기간을 기준시로 정하고 그 때에 매입한 상품(대체로 공업제품)의 가격과 현재의 가격을 비교하여 물가상승에 의한 배율(이것이 패리티 지수가 된다)을 정하여 그 배율을 기준으로 현재의 쌀의 가격의 기준을 산출하는 방법이다. 이 방법에 의해 농산물의 가격과 공업제품의 가격을 균형잡을 수는 있지만 농가의 수입과 지출, 즉 소득에 대한 균형이 잡힌다고는 할 수 없다. 여기에서 소득면의 균형이 이루어지도록 소득패리티가 최근

연구되고 있다.

패턴 바기닝 pattern bargaining

과점기업의 사업체가 각지에 산재하고 기업별로 경영조건이 상이하며, 지방에 따라 노동시장의 조건이 다른 경우에는 산업별의 임금협약을 체결하는 것은 곤란하다. 종래부터 단체교섭이 분산적이었던 미국에서는 자동차산업 등에서 지도적인 기업과 노동조합과의 사이에 먼저 단체교섭이 이루어져 협약이 성립하고 이것이 패턴(기본유형)으로 되어 다른 기업에서도 각각의 특수사정을 가미해서 협약을 체결하는 교섭방식이 형성되었다. 이러한 단체교섭방식을 패턴 바기닝이라고 한다. 이 경우 비교의 기준으로 되는 교섭을 키 바기닝 key bargaining 이라고 부르고, 이 교섭에 의해 개정된 노동조건의 내용 및 형태를 패턴이라고 부르며, 패턴 바기닝은 이 키 바기닝에 따라서 다른 기업의 교섭이 행해지는 경우를 말한다. 이것은 미국의 자동차산업에서 전형적으로 보여 주는 임금결정의 형태이다.

퍼트 PERT program evaluation and review technique

PERT 란 조직 또는 하부조직을 구성하는 몇몇 중요한 작업을 선정하여 그 순서를 결정함으로써, 전체로서의 system operation 을 일목요연하게 하고, 사업계획을 달성하는 데 필요한 하부조직간의 작업순서, 상호관련성을 분석·관리하기 위한 수단이다. 기업이 수익성을 높이기 위해서는 비용절감이 중요한데, 이 중 PERT/time 은 시간절약을 통해 비용절감을 꾀하는 것으로, 구체적으로는 어떤 사업계획을 기간 내에 완성하기 위해 각 작업의 시간소요추정 또는 그 진행상태를 평가하기 위해 개발된 수법이다.

이제 PERT 의 원리 또는 실제적용 절차를 살펴 보면, ① 사업계획은 그것을 수행하는 데 필요한 작업으로 세분된다. 이 경우 세분된 각 작업을 activity 라 한다. ② 세분된 각 작업간의 시간적 순서를 고려하여 계획공정 net work, 즉 flow diagram 을 작성한다. ③ 소요시간을 계산한다. 소요시간, 즉 기대시간치 expected time(te)는 낙관적 추정시간 optimistic time(to), 비관적 추정시간 pessimistic time(tp), 최적추정시간 most likely time (tp)의 3자에 의해 추정된다. 즉 $te=\frac{to+4tm+tp}{6}$ 이다. ④ network 중 사업계획 시작에서 종료까지 가장 오랜 시간이 걸리는 공정을 주공정 critical path flow diagram 이라 하고, 굵은 선으로 표시한다. 주공정상의 작업이 예정보다 늦게 끝나면 전체 계획의 완성은 늦어진다. 이 때 사업계획의 완성기일을 변경하지 않는 범위 내에서 각 단계 event 에 허용될 수 있는 시간적 여유를 단계여유(段階餘裕) slack 라 한다.

끝으로 PERT 의 장점은 ① 계획공정 net work 을 작성하여 분석하므로 간트도표 Gantt table 에 비해 작업계획을 수립하기 쉽고 변화에 쉽게 대처할 수 있다. ② 계획공정의 문제점을 명확히 종합적으로 파악할 수 있으며, 중점관리가 가능하다. ③ 시간을 단축할 수 있어 결국 비용이 절감된다. ④ 관계자 전원이 참가하게 되므로 의사소통이나 정보교환이 용이하여 보고제도가 확립되고 팀워크가 좋아진다. ⑤ 가장 결정적인 장점으로서 인원이나 특수설비처럼 제한된 자원을 주공정에 배치하여 모든 작업을 이 주공정의 진행을 기준으로 배치할 수 있다. ⑥ 세부계획분석이 가능하다.

페비언 사회주의(社會主義) Fabian socialism

사회주의는 폭동이나 혁명없이 점진적으로 또 의회에 의하여 도입되어야 한다는 이론이다. 이것은 원래 영국의 페비언협회에 의해 주장되어 왔다. 페비언협회는 한니발과의 전쟁에서 시간이 그를 돕는 것을 알고 결전을 피하고 지연전술에 전념한 로마의 장군 컨크테이터 Fabius Cunctator 의 이름을 따서 명명되었다. 페비언협회의 특징은, 개인의 자유와 사회복지를 희구하는 사회주의자는, 이의 실현을 위한 대부분의 법안이 점차적으로, 또 반드시 민주적 방법에 의해 성립되어야 한다고 주장한 점이다. 이 견해는 1900년 영국 노동당의 결성에서 중요한 역할을 하였다. 웹 Webb, B., Webb, S. J. 버나드 쇼 Shaw, B. G. 등이 가입하였다.

펠너 Fellner, William John(1905~　)

헝가리 태생의 미국 경제학자. 그는 케인즈 경제학을 활용하면서도 고전학파적 색채를 풍기는 이색적 학자이며, 그의 주요 연구대상은 가격이론 분야이다. 현대의 경제이론은 고용, 산출량과 같은 집계량들 aggregates 상호간의 관련성에만 관심을 집중하고, 비용이나 가격구조의 분석을 경시하고 있다는 점에 대해 예리한 비판을 하였고, 케인즈 경제학과 가격분석의 종합을 시도한 파틴킨 Patinkin, D. 을 극구 찬양한 바 있다. 그는 또한 가격경직성의 요인으로서 독점 외에 불확실성 uncertainty 이라는 것을 중요시하고 있다. 근래의 성장 및 발전이론과 더불어 대두된 자본체계에 대해서는 이미 1946의 그의 저서에서 계산되었으며, 간단하나마 성장의 모형을 구상하고 있었다. 토빈 Tobin, J. 과의 논쟁에서 '펠너의 궁로(窮路) Fellner's impasse'라

는 용어가 펠너의 이론에 의해서 창조되어
많은 학자들이 인용하게 되었다. 과점에
관한 그의 저서 *Competition among the
Few*(1949)는 가격이론 분야에 있어서의
명저로서 널리 알려져 있으며, 근래에는
쌍방독점에 관한 이론의 전개를 시도하고
있다고 한다.

[주 저] *A Treatise on War Inflation*, 1942;
Monetary Policies and Full Employment,
1946; *Readings in the Theory of Income Distribution*(공저), 1946; *Competition among
the Few*, 1949; *Employment Theory and
Trade Cycle in Ellis(ed.): Survey Contemporary Economics*, 1955.

평균생산비 平均生産費 ☞한계생산
비·평균생산비

포겔 Fogel, Robert (1926~)

미국의 경제학자로서 현재 시카고대학
교수로 재직 중이다. 경제사연구의 새로운
개척자로 평가되는 그는 한 나라의 경제가
어떻게 경제성장의 역사를 시작하며 왜 쇠
퇴의 길을 걷는가를 밝힌 공로로 93년도
노벨경제학상을 수상하였다. 엄격한 경제
학적인 이론분석에 의해 선진국의 오랜 성
장의 역사를 재조명함으로써 많은 역사학
자, 경제학자, 정치학자들에게 새로운 눈
을 뜨게 했다는 그의 공로는 높이 평가되
고 있다.

그는 통계적인 것이든 서술적인 것이든
어떤 자료도 버리지 않고 완벽하게 파헤치
는 철저한 실증분석에 의해서 새로운 문제
를 찾아내고 경제사의 오랜 문제를 해결하
였다. 포겔교수는 미국경제성장과 철도산
업의 관계 그리고 노예가격 결정의 합리성
을 실증분석하였다. 먼저 미국의 경제성장
과 철도산업의 관계를 보면 이는 근본적으
로 성장을 지원하는 보조금에 대한 경제학

적인 분석의 문제다. 19세기 철도건설이
흩어져 있는 시장에 대한 접근을 용이하게
하여 경제 전체의 발전을 촉진시키므로 사
회적 비용을 낮추고 경제적 효율을 높이기
위해서는 철도건설에 보조금을 지급하는
법을 제정하는 것이 경제적 편익을 제공한
다는 것이 일반적인 통설이었다. 즉 투자
의 촉진을 위한 보조금 지급은 유익하다는
논리다. 그러나 포겔교수는 71년 「철도와
미국의 경제성장」이라는 논문에서 철도주
변의 지가변동, 장작불등에 의한 농작물의
피해, 건널목의 사고위험에 따른 보상문제
등을 실증적으로 분석해 사회적 편익을 계
량화 했을 때 법으로 제정된 보조금이 적
정투자율을 보장할 수 있는 것은 아니기
때문에 이해 당사자간의 자율적인 계약관
계에 맡겨져야 한다고 새로운 해석을 내렸
다. 포겔교수는 또한 비인간적인 제도이긴
하지만 시장에서 결정되는 노예가격이 경
제적으로 효율적이었으며, 노예제도가 폐
지된 것은 경제원상의 결함 때문이 아니
라 정치적인 선택 때문이었다는 책을 출판
하여 많은 논란을 불러 일으켰다.

그는 경제사를 연구함에 있어서 경제이
론에 맞는 가설을 세우고 계량적인 방법으
로 철두철미하게 이를 검증함으로써 경제
적 제도적 변화를 규명하여 흩어진 사료
뒤에 숨겨진 역동적인 변화의 원천을 캐고
자했다. 따라서 그의 연구는 기존의 제도
가 성장과 발전을 제약하여 새로운 희망을
주지 못한다고 느끼는 바로 그 사람들이 새
로운 제도를 창출하고 도약의 틀을 다지는
주체가 되어야 한다는 것을 시사하고 있다.
이것은 역사적 사실을 있는 그대로가 아니
라 새로운 기법을 도입해 경제적으로 접근
했다는 점에서 높이 평가할 만하다.

포스트 케인지언 경제학(經濟學)
post-Keynesian economics

주류 신고전파 이론이나 IS/LM 일반균
형을 이야기하는 케인지언 이론과는 다른
경제학을 일컫는 말로, 하나의 단일한 경
제이론으로는 통합되지 않은 이질적인 경
제학자 집단의 저작을 포함하는 용어이다.

여기에는 우선 이론적 근거에 따라 세
가지 주요 그룹이 있다. 첫째는 마샬 Mar-
shall, A. 과 케인즈 Keynes, J. M. 의 전통
을 이어받아 불확실성을 강조한 웨인스트
롭 Weinstraub, S., 데이비슨 Davidson, P.,
크레겔 Kregel, 민스키 Minsky 등이 있다
(미국의 포스트 케인지언). 두 번째 그룹
에는 마르크스 Marx. K.의 영향을 받은 스
라파 Sraffa, P. 등의 저작을 들 수 있는데
이들은 보통 네오 리카도주의자로 알려져
있다. 셋째로 역시 마르크스의 영향을 받
은 칼레기 Kalecki, 로빈슨 Robinson, J. 등
이 있다.

또한 이 세 그룹에 해당하지 않는 사람
으로 성장이론으로 유명한 칼도어 Kaldor,
N. 와, 케인즈의 유효수요이론과 전통에
서있지만 플로우 균형에 강조를 둔 케인즈
와는 달리 스톡균형을 강조한 케임브리지
대학의 고들리 Godley 등이 있다.

포트폴리오 선정(選定) portfolio selection

포트폴리오는 경제주체가 보유하고 있
는 유가증권의 일람표 또는 명세표이다.
포트폴리오 선정은 예금이나 채권, 주식
등의 금융자산을 어떤 비율에 따라 보유할
것인가 하는 금융자산 선택이론이다. 일반
적으로 개인이나 법인은 금융자산을 보유
할 때, 유동성(현금화의 난이도), 안전성
(원금의 침식성 정도), 수익성(예상소득에
대한 기대) 등을 고려해서 분산투자를 한
다. 구체적으로 금융시장에서 수요자로서
의 경제주체는 자기의 금융자산을 구성할
때 위험을 수반하는 수익자산과 안전한 비

수익자산을 자기의 효용에 맞추어 선정한
다. 이상을 종합하면 포트폴리오 선정이란
불확실성 하에서 투자자의 기대효용의 극
대화가 이루어지도록 각 금융자산의 보유
를 결정하는 투자행태를 의미한다고 규정
할 수 있다.

한편 포트폴리오 선정이론으로도 화폐
수요에 대한 법칙을 유도할 수 있다. 이제
투자가가 현재 보유하고 있는 금융자산의
화폐평가액을 w라고 하면 이 투자자는 자
기의 금융자산 w를 수익성이 없으나 안전
한 현금과, 수익성이 있으나 위험한 금융
자산으로 다음과 같이 재구성할 수 있다.

$$Y = (w-a) + a(1+X) \cdots\cdots (1)$$

(1)식에서 Y는 새로 구성된 포트폴리오
를, a는 위험자산의 크기, X는 단위위험
자산에서 오는 단위기간 중의 수익의 흐름
이고, (1)식은 다음과 같이 정리된다.

$$Y = w + aX \cdots\cdots (2)$$

(2)식에서 X의 흐름은 어디까지나 확률
적으로 결정되는 비확정적인 유량 flow 의
성격을 갖는 확률변수이다. 따라서 기대자
산 $E(Y)$을 계산함에 있어서는 X의 확률
밀도함수를 고려하여야 한다.

$$E(Y) = E[(w+aX)f(x)] \cdots\cdots (3)$$

이제 개개의 투자자는 자기의 기대자산의
크기에 따라 효용의 크기가 결정되는 효용
함수를 다음과 같이 갖는다고 가정하자.

$$\mu = \mu(E(Y))$$
$$= \mu[E\{(w+aX)f(x)\}] \cdots\cdots (4)$$

이렇게 결정되는 효용이 극대화될 수 있
다면 그와 같은 방법으로 투자자는 포트폴
리오를 선정하게 된다. 일반적으로 투자자
가 갖는 효용함수를 한계효용의 법칙에 맞
는 함수라고 한다면 (4)식을 a에 관해서
미분하여 0으로 놓음으로써 μ가 극대화
되는 a를 찾을 수 있다. 투자자의 효용을
극대화시키는 조건을 일반적인 효용함수
에 맞추어 찾아보면 대체로 수익 X가 크

면 클수록 통화의 수요가 적어진다. 이 때 수익 X는 이자율과 높은 상관관계가 있으므로, 통화의 수요는 이자율은 물론, 금융자산의 크기에 따라서도 결정된다는 것을 알 수 있다. 따라서 통화의 수요는 종국적으로 국민소득 Y, 이자율 i, 금융자산 w의 크기에 의해 결정된다고 볼 수 있다.

$$L = L(Y, i, w) \cdots\cdots\cdots\cdots\cdots\cdots (5)$$

그리고 (5)식과 같은 화폐수요함수를 '현대 케인지언 변형 modern keynesian variant'이라고 부른다. →유동성선호설

*표본분포 標本分布 sampling distribution

표본의 관찰을 통하여 모집단에 관한 성질을 추측하는 것이 표본이론이다. 통계적 관찰의 대상이 되는 집단은 일정한 개념으로 규정되는 단위의 집합이다. 이러한 집합 전체를 모집단 population 이라 한다. 표본은 모집단의 일부단위로 구성되는 모집단의 부분집합이다. 이와 같은 부분집합은 모집단에서 몇 개의 단위를 뽑아서 경험적으로 구성한 것이므로 하나의 모집단에 대해서 다수의 가능한 표본을 생각할 수 있다. 따라서 표본이론은 이와 같은 가능적 표본의 집합의 성질을 고찰하는 것이다. 그러므로 표본분포란 표본($x_1, x_2, \ldots x_n$)을 n개 의 확률변수의 조합으로 볼 때 통계량 statistic 의 확률분포를 뜻한다.

다시 말하면, 동일모집단에서 동일규모의 표본을 무한히 추출했을 때 각 표본의 평균치, 분산 등 여러 특성치가 어떠한 분포형태를 갖는가를 연구하는 것이다. 이러한 표본분포론은 추정론이나 검정론에서 유용하게 쓰이고 있다. 이 때 모집단의 개개의 단위(표본)에 같은 확률(추출확률)을 주었을 때 이를 단순확률표본 simple random sample 이라 한다. 예를 들어 어떤 반의 학생에게 일련번호를 매긴 표를 하나씩

주고, 이 중에서 일정한 수를 공평한 제비로 뽑아서 구성한 표본은 단순확률표본이다. 이상의 개념을 압축하여 종합하면 다음과 같다. (ⅰ) X는 확률변수이다. (ⅱ) X_i는 확률변수 X에 대한 i번째 관찰치이다. (ⅲ) $(X_1, X_2, \ldots X_n)$은 단순확률표본이다. 즉 X_i는 X와 더불어 같은 확률분포를 가진다. (ⅳ) φ는 X에 대한 관찰(표본)의 함수인 통계량을 의미한다. 즉 $\varphi = \varphi$ $(X_1 \ldots X_n)$ 그리고 X, X_i, φ는 모두 확률변수이다.

표본에서 계산된 통계량은 모집단에서 계산한 모수와 반드시 일치한다고 볼 수 없다. 일반적으로 모수는 불명인 것이 보통이므로(물론 모수를 알면 표본이론의 존재가치는 소멸한다.) 통계량과 모수가 어느 정도 차이가 나는지 알 수 없다. 즉 우리는 표본분포론을 통해 통계량이 어느 정도의 오차를 포함하고 있는가는 확정할 수 없으나 통계량의 오차가 어떠한 형태로 일어나는가를 알 수 있다. 부연하면 같은 모집단에서 일정한 크기의 표본 몇 조를 취하여 비율, 평균치 등의 통계량을 계산해 보면 취해진 표본에 따라 그 값은 크든 작든 어떤 차가 생기기 마련이다. 따라서 각 표본에 따라 변화하는 통계량을 정리해 보면 표본의 오차가 어떤 형태로 일어나는가가 분명해진다. 이것이 바로 표본분포인 것이다. 아래에서는 구체적인 표본분포를 다루고자 한다.

ⓐ 표본평균 sample mean 은 각 표본의 관찰치를 합하여 표본의 크기로 나눈 값이다.

즉, $\bar{X} = \dfrac{\sum\limits_{i=1}^{n} X_i}{n}$

ⓑ 표본평균의 기대치 the mean of the sample mean $\bar{X}$. φ_X는 다음과 같다.

$$\mu_x = E(\bar{X}) = E\left(\dfrac{\sum\limits^{n} x_i}{n}\right)$$

$$=\frac{1}{n}\sum_{i=1}^{n}E(X_i)$$

$$=\frac{1}{n}n\cdot\mu_x=\mu_x(\text{original mean})$$

ⓒ 표본평균의 분산 $\sigma^2_{\bar{X}}$ the variance of the sample mean

$$\bar{X}\sigma^2_{\bar{X}}=E[(\bar{X}-\mu_x)^2]$$

$$=E\left[\left(\frac{\sum_{i}^{n}X_i}{n}-\frac{n\mu_x}{n}\right)^2\right]$$

$$=\frac{1}{n^2}E\left[\left(\sum^{n}X_i-n\mu_x\right)^2\right]$$

$$=\frac{1}{n_2}E[(X_1-\mu_x)^2+(X_2-\mu_x)^2$$
$$+\cdots(X_n-\mu_x)^2$$
$$+2(X_1-\mu_x)(X_2-\mu_{x2})+\cdots]$$

$$=\frac{1}{n_2}\sum^{n}E[(X_i-\mu_x)^2]$$
$$+\frac{2}{n_2}\sum_{i=1}^{n}\sum_{j=1}^{n}E[(X_i-\mu_x)(X_j-\mu_x)]$$

$$=\frac{1}{n^2}n\cdot\sigma^{2x}$$

$$=\frac{\sigma^{2x}}{n}$$

($\because X_i$ 와 X_j 는 서로 독립이므로 이들에 대한 공분산은 0이다)

ⓓ 표본분산 sample variance S^2_X 은 그 정의상 다음과 같다.

$$S^2_X=\frac{1}{n-1}\sum^{n}(X_i-\bar{X})^2$$

이 때 S^2_X 도 $\bar{X}$ 와 마찬가지로 통계량이다.

ⓔ S^2_X 의 기대치는 σ^2_X original variance 이다.

$$E(S^2_X)=E\left[\frac{1}{n-1}\sum^{n}(X_i-\bar{X})^2\right]$$
$$=\frac{1}{n-1}\sum^{n}E[(X_i-\bar{X})^2]\cdots\cdots(1)$$

$$E[(X_i-\bar{X})^2]=E[\{(X_i-\mu_x)$$
$$-(\bar{X}-\mu_x)\}^2]$$

$$=E\left[\left\{(X_i-\mu_x)-\frac{1}{n}\sum(X_j-\mu_x)\right\}^2\right]$$

$$=E\left[(X_i-\mu_x)^2-\frac{2}{n}(X_i-\mu_x)\right.$$

$$\left.\sum^{n}(X_j-\mu_x)+\left\{\frac{(X_j-\mu_x)}{n}\right\}^2\right]$$

$$=E[(X_i-\mu_x)^2]-\frac{2}{n}E[(X_i-\mu_x)^2]$$
$$+\frac{nE\{(X_i-\mu_x)^2\}}{n^2}$$

$$=\sigma^2_x-\frac{2}{n}\sigma^2_x+\frac{1}{n}\sigma^2_x$$

$$=\left(1-\frac{1}{n}\right)\sigma^2_x\cdots\cdots\cdots\cdots\cdots(2)$$

(2)식을 (1)에 대입하면

$$E(S^2_X)=\frac{1}{n-1}\cdot\frac{n-1}{n}\cdot n\sigma^2_x=\sigma^2_x$$

이상을 종합하면 ① 표본평균치 $\bar{X}$ 의 평균과 분산에 관한 위와 같은 결과는 모집단의 분포가 어떠한 형태이든 관계없이 성립한다. ② 모집단이 평균 μ_x, 분산 σ^2_x 의 정규분포를 할 경우 여기에서 뽑은 크기 n 인 표본의 평균치 $\bar{X}$ 의 분포는 평균 μ_x, 분산 $\frac{\sigma^2_x}{n}$ 의 정규분포를 한다. 기호로 표시하면

$$X\sim n(\mu_x\cdot\sigma^2x)\quad\bar{X}\sim n\left(\mu_x,\frac{\sigma^2_x}{n}\right)$$

이다. 이 때 모집단이 정규분포인 경우는 표본의 크기 n 에 관계 없이 표본평균치는 정규분포를 하나, 모집단이 정규분포를 하지 않더라도 다음과 같은 관계가 성립한다. 모집단의 평균치 μ_x 와 분산 σ^2_x 이 유한치를 가지면, 분포의 형태에 관계없이 표본평균치의 분포는, 표본의 크기 n 가 크면 클수록, 평균치 μ_x 분산 $\frac{\sigma^2_x}{n}$ 의 정규분포에 근사하게 된다. 이와 같은 관계를 중심극한정리 central limit theorem 이라 한다.

이상과 같은 결과에서 일반적으로 다음과 같이 말할 수 있다. 즉 평균치 μ_x 와 분산 σ^2_x 의 모집단에서 뽑은 크기 n 의 표본평균치 $\bar{X}$ 의 표본오차는 $\sigma_{\bar{x}}=\frac{\sigma_x}{\sqrt{n}}$ 이며 μ_x 와 같이 σ_x 의 3배를 초과하는 경우는 거의 없으며, 2배를 초과하는 확률도 5% 이하이다. 즉 모수인 μ_x 가 $\mu_x\pm2\sigma_x$ 의 구간에 있을 확률은 95%이다. 다음에는

정규분포와 더불어 표본분포의 또 다른 중요한 형태인 t분포 t-distribution 에 대해서 설명한다. 앞에서

$$X \sim n(\mu_x, \sigma^2_x), \quad \overline{X} \sim n\left(\mu_x, \frac{\sigma^2_x}{n}\right)$$

일 때 새로운 확률변수

$$Z = \frac{(\overline{X} - \mu_x)}{\frac{\sigma_x}{\sqrt{n}}} = \frac{(\overline{X} - \mu_x)\sqrt{n}}{\sigma_x} \quad \cdots\cdots (3)$$

는 표준정규분포 $n(0,1)$에 따른다. 그러나 모분산 σ^2_x은 일반적으로 그 값을 모르므로, σ_x 대신에 표본표준편차

$$S_X = \sqrt{\frac{\sum(X_i - \overline{X})^2}{n}}$$

를 대체할 수 밖에 없다. 그렇게 되면 위의 확률변수 z가 표준정규분포에 따른다는 이론은 성립하지 않는다. 즉 모표준편차 σ_x 대신 S_X를 사용하는 경우, 통계량이 정확한 표본분포는 대분포라는 특유한 형태를 가진다. 여기서 표본평균치와 모평균과의 차$(\overline{X} - \mu_x)$를 $S_X/\sqrt{n-1}$로 나눈 것을 새로운 확률변수 T로 정의하면

$$T = \frac{(\overline{X} - \mu_x)\sqrt{n-1}}{S_x} \sim t(n-1) \cdots (4)$$

T는 $n-1$인 t분포에 따른다. (3)식과 (4)식을 비교하면 (4)식에서는 (3)식에서의 n 대신 $n-1$, σ_x 대신 S_x가 쓰여졌음을 곧 알 수 있다. 끝으로 (4)식을 유도하면 다음과 같다. $X_1 \cdots X_n$이 단순확률표본 $X_1 \cdots X_n$ are i.i.d 이고 $X_i \sim n(\mu_x, \sigma^2_x)$의 조건 하에서

$$S_X^2 = \frac{\sum\limits_{i}^{n}(X_i - \overline{X})^2}{n}$$

로 정의되어지는 S_X^2과 $\overline{X}$는 확률적으로 독립 $S_X^2 \perp \overline{X}$임과 $\frac{nS_X^2}{\sigma_x}$의 분포가 자유도$(n-1)$인 x^2의 분포에 따름이 증명되고 있다. 따라서 t분포의 정의상,

$$T \equiv \frac{\dfrac{\overline{X} - \mu_x}{\sqrt{\dfrac{\sigma^2_x}{n}}}}{\sqrt{\dfrac{nS_x^2}{\sigma^2} / n-1}} = \frac{(\overline{X} - \mu_x)\sqrt{n-1}}{S_x}$$

$\left(\because T \equiv \dfrac{w}{\sqrt{v/r}}\right.$ 이 때 $w \sim n(0.1)$ $v \sim x^2(r)$ $W \perp V)$이 성립한다. →중심극한정리, 확률분포, 추정론

[참고문헌] 유봉철, 「통계학」, 일신사, 1976; Hogg, R. V. & Craig, A. T., *Introduction to Mathematical Statistics*, 3rd ed. *Yamane statistics.*

표본조사 標本調査 sampling survey

통계조사라 하면 과거에는 항상 집단 전부를 조사하는 전수조사(全數調査) complete enumeration 였다. 그러나 이 방법에 의하면 비용이 많이 들고 신속을 요하는 정보를 확보할 수 없고 또 사실상 신고나 기입상의 오차 등이 대단히 커서 조사결과를 신뢰할 수 없을 때가 많았다. 따라서 조사대상인 집단의 일부, 즉 표본을 추출하여 이것을 엄중히 관리하여 얻은 정보를 토대로 집단 전체에 대한 추정을 하는 방법이 채용되게 되었다. 이것이 표본조사이다. 표본조사에서는 비록 신고나 기입 등의 오차가 없어도 추출의 방식을 잘못하면 추정 중에 당연히 오차가 생기게 된다.

이 추출오차를 조사목적, 조사비용, 또 조사소요시간 등과의 관련에서 허용되는 범위 이내로 오차를 줄이기 위해서는 무엇보다도 먼저 표본축출작업에 있어서 무작위성(임의성)이 필요하게 된다. 따라서 추정의 정밀도를 더욱 높이기 위해서는 추출을 하기 전에 일정한 기준에 따라 조사대상집단 전체의 분산을 최소로 하고, 각각에서 표본을 축출하여야만 표본이 불편성(不偏性)을 유지할 수 있으므로 모집단의 성질을 올바로 추정할 수 있다.

표준편차 標準偏差 standard deviation

각 변량이 그 평균을 중심으로 흩어진 정도를 말한다. 통계집단 변량의 분산의 정도를 표시하는 척도에는 범위, 사분위, 평균편차, 표준편차, 분산의 5가지가 있는데 그 중에서 표준편차가 가장 많이 쓰인다. 이를 수식으로 표시하면,

i) 연속변량 continuous variable 의 경우

$$\sigma^2 = E[(x_i - m)^2] = \int (x_i - m)^2 f(x) dx$$

단, $m = E(x_i) = \int xf(x) dx$

이 때 $f(x)$는 변량 x_i의 확률밀도함수이고 m은 변량 x_i의 평균, σ는 표준편차이다.

ii) 이산변량의 경우

$$\sigma^2 = E[(x_i - m)^2] = \sum_{i=1}^{n} (x_i - m)^2 p_i$$

단, $m = E(x_i) = \sum_{i=1}^{n} x_i p_i$

이 때 p_i는 각 변량의 확률(상대도수)이며 m은 변량 x_i의 평균치, σ는 표준편차이다. 여기서 표준편차의 값이 작으면 각 변량들이 평균치를 중심으로 그 가까이 분포되어 있으며, 그 값이 크면 각 변량이 평균치에서 멀리 분포되어 있다고 할 수 있다. 따라서 표준편차는 평균치와 함께 변량분포의 특성을 나타내는 중요한 지표이다.

풀 코스트 원리(原理) full cost principle

종래 근대경제학에 있어서 회사는 이윤을 극대화하기 위하여 제품의 최후 1단위를 판매함으로써 얻는 수입의 증가분(한계수입)과 그 최후의 1단위를 더 만들기 위하여 필요로 하는 비용의 증가분(한계비용)을 일치시키는 생산량을 정한다는 원리가 지배적이었다. 그러나 홀 Hall, R. L. 과 힛치 Hitch, C. J. 를 중심으로 하는 옥스포드대학의 경제학자가 이 이윤극대화라는 생각이 옳지 않다는 것을 실제로 실험하기 위하여 대표적인 사업가를 면접해 보았다.

그 결과 조사의 대상이 된 사업가는 누구나 생산량을 결정함에 있어서 한계수입과 한계비용을 일치시키려 하지 않고 오히려 단위당의 주요비용(주로 원료비, 임금비용 등의 직접비)과 공통비용(감가상각비, 중역의 급료, 지대, 이자 등의 간접비)을 더하고 여기에 이윤을 위한 어떤 관례적인 비율(예컨대 10%)을 곱하여 그것을 합계한 풀 코스트 full cost 와 가격을 일치시키는 생산량을 결정한다는 것을 알았다. 이와 같이 현실의 회사의 행동을 한계원리에 입각한 이윤극대원리 대신에 풀 코스트와 가격의 균등으로 설명하는 원리를 풀 코스트원리라고 한다. 이 주장에 대하여 한계원리를 옹호하는 입장에서 머클럽 Machlup, F. 등 많은 근대경제학자에 의하여 격렬한 반박이 가해졌다.

풍요 속의 빈곤 豊饒 속의 貧困 poverty midst plenty

유효수요의 부족으로 생산설비를 완전가동하지 못함으로써 잠재적으로 실현가능한 국민생산을 달성하지 못할 때, 그로 인한 빈곤을 풍요 속의 빈곤이라 한다. 현실에 있어 GNP 는 저축과 투자의 사전적 일치에 의해 결정되는 국민소득이므로 실현가능한 잠재적인 완전고용 GNP(potential GNP)은 아니다. 우리는 흔히 이 둘의 차이를 GNP 갭이라 한다. 따라서 GNP 갭으로 인한 빈곤은 통상적인 의미에서의 빈곤과 다르다. 즉 통상적인 빈곤은 부존자원의 부족으로 인한 숙명적인 빈곤, 천재지변에 의한 재난, 계층별 소득분배의 불공평 등 정치경제적인 의미를 갖고 있으나 풍요 속의 빈곤은 전술한 바와 같이, 그 국민경제가 갖고 있는 이용가능한 자원과 생산설비를 충분히 가동시키지 못함으로

써 발생한 빈곤이다. 따라서 이런 빈곤은 합리적인 경제정책에 의한 그 극복의 가능성은 상당히 크다. 역사적으로 풍요 속의 빈곤을 경험한 시기는 세계공황이었다 할 수 있다.

풍요한 사회 豊饒한 社會 affluent society

대부분의 국민이 풍부한 물질적 생활을 향수하고 있는 부유한 나라를 의미한다. 갈브레이드 Galbraith, J. K. 의 「풍요한 사회」가 일반에게 알려지게 됨에 따라 쓰여진 말로서 5,600만의 가족이나 개인이 6,000대 이상의 자동차, 5,000만대의 TV, 4,000만대의 진공청소기, 3,000만대의 전축을 소유한 1963년의 미국사회를 기술하면서 '풍요한 사회'라는 개념을 썼다. 미국은 당시 매우 여유있게 되었으므로 이제 소비재의 생산을 증가할 필요는 없고 사적 경제부문에서 공적 경제부문으로 중점을 옮김으로써 생산의 질을 개선할 수 있고 또 그렇게 하여야 한다고 갈브레이드는 주장한다. 따라서 자원을 보다 훌륭한 학교, 보다 청결한 거리, 보다 많은 공원 및 기타 여러 가지 사회적 서비스를 창출하기 위하여 사용할 수 있게 된다. 그러나 미국의 많은 경제학자는 이 주장에 동의하지 않고 있다. 그들은 소비자 욕망의 대부분이 충족되고 있다는 사고를 부인하고 사적 소비를 희생하여 정부 서비스를 촉진하는 것을 반대했다.

프라임 레이트 prime rate

미국의 상업은행이 전국에서 가장 신용도가 높은 일류 기업에 무담보로 단기사업자금을 대출할 때에 적용되는 우대금리이다. 이것은 은행이 기업의 신용도를 평가하고, 그 등급에 따라 차등금리를 적용하는 나라에만 적용되고(예, 미국), 우리 나라처럼 기업의 신용도에 따라 대출금리에 차이를 두지 않는 곳에서는 본래의 프라임 레이트는 존재하지 않는다. 미국의 경우, 프라임 레이트는 다른 실세금리를 선도하는 역할을 하며 보통 상업어음 할인시장의 할인율보다 1% 정도 높다.

프랜차이즈 체인 franchise chain

상품의 제조·판매를 겸한 메이커나 판매업자가 체인 주재회사가 되어 독립소매점을 가맹점으로 하는 소매형태를 말한다. 가맹점은 일정 지역 내에서 독점적 영업권을 행사하는 대신에 상품구성과 점포, 광고 등에 대하여 체인의 직영점처럼 경영지도 판매촉진 원조를 받는다. 투자의 대부분은 가맹국이 부담하기 때문에 프랜차이즈(가맹국)는 자기자본을 많이 투자하지 않고서도 체인점포를 열어 시장점유율을 제고시킬 수 있다.

프레비쉬 보고서(報告書) Prebish report

제 1 차 UNCTAD(1964) 개최에 앞서 사무총장인 프레비쉬 Prebish, R. 는 '개발을 위한 새로운 무역정책을 향하여'라는 보고서를 발표하였다. 이를 일반적으로 제 1 차 프레비쉬 보고서라고 한다. 이 보고서는 이론적이며 실증적인 것으로 격조높은 것이었으며, 여기서 선진국 무역정책을 새로운 방향으로 전환함으로써 저개발국의 무역확대와 개발을 촉진할 수 있을 것이라고 시사하였다. 프레비쉬가 제안한 무역정책의 과제는 대체로 다음과 같이 요약될 수 있다. 첫째, 선진국은 저개발국이 생산하는 완제품 및 반제품의 수입에 대하여 10년 동안 특혜관세제도를 실시한다. 둘째, 저개발국의 교역조건의 장기적 불리화추세는 개발에 악영향을 미치므로 선진국은 이를 커버하기 위한 자금을 저개발국에게 보상용자한다.

또한 프레비쉬 2차 UNCTAD(1968) 개최에 앞서 '새로운 개발전략을 향하여'라는 제 2 차 프레비쉬 보고서를 발표하였다. 이 보고서는 저개발국의 경제개발은 저개발국 스스로가 책임을 져야 한다고 하는 한편 선진국과 저개발이 서로 협력하는 개발전략을 책정할 필요성을 강조하여 주목을 받았다. 이 보고서는 무역 및 개발금융면에서 국제협력이 필요하다고 하며 다음과 같은 국제적 자금협력에 관한 제안을 하고 있다. 첫째, 선진국의 대(對)저개발국원조액의 목표인 GNP 1% 가운데 특히 선진국의 공적개발자금을 GNP 의 0.75%로 설정하여 각국은 5년 이내에 이 목표를 달성해야 한다. 둘째, 조건부원조를 단계적으로 완화·해소해야 한다. 이 밖에 저개발국의 완제품 및 반제품에 대한 특혜관세제도의 채용 등 무역정책면에 있어서의 제안을 하는 한편 '무역보다도 원조'라는 슬로건이 아니라 '무역도 원조도 함께'라는 입장을 취하였다.

프로그램매매 賣買
Program Trading

프로그램매매란 주가지수선물과 현물주가 (KOSPI 200지수)의 가격차이를 이용하여 현물과 선물을 동시에 사고 팔아 차익을 남기는 것을 말한다. 주가등락에 관계없이 항상 일정한 수익을 얻을 수 있기 때문에 투자 리스크는 거의 '제로'에 가깝다. 프로그램매매는 "바스켓 매매"라 부르기도 하는데 그 기원은 1976년 뉴욕 증시와 아메리칸 증시에서 가동되기 시작한 DOT Designated Order Turnaround라는 주문시스템이다. 프로그램매매에서 중요한 점은 개별 종목을 사고 팔 듯 여러 주식으로 구성된 주식 바스켓을 한꺼번에 사고 판다는 데 있다. 즉 선물이 높게 평가되어 있으면 선물을 팔아 현물을 싸게

살 수 있으므로 프로그램 매수가 일어난다. 반면에 선물이 낮게 평가되어 있으면 선물을 사기 위해 현물을 팔아야 하기 때문에 프로그램 매도가 나온다. 그러나 수많은 현물주식과 선물종목으로 구성되어 있는 바스켓 종목을 한꺼번에 사고 팔 수는 없어 컴퓨터 프로그램을 통해 아주 빠른 속도로 미리 등록된 종목들을 하나 하나 주문하여 처리하게 된다.

프로그램매매는 거래규모 면에서 아직 미미한 수준에 머물고 있지만 시가총액상 주요 종목에 대해 동시주문을 내기 때문에 시장에 큰 영향을 미친다. 우리 주식시장의 프로그램매매가 전체 주식거래에서 차지하는 비중은 1996년 0.1%에서 1999년 1.2%로 높아졌으나 그 비중을 미국(NYSE, 1998년 8.7%)이나 일본(동증, 1999년 9.4%)에 비교하면 아직 낮은 수준이다.

1987년 10월 19일 미국의 주식시장에서 하루에 종합지수가지수가 20% 하락하는 현상 Black Monday Crash이 발생했을 때 프로그램매매 거래방식이 중요한 원인으로 지적된 적이 있다. 이러한 지적에 따라 프로그램매매에 대한 제한이 필요하다는 견해도 많다. 그러나 화폐경제학자인 Merton Miller는 주가지수 선물의 가격도 주식가격을 움직이는 경제적 힘, 즉 시장에 의하여 평가되는 주식의 내재가치를 반영한다는 점에서 프로그램매매가 주식시장의 폭락을 가져온다는 주장에 동조하지 않는다.

프롤레타리아 proletariat

생산수단의 소유·비소유의 관점에서 유산계급에 대비하여 정치적·사회적·문화적 권력을 소유하지 못한 무산계급을 말한다. 프롤레타리아는 역사적으로 자본주의적 관계가 지배적인 사회관계로 성립되어 가고 있었던 시기에, 인클로저 운동 enclosure movement 등의 본원적 자본축적

과 계급의 양극화 현상으로 인해 토지를 상실한 농민, 길드 Guild 에서 탈락한 직인, 상업자본이 융성해짐에 따라 파멸하게 된 생산자 등이 자본주의적 생산과정에 흡수되어 생산수단으로부터 분리됨으로써 자신의 노동력을 상품으로 팔 수 밖에 없는 근대 노동자계급으로 나타나게 되었다. 더욱이 산업혁명을 통해 근대적 공장제도가 성립함에 따라 임금노동자에 대한 수요가 대량으로 팽창됨으로써 이러한 프롤레타리아의 창출은 더욱 가속화되었다.

한편 자본주의가 고도로 발전함에 따라 프롤레타리아는 자본가에 비해 점점 열세에 놓이게 되어 노동조합, 소비조합 등을 조직함으로써 개개의 노동자로서가 아니라 노동자계급으로서 자기주장의 필요와 의의를 자각하고 자기들의 경제적·사회적 지위의 향상을 꾀하게 되었다. 이에 대해서 국가도 이들의 권익을 보호하기 위해 노동의 기준과 노동자의 단체행동을 법률로서 보장하기에 이르렀고, 격렬한 대립과 투쟁보다는 노사상호간의 협력으로 노사간의 사회적 모순을 제거하려고 노력하였다. 그러나 마르크스 Marx, K. 는 자본주의가 발전하면 자본가와 프롤레타리아의 사회적 모순이 더욱 심화되어 자본주의의 멸망을 필연적인 것으로 법칙화하고 프롤레타리아를 사회주의혁명의 주체적인 담당세력으로 간주했다. 또한 마르크스는 프롤레타리아가 '프롤레타리아 독재'를 실시하여 유산자계급이 없어지면 사회의 여러 계급도 소멸한다고 말하고 있다. →자본주의, 인클로저 운동

프리드먼 Friedman Milton(1912~)
뉴욕의 가난한 이민가정에 태어나 장학금으로 라트거드대학을 1932년에 졸업, 1946년 컬럼비아대학에서 박사학위를 받은 후 시카고대학 교수로 취임했다. 그 후 스티글러 Stigler, G. J. 와 함께 시카고학파의 쌍벽이 되었으며, 1960년 후반에는 케인즈혁명으로 부정된 임무의 의미를 부흥시켜, 화폐의 중요성을 재인식 money does matter 시킴으로써 프리드먼 혁명을 이루었다.

프리드먼을 중심으로 한 소위 시카고학파는 통화량, 화폐유통속도, 물가수준에 관하여 오십 년 내지 1세기에 걸치는 장기자료를 수집·정리하여, 이들 변수들이 실물면에서의 경제활동의 움직임과 어떠한 연관관계를 맺고 있는가 하는 문제를 역사적인 통화, 금융제도의 변천과 관련시켜 실제적인 분석을 시도하였다. 여기서는 프리드먼교수의 통화량과 실물수준에 관한 실증분석의 결론만을 요약한다. 첫째, 화폐의 유통속도는 고전적인 화폐수량설이 말하는 뜻에서의 안정성이 있다는 것은 결코 아니나, 장기적인 관점에서 보면, 그것은 일관된 저하경향을 나타내고 있으며 또한 그 순환적 변동은 물가수준의 순환적 변동과 보조를 맞추어 움직여왔다. 또한 투자와 소득과의 관계인 투자승수와 비교하여 볼 때 통화량과 명목소득과의 관계인 유통속도는 1930년대의 짧은 기간을 제외하면 훨씬 더 안정적인 움직임을 보여 왔다. 둘째, 시간적으로 볼 때 통화량의 변동은 화폐소득이나 물가수준의 변동에 선행하고 있다. 각국 국민경제의 추계에 따르면 그 시차 time lag 는, 약 5개월 내지 9개월에서 12개월 내지 15개월이나 앞서고 있음이 밝혀지고 있다. 셋째, 화폐정책만이 유효하다. 그는 금융정책의 실시 등 화폐, 금융면의 현상들이 그 후계시기에 발생한 화폐소득과 물가수준변동의 원인이 되었다는 것이 밝혀졌다. 넷째, 현금통화, 요구불예금 및 정기예금을 포함하는, 총통화에 대한 수요의 항상소득의 탄력성은 1.8로서 화폐는 일종의 사치재이며, 그 유통속도는 경기상

승기에 증가하고 하강기에 감소한다.

한편 프리드먼은 화폐를 자산의 하나로서 취급하여야 한다고 주장하면서 케인즈 Keynes, J. M. 의 유동성선호설과 다른 입장에서 화폐수요함수를 설정하였다. 그 밖에도 그는 국제통화문제, 재정정책, 독점금지법문제, 사회복지정책 등 광범위한 분야에까지 그의 연구는 특기할 만하다.

〔주 저〕 *Taxing to Present Inflation*(with Shoup, C. & Mack, R. P.) 1943; *Income from Independent Profit Practice*(with Kuznets, S. S.), 1946; "The Quantity Theory of Money : A Restatement," *Essays in Positive Economics*, 1953; *A Theory of the Consumption Function*, 1957.

프리슈 Frisch, Ragner Anton Kittil (1895~1993)

노르웨이 경제학자로서 1931년 계량경제학회 창립에 참가하여 창립계획을 맡아 보았다. 1933년 이래 *Econometrica* 의 수석편집자였다. 그의 주요공헌을 들면 거시동태론 macro-dynamics 분야에 있어서의 선구자적 업적, 컨플루언스 분석 confluence analysis 이라고 하는 시계열(時系列)・상관관계이론에 있어서의 업적, 화폐탄력성 개념을 이용한 국제물가수준비교의 시도 등이라 할 수 있다. 이 중에서도 거시동태의 분석은 최근의 동학적 경제이론의 선구를 이루는 것으로서, 이것은 동학적 조직에 주어진 우연한 충격이 경기의 변동으로 파급되는 메카니즘을 수학적으로 전개한 것이다.

또한 그의 상관관계이론은 고전적인 최소자승법을 새로운 방법에 의해 재구성한 것으로서 펀치 맵법 punch map method 이라 호칭된다. 물가수준의 연구에 있어서는 3차원 공간에 소비곡선을 그려, 이것을 이용함으로써 화폐한계효용의 수량화를 시도하였고, 그 탄력성을 이용하여 물가수준의 국제적 비교를 하기 위한 방법을 고안해냈다.

〔주 저〕 *New Methods of Measuring Marginal Utility*, 1932; *Pitfalls in the Statistical Construction of Demand and Supply Curves*, 1933; *Statistical Confluence Analysis by Means of Complete Regression System*, 1934.

프린지 베니피트 fringe benefits

임금 이외에 노동자가 고용주의 부담으로 받는 경제적 이익, 즉 고용주부담의 건강보험, 실업보험, 연금 등을 말하며 부가급부라고도 한다. 노동조합은 전통적으로 임금인상을 중심과제로 하고 조합비에 의해 조합원의 병원, 실업 등에 대한 공제수당을 지급하는 방식을 취한다 하지만, 한편에는 미숙련의 저임금노동자를 포함하는 산업별조합의 일반화에 따라서 조합의 공제기능에는 한계가 생기고, 다른 한편에는 경영조건이 반드시 좋지 않은 기업의 지불능력에 한계가 생겨, 임금률의 인상에는 한도가 있다는 사정 때문에 제 2 차대전부터 기업별의 교섭시 임금 이외에 건강보험, 연금 등의 주변적 분야에서 노동자의 실질적인 소득을 증대시키는 것이 일반화되었던 것이다. 그런데 이러한 프린지 베니피트의 비중은 근년에 들어 주요 선진국 등에서 증가하고 있다.

미국에서의 프린지 베니피트 대(對) 임금은 1941년에 14.6%에 불과하였으므로 1961년에는 26.4%로 증가하였다. 우리 나라의 프린지 베니피트의 비율은 현재 극히 미소한 실정인데, 앞으로 노동자의 복지, 후생의 증대를 위해서는 이 프린지 베니피트의 비율도 임금상승과 더불어 증대되어야만 할 것이다

플랜테이션 plantation

자본의 본원적 축적기에 있어서의 소위

근세식민제도에서 비롯하여 자본주의 하에 있어서의 하나의 이질적인 우클라드로 되고 제국주의 중에 있어서 그 보충적 착취토양으로 되고 있는 전근대적 농업대기업을 말한다. 이것은 '자본'에 의한 기업이지만 그 '자본'은 전기성(前期性)을 가지는 것이며 노동력은 노예·기타의 비자본주의적 성질을 가지고 전근대적인 대토지소유를 전제로 하고 있다. 그러나 그것이 미국과 같이 자본가적인 견해가 지배적으로 행해지는 곳에서는 전(全)잉여가치가 이윤으로서 이해되기 때문에 플랜테이션이 자본주의적 대농경영인 것 같은 오해가 생긴다.

플랜테이션의 생산물은 세계시장의 전개 하에서 상품으로서 판매된다. 그것은 주로 열대·아열대의 특산물인 향료·커피·차·사탕·담배·면화·고무·마 등을 주로 단일재배에 의해 생산한다. 말레이지아·수마트라·쟈바·인도·실론·아프리카·중남미제국 등의 식민지·반식민지의 재식기업(栽植企業)이 이 플랜테이션에 포함된다. 플랜테이션에서 노동은 백인의 감독 하에 니그로 조장을 두는 집단적 노동양식인 갱·시스템 gang system이 일반적이다. 플랜테이션제도의 전형적인 예는 미국남부에 창출된 흑인노예제 플랜테이션이다.

흑인노예제 플랜테이션의 특징은 ① 그 생산물이 열대성 혹은 아열대성의 특산물로 구성되어 있고 처음부터 세계시장을 지향한 상품작물인 것 ② 전근대적 대토지소유제를 기초로 하고 있는 것 ③ 노동력은 비자유·강제노동력인 노예에 의존하고 있는 것이다. 미국남부의 플랜테이션은 식민지시대에 있어서의 흑인노예수입에 의한 담배·염 등의 본국을 향한 특산물의 생산에서 비롯하고 19세기에는 공업원료인 면화재배로의 전환에 의해 본격적인 확

립을 보았다. 여기에 '면화왕국' 남부가 성립하고 노예제 플랜테이션은 남부의 사회경제구조를 규정하는 제도로 되었다.

피구 Pigou, Arthur Cecil(1877~1959)

케임브리지 학파의 마샬 Marshall, A.의 후계자로서 해로우를 거쳐 케임브리지의 킹스 칼리지 King's College에서 수학하고 1903년 런던대학 제본스 Jevons, W.S. 기념강좌강사, 1904년 케임브리지대학강사, 1908년 마샬을 계승, 동대학 교수가 되었다. 피구는 마샬의 고전학파와 제본스의 주관주의를 통합하였는 바, 이런 기초 위에 후생경제학을 체계화하였다. 피구는 마샬이 통합한 정통파의 물질적 부의 경제학으로부터 정신적 후생경제학으로 발전시킨 개척자이다. 그는 불만족한 의식상태에 있는 후생을 화폐로써 측정할 수 있는 것으로 간주하고 마샬의 국민분배분을 후생경제학의 기초개념으로 삼았다. 따라서 국민소득의 측정과 그의 분배가 문제되는데 결국은 분배정책에 의한 교정이 제창되며, 이런 점에서 재정정책이 특히 주목받게 되었다.

[주 저] *The Principle and Methods of Industrial Peace*, 1905; *Economic Science in Relation to Practice*, 1908; *Wealth and Welfare*, 1912; *Unemployment*, 1913; *Disorganization of Industry Commerce and Finance*, 1916; *The Economy and Finance of War*, 1916; *A Capital Lery and A Lery on War Wealth*, 1920; *Mémoire préparé pour la Conference Financière internationale de Bruxells*, 1920; *The Political Economy of War*, 1921, 2ed., 1940; *Essays in Applied Economics*, 1923; *Memorials of Marshall, A. (as the editor)*, 1926; *Industrial Fluctuation*, 1927, 2ed., 1929; *A Study in Public Finance*, 1928, 2ed., 1929; *Economics in Practice*, 1925; *The Economics of Stationary States*, 1935; *Socialism versus Capitalism*, 1937; *Lapeses from Full Employment*, 1945; *Income—A Introduction to Economics*, 1946; *Aspects of British Economic His-*

tory, 1918, 1925, 1947; *The Veil of Money*, 1949; *Keynes, General Theory—A Retrospect*, 1950.

피구세 稅 Pigouvian tax

환경문제를 해결하기 위한 정부의 적극적인 역할에 대한 경제학적인 접근은 소위 피구세라고 불리는 조세정책으로 대표된다. 즉 정부의 조세정책을 통해 환경오염에 의한 사회적 비용을 경제주체들이 그들의 의사결정 과정에 포함시키도록 만들 수 있다는 것이다. 피구세는 20세기 초 영국의 대표적인 경제학자인 피구 Pigou(1877~1959)에 의해 그의 대표적인 저서 「후생경제학」Economics of Welfare (1947)에서 제안되었다. 환경재에 대해서는 시장이 형성되어 있지 않기 때문에 환경재를 어떤 특정용도에 과다하게 이용한 결과 다른 용도에 현저한 지장을 초래하더라도 이에 대해서 대가를 치르게 할 방법이 없게 되어 있다. 따라서 공권력에 의거해서 그 지장에 상응하는 만큼 환경재 이용에 대가를 치르게 함으로써 다시 말하면 환경재에 인위적으로 적정가격을 설정함으로써 환경재의 남용을 막을 필요가 있다. 이같이 환경재에 적정가격을 설정하는 것은, 환경재의 사회적 적정이용을 유도함으로써 사회적 적정환경오염수준을 달성하며 시장기구의 자원배분기능을 보완함으로써 환경재를 포함한 모든 자원의 효율적인 이용을 달성하려는 취지를 갖는다. 약 백여 년 전에 피구가 바로 이러한 취지의 부과금을 제안하였다고 해서 배출부과금을 경제학에서는 흔히 피구세 Pigouvian tax라고 부르기도 한다. 어떻든 최적화 배출부과금은 흔히 생각하는 것보다 그 역사가 매우 오래고 또한 깊은 의미를 가진다. 사회적 적정오염수준을 유도하기 위한 최적화 배출부과금의 요율은 즉 환경의 이용에 대한 적정가격 또는 환경재의 적정가격은 한계환경편익곡선과 한계오염피

해곡선이 만나는 점에서 결정된다. 즉 오염원인자의 환경편익과 오염피해자의 오염피해가 일치하게 되는 상태에서의 환경편익 또는 오염피해가 곧 부과금 요율, 달리 말하면 환경재의 가격이 된다. 정부는 모든 오염인자로 하여금 오염물질을 한 단위씩 배출할 때마다 이 가격을 치르게 함으로써 사회적 적정오염수준을 달성할 수 있게 되는 것이다. 그러나 최적화 배출부과금은 환경오염을 사회적 적정수준으로 통제한다는 점에서 취지는 대단히 좋지만 문제는 이 취지를 살리기 위해서는 한계오염피해곡선과 한계환경편익곡선을 정확히 알아 내지 않으면 안 된다는 점이다. 하지만 현실적으로 한계환경편익곡선을 알기는 매우 어려우며 따라서 최적화 배출부과금 즉, 피구세는 사실상 현실성이 없는 이론적 발상에 불과할 수도 있다. 물론 간접적으로 추정하는 방법은 있으나 이 경우에도 불완전정보의 문제성이 있으며 배출부과금을 징수하는데 있어서도 환경을 오염시키는 요인이 천차만별이므로 많은 문제점이 존재하는 것도 사실이다.

피구효과(效果) Pigou effect

가격의 신축성이 자동적으로 완전고용을 달성시키느냐의 여부에 대한 케인즈 Keynes, J. M. 와 피구 Pigou, A. C. 간의 논쟁에서 피구는 케인즈의 비판에도 불구하고 화폐임금을 낮추면 실업구제가 가능하다고 주장하면서 이에 대한 이론적 근거로서 피구효과를 주장하였다. 케인즈의 주장에 의하면 케인즈 이전의 이론에서는 화폐임금을 낮추면 물가수준이 불변일지라도 실질임금이 하락하여 고용수준을 높일 수 있다고 역설하였으나, 실제에는 화폐임금의 인하는 유효수요의 감소를 통하여 물가수준을 인하하기 때문에 고용수준은 변하지 않는다. 이 현상은 동차성공준(同次性公準)의 한 형태이기도 하다. 그리고 케인

즈의 일반이론에 의하면, 피구효과가 유효하기 위해서는 임금하락이 임금단위 wage unit 로 표시한 화폐수량을 증가시켜 이것이 이자율을 낮추어, 유효수요를 증가시켜야 한다는 것이다. 이에 대하여 피구는 화폐임금의 인하가 물가수준을 인하한다는 케인즈의 주장을 인정하지만 물가수준하락시 화폐 등의 유동적 형태로 자산을 갖고 있으면 화폐의 명목액은 불변일지라도 물가수준의 하락에 의해 그만큼 소유화폐의 실질가치는 증가한다.

이리하여 명목화폐액은 불변이더라도 실질가치가 증대하기 때문에 가일층의 물가하락이 없을 것이라는 기대 아래서는 화폐소유자의 저축의욕은 감퇴하여 소비지출은 증대하고 결국 케인즈가 말하는 이자율의 변화라는 경로를 통과함이 없이도 유효수요는 증대하여 고용수준을 높일 수 있다. 이러한 화폐잔고의 실질적 가치의 변화가 소비나 저축에 주는 효과를 피구효과라고 부른다. 그 명명자는 파틴킨 Patinkin, D. 이다. 이 피구효과의 발견자는 피구, 시토브스키 Scitovsky, T., 하벌러 Haberler, G. 등 세 사람이라고 한다. 파틴킨이 주장하는 실질잔고 효과란 이 피구효과의 확충을 도모한 것으로서 본질적으로는 피구효과와 동질의 것이다.

피셔 Fisher, Irving (1867~1947)

미국의 경제학자, 통계학자. 클라크 Clark, J.B. 의 한계이론에서 출발하여 수리경제학의 체계를 수립하였다. 경제학자이면서 뛰어난 통계학자였던 피셔는 수리경제적 연구와 수리통계적 연구를 결부한 계량경제학 분야를 개척하였다. 경제이론의 수리적 정밀화에만 그치지 않고 이론적 정식을 끊임없이 사실에 비추어 통계적으로 측정하고 검증하는 것이 그의 일관적인 노력의 대상이었다. 「가치와 가격이론의 수학적 연구」에 있어서 효용개념의 객관적·수리적 규정을 시도하였으며 「한계효용을 측정하고 누진소득세의 공정을 검증하는 통계적방법」(1927)에 있어서는 한계효용의 통계적 측정법에 대한 수 년간의 연구성과를 발표하였다. 그것은 등량법 methods of isoquants 의 일종에 속하는 것이었다.

다음에 '화폐의 구매력'에 나타난 피셔의 화폐수량설은 너무나 유명하다. 물가수준의 변동에 대한 인과적 설명은 많은 비판을 받았으나 이것을 화폐수량과 물가와의 함수관계에 관한 계량경제학적 연구로 관점을 바꾸어 보면 새로운 의의를 찾아볼 수 있는 것이다. 그 자신은 교환방정식 $MV=PT$(M: 화폐량, V: 화폐의 유통속도, P: 일반물가수준, T: 거래량)에 있어서 P의 통계적 측정문제에서 물가지수론의 연구를 지속하여 이상산식을 창안하기에 이른 것이다.

〔주 저〕 *Mathematical Investigations in the Theory of Value and Prices*, 1892; *A Brief Introduction to the Infinitesimal Calculus Designed Especially to Aid in Reading Mathematical Economics and Statistics*, 1897, 3ed., 1909; *The Nature of Capital and Income*, 1906; *The Purchasing Power of Money, Its Determination and Relation to Credit, Interest and Crisis*, assisted by Brown, H.G. 1911, new and revised ed., 1926; *Our Unstable Dollar and the So-Called Business Cycle*, 1925; *The Rate of Interest*, rev. ed., 1907; *The Theory of Interest*, 1930; "A Statistical Method for Measuring 'Marginal Utility' and Testing the Justice of a Progressive, Income Tax", *Economic Essays Contributed in Honor of J.B. Clark*, 1927; *The Money Illusion*, 1928.

피어슨 Pearson, Egon Sharpe
(1895~　)

영국의 통계학자, 수리통계학자. Pearson, K.의 아들로 기술통계학의 완성자이다. 그는 수리통계학에 있어서 검정론의 이론을 수립한 대단한 공적을 가지고 있다. 그는 검정론의 연구 뿐만 아니라 현재 영국에 있어서 품질관리용 규격의 정비·완성에 있어서도 많은 업적이 있다.

[주 저] *On the Problem of the Most Efficient of Statistical Hypothesis*, Phill. Trans, Roy, Soc., 1933; *The Application of Statistical Methods to Industrial Standardization and Quality Control*, 1935.

피어슨 보고(報告) Pearson report

1970년대에 있어서 개발도상국의 개발을 위한 원조를 둘러싼 문제점을 지적하고 방향을 제시한 보고서를 말한다. 1969년 가을의 세계은행 연차총회에 제출되어 채택되었다. '개발의 파트너'라고 제목을 정하고 68항목으로 되어 있는데, 주된 내용은 ① 선진각국 정부는 1957년부터 80년대까지의 기간에 개발도상국을 위한 정부원조(민간투자는 제외)를 GNP의 0.7%까지 확대한다. ② 정부원조의 금리는 2% 이하로 한다. ③ 제2세계은행의 기능을 확대하기 위하여 자금(한도권(限度圈))을 확대한다 등이다. 맥나마라 세은(世銀)총재가 1968 여름 개발도상국을 중심으로 하는 세계개발전략을 검토하기 위하여 피어슨 전 캐나다 수상을 위원장으로 하는 자문위원회(통상 피어슨 위원회)를 발족시켰다. 그리하여 이 보고의 제출을 요구한 데서부터 피어슨 보고라 불렀다.

PMA Personnel Management Analysis

인사관리 분석제도로서, 인사에 관한 정보를 가능한 한 과학적으로 분석평가하여 문제점을 해결하여가는 제도이다. 인사관리는 일반적으로 경험과 육감에 의해서 처리되어 온 것이 상례이었지만 이 제도는 인사관리에 합리성을 부여하기 위하여, 정보를 될 수 있는대로 계수적으로 파악할 수 있도록 고안된 것이 특징이다. 10여 년 전부터 미국의 CSC에서 직원관리에 실용화한 것이 그 시초이다.

피드백 시스템 feedback system

피드백 시스템은 서보메카니즘 servomechanism 또는 사이버네틱스 cybernetics의 원리로서 종래 기계공학이나 전기공학에 응용되어 왔던 것인데, 이것을 경제학에 최초로 도입시킨 것은 굳윈 Goodwin, R. M. 이다. 경제학의 문제로서 이 원리를 검토해 보면 $K_0(t)$를 소요의 자본(피드백 시스템에 있어서의 투입)으로서, 이것이 실질국민생산고와 기술상태로서 주어진 것으로 한다. 또 실제의 자본(실제의 산출)을 $K(t)$로 한다. 어떤 것이나 시간 t의 함수이다. 이 두 양의 차 $K(t)-K_0(t)$는 오차로 불리우나 이 오차가 이와 같은 체계에 피드백된다. 만약 이 피드백의 양이 음일 때, 즉 $K>K_0$의 경우에는 음의 순투자가 얻어져 그 때문에 체계는 균형에 복귀된다($K-K_0$는 초과자본을 의미한다). 또 만일 $K<K_0$일 때는 양의 순투자가 얻어져, 이런 때에도 균형에 복귀된다.

이런 사상은 슘페터 Schumpter, J. A. 의 신기축이론을 대충 나타낸 것이다. 즉 k_0는 어느 때는 약하고 어느 때는 강하게 불규칙적으로 갑자기 상승한다. 대개의 경우는 규칙적인 간격을 두고 상승이 일어난다. 그림 1에서 소요의 자본 $K_0(t)$(투자)는 점선으로, 실제의 축적된 자본 $K(t)$(산출)는 실선으로 표시되어 있다. 그래서 이러한 피드백 시스템에 있어서는 K는 K_0를

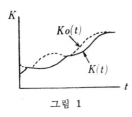

그림 1

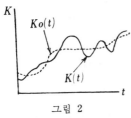

그림 2

뚫고 나가는 경향이 있는 것이 사실로서 또 경제현상에 있어서도 같은 사실이 인정된다. 이 상태는 그림 2를 보면 확실하다. 이 현상은 진동이 크면 클수록 일어나기 쉽다. 그러나 어떤 포화상태가 존재함으로써 진동은 잠시 후 안정적인 상태로 되어 '돌파(突破)'의 현상은 감소되어 간다. 이 사실이 피드백 시스템의 원리와 유사하다. 이 시스템은 경제학의 분야에서는, 겨우 연구가 착수되고 있다고 할 정도이며 현재까지 학계에서 주목받은 것으로는 상술한 군원의 경기순환에의 응용(그는 또 이것을 수학적으로 확정된 형으로 전개한 것이 아니고 오히려 암시적으로 말함에 불과하다)과 사이몬의 생산통제에 있어서의 응용 등이 있을 뿐이다. →경기순환, 당구대의 이론

PPBS Planning Programming Budgeting System

전통적인 예산편성방식에서는 장기계획에 대한 관심이 적고, 각 부처를 중심으로 편성되었기 때문에 전체적인 목표지향이 불충분하며, 예산편성에서 증가주의 입장이 취해지기 때문에 일단 한번 인정된 예산은 계속 인정되는 반면 신규 공공지출은 잘 인정되지 않고, 또 예산결정의 배후에 정치기구가 버티고 있기 때문에 경제합리성에서 벗어난 지출이 결정될 수 있는 등 많은 문제를 안고 있다. 이러한 문제점을 시정하고 예산편성을 개선하기 위해 미국정부가 도입한 예산편성방식이 PPBS이다. PPBS에서는 우선 장기계획과 목표를 설정하고 그 다음에 그 계획과 목표를 달성하기 위한 절차나 필요한 투입물을 결정하여, 이에 필요한 예산을 배정한다. PPBS의 주요수단으로는 비용편익분석이나 시스템분석이 있다.

PPBS의 시초는 제2차 세계대전 당시 미국에서 시행된 물자통제 계획이다. 그 후 케네디 정권 하의 프로그램 예산의 단계를 지나, 1965년 존슨 정권 하에서 예산편성시스템으로 정식 도입되었다.

＊필립스 곡선(曲線) Phillip's curve

실업률과 화폐임금상승률 사이에는 매우 안정적인 함수관계가 있음을 나타내는 모델로서 영국의 경제학자 필립스 Phillips, A. W.에 의해 발표된 것이다. 즉 인플레이션의 요인에 대한 수요견인설 demand-pull theory과 비용인상설 cost-push theory 사이에 열띤 논쟁이 계속되고 있을 때 필립스는 영국의 경제통계로부터 화폐임금상승률과 실업률 사이에는 역의 함수관계가 있음을 발견했다. 각국에 따라 다소의 차이는 있지만 필립스 곡선의 일반형은 그림 1과 같다. 원래는 화폐임금상승률과 실업률 사이의 관계로 표시되지만 물가상승률과 실업률 사이의 관계로 표시되기도 한다. 그림에서 알 수 있듯이 실업률이 낮을수록 화폐임금상승률 또는 물가상승률이 높으며, 반대로 화폐임금상승률이 낮을수록 실업률은 높다.

이제 이를 수치로서 나타내보자. 먼저

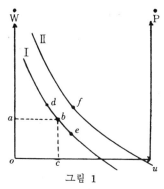

그림 1

화폐임금상승률이 노동의 초과수요의 함
수라 가정하면,

$$W=f(N^d-N^s) \cdots\cdots\cdots\cdots\cdots (1)$$

라고 표시된다.

여기서 $\dot{W}$는 화폐임금상승률, N^d는 노
동에 대한 수요, N^s는 노동의 공급을 뜻
한다. (1)을 노동에 대한 초과공급 excess
supply 의 함수로 표시하면

$$\dot{W}=-f(N^s-N^d) \cdots\cdots\cdots\cdots (2)$$

가 되며, 노동의 초과공급(N^s-N^d)은 실
업을 뜻하므로 (2)를 다시

$$\dot{W}=g(u) \cdots\cdots\cdots\cdots\cdots\cdots (3)$$

로 표시할 수 있다. 여기서 u는 실업률을
나타낸다. 이 (3)이 필립스 곡선을 함수관
계로 표시한 것이며 이제 물가상승률(P)
과 관련지워 보자. 만일 소득분배에서 자
본과 노동에 대한 분배율이 시간에 관계없
이 일정하다면, 물가상승률은 화폐임금상
승률에서 노동생산성의 증가 만큼을 뺀 것
과 같은 것이다.

즉 $\dot{P}=\dot{W}-(y/N) \cdots\cdots\cdots\cdots (4)$

따라서 필립스 곡선은 물가상승률로도
표시된다. 또한 실업이 일정량씩 줄어들게
되면 임금상승률은 증가하게 된다. 즉 실
업률이 0에 가까워지면 $\dot{W}$는 $+\infty$에 접근
한다. 반면에 실업률이 점점 늘어난다고
해도 $\dot{W}$가 $-\infty$에 접근할 수는 없으므로

필립스 곡선은 원점에 대해 볼록한 형태를
지니게 된다.

필립스 곡선은 단순히 이러한 경험적 관
계에서 도출한 것에 불과하지만 완전고용
과 물가안정이란 두 가지 경제정책 사이의
모순을 지적함으로써 정책문제의 분석에
큰 공헌을 하였다. 즉 그림 1에서처럼 $oabc$
를 물가상승률과 실업의 허용영역이라 할
때, 만일 경제가 d나 e상태에 있다면 그
나라의 경제정책목표는 경제를 $oabc$내로
끌어 들이도록 하는 데 중점을 두어야 하
며, 만일 필립스 곡선 Ⅱ의 f상태에 있을
경우에는 Ⅱ를 원점 쪽으로 이동시키도록
하는 데 중점을 두어야 한다.

필 조례(條例) Peel's Bank Act

1844년에 제정된 조례로 잉글랜드 은행
의 은행권 발행을 규정한 것이다. 당시의
수상 로버트 필 Rebert Peel 경에 의하여
제정되었기 때문에 이 명칭이 붙었다. 이
조례는 은행권의 발행방법을 규정한 것으
로 공황의 원인을 은행권의 과잉발행에서
찾고 그 발행을 금의 유출입에 비례하여
조절하면 된다는 통화주의적인 사고방식
에 따른 것이다. 이러한 입장에서 이 조례
는 은행권 발행을 잉글랜드 은행에만 집중
시켜 은행권 발행에 대한 은행 자체의 자
유재량권을 박탈하여 은행권의 유통량을
금속통화의 유통량과 동일하게 유지시키
려는 것이다.

이 조례는 크게 두 개의 부분으로 구성
되어 있다. 하나는 기타의 발권은행에 관
한 것으로 각 은행의 은행권 발행 최고 한
도를 정하되 그 외의 여러 가지 사정으로
이 은행들의 발행권이 상실될 때에는 잉글
랜드 은행이 그것을 계승할 것을 규정하고
있다. 다른 하나는 잉글랜드 은행 자체에
관한 것으로서 동행(同行)을 발행부와 은
행부로 나누어 발행업 은행업무로부터 분

리·독립시키는 것이다. 발행부는 1,400만 파운드를 한도로 유가증권담보의 보증발행을 인정하며, 그 이상의 은행권 발행에 대해서는 그것과 동액의 금화 또는 금지금(金地金)을 태환준비로 할 것 등이 규정되었다.

이렇게 하여 실시된 필 조례는 실제로는 공황을 예방하지 못하였을 뿐만 아니라 오히려 이것을 격화시키는 역기능적 역할을 하여 1847년, 1857년, 1861년의 공황시에는 보증발행의 제한을 정지하지 않으면 안되게 되었다. 이 제도는 1928년의 통화 및 은행권 조례에 의하여 굴신(屈伸)제한제도로 갱신하여 유지되었다. →은행주의, 통화주의

하벌러 Haberler, Gottfried (1900~   )

오스트리아 출생의 미국 이론경제학자. 비인대학에서 학위를 얻고 런던, 하버드대학 등에서 연구하였다. 1936년 나치스의 위협으로 도미하여 하버드대 경제학교수로 재직하였다. 하벌러는 하이에크 Hayek, F. A. v., 모르겐슈테른 Morgenstern, O. 등과 함께 비인학파 정통파의 1인이며, 특히 그는 경제정책에 있어서 철저한 자유주의의 입장을 취하고 있다. 제 2 차대전중에는 실제의 경제정책에 많이 관여하였으며 1943년에는 워싱턴의 연방준비은행과도 밀접한 관계를 가졌었다. 국제무역의 이론과 경기변동의 이론에 특히 전심하여 이 분야에 관한 명저를 저술하였다.

[주 저] *Der Sinn der Indexzahlen*, 1927; *Liberale und planwirtschaftliche Handelspolitik*, 1934; *Der internationale Handel*, 1933; *The Theory of International Trade*, 1935; *Prosperity and Depression*, rev. ed, 1937; *Consumer Installment Credit and Economic Fluctuations*, 1941; *Quantitative Trade Controls, their Causes and Nature*, 1943.

하벨모 Haavelmo, Trigve (1919~   )

1919년 노르웨이의 스케드모에서 태어나 33년에는 첫 노벨상 수상자인 프리슈의 지도하에 오슬로대학을 졸업했다. 2차대전이 일어나자 미국으로 건너가 노르웨이 무역위원회에서 근무를 하며 41년에는 하버드대에서 박사학위를 취득하였다. 이 당시의 논문인「계량경제학에의 확률적 접근」은 현대계량경제학의 정립에 지대한 영향을 미치고 있다. 하벨모는 경제학에 통계적 검증법을 도입해 계량경제학의 이론을 확립한 공로로 1989년 노벨상을 수여했다.

하벨모의 학문적 세계는 크게 두 가지로 나눌 수 있다. 그 하나는 그가 미국에 머물고 있던 전반기의 업적으로서 계량경제학의 정립 및 발전에 관한 것이다. 계량경제학이란 경제학을 과학으로 정립시키는 데 수리경제학과 더불어 필요불가결한 학문이며 동시에 경제이론을 추상화하는 데까지를 과제로 하는 수리경제학에서 한걸음 더 나아가서 경제이론과 현실적 측면을 연결하여 경험과학으로서의 경제학을 정립하는 역할을 수행한다. '계량경제학'이라

는 용어는 프리슈가 처음으로 사용하였으며, 30년대 이후에야 비로소 유럽의 노르웨이·스웨덴 등을 중심으로 경제분석에 통계적 절차를 응용하려는 시도들이 이루어졌고, 곧이어 미국 시카고대학에 콜스위원회가 생기면서 본격적으로 계량경제학이라는 경제학의 한 분야가 태어나게 되었다. 이러한 발아단계에서 개척자인 프리슈와 틴버겐 등의 뒤를 이어 하벨모가 계량경제학의 핵심이 되는 내용들을「계량경제학에의 확률적 접근」이란 논문에서 처음으로 정리해 내었던 것이다. 이 논문에서 그는 경제의 관계를 추정하고 검증하는 데에 확률적 접근의 이용을 강력히 주장함으로써 계량경제학을 확률이론의 반석 위에 확실히 올려 놓는 데 기여하였다. 또 그는 *Econometrica*에「연합방정식체계의 통계적 의미」라는 논문을 발표하며 경제모델에 있어서 연합방정식의 통계적 의미를 최초로 논의하였다. 그의 계량경제학은 케인즈의 경기변동론이나 거시경제모형의 작성에 대한 체계적 뒷받침이 되었다.

두 번째 그의 학문적 업적은 그가 노르웨이로 돌아온 후인 후반기의 업적으로서 '동태적 접근방법을 이용한 경제이론에의 기여'이다. 이 기간에 그의 관심은 계량경제학으로부터 경제이론쪽으로 옮아갔는데, 이 분야에서의 그의 업적은 초기의 성장이론에 기여를 한 '경제적 진화이론에 관한 연구' 또는 '균형예산승수의 팽창효과에 대한 이론적 분석' 등이 있으나, 무엇보다도 오늘날까지 영향을 미친 것으로는 60년에 출판된「투자이론에 관한 연구」로서 자본축적의 신고전파이론으로 알려져 있다. 이 이론은 그 때까지 체계적인 이론이 없던 투자수요에 관해 확고한 미시이론을 제공함으로써 기존의 잘 정립된 소비자수요이론에 필적하는 투자수요의 거시이론을 확립시켜 후에 나온 토빈의 Q이론

과 더불어 현대 투자이론발전에 지대한 공헌을 하였다.

하이에크 Hayek, Friedrich Augustvon (1899~　)

1899년 5월 비인에서 탄생. 그는 비인대학에서 법률학 및 경제학박사학위를 받았다. 1921년부터 6년간 오스트리아 관리로 근무한 후, 1927년 오스트리아 경기연구소 초대소장이 되었다. 1929년 이래 비인대학 강사로 근무하는 동안 전후 4회 런던대학에서 특별강의를 한 것이 인연이 되어 31년 런던대학의 정교수가 되어 경제학 및 통계학을 강의하였고 제 2차대전 후 1950년부터 미국 시카고대학에 있다가 1960년에 독일로 옮겨 프라이부르크 Freiburg 대학에 재직하였다.

하이에크의 광범위한 연구업적은 세 가지로 분류할 수 있다. 즉 ① 경기순환론 ② 자본의 순수이론 ③ 자유주의경제이론이다. 그는 경기순환에 있어서 은행의 신용창조에 의하여 경기의 상승기에 야기되는 생산구조의 수직적 불균형을 매우 상세히 분석하고 호황의 파탄을 생산구조의 수직적 불균형의 결과라고 해명하여 중립화폐정책을 주장하였고, 자본의 순수이론에 있어서는 그 이론적 분석을 통해서 실물적 요인의 근본적 중요성을 시종 역설하고 화폐정책의 효용범위는 일반적으로 믿고 있는 것보다 훨씬 협소하다는 것을 주장하였다. 끝으로 그의 자유주의경제론은 사회주의사회의 기능분석에서 나온 것인데 그는 사회주의 사회에는 화폐가 없고 따라서 가치의 척도가 없으므로 경제계산이 불가능하여 사회가 원활하게 운영될 수 없다고 말함으로써 자유주의 경제학자로서의 태도를 명확히 하였다. →화폐적 경기이론, 중립화폐, 리카도효과

[주 저] *Geldtheorie und Konjunkturtheorie,* 1929 (영역 : *Monetary Theory and the Trade Cycle,* 1933); *Prices and Production,* 1931 (독 역 : Preise und Produktion, 1931); *Monetary Nationalism and International stability,* 1937; *Profits, Interest and Investment,* 1939; *Freedom and Economic System,* 1939; *The Pure Theory of Capital,* 1941; *The Road to Serfdom,* 1944; *Individualism and Economic Order,* 1949; *J. S. Mill and Harriet Taylor,* 1950.

하환(荷換)어음 documentary bill

화물의 매주(賣主)가 발행인이 되고 그 매매인을 지불인으로 하여 발행인의 거래 은행(또는 발행인 자신)을 수취인으로 하는 환어음에 수송중의 화물을 담보로 하는 환어음을 말한다. 이 때의 담보는 실제로 선하증권, 화물인환증 등으로 되어 있다. 발행인(판매인)이 이 어음을 은행에서 할인하여 즉석에서 대금이 회수되는 것이며 은행으로서도 담보가 있기 때문에 안심하고 할인하게 된다. →선하증권

한계분석·평균분석 限界分析·平均分析 marginal analysis·average analysis

한계분석은 한계개념을 사용하는 분석 도구이다. 한계량이란 어떤 수량의 미소한 변화분을 말하는 것이지만, 전체 중의 구성부분의 성질, 즉 경제적 변화의 과정자체의 성질을 연속적으로 추적하기 위해서는 한계분석에 의거해야 한다. 이에 대하여 평균분석은 평균개념을 사용하는 분석 도구로서 경제적 변화의 결과를 평균적으로 나타내는 것이다.

주로 고전학파 공통의 분석도구는 평균분석이고 겨우 리카도 Ricardo, D. 의 차액지대가 한계분석에 의한 것이라 할 수 있다. 한계분석이 중요한 이론적 도구로 등장한 것은 1870년대 이후 멩거 Menger, C., 제본스 Jevons, W. S., 왈라스 Walras, M. E. L. 등에 의해서 였다. 그러나 이 시기에 한계분석은 주로 소비행동을 중심으로 한 한계효용이론의 전개를 위해서 사용되었으며 왈라스에 의하여 비로소 소비자측의 한계효용이론과 생산자측의 한계생산력이론이 일반균형이론의 체계 속에서 통합되기에 이르렀다. 그 후 한계분석의 적용범위는 각 분야로 넓혀졌다. 빅셀 Wicksell, J. G. K. 의 자연이자론, 마샬의 수급분석과 탄력성이론, 케인즈학파의 거시경제학 등은 모두 한계분석을 사용한 것이다. 최근의 동태이론도 한계분석에 의거하지 않는 것이 없다. 현대경제이론의 이와 같은 경향을 한계혁명 marginal revolution 이라고 하는 사람도 있다. 이 한계분석에서는 한계점 근방에서의 변화를 연속적으로 추적하는 것이 필요하게 되므로 극한, 미계수(微係數), 미분법 내지 정착법(定差法)이 이용되며, 이에 따라 경제이론의 정밀도는 현저하게 높아져 왔다.

경제이론을 정확하게 파악하기 위해서는 한계분석뿐만 아니라 평균분석과 한계분석을 적당히 배합하는 것이 필요했다. 다만 1930년대 말 한계분석의 실제적 의의를 부정하고 다시 평균분석에 의존하려는 경향도 나타났다. 즉 영국에서 홀 Hall, R. L. 과 히치 Hitch, C. J., 미국에서 레스터 Lester, R. 가 다수의 기업가에게 질의하여 얻은 조사연구의 결과에 의하면 그들은 한계수입과 한계비용의 일치에 의한 이윤극대를 목적으로 하지 않고 오히려 평균생산비에 일정률의 이윤 마크 업 mark-up 을 더한 풀 코스트 full cost 에 의거하여 생산물의 가격을 결정하고 있다는 것이다. 이들 조사연구자들은 기업가들이 수요의 탄력성이나 한계비용의 평가에는 아무런 노력도 기울이지 않고 상기한 풀 코스트원칙에

따르고 있다고 강조한다. 또 비용곡선은 일반적으로 수평이며, 따라서 한계비용과 평균비용을 구분할 필요를 느끼지 않는다는 것도 지적한다. 그러나 이러한 주장을 설혹 옳다고 인정하더라도 가격·비용을 제외한 분야에서의 한계분석의 효용은 여전히 부정할 수는 없는 것이다.

한계비효용 限界非效用 marginal disutility

재화의 생산에는 일반적으로 노동이 필요한데 노동에는 크건 작건 간에 어떠한 고통이 수반되는 것이 보통이다. 이는 재화의 소비에 의해서 얻어지는 효용과는 정반대의 성질이므로 부(負)의 효용 혹은 비효용 disutility 또는 불효용이라고 불리운다. 한계효용의 경우와 마찬가지로 일반적으로 비효용의 총량, 즉 총비효용이 직접적으로 의식되는 일은 거의 없고 한계적인 노동량에 대응하는 고통의 양, 다시 말해서 한계비효용만이 평가의 기준이 된다. 예를 들면, 노동자는 일정기간의 노동이 끝난 후에 다시 또 1시간의 노동을 계속할 경우 그에 수반하는 비효용과 그 결과로 얻어지는 실질임금을 비교해서 노동의 공급을 결정한다고 생각되고 있다. 그리고 노동량이 일정수준을 넘으면 한계비효용은 급격하게 증가하는 것으로 생각되고 있다. →한계효용

한계생산력균등의 법칙 限界生產力 均等의 法則 law of equimarginal productivity

생산요소간에 상호 대체성이 있을 때에는 특정요소만이 증가하고 다른 요소는 불변인 경우에도 생산량은 대체로 증가한다. 증가된 생산요소의 1단위당 생산량의 증가분을 그 생산물의 한계생산물 marginal product 또는 한계생산력 marginal produc-

tivity 이라고 한다. 즉 그것은 통상 생산요소가 임의로 분할사용될 수 있을 것을 전제로 하고, 생산량의 증가분(ΔP)의 그 생산요소 증가분(ΔF)에 대한 비율의 극한치(dP/dF)로 생각된다. 수획체감의 법칙 대신으로 한계생산력체감의 법칙이라는 명칭을 사용하는 때도 있으나 내용은 같다.

지금 각각의 생산요소의 한계생산력이 체감적일 때에 일정량의 생산량을 얻기 위하여 어떻게 하면 가장 작은 비용으로 생산요소의 구성을 얻는가를 문제로 한다. 이 때 각 생산요소의 가격을 고려하여 화폐 1단위분에 상당하는 각 생산요소의 한계생산력이 균등하게 되도록 생산요소를 선택하면 다른 어떤 조합에 의한 것보다 최소의 비용으로 일정한 생산량을 얻을 수 있다. 이것을 가중한계생산력균등의 법칙이라고 한다. 생산요소를 노동, 토지용역, 자본용역이라고 하면 위의 법칙은 다음 식으로 나타난다.

$$\frac{\text{노동의 한계생산력}}{\text{노동의 가격}}$$
$$=\frac{\text{토지용역의 한계생산력}}{\text{토지용역의 가격}}$$
$$=\frac{\text{자본용역의 한계생산력}}{\text{자본용역의 가격}}$$

한계생산력균등의 법칙을 또 대체의 법칙 law of substitution 이라고도 말한다. 그것은 이 법칙이 각 생산요소의 사이의 보상성(補償性), 즉 대체의 관계가 있는 것을 전제로 하여 그것에 따라서 생산의 최적조건을 추구하기 때문이다. 이 법칙은 또 비례의 원칙 principles of proportionality 이라고도 하고 소비의 면에서는 한계효용균등의 법칙과 대응되는 것이다. 결국 양자 뒤에 숨은 수량적 원리는 동일한 것이기 때문이다. →수확체감·체증·불변의 법칙, 한계분석, 한계생산력이론

한계생산력이론 限界生産力理論
theory of marginal productivity

이는 기업이 재화를 생산하여 극대이윤을 추구하는 과정에서, 최소의 비용으로 주어진 생산량을 확보하거나 또는 일정한 생산량을 보장하는 최소비용을 결정하기 위한 생산자의 생산요소선택이론이다. 기업가는 어떤 재화를 생산하기 위하여 여러 가지 필요한 생산요소를 생산공정에 투입하여 최대의 이윤을 획득하려 한다. 이 때 생산요소들과 생산물과의 기술적인 관계를 생산함수라고 한다. 이를 수식으로 표시하면 $Q=f(x_1, x_2, \cdots, x_n)$이며, 이 때 Q는 어떤 재화의 생산량 $x_1, x_2, \cdots, x_n$은 각 생산요소의 투입량을 말한다.

기업가는 이들 생산요소들 사이에 대체 또는 보완관계가 존재함을 고려하며, 생산요소의 투입량 변화에 따른 생산량의 변화를 고찰하여 가능한 최소의 비용으로 최대의 이윤획득을 위한 생산방법을 추구한다. 여러 가지 생산요소 중에서 여타생산요소들의 투입량은 고정시켜둔 채 하나의 생산요소만이 한 단위씩 증가할 때마다 생산량이 증가한다면 그 생산요소의 증가분으로 인한 생산물의 증가분을 그 생산요소의 한계생산성 marginal productivity 이라 한다. 이를 위의 생산함수에서 보면 생산요소 x_1의 한계생산성은 $\frac{\partial Q}{\partial x_1}$으로, $x_2, \cdots, x_n$은 $\frac{\partial Q}{\partial x_2}, \cdots, \frac{\partial Q}{\partial x_n}$ 등으로 표시된다. 일반적으로 다른 생산요소는 불변으로 하고 한 요소만이 가변적일 때 그 요소의 한계생산성은 초기에는 증가하다가 어느 수준을 지나면 차차 감소하게 되는 경향을 보인다. 이를 한계생산성체감의 법칙 law of diminishing marginal productivity 이라 한다.

그러나 이와 같이 각 생산요소의 한계생산력이 체감하는 경우에 기업가는 일정량의 생산량을 최소의 비용으로 생산하기 위해서는 화폐 한 단위당 각 생산요소간의 한계생산성을 균등하도록 해야 한다.

즉, $$\frac{\frac{\partial Q}{\partial x_1}}{P_{x_1}} = \frac{\frac{\partial Q}{\partial x_2}}{P_{x_2}} = \cdots = \frac{\frac{\partial Q}{\partial x_n}}{P_{x_n}}$$

($P_{x1}, P_{x2}, \cdots, P_{xn}$은 각 생산요소 $x_1, x_2, \cdots, x_n$의 가격임) 따라서 이 관계가 성립되도록 각종 생산요소의 투입량을 결정하면 최소비용으로 최대이윤을 획득할 수 있다. 이를 한계생산성균등의 법칙 law of equimarginal productivity 이라 한다. 그러나 현실적으로 일반적인 생산요소의 한계생산력이 일정한 경우는 드물고 생산의 초기단계에서는 체감하다가 어느 수준을 지나면 체감하는 경향으로 나타나는데 이 두 가지 경우를 합하여 불비례의 법칙 law of non-proportionality 이라고도 한다.

이상의 한계생산성이론은 각 생산자가 일정한 생산량을 생산하기 위해 최소의 비용으로 생산요소를 구입하여 최대의 이윤추구를 도모케 하는 것이다. 한편 이것은 기업의 생산요소에 대한 수요를 결정하기 때문에 분배론에 있어서 문제가 되는 생산요소의 가격결정에 중요한 역할을 한다. 그러나 이것은 사회전체적인 분배관계를 분석하기 위해서 이용할 경우 사용가능한 생산요소의 양이 일정하며, 이 사용가능한 양은 완전히 생산활동에 참여한다고 하는 가정을 고려한다면 현실적으로는 생산요소의 유휴분이 존재하며 사용가능한 생산요소의 양이 일정하다고 하는 것은 불가능하다 할 수 있다. 즉, 각 생산요소의 가격수준이 변함에 따라 그 구입량이 변화하여 사회전체보다는 각기업의 입장에서 최소비용으로 생산요소를 구입하여 어떠한 결합방식에 의한 생산이 최대의 이윤을 가져오는가를 고찰하는 생산자의 생산요소 선택이론으로서 이 한계생산성이론은 존재한다고 볼 수 있다. →귀속이론, 생산자선택이론

한계생산물·사적 한계생산물·사회적 한계생산물 限界生産物·私的 限界生産物·社會的 限界生産物 marginal products·private marginal products·marginal social net products

자유경쟁하에서의 생산자원(여기서는 그 종류를 묻지 않고 일괄적인 것으로 생각한다)은 각 산업간에 수익이 균등하게끔 배분되는 경향이 있다. 다만 이 경우의 수익이란 자원투자에 귀속되는 화폐적 수익을 가리키고, 따라서 자원의 투하자가 다른 사람에게 보상하지 않고 손실을 주면 사회적으로는 그 만큼의 손실을 이 화폐적 수익에서 감하여 생각할 필요가 있다. 또 만약에 자원의 투하자가 다른 사람에게 보상되지 않는 이익을 주면 사회적으로는 그 만큼의 이익을 그 화폐적 수익에 가산해서 생각할 필요가 있다.

피구 Pigou, A. C. 는 이에 대해 자원투하자에 직접 귀속되는 화폐수익을 사적 한계순생산물이라 하고 사회적으로 할인 또는 증가의 수정을 가한 것을 사회적 한계순생산물이라 한다. 그런데 피구는 이 양자를 구별할 수 있는 뚜렷한 경우로 다음 세 가지를 들고 있다. 첫째, 내구적 생산수단을 일정기간 차용한 자가 그 수단을 개선하는 투자를 한 경우, 차용기간이 끝나 이것을 반환할 때에 정당한 보상을 받지 못하는 경우이다. 구체적으로 말하여 소작인이 토지에 대한 개량을 하여도 토지 반환시 토지개량의 이익을 지주로부터 보상받지 못하는 경우가 있는데 이 때에는 소작인을 보호하는 수종의 법규를 제정할 필요가 있다. 둘째, 어떤 종류의 재화, 노동의 제공으로 이익 또는 손실을 받는 자에 대해 기술상의 이유로 보상이 수수(授受)되지 않는 경우이다. 구체적으로 말하면, 등대의 빛이 항세를 부과한 선박 이외의 것에도 이익을 주게 되는 경우 또는 공장의 매연이 인근주민의 의복을 더럽혀 그들의 세탁비 부담을 높게 하는 경우가 이것이다. 셋째, 생산의 확장 또는 축소로 말미암아 가격이 변화하고, 구매자가 부당히 높게 혹은 낮게 가격을 지불할 때로서, 구체적으로 말하면, 공급가격체증의 경향이 있는 생산을 확장하거나 공급가격체감의 경향이 있는 생산을 축소하는 경우가 그것이다. 이 중 셋째의 경우는 이론적으로 많은 문제를 내포하고 있다.

지금 한 산업의 정상적인 공급조건을 대표하는 공급량을 x_r, 이것을 생산하는데 필요한 생산요소를 a, b, … 그것들의 가격을 P_1, P_2……라 하면, 공급가격은 $\left\{ \dfrac{aP_1 + bP_2 + \cdots}{x_r} \right\}$로 된다. 이것을 산업의 전공급량 y에 대해서 미분하면

$$\frac{d}{dy}\left\{ \frac{aP_1 + bP_2 + \cdots}{x_r} \right\}$$

$$= \left\{ P_1 \frac{d}{dx}\left(\frac{a}{x_r} \right) + P_2 \frac{d}{dy}\left(\frac{b}{x_r} \right) + \cdots \right\}$$

$$+ \left\{ \frac{a}{x_r} \cdot \frac{dP_1}{dy} + \frac{b}{x_r} \cdot \frac{dP_2}{dy} + \cdots \right\}$$

로 되고 이 식의 제1항은 생산요소가격의 변화가 없을 때에 생기는 공급가격의 변화, 제2항은 생산요소가격의 변화에 의해 생기는 공급가격의 변화를 가리킨다. 피구가 문제로 한 것은 제1항인데, 그 증가 혹은 감소를 야기시키지 않는 공급량을 이상적 산출량 ideal output 이라고 하였다. 단, 이 문제에 대해, 완전경쟁하가 아닌 불완전경쟁하에서의 연구는 피구이론을 비판한 스라파 Sraffa, P. 에 의해 진전되었다.

한계생산비·평균생산비 限界生産費·平均生産費 marginal cost·average cost

생산량을 추가적으로 1단위 더 생산할

때 소요되는 총생산비의 증가분을 한계생산비 또는 한계비용이라 하며, 총생산비를 생산량으로 나누어 구한 생산물 1단위 당의 생산비를 평균생산비 또는 평균비용이라고 한다. 한계생산비와 평균생산비는 모두 생산량함수이다. 따라서 생산물의 각 단위에 대응하는 한계생산비의 총계에 고정비용을 더한 것과 평균생산비에 생산량을 곱한 것은 모두 총생산비를 나타낸다.

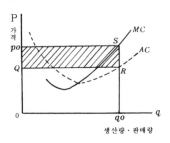

생산량 · 판매량

한계생산비와 생산량과의 함수적 관계를 나타내는 한계비용곡선 marginal cost curve 및 평균생산비와 생산량과의 함수적 관계를 나타내는 평균비용곡선 average cost curve 을 도시하면 그림 1과 같이 된다. 총비용곡선이 곡선 tc와 같은 모양을 하고 있다면, 생산량 x_1, x_2, x_3 등에 대해서 총비용은 k_1, k_2, k_3 등으로 나타난다. 이 그림에서 ok_1/ox_1, ok_2/ox_2, ok_3/ox_3 등 ((총생산비)÷(생산량))은 모두 각 생산량 수준에서의 평균비용을 나타낸다. 이들의 값을 각 생산량에 대해서 구하여 그것을 그림에 옮기면, 평균비용곡선 ac가 된다. 또한 총비용곡선 tc위의 점, k_1, k_2, k_3에서 그은 접선의 기울기 ((총생산비의 증가분)÷(생산량의 증가분))는 생산량 ox_1, ox_2, ox_3 등에 있어서의 한계비용을 나타낸다. 그리고 평균비용곡선의 경우와 마찬가지로 한계비용곡선을 그림에 옮기면 곡선 mc가 된다. 그런데 총생산비는 보통 고정

비용과 가변비용으로 나누어진다. 이 경우 총비용곡선 tc 과 가변비용곡선 vc 은 완전히 같은 모양으로 되는데, 전자는 그 위치가 고정비용 ok만큼 후자보다 높게 표시된다. 따라서 그림 2에 의해 알 수 있듯이 각 생산량에 대한 양곡선의 접선의 기울기, 즉 한계비용은 총생산비에 있어서나 가변비용에 있어서 완전히 똑같게 되는 것이다.

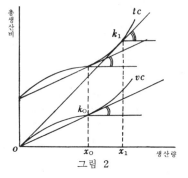

그림 2

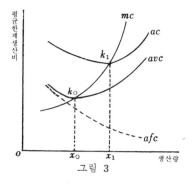

그림 3

이에 반해서 평균비용에 있어서 평균가변비용 avc 은 평균비용 ac 에서 생산량의 증가와 함께 감소해 가는 평균고정비용 afc 을 공제한 것이므로 평균비용곡선과 평균가변비용곡선은 그림 3과 같이 서로 다르게 나타난다. 그러나 이 경우에도 그림 2와 그림 3을 비교하면, 분명히 한계비용곡선 mc 은 평균비용 및 평균가변비용이

최소로 되는 점을 통과한다. 그리고 이 경우의 x_1은 생산비를 최소로 하는 최대능률점을 나타내는 것이다. 만일 가격이 $x_1 k_1$ 이하로 주어지는 경우에는 생산자는 손해를 보게 된다. 그런데 고정비는 생산활동 여부에 관계없이 부담해야하는 비용이므로 불황기 등에 있어 가격이 $x_1 c_1$ 이하로 하락하는 경우에도 만약 그 하락이 $x_0 k_0$ 이상의 수준에서 그친다면, 기업은 계속 생산활동을 하게 된다. 왜냐하면 고정비용은 완전히 커버할 수 없지만 가변비용만은 회수할 수가 있기 때문이다. 또한 기업이 보통 가변비용만이 회수되는 손해를 보면서도 조업을 계속하는 것은 경기가 상승할 때 조업을 중지하고 있는 경우보다 신속하게 이에 대응할 수 있기 때문이다. 이와 같이 기업은 생산물가격이 $x_0 k_0$ 아래로 하락하지 않는 한, 완전한 조업중지보다는 $x_1 x_0$만의 조업단축이 보다 유리하다고 간주하는 것이 대부분이다. →생산비, 생산비곡선, 극대이윤

한계소비성향 限界消費性向 marginal propensity to consume **MPC**

소득증가분에 상응하는 소비증가분의 비율. 이것은 Y를 국민소득, C를 소비지출이라 할 때 단순히 다음과 같이 표시할 수 있다.

$$MPC = \frac{\text{소비의 변화분}}{\text{소득의 변화분}} = \frac{\triangle C}{\triangle Y}$$

이 이론은 많은 논쟁, 즉 소비함수논쟁을 불러 일으켰다. 실증적인 자료로부터 한계소비성향은 소득의 증가에 따라서 감소하는 것으로 검증되었으나 분석편의상 많은 경제학자들은 MPC는 경제전체를 통해서 불변이라고 가정하고 있다.

한계수입 限界收入 marginal revenue

어떤 재화의 판매량 1단위의 증가에 따르는 매상금액, 즉 총수입의 증가분을 한계수입이라 하고 총수입을 판매량으로 나눈 것을 평균수입이라고 하는데, 평균수입은 그 재화의 가격에 불과하다. 이제 총수입을 R, 총비용을 C, 생산량 및 판매량을 q로 하면 이윤 $\pi = R - C$이다. 이윤극대화조건은 위의 식을 q로 미분한 것이 0인 것이다.

즉 $$\frac{d\pi}{dq} = \frac{dR}{dq} - \frac{dc}{dq} = 0$$

이다. 때문에 한계수입＝한계비용이 이윤극대화조건이다. 완전경쟁하의 기업에 있어 가격 p가 주어진 상태하에서는

$$\pi = pq - c, \quad \frac{d\pi}{dq} = p - \frac{dc}{dq} = 0$$

이므로 가격＝한계수입＝한계비용이 이윤극대화조건으로 된다.

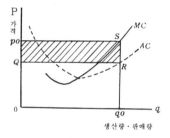

생산량·판매량

그림에서 AC와 MC는 각각 평균 및 한계비용곡선으로 완전경쟁의 경우 OP_0라는 가격이 주어지면 극대이윤을 가져오는 생산량은 $OP_0 = MC$가 되는 Oq_0이다. 그리고 이 경우의 극대이윤의 크기는 $\square P_0 QRS$의 면적으로 표시된다. →완전경쟁·불완전경쟁

한계수입성향 限界輸入性向 marginal propensity to import

국민소득의 수준 y이 상승할 때에는 일반적으로 그에 따라서 외국상품의 수입 M도 증가하는 것이 보통 볼 수 있는 현상이

다. 물론 수입에는 이같은 소득의 증가에 의해서 초래되는 유발적 수입 이외에 수입품과 국내품과의 상대가격, 관세 혹은 외환시세의 변화에 근거한 자발적 수입이 있으나, 여기에서 한계수입성향이라 함은 자발적 수입을 제외하고 유발적 수입에 대해서만 고려한 경우, 소득의 증가분 Δy에 대한 수입의 증가분 ΔM의 비의 극한치 (dM/dy)를 말하는 것이다.

한계수입성향의 수치를 통계적으로 측정하는 시도는 클라크 Clark, C. G. 나 아들러 Adler, H.에 의해 오스트레일리아나 미국의 자료에 의거하여 행해지고 있다. 이에 따르면 수입의 변화는 다른 요인보다도 소득수준의 변동과 밀접하게 연관되어 있다는 것이 밝혀져 있는데, 한계수입성향에는 한계소비성향만큼의 안정성이 나타나지 않는 것 같다. 모든 수입을 유발적 수입으로 간주하고 무역승수의 이론을 전개할 경우에는 한계수입성향은 한계저축성향과 마찬가지로 가득(可得)증가의 파급과정을 수축시키는 하나의 요인으로 취급된다. 지금 최초의 수출증가를 E로 하고, 한계수입성향을 q, 한계저축성향을 s로 한다면, 최초의 수출증가에 의해서 수출업자의 소득은 E만큼 증가한다. 이 가운데 일부기 수입성향에 따라서 수입에 쓰여지고 다른 일부가 소비에 충당되며 나머지가 저축된다. 소비에 지출되는 부분은 $(1-q-s)E$이므로 소비재생산자는 그에 의해서 새로이 $(1-q-s)E$의 소득을 얻는다. 이 소득증가의 과정은 순차적으로 진행하여 그 총계 y는, $y=E+(1-q-s)E+(1-q-s)^2E+\cdots$ 라는 무한등비급수의 총화에 의해서 나타내지며, 그 값은 $E/(q+s)$이다. →승수이론, 무역승수

한계저축성향 限界貯蓄性向 marginal propensity to save **MPS**

추가적 소득에 의하여 이루어지는 추가적 저축을 말하는 것으로 소득의 변화분에 대한 저축의 변화비율로 나타내어진다. 즉 MPS=한계저축성향=$\dfrac{\text{저축의 변화}}{\text{소득의 변화}}$ 이다. 그런데 이 이론은 적지 않은 논의를 야기시켰다. MPS는 소득이 증대함에 따라 증가한다고 오랫동안 생각되어 왔다. 그러나 지금은 많은 경제학자들에 의해 시계열자료를 통해 볼 때 그것이 불변하는 것으로 확신되고 있다. →한계소비성향

한계효용균등의 법칙 限界效用均等의 法則 law of equimarginal utilities

소비생활은 무엇보다도 수입의 증대에 의하여 풍부하게 되는 것이다. 이제 수입이 일정(10만원)한 경우 그 수입에서 최대의 효용을 얻으려면 어떠한 행동을 취하느냐 하는 문제를 다룰 때 각소비자는 각자의 기호에 따라 수입을 사용처별로 분배할 것이다. 예를 들면 1만원에 매입한 일정량의 어물효용(II)은 같은 1만원에 매입한 일정량의 쌀의 효용(I)보다 적다. 그러나 동일금액의 주류의 효용(III)보다는 크고, 더욱이 같은 금액의 담배의 효용(IV)은 주류의 효용보다도 적다고 하자. 만일 각 재의 1만원분의 한계효용이 측정가능하다면 한계효용체감법칙이 작용하므로 다음과 같이 표시할 수 있을 것이다. 이 표를 효용표 utility schedule 라 부르고 그것을 수식화하여 구입하는 각자의 재화 및 용역량 $(x_1 x_2 \cdots x_n)$과 전부효용(u)과의 함수관계$(u=f(x_1 x_2 \cdots x_n))$로 표시하면 그것은 효용함수 utility function 라 부른다.

이제 10만원의 수입과 상기와 같은 효용표를 가진 소비자의 전부효용을 최대로 하기 위하여는 10만원을 각자의 사용처에 할당하였을 때 모든 사용처에 대하여 1만원분의 한계효용이 균등하면 된다. 그것은

효 용 표

재화 단위	I	II	III	IV
1	10	9	8	7
2	9	8	7	6
3	8	7	6	5
4	7	6	5	4
5	6	5	4	3
6	5	4	3	2
7	4	3	2	1
8	3	2	1	0

위 표에서 분명한 것처럼 1만원의 각 재의 한계효용이 7인 경우, 즉 I에 4만원, II에 3만원, III에 2만원, IV에 1만원을 할당했을 경우이다. 왜냐하면 이 때 1만원의 수입이 미치는 전부효용은 10+9×2+8×3+7×4=80이지만 이 외에 어떠한 방법에 의하여도 80 이상의 전부효용을 가져올 수는 없기 때문이다. 이것을 한계효용균등의 법칙(향락균등의 법칙), 또는 주창자의 이름을 따서 고센 Gossen, H. H. 의 제2법칙이라 한다.

그러나 이상의 논의가 성립되기 위해서는 본래 주관적인 효용의 가측성 measurability 이 문제가 된다. 이에 대해서 경험적으로 효용의 측정은 가능하다 라는 제본스 Jevons, W. S. 설이나 비록 경험적으로는 직접적 측정이 불가능하지만 그것을 전제로 한 상기의 이론이 경험적 사실에 타당한 것을 논증함으로써 반대로 효용의 가측성을 증명할 수 있다는 왈라스 Walras, M. E. L. 설이 존재하지만, 최근에는 그것들은 자취를 감추고 비록 효용 그 자체의 측정이 불가능하지만 몇 개 재의 어떤 수량의 조합과 별개의 수량의 조합간에 선택의 비율의 강약관계가 확정되면 한계효용균등의 법칙에 도달한 성과와 동일한 성과를 가져오는 소비자선택의 이론을 수립할 수 있다는 피셔 Fisher, I., 힉스 Hicks, J.

R. 의 설이 유력하다. →효용극대원리, 소비자선택의 이론, 효용의 가측성

한계효용학파 限界效用學派 school of marginal utility

이 학파는 두 가지의 의미로 해석된다. 광의로는 1870년대의 한계혁명 이후 스미스 Smith, A., 리카도 Ricardo, D. 등의 고전학파의 방법론과는 달리 한계효용개념에 기초하여 경제이론을 전개한 학파들을 가리키지만, 협의로는 멩거를 시조로 하는 오스트리아학파를 가리킨다. 1870년대 초 오스트리아의 멩거 Menger, C. 가 「국민경제학원리」(1871)에서, 영국에서는 제본스가 「경제학의 이론」(1874)에서, 프랑스에서는 왈라스가 「순수경제학요론」(1874)에서 거의 때를 같이하여 각각 독립적으로 한계효용개념을 가지고 새로운 경제이론을 구축하였다. 이 입장과 고전학파간에는 접근법에서 많은 차이가 있기 때문에 그것의 표현을 보통 한계혁명이라 부르고, 이 시기에 근대경제학이 성립된 것으로 보고 있다. 왈라스는 광의의 한계효용학파에는 속하지만 보통은 일반균형이론의 입장에서는 로잔느학파의 시조로 간주되고, 제본스는 케임브리지학파와 마샬에게는 강한 영향을 미쳤지만 영국에서의 영향력은 거의 없었는 데 반하여, 멩거는 오스트리아학파를 창시·육성하였다.

*한계효용 · 한계대체율 限界效用 · 限界代替率 marginal utility · marginal rate of substitution

개인이 자기가 소비하는 재에서 일정량의 효용을 얻을 경우, 그 개인이 가치의 모든 단계를 의식하는 경우는 드물고 보통은 그 재의 극소부분의 가치 혹은 한계단위의 가치를 의식할 뿐이다. 환언하면 그 재의 총량에 대하여 새로 부가되는 최종소비단

위의 효용을 지각할 뿐이다. 이 효용이 한계효용이고 일반적으로 재의 양이 증가함에 따라 체감한다. 이것을 한계효용체감의 법칙이라고 부르며 고센의 법칙 Gossen's law 으로도 알려져 있다.

지금 어떤 개인이 X재만을 소비한다 하고 u를 그 재의 전부효용, x를 그 소비량이라 하면 효용은 x의 함수로서 $u=F(x)$로 표시하고 이것을 효용함수라고 부른다. 이 경우 재의 양이 0이면 효용도 0이고, x가 0에서부터 점점 증가하면 이에 대응하여 효용도 증가하고, 재화소비량이 어떤 양까지 증가하면 그 개인은 그 재화의 소비를 더이상 원하지 않게 된다. 이것이 재화의 포만점으로서 이 점에 대응하는 효용은 극대효용을 나타내고, 이 한도를 넘으면 부(負)의 효용을 얻는다. 다음에 이 재의 미소량의 증가로 인한 효용의 증가는 효용의 미분계수 $\dfrac{du}{dx}$이고 이것이 한계효용이다. 그러나 일반적으로 한 개인의 효용은 그가 소비하는 모든 재의 소비량의 함수이다. 따라서 효용을 u라 하고 재화의 양을 각각 $x_1, x_2, \cdots, x_n$이라 한다면, 효용함수를

$$u=F(x_1, x_2, \cdots, x_n) \cdots\cdots\cdots\cdots (1)$$

로 나타낼 수 있고, 상술한 바에 따라 다음 세 가지 성질을 가정한다. ① 효용함수는 각재의 소비량에 대해 연속이고 미분가능하다. ② 효용은 각재의 증가함수, 즉 $\dfrac{\partial u}{\partial x_1}>0,\ \dfrac{\partial u}{\partial x_2}>0,\cdots$이다. ③ 효용의 제2차미분계수는 부(負), 즉 $\dfrac{\partial^2 u}{\partial x_i^2}<0$이다. 이것은 일반적으로 한계효용체감의 법칙을 나타내는 것이다. 이러한 전제하에서는 일정한 소득을 가지고 있는 개인이 일정한 가격의 수종의 재화에 그 소득을 배분할 때 소비자의 최대만족은 각 재화에 배분한 한계지출단위에서 얻는 한계효용이 균등하게 되는 경우에만 얻어진다. 지금 (1)식

에서 각 재의 가격을 $p_1, p_2, \cdots, p_n$이라 하고 일정한 소득을

$$M=p_1x_1+p_2x_2+\cdots+p_nx_n \cdots\cdots\cdots (2)$$

로 나타내면 최대의 만족을 얻는다는 것은 u를 극대로 하는 것이므로 그 조건은

$$du=\frac{\partial u}{\partial x_1}dx_1+\frac{\partial u}{\partial x_2}dx_2+\cdots$$
$$+\frac{\partial u}{\partial x_n}dx_n=0 \cdots\cdots\cdots\cdots (3)$$

여기에서 $dx_1,\ dx_2$ 등은 임의의 값을 취할 수 있는 것이 아니고 (2)의 전미분식

$$dM=p_1dx_1+p_2dx_2+\cdots+p_ndx_n \cdots\cdots (4)$$

을 만족시키는 값이어야 한다. (3)과 (4)에서

$$\frac{1}{p_1}\cdot\frac{\partial u}{\partial x_1}=\frac{1}{p_2}\cdot\frac{\partial u}{\partial x_n}=\cdots$$
$$=\frac{1}{p_n}\cdot\frac{\partial u}{\partial x_n} \cdots\cdots\cdots (5)$$

를 얻는다. 이것이 소위 가중한계효용균등의 법칙으로서, 최대만족상태에서는 각재 가격의 한계단위당 한계효용이 각각 같다. 그리고 (5)식은 라그랑지 미정승수법(未定乘數法)에 의하여서도 도출할 수 있다.

한계효용체감의 법칙은 효용의 가측성이란 비현실적인 가정을 필요로 하는 난점이 있기 때문에 힉스 Hicks, J. R.는 무차별곡선만으로 한계대체율의 개념을 도출하여 한계효용체감의 법칙을 한계대체율체감의 원리로 대치하고 있다. 한계대체율이란 소비자가 x재와 y재의 일정배합에서 출발하여 y재의 일정분량을 덜 갖는 대신에 x재의 일정분량을 더 가짐으로써 종전과 동일한 만족수준을 유지할 수 있다. 이 경우 y재의 감소분 Δy를 x재의 증가분으로 나눈 비율 $-\dfrac{\Delta y}{\Delta x}$를 y재로 표시한 x재의 한계대체율이라고 한다. 그러므로 한계대체율이란 소비자가 총만족을 동일하게 유지하면서, 즉 무차별곡선상의 한 점에서 다른 점으로 이동하기 위하여 x재의 1단

위를 더 얻는 대가로 기꺼이 내놓고자 하는 y재의 양을 의미한다.

$$한계대체율 = \frac{-\Delta y}{\Delta x} = \frac{x재의 한계효용}{y재의 한계효용}$$

으로 정의된다. 한계효용체감의 법칙과 한계대체율체감의 원리는 정확하게 같은 것은 아니지만 실질에 있어서 상이한 것이 아니고 후자로 부터도 한계효용균등의 법칙과 동일한 법칙을 얻을 수 있다.

[참고문헌] Henderson, J. M. & Quandt, R. E., *Microeconomic Theory*, 2nd ed., 1971; Chiang, A. C., *Fundamental Methods of Mathematical Economics*, 1970.

한계효용체감의 법칙 限界效用遞減의 法則 law of diminishing marginal utility

효용이란 소비자가 재화를 소비함으로써 얻는 심리적인 만족도를 말한다. 따라서 총효용이란 소비자가 일정기간에 일정량의 재화를 소비하였을 때 얻을 수 있는 주관적인 만족도의 총량의 의미한다. 총효용함수를 함수식으로 표현하면

$$u = f(q) \cdots\cdots (1)$$

이다. ①식에서 q는 한 재화의 소비량을, u는 그로부터 얻는 총효용수준을 표시한다. 위의 (1)식을 q에 대해서 미분하면

$$M_u = \frac{du}{dq} = f'(q) \cdots\cdots (2)$$

가 얻어진다. (2)식이 의미하는 바는 '한 재화의 미소증분만큼을 더 소비함으로써 (한 재화의 추가적인 최종 한 단위의 소비) 추가적으로 더해지는 총효용의 증가분', 즉 한계효용이다. 위의 보조개념을 이용하여 한계효용체감의 법칙을 다음과 같이 정의할 수 있다. 즉 한 재화의 소비를 증가시킴에 따라 각 추가단위의 소비가 가져다 주는 한계효용은 체감한다. 이와 같은 한계효용체감의 법칙은 소비행동의 균

형을 분석하는 데 유용한 기본명제이다. 그러나 이와 같은 한계효용이론은, 소비자의 주관적 만족을 표시하는 효용을 수량적으로 측정할 수 있다는 효용측정가능성의 전제에 그 기초를 두고 있다. 한편 효용가측성의 전제를 비판하고 오로지 소비자의 선택이론만을 소비자행동의 이론분석의 출발점으로 삼는 무차별곡선이론에서는 한계대체율체감의 법칙이 한계효용이론의 한계효용체감의 법칙에 대응하고 있다.

한국수출입은행 韓國輸出入銀行 Export-Import Bank of Korea

한국수출입은행법에 의해 1976년에 발족한 수출입은행이다. 중·장기신용에 의한 수출입과 해외투자 및 해외자원개발에 필요한 금융을 공여함으로써 국민경제의 건전한 발전과 대외경제협력을 촉진함을 목적으로 한다. 그 주요업무는 같은 법 제18조에서 규정한 바와 같이 ① 대통령령으로 정하는 자본재 기타 외화획득을 위한 해외수출입시장의 확보 또는 개척에 현저하게 기여하는 상품의 수출을 촉진하기 위하여 그 수출에 필요한 자금의 대부 ② 외국에 대한 기술의 제공을 촉진하기 위하여 그에 필요한 자금의 대부 ③ 대한민국으로부터 제품의 수입 또는 기술의 도입을 촉진하기 위하여 그에 필요한 자금의 외국정부 또는 외국인에 대한 대부 등 13개항으로 되어 있다.

한센 Hansen, Alvin Harvey (1887~1975)

미국의 경제학자. 미국의 케인즈경제학에 관한 대표적 학자이다. 그는 강단에서뿐만 아니라 정부의 경제고문으로서, 또는 여러 학회에 관여하여 많은 업적을 남겼다. 한센은 미국에서 케인즈이론의 최초의 계승자라 할 수 있으며 그의 제자로는 유

명한 사뮤엘슨 Samuelson, P. A., 머클럽 Machlup, F., 클라인 Klein, L. R. 등이 있다. 그의 경제사상은 경기변동의 문제를 중심으로 전개되고 있으며 미국의 경제사상과 경제정책에 미친 그의 학문적 업적은 매우 크다. 특히 주목할 만한 학문적 업적으로는 케인즈이론을 정책적으로 확충시켰다는 점일 것이다. 즉 보정적 재정정책에 의한 경기변동의 완화에 대한 구상과 장기정체론 stagnation thesis 등은 독점자본주의에 의한 주기적 공황의 회피책을 케인즈적 유효수요론의 입장에서 해명하려고 한 것이었다.

한센이 전개한 경제성숙의 이론 theory of economic maturity 은 경제진보의 조건들이 소극화됨에 따라 일어나는 투자기회의 고갈을 중시하여 체계화한 이론으로서 *Fiscal Policy and Business Cycles* (1941)에 논술되어 있는데, 이것이 소위 장기정체이론이라 하는 것이다. *Economic Policy and Full Employment* (1947)에서는 완전고용을 목표로 하는 전후경제정책의 문제들을 논술하고 있다. 그의 여러 저서 속에 나타나는 그의 학문적 특징은 미국과 같은 선진국자본주의가 현재 도달하고 있는 경제성숙의 단계에서는 19세기적인 자유자본주의가 아니고, 민간기업체를 기초로 하고 거기에 국가의 간섭을 가하는 혼합경제 mixed economy 혹은 이중경제 dual economy 의 형태를 취해야 한다고 주장하는 점이다.

〔주 저〕 *Cycles of Prosperity and Depression,* 1921; *Business Cycle Theory,* 1927; *Principles of Economics*(with Garver, F. B.), 1928, rev. ed., 1937; *Economic Stabilization in an Unbalanced World,* 1932; *Full Recovery, or Stagnation,* 1938; *Fiscal Policy and Business Cycles,* 1941; *State and Local Finance on the National Economy*(with Perloff, H. S.), 1944; *American Role in the World Economy,* 1945;

Economic Analysis of Guaranteed Wages (with Samuelson, P. A.), 1947; *Economic Policy and Full Employment,* 1947; *Monetary Theory and Fiscal Policy,* 1949; *Business Cycles and National Income,* 1951; *A Guide to Keynes,* 1953.

할인시장 割引市場 discount market

광의로 할인시장이라 함은 어음의 공급(보유어음을 할인하여 현금을 취득하려는 욕구)과 수요(어음할인으로 자금을 운용하려는 욕구)와의 사이에서 성립되는 시장을 의미하나 협의로는 은행, 기타의 금융기관에서 콜 자금을 도입하여 이 자금으로 어음을 할인하는 중개업자가 존재하는 어음시장을 말한다. 이러한 의미의 할인시장은 역사적으로 보아 런던에만 있는 독특한 것으로 타국에는 없다(제 1 차대전 후 뉴욕에 할인시장이 성립하였는데 1930년대의 공황시에 소멸하였다). 상기의 중개업자는 할인업자와 빌 브로커 bill broker 인데, 양자 모두가 자기자본과 소액의 자기예금, 시중은행 등 기타에서 차입한 콜 머니 call money 로 상업어음을 할인하여 재무성증권의 입찰발행에 응하여 이 자산의 이자율(할인률)과 콜 자금의 이자율과의 차이를 획득하는 것을 그 주목적으로 한다.

그런데 콜 이율은 단기중에서도 적지 않은 변동을 나타내기도 하여, 상업어음의 할인률을 항상 하회한다고 말할 수 없다. 왜냐하면 콜 자금은 은행의 지불준비금의 일부이고 따라서 금융이 다소라도 핍박하면 은행은 방출한 콜 자금을 회수하기 때문이다. 이런 관계로 콜 자금의 수급이 핍박하여 콜 이율이 상승하면 할인상회 및 빌 브로커는 손실을 보는 것이다. 이 경우 할인상회는 잉글랜드은행에서 어음을 공정이율로 재할인한다. 이리하여 이런 경로를 통해 잉글랜드은행은 자금을 금융시장에 유출하여 공황의 발생을 방지한다. 또

할인상회는 금융핍박시에 잉글랜드은행에 의뢰하지 않으면 안되기 때문에 잉글랜드은행은 상업어음의 할인률, 재무성증권입찰 때의 이율을 공정이율의 변동에 따라 상하로 조정한다. 이러한 관계로 잉글랜드은행은 타국의 중앙은행과 달라 원칙적으로 시중은행과 직접관계를 가지지 않고 이른바 할인시장을 매체로 하여 금융시장 전체에 영향을 준다. 할인시장은 1920년대에는 상업어음의 할인을 주로 하고 있었는데, 그 후에는 재무성증권의 취급이 할인시장에서 압도적 비중을 차지하게 되었다.

할인률 割引率 discount rate

중앙은행으로부터 차입을 하는 경우에 정부채권 또는 기타의 어음을 통해 상업은행이 지불하는 이자로, 화폐정책의 하나의 수단이다. 중앙은행 당국이 인플레이션을 방지하려고 하는 경우에는 할인률을 인상한다. 할인률이 인상되면 시중은행은 고객에 대한 상업어음할인률을 인상시켜야만 이윤을 확보할 수 있게 된다. 시중은행이 상업어음할인률을 인상하면 기업은 그만큼 자기의 이윤이 감소되므로 은행자금차입에 대한 의욕과 자극이 감소되어 신용팽창은 스스로 압축하게 된다. 한편 경기가 침체하고 있는 경우에는 역으로 할인률을 인하한다. 할인률이 인하되면 시중은행에 의한 신용공급량은 증가되는데 이것이 경기회복에 유리한 작용을 가할 수 있다. 그러나 은행이 보유하고 있는 대부준비가 이미 충분한 경우 할인률 인하가 대부 및 투자를 자극하는 효과는 약하게 될 것이다.
→재할인

함수의 극대·극소조건 函數의 極大·極小條件 maximum and minimum condition of a function

1 변수함수의 극대·극소조건을 $y=f(x)$

라는 y의 양함수에서 찾으려면, 먼저 $f(x)$를 x에 관하여 일차미분한 값을 0으로 놓았을 때

$$f'(x)=0 \cdots\cdots\cdots\cdots\cdots\cdots (1)$$

을 만족하는 x의 값 x_0를 구하여야 한다. 이 때 (i) $x=x_0$근방에서 $f'(x)$의 부호가 $x>x_0$의 범위에서 음이고, $x<x_0$범위에서 양이면 $f(x)$는 $x=x_0$에서 극대이다. (ii) $f'(x)$의 부호가 x_0근방에서 (i)과 반대로 변하면 $f(x_0)$은 극소값을 갖는다. (iii) $x=x_0$근방에서 $f'(x)$의 부호가 불변이면 극값은 존재하지 않는다. 이상이 $f(x)$가 극값을 갖기 위한 1계조건이다.

2 계조건은 $f(x)$의 2차도함수 $f''(x)$에서 $f''(x_0)>0$이면 $x=x_0$에서 $f(x)$는 극소이고, $f''(x_0)<0$이면 $x=x_0$에서 $f(x)$는 극대이다. $f''(x_0)=0$이면 $(x_0, f(x_0))$는 변곡점(變曲點)이 된다. 왜냐하면 $f'(x_0)$는 $x=x_0$점에서 $f(x)$에 그은 접선의 기울기를 나타내고 $f''(x)$는 $f'(x)$의 1차도함수이므로 $f'(x)$상의 모든 점에서의 기울기의 변화를 표시하기 때문이다. 따라서 $f''(x_0)>0$이면 $x=x_0$점에서의 접선의 기울기가 증가상태에 있다는 것을 알 수 있다.

다음에 2변수함수의 극대·극소조건은 그림 1에서처럼 공간좌표축상의 곡면을 그 대상으로 전개된다.

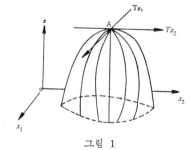

그림 1

$$Z=f(x_1, x_2) \cdots\cdots\cdots\cdots\cdots\cdots (2)$$

라는 함수식에서 $X_0=(x_1{}^0, x_2{}^0)$점에서 z가 극대가 된다고 가정하면,

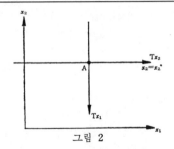

그림 2

첫째, T_{x_1}방향에서 점 A가 극대가 되어야 한다. 이것은 그림 2에서 처럼 x_2의 값을 $x_2{}^0$로 고정시켜 놓고, x_1만 변하는 경우로 볼 수 있다. 따라서 $Z=f(x_1, x_2)$에서 Z는 x_1만의 함수로 볼 수 있으므로 $Z=g(x_1)$이라 쓸 수 있다. $Z=g(x_1)$이 A점에서 극대이기 위한 1, 2계조건은 각각

$$\frac{dg(x_1)}{dx_1}\Big|_{x_1=x_{10}}=f_1(x_1{}^0, x_2{}^0)=0 \cdots (3)$$

$$\frac{d^2 g(x_1)}{dx_1}\Big|_{x_1=x_{10}}=\frac{\partial f_1(x_1, x_2{}^0)}{\partial x_1}\Big|_{x_1=x_{10}}=f_{11}(x_1{}^0, x_2{}^0)<0$$

(3)식을 만족해야만 한다. 마찬가지로 T_{x_2} 방향으로도 A점이 극대가 되기 위해선 $f_2(x_1{}^0, x_2{}^0)=0$이 성립해야만 한다.

$$f_{22}(x_1{}^0, x_2{}^0)<0$$

이제 일반적으로 A점이 극대점임을 보이기 위해서는 T_{x_1}, T_{x_2} 뿐만 아니라 모든 방향에서 A점이 극대점임을 밝혀야 한다.

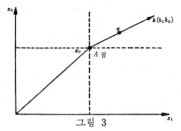

그림 3

그림 3에서 h벡터는 원점을 X_0로 하는 위치벡터이고, x_1, x_2방향의 성분이 각각 h_1, h_2이다. 이 때 X_0근방에 있는 임의의 점

X의 위치는 X_0로부터 X로의 방향을 표시하는 벡터 h를 써서 $X=X^0+th$로 쓸 수 있다(단 t는 스칼라이고 X벡터의 시점은 원점이다). 이 때 X를 성분으로 표시하면 $X=(x_1, x_2)=(x_1{}^0+th_1, x_2{}^0+th_2)$이므로 $Z=f(X)=f(x_1, x_2)=f(x_1{}^0+th_1, x_2{}^0+th_2)$가 성립한다.

여기에서 X_0로부터의 임의의 방향을 표시하는 h벡터를 고정시키면 h_1, h_2는 상수로 취급되고, $(x_1{}^0, x_2{}^0)$는 정점(定點)이므로 Z는 t만의 함수로 볼 수 있다. 즉 $y=f(X)=F(t)$이다. 따라서 $f(X)$가 X_0에서 극대일 조건은 $F(t)$가 $t=0$에서 극대일 조건과 일치한다. $F(t)$가 $t=0$에서 극대일 조건은

$$\frac{dF(t)}{dt}\Big|_{t=0}=0, \quad \frac{d_2 F(t)}{dt^2}\Big|_{t=0}<0$$

이다. 이 식을 다시 쓰면

$$\frac{dF(t)}{dt}=\frac{d}{dt}\Big[f(x_1{}^0+th_1, x_2{}^0+th_2)\Big]$$
$$=f_1\frac{d(x_1{}^0+th_1)}{dt}+f_2\frac{d(x_2{}^0+th_2)}{dt}$$
$$=f_1(x_1{}^0+th_1, x_2{}^0+th_2)h_1+f_2(x_1{}^0+th_1, x_1{}^0+th_2)h_2$$

그러므로,

$$\frac{dF(t)}{dt}\Big|_{t=0}=\frac{dF(0)}{dt}=F'(0)$$
$$=f_1(x_1{}^0, x_2{}^0)h_1+f_2(x_1{}^0, x_2{}^0)h_2=0$$
$$\cdots\cdots (4)$$

이것이 구체적인 1계조건이다. 2계조건은

$$\frac{d^2 F(t)}{dt^2}=f_{11}h_1{}^2+f_{21}h_1 h_2+f_{21}h_1 h_2 +f_{22}h_2{}^2$$

에서

$$\frac{d^2 F(t)}{dt^2}\Big|_{t=0}=F''(0)$$
$$=f_{11}(x_1{}^0, x_2{}^0)h_1{}^2+f_{12}(x_1{}^0, x_2{}^0)h_1 h_2+f_{21}(x_2{}^0, x_2{}^0)h_1 h_2+f_{22}(x_1{}^0, x_2{}^0)h_2{}^2<0$$
$$\cdots\cdots (5)$$

이 성립해야 한다. $F''(0)$를 행렬을 이용하여 다시 쓰면 $F''(0)=(h_1\ h_2)$,

$$\begin{pmatrix} f_{11} & f_{12} \\ f_{21} & f_{22} \end{pmatrix}\begin{pmatrix} h_1 \\ h_2 \end{pmatrix}<0이다.$$

이 두 조건은 X^0로 부터의 모든 방향에 대해서 충족되어야 한다. 즉 $h=(h_1\ h_2)\ne0$인 모든 h에 대해서 다음 두 조건이 성립하면 A점은 극대점이라고 단정할 수 있다.

조건 1) $f_1(x_1{}^0, x_2{}^0)=0$
$f_2(x_1{}^0, x_2{}^0)=0$

조건 2) $\begin{vmatrix} f_{11} & f_{12} \\ f_{12} & f_{22} \end{vmatrix}$가 음정부호행렬(陰正符

號行列) negative definite matrix 이어야 한다. 이제 상기의 두 조건을 n개의 변수가 있는 경우로 확장하여 일반화하고자 한다. $Z=f(x)=f(x_1\cdots x_n)$에서 특정한 점 $X_0=(x_1\cdots x_n)$가 Z를 극대화시켜 준다고 가정하면 우선 X_0로부터 임의의 방향 벡터 $h=(h_1\cdots h_n)$를 가지고 X_0근방의 점 X의 위치를 $X=X_0+th$ (단, t는 스칼라)로 나타낼 수 있다. 그러므로 $Z=f(X)=f(X_0+th)=F(t)$가 성립한다. 따라서 $F(t)$가 $t=0$에서 (x_0에서) 극대화되기 위한 1, 2계조건은 다음과 같다.

$1^0: F'(0)=f_1(X_0)h_1+f_2(X_0)h_2+f_n(X_0)h_n=0$

$$(f_1\cdots f_n)\begin{pmatrix} h_1 \\ h_2 \\ \vdots \\ h_n \end{pmatrix}=0$$

$2^0: F'(0)=h'\begin{bmatrix} f_{11} & \cdots & f_{1n} \\ f_{21} & \cdots & f_{2n} \\ & \vdots & \\ f_{n1} & \cdots & f_{nn} \end{bmatrix}h<0$

단, h'는 h의 전치(轉置)벡터인 행벡터이다. 이 때 $h, h'\ne0$이므로 $F(X)$가 X_0에서 극대가 되기 위한 조건은 $[f_1, f_2, \cdots, f_n]=0$

$$\begin{bmatrix} f_{11} & \cdots & f_{1n} \\ f_{21} & \cdots & f_{2n} \\ & \vdots & \\ f_{n1} & \cdots & f_{nn} \end{bmatrix}\quad\cdots\cdots\cdots\cdots(6)$$

이 음정부호행렬이어야 한다.

(6)식처럼 2차편도함수의 행렬을 헤시안 행렬 Hessian matrix 이라 하고 기호로는 H로 나타낸다.

즉 $H=\begin{bmatrix} f_{11} & \cdots & f_{1n} \\ & \vdots & \\ f_{u1} & \cdots & f_{nu} \end{bmatrix}$이다. 여기에서

H가 음정부호행렬임을 판정하는 기준은

$$f_{11}<0,\ \begin{vmatrix} f_{11} & f_{12} \\ f_{21} & f_{22} \end{vmatrix}>0,\ \cdots\begin{vmatrix} f_{ii} & f_{ij} & f_{ik} \\ f_{ji} & f_{jj} & f_{jk} \\ f_{ki} & f_{kj} & f_{kk} \end{vmatrix}<0$$

$\cdots(-1)^n|H|>0$이다. 환원하면 k계행렬식 principal minor kth order 을 M_k라 하면 M_k의 부호 sign는 $M_k=(-1)^k$이다(단 k는 양의 정수). 끝으로 2계조건을 모르고서도 극대를 판정하는 방법은 오목함수 concave function 를 이용하는 것이다.

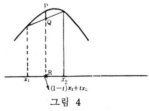

그림 4

정의역 domain 이 유한, 폐집합이고 또 볼록집합이라고 가정할 때 함수 f가 $f\{(1-t)x_1+tx_2\}>(1-t)f(x_1)+tf(x_2)$ (단 $0<t<1$)을 만족하면 f는 진(眞)오목함수 strictly concave function 이다. 이것을 그림 4로 표시하면 R점은 가중치를 고려한 x_1과 x_2내의 점이고, QR은 $(1-t)f(x_1)+tf(x_2)$를 나타내고, RP는 $f\{(1-t)x_1+tx_2\}$를 표시하고 있다. 이처럼 모든 정의역에서 f가 오목함수이면 제1 조건만으로도 극대조건을 판정할 수 있다. →도함수·편도함

수

합리적 기대가설 合理的 期待假說
rational expectations hypothesis

현존하는 경제이론의 대표적인 기대가설에는 대체로 적응적 기대가설 adaptive expectations hypothesis 과 합리적 기대가설이 있다. 적응적 기대가설은 $\dot{p}_t^e - \dot{p}_{t-1}^e = \lambda(\dot{p}_{t-1} - \dot{p}_{t-1}^e)$, 단, $0 < \lambda < 1$이라는 수식으로 표현된다. 이 수식이 의미하는 바는 기대의 수정을 예상오차의 일정부분만큼씩 한다는 것이다. 이 적응적 기대가설은 몇 가지 문제점을 내포하고 있다. 첫째, 이 가설은 전적으로 후향적 backward-looking 가설이다. 그러나 가까운 장래에 인플레이션을 유발시킬 만한 사태가 발생하리라고 예상될 경우 경제주체가 이 정보를 무시하고 과거의 인플레이션률을 실적치만으로 기대를 형성하리라고 볼 수 없다. 둘째, 기대형성수식의 조정계수(λ)의 크기를 설명하는 이론이 없다. 셋째, 이 적응적 기대는 경제주체들이 자신의 기대형성방식이 잘못되었다는 것을 알면서도 그런 방식으로 계속 기대를 형성한다고 가정하는 것으로, 이는 각 경제주체들이 체계적인 기대오류를 범한다는 것을 의미한다.

이러한 문제점을 인식하고 그 대안으로 대두된 기대가설이 바로 뮤스 Muth, J.에 의해 주창된 합리적 기대가설이다. 이 합리적 기대가설은 경제주체들이 모든 정보를 가장 효율적으로 사용하여 기대를 형성한다고 하였다. 이 합리적 기대가설을 수리적으로 표현하면 다음과 같다.

$$\dot{p}_t^e = E(\dot{p}_t : \Omega_{t-1})$$

여기서 $\dot{p}_t^e$ 는 t 시점에 있어서의 예상인플레이션률, $\dot{p}_t$ 는 실제인플레이션률, Ω_{t-1}는 t-1기까지의 모든 정보를 나타낸다. 또 E는 확률변수의 수학적 기대치를 의미하며 $E(\dot{p}_t : \Omega_{t-1})$는 Ω_{t-1}의 정보하에서 $\dot{p}_t$에 대한 조건부 기대치를 의미한다. 즉 개인이 얻을 수 있는 t-1시점까지의 모든 정보 Ω_{t-1}를 토대로 t 시점의 인플레이션률 $\dot{p}_t$에 대한 기대치 $E(\dot{p}_t : \Omega_{t-1})$를 구하여, 그 기대치를 t 시점의 예상인플레이션률로 삼을 때 그러한 예상을 합리적이라 한다.

이러한 합리적 기대개념은 루카스 Lucas, Jr. R., 사전트 Sargent, T., 월러스 Wallace, N., 배로 Barro, R. J., 피셔 Fisher, S., 테일러 Taylor, J. B., 맥칼럼 McCallum, B. T. 등에 의해 거시경제정책 분야에 응용되면서 크게 발전하였다.

합리적 기대가설은 통화공급의 체계적 변화에 의해 산출량을 변화시킬 수 없다고 본다. 통화당국이 통화공급을 체계적으로 변화시키면 사람들은 이러한 정책을 충분히 인지하여 물가나 임금수준의 결정에 충분히 반영할 것이므로 결국 체계적인 통화정책인 실업수준이나 산출수준에 아무런 영향을 주지 못하게 되는 것이다. 사람들이 예상하지 못하는 방법으로 통화공급을 변화시키는 경우에만 민간경제주체의 정보부족으로 인하여 실업과 산출수준에 영향을 줄 수 있다. 이것을 정책무력성의 명제라 한다.

합명회사 合名會社 ordinary partnership

무한책임사원만으로 구성된 회사를 말한다. 합명회사는 소매업, 회계, 법률사무소에서 흔히 볼 수 있다. 합명회사는 일반적으로 개인회사보다는 크지만 주식회사에 비하면 아주 작다. 그렇지만 많은 점에 있어서 합명회사는 개인회사와 유사하다. 합명회사는 정부의 조례나 세제에 의해서 심한 제약을 받고 있지 않다. 그리고 합명회사는 동업자의 일방이 사망하거나 또는 경영이 부실해지거나 파산하면 소멸한다. 합명회사는 무한책임이란 점이 특징이며,

또한 그것은 무한책임사원의 모든 개인재산이 채권자의 담보로 사용됨을 의미한다.

합자회사 合資會社 limited partnership

합자회사란 최소한 1인의 사원이 완전한 책임을 지고(합명회사에 있어서와 같이), 최소한 1인이 자본출자를 하는 사원으로 구성된 회사를 말한다. 이 회사의 특징은 후자인 유한책임사원의 참가로 그 자본을 증가할 수 있고, 경영관리에는 전자인 무한책임사원만이 참가하는 데 특징이 있다. 이러한 유한책임사원의 참가는 일반적으로 금융기관으로부터의 신용인수보다 유리하다. 경영성적이 좋지 못할 경우 유한책임사원은 전혀 이익에 참가하지 않고 오히려 손실을 부담하게 되어 회사로서는 유리하다. 그러므로 기존회사에 새로이 가입하는 신입사원은 입사 이전에 발생한 회사의 채무에 대하여는 그의 출자액을 한도로 하여 책임을 진다. 또한 기존회사에서 사원이 탈퇴시에는 탈퇴사원은 그의 탈퇴시까지 생긴 회사채무에 대하여 책임을 진다. 유한책임사원에 대하여는 회사의 경영면에 대한 참가의무가 없다. 따라서 그들은 무한책임사원과 같은 회사의 대표권이나 영업관리에 대한 권리도 없고 또 사적인 환출(還出)도 허용되지 못한다.

핫머니 hot money

외환시세의 변경, 전쟁, 과세의 증가, 국내의 경제적·정치적 불안, 인플레이션 등에 수반하여 발생하는 손실을 피하기 위해 행하는 투기적·도피적인 자본이동을 말한다. 일명 자본도피 capital fiight 라고도 한다. 이러한 자본이동은 국제수지를 조정하기보다는 그 위험성을 증가시킬 뿐 아니라 화폐가치에 대한 주관적인 신뢰도가 감소하여 새로운 평가절하가 필요하게 되고, 이러한 평가절하는 더욱더 자본도피를 부채질하는 결과를 초래한다. 즉 국제수지의 면에서 볼 때 핫머니는 균형파괴적 역할을 한 것이다.

*항상소득가설 恒常所得假說 permanent income hypothesis

이론적인 소비함수와 이에 대한 경험적인 검증의 결과를 조화시키기 위해 제시된 몇 가지 이론 중에서 가장 뛰어난 것으로 평가받는 것이 시카고대학의 프리드먼 Friedman, M. 이 제시한 항상소득가설이다. 프리드먼은 개인의 소비는 주로 개인의 항상소득에 의해서 결정된다고 말한다. 항상소득이란 어떤 사람이 그의 일생동안에 획득할 수 있으리라고 기대되는 평균소득을 말하는 것이다. 그러므로 한 개인의 일생을 통해서는 항상소득과 실제소득이 같은 것이지만, 어떤 특정한 연도에서 볼 때는 항상소득과 실질소득이 같아야 할 이유는 없는 것이다. 실제소득은 주기적이거나 흔히 있을 수 있는 변화의 영향을 받기 때문에 항상소득보다 클 수도 있고 작을 수도 있다. 프리드먼은 이러한 실제소득과 항상소득과의 차이를 일시소득 transitory income 이라고 부른다. 프리드먼은 소득을 항상소득과 일시소득으로 구분한 것과 마찬가지로, 소비도 항상소비 permanent consumption 와 일시소비 transitory consumption 로 구분한다. 그리고 이들 일시소득과 일시소비는 서로 독립적이며 각각에 대응하는 항상소득이나 항상소비와도 독립적이라고 가정한다. 특히 일시소득과 일시소비가 독립적이라는 가정은 프리드먼의 항상소득가설에서 불가결의 중요한 요소이다. 또한 항상소득가설에서는 항상소비와 항상소득이 비례하므로 모든 소비자들의 장기적 한계소비성향(MPC)은 그들의 평균소비성향(APC)과 일치할 것이고 따라서 총체적으로 본 MPC는 총체적인 APC와 같게 될 것이다.

이상과 같은 내용을 갖는 프리드먼의 항상소득가설을 다음의 방정식체계에 의해서 정식화된다.

$$C_p = k(i, w, u) \cdot Y_p \cdots\cdots\cdots\cdots\cdots (1)$$
$$Y = Y_p + Y_t \cdots\cdots\cdots\cdots\cdots\cdots (2)$$
$$C = C_p + C_t \cdots\cdots\cdots\cdots\cdots\cdots (3)$$
$$\rho_{Y_t Y_p} = \rho_{C_t C_p} = \rho_{Y_t C_t} = 0 \cdots\cdots\cdots (4)$$

여기에서 Y는 개인가처분소득, Y_p는 항상소득, Y_t는 일시소득, C는 실제소비, C_p는 항상소비, C_t는 일시소비, k는 항상소비와 항상소득간의 비례상수, i는 이자율, w는 항상소득에 비인적부(非人的富)의 비율, u는 k에 영향을 미치는 기타의 경제적 요소, ρ는 상관관계를 나타내는 기호이다. 먼저 방정식(1)에서 i, w 및 u가 항상 일정하다면 $\dfrac{C_p}{Y_p}$의 비율은 항상 같은 값을 가질 것이다($\dfrac{C_p}{Y_p} = k$). 또한 만약 한 기간동안의 C와 Y의 단기적인 변수들을 평균화시키면 장기적으로는 $\dfrac{C}{Y} = \dfrac{C_p}{Y_p}$로서 일정하게 될 것이다. 이것은 장기적인 소비-소득관계에 관한 쿠즈네츠 Kuznets, S.와 골드스미스 Gold smith, R.W.의 실증연구결과와 일치한다. 즉 $\dfrac{C}{Y}$의 비율이 장기적으로 일정하다는 것은 소득과 소비가 일정한 비례관계에 있고 MPC와 APC가 같다는 것을 의미하는데, 이것은 방정식(2)와 (3)에 의해서도 증명된다.

그런데 경기변동과정에서는 실제로 평균소비성향이 호황기에는 하락하고 침체기에는 상승하리라고 생각할 수 있다. 프리드먼은 호황기에는 실제소득이 항상소득보다 크며 이에 따른 일시소득이 대부분 저축되는 반면, 침체기에는 실제소득이 항상소득 이하로 하락하므로 이와 반대의 현

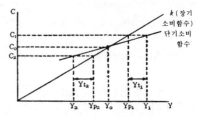

상이 생긴다고 보았다. 이것은 단기적으로는 평균소비성향이 하락한다는 실증연구결과와도 일치한다.

만약 경기변동이 없고 장기적으로 성장하는 추세를 나타낸다면 소비와 소득간의 관계는 k선을 따라서 움직일 것이다. 그러나 경기변동이 있는 경우에는 k선을 이탈하게 된다. 예컨대 호황기에는 앞에서의 설명처럼 실제소득이 항상소득을 초과할 것이다. 이것은 그림에서 $Y_1 > Y_{p1}$으로 나타나 있으며 Y_{t1}이 양의 일시소득이다. 이 때의 소비수준은 C_1이 된다. 반면에 침체기에는 실제소득이 항상소득보다 작을 것이며 따라서 $Y_2 < Y_{p2}$가 되어 Y_{t2}는 음의 일시소득을 나타낸다. 이 때의 소비수준은 C_2가 된다. 그리고 정상적인 경우에는 일시소득이 0이므로 (C_0, Y_0)점은 선상에 있게 된다.

지금까지 여러 가지 방법에 의해서 항상소득가설의 내용을 설명하였는데 모든 설명은 개별소비자의 관점에서 이루어졌다. 그러나 이것을 사회전체로 확장하더라도 달라지는 것은 하나도 없다. 이와 같이 프리드먼의 항상소득가설은 MPC=APC라는 관계뿐만 아니라 단기적으로 MPC<APC인 관계를 설명하는 데 있어 다른 이론보다 설득력이 있고 일반성이 높다는 점은 인정받고 있으나, 그의 항상소득의 개념에 따르는 문제점들로 인해서 논란의 여지를 남겨 놓고 있다. 그럼에도 불구하고 프리드먼의 가설은 소비자들의 소비결정이 소득뿐만 아니라 기대에 의해서도 영향을 받을

수 있다는 것을 밝힘으로써 소비결정에 영향을 주는 요인들을 밝히는 데 특별히 공헌했으며, 소비함수의 성질연구에 한 자극제가 되었음을 부인할 수 없다.

[참고문헌] Branson, W. H., *Macroeconomic Theory and Policy*, 1972; 김덕중, 「거시경제이론」 1974.

항해조례 航海條例 navigation acts

광의로는 리차드 2세가 시행한 1381년법에서 1849년법에 이르기 까지 영국 및 그 식민지의 재화수송은 영국선 및 영국선원에 의해서만 행할 수 있다는 것을 규정한 조례를 말한다. 협의로는 크롬웰이 공포한 유명한 1651년 항해조례와 1660년 항해조례, 1663년 무역촉진조례를 묶어서 항해조례라 총칭한다. 그 이전의 법들은 절대주의적 중상주의정책의 일환으로 특권적 무역회사를 지주로 하는 수출무역체제의 유지·강화의 관점에서 해운력의 강화와 해운의 보호유지를 추구한 것이었다. 이것에 대하여 협의의 항해조례는 산업자본의 이해(利害)에 입각하여 ① 당시의 대중개무역가의 하나인 네덜란드의 패권을 타도하고 영국의 해운업·조선업·무역업의 보호, 육성과 ② 미국 등 기타의 식민지의 시장과 무역의 독점을 목적으로 한 것으로서, 고유의 중상주의기에 있어서의 영국의 대표적 경제정책의 하나였다. 그러나 19세기 중엽이 되면서 영국 자본주의의 세계시장 제패가 가져온 다각적 무역관계로 이러한 조례는 불필요하고 오히려 유해한 존재로 되었다. 따라서 1849년에 전면적 재검토를 거쳐 그 핵심부분은 폐지되었다.

해로드 Harrod, Roy Forbes (1900~1978)

런던 태생의 영국 경제학자. 옥스포드대학 뉴 칼리지에서 고전, 철학, 경제 및 역사를 연구하였다. 그의 경제학 연구과정에서 주목할 만한 점은 경제학 연구의 출발점인데, 원래 고전을 전공한 그가 케인즈 Keynes, J. M. 의 지도를 받아 경제학을 연구하기 시작한 후부터는 케인즈의 이론 위에 자신의 이론을 전개함으로써 1944년 케인즈로 부터 *Economic Journal* 지의 편집자 지위를 물려 받았다. 케인즈 사망시에 그는 전기작성자로서 귀국의 의뢰에 응하는 등, 영국 경제학계에 있어서 케인즈이론을 한편으로는 국제경제학의 분야에서 다른 한편으로는 경제학의 특유한 분야에서 발전시켰다는 점에서 크게 인정받고 있다. 해로드는 소득에서 소비를 공제한 것이 저축이라고 보는 케인즈 이후의 전통적인 견해에 반대하고 자기의 경기이론을 이율배반론 antinomy theory 으로 전개하였다. 그에 의하면 경제가 균형적으로 발전하려면 저축의 수요와 공급이 일치되어야 하나 현실에 있어서는 저축의 수요는 실질국민소득의 증가, 즉 성장률에 의존하는데 비하여 저축의 공급은 실질국민소득 그 자체의 수준에 의존하기 때문에 양자는 필연적으로 일치할 수 없는 이율배반의 관계에 있다고 주장하고 있다.

[주 저] *International Economics*, 1933, 2nd ed., 1939; *The Trade Cycle, An Essay*, 1936; *Towards a Dynamic Economics*, 1948; *The Life of John Maynard Keynes*, 1951; *Economic Essays*, 1952; *The Pound Sterling*, 1952; *The Dollar*, 1953.

해로드-도마성장모형(成長模型) Harrod-Domar growth model

해로드 Harrod, R. F. 와 도마 Domar, E. D. 가 각자 독자적으로 전개한 성장모형이 거의 동일한 결과를 보여주기 때문에 양자를 일괄해서 해로드-도마성장모형이라고 한다. 양자의 공통점은 케인즈 Keynes, J. M. 의 유효수요이론을 장기에서의 자본축적과정에 도입하여, 자본주의경제가 순조로운 성장을 계속해 나가기 위한 균형조건이 무엇인가를 구명하려고 한 점에 있다고 할 수 있다. 원래 케인즈의 유효수요이론은 자본스톡이 고정되어 있는 단기에서 전개되었는데, 이 성장모형은 그것을 장기에까지 확장시키려는 시도라고 할 수 있다. 이제 모형의 개요를 살펴보면 다음과 같다.

I. 가 정 ① t기의 저축 $S_t = sY_t$이다 (s; 저축성향, Y; 국민소득). ② 고정계수생산함수 fixed-coeffcients production function이 상정된다. 즉 $Y_t = \min\left(\dfrac{K_t}{\sigma},\right.$ $\left.\dfrac{L_t}{\rho}\right)$ (σ; 자본계수, ρ; 노동계수, K; 자본스톡, L; 고용노동량). ③ 노동력은 매년 외생적으로 주어진 n의 성장률로 증가한다. 즉, $L_t = L_0 e^{nt}$.

II. 모형의 내용

① 수요측면 : 균형에서는 저축과 투자가 일치하지 않으면 안된다. 그리고 t기에서의 투자는 그만큼의 자본스톡의 증가를 의미하므로

$$I_t = \frac{dK_t}{d_t} = S_t = s \cdot Y_t$$

(I; 투자, t; 시간)

$I_t = sY_t$에서

$$\frac{dI_t}{dt} = s \cdot \frac{dY_t}{dt}$$

또는 $\dfrac{dY_t}{dt} = \dfrac{1}{s} \cdot \dfrac{dI_t}{dt}$ ....(1)

(1)식은 수요측면에서 국민소득의 변화는 투자의 크기가 아니라 그것의 변화율에 의존함을 보여준다.

② 공급측면 : 투자는 수요측면에서는 승수과정을 통해 국민소득을 창출하는 한편, 공급측면에서는 자본스톡을 증가시켜 경제의 생산능력 productive capacity을 증가시킨다. 즉,

$$\frac{dE_t}{dt} = \frac{1}{\sigma} \cdot \frac{dK_t}{dt} = \frac{1}{\sigma} \cdot I_t \cdots\cdots(2)$$

여기에서 E는 생산능력을 나타낸다. 균형에서는 또한 수요와 공급이 일치해야 하므로, (1)식, (2)식에서

$\dfrac{dY_t}{dt} = \dfrac{dE_t}{dt}$, 즉 $\dfrac{1}{s} \cdot \dfrac{dI_t}{dt} = \dfrac{1}{\sigma} \cdot I_t$가 성립한다. 따라서 투자의 성장률을 g라 하면, $g = \dfrac{\frac{dI_t}{dt}}{I_t} = \dfrac{s}{\sigma}$가 성립한다. 이 경우 또한 국민소득의 성장률 $\dfrac{\frac{dY_t}{dt}}{Y_t}$도 g가 된다. g가 바로 해로드의 적정성장률 warranted rate of growth로, 자본의 완전고용을 가능케 하는 성장률이다.

③ 노동측면 : 경제체계의 외부의 여러 요인에 의해서 주어지는 인구증가율 n은 경제가 달성할 수 있는 최대성장률로서, 해로드의 자연성장률 natural rate of growth이다. 만일 경제가 노동의 완전고용상태에서 출발하여 n의 성장률로 성장해가면 성장과정에서 실업은 존재하지 않게 된다. 이상에서 자본과 노동이 모두 완전고용되면서 성장이 이루어지기 위해서는

$$g = n, \ \ 즉 \ \frac{s}{\sigma} = n \cdots\cdots\cdots\cdots\cdots(3)$$

이 성립해야 한다. 그런데 s, σ 및 n은 각각 저축성향, 기술조건 및 인구증가요인과 관련되어 주어진 상수이므로 (3)식은 단지 우연적으로밖에 성립하지 않을 것이다. 다시 말하면 해로드-도마모형에서 자본과 노동의 동시적인 완전고용은 거의 실현될 가능성이 없다는 결론이 도출된다고 할 수 있다. 이것을 해로드-도마모형의 나이프 에지 knife-edge적 성격이라고 한다. 이러한 나이프 에지적 성격은 고정계수생산함수 대신에 자본과 노동의 대체성을 인정하는 신고전파생산함수를 도입하거나 또는 일정한 저축성향 대신에 그것을 이윤의 함

수로 한다든지 해서 해소시킬 수 있다.
→투자의 이중효과, 경제성장이론

해상보험 海上保險 marine insurance
해난 또는 항해중의 사고에 의하여 발생한 손해를 보상하는 보험이다. ① 선박보험(선체 외에도 기관, 연료, 소모품 등의 멸실(滅失)과 파손 등의 보상을 목적으로 한다) ② 적하보험(정식화물 외에 승객의 수하물과 소지품, 유가증권을 포함한다) ③ 희망이익보험(수송품이 무사히 목적지에 도착하면 응당 얻어지는 이익에 대해 보험을 든다) ④ 운임보험의 4종이 있다.

행동과학 行動科學 behavioral science
인간은 어떤 상황하에서 어떠한 행동을 취하는가, 또 그것은 어떤 동기에서인가 등의 문제를 체계적으로 구명하는 학문이다. 경영분야에서는 종업원에게 일에 대한 의욕을 고취시키기 위하여 경영조직내에서의 인간행동을 연구하여 종업원훈련, 경제환경의 개선에 응용하고 있다. 행동과학의 입장에서 생각해 낸 관리방법으로 managerial grid, 목표관리 등이 있다.

＊행렬 行列 matrix
Ⅰ. **행렬의 정의** 일반적으로 n개의 변수($x_1, x_2, \cdots, x_n$)를 m개의 선형(線型)방정식체계로 나타내면 다음과 같다.

$$a_{11}x_1+a_{12}x_2+\cdots+a_{1j}x_j\cdots+a_{1x}x_n=d_1$$
$$a_{21}x_1+a_{22}x_2+\cdots+a_{2j}x_j\cdots+a_{2x}x_n=d_2$$
$$a_{i1}x_1+a_{i2}x_2+\cdots+a_{ij}x_j+\cdots+a_{ix}x_n=d_i$$
$$a_{m1}x_1+a_{m2}x_2+\cdots+a_{mj}x_j\cdots+a_{mx}x_n=d_m \cdots\cdots(1)$$

(1)식을 주의깊게 살펴보면 다음과 같은 사실을 발견할 수 있다. 첫번째 변수인 x_1은 모든 선형방정식체계에서 등호(＝)좌측 제1열에 위치하고 있다. 마찬가지 방법으로 j번째의 변수인 x_j는 제j열에 위치한다. 또한 이중첨자(添字)가 붙은 계수 the double subscripted parameter a_{ij}는 i번째 선형방정식 중 j번째 변수 x_j에 붙은 계수임을 알 수 있다. 끝으로 d_i는 선형방정식체계 중 i번째 방정식의 등호 우측에 위치하고 있다. 따라서 ①을 구성하고 있는 계수 및 변수 a_{ij}, d_i, x_j는 그 첨자에 의해서 그 위치가 고정되어 있다. 따라서 $a_{ij}(i=1,\cdots,m,j=1,\cdots,n)$, $X_j(j=1,\cdots,n)$, $d_i(i=1,\cdots,m)$를 다음 형태로 표시할 수 있다.

$$A=\begin{bmatrix} a_{11} & a_{21}\cdots & & a_{1n} \\ a_{21} & a_{22}\cdots & & a_{2n} \\ \vdots & & & \\ a_{i1} & a_{i2} & a_{ij}\cdots & a_{in} \\ \vdots & & & \vdots \\ a_{m1} & a_{m2}\cdots & & a_{mn} \end{bmatrix}$$

$$X=\begin{bmatrix} x_1 \\ \vdots \\ x_j \\ \vdots \\ x_m \end{bmatrix} \quad D=\begin{bmatrix} d_1 \\ \vdots \\ d_j \\ \vdots \\ d_m \end{bmatrix}\cdots(2)$$

(2)처럼 일정법칙에 따라서 배열된 숫자 또는 변수를 행렬이라고 한다. 이 때 각 행렬을 구성하는 계수 a_{ij}, d_i 또는 변수 x_j를 각각 그 행렬의 원소 element 라고 하며, 원소의 행(行)의 배열, 예컨대 $a_{11}, \cdots a_{1n}$을 행 row, 원소의 종(縱)의 배열, 예컨대 $a_{11}, a_{21}, \cdots a_{m1}$을 열 column 이라고 부른다. 그리고 특히 X, D처럼 원소가 배열되어 있는 행렬을 벡터 vector 라고도 한다. 이러한 행렬은 그 자체는 수가 아니지만, 전체를 하나의 숫자로 간주하여 가감승(加減乘)의 계산을 할 수 있다. 즉 하나의 수와 같이 다룰 수 있다는 점에서 행렬의 묘미를 발견할 수 있다.

Ⅱ. **행렬의 연산법칙** 보통 수의 연산법칙과 본질적으로 다름이 없으나, 행렬의 연산은 일정한 조건안에서만 허락되므로

다소 까다로운 점이 없지 않다. 행렬의 연산법칙을 소개하기에 앞서, 행렬의 차원 dimension을 설명한다. 행렬의 차원은 곧 그 행렬의 행의 수와 열의 수를 의미한다. 따라서 우리의 설례(設例) 중 A, X, D의 차원은 $(m \times n)$, $(n \times 1)$, $(m \times 1)$과 같다. ① 행렬의 가감 : 두 행렬 A, B의 합(차)은 $a_{ij} + b_{ij}$ $(a_{ij} - b_{ij})$를 그 원소로 하는 행렬이며, 이것을 $A + B(A - B)$로 표시한다. 예를 들면

$$\begin{bmatrix} a_{11} & a_{12} \\ a_{21} & a_{22} \end{bmatrix} \pm \begin{bmatrix} b_{11} & b_{12} \\ b_{21} & b_{22} \end{bmatrix} \equiv \begin{bmatrix} a_{11} \pm b_{11} & a_{12} \pm b_{12} \\ a_{21} \pm b_{21} & a_{22} \pm b_{22} \end{bmatrix}$$

이다. 따라서 $A \pm B$가 성립하려면 A, B의 차원이 같아야만 한다. ② 행렬의 스칼라적(積) : λ를 임의의 상수라 할 때, λA는 λa_{ij}를 그 원소로하는 행렬이다. 예를 들면

$$\lambda \begin{bmatrix} a_{11} & a_{12} \\ a_{11} & a_{22} \end{bmatrix} = \begin{bmatrix} \lambda a_{11} & \lambda a_{12} \\ \lambda a_{21} & \lambda a_{22} \end{bmatrix} \text{이다}$$

③ 행렬의 적(積) : 보통의 수(스칼라)끼리의 곱셈은 모든 경우에 가능하지만, 행렬간의 곱셈은 곱해지는 두 행렬의 차원이 일정한 조건을 만족해야만 성립된다. 다시 말해서 두 행렬 A, B의 적(積) AB가 가능하려면, A행렬의 열의 수가 B행렬의 행의 수와 같아야만 한다. 즉 A의 차원이 $(m \times n)$이라면, B의 차원은 $(n \times k)$이어야만 한다(단 k는 임의의 정수). $\underset{(m \times n)}{A} = [a_{ij}]$, $\underset{(n \times k)}{B} = [b_{ij}]$라 가정할 때 A, B의 적 $AB(\equiv C)$의 원소는 $c_{ij} = a_{i1}b_{1j} + a_{i2}b_{2j} + a_{i3}b_{3j} + \cdots a_{in}b_{ni}$가 된다. 즉 c_{ij}는 A의 제 i행과 B의 제 j열의 대응원소를 곱한 것의 합이다.

III. 행렬의 종류

행렬의 종류는 다음과 같다.

① 정방(正方)행렬 square matrix : 행렬 A의 차원을 $(m \times n)$이라 가정할 때, $m = n$이면 A는 정방행렬이고, $m \neq n$이면 A는 구형(矩形)행렬 또는 장방(長方)행렬 rec-tangular matrix 이다.

② 전치(轉置)행렬 transposed matrix : 어떤 행렬 $A(m \times n)$에 대해서 각 원소의 행과 열을 바꾸면, 즉 $[a_{ij}]$를 $[a_{ji}]$로 했을 때의 행렬을 원(原)행렬에 대해서 전치행렬이라 하고 A^t 또는 A'로 표시한다. 이 때의 차원은 $(n \times m)$이 된다. 전치행렬에 대해서는 $(A + B)' = (A' + B')$, $(AB)' = (B'A') \neq (A'B')$, $(ABC)' = (C'B'A')$가 성립한다.

③ 대칭행렬 : 정방행렬의 특별한 경우로서, $A' = A$가 성립하는 행렬이 있다. 이 때 A를 대칭행렬이라 한다. 따라서 대칭행렬의 각 원소는 주대각선상(主對角線上)의 원소 principle diagonal element에 대해서 대칭이 된다. 한편 대칭행렬의 특수한 경우로서, 주대각선원소를 모두 1로하고 나머지 원소를 모두 0으로하는 정방행렬을 특히 단위행렬이라 하고 I로 표시한다.

④ 역행렬 : 정방행렬 중에서 $AB = BA = I$를 만족시키는 행렬 B를 A의 역행렬 inverse이라 하고, 기호로는 A^{-1}로 표시한다. 이제 구체적으로 역행렬을 구하는 방법과, 어떤 행렬이 역행렬을 갖기 위한 조건 등을 설명한다. 먼저 어떤 정방행렬 A가 A^{-1}를 갖기 위한 조건은 그 행렬식의 값이 0이 되어서는 안된다는 것이다. 즉 $|A| \neq 0$이다. $|A| \neq 0$에서 우리는 몇 가지 사실을 유추할 수 있다. 첫째, 행렬 A는 모든 행 또는 열에 대해서 선형독립(線型獨立)이다. 즉 정방행렬의 어떤 행(열)도 나머지 다른 행(열)의 일차결합으로 이루어지지 않는다. 둘째, 정방행렬 A는 non singularity 하다. 셋째, 정방행렬 A의 역행렬이 존재하면 $AX = D$라는 선형방정식 체계의 유일한 unique 해가 $\bar{X} = A^{-1}D$로 주어진다. 다음에는 여인수(餘因數)행렬식 cofactor determinant을 사용하여 A의 역행렬 A^{-1}를 구하는 방법을 설명한다. 우

선 그 차원이 $(n \times n)$인 정방행렬 A를 상정하고, $|A|$는 0이 아니라고 가정한다. 정방행렬 A의 각 원소에 대하여 여인수행렬식 $|C_{ij}|$를 1대 1로 대응시키면, 우리는 $|C_{ij}|$를 원소로 하는 새로운 정방행렬 C를 만들 수 있다. 즉 $C = [|C_{ij}|]$이고, C의 차원은 A와 같이 $(n \times n)$이다. C를 진치시켜 C'로 만들고 이것을 $adjA$라 정의한다. 즉

$$C' \equiv adjA \equiv \begin{bmatrix} |c_{11}| & |c_{21}| & \cdots & |c_{n1}| \\ |c_{12}| & |c_{22}| & & |c_{n2}| \\ \multicolumn{4}{c}{\cdots\cdots\cdots\cdots\cdots} \\ |c_{1n}| & |c_{2n}| & \cdots & |c_{nn}| \end{bmatrix}$$

이다. 한편 A와 C'는 모두 그 차원이 $(n \times n)$인 정방행렬이므로, A와 C'을 적 AC'가 가능하고, 다음이 성립한다.

$$AC' \equiv \begin{bmatrix} \sum_{j=1}^{n} a_{1j}|c_{1j}| & \sum_{j=1}^{n} a_{1j}|c_{2j}| & \cdots & \sum_{j=1}^{n} a_{1j}|c_{nj}| \\ \sum_{j=1}^{n} a_{2j}|c_{1j}| & \sum_{j=1}^{n} a_{2j}|c_{2j}| & \cdots & \sum_{j=1}^{n} a_{2j}|c_{nj}| \\ \sum_{j=1}^{n} a_{nj}|c_{1j}| & \sum_{j=1}^{n} a_{nj}|c_{2j}| & \cdots & \sum_{j=1}^{n} a_{nj}|c_{nj}| \end{bmatrix}$$

$$\cdots\cdots\cdots (3)$$

(3)에서 $\sum_{j=1}^{n} a_{ij}|c_{i'j}| = 0 (i \neq i')$

$\sum_{j=1}^{n} a_{ij}|c_{i'j}| = |A| (i = i')$

이므로 (3)은 다음과 같이 간단하게 변형된다.

$$AC' \equiv \begin{bmatrix} |A| & 0 & \cdots & 0 \\ 0 & |A| & & \vdots \\ \vdots & & \ddots & \vdots \\ 0 & \cdots & & |A| \end{bmatrix}$$

$$= |A| \begin{bmatrix} 1 & \cdots & 0 \\ \vdots & 1 & \vdots \\ \vdots & & \vdots \\ 0 & \cdots & 1 \end{bmatrix}$$

$$= |A| I \cdots\cdots\cdots\cdots (4)$$

(단, $|A| \neq 0$)

(4)의 양변을 $|A|$로 나누면

$$\frac{AC'}{|A|} = I \cdots\cdots\cdots\cdots (5)$$

가 성립된다. 이때 (5)의 양변에다 A^{-1}를 곱하면,

$$A^{-1} A \frac{C'}{|A|} = A^{-1} I \Rightarrow \frac{C'}{|A|} = A^{-1}$$

$$\cdots\cdots\cdots\cdots\cdots (6)$$

이 된다. 따라서 $A^{-1} = \frac{1}{|A|} adjA$ 이다.

Ⅳ. 경제학에서의 행렬의 응용 행렬은 선형방정식체계의 일반해를 구하기 위해 행렬식과 함께 고안된 것으로 비단 수학뿐만 아니라 경제학에서 유용한 분석도구로 애용되고 있다. 그 응용분야는 크게 산업연관분석, 선형계획(線型計劃)에서 최적기저해(最適基底解) 등을 구할 때, 계량경제학 등으로 구분된다.

[참고문헌] Allen, R. G. D., *Mathematical Analysis for Economics*, 1938; Chiang, A. C., *Fundamental Methods of Mathematical Economics*, 2nd ed., 1974; 강오전, 「경제수학」, 1962.

＊행렬식 行列式 determinant

Ⅰ. 행렬식의 정의 행렬식은 원래 연립1차방정식의 해를 구하기 위해서 고안되었다. 이것은 라이프니쯔 Leibnitz, G. W. 에 의해 시작되어 크래머 Cramer 에 이르러 완전한 체계를 갖추었다. 이러한 행렬식의 강점은, 해가 존재하는 다변수연립방정식의 해를 일괄적으로 풀 수 있다는 점이다. 다음의 예를 들어보자.

$$\begin{cases} a_1 x + b_1 y = 0 \\ a_2 x + b_2 y = 0 \end{cases} \cdots\cdots\cdots\cdots (1)$$

(1)에서 y를 소거하면

$$(a_1 b_2 - a_2 b_1) x = 0 \cdots\cdots\cdots\cdots (2)$$

$$\therefore a_1 b_2 - a_2 b_1 = 0 \text{ (단 } x \neq 0)$$

(2)를 다음과 같은 형식으로 표시한 것이 행렬식이다. 즉

$$a_1 b_2 - a_2 b_1 \equiv \begin{vmatrix} a_1 & a_2 \\ b_1 & b_2 \end{vmatrix} = 0 \cdots\cdots\cdots (3)$$

행렬식의 값은 정방행렬 square matrix 에만 존재하고, 종 또는 횡의 원소의 수를 행렬식의 차수(次數)라 한다.

우리의 설례(設例)에서 (3)은 2차행렬식이다. 이제 3차 이상의 행렬식의 값을 구하는 방법을 설명한다. 다음과 같은 행렬을 가정하자.

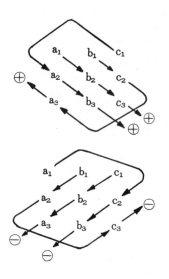

$$A = \begin{bmatrix} a_1 & b_1 & c_1 \\ a_2 & b_2 & c_2 \\ a_3 & b_3 & c_3 \end{bmatrix}$$

행렬 A 의 행렬식 $|A|$ 의 값은 다음의 법칙에 따라 계산된다.

따라서 $|A| = \begin{vmatrix} a_1 & b_1 & c_1 \\ a_2 & b_2 & c_2 \\ a_3 & b_3 & c_3 \end{vmatrix} = a_1 b_2 c_3 +$

$a_2 b_3 c_1 + a_3 b_1 c_2 - a_3 b_2 c_1 - a_2 b_1 c_3 - a_1 b_3 c_2$ 이다.

II. 행렬식의 성질 행렬식은 다음과 같은 중요한 성질을 가지고 있다. ① 행과 열을 치환하여도 그 행렬식의 값은 변하지 않는다. ② 임의의 2행(또는 2열)을 교환하여 만든 새로운 행렬식과 원(原)행렬식의 값은 그 절대치는 같고 부호는 반대이다. ③ 행렬식의 행 또는 열의 모든 원소에 공통된 인수는 이들 인수분해할 수 있다.

즉 $\begin{vmatrix} a_1 & b_1 & c_1 \\ ka_2 & kb_2 & kc_2 \\ a_3 & b_3 & c_3 \end{vmatrix} = k \begin{vmatrix} a_1 & b_1 & c_1 \\ a_2 & b_2 & c_2 \\ a_3 & b_3 & c_3 \end{vmatrix}$

④ 행렬식에서 임의의 행렬이 다른 행(열)의 일차결합으로 표시하면 그 행렬 matrix 은 선형종속이므로, 행렬식의 값은 0이다.

$$\begin{vmatrix} a_1 & b_1 & c_1 \\ a_2 & b_2 & c_2 \\ kb_1 & kb_1 & kc_1 \end{vmatrix} = 0$$

⑤ 행렬식에서 임의의 1행(열)의 모든 원소가 2수의 합으로 이루어졌을 때에 이 행렬식은 두 개의 행렬식으로 분리된다.

$$\begin{vmatrix} a_1+k_1 & b_1+k_2 & c_1+k_3 \\ a_2 & b_2 & c_2 \\ a_3 & b_3 & c_3 \end{vmatrix} = \begin{vmatrix} a_1 & b_1 & c_1 \\ a_2 & b_2 & c_2 \\ a_3 & b_3 & c_3 \end{vmatrix}$$

$$+ \begin{vmatrix} k_1 & k_2 & k_3 \\ a_2 & b_2 & c_2 \\ a_3 & b_3 & c_3 \end{vmatrix}$$

⑥ 행렬식의 1행(열)의 각 원소에 이에 대응하는 다른 임의의 행(열)의 각 원소의 k 배를 가감하여도 그 값은 변하지 않는다.

$$\begin{vmatrix} a_1 & b_1 & c_1 \\ a_2 & b_2 & c_2 \\ a_3 & b_3 & c_3 \end{vmatrix} = \begin{vmatrix} a_1 \pm kb_1 & b_1 & c_1 \\ a_2 \pm kb_2 & b_2 & c_2 \\ a_3 \pm kb_3 & b_3 & c_3 \end{vmatrix}$$

III. 소행렬식($|M_{ij}|$)과 여인수($|C_{ij}|$) 어떤 원소에 대한 소행렬식 minor determinant 은 원행렬식에서 그 원소가 포함되어 있는 행과 열을 제거한 원소들로 만들어진 새로운 행렬식을 말한다. 따라서 소행렬식의 차수(次數)는 원행렬식의 그것보다 1차만큼 작다. 이 때 소행렬식에다 부호를 첨가한 행렬식을 그 원소의 여인수 co-factor determinant 라 한다. 일반적으로 n차의 행렬식의 값은 여인수전개에 의해 쉽게 구해질 수 있다. 즉

$$A = \begin{bmatrix} a_{11} & a_{1j} & a_{1n} \\ \vdots & \vdots & \vdots \\ a_{i1} & a_{ij} & a_{in} \\ a_{n1} & a_{nj} & a_{nn} \end{bmatrix}$$

라 할 때 $|A|$는

$$|A| = \sum_{j=1}^{n} a_{ij}|c_{ij}| = \sum_{i=1}^{n} a_{ij}|c_{ij}| \cdots\cdots\cdots (4)$$

이다〔단 $c_{ij} = (-1)^{i+j}|M_{ij}|$〕.

예를 들면 $B = \begin{bmatrix} b_{11} & b_{12} & b_{13} \\ b_{21} & b_{22} & b_{23} \\ b_{31} & b_{32} & b_{33} \end{bmatrix}$

라 할 때 $|B|$는 다음과 같다.

$$|B| = b_{11}|C_{11}| + b_{12}|c_{12}| + b_{13}|c_{33}|$$
$$= b_{11}|M_{11}| - b_{12}|M_{12}| + b_{13}|M_{13}|$$
$$= -b_{12}|M_{12}| + b_{22}|M_{22}| - b_{32}|M_{32}|$$

Ⅳ. 연립방정식의 해 다음과 같은 연립방정식의 해법을 생각해 보자.

$$\begin{bmatrix} a_{11}x_1 + a_{12}x_2 + \cdots + a_{1j}x_j + \cdots + a_{1n}x_n = d_1 \\ a_{21}x_1 + a_{22}x_2 + \cdots + a_{2j}x_j + \cdots + a_{2n}x_n = d_2 \\ \vdots \\ a_{n1}x_1 + a_{n2}x_2 + \cdots + a_{nj}x + \cdots + a_{nn}x_n = d_n \end{bmatrix}$$

위의 방정식 체계를 행렬로 표시하면

$$AX = d \cdots\cdots\cdots\cdots\cdots\cdots (5)$$

와 같이 간단히 쓸 수 있다.

단 $A = \begin{bmatrix} a_{11} \cdots a_1 \\ \vdots \\ a_{n1} & a_{nn} \end{bmatrix}$ $X = \begin{bmatrix} x_1 \\ \vdots \\ x_n \end{bmatrix}$

$d = \begin{bmatrix} d_1 \\ \vdots \\ d_n \end{bmatrix}$ 이다.

(5)식의 양변에 A의 역행렬 A^{-1}를 곱하면, $A^{-1}AX = A^{-1}d \Rightarrow X = A^{-1}d$이다.

한편 $A^{-1} = \dfrac{adjA}{|A|}$이므로 $\overline{X} = \dfrac{adjA}{|A|}d$

$$= \frac{1}{|A|} \begin{bmatrix} |c_{11}| & |c_{21}| \cdots |c_{n1}| \\ |c_{12}| & |c_{22}| \cdots |c_{n2}| \\ \vdots & \vdots & \vdots \\ |c_{1n}| & |c_{2n}| & |c_{nn}| \end{bmatrix} \begin{bmatrix} d_1 \\ d_2 \\ \vdots \\ d_n \end{bmatrix}$$

$$= \frac{1}{|A|} \begin{bmatrix} d_1|c_{11}| + d_2|c_{21}| + \cdots d_n|c_{n1}| \\ d_1|c_{12}| + d_2|c_{22}| + \cdots d_n|c_{n2}| \\ d_1|c_{1n}| + \quad\cdots\cdots\quad + d_n|c_{nn}| \end{bmatrix}$$

$$= \frac{1}{|A|} \begin{bmatrix} \sum_{i=1}^{n} d_i|c_{i1}| \\ \vdots \\ \sum_{i=1}^{n} d_i|c_{in}| \end{bmatrix} \cdots\cdots\cdots\cdots (6)$$

이 성립한다. 따라서 위 식의 해 중 x_1은 (6)에서 곧 알 수 있다. 즉 $x_1 = \dfrac{1}{|A|} \sum_{i=1}^{n} d_i|c_{i1}|$ 이다. 일반적으로 다음과 같이 쓸 수 있다.

$$x_j = \frac{1}{|A|} \sum_{i=1}^{n} |d_{ij}|$$

$$= \frac{1}{|A|} \begin{vmatrix} a_{11} & a_{12} \cdots d_i & a_{1j+1} \cdots a_{1n} \\ a_{21} & a_{22} \cdots d_2 & a_{2j+1} \cdots a_{2n} \\ \vdots & & \vdots \\ a_{n1} & a_{n2} \cdots d_n & a_{nj+1} \cdots a_{nn} \end{vmatrix}$$

$$= \frac{|A_j|}{|A|} \cdots\cdots\cdots\cdots\cdots\cdots (7)$$

다음의 연립방정식체계를 (7)을 원용하여 풀어보자.

$$\begin{bmatrix} a_{11}x_1 + a_{12}x_2 + a_{13}x_3 = k_1 \\ a_{21}x_1 + a_{22}x_2 + a_{23}x_3 = k_2 \\ a_{31}x_1 + a_{32}x_2 + a_{33}x_3 = k_3 \end{bmatrix}$$ 그 해는

$$x_1 = \frac{\begin{bmatrix} k_1 & a_{12} & a_{13} \\ k_2 & a_{22} & a_{23} \\ k_3 & a_{32} & a_{33} \end{bmatrix}}{|A|},$$

$$\cdots x_3 = \frac{\begin{bmatrix} a_{11} & a_{12} & k_1 \\ a_{21} & a_{22} & k_2 \\ a_{31} & a_{32} & k_3 \end{bmatrix}}{|A|}$$

이다.

〔참고문헌〕 Allen, R. G. D., *Mathematical Analysis for Economics*, 1938; Chiang, A. C., *Fundamental Methods of Mathematical Economics*, 2nd ed., 1974; 강오전, 「경제학」 1962.

헤도닉 가격모형(價格模型) hedonic price model

환경재의 변화에 따른 환경편익이나 환경비용을 측정하는 방법은 해당 환경재의 가치를 시장을 통해 평가할 수 있느냐의 여부에 따라 사용가치의 시장가치평가, 사용가치의 비시장가치평가, 그리고 비사용가치의 비시장가치평가로 구분할 수 있다. 헤도닉 가격모형은 환경의 이용가치를 암묵가격에 의해 추정하는 방법으로서 사용가치의 비시장가치평가의 범주에 들어간다. 헤도닉 가격모형 hedonic price model은 환경재에 대한 시장이 명시적으로 존재하지 않기에 시장재인 주택이나 노동과 같은 대체시장을 이용하여 간접적으로 환경재에 대한 가치를 측정하는 방법이다. 헤도닉 가격모형에서는 주택이나 직업의 가치가 이를 구성하는 여러 특성들의 가격으로 분할될 수 있다고 가정한다. 예를 들어 대기의 오염도가 주택가격을 결정짓는 하나의 요소가 된다거나 직장에서의 사망률이 직장에서의 임금수준에 영향을 미치는 하나의 요인으로 작용한다는 것이다.

도심지역에서 주택에 대한 수요가 결정되는 원리를 중심으로 헤도닉 가격모형을 설명하도록 하자. 어떤 소비자가 주택을 구입하고자 했을 때 그 소비자는 주택의 크기, 방의 수, 냉난방 유무, 교육환경, 안전성, 공원에 대한 접근도 등과 같은 다양한 특성과 더불어 소음 정도 및 공기의 청정도와 같은 환경적 요소들도 고려하여 의사결정을 할 것으로 예상할 수 있다. 헤도닉 가격모형의 핵심은 바로 주택가격이 여러 다양한 특성의 가격들에 의해 결정된다고 보는 데에 있다. 이러한 관계를 다음과 같은 헤도닉 가격함수를 통해 체계적으로 나타낼 수 있다.

$$P = P(Q_1, Q_2, ..., Q_i, ..., Q_m)$$

여기서 P는 주택가격, 그리고 Q_i, i = 1, 2, ..., m은 각각 주택가격을 결정하는 특성들을 나타낸다. 헤도닉 가격모형은 다음과 같은 3단계를 거친다. 제 1단계로서 헤도닉 가격함수를 추정한다. 제 2단계는 주어진 환경질에 대한 암묵가격을 도출해 내는 것이다. 마지막으로 제 3단계에서는 환경변수에 대한 수요곡선을 추정한다. 대기질을 예로 들어보면 헤도닉 가격함수가 선형이 아닌 이상, 제 2단계에서 구해지는 암묵적 한계가격은 대기질의 수준에 따라 변하게 된다. 또한 암묵적 한계가격은 환경질의 개선을 위해 소비자가 주택가격을 통해 지불해야 하는 가격을 나타내고 있으므로 대기질 개선에 따른 한계비용으로 해석할 수 있다. 제 3단계는 다양한 사회경제적 특성을 갖고 있는 소비자들의 대기질에 대한 한계편익을 도출하기 위해 이루어지는데 대기질에 대한 역수요함수를 추정하게 된다. 다시 말해서 잠재적 한계가격, 곧 한계지불의사액을 종속변수로 놓고 환경변수와 소득 및 기타 여러 사회경제적 변수에 대해 회귀분석함으로써 얻어진다.

헤도닉 가격모형은 주택시장이라는 대체시장을 통해 환경재의 가치평가를 시도하는 방법으로서 많은 연구결과들이 축적되어 있고 이론적으로도 매우 정치한 기법이다. 그러나 이 방법은 주택시장에 대한 매우 자세한 데이터를 필요로 하는데, 이러한 자료를 충분히 확보하지 못하는 문제점이 있을 수 있다. 또한 주택가격에 큰 영향을 미치는 변수가 누락될 가능성, 여러 환경변수들간에 다중공선성이 존재하는 문제, 함수형태의 결정문제 등 헤도닉 가격함수를 설정하는 과정에서 적지 않은 문제점들이 발생할 수 있다.

헤크먼 Heckman James J.(1944~)

헤크먼 교수는 1944년 미국 일리노이주 시카고에서 태어났으며 콜로라도 대학에서 수학을 전공하고 프린스턴대학에서 경제학 석사와 박사 학위를 받았다. 현재는 시카고

대학에서 재직 중이다.

노동경제학자이자 계량경제학자인 헤크먼 교수는 2000년에 대니얼 맥패든 버클리대 교수와 함께 직업 선택, 임금결정, 정부의 차별정책 등 인간행동과 직결되는 주제들을 함께 연구하여 정부정책에 반영한 공로를 인정받아 노벨 경제학상을 공동 수상하게 되었다.

그는 지난 70년대 중반에 개발한 자기선 택 self-selection이론으로 유명하다. 이 이론 은 개인의 노동시장 참여동기와 근로시간을 결정하는 요인을 분석하는 것과 밀접하게 관련되어 있는데, 노동시장에 참여하지 않 은 사람까지 포함해 경제행위를 분석할 수 있는 '헤크먼 수정 Heckman Correction' 이라 불리는 분석틀을 개발하여 이를 토대로 각 종 사회제도와 정책이 경제에 미치는 영향 을 계량적으로 실증 분석하는 사회정책평가 방법론을 만들어 냈다.

헤크먼 교수는 또 '라이프 사이클 life-cycle 모형'에서 개인의 노동공급 결정 과정 을 계량적으로 분석했다. 그는 이 연구에서 동질화한 경제주체 대신 이질적인 경제주체 를 상정하는 한편 인적 자본 human capital 개념을 도입해 연구의 현실성을 더했다.

*헥셔-오린의 정리(定理) Heckscher-Ohlin theorem

I. 정 의 A, B 양국이 갖는 각 재화 의 생산함수가 동일하나 양재화의 요소집 약도가 상이하여 양국의 요소부존비율이 또한 상이한 경우, 각국은 타국에 비하여 상대적으로 풍부히 갖고 있는 생산요소를 집약적으로 사용하는 재화의 생산에 비교 우위성을 갖게 된다.

II. 비교생산비차가 발생하는 원인의 추구 전통적인 비교생산비설이 취급한 문제는 국가간에 비교생산비의 차이로 인하여 어 떤 나라가 상품생산을 특화하여 무역이 이

루어질 때 무역이익이 어떻게 생기며 또한 그것이 무역거래국에 얼마만큼 배분되느 냐 하는 것이었다. 그러나 비교생산비의 차이 그 자체는 어떻게 발생되었는가 하는 원인에 관한 이론적 분석은 오래동안 간과 되어 왔다. 비교생산비차의 원인을 추구하 는 연구가 헥셔 Heckscher, E. F. 에 의해 처음으로 이루어졌으며 그 후 이를 더욱 발전시킨 사람은 오린 Ohlin, B. 이므로 비 교생산비차의 원인에 관한 정리를 헥셔-오 린의 정리라고 부른다.

III. 내 용 헥셔-오린정리의 기초가 되 는 가정들은 다음과 같다. ① 2개국, 2개 재화 및 2개 생산요소가 존재한다. ② 양 국이 갖는 생산함수는 동일하다. ③ 어느 국가에서나 완전고용 및 완전경쟁하에 일 반균형이 이루어 지고 있다. ④ 양재화의 요소집약도는 상이하며 요소부존비율의 국제적 차이가 존재한다. ⑤ 양재화의 생 산함수는 모두 1차동차생산함수이다. ⑥ 생산요소의 국제적 이동은 전혀 불가능하 고 재화의 국제적 이동만이 가능하며 재화 의 국제적 이동에 따르는 비용(예컨대, 운 송비 및 관세 등)은 전혀 없다. 이상과 같 은 가정 위에서 A, B 두 나라에서 옷감과 밀을 생산하고 있으며 여기에 필요한 생산 요소는 노동과 자본이 있다고 하자. A 국 은 상대적으로 노동이 풍부하고 B 국은 상 대적으로 자본이 풍부하며 옷감은 노동집 약적인데 비하여 밀생산은 자본집약적이 라 하자. 그러면 A 국에서는 노동의 상대 적 가격이, B 국에서는 자본의 상대적 가 격이 싸게 된다. 이 때 B 국은 자본이 상대 적으로 풍부하므로 자본집약적인 밀을 더 싸게 생산할 수 있고 A 국은 노동이 상대 적으로 풍부하므로 노동집약적인 옷감을 더 싸게 생산할 수 있다. 따라서 A 국은 옷 감에 비교우위를 가지기 때문에 옷감을 수 출하고 보다 열위에 있는 밀을 B 국으로

부터 수입하게 되며, B국은 반대의 입장을 취하게 된다.

Ⅳ. 헥셔-오린정리의 검증 여러 경제학자에 의하여 시도되었으나 그 중에서 가장 널리 논의되고 있는 것은 레온티에프 Leontief, W.에 의한 것이다.

① 레온티에프의 역설 Leontief's paradox : 헥셔-오린정리의 타당성을 경험적으로 검증하는 일은 레온티에프에 의하여 처음으로 이루어졌는데 이 검증의 결과를 레온티에프의 역설이라고 한다. 레온티에프는 1947년의 미국에 관한 투입생산표를 이용하여 요소부존비율을 검증하였다. 그는 수출품과 수입품의 생산에 투입된 노동과 자본을 비교하였다. 수입품에 대한 노동과 자본의 필요량을 추정함에 있어서 그는 수출국의 필요량에 의하지 아니하고 대신 미국의 수입경쟁상품의 요소필요량을 계측하였다. 일반적으로 미국은 세계에서 가장 자본이 풍부한 나라로 인정되므로, 헥셔-오린정리에 따른다면 미국은 보다 풍부한 생산요소인 자본을 집약적으로 사용하여 생산한 상품을 수출하고 반대로 보다 희소한 생산요소인 노동을 집약적으로 사용하여서 생산한 상품을 수입할 것이라고 추론된다. 그러나 레온티에프가 얻은 결과는 미국은 노동집약적 상품을 수출하는 반면 자본집약적 상품을 수입하는 것으로 나타났다.

② 레온티에프 역설에 대한 검토 : 일부 학자들 사이에서 레온티에프역설에 대하여 그 계산방법 및 통계적 처리에 관한 의문이 제기되었다. (ⅰ) 생산함수에 관한 문제 : 포드 Ford, J. L.는 레온티에프가 수출품과 수입경쟁품을 비교한 것은 부당하며 그와는 달리 수출품과 현실의 수입품과를 비교하여야만 한다고 말하고 있다. 이같은 비판에도 불구하고 레온티에프는 그나름대로 헥셔-오린이론에 충실하였음에 유의

할 필요가 있다. 즉 헥셔-오린의 이론이 택하고 있는 가장 기본적 가정의 하나는 생산함수의 국제적 동일성이다. (ⅱ) 미국의 요소부존문제 : 레온티에프 자신은 다음과 같은 설명으로 자기의 검증결과와 헥셔-오린정리와의 부합가능성을 제시하였다. 즉 미국의 노동력은 능률(생산성)면에서 외국의 노동보다 우수하기 때문에 능률을 고려한 노동단위를 택한다면 미국은 상대적으로 노동이 풍부한 국가라고 말할 수 있고 이 입장에서 보면 헥셔-오린정리의 타당성이 인정될 수도 있다고 하였다. 그러나 이같은 설명에도 문제점은 있다. 즉 우수한 노동력은 개발되는 것이며 노동력 개발에는 투자가 요구된다. 따라서 일절의 교육을 위하여 투입되는 비용은 노동개발을 위한 인간에 대한 투자로서 그 투자는 인적자본 human capital을 형성하는 것이다. (ⅲ) 수요의 반전가능성 : 미국이 상대적으로 자본이 풍부한 국가이고 따라서 생산조건면에서는 자본집약적인 재화의 생산에 비교우위성을 갖고 있다 하더라도, 만일 미국국민들의 자본집약적 재화에 대한 수요가 미국내 생산(공급)수준을 능가할 정도로 크다면 미국은 자본집약적인 재화를 수출하지 않고 오히려 수입하게 될 것이다. 사실상 헥셔·오린 자신들도 수요유형의 국제적 차이가 국제무역에 어떠한 영향을 주는가에 특별히 주의하지 않았다. 헥셔-오린이론에는 무역참여국들의 수요유형이 동일하다는 가정이 추가되어야 한다는 점이 특히 사뮤엘슨 Samuelson, P. A.에 의하여 지적된 바 있다. 그밖에 스월리 Swerley, B. C.는 레온티에프 역설의 원인으로 1947년 미국의 수출입구조의 특수성을 들고 있다. 결국 레온티에프 역설은 그 동안 풀리지 못했으며 이론에 대한 보다 면밀한 검토와 경험적 관찰결과에 대한 보다 충실한 검토 및 보완이 있어야만 이론

과 현실간의 차이여부와 그 원인이 분명히 구명될 수 있을 것이다.

V. 새로운 접근 수요의 반전가능성이나 레온티에프의 역설 등이 예외적인 것이 아니라고 하는 실증적 연구는 무역패턴의 결정이론으로서의 헥셔-오린정리의 약점을 크게 드러낸 결과가 되었다. 더욱이 최근 공업국 사이의 수평적 분업은 비교생산비차가 소멸된 이후에도 국제분업이 가능하다는 점을 시사하고 있기 때문에 새로운 이론의 정비가 절실히 요청되고 있다. 새로운 접근으로서 린더 Linder, L. B. 의 대표적 수요의 이론, 버논 Vernon, R. 의 연구·개발요소의 이론(R & D 이론), 킨들버거 Kindleberger, C. P. 의 제품 사이클론 그밖에 크라비스 Kravis, I. B. 의 어베일러빌리티 availability 가설, 허시만·거센크론 Hirschman·Gerschenkron 의 가설 등이 있다. →비교생산비설, 연구·개발요소의 이론, 제품 사이클론

[참고문헌] Harrod, R. F., *International Economics*, 1957; Johnson, H. G., *International Trade and Economic Growth*, 1958; Ohlin, B., *Interregional and International Trade*, 1933; 정도영, 「국제경제학」; 박진근 「국제경제학」.

현금통화 現金通貨 cash currency

통화는 예금통화와 현금통화의 두 가지로 나누어져 있는데 현금통화는 법정통화를 말하고 여기에는 한국은행권과 정부가 발행하는 보조화가 있다. 예금통화는 상업은행의 신용창조에 의한 요구불예금을 의미한다.

현금잔고수량설 現金殘高數量說 cash balance theory of money

피셔 Fisher, I. 의 교환방정식에 의한 수량설을 전통적 화폐수량설이라 하는 데 반해, 케임브리지학파 또는 마샬 Marshall, A. 의 현금잔고방정식에 의한 수량설을 현금잔고수량설이라고 한다. 화폐구매력, 즉 물가수준이 어떻게 결정되느냐 하는 요인을 분석함에 있어 피셔가 국민경제의 총지출액(MV+M′V′ 현금통화의 양을 M, 예금통화의 양을 M′, 각각의 유통속도를 V, V′라 표시함)에 주목하여 전(全)화폐의 유통속도라는 변수를 채용한 데 반하여, 케임브리지학파는 소비자와 기업 등의 개개 경제주체가 그들의 소득과 자산에 대해 얼마만큼을 화폐로 보유하려 하느냐 하는 화폐수요에 주목하였다. 즉 피셔가 거시적인 관점에서 화폐량을 존재량×유통속도라는 유량 flow 으로 포착하려 한 데 반하여 케임브리지학파는 존재량만을 문제시하는 저량 stock 의 개념으로 파악하였다. 또한 피셔가 일정기간의 유효통화량 MV, 거래량과 특가(特價)수준 사이의 기계적인 관계를 강조한 데 비해, 현금잔고수량설은 화폐수요량을 결정하는 데 경제주체의 의사와 선택에서 구하는 동기분석방법을 사용하고 있다. 간단히 말하면 현금잔고설은 물가수준 또는 화폐가치가 화폐의 공급과 수요에 의해서 결정된다는 것이다. 즉 공급되는 화폐량의 크기와 사람들이 수중에 보유할 목적으로 수요하는 화폐의 크기, 즉 현금잔고에 의해서 결정된다고 한다.

케임브리지학파의 현금잔고방정식은 다음 식으로 표시된다.

$$M=kPy \quad 또는 \quad M=kY$$

(M: 통화량, y: 실질국민소득, Y: 화폐국민소득, P: 물가수준, k: 마샬의 k 로서 화폐국민소득($Y=p·y$) 중에서 국민이 화폐형태로 보유하고자 하는 비율을 가리킨다.) 위 식에서 화폐국민소득 Y를 지출면에서 파악하면 $Y=MV$ 가 된다(M: 통화량 V: 화폐의 소득유통속도). $M=ky$에다 $y=MV$를 대입하면, $M=ky=kMV$, 따라서 $kV=1$ 즉 $k=\dfrac{1}{V}$이 된다. 다시 말해 k

와 V는 역수관계에 있다. 위와 같이 교환방정식과 현금잔고방정식은 수학적으로는 같아 보이지만 다음과 같은 상이점이 있다. 첫째, 화폐의 기능에 대한 견해가 다르다. 즉 전자는 화폐의 기능을 오직 교환의 매개기능으로만 보는 데 대하여 후자는 가치의 보장수단으로 본다. 따라서 전자의 화폐관은 주로 지불에 관한 기계적 측면을 중요시하는 데 비해 후자는 자산으로서의 화폐보유의 코스트에 더 치중한다. 둘째, 후자는 전자보다 훨씬 수요공급이론을 적용하기가 쉽다. 따라서 $M=kP \cdot y=kPY$ 라는 식은 화폐의 수요함수라고 볼 수 있다. P와 y는 현금수요를 결정하는 두 개의 요인을, k는 기타의 모든 요인을 나타낸다고 볼 수 있다. 셋째, 전자는 일정한 기간을 통한 교환거래의 균형을 표시하고 후자는 어떤 일정한 시점에 있어서의 균형관계를 나타내고 있다. →마샬의 k, 화폐수량설

현시선호이론 顯示選好理論 theory of revealed preference

소비자의 시장행동에서 출발하여 수요함수가 소비자에게 합리적이기 위해서는 재화에 대해 어떤 현시된 선호순서를 가질 것인가를 고찰하는 것이다. 소비자의 선호에서 무차별곡선은 원래 소비자의 관념 속에서만 존재하므로 외부로 부터 투시할 수 없다. 따라서 소비자의 선호는 주어진 가격조건에서 결정되는 수요량으로 현시될 뿐이다.

이 현시선호이론은 소비자의 시장행동을 설명하는 다음 두 가지 공준(公準)에 입각하여 설명할 수 있다. 즉, 주어진 여러 가지 가격체계 $p_0, p_1, p_2, \cdots, p_n$에서의 소비자의 선호가 각각 재화의 결합 $q^0, q^1, q^2, \cdots, q^n$으로 현시된다면 다음과 같은 두가지 현시선호의 공준이 성립된다.

공준 1 : 만일 q^1보다 q^0가 선호된다고 현시되었을 때는 q^1이 q^0보다 선호된다고 현시되는 일은 결코 없다. 이와 같이 사뮤엘슨 Samuelson, P. A. 은 소비자선호의 무모순성을 가정하고 이를 현시선호의 약공준 weak axiom of revealed preference 이라 하였다. 공준 2 : q^0은 q^1보다 선호된다고 현시되고, q^1은 q^2보다 선호된다고 현시되고 $\cdots$ q^{n-1}은 q^n보다 선호된다고 현시되었을 때는 q^0가 q^n보다 선호된다고 현시되는 일은 결코 없다. 위의 두 공준에 의하면 현시선호의 이론은 무차별곡선이론의 완전한 논리적 등가물로 된다. 따라서 부(負)의 대체효과, 수요함수의 0차동차 및 교차대체효과의 일치 등 수요에 관한 법칙들은 무차별곡선에 의하지 않더라도 현시선호의 이론에 의해 완전히 연역될 수 있는 것이다. →무차별곡선, 가격선, 생산자선택이론

협동조합 協同組合 co-operative society

공통의 전체 이익을 갖고 있는 사람들이 설립하여 운영하고 있는 경제체에서의 자발적 조직을 말한다. 그것의 취지는 협업을 통한 원가의 절감, 조합원의 수입증가, 중간이익의 배제 등에 있다. 협업은 생산, 재무, 판매의 각 방면에 이용된다. 생산자의 협업 중에서 특히 농산물 판매의 협업(집단판매는 물론이거니와 농산물의 가공도 한다)은 미국, 유럽등지에서 성공을 거두는 등 큰 의의를 갖고 있다. 협동조합의 다른 중요한 형태는 신용조합, 소비조합, 거주자조합 등이다. 소비조합은 소매제도이며, 때로는 도매행위도 한다. 이것은 판매경비를 절약하기 위하여 고객의 몇 사람 또는 전원에 의해서 운영된다. 그와 같은 협동조합에 있어서는 순이익은 전기의 배당지불 이후에 그 점포에서 각 조합원이 구입한 액수에 의거해서 조합원에게 이익

배당의 형식으로 배당된다. 거주자조합에 서는 각 임차인은 거주하고 있는 부동산 (보통은 아파트)을 구입해서 주주가 된다. 그리고 유지비와 금리비용을 협동으로 취 급함으로써 이익을 얻는다.

협상가격차 鋏狀價格差 scissors

독점적인 산업부문과 비독점적 산업부 문 사이에는 가치실현력의 차이가 존재하 여 일정기간을 고려할 때 양자의 생산물가 지수에 간격이 생길 때 이 현상을 협상가 격차라 한다. 예를 들어 미국의 경우 20세 기에 들어와서 70년간 일반물가지수가 2배 로 높아 졌는데, 제 1 차산품 중 커피와 콩 같은 농산물의 시장가격은 70년 전과 거의 동일하다. 이같은 농산물가격의 정체는 일 반물가수준의 등귀로 인한 달러가치의 하 락을 고려해 넣는다면, 농산물의 실질가치 및 농가소득을 그만큼 떨어뜨린 셈이다.

이러한 협상가격차가 생기는 일반원인 은, 공업부문은 생산이 자연조건에 의해 제약받는 일이 적어 생산량의 조절이 용이 하고 카르텔 등의 조직으로 생산 및 유통 에 대한 통제가 가능하므로 생산량의 탄력 성 및 가격의 하방경직성이 존재하는 데 대해, 농업부문은 자연적 조건으로 말미암 아 생산량의 조절이 단기적으로 곤란하고 소속규모경영이 지배적이어서 총생산량이 나 가격에 대한 영향력이 거의 없어 궁핍 판매나 중간착취가 존재한다는 점이다. 따 라서 전후 선진국에서는 농산생활자의 생 활을 안정시켜 그 유효수요를 크게 변동시 키지 않음으로써 경기의 안정을 도모할 목 적으로 많은 나라에서는 농산물가격지지 제도를 채택하고, 그 가격의 결정에 있어 서는 패리티계산을 원칙으로 하고 있다. 국제무역에서의 협상가격차는 선진국의 공산품과 후진국의 농산물간의 교역에서 나타난다. 특히 제 1 차산품에 대한 인조대

체물의 출현과, 이 대체물의 대량생산은 1 차산품가격을 저하시켜, 협상가격차를 심 화시키므로 이것은 후진국 궁핍화의 주요 요인의 하나이다.

협업 協業 co-operation

같은 생산과정에서 또는 상이하기는 하 나 연관이 있는 여러 생산과정에서 계획적 으로 서로가 협력하에 노동하는 다수노동 자의 노동형태를 말한다. 협업은 원시공동 체나 노예제사회에도 있었고 또 봉건적 사 회에도 있었지만 자본주의사회에 있어서 의 협업의 특색은 상대적 잉여가치를 생산 한다는 점에 있다. 협업에는 단순협업과 분업에 기본을 둔 협업이 있다. 자본주의 적 생산 하에서 이러한 협업형태를 채용한 생산형태를 각기 자본제적 단순협업 및 매 뉴팩처라 부른다.

협정가격 協定價格 contract price

동업자간에 협정계약으로 결정되는 판 매가격을 말한다. 이 협정에 저생산성의 기업이 참여할 때, 이 기업에 대해서도 이 윤이 보장되도록 가격이 결정되는 경우가 많으므로 자유경쟁에 의해서 결정되는 자 유가격보다 높아지는 예가 많다.

호트리 Hawtrey, Ralph George (1879~)

영국의 이론경제학자. 화폐적 경기이론 의 대표자로서 널리 알려져 있다. 경기변 동의 상승과정은 은행의 신용창조에 의해 서 야기되고, 하강과정은 신용수축에 의해 서 발생된다고 보는 것이다. 따라서 신용 창조와 더불어 대중의 수중화폐잔고, 기업 의 재고변화 등을 특히 중요시한다. 그는 현재의 국민소득 또는 분배국민소득을 소 비자소득이라고 부르고, 보통 투자지출과 소비지출을 소비자지출이라고 부른다. 그

는 경기변동론에서 케임브리지식의 수량설과 같은 생각으로 미사용한계 unspent margin 라는 개념을 사용하고 있는데, 이는 예금통화를 포함한 대중의 보유현금을 가리키는 말이다. 이와 같은 호트리의 경기이론, 즉 화폐적 경기이론은 화폐적 요인과 상인집단의 행동을 중요시하는 반면에 비화폐적 요인이 갖는 작용을 등한시하고 있다는 비판을 받고 있다.

〔주 저〕 *Currency and Credit*, 1919, 4ed, 1949; *The Exchequer and the Control of Expenditure*, 1921; *Monetary Reconstruction*, 1923, 2ed., 1926; *Trade and Credit*, 1929; *Trade Depression and the Way Out*, 1931; *The Art of Central Banking*, 1932; *Capital and Employment*, 1937; *A Century of Bank Rate*, 1938; *Bretton Woods for Better or Worse*, 1946; *The Balance of Payment and the Standard of Living*, 1950.

호프만 Hoffmann, Walther (1903~)

독일의 경제학자 및 통계학자. 키일 Kiel 대학을 졸업하고 1930년 같은 대학에서 박사학위를 받았다. 그의 가장 중요한 업적은 공업화과정의 수량적 분석이다. 그는 풍부한 통계적 자료의 정리를 통하여 공업화과정을 다음의 3단계로 나누었다. 즉 제 1 단계는 소비재산업의 비중이 압도적인 발전의 초기단계이며, 제 2 단계는 점차 생산재산업의 비중이 커지고 있는 단계이며, 제 3 단계는 생산재산업의 비중이 거의 소비재산업의 그것과 대등한 단계이다. 이 이론은 이론적으로는 별로 새로운 것이라 볼 수 없지만 산업구조의 고도화를 측정하는 구체적인 방법을 제시하고 이를 각국에 대하여 수량적으로 측정·입증한 점에 의의가 있다.

〔주 저〕 *Studien und Typen der Industrialisierung, ein Beitrag zur quantitiven Analyse der historischer Wirtschaftsprozesse*, 1931; *Wachstum und Wachstumsformen der Englischen Industriewirtschaft von 1700 bis zur Gegenwart*, 1940; *Miglicheiten und Grenzen der wirtschaftlichen Zusammenarbet in Europa*, 1949.

호프만 비율(比率) Hoffmann ratio

한 나라의 산업발전단계를 측정하는 유력한 기준의 하나로, 생산재공업에 대한 소비재공업의 비율을 말한다. 호프만 Hoffmann, W. 은 이 비율을 가지고 일국의 공업화단계를 4단계로 구분하였다. 1단계는 소비재비율의 압도적 우위단계(호프만비율 5(±1.5))로 발전의 초기에 있는 경우이며, 2단계는 생산재비율이 급속히 확대되는 단계(2.5(±1))이며, 3단계는 양자가 균형을 이루는 단계(1±(0.5))이며, 4단계는 생산재비율이 우위인 단계(1이하)이다.

이 호프만 단계설은 산업구조의 고도화를 측정하는 구체적인 지표를 제시하고, 이를 각국에 대하여 숫자적으로 측정·입증한 데에 의의가 있다. 그러나 특정의 공업은 생산재공업도 될 수 있고 동시에 소비재공업도 될 수 있다. 따라서 어떤 공업을 두 가지 범주로 뚜렷이 구분한다는 것은 현실적으로 대단히 어려운 일이 아닐 수 없다. 호프만 자신도 실제 호프만비율을 측정할 때에는 편법으로 업종별 산출기준액에 의존하였던 것이다. 곧 그는 이것을 전체생산물의 60% 이상의 용도를 기준으로 하여 중화학공업과 경공업의 개념으로 대체시켰던 것이다. 따라서 호프만의 공업화단계설은 사실상 생산공업의 발달을 기준으로 한 것이 아니라 중화학공업의 발달수준에 의거한 것으로 보아야 한다.

호혜주의 互惠主義 reciprocity

무역 당사국들이 통상협정을 통해 호혜관세 reciprocal tariff 라는 동등한 조치를 취함으로써 상호간의 무역장벽을 완화시키고 무역증진을 도모하려는 것을 말한다. 이러한 상호협정은 관세를 쌍방이 모두 인하함으로써 일방적으로 인하할 경우에 생길 국제수지적자의 위험을 감소시키므로 협정당사국 각각에게 안전한 관세인하의 방법이 된다. 이것은 또한 상호이익을 전제로 하고 있기 때문에 관세삭감이 압력에 의한 굴종이 아니라 교환으로 받아들여지므로 정치적으로도 실시하기 쉽다.

호황·불황 好況·不況 prosperity·depression

자본주의경제에 있어서 경기의 상태는 다양하여, 호경기가 계속되었다가도 공황이 기습하여 국민소득·고용량 및 생산수준이 모두 감소하고 물가나 이윤도 하락하여 불경기가 된다. 그러나 불경기가 한계선에 도달하면 경기회복이 시작되어 기업활동은 활발해지고 그에 따라 산출량과 고용량이 증가하는 등 경제는 호경기로 접어들게 된다. 이 경기순환의 두 국면을 호황·불황이라 한다.

이 변화를 측정하는 지표에는 고용량, 산출량, 물가수준, 국민소득 등이 있으나 그 어느 것을 이론상의 지표로 할 것인가, 또한 호황과 불황을 정의할 때 그것을 경기순환의 상승국면과 하강국면으로 하느냐, 또는 순환중의 정상상태라고 생각되는 점을 연결한 선보다도 높은 활동수준의 국면과 낮은 활동수준의 국면으로 하느냐는 것은 학자의 견해에 따라 다르다. 경기순환을 호황과 불황의 교체과정으로 생각하여 공황 그 자체를 필연적 현상이라고 보지 않는 것이 현대경제학의 특징이다.
→공황, 경기순환

혼합경제 混合經濟 mixed economy

자본주의 경제체제하에서 정부가 적극적으로 경제에 관여함으로써 사적 경제와 더불어 공적 경제가 병존하게 된 경제체제를 이중경제 또는 혼합경제라고 말한다. 자유기업의 체제가 고도로 발달하게 되면 불완전고용의 증대 내지 공황과 같은 경제체제상의 결함을 드러내게 되는데, 이러한 폐단을 시정하고 경제의 안정과 성장을 확고히 하려는 데 그 목적이 있다. 혼합경제하에서는 공공기관이나 민간기관도 어느 정도의 경제통제를 하고 있으며, 자유세계의 대부분의 경제체제에서 정도의 차이는 있지만 정부산업과 민간산업이 혼재(混在)하고 있는 실정이다. 이러한 경제체제는 1930년대의 대공황기에 미국에서 뚜렷이 나타났으며 영국, 스웨덴, 오스트레일리아 등으로 차츰 보급되어 갔다.

화폐 貨幣 money

화폐기원의 역사를 보면, 화폐는 상품교환의 수단으로 발생했다는 것이 명백해진다. 상품교환은 처음에는 공동체간에 잉여생산물이 교환됨으로써 시작되었지만, 생산물은 한번 상품으로 되면 공동체 내부에서도 상품화되는 경향이 있었다. 상품교환이 점차로 확대됨에 따라 생산물은 교환을 목적으로 생산하게 된다. 교환과정에 많은 상품이 관련되면, 특정의 상품종류가 일반적 등가(교환가치의 척도)로 되지 않을 수 없다. 처음에는 여러 가지 상품이 교대로 일반적 등가로 되지만 교환의 발전에 따라 특정상품이 일반적 등가의 역할을 독점하여 화폐상품으로 된다. 어떠한 상품이 화폐상품으로 되는가는 특수한 사정에 의하지만, 대체로 외부로부터의 수입품 아니면 내부의 동산(動産), 예를 들면 가축 등이 화폐상품으로 사용되었다. 역사상 가축·패각·돌·직물 등이 오랫동안 화폐의 역할을 수행하여 왔는데, 이러한 화폐상품을 상품화폐 또는 물품화폐라 한다.

그러나 교환의 확대와 더불어 화폐형태

는 일반적 등가로의 사회적 기능에 가장 적합한 상품, 즉 귀금속으로 옮겨졌다. 화폐는 임의로 분할될 수 있고 각 부분을 다시 합할 수 있어야 하는데, 금·은은 이것에 적합한 성질을 구비하고 있을 뿐 아니라 비교적 작은 용적에 많은 가치가 포함될 수 있기 때문이다. 이리하여 상품유통이 발달한 단계에서는 금·은과 같은 귀금속이 화폐로 사용되게 된다. 화폐로서 금의 제1의 기능은 상품의 가치표현의 재료로 되며, 상품의 가치를 양적으로 비교할 수 있는 크기로서 나타낼 수 있는데, 이 기능을 가치척도의 기능이라 한다. 금의 일정량으로 상품가치를 표현한 것이 가격으로서, 본래 가격은 금의 일정분량으로 표시되어 여러 가지 상품의 가치는 여러 가지의 금량으로 표시됨으로써 가치의 비교가 필요하게 되며, 금은 고정된 분량으로서 도량단위가 되어 가치를 재는 기능을 가진다. 이 기능이 가격의 도량기준이라는 화폐의 제2의 기능이다. 이 고정된 금량에 명칭(화폐칭호)이 주어져 달러나 파운드 및 원 등으로 불리운다. 그러므로 최초에는 금속의 중량명(重量名)이 화폐칭호로 쓰였으나 여러 가지 원인으로 화폐명칭은 중량명에서 떨어지게 되었다. 그리고 화폐명칭은 화폐의 계산명으로 되어 화폐는 계산화폐로 된다.

제3의 기능은 유통수단으로서의 기능으로 상품유통의 매개물이 되는 W-G-W′에 있어서의 G이다. 이 기능에서의 화폐는 상품의 유통을 매개하는 데 그치는 순간적인 존재이다. 이러한 사실에서 본래의 화폐인 금이 주화로서 유통중 마멸하더라도 유통수단으로서의 기능을 할 수 있고 더욱이 금(金)주화는 보조화폐나 지폐로써 대리될 수 있게 된다. 종래에는 금이 금속체 그대로의 화폐로서 나타나지 않으면 다 할 수 없는 기능이 있었다. 첫째 저장화폐가

그것이다. 상품의 판매와 구매가 분리되어 화폐가 저장되어버리는 경우 화폐는 금이 아니면 안되었던 것이다. 더욱이 상품이 외상으로 판매되어 상품의 양도와 가격의 현실이 시간적으로 분리되면 화폐는 양도 후에 지불수단으로서의 기능을 가지는 결과가 된다. 최후에 화폐가 국내유통으로부터 국제유통으로 나아갈 경우에는 금 자체로서 지금(地金)의 형태로 나타나게 되었던 것이다. 세계화폐로서는 금속 그 자체가 사용되었다.

이상이 본래의 화폐이지만, 지불수단의 기능이 발전하면 신용화폐가 생기게 된다. 상업어음은 채무청구권을 구체화하는 것으로서 유통하게 되어, 더욱이 발권은행이 금의 지불을 약속하는 일람불(一覽拂)어음인 은행권으로 상업어음을 대치하면, 금과의 교환이 행하여지는 한 은행권은 신용화폐로서 금과 같이 유통한다. 은행권과 병행하여 예금통화도 신용화폐로서 기능하게 되어, 발달된 신용제도 아래에서는 본래의 화폐인 금은 표면에 나타나지 않게 된다. →가치형태, 화폐상품설, 가치척도

화폐가치 貨幣價値 value of money
화폐가 가지는 일반적 구매력, 즉 상품에 대한 화폐의 교환가치를 말한다. 물가가 상승하면 화폐가치는 하락하고 반대로 물가가 하락하면 화폐가치는 상승한다. 한편 화폐의 구매력이라 함은 보통 국내상품에 대한 경우이고, 외국화폐 또는 외국상품에 대한 구매력은 환시세로 표시된다. →물가지수

화폐발행고(한은권발행고) 貨幣發行高(韓銀券發行高) notes issued (Bank of Korea notes issued)
중앙은행의 창구에서 지출되어 전국에 유통되고 있는 중앙은행권의 총액을 말한

다. 여기에는 일반은행에 체류하고 있는 중앙은행권도 포함된다. 일반적으로 호황기에는 소득·소비 등이 증가하고 기업의 현금거래가 활발해지므로 중앙은행권의 발행고는 팽창하게 된다. 불황기에는 그 반대가 될 것이다. 따라서 화폐발행고는 경기를 나타내는 하나의 지표가 된다. 그러나 화폐발행고는 매일 변동하며, 연중에도 연말과 같이 특히 자금수요가 큰 때에는 은행의 잔고가 감소하게 되므로 화폐발행고가 증가하게 된다. 우리 나라는 관리통화제도를 채택하고 있어 원칙적으로는 발권이 무제한적으로 가능하지만 지나친 화폐발행은 인플레이션을 야기하게 되므로 재무장관이 경제상황을 고려하여 최고 발행제도를 정하고 있다. →관리통화제도

화폐(貨幣)베일관(觀)

오늘날의 시장중심의 경제에는 물가나 이자율 등의 화폐적 측면과 토지·노동·재화 등의 실물적 측면의 양면이 존재하여 서로 밀접하게 얽혀 있다. 화폐베일관을 옹호하는 학자들은 이론상 이 두 가지의 측면을 완전히 분리하여 생각하고, 화폐는 다만 실물적인 세계를 감싸고 있는 베일에 지나지 않는 것으로 본다. 그리고 경기순환과 같은 현상은 전적으로 실물적 요인에 기인하는 것으로서, 화폐는 일반물가수준의 변동을 초래할 뿐이며 경제체계 그 자체에는 영향을 주지 않는다고 주장한다. 이러한 사고방식은 고전학파의 경제이론과 결부되어 있다. 따라서 경제변동의 근본원인을 화폐적 요인에서 구하는 그 후의 화폐적 경기이론과는 대립된다. 그러나 이러한 개개의 견해도 실물적 측면을 강조하느냐 또는 화폐적 측면을 강조하느냐의 차이는 있지만 양자를 분리해서는 실물세계에 관한 경제를 완전히 파악하기는 힘들다.

화폐보유의 동기 貨幣保有의 動機
motive of holding money

한 국민경제의 화폐량이 많아지거나 적어지거나 하는 것은 사람들이 현금의 형태로 보유하고자 하는 자산이나 소득의 부분이 달라지기 때문이다. 이와 같이 전혀 이자를 낳지 않는데도 불구하고 자산을 현금의 형태로 가지고자 하는 동기는 다음 세 가지로 생각할 수 있다. ① 거래동기 transactions-motive : 일상의 거래를 수행하기 위하여 현금을 보유하는 것으로서 이것은 다시 소비자가 일상생활을 영위하기 위한 소득동기 income-motive 와 기업이 상업상의 거래를 행하기 위한 영업동기 business-motive 로 나누어 진다. ② 예비적 동기 precautionary-motive : 장래 예기치 못한 일이 일어날 경우에 대비하여 필요한 현금을 미리 준비하여 둔다든가, 장래 지불만기가 가까운 어음을 결제하기 위한 준비 등으로 현금을 소유하는 것을 말한다.

③ 투기적 동기 speculative-motive : 증권가격이 앞으로 상승(따라서 이자율이 하락)할 것이라고 예상하는 사람은 지금 증권을 매입하여 현금잔고를 감소시키며, 반대로 증권가격이 하락(따라서 이자율이 상승)할 것이라고 예상하는 사람은 증권은 팔고 현금을 보유하려고 하는 것과 같이 주로 자본이득 capital gain 을 얻기 위해서 현금을 보유하는 투기적 동기때문에 화폐가 보유되는 것은, 화폐가 언제나 무엇과도 바꿀 수 있는 교환의 용이성을 가지고 있기 때문이다. 화폐의 이러한 성질을 유동성 liquidity 이라 한다. ①의 거래적 동기와 ②의 예비적 동기에 의해서 요구되는 화폐의 양 M_1은 대체로 소득 또는 산출고 Y에 비례하며, ③의 투기적 활동에 따른 화폐의 양 M_2은 이자율 i에 의존한다. 따라서 화폐량 M은 소득수준과 이자율의 함수로서, $M = M_1 + M_2 = L_1(Y) + L_2(i)$라는 식

으로 표시될 수 있다. 여기에서 L_1은 거래적 화폐수요함수를, L_2는 투기적 화폐수요함수를 나타낸다. →유동성선호설

화폐분석·실물분석 貨幣分析·實物分析 monetary analysis·real analysis

고전파이론은 경제체계를 실물체계와 화폐체계로 구분하여, 실물체계에서는 재화의 수급량과 재화의 교환비율 즉 상대가격 relative price 의 결정을 논하고, 화폐체계에서는 화폐의 가치 즉 절대가격 absolute price 수준의 결정을 논하였다. 경제체계를 실물적 측면과 화폐적 측면으로 나누어 실물분석과 화폐분석을 별개로 행하는 방법을 고전파이론의 이분법 dichotomy 이라고 한다.

n개의 재화가 교환된다고 하면 실물체계는 다음과 같은 n개의 수요방정식 $D_i(i=1,2,\cdots,n)$, n개의 공급방정식 $S_i(i=1,2,\cdots,n)$ 및 n개의 수급균등방정식으로 구성되는 연립방정식체계로서 표현된다.

$D_i=f_i(p_2/p_1, p_3/p_1, \cdots, p_n/p_1)$;
$i=1,2,\cdots,n$
$S_i=g_i(p_2/p_1, p_3/p_1, \cdots, p_n/p_1)$;
$i=1,2,\cdots,n$
$D_i=S_i$; $i=1,2,\cdots,n$

수요함수와 공급함수는 상대가격 $p_i/p_1(i=2,3,\cdots,n)$에 대해서 0차동차이다. 위 연립방정식체계를 보면 결정해야 할 미지수는 수요량 n개, 공급량 n개, 상대가격 $n-1$개, 합계 $3n-1$개인 것에 반하여, 방정식은 $3n$개이므로 미지수의 수보다 방정식의 수가 하나 더 많은 것으로 보일 지 모른다. 그러나 이 문제는 고전파이론이 상정하는 세이의 법칙 Say's law 에 의해서 해결된다. 세이의 법칙은 모든 재화의 총수요액과 총공급액간의 항등관계, 즉
$\sum_i^n P_i D_i \equiv \sum_i^n P_i S_i$ 또는 $P_1(D_1-S_1)+P_2(D_2-$

$S_2)+\cdots+P_n(D_n-S_n)\equiv 0$인 관계를 주장한다. 따라서 세이의 법칙 하에서는 n개의 수급균등방정식 가운데 $n-1$개가 성립하면 나머지 1개는 필연적으로 성립하므로 독립적인 방정식의 수는 $n-1$개뿐이다. 결국 실물체계를 구성하는 방정식의 수와 미지수의 수가 모두 $3n-1$개이므로 실물체계의 균형해가 결정될 수 있다. 이것이 고전파이론의 실물분석이다. 즉 재화의 수급량과 상대가격은 실물체계에서 화폐와는 독립적으로 결정된다. 절대가격수준 또는 화폐가치의 결정은 화폐분석의 분야이다. 고전학파이론에서 일반물가수준의 결정은 소위 교환방정식 또는 케임브리지 현금잔고방정식에 의해 설명된다. 고전파이론의 이 이분법에 대해서는 수요공급함수가 상대가격에 대해서 0차동차라는 동차성의 공준이 균형방정식을 모순에 이끈다고 말한 파틴킨 Patinkin, D. 의 주장을 통하여 프리슈 Frisch, R., 힉크만 등과의 사이에 소위 파틴킨논쟁이 전개되었다. →화폐수량설, 동차성의 공준

화폐상품설 貨幣商品說 commodity theory of money

화폐로서의 금은 원래 그 자체가 상품이었다. 따라서 상품으로서의 금은 다른 상품과의 가치관계의 내부에서 상대적 가치형태로 위치하거나 또는 등가형태로 위치하였지만 결국 그것은 화폐로서 다른 모든 상품에 대하여 일반적인 등가의 역할을 독점적으로 행사하게 되었다. 이와 같이 그 자연적 형태에 등가형태가 사회적으로 결합하고 있는 독특한 상품이 화폐상품이다. 화폐상품의 출현과 더불어 가치표현상으로는 일반적인 가치형태로부터 화폐형태로의 이행이 행해진다. →가치형태

＊화폐수량설 貨幣數量說 quanity theory of money

통화량과 실물생산 및 물가수준의 관계를 설명하고자 하는 화폐이론 중에서 가장 오래되고 지금까지도 매우 유력한 것이 화폐수량설이다. 광의의 화폐수량설적인 사상 자체는 화폐경제의 역사와 더불어 이미 오래 전부터 로크 Locke, J., 흄 Hume, D., 몽테스키외 Montesquieu, C., 스미스 Smith, A., 리카도 Ricardo, D., 밀 Mill, J. S. 등에 걸쳐 보편화되어 상당히 높은 성가를 누려왔다. 그러나 근대적 이론으로서의 화폐수량설의 전개는 피셔 Fisher, I.와 케임브리지학파에 의해서 비로소 시작되었으며 그 후 케인즈 Keynes, J. M.에 의해서 부정되었다가 다시 프리드먼 Frideman, M.에 의해서 재해석되어 신화폐수량설이 대두되게 되었다. 따라서 화폐수량설은 고전학파와 신고전학파 경제학자들이 신봉하던 고전파적 화폐수량설과 최근 30년 동안에 미국 시카고대학의 프리드먼과 그 동료·후배들에 의해서 제창된 신화폐수량설의 두 가지로 대별될 수 있다.

고전적 화폐수량설은 대체로 다음과 같은 내용을 가지고 있다고 볼 수 있다. 첫째, 통화량이 변화하면 경제에 있어서의 총지출이 통화량의 변화와 같은 비율로 변화되고 둘째, 총지출의 변화에 비례해서 물가가 변화한다. 따라서 통화량의 변화는 그 변화율과 같은 비율로 물가를 변화시킨다. 이와 같은 고전학파적 화폐수량설의 내용을 가장 잘 표현해 주는 공식이 피셔의 교환방정식 equation of exchange 과 케임브리지학파의 현금잔고방정식 cash balance equation 이다. 먼저 피셔의 교환방정식은 $MV = PT$ 이다. 여기에서 M은 통화량, V는 화폐의 유통속도, P는 물가수준, T는 일정한 기간 동안의 물적 거래량을 나타낸다. 고전파적 화폐수량설에서 V

는 구조적·제도적으로 결정되는 것이므로 그 값은 대체로 일정하며, T는 생산요소의 부존상태와 기술적 조건에 의존하여 완전고용수준에서 결정되는 것으로 간주되므로 M의 변화는 T에 영향을 주지 못한다고 보았다. 따라서 M과 P_t는 정비례 관계를 갖게 된다. 그런데 현실적으로 T는 계측하기가 거의 불가능하므로 현실적으로는 그대신 실질국민소득(y)을 대용변수로 사용하고 있는데, 결과는 마찬가지이다.

이와 같이 고전적인 화폐수량설은 통화량과 물가수준의 비례적 관계를 기조로 하는 물가이론이라 할 수 있다. 동시에 그것은 경기이론으로도 해석되어 왔다. 즉 정책적인 관점에서는 물가수준의 안정을 이룩하기 위해서 통화공급의 적정량을 유지하고 경기침체기에 경기회복을 도모하기 위해서는 통화공급을 증가시킴으로써 물가를 자극하여 나아가 경기를 자극해야 되는 것으로 보고 있다. 따라서 화폐수량설은 기본적으로 화폐가치의 변동에 초점을 맞추고 있는데, 피셔의 공적은 무엇보다도 이러한 화폐수량설의 사고를 교환방정식에 의해 정식화한 점에서 찾을 수 있다. 그러나 프리드먼이 지적했듯이 화폐수량설은 단순히 물가나 화폐소득 또는 생산에 관한 이론이 아니라 화폐수요에 관한 이론으로 해석되어야 한다는 점에 유의할 필요가 있다. 피셔의 통화량·물가관계에 관한 기계론적인 화폐수량설에 이어, 이를 화폐수요의 측면으로 부터 접근해서 새로운 전개를 시도한 것이 케임브리지학파의 현금잔고방정식으로서 이것은 다음과 같이 표시된다.

$$M = kpy$$

여기서 M은 통화량, p는 물가수준, y는 실질국민소득을 나타내며, k는 통화량의 소득에 대한 비율로서 마샬 Marshall, A.

의 k라고 불리우고 화폐의 유통속도의 역수가 된다.

이와 같이 교환방정식과 현금잔고방정식은 수학적으로 보면 서로 똑같은 것이지만 화폐의 기능에 대한 양식의 견해에는 큰 차이가 있다. 첫째, 교환방정식은 화폐의 기능을 오직 교환의 매개로 보는 반면에 현금잔고방정식은 가치의 보장수단으로 보는 것이다. 또한 현금잔고방정식은 그 자체가 화폐의 수요함수로 볼 수 있는데 p와 y는 현금수요를 결정하는 두 개의 요인을, k는 기타의 모든 요인을 나타내는 것으로 볼 수 있다. 이와 같이 양자의 주장에는 중요한 차이가 있지만 통화량과 물가수준의 비례관계를 공통의 기초로 하는 고전파적 화폐수량설은 케인즈에 의해서 비판받기 전까지는 화폐금융정책의 이론적 배경을 이루어 왔다. 그 후 케인즈의 화폐이론이 등장해서 화폐수량설은 현실적·이론적으로 부정되어 왔다. 케인즈의 이론은 결국 화폐의 유통속도가 안정적이 아니기 때문에 통화량의 변화가 물가 및 국민소득에 미치는 영향은 고전파적인 화폐수량설에서 주장하는 것처럼 일률적이고 명확한 것이 아니라고 주장했다. 이에 대해서 시카고대학의 프리드먼 교수는 고전파적 화폐수량설에서 주장하는 바와 같이 화폐의 유통속도(V)와 실질생산량(실질소득 y)이 일정하다는 가정을 포기하고 새로운 화폐수량설을 제시하였다. 이 이론의 골자는 화폐수요함수는 거시경제에 있어서의 모든 함수관계(예컨대 소비함수, 투자함수 등)보다 강력하고 안정적이므로 통화량의 증감은 명목소득의 증감에 가장 결정적인 영향을 미치며, 명목국민소득은 과거 및 현재의 통화량에 의해서 결정된다고 생각한다는 점에 있다. 다시 말하면 이 이론은 통화량이야말로 명목국민소득을 결정하는 데 있어 가장 결정적인 요소가 된다

고 생각한다. 이와 같이 화폐이론의 역사는 고전파적 화폐수량설과 이에 대한 케인즈 화폐이론의 비판, 그리고 다시 신화폐수량설의 대두 및 이에 대한 포스트 케인지언 post Keynesian 의 비판으로 점철되어 왔으며, 오늘날에도 화폐수량설은 화폐부문과 실물부문 간의 관계를 논하는 데 있어 하나의 유력한 이론으로서 평가되고 있다.

[참고문헌] Friedman, M., *The Quantity Theory of Money; A Restatement*, 1954; 조순, 「경제학원론」, 1974.

화폐수량설의 일반화 貨幣數量說의 一般化 general statement of the quantity theory of money

케인즈 Keynes, J. M. 는, 피셔 Fischer, I. 의 화폐수량설이나 케임브리지학파의 신화폐수량설은 다 같이 통화량과 물가의 일반적인 비례관계만을 주장하는 현실성이 없는 단순한 이론에 지나지 않는다고 비판하고, 통화량은 물가뿐만 아니라 산출량에도 그 영향을 작용한다고 주장하여 화폐수량설의 일반화를 시도하였다. 즉 단순한 화폐수량설이 화폐량 증감의 궁극적(사후적) 결과만을 설명할 뿐, 그 결과까지의 중간적 단계를 설명하지 못하는 데 반하여, 케인즈는 화폐량→유효수요→고용량→산출량→물가수준의 병행된 각각의 확장과정을 탄력성의 개념을 사용하여 인과분석을 함으로써 통화증감이 각종의 중간적 주요변수의 효과를 통해 최종적으로 물가수준을 어느만큼 상승시킬 것이냐 하는 탄력성분석을 시도하였다. 그리고 이러한 분석을 케인즈 자신은 화폐수량설의 일반화라고 명명하였다.

이에 대해서 좀더 자세히 상술하면, 케인즈는 1936년에 저술한 「고용·이자 및 화폐의 일반이론」에서 고전파경제학의 이

분법을 비판하고 실물면과 화폐면을 결합한 경제분석을 시도하였다. 이러한 일련의 시도 중의 하나인 케인즈의 화폐수요이론은 케임브리지학파의 화폐수요이론과 근본적으로 대립된다. 왜냐하면 대중은 소득이나 재산에 대한 일정비율을 화폐로 보유하려 한다는 케임브리지학파의 견해에 대해, 화폐수요가 이자율의 저하에 따라 증대한다는 케인즈의 화폐수요이론은 소득이나 거래량과 관계없이 유통속도가 저하한다는 것을 의미하기 때문이다. 한편 케인즈는 「일반이론」의 제21장 '물가의 이론 the theory of price'에서 경제가 완전고용에 접근할 때 통화량의 팽창과 경제활동의 팽창이 실질산출량과 물가수준의 쌍방에 어떠한 영향을 주는가를 분석하고 있다. 여기서 이 문제에 대해 그는 변수들 간의 단순한 비례관계가 있다는 분석방법을 배격하고 다음과 같은 요인에 의존한다고 주장하였다. 첫째, 통화량이 증대할 때 유효수요가 통화량증가에 비례하여 증가한다고 볼 수 없다. 둘째, 생산규모가 확대되고 고용이 증가되면 단기적으로 노동의 한계생산력은 저하되지 않을 수 없다. 이 때 화폐임금률이 저하되지 않으면 노동의 한계비용은 상승하고 생산물의 가격등귀현상이 일어날 것이다. 셋째, 모든 자원의 공급은 완전탄력적이라고 볼 수 없다. 산출량의 증대에 따라 어떤 부문의 자원은 그 공급의 애로점 bottleneck 에 부딪치게 된다. 이것은 유효수요의 증대에 대한 공급증가의 탄력성의 문제이다. 물론 공급의 탄력성은 시간의 함수이므로 장기일수록 그 탄력성은 증가한다. 넷째, 노동자원이 완전고용수준에 도달하기 이전에도 이윤이 신장하는 기업의 경우에는 화폐임금의 인상욕구를 완전히 거절할 수 없어 화폐임금률은 상승할 가능성이 있다. 케인즈는 위와 같은 4가지 요인을 감안하여 화폐공급의 증가에 의한 물가수준상승의 탄력성은 다음 4가지의 탄력성에 의존한다고 결론짓고, 이것을 화폐수량설의 일반화라 하였다. 여기서 4가지 탄력성이란 각각 ① 화폐량의 증가에 대한 유효수요탄력성〈정(正)의 요인〉 ② 임금단위로 측정한 유효수요 증가에 대한 고용증대의 탄력성〈부(負)의 요인〉 ③ 고용증대에 대한 산출량 증가의 탄력성〈부의 요인〉 ④ 유효수요증가에 대한 화폐임금률 상승의 탄력성〈정의 요인〉 등이다. →화폐수량설

화폐수요의 탄력성 貨幣需要의 彈力性 elasticity of demand for money
화폐의 수요는 거래동기로 화폐를 보유하고자 하는 수요와 자산으로서의 화폐에 대한 수요라는 측면으로 고찰할 수 있다. 케인즈 Keynes, J. M. 에 의하면 전자는 거래적 동기 및 예비적 동기에 기인하는 화폐보유로서 주로 소득수준에 의존하는 것이다. 후자는 투기적 동기에 의한 화폐보유로서 화폐가 자산보유의 형태로 선호됨으로써 생기는 화폐수요이며 주로 이자율과 기대 expectation 의 상태와의 관계에 의존하는 것이다. 사회전체로서의 화폐의 수요량은 화폐소득 Y와 이자율 r의 함수이다. 즉

$$L = L(Y, r) = L_1(Y) + L_2(r)$$

이와 같이 화폐수요는 소득과 이자율에 의존하므로 이러한 화폐수요의 탄력성은 화폐수요의 소득탄력성 income elasticity of demand for money 과 화폐수요의 이자율탄력성 interest elasticity of demand for money 으로 나누어 생각할 수 있다. 화폐수요의 소득탄력성은 이자율이 일정하다는 가정하에서 소득변화율 $\dfrac{\partial Y}{Y}$에 대한 화폐수요의 변화율 $\dfrac{\partial L}{L}$의 비율로 표시할 수 있다.

$$\varepsilon_{LY} = \frac{\partial L}{L} \Big/ \frac{\partial Y}{Y} = \frac{\partial L}{\partial Y} \cdot \frac{Y}{L} = \frac{\partial L}{\partial Y} \frac{Y}{L}$$

(단, ε_{LY} 은 화폐수요의 소득탄력성이다.)
일반적으로 ε_{LY} 의 값은 0보다 크며 1보다
작은 것으로 생각되어진다. 한편 L_2는 이
자율이 높으면 높을수록 작아진다. 따라서
이자율이 아주 높으면 $L_2=0$으로 되는 경
우를 생각할 수 있다. 반대로 이자율이 아
주 낮은 경우에는 유가증권의 가격이 너무
높아 장래에는 그 가격이 필히 하락하리라
는 기대가 지배적이어서 지금 유가증권을
사면 자본손실 capital loss 을 입을 확률이
높아, 화폐의 형태로 자산을 보유하려는
사람들의 욕구는 절대적으로 될 것이므로
$L_2=\infty$로 될 경우를 생각할 수 있다. 그리
고 일정한 소득수준에 있어서의 이자율의
변화율에 대한 화폐수요의 변화율을 화폐
수요의 이자율탄력성이라 하는데 $\varepsilon_{LY}=$
$\dfrac{\partial L}{\partial r} \cdot \dfrac{r}{L}$로 표시되고 그 값은 일반적으로
마이너스이다.

따라서 이자율이 일정한 최고치에 가까
와짐에 따라 탄력성 ε_{LY} 는 0에 접근하고,
이자율이 일정한 최고치에 가까와지면 탄
력성의 절대치는 무한대로 된다. 예를 들
어 이자율이 2%까지 저하하고 있을 경우
화폐보유성향은 무한대가 되어, 공개시장
조작을 통해 중앙은행이 시중에서 공채를
매입하여 화폐량을 증가시키려 해도 공채
가격의 상승, 즉 이자율의 하락은 발생하
지 않는다. 이러한 경우를 유동성함정이라
하는데, 이것은 화폐수요의 이자율탄력성
이 무한대일 때의 별칭이다. 따라서 이 함
정에 빠지게 되면 아무리 화폐량을 증가시
켜도 이자율은 하락하지 않는다고 생각했
기 때문에 케인즈는 공황하에서의 금융정
책의 유용성을 부인하고, 투자의 사회화
socialization of investment 를 주장하고 재
정정책의 적극적인 활용을 제안하였다.
→유동성선호이론, 유동성함정

화폐수용정책 貨幣收容政策
monetary accommodation policy

화폐수요의 변화에 의하여 물가나 이자율
이 변화하는 것을 방지하는 방향으로 통화공
급량을 조절하는 정책을 말한다. 중앙은행이
화폐수요변화를 수용하는 정책을 통하여 물
가상승률이나 이자율을 일정수준에 묶어 두
려는 정책을 쓰게 되면, 통화공급은 내생적
으로 정해질 것이다. 인플레이션 또는 이자
율을 표적으로 하는 통화공급정책은 그 원인
이 무엇이든 물가상승률이나 이자율이 변화
하면 그것을 상쇄하도록 통화공급량을 조절
하는 것으로 화폐수용정책이라고 할 수 있
다. 중앙은행이 이러한 화폐수용정책을 쓰면
통화량의 변화와 실물경제활동의 변화가 플
러스 상관관계를 갖게 되는 결과를 낳는다.

화폐는 민간 경제주체들이 거래의 필요에
의해 고안해 낸 효율적인 교환수단이다. 따
라서 화폐의 공급은 민간 경제주체들의 거래
필요에 의해 증가될 수도 있고 감소될 수도
있다. 그러나 현대적 의미의 중앙은행제도가
확립되고 중앙은행이 통화공급을 포함한 화
폐금융정책 전반을 관장하게 되면서, 원래
화폐가 지니고 있던 내생성 경향은 점차 쇠
퇴한 것으로 받아들여져 왔다. 즉, 중앙은행
혹은 광의의 통화당국이 화폐를 얼마나, 언
제 그리고 어떤 방식으로 공급할 것인지를
거의 독점적으로 결정할 수 있게 되었던 것
이다.

그러나 자본주의의 성숙에 따른 신용거래
의 확산은 필연적으로 지급수단을 내생화시
키는 경향을 갖는다. 그 이유는 신용거래가
어떠한 형태로 이루어지든 거래의 발생과 동
시에 자동적으로 부채가 발생한다는 점이다.
즉, 부채가 먼저 존재하고 이에 따라 거래가
발생하는 것이 아니라, 계약과 재화의 인도
가 선행하고 이에 따라 부채가 발생하는 것
이다. 따라서 경제내에서 거래가 활발하게
이루어지면 지급수단인 부채도 이에 수반되

어 같이 늘어나고, 반대로 거래가 위축되면 지급수단도 줄어들게 된다. 결국 완전한 신용경제체제에서는 신용에 대한 수요가 곧 신용의 공급을 창조하고, 신용거래의 필요에 의해 발생한 지급수단에 대한 수요는 언제나 적절한 지급수단의 공급으로 충족된다. 다시 말해서 화폐를 비롯한 지급수단의 공급이 내생화된다. 화폐수용정책은 화폐라는 지급수단이 내생화되는 경로 중의 하나를 나타낸다.

화폐유통의 법칙 貨幣流通의 法則

상품유통에 필요한 화폐의 분량을 규정하는 법칙을 말한다. 화폐는 구매자측에서 상품교환의 매개체로서 교환수단 또는 유통수단으로 된다. 화폐가 유통수단으로 기능한다면 어느 정도의 화폐량이 필요하게 되느냐의 문제가 생긴다. 그 필요화폐량 M 은 화폐가치를 일정하다고 볼 때 상품가격을 P, 상품량을 Q, 화폐의 거래유통속도를 V 로 하면 $M=PQ/V$ 로 표시된다. 유통수단으로서의 화폐량이 필요화폐량을 초과하면 과잉분은 퇴장(退藏)화폐로 되고 반대로 부족하면 퇴장화폐의 일부가 유통수단으로 되어 유통부문에 등장하게 된다. 다른 사정이 동일할 때 만약 화폐량이 필요유통화폐량의 x배였다고 하면 가격의 측정기준이 $1/x$로 절하된 것과 같으므로 상품가격은 명목상 x배로 된다.

화폐의 기능 貨幣의 機能

현대의 경제는 화폐경제이며 모든 재화 및 용역의 교환비율은 화폐의 단위에 의해 표시되고, 채권·채무의 관계도 또한 화폐의 단위에 의해 표시되는 것이 보통이다. 이와 같이 재화 및 용역의 상대가치관계를 표시하는 기준이 되는 화폐의 역할을 그 가치척도 measure of value 로서의 기능이라고 한다. 화폐의 가치척도기능은 그 자체에 충분한 소재가치가 없으면 수행될 수 없다는 견해와, 소재가치가 없어도 무방하다는 견해 등이 있으나 전자는 금속학설의 입장에 관련되며 후자는 명목학설의 입장에 귀착되는 견해이다. 다음으로 화폐경제에서의 교환은 재화 및 용역을 화폐와 교환으로 매매함으로써 행해진다. 이와 같이 재화·용역의 간접교환의 수단으로서의 화폐의 역할을 그 교환수단 medium of exchange 으로서의 기능이라고 한다. 또 화폐를 인도함에 의해 채무를 반제할 수 있다. 이것을 지불수단 means of payments 으로서의 기능이라 한다. 또 화폐를 보유함으로써 일반적 구매력을 보장할 수 있다. 이것을 가치보장수단 means of store of value 으로서의 기능이라 한다. 이상과 같은 화폐의 여러 기능은 화폐가 일반적으로 가치의 보장수단이라는 것에 기초를 두고 있으나, 이러한 화폐의 기능을 그 화폐의 기본적 역할을 어디에 두느냐에 따라 본원적 기능, 파생적 기능 등으로 나눌 수 있다. →명목주의·금속주의

화폐의 유통속도 貨幣의 流通速度
velocity of circulation of money

일정한 화폐단위가 일정 기간에 한 사람으로부터 다른 사람의 손으로 양도되어 거래되는 회수를 말한다. 화폐의 유통속도는 일반적으로 피셔 Fisher, I. 의 교환방법정식 $MV=PT$에 있어서 V에 해당하는 것으로 거래속도 transaction velocity 라고도 불리운다. 이것은 현금통화의 거래속도와 예금통화의 거래속도로 구분된다. 또 금융거래를 제외한 산업활동에 따르는 거래에 대응하는 유통속도는 산업거래속도 trade velocity 라고 한다.

이상은 경제적 거래활동과 관련하여 화폐의 유통속도를 규정한 것이다. 이에 대하여 화폐소득의 수수(授受)와의 관련하

에서 유통속도를 규정한 것이 소득속도 income velocity이다. 이것은 마샬의 k Marshallian k에 의하여 표시된 것과 같이 화폐가 일정한 기간에 화폐소득으로 되는 회수를 말한다. 화폐수량설의 결점은 대체로 V를 그 시대의 제도나 경제관습에 의해서 결정되는 상수로 가정한 점에 있다. 따라서 물가수준의 주요결정요인을 V가 아닌 통화량 M으로 보았던 것이다. 실제로 유통속도는 각 경제주체의 경제변동에 대한 반응에 따라서 변화한다. 물가수준의 장래의 움직임에 대한 예상이나 이자율의 움직임 및 그것에 대한 예상은 유통속도를 변화시켜 물가수준을 변화시킨다. k와 V가 근본적으로 다르다고 하는 것은 이와 같은 사실의 인식유무에 의존하고 있다.

현존화폐량과 그 화폐에 대한 수요를 구별하는 것이 화폐수량설에서 유동성선호설로의 발전을 가능케 한 것이지만, 이와 같은 발전에 선구적 역할을 한 것이 왈라스 Walras, M. E. L. 의 소망현금 encaisse désirée 의 개념이다. 왈라스는 화폐를 단순한 가치척도재, 즉 뉴메레르 numéraire 로 생각하는 데 그치지 않고, 효용을 가진 가치보장의 수단으로의 화폐에 대한 소비자와 생산자의 수요를 소망현금이라 하였으니, 이것을 이자율의 함수로 생각한 것이다. 유동성에 대한 수요는 물가수준이 아니라 이자율에 의하여 결정된다는 인식은 왈라스의 화폐이론에의 현저한 공적이라 할 수 있다. →유동성선호설, 화폐수량설

＊화폐의 한계효용 貨幣의 限界效用
marginal utility of money

화폐란 그 자체가 소비의 대상이 아니므로 그것으로부터 직접효용을 얻을 수 있는 것은 아니지만 화폐를 가지고 다른 재화를 살 수 있다는 의미에서 효용을 가진다고 할 수 있다. 예컨대 X 라는 재화를 한 단위

더 소비했을 때의 한계효용을 MU_x라 하고 X재의 가격을 P_x라 하면, $\dfrac{MU_x}{P_x}$는 X재에 지출된 화폐 1단위의 한계효용을 나타낸다. 그러나 화폐 1단위의 한계효용이란 화폐 자체의 효용이 아니라 그 화폐 1단위로 사는 재화로 부터 얻는 효용인 만큼 $\dfrac{MU_x}{P_x}$는 X재의 화폐 1단위만큼의 한계효용이라고 볼 수 있다.

소비자들이 일정한 화폐소득을 가지고 효용의 극대화를 꾀하고자 하는 이른바 소비자균형의 문제에서 두 종류의 재화 X, Y 만을 소비한다고 상정하여 화폐의 한계효용을 m, 그 가격을 각각 P_x와 P_y, 한계효용을 MU_x, MU_y라 하면 소비자들은 $P_x \cdot m = MU_x$, $P_y \cdot m = MU_y$가 성립하도록 재화를 구입함으로써 효용의 극대화를 달성하게 된다. 따라서 이 점에서 $\dfrac{P_x \cdot m}{P_y \cdot m} = \dfrac{MU_x}{MU_y}$가 성립한다. 이 식에서 m을 제거하고 양변에 $\dfrac{MU_y}{P_x}$를 곱하면 $\dfrac{MU_y}{P_y} = \dfrac{MU_x}{P_x}$가 되며 이 조건이 소비자균형을 나타내는 이른바 한계효용균등의 법칙이다. 이 때 화폐의 한계효용 m은 화폐소득의 증가에 따라 체감할 것이지만, 앞의 식에서 알 수 있듯이 식 자체내에서 소거되므로 소비자균형조건에는 아무런 영향을 미치지 않는다. 따라서 화폐의 한계효용은 이 경우에 있어 일정하다고 가정하더라도 무방하다.

또한 마샬 Marshall, A. 의 소비자잉여의 개념도 화폐의 한계효용이 불변이라는 가정을 전제로 하고 있으며, 만약 화폐의 한계효용이 재화의 한계효용과 마찬가지로 체감한다면 소비자잉여의 크기는 대폭 줄어들게 된다. 그러나 마샬이 화폐의 한계효용을 본질적으로 불변이라고 생각하였던 것은 아니며, 화폐의 한계효용도 화폐소득이 증가함에 따라 어느 정도 체감하지만 화폐가 일반적인 교환수단으로서 언제

어디서나 어떤 재화와도 자유로이 교환될 수 있는 한 극히 완만하게 체감한다고 생각하여 화폐의 한계효용이 불변이라고 하였던 것이다. 그러나 각 개인의 화폐소득을 비교할 때는 화폐의 한계효용이 일정하지 않을 것이며, 마샬도 부유한 사람의 경우보다 가난한 사람의 경우에 있어 화폐의 한계효용이 크다는 점을 지적하고 있다. 또한 위험이 따르는 선택(도박, 경마)에 있어서는 화폐의 한계효용이 체감한다는 가정하에서만 사람들의 선택행위를 설명할 수 있다는 이른바 '성(聖)페터스버그의 모순'의 문제라든가 노이만-모르겐슈테른 Neumann-Morgenstern 의 기수적 효용의 측정결과는 화폐소득의 증가에 따라 화폐의 한계효용이 체감하고 있음을 보여주는 것이다.

〔참고문헌〕 Marshall, A., *Principles of Economics*, 8ed, 1969; 남덕우, 「가격론」, 1974.

화폐임금 貨幣賃金 ☞명목임금·실질임금

화폐자본 貨幣資本 money capital

화폐의 형태를 취한 자본을 말하고 보통 일반적인 자본의 형태를 이룬다. 이것에 대하여 설비, 원재료 등의 자본을 실물자본 real capital 이라 부르기도 한다. 자본주의 생산하에서는 자본은 우선 화폐의 형태를 취하고 다음에 고정자본(기계, 설비 등)·유동자본(원자재, 노동력)으로 되어 생산과정을 통하여 상품자본으로 되며, 그 상품이 판매되어 다시 화폐자본으로 회수된다. 그리고 이러한 자본의 전화과정 속에서 재생산이 진행된다. →재생산론, 경제순환

화폐적 경기이론 貨幣的 景氣理論 monetary theory of trade cycle

탄력적인 화폐·금융상의 요인에 의하여 경기변동을 설명하려는 학설이다. 가장 전형적인 호트리 Hawtrey, R. G. 의 이론에 의하면, 경기변동은 금리의 변동에 반응하여 행동하는 상인들의 활동으로 인해 생긴다고 한다. 즉 금리가 낮아지면 상인은 은행에서 차입하여 재고량을 증가시키려 하며, 이 행위가 생산을 자극하여 국민의 소득을 증가시킨다. 그 증대한 소득은 상인의 매출액을 높이며, 이에 따라 다시 상인의 은행차입이 촉진되어, 이러한 과정 속에서 경제는 호경기에 들어서게 된다. 그러나 이와 같은 누적과정이 어느 정도 진행하면 신용팽창에 의하여 은행의 지불준비금이 고갈됨에 따라 금리의 인상, 신용의 수축이 일어나, 앞에서와는 반대의 과정을 통해 경제는 불황기로 접어들게 된다. 다음에 경기가 불황기에서 호황기로 반전되는 과정은 다음과 같다. 즉 대출된 자금이 회수됨에 따라 은행의 지불준비금이 증가하면, 금리는 다시 인하되고 경기의 회복이 시작된다. 이와 같이 호트리는 경기변동을 순전히 화폐적인 요인에 의해서 설명한다.

그리고 하이에크 Hayek, F. A. v. 에 의하면, 은행이 신용창조에 의하여 새로운 구매력을 기업가에게 공급하면 기업가는 이것을 투자에 사용하므로 자본재 가격이 상대적으로 상승하여 소비재산업에 비하여 자본재산업이 한층 유리하게 되고, 이에 따라 생산과정의 우회화가 더욱 진전된다. 이것이 경기의 상승이다. 다른 한편, 물가의 상승은 노동자의 실질임금을 저하시켜 기업가로 하여금 고가의 기계보다 상대적으로 저렴한 노동력을 보다 많이 사용케 하는 경향을 가지고 있다. 그리고 이러한 경향은 특히 호황의 말기에 이르러 많이 나타나며, 결국에는 우회생산의 단축을 야기하여, 경기의 하강이 시작하게 된다. 이

와 같이 하이에크는, 신용창조라는 은행 독자의 활동이 생산과정에 교란적인 영향을 파급시킴으로써 경기변동을 야기케 한다고 주장하였다. 이러한 이론은 완전고용을 전제로 하고 있으므로 오늘날 이 학설을 지지하는 학자는 적다. →신용창조, 화폐분석·실물분석

화폐정책 貨幣政策 ☞금융정책

화폐착각 貨幣錯覺 money illusion

화폐환각이라고도 하는데, 구매력에 대한 고려없이 행해지는 화폐액에 대한 심리적 평가를 말한다. 예를 들면 노동자의 임금이 2배로 상승한 반면에 물가 또한 2배로 등귀했다면 실질임금은 종전과 조금도 변함이 없음에도 불구하고 자신의 생활이 윤택해졌다고 생각하는 경우가 그것이다. 화폐착각은 매우 강하게 작용하여 노동자들은 실질임금수준보다도 화폐임금수준에 의거해서 행동하는 비율이 훨씬 높다고 생각하는 학자도 있다. 이와 같이 화폐착각이 존재할 때 노동자들은 화폐임금이 인하되면, 비록 물가가 동일비율만큼 하락하여 실질임금은 변함이 없다 하더라도 노동의 공급을 감소시킬 것이다. 한편 화폐임금이 변하지 않는 한, 물가상승으로 인하여 실질임금이 다소 저하되었다 하더라도 노동의 공급은 감소하지 않을 것이다. 화폐착각이 작용할 경우 노동공급곡선은 화폐임금의 변화에 대하여 탄력적이 되며, 특히 물가수준의 변동으로 인하여 초래되는 실질임금의 변화에 대해서는 비탄력적이 된다. 화폐착각은 소비에도 영향을 미쳐 임금과 물가가 동률로 상승할 경우에 실질임금은 전혀 변하지 않아도, 적어도 단기적으로는 실질소비수준이 높아진다.

확대재생산 擴大再生産

자본의 축적이 거듭하여 행하여지는 과정을 말한다. 즉 자본의 축적과정은 확대된 규모에서의 재생산과정이다. 그것은 단순재생산의 순환이 변화하여 나선형으로 전화한 것이다. 단순재생산은 자본관계의 재생산이었으나 확대재생산은 그 자본관계의 확대재생산이다. 즉 한편에서 자본의 규모확대와 사회적 총자본의 증대가 진행되고 동시에 다른 한편에서는 노동자의 수가 증대하여 간다. 그리하여 자본축적과정이 진행됨에 따라 한편에서는 소수의 자본가의 수중에 거대한 부가 축적되고 또 다른 한편에서는 노동자의 빈곤이 축적되어 간다. 이것이 자본축적과정의 생산결과이고 자본축적과정의 일반법칙으로 알려져 있다. 자본축적과정은 생산력을 발전시키고 생산의 사회화를 감행하지만 소유는 여전히 사적이기 때문에 그것은 자본주의에 있어서 생산력과 생산관계의 모순을 격화시킨다. 동시에 노동자계급의 조직화와 저항이 증대한다. →재생산론

확률 確率 probability

확률론의 발전단계를 살펴볼 때 그 기본개념으로서 확률이라 함은 ① 선험적 확률 a priori probability ② 경험적 또는 통계적 확률 empirical probability·statistical probability ③ 직관적 확률 intuitve probability ④ 집합의 측도 measure of set 로서의 확률 등이 될 것이다.

① 선험적 확률 : 예컨대 한 개의 주사위를 던지는 경우 각 눈이 나오는 확률은 모두 같다고 생각하기 때문에 1의 눈이 나오는 확률은 $\frac{1}{6}$이다. 이와 같이 모든 사건이 일어날 수 있는 가능성이 모두 같다고 기대될 때 그 사건이 일어날 확률은 가능한 모든 총경우 수에 대한 그 사건이 일어날 경우 수의 비율이다. 이 경우 등(等)가능

성이란 실제로 주사위를 몇 번 던져보고 경험적으로 판단하는 것이 아니라 선험적으로, 즉 주사위의 어떤 눈이 나올지는 불확실하지만 한 사상(1의 눈)이 나타날 확률이 다른 어떤 사상($2, 3, \cdots, 6$의 눈)이 일어날 확률과 다를 이유가 없다고 판단할 수 있으므로 이에 기초한 확률을 선험적 확률이라 한다. 베르누이 Bernoulli, 파스칼 Pascal 등의 고전적 확률론은 이와 같은 선험적 확률론을 기초로 하고 있다.

② 경험적 또는 통계적 확률 : 보통 동전을 N회 던졌을 때 n회의 겉면이 나왔다고 할 때, N이 커지면 n/N은 거의 1/2과 같게 된다는 것은 주지의 경험적 사실이다. 이 사실에 의하여 1/2로 규정되는 겉면이 나오는 확률을 경험적 확률이라고 한다.

③ 직관적 확률 : 전제가 되는 사실(증거)과 거기에 기초하여 얻어지는 결론과의 관계를 확률이라고 정의한다. 이 정의에 의한 확률은 결론을 나타내는 명제에 대한 직관적 신속도 degree of belief 를 나타내는 것으로 되어 있는데, 전제의 확실성을 어떠한 방법으로든지 가정하지 않으면 안된다.

④ 집합의 측도로서의 확률 : 모든 가능한 실험 또는 관찰의 결과를 원소로 하는 집합(표본공간)과 거기에 포함되는 부분집합조건에서의 각 원소에 비중(측도)을 붙여서 양자의 비중의 합의 비(부분집합의 측도/표본공간의 측도)를 확률이라 정의한다. 예를 들면 하나의 주사위를 던져서 나오는 눈의 수로 이루어진 표본공간에서, 각 원소에 1의 비중을 주면 그 합은 6이 되고, 이 중 4 이상의 눈이 나오는 경우는 비중의 합이 3인 부분집합을 만든다. 양자의 비중의 합의 비인 $\dfrac{3}{6} = \dfrac{1}{2}$은 4 이상의 눈이 나오는 확률이다. 가장 일반적으로 확률이라 함은 현상의 생성, 발견의 가능성의 수량적 척도이다. 이상 어떠한 방식에 의해 정의된 확률이든지 수학적 계산에는 순

열·조합의 이론, 집합론 등이 이용된다. 이상의 여러 가정 중 가능성의 범주 category, 등가능성, 등질(等質)집단현상, 전제의 확실성, 표본공간내 원소의 비중 등의 개념을 통해 우연적 현상의 발현의 인과적 설명은 물리학 또는 경제학 등 개별과학의 임무이다.

＊확률변수 確率變數 random variable

확률변수란 1회의 관찰의 대상이 되는 미지의 표본에 대해서 어떠한 실수값들을 선험적으로 정하여진 확률에 의한 분포로써 결정하는 함수이다. 또한 수학적인 정의에 의하면, 표본공간에서 정의되는 실수의 값을 갖는 함수 real valued function defined on sample space 이다. 이상의 정의는 매우 압축적이고 간결한 표현이므로 아래에서는 설례(設例)를 통해 확률변수를 설명한다. 또한 그것은 확률론 및 통계학의 가장 중요한 기초개념이므로 이에 대한 철저한 이해가 무엇보다 필요하다.

이제 동전을 2회 던져 표면 H와 이면 T가 나타나는 현상을 관찰할 때, 표본공간 sample space(관찰의 대상이 되는 표본에 대해 그 가능한 모든 결과의 집합)은 표

표본공간	표면의 수 : X	확　률
T. T	0	1/4
T. H	1	1/4
H. T	1	1/4
H. H	2	1/4

의 좌단의 란에 보인 바와 같다. 이 표에서 X는 표면의 수를 나타내며 X의 값은 (T. T), (T. H), (H. T), (H. H)에 각각 0. 1. 1. 2.를 1대 1로 대응시켜 얻어진다. 이와 같이 보면 확률변수 X는 표본공간 |(T. T), (T. H), (H. T), (H. H)| 상에서 정의된 함수이다. 즉 표본공간상에서 정의된 실수함수를 확률변수라 한다. 그리고

확률변수가 취하는 값이 유한개이거나 자연수의 집합과 1대 1로 대응시킬 수 있을 때, 이를 이산확률변수 discrete random variable 라고 한다. 위의 설례의 X도 이산확률변수이다. 이산확률변수 X가 x_i를 취하는 확률을 p_i라 하면, 기호로는 $P(X=x_i)=p_i\geqq0$, $\sum\limits_{i=1}^{n}p_i=1$과 같이 표현된다. 따라서 확률변수 X가 구간$[x_i,\ x_j]$내의 임의의 값을 취하는 확률은 $p_i(x_i\leqq X\leqq x_j)=\sum\limits_{k=i}^{j}p_k$와 같이 된다. 위의 설례에서 동전의 겉이 나올 횟수가 1인 확률은 $P(X=x_1)=p_1=\dfrac{1}{4}$, $x_1=1$과 같이 표현된다.

위와는 달리 한 구간내의 임의의 모든 점을 취할 수 있는 확률변수를 연속확률변수 continuous random variable 라고 한다. 예컨대, 일정한 참값을 갖는 막대기의 길이를 관측하는 경우나 공을 던지는 독립시행에서 던져진 거리 등을 확률변수로 취할 때 등이다. 따라서 연속확률변수는 그 값을 배열하여 번호를 붙일 수 없으므로 제i번째 값 $X=x_i$에서 값 x_i를 지정할 수 없다. 그러므로 연속확률변수에 관한 확률은 다음과 같은 성질을 갖는 확률밀도함수 probability density function $p.d.f.$를 이용함으로써 구할 수 있다. 즉 $p.d.f.$는 연속이고 미분가능하며, x_i의 모든 값에 대해서 i) $f(x)\geqq0$, ii) $\int_{-\infty}^{\infty}f(x)dx=1$, iii) $a\leqq x_i\leqq b$ $=\int_{a}^{b}f(x)dx$의 성질을 갖는 함수 $f(x)$를 확률변수 X의 확률밀도함수라고 한다. 연속확률변수 X의 값이 임의의 실수치 x를 넘지 않는 확률 $F(x)=P(X\leqq x)$는 x의 함수인데 이를 확률변수 X의 (누적)분포함수 cumulative distribution function 라고 한다.

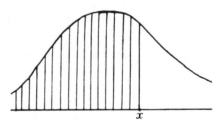

따라서 $F(x)=P(X\leqq x)=\int_{-\infty}^{x}f(x)dx$가 성립한다. 이것을 그림으로 나타내면 $F(x)$는 그림의 빗금친 부분의 넓이이다. 이상의 서술은 확률변수가 1개뿐인 것에 그쳤지만 2변수 이상도 생각할 수 있다. 예를 들어 어떤 사람을 임의추출하여 신장 X과 체중 Y을 관찰한다고 하면 2차원 확률변수를 얻을 수 있다. 이 때의 $p.d.f.$는 $f(x,y)$로 표시되며 X와 Y의 결합분포 joint distribution 을 나타낸다. →분포함수

[참고문헌] Mood, A. M. & Graybill, F. A., *Introduction to theory of statistics.* 1969; Crag & Hogg., *Introduction to mathematical statistics,* third edition., 1970.

확산지수 擴散指數 diffusion index

일정기간 동안에 증대하고 있는 계열의 비율을 하나의 수치로 요약하기 위해 사용되는 통계적 연구를 말한다. 이 지표는 확산의 백분비이다. 즉 감소계열보다도 상승계열의 수가 많으면 지표는 50 이상으로 되고, 상승지표가 감소지표보다 적으면 50 이하로 된다. 이 지표의 일반적 형태는 뉴욕증권거래소에서 하루중에 거래된 주식총수에 대해 그 가격이 상승한 주식의 비율이다. 가장 복잡한 형식은 경기지표의 확산지수이다.

환 換 exchange

격지자(隔地者)간의 채권, 채무관계를 현금을 송치하지 않고 결제하는 제도이다.

이 제도가 국내에서 행하여지는 경우를 내국환이라 하고 외국과 이루어지는 경우를 외국환이라 한다. 외국환의 경우에는 이종(異種)통화간의 대체결제를 하게 되므로 환시세가 문제로 되지만 내국환의 경우에는 문제가 되지 않는다. 환은 채무자측에서 채권자측에 송금하는 경우와 채권자가 채무자로부터 채권을 추심하는 경우가 있다. 전자를 송금환이라 하며 여기에는 우송에 의한 보통환, 전신송금환, 당좌불입, 지불보증수표에 의한 경우가 있다. 후자를 역환이라 한다.

환경산업 環境産業 environmental industry

국민의 생활환경을 개선하고 인간성을 되찾기 위한 복지산업을 말한다. 공해방지기기를 주축으로 하는 공해방지산업이 중심이지만, 이 외에도 식목·조림 등의 그린 비지니스 또는 지역 냉난방작업 등도 포함된다. →공해방지산업

환심리설 換心理說 psychological theory of exchange

아프따리옹 Aftalion, A. 이 주장한 외환시세결정이론의 하나로서 외환시세는 외환의 수급에 의해서 결정되지만 그 수급을 야기시키는 원인은 개개의 경제주체가 지니는 외국통화에 대한 심리적 평가에 의해서 결정된다는 설을 말한다. 아프따리옹의 견해에 의하면 예측이라는 심리는 외환시세에 영향을 미치는 요인이 되지만 그것에는 질적인 것과 양적인 것이 있어서 이 양자의 종합에 의하여 외환의 시장가격이 결정된다는 것이다. 즉 질적인 요인으로서는 구매력을, 양적인 요인으로서는 국제수지와 자본이동 등을 들 수 있다. 따라서 외환수급의 원인은 그 어느 한쪽의 요인만으로써 결정되는 것이 아니라 질적 및 양적인

양측면의 종합적 예측이라 할 것이다.

환심리설은 새로운 관점에 입각하여 외환이론을 크게 진전시켰다. 즉 물가수준의 변동이 외환시세를 지배하는 것이 아니라, 외환시세가 물가를 지배하는 면을 지적하여 종래까지 간과되어 왔던 자본도피 및 외환투기의 영향을 중시하였다. 이 이론은 경제주체의 주관적 판단을 중시하는 한계효용이론에 입각하고 있으나 한계효용이론을 일반소비재와 마찬가지로 화폐에 대해서도 과연 적용할 수 있느냐 하는 데에 문제가 있다. 또 이 이론에는 질적요인과 양적요인을 구분하고 있으나 그 구분이 과연 명확하다고는 할 수 없다. 왜냐하면 질적요인 자체도 실제로는 대부분이 양적요인에 기인하고 있기 때문이다. →국제대차설, 구매력평가설

환율 換率 rate of foreign exchange

환시세라고도 하는데, 일국의 통화와 타국의 통화가 교환되는 비율을 말한다. 따라서 그것은 일국의 통화의 대외가치를 반영한다. 환율을 표시하는 방식에는 내화표시 rate in home money 와 외화표시 rate in foreign money 가 있다. 내화표시는 외국의 통화단위를 자국통화로 표시할 때 얼마나 되느냐 하는 식으로 표시하는 방법인데, 미화 1달러당 915원이라는 표시방법이 그 한 예이다. 외화표시는 자국통화단위를 외화로 표시한 것인데, 예를 들면 영국의 경우 1파운드당 1.6달러라는 표시방법이 이에 해당된다. 환율은 국가간에 거래되는 통화마다 설정될 수 있겠지만, 국제금융의 중심을 이루는 통화와 자국통화간의 환율만 결정되면 그밖의 통화와의 환율은 자연히 산출될 수 있으므로 국제통화인 달러와 파운드에 자국통화를 연결시키는 것이 보통이다.

이러한 국제통화와 자국통화 사이의 환

율을 기준환율 basic rate 이라고 하며, 그 밖의 통화와의 환율을 재정환율(裁定換率) arbitrated rate 이라고 한다. 또 자유로운 외환의 매매가 허용될 때 외환시장에서 결정되는 환시세를 시장시세 market rate of foreign exchange 라 하고, 우리 나라의 경우와 같이 정부가 공식적으로 정하는 환시세를 공정시세 official exchange rate 라 한다. 환시세에는 외국환은행이 매출하는 매출시세와 매입하는 매입시세가 있는데 양자의 차액이 외국환은행의 수익이 된다. 한편 외국환의 거래방법에는 실물에 의한 것과 청산물(淸算物)에 의한 것이 있어, 그에 따라 실물 환시세와 청산물 환시세가 존재하게 된다.

전자는 외환의 매매계약과 동시에 또는 수일내에 대금결제를 해야 하는 거래 방법이며, 후자는 계약된 미래의 약속기일(대체로 수 개월 후)에 계약 당시의 환시세로 실물환의 수불을 행하는 거래방법이다. 예를 들면 수출업자가 수출계약과 동시에 수출대금에 상당하는 금액에 대해서 은행과 청산계약을 체결해 두면, 후일 실제로 수출을 이행하고 필요한 서류를 은행에 제출하여 할인을 받을 때 그 때의 환시세와는 관계없이 계약 당시의 환시세로 할인을 받을 수 있다. 그러나 우리 나라에서는 실물, 청산물의 환시세 거래는 행해지지 않고 있다. →외국환

환투기 換投機 exchange speculation

환율의 변동을 이용하여 이익을 얻으려는 목적으로 행하는 환매매를 말한다. 그 양상은 경우에 따라 다르지만 환의 현물과 선물을 지칭하는 경우가 많다. 예를 들면 환관리가 엄격하지 않은 상태에서 투기의 대상이 되는 환율의 변경이 극히 임박하였다고 생각될 때 현물을 매매하고, 그리 임박하지 않았다고 생각될 때는 그 기간에 맞추어 선물을 매매한다.

환(換)포지션 exchange position

외국환은행이 원화를 지불하고 매입한 외환금액과 원화를 받고 매도한 외환금액과의 차액을 말한다. 환포지션에는 오버보트 포지션 over bought position · 오버솔드 포지션 over sold position · 스퀘어 포지션 square position 의 세 가지 형태가 있다. 오버 보트 포지션은 외환의 매입액이 매도액을 초과하는 경우를 말하고, 오버솔드 포지션은 외환의 매도액이 매입액을 초과할 때, 그리고 스퀘어 포지션은 외환의 매입액과 매도액이 일치하는 경우를 의미한다. 외국환은행이 환포지션을 파악하는 것은 환위험을 회피하거나, 외화자금을 조작하거나, 또는 외환매매이익을 산출하기 위해서이다. 대고객매매액이 일치하지 않는 경우, 외국환은행의 포지션이 스퀘어가 되도록 조작하는 일을 포지션조정거래 또는 환커버 exchange cover 라고도 한다.

그러나 때로는 투기의 목적으로 의식적으로 환커버를 하지 않고 매입초과 또는 매도초과를 그대로 두든가, 또는 적극적으로 그러한 상태를 만드는 경우가 있다. 이와 같이 외국환은행의 외환보유가 위험상태에 놓여 있는 부분을 오픈 포지션 open position(또는 uncovered position)이라고 한다.

활동분석 活動分析 activity analysis

제한된 자원으로 어떤 주어진 목표를 가장 효율적으로 달성하기 위한 자원의 적정배분을 추구하는 것은 경제학의 가장 중요한 과제의 하나이다. 이 과제에 대한 견해로는 종래 한계분석에서는, 예를 들면 한계생산력균등의 법칙과 같은 정식화에 의하여 주어졌다. 한계이론의 생산분석에서는 어떤 상품 1단위를 생산하는 데 필요한

각 생산요소는 서로 완전히 대체가능하며 상이한 생산요소의 조합에 의한 생산방법도 그 조합에 대응하여 무한히 존재한다는 전제 위에서 그 중 단 하나의 최적생산방법이 선택되었다.

그런데 실제에 있어서는 어떤 상품 1단위를 생산하는 기술, 즉 각 생산요소의 기술적 배합—이것을 프로세스 process 또는 액티비티 activity 라 부른다—은 무한히 존재하는 것이 아니라 몇 가지만이 이용가능하다. 따라서 어떤 생산요소가 선택된 액티비티의 가동에 필요한 양보다 더 많이 존재할 때에는 그것은 여분으로 남게 된다. 이와 같이 주어진 몇 가지의 액티비티를 기본으로 하면서, 자원의 최적배분조건을 구하는 방법이 활동분석이며, 선형계획법(리니어 프로그래밍)이라고도 한다.
→선형계획

회계년도 會計年度 fiscal year

세입·세출의 수지상황을 명확히 하고 예산과 관련된 실적을 평가할 회계목적을 위해서 설정된 예산효력의 존속기간으로, 1년을 회계년도단위로 하는 것이 일반적이다. 역년(曆年)의 어느 때를 회계년도의 시발점으로 하는가는 나라에 따라 다르다. 예를 들면 우리 나라에서는 회계년도가 매년 1월 1일에서 시작되어 같은 해 12월 31일에 끝나도록 되어 있지만, 미국의 회계년도는 매년 7월 1일에서 시작되어 익년 6월 30일에 끝나는 것으로 되어 있다.

회임기간 懷姙期間 gestation period of capital

자본설비에 대한 주문이 있은 후 그것이 생산되어 실제로 인도될 때까지의 기간을 말한다. 이제 자본의 회임기간을 θ로 하면, t시점에서의 자본설준의 인도량 L_t는 $t-\theta$시점에 있어서 그 주문량 D_{t-0}이다.

그러나 t시점에 있어서는 t시점에서 $t-\theta$시점까지의 주문량전부(그림의 사선부분)의 생산이 실제로 행해지고 있다.

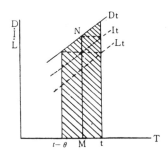

그런데 이러한 주문량은 모두 θ기간이 경과된 후에 생산되기 때문에 자본재 산업이 매기 수행해야만 되는 생산활동량 I는 생산 중의 전(全)주문량의 $1/\theta$에 상당한다. 이것은 그림에 의하여 자본회임기간의 1/2시점에서 자본설비에의 주문량에 거의 동일한 것임을 알게 된다. 따라서 자본설비의 주문량, 산출량, 인도량간에는

$$D_{t-\theta}=I_{t-\frac{\theta}{2}}-\frac{\theta}{2}=L_t$$의 관계가 있다

회전신용장 回轉信用狀 revolving letter of credit

사용필신용장. 금액이 일정 조건하에 자동적으로 갱생하여 사용되는 신용장을 말한다. 동일 상품을 일정 기간 계속적으로 거래할 때 신용장을 개설하는 수고나 마진·머니(신용장 개설보증금)의 부담경감을 목적으로 사용한다.

회전자본 回轉資本

자본의 순환이 주기적으로 반복되는 과정으로서 규정되었을 때, 그것을 자본의 회전이라 한다. 자본가가 자기의 자본을 증식하여 그 원래의 형태로 회수하기 위하여 투하해 두는 기간을 자본의 회전기간이라 하는데 그것은 자본의 순환과정이 생산

과정과 유통과정을 포함하는 데 연유하여 자본의 회전기간을 생산기간과 유통기간으로 나눌 수 있다. 즉 생산기간은 자본이 유통과정에 머무는 기간이다. 그러나 생산기간이 모두 노동기간은 아니다. 노동기간은 일정 사업부문에서 완성생산물을 만드는 데 필요한 다수연결된 노동일을 말한다. 따라서 생산기간에는 비노동기간이 포함되어 있다.

그러나 비노동기간이 유통기간은 아니다. 예를 들면 지하저장고에 저장되는 포도주는 장기의 비노동기간을 필요로 한다. 곡물의 생산, 피혁의 제조 등도 마찬가지다. 자본회전의 자연적 측정단위는 1년이다. 거기서 1년을 v로 하고 일정의 자본회전기간을 u로 하며 그 자본의 회전수를 n이라 하면 $n=v/u$이다. 가령 u가 3개월이라면 $n=12/3=4$로 자본은 1년에 4회 회전한다. 자본회전의 방식은 고정자본과 유동자본이 상이하다. 따라서 어떤 사업부문에 있어서는 고정자본이 1회 회전하는 동안에 유동자본은 10수회 회전할 수 있다. 사업부문의 자본의 회전수는 고정자본의 회전수와 유동자본의 회전수와의 평균치이다. 일반적으로, 자본주의의 발전에 따른 자본의 유기적 구성의 고도화는 고정자본이 투하자본 전체에서 차지하는 비중을 크게 하므로 회전속도는 완만해지는 경향이다.

횡단분석 橫斷分析 ☞시계열분석 · 횡단분석

횡선수표 橫線手票 crossed cheque
발행인 또는 소지인이 수표면에 두 줄의 선을 그은 것을 말한다. 도난, 분실 등의 위험방지책으로 이 선이 그어지면 은행은 자행의 거래선 또는 타은행으로 부터 제시가 없는 한 지불할 의무가 없다. 따라서 면식(面識)이 없는 소지인은 지불은행과 직접거래가 없는 한 그 수표를 제시하여 지불을 받을 수 없다.

효용 效用 utility
인간의 욕망을 만족시키는 재화의 능력 또는 재화를 소비함으로써 얻는 개인의 주관적 만족의 정도를 말한다. 효용은 어떤 상황에서 어떤 경제재에 대한 한 개인의 평가를 나타낸다. 따라서 효용을 측정할 수 있는 객관적인 척도는 존재하지 않는다. 어떤 재화의 각 단위에 대한 효용은 그것의 보유량에 따라 또는 시간과 상황에 따라 달라진다. 따라서 효용은 개인의 주관적 만족이나 재화의 보유량과는 관계없이 재화에 내재하는 고유한 성질을 나타내는 재화의 유용성 usefulness 이나 사용가치와는 구별되는 개념이다. 효용은 이와 같이 주관적인 개념이기 때문에 그것의 크기를 기수적으로 측정하거나, 어떤 재화 일정량이 주는 효용을 개인간에 비교할 수 없다.

학설사적으로 소비이론은 효용의 가능성문제를 극복하려는 연속적인 시도에 의해서 발전해 왔다고 할 수 있다. 즉 처음에는 효용(총효용 및 한계효용)의 기수적 측정이 가능하다는 가정 위에서 소비자이론이 전개되었다. 한편 마샬 Marshall, A. 은 한계효용균등의 법칙, 즉 $\dfrac{MU_i}{P_i}=\dfrac{MU_j}{P_j}=$ 화폐의 한계효용(여기에서 P_i, P_j는 제 i재와 제 j재의 가격을, MU_i, MU_j는 제 i재와 제 j재로부터 얻는 한계효용을 나타낸다)에 근거해서 효용의 크기는 재화가격에 비례하는 것으로 간주하였다. 그러나 이러한 견해가 타당하기 위해서는 화폐의 한계효용이 일정하다는 가정이 필요하다.

다음 단계에서 파레토 Pareto, V. 는 효용의 측정에 의존하지 않고, 단지 효용의 서수적 크기에 의한 소비자의 선호순위를 고려함으로써 소비자이론을 전개할 수 있다는 것을 보였다. 이것이 바로 무차별곡선에 의한 소비자선택의 이론인 것이다. 이렇게 해서 소비자이론은 효용의 기수적 측정가능성에 의존하지 않고서도 전개될 수 있었지만 효용의 개인간 비교는 여전히 불가능한 것으로 되어있다. →효용의 가측성, 효용함수

효용가치설 效用價置說 utility theory of value

화폐액으로 표시된 재화나 용역의 명목적인 가격의 배후에 존재하는 실질적인 관계를 고찰하는 이론을 가치론이라 한다. 예를 들면, 쌀의 가격은 쌀의 가치와 화폐의 가치에 의해서 결정된다고 생각하고 이 가치가 어떻게 해서 결정되어지는가를 밝히려는 것이 가치론의 주제이다. 그런데 이 가치론에는 서로 대립하는 2개의 사고방식이 있다. 즉 객관가치설이라고 일컬어지는 노동가치설과 주관가치설이라고도 불리우는 효용가치설이 그것이다.

효용가치설의 기원은 튀넨 Thüen, J. H. 혹은 그 이전까지도 거슬러 올라가며, 그 후 멩거 Manger, C., 제본스 Jevons, W. S., 왈라스 Walras, M. E. L. 를 거쳐 오늘날의 소위 근대경제학의 근간을 이루고 있다. 이 이론에 있어서는 가치의 기초를 효용에서 구하려 한다. 환언하면 가치의 크기의 순서는 효용의 크기의 순서와 완전히 일치하고 있다고 생각한다. 또한 가치와 효용은 완전히 동의어로 쓰여진다. 그렇기 때문에 효용가치설은 현실가격의 배후에 실체적인 가치관계가 있다는 것은 인정하나, 그것은 각 개인의 재화에 대한 중요성의 주관적인 의식에서 유도되는 효용에 의해서 결정된다고 하는 것이다.

이와 같이 개인의 주관적 평가를 중시하는 점에서 효용가치설은 또한 주관가치설이라고도 불리운다. 그리고 또한 이 효용은 초기의 효용학설에서는 직접 측정할 수 있다고 생각되었으나, 파레토 Pareto, V. F. D. 를 거쳐 그것은 효용의 서수적 크기에만 의존하는 선택이론에 의해 대체되었다. 그러나 측정가능한 효용을 사용하려는 의견도 여전히 강하여 현재에 이르기까지 결정적인 결론은 얻어지고 있지 않다. →한계효용, 효용의 가측성, 오스트리아학파

효용의 가측성 效用의 可測性 measurability of utility

효용이라는 것은 소비자의 선호의 대상이 되는 재화로 부터 얻는 심리적 만족의 정도를 뜻한다. 한계효용균등의 법칙에 의하면 어떤 소비자가 소비하는 각 재화의 양은 그가 각 재화로 부터 얻는 한계효용의 비가 각 재화가격의 비와 같게 되는 점에서 결정된다. 여기에서 소비자가 어떤 재화로부터 얻는 효용을 그 재화의 가격 및 모든 외적요인과 독립적으로 측정할 수 있느냐 하는 문제가 대두된다. 또 이것이 가능하다면 어떻게 개인의 주관적 효용을 객관적으로 측정할 수 있느냐는 의문이 뒤따른다.

이 점에 대해서는 그 효용의 수준 자체 (이것을 기수적 효용 cardinal utility 이라 부른다)를 경험적으로 측정할 수 있다고 하는 기수적 효용가측주의 cardinalism 가 퍽 오랫동안 지배적이었다. 그러나 당초 주관적인 효용을 예로 들면 체온을 재는 체온계와 같이 상이한 개인들간에 서로 비교할 수 있는 객관적 척도로 통일적으로 직접 측정하는 것은 불가능하다. 이렇게 해서 효용자체의 수준이 아니고 몇 개 상품의 어떤 수량의 결합과 또 다른 별개의 수량의 결합간의 선호의 순위(이것을 서수적 효용 ordinal utility 이라 한다)를 간접

적으로 판정하려는 시도, 즉 서수적 효용 가측주의 ordinalism 가 대두되었다.

무차별곡선은 이러한 입장에서 가상된 분석도구였다. 그러나 무차별곡선은 가상된 소비자의 선호표로 부터 논리적으로 그려진 것이라는 불완전성이 인식되었다. 이에 객관적으로 관측가능한 소비자의 시장행동에서만 나타난 소비 재화의 결합의 선택(이것을 현시선호(顯示選好)revealed preference 라 한다)을 이론화하려는 시도가 나타났는데 이것이 현시선호의 이론 theory of revealed preference 이다. 하지만 이 이론에 의해서 효용의 가측성의 문제가 완전히 해결되는 것은 아니다. 소비자의 시장행동은 주어진 가격체계에서의 선택행위를 의미한다. 따라서 우리가 상이한 두 가격체계에서의 소비자의 시장행동을 비교·관찰할 경우에 그 구매량에 있어서의 차이 중 얼마만큼이 가격의 차이에 의한 것이며 또 얼마만큼이 그간에 생긴 소비자선호의 변화에 의한 것인가를 알 수 있는 법이 없다. 특히 광고 등 외부로부터의 영향(갈브레이드가 말하는 의존효과)을 고려해야 한다면 문제는 더욱 복잡해진다. →한계효용균등의 법칙, 무차별곡선

＊효용함수 效用函數 utility function

재화나 용역이 가지고 있는 인간의 욕망을 만족시키는 힘에 대한 개인의 평가를 효용 utility, nutzen, utilité 이라 한다. 그러나 인간의 욕망이란 말에는 일상적인 용어로는 도덕적인 혹은 윤리적인 판단이 가미되어 있으나 경제학상의 용어에는 그러한 의미가 내포되어 있지 않다. 따라서 그것은 일반적으로 쓰이고 있는 유용성 usefulness 이라는 개념과 구별되지 않으면 안된다. 예를 들어, 일상적으로 빵은 다이어몬드 목걸이보다도 훨씬 유용하다고 생각되어지지만 경제학적으로는 양자는 다같이

효용을 가지며, 뿐만 아니라 특별한 사정이 없는 한 후자의 효용이 전자의 효용보다 훨씬 크다고 생각될 따름이다.

재화 및 용역의 양과 그 효용과의 대응관계를 효용함수라 한다. 일정한 종류의 재화나 용역 또는 수종의 재화나 용역의 결합체는 각 개인에 대해서, 일정한 크기의 만족의 정도, 즉 효용을 부여한다. 그러므로 심리적인 만족의 정도를 적당한 척도로 측정하여 이를 U 로 하고 X_1재, X_2재, $\cdots$, X_n재의 소비량을 $x_1, x_2, \cdots, x_n$ 이라고 하면, 효용함수는

$$U=U(x_1, x_2, \cdots, x_n) \cdots\cdots\cdots\cdots (1)$$

라고 쓸 수 있다. 만일 1재화만을 생각한다면,

$$U=F(x_1) \cdots\cdots\cdots\cdots\cdots\cdots (2)$$

이다. (2)를 그래프로 표시한 경우에 얻어지는 곡선을 효용곡선이라고 한다.

효용은 기수적 효용 cardinal utility 과 서수적 효용 ordinal utility 으로 구분되는데, 기수적 효용이란 19세기 신고전파경제학자 neo-classical economist 들이 주장한 것으로, 어떠한 단위로 측정되는 효용을 말한다. 즉 만일 X_1재와 X_2재가 서로 독립재이고 한 소비자가 X_1재로 부터 50단위, X_2재로부터 10단위의 효용을 얻는다면 그 소비자는 60단위의 효용을 얻게 되는데, 이 때의 효용을 기수적 효용이라 한다. 따라서 효용함수는

$$U=U_1(x_1) + U_2(x_2) + \cdots + U_n(x_n)$$

라고 쓸 수 있다. 이러한 기수적 효용학설에 의해 소개된 중요한 경제분석도구가 바로 한계효용 marginal utility 개념이다.

그러나 효용을 단위로 측정한다는 것은 불가능한 일로 이 점에 반대해서 서수효용학설이 대두되었다. 즉 효용이란 어떤 단위로 측정될 수 없고 단지 어느 것이 더 큰가 아니면 작은가를 알 수 있을 뿐으로 소비자들은 막연하게나마 느낄 수 있는 더

큰 효용을 선호한다는 것이다. 이러한 서수적 효용은 무차별곡선 indifference curve을 이용한 소비자선택이론의 바탕을 이루고 있다. 그러나 기수적 효용이든 서수적 효용이든 소비자의 심리적인 만족의 정도를 측정할 수 있는 특별한 방법이 있다는 가정을 세우고 있어 이 결점을 제거하기 위해 새로운 소비자선택의 이론이 전개되었다.

〔참고문헌〕 Henderson, J. M. & Quandt, R. E., *Microeconomic theory; a Mathematical Approach*, Mcgrow Hill, 1971; 조 순, 「경제학원론」, 서울, 법문사, 1974; 남덕우, 「가격론」, 서울, 박영사, 1973.

효율임금제도 效率賃金制度
efficiency wage system

생산활동에 대한 노동자의 기여를 상회하는 임금을 지불함으로써 노동자로 하여금 노동효율을 높이도록 유도하는 임금제도를 말한다. 고전경제학에서는 노동의 한계생산성이 실질임금과 같아지는 수준에서 기업의 노동에 대한 수요가 결정됨을 강조한다. 이것은 노동생산성이 임금수준과 무관하게 다른 기술적 요인에 의해 결정됨을 전제로 하는 설명이다. 그러나 노동의 한계생산성이 실질임금의 함수가 되면 상황이 달라진다.

개별노동자의 생산성을 정확히 측정하기 어려운 것이 일반적이지만 노동자들이 얼마나 정당한 대우를 받고 있는가의 정도를 느끼는 정도에 따라 생산성이 달라지는 경우에는, 노동자의 한계생산성보다 더 높은 실질임금을 지불함으로써 노동자들이 최선을 다해 성실하게 일하도록 유도할 수 있다는 것이다. 노동자의 노동생산성보다 더 높은 실질임금을 지불하는 상황에서는 노동자가 게을리 일하다 적발되었을 때 입을 손실이 크므로 성실하게 일하게 될 것이고, 다른 직장보다 더 높은 임금을 지급한다면 이 직장에서 인정받고 있다는 만족감에서 더 열심히

일하게 될 것이다. 이와 같은 이유에서 노동생산성보다 더 높은 임금을 지불하는 제도를 효율임금제도efficiency wage system라 한다. 노동자에게 지불되는 실질임금은 기업의 이윤극대화 조건에 의하여 결정된다. 노동생산성의 크기가 지급되는 실질임금과 정의 관계에 있다고 생각하면 기업은 실질임금당 노동생산성을 극대화하는 상태, 바꾸어 말하면 노동생산성당 실질임금이 최소화되는 상태에서 실질임금을 결정하게 될 것이다. 이때의 임금이 효율임금이다. 따라서 높은 임금이 노동생산성을 증대시킬 수 있는 경우에는 이윤극대화를 달성시키는 임금, 즉 효율임금이 노동시장을 청산하는 수준보다 높은 상태에서 머물러 있을 수 있기 때문에 임금의 경직성이 나타나고 비자발적 실업이 발생하게 된다는 것이다. 이러한 주장에 의하면 기업별 또는 산업별로 노동생산성이 상이하기 때문에 기업별 또는 산업별로 실질임금수준이 상이하게 되는 현실에 대한 설명도 가능하게 된다는 것이다.

임금이 효율임금제도에 의하여 결정되면 임금의 변화가 비신축적으로 이루어진다. 노동생산성보다 더 높은 임금을 지불하고 있으므로 경제상황이 호전되더라도 노동생산성이 어느 정도 증가할 때까지는 임금을 올리지 않아도 되며, 경제상황이 악화되더라도 효율임금제도의 성격을 유지하기 위해서 일정 기간동안 임금을 인하하지 않게 되는 것이다. 그 결과 효율임금제도를 채택한 산업에서는 경제여건 변화에 따른 임금의 조정이 매우 더디게 일어나게 된다.

여러 산업에 걸쳐 효율임금제도가 광범위하게 채택되어 있다면 각 산업의 임금만 경직적인 움직임을 보일 뿐 아니라 경제전체의 평균임금도 경직적인 움직임을 보이게 될 것이고 이는 총공급곡선을 물가에 대해 우상향하게 만들 것이다. 따라서 효율임금제도가 광범위하게 채택되어 있다면 통화량, 물가수

준, 명목임금 등 명목변수의 변화가 총수요 변동을 통하여 총생산과 고용량의 증가이라는 경기변동을 야기하는 중요한 원인이 될 것이다.

후방굴절 공급곡선 後方屈折 供給曲線 Backward Bending Supply Curve

재화나 서비스 시장의 경우 가격이 상승하면 공급이 증가하므로 공급곡선은 우상향하는 것이 일반적이나 노동시장의 경우 임금이 일정수준 이상으로 상승하면 소득효과가 가격효과를 상쇄하여 일정수준 이상으로 임금이 상승한 이후 좌상향하는 모습을 보이게 되는 노동 공급곡선을 말한다. 이러한 공급곡선이 가능한 것은 일반적인 상품시장에서는 소득효과와 대체효과가 같은 방향으로 움직이지만 노동공급의 경우 양 효과가 반대방향으로 움직이므로 임금상승의 순효과가 불명확 ambiguous해짐에 따른 것이다. 〈그림1〉은 임금상승에 따른 대체효과가 소득효과를 압도하여 우상향하는 노동공급곡선을 나타내고 (이 경우에도 소득효과의 상쇄로 인하여 수직선에 가까운 가파르게 우상향하는 것이 일반적이다.) 〈그림2〉는 고임금 수준에서 임금상승에 따라 여가를 선호하는 소득효과가 대체효과를 압도하여 좌상향하는 노동공급곡선을 나타낸 것이다. 의사, 변호사 등 고소득 전문직종의 경우 업무시간이 여타직종에 비해 적다면 그 임금 수준에서의 좌상향하는 후방 굴절 공급곡선의 증거가 될 것이다.

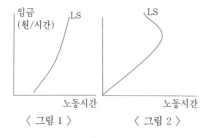

〈 그림 1 〉　　　〈 그림 2 〉

후생경제학 厚生經濟學 welfare economics

후생경제학이라는 명칭은 피구 Pigou, A. C. 의 대저 「후생경제학」에서 유래하지만 실질적인 후생경제학적 분석은 그 이전부터 존재하였다. 고전파경제학이 생산뿐만 아니라 분배에 대해서도 예리한 경제법칙의 관철을 도모했던 점은 잘 알려져 있으며, 리카도 Ricardo, D. 를 거쳐 마르크스 Marx, K. 에 이르는 사회주의의 원천도 분명히 이러한 고전파적 인식에 근거하고 있다. 이것에 대해서 밀 Mill, J. S. 은 생산론과 분배론의 이분법을 주창하고, 분배에 대해서는 인위적 수정의 여지가 충분히 있다고 설파하여 점진적 개량주의의 길을 열었다.

그 후 제본스 Jevons, W. S., 에지워드 Edgeworth, F. Y., 시지위크 Sidgwick, H., 마샬 Marshall, A. 등 영국의 경제학자들이 밀의 사고를 계승하여 경제정책의 이론을 전개하였지만 그들의 논의는 명확하고 체계적인 형태로 진술된 것은 아니었다. 마샬의 제자인 피구는 이것을 명확한 하나의 경제정책론의 형태로 정리해 놓았다는 점에서 그 공적이 크다.

방법론적으로 보면 후생경제학은 '소비자 주권의 원칙에 입각한 경제정책의 이론'이라고 할 수 있다. 소비자주권의 원칙이라 함은 궁극적인 사회구성단위를 개인 소비자로 보고 그들 소비자 전체의 만족을 제고시키는 것을 목표로 하는 사고방식이다. 따라서 생산행위 자체 내지 투기행위 자체에 주어지는 만족은 직접적으로 고려되지는 않는다. 또한 자본주의 사회체제의 폐기를 목표로 한다든지 사회주의 사회체제와 같은 특정체제의 달성을 직접적인 목표로 하는 것도 아니다. 그 목표들은 간접적으로 소비자전체의 만족의 극대화라는 관점에서 평가되는 것에 불과하다. 따라서 후생경제학은 특정의 성격과 한계를 갖는 것이며 경제정책의 일반적인 기본이론으로서는 충분하지 못하지만, 소비자전체의 만족극대화라는 목표는 널리 받아들여지기 쉽다는 점도 간과해서는 안된다.

그러나 후생경제학에서의 방법상의 난점은 소비자전체의 만족을 어떻게 규정하느냐 하는 점에 있다. 어떠한 형태로든지 각 개인소비자의 만족, 즉 개인의 효용을 측정하는 것은 가능할지도 모르지만 수많은 개인의 효용을 어떤 방법으로 통합해서 사회전체의 만족, 즉 사회의 후생을 정의할 것인가의 문제가 남는다. 이 문제에 대한 해결방안의 하나의 원형인 벤덤의 공리주의에서는, 개인효용의 단순한 집계가 사회의 후생이라고 생각하였다. 밀의 뒤를 이어 후생경제학적 분석을 시도한 상기의 학자들은 정도의 차이는 있으나 대체로 이 공리주의적 방법을 채택·이용한 경향이 있다. 그러나 가장 분명한 형태로 개인효용의 집계로서의 사회적 후생의 개념을 사용한 사람은 피구이다.

피구는 사회적 후생을 모든 개인효용의 집계로 생각하지만, 나아가서 그는 고소득자에 대한 소득의 한계효용은 저소득자에 대한 소득의 한계효용보다도 낮은 것으로 생각하였다. 전자는 후자보다도 긴급도가 낮은 욕망의 만족을 위하여 소득을 지출하기 때문이다. 따라서 사회적 후생의 극대화는 고소득자에서 저소득자에게로의 소득의 이전에 의하여 달성되게 된다. 즉 사회적후생이 극대화되려면 소득은 평등하게 분배되지 않으면 안된다. 이러한 피구의 결론은 분배의 개선을 통하여, 보다 나은 사회상태가 초래된다는 밀 이래의 사고방식을 가장 단적으로 표현한 것이었다. 그러나 고소득자와 저소득자라는 상이한 개인의 만족을 비교하여 그것을 양적으로

가산할 수 있느냐 하는 큰 문제가 있다. 피구의 분석은 이 점에서 비판을 받았으며, 이러한 비판에서 마침내 신후생경제학이 탄생하게 된 것이다. →복지국가

후진국 개발이론 後進國開發理論
theories of development of backward countries

제2차대전 후에 유행적으로 각광을 받게 된 연구분야이며, 경제학일반에 허다한 유파가 있듯이 후진국 개발문제도 논자에 따라 허다한 이론적 차이와 유사성을 갖게 됨은 물론이다. 따라서 여기서는 대표적인 4가지 유형의 후진국 개발이론의 특징을 요약하고자 한다.

① 고전파적 이론 : 바이너 Viner, J.는 후진국의 발전을 위해서 비교생산비의 법칙에 따라 국제분업을 주장하였는데, 후진국개발의 수단으로서 공업화의 필요를 반드시 무시하는 것은 아니었으나 후진국은 공업화에 의하여 발전하는 것이 아니라 오히려 경제발전의 결과로 공업화가 이루어진다는 점을 강조하였다. 이와 같은 견해의 현실적 결과는 선진국의 공업특화와 후진국의 농업특화를 뜻하게 되는데 이는 곧 선진국과 후진국의 불균형발전을 합리화하는 이론이 된다. 그리고 개발을 위한 자본축적문제에 있어서도 바이너는 국제자본이동을 비관시하여 국내자본축적에 기대하였다. 이 경우에 있어서도 국가권력의 개입은 가급적 회피되어야 하고 민간의 자발적 축적이 주동적인 역할을 다하는 것이 되어야 한다는 고전파적인 견해를 보여주었다. 이와 같은 바이너의 견해는 정태적 국제분업원리와 지주가 주체적 역할을 하는 자본축적론을 기축으로 한 이론이라고 비판을 받기도 한다.

② 근대경제학적 이론 : 주로 케인즈류의 소득분석을 주축으로 한 성장이론을 들

수 있겠다. 경제개발을 위한 공업화와 농업발전의 선택문제에 있어서 인구가 희박한 국가에서는 주로 농업생산성의 향상을 꾀하는 것이 유리하고, 인구잉여 후진국에서는 공업화가 유리하다고 본다. 따라서 후진국의 개발이 반드시 공업화를 필요로 한다고는 보지 않으며 필요한 것은 화폐획득에 유리한 산업의 육성이고 이를 통한 화폐획득·자본축적이 생산성의 향상과 국민소득의 증대를 가져와야 한다는 동태적인 측면을 강조하였다. 그러나 자본축적을 이룩함에 있어서는 외자도입에 치중하는 길과 국내저축에 더욱 치중하는 두 가지 경우를 생각할 수 있는데, 부캐넌 Buchanan, N. S., 엘리스 Ellis, H. S. 등은 전자를 강조하고 싱거 Singer, H. W. 나 넉시 Nurkse, R. 는 후자의 입장에 선다. 대체로 이상과 같은 논자에 의한 이론은 근대경제학이 일반적으로 가지고 있는 이론적 약점, 즉 소득면·수요면을 강조하고 생산면·공급면을 경시하는 경향을 그대로 보여줄 뿐만 아니라 후진국의 사회경제적 측면에 대한 분석에는 외면하는 경향이 있다고 하겠다.

③ 사회경제학적 접근법 : 개발의 주체적 조건을 사회적인 문제해결에 중점을 두는 이론으로서 이와 같은 입장에 서는 학자로는 부케 Boeke, J. H., 프랑켈 Frankel, S. H., 퍼니발 Furnival, J. S. 등을 들 수 있다.

④ 마르크스경제학적 접근 : 마르크스 경제학자들에 의한 후진국 정의의 특징은 후진국을 식민지나 종속국으로서 포착하려는 데 있으며 따라서 경제적 측면에 못지 않게 정치적 측면도 중요시한다. 이와 같은 경향은 대체로 경제적으로는 공업화와 경제자립화를, 그리고 정치적으로는 민족혁명을 강조한다.

흄 Hume, David (1711~1776)

영국의 철학자, 역사가, 경제학자. 1739 ~40년에 「인성론 *Treatise of Human Nature*」을 발표하였으나 난해하여 세인의 관심을 끌지 못하고 완전히 무시되었다. 이를 계기로 그는 실제 문제를 다루는 정치학과 경제학의 연구로 전환하게 되었다. 흄은 스미스 Smith, A. 의 친구일 뿐만 아니라 그의 주장이 스미스의 경제학체계에 막대한 영향을 끼쳤다는 것은 경제학사가들이 거듭 지적하는 바이다. 흄의 경제학상의 주장은 주로 그의 저서인 *Political Discourses*(1752)에 나타나 있는 바와 같이 그 중추적인 논점은 국가통제를 배척하고 반중상주의를 주장한 것이다.

이러한 반(反)중상주의의 기저에는 무역의 제한, 특히 무역차액의 강조는 금은을 유출시킨다고 하는 중상주의자의 견해에 이론적 근거가 없다는 것을 밝히려는 의도가 있었다. 즉 그는 무역차액론에 있어서 수입의 초과는 그만큼 금은의 유출을 야기시키지만 그 결과로서 야기되는 화폐의 감소는 국내물가를 하락시키는 동시에 수출을 융성케 하고, 그를 통하여 금은은 다시 국내로 유입시키게 된다고 하는 이론(specie flow mechanism 이라고 일컬어진다)을 전개했던 것이다. 또한 흄의 경제론의 또 하나의 특색은 이자론과 화폐가치론에서 볼 수가 있다.

그의 이자론은 대부이자설보다도 자본이자설을 취한다는 점에서 고전학파적 입장은 아니지만 이러한 사실은 이자율을 결정하는 요인으로서 화폐의 공급량을 별로 중시하지 않는다는 것을 의미한다. 흄의 수량설은 하이에크 Hayek, F. A. v. 의 분류에서의 기계적인 것과 소위 연속영향설이라고 하는 두 가지 유형을 내포하고 있는 점에 그 특색이 있다.

〔주 저〕 *The History of England from the*

Invasion of Julius Caesar to the Revolution in 1688, 1754~62. 이밖의 대부분은 *The Philosophical works of David Hume* (4 Vols., ed. by Green & Gross, 187~75)에 수록되어 있다.

희소성의 원리 稀少性의 原理 principle of scarcity

공기는 인간의 생존에 불가결한 것이며, 따라서 대단히 큰 효용을 주지만 가격은 0 인 자유재이다. 그런데 다이아몬드와 같이 공급이 한정되어 있는 물건은, 공기보다도 총효용은 훨씬 적으나 높은 가격을 가지고 있다. 그러므로 재화의 가격은 단지 총효용 크기에 의존하는 것이 아니라, 공급면에서의 상대적 희소성과 수요면에서의 한계효용 크기에 의해 결정된다는 것을 알 수 있다. 이와 같이 어떤 재화의 공급량이 한정되어 있을 경우 수요와 공급의 균형을 위해서 가격이 보다 높은 수준에서 결정되는 것을 캇셀 Cassel, G. 은 '희소성의 원리'라 하였다.

힉스 Hicks, John Richard (1904~)

영국의 경제학자. 그의 처녀작「임금의 이론」은 한계생산력설에 입각하여 마샬 Marshall, A. 의 이론에 따라서 부분균형론적으로 전개되어 있다. 그리고 이 저서에서는 화폐적 경제이론은 논급하지 않았다. 따라서 케인즈 Keynes, J. M. 이후 지배적인 인플레이션에 의한 실질임금의 인하문제는 충분히 다루지 못하였으나 오히려 그 때문에 실질임금과 고용량의 역행적 관계를 정면에서 주장할 수 있었다. 다음에 결정적으로 그의 이름을 떨치게 한「가치와 자본」에 있어서는, 경제주체의 선택이론을 기초로 하여 일반균형이론을 전개하였다. 이것은 왈라스 Walras, M. E. L., 파레토 Pareto, V. F. D. 를 대표자로 하는 로잔느학파에 이어지는 것이다.

이 저서에 있어서의 이론적 특징은 첫째, 일반균형이론이 단기적인 현상의 설명에 사용되어 있는 점 둘째, 일반균형의 성립만이 아니라 그 변화문제 working problem 도 취급되고 있는 사실 셋째, 일반균형 이론의 도식이 경제주체의 장래예상증권이나 화폐의 수급을 포함하고 있는 점이다. 이 마지막 특징에 있어서 힉스는 빅셀 Wicksell, J. G. K.. 을 시조로 하고 뮈르달 Myrdal, K. G., 린달 Lindahl, E. R. 을 대표자로 하는 북구학파의 영향을 받고 있다고 말할 수 있다. 이 저서에 의해서 주관주의적인 경제학의 계통적인 체계가 수립되고 방법론적으로 일관하여, 모든 현상에 대해서 주관주의적인 설명을 부여한다. 제3의 주저「경제의 사회적 구조」에서는 그 부제「경제학입문」이라는 제목이 표시하는 바와 같이 최근 현저히 발달한 사회회계 social accounting 의 수법을 이용하여 초(初)학자에게 경제전체에 대한 관념을 익혀주려는 것이다. 특히 이 저서에서 경제에 대한 힉스의 연구태도나 사관을 잘 파악할 수가 있다. 넷째로 최근에 쓴「경기순환론」이 있다. 여기에서 그는 경기순환을 일시적인 균형상태의 계열로서 파악하고, 이 계열의 변화경로·상태를 사회제구성원의 투자태도나 저축태도에 의존하는 것으로 본다.

따라서「가치와 자본」에 있어서의 방법은 근본적으로는 여기서도 계승되고 있다. 그러나「가치와 자본」이 개별시장을 문제로 한 데 대하여「경기순환론」에 있어서는 국민소득이라든가 투자·저축의 총액이 문제되어 거시적인 양이 취급되고, 따라서「가치와 자본」의 경우보다 더욱 케인즈의 영향을 많이 받고 있다. 그는 이 저서에서 정차(定差)방정식을 중요한 용구로 사용하고 있으며, 이 점에서는 프리쉬 Frisch, R., 칼렉키 Kalecki, M., 사뮤엘슨 Samuel-

son, P. A. 등에 힘 입은 바 크다. 또한 그
자신은 경제성장률이라는 관념을 해로드
Harrod, R. F.로 부터 교시받았다고 하나
이 관념은 본질적으로는 그의 학문체계에
들어 있지 않다고 하는 것이 옳을 것이다.

[주 저] *The Theory of Wages,* 1932; *Value
and Capital, An Inquiry into Some Fun-
damental Priniples of Economic Theory,*
1939, 2ed., 1946; *The Social Framework, An
Introduction to Economics,* 1942, 2ed., 1952;
*A Contribution to the Theory of the Trade
Cycle,* 1950.

국한문사항색인

[ㄱ]

- 879 -

[ㅎ]

영문사항색인

[D]

[F]

[G]

[H]

[M]

[N]

[T]

[Z]

[X]

[Y]

부록

1. 노벨경제학상 수상자의 학문과 업적
2. 영어표기의 신용어 및 국제 기구

1969년 : 프리슈(Ragnar Frisch, 1895
년 3월 3일 ~ 1973년 1월 31일)

1. 국적 : 노르웨이
2. 학력 : 오슬로대
학교에서 수학. 동
대학원에서 1926년
철학박사 학위 취
득.
3.이론 : 프리슈는
경제계획과 국민소
득회계와 관련된
계량경제학적 거시모형을 발전시킨 것으
로 유명하다. 계량경제학이라는 용어를
처음 사용했고 1930년 계량경제학회를
설립했으며 오슬로대학에 경제학과를 신
설했다. 1933년에는 학회지 '이코노메트
리카(Econometrica)'를 창간, 21년간 편
집장을 맡아 경기순환과 계량경제학을
접목한 논문과 신조어를 쏟아냈다.
4.업적 : 경제 분석을 위한 동적 모델을
개발하고 적용했다.

1969년 : 얀 틴베르겐(Jan Tinbergen, 1
903년 4월 12일 ~ 1994년 6월 9일)

1. 국적 : 네덜란드
2. 학력 : 1929년
라이덴 대학에서
물리학 박사학위
취득.
3. 이론 : 틴베르겐
은 네덜란드 경제
에 대한 계량경제
모델을 세웠는데
이것은 네덜란드의 단기적인 계획은 물
론 광범위한 정치·경제 계획의 수립에
적용되었다. 또한 그의 모델은 전 후 미
국과 영국에도 적용되어졌다.
4. 업적 : 경제 이론과 경제 통계의 분야

에 많은 연구를 했다.

1970년 : 폴 새뮤얼슨(Paul Anthony Sa
muelson, 1915년 5월 15일 ~ 2009년
12월 13일)

1. 국적 : 미국
2. 학력 : 1935년
시카고 대학교에서
학사 학위 취득. 하
버드 대학교에서 19
36년 석사학위 194
1년에 박사학위 취
득.
3. 이론 : 스스로 경
제학의 '제너럴리스트' 라 칭하는 새뮤얼
슨은 현대 경제학의 거의 모든 부분을
섭렵하였다.
후생 경제학 분야에서 린달-보웬-새뮤
얼슨 조건 (어떤 행위가 후생을 증가시
켰는지를 결정하는 기준)으로 재정학 이
론에서는 공공재와 사적재가 둘 다 있는
상황에서 자원의 최적 분배 결정에 대한
연구로 국제경제학에서는 발라사-새뮤
얼슨 효과와 헥셔-오린 모형(스톨퍼-새
뮤얼슨 정리를 포함)으로 거시경제학에
서는 경제 주체의 다 기간에 걸친 행위
를 분석하는 방법인 겹친 세대 모형으로
소비자이론에서는 현시 선호 이론으로
유명하다.
4. 업적 : 정적과 동적인 경제 이론을 개
발하기 위한 과학적 업적과 경제학 분석
의 수준을 높였다.

1971년 : 쿠즈네츠(Simon Smith Kuzne
ts, 1901년 4월 30일~ 1985년 7월 8
일)

1. 국적 : 미국(러시
아태생)
2. 학력 : 컬럼비아
대학교에서 1923년
학사학위, 1924년
석사학위, 1926년
박사학위 취득.
3. 이론 : 미국 대
공황 직후인 1930
년대 초에 오늘날 세계 각국에서 경제상
황을 판단하는 데 있어 가장 널리 활용
되는 국내총생산(Gross Domestic Produ
ct; GDP) 통계를 최초로 계발했다. 국
민소득을 추정·계산해 각국의 경제성장
의 유형과 산업별 소득구성을 비교함으
로써 자본 및 소득 분배에 대한 실증적
분석을 이끌어 냈으며 이를 통해 `미국
의 실질국민 총생산의 성장률이 20년 정
도의 주기를 갖고 순환적인 변동을 반복
하고 있다'는 것을 증명해 보였다.
4. 업적 : 경제 성장을 경험적으로 분석
하여 경제 · 사회 구조와 발전의 경과를
이해하는데 새롭고 깊은 통찰력을 제시
했다.

1972년 : 힉스(Sir John Richard Hicks,
1904년 4월 8일 ~ 1989년 5월 20일)

1. 국적 : 영국
2. 학력 : 클립톤
대학에서 1922년
학사학위 취득. 옥
스퍼드대학에서 19
26년 박사학위 취
득.
3. 이론 : 힉스는

고전적 저작 〈가치와 자본 Value and
Capital〉(1939)에서 경기순환론과 균형
이론 사이의 모순을 극복했다. 또한 힉
스는 스스로를 노동경제학자라고 불렀
다. 1932년 출판된 그의 처녀작이라고
할 수 있는 「임금이론」에서 임금이 어
떻게 결정되는가 하는 것을 체계적으로
정리하였기 때문이다. 힉스의 「임금이
론」은 노동경제학 분야의 저술이라기보
다는 미시경제이론의 저술이라고 볼 수
있다. 즉, 힉스는 임금의 결정이 생존비
에 의하여 결정되는 것으로 보았던 종전
의 이론에서 과감하게 벗어나 임금은 노
동의 공급과 수요에 의하여 결정된다고
주장하였다.
4. 업적 : 일반균형이론에 선구적인 공
헌을 했다.

1972년 : 애로(Kenneth Joseph Arrow,
1921년 8월 23일~ 현재)

1. 국적 : 미국
2. 학력 : 뉴욕시립
대학에서 1940년
학사학위 취득. 컬
럼비아대학교에 들
어가 1941년에 석
사학위, 1951년에
박사학위 취득.
3. 이론 : 애로의
이론은 민주국가의 의사 결정 방식이 합
리적 결과를 가져오려면 특정 조건들을
만족시켜야 하지만 이 조건을 만족시키
는 것은 사실 불가능하다는 것을 수학적
으로 증명했다. '불가능 이론'에서 그는
타당한 사회적 선호관계가 지녀야 하는
최소한의 특성으로서 4가지 조건을 제시
하고, 이 조건들을 동시에 충족하는 사
회적 선호관계는 결코 존재할 수 없음을

증명했다.

4. 업적 : 후생경제학과 일반 균형이론의 발전에 기여했다.

1973년 : 바실리 레온티에프(Wassily Leontief, 1905년 8월 5일 ~ 1999년 2월 5일)

1. 국적 : 미국(러시아 태생)
2. 학력 : 1921~25년 레닌그라드대학교에서 학사학위 취득. 1925~28년 베를린대학교에서 박사학위 취득.
3. 이론 : 미국의 경제를 수십 개의 경제부문으로 나누고 그 사이에 있는 재(財)의 상호교류관계를 일종의 경제표(산업연관표)로 정리하였다.

대학시절부터 홀로 연구해온 투입·산출(input-output) 분석은 누구도 시도하지 않았던 산업 각 부문의 투입과 산출을 비교해 산업연관표를 만들려는 시도였고 국제적으로 인정받게 된다. 또한 컴퓨터를 경제학 연구에 본격 활용한 최초의 인물이기도하다.

4. 업적 : 인풋-아웃풋 방법과 중요한 경제 문제들에 대한 적용방법을 개발했다.

1974년 : 칼 군나르 뮈르달(Karl Gunnar Myrdal, 1898년 12월 6일 ~ 1987년 5월 17일)

1. 국적 : 스웨덴
2. 학력 : 스톡홀름대학교에서 1923년 법학학위 취득. 동대학원에서 1927년 경제학박사학위 취득.
3. 이론 : 스웨덴 출신인 뮈르달은 국가의 역할을 강조하는 케인즈 경제학을 케인즈 이전에 발전시킨 스톡홀름 학파의 태두로, 서유럽 복지국가의 원조인 스웨덴 모델을 구축하는데 앞장섰다. 또한 미국의 흑인 문제를 객관적으로 분석한 저서가 있고, 미국 흑인들의 빈곤과 불행을 일종의 '누적적 인과관계'(cumulative causation)의 결과라고 지적한 바 있다. 또 냉전 하에서의 동서(東西)무역을 주장한 공적도 크다.

4. 업적 : 경제적·사회적·제도적 현상의 상호의존에 대한 선구적 분석을 했다.

1974년 : 프리드리히 아우구스트 폰 하이에크(Friedrich August von Hayek, 1899년 5월 8일 ~ 1992년 3월 23일)

1. 국적 : 영국(오스트리아태생)
2. 학력 : 비엔나대학에서 법학 박사학위(1921년)와 정치학박사학위(1923년) 취득.
3. 이론 : 화폐적 경기론과 중립적 화폐론을 전개하였고, 자유주의의 입장

에서 계획경제에 반대하였다. 사회주의 및 전체주의를 비판하고, 또한 서구의 복지국가가 채택하고 있던 케인스의 이론에 대항하여 자유 민주주의 이론과 자유 시장 경제 체제를 옹호하였고, 신자유주의의 사상적 아버지로 불리고 있다. 경제학이 그의 주된 연구 영역이지만, 그는 경제학에만 머무르지 않고 정치 사회 문화를 아우르는 폭넓은 연구 활동을 보여주었다.

4. 업적 : 돈과 경기변동 이론에 대한 선구적인 공헌을 했고 경제, 사회 그리고 구조적 현상의 상호의존에 대해 분석했다.

1975년 : 칸토로비치(Leonid Vitalyevich Kantorovich, 1912년 1월 19일 ~ 1986년 4월 7일)

1. 국적 : 소련
2. 학력 : 레닌그라드대학교 1930년 18세에 수학박사학위 취득. 1934년에 레닌그라드대학교의 교수가 됨.
3. 이론 : 칸토로비치는 1939년에 선형계획 모형을 개발하여 그 기법을 경제계획의 수단으로 응용했다. 그는 수학적 기법을 사용하여 계획경제에서 자원의 상대적 희소성에 따라 가격이 결정되고 궁극적으로는 경제체제에 의존하여 의사결정이 분산되는 과정을 보여주었다. 그는 비록 수학에 학문적 바탕을 두고 있었지만 문제의 경제적 측면에 대하여 예리하게 이해하고 있었다. 서구 경제문헌에서의 잠재가격에 해당하는 해결 승수라는 개념을 발전시켰으며 유명한 '

개혁' 경제학자로서 소련의 정책을 비교 조직·비판적으로 분석하여 정통 마르크스주의자들과 충돌을 일으켰다.

4. 업적 : 자원의 최적할당 이론에 대한 공헌을 했다.

1975년 : 코프만스(Tjalling Charles Koopmans, 1910년 8월 28일 ~ 1985년 2월 26일)

1. 국적 : 미국 (네덜란드 태생)
2. 학력 : 위트레흐트대학교와 레이덴대학교에서 수학과 물리학을 공부하고, 1936년 레이덴대학교에서 경제학박사 학위 취득.
3. 이론 : 1933년 코프만스는 얀 틴베르겐을 만나 그의 밑에서 공부하면서 경제학과 통계학으로 관심을 넓히게 된다. 1940년 미국으로 이주해 제2차 세계대전 동안 영국 상업 선박 대표단에서 일했다. 여기에서 그는 최적 경로를 구하는 데 초점을 둔 운송의 경제학(the economics of transportation)을 출판한다. 미국의 여러 항구에서 영국의 특정한 목적지까지, 필요한 양의 상품을 최소의 비용으로 운반하는 항로를 선택하는 업무에 종사하면서 산지에서의 원료비용과 여러 다른 항로로의 운반비용을 포함한 방정식 체계를 직접법으로 풀면 원하는 결과가 나온다는 것을 보여주었다. 또한 문제에서 필요한 방정식을 도출해내는 일반적인 수학모형을 고안해냈다.

4. 업적 : 최적 자원 분배론에 공헌했다.

1976년 : 밀턴 프리드먼 (Milton Fried
man, 1912년 7월 31일 ~ 2006년 11월
16일)

1. 국적 : 미국
2. 학력 : 러트거스
뉴저지주립대학교
을 졸업하고 시카
고대학교에서 석사
학위(1933) 컬럼비
아대학교에서 박사
학위를 취득.
3. 이론 : 프리드먼
은 케인즈와 더불어 20세기에 가장 큰
영향을 준 경제학자로 여겨진다. 《자본
주의와 자유》(1962)에서, 그는 정치적·
사회적 자유의 창조의 수단으로 자유시
장 내 정부가 맡는 역할이 축소되어야
한다고 주장하였다.
통계학 분야에서 프리드먼 테스트를 고
안하기도 하였다. 스스로를 더욱 고전적
인 자유주의자로 생각했던 그는 시장의
장점을 강조하고 정부 개입의 단점을 강
조하였다. 신화폐수량설(新貨幣數量說)
로 통화정책의 중요성을 주장하였으며
케인스학파의 재정 중시책에 반대하였
다.
4. 업적: 소비 분석, 화폐 이론, 경제 안
정화에 대해 연구했다.

1977년 : 오린(Bertil Gotthard Ohlin, 1
899년 4월 23일 ~ 1979년 8월 3일)

1. 국적 : 스웨덴
2. 학력 : 룬드대
학에서 1917년 학
사학위 취득. 하버
드대학에서 1923
년 석사학위 취득.
스톡홀름대학에서
1924년 박사학위
취득.
3. 이론 : 무역의
역학적 원리에 관한 근대적 이론을 세운
것으로 유명하다. 1933년 〈국내 교역과
국제 무역 Interregional and Internation
al Trade〉이라는 책을 출간한 오린은
세계적인 명성을 획득했다. 오린은 이
책을 저술하면서 국제무역의 토대에 관
한 이론을 제시하기 위해 그의 책보다
먼저 발표된 헥셔 교수의 저서와 그 자
신이 박사학위 논문에서 사용했던 접근
방식을 발판으로 삼았다. 오늘날 이 이
론은 헥셔-오린 이론이라 불리며, 이 분
야에 있어 표준이론이 되었다.
4. 업적 : 국제무역이론에 공헌했다.

1977년 : 제임스 에드워드 미드(James
Edward Meade, 1907년 6월 23일~199
5년 12월 22일)

1. 국적 : 영국
2. 학력 : 말번대학
에서 수학했고 옥
스퍼드 대학에서 1
928년 수석으로 학
사 학위 취득. 193
0~31년 케임브리
지대학교에서 석사
과정을 마침.

3. 이론 : 미드의 초기 연구주제는 국제 경제정책에 관한 것이었으며, 그 연구 성과는 〈국제경제정책론 The Theory of International Economic Policy〉의 집필로 정리되었다. 이 저서는 〈국제수지론 The Balance of Payments〉(1951)· 〈무역과 후생 Trade and Welfare〉(1955)의 2권으로 출간되었다. 특히 〈국제수지론〉에서는 케인스의 요소와 신고전주의 요소를 하나의 모형 속에서 종합하고자 시도했다. 그 모형이란 다양한 금융·재정 정책이 국제수지에 미치는 영향을 보여주기 위해 고안된 것이었다. 한편 제2권 〈무역과 후생〉에서는 여러 형태의 무역정책이 경제후생에 미치는 영향을 고찰했다. 또한 무역규제의 후생효과에 대한 상세한 분석도 내놓았다. 미드의 이 같은 연구노력은 뒷날 무역차별과 효과적인 보호무역에 대한 연구로 이어졌다.

4. 업적 : 국제 무역에 관한 이론 및 자본 이동에 관한 이론을 개척했다.

1978년 : 허버트 알렉산더 사이먼(Herbert Alexander Simon, 1916년 6월 15일 ~ 2001년 2월 9일)

1. 국적 : 미국(독일계)
2. 학력 : 시카고대학에서 정치학 석사학위(1936)와 박사학위(1943) 취득.
3. 이론 : 그는 인간 인지능력의 한계(제한적 합리성)라는 관점을 가지고 주류 경제학이 가정하는 합리성에 대해 그 체계를 비판한 최초의 사회학자였다. 사이먼의 주장은 후에 경제학과 심리학이 결합하는 행동 경제학으로 꽃을 피우지만, 그가 처음 합리성에 의문을 제기한 당시에는 그의 논점이 아직 개념적 단계에 머물렀고, 모델화가 어려웠기 때문에 대다수의 경제학자들에게 인정받지 못했다. 또한 그는 오늘날 중요한 학문 영역들인 인공지능, 정보처리, 의사결정, 문제해결, 주의력 경제학, 조직이론, 복잡계 이론, 컴퓨터 모의실험의 창시자 중 한명이다.

4. 업적 : 심리학·수학·통계학·경영분석 등 다양한 분야의 업적으로 유명하다. 경제기구의 의사결정 과정에 대해 연구했다.

1979년 : 루이스(Sir Arthur Lewis 1915년 1월 23일 ~ 1991년 6월 15일)

1. 국적 : 영국
2. 학력 : 런던정경대학에서 석사학위(1937)와 박사학위(1940)취득.
3. 이론 : 루이스는 1954년에 가장 영향력 있는 개발 경제 논문이 될 경제발전론(Economic Development with Unlimited Supplies of Labour)을 발표한다. 이 논문에서 루이스는 선진국의 역사적 경험에 관한 분석과 고전경제학자들의 중심 사상을 결합해 후진국의 경제발전과정에 대한 거대한 밑그림을 그려낸다. 그에 의하면 자본가 부문은 비자본가 부문인 낙후된 생계부문으로부터 노동력을 취함으로써 발전할 수 있다.

발전의 초기 단계에는 생계경제로부터 무제한적인 노동공급이 있을 것이고 이는 자본가 부문이 임금인상 없이도 확장할 수 있다는 것을 의미한다. 경기변동과 순환이론, 20세기 불황에 대한 관심은 식민지 출신이라는 정체성과 결합돼 저개발국가 성장이론 연구로 이어졌다.

4. 업적 : 개발도상국 문제의 고찰을 통한 경제발전에 선구적 연구를 행했다.

1979년 : 슐츠(Theodore William Schultz, 1902년 4월 30일 ~ 1998년 2월 26일)

1. 국적 : 미국
2. 학력 : 1927년 사우스다코타주립대학을 졸업하고 1930년 위스콘신대학교에서 박사학위 취득.
3. 이론 : 슐츠(Theodore Schultz)는 인적 자본(human capital)에 있어서의 투자의 개념을 확립한 대표적 학자이다. 그는 1961년 미국경제학회의 회장으로서의 연설에서 사람들이 유용한 기술과 지식을 획득하게 되면 전통적으로는 이것들을 자본의 형태로 보지 않았지만, 사람들의 기술과 지식획득을 신중한 투자의 일부로 보아 이를 자본으로 취급해야 한다고 주장했다.
4. 업적 : 개발도상국의 경제과정을 분석했다.

1980년 : 클라인(Lawrence Robert Klein, 1920년 9월 14일 ~ 2013년 10월 20일)

1. 국적 : 미국
2. 학력 : 1942년 버클리 캘리포니아 대학교를 졸업한 뒤 매사추세츠공과대학의 폴 사무엘슨 교수 밑에서 수학했으며, 1944년 박사학위를 취득.
3. 이론 : 대학원 시절부터 사뮤엘슨의 지도하에서 공부하였는데 사뮤엘슨의 영향으로 케인즈 경제학에 대해 연구하였다. 이러한 그의 연구는 후에 「유효수요론」과 「케인즈혁명」이라는 책으로 출판되어 케인즈 이론을 정리하고 확장했다는 평가를 받고 있다. 클라인은 대학원을 졸업하면서 카울위원회의 연구원으로 생활하게 된다. 이 시기에 그는 대학원에서 배웠던 케인즈 경제학을 수리적 엄밀성과 방정식으로 해석하고자 노력하여 계량경제모형을 개발하였다. 1950년대에 계량모형을 통한 미국경제의 단기예측에 성공하였고 각종 경제예측과 관련된 사업을 수행하면서 브루킹스모형, 와튼모형 등을 개발하였다.
4. 업적 : 경기 변동·경제정책을 분석하는데 있어서의 경제적인 모델·수법을 개발했다.

1981년 : 토빈(James Tobin 1918년 3월 5일 ~ 2002년 3월 11일)

1. 국적 : 미국
2. 학력 : 하버드대학에서 석사학위(1940), 박사학위(1947)취득.
3. 이론 : "계란을 한 바구니에 담지 말라"라는 유명한 말을 남긴 토빈은 특히 가계와 기업의 자산구성 방식을 분석하여 투자행위에 관한 이론을 공식화했다.

토빈은 위험, 포트폴리오 관리, 기초상황에 대한 금융시장의 정보전달 역할 등과 같은 문제들을 명확하게 분석하여 케인스 학파의 경제분석적 유용성을 현저히 증대시켰다. 케인즈의 사상을 이어받아 정부의 제한된 시장 개입이 필요하다고 주장한 그는 통화론자의 대표자인 프리드먼과 오랫동안 학문적 대립을 보이며 '케인즈언 대 통화론자' 논쟁을 벌인 주역으로 유명하다.
4. 업적 : 금융시장과 지출의 결정·고용·생산물·가격과의 관련성을 분석했다.

1982년 : 스티글러(George Joseph Stigler 1911년 1월 17일 ~ 1991년 12월 1일)

1. 국적 : 미국
2. 학력 : 1931년 워싱턴대학교를 졸업한 뒤 1932년 노스웨스턴대학교에서 석사학위를 받고, 1938년 시카고대학교에서 경제학 박사학위 취득.
3. 이론 : 가격이론을 중심으로 산업구조, 경제학설사와 경제정책에 이르는 광범위한 연구 활동을 통해 물가정책과 산업정책에도 많은 기여를 했다. 그는 교육의 확대와 심화에 의한 노동소득의 상승, 기업과 노동조합에 의한 독점배제, 상속세 인상, 사회복지정책 등을 통해 자원보유의 분배구조를 적극적으로 개선할 필요가 있음을 강조했다. 정부의 시장 규제에 대해서는 회의적인 입장을 취하고 이는 오히려 소비자의 이해와 상반되는 결과를 가져올 수 있다는 것을 이론적·경험적으로 증명하였다.
4. 업적 : 산업구조나 시장의 역할·규제의 원인과 영향, 정부규제의 원인과 효과에 대한 독창적인 연구를 했다.

1983년 : 드브뢰(Gerald Debreu 1921년 7월 4일 ~ 2004년 12월 31일)

1. 국적 :미국(프랑스태생)
2. 학력 : 1946년 파리대학교에서 경제학 박사학위 취득.
3. 이론 : 사욕을 충족시키는 행위가 궁극적으로 '보이지 않는 손'의 작용에 의해 사회적 공익을 달성하는 데 도움이 된다는 아담 스미스의 주장을 체계적으로 이론화하는 작업은 19세기만 프랑스의 경제학자 왈라스(Marie Esprit Leon Walras)에 의해 본격적으로 시도되었다. 왈라스의 이론은 상당한 기간 동안 이어져 왔으나 차츰 수학적 난점이 나타나기 시작하면서 이

를 극복하기 위한 경제학자들의 많은 연구가 뒤따랐다. 1954년 드브뢰는 애로우(Kenneth Joseph Arrow)와 함께 「경쟁적 경제에 있어서의 균형의 존재」라는 논문에서 '애로우 - 드브뢰 모델'을 제시하였고 이를 통해 아담 스미스가 주창한 '보이지 않는 손'이 작용할 수 있는 충분조건을 수학적으로 밝혀냄으로써 이전의 난점을 극복하고 균형가격 체계의 존재를 증명하였다. 드브뢰는 현대 자본주의 이론경제학의 핵을 이루고 있는 일반균형이론을 가장 정교하고 치밀하게 완성하였다.

4. 업적 : 일반 경쟁 균형 이론의 철저한 개량과 경제이론에 새로운 분석 수법을 고안했다.

1984년 : 스톤(Sir John Richard Nicholas Stone, 1913년 8월 30일 ~ 1991년 12월 6일)

1. 국적 : 영국
2. 학력 : 케임브리지대학교에서 법학을 공부했으나, 경제학자 존 메이너드 케인스의 영향을 받아 1935년 경제학 학위를 취득하고, 1957년 이학박사학위를 받음.
3. 이론 : 국민경제활동, 나아가 국제적 규모의 경제활동을 추적하는 데 이용될 수 있는 회계모형을 발전시켜 국민소득회계의 아버지라 불린다.

1941년 스톤의 방법론을 적용해 최초로 영국의 국민소득과 지출에 대한 공식적인 측정이 이루어졌다. 그러나 그의 보다 중대한 연구는 1950년대에 이루어

졌다. 그는 최초로 투자·정부지출·소비를 측정하는 구체적인 통계양식들을 제공함으로써, 국민부기 체계의 기초를 완성시켰다.

4. 업적 : 국민 계산 시스템의 발전에 대한 기본적인 공헌과 실증적인 경제 분석의 기초를 마련했다.

1985년 : 프랑코 모딜리아니(Franco Modigliani, 1918년 6월 18일 ~ 2003년 9월 25일)

1. 국적 : 미국(이탈리아계)
2. 학력 : 로마대에서 법학을 공부. 뉴욕 신사회연구학교에서 1944년 경제학 박사학위를 받음.
3. 이론 : 모딜리아니는 한 개인의 소비는 전 생애에 걸쳐 일정하거나 서서히 증가하지만 소득은 중년 때 가장 높고, 유년과 노년기에는 낮다는 점에 주목했다. 따라서 저축률은 중년에 가장 높고 노년 때는 낮거나 저축을 까먹게 된다. 노후에 대비하여 젊을 때부터 연금이나 보험에 가입하는 요즘의 시각에서 보면 너무나 당연한 이야기지만, 모딜리아니의 이 가설 이전에는 "소득의 크기가 소비와 저축을 결정한다."는 케인스의 "절대소득 가설"이 통용되었었다. 모딜리아니의 "생애주기 가설" 덕분에 젊은 세대가 많은 사회와 노인 세대가 많은 사회의 저축률이 왜 다른지 설명할 수 있게 되었고, 연금이 장래에 어떤 효과를 낼지 예측할 수도 있게 되었다. 보험설계사들이 활용하는 "라이프사이클 모델"의 원형도 여기서 나

온 것이다. 모딜리아니는 현대 재무이론을 정립한 것으로도 유명하다.

4. 업적 : 저축과 금융시장의 선구적인 분석(모딜리아니-밀러 정리)을 했다.

1986년 : 뷰캐넌(James McGill Buchanan, 1919년 10월 2일 ~ 2013년 1월 9일)

1. 국적 : 미국
2. 학력 : 1940년 미들테네시주립대학의 이학부를 졸업하고 1941년 테네시대학교에서 문학석사학위 취득. 시카고대학에서 1948년 박사학위 취득.

3. 이론 : 뷰캐넌은 '공공선택이론(Public Choice Theory)'이라는 새로운 분야를 개척하였다. 공공선택이론이란 비시장적 의사결정에 관한 경제학적 연구를 말하는데 이러한 공공선택이론은 순수경제이론이라기 보다는 현실의 정치가 경제에 미치는 영향을 연구하는 분야이다. 즉 정책결정에서 누가 어떠한 압력을 행사하여 법안이 통과되거나 부결되고 이러한 정치과정에 의한 정책결정이 경제적으로 어떠한 결과를 나타내는지를 연구하는 경제학의 분과이다.

뷰캐넌은 공공선택이론의 분야에서도 다수결 제도나 과반수 의결과 같은 집합적 선택에 관해 관심을 갖고 연구하였다. 특히, 툴록(G. Tullock)과 공저한 「동의의 계산법(The Calulus of Consent)」에서 최적 다수결 제도가 공공재 공급에 가장 효율적이라는 것을 경제학적 모형으로 증명한 것으로 유명하다. 이외에도 정치제도, 정치사상, 조세제도,

지방재정 등에 관심을 갖고 100여편에 이르는 활발한 저술활동을 이어가고 있다.

4. 업적 : 공공선택의 이론에 있어서 계약·헌법 면에서의 기초를 쌓아 올렸다.

1987년 : 솔로(Robert Merton Solow, 1924년 8월 23일 ~ 현재)

1. 국적 : 미국
2. 학력 : 1947년 하버드대학교를 졸업하고 1949년 석사, 1951년 박사학위를 받음.
3. 이론 : 1950년대에 솔로는 국민경제의 지속적인 성장을 가능하게 하는 여러 가지 요인들의 상대적인 기여도를 보여주는 수리 모형을 개발하는 데 성공했다. 그는 전통적인 경제이론가들의 사고와는 반대로, 지속적인 성장을 달성하는 데는 자본 축적이나 노동력의 증가보다 기술 진보율이 더 중요하다는 것을 보여주었다. 새로운 기계의 발명이나 노동력의 숙련도 증진과 같은 질적인 향상으로써 효율성과 생산성을 제고하는 것이 단순히 기계나 공장의 수를 늘리는 양적인 투자에 비해 훨씬 중요하다고 보았던 것이다. 이와 같은 연구 결과는 1960년대부터 각국 정부로 하여금 경제성장을 촉진시키기 위해 기술적인 연구 개발에 보다 많은 투자와 노력을 기울이도록 설득하는 데 중요한 역할을 했다.

4. 업적 : 경제성장 이론에 대대 공헌했다.

1988년 : 모리스 알레(Maurice Allais, 1911년 5월 31일 ~ 2010년 10월 9일)

1. 국적 : 프랑스
2. 학력 : 파리의 에콜 폴리테크니크와 광산학교에서 경제학을 공부한 알레는 1937년 국영프랑스광업공사에 들어가 근무하다가 1944년 광산학교의 교수가 됨.
3. 이론 : 알레의 가장 두드러지는 연구업적으로는 경제이론에 `망각율'과 `심리적 팽창계수'라는 개념을 도입한 것이다. 망각율이란 어떤 경제행위를 할 때 반드시 고려해야 할 요소들을 빼고 최종 선택하는 비율을 수치화한 것이다. 심리적 팽창계수란 인간의 심리상태가 어떻게 경제행위에 영향을 끼치는가를 계량화한 것이다. 경제현상을 파악할 때 인간의 비합리적인 요소도 상당한 비중을 차지하는 것을 중시한 것이라고 볼 수 있다.

`공기업 경영계획수립에 적용할 수 있는 기초이론분야에서 현대 프랑스 경제학자 중 가장 탁월하다'는 평가를 받고 있으며 유럽 공동화폐, 교통문제, 농작물 분배 문제 등을 다루면서 무관세를 주장해 유럽통합의 이론적 기틀을 다졌다는 평가를 받고 있다.
4. 업적 : 시장이론과 효율적인 자원이용에 대한 선구적 업적을 남겼다.

1989년 : 호벨모(Trygve Magnus Haavelmo 1911년 12월 13일 ~ 1999년 7월 28일)

1. 국적 : 노르웨이
2. 학력 : 1933년 오슬로대학교 졸업 후 1939년 미국으로 건너가 하버드대학교에서 박사학위 취득.
3. 이론 : 박사학위 논문 〈계량경제학의 확률적 접근〉이 계량경제학 발전에 신기원을 이룩한 것으로 평가되어 1989년 노벨 경제학상을 받았다. 호벨모의 통계기법은 경제의 한 측면에서의 변화가 다른 측면에 어떻게 영향을 미치는지를 예측하는 계량경제학 모형을 발전시켰다. 즉 그는 통계적 확률이론이 경제학 모델들에 통합될 수 있음을 보여주었다. 계량경제학 분야에 대한 호벨모의 업적으로 국민경제의 경로에 대한 예측이 쉬워졌으며, 보다 정확한 경제정책 입안이 가능해졌다.
4. 업적 : 계량 경제학의 확률적 접근의 기초 이론의 해명과 동시 발생적 경제구조를 분석했다.

1990년 : 해리 맥스 마코위츠(Harry Max Markowitz, 1927년 8월 24일~ 현재)

1. 국적 : 미국
2. 학력 : 시카고대학교에서 철학을 전공하고 1947년 학부를 마친 뒤 1950년 석사학위, 1954년 박사학위를 취득.

3. 이론 : 마코위츠는 박사논문 주제로 주식시장 분석을 위한 응용수학을 택했는데 그 당시까지만 해도 주식가격에 대한 이해는 존 버 윌리엄스(John Burr Williams)의 현재가치모델이 통용되고 있었다. 마코위츠는 이 이론이 위험의 영향에 대한 분석이 결여되어 있음을 깨달았다. 이러한 통찰은 불확실성 하의 포트폴리오 배분에 관한 독창적인 이론의 개발로 이어졌다. 마코위츠는 `포트폴리오 선택(Portfolio Selection)'이라는 논문을 통해 주식 등 자산을 선택할 때 수익성과 위험을 수치로 나타낼 수 있는 방법론을 제시했다. 이 자산선택이론은 세계 주식시장의 발전에 따라 급속히 대중화 됐다.

4. 업적 : 금융경제학 이론에서의 선구자적인 업적을 남겼다.

1990년 : 머튼 하워드 밀러(Merton Howard Miller, 1923년 5월 16일 ~ 2000년 6월 3일)

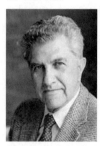

1. 국적 : 미국
2. 학력 : 하버드대학교에서 1944년 문학학사학위를 받고 1952년 메릴랜드 주 볼티모어의 존스홉킨스대학교에서 박사학위를 취득.

3. 이론 : 모딜리아니-밀러 정리는 기업의 자본자산구조와 배당정책 및 기업의 시장가치와 자본비용 간의 관계를 설명했다. 세금이 없는 완전자본시장 하에서 자본구조가 기업가치에 아무런 영향을 미치지 않는다는 이론이다. 이는 적절한 부채의 사용으로 기업가치를 높일

수 있다는 것으로, 전통적인 견해에 반하는 주장이었다.

4. 업적 : 금융경제학 이론에서의 선구자적인 업적을 남겼다.

1990년 : 샤프(William Forsyth Sharpe 1934년 6월 16일 ~ 현재)

1. 국적 : 미국
2. 학력 : 로스앤젤레스 캘리포니아 대학교에서 경제학을 공부했고 UCLA 대학에서 학사학위(1955), 석사학위(1956), 박사학위(1961) 취득.

3. 이론 : 샤프는 증권가격이 어떻게 위험과 잠재수익을 반영하는가를 밝히는 금융이론상의 '자본자산가격결정모형(CAPM)'으로 노벨상을 받았다. CAPM은 1960년대 개발된 이후 금융시장에 가장 큰 영향을 미쳤다고 평가받고 있으며 주식, 채권 등 자산의 기대수익률과 위험과의 관계를 이론적으로 정립했다.

4. 업적 : 금융경제학 이론에서의 선구자적인 업적을 남겼다.

1991년 : 로널드 헤리 코스(Ronald Harry Coase, 1910년 12월 29일~2013년 9월 2일)

1. 국적 : 영국
2. 학력 : 런던정경대학에서 1932년에 학사학위를 취득했고 1951년에 박사학위를 받음.

3. 이론 : 시카고 대학의 로널드 코즈

교수는 법경제학의 정초를 놓았다고 평가된다. 그는 거래비용의 존재가 규범에 미치는 영향을 밝혔고, 그 둘은 어떤 행위에 대한 사회적 평가에 큰 영향을 미치는 요소인 "상호성(相互性 reciprocity)"을 내포하고 있다는 것을 발견해 이른바 `코즈의 정리'로 불리게 된다. 또한 기업의 본질을 거래비용으로 설명했고 인터넷 경제가 도래하면서 기업들 간의 거래비용이 급격하게 변화함에 따라 그의 이론은 70여년이 지난 현재에 더욱 주목 받고 있다.
4. 업적 : 투자구조와 경제적 기능을 위한 거래비용과 재산권의 의미를 발견하고 설명했다.

1992년 : 베커(Gary S. Becker 1930년 12월 2일~ 현재)

1. 국적 : 미국
2. 학력 : 프린스턴 대학에서 1951년에 학사학위를 취득. 시카고대학에서 19 55년 경제학 박사학위를 받음.
3. 이론 : 베커는 전통적으로 사회학 영역으로 분류되던 범죄·인종차별·가족· 마약중독 같은 문제에 경제학적 분석을 시도해 경제학의 영역을 크게 넓혔다는 평가를 받는다. 예를 들어 범죄문제에 대해서는 사람들이 불법인 줄 알아도 경제적 혜택이 크면 기꺼이 그 일을 할 수도 있다고 보았다. 이는 범죄란 정신 이상이나 사회적 억압의 결과로 볼 수 있다는 사회학적 견해와는 구별되는 이론이다.
4. 업적 : 결혼과 출산, 교육과 훈련, 범죄. 등 경제와는 거리가 먼 주제들에 까지 경제적 분석의 틀을 적용, 경제학의 새 지평을 열었다.

1993년 : 포겔(Robert William Fogel 1 926년 7월 1일 ~ 2013년 6월 11일)

1. 국적 : 미국
2. 학력 : 포겔은 코넬 대학교에 들어가서 1948년에 학사학위를 받았으며, 1960년에는 컬럼비아 대학교에서 석사학위를, 그리고 1963년에는 존스홉킨스 의과대학에서 박사학위를 받음.
3. 이론 : 경제학 분야에서 비주류에 속해 있던 경제사 분야에서 노스와 함께 첫 노벨상 수상자가 된 '신경제사' 분야의 선구자이다. 처음으로 주목을 끌게 된 포겔의 계량경제사 연구는 철도와 미국의 경제성장(Railroads and American Economic Growth : Essays in Econometric History (1964))이다. 이 글에서 포겔은 19세기 미국 경제성장에 있어 철도의 기여도를 수량화하는 시도를 했고 경제자료에 대한 철저한 고증 없이 경제성장의 상당부분을 철도로 보았던 종래의 역사학적 주장에 대해 반박했다. 철도의 건설은 총체적인 경제 성장을 가져올 것이라고 믿었던 기대보다 공헌도가 훨씬 적었다고 그는 주장했다.
4. 업적 : 경제, 기관적측면의 변화를 설명하기위해 경제적 이론과 양적인 방법을 적용하여 경제학역사연구를 재개했다.

1993년 : 노스(Douglass C. North 1920
년 11월 5일 ~ 현재)

1. 국적 : 미국
2. 학력 : 노스는
버클리에 있는 캘
리포니아 대학교(1
942년 학사학위, 1
952년 박사학위 취
득)에서 경제학을
공부했다.
3. 이론 : 노스의
경제사 연구에 있어서 핵심이 되는 개념
은 경제성장의 근본적인 요인은 효율적
인 제도이고 이는 사유재산권의 엄격한
규정과 보호로 귀결된다는 것이다. 노스
는 경제사의 궁극적인 과제를 경제성장
에 관한 비교사적 연구, 즉 국가 간 혹
은 지역 간에 존재해온 경제력과 성장의
차이를 구명하는 것으로 보았고 기존의
경제학에서 주어진 것으로 취급되었던
제도의 문제를 경제이론을 통하여 체계
적으로 설명하고자했다.
4. 업적 : 경제학 이론의 적용과 역사
공부에 대한 통계적인 방법인 계량경제
사, 또는 '새로운 경제학 역사'라고 알려
진 선구적인 연구를 했다.

1994년 : 하사니(John C. Harsanyi, 19
20년 5월 29일 ~ 2000년 8월 9일)

1. 국적 : 미국(헝
가리계)
2. 학력 : 부다페스
트 대학교에서 약
리학을 전공했으나
전후 동대학에서 1
947년 철학박사학
위 취득. 시드니 대
학교에서 경제학을
공부하고 1953년에 석사학위를 받음. 미
국으로 이민후 미국 스탠퍼드 대학교에
서 1959년에 박사학위를 받음.
3. 이론 : 1964년 미국의 군비통제군축
국(ACDA)은 소련과의 협상과 관련해
자문을 받기 위해 게임이론가들로 구성
된 팀을 짠다.
당시 그들은 효과적으로 자문을 해줄 수
없었다. 실제상황 속에서는 이론과는 달리
상대방인 소련과 소련의 의도에 대한 정보를
완벽히 알 수 없었기 때문이다. 하사니는
게임이론 내에서 이러한 이론과 현실 사이의
갭을 메우는 체계적인 절차를 고안했다.
그는 불완전 정보하의 게임이론을 발전시켰
다. 불완성 정보(incomplete information)
게임을 불완전정보(imperfect informatio
n)게임으로 전환시키는 방법을 고안해냈고
이를 통해 복잡한 게임모형을 단순화시켜
분석할 수 있는 이론적 기반을 마련하였다.
4. 업적 : 이해 갈등을 포함하고 있는 상
황을 분석하고 관련이 있는 경쟁자에 대
한 적절한 선택과 행동을 체계적으로 나
타내려고 하는 수학의 한 분야인 게임
이론의 발전에 도움을 주었다.

1994년 : 내쉬(John F. Nash, Jr. 1928
년 6월 13일 ~ 현재)

1. 국적 : 미국
2. 학력 : 카네기공
과대학(지금의 카네
기멜론 대학교)에서
1948년에 수학 학
사학위와 석사학위
를 받음. 2년 후 프
린스턴 대학교에서
박사학위 취득.
3. 이론 : 내쉬는 게임이론에서 가장 기
본이 되는 균형의 개념인 내쉬균형을 통

해 게임이론 전개의 기초를 마련했다. 내쉬 균형(Nash equilibrium)이란 상대방의 전략을 주어진 것으로 생각할 때, 내가 선택할 수 있는 전략 중에서 최대의 이득을 가져다주는 전략인 최적반응(best response)을 모아 놓은 것으로 다른 전략으로 이탈할 유인이 없는 전략들의 집합이다. 이러한 그의 이론은 경쟁상대들 사이에서 벌어지는 위협과 반응의 역학을 설명하려고 했다.

4. 업적 : 1950년대에 처음으로 시작되었던 게임 이론을 수학적으로 접근한 획기적인 연구를 했다.

1994년 : 젤텐(Reinhard Selten, 1930년 10월 5일 ~ 현재)

1. 국적 : 독일
2. 학력 : 프랑크푸르트대학교에서 수학을 전공했으며 1957에 석사학위 1961년에 박사학위 취득.
3. 이론 : 젤텐은 내쉬균형이 갖고 있는 단점 중 하나인 복수균형의 문제를 해결하기 위해 완전균형(trembling-hand perfect equilibrium)의 개념을 도입했고 반복게임(repeated game)의 경우에 있어서, 그것이 유한번 반복되느냐 무한번 반복되느냐에 따라 균형이 달라지는 현상을 '연쇄점의 역설'(chain store paradox)로 모형화 하였다.

4. 업적 : 복잡한 이해관계를 가진 경쟁상대들 사이에서 벌어지는 경쟁을 조사하는 수학의 한 분야인 게임 이론을 발전시켰다.

1995년 : 로버트 에머슨 루커스 2세(Robert Emerson Lucas, Jr. 1937년 9월 15일 ~ 현재)

1. 국적 : 미국
2. 학력 : 시카고대학교에서 역사학 학사학위(1959)와 경제학 박사학위(1964)를 받음.
3. 이론 : 대공항 이후 많은 경제학자들에게 최고의 찬사를 받았던 케인즈학파의 이론에 결함이 있음을 합리적기대가설로 증명했다. 합리적 기대가설이란 경제주체들이 이용 가능한 정보를 활용해 행동을 합리적으로 수정하기 때문에 과거의 행태를 기준으로 이미 알려진 모델이나 공식들은 이들의 행동을 예측하는데 맞지 않다는 것이다.

기존의 케인즈학파는 경제주체들은 과거 자신이 예상한 것을 바탕으로 미래를 예측한다고 가정하고 이론을 전개했지만 루카스는 상업과 산업, 노동자와 소비자들이 워낙 눈치가 빠르기 때문에 몇 번이고 거듭해서 조종당하지는 않고 정부의 경제운용정책을 미리 예측할 줄 알게 되고, '합리적 기대'를 바탕으로 자신의 행동방침을 조정하게 된다고 주장했다. 이 같은 루카스의 합리적 기대가설은 현재 고용창출수단으로의 금융정책에 회의를 갖고 안정적 통화공급 내지는 낮은 물가수준유지를 금융정책의 목표로 삼고 있는 많은 선진국들의 정책기반이 되고 있다

4. 업적 : 합리적 기대 가설'을 발전·적용했다.

1996년 : 윌리엄 스펜서 비크리(William Spencer Vickrey, 1914년 6월 21일~ 1996년 10월 11일)

1. 국적 : 미국(캐나다 태생)
2. 학력 : 1935년 예일대학교를 졸업하고, 1937, 1947년 컬럼비아대학교에서 각각 석사학위와 박사학위를 받음.
3. 이론 : 비크리는 경제학의 원리와 분석도구를 제반 사회문제에 적용할 수 있다고 믿고 정책결정, 입법, 행정, 그리고 제도입안에 관심을 가진 학자였다. 분배기능과 관련된 조세이론, 자원배분기능과 관련해서는 공공이용시설과 교통수단의 가격결정이론, 경제안정화기능과 관련해서는 거시경제정책이론, 순수이론 분야인 사회선택이론과 전략적 행위 연구 등 현대 재정학이 연구대상으로 삼는 분야들을 두루 다루었다. 그의 주요한 이론 중 하나는 "투기대처법, 경매, 그리고 경쟁적 밀봉 입찰"(Counterspeculation, auctions and competitive sealed tenders)이라는 논문을 통해 발표되어 소위 이등가격경매 비크리경매로 불리게 된다. 비크리의 분석은 경매이론 분야에서만 중요한 공헌을 한 것이 아니라 불완전정보하에서 사회적으로 바람직한 유인(incentives)을 제공하는 자원배분메커니즘을 설계하는 데도 통찰력을 제공했다. 또한 그의 1945년 최적소득세이론(Optimal Income Tax System)은 25년후 공동 수상자인 제임스 멀리스에 의해 정교하게 모형화 되었다.
4. 업적 : 정보불균형 아래 동기부여의

경제학적 이론에 대한 근본적인 공헌을 했다.

1996년 : 제임스 알렉산더 멀리스(James Alexander Mirrlees, 1936년 7월 5일 ~ 현재)

1. 국적 : 영국
2. 학력 : 에든버러대학교에서 1957년에 석사학위를 받고, 케임브리지대학교 트리니티칼리지에서 1963년에 수학으로 박사학위를 받음.
3. 이론 : 비크리가 비대칭적 정보하에서의 인센티브 경제학에 대해 직관적인 해답을 제공했다면 멀리스는 보다 정교한 수학적 모델을 통해 구체적 해답을 제공했다. 특히 1971년도의 연구인 '최적 소득세 이론의 탐구는 그 동안 불가능하다고 여겨졌던 복잡한 최적화 문제를 단일 교차 조건을 발견함으로써 단순화하는데 성공했고 다른 무수한 경제이론의 해결에 실마리를 제공하게 되었다.
4. 업적 : 정보가 불균형한 상태에서의 경제적 인센티브에 대한 이론을 발전시켰다.

1997년 : 로버트 C. 머턴(Robert C. Merton, 1944년 7월 31일~ 현재)

1. 국적 : 미국
2. 학력 : 컬럼비아대학교(1966년) 이학사 취득. 캘리포니아공과대학(19

67년) 이학석사 취득. MIT(1970년) 경제학박사 취득.

3. 이론 : 머튼은 단순화된 기초적 가정하에서 채권의 가치를 기업의 실제 자본구조와 연계시키면서 기업자산가치가 부채가치 이하로 하락할 때 디폴트가 발생한다는 개념을 도입했다. 여기에 블랙숄즈 옵션모형을 이용하여 회사채 가치를 평가하는 모형을 제시해 신용위험의 가격결정에 대한 구조모형의 기초를 마련했다.

4. 업적 : 주식 옵션(투자자 또는 매매업자에게 장래 확정된 시기에 자산을 사들이거나 팔 권리를 부여하는 취득계약) 및 다른 파생물의 가치를 측정하기 위한 기본적인 문제에 해답을 마련했다.

1997년 : 마이런 새뮤얼 숄스(Myron Samuel Scholes, 1941년 1월 7일 ~ 현재)

1. 국적 : 미국(캐나다 태생)
2. 학력 : 맥매스터대학교에서 1961년에 문학사를 취득, 시카고대학교에서 1964년에 경영학 석사, 1970년에 경영학 박사학위를 받음.

3. 이론 : 1973년 〈저널 오브 폴리티컬 이코노미 Journal of Political Economy〉지에 블랙숄즈 모형이라는 획기적인 공식을 발표하게 되는데 체계적인 옵션가격 이론이 없었던 당시 블랙숄즈모형은 선구적인 이론으로 여겨졌다. 완전 금융시장에 대한 이론적 가정을 전제로 옵션거래자가 콜옵션의 매도(매입)와 동시에 적정량의 기초자산을 매입(매도)함으로써 가격변동위험으로부터 완전히 벗어난 무위험 헤지포트폴리오를 구축할 수 있다는 것을 보였다. 이 모델이 등장한 이후 월가에는 수없이 많은 파생상품이 나왔다.

4. 업적 : 주식 옵션 및 다른 파생물의 가치를 측정하기 위한 기본적인 문제에 해답을 마련했다.

1998년 : 아마르티아 쿠마르 셴(Amartya Kumar Sen, 1933년 11월 3일 ~ 현재)

1. 국적 : 인도(벵골)
2. 학력 : 1953년 캘커타 대학을 졸업한 후 케임브리지 대학에서 1959년 박사학위를 받음.
3. 이론 : 셴은 후생경제학, 특히 사회선택이론에 대한 실증적 연구, 분배 및 경제발전에 대한 연구 등을 통하여 사회의 빈곤계층에 대한 지속적인 관심을 보여주었다.

그는 개인의 선호가 사회적 선호로 집합화 될 수 있는 조건, 사회적인 집단선택이 개인의 권리를 무시하지 않을 수 있는 조건 등을 규명했고, 사회적인 결정이 이루어질 때 서로 다른 개인의 후생에 대한 정보들을 분석함으로써 사회적 후생의 다양한 분배형태를 비교하는데 이론적 바탕을 마련하였다. 또한 새롭고 보다 정교한 빈곤지수(poverty index)와 복지지수(welfare index)를 개발하였고, 기근의 경제적 구조를 이해하기 위한 실증적 연구 등을 통하여 빈곤계층의 복지향상에도 공헌했다. 또한 그는 경제학과 철학의 연구방법들을 결합함으로써 중요한 경제적 결정에 윤리적인 기준을 제공하기도 했다. 경제계의 '마더 테레사' '경제학자의 양심'이라고 불린다.

4. 업적 : 행복과 인간의 존엄성을 경제학이 끌어안게 했다.

1999년 : 로버트 알렉산더 먼델(Robert Alexander Mundell, 1932년 10월 24일 ~ 현재)

1. 국적 : 캐나다
2. 학력 : 밴쿠버의 브리티시컬럼비아 대학교를 졸업하고 매사추세츠 공과대학교에서 1956년에 박사학위 취득.
3. 이론 : 먼델-플레밍 이론이 함축하는 의미는 고정환율제에서는 재정정책이, 변동환율제에서는 통화정책이 거시경제정책의 안정화에 효과적이라는 것이다. 정부의 확장적 재정정책은 총수요를 증가시켜 소득을 증가시키는 동시에 이자율의 증가로 인한 자본유입으로 국제수지를 개선하는 효과가 나타난다. 이때 고정환율제하에서는 환율절상이 없기 때문에 통화 공급 증가와 경기의 추가적인 팽창으로 이어지는 반면, 변동환율제에서는 국제수지의 개선이 통화가치를 높이면서 수출경쟁력이 떨어지고 수입증가로 재정팽창의 직접적인 소득확장 효과를 상쇄하게 된다.

확장적 통화정책의 경우 금리를 낮추면 소득을 증가시키는 동시에 자본을 유출시켜 국제수지의 감소를 초래한다. 이때 국제수지감소는 변동환율제하에서는 환율을 상승시켜 수출경쟁력이 향상되고 추가적인 소득증가 효과를 유발하게 하는 반면 고정환율제 하에서는 통화량을 감소시켜 소득의 증가를 억제하게 된다.

또한 먼델은 `최적통화지역 이론'을 제시해 유럽단일 통화인 유로화 탄생의 이론적 배경을 제시하기도 했다.

4. 업적 : 먼델-플레밍 모델로 통용되는 개방거시경제모형을 개발하여 거시경제학의 영역을 개방경제로 확장시키고 현대 개방 거시경제학의 토대를 마련했다.

2000년 : 헤크먼(James J. Heckman, 1944년 4월 19일 ~ 현재)

1. 국적 : 미국
2. 학력 : 콜로라도대학교에서 수학을 전공했고 프린스턴대학교에서 경제학 석사학위(1968)와 박사학위(1971)를 받음.
3. 이론 : 표본선택의 편의(Selection Bias)는 연구자가 관심의 대상인 모집단으로부터 무작위 표본을 뽑아서 관찰할 수 없을 때 발생한다. 예를 들어 해리 트루먼과 토머스 듀이가 겨룬 1948년의 미국 대통령 선거에서 시카고 트리뷴 신문사는 전화를 이용하여 여론조사를 하여 듀이가 승리할 것으로 예상했지만 실제결과는 트루먼의 승리였다. 이는 1948년 당시 전화를 소유한 가정이 대부분은 부유층이었기 때문에 조사 과정에서 저소득층 유권자를 배제하는 편의 추론이 발생했기 때문이다. 헤크먼은 이러한 표본선택 편의의 문제를 지속적으로 제기하였고 계량경제

학적으로 수정하는 방법을 연구했다. 19 74년 발표한 기혼여성의 노동공급에 관한 논문에서 표본 선택에 관한 문제를 극복하기 위한 계량경제학적 기법을 개발한 이래 세간에 유명한 "헤크먼 수정"(Heckman Correction)을 완성했다. 헤크먼은 미시적인 데이터에 대한 통계적 분석의 가능성을 현실화시켜 미시계량경제학을 한 단계 발전시켰고 미시경제학과 사회과학이 풀지 못한 난제 가운데 하나인 개개인의 경제활동 방향과 경제적 영향을 분석하는데 기여했다.

4. 업적 : 개인 및 가계의 행위선택에 관한 통계분석기법 개발했다.

2000년 : 맥퍼든(Daniel L. McFadden , 1937년 7월 29일 ~ 현재)

1. 국적 : 미국
2. 학력 : 미네소타대학교 물리학과를 졸업하고 동대학교에서 1962년에 경제학 박사학위를 받음.
3. 이론 : 엇비슷한 여러 가지 상품들 가운데 특정 상품을 구매하는 것과 같은 개인의 선택 문제를 통계학적 방법으로 분석한 선택이론을 제시했다. 그의 선택이론은 여행·이민·대학입학에서부터 주거지·내구재 선택에 이르기까지 폭넓게 적용되고 있는데, 이를테면 주거지 선택이론의 경우 미국 샌프란시스코 시의 고속통근철도(BART) 설계와 전화 서비스, 노인용 주택에 대한 투자에 응용되었다. 경제 주체들의 심리와 행동을 반영한 이른바 '맥퍼든 생산함수'도 그가 고안해낸 것이다.

4. 업적 : 개인 및 가계의 행위와 관련해 광범위하게 활용되는 통계적 분석기법을 개발했다.

2001년 : 조지 애컬로프(George A. Akerlof, 1940년6월17일 ~ 현재)

1. 국적 : 미국
2. 학력 : 1962년 예일 대학교를 졸업하고, 1966년 매사추세츠공과대학(MIT)에서 박사학위를 취득.
3. 이론 : 애컬로프는 생산물시장에서 발생할 수 있는 역선택의 개념을 중고차 시장의 예를 들어 설명했고 정보비대칭 이론을 처음으로 도입했다. 즉 거래 당사자 간에 정보의 비대칭성, 정보의 격차가 존재하는 경우에는 오히려 품질이 낮은 상품이 선택되는 역선택(adverse selection)현상이 발생하며 이로 인해 시장이 비효율적으로 된다는 것이다. 판매자는 자신이 내놓은 중고차의 품질을 알고 있으나 구매자는 이를 알지 못한다. 그러므로 중고차시장에서 제품의 가격은 평균적인 품질 수준으로 결정된다. 중고차 가격이 평균적 품질 수준으로 결정될 경우 평균이상의 양질의 중고차 주인은 제값을 못 받게 될 것이므로 자신의 차를 시장에 내놓을 유인이 없다. 반면 평균이하의 저질 중고차 주인은 자신의 차를 시장에 내놓을 유인이 있다. 결국 중고차시장은 평균이하의 저질 중고차들만이 거래를 기다릴 것이므로 중고차의 시장가격은 더욱 하락할 것이다. 가격이 하락하면 그나마 상대적으로 괜찮은 중고차의 소유자마저도 차를 시장에 내놓

지 않을 것이다. 이 같은 과정이 반복되면 중고차시장은 품질이 형편없는 고물차(lemon)만 거래되는 시장의 실패가 발생한다. 중고차 매매시장에서 중고차를 사고파는 거래당사자간에 중고차에 대한 정보의 차이가 있는 경우 품질이 좋은 자동차가 구매자에게 선택되기 보다는 겉만 멀쩡하고 품질이 낮은 자동차, 즉 '레몬'이 선택되는 현상이 발생하여 중고차 시장을 비효율적으로 만들 수 있다.

4. 업적 : 정보가 비대칭을 이룬 시장에 대한 분석.

2001년 : 스펜스(A. Michael Spence, 1943년 11월 7일 ~ 현재)

1. 국적 : 미국
2. 학력 : 1966년 프린스턴대학교에서 철학 전공으로 학사 학위를 받았고, 1968년 옥스퍼드대학교에서 수학 학사·석사 학위를 얻었으며, 1972년 하버드대학교에서 경제학 박사 학위를 취득.
3. 이론 : 스펜스 교수는 하버드대 박사 학위 논문인 '시장신호(Market Signaling)'에서 좋은 정보를 많이 소유한 사람이 비용이 들더라도 자신의 이익을 늘리기 위해 정보를 소유하지 못한 사람에게 정보를 제공함으로써 정보의 불균형을 해소하려는 노력을 정의했다.

그는 일류대학 학위 및 자격증 취득 경쟁을 노동시장에 존재하는 비대칭 정보를 해결하려는 신호기능으로 파악하였다. 고용주는 생산성이 높은 노동자를 채용하기를 원하지만 노동자의 생산성은 외관상 파악이 불가능한 '감추어진 특징'

이다. 고용주는 생산성이 높은 노동자에게 많은 임금을 지불할 용의가 있으나 누구나 자신의 생산성이 높다고 주장할 것이므로 노동자의 진정한 생산성을 판단하기란 쉬운 일이 아니다. 이와 같은 상황에서 생산성이 높은 노동자는 자신의 생산성이 높다는 사실을 입증하려고 노력할 것인데, 일반적으로 학위, 출신학교, 공인시험 합격여부 등이 그러한 신호 발송의 대표적 도구로 사용된다.

스펜스는 이 신호 개념을 비단 노동시장뿐 아니라 여러 다양한 시장 사례에 적용함으로써, 정보 격차로 말미암아 빚어지는 갖가지 현상을 분석하고 이해하는 데 중요한 실마리를 제공한다. 이를테면, 오늘날 상장사들은 회사의 수익을 자본이득으로 처리하여 주식의 가치를 높이는 대신 으레 고액의 세금을 감수하면서까지 주주들에게 높은 배당금을 지불하는 쪽을 택한다. 상장사가 노리는 바는 주식시장에서 투자자를 더 끌어 모아 자사 주가를 상승시키는 데 있다. 이때 배당금이야말로 상장사에 비해 정보가 턱없이 부족한 투자자들에게 보내는 신호라는 것이다.

4. 업적 :정보가 비대칭을 이룬 시장에 대한 분석.

2001년 : 스티글리츠(Joseph E. Stiglitz, 1943년 2월 9일 ~ 현재)

1. 국적 : 미국
2. 학력 : 1964년 매사추세츠 주의 애머스트대학을 졸업하고, 1967년 매사추세츠공과대학(MIT)에서 경제학 박사 학위를 받음.

3. 이론 : 애컬로프 이후 비대칭정보로 인한 시장의 비효율성과 이를 해결하기 위한 과제가 경제학의 중요한 연구 주제 가운데 하나로 확고히 자리 잡았다. 스펜스가 정보 보유량이 많은 경제 주체가 보유량이 적은 상대 주체에게 신호를 보냄(시그널링)으로써 시장의 정보 불균형을 해소하는 방식에 천착했다면, 스티글리츠는 정보가 부족한 경제 주체가 상대적으로 정보가 많은 쪽으로부터 정보를 추출할 수 있다는 점을 규명했다. 보험 시장 또한 보험 가입자 가운데 사고 위험율이 낮은 우량 고객은 비싼 보험료에 반발해 사라지고, 사고 경험이 있거나 위험이 상대적으로 큰 가입자만 남는 까닭에 보험사로서는 역선택의 상황에 처하게 된다. 스티글리츠는 이러한 시장 왜곡 상황을 피하기 위한 방안으로 이른바 '스크리닝'(screening)에 주목한다. 보험사는 고객에게 효과적인 인센티브를 제시함으로써 고객의 위험 상황에 관한 정보를 추출해 낼 수 있다. 예를 들어 자동차 보험의 경우 만 25세를 기준으로 보험료가 다르게 산정되는데, 이는 평균적으로 만 25세 이하의 나이 어린 운전자들이 사고를 많이 내는 경향이 있다는 통계적 관찰에 근거한 것이다. 더구나 만 25세 이상 여부는 주민등록증 등을 통하여 객관적으로 입증할 수 있다.

또한 스티글리츠는 시장을 그대로 내버려 둘 경우 각 경제주체들 사이에 정보의 불균형이 일어나 자원 배분이 왜곡되고 도덕적 해이(모럴 해저드)가 발생해 시장 그 자체로서는 최고의 결과를 내지 않는다는 주장을 펴고 있다. 현실에서는 정보를 얻는 데 비용이 들기 때문에 완전경쟁시장 가설의 근거가 되는 완전정보라는 것이 실제로는 가능하지 않다는

분석에 기초한 것이다. 그의 이론은 시장이 정상적으로 돌아가지 않는 이유를 합리적으로 분석하는 데 도움이 됐으며 선택적으로 정부가 간섭함으로써 시장기능을 개선할 수 있다는 논리를 담고 있다. 스티글리츠의 이론은 현재 경제학자들 뿐만 아니라 경제정책을 입안하는 사람들에게 활발히 응용되고 있다. 그는 이 이론 덕에 통화정책이론과 거시경제, 기업재무(Corporate Finance) 등에 크게 기여했다는 평가를 받고 있다

4. 업적 : 정보가 비대칭을 이룬 시장에 대한 분석을 했다.

2002년 : 카너먼(Daniel Kahneman, 1934년 3월 5일 ~ 현재)

1. 국적 : 미국(이스라엘태생)
2. 학력 : 예루살렘에 있는 히브리대학교에서 심리학과 수학을 공부했으며(1954 졸업) 버클리 캘리포니아대학교에서 심리학 박사학위 (1961)를 받음.

3. 이론 : 경제학 내의 전통적인 합리적 의사결정이론들은 인간 의사결정의 합리성을 제고하기 위한 다양한 규범적 처방과 원리를 제시해 왔다. 이러한 전통적 경제학 원칙들에서는 인간이 논리적인 과정을 통해 대안들 간의 가중치와 우선순위를 정하여 기대효용(expected utility)을 극대화 하는 대안을 선택하는 의사결정을 하는 것으로 가정한다. 그러나 사이먼(1957)이 "제한된 합리성"을 시작으로 인간의 합리적 의사결정에 의문이 제기되었고 카너먼과 트버스키는 의사결

정과정에 대한 '휴리스틱스 이론'(heurist ics and bias)을 발표해 합리적 의사결정 이론에 한계를 지적하면서 인지심리학적 접근에 대한 새로운 조명을 이루었다

카너먼과 트버스키는 휴리스틱스를 "사람들이 불확실성하에서 확률이론에 따르는 판단을 하는 대신 매우 단순한 판단 과정으로 환원시키는 소수의 한정된 원리"라고 정의하였다. 휴리스틱스에 의한 의사결정은 의사결정 과정에서 시간과 노력의 절감이라는 측면에서 상당히 효율적일 수 있다. 그러나 휴리스틱스에 의한 의사결정은 체계적인 오차인 바이어스를 유발함으로써 정확하지 못한 판단을 초래할 수 있을 뿐만 아니라, 더 큰 문제는 의사결정자 자신이 이를 자각하지 못하는데 있다.

그는 여기서 한 걸음 더 나아가 트버스키와 함께 '전망 이론'(prospect theory)이라는 획기적인 이론을 수립했다. 전망이론에서는 개인이 부의 수준에 따른 위험 회피형이 아니라 이익에서 느끼는 효용보다는 손실에서 비효용이 큰 손실 회피형의 개인을 가정하고 있다. 더 나아가 손실영역에서 가치함수의 형태가 볼록한 것으로 가정하고 있어 개인이 손실을 보았을 때 위험 추구형이 될 수 있음을 가정하고 있다. 이를 통해 전통적인 기대효용이론이 설명하지 못했던 몇 푼 안 되는 할인 혜택을 받으러 소액 구매를 위해 장거리 운전을 마다하지 않거나, 반대로 그 정도나 그보다 더 비싼 상품을 절약하는 일에나 평생수입이 줄어들고 있다는 달갑지 않은 뉴스를 접하고도 소비를 줄이는 일에는 인색하게 구는 행동들을 설명해 냈다.

4. 업적 : 불확실성하의 인간의 판단과 의사결정과정에 관해 심리학적 연구의 통찰력을 경제학에 적용했다.

2002년 : 스미스(Vernon L. Smith, 1927. 1월 1일 ~ 현재)

1. 국적: 미국
2. 학력 : 캘리포니아공과대학에서 전기공학을 전공. 캔자스대학교와 하버드대학교에서 각각 경제학 석사학위(1952)와 박사학위(1955)를 받음.
3. 이론 : 특정한 단순 가정 하에서 조사자료를 분석함으로써 경제가 어떻게 작용할 것인지를 사고하고 경제현상에 대한 이해를 발전시켜 나가는 것이 기존의 전통적인 경제학 연구의 방법론 이었다. 스미스는 이러한 전통적 방법론에 새로운 방식을 제시했다. 즉 경제학자들 또한 다른 분야의 과학자들처럼 실험을 통해 이론을 증명하고 또는 새로운 이론을 제시할 수 있다는 것이다. 그는 '인간의 판단과 의사결정'을 다루는 심리학과 '현상분석' 위주의 경제학을 결합시켜 새로운 흐름을 만들어냈다. 기존의 경제학은 이기적인 인간들의 합리적 의사 결정이라는 단순한 가정에서 출발했다. 스미스는 경제학을 실험실로 끌어들였고 직접 실험하고 결과를 도출하는 새로운 방식을 시도했다.

실험경제학은 그가 닦아 놓은 기초에서 출발해 1950~60년대에 완만하게 성장하다가 1970~80년대에 장족의 발전을 이룩했다. 실험적 연구는 현실 세계의 많은 기구들의 경제적 성과로 확장되었다.

4. 업적 : 실험경제학 분야를 개척했다.

2003년 : 엥글(Robert F. Engle, 1942
년 11월 10일 ~ 현재)

1. 국적 : 미국
2. 학력 : 코넬대
학교에서 1966년에
석사학위를 받고 19
69년에 박사학위를
받음.
3. 이론 : 시계열
모형에서 주가, 이
자율, 환율 등과 같
은 경제 시계열 자료에서는 시간의 추이
에 따라 변동성이 매우 급격하게 변하므
로 이분산을 고려할 필요가 있다. 이러
한 이분산성을 고려한 최초의 모형이 엥
글(1982)이 개발한 ARCH(Autoregressi
ve Conditional Heteroskedasticity)모형
이다.

엥글(1982)은 영국의 인플레이션의 자
기회귀 모형에 이분산이 존재하고 있음
을 알게 되었으며 자기회귀 모형의 확률
적 성분이 시간과 구조적 관계가 있음을
발견하였다. 즉, 확률적 성분의 조건부 분
산이 시간의 함수로서 행동하고 있다. 따
라서 조건부 분산은 시간과 독립적인 동분
산이 아니라 시간의 흐름에 걸쳐 변하는
이분산이다. 그러나 조건을 부과하지 않고
얻게 되는 분산은 동분산이다. 따라서 이
시계열 과정은 공분산 정상적 과정이다.
이 현상의 모형화가 자기회귀 이분산 과정
이다.

엥글이 처음으로 개발한 자기회기 조건
부 이분산과정은 괄목할만한 발전을 이
루어 ARCH류 모형이라 불리는 보다 정
교한 모델들이 개발되는 계기를 마련했
다. 특히 주식을 분석하는 도구의 확산

을 이끌었으며 경제학자들이 더 정확한
예측을 하는 것을 가능하게 했다.
4. 업적 : 통계 분석 방법을 개선해 미
래 예측의 정확성을 높였다.

2003년 : 그레인저(Clive W. J. Grange
r, 1934년 9월 4일~ 2009년 5월 27일)

1. 국적 : 영국
2. 학력 : 노팅엄
대학교에 입학해서
1955년에 학사학
위, 1959년에 박사
학위를 받음.
3. 이론 : 그레인저
는 환율과 인플레
이션 비율과 같이
의미 있는 불규칙한 변수 사이의 연관성
을 확립하기 위해서 개념과 분석법을 발
전시켰다. 통계적 인과관계를 추정하는
데 통용되고 있는 그레인저 인과관계 검
정은 하나의 시계열이 다른 시계열을 예
측할 수 있는지를 통계적으로 최종 검정
하는 절차로 만약 Y변수를 X변수의 과
거로부터 예측할 수 있다면 "독립변수 X
와 종속변수 Y사이에 그레인저 인과 관
계가 성립한다"고 말한다. 다시 말해 변
수 X의 과거 역사를 포함시킴으로써 변
수 Y의 역사에만 의존한 예측보다 더 예
측을 향상시킬 때 변수 X는 변수 Y에
인과적 관계를 갖는다는 개념이다. 또한
그가 개발한 공적분 모형에서 공적분의
존재는 불안정한 시계열 사이에 안정적
인 시계열을 생성하는 선형결합이 존재
함에 따라 불안정 시계열에 대해서도 전
통적인 분석방법을 적용할 수 있는 특별
한 경우를 의미한다. 그레인저는 시기가
지나 변화된 변동이 무의미할 수 있다는
것과 변동이 연관성을 가짐으로써 잘못

이해되기 때문에 혼동시킬 수 있다는 내용 사이의 추측되는 연관성을 설명했다. 그러나 연관성이 존재하더라도 그것은 단순히 일시적인 것일 수도 있다.

4. 업적 : 공통의 추세와 함께 시간 변화에 따른 자료를 분석하는 기술을 발전시켰다.

2004년 : 키들랜드(Finn E. Kydland, 1943년 12월 1일 ~ 현재)

1. 국적 : 노르웨이
2. 학력 : 노르웨이 경제경영대학에서 석사학위(1968)를, 카네기멜론대학교에서 박사학위(1973)를 취득.
3. 이론 : 키들랜드는 실물경기변동이론(Real Business Cycle Theory)과 동태적 거시경제학 개념을 처음으로 도입했다. 실물경기변동이론은 경기변동에서 실물적 요인을 가장 중요한 동인으로 보는 이론이다. 이들 이전까지 대부분의 현대 경제학자들은 경기변동의 특징인 거시경제변수의 변동과 이 경제변수들 사이의 상관관계가 경제에 주어지는 보이지 않는 충격의 결과라고 보았다. 이와 같은 견해는 경기변동에 관한 유일한 견해는 아니지만 가장 오래된 견해라고 할 수 있다. 이와 같이 경기변동을 파악하는 것은 Slutsky(1937)의 연구로부터 그 유래를 찾을 수 있으며, 이에 따르면 총산출량의 변동은 거시경제를 구성하는 복잡한 연립차분방정식(difference equations)에 가해지는 충격의 결과이다.

그런데 경기변동을 일으키는 최초의 충격(impulse)이 총수요에 주어진 것인가, 아니면 총공급에 주어진 것인가에 관하여는 연구자들 사이에 의견이 엇갈리고 있다. 즉, 실제 거시경제자료에서는 금융변수와 실물 변수 사이에 강한 상관관계가 나타나며, 이 때문에 많은 경제학자들은 경기변동을 순전히 화폐적인 현상(monetary phenomenon)이라고 주장한다. Friedman과 Schwartz(1963)의 연구와 Lucas(1972)의 연구결과 이후 경기변동이론의 주류는 통화정책이 경기변동을 일으키는 모형의 탐구에 있었다.

키들랜드와 프레스콧(1982)은 이와 같은 경기변동 연구의 방향을 바꾸어 놓았다. 이들은 가장 간단한 형태의 신고전학파 최적성장 모형의 생산함수에 가해지는 생산충격을 도입하여 실제 자료에 나타나는 경기변동 상의 특징 가운데 많은 현상을 설명할 수 있음을 보였다.

4. 업적 : 동태적 거시경제학에 기여했다.

2004년 : 프레스콧(Edward C. Prescott, 1940년 12월 26일 ~ 현재)

1. 국적 : 미국
2. 학력 : 스워스모대학에서에서 수학 학사학위(1962)를, 케이스웨스턴리저브대학교에서 석사학위(1963)를 카네기멜론대학교에서 경제학박사학위(1967)를 받음.
3. 이론 : 프레스콧과 키들랜드는 때로는 공동으로, 때로는 단독으로 연구작업을 했으며 정부의 금융정책과 재정정책에 큰 영향을 주었다. 1970년대 말 공동저

술한 '프레스콧-키들랜드 페이퍼는 2차 대전 이후 세계 경제학계를 주름잡았던 케인즈 이론의 한계를 극복한 것으로 유명하다. 〈재량보다는 원칙을 : 최적 계획의 모순 Rules Rather than Discretion : The Inconsistency of Optimal Plans〉(1977)에는 두 개의 정책사례 시나리오가 제시되었다. 하나는 인플레이션-실업의 예이고, 다른 하나는 투자조세감면의 예이다. 경제주체들의 합리적 기대를 가정하여, 일치성을 갖는 단기 최적 정책이 전체적으로는 최적이 아님을 보여주고 있다. 이 논문의 결론적인 시사점은 근시안적인 정책변화가 장기적으로 더 큰 손실을 초래하기 때문에 재량보다는 원칙에 근거할 것을 주장한 것이다. 이는 소위 합리적 기대가설로 표현되는 신고전학파 학설의 근간을 이루는 것으로 정책의 일관성과 신뢰성에 더 큰 정책 효과성이 있음을 제기한 것이다. 〈파동의 형성과 축적 시간 Time to Build and Aggregate Fluctuations〉(1982)에서 이들 두 경제학자는 기술변화, 또는 원유가격 인상과 같은 공급 충격 등은 투자 및 상대적 가격변동 등에 반영될 수 있으며, 그리하여 장기적 경제성장 중에도 단기적 경기파동을 일으킬 수 있다는 것을 보여줌으로써 비즈니스 주기 분석을 위한 미시경제학적 기초를 마련했다.

4. 업적 : 역동적 거시경제학에 대한 공헌을 했다.

2005년 : 아우만(Robert J. Aumann, 1930년 6월 8일 ~ 현재)

1. 국적 : 이스라엘
2. 학력 : 뉴욕시립대학교에서 학사학위(1950년)를 받고 매사추세츠공과대학 석사학위(1952년)와 박사학위(1955년)를 받음.
3. 이론 : 1944년 폰 노이만과 모르겐슈타인에 의해 창안된 게임이론은 내쉬균형의 탄생과 함께 완결된 분석틀로서의 모습을 갖추게 되지만 지속적으로 제기되는 문제점 중의 하나는 내쉬균형 존재성의 기반인 혼합전략의 해석이었다. 또한 개인적 합리성에 기반을 둔 내쉬균형의 결과보다 경기자 모두에게 더 좋은 결과를 주는 전략조합이 있다는 것이었다. 이외에도 어떠한 가정들이 있어야 그 유일한 결과가 내쉬균형으로 도출되는지에 대한 심층적인 이론적 문제점도 있었다. 이러한 경기이론과 또 그 핵심적인 내쉬균형의 문제점을 끄집어내고 그것을 세련된 모형을 통해 정식화하여 그 올바른 의미를 제시한 대이론가가 아우만이다. 아우만은 평생 '합리성(rationality)'에 천착했는데 그가 다룬 주요분야는 포크정리, 연계균형등 균형세련화, 공통지식이론, 연속경제의 완전경쟁등이다. 이 중에서도 장기적 협력에 대한 이론적 엄밀성을 제공하한 포크정리가 유명하다.

1959년에 발표된 논문 "Acceptable points in general cooperative n-person games"는 장기적인 관계에서 발생하는 협력에 대해 수리적으로 완벽하게 분석해냈다. 경제관계에서, 경쟁이든 협력관계든, 일회적인 경우보다는 장기적인 또는 영구적인 관계가 대부분이다. 보편적으로 받아들여졌던 원칙은 장기적인 관계에서는 '일회적인 관계에서 이탈에 의해 얻는 편익'을 상쇄할 협력유인이 존재할 것이라는 것이었다. 이것을 포크정리(folk theorems)라고 불렀는데 아우만 교수의 수학적 세련됨이 포크정리를 완벽하게 설명할 수 있는 도구를 제시한 것이다.

4. 업적 : 게임이론의 분석을 통해 갈등과 협력에 관한 우리의 이해를 향상시켜 주었다.

2005년 : 셸링(Thomas Crombie. Schelling, 1921년 4월 14일~ 현재)

1. 국적 : 미국
2. 학력 : 캘리포니아주립대학교 버클리에서 1944년에 학사학위를 받음. 하버드대학교에서 1951년에 경제학 박사학위를 받음.
3. 이론 : 셸링의 관심은 기존의 경제학에 머무르지 않고 중고차시장, 핵협상과정에서부터 하키선수의 헬멧 이야기에 이르기까지 다양하다. 그는 RAND 기업의 중견 간부직을 역임했는데(1958~59), 그곳에서 미국과 소련 간의 핵무기 경쟁을 분석한 〈갈등의 전략 The Strategy of Conflict〉(1960)을 출간했다. 이 책을 통해 그는 게임이론을 사회과학을 위한 '최고의' 수학적 기법으로 끌어올렸다. 선택의 폭을 제한하여 그 좁아진 선택을 보다 믿을만한 억제력으로 이끄는 것이 효율적이

라는 주장은 독창적인 그의 이론 중 하나이다. 셸링은 순종보다는 저항이, 또 저항보다는 보복하는 것이 최선이라고 말한다. 그것도 공개적으로 되풀이 보복할 것임을 강조함으로써 자신의 선택을 좁히는 것이 상대방의 공격을 저지하는데 큰 효과가 있다는 것 이다. 특히 보복은 확실한 것보다는 불확실한 것이 보다 믿을 수 있고 효율적 이라고 셸링 교수는 강조한다.

그는 2차 대전 후 60년간을 놀라운 시대라고 평가하는데 핵무기를 지닌 국가는 적지 않았지만 어디에서도 핵위기는 발생하지 않았기 때문이다. 공격을 했다가는 보복당할 것이 분명했기 때문에 오히려 전쟁을 피할 수 있었다며 미국과 소련이 서로 핵무기 경쟁을 하면서도 상대편이 핵무기를 사용하면 곧바로 강하게 보복할 것이라고 으름장을 놓은 전략이 핵전쟁을 억제했다고 분석했다.

4. 업적 : 게임이론 분석을 통해 갈등과 협력에 대한 이해를 증진시켰다.

2006년 : 펠프스(Edmund S. Phelps, 1933년 7월 26일 ~ 현재)

1. 국적 : 미국
2. 학력 : 애머스트대학교에서 1955년 학사학위를 받고 예일 대학에서 1959년에 경제학 박사학위를 취득.
3. 이론 : 펠프스는 인플레이션과 실업 사이에 상충관계(trade-off)가 있어 완전고용과 물가안정을 동시에 추구하는 경제정책은 실패하게 돼 있다는 기존의 '

필립스곡선(Phillips curve)' 모델에 '물
가 및 임금상승에 대한 사람들의 기대심
리'라는 새 변수를 더한 '기대조정 필립
스곡선(expectations-adjusted Phillips
curve)' 모델을 발전시킨 것으로 유명하
다.

펠프스의 새 필립스곡선 모델은 높은
실업률과 높은 인플레이션률이 공존하는
이른바 '스태그플레이션(stagflation)'을
설명하는 이론으로서 인정받아 왔다.

4. 업적 : 거시 경제 정책에서의 이시적
거래에 관한 분석을 행했다.

2007년 : 후르비츠(Leonid Hurwicz, 1917년 8월 21일 ~ 2008년 6월 24일)

1. 국적 : 미국(러
시아태생)
2. 학력 : 1938
년 폴란드 바르샤
바 대학에서 경제
학 석사 학위를
받고, 제2차 세계
대전이 발발하자
포르투갈로 강제
이주당한 후 미국에 정착하여 하버드 대
학과 시카고 대학에서 수학.
3. 이론 : 메커니즘 디자인 이론은, 정부
가 정책을 입안하거나 제도를 개혁할 때
이해 당사자 간의 충돌로 실행이 어려울
경우 제도를 어떻게 설계해야 당초의 정
책을 효과적으로 달성할 수 있는지를 설
명하는 이론이다. 이 이론의 창시자인
후르비츠는 1960년의 논문에서 제도(me
chanisms)에 대한 수학적 정의를 창안하
고 1972년의 논문에서 메커니즘 디자인
이론의 가장 중심적인 개념인 유인 합치
성(incentive compatibility)을 정식화했

다. 메커니즘 디자인 이론은 현대 경제
학의 핵심 이론으로 자리 잡은 '게임 이
론'의 하부 이론으로서 애덤 스미스(Ada
m Smith)가 주창한 '완전 경쟁 시장'이
라는 비현실적인 개념을 극복하기 위한
대안으로 평가받고 있다.

4. 업적 : 경제학의 하위 분야인 메커니
즘 디자인 이론의 기초를 확립해 현대
경제학과 정치학의 많은 분야에서 중심
적인 역할을 하게 했다.

2007년 : 매스킨(Eric S. Maskin, 1950년 12월 12일 ~ 현재)

1. 국적 : 미국
2. 학력 : 하버드
대학에서 1972년에
는 수학 학사학위
를, 1974년에는 수
학 석사학위를, 그
리고 1976년에는
응용수학 박사학위
를 취득.
3. 이론 : 실행 이론의 개념으로, 매스킨
은 후르비츠의 메커니즘 디자인 연구를
구축했다. 실행 이론은 모든 시장 참여
자들을 위해 최상의 수익을 이끌 수 있
도록 시장에 메커니즘을 도입했다. 이
연구는 재무 분야, 유권자 행동에 대한
연구, 그리고 경영학 분야에 적용되었다.
에릭 매스킨은 환경을 보호하거나 모든
시민에게 양질의 의료 서비스를 제공하
기 위해서는 사회가 시장의 힘에만 의존
해서는 안 되며, 정책 수준의 적절한 선
택과 메커니즘, 기관 등을 파악할 수 있
도록 메커니즘 디자인 이론을 활용해야
한다고 주장한다.

4. 업적 : 메커니즘 디자인 이론에 관한

레오니트 후르비츠의 문제의식을 '게임이론'의 틀로 한층 정교하게 다듬었다.

2007년 : 마이어슨(Roger B. Myerson, 1951년 3월 29일 ~ 현재)

1. 국적 : 미국
2. 학력 : 1976년 하버드 대학에서 수학을 전공한 뒤 경제학으로 박사 학위를 취득.
3. 이론 : 메커니즘 디자인 이론은 사회가 제도를 만들 때 궁극적으로 효과적으로 작용하기 위해서는 개인의 인센티브를 존중해야한다는 것을 기본 전제로 하며 게임이론과는 달리 행위자보다는 게임의 규칙에 초점을 맞춘다.

마이어슨은 제도설계이론의 세련화에 공헌했는데, 특히 1983년의 불가능성에 대한 논문으로 유명하다. 즉, 가장 간단한 형태의 거래인 일대일 거래에서조차, 만약 자발적인 참여와 자유거래를 보장한다면 정보의 비대칭성 때문에 최적거래가 이루어지지는 않는 경우가 존재한다는 것이다. 그 후에도 마이어슨은 게임이론, 제도설계이론, 규제 등에 많은 업적을 남기고 있다.
4. 업적 : 메커니즘 디자인 이론(mechanism design theory)을 발전시켰다.

2008년 : 크루그먼(Paul Krugman, 1953년 2월 28일 ~ 현재)

1. 국적 : 미국
2. 학력 : 1974년 예일대학을 졸업하고, 1977년 MIT에서 경제학 박사 학위를 받음.
3. 이론 : 크루그먼은 그의 교역 이론 및 신 교역이론과 환율 위기에 대한 해설을 담은 그의 교과서로 학계에서 잘 알려져 있다. 그 저서는 기업과 나라가 규모의 경제 때문에 생산하고 거래하는 것에 관한 모델을 제시한다. 크루그먼은 1990년대 후반 "뉴이코노미"지의 비평가였다. 그는 1997년 동아시아 재정위기가 닥치기 전 동아시아와 동남아시아의 고정 환율과, 타이의 경제정책을 비판하였다. 그는 1998년 러시아 경제위기 직전에, 고정통화율의 유지에 이윤을 의존하는 LTCM (Long-Term Capital Management)와 같은 투자자들을 비판하였다. 크루그먼은 일반적으로 신케인즈 경제학자로 평가되며, 그의 관점은 그의 저서 〈하찮은 번영 (Peddling Prosperity)〉에 요약된다. 크루그먼의 〈국제경제학: 이론과 정치〉(현재 8번째 개정판)은 미적분학을 포함하지 않는 국제경제학에 관한 표준적인 교과서이다. 그는 1991년 미국경제학회에서 수여하는 존 베이트 클락 메달을 수여하였다. 경제학 연구논문학회 (IDEAS/RePEc)에 따르면 크루그먼은 현재 전 세계에서 가장 영향력 있는 50명의 경제학자 중 한 명이다.
4. 업적 : 경제 지리학과 국제 무역 양상의 관계를 증명하는 데 기여했다.

2009년 : 오스트롬(Elinor Ostrom, 1933년 8월 7일~ 2012년 6월 12일)

2009년 : 윌리엄슨(Oliver Eaton Williamson, 1932년 9월 27일 ~ 현재)

1. 국적 : 미국
2. 학력 : 1951년 베버리힐즈 고등학교를 졸업했고 1954년 UCLA대학에서 정치학 석사학위를 받음. 동대학에서 1962년에 석사학위를 1965년 박사학위를 취득.

3, 이론 : 오스트롬은 공유자원 연구에 있어 탁월한 학자로 여겨진다. 특히 오스트롬의 연구는 장기적으로 지속가능한 자원 산출을 유지하기위해 인간이 생태계와 어떻게 상호작용하는가를 강조하고 있다. 공유자원에는 삼림, 어장, 유전, 목초지, 관계시설 등이 있다. 오스트롬은 아프리카 지역민들에 의한 목장관리와 네팔 마을들의 관계시설관리에 관해 현지 연구를 했다. 일부의 합의나 제도들이 자원고갈을 막지 못했을지라도, 오스트롬의 연구는 공동체들이 천연자원을 관리하고 생태계의 파괴를 막기 위해 다양한 제도적 장치들을 어떤식으로 발전시키는가를 고찰하고 있다. 그녀의 최근 연구는 인간-생태계 상호작용의 다면적 본질을 강조하고 있고 각각의 사회생태학적 문제에 대해 어떠한 단일한 만병통치약은 없다고 주장하고 있다.
4, 업적 : 사회 공유재산에 대한 경제적 지배구조(economic governance)를 분석했다.

1. 국적 : 미국
2. 학력 :1955년 매사추세츠공과대학(MIT) 슬론경영스쿨에서 학사학위를 취득하였고, 1960년 스탠퍼드대학교에서 경영학 석사(MBA), 1963년 카네기멜론대학교에서 박사학위를 받음.

3. 이론 : 1975년에 발간한 저서 《시장과 위계 Markets and hierarchies-analysis and antitrust implications》를 통하여 신고전주의 경제학이 주류를 이루고 있던 학계에 산업조직론 측면에서 접근할 필요성을 역설하였다. 또 경제학과 경영학의 경계를 넘나드는 다양한 저술을 통하여 기업의 경쟁과 협력에 대한 새로운 학문적 기반을 마련하였다.

그는 국가·정부·기업에서 벌어지는 각종 경제현상을 거래비용의 관점에서 설명하는 거래비용이론을 주장하였다. 그에 따르면, 시장에서 일어나는 거래의 당사자인 인간은 완벽하지 못하고 거래가 일어나는 상황이 복잡하여 다양한 거래비용이 발생하며, 이러한 거래비용이 시장을 비효율적으로 만들어 시장을 대체하는 거래구조로서 위계적인 기업이 생겨난다는 것이다.

그는 불안정한 시장의 실패를 줄이기 위해서는 거래비용을 조직으로 흡수하여야 하며, 기업이 형성되는 이유도 각종 거래가 기업 내부에서 이루어지는 것이 시장에서 이루어지는 것보다 효율적이기 때문이라고 분석하였다. 이러한 관점에

서 대기업의 존재는 그 자체로 효율적이
며 다른 어떤 조직보다 소유나 근로
자, 공급자, 고객 모두에게 유리하다고
보았다. 대기업이 독과점 등으로 힘을
남용하는 경우라도 그 행위 자체만 규제
할 것이지 기업의 규모를 제한하는 정책
을 펴는 것은 바람직하지 않다는 이론을
전개하였다.

4. 업적 : 기업 분야의 경제적 지배구조
에 대한 연구를 했다.

2010년 : 데일 모텐슨(Dale Thomas M
ortensen, 1939년 2월 2일 ~ 현재)

1. 국적 : 미국
2. 학력 : 1961년
월라멧 대학에서 경
제학 학사학위, 196
7년 카네기멜론대학
에서 경제학 박사학
위 취득.
3. 이론 : 탐색이론
은 1961년과 1962
년에 스티글러가 발표한 정보의 경제학
(The Economics of Information)과 노
동시장에서의 정보(Information in the L
abor Market)라는 두 논문에서 발전이
시작되었다고 알려져 있다. 스티글러는
정보를 얻기 위해서는 시간과 노력이라
는 비용이 든다는 점을 지적하고 사람들
이 정보를 탐색하는데 드는 추가적인 비
용보다 정보를 얻음으로써 받게 되는 추
가적인 편익이 더 클 때에만 정보를 탐
색한다고 말한다. 그러나 스티글러의 이
론은 탐색의 범위와 지급된 임금의 분
산에 관한 함의를 이끌어 내는데 치중했
고 '실업'은 단 한 차례도 언급하지 않았
다. 스티글러의 정보에 관한 프레임워크

를 노동시장에 적용한 사람이 모텐슨이
다.

1960년대 후반 경제학자들은 직업탐색
이론을 사용하여 필립스 곡선을 해석 하
면서 직업탐색 이론을 실업과 연관 짓는
경향을 보인다. 이 가운데 데일 모텐슨
은 1970년에 발표한 논문 '일자리, 실업
의 기간과 필립스 곡선'(Job Search, the
Duration of Unemployment and the Phi
lips Curve)에서 스티글러의 아이디어
를 공식화하고 연장한다. 이 논문에서
그는 노동시장의 마찰이 확률적으로 도
래하는 매칭기회(matching opportunitie
s)로 설명될 수 있다고 한다. 기업은 일
자리를 제공하며 그 일자리는 일정 수준
의 기술을 요구한다. 같은 수준의 기술
수준을 요구하는 일자리는 제공되는 임
금도 같다. 구직자는 인터뷰를 통해 그
들이 자격요건을 갖추었다면 그 일자리
를 선택하거나 다른 일자리를 탐색하는
작업을 계속할 것이다. 더 많은 기술을
가진 구직자는 더 많은 일자리를 선택할
수 있을 것이다. 이것은 일자리에 대한
기술요건을 더 많이 갖추었다고 볼 수
있는 대학 졸업자의 실업률이 고등학교
중퇴자의 3분의1가량이나 되는 이유를
설명해준다. 중퇴자는 실업에서 벗어나
기 어려운 반면 대학졸업자들은 결국 일
자리를 구하게 될 것이기 때문이다. 구
직자들은 더 나은 일자리를 찾으려 하기
때문에 보다 숙련된 구직자들 사이에서
는 까다로운 일자리 선택 과정이 나타나
고 실업을 유발하는 것이다. 이런 의미
에서 실업은 구직자들이 낮은 임금을 받
아들이기 보다는 더 나은 일자리를 탐색
한다는 사실을 반영하고 자신에게 가장
최고의 임금을 주면서 가장 적합한 일자
리에 대한 자발적인 탐색기간으로 해석

될 수 있다. 당시 전통적인 노동경제학은 노동을 하나의 상품으로 임금을 그 상품의 가격으로 간주하고 임금이 즉각적으로 떨어져 실업을 없앨 것이라는 기본 가정 하에서 현실에 맞도록 모델들에 수정을 가하고 있었다. 불확실한 환경 하에서 실제로 사람들이 일자리를 탐색하는 과정을 연구하는 것이 노동경제학 분석의 중심개념이 되어야한다는 모텐슨의 아이디어는 당시 노동경제학과 거시경제학에 패러다임의 전환을 가져왔다고 평가받는다.

4. 업적 : 탐색마찰(search frictions)이 존재하는 노동시장에 대해 분석했다.

2010년 : 피터 다이아몬드(Peter Arthur Diamond, 1940년 4월 29일 ~ 현재)

1. 국적 : 미국
2. 학력 : 1960년 예일대학에서 수학 학사학위 를받고 1963년 MIT에서 경제학 박사학위 취득.
3. 이론 : 탐색 과정에 비용이 드는 시장은 흔히 볼 수 있고 완전경쟁시장에 기반을 둔 분석이 그 시장들의 중요한 특징들을 제대로 설명하지 못하는 사례가 증가하면서 탐색시장을 개념화하는데 중요한 문헌들이 나타나기 시작했다. 그 가운데 탐색시장의 현대적인 접근은 1971년 다이아몬드의 논문을 시작으로 한다. 모텐슨의 1970년대 논문은 기업 측면의 문제에 대해서는 중도적인 입장을 취하고 있었다. 다이아몬드는 1971년 그의 탐색모델 'A Model of Price Adjustment'에서 기업 측면의 문제를 재구성한다. 그 논문의 결과는 놀라운 것이었다. 구매자가 탐색하는데 비용이 드는 시장에서 소비자들이 기업들 모두가 같은 가격을 청구할 것이라고 믿는다면 그들은 탐색하려고 애쓰지 않을 것이다. 소비자들이 탐색하려고 애쓰지 않는다면 기업들이 실행해야할 합리적 대안은 독점가격을 청구하는 것이다. 다수의 구매자와 판매자가 존재하고 탐색비용이 적게 듦에도 불구하고 독점가격이 형성될 수 있다는 다이아몬드의 아이디어는 '다이아몬드 패러독스'라고 불리게 된다.

어느 시장에서나 탐색마찰이 존재하며 거래 상대방사이의 매칭은 비용과 시간 소모적이다. 이것은 특히 일자리를 찾는 실업 상태의 구직자들과 구직자를 필요로 하는 비어있는 일자리들의 동시적인 존재를 설명하는 근간이다. 그러나 1982년 다이아몬드의 중요한 논문(labor market search and match)이래로 많은 경제학자들이 노동시장보다는 양적으로 덜 할 지라도 탐색 마찰이라는 개념이 상품 시장에서도 중요한 문제라고 믿게 되었다. 그의 주요한 아이디어는 탐색 외부성(search externality)이다. 구직자가 한명 더 늘어날수록 빈 일자리들은 채워지기 쉽다. 반면 다른 구직자들은 일자리를 찾기가 어려워진다. 이런 의미에서 구직자들의 쇄도는 추가적으로 자동차들이 밀려와 고속도로를 정체시키듯이 노동시장을 정체시킬 수 있다. 한 명의 구직자가 일자리 하나를 포기할 때면 언제나 다른 구직자들이 일자리 찾는 일을 용이하게 해주는 것이다. 다이아몬드의 이러한 통찰력은 높은 수준의 실업보험이 일부 구직자들이 한계 일자리를 포기하게 함으로써 노동시장의 기능을 향상시킬 수 있다는 결론으로 인도했다.
4. 업적 : 탐색마찰(search frictions)이
존재하는 노동시장에 대해 분석했다.

2010년 : 크리스토퍼 피서라이즈(Christ opher Antoniou Pissarides, 1948년 2월 20일 ~ 현재)

1. 국적 : 영국
2. 학력 : 에식스대학
교에서 경제학 학사
학위(1970)와 석사
학위(1971)취득.
1973년 런던정치경
제대학교(LSE) 경제
학 박사학위를 취득.
3. 이론 : 피서라이즈
는 1979년 논문 'Job Matching with St
ate Employment Agencies and Random
Search'에서 노동시장을 유량개념으로
분석함으로써 거시경제학 연구에 신기원
을 이룩했다는 평가를 받는다. 이 논문
에서 그는 균형 실업을 연구하기 위한
도구로 매칭함수(matching function)를
사용하는데 매칭함수란 일자리 창출을
실업자들의 수, 빈 일자리 수, 실업자들
의 탐색 강도, 기업들의 모집 강도라는
변수들과 연관 지은 것이다. 이것은 시
장에서 거래상대방 간에 즉각적인 거래
성립을 막는 마찰(friction)의 중요한 의
미를 성공적으로 포착해냈고 잠재적인
거래 상대방에 대한 불완전한 정보로부
터 기인하는 쌍방 간의 탐색마찰을 모델
링하는 강력한 도구로 자리매김했다. 그
는 균형실업률의 동학이라는 후속연구에
서 그의 매칭 모형을 한층 더 발전시켜
현재는 거시경제학의 불완전 노동시장
연구에 가장 적합한 선도적인 모델로 평
가받고 있다. 그의 논문 'Short-Run E

quilibrium Dynamics of Unemployment,
Vacancies, and Real Wages'(1985)는
생산성의 주기적인 변화가 일자리의 배
치, 노동시장의 역학, 실업과 임금의 역
학에 미치는 영향을 강조하고 있다. 이
것은 왜 일자리 수가 실업률 보다 경제
적 충격에 더 빠르고 더 큰 진폭으로 반
응하는가, 왜 실질임금의 변화가 실질
산출물의 변화를 완전히 반영하지 못하
는가, 왜 실업률은 포지티브한 충격 보
다 네거티브한 충격에 빠르게 반응하는
가를 추론하는 것이다. 또한 피서라이즈
와 모테슨의 공동저작인 'Job Creation a
nd Job Destruction in the Theory of U
nemployment'(1994)은 세간에 유명한
균형실업률에 관한 MP모형을 포함하고
있다. 이것은 지금까지 경제학의 이론연
구 분야의 핵심으로 평가받는다.
4. 업적 : 탐색마찰(search frictions)이
존재하는 노동시장에 대해 분석했다.

2011년 : 토머스 사전트(Thomas J. Sa rgent, 1943년 7월 19일 ~ 현재)

1. 국적 : 미국
2. 학력 : 캘리포
니아 주립대 버클
리 캠퍼스에서 학
사(1964), 하버드
대 경제학 박사학
위(1968) 취득.
3. 이론 : 사전트
는 '구조적 거시계
량경제학(Structural Macroeconometric
s)이 경제 정책의 영구적 변화를 분석하
는데 어떻게 사용될 수 있는지를 보여주
었다는 평가를 받는다. 이러한 방법은
가계와 기업들이 경제 발전에 맞춰 기대

치를 조정할 경우 이의 거시경제적 관계를 분석하는데 사용될 수 있다. 예를 들어 사전트는 제 2차 세계대전 이후에 많은 나라들이 처음에 높은 인플레이션 정책을 시행하려고 할 때, 결국엔 경제정책의 체계적인 변화가 도입되었고 낮은 인플레이션률로 돌아갔다고 하였다.

4. 업적 : 거시경제의 인과관계에 관한 실증적 연구에 공헌하였다.

2011년 : 크리스토퍼 심스(Christopher A. Sims, 1942년 10월 21일~현재)

1. 국적 : 미국
2. 학력 : 하버드 대학원 경제학 박사 (1968)
3. 이론 : 심스 교수는 경제정책과 여타 변수들이 일시적으로 변화할 때 경제에 어떤 영향을 미치는지를 분석할 수 있는 이른바 '벡터 자기회귀모형(VAR;Vector Autoregression)'에 기반한 방법론을 개발해냈다. 예를 들어 심스 교수와 동료 경제학자들은 중앙은행의 금리 인상 영향을 분석하는데 이 방법을 적용해왔다.

4. 업적 : 거시경제의 인과관계에 관한 실증적 연구에 공헌하였다.

2012년 : 로이드 섀플리(Lloyd Stowell Shapley, 1923년 6월 2일~현재)

1. 국적 : 미국
2. 학력 : 프린스턴 대학교 대학원
3. 이론 : 섀플리 교수는 수리경제학적 이론을 게임이론에 접목하는 행동경제학 연구방법을 발전시킨 학자로 평가 받는다.

그는 작고한 수학자 데이비드 게일과 함께 서로 선호를 가진 경제주체들이 어떻게 효율적으로 연결하느냐에 대한 이론을 만들었다. 이러한 이론이 담겨있는 논문은 '섀플리 밸류'로 불리며 경제 주체들이 배분 문제에 있어 협조를 하면 이득이 생기는 방식을 제시했다. 섀플리 밸류는 20여 년간 매칭이론을 연구한 로스를 만나면서 실제 경제에 응용하는 쪽으로 더욱 발전했다. 예를 들면 판매자와 소비자 등은 금전적인 조건을 통해 서로 연결할 수 있지만 학생과 학교, 장기 기증자와 장기 기증이 필요한 환자 등은 금전적인 조건 만으로 연결되지 않는데. 어떤 경우에도 집단 간에 안정적인 연결이 가능하게 하는 절차나 방법을 이론적으로 풀었다.

4. 업적 : 안정적 분배이론 및 시장 설계에 대한 실증적 연구체계를 구축하는 데 기여한 공로

2012년 : 앨빈 로스(Alvin Eliot Roth, 1951년 12월 18일 ~ 현재)

1. 국적 : 미국
2. 학력 : 콜롬비아대 학사, 스탠퍼드대 석사, 박사.
3. 이론 : 로스 교수는 게임이론, 행동경제학이라고 불리는 실험경제학(Experimental Economics), 시장 설계(Market Design) 분야의 발전에 공헌했다. 로스는 경제 주체들 간의 매칭에 이바지한 새플리 교수의 이론에 실증적 연구를 더 했다는 평가를 받았다. 그는 새플리 교수의 이론적 결과가 실제 시장에서 중요한 기능을 하고 있다는 것을 명확히 하였고, 병원과 의사, 학교와 학생들, 장기 기증자와 환자들을 연결하는 기존의 방식을 다시 디자인해서 현실에 적용하였다. 보스턴과 뉴욕 등 대도시의 공립학교에서는 기존의 학생 배정 방식 대신에 로스 교수의 이론에 따라 학생들을 배정했다. 또한 그는 스스로 장기기증 은행을 설립해 정보 공유를 통해서 가족이 아닌 사람이 장기 기증을 할 수 있는 시스템을 만들었다.
4. 업적 : 안정적인 배분과 시장설계에 기여한 공로

2013년 : 유진 파머(Eugene Francis Fama, 1939년 2월 14일 ~ 현재)

1. 국적 : 미국
2. 학력 : 터프츠대학교 경제학 학사, 시카고대학교 경영대학원 경제학 석사, 박사, 금융학 박사
3. 이론 : 파머 교수는 '효율적 시장 가설'(Efficient Market Hypothesis ; EMH)의 주창자이다. 이 이론은 한마디로 '시장의 모든 정보는 즉각 가격에 반영 된다' 라고 요약된다. 인간의 합리성을 전제로 하면 주식시장을 둘러싼 모든 정보는 곧바로 노출되며 투자자들은 이를 다 고려해서 움직이기 때문이다. 따라서 주가는 시장의 모든 사실을 반영하고 있기 때문에 효율적 시장에서는 단기적으로 주가를 예측하는 것은 불가능하고 어느 경우에나 시장 평균 이상의 수익을 내는 것도 불가능하다. 이러한 이론은 현대 금융이론의 기본으로 자리 잡고 있었지만 금융위기로 인해 크게 흔들렸다.
4. 업적 : 자산가격의 경험적 분석에 기여한 공로

2013년 : 라스 피터 핸슨(Lars Peter H ansen, 1952년 10월 26일 ~ 현재)

2013년 : 로버트 실러(Robert James S hiller, 1946년 3월 29일 ~ 현재)

1. 국적 : 미국
2. 학력 : 유타주립 대학교 수학사(197 4), 미네소타대학교 경제학 박사(1978)
3. 이론 : 핸슨은 자산 가격 예측에 계량경제학을 접목 하여 '일반적률추정법(Generalized Meth od of Moments ; GMM)을 개발하였다. 이것은 자산 가격을 실제로 추정할 수 있는 틀로써, 그로 인해 자산 가격 책정 과 관련된 이론들을 통계학적으로 실험 하는데 기여하였다. 또한 기존의 계량 모형들은 반드시 분포를 따른다는 가정 이 필요했던 것과는 달리 GMM은 가정 이 없어도 이론들을 설명할 수 있다는 점이 획기적인 것이다. 그는 또한 토마 스 사전트 교수와 함께 '합리적 기대 이 론'을 연구하기도 했다. 그는 자산 가격 이나 경제 변수의 중장기적인 추정치를 추론하는 길을 제시했다는 평을 받고 있 다.
4. 업적 : 자산가격의 경험적 분석에 기 여한 공로

1. 국적 : 미국
2. 학력 : 미시간 대학교 문학사학 위(1967), 매사추 세츠공과대학 이 학석사, 경영학박 사(1972)
3. 이론 : 실러는 경제학에 심리학 을 접목한 행동경제학의 대가라고 불린 다. 그는 금융시장의 비이성적인 행태와 인간 행동의 중요성을 강조했다. 주식이 나 부동산 등의 자산 가격이 정치, 사회, 심리 등 다양한 비이성적 요인에 의해 영향을 받고, 인간의 비합리적인 판단과 행동이 시장의 왜곡을 초래한다고 그는 주장했다. 따라서 시장이 '동물적 야성(a nimal spirit)'에 의해 움직인다고 했다. 그는 2000년에 출간한 '비이성적 과열 '이라는 책에서 미국주식시장의 거품을 지적했으며, 2000년대 중반에는 부동산 시장에 대한 거품 역시 경고했다. 글로 벌 금융위기로 이어진 서브프라임 모기 지 사태를 경고하고 설명해냈다. 그는 미국에서 매월 주요 20대 도시의 주택 가격 지수로 발표되는 'S&P-케이스 실 러 인덱스'를 고안해냈다.
4. 업적 : 자산가격의 경험적 분석에 기 여한 공로

2014년 : 장 티롤(Jean Tirole, 1953년 8월 9일 ~ 현재)

2015년 : 앵거스 디턴(Angus Stewart Deaton, 1945년 10월 19일 ~ 현재)

1. 국적 : 프랑스
2. 학력 : 파리 제9대학 수학박사 (1978), 미국 MIT 경제학 박사(1981)
3. 이론 : 장 티롤은 소수 대기업의 독과점과 규제에 대한 산업조직론(IO)에서 '일관성 있는 포괄적인 이론'을 발전시켰다. 정부 정책은 산업 조건에 따라 달라져야 한다고 했다. 즉, 독과점을 규제하려면 일반적인 원칙이 적용되는 일괄적 규제가 아니라, 각 기업의 특수성을 고려한 맞춤형 규제가 필요하다고 했다. 이러한 독과점 시장을 분석하는데 있어서 최초로 게임 이론과 계약이론을 도입하여 분석함으로써 기업의 독과점 규제에 관한 새로운 이론 체계를 구축하였다. 노벨위원회에서 티롤의 연구를 통해 정부가 독점적 대기업이 생산성을 제고할 수 있는 유인책을 강구하면서 타경쟁사에 피해를 막을 수 있다고 평가했다.
4. 업적 : 산업에서 소수 대기업의 독과점을 어떻게 이해하고 규제하는가의 연구.

1. 국적 : 영국,미국
2. 학력 : 케임브리지 대학교 경제학 석사, 박사
3. 이론 : 첫째, 디턴은 순수 이론부터 현실의 데이터 측정에 이르기 까지 광범위한 분야에 걸쳐 간단하고 유연하며 일관성 있는 새로운 수요 체계를 제시하였다. 둘째, 거시경제학적 개념인 총소비와 총저축을 정확하게 이해하고 분석하기 위해 미시경제학적 자료를 충분히 이용하여 개별경제 주체의 소비 패턴 분석이 선행되어야 한다고 했다. 식품 소비량, 주거 환경, 서비스와 같은 소비 행태까지 실증적인 연구의 필요성을 인정하였다. 셋째, 그의 관심은 소득 척도를 넘어 개발도상국의 가계 자료를 이용하여 삶의 질과 빈곤의 정도를 측정하고자 하였다. 그리하여 디턴은 '소비자가 여러 상품을 구매할 때 예산을 어떻게 배분하는지', '한 사회가 소득 가운데 얼마를 소비에 배분하고 저축하는지' '우리가 어떻게 하면 복지 수준과 빈곤을 측정할 수 있을지' 등을 중점적으로 연구해 이론화했다. 소비자 개인의 결정과 경제 전체 사이의 연계를 강조함으로써 현대 미시경제학, 거시경제학, 개발경제학의 혁신을 이끌었다고 할 수 있다. 그는 가난한 사람들을 이해하고 그들의 삶을 개선시키는 데 일생을 바쳤다
4. 업적 : 소비, 빈곤, 복지에 대한 연구

2016년 : 올리버 하트(Oliver Simon D'
Arcy Hart, 1948년 10월 9일 ~ 현재)

1. 국적 : 영국
2. 학력 : 케임브리지 킹스칼리지 수학과(1969), 워릭대학교 경제학 석사(1972), 프리스턴대학교 경제학 박사(1974)

3. 이론 : 벵트 홈름스트룀 교수와 함께 계약이론에 대해 연구했다. 계약이론에 대한 하트의 연구는 예측할 수 없는 상황에 대비한 계약 방법론이다. 그가 발전시킨 불완전 계약이론(incomplete contracts)의 핵심은 누구에게 결정권을 부여할 것인가를 정해 놓는 것이 재산권 행사에 중요하다는 것이다. 미래의 불확실성에 대비하여 결정권자를 사전에 명기해야 한다는 것이다. 계약이론은 정보의 비대칭이라는 조건에서 계약을 하는 경제주체의 의사결정을 분석하는 이론이다. 모든 경제행위는 계약이 바탕이 되는데 이러한 계약이 투명하고 계약 당사자들 모두가 만족할만한 수준에서 합의될수록 사회 전체의 효용이 증대 된다고 한다. 하트 교수는 기업 간 계약을 할 때 미래에 예기치 않게 일어날 일에 대한 부분이나 기업 간의 정보 역시 비대칭이기 때문에 계약 조항에 모든 내용을 다 표기 할 수 없다고 했다. 따라서 그러한 특수한 상황이 발생했을 경우에 누가 결정권을 가질 것인지에 대한 계약을 미리 명시해 놓아야 한다고 했다. 이는 재산권 행사의 중요하고 본질적인 부분이다.

4. 업적 : 계약 연구 이론에 공헌

2016년 : 벵트 홈름스트룀(Bengt Robert Holmström, 1949년 4월 18일 ~현재)

1. 국적 : 핀란드
2. 학력 : 헬싱키 대학교 학사(1972), 스탠퍼드 대학원 응용과학 석사(1975), 스탠퍼드 경영대학원 박사(1978)

3. 이론 : 올리버 하트 교수와 함께 계약이론에 대해 연구했다. 홈름스트룀 교수는 특히 주인-대리인 문제에 관해 집중적으로 연구했다. 주인이란 계약상에서 권한을 위임한 사람이고 대리인이란 권한을 위임 받는 사람을 가리킨다. 이러한 관계는 기업소유주와 전문경영인, 상점 주인과 종업원, 보험회사와 보험가입자 등등 많은 분야에 적용된다. 주인은 대리인에게 노력에 상응하는 대가를 지불해 주어야 서로 좋은 관계가 된다. 그러나 주인 입장에서는 대리인이 어느 정도 노력을 하는지 알 수 없는 비대칭 상황에 있다. 이러한 상황에서는 대리인이 최선을 다하려고 하지 않거나 직무를 소홀히 할 수 있는데 이것을 도덕적 해이라고 부른다. 이러한 도덕적 해이를 최대한 극복할 수 있는 계약에 대해 연구했다. 그는 기업의 주인-대리인 문제를 해결하기 위해 기업의 주인인 주주와 대리인인 최고경영자의 유인을 일치시키는 인센티브제도를 제시했다. 이것이 성과

연봉제의 이론적 바탕이다.

4. 업적 : 계약이론 연구에 공헌

2017년 : 리처드 탈러(Richard H. Thaler, 1945년 9월 12일 ~ 현재)

1. 국적 : 미국
2. 학력 : 케이스 웨스턴 리저브 대학교 학사(1967), 로체스터 대학교 석사(1970), 로체스터 대학교 경제학 박사(1974)
3. 이론 : 탈러 교수는 경제적 행위자는 인간이므로 이를 경제 모형 구성에 고려 해야 한다는 인식이 자신의 연구에 핵심이라고 설명했다. 경제적 의사결정 분석에 심리학적으로 현실적인 추정을 도입하는 데 기여했으며, "경제학과 심리학 사이에 다리를 만들었다"고 평가한다. 행동경제학은 경제적 의사결정 과정에서 금전적인 이해만이 아니라 심리적인 영향을 받는 다고 했다. 그는 인간은 제한된 합리성의 상황에서 제한된 시간 하에 선택을 하게 되며, 자기 제어의 부족으로 비합리적인 선택을 하는 보통 인간이라고 했다. 그는 제한된 합리성, 사회적 기호, 자기 통제 결여 등 세 가지 인간적 특질이 시장의 성과뿐만 아니라 개인의 결정에 어떻게 영향을 끼치는지 연구했다. 먼저 제한된 합리성은 심리적 회계 이론의 발전이라고 말할 수 있는데, 그는 이것을 통해 인간이 소유했던 것에 더 큰 가치를 느끼는 '소유효과'를 소개했다. 즉, 재화의 가치를 내가 느끼는 감정을 더해 값을 매기는 것이다. 두 번째로 사회적 기호는 공정성에 관한 것인데, 그는 연구를 통해 소비자가 재화에 대한 공정성에 의심을 가진다면 기업이 재화의 가격을 무조건 올리지는 못할 것이라는 점을 보여주었다. 마지막으로 계획자 - 행동자 모형을 통해 자기 통제 결여가 어떻게 자신의 행동에 영향을 끼치는지에 대해 연구했다. "경제 행위자가 인간이며 돈과 관련된 결정이 엄격하게 합리적으로 이뤄지지 않는다는 인식"을 확산시켰다. 그가 저술한 <넛지(Nudge)>에선 심리를 통해 경제적 행동을 유도하는 방식을 보여준다. 노벨위원회는 그의"경험적 발견을 통한 연구 방식이 행동경제학을 확장시키는데 큰 영향을 줬다"고 밝혔다.

4. 업적 : 개인의 의사결정에 대한 경제학적 분석과 심리학적 분석을 연결하는 데 기여.

2018년 : 폴 로머((Paul Michael Romer, 1955년 11월 6일 ~ 현재)

1. 국적 : 미국
2. 학력 : 시카고 대학교 수학과(1977), 시카고 대학원 경제학 석사(1978), 박사(1983)
3. 이론 : 로머는 연구개발(R&D) 노력으로 축적된 기술이 경제성장을 좌우한다는 내생적 성장이론을 내보였다. 지식의 상품화와 기업의 연구개발(R&D) 투자가 경제성장의 원동력임을 규명했다. 내생적 성장이론

은 경제성장의 핵심이 되는 기술과 지
식, 창의적 아이디어가 경제계 외부에서
주어지는 것이 아니라 경제 주체의 이윤
동기에 의해 내부에서 만들어진다는 내
용을 골자로 한다. 로머는 기술을 경제
성장의 핵심 동인(動因)으로 주장하고 도
시화의 필요성에 주목했다.
4. 업적 : 세계 경제의 지속가능한 성장
에 대해 연구

리적임을 시사한다. 그는 지구상에 수십
억명의 인구와 수백만개의 회사, 수백개
의 국가들이 기후변화에 대응하여 행동
하게 하려면 인센티브와 불이익이 있어
야한다고 했다.
4. 업적 : 세계 경제의 지속가능한 성장
에 대해 연구

2018년 : 윌리엄 노드하우스(William N ordhaus, 1941년 5월 31일 ~ 현재)

1. 국적 : 미국
2. 학력 : 예일대
문학(과학부문)석사
(1973), 매사추세
츠 공과대학교 박
사(1967).
3. 이론 : 노드하우
스는 기후 변화와
관련된 경제모형,
이론 개발에 뚜렷한 업적을 세웠다. 그
는 기본적으로 시장에 온실가스 배출을
줄이기 위한 다른 대안이 없기 때문에
탄소세를 부과하여 온실가스를 많이 배
출하는 서비스와 상품의 가격을 그렇지
않은 제품보다 더 비싸게 해야 한다고
하였다. 이것이 바로 신고전학파 경제성
장 모형에 기후요소를 결합하여 성장과
환경의 상호작용을 내재한 동태 통합 기
후-경제(Dynamic Integrated Climate-
Economy, DICE) 모형이다. DICE모형은
기후변화라는 제약을 성장모형에 결합하
여 최적 소비와 성장 경로를 제시한다.
기후변화가 장기적으로 경제성장에 미칠
부정적인 영향을 감안할 때 기후변화 완
화를 위한 정책수단을 사용하는 것이 합

ACD(Asia Cooperation Dialogue) : 아시아 협력대화

2000년 9월 태국의 탁신 총리가 ASEAN+3 체제를 넘어 동서아시아를 포괄하는 아시아 전체의 협력 달성을 위한 협의체 설립 필요성을 주창한 것에서 비롯되었다. 2002년 출범한 ACD 외교장관회의는 '정책대화'(dialogue component)와 '협력사업'(project component)으로 구분하여 운영된다.

정책대화는 지역 및 국제정세 등에 관해 회원국 외교장관 간 의견교환의 장이고 협력 사업은 역내 협력 강화를 위해 현재 20개 협력 분야별로 선도국가(Prime Mover)를 지정, 협력 사업을 추진하고 있다. 우리나라는 IT 협력 분야의 선도국가로 활동하고 있다.

현 회원국(31개국)

동북아시아 (4) : 한국, 중국, 일본, 몽골

동남아시아(10) : 브루나이, 캄보디아, 인도네시아, 라오스, 미얀마, 말레이시아, 필리핀, 싱가포르, 태국, 베트남

서남아시아 (5) : 방글라데시, 부탄, 인도, 파키스탄, 스리랑카

중앙아시아 (5) : 러시아, 카자흐스탄, 타지키스탄, 우즈베키스탄, 키르기스스탄

중   동(7) : 바레인, 이란, 쿠웨이트, 오만, 카타르, 사우디, UAE

역대 회의 개최 현황

- 제1차 회의는 2002.6.18-19, 태국 차암 개최

- 제2차 회의는 2003.6.20-21, 태국 치앙마이 개최

- 제3차 회의는 2004.6.19-20, 중국 칭따오 개최

- 제4차 회의는 2005.4.5-8, 파키스탄 이슬라마드 개최

- 제5차 회의는 2006.5.23-24, 카타르 도하 개최

- 제6차 회의는 2007.6.4-5, 대한민국 서울 개최

- 제7차 회의는 2008.10.16, 카자흐스탄 아스타나 개최

ACS(Association of Caribbean States) : 카리브 국가연합

Asociacion de Estados del Caribe(AEC)(서어)

경제, 사회, 문화, 과학 분야 등 카리브 지역의 집단적 발전 능력을 강화하고 무역, 투자 촉진을 위한 광역 경제권을 형성하기위해 설립되었다. 1994년 7월 Cartagena에서 25개 카리브 연안국 정상이 ACS 창설 협정에 서명했고 1995년 8월 4일 17개 회원국의 협정 비준으로 공식 출범했다.

사무국은 트리니다드 토바고의 수도인 포트 오브 스페인에 소재해 있다. 사무총장은 Prof. Dr. Norman GIRVAN이며 한국은 1998년 12월 바베이도스 개최 제4차 각료이사회에서 옵서버국으로 가입 승인받아 ACS 연례 각료회의 및 정상회의에 매년 옵서버 자격으로 참석하고 있다.

회원국(25개국)

- 정회원국: 안티구아바부다, 바하마, 바베이도스, 벨리세, 콜롬비아, 코스타리카, 쿠바, 도미니카(연), 엘살바돌, 그레니다, 과테말라, 가이아나, 아이티, 온두라스, 자메이카, 멕시코, 니카라과, 파나마, 세인트 킷츠네비스, 산타루시아, 세인트빈센트 그레나딘스, 수라니마, 트리니다드 토바고, 베네수엘라

- 준회원국(속령 12개국): 안틸러스, 아루바, 안길야, 버뮤다, 영령 버진 군도,

케이먼군도, 몬세랏, 푸에르 토리코, 터
크군도, 케이코군도, 미령버진군도 등.
- 옵서버(16)
· 브라질, 아르헨티나, 에쿠아돌, 인도,
이탈리아, 스페인, CARICOM, SIECA, S
ICA, SELA, CEPAL
· 러시아, 캐나다, 이집트, 페루, 칠레,
네덜란드, 모로코, 한국(98.12), 영국(9
9.12), 터키(2000.12)

ALADI(Asociacion Latinoamericana de
Integracion) : 라틴 아메리카 통합기구
영문 정식명칭 : Latin American Integr
ation Association(LAIA)
 LAFTA의 후신으로 중남미 지역통합의
기본 틀을 마련하고 회원국 간 점진적으
로 라틴 아메리카 공동시장을 창설하기
위해 설립되었다. 1962년에 중남미 자유
무역 연합(LAFTA: ALALC)이 창설되었
고 1969년에 카라카스에서 몬떼비데오
헌장 유효기간을 1980년까지 연장한다
는 의정서가 채택되었으며 1980년에 몬
떼비데오에서 11개국 ALADI 협정을 체
결하고 1981년 3월에 출범했다. 사무국
은 우루과이 몬떼비데오에 소재해있고
한국은 2004년 6월 ALADI 회원국 대표
위원회에서 옵서버국으로 가입 승인받았
다. 2006년 9월에는 ALADI 사무총장의
방한이 있었다.
회원국(12개국)
- 아르헨티나, 볼리비아, 브라질, 콜롬비
아, 칠레, 에쿠아돌, 파라과이, 페루, 우
루과이, 베네수엘라, 멕시코, 쿠바

APEC(Asia-Pacific Economic Cooperat
ion) : 아시아태평양 경제협력체
 APEC은 1989년 호주 캔버라에서 우리
나라를 포함한 12개국 간의 각료회의로

출범하였다. 이어, 미국의 클린턴 대통령
의 제안으로 1993년부터 정상회의로 격
상되었다. 아시아와 태평양연안 국가들
의 원활한 정책대화와 협의를 주목적으
로 하는 협의체이다.
 APEC은 아·태 공동체의 달성을 장기
비전으로 하여 아·태 지역의 경제 성장과
번영을 목표로 삼고 있다. 이를 위해 19
94년 정상회의에서는 보고르 목표(Bogo
r Goal)를 채택하였으며, 이에 따라 선진
국은 2010년, 개도국은 2020년을 시한
으로 하여 무역 및 투자 자유화를 달성
하기로 하였다.
 아·태 공동체 비전 달성을 위한 이행프
로세스로서 APEC은 보고르 목표로 대표
되는 무역·투자 자유화(liberalization)와
함께, 경제기술협력(ECOTECH: Econom
ic and Technological Cooperation)을 양
대 축으로 설정·운영하고 있다.
 APEC은 전세계 인구의 46.1%, GDP의
약 54%, 교역량의 46%를 점유하는 세
계 최대의 지역협력체이다. 의사결정은
컨센서스 방식에 따르며, 비구속적(non-
binding) 이행을 원칙으로 함으로써, 회
원국의 자발적 참여 또는 이행을 중시하
고 있다. 정상회의는 Retreat 형식으로
진행됨으로써, 정상들 간에 형식에 구애
받지 않는 협의, 보다 내실 있는 결과
도출에 역점을 두고 있다.
 APEC 참가자격은 주권국가(country)가
아니라 경제체(economy)로서, '국가'라
는 명칭 사용이나 국기 게양이 허용되지
않는다. 참고로 대만과 홍콩은 각각 "Chi
nese Taipei"와 "Hong Kong, China"로
표기되고 있다.
회원국 (총21개국)
- 1989년 APEC 출범 12개국
  한국, 미국, 일본, 호주, 뉴질랜드, 케

나다, 아세안6개국(말레이시아, 인도네시아, 태국, 싱가포르, 필리핀, 브루나이)

-1991년 3개국 가입.

　중국, 홍콩, 대만

-1993년 2개국 가입.

　멕시코, 파푸아뉴기니

-1994년 1개국 가입.

　칠레

-1998년 3개국 가입.

　러시아, 베트남, 페루

ASEAN(Association of Southeast Asian Nations) : 동남아시아국가연합

　1967년 8월 18일 방콕에서 ASEAN 5개국(태국, 말레이시아, 인도네시아, 싱가포르, 필리핀) 외교장관회의 결과인 「아세안선언」에 의해 창설되었다. 1984년 1월에 브루나이 1995년 7월에 베트남 1997년 7월에 라오스, 미얀마 1999년 4월에 캄보디아가 가입함으로써 총10개국의 회원국을 이루고 있다.

　주요기구에는 정상회의(Meeting of the ASEAN Heads of Government), 외교장관회의(ASEAN Ministerial Meeting : AMM), 상임위원회(ASEAN Standing Committee : ASC), 사무국(ASEAN Secretariat)이 있고 1997년 12월에 아세안 창설 30주년을 계기로 비공식 정상 회의를 하면서 한·중·일 3개국 정상을 최초로 동시 초청해 **ASEAN+3** 정상회의를 개최했다. 이는 범세계적인 세계화의 진전과 지역협력이 강화되고 있는 추세 속에서 동아시아 국가들은 동남아와 동북아의 구분 없이 동아시아의 큰 틀 속에서 공동 협력해야 한다는 인식의 반영이었고 이러한 움직임은 1997년 동아시아 금융위기를 경험하는 과정에서 한층 더 가속화 되었다.

-아세안 창설 10주년(1977) 및 20주년(1987)을 계기로 역외국 정상 초청 선례 (1977년 : 일본, 호주, 뉴질랜드 정상 참석/ 1987년 : 일본 총리 참석)가 있다.

-의장국은 알파벳 순서로 각 회원국이 1년씩 수임(현의장국은 태국이 2008년 8월부터 수임 중 : 2007년 11월 ASEAN 정상회의 시 채택된 ASEAN 헌장에 따라 회계연도와 의장국 수임기간 일치 예정인 관계로 태국에 한하여 2009.12월까지 1년 반 동안 의장국 수임.)

- 대화상대국(10개국) : 한국, 미국, 호주, 뉴질랜드, 캐나다, EU, 인도, 중국 , 러시아.

※ 파푸아뉴기니는 옵서버 지위.

ASEM(Asia Europe Meeting) : 아시아 유럽정상회의

　세계화가 전개되면서 아시아, 북미, 유럽 3개 지역이 국제 무역과 투자를 주도하고 있는 가운데 상대적으로 협력관계가 미약하였던 유럽과 아시아 간 협력강화의 필요성이 부각되었다(북미, EU, 아시아는 각각 세계 GDP의 약 34%, 29%, 19%의 비중을 차지하고 있으며, 세 지역의 교역량은 세계 전체의 75% 수준에 육박, ASEM 지역의 총면적 및 인구 : 면적 약 1,743만㎢(전세계의 11.7%) 및 인구 약 22억명(전세계의 39.1%)).

　성장잠재력이 큰 아시아에 대한 투자를 확대하고자 하는 유럽 측과 거대단일시장인 유럽에 진출하고자 하는 아시아측이 협력 채널 구축의 필요성에 공감대를 형성했고 이에 양 지역은 1994년에 싱가포르의 ASEM 창설 제의에 동의하여 1996년에 ASEM 정상회의를 출범 시켰으며, 1996년 제1차 정상회의(방콕)시

제3차 정상회의를 2000년 서울에서 개최하기로 결정했다.

2006년도까지 6차례의 정상회의 개최

- 제1차 정상회의(1996년 3월, 방콕)가 '더 큰 성장을 위한 새로운 아시아·유럽 간 포괄적 협력관계'라는 주제 하에 개최되어 '아시아-유럽의 새로운 포괄적 동반자 관계' 구축에 합의.

- 제2차 정상회의(1998년 4월, 런던)시 '아시아·유럽 간 동반자 관계 강화'라는 주제 하에 아시아 경제위기에 대한 구체적인 해결책으로서 ASEM신탁기금 설치, 고위 투자 촉진단 파견에 합의함으로써 ASEM이 단순한 포럼이 아닌 가시적, 실질적 성과를 도출하는 협의체로 발전.

- 제3차정상회의(2000년 10월, 서울)시 '새천년 번영과 안전의 동반자 관계'라는 주제 하에 정치, 경제, 사회·문화 등 ASEM 3대 협력분야에서의 협력방안을 협의하였으며, 런던에서 채택된 '아시아·유럽 협력 기본 지침서(AECF)'를 대체하여 새로운 천년을 맞아 향후 10년간 ASEM의 비전·원칙·목적을 담은 '아시아·유럽 협력 기본 지침서(AECF2000)'를 채택.

- 제4차 정상회의(2002년 9월, 코펜하겐)시 우리 대통령은 아시아 유럽 간 '철의 실크로드'라 할 수 있는 유라시아 횡단 철도 구축 계획을 발표하고, 트랜스 유라시아 초고속 정보망 사업 경과도 보고, 한편 DDA 협상의 성공적 타결을 위한 ASEM 국가들의 강한 의지 표명에도 동참.

- 제5차 정상회의(2004년 10월, 하노이)시 13개국의 신규회원국들의 가입이 승인되어 확대된 ASEM은 아시아·유럽 동반자 관계의 활성화와 실질화'라는 주제 하에 다양한 공동관심사에 대해 심도

있는 토론을 하여 '의장성명, ASEM 선언 등 3개의 문서 채택, 우리나라는 향후 2년간 동북아조정국을 수임.

- 제6차 정상회의(2006년 9월, 헬싱키)시 'ASEM의 10년 : 범세계적 도전과 공동 대응'이라는 주제 하에 다자주의 강화, 안보위협 대처, 세계화, 문화·문명 간 대화에 대한 정상간 의견을 교환하였으며, 'ASEM의 장래에 관한 헬싱키 선언'을 채택하고 ASEM의 발전을 위한 정상들의 공동노력 의지를 표명. 또한, 루마니아, 불가리아, 몽골, 인도, 파키스탄의 신규가입 승인.

ASEM의 체제

- 회원국 : 43국+EU 집행위+ASEAN 사무국

- 아시아 : 한국, 중국, 일본, 몽골, 인도, 파키스탄 + ASEAN 10개국(인도네시아, 말레이시아, 태국, 필리핀, 브루나이, 베트남, 싱가포르, 미얀마, 라오스, 캄보디아) + ASEAN 사무국

- 유럽 : EU27개 회원국 + EU 집행위

- ASEM의 기본성격은 지역 간의 대화 및 협력이 기본이 된다. 따라서 ASEM은 EU, ASEAN, NAFTA와 같은 지역 내 국가들 간 협력체가 아닌 아시아와 유럽 두 지역 간 대화 및 협력의 장이다. 두 번째는 포괄성(Comprehensiveness)이다. ASEM은 경제 분야 협력을 주로 취급하는 APEC과는 달리 정치, 경제, 사회분야 등 3대 이슈를 다루는 포괄적 성격을 가지고 있다. 세 번째는 비공식성(Informality)이다. ASEM은 구속력이 있는 결과를 도출하기 위한 협상기구는 아니며, 회원국 정상들이 중요한 국제이슈에 대해 자유롭게 의견을 교환하고 포괄적인 관심사를 논의해나가는 열린 기구이다.

-ASEM의 3대 협력분야

1. 정치대화 : 정치, 안보대화 등 협력과정을 통해 아시아·유럽 양 지역 간 신뢰증진 및 협력체제 구축을 목적으로 한반도 문제 등 주요 지역사안과 국제테러 등 범세계적 사안 논의.

2. 경제·재무 분야 : 양 지역의 경제적 역동성 및 다양성을 바탕으로 상호 무역 및 투자확대 관련 협력 사업을 추진하고 경제장관 및 재무장관회의, 무역투자고위관리회의(SOMTI)를 매년 개최하는 대화 및 협력의 장.

3. 사회·문화 분야 : 양 지역 국민들 간 인적 교류확대를 통한 상호 이해증진 및 새로운 문화적 유대관계 구축, 아시아·유럽재단(ASEF), 아시아·유럽 젊은 지도자회의, ASEM DUO 장학사업 등.

BRICs

 BRICs란 방대한 인구와 자원을 배경으로 고속 성장을 하고 있는 브라질, 러시아, 인도, 중국 등 4개국을 일컫는 말이다. 이 용어는 미국의 투자은행인 Goldman Sachs의 Willson과 Puru-shothaman이 2003년 10월에 발표한 투자전략보고서인 'Dreaming with BRICs: The Path to 2050'에서 처음 사용되어졌다.

 보고서에서 'BRICs'라는 용어를 처음으로 사용하면서 향후 경제 대국으로서 브라질, 러시아, 인도, 중국의 중요성을 예견하였다. 이 보고서는 인구통계학 상의 추정(demographic projections), 자본 축적 모델(capital accumulation), 생산성 증가(productivity growth)를 바탕으로 2050년까지 BRICs의 GDP증가, 1인당 국민소득 증가, 통화 흐름을 예측하고 있다. 이 보고서에 따르면, 2050년에는 BRICs가 현재의 G6(미국, 일본, 영국,

독일, 프랑스, 이태리) 국가들 중 미국과 일본을 제외한 모든 국가들을 대체할 정도로 성장한다. 이러한 성장과 함께 BRICs의 달러화 소비는 2009년 G6를 추월하여 2050년 경 에는 G6의 4배에 달하게 된다. 또한 고성장에 힘입어 세계 주요 자본들이 BRICs에 집중 투자할 것으로 예상된다. 나아가 BRICs는 급성장을 바탕으로 새로운 수요를 창출하고 이를 통해 주요 선진국의 노령화 및 경제 성장 둔화에 따른 세계 경제의 침체를 상쇄하는 효과를 거둘 것으로 예상된다.

Bitcoin(비트코인)

비트코인은 인터넷상에서 작동하는 가상화폐이다. 흔히 알려져 있는 싸이월드 "도토리"나 카카오의 "초코"처럼 거래에 쓰일 수 있지만, 비트코인은 발행주체가 없고 1비트코인(BTC)에 상응하는 고정된 액면가가 없다. 2009년 "사토시 나카모토(Satoshi Nakamoto)"라는 필명의 프로그래머는 암호해독을 하면 누구나 비트코인을 "채굴(mine)"할 수 있으며, 이렇게 채굴된 비트코인은 P2P 기반 분산 데이트베이스에 의해 이루어지고 여러 이용자의 컴퓨터에 분산되어 존재하도록 하는 디지털 통화 시스템을 고안하였다. 비트코인을 채굴하는 암호해독은 매우 복잡한 편인데, 통상 일반 PC 한 대가 5년간 쉬지 않고 암호해독을 했을 때 25비트코인을 채굴할 수 있다. 비트코인은 총 2100만 비트코인까지만 채굴될 수 있도록 코딩되어 있으며, 2015년을 기준으로 1400만 비트코인이 채굴되어있는 상태다. 통화량이 한정되어있다는 점에서 일반 국가에서 발행하는 화폐와는 다르며, 2016년 1월을 기준으로 1 비트코인의 가치는 약 380달러 정도이

다. 비트코인 전용 계좌는 "지갑 (wallet)"이라고 불리는데 별도의 프로그램만 이용하면 누구든지 만들어 보유할 수 있기 때문에 거래의 익명성이 보장될 수 있다는 점에서 각광받고 있다. 뿐만 아니라, 비트코인을 각국 통화로 환전할 수도 있기 때문에 투자의 수단으로도 관심을 끌고 있다. 비트코인은 화폐의 기능인 교환수단, 가치저장, 가치척도의 기능을 제한적이지만 일부 수행하고 있으며, 이를 결제수단으로 인정하는 온라인과 오프라인 상점도 증가하는 추세이다. 그러나 비트코인에 대한 전망은 전문가들 사이에서도 크게 엇갈리고 있다. 왜냐하면 그것들의 익명성 때문에 과세나 통제가 불가능하다고 정부들에서는 생각하고 있다. 또한 온라인에서 사람들이 마약을 사거나 다른 불법적인 활동들을 하는데 쓰이는 통화로 되고 있다. 세계적인 모바일 결제전문회사 페이팔 (PayPal)의 창업자인 데이빗 마커스 (David Marcus)는 비트코인 투자에 대해 긍정적인 입장을 밝힌 적 있다.

CABEI(Central American Bank For Economic Integration) : 중미경제 통합은행

Banco Centroamericano de Integraction Economica (BCIE) (서어)

1981년 중미 5개국이 역내 경제발전 촉진과 경제통합 추진을 목적으로 공동 출자하여 설립하였다. 사무국은 온두라스의 데구시갈빠에 소재해있으며 회원국은 창설국인 과테말라, 온두라스, 엘살바돌, 니카라과, 코스타리카와 역외국인 멕시코(1990.10), 대만(1991.6), 아르헨티나(1995.3), 콜롬비아(1997.4), 스페인 (2004.4)로 구성되어있다.

CACM(Central American Common Market) : 중미공동시장

1960년12월 구 중미기구(ODECA) 국가들이 역내 경제통합을 위해 마나구아에서 조약을 체결하고 1963년 9월 출범했다. 과테말라에 사무국을 두고 있고, 역내 자유무역, 역외 공동관세(ACE), 역내 자본, 노동의 자유이동을 통한 역내 자원의 효율적 이용, 역내 산업정책의 조정 및 통합 등을 통한 공동시장 창설을 목적으로 하고 있다. 회원국은 과테말라, 엘살바돌, 온두라스, 니카라과, 코스타리카 총5개국이다.

CAF(Corporacion Andina de Fomento) : 안데안 개발공사

안데안 지역 통합 촉진 및 재정지원 담당 기구이다. 사무국은 베네수엘라 카라카스에 소재해있다. 1966년 안데안 6개국의 보고타 선언에서 CAF 창설을 합의했고 1968년 보고타에서 헌장을 제정해 1970년 7월 업무를 개시했다. 회원국은 콜롬비아, 브라질, 베네수엘라, 칠레, 에쿠아돌, 멕시코, 볼리비아, 파나마, 페루, 자메이카, 파라과이, 트리니다드 토바고 12개국이다.

CARICOM(Caribbean Community and Common Market) : 카리브 공동시장

Communidady Mercado Comun(서어)

역내 경제개발과 카리브 공동시장을 이룩하고 역내 국가 간의 외교정책을 조율하며 NAFTA, FTAA 등 지역통합화 관련 카리브국가들의 이익 공동 추구를 위해 설립되었다. 사무국은 가이아나 조지타운에 소재해있다. 1965년 카리브 자유무역연합 (CARIFTA)으로 출발했고 1973년 7월 4일 카리브 공동체로 발전했

다. 1989년에 CARICOM Single Market & Economy을 창설키로 합의(상품. 서비스, 인적지원 자유교류)했다.

회원국은 정회원국인 카리브 15개국과 준회원국(5개국)인 터스케이코스제도, 버진제도, 케이만군도, 안길라(이상 영국령), 버뮤다와 옵서버국(9개국)인 베네수엘라, 푸에르토리코, 네델란드령 안틸레스, 도미니카(공), 아루바, 콜롬비아, 멕시코로 구성되어있다.

2002년도에 한·중남미 협력기금에서 CARICOM 협력기금 12만불을 지원했고, 2006년 5월 한-CARICOM 대화협의체 설립했고 2007년 1월 제1차 한-CARICOM 대화협의체 회의 개최(가이아나)했다.

Carry trade : 캐리트레이드란 금리가 낮은 통화로 자금을 조달해 금리가 높은 나라의 금융상품 등에 투자함으로써 수익을 내는 거래를 의미한다. 통상적으로는 금리 차 거래의 직접적인 대상이 되는 채권이나 대출자산 등에 대한 투자에 국한되지만, 보다 넓은 의미로는 주식이나 원자재, 부동산 등 수익을 낼 수 있는 다양한 종류의 자산에 대한 투자들을 두루 포괄한다.

지난 수 년 동안 글로벌 캐리 트레이드에서 조달통화는 대표적인 저금리 국가인 일본의 엔화나 스위스프랑 이었다. 달러화도 미국의 정책금리가 1% 내외의 수준이었던 2004년 이전에는 캐리트레이드의 조달통화로 활용되곤 했었다. 낮은 금리로 조달된 자금의 주된 투자처는 호주나 뉴질랜드 같은 금리 수준이 높은 나라, 또는 브라질, 남아프리카 공화국 등 신흥시장국가의 자산이었다.

캐리 트레이드의 수익은 국가 간의 금리 또는 수익률 차에 의해 발생하는 부분과 환율 변동으로 인해 발생하는 환차익으로 나누어진다. 캐리 트레이드가 통상적인 금리 차 거래와 구분되는 점은 금리 차에 의한 수익과 환율변동에 의해 발생하는 수익을 동시에 추구한다는 데 있다. 즉 국가 간 금리 차익 거래에서 환율변동으로 인한 수익변화 부분을 제거함으로써 전체 수익을 안정적으로 확보하기 위해서는 환 헤지가 필요한데, 이 때 금리 차가 시장 환율의 기대치 또는 선물환율과 일치한다는 금리평형이론(Interest parity theory)을 전제할 경우에는 수익 자체가 없어져버리는 이론적 결과에 봉착하게 된다. 또 실제 상황에 있어서도 수익의 크기가 원래의 금리 차보다 줄어들 가능성이 크다.

이에 반해 캐리 트레이드는 국가 간의 금리 차에 더해 조달통화에 대한 금리 상승과 이로 인한 평가절상이 이루어지지 않을 것이라는 기대가 형성된 상황에서 환 헤지 포지션 없이 투자가 이루어진다. 즉 저금리의 자금조달과 고수익 투자처 외에 환율 변동성의 축소 또는 조달통화에 대한 절하 기대가 형성될 수 있을 때 글로벌 금융시장에서 캐리 트레이드가 발생할 수 있게 된다.

CDB(Caribbean Development Bank) : 카리브 개발은행

카리브지역 국가들의 경제성장과 개발 지원과 경제협력 및 통합 증진을 위한 은행이다. 회원국 경제성장에 필요한 개발 계획 발굴 및 지원을 담당한다. 저개발 회원국의 생산계획에 장기 금융 우선 지원을 목적으로 설립되었다. 사무국은 바베이도스 브릿지타운에 소재해있다. 1969년 10월 킹스턴에서 19개국이 서명

하여 1970년 1월26일 카리브지역 금융 중심기관으로 설립되었다.

~회원국

-역내(15개국) : 안티구아 바부다, 바하마, 바베이도스, 벨리세, 세인트킷네비스, 세인트루시아, 세인트빈센트그레나딘, 트리니다드 토바고, 도미니카(공), 그레나다, 수리남, 가이아나, 자메이카, 콜롬비아, 베네수엘라, 멕시코

-역내(5개 속령) : 턱스케이코스제도, 버진제도, 케이만군도, 안길라

-역외(6개국) : 캐나다, 프랑스, 독일, 이태리, 영국, 중국(1997년 5월 가입)

-자금공여국(9개국) : 역외 6개국과 역내 3개국(멕시코, 베네수엘라, 콜롬비아)

CDO(Collateralized Debt Obligation) : 부채담보부증권

CDO는 채권 또는 CDS포트폴리오를 가지고 다양한 형태의 위험을 갖는 구조화된 증권을 발행하는 금융상품으로 여러 회사의 신용위험을 동시에 다룰 수 있으며 부도 전염 등에 대한 위험을 헤지 하는데 사용된다. 일반적으로 CDO는 트랜치(tranche)라 불리는 발행자의 계층별 위험을 흡수하는 증권을 발행함으로써 이루어진다. 예를 들어 첫 번째 트랜치는 총 채권원금의 5%가 될 때까지의 모든 신용손실을 보상해주고, 두 번째 트랜치는 총 채권 원금의 5%에서 15%사이의 신용손실을 보상해준다. 세 번째 트랜치는 원금의 15%에서 25%사이의 신용손실을 보상해주며 마지막 네 번째 트랜치는 원금의 25%를 초과하는 모든 신용손실을 보상해주는 방식이다.

신용파생상품의 대표적인 상품의 하나로 CDO는 바스켓으로 구성된 여러 준거자산의 부도에 관한 파생상품이다. 준거자산은 100여개가 넘기도 하는 기업의 채권이나 CDS로 구성되어 있고, 구조화되어 이들의 부도에 따른 손실을 보상해주는 범위에 따라 트랜치라고 부르는 상품들을 거래한다. CDO는 MBS등과 연계되어 서브프라임 사태를 일으킨 주요인으로 꼽히고 있어 거래가 감소하고, 규제의 변화에 따른 영향을 어떻게 그리고 얼마나 받을지 불투명하지만 시장에 부도에 대한 헤지 수요가 꾸준하며, 아비트리지 추구 및 바젤II의 시행에 따른 규제자본 경감수단으로 매우 중요한 역할을 하고 있어 주요한 금융상품으로 남을 가능성이 크다.

CDS(Credit Default Swap) : 신용부도스왑

신용파생상품의 기본적인 형태로 채권이나 대출금 등 기초자산의 신용위험을 전가하고자하는 보장매입자(protection buyer)가 일정한 수수료(premium)를 지급하는 대가로 기초자산의 채무 불이행 등 신용사건(credit event) 발생 시 신용위험을 떠안은 보장매도자(protection seller)로부터 손실액 또는 일정금액을 본전 받기로 약정하는 거래를 말한다. 이는 채권을 보유한 주체가 동 채권의 채무 불이행에 대비하여 일종의 보험에 가입하는 것과 유사하다. CDS는 국제금융시장에서 금융거래의 채무불이행을 커버하기위해 널리 이용되고 있다. CDS 약정 시 보장매입자가 신용위험을 이용한 대가로 지급하는 수수료인 프리미엄은 기초자산의 신용위험이 커질수록 상승한다. 즉 기초자산의 채무불이행 가능성이 높아질수록 이를 커버하기 위하여 더 많은 비용을 지불해야한다. 따라서 프리미엄은 기초자산 발행 주체의 신용도를 나

타내는 지표로 해석할 수 있다. 이러한 이유로 국제금융시장에서는 각국의 정부가 발행한 외화표시 채권에 대한 CDS프리미엄을 해당국가의 신용등급이 반영된 지표로 활용하고 있다.

CRA(Credit Rating Agency) : 신용평가사

신용평가는 미국에서 주도적으로 발전하면서 세계적으로 전파되었으며 세계적으로 가장 크고 영향력 있는 신용평가사들 대부분이 미국에 뿌리를 내리고 있다. 신용평가에 대한 인식은 1930년대 대공황을 계기로 높아지기 시작했지만, 신용평가기관이 급성장하게된 것은 1970년대 이 후 정부의 육성정책에 기인한다. 미국에서는 대공황시기에 회사채의 3분의 1이 채무불이행에 빠졌으나, 평가등급이 높은 채권일수록 부도발생률이 낮다는 사실이 알려지면서 신용평가기관의 평가등급은 투자자에게 가치 있는 정보로 인정받기 시작한다.

Moody's, S&P 등 영미 계통의 세계적 신용평가기관이 현재와 같이 회사채 신용평가 및 발행 수수료 수입에 의존하여 발전하게 된 것은 1970년대 이후 정부의 보호규제에 크게 힘입은 것이다. 즉 미국의 SEC는 1972년 대형철도회사 Pen Central 등의 파산으로 직접금융시장이 위축됨에 따라 1973년 신용평가 의무규정, 1975년 NRSRO(공인신용평가회사)지정제도를 도입하여 신용평가기관을 적극 육성했다. Moody's, S&P는 1980년대 누적채무국 문제를 배경으로 국채신용평가가 본격화되면서 신용평가시장의 양대 지주로 자리 잡았다. 이들은 특히 90년대에는 국제자본시장의 민간감독자(private sector regulator in the glob

al capital market)로 군림하면서 90% 정도의 시장 점유율을 차지하는 것으로 추정된다. 유럽계 신용평가기관으로서 로컬 및 글로벌 무대에서 활동할 수 있는 것은 Fitch와 합병한 IBCA 정도이나 양자 역시 각각 미국, 영국 국적이다.

C-CAA(Caribbean-Central American Action) : 카리브-중미 행동

1979년 카리브 위원회가 설립되고 2003년 Caribbean-Central American Action 으로 개칭했다. 매년 12월 마이애미에서 연례회의를 개최하고 있고 중미, 카리브 지역의 경제개발, 통상, 투자증진을 위한 기업인들 간의 협력체다. 분야별(농업, 의류, 금융, 통신, 관광, 교통 등)로 Task Force를 구성 운영하며 인적, 물적 자원의 조정과 관련된 주요 프로젝트를 개발시행하고 있다. 또한 미국과 중남미 지도자간의 상호 이해 증진을 위한 교류확대를 목적으로 한다. 국제적 포럼으로 중남미 제국, 미국, 캐나다, 유럽, 극동지역 기업체 간부 및 고위간부 포함하고 있고 우리나라도 옵서버로 매년 회의 참석하고 있다.

Davos Forum : 세계경제포럼

다보스 포럼은 세계경제올림픽으로 불릴 정도로 전 세계 정치인과 기업인에 영향력을 갖는 국제회의로 세계경제포럼(WEF; World Economic Forum)을 일컫는 말이다. 1981년부터 매년 1~2월 스위스의 고급 휴양지인 다보스에서 회의를 하기 때문에 일명 '다보스 포럼'이라고도 불린다. 포럼은 매년 1, 2월에 개최되며, 세계의 저명한 기업인, 경제학자, 저널리스트, 정치인 등 2000여명이 참석하여 세계경제에 대해 토론하고 연구한

다.

다보스 포럼은 국제민간회의로서 지난 1971년 독일 출신의 하버드대 경영학교 수 클라우스 슈밥(Klaus Schwab)이 설립하여 독립적 비영리재단 형태로 운영되고 있으며 본부는 제네바에 있다. 처음에는 '유럽인 경영심포지엄'으로 출발했지만 참석대상을 세계로 넓히고 정치인들이 가세하면서 지금의 모습을 갖췄다. 포럼은 연차총회 외에도 지역별 회의와 산업별 회의를 운영하면서 세계무역기구(WTO)나 선진국 정상회담(G7)에 큰 영향력을 미친다. 가입 기업과 단체만 천 2백여 개에 이르며 미래 경제흐름과 세계의 주요 이슈에 대해 정책결정자의 토론이 벌어지는 만큼 매년 전 세계의 이목이 다보스에 집중되고 있다.

EAS(East Asia Summit) : 동아시아 정상회의

EAS의 궁극적 목표는 동아시아의 평화와 안정 및 경제적 번영 도모와 개방적, 포괄적이며 투명하고 외부 지향적 협의체를 구성하는 것이다.

2002년 11월 제6차 ASEAN+3 정상회의에서 「동아시아 공동체」 형성을 위해 동아시아연구그룹(EASG)이 권고한 26개 협력사업의 하나로 「동아시아 정상회의」(EAS) 추진에 합의했다. 당시 EASG 보고서상에서 EAS 에 대한 인식은 동아시아 협력의 바람직한 장기목표로 ASEAN+3 틀의 실제적인 안정수준 위에서 추진하고 발전적이고 점진적으로 진행해야한다는 것이었다. 2004년 11월 제8차 ASEAN+3 정상회의 시 2005년 12월 말레이시아에서 개최되는 차기 ASEAN+3 정상회의에서 제1차 EAS를 개최키로 합의했다. 그러나 일본이 중국의 영

향력 확대를 우려, 필리핀 등의 지지 하에 미국·호주·뉴질랜드 등의 EAS 참여 문제를 제기함으로써 회원국 확대를 둘러싼 대립이 첨예화되었고 이에 ASEAN 은 2005년 4월 외무장관 회의를 통해 EAS 참가를 위한 3가지 조건을 제시했고 인도·호주·뉴질랜드가 조건을 충족시킴으로써 EAS에 공식 참가하게 되었다. 첫 회의는 2005년 12월 14일에 쿠알라룸푸르에서 개최되었으며 「쿠알라룸푸르 선언」을 채택했다.

※ EAS 참가 기준 : ① ASEAN의 전면 대화 상대국 ② 「동아시아 우호협력조약」(TAC) 가입 ③ ASEAN과의 실질적 협력관계

ECCM(East Caribbean Common Market) : 동카리브 공동시장

1968년 6월 동 카리브지역 후진 도서소국들이 소규모 공동시장 형태로 설립했다. 회원국 간 조화로운 경제활동과 공동시장 가동으로 발생하는 혜택의 공정한 분배와 역내 생활수준 향상과 경제관계 증진을 목적으로 하고 있다. 사무국은 안티구아에 소재해있다.
- 회원국
- Anguilla(영령), Antigua & Barbuda, Dominica(연), Grenada, Montserrat(영령),
St. Kitts & Nevis, St. Lucia, St. Vincent & the Grenadines

ECLAC(Economic Commission for Latin America and the Cáribbean) : 유엔중남미 경제위원회
Comision Economica para America Latina y ElCaribe (CEPAL) (서어)

1948년 UN 경제사회이사회 Resolution

제06호에 의해 설립되었다. 중남미지역
주민의 생활수준 향상과 경제 및 통계
정보 제공하고 ALADI, OAS, SELA, AC
S 등과 밀접한 협력관계를 맺으며 중남
미 경제관련 연구, 세미나 개최, 자료 출
판 등의 활동을 하고 있다. 사무국은 칠
레 산티아고에 있다. ECLAC는 유엔 산
하 5개 지역위원회 중 중남미 지역을 대
표하는 지역경제위원회로 우리나라는
제 29차 (2002년) 총회에 옵서버 자격
으로 참가했고 2007년 44번째 정회원국
으로 가입했다.

ESCAP(United Nations Economic and
Social Commission for Asia and the P
acific) : 아시아·태평양 경제사회이사회
1947년 3월 UN 경제사회이사회 결의
에 의거 ESCAFE로 발족하였으나 동년
8월 ESCAP으로 개명되었다. 역내 제국
의 경제재건과 발전을 위한 협력을 촉진
하고 경제적 기술적 문제를 조사하여 연
구 사업을 실시하거나 원조하고, 역내
경제문제에 관하여 UN 경제사회이사회
를 보좌할 목적으로 설립되었다.
한국은 1949년 3월 준 회원국으로 가
입 후 1954년 4월에 정회원국으로 가입
했다(북한은 1991년 11월에 정회원국으
로 가입). 회원국은 한국과 북한 등 역
내 회원국 49개국, 미국, 영국, 프랑스,
네덜란드 등 역외 회원국 4개국, 홍콩과
마카오 등 비자치 지역 9개 준회원 등
모두 62개국으로 구성되어 있다. 총회는
매년 에스캅 사무국이 있는 방콕과 회원
국에서 교대로 개최되며 총회 기간 고위
급 회의와 장관급 회의가 이어서 열린
다.
－한국·에스캅 협력기금(KECF)
성격 : 한국의 에스캅 기여기금.

목적 : 아·태 역내 개발도상국의 경제사
회 발전을 위한 사업에 지원.
(한국과의 실질협력 관계강화 도모)
운영관리 : 에스캅이 기금을 운용하며,
한국은 매년 연례회의시.
사업선정, 실적평가들을 통해 기금운용
내용을 조정 감독함. 제11차 연례협의회
시(1998년 5월) 아시아육상교통망건설
사업(ALTID)의 컨테이너 운송시범사업,
1999년 서울개최 제8차 아시아. 태평양
무역박람회(ASPAT) 참가지원사업 등을
승인. 제 12차 연례협의회시 2000년
ESCAP 지역경협위 운영회의(인천) 개
최 사업 등 승인.
납부실적 : 1987－90년 매년 30만 불,
1991－93년 매년 40만 불, 1994－95년
매년 50만 불, 1996－97년 매년 70만
불, 1998년 40만 불, 1999년 46만불 기
여, 2000년 50만 불, 2001년 40만 불기
여.
－방콕협정
목적 : ESCAP내의 개발도상 회원국간
무역의 자유화 및 확대를 통해 참가국의
경제발전 및 국민의 생활수준 향상 도
모.
협정 발효일 : 1976년 6월 17일
가맹국: 한국, 인도, 스리랑카, 방글라데
시, 라오스 (원가맹국)
기본입장 : 한국은 경제 외교적 측면을
고려, 양허품목수나 양허폭 면에서 여타
가맹국에게 호의적 배려.
기타 : 1991년 4월 1일~10일간 제47차
ESCAP총회 한국에서 주최.

FAO(United Nations Food and Agricult
ure Organization) : 유엔식량농업기구
모든 국민의 영양상태 및 생활수준의
향상과 식량(농산물)의 생산 및 분배능

률 증진을 위해 설립된 국제기구이다. 1943년 7월에 식량농업을 위한 유엔임시위원회를 설립하고 FAO 헌장 제정했고 1945년 10월에 34개의 서명국이 제1차 총회 개최하여 1946년 12월에 최초의 UN 상설전문기구로 등장했다. 주요기능은 영양상태, 식량 및 농업(임업, 수산업 포함)에 관한 정보의 수집, 분석, 판단과 보급을 하며 영양, 식량 및 농업에 관한 과학적, 기술적, 사회적, 경제적 연구를 수행하고 농산물 상품협정에 관한 국제 정책의 채택, 각국 정부가 요청하는 기술원조의 제공이다. 사무총장(Director General: 임기 6년), 사무차장 및 국제공무원으로 구성된 사무국과 산하 8부, 5개 지역사무소 및 4개 연락사무소로 구성되어있고 총회(격년 개최), 이사회(연 1-3회) 및 각종 위원회(농업, 수산, 산림, 식량안보, 상품 문제등)등을 개최한다. 한국은 1949년 11월 25일 FAO 제5차 총회 시 FAO 가입서를 제출했고 매년 이사회, 농업·수산·산림 위원회, 식량안보위원회 등 다수 회의에 참가하며 국제농업 현황 및 각국의 농업정책에 대한 정보를 교환했다. 1966년 9월14일~24일에는 서울에서 FAO 지역총회 개최한 경험이 있다.

FEALAC(Forum for East Asia-Latin America Cooperation) : 동아시아·라틴아메리카 협력포럼

1990년대 말 이래 21세기 세계 경제 성장의 중심이 될 동아시아, 유럽, 북미, 중남미 중에서 동아시아와 중남미간 연계가 상대적으로 소원함에 따라 양 지역 간 이해 증진, 대화와 협력 제고를 위한 포괄적인 다자간 포럼의 필요성이 대두하면서 동아시아와 라틴아메리카의 지역 간 협력(int er-regional cooperation)과 상호 이해 증진을 목표로 1999년 출범한 지역 간 대화협의체이다. 1998년 9월 칠레를 방문한 고촉통 싱가포르 총리가 동아시아와 중남미 지역 간 협력을 증진하기 위한 방안 모색을 Eduardo Frei 칠레 대통령에게 제안했고 1999년 9월에 싱가포르에서 '동아시아-라틴아메리카 포럼'(EALAF : East Asia-Latin America Forum) 제1차 고위관리회의 개최로 공식 출범했다. 2001년 3월29-30일간 칠레 산티아고에서 제1차 외무장관회의가 개최되어, 포럼 명칭을 EALAF에서 FEALAC으로 변경하고, 포럼의 목적, 협력 범위, 운영 방향 등을 담은 '기초문서'(Framework Document)를 채택함으로써 FEALAC으로 개칭했다. 2004년 1월에는 필리핀 마닐라에서 개최된 제2차 외무장관회의에서 양 지역 간 협력 및 상호 이해 증진을 위한 구체적 방향을 담은 "마닐라 행동 계획(Manila Plan of Action)을 채택했다. 우리나라는 FEALAC의 주요회원국으로 2004-07년간 동아시아 지역조정국을 수임했고, 2007년부터는 경제사회작업반 공동의장국을 수임하고 있으며, FEALAC의 공식홈페이지(www.fealac.org)를 구축하기도 했다. 한편, FEALAC 협력사업으로 제1차 및 제2차 FEALAC 지방자체단체 세미나를 2007년 2008년에 개최했으며, FEALAC 중소기업 프로모션 투어를 2009년 개최했다.

~회원국

아시아(15개국) : 한·중·일, ASEAN 10개국, 호주, 뉴질랜드

중남미(18개국) : 남미 10개국, 중미 8개국(멕시코, 파나마, 쿠바, 엘살바도르, 니카라과, 코스타리카, 과테말라, 도미니

카 공화국)

FTAA (Free Trade Area of the Ameri cas) : 미주자유무역지대
Area de Libre Comercio de las Americ as (ALCA) (서어)

1994년 12월 제1차 미주정상회의(마이 애미)에서 2005년 이내의 FTAA 창설원 칙 및 행동 계획을 채택했고 1998년 4 월 제2차 미주정상회의(산티아고)에서 F TAA 창설협상과 개시를 합의했다. FTA A의 목적은 미주지역의 단일 자유무역지 대를 창설하는 것이다. FTAA가 출범됨 으로써 인구 8억 GDP 12조달러, 교역량 3조 달러에 달하는 세계최대의 단일시장 창설 효과가 발생할 것으로 추정했기 때 문이다. 회원국은 전 미주 34개국이다.

G8 정상회의(G8 summit)

G8은 1970년대 국제사회가 세계경제의 위기를 대처하는 과정에서 출범했다. 세 계경제는 브레튼우즈 체제 붕괴, 1973년 1차 석유파동을 겪으면서, 통화가치 팽 창, 저성장으로 인한 스태그플레이션, 경 기후퇴, 보호무역주의 대두 등 어려운 상황에 직면했다. 이에 따라, 미국, 영국, 프랑스, 독일 등은 새로운 경제 질서 수 립방안을 모색하게 되었다.

창설 과정
가. Library Group/G5
1971년 미국의 금태환 중지 선언이후 스미소니언 합의를 도출하는 과정에서 미국 George Schultz 미국 재무장관이 영국, 프랑스, 독일, 일본 재무장관에게 백악관 도서관에서 만나자고 제의했다. 1973년 미국, 영국, 프랑스, 독일 재무장 관은 백악관 도서관에서 Library Group 결성하여, 세계금융 이슈를 논의하게 되 는데 Library group은 당시 세계경제의 4% 이상을 차지하는 국가로 구성되었다 (이탈리아는 4%를 상회하나 좌파성향의 정부로 인하여 배제). 1975년에 일본의 참여로 G5 재무장관 체제가 형성되었다.

나. G6
G5 초창기 당시 각국 재무부 장관이었 던 프랑스 D'Estaing 대통령과 독일 Sch midt 총리가 국가원수로 승격함에 따라 G5 재무장관회의를 정상 회담급 으로 격상시켰다. 1975년 프랑스 랑부이예(R ambouillet)에서 개최된 회의에 이탈리아 참여로 최초의 G6 정상회의가 개최되었 다. G6 회원국 자격요건으로는 자유민주 주의이어야 하고 안정적이며 높은 경제 발전도(일인당 GDP 최소 $ 11,000)를 나타내고 있어야하며 세계 경제운영에 영향을 미칠 수 있는 규모(세계 총GDP 의 4%)의 국가이어야 했다.

다. G7
캐나다는 1975년 첫 G6 정상회의부터 참여를 희망하였으나, 세계경제에서 차 지하는 비중(약 2.3%)이 상대적으로 작 아, 참여에 실패했다. 그러나 1976년 푸 에르토리코 회의 시 미국의 강력한 희망 에 의하여 캐나다가 참여하여 G7 정상 회의로 확대되었다.

라. G8
냉전 종식이후 구소련은 G7에 참여를 희망했다. 미국은 1992년 뮌헨 정상회 의를 러시아가 참여하는 G8 정상회의로 제안, 이후 러시아는 초청국 지위로 G7 정상회의에 참여하게 되었다. 1998년 러 시아가 버밍엄 회의에서 정식회원이 됨

으로써 현재의 G8 체제가 완성되었다. G8은 별도 사무국이 없으며, 정상회의 개최국이 의장국으로서 회의 준비를 한다. 의장국(개최국)이 정상회의 및 각료 회의를 주도하여 G8의 관심사항 협의한다.

~G8 의제 변화

-1975년~82년 : 경제성장과 통화팽창

G7은 브레튼우드체제 붕괴, 1차 석유위기의 대응을 위하여 창설되어 1982년까지는 세계경제의 안정적 성장 문제에 집중했다. 주요의제는 변동환율제 등 국제통화질서 수립, 석유위기로 인한 에너지 문제, 자유무역 체제수립 등이었다. 인플레이션, 에너지, 실업, 남북문제, 국제수지적자 등도 논의되었다.

-1983년~92년 : 정치이슈의 부상

G7 국가의 경제가 회복되고 레이건 행정부의 등장이후 새로운 형태의 냉전이 강화됨에 따라 1983년 이후 안보가 중요쟁점으로 부각되었다. 주요 의제는 미쏘 간 군축, 이란-이라크 전쟁, 핵안전(체르노빌 원전사고), 동유럽의 민주화 등이었다. 경제 의제로는 개도국 채무탕감, 무역자유화(우루과이 라운드) 등을 주로 논의했다.

-1993년~현재 : 세계화 이슈의 등장

세계화가 초래한 산업재조정은 선진국에서 실업문제를 야기함에 따라 세계화의 순기능을 유지하면서 부정적 영향을 감소하려는 논의가 시작되었다. 주요의제는 고용안정과 성장, 국제조직 범죄(자금세탁방지, 조직범죄 소탕 등), 무역자유화, 아프리카 문제 (말라리아, 에이즈 퇴치 등), 대량살상무기 비확산, 환경 등이다.

G20

1997년 아시아 외환위기 이후, 국제금융시장의 안정을 위한 협의체 필요성 대두했고 1999년 9월 IMF 연차총회 당시 개최된 G7재무장관회의에서 G7 국가와 주요 신흥시장국이 참여하는 G20 창설에 합의하고 1999년 12월 독일 베를린에서 제1차 회의를 개최했다. 당시 중앙은행은 국제금융시장 안정을 위한 통화정책의 담당자로 참가했고 G20의 목적은 세계경제체제에 있어 중요한 국가 간에 경제 및 금융정책 현안에 관한 대화를 확대하고 안정적이며 지속가능한 세계경제 성장을 위한 협력을 증대하는 것이었다. 재무장관 회의로서 G20은 연 1회 개최되고 별도의 사무국이 없으며, 의장국이 임기(1년)동안 사무국 역할을 했다. 참가국과 기구는 G7, 러시아, 한국, 중국, 인도, 인도네시아, 호주, 브라질, 멕시코, 아르헨티나, 남아공, 사우디, 터키, EU 의장국과 IMF, IBRD, 유럽중앙은행, 국제통화금융위원회(IMFC) 등이다.

2008년 미국 서브프라임 사태 및 대형 금융기관 파산으로 시작된 미국 발 금융위기가 전 세계로 확산되면서 금융위기 상황과 관련된 제반 문제를 검토하고 새로운 국제금융·통화질서(이른바 "Bretton Woods II" 체제) 수립을 논의할 필요성이 대두했다. 프랑스(2008년 EU 의장국) 사르코지 대통령은 2008년 9월 UN총회 참석을 계기로 2008년 11월 중 세계지도자와 국제금융기관이 참석하는 세계경제회의 개최를 제안했고 2008년 10월 18일 Camp David에서 열린 미국-프랑스-EU 정상회의에서 세계 금융정상회의 개최에 합의하게 된다. 미국은 G7, 한국, 호주 등 주요 국가와 참석국가

범위를 협의하였으며, 국제경제에서 신흥국들의 비중을 감안하여 신흥경제국을 포함한 G20 정상회의 개최를 2008년10월에 발표한다.

G20 정상회의 출범(2008.11)

(1) 일자 및 장소 : 2008년 11월 15일 (토), 미국 워싱턴.

(2) 참석국(기구) : 21개 국가 + 4개 국제기구.

o G20 회원국 정상 : G7, 러시아, 한국, 중국, 인도, 인도네시아, 호주, 브라질, 멕시코, 아르헨티나, 남아공, 사우디, 터키, EU 의장국.

※ 프랑스가 EU의장국(2008 하반기)인 관계로 G20는 19개국.

o 스페인, 네덜란드 : 스페인은 프랑스의 EU의장국 자리를 대신하여 참여, 네덜란드는 개최국인 미국이 스페인 참여 결정 후 초청.

o 국제기구 대표 : UN, IMF, 세계은행, 금융안정화포럼(FSF).

(3) 회의 의제

o 각국의 금융위기 대응조치와 진전사항 검토.

o 금융위기 원인에 대한 공통의 이해 제고.

o 금융위기 재발방지를 위한 세계금융시장 규제 및 제도개혁에 대한 공통원칙 합의.

※ 차기정상회의에서는 동 개혁원칙을 기초로 한 working group을 구성, 각국 금융전문가 간 구체적 권고사항을 논의하기로 예정.

합의사항

o 금융위기의 실물경제로 전이 방지를 위해 국제공조 하에 고강도의 금융·재정정책 등 경기부양책을 시행하기로 합의.

o 금융위기 극복을 위한 자유무역 활성화의 중요성 인식 공유 및 이명박 대통령이 제안한 향후 12개월간 무역과 투자에서 새로운 무역장벽 설치, 수출제한 등을 동결(standstill)하자는 데 합의.

o 금융개혁을 위한 5개의 공통원칙에 합의하고, 47개 중·단기 이행과제를 설정하여 이행키로 함.

※ 금융개혁 5대원칙 : 투명성·책임성 강화, 건전한 규제증진, 금융시장의 건전성 촉진, 국제협력의 강화, 국제금융기구 개혁.

o 워싱턴 회의에서 이명박 대통령은 ① 신흥경제국 지원 강화, ② 세계 경기침체 완화를 위한 정책적 노력, ③ 보호주의 경계 및 무역·투자분야에 대한 신규 제한 도입 동결(stand-still), ④ 금융개혁의 이행과정에서 선진국과 신흥경제국과의 협력 강화 필요성 등을 언급.

G-3(Group of Three) : 중남미 3개국 그룹

Grupo de los Tres (서어)

중남미 3개국은 멕시코, 베네수엘라, 콜롬비아를 일컫는다. 1991년부터 G-3 자유무역 협정을 추진했고 1994년 6월 3국 정상들이 Cartagena에서 G-3 자유무역협정을 체결하고 1995년1월1일에 출범했다. 3국간의 경제통합과 대 중미, 카리브 협력을 목적으로 한 MERCOSUR (중남미공동시장)에 상응하는 남미북부지역의 협력체이다.

- 인구 : 1.5억 명
- GDP : US$4,794억
- 교역규모 : US$2,929억

G-8(Group of Eight) : 중남미 8개국
그룹
Grupo de los Ocho (서어)

1983년 1월 중앙 아메리카의 군사적
갈등의 평화적 해결을 위해 Contadora그
룹(중앙아메리카의 평화를 목적으로 198
3년 파나마의 콘따도라 섬에서 외상 회
담을 가진 멕시코, 파나마, 콜롬비아, 베
네수엘라) 발족되고, 1985년 꼰따도라
후원그룹(브라질, 아르헨티나, 페루, 우
루과이) 결정되면서 중남미 8개국 그룹
이 탄생하였다. 1986년 12월 리오에서
Contadora 그룹과 후원그룹의 8개국 외
무장관이 리오에서 역내상설정책협의체
창설에 합의, Rio Group(라틴아메리카의
평화와 안정을 목적으로 설립한 단체)으
로 변신하게 된다. 8개국은 중미분쟁의
평화적 해결노력과 병행 역내 제국 간
외채문제에 대한 공동 대응방안강구 및
라틴 아메리카 경제통합 등 역내 주요
현안 해결을 위해 지역 협의체로서의 기
능수행을 목적으로 한다.

IDB(Inter-American Development Ban
k) : 미주개발은행
Banco Inter-americano de Desarrollo
(BID) (서어)

멕시코. 브라질. 아르헨티나 등 28개 중
남미 역내 국가와 미국. 캐나다 등 19개
선진국 등 모두 47개 회원국으로 구성된
다자간 개발은행이다.

지역개발금융기구인 미주개발은행(IDB)
은 1959년 12월에 설립되었고 미국 워
싱턴에 본부를 두고 있다. IDB는 미주지
역 개도국의 경제발전과 사회개발 추진
및 미주지역 경제통합을 위해 설립되었
고 설립 당시 미주지역의 역내국만을 가
맹국으로 하였으나 개발자금 수요증대에

따른 추가재원의 조달을 위해 1976년
극히 제한된 투표권 비중 범위 내에서
역외국의 가입을 허용하였다.

IDB는 개발목적을 위한 공공 및 민간자
본의 투자촉진, 융자 및 지급보증을 통
한 가용재원의 운용, 재원조달이 어려운
민간부문의 투자활동 보완, 가맹국간 무
역확대와 개발정책 조화를 위한 협력강
화, 개발 및 사업계획의 수립. 집행을 위
한 기술지원 등을 주요 기능으로 하고
있다. 1986년 미주투자공사(IIC)를 자매
기구로 설립하여 역내 민간투자의 촉진
에 힘쓰고 있다.

IFAD(International Fund for Agricultur
al Development) : 국제농업 개발기구

유엔 전문기구로서 개도국의 농업개발
계획에 대한 재정 지원을 하고 1977년
12월11일 1974년 세계식량회의(WFC)
의 결의에 의거하여 창립되었다. 주요사
업은 개도국의 농업개발 재원대출, 기술
지원 보조프로그램 지원 등이다.

조직은 총회(Governing Council 매년 1
월 개최), 집행이사회(Executive Board
18개 정이사국 및 18개 교체이사국으로
구성, 이사국 임기는 3년), 사무국으로
구성되어 있다. 한국은 1978년 1월 창설
회원국으로 가입했고 정이사국(1987-8
9년, 94년)과 교체이사국(1981-83년,1
995-96년)을 역임했다. IFAD의 대북지
원은 잠업개발사업(1995년 승인), 축산
및곡물개발사업(1997년 승인) 등을 시
행했다.

IICA(Instituto Interamericano de Coop
eracion para la Agricultura) : 미주농업
협력기구

미주농업협력기구 Instituto Interameric

ano de Cooperacion para la Agricultura (서어)

IICA는 OAS, IDB와 함께 미주 3대 기구 중에 하나이고, 1942년 10월 7일 창설되었다. 사무국은 코스타리카의 싼호세에 위치해있다. 중남미 농업개발을 위한 협력기구로 OAS, IBRD 등 국제기구와 국가 간의 협력 사업에 대한 자문과 기술지도하고 WTO 농산물협정과 같은 다자간 협상 시 이해조정자 역할을 한다. 회원국은 미국, 캐나다, 전중남미 국가(쿠바 제외)이며 옵서버국은 한국, 일본 등 18개국이다.

Industry 4.0(4차 산업혁명)

인류는 18세기에 증기기관과 방적기의 발명에 의해 1차 산업혁명을 일으켰고, 19세기에는 전기동력을 개발하여 자동화에 의한 대량생산체계를 구축하여 2차 산업혁명을 겪어왔으며, IT 정보기술과 산업의 접목으로 이루어진 3차 산업혁명을 경험하였다. 오늘날에는 사이버 물리시스템(cyber-physical system)과 사물인터넷(internet of things)의 기술을 융합하여 새로운 가치를 창출해내는 4차 산업혁명에 직면하고 있다. 4차 산업혁명의 핵심은 "모든 것이 연결되고 보다 지능적인 사회"를 구축하는 데에 있다. 빅 데이터, 인공지능 로봇, 사물인터넷, 3D 프린팅, 무인자동차, 나노바이오기술 등이 융합하여 새로운 것을 창조하는 파괴적 기술(disruptive technology)이 중심이 되며 그 속도와 파급력은 빠르고 광범위한 것이다.

4차 산업혁명은 효율과 생산성을 비약적으로 높일 수 있는 한편 로봇과 인공지능으로 대체되는 부분은 일자리가 줄어 양극화를 심화시킬 수 있다. 2016년 다보스 세계경제포럼은 4차 산업혁명에 대해 "자본과 재능, 최고 지식을 가진 이에게 유리하지만 하위 서비스 종사자는 불리하기 때문에 장기적으로 중산층 붕괴로 이어질 수 있다"고 경고 하였다. 따라서 고용시장은 700만개의 일자리가 없어지고, 200만개가 새로 생겨 결과적으로 500만개의 일자리가 사라지는 첨단기술 집약산업이 도래할 것이라고 본다.

ILO(International Labour Organization) : 국제노동기구

1919년 베르사이유 평화회의에서 국제연맹산하 독립기구로 설립되어 1946년 UN 전문기구로 편입했다. 세계노동자의 노동조건을 개선함으로써 사회발전과 세계평화에 기여하는 것을 목적으로 하고 있다. 회원국은 183개국(2010년 6월)이고 총회는 노·사·정 3자 대표로 구성되고 협약 및 권고 심의. 채택, 회원국 가입승인, 예산 및 분담금 결정한다. 이사회는 노·사·정 대표 56명(임기 3년)으로 구성되고 총회 및 기구운영에 관한 사항을 토의한다. 한국은 1991년 12월9일 ILO에 가입했고 ILO 가입 이전에도 제68차(1982년) ILO 총회부터 공식 옵서버로 참가해왔다.

MERCOSUR(Mercado Comun del sur) : 남미공동시장
Mercado Comun del sur(서어)
Southern Common Market(영어)
Mercado Comum do Sul(MERCOSUL) (포어)

남미 공동시장은 1991년 아르헨티나, 브라질, 파라과이, 우루과이가 아순시온 조약을 맺고 설립한 RTA(Regional Trade Agreement)이다. 이 조약은 1994년

오우로 페루토조약 (Treaty of Ouro Preto)에 의해 수정되고 발전되는데 목적은 상품, 인력, 통화의 자유로운 교역과 원활한 이동을 촉진하는 것이었다. 1995년 1월에 MERCOSUR가 정식 출범되고 1996년에 칠레, 1997에 볼리비아, 2003에 페루가 준회원국으로 가입하였다. 2004년 1월 CAN(안데스공동체)과 자유무역협정 체결했고 2006년 7월에 베네수엘라가 가입했다. 사무국은 우루과이 몬테비데오에 있다. MERCOSUR의 목적은 남미 4국간의 EU형 공동 시장 창설하고 경제공동체를 넘어 EU형 정치 통합도 추진하는 것이다.

- 정회원국 : 브라질, 아르헨티나, 우루과이, 파라과이
- 준회원국 : 칠레, 볼리비아, 페루
- 옵서버국 : 멕시코, 베네수엘라 (Mercosur와 FTA 체결시 준회원국 가입)

OAS(Organizacion of American States) : 미주기구
Organizacion de los Estados Americanos (OEA) (서어)
세계에서 가장 오래된 지역기구로 워싱턴에서 열린 the First International Conference of American States를 시초로 한다. 사무국 또한 워싱턴에 소재하고 있다. 1910년에 Pan American Union으로 개칭했고 1947년 리오에서 미주 상호 원조 조약 체결을 하고 1948년 제9차 범미주회의에서 OAS 헌장을 채택하면서 미주기구가 정식으로 출범했다. 1948년에 보고타에서 분쟁의 평화적 해결에 관한 미주조약을 체결했고 1967년 OAS 헌장을 개정하여 1970년에 발효했으며 1996년에 기구 내에 미주통합 개발이사회(CIDI)를 설치했다. 미주기구는

미주지역 안보협력과 상호협력을 통한 경제 사회 문화 발전 도모를 목적으로 한다. 회원국은 미주 35개국, 상임 옵서버 60개국이며 쿠바는 62년 이래 정부대표 참가가 금지된 상태이다. 한국은 1981년 OAS 상임옵서버로 가입했고 매년 개최되는 OAS 연례총회에 한국대표단을 파견하고 있다.

OECD(Organization for Economic Cooperation and Development) : 경제협력개발기구
OECD는 상호 정책조정 및 협력을 통해 회원국의 경제사회발전을 모색하고 나아가 세계경제문제에 공동으로 대처하기 위한 정부 간 기구이며 설립협약상의 목적은 회원국의 경제성장과 금융안정을 촉진하고 세계경제발전에 기여하는 것이다. OECD는 유럽, 북미, 아·태지역 등 국제경제 3대 지역의 주요주체들(major players)이 비교적 골고루 참여하고 있고 특히 G7을 위시한 모든 선진국들이 참여하는 만큼 범세계적인 문제들을 주도적으로 논의하고 효과적으로 다룰 수 있는 영향력을 가지고 있다. 또한 OECD 회원국들은 시장경제와 민주주의에 입각한 풍부한 정책경험을 가지고 있으며 OECD 사무국은 우수한 자원을 통한 과학적 분석능력 구비하고 있다. OECD는 창설 이후 WTO, IMF, 세계은행, G7/8 등과 상호 보완해 가며 선진권을 중심으로 시장 경제를 창달하고 국제 경제의 안정과 무역의 확대에 기여하고 있다. 특히, 1980년대 이후로는 선진경제의 구조개혁과 다자간 무역자유화에 기여하여 왔을 뿐 아니라, 1990년대 이후로는 비선진권을 대상으로 문호를 개방하고 아울러 대비회원국 정책대화를 활발히 전개

해 나감으로써 그 영향력이 세계적 규모로 확대되고 있다. 우리나라는 1996년 12월 29번째 회원국으로 가입했다.

OECD는 개방된 시장경제, 다원적 민주주의 및 인권존중이라는 3대 가치를 공유하는 국가들에게만 문호를 개방하는 가치관의 동질성(like-mindedness)이라는 접근방식을 가지고 있다.

⇒ 정책대화(policy dialogue) : 회원국 정책담당자들 간의 정책대화를 통한 정책협의. 공통관심 이슈의 파악에서 모범관행(best practice)과 대응방안의 도출 및 이행에 이르기까지 단계별로 경험과 의견을 교환.

⇒ 실증·전문적 분석 : 정책대화의 내용, 방향 및 결론 등은 사무국 전문가들의 과학적 분석에 의해 제시되고 유도.

⇒ 무언의 압력(peer pressure)의 행사 : 정책지침, 정책권고 혹은 국제규범을 도출하고 이에 입각해 각 개별회원국의 제도와 정책을 자체 검토(peer review)함으로써 회원국 정책의 개선과 조정을 유도.

⇒ 비회원국으로의 전수 : OECD 회원국이 아닌 개발도상국들에 대해서도 다양한 형태로 정책대화 사업을 전개함으로써 OECD의 가치관 및 축적된 경험을 전수.

⇒ 시민사회로의 전파 : 기업, 노동계 등을 대표하는 주요 국제 NGO들과의 정책대화를 통해 이들의 다양한 의견을 수렴하는 동시에 OECD의 가치와 정책을 전파.

⇒ 구조개혁 촉진: 거시경제, 구조조정, 금융국제화, 규제개혁, 실업대책, 사회복지, 교육, 기술혁신, 환경관리, 지역개발 등 공통적 우선순위과제에 대해 각국 경험의 비교검토(benchmarking)와 추진현황의 상호평가를 통해 정책개선 내지 구조개혁을 촉진.

⇒ 국제문제 공동대처: 세계적 경기변동, 국제무역과 국제투자, 다국적기업, 국제적 뇌물수수, 유해조세관행, 전자상거래, 유전자변형식품의 안전성 규제방안 등 국제적 주요 문제에 대해 공동대책을 강구.

⇒ 비회원국 발전 지원: 비회원국의 경제발전을 지원하고 나아가 OECD가 추진하는 국제적 정책협력에 동참토록 유도.

PIF/PFD(Pacific Islands Forum/Post Forum Dialogue) : 태평양도서국포럼/태평양도서국포럼대화상대국회의

태평양도서국포럼(PIF; Pacific Islands Forum)은 남태평양의 14개 독립국가 및 2개 자치지역이 참여하는 연례 정부수반 회의로서 1971년 창설되어 경제발전 등 역내 공동문제에 대한 협력 방안을 논의하고 있으며, 우리나라는 1995년 제7차 회의부터 매년 참석해 왔다.

－회원국(16개국) : 호주, 뉴질랜드, 휘지(사무국 소재), 파푸아뉴기니, 키리바스, 마샬아일랜드, 솔로몬아일랜드, 바누아투, 나우루, 투발루, 통가, 사모아, 마이크로네시아, 팔라우, 니우에, 쿡아일랜드

PFD(Post Forum Dialogue)는 1988년 회의 시 역외 관심국가와의 비공식 협의를 통한 상호정보 교환과 PIF 지위 향상을 위해 수립되었다.

－대화상대국(14개국) : 미국, 영국, 프랑스, 캐나다, 일본(이상 1989년), 중국(1990년), EU(1991), 우리나라(1995), 말레이시아(1997), 필리핀(2000), 인도네시아(2001), 인도(2003), 태국(2004), 이탈리아(2007)

PIIGS : 일본, 프랑스, 미국, 독일 등 일부선진국들의 정부부채 규모가 더 큰데도 그리스를 비롯한 포르투갈, 이탈리아, 아일랜드, 스페인 등의 소규모 유럽 국가들의 재정부실이 국가채무불이행 위험(sovereign risk)로 연계되면서 국제금융시장에서 문제가 됨에 따라 심각한 재정적자를 겪고 있는 이들 나라들의 이니셜을 따 PIGS로 지칭했으나 금융위기로 재정이 급격히 악화된 아일랜드를 포함해 PIIGS로 바뀌었다.

2009년부터 PIIGS 등 소규모 유럽국가들의 재정악화가 심각한 문제로 대두되기 시작했고 2010년 2월에는 27개 EU 회원국들 중에서 무려 18개국이 EU의 재정적자 및 국가채무 상한을 준수하지 못해 2009년 중 EU 집행부의 과도한 재정적자에 대한 시정조치 결정을 받았으며, 이때마다 국제금융시장이 불안해지곤 했다. 특히 2009년 그리스의 국가부채는 GDP대비 113%에 달하고 재정적자도 GDP대비 12.7%였고 PIIGS국가들의 국가부도가능성을 나타내는 5년 만기 국채의 CDS 프리미엄이 급격히 증가해 세계적인 금융위기로 확산될 가능성이 제기되었다.

유독 PIIGS 국가들의 재정부실이 sovereign risk로 연계되면서 국제금융시장에서 문제가 되는 이유로 언론들은 PIIGS 정부의 노력에 대한 신뢰(confidence)가 없기 때문이며 정치사회적인 문제가 복잡하게 얽혀 있기 때문이라고 언급하고 있다. 그리스는 위기 이전인 2007년에도 국가채무비율이 95.6%로 이탈리아(103.5%)에 이어 2번째로 컸으며, 재정적가 규모도 GDP대비 3.7%로 헝가리(5.0%)에 이어 2번째로 재정비율이 약한 국가였다. 그리스의 재무장관은 긴축정책의 철저한 시행으로 재정적자를 3%미만으로 감축하겠다는 약속을 했으나 정부의 긴축정책에 대해 노조의 거센 반발이 예상됨에 따라 국제금융계에서는 계획의 실현 가능성에 대해 의구심을 표했다. 포르투갈은 재정긴축법안을 부결하고 자치정부의 부채를 증가시키는 법안을 통과시켰고 스페인은 상대적으로 부채수준이 낮지만, 실업률이 높고 은행들의 부실이 심각한 상황이며, 역시 공공부문 노조에서 지출삭감을 반대하는 시위를 결성했다. 아일랜드만이 긴축정책을 완강히 고수했다.

SAARC(South Asian Association for Regional Cooperation) : 남아시아지역협력연합

남아시아 국가들의 경제, 사회, 문화적 교류협력 증진을 도모하기 위한 지역협력체이다. 남아시아지역협력연합은 방글라데시, 부탄, 인도, 몰디브, 네팔, 파키스탄, 스리랑카 7개국이 1985년 8월 SAARC헌장을 채택함으로써 설립되었다. 따라서 SARRC는 남아시아국가들이 경제 사회 등의 다양한 분야에서 협력하여 일할 수 있도록 하는 강령을 제공한다. 2007년 4월 14번째 정상회의에서는 아프가니스탄이 8번째 회원국으로 가입했다. 2006년 4월 미국과 한국이 옵서버국 지위를 공적으로 요청했고, 유럽연합 또한 2006년 7월 SAARC 장관회의에서 공식적으로 옵서버 지위국을 요청했다. 이에 따라 2006년 8월 SAARC 외무장관들은 미국, 한국, 유럽 연합에게 옵서버국 지위를 원칙적으로 승인하게 된다. SAARC는 남아시아 8개국의 경제, 정치기구이지만 인구면에서 볼 때 가장 큰 영향영역을 포함하고 있는 지역기구이

다. 회원국의 인구를 합하면 약 15억의 인구를 포함하고 있기 때문이다. 사무국은 네팔의 카트만두에 소재해 있다.
-회원국(8개국) : 인도, 파키스탄, 네팔, 부탄, 스리랑카, 몰디브, 방글라데시, 아프가니스탄
-옵서버국(5개국) : 한국, 미국, EU(2006년 8월 승인), 일본, 중국(2005년 11월 승인)
-운영기구
o 연례 정상회의, 각료회의(연 1~2회 외교장관회의), 상임위원회(외교차관회의)
o 의장국 : 방글라데시(2005년 11월-2007년 4월 제14차 정상회의 개최이전까지)
※ 2007년 4월 제14차 정상회의(인도 뉴델리)
※ 정상회의 개최국이 차기 정상회의까지 의장국 수임(알파벳 순) : 차기 의장국은 몰디브(2008년 제15차 정상회의 개최)

Seigniorage : 화폐주조차익

일반적으로 세뇨리지(Seigniorage)는 화폐발행에 부수되는 정부의 수입이지만 다른 한편으로는 민간부문이 통화를 보유하는데 따른 기회비용으로도 인식되고 있다. 이러한 세뇨리지는 대체로 화폐세뇨리지, 기회비용세뇨리지, 총세뇨리지 등 세 가지 상이한 개념으로 파악할 수 있다.
화폐세뇨리지(monetary seigniorage)는 중앙은행이 화폐를 독점적으로 발행함으로써 얻는 수입으로서 고전적인 세뇨리지 개념인 화폐주조차익을 말한다. 중세 때 군주(seignior)는 부족한 재정을 보충하기 위해 의도적으로 유통 중인 금속화

폐에 구리를 섞는 등 액면가에 비해 크게 떨어지는 함량미달의 화폐를 제조하여 유통시킴으로써 세뇨리지를 획득한 바 있다. 그러나 1930년대 이 후 금본위제도가 붕괴되고 관리통화제도가 정착되면서 중앙은행이 수입하는 세뇨리지는 화폐발행가치와 거의 같아지게 되었다.
기회비용세뇨리지(opportunity cost seigniorage)는 중앙은행이 화폐발행을 통해 획득한 자산을 운용하면서 얻게 되는 수입을 말한다. 다시 말해 중앙은행이 화폐를 발행하면 민간은 수익자산 대신 무수익자산인 화폐를 추가적으로 보유해야하고 은행은 무이자 혹은 시장금리보다 낮은 이자로 중앙은행에 지준금을 예치해야 한다. 따라서 중앙은행은 이 같이 지급하지 않는 이자만큼 수입을 얻게되나 민간과 은행은 수익자산을 보유함으로써 얻을 수 있는 이자수입을 포기하게 된다. 이를 기회비용세뇨리지라고한다.
총세뇨리지(total seigniorage)는 화폐세뇨리지에다 중앙은행이 보유하는 자산의 운용수익까지 합한 세뇨리지를 말한다. 다시 말해 총세뇨리지는 중앙은행이 일차적으로 화폐를 발행하여 얻은 화폐세뇨리지에다 동 수입을 이용하여 매입한 국내외 각종 금융자산으로부터 얻게되는 이자수입 또는 매매수익을 모두 포함한 개념이다.

SELA(Sistema Economico Latinoamericano) : 라틴 아메리카 경제 체제
Sistema Economico Latinoamericano (서어)
중남미지역 국가 간 협력 통합 촉진 및 중남미 대외 공동입장 협의 및 정립을 목적으로 설립된 정부 간 지역기구이다.

1972년 제3차 산띠아고 UNCTAD 총회시 멕시코의 Echeveria 대통령이 NIEO 수립을 제의했고 1975년10월17일 SELA 창설협정을 체결했다. 사무국은 베네수엘라 카라카스에 위치해 있다. 중남미의 모든 주권국가에 가입 개방되어있고 주요기관으로는 라틴아메리카 이사회, 실행위원회, 상설사무국이 있다. 또한 중남미 대외통상 현황 및 정책 관련 자료를 발간하고 있다. FTAA 창설 협상 관련 중남미국가 간 정책을 조율했고 EU-중남미, 아시아-중남미 등 대외 협력 증진을 도모해왔다.

－회원국 (28개국)

과테말라, 가이아나, 니카라과, 파나마, 파라과이, 페루, 온두라스, 아르헨티나, 바하마, 도미니카(공), 수리남, 자메이카, 바베이도스, 벨리세, 트리니다드 토바고, 우루과이, 베네수엘라, 볼리비아, 브라질, 콜롬비아, 코스타리카, 쿠바, 칠레, 에쿠아돌, 엘살바돌, 그레나다

SICA(Sistema de la Integracion Centro americana) : 중미통합체제

SICA는 중미지역의 총합을 위해 만들어진 제도적인 체제이다. 중미지역의 교통신호, 교육프로그램, 세관절차, 문화정책 등의 통합과 산업과 경제의 통합을 추구해왔던 1951년 설립된 중미기구(ODECA)가 전신이다. 1991년 12월에 제11차 중미정상 회의에서 Tegucigalpa 의정서를 채택했고 1993년 2월 중미통합을 위해 기존에 창설된 ODECA(중미기구)를 해체하고 새로운 형태의 중미 통합체제(SICA)가 출범했다. SICA의 목적은 역내 민주주의 강화 및 새로운 역내 안보 모델 모색, 경제통합의 달성과 중미 경제협력 강화, 대외관계에서의 자결권

강화 등 이다. 사무국은 엘살바돌의 산살바돌에 소재해있다.

－ 회원국

코스타리카, 엘살바돌, 니카라과, 온두라스, 과테말라, 파나마, 벨리세, 도미니카(공) (8개국)

SIECA(Secretaria de Integracion Economica Centroamericana) : 중미경제통합 상설사무국

SIECA은 SICA가 중미의 경제통합 절차를 행함에 있어서 전문적 행정적 지원을 하는 법적으로 독립된 기구로 이루어진 지역기구이다. 사무국은 과테말라에 소재해 있다. 1991년 12월 SICA 창설될 때 테구시갈파 의정서(Protocolo de Tegucigalpa)에 의하여 SICA의 경제통합 업무 담당기관으로 결정되었다. 과테말라의정서(Protocolo de Guatemala)에 의하여 중미경제통합 과정의 기술 행정 조직으로서의 SIECA가 발족되었다. 목표는 중미 경제통합과 공동 발전이과 역내에 자유무역지대인 공동시장 건설과 대외 공동 관세를 부과하는 관세 동맹 달성이다.

－ 회원국(5개국)

엘살바돌, 과테말라, 니카라과, 온두라스, 코스타리카

Subprime mortgage : 서브프라임(subprime)은 프라임(prime)의 아래 있는 비우량 주택담보대출을 의미한다. 미국의 주택담보대출은 신용등급에 따라 프라임(prime), 알트에이(Alt-A),서브프라임(subprime) 등으로 구분된다. 서브프라임 모기지는 프라임 모기지에 비해 2~4%p 가량 대출금리가 높고, 일반적으로 신용점수 620점 이하인 개인에게 적용된다.

만기는 대부분 30년이며, 처음 2년은 고정이자율이 적용되고 이후에는 일반 금리와 연동되는 '2/28' 상품이 널리 보급되었다. 서브프라임 모기지는 주택을 추가로 구매하려는 투자수요자들이 많이 이용했다. 자기 집 이외에 2~3채 투자물건 대출에 많이 이용되어 금리상승이나 가격하락의 예상으로 기대수익성이 약해지면 투자를 포기하는 방식이다.

또한 모기지는 증권화 되어 다양한 금융상품으로 유통되었고 이 과정에서 모기지 회사는 대출재원을 마련했다. 모기지 회사는 주택대출자에게 주택을 담보로 돈을 빌려주고, 이 채권을 다시 금융회사에 판매하여 대출재원을 마련했다. 모기지 채권을 구매한 금융회사는 유동화과정을 거쳐 증권화하고, 이는 투자자들에게 펀드로 구성되어 판매되었다. 모기지 채권이 다양한 펀드로 재구성되어 유통되므로 대출상환의 연체와 채무불이행이 늘어나게 될 경우 주택시장뿐만 아니라, 금융시장, 자본시장 등으로 영향이 파급된다.

UNDP(United Nations Development Programme) : 유엔개발계획

1965년 11월 UN(United Nations)은 제20차 유엔총회 결의 2029(XX)에 의거하여 UNEPTA와 UNSF를 통합한 UNDP (United Nations Development Programme)를 유엔 산하기구로 설립했다. UNDP는 1966년 1월부터 활동을 개시하였으며, 1970년 12월 제25차 유엔총회 결의 2688(XXV)에 의거하여 현 UNDP 조직 및 활동 내용을 정식으로 규정했다.

UNDP는 유엔헌장 정신에 입각한 개도국의 경제적. 정치적 자립과 경제. 사회 발전 달성을 목표로 개도국의 국가개발목표에 일치하는 원조를 체계적이고 지속적으로 제공함으로써 개도국의 경제. 사회개발을 촉진.지원한다. 세계 최대의 다자간 기술원조 공여 계획으로서 유엔의 개발활동을 조정하는 중앙기구로 운영된다. UNDP는 특정 회원이 없고, 모든 유엔 및 유엔전문기구나 IAEA의 회원국과 Observer국가들이 UNDP의 사업에 참여한다.

UNFPA(United Nations Population Fund) : 유엔 인구기금

1966년의 제21차 총회 결의 2211호의의거, 1967년에 설립되었으며, 69년 UNFPA(UN Fund for Population Activities)로 개정했다. 1987년에 유엔인구기금 (UN Population Fund)으로 개정했으나 기구명칭의 약자는 UNFPA를 계속 사용하기로 결정했다.

인구 및 가족계획 분야에서의 제반 유엔조직의 대처능력을 고양하고 인구문제의 사회적, 경제적 및 인권적 측면에 대한 인식 제고, 개발도상국에 대한 조직적이고 지속적인 원조 제공등이 목적이다.

각국 정부의 자발적 기여금으로 재원이 조달되고 1974-91년간 UNFPA는 한국의 인구사업을 위해 약 1,300만불을 지원했고 1972-97년간 한국은 약 230만불 기여금 제공했다.

UNHCR(United Nations High Commissioner for Refugees) : 유엔난민고등판무관

1949 유엔총회가 유엔난민고등판무관을 임명하고 1950년 유엔난민고등판무관실 규약을(Statute of the Office of t he UN High Commissioner for Refugees) 채택 했다. 1951년 1월1일 규정이 발효되었고 본래 3년을 기한으로 하는 임시기구였으나, 현재는 5년마다 임기를 연장하고 있다.

유엔난민고등판무관의 기능은 인도주의에 입각, 난민 보호 및 난민에 대한 물질적 지원 제공과 박해에 대한 공포에도 불구, 난민의 강제적의 송환 방지, 난민문제의 항구적 해결을 위한 국제협력 도모 등이다. 현재 117개국에서 근무하는 6,500여명의 직원들이 3,440만 명에 달하는 난민과 보호대상자들을 돕고 있으며 난민보호 의 공로로 1954년, 1981년 두 차례 노벨평화상을 수상하였다.

UNICEF(United Nations Children's Fund) : 유엔아동기금

1946년 유엔총회 결의 57호에 의거, 제2차 세계대전으로 피해를 입은 아동을 구호하기 위한 유엔국제아동긴급기금 (UNICEF : United Nations Int'l Children's Emergency Fund)이 설립되었다. 1953년에는 유엔총회 결의 802호에 의거, 유엔아동기금으로 상설화되었다.

아동의 건강과 복지증진을 위한 대개도국 지원, 아동복지 증진을 위한 각국 정부의 노력 장려, 아동에 관한 장기적이고 광범위한 국제협력 계획 수립 등의 기능을 한다. 집행이사회 (Executive Board)는 경제사회이사회에서 선출하는 임기 3년의 36개국으로 구성되어있다. 사무국 (Secretariat)의 현 총재는 Ms. Ann M. Veneman이고 유엔 사무총장이 집행이사회와의 협의를 거쳐 임명하며 임기는 5년이다. 8개 지역사무소(Regional Office)와 125개 국가사무소(Country Office) 및 37개 국가위원회(National Committee)가 있다.

UNIDO(United Nations Industrial Development Organization) : 유엔공업개발기구

오스트리아 비엔나에 소재해 있으며 개발도상국과 체제전환기국가들의 지속적인 공업개발을 위한 해결책을 제공함으로써 인류의 생활수준을 향상하고 번영을 증진하는 것이 목적이다.

총회는 2년 1회 개최하고 공업개발이사회(Industrial Development Board)는 1년1회 또는 2회 개최하며 53개 이사국으로 되어있다. 기획예산위(Programme and Budget Committee)는 1년1회 또는 2회 개최하고 이사국 기능 보조하는 역할이며 27개 위원국으로 되어있다. 한국은 1967년 1월에 UNIDO의 창설과 동시에 회원국이 되었다.

UNU(United Nations University) : 유엔대학

특정 회원이 있는 것은 아니지만 세계 각국의 연구기관들이 본 대학의 협조기관으로 있다.

UN과 전문기구의 관심사항인 인류의 생존, 발전, 복지와 관련된 긴급한 세계문제를 연구하는 일을 한다. 상이한 문화, 언어, 사회체계를 가진 인류의 공존과 국가 간 평화관계 및 평화와 안보 유지와 인권, 경제 및 사회변화, 발전, 환경 및 자원의 적절사용과 기본적 과학연구 및 발전을 위해 과학, 기술의 결과 응용 등을 연구 한다.

UNV(United Nations Volunteers) : 유엔 자원봉사단

1970년 유엔 제25차 총회 결의에 의거

창설된 후 1971년부터 본격적인 활동을 개시했다.

개발목적 달성을 위한 인적자원 지원을 하고 개발노력이 성공할 수 있도록 훈련된 전문 인력을 지원한다. 또한 국가, 지역 간의 협력과 자생적 개발노력 지원과 타국의 개발사업과 경험의 공유기회 제공 개도국간의 기술협력(TCDC) 증진시키기 위한 일을 한다.

43개국에 정부기관을 국별 책임기관(National Focal Point)으로 지정하고 FAO, ILO, UNICEF, WHO, UNHCR 등 국제기구와 연계하여 사업을 수행한다. 각국의 사업수행은 주재국 UNDP 사무소에서 주관하고 국별 책임기관이 인력의 확보, 지원, 모집, 선발 등을 담당하며 UNV 단원의 자격은 21세 이상의 남녀로서 지원업무에 필요한 기술적 소양을 겸비해야하고 통상 2년간 근무하며, 현지 생활에 적합한 생활비와 주택을 제공해야 한다.

한국은 1985년 12월에 UNV에 기여금 41만불을 공여한 뒤 1986년 12월 UNV와 UNV사업 참여에 관한 양해각서를 교환. 동 양해각서에 따라 1991~99년간 13개국에 한국인 유엔자원봉사단원 24명을 파견했다.

~사업내용

1) UNV 봉사단

ㅇ 유엔 전문봉사단 파견사업 (UNV Specialist Programme)

- 수혜국의 정부기관과 유엔기구 등에서 전문적인 기술과 경험을 전수하고 자문하는 전문가 수준의 봉사단 파견

ㅇ 유엔 지역개발봉사사업 (UNV Domestic Development Service Programme)

- 개도국의 자생적 지역개발사업에 현장 봉사자(Field Worker)를 파견함으로써 중급수준의 기술지원과 개도국간의 협력지원

ㅇ 인도적 구호사업 (Humanitarian Relief)

- 자연재해, 내란 등으로 인한 난민과 긴급지원 필요지역에 대한 인도적 구호를 목적으로 하는 인력, 재정. 물자지원 사업

2) UNISTAR(UN International Short-Term Advisory Resources)

개도국 산업발전 촉진을 위해 경영분야 등의 전문가를 단기간(1주-3개월) 동안 개도국내 중소기업, 제조업협회 및 국영기업에 자문제공을 위한 협력사업임.

3) TOKTEN(Transfer of Knowledge Through Expatriate Nationals)

해외에 거주하고 있는 교포들을 본국에 봉사활동을 보내는 방법으로 특히 언어와 관습이해 측면에서 상당한 효과가 있다고 함

UPU(Universal Postal Union) : 만국 우편 연합

스위스 베른에 본부를 두고 있고 1874년에 설립된 우편부문 종사자들의 협력을 위한 회의이다. 191개국을 회원국으로 두고 있으며 UN산하기구로 자문 중계, 연락의 역할을 하고 전문적인 지원을 하고 있다. 국제적인 우편물 교류를 위한 법률을 제정하고, 우편물의 양을 증가시키고 우편 서비스의 품질을 개선시키기 위한 자문을 한다. 비정치적인 기구이므로 국내의 문제 즉 우편요금이나 우표발행의 양, 관련 종사자들에 대한 관리에 대해서는 관여하지 않는다.

한국은 1900년 11월 대한제국당시 정식 가입했고 한일 합병으로 회원국으로서의 활동이 일시 중지되었다가 1949년

12월 17일 Paris 총회의 최종의정서의 규정에 따라 회원국으로서의 자격이 회복되었다. 1994년 UPU 총회를 서울에서 개최한바 있다.

WFP(World Food Programme) : 세계 식량계획

개도국(LDC 및 LIFD 국가) 기아해방을 위한 잉여농산물 원조를 목적으로 1961년 유엔총회 및 FAO 총회에서 WFP 창설 결의했고 1963년 1월 WFP 활동을 개시(제1회 식량원조회의 개최)했다. WFP는 세계의 모든 사람들이 활동적이고 건강한 삶을 위해 필요한 식량을 언제나 섭취 할수 있어야 한다는 비젼을 추구한다.

-Food for Life : 인도적 위기(난민 등 긴급 상황)에 처해있는 생명구조, 전쟁 등으로 인한 손상된 infrastructure 복구 등의 하나로서의 식량지원.

-Food for Growth : 인간적 잠재성을 실현할 수 있도록 식량수요가 절실한 취약계층(여성 및 아동)에 대해 예방약(preventive medicine)으로 식량지원.

-Food for Work : 기아상태에서 있는 개인 또는 공동체의 자급도 제고 및 자산형성을 위한 식량지원.

-집행이사회는 36개 위원국으로 구성(ECOSOC, FAO 이사회에서 각각 18개국씩 선출)되며, WFP의 사업, 예산등 정책사항을 논의하고 결정(긴급 원조사업은 사무국장과 FAO 사무총장이 승인)한다. 사무총장은 집행이사회 심의를 거쳐 유엔 및 FAO 사무총장이 임명, 임기는 5년이다.

WHO(World Health Organization) : 세계 보건기구

1948년 4월 7일 61개 국가가 WHO 헌장을 비준함으로써 정식 발족했고 1948년 7월에 유엔 전문기구가 되었다. 모든 인류의 가능한 최고의 건강수준에 도달(the attainment by all peoples of the highest possible level of health)하는 것이 목표이다. 국제보건 사업의 지도·조정, 회원국 정부에 대한 보건 분야 지원, 질병퇴치 및 환경위생 증진, 보건 분야의 연구 및 교육 추진, 보건복지분야의 국제규범제정 등의 기능을 한다.

총회(Assembly)는 매년 5월 제네바에서 개최하고 WHO 정책결정 및 예산·사업 심의와 이사국 사무총장 선출 및 이사회 보고서 검토, 승인이 총회에서 이루어진다. 이사회(Executive Board)는 총회가 선출하는 32개 회원국이 지명하는 32명의 이사로 구성(임기 3년)되어 있다. 사무국(Secretariat)은 본부는 스위스 제네바 소재해 있고, 6개 지역(서태평양, 동남아시아, 아프리카, 중동, 아메리카, 유럽)에 사무소를 두고 있다. 약 3000여명의 전문직 직원과 5000여명의 일반직 직원으로 구성되어 있다.

주요사업 분야

ㅇ HIV/AIDS, 결핵 및 말라리아

- 예방, 감시 및 신속대응체제 구축, 기금 확보 관련 사업

ㅇ 전염성 질병

- 예방, 감시 및 신속 대응 체제구축 관련 사업사업

ㅇ 비전염성 질병 및 정신질환

- 보건증진, 비전염성 질병 관리, 폭력예방, 영양, 정신 건강 및 약물 남용 관련사업

ㅇ 지속가능 개발 및 보건 환경 조성

- 환경보호, 식품안전, 윤리·무역·인권관련 사업

○ 보건기술 및 의약품
- 필수의약품 및 의약품관련 정책관련 사업

WIPO(World Intellectual Property Orga nization) : 세계 지적 재산권기구

 WIPO는 UN산하의 특별기구이다. 창조성을 보상하고 혁신을 촉진하며 공익을 보호하면서 경제적 발전에 기여하는 균형적인 지적재산권 체계를 국제적으로 발전시키는 것이 목적이다. WIPO는 1967년 지적재산권을 국제적인 협조 하에 보호하기 위해 WIPO회의에 참여한 국가들에 의해 설립되어졌다. 사무국은 스위스 제네바에 있다.

 지적재산권이란 발명·상표·의장 등에 관한 공업소유권과 문학·음악·미술 작품 등에 관한 저작권의 총칭이다. WIPO는 지적재산권의 국제적 보호 촉진, 국제협력을 목적으로 하며, 이를 위하여 조약의 체결이나 각국 법제의 조화를 도모하고, 개발도상국에 대해서는 지적소유권에 관한 법률 제정이나 기술 등에 대하여 원조한다.

한국과의 관계 :
1) 1979년 3월 1일 : WIPO 조약 가입.
2) 1980년 5월 4일 : 파리 협약 가입.
3) 1984년 8월 10일 : 특허협력조약(PCT) 가입.
4) 1987년 10월 10일 : 제네바 협약 가입.
5) 1988년 3월 28일 : 부다페스트 조약 가입.
6) 1999년 1월 8일 : 니스 협정 가입.
7) 1999년 10월 8일 : 스트라스부르크 협정 가입.
8) 2003년 2월 25일 : 상표법 조약 가입.

9) 2003년 4월 10일 : 상표의 국제등록에 관한 마드리드 의정서 가입.
10) 2004년 6월 24일 : WIPO 저작권 조약 가입.

WTO(World Trade Organization) : 세계 무역 기구

 2차세계대전 이후에 설립된 관세 및 무역에 관한 일반협정(GATT)을 계승한 국제무역기구이고 1995년 출범하였다. 국가들 사이의 교역에 관한 법률을 다루는 세계에서 유일한 국제기구 이다. WTO의 목적은 상품 서비스의 생산자인 수출업자, 수입업자들이 그들의 사업을 영위할 수 있도록 돕는 것이다. 교역국가 다수가가 협의하고 서명했으며 그 국가들의 의회에서 승인받은 WTO협정이 핵심을 이룬다. 국가 간의 경제 분쟁에 대한 판결권과 그 판결권의 강제집행권이용, 규범에 따라 국가 간 분쟁이나 마찰 조정 등의 기능을 한다. 사무국은 스위스의 제네바에 위치해 있다.

편저자 박 은 태

프랑스 소르본느대학 경제학박사 학위취득
한국과학원 대우교수
단국대학교 교수(무역학과장)
하버드대학교 객원교수
(사) 인구문제연구소 소장

편저자 박 유 현

서울대 계산통계학과 졸업
하버드대 바이오통계학 박사
DQ Institute 창립자 겸 대표

경 제 학 사 전

1978년 6월 30일   초판 발행
1990년 2월 15일   6판 발행
1994년 2월 15일   수정증보판 발행
1998년 1월 5일   수정증보신판 발행
2010년 11월 10일   10판 발행
2011년 3월 9일   11판 발행
2014년 1월 6일   12판 발행
2019년 7월 30일   13판 발행

정 가 32,000원

등 록 17-295호
편 저 박 은 태
발행인 박 은 태
발행처 (주)경연사

주 소 경기도 파주시 광인사길 127 (문발동, 파주출판도시)
전 화 031-955-7654
팩 스 031-955-7655
홈페이지 www.genyunsa.com
이메일 kipp0175@hanmail.net